MANUAL DE DIREITO PREVIDENCIÁRIO

1ª edição – março, 2001	14ª edição – janeiro, 2012
2ª edição – setembro, 2001	15ª edição – fevereiro, 2013
3ª edição – maio, 2002	16ª edição – janeiro, 2014
3ª edição – outubro, 2002 (2ª tiragem)	17ª edição – fevereiro, 2015
4ª edição – julho, 2003	18ª edição – agosto, 2015
5ª edição – maio, 2004	19ª edição – março, 2016
5ª edição – julho, 2004 (2ª tiragem)	19ª edição – abril, 2016 (2ª tiragem)
5ª edição – setembro, 2004 (3ª tiragem)	19ª edição – julho, 2016 (3ª tiragem)
6ª edição – março, 2005	20ª edição – janeiro, 2017
7ª edição – maio, 2006	20ª edição – julho, 2017 (2ª tiragem)
8ª edição – abril, 2007	21ª edição – março, 2018
8ª edição – outubro, 2007 (2ª tiragem)	22ª edição – fevereiro, 2019
9ª edição – março, 2008	23ª edição – novembro, 2019
10ª edição – agosto, 2008	24ª edição – setembro, 2020
11ª edição – março, 2009	25ª edição – outubro, 2021
12ª edição – janeiro, 2010	26ª edição – outubro, 2022
13ª edição – janeiro, 2011	27ª edição – fevereiro, 2024
13ª edição – maio, 2011 (2ª tiragem)	

O GEN | Grupo Editorial Nacional – maior plataforma editorial brasileira no segmento científico, técnico e profissional – publica conteúdos nas áreas de concursos, ciências jurídicas, humanas, exatas, da saúde e sociais aplicadas, além de prover serviços direcionados à educação continuada.

As editoras que integram o GEN, das mais respeitadas no mercado editorial, construíram catálogos inigualáveis, com obras decisivas para a formação acadêmica e o aperfeiçoamento de várias gerações de profissionais e estudantes, tendo se tornado sinônimo de qualidade e seriedade.

A missão do GEN e dos núcleos de conteúdo que o compõem é prover a melhor informação científica e distribuí-la de maneira flexível e conveniente, a preços justos, gerando benefícios e servindo a autores, docentes, livreiros, funcionários, colaboradores e acionistas.

Nosso comportamento ético incondicional e nossa responsabilidade social e ambiental são reforçados pela natureza educacional de nossa atividade e dão sustentabilidade ao crescimento contínuo e à rentabilidade do grupo.

Carlos Alberto Pereira de **CASTRO**
João Batista **LAZZARI**

MANUAL DE DIREITO PREVIDENCIÁRIO

28.ª edição Revista, atualizada e reformulada

- Os autores deste livro e a editora empenharam seus melhores esforços para assegurar que as informações e os procedimentos apresentados no texto estejam em acordo com os padrões aceitos à época da publicação, e todos os dados foram atualizados pelos autores até a data de fechamento do livro. Entretanto, tendo em conta a evolução das ciências, as atualizações legislativas, as mudanças regulamentares governamentais e o constante fluxo de novas informações sobre os temas que constam do livro, recomendamos enfaticamente que os leitores consultem sempre outras fontes fidedignas, de modo a se certificarem de que as informações contidas no texto estão corretas e de que não houve alterações nas recomendações ou na legislação regulamentadora.

- Fechamento desta edição: 08.01.2025

- Os Autores e a editora se empenharam para citar adequadamente e dar o devido crédito a todos os detentores de direitos autorais de qualquer material utilizado neste livro, dispondo-se a possíveis acertos posteriores caso, inadvertida e involuntariamente, a identificação de algum deles tenha sido omitida.

- **Atendimento ao cliente:** (11) 5080-0751 | faleconosco@grupogen.com.br

- Direitos exclusivos para a língua portuguesa
  Copyright © 2025 by **Editora Forense Ltda.**
  Uma editora integrante do GEN | Grupo Editorial Nacional
  Travessa do Ouvidor, 11
  Rio de Janeiro – RJ – 20040-040
  www.grupogen.com.br

- Reservados todos os direitos. É proibida a duplicação ou reprodução deste volume, no todo ou em parte, em quaisquer formas ou por quaisquer meios (eletrônico, mecânico, gravação, fotocópia, distribuição pela Internet ou outros), sem permissão, por escrito, da Editora Forense Ltda.

- Capa: Fabricio Vale

- **CIP-BRASIL. CATALOGAÇÃO NA PUBLICAÇÃO
SINDICATO NACIONAL DOS EDITORES DE LIVROS, RJ**

C35m
28. ed.

   Castro, Carlos Alberto Pereira de
      Manual de direito previdenciário / / Carlos Alberto Pereira de Castro, João Batista Lazzari. - 28. ed., rev., atual. e ampl. - [2. Reimp.] - Rio de Janeiro : Forense, 2025.
      1.112 p. ; 24 cm.

      Inclui bibliografia
      Inclui índice alfabético-remissivo
      ISBN 978-85-3099-578-2

      1. Seguridade social - Legislação - Brasil. 2. Previdência social - Legislação - Brasil. I. Lazzari, João Batista. II. Título.

24-94924   CDU: 349.3(81)

Meri Gleice Rodrigues de Souza - Bibliotecária - CRB-7/6439

Agradecimentos

Aos meus familiares, a quem agradeço na pessoa do meu eterno professor Ernesto Castro, mestre da disciplina "viver", que, tendo cumprido sua missão de ensinador neste mundo, não permaneceu entre nós a ponto de ver esta obra concluída.

À minha Carolina, esposa, companheira e fonte de minha inspiração, razão de ser do meu futuro, pelo carinho e pelo companheirismo nos momentos de estudo e reflexão.

Aos meus filhos Victor Hugo e Henrique, em quem deposito minhas esperanças de um mundo melhor.

Carlos Alberto Pereira de Castro

Aos meus queridos pais, Fermino e Dozolina (*in memoriam*), agradeço os ensinamentos recebidos e os exemplos de vida, marcados pelo amor e pela dedicação aos filhos.

À minha amada esposa, Patrícia, pelo incentivo e pela compreensão nos muitos momentos de ausência em virtude da dedicação ao trabalho e aos estudos.

Às minhas lindas filhas, Nicole e Natália, motivo de imenso amor, alegria e felicidade.

João Batista Lazzari

Um agradecimento especial ao Professor Júlio Queiroz, que, com sua incomum sabedoria, foi muito mais do que um revisor, tornando nossos contatos verdadeiras lições de como utilizar, com correção e estilo, o vernáculo.

Aos nossos amigos e a todos os nossos alunos, que por vezes, mais até do que nós mesmos, acreditaram na realização desta obra.

Aos professores do Brasil, heróis solitários e abnegados de uma pátria que luta para sair do subdesenvolvimento cultural.

Os Autores

Sobre os Autores

Carlos Alberto Pereira de Castro

Juiz do Trabalho no Tribunal Regional do Trabalho da 12ª Região. Mestre em Ciência Jurídica pela Universidade do Vale do Itajaí (Univali). Doutorando em Ciências Jurídicas pela Universidade Autónoma de Lisboa. Instrutor da Escola Nacional de Formação e Aperfeiçoamento de Magistrados do Trabalho (Enamat) junto ao Tribunal Superior do Trabalho, da Escola Nacional da Magistratura (ENM), e palestrante em Escolas Judiciais dos Tribunais Regionais do Trabalho. Professor em cursos de pós-graduação em Direito do Trabalho e Direito Previdenciário e também em cursos preparatórios para concursos. Membro emérito do Instituto Brasileiro de Direito Previdenciário. Titular da cadeira n. 20 da Academia Catarinense de Letras Jurídicas.

João Batista Lazzari

Pós-doutor em Direito e Justiça Constitucional pela Universidade de Bologna, Itália. Doutor em Direito Público pela Universidade de Perugia, Itália. Doutor e Mestre em Ciência Jurídica pela Universidade do Vale do Itajaí (Univali). Juiz Federal no TRF da 4ª Região (1996-2023), Juiz da Turma Nacional de Uniformização dos JEFs (2013-2015). Professor em Cursos de Pós-Graduação e de Escolas da Magistratura Federal e do Trabalho. Membro emérito do Instituto Brasileiro de Direito Previdenciário. Titular da cadeira n. 31 da Academia Catarinense de Letras Jurídicas, da cadeira n. 17 da Academia Brasileira de Direito da Seguridade Social e da cadeira n. 3 da Academia de Letras de Direito Previdenciário.

Nota dos Autores à 28ª Edição

Caríssimas leitoras, caríssimos leitores, apresentamos a 28ª edição do nosso *Manual de Direito Previdenciário*.

Buscamos manter a abordagem didática e a linguagem acessível, a fim de que possa ser utilizado tanto por estudantes, que estão começando a explorar o Direito Previdenciário, quanto por profissionais que desejam aprimorar e atualizar seus conhecimentos.

Nesta nova edição, fizemos, como de costume, atualizações sobre a legislação previdenciária, bem como as diversas normas infralegais pertinentes tanto ao custeio quanto aos benefícios, tanto do Regime Geral quanto dos Regimes Próprios de Previdência, de modo a apreciar as mudanças mais recentes que impactam os Direitos Sociais Fundamentais, seguindo nosso compromisso de sempre fornecer informações atualizadas e relevantes para manter nossa pesquisa na vanguarda do estudo dessa temática, a fim de assegurar, a quem nos dá o privilégio de seguir nosso trabalho, conhecimentos importantes nas atividades profissionais e acadêmicas.

Como exemplo disso, temos as alterações relativas ao retorno da Desvinculação de Receitas da União – DRU (EC n. 135, de 2024); à condição de segurado especial dos associados em cooperativas (Lei n. 15.072, de 2024); e à concessão do BPC (Leis ns. 14.973 e 15.077, de 2024).

No campo infralegal, as diversas alterações na IN PRES/INSS n. 128/2022, notadamente pela IN PRES/INSS n. 164/2024; a disciplina dos procedimentos e rotinas relativos ao Serviço Social no âmbito do INSS (Portaria Dirben/INSS n. 1.208, de 29.5.2024); as questões sobre a declaração fornecida pelo Incra e a ratificação da autodeclaração de remanescentes de comunidades quilombolas (cumprindo decisão em ACP); as regras e os procedimentos para análise do direito ao Benefício de Auxílio-Inclusão à Pessoa com Deficiência (Portaria Dirben/INSS n. 1.211, de 11.6.2024); a disciplina acerca das condições de dispensa da emissão de parecer conclusivo da Perícia Médica Federal quanto à incapacidade laboral e à concessão do benefício por meio de análise documental pelo INSS (Portaria Conjunta MPS/INSS n. 19, de 27.6.2024) e a operacionalização do pedido de prorrogação de benefícios por incapacidade temporária (Portaria Conjunta Pres/INSS/SRGPS/MPS n. 49, de 4.7.2024). E ainda a Resolução CNJ n. 595, de 21.11.2024, que dispõe sobre a padronização dos exames periciais nos benefícios previdenciários por incapacidade e sobre a automação nos processos judiciais previdenciários e assistenciais, por meio do Prevjud.

No campo do Processo Administrativo Previdenciário, houve a análise das alterações levadas a efeito na IN CRPS n. 1, de 28 de dezembro de 2022, pela IN CRPS n. 3, de 12.5.2024, a fim de estabelecer as regras, os procedimentos e as rotinas necessárias à efetiva aplicação das normas de direito previdenciário no âmbito do Conselho de Recursos da Previdência Social.

Abordamos, também, o projeto "Desjudicializa Prev", que tem o objetivo de reduzir a litigiosidade em ações previdenciárias e assistenciais em dez temas que já contam com jurisprudência consolidada.

Os destaques desta edição referem-se, ainda, à análise de diversos julgados que tratam do Direito Previdenciário e de áreas correlatas. São abordadas novas teses fixadas em recursos com repercussão geral ou de natureza repetitiva, de representativos de controvérsias da TNU desde a última edição do livro.

No âmbito do STF, frisamos o julgamento das ADI n. 2.110 (sobre a obrigatoriedade de incidência da regra de transição da Lei n. 9.876/1999, que exclui os salários anteriores a julho de 1994 do cálculo da aposentadoria) e n. 2.111 (em que foi declarada a inconstitucionalidade da exigência de carência para a fruição de salário-maternidade para contribuintes individuais e seguradas facultativas, prevista no art. 25, III, da Lei n. 8.213/1991, na redação dada pelo art. 2º da Lei n. 9.876/1999).

Do STJ, comentamos, quanto às normas de custeio, as controvérsias na base de cálculo da contribuição previdenciária do empregador; a respeito de ações previdenciárias e revisionais, o acórdão que definiu ser o trânsito em julgado da decisão na Justiça do Trabalho o marco inicial da decadência em pedidos de revisão de benefício previdenciário, em sentenças trabalhistas e a reafirmação da tese que prevê devolução de benefícios previdenciários recebidos por força de liminar revogada; sobre benefícios do RGPS, a tese fixada sobre como se dá a compensação de benefícios previdenciários não acumuláveis; no campo dos Regimes Próprios de Previdência, a decisão de que o abono de permanência deve integrar a base de cálculo do terço de férias e do 13º salário.

Da TNU, mereceram atenção as teses firmadas nos Temas 317 e 354, sobre aposentadoria especial e a observância das determinações da NHO-01 da Fundacentro e/ou da NR-15 e o enquadramento especial da atividade de trabalhador em indústria têxtil, respectivamente.

Apresentamos, também, nesta edição, novas teses sobre benefícios, entre as quais aquela que se baseia em julgado da TRU do TRF4, no sentido de que, "Em se tratando de segurado empregado e empregado doméstico, mesmo após a vigência da Emenda Constitucional n. 103/2019, da Reforma da Previdência, os recolhimentos realizados com base em remuneração inferior ao limite mínimo mensal do salário de contribuição não impedem a manutenção da qualidade de segurado nem o seu cômputo como carência para o deferimento de benefício por incapacidade".

Desejamos a vocês uma ótima leitura!

Apresentação

O tema da Seguridade Social no Brasil tem estado em evidência constante, uma vez que a manutenção de uma rede de ações nos campos de sua atuação é, por muitos doutrinadores, considerada uma forma de estabelecer a justiça social mediante a redistribuição de renda e a assistência aos menos favorecidos; de outro lado, é tida por inviável, nos termos em que se encontra normatizada, por um grupo considerável de estudiosos do tema.

Nesse contexto, devemos declarar nos parecer insofismável ser a Seguridade Social uma necessidade, que não pode deixar de existir nos seus moldes clássicos. Mesmo entre muitos dos que entendem difícil ou mesmo impossível a gestão do atual sistema, não há controvérsia a respeito da insubstituível atuação do Estado no campo da segurança social, protegendo os indivíduos contra os riscos inerentes à perda da capacidade laborativa, permanente ou temporária, ou à inexistência de condições de subsistência por conta própria, bem como na provisão da saúde pública.

Vivemos numa sociedade que tem o trabalho como valor social – dentro da noção de que ele insere o indivíduo na comunidade como ser útil, como forma de desenvolvimento das riquezas materiais e espirituais –, pois é pelo labor que se tem a produção de bens, e, ainda, como meio de satisfação das necessidades primordiais do ser humano – uma vez que é a contraprestação pelo trabalho que fornece ao indivíduo as condições para sua sobrevivência.

O indivíduo – assalariado ou não – na maioria das vezes tem como única fonte de recursos ele próprio; é ele sua força de trabalho e sua inexorável condição para subsistência a manutenção de sua capacidade laborativa. Com a perda ou a redução, definitiva ou temporária, desta capacidade, sem as políticas de atuação estatal na esfera da Previdência, mediante a manutenção de um seguro social, é levado, junto com seus dependentes, à miséria, tendo de recorrer à caridade, caso não tenha sido precavido ou tenha tido condições de poupar economias para um futuro incerto.

A Previdência Social, portanto, surge primordialmente da preocupação com o sustento dos que, tendo sido trabalhadores, encontram-se fora do mercado de trabalho por falta de condições físicas ou mentais.

Já com relação àqueles que sequer tiveram a oportunidade de ingressar no mercado de trabalho, como as pessoas com deficiências graves, por desde antes se encontrarem incapazes de exercer qualquer ofício ou profissão, tem-se que estes dependem ainda mais de amparo, que deve ser concedido assistencialmente pelo Estado. O mesmo se diga de idosos que não conseguiram implementar os requisitos para obter uma aposentadoria. Eis a razão de existir da Assistência Social.

Sem que tenham de despender recursos financeiros próprios, tanto uns quanto outros necessitam manter diuturnamente sua integridade física e mental, por meio de medidas preventivas ou curativas. Chegamos ao campo de atuação da Saúde.

Sob esse aspecto de proteção a todos os grupos de indivíduos de uma mesma sociedade, é relevante o papel do Estado no sentido de, ao mesmo tempo, assegurar a criação e manutenção de um sistema de proteção aos infortúnios que atingem a capacidade de subsistência e obrigar os integrantes economicamente capazes da coletividade, por meio do poder coercitivo de que é detentor, a participar compulsoriamente desse sistema, para que nenhum indivíduo fique ao desamparo e para que a sociedade tenha sua cota de participação no custeio dessa proteção, para a manutenção de uma existência digna.

É essa a concepção de Seguridade Social a que nos acostumamos.

Essa concepção, todavia, vem sendo modificada em vários dos seus aspectos e mesmo contestada em algumas sociedades contemporâneas, seja no tocante à gestão estatal, seja relativamente ao custeio dos benefícios e serviços por toda a sociedade.

Há países que adotaram o regime privado de previdência como regra geral, com o custeio das prestações mediante contribuições tão somente dos segurados, e não mais de outros segmentos da sociedade, do Estado e dos empregadores. Outros pretendem manter o sistema de repartição, alterando regras de concessão de benefícios e aumentando a idade mínima para a aposentação. E ainda há outros ordenamentos que estabelecem formas híbridas de proteção, com atuação do ente público na gestão, mas com alicerce no modelo de capitalização.

Nunca é demais lembrar que a questão da segurança social envolve não só a necessidade particular dos indivíduos vitimados por algum evento previsto na norma jurídica de proteção, mas também as relações de trabalho e consumo, como lembra a introdução dos anais da Conferência de Estocolmo sobre "O Futuro da Seguridade Social", ocorrida em junho/julho de 1998: "La protección social pública para los que no pueden mantenerse a sí mismos, es crucial para el bienestar de las personas privadas y las familias, así como para la economía y la sociedad en su conjunto. Además de la dignidad y la independencia que la protección de la seguridad social proporciona al individuo, las prestaciones en metálico son importantes para sostener la demanda de los consumidores. Un sistema bien disenado de seguridad social mejora directamente el funcionamiento del mercado de trabajo. Una asistencia sanitaria adecuada para todos es importante para el desarrollo de la economía. En suma, la seguridad social constituye un programa eficaz para fomentar la paz social y la cohesión económica en las sociedades modernas".[1]

No momento em que se discutem alternativas ao sistema de seguridade vigente, é fundamental que se coloquem em discussão todos os aspectos da questão da proteção social ao indivíduo, analisando o surgimento da Previdência Social e sua evolução histórica, bem como a situação atual, as reformas realizadas e as pretendidas e as perspectivas futuras do problema.

Dessa forma, organizamos esta obra de modo a abordar tais temas.

Na Parte I do livro tenciona-se fazer uma incursão sobre a noção de seguridade social e previdência social, analisando o surgimento da ideia de proteção estatal dos eventos danosos ao indivíduo, as etapas de sua fixação como ramo do Direito, o apogeu da noção de Estado-Providência e seus fundamentos e sistemas. Há breve escorço histórico sobre a Previdência Social no Brasil, passando, necessariamente, pela adoção do conceito de "Seguridade Social" da Constituição de 1988 e pelas Emendas Constitucionais que realizaram "Reformas da Previdência". Analisamos o ramo da ciência jurídica denominado Direito Previdenciário e as fontes de onde emanam suas normas; estudamos sua aplicação no tempo e no espaço e a questão das lacunas e da interpretação diante de seus regramentos. Focalizamos os princípios gerais norteadores da Seguridade Social e os específicos da Previdência Social. Por fim, diferenciamos o Regime Geral de Previdência Social dos demais regimes, para facilitar a compreensão das demais partes da obra, já que a complexidade do assunto normalmente gera confusão entre o "regime do INSS" e os demais regimes (próprios e de previdência complementar).

O objeto de estudo da Parte II são as pessoas abrangidas e as relações jurídicas disciplinadas pelo Direito Previdenciário. Assim, procuramos conceituar a relação de custeio e de prestações;

---

[1] *El futuro de la seguridad social*, Estocolmo, Federación de las Oficinas del Seguro Social, 1998, p. 7.

a pessoa do contribuinte e do beneficiário, e, dentro destas, as diversas categorias e espécies, com suas definições legais e questões polêmicas, como a da idade mínima para ingresso no regime. Mencionam-se as figuras da filiação e inscrição de segurados, para identificar seus momentos de ocorrência e traços distintivos.

O financiamento da Seguridade Social foi o tópico abordado na Parte III, com a análise das diversas fontes de custeio, da natureza jurídica das contribuições sociais e suas espécies, da isenção e da matrícula das empresas. Também visamos esclarecer o item relativo ao inadimplemento das obrigações perante o ente arrecadador e a responsabilização por débitos e infrações em geral, sanções administrativas e penais.

A Parte IV do trabalho cuida das prestações previdenciárias, mas, antes disso, fixa conceitos fundamentais, como carência, salário de benefício, cálculo da renda mensal inicial, reajustamento e pagamento dos benefícios. Todos os benefícios em espécie, existentes e já extintos foram analisados. Abordou-se a questão do reconhecimento do tempo de contribuição – e as medidas administrativas e judiciais à disposição do indivíduo, com as restrições da incidência da prescrição e da decadência. O acidente do trabalho e as doenças a ele equiparadas foram objeto de discussão, bem como a responsabilidade do empregador.

A Parte V desta obra é voltada à análise das regras dos Regimes Próprios de Previdência Social, na qual apresentamos um histórico da evolução desses regimes e das reformas do Texto Constitucional de 1988. Abordamos as regras de custeio e de concessão dos benefícios, inclusive as de transição, e a questão do reajustamento das aposentadorias e pensões. Conferimos atenção à necessidade do respeito aos direitos adquiridos e tecemos considerações a respeito da implantação da previdência complementar para os ocupantes de cargos efetivos nos termos previstos no art. 40 da Constituição em alguns dos entes da Federação, bem como os impactos de tal instituição para os agentes públicos.

Na derradeira parte do livro, visamos dar nossa contribuição ao debate sobre as reformas na questão da proteção social ao indivíduo, trazendo a lume um panorama mundial das mudanças em andamento, as abordagens críticas aos sistemas vigentes e concebidos, as tendências verificadas pelos estudiosos e, finalizando, a nossa opinião acerca do futuro da Previdência Social brasileira.

Este, caro leitor, é o nosso trabalho, fruto de pesquisas iniciadas na época em que atuávamos como Procuradores do Instituto Nacional do Seguro Social e consolidadas com o exercício da Magistratura e da atividade docente, complementadas com aquelas realizadas na formação *stricto sensu* em âmbito acadêmico. Com a sua divulgação, pretendemos colaborar para o grande debate sobre o Direito Previdenciário, o atual estágio e as tendências da Seguridade Social e da Previdência Social no Brasil e no mundo.

Carlos Alberto Pereira de Castro e João Batista Lazzari

Prefácio à 25ª edição

É com grande honra que apresento esta obra, verdadeira referência na matéria, o *Manual de Direito Previdenciário*, de autoria dos magistrados e professores João Batista Lazzari e Carlos Alberto Pereira de Castro, que se destacam tanto na carreira que abraçaram quanto no âmbito acadêmico.

A prova insofismável disso é ter chegado o livro à sua 25ª edição, marco que raramente é atingido por obras jurídicas, e que identifica a sua relevância no cenário doutrinário nacional e, por que não, internacional.

O sistema de proteção social no Brasil, construído durante o século XX, e amalgamado no Texto Constitucional de 5 de outubro de 1988, vem sendo modificado em aspectos de grande amplitude desde a Emenda de número 20, em 1998, até a Emenda número 103, de 2019, como a criação de uma idade mínima para aposentadoria e as múltiplas mudanças nos critérios de apuração da renda mensal de diversos benefícios, apenas para demonstrar o alcance das alterações.

Não fosse o bastante, diversas alterações e revogações nas leis e atos infralegais levam a uma grande quantidade de dúvidas sobre os direitos dos beneficiários do sistema, sendo importantíssima a missão de esclarecer, com clareza, objetividade e linguagem acessível, a aplicação dos dispositivos, a revogação de regras, a condição dos detentores de direito adquirido, enfim, uma gama de questionamentos que os autores analisam com o intuito de colocar luzes sobre cada tema, com forte inspiração principiológica e profunda análise das questões de direito intertemporal, atentos às eventuais violações a normas constitucionais e legais, como é o papel da doutrina.

O Supremo Tribunal Federal, em seu inolvidável papel de guardião da Constituição e da ordem jurídica nela plasmada, tem sido provocado sobre diversos desses temas de Direito Previdenciário, seja no âmbito do Regime Geral de Previdência Social, bem como no que toca aos Regimes Próprios de Previdência e seus respectivos segurados e dependentes.

A doutrina – notadamente a obra ora prefaciada – exprime posições que inspiram tanto o exercício do direito de ação, como também a jurisprudência pátria, desde o primeiro grau de jurisdição até a mais alta Corte. É grande, pois, a responsabilidade em produzir obra de tamanho vulto, conformada pela utilidade sem par que este aprofundado trabalho de pesquisa e interpretação possui.

Fica patente que, nesta construção, os autores mesclam sua vasta experiência na Magistratura, de mais de 25 anos de toga, com suas pesquisas acadêmicas, também datadas de décadas, e sempre laureadas por todas as instituições de ensino que lhes receberam como pesquisadores.

Desta forma, a obra é um valioso contributo para o Direito Previdenciário Brasileiro, ao servir àqueles que iniciam seus estudos, mas também colaborando com a atuação dos profissionais cujo foco são os Direitos Fundamentais Sociais, e ainda, os estudiosos dos cursos de pós-graduação – *lato* e *stricto sensu*.

Estão de parabéns os autores, pelo êxito do livro, nesta quadra em que nos brindam com esta nova edição, ampliada e atualizada.

Brasília, primavera de 2021.

Ministro Luiz Fux
Presidente do Supremo Tribunal Federal

Prefácio à 20ª Edição

Recebi com alegria o honroso convite para prefaciar a 20ª edição do já consagrado *Manual de Direito Previdenciário*, de autoria dos eméritos e prestigiados magistrados e professores João Batista Lazzari e Carlos Alberto Pereira de Castro.

As políticas públicas de previdência social são pautas de enorme preocupação e atualidade no cenário mundial e, em especial, no Brasil, notadamente devido aos questionamentos que envolvem a sustentabilidade do sistema, a ampliação da cobertura, o fortalecimento dos mecanismos de financiamento e as regras de acesso a prestações, tais como idade mínima, tempo de contribuição e fator previdenciário, entre outros temas. A constatação de que a expectativa de sobrevida cresce em todos os segmentos etários, inclusive entre os mais idosos, tem como consequência direta o maior encargo de benefícios, o que demanda frequentes debates sobre a necessidade de reforma da Previdência e a adequação dos direitos assegurados constitucionalmente.

Por outro lado, o Poder Judiciário brasileiro enfrenta altos índices de congestionamento, para o que contribui significativamente o elevado volume de demandas de natureza previdenciária, quase sempre decorrentes de divergência na interpretação e aplicação das leis que regem o sistema.

A busca pelo patamar de bem-estar social prometido em normas constitucionais e, em contraponto, os aspectos relativos à reserva do possível em matéria de implementação de direitos fundamentais sociais, o debate sobre questões ligadas aos limites da razoabilidade e da proporcionalidade, quando aplicados aos indivíduos que postulam a proteção social, e o questionamento sobre a legitimidade das reformas no conjunto de normas que disciplinam a matéria são temas corriqueiros nos litígios envolvendo os três grandes domínios da Seguridade Social.

No Brasil, acabam batendo às portas da Suprema Corte inúmeras questões dessa natureza, tais como as que tratam de critérios de concessão e revisão de benefícios do seguro social, de prestações do direito à saúde, bem como as relativas ao financiamento do sistema, envolvendo tanto o Regime Geral de Previdência Social quanto os regimes especiais.

Nesse cenário de questionamentos e incertezas políticas e jurídicas, ganha enorme realce o direito previdenciário, a exigir que a doutrina sobre ele se debruce e aponte caminhos. É de se reconhecer, portanto, que o Manual de Direito Previdenciário ocupa espaço doutrinário de destaque como obra que busca oferecer visão completa desse ramo do Direito, com abordagens que vão desde a evolução histórica da proteção social ao trabalhador, passando pelos princípios que a norteiam, até as mais recentes inovações legislativas e manifestações jurisprudenciais sobre os regimes previdenciários vigentes, apresentando profunda análise das perspectivas da Seguridade Social no Brasil e no mundo.

Destaca-se que os autores aliam à experiência do exercício da magistratura a sua condição de docentes, o que atribui à obra o mérito significativo de oferecer o máximo de informações para os profissionais da área e para os que pretendem iniciar seus estudos no campo do Direito Previdenciário.

Tenho convicção de que este livro representa um inestimável aporte doutrinário do complexo sistema de Seguridade Social, favorecendo a universalização da cultura previdenciária em nosso País.

Novembro de 2016.

Teori Zavascki
Ministro do Supremo Tribunal Federal
(falecido em 19 de janeiro de 2017)

Sumário

Abreviaturas XXXIII

PARTE I
INTRODUÇÃO AO DIREITO PREVIDENCIÁRIO

Capítulo 1 – O Estado e a Proteção Social ao Trabalhador 3
    1.1   Prólogo 3
    1.2   O surgimento da noção de proteção social 4
    1.3   A mútua assistência e a caridade 5
    1.4   A assistência social estatal 5
    1.5   A formação do conceito de bem-estar social 6
    1.6   Evolução da previdência social – Do modelo de Bismarck ao modelo de Beveridge 9

Capítulo 2 – Fundamentos da Previdência Social 15
    2.1   A intervenção do Estado e a dignidade da pessoa humana 15
    2.2   A solidariedade social 17
    2.3   A compulsoriedade da filiação 17
    2.4   A proteção aos previdentes 18
    2.5   A redistribuição de renda 18
    2.6   A teoria do risco social 20
    2.7   Da previdência à segurança social 20

Capítulo 3 – Modelos de Previdência Social 23
    3.1   Sistemas contributivos e não contributivos 24
    3.2   Sistemas contributivos de repartição e capitalização 25
    3.3   Sistemas privados de previdência 25
    3.4   O sistema de pilares 26

Capítulo 4 – A Evolução da Proteção Social no Brasil 29
    4.1   Primeiras regras de proteção 30
    4.2   A Lei Eloy Chaves 30
    4.3   Os institutos de classe 32
    4.4   Da criação do INPS à Constituição de 1988 33
    4.5   A Constituição de 1988 e a Seguridade Social 34
    4.6   A criação do INSS e as primeiras reformas 36
    4.7   A Emenda Constitucional n. 20, de 1998 37

4.8	As Emendas Constitucionais ns. 41 e 47..	39
4.9	A Emenda Constitucional n. 103, de 2019	40

Capítulo 5 – O Direito Previdenciário... 43

5.1	Conceito e objeto de estudo...	43
5.2	Autonomia científica	44
5.3	Classificação perante a divisão didático-enciclopédica do Direito	45
5.4	Relação do Direito Previdenciário com outros ramos do Direito......................	46
5.5	Fontes do Direito Previdenciário	48

Capítulo 6 – Aplicação das Normas de Direito Previdenciário 53

6.1	Antinomias e critérios de solução..	54
6.2	Lacunas do ordenamento e sua solução...	55
6.3	Interpretação das normas	56
6.4	Vigência e eficácia das normas no tempo	57
6.5	Vigência e eficácia das normas no espaço..	60
6.6	Acordos Internacionais de Previdência Social firmados pelo Brasil.................	60

Capítulo 7 – Princípios do Direito Previdenciário 69

7.1	Princípios gerais de Direito Previdenciário...	69
7.2	Princípios constitucionais da Seguridade Social...	72
7.3	Princípios específicos de custeio	74
7.4	Princípios específicos de Previdência Social	76

Capítulo 8 – Regimes Previdenciários... 81

8.1	O Regime Geral de Previdência Social – RGPS	81
8.2	Regimes de previdência de servidores públicos ocupantes de cargos efetivos ...	82
8.3	Regime Previdenciário Complementar..	84
8.4	Regime dos Militares das Forças Armadas	88

PARTE II
A SEGURIDADE SOCIAL BRASILEIRA

Capítulo 9 – A Organização da Seguridade Social.. 93

9.1	Sistema Nacional de Seguridade Social...	93
9.2	Instituto Nacional do Seguro Social – INSS	94
9.3	Gestão descentralizada...	95
9.4	Conselho Nacional de Previdência Social – CNP..	95
9.5	Conselhos de Previdência Social – CPS	96
9.6	Conselho Nacional de Assistência Social – CNAS	97
9.7	Conselho Nacional de Previdência Complementar – CNPC.............................	99
9.8	Conselho de Recursos da Previdência Social – CRPS.......................................	100
9.9	Conselho Administrativo de Recursos Fiscais – CARF....................................	103

Capítulo 10 – Relação Jurídica de Custeio 107

10.1	Definição da relação obrigacional...	107
10.2	Autonomia da relação de custeio	108
10.3	Identidade com a relação obrigacional tributária...	108

Capítulo 11 – Contribuintes da Seguridade Social........ 111
  11.1 Segurados do Regime Geral de Previdência Social 112
  11.2 Empresa e entidades equiparadas 113
  11.3 Matrícula da empresa, do produtor rural pessoa física e do segurado especial 114
  11.4 Empregador doméstico 115
  11.5 Apostadores de concursos de prognósticos 115

Capítulo 12 – Relação Jurídica de Seguro Social 117
  12.1 Definição da relação de Seguro Social 117
  12.2 Vinculação da relação previdenciária com a filiação 118
  12.3 Natureza jurídica da relação de Seguro Social 120

Capítulo 13 – Segurados do Regime Geral de Previdência Social 123
  13.1 Segurados – Definição 123
  13.2 Segurados obrigatórios 123
    13.2.1 Empregado urbano e rural 124
    13.2.2 Empregado doméstico 133
    13.2.3 Contribuinte individual 134
    13.2.4 Trabalhador avulso 139
    13.2.5 Segurado especial 139
  13.3 Segurado facultativo 145
  13.4 A menoridade e a filiação como segurado 146
  13.5 Aposentado que retorna à atividade 147

Capítulo 14 – Filiação dos Segurados 149

Capítulo 15 – Manutenção e Perda da Qualidade de Segurado 153

Capítulo 16 – Dependentes 165

Capítulo 17 – Inscrição dos Segurados e Dependentes 179
  17.1 Inscrição dos segurados 179
    17.1.1 Inscrição de segurado *post mortem* 183
  17.2 Inscrição de dependentes 186

PARTE III
CUSTEIO DA SEGURIDADE SOCIAL

Capítulo 18 – Sistema de Financiamento da Seguridade Social 193
  18.1 Sistema contributivo 196
  18.2 Participação da União 197
  18.3 Contribuições sociais 197
    18.3.1 Conceituação 198
    18.3.2 Natureza jurídica 198
    18.3.3 Características gerais 199
  18.4 Outras receitas da Seguridade Social 201

Capítulo 19 – Contribuições ao Sistema 203
  19.1 Salário de contribuição 203
  19.2 Salário-base 206
  19.3 Contribuição do segurado empregado, inclusive doméstico, e trabalhador avulso 207

19.4	Contribuição do segurado contribuinte individual e facultativo..................	213
19.5	Exigência de contribuição mínima – EC n. 103/2019 e art. 19-E do RPS.........	219
19.6	Contribuições das empresas..	224
	19.6.1 Contribuição sobre a folha de pagamento........................	224
	19.6.2 Contribuição sobre a remuneração paga aos segurados contribuintes individuais e trabalhadores avulsos........................	226
	19.6.3 Contribuição adicional das instituições financeiras.............	230
	19.6.4 Contribuição em razão do Grau de Incidência de Incapacidade Laborativa decorrente dos Riscos Ambientais do Trabalho – GILRAT........	230
	19.6.4.1 Fator Acidentário de Prevenção – FAP..............	232
	19.6.4.2 Contribuição adicional para o financiamento da aposentadoria especial................................	238
	19.6.5 Desonerações da folha de salários................................	239
	19.6.6 Contribuição sobre a receita e o faturamento....................	240
	19.6.7 Simples Nacional..	240
19.7	Contribuições do importador de bens e serviços do exterior................	245
19.8	Contribuições decorrentes do trabalho prestado em obras de construção civil...	247
19.9	Contribuição dos clubes de futebol profissional..............................	248
	19.9.1 Sociedade Anônima do Futebol (SAF)..............................	250
19.10	Contribuição do empregador doméstico..	251
19.11	Contribuição do produtor rural pessoa física e do segurado especial........	252
19.12	Contribuição do empregador rural pessoa jurídica............................	254
19.13	Contribuição sobre a receita de concursos de prognósticos..................	256
19.14	Contribuições destinadas a terceiros..	256
19.15	Sistema de escrituração digital das obrigações fiscais, previdenciárias e trabalhistas – eSocial..	257
19.16	Simples Doméstico..	260
19.17	A CTPS Digital..	261

Capítulo 20 – Isenção, Remissão e Anistia em Matéria de Contribuições 263

20.1	Isenção/imunidade..	263
	20.1.1 Requisitos para a isenção/imunidade...............................	265
	20.1.2 Requerimento e deferimento da isenção/imunidade...............	266
	20.1.3 Alcance da isenção/imunidade....................................	267
20.2	Remissão e anistia..	267

Capítulo 21 – Decadência e Prescrição das Contribuições à Seguridade Social 269

21.1	O conflito de normas: Lei de Custeio e CTN.................................	270
21.2	A decadência na exigibilidade de contribuições.............................	271
21.3	A prescrição do direito de cobrança dos créditos...........................	272
21.4	Prescrição na restituição e compensação de contribuições................	273

Capítulo 22 – Prova de Regularidade Fiscal 275

PARTE IV
PRESTAÇÕES DA PREVIDÊNCIA SOCIAL

Capítulo 23 – Introdução... 281

Capítulo 24 – Concessão da Prestação Previdenciária........................ 285

24.1	Suspensão do benefício..	287
24.2	Cancelamento do benefício..	290

24.3		Processo Administrativo Previdenciário	295
	24.3.1	Fases do processo administrativo	298
	24.3.2	Fase instrutória	307
	24.3.3	Fase decisória	317
	24.3.4	Fase recursal	320
	24.3.5	Fase revisional	322
	24.3.6	Fase de cumprimento da decisão	330
	24.3.7	Plataforma de Autocomposição Imediata e Final de Conflitos Administrativos – PACIFICA	332
	24.3.8	Programa "Desjudicializa Prev"	333

Capítulo 25 – Períodos de Carência ... 335

Capítulo 26 – Cálculo do Valor dos Benefícios ... 349

26.1		Salário de benefício e período básico de cálculo	349
	26.1.1	Atividades concomitantes	354
	26.1.2	Majorações decorrentes de sentença trabalhista	355
	26.1.3	Fórmula de cálculo do salário de benefício da Lei n. 9.876/1999 até a véspera da vigência da EC n. 103/2019	355
26.2		Fator previdenciário e a EC n. 103/2019	356
26.3		Exclusão do fator previdenciário com base na Fórmula 95/85 progressiva	358
	26.3.1	Fator previdenciário em relação aos professores	360
26.4		Renda mensal inicial	360
26.5		Valor-limite dos benefícios	363
26.6		Reafirmação da Data de Entrada do Requerimento (DER)	364

Capítulo 27 – Reajustamento e Revisão do Valor dos Benefícios ... 365

27.1		Revisão para aplicação dos novos tetos dos benefícios fixados pelas Emendas Constitucionais n. 20/1998 e n. 41/2003	367
27.2		Revisão com base na concessão do benefício mais vantajoso – Tese do "melhor benefício"	369
27.3		"Revisão da vida toda": ampliação do período básico de cálculo do salário de benefício, quando mais favorável	370
27.4		Revisão da RMI das aposentadorias concedidas com base nas regras de transição da EC n. 20/1998	371
27.5		Revisão baseada no aumento do tempo de contribuição comum e especial	373
27.6		Revisão baseada em sentença trabalhista com inclusão de tempo de contribuição e aumento dos salários de contribuição	374
27.7		Revisão decorrente de atividades concomitantes	375
27.8		Revisão dos benefícios por incapacidade concedidos após a EC n. 103/2019	375
27.9		Revisão do salário de benefício para inclusão dos valores pagos em pecúnia a título de auxílio-alimentação	377
27.10		Revisão da pensão por morte: dependentes com invalidez ou deficiência	378
27.11		Teses superadas	378
	27.11.1	Atualização monetária dos doze últimos salários de contribuição para os benefícios concedidos anteriormente à Constituição de 1988	379
	27.11.2	Súmula n. 260 do extinto TFR	379
	27.11.3	Autoaplicabilidade do art. 202, *caput*, da Constituição de 1988 – Diferenças decorrentes do reajustamento dos benefícios concedidos entre 5.10.1988 e 5.4.1991 (art. 144, parágrafo único, da Lei n. 8.213/1991)	379
	27.11.4	Aplicação do art. 58 do Ato das Disposições Constitucionais Transitórias	380
	27.11.5	Manutenção do valor real dos benefícios/equivalência do valor dos benefícios em número de salários mínimos	381

27.11.6	Valor mínimo dos benefícios	381
27.11.7	Expurgos inflacionários	381
27.11.8	Conversão dos benefícios para URV – Lei n. 8.880/1994	382
27.11.9	Reajustamento dos benefícios pelos índices integrais do IGP-DI nos meses de junho de 1997, 1999, 2000, 2001, 2002 e 2003	382
27.11.10	Revisão da renda mensal da pensão por morte – Lei n. 9.032/1995	382
27.11.11	Demais revisões decorrentes da Lei n. 9.032/1995	383
27.11.12	Salário de benefício de aposentadoria por invalidez precedida de auxílio-doença – art. 29, § 5º, da Lei n. 8.213/1991	384
27.11.13	Desaposentação e reaposentação	384
27.11.14	Aplicação da variação da ORTN/OTN na atualização dos salários de contribuição dos benefícios concedidos antes da CF de 1988	385
27.11.15	Aplicação do IRSM de fevereiro de 1994	386
27.11.16	Inclusão do décimo terceiro como salário de contribuição para cálculo do salário de benefício	387
27.11.17	Apuração da RMI do auxílio-doença e da aposentadoria por invalidez: art. 29, II, da Lei n. 8.213, de 1991	387
27.11.18	Extensão do "auxílio-acompanhante" para todas as espécies de aposentadoria	389

Capítulo 28 – Pagamento dos Benefícios 391

28.1	Pagamento feito a terceiros	394
28.2	Intangibilidade do valor do benefício	395
28.3	Devolução de benefícios previdenciários recebidos por força de tutela provisória posteriormente revogada	399
28.4	Acumulação de benefícios	400
28.5	Abono anual	406
Quadro-resumo – Abono anual		407

Capítulo 29 – Acidentes do Trabalho e Doenças Ocupacionais 409

29.1	Evolução histórica da proteção acidentária	410
29.2	Conceito de acidente do trabalho	412
29.3	Doenças ocupacionais	417
29.4	Nexo causal e concausalidade	419
29.5	A Comunicação do Acidente de Trabalho – CAT	425
29.6	A competência jurisdicional para as ações que postulam benefícios acidentários e as particularidades da prova pericial	427
29.7	A ação regressiva previdenciária	430

Capítulo 30 – Aposentadorias Programáveis 435

30.1	Aposentadoria e vínculo de emprego	437
30.2	Aposentadoria programada	442
	30.2.1 Beneficiários e DIB da aposentadoria programada	442
	30.2.2 Renda Mensal Inicial (RMI) da aposentadoria programada	443
30.3	Aposentadoria por idade	444
	30.3.1 Aposentadoria compulsória dos empregados públicos	446
	30.3.2 Aposentadoria por idade do trabalhador rural	447
	30.3.3 Aposentadoria programada "mista" ou "híbrida" da Lei n. 11.718/2008	453
	30.3.4 Período de carência	456
	30.3.5 Data de início do benefício	456
	30.3.6 Renda mensal inicial	457
Quadro-resumo – Aposentadoria por idade		458

	Tabela das regras de transição aposentadoria por idade para a mulher		461
30.4	Aposentadoria por tempo de serviço		461
	30.4.1	Período de carência	461
	30.4.2	Data de início do benefício	462
	30.4.3	Renda mensal inicial	462
30.5	Aposentadoria por tempo de contribuição		462
	30.5.1	Beneficiários	464
	30.5.2	Período de carência	465
	30.5.3	Data de início do benefício	465
	30.5.4	Renda mensal inicial	466
	30.5.5	Validade das novas regras de cálculo	467
	Quadro-resumo – Aposentadoria por tempo de contribuição		468
	30.5.6	EC n. 103/2019 – Regras de transição em relação à aposentadoria por tempo de contribuição	470
30.6	Aposentadoria programada do professor		475
	30.6.1	A aposentadoria do professor e a aplicação do fator previdenciário	477
	30.6.2	Conversão do tempo de magistério em tempo comum	478
	30.6.3	Regras de transição da aposentadoria dos professores	479
30.7	Aposentadoria especial		482
	30.7.1	Beneficiários	487
	30.7.2	A caracterização e a comprovação do exercício de atividade especial	489
	30.7.3	Laudo Técnico de Condições Ambientais do Trabalho (LTCAT)	497
	30.7.4	Uso de Equipamento de Proteção Individual (EPI)	498
	30.7.5	Nível do ruído	502
	30.7.6	Período de carência	504
	30.7.7	Data de início do benefício	504
		30.7.7.1 Cessação do pagamento da aposentadoria especial – STF Tema 709	504
	30.7.8	Renda mensal inicial	506
	30.7.9	Conversão do tempo especial	506
	30.7.10	Fator de conversão do tempo especial em comum	510
	30.7.11	A EC n. 103/2019 e as regras de transição para a aposentadoria especial	510
	Quadro-resumo – Aposentadoria especial		511
30.8	Aposentadoria aos segurados com deficiência		515
	30.8.1	Beneficiários	519
	30.8.2	Período de carência	519
	30.8.3	Renda mensal inicial	520
	30.8.4	Data de início do benefício	521
	30.8.5	Principais demandas relacionadas à aposentadoria da pessoa com deficiência	521
	Quadro-resumo – Aposentadoria aos segurados com deficiência		522
30.9	Aposentadoria dos segurados de baixa renda		524
Capítulo 31 – Benefícios por Incapacidade			**525**
31.1	Auxílio por incapacidade temporária (antigo auxílio-doença)		526
	31.1.1	Perícia médica	531
		31.1.1.1 Quesitação unificada entre as instâncias administrativa e judiciária	535
	31.1.2	Concessão por análise documental e o Atestmed	535
	31.1.3	Concessão por medida judicial	537
	31.1.4	Período de carência	540
	31.1.5	Data de início do benefício	542
		31.1.5.1 Data de início do benefício concedido judicialmente	544

	31.1.6	Renda mensal inicial	547
	31.1.7	Processo de reabilitação	549
	31.1.8	Suspensão e cessação do benefício	551
	31.1.9	Restabelecimento do benefício	557
	31.1.10	A Covid-19 e o direito a benefícios por incapacidade	558
	31.1.11	A Covid-19 e sua possível caracterização como doença ocupacional	562
Quadro-resumo – Auxílio por incapacidade temporária			565
31.2	Aposentadoria por incapacidade permanente (por invalidez)		566
	31.2.1	Período de carência	569
	31.2.2	Data de início do benefício	570
	31.2.3	Renda mensal inicial	571
	31.2.4	Recuperação da capacidade de trabalho	574
	31.2.5	Da possibilidade de transformação da aposentadoria por incapacidade em aposentadoria por idade	577
Quadro-resumo – Aposentadoria por invalidez/por incapacidade permanente			579
31.3	Auxílio-acidente		580
	31.3.1	Beneficiários	581
	31.3.2	Período de carência	583
	31.3.3	Data de início do benefício	583
	31.3.4	Renda mensal inicial	584
	31.3.5	Suspensão e cessação do benefício	586
	31.3.6	Manutenção do auxílio-acidente cumulado com aposentadoria de outro regime	587
Quadro-resumo – Auxílio-acidente			588

Capítulo 32 – Benefícios de Proteção à Família e à Maternidade ... 589

32.1	Pensão por morte		589
	32.1.1	Requisitos para a concessão do benefício	590
	32.1.2	Morte presumida	591
	32.1.3	Direito à pensão quando o segurado esteja inadimplente com a Previdência	592
	32.1.4	Habilitação de beneficiários	594
	32.1.5	Pensão ao dependente viúvo do sexo masculino	596
	32.1.6	Existência simultânea de dependentes na condição de cônjuges, ex-cônjuges e companheiros(as)	597
	32.1.7	Comprovação da união estável e homoafetiva	599
	32.1.8	A Lei n. 13.135/2015 e a limitação do acesso ao benefício	602
	32.1.9	Direito à pensão do menor sob guarda	603
	32.1.10	Direito à pensão do filho ou irmão inválido	604
	32.1.11	Dependente universitário – Pensionamento até os 24 anos	605
	32.1.12	Pensão em favor dos pais	605
	32.1.13	A revogação do inciso IV do art. 16 da LBPS e a existência de pessoa designada	606
	32.1.14	Período de carência	606
	32.1.15	Data de início do benefício	607
	32.1.16	Renda mensal inicial	608
	32.1.17	Cessação do benefício	612
	32.1.18	Perda do direito à pensão por morte	616
Quadro-resumo – Pensão por morte			616
32.2	Auxílio-reclusão		621
	32.2.1	Concessão do auxílio-reclusão para dependentes de segurados que superem o critério da baixa renda	625
	32.2.2	Período de carência	626
	32.2.3	Data de início do benefício	626

	32.2.4	Beneficiários	627
	32.2.5	Renda mensal inicial	627
	32.2.6	Causas de suspensão e extinção do auxílio-reclusão	628
Quadro-resumo – Auxílio-reclusão			629
32.3	Salário-maternidade		631
	32.3.1	Período de carência	635
	32.3.2	Data de início e duração do salário-maternidade	635
	32.3.3	Concessão do salário-maternidade em caso de adoção	637
	32.3.4	Extensão em casos de falecimento da gestante ou adotante	638
	32.3.5	Prorrogação do salário-maternidade por mais sessenta dias	638
	32.3.6	Renda mensal inicial	639
	32.3.7	Cessação do benefício	643
Quadro-resumo – Salário-maternidade			643
32.4	Salário-família		645
	32.4.1	Período de carência	647
	32.4.2	Data de início do benefício	647
	32.4.3	Renda mensal inicial	648
	32.4.4	Perda do direito	648
Quadro-resumo – Salário-família			649

Capítulo 33 – Benefícios Assistenciais – LOAS ... 651

33.1	Benefício de Prestação Continuada à pessoa idosa e à pessoa com deficiência – LOAS		651
	33.1.1	Requisitos legais para a concessão do Benefício de Prestação Continuada (BPC)	651
	33.1.2	Deficiência para fins de concessão do Benefício de Prestação Continuada (BPC)	653
	33.1.3	Requisito econômico para fins de concessão do Benefício de Prestação Continuada (BPC)	656
	33.1.4	Beneficiários	658
	33.1.5	Data de início do benefício	659
	33.1.6	Revisão do benefício	660
	33.1.7	Acumulação com outros benefícios	661
Quadro-resumo – Benefício de Prestação Continuada da Assistência Social			662
33.2	Benefício assistencial ao trabalhador portuário avulso		665
33.3	Auxílio-inclusão à pessoa com deficiência		666
	33.3.1	Beneficiários e requisitos do auxílio-inclusão	666
	33.3.2	Data de início e renda mensal do auxílio-inclusão	667
	33.3.3	Vedação de acumulação, suspensão e cancelamento do auxílio-inclusão	668
Quadro-resumo – Auxílio-inclusão à pessoa com deficiência			668

Capítulo 34 – Benefícios Extintos ... 671

34.1	Renda mensal vitalícia	671
34.2	Auxílio-natalidade	672
34.3	Auxílio-funeral	672
34.4	Pecúlio	672
34.5	Abono de permanência em serviço	673
34.6	Aposentadorias diferenciadas	673

Capítulo 35 – Serviços ... 675

35.1	Serviço Social	675
35.2	Habilitação e reabilitação profissional	677

Capítulo 36 – Tempo de Contribuição para Fins Previdenciários ... 681

36.1	Prova do tempo de contribuição		691
36.2	Reconhecimento do tempo de contribuição e respectiva indenização		695
36.3	Atividade rurícola e o regime de economia familiar		698
36.4	Aluno-aprendiz		704
36.5	Efeitos das decisões da Justiça do Trabalho para cômputo junto ao INSS		706
	36.5.1	O art. 55 da Lei de Benefícios e o princípio de aptidão para a prova. A inconstitucionalidade pela afronta ao princípio da ampla defesa	709
36.6	Contagem recíproca do tempo de contribuição		712
36.7	Ação declaratória para reconhecimento de tempo de contribuição		717

Capítulo 37 – Prescrição e Decadência em Matéria de Benefícios 719

37.1	Prescrição do direito a prestações		719
37.2	A Lei n. 13.846/2019 e a violação aos direitos do pensionista menor, incapaz ou ausente		721
37.3	Decadência do direito à revisão do cálculo de benefício previdenciário		722
37.4	Aplicação do prazo de decadência nas ações para reconhecimento de tempo de contribuição		725
37.5	Prazo para revisão de benefício antecedente em caso de pensão por morte		725
37.6	Da possibilidade de interrupção do prazo decadencial para revisão do ato de concessão nos casos de requerimento administrativo		726
37.7	Hipóteses de aplicação do prazo de decadência na via administrativa		727
37.8	Revisão embasada em sentença trabalhista		728
37.9	Prazo decadencial para o INSS rever seus atos		728
37.10	Conclusões sobre os institutos da prescrição e da decadência		731

Capítulo 38 – Ações Previdenciárias 733

38.1	Competência para as ações previdenciárias		734
	38.1.1	Prestações comuns previdenciárias	735
	38.1.2	Competência federal delegada	736
	38.1.3	Prestações acidentárias	737
	38.1.4	Causas referentes ao benefício assistencial	739
	38.1.5	Ações envolvendo benefícios de entidades fechadas de previdência complementar	739
	38.1.6	Dano moral previdenciário	741
38.2	Prévio ingresso na via administrativa		743
	38.2.1	Prazos para concessão, revisão e implantação de benefícios (STF – RE 1.171.152/SC)	746
38.3	Juizados Especiais Cíveis na Justiça Federal		747
	38.3.1	Competência dos JEFs	749
	38.3.2	Valor da causa	750
	38.3.3	Renúncia	751
	38.3.4	Legitimidade	752
	38.3.5	Sentença líquida	753
	38.3.6	Recursos	753
		38.3.6.1 Recurso contra decisão que aprecia pedidos de liminares e de tutela provisória	754
		38.3.6.2 Recurso contra sentença (recurso inominado)	755
		38.3.6.3 Incidente regional de uniformização de jurisprudência	757
		38.3.6.4 Pedido de Uniformização de Interpretação de Lei federal (PUIL)	758
		38.3.6.5 Pedido de Uniformização de Interpretação de Lei (PUIL) dirigido ao Superior Tribunal de Justiça	764
	Quadros-resumo – Recursos		768
	38.3.7	Cumprimento da sentença	780
	38.3.8	Aplicação da Lei dos JEFs em caso de delegação de competência	782

	38.3.9	Nulidades	783
	38.3.10	Custas e honorários advocatícios	783
38.4	O CPC de 2015 e seus reflexos nos Juizados Especiais Federais		786
38.5	Pagamentos devidos pelo INSS		798
	38.5.1	Evolução legislativa	798
	38.5.2	Requisição de Pequeno Valor (RPV)	801
	38.5.3	Pagamento por precatório	802
	38.5.4	Complemento positivo	804
38.6	Preferência no pagamento de requisições (RPV ou precatório)		804
38.7	Coisa Julgada Previdenciária		805
	38.7.1	A desconstituição da coisa julgada incompatível com a Constituição	811
38.8	Execução do julgado		812

PARTE V
REGIMES PRÓPRIOS DE PREVIDÊNCIA SOCIAL

Capítulo 39 – Introdução 817

Capítulo 40 – Histórico 823

Capítulo 41 – Aspectos Gerais dos Regimes Próprios 827
- 41.1 Segurados dos Regimes Próprios de Previdência 827
- 41.2 Filiação a Regime Próprio 828
- 41.3 Regras gerais vigentes para os Regimes Próprios 830
- 41.4 Fiscalização dos Regimes Próprios 832
- 41.5 Gestão dos Regimes Próprios 834
- 41.6 Certificado de Regularidade Previdenciária – CRP 835
- 41.7 Extinção de Regimes Próprios 838

Capítulo 42 – Principais Pontos das Reformas Constitucionais 845
- 42.1 A Emenda Constitucional n. 20, de 1998 845
- 42.2 A Emenda Constitucional n. 41, de 2003 847
- 42.3 A Emenda Constitucional n. 47, de 2005 849
- 42.4 A Emenda Constitucional n. 70, de 2012 850
- 42.5 A Emenda Constitucional n. 88, de 2015 851
- 42.6 A Emenda Constitucional n. 103, de 2019 851
  - 42.6.1 A EC n. 103/2019 e a superposição de regras de transição 852
  - 42.6.2 A EC n. 103/2019 e a violação ao princípio da segurança jurídica 854
  - 42.6.3 Teoria do adimplemento substancial do "contrato social previdenciário" 856

Capítulo 43 – Previdência Complementar para Servidores Públicos 859
- 43.1 A instituição dos fundos de pensão para servidores federais 860

Capítulo 44 – Custeio dos Regimes Próprios 871
- 44.1 Breve histórico 871
- 44.2 Disposições gerais sobre custeio dos RPPS 872
- 44.3 Contribuições no RPPS da União 877

Capítulo 45 – Regras de Aposentadoria dos Regimes Próprios 881
- 45.1 Aposentadoria por incapacidade permanente 893

45.1.1 Regras aplicáveis ao RPPS da União (e entes federativos que tenham promovido reformas após a EC n. 103/2019) 894
45.1.2 Acidente em serviço e doenças graves 896
45.1.3 Integralidade dos proventos – invalidez durante a vigência da EC n. 41/2003.... 896
45.1.4 A Emenda Constitucional n. 70/2012 897
Quadros-resumo – Regras de aposentadoria por incapacidade permanente 899
45.2 Aposentadoria compulsória por idade 900
45.3 Aposentadoria voluntária 903
45.3.1 Regras aplicáveis aos RPPS dos Estados, Distrito Federal e Municípios que não efetuaram a Reforma da Previdência 906
Quadro-resumo – Regras sobre aposentadoria voluntária exclusivamente por idade 907
45.3.2 Aposentadoria voluntária "por idade e tempo de contribuição" 909
45.3.3 Regras de transição para a aposentadoria voluntária por idade e tempo de contribuição 911
Quadro-resumo – Regras vigentes, até que lei local disponha em contrário, para servidores estaduais, distritais e municipais: aposentadoria voluntária por idade mais tempo de contribuição 918
45.4 Aposentadorias especiais nos regimes próprios 924
Quadro-resumo – Regras sobre aposentadoria especial nos RPPS dos entes federados subnacionais (que não realizaram a Reforma da Previdência) 930
45.5 Tempo de contribuição nos regimes próprios 932
45.5.1 Contagem recíproca de tempo de contribuição 933
45.5.2 Contagens fictícias 938
45.6 Prazo prescricional para ação de concessão ou revisional de aposentadoria nos RPPS 939
45.7 Inconstitucionalidade da pena de cassação da aposentadoria 939

Capítulo 46 – Pensão por Morte, Auxílio-Reclusão e Licenças de Caráter Previdenciário nos Regimes Próprios 943
46.1 Cálculo e reajustamento da pensão por morte nos RPPS 944
46.2 Pensão nos RPPS em geral (exceto o da União e dos entes federativos que promoveram a Reforma da Previdência) 945
46.3 Regras de acumulação de benefícios 948
46.4 Rol de beneficiários e rateio da pensão por morte 953
46.5 Perda e cessação do direito à pensão 958
46.6 Licenças-maternidade, paternidade e por adoção 961
46.7 Licença para tratamento de saúde – comum e acidentária 965
46.8 Auxílio-reclusão 967

Capítulo 47 – O Regime Próprio da União 969
47.1 A aposentadoria voluntária no RPPS da União – regra geral 970
47.2 Cálculo dos proventos de aposentadoria com base nas regras transitórias da Emenda Constitucional n. 103, de 2019 971
47.3 Reajustamento dos benefícios do RPPS da União 972
47.4 Regra geral transitória de aposentadoria voluntária no RPPS da União 973
47.5 Regra transitória – aposentadoria voluntária de docentes federais 974
Quadro aposentadorias no RPPS da União – Regra transitória geral e dos docentes 974
47.6 Aposentadoria dos policiais, agentes penitenciários e socioeducativos do âmbito federal 974
Quadro aposentadoria dos policiais e demais atividades de risco – RPPS da União (ambos os sexos) 976
47.7 Regra transitória – aposentadoria especial (exposição a agentes nocivos) no âmbito da União ... 976
Quadro regra transitória – aposentadoria por exposição a agente nocivo no RPPS da União 977

47.8	Aposentadoria do servidor com deficiência no RPPS da União	977
Quadro-resumo – Aposentadoria por tempo de contribuição do servidor com deficiência		978
Quadro-resumo – Aposentadoria por idade do servidor com deficiência		978
47.9	As novas regras de transição para os servidores federais	978
47.10	Regra de transição – servidores federais em geral	978
47.11	Regras de transição para docentes de instituições federais	981
47.12	Regra de transição para aposentadoria de servidores federais expostos a agentes nocivos	983
47.13	Regras de transição para os policiais, agentes penitenciários e socioeducativos	984
47.14	Abono de permanência no RPPS da União	985
47.15	Pensão por morte no RPPS da União	986
47.16	Critério de cálculo da pensão por morte no âmbito da União – regra geral	988
47.17	Duração do pagamento da pensão a cada dependente	989
47.18	Alteração da regulamentação infraconstitucional	991
47.19	A questão do auxílio-reclusão no RPPS da União	991
47.20	Efeitos práticos das alterações – nas pensões por morte – RPPS da União	991

Capítulo 48 – Reajustamento do Valor dos Benefícios 993

PARTE VI
TENDÊNCIAS DO DIREITO PREVIDENCIÁRIO

Capítulo 49 – A Globalização e o Estado Contemporâneo 1001

Capítulo 50 – As Mudanças no Direito Comparado 1015

Capítulo 51 – A Previdência Brasileira e suas Características 1021

Capítulo 52 – Perspectivas da Seguridade Social Brasileira 1033

Bibliografia 1043

ANEXOS

Súmulas e Enunciados de Interesse em Matéria Previdenciária 1057

Informações Complementares sobre Contribuições e Benefícios Previdenciários 1057

Índice Alfabético-Remissivo 1059

Abreviaturas

AC	–	Apelação Cível
ADC	–	Ação Declaratória de Constitucionalidade
ADIn	–	Ação Direta de Inconstitucionalidade
AgR	–	Agravo Regimental
AI	–	Agravo de Instrumento
AISS	–	Associação Internacional de Seguridade Social
AMS	–	Apelação em Mandado de Segurança
AP	–	Agravo de Petição
APSAI	–	Agência da Previdência Social Atendimento Acordos Internacionais
Ap. MS	–	Apelação em Mandado de Segurança
APELREEX	–	Apelação em Reexame Necessário
APS	–	Agências da Previdência Social
ARF	–	Agência da Receita Federal do Brasil
ART	–	Anotação de Responsabilidade Técnica
BNDT	–	Banco Nacional de Devedores Trabalhistas
BPC	–	Benefício de Prestação Continuada
CadÚnico	–	Cadastro Único para Programas Sociais do Governo Federal
CARF	–	Conselho Administrativo de Recursos Fiscais
CAT	–	Comunicação de Acidente de Trabalho
CDA	–	Certidão de Dívida Ativa
CDAM	–	Certificado de Direito a Assistência Médica no Exterior
CEI	–	Cadastro Específico do INSS
CF	–	Constituição da República Federativa do Brasil
CGSN	–	Comitê Gestor do Simples Nacional
CID	–	Código Internacional de Doenças e Problemas Relacionados à Saúde
CLPS	–	Consolidação das Leis da Previdência Social (revogada)
CLT	–	Consolidação das Leis do Trabalho
CNAE	–	Cadastro Nacional de Atividades Econômicas
CNAS	–	Conselho Nacional de Assistência Social
CND	–	Certidão Negativa de Débito
CNDT	–	Certidão Negativa de Débitos Trabalhistas
CNIS	–	Cadastro Nacional de Informações Sociais

CNO	–	Cadastro Nacional de Obras
CNPJ	–	Cadastro Nacional de Pessoas Jurídicas
CNPS	–	Conselho Nacional de Previdência Social
CNSS	–	Conselho Nacional do Seguro Social
CNS	–	Conselho Nacional de Saúde
COFINS	–	Contribuição para o Financiamento da Seguridade Social
CP	–	Código Penal
CPC	–	Código de Processo Civil
CPD	–	Certidão Positiva de Débito
CPEND	–	Certidão Positiva com Efeitos de Negativa de Débitos
CPMF	–	Contribuição Provisória sobre Movimentação ou Transmissão de Valores e de Créditos de Natureza Financeira
CPP	–	Código de Processo Penal
CREA	–	Conselho Regional de Engenharia, Arquitetura e Agronomia
CRP	–	Certificado de Regularidade Previdenciária
CRPS	–	Conselho de Recursos da Previdência Social
CSLL	–	Contribuição Social sobre o Lucro Líquido
CSRF	–	Câmara Superior de Recursos Fiscais
CTN	–	Código Tributário Nacional
CTPS	–	Carteira de Trabalho e Previdência Social
DA	–	Data do Acidente
DAA	–	Declaração de Ajuste Anual
DAT	–	Data do Afastamento do Trabalho
DATAPREV	–	Empresa de Tecnologia e Informações da Previdência Social
DCB	–	Data de Cessação do Benefício
DCTFWeb	–	Declaração de Débitos e Créditos Tributários Federais Previdenciários e de Outras Entidades e Fundos
DD	–	Data do Desligamento
DDB	–	Data do Despacho do Benefício
DE	–	Diário Oficial Eletrônico
DER	–	Data de Entrada do Requerimento
DIB	–	Data de Início do Benefício
DII	–	Data de Início da Incapacidade
DIP	–	Data de Início do Pagamento
DJ	–	Diário da Justiça
DJe	–	Diário da Justiça Eletrônico
DJU	–	Diário da Justiça da União
DN	–	Data de Nascimento
DO	–	Data do Óbito
DOU	–	Diário Oficial da União

DPE	–	Data da Publicação da Emenda (EC n. 20/98)
DPL	–	Data da Publicação da Lei (Lei n. 9.876/99)
DPR	–	Data do Pedido de Revisão
DPVAT	–	Seguro de Danos Pessoais causados por Veículos Automotores de Vias Terrestres
DRE	–	Data de Realização do Exame
DRJ	–	Delegacia da Receita (Federal do Brasil) de Julgamento
DRP	–	Delegacia da Receita Previdenciária
DRPSP	–	Departamento dos Regimes de Previdência no Serviço Público
EC	–	Emenda Constitucional
ECA	–	Estatuto da Criança e do Adolescente
EFPC	–	Entidade Fechada de Previdência Complementar
EGU	–	Encargos Gerais da União
EPC	–	Equipamento de Proteção Coletiva
EPI	–	Equipamento de Proteção Individual
EPU	–	Encargos Previdenciários da União
eSocial	–	Sistema de Escrituração Digital das Obrigações Fiscais, Previdenciárias e Trabalhistas
FAP	–	Fator Acidentário de Prevenção
FGTS	–	Fundo de Garantia do Tempo de Serviço
FLPS	–	Fundo de Liquidez da Previdência Social
FNDE	–	Fundo Nacional de Desenvolvimento da Educação
FNPS	–	Fórum Nacional da Previdência Social
FNS	–	Fundo Nacional de Saúde
FPAS	–	Fundo de Previdência e Assistência Social
FPE	–	Fundo de Participação dos Estados
FPM	–	Fundo de Participação dos Municípios
FUNAI	–	Fundação Nacional dos Povos Indígenas
FUNDACENTRO	–	Fundação Jorge Duprat Figueiredo de Segurança e Medicina do Trabalho
FUNRURAL	–	Fundo de Apoio ao Trabalhador Rural
GEX	–	Gerência Executiva
GFIP	–	Guia de Recolhimento do FGTS e Informações à Previdência Social
GPS	–	Guia da Previdência Social
GRCI	–	Guia de Recolhimento do Contribuinte Individual
GRPS	–	Guia de Recolhimento da Previdência Social
HC	–	Habeas Corpus
HISATU	–	Histórico de Atualização
HISCNS	–	Histórico de Consignação
HISCOMP	–	Histórico de Complemento Positivo
HISCRE	–	Histórico de Créditos

IAC	–	Incidente de Assunção de Competência
IAPC	–	Instituto de Aposentadorias e Pensões dos Comerciários
IBGE	–	Fundação Instituto Brasileiro de Geografia e Estatística
ICMS	–	Imposto sobre Operações Relativas à Circulação de Mercadorias e sobre Prestação de Serviços de Transporte Interestadual e Intermunicipal e de Comunicação
IE	–	Imposto de Exportação
IGP-DI	–	Índice Geral de Preços – Disponibilidade Interna
II	–	Imposto de Importação
IN	–	Instrução Normativa
INAMPS	–	Instituto Nacional de Assistência Médica da Previdência Social (extinto)
INCC	–	Índice Nacional de Custo da Construção
INCRA	–	Instituto Nacional de Colonização e Reforma Agrária
INPC	–	Índice Nacional de Preços ao Consumidor
INPS	–	Instituto Nacional de Previdência Social (extinto)
INSS	–	Instituto Nacional do Seguro Social
IPC	–	Índice de Preços ao Consumidor
IPI	–	Imposto sobre Produtos Industrializados
IR	–	Imposto de Renda
IRDR	–	Incidente de Resolução de Demandas Repetitivas
IRSM	–	Índice de Reajuste do Salário Mínimo
ISS	–	Imposto sobre Serviços de Qualquer Natureza
IUJEF	–	Incidente de Uniformização nos JEFs
JEFs	–	Juizados Especiais Federais
LBPS	–	Lei de Benefícios da Previdência Social
LC	–	Lei Complementar
LEF	–	Lei de Execuções Fiscais
LI	–	Limite Indefinido
LINDB	–	Lei de Introdução às Normas do Direito Brasileiro
LMP	–	Laudo Médico Pericial
LOAS	–	Lei Orgânica da Assistência Social
LOPS	–	Lei Orgânica da Previdência Social
LTCAT	–	Laudo Técnico de Condições Ambientais de Trabalho
MDSA	–	Ministério do Desenvolvimento Social e Agrário (extinto)
MEI	–	Microempreendedor Individual
MERCOSUL	–	Mercado Comum do Sul
ME	–	Ministério da Economia
MF	–	Ministério da Fazenda (atual Ministério da Economia)
MP	–	Medida Provisória
MPAS	–	Ministério da Previdência e Assistência Social (extinto)

MPS	–	Ministério da Previdência Social (extinto)
MR	–	Mensalidade Reajustada
MS	–	Mandado de Segurança
MTE	–	Ministério do Trabalho e Emprego (extinto)
MTP	–	Ministério do Trabalho e Previdência
MVR	–	Maior Valor de Referência
NB	–	Número do Benefício
NFLD	–	Notificação Fiscal de Lançamento de Débito
NIT	–	Número de Identificação do Trabalhador
NL	–	Notificação de Lançamento
NRP	–	Núcleo de Reabilitação Profissional
NTDEAT	–	Nexo Técnico por Doença Equiparada a Acidente do Trabalho
NTEP	–	Nexo Técnico Epidemiológico
NTP/T	–	Nexo Técnico Profissional ou do Trabalho
OIT	–	Organização Internacional do Trabalho
ORTN	–	Obrigações Reajustáveis do Tesouro Nacional
OTN	–	Obrigações do Tesouro Nacional
PA	–	Pensão Alimentícia
PASEP	–	Programa de Formação do Patrimônio do servidor público
PBC	–	Período Básico de Cálculo
PCCS	–	Plano de Classificação de Cargos e Salários
PcD	–	Pessoa com Deficiência
PCSS	–	Plano de Custeio da Seguridade Social
PEA	–	População Economicamente Ativa
PEC	–	Proposta de Emenda Constitucional
PEDILEF	–	Pedido de Uniformização de Interpretação de Lei Federal junto à Turma Nacional de Uniformização dos JEFs
Pet	–	Petição
PIB	–	Produto Interno Bruto
PIS	–	Programa de Integração Social
PMC	–	Perícia Médica Conclusiva
PNAD	–	Pesquisa Nacional por Amostra de Domicílios
PPP	–	Perfil Profissiográfico Previdenciário
PREVIC	–	Superintendência Nacional de Previdência Complementar
PRISMA	–	Projeto de Regionalização de Informações e Sistemas
PRP	–	Programa de Reabilitação Profissional
PSS	–	Posto de Seguro Social
PSSS	–	Plano de Seguridade Social do Servidor Público Federal – Lei n. 8.112/90
PU	–	Pedido de Uniformização

PUIL	–	Pedido de Uniformização de Interpretação de Lei Federal
RAIS	–	Relação Anual de Informações Sociais
RAT	–	Riscos Ambientais do Trabalho
RE	–	Recurso Extraordinário
REFIS	–	Programa de Recuperação Fiscal
REsp	–	Recurso Especial
RFB	–	Receita Federal do Brasil
RG	–	Repercussão Geral
RGPS	–	Regime Geral de Previdência Social
RM	–	Renda Mensal
RMI	–	Renda Mensal Inicial
RMR	–	Renda Mensal Reajustada
RMT	–	Remuneração de Mão de Obra Total
RPA	–	Relação de Pagamentos Autorizados
RPPS	–	Regimes Próprios de Previdência Social
RPS	–	Regulamento da Previdência Social
RPV	–	Requisição de Pequeno Valor
RR	–	Recurso de Revista
RRA	–	Rendimentos recebidos acumuladamente
RRT	–	Registro de Responsabilidade Técnica
RSC	–	Relação de Salários de Contribuição
RTT	–	Regime Tributário de Transição
SABI	–	Sistema de Administração de Benefícios por Incapacidade
SAE	–	Setor de Atividade Econômica
SAT	–	Seguro de Acidentes de Trabalho
SB	–	Salário de Benefício
SC	–	Salário de Contribuição
SEBRAE	–	Serviço de Apoio a Pequena e Média Empresa
SENAC	–	Serviço Nacional de Aprendizagem Comercial
SENAI	–	Serviço Nacional de Aprendizagem Industrial
SENAR	–	Serviço Nacional de Aprendizagem Rural
SENAT	–	Serviço Nacional de Aprendizagem do Transporte
SERO	–	Serviço Eletrônico para Aferição de Obras
SESC	–	Serviço Social do Comércio
SESI	–	Serviço Social da Indústria
SEST	–	Serviço Social do Transporte
SIAFI	–	Sistema Integrado de Administração Financeira
SIAPE	–	Sistema Integrado de Administração de Pessoal
SICAD	–	Sistema de Emissão e Cadastramento de Débito

SIMPLES	–	Sistema Integrado de Pagamento de Impostos e Contribuições das Microempresas e das Empresas de Pequeno Porte
SINE	–	Sistema Nacional de Emprego do Ministério do Trabalho e Emprego
SINPAS	–	Sistema Nacional de Previdência e Assistência Social
SISBEN	–	Sistemas de Benefícios
SISOBI	–	Sistema Informatizado de Controle de Óbitos
SISOBINET	–	Sistemas de Óbitos-Via Internet
SM	–	Salário Mínimo
SMR	–	Salário Mínimo de Referência
SPS	–	Secretaria de Previdência Social
SRF	–	Secretaria da Receita Federal
SRP	–	Secretaria da Receita Previdenciária
STF	–	Supremo Tribunal Federal
STJ	–	Superior Tribunal de Justiça
SUB	–	Sistema Único de Benefícios
SUS	–	Sistema Único de Saúde
SUSEP	–	Superintendência Nacional de Seguros Privados
TJ	–	Tribunal de Justiça
TNU	–	Turma Nacional de Uniformização dos Juizados Especiais Federais
TR	–	Turma Recursal
TRF	–	Tribunal Regional Federal
TRT	–	Tribunal Regional do Trabalho
TRU	–	Turma Regional de Uniformização
TST	–	Tribunal Superior do Trabalho
UARP	–	Unidade de Arrecadação da Receita Previdenciária
UF	–	Unidades da Federação
UFIR	–	Unidade Fiscal de Referência
URP	–	Unidade de Referência de Preços
URV	–	Unidade Real de Valor
UTRP	–	Unidades Técnicas de Reabilitação Profissional
VAU	–	Valor Atualizado Unitário

PARTE I

Introdução ao Direito Previdenciário

cultura era necessário o ócio, razão pela qual deveria existir o escravo. Advém daquela época a etimologia do vocábulo *trabalho* – derivado do latim *tripalium*.[2]

Mais adiante no tempo, dentro do chamado sistema feudal, aparecem os primeiros agrupamentos de indivíduos que, fugindo das terras dos nobres, fixavam-se nas *urbes*, estabelecendo-se, pela identidade de ofícios entre eles, uma aproximação maior, a ponto de surgirem as denominadas corporações de ofício, nas quais se firmavam contratos de locação de serviços em subordinação ao "mestre" da corporação.

Mas é com o *Estado Moderno* – assim considerado em contraposição ao *modelo político Medieval*, como antecedente, e ao *Estado Contemporâneo*, como sucessor daquele –, a partir da Revolução Industrial, que desponta o trabalho tal como hoje o concebemos. O surgimento dos teares mecânicos, dos inventos movidos a vapor e das máquinas em geral estabeleceu uma separação entre os detentores dos meios de produção e aqueles que simplesmente se ocupavam e sobreviviam do emprego de sua força de trabalho pelos primeiros. Paralelamente a esse fenômeno, a Revolução Francesa e seus ideais libertários proclamaram a liberdade individual plena e a igualdade absoluta entre os homens, conceitos que, tempos após, foram contestados tal como concebidos naquela oportunidade.

Nos primórdios da relação de emprego moderna, o trabalho retribuído por salário, sem regulamentação alguma, era motivo de submissão de trabalhadores a condições análogas às dos escravos, não existindo, até então, nada que se pudesse comparar à proteção do indivíduo, seja em caráter de relação empregado-empregador, seja na questão relativa aos riscos da atividade laborativa, no tocante à eventual perda ou redução da capacidade de trabalho. Vale dizer, os direitos dos trabalhadores eram aqueles assegurados pelos seus contratos, sem que houvesse qualquer intervenção estatal no sentido de estabelecer garantias mínimas.

Começaram, então, a eclodir manifestações dos trabalhadores por melhores condições de trabalho e de subsistência, com greves e revoltas – violentamente reprimidas pelo próprio Poder constituído. Surgiram daí as primeiras preocupações com a proteção previdenciária do trabalhador, ante a inquietação dos detentores do poder nos Estados com a insatisfação popular, o que acarretou a intervenção estatal no que diz respeito às relações de trabalho e segurança do indivíduo quanto a infortúnios. Como disse *Bismarck*, governante daquela época, responsável pela unificação do Estado Alemão e por construir os alicerces do Segundo Império Alemão, que durou de 1871 a 1918, ao justificar a adoção das primeiras normas previdenciárias: "Por mais caro que pareça o seguro social, resulta menos gravoso que os riscos de uma revolução".[3]

Nesse contexto, as revoltas operárias permaneceram por todo o século XIX, ocorrendo, de modo simultâneo e paulatino, um movimento de cada vez maior tolerância às causas operárias (cessação da proibição de coalizões entre trabalhadores, primeiras leis de proteção ao trabalhador), o que culminaria numa concepção diversa de Estado, a que se denominaria Estado Social, Estado de Bem-Estar, ou ainda, Estado Contemporâneo.

1.2 O SURGIMENTO DA NOÇÃO DE PROTEÇÃO SOCIAL

Nem sempre, como visto, houve a preocupação efetiva com a proteção dos indivíduos quanto a seus infortúnios. Somente em tempos mais recentes, a partir do final do século XIX, a questão se tornou importante dentro da ordem jurídica dos Estados. Comenta *Russomano* que "o mundo contemporâneo abandonou, há muito, os antigos conceitos da Justiça Comutativa, pois as novas realidades sociais e econômicas, ao longo da História, mostraram que não basta

---

[2] MORAES FILHO, Evaristo de; MORAES, Antônio Carlos Flores de. *Introdução ao Direito do Trabalho*. 6. ed. rev. atual. São Paulo: LTr, 1993, p. 17.

[3] Citação de RUIZ MORENO, in *Nuevo derecho de la seguridad social*. México: Porrúa, 1997, p. 49.

PARTE I

Introdução ao Direito Previdenciário

O Estado e a Proteção Social ao Trabalhador

1.1 PRÓLOGO

O direito à proteção social do ser humano pelo Estado tem sua gênese umbilicalmente relacionada ao desenvolvimento da sua estrutura e da discussão histórica sobre quais deveriam ser as suas funções.

Em bela síntese que identifica como todos nós estamos ligados às políticas de proteção social, Fernando Mendes observa:

> Quando nasce um ser humano, a segurança social logo vem compensar os encargos adicionais dos progenitores. Liberta pai e mãe da vida profissional para prestarem os primeiros cuidados ao recém-nascido, subsidiando-lhes licenças de maternidade e paternidade. Segue apoiando as famílias no esforço educativo posto em cada filho. Ajuda os adultos a enfrentar consequências da doença e do desemprego, fazendo as vezes do rendimento perdido, contribuindo para pagar cuidados de saúde ou subsidiando acções de valorização profissional. Na aposentação por velhice ou na invalidez, substitui-se definitivamente aos rendimentos do trabalho. E, na morte, sobrevive-nos, para apoiar os que ainda estejam a nosso cargo.[1]

Os Estados Contemporâneos possuem de regra, entre suas funções, a proteção social dos indivíduos em relação a eventos que lhes possam causar a dificuldade ou até mesmo a impossibilidade de subsistência por conta própria, pela atividade laborativa. Tal proteção, que tem formação embrionária do Estado Moderno, encontra-se consolidada nas políticas de Seguridade Social, dentre as quais se destaca, para os fins deste estudo, a Previdência Social.

O ser humano, desde os primórdios da civilização, vive em comunidade. E neste convívio, para sua subsistência, aprendeu a obter bens, trocando os excedentes de sua produção individual por outros bens. Com o desenvolvimento das sociedades, o trabalho passou a ser considerado, numa determinada fase da história – mais precisamente na Antiguidade Clássica – como ocupação abjeta, relegada a plano inferior, e por isso confiada a indivíduos cujo *status* na sociedade era excludente – os servos e escravos. Dizia Aristóteles que para se obter

---

[1] MENDES, Fernando Ribeiro. *Segurança Social*: o futuro hipotecado. Lisboa: Fundação Francisco Manuel dos Santos, 2011, p. 13.

cultura era necessário o ócio, razão pela qual deveria existir o escravo. Advém daquela época a etimologia do vocábulo *trabalho* – derivado do latim *tripalium*.[2]

Mais adiante no tempo, dentro do chamado sistema feudal, aparecem os primeiros agrupamentos de indivíduos que, fugindo das terras dos nobres, fixavam-se nas *urbes*, estabelecendo-se, pela identidade de ofícios entre eles, uma aproximação maior, a ponto de surgirem as denominadas corporações de ofício, nas quais se firmavam contratos de locação de serviços em subordinação ao "mestre" da corporação.

Mas é com o *Estado Moderno* – assim considerado em contraposição ao *modelo político Medieval*, como antecedente, e ao *Estado Contemporâneo*, como sucessor daquele –, a partir da Revolução Industrial, que desponta o trabalho tal como hoje o concebemos. O surgimento dos teares mecânicos, dos inventos movidos a vapor e das máquinas em geral estabeleceu uma separação entre os detentores dos meios de produção e aqueles que simplesmente se ocupavam e sobreviviam do emprego de sua força de trabalho pelos primeiros. Paralelamente a esse fenômeno, a Revolução Francesa e seus ideais libertários proclamaram a liberdade individual plena e a igualdade absoluta entre os homens, conceitos que, tempos após, foram contestados tal como concebidos naquela oportunidade.

Nos primórdios da relação de emprego moderna, o trabalho retribuído por salário, sem regulamentação alguma, era motivo de submissão de trabalhadores a condições análogas às dos escravos, não existindo, até então, nada que se pudesse comparar à proteção do indivíduo, seja em caráter de relação empregado-empregador, seja na questão relativa aos riscos da atividade laborativa, no tocante à eventual perda ou redução da capacidade de trabalho. Vale dizer, os direitos dos trabalhadores eram aqueles assegurados pelos seus contratos, sem que houvesse qualquer intervenção estatal no sentido de estabelecer garantias mínimas.

Começaram, então, a eclodir manifestações dos trabalhadores por melhores condições de trabalho e de subsistência, com greves e revoltas – violentamente reprimidas pelo próprio Poder constituído. Surgiram daí as primeiras preocupações com a proteção previdenciária do trabalhador, ante a inquietação dos detentores do poder nos Estados com a insatisfação popular, o que acarretou a intervenção estatal no que diz respeito às relações de trabalho e segurança do indivíduo quanto a infortúnios. Como disse *Bismarck,* governante daquela época, responsável pela unificação do Estado Alemão e por construir os alicerces do Segundo Império Alemão, que durou de 1871 a 1918, ao justificar a adoção das primeiras normas previdenciárias: "Por mais caro que pareça o seguro social, resulta menos gravoso que os riscos de uma revolução".[3]

Nesse contexto, as revoltas operárias permaneceram por todo o século XIX, ocorrendo, de modo simultâneo e paulatino, um movimento de cada vez maior tolerância às causas operárias (cessação da proibição de coalizões entre trabalhadores, primeiras leis de proteção ao trabalhador), o que culminaria numa concepção diversa de Estado, a que se denominaria Estado Social, Estado de Bem-Estar, ou ainda, Estado Contemporâneo.

1.2 O SURGIMENTO DA NOÇÃO DE PROTEÇÃO SOCIAL

Nem sempre, como visto, houve a preocupação efetiva com a proteção dos indivíduos quanto a seus infortúnios. Somente em tempos mais recentes, a partir do final do século XIX, a questão se tornou importante dentro da ordem jurídica dos Estados. Comenta *Russomano* que "o mundo contemporâneo abandonou, há muito, os antigos conceitos da Justiça Comutativa, pois as novas realidades sociais e econômicas, ao longo da História, mostraram que não basta

---

[2] MORAES FILHO, Evaristo de; MORAES, Antônio Carlos Flores de. *Introdução ao Direito do Trabalho*. 6. ed. rev. atual. São Paulo: LTr, 1993, p. 17.

[3] Citação de RUIZ MORENO, in *Nuevo derecho de la seguridad social*. México: Porrúa, 1997, p. 49.

dar a cada um o que é seu para que a sociedade seja justa. Na verdade, algumas vezes, é dando a cada um *o que não é seu* que se engrandece a condição humana e que se redime a injustiça dos grandes abismos sociais".[4]

Utilizando-nos do irretocável conceito fornecido por *Celso Barroso Leite,* "proteção social, portanto, é o conjunto de medidas de caráter social destinadas a atender certas necessidades individuais; mais especificamente, às necessidades individuais que, não atendidas, repercutem sobre os demais indivíduos e, em última análise, sobre a sociedade".[5]

Em verdade, a marcha evolutiva do sistema de proteção, desde a assistência prestada por caridade até o estágio em que se mostra como um direito subjetivo, garantido pelo Estado e pela sociedade a seus membros, é o reflexo de três formas distintas de solução do problema: a da beneficência entre pessoas; a da assistência pública; e a da previdência social, que culminou no ideal de seguridade social.

1.3 A MÚTUA ASSISTÊNCIA E A CARIDADE

Embora seja recente na história do homem a concepção de proteção social aos riscos no trabalho, é certo que desde os tempos mais remotos e em qualquer lugar do mundo, as civilizações sempre tiveram em mente a preocupação com a insegurança natural dos seres humanos.

Em períodos passados, anteriormente ao surgimento das primeiras leis de proteção social, a defesa do trabalhador quanto aos riscos no trabalho e perda da condição de subsistência se dava pela assistência caritativa individual ou pela reunião de pessoas. *Feijó Coimbra,* citando *Oscar Saraiva,* menciona que nas sociedades romanas e gregas da Antiguidade se encontram referências a associações de pessoas com o intuito de, mediante contribuição para um fundo comum, receberem socorro em caso de adversidades decorrentes da perda da capacidade laborativa.[6]

No período das corporações de ofício, na Idade Média Europeia, tem-se o aparecimento das guildas, entre cujos escopos estava também o de associação de assistência mútua.

Porém, é somente com o desenvolvimento da sociedade industrial que vamos obter um salto considerável em matéria de proteção, com o reconhecimento de que a sociedade no seu todo deve ser solidária com seus incapacitados.

1.4 A ASSISTÊNCIA SOCIAL ESTATAL

Novamente com fundamentos em *Russomano,* concluímos com o grande doutrinador que, até o século XVIII, não havia a sistematização de qualquer forma de prestação estatal, pois, "de um modo geral, não se atribuía ao Estado o dever de dar assistência aos necessitados".[7] A exceção registrada na História, a *Poor Law,* editada em 1601 na Inglaterra, instituía contribuição obrigatória para fins sociais, com intuito assistencial.

Na Idade Moderna havia um fosso imenso separando a classe operária da classe dos detentores dos meios de produção. E o Estado Moderno, dentro da concepção liberal, limitava-se a assistir, inerte, às relações entre particulares, sem estabelecer normas de limitação à autonomia pessoal. Desse modo, a proteção ao trabalhador, até então voluntariamente feita por aqueles que se preocupavam com a dignidade humana, muitas vezes só existia sob a forma de caridade.

---

[4] RUSSOMANO, Mozart Victor. *Comentários à Consolidação das Leis da Previdência Social,* 2. ed., São Paulo: Revista dos Tribunais, 1981, p. 18.
[5] LEITE, Celso Barroso. *A proteção social no Brasil,* 2. ed., São Paulo: LTr, 1978, p. 16.
[6] *Direito previdenciário brasileiro,* 7. ed., Rio de Janeiro: Edições Trabalhistas, 1997.
[7] *Comentários...,* cit., p. 19.

Não obstante isso, a intervenção estatal, no período do liberalismo econômico, limitava-se a prestar benefícios assistenciais, ou seja, oferecia pensões pecuniárias e abrigo aos financeiramente carentes.

Nota-se, portanto, que, no tocante à atuação no campo do amparo aos indivíduos, "o primeiro tipo de proteção social que podemos reconhecer no mundo é o tipo liberal, em que predomina a assistência aos pobres enquanto uma preocupação do Estado. Então, o Estado dá assistência; e o mercado, o resto".[8]

Como bem adverte *Daniel Machado da Rocha*, as manifestações assistenciais de até então tinham ínsito o caráter de mutualidade, mas não o de seguro, não havendo garantia plena de proteção em caso de necessidade. O seguro de vida surge somente em 1762, com a fundação, em Londres, "da primeira companhia de seguros de vida dentro de bases científicas". Em 1849, surgiram empresas que se dedicavam à instituição de seguros populares, destinados à classe trabalhadora.[9]

Frisando o pensamento liberal da época, *Rocha* salienta que, como decorrência dos postulados de tal doutrina, eram limitados os instrumentos de proteção social, que eram, pois, em síntese, a assistência social privada e pública, a poupança individual, o mutualismo e o seguro privado.[10]

1.5   A FORMAÇÃO DO CONCEITO DE BEM-ESTAR SOCIAL

A primeira vez em que tem lugar uma mudança na concepção da proteção ao indivíduo ocorre na Declaração dos Direitos do Homem e do Cidadão, em 1789, que inscreve o princípio da Seguridade Social como direito subjetivo assegurado a todos: *"Les secours publiques sont une dette sacrée"*. Já se está diante do chamado liberalismo político, influenciado por movimentos de trabalhadores, o que vai acarretar a deflagração da ideia de previdência social, pública, gerida pelo Estado, com participação de toda a sociedade.

Com o desenvolvimento da sociedade industrial vai se obter um salto considerável em matéria de proteção social, com o reconhecimento de que a sociedade no seu todo deve ser solidária com seus integrantes, o que é ressaltado por *Duguit*:

> O ser humano nasce integrando uma coletividade; vive sempre em sociedade e assim considerado só pode viver em sociedade. Nesse sentido, o ponto de partida de qualquer doutrina relativa ao fundamento do direito deve basear-se, sem dúvida, no homem natural; não aquele ser isolado e livre que pretendiam os filósofos do século XVII, mas o indivíduo comprometido com os vínculos da solidariedade social. Não é razoável afirmar que os homens nascem livres e iguais em direito, mas sim que nascem partícipes de uma coletividade e sujeitos, assim, a todas as obrigações que subentendem a manutenção e desenvolvimento da vida coletiva.[11]

No âmbito dos fatores que, segundo os estudiosos, teriam demarcado o caminho para o surgimento do Estado Contemporâneo, imprescindível iniciar-se com a Revolução Industrial e seus efeitos sobre a sociedade[12] e, a partir dela, em função do ideário liberal do Estado Moderno,

---

[8]   ANDRADE, Eli Iôla Gurgel. "Estado e Previdência no Brasil". In: MARQUES, Rosa Maria [et al.]. *A Previdência Social no Brasil*. São Paulo: Fundação Perseu Abramo, 2003, p. 18.

[9]   ROCHA, Daniel Machado da. *O Direito Fundamental à Previdência Social na Perspectiva dos Princípios Constitucionais Diretivos do Sistema Previdenciário Brasileiro*. Porto Alegre: Livraria do Advogado, 2004, p. 28.

[10] ROCHA, Daniel Machado da. Op. cit., p. 29.

[11] DUGUIT, Léon. *Fundamentos do Direito*. Trad. Márcio Pugliesi. São Paulo: Ícone, 1996, p. 16.

[12] CRUZ, Paulo Márcio. *Poder, Política, Ideologia e Estado Contemporâneo*. Florianópolis: Diploma Legal, 2001, p. 217.

fundado no individualismo e na liberdade contratual,[13] os problemas gerados pelo trabalho assalariado, pela concentração de renda, e o anseio por uma ruptura com aquele modelo marcado pela exploração do trabalho sem salvaguarda de espécie alguma.[14]

Em 1818, durante o Congresso da Santa Aliança em Aachen, na Alemanha, o industrial inglês Robert Owen apela à adoção de medidas destinadas a proteger os trabalhadores e à criação de uma comissão social.[15]

O aumento da marginalização social, pouco a pouco, estimulou convulsões sociais, acarretando o embate – muitas vezes sangrento – dos proletários com o aparato policial-estatal, pelos movimentos de trabalhadores. Assim, os cartistas,[16] na Inglaterra; as revoluções de 1848 e 1871, na França; a revolução de 1848, na Alemanha, representaram muito no despertar dos então governantes dos Estados para a intervenção e regulamentação na vida econômica.[17]

Os Estados da Europa, precursores da ideia de proteção estatal ao indivíduo vítima de infortúnios, estabeleceram, de maneira gradativa, da segunda metade do século XIX até o início do século XX, um sistema jurídico que garantiria aos trabalhadores normas de proteção em relação aos seus empregadores nas suas relações contratuais, e um seguro – mediante contribuição destes – que consistia no direito a uma renda em caso de perda da capacidade de trabalho, por velhice, doença ou invalidez, ou a pensão por morte, devida aos dependentes. Assim se define uma nova política social, não mais meramente *assistencialista* – está lançada a pedra fundamental da *Previdência Social*.

A distinção entre os conceitos de Seguro Social e Assistência Social é bem identificada por *Augusto Venturi*:

> seguro e assistência, por suas naturezas e técnicas completamente diferentes, agem, em realidade, em dois planos completamente distintos. O seguro social garante o direito a prestações reparadoras ao verificar-se o evento previsto, antes que os danos possam determinar o estado de indigência, de privação, da pessoa golpeada. A assistência intervém, não de direito, mas segundo avaliação discricionária, somente quando, por causa de eventos

---

[13] "A igualdade e a liberdade, como conceitos abstratos, importavam na aceitação do conceito de Fouillé – 'quem diz contratual, diz justo' – e permitiam que se instituísse uma nova forma de escravidão, com o crescimento das forças dos privilegiados da fortuna e a servidão e a opressão dos mais débeis. Entregue à sua própria fraqueza, abandonado pelo Estado que o largava à sua própria sorte, apenas lhe afirmando que era livre, o operário não passava de um simples meio de produção" (SÜSSEKIND, Arnaldo [et al.]. *Instituições de Direito do Trabalho*. 14. ed. 1993, p. 34).

[14] Como bem resumem Evaristo de Moraes Filho e Antônio Carlos Flores de Moraes, "a suposta liberdade de contratar dos dogmas da Revolução Francesa, apesar dos nobres ideais que a inspiravam, degenerou na exploração do fraco pelo forte. A intervenção estatal significou o restabelecimento do equilíbrio rompido pelo liberalismo econômico. A partir de 1848, a grita doutrinária foi geral, sempre no sentido de, pelo menos, melhor justiça comutativa (contratual), já que não se podia alterar fundamentalmente a justiça distributiva da riqueza social" (MORAES FILHO, Evaristo de; MORAES, Antônio Carlos Flores de. *Introdução ao Direito do Trabalho*. 6. ed. rev. atual. São Paulo: LTr, 1993, p. 48).

[15] BUREAU INTERNACIONAL DO TRABALHO. *A OIT*: origens, funcionamento e actividade. Disponível em: <https://www.ilo.org/wcmsp5/groups/public/---europe/---ro-geneva/---ilo-lisbon/documents/publication/wcms_711836.pdf>. Acesso em: 14 jul. 2021.

[16] As trade unions (embrião dos sindicatos) inglesas, sob inspiração de Robert Owen, fundaram, em 1833, a "União Nacional Consolidada", que chegou a reunir meio milhão de trabalhadores. Ela comandou a deflagração de uma série de greves, num movimento denominado "cartismo", porque tinha por finalidade a conquista de direitos políticos e sociais do homem, expostos numa Carta elaborada entre 1837 e 1838 pelo movimento sindical (conforme SÜSSEKIND, Arnaldo. *Curso de Direito do Trabalho*. Rio de Janeiro: Renovar, 2002, p. 17).

[17] MORAES FILHO, Evaristo de; e MORAES, Antônio Carlos Flores de. Op. cit., p. 61.

previstos ou não previstos, esteja já em ato um estado de indigência, de privação, que ela tem o fim de combater.[18]

Na obra de *Paulo Márcio Cruz* admite-se como pioneiro da ideia de um "Estado Social" o jurista alemão Lorenz von Stein (1815-1890), a partir de sua obra "História do movimento social na França", de 1850, logo após, portanto, ao Manifesto Comunista de Marx (1848). Stein teria defendido, então, reformas capazes de corrigir os problemas da sociedade industrial. "Este autor, defensor do modelo que corresponde ao que ele mesmo qualifica como 'monarquia social', argumenta a favor das reformas sociais institucionalizadas como instrumento para evitar as revoluções".[19]

As origens de um pensamento dirigido ao modelo contemporâneo de Estado – Democrático – devem ser creditadas a Ferdinand Lassale, o qual teria inspirado a Social Democracia, com seus ideais de exigência do sufrágio universal, proteção trabalhista e "uma repartição mais igualitária do Poder político, social e econômico", propostos no *Programa de Gotha* (1875) em contraponto ao pensamento socialista científico de Marx, "que insistia que todo Direito é um Direito desigual e que sua superação e a do próprio Estado só se produziria com a superação da Sociedade de classes, com o estabelecimento da Sociedade Comunista".[20]

Importante papel desempenhou também o economista alemão Adolph Wagner, que formulou uma teoria econômica conhecida por "Lei de Wagner", a qual "anunciou a progressiva transformação do Estado até o que o próprio Wagner define como 'o Estado de bem estar e de cultura', impulsionado por crescimento dos gastos públicos superiores ao crescimento da economia; criação de novas instituições dotadas de formas inovadoras de intervenção estatal; e a previsão de que a receita do Estado poderia ser obtida por um imposto progressivo sobre a renda".[21] Wagner, assim, "se tornava o centro de uma escola do socialismo do Estado, entendendo que entre os indivíduos e as classes de uma nação existe uma solidariedade moral, ainda mais profunda do que a econômica".[22]

Costuma-se referir, ainda, à publicação da Encíclica Papal *Rerum Novarum* (no pontificado de Leão XIII), de 15 de maio de 1891, como um marco importante na caminhada rumo às mudanças que se deram nesse período. Por aquele texto, "reconhecia a Igreja a tremenda injustiça social dos nossos dias, acabando por aceitar e recomendar a intervenção estatal na economia como único meio capaz de dar cobro aos abusos do regime".[23]

A adoção, pela Alemanha de Bismarck, das primeiras regras sobre proteção social nas duas últimas décadas do século XIX contribuiu igualmente para fomentar a adoção de uma legislação destinada a proteger os trabalhadores em outros países.

O advento da Primeira Guerra Mundial também pode ser considerado fator primordial na formação de um novo molde estatal. "Como acentua Leo Wolman, as consequências econômicas e sociais da Guerra Mundial foram causa de uma aceleração na marcha e possivelmente uma revisão nos próprios princípios da legislação social. O Estado interveio na questão do trabalho, por necessidade mesma de sobrevivência".[24]

---

[18] Apud CARDONE, Marly. *Previdência, assistência, saúde: o não trabalho na Constituição de 1988*. São Paulo: LTr, 1990, p. 24.
[19] CRUZ, Paulo Márcio. *Poder, Política, ...* cit., p 212.
[20] CRUZ, Paulo Márcio. *Poder, Política, ...* cit., p. 145.
[21] CRUZ, *Poder, Política, ...* cit., p. 213-214.
[22] SÜSSEKIND, Arnaldo; MARANHÃO, Délio; e VIANNA, José de Segadas. *Instituições de Direito do Trabalho*. 14. ed. atual. São Paulo: LTr, 1993, v. 1, p. 38.
[23] MORAES FILHO, Evaristo de e MORAES, Antônio Carlos de. Op. cit., p. 62.
[24] Apud MORAES FILHO, Evaristo de e MORAES, Antônio Carlos Flores. Op. cit., p. 63.

Por fim, no que tange aos fatores sociológicos de deflagração do Estado Contemporâneo, há que se frisar a Revolução Soviética de 1917, como sinal da grave ameaça imposta aos Estados Modernos liberais caso não se modificasse a estrutura da sociedade.[25] Mas, também, indicava que:

> A superação do liberalismo, começada pelos socialistas, foi, igualmente, obra dos movimentos de direita, como o fascismo e o nazismo. Destruídas, na II Grande Guerra, essas concepções totalitárias, não ressuscitou, porém, a ideia do Estado liberal. Ao contrário, o intervencionismo do Estado se foi acentuando cada vez mais (...). Nesse quadro, rapidamente esboçado, os discípulos do liberalismo recuaram: abandonaram a ideia do Estado liberal puro e admitiram que ele, sem deixar de ser democrático, pode e deve intervir, não apenas na organização, mas, igualmente, na direção do processo econômico-social.[26]

Importante marco histórico se dá com a criação da Organização Internacional do Trabalho – OIT, ao final da Primeira Guerra Mundial, pelo *Tratado de Versailles*. A *Constituição da OIT* foi redigida entre janeiro e abril de 1919 pela Comissão da Legislação Internacional do Trabalho, constituída pelo referido Tratado, e foi incorporada a este. Em 1925 se dá a adoção das primeiras convenções e recomendações da OIT sobre segurança social.[27]

Assim, o que se percebe é que o surgimento do Estado Contemporâneo é produto de uma situação em que os detentores do poder, no afã de obter a manutenção de tal estado de coisas, e a partir dos movimentos sociais, num processo lento e gradativo, modificam a ação do Estado, que tende a interferir diretamente em determinadas relações privadas, inicialmente, como será visto, de modo específico no campo das relações de trabalho e na proteção social de indivíduos alijados do mercado de trabalho.

Todavia, o intervencionismo estatal toma as feições definitivas no período que vai da quebra da Bolsa de Valores de Nova Iorque, em 1929, ao período imediatamente posterior à Segunda Guerra Mundial. Nesse período, surgem teorias econômicas aliadas a políticas estatais (como o *New Deal* norte-americano) que servirão de norte a profundas mudanças no molde estatal contemporâneo. É nesse interregno que se irá cunhar, de forma indelével, a expressão Estado do Bem-Estar Social *(Welfare State)*.

Passava-se a entender que a proteção social era dever da sociedade como um todo, apresentando o caráter de solidariedade até hoje presente, pelo qual todos contribuem para que os necessitados de amparo possam tê-lo. Este conceito é fundamental para a noção de seguro social, já que sem o caráter de proteção de todos por todos, mediante a cotização geral dos indivíduos, não se pode falar em previdência social.

1.6 EVOLUÇÃO DA PREVIDÊNCIA SOCIAL – DO MODELO DE BISMARCK AO MODELO DE BEVERIDGE

Conforme a lição de Ortega e Cobedo, "Es verdad que, a lo largo del tiempo, los mecanismos de tutela frente a la inseguridad personal, familiar y económica han variado, han sido más o menos numerosos, han abarcado más o menos situaciones de inseguridad social y, sobre todo, se han inspirado en principios muy diversos".[28]

---

[25] Vide CRUZ, Paulo Márcio. Poder, Política, ... cit., p. 231.
[26] RUSSOMANO, Mozart Victor. *Curso de Direito do Trabalho*. 6. ed. rev. ampl. Curitiba: Juruá, 1997, p. 15.
[27] BUREAU INTERNACIONAL DO TRABALHO. *Op. cit.*, p. 8.
[28] ORTEGA, Santiago González; COBEDO, Susana Barcelón. *Introducción al Derecho de la Seguridad Social*. 15. ed. Valencia: Tirant Lo Blanch, 2021.

Paulo Cruz, citando Jean Touchard, indica quatro fases evolutivas da proteção social ao trabalhador: a) experimental; b) de consolidação; c) de expansão; e, finalmente, segundo o autor brasileiro, d) de redefinição, que tem início na década de oitenta e se encontra em curso.[29]

Na fase dita experimental, encontra-se a política social de Otto von Bismarck, que durante os anos de 1883 a 1889 faz viger um conjunto de normas que serão o embrião do que hoje é conhecido como Previdência Social, assegurando aos trabalhadores o seguro-doença, a aposentadoria e a proteção a vítimas de acidentes de trabalho, tema que será aprofundado em capítulo específico. Também dessa época é a luta pelo direito de voto em muitos Estados europeus, conquistado paulatinamente pelos indivíduos que não pertenciam à elite dominante.[30] Outros países da Europa Ocidental adotaram, na mesma época, conduta semelhante. Na Inglaterra, foi promulgada, em 1907, uma lei de reparação de acidentes de trabalho, e, em 1911, outra lei tratou da cobertura à invalidez, à doença, à aposentadoria voluntária e à previsão de desemprego, tornando-a, na época, o país mais avançado em termos de legislação previdenciária.

Na fase de consolidação, destaca-se a constitucionalização de direitos sociais e políticos. A Constituição Mexicana de 1917 foi a primeira a arrolar e dar sistematização a um conjunto de direitos sociais, no que foi seguida pela Constituição de Weimar, no ano de 1919. Desta última, relevante transcrever, como fez *Rocha*, o art. 161 de seu texto: "O império promoverá a criação de um sistema geral de segurança social, para conservação da saúde e da capacidade para o trabalho, proteção da maternidade e prevenção de riscos de idade, da invalidez e das vicissitudes da vida".[31] A Organização Internacional do Trabalho surgiu com o Tratado de Versailles, em 1917. Em 1927, foi criada a Associação Internacional de Seguridade Social, com sede em Bruxelas, Bélgica.

Deflagrada a constitucionalização dos direitos sociais,

> Abandonou o Estado, nestes últimos três quartos de século, o seu papel negativo, absenteísta, ausente, para se transformar em Estado positivo, procurando conscientemente equilibrar as forças econômicas da sociedade, mitigando as consequências do próprio princípio individualista de produção. (...) Interveio decididamente no domínio econômico e no mercado de mão de obra, com novos princípios de Estado de direito e de bem-estar.[32]

No âmbito das constituições dos Estados nesse período, observa-se que "os direitos sociais são alçados ao mesmo plano dos direitos civis, passando as constituições do primeiro pós-guerra a ser, não apenas políticas, mas políticas e sociais".[33]

Também são indicativos dessa fase de maturação a experiência norte-americana do então Presidente Franklin Roosevelt, ao instituir a política do *New Deal*, com forte intervenção no domínio econômico e injeção de recursos orçamentários.[34] A fase de expansão é notada a partir do período pós-Segunda Guerra, com a disseminação das ideias do economista inglês John Maynard Keynes, o qual pregava, em síntese, o crescimento econômico num contexto de intervenção estatal no sentido de melhor distribuir – ou até mesmo redistribuir – a renda nacional.[35]

---

[29] CRUZ, Paulo Márcio. *Política, Poder*, ... cit., p. 219.
[30] TORRES, Marcelo Douglas de Figueiredo. *Estado, Democracia e Administração Pública no Brasil*. Rio de Janeiro: Editora FGV, 2004, p. 25.
[31] ROCHA, Daniel Machado da. Op. cit., p. 33.
[32] MORAES FILHO Evaristo de e MORAES, Antônio Carlos Flores de. Op. cit., p. 48.
[33] ROCHA, Daniel Machado da. Op. cit., p. 33.
[34] CRUZ, Paulo Márcio. *Política, Poder*, ... cit., p. 228.
[35] CRUZ, Paulo Márcio. Política, *Poder*, ... cit., p. 233.

Até então, é importante frisar, os planos previdenciários (de seguro social), em regra, obedeciam a um sistema chamado *bismarckiano*,[36] *ou de capitalização*, ou seja, somente contribuíam os empregadores e os próprios trabalhadores empregados, numa poupança compulsória, *abrangendo a proteção apenas destes assalariados contribuintes*. Ou seja, embora o seguro social fosse imposto pelo Estado, ainda faltava a noção de solidariedade social, pois não havia a participação da totalidade dos indivíduos, seja como contribuintes, seja como potenciais beneficiários.

As propostas de Keynes foram aprofundadas por *Lord* William Henry Beveridge, que havia sido seu colaborador e que, em 1941, foi designado pelo governo britânico para reexaminar os sistemas previdenciários da Inglaterra.[37] A partir de 1944, então, foram estes alterados pela adoção, naquele país, do chamado *Plano Beveridge*, o qual, revendo todas as experiências até então praticadas pelos Estados que tinham adotado regimes de previdência, criou um sistema universal – abrangendo todos os indivíduos,[38] com a participação compulsória de toda a população, com a noção de que a seguridade social é "o desenvolvimento harmônico dos economicamente débeis".[39]

Nas palavras de *Borges*,

> Em seu trabalho, Beveridge, usando as teorias de Keynes e revendo o conjunto das poor laws, propôs um amplo sistema de proteção ao cidadão, chamado de "Sistema Universal de Luta Contra a Pobreza". Este sistema propiciou a universalização da previdência social na Grã-Bretanha, já que a proteção social se estendia a toda a população, não apenas aos trabalhadores, e propiciava um amplo atendimento à saúde e um sistema de proteção ao desemprego.[40]

A partir daí, nasce o regime *beveridgeano*,[41] ou de repartição, em que toda a sociedade contribui para a criação de um fundo previdenciário, do qual são retiradas as prestações para aqueles que venham a ser atingidos por algum dos eventos previstos na legislação de amparo social.

Conforme relata *Borges*, como decorrência desse processo formaram-se duas correntes quanto aos sistemas de proteção social:

> A primeira corrente, que seguia as proposições de Bismarck, possuía uma conotação muito mais "securitária". Propunha que a proteção social ou previdenciária fosse destinada apenas aos trabalhadores que, de forma compulsória, deveriam verter contribuições para o siste-

---

[36] AFONSO, Luís Eduardo; FERNANDES, Reynaldo. *Uma estimativa dos aspectos distributivos da previdência social no Brasil*. São Paulo: mimeo, FEA-USP, 2004, p. 2.

[37] "Os keynesianos afirmavam, corretamente, que a demanda a ser gerada pela renda de trabalhadores com pleno emprego teria o mais estimulador efeito nas economias em recessão. Apesar disso, o motivo pelo qual esse meio de aumentar a demanda recebeu tão urgente prioridade – o governo britânico empenhou-se nele mesmo antes do fim da Segunda Guerra Mundial – foi que se acreditava que o desemprego em massa era política e socialmente explosivo, como de fato mostrara ser durante a Depressão" (HOBSBAWM, Eric. *A era dos extremos: o breve século XX: 1914-1991*. Marcos Santarrita. São Paulo: Companhia das Letras, 1995, p. 100).

[38] "A expressão seguridade social é aqui usada para designar a garantia de um rendimento que substitua os salários, quando se interrompem estes pelo desemprego, por doença ou acidente, que assegure a aposentadoria na velhice, que socorra os que perderam o sustento em virtude da morte de outrem, e que atenda a certas despesas extraordinárias, tais como as decorrentes do nascimento, da morte e do casamento. Antes de tudo, segurança social significa segurança de um rendimento mínimo; mas esse rendimento deve vir associado a providências capazes de fazer cessar, tão cedo quanto possível, a interrupção dos salários" (BEVERIDGE, William. *O Plano Beveridge*. Trad. Almir Andrade. Rio de Janeiro: José Olympio Editora, 1943, p. 189).

[39] MORENO. Op. cit., p. 51.

[40] BORGES, Mauro Ribeiro. *Previdência Funcional e Regimes Próprios de Previdência*. Curitiba: Juruá, 2003, p. 31.

[41] AFONSO, Luís Eduardo e FERNANDES, Reynaldo. Op. cit., p. 3.

ma. Para esta corrente a responsabilidade do Estado deveria ser limitada à normatização e fiscalização do sistema, com pequeno aporte de recursos. O financiamento do sistema se dava com a contribuição dos trabalhadores e empregadores. A corrente "bismarquiana" encontrou campo para desenvolvimento em vários países, destacando-se a Alemanha, a França, a Bélgica, a Holanda e a Itália.

A segunda corrente se formou a partir do trabalho de Beveridge, e, para ela, a proteção social deve se dar, não somente ao trabalhador, mas também de modo universal a todo cidadão, independentemente de qualquer contribuição para o sistema. Segundo esta corrente, a responsabilidade do Estado é maior, com o orçamento estatal financiando a proteção social dos cidadãos. As propostas de Beveridge se desenvolveram de forma mais acentuada nos países nórdicos, especialmente na Suécia, na Noruega, na Finlândia, na Dinamarca e no Reino Unido.[42]

Existem, pois, dois modelos fundamentais de proteção social, que coexistem no Estado Contemporâneo após a Segunda Guerra Mundial, ambos, todavia, baseados no ideal de solidariedade e na intervenção do Estado no domínio econômico, diferenciando-se quanto à parcela da população destinatária e aos limites da participação do Estado no sistema de proteção: "Um sistema previdenciário cuja característica mais relevante seja a de funcionar como um seguro social pode ser designado como *Bismarckiano*. Um sistema que enfatize funções redistributivas, objetivando também a redução da pobreza pode ser qualificado por *Beveridgeano*".[43]

Em função da expansão do modelo de segurança social concebido por Beveridge, no pós-Segunda Guerra, "depois das experiências totalitárias, nada menos que cinquenta Estados elaboraram novas constituições, buscando adaptação às novas exigências políticas e sociais, nas quais os direitos sociais ocupam um lugar de destaque."[44] Com isso, concluímos que dessa época em diante se materializa a universalização dos direitos sociais, acrescendo-se aí o seu reconhecimento como categoria integrante do rol de direitos fundamentais,[45] o que fica patente em nível mundial a partir da Declaração Universal dos Direitos Humanos (1948), mais especificamente em seu art. 25.[46]

É aprovada, em 1952, a Convenção n. 102 da OIT, relativa à segurança social (norma mínima) pela Conferência Internacional do Trabalho.

Por fim, uma fase de "crise" ou de redefinição do papel do Estado Contemporâneo (como preferimos identificar a fase atual) é tida como iniciada com "a decisão dos Estados Unidos de não manter a convertibilidade do dólar em ouro, tomada em virtude da quantidade da moeda norte americana em circulação em outros países".[47]

---

[42] BORGES, Mauro Ribeiro. Op. cit., p. 32-33.

[43] AFONSO, Luís Eduardo e FERNANDES, Reynaldo. Op. cit., p. 23.

[44] ROCHA, Daniel Machado da. Op. cit., p. 38.

[45] Paulo Cruz aponta, com fundamento em Bobbio, quatro gerações de direitos fundamentais: a primeira, relativa à constitucionalização dos direitos de liberdade e políticos; a segunda, relativa à constitucionalização dos direitos prestacionais econômicos e de bem-estar social; a terceira, que corresponde aos direitos coletivos; e a quarta, que envolve os novos direitos relacionados à informática, à biologia genética, entre outros (CRUZ, Paulo Márcio. *Fundamentos do Direito Constitucional*, p. 138).

[46] O art. 25 da Declaração Universal dos Direitos Humanos assim preceitua: "Todo homem tem o direito a um padrão de vida capaz de assegurar-lhe a saúde, e o bem-estar próprio e da família, especialmente no tocante à alimentação, ao vestuário, à habitação, à assistência médica e aos serviços sociais necessários; tem direito à segurança no caso de desemprego, doença, invalidez, viuvez, velhice ou em qualquer outro caso de perda dos meios de subsistência, por força de circunstâncias independentes de sua vontade".

[47] CRUZ, Paulo Márcio. *Política, Poder, Ideologia e Estado Contemporâneo*, p. 239.

Assim, embora o Estado Contemporâneo tenha evoluído, até mesmo em maior escala que no período entre guerras, na dicção e proteção dos direitos sociais no período que se estende do fim da Segunda Guerra Mundial até a década de setenta do século XX, nos anos que se seguiram, as políticas sociais, em velocidades e escalas de grandezas diversas, de modo geral, sofreram retrações do ponto de vista protetivo, ou promocional. As razões que têm sido indicadas para esse processo são: o fim do ciclo de prosperidade econômica iniciado na década de cinquenta e o crescimento acentuado dos gastos públicos,[48] aliado a fatores de diminuição dos postos de trabalho (automação) e demográficos.[49]

Nas palavras de Filipe Carreira da Silva,

> O consenso político do pós-guerra em torno do modelo de Estado-Providência, porém, assenta numa premissa. Esta premissa é de que as economias nacionais têm a capacidade de gerar cada vez mais excedentes que sustentem as (também crescentes) exigências de financiamento do Estado Social. (...) O crescimento económico é a base das políticas keynesianas para induzir o investimento do capital, assegura o estímulo da actividade económica que garante o pleno emprego e é, no fim das contas, a fundamental fonte de receitas para pagar as crescentes despesas sociais.[50]

Como relata *Cláudia Pereira*, de acordo com uma doutrina (denominada neoliberal) que visa "readequar" o Estado em sua condição de interventor e patrocinador de políticas sociais mediante dispêndio de verbas orçamentárias, houve uma exacerbação do papel do Estado Contemporâneo no campo das relações particulares, gerando despesas insustentáveis, devendo, portanto, retroceder em alguns de seus postulados.[51]

Entretanto, em países – tais como o Brasil – que não atingiram o mesmo nível de proteção social que os dos continentes precursores de tais ideias – Europa, América do Norte, Oceania – o período atual gera problemas de outra ordem: a redução de gastos públicos com políticas sociais, o que, em verdade, significa o não atingimento do prometido Bem-Estar Social.

Por esse motivo, existem críticas à utilização da expressão "Estado de Bem-Estar", que advém da doutrina econômica ligada a Keynes e Beveridge, na Inglaterra, e o *New Deal*, nos Estados Unidos, pois, em razão de problemas na implementação das políticas sociais propugnadas, muitos estudiosos observam não ter chegado a existir "bem-estar" em muitos Estados que se disseram adeptos de tal modelo.[52] Em verdade, segundo dados da OIT, mais de metade da população mundial não se beneficia de qualquer tipo de proteção social oficial. Curial destacar as conclusões feitas por aquela entidade:

> Se a tendência dos últimos anos se mantiver, uma parte significativa da população economicamente activa passará a trabalhar no sector informal, onde necessitará de sistemas de protecção social que funcionem como uma rede de segurança. Por outro lado, cada vez mais pessoas poderão ter uma vida profissional flexível, mudar de estatuto profissional com maior frequência, adquirir periodicamente mais competências e interromper o seu percurso profissional em várias etapas das suas vidas. Perante este cenário, o desafio que se

---

[48] CRUZ, Paulo Márcio. *Política, Poder, Ideologia e Estado Contemporâneo*, p. 240.
[49] ROCHA, Daniel Machado da. Op. cit., p. 40.
[50] SILVA, Filipe Carreira da. *O futuro do Estado Social*. Lisboa: Fundação Francisco Manuel dos Santos, 2013, p. 23.
[51] PEREIRA, Cláudia Fernanda de Oliveira. *Reforma da Previdência*. Brasília: Brasília Jurídica, 1999, p. 23.
[52] Conforme aponta Rocha, "a minimização do Estado em países que passaram pela etapa do Estado-Providência apresenta consequências absolutamente diversas da minimização do Estado em países onde não houve o Estado Social", pois os benefícios das políticas sociais atingiram apenas as elites (ROCHA. Daniel Machado da. Op. cit., p. 40).

coloca aos decisores políticos e às organizações de empregadores e trabalhadores consiste em conjugar flexibilidade e segurança social nas políticas nacionais.[53]

Há que se assinalar, todavia, que o modelo previdenciário vislumbrado na política do bem-estar social, o *Welfare State*, vem sendo substituído, em diversos países, por um outro, no qual o principal fundamento é a poupança individual, sem a centralização dos recursos das contribuições em órgãos estatais. Países da América Latina, como Chile – precursor desta nova modalidade de previdência –, México, Peru, Argentina, Colômbia, Uruguai, Venezuela, Equador e Bolívia vêm adotando a privatização da gestão previdenciária, uns mantendo a presença estatal em níveis mínimos, outros deixando totalmente ao encargo da iniciativa privada a questão da poupança previdenciária.[54]

As chamadas "reformas" dos sistemas previdenciários públicos obedecem, em síntese, a dois moldes, segundo a classificação de *Carmelo Mesa-Lago:* (1) reformas estruturais, que visam modificar radicalmente o sistema público, seja introduzindo um componente privado como complemento ao público, seja criando um sistema privado que concorra com o público; e (2) reformas não estruturais, ou paramétricas, que visam melhorar um sistema público de benefícios a fim de fortalecê-lo financeiramente a longo prazo, por exemplo, incrementando a idade de aposentadoria ou o valor das contribuições, ou ainda tornando mais exata a fórmula de calcular o benefício.[55]

Concluída esta breve visão histórica do surgimento e da evolução das políticas de proteção social como característica da formação do Estado Contemporâneo, contrapondo-se ao Estado Moderno, segue-se a análise dos fundamentos da Previdência Social – suas fontes materiais – para melhor compreensão de seu regramento.

---

[53] BUREAU INTERNACIONAL DO TRABALHO. *Op. cit.*, p. 30.
[54] DE BUÉN, Néstor. *El estado de malestar*. México: Porrúa, 1997, p. 14-15.
[55] MESA-LAGO, Carmelo. "A reforma estrutural dos benefícios de seguridade social na América Latina". In: COELHO, Vera Schattan Pereira (org.). *A Reforma da Previdência Social na América Latina*. Rio de Janeiro: Editora FGV, 2003, p. 229.

2
Fundamentos da Previdência Social

A necessidade de um conjunto de normas ditadas pelo Estado que estabeleçam a obrigatoriedade de filiação dos trabalhadores em geral a um regime de previdência social é verificada com fulcro em algumas noções de caráter sociológico e outras, de caráter político.

2.1 A INTERVENÇÃO DO ESTADO E A DIGNIDADE DA PESSOA HUMANA

Para a consecução das políticas sociais estabelecidas pelo modelo do Estado Contemporâneo, nota-se como característica marcante o intervencionismo estatal, a partir do reconhecimento de que o Estado "tem importante papel a desempenhar não só no que diz respeito a garantir a segurança material para todos e a buscar outros objetivos sociais, mas também como promotor do desenvolvimento econômico."[1]

Com efeito, o seguro social, imposto por normas jurídicas emanadas do poder estatal, caracteriza uma intervenção do Estado na economia e na relação entre os particulares. E não é outra a função do poder estatal, senão a de assegurar o bem comum da sociedade a que serve.[2]

A ação estatal se justifica a partir da constatação de que as relações de trabalho estabelecem, em regra, cláusulas para vigorarem enquanto o trabalhador as pode executar. A ausência de previsão para a hipótese de impossibilidade de execução dos serviços pelo obreiro, em face de sua incapacidade laborativa, temporária ou permanente, acarreta a este a possibilidade, sempre presente, de vir a ser colocado à margem da sociedade, como um ser não útil, e, por essa razão, ignorado pelos detentores dos meios de produção, sem direito a qualquer retribuição por parte daquele que empregava a sua mão de obra.

Nesse sentido, impõe-se afirmar que concordamos seja necessária a intervenção estatal, uma vez que, conforme a própria doutrina internacional preconiza, o Estado utiliza a regulamentação e a prestação de serviços no campo previdenciário para fazer frente às falhas do mercado, no que tange aos ingressos jubilatórios,[3] ou seja, a fim de garantir um regime que trate isonomicamente a todos os trabalhadores – garantia esta não concedida por um regime de previdência puramente privada –, permitindo o acesso universal aos benefícios previdenciários.

---

[1] PRZEWORSKI, Adam. "Sobre o desenho do Estado: uma perspectiva *agent x principal*" In: PEREIRA, Luiz Carlos Bresser, e SPINK, Peter (org.). *Reforma do Estado e Administração Pública Gerencial*. 5. ed. Rio de Janeiro: Editora FGV, 2003, p. 40.

[2] COIMBRA, J. R. *Direito previdenciário brasileiro*. 7. ed. Rio de Janeiro: Edições trabalhistas, 1997, p. 8.

[3] *El debate sobre la reforma de la seguridad social: en busca de un nuevo consenso*. Genebra: Associação Internacional de Seguridade Social, 1998, p. 8.

Como visto no Capítulo 1, uma das características do Estado Contemporâneo é a inclusão, no rol de direitos fundamentais, dos chamados Direitos Sociais,[4] de proteção quanto às vicissitudes causadoras de uma perda, ou uma diminuição, da condição de subsistência, a partir da concepção de um Estado intervencionista, capaz de não só regular, mas também impor determinadas obrigações, com a finalidade de amparar as pessoas, tendo por objetivo garantir a todos uma vida com dignidade:

> O respeito à dignidade não deve ser encarado somente como um dever de abstenção do Estado na invasão do espaço individual de autonomia. Isto é pouco. Cabe à organização estatal criar mecanismos de proteção do homem para que este não seja tratado como mero instrumento econômico ou político pelos órgãos do poder público ou por seus semelhantes.[5]

Os Direitos Sociais são considerados Direitos Fundamentais partindo-se da concepção de que o Estado não deve se manter inerte diante dos problemas decorrentes das desigualdades causadas pela conjuntura econômica e social. Conforme sintetiza *Alexandre de Moraes,*

> Direitos sociais são direitos fundamentais do homem, caracterizando-se como verdadeiras liberdades positivas, de observância obrigatória em um Estado Social de Direito, tendo por finalidade a melhoria das condições de vida dos hipossuficientes, visando à concretização da igualdade social.[6]

Os Direitos Sociais se legitimam também em função da construção de um mínimo de condições existenciais do ser humano, como retrata *Robert Alexy*. Este, ao tratar do regramento dos Direitos Fundamentais, divide as normas de direito fundamental em normas escritas e adscritas, ambas, todavia, com conteúdo normativo pleno, pois que se revelam em um conteúdo de argumentação jusfundamental.[7]

Na mesma obra, *Alexy* refere-se aos Direitos Sociais Fundamentais como direitos do indivíduo em face do Estado, afirmando que, em função da preservação da autodeterminação do ser humano – que se obtém não apenas a partir da liberdade de agir, mas sim de uma liberdade de fato – há que se ter um conteúdo mínimo a ser provido,[8] para assegurar as condições mínimas de vida digna.[9]

---

[4] "Como observa *Burdeau*, no contexto de ideias em que hoje se situa o papel do Poder, os direitos são ao contrário exigências; seu conteúdo é fixado em função de uma necessidade da qual eles são a consagração jurídica. O direito do homem não é mais a delimitação de uma faculdade que lhe é inata ou a proteção de uma prerrogativa de que ele goza. Ele é a medida de uma necessidade. Assim entendidos, os direitos são qualificados de sociais, de um lado porque são reconhecidos, não a um ser abstrato, mas ao homem situado cuja dependência em relação ao meio nós conhecemos, e de outro lado porque, obrigando os governantes a uma intervenção positiva, podem ser considerados como créditos do indivíduo em relação à sociedade" (Apud GALVÃO, Paulo Braga. *Os Direitos Sociais nas Constituições*. São Paulo: LTr, 1981, p. 15).

[5] TAVARES, Marcelo Leonardo. *Previdência e Assistência Social*: legitimação e fundamentação constitucional brasileira. Rio de Janeiro: Lumen Juris, 2003, p. 49-50.

[6] MORAES, Alexandre de. *Direito Constitucional*. 15. ed. São Paulo: Atlas, 2004, p. 203.

[7] ALEXY, Robert. *Teoria de los Derechos Fundamentales*. Madrid: Centro de Estudios Políticos y Institucionales, 2002, p. 65-71.

[8] Ainda que esse mínimo possa ser diferenciado em razão da sociedade em que está inserida o indivíduo, pois embora possa existir um mínimo ideal a todos os indivíduos em qualquer sociedade, as limitações de cunho material impedem, muitas vezes, que se possa trabalhar concretamente com os mesmos patamares, devendo ser fixados, pois, objetivos fundamentais, tais como os inscritos no art. 3º da Constituição da República Federativa do Brasil.

[9] ALEXY, Robert. *Op. cit.*, p. 482-485.

Os fenômenos que levaram a existir uma preocupação maior do Estado e da sociedade com a questão da subsistência no campo previdenciário são de matiz específica: são aqueles que atingem indivíduos que exercem alguma atividade laborativa, no sentido de assegurar direitos mínimos na relação de trabalho, ou de garantir o sustento, temporária ou permanentemente, quando diminuída ou eliminada a capacidade para prover a si mesmo e a seus familiares.

2.2 A SOLIDARIEDADE SOCIAL

Poder-se-ia sustentar que caberia somente ao trabalhador, individualmente, se proteger de infortúnios, ou pela assistência de seus familiares e amigos, ou por meio da realização de poupança, prevenindo-se contra um futuro no qual não possa mais ser considerado como economicamente ativo.

Ocorre, todavia, que a dependência da caridade alheia importa considerar-se como certo o fato de que sempre há alguém capaz de dar assistência ao inválido, quando tal noção não pode ser tida como minimamente razoável, mesmo nas sociedades nas quais a miséria atinge níveis ínfimos.

Já a tese que propõe se transferir ao trabalhador a responsabilidade por sua subsistência futura, quando venha a deixar de ser capaz para o trabalho, esbarra em situações como a daquele que, ainda no início de sua idade produtiva, venha a sofrer um acidente, tornando-se doravante incapaz para o trabalho. Logo, por mais precavido que possa ser o indivíduo, estará ele sempre sujeito à hipótese de múltiplos infortúnios durante toda a sua vida profissional, e não somente com o advento de sua velhice.

Se a principal finalidade da Previdência Social é a proteção à dignidade da pessoa, não é menos verdadeiro que a solidariedade social é verdadeiro princípio fundamental do Direito Previdenciário,[10] caracterizando-se pela cotização coletiva em prol daqueles que, num futuro incerto, ou mesmo no presente, necessitem de prestações retiradas desse fundo comum.

Importa ressaltar que os países que, em face de mudanças nos seus regimes previdenciários, adotaram o sistema de capitalização de recursos – mediante contas individualizadas em nome de cada segurado – abandonaram, a nosso ver, a noção de "previdência social", já que esta só se observa quando a sociedade, como um todo, presta solidariedade a cada um dos indivíduos que dela necessitem, por meio do sistema de repartição, ou de fundo único. A partir do momento em que cada trabalhador faça cotizações para si próprio, e não para um fundo mútuo, desaparece a noção de solidariedade social.

2.3 A COMPULSORIEDADE DA FILIAÇÃO

Deve-se dizer, ainda, que o trabalhador nem sempre está em condições de destinar, voluntariamente, uma parcela de seus rendimentos para uma poupança. Pode ocorrer – e ocorre, via de regra, nos países onde o nível salarial da população economicamente ativa é baixo – de o trabalhador necessitar utilizar todos seus ganhos com sua subsistência e a de seus dependentes, não havendo, assim, excedentes que possam ser economizados.

De outra vertente, pode ocorrer o que parcela da doutrina chama de "miopia social", caracterizada pela ausência de prevenção acerca de suas necessidades econômicas futuras.[11] Assim, o regime previdenciário, em regra, estabelece o caráter compulsório à filiação, a fim de que se evite o efeito danoso da imprevidência do trabalhador. Não se pode falar em previdência social

---

[10] BOLLMANN, Vilian. *Hipótese de Incidência Previdenciária e Temas Conexos*. São Paulo: LTr, 2005, p. 22.
[11] *El debate sobre la reforma de la seguridade social*: en busca de un nuevo consenso. Genebra: Associação Internacional de Seguridade Social, 1998, p. 9.

se cada trabalhador puder, a seu talante, escolher se vai ou não contribuir para o fundo, pois estaria, mais uma vez, quebrando o ideal de solidariedade social.

Do caráter compulsório da vinculação jurídica do trabalhador à Previdência Social decorre que o *status* de filiado – segurado de um Regime de Previdência Social – é situação que independe de manifestação de vontade do indivíduo, quando este exerça qualquer atividade laborativa remunerada. Assim, além de compulsória, a vinculação jurídica, pela filiação, é automática, e se dá de imediato, com o exercício de trabalho remunerado.

Dúvida poderia advir do fato de que as leis de Previdência Social admitem, em certos casos, a filiação de segurados facultativos. Em verdade, trata-se de situação peculiar, em que indivíduos que não exercem atividade laborativa remunerada são autorizados pela norma, caso assim desejam, a vincular-se a Regime de Previdência Social. Como tais indivíduos não auferem renda advinda do trabalho, sua participação não pode ser compulsória, permitindo-se sua participação para efeito de maior proteção social.

2.4 A PROTEÇÃO AOS PREVIDENTES

Baseando-se nas mesmas premissas das quais se utiliza o legislador previdenciário para estabelecer a obrigatoriedade de filiação, sustenta-se que a Previdência Social cria para todos os indivíduos economicamente ativos uma proteção a sua renda, uma vez que, sendo o sistema calcado no ideal de solidariedade, se apenas os mais previdentes resolvessem fazer a contribuição para o seguro social, os demais, ao necessitarem da tutela estatal por incapacidade laborativa, causariam um ônus ainda maior a estes trabalhadores previdentes.[12]

Para compreender melhor tal fundamento, costuma-se aludir a um exercício fictício de atuária: caso existisse um Estado com apenas 100 habitantes, dos quais todos trabalhadores, e apenas 50 deles contribuíssem para a formação de um fundo previdenciário, caso os 50 restantes, não contribuintes, se tornassem incapazes para o trabalho, caberia àqueles "previdentes" que contribuíram e formaram a poupança amparar os "imprevidentes", o que lhes acarretaria um encargo "em dobro".

Assim, a compulsoriedade da filiação não deixa de ser uma proteção àqueles que, mesmo de forma não obrigatória, se protegem de eventos futuros que possam lhes causar incapacidade laborativa.

2.5 A REDISTRIBUIÇÃO DE RENDA

Acrescenta-se às razões da manutenção da Previdência Social o fato de não existir igualdade entre os indivíduos no plano material, mas somente no plano jurídico-legal, de acordo com o princípio de que "todos são iguais perante a lei". Assim, cabe à Previdência Social também a incumbência da redução das desigualdades sociais e econômicas, mediante uma política de redistribuição de renda, retirando maiores contribuições das camadas mais favorecidas e, com isso, concedendo benefícios a populações de mais baixa renda. Por esta razão, defende-se que a Previdência Social deva ser universal, ou seja, abranger, num só regime, toda a população economicamente ativa, exigindo-se de todos contribuições na mesma proporção e, em contrapartida, pagando-se benefícios e prestando-se serviços de igual magnitude, de acordo com a necessidade de cada um – conforme a noção de seletividade das prestações previdenciárias. Tem-se aí uma das finalidades da Previdência, qual seja, o alcance da justiça social.

---

[12] *El debate sobre la reforma de la seguridade social: en busca de un nuevo consenso*. Genebra: Associação Internacional de Seguridade Social, 1998, p. 9.

Nesse sentido, o comentário de Theodoro Agostinho: "A Previdência Social tem se consolidado como a maior distribuidora de renda do Brasil. O Regime Geral de Previdência Social (RGPS), é um dos mecanismos mais efetivos de proteção social no Brasil, beneficiando direta e indiretamente parcela significativa da população brasileira".[13]

Para este fim, como se proclama em texto de *Norberto Bobbio,* resulta imperativo que o próprio Estado faça discriminações, no sentido de privilegiar os menos favorecidos, com o que, "desse modo, uma desigualdade torna-se um instrumento de igualdade pelo simples motivo de que corrige uma desigualdade anterior: a nova igualdade é o resultado da equiparação de duas desigualdades".[14]

Na obra de *Del Vecchio* se encontra a afirmação de que

> A justiça exige igualmente que todos os meios de que o Estado pode legitimamente dispor sejam por este devolvidos, mais do que a qualquer outro escopo, à tutela da vida e da integridade física e moral de seus componentes, e principalmente daqueles que não dispõem de meios para os obter ou de outras pessoas a isso particularmente obrigadas (justiça providencial ou assistencial, também denominada social).[15]

Dessa forma, são as consequências da vida laborativa moderna, do trabalho moderno,[16] posterior à Revolução Industrial, que levam à criação dos primeiros modelos de Seguro Social, como forma de amparar o trabalhador quando incapacitado e, posteriormente, à instituição das políticas de Seguridade Social, visando, além disso, a uma melhor redistribuição de renda e condições sociais.[17]

A gênese dos Direitos Sociais decorre do momento histórico em que o proletariado lutava por melhores condições de vida e trabalho, após a Revolução Industrial e simultaneamente a doutrinas socialistas e comunistas. Em verdade, demonstra a existência de um clamor popular pelas regras de justiça retributiva,[18] sendo vistos também como forma de conservação do domínio da burguesia liberal, que cede vantagens aos não detentores do poder, mediante um "recuo estratégico".[19]

Segundo *Evaristo de Moraes Filho,*

> Ao lado da justiça comutativa que regula os contratos, da justiça distributiva que regula os encargos e as vantagens sociais, importa dar o seu lugar à justiça social, que vela pelo bem comum e da qual a autoridade é gerente e a que todo o indivíduo membro do corpo social

---

[13] AGOSTINHO, Theodoro. *Manual de Direito Previdenciário.* 2. ed. São Paulo: Saraiva, 2022, p. 56.

[14] BOBBIO, Norberto. *Igualdade e Liberdade.* Trad. Carlos Nelson Coutinho. Rio de Janeiro: Ediouro, 1996, p. 32.

[15] DEL VECCHIO, Giorgio. *A Justiça.* Trad. Antônio Pinto de Carvalho. São Paulo: Saraiva, 1960, p. 109.

[16] "A era moderna trouxe consigo a glorificação teórica do trabalho, e resultou na transformação efetiva de toda a sociedade em uma sociedade operária" (ARENDT, Hannah. *A condição humana.* Trad. Roberto Raposo. Rio de Janeiro: Forense Universitária, 2001, p. 12).

[17] Como bem pondera Rocha, "Os direitos sociais prestacionais, como saúde, previdência, habitação, educação, na medida em que sua implementação reclama a mediação estatal, têm a sua realização umbilicalmente relacionada com a organização de políticas públicas" (ROCHA, Daniel Machado da. *Op. cit.,* p. 96).

[18] Conceitua *Bobbio* a "regra de justiça" como sendo aquela segundo a qual se devem tratar os iguais de modo igual e os desiguais de modo desigual, tida a justiça como o valor que preside a conservação da ordem social. Com efeito, o autor conclui que antes de se aplicar esta regra, devem estar preestabelecidos os critérios de justiça – atributiva ou retributiva – que indicam serem os destinatários da aplicação da regra iguais ou desiguais, e que a justiça retributiva é "constitutiva ou reconstitutiva da ordem social", enquanto a atributiva "tende a mantê-la segundo os modos e formas em que foi estabelecida" (BOBBIO, Norberto. *Igualdade e Liberdade,* p. 21).

[19] BONAVIDES, Paulo. *Teoria do Estado.* 3. ed. São Paulo: Malheiros, 1993, p. 224.

é obrigado a servir e corroborar. Beneficiário do bem comum, o indivíduo tem-no, de certo modo, a seu cargo, muito embora os governantes sejam os primeiros responsáveis por ele. A justiça social deve penetrar as instituições e a vida toda dos povos. A sua eficácia deve manifestar-se sobretudo pela criação de uma ordem jurídica e social que informe toda a vida econômica.[20]

Concebe-se que o desenvolvimento da atuação do Estado no âmbito da proteção social culmina – ou deveria culminar – na obtenção da Justiça Social, já que "a redução das desigualdades sociais – tarefa que exige esforço colossal da comunidade – prepara o terreno onde se assenta uma sociedade mais justa".[21]

2.6 A TEORIA DO RISCO SOCIAL

Os infortúnios causadores da perda, permanente ou temporária, da capacidade de trabalhar e auferir rendimentos foram objeto de várias formulações no sentido de estabelecer de quem seria a responsabilidade pelo dano patrimonial causado ao trabalhador, partindo da responsabilidade subjetiva ou aquiliana do tomador dos seus serviços até chegar-se à responsabilidade da sociedade como um todo, pela teoria do risco social.

Segundo essa teoria, hoje predominante, é da sociedade a responsabilidade, materializada mediante políticas públicas, pela manutenção daqueles indivíduos que, em função de terem exercido seu labor, tenham se inabilitado para prover meios de subsistência. Ou seja, não se cogita, em regra, da responsabilidade do tomador dos serviços do obreiro pela renda necessária à provisão das necessidades do indivíduo incapacitado. Evidentemente, em caso de dolo ou culpa do empregador, existe uma responsabilidade *concorrente*, que é de natureza *civil*, de reparar os *danos* causados.

Nas palavras de Daniel Machado da Rocha, "tal desiderato é viabilizado pela redistribuição dos riscos sociais horizontalmente (entre grupos profissionais distintos) e verticalmente (entre gerações) pelo equacionamento da economia coletiva".[22]

Segundo tal teoria, cabe à sociedade assegurar seu sustento ao indivíduo vitimado por uma incapacidade laborativa, já que toda a coletividade deve prestar solidariedade aos desafortunados, sendo tal responsabilidade de cunho objetivo – não se cogitando, sequer, da culpa do vitimado. Se a proteção dos infortúnios decorrentes de acidente do trabalho, por exemplo, vier a ser feita somente por intermédio de seguros privados, desaparece o conceito de risco social, ficando a encargo do tomador dos serviços, exclusivamente, a obrigação de reparar o dano à capacidade de trabalho.

2.7 DA PREVIDÊNCIA À SEGURANÇA SOCIAL

Segundo bem esclarece o Relatório sobre a Seguridade Social de 2009, da Conferência Interamericana de Seguridade Social, os programas de benefícios "têm como objetivo prevenir que pessoas caiam na pobreza através de prover padrões de vida adequados", protegendo os indivíduos trabalhadores e as pessoas que deles dependem.

A Previdência Social é, portanto, o ramo da atuação estatal que visa à proteção de todo indivíduo ocupado numa atividade laborativa remunerada, para proteção dos riscos decorrentes da perda ou redução, permanente ou temporária, das condições de obter seu próprio sustento.

---

[20] MORAES FILHO, Evaristo de. *O Direito e a Ordem Democrática*. São Paulo: LTr, 1984, p. 31.
[21] BALERA, Wagner. *Noções Preliminares de Direito Previdenciário*. São Paulo: Quartier Latin, 2004, p. 23.
[22] ROCHA, Daniel Machado da. *Op. cit.*, p. 144.

Eis a razão pela qual se dá o nome de seguro social ao vínculo estabelecido entre o segurado da Previdência e o ente segurador estatal.

Esta, contudo, não esgota as necessidades da população mais carente; é que os planos, benefícios e serviços desta só atingem uma parte da população, vale dizer, aquela que tem uma ocupação definida no mercado formal de trabalho e, ainda, quando reconhecida a relação laboral, aos que, mesmo trabalhando no mercado informal, tenham exercido atividade laborativa. Ficam, contudo, excluídos deste sistema de proteção aqueles que não têm atividade – os desempregados, os inválidos que nunca trabalharam, os idosos que não tiveram direito à aposentação e os menores carentes. A todos estes, cumpre ao Estado prestar outra forma de proteção: a da assistência social. Neste campo de atuação, o Estado não exige – pois não tem como exigir – qualquer contribuição dos beneficiários.

A proteção à saúde, por seu turno, também não é objeto das políticas de previdência social. Caracteriza-se pela concessão gratuita de serviços e medicamentos a qualquer pessoa que deles necessite, ou seja, da mesma forma que ocorre com a assistência social, se torna inexigível a contribuição por boa parte dos beneficiários.

Numa análise mais ampla, poder-se-ia dizer que o Estado, na sua função primordial de promover o bem-estar de todos (art. 3°, IV, da CF), deve velar pela segurança do indivíduo. Este conceito de segurança abrange três vertentes: a segurança da integridade física e moral do ser humano, mediante o exercício do monopólio da força pela supremacia estatal, impedindo o exercício arbitrário das próprias razões e punindo o atentado à vida, à integridade física, à intimidade, à privacidade, à honra e à imagem, bem como ao patrimônio dos indivíduos; a segurança jurídica, gerada pelo Estado de Direito, com seus princípios de legalidade e igualdade perante a lei, e da inafastabilidade de apreciação pelo Poder Judiciário de qualquer lesão ou ameaça de lesão a direito; e a segurança social, que se busca pelas políticas nas áreas de interesse da população menos favorecida, no escopo de erradicação da pobreza e redução das desigualdades sociais, sendo, pois, direito subjetivo fundamental, exercitado contra o Estado e a Sociedade.

3
Modelos de Previdência Social

Uma vez estabelecida a noção fundamental de que a Previdência Social é um direito subjetivo do indivíduo, exercitado em face da sociedade a que pertence, personificada na figura do Estado-Providência, impõe-se que esta sociedade participe do regime de seguro social, por meio de aportes que garantam recursos financeiros suficientes à aplicação da política de segurança social.

Não existe um modo único de se prover aos indivíduos a proteção social quanto a infortúnios que afetem sua capacidade de labor e subsistência. Assim, têm-se no âmbito mundial vários sistemas em funcionamento, estando muitos deles em fase de transição, e outros, em que o modelo originário já foi substituído. Cabe, nesta oportunidade, distinguir os vários modelos de previdência social e, por último, responder à indagação se os regimes privatizados são, ou não, modelos de previdência social.

O fato de que o desenvolvimento do arcabouço de técnicas de proteção social é fenômeno típico do século XX, e não de antes disso, revela outro, o de que na verdade há, no presente, diversos modelos de sistemas de previdência e seguridade social, quando feito o estudo do Direito Comparado.

Vista a questão sob o ponto de vista político-ideológico, como o faz *Gosta Esping-Andersen*,[1] são identificados três modelos de regimes.

O primeiro, denominado regime social-democrata, típico dos países nórdicos, cuja ênfase é a universalidade da cobertura a todos os cidadãos, é marcado por benefícios de montante consideravelmente elevado em comparação a outros países, mesclando-se benefícios baseados em contribuições e não contributivos, além de uma vasta malha de serviços públicos, gratuitos.

O segundo, chamado conservador-corporativo, tem por nascedouro a Europa ocidental, cuja tendência é priorizar o seguro social compulsório voltado à proteção dos riscos sociais, com foco na população que exerce trabalho remunerado, cujo custeio tem por base principal a contribuição destes trabalhadores e de seus tomadores de serviços, com benefícios proporcionais às contribuições. Há também benefícios não contributivos para atender demandas assistenciais.

O terceiro, identificado como liberal, garante uma proteção residual, com benefícios contributivos e não contributivos que visam o combate à pobreza e a garantia de um patamar mínimo de renda, com limitada rede de serviços públicos gratuitos. Este modelo é adotado, entre outros países, no Reino Unido, Irlanda, Canadá e Estados Unidos.

---

[1] ESPING-ANDERSEN, Gosta. *The Three Worlds of Welfare Capitalism*. Princeton: Princeton University Press, 1990.

Porém, um quarto modelo, segundo alguns estudiosos, seria denominado mediterrâneo, por ser típico dos países do sul da Europa (Espanha, Portugal, Itália, Grécia) e diferenciar-se do regime dito conservador-corporativo por haver um sistema de saúde pública universal e, dada a grande quantidade de pessoas trabalhando na informalidade ou em regime de economia familiar, haver uma preocupação específica, além da proteção à população assalariada.[2]

3.1 SISTEMAS CONTRIBUTIVOS E NÃO CONTRIBUTIVOS

Separam-se os sistemas previdenciários em relação ao custeio, entre outros modos, de acordo com a fonte de arrecadação da receita necessária ao desempenho da política de proteção social.

Há, assim, sistemas que adotam, em seus regramentos, que a arrecadação dos recursos financeiros para a ação na esfera do seguro social dar-se-á por meio de aportes diferenciados dos tributos em geral, de modo que as pessoas especificadas na legislação própria ficam obrigadas a contribuir para o regime. Entre as pessoas legalmente obrigadas a contribuir estão aqueles que serão os potenciais beneficiários do sistema – os segurados –, bem como outras pessoas – naturais ou jurídicas – pertencentes à sociedade a quem a lei cometa o ônus de também participar no custeio do regime. É o sistema dito contributivo, embasado nas contribuições sociais.

Contribuições sociais são aquelas destinadas exclusivamente a servir de base financeira para as prestações previdenciárias,[3] e, no sistema brasileiro, também para as áreas de atuação assistencial e de saúde pública.

Noutros sistemas de financiamento, a arrecadação provém não de um tributo específico, mas sim da destinação de parcela da arrecadação tributária geral, de modo que os contribuintes do regime não são identificáveis, já que qualquer pessoa que tenha pagado tributo ao Estado estará, indiretamente, contribuindo para o custeio da Previdência. São os sistemas ditos não contributivos.

A Previdência Social brasileira, como será mais bem explicitado no capítulo 8, é composta por mais de um regime jurídico. O Regime Geral de Previdência Social, que abarca a maior parte dos indivíduos, sempre foi de natureza contributiva, tal como indica o art. 201 da Constituição, já que os trabalhadores, desde a criação do sistema, sempre contribuíram de forma compulsória para o custeio deste regime. Além do Regime Geral, há os regimes previdenciários instituídos pela União, Estados, Distrito Federal e Municípios, para proteção, quanto aos riscos sociais, dos agentes públicos titulares de cargos efetivos e vitalícios, conforme previsão contida nos artigos 40 e 149 da Constituição. Quanto a esses últimos, durante muito tempo houve a concessão de benefícios de aposentadorias (e em alguns casos, de outros benefícios) sem a exigência de contribuição por parte dos servidores, apresentando-se, até então, como regimes tipicamente não contributivos. Com a exigência de contribuição desde a EC n. 3/1993, também os chamados "regimes próprios" passaram a ter caráter contributivo.

No sistema contributivo, os recursos orçamentários do Estado para o custeio do regime previdenciário também concorrem para este, mas não com a importância que eles possuem no modelo não contributivo. Cumpre ao Estado garantir a sustentação do regime previdenciário, com uma participação que pode variar, já que eventuais insuficiências financeiras deverão ser cobertas pelo Poder Público (art. 16, parágrafo único, da Lei n. 8.212/1991).

---

[2] BATISTA, Analía Soria et alii. *Envelhecimento e Dependência*: desafios para a organização da proteção social. Brasília: MPS, SPPS, 2008, p. 21-22.

[3] COIMBRA, J. R. Feijó. *Direito previdenciário brasileiro*. 7. ed., Rio de Janeiro: Edições Trabalhistas, 1997, p. 240.

3.2 SISTEMAS CONTRIBUTIVOS DE REPARTIÇÃO E CAPITALIZAÇÃO

Entre os sistemas baseados em contribuições sociais, encontramos nova divisão, no que tange à forma como os recursos obtidos são utilizados.

Alguns sistemas adotam regras que estabelecem, como contribuição social, a cotização de cada indivíduo segurado pelo regime durante certo lapso de tempo, para que se tenha direito a benefícios. Assim, somente o próprio segurado – ou uma coletividade deles – contribui para a criação de um fundo – individual ou coletivo – com lastro suficiente para cobrir as necessidades previdenciárias dos seus integrantes. O modelo de capitalização, como é chamado, é aquele adotado nos planos individuais de previdência privada, bem como nos "fundos de pensão", as entidades fechadas de previdência complementar.

Nesse sistema, a participação do Estado é mínima, e a do empregador vai variar conforme a normatização de cada sistema (*vide* art. 202 da Constituição, com a redação conferida pela Emenda Constitucional n. 103/2019). Primordial no sistema de capitalização é a contribuição do próprio segurado, potencial beneficiário, que deverá cumprir o número de cotas ou o valor estabelecido para garantir a proteção pelo sistema para si e seus dependentes.

Já no sistema de repartição, as contribuições sociais vertem para um fundo único, do qual saem os recursos para a concessão de benefícios a qualquer beneficiário que atenda aos requisitos previstos na norma previdenciária. A participação do segurado continua sendo importante, mas a ausência de contribuição em determinado patamar não lhe retira o direito a benefícios e serviços, salvo nas hipóteses em que se lhe exige alguma carência. Como salienta *Feijó Coimbra*, este modelo repousa no ideal de solidariedade,[4] no pacto entre gerações – já que cabe à atual geração de trabalhadores em atividade pagar as contribuições que garantem os benefícios dos atuais inativos, e assim sucessivamente, no passar dos tempos –, ideia lançada no *Plano Beveridge* inglês, e que até hoje norteia a maior parte dos sistemas previdenciários no mundo.

3.3 SISTEMAS PRIVADOS DE PREVIDÊNCIA

No ano de 1981, o Chile, então sob a ditadura de Augusto Pinochet, inaugurou uma nova forma de gerir a questão previdenciária, na qual as contribuições dos trabalhadores não mais seriam vertidas para um fundo público, mas para entidades privadas, denominadas Administradoras de Fundos de Pensões – AFPs, de forma compulsória. Caberia ao Estado o estabelecimento de regras de funcionamento e fiscalização. Para os que não conseguissem cotizar o suficiente para ter direito a uma aposentadoria, foi previsto um benefício assistencial mínimo. Houve, ainda, a assunção pelo Estado das despesas com o passivo das aposentadorias e pensões que então era extinto.

Pelo sistema estabelecido, os trabalhadores chilenos devem destinar entre 10% e 12% de seu ganho mensal às AFPs, que investem estes recursos em ações e bônus, tanto no Chile quanto no exterior – sujeitando o capital investido, portanto, às incertezas do mercado e da economia interna e mundial.

O modelo chileno, totalmente privatizante da previdência – mantida pelo Estado apenas a assistência social – foi daí para frente paradigma para diversos estudos, ganhando adeptos no campo doutrinário e, na década seguinte, sendo implantado, com algumas alterações, em outros países latino-americanos, como México, Argentina e Peru. Transformou-se, assim, no modelo preconizado pelo Banco Mundial (no estudo *Averting the Old Age Crisis: Policies to Protect the Old and Promote Growth*, 2004).

---

[4] COIMBRA, J. R. Feijó. *Op. cit.*, p. 233.

Diga-se, de plano, que não se considera tal modelo um verdadeiro sistema de previdência social. É que a concepção de seguro social fica totalmente comprometida pelo fato de não haver, na verdade, participação da sociedade no custeio (quebrando-se o fundamento da solidariedade).

O que se nota, todavia, é que o modelo privatizante parece ter atingido o seu ocaso. O Chile, precursor da privatização, decidiu modificar substancialmente o sistema, passando a vigorar novas regras a partir de julho de 2008. Já a Argentina extinguiu seu sistema privado e incorporou-o ao modelo público de repartição.

Alex Kravchychyn ressalta outros ordenamentos que, após privatizarem seus sistemas previdenciários, reverteram este quadro:

> A Hungria foi o outro país a desmontar com sucesso seu sistema privado em dezembro de 2010, forçando seus cidadãos a transferir US$ 14 bilhões aos cofres do modelo de repartição estatal e usando esse dinheiro para reduzir o alto endividamento governamental. Outros países seguiram caminhos intermediários de diminuição da exposição ao sistema privado descapitalizado. A Eslováquia tornou seu sistema privado voluntário, permitindo aos seus trabalhadores escolher, ao invés de depender unicamente do sistema estatal ou do privado. Polônia e Romênia, além de três países Bálticos, reduziram ou limitaram o crescimento das contribuições para seus sistemas privados. A Polônia cogitou eliminar o sistema privado, mas voltou atrás. Esses retornos ao sistema de repartição, mesmo quando parciais, demonstram a relação curto-prazo/longo-prazo implícita na privatização. Os governos gostam dos benefícios de longo prazo, mas nem sempre conseguem pagar os altos custos necessários no curto prazo (ORENSTEIN, 2011).[5]

Nestas situações, ainda que não se observe um retorno ao modelo totalmente estatal, podem ser notadas mudanças de caráter social, como a instituição de um *aporte previsional solidário* a qualquer pessoa que tenha cotizado valores insuficientes, para assegurar um complemento de renda – custeado pelo Estado – a partir destes aportes, o que assegura uma proteção social pouco maior que a assistencial.

3.4 O SISTEMA DE PILARES

A doutrina e os organismos ligados à pesquisa em matéria de seguridade social têm lançado suas luzes sobre a formação de modelos mais recentes de financiamento e distribuição de benefícios, superando a noção de uma só forma de custeio (baseada em contribuições exclusivamente, ou não) e de níveis de cobertura aos beneficiários, com o fito de atingir o objetivo da universalidade do atendimento àqueles que necessitam de proteção.

A isto se costuma denominar de modelos construídos sobre mais de um "pilar". Segundo o Relatório sobre a Seguridade Social de 2009 da Conferência Interamericana de Seguridade Social, a literatura sobre o tema sugere a formação de três pilares: o primeiro seria uma rede de seguridade ou pensão mínima para todos os cidadãos, financiada por impostos gerais; o segundo, um sistema de benefícios contributivo, voltado à atividade laborativa, financiado por contribuições sobre salários; e o terceiro, baseado na economia voluntária individual. O modelo brasileiro atual vai ao encontro a esta tendência, se observarmos que ao chamado "primeiro pilar" podemos associar as políticas de assistência social e saúde, ao "segundo pilar" os Regimes de Previdência Social – atualmente todos contributivos e em modelo de repartição simples –, e ao "terceiro pilar", a Previdência Complementar Privada, em forma de capitalização. No Chile, paradigma de muitos estudiosos, o segundo pilar foi entregue a administradoras de fundos de pensão, como visto.

---

[5] KRAVCHYCHYN, Alex. *Diretrizes para auxiliar a concepção de regimes complementares mais eficientes para os servidores públicos*. Dissertação de Mestrado. Florianópolis: Universidade Federal de Santa Catarina, 2018, p. 55.

O Banco Mundial, em estudo de 2005, denominado *Old Age Income Support in the 21st Century*, não mais tem defendido o modelo de três pilares, o qual sustentou até 2004, no já lembrado texto *Averting the Old Age Crisis: Policies to Protect the Old and Promote Growth*. A proposta mais recente englobaria cinco níveis de proteção:

> Estes são: pilar "zero" ou não contributivo, "um" – o qual é contributivo em função dos ingressos; "dois" – o qual é obrigatório e baseia-se na criação de contas individuais; "três" – que consiste em acordos voluntários flexíveis (financiados pelo empregador, de tipo contribuição definida ou benefício definido); e "quatro" – que consiste em transferências adicionais em espécie ou monetárias (inter ou intrageracionais, incluindo seguro de saúde, transferências familiares, etc.).

No âmbito das reformas previdenciárias em outros países, pode-se identificar também a questão da existência de um ou mais sistemas, de acordo com o estudo de *Mercedes Hoces Quinteros:* nos países de "sistema único", a filiação a este é de caráter obrigatório; nos países de "sistema misto integrado", como o do Uruguai, "o regime de capitalização individual e o de repartição coexistem", sendo obrigatória a filiação a um dos dois regimes, ou a ambos; e nos de "sistema misto em concorrência", como o da Colômbia, o regime de capitalização e o de repartição são concorrentes, cabendo aos trabalhadores escolher, obrigatoriamente, um dos regimes, sendo a contribuição destinada integralmente ao regime escolhido.[6]

O modelo brasileiro, segundo esta linha de pensamento, se divide da seguinte forma:

- **Previdência Social Básica:** pública, compulsória em forma de repartição, com financiamento misto (trabalhadores, tomadores de serviços e poder público), dividida em múltiplos regimes: o Regime Geral, administrado pela União, cuja atribuição é descentralizada à autarquia INSS; e os Regimes Próprios de Previdência dos Servidores, administrados pelos entes da Federação, baseados no princípio da solidariedade e com o objetivo de oferecer proteção à classe trabalhadora em geral (empregados de qualquer espécie, trabalhadores avulsos, por conta própria e empresários dos meios urbano e rural, agentes públicos ocupantes de cargos efetivos, vitalícios e comissionados).
- **Previdência Complementar:** privada, em regime de capitalização, na modalidade contribuição definida, facultativa à classe trabalhadora na modalidade fechada (financiada, neste caso, com contribuições dos trabalhadores e tomadores de serviços), e a todos os indivíduos, na modalidade aberta (com contribuição somente do indivíduo), administrada por entidades de previdência complementar.
- **Assistência Social:** para pessoas idosas e com deficiência, necessidades ou cuidados especiais, abrangendo as pessoas que estejam carentes de condições de subsistência, segundo critérios estabelecidos em lei, financiada também pelos contribuintes da Seguridade Social e pelos entes da Federação.

Concluindo este capítulo, tem-se que há múltiplos regimes previdenciários no Brasil, identificados no "primeiro pilar" de proteção social, todos de filiação obrigatória, porque "únicos" em relação a cada um dos grupos de indivíduos protegidos: trabalhadores da iniciativa privada, agentes públicos federais, estaduais e municipais.

---

[6] QUINTEROS, Mercedes Hoces. Portabilidade dos fundos previdenciários: uma nova alternativa para os trabalhadores migrantes. In: BRASIL. MINISTÉRIO DA PREVIDÊNCIA SOCIAL. *Migrações Internacionais e a Previdência Social*. Brasília: MPAS, SPS, CGEP, 2006, p. 93.

A Evolução da Proteção Social no Brasil

A formação de um sistema de proteção social no Brasil, a exemplo do que se verificou na Europa, se deu por um lento processo de reconhecimento da necessidade de que o Estado intervenha para suprir deficiências da liberdade absoluta[1] – postulado fundamental do liberalismo clássico – partindo do assistencialismo para o Seguro Social, e deste para a formação da Seguridade Social.

É relevante acentuar, para uma análise de tal processo, alguns aspectos da sociedade brasileira descritos por *Rocha*, contextualizando o Estado patrimonialista herdado, por assim dizer, da cultura ibérica, no período que antecede a primeira Constituição brasileira:

> O desenvolvimento do Brasil, como o da América Latina em geral, não foi caracterizado pela transição do feudalismo para o capitalismo moderno, com um mínimo de intervenção estatal. A relação entre o Estado brasileiro e a sociedade civil sempre foi uma relação peculiar, pois as condições nas quais aquele foi concebido – tais como partidos políticos regionais e oligárquicos, clientelismo rural, ausência de camadas médias organizadas politicamente, inviabilizando a institucionalização de formas de participação política e social da sociedade civil – determinaram o nascimento do Estado antes da sociedade civil. Por conseguinte, a questão social, tão antiga quanto a história nacional do Brasil como nação independente, resultará complexa. Enquanto a primeira revolução industrial estava na sua fase de maturação na Inglaterra (1820 a 1830), o Brasil acabara de promover a sua independência, deixando de ser colônia, mas permanecendo com uma economia arcaica baseada no latifúndio e no trabalho escravo. Por isto, antes de ingressar na era industrial, nosso País já apresentava contornos sociais marcados por desigualdades, em especial, uma distribuição de renda profundamente desigual.[2]

O Brasil só veio a conhecer verdadeiras regras de caráter geral em matéria de previdência social no século XX. Antes disso, apesar de haver previsão constitucional a respeito da matéria, apenas em diplomas isolados aparece alguma forma de proteção a infortúnios. A Constituição de 1824 – art. 179, XXXI – mencionava a garantia dos socorros públicos, em norma meramente programática; o Código Comercial, de 1850, em seu art. 79, garantia por três meses a percepção de salários do preposto acidentado, sendo que desde 1835 já existia o

---

[1] "A sociedade, no seio da qual o indivíduo vive, e que por razões de conveniência geral, lhe exige a renúncia de uma parcela de liberdade, não poderá deixar de compensá-lo da perda que sofre, com a atribuição da desejada segurança" (COIMBRA, J. R. Feijó. *Op. cit.*, p. 45).

[2] ROCHA, Daniel Machado da. *Op. cit.*, p. 45.

Montepio Geral da Economia dos Servidores do Estado (MONGERAL) – primeira entidade de previdência privada no Brasil.

4.1 PRIMEIRAS REGRAS DE PROTEÇÃO

À semelhança do que se observa no âmbito mundial, as primeiras formas de proteção social dos indivíduos no Brasil tinham caráter eminentemente beneficente e assistencial. Assim, ainda no período colonial, tem-se a criação das Santas Casas de Misericórdia, sendo a mais antiga aquela fundada no Porto de São Vicente, depois Vila de Santos (1543),[3] seguindo-se as Irmandades de Ordens Terceiras (mutualidades) e, no ano de 1795, estabeleceu-se o Plano de Beneficência dos Órfãos e Viúvas dos Oficiais da Marinha.[4] No período marcado pelo regime monárquico, pois, houve iniciativas de natureza protecionista.

Segundo pesquisas feitas por *Antonio Carlos de Oliveira*, "o primeiro texto em matéria de previdência social no Brasil foi expedido em 1821, pelo ainda Príncipe Regente, Dom Pedro de Alcântara. Trata-se de um Decreto de 1º de outubro daquele ano, concedendo aposentadoria aos mestres e professores, após 30 anos de serviço, e assegurado um abono de 1/4 (um quarto) dos ganhos aos que continuassem em atividade".[5] Em 1888, o Decreto n. 9.912-A, de 26 de março, dispôs sobre a concessão de aposentadoria aos empregados dos Correios, fixando em trinta anos de serviço e idade mínima de 60 anos os requisitos para tal. Em 1890, o Decreto n. 221, de 26 de fevereiro, instituiu a aposentadoria para os empregados da Estrada de Ferro Central do Brasil, posteriormente estendida aos demais ferroviários do Estado pelo Decreto n. 565, de 12 de julho do mesmo ano.

A Constituição de 1891, art. 75, previu a aposentadoria por invalidez aos servidores públicos.

Em 1892, a Lei n. 217, de 29 de novembro, instituiu a aposentadoria por invalidez e a pensão por morte dos operários do Arsenal de Marinha do Rio de Janeiro.

O peculiar em relação a tais aposentadorias é que não se poderia considerá-las como verdadeiramente pertencentes a um regime previdenciário contributivo, já que os beneficiários não contribuíam durante o período de atividade. Vale dizer, as aposentadorias eram concedidas de forma graciosa pelo Estado. Assim, até então, não falava em previdência social no Brasil.

A primeira lei sobre proteção do trabalhador contra acidentes do trabalho surgiu em 1919 (o Decreto n. 3.724); antes, o trabalhador acidentado tinha apenas como norma a lhe proteger o art. 159 do antigo Código Civil, vigente a partir de 1917, e antes disso, as normas das Ordenações Filipinas.

4.2 A LEI ELOY CHAVES

Em termos de legislação nacional, a doutrina majoritária considera como marco inicial da Previdência Social a publicação do Decreto Legislativo n. 4.682, de 24.1.1923, mais conhecido como Lei Eloy Chaves, que criou as Caixas de Aposentadoria e Pensões nas empresas de estradas de ferro existentes, mediante contribuições dos trabalhadores, das empresas do ramo e do Estado, assegurando aposentadoria aos trabalhadores e pensão a seus dependentes em caso de morte do segurado, além de assistência médica e diminuição do custo de medicamentos. Entretanto, o regime das "caixas" era ainda pouco abrangente, e, como era estabelecido por empresa, o número de contribuintes foi, às vezes, insuficiente.[6]

---

[3] TAVARES, Marcelo Leonardo. *Direito Previdenciário*, p. 208.

[4] CAMPOS, Marcelo Barroso Lima Brito de. *Regime Próprio de Previdência Social dos Servidores Públicos*. Belo Horizonte: Líder, 2004, p. 38.

[5] OLIVEIRA, Antonio Carlos de. *Direito do trabalho e previdência social*: estudos. São Paulo: LTr, 1996, p. 91.

[6] STEPHANES, Reinhold. *Reforma da previdência sem segredos*. Rio de Janeiro: Record, 1998, p. 94.

Saliente-se, contudo, que, antes mesmo da Lei Eloy Chaves, já existia o Decreto n. 9.284, de 30.12.1911, que instituiu a Caixa de Aposentadoria e Pensões dos Operários da Casa da Moeda, abrangendo, portanto, os então funcionários públicos daquele órgão.

A Lei Eloy Chaves criou, de fato, a trabalhadores vinculados a empresas privadas, entidades que se aproximam das hoje conhecidas entidades fechadas de previdência complementar, ou fundos de pensão, já que se constituíam por empresas, embora, como relata *Stephanes*,

> muitas vezes não se atingia o número necessário de segurados para o estabelecimento de bases securitárias – ou seja, um número mínimo de filiados com capacidade contributiva para garantir o pagamento dos benefícios a longo prazo. Mesmo assim, Eloy Chaves acolheu em sua proposta dois princípios universais dos sistemas previdenciários: o caráter contributivo e o limite de idade, embora vinculado a um tempo de serviço.[7]

De regra, o modelo contemplado na Lei Eloy Chaves se assemelha ao modelo alemão de 1883, em que se identificam três características fundamentais: (a) a obrigatoriedade de participação dos trabalhadores no sistema, sem a qual não seria atingido o fim para o qual foi criado, pois mantida a facultatividade, seria mera alternativa ao seguro privado; (b) a contribuição para o sistema, devida pelo trabalhador, bem como pelo empregador, ficando o Estado como responsável pela regulamentação e supervisão do sistema; e (c) por fim, um rol de prestações definidas em lei, tendentes a proteger o trabalhador em situações de incapacidade temporária, ou em caso de morte do mesmo, assegurando-lhe a subsistência.[8]

Em seguida ao surgimento da Lei Eloy Chaves, criaram-se outras Caixas em empresas de diversos ramos da atividade econômica. A Lei n. 5.109/1926 disciplinou a extensão aos portuários e marítimos e a Lei n. 5.485/1928, aos trabalhadores dos serviços telegráficos e radiotelegráficos.

O Decreto n. 5.128, de 31.12.1926, criou o Instituto da Previdência dos Funcionários Públicos da União.

O Decreto n. 19.433, de 26.11.1930, criou o Ministério do Trabalho, Indústria e Comércio, tendo como uma das atribuições orientar e supervisionar a Previdência Social, inclusive como órgão de recursos das decisões das Caixas de Aposentadorias e Pensões.

Todavia, a primeira crise do sistema previdenciário ocorreria na mesma época. Em face de inúmeras fraudes e denúncias de corrupção, o governo de Getúlio Vargas suspendeu, por Decreto (n. 19.540, de 17.12.1930) e pelo prazo de seis meses, a concessão de qualquer aposentadoria, determinando uma revisão geral nos benefícios até ali concedidos, pois muitos deles tinham indícios de irregularidades.[9]

A partir de então, passou a estrutura, pouco a pouco, a ser reunida por categoria profissional, surgindo os Institutos de Aposentadoria e Pensões (dos Marítimos, dos Comerciários, dos Bancários, dos Empregados em Transportes de Carga).[10]

As normas indicam uma tendência existente desde o Império, segundo a qual a extensão de benefícios, no Brasil, parte sempre de uma categoria para a coletividade, e inicia-se no serviço público para depois se estender aos trabalhadores da iniciativa privada.[11]

---

[7] *Idem, ibidem.*

[8] PEREIRA NETTO, Juliana Pressotto. *A Previdência Social em Reforma:* o desafio da inclusão de um maior número de trabalhadores. São Paulo: LTr, 2002, p. 36.

[9] SERRA E GURGEL, J. B. *Evolução histórica da previdência social.* Brasília: ANASPS, 2008.

[10] *Idem, ibidem.*

[11] RUSSOMANO, Mozart Victor. *Comentários à Consolidação das Leis da Previdência Social.* 2. ed. São Paulo: RT, 1981. p. 7.

4.3 OS INSTITUTOS DE CLASSE

A primeira instituição brasileira de previdência social de âmbito nacional, com base na atividade econômica, foi o IAPM – Instituto de Aposentadoria e Pensões dos Marítimos, criada em 1933, pelo Decreto n. 22.872, de 29 de junho daquele ano. Seguiram-se o IAPC – Instituto de Aposentadoria e Pensões dos Comerciários – e o IAPB – Instituto de Aposentadoria e Pensões dos Bancários, em 1934; o IAPI – Instituto de Aposentadoria e Pensões dos Industriários, em 1936; o IPASE – Instituto de Previdência e Assistência dos Servidores do Estado, e o IAPETC – Instituto de Aposentadoria e Pensões dos Empregados em Transportes e Cargas, estes em 1938.

A Constituição de 1934 foi a primeira a estabelecer, em texto constitucional, a forma tripartite de custeio: contribuição dos trabalhadores, dos empregadores e do Poder Público (art. 121, § 1º, *h*).

A Constituição de 1937 não trouxe evoluções nesse sentido, apenas tendo por particularidade a utilização, pela primeira vez, da expressão "seguro social".

A regulamentação da aposentadoria dos então chamados funcionários públicos se deu pelo Decreto-lei n. 1.713, de 28.10.1939.

Em matéria de assistência social, foi criada a Legião Brasileira de Assistência – LBA em 1942 (Decreto-lei n. 4.890/1942), atualmente já extinta.

No ano de 1945, o Decreto-lei n. 7.526 tencionava o estabelecimento de um verdadeiro sistema de Previdência Social, com a tentativa de uniformização das normas a respeito dos benefícios e serviços devidos por cada instituto de classe, tendo nítida influência das diretrizes dos *Relatórios de Beveridge*.[12] Contudo, tal diploma não chegou a ser eficaz, por ausência de regulamentação – que deveria ter normatizado a organização e funcionamento do que seria o Instituto dos Serviços Sociais do Brasil, instituição que nunca chegou a existir.[13]

A Constituição de 1946 previa normas sobre previdência no capítulo que versava sobre Direitos Sociais, obrigando, a partir de então, o empregador a manter seguro de acidentes de trabalho. Foi a primeira tentativa de sistematização constitucional de normas de âmbito social, elencadas no art. 157 do texto. A expressão "previdência social" foi empregada pela primeira vez numa Constituição brasileira.

Em 1949, o Poder Executivo editou o Regulamento Geral das Caixas de Aposentadorias e Pensões (Decreto n. 26.778, de 14.6.1949), padronizando a concessão de benefícios, já que, até então, cada Caixa tinha suas regras próprias. Quatro anos depois estabelecia-se a fusão de todas as Caixas remanescentes, por meio do Decreto n. 34.586, de 12.11.1953, surgindo a Caixa Nacional, transformada em Instituto pela Lei Orgânica da Previdência Social, de 1960.

Paralelamente aos regramentos de Previdência dos trabalhadores da iniciativa privada, o Estatuto dos Funcionários Públicos Civis da União – Lei n. 1.711/1952, regulava, em separado, o direito à aposentadoria dos ocupantes de cargos públicos federais, e o instituto da pensão por morte a seus dependentes,[14] diploma que se manteve vigente até 1990.

Também em 1953 o profissional liberal de qualquer espécie foi autorizado, pelo Decreto n. 32.667, a se inscrever na condição de segurado na categoria de trabalhador autônomo.

Em 1960 foi criado o Ministério do Trabalho e Previdência Social e promulgada a Lei n. 3.807, denominada Lei Orgânica da Previdência Social – LOPS, cujo projeto tramitou desde 1947. Este diploma não unificou os organismos existentes, mas criou normas uniformes para o amparo a segurados e dependentes dos vários Institutos existentes, tendo sido efetivamente

---

[12] ROCHA, Daniel Machado da. *Op. cit.*, p. 62.
[13] RUSSOMANO, Mozart Victor. *Comentários à Consolidação... cit.*, p. 12.
[14] PESSOA SOBRINHO, Eduardo Pinto. *Manual dos Servidores do Estado*. 13. ed. Rio de Janeiro: Freitas Bastos, 1985, p. 12.

colocado em prática. Como esclarece *Antonio Carlos de Oliveira*, por meio da LOPS estabeleceu-se um único plano de benefícios, "amplo e avançado, e findou-se a desigualdade de tratamento entre os segurados das entidades previdenciárias e seus dependentes".[15] Continuavam excluídos da Previdência, contudo, os trabalhadores rurais e os domésticos.

Em 1963, a Lei n. 4.296, de 3 de outubro, criou o salário-família, destinado aos segurados que tivessem filhos menores, visando à manutenção destes. No mesmo ano foi criado o décimo terceiro salário e, no campo previdenciário, pela Lei n. 4.281, de 8 de novembro daquele ano, o abono anual, até hoje existente.

Em 1965, pela Emenda Constitucional n. 11, foi estabelecido o princípio da precedência da fonte de custeio em relação à criação ou majoração de benefícios.

4.4 DA CRIAÇÃO DO INPS À CONSTITUIÇÃO DE 1988

Apenas em 1º de janeiro de 1967 foram unificados os IAPs, com o surgimento do Instituto Nacional de Previdência Social – INPS, criado pelo Decreto-lei n. 72, de 21.11.1966, providência de há muito reclamada pelos estudiosos da matéria, em vista dos problemas de déficit em vários dos institutos classistas.

A unificação da então chamada Previdência Social Urbana, no entanto, não tinha por função apenas a unidade das regras de proteção. Como relata *Borges*, "a previdência brasileira, sob o argumento de controle e da segurança nacional, começou a perder seu rumo, pois todos os recursos dos institutos unificados foram carreados para o Tesouro Nacional, confundindo-se com o orçamento governamental".[16]

A Constituição de 1967 estabeleceu a criação do seguro-desemprego, que até então não existia, regulamentado com o nome de auxílio-desemprego. A Emenda Constitucional n. 1/69 não inovou na matéria previdenciária.

Ainda em 1967, o Seguro de Acidentes de Trabalho foi incorporado à Previdência Social pela Lei n. 5.316, de 14 de setembro, embora sua disciplina legal não estivesse incluída no mesmo diploma que os demais benefícios. Assim, deixava de ser realizado com instituições privadas para ser feito exclusivamente por meio de contribuições vertidas ao caixa único do regime geral previdenciário.

Os trabalhadores rurais passaram a ser segurados da Previdência Social a partir da edição da Lei Complementar n. 11/1971 (criação do FUNRURAL).

Os empregados domésticos, em função da Lei n. 5.859/1972, art. 4º. Assim, a Previdência Social brasileira passou a abranger dois imensos contingentes de indivíduos que, embora exercessem atividade laboral, ficavam à margem do sistema.

A última lei específica sobre acidentes de trabalho foi a Lei n. 6.367, de 1976. Nesse ano, foi feita nova compilação das normas previdenciárias estatuídas em diplomas avulsos, pelo Decreto n. 77.077/1976.

Em 1977 foi promulgada a Lei n. 6.435, que regulou a possibilidade de criação de instituições de previdência complementar, matéria regulamentada pelos Decretos ns. 81.240/1978 e 81.402/1978, quanto às entidades de caráter fechado e aberto, respectivamente.

No mesmo ano, a Lei n. 6.439/1977 trouxe novas transformações ao modelo previdenciário, desta vez quanto a seu aspecto organizacional. Criou-se o SINPAS – Sistema Nacional de Previdência e Assistência Social, que teria as atribuições distribuídas entre várias autarquias.

---

[15] OLIVEIRA, Antonio Carlos de. *Direito do Trabalho...*, cit., p. 113.
[16] BORGES, Mauro Ribeiro. *Op. cit.*, p. 40.

Foram criados o IAPAS – Instituto de Administração Financeira da Previdência e Assistência Social (para arrecadação e fiscalização das contribuições) e o INAMPS – Instituto Nacional de Assistência Médica da Previdência Social (para atendimentos dos segurados e dependentes, na área de saúde), mantendo-se o INPS (para pagamento e manutenção dos benefícios previdenciários), a LBA (para o atendimento a idosos e gestantes carentes), a FUNABEM (para atendimento a menores carentes), a CEME (para a fabricação de medicamentos a baixo custo) e a DATAPREV (para o controle dos dados do sistema), todos fazendo parte do SINPAS.

Até então, mantinha-se à margem do sistema o IPASE (que abrangia os servidores públicos estatutários da União, pagando pensão por morte aos dependentes destes), extinto juntamente com o FUNRURAL.

A extinção do IPASE, contudo, não significou a uniformização da proteção previdenciária entre trabalhadores da iniciativa privada e servidores públicos; estes permaneceram regidos por normas específicas, na Lei n. 1.711/1952 – o Estatuto dos Funcionários Civis da União.

Antonio Carlos de Oliveira, comentando o assunto, demonstra a natureza da alteração ocorrida:

> A Lei n. 6.439, que instituiu o SINPAS, alterou, portanto, apenas estruturalmente a previdência social brasileira, racionalizando e simplificando o funcionamento dos órgãos. Promoveu uma reorganização administrativa, sem modificar nada no que tange a direitos e obrigações, natureza e conteúdo, condições das prestações, valor das contribuições, etc., como ficara bem claro na Exposição de Motivos com que o então Ministro da Previdência, Nascimento e Silva, encaminhara o anteprojeto.[17]

Observa-se, ainda, em relação à criação do SINPAS, certa confusão entre os conceitos de previdência social, assistência social e saúde pública. Como bem salienta *Celso Barroso Leite*, houve uma ampliação do sentido de previdência social para abarcar também a assistência social, entendendo-se àquela época previdência social como sendo a soma das ações no campo do seguro social e das iniciativas assistenciais.[18]

A Emenda Constitucional n. 18, de junho de 1981, dispôs sobre o direito à aposentadoria com proventos integrais dos docentes, contando exclusivamente tempo de efetivo exercício em funções de magistério, após trinta anos de serviço – para os professores – e vinte e cinco anos de serviço, para as professoras.

Em 1984, a última Consolidação das Leis da Previdência Social – CLPS reuniu toda a matéria de custeio e prestações previdenciárias, mais as decorrentes de acidentes do trabalho.

O benefício do seguro-desemprego, previsto no art. 165, XVI, da Constituição então vigente, foi criado pelo Decreto-lei n. 2.284/1986, para os casos de desemprego involuntário, garantindo um abono temporário. O benefício hoje vigora com fundamento na Lei n. 7.998/1990 e suas alterações.

4.5 A CONSTITUIÇÃO DE 1988 E A SEGURIDADE SOCIAL

Conforme decidido pelo Supremo Tribunal Federal: "A seguridade social prevista no art. 194 da CF/1988 compreende a previdência, a saúde e a assistência social, destacando-se que as duas últimas não estão vinculadas a qualquer tipo de contraprestação por parte dos seus usuários, a teor dos arts. 196 e 203, ambos da CF/1988" (RE 636.941, Rel. Min. Luiz Fux, *DJe* de 4.4.2014, com Repercussão Geral – Tema 432).

---

[17] *Direito do Trabalho*... cit., p. 124.
[18] LEITE, Celso Barroso. *A proteção social no Brasil*. 2. ed. São Paulo: LTr, 1978, p. 18.

O Regime Geral de Previdência Social – RGPS, nos termos da Constituição atual (art. 201), não abriga a totalidade da população economicamente ativa, mas somente aqueles que, mediante contribuição e nos termos da lei, fizerem jus aos benefícios ali previstos, e desde que não sejam abrangidos por outros regimes específicos de previdência social – os Regimes Próprios de Previdência.

Ficaram excluídos do chamado Regime Geral de Previdência Social: os servidores públicos civis dos Entes Federativos quando regidos por regime próprio de previdência; os militares das Forças Armadas; os membros do Poder Judiciário e do Ministério Público; e os membros de Tribunais de Contas; e os que não contribuem para nenhum regime, por não estarem exercendo qualquer atividade remunerada.

Garante-se que nenhum benefício que substitua o salário de contribuição ou o rendimento do trabalho do segurado terá valor mensal inferior ao salário mínimo (art. 201, § 2º). Os benefícios deverão, ainda, ser periodicamente reajustados, a fim de que seja preservado seu valor real, em caráter permanente, conforme critérios definidos na lei.

Pelas ações na área de saúde, destinadas a oferecer uma política social com a finalidade de reduzir riscos de doenças e outros agravos, é responsável o Sistema Único de Saúde – SUS (art. 198 da Constituição), de caráter descentralizado. O direito à saúde, que deve ser entendido como direito à assistência e tratamento gratuitos no campo da Medicina, é assegurado a toda a população, independentemente de contribuição social, para que se preste o devido atendimento, tendo atribuições no âmbito da repressão e prevenção de doenças, produção de medicamentos e outros insumos básicos, bem como ordenar a formação de recursos humanos na área de saúde, participar da política e execução das ações de saneamento básico, incrementar o desenvolvimento científico e tecnológico, exercer a vigilância sanitária e as políticas de saúde pública, além de auxiliar na proteção do meio ambiente (art. 200 da CF). Em termos de regramentos legais, ressalte-se a edição da Lei n. 8.689/1993, que extinguiu o INAMPS – autarquia federal, absorvida sua competência funcional pelo SUS (sem personalidade jurídica própria), este gerido pelo Conselho Nacional de Saúde, na órbita federal, e pelos colegiados criados junto às Secretarias Estaduais e Municipais de Saúde, nas instâncias correspondentes.

Cumpre ressaltar, ainda, que a Constituição prevê a prestação de serviços de saúde pela iniciativa privada, sem restrições (art. 199), podendo participar do SUS, de forma complementar, mediante contrato de direito público ou convênio (§ 1º), vedada a destinação de recursos públicos para auxílio ou subvenção de instituições privadas com fins lucrativos (§ 2º).

No âmbito da Assistência Social, são assegurados, independentemente de contribuição à Seguridade Social, a proteção à família, à maternidade, à infância, à adolescência e à velhice; o amparo às crianças e aos adolescentes carentes; a promoção da integração ao mercado de trabalho; a habilitação e reabilitação profissional das pessoas portadoras de deficiência; e a renda mensal vitalícia – de um salário mínimo – à pessoa com deficiência e à pessoa idosa que comprovem não possuir meios de subsistência, por si ou por sua família (art. 203). É prestada por entidades e organizações sem fins lucrativos, no atendimento e assessoramento aos beneficiários da Seguridade Social, bem como pelos que atuam na defesa e garantia de seus direitos, segundo as normas fixadas pelo Conselho Nacional de Assistência Social – CNAS. No âmbito federal, foram extintas a LBA e a CBIA (antiga FUNABEM), em 1995 (Medida Provisória n. 813, de 1.1.1995, convertida na Lei n. 9.649/1998), ficando responsável pela política de Assistência Social o CNAS. A execução das ações na área da Assistência Social fica a encargo dos poderes públicos estaduais e municipais, entidades beneficentes e de assistência social (CF, art. 204, I).

Ficam a cargo das entidades de assistência social a habilitação e a reabilitação das pessoas com deficiência congênita, ou não decorrente do trabalho (ex.: APAE, ABBR).

Neste ponto, é de se frisar que a Assembleia Nacional Constituinte, ao dispor sobre a matéria em 1988, assegurou direitos até então não previstos, como por exemplo, a equiparação dos Direitos Sociais dos trabalhadores rurais com os dos trabalhadores urbanos, nivelando-os pelos últimos; a ampliação do período de licença-maternidade para 120 dias, com consequente acréscimo de despesas no pagamento dos salários-maternidade, e a adoção do regime jurídico único para os servidores públicos da Administração Direta, autarquias e fundações públicas das esferas federal, estadual e municipal, unificando também, por conseguinte, todos os servidores em termos de direito à aposentadoria, com proventos integrais, diferenciada do restante dos trabalhadores (vinculados ao Regime Geral), que tinham sua aposentadoria calculada pela média dos últimos 36 meses de remuneração.

4.6 A CRIAÇÃO DO INSS E AS PRIMEIRAS REFORMAS

Em 1990 foi criado o Instituto Nacional do Seguro Social – INSS, autarquia que passou a substituir o INPS e o IAPAS nas funções de arrecadação, bem como nas de pagamento de benefícios e prestação de serviços, aos segurados e dependentes do RGPS. As atribuições no campo da arrecadação, fiscalização, cobrança de contribuições e aplicação de penalidades, bem como a regulamentação da matéria ligada ao custeio da Seguridade Social foram transferidas, em 2007, para a Secretaria da Receita Federal do Brasil – Lei n. 11.457/2007.

Em 1991 foram publicadas as Leis ns. 8.212 e 8.213, que tratam respectivamente do custeio da Seguridade Social e dos benefícios e serviços da Previdência, incluindo os benefícios por acidentes de trabalho, leis que até hoje vigoram, mesmo com as alterações ocorridas em diversos artigos.

Houve, no período posterior à Constituição de 1988, significativo aumento do montante anual de valores despendidos com a Seguridade Social, seja pelo número de benefícios previdenciários[19] e assistenciais[20] concedidos, seja pela diminuição da relação entre número de contribuintes e número de beneficiários, em função da crescente informalidade das relações de trabalho, seja em função do "envelhecimento médio" da população e diante das previsões atuariais de que, num futuro próximo, a tendência seria de insolvência do sistema pelo esgotamento da capacidade contributiva da sociedade.[21]

Todavia, o fator mais frisado dentre todos para fundamentar o processo de modificação das políticas sociais é aquele relacionado ao endividamento dos países periféricos, como o Brasil, e sua relação com reformas "estruturais"[22] ou "incrementais",[23] apregoadas por organismos internacionais, como o Fundo Monetário Internacional – FMI e o Banco Mundial:

> O elevado grau de endividamento externo (...) frequentemente induziu os governos a enfatizar o compromisso com reformas pró-mercado. O anúncio da privatização da previdência fazia parte de uma estratégia da sinalização, uma vez que em meados da década de 1990 as

---

[19] Aposentadorias e pensões, especialmente.

[20] Renda mensal a idosos e deficientes, programas sociais em geral.

[21] Há algum tempo existe esta previsão: "O cenário que se desenha é de agravamento do desequilíbrio, a partir de 2020, decorrente do envelhecimento populacional. O aumento da participação dos idosos na população e, por consequência, dos beneficiários, acarreta esforço adicional de toda a sociedade no seu financiamento" (BRASIL. Ministério da Previdência Social. *Livro Branco da Previdência Social*. Brasília: MPAS/GM, 2002, p. 6).

[22] Utilizando o conceito de *Mesa-Lago e Müller*, "reformas estruturais são as que transformam radicalmente um sistema de seguridade social (portanto, público), substituindo-o, suplementando-o ou criando um sistema privado paralelo" (COELHO, Vera Schattan Pereira (org.). *A Reforma da Previdência Social na América Latina*. Rio de Janeiro: Editora FGV, 2003, p. 28).

[23] Segundo os mesmos autores, "reformas incrementais são as que preservam o sistema público, reforçando suas finanças e/ou alterando benefícios e requisitos para habilitação como beneficiário" (COELHO, Vera Schattan Pereira, *idem*).

agências de classificação de risco incluíam a reforma previdenciária como ponto positivo em sua avaliação do país. Além disso, o endividamento em níveis críticos aumentava a probabilidade de as instituições financeiras internacionais envolverem-se na arena de reformas. Na década de 1980, o FMI e o Banco Mundial começaram a condicionar seus empréstimos para ajustes estruturais à reforma da previdência (como na Costa Rica e no Uruguai), tornando-se atores externos poderosos em vários países endividados da América Latina. Após a publicação do relatório de 1994,[24] a campanha do Banco Mundial em favor da privatização da previdência intensificou-se.[25]

Entre os anos de 1993 e 1997, vários pontos da legislação de Seguridade Social foram alterados, sendo relevantes os seguintes: a criação da Lei Orgânica da Assistência Social – LOAS (Lei n. 8.742, de 7.12.1993), com a transferência dos benefícios de renda mensal vitalícia, auxílio-natalidade e auxílio-funeral para este vértice da Seguridade Social; o fim do abono de permanência em serviço e do pecúlio; a adoção de critérios mais rígidos para aposentadorias especiais, e o fim de várias delas, como a do juiz classista da Justiça do Trabalho e a do jornalista (Lei n. 9.528/1997).

4.7 A EMENDA CONSTITUCIONAL N. 20, DE 1998

No ano de 1995, o então Chefe do Poder Executivo enviou ao Congresso Nacional uma proposta de emenda constitucional visando alterar várias normas a respeito do Regime Geral de Previdência Social e da Previdência Social dos servidores públicos.

A Emenda n. 20, que modificou substancialmente a Previdência Social no Brasil, foi promulgada no dia 15.12.1998, no encerramento do ano legislativo, após três anos e nove meses de tramitação no Congresso Nacional. A votação da Emenda foi acelerada nos últimos meses da legislatura, por conta da crise econômica alardeada em meados de outubro daquele ano, o que pressionou o Legislativo por providências imediatas no sentido da aprovação de medidas capazes de conter o déficit público. Com isso, lamentavelmente, o debate acerca das questões envolvidas na reforma deixou de ser feito sob os pontos de vista estritamente jurídico e social, e passou a ser capitaneado pelo enfoque econômico, atuarial e dos resultados financeiros esperados com a aprovação do texto.

A proposta original da Emenda, de iniciativa do Presidente da República, sofreu diversas alterações. Três pontos básicos da reforma foram derrubados no Legislativo: a cobrança de contribuição previdenciária dos servidores públicos inativos, a idade mínima para a aposentadoria no RGPS e o fim da aposentadoria integral dos servidores públicos, com a criação de um "redutor" para aposentadorias de maior valor.

A Reforma realizada em 1998 pretendeu modificar a concepção do sistema, pois, conforme o texto, as aposentadorias passaram a ser concedidas tendo por base o tempo de contribuição, e não mais o tempo de serviço, tanto no âmbito do Regime Geral de Previdência Social, tanto – e principalmente – no âmbito dos Regimes de Servidores Públicos, aos que ingressaram em tais regimes após a publicação da Emenda, ou aos que optaram pelas regras da Emenda, já sendo segurados anteriormente.

Manteve-se a possibilidade de adoção, por lei complementar, de aposentadorias especiais, concedidas com menor tempo de contribuição que as demais, desde que tenham por fundamento a exposição a condições prejudiciais à saúde ou à integridade física.

---

[24] Trata-se do relatório: WORLD BANK. *Averting the Old Age Crisis:* Policies to Protect the Old and Promote Growth. Oxford: 1994. Disponível em http://econ.worldbank.or/files/625_wps1572.pdf. Acesso em 30 set. 2004.

[25] COELHO, Vera Schattan Pereira. *Op. cit.*, p. 51.

Outro aspecto importante é que, desde 16.12.1998, a idade mínima para o ingresso na condição de trabalhador passou a ser de 16 anos, salvo na condição de aprendiz, a partir de 14 anos.

Sobre a idade mínima para o trabalho, nos termos da jurisprudência do STF, o art. 7º, XXXIII, da Constituição "não pode ser interpretado em prejuízo da criança ou adolescente que exerce atividade laboral, haja vista que a regra constitucional foi criada para a proteção e defesa dos trabalhadores, não podendo ser utilizada para privá-los dos seus direitos" (RE 600616 AgR/RS, 1ª Turma, Min. Barroso, *DJe* de 10.9.2014).

Foram criadas regras diferenciadas para os trabalhadores que já contribuíam para a Previdência e para os que entraram no mercado de trabalho após 16.12.1998.

Os professores que comprovassem exclusivamente tempo de efetivo exercício das funções de magistério na educação infantil e no ensino fundamental e médio preservariam o direito à aposentadoria especial, com vinte e cinco anos de atividades, no caso das mulheres, ou trinta anos, no caso dos homens, sem observância do limite mínimo de idade. A exigência de idade mínima foi prevista apenas para os servidores vinculados a regimes próprios de previdência, ocupantes de cargos públicos.

Os direitos adquiridos de quem já reunia os requisitos exigidos pela legislação anterior – seja no serviço público, seja no RGPS – foram resguardados. Neste caso, o trabalhador e o servidor público poderão se aposentar, a qualquer tempo, sob as regras anteriores, de forma integral ou proporcional, como era previsto no texto original da Constituição de 1988.

A Emenda trouxe, basicamente, reduções de despesas no que tange aos benefícios do regime geral, gerido pelo INSS, não tendo sido tomada qualquer medida para o aumento da arrecadação. Assim, no mesmo diapasão, o salário família e o auxílio-reclusão passaram a ser devidos somente a dependentes de segurados de "baixa renda" – entendidos assim, no texto da Emenda, os que percebiam, mensalmente, até R$ 360,00 na data da promulgação.

Quanto ao salário-família, reconheceu o STF que os segurados que já recebiam tal benefício quando da promulgação da Emenda não poderiam ter esse direito suprimido, mesmo que sua renda fosse superior àquela prevista a partir de então. A tese de repercussão geral firmada no julgamento do Tema 543 foi a seguinte: "A alteração de regência constitucional do salário-família não repercute nas relações jurídicas existentes na data em que promulgada a Emenda Constitucional 20/1998" (RE 657989, *DJe* 25.6.2020).

Com a publicação da Lei n. 9.876, de 28.11.1999, e até a vigência da EC n. 103, de 13.11.2019, adotou-se, em substituição à exigência de idade mínima para aposentadoria voluntária no RGPS, uma forma de cálculo que levava em consideração a idade do segurado, o tempo de contribuição deste e a expectativa de sobrevida da população brasileira.

A adoção do chamado "fator previdenciário" visou reduzir despesas com a concessão de aposentadorias por tempo de contribuição a pessoas que se aposentassem com idades bem abaixo daquela considerada ideal pelos atuários da Previdência Social. Tal sistemática deixa de vigorar com a vigência da EC n. 103/2019, é dizer, para as pessoas que não preencheram os requisitos para aposentadoria voluntária no RGPS antes da vigência da Emenda, não há a aplicação do fator, exigindo-se, doravante, a idade mínima prevista para a modalidade de aposentadoria requerida.

Além da criação do fator previdenciário, a Lei n. 9.876/1999 estabeleceu nova forma de cálculo dos benefícios de prestação continuada apurados com base na noção de salário de benefício (aposentadorias, pensões, auxílios-doença, auxílios-reclusão e auxílios-acidente): foi ampliada a gama de salários de contribuição, que até então era fixada nos trinta e seis últimos valores que serviram de base para a contribuição do segurado, para o período de julho de 1994 até o mês anterior ao do benefício.

Àqueles que ingressaram no RGPS após julho de 1994, o período básico de cálculo se inicia no mês em que o segurado iniciou a atividade laborativa (no caso dos empregados e trabalhadores avulsos), ou quando iniciou a contribuir (demais casos). De todos os salários de contribuição, corrigidos monetariamente até o mês da concessão do benefício, seriam utilizados no cálculo da média para o cálculo da renda mensal apenas 80% dos mesmos, desprezando-se a quinta parte correspondente aos salários de contribuição de menor valor dentre todos os existentes no período básico de cálculo.

Convém frisar que ambas as alterações produzidas não atingiram direitos adquiridos, ou seja, o benefício a que fazia jus o segurado antes da publicação da Lei n. 9.876/1999, mesmo que requerido posteriormente, mas com base em direito adquirido à sua utilização, mesmo após a vigência da Lei n. 9.876/1999 e da EC n. 103/2019, será calculado com base nos últimos trinta e seis salários de contribuição, sem aplicação do fator previdenciário, resguardando-se a utilização das novas regras, se mais benéficas ao segurado.

Com a edição da Lei n. 13.183, de 4.11.2015, foi criada nova regra que isentava da aplicação do fator previdenciário os segurados que, tendo cumprido todos os requisitos para a aposentadoria por tempo de contribuição, conseguissem somar tempo de contribuição e idade de modo que atingissem, com o resultado da soma, o número total 95, para pessoas do gênero masculino, e o número 85, para as do gênero feminino. Foi aprovada, ainda, uma tabela progressiva para tais somas, a partir de 31.12.2018, tabela essa que também perdeu eficácia a partir da vigência da EC n. 103/2019.

Os temas referentes ao fator previdenciário são examinados com mais detalhamentos na Parte IV desta obra, dentro do estudo que envolve o cálculo do valor dos benefícios.

4.8 AS EMENDAS CONSTITUCIONAIS NS. 41 E 47

No ano de 2003, o Governo Federal encaminhou ao Congresso Nacional duas Propostas de Emendas Constitucionais, as quais a mídia denominou de PEC da Reforma da Previdência e Reforma Tributária, respectivamente. Após tramitação em tempo recorde, os textos foram promulgados pela Mesa do Congresso em 19.12.2003, e publicados no Diário Oficial no dia 31.12.2003, sob os números 41 e 42.

As Emendas afetaram fundamentalmente os RPPS da União, Estados, Distrito Federal e Municípios, e apenas em aspectos pontuais, o RGPS.

A Emenda n. 47, de 5.7.2005, modificou regras de transição estabelecidas pela Emenda n. 41 a agentes públicos ocupantes de cargos efetivos e vitalícios, pertencentes aos chamados Regimes próprios, com efeitos retroativos a 1.1.2004, revogando, ainda, o parágrafo único do art. 6º da Emenda n. 41, de 31.12.2003. Foi revogada pela EC n. 103, de 13.11.2019, porém mantidos seus dispositivos em vigor para os regimes próprios de Estados, Distrito Federal e Municípios, até que lei de cada um destes entes venha a modificar as regras de aposentadoria de seus servidores ocupantes de cargos efetivos. A referida Emenda tratou especialmente dos regimes de agentes públicos, adentrando, principalmente, em aspectos muito específicos dos chamados Regimes Próprios de que trata o art. 40 da Constituição.

Um aspecto interessante a ser observado, quanto à EC n. 47, é a previsão de seus efeitos retroativos. É dizer, muitos benefícios de aposentadoria já concedidos, no interregno entre 1.1.2004 e 4.7.2005 deveriam ser objeto de revisão, para adequação à norma mais favorável, quando for o caso, por força das novas disposições incluídas pela referida Emenda.

Os detalhes a respeito das modificações trazidas pelas Emendas n. 20, 41, 47 e 70 (esta última que acrescentou o art. 6º-A à EC n. 41, de 2003, para estabelecer critérios para o cálculo e a correção dos proventos da aposentadoria por invalidez dos servidores públicos que ingressaram no serviço público até 31.12.2003), quanto aos Regimes Próprios de ocupantes de cargos efetivos de que trata o art. 40 da Constituição são tratados na Parte V desta obra, à qual remetemos o leitor.

4.9 A EMENDA CONSTITUCIONAL N. 103, DE 2019

No ano de 2019, tramitou no Congresso Nacional a PEC n. 6/2019 – convertida na Emenda Constitucional n. 103, de 12 de novembro de 2019 (*DOU* 13.11.2019) –, que alterou de forma bastante significativa as normas do RGPS e as do RPPS da União. Os regimes de Estados, Distrito Federal e Municípios não foram tão afetados de imediato, ficando sob a responsabilidade desses entes promoverem as suas reformas em face da desvinculação da uniformidade de tratamento com os servidores federais.

A Reforma da Previdência de 2019 foi aprovada após agitada negociação no Congresso Nacional, em formato menor do que a proposta original; entretanto, traz mudanças significativas tanto para o Regime Geral quanto para o Regime Próprio de Previdência Social dos ocupantes de cargos públicos federais.

As alterações alcançam a maioria dos benefícios concedidos pelos dois Regimes mencionados, influenciando os requisitos e valores a serem recebidos, em resposta ao interesse de redução de despesas.

A Emenda não tratou dos direitos de mesma natureza destinados aos integrantes das Forças Armadas. Quanto a Estados e Municípios, foram de forma inédita excluídos da "reforma" – o que não aconteceu em qualquer das reformas anteriores, que ditaram regras absolutamente similares e com início de vigência na mesma data para todos os Regimes de Previdência pública.

No entanto, nos anos seguintes, a maioria dos Estados e dos Municípios realizaram suas reformas, mas nem todos os entes observaram as regras definidas na EC n. 103/2019 para os servidores vinculados ao RPPS da União. Com isso, atualmente, os RPPS dos entes federados não guardam mais a uniformidade de regras – que vigorou até a promulgação dessa Emenda.

Desde a apresentação da PEC n. 06/2019, observa-se uma mudança de direcionamento ideológico no tocante aos objetivos e fundamentos da Previdência Brasileira, com um reforço na ideia de que a individualidade acabe prevalecendo sobre a solidariedade.

Chegou-se a cogitar inclusive a alteração da própria estrutura de repartição do nosso sistema, transformando-a em um sistema de capitalização – e na medida em que se pretendia introduzir a capitalização, a questão da solidariedade deixaria de existir.

Um dos pontos mais polêmicos da Emenda é o da chamada "desconstitucionalização" dos direitos previdenciários, levada a efeito. Na Exposição de Motivos em que defende a PEC, o governo diz ser "desnecessária a definição de regras de elegibilidade na Carta Magna, aprimorando a estrutura legal constitucional, adotando a forma sintética semelhante às Constituições da maioria dos países".

Resta autorizada pela Emenda em comento a aprovação de futuras mudanças de regras previdenciárias a respeito de benefícios por projetos de lei, cujo processo legislativo de aprovação no Congresso Nacional é por maioria simples, e não mais por Emendas Constitucionais, que exigem quórum qualificado e dois turnos de votação em cada uma das casas do Legislativo.

Na referida Emenda destacam-se ainda: a criação de uma idade mínima para as aposentadorias voluntárias do RGPS, inclusive a "especial"; a mudança na apuração do salário de benefício, que passa a ser igual à média de todos os salários de contribuição desde julho de 1994; a redução dos coeficientes de cálculo da renda mensal inicial das aposentadorias, inclusive a por invalidez (agora denominada incapacidade permanente), salvo a de origem acidentária; a alteração no direito à pensão por morte, auxílio-reclusão e salário-família; a previsão de aposentadoria de empregados públicos com cessação do vínculo de emprego, inclusive por atingimento da idade "compulsória", antes somente aplicada a ocupantes de cargos efetivos; e a inclusão de regras mais restritivas de acumulação de benefícios, especialmente de aposentadoria e pensão, entre outras regras incluídas.

O Direito Previdenciário

Passamos, a seguir, à análise do surgimento do ramo autônomo do Direito que visa ao estudo dos princípios, dos institutos jurídicos e das normas de previdência social, a que se denomina Direito Previdenciário.

5.1 CONCEITO E OBJETO DE ESTUDO

Em que pese atualmente observar não mais restarem dúvidas a respeito da possibilidade de se considerar o conjunto de princípios, institutos jurídicos e normas relativas à Previdência Social como uma disciplina autônoma, ramo próprio do Direito, entendemos conveniente reforçar tais convicções.

Antes de adentrar no mérito do exame de todos os princípios e normas de Direito Previdenciário, é adequado estabelecer-se o conceito deste ramo, bem como seu objeto de estudo.

Previdência Social é o sistema pelo qual, mediante contribuição, as pessoas vinculadas a algum tipo de atividade laborativa e seus dependentes ficam resguardadas quanto a eventos de infortunística (morte, invalidez, idade avançada, doença, acidente de trabalho, desemprego involuntário), ou outros que a lei considera que exijam um amparo financeiro ao indivíduo (maternidade, prole, reclusão), mediante prestações pecuniárias (benefícios previdenciários) ou serviços. Desde a inserção das normas relativas ao acidente de trabalho na CLPS/84, e, mais atualmente, com a isonomia de tratamento dos beneficiários por incapacidade não decorrente de acidente em serviço ou doença ocupacional, entende-se incorporada à Previdência a questão acidentária. É, pois, uma política governamental.

A Seguridade Social abrange tanto a Previdência Social como a Assistência Social (prestações pecuniárias ou serviços prestados a pessoas alijadas de qualquer atividade laborativa), e a Saúde pública (fornecimento de assistência médico-hospitalar, tratamento e medicação), estes dois últimos sendo prestações do Estado devidas independentemente de contribuições.

Ponderar-se-ia, talvez, ser mais adequado utilizar-se o termo "Direito da Seguridade Social" do que o por nós utilizado, "Direito Previdenciário", como o fez *Sergio Pinto* Martins[1] Contudo, há que se considerar que as normas de Saúde e Assistência Social escapam ao estudo ao qual dedicamos esta obra, estando apenas citadas para demonstrar a delimitação da atuação estatal em termos de Previdência – por exclusão, em relação aos que são beneficiários da Assistência Social e das ações no campo da Saúde Pública. Logo, reputamos correta a denominação Direito Previdenciário ao conjunto de princípios e das regras de filiação, custeio e benefícios dos regimes de seguro social, fixando o conteúdo deste ramo do Direito.

---

[1] MARTINS, Sergio Pinto. *Direito da seguridade social.* 8. ed., São Paulo: Atlas, 1997.

O Direito Previdenciário, ramo do Direito Público, tem por objeto estudar, analisar e interpretar os princípios e as normas constitucionais, legais e regulamentares que se referem ao custeio dos regimes – que, no caso do ordenamento estatal vigente, e especificamente no caso do Regime Geral de Previdência, também serve como financiamento das demais vertentes da Seguridade Social, ou seja, Assistência Social e Saúde –, bem como os princípios e normas que tratam das prestações previdenciárias devidas a seus beneficiários nos diversos Regimes existentes – não apenas o Regime Geral, mas também os Regimes Próprios, cujos segurados são os agentes públicos ocupantes de cargos efetivos e vitalícios.

Registra-se o entendimento que, em razão das significativas alterações introduzidas na ordem jurídica vigente pelas Emendas n. 3/1993, 20/1998, 41/2003 e 103/2019, a relação jurídica envolvendo os ocupantes de cargos públicos efetivos e vitalícios e seus dependentes, no que tange às aposentadorias e pensões, e os entes públicos mantenedores dos regimes previdenciários de que trata o art. 40 da Constituição é de natureza eminentemente *previdenciária*, guardando cada vez mais similaridade com os benefícios do Regime Geral, razão pela qual pertence, desde então, ao campo de estudo do Direito Previdenciário, e não mais do Direito Administrativo, como tradicionalmente ocorria. Nesse diapasão, esta obra também faz menção aos direitos estampados no art. 40 da Carta Magna.

5.2 AUTONOMIA CIENTÍFICA

A fixação da autonomia do Direito Previdenciário reveste-se de importância, uma vez que é necessário estabelecer critérios de análise das relações jurídicas específicas que ocorrem neste campo tão complexo de atuação estatal que é a segurança social. Para tanto, hão que se reconhecer seus princípios, diferenciados dos demais ramos do Direito, bem como a tipicidade das relações jurídicas a serem normatizadas, únicas no espectro da ordem jurídica: a relação jurídica de custeio, entre o contribuinte ou responsável e o ente arrecadador; e a relação jurídica de seguro social, entre o beneficiário e o ente previdenciário.

Deve-se ressaltar, inicialmente, que a autonomia de que tratam os doutrinadores, segundo uma concepção mais recente, não significa, em momento algum, deixar de reconhecer a vinculação que um ramo do Direito tenha com os demais, por fazerem parte do mesmo ordenamento jurídico. Dizer-se autônomo o Direito Previdenciário, como o queremos adiante concluir, traz a ideia de uma disciplina que merece estudo à parte, calcado em princípios e normas singulares.

A autonomia científica de um ramo do Direito, segundo critérios pacificamente aceitos pela doutrina, e creditados a *Alfredo Rocco*, é observada quando a matéria a ser disciplinada contém: um conteúdo vasto de estudo e pesquisa; princípios gerais ou institutos peculiares; e método ou processo próprio.[2]

No que tange ao primeiro aspecto, de muito tempo se pode afirmar que o estudo do Direito Previdenciário não é simples, tampouco carece de conteúdo. Seja em função da evolução histórica de seus institutos, seja pela complexidade e especificidade das normas e das relações tuteladas, com objetivo próprio, qual seja, ditar as normas pelas quais se estabelecem direitos e obrigações no âmbito do custeio do sistema, como no de prestações previdenciárias, é inevitável aceitar-se a vastidão de material de estudo e pesquisa, no âmbito do direito internacional (convenções e tratados internacionais), do direito interno, bem como no do direito comparado.

A doutrina previdenciária conta com obras em quantidade suficiente para o cotejo de sua natureza, evolução e tendências, devendo ser ressaltado, além do trabalho de pesquisa dos estudiosos do ramo em vários países, o trabalho de compilação de dados e de estudos realizados

---

[2] RUSSOMANO, Mozart Victor. *Curso de direito do trabalho*. 6. ed., Curitiba: Juruá, 1997.

pela Associação Internacional de Seguridade Social – AISS e pela Organização Internacional do Trabalho – OIT.

A peculiaridade das relações jurídicas que se traduzem no Direito Previdenciário impõe o reconhecimento de princípios também próprios, em muito diferenciados de outras relações normatizadas pela ordem positiva. Assim, não mais se admite confundir-se o Direito Previdenciário com o Direito do Trabalho, uma vez que tratam de relações entre partes totalmente distintas: no primeiro, o indivíduo é parte numa relação com o ente previdenciário, regida por normas de direito público; no segundo, é parte numa relação contratual com uma pessoa de direito privado (em regra), regida por normas de direito privado, em que pese a quantidade de regras de ordem pública, garantes dos direitos mínimos do trabalhador perante seu empregador. Também não merece acolhida a tese de que se trata de parcela do Direito Administrativo, essa já com bem menos defensores.

O método de realização deste Direito Previdenciário também se observa diferenciado em vista dos demais ramos da ciência jurídica. Basta observar-se que, diferentemente de outras relações obrigacionais, a relação jurídica previdenciária se dá em caráter compulsório para ambas as partes – para o indivíduo, pelo mero exercício de atividade que o enquadre como segurado; para o ente previdenciário, pela assunção das atribuições que a lei lhe impõe. Neste ponto, semelhança existe com o Direito Tributário, em matéria de custeio; só que, nesse outro ramo do Direito, o único credor é o ente arrecadador, e nunca o contribuinte, o que não ocorre no ramo do Direito que é objeto desta obra.

Por fim, o Direito Previdenciário há bom tempo se encontra estabelecido nos currículos das nossas universidades, tanto quanto no exterior, como disciplina autônoma. Como salienta *Ruprecht*, ainda que se referindo à seguridade social, esta é ensinada como disciplina autônoma na maioria dos países desenvolvidos.[3]

5.3 CLASSIFICAÇÃO PERANTE A DIVISÃO DIDÁTICO-ENCICLOPÉDICA DO DIREITO

Cumpre aqui fixar se o Direito Previdenciário, ramo da ordem jurídico-positiva em exame, se enquadra, na clássica divisão do Direito, na sua vertente pública, no campo da ordem privada, ou se pertence a uma terceira classe, por alguns denominada Direito Social.

De início, registramos que a classificação em comento tem efeito puramente didático-científico, uma vez que, diante do reconhecimento da ordem jurídica como una, logo, incapaz de ser formada por compartimentos legais estanques, não se pode falar em divisão do Direito com outra intenção.

Afastemos, de plano, a possibilidade de enquadramento na esfera do Direito Privado. As normas de Direito Previdenciário envolvem a atuação da norma sem possibilidade de alteração por particulares. Vale dizer, não há discricionariedade na atuação do indivíduo, em se tratando de previdência social. Sua filiação é compulsória; a fixação dos contribuintes e das contribuições se dá por lei, sem possibilidade de convenção entre as partes envolvidas. Do mesmo modo, o direito ao benefício é irrenunciável; os beneficiários do regime são taxativamente enumerados pela norma legal.

Assim, em se considerando apenas a divisão entre Direito Privado e Público, prevaleceria a classificação das normas de Direito Previdenciário neste último, já que se verifica a regulação total do mesmo por meio das normas legais, não restando aos particulares o exercício de autonomia da vontade. *Alfredo J. Ruprecht*, embora mantendo a denominação de Direito da

---

[3] RUPRECHT, Alfredo J. *Direito da seguridade social*. São Paulo: LTr, 1996, p. 53.

Seguridade Social, comunga deste entendimento, justificando a tese a partir da regra geral de que a gestão dos fundos é ônus do Estado, e suas fontes decorrem das leis e atos normativos de organismos públicos.[4]

Resta saber se podemos reconhecer a existência de uma terceira ramificação, como defendida por alguns estudiosos.

Relata a doutrina pátria ser de *Cesarino Júnior* a paternidade da expressão "Direito Social", para estabelecer um *tertium genus* entre o Direito Privado e o Público. Segundo o ilustre professor, existiria uma zona cinzenta, fronteiriça, entre os dois principais ramos do Direito, no qual estariam inseridos: o Direito do Trabalho e o Direito Previdenciário.

A principal crítica a tal concepção vem no sentido de que todo direito, em última análise, é social.[5] A nosso ver, a terceira vertente sustentada pelo Professor *Cesarino Júnior* não encontra fundamentos razoáveis para sua existência. Façamos breve análise, apenas comparando o Direito Previdenciário com o Direito do Trabalho. Ambos contêm, é fato, normas de ordem pública, cogentes. Porém, o conteúdo normativo do Direito do Trabalho é suficiente apenas para fixar os direitos mínimos dos trabalhadores, de modo que, acima destes direitos, há prevalência da autonomia da vontade, desde que respeitados os princípios norteadores deste ramo (CLT, arts. 9º e 444)[6]. Já no campo do Direito Previdenciário, as normas estabelecem, de maneira taxativa, o *modus operandi* da realização do direito. Diga-se, ainda, que a relação de emprego – objeto principal de estudo do Direito Laboral – é de índole contratual, enquanto o Direito Previdenciário estuda a relação contribuinte/ ente arrecadador, ou beneficiário/ente pagador, ambos de natureza não contratual, ou seja, institucional.

Por tais razões, mantemo-nos reconhecendo ao Direito Previdenciário o enquadramento como ramo do Direito Público.

5.4 RELAÇÃO DO DIREITO PREVIDENCIÁRIO COM OUTROS RAMOS DO DIREITO

Como já asseverado, o Direito não pode ser visto como um conjunto de ramos estanques, como um todo fragmentado em partes. A coerência do ordenamento jurídico, de que nos fala *Bobbio*, não permite que tenhamos normas que sejam incompatíveis entre si.[7] Importa, pois, demonstrar de forma exemplificativa a relação do Direito Previdenciário com alguns ramos do Direito.

O primeiro ramo com o qual há íntima relação é o Direito Constitucional. Dada a fixação de diversos princípios e normas no texto constitucional, resulta que o Direito Previdenciário recebe grande influência deste ramo, principalmente no tópico referente à concessão de benefícios, cálculo dos proventos, regras de custeio, entre outros. No que tange ao custeio da Previdência Social, interferem diretamente os princípios e normas relativos ao sistema tributário nacional e as hipóteses de incidência indicadas no art. 195. No mesmo sentido, a fixação da competência dos entes públicos para a criação de contribuições sociais.

Identifica-se também grande relação com o Direito do Trabalho, pois a grande maioria dos segurados da Previdência é composta de empregados, de modo que as alterações no campo

---

[4] *Ibidem*, p. 51.
[5] MARTINS, Sergio Pinto. *Op. cit.*, p. 37.
[6] Este último (art. 444) com a redação conferida pela Lei n. 13.467/2017, que não alterou o *caput*, mas fez incluir ressalva quanto à liberdade de estipulação contratual de empregado portador de diploma de nível superior e que receba salário mensal igual ou maior que o dobro do valor-teto do RGPS. Tratando-se de exceção, de duvidosa constitucionalidade, de todo modo apenas corrobora o princípio fundante, presente no *caput* do artigo.
[7] BOBBIO, Norberto. *Teoria do ordenamento jurídico*. Trad. de Maria Celeste C. J. Santos, 10. ed., Brasília: Editora Universidade de Brasília, 1997, p. 81.

do Direito Laboral trazem repercussões efetivas no Direito Previdenciário, e vice-versa. Questões que sempre envolvem a análise destes dois ramos são facilmente verificáveis. Veja-se, a propósito, a questão da idade mínima para o trabalho – prevista no texto constitucional; o salário-maternidade (benefício previdenciário) e a licença à gestante e à pessoa adotante ou ao cônjuge/companheiro(a) sobrevivente em caso de óbito da parturiente (instituto de Direito do Trabalho); o afastamento do trabalho por motivo de doença, que nos primeiros quinze dias gera a obrigação ao empregador urbano ou rural de pagar o salário, e, após isso, o direito ao benefício auxílio por incapacidade temporária; a sempre atual discussão sobre os efeitos da aposentadoria sobre o contrato de trabalho, que ressurge agora com o julgamento do Tema 131 de Repercussão Geral pelo STF; o acidente do trabalho, a concessão do benefício por incapacidade dele decorrente e o direito à estabilidade provisória do acidentado, entre outros direitos.

Com o Direito Civil, a relação do Direito Previdenciário se dá a partir de vários aspectos. O principal deles, a nosso ver, é a conceituação da responsabilidade por danos, da qual vai se socorrer o Direito Previdenciário, nas questões envolvendo acidentes do trabalho e doenças ocupacionais, para revelar a responsabilidade do empregador ou tomador dos serviços. Também se verifica a necessidade de interação com o Direito Civil na caracterização do estado das pessoas – filiação, casamento e sua dissolução, bem como a união estável, a homoafetiva e as questões ligadas às relações afetivas simultâneas e paralelas, para fins de dependência previdenciária; ainda cabe salientar a aplicação dos conceitos de capacidade e incapacidade civil, emancipação, ausência e morte presumida, todos obtidos das normas do Código Civil.

Em relação ao Direito Tributário, vale-se o Direito Previdenciário de um sem-número de princípios e normas para o suprimento de lacunas na legislação de custeio, trazendo daí os conceitos de contribuinte, responsabilidade por substituição, sub-rogação, solidariedade, moratória, decadência e prescrição de créditos tributários. Naturalmente, a utilização de institutos do Direito Tributário pressupõe a ausência de norma específica na legislação própria do Direito Previdenciário.

Do Direito Empresarial vai-se extrair toda a matéria relativa à classificação dos empresários como segurados obrigatórios, bem como a responsabilidade dos sócios gestores pelo inadimplemento de obrigações perante a legislação de custeio, a conceituação de cotas de participação nos lucros e dividendos. A escrituração contábil é de extrema relevância para a ação fiscal, que deverá observar sua regularidade, conforme as normas deste ramo do Direito Privado.

O Direito Administrativo guarda correlação com o Direito Previdenciário em função da atividade estatal desenvolvida pela autarquia gestora – entidade da Administração Indireta. Assim, a organização da Previdência Social na estrutura do Poder Executivo, a expedição dos atos administrativos – normativos ou não –, os direitos, deveres e obrigações dos servidores que atuam na autarquia previdenciária em relação aos beneficiários e contribuintes com que se relacionam, merecem especial atenção no estudo do Direito Previdenciário. Assim, os atos de concessão de benefícios e o procedimento contencioso administrativo estarão diretamente jungidos aos seus princípios e normas.

Na ocorrência de prática de infração à legislação previdenciária, há que se observar se a conduta do agente caracteriza delito ou contravenção penal. Daí a importância da relação com o Direito Penal. Desse ramo obter-se-á a tipificação de condutas reprováveis sob o ponto de vista criminal, sujeitas à sanção penal, cabendo ao estudioso do Direito Previdenciário ter delas noção.

O Direito Processual tem recebido diversas alterações com base em normas inseridas na legislação da Previdência Social. Desse modo, tem-se na Lei de Custeio diversos privilégios ao credor na execução fiscal; nas ações em que o INSS ou a União figuram como réus, prevalecem os prazos especiais conferidos à Fazenda Pública. Em contrapartida, o processo contencioso administrativo, de interesse de contribuinte ou beneficiário, se abastece de vários princípios processuais, para a consecução do princípio-mor, do devido processo legal.

5.5 FONTES DO DIREITO PREVIDENCIÁRIO

Fonte do direito, na concepção majoritária dos estudiosos, é todo fato social. Contudo, devem-se estudar quais os fatos sociais geradores de normas jurídicas no campo do Direito Previdenciário, vale dizer, de onde se originam os princípios e regras aplicáveis a este ramo do Direito. Seguindo a melhor doutrina, *Délio Maranhão*, citando *Du Pasquier* e *Coviello*, indica que as fontes do Direito se classificam em fontes materiais e formais. "As primeiras são as fontes potenciais do direito e compreendem o conjunto dos fenômenos sociais, que contribuem para a formação da substância, da matéria do direito. As fontes formais são os meios pelos quais se estabelece a norma jurídica".[8] Não é diferente a concepção tirada por *Ruiz Moreno*, doutrinador mexicano:

> Las fuentes de derecho o fuentes jurídicas, para Eduardo Pallares, es todo aquello que da nacimiento al derecho objetivo o sea, a las normas jurídicas. En nuestra opinión, por tal concepto debemos entender: las instituciones, los hechos y las formas por medio de las cuales la sociedad determina y formula la norma jurídica, como derecho positivo obligatorio, tratándose entonces del origen del ordenamiento jurídico que nos rige.[9]

– Fontes Materiais

Por fontes materiais deve-se ter em mente as variáveis sociais, econômicas e políticas que, em determinado momento, ou durante a evolução histórica de uma sociedade, informam a produção das normas jurídicas. Como afirma *Délio Maranhão*, "em cada sociedade, em cada 'cultura', vários serão os fatores sociais que, em cada momento histórico, contribuirão para fornecer a matéria, a substância de determinada norma ou de determinado sistema de normas do direito. Esses fatores são as fontes materiais do direito".[10] Concordamos com este conceito, não seguindo, assim, o estabelecido por *Kelsen* e *Recaséns Siches*, de que a única fonte material do direito seja a vontade do Estado, ou a vontade do legislador.[11]

Assim sendo, fontes materiais do Direito Previdenciário são os fatores que interferem na produção de suas normas jurídicas. Pode-se apontar, destarte, que por fontes materiais deste ramo se encontram os fundamentos do surgimento e da manutenção dos seguros sociais, já devidamente elencados no Capítulo 2, *retro*.

– Fontes Formais

Segundo *Marcelo Leonardo Tavares*, "fonte de direito é uma estrutura de poder capaz de criar normas. Miguel Reale expõe que *é indispensável empregarmos o termo fonte do direito apenas para indicar os processos de produção das normas jurídicas*".[12]

Sendo o Direito Previdenciário composto por normas de Direito Público, deve-se afirmar, de plano, que todas as suas fontes formais – as normas que regem as relações em questão – emanam do Estado. É dizer, embora movido por inúmeros fatores sociais, econômicos e políticos, o conjunto de normas do Direito Previdenciário contempla, tão somente, regras decorrentes

---

[8] SÜSSEKIND, Arnaldo *et alii*. *Instituições de direito do trabalho*. 14. ed., São Paulo: LTr, 1993, v. 1, p. 148.
[9] MORENO, Angel Guillermo Ruiz. *Nuevo derecho de la seguridad social*. México: Porrúa, 1997, p. 19.
[10] SÜSSEKIND, Arnaldo *et alii*. *Op. cit.*, p. 149.
[11] MORENO, Ruiz. *Op. cit.*, p. 20.
[12] TAVARES, Marcelo Leonardo. *Direito previdenciário*. 4. ed. rev., atual. e ampl., Rio de Janeiro: Lumen Juris, 2002, p. 27-28.

da atividade legiferante: constitucional, legal ou regulamentar. Não há lugar para se entender como fonte formal do Direito Previdenciário, por exemplo, o costume.

A Constituição, ou seja, os princípios e preceitos insculpidos no texto constitucional, são as fontes de maior hierarquia. É do texto da Lei Magna que se retira o fundamento de validade das normas infraconstitucionais. No atual texto constitucional se estabelecem, taxativamente, os eventos cobertos pela Previdência Social, limites mínimos de benefícios substitutivos dos salários, e, no art. 7º, até mesmo, alguns benefícios em espécie. Assim, a constitucionalização do Direito Previdenciário havida desde o texto originário tem trazido à tona, constantemente, discussões sobre a constitucionalidade ou inconstitucionalidade de normas, como ocorreu com a tentativa de fixação de um valor máximo para o pagamento do salário-maternidade pela Previdência Social, inserto no texto da Emenda Constitucional n. 20/1998, matéria que mereceu análise do Supremo Tribunal Federal em Ação Direta de Inconstitucionalidade, para declarar, a impossibilidade de tal limitação por interpretação do art. 7º da Carta de 1988.

As Emendas à Constituição, por seu turno, são espécies legislativas decorrentes do exercício do chamado Poder Constituinte derivado, detentor de poderes inferiores ao Poder Constituinte dito originário, uma vez que, ao emendar o texto constitucional, o legislador não pode invadir matérias consideradas intocáveis pela própria Constituição – as cláusulas pétreas, previstas no art. 60, § 4º, da Constituição vigente. As emendas, uma vez que transformadas em parte do texto constitucional, adquirem o *status* de norma constitucional, salvo se contrariarem cláusula pétrea – a exemplo do que aconteceu com relação ao valor do salário-maternidade, na promulgação da Emenda n. 20/1998, já comentada.

Seguem-se as leis – complementares, ordinárias e delegadas –, bem como as medidas provisórias. Sendo tanto o Regime Geral de Previdência Social quanto o custeio da Seguridade Social matérias que envolvem a fixação de obrigações, impõe-se sua regulamentação pela via legal, em obediência ao princípio da legalidade (art. 5º, II, da Constituição), estando atualmente regidas pelas Leis n. 8.212 e 8.213, de 24.7.1991, e suas inúmeras alterações promovidas por leis posteriores. Há, todavia, preceitos que dependem de promulgação por lei complementar – como nos casos de criação de novas contribuições sociais, conforme o art. 195, § 4º, da Carta Magna. Não se tem notícia de leis delegadas utilizadas para dispor sobre matéria previdenciária. É conveniente salientar que a Constituição veda a delegação ao Presidente da República para expedir leis cuja matéria seja reservada à lei complementar.

De outro lado, o Poder Executivo continua se utilizando, com desaconselhável constância, do instituto das medidas provisórias para disciplinar regras do Direito Previdenciário. Observa-se, desde logo, que muitos dos preceitos assim estabelecidos não se revestiam de caráter de relevância e urgência, exigido pelo art. 62 da Constituição.

Ainda há, no âmbito legislativo, os decretos legislativos, com os quais são colocados em vigor no território nacional os tratados, convenções e acordos internacionais, integrando, a partir de então, a ordem jurídica interna.[13] Discordamos, assim, com o devido respeito, do entendimento do insigne mestre *Wladimir Martinez*, que assegura existirem fontes internacionais de Direito Previdenciário.[14]

Sobre as mencionadas fontes de direito, o art. 85-A da Lei n. 8.212/1991, acrescentado pela Lei n. 9.876/1999, dispõe que: "Os tratados, convenções e outros acordos internacionais de que Estado estrangeiro ou organismo internacional e o Brasil sejam partes, e que versem sobre matéria previdenciária, serão interpretados como lei especial".

---

[13] SÜSSEKIND, Arnaldo. *Tratados ratificados pelo Brasil*. Rio de Janeiro: Freitas Bastos, 1981, p. 20.
[14] MARTINEZ, Wladimir Novaes. *Curso de direito previdenciário*. Tomo I – Noções de direito previdenciário. São Paulo: LTr, 1997, p. 35.

Nessa matéria, merece destaque o Decreto Legislativo n. 269, de 18.9.2008, que ratificou a Convenção n. 102 da Organização Internacional do Trabalho, com o que o Brasil se tornou o 44º país do mundo a aderir a seus termos, assumindo o compromisso, perante a comunidade internacional, de seguir os princípios e padrões consagrados pela OIT para a organização dos sistemas de seguridade social.

A Convenção n. 102 define níveis mínimos de cobertura populacional, além de estabelecer parâmetros para as condições de elegibilidades nas nove contingências clássicas amparadas por políticas de seguridade: auxílio-doença, assistência médica, amparo ao desemprego, acidentes do trabalho e doenças ocupacionais, velhice, invalidez, morte, maternidade e subsídios familiares.

No que concerne aos atos administrativos, são fontes formais do Direito Previdenciário: o decreto regulamentador das Leis de Custeio e Benefícios – atualmente, Decreto n. 3.048/1999 e suas alterações; as portarias, instruções normativas e ordens de serviço dos Ministérios com competência para a arrecadação e concessão de prestações da Previdência Social; as resoluções do Conselho Nacional de Previdência Social, e as súmulas do Conselho de Recursos da Previdência Social; as instruções normativas, ordens de serviço e resoluções expedidas pelo INSS e pela Receita Federal do Brasil; os pareceres normativos emitidos pelos órgãos internos e por órgãos responsáveis pela atuação em Juízo, como a Advocacia-Geral da União. Há que se dizer, por relevante, que tais atos são fontes formais na medida em que não contrariem dispositivos constitucionais ou legais, ou seja, desde que se limitem a efetivamente regulamentar, em forma mais minudente, os preceitos preexistentes. Quanto muito, naquilo que não se contraponha à norma legal, os atos administrativos normativos podem criar efeito vinculante exclusivamente para os órgãos e entidades partícipes da Administração.

Não podem ser consideradas fontes formais do Direito Previdenciário os costumes, como já mencionado, pois, em se tratando de ramo do Direito Público, apenas as normas emanadas do Estado se aplicam às relações contribuinte/ente da arrecadação, ou beneficiário/ente concedente do benefício.

Tampouco se aplicam no âmbito interno as normas de direito estrangeiro; quando muito, servem como critério de interpretação da norma jurídica pátria, pela análise do direito comparado.

No sistema de *civil law,* a fonte primordial é a norma legislada,[15] de modo que os órgãos judiciais, ainda que atuando na lacuna da lei, não criam direito, apenas suprindo a ausência de norma específica, ou seja, não gerando qualquer *precedente vinculativo,* nem mesmo quando da edição de enunciados de súmula de jurisprudência dominante dos Tribunais. O efeito vinculante das decisões judiciais se dá, exclusivamente, no que tange às decisões definitivas do Supremo Tribunal Federal nas ações diretas de inconstitucionalidade ou nas ações declaratórias de constitucionalidade – arts. 102 e 103 da Constituição e, a partir da publicação da Emenda Constitucional n. 45, de 2004, que inseriu o art. 103-A, à súmula de efeito vinculante, quando aprovada por voto de dois terços dos membros do STF, conforme se nota da redação da norma:

> Art. 103-A. O Supremo Tribunal Federal poderá, de ofício ou por provocação, mediante decisão de dois terços dos seus membros, após reiteradas decisões sobre matéria constitucional, aprovar súmula que, a partir de sua publicação na imprensa oficial, terá efeito vinculante em relação aos demais órgãos do Poder Judiciário e à administração pública direta e indireta, nas esferas federal, estadual e municipal, bem como proceder à sua revisão ou cancelamento, na forma estabelecida em lei.

Bobbio, a respeito do tema, comenta: "Quando se diz que o juiz *deve* aplicar a Lei, diz-se, em outras palavras, que a atividade do juiz está limitada pela Lei, no sentido de que o conteúdo

---

[15] Cf. TAVARES, Marcelo Leonardo. *Op. cit.,* p. 28.

da sentença deve corresponder ao conteúdo de uma lei. Se essa correspondência não ocorre, a sentença do juiz pode ser declarada inválida, tal como uma lei ordinária não conforme à Constituição".[16] Logo, se a decisão judicial não pode contrariar a lei, salvo a lei contrária à Constituição e a seus princípios, já que, neste caso, a lei seria nula, por não poder pertencer à mesma ordem jurídica que outra norma de hierarquia superior, que dispõe de maneira que não se admita a regra legal em sentido diverso, não poderia daí surgir, a nosso ver, nova fonte formal do direito.

A jurisprudência é, portanto, critério – importante, muitas vezes fundamental – de integração das normas jurídicas, observando-se qual tenha sido a conclusão a que chegaram os órgãos julgadores.

Excepcionam-se, no âmbito extrajudicial, as decisões sumuladas do Conselho de Recursos da Previdência Social – CRPS, que têm caráter vinculante para o INSS, sendo, então, apenas no âmbito interno da Previdência Social, fontes formais de Direito Previdenciário.

O Decreto n. 10.410/2020 inova na matéria ao prever, na nova redação do artigo 352 do Regulamento, espécie de súmula administrativa criada não por um colegiado, mas sim pelo Presidente do INSS, de cumprimento compulsório no âmbito da autarquia (fonte formal, portanto):

> Art. 352. Para fins de reconhecimento inicial de benefícios previdenciários, desde que este não acarrete revisão de ato administrativo anterior, o Presidente do INSS poderá editar súmulas administrativas, que terão caráter vinculante perante o INSS nas seguintes hipóteses:
> I – sobre tema a respeito do qual exista súmula ou parecer emitido pelo Advogado-Geral da União; e
> II – sobre tema decidido pelo Supremo Tribunal Federal, em matéria constitucional, ou pelo Superior Tribunal de Justiça, no âmbito de suas competências, quando definido em sede de repercussão geral ou recurso repetitivo e não houver viabilidade de reversão da tese firmada em sentido desfavorável ao INSS, conforme disciplinado pelo Advogado-Geral da União, nos termos do disposto no § 2º do art. 19-D da Lei n. 10.522, de 19 de julho de 2002.
> § 1º A edição da súmula administrativa de que trata este artigo será precedida de avaliação de impacto orçamentário e financeiro pela Secretaria Especial de Previdência e Trabalho do Ministério da Economia.
> § 2º As súmulas administrativas serão numeradas em ordem cronológica e terão validade até que lei, decreto ou outra súmula discipline a matéria de forma diversa, e competirá ao INSS mantê-las atualizadas em seus sítios eletrônicos.
> § 3º Para fins do disposto neste artigo, a Procuradoria Federal Especializada junto ao INSS emitirá parecer conclusivo para propor a edição, a alteração ou o cancelamento de súmula administrativa, da qual deverá constar o fundamento para a sua edição.

A doutrina – composta pelo conteúdo científico das obras escritas pelos estudiosos da matéria – não caracteriza fonte formal do direito. A opinião dos autores pátrios e estrangeiros, por mais respeitada que seja, não tem o condão de alterar a ordem jurídica vigente. Serve, tanto quanto a jurisprudência, para eliminar dúvidas quanto à integração da norma.

Os princípios de direito não escritos vêm sendo considerados fontes de Direito, por corrente respeitável da doutrina em Hermenêutica Jurídica, principalmente quando se verifica a colisão de regras com princípios reconhecidamente existentes, ainda que não positivados, como o da proporcionalidade e o da razoabilidade. Como bem salienta *Lênio Streck,* com base nas lições de *Robert Alexy,* "os direitos fundamentais constituem-se de princípios donde se retiram regras adstritas que, como mandados de otimização, valem, num juízo de ponderação, quando

---

[16] BOBBIO, Norberto. *Op. cit.*, p. 56.

fática e juridicamente realizáveis".[17] Se escritos, são normas jurídicas, e nesta condição se fixam como fontes formais.[18]

A equidade – a noção do que é justo, de acordo com o bem comum, a moral, a distinção entre o certo e o errado – também não é fonte formal do direito. Na medida em que somente possa ser utilizada na ausência da norma escrita, é critério de integração da ordem jurídica. Diz-se o mesmo da aplicação dos critérios de analogia a casos omissos da lei.

---

[17] STRECK, Lênio Luiz. *Hermenêutica jurídica e(m) crise*. 5. ed. rev. e atual. Porto Alegre: Livraria do Advogado, 2004, p. 246.
[18] BOBBIO, Norberto. *Op. cit.*, p. 160.

Aplicação das Normas de Direito Previdenciário

Cumpre analisar a aplicação e as eventuais colisões entre normas jurídicas referentes ao Direito Previdenciário. Para tanto, devem-se observar os vários questionamentos e dúvidas que possam advir da aplicação do direito positivado aos casos concretos.

Necessário caracterizar as espécies de normas que são aplicáveis às relações jurídicas abrangidas pelo Direito Previdenciário, para que se adentre, após isso, no tema da aplicação dessas normas.

Há duas classificações de que se pode partir. A primeira, de *Feijó Coimbra*, divide as normas segundo o objeto de seu comando em: (1) normas de filiação, ou de vinculação, que dispõem sobre a formação, manutenção e dissolução do vínculo entre o indivíduo e a Previdência Social; (2) normas de proteção, ou de amparo, cujo objeto é a concessão de prestação previdenciária; e (3) normas de custeio, de natureza tributária, que delimitam situações fáticas que se ocorridas geram uma relação jurídica tributária-previdenciária. A outra, de Fábio Lopes Vilela Berbel, acrescenta outras duas espécies: (4) normas de manutenção do valor real dos benefícios; e (5) normas de irredutibilidade dos benefícios.[1]

Adotada uma ou outra classificação, nota-se que as normas tratam, ao menos, de duas relações jurídicas distintas: a relação de custeio e a relação de seguro social. Às primeiras deve se dar o adequado tratamento de norma tributária, adotando-se os princípios e normas gerais da Constituição e do Código Tributário Nacional acerca do assunto. Na aplicação das normas que envolvem a relação de seguro social – que tratam tanto de filiação ao sistema, como de concessão, manutenção e irredutibilidade de benefícios, deve-se recordar, sempre, que se trata de direito fundamental, logo, de largo espectro, interpretando-se na busca dos fins sociais da norma (art. 5º da Lei de Introdução às Normas do Direito Brasileiro), ante sua indelével característica protecionista do indivíduo, com vistas à efetividade de seus Direitos Sociais.

A regra básica de aplicação das normas de Direito Previdenciário é a de que, havendo modificações no curso do tempo, aplica-se a regra vigente ao tempo do fato que acarreta a sua aplicação, mesmo que o requerimento de um benefício ou serviço se dê em data posterior à revogação da norma anterior. Trata-se da utilização da máxima "tempus regit actum", com o que não pode uma norma posterior, menos benéfica que a anterior, retroagir para alcançar situações jurídicas já ocorridas:

PREVIDENCIÁRIO. PENSÃO POR MORTE. FILHA MAIOR. INVALIDEZ ANTERIOR AO ÓBITO DO INSTITUIDOR DO BENEFÍCIO. DIB. ÓBITO DO GENITOR. APELA-

---

[1] BERBEL, Fábio Lopes Vilela. *Teoria Geral da Previdência Social*. São Paulo: Quartier Latin, 2005, p. 115-117.

ÇÃO IMPROVIDA. 1. Apelação interposta pelo INSS em face de sentença que o condenou a conceder o benefício de pensão por morte à Autora, a partir da data do óbito do instituidor, bem assim ao pagamento das diferenças a serem apuradas (...). 4. Aplicação do princípio do "tempus regit actum" aos benefícios de pensão por morte, de acordo com a Súmula 340 do STJ. No caso dos autos, o óbito do genitor da Demandante ocorreu em 9/03/2005, antes da vigência da Lei n. 13.146/2015. 5. Destaca-se que a Autora já era totalmente incapaz antes do óbito de seu pai, consoante se infere da Perícia Judicial produzida no Processo n. 0504241-51.2016.4.05.8300, em que o Laudo Médico atesta que a doença incapacitante da Autora ocorre desde a infância (Id. 1526647), restando configurada a dependência econômica da requerente. 6. Manutenção da DIB do benefício na data do óbito do Instituidor do benefício. Vale ressaltar que não se aplica o instituto da prescrição ao caso dos autos, posto se tratar de direito de incapaz, contra o qual não corre prescrição (...). (TRF-5, Ap. Cível no Processo 08118108820204058300, Rel. Desembargador Federal Cid Marconi Gurgel De Souza, 3ª Turma, j. 1º.7.2021).

Disso resulta que o estudioso desta matéria necessita conhecer não somente o direito vigente, mas também as normas antecedentes, pois muitas vezes o segurado ou dependente, ou o contribuinte, no caso de regras de custeio, fazem jus ao tratamento jurídico ditado pela norma "antiga" e não pela "atual".

6.1 ANTINOMIAS E CRITÉRIOS DE SOLUÇÃO

Como diz *Bobbio*, "se um ordenamento jurídico é composto de mais de uma norma, disso advém que os principais problemas conexos com a existência de um ordenamento são os que nascem das relações das diversas normas entre si".[2]

Assim, pode ocorrer de existir, num mesmo ordenamento e momento histórico, mais de uma norma vigente e eficaz, todas supostamente disciplinadoras do mesmo caso concreto.

A questão em comento pode ocorrer entre normas de mesma espécie, ou de espécies distintas.

Vejamos, inicialmente, as antinomias entre normas de espécies distintas. Neste caso, há uma situação que merece estudo à parte, qual seja, a da antinomia entre norma principiológica ou constitucional e norma infraconstitucional.

A princípio, a questão se resolve de forma simples: a norma constitucional se sobrepõe à norma legal, ou ao ato administrativo. Contudo, deve-se recordar que, em termos de Direito Previdenciário, as normas deste ramo estabelecem direitos e obrigações para os segurados, dependentes, contribuintes e para o próprio Estado – gestor do regime.

Assim, as regras infraconstitucionais que se caracterizem como normas *mais favoráveis* para o indivíduo integrante do regime devem ser consideradas válidas. Foi o que se deu quando do julgamento pelo STF que reconheceu como "válido o art. 36, § 7º, do Decreto n. 3.048/1999, mesmo após a Lei n. 9.876/1999" (Tema 88). Convém frisar que o aludido dispositivo regulamentar foi revogado pelo Decreto n. 10.410, em 1º.7.2020, tendo surtido efeitos até a véspera da revogação, portanto.

Se duas normas da mesma espécie são, cronologicamente, postadas no ordenamento em momentos distintos, deverá prevalecer a norma posterior, que, então, revoga, ainda que tacitamente, a anterior. Dessa forma, a lei que modifica alíquota de contribuição social, depois de decorridos os noventa dias de sua publicação, revoga a anterior, deixando de ser exigida a alíquota antes prevista.

---

[2] BOBBIO, Norberto. *Teoria do ordenamento jurídico.* Trad. de Maria Celeste C. J. Santos. 10. ed., Brasília: Editora Universidade de Brasília, 1997, p. 34.

No entanto, quando duas normas de mesma espécie se confrontam, sendo ambas, a princípio, vigentes e eficazes no momento em que surge a dúvida, a solução se dá conforme a espécie normativa.

Em se tratando de regras infraconstitucionais, uma vez cumprido o princípio da legalidade (ninguém será obrigado a fazer ou deixar de fazer alguma coisa senão por força de lei), a solução em regra se consegue pelo critério da especialidade. "Por efeito da lei especial, a lei geral *cai* parcialmente."[3]

Exemplificando, a Lei n. 8.870/1994, que regia a contribuição social do produtor rural pessoa jurídica, fez com que deixasse de ser aplicada, durante a vigência da referida norma, a exceção do § 4º do art. 25 da Lei n. 8.212/1991 (até sua revogação pela Lei n. 11.718/2008), considerando-se, para os fatos geradores do período, a totalidade da produção comercializada.

Já quando a antinomia é entre normas principiológicas ou constitucionais, não se admite, segundo a doutrina de hermenêutica mais recente, falar em conflito, mas em colisão, e a solução, daí, não se dá pela extinção de uma norma do ordenamento jurídico, como sói acontecer com as regras em geral, mas pela ponderação entre os princípios, em cada caso concreto.[4]

6.2 LACUNAS DO ORDENAMENTO E SUA SOLUÇÃO

O problema da aplicação do Direito, contudo, pode ser não o excesso de normas, mas a ausência total delas, em certo caso concreto. Está-se diante da lacuna do ordenamento jurídico. Não se podendo, certamente, declarar não haver direito a ser aplicado para certo conflito de interesses, deve socorrer-se o intérprete – via de regra, o juiz – de critérios de solução destas mesmas lacunas. São os critérios de integração da norma jurídica.

Ensina *Norberto Bobbio* que, em princípio, há duas formas de integração: a heterointegração e a autointegração. Na primeira, recorre-se a ordenamentos jurídicos diversos, ou a fontes diversas daquela que é dominante. Na segunda, a integração se dá sem o recurso a fontes ou ordenamentos distintos.[5]

É da tradição pátria esgotarem-se, a princípio, todas as possibilidades de autointegração, para, depois, tentar-se a solução pela via da heterointegração. Assim, o art. 4º da Lei de Introdução às Normas do Direito Brasileiro determina que, na lacuna da lei, o juiz se utilize da analogia, dos costumes e dos princípios gerais de direito.

A primeira forma de autointegração é o uso da analogia. Para tanto, segundo *Washington de Barros Monteiro*, cumpre ao operador do Direito observar os seguintes requisitos: "a) é preciso que o fato não tenha sido especificamente objetivado pelo legislador; b) este, no entanto, regula situação que apresenta ponto de contato, relação de coincidência ou algo idêntico ou semelhante; c) finalmente, requer-se esse ponto comum às duas situações (a prevista e a não prevista), haja sido o elemento determinante ou decisivo na implantação da regra concernente à situação considerada pelo julgador".[6] Ter-se-á emprego de analogia, no Direito Previdenciário, nas hipóteses de enquadramento de indivíduo na condição de segurado obrigatório, toda vez que, na falta de regra específica que o enquadre como tal, seja ele considerado filiado ao regime previdenciário.

Os princípios gerais de direito, para serem considerados critérios de integração da ordem, como já salientado, são os que não se encontram expressos em normas positivas. Apenas para

---

[3] BOBBIO, Norberto. *Teoria do... cit.*, p. 97.
[4] BOLLMANN, Vilian. *Op. cit.*, p. 77.
[5] BOBBIO, Norberto. *Teoria do... cit.*, p. 146.
[6] MONTEIRO, Washington de Barros. *Curso de direito civil*. Parte geral. 16. ed., São Paulo: Saraiva, 1986, v. 1, p. 39.

efeito didático, apreendemos do mestre civilista *Washington de Barros Monteiro* alguns princípios gerais por ele enumerados: "a) ninguém pode transferir mais direitos do que possui; b) ninguém deve ser condenado sem ser ouvido; c) ninguém pode invocar a própria malícia; d) quem exercita o próprio direito não prejudica a ninguém; e) *pacta sunt servanda*; f) *quod initio vitiosum est non potest tractu temporis convalescere*".[7]

A doutrina, em muitos casos, vai auxiliar o operador do Direito, seja na integração do ordenamento, seja na interpretação de norma existente. A opinião dos doutos pode caracterizar critério de heterointegração, quando, ausente a norma, o juiz adota o julgamento por equidade, valendo-se das posições observadas na doutrina. Em última análise, a doutrina não é exatamente a forma de heterointegração, mas sim a equidade.

Na heterointegração da ordem jurídica, tem-se a técnica de solução do conflito pela equidade. Esta, por seu turno, é aplicada por meio de decisões judiciais, ou seja, pela jurisprudência. A solução pela via da equidade não se baseia em norma presente na ordem jurídica, mas na ausência desta mesma norma. O juiz somente poderá valer-se de tal critério quando autorizado por lei.

São exemplos clássicos de aplicação do juízo de equidade as decisões judiciais que passaram a contemplar o direito da companheira à pensão por morte do segurado, antes mesmo da alteração legislativa que fixou tal direito.

Outro caso lapidar de heterointegração foi o reconhecimento do direito à pensão quando de uniões homoafetivas, decorrente do julgamento da ADPF 132 (Rel. Min. Ayres Brito, publicação em 14.10.2011) que as havia reconhecido como entidade familiar:

> (...) RECONHECIMENTO E QUALIFICAÇÃO DA UNIÃO HOMOAFETIVA COMO ENTIDADE FAMILIAR. O Supremo Tribunal Federal – apoiando-se em valiosa hermenêutica construtiva e invocando princípios essenciais (como os da dignidade da pessoa humana, da liberdade, da autodeterminação, da igualdade, do pluralismo, da intimidade, da não discriminação e da busca da felicidade) – reconhece assistir, a qualquer pessoa, o direito fundamental à orientação sexual, havendo proclamado, por isso mesmo, a plena legitimidade ético-jurídica da união homoafetiva como entidade familiar, atribuindo-lhe, em consequência, verdadeiro estatuto de cidadania, em ordem a permitir que se extraiam, em favor de parceiros homossexuais, relevantes consequências no plano do Direito, notadamente no campo previdenciário, e, também, na esfera das relações sociais e familiares. (...) Assiste, por isso mesmo, a todos, sem qualquer exclusão, o direito à busca da felicidade, verdadeiro postulado constitucional implícito, que se qualifica como expressão de uma ideia-força que deriva do princípio da essencial dignidade da pessoa humana. Precedentes do Supremo Tribunal Federal e da Suprema Corte americana. Positivação desse princípio no plano do direito comparado (RE 477.554 AgR, Rel. Min. Celso de Mello, 2ª Turma, j. 16.8.2011, *DJe* 26.8.2011).

6.3 INTERPRETAÇÃO DAS NORMAS

Solucionado o problema da verificação de qual norma é aquela aplicável para o caso concreto, surge outro aspecto da sua aplicação, qual seja, a busca do significado da norma, do bem jurídico que é tutelado, das condições em que se exercita o direito. Está-se diante do problema da interpretação da norma.

Para tanto, os estudiosos enumeram, comumente, as seguintes formas de interpretação:

a) gramatical – por tal critério interpretativo, busca-se o sentido da norma pelo significado da linguagem empregada, de acordo com a etimologia de cada vocábulo;

---

[7] MONTEIRO, Washington de Barros. *Curso de direito civil*. Parte geral. 16. ed., São Paulo: Saraiva, 1986, v. 1, p. 42.

b) histórica – decorre da observação da evolução do instituto sobre o qual versa a norma; com base neste critério, pode-se entender o sentido da norma vigente, considerando-se as normas anteriores;
c) autêntica – significa o estudo dos motivos mencionados pelo legislador, à época; trata-se da análise de documentos geradores pelo idealizador da norma, para buscar a intenção deste. As legislações de maior envergadura e os códigos possuem uma "exposição de motivos", na qual seus elaboradores fazem digressões a respeito da matéria positivada;
d) sistemática – consiste na análise da norma no contexto do ordenamento de certo ramo do Direito, ou do ordenamento jurídico como um todo e não isoladamente; busca-se, com isso, a integração da norma com os princípios norteadores e demais institutos;
e) teleológica – tem-se na análise da finalidade que se pretendeu atingir com a norma. Segundo o art. 5º da LINDB, deve o intérprete buscar o fim social visado com a expedição do comando normativo.

A partir dos estudos de Gadamer, tem-se em evidência cada vez maior o entendimento de que "só se interpreta, de fato, quando não existe uma compreensão imediata, um acordo claro e estabelecido e quando uma tarefa prática está no horizonte". Dessa forma:

> Quando o juiz tenta aplicar a lei transmitida às necessidades do presente, tem claramente a intenção de resolver uma tarefa prática. O que de modo nenhum quer dizer que a sua interpretação da lei seja arbitrária. Também no seu caso, compreender e interpretar significa conhecer e reconhecer um sentido vigente. O juiz tentará responder "à ideia jurídica" da lei mediando-a com o presente. Esta é evidentemente uma mediação jurídica. (...). A tarefa da interpretação consiste em concretizar a lei em cada caso, isto é, na sua aplicação.[8]

Segundo orientação do STJ, é de ser observada a vetusta regra de hermenêutica, segundo a qual "onde a lei não restringe, não cabe ao intérprete restringir". Portanto, inexistindo dentre as normas que regem a matéria restrição à prestação postulada, não subsiste o óbice imposto ao direito perseguido pelos beneficiários. Nesse sentido: REsp 1.243.760/PR, 5ª Turma, Rel. Min. Laurita Vaz, *DJe* 9.4.2013; REsp 1.082.631/RS, 5ª Turma, Rel. Min. Laurita Vaz, *DJe* 26.3.2013; REsp 1.876.265, Rel. Min. Sérgio Kukina, *DJe* 1.6.2022.

Uma nova metodologia de interpretação das normas previdências é defendida por Hélio Gustavo Alves, segundo o qual: "A Teoria Pentadimensional do Direito lança uma nova metodologia de ordem social sistêmico normativo para através da justiça, regular o que foi mal regulado".[9] Ou seja, o intérprete poderia corrigir a norma legal e dar sentido novo para torná-la justa socialmente.

6.4 VIGÊNCIA E EFICÁCIA DAS NORMAS NO TEMPO

Nada impede – exceto imperativos constitucionais – que uma lei venha a disciplinar, de modo inédito ou diverso, as relações ligadas ao direito previdenciário. A questão é: que repercussões traz a lei nova às relações jurídicas? Estamos diante do debate acerca do chamado direito intertemporal. O tema reassume grande relevância com a promulgação da Emenda

---

[8] SILVA, Maria Luísa Portocarrero. *Conceitos fundamentais de hermenêutica filosófica*. Coimbra: Universidade de Coimbra, 2010, p. 42.
[9] ALVES, Hélio Gustavo. *Teoria Pentadimensional do Direito*: pura e prognosticada. São Paulo: LTr, 2019, p. 115.

Constitucional n. 103 e, em seguida, com a publicação do Decreto n. 10.410, que altera o Regulamento da Previdência Social.

Segundo o conceito de Campos Batalha, define-se tal expressão como "O conjunto de soluções adequadas a atenuar os rigores da incidência do tempo jurídico com o seu poder cortante e desmembrador de uma realidade que insta e perdura".[10]

Uma vez em vigor, a norma de custeio do sistema, quando disponha sobre criação ou modificação de contribuições sociais, só poderá ser exigida após decorridos noventa dias de sua publicação. É a regra do art. 195, § 6º, da Constituição. Não é aplicado, no caso, o princípio da anterioridade do exercício financeiro, inserto no art. 150, III, *b*, da Carta Magna.

Já as demais normas de custeio, bem como as relativas a prestações previdenciárias, são eficazes a partir da data em que a própria norma previr sua entrada em vigor, e, na ausência de tal fixação, no prazo estabelecido pela Lei de Introdução às Normas do Direito Brasileiro – LINDB para a *vacatio legis*, ou seja, 45 dias após sua publicação.

Naturalmente, obedecida a regra principiológica da irretroatividade da lei, tem-se que a lei não surte efeitos pretéritos. No caso do Direito Previdenciário, nem mesmo para beneficiar eventuais infratores da norma de custeio. Observe-se, não se está tratando da norma de Direito Penal (ante a possível existência de crime de sonegação fiscal ou apropriação indébita), mas daquela que tem natureza tributária, e que fixa a obrigação tributária e a mora do devedor.

Mais complexa é a situação quando se trata de aferir o efeito intertemporal nas relações ligadas às prestações previdenciárias (e assistenciais).

É importante frisar a regra constante da Lei de Introdução às Normas do Direito Brasileiro – LINDB (Decreto-lei n. 4.657/1942): "Art. 6º A Lei em vigor terá efeito imediato e geral, respeitados o ato jurídico perfeito, o direito adquirido e a coisa julgada".

E, de edição mais recente, a inserção pela Lei n. 13.655 – que entrou em vigor em 26.4.2018 –, entre outros dispositivos, do art. 23 na LINDB, cujo teor segue:

> Art. 23. A decisão administrativa, controladora ou *judicial* que estabelecer interpretação ou orientação nova sobre norma de conteúdo indeterminado, impondo novo dever ou novo condicionamento de direito, deverá prever regime de transição quando indispensável para que o novo dever ou condicionamento de direito seja cumprido de modo proporcional, equânime e eficiente e sem prejuízo aos interesses gerais.

A lei nova, obedecendo à garantia constitucional, não pode prejudicar o direito adquirido, o ato jurídico perfeito ou a coisa julgada. Assim, por exemplo, o segurado que já possuía direito à aposentadoria por tempo de contribuição antes da vigência da EC n. 103, de 13.11.2019, tem direito de, a qualquer tempo, requerer o benefício com base nas regras antigas de cálculo – ou seja, sem a aplicação de idade mínima, e com cálculo baseado na média dos maiores salários de contribuição equivalentes a 80% do período contributivo. Neste caso, mesmo estando a norma revogada, ao tempo em que era vigente houve o preenchimento de todos os requisitos nela previstos. Portanto, havendo adquirido o direito à época em que vigorava a disposição normativa anterior, é ele exercitável a qualquer tempo, mesmo após a revogação da norma jurídica em que se baseia.

Não caracteriza direito adquirido o fato de um indivíduo já estar filiado a um Regime de Previdência Social, para efeito de pretensão de ultratividade de normas que vierem a ser revogadas antes que se tenham implementado todos os requisitos legais para o exercício do direito. Em suma, como costuma frisar a jurisprudência dominante, "não há direito adquirido a regime

---

[10] BATALHA, Wilson de Souza Campos. *Direito intertemporal*. Rio de Janeiro: Forense, 1980, p. 55.

jurídico". Se ao tempo da modificação da norma o indivíduo não tinha ainda possibilidade de postular a prestação previdenciária, a mudança legislativa pode alterar sua expectativa. A possibilidade de edição de regras de transição, embora defendida ardorosamente pela doutrina portuguesa como direito daqueles que se encontram em vias de adquirir o direito, não encontra base jurídica tal que seja assegurada aos detentores de expectativa de direito.

Quando da *vigência* de uma nova lei, entretanto, há *situações jurídicas* que há de se distinguir: desse modo, existem algumas situações fáticas já encerradas antes mesmo de a lei entrar em vigor; outras que sequer se iniciaram ainda; e, por fim, aquelas que estão em pleno curso. Essa distinção tem origem, conforme aqueles que já estudaram o tema a fundo, na obra do mestre francês Paul Roubier.

Assim sendo, os benefícios concedidos (ou que deveriam ser concedidos e não foram) antes da entrada em vigor de uma lei nova são regidos pela "lei antiga", a lei vigente na época dos fatos (*tempus regit actum*).

O problema está nas situações em curso, quando o potencial beneficiário (segurado ou dependente) ainda não preencheu os requisitos exigidos pela "lei antiga" para obter a prestação e surge uma nova disciplina legal sobre o mesmo benefício.

O fato de serem utilizados como base de cálculo do benefício salários de contribuição que antes não eram considerados, não caracteriza retroação da eficácia da lei.

A Lei n. 13.846/2019, já havia renovado o debate sobre direito intertemporal no Direito Previdenciário, em diversas de suas regras, como, por exemplo, a que exige o prazo carencial integral em caso de perda da qualidade de segurado (a regra até então vigente previa cumprimento da metade da carência nesses casos, aproveitando-se o tempo anterior à perda), a que cria prazo carencial para o auxílio-reclusão (antes inexistente) ou a que passa a prever prazo decadencial para requerimento de pensão por morte para dependentes até 16 anos de idade (180 dias). Essa mesma lei voltou a fixar a regra de que, em caso de perda da qualidade de segurado, para fins da concessão dos benefícios de auxílio-doença, de aposentadoria por invalidez, de salário-maternidade e de auxílio-reclusão, o segurado deverá contar, a partir da data da nova filiação à Previdência Social, com metade dos períodos de carência necessários (art. 27-A da LBPS).

Em decisão sobre o tema da alteração do cômputo do prazo carencial, envolvendo as MPs n. 739 e 767, a interpretação dada pela TNU foi a de que deve ser observada a regra de carência vigente no momento do surgimento da incapacidade. A tese foi fixada no julgamento do Representativo de Controvérsia – Tema 176, nos termos que seguem: "Constatado que a incapacidade do(a) segurado(a) do Regime Geral da Previdência Social (RGPS) ocorreu ao tempo da vigência das Medidas Provisórias ns. 739/2016 e 767/2017, aplicam-se as novas regras de carência nelas previstas" (Processo 5001792-09.2017.4.04.7129/RS, j. em 17.8.2018).

As normas constitucionais que dependem de regulamentação não são exigíveis antes da lei – complementar ou ordinária – que discipline a matéria. É o caso, por exemplo, da previdência complementar dos servidores públicos federais prevista no art. 40, § 15, da Constituição, sendo que a Lei Complementar n. 109, de 29.5.2001, estabeleceu normas gerais, porém não instituiu o regime previdenciário complementar dos entes da Administração Pública Federal direta, autarquias e fundações públicas, o que somente veio a ser regulamentado pela Lei n. 12.618/2012 e efetivamente implementado após a autorização para o funcionamento do FUNPRESP-Exe e do FUNPRESP-Jud por Portarias da Superintendência de Previdência Complementar – PREVIC. Para os Estados e Municípios, que ainda não instituíram entidades de previdência complementar, a matéria deverá ser objeto de lei específica, de competência de cada ente federativo, com posterior aprovação do plano de benefícios de cada um dos entes federativos pela PREVIC, tal como ocorreu com a União, bem como com os Estados e Municípios que já implementaram Fundos de Pensão. Frisa-se, por oportuno, que não cabe a Decreto,

Portaria, ou Instrução Normativa – como atos administrativos que são – exercer o caráter de regulamentação de norma constitucional, em vista do princípio da legalidade estrita.

6.5 VIGÊNCIA E EFICÁCIA DAS NORMAS NO ESPAÇO

Em relação à aplicação das normas de Direito Previdenciário, tem-se que, como regra, se adote o princípio da territorialidade. Não há cabimento para utilizar-se genericamente da hipótese de extraterritorialidade da lei. Em sendo assim, são taxativas as situações em que se adotará a lei brasileira em relações jurídicas fora de nosso território.

Uma importante exceção aparece com a Lei n. 6.887/1980, que prevê a adoção da legislação previdenciária brasileira também aos entes diplomáticos existentes no Brasil. Como leciona *Martinez*, "quem presta serviços para embaixadas e consulados ou a órgãos a elas *(sic)* subordinados está sujeito à regulamentação própria. São segurados obrigatórios na condição de empregados, mas o não brasileiro sem residência permanente no Brasil ou o brasileiro, protegido pela legislação do País representado, está excluído do RGPS".[11]

Fugindo à regra de que a lei que rege a relação jurídica é a do lugar da execução do contrato – *lex loci executionis* –, a legislação pátria admite como segurado obrigatório o brasileiro ou estrangeiro, residente e domiciliado no Brasil e contratado para trabalhar no exterior para empresa brasileira, independentemente de estar amparado por outro regime previdenciário, no local da execução do contrato. O mesmo ocorre com o brasileiro civil que trabalha para a União Federal no exterior, em organismos oficiais brasileiros ou internacionais em que o Brasil seja membro efetivo, mesmo sendo domiciliado e contratado no estrangeiro, nesse caso, excepcionada a hipótese de possuir amparo por regime previdenciário do país em que labora.

O estrangeiro não domiciliado no Brasil e contratado para prestar serviços eventuais, mediante remuneração, não é considerado contribuinte obrigatório do RGPS, salvo se existir acordo internacional com o seu país de origem nesse sentido.

6.6 ACORDOS INTERNACIONAIS DE PREVIDÊNCIA SOCIAL FIRMADOS PELO BRASIL

Diante do cada vez mais comum fenômeno da migração de pessoas, resultante não somente da globalização da economia, mas também dos movimentos populacionais em busca de novas oportunidades de trabalho, tem sido frequente a adoção de tratados internacionais que celebram acordos de reciprocidade de tratamento em matéria de proteção social, tendo o Brasil também firmado diversos deles.

A Convenção de Viena (1969) considera tratado um acordo internacional celebrado por escrito entre Estados e regido pelo Direito Internacional (art. 24). Utilizando-nos da definição de *Walter Arrighi*, é "o acordo assinado por dois ou mais países, regulado pelo Direito Internacional Público, pelo qual se estabelecem regras recíprocas às quais as pessoas compreendidas em seu âmbito deverão ajustar-se, a fim de adquirir as prestações da seguridade social previstas pela legislação de cada um dos países contratantes".[12]

Como esclarece *Heinz-Dietrich Steinmeyer,* pessoas que iniciaram sua vida laboral em um país podem querer computar o tempo trabalhado em outro país, no qual se encontra no momento em que entende ter direito a um benefício previdenciário. "Por várias razões, pode haver dificuldades para que isso ocorra. Por um lado, o país de origem pode não estar disposto

---

[11] *Curso de direito previdenciário...*, cit., p. 106.
[12] ARRIGHI, Walter. Portabilidade de fundos nos sistemas previdenciários In: BRASIL. MINISTÉRIO DA PREVIDÊNCIA SOCIAL. *Migrações Internacionais e a Previdência Social.* Brasília: MPAS, SPS, CGEP, 2006, p. 178.

a pagar os benefícios de uma pessoa que vive em outro país. Por outro, a pessoa pode não preencher os requisitos para ter acesso aos benefícios de seu novo país por não ter passado aí tempo suficiente para qualificar-se como parte de sua força de trabalho".[13]

A OIT propõe, em sucessivas recomendações a seus países-membros, a elaboração de acordos previdenciários entre si. Contudo, como bem observa Priscila Gonçalves de Castro em estudo sobre o tema, o Brasil promoveu o primeiro Acordo Internacional sobre Previdência Social somente em 1965 (com Luxemburgo), com vigência a partir de 1.3.1967. Segundo informações oficiais (Ministério das Relações Exteriores), cerca de 2,5 milhões de brasileiros vivem no exterior, sendo que, desse número, apenas 950 mil possuem direitos previdenciários assegurados por acordos internacionais de previdência.[14]

O número de brasileiros vivendo no exterior bateu novo recorde, totalizando 4,59 milhões de pessoas em 2022. Os dados foram compilados com base em estimativas enviadas pela rede de postos do Itamaraty no exterior. A maioria dos emigrantes vive na América do Norte (45,19%) e na Europa (32,42%), mas há brasileiros em todos os cantos do mundo, inclusive um único que vive na Coreia do Norte. As principais comunidades estão nos Estados Unidos, onde há 1,9 milhão de residentes; Portugal, com 360 mil; e Paraguai, país vizinho, onde 254 mil brasileiros vivem.[15]

Há, em síntese, dois tipos de acordos em matéria de proteção social: os bilaterais, entre dois países apenas; e os multilaterais, como são os de comunidades de países (União Europeia, Mercosul).

A cobertura prevista nos acordos depende do que restar estabelecido no tratado. Alguns acordos se referem apenas a tratamento recíproco entre cidadãos dos países contratantes, estendendo-se a refugiados e a apátridas residentes nos respectivos países. Já outros acordos, denominados "acordos abertos", não são restritos a seus próprios cidadãos, dependendo tal cláusula da normatização interna de cada país abrir ou não a possibilidade de estrangeiros residentes serem beneficiários do sistema.

É importante observar que, no Brasil, não existe tal restrição no direito interno, uma vez que, seja por força do art. 5º da Constituição, que iguala em tratamento os brasileiros e os estrangeiros residentes no país, seja com fundamento nas Leis n. 8.212 e 8.213/1991, que enumera os segurados obrigatórios, não se exige a nacionalidade brasileira como requisito, mas sim o trabalho em território nacional como regra.

Alguns princípios devem ser observados nos acordos internacionais. O primeiro deles é o da igualdade de tratamento entre os indivíduos oriundos dos países contratantes, atendendo ao que dispõe a Convenção n. 118 da OIT sobre a igualdade de tratamento em matéria de seguridade social. Outro é o que estipula a vedação de cláusulas que vinculem a aquisição de direitos à residência no país contratante, com respeito às pessoas que residem legalmente em outro país contratante. Também deve ser observada a eliminação de dupla cobertura, ou seja, a oportunidade de fruição em duplicidade, por exemplo, do cômputo do tempo de trabalho ou de contribuição em dois países ao mesmo tempo.[16]

---

[13] STEINMEYER, Heinz-Dietrich. Experiências Europeias com Acordos Internacionais de Seguridade Social. In: BRASIL. MINISTÉRIO DA PREVIDÊNCIA SOCIAL. *Migrações Internacionais e a Previdência Social*. Brasília: MPAS, SPS, CGEP, 2006, p. 68.

[14] CASTRO, Priscila Gonçalves de. *Direitos humanos de seguridade social*: uma garantia ao estrangeiro. São Paulo: LTr, 2014. p. 103.

[15] Informações obtidas em: https://www.cnnbrasil.com.br/internacional/da-coreia-do-norte-a-micronesia-45-milhoes-de-brasileiros-moram-no-exterior/. Acesso em: 27 set. 2023.

[16] STEINMEYER, Heinz-Dietrich. *Op. cit.*, p. 70.

Também é de regra a previsão de que os indivíduos beneficiários dos acordos internacionais em matéria de previdência possam usufruir de outros serviços, como os da área da saúde, quando da estada em outro país contratante.

Consoante o art. 85-A da Lei n. 8.212/1991, "Os tratados, convenções e outros acordos internacionais de que Estado estrangeiro ou organismo internacional e o Brasil sejam partes, e que versem sobre matéria previdenciária, serão interpretados como lei especial."

Os Acordos Internacionais de Previdência Social estabelecem uma relação de prestação de benefícios previdenciários, não implicando na modificação da legislação vigente no país, cumprindo a cada Estado contratante analisar os pedidos de benefícios apresentados e decidir quanto ao direito e condições, conforme sua própria legislação aplicável, e o respectivo Acordo.

Esses acordos têm como objetivo a coordenação das legislações nacionais de países signatários para a aplicação da norma internacional, garantindo o direito aos benefícios previstos no campo material de cada Acordo Internacional, com previsão de deslocamento temporário de trabalhadores (art. 393 da IN INSS/PRES n. 128/2022).

Um problema evidente nesta matéria é a diversidade cada vez maior de modelos de gestão e regimes previdenciários, como foi visto no Capítulo 3 retro. Assim, "faz-se necessário que os Estados considerem a possibilidade de incorporar às Convenções de Seguridade Social normas relativas à portabilidade das poupanças previdenciárias, quando se trata de países com regimes previdenciários baseados na capitalização individual, a fim de outorgar uma melhor proteção aos trabalhadores migrantes".[17]

Outra questão que irá ganhar relevância é a crescente onda de modificações – estruturais ou incrementais – nos regimes de cada país, o que pode interferir na aplicação dos acordos internacionais de previdência celebrados. Convém que os países que realizem reformas previdenciárias observem a repercussão delas nos tratados já firmados, evitando eventuais percalços para que os indivíduos potencialmente protegidos não venham a ser prejudicados.

A esse respeito já teve oportunidade de se pronunciar o TRF da 4ª Região:

> PREVIDENCIÁRIO. TEMPO DE SERVIÇO NO EXTERIOR. ACORDO DE SEGURIDADE SOCIAL ENTRE BRASIL E PORTUGAL. AVERBAÇÃO E CONTAGEM RECÍPROCA.
> 1. O Acordo de Seguridade Social entre a República Federativa do Brasil e a República Portuguesa adotou como elemento de conexão, para definir os direitos e as obrigações previdenciárias, a lei vigente no local onde o trabalhador cumpre a prestação de serviços (*lex loci executionis*).
> 2. É assegurado o período de seguro prestado em Portugal para o fim de concessão de aposentadoria por tempo de serviço ou de contribuição no Brasil, desde que corresponda a exercício efetivo de atividade profissional neste país estrangeiro.
> 3. O acordo bilateral entre estes países garante o direito à certificação do tempo de contribuição para os regimes próprios de previdência dos servidores públicos na República Federativa do Brasil.
> (TRF-4, AC 5001541-19.2015.4.04.7110, 5ª Turma, Rel. Osni Cardoso Filho, j. 17.12.2020).

Não se pode olvidar da situação dos que emigram e depois retornam ao país originário, como é o caso de muitos brasileiros que trabalham, quando jovens, no exterior.

No âmbito do Mercosul, o Acordo Multilateral sobre Seguridade Social, firmado em 14.12.1997, e adotado pelo Brasil com a promulgação do Decreto Legislativo n. 451/2001, prevê

---

[17] QUINTEROS, Mercedes Hoces. Portabilidade dos fundos previdenciários: uma nova alternativa para os trabalhadores migrantes. In: BRASIL. MINISTÉRIO DA PREVIDÊNCIA SOCIAL. *Migrações Internacionais e a Previdência Social*. Brasília: MPAS, SPS, CGEP, 2006, p. 92.

em seu artigo 2º que "os direitos de seguridade social serão reconhecidos para os trabalhadores que prestem ou tenham prestado serviços em qualquer dos Estados-membros, reconhecendo-se os mesmos direitos para seus familiares e dependentes, e, além disso, estão sujeitos às mesmas obrigações que os nativos de determinados países membros com respeito aos especificamente mencionados no presente Acordo".

De regra, os acordos preveem o pagamento de um benefício proporcional às contribuições vertidas em cada país. Contudo, "a variante dessa solução consiste no pagamento realizado apenas por um dos países, geralmente o concessor do benefício, em que se credita, na fração correspondente, junto ao outro país celebrante".[18]

A aplicação desse acordo se revela nas situações concretas envolvendo os pedidos de aposentadoria, como o que segue:

> (...) 3. O Acordo Multilateral de Seguridade Social do MERCOSUL, integrado ao nosso ordenamento jurídico pelo Decreto Legislativo n.º 451/2001 e pelo Decreto n.º 5.722/2006 da Presidência da República, contempla apenas a concessão de benefícios por velhice, idade avançada, invalidez ou morte. Inteligência do artigo 7º, item 1.
> 4. Não tem direito à aposentadoria por tempo de contribuição o segurado que, mediante a soma do tempo judicialmente reconhecido com o tempo computado na via administrativa, não possuir tempo suficiente e implementar os demais requisitos para a concessão do benefício. (TRF-4, AC 5006581-78.2016.4.04.7002, TRS-PR, Rel. Luiz Fernando Wowk Penteado, j. 22.5.2020).

Vigoram atualmente os seguintes Acordos Internacionais de Previdência Social, firmados pelo Brasil (foi considerada a data de vigência no plano internacional, não sendo adotada a vigência interna deles – pós-aprovação e publicação de decreto)[19]:

- Alemanha: assinado em 3.12.2009 (Decreto n. 8.000, de 8.5.2013) – Entrada em vigor: 1.5.2013;
- Bélgica: assinado em 4.10.2009 (Decreto n. 8.405, de 11.2.2015) – Entrada em vigor: 1.12.2014;
- Cabo Verde: assinado em 7.2.1979 (registrado no Secretariado na ONU em 28.12.1979, sob n. 18.216) – Entrada em vigor: 7.2.1979;
- Canadá: assinado em 8.8.2011 (Decreto Legislativo n. 421, de 28.11.2013, e Decreto n. 8.288, de 24.7.2014) – Entrada em vigor em 1º.8.2014;
- Chile: assinado em 16.10.1993 (Decreto Legislativo n. 75, de 4.5.1995). Entrada em vigor: 1º.3.1993. Novo Acordo – Entrada em vigor: 1.9.2009;
- Coreia (República da Coreia): assinado em 22.11.2012 (Decreto Legislativo n. 152, de 17.7.2015) – Entrada em vigor: 1º.11.2015;
- Espanha: assinado em 16.5.1991 (Decreto n. 1.689, de 7.11.1995) – Entrada em vigor: 1º.12.1995. Acordo Complementar de Revisão do Convênio firmado em 24.6.2012 (Decreto n. 9.567, de 16.11.2018 - Entrada em vigor: 1º.3.2018;
- Estados Unidos: assinado em 30.6.2015 (Decreto n. 9.422, de 25.6.2018) – Entrada em vigor: 1º.10.2018[20];

---

[18] CASTRO, Direitos Humanos..., cit., p. 109.
[19] BRASIL. Secretaria da Previdência. Acordos Internacionais de Previdência Social. Brasília, 2018. Disponível em: http://sa.previdencia.gov.br/site/2018/08/cartilha_18.08.29.pdf. Acesso em: 27 set. 2023.
BRASIL. Ministério da Previdência Social. Acordos Internacionais. Disponível em: https://www.gov.br/previdencia/pt-br/assuntos/acordos-internacionais/acordos-internacionais. Acesso em: 27 set. 2023.
[20] O Acordo Bilateral de Previdência Social entre o Brasil e os EUA, ocorrido em 30.06.2015, deve beneficiar cerca de 1,4 milhão de brasileiros residentes nos Estados Unidos (Disponível em: <http://www.previdencia.gov.br>.

- França: assinado em 15.12.2011 (Decreto Legislativo n. 2, de 16.1.2014, e Decreto n. 8.300, de 29.8.2014) – Entrada em vigor: 1º.9.2014;
- Grécia: assinado em 12.9.1984 (Decreto Legislativo n. 3, de 23.10.1987) Entrada em vigor: 1º.9.1990;
- Índia: assinado em 25.1.2020 (Decreto n. 11.916, de 14.2.2024) – Entrada em vigor: 1º.1.2024;
- Itália: assinado em 9.12.1960 (Decreto Legislativo n. 57.759, de 8.2.1966) – Entrada em vigor: 5.8.1977;
- Japão: assinado em 27.12.2010 (Decreto Legislativo n. 298, de 30.9.2011; promulgado pelo Decreto n. 7.702, de 15.3.2012) – Entrada em vigor: 1º.3.2012;
- Luxemburgo: assinado em 16.9.1965 (Decreto Legislativo n. 52, de 1966) – Entrada em vigor: 1º.8.1967. Novo acordo firmado em Luxemburgo, em 22.6.2012 (Decreto n. 9.564, de 14.11.2018) - Entrada em vigor: em 1º.3.2018;
- Portugal: assinado em 17.10.1969 (Decreto n. 67.695, de 3.12.1970) – Entrada em vigor: 25.3.1995. Acordo Adicional com ajuste administrativo (Decreto n. 7.999, de 8.5. 2013) – Entrada em vigor: 1º.5.2013;
- Quebec: assinado em 26.10.2011 (Decreto Legislativo n. 97, de 12.5.2015) – Entrada em vigor: 1º.10.2016;
- Suíça: assinado em 3.3.2014 (Decreto Legislativo n. 54, de 18.6.2019) – Entrada em vigor: 1º.10.2019.

O Brasil possui também os seguintes Acordos Multilaterais:

- IBEROAMERICANO: Convenção Multilateral Iberoamericana de Segurança Social (Argentina, Bolívia, Brasil, Chile, El Salvador, Equador, Espanha, Paraguai, Peru, Portugal e Uruguai), assinada em 10.11.2007: em vigor desde 19.5.2011. Texto promulgado pelo Decreto n. 8.358, de 13.11.2014.
- MERCOSUL (Argentina, Brasil, Paraguai e Uruguai): Acordo Multilateral de Seguridade Social do Mercado Comum do Sul celebrado em 15.12.1997, aprovado pelo Decreto Legislativo n. 451, de 14.11.2001, em vigor a partir de 1.º.6.2005.[21]

O Brasil assinou novos Acordos de Previdência Social que estão em processo de ratificação pelo Congresso Nacional:

- ACORDOS BILATERAIS: Áustria, Bulgária, Índia, Israel, Moçambique e República Tcheca.
- ACORDOS MULTILATERAIS: CPLP (COMUNIDADE DE LÍNGUA PORTUGUESA): Convenção Multilateral de Segurança Social da Comunidade de Países de Língua Portuguesa.

A entrada em vigor dos Acordos acima ocorrerá somente após o processo de ratificação pelos parlamentos dos países (no caso, do Brasil: após ratificação do Congresso Nacional e a publicação do respectivo Decreto Presidencial).

Acesso em: 30 jun. 2015). O inteiro teor desse Acordo pode ser obtido em: <http://sa.previdencia.gov.br/site/2015/08/2015.06.30_Acordo-de-Previd%C3%AAncia-Social-Brasil-EUA-assinado-escaneado.pdf>.

[21] Em 5.8.2017, a Venezuela foi notificada da suspensão de todos os seus direitos e obrigações inerentes à sua condição de Estado-Parte do MERCOSUL, em conformidade com o disposto no segundo parágrafo do art. 5º do Protocolo de Ushuaia.

A autoridade competente no Brasil para tratar desta temática é, atualmente, a Secretaria Especial de Previdência e Trabalho. Nesta, a Coordenação-Geral de Cooperação e Acordos Internacionais é o órgão responsável pela celebração dos Acordos Internacionais e pelo acompanhamento e avaliação de sua operacionalização.

Os Acordos de Previdência Social aplicam-se aos benefícios, conforme especificado em cada um deles, relativamente aos eventos:

- incapacidade para o trabalho (permanente ou temporária);
- acidente do trabalho e doença profissional;
- tempo de serviço;
- velhice;
- morte; e
- reabilitação profissional.

– Certificado de Deslocamento Temporário e Isenção de Contribuição

Ao empregado/autônomo filiado ao RGPS será fornecido Certificado de Deslocamento Temporário, visando dispensa de filiação à Previdência Social do País Acordante onde irá prestar serviço, permanecendo vinculado à Previdência Social brasileira. A solicitação deverá ser feita na Agência da Previdência Social de preferência do interessado. O segurado deve levar consigo uma via do Certificado de Deslocamento. O período de deslocamento poderá ser prorrogado, observados os prazos e condições fixados em cada Acordo. Apenas nos Acordos em vigor entre Brasil e Canadá, Itália e MERCOSUL não estão previstos deslocamentos temporários para trabalhadores autônomos.

– Procedimento para obtenção do benefício mediante aproveitamento de tempo prestado em conformidade com Acordos Internacionais

O requerimento de benefício, inclusive benefício da legislação do outro País acordante, deverá ser protocolizado na Entidade Gestora do país de residência do interessado.

No Brasil os requerimentos podem ser formalizados nas Agências da Previdência Social de preferência do interessado, que posteriormente encaminhará o processo ao Organismo de Ligação correspondente.

– Organismos de Ligação no Brasil

Organismos de Ligação são os órgãos designados pelas autoridades competentes dos Acordos de Previdência Social para comunicarem entre si e garantir o cumprimento das solicitações formuladas no âmbito dos Acordos, bem como os devidos esclarecimentos aos segurados/beneficiários.[22]

– Benefícios por Totalização

Questão que tem ensejado interesse de segurados que passam parte da vida laboral vinculados a sistemas previdenciários de diferentes países é o tipo de benefício que poderão obter e a forma de cálculo dessas prestações.

Para conceituar o benefício por totalização nos valemos dos ensinamentos de Manoela Lebarbenchon Massignan, segundo a qual:

> Na arena dos acordos internacionais em matéria de previdência social, benefício por totalização é aquela prestação previdenciária a qual o trabalhador migrante ou seus familiares,

---

[22] A lista dos organismos de ligação para cada acordo firmado se encontra em <http://www.previdencia.gov.br/a--previdencia/assuntos-internacionais/assuntos-internacionais-acordos-internacionais-portugues/>.

somente tiveram acesso em virtude da aplicação das normas expressas nestes instrumentos de coordenação entre os sistemas de previdência social dos Estados contratantes.[23]

No tocante aos acordos internacionais, é possível concluir que, solicitada a aposentadoria em um dos Estados contratantes, o benefício será concedido se, somados os períodos contributivos nos dois países, o requerente preencher o tempo mínimo de serviço/contribuição, o que se chama de "totalização". Sendo assim, fala-se que temos um regime de totalização e não de compensação financeira entre os países.

– **Critérios de Cálculo de Benefícios com base em Acordos Internacionais**

Normatizando a aplicação dos acordos internacionais em matéria previdenciária, o Decreto n. 4.729, de 9.6.2003, havia inserido, no art. 32 do Regulamento da Previdência Social, os §§ 18 e 19. O Decreto n. 10.410/2020 alterou o *caput* do § 18, revogando os incisos deste e o § 19 inteiro, passando o Decreto n. 3.048/1999 a ter a seguinte redação doravante:

> § 18. Para fins de cálculo da renda mensal inicial teórica dos benefícios por totalização, no âmbito dos acordos internacionais, serão considerados os tempos de contribuição para a previdência social brasileira e para a do país acordante, observado o disposto no § 9º.

Interessante observar, no entanto, que, com a vigência da EC n. 103/2019, e o fim da aplicação do fator previdenciário como regra geral, passando a existir fixação de idade mínima, houve modificação também dos critérios para o cálculo envolvendo tempo decorrente de acordos internacionais. Com relação ao Acordo de Previdência Social com Portugal, os períodos de contribuição nas antigas colônias portuguesas (Guiné-Bissau, Moçambique, Cabo Verde, São Tomé e Príncipe e Angola) poderão ser utilizados para efeito de aplicação do referido Acordo, se forem referentes à época em que o respectivo país fora oficialmente colônia de Portugal, desde que ratificados pelo Organismo de Ligação português.

O requerimento de benefício com a indicação de tempo de seguro ou de contribuição cumprido no país acordante será analisado e concluído pela Agência da Previdência Social Atendimento Acordos Internacionais – APSAI competente, de acordo com Resolução emitida pelo INSS. Importante referir que os Acordos Internacionais de Previdência Social aplicar-se-ão ao regime de Previdência de cada País, cabendo a cada uma das partes analisar os pedidos de benefícios apresentados e decidir quanto ao direito e às condições, conforme legislação própria aplicável e as especificidades de cada Acordo (art. 393, § 6º, da IN n. 128/2022).

O benefício concedido no âmbito dos Acordos Internacionais, calculado por totalização de períodos de seguro ou de contribuição prestados nos dois países, será constituído de duas parcelas, quando gerar direito em ambas as partes contratantes.

Verificado o direito ao benefício, cada país calculará o valor do benefício como se todos os períodos de seguros tivessem sido cumpridos sob sua própria legislação sendo que, para a base de cálculo (PBC) do benefício brasileiro, serão considerados os salários de contribuição que deram origem a recolhimentos no Brasil, prestação teórica.

A parcela a cargo de cada Estado será calculada utilizando-se a seguinte fórmula:

RMI (1) = RMI (2) x TS / TT
Onde:
RMI (1) = prestação proporcional
RMI (2) = prestação teórica

---

[23] MASSIGNAN. Manoela Lebarbenchon. *Guia prático para aplicação dos acordos internacionais de previdência social na legislação brasileira*. Belo Horizonte: Editora IEPREV, 2021, p. 134.

TS = tempo de serviço no Brasil
TT = totalidade dos períodos de seguro cumpridos em ambos os países (observado o limite máximo, conforme legislação vigente).

A renda mensal dos benefícios por totalização, concedidos com base nos Acordos Internacionais de Previdência Social, pode ter valor inferior ao do salário mínimo, exceto para os benefícios concedidos por totalização, no âmbito do Acordo com a Espanha, conforme determina o item 2, alínea "b", art. 21 deste. No que tange aos benefícios concedidos na forma do acordo celebrado entre Brasil e Portugal, a TNU fixou as seguintes teses:

1) Nos casos de benefícios por totalização concedidos na forma do acordo de seguridade social celebrado entre Brasil e Portugal (Decreto n. 1.457/1995), o valor pago pelo INSS poderá ser inferior ao salário-mínimo nacional, desde que a soma dos benefícios previdenciários devidos por cada Estado ao segurado seja igual ou superior a esse piso;
2) Enquanto não adquirido o direito ao benefício devido por Portugal ou se o somatório dos benefícios devidos por ambos os Estados não atingir o valor do salário-mínimo no Brasil, a diferença até esse piso deverá ser custeada pelo INSS para beneficiários residentes no Brasil.
(Representativo de Controvérsia Tema 262. PEDILEF 0057384-11.2014.4.01.3800/MG, Juiz Federal Paulo Cezar Neves Junior, j. 27.5.2021).

E o tempo de contribuição a ser considerado na aplicação da fórmula do fator previdenciário, quando ainda aplicável este fator (antes da EC n. 103) é o somatório do tempo de contribuição para a Previdência Social brasileira e o tempo de contribuição para a Previdência Social do país acordante.

– Transferência dos Benefícios para o Exterior

A solicitação de transferência de benefício, mantido sob a legislação brasileira, para recebimento no exterior poderá ser requerida pelo beneficiário para os Acordos Bilaterais. Neste caso, o segurado deverá, antes da mudança ou viagem prolongada, solicitar a transferência junto à Agência da Previdência Social – APS onde o benefício está mantido.

Quando o segurado retornar ao Brasil, deverá informar à APS mais próxima seu novo endereço.

Tais procedimentos devem ser obedecidos, a fim de evitar a suspensão do pagamento do benefício.

– Assistência Médica – CDAM

Apenas os Acordos de Cabo Verde, Itália e Portugal preveem a prestação de assistência médica da rede pública aos segurados em viagem ao exterior.

A emissão do Certificado de Direito a Assistência Médica no Exterior (CDAM) é de responsabilidade do Ministério da Saúde, por meio do Sistema Único de Saúde – SUS.

– Brasileiros residentes em países sem acordo de Previdência com o Brasil

Quanto aos brasileiros residentes em países com os quais o Brasil não mantenha acordo de previdência social, estes podem contribuir para o RGPS na condição de facultativo. O mesmo ocorre com aqueles que residem em países com os quais o Brasil mantém acordo, mas que não estejam vinculados ao regime previdenciário local.

Na impossibilidade de a inscrição ser efetuada pelo próprio segurado, poderá ser feita por terceiros.

O pagamento das contribuições pode ser efetuado por terceiros, no Brasil, por meio da Guia da Previdência Social (GPS) ou por débito em conta corrente, via *internet*, para quem tem conta bancária no Brasil. Já o requerimento e o recebimento de benefícios devem ser feitos exclusivamente no Brasil, mediante procuração.

7 Princípios do Direito Previdenciário

Proclamada a autonomia científica do Direito Previdenciário, incumbe apresentar os princípios pelos quais se norteia este ramo do Direito. É certo que princípio é uma ideia, mais generalizada, que inspira outras ideias, a fim de tratar especificamente de cada instituto. É o alicerce das normas jurídicas de certo ramo do Direito; é fundamento da construção escalonada da ordem jurídico-positiva em certa matéria.

Miguel Reale, em suas "Lições Preliminares de Direito", trabalha essa categoria sob o ponto de vista lógico, como enunciados admitidos como condição ou base de validade das demais asserções que compõem dado campo do saber, "verdades fundantes" de um sistema de conhecimento.[1]

As regras ordinárias, portanto, devem estar embebidas destes princípios, sob pena de se tornarem letra morta, ou serem banidas do ordenamento. Não tem sentido, por exemplo, fixar-se uma norma legal que isente todos os empregadores da obrigação de contribuir para a Seguridade Social, se há um princípio que determina a diversidade da base de financiamento, e outro, que impõe a equidade no custeio.

Adota-se aqui o entendimento de que os princípios não deixam de ser normas jurídicas, segundo Robert Alexy, citado, entre outros, por *Daniel Machado da Rocha*, em que as normas jurídicas são subdivididas em princípios e regras, sendo a diferença entre estas duas espécies traduzida na ideia de que os princípios são "mandados de otimização", enquanto as regras são imposições definitivas, que se baseiam nos princípios norteadores do sistema, sendo, portanto, os princípios erigidos à categoria de normas mais relevantes do ordenamento jurídico.[2]

Passemos, pois, à análise de cada um dos princípios.

7.1 PRINCÍPIOS GERAIS DE DIREITO PREVIDENCIÁRIO

I – Princípio da solidariedade – a Previdência Social se baseia, fundamentalmente, na solidariedade entre os membros da sociedade.[3] Assim, como a noção de bem-estar coletivo repousa na possibilidade de proteção de todos os membros da coletividade, somente a partir da ação coletiva de repartir os frutos do trabalho, com a cotização de cada um em prol do todo, permite a subsistência de um sistema previdenciário. Uma vez que a coletividade se recuse

---

[1] REALE, Miguel. *Lições Preliminares de Direito*. São Paulo: Saraiva, 2003, p. 303.
[2] ROCHA, Daniel Machado da. *Op. cit.*, p. 125.
[3] RUPRECHT, Alfredo. *Op. cit.*, p. 70.

a tomar como sua tal responsabilidade, cessa qualquer possibilidade de manutenção de um sistema universal de proteção social.

Ressalta *Daniel Machado da Rocha* que "a solidariedade previdenciária legitima-se na ideia de que, além de direitos e liberdades, os indivíduos também têm deveres para com a comunidade na qual estão inseridos",[4] como o dever de recolher tributos (e contribuições sociais, como espécies destes), ainda que não haja qualquer possibilidade de contrapartida em prestações (é o caso das contribuições exigidas dos tomadores de serviços).[5] Envolve, pelo esforço individual, o movimento global de uma comunidade em favor de uma minoria – os necessitados de proteção – de forma anônima.[6]

Ainda, segundo orientação do STF: "O sistema público de previdência social é baseado no princípio da solidariedade [art. 3º, inciso I, da CB/1988], contribuindo os ativos para financiar os benefícios pagos aos inativos" (RE 414.816 AgR/SC, 1ª Turma, Rel. Min. Eros Grau, *DJ* 13.5.2005).

II – *Princípio da vedação do retrocesso social* – princípio bem retratado por *Marcelo Leonardo Tavares*, "consiste na impossibilidade de redução das implementações de direitos fundamentais já realizadas".[7] Impõe-se, com ele, que o rol de direitos sociais não seja reduzido em seu alcance (pessoas abrangidas, eventos que geram amparo) e quantidade (valores concedidos), de modo a preservar o mínimo existencial. Tal princípio, como salienta *Vilian Bollmann*,[8] ainda que não expresso de forma taxativa, encontra clara previsão constitucional quando da leitura do § 2º do art. 5º da Constituição e mais, ainda, a nosso ver, no art. 7º, *caput*, o qual enuncia os direitos dos trabalhadores urbanos e rurais, "sem prejuízo de outros que visem à melhoria de sua condição social". Trata-se de princípio que já foi adotado pela jurisprudência, na ADI que apreciou a inconstitucionalidade do art. 14 da EC n. 20/98, que limitava o valor do salário-maternidade ao teto do RGPS:

> 1. O legislador brasileiro, a partir de 1932 e mais claramente desde 1974, vem tratando o problema da proteção à gestante, cada vez menos como um encargo trabalhista (do empregador) e cada vez mais como de natureza previdenciária. Essa orientação foi mantida mesmo após a Constituição de 05.10.1988, cujo art. 6º determina: a proteção à maternidade deve ser realizada "na forma desta Constituição", ou seja, nos termos previstos em seu art. 7º, XVIII: "licença à gestante, sem prejuízo do empregado e do salário, com a duração de cento e vinte dias".
>
> 2. Diante desse quadro histórico, não é de se presumir que o legislador constituinte derivado, na Emenda 20/98, mais precisamente em seu art. 14, haja pretendido a revogação, ainda que implícita, do art. 7º, XVIII, da Constituição Federal originária. Se esse tivesse sido o objetivo da norma constitucional derivada, por certo a EC n. 20/98 conteria referência expressa a respeito. E, à falta de norma constitucional derivada, revogadora do art. 7º, XVIII, a pura e simples aplicação do art. 14 da EC n. 20/98, de modo a torná-la insubsistente, implicará um retrocesso histórico, em matéria social-previdenciária, que não se pode presumir desejado.
> (...)
> (STF, ADI 1.946-DF, Pleno, Rel. Min. Sydney Sanches, *DJ* 16.5.2003).

---

[4] ROCHA, Daniel Machado da. *Op. cit.*, p. 135.
[5] PEREIRA NETTO, Juliana Presotto. *Op. cit.*, p. 166.
[6] RUPRECHT, Alfredo. *Op. cit.*, p. 73.
[7] TAVARES, Marcelo Leonardo. *Previdência e Assistência Social*: legitimação e fundamentação constitucional brasileira. Rio de Janeiro: Lumen Juris, 2003, p. 176.
[8] BOLLMANN, Vilian. *Op. cit.*, p. 77.

Porém, em julgados mais recentes, tem-se visto uma releitura do princípio; por exemplo, o STF, apreciando a ADI 5.340, fixou a seguinte tese: "A Lei nº 13.134/15, relativamente aos prazos de carência do seguro-desemprego, não importou em violação do princípio da proibição do retrocesso social nem do princípio da segurança jurídica". (Plenário, Rel. Min. Dias Tóffoli, Sessão Virtual de 11.10.2024 a 18.10.2024).

III – Princípio da proteção ao hipossuficiente – ainda que não aceito de modo uniforme pela doutrina previdenciarista, vem sendo admitido com cada vez mais frequência o postulado de que as normas dos sistemas de proteção social devem ser fundadas na ideia de proteção ao menos favorecido. Na relação jurídica existente entre o indivíduo trabalhador e o Estado, em que este fornece àquele as prestações de caráter social, não há razão para gerar proteção ao sujeito passivo – como, certas vezes, acontece em matéria de discussões jurídicas sobre o direito dos beneficiários do sistema a determinado reajuste ou revisão de renda mensal, por dubiedade de interpretação da norma. Daí decorre, como no Direito do Trabalho, a regra de interpretação *in dubio pro misero,* ou *pro operario,* pois este é o principal destinatário da norma previdenciária. Observe-se que não se trata de defender que se adote entendimento diametralmente oposto na aplicação das normas, por uma interpretação distorcida dos enunciados dos textos normativos: o intérprete deve, dentre as várias formulações *possíveis* para um mesmo enunciado normativo, buscar aquela que melhor atenda à função social, protegendo, com isso, aquele que depende das políticas sociais para sua subsistência.

A jurisprudência vem aplicando o princípio em comento nas situações em que se depara com dúvida relevante acerca da necessidade de proteção social ao indivíduo:

> STF: "(...) 11. A Administração poderá, no exercício da fiscalização, aferir as informações prestadas pela empresa, sem prejuízo do inafastável *judicial review*. Em caso de divergência ou dúvida sobre a real eficácia do Equipamento de Proteção Individual, a premissa a nortear a Administração e o Judiciário é pelo reconhecimento do direito ao benefício da aposentadoria especial. Isto porque o uso de EPI, no caso concreto, pode não se afigurar suficiente para descaracterizar completamente a relação nociva a que o empregado se submete. (...)" (Repercussão Geral – Tema 555, ARE n. 664.335/SC, Tribunal Pleno, Min. Luiz Fux, *DJe* 12.2.2015).

> TJDFT: "(...) Aplica-se o princípio *in dubio pro operario* na hipótese de conflito entre laudo do INSS e de bem fundamentado relatório de médico particular, porque, havendo dúvida acerca da capacidade laborativa do beneficiário, o pagamento do auxílio deve ser mantido até que a matéria seja elucidada em cognição plena." (TJDFT, 2ª Turma Cível, AI 20110020085867, Rel. Des. Carmelita Brasil, *DJe* 26.8.2011).

IV – Princípio da proteção da confiança: está relacionado com a ordem jurídica, confiança nas condições jurídicas geradas por uma determinada situação legal. É exigência de *status* constitucional da segurança jurídica, valor fundamental de um Estado de Direito e que se encontra intimamente ligado com a dignidade da pessoa humana. Como expressa Ingo Sarlet:

> A dignidade não restará suficientemente respeitada e protegida em todo o lugar onde as pessoas estejam sendo atingidas por um tal nível de instabilidade jurídica que não estejam mais em condições de, com um mínimo de segurança e tranquilidade, confiar nas instituições sociais e estatais (incluindo o Direito) e numa certa estabilidade das suas próprias posições jurídicas.[9]

---

[9] SARLET, Ingo Wolfgang. A eficácia do direito fundamental à segurança jurídica: dignidade da pessoa humana, direitos fundamentais e proibição de retrocesso social no direito constitucional brasileiro. In: ROCHA, Carmen Lúcia Antunes (Org.). *Constituição e segurança jurídica*: direito adquirido, ato jurídico perfeito e coisa julgada

Por esse motivo, as reformas da previdência que revogaram regras de transição das emendas anteriores, tal como ocorreu com a EC n. 103/2019, passaram a ser questionadas por violar o princípio da proteção da confiança – e da proporcionalidade –, um dos elementos da segurança jurídica, essencial no Estado Democrático de Direito, que possui dimensão tanto institucional como individual, afigurando-se direito e garantia fundamental (art. 60, § 4º, IV, da Constituição).

Foge da razoabilidade a aprovação de uma "Nova Previdência" que entra em vigor na data da publicação da Emenda Constitucional, ocasionando surpresa, quebra de confiança, insegurança jurídica com a destruição dos planejamentos previdenciários e das expectativas das pessoas que ao longo da vida contribuem com vistas a obter a contraprestação previdenciária em prazo razoável.

Quando o legislador decide por transformar bruscamente o sistema previdenciário, deve usar dos meios necessários a preservar a confiança que o jurisdicionado possui no Estado e na estabilidade de seus sistemas e normas.

Vistos os princípios fundantes, passa-se ao estudo dos princípios expressamente previstos na Constituição.

7.2 PRINCÍPIOS CONSTITUCIONAIS DA SEGURIDADE SOCIAL

A Constituição Federal estabeleceu, como norma, fixar uma gama de princípios e objetivos regentes da Seguridade Social, e outros deles, disciplinadores dos campos de atuação em que ela se desdobra. Em face do objeto de estudo desta obra, observar-se-ão, tão somente, os objetivos gerais de seguridade social, e os pertinentes à previdência social.

O art. 194 da Constituição enumera, em sete incisos, os chamados princípios constitucionais da Seguridade Social. São eles:

I – Universalidade da cobertura e do atendimento – Por universalidade da cobertura entende-se que a proteção social deve alcançar todos os eventos cuja reparação seja premente, a fim de manter a subsistência de quem dela necessite. A universalidade do atendimento significa, por seu turno, a entrega das ações, prestações e serviços de seguridade social a todos os que necessitem, tanto em termos de previdência social – obedecido o princípio contributivo – quanto no caso da saúde e da assistência social. Conjuga-se a este princípio aquele que estabelece a filiação compulsória e automática de todo e qualquer indivíduo trabalhador no território nacional a um regime de previdência social, mesmo que "contra a sua vontade", e independentemente de ter ou não vertido contribuições; a falta de recolhimento das contribuições não caracteriza ausência de filiação, mas inadimplência tributária, é dizer, diante do ideal de universalidade não merece prevalecer a interpretação de que, "ausente a contribuição, não há vinculação com a Previdência". Como será visto adiante, a filiação decorre do exercício de atividade remunerada, e não do pagamento da contribuição.

II – Uniformidade e equivalência dos benefícios e serviços às populações urbanas e rurais – O mesmo princípio já contemplado no art. 7º da Carta trata de conferir tratamento uniforme a trabalhadores urbanos e rurais, havendo assim idênticos benefícios e serviços (uniformidade), para os mesmos eventos cobertos pelo sistema (equivalência). Tal princípio não significa, contudo, que haverá idêntico valor para os benefícios, já que equivalência não significa igualdade. Os critérios para concessão das prestações de seguridade social serão os mesmos; porém, tratando-se de previdência social, o valor de um benefício pode ser diferenciado – caso do salário-maternidade da trabalhadora rural enquadrada como segurada especial.

– estudos em homenagem a José Paulo Sepúlveda Pertence. 2. ed. Belo Horizonte: Fórum, 2005, p. 85-135 (p. 94).

III – Seletividade e distributividade na prestação dos benefícios e serviços – O princípio da seletividade pressupõe que os benefícios são concedidos a quem deles efetivamente necessite, razão pela qual a Seguridade Social deve apontar os requisitos para a concessão de benefícios e serviços. Vale dizer, para um trabalhador que não possua dependentes, o benefício salário-família não será concedido; para aquele que se encontre incapaz temporariamente para o trabalho, por motivo de doença, não será concedida a aposentadoria por incapacidade permanente, mas o auxílio por incapacidade temporária. Não há um único benefício ou serviço, mas vários, que serão concedidos e mantidos de forma *seletiva,* conforme a necessidade da pessoa. Por distributividade, entende-se o caráter do regime por repartição, típico do sistema brasileiro, embora o princípio seja de seguridade, e não de previdência. O princípio da distributividade, inserido na ordem social, é de ser interpretado em seu sentido de distribuição de renda e bem-estar social, ou seja, pela concessão de benefícios e serviços visa-se ao bem-estar e à justiça social (art. 193 da Carta Magna). Ao se conceder, por exemplo, o benefício de prestação continuada à pessoa idosa ou com deficiência sem meios de subsistência, distribui-se renda; ao se prestar os serviços básicos de saúde pública, distribui-se bem-estar social etc. O segurado, ao contribuir, não tem certeza se perceberá em retorno a totalidade do que contribuiu, porque os recursos vão todos para o caixa único do sistema, ao contrário dos sistemas de capitalização, em que cada contribuinte teria uma conta individualizada (como ocorre com o FGTS). A solidariedade entre os membros da sociedade impõe a repartição dos custos da manutenção do sistema de seguro social.

IV – Irredutibilidade do valor dos benefícios – Princípio equivalente ao da intangibilidade do salário dos empregados e dos vencimentos dos servidores, significa que o benefício legalmente concedido – pela Previdência Social ou pela Assistência Social – não pode ter seu valor nominal reduzido, não podendo ser objeto de desconto – salvo os determinados por lei ou ordem judicial –, nem de arresto, sequestro ou penhora. Dentro da mesma ideia, a atual redação do art. 201, § 4º, estabelece o reajustamento periódico dos benefícios, para preservar-lhes, em caráter permanente, seu valor real, conforme critérios definidos em lei. O critério de reajustamento tem sido a aplicação do INPC, com a suposta reposição da inflação do exercício anterior, por força do art. 41-A da Lei n. 8.213/1991, e não o índice de correção do salário mínimo, o que o STF já considerou válido (RE 199.994, Rel. p/ o ac. Min. Maurício Corrêa, j. 23.10.1997, Plenário, *DJ* 12.11.1999).

V – Equidade na forma de participação no custeio – Trata-se de norma principiológica em sua essência, visto que a participação equitativa de trabalhadores, empregadores e Poder Público no custeio da seguridade social é meta, objetivo, e não regra concreta. Com a adoção deste princípio, busca-se garantir que aos hipossuficientes seja garantida a proteção social, exigindo-se dos mesmos, quando possível, contribuição equivalente a seu poder aquisitivo, enquanto a contribuição empresarial tende a ter maior importância em termos de valores e percentuais na receita da seguridade social, por ter a classe empregadora maior capacidade contributiva, adotando-se, em termos, o princípio da progressividade, existente no Direito Tributário, no tocante ao Imposto sobre Renda e Proventos de Qualquer Natureza (art. 153, § 2º, da CF). Em razão disso, a empresa passou a contribuir sobre o seu faturamento mensal e o lucro líquido, além de verter contribuição incidente sobre a folha de pagamentos. Este objetivo, a nosso ver, é colocado em xeque pela EC n. 103/2019, quando passa a vedar a contagem, para qualquer finalidade, de meses em que o segurado, apesar de ter laborado e contribuído para o sistema, tenha feito em montante inferior à alíquota incidente sobre o limite mínimo do salário de contribuição, exigindo deste que complemente o valor, acarretando flagrante violação à sua capacidade contributiva, como será aprofundado no tema relativo à contagem de tempo de contribuição.

VI – Diversidade da base de financiamento – Estando a Seguridade Social brasileira no chamado ponto de hibridismo entre sistema contributivo e não contributivo, o constituinte quis estabelecer a possibilidade de que a receita da Seguridade Social possa ser arrecadada de várias fontes pagadoras, não ficando adstrita a trabalhadores, empregadores e Poder Público. Com a adoção desse princípio, está prejudicada a possibilidade de estabelecer-se o sistema não contributivo, decorrente da cobrança de tributos não vinculados, visto que o financiamento deve ser feito por meio de diversas fontes e não de fonte única.

Com o advento da EC n. 103/2019, foi dada nova redação a essa diretriz, qual seja: "VI – diversidade da base de financiamento, identificando-se, em rubricas contábeis específicas para cada área, as receitas e as despesas vinculadas a ações de saúde, previdência e assistência social, preservado o caráter contributivo da previdência social", com o objetivo de melhor identificar a utilização dos recursos arrecadados em cada um dos ramos da Seguridade Social, e reafirmando o custeio e a vinculação dos indivíduos ao regime previdenciário a partir das contribuições vertidas ao sistema.

Essa alteração, caso levada a efeito, pode dar maior transparência ao orçamento da Seguridade Social para distinguir as receitas e despesas de cada área: saúde, previdência e assistência social.

VII – Caráter democrático e descentralizado da administração, mediante gestão quadripartite, com participação dos trabalhadores, dos empregadores, dos aposentados e do Governo nos órgãos colegiados – significa que a gestão dos recursos, programas, planos, serviços e ações nas três vertentes da Seguridade Social, em todas as esferas de poder, deve ser realizada mediante discussão com a sociedade, e não exclusivamente de acordo com o que estatui o Poder Executivo. Para isso, foram criados órgãos colegiados de deliberação: o Conselho Nacional de Previdência Social – CNPS, criado pelo art. 3º da Lei n. 8.213/1991, que discute a gestão da Previdência Social; o Conselho Nacional de Assistência Social – CNAS, criado pelo art. 17 da Lei n. 8.742/1993, que delibera sobre a política e ações nesta área; e o Conselho Nacional de Saúde – CNS, cujas atribuições estão atualmente regulamentadas pela Lei n. 8.142/1990 e a quem incumbe fiscalizar, acompanhar e monitorar as políticas públicas de saúde nas suas mais diferentes áreas, levando as demandas da população ao poder público. Todos esses conselhos têm composição paritária e são integrados por representantes do Governo, dos trabalhadores, dos empregadores e dos aposentados.

7.3 PRINCÍPIOS ESPECÍFICOS DE CUSTEIO

A Constituição estabelece, ainda, princípios específicos em relação ao custeio da Seguridade Social, os quais analisaremos na sequência.

I – Da Universalidade do Custeio: previsto no art. 195, *caput*, da CF, estabelece que a seguridade social será financiada por toda a sociedade, de forma direta e indireta, nos termos da lei, mediante recursos provenientes dos orçamentos da União, dos Estados, do Distrito Federal e dos Municípios, e das contribuições sociais previstas no texto constitucional e de outras fontes adicionais que poderão ser criadas mediante lei complementar. Nesse sentido, o STF decidiu que "A contribuição previdenciária do aposentado que retorna à atividade está amparada no princípio da universalidade do custeio da previdência social (CF, art. 195)" (STF, AI 668531 AgR, 1ª Turma, Rel. Ricardo Lewandowski, *DJe* 21.8.2009).

II – Do orçamento diferenciado – A Constituição estabelece que a receita da Seguridade Social constará de orçamento próprio, distinto daquele previsto para a União (art. 165, § 5º, III; art. 195, §§ 1º e 2º). O legislador constituinte originário pretendeu, com tal medida, evitar que houvesse sangria de recursos da Seguridade para despesas públicas que não as pertencentes às suas áreas de atuação. No regime constitucional anterior, não havia tal distinção, o que tem acarretado, até hoje, déficits em face da ausência de um "fundo de reserva", dizimado que foi por regimes anteriores. É o relato do ex-Ministro *Reinhold Stephanes:*

> Quando o sistema era jovem – ou seja, o número de trabalhadores contribuintes era muito superior ao número de inativos – verificaram-se saldos de caixa que deveriam ser utilizados para garantir a viabilidade do sistema em conjunturas desfavoráveis. Entretanto, esses saldos, muitas vezes, foram utilizados para outras finalidades, distintas dos interesses previdenciários.

Os saldos da Previdência foram usados na construção de Brasília, na constituição e no aumento de capital de várias empresas estatais (sic), na manutenção de saldos na rede bancária como compensação pela execução de serviços de arrecadação de contribuições e de pagamento de benefícios. De 1986 a 1988, as transferências da Previdência Social para a área de saúde cresceram por conta da implantação do Sistema Único Descentralizado de Saúde (SUDS), chegando a 35% da arrecadação sobre a folha de salários. De 1988 até meados de 1993, as transferências para o Sistema Único de Saúde (SUS), que substituiu o SUDS, chegaram a 15% de toda a arrecadação sobre a folha de salários.[10]

Ou seja, é importante salientar que grande parte das dificuldades financeiras da Previdência é causada pela má administração do fundo pelo Poder Público. E esta dívida interna não é assumida pelo Governo nas discussões sobre a questão da sustentabilidade do regime, acarretando um ônus desnecessário aos atuais contribuintes. A cientista política *Célia Opice Carbone*, ao tratar do tema, recorda que "a 'Contribuição da União', como são chamados os aportes do Estado, correspondia em média a 6% da receita total do FPAS entre 1977 e 1986. A dívida acumulada da União para com a Previdência no período de 1967/86 era, segundo relatório do GT/MPAS, até o exercício de 1985, da ordem de Cz$ 7,9 bilhões (em valores de 1985)", e que, "dada a negligência por parte do Governo, a União não só cortou suas transferências para a Previdência, como também acumulou débitos referentes à não cobertura de suas despesas de pessoal e administração geral".[11]

III – Da precedência da fonte de custeio – É o princípio segundo o qual não pode ser criado benefício ou serviço, nem majorado ou estendido a categorias de segurados, sem que haja a correspondente fonte de custeio total (§ 5º do art. 195). Trata-se de princípio, pois nenhuma norma legal poderá violar tal preceito, sob pena de inconstitucionalidade. Veja-se, a propósito, o ocorrido quando da edição da Lei n. 9.876/1999, que estendeu o benefício do salário-maternidade às trabalhadoras autônomas, majorando, contudo, a contribuição das empresas calculada sobre os pagamentos feitos a contribuintes individuais.

Em verdade, tal princípio tem íntima ligação com o princípio do equilíbrio financeiro e atuarial, de modo que somente possa ocorrer aumento de despesa para o fundo previdenciário quando exista também, em proporção adequada, receita que venha a cobrir os gastos decorrentes da alteração legislativa, a fim de evitar o colapso das contas do regime. Tal determinação constitucional nada mais exige do legislador senão a conceituação lógica de que não se pode gastar mais do que se arrecada.

A observância deste princípio é de fundamental importância para que a Previdência Social pública se mantenha em condições de conceder as prestações previstas, sob pena de, em curto espaço de tempo, estarem os segurados definitivamente sujeitos à privatização de tal atividade, em face da incapacidade do Poder Público em gerar mais receita para cobertura de déficits.

IV – Da compulsoriedade da contribuição – Por serem as atividades que caracterizam a política de segurança social exercidas em caráter exclusivo pelo Estado – permitida a atuação da iniciativa privada apenas em caráter complementar –, e por ser necessário que a sociedade participe do financiamento da Seguridade Social, a Constituição Federal prevê a possibilidade de que o Poder Público, por meio de suas entidades estatais, institua contribuições sociais (art. 149). É dizer, na ordem jurídica interna vigente, ter-se o regime de solidariedade social garantido pela cobrança compulsória de contribuições sociais, exigidas de indivíduos segurados e também de não segurados do regime previdenciário, bem como de pessoas jurídicas.

---

[10] STEPHANES, Reinhold. *Reforma da previdência sem segredos*. Rio de Janeiro: Record, 1998, p. 95.
[11] CARBONE, Célia Opice. *Seguridade social no Brasil*: ficção ou realidade? São Paulo: Atlas, 1994, p. 103.

Assim é que ninguém pode escusar-se de recolher contribuição social, caso a lei estabeleça como fato gerador alguma situação em que incorra. Em decorrência do caráter social do sistema, exige-se que todos os integrantes da sociedade que obtenham rendimentos do trabalho (e as empresas, em razão do proveito financeiro) contribuam para o custeio de tal sistema. Por tal razão, mesmo a pessoa já aposentada, mas que volta a exercer atividade remunerada, possui obrigação de contribuir sobre seus rendimentos do trabalho, de modo a continuar colaborando com o financiamento das prestações da Seguridade Social.

Com base nesse princípio, decidiu o STF que é devida contribuição dos segurados aposentados que voltam a exercer atividade remunerada. Segue a tese fixada na Repercussão Geral – Tema 1.065: "É constitucional a contribuição previdenciária devida por aposentado pelo Regime Geral de Previdência Social (RGPS) que permaneça em atividade ou a essa retorne".

Tal obrigatoriedade, por sua vez, deveria acarretar consequências jurídicas no que tange aos contribuintes na condição de segurados, especialmente o cômputo do respectivo tempo de contribuição.

Entretanto, o STF afastou a possibilidade da desaposentação ou de reaposentação por implemento de novos requisitos enquanto não for editada norma legal disciplinando o tema (*Leading Case*: RE 661.256, Plenário, em 26.10.2016). Eis a tese fixada pelo STF – Tema 503: "No âmbito do Regime Geral de Previdência Social (RGPS), somente lei pode criar benefícios e vantagens previdenciárias, não havendo, por ora, previsão legal do direito à 'desaposentação', sendo constitucional a regra do artigo 18, parágrafo 2º, da Lei n. 8.213/1991".

Diante desta compulsoriedade, o indivíduo que tenha exercido atividade que o enquadrava como segurado obrigatório é sempre considerado devedor das contribuições que deveria ter feito, salvo na ocorrência de decadência, transferindo-se tal responsabilidade à fonte pagadora quando a lei assim estabeleça.

V – Da anterioridade nonagesimal das contribuições sociais – As contribuições sociais, quando criadas ou majoradas, só podem ser exigidas após um prazo de *vacatio legis*, a exemplo do que acontece com os tributos em geral. Todavia, conforme o regime previdenciário, este prazo é diferenciado. No caso das contribuições de que trata o art. 194 da Constituição, que vertem para o RGPS e custeiam também as políticas de Saúde e Assistência Social, o prazo a ser obedecido é de noventa dias após a vigência da lei que as instituiu ou majorou. Já na hipótese de contribuições devidas em função de custeio dos regimes próprios de previdência a que alude o art. 40 da Constituição, o prazo é analisado na Parte V deste livro, à qual remetemos o leitor.

O princípio não se aplica, contudo, a leis que venham a reduzir o valor das contribuições, ou isentar do recolhimento. Estas terão vigência a partir da data prevista no próprio diploma, ou no prazo do art. 1º da LINDB, em caso de ausência de data prevista para a vigência (quarenta e cinco dias a partir da publicação).

Também não se aplica este princípio à legislação que cria novos benefícios ou serviços em qualquer das áreas de atuação da Seguridade Social.

7.4 PRINCÍPIOS ESPECÍFICOS DE PREVIDÊNCIA SOCIAL

Além dos princípios da Seguridade Social aplicáveis à Previdência Social, constam do texto constitucional mais alguns princípios no que tange à relação previdenciária.

I – Da filiação obrigatória – Na mesma linha doutrinária do princípio da compulsoriedade da contribuição, todo trabalhador que se enquadre na condição de segurado é considerado pelo regime geral como tal, desde que não esteja amparado por outro regime próprio (art. 201, *caput*). O esforço do Estado em garantir o indivíduo em face dos eventos protegidos pela Previdência não surtiria o efeito desejado caso a filiação fosse meramente facultativa.

Não se confundam, todavia, os dois princípios: na compulsoriedade de contribuição se exige a participação dos indivíduos pertencentes à sociedade – e das pessoas jurídicas – no financiamento do sistema de seguridade; enquanto a filiação somente se aplica aos indivíduos que exercem atividade vinculada ao regime geral previdenciário que lhes garanta a subsistência, estando, a partir da inserção na parcela da população economicamente ativa, a salvo da perda ou redução dos ganhos decorrentes da atividade laborativa, nas hipóteses de eventos cobertos pela norma previdenciária. Pode-se dizer, assim, que nem todo indivíduo que contribui para a Seguridade é, ao mesmo tempo, filiado ao regime geral previdenciário. É o que ocorre, por exemplo, com um servidor público federal que, simultaneamente, seja empregador doméstico, ou faça apostas em concursos de prognósticos: embora não seja filiado ao Regime Geral de Previdência Social – pois, como servidor, tem regime próprio – será contribuinte da Seguridade Social, pois o fato de ser empregador ou apostador se enquadra em fato gerador da contribuição respectiva, devida numa ou noutra hipótese.

II – Do caráter contributivo – Estabelece a Constituição que a Previdência Social, em qualquer de seus regimes, terá caráter contributivo (art. 40, *caput*; art. 201, *caput*), ou seja, que será custeada por contribuições sociais (Constituição, art. 149). Cabe à legislação ordinária dos regimes previdenciários (no caso do RGPS, a Lei n. 8.212/1991; no caso dos regimes próprios de agentes públicos, a lei de cada ente da Federação) definir como se dará a participação dos segurados, fixando hipóteses de incidência, alíquotas de contribuição e bases de cálculo, obedecendo, em todo caso, às regras gerais estabelecidas no sistema tributário nacional – previstas, atualmente, na Constituição e no Código Tributário Nacional. Assim, não há regime previdenciário na ordem jurídica brasileira que admita a percepção de benefícios sem a contribuição específica para o regime, salvo quando a responsabilidade pelo recolhimento de tal contribuição tenha sido transmitida, por força da legislação, a outrem que não o próprio segurado. Ainda assim, isto não significa dizer que haja possibilidade jurídica de se estabelecer, na ordem vigente, benefício previdenciário sem que tenha havido a participação do segurado no custeio. O não pagamento da contribuição, nos casos em que há concessão de benefício apesar de tal fato, configura mero inadimplemento da obrigação tributária, por parte do responsável pelo cumprimento da obrigação, mas não a ausência de filiação, ou a perda da qualidade de segurado. Ou seja, não há que se confundir caráter contributivo com filiação ao sistema, que acontece ao passo em que há exercício de atividade laboral remunerada, desde então incluindo o indivíduo no campo da proteção previdenciária. Basta observar que se um trabalhador, em seu primeiro dia de seu primeiro emprego, sofre acidente do trabalho, mesmo não tendo havido qualquer contribuição ainda ao sistema, fará jus a benefícios, caso necessite.

Os regimes previdenciários estabelecidos na Constituição Federal e na legislação seguem a forma de repartição simples entre os segurados que dela necessitem. Não há vinculação direta entre o valor das contribuições vertidas pelo segurado e o benefício que possa vir a perceber, quando ocorrente algum dos eventos sob a cobertura legal. Isto significa que há segurados que contribuem mais do que irão receber à guisa de benefícios, e outros que terão situação inversa. Exemplificando, tenha-se um segurado que trabalhe durante trinta e cinco anos, contribuindo para algum regime previdenciário, e outro, ainda jovem, que trabalhe e contribua há apenas um mês; se ambos vierem a sofrer acidente que lhes retire permanentemente a capacidade laborativa, terão direito à aposentadoria por invalidez pelo resto de suas vidas. O primeiro talvez não venha a receber tudo o que contribuiu; o segundo certamente receberá mais do que recolheu aos cofres da Previdência.

III – Do equilíbrio financeiro e atuarial – Princípio expresso somente a partir da Emenda Constitucional n. 20/1998 (art. 40, *caput* e art. 201, *caput*), significa que o Poder Público deverá, na execução da política previdenciária, atentar sempre para a relação entre custeio e pagamento de benefícios, a fim de manter o sistema em condições superavitárias, e observar as oscilações da média etária da população, bem como sua expectativa de vida, para a adequação dos benefícios a estas variáveis.

Segundo *Stephanes,* comentando a necessidade de adotar-se tal princípio: "No que diz respeito à Previdência Social, os impactos da dinâmica demográfica refletem-se tanto nas despesas quanto do lado das receitas. Em um sistema de repartição simples como o brasileiro, o elemento fundamental para manter seu equilíbrio, considerando-se somente as variáveis demográficas, é a estrutura etária da população em cada momento, pois é ela que define a relação entre beneficiários (população idosa) e contribuintes (população em idade ativa)".[12]

Necessário referir que "Os atuários de hoje têm uma grande obrigação para com a Previdência Social. Redefinir a maneira como são calculados os seis compromissos e assumir o controle das estimativas de receita para o balanço entre receitas e despesas se faça para o bem do regime e não exclusivamente para o equilíbrio fiscal. (...)".[13]

IV – Da garantia do benefício mínimo – O § 2º do art. 201 da Constituição estabelece como princípio de Previdência Social a garantia de renda mensal não inferior ao valor do salário mínimo, no que tange aos benefícios substitutivos do salário de contribuição ou do rendimento do trabalho.

Até o advento da EC n. 103/2019, havia a garantia de pelo menos um salário mínimo de renda mensal para as aposentadorias, o auxílio-doença, o salário-maternidade e também em relação à pensão por morte e ao auxílio-reclusão. Essa realidade foi alterada em relação aos dois últimos benefícios. Para os óbitos posteriores à entrada em vigor da EC n. 103/2019, a pensão por morte respeitará o valor de um salário mínimo quando se tratar da única fonte de renda formal auferida pelo dependente.

Os benefícios que não são substitutivos da renda do segurado (salário-família, auxílio-acidente) podem ser pagos em valor inferior ao salário mínimo, o mesmo ocorrendo com as cotas individuais de pensão ou auxílio-reclusão (cujo total, todavia, não pode ser inferior a esse patamar).

Deve-se recordar que, antes da Constituição de 1988, os segurados especiais recebiam como valor mínimo a metade do salário mínimo devido aos trabalhadores urbanos. Mas essa anomalia foi corrigida e a decisão do STF foi pela autoaplicabilidade da norma: "Previdenciário. Revisão de benefício. Autoaplicabilidade do art. 201, § 2º (ant. § 5º), da Constituição da República" (RE 597.022 AgR, Rel. Min. Cármen Lúcia, 1ª Turma, *DJe* 20.11.2009).

Entendemos que eventual desvinculação do benefício substitutivo do rendimento do trabalho do salário mínimo é retrocesso inaceitável. O beneficiário da Previdência também tem direito a uma existência digna, tal como preconiza o art. 1º, III, da Carta Magna. Ora, se o trabalhador tem necessidades básicas, que devem ser cobertas pelo valor do salário mínimo, o beneficiário da Previdência também as tem, e não em menor escala, senão pelo contrário. Não se vislumbra em que finalidade social se sustentou tal tese, uma vez que a desvinculação somente aumentava o "abismo social" existente entre segurados de baixa renda e as classes mais abastadas.

V – Da correção monetária dos salários de contribuição – Determinam o art. 40, § 17, e o art. 201, § 3º, da Constituição Federal, que os salários de contribuição considerados no cálculo dos benefícios sejam corrigidos monetariamente. Princípio salutar, exige ele que o legislador ordinário, ao fixar o cálculo de qualquer benefício previdenciário em que se leve em conta a média de salários de contribuição, adote fórmula que corrija nominalmente o valor da base de cálculo da contribuição vertida, a fim de evitar distorções no valor do benefício pago. Antes de tal princípio, nem todos os salários de contribuição adotados no cálculo eram corrigidos, o que causava um achatamento no valor pago aos beneficiários.

---

[12] STEPHANES, Reinhold. *Reforma...*, cit., p. 135.
[13] LOYOLA, Ivo Maurício Bettega de. Atuária e Previdência Social. *100 anos da Previdência.* Coletânea. Brasília: ANFIP, 2023, p. 201.

A norma constitucional, contudo, não indica qual o índice que deva ser adotado na correção, deixando a critério do legislador a escolha do indexador a ser utilizado como fator de atualização monetária para a preservação do valor real dos benefícios.

VI – *Da preservação do valor real dos benefícios* – Dispõe o § 4º do art. 201 da Constituição no sentido de assegurar o reajustamento dos benefícios para preservar-lhes, em caráter permanente, o valor real, conforme critérios definidos em lei.

Trata-se de preceito que suplanta a noção de irredutibilidade salarial (art. 7º, VI, da Constituição) e de vencimentos e subsídios (art. 37, X, da mesma Carta), pois nos dois casos não há previsão de manutenção do valor real dos ganhos de trabalhadores e servidores, mas apenas nominal, enquanto no princípio supraelencado a intenção é "proteger o valor dos benefícios de eventual deterioração, resguardando-o em seu poder de compra".[14]

A matéria se encontra disciplinada, no âmbito do RGPS, pelo art. 41-A da Lei n. 8.213/1991, com redação conferida pela Lei n. 11.430, de 26.12.2006, que assegura o reajuste do valor dos benefícios, anualmente, na mesma data do reajuste do salário mínimo, com base no Índice Nacional de Preços ao Consumidor – INPC, apurado pela Fundação Instituto Brasileiro de Geografia e Estatística – IBGE.

O mesmo índice deverá ser observado no âmbito do regime previdenciário próprio dos agentes públicos federais, ocupantes de cargos efetivos e vitalícios, por força do disposto no art. 1º, § 1º, da Lei n. 10.887/2004, que estabeleceu como critério de reajuste dos salários de contribuição considerados para o cálculo da aposentadoria o mesmo índice aplicado ao RGPS, o que leva, necessariamente, à aplicação do índice para fins de reajustamento dos benefícios.

VII – *Da facultatividade da previdência complementar* – Apesar de o regime previdenciário estatal ser compulsório e universal, admite-se a participação da iniciativa privada na atividade securitária, em complemento ao regime oficial, e em caráter de facultatividade para os segurados (CF, art. 40, §§ 14 a 16, no âmbito dos regimes próprios de agentes públicos; art. 202, no âmbito do RGPS).

Segundo o STF: "A faculdade que tem os interessados de aderirem a plano de previdência privada decorre de norma inserida no próprio texto constitucional [art. 202 da CB/1988]. Da não obrigatoriedade de adesão ao sistema de previdência privada decorre a possibilidade de os filiados desvincularem-se dos regimes de previdência complementar a que aderirem, especialmente porque a liberdade de associação comporta, em sua dimensão negativa, o direito de desfiliação, conforme já reconhecido pelo Supremo em outros julgados". Precedentes: RE 482.207 AgR, Rel. Min. Eros Grau, 2ª Turma, DJe 29.5.2009; RE 772.765 AgR, Rel. Min. Rosa Weber, 1ª Turma, DJe 5.9.2014; RE 539.074 AgR, Rel. Min. Teori Zavascki, 2ª Turma, DJe 6.9.2016.

A organização da previdência privada (que, em verdade, é apenas um seguro privado, de cunho individual ou coletivo) é feita de forma autônoma, desvinculada do regime previdenciário oficial, e, segundo o texto constitucional, deverá ser regulada por lei complementar. Compete ao Estado, pois, a função de fiscalizar a atividade das instituições de previdência privada, abertas e fechadas, no exercício do poder de polícia.

Segundo o § 2º do art. 202 da Carta, as contribuições vertidas para planos de previdência privada pelo empregador, os benefícios e condições contratuais previstas em normas disciplinadoras das entidades de previdência privada não integram o contrato de trabalho, nem integram a remuneração dos participantes, à exceção dos benefícios concedidos. É que se trata de duas relações jurídicas distintas: numa, o empregado possui direitos e obrigações para com seu empregador; na outra, agora na condição de participante de plano de previdência privada, de entidade aberta ou fechada, terá direitos e obrigações para com esta entidade, e não mais para com o seu empregador.

---

[14] TAVARES, Marcelo Leonardo. "A manutenção do valor real dos benefícios previdenciários". *Revista RPS*, São Paulo: LTr, n. 249, agosto de 2001.

VIII – *Da indisponibilidade dos direitos dos beneficiários* – Em se tratando do valor do benefício devido ao segurado ou a seu dependente de direito de natureza alimentar, inadmissível se torna que o beneficiário, pelo decurso do prazo, perca o direito ao benefício. Tem-se, assim, preservado o direito adquirido daquele que, tendo implementado as condições previstas em lei para a obtenção do benefício, ainda não o tenha exercido (art. 102, § 1º, da Lei n. 8.213/1991).

A lei somente estabelece a decadência quanto a pedidos de revisão de cálculo de benefício (art. 103 da Lei n. 8.213/1991), mas não há perda do direito ao benefício em si. Nesse sentido:

> STF, Tema de Repercussão Geral n. 313:
>
> I – Inexiste prazo decadencial para a concessão inicial do benefício previdenciário;
>
> II – Aplica-se o prazo decadencial de dez anos para a revisão de benefícios concedidos, inclusive os anteriores ao advento da Medida Provisória 1.523/1997, hipótese em que a contagem do prazo deve iniciar-se em 1º de agosto de 1997 (RE 626.489, Rel. Min. Roberto Barroso, j. 16.10.2013, *DJe* 23.9.2014).
>
> O núcleo essencial do direito fundamental à previdência social é imprescritível, irrenunciável e indisponível, motivo pelo qual não deve ser afetada pelos efeitos do tempo e da inércia de seu titular a pretensão relativa ao direito ao recebimento de benefício previdenciário (ADI 6.096/DF, Plenário, Rel. Min. Edson Fachin, *DJe* 25.11.2020).

Da mesma forma, é nula de pleno direito a venda ou cessão dos direitos do beneficiário ou a constituição de qualquer ônus sobre o benefício (art. 114 da Lei n. 8.213/1991), à exceção de valores devidos a título de contribuição pelo segurado (por exemplo, na concessão do salário-maternidade), devolução de valor de benefício concedido indevidamente pela Previdência, tributação sobre a renda, cumprimento de ordem judicial decorrente da obrigação de prestar alimentos.

E, quando autorizados pelo beneficiário, mensalidades de associações e demais entidades de aposentados legalmente reconhecidas e "pagamento de empréstimos, financiamentos e operações de arrendamento mercantil concedidos por instituições financeiras e sociedades de arrendamento mercantil, ou por entidades fechadas ou abertas de previdência complementar, públicas e privadas, quando expressamente autorizado pelo beneficiário, até o limite de 45% (quarenta e cinco por cento) do valor do benefício, sendo 35% (trinta e cinco por cento) destinados exclusivamente a empréstimos, financiamentos e arrendamentos mercantis, 5% (cinco por cento) destinados exclusivamente à amortização de despesas contraídas por meio de cartão de crédito consignado ou à utilização com a finalidade de saque por meio de cartão de crédito consignado e 5% (cinco por cento) destinados exclusivamente à amortização de despesas contraídas por meio de cartão consignado de benefício ou à utilização com a finalidade de saque por meio de cartão consignado de benefício" (art. 115, V e VI, da LBPS).

Segundo orientação do STF, "O julgamento pela ilegalidade do pagamento do benefício previdenciário não importa na obrigatoriedade da devolução das importâncias recebidas de boa-fé" (AI 746.442 AgR, Min. Cármen Lúcia, 1ª T, *DJe* 23.10.2009). No entanto, o STJ não segue a mesma orientação, conforme tese fixada no julgamento do Repetitivo Tema n. 692: "A reforma da decisão que antecipa os efeitos da tutela final obriga o autor da ação a devolver os valores dos benefícios previdenciários ou assistenciais recebidos, o que pode ser feito por meio de desconto em valor que não exceda 30% (trinta por cento) da importância de eventual benefício que ainda lhe estiver sendo pago, restituindo-se as partes ao estado anterior e liquidando-se eventuais prejuízos nos mesmos autos, na forma do art. 520, II, do CPC/2015 (art. 475- O, II, do CPC/1973)" (EDcl na Petição n. 12482 – DF, 1ª Seção, *DJe* 11.10.2024).

Ainda, segundo orientação jurisprudencial, o INSS pode ser responsabilizado por descontos indevidos de empréstimos consignados. Isso porque, ao confiar nos dados unilateralmente repassados à DATAPREV pela instituição financeira, o INSS assume o risco de efetuar descontos indevidos na renda mensal de benefícios previdenciários (*v.g.*: TNU, PEDILEF 0520127-08.2007.4.05.8300, Relatora Juíza Federal Marisa Cucio, j. em 6.8.2014).

8

Regimes Previdenciários

Em que pese o princípio da uniformidade de prestações previdenciárias, contemplado no texto constitucional, o fato é que no âmbito da Previdência Social no Brasil não existe somente um regime previdenciário, mas vários deles. Destarte, cumpre distinguir os vários regimes existentes, para, a seguir, centrar nossos estudos sobre o Regime Geral de Previdência Social, principal objeto de análise nesta obra.

Entende-se por regime previdenciário aquele que abarca, mediante normas disciplinadoras da relação jurídica previdenciária, uma coletividade de indivíduos que têm vinculação entre si em virtude da relação de trabalho ou categoria profissional a que está submetida, garantindo a esta coletividade, no mínimo, os benefícios essencialmente observados em todo sistema de seguro social – aposentadoria e pensão por falecimento do segurado.

Alguma polêmica poderia advir do fato de não se considerar como benefício essencial de um regime previdenciário aquele que proteja o indivíduo de incapacidades temporárias para o trabalho. Contudo, se o tomador dos serviços do trabalhador garante remuneração integral durante o afastamento por motivo de saúde, não há necessidade de cobertura deste evento. Como a legislação do trabalho – Consolidação das Leis do Trabalho – não prevê tal garantia, senão nos primeiros quinze dias de incapacidade, cumpre à Previdência Social proteger o indivíduo que fique incapacitado por mais tempo.

Visto isso, passemos à análise dos regimes previdenciários em espécie.

8.1 O REGIME GERAL DE PREVIDÊNCIA SOCIAL – RGPS

Principal regime previdenciário na ordem interna, o RGPS abrange obrigatoriamente todos os trabalhadores da iniciativa privada, ou seja: os trabalhadores que possuem relação de emprego; os trabalhadores autônomos, eventuais ou não; os empresários individuais e microempreendedores individuais ou sócios de empresas e prestadores de serviços remunerados por "pro labore"; trabalhadores avulsos; pequenos produtores rurais e pescadores artesanais trabalhando em regime de economia familiar; e outras categorias de trabalhadores, como agentes públicos que ocupam exclusivamente cargos em comissão, garimpeiros, empregados de organismos internacionais, ministros de confissão religiosa etc.

Dada a situação da maioria dos Municípios brasileiros, que não possuem regime próprio de previdência social para os ocupantes de cargos efetivos[1], seus servidores são amparados pelo RGPS, na qualidade de segurados "empregados". Embora seu vínculo não seja de emprego, mas de cargo estatutário, as regras de aposentadoria a eles aplicáveis são as da Lei n. 8.213/1991 e

---

[1] Atualmente, apenas 2.144 dos mais de 5.500 municípios no Brasil possuem Regimes Próprios de Previdência Social (RPPS).

legislação extravagante, e o requerimento de aposentadoria (e em caso de óbito, de pensão a seus dependentes) é formulado ao INSS.

É regido pela Lei n. 8.213/1991, intitulada "Plano de Benefícios da Previdência Social", sendo de filiação compulsória e automática para os segurados obrigatórios, permitindo, ainda, que pessoas que não estejam enquadradas como obrigatórios e não tenham regime próprio de previdência se inscrevam como segurados facultativos, passando também a serem filiados ao RGPS. É o único regime previdenciário compulsório brasileiro que permite a adesão de segurados facultativos, em obediência ao princípio da universalidade do atendimento – art. 194, I, da Constituição.

8.2 REGIMES DE PREVIDÊNCIA DE SERVIDORES PÚBLICOS OCUPANTES DE CARGOS EFETIVOS

O estudo da aposentadoria dos servidores públicos e demais regras de cunho previdenciário a este segmento de trabalhadores em obras de Direito Previdenciário não era frequente até que surgiram as Emendas Constitucionais que alteraram de forma bastante significativa a matéria.

A nosso ver, o fato de ter sido durante muito tempo tratado o tema como sendo matéria de Direito Administrativo, estudado, portanto, nos grandes manuais dos publicistas brasileiros, levou a uma concepção de aposentadoria diversa da que se nota quando o assunto diz respeito a segurados do Regime Geral de Previdência Social.

Com efeito, durante décadas a aposentadoria do servidor público era vista como um "prêmio" concedido a este pelos serviços prestados à sociedade, mera continuação de seu vínculo com a Administração Pública que o admitira.

Em razão desse raciocínio, até os dias atuais existem distorções conceituais graves em matéria de aposentadoria no serviço público. Dois exemplos são marcantes: o primeiro, a existência de uma aposentadoria "a bem do serviço público", ou seja, "concedida" como punição disciplinar a magistrados que pratiquem falta funcional grave, nos termos da Lei Orgânica da Magistratura Nacional (LC n. 35/1979); e de outro lado, a histriônica figura da "cassação de aposentadoria" na Lei n. 8.112/1990 – que dispõe sobre o Regime Jurídico dos Servidores da União, autarquias e fundações públicas federais, "pena disciplinar" aplicada a servidor público já aposentado, que tenha sido considerado culpado em processo disciplinar cuja sanção prevista para a falta seria a demissão do serviço público.

Na primeira hipótese, confunde-se a noção de aposentadoria, que de direito se transforma em curiosa punição; na segunda, ocorre a cassação de um direito adquirido, não mais como prêmio, mas em razão de contribuições vertidas a um Regime Previdenciário, cuja concessão e manutenção, na norma constitucional, não prevê exceção alguma. Insta observar, por fim, que tais "figuras jurídicas" não constam do Regime Geral de Previdência Social, em que a aposentadoria é tratada como direito fundamental, somente sendo passível de cancelamento em caso de fraude ou erro na concessão.

Somente com a introdução do caráter contributivo, pela Emenda n. 3, de 1993, e da noção de "Regime Próprio" de Previdência, pela Emenda n. 20, de 1998, que a aposentadoria dos servidores ocupantes de cargos efetivos mereceu destaque maior na literatura previdenciária.

Num breve escorço histórico, é curial dizer que as regras de aposentadoria dos servidores públicos sempre foram diferenciadas dos trabalhadores da iniciativa privada, sendo traços marcantes, até as Reformas Constitucionais da Previdência, (1) a fixação da base de cálculo dos proventos como sendo a última remuneração, e não uma média das remunerações auferidas, e (2) a chamada "regra da paridade", em que se estabelecia o reajuste dos proventos de aposentadorias e pensões no mesmo índice e na mesma data em que fossem reajustados os servidores públicos em atividade.

A Constituição Federal de 1988, quando promulgada, concedia o mesmo tratamento diferenciado aos agentes públicos ocupantes de cargos efetivos da União, dos Estados, do Distrito Federal e dos Municípios, bem como os das autarquias e fundações públicas.

A Constituição Federal estabelece que para os agentes públicos ocupantes de cargos efetivos da União, dos Estados, do Distrito Federal e dos Municípios, bem como os das autarquias e fundações públicas, deve haver Regimes Previdenciários próprios, os quais também se aplicam aos agentes públicos ocupantes de cargos vitalícios (magistrados, membros do Ministério Público e de Tribunais de Contas) – art. 40, *caput,* com a redação conferida pela EC n. 41, de 2003, e mantida neste particular pela EC n. 103/2019.

Tais agentes públicos não se inserem no Regime Geral de Previdência Social, o que significa dizer que lhes é assegurado estatuto próprio a dispor sobre seus direitos previdenciários e a participação destes no custeio do regime diferenciado.

Em função da autonomia político-administrativa de cada um dos Entes da Federação, incumbe especificamente à União estabelecer, normatizar e fazer cumprir a regra constitucional do artigo 40 em relação aos seus servidores públicos; a cada Estado-membro da Federação e ao Distrito Federal, em relação a seus servidores públicos estaduais ou distritais; e a cada Município, em relação aos seus servidores públicos municipais, o que acarreta a existência milhares de Regimes de Previdência Social na ordem jurídica vigente.

Essa situação gera controvérsias quanto à competência legislativa. A respeito dessa discussão, pende de julgamento o mérito da Repercussão Geral – Tema 968:

> Competência legislativa da União para dispor sobre normas gerais em matéria previdenciária no que diz respeito ao descumprimento da Lei 9.717/1998 e do Decreto 3.778/2001 pelos demais entes federados.
>
> Descrição: "Recurso extraordinário em que se discute, à luz dos arts. 2º e 24, inc. XII e § 1º, da Constituição da República, a constitucionalidade dos arts. 7º e 9º da Lei 9.717/1998 e do Decreto 3.788/2001, no aspecto em que estabelecem medidas sancionatórias ao ente federado que não cumpra as regras gerais para a organização e o funcionamento dos regimes próprios de previdência social dos servidores públicos" (STF, RE 1.007.271, Plenário Virtual, Rel. Min. Edson Fachin, em 13.10.2017).

Importante esclarecer que na hipótese de o servidor público ocupante de cargo efetivo exercer atividade paralelamente na iniciativa privada, sujeita-se à filiação em dois Regimes de Previdência Social, pois há filiação obrigatória em relação a cada uma das atividades desempenhadas, por força dos regimes jurídicos vigentes. A mesma condição de duplamente filiado acontecerá se um indivíduo acumular, licitamente, dois cargos públicos de provimento efetivo, no quadro funcional de Entes da Federação distintos.

E, como se sabe, há ainda entes públicos – geralmente municípios, mas também as chamadas "autarquias em regime especial", como os Conselhos Fiscalizadores de Profissões Regulamentadas, que contratam sob o regime da CLT; ou, pior que isso, contratam sem que fique definido claramente qual o regime jurídico; ou, por fim, mais grave ainda, os entes da Administração – direta e indireta – que admitem pessoas para atividades típicas do serviço público sem sequer haver prestação de concurso público.

As duas primeiras situações antes destacadas influenciam não apenas o Direito do Trabalho e o Direito Administrativo, mas também o Direito Previdenciário, na medida em que, definido o regime jurídico laboral como sendo o "estatutário", o regime previdenciário deveria ser aquele previsto no art. 40 da CF e, sendo a CLT, o RGPS. E, quanto à última hipótese – admissão sem concurso –, há grave risco de desproteção social, na medida em que a jurisprudência rechaça o reconhecimento de outros direitos que não o salário em sentido estrito e o FGTS (STF, RE 705.140/RS, Rel. Min. Teori Zavascki, j. 28.8.2014, em Repercussão Geral).

As questões relacionadas aos Regimes Próprios de Previdência dos Servidores Públicos são tratadas na Parte V desta obra.

8.3 REGIME PREVIDENCIÁRIO COMPLEMENTAR

Como já salientado, a Previdência Social no Brasil é composta por regimes públicos, quais sejam, o Regime Geral de Previdência Social e os Regimes Próprios de Servidores Públicos, todos em sistema de repartição, compulsórios, geridos pelo Poder Público, que cobrem a perda da capacidade de gerar meios para a subsistência até um valor-teto; e outro, complementar, privado e facultativo, gerido por entidades de previdência fiscalizadas pelo Poder Público. Assim, a exploração da previdência pela iniciativa privada é tolerada pela ordem jurídica, porém apenas em caráter supletivo, ao contrário do que ocorre, por exemplo, no Chile, onde o regime previdenciário adotou a privatização da proteção previdenciária como fórmula básica.

A Constituição Federal de 1988 previa, desde sua redação original, a existência de um regime complementar de previdência, gerido pela própria Previdência Social, sem, no entanto, trazer maiores disciplinamentos à matéria, que foi remetida para lei específica, jamais editada (§ 7º do art. 201 da Constituição – art. 28, § 6º, da Lei n. 8.212/1991).

Existe, contudo, desde antes da Carta Magna vigente, o regime complementar privado, que tem por prestadoras de benefícios previdenciários as entidades de previdência complementar. O diploma regente das entidades de previdência privada complementar era a Lei n. 6.435/1977, regulamentada por dois Decretos: o n. 81.240/1978, que tratava das entidades fechadas de previdência privada, e o n. 81.402/1978, que tratava das entidades abertas de mesmo gênero. Tais textos foram recepcionados pela ordem constitucional vigente.

Até o advento da Emenda Constitucional n. 20, a matéria relativa à previdência complementar na Constituição se limitava a estabelecer, como ônus da Previdência Social, a criação de um "seguro coletivo, de caráter complementar e facultativo, custeado por contribuições adicionais" (art. 201, § 7º, do texto original).

Com a Emenda, a matéria passou a ser disciplinada nos arts. 40 e 202, determinando, ao contrário do texto anterior, a autonomia do regime previdenciário complementar em face dos regimes públicos de previdência, o que, de fato, já ocorria com os segurados do Regime Geral de Previdência Social, que participam compulsoriamente desse regime, em sistema contributivo de repartição e, facultativamente, de planos de previdência complementar, mediante sistema de capitalização. Com a Emenda n. 20, o art. 40, nos §§ 14 a 16, passou a prever a possibilidade de fundos de previdência complementar também para os agentes públicos ocupantes de cargos efetivos e vitalícios.

Após a promulgação da Emenda n. 20, houve a publicação das Leis Complementares ns. 108 e 109, ambas datadas de 29.5.2001, para atender ao disposto no art. 202 da Lei Maior, revogando, assim, a Lei n. 6.435/1977. A primeira dispõe sobre a relação entre a União, os Estados, o Distrito Federal e os Municípios, suas autarquias, fundações, sociedades de economia mista e outras entidades públicas e suas respectivas entidades fechadas de previdência complementar. A segunda dispõe sobre a Lei Básica da Previdência Complementar.

A Lei Complementar n. 109/2001 inicia preconizando os mesmos princípios estabelecidos no art. 202 da Constituição da República, quais sejam, o caráter meramente complementar do regime privado e a autonomia deste em relação à Previdência Social, assim como a facultatividade no ingresso e a necessidade de constituição de reservas que garantam a concessão dos benefícios (art. 1º).

Entende-se por entidades de previdência privada as "que têm por objetivo principal instituir e executar planos de benefícios de caráter previdenciário" (art. 2º). Para a constituição e início de funcionamento de uma entidade previdenciária privada, a Lei prevê a necessidade de autorização governamental prévia (art. 33, inciso I, e art. 38, inciso I).

O controle governamental é exercido pela Superintendência Nacional de Previdência Complementar – PREVIC, autarquia de natureza especial criada pela Lei n. 12.154, de 23.12.2009, vinculada atualmente ao Ministério da Previdência Social, com atribuição de fiscalizar e supervisionar as atividades das entidades fechadas de previdência complementar e de execução das políticas para o regime de previdência complementar operado pelas entidades fechadas de previdência complementar, observadas as disposições constitucionais e legais aplicáveis.

As entidades de previdência complementar dos trabalhadores da iniciativa privada se dividem em fechadas e abertas (art. 4º da Lei).

Entidade fechada de previdência privada é aquela constituída sob a forma de fundação ou sociedade civil, sem fins lucrativos, e que é acessível exclusivamente a empregados de uma empresa ou grupo de empresas, aos servidores dos entes públicos da Administração, quando o tomador dos serviços será denominado *patrocinador* da entidade fechada, e aos associados ou membros de pessoas jurídicas de caráter profissional, classista ou setorial, quando estas serão denominadas "instituidores" *(sic)* da entidade (art. 31 da Lei). Não pode o próprio empregador explorar a atividade de previdência complementar; para estabelecer o plano previdenciário privado, deverá constituir entidade própria para este fim. Não se confunde, portanto, a personalidade jurídica da empresa patrocinadora ou instituidora (empregador) com a da entidade previdenciária complementar.

Entidade aberta de previdência privada é aquela que não se enquadra na hipótese anterior. São instituições financeiras que exploram economicamente o ramo de infortúnios do trabalho, cujo objetivo é a instituição e operação de planos de benefícios de caráter previdenciário em forma de renda continuada ou pagamento único, constituídas unicamente sob a forma de sociedades anônimas, podendo as seguradoras que atuem exclusivamente no ramo de seguro de vida virem a ser autorizadas a operar também planos de previdência complementar (Lei Complementar n. 109, art. 36 e seu parágrafo único).

Neste regime complementar, utiliza-se para a pessoa do segurado, associado ou beneficiário o termo "participante" ou "assistido". Para que um indivíduo se torne participante de um plano previdenciário de entidade fechada de previdência privada há necessidade de que preencha os requisitos exigidos pela entidade, geralmente, a vinculação a um empregador (empresa); já para ingressar num plano de entidade aberta, basta a adesão voluntária a ele, não havendo necessidade de vinculação a um empregador (art. 8º, inciso I, da Lei Complementar n. 109). Assistido é o participante ou seu beneficiário que estejam fruindo benefício de prestação continuada referente aos planos de previdência complementar (art. 8º, II, da Lei Complementar n. 109).

As entidades – abertas e fechadas – de previdência privada não podem requerer recuperação judicial e não estão sujeitas ao processo falimentar;[2] caso estejam em estado de insolvência, comportam o regime de liquidação extrajudicial, tal como ocorre com as instituições financeiras (art. 47 da Lei Complementar n. 109). Podem, ainda, sofrer intervenção estatal, mediante ato do Ministro de Estado competente para a autorização de funcionamento da entidade, que nomeará interventor com plenos poderes de administração e gestão (art. 44).

O custeio dos planos de previdência complementar de entidades fechadas de que trata a Lei será feito por meio de contribuições dos participantes (trabalhadores que aderirem), dos

---

[2] O art. 2º da Lei n. 11.101/2005, que regula a recuperação judicial, a extrajudicial e a falência do empresário e da sociedade empresária, exclui de sua aplicação, entre outras, a entidade de previdência complementar.

assistidos (dependentes de trabalhadores que possam aderir também ao plano) e do patrocinador (empregador). Já os de entidades abertas são custeados exclusivamente com aportes do trabalhador participante (cotização individual).

Importante salientar, ainda, que, em se tratando de entidade fechada, há norma que obriga o oferecimento dos planos a todos os possíveis participantes (art. 16 da Lei Complementar n. 109), bem como impondo a facultatividade da adesão a qualquer dos planos previstos (§ 2º do mesmo artigo). Ou seja, não pode o patrocinador ou instituidor exigir que o empregado participe do plano de previdência complementar.

No caso da previsão constitucional de previdência complementar facultativa para os agentes públicos ocupantes de cargos efetivos e vitalícios, convém frisar que os fundos de previdência complementar terão de ser instituídos por lei de iniciativa do respectivo Poder Executivo e terão de ser geridos por entidade com personalidade jurídica de direito público (autarquia ou fundação).

Cabe destacar, como exemplo da novel estrutura, a edição da Lei n. 12.618, de 30.4.2012, que institui o regime de previdência complementar para os servidores públicos federais titulares de cargo efetivo, inclusive os membros dos órgãos que menciona; fixa o limite máximo para a concessão de aposentadorias e pensões pelo regime de previdência de que trata o art. 40 da Constituição Federal; autoriza a criação de 3 (três) entidades fechadas de previdência complementar, denominadas Fundação de Previdência Complementar do Servidor Público Federal do Poder Executivo (Funpresp-Exe), Fundação de Previdência Complementar do Servidor Público Federal do Poder Legislativo (Funpresp-Leg) e Fundação de Previdência Complementar do Servidor Público Federal do Poder Judiciário (Funpresp-Jud); altera dispositivos da Lei n. 10.887, de 18.6.2004; e dá outras providências. Sobre esse tema, há capítulo específico na Parte V desta obra.

Os entes públicos que efetivamente ingressarem em tal sistemática terão que conviver, durante um longo período, com uma duplicidade de situações: de um lado, os ocupantes de cargos públicos que ingressaram antes da instituição do fundo de previdência complementar e a este novo modelo não aderirem pelo instituto da migração, que continuarão recolhendo contribuição sobre a totalidade da remuneração auferida e terão direito a benefícios cujo valor máximo será a própria remuneração do cargo, e o teto de remuneração da Administração Pública a que pertence; de outro lado, os que ingressarem após a instituição do fundo, que contribuirão sobre a remuneração, desde que esta não ultrapasse o valor-teto fixado para o RGPS, e receberão benefícios calculados por média, com valor máximo igual ao do RGPS.

Finalmente, merece atenção o fato de que, mesmo no âmbito dos entes federativos que criarem fundos de previdência complementar para seus agentes públicos, não há obrigatoriedade de adesão, por parte de novos ingressantes em cargos públicos efetivos ou vitalícios. Caberá a cada pessoa atingida pela alteração decidir se irá ou não contribuir para o fundo de previdência complementar.

O STF, em julgamento proferido em âmbito de repercussão geral, no tocante à competência jurisdicional para processar e julgar demandas envolvendo participante (empregado regido pela CLT ou servidor público) e entidade de previdência complementar fechada respectiva, concluiu competir à Justiça Estadual, e não à Justiça do Trabalho, a apreciação desses litígios (RE 586.453, Tribunal Pleno, Rel. p/ acórdão Min. Dias Toffoli, *DJe* de 6.6.2013).

Quanto às normas que disciplinam a relação entre o participante de planos de previdência complementar e as entidades respectivas, cumpre frisar o entendimento consolidado pelo STJ na Súmula n. 563, e a correspondente retirada da Súmula n. 321 daquele Pretório: "O Código de Defesa do Consumidor é aplicável às entidades abertas de previdência complementar, não incidindo nos contratos previdenciários celebrados com entidades fechadas".

Destacamos ainda outros precedentes sobre o tema, que julgamos relevantes para demonstrar a orientação jurisprudencial do STJ, os quais foram publicados na Edição 71, de 2016, da publicação *Jurisprudência em Teses*:

- "Compete à Justiça Estadual processar e julgar litígios instaurados entre entidade de previdência privada e participante de seu plano de benefícios" (Tese julgada sob o rito do art. 543-C do CPC/1973, Tema 539);
- "Não há litisconsórcio necessário entre o fundo de previdência complementar e a instituição patrocinadora, tendo em vista a autonomia de patrimônio e a personalidade jurídica própria do ente previdenciário" (AgInt no AREsp 795006/RS);
- "O participante tem mera expectativa de direito à aplicação das regras de aposentadoria suplementar nos moldes inicialmente contratados, incidindo as disposições regulamentares vigentes na data em que cumprir todos os requisitos exigidos para obtenção do benefício" (AgInt no REsp 1584410/SE);
- "As contribuições para o regime de previdência complementar podem ser alteradas (majoradas ou reduzidas) a qualquer momento para manter o equilíbrio econômico-financeiro do plano, uma vez que não há direito adquirido ao regime inicial de custeio" (AgRg no AREsp 541301/RJ);
- "A previsão de reajuste dos benefícios de plano de previdência privada com base nos mesmos índices adotados pelo INSS não garante aos participantes de tais entidades a extensão do aumento real concedido pela previdência pública" (AgInt no AREsp 636331/MG);
- "Nos planos de benefícios de previdência privada fechada, patrocinados pelos entes federados – inclusive suas autarquias, fundações, sociedades de economia mista e empresas controladas direta ou indiretamente –, é vedado o repasse de abono e vantagens de qualquer natureza para os benefícios em manutenção, sobretudo a partir da vigência da Lei Complementar n. 108/2001, independentemente das disposições estatutárias e regulamentares" (Tese julgada sob o rito do art. 543-C do CPC/1973, Tema 736);
- "A relação contratual mantida entre a entidade de previdência privada administradora do plano de benefícios e o participante não se confunde com a relação laboral mantida entre o participante trabalhador e a patrocinadora" (AgInt no AREsp 740736/RJ);
- "São incompatíveis com o regime financeiro de capitalização, próprio da previdência privada, o tempo de serviço especial (tempo ficto) e o tempo de serviço prestado sob a condição de aluno-aprendiz" (AgInt no REsp 1571345/RS);
- "Incide Imposto de Renda sobre os valores recebidos a título de antecipação dos direitos à Aposentadoria Complementar Móvel Vitalícia – ACMV, pois tais valores decorrem de renúncia de direito trabalhista de natureza remuneratória, configurando acréscimo patrimonial" (AgRg no REsp 1350951/MG);
- "Não incide imposto de renda sobre o valor da complementação de aposentadoria e sobre o resgate de contribuições correspondentes a recolhimentos para entidade de previdência privada ocorridos no período de 1º.1.1989 a 31.12.1995, por força da isenção concedida pelo art. 6º, VII, 'b', da Lei n. 7.713/88, com redação anterior à que lhe foi dada pela Lei n. 9.250/95" (AgRg no REsp 1405591/RN);
- "A impenhorabilidade dos valores depositados em fundo de previdência privada complementar deve ser aferida pelo Juiz casuisticamente e se caracteriza nos casos de comprovada utilização dos valores para a subsistência familiar" (AgRg no REsp 1382845/PR).

8.4 REGIME DOS MILITARES DAS FORÇAS ARMADAS

Os militares não são mais considerados, pelo texto constitucional em vigor, servidores públicos, em face das alterações propostas pelo Poder Executivo e promulgadas pela Emenda Constitucional n. 18, de 5.2.1998, criando-se tratamento diferenciado para os membros das Forças Armadas em vários aspectos, fundamentalmente acabando com o tratamento isonômico exigido pelo texto original da Constituição entre servidores civis e militares.

Além da diferenciação no que tange ao modo de reajuste da remuneração, permitindo-se que os oficiais e graduados das Forças Armadas tenham índices de majoração e épocas diversas em relação aos servidores públicos "civis", também no que concerne à concessão de benefícios de inatividade são os militares privilegiados pela ordem jurídica, tendo passado incólumes pelas reformas constitucionais.

Assim, a Constituição, em seu atual art. 142, X, remete à lei ordinária o tratamento de várias matérias de interesse dos militares, entre as quais as "condições de transferência do militar para a inatividade", apenas exigido que sejam respeitados os §§ 7º e 8º do art. 40. Importante consignar que a EC n. 41/2003 poupou os militares quando extinguiu a regra da paridade do reajuste de aposentadorias e pensões aos demais servidores públicos civis, e também os preservou das modificações operadas no cálculo da pensão por morte, tendo em vista que a EC n. 41/2003 revogou o inciso IX do § 3º do art. 142 da CF, com a redação dada pela EC n. 20/1998.

A Lei n. 6.880, de 9.12.1980, que dispõe sobre o Estatuto dos Militares – considerados assim os membros das Forças Armadas –, norma recepcionada pela ordem constitucional vigente, prevê a transferência para a reserva remunerada, nos arts. 96 a 103, e a reforma, nos arts. 104 a 114. O Estatuto em comento sofreu alterações pela Lei n. 10.416, de 27.3.2002, e pela Medida Provisória n. 2.215-10, de 31.8.2001, mantendo-se vigente até deliberação do Congresso Nacional sobre a matéria, conforme disposto no art. 2º da EC n. 32/2001.

Segundo os dados coletados por *Stephanes,* a sustentabilidade do regime dos militares é ainda menor do que a dos demais regimes diferenciados. É o que explica: "A atual discrepância entre os valores arrecadados pela União e o pagamento efetuado é um problema de difícil solução. Isto em função do crescimento do número de aposentadorias e pensões, dada a precocidade com que são obtidas e ao longo período durante o qual são usufruídas. As simulações realizadas mostram que para financiar plenamente os benefícios auferidos na reserva, o Governo deveria participar com uma contribuição anual de 25%, e cada membro das Forças Armadas com 16%".[3]

Destaca-se a aprovação da Lei n. 13.954, de 16.12.2019, que alterou a Lei n. 6.880/1980, que dispõe sobre o Estatuto dos Militares (incluindo a reserva remunerada) e a Lei n. 3.765/1960, sobre as pensões militares, esta regulamentada pelo Decreto n. 10.742, de 5.7.2021.

O art. 50-A do Estatuto foi criado com a seguinte redação: "O Sistema de Proteção Social dos Militares das Forças Armadas é o conjunto integrado de direitos, serviços e ações, permanentes e interativas, de remuneração, pensão, saúde e assistência, nos termos desta Lei e das regulamentações específicas".

A lei passou a prever a cobrança de uma alíquota sobre o rendimento bruto dos militares de todas as categorias: ativos, inativos, pensionistas, cabos, soldados e alunos de escolas de formação, de 9,5% a partir de 1º de janeiro de 2020, e de 10,5%, a partir de 1º de janeiro de 2021, além da contribuição para a pensão militar.

Também objetiva permitir que os militares das Forças Armadas passem mais tempo na ativa, ou seja, vai retardar a idade mínima para se ter direito à transferência para a reserva remunerada e altera, ainda, a idade para a reforma.

---

[3] STEPHANES, Reinhold. *Reforma...*, cit., p. 108.

De acordo com o art. 97 do Estatuto dos Militares (com redação conferida pela Lei n. 13.954/2019), a transferência para a reserva remunerada, a pedido, será concedida, por meio de requerimento, ao militar de carreira que contar, no mínimo, 35 anos de serviço, dos quais:

I – no mínimo, 30 (trinta) anos de exercício de atividade de natureza militar nas Forças Armadas, para os oficiais formados na Escola Naval, na Academia Militar das Agulhas Negras, na Academia da Força Aérea, no Instituto Militar de Engenharia, no Instituto Tecnológico de Aeronáutica e em escola ou centro de formação de oficiais oriundos de carreira de praça e para as praças; ou

II – no mínimo, 25 (vinte e cinco) anos de exercício de atividade de natureza militar nas Forças Armadas, para os oficiais não enquadrados na hipótese prevista na hipótese anterior.

Contudo, não foi estabelecida idade mínima para que o militar passe para a reserva remunerada.

A Lei n. 13.954/2019 (art. 22) respeitou o direito adquirido daqueles que tinham implementado as condições anteriores à mudança e também fixou regras de transição para aqueles que se encontram na ativa com menos de 30 anos de serviço, que deverão cumprir um pedágio:

I – o militar da ativa que, na data da publicação desta Lei, contar 30 (trinta) anos ou mais de serviço terá assegurado o direito de ser transferido para a inatividade com todos os direitos previstos na Lei n. 6.880, de 9 de dezembro de 1980 (Estatuto dos Militares), até então vigentes; e

II – o militar da ativa que, na data da publicação desta Lei, contar menos de 30 (trinta) anos de serviço deverá cumprir:

a) o tempo de serviço que faltar para completar 30 (trinta) anos, acrescido de 17% (dezessete por cento); e

b) o tempo de atividade de natureza militar de 25 (vinte e cinco) anos nas Forças Armadas, que, em relação aos militares a que se refere o inciso I do *caput* do art. 97 da Lei n. 6.880, de 9 de dezembro de 1980 (Estatuto dos Militares), será acrescido de 4 (quatro) meses a cada ano, a partir de 1º de janeiro de 2021, até atingir 30 (trinta) anos.

Uma vez mais, na história do nosso país, as mudanças de regras de inatividade para os militares foram muito mais amenas do que aquela adotadas pela EC n. 103/2019 para os trabalhadores vinculados ao RGPS e para os servidores vinculados ao RPPS da União.

PARTE II
A Seguridade Social Brasileira

9

A Organização da Seguridade Social

A Seguridade Social, segundo o conceito ditado pela ordem jurídica vigente, compreende um conjunto integrado de ações de iniciativa dos poderes públicos e da sociedade nas áreas da saúde, previdência e assistência social, conforme previsto no Capítulo II do Título VIII da Constituição Federal, sendo organizada em Sistema Nacional, que é composto por conselhos setoriais, com representantes da União, dos Estados, do Distrito Federal, dos Municípios e da sociedade civil.

A Lei n. 8.212/1991 dispõe sobre a organização da Seguridade Social, mas, segundo *Wladimir Novaes Martinez*, "o legislador fica devendo as normas sobre a efetivação da seguridade social, por falta de definição política e reconhecida incapacidade de efetivamente atender as diretrizes constitucionais da ambiciosa matéria. Seguridade social é uma técnica de proteção social avançada em relação à Previdência Social, capaz de integrá-la com a assistência social e incorporar as ações de saúde".[1]

Concordamos, neste particular, com Raul Lopes de Araújo Neto:

> Deve-se estruturar o sistema social de modo que a distribuição resultante seja justa, independentemente do que venha a acontecer. Para se atingir esse objetivo, é necessário situar o processo econômico e social dentro de um contexto de instituições políticas e jurídicas adequadas. Sem uma organização apropriada dessas instituições básicas, o resultado do processo distributivo não será justo.[2]

9.1 SISTEMA NACIONAL DE SEGURIDADE SOCIAL

Embora não exista uma disciplina adequada do que a legislação chama de Sistema Nacional de Seguridade Social (Lei n. 8.212/1991, art. 5º), é certo que existe uma estrutura administrativa que tem por atribuição executar as políticas no âmbito da segurança social.

Dentro da estrutura do Poder Executivo, os Ministérios da área social são os responsáveis pelo cumprimento das atribuições que competem à União em matéria de Seguridade Social. Há os Conselhos setoriais – de Previdência (CNP), da Saúde (CNS) e da Assistência Social (CNAS), que atendem ao objetivo da gestão quadripartite da Seguridade Social.

---

[1] MARTINEZ, Wladimir Novaes. *CD – Comentários à Lei Básica da Previdência Social*, Brasília, LTr/Rede Brasil, 1999.
[2] ARAÚJO NETO, Raul Lopes de. *Fundamentos do Sistema de Seguridade Social*. Teresina: EdUFPI, 2023.

9.2 INSTITUTO NACIONAL DO SEGURO SOCIAL – INSS

O Instituto Nacional do Seguro Social – INSS foi criado em 27 de junho de 1990, por meio do Decreto n. 99.350/1990, com base na Lei n. 8.029/1990, a partir da fusão do Instituto de Administração Financeira da Previdência e Assistência Social – IAPAS com o Instituto Nacional de Previdência Social – INPS. O INSS é autarquia federal, com sede e foro no Distrito Federal, atualmente vinculada ao Ministério da Previdência Social, tendo por finalidade promover o reconhecimento de direito ao recebimento de benefícios administrados pela Previdência Social, assegurando agilidade, comodidade aos seus usuários e ampliação do controle social, cabendo-lhe operacionalizar (art. 2º do Anexo I do Decreto n. 10.995/2022):

> I – o reconhecimento do direito, a manutenção e o pagamento de benefícios e os serviços previdenciários do Regime Geral de Previdência Social – RGPS;
>
> II – o reconhecimento do direito, a manutenção e o pagamento de benefícios assistenciais previstos na legislação; e
>
> III – o reconhecimento do direito e a manutenção das aposentadorias e das pensões do regime próprio de previdência social da União, no âmbito das autarquias e das fundações públicas, nos termos do disposto no Decreto n. 10.620, de 5 de fevereiro de 2021.

Por força da Lei n. 11.457/2007, foi transferida do então Ministério da Previdência Social para a Secretaria da Receita Federal do Brasil, órgão atualmente subordinado ao Ministério da Fazenda, a competência para arrecadar, fiscalizar, lançar e normatizar o recolhimento das contribuições sociais previstas nas alíneas *a*, *b* e *c* do parágrafo único do art. 11 da Lei n. 8.212/1991, e das contribuições instituídas a título de substituição e, ainda, as contribuições devidas a terceiros, que antes eram arrecadadas pela Secretaria da Receita Previdenciária.

A referida norma extinguiu a Secretaria da Receita Previdenciária, que era composta pelos Departamentos de Administração da Receita Previdenciária, de Fiscalização da Receita Previdenciária e de Informações Estratégicas.

O INSS é atualmente organizado na seguinte estrutura (art. 4º do Decreto n. 10.995/2022):

> I – órgãos de assistência direta e imediata ao Presidente do INSS:
> a) Gabinete;
> b) Assessoria de Comunicação Social; e
> c) Diretoria de Governança, Planejamento e Inovação;
> II – órgãos seccionais:
> a) Diretoria de Gestão de Pessoas;
> b) Diretoria de Orçamento, Finanças e Logística;
> c) Diretoria de Tecnologia da Informação;
> d) Procuradoria Federal Especializada;
> e) Auditoria-Geral; e
> f) Corregedoria-Geral;
> III – órgão específico singular:
> Diretoria de Benefícios e Relacionamento com o Cidadão; e
> IV – unidades descentralizadas:
> a) Superintendências Regionais;
> b) Gerências-Executivas;
> c) Agências da Previdência Social;

d) Procuradorias Regionais;
e) Procuradorias Seccionais;
f) Auditorias Regionais; e
g) Corregedorias Regionais.

9.3 GESTÃO DESCENTRALIZADA

A gestão da Seguridade Social está baseada em órgãos colegiados, em estrito cumprimento ao disposto no art. 194, parágrafo único, inciso VII, da Constituição Federal, que estabelece o "caráter democrático e descentralizado da administração, mediante gestão quadripartite, com participação dos trabalhadores, dos empregadores, dos aposentados e do Governo nos órgãos colegiados".

As Leis n. 8.212/1991 e n. 8.213/1991 foram as responsáveis pela instituição dos Conselhos de Seguridade Social e Previdência Social, respectivamente, órgãos de deliberação colegiada, com a participação da União, dos Estados, do Distrito Federal, dos Municípios e de representantes da sociedade civil, e a Lei n. 8.742/1993, pelo Conselho Nacional de Assistência Social. Entretanto, parte dessa estrutura deixou de existir com a Medida Provisória n. 1.799-5, de 13.5.1999, e suas reedições (atualmente, Medida Provisória n. 2.216-37, de 31.8.2001, que se manterá vigente até deliberação do Congresso Nacional sobre a matéria, conforme disposto no art. 2º da Emenda Constitucional n. 32, de 2001), extinguindo-se o Conselho Nacional de Seguridade Social e os Conselhos Estaduais, Distrital e Municipais de Previdência Social.

Aos órgãos em questão foram ou são atribuídas funções importantes, delimitadas nas leis instituidoras e nos seus regimentos, como veremos a seguir.

9.4 CONSELHO NACIONAL DE PREVIDÊNCIA SOCIAL – CNPS

O CNPS é órgão superior de deliberação colegiada, composto de representantes do Governo Federal e da sociedade civil, num total de quinze membros, conforme previsto no art. 3º da Lei n. 8.213/1991, dos quais seis representantes do Governo Federal e nove representantes da sociedade civil, sendo destes: três representantes dos aposentados e pensionistas, três representantes dos trabalhadores em atividade e três representantes dos empregadores.

Cabe ao Presidente da República nomear os membros do Conselho Nacional de Previdência e seus respectivos suplentes, tendo os representantes titulares da sociedade civil mandato de dois anos, podendo ser reconduzidos, de imediato, uma única vez. Como ocorria no CNSS, os representantes do Governo não possuem mandato.

A indicação dos representantes dos trabalhadores em atividade, dos aposentados, dos empregadores e seus respectivos suplentes é feita pelas centrais sindicais e confederações nacionais – art. 3º, § 2º, da Lei n. 8.213/1991. Observe-se, por oportuno, que a Lei de Benefícios é o primeiro diploma legal a reconhecer as centrais sindicais como entidades legítimas para a representação da classe trabalhadora, paralelamente ao chamado sistema confederativo, criado com a Consolidação das Leis do Trabalho e mantido pelo texto constitucional vigente – art. 8º, IV.

Compete ao CNPS, segundo as disposições do art. 4º da Lei n. 8.213/1991 e do art. 296 do Decreto n. 3.048/1999:

– estabelecer diretrizes gerais e apreciar as decisões de políticas aplicáveis à Previdência Social;
– participar, acompanhar e avaliar, sistematicamente, a gestão previdenciária;
– apreciar e aprovar os planos e programas da Previdência Social;
– apreciar e aprovar as propostas orçamentárias da previdência social, antes de sua consolidação na proposta orçamentária da Seguridade Social;

- acompanhar e apreciar, mediante relatórios gerenciais por ele definidos, a execução dos planos, programas e orçamentos no âmbito da previdência social;
- acompanhar a aplicação da legislação pertinente à previdência social;
- apreciar a prestação de contas anual a ser remetida ao Tribunal de Contas da União, podendo, se for necessário, contratar auditoria externa;
- estabelecer os valores mínimos em litígio, acima dos quais será exigida a anuência prévia do Procurador-Geral ou do Presidente do Instituto Nacional do Seguro Social para formalização de desistência ou transigência judiciais, conforme o disposto no art. 353 do Decreto n. 3.048/1999;
- elaborar e aprovar seu regimento interno;
- aprovar os critérios de arrecadação e de pagamento dos benefícios por intermédio da rede bancária ou por outras formas; e
- acompanhar e avaliar os trabalhos de implantação e manutenção do Cadastro Nacional de Informações Sociais.

Competia, ainda, ao CNPS a supervisão dos extintos Conselhos Estaduais e Municipais, órgãos de deliberação colegiada, subordinados ao CNPS, conforme estava previsto no art. 7º da Lei n. 8.213, de 24.7.1991, até sua revogação.

As reuniões do CNPS se realizam, ordinariamente, uma vez por mês, por convocação de seu Presidente. É admitida a realização de reunião extraordinária mediante a convocação do Presidente do Conselho ou a requerimento de um terço de seus membros, conforme dispõe seu regimento interno e são iniciadas com a presença da maioria absoluta dos membros do Conselho, sendo exigida para deliberação a maioria simples de votos.

As ausências ao trabalho dos representantes dos trabalhadores em atividade, decorrentes das atividades do CNPS, serão abonadas, computando-se como jornada efetivamente trabalhada para todos os fins e efeitos legais.

A lei prevê garantia do emprego para os representantes dos trabalhadores eleitos para o CNP, desde a nomeação até um ano após o término do mandato de representação, somente podendo ter o contrato de trabalho extinto pelo empregador por motivo de falta grave, regularmente comprovada mediante processo judicial – art. 3º, § 7º, da Lei n. 8.213/1991. Trata-se, pois, de hipótese de estabilidade absoluta conferida ao trabalhador integrante do Conselho, de modo que, durante o exercício do mandato e até um ano após o término deste, o empregado só pode ser dispensado por justa causa, e, mesmo assim, após o ajuizamento, pelo empregador, da ação intitulada inquérito para apuração de falta grave (art. 494 da CLT), cujo prazo – decadencial, de trinta dias – e rito estão previstos nos arts. 853 a 855 da mesma Consolidação. Caso seja dispensado, sem justo motivo, o trabalhador terá direito à reintegração no emprego, com todas as vantagens do período de afastamento.

Aos órgãos governamentais cabe prestar toda e qualquer informação necessária ao adequado cumprimento das competências do CNPS, fornecendo inclusive estudos técnicos, e encaminhar ao CNPS, com antecedência mínima de dois meses do seu envio ao Congresso Nacional, a proposta orçamentária da Previdência Social, devidamente detalhada.

As decisões tomadas pelo CNP, no âmbito de suas atribuições, são baixadas por resoluções e publicadas no Diário Oficial da União.

9.5 CONSELHOS DE PREVIDÊNCIA SOCIAL – CPS

Os CPS, assim como o CNPS, têm por objetivo apresentar propostas para melhorar a gestão e a política previdenciárias. São instâncias colegiadas e têm caráter consultivo e de assessoramento, podendo encaminhar propostas para serem deliberadas no âmbito do CNPS.

Os Conselhos de Previdência Social têm previsão no art. 296-A do Regulamento da Previdência Social, nos termos que segue:

> Art. 296-A. Ficam instituídos, como unidades descentralizadas do Conselho Nacional de Previdência Social – CNPS, Conselhos de Previdência Social – CPS, que funcionarão junto às Gerências-Executivas do INSS.
> § 1º Os CPS serão compostos por dez conselheiros e respectivos suplentes, designados pelo titular da Gerência Executiva na qual for instalado, assim distribuídos:
> I – quatro representantes do Governo Federal; e
> II – seis representantes da sociedade, sendo:
> a) dois dos empregadores;
> b) dois dos empregados; e
> c) dois dos aposentados e pensionistas.
> § 2º O Governo Federal será representado:
> I – nas cidades onde houver mais de uma Gerência-Executiva:
> a) pelo Gerente-Executivo da Gerência-Executiva a que se refere o § 1º; e
> b) outros Gerentes-Executivos; ou
> c) servidores da Divisão ou do Serviço Benefícios ou de Atendimento ou da Procuradoria Federal Especializada junto ao INSS de Gerência-Executiva sediadas na cidade, ou de representante da Secretaria da Receita Federal do Brasil, ou de representante da DATAPREV;
> II – nas cidades onde houver apenas uma Gerência-Executiva:
> a) pelo Gerente-Executivo;
> b) servidores da Divisão ou do Serviço de Benefícios ou de Atendimento ou da Procuradoria Federal Especializada junto ao INSS da Gerência – Executiva, ou de representante da Secretaria da Receita Federal do Brasil, ou de representante da DATAPREV.
> § 3º As reuniões serão mensais ou bimensais, a critério do respectivo CPS, e abertas ao público, cabendo a sua organização e funcionamento ao titular da Gerência-Executiva na qual for instalado o colegiado.
> § 4º Os representantes dos trabalhadores, dos aposentados e dos empregadores serão indicados pelas respectivas entidades sindicais ou associações representativas.
> § 5º Os CPS terão caráter consultivo e de assessoramento, competindo ao CNPS disciplinar os procedimentos para o seu funcionamento, suas competências, os critérios de seleção dos representantes da sociedade e o prazo de duração dos respectivos mandatos, além de estipular por resolução o regimento dos CPS.
> § 6º As funções dos conselheiros dos CPS não serão remuneradas e seu exercício será considerado serviço público relevante.
> § 7º A Previdência Social não se responsabilizará por eventuais despesas com deslocamento ou estada dos conselheiros representantes da sociedade.
> § 8º Nas cidades onde houver mais de uma Gerência-Executiva, o Conselho será instalado naquela indicada pelo Gerente Regional do INSS cujas atribuições abranjam a referida cidade.
> § 9º Cabe ao Gerente-Executivo a designação dos conselheiros.
> § 10. É facultado ao Gerente Regional do INSS participar das reuniões do CPS localizados em região de suas atribuições e presidi-las.

9.6 CONSELHO NACIONAL DE ASSISTÊNCIA SOCIAL – CNAS

O CNAS, criado pela Lei n. 8.742/1993 como órgão superior de deliberação colegiada, é vinculado à estrutura da Administração Pública Federal responsável pela coordenação da Política Nacional de Assistência Social – atualmente, o Ministério do Desenvolvimento Social.

As instâncias deliberativas do sistema descentralizado e participativo de Assistência Social são de caráter permanente e de composição paritária entre Governo e sociedade civil, as quais estão previstas na Lei Orgânica da Assistência Social (Lei n. 8.742/1993), da seguinte forma:

a) o Conselho Nacional de Assistência Social;
b) os Conselhos Estaduais de Assistência Social;
c) o Conselho de Assistência Social do Distrito Federal;
d) os Conselhos Municipais de Assistência Social.

A instituição desses Conselhos é feita mediante lei específica a cargo desses entes federativos, sendo que muitos deles se encontram em funcionamento.

O CNAS é o órgão da Administração Pública Federal responsável pela coordenação da Política Nacional da Assistência Social, composto por dezoito membros e respectivos suplentes, sendo:

a) nove representantes governamentais, incluindo um representante dos Estados e um dos Municípios;
b) nove representantes da sociedade civil, dentre representantes dos usuários ou de organizações de usuários, das entidades e organizações de assistência social e dos trabalhadores do setor, escolhidos em foro próprio sob fiscalização do Ministério Público Federal.

A composição do CNAS está prevista no art. 17 da Lei n. 8.742/1993, sendo que seus membros são nomeados pelo Presidente da República, para um mandato de dois anos, permitida uma única recondução à função por igual período. Neste Conselho, mesmo os representantes do Governo são detentores de mandato.

A presidência do Conselho é exercida por um de seus integrantes, eleito dentre seus membros, para mandato de um ano, permitida uma única recondução à Presidência, por igual período.

O CNAS possui a seguinte competência:

- aprovar a Política Nacional de Assistência Social;
- normatizar as ações e regular a prestação de serviços de natureza pública e privada no campo da assistência social;
- acompanhar e fiscalizar o processo de certificação das entidades e organizações de assistência social no Ministério do Desenvolvimento Social;
- apreciar relatório anual que conterá a relação de entidades e organizações de assistência social certificadas como beneficentes e encaminhá-lo para conhecimento dos Conselhos de Assistência Social dos Estados, Municípios e do Distrito Federal;
- zelar pela efetivação do sistema descentralizado e participativo de assistência social;
- convocar ordinariamente a cada quatro anos a Conferência Nacional de Assistência Social, que terá a atribuição de avaliar a situação da assistência social e propor diretrizes para o aperfeiçoamento do sistema;
- apreciar e aprovar a proposta orçamentária da Assistência Social a ser encaminhada pelo Ministério;
- aprovar critérios de transferência de recursos para os Estados, Municípios e Distrito Federal, considerando, para tanto, indicadores que informem sua regionalização mais equitativa, tais como: população, renda *per capita,* mortalidade infantil e concentração de renda, além de disciplinar os procedimentos de repasse de recursos

para as entidades e organizações de assistência social, sem prejuízo das disposições da Lei de Diretrizes Orçamentárias;
– acompanhar e avaliar a gestão dos recursos, bem como os ganhos sociais e o desempenho dos programas e projetos aprovados;
– estabelecer diretrizes, apreciar e aprovar os programas anuais e plurianuais do Fundo Nacional de Assistência Social – FNAS;
– indicar o representante do Conselho Nacional de Assistência Social – CNAS junto ao Conselho Nacional de Seguridade Social – CNSS (sem eficácia a partir da edição da Medida Provisória n. 1.799-5, de 13.5.1999, e suas reedições, atualmente, Medida Provisória n. 2.216-37, de 31.8.2001, que se manterá vigente até deliberação do Congresso Nacional sobre a matéria, conforme disposto no art. 2º da Emenda Constitucional n. 32 de 2001, por ter sido extinto o CNSS);
– elaborar e aprovar seu regimento interno;
– divulgar, no *Diário Oficial da União*, todas as suas decisões, bem como as contas do Fundo Nacional de Assistência Social – FNAS e os respectivos pareceres emitidos.

9.7 CONSELHO NACIONAL DE PREVIDÊNCIA COMPLEMENTAR – CNPC

A Lei n. 12.154, de 23.12.2009, criou o Conselho Nacional de Previdência Complementar (CNPC) em substituição ao Conselho de Gestão da Previdência Complementar.

O CNPC é o órgão com a função de regular o regime de previdência complementar operado pelas entidades fechadas de previdência complementar, nova denominação do então Conselho de Gestão da Previdência Complementar.

O órgão é atualmente presidido pelo Ministro da Previdência Social e composto por representantes da Superintendência Nacional de Previdência Complementar (PREVIC), da Secretaria de Políticas de Previdência Complementar (SPPC), da Casa Civil da Presidência da República, dos Ministérios, das entidades fechadas de previdência complementar, dos patrocinadores e instituidores de planos de benefícios das entidades fechadas de previdência complementar e dos participantes e assistidos de planos de benefícios das referidas entidades.

Os processos administrativos em tramitação no Conselho de Gestão da Previdência Complementar e na Secretaria de Previdência Complementar foram transferidos para a Câmara de Recursos da Previdência Complementar e para a PREVIC, respectivamente.

Quanto à Superintendência Nacional de Previdência Complementar – PREVIC, autarquia de natureza especial, dotada de autonomia administrativa e financeira e patrimônio próprio, vinculada ao Ministério da Previdência Social, com sede e foro no Distrito Federal e atuação em todo o território nacional, foi criada pela Lei n. 12.154/2009.

Cabe à PREVIC atuar como entidade de fiscalização e de supervisão das atividades das entidades fechadas de previdência complementar e de execução das políticas para o regime de previdência complementar operado pelas entidades fechadas de previdência complementar, observadas as disposições constitucionais e legais aplicáveis.

As competências atribuídas à Secretaria de Previdência Complementar passaram para a PREVIC.

O então Conselho de Gestão da Previdência Complementar – CGPC funcionou como órgão colegiado, normativo, de deliberação, controle e avaliação da execução da política nacional das entidades fechadas de previdência privada, integrante da Estrutura Regimental do então Ministério da Previdência Social, tendo por finalidade exercer as competências estabelecidas ao "órgão regulador e fiscalizador" de que trata o art. 5º da Lei Complementar n. 109, de 29.5.2001.

Ao CNPC, cabe, na forma do Decreto n. 7.123, de 3.3.2010, exercer a função de órgão regulador do regime de previdência complementar operado pelas entidades fechadas de previdência complementar.

Ao CRPC, órgão recursal colegiado no âmbito do Ministério da Previdência Social, compete apreciar e julgar, encerrando a instância administrativa, os recursos interpostos contra decisão da Diretoria Colegiada da Superintendência Nacional de Previdência Complementar – PREVIC:

> *I – sobre a conclusão dos relatórios finais dos processos administrativos iniciados por lavratura de auto de infração ou instauração de inquérito, com a finalidade de apurar responsabilidade de pessoa física ou jurídica, e sobre a aplicação das penalidades cabíveis; e*
>
> *II – sobre as impugnações referentes aos lançamentos tributários da Taxa de Fiscalização e Controle da Previdência Complementar – Tafic.*

9.8 CONSELHO DE RECURSOS DA PREVIDÊNCIA SOCIAL – CRPS

O Conselho de Recursos da Previdência Social – CRPS é órgão colegiado instituído para exercer o controle jurisdicional das decisões do Instituto Nacional do Seguro Social – INSS nos processos de interesse dos beneficiários do Regime Geral de Previdência Social e das empresas; e, nos relacionados aos benefícios assistenciais de prestação continuada previstos no art. 20 da Lei n. 8.742/1993.

O CRPS tem sede em Brasília e jurisdição administrativa em todo o território nacional.

É formado por órgãos julgadores de composição tripartite (representantes do governo, de trabalhadores e de empresas), segundo as competências delimitadas para as respectivas instâncias, na forma da legislação vigente e do sistema processual específico, estabelecido pelo Regimento Interno do CRPS.

Compete ao CRPS processar e julgar (art. 1.º do Regimento Interno do CRPS, aprovado pela Portaria MTP n. 4.061, de 12.12.2022):

> I – os recursos das decisões proferidas pelo INSS, nos processos de interesse de seus beneficiários e contribuintes;
>
> II – os recursos relativos à atribuição do Fator Acidentário de Prevenção – FAP;
>
> III – os recursos, das decisões proferidas pelo INSS, relacionados à comprovação de atividade rural de segurado especial de que trata o art. 19-D do Regulamento da Previdência Social, aprovado pelo Decreto n. 3.048, de 1999, ou às demais informações relacionadas ao Cadastro Nacional de Informações Sociais – CNIS;
>
> IV – os recursos de processos relacionados à compensação financeira de que trata a Lei n. 9.796, de 5 de maio de 1999; e
>
> V – os recursos relacionados aos processos sobre irregularidades ou responsabilidade por infração às disposições da Lei n. 9.717, de 27 de novembro de 1998, verificadas pela Secretaria de Previdência em suas atividades de supervisão realizadas por meio de fiscalização nos regimes próprios de previdência social.
>
> § 1º Não compete ao CRPS julgar decisões referentes à isenção de Imposto sobre a Renda e Proventos de Qualquer Natureza. (Incluído pela Portaria MPS n. 2.393, de 5 de julho de 2023)

O CRPS, conforme a composição prevista pelo art. 303 do RPS e as regras de seu Regimento Interno, compreende os seguintes órgãos e respectivas competências:

> – 29 Juntas de Recursos (JR), com a competência para julgar:
>
> a) os recursos das decisões proferidas pelo INSS nos processos de interesse de seus beneficiários;

b) os recursos das decisões proferidas pelo INSS relacionados à comprovação de atividade rural de segurado especial de que trata o art. art. 38-B da Lei n. 8.213, de 1991, ou às demais informações relacionadas ao CNIS de que trata o art. 29-A da referida Lei;

c) os recursos de decisões relacionadas à compensação financeira de que trata a Lei n. 9.796, de 5 de maio de 1999;

d) as contestações relativas à atribuição do FAP aos estabelecimentos da empresa; e

e) os recursos relacionados aos processos sobre irregularidades verificadas em procedimento de supervisão e de fiscalização nos regimes próprios de previdência social e aos processos sobre apuração de responsabilidade por infração às disposições da Lei n. 9.717, de 1998;

– 4 Câmaras de Julgamento (CAJ), com sede em Brasília, Distrito Federal, com a competência para julgar os recursos interpostos contra as decisões proferidas pelas Juntas de Recursos; e

– Conselho Pleno, com a competência para:

I – uniformizar, em tese, a jurisprudência administrativa previdenciária e assistencial, mediante a edição de enunciados;

II – uniformizar, no caso concreto, as divergências jurisprudenciais entre as Juntas de Recursos nas matérias de sua alçada ou entre as Câmaras de julgamento ou entre as Turmas de Câmara de Julgamento (FAP/RPPS), em sede de Recurso Especial, mediante a edição de Resolução;

III – decidir, no caso concreto, as Reclamações ao Conselho Pleno, mediante a edição de Resolução; e

IV – decidir questões administrativas definidas no Regimento Interno.

A admissão dos recursos a que se refere o art. 1º do Regimento é privativa do CRPS, sendo vedado ao INSS ou à Secretaria de Previdência recusá-los ou sustar o seu andamento.

Não serão conhecidos pelas CAJ os recursos de competência exclusiva das JR (definidas em ato próprio do Presidente do CRPS, em razão dos temas, sobre as matérias previstas nos incisos II, IV e V do art. 1º do Regimento).

O Conselho Pleno poderá editar Súmulas Vinculantes, submetidas ao Ministro de Estado competente em matéria de Previdência Social, que, aprovando-as, vincularão o INSS e a Secretaria de Previdência em suas decisões.

A vinculação dar-se-á exclusivamente quanto às matérias previstas no art. 1º do Regimento, supratranscritas.

O CRPS é presidido por um representante do governo com notório conhecimento da legislação previdenciária e assistencial, previamente designado como Conselheiro, nomeado pelo Ministro de Estado competente para a matéria (art. 24 do RICRPS).

Como é salientado no próprio *site* do governo federal, o CRPS "representa uma via importante para a solução de conflitos, considerando-se a inexistência de custas processuais; o rito administrativo mais célere, norteado especialmente pelos princípios da legalidade e da verdade material; a capilaridade do Órgão em todo o território nacional, e aplicação do sistema eletrônico como instrumento de transparência, maior controle, gestão e qualidade da prestação jurisdicional".[3]

Os recursos interpostos tempestivamente contra decisões proferidas pelas Juntas de Recursos e pelas Câmaras de Julgamento do CRPS têm efeito suspensivo e devolutivo (art. 308 do RPS, com redação dada pelo Decreto n. 10.410, de 2020). Aplicam-se, supletiva e subsidiariamente,

---

[3] Disponível em: https://www.gov.br/previdencia/pt-br/acesso-a-informacao/participacao-social/conselhos-e-orgaos-colegiados/conselho-de-recursos-da-previdencia-social/institucional. Acesso em: 25 out. 2023.

se houver compatibilidade com as regras aplicáveis ao processo administrativo previdenciário, as disposições pertinentes da Lei n. 13.105/2015, que instituiu o CPC (art. 91 do RI do CRPS).

O CRPS é, portanto, um *órgão jurisdicional administrativo* que tem por atribuição solucionar os conflitos entre a Autarquia Previdenciária e pessoas físicas ou jurídicas que tiveram decisões desfavoráveis em seus requerimentos. Suas decisões não têm força de coisa julgada para os particulares, mas somente para o INSS, para o qual há o "efeito vinculante" da coisa julgada administrativa. Vale dizer, apenas o litigante pode recorrer à via judicial após ter sido parte vencida perante os órgãos do CRPS, o INSS não tem tal possibilidade.

Como bem esclarece *Meire Lúcia Gomes Monteiro*: "a utilização da via jurisdicional não é obrigatória: a empresa ou o beneficiário pode recorrer à Justiça em qualquer fase do processo administrativo; pode, inclusive, abandonar a instância jurisdicional e reclamar diretamente na Justiça. O INSS, porém, não pode questionar na Justiça, estando obrigado a acatar os ditames da instância jurisdicional. Assim, a força coativa do julgado alcança apenas a autarquia previdenciária. A outra parte interessada, repita-se, tem liberdade de utilizar ou não a instância jurisdicional".[4]

Com isso, o segurado muitas vezes pode preferir a discussão de seus direitos no âmbito do CRPS do que na esfera judicial, especialmente considerando que em juízo o INSS pode interpor todos os recursos e incidentes possíveis, demandando muitas vezes contra a razoável duração do processo, enquanto no âmbito administrativo o órgão previdenciário terá apenas o recurso à Câmara de Julgamento e ao Pleno do CRPS. Depois disso, ou não havendo recurso cabível, a decisão tomada no âmbito da instância administrativa adquire efeito vinculante para a Autarquia, não podendo esta levar a discussão para a sede judicial – hipótese sempre possível, por outro lado, para o beneficiário do RGPS, que pode ou não esgotar a via administrativa e, mesmo não sendo bem-sucedido nesta, ainda tentar a obtenção de direitos através da prestação jurisdicional.

Ou seja, não é obrigatório o esgotamento das instâncias administrativas em âmbito recursal para o ingresso em Juízo em matéria de benefícios, mas apenas a existência de requerimento que tenha sido indeferido pelo INSS.

A TNU, buscando definir se a coisa julgada administrativa é oponível na hipótese de revisão de ato administrativo versando sobre matéria previdenciária, considerando que os requisitos para concessão de benefício previdenciário são previstos em lei, fixou a seguinte tese em Representativo de Controvérsia:

> Tema n. 283: "A coisa julgada administrativa não exclui a apreciação da matéria controvertida pelo poder judiciário e não é oponível à revisão de ato administrativo para adequação aos requisitos previstos na lei previdenciária, enquanto não transcorrido o prazo decadencial" (PEDILEF 5002117-85.2019.4.04.7202/SC, j. em 26.8.2021).

Em relação às questões inerentes às contribuições à Seguridade Social, o art. 24 da Lei n. 11.457, de 16.3.2007, estabelece o prazo máximo de 360 dias a contar da data do protocolo para que seja proferida decisão administrativa em quaisquer petições, defesas ou recursos em processos administrativos do contribuinte.

É vedado ao INSS escusar-se de cumprir as diligências solicitadas pelo CRPS, bem como deixar de dar cumprimento às decisões definitivas daquele colegiado, reduzir ou ampliar o seu alcance ou executá-las de modo que contrarie ou prejudique seu evidente sentido (§ 2º do art. 308 do Decreto n. 3.048/1999).

---

[4] O contencioso administrativo da previdência social, In: MARTINEZ, Wladimir Novaes (coord.). *Temas atuais de previdência social*. São Paulo: LTr, 1998.

Todavia, há impedimentos para o cumprimento das decisões do CRPS, conforme disposto nos §§ 2º a 4º do art. 59 do Regimento Interno do Conselho de Recursos da Previdência Social – RICRPS, regulamentado pela Portaria Conjunta INSS/DIRBEN e CRPS n. 95, de 29.5.2024, quais sejam:

I – a existência de benefício concedido mais vantajoso;
II – a existência de benefício judicial concedido incompatível com aquele reconhecido na decisão administrativa; ou
III – a existência de ação judicial, com o mesmo objeto e mesma causa de pedir do recurso.

Nas hipóteses dos incisos II e III anteriores, caberá o arquivamento do processo pelo INSS.

Nos termos da Portaria Conjunta INSS/DIRBEN e CRPS n. 95, de 29.5.2024, na hipótese do inciso I, caberá comunicação ao CRPS por meio de correio eletrônico, acompanhada das seguintes informações:

I – justificativa;
II – comparativo de cálculos em relação ao benefício mais vantajoso; e
III – comunicação ao segurado.

Feita a comunicação, conforme a Portaria supra:

- no caso de manifestação favorável do CRPS acerca do impedimento, caberá o arquivamento do processo pelo INSS, sem necessidade de envio deste ao CRPS;
- no caso de manifestação desfavorável do CRPS ou na ausência deste no prazo de 30 (trinta) dias, caso o INSS entenda que persiste o impedimento quanto ao cumprimento da decisão, o processo deverá ser devolvido ao CRPS, na forma de Revisão de Ofício, conforme disposto no RICRPS.

Na hipótese de ocorrência de ação judicial, havendo dúvidas quanto ao seu objeto ou causa de pedir, o INSS deverá efetuar consulta à Procuradoria Federal Especializada – PFE.

O CRPS, no âmbito de suas atribuições, edita Enunciados em matéria de sua competência, cujo inteiro teor se encontra nos Anexos desta obra.

Maiores detalhamentos a respeito do Processo Administrativo Previdenciário e o processamento dos recursos nos órgãos do CRPS podem ser vistos no capítulo 31 desta obra.

9.9 CONSELHO ADMINISTRATIVO DE RECURSOS FISCAIS – CARF

O Conselho Administrativo de Recursos Fiscais – CARF, órgão colegiado, paritário, integrante da estrutura do Ministério da Fazenda, constituído por seções e pela Câmara Superior de Recursos Fiscais, foi instituído pela Lei n. 11.941/2009, para atuar com atribuição de julgar recursos de ofício e voluntários de decisão de primeira instância, bem como recursos de natureza especial.

O CARF é fruto da unificação do Conselho de Contribuintes e da Câmara Superior de Recursos Fiscais. Não compõe, por assim dizer, a estrutura da Seguridade Social brasileira, porém integra a Administração Fazendária com atribuições relacionadas ao custeio do sistema, já que se trata de órgão jurisdicional administrativo em matéria de contribuições sociais.

Segundo se observa da política governamental relacionada à aludida unificação, esta visou proporcionar maior racionalidade administrativa, redução de custos operacionais e melhor aproveitamento e alocação dos recursos, considerando que os três Conselhos tinham a mesma natureza e finalidade, porém estruturas administrativas distintas, com sobreposição de tarefas e fluxo de trabalho. Com a criação do novo órgão, as estruturas foram unificadas, permitindo melhor coordenação das atividades de planejamento, orçamento, logística, gestão de pessoas, documentação, tecnologia e segurança da informação etc., permitindo ainda maior agilidade na tomada e implementação das decisões. Os esforços e recursos passaram a ser direcionados para a atividade-fim de gestão dos processos administrativos fiscais, no preparo das sessões de julgamento e formalização das decisões no momento em que forem prolatadas.

O julgamento do processo de exigência de tributos ou contribuições administrados pela Secretaria da Receita Federal compete (art. 25, I e II, do Decreto n. 70.235/1972, em sua redação atual):

> I – em primeira instância, às Delegacias da Receita Federal de Julgamento, órgãos de deliberação interna e natureza colegiada da Secretaria da Receita Federal;
> a) aos Delegados da Receita Federal, titulares de Delegacias especializadas nas atividades concernentes a julgamento de processos, quanto aos tributos e contribuições administrados pela Secretaria da Receita Federal;
> b) às autoridades mencionadas na legislação de cada um dos demais tributos ou, na falta dessa indicação, aos chefes da projeção regional ou local da entidade que administra o tributo, conforme for por ela estabelecido; e
> II – em segunda instância, ao Conselho Administrativo de Recursos Fiscais, órgão colegiado, paritário, integrante da estrutura do Ministério da Economia, com atribuição de julgar recursos de ofício e voluntários de decisão de primeira instância, bem como recursos de natureza especial.

Caberá recurso especial à Câmara Superior de Recursos Fiscais (CSRF), no prazo de 15 dias da ciência do acórdão ao interessado, de decisão que der à lei tributária interpretação divergente da que lhe tenha dado outra Câmara, turma de Câmara, turma especial ou a própria Câmara Superior de Recursos Fiscais (art. 37, § 2.º, II, do Decreto n. 70.235/1972).

A Câmara Superior de Recursos Fiscais será constituída por turmas, compostas pelos Presidentes e Vice-Presidentes das câmaras. O Ministro da Fazenda poderá criar, nas seções, turmas especiais, de caráter temporário, com competência para julgamento de processos que envolvam valores reduzidos ou matéria recorrente ou de baixa complexidade, que poderão funcionar nas cidades onde estão localizadas as Superintendências Regionais da Receita Federal do Brasil.

Na composição das câmaras, das suas turmas e das turmas especiais, será respeitada a paridade entre representantes da Fazenda Nacional e representantes dos contribuintes.

As turmas da Câmara Superior de Recursos Fiscais serão constituídas pelo Presidente do Conselho Administrativo de Recursos Fiscais, pelo Vice-Presidente, pelos Presidentes e pelos Vice-Presidentes das câmaras.

A presidência das turmas da Câmara Superior de Recursos Fiscais será exercida pelo Presidente do Conselho Administrativo de Recursos Fiscais e a vice-presidência, por conselheiro representante dos contribuintes.

Os cargos de Presidente das Turmas da Câmara Superior de Recursos Fiscais, das câmaras, das suas turmas e das turmas especiais serão ocupados por conselheiros representantes da Fazenda Nacional, que, em caso de empate, terão o voto de qualidade, e os cargos de Vice-Presidente, por representantes dos contribuintes.

Os conselheiros serão designados pelo Ministro da Fazenda para mandato, limitando-se as reconduções, na forma e no prazo estabelecidos no regimento interno.

O Ministro da Fazenda, observado o devido processo legal, decidirá sobre a perda do mandato para os conselheiros que incorrerem em falta grave, definida no regimento interno.

Do relatório "Decisões do CARF", publicado em junho de 2017, referente ao período de janeiro a dezembro de 2016, destacamos importantes dados que dão uma visão do resultado dos recursos julgados por esse Conselho:

> Os recursos voluntários são interpostos pelo contribuinte e os recursos de ofício, pela Fazenda Nacional. Somados, eles representaram 77,3% do total de recursos analisados. Estes recursos são apreciados e julgados pelas turmas ordinárias das Seções de Julgamento do CARF.
>
> Os recursos especiais, julgados pelas turmas da CSRF, visam à reapreciação de matérias julgadas nas turmas ordinárias, na hipótese de divergência entre colegiados, e representaram 22,7% do total dos recursos analisados (Tabela 2).
>
> O contribuinte obteve sucesso em seus recursos voluntários em 54,1% das vezes. Em 86,2% dos casos, os julgamentos dos recursos de ofício da Fazenda Nacional também favoreceram o contribuinte (Tabela 3). No conjunto, 56,9% destas decisões favoreceram o contribuinte.
>
> Quanto aos recursos especiais, 66,1% foram manejados pela Fazenda Nacional e 33,9% pelos contribuintes. A Fazenda Nacional obteve êxito em seus recursos especiais em 58,8% e os contribuintes, em relação aos seus recursos especiais, obtiveram êxito de 29,1% (Tabela 3).[5]

Dentre as matérias julgadas pelo CARF, destacamos as que entendemos mais relevantes em relação à Seguridade Social:

- Contribuição Previdenciária: Adicional de Férias;
- Multa por Compensação Indevida;
- Participação nos Lucros ou Resultados;
- SENAR;
- IRPF: Rendimentos Recebidos Acumuladamente.

O CARF tem também editado súmulas[6], como as que seguem referidas, cujo rol completo está no material complementar desta obra:

- **Súmula n. 62**: "A base de cálculo das contribuições previdenciárias será o valor total fixado na sentença ou acordo trabalhista homologado, quando as parcelas legais de incidência não estiverem discriminadas".
- **Súmula n. 64**: "Não incidem contribuições previdenciárias sobre as verbas concedidas aos segurados empregados a título de auxílio-creche, na forma do artigo 7º, inciso XXV, da Constituição Federal, em face de sua natureza indenizatória".
- **Súmula n. 89**: "A contribuição social previdenciária não incide sobre valores pagos a título de vale-transporte, mesmo que em pecúnia".
- **Súmula n. 99**: "Para fins de aplicação da regra decadencial prevista no art. 150, § 4º, do CTN, para as contribuições previdenciárias, caracteriza pagamento antecipado o recolhimento, ainda que parcial, do valor considerado como devido pelo contribuinte na competência do fato gerador a que se referir a autuação, mesmo que não tenha sido incluída, na base de cálculo deste recolhimento, parcela relativa a rubrica especificamente exigida no auto de infração".

---

[5] Disponível em: <https://idg.carf.fazenda.gov.br/noticias/2017/relatorio-julgamento-2016-v3.pdf>. Acesso em: 10.9.2017.

[6] Disponível em: <http://idg.carf.fazenda.gov.br/jurisprudencia/sumulas-carf/sumulas-por-materia>. Acesso em: 8.7.2022.

Relação Jurídica de Custeio

No campo do Direito Previdenciário, há sempre relação de uma pessoa – natural ou jurídica – com o ente previdenciário estatal. Contudo, há duas espécies distintas de relações decorrentes da aplicação da legislação previdenciária: a relação de custeio e a relação de prestação. Numa delas, o Estado é credor, noutra, devedor. Na primeira, o Estado impõe coercitivamente a obrigação de que as pessoas consideradas pela norma jurídica como contribuintes do sistema de Seguridade Social – logo, contribuintes *também* da Previdência Social – vertam seus aportes, conforme as regras para tanto estabelecidas. Na segunda, o Estado é compelido, também pela lei, à obrigação de dar – pagar benefício – ou de fazer – prestar serviço – aos segurados e dependentes que, preenchendo os requisitos legais para a obtenção do direito, o requeiram.

A existência de uma relação jurídica de custeio própria caracteriza o modelo de previdência de caráter contributivo. A ordem jurídica interna estabelece, desde a Lei Maior, este caráter (art. 201, *caput*). Pelo sistema contributivo, a receita da Previdência Social – e, no caso brasileiro, da Seguridade Social como um todo – decorre de pagamentos feitos por pessoas com destinação específica para o financiamento das ações no campo da proteção social. *A contrario sensu*, há países que adotam o modelo de financiamento por meio da destinação de uma parte da arrecadação tributária, sem que se caracterize a existência de um ou mais tributos cuja receita seja destinada especificamente para a área do seguro social.

10.1 DEFINIÇÃO DA RELAÇÃO OBRIGACIONAL

Obrigação previdenciária de custeio é espécie do gênero *obrigação tributária*. Decorre da relação jurídica representada pelo vínculo entre o ente público responsável pela arrecadação das contribuições, acréscimos de mora e penalidades pecuniárias devidos, por um lado, e por outro, o responsável pelo cumprimento das obrigações previstas em lei, relativas ao recolhimento de contribuições previdenciárias, acréscimos de mora ou pagamento das penalidades pecuniárias decorrentes do descumprimento de obrigações. Roque Antonio Carrazza leciona sobre esta conclusão, nos seguintes termos:

> (...) as contribuições são sem sombra de dúvidas, tributos, uma vez que devem necessariamente obedecer ao regime jurídico tributário, isto é, aos princípios que informam a tributação, no Brasil. Estamos, portanto, que estas contribuições sociais são verdadeiros tributos (embora qualificados pela finalidade que devem alcançar).[1]

Decorre da existência de norma legal prévia que estabelece, na dicção de *Geraldo Ataliba*,[2] as hipóteses de incidência, ou seja, os fatos que, uma vez concretizados, estabelecem o nascimento

---

[1] CARRAZZA, Roque Antonio. *Curso de direito constitucional*. 9. ed. São Paulo: Malheiros, 1997, p. 345.
[2] ATALIBA, Geraldo. *Hipótese de incidência tributária*. 6. ed. São Paulo: Malheiros, 2004, p. 76.

do vínculo obrigacional entre o contribuinte ou responsável e o ente responsável pela arrecadação da contribuição.

Por seu turno, o fato imponível (denominado pelo Código Tributário Nacional "fato gerador") é a situação concreta que deflagra a aplicação da norma de índole tributária, independentemente da vontade do particular.[3]

Há pessoas que têm obrigação de contribuir porque desta decorre sua condição de beneficiário do sistema – são os segurados *obrigatórios* do regime. A obrigatoriedade de sua participação se impõe para que possam fruir dos benefícios e serviços previstos em lei.

Outras pessoas têm a obrigação de contribuir porque a lei simplesmente lhes determina tal ônus, sem que tenham qualquer contraprestação pelo fato de verterem recursos para o sistema. O liame obrigacional tem fundamento, nestes casos, no ideal de solidariedade que fundamenta a Previdência Social, embasado na teoria do risco social, segundo a qual toda a sociedade deve suportar o encargo de prover a subsistência dos incapacitados para o trabalho. É o que ocorre com as empresas, ao contribuírem sobre a folha de pagamento de seus trabalhadores, bem como sobre o faturamento e o lucro; também é o mesmo fundamento para se exigir do empregador doméstico e do produtor rural que verta contribuições para o regime; também é o motivo invocado para a cobrança de contribuições sobre apostas em concursos de prognósticos.

10.2 AUTONOMIA DA RELAÇÃO DE CUSTEIO

Regida por lei, e não pela vontade de particulares, a relação obrigacional de custeio é autônoma com referência à relação jurídica de prestação previdenciária. Como bem diz *Feijó Coimbra,* "nesta, que ora examinamos, sujeito ativo é o Estado, passivo o cidadão ou a empresa, e objeto material da prestação a quantia em dinheiro devida pelo sujeito passivo ao ativo. Não há correspondência entre a obrigação de custeio e a de amparo. (...) A obrigação de recolher contribuições não é, na maior parte dos casos, nem mesmo condição para o exercício do direito à prestação. Em decorrência, a relação de custeio é autônoma, forma-se e se extingue por modos e em ocasiões diversas das que regulam as demais relações jurídicas de Direito Previdenciário".[4]

A autonomia em comento leva a que as contribuições, mesmo quando não recolhidas aos cofres públicos, não impeçam a fruição dos benefícios e serviços por determinadas categorias de segurados obrigatórios, sendo poder-dever da Administração Pública exigir do responsável pelo recolhimento as contribuições não adimplidas, sem que isso se torne empecilho para a concessão ou manutenção de benefícios. É o que dispõe o inciso I do art. 36 do Regulamento (redação dada pelo Decreto n. 10.410/2020), ao corroborar o que já consta da Lei de Benefícios: computa-se no salário de benefício dos segurados empregados, inclusive domésticos, e trabalhadores avulsos "os salários de contribuição referentes aos meses de contribuições devidas, ainda que não recolhidas pela empresa ou pelo empregador doméstico (...) sem prejuízo da respectiva cobrança e da aplicação das penalidades cabíveis".

10.3 IDENTIDADE COM A RELAÇÃO OBRIGACIONAL TRIBUTÁRIA

Conforme será mais bem detalhado na Parte III desta obra, sendo a contribuição à Seguridade Social de matiz tributária, a relação obrigacional de custeio se identifica com as obrigações tributárias. Em ambas, o sujeito ativo é um ente pertencente ao Estado (no caso das contribuições à Seguridade Social, o sujeito ativo é a União), que se vale de sua supremacia para exigir o cumprimento da obrigação, pela via coercitiva. O sujeito passivo não tem possibilidade

---

[3] ATALIBA, Geraldo. *Op. cit.,* p. 72.
[4] *Direito previdenciário brasileiro.* 7. ed. Rio de Janeiro: Edições Trabalhistas, 1997, p. 235.

de alterar a incidência da norma, uma vez concretizado o fato imponível, nem transferir, por negócio entre particulares, a obrigação de prestar a devida contribuição. Assim é que, *v.g.*, se a lei estabelece ao empregador que este venha a recolher a contribuição a que está obrigado e, ainda, retenha a contribuição dos empregados a seu serviço, recolhendo-as também, tal responsabilidade é intransferível e, caso descumprida, arcará ele – o empregador – unicamente com os efeitos decorrentes do descumprimento da norma, não se penalizando os empregados com a infração legal (inadimplemento tributário) causada pelo tomador da mão de obra.

Da mesma forma que ocorre com a obrigação de pagar tributo, o Estado se utiliza do poder de polícia para verificar a exatidão das contribuições vertidas, bem como das obrigações acessórias decorrentes da aplicação da lei previdenciária, podendo, em caso de violação, aplicar as sanções cabíveis.

Porém, fica submetido, tal como em relação a qualquer outra espécie tributária, aos prazos decadenciais e prescricionais previstos no Código Tributário Nacional, assim como às hipóteses de suspensão e extinção do crédito tributário lá dispostas.

Em caso de ausência de pagamento voluntário das obrigações decorrentes da aplicação das regras de custeio, cumpre ao Poder Público exigir judicialmente a prestação pecuniária, mediante Ação de Execução Fiscal, de rito próprio, após o registro do débito em Dívida Ativa e a expedição do título executivo extrajudicial.

Convém apontar, por fim, que a situação do segurado facultativo discrepa da situação dos demais segurados, justamente em face do caráter não obrigatório de sua participação no RGPS. É que o facultativo não exerce atividade remunerada que o enquadre como obrigatório nos meses em que sua contribuição pode ser vertida, decorrendo assim de ato de vontade do indivíduo, sem imposição compulsória. Desta forma, não se constitui em obrigação tributária (art. 2º do CTN).

Contribuintes da Seguridade Social

Os termos "contribuinte" e "segurado" possuem diferenças de significado importantes no âmbito do Direito Previdenciário, que podem ser observadas na sequência deste tópico.

Contribuinte é o sujeito passivo da obrigação tributária, podendo ser pessoa física ou jurídica, sendo assim considerada toda pessoa que, por determinação legal, está sujeita ao pagamento de tributo.

A definição de sujeito passivo estabelecida no Código Tributário Nacional é a seguinte:

- sujeito passivo da obrigação principal é a pessoa obrigada ao pagamento de tributo ou penalidade pecuniária (art. 121, *caput*);
- sujeito passivo da obrigação acessória é a pessoa obrigada às prestações que constituam o seu objeto (art. 122).

O sujeito passivo da obrigação principal pode assumir a condição de contribuinte ou responsável. Diz-se ser contribuinte quando tenha relação pessoal e direta com a situação que constitua o respectivo fato gerador (como no caso dos contribuintes individuais que prestam serviços exclusivamente a pessoas jurídicas); denomina-se responsável quando, sem revestir a condição de contribuinte, sua obrigação decorra de disposição expressa de lei (art. 121, parágrafo único, inciso II, do CTN). Assim, por exemplo, os segurados empregados, inclusive os domésticos, e trabalhadores avulsos são contribuintes da Seguridade Social, entretanto não são os responsáveis pela obrigação principal – recolhimento da contribuição por eles devida –, já que a legislação de custeio cometeu tal encargo aos tomadores dos seus serviços (art. 30, incisos I e V, da Lei n. 8.212/1991). Eventuais inadimplementos das contribuições de segurados dessas espécies não serão debitados a estes, mas sim à empresa ou entidade a ela equiparada, ao empregador doméstico, ou à pessoa ou empresa que explorou a mão de obra avulsa, respectivamente (art. 33, § 5º, da Lei n. 8.212/1991). O mesmo acontece com os trabalhadores identificados pela Lei como contribuintes individuais que prestem serviços a pessoas jurídicas, a partir de abril de 2003, ficando estas últimas responsáveis pelo recolhimento (Lei n. 10.666/2003).

Segundo *Hugo de Brito Machado,* "a identificação de quem seja o sujeito passivo das contribuições sociais, como em princípio ocorre com qualquer tributo, depende do exame das hipóteses de incidência de cada uma delas, especificamente consideradas".[1]

A Constituição, ao delinear o âmbito das contribuições para a Seguridade Social, no art. 195, I, II, III, IV e V, estabeleceu quem será contribuinte do sistema:

---

[1] MACHADO, Hugo de Brito. *Curso de direito tributário.* 10. ed. São Paulo: Malheiros, 1995, p. 317.

- o empregador, a empresa e a entidade a ela equiparada;
- os trabalhadores segurados da Previdência Social, conforme suas categorias (empregado, empregado doméstico, trabalhador avulso, contribuinte individual e segurado especial);
- os apostadores de concursos de prognósticos;
- o importador de bens ou serviços do exterior, ou de quem a lei a ele equiparar;
- os prestadores de bens e serviços, nos termos de lei complementar.

Iniciaremos a análise a partir daqueles que, além de contribuintes, são beneficiários potenciais do sistema.

11.1 SEGURADOS DO REGIME GERAL DE PREVIDÊNCIA SOCIAL

Os segurados do Regime Geral de Previdência Social são os principais contribuintes do sistema de Seguridade Social previsto na ordem jurídica nacional. São contribuintes em função do vínculo jurídico (filiação) que possuem com este regime de previdência, uma vez que, para obter os benefícios, devem teoricamente verter contribuições ao fundo comum. Diz-se teoricamente porque, em certos casos, ainda que não tenha ocorrido contribuição, mas estando o indivíduo enquadrado em atividade que o coloca nesta condição, terá direito a benefícios e serviços: são os casos em que não há carência de um mínimo de contribuições pagas, ou quando a contribuição do período tenha deixado de ser recolhida aos cofres públicos por um terceiro responsável (empregador ou tomador dos serviços).

Exemplo típico é o do segurado obrigatório (enquadrado em qualquer das espécies), que, no primeiro mês de atividade laborativa em sua vida inteira, sofre um acidente e se torna incapaz para o trabalho, ou pior, vem a falecer: a contribuição devida por este somente seria paga no mês seguinte ao do trabalho realizado (como veremos, o vencimento do prazo para pagamento das contribuições ao sistema se dá sempre no mês subsequente ao do mês trabalhado); mas, mesmo sem ter contribuído (o acidente aconteceu antes do prazo de vencimento), o segurado (ou seu dependente) fará jus ao benefício, porque efetivamente houve atividade remunerada, sobre a qual incide a contribuição, que deve ser cobrada, caso não quitada, daquele que seja o responsável pelo seu recolhimento.

Os segurados do RGPS são classificados em obrigatórios e facultativos. Obrigatórios são os segurados de quem a lei exige a participação no custeio, bem como lhes concede, em contrapartida, benefícios e serviços, quando presentes os requisitos para a concessão. Facultativos são aqueles que, não tendo regime previdenciário próprio (art. 201, § 5º, da CF, com a redação da EC n. 20/1998), nem se enquadrando na condição de segurados obrigatórios do regime geral, no período em que farão a contribuição facultativa, resolvem verter contribuições para fazer jus a benefícios e serviços, ou apenas para que o tempo de inatividade remunerada seja computado futuramente em algum regime previdenciário, inclusive para manutenção de sua qualidade de segurado.[2]

São segurados obrigatórios do RGPS, e por tal razão contribuintes do sistema, os indivíduos enquadrados nos conceitos de: empregado, empregado doméstico, contribuinte individual, trabalhador avulso e segurado especial, na forma prevista no art. 12 da Lei n. 8.212/1991.

Ressaltamos que a nomenclatura utilizada por vezes gera margem a dúvidas. Exemplo disso é o servidor "estatutário", ocupante de cargo efetivo, pertencente a quadro de Ente Público

---

[2] Como passou expressamente a prever o § 5º do art. 11 do RPS (redação dada pelo Decreto n. 10.410/2020): "O segurado poderá contribuir facultativamente durante os períodos de afastamento ou de inatividade, desde que não receba remuneração nesses períodos e não exerça outra atividade que o vincule ao RGPS ou a regime próprio de previdência social".

(geralmente municípios), que não possui regime próprio de previdência social, e por essa razão acaba "enquadrado" como "segurado empregado", assim como outras situações.

Quanto a estes, a contribuição é verdadeiro tributo, sendo exigida a partir da ocorrência do fato gerador (prestação do trabalho remunerado). Dessa maneira, não há como o empregado (urbano, rural ou doméstico), o trabalhador avulso, o contribuinte individual ou o segurado especial "optarem" por não contribuir, como equivocadamente se diz no ideário popular.

A participação, sendo compulsória, acarreta também, de modo obrigatório, o pagamento do tributo respectivo – a contribuição incidente sobre os ganhos do trabalho, seja ele assalariado, pago de forma avulsa, decorrente de prestação autônoma de serviços ou, ainda, do indivíduo enquadrado como segurado especial.

Há dúvidas que pairam a respeito da obrigatoriedade ou não da contribuição dos *empresários e autônomos*, atualmente reunidos na legislação previdenciária sob a denominação de *contribuintes individuais*, na medida em que por vezes se ouve dizer que são contribuintes facultativos do sistema, o que não é verdade.

O que há, de fato, é uma grande inércia do Poder Público quanto a exigir o cumprimento dessas obrigações tributárias especialmente desses contribuintes individuais, acarretando a falsa impressão de que tais pessoas ingressariam no Regime Geral de Previdência Social apenas de modo facultativo.

São segurados facultativos as pessoas naturais que se filiarem de forma não compulsória ao RGPS, mediante contribuição vertida na forma do art. 21 da Lei n. 8.212/1991, com redação dada pela Lei n. 9.876/1999, o que se permite por não estarem vinculados na qualidade de segurado obrigatório de algum regime de previdência – o RGPS ou algum RPPS. Em verdade, por tal razão, os segurados facultativos *não são considerados devedores de tributos*, pois sua contribuição ao sistema decorre apenas de ato volitivo destes, renovável a cada mês (ou competência, conforme a nomenclatura típica atribuída pelo INSS).

A caracterização das várias espécies de segurados e as questões envolvendo a interpretação de normas relativas ao enquadramento dos mesmos, filiação e desfiliação do regime, serão estudadas no capítulo destinado a este tema específico.

11.2 EMPRESA E ENTIDADES EQUIPARADAS

De acordo com o art. 15, inciso I, da Lei n. 8.212/1991, considera-se empresa, para fins de aplicação da legislação de custeio, "a firma individual ou sociedade que assume o risco da atividade econômica urbana ou rural, com fins lucrativos ou não, bem como os órgãos e entidades da administração direta, indireta e fundacional" – estes quanto aos exercentes de cargos em comissão, empregados públicos e contratados temporariamente, filiados obrigatoriamente ao RGPS.

Também ocorre, em situação de discutível constitucionalidade, de entes da Federação, especialmente Municípios, manterem seus *servidores ocupantes de cargos efetivos como segurados do RGPS*, no que se enquadram tais entidades no conceito acima exposto. Acerca de maiores detalhes sobre esta anomalia, sugerimos ao leitor observar as considerações existentes na Parte V desta obra.

É digno de observação que o texto da Lei n. 8.212 neste particular está ainda em dissonância com as novas nomenclaturas fixadas no Código Civil de 2002 para as pessoas jurídicas de direito privado, notadamente as sociedades empresárias.

Equipara-se à empresa, para fins previdenciários, de acordo com o art. 15, parágrafo único, da Lei n. 8.212/1991, com a redação conferida pela Lei n. 13.202/2015:

o contribuinte individual e a pessoa física na condição de proprietário ou dono de obra de construção civil, em relação a segurado que lhe presta serviço, bem como a cooperativa, a associação ou a entidade de qualquer natureza ou finalidade, a missão diplomática e a repartição consular de carreira estrangeiras.

Não importa, para fins de caracterização para fins previdenciários, que o empreendimento seja urbano ou rural, em face do princípio constitucional da equivalência entre trabalhadores urbanos e rurais, nem se a atividade seja lucrativa ou não.

Aplicam-se às microempresas e às empresas de pequeno porte todas as obrigações estabelecidas pela legislação previdenciária para as empresas em geral, estando obrigadas ao recolhimento das contribuições previdenciárias e das destinadas a outras entidades e fundos, permitida, nas hipóteses previstas em lei, a opção pelo sistema próprio de recolhimento de contribuições e tributos, cujo detalhamento se encontra na Parte III desta obra.

11.3 MATRÍCULA DA EMPRESA, DO PRODUTOR RURAL PESSOA FÍSICA E DO SEGURADO ESPECIAL

A matrícula é o ato pelo qual as empresas (e pessoas a estas equiparadas) são cadastradas como contribuintes da Seguridade Social, sendo obrigatória, na forma da atual redação dos arts. 256 e 256-A do Decreto n. 3.048/1999:

> Art. 256. A matrícula da empresa será feita:
> I – simultaneamente com a inscrição no Cadastro Nacional da Pessoa Jurídica; ou
> II – perante o Instituto Nacional do Seguro Social, no prazo de trinta dias contados do início de suas atividades, quando não sujeita a inscrição no Cadastro Nacional da Pessoa Jurídica.
> § 1º Independentemente do disposto neste artigo, o Instituto Nacional do Seguro Social procederá à matrícula:
> I – de ofício, quando ocorrer omissão; e
> II – de obra de construção civil, mediante comunicação obrigatória do responsável por sua execução, no prazo do inciso II do caput. (...)
> Art. 256-A. A matrícula atribuída pela Secretaria da Receita Federal do Brasil ao produtor rural pessoa física ou segurado especial é o documento de inscrição do contribuinte, em substituição à inscrição no Cadastro Nacional de Pessoa Jurídica – CNPJ, a ser apresentado em suas relações:
> I – com o Poder Público, inclusive para licenciamento sanitário de produtos de origem animal ou vegetal submetidos a processos de beneficiamento ou industrialização artesanal;
> II – com as instituições financeiras, para fins de contratação de operações de crédito; e
> III – com os adquirentes de sua produção ou fornecedores de sementes, insumos, ferramentas e demais implementos agrícolas. (...)

Para as demais (os contribuintes desobrigados à inscrição no CNPJ; as obras de construção civil em geral; os condomínios, exceto os inscritos no CNPJ; o contribuinte individual que remunere outros contribuintes individuais ou empregados), a matrícula deverá ser feita no prazo de trinta dias contados do registro dos atos constitutivos em cartório, por meio do Cadastro Específico do INSS – CEI.

Procede-se à matrícula de obras de construção civil, após prévia comunicação do responsável pela execução da mesma (construção, reforma, acréscimo ou demolição), e ainda, de ofício, quando ocorrer omissão por parte da empresa ou do responsável pela obra. Havendo omissão, cabe a aplicação de multa (§ 3º do art. 49 da Lei n. 8.212/1991).

Deverá ser emitida matrícula para cada consórcio simplificado de produtores rurais e para cada propriedade rural pertencente a um mesmo produtor rural, ainda que situadas no âmbito do mesmo Município, bem como para cada contrato com produtor rural, parceiro, meeiro, arrendatário ou comodatário.

Na ocorrência de pessoas físicas explorarem, em conjunto, com o auxílio de empregados, uma única propriedade rural, partilhando os riscos do empreendimento e os produtos colhidos, será atribuída apenas uma matrícula, em nome do produtor indicado na inscrição estadual.

Caso a empresa ou pessoa a ela equiparada não proceda à matrícula, ocorre então a matrícula de ofício, a ser feita pelo auditor-fiscal da RFB, emitindo, ainda, o devido Auto de Infração, para aplicação da multa prevista no § 3º do art. 49, além de emitir o documento de notificação de débito fiscal das contribuições não recolhidas.

O prazo de trinta dias para a matrícula é contado do início das atividades, quando não sujeita a Registro na Junta Comercial. A matrícula não efetuada no prazo sujeita o infrator à multa aplicada na forma do regulamento, ressalvada a hipótese de sua regularização espontânea.

A Lei n. 11.941/2009 alterou diversos dispositivos da Lei n. 9.430/1996, tratando, também, da matéria relacionada a inscrição no CNPJ, prevendo a "baixa" desta em diversas hipóteses nos termos e condições definidas pela Secretaria da Receita Federal do Brasil.

11.4 EMPREGADOR DOMÉSTICO

O empregador doméstico é a pessoa física que admite a seu serviço, mediante remuneração, sem finalidade lucrativa, empregado doméstico (art. 15, II, da Lei n. 8.212/1991). Esse conceito deve ser conjugado com o de empregado doméstico estabelecido mais recentemente pelo art. 1º da LC n. 150/2015, qual seja: "aquele que presta serviços de forma contínua, subordinada, onerosa e pessoal e de finalidade não lucrativa à pessoa ou à família, no âmbito residencial destas, por mais de 2 (dois) dias por semana".

Cumpre referir que para o cumprimento das novas obrigações do empregador doméstico, criadas pela EC n. 72/2013, a LC n. 150/2015 determinou a implantação do sistema de tributação denominado "Simples Doméstico", que define um regime unificado para pagamento de todos os tributos e demais encargos, inclusive FGTS. Foi prevista também a criação de um sistema eletrônico, onde o empregador doméstico deverá informar as obrigações trabalhistas, previdenciárias, fiscais, de apuração de tributos e do FGTS. Esse sistema está disponível dentro do portal do eSocial – que possui um módulo específico para os empregadores domésticos – e pode ser acessado pelo endereço eletrônico <https://www.gov.br/esocial/pt-br>.

Recorde-se, ainda, que o empregador doméstico é contribuinte nesta condição, porém não é segurado em função disso – não faz jus a benefícios ou serviços; também não estará isento de contribuir pelo fato de possuir regime próprio diferenciado de previdência, como no caso de um empregador doméstico que seja servidor público federal. O empregador doméstico recolhe contribuições na qualidade de contribuinte, mas não de segurado. Apenas será segurado do RGPS se exercer atividade que o enquadre como segurado obrigatório ou venha a contribuir como segurado facultativo, observadas as vedações legais.

11.5 APOSTADORES DE CONCURSOS DE PROGNÓSTICOS

A contribuição social incidente sobre apostas feitas em concursos de prognósticos é prevista no texto constitucional no art. 195, III, e disciplinada pelo art. 26 da Lei n. 8.212/1991. Os contribuintes, no caso, são os indivíduos que vertem valores em apostas feitas em concursos de loterias, reuniões hípicas e sorteios patrocinados pelo Poder Público. O Decreto n. 3.048/1999, dispondo sobre a matéria em seu art. 212, incluiu como hipóteses de incidência os concursos realizados por sociedades comerciais ou civis.

O fato de caber à pessoa jurídica responsável pelo concurso o recolhimento das contribuições não retira do apostador sua condição de contribuinte, transferindo-se apenas a responsabilidade pela entrega do numerário ao ente arrecadador da Seguridade Social. Tal contribuição, contudo, não acarreta qualquer contrapartida devida ao apostador em matéria de proteção social.

12

Relação Jurídica de Seguro Social

A ação do Estado no âmbito da Previdência Social se dá pela efetiva proteção do indivíduo que se enquadra na condição de filiado ao regime – obrigatória ou facultativamente – e dos que se classificam como dependentes, com a concessão dos benefícios e serviços que caracterizam as prestações previdenciárias.

A relação jurídica previdenciária, ou de seguro social é, pois, aquela em que, ao contrário do que ocorre com a relação de custeio, credor é o indivíduo filiado ao regime de previdência ou seus dependentes, e devedor o Estado, por meio da entidade cuja atribuição é a concessão de benefícios e serviços.

O objetivo da relação jurídica de seguro social é a entrega da prestação correspondente ao fato ocorrido com o segurado, seja tal prestação estabelecida como obrigação de dar (o pagamento de benefícios previstos na Lei do Regime de Previdência Social) ou de fazer (a prestação de serviços de reabilitação profissional e as relativas ao serviço social).

12.1 DEFINIÇÃO DA RELAÇÃO DE SEGURO SOCIAL

A condição de beneficiário de um regime de Previdência, objeto de nosso estudo, decorre da atuação da vontade da lei. Trata-se de direito indisponível do indivíduo, de maneira que, mesmo não tendo interesse na proteção social conferida pelo regime, mas estando enquadrado numa das hipóteses legais, a pessoa será considerada, pelo ente previdenciário, como segurado ou como dependente, logo, beneficiário do regime. A inércia do indivíduo que tem direito a benefício não lhe acarreta a caducidade do direito, salvo em casos taxativamente enumerados na Lei n. 8.213/1991.

Como se trata de direito indisponível, a prestação previdenciária não pode ser objeto de renúncia, vista esta como intenção manifesta de nada receber do ente previdenciário. Mesmo que a pessoa chegue a fazer uma declaração de vontade neste sentido, esta não tem validade jurídica. Um exemplo claro disso é o direito à pensão por morte, que não se transfere a dependentes de outra classe, menos prioritária, em caso de pessoa com direito ao benefício da classe mais prioritária "abrir mão".

Também decorre da irrenunciabilidade a conclusão de que o direito ao benefício previdenciário é imprescritível, sendo atingidas pela prescrição somente as parcelas, mas não o direito em si; é dizer, a eventual inércia do beneficiário apenas repercute sobre as parcelas que eram devidas antes do marco prescricional (cinco anos), mantido o direito ao pagamento dos valores devidos dentro do período imprescrito, sendo vedada a adoção de regras que acarretem prazo decadencial para o requerimento de benefícios. Como consta do voto do Ministro Edson Fachin, relator da ADI 6.096, reafirmando outro julgamento, de relatoria do Min. Luís Barroso:

dispõe de caráter fundamental o direito ao benefício previdenciário (fundo do direito), a ser exercido a qualquer tempo, sem prejuízo do beneficiário ou segurado que se quedou inerte. Nesse sentido, padece de vício de inconstitucionalidade a disciplina legislativa que, limitando seu exercício a um prazo específico, compromete o direito material à concessão do benefício previdenciário.

Outra consequência relevante de tal entendimento é que, mesmo o segurado não usufruindo de um benefício em vida, o mero fato de ter adquirido o direito acarreta, por corolário, a permanência do direito de seus dependentes em obter a proteção previdenciária, como no caso de pensão por morte concedida aos familiares do segurado que, tendo implementado os requisitos para a aposentadoria, não a requereu em tempo – mesmo que tenha deixado de contribuir, já que, nesse caso, o entendimento é que o segurado não teria como perder a qualidade de segurado, pois já poderia estar em gozo de benefício (art. 15, I, da Lei n. 8.213/1991).

A obrigação de prover o benefício não decorre de qualquer circunstância subjetiva; não se perquire de atuação dolosa ou culposa, nem de intenção do segurado em causar o infortúnio. A responsabilidade do ente previdenciário é puramente objetiva, fundada na teoria do risco social, que independe de resposta às indagações subjetivas sobre a causa do evento deflagrador do direito ao benefício. As restrições previstas em lei são a situação do dependente condenado criminalmente por sentença com trânsito em julgado, como autor, coautor ou partícipe de homicídio doloso, ou de tentativa desse crime, cometido contra a pessoa do segurado, ressalvados os absolutamente incapazes e os inimputáveis; e o dependente cônjuge, companheiro ou companheira quando comprovada, a qualquer tempo, simulação ou fraude no casamento ou na união estável, ou a formalização desses com o fim exclusivo de constituir benefício previdenciário, apuradas em processo judicial no qual será assegurado o direito ao contraditório e à ampla defesa (cf. art. 74, §§ 1º e 2º, da Lei n. 8.213/1991 em sua atual redação).

O ente previdenciário, por seu turno, não tem a menor discricionariedade na concessão do benefício, uma vez preenchidos os requisitos legais para a obtenção desse direito. Não há escolha por parte do administrador. A negativa de concessão do benefício, ou sua concessão, sem motivo justo, caracteriza, em tese, falta funcional e delito de prevaricação, posto que, além de violar dever ético-profissional, o agente público que assim agir atingirá direito intangível do indivíduo, causando-lhe prejuízos patrimoniais e morais, pela perda, momentânea ou duradoura, de sua subsistência.

A Previdência Social, por seus órgãos e agentes, não presta favor algum a seus beneficiários: é o exemplo mais vivo de serviço público na sua acepção mais adequada. Os benefícios e serviços ali deferidos não são objeto de barganha política ou mesmo de favorecimento pessoal. É ato plenamente vinculado o deferimento ou indeferimento da prestação do seguro social.

12.2 VINCULAÇÃO DA RELAÇÃO PREVIDENCIÁRIA COM A FILIAÇÃO

Não há relação de seguro social sem filiação prévia. Se no campo da relação de custeio a obrigação de pagar contribuição social não se vincula ao fato de ser, ou não, segurado do regime de previdência, no âmbito da relação de prestação a regra se inverte. O direito do indivíduo à proteção previdenciária só se perfaz quando este se encontra, compulsória ou facultativamente, filiado a um regime de Previdência Social.

Além do período de filiação, depende o segurado, em alguns casos, do cumprimento de um período mínimo de contribuições para ter direito a certos benefícios, o que se denomina "período de carência", matéria a ser estudada no capítulo específico.

O período de filiação se estende ainda que o segurado perca sua atividade laborativa, que o enquadrava como tal, durante certo tempo; este lapso é chamado de "período de graça", porque, neste período, o indivíduo mantém a qualidade de segurado, embora não esteja contribuindo para o regime.

Já o dependente do segurado, por não ter vinculação direta com o ente previdenciário, mas apenas com este se relacionar indiretamente, somente faz jus a benefícios se o indivíduo com o qual guarda relação conjugal, de companheirismo ou parentesco, nas hipóteses legais, se se encontrar filiado, ainda que no "período de graça". Para fazer jus ao benefício, o dependente não precisa ter sido previamente inscrito pelo segurado; vale dizer, a relação de dependência é de fato, bastando a comprovação da relação com o segurado quando da ocorrência do evento que gera direito ao benefício – art. 22, *caput*, do Decreto n. 3.048/1999, com a redação conferida pelo Decreto n. 4.079/2002.

Não se deve confundir a filiação com o pagamento das contribuições, no caso dos segurados obrigatórios. O mero inadimplemento de contribuições devidas não afasta a filiação, que se mantém durante todo o período em que o segurado (exceto o facultativo) exercer atividade.

Nasce a relação de seguro social, assim, no primeiro dia de trabalho dos segurados obrigatórios, porque é nesta data que se dá a sua filiação automática e compulsória ao regime previdenciário a que passa a pertencer. No caso dos segurados facultativos, a relação se inicia no dia em que ocorre sua inscrição no regime, pois não havendo exercício de atividade laboral remunerada, somente com a manifestação de vontade de filiar-se ao sistema, e mais, somente a partir da primeira contribuição vertida, inaugura a relação jurídica. Neste sentido, o art. 20 do Decreto n. 3.048/1999:

> *Art. 20. Filiação é o vínculo que se estabelece entre pessoas que contribuem para a previdência social e esta, o qual decorrem direitos e obrigações.*
>
> *§ 1º A filiação à previdência social decorre automaticamente do exercício de atividade remunerada para os segurados obrigatórios, observado o disposto no § 2º, e da inscrição formalizada com o pagamento da primeira contribuição para o segurado facultativo.*
>
> *§ 2º A filiação do trabalhador rural contratado por produtor rural pessoa física por prazo de até dois meses no período de um ano, para o exercício de atividades de natureza temporária, decorre automaticamente de sua inclusão em declaração prevista em ato do Secretário Especial da Receita Federal do Brasil do Ministério da Economia por meio de identificação específica.*
>
> *§ 3º O exercício de atividade prestada de forma gratuita e o serviço voluntário, nos termos do disposto na Lei n. 9.608, de 18 de fevereiro de 1998, não geram filiação obrigatória ao RGPS.*

No entanto, segundo precedentes do STJ, a condição de segurado, no caso do contribuinte individual, não decorre simplesmente do exercício de atividade remunerada, mas deste associado ao efetivo recolhimento das contribuições previdenciárias (REsp 1776395/MG, T2, Rel. Ministro Herman Benjamin. DJe 19.12.2018). Essa situação merece cautela na análise de cada caso concreto. É que a obrigação de recolhimento da contribuição se dá somente no mês subsequente ao da competência em que se deu a prestação do trabalho, de modo que a incapacidade ou o falecimento do contribuinte individual antes do recolhimento não significa, por si, haver alguma "irregularidade" ou ausência de qualidade de segurado. Não seria admissível, logicamente, exigir o recolhimento da contribuição em data anterior à legalmente prevista, apenas para que o indivíduo possa ser considerado segurado.

Muitas dúvidas existem a respeito da diferenciação entre o contribuinte individual e o segurado facultativo e a filiação dessas duas espécies de segurados. O contribuinte individual (segurado obrigatório, na forma do art. 11, V, da Lei n. 8.213/1991) é a pessoa que exerce atividade remunerada que não se configure como vínculo empregatício, trabalho avulso ou como segurado especial. Já o facultativo é aquele que não exerce qualquer atividade remunerada quando resolve começar a contribuir.

O contribuinte individual é considerado segurado obrigatório perante o Regime Geral de Previdência Social automaticamente, ao começar a exercer atividade remunerada, sendo dever dele inscrever-se; embora comprovado, por exemplo, o trabalho como autônomo para pessoas jurídicas, a responsabilidade se transfere para o tomador dos serviços, por força da Lei n. 10.666/2003.

A qualidade de segurado do contribuinte individual decorre do exercício da atividade, e não do recolhimento das contribuições, que são tributos e, nesta condição, devem ser exigidos pela Receita Federal do Brasil daquele que inadimpliu a obrigação (art. 33, § 5º, da Lei n. 8.212/1991). Todavia, a orientação jurisprudencial predominante é em sentido contrário. Vejamos:

- STJ: "Não se admite o recolhimento *post mortem* de contribuições previdenciárias a fim de que, reconhecida a qualidade de segurado do falecido, seja garantida a concessão de pensão por morte aos seus dependentes" (REsp 1.346.852/PR, 2ª Turma, Rel. Min. Humberto Martins, *DJe* 28.5.2013);
- TNU: Súmula n. 52: "Para fins de concessão de pensão por morte, é incabível a regularização do recolhimento de contribuições de segurado contribuinte individual posteriormente a seu óbito, exceto quando as contribuições devam ser arrecadadas por empresa tomadora de serviços".

Entretanto, destaca-se importante tese fixada pela TNU no julgamento do Representativo de Controvérsia no Tema n. 286: "Para fins de pensão por morte, é possível a complementação, após o óbito, pelos dependentes, das contribuições recolhidas em vida, a tempo e modo, pelo segurado facultativo de baixa renda do art. 21, § 2º, II, 'b', da Lei 8.212/91, da alíquota de 5% para as de 11% ou 20%, no caso de não validação dos recolhimentos" (PEDILEF 5007366-70.2017.4.04.7110/RS, julgado em 23.6.2022).

O segurado facultativo pode filiar-se à Previdência Social por sua própria vontade a qualquer tempo, porém a inscrição só gerará efeitos a partir do primeiro recolhimento, não podendo retroagir e não se permitindo o pagamento de contribuições relativas a meses anteriores ao mês da inscrição, ressalvada a situação específica quando houver opção pela contribuição trimestral.

Após a inscrição, o segurado facultativo somente poderá recolher contribuições em atraso quando não tiver ocorrido perda da qualidade de segurado, o que ocorre após seis meses da cessação das contribuições (§ 4º do art. 11 do Decreto n. 3.048/1999). Na hipótese de perda da qualidade de segurado, somente serão consideradas, para fins de carência, as contribuições efetivadas após novo recolhimento sem atraso (§ 4º do art. 28 do mesmo Decreto, incluído pelo Decreto n. 10.410/2020).

Consigna-se que a Lei n. 13.846/2019 inseriu na Lei de Benefícios uma vedação à inscrição *post mortem* em relação ao segurado contribuinte individual e ao segurado facultativo (art. 17, § 7º, da LBPS), com o alegado objetivo de combater fraudes contra a Previdência Social. Trata-se de matéria deveras controvertida, que será analisada adiante quando do Capítulo que versa sobre a manutenção da qualidade de segurado.

12.3 NATUREZA JURÍDICA DA RELAÇÃO DE SEGURO SOCIAL

Como já mencionado, a relação de seguro social é direito indisponível para o indivíduo, seja ele segurado ou dependente. Já para o ente responsável pela obrigação de conceder os benefícios e serviços, a natureza é de um múnus público, como o é toda atividade prestada pela Administração Pública na consecução das finalidades da atividade estatal.

O direito às prestações da Previdência Social se encontra consagrado no rol dos Direitos Sociais, como um direito fundamental (decorrente do direito à segurança), como bem salientou *Daniel Machado da Rocha* em sua obra.[1]

Trata-se de direito de natureza eminentemente alimentar, gerador, no mais das vezes, da subsistência básica do ser humano, cuja demora ou indeferimento descabido podem causar danos irreparáveis à existência digna de quem dependa das prestações do seguro social.

Acrescente-se a isso a condição de hipossuficiência da maior parte dos potenciais beneficiários da Previdência, tanto de ordem econômica quanto de conhecimento acerca de seus direitos de índole previdenciária, o que gera a necessidade de que o tratamento conferido a estes direitos assuma contornos especiais.

Por conta de tal distinção, impõe-se assegurar ao indivíduo o pleno acesso às informações de que necessita para a defesa de seus interesses junto à Previdência Social, bem como garantir que ingresse com os requerimentos de concessão de benefício mesmo quando não apresente a documentação necessária, para salvaguarda de tais direitos fundamentais, como estabelece, com bastante clareza, a Lei n. 8.213/1991 em seu art. 105.

O respeito ao referido art. 105 da Lei n. 8.213/1991 não tem sido verificado quando de tentativas de realizar protocolo (agendamento) pelo telefone 135 sem sucesso, o que leva ao mesmo efeito da negativa de protocolo ao requerimento.

Outro grave problema enfrentado pelos segurados e beneficiários do RGPS diz respeito à demora na resposta a requerimentos formulados. A questão em análise chegou ao STF por força do Recurso Extraordinário 1.171.152/SC, originário de Ação Civil Pública julgada pelo TRF da 4ª Região, sendo reconhecida a Repercussão Geral – Tema 1.066 –, cuja controvérsia foi delimitada da seguinte forma:

> Possibilidade de o Poder Judiciário (i) estabelecer prazo para o Instituto Nacional do Seguro Social realizar perícia médica nos segurados da Previdência Social e (ii) determinar a implantação do benefício previdenciário postulado, caso o exame não ocorra no prazo.

Na sequência, os entes envolvidos nas ACPs apresentaram Termo de Acordo ao STF solicitando a homologação, que ocorreu por decisão monocrática do Relator Alexandre de Moraes, em 9.12.2020. Posteriormente, o Plenário do STF, em Sessão Virtual, homologou o acordo e julgou extinto o processo (art. 487, III, do CPC), com sua exclusão da sistemática da repercussão geral.

O Termo de Acordo homologado pelo STF acabou sendo mais amplo do que a questão delimitada inicialmente no paradigma da Repercussão Geral – Tema 1.066 –, pois prevê prazos máximos de conclusão dos processos administrativos para: (a) reconhecimento inicial de direito a benefícios previdenciários e assistenciais; e (b) a realização da avaliação social nos casos em que o benefício dependa da aferição da deficiência do segurado. Todos esses prazos não ultrapassam 90 dias e podem variar de acordo com a espécie e o grau de complexidade do benefício (de 30 a 90 dias).

Sobre o reconhecimento de que a demora na prestação do atendimento pelo INSS é ensejadora de reparação civil, por se tratar de grave violação a direitos fundamentais do indivíduo, há jurisprudência neste sentido, citando-se, apenas como exemplo, o aresto a seguir:

> *ADMINISTRATIVO – PROCESSUAL CIVIL – DANO MORAL – PENSÃO POR MORTE – PERCEPÇÃO 50% – DEMORA NA INTEGRALIZAÇÃO DO BENEFÍCIO – INDENIZAÇÃO.*

---

[1] ROCHA, Daniel Machado da. *O Direito Fundamental à Previdência Social na Perspectiva dos Princípios Constitucionais Diretivos do Sistema Previdenciário Brasileiro*. Porto Alegre: Livraria do Advogado, 2004.

Para que se configure a responsabilidade civil do agente, necessária a presença de três requisitos básicos: a culpa ou dolo, o dano e o nexo causal entre eles. A ausência de um desses três elementos descaracteriza a responsabilidade, inibindo a obrigação de indenizar. – Não obstante o dano moral independer de prova concreta, porque subjetivo e interno, necessita de comprovação do fato que o ensejou. Assim, para que haja o dever de indenizar é indispensável a comprovação da ocorrência de um dano patrimonial ou moral, o que restou provado nos autos. – Comprovado o fato ensejador do ato ilícito praticado pelo INSS, ao desdobrar a pensão da autora, ao arrepio da lei, exsurge o dever de indenizar. – Recurso da autora parcialmente provido. Majoração do valor da indenização por danos morais para R$ 5.000,00 (cinco mil reais). Recurso do INSS improvido (TRF 2ª Região, 6ª Turma Especializada, AC 2003.51.01.014109-0, Rel. Des. Federal Fernando Marques, DJU 1º.12.2006). No mesmo sentido: 3ª TR/SC, Recurso Cível 5020690-85.2016.4.04.7200/SC, Rel. Juiz Federal Gilson Jacobsen, em 24.8.2017.

Um aprofundamento das questões ligadas à reparação de danos causados por condutas dolosas e culposas de agentes públicos do ente previdenciário a beneficiários do sistema pode ser encontrado no capítulo específico existente na Parte IV desta obra.

13

Segurados do Regime Geral de Previdência Social

13.1 SEGURADOS – DEFINIÇÃO

É segurado da Previdência Social, nos termos do art. 12 e parágrafos da Lei n. 8.212, de 1991, e art. 11 e parágrafos da Lei n. 8.213, de 1991, de forma obrigatória, a pessoa física que exerce atividade remunerada, efetiva ou eventual, de natureza urbana ou rural, com ou sem vínculo de emprego, a título precário ou não, bem como aquele que a lei define como tal, observadas, quando for o caso, as exceções previstas no texto legal, ou exerceu alguma atividade das mencionadas acima, no período imediatamente anterior ao chamado "período de graça". Também é segurado aquele que, sem exercer atividade remunerada, se filia facultativa e espontaneamente à Previdência Social, contribuindo para o custeio das prestações sem estar vinculado obrigatoriamente ao Regime Geral de Previdência Social – RGPS ou a outro regime previdenciário qualquer (art. 14 da Lei de Custeio e art. 13 da Lei de Benefícios).

Portanto, existem duas espécies de segurados: os obrigatórios e os facultativos.

13.2 SEGURADOS OBRIGATÓRIOS

Segurados obrigatórios são aqueles que devem contribuir compulsoriamente para a Seguridade Social, com direito aos benefícios pecuniários previstos para a sua categoria (aposentadorias, pensões, auxílios, salário-família e salário-maternidade) e aos serviços (reabilitação profissional e serviço social) a encargo da Previdência Social.

O pressuposto básico para alguém ter a condição de segurado do RGPS é o de ser pessoa física (art. 12 da Lei n. 8.212/1991 e art. 11 da Lei n. 8.213/1991), pois é inconcebível a existência de segurado pessoa jurídica. Outro requisito para ser segurado obrigatório é o exercício de uma atividade laborativa, remunerada e lícita, pois o exercício de atividade com objeto ilícito não encontra amparo na ordem jurídica.

O segurado obrigatório sempre exerce ao menos uma atividade remunerada, seja com vínculo empregatício, urbano, rural ou doméstico, seja sob regime jurídico público estatutário (desde que não possua regime próprio de previdência social), seja como trabalhador autônomo ou trabalho a este equiparado, trabalhador avulso, empresário ou segurado especial. A atividade exercida pode ser de natureza urbana ou rural. Ainda que exerça, nessas condições, suas atividades no exterior, a pessoa será amparada pela Previdência Social, nas hipóteses previstas em lei. Impõe-se lembrar, outrossim, que não importa a nacionalidade da pessoa para a filiação ao RGPS e seu consequente enquadramento como segurado obrigatório, sendo permitido aos estrangeiros com domicílio fixo no Brasil o ingresso, desde que o trabalho tenha sido desenvolvido no território nacional ou nas repartições diplomáticas brasileiras no exterior.

Ainda é possível à pessoa física obter a condição de segurado obrigatório do RGPS, mesmo que a prestação laboral se dê no exterior, quando a contratação tenha ocorrido no território nacional, ou em virtude de tratados ou acordos internacionais firmados pelo Brasil. Trata-se de hipóteses de extraterritorialidade da lei brasileira, em face do princípio da universalidade do atendimento à população que necessita de seguridade social.

Em regra, é o trabalho mediante retribuição pecuniária que enseja a qualidade de segurado obrigatório. Segundo *Wladimir Novaes Martinez*, "o trabalho não remunerado normalmente não conduz à filiação. Então, as situações devem ser examinadas em particular. Existem hipóteses onde (sic) a remuneração é presumida, não necessariamente demonstrada, como acontece, por exemplo, com a do sócio-gerente. Ao contrário, há pessoas remuneradas não filiadas, como o estagiário".[1] Mesmo assim, ressalte-se, quando a situação do estagiário esteja em desacordo com os preceitos da Lei n. 11.718/2008, este passa a ser considerado empregado, logo, segurado obrigatório.

De acordo com o art. 12 da Lei n. 8.212/1991 e art. 11 da Lei n. 8.213/1991, são segurados obrigatórios da Previdência Social as pessoas físicas classificadas como: *empregado, empregado doméstico, contribuinte individual, trabalhador avulso e segurado especial*. A partir de 29.11.1999, data da publicação da Lei n. 9.876, de 26.11.1999, o empresário, o trabalhador autônomo e o equiparado a autônomo passaram a ser classificados numa única espécie de segurados obrigatórios, com a nomenclatura de *contribuintes individuais*.

Impõe-se frisar que a MP n. 905, de 11.11.2019, acrescentava o § 14 ao art. 11 da Lei n. 8.213, prevendo que: "O beneficiário do Seguro-Desemprego concedido nos termos do disposto na Lei n. 7.998, de 11 de janeiro de 1990, e da Lei n. 10.779, de 25 de novembro de 2003, é segurado obrigatório da previdência social, durante os meses de percepção do benefício". Não identificava, todavia, a que categoria se enquadrava. Por se tratar o seguro-desemprego de benefício devido apenas a segurados empregados, inclusive os domésticos, e trabalhadores avulsos, entendemos que a categoria seria aquela anterior à percepção do benefício. No entanto, a aludida MP foi revogada, em 20.4.2020, pela MP n. 955 e esta, por sua vez, teve sua eficácia encerrada sem que o Congresso Nacional tivesse apreciado a matéria.

O reconhecimento do indivíduo como segurado do Regime de Previdência Social é condição fundamental para a obtenção de direitos de tal natureza. Evidentemente, nem sempre o trabalhador consegue fazer prova cabal e inequívoca de tal qualidade, mormente em se tratando das chamadas relações informais de trabalho.

Mesmo assim, a ausência de tal prova, quando a pessoa física pretenda comprovar a sua condição mediante os procedimentos administrativos ou judiciais pertinentes, não a impede de requerer benefícios, sendo inadmissível que o cidadão seja "barrado" no acesso às prestações, peremptoriamente, por não demonstrar, de imediato, possuir "carteira assinada", como às vezes acontece. O procedimento adequado é permitir que o postulante requeira o que entender de direito, assegurando-lhe o direito de provar a sua condição de segurado.

13.2.1 Empregado urbano e rural

Na categoria de segurado empregado, conforme o inciso I do art. 11 da Lei n. 8.213/1991, regulamentado pelas alíneas do inciso I do art. 9º do Decreto n. 3.048/1999, com sua redação atual conferida pelo Decreto n. 10.410/2020, incluem-se todos aqueles que possuem

---

[1] MARTINEZ, Wladimir Novaes. *O salário de contribuição na Lei Básica da Previdência Social*. São Paulo: LTr, 1993, p. 45.

vínculo laboral regido pela CLT, com os requisitos previstos nos arts. 2º e 3º da Consolidação, com ou sem prazo determinado (inclusive as modalidades de trabalho a tempo parcial, em teletrabalho, trabalho intermitente, aprendiz), bem como os empregados rurais (alínea "a"), os contratados na forma da Lei n. 6.019/1974, os agentes públicos sem regime próprio (contratados temporariamente, comissionados e detentores de mandato eletivo), além de outras situações que, para efeitos previdenciários, geram *equiparação de tratamento* aos empregados propriamente ditos, identificadas nas demais alíneas do inciso I do art. 9º do Decreto regulamentador.

Em relação aos empregados de entidades da Administração Indireta – empresas públicas e sociedades de economia mista, suas subsidiárias e de consórcios públicos –, já são filiados ao RGPS, na qualidade de segurados empregados, bem como o serão todos aqueles contratados para empregos nessas entidades.

A relação de emprego é relação jurídica de direito pessoal. Assim, exigir trabalho do obreiro é direito do empregador. É assente na doutrina juslaboralista que o contrato de trabalho se realiza *intuitu personae* para o empregado.

Entende-se por serviço prestado em caráter não eventual aquele relacionado direta ou indiretamente com as atividades normais da empresa, não sendo necessária a prestação diária de serviços. Basta, para a configuração da relação de emprego, que a relação não tenha sido eventual. É o caso, por exemplo, do bilheteiro de um cinema que só abre aos domingos; o fato de laborar um dia apenas por semana não o descaracteriza como empregado.

Trabalho temporário é aquele prestado por pessoa física contratada por uma empresa de trabalho temporário, que a coloca à disposição de uma empresa tomadora de serviços, para atender à necessidade de substituição transitória de pessoal regular e permanente ou à demanda complementar de serviços (art. 2º da Lei n. 6.019/1974 – com a nova redação conferida pela Lei n. 13.429, de 31.3.2017). Não se confunde com o trabalho eventual: é aquele em que uma empresa de recrutamento de pessoal para trabalho temporário coloca à disposição de outra empresa trabalhadores, com a finalidade de prover, por tempo determinado, uma necessidade transitória dessa empresa, decorrente de acréscimo de demanda ou substituição de empregados efetivos (regulares e permanentes), salvo autorização do Ministério do Trabalho e Previdência. A relação de emprego se forma com a empresa de recrutamento, salvo comprovada fraude a direitos dos trabalhadores, bem como quando ultrapassado o prazo previsto pela Lei n. 6.019/1974, com as alterações da Lei n. 13.429, de 31.3.2017, quando então se considera empregador o tomador dos serviços temporários.

Com a previsão legal do chamado "trabalho intermitente" pela Lei n. 13.467/2017, passamos a ter de enfrentar a questão sob a ótica previdenciária, especialmente quanto à preservação da qualidade de segurado desses trabalhadores.

A hipótese, prevista nos arts. 443 e 452-A da CLT, é assim conceituada no § 3º do art. 443:

> *Considera-se como intermitente o contrato de trabalho no qual a prestação de serviços, com subordinação, não é contínua, ocorrendo com alternância de períodos de prestação de serviços e de inatividade, determinados em horas, dias ou meses, independentemente do tipo de atividade do empregado e do empregador, exceto para os aeronautas, regidos por legislação própria.*

Nota-se que a preocupação do legislador é relacionada com pessoas que, em regra, exercem atividades como *freelancers*, em casas noturnas, tais como garçons, *barmen*, agentes de segurança e outras atividades que envolvem o chamado ramo de entretenimento.

Ocorre que, pelos dispositivos legais citados, o trabalhador em tal condição não terá remuneração, necessariamente, em todos os meses do referido contrato, ou em alguns meses terá rendimento inferior ao salário mínimo mensal. Ou seja, nos meses em que não prestar trabalho, não terá salário de contribuição, e, nos meses em que a retribuição pelos dias trabalhados for inferior ao salário mínimo, terá problemas quanto à proteção previdenciária, em face do contido no § 14 do art. 195 da CF, pela redação da EC n. 103/2019, pois pela previsão ali contida, de duvidosa constitucionalidade, por violação do princípio da equidade da participação no custeio (*vide* comentários no capítulo relativo ao salário de contribuição), os segurados nessa condição não poderão aproveitar o tempo de contribuição sem o recolhimento da contribuição mínima mensal exigida para cada categoria de segurado, assegurado o agrupamento de contribuições. Então, em que pese ter um vínculo de emprego em pleno curso – e, por conseguinte, ser segurado obrigatório –, pode ficar até meses inteiros sem contribuir e, em outros meses, ter rendimentos inferiores ao salário mínimo mensal.

Compreendemos que, nesses casos, o segurado em tal regime de contratação não poderá perder tal qualidade pelo simples fato de não ter contribuído (já que não exerceu trabalho). Porém, seu tempo de contribuição ficará limitado aos meses em que efetivamente realizar a contribuição, inclusive para fins de cômputo de prazos carenciais. O mesmo raciocínio se aplica, por exemplo, a pessoas contratadas a tempo parcial, bem como aos contratos de aprendizagem.

O trabalho, para ser considerado relação de emprego, deve ser realizado por conta alheia – os frutos do trabalho (a produção) ficam com pessoa distinta da que executa o trabalho. Não é emprego o trabalho realizado por conta própria, quando os frutos ficam, na sua totalidade, com o próprio trabalhador, estabelecendo sua condição de autônomo.

O trabalho produtivo – fonte de recursos econômicos para o trabalhador – é o considerado para o reconhecimento do vínculo de emprego; há, em princípio, exclusão das atividades de lazer e do trabalho por caridade ou solidariedade. O trabalhador deve ter a intenção de receber uma contraprestação pelo serviço prestado.

A subordinação, contudo, é o traço fundamental que diferencia a relação de emprego das demais, significando a submissão do trabalhador às ordens do empregador, bem como a seu poder hierárquico/disciplinar; sendo o empregador o detentor dos meios de produção, impõe ao empregado a execução da prestação de serviços.

Não são requisitos essenciais para a caracterização da relação de emprego:

- *a exclusividade:* não há obrigatoriedade de que o empregado esteja todo o tempo à disposição do empregador; logo, nada impede que um trabalhador possua duas ou mais relações de emprego simultaneamente, desde que haja compatibilidade de funções (*verbi gratia*, não se pode ser empregado como vendedor pracista de empresas concorrentes) e horários (não se pode trabalhar para duas empresas em horários de trabalho que se sobrepõem);
- *o trabalho em estabelecimento do empregador:* embora possa ser um traço característico da maioria das relações de emprego, não é requisito essencial o trabalho no ambiente da empresa; caso contrário, trabalhadores em domicílio e externos não seriam assim caracterizados;
- *o trabalho diário:* a não eventualidade da prestação laboral diz respeito a uma continuidade desta, à existência de uma necessidade permanente, habitual, constante do empregador, de modo que pouco importa quantos dias por semana o empregado preste serviços;
- *o trabalho mediante salário fixo:* a não existência de salário fixo não é fator que descaracterize a relação de emprego; nada impede que a remuneração do empregado seja concedida por comissões somente, desde que atendidas as exigências legais (*v.g.*, periodicidade mensal, valor igual ou superior ao salário mínimo).

Algumas observações a respeito do tema fazem-se necessárias:

- *síndicos de condomínio, administradores de condomínio e dirigentes de associações de classe:* não há como caracterizar vínculo de emprego, por haver exercício de gestão e não trabalho subordinado; quando remunerados, são segurados obrigatórios na categoria de contribuinte individual; quando não remunerados, é permitido filiarem-se como segurados facultativos;
- *membros de cooperativas:* o parágrafo único do art. 442 da Consolidação das Leis do Trabalho é norma inútil, pois é evidente que não há vínculo de emprego entre a sociedade cooperativa e os seus associados; a condição *sine qua non* para a validade da constituição de uma cooperativa é que tenha sido feita por vontade dos cooperativados, repartindo-se os ganhos conforme o trabalho despendido por cada um; a fixação de "cooperativados" num só "cliente" descaracteriza a relação, reconhecendo-se o trabalho como subordinado diretamente à empresa tomadora dos serviços, com vínculo de emprego;
- *boias-frias:* trabalhadores "volantes" que são contratados por um "agenciador" de mão de obra rural para fazer serviços típicos de relação de emprego rural; se o trabalho for de natureza não eventual e o agenciador não estiver constituído como pessoa jurídica, entender-se-á formado o vínculo de emprego com o tomador dos serviços, para fins de aplicação das normas de arrecadação e benefícios, inclusive na condição de safrista (contratado por prazo determinado); se a prestação laboral do boia-fria for eventual, o enquadramento previsto é o de contribuinte individual;
- *residência médica:* caracteriza uma espécie de pós-graduação, legalmente considerada como prestação de trabalho autônomo (Lei n. 6.932/1981); não caracteriza vínculo de emprego, salvo fraude à lei;
- *estágio curricular ou comunitário e os destinatários de bolsas de estudos:* atendidos todos os requisitos da Lei n. 11.788/2008, que trata da relação de estágio, não se caracteriza o vínculo de emprego, e, assim, o estagiário não se enquadra na categoria de empregado; se não há relação entre o objeto do estágio e o curso frequentado, ou se não há correlação com nenhum tipo de estudo de nível médio ou superior, é caso de relação empregatícia, cabendo o enquadramento como segurado empregado; no caso dos estagiários de advocacia, inscritos na Ordem dos Advogados do Brasil, é entendimento do INSS o enquadramento na categoria de contribuinte individual;
- *ministros de confissão religiosa,*[2] *membros de instituto de vida religiosa,*[3] *membros de ordem ou congregação religiosa:*[4] não há relação de emprego entre estes e a instituição

---

[2] Definição dada pelo INSS em suas consecutivas Instruções Normativas: "são aqueles que consagram sua vida ao serviço de Deus e do próximo, com ou sem ordenação, dedicando-se ao anúncio de suas respectivas doutrinas e crenças, à celebração dos cultos próprios, à organização das comunidades e à promoção de observância das normas estabelecidas, desde que devidamente aprovados para o exercício de suas funções pela autoridade religiosa competente".

[3] Definição dada pelo INSS em suas consecutivas Instruções Normativas: "são os que emitem voto determinado, ou seu equivalente, devidamente aprovado pela autoridade religiosa competente". Já o instituto de vida religiosa é definido como "sociedade aprovada por legítima autoridade religiosa, na qual seus membros emitem votos públicos ou assumem vínculos estáveis para servir à confissão religiosa adotada, além do compromisso comunitário independentemente de convivência sob o mesmo teto".

[4] Definição dada pelo INSS em suas consecutivas Instruções Normativas: "são aqueles que emitem ou nela professam os votos adotados"; a mesma Instrução define ordem ou congregação religiosa: "sociedade aprovada por legítima autoridade religiosa, na qual os membros emitem votos públicos determinados, perpétuos ou temporários, passíveis de renovação, e assumem o compromisso comunitário regulamentar de convivência sob o mesmo teto".

à qual pertencem, pois o trabalho é gracioso por natureza; o mesmo ocorre com o trabalho voluntário, para instituições de beneficência; quando mantidos pela entidade a que pertençam, os ministros de confissão religiosa e assemelhados são contribuintes individuais (segurados obrigatórios, portanto), salvo se obrigatoriamente filiados à Previdência Social, em razão de outra atividade, ou se pertencerem a outro regime previdenciário, militar ou civil, ainda que na condição de inativos, na forma da Lei n. 6.696, de 9.10.1979;

– *trabalhadores na construção civil:* caracteriza a relação de emprego a utilização de trabalhadores com o fito de lucro – atividade-fim do tomador da mão de obra, na construção, reforma, ampliação ou demolição; não há vínculo de emprego entre o pedreiro e o proprietário de imóvel que o contrata para construção de sua própria residência ou a empresa que, não explorando a atividade de construção civil, realiza obra em imóvel seu.

A Consolidação das Leis do Trabalho utiliza os termos empregador e empresa como sinônimos. A Lei n. 8.212/1991 emprega o termo empresa, de modo a abranger a pessoa física ou jurídica (inclusive entes de direito público), que contrata, dirige e remunera o trabalho.

Além das situações já descritas, são também equiparados a empregados para fins previdenciários (com direitos idênticos aos dos empregados urbanos e rurais) e, portanto, segurados obrigatórios do RGPS as pessoas físicas relacionadas no inciso I do art. 12 da Lei n. 8.212/1991 e no inciso I do art. 11 da Lei n. 8.213/1991, tais como:

– *o brasileiro ou o estrangeiro domiciliado e contratado no Brasil para trabalhar como empregado no exterior, em sucursal ou agência de empresa constituída sob as leis brasileiras e que tenha sede e administração no País;*

– *o brasileiro ou o estrangeiro domiciliado e contratado no Brasil para trabalhar como empregado em empresa domiciliada no exterior com maioria do capital votante pertencente à empresa constituída sob as leis brasileiras, que tenha sede e administração no País e cujo controle efetivo esteja em caráter permanente sob a titularidade direta ou indireta de pessoas físicas domiciliadas e residentes no País ou de entidade de direito público interno;*

– *aquele que presta serviço no Brasil à missão diplomática ou à repartição consular de carreira estrangeira e a órgãos a elas subordinados, ou a membros dessas missões e repartições, excluídos o não brasileiro sem residência permanente no Brasil e o brasileiro amparado pela legislação previdenciária do país da respectiva missão diplomática ou repartição consular;*

– *o brasileiro civil que trabalha para a União no exterior, em organismos oficiais internacionais dos quais o Brasil seja membro efetivo, ainda que lá domiciliado e contratado, salvo se amparado por regime próprio de previdência social;*

– *o brasileiro civil que presta serviços à União no exterior, em repartições governamentais brasileiras, lá domiciliado e contratado, inclusive o auxiliar local de que tratam os arts. 56 e 57 da Lei n. 11.440, de 29.12.2006, este desde que, em razão de proibição legal, não possa filiar-se ao sistema previdenciário local;*

– *o servidor da União, Estado, Distrito Federal ou Município, incluídas suas autarquias e fundações, ocupante, exclusivamente, de cargo em comissão declarado em lei de livre nomeação e exoneração;*

– *o servidor do Estado, Distrito Federal ou Município, bem como o das respectivas autarquias e fundações, ocupante de cargo efetivo, desde que, nessa qualidade, não esteja amparado por regime próprio de previdência social;*

- o servidor contratado pela União, Estado, Distrito Federal ou Município, bem como pelas respectivas autarquias e fundações, por tempo determinado, para atender a necessidade temporária de excepcional interesse público, nos termos do inciso IX do art. 37 da Constituição Federal;
- o servidor da União, Estado, Distrito Federal ou Município, incluídas suas autarquias e fundações, ocupante de emprego público;
- o servidor civil ocupante de cargo efetivo ou o militar da União, Estado, Distrito Federal ou Município, bem como o das respectivas autarquias e fundações, amparados por regime próprio de previdência social, quando requisitados para outro órgão ou entidade cujo regime previdenciário não permita filiação nessa condição, relativamente à remuneração recebida do órgão requisitante;
- o escrevente e o auxiliar contratados por titular de serviços notariais e de registro a partir de 21.11.1994, bem como aquele que optou pelo Regime Geral de Previdência Social, em conformidade com a Lei n. 8.935, de 18.11.1994;
- o exercente de mandato eletivo federal, estadual ou municipal, desde que não vinculado a regime próprio de previdência social;
- o empregado de organismo oficial internacional ou estrangeiro em funcionamento no Brasil, salvo quando coberto por regime próprio de previdência social;[5]
- o trabalhador rural contratado por produtor rural pessoa física, na forma do art. 14-A da Lei n. 5.889, de 8.7.1973, para o exercício de atividades de natureza temporária por prazo não superior a dois meses dentro do período de um ano;
- aquele contratado como trabalhador intermitente para a prestação de serviços, com subordinação, de forma não contínua, com alternância de períodos de prestação de serviços e de inatividade, em conformidade com o disposto no § 3º do art. 443 da Consolidação das Leis do Trabalho, aprovada pelo Decreto-Lei n. 5.452, de 1º de maio de 1943.

Importante precedente reconhece que: "Seja no regime pretérito (da CLPS), seja no regime da Lei n. 8.213/1991, o servidor público não submetido a regime próprio sempre foi segurado obrigatório da previdência urbana. Com o advento da Lei n. 8.647/1993 os ocupantes de cargo em comissão passaram a ser segurados obrigatórios do regime geral. (...) Assim, as remunerações recebidas no período não podem ser ignoradas pelo INSS quando do cálculo da renda mensal inicial, sendo irrelevante o fato de o órgão público eventualmente não ter repassado contribuições para o INSS, haja vista que o recolhimento das contribuições previdenciárias é obrigação do empregador" (TRF da 4ª Região, APELREEX n. 5018205-43.2010.404.7000, Rel. Des. Federal Ricardo Teixeira do Valle Pereira, DE 12.4.2012).

É considerado diretor empregado aquele que, participando ou não do risco econômico do empreendimento, seja contratado ou promovido para cargo de direção, mantendo as características inerentes à relação de emprego.

O trabalho prestado por brasileiro ou estrangeiro no exterior, quando o contrato tenha sido firmado no Brasil, com pessoa aqui domiciliada, caracteriza filiação ao RGPS na condição de segurado empregado, matéria disciplinada a partir da edição da Lei n. 7.064, de 6.12.1982, em seu art. 3º, parágrafo único.

Segundo o entendimento da Receita Federal do Brasil, o estrangeiro não domiciliado no Brasil e contratado para prestar serviços eventuais, mediante remuneração, não é considerado contribuinte obrigatório do Regime Geral da Previdência Social (RGPS), salvo

---

[5] Inclusão efetuada a partir da Lei n. 9.876, de 26.11.99, e Decreto n. 3.265, de 29.11.1999.

se existir acordo internacional com o seu país de origem (art. 12 da Instrução Normativa RFB n. 2.110/2022).

O trabalhador que presta serviços a missões diplomáticas, repartições consulares ou órgãos destas, ou, ainda, a seus membros, bem como a organismos internacionais, a partir da edição da Lei n. 9.876/99 – quando sediados no território nacional –, também é considerado segurado empregado para fins de filiação ao RGPS, exceção feita ao estrangeiro não domiciliado no País (cuja legislação de regência deve ser a de seu país de origem) e ao trabalhador que já possua proteção previdenciária concedida pelo país representado.

A disciplina legal dos trabalhadores de missões diplomáticas e repartições consulares se encontra em nosso ordenamento jurídico desde 1966, sendo que, a partir da edição da Lei n. 6.887/1980, a Previdência Social passou a reconhecê-los como segurados empregados, e não mais como equiparados a autônomos.[6] Excetua-se desta regra, também, o empregado doméstico de diplomatas ou servidores de tais órgãos, cujo enquadramento, naturalmente, será o de segurado empregado doméstico, já que ausente a prestação de serviços nos termos da Consolidação das Leis do Trabalho.

O brasileiro que presta serviços à União Federal em organismos oficiais brasileiros, mesmo em caráter precário,[7] no exterior, ou nas representações do Brasil junto a organismos internacionais, também é considerado filiado obrigatoriamente na condição de segurado empregado, ressalvada a hipótese de ter direito à filiação por outro regime previdenciário.

O vínculo previdenciário do Agente Comunitário de Saúde contratado por intermédio de entidades civis de interesse público dar-se-á com essas entidades, na condição de segurado empregado do RGPS.

O servidor ocupante de cargo efetivo ou vitalício da União, dos Estados ou dos Municípios, bem como o das autarquias e fundações públicas, e o militar das Forças Armadas, são excluídos do RGPS, desde que estejam sujeitos a regime próprio de previdência social. Porém, caso o servidor ou o militar venha a exercer, concomitantemente, uma ou mais atividades abrangidas pelo RGPS, tornar-se-á segurado obrigatório em relação a essas atividades (art. 13 da Lei n. 8.212/1991 – redação original). Não havendo regime próprio mantido pelo Ente da Federação (caso da maioria dos Municípios brasileiros), o servidor ocupante de cargo efetivo é segurado obrigatório do RGPS, sendo tratado como "segurado empregado", apesar de seu vínculo laboral não ser de emprego – ou seja, recebe apenas o mesmo tratamento previdenciário que os regidos pela CLT, e seus benefícios de aposentadoria (e pensão, em caso de óbito) deverão ser requeridos ao INSS, autarquia que também é responsável pela manutenção desses benefícios. Suas contribuições serão também deduzidas nas alíquotas, prazos e limites estabelecidos pela legislação de custeio da Seguridade Social.

Não caracteriza exercício de atividade abrangida pelo RGPS a cessão de servidor ou militar amparado por regime próprio de previdência para prestar serviços a órgão ou entidade cujo regime não permita filiação como cedido, mantida, portanto, a filiação ao regime de origem (§ 2º do art. 10 do Regulamento, alterada a redação pelo Decreto n. 3.265/1999).

No que diz respeito aos detentores de mandato eletivo, são considerados também segurados obrigatórios do RGPS atualmente, desde que não amparados por regime próprio de previdência. Quanto ao servidor público amparado por RPPS que venha a exercer mandato eletivo nesta condição, a nova redação do inciso V do art. 38 da CF, a partir da EC n. 103/2019, indica que ele "permanecerá filiado a esse regime, no ente federativo de origem".

---

[6] MARTINEZ, Wladimir Novaes. *Comentários à Lei Básica da Previdência Social*. 2. ed. São Paulo: LTr, 1996, tomo I.

[7] Vide Lei n. 11.440, de 29.12.2006.

O Plenário do Supremo Tribunal Federal, ao julgar o Recurso Extraordinário n. 351717-PR, declarou, em 8.10.2003, a inconstitucionalidade do § 1º do art. 13 da Lei n. 9.506/1997, que instituiu a cobrança de contribuição previdenciária incidente sobre a remuneração dos detentores de mandato eletivo federal, estadual ou municipal. O Ministro *Carlos Velloso*, relator do recurso, entendeu que ao criar nova figura de segurado obrigatório, a Lei n. 9.506/1997 instituiu nova fonte de custeio da Seguridade Social e que a contribuição social somente poderia ser instituída por Lei Complementar. A partir de tal decisão, o Senado Federal editou a Resolução n. 26, de 21.6.2005, suspendendo a execução da alínea *h* do inciso I do art. 12 da Lei n. 8.212/1991, com a redação dada pela Lei n. 9.506/1997.

O INSS disciplinou internamente a questão, permitindo que o exercente de mandato eletivo, no período de 1º.2.1998 a 18.9.2004, restitua os valores retidos indevidamente pelos entes federativos ou opte pela manutenção da filiação na qualidade de segurado facultativo, mediante recolhimento complementar das contribuições relativas ao respectivo período, abatendo-se os valores retidos.

Com a promulgação da Emenda Constitucional n. 41/2003, a polêmica voltou à baila, já que a Medida Provisória n. 167, posteriormente convertida na Lei n. 10.887, de 18.6.2004, reincluiu na alínea *j* do art. 12, inciso I, da Lei n. 8.212/1991, como segurado obrigatório do RGPS, "o exercente de mandato eletivo federal, estadual ou municipal, desde que não vinculado a regime próprio de previdência social". Acerca desse tema, o TRF da 4a Região, acolheu a tese de que após a Lei n. 10.887/2004, passou a ser devida a referida contribuição, porém tão somente da sua entrada em vigor, respeitada a anterioridade nonagesimal, ou seja, a partir de 21.9.2004 (EI em AC n. 2003.70.01.017762-3/PR, *DJU* de 16.8.2006).

A questão ganhou repercussão geral no RE 626.837, Relator Ministro Dias Toffoli, *DJe* de 20.11.2013: "Tema 691 – Submissão dos entes federativos ao pagamento de contribuição previdenciária patronal incidente sobre a remuneração dos agentes políticos não vinculados a regime próprio de previdência social, após o advento da Lei 10.887/2004". Em julgamento pelo Plenário do STF, em 25.5.2017, foi firmada a seguinte tese:

> *Incide contribuição previdenciária sobre os rendimentos pagos aos exercentes de mandato eletivo, decorrentes da prestação de serviços à União, a Estados e ao Distrito Federal ou a municípios, após o advento da Lei n. 10.887/2004, desde que não vinculados a regime próprio de previdência.*

Sobre a possibilidade da contagem do tempo de exercício de mandato eletivo para fins de aposentadoria, o TRF da 4ª Região firmou orientação de que o art. 55, IV da Lei n. 8.213/1991 não autoriza esse computo sem a indenização das contribuições previdenciárias. Faz interpretação restritiva, sob alegação de que até o advento da Lei n. 10.887/2004, o exercício de mandato eletivo não implicava filiação obrigatória e nos termos do § 1º do art. 55 da Lei n. 8.213/1991, a averbação de tempo de serviço cujo exercício não determinava filiação obrigatória ao RGPS só será admitida mediante o recolhimento das contribuições correspondentes (EINF 2001.71.14.000516-7/TRF, 3ª Seção, Rel. Des. Federal João Batista Pinto Silveira, *DE* em 1º.10.2009).

No mesmo sentido a orientação do STJ ao julgar ação declaratória em que o autor postulava o cômputo do tempo de serviço do período no qual ocupou cargo de vereança (31.1.1977 a 29.3.1988), pretendendo equiparar sua condição de edil à de servidor público, portanto à de segurado obrigatório da Previdência Social. O STJ considerou que além de não recolher a contribuição correspondente ao interregno em que exerceu seus mandatos, também não se enquadra em nenhuma das categorias de segurados obrigatórios previstas na legislação em vigor à época. Por isso, não há como reconhecer o supracitado período para cômputo de tempo de contribuição (REsp 921.903-RS, Rel. Min. Sebastião Reis Júnior, *DJe* de 13.10.2011).

Posteriormente, por meio da Portaria Conjunta MTP/INSS n. 4, de 20.6.2022, a matéria foi disciplinada no sentido de enquadrar o exercente de mandato eletivo como *segurado empregado*, a partir de 19 de setembro de 2014, desde que não vinculado a outro regime previdenciário. E, para os períodos em que não era exigida a filiação obrigatória, ficou autorizada a indenização das contribuições.

Também será considerado segurado empregado do RGPS o servidor público de órgão ou entidade da Administração Direta federal, estadual ou municipal que venha a ser contratado para emprego público, em face da possibilidade aberta pela Emenda Constitucional n. 19/98, que permitia a existência de servidores admitidos pelas regras de direito público concomitantemente com servidores regidos pela legislação do trabalho. Quanto aos empregados de entidades da Administração Indireta – empresas públicas e sociedades de economia mista –, já eram eles filiados ao RGPS, na qualidade de segurados empregados, bem como o serão todos aqueles contratados para empregos nessas entidades.

Importante mencionar, por haver correlação com a matéria, o julgamento, pelo STF, da ADI 2.135, que trata da validade de dispositivos da EC n. 19/1998, denominada à época de "Reforma Administrativa". O STF declarou constitucional (com efeitos apenas *ex nunc*) o dispositivo que suprimiu da Constituição Federal a obrigação de que a União, os Estados e os Municípios instituam, em seus respectivos âmbitos, um regime jurídico único (RJU) de contratação de servidores públicos da administração pública direta, das autarquias e das fundações públicas (Plenário, red. para o acórdão Min. Gilmar Mendes, publ. 6.11.2024).

Ainda se enquadram como segurados obrigatórios, na qualidade de empregados, os detentores de mandato de ministro ou juiz temporário da Justiça Eleitoral, que, antes da assunção da função, tinham a condição de empregados, apesar de não enumerados nas alíneas do art. 12 da Lei de Custeio e do art. 9º do Decreto n. 3.048/1999. Quanto aos antigos classistas da Justiça do Trabalho (vogais) que já não tinham direito a regime previdenciário próprio – a Lei n. 6.903/1981 foi revogada pela Lei n. 9.528/1997 –, passaram os representantes classistas de empregados a estar, automaticamente, filiados ao RGPS durante o mandato. Quanto aos representantes de empregadores, ficam enquadrados na condição de contribuintes individuais, caso se enquadrem na condição de empresários ou autônomos (profissionais liberais). Oportuno salientar que a função de representante classista perante a Justiça do Trabalho, em todos os seus órgãos, foi extinta pela Emenda Constitucional n. 24/1999, tendo os últimos exercentes dos cargos extintos cumprido até o fim o mandato que vinham exercendo, que era de três anos.

O segurado, inclusive o segurado especial, eleito para o cargo de dirigente sindical, mantém durante o exercício do mandato o mesmo enquadramento no RGPS de antes da investidura no cargo (§ 10 do art. 9º do RPS). Idêntico entendimento cabe ao segurado que seja nomeado magistrado da Justiça Eleitoral na forma do inciso II do art. 119 ou do inciso III do § 1º do art. 120 da Constituição Federal.

O segurado eleito para cargo de direção de conselho, de ordem ou de autarquia de fiscalização do exercício de atividade profissional, mesmo que pertencente à categoria de segurado empregado, durante o período de seu mandato, no tocante à remuneração recebida em razão do cargo, será considerado *contribuinte individual*, incidindo contribuição sobre a remuneração a ele paga ou creditada pelo órgão representativo de classe.

Embora seja execrada pela ordem jurídica a hipótese de trabalho escravo, mas tendo em vista a constatação de que ainda há casos em que se verifica tal ocorrência, esse trabalhador deverá ser considerado segurado obrigatório, na categoria de empregado, já que se trata de prestação laborativa subordinada, ainda que não remunerada, ou remunerada abaixo dos níveis considerados lícitos. A violação da ordem jurídica, no caso, partiu de quem submeteu o indivíduo à condição análoga à de escravo, não podendo a vítima de tal conduta deixar de ter amparo previdenciário, caso dele necessite, durante o período em que prestou trabalho em condições desumanas.

As contribuições ao RGPS, evidentemente, deverão ser exigidas daquele que exigiu o trabalho em tal condição, que para tais efeitos, é considerado empregador, satisfazendo, ainda, as contribuições do trabalhador escravizado (art. 33, § 5º, da Lei n. 8.212/1991).

A idade mínima para filiação na qualidade de segurado empregado é de 16 anos, a partir da alteração da redação do inciso XXXIII do art. 7º da Constituição Federal, introduzida pela Emenda Constitucional n. 20/1998, salvo na condição de aprendiz, quando então é possível a filiação a partir dos 14 anos.

Registramos que o contrato de aprendizagem, de acordo com a atual disposição contida no art. 428 da CLT, é o contrato de trabalho especial, ajustado por escrito e por prazo determinado, em que o empregador se compromete a assegurar ao maior de 14 (quatorze) e menor de 24 (vinte e quatro) anos[8] inscrito em programa de aprendizagem formação técnico-profissional metódica, compatível com o seu desenvolvimento físico, moral e psicológico, e o aprendiz, a executar com zelo e diligência as tarefas necessárias a essa formação, cuja validade pressupõe anotação na Carteira de Trabalho e Previdência Social, matrícula e frequência do aprendiz na escola, caso não haja concluído o ensino médio, e inscrição em programa de aprendizagem desenvolvido sob orientação de entidade qualificada em formação técnico-profissional metódica.

O Regulamento da Previdência Social prevê, em seu art. 188-G, IX, o cômputo, como tempo de contribuição, do tempo exercido na condição de alunoaprendiz, referente ao período de aprendizado profissional realizado em escola técnica, desde que comprovada a remuneração, mesmo que indireta, à conta do orçamento público e o vínculo empregatício (redação conferida pelo Decreto n. 10.410/2020). Sobre o tema da condição de aluno-aprendiz, em âmbito administrativo, o TCU editou a Súmula n. 96 e, no campo jurisdicional, a TNU publicou a Súmula n. 18, com o seguinte teor:

> Para fins previdenciários, o cômputo do tempo de serviço prestado como aluno-aprendiz exige a comprovação de que, durante o período de aprendizado, houve simultaneamente:
> (i) retribuição consubstanciada em prestação pecuniária ou em auxílios materiais;
> (ii) à conta do Orçamento;
> (iii) a título de contraprestação por labor;
> (iv) na execução de bens e serviços destinados a terceiros.

Em relação ao seminarista, a TNU fixou tese, em Representativo de Controvérsia, equiparando-o ao aluno-aprendiz: Tema n. 66 – "O tempo de seminarista em congregação religiosa se aproveita para fins previdenciários, desde que atendidos os mesmos pressupostos exigidos do aluno aprendiz de escola pública profissionalizante".

13.2.2 Empregado doméstico

Empregado doméstico é aquele que presta serviços de forma contínua, subordinada, onerosa e pessoal e de finalidade não lucrativa à pessoa ou à família, no âmbito residencial destas, por mais de dois dias por semana (definição contida no art. 1º da LC n. 150/2015). Caso o

---

[8] Tal idade máxima não se aplica a pessoas com deficiência. Para o aprendiz com deficiência com 18 (dezoito) anos ou mais, a validade do contrato de aprendizagem pressupõe anotação na CTPS e matrícula e frequência em programa de aprendizagem desenvolvido sob orientação de entidade qualificada em formação técnico-profissional metódica (Lei n. 13.146/2015).

trabalho seja desempenhado em residência, mas sem tal periodicidade, a pessoa se enquadra como contribuinte individual (por ser uma trabalhadora sem vínculo de emprego).

Os pressupostos básicos dessa relação de emprego são: a natureza contínua; a finalidade não lucrativa, isto é, o caráter não econômico da atividade; o serviço prestado no âmbito residencial. O conceito de âmbito residencial não se limita, exclusivamente, ao espaço físico da residência da pessoa ou da família; compreende, também, sua casa de campo, sítio, fazenda, inclusive veículos de transporte particular (automóvel, helicóptero, avião particular ou embarcação), utilizados com finalidade não econômica.

Neste sentido, a cozinheira que trabalhe para uma família, na residência desta, é empregada doméstica. Porém, se essa família comercializa produtos (congelados, salgados, doces, etc.) decorrentes do trabalho dessa cozinheira, o vínculo empregatício será regido pela Consolidação das Leis do Trabalho, em virtude da finalidade lucrativa da atividade.

Da mesma forma, aquele que presta serviço de forma subordinada, onerosa e não eventual em imóvel rural (fazenda, chácara ou sítio), onde exista exploração de atividade econômica com finalidade lucrativa (por exemplo, uma pousada), será empregado rural, e não doméstico.

A idade mínima para filiação na qualidade de segurado empregado doméstico é de 18 anos, pois é vedada a contratação de menor de 18 anos para desempenho de trabalho doméstico, de acordo com a Convenção n. 182, de 1999, da Organização Internacional do Trabalho (OIT) e com o Decreto n. 6.481, de 12.6.2008. Todavia, se alguma pessoa for encontrada trabalhando abaixo da idade mínima exigida, como empregado doméstico, deverá ser reconhecida a sua qualidade de segurado e o tempo de contribuição correspondente, já que a vedação se dirige ao empregador.

Importante conquista teve a categoria com a promulgação da Emenda Constitucional n. 72, de 2.4.2013, a qual modificou a redação do parágrafo único do art. 7º da Constituição, estendendo aos empregados domésticos direitos de natureza trabalhista e previdenciária, que veio a ser regulamentada pela Lei Complementar n. 150, de 1.6.2015, destacando-se o direito à proteção acidentária, ao FGTS, ao seguro-desemprego e ao salário-família, o que será analisado na Parte IV desta obra.

13.2.3 Contribuinte individual

A Lei n. 9.876/1999 criou a categoria de contribuinte individual, englobando os segurados empresário, autônomo e equiparado a autônomo, restando alteradas partes dos dispositivos das Leis ns. 8.212 e 8.213/1991. De acordo com o art. 9º, V, do Decreto n. 3.048/1999, em sua atual redação, são considerados contribuintes individuais:

a) *a pessoa física, proprietária ou não, que explora atividade agropecuária, a qualquer título, em caráter permanente ou temporário, em área, contínua ou descontínua, superior a quatro módulos fiscais; ou, quando em área igual ou inferior a quatro módulos fiscais ou atividade pesqueira ou extrativista, com auxílio de empregados ou por intermédio de prepostos; ou ainda nas hipóteses dos §§ 8º e 23 deste artigo; (Redação dada pelo Decreto n. 6.722, de 2008).*

b) *a pessoa física, proprietária ou não, que explora atividade de extração mineral – garimpo –, em caráter permanente ou temporário, diretamente ou por intermédio de prepostos, com ou sem o auxílio de empregados, utilizados a qualquer título, ainda que de forma não contínua; (Redação dada pelo Decreto n. 3.265, de 1999)*

c) *o ministro de confissão religiosa e o membro de instituto de vida consagrada, de congregação ou de ordem religiosa; (Redação dada pelo Decreto n. 4.079, de 2002)*

d) *o brasileiro civil que trabalha no exterior para organismo oficial internacional do qual o Brasil é membro efetivo, ainda que lá domiciliado e contratado, salvo quando coberto por regime próprio de previdência social; (Redação dada pelo Decreto n. 3.265, de 1999)*

e)   desde que receba remuneração decorrente de trabalho na empresa: (Redação dada pelo Decreto n. 10.410, de 2020).
     1. o empresário individual e o titular de empresa individual de responsabilidade limitada, urbana ou rural; (Incluído pelo Decreto n. 10.410, de 2020).
     2. o diretor não empregado e o membro de conselho de administração de sociedade anônima; (Incluído pelo Decreto n. 10.410, de 2020).
     3. o sócio de sociedade em nome coletivo; e (Incluído pelo Decreto n. 10.410, de 2020).
     4. o sócio solidário, o sócio gerente, o sócio cotista e o administrador, quanto a este último, quando não for empregado em sociedade limitada, urbana ou rural; (Incluído pelo Decreto n. 10.410, de 2020).
f)   (Revogado pelo Decreto n. 10.410, de 2020).
g)   (Revogado pelo Decreto n. 10.410, de 2020).
h)   (Revogado pelo Decreto n. 10.410, de 2020).
i)   o associado eleito para cargo de direção em cooperativa, associação ou entidade de qualquer natureza ou finalidade, bem como o síndico ou administrador eleito para exercer atividade de direção condominial, desde que recebam remuneração; (Incluída pelo Decreto n. 3.265, de 1999)
j)   quem presta serviço de natureza urbana ou rural, em caráter eventual, a uma ou mais empresas, sem relação de emprego; (Incluída pelo Decreto n. 3.265, de 1999)
l)   a pessoa física que exerce, por conta própria, atividade econômica de natureza urbana, com fins lucrativos ou não; (Incluída pelo Decreto n. 3.265, de 1999)
m)   o aposentado de qualquer regime previdenciário nomeado magistrado classista temporário da Justiça do Trabalho, na forma dos incisos II do § 1º do art. 111 ou III do art. 115 ou do parágrafo único do art. 116 da Constituição Federal, ou nomeado magistrado da Justiça Eleitoral, na forma dos incisos II do art. 119 ou III do § 1º do art. 120 da Constituição Federal; (Incluída pelo Decreto n. 3.265, de 1999)
n)   o cooperado de cooperativa de produção que, nesta condição, presta serviço à sociedade cooperativa mediante remuneração ajustada ao trabalho executado; e (Incluída pelo Decreto n. 4.032, de 2001)
o)   (Revogado pelo Decreto n. 7.054, de 2009)
p)   o Micro Empreendedor Individual – MEI de que tratam os arts. 18-A e 18-C da Lei Complementar n. 123, de 14 de dezembro de 2006, que opte pelo recolhimento dos impostos e contribuições abrangidos pelo Simples Nacional em valores fixos mensais; (Incluído pelo Decreto n. 6.722, de 2008).
q)   o médico participante do Projeto Mais Médicos para o Brasil, instituído pela Lei n. 12.871, de 22 de outubro de 2013, exceto na hipótese de cobertura securitária específica estabelecida por organismo internacional ou filiação a regime de seguridade social em seu país de origem, com o qual a República Federativa do Brasil mantenha acordo de seguridade social; (Incluído pelo Decreto n. 10.410, de 2020).
r)   o médico em curso de formação no âmbito do Programa Médicos pelo Brasil, instituído pela Lei n. 13.958, de 18 de dezembro de 2019; (Incluído pelo Decreto n. 10.410, de 2020).

Dispõe, ainda, o § 15 do artigo 9º do RPS, em sua atual redação, que se enquadram nas hipóteses das alíneas "j" e "l" *retro*, entre outros (rol exemplificativo, portanto):

I – aquele que trabalha como condutor autônomo de veículo rodoviário, inclusive como taxista ou motorista de transporte remunerado privado individual de passageiros, ou como operador de trator, máquina de terraplenagem, colheitadeira e assemelhados, sem vínculo empregatício; (Redação dada pelo Decreto n. 10.410, de 2020).

II – aquele que exerce atividade de auxiliar de condutor autônomo de veículo rodoviário, em automóvel cedido em regime de colaboração, nos termos da Lei n. 6.094, de 30 de agosto de 1974;

III – aquele que, pessoalmente, por conta própria e a seu risco, exerce pequena atividade comercial em via pública ou de porta em porta, como comerciante ambulante, nos termos da Lei n. 6.586, de 6 de novembro de 1978;

IV – o trabalhador associado a cooperativa que, nessa qualidade, presta serviços a terceiros;

V – o membro de conselho fiscal de sociedade por ações;

VI – aquele que presta serviço de natureza não contínua, por conta própria, a pessoa ou família, no âmbito residencial desta, em atividade sem fins lucrativos, até dois dias por semana; (Redação dada pelo Decreto n. 10.410, de 2020).

VII – o notário ou tabelião e o oficial de registros ou registrador, titular de cartório, que detêm a delegação do exercício da atividade notarial e de registro, não remunerados pelos cofres públicos, admitidos a partir de 21 de novembro de 1994;

VIII – aquele que, na condição de pequeno feirante, compra para revenda produtos hortifrutigranjeiros ou assemelhados;

IX – a pessoa física que edifica obra de construção civil;

X – o médico residente de que trata a Lei n. 6.932, de 7 de julho de 1981. (Redação dada pelo Decreto n. 4.729, de 2003)

XI – o pescador que trabalha em regime de parceria, meação ou arrendamento, em embarcação de médio ou grande porte, nos termos da Lei n. 11.959, de 2009; (Redação dada pelo Decreto n. 8.424, de 2015)

XII – o incorporador de que trata o art. 29 da Lei n. 4.591, de 16 de dezembro de 1964.

XIII – o bolsista da Fundação Habitacional do Exército contratado em conformidade com a Lei n. 6.855, de 18 de novembro de 1980; e (Incluído pelo Decreto n. 3.265, de 1999)

XIV – o árbitro e seus auxiliares que atuam em conformidade com a Lei n. 9.615, de 24 de março de 1998. (Incluído pelo Decreto n. 3.265, de 1999)

XV – o membro de conselho tutelar de que trata o art. 132 da Lei n. 8.069, de 13 de julho de 1990, quando remunerado; (Incluído pelo Decreto n. 4.032, de 2001)

XVI – o interventor, o liquidante, o administrador especial e o diretor fiscal de instituição financeira, empresa ou entidade referida no § 6º do art. 201; (Redação dada pelo Decreto n. 10.410, de 2020).

XVII – o transportador autônomo de cargas e o transportador autônomo de cargas auxiliar, nos termos do disposto na Lei n. 11.442, de 5 de janeiro de 2007; (Incluído pelo Decreto n. 10.410, de 2020)

XVIII – o repentista de que trata a Lei n. 12.198, de 14 de janeiro de 2010, desde que não se enquadre na condição de empregado, prevista no inciso I do caput, em relação à referida atividade; e (Incluído pelo Decreto n. 10.410, de 2020)

XIX – o artesão de que trata a Lei n. 13.180, de 22 de outubro de 2015, desde que não se enquadre em outras categorias de segurado obrigatório do RGPS em relação à referida atividade. (Incluído pelo Decreto n. 10.410, de 2020).

Os *motoristas de aplicativos* passaram a ser enquadrados como contribuintes individuais pelo Decreto n. 9.792, de 14.5.2019, que dispõe sobre a exigência de inscrição do motorista de transporte remunerado privado individual de passageiros como contribuinte individual do RGPS. E, para tanto, recolherá sua contribuição ao RGPS por iniciativa própria, nos termos do disposto no inciso II do *caput* do art. 30 da Lei n. 8.212/1991 (até o dia quinze do mês seguinte ao da competência). Acreditamos que o mesmo tratamento deva ser conferido aos trabalhadores em outras *plataformas digitais*, como as de entrega de mercadorias, por se caracterizarem como "transportadores autônomos de cargas", salvo se presentes os requisitos típicos de uma relação de emprego. Porém, discordamos da fixação da responsabilidade de tais profissionais pela contribuição a ser vertida, pois são prestadores de serviços a pessoa jurídica (a empresa que explora a *plataforma digital*), padecendo de ilegalidade a norma regulamentar, ao dispor sobre matéria reservada à lei em sentido estrito (responsabilidade pelos recolhimentos à Seguridade Social).

Inclui-se ainda como contribuinte individual o cônjuge ou companheiro do produtor que participe da atividade rural por este explorada (§ 12 do art. 12 da Lei n. 8.212/1991, redação da Lei n. 11.718/2008).

– **Empresário**

A Lei n. 9.876, de 26.11.1999, que deu nova redação ao art. 12 da Lei n. 8.212/1991, passou a classificar o empresário como contribuinte individual, conforme se observa do texto legal: "Art. 12. São segurados obrigatórios da Previdência Social as seguintes pessoas físicas: (...) V – como contribuinte individual: (...) f) o titular de firma individual urbana ou rural, o diretor não empregado e o membro de conselho de administração de sociedade anônima, o sócio solidário, o sócio de indústria, o sócio-gerente e o sócio-cotista que recebam remuneração decorrente de seu trabalho em empresa urbana ou rural, e o associado eleito para cargo de direção em cooperativa, associação ou entidade de qualquer natureza ou finalidade, bem como o síndico ou administrador eleito para exercer atividade de direção condominial, desde que recebam remuneração".

A nomenclatura da Lei ("firma individual") está em desacordo com as figuras hoje existentes no Direito Empresarial. A alínea "e" do inciso V do art. 9º do Regulamento, com a redação conferida pelo Decreto n. 10.410/2020, passou a ter as nomenclaturas ajustadas àquelas à época indicadas no diploma civil – *"empresário individual" e "titular de empresa individual de responsabilidade limitada"*.

No entanto, "Empresa Individual de Responsabilidade Limitada" (EIRELI) não é mais utilizado no Brasil desde a Lei n. 14.195/2021, sancionada em 26 de agosto de 2021. Essa lei extinguiu a figura jurídica da EIRELI e determinou a transformação automática dessas empresas em Sociedades Limitadas Unipessoais (SLU), um formato que permite a criação de uma empresa com apenas um sócio e as mesmas vantagens de responsabilidade limitada.

Portanto, a expressão "Empresa Individual de Responsabilidade Limitada" não é mais correta no cenário jurídico atual, o que deve ser considerado para a compreensão do tema, em lugar do texto da alínea "e" do inciso V do art. 9º do RPS, permanecendo em uso as figuras do "empresário individual" e das "sociedades limitadas unipessoais" em vez de "titular de firma individual".

É importante distinguir o diretor que seja empregado daquele que se constitui empresário. A figura do diretor somente se verifica nas sociedades anônimas, logo, nas demais espécies de sociedades comerciais o dirigente ou é sócio, ou se enquadra na condição de empregado.

Considera-se diretor não empregado aquele que, participando ou não do risco econômico do empreendimento, seja eleito, por assembleia geral dos acionistas, para cargo de direção das sociedades anônimas, não mantendo as características inerentes à relação de emprego.

Nesta matéria, é importante observar o contido na Súmula n. 269 do Tribunal Superior do Trabalho: "O empregado eleito para ocupar cargo de diretor tem o respectivo contrato de trabalho suspenso, não se computando o tempo de serviço deste período, salvo se permanecer a subordinação jurídica inerente à relação de emprego".

Observe-se, ainda, que, independentemente das formalidades contratuais, caso a fiscalização verifique a existência dos elementos que caracterizem a relação de emprego deverá proceder à apuração das contribuições devidas nessa categoria.

– **Trabalhador autônomo**

Trabalhador autônomo é aquele que exerce, por conta própria, atividade econômica remunerada de natureza urbana, com fins lucrativos ou não, ou, ainda, o que presta serviço de natureza urbana ou rural, em caráter eventual, a uma ou mais empresas, sem relação de emprego.

Para a caracterização do trabalho autônomo importa muito a situação em que de fato é exercida a profissão. O trabalhador não é autônomo só porque está inscrito no INSS como contribuinte individual e pagando contribuições desta forma. É importante observar o cumprimento dos pré-requisitos básicos exigíveis para o exercício profissional, mas estes, por si sós, não autorizam a configuração do trabalho autônomo, exigindo-se para tanto que o trabalho remunerado seja efetivamente realizado por conta própria, com assunção dos riscos do negócio, ainda que de pequeno porte, sem que haja as características da relação de emprego.

Há alguns casos controvertidos sobre relação de trabalho:

– *o trabalho dos profissionais liberais:* há casos em que são considerados como contribuintes individuais, outros, como empregados; com efeito, se submetidos a regras de conduta (subordinação) e a uma disciplina na relação de trabalho, podem caracterizar-se como segurados empregados; nada impede, por exemplo, que um advogado seja empregado de uma empresa, como aquele que presta concurso para ocupar vaga de emprego na administração pública; mas se o exercício da profissão é realizado com autonomia, então, trata-se de um contribuinte individual;
– *o representante comercial autônomo e o vendedor pracista:* a Lei n. 4.886/65, art. 2º, exigia registro do representante comercial autônomo no órgão de fiscalização da atividade, como requisito formal; o novo Código Civil disciplina a relação de trabalho do representante comercial sem vínculo de emprego nos arts. 710 a 721;
– *corretores de imóveis, de seguros, de planos de saúde:* adota-se o mesmo entendimento esposado em relação aos representantes comerciais autônomos.

Dirimindo controvérsia acerca da incidência de contribuição sobre valores de comissões pagos a corretores de seguros, o STJ publicou a Súmula n. 458, nos seguintes termos: "A contribuição previdenciária incide sobre a comissão paga ao corretor de seguros".

Há que se apontar ainda o fenômeno denominado "pejotização", em que pessoas que antes atuavam como empregados acabam tendo sua condição "modificada" em razão de que seu empregador, para tentar reduzir e até mesmo eliminar custos de natureza trabalhista e previdenciária[9], rompe formalmente o contrato de trabalho mas mantém a mesma relação de trabalho de forma dissimulada, desde que o trabalhador (ou trabalhadores) passe(m) a constar como sócios de uma pessoa jurídica (geralmente uma microempresa, ou, mais recentemente, utilizando a figura do MEI; quando em caso de grupo de trabalhadores, utiliza-se a figura de falsas cooperativas de trabalho).

Nestes casos, a prestação do trabalho é a mesma, mas no campo formal é como se passasse a ser um "contrato entre pessoas jurídicas" – situação em que, teoricamente, não incidiria contribuição previdenciária. Todavia, frisa-se que nas hipóteses em que seja constatado o intuito fraudatório de direitos, assim como de sonegação de contribuições à Seguridade Social, é caso de nulidade absoluta, cabível a atuação da Receita Federal do Brasil para a exigência das contribuições e acréscimos de mora, bem como a autuação para a aplicação de multa pelo descumprimento das obrigações acessórias.

---

[9] BURITI, Tamara de Santana Teixeira. A "pejotização" e a fraude ao regime de emprego. *Conteúdo Jurídico.* Brasília-DF: 25 jan. 2018. Disponível em: <http://www.conteudojuridico.com.br/?artigos&ver=2.590277&seo=1>. Acesso em: 01 nov. 2018.

– **Pessoa equiparada a autônomo**

Alguns indivíduos, embora não possuindo as características dos trabalhadores autônomos, eram com eles equiparados, por expressa disposição legal, para fins de recolhimento da contribuição previdenciária, passando, a partir da Lei n. 9.876/1999, a ser classificados, com estes, como contribuintes individuais. É o caso dos ministros de confissão religiosa e de empregados de organismos internacionais com atividade em território brasileiro, estes últimos desde que não sejam filiados a regime de previdência social junto ao respectivo organismo.

13.2.4 Trabalhador avulso

Trabalhador avulso é aquele que presta serviço a várias empresas, sem vínculo de emprego, contratado por sindicatos ou órgãos gestores de mão de obra (art. 11, inciso VI, da Lei n. 8.213/1991). Nessa categoria estão os trabalhadores em portos: estivadores, carregadores, amarradores de embarcações, quem faz limpeza e conservação de embarcações e vigia. Na indústria de extração de sal e no ensacamento de cacau e café também há trabalhadores avulsos. Também é o caso dos movimentadores de cargas (comumente denominados "chapas").

A exploração direta e indireta pela União de portos e instalações portuárias e sobre as atividades desempenhadas pelos operadores portuários é regulada pela Lei n. 12.815, de 5.6.2013, que, entre outras medidas, revogou a Lei n. 8.630/1993.

São considerados trabalhadores avulsos aqueles que exercem atividades descritas pelo art. 9º, VI, do Decreto n. 3.048/1999, com a redação atualmente conferida pelo Decreto n. 10.410/2020, em duas situações: a) sindicalizado ou não, preste serviço de natureza urbana ou rural a diversas empresas, ou equiparados, sem vínculo empregatício, com intermediação obrigatória do órgão gestor de mão de obra, nos termos do disposto na Lei n. 12.815/2013, ou do sindicato da categoria, nas atividades portuárias, enumeradas no Regulamento; e b) exerça atividade de movimentação de mercadorias em geral, nos termos do disposto na Lei n. 12.023, de 27 de agosto de 2009, em áreas urbanas ou rurais, sem vínculo empregatício, com intermediação obrigatória do sindicato da categoria, por meio de acordo ou convenção coletiva de trabalho, nas atividades de cargas e descargas de mercadorias a granel e ensacados, costura, pesagem, embalagem, enlonamento, ensaque, arrasto, posicionamento, acomodação, reordenamento, reparação de carga, amostragem, arrumação, remoção, classificação, empilhamento, transporte com empilhadeiras, paletização, ova e desova de vagões, carga e descarga em feiras livres e abastecimento de lenha em secadores e caldeiras; operação de equipamentos de carga e descarga; e pré-limpeza e limpeza em locais necessários às operações ou à sua continuidade.

13.2.5 Segurado especial

A última categoria de segurados obrigatórios enumerada pela legislação é a dos segurados especiais. Esta se estabelece a partir da redação do art. 195, § 8º, da Constituição, que determina ao legislador que observe tratamento diferenciado àqueles que, trabalhando por conta própria em regime de economia familiar, realizem pequena produção, com a qual retiram sua subsistência.

O dispositivo constitucional determina que a base de cálculo das contribuições à Seguridade Social destes seja o produto da comercialização de sua produção, criando assim regra diferenciada para a participação no custeio. É que, sendo a atividade destes instável durante o ano (em função dos períodos de safra, no caso dos agricultores, temporadas de pesca, para os pescadores, criação e engorda do gado, no caso dos pecuaristas, etc.), não se pode exigir dos mesmos, em boa parte dos casos, contribuições mensais, em valores fixos estipulados.

Considera-se segurado especial, segundo a nova redação conferida ao art. 12, VII, da Lei n. 8.212/1991 e ao art. 11, VII, da Lei n. 8.213/1991, pela Lei n. 11.718/2008, a pessoa física residente no imóvel rural ou em aglomerado urbano ou rural próximo a ele que, individualmente ou em regime de economia familiar, ainda que com o auxílio eventual de terceiros a título de mútua colaboração, na condição de:

   a) *produtor, seja proprietário, usufrutuário, possuidor, assentado, parceiro ou meeiro outorgados, comodatário ou arrendatário rurais, que explore atividade:*
   1. agropecuária em área de até 4 (quatro) módulos fiscais; ou
   2. de seringueiro ou extrativista vegetal que exerça suas atividades nos termos do inciso XII do caput do art. 2º da Lei n. 9.985, de 18 de julho de 2000, e faça dessas atividades o principal meio de vida;
   b) *pescador artesanal ou a este assemelhado, que faça da pesca profissão habitual ou principal meio de vida; e*
   c) *cônjuge ou companheiro, bem como filho maior de 16 (dezesseis) anos de idade ou a este equiparado, do segurado de que tratam as alíneas a e b deste inciso, que, comprovadamente, trabalhem com o grupo familiar respectivo.*

Segundo o § 1º do art. 12 da Lei de Custeio e o § 1º do art. 11 da Lei de Benefícios, alterados pela Lei n. 11.718/2008, "entende-se como regime de economia familiar a atividade em que o trabalho dos membros da família é indispensável à própria subsistência e ao desenvolvimento socioeconômico do núcleo familiar e é exercido em condições de mútua dependência e colaboração, sem a utilização de empregados permanentes".

De acordo com as definições adotadas pelo INSS, são considerados segurados especiais "o produtor rural e o pescador artesanal ou a este assemelhado, desde que exerçam a atividade rural individualmente ou em regime de economia familiar, ainda que com o auxílio eventual de terceiros" (art. 109 da IN PRES/INSS n. 128/2022).

Dessa normativa, destacamos que:

- É irrelevante a nomenclatura dada ao segurado especial nas diferentes regiões do país, como lavrador, agricultor e outros de mesma natureza, cabendo a efetiva comprovação da atividade rural exercida, seja individualmente ou em regime de economia familiar (art. 109, § 3º).
- Enquadra-se como segurado especial o indígena cujo(s) período(s) de exercício de atividade rural tenha(m) sido objeto de certificação pela Fundação Nacional dos Povos Indígenas – FUNAI (art. 109, § 4º).
- Para efeitos do enquadramento como segurado especial, considera-se produtor rural o proprietário, condômino, usufrutuário, posseiro/possuidor, assentado, parceiro, meeiro, comodatário, arrendatário rural, quilombola, seringueiro, extrativista vegetal ou foreiro, que reside em imóvel rural, ou em aglomerado urbano ou rural próximo, e desenvolve atividade agrícola, pastoril ou hortifrutigranjeira, individualmente ou em regime de economia familiar (art. 110).
- O enquadramento do condômino na condição de segurado especial independe da delimitação formal da área por este explorada, cabendo a comprovação do exercício da atividade, se individualmente ou em regime de economia familiar (art. 110, § 4º).
- A delimitação do tamanho da terra em quatro módulos fiscais tem vigência a partir de 23 de junho de 2008, data da vigência da Lei n. 11.718, de 2008, de forma que os períodos de atividade do segurado especial anteriores devem ser analisados independentemente do tamanho da propriedade (art. 110, § 8º).

Foi por força da decisão proferida nos autos da Ação Civil Pública n. 2008.71.00.024546-2/RS[10], que o INSS passou a considerar como segurado especial o indígena reconhecido pela Fundação Nacional dos Povos Indígenas – FUNAI, inclusive o artesão que utilize matéria-prima proveniente de extrativismo vegetal, independentemente do local onde resida ou exerça suas atividades, sendo irrelevante a definição de indígena aldeado, indígena não aldeado, indígena em vias de integração, indígena isolado ou indígena integrado, desde que exerça a atividade rural em regime de economia familiar e faça dessas atividades o principal meio de vida e de sustento.

Importante frisar que serão considerados segurados especiais os integrantes da entidade familiar que exerçam a atividade rural, mas o fato de algum dos integrantes não realizar o trabalho em regime de economia familiar não descaracteriza a condição dos demais familiares, como se observa da Súmula n. 41 da TNU: "A circunstância de um dos integrantes do núcleo familiar desempenhar atividade urbana não implica, por si só, a descaracterização do trabalhador rural como segurado especial, condição que deve ser analisada no caso concreto".

Essa mesma orientação é adotada pelo STJ, que julgou em Recurso Repetitivo que "O fato de um dos integrantes da família exercer atividade incompatível com o regime de economia familiar não descaracteriza, por si só, a condição de segurado especial dos demais componentes" (REsp 1.304.479-SP, 1ª Seção, Rel. Min. Herman Benjamin, *DJe* de 19.12.2012).

Para serem considerados segurados especiais, o cônjuge ou companheiro e os filhos ou os a estes equiparados deverão ter participação ativa nas atividades rurais do grupo familiar.

De acordo com a nova redação do art. 12, especificamente seu § 8º, da Lei de Custeio e art. 11, § 7º, da Lei de Benefícios (conferida pela Lei n. 12.873/2013), o grupo familiar poderá utilizar-se de empregados contratados por prazo determinado ou trabalhador de que trata a alínea "g" do inciso V do *caput* deste artigo, à razão de, no máximo, cento e vinte pessoas por dia no ano civil, em períodos corridos ou intercalados ou, ainda, por tempo equivalente em horas de trabalho, não sendo computado nesse prazo o período de afastamento em decorrência da percepção de auxílio-doença.

Consideram-se assemelhados ao pescador artesanal, entre outros, o mariscador, o caranguejeiro, o eviscerador (limpador de pescado), o observador de cardumes, o pescador de tartarugas e o catador de algas. Nos termos do Decreto n. 8.499, de 2015, o assemelhado ao pescador artesanal é aquele que realiza atividade de apoio à pesca artesanal, exercendo trabalhos de confecção e de reparos de artes e petrechos de pesca e reparos em embarcações de pequeno porte, ou atuando no processamento do produto da pesca artesanal.

Não descaracterizam a condição de segurado especial, de acordo com o § 9º do art. 12 da Lei n. 8.212/1991 (tal como o § 8º do art. 11 da Lei n. 8.213/1991):

> *I – a outorga, por meio de contrato escrito de parceria, meação ou comodato, de até 50% (cinquenta por cento) de imóvel rural cuja área total não seja superior a 4 (quatro) módulos fiscais, desde que outorgante e outorgado continuem a exercer a respectiva atividade, individualmente ou em regime de economia familiar;*
>
> *II – a exploração da atividade turística da propriedade rural, inclusive com hospedagem, por não mais de 120 (cento e vinte) dias ao ano;*
>
> *III – a participação em plano de previdência complementar instituído por entidade classista a que seja associado, em razão da condição de trabalhador rural ou de produtor rural em regime de economia familiar;*

---

[10] TRF da 4ª Região. Decisão com trânsito em julgado em 27.10.2010.

IV - ser beneficiário ou fazer parte de grupo familiar que tem algum componente que seja beneficiário de programa assistencial oficial de governo;

V - a utilização pelo próprio grupo familiar, na exploração da atividade, de processo de beneficiamento ou industrialização artesanal, na forma do § 11 do art. 25 desta Lei; e

VI - a associação, exceto em cooperativa de trabalho, conforme regulamento:

a) em cooperativa que tenha atuação vinculada às atividades previstas no inciso VII do caput deste artigo, conforme previsão em seu objeto social ou autorização competente (redação dada pela Lei n. 15.072, de 2024);

b) (vetado); e

VII - a incidência do Imposto Sobre Produtos Industrializados - IPI sobre o produto das atividades desenvolvidas nos termos do § 14 do caput deste artigo;

VIII - a participação em programas e ações de pagamento por serviços ambientais.

(...)

Consoante definição adotada pelo RPS (art. 9º, § 25), considera-se processo de beneficiamento ou industrialização artesanal aquele realizado diretamente pelo próprio produtor rural pessoa física, desde que não esteja sujeito à incidência do Imposto Sobre Produtos Industrializados - IPI.

O auxílio eventual de terceiros é aquele que é exercido ocasionalmente, em condições de mútua colaboração, não existindo subordinação nem remuneração (§ 6º do art. 9º do Decreto n. 3.048/1999).

Ainda de acordo com o Decreto n. 3.048/1999, na composição do grupo familiar estão incluídos: cônjuge ou companheiro; o filho maior de 16 anos de idade; e mediante declaração junto ao INSS: o enteado, maior de 16 anos de idade; o menor sob guarda ou tutela, maior de 16 anos e menor de 21 anos de idade, que não possua bens suficientes para o próprio sustento e educação (art. 9º, VII, "c").

O aumento da idade mínima para filiação, de 14 para 16 anos, decorre da interpretação dada pelos órgãos da Previdência Social à nova redação do art. 7º, XXXIII, da Constituição, a partir da Emenda Constitucional n. 20/1998, que estabelece a "proibição de trabalho noturno, perigoso ou insalubre a menores de dezoito e de qualquer trabalho a menores de dezesseis anos, salvo na condição de aprendiz, a partir de quatorze anos".

Quanto à possibilidade de ser computado período de trabalho sem limitação de idade mínima, aplica-se aqui a orientação do STF (RE 600616 AgR/RS, 1ª Turma, Min. Barroso, *DJe* 10.9.2014), e o decidido na ACP 5017267-34.2013.4.04.7100/RS (TRF/4). No mesmo sentido, o Representativo de Controvérsia Tema n. 219 da TNU: "É possível o cômputo do tempo de serviço rural exercido por pessoa com idade inferior a 12 (doze) anos na época da prestação do labor campesino" (PEDILEF 5008955-78.2018.4.04.7202/SC, julgado em 23.6.2022).

Nos termos do Ofício-Circular Conjunto n. 25/DIRBEN/PFE/INSS, de 13.5.2019, foi dado cumprimento à decisão proferida na ACP n. 5017267-34.2013.4.04.7100, que determinou ao INSS que passe a *aceitar, como tempo de contribuição, o trabalho comprovadamente exercido na categoria de segurado obrigatório de qualquer idade*, exceto o segurado facultativo, bem como devem ser aceitos os mesmos meios de prova exigidos para o trabalho exercido com a idade permitida. A determinação judicial produz efeitos para benefícios com DER a partir de 19.10.2018 e alcança todo o território nacional.

A partir de 14.10.1996, o menor sob guarda não consta mais do grupo familiar acima caracterizado, em face da Lei n. 9.528, de 10.12.1997. Essa exclusão tem sido afastada pelo Poder Judiciário, pois representa uma vulneração aos arts. 6º e 227 da Constituição e ao art. 33 do Estatuto da Criança e do Adolescente. Nesse sentido: STJ, ED em REsp n. 1.141.788-RS,

Corte Especial, Min. João Otávio de Noronha, *DJe* 16.12.2016; STF, ADI 4.878, Plenário, Ata de Julgamento n. 18, de 8.6.2021, *DJe* 15.6.2021.

Ademais, pelos princípios da universalidade de cobertura e da filiação compulsória de todo aquele que exerce atividade laborativa, inclusive a rural, não há fundamento em tal concepção, já que o indivíduo com mais de 16 anos de idade é livre para prestar trabalho, e assim o fazendo, deve contar com proteção previdenciária, não se admitindo logicamente que, apenas em função de ter sido determinada sua guarda judicial a pessoa que não os pais, por situação alheia à sua vontade, seja alijada do rol de segurados obrigatórios do RGPS, ainda que preste trabalho e comprove tal fato.

O falecimento de um dos cônjuges ou de ambos não retira a condição de segurado especial do filho maior de 16 anos de idade, desde que permaneça em atividade individualmente ou em regime de economia familiar.

De acordo com o § 10 do art. 12 da Lei de Custeio e o § 9º do art. 11 da Lei de Benefícios, cuja redação foi conferida pela Lei n. 11.718/2008, não será considerado segurado especial o membro de grupo familiar que possuir outra fonte de rendimento, exceto se decorrente de:

I – benefício de pensão por morte, auxílio-acidente ou auxílio-reclusão, cujo valor não supere o do menor benefício de prestação continuada da Previdência Social;

II – benefício previdenciário pela participação em plano de previdência complementar instituído nos termos do inciso IV do § 9º deste artigo;

III – exercício de atividade remunerada em período não superior a cento e vinte dias, corridos ou intercalados, no ano civil, observado o disposto no § 13;[11]

IV – exercício de mandato eletivo de dirigente sindical de organização da categoria de trabalhadores rurais;

V – exercício de:

a) mandato de vereador do Município em que desenvolve a atividade rural;

b) atividade remunerada, sem dedicação exclusiva ou regime integral, derivada de mandato eletivo:

1) em cooperativa, exceto de trabalho, que tenha atuação vinculada às atividades previstas no inciso VII do caput *deste artigo, conforme previsão em seu objeto social ou autorização da autoridade competente, de acordo com regulamento e observado o disposto no § 13 deste artigo (redação dada pela Lei n. 15.072, de 2024);*

2) (vetado);

VI – parceria ou meação outorgada na forma e condições estabelecidas no inciso I do § 9º deste artigo;

VII – atividade artesanal desenvolvida com matéria-prima produzida pelo respectivo grupo familiar, podendo ser utilizada matéria-prima de outra origem, desde que a renda mensal obtida na atividade não exceda ao menor benefício de prestação continuada da Previdência Social; e

VIII – atividade artística, desde que em valor mensal inferior ao menor benefício de prestação continuada da Previdência Social.

Ocorrendo tais hipóteses, fica excluído dessa categoria o segurado:

I – a contar do primeiro dia do mês em que:

---

[11] Redação do inciso III conferida pela Lei n. 12.873/2013. Observe-se, ainda, o § 13. "O disposto nos incisos III e V do § 10 e no § 14 não dispensa o recolhimento da contribuição devida em relação ao exercício das atividades de que tratam os referidos dispositivos".

a) deixar de satisfazer as condições estabelecidas no inciso VII do caput *deste artigo, sem prejuízo do disposto no art. 15 da Lei n. 8.213, de 24 de julho de 1991, ou exceder qualquer dos limites estabelecidos no inciso I do § 9º deste artigo;*

b) enquadrar-se em qualquer outra categoria de segurado obrigatório do Regime Geral de Previdência Social, ressalvado o disposto nos incisos III, V, VII e VIII do § 10 e no § 14 deste artigo, sem prejuízo do disposto no art. 15 da Lei n. 8.213, de 24 de julho de 1991;

c) tornar-se segurado obrigatório de outro regime previdenciário; e

d) participar de sociedade empresária, de sociedade simples, como empresário individual ou como titular de empresa individual de responsabilidade limitada em desacordo com as limitações impostas pelo § 14 deste artigo.

II – a contar do primeiro dia do mês subsequente ao da ocorrência, quando o grupo familiar a que pertence exceder o limite de:

a) utilização de trabalhadores nos termos do § 8º deste artigo;

b) dias em atividade remunerada estabelecidos no inciso III do § 10 deste artigo; e

c) dias de hospedagem a que se refere o inciso II do § 9º deste artigo. (§ 11 do art. 12 da Lei n. 8.212/91, redação conferida pela Lei n. 11.718/2008).

(...)

§ 13. O disposto nos incisos III e V do § 10 e no § 14 do caput deste artigo não dispensa o recolhimento da contribuição devida em relação ao exercício das atividades de que tratam os referidos dispositivos.

§ 14. A participação do segurado especial em sociedade empresária, em sociedade simples, como empresário individual ou como titular de empresa individual de responsabilidade limitada de objeto ou âmbito agrícola, agroindustrial ou agroturístico, considerada microempresa nos termos da Lei Complementar n. 123, de 14 de dezembro de 2006, não o exclui de tal categoria previdenciária, desde que, mantido o exercício da sua atividade rural na forma do inciso VII do caput e do § 1º, a pessoa jurídica componha-se apenas de segurados de igual natureza e sedie-se no mesmo Município ou em Município limítrofe àquele em que eles desenvolvam suas atividades.

A Lei n. 12.873/2013 incluiu o § 14 ao art. 12 da Lei n. 8.212/1991, e também o § 12 ao art. 11 da Lei n. 8.213/1991, tratando de segurados especiais que tenham participação societária, ambos com a seguinte previsão:

A participação do segurado especial em sociedade empresária, em sociedade simples, como empresário individual ou como titular de empresa individual de responsabilidade limitada de objeto ou âmbito agrícola, agroindustrial ou agroturístico, considerada microempresa nos termos da Lei Complementar n. 123, de 14 de dezembro de 2006, não o exclui de tal categoria previdenciária, desde que, mantido o exercício da sua atividade rural na forma do inciso VII do caput e do § 1º, a pessoa jurídica componha-se apenas de segurados de igual natureza e sedie-se no mesmo Município ou em Município limítrofe àquele em que eles desenvolvam suas atividades.

Ainda, quanto ao boia-fria, os precedentes vêm considerando esse trabalhador como segurado especial para fins de proteção previdenciária. Nesse sentido: TNU PUIL 0001191-14.2016.4.01.3506/GO, julgado em 28.4.2021, cuja tese fixada foi a seguinte:

(i) O trabalhador rural denominado boia-fria, diarista ou volante é equiparado ao segurado especial e

(ii) o tempo devidamente comprovado como empregado rural, avulso rural, contribuinte individual rural (eventual) e segurado especial podem ser somados para fins de aposentadoria por idade rural, respeitada a descontinuidade prevista nos arts. 39, I e 48, § 2º, da Lei 8.213/91.

13.3 SEGURADO FACULTATIVO

Ao lado do segurado obrigatório, o qual é filiado independentemente de sua vontade, encontramos o segurado facultativo, que desfruta do privilégio constitucional e legal de se filiar ao RGPS. É a pessoa que, não estando em nenhuma situação que a lei considera como segurado obrigatório, desejar contribuir para a Previdência Social, desde que seja maior de 16 anos (segundo o Decreto n. 3.048/99), e não esteja vinculado a nenhum outro regime previdenciário (art. 11 e § 2º do Regulamento).

A Constituição Federal, no texto original do § 1º do art. 201, dispunha que "qualquer pessoa poderá participar dos benefícios da Previdência Social, mediante contribuição na forma dos planos previdenciários".

Com esse dispositivo, quis o constituinte incorporar ao sistema determinados grupos, que não possuem os requisitos para serem segurados obrigatórios, mas que desejam a proteção previdenciária.

É admitida a filiação na qualidade de segurado facultativo das pessoas físicas que não exerçam atividade remunerada, entre outros (art. 11 do RPS, em sua redação atual):

I – aquele que se dedique exclusivamente ao trabalho doméstico no âmbito de sua residência; (Redação dada pelo Decreto n. 10.410, de 2020)

II – o síndico de condomínio, quando não remunerado;

III – o estudante;

IV – o brasileiro que acompanha cônjuge que presta serviço no exterior;

V – aquele que deixou de ser segurado obrigatório da previdência social;

VI – o membro de conselho tutelar de que trata o art. 132 da Lei n. 8.069, de 13 de julho de 1990, quando não esteja vinculado a qualquer regime de previdência social;

VII – o estagiário que preste serviços a empresa nos termos do disposto na Lei n. 11.788, de 2008; (Redação dada pelo Decreto n. 10.410, de 2020)

VIII – o bolsista que se dedique em tempo integral a pesquisa, curso de especialização, pós-graduação, mestrado ou doutorado, no Brasil ou no exterior, desde que não esteja vinculado a qualquer regime de previdência social;

IX – o presidiário que não exerce atividade remunerada nem esteja vinculado a qualquer regime de previdência social; (Redação dada pelo Decreto n. 7.054, de 2009)

X – o brasileiro residente ou domiciliado no exterior; (Redação dada pelo Decreto n. 10.410, de 2020)

XI – o segurado recolhido à prisão sob regime fechado ou semiaberto, que, nesta condição, preste serviço, dentro ou fora da unidade penal, a uma ou mais empresas, com ou sem intermediação da organização carcerária ou entidade afim, ou que exerce atividade artesanal por conta própria. (Incluído pelo Decreto n. 7.054, de 2009)

XII – o atleta beneficiário da Bolsa-Atleta não filiado a regime próprio de previdência social ou não enquadrado em uma das hipóteses previstas no art. 9º. (Incluído pelo Decreto n. 10.410, de 2020)

Poderá contribuir como segurado facultativo, ainda, o segurado afastado temporariamente de suas atividades, desde que não receba remuneração no período de afastamento e não exerça outra atividade que o vincule ao RGPS ou a regime próprio. É o caso, por exemplo, de um empregado que tenha pactuado a suspensão do seu contrato de trabalho para realização de curso de capacitação profissional – como no caso de professores que frequentam cursos de mestrado ou doutorado até mesmo fora do território nacional, ou ainda, nas hipóteses do art. 476-A da CLT e da Lei n. 10.420/2020 (Programa Emergencial decorrente do estado de calamidade pública causado pela pandemia da Covid-19). Compreendemos que também tenha de ser admitida tal hipótese para a pessoa com contrato de trabalho intermitente, nos meses em que não haja convocação para o trabalho.

A filiação ao RGPS, na qualidade de segurado facultativo, é vedada para pessoa participante de regime próprio de previdência social (art. 201, § 5º, da CF), salvo na hipótese de afastamento de servidor público em licença sem vencimentos e desde que não permitida, nesta condição, contribuição ao respectivo regime próprio. Regulamentando o assunto, o § 5º do art. 11 do Decreto n. 3.048/1999 (incluído pelo Decreto n. 10.410/2020) indica que "o segurado poderá contribuir facultativamente durante os períodos de afastamento ou de inatividade, desde que não receba remuneração nesses períodos e não exerça outra atividade que o vincule ao RGPS ou a regime próprio de previdência social".

Considera-se a filiação, na qualidade de segurado facultativo, um ato volitivo, gerador de efeito somente a partir da inscrição e do primeiro recolhimento, não podendo retroagir e não permitindo o pagamento de contribuições relativas a competências anteriores à data da inscrição.

13.4 A MENORIDADE E A FILIAÇÃO COMO SEGURADO

Considera-se menor, para os efeitos da legislação previdenciária e trabalhista, a partir da Emenda Constitucional n. 20, de 15.12.1998, o trabalhador de 14 a 18 anos de idade. A pessoa com idade a partir de 14 anos pode ser contratada regularmente, mediante contrato de aprendizagem. Acima dos 16, nas demais modalidades, exceto o trabalho doméstico (que exige 18 anos completos).

As regras do contrato de aprendizagem passaram a ser dispostas nos arts. 428 a 433 da CLT, com a redação atualizada por diversos diplomas legais, fixando-se a idade atualmente *entre 14 e 24 anos*, e a duração máxima de dois anos para o referido contrato. Quando se tratar de aprendiz que tenha deficiência, não se aplica a idade máxima dos 24 anos e não há limite máximo de duração do contrato.

O limite mínimo de idade para o trabalho, tanto do trabalhador urbano como do rural, tem sido alterado frequentemente; vejamos:

- até 28.2.1967: 14 anos – CF/1946.
- de 1.3.1967 a 5.10.1988: 12 anos – CF/1967.
- de 6.10.1988 a 15.12.1998: 14 anos, permitida a filiação na condição de aprendiz, se contratado desta forma, a partir dos 12 anos (CF/1988 e Estatuto da Criança e do Adolescente).
- a partir de 16.12.1998: 16 anos, salvo na condição de aprendiz, a partir dos 14 anos – EC n. 20/1998.

Em que pese a alteração da idade mínima estabelecida pela Emenda Constitucional n. 20, de 1998, as Leis de Custeio e Benefícios e o Decreto n. 3.048/1999 não tiveram suas redações alteradas – ainda está fixada a idade mínima de 14 anos para a filiação como segurado facultativo (art. 14 da Lei n. 8.212/1991 e art. 13 da Lei n. 8.213/1991), e o Regulamento, no seu art. 18, § 2º, dispõe que a filiação ao RGPS exige a idade mínima de 16 anos, *em qualquer caso*.

Há, entretanto, manifesto equívoco na regra do Decreto em comento, uma vez que o contrato de aprendizagem, previsto no artigo 428 da CLT, com a redação conferida pela Lei n. 11.180/2005, é o "contrato de trabalho especial, ajustado por escrito e por prazo determinado, em que o empregador se compromete a assegurar ao *maior de 14 (quatorze) e menor de 24 (vinte e quatro) anos* inscrito em programa de aprendizagem formação técnico-profissional metódica, compatível com o seu desenvolvimento físico, moral e psicológico, e o aprendiz, a executar com zelo e diligência as tarefas necessárias a essa formação". Logo, ao aprendiz contratado na forma do referido dispositivo é assegurada a filiação ao RGPS, como *segurado obrigatório, com a idade mínima de 14 anos*, e não 16.

As Instruções Normativas do INSS, por seu turno, admitem a filiação do aprendiz, a partir dos 14 anos (IN n. 128/2022 – art. 45, IV), em conformidade com o disposto no art. 7º, XXXIII, da Constituição, e, nos demais casos, fixa a idade mínima de filiação em 16 anos.

É proibido o trabalho noturno, perigoso ou insalubre a menores de 18 anos e qualquer trabalho a menores de 16 anos de idade, salvo na condição de aprendiz, quando a idade mínima é de 14 anos (CF, art. 7º, XXXIII – redação dada pela EC n. 20/1998). No entanto, a existência de trabalho realizado em desacordo com tal vedação não pode deixar de ser considerada para fins previdenciários.

Uma vez comprovada a prestação de atividade laboral, configura-se o fato gerador, cuja definição legal é interpretada abstraindo-se a validade jurídica dos atos praticados e a incapacidade civil das pessoas físicas. Nesse sentido, a orientação da jurisprudência do STF, o art. 7º, XXXIII, da Constituição "não pode ser interpretado em prejuízo da criança ou adolescente que exerce atividade laboral, haja vista que a regra constitucional foi criada para a proteção e defesa dos trabalhadores, não podendo ser utilizada para privá-los dos seus direitos" (RE 600616 AgR/RS, 1ª Turma, Min. Barroso, *DJe* 10.9.2014).

Da mesma forma, decidiu o STJ: "É firme neste Superior Tribunal de Justiça o entendimento no sentido da possibilidade de cômputo do labor rural comprovadamente desempenhado por menor de doze anos de idade" (STJ, AgRg no REsp 1.150.829/SP, 6ª Turma, *DJe* 4.10.2010). E o TRF da 4ª Região ao julgar a ACP 5017267-34.2013.4.04.7100/RS (6ª Turma, em 9.4.2018), com abrangência nacional, reconhecendo a possibilidade de ser computado período de trabalho sem limitação de idade mínima.

Seguindo essa orientação, a TNU no Representativo de Controvérsia – Tema n. 219, fixou a seguinte tese: "É possível o cômputo do tempo de serviço rural exercido por pessoa com idade inferior a 12 (doze) anos na época da prestação do labor campesino" (pedIlef 5008955-78.2018.4.04.7202/SC, julgado em 23.6.2022).

Trata-se, pura e simplesmente, da aplicação do princípio da universalidade da cobertura da Seguridade Social (CF, art. 194, I), segundo o qual nenhum indivíduo deve ficar desprotegido quanto a eventos protegidos, caso se enquadre em atividade laborativa remunerada.

13.5 APOSENTADO QUE RETORNA À ATIVIDADE

O aposentado pelo RGPS que estiver exercendo ou que voltar a exercer atividade abrangida por este Regime é segurado obrigatório em relação a essa atividade, ficando sujeito às contribuições de que trata a Lei n. 8.212/1991.

Por outro lado, prevê o art. 18, § 2º, da Lei n. 8.213/1991 que o aposentado que pretenda permanecer em atividade ou a ela retornar não terá direito a novas prestações previdenciárias, exceto o salário-família e a reabilitação profissional, quando for o caso.

O artigo 173 do RPS, com a redação atual, é ainda mais específico, ao prever que "o segurado em gozo de aposentadoria que voltar a exercer atividade abrangida pelo RGPS, observados o disposto no art. 168 e, nos casos de aposentadoria especial, o disposto no parágrafo único do art. 69, fará jus":

- ao salário-família e à reabilitação profissional, quando empregado, inclusive o doméstico, ou trabalhador avulso; e
- ao salário-maternidade.

O artigo 168 do RPS, por sua vez, preceitua que, exceto nas hipóteses de aposentadoria por incapacidade permanente ou especial, observado quanto a esta última o disposto no parágrafo único do artigo 69, o retorno do aposentado à atividade não prejudicará o recebimento de sua aposentadoria.

E o parágrafo único do artigo 69 do RPS, por fim, prevê a cessação da aposentadoria especial caso o requerente retorne a trabalhar exposto a agentes nocivos.

A esse respeito, o Supremo Tribunal Federal, em sessão de 26.10.2016, apreciando a chamada "desaposentação" em sede de repercussão geral, reafirmou a validade da limitação prevista na norma, estabelecendo, no julgamento dos Recursos Extraordinários nos autos n. 381.367, 661.256 e 827.833, que: "No âmbito do Regime Geral de Previdência Social (RGPS), somente lei pode criar benefícios e vantagens previdenciárias, não havendo, por ora, previsão legal do direito à 'desaposentação', sendo constitucional a regra do artigo 18, parágrafo 2º, da Lei 8.213/1991".

E o STF também validou o tratamento tributário previsto na Lei n. 8.212/1991, conforme se observa do julgado da Repercussão Geral – Tema 1.065, cuja tese foi fixada nos seguintes termos: "É constitucional a contribuição previdenciária devida por aposentado pelo Regime Geral de Previdência Social (RGPS) que permaneça em atividade ou a essa retorne".

Ressalte-se, por oportuno, que a contribuição do aposentado do RGPS que volta a exercer atividade incide somente sobre os seus ganhos na atividade laborativa, e não sobre os proventos de aposentadoria paga pelo RGPS, em face da expressa vedação do art. 195, II, da Constituição, com a redação dada pela Emenda Constitucional n. 20/1998.

O enquadramento do aposentado que retorna à atividade será feito de acordo com a atividade que ele passar a exercer depois de aposentado.

14
Filiação dos Segurados

Filiação é o vínculo jurídico que se estabelece entre pessoas que contribuem como segurados para a Previdência Social e esta, vínculo este do qual decorrem direitos e obrigações (art. 20, *caput*, do Decreto n. 3.048/1999). Em sendo a pessoa filiada ao RGPS, sujeita-se às regras da legislação de custeio e benefícios do regime.

Segundo *Alfredo Ruprecht*, a filiação se inicia "no exato momento em que o indivíduo entra no campo da seguridade social e perdura por todo o tempo em que este – que preenche as condições pertinentes – mantém-se como segurado". E, mais, que "a circunstância de haver perdido o caráter de filiado não impede, superada a causa da cessação da filiação, sua recuperação", para concluir que "o objeto da filiação é determinar quais são os indivíduos que, tendo satisfeito as disposições respectivas, estão em condições de obter os benefícios da seguridade social, ou seja, liga a pessoa a esta. É também o de controlar as variações que, com o passar do tempo, podem ser produzidas na situação de cada filiado".[1]

A filiação decorre automaticamente do exercício de atividade remunerada para os segurados obrigatórios e da inscrição formalizada com o pagamento da primeira contribuição para o segurado facultativo. É dizer, a filiação não depende de ato volitivo para o segurado obrigatório, mas somente para o facultativo (art. 20, § 1º, do Decreto n. 3.048/1999, redação conferida pelo Decreto n. 6.722/2008).

Este entendimento possui pleno amparo na jurisprudência do STJ:

> A filiação ao Regime Geral de Previdência Social, para o segurado obrigatório, se perfaz de forma automática, com o simples exercício de atividade remunerada, não dependendo de nenhum ato volitivo da sua parte, nos termos do que prescreve o art. 20, § 1º, do Decreto 3.048/1999. Portanto, para o segurado obrigatório a filiação e a qualidade de segurado não dependem de um número mínimo de contribuições, mas do simples exercício de atividade remunerada. Princípio da automaticidade da filiação (...). Recurso especial conhecido e provido para reconhecer a qualidade de segurada da de cujus e determinar o retorno dos autos ao Tribunal de origem para que se verifique a existência ou não de incapacidade no momento do requerimento administrativo (REsp 2015/0285415-4, 2ª Turma, Rel. Min. Mauro Campbell Marques, *DJe* de 18.12.2015).

A filiação do trabalhador rural contratado por produtor rural pessoa física por prazo de até dois meses dentro do período de um ano, para o exercício de atividades de natureza temporária, decorre automaticamente de sua inclusão em declaração prevista em ato do Secretário Especial da Receita Federal do Brasil por meio de identificação específica, de acordo com o art. 20, § 2º, do RPS, redação do Decreto n. 10.410/2020.

---

[1] RUPRECHT, Alfredo J. *Direito da seguridade social*. São Paulo: LTr, 1996.

Filiação, pois, é situação objetivamente observada. O fato de ter o indivíduo prestado atividade remunerada que o enquadre como segurado obrigatório é condição suficiente para o estabelecimento deste vínculo entre ele e a Previdência Social. Tanto que, mesmo depois de anos de exercício da atividade, o segurado tem o direito de ver o tempo computado – com a obrigação, em contrapartida, de recolhimento das contribuições devidas no mesmo interregno, obrigação que poderá, conforme a lei, ficar a seu encargo ou ser transferida ao responsável tributário.

Muitas vezes, o INSS nega a concessão de benefícios por não reconhecer a qualidade de segurado de trabalhadores sem registro, obrigando-os a ajuizar ação trabalhista para o reconhecimento do vínculo de emprego. O INSS se recusa a conceder benefícios quando a decisão proferida na Justiça do Trabalho tenha sido decorrente de homologação de acordo, ou sem a produção de prova documental contemporânea dos fatos – geralmente inexistente, invocando para tanto o art. 55, § 3º, da Lei n. 8.213/1991.

Oportuno mencionar que a legislação considera que o indivíduo detentor de mais de uma atividade remunerada em caráter simultâneo é obrigatoriamente filiado em relação a cada uma destas atividades, limitando-se a sua contribuição, contudo, ao valor máximo do salário de contribuição, considerado o somatório dos valores auferidos em cada atividade simultânea.

Já para o indivíduo que pretenda ingressar no RGPS como segurado facultativo, exige-se que não esteja amparado, quando de sua filiação, por nenhum regime próprio de previdência social, permitindo-se ainda a contribuição da pessoa que esteja sem remuneração em determinada(s) competência(s), mesmo já filiada a regime previdenciário, na forma do § 5º do art. 11 do Regulamento, incluído pelo Decreto n. 10.410/2020: "O segurado poderá contribuir facultativamente durante os períodos de afastamento ou de inatividade, desde que não receba remuneração nesses períodos e não exerça outra atividade que o vincule ao RGPS ou a regime próprio de previdência social".

O segurado obrigatório que deixar de exercer atividade remunerada que o enquadrava como tal pode filiar-se como facultativo, a partir da competência seguinte à da cessação da atividade sujeita à filiação obrigatória.

O vínculo previdenciário do segurado facultativo só se confirma com o pagamento da primeira contribuição, sendo que, se esta for recolhida fora do prazo, é entendimento do INSS que a filiação será convalidada para a competência relativa ao mês da efetivação do pagamento, ou seja, não retroagindo. O INSS também é autorizado a converter a inscrição indevida, na categoria de segurado obrigatório, realizada após a vigência da Lei n. 8.213/1991, em filiação como segurado facultativo.

Importante alteração se verificou com a publicação do Decreto n. 4.079/2002, que estabeleceu como meio de prova do tempo de filiação, a partir da competência julho de 1994, os dados constantes do Cadastro Nacional de Informações Sociais – CNIS, evitando que o segurado que trabalhou e contribuiu tenha que fazer prova disso perante o INSS, o que antes era regra geral.

De maneira geral, quando as informações não constarem do CNIS, caberá ao segurado (independente da categoria) fazer prova da atividade exercida, bem como dos salários de contribuição. Ocorre que o trabalhador, grande parte das vezes, tem seus vínculos laborais incorretamente inseridos no CNIS. A principal razão de tal problema é a falta de registro do trabalhador como empregado (urbano, rural ou doméstico), bem como do trabalhador avulso e do contribuinte individual que presta serviços a pessoas jurídicas, ante a não emissão da GFIP na chamada "época própria", ou a não inclusão de seu nome na GFIP do período de trabalho. Está-se diante do corriqueiro fenômeno da informalidade nas relações de trabalho, que atinge praticamente a metade da população que exerce alguma atividade remunerada em âmbito privado.

O Decreto n. 3.048/1999 dispõe no art. 19, § 2º (redação dada pelo Decreto n. 10.410/2020), *que as informações inseridas extemporaneamente no CNIS, independentemente de serem inéditas ou retificadoras de dados anteriormente informados, somente serão aceitas se corroboradas por documentos que comprovem a sua regularidade e que, respeitadas as definições vigentes sobre a procedência e origem das informações. Considera-se extemporânea a inserção de dados, consoante o § 3º do art. 19 do RPS (redação conferida pelo Decreto n. 10.410/2020):*

I – relativos à data de início de vínculo, após o último dia do quinto mês subsequente ao mês da data da admissão do segurado;

II – relativos à remuneração de trabalhador avulso ou contribuinte individual que preste serviços a empresa ou equiparado, após o último dia do quinto mês subsequente ao mês da data da prestação de serviço pelo segurado; ou

III – relativos à contribuição, sempre que o recolhimento tiver sido feito sem observância ao disposto em lei.

A extemporaneidade em questão poderá ser desconsiderada depois de decorrido o prazo de um ano, contado da data de inserção das informações relativas a vínculos e remunerações, conforme critérios definidos pelo INSS.

É ilegal a inversão sugerida pelo texto do Decreto. É que a anotação em CTPS tem presunção *juris tantum* por força de lei, só podendo ser refutada mediante prova em contrário, e o fato de os dados terem sido lançados posteriormente no CNIS não acarreta a inversão dessa presunção. Nesse sentido, define a Súmula n. 75 da TNU: "A Carteira de Trabalho e Previdência Social (CTPS) em relação à qual não se aponta defeito formal que lhe comprometa a fidedignidade goza de presunção relativa de veracidade, formando prova suficiente de tempo de serviço para fins previdenciários, ainda que a anotação de vínculo de emprego não conste no Cadastro Nacional de Informações Sociais (CNIS)".

É de se frisar que mesmo as GFIPs emitidas por força de decisão proferida pela Justiça do Trabalho em ação trabalhista sofrem a mesma adjetivação – de "extemporânea" –, acarretando graves problemas ao trabalhador que já teve seu vínculo reconhecido por decisão judicial, em pleno exercício da jurisdição estatal, como se o Estado Brasileiro pudesse negar efeitos às suas próprias decisões, ou o Poder Executivo (ou alguma de suas autarquias) pudesse analisar a decisão judicial em seu conteúdo para depois decidir se reconhece ou não seus efeitos. Essa questão é tratada com maior profundidade em capítulo específico, na Parte IV desta obra.

Manutenção e Perda da Qualidade de Segurado

O instituto da manutenção da qualidade de segurado trata do período em que o indivíduo continua filiado ao Regime Geral de Previdência Social – RGPS, por estar contribuindo ou por estar no chamado período de graça.

No período de graça o segurado continua amparado pela Previdência Social – bem como seus dependentes – em caso de infortúnios, mesmo não estando a exercer atividade que o enquadre como segurado obrigatório, nem contribuir mensalmente, como facultativo; trata-se de exceção em face do sistema do RGPS, de caráter eminentemente contributivo (Constituição, art. 201, *caput*).

A qualidade de segurado é mantida, independentemente de contribuições, conservando todos os direitos perante a Previdência Social, nos prazos previstos no art. 15 da Lei n. 8.213/1991 (redação atual), quais sejam:

– **Sem limite de prazo, quem está em gozo de benefício, exceto do auxílio-acidente; (Redação dada pela Lei n. 13.846, de 2019)**

O fato de o segurado estar em fruição de benefício previdenciário impede que o mesmo, por motivo alheio à sua vontade, permaneça contribuindo para o RGPS. Em virtude disso, a legislação estabelece que, durante o tempo de fruição, se mantenha a qualidade de segurado, para todos os fins. Nessa linha de entendimento, o INSS reconhecia a manutenção da qualidade de segurado inclusive durante o período de percepção do auxílio-acidente ou de auxílio suplementar (art. 137, I, da IN n. 77/2015 – substituída pela IN n. 128/2022, que passou a não mais tratar a respeito). Assim se dá, por exemplo, em caso de fruição de auxílio por incapacidade temporária. No entanto, a Lei n. 13.846/2019 passou a excluir de tal hipótese, expressamente, o beneficiário do auxílio-acidente.

Cessado o benefício, o segurado tem a qualidade de segurado mantida por mais 12 meses. Nesse sentido, o art. 13, II, do RPS:

> Art. 13. Mantém a qualidade de segurado, independentemente de contribuições:
> I – sem limite de prazo, o segurado que estiver em gozo de benefício, exceto na hipótese de auxílio-acidente;
> II – até doze meses após a cessação de benefício por incapacidade ou das contribuições, observado o disposto nos § 7º e § 8º e no art. 19-E; (...)

O recebimento do seguro-desemprego, até o advento da MP n. 905/2019, não autorizava a prorrogação do período de graça prevista no art. 15, I, da Lei n. 8.213/1991 (como se fosse benefício previdenciário). Durante a vigência da aludida Medida Provisória, passou a haver previsão de recolhimento de contribuição sobre o valor do seguro-desemprego, o que postergaria o início do período de graça para o mês subsequente ao da última competência do aludido benefício.

Todavia, a MP em questão foi revogada pela MP n. 955, em 20.4.2020, fazendo cessar seus efeitos.

A MP n. 955, por sua vez, teve sua eficácia encerrada por não ter sido apreciada pelo Congresso Nacional.

A nosso ver, o período de fruição de seguro-desemprego não será considerado período contributivo, salvo se houver efetiva contribuição pelo segurado, na condição de facultativo.

E, como já decidiu a TNU, o reconhecimento da natureza previdenciária do seguro-desemprego não implica a possibilidade de gozo cumulativo e sucessivo das regras inscritas nos incisos I e II do art. 15 da LB, seguidas da prorrogação de que trata o § 2º (PEDILEF 00011987420114019360, Juíza Federal Ana Beatriz Vieira da Luz Palumbo, *DOU* de 31.5.2013).

– Até 12 (doze) meses após a cessação das contribuições, o segurado que deixar de exercer atividade remunerada abrangida pela Previdência Social ou estiver suspenso ou licenciado sem remuneração (esse prazo será prorrogado para até 24 meses se o segurado já tiver pago mais de 120 contribuições mensais sem interrupção que acarrete a perda da qualidade de segurado; os prazos supra são acrescidos em doze meses para o segurado desempregado, desde que comprove essa situação por registro no órgão próprio)

O texto original do Decreto n. 3.048/1999 previa, no inciso II do art. 13, que mantinha a qualidade de segurado "até doze meses após a cessação de benefício por incapacidade ou após a cessação das contribuições, o segurado que deixar de exercer atividade remunerada abrangida pela previdência social ou estiver suspenso ou licenciado sem remuneração". Entretanto, o Decreto n. 10.410/2020 restringiu a redação, retirando do texto a menção ao término de fruição de benefício por incapacidade. Todavia, o Decreto n. 10.491, de 23.09.2020, modificou novamente a redação, reincluindo a situação da cessação de benefícios por incapacidade na redação do art. 13, II, do RPS.

Embora o art. 184, § 4º, da IN INSS 128/2022 preveja que sejam necessárias 120 contribuições mensais sem interrupção que acarrete a perda da qualidade de segurado, entendemos que a prorrogação se aplica também nos casos em que esse quantitativo é atingido de forma descontínua (com perda da qualidade de segurado), padecendo de ilegalidade a norma administrativa, por invadir matéria de lei em sentido estrito. Isso porque, com o reingresso do segurado ao sistema, é direito do segurado que as contribuições anteriores sejam computadas, inclusive para efeito de carência. No entanto, a TNU reafirmou a tese de que "a extensão do prazo de graça prevista no art. 15, § 1º, da Lei n. 8.213/1991, somente se aplica quando vertidas ao menos 120 contribuições sem interrupção que acarrete a perda da qualidade de segurado" (PUIL 0039239-49.2014.4.01.3300, Rel. Juiz Federal Jairo Gilberto Schafer, publ. 17.2.2020).

Relevante, ainda, destacar precedente da TNU no sentido de que "se incorpora definitivamente ao patrimônio jurídico do(a) segurado(a) a extensão do período de graça previsto no § 1º do art. 15 da Lei n. 8.213/1991 quando houver contribuído por mais de 120 meses sem interrupções que importem a perda da qualidade de segurado(a)" (PUIL n 0001377-02.2014.4.03.6303/SP, sessão de 17.8.2018).

Sendo assim, o período de graça do segurado que deixa de exercer atividade laborativa pode ser de doze meses (para o segurado com menos de 120 contribuições mensais), vinte e quatro meses (para o segurado com mais de 120 contribuições mensais; ou para o segurado com menos de 120 contribuições, comprovando que depois dos primeiros doze meses de período de graça permanece na situação de desemprego, ou trinta e seis meses (quando o segurado com mais de 120 contribuições mensais comprove, após os primeiros vinte e quatro meses, que permanece desempregado).

A respeito da comprovação da condição de desemprego, importante frisar a Súmula n. 27 da TNU, que ainda faz referência ao então denominado MTE, mas permanece aplicável em sua essência: "A ausência de registro em órgão do Ministério do Trabalho não impede a comprovação do desemprego por outros meios admitidos em Direito". E também: "A prorrogação da qualidade de segurado por desemprego involuntário, nos moldes do § 2º do art. 15 da Lei 8.213/91, se estende ao segurado contribuinte individual se comprovada a cessação da atividade econômica por ele exercida por causa involuntária, além da ausência de atividade posterior" (TNU, PUIL 0504272-91.2018.4.05.8400/RN, j. 28.4.2021).

Segundo o STJ, a ausência de registro na CTPS não é suficiente para comprovar a situação de desempregado, pois não afasta a possibilidade do exercício de atividade remunerada na informalidade: "Dessa forma, esse registro não deve ser tido como o único meio de prova da condição de desempregado do segurado, especialmente considerando que, em âmbito judicial, prevalece o livre convencimento motivado do Juiz e não o sistema de tarifação legal de provas. Assim, o registro perante o SINE poderá ser suprido quando for comprovada tal situação por outras provas constantes dos autos, inclusive a testemunhal" (Pet 7.115/PR, 3ª Seção, Rel. Min. Napoleão Nunes Maia Filho, *DJe* 6.4.2010).

O TRF da 4ª Região tem precedentes no sentido de que: "Comprovada a situação de desemprego do segurado após o término do último vínculo de emprego, por meio da percepção de parcelas a título de seguro-desemprego, faz jus à prorrogação do período de graça na forma do disposto no art. 15, § 2º, da Lei 8.213/91" (AC 5014717-89.2019.4.04.9999, Turma Regional Suplementar de SC, Rel. Des. Federal Paulo Afonso Brum Vaz, juntado aos autos em 02.07.2020). Há orientação prevista na IN n. 128/2022 que estabelece como condição para o reconhecimento dessa prorrogação o registro da pessoa no Sistema Nacional de Emprego (SINE) ou o recebimento de seguro-desemprego (art. 184, § 5º).

Por uma questão de isonomia com os demais beneficiários do Regime Geral da Previdência Social, o segurado especial pode ter o seu "período de graça" prorrogado por até 36 meses, desde que satisfeitas as condições do art. 15 da Lei n. 8.213/1991. Nesse sentido: "Uma vez satisfeitas as condições do art. 15 da Lei n.º 8.213/91, o segurado especial pode ter o seu 'período de graça' prorrogado por até 36 meses" (TNU, PUIL 0503487-95.2019.4.05.8303/PE, j. 27.5.2021).

A regra também se aplica ao indivíduo que se tenha desvinculado de regime próprio de previdência social (ex.: servidor que pede exoneração ou é demitido), nos termos do § 4.º do art. 13 do RPS, incluído pelo Decreto n. 3.265/1999.

Ainda, segundo o art. 188 da IN n. 128/2022, "o exercício de atividade rural entre atividades urbanas, ou vice-versa, assegura a manutenção da qualidade de segurado, quando, entre uma atividade e outra, não tenha ocorrido interrupção que acarrete a perda dessa qualidade".

– **Até doze meses após cessar a segregação, o segurado acometido de doença de segregação compulsória**

Neste caso, o segurado que foi acometido ou mesmo que ainda esteja na condição de ser suspeito de estar contaminado por doença que exija, pelas normas de vigilância sanitária e epidemiológica, a internação em separado ou a impossibilidade de contato com outras pessoas, além de mantido na condição de segurado durante o período da doença, por estar em benefício (primeira hipótese elencada), terá direito a mais doze meses de período de graça, após a cessação da segregação, sem necessidade de recolhimento de contribuições.

Exemplo evidente da situação em comento é a decorrente das normas de vigilância sanitária editadas em face da pandemia da Covid-19, que impuseram a todos os que estavam com o vírus, ainda que assintomáticos (ou seja, *não necessariamente incapacitados para o trabalho*), bem como aos que foram isolados preventivamente, por suspeita de contágio, ou por residirem ou terem tido contato com pessoas contaminadas, o afastamento compulsório não só das atividades remuneradas, mas de todo o convívio social. É dizer, tais indivíduos, à luz da regra em comento, fazem jus à manutenção da qualidade de segurado se a possuíam antes desta segregação, pelo lapso de doze meses após cessar a obrigatoriedade de afastamento.

A Lei n. 13.979, de 6 de fevereiro de 2020, vigente desde a referida data, disciplinou as situações decorrentes de medidas emergenciais a serem tomadas enquanto perdurar o estado de emergência internacional pelo coronavírus, responsável pelo surto de 2019. A aludida lei deixa claro que as disposições ali contidas envolvem uma questão de "emergência de saúde pública de importância internacional" (art. 1º, *caput*) e que "as medidas estabelecidas nesta Lei objetivam a proteção da coletividade" (§ 1º do art. 1º). É relevante observar as definições contidas no art. 2º da Lei:

> Art. 2º Para fins do disposto nesta Lei, considera-se:
> I – isolamento: separação de pessoas doentes ou contaminadas, ou de bagagens, meios de transporte, mercadorias ou encomendas postais afetadas, de outros, de maneira a evitar a contaminação ou a propagação do coronavírus; e
> II – quarentena: restrição de atividades ou separação de pessoas suspeitas de contaminação das pessoas que não estejam doentes, ou de bagagens, contêineres, animais, meios de transporte ou mercadorias suspeitos de contaminação, de maneira a evitar a possível contaminação ou a propagação do coronavírus.

Prosseguindo, o art. 3º prevê que para o enfrentamento da emergência de saúde pública de importância internacional decorrente da Covid-19, poderão ser adotadas, entre outras, medidas como o isolamento e a quarentena. E no § 4º desse artigo há regra impositiva: "[a]s pessoas deverão sujeitar-se ao cumprimento das medidas previstas neste artigo, e o descumprimento delas acarretará responsabilização, nos termos previstos em lei". Tem-se, pela lei em comento, que há imposição de quarentena aos indivíduos que, embora não contaminados, sejam "suspeitos de contaminação", de maneira a evitar a possível contaminação ou a propagação do coronavírus.

Trata-se, portanto, de situação de *segregação compulsória*. Por medida de saúde pública, protegendo toda a coletividade, como bem explana a lei, não se pode arriscar que uma pessoa suspeita de estar contaminada possa transmitir o vírus.

Assim, conclui-se que, seja em razão de isolamento, seja em razão de quarentena, a hipótese constitui período de graça (com manutenção da qualidade de segurado, mesmo sem verter contribuições), pelo lapso de "12 (doze) meses após cessar a segregação".

Para tanto, deverá o segurado comprovar, mediante documentação específica (atestado médico, parecer ou documento médico que comprove o fato), a necessária segregação, sob pena de não ser considerado o período. Neste sentido, o julgado da 10ª Turma do TRF da 3ª Região na AC 2008.03.99.022029-9, Rel. Juíza convocada Giselle França, em 7.10.2008.

– **Até doze meses após o livramento, o segurado detido ou recluso**

O segurado que for recolhido a cárcere, ainda que em prisão cautelar, impossibilitado, portanto, de exercer atividade remunerada, permanece na qualidade de segurado, durante a reclusão, prisão ou detenção. Concedida a liberdade – provisória ou não –, o segurado permanece nesta condição até doze meses após.

Em relação ao foragido, a TNU fixou a seguinte tese: "Tratando-se de preso foragido, não se aplica a regra de manutenção da qualidade de segurado por 12 meses a partir do livramento, nos termos do art. 15, IV, da Lei n.º 8.213/91" (PUIL 0067318-03.2008.4.01.3800/MG, j. 18.9.2019).

Quanto ao segurado que tenha idade inferior a 18 anos e seja apenado com medidas socioeducativas de internação em estabelecimento, na forma do Estatuto da Criança e do Adolescente, parece-nos que deve ser aplicada a mesma regra, vez que há perda da possibilidade de trabalhar.

Evidentemente, não guarda a qualidade de segurado o detento ou recluso que não era, ao tempo da prisão, segurado do RGPS, nem se encontrava em período de graça. Vale dizer, o indivíduo que não era segurado antes do cumprimento da pena não adquire tal condição ao livrar-se solto.

– **Até três meses após o licenciamento, o segurado incorporado às Forças Armadas para prestar serviço militar**

A prestação de serviço militar citada na lei é a do serviço militar *obrigatório*, que suspende o contrato de trabalho dos segurados empregados (art. 472 da CLT e art. 60, *caput*, da Lei n. 4.375/1964).

Observe-se que apenas aquele que já era segurado antes de prestar o serviço militar permanece nessa condição, durante o período nas Forças Armadas, até três meses após o seu licenciamento, ou "baixa". Ademais, embora a legislação previdenciária seja omissa a respeito, aplica-se esta mesma regra, analogicamente, ao segurado que vier a prestar serviço civil alternativo, por motivo de crença religiosa ou convicção filosófica ou política, na forma do art. 143, § 1º, da Constituição, com a redação da Emenda Constitucional n. 19/1998, regulamentado pela Lei n. 8.239/1991.

– **Até seis meses após a cessação das contribuições, o segurado facultativo**

Nesta categoria, o segurado, uma vez tendo iniciado a contribuir como tal, tem o permissivo legal de não contribuir por até seis meses contínuos, permanecendo durante esse prazo na condição de segurado, devendo, para assim se manter, contribuir no mês seguinte a tal prazo; evidentemente, o período em que não houve contribuição não servirá para fins de contagem de tempo para aposentadoria.

– **Disposições gerais pertinentes à perda da qualidade de segurado**

A perda da qualidade de segurado, segundo a regra prevista no § 4º do art. 15 da Lei n. 8.213/1991, ocorrerá no dia seguinte ao do término do prazo fixado no Plano de Custeio da Seguridade Social para recolhimento da contribuição referente ao mês imediatamente posterior ao final dos prazos referidos acima.

A regra pode dar ao intérprete a impressão de haver contradição entre os prazos dos incisos do art. 15 da Lei n. 8.213/1991 e a data de término do chamado período de graça, conforme o § 4º do art. 15.

A explicação é simples. Durante o período de graça, o segurado não está efetuando contribuições. Se o segurado tem sua atividade laborativa assegurada ao final do período (por exemplo, segurado empregado após retornar do auxílio-doença), a contribuição presume-se realizada tão logo este retorne ao posto de trabalho (art. 33, § 5º, da Lei n. 8.212/1991), não cabendo falar em perda da qualidade de segurado nessas circunstâncias.

A questão que causa maior dificuldade de compreensão é o caso do segurado sem ocupação. Se, expirado o período de graça, este não consegue outra colocação, então o indivíduo, para se manter na condição de segurado, deverá filiar-se como facultativo. Para tanto, o prazo de recolhimento da contribuição como segurado facultativo é o dia 15 do mês subsequente ao da competência. Então, se o período de graça, por exemplo, expirar em abril, a primeira contribuição como facultativo deverá ser feita sobre o mês de maio. Esta, por seu turno, deverá ser recolhida pelo contribuinte até o dia 15 do mês seguinte, ou seja, 15 de junho. Caso a pessoa não faça a contribuição até esta data, então, perderá a qualidade de segurado.

Importante salientar que, caso dentro do período de graça o segurado volte a exercer atividade que o qualifique como segurado obrigatório, ainda que por um mês ou menos que isso, haverá período contributivo durante o lapso temporal da atividade remunerada e, neste caso, a contagem do período de graça se interrompe, iniciando-se novamente caso o segurado volte a ficar desempregado.

A mesma situação acontece quando o segurado (obrigatório ou facultativo) que esteja em período de graça faz apenas uma contribuição dentro desse período na condição de facultativo – a contagem do período de graça voltará a fluir "do zero" no mês seguinte ao que se referir à última contribuição vertida.

Na prática, o segurado contribuinte individual possui 13 meses e 15 dias no mínimo, como período de graça, podendo chegar a 37 meses e 15 dias, por interpretação sistemática do § 4º do art. 15 da LBPS. Esse deveria ser, inclusive, o entendimento do INSS, tendo em vista o Parecer CONJUR/MPS n. 616/2010:

> *de acordo com a interpretação sistemática dos dispositivos ora examinados, o período de graça para o segurado contribuinte individual não é de exatos doze meses, mas de treze meses e quinze dias, por força do § 4º do art. 15 da LBPS, salientando que se deve iniciar a contagem do período de graça sempre a partir do primeiro dia do mês de pagamento da última contribuição.*

Para o segurado facultativo, a perda da qualidade de segurado ocorrerá no 16º (décimo sexto) dia do 8º (oitavo) mês após a cessação de suas contribuições (§ 1º do art. 57 da Portaria DIRBEN/INSS n. 991/2022, com a redação conferida pela Portaria INSS/DIRBEN n. 1.176/2023). A perda da qualidade de segurado importa a caducidade dos direitos inerentes a essa qualidade, segundo a redação do art. 102 da Lei n. 8.213/1991, conferida pela Lei n. 9.528/1997.

De acordo com o Regulamento da Previdência Social, a perda da qualidade de segurado não implica supressão do direito adquirido à aposentadoria para cuja concessão tenham sido preenchidos todos os requisitos, segundo a legislação vigente na época em que tais requisitos foram atendidos. É o cumprimento da regra constitucional que determina o respeito ao direito adquirido (§ 1º do art. 180 do Decreto n. 3.048/1999).

Quanto à pensão por morte após a perda da qualidade de segurado, esta somente é devida, atendidas as demais exigências legais, se o falecido já tivesse direito adquirido a alguma espécie de aposentadoria, por ter cumprido todos os requisitos à época em que estava filiado ao RGPS (§ 2º do art. 180 do Decreto n. 3.048/1999).

Da mesma forma, todo e qualquer direito adquirido ao tempo em que o indivíduo se encontrava na qualidade de segurado é passível de exigência pelo beneficiário – art. 165 do Decreto n. 3.048/1999.

Ainda quanto à perda da qualidade de segurado, não ocorre quando este deixa de contribuir em razão de desemprego decorrente de incapacidade laborativa. Em verdade, no período, o segurado deveria estar gozando benefício previdenciário, como conclui a jurisprudência:

> *Previdenciário. Mandado de segurança. Pensão por morte. Período de graça. Manutenção da qualidade de segurado em razão de doença que dava direito a aposentadoria por invalidez. Reconhecida a manutenção da qualidade de segurado do instituidor porque em curso o período de graça quando sobreveio incapacidade ensejadora de aposentadoria por invalidez e, ipso facto, pensão por morte (TRF-4, APELREEX 0026253-13.2009.404.7000, 6ª Turma, Rel. João Batista Pinto Silveira, j. em 9.2.2011, DE 16.2.2011).*

Necessário frisar que a Lei n. 10.666, de 8.5.2003, alterou em parte o tratamento dado em relação à perda da qualidade de segurado que postula a concessão de aposentadoria por tempo de contribuição, especial e por idade.

De acordo com o art. 3º da Lei n. 10.666/2003, a perda da qualidade de segurado não será considerada para a concessão das aposentadorias por tempo de contribuição e especial. Na hipótese de aposentadoria por idade, a perda da qualidade de segurado não será considerada para a concessão desse benefício, desde que o segurado conte com, no mínimo, o tempo de contribuição correspondente ao exigido para efeito de carência na data do requerimento do benefício.

A previsão contida na Lei n. 10.666/2003 visa reparar uma injustiça praticada contra o segurado da Previdência Social, especialmente o de baixa renda, que, na maioria das vezes, ao perder seu emprego, não tem condições de contribuir como facultativo e acaba perdendo a qualidade de segurado.

– **Exigência de contribuição mínima para cômputo do período de graça**

A EC n. 103/2019 inseriu regra inédita, impondo a todos os segurados – obrigatórios e facultativos – que, para que haja cômputo de tempo de contribuição, o valor pago a título de contribuição, pelo segurado, deve ser igual ou maior ao que corresponda à incidência da alíquota prevista em lei sobre o menor salário de contribuição do mês respectivo (no caso, o salário mínimo mensal).

É o § 14 do art. 195, que tem a seguinte redação: "O segurado somente terá reconhecida como tempo de contribuição ao Regime Geral de Previdência Social a competência cuja contribuição seja igual ou superior à contribuição mínima mensal exigida para sua categoria, assegurado o agrupamento de contribuições".

Em acréscimo, o art. 29 da Emenda prevê:

> *Art. 29. Até que entre em vigor lei que disponha sobre o § 14 do art. 195 da Constituição Federal, o segurado que, no somatório de remunerações auferidas no período de 1 (um) mês, receber remuneração inferior ao limite mínimo mensal do salário de contribuição poderá:*
>
> *I – complementar a sua contribuição, de forma a alcançar o limite mínimo exigido;*
>
> *II – utilizar o valor da contribuição que exceder o limite mínimo de contribuição de uma competência em outra; ou*
>
> *III – agrupar contribuições inferiores ao limite mínimo de diferentes competências, para aproveitamento em contribuições mínimas mensais.*
>
> *Parágrafo único. Os ajustes de complementação ou agrupamento de contribuições previstos nos incisos I, II e III do* caput *somente poderão ser feitos ao longo do mesmo ano civil.*

E o Decreto n. 10.410/2020, alterando o texto do Regulamento da Previdência Social, inseriu um § 8º no art. 13, nos seguintes termos: "O segurado que receber remuneração inferior ao limite mínimo mensal do salário de contribuição somente manterá a qualidade de segurado se efetuar os ajustes de complementação, utilização e agrupamento a que se referem o § 1º do art. 19-E e o § 27-A do art. 216". Sobre a inconstitucionalidade da citada regulamentação, Ivan Kertzman comenta:

> Ao dispor que esses recolhimentos não serão aceitos como tempo de contribuição, como carência e para fins de aquisição e manutenção da qualidade de segurado, o regulamento ultrapassa o texto da emenda, fazendo uma interpretação extensiva, limitando direito que a emenda não limitou. Assim, em tese, a parte do Decreto que vai muito além do determinado na emenda é inconstitucional.[1]

Com o afã de regulamentar a matéria, a Receita Federal emitiu instrução normativa, não obedecendo sequer ao prazo de 90 dias exigido para as hipóteses de majoração de contribuições

---

[1] KERTZMAN, Ivan. Contribuição mínima dos segurados. *Revista de Previdência Social*, São Paulo: LTr, n. 500, jul. 2022, p. 508.

à Seguridade Social (§ 6º do art. 195 da CF). Pela referida instrução normativa, a complementação seria devida já a partir da competência novembro de 2019 e a não realização acarretará a desconsideração de contribuições menores para todos os fins previdenciários, inclusive a manutenção da qualidade de segurado.

Essa complementação deverá ser realizada nas competências a partir de novembro de 2019, segundo o ato administrativo em comento, para preservação do período contributivo em questão. Observe-se que a norma é absolutamente draconiana, pois como o art. 29 da EC n. 103 exige que a complementação se dê "ao longo do mesmo ano civil", o segurado teria apenas o mês de dezembro de 2019 para tal complementação no que diz respeito a novembro de 2019.

A complementação, segundo a instrução da RFB, deverá ser realizada por meio do Documento de Arrecadação de Receitas Federais – DARF, com a utilização do número do CPF do segurado/contribuinte, no código de receita 1872 – Complemento de Contribuição Previdenciária, conforme Ato Declaratório Executivo CODAC/RFB n. 05, de 6.2.2020.

O cálculo e a geração do DARF poderão ser realizados no Sicalcweb – Programa para Cálculo e Impressão de Darf On Line, de gestão da Secretaria Especial da Receita Federal do Brasil, no endereço eletrônico <http://servicos.receita.fazenda.gov.br/Servicos/sicalcweb/default.asp? Tip-Tributo=1&FormaPagto=1>.

A complementação (do valor da contribuição) corresponderá ao valor resultante da diferença entre o salário mínimo nacional vigente no mês e a remuneração consolidada que não atingiu o limite mínimo, multiplicado pela alíquota correspondente à categoria de segurado.

Para o empregado, empregado doméstico e trabalhador avulso, devem ser aplicadas as alíquotas de 8% para as competências de 11/2019 a 02/2020; e 7,5% para as competências a partir de março de 2020 e, para o contribuinte individual (exclusivamente aquele que presta serviço à empresa), deve ser aplicada a alíquota de 11%.

Caso o segurado exerça mais de uma atividade no mês e a soma das remunerações não atinja o salário mínimo, a complementação (valor da contribuição) corresponderá ao valor resultante da diferença entre o salário mínimo nacional vigente no mês e o somatório de remunerações das atividades exercidas, multiplicado pela menor alíquota correspondente à categoria de segurado na competência. Assim, por exemplo, se o cidadão foi empregado e também contribuinte individual prestador de serviço à empresa no mesmo mês e a soma de remunerações não atingiu o salário mínimo, a alíquota incidente sobre a diferença para alcançar o salário mínimo será a de empregado (8% entre 11/2019 e 02/2020 e 7,5% a partir de 03/2020).

Caso a contribuição não seja complementada nos meses a partir de novembro de 2019 de modo a atingir o valor incidente sobre um salário mínimo, não haverá consideração pelo INSS para carência (e para qualquer outro fim).

Esclarecidas as regras infralegais que visam a disciplinar o tema, impõe-se grifar que temos severas restrições quanto a esta exigência de complementação, pois há evidentes indícios de inconstitucionalidade na cobrança de tal complementação.

É de notar-se que o fato gerador da contribuição previdenciária do segurado sempre foi (e continua sendo, mesmo após a EC n. 103) a *remuneração auferida nas atividades laborativas* que acarretam sua filiação compulsória ao RGPS (CF, art. 195, II). Ora, se a renda auferida foi inferior a um salário mínimo (hipótese que abrange uma gama bem grande de pessoas, como empregados domésticos, aprendizes, trabalhadores a tempo parcial e, mais recentemente, os intermitentes), temos que estas pessoas, caso se admita válida a exigência, terão que arcar com uma percentagem de seus ganhos muito maior que as alíquotas aplicáveis ao maior salário de contribuição, o que leva a uma situação confiscatória dos ganhos

– recaindo, o que é mais grave, sobre a população menos abastada, com renda abaixo de um salário mínimo mensal.

Fere-se, sem dúvida, além do princípio da universalidade da cobertura (CF, art. 194, parágrafo único, inc. I), o princípio da capacidade contributiva (art. 145 da CF)[2] e da equidade da participação no custeio do sistema (CF, art. 194, parágrafo único, inc. V),[3] o que leva ao nosso entendimento pela inconstitucionalidade da imposição contida na EC n. 103, bem como a ilegalidade da disciplina da matéria por mera instrução normativa da RFB, devendo ser computado, a nosso ver, todo o período de trabalho remunerado, incidindo somente as alíquotas devidas sobre o efetivo salário de contribuição auferido.

– Verificação da manutenção da qualidade de segurado (período de graça) de acordo com as datas de recolhimentos vigentes

Como já dito anteriormente, durante o período de graça o segurado está protegido dos infortúnios previdenciários, mesmo não contribuindo.

Entretanto, muitas vezes, há dificuldade de determinar a data exata da perda da qualidade de segurado, até porque nem sempre as regras quanto ao recolhimento do benefício foram iguais.

Segundo o INSS, no período de setembro de 1994 a 5 de março de 1997, não havendo expediente bancário no dia 2 – data em que vencia a obrigação de recolhimento da contribuição – a perda da qualidade de segurado ocorreria no segundo dia útil posterior.

Já no período de 6.3.1997 a 28.11.1999, véspera da publicação da Lei n. 9.876, recaindo o dia 15 (vencimento da contribuição) no sábado, domingo ou feriado, inclusive o municipal, o pagamento das contribuições deveria ser efetuado no dia útil anterior. Assim, a perda da qualidade de segurado observaria tal dia, e não o dia útil subsequente.

Entretanto, recaindo o dia 15 no sábado, domingo ou feriado (federal, estadual ou municipal), o pagamento das contribuições deverá ser efetuado no dia útil imediatamente posterior.

E ainda, se, por força de lei, ocorrer alteração nas datas de vencimento de recolhimentos, deverão ser obedecidos, para manutenção ou perda da qualidade de segurado, os prazos vigentes no dia do desligamento da atividade e não na data da suposta perda da qualidade.

– Reingresso ao RGPS e o cômputo da carência

A Medida Provisória n. 739, de 7.7.2016, revogou o parágrafo único do art. 24 da Lei n. 8.213/1991, o qual permitia ao segurado que havia perdido essa qualidade computar apenas um terço da carência exigida (ou seja, quatro contribuições mensais) e obter o período carencial restante computando-se contribuições anteriores à perda da qualidade de segurado (as oito contribuições faltantes).

Em consequência da não apreciação da MP n. 739, esta perdeu sua eficácia em 4.11.2016. Caberia então ao Congresso Nacional disciplinar, por decreto legislativo, as relações jurídicas delas decorrentes. O decreto legislativo deveria ter sido publicado até 60 dias após a perda de

---

[2] O princípio da capacidade contributiva é tratado não só como um valor de igualdade na tributação, mas também como um limitador à incidência tributária. São identificados os limites de preservação ao mínimo existencial, em que há ausência de capacidade contributiva, e o limite de vedação ao confisco, em que se esgota a capacidade contributiva (HACK, Érico. Princípio da capacidade contributiva: limites e critérios para o tributo. *Revista da SJRJ*, n. 39, p. 83. Disponível em: <https://www.jfrj.jus.br/revista-sjrj/artigo/principio-da-capacidade-contributiva-limites-e-criterios-para-o-tributo-ability>. Acesso em: 21 jul. 2020.

[3] Como didaticamente apontado por Marcelino Alcântara, "a equidade, quem possui maior poder aquisitivo contribui mais, ao passo que o empregado que ganha um salário mínimo, por exemplo, contribuirá proporcionalmente às suas condições" (ALCÂNTARA, Marcelino Alves de. *O princípio da equidade na forma de participação no custeio*. Dissertação [Mestrado em Direito] – Pontifícia Universidade Católica de São Paulo, São Paulo, 2010, p. 128).

eficácia de medida provisória, caso contrário, "as relações jurídicas constituídas e decorrentes de atos praticados durante sua vigência conservar-se-ão por ela regidas" (§ 11 do art. 62 da Constituição).

Na sequência houve a edição da Medida Provisória n. 767, de 6.1.2017, voltou à cena jurídica a revogação do parágrafo único do art. 24 da LBPS e a inclusão do art. 27-A, dispondo que: "No caso de perda da qualidade de segurado, para efeito de carência para a concessão dos benefícios de auxílio-doença, de aposentadoria por invalidez e de salário-maternidade, o segurado deverá contar, a partir da nova filiação à Previdência Social, com os períodos previstos nos incisos I e III do *caput* do art. 25".

Essa última MP foi transformada na Lei n. 13.457, de 26.6.2017, mantendo a revogação do art. 24, parágrafo único, da Lei n. 8.213/1991, mas conferiu nova redação ao art. 27-A para dispor que: "No caso de perda da qualidade de segurado, para efeito de carência para a concessão dos benefícios de que trata esta Lei, o segurado deverá contar, a partir da nova filiação à Previdência Social, com metade dos períodos previstos nos incisos I e III do *caput* do art. 25 desta Lei".

Assim, no período de vigência da Lei n. 13.457/2017, havendo perda da qualidade de segurado, deverão ser cumpridos novamente (antes do surgimento da incapacidade) pelo menos seis meses de carência para ter direito ao auxílio-doença (B 31) e à aposentadoria por invalidez (B 32). No caso do salário-maternidade da contribuinte individual, da segurada especial e da facultativa, a exigência foi fixada em cinco meses.

Na sequência, surgiu a MP n. 871, de 18.1.2019, modificando novamente o art. 27-A da Lei n. 8.213/1991, para fixar que, havendo perda da qualidade de segurado, deverá ser cumprida a carência integral para os benefícios de auxílio-doença, salário-maternidade, aposentadoria por invalidez e auxílio-reclusão.

Quando da conversão em lei da MP n. 871/2019, entretanto, voltou a vigorar a regra da necessidade de cumprimento da metade da carência exigida em caso de refiliação (art. 27-A da LBPS – nova redação conferida pela Lei n. 13.846/2019).

De acordo com as alterações legislativas referidas, a análise da carência tem a seguinte regra intertemporal:

Fato Gerador	Norma aplicável	Mínimo contribuições reingresso
Até 7.7.2016	Lei n. 8.213/1991 (art. 24, p. u.)	4 contribuições (1/3 carência)
De 8.7.2016 a 4.11.2016	MP n. 739/2016	12 contribuições
De 5.11.2016 a 5.1.2017	Lei n. 8.213/1991 (art. 24, p. u.)	4 contribuições (1/3 carência)
De 6.1.2017 a 26.6.2017	MP n. 767/2017	12 contribuições
De 27.6.2017 a 17.1.2019	Lei n. 13.457/2017	6 contribuições (1/2 carência)
De 18.1.2019 a 17.6.2019	MP n. 871/2019	12 contribuições
18.6.2019 em diante	Lei n. 13.846/2019	6 contribuições (1/2 carência)

A interpretação dada pela TNU foi a de que deve ser observada a regra de carência vigente no momento do surgimento da incapacidade. A tese foi fixada no julgamento do Representativo de Controvérsia – Tema 176, nos termos que seguem: "Constatado que a incapacidade do(a) segurado(a) do Regime Geral da Previdência Social (RGPS) ocorreu ao tempo da vigência das Medidas Provisórias n°s 739/2016 e 767/2017, aplicam-se as novas regras de carência nelas previstas" (Processo n. 5001792-09.2017.4.04.7129/RS, j. em 17.8.2018).

Discordamos da tese fixada pela TNU. Entendemos que atenta contra os princípios da razoabilidade e da isonomia exigir que somente os segurados que tiveram o início da incapacidade no período da validade das referidas MPs (que perderam a validade pela caducidade ou por mudança de redação na transformação em lei) cumpram o período integral da carência quando da nova filiação. Nesse sentido: TRF/4, ED em AC n. 5008747-45.2018.4.04.9999/SC, TRS-SC, Rel. Juiz Federal João Batista Lazzari, j. em 20.3.2019.

16

Dependentes

Dependentes são as pessoas que, embora não estejam contribuindo[1] para a Seguridade Social, a Lei de Benefícios elenca como possíveis beneficiários do Regime Geral de Previdência Social – RGPS, em razão de terem vínculo familiar com segurados do regime, fazendo jus às seguintes prestações: pensão por morte, auxílio-reclusão, serviço social e reabilitação profissional.

Como salienta *Feijó Coimbra*, "em boa parte, os dependentes mencionados na lei previdenciária coincidem com aqueles que a lei civil reconhece credores de alimentos a serem prestados pelo segurado. E bem lógico que assim o seja, pois que a prestação previdenciária – conteúdo material da pretensão do dependente – é, acima de tudo, uma reposição de renda perdida: aquela renda que o segurado proporcionaria, caso não o atingisse um risco social".[2]

Segundo *Wladimir Novaes Martinez*, "dependente é pessoa economicamente subordinada a segurado. Com relação a ele é mais próprio falar em estar ou não inscrito ou situação de quem mantém a relação de dependência ao segurado, adquirindo-a ou perdendo-a, não sendo exatamente um filiado, pois este é o estado de quem exerce atividade remunerada, embora não passe de convenção semântica".[3]

Discordamos, contudo, da presente conceituação, visto haver situações previstas em lei nas quais não há necessariamente dependência econômica: por exemplo, mesmo que ambos os cônjuges exerçam atividade remunerada, um é considerado dependente do outro para fins previdenciários, fazendo jus a benefícios, mesmo que aufiram ganhos decorrentes de atividade laborativa. É que os critérios para a fixação do quadro de dependentes são vários, e não somente o da dependência puramente econômica. São os vínculos familiares, dos quais decorre a solidariedade civil e o direito dos necessitados à provisão da subsistência pelos mais afortunados (CF, art. 229), a nosso ver, o principal critério norteador da fixação da dependência no campo previdenciário. Este critério, em alguns casos, será conjugado com o da necessidade econômica, vale dizer, quando se estende a dependência a pessoas que estão fora da célula familiar básica – cônjuge e filhos. É o caso dos pais do segurado, bem como dos irmãos inválidos ou menores de idade, não emancipados.

Os dependentes são divididos em três classes, de acordo com os parâmetros previstos no art. 16 da Lei n. 8.213/1991, com redação atual dada pela Lei n. 13.146, de 6.7.2015:[4]

---

[1] Cabe esclarecer que o dependente também pode ter filiação como segurado obrigatório ou facultativo da Previdência, sem que isso implique qualquer prejuízo às prestações do RGPS em ambas as condições.

[2] *Direito previdenciário brasileiro*. 7. ed. Rio Janeiro: Edições Trabalhistas, 1997, p. 95.

[3] MARTINEZ, Wladimir Novaes. *Curso de direito previdenciário*. Tomo I – Noções de direito previdenciário. São Paulo: LTr, 1997, p. 201-208.

[4] A redação conferida pela Lei n. 13.146/2015 entrou em vigor em 03.01.2016. Até então, prevalecia a redação anterior para as classes 1 e 3, qual seja:

- *classe 1:* o cônjuge, a companheira, o companheiro e o filho não emancipado, de qualquer condição, menor de 21 anos ou inválido ou que tenha deficiência intelectual ou mental ou deficiência grave;
- *classe 2:* os pais;
- *classe 3:* o irmão não emancipado, de qualquer condição, menor de 21 anos ou inválido ou que tenha deficiência intelectual ou mental ou deficiência grave.

– Relações conjugais e afetivas com intuito de constituir família

Em conformidade com as normas previdenciárias que vigoraram no período que antecedeu a Constituição de 1988, a pensão por morte era concedida ao cônjuge de sexo masculino somente na hipótese de ser inválido.

O STF decidiu por diversas vezes que a extensão automática da pensão ao viúvo, em decorrência do falecimento da esposa segurada urbana e rural, exigia lei específica, tendo em vista as disposições inscritas nos arts. 195, *caput*, e seu § 5º, e 201, V, da Constituição Federal, e a regulamentação reclamada só teria ocorrido com o advento da Lei n. 8.213/1991 (RE 204.193/RS, Plenário, Rel. Min. Carlos Velloso, *DJ* de 31.10.2002).

Posteriormente, com base no princípio da isonomia, a Corte Suprema mudou sua orientação e passou a admitir como autoaplicável a norma constitucional e foi ainda mais adiante, ao entender como devida a concessão da pensão por morte ao cônjuge varão, até mesmo para óbitos ocorridos na vigência da Constituição de 1967, independentemente da comprovação da invalidez (STF, RE 880.521 AgR/SP, 2ª Turma, Rel. Min. Teori Zavascki, *DJe* de 28.3.2016).

Em que pese a redação do inciso V do art. 201 da Constituição Federal (redação atual conferida pela Emenda Constitucional n. 20/1998) ter se referido a "cônjuge ou companheiro e dependentes", tem-se que também se consideram dependentes, perante a legislação de benefícios, aqueles que contraíram matrimônio ou vivem em união estável com segurado ou segurada, de sexos opostos, e, segundo interpretação jurisprudencial, acolhida por norma interna do INSS, até com pessoa do mesmo sexo, nas chamadas uniões homoafetivas.

Considerando a determinação judicial constante da Ação Civil Pública 2000.71.00.009347-0/RS, confirmada pelo STJ (REsp 395.904 – Informativo STJ de 15.12.2005), o INSS estabeleceu os procedimentos a serem adotados para concessão de benefícios previdenciários ao companheiro ou companheira homoafetivos, fazendo jus aos benefícios de pensão por morte ou auxílio-reclusão, independentemente da data do óbito ou da perda da liberdade do segurado que seja submetido a pena privativa da liberdade.

Em uma interpretação restritiva e superada pela jurisprudência, era considerada união estável (com fundamento no art. 226, § 3º, da Constituição Federal e art. 1º da Lei n. 9.278, de 1996) aquela verificada entre homem e mulher como entidade familiar, apenas quando fossem solteiros, separados judicialmente, divorciados ou viúvos, ou tivessem prole em comum, enquanto não se separassem. Mas o STF equiparou as uniões homoafetivas às uniões "convencionais" no âmbito previdenciário e de direito sucessório. Veja-se a respeito:

- Ação Direta de Inconstitucionalidade (ADI) 4277 e a Arguição de Descumprimento de Preceito Fundamental (ADPF) 132: que reconheceram a união estável para parceiros afetivos do mesmo sexo.

Classe 1 – o cônjuge, a companheira, o companheiro e o filho não emancipado, de qualquer condição, menor de 21 anos ou inválido ou que tenha deficiência intelectual ou mental que o torne absoluta ou relativamente incapaz, assim declarado judicialmente; (Redação dada pela Lei n. 12.470, de 2011).

Classe 3 – o irmão não emancipado, de qualquer condição, menor de 21 anos ou inválido ou que tenha deficiência intelectual ou mental que o torne absoluta ou relativamente incapaz, assim declarado judicialmente; (Redação dada pela Lei n. 12.470, de 2011).

– Repercussão Geral – Tema 498, em que foi fixada a seguinte tese: "É inconstitucional a distinção de regimes sucessórios entre cônjuges e companheiros prevista no art. 1.790 do CC/2002, devendo ser aplicado, tanto nas hipóteses de casamento quanto nas de união estável, o regime do art. 1.829 do CC/2002".

Apesar dessa orientação, foi editada norma (Lei n. 13.135/2015) ao dispor que a duração da pensão será de apenas quatro meses, se o óbito ocorrer sem que o segurado tenha vertido 18 contribuições mensais ou se o casamento ou a união estável tiverem sido iniciados em menos de dois anos antes do óbito do segurado. Não se aplica essa exigência se o óbito do segurado decorrer de acidente de qualquer natureza ou de doença profissional e nos casos de cônjuge e companheiro inválido ou com deficiência.

Entendemos que a exigência dos dois anos de relacionamento para continuidade do recebimento da pensão por morte representa um obstáculo ilegítimo, pois cria uma presunção de fraude contra os cônjuges e companheiros e, portanto, não pode ser acolhida como norma válida. Deveria prevalecer apenas a regra que prevê a perda do direito à pensão caso comprovada, a qualquer tempo, simulação ou fraude no casamento ou na união estável, ou sua formalização com o fim exclusivo de constituir benefício previdenciário, apuradas em processo judicial no qual será assegurado o direito ao contraditório e à ampla defesa (incluindo-se o § 2º no art. 74 da Lei n. 8.213/1991).

O STF, ao julgar a ADI 5.389, entendeu que a Lei n. 13.135/2015, na parte em que disciplinou – no âmbito da pensão por morte destinada a cônjuges ou companheiros, carência, período mínimo de casamento ou de união estável e período de concessão do benefício –, não causou violação do princípio da proibição do retrocesso social ou ofensa ao princípio da isonomia (Plenário, Rel. Min. Dias Tóffoli, Sessão Virtual de 11.10.2024 a 18.10.2024).

Destaca-se que a prova da união estável, de acordo com o entendimento jurisprudencial, não exige início de prova documental. Nesse sentido, a Súmula n. 104 do TRF da 4ª Região: "A legislação previdenciária não faz qualquer restrição quanto à admissibilidade da prova testemunhal, para comprovação da união estável, com vista à obtenção de benefício previdenciário".

No entanto, a Lei n. 13.846/2019 estabeleceu que: "As provas de união estável e de dependência econômica exigem início de prova material contemporânea dos fatos, produzido em período não superior a 24 (vinte e quatro) meses anterior à data do óbito ou do recolhimento à prisão do segurado, não admitida a prova exclusivamente testemunhal, exceto na ocorrência de motivo de força maior ou caso fortuito, conforme disposto no regulamento" (art. 16, § 5º, da Lei n. 8.213/1991). Tal alteração poderá modificar também a orientação jurisprudencial, para que seja exigido o início de prova documental contemporânea à união afetiva, salvo se reconhecida a inconstitucionalidade de tal exigência, por ferir a isonomia entre pessoas com maior ou menor tempo de convivência afetiva que o tempo ali exigido.

O INSS considera como companheira ou companheiro a pessoa que mantém união estável com o segurado ou a segurada, sendo esta configurada na convivência pública, contínua e duradoura estabelecida com intenção de constituição de família, observando que não constituirá união estável a relação entre:

I – os ascendentes com os descendentes, seja o parentesco natural ou civil;

II – os afins em linha reta;

III – o adotante com quem foi cônjuge do adotado e o adotado com quem o foi do adotante;

IV – os irmãos, unilaterais ou bilaterais, e demais colaterais, até o terceiro grau inclusive;

V – o adotado com o filho do adotante;

VI – as pessoas casadas; e

VII – o cônjuge sobrevivente com o condenado por homicídio ou tentativa de homicídio contra o seu consorte.

O INSS reconhece a não incidência do inciso VI *supra* no caso de a pessoa casada se achar separada de fato, judicial ou extrajudicialmente.

O problema se dá quando ocorre separação – de fato ou judicial – ou divórcio. Em que pese a relação conjugal ser rompida em definitivo somente com a dissolução pelo divórcio, a dependência para fins previdenciários não obedece às mesmas regras do Direito Civil.

O Decreto n. 10.410/2020, ao alterar o inciso I do art. 17 do Regulamento da Previdência Social, inova ao prever a cessação da dependência "para o cônjuge, pelo divórcio ou pela separação judicial ou de fato, enquanto não lhe for assegurada a prestação de alimentos, pela anulação do casamento, pelo óbito ou por sentença judicial transitada em julgado", ou seja, passando a identificar a *separação de fato* também como fator determinante da perda da qualidade de dependente.

A jurisprudência do STJ se posiciona no sentido de que "é possível o rateio de pensão entre a viúva e a companheira com quem o instituidor da pensão mantinha união estável, assim entendida aquela na qual inexiste impedimento para a convolação do relacionamento em casamento, que somente não se concretiza pela vontade dos conviventes. Nos casos em que o instituidor da pensão falece no estado de casado, necessário se faz que estivesse separado de fato, convivendo unicamente com a companheira, para que esta possa fazer jus ao recebimento da pensão" (STJ, AgRg no REsp 2012/0195969-7, 2ª Turma, Rel. Min. Humberto Martins, *DJe* de 14.12.2012).

Comprovada a dependência econômica em relação ao *de cujus*, o cônjuge separado judicialmente ou divorciado faz jus ao benefício de pensão pós-morte do ex-cônjuge, sendo irrelevante o não recebimento de pensão alimentícia anterior (nesse sentido: STJ, AgRg no REsp 2011/0287716-0, 2ª Turma, Rel. Min. Cesar Asfor Rocha, *DJe* de 28.6.2012).

Questionamentos também passaram a surgir a respeito da situação de dependência de companheiro ou companheira quando há simultâneas relações, ambas se intitulando uniões estáveis – hétero ou homoafetivas.

O STF acabou por reconhecer a existência de repercussão geral e, ao julgar os temas, firmou tese no sentido de que as relações simultâneas não geram a divisão da pensão por morte. Vejamos:

> **Tema 526**: "É incompatível com a Constituição Federal o reconhecimento de direitos previdenciários (pensão por morte) à pessoa que manteve, durante longo período e com aparência familiar, união com outra casada, porquanto o concubinato não se equipara, para fins de proteção estatal, às uniões afetivas resultantes do casamento e da união estável" (*Leading Case*: RE 883.168, Rel. Min. Dias Toffoli, Plenário virtual julgamento encerrado em 2.8.2021).
>
> **Tema 529**: "A preexistência de casamento ou de união estável de um dos conviventes, ressalvada a exceção do artigo 1.723, § 1º, do Código Civil, impede o reconhecimento de novo vínculo referente ao mesmo período, inclusive para fins previdenciários, em virtude da consagração do dever de fidelidade e da monogamia pelo ordenamento jurídico-constitucional brasileiro" (*Leading Case*: RE 1.045.273, Rel. Min. Alexandre de Moraes, *DJe* 9.4.2021).

Com isso, a possibilidade da divisão da pensão por morte quando comprovados os relacionamentos paralelos foi refutada.

Defendemos que no futuro o STF volte a reavaliar o tema, pois avaliamos que as formas de relacionamentos e de constituição de família sofreram modificações consideráveis nas últimas décadas e que o legislador e o Judiciário não podem fechar os olhos para essa nova realidade social. Na sociedade moderna, não nos parece adequado que o Estado imponha um modelo familiar que considera moralmente correto desconsiderando as individualidades e a opções de relacionamentos escolhidos pelos cidadãos.

– A filiação e a dependência

Na classe 1 dos dependentes também se encontram os filhos, concorrendo em absoluta igualdade de direitos com cônjuges e companheiros. O texto da Lei n. 8.213/1991 se refere como dependentes aos filhos até 21 anos, desde que não emancipados, ou inválidos.

A filiação é vínculo jurídico que se forma entre pais biológicos, adotivos ou socioafetivos e a pessoa reconhecida como filho ou filha.

Tema que merece atenção é a do parentesco socioafetivo, reconhecido largamente pela jurisprudência como gerador de direitos de natureza alimentar, e por que não, previdenciários também.

Neste sentido, decisão do TRF-3 reconheceu o direito ao benefício de pensão por morte a uma filha socioafetiva de segurado. Na análise do recurso interposto pelo INSS, a relatora, Desembargadora federal Marisa Santos, afirmou que, com o reconhecimento da paternidade socioafetiva, a criança é, portanto, herdeira, na forma dos artigos 1.596 e 1.829, I, do Código Civil. "Assim também com a união homoafetiva, que, embora ainda não expressamente coberta pela legislação, já é largamente reconhecida pela sociedade civil e, via de consequência, pela jurisprudência. E é o que agora ocorre com a denominada filiação/paternidade/parentalidade socioafetiva". A paternidade socioafetiva, reconhecida, no caso, por decisão transitada em julgado, tem reflexos favoráveis à agravada na esfera previdenciária (AI 0028979-25.2015.4.03.0000/SP, e-DJF3 18.7.2016).

No entanto, dúvidas existiam sobre a possibilidade jurídica de reconhecimento simultâneo de duas pessoas na condição de pai de um mesmo filho ou filha.

O STF decidiu, em sede de Repercussão Geral – Tema 622, que "A paternidade socioafetiva, declarada ou não em registro público, não impede o reconhecimento do vínculo de filiação concomitante baseado na origem biológica, com os efeitos jurídicos próprios" (*Leading Case*: RE 898060, Tribunal Pleno, Rel. Min. Luiz Fux, *DJe* 24.8.2017).

O caso, em verdade, envolvia como partes uma filha e o seu pai biológico, tendo aquela sido adotada por outra pessoa do sexo masculino (pai adotivo, ou socioafetivo). A discussão abrangia o direito da filha de ser beneficiada pelos "efeitos patrimoniais" de sua ligação com o pai biológico. O pai biológico sustentava não ser mais responsável em caráter patrimonial, já que havia, agora, um pai adotivo e a filha não pretendia romper os laços de parentesco com este último.

Por efeitos patrimoniais pode-se ter que a filha poderia buscar, por exemplo, uma pensão alimentícia, ou ser reconhecida futuramente como herdeira do patrimônio deixado pelo pai biológico, quando este vier a falecer. São questões ligadas ao Direito Civil – especialmente ao Direito de Família e das Sucessões.

A decisão do STF indica o reconhecimento de uma coexistência de relações de parentesco, quando se trata de pai e filhos, pois segundo o relator do processo, Ministro Luiz Fux, "não há impedimento do reconhecimento simultâneo de ambas as formas de paternidade – socioafetiva ou biológica –, desde que este seja o interesse do filho". Dizendo em palavras mais simples: sim, uma mesma pessoa pode, "aos olhos do Direito", ser filho ou filha de dois pais, em tal situação.

O direito a alimentos é irrenunciável, como se sabe, da mesma forma como é irrenunciável o direito à proteção previdenciária, tanto de segurados como de seus dependentes.

Não haveria sentido, portanto, em se limitar os efeitos da decisão judicial tomada, em nível de repercussão geral, como se o Direito pudesse ser cindido e a paternidade reconhecida para fins civis fosse "diferente" daquela reconhecida para fins previdenciários.

Significa que, se na ordem jurídica construída sob a Constituição de 1988, uma pessoa pode ser considerada como filho ou filha de dois seres humanos do sexo masculino simultaneamente, sendo um na condição de pai biológico e outro na condição de pai socioafetivo, tal reconhecimento se espraia por todas as outras situações contempladas pelo Direito, e não apenas quanto aos efeitos da responsabilidade pai-filho ou os efeitos sobre direitos patrimoniais de um em relação ao outro.

Dessa forma, entendemos que um mesmo ser humano pode ser dependente, para fins previdenciários, na condição de filho de mais de uma pessoa na qualidade de pai, toda vez que situação semelhante ao do julgamento proferido pelo STF ocorrer – houve um pai biológico e outro, socioafetivo.

O Código Civil – Lei n. 10.406, de 10.1.2002 – reduziu para 18 anos completos a idade em que cessa a menoridade, ficando a pessoa habilitada à prática de todos os atos da vida civil (art. 5º, *caput*). Reduziu, também, para 16 anos a idade para a emancipação (art. 5º, parágrafo único, inc. I).

Com a entrada em vigor do Código Civil, em janeiro de 2003, passou-se a questionar se a redução do limite etário para definição da capacidade civil importa na perda da qualidade de dependente para fins previdenciários aos 18 anos de idade.

Na Jornada de Direito Civil promovida pelo Centro de Estudos Judiciários do Conselho da Justiça Federal, no período de 11 a 13.9.2002, sob a coordenação científica do Ministro *Ruy Rosado*, do STJ, o entendimento que prevaleceu sobre o tema é o de que, por ser a lei previdenciária norma especial em face do Código Civil, continuam a valer as regras previstas na Lei n. 8.213/1991, e, por consequência, é dependente quem tiver até 21 anos de idade. Nesse sentido, o enunciado aprovado:

> *A redução do limite etário para a definição da capacidade civil aos 18 anos não altera o disposto no art. 16,1, da Lei n. 8.213/91, que regula específica situação de dependência econômica para fins previdenciários e outras situações similares de proteção, previstas em legislação especial.*

– Filho inválido, com incapacidade adquirida após 21 anos

Acerca da situação de invalidez do filho para fins de dependência, o art. 17, III, do Decreto n. 3.048/1999, na redação conferida pelo Decreto n. 6.939/2009, passou a adotar o entendimento de que somente a invalidez adquirida antes do implemento da idade de 21 anos geraria direitos. Regra mantida pelo § 1º do art. 17 do RPS, incluído pelo Decreto n. 10.410/2020, e também pelo art. 108 do RPS, com redação dada pelo Decreto n. 10.410/2020.

Essa restrição não tem base legal, pois o art. 16 da Lei n. 8.213/1991 não distingue se a invalidez que enseja referida dependência deve ser ou não precedente aos 21 anos. Sobre o tema, houve avanço com a Portaria conjunta GP n. 4, de 15 de abril de 2024, Tema 2: "É possível o reconhecimento da condição de dependente de filho ou irmão inválidos, quando a invalidez for posterior à maioridade e anterior ao óbito".

Porém, nesse caso, tem prevalecido a orientação de que dependência econômica do filho maior inválido é relativa. Nesse sentido: "1. O § 4º do art. 16 da Lei 8.213/1991 estabelece uma presunção relativa de dependência econômica do filho maior de idade inválido, e, como tal, pode ser elidida por provas em sentido contrário" (STJ, AgRg no AgRg no AREsp 614421/SP, 1ª Turma, Rel. Min. Napoleão Nunes Maia Filho, *DJe* 2.8.2018).

Importante apontar que "o fato do filho do *de cujus* ter se casado não gera presunção de independência econômica com relação aos seus progenitores quando este for inválido para o trabalho" (TRF da 2ª Região, AC 2000.51.03.000635-0, 1ª Turma, Rel. Des. Federal Regina Coeli M. C. Peixoto, *DJU* 19.3.2003).

– Estudante universitário

A jurisprudência do STJ está pacificada no sentido de que não cabe estender o benefício da pensão ao filho com mais de 21 anos de idade, salvo quando inválido, não cabendo a pretensão de continuidade do pagamento de sua cota parte pelo fato de estar na condição de estudante. Nesse sentido, o Repetitivo do STJ – Tema 643, no qual foi fixada a seguinte tese:

> Não há falar em restabelecimento da pensão por morte ao beneficiário, maior de 21 anos e não inválido, diante da taxatividade da lei previdenciária, porquanto não é dado ao Poder Judiciário legislar positivamente, usurpando função do Poder Legislativo.

No âmbito da TNU foi editada a Súmula n. 37: "A pensão por morte, devida ao filho até os 21 anos de idade, não se prorroga pela pendência do curso universitário".

– Nascituros

Até mesmo os nascituros são reconhecidos como dependentes. A Portaria DIRBEN/INSS n. 991, de 28.3.2022 (art.14) estabelece que: "Os nascidos dentro dos 300 (trezentos) dias subsequentes à dissolução da sociedade conjugal por morte são considerados filhos concebidos na constância do casamento, conforme inciso II do art. 1.597 do Código Civil".

Nota-se que há jurisprudência em sentido mais amplo, sem a limitação temporal acima: "se o autor ainda não era nascido quando do óbito do segurado – pai –, o benefício é devido desde a data do nascimento. O art. 4º do Código Civil põe a salvo os direitos do nascituro (TRF4, AC 5004159-27.2016.4.04.7004, Turma Regional Suplementar/PR, Rel. Des. Federal Luiz Fernando Wowk Penteado, juntado aos autos em 24.9.2018).

– Pessoas equiparadas aos filhos

Equiparam-se a filho, na condição de dependente de que trata o inciso I do *caput*, exclusivamente o enteado e o menor tutelado, desde que comprovada a dependência econômica na forma estabelecida no § 3º do art. 22 do Regulamento (§ 3º do art. 16 do Decreto n. 3.048/1999, com a redação conferida pelo Decreto n. 10.410/2020). Para comprovação do vínculo do enteado e da dependência econômica, conforme o caso, deverão ser apresentados, no mínimo, dois documentos daqueles que o INSS admite como comprobatórios da situação (a regra anterior exigia declaração do segurado e, no mínimo, três documentos). Em relação ao menor sob tutela é necessária, também, a apresentação do termo de tutela.

– EC n. 103/2019 e o menor sob guarda

Os menores sob guarda, que originalmente constavam do rol de dependentes na Lei n. 8.213/1991, foram excluídos quando da redação dada pela Lei n. 9.528/1997, tema que tem gerado grandes debates.

Não há que se confundir, contudo, a guarda de filho por pai ou mãe biológicos (decorrente de separação de fato ou judicial, ou de divórcio dos cônjuges) com a guarda de menor em processo de tutela ou adoção.

O insigne autor paulista Wladimir Martinez aponta que, na guarda decorrente de separação de fato ou judicial, ou divórcio dos cônjuges, "o filho fica com o cônjuge que estiver em condições de assumir os cuidados com o filho ou em cuja companhia já estavam os filhos", sendo que, no processo de adoção e de tutela, a guarda serve para conceder provisoriamente o poder familiar a alguém que não o pai nem a mãe biológicos, até a decisão judicial final. A exclusão em apreço, evidentemente, diz respeito a esta segunda hipótese, já que o filho sob guarda já é dependente na condição de filho, e só perde tal condição aos 21 anos, pela emancipação ou pelo falecimento.

Com a exclusão do menor sob guarda do rol de dependentes, restaram apenas o enteado e o menor tutelado, que se equiparam aos filhos, mediante declaração do segurado.

Depois de algum tempo, o STJ adotou esse entendimento e reconheceu a prevalência do disposto no art. 33, § 3º, do Estatuto da Criança e do Adolescente (ECA), sobre norma previdenciária de natureza restritiva. Nesse sentido, o Repetitivo do STJ – Tema 732, no qual foi fixada a seguinte tese:

> O menor sob guarda tem direito à concessão do benefício de pensão por morte do seu mantenedor, comprovada sua dependência econômica, nos termos do art. 33, § 3º do Estatuto da Criança e do Adolescente, ainda que o óbito do instituidor da pensão seja posterior à vigência da Medida Provisória 1.523/96, reeditada e convertida na Lei 9.528/97. Funda-se essa conclusão na qualidade de lei especial do Estatuto da Criança e do Adolescente (8.069/90), frente à legislação previdenciária.

Com objetivo de superar a orientação jurisprudencial prevalente nos tribunais superiores, a EC n. 103/2019, em suas regras transitórias, estabeleceu que: "Equiparam-se a filho, para fins de recebimento da pensão por morte, exclusivamente o enteado e o menor tutelado, desde que comprovada a dependência econômica" (art. 25, § 6º).

No nosso entendimento, a vedação introduzida pela EC n. 103/2019 (com *status* de norma ordinária) é inconstitucional por afrontar o art. 227, *caput*, da Constituição Federal, que determina: "É dever da família, da sociedade e do Estado assegurar à criança, ao adolescente e ao jovem, com absoluta prioridade, o direito à vida, à saúde, à alimentação, à educação, ao lazer, à profissionalização, à cultura, à dignidade, ao respeito, à liberdade e à convivência familiar e comunitária, além de colocá-los a salvo de toda forma de negligência, discriminação, exploração, violência, crueldade e opressão".

Nessa linha interpretativa, o STF julgou procedente a ADI 4.878 e parcialmente a ADI 5.083, de modo a conferir interpretação conforme ao § 2º do art. 16 da Lei n. 8.213/1991, para contemplar, em seu âmbito de proteção, o "menor sob guarda" (Tribunal Pleno, Redator para o acórdão, Min. Edson Fachin, Sessão Virtual de 28.5.2021 a 7.6.2021).

Nesse julgamento ficou consignado que: "Os pedidos formulados nas ADIs 5.083 e 4.878, contudo, não contemplaram a redação do art. 23 da EC 103/2019, razão pela qual, ao revés do e. Ministro Relator, não procedo à verificação da constitucionalidade do dispositivo, em homenagem ao princípio da demanda. De toda sorte, os argumentos veiculados na presente manifestação são em todo aplicáveis ao art. 23 referido".

Diante dessa decisão, a Portaria Conjunta GP n. 4, de 15.04.2024, reconheceu essa orientação no Tema n. 3, permitindo acordos e desistências de recursos pela Previdência.

Destaca-se que o STF admitiu nova Repercussão Geral para definir se menor sob guarda tem direito à pensão por morte de segurado do INSS após a Reforma da Previdência de 2019:

> **Tema n. 1.271 – Descrição**: "Recurso extraordinário em que se discute, à luz dos artigos 2º, 60, § 4º, 201, da Constituição Federal e do artigo 23, § 6º, da Emenda Constitucional 103/2019, se a retirada da criança e do adolescente sob guarda do rol de beneficiários, na qualidade de dependentes do segurado do Regime Geral de Previdência Social, violou os princípios da igualdade, proibição do retrocesso e da proteção integral das crianças e dos adolescentes" (RE 1.442.021, Rel. Min. André Mendonça).

– Dependente designado

Originalmente, a Lei n. 8.213/1991 previa a possibilidade de, na falta de dependentes das demais classes, a pessoa do segurado eleger um dependente. A pessoa cuja designação como dependente do segurado tenha sido feita até 28.4.1995, véspera da publicação da Lei n.

9.032/1995,[5] que revogou tal possibilidade, fará jus à pensão por morte ou ao auxílio-reclusão, se o fato gerador do benefício – o óbito ou a prisão – ocorreu até aquela data, desde que comprovadas as condições exigidas pela legislação vigente. Nesse sentido, a Súmula n. 4 da Turma Nacional de Uniformização dos JEFs.

– Os pais e a dependência

Quanto aos pais, continua sendo aplicada a Súmula n. 229, do extinto Tribunal Federal de Recursos, que diz: "A mãe do segurado tem direito a pensão previdenciária, em caso de morte do filho, se provada a dependência econômica, mesmo não exclusiva". Embora o enunciado fale em mãe, após a Constituição de 1988 interpreta-se também em favor do pai.

Segundo orientação do STJ, além da relação de parentesco, é preciso que os pais comprovem a dependência econômica em relação ao filho, sendo certo que essa não é presumida, isto é, deverá ser corroborada, seja na via administrativa, seja perante o Poder Judiciário. E até mesmo o fato de o pai ter sido nomeado "curador provisório" de seu falecido filho, no processo de interdição deste, não tem o condão de, cumpridas todas as condições impostas pelas regras de direito previdenciário atinentes à espécie, afastar-lhe o direito à pensão por morte pleiteada (REsp 1.082.631/RS, 5ª Turma, Rel. Min. Laurita Vaz, DJe de 26.3.2013).

– Regras gerais sobre a dependência

Os dependentes de uma mesma classe concorrem em igualdade de condições. De acordo com *Feijó Coimbra*, "a existência de vários dependentes arrolados na mesma classe decreta a concorrência entre eles e a partilha da prestação previdenciária".[6]

Todos os arrolados como dependentes da mesma classe possuem igualdade de direitos perante a Previdência Social. E, conforme o § 2º do art. 76 da Lei de Benefícios, "o cônjuge divorciado ou separado judicialmente ou de fato que recebia pensão de alimentos concorrerá em igualdade de condições com os dependentes referidos no inciso I do art. 16 desta Lei".

A eventual concessão de alimentos provisionais a algum dependente ex-cônjuge ou filho, decorrente de separação ou divórcio, não garante direito a percentual semelhante ao que vinha sendo pago pelo segurado alimentante, vale dizer, a divisão de cotas de todos os beneficiários perante a Previdência, na condição de dependentes, é sempre em igualdade de condições. Como tem reiteradamente decidido o STJ: "o rateio do valor referente à pensão por morte deixada pelo varão, entre a ex-cônjuge divorciada e a viúva, deve ocorrer em partes iguais, independentemente do percentual que vinha sendo recebido pela ex-esposa a título de pensão alimentícia" (REsp 1449968/RJ, 1ª Turma, Rel. Min. Sérgio Kukina, DJe 20.11.2017). No entanto, o § 3º do art. 76 da Lei de Benefícios, incluído pela Lei n. 13.846/2019, passou a prever que "Na hipótese de o segurado falecido estar, na data de seu falecimento, obrigado por determinação judicial a pagar alimentos temporários a ex-cônjuge, ex-companheiro ou ex-companheira, a pensão por morte será devida pelo prazo remanescente na data do óbito, caso não incida outra hipótese de cancelamento anterior do benefício".

Por força do disposto no § 1º do art. 16 da Lei n. 8.213/1991, a existência de dependentes de qualquer das classes exclui do direito às prestações os das classes seguintes. Há no Direito Previdenciário, tal como no Direito das Sucessões, uma ordem de vocação entre dependentes para o recebimento de benefício, embora as classes elencadas na Lei de Benefícios não sejam as mesmas indicadas no Código Civil. Inicialmente, devem ser beneficiários os que estão na

---

[5] O art. 16, IV, da Lei n. 8.213/1991, revogado pelo art. 8.º da Lei n. 9.032/1995, possibilitava ao segurado incluir como dependentes: "a pessoa designada, menor de 21 (vinte e um) anos ou maior de 60 (sessenta) anos ou inválida".

[6] *Op. cit.*, p. 97.

célula familiar do segurado; depois, não existindo esta, fazem jus os genitores; por fim, seus irmãos ainda menores ou incapazes para prover a sua própria subsistência.

A regra, todavia, se aplica na ocasião de cada evento capaz de estabelecer direito à prestação pelo conjunto de dependentes do segurado. É dizer, se, por exemplo, o segurado vem a ser recolhido à prisão, acarretando o direito ao auxílio-reclusão, o INSS vai averiguar quais os dependentes que se encontram inscritos, para determinar quem serão os beneficiários do auxílio. Se, no momento da prisão, o segurado possui como dependentes apenas o cônjuge e seu pai, o benefício será pago a sua consorte. Saindo da prisão, contudo, o segurado vem a ficar viúvo. Se novamente for recolhido à prisão após sua viuvez, o auxílio será pago ao seu genitor.

Não há previsão de renúncia, no RGPS, à condição de dependente. Tal ausência tem fundamento na irrenunciabilidade dos Direitos Fundamentais Sociais. Todavia, à guisa de comparação, a Lei n. 13.135/2015 alterou o art. 222 da Lei n. 8.112/1990, que trata do direito à pensão no RPPS da União, para prever, no inciso VI, de forma inédita (e discutível), a renúncia expressa como forma de perda da qualidade de beneficiário.

A dependência econômica do cônjuge, do companheiro ou da companheira e do filho é presumida e a dos demais (pais e irmãos) deve ser comprovada. Segundo *Wladimir Martinez*, "a presunção da lei é absoluta e, portanto, não comporta prova em contrário".[7] Somente se o casal estivesse separado e o marido tivesse uma companheira, ou a mulher tivesse um companheiro, a viúva ou o viúvo precisaria comprovar que, apesar disso, dependia do *de cujus*, pelo menos em parte.

A prova da dependência econômica, em geral, é feita mediante declaração assinada pelo próprio interessado, em formulário fornecido pelo INSS, mediante a apresentação de documentos que comprovem a dependência (art. 22, § 3º, do Decreto n. 3.048/1999), ou, então, mediante justificação administrativa ou judicial.

Tratando-se de comprovação de união estável ou homoafetiva, o que se exige do dependente é a prova da união, mas não da dependência econômica, que é presumida, como é estabelecido pelo § 1º do art. 16 da Lei n. 8.213/1991, sendo ilegal exigir comprovação de renda ou qualquer outra forma de indicação de que um dependia economicamente do outro. Tais relações se equiparam, em tratamento, à relação conjugal, na qual também se considera presumida a dependência, ou seja, independentemente da renda auferida pelo(a) cônjuge falecido(a) ou supérstite. Nesse sentido, a Tese fixada pela TNU no Representativo de Controvérsia Tema n. 226: "A dependência econômica do cônjuge ou do companheiro relacionados no inciso I do art. 16 da Lei 8.213/91, em atenção à presunção disposta no § 4º do mesmo dispositivo legal, é absoluta" (PEDILEF 0030611-06.2012.4.03.6301/SP, j. em 25.3.2021).

A exigência de início de prova documental para comprovação da dependência econômica não era considerada obstáculo à pretensão do postulante, conforme se observa da súmula a seguir, da Turma Regional de Uniformização dos JEFs da 4ª Região:

> Súmula n. 8: *"A falta de prova material, por si só, não é óbice ao reconhecimento da dependência econômica, quando por outros elementos o juiz possa aferi-la".*

No entanto, a Lei n. 13.846/2019 alterou o cenário normativo e deverá modificar também a orientação jurisprudencial, para que seja exigido o início de prova documental *contemporâneo* ao período. Com a inclusão do § 5º ao art. 16 da LBPS, passou a ser previsto que:

---

[7] MARTINEZ, Wladimir Novaes. *Comentários à Lei Básica da Previdência Social*. 4. ed. São Paulo: LTr, 1997, t. II, p. 137.

As provas de união estável e de dependência econômica exigem início de prova material contemporânea dos fatos, produzido em período não superior a 24 (vinte e quatro) meses anterior à data do óbito ou do recolhimento à prisão do segurado, não admitida a prova exclusivamente testemunhal, exceto na ocorrência de motivo de força maior ou caso fortuito, conforme disposto no regulamento.

Segundo o art. 180 da IN INSS/PRES n. 128/2022, são exigidas pelo INSS duas provas materiais contemporâneas dos fatos, sendo que pelo menos uma delas deve ter sido produzida em período não superior a 24 (vinte e quatro) meses anteriores ao fato gerador. E além disso, "Caso o dependente só possua um documento emitido em período não superior a 24 (vinte e quatro) meses anteriores à data do fato gerador, a comprovação de vínculo ou de dependência econômica para esse período poderá ser suprida mediante justificação administrativa".

Frisamos, por oportuno, que por "prova material" admite-se todo e qualquer elemento de convicção, obtido licitamente, que não se configure como prova testemunhal ou pericial. Assim, as chamadas "provas digitais", obtidas em publicações realizadas na internet, em redes sociais, aplicativos e outros meios de obtenção de dados devem ser considerados meios válidos de prova para este fim.

– Cessação da dependência previdenciária

As hipóteses em que ocorre a cessação da dependência estão previstas no art. 77 da Lei n. 8.213/1991, com a redação conferida por sucessivas alterações legislativas:

Art. 77. A pensão por morte, havendo mais de um pensionista, será rateada entre todos em parte iguais. (Redação dada pela Lei n.9.032, de 1995)
§ 2º O direito à percepção da cota individual cessará: (Redação dada pela Lei n. 13.846/2019)
I – pela morte do pensionista; (Incluído pela Lei n. 9.032, de 1995)
II – para o filho, a pessoa a ele equiparada ou o irmão, de ambos os sexos, ao completar vinte e um anos de idade, salvo se for inválido ou tiver deficiência intelectual ou mental ou deficiência grave; (Redação dada pela Lei 13.183, de 2015)[8]
III – para filho ou irmão inválido, pela cessação da invalidez; (Redação dada pela Lei n. 13.135, de 2015)
IV – para filho ou irmão que tenha deficiência intelectual ou mental ou deficiência grave, pelo afastamento da deficiência, nos termos do regulamento; (esse dispositivo entrou em vigor apenas em 18.06.2017 – art. 6º, II, da Lei n. 13.135/2015)
V – para cônjuge ou companheiro: (Incluído pela Lei n. 13.135, de 2015)
a) se inválido ou com deficiência, pela cessação da invalidez ou pelo afastamento da deficiência, respeitados os períodos mínimos decorrentes da aplicação das alíneas "b" e "c"; (Incluído pela Lei n. 13.135, de 2015)
b) em 4 (quatro) meses, se o óbito ocorrer sem que o segurado tenha vertido 18 (dezoito) contribuições mensais ou se o casamento ou a união estável tiverem sido iniciados em menos de 2 (dois) anos antes do óbito do segurado; (Incluído pela Lei n. 13.135, de 2015)
c) transcorridos os seguintes períodos, estabelecidos de acordo com a idade do beneficiário na data de óbito do segurado, se o óbito ocorrer depois de vertidas 18 (dezoito) contribuições

---

[8] A redação conferida pela Lei n. 13.146/2015 entrou em vigor em 3.1.2016. Até então, prevaleceu a redação anterior, qual seja: II – para filho, pessoa a ele equiparada ou irmão, de ambos os sexos, ao completar 21 (vinte e um) anos de idade, salvo se for inválido ou com deficiência; (Redação dada pela Lei n. 13.135, de 2015).

mensais e pelo menos 2 (dois) anos após o início do casamento ou da união estável: (Incluído pela Lei n. 13.135, de 2015)

1) 3 (três) anos, com menos de 21 (vinte e um) anos de idade; (Incluído pela Lei n. 13.135, de 2015)

2) 6 (seis) anos, entre 21 (vinte e um) e 26 (vinte e seis) anos de idade; (Incluído pela Lei n. 13.135, de 2015)

3) 10 (dez) anos, entre 27 (vinte e sete) e 29 (vinte e nove) anos de idade; (Incluído pela Lei n. 13.135, de 2015)

4) 15 (quinze) anos, entre 30 (trinta) e 40 (quarenta) anos de idade; (Incluído pela Lei n. 13.135, de 2015)

5) 20 (vinte) anos, entre 41 (quarenta e um) e 43 (quarenta e três) anos de idade; (Incluído pela Lei n. 13.135, de 2015)

6) vitalícia, com 44 (quarenta e quatro) ou mais anos de idade. (Incluído pela Lei n. 13.135, de 2015)

VI – pela perda do direito, na forma do § 1º do art. 74 desta Lei. (Incluído pela Lei n. 13.846, de 2019)

§ 2º-A. Serão aplicados, conforme o caso, a regra contida na alínea "a" ou os prazos previstos na alínea "c", ambas do inciso V do § 2.º, se o óbito do segurado decorrer de acidente de qualquer natureza ou de doença profissional ou do trabalho, independentemente do recolhimento de 18 (dezoito) contribuições mensais ou da comprovação de 2 (dois) anos de casamento ou de união estável. (Incluído pela Lei n. 13.135, de 2015)

§ 2º-B. Após o transcurso de pelo menos 3 (três) anos e desde que nesse período se verifique o incremento mínimo de um ano inteiro na média nacional única, para ambos os sexos, correspondente à expectativa de sobrevida da população brasileira ao nascer, poderão ser fixadas, em números inteiros, novas idades para os fins previstos na alínea "c" do inciso V do § 2º, em ato do Ministro de Estado da Previdência Social, limitado o acréscimo na comparação com as idades anteriores ao referido incremento. (Incluído pela Lei n. 13.135, de 2015)

§ 3º Com a extinção da parte do último pensionista a pensão extinguir-se-á. (Incluído pela Lei n. 9.032, de 1995)

§ 4º (Revogado pela Lei n. 13.135, de 2015)

§ 5º O tempo de contribuição a Regime Próprio de Previdência Social (RPPS) será considerado na contagem das 18 (dezoito) contribuições mensais de que tratam as alíneas "b" e "c" do inciso V do § 2º. (Redação dada pela Lei n. 13.135, de 2015)

§ 6º O exercício de atividade remunerada, inclusive na condição de microempreendedor individual, não impede a concessão ou manutenção da parte individual da pensão do dependente com deficiência intelectual ou mental ou com deficiência grave. (Incluído pela Lei n. 13.183, de 2015)

§ 7º Se houver fundados indícios de autoria, coautoria ou participação de dependente, ressalvados os absolutamente incapazes e os inimputáveis, em homicídio, ou em tentativa desse crime, cometido contra a pessoa do segurado, será possível a suspensão provisória de sua parte no benefício de pensão por morte, mediante processo administrativo próprio, respeitados a ampla defesa e o contraditório, e serão devidas, em caso de absolvição, todas as parcelas corrigidas desde a data da suspensão, bem como a reativação imediata do benefício. (Incluído pela Lei n. 13.846, de 2019)

No final de 2020, a Portaria ME n. 424, de 29.12.2020, fixou novas idades (válidas a partir de 1º de janeiro de 2021) de que tratam a alínea "b" do inciso VII do art. 222 da Lei n. 8.112, de 11 de dezembro de 1990, e a alínea "c" do inciso V do § 2º do art. 77 da Lei n. 8.213, de 24 de julho de 1991, quais sejam:

Idade do dependente	Duração do benefício
Até 21 anos	3 anos
De 22 a 27 anos	6 anos
De 28 a 30 anos	10 anos
De 31 a 41 anos	15 anos
De 42 a 44 anos	20 anos
Acima de 45 anos	Vitalício

Desse contexto, ressai a limitação ao recebimento do benefício de pensão por viuvez, em razão da idade da pensionista, a qual só será vitalícia se, ao tempo do falecimento, a pessoa que era cônjuge ou companheiro(a) tiver, a partir de 2021, 45 anos de idade ou mais (art. 77, § 2º, da Lei n. 8.213/1991).

Ressalva-se, todavia, a situação da pessoa pensionista que seja reconhecida como inválida ou portadora de deficiência, que somente terá o benefício interrompido com a cessação da invalidez ou da situação de deficiência.

Além disso, estabeleceu-se um pensionamento de apenas 4 meses, caso a pessoa segurada do RGPS faleça antes de ter completado 18 contribuições mensais (em qualquer regime de previdência, ou seja, aproveitando-se tempo de atividade sujeito a regime próprio) ou se o casamento ou a união estável com a pessoa com direito à pensão tiverem sido iniciados em menos de dois anos antes do óbito do segurado. Contudo, se o falecimento decorreu de acidente de qualquer natureza ou de doença ocupacional, o benefício será devido conforme os prazos fixados em razão da idade da pessoa pensionista ou até a cessação da invalidez ou da condição de deficiência.

Por sua vez, a Lei n. 13.846/2019 estabeleceu a possibilidade de suspensão provisória da pensão nas seguintes hipóteses relacionadas com a indignidade:

> *Se houver fundados indícios de autoria, coautoria ou participação de dependente, ressalvados os absolutamente incapazes e os inimputáveis, em homicídio, ou em tentativa desse crime, cometido contra a pessoa do segurado, será possível a suspensão provisória de sua parte no benefício de pensão por morte, mediante processo administrativo próprio, respeitados a ampla defesa e o contraditório, e serão devidas, em caso de absolvição, todas as parcelas corrigidas desde a data da suspensão, bem como a reativação imediata do benefício (art. 77, § 7º, da LBPS).*

Entretanto, a regra em comento viola o princípio da presunção de inocência, além de conferir, supostamente, poderes a algum agente público do INSS para emitir juízo (prévio) de valor sobre a existência (ou não) de "fundados indícios" de crime praticado, antes mesmo da prolação de sentença pelo juízo competente para a matéria penal, pelo que se conclui haver risco de que a regra seja declarada inconstitucional.

Será excluído definitivamente da condição de dependente quem tiver sido condenado criminalmente por sentença com trânsito em julgado, como autor, coautor ou partícipe de homicídio doloso, ou de tentativa desse crime, cometido contra a pessoa do segurado, ressalvados os absolutamente incapazes e os inimputáveis (art. 16, § 7º, da LBPS).

– Outras hipóteses de perda da qualidade de dependente

O Decreto n. 3.048/1999, com a redação atual do inciso III do artigo 17 conferida pelo Decreto n. 10.410/2020, indica as hipóteses de perda da condição de dependente pelos filhos, quando o fato ocorrer antes de completar 21 anos:

a) casamento;
b) início do exercício de emprego público efetivo;
c) constituição de estabelecimento civil ou comercial ou pela existência de relação de emprego, desde que, em função deles, o menor com dezesseis anos completos tenha economia própria; ou
d) concessão de emancipação, pelos pais, ou por um deles na falta do outro, por meio de instrumento público, independentemente de homologação judicial, ou por sentença judicial, ouvido o tutor, se o menor tiver dezesseis anos completos; e
e) da concessão de emancipação, pelos pais, ou de um deles na falta do outro, mediante instrumento público, independentemente de homologação judicial, ou por sentença do juiz, ouvido o tutor, se o menor tiver dezesseis anos completos.

E, no § 1º do mesmo artigo 17, com nova redação, passa a constar que "o filho, o irmão, o enteado e o menor tutelado, desde que comprovada a dependência econômica dos três últimos, se inválidos ou se tiverem deficiência intelectual, mental ou grave, não perderão a qualidade de dependentes desde que a invalidez ou a deficiência intelectual, mental ou grave tenha ocorrido antes de uma das hipóteses previstas no inciso III do *caput*".

Essa restrição, a nosso ver, não tem base legal, pois o art. 16 da Lei n. 8.213/1991 não distingue se a invalidez que enseja referida dependência deve ser ou não precedente aos 21 anos, apenas que, ao tempo do óbito do segurado, a pessoa esteja inválida. No âmbito do RPPS da União, o STJ firmou entendimento de que é devida pensão ao filho de servidor público federal falecido mesmo quando a invalidez ocorra após a idade de 21 anos (Súmula 663). Entendemos, pela similitude da regra, que a súmula em comento pode ser utilizada analogicamente no RGPS e demais RPPS. Porém, a jurisprudência do STJ firmou-se no sentido de que "a comprovação da invalidez do filho maior do instituidor do benefício não o exime da demonstração da relação de dependência econômica que mantinha com o segurado. Isso porque a presunção estabelecida no art. 16, § 4º, da Lei n. 8.213/1991 não é absoluta, admitindo-se prova em sentido contrário, especialmente quando o filho maior inválido já recebe outro amparo previdenciário" (AgInt no AREsp 1167371/RJ, 2ª Turma, Rel. Min. Francisco Falcão, *DJe* 15.3.2021).

Cabe referir que a emancipação deixou de ser causa de cessação da cota individual da pensão por morte, diante da atual redação do inciso II, § 2º, do art. 77 da LBPS, cuja redação foi conferida pela Lei n. 13.183/2015.

O detalhamento sobre os benefícios devidos aos dependentes é feito na Parte IV desta obra, à qual remetemos o leitor.

Inscrição dos Segurados e Dependentes

Inscrição é o ato pelo qual o segurado e o dependente são cadastrados no Regime Geral de Previdência Social, mediante comprovação dos dados pessoais e de outros elementos necessários e úteis a sua caracterização (art. 18 do Decreto n. 3.048/1999).

É ato nitidamente administrativo e formal, documentado, de iniciativa da pessoa interessada e homologado pelo órgão gestor da Previdência Social. É também instrumento pessoal de qualificação que autoriza a utilização dos serviços ou a percepção de benefícios em dinheiro postos a sua disposição.

Na sequência temporal da relação jurídica de seguro social a inscrição é o terceiro momento, seguindo-se ao trabalho e à consequente filiação, ou, pelo menos, sendo contemporâneo a estes, mas nunca anterior.

A diferenciação entre filiação e inscrição é da máxima importância para o Direito Previdenciário.

Wladimir Novaes Martinez apresenta várias diferenças entre elas, destacando que:

> a filiação representa fato pertencente ao mundo material – o trabalho remunerado – e acontece independentemente da vontade do que se filia; a inscrição, embora materializada pela documentação, é ato formal, deflagrado pelo beneficiário. A filiação sucede no universo físico enquanto a inscrição opera-se como sua exteriorização jurídica. Como concepção, a filiação é uma condição do trabalhador decorrente do exercício de certas atividades e de disposições legais e a inscrição é um ato material ou real.[1]

A forma de inscrição dos segurados e dos dependentes está disciplinada em regulamento, conforme prevê o art. 17 da Lei n. 8.213/1991, estando suas normas contidas nos arts. 18 a 24 do Decreto n. 3.048/1999.

17.1 INSCRIÇÃO DOS SEGURADOS

Dispõem os incisos I a V do art. 18 do Decreto n. 3.048/1999 (redação conferida pelo Decreto n. 10.410/2020) que a inscrição é o ato pelo qual o segurado é cadastrado no RGPS, por meio da comprovação dos dados pessoais, da seguinte forma:

- **empregado** – pelo empregador, por meio da formalização do contrato de trabalho e, a partir da obrigatoriedade do uso do Sistema de Escrituração Digital das Obrigações Fiscais, Previdenciárias e Trabalhistas – eSocial, instituído pelo Decreto

---

[1] MARTINEZ, Wladimir Novaes. *O salário-base na previdência social*. São Paulo: LTr, 1986, p. 49.

n. 8.373, de 11 de dezembro de 2014, ou do sistema que venha a substituí-lo, por meio do registro contratual eletrônico realizado nesse Sistema;
- **trabalhador avulso** – pelo cadastramento e pelo registro no órgão gestor de mão de obra, no caso de trabalhador portuário, ou no sindicato, no caso de trabalhador não portuário, e a partir da obrigatoriedade do uso do eSocial, ou do sistema que venha a substituí-lo, por meio do cadastramento e do registro eletrônico realizado nesse Sistema;
- **empregado doméstico** – pelo empregador, por meio do registro contratual eletrônico realizado no eSocial;
- **contribuinte individual** – a) por ato próprio, por meio do cadastramento de informações para identificação e reconhecimento da atividade, hipótese em que o Instituto Nacional do Seguro Social – INSS poderá solicitar a apresentação de documento que comprove o exercício da atividade declarada; b) pela cooperativa de trabalho ou pela pessoa jurídica a quem preste serviço, no caso de cooperados ou contratados, respectivamente, se ainda não inscritos no RGPS; e c) pelo MEI, por meio do sítio eletrônico do Portal do Empreendedor;
- **segurado especial** – preferencialmente, pelo titular do grupo familiar que se enquadre em uma das condições previstas no inciso VII do *caput* do art. 9º, hipótese em que o INSS poderá solicitar a apresentação de documento que comprove o exercício da atividade declarada, observado o disposto no art. 19-D do RPS; e
- **segurado facultativo** – por ato próprio, por meio do cadastramento de informações pessoais que permitam a sua identificação, desde que não exerça atividade que o enquadre na categoria de segurado obrigatório.

A inscrição do segurado em qualquer categoria exige a idade mínima de 16 anos. Porém, ao aprendiz deve ser garantida a inscrição a partir dos 14 anos, consoante previsão do art. 7º, XXXIII, da CF (redação dada pela EC n. 20/1998).

O trabalhador é identificado no CNIS pelo NIT, único, pessoal e intransferível, independentemente de alterações de categoria profissional ou pelo Cadastro de Pessoas Físicas – CPF.

Ainda, segundo prevê o § 10 do art. 18 do RPS, no caso de segurado cadastrado no Programa de Integração Social – PIS, no Programa de Formação do Patrimônio do Servidor Público – Pasep ou no Número de Identificação Social – NIS, não caberá novo cadastramento.

No caso de inscrição feita junto ao INSS, as informações prestadas pelo indivíduo têm caráter meramente declaratório e são de inteira responsabilidade do declarante, podendo o INSS solicitar a comprovação do que restou declarado, a qualquer tempo, para fins de atualização cadastral, inclusive para a concessão de benefício.

O § 7º do art. 18 do RPS (redação dada pelo Decreto n. 10.410/2020) previu também que a inscrição do segurado especial será feita de forma a vinculá-lo ao seu grupo familiar e conterá, além das informações pessoais: I – a identificação da propriedade em que é desenvolvida a atividade e a informação de a que título ela é ocupada; II – a informação sobre a residência ou não do segurado na propriedade em que é desenvolvida a atividade, e, em caso negativo, sobre o Município onde reside; e III – quando for o caso, a identificação e a inscrição da pessoa responsável pelo grupo familiar. Ainda quanto à formalização da inscrição, o Decreto n. 10.410/2020 introduziu o § 11 no art. 19 do RPS, prevendo que, a partir da obrigatoriedade do uso do eSocial, ou do sistema que venha a substituí-lo, será observado, para o segurado:

I – **empregado e empregado doméstico** – os registros eletrônicos gerados pelo eSocial equivalerão às anotações relativas ao contrato de trabalho, definidas pela Consolidação das

Leis do Trabalho, aprovada pelo Decreto-Lei n. 5.452, de 1943, que serão incorporados ao CNIS e à Carteira de Trabalho Digital;

II – **trabalhador avulso** – os registros eletrônicos gerados pelo eSocial substituirão as informações relativas ao registro e às remunerações do trabalhador avulso portuário previstas no inciso II do *caput* do art. 32 e no § 2º do art. 33 da Lei n. 12.815, de 2013, e aquelas relativas ao trabalhador avulso não portuário previstas no art. 4º da Lei n. 12.023, de 2009, que serão incorporados ao CNIS;

III – **contribuinte individual** que preste serviços conforme o disposto no § 20 do art. 216 – os registros eletrônicos gerados pelo eSocial substituirão as informações prestadas sobre os valores da remuneração na forma prevista no § 21 do art. 216, que serão incorporados ao CNIS; e

IV – **contribuinte individual** que preste serviços a empresa ou equiparado a partir de abril de 2003, conforme o disposto no art. 4º da Lei n. 10.666, de 8 de maio de 2003 – os registros eletrônicos gerados pelo eSocial substituirão as informações prestadas sobre os valores da remuneração e do desconto feito a título de contribuição previdenciária, conforme previsto no inciso XII do *caput* do art. 216, que serão incorporados ao CNIS.

Em relação ao seguro especial, o § 7º do art. 18 do RPS (redação dada pelo Decreto n. 10.410/2020) previu também que a inscrição será feita de forma a vinculá-lo ao seu grupo familiar e conterá, além das informações pessoais: I – a identificação da propriedade em que é desenvolvida a atividade e a informação de a que título ela é ocupada; II – a informação sobre a residência ou não do segurado na propriedade em que é desenvolvida a atividade, e, em caso negativo, sobre o Município onde reside; e III – quando for o caso, a identificação e a inscrição da pessoa responsável pelo grupo familiar. Quanto a essa categoria de segurado, cabe ainda observar que:

a) as informações constituirão o Cadastro do Segurado Especial, no CNIS, podendo o INSS firmar acordo de cooperação com o Ministério da Agricultura, Pecuária e Abastecimento e com outros órgãos da administração pública federal, estadual, distrital e municipal para a manutenção e a gestão do sistema de cadastro, que conterá as informações necessárias à caracterização da condição de segurado especial (regra fixada pela MP n. 871/2019, convertida na Lei n. 13.846/2019);

b) na impossibilidade de sua inscrição ser efetuada pelo próprio filiado, ela poderá ser providenciada por Entidade Representativa por meio da Internet no portal eletrônico da Previdência Social, em módulo próprio, com senha de acesso específica, mediante convênio firmado entre o INSS e a Entidade;

c) as informações contidas no citado cadastro não dispensam a apresentação dos documentos previstos no inciso II do § 2º do art. 62 do Decreto n. 3.048/1999, exceto as que forem obtidas e acolhidas pela Previdência Social diretamente de banco de dados disponibilizados por órgãos do poder público;

d) não poderá resultar nenhum ônus para os segurados, sejam eles filiados ou não às entidades conveniadas;

e) as informações obtidas e acolhidas pelo INSS, diretamente de bancos de dados disponibilizados por órgãos do poder público, serão utilizadas para validar ou invalidar informação para o cadastramento do segurado especial, bem como quando for o caso, para deixar de reconhecer no segurado essa condição;

f) o segurado especial integrante de grupo familiar que não seja proprietário do imóvel rural ou embarcação em que desenvolve sua atividade deve informar, no ato da inscrição, conforme o caso, o nome e o Cadastro de Pessoa Física – CPF do parceiro ou meeiro outorgante, arrendador, comodante ou assemelhado;

g) o CNIS deverá ser atualizado anualmente até 30 de junho do ano subsequente. E, decorrido esse prazo, sendo vedada a atualização após o prazo de cinco anos (art. 38-A da LBPS, com redação conferida pela Lei n. 13.846/2019). Essa regra fere o disposto no art. 195, § 8º, da CF, pois altera a forma de reconhecimento da atividade do segurado especial com base na ausência de atualização do CNIS. Considerando o baixo nível de escolaridade desses trabalhadores e a ausência de orientação adequada pela Previdência, certamente essa exigência não será atendida e teremos a busca do reconhecimento dessa atividade pela via judicial;

h) a partir de quando o CNIS atingir 50% dos segurados especiais conforme o PNAD (art. 25, § 1º da EC n. 103/2019), a comprovação da condição e do exercício da atividade rural do segurado especial ocorrerá exclusivamente pelas informações constantes do CNIS. Para o período anterior a essa data, o segurado especial comprovará o tempo de exercício da atividade rural por meio de autodeclaração ratificada por entidades públicas credenciadas, nos termos do disposto no art. 13 da Lei n. 12.188/2010, e por outros órgãos públicos, na forma prevista no Regulamento e não mais por declaração de sindicatos (Lei n. 13.846/2019);

i) até 1º.1.2025, o CNIS rural poderá ser realizado, atualizado e corrigido, sem prejuízo dos demais prazos (Lei n. 13.846/2019);

j) para aquele que já possui cadastro no CNIS, o próprio segurado ou a entidade representativa poderá efetuar a complementação ou manutenção dos dados cadastrais, a fim de caracterizá-lo como Segurado Especial.

A formalização da inscrição do segurado facultativo se dá mediante cadastramento via NIT Previdência ou por intermédio da inclusão dessa condição em NIT PIS/PASEP/SUS e, havendo contribuições já recolhidas, deverá ser observado o primeiro pagamento em dia.

O exercício concomitante de mais de uma atividade remunerada sujeita ao Regime Geral de Previdência Social enseja a obrigatoriedade da inscrição em relação a cada uma delas. Todavia, o contribuinte individual terá um único Número de Identificação do Trabalhador – NIT, mesmo que exerça mais de uma atividade remunerada, devendo informar ao INSS todas as suas atividades.

Caso o segurado contribuinte individual na condição de membro de cooperativa de trabalho ou contratado como prestador de serviços de pessoa jurídica não for ainda inscrito no INSS, caberá à cooperativa ou à pessoa jurídica contratante tal obrigação, na forma do § 23 do art. 225 do Regulamento da Previdência Social, com a redação conferida pelo Decreto n. 4.729, de 9.6.2003.

O procedimento para recolhimento espontâneo de contribuições à Seguridade Social decorrentes de ação movida perante a Justiça do Trabalho, inexistindo a inscrição do empregado doméstico, deverá ser feito de ofício pelo órgão de arrecadação. Para fins de notificação fiscal de lançamento de débito ou de parcelamento de débito, inclusive o decorrente de ação movida perante a Justiça do Trabalho, de responsabilidade de empregador doméstico, dever-lhe-á ser atribuída, de ofício, uma matrícula CEI vinculada ao NIT já existente do empregado doméstico ou ao NIT a ele atribuído de ofício.

Simultaneamente com a inscrição do segurado especial, será atribuído ao grupo familiar número de Cadastro Específico do INSS – CEI, para fins de recolhimento das contribuições previdenciárias.

Para este fim, o art. 38-A da LBPS prevê que o ministério com tal atribuição "manterá sistema de cadastro dos segurados especiais no Cadastro Nacional de Informações Sociais (CNIS), observado o disposto nos §§ 4º e 5º do art. 17 desta Lei, e poderá firmar acordo de cooperação com o Ministério da Agricultura, Pecuária e Abastecimento e com outros órgãos da administração pública federal, estadual, distrital e municipal para a manutenção e a gestão do sistema de cadastro".

O INSS, no ato de habilitação ou de concessão de benefício, deverá verificar a condição de segurado especial e, se for o caso, o pagamento da contribuição previdenciária, nos termos da Lei n. 8.212/1991, considerando, entre outros, o que consta do Cadastro Nacional de Informações Sociais (CNIS) – art. 38-A, § 3º, da Lei n. 8.213/1991. E, havendo divergências de informações, para fins de reconhecimento de direito com vistas à concessão de benefício, o INSS poderá exigir a apresentação dos documentos previstos no art. 106 da Lei n. 8.213/1991 (art. 38-B, § 4º).

17.1.1 Inscrição de segurado *post mortem*

A Lei n. 13.846/2019 (conversão da MP n. 871/2019) incluiu o § 7º no art. 17 da Lei n. 8.213/1991 prevendo que: "Não será admitida a inscrição *post mortem* de segurado contribuinte individual e de segurado facultativo". Porém, a Lei de Benefícios considera segurado obrigatório todo trabalhador que exerce atividade remunerada. A inscrição é mero ato formal, não evitando a filiação, que é automática (art. 20, § 1º, do Decreto n. 3.048/1999). No entanto, tal restrição nem sempre existiu.

O § 1º do art. 45 da Lei n. 8.212/1991, desde a edição da Lei n. 9.876/1999 até a Lei Complementar n. 128/2008, que o revogou, autorizava o recolhimento de contribuições, a qualquer tempo, para fins de comprovação do exercício de atividade remunerada pelo contribuinte individual, com vistas à obtenção de benefícios.

A Instrução Normativa INSS/DC n. 95, de 7.10.2003, possibilitava que as solicitações de pensão por morte fossem concedidas, mesmo nos casos em que o óbito tivesse ocorrido após a perda da qualidade de segurado, franqueando, nessa hipótese, a regularização, por parte dos dependentes, de eventuais débitos de contribuições previdenciárias remanescentes – comprovada a qualidade de segurado do falecido, no momento do óbito, mediante demonstração do exercício de atividade como contribuinte individual e acerto, na forma da legislação de regência, do débito de contribuições previdenciárias por ele deixado.

Em relação ao segurado empregado, trabalhador avulso e especial, comprovado o exercício de atividade remunerada que determine a filiação automática, a inscrição do segurado obrigatório pode ser efetuada após o seu óbito, de modo que os seus dependentes – via de regra – têm assegurado o direito à pensão por morte. Neste sentido:

> Previdenciário. Pensão por morte. Requisitos. Qualidade de segurado do falecido. Vínculo empregatício. Anotação em CTPS. Recolhimento das contribuições. 1. A concessão do benefício de pensão por morte depende do preenchimento dos seguintes requisitos: a) a ocorrência do evento morte; b) a condição de dependente de quem objetiva a pensão; c) a demonstração da qualidade de segurado do *de cujus* por ocasião do óbito. O benefício independe de carência e é regido pela legislação vigente à época do óbito. 2. As anotações constantes na CTPS gozam de presunção *juris tantum* de veracidade (Súmula n. 12 do TST, Decreto n. 3.048/1999, art. 19), dos vínculos empregatícios ali registrados, presumindo-se a existência de relação jurídica válida e perfeita entre empregado e empregador, salvo eventual fraude, do que não se cuida na espécie. 3. A falta de recolhimento das contribuições pelo empregador nos períodos controvertidos não pode refletir em prejuízo ao segurado, uma vez que essa fiscalização deve ficar a cargo do INSS e não do empregado. Eventual acerto entre a empresa e o INSS não constitui óbice ao reconhecimento do vínculo empregatício anotado em carteira. Além disso, de acordo com a Lei de Custeio (Lei n. 8.212/1991, artigo 30), o ônus pelo recolhimento das contribuições é atribuído ao empregador. 4. Comprovado o preenchimento de todos os requisitos legais, a parte autora faz jus ao benefício de pen-

são por morte. (TRF-4, AC 5008718-87.2021.4.04.9999, Rel. Márcio Antônio Rocha, julg. 8.6.2021, Turma Regional Suplementar do PR).

Já em relação aos contribuintes individuais, há que se observar a máxima tempus regit actum. Ou seja, enquanto a legislação permitiu o recolhimento, não há dúvida em haver como realizá-lo de forma válida mesmo após o falecimento do contribuinte individual, com a consequente concessão da pensão por morte (Precedente: TRF-3, EI: 0011146-79.2009.4.03.6183 SP, Rel. Juíza Convocada Vanessa Mello, 3ª Seção, publ. e-DJF3 Judicial 16.5.2019).

Mas, no período após a alteração causada pela Lei n. 9.876/1999, a orientação jurisprudencial é em sentido contrário, tendo o STJ apreciado a matéria em âmbito de recursos repetitivos (REsp 1.110.565/SE), da impossibilidade de recolhimento pelos dependentes, para fins de concessão do benefício de pensão por morte, de contribuições vertidas após o óbito do instituidor, no caso de contribuinte individual.

No mesmo sentido a jurisprudência da TNU, em sua Súmula n. 52: "Para fins de concessão de pensão por morte, é incabível a regularização do recolhimento de contribuições de segurado contribuinte individual posteriormente a seu óbito, exceto quando as contribuições devam ser arrecadadas por empresa tomadora de serviços".

Porém, mais recentemente, a TNU flexibilizou em parte sua orientação ao julgar o Representativo de Controvérsia – Tema n. 286, no qual fixou a seguinte tese: "Para fins de pensão por morte, é possível a complementação, após o óbito, pelos dependentes, das contribuições recolhidas em vida, a tempo e modo, pelo segurado facultativo de baixa renda do art. 21, §2º, II, 'b', da Lei 8.212/91, da alíquota de 5% para as de 11% ou 20%, no caso de não validação dos recolhimentos" (PEDILEF 5007366-70.2017.4.04.7110/RS, j. em 23.6.2022).

Não se pode esquecer, além disso, que os contribuintes individuais prestadores de serviços a pessoas jurídicas, por força da Lei n. 10.666/2003, não são os responsáveis tributários pelo recolhimento das contribuições sobre seus rendimentos do trabalho, e sim o tomador de seus serviços. Assim, não há como deixar de reconhecer a qualidade de segurado, pois a regularização é devida pela empresa contratante:

> Previdenciário. Pensão por morte. Qualidade de segurado. Contribuinte individual. Prestador de serviços. Contribuições previdenciárias. Ônus da empresa. Honorários advocatícios. Tutela específica. 1. A concessão do benefício de pensão por morte depende do preenchimento dos seguintes requisitos: a) a ocorrência do evento morte; b) a condição de dependente de quem objetiva a pensão; c) a demonstração da qualidade de segurado do de cujus por ocasião do óbito. O benefício independe de carência e é regido pela legislação vigente à época do óbito. 2. O contribuinte individual é segurado obrigatório da Previdência Social; sua filiação decorre automaticamente do exercício de atividade remunerada. 3. Em se tratando de contribuinte individual que presta serviço à empresas, o ônus do recolhimento das contribuições previdenciárias é da empresa tomadora dos serviços, nos termos do artigo 4º da Lei n. 10.666/2003. 4. Verba honorária majorada em razão do comando inserto no § 11 do art. 85 do CPC/2015. 5. Reconhecido o direito da parte, impõe-se a determinação para a imediata implantação do benefício, nos termos do art. 497 do CPC. (TRF-4, AC 5020751-22.2020.4.04.7000, 10ª Turma, Rel. Luiz Fernando Wowk Penteado, julg. 28.02.2023)

Não divergimos da ideia de que é inadmissível a inscrição póstuma de segurado facultativo, pois aí há a ausência do pressuposto básico para a inscrição, que é o ato volitivo do próprio indivíduo.

Todavia, quanto aos contribuintes individuais que não se enquadram como prestadores de serviços a pessoas jurídicas, entendemos que não se pode engessar a possibilidade dos dependentes do segurado obrigatório, falecido na qualidade de contribuinte individual, em ver reconhecida essa condição, para efeito de recebimento da pensão por morte. A realidade social brasileira, em que grande parte dos trabalhadores exerce atividade em caráter informal, sem o devido registro profissional e sem que o tomador dos serviços realize o recolhimento de contribuições previdenciárias, torna esse grupo de pessoas verdadeiros "não cidadãos", ante a possibilidade de privação de seus Direitos Fundamentais Sociais. Veja-se o caso dos trabalhadores intermediados por plataformas digitais, que estão numa "zona cinzenta", pois sem dúvida prestam serviços que são retribuídos por pagamentos realizados pelas empresas que exploram as plataformas (e não por clientes pessoas físicas, como os taxistas), ainda que não se reconheça a existência de uma relação empregatícia – e sem entrarmos nesse mérito.

Ademais, há casos em que o contribuinte individual, em seu primeiro mês de atividade laborativa (em toda a sua vida), pode vir a ser vítima de acidente ou doença fatal. Nesse caso, como o vencimento da contribuição se dá somente no dia 15 do mês seguinte ao da prestação do serviço, o recolhimento sempre será feito em data posterior ao óbito, o que, no entanto, não pode ser visto como inscrição fraudulenta ou tentativa de obtenção de benefício indevido. O vencimento da obrigação tributária, sendo posterior ao falecimento, causa essa situação, não podendo ser penalizados os dependentes do segurado diante dessa infeliz coincidência. O mesmo raciocínio pode ser aplicado no mês em que ocorre o óbito, mesmo que não tenha havido recolhimentos anteriores.

Note-se que a obrigação tributária subsiste, mesmo após o óbito do segurado, em relação ao período em que houve prestação de serviço, ante a ocorrência de recebimento de valores que integram o salário de contribuição.

Longe de se defender que tal situação configure tentativa de fraude ao sistema, está-se diante da conjugação de diversos princípios e regras do Direito Previdenciário:

- a compulsoriedade da filiação previdenciária impõe que esse segurado seja assim considerado desde o primeiro dia de atividade laborativa, independentemente de ter havido contribuição (art. 20 do Decreto n. 3.048/1999);
- a contribuição do segurado obrigatório é um tributo (Súmula Vinculante n. 8 do STF), e assim permanece devida, como obrigação personalíssima do segurado, sujeita a juros e multa de mora, exigível mediante procedimento fiscal e ação de execução fiscal, tudo na forma da Lei n. 8.212/1991;
- a inércia do contribuinte individual quanto ao procedimento de inscrição junto à Previdência Social e ao pagamento da contribuição não constitui ilícito, mas mero inadimplemento de obrigações, devendo presumir-se a boa-fé, tanto do segurado quanto dos dependentes deste, se o infortúnio do óbito acontecer antes que seja feita a inscrição e estejam pagas as contribuições.

Como exemplo do entendimento *supra*, colhe-se da jurisprudência:

> *De acordo com o depoimento das testemunhas (fl. 69/71) o falecido trabalhou como ajudante de caminhão ("chapa") até a data do óbito, fato gerador da contribuição previdenciária. (...) A responsabilidade pelos recolhimentos das contribuições previdenciárias devidas é da pessoa jurídica contratante cuja omissão não pode penalizar o segurado e seus dependentes, cabendo ao INSS a fiscalização e cobrança dos valores não recolhidos (...) não podendo o segurado e sua família, hipossuficientes, ficarem prejudicados por essa desídia. Ainda que o falecido fosse considerado contribuinte individual, não deixaria de ser segurado obrigatório, eis que a qualidade de segurado decorre do trabalho remunerado por ele exercido (...) Considerando que o benefício previdenciário de pensão por morte independe de carência, é devido aos dependentes do segurado falecido, ainda que não tenha havido recolhimentos (...). (TRF-1, AC 0000285-86.2005.4.01.3804, 2ª Turma, Rel. Des. Fed. Francisco de Assis Betti, Publ. 8.10.2013).*

Assim, deve o julgador possuir extrema sensibilidade e ponderação para analisar cada caso concreto, evitando-se a cantilena – muitas vezes entoada pelo órgão previdenciário – de que todos são estelionatários, buscando fraudar a Previdência e obter benefícios indevidos.

Em decisão do STJ, ficou assentado o direito à pensão por morte da viúva de trabalhador falecido cujos documentos foram extraviados em incêndio, tendo sido ajuizada ação trabalhista para o reconhecimento da relação de emprego, na qual houve a celebração de acordo, homologado pela Vara do Trabalho.

O INSS se recusava a reconhecer a condição de segurado do "de cujus" – em que pese ter havido, na ação trabalhista, a execução das contribuições previdenciárias relativas ao vínculo, tendo o acórdão declarado o direito da viúva à proteção previdenciária, mesmo sem o famigerado "início de prova material":

> *PREVIDENCIÁRIO. AGRAVO REGIMENTAL EM AGRAVO DE INSTRUMENTO. PENSÃO POR MORTE. INÍCIO DE PROVA MATERIAL. SENTENÇA TRABALHISTA. INÍCIO DE PROVA MATERIAL CARACTERIZADO. AUSÊNCIA DE IMPUGNAÇÃO A FUNDAMENTO DO ACÓRDÃO.*
> *1. A jurisprudência desta Corte é pacífica no sentido de que a sentença trabalhista pode ser considerada como início de prova material, mostrando-se hábil para a determinação do tempo de serviço previsto no artigo 55, § 3º, da Lei n. 8.213/91, desde que fundada em elementos que evidenciem o exercício da atividade laborativa na função e períodos alegados na ação previdenciária, ainda que o INSS não tenha integrado a respectiva lide.*
> *2. A ausência de impugnação a fundamento suficiente à manutenção do acórdão recorrido enseja a incidência da Súmula 283/STF.*
> *3. Agravo regimental a que se nega provimento.*
> *(STJ, AgR no Ag 1301411/GO, Rel. Des. ADILSON VIEIRA MACABU (convocado), 5ª Turma, DJe 12.5.2011).*

Em que pese a nossa concordância com o mérito da decisão, favorável ao reconhecimento do direito, é digno de registro o problema decorrente da confusão conceitual estabelecida entre "sentença trabalhista" e "início de prova material". Prova é um instrumento de convencimento do órgão julgador para que este realize a prestação jurisdicional.

A sentença é a própria prestação jurisdicional, ato de jurisdição, constituindo-se em exercício do poder soberano do Estado, sendo absolutamente irrelevante qual tenha sido o "ramo" do Judiciário (Federal, Estadual ou Trabalhista) que a tenha proferido.

Logo, é de se afirmar, categoricamente, que o segurado que foi contemplado por uma sentença proferida pelo poder estatal que o reconhece como empregado leva à consequência – objetiva, não mais sujeita a reanálise, salvo em caso de ação rescisória daquele julgado – de que tal indivíduo é segurado obrigatório da Previdência Social, na forma do art. 12, inciso I, da Lei n. 8.212/1991, por decorrência lógica, já que, no ordenamento jurídico interno, todo empregado, urbano, rural ou doméstico; trabalhador avulso, segurado especial e contribuinte individual é segurado obrigatório do RGPS, merecendo o mesmo tratamento, pelo princípio da universalidade da cobertura e do atendimento (CF, art. 194, parágrafo único, inc. I).

17.2 INSCRIÇÃO DE DEPENDENTES

De acordo com o art. 17, § 1º, da Lei de Benefícios e o art. 22 do Decreto n. 3.048/1999, com a redação conferida pelo Decreto n. 4.079/2002, a inscrição do dependente do segurado será promovida quando do requerimento do benefício a que tiver direito, mediante a apresentação dos seguintes documentos:

- para os dependentes preferenciais:
  a) cônjuge e filhos: certidões de casamento e de nascimento;
  b) companheira ou companheiro: documento de identidade e certidão de casamento com averbação da separação judicial ou divórcio, quando um dos companheiros ou ambos já tiverem sido casados, ou de óbito, se for o caso; e
  c) equiparado a filho: certidão judicial de tutela e, em se tratando de enteado, certidão de casamento do segurado e de nascimento do dependente;
- para os pais: certidão de nascimento do segurado e documentos de identidade dos mesmos; e
- para os irmãos: certidão de nascimento.

De forma – a nosso ver – ilegal, a normativa interna do INSS exige que o dependente na condição de enteado ou tutelado apresente, para efeitos de deferimento da pensão por morte, "a declaração escrita do segurado falecido ou qualquer outro meio de prova que possibilite a conclusão de que havia a intenção de equiparação" (art. 7º-A, II, da Portaria DIRBEN/INSS n. 991/2022, red. conferida pela Portaria INSS/DIRBEN n. 1.176/2023). A nosso ver, não há previsão legal de tal exigência, bastando a comprovação de que o requerente era membro da família na condição de enteado ou tutelado da pessoa falecida. Foi revogada pelo aludido Decreto a regra pela qual a inscrição do cônjuge e filho do segurado era feita na empresa, caso fosse empregado, no sindicato ou órgão gestor da mão de obra, caso fosse trabalhador avulso, e no INSS, nos demais casos, assim como a que incumbia ao segurado a inscrição do dependente, no ato da inscrição do próprio segurado.

O dependente com idade entre 16 e 18 anos deverá apresentar declaração de não emancipação e, se maior de 18 anos, de não ter incorrido em nenhuma das seguintes situações:

a) casamento;
b) início do exercício de emprego público efetivo;
c) constituição de estabelecimento civil ou comercial ou existência de relação de emprego, desde que, em função disso, tenha economia própria.

Para inscrição dos pais ou irmãos, estes deverão comprovar a inexistência de dependentes preferenciais, mediante declaração firmada perante o INSS, na forma do art. 24 do Decreto n. 3.048/1999.

Segundo orientação do STJ, é preciso que os pais comprovem a dependência econômica em relação ao filho, sendo certo que essa não é presumida, isto é, deverá ser corroborada, seja na via administrativa, seja perante o Poder Judiciário. E o fato de o pai ter sido nomeado "curador provisório" de seu falecido filho, no processo de interdição deste, não tem o condão de, cumpridas todas as condições impostas pelas regras de direito previdenciário atinentes à espécie, afastar-lhe o direito à pensão por morte pleiteada (REsp 1.082.631/RS, 5ª Turma, Rel. Min. Laurita Vaz, DJe 26.03.2013).

A prova da dependência econômica, a partir da nova redação do § 3º do artigo 22 do Regulamento, conferida pelo Decreto n. 10.410/2020, é feita mediante a apresentação de, ao menos, dois documentos que comprovem a dependência, ou, então, mediante justificação administrativa ou judicial. Antes, a exigência era de, no mínimo, três documentos.

Para comprovação de dependência e união afetiva, podem ser apresentados os documentos previstos no § 3º do art. 22 do Decreto n. 3.048/1999, quais sejam:

- certidão de nascimento de filho havido em comum;
- certidão de casamento religioso;
- declaração do imposto de renda do segurado, em que conste o interessado como seu dependente;

- disposições testamentárias;
- declaração especial feita perante tabelião;
- prova de mesmo domicílio;
- prova de encargos domésticos evidentes e existência de sociedade ou comunhão nos atos da vida civil;
- procuração ou fiança de reciprocamente outorgada;
- conta bancária conjunta;
- registro em associação de qualquer natureza, em que conste o interessado como dependente do segurado;
- anotação constante de ficha ou livro de registro de empregados;
- apólice de seguro da qual conste o segurado como instituidor do seguro e a pessoa interessada como sua beneficiária;
- ficha de tratamento em instituição de assistência médica, da qual conste o segurado como responsável;
- escritura de compra e venda de imóvel pelo segurado em nome de dependente;
- declaração de não emancipação do dependente com idade entre 16 e 18 anos; ou
- quaisquer outros que possam levar à convicção do fato a comprovar.

De forma – a nosso ver – ilegal, as normativas internas do INSS exigem, para o deferimento de pensão por morte a dependente na condição enteado ou tutelado, a "a declaração escrita do segurado falecido ou qualquer outro meio de prova que possibilite a conclusão de que havia a intenção de equiparação" (art. 7º-A da Portaria DIRBEN/INSS n. 991/2022, red. Portaria INSS/DIRBEN n. 1.176, de 14.11.2023). Não havendo previsão legal, a declaração em comento é inexigível como condição *sine qua non*, podendo ser suprida por outros meios de prova. O fato superveniente que importe exclusão ou inclusão de dependente deve ser comunicado ao INSS, com as provas respectivas.

– EC n. 103/2019 e o dependente inválido ou com deficiência

Duas regras importantes e positivas foram promulgadas na EC n. 103 quanto aos dependentes inválidos ou com algum grau de deficiência. A primeira delas envolve o direito à integralidade da pensão por morte deixada quando um dos dependentes esteja em tal condição: assim, na hipótese de haver dependente inválido ou com deficiência intelectual, mental ou grave, o valor da pensão por morte será equivalente a 100% do valor da aposentadoria recebida pelo segurado ou daquela a que teria direito se fosse aposentado por incapacidade permanente na data do óbito, até o limite máximo do salário de benefício do RGPS.

Acertadamente, estabeleceu também a EC n. 103/2019 no seu artigo 23, § 5º, que, para o dependente inválido ou com deficiência intelectual, mental ou grave, sua condição pode ser reconhecida previamente ao óbito do segurado, por meio de avaliação biopsicossocial realizada por equipe multiprofissional e interdisciplinar, observada revisão periódica, na forma da legislação.

No entanto, mesmo sem a disciplina por posterior *lei em sentido estrito*, o Decreto n. 10.410/2020 disciplinou o assunto, inserindo no art. 22 do RPS o § 9º, cuja redação é a seguinte: "No caso de dependente inválido ou com deficiência intelectual, mental ou grave, para fins de inscrição e concessão de benefício, a invalidez será comprovada por meio de exame médico-pericial a cargo da Perícia Médica Federal e a deficiência, por meio de avaliação biopsicossocial realizada por equipe multiprofissional e interdisciplinar".

A nova redação do art. 106, *caput*, do Regulamento, quanto ao cálculo da pensão, é a seguinte:

Art. 106. A pensão por morte consiste em renda mensal equivalente a uma cota familiar de cinquenta por cento do valor da aposentadoria recebida pelo segurado ou daquela a que teria direito se fosse aposentado por incapacidade permanente na data do óbito, acrescida de cotas de dez pontos percentuais por dependente, até o máximo de cem por cento.

O art. 106, § 3º, do Regulamento, com a alteração trazida pelo Decreto n. 10.410, passa a dispor, no mesmo sentido da regra constante na EC n. 103, que:

O valor da pensão será recalculado na forma do disposto no *caput*, quando:
I – a invalidez ou deficiência intelectual, mental ou grave sobrevier à data do óbito, enquanto estiver mantida a qualidade de dependente; ou
II – deixar de haver dependente inválido ou com deficiência intelectual, mental ou grave.

De conformidade, ainda, com o § 2º do art. 17 do RPS, com a redação conferida pelo Decreto n. 10.410/2020, "a data de início da invalidez ou da deficiência intelectual, mental ou grave será estabelecida pela Perícia Médica Federal".

Outra regra incluída no Regulamento pelo referido decreto foi a ora constante do § 3º do art. 105, segundo a qual: "O exercício de atividade remunerada, inclusive na condição de MEI, não impede a concessão ou a manutenção da parte individual da pensão do dependente com deficiência intelectual, mental ou grave". Esta norma, sem dúvida, tem amparo legal, pois a partir da promulgação da Convenção da ONU sobre Direitos das Pessoas com Deficiência[2] (CDPD), norma de estatura constitucional, não é mais possível manter qualquer restrição ao direito ao trabalho da pessoa com deficiência.

A Lei n. 12.470/2011 já havia excluído a restrição de acumulação da pensão do dependente segurado com qualquer espécie de remuneração. A Lei Brasileira de Inclusão da Pessoa com Deficiência (Estatuto da Pessoa com Deficiência), Lei n. 13.146/2015 (LBI), repete a mesma previsão da CDPD quanto à natureza das deficiências no art. 2º e remete à avaliação da deficiência, quando necessária, de conteúdo biopsicossocial baseada nos mesmos pressupostos da Classificação Internacional de Funcionalidade (CIF). Já a Lei n. 13.183/2015, publicada posteriormente à LBI, acrescentou o § 6º ao art. 77 da Lei n. 8.213/1991 garantindo o direito à pensão integral pelo dependente com deficiência intelectual ou mental ou com deficiência grave, mesmo que ele tenha um trabalho remunerado, ou seja, microempreendedor.[3]

---

[2] A Convenção Internacional sobre os Direitos das Pessoas com Deficiência foi aprovada pela Assembleia Geral das Nações Unidas em 13.12.2006 e promulgada pelo Brasil em 25.8.2009, pelo Decreto n. 6.949.

[3] GUGEL, Maria Aparecida. Pensão do dependente com deficiência intelectual, mental ou grave: direito de trabalhar e acumular a pensão com a remuneração. Disponível em: <http://www.ampid.org.br/v1/wp-content/uploads/2014/09/PENS%C3%83O_dependenteComDefici%C3%AAnica_Trabalho_2016.pdf>. Acesso em: 16 jul. 2021.

PARTE III
Custeio da Seguridade Social

Sistema de Financiamento da Seguridade Social

O financiamento da Seguridade Social é previsto no art. 195 da Constituição Federal de 1988 como um dever imposto a toda a sociedade, de forma direta e indireta, mediante recursos provenientes dos orçamentos da União, dos Estados, do Distrito Federal, dos Municípios e de contribuições sociais.

Segundo ensina *Russomano*, ao comentar a CLPS/1984, "o problema do custeio, em Previdência Social, é um dos pontos de relevância prática, pois está ligado, intimamente, à organização administrativa e à amplitude do funcionamento do sistema". E, com bastante atualidade, assevera:

> A circunstância de o custeio de um sistema de Previdência Social (como se verifica no Brasil) depender, fundamentalmente, da contribuição de trabalhadores e empresários resulta de uma contingência, isto é, da impossibilidade prática de instalação, no País, de um regime mais amplo, de autêntica Seguridade Social, em que a responsabilidade pecuniária seja atribuída ao Estado.[1]

O modelo de financiamento da Seguridade Social previsto na Carta Magna se baseia no sistema contributivo, tendo como principais fontes de custeio a contribuição previdenciária paga pelo empregador, empresa ou entidade a ela equiparada, incidente sobre a folha de salários e demais rendimentos do trabalho pagos ou creditados, a qualquer título, à pessoa física que lhe preste serviço, mesmo sem vínculo empregatício, e a contribuição do trabalhador assalariado, com vínculo formal de trabalho, em que pese ter o Poder Público participação no orçamento da Seguridade, mediante a entrega de recursos provenientes do orçamento da União e dos demais entes da Federação, para a cobertura de eventuais insuficiências do modelo, bem como para fazer frente a despesas com seus próprios encargos previdenciários, recursos humanos e materiais empregados. No entanto, "o método de custeio em referência depende de uma premissa básica: a existência de um mercado de trabalho economicamente ativo"[2], o que não se tem verificado por diversas questões, desde as demográficas até as modificações no próprio campo das relações de trabalho.

O orçamento da Seguridade Social tem receita própria, que não se confunde com a receita tributária federal, aquela destinada exclusivamente para as prestações da Seguridade

---

[1] RUSSOMANO, Mozart Victor. *Comentários à Consolidação das Leis da Previdência Social*. 2. ed., São Paulo: Revista dos Tribunais, 1981.

[2] NETO, Odasir Piacini. *A falência do custeio da previdência*: à luz da sociedade de risco na indústria 4.0 e da nova demografia brasileira. São Paulo: Dialética, 2022, p. 93.

nas áreas da Saúde Pública, Previdência Social e Assistência Social, obedecida a Lei de Diretrizes Orçamentárias – LDO. Para tanto, este deve ser objeto de deliberação conjunta entre os órgãos competentes – Conselho Nacional de Previdência Social, Conselho Nacional de Assistência Social e Conselho Nacional de Saúde –, e a gestão dos recursos é descentralizada por área de atuação.

Além das fontes de custeio previstas no texto constitucional, este permite a criação de outras fontes, mediante lei complementar – consoante o art. 154, I, da Carta Magna –, seja para financiar novos benefícios e serviços, seja para manter os já existentes, sendo certo que é vedado ao legislador criar ou estender benefício ou serviço, ou aumentar seu valor, sem que, ao menos simultaneamente, institua fonte de custeio capaz de atender às despesas daí decorrentes.

Com a Emenda Constitucional n. 20, foram incluídos no art. 195 da CF os §§ 9º, 10 e 11, e alterado o § 8º. E a Emenda Constitucional n. 103/2019 alterou, novamente, os §§ 9º e 11 do mesmo artigo. As mudanças autorizam o legislador:

a) a estabelecer alíquotas diferenciadas em razão da atividade econômica, da utilização intensiva de mão de obra, do porte da empresa ou da condição estrutural do mercado de trabalho, sendo também autorizada a adoção de bases de cálculo diferenciadas apenas no caso das alíneas "b" e "c" do inciso I do *caput*;

b) a evitar a "sangria" de recursos da Seguridade Social para o Sistema Único de Saúde – SUS e entidades beneficentes, em detrimento do pagamento de benefícios previdenciários;

c) a conceder moratória e o parcelamento em prazo máximo de 60 meses, e, na forma de lei complementar, por outro lado, veda a remissão e a anistia das contribuições sociais de que tratam a alínea "a" do inciso I e o inciso II do *caput*.

A alteração do § 8º visa adequar a legislação ordinária à norma constitucional, já que esta, até então, dizia ser o garimpeiro espécie de segurado especial, quando a lei, de há muito, o tratava como segurado equiparado a autônomo, hoje contribuinte individual.

No que se refere às contribuições, a Emenda n. 20 alterou as incidências previstas no *caput* do art. 195 e seus incisos, para permitir a exação sobre todo e qualquer tipo de pagamento remuneratório a pessoa física, com vínculo de emprego ou não – a redação anterior se referia apenas à incidência sobre a "folha de salários" e sobre a "receita ou o faturamento".

De acordo com o art. 11 da Lei n. 8.212/1991, o orçamento da Seguridade Social, no âmbito federal, é composto de receitas provenientes:

- da União;
- das contribuições sociais; e
- de outras fontes.

A Emenda Constitucional n. 42, de 19.12.2003, denominada Reforma Tributária, promoveu novas alterações na redação do art. 195. Foi introduzido o inciso IV para permitir a instituição de contribuição social do importador de bens ou serviços do exterior, ou de quem a lei a ele equiparar.

O orçamento da Seguridade Social é autônomo, não se confundindo com o orçamento da União, conforme previsto no item III do § 5º do art. 165 da Constituição. Assim, as contribuições arrecadadas com fundamento no art. 195 da Constituição ingressam diretamente nesse orçamento, não constituindo receita do Tesouro Nacional. Nesse sentido escreveu *Hugo de Brito Machado*:

As contribuições, com as quais os empregadores, os trabalhadores e os administradores de concurso de prognósticos financiam diretamente a seguridade social, não podem constituir receita do Tesouro Nacional precisamente porque devem ingressar diretamente no orçamento da seguridade social. Por isto mesmo, lei que institua contribuição social, com fundamento no art. 195, I, da Constituição Federal, indicando como sujeito ativo pessoa diversa da que administra a seguridade social, viola a Constituição.[3]

A Emenda Constitucional n. 20/1998 introduziu o inciso XI no art. 167 do texto constitucional, vedando a utilização dos recursos provenientes das contribuições sociais de que trata o art. 195, I, *a*, e II, para a realização de despesas distintas do pagamento de benefícios do Regime Geral de Previdência Social de que trata o art. 201 da Constituição. Essa medida é muito salutar para a Previdência Social, pois impede que o Poder Executivo destine recursos das contribuições sociais, incidentes sobre a folha de salários e sobre o rendimento do trabalho, para cobrir outras despesas que não os benefícios previdenciários.

Por tal razão, a chamada Desvinculação de Receita da União – DRU (que era então prevista na antiga redação do art. 76 do ADCT, conferida à época pela EC n. 93/2016) não poderia incidir sobre tais contribuições. A EC n. 103/2019, em seu art. 2º, acabou por revogar a desvinculação das receitas das contribuições sociais destinadas ao custeio da seguridade social prevista no art. 76 do ADCT.

Na sequência a EC n. 126, de 2022, deu nova redação ao *caput* do art. 76 do ADCT para estabelecer a DRU até 31.12.2024, de 30% da arrecadação da União relativa às contribuições sociais, sem prejuízo do pagamento das despesas do Regime Geral de Previdência Social, às contribuições de intervenção no domínio econômico e às taxas, já instituídas ou que vierem a ser criadas até a referida data. E, por último, a EC n. 135, de 2024, prorrogou a DRU até 31.12.2032.

Por outro lado, a União pode socorrer-se do "caixa" da Seguridade Social para pagar seus "encargos previdenciários". A União, para fazer frente a esses encargos, é autorizada a utilizar-se dos recursos provenientes das contribuições incidentes sobre o faturamento e o lucro (art. 17 da Lei n. 8.212/1991, com a redação da Lei n. 9.711/1998).

Também podem ser utilizados os recursos da Seguridade Social para custear despesas com pessoal e administração geral do INSS, salvo os provenientes da arrecadação da contribuição sobre concursos de prognósticos, cuja destinação é somente para custeio dos benefícios e serviços prestados pela Seguridade Social (art. 18 da Lei n. 8.212/1991).

Destaca-se ainda a Emenda Constitucional (EC n. 132/2023), promulgada em 20.12.2023, que promoveu a Reforma Tributária, mas que ainda depende da regulamentação de várias partes do texto que deve se dar por meio de leis complementares.

A EC n. 132/2023 criou um Imposto sobre Valor Adicionado (IVA) no formato dual, composto por dois tributos: a Contribuição sobre Bens e Serviços (CBS) e o Imposto sobre Bens e Serviços (IBS). O primeiro substitui três tributos federais: o PIS, a COFINS e o IPI, e o segundo, substitui o ICMS e o ISS.

O texto da Reforma traz duas transições: uma para o consumidor, com duração prevista de sete anos (entre 2026 e 2032). Neste caso, a partir de 2033, os atuais impostos já serão completamente substituídos pela CBS e o IBS.

A outra envolve a redistribuição de receitas entre Estados e municípios a partir da migração da cobrança na origem para o destino. Esta fase, invisível para o contribuinte, terá duração de 50 anos e é acompanhada por gestores estaduais e municipais, em razão de sua relevância no planejamento fiscal dos entes.

---

[3] MACHADO, Hugo de Brito. *Curso de direito tributário*. 10. ed., São Paulo: Malheiros, 1995, p. 316.

Durante a transição e até que ocorra a devida regulamentação, continuarão válidas as regras atuais, cujos comentários apresentamos nesta obra.

18.1 SISTEMA CONTRIBUTIVO

Na relação de custeio da Seguridade Social, aplica-se o princípio de que todos que compõem a sociedade devem colaborar para a cobertura dos riscos provenientes da perda ou redução da capacidade de trabalho ou dos meios de subsistência. Por ser uma relação jurídica estatutária, é compulsória àqueles que a lei impõe, não sendo facultado ao contribuinte optar por não cumprir a obrigação de prestar a sua contribuição social.

Genericamente, há duas formas de obter-se o custeio, como já visto na Parte I desta obra: uma, pela receita tributária, unicamente, o sistema não contributivo; e outra, pela qual a fonte principal de custeio são contribuições específicas, tributos vinculados para este fim, sistema então chamado de contributivo.

No sistema não contributivo, os valores despendidos com o custeio são retirados diretamente do orçamento do Estado, que obtém recursos por meio da arrecadação de tributos, entre outras fontes, sem que haja cobrança de contribuições sociais.

No sistema contributivo, por seu turno, podemos estar diante de duas espécies: uma, em que as contribuições individuais servirão somente para o pagamento de benefícios aos próprios segurados, sendo colocadas numa reserva ou conta individualizada (sistema adotado pelos planos de previdência complementar, privada), a que chamamos de sistema de capitalização; noutra, as contribuições são todas reunidas num fundo único, que serve para o pagamento das prestações no mesmo período, a quem delas necessite – é o sistema de repartição, hoje vigente em termos de Seguridade no Brasil.

A adoção da fórmula de repartição simples tinha por base o chamado pacto intergeracional, em que a geração mais antiga, ao chegar à aposentadoria, teria seus benefícios financiados pela geração subsequente, em atividade, e que seria maior, em razão da "pirâmide demográfica", como era vista a relação entre pessoas de maior e menor idades. Todavia, havemos de concordar que

> O sistema, estruturado na realidade econômica da sociedade industrial, pressupõe uma relação equilibrada entre o número de pessoas que trabalham e geram renda (trabalhadores e empresas) e de beneficiários aptos a receber aposentadorias, pensões e outros benefícios. Com o número menor de nascimentos, a arrecadação de contribuições sociais cai. Ao mesmo passo, os inativos passaram a viver mais, o que aumento o número e o tempo em que os benefícios permanecem ativos. Há uma crise estrutural severa do modelo, que apenas irá se agravar nos próximos anos.[4]

Com isso, impõe-se com urgência analisar soluções para o problema do financiamento do sistema, em vez de simplesmente modificar o ordenamento para reduzir a proteção social, como tem sido praticado nas sucessivas reformas previdenciárias, sem nenhuma preocupação em reestruturar a forma de participação da sociedade no custeio da Seguridade Social. Em suma, "não se mostra mais sustentável um sistema que possui como pilar principal de custeio as contribuições dos ativos para pagar as prestações dos inativos".[5]

---

[4] LEAL, Bruno Bianco; PORTELA, Felipe Mêmolo. *Previdência em crise*: diagnóstico e análise econômica do direito previdenciário. São Paulo: Thomson Reuters Brasil, 2018, p. 100.

[5] NETO, Odasir Piacini. *A falência do custeio da previdência*: à luz da sociedade de risco na indústria 4.0 e da nova demografia brasileira. São Paulo: Dialética, 2022, p. 99.

18.2 PARTICIPAÇÃO DA UNIÃO

A Constituição Federal de 1988 estabelece no art. 195, *caput*, que a Seguridade Social será financiada por toda a sociedade, de forma direta e indireta, nos termos da lei, mediante recursos provenientes dos orçamentos da União, dos Estados, do Distrito Federal e dos Municípios, e das contribuições sociais.

O art. 165, § 5º, III, da Constituição fixa, ainda, que a lei orçamentária anual compreenderá "o orçamento da seguridade social, abrangendo todas as entidades e órgãos a ela vinculados, da administração direta ou indireta, bem como os fundos e fundações instituídos e mantidos pelo Poder Público".

Em verdade, a União não tem, efetivamente, uma contribuição social. Ela participa atribuindo dotações do seu orçamento à Seguridade Social, fixados obrigatoriamente na Lei Orçamentária anual, além de ser responsável pela cobertura de eventuais insuficiências financeiras da Seguridade, em razão do pagamento de benefícios de prestação continuada pela previdência social (art. 16 da Lei n. 8.212/1991). Não há um percentual mínimo definido para ser destinado à Seguridade Social, tal como ocorre com a educação (art. 212 da Constituição). É, como sempre foi, uma parcela aleatória.

Segundo *Celso Ribeiro Bastos*, "orçamento é uma peça contábil que faz, de uma parte, uma previsão das despesas a serem realizadas pelo Estado, e, de outra parte, o autoriza a efetuar a cobrança, sobretudo de impostos e também de outras fontes de recursos".[6]

Entende *Wladimir Novaes Martinez* que

> ficar o Estado (art. 16, parágrafo único, do PCSS), particularmente a União, na retaguarda das obrigações assumidas pela Previdência Social (numa palavra, quedar-se a sociedade como última garantia dos recursos financeiros necessários às prestações) é uma tomada de posição de caráter filosófico. A União garante a Previdência Social. Com isso, tem-na estatizada e sob sua administração, ferindo a ideia de o seguro social ser um empreendimento dos trabalhadores. Na verdade, se os recursos canalizados pelas contribuições não forem suficientes, a sociedade é chamada, através do orçamento da União, a contribuir.[7]

18.3 CONTRIBUIÇÕES SOCIAIS

A Constituição Federal de 1988 tratou das contribuições sociais no capítulo reservado ao Sistema Tributário Nacional, estabelecendo no art. 149 normas gerais sobre a instituição, e, no art. 195, normas especiais em relação às contribuições para a Seguridade Social.

Sobre a competência legislativa para instituição de contribuições previdenciárias temos a ressaltar que não é privativa da União, mas se estende aos Estados, ao Distrito Federal e aos Municípios, para que mantenham regimes de previdência e assistência social próprios para seus servidores. Nesse sentido instrui *Roque Antonio Carrazza*:

> Os Estados, os Municípios e o Distrito Federal, enquanto organizam o sistema de previdência e assistência social de seus servidores, estão autorizados a instituir e a cobrar-lhes contribuições previdenciárias. Sob a Constituição de 1967/69, tal cobrança já se perfazia, mas enxameavam as divergências acerca de sua constitucionalidade. Agora inexistem dúvidas de que não só a União como as demais pessoas políticas, para o custeio da previdência e assistência social de seus servidores, têm competência para criar suas próprias contribuições previdenciárias, obedecendo, *mutatis mutandis*, às diretrizes acima apontadas.[8]

---

[6] BASTOS, Celso Ribeiro. *Curso de direito constitucional*. 19. ed. atual., São Paulo: Saraiva, 1998.
[7] MARTINEZ, Wladimir Novaes. *CD – Comentários à Lei Básica da Previdência Social*, cit.
[8] CARRAZZA, Roque Antonio. *Curso de direito constitucional tributário*. 9. ed., São Paulo: Malheiros, 1997, p. 351.

18.3.1 Conceituação

Ao conceituarmos a contribuição social, estaremos, de certa forma, definindo as características dessa imposição estatal e sua natureza jurídica, pontos que geram controvérsia entre os doutrinadores.

As contribuições sociais podem ser conceituadas como "valores com que, a título de obrigações sociais, contribuem os filiados, e os que o Estado estabelece para manutenção e financiamento dos benefícios que outorga".[9]

Segundo *Ruprecht*, "a contribuição pode ser definida como uma obrigação legal que se impõe a entidades e indivíduos para que contribuam para as despesas dos regimes de seguridade social, com base em determinados critérios legais".[10]

O conceito de contribuição social dado por *Hugo de Brito Machado* é de: "espécie de tributo com finalidade constitucionalmente definida, a saber, intervenção no domínio econômico, interesse de categorias profissionais ou econômicas e seguridade social".[11]

A contribuição para a Seguridade Social é uma espécie de contribuição social, cuja receita tem por finalidade o financiamento das ações nas áreas da saúde, previdência e assistência social.

Constituem contribuições sociais, as quais são exigidas com base nas leis que as instituíram, e que estão agrupadas no Regulamento da Previdência Social (parágrafo único do art. 195 do Decreto n. 3.048/1999):

- as das empresas, incidentes sobre a remuneração paga, devida ou creditada aos segurados e demais pessoas físicas a seu serviço, mesmo sem vínculo empregatício;
- as dos empregadores domésticos, incidentes sobre o salário de contribuição dos empregados domésticos a seu serviço;
- as dos trabalhadores, incidentes sobre seu salário de contribuição;
- as das associações desportivas que mantêm equipe de futebol profissional, incidentes sobre a receita bruta decorrentes dos espetáculos desportivos de que participem em todo o território nacional em qualquer modalidade desportiva, inclusive jogos internacionais, e de qualquer forma de patrocínio, licenciamento de uso de marcas e símbolos, publicidade, propaganda e transmissão de espetáculos desportivos;
- as incidentes sobre a receita bruta proveniente da comercialização da produção rural;
- as das empresas, incidentes sobre a receita ou o faturamento e o lucro;
- as incidentes sobre a receita de concursos de prognósticos.

Além das contribuições referidas, deve-se acrescentar a do importador de bens ou serviços do exterior, ou de quem a lei a ele equiparar, acrescentada pela Emenda Constitucional n. 42/2003 e regulada pela Lei n. 10.865/2004 e suas modificações.

18.3.2 Natureza jurídica

A identificação da natureza jurídica das contribuições para a Seguridade Social possui uma importância significativa, pois ajuda a compreender as regras que lhes são aplicáveis.

---

[9] *Apud* GALA VALLEJO. *La cotización de los seguros sociales*, Madri, 1956, p. 33.
[10] *Direito da seguridade social*. São Paulo: LTr, 1996, p. 96.
[11] *Op. cit.*, p. 313.

Várias teorias se formaram para definir a natureza jurídica das contribuições sociais, porém, as mais significativas são: a teoria fiscal, a teoria parafiscal e a teoria da exação *sui generis*.

De acordo com a teoria fiscal, a contribuição para a Seguridade Social tem natureza tributária, pois se trata de uma prestação pecuniária compulsória instituída por lei e cobrada pelo ente público arrecadador com a finalidade de custear as ações nas áreas da saúde, previdência e assistência social. O fato de não se enquadrar como imposto, taxa ou contribuição de melhoria, espécies de tributos relacionados no art. 145 da Constituição Federal e no art. 5º do Código Tributário Nacional, não afasta sua natureza tributária, isto porque a instituição das contribuições sociais está prevista no art. 149 da Constituição, que compõe o capítulo "Do Sistema Tributário Nacional".

Para os defensores da teoria parafiscal, há que se diferenciar os tributos fiscais e parafiscais. A contribuição para a Seguridade Social teria a natureza da parafiscalidade, pois busca suprir os encargos do Estado, que não lhe sejam próprios, no caso, o pagamento de benefícios previdenciários. As receitas vão para um orçamento próprio, distinto do orçamento da União, e o destino dos recursos é o atendimento das necessidades econômicas e sociais de determinados grupos ou categorias profissionais e econômicas. Embora a exigência da contribuição seja compulsória, o regime especial de contabilização financeira afasta a natureza fiscal.

Pela teoria da exação *sui generis* a contribuição à Seguridade Social nada tem a ver com o Direito Tributário, não possuindo natureza fiscal nem parafiscal. Trata-se de uma imposição estatal atípica, prevista na Constituição e na legislação ordinária, cuja natureza jurídica é especial.

Roque Antonio Carrazza defende a natureza tributária das contribuições à Seguridade Social: "(...) as 'contribuições' são, sem sombra de dúvida, tributos, uma vez que devem necessariamente obedecer ao regime jurídico tributário, isto é, aos princípios que informam a tributação, no Brasil. Estamos, portanto, que estas 'contribuições sociais' são verdadeiros tributos (embora qualificados pela finalidade que devem alcançar)".[12]

Em nível jurisprudencial, destacamos a orientação firmada pelo Supremo Tribunal Federal no sentido de que a contribuição de seguridade social não só se qualifica como modalidade autônoma de tributo como também representa espécie tributária essencialmente vinculada ao financiamento da Seguridade Social, em função de específica destinação constitucional (ADC 8-MC, Rel. Min. Celso de Mello, julgamento em 13.10.1999, *DJ* de 4.4.2003). O entendimento foi repisado quando da edição da Súmula Vinculante n. 8.

Filiamo-nos à orientação que predominou na doutrina e na jurisprudência após a Constituição de 1988, de que as contribuições destinadas ao financiamento da Seguridade Social possuem natureza jurídica tributária, pois estão sujeitas ao regime constitucional peculiar aos tributos, ressalvada apenas a previsão do § 6º do art. 195 da Carta Magna vigente.

18.3.3   Características gerais

As características gerais das contribuições sociais estão previstas no art. 149 da Constituição Federal, que estabelece para a instituição a observância das normas gerais do Direito Tributário e aos princípios da legalidade e da anterioridade, ressalvando, quanto a este último, a regra especial pertinente às contribuições para a Seguridade Social, cujo prazo de exigibilidade é de noventa dias após a publicação da lei que institui, modifica ou majora contribuição, de acordo com o previsto no art. 195, § 6º, da Constituição Federal.

---

[12]   CARRAZZA, Roque Antonio. *Curso de direito constitucional...*, cit., p. 345.

As contribuições, enquanto espécie tributária, atendem a princípios de justiça fiscal, como a solidariedade, a capacidade contributiva e a isonomia, e de segurança jurídica, como a legalidade estrita ou absoluta, a irretroatividade e a anterioridade.[13]

Como aludem Paulsen e Velloso, "a peculiaridade básica das contribuições frente aos impostos reside no fato de serem afetadas, pela própria legislação tributária, à realização de finalidades estatais específicas".[14]

As normas gerais em matéria de legislação tributária, a que estão sujeitas as contribuições sociais, estão previstas no Código Tributário Nacional – Lei n. 5.172, de 25.10.1966, a qual foi recepcionada pela Constituição de 1988 com o *status* de lei complementar.

Exsurge, como questão de suma importância, o princípio da legalidade estrita para a cobrança de contribuições ao sistema.

A regulamentação das contribuições para a Seguridade Social prevista no art. 195 da Constituição Federal por meio de lei ordinária (Lei n. 8.212/1991) é admitida, desde que não haja afronta às normas gerais definidas na Constituição e no Código Tributário Nacional.

Nesse sentido, o STF, ao julgar a Repercussão Geral – Tema 204, ratificou sua orientação jurisprudencial de que "a lei complementar para instituição de contribuição social é exigida para aqueles tributos não descritos no altiplano constitucional, conforme disposto no § 4º do artigo 195 da Constituição da República" (RE 598.572, Tribunal Pleno, Rel. Min. Edson Fachin, *DJe* 9.8.2016).

Portanto, para a instituição de outras fontes de custeio, destinadas a garantir a manutenção ou expansão da Seguridade Social, estabeleceu o constituinte de 1988, no § 4º do art. 195, que deve ser obedecido o disposto no art. 154, I, que estabelece: "Art. 154. A União poderá instituir: I – mediante *lei complementar*, impostos não previstos no artigo anterior, desde que sejam não cumulativos e não tenham fato gerador ou base de cálculo próprios dos discriminados nesta Constituição".

Dessa disposição fica evidenciado, no tocante às contribuições sociais, que a remissão trata, exclusivamente, da necessidade de lei complementar para a criação de nova contribuição, uma vez que as outras condições (não cumulatividade, fato gerador e base de cálculo inéditos) são específicas de espécie tributária, o imposto.

Nesse contexto, o STF se manifestou no sentido de que para a criação de nova contribuição social basta a observância do pressuposto formal da lei complementar, o que foi examinado no julgamento da Ação Direta de Inconstitucionalidade n. 1.102-2, sendo Relator o Ministro Maurício Corrêa (*in* DJU, seção I, de 17.11.1995, p. 39.205). E, ao julgar o Recurso Extraordinário n. 138.284-8/CE, relator o Ministro Carlos Velloso, a Suprema Corte rejeitou o argumento de inconstitucionalidade da contribuição incidente sobre o lucro das pessoas jurídicas, por incidir sobre a mesma base de cálculo do imposto de renda.

O princípio da anterioridade previsto no art. 150, III, letra *b,* da Constituição veda a cobrança de tributo no mesmo exercício financeiro em que haja sido publicada a lei que os instituiu ou aumentou. O exercício financeiro começa no dia 1º de janeiro e se prolonga até o dia 31 de dezembro de cada ano.

Como alude Hugo de Brito Machado Segundo, citando voto do Ministro Luís Roberto Barroso sobre o tema, o referido princípio: (...) busca assegurar a previsibilidade da relação

---

[13] PAULSEN, Leandro; CARDOSO, Alessandro Mendes (org.). *Contribuições previdenciárias sobre a remuneração.* Porto Alegre: Livraria do Advogado, 2013.
[14] PAULSEN, Leandro; VELLOSO, Andrei Pitten. *Contribuições no sistema tributário brasileiro.* 4. ed. São Paulo: Saraiva Educação, 2019.

fiscal ao não permitir que o contribuinte seja surpreendido comum aumento súbito do encargo, confirmando o direito inafastável ao planejamento de suas finanças. O prévio conhecimento da carga tributária tem como fundamento a segurança jurídica e como conteúdo a garantia da certeza do direito. (...) Deve ser entendida como majoração do tributo toda alteração ocorrida nos critérios quantitativos do consequente da regra-matriz de incidência. Sob tal perspectiva, um aumento de alíquota ou uma redução de benefício relacionada a base econômica.[15]

Para as contribuições à Seguridade Social, a Constituição estabeleceu a observância de uma norma de anterioridade especial, no art. 195, § 6º, no sentido de que só poderão ser exigidas após decorridos noventa dias da data da publicação da lei que as houver instituído ou modificado.

Assim, não se lhes aplica o disposto no art. 150, III, "b", da Constituição, podendo ser exigidas no mesmo exercício financeiro, desde que respeitada a anterioridade dos noventa dias.

A respeito da contagem, o STF decidiu que, em caso de fixação de nova contribuição ou modificação de alíquota ou base de cálculo por medida provisória, o prazo nonagesimal (CF, art. 195, § 6º) é contado a partir da publicação da medida provisória que houver instituído ou modificado a contribuição (RE 453.490-AgR, Rel. Min. Ricardo Lewandowski, *DJ* de 10.11.2006).

18.4 OUTRAS RECEITAS DA SEGURIDADE SOCIAL

Constituem outras receitas da Seguridade Social, de acordo com o art. 27 da Lei n. 8.212/1991:

- as multas (moratórias e por descumprimento de obrigações acessórias), a atualização monetária e os juros moratórios;
- a remuneração recebida por serviços de arrecadação, fiscalização e cobrança prestados a terceiros – art. 274 do Decreto n. 3.048/1999;
- as receitas provenientes de prestação de outros serviços e de fornecimento ou arrendamento de bens;
- as demais receitas patrimoniais, industriais e financeiras;
- as doações, legados, subvenções e outras receitas eventuais;
- 50% dos valores obtidos e aplicados na forma do parágrafo único do art. 243 da Constituição Federal;
- 40% do resultado dos leilões dos bens apreendidos pela Receita Federal; e
- outras receitas previstas em legislação específica.

Atualmente, o agente operador do Seguro Obrigatório para Proteção de Vítimas de Acidentes de Trânsito (SPVAT) poderá repassar à Seguridade Social percentual, a ser estabelecido em decreto do Presidente da República, de até 40% do valor total do prêmio recolhido e destinado ao Sistema Único de Saúde (SUS), para custeio da assistência médico-hospitalar dos segurados vitimados em acidentes de trânsito (parágrafo único do art. 27 da Lei n. 8.212/1991, redação da LC n. 207/2024). Antes, o percentual era de 50%.

Tais receitas não se constituem em contribuições sociais, pois não se revestem das características de tributos. As multas, exigidas por infração à legislação, são penalidades pecuniárias; os juros também se caracterizam como espécie de penalidade pelo inadimplemento; as demais verbas constantes do dispositivo se revelam como transferências de recursos públicos aos cofres da Seguridade Social.

---

[15] BRIGAGÃO, Gustavo; MATA, Juselder Cordeiro da (org.). *Temas de direito tributário*: em homenagem a Gilberto de Ulhôa Canto. Belo Horizonte: Arraes Editores, 2020. v. 2.

Contribuições ao Sistema

O Sistema de Seguridade Social, no qual se baseia o regime vigente, é puramente contributivo, ou seja, é dependente dos ingressos denominados contribuições sociais. Dedicamos este capítulo à análise das várias espécies de contribuições destinadas ao custeio da Seguridade Social.

19.1 SALÁRIO DE CONTRIBUIÇÃO

Para o estudo das contribuições a cargo dos segurados do Regime Geral de Previdência Social – RGPS, devemos examinar primeiramente as definições que são dadas ao salário de contribuição.

O salário de contribuição é o valor que serve de base de cálculo para a incidência das alíquotas das contribuições previdenciárias dos segurados, à exceção do segurado especial. É um dos elementos de cálculo da contribuição previdenciária; é a medida do valor com a qual, aplicando-se a alíquota de contribuição, obtém-se o montante da contribuição dos segurados empregados, incluindo os domésticos, trabalhadores avulsos, contribuintes individuais e, por extensão, os segurados facultativos.

Trata-se de assunto da maior importância, seja para o sistema de Seguridade Social, ante a sua condição de principal base de cálculo de contribuições arrecadadas, seja para o segurado e seus dependentes, pois para estes a correção da fixação do salário de contribuição importa na correção do cálculo da maior parte das prestações previdenciárias, apuradas na clássica forma do salário de benefício como média aritmética dos salários de contribuição atualizados monetariamente.

Isso significa dizer que, no caso de um trabalhador que, em virtude de sonegação fiscal cometida por seu empregador, o salário de contribuição venha a ser declarado em valor inferior ao verdadeiramente pago, as consequências para o sistema são, em síntese, a perda de arrecadação e o consequente déficit quanto aos pagamentos feitos, com repercussão direta e imediata sobre os contribuintes que, regular e honestamente, cumprem suas obrigações; enquanto que, para o trabalhador, os valores não declarados (sonegados) não serão computados para fins de cálculo de benefícios como aposentadorias, auxílios-doença ou salários-maternidade, ou mesmo a pensão por morte aos dependentes, salvo se vier a comprovar – com todas as dificuldades conhecidas – que realizou atividade, o que se admite somente com "início de prova material contemporânea dos fatos", na cruel definição do art. 55, § 3º, da Lei de Benefícios, matéria que é abordada em capítulo próprio.

No regime adotado pela ordem jurídica pátria, não se pode fixar os olhos somente na finalidade meramente arrecadatória das contribuições, para fazer frente às despesas públicas.

Uma vez realizada a contribuição como determina a lei, sua base de cálculo deve ser considerada para fins de cálculo do benefício, conforme previsão contida no art. 201, § 11, da CF: "Os ganhos habituais do empregado, a qualquer título, serão incorporados ao salário para efeito de contribuição previdenciária e consequente repercussão em benefícios, nos casos e na forma da lei". Esse mesmo dispositivo constitucional visa a evitar que normas infraconstitucionais permitam a exclusão de parcelas remuneratórias da base de incidência das contribuições, o que, entrementes, foi feito quando da promulgação da Lei n. 13.467/2017 – "reforma trabalhista" –, ao alterar significativamente o art. 457 da CLT e seus parágrafos.

Por este motivo, é importante fixar com clareza e precisão não apenas o salário de contribuição, mas a época em que o mesmo foi (ou devia ter sido) pago pelo tomador do serviço do segurado, de modo que este possa receber o valor devido a título de benefício previdenciário.

No Tema n. 1.174 de repetitivos, o colegiado de direito público do STJ estabeleceu que os valores correspondentes aos descontos no salário (participação no custeio de vale-transporte, auxílio-alimentação e assistência à saúde, bem como Imposto de Renda Retido na Fonte e contribuição previdenciária do empregado) integram a remuneração do trabalhador e, dessa forma, compõem a base de cálculo da contribuição previdenciária patronal e das contribuições destinadas ao Seguro de Acidente do Trabalho (SAT) e a terceiros.

O limite mínimo do salário de contribuição corresponde, para os segurados contribuinte individual e facultativo, ao salário mínimo, e para os segurados empregados, inclusive o doméstico, e o trabalhador avulso, ao piso salarial legal ou normativo da categoria ou, inexistindo este, ao salário mínimo, tomado seu valor mensal, diário ou horário, conforme o ajustado e o tempo de trabalho efetivo durante o mês (§ 3º do art. 28 da Lei n. 8.212/1991). Essa regra, que se baseia no princípio da equidade da participação no custeio, evitando que se exija do segurado de baixa renda pagamento de contribuição maior do que sua capacidade contributiva, a nosso ver colide com as disposições da EC n. 103, como veremos a seguir, quando da abordagem sobre a exigência de que trata o art. 195, § 14, da CF, com a redação conferida pela EC n. 103, bem como as regras transitórias sobre o assunto, presentes no art. 29 da Emenda.

No caso de um segurado que venha a se aposentar pelo RGPS e retorne à atividade remunerada, ou nela permaneça, o salário de contribuição será a importância recebida em razão do trabalho, mas não o valor dos proventos da aposentadoria paga pelo INSS. Ou seja, o segurado aposentado que volta a trabalhar em atividade sujeita à filiação obrigatória será contribuinte e sua contribuição, embora não lhe assegure outra aposentadoria (ao menos conforme a interpretação do INSS), é devida com fulcro no princípio da solidariedade.

– **Valor máximo do salário de contribuição**

O Decreto-lei n. 66/1966 estabeleceu como limite máximo o valor de dez salários mínimos, quando antes eram cinco. Em 1973, chegou-se a 20 salários mínimos. Em junho de 1989, o teto de contribuição passou a ser de NCz$ 1.200,00 (arts. 1º e 20 da Lei n. 7.787/1999 – resultantes da conversão da MP n. 63, de 1º.6.1989), o que representava dez salários mínimos. Com a Lei n. 8.212/1991, tinha-se um limite, que não era mais de salários mínimos, mas seu valor era próximo de dez salários mínimos.

A Emenda n. 20 estabeleceu um novo teto para os benefícios e também para o salário de contribuição, o qual passou a ser de R$ 1.200,00, na data de publicação da Emenda (16.12.1998), com previsão de reajustes periódicos, de modo a manter preservado seu valor real. Com a promulgação da Emenda Constitucional n. 41, de 31.12.2003, o valor máximo do salário de contribuição passou a ser de R$ 2.400,00.

Atualmente, o valor-limite máximo do salário de contribuição é atualizado sempre que ocorrer alteração do valor dos benefícios (art. 102 da Lei n. 8.212/1991) sendo aproximadamente seis vezes o valor do salário mínimo.

Para verificação dos valores máximos do salário de contribuição, encontram-se em anexo, ao final desta obra, as tabelas de reajustamento até a data de fechamento desta edição.

– Valores e verbas integrantes do salário de contribuição

O valor recebido a título de auxílio-acidente passou a integrar o salário de contribuição apenas para fins de cálculo do salário de benefício de qualquer aposentadoria, em face da redação dada ao art. 31 da Lei n. 8.213/1991, pela Lei n. 9.528/1997. A TNU, a esse respeito, fixou tese no Tema 322: "no cálculo da renda mensal do segurado especial que não contribui facultativamente, a integração do valor mensal do auxílio-acidente ao salário-de-contribuição da aposentadoria opera-se mediante a soma do valor da aposentadoria à renda mensal do auxílio-acidente vigente na data de início da referida aposentadoria" (PUIL 0503318-17.2019.4.05.8107).

Observe-se que as verbas pagas *a posteriori* do término do contrato de trabalho ou da prestação de serviços não perdem a sua natureza remuneratória por conta do momento em que estão sendo pagas.

Em 2017, a seção de direito público do STJ decidiu, por maioria de votos, que incide contribuição previdenciária sobre o adicional de quebra de caixa, verba geralmente prevista em normas coletivas e destinada a cobrir os riscos assumidos por empregados que lidam com manuseio constante de dinheiro, como caixas de bancos e de supermercados. O entendimento se deu em julgamento de embargos de divergência, após decisões em sentidos opostos da Primeira Turma e da Segunda Turma do STJ.

Assim também, quando do julgamento do Tema n. 1.252 de repetitivos, a Primeira Seção do STJ definiu que incide a contribuição previdenciária patronal sobre o adicional de insalubridade, em razão da sua natureza remuneratória. O relator, ministro Herman Benjamin, registrou que o STJ consolidou jurisprudência no sentido de que não sofrem a incidência de contribuição previdenciária "as importâncias pagas a título de indenização, que não correspondam a serviços prestados nem a tempo à disposição do empregador".

No mesmo sentido, ao julgar o Tema n. 1.170, a Primeira Seção estipulou que a contribuição previdenciária patronal também incide sobre os valores pagos ao trabalhador a título de 13º salário proporcional ao período do aviso prévio indenizado.

Ainda sob o rito dos repetitivos, a Primeira Seção julgou, em abril de 2023, o Tema n. 1.164, no qual foi definido que incide a contribuição previdenciária a cargo do empregador sobre o auxílio-alimentação pago em pecúnia. O relator, ministro Gurgel de Faria, lembrou que o STF, ao examinar o RE n. 565.160, julgado sob o rito da repercussão geral (Tema n. 20), fixou a tese de que "a contribuição social a cargo do empregador incide sobre ganhos habituais do empregado, a qualquer título, quer anteriores, quer posteriores à Emenda Constitucional n. 20/1998".

Quanto às férias de empregados, no julgamento do REsp n. 1.240.038, a Segunda Turma decidiu que incide contribuição previdenciária a cargo da empresa pelo pagamento de valores decorridos de férias gozadas. Isso porque elas integram as verbas de natureza remuneratória e salarial, como previsto no art. 148 da Consolidação das Leis do Trabalho (CLT), e, portanto, compõem o salário de contribuição (base de cálculo da contribuição previdenciária de todos os tipos de segurado). Quanto ao adicional de um terço sobre as férias, objeto do Tema n. 479, a seção entendeu que não deveria incidir a contribuição. No entanto, o Supremo Tribunal Federal (STF) decidiu que a tributação sobre o terço constitucional de férias é legítima (Tema n. 985 da repercussão geral).

No Tema n. 739 repetitivo, o STJ estabeleceu que o salário-maternidade possui natureza salarial e integra, consequentemente, a base de cálculo da contribuição previdenciária, porém a matéria tem sido discutida novamente, pois o STF declarou a inconstitucionalidade da exigência de contribuição do empregador sobre tal verba, pendendo o debate, ainda, sobre a dedução da contribuição à pessoa beneficiária.

Do mesmo modo, no Tema n. 740, o aludido colegiado apontou que o salário-paternidade deve ser tributado, por se tratar de licença remunerada prevista constitucionalmente, não se incluindo no rol dos benefícios previdenciários.

Também já foi decidido, no Tema n. 478, que não incide a contribuição patronal sobre os valores pagos a título de aviso prévio indenizado, por não se tratar de verba salarial.

Situação a ser cuidadosamente vista é a do pagamento de salários devidos em função de estabilidade provisória reconhecida por sentença, em que, tendo a decisão transitado em julgado após o período de garantia do emprego, não há reintegração. Os valores a serem pagos continuam sendo salários, não havendo sentido em se chamar tais pagamentos de "indenizações", como equivocadamente se observa em algumas postulações perante a Justiça do Trabalho.

É o que prevê, atualmente, o § 12 do art. 214 do Regulamento: "O valor pago à empregada gestante, inclusive à doméstica, em função do disposto na alínea 'b' do inciso II do art. 10 do Ato das Disposições Constitucionais Transitórias da Constituição Federal, integra o salário de contribuição, excluídos os casos de conversão em indenização previstos nos arts. 496 e 497 da Consolidação das Leis do Trabalho".

Assim também decidiu o STJ:

> (...) Os valores a serem pagos em razão de decisão judicial trabalhista, que determina a reintegração do ex-empregado, assumem a natureza de verba remuneratória, sendo devida a incidência do imposto de renda. Isso porque são percebidos a título de salários vencidos, como se o empregado estivesse no pleno exercício de seu vínculo empregatício. (Precedente: REsp 963.113/PE, Rel. Ministro Francisco Falcão, Primeira Turma, julgado em 21.08.2007, DJ 17.09.2007) (STJ, REsp 2006/0102616-5, 1ª Turma, Relator Ministro Luiz Fux, DJe 1.12.2008).

Porém, em sentido diametralmente oposto ao entendimento consolidado pelo STJ, a Justiça do Trabalho vem por vezes declarando como inexigível a contribuição previdenciária sobre valores pagos no período em que o trabalhador esteve (ilicitamente) afastado de seu emprego, ante a despedida imotivada, ainda que nula de pleno direito:

> RECURSO DE REVISTA DA RECLAMANTE. REINTEGRAÇÃO. CONTRIBUIÇÕES PREVIDENCIÁRIAS. PAGAMENTO DE INDENIZAÇÃO EQUIVALENTE AOS SALÁRIOS VENCIDOS. A decisão do eg. TRT que atribui natureza jurídica indenizatória aos valores devidos pelo contrato indevidamente rompido e, por isso, afasta o recolhimento da contribuição previdenciária, está em consonância com iterativa jurisprudência desta Corte Superior. Incidência da Súmula n. 333 do TST. Recurso de revista não conhecido (TST, ARR-971-35.2013.5.01.0241, 6ª Turma, Rel. Min. Aloysio Correa da Veiga, DEJT 8.11.2019).

A nosso ver, deve prevalecer o entendimento de que a natureza da verba não se modifica pelo fato de que não houve a prestação laborativa, uma vez que esta somente não aconteceu em razão de conduta lesiva do empregador, consubstanciado no ato de despedir sem justa causa pessoa detentora de garantia de emprego, em ato nulo de pleno direito (art. 9º da CLT), de modo que a prevalência do entendimento pela não incidência penaliza o trabalhador e beneficia o infrator da norma, não acarretando a *restitutio in integrum*.

19.2 SALÁRIO-BASE

O salário-base era espécie do gênero salário de contribuição, estabelecido segundo escala de valores prefixados por norma regulamentar, escalonado em classes, cujo reajustamento seguia os mesmos índices utilizados para a correção dos valores de contribuições e benefícios do RPGS.

Era, portanto, uma ficção legal, uma estimativa, não correspondendo exatamente à importância recebida mensalmente pelo segurado. Diga-se, a propósito, que os segurados sujeitos a essa escala não eram remunerados por salário (empresários, trabalhadores autônomos e equiparados, hoje contribuintes individuais), e, no caso dos segurados facultativos, sequer percebiam qualquer remuneração.

O "salário-base" era o valor que servia de base para o cálculo das contribuições previdenciárias do segurado trabalhador autônomo e equiparado, empresário e facultativo, até ser extinto pela Lei n. 9.876, de 26.11.1999. A escala de salário-base era determinada pelo art. 29 da Lei n. 8.212/1991, cujas alíquotas estavam unificadas em 20%, independentemente da faixa em que o segurado se encontrava. A regulamentação do salário-base estava prevista no art. 215 do Decreto n. 3.048/1999.

A Medida Provisória n. 83, de 12.12.2002, convertida na Lei n. 10.666, de 8.5.2003, extinguiu a escala de salários-base, no art. 9º, ficando sua eficácia, no entanto, fixada para 1.4.2003. Para verificação das escalas de salário-base que vigoraram até a sua extinção, remete-se o leitor às tabelas que se encontram anexas na parte final desta obra.

Aplica-se o interstício estabelecido pela Lei n. 9.876/1999 ao segurado que, até a data de sua publicação, tenha cumprido o número mínimo de meses estabelecidos nesta nova regra.

Após a extinção da escala de salário-base, entende-se por salário de contribuição, para os segurados contribuinte individual e facultativo, o disposto no art. 28, incisos III e IV, da Lei n. 8.212/1991, ou seja: para o contribuinte individual, a remuneração auferida em uma ou mais empresas ou pelo exercício de sua atividade por conta própria, durante o mês, observado os limites mínimo e máximo do salário de contribuição; e, para o segurado facultativo, o valor por ele declarado, qualquer que seja, desde que observados os limites mínimo e máximo do salário de contribuição.

19.3 CONTRIBUIÇÃO DO SEGURADO EMPREGADO, INCLUSIVE DOMÉSTICO, E TRABALHADOR AVULSO

A contribuição do segurado empregado, inclusive o doméstico, e a do trabalhador avulso, até a vigência da EC n. 103/2019 nesta matéria (1º.3.2020), era calculada mediante a aplicação da correspondente alíquota, de forma não cumulativa, sobre o seu salário de contribuição mensal – art. 20 da Lei n. 8.212/1991.

A questão envolvendo a interpretação do que se entende por "forma não cumulativa" foi objeto de repercussão geral no STF (Tema 833), que assim decidiu:

> Recurso extraordinário. Repercussão geral. Direito Tributário. Contribuições previdenciárias do empregado, inclusive, o doméstico, e do trabalhador avulso. Tributação progressiva. Possibilidade. Expressão "de forma não cumulativa" prevista no *caput* do art. 20 da Lei n. 8.212/91. Progressividade simples. Constitucionalidade.
> 1. Há compatibilidade entre a progressividade e as contribuições previdenciárias devidas pelo empregado – inclusive o doméstico – e pelo trabalhador avulso vinculados ao regime geral de previdência social (RGPS), sendo certo que não existe, no texto constitucional, qualquer restrição quanto ao uso da mencionada técnica de tributação na disciplina dos tributos em questão.
> 2. A expressão "de forma não cumulativa" constante do *caput* do art. 20 da Lei n. 8.212/91, utilizada no tratamento das contribuições em tela, traduz a opção do legislador pela progressividade simples, e não pela progressividade gradual.

3. Os aumentos de carga tributária decorrentes da não cumulatividade em tela são proporcionais aos aumentos correspondentes da base tributável e não configuram confisco. Inexistência de inconstitucionalidade na norma questionada.
4. Fixação da seguinte tese para o Tema n. 833 de repercussão geral: "É constitucional a expressão 'de forma não cumulativa' constante do *caput* do art. 20 da Lei º 8.212/91".
5. Recurso extraordinário provido.
(*Leading Case*: RE 852796 RG/RS, Tribunal Pleno, Rel. Min. Dias Toffoli, Sessão Virtual de 7 a 14.5.2021, *DJe* 16.6.2021).

A EC n. 103/2019 alterou o inciso II do art. 195 da CF/88, passando a prever, quanto à contribuição dos segurados, que poderão ser "adotadas alíquotas *progressivas* de acordo com o valor do salário de contribuição".

Regulamentando a matéria de modo transitório, até que lei venha a modificar a Lei n. 8.212/1991, o art. 28 da EC n. 103/2019 fixou para estes segurados as seguintes alíquotas que incidem sobre fatos geradores a partir de 1º de março de 2020:

I – até 1 (um) salário mínimo, 7,5% (sete inteiros e cinco décimos por cento);
II – acima de 1 (um) salário mínimo até R$ 2.000,00 (dois mil reais), 9% (nove por cento);
III – de R$ 2.000,01 (dois mil reais e um centavo) até R$ 3.000,00 (três mil reais), 12% (doze por cento); e
IV – de R$ 3.000,01 (três mil reais e um centavo) até o limite máximo do salário de contribuição, 14% (quatorze por cento).

As alíquotas acima serão aplicadas *de forma progressiva* sobre o salário de contribuição do segurado, incidindo cada alíquota sobre a faixa de valores compreendida nos respectivos limites. Os valores são reajustados, a partir de então, na mesma data e com o mesmo índice do reajuste dos benefícios do Regime Geral de Previdência Social, ressalvados aqueles valores relativos ao salário mínimo, aos quais se aplica a legislação específica.

Para o empregado e o trabalhador avulso, o salário de contribuição é a remuneração auferida em uma ou mais empresas, assim entendida a totalidade dos rendimentos pagos, devidos ou creditados a qualquer título, durante o mês, destinados a retribuir o trabalho, qualquer que seja sua forma, inclusive as gorjetas, os ganhos habituais sob a forma de utilidades e os adiantamentos decorrentes de reajuste salarial, quer pelos serviços efetivamente prestados, quer pelo tempo à disposição do empregador ou tomador de serviços nos termos da lei ou do contrato, ou, ainda, de convenção ou acordo coletivo de trabalho ou sentença normativa (art. 28, I, da Lei n. 8.212/1991, com redação dada pela Lei n. 9.528/1997).

Para o empregado doméstico, o salário de contribuição será a remuneração registrada na Carteira de Trabalho e Previdência Social – CTPS, observadas as normas para comprovação do vínculo empregatício e do valor da remuneração (art. 28, II, da Lei n. 8.212/1991). Evidentemente, se comprovado que o empregado doméstico recebia valor superior ao registrado por seu empregador, como contraprestação do trabalho, este deve ser o valor a ser considerado para cálculo da contribuição devida por este último, para que o segurado não tenha perdas quando do requerimento e efetiva obtenção de benefícios.

Convém assinalar que, tendo a categoria de empregados domésticos ingressado na Previdência Social somente com a edição da Lei do Trabalho Doméstico – Lei n. 5.859/1972 (atualmente revogada pela LC n. 150/2015), não há fundamento para exigir-se contribuição em período anterior.

Sobre o tema, a TNU, em conformidade com a orientação do STJ, fixou as seguintes premissas em Representativo de Controvérsia – Tema n. 155:

a) não é exigível que o trabalhador doméstico recolha contribuições à Previdência Social para os períodos laborados antes da entrada em vigor da Lei n. 5.859/1972;
b) estando devidamente comprovado e reconhecido o exercício da atividade doméstica (mesmo no período anterior à vigência da Lei n. 5.859/1972), o tempo de labor deverá ser contado como período de carência, independentemente de comprovação dos recolhimentos (PEDILEF 0008223-14.2009.4.03.6302, Relator Juiz Federal Paulo Ernane Moreira Barros, julgado em 8.10.2014).

O art. 214 do Decreto n. 3.048/1999 acrescenta mais duas definições do salário de contribuição:

- para o dirigente sindical na qualidade de empregado: como a remuneração paga, devida ou creditada pela entidade sindical, pela empresa ou por ambas; e
- para o dirigente sindical na qualidade de trabalhador avulso: como a remuneração paga, devida ou creditada pela entidade sindical.

As hipóteses de incidência de contribuição para estes segurados são, na conformidade do texto legal, as decorrentes do exercício de atividade remunerada, ocorrendo o fato imponível quando a remuneração for: a) *paga* ao segurado pelo seu empregador; b) *creditada* em conta bancária do segurado pelo seu empregador; c) *devida*, na situação em que, mesmo tendo exercido a atividade, seu empregador tenha deixado de pagar a importância devida, por violação às normas da legislação do trabalho (ex. mora salarial). Em suma, o direito – adquirido ou satisfeito – às parcelas que a legislação de custeio da Seguridade Social indica como sendo parte integrante da noção de salário de contribuição.

Quando do mês da admissão contratual ou início da atividade como trabalhador avulso, do rompimento contratual ou do afastamento do trabalho, o salário de contribuição será considerado o valor devido pelo empregador ou tomador de serviços relativamente aos dias efetivamente trabalhados no curso do mês. Neste caso, admite-se que o valor que servirá de base de cálculo para a contribuição seja inferior ao valor mínimo do salário de contribuição.

Preceitua o § 4º do art. 28 da Lei de Custeio que o limite mínimo do salário de contribuição do menor aprendiz corresponde à sua remuneração mínima definida em lei (e o § 2º do art. 428 da CLT prevê que ao aprendiz, salvo condição mais favorável, será garantido o salário mínimo hora).

Acerca do valor mínimo do salário de contribuição, há importantes ilações em tópico adiante, em face da redação do art. 29 da EC n. 103 e da regulamentação trazida pelo Decreto n. 10.410/2020.

Conforme disposição contida no Regulamento da Previdência Social (Decreto n. 3.048/1999 – art. 216, § 1º – presente também nos revogados Decretos 612/1992 e 2.173/1997), o desconto da contribuição do segurado incidente sobre o valor bruto da gratificação natalina (décimo terceiro salário) é devido quando do pagamento ou crédito da última parcela e deverá ser calculado em separado e recolhido juntamente com a contribuição a cargo da empresa, até o dia 20 do mês de dezembro, antecipando-se o vencimento para o dia útil imediatamente anterior se não houver expediente bancário no dia 20. Nesse sentido, o Repetitivo do STJ, Tema n. 216:

A Lei n. 8.620/93, em seu art. 7.º, § 2.º autorizou expressamente a incidência da contribuição previdenciária sobre o valor bruto do 13.º salário, cuja base de cálculo deve ser calculada em separado do salário-de-remuneração do respectivo mês de dezembro (REsp 1066682/SP, Primeira Seção, *DJe* 1.10.2010).

A respeito da incidência de contribuição sobre a gratificação natalina, o STF editou a seguinte Súmula: "688 – É legítima a incidência da contribuição previdenciária sobre o 13º salário".

O salário de contribuição deve refletir a remuneração auferida ou devida em razão dos dias efetivamente trabalhados, computados, obviamente, as férias usufruídas, os dias de repouso semanal remunerado e feriados. Evidentemente, se alguma verba não foi quitada pelo empregador, esta ainda assim se configura como salário de contribuição, pois a inadimplência dos direitos não acarreta a inexistência do fato gerador, que é a prestação laboral com afã de remuneração, e não o mero pagamento. Entendimento em sentido oposto acarretaria prejuízo ao trabalhador lesado, na medida em que o empregador, ao inadimplir a totalidade dos salários, estaria livre de pagar as contribuições previdenciárias, acarretando perda para o segurado quanto ao seu tempo de contribuição, enquanto perdurasse a mora salarial.

A incidência da contribuição sobre a remuneração das férias ocorrerá no mês a que elas se referirem, mesmo quando pagas antecipadamente na forma da legislação trabalhista (§ 14 do art. 214 do Regulamento).

Ao exercer o segurado mais de um emprego ou ocupação, está ele sujeito à incidência de contribuição sobre o salário de contribuição em cada um deles, de maneira proporcional. Se em uma das empresas o trabalhador tiver salário superior ao teto do salário de contribuição, não cabe recolhimento de contribuição sobre os valores recebidos nos demais empregos ou ocupações, devendo haver comunicação aos empregadores ou tomadores de serviço para esse fim. Em todo caso, se houver recolhimento de contribuição sobre valor superior ao teto do salário de contribuição, cabe a restituição do valor que exceder ao teto, matéria que será vista em capítulo específico desta obra.

Se o rendimento do trabalho não atingir o teto da contribuição deverá haver recolhimento sobre as remunerações auferidas em todas as empresas.

A contribuição incidirá sobre as verbas de natureza remuneratória. Pelo menos três grandes grupos de importâncias integrantes do salário de contribuição – praticamente exaurindo o seu universo – podem ser relacionados:

- o salário propriamente dito, pago em espécie e em valor fixo, e as parcelas que o integram, segundo o art. 457, § 1º, da Consolidação das Leis do Trabalho;
- os ganhos habituais sob a forma de utilidades outras que não o dinheiro, com a finalidade de recompensar o trabalho, nestes últimos incluídos os pagamentos indiretos (alimentação, vestuário, transporte, moradia); e
- as gorjetas.

Ponto polêmico deste dispositivo é o relativo à inclusão das gorjetas como base de cálculo de contribuições à Seguridade Social. Inconstitucionalidade não há, visto que o art. 195 da Constituição se refere a "rendimentos do trabalho", o que inclui, por consequência, tal espécie, ainda que paga espontaneamente pelo cliente.

Acerca do pagamento de valores que poderiam ser reputados como não integrantes da base de cálculo de contribuições à Seguridade Social, como o pagamento em pecúnia das despesas do trabalhador com o transporte, em vez da concessão do vale-transporte, o STJ, "alinhando-se ao entendimento adotado pelo Pleno STF, firmou-se no sentido de que não incide da contribuição previdenciária sobre as verbas referentes a auxílio-transporte, mesmo que pagas em pecúnia" (MC 2013/0350106-3, 2ª Turma, Rel. Min. Humberto Martins, *DJe* de 3.2.2014).

Para fins previdenciários, o salário-maternidade também é considerado salário de contribuição, ou seja, sofre dedução da contribuição da pessoa segurada. Porém, apenas quanto ao tributo devido pelo empregador, o tema foi a julgamento no STF que, por maioria, apreciando o Tema 72 da repercussão geral, deu provimento ao recurso extraordinário, para declarar, incidentalmente, a inconstitucionalidade da incidência de contribuição previdenciária sobre o salário-maternidade, prevista no art. 28, § 2º, da Lei n. 8.212/1991, e na parte final do seu § 9º, alínea "a", em que se lê "salvo o salário-maternidade". Foi fixada a seguinte tese: "É inconstitucional a incidência da contribuição previdenciária a cargo do empregador sobre o salário maternidade".

Quanto ao aviso prévio não trabalhado, em que pese a previsão do art. 487 da CLT, de que o prazo de pré-aviso integra o tempo de serviço para todos os fins legais, não há previsão na Lei n. 8.212/1991 de incidência de contribuição, mas apenas no Decreto n. 3.048/1999, o que tem gerado a arguição de ilegalidade da regra. A respeito foi fixada a seguinte tese pelo STJ no Repetitivo 478: "Não incide contribuição previdenciária sobre os valores pagos a título de aviso prévio indenizado, por não se tratar de verba salarial" (REsp 1.230.957/RS, 1ª Seção, DJe 18.3.2014).

A Lei de Custeio estabelece que a remuneração das férias fruídas, calculada na forma do art. 7º, XVII (com valor acrescido de um terço sobre a remuneração habitual), e o abono pecuniário de que trata o art. 143 da Consolidação das Leis do Trabalho (conversão de um terço do período de férias em pagamento dobrado), este último no valor que exceder a vinte dias de salário, integram o salário de contribuição.

Em relação à incidência de contribuição previdenciária sobre os valores pagos a título de terço constitucional de férias, o STJ fixou a seguinte tese no Repetitivo 479: "A importância paga a título de terço constitucional de férias possui natureza indenizatória/compensatória, e não constitui ganho habitual do empregado, razão pela qual sobre ela não é possível a incidência de contribuição previdenciária (a cargo da empresa)". E, no julgamento do Repetitivo 737, que "não incide contribuição previdenciária (a cargo da empresa) sobre os valores pagos a título de terço constitucional de férias indenizadas" (REsp 1.230.957/RS, 1ª Seção, DJe 18.3.2014).

Convém frisar que o STF, por maioria, apreciando o Tema 163 da repercussão geral, deu parcial provimento ao recurso extraordinário para determinar a restituição das parcelas não prescritas, nos termos do voto do Relator, sobre as parcelas consideradas não sujeitas a contribuição, fixando a seguinte tese: "Não incide contribuição previdenciária sobre verba não incorporável aos proventos de aposentadoria do servidor público, tais como 'terço de férias', 'serviços extraordinários', 'adicional noturno' e 'adicional de insalubridade'". Quanto ao RGPS, não há decisão do STF a respeito, mas apenas o 'terço de férias' de que trata o art. 7º da CF não repercute em benefícios desse Regime.

Outros julgados em matéria de recursos repetitivos pelo STJ definem que:

- o adicional noturno constitui verba de natureza remuneratória, razão pela qual se sujeita à incidência de contribuição previdenciária (Tema 688);
- o adicional de periculosidade constitui verba de natureza remuneratória, razão pela qual se sujeita à incidência de contribuição previdenciária (Tema 689);
- sobre a importância paga pelo empregador ao empregado durante os primeiros quinze dias de afastamento por motivo de doença não incide a contribuição previdenciária, por não se enquadrar na hipótese de incidência da exação, que exige verba de natureza remuneratória (Tema 738).

Estabelece o § 11 do art. 214 do Decreto n. 3.048/1999 as mesmas condições previstas no art. 458 da Consolidação das Leis do Trabalho para a identificação dos ganhos habituais recebidos sob a forma de utilidades, devendo ser observados:

- os valores reais das utilidades recebidas; ou
- os valores resultantes da aplicação dos percentuais estabelecidos em lei em função do salário mínimo, aplicados sobre a remuneração paga, caso não haja determinação dos valores reais das utilidades recebidas.

O Plenário do STF entendeu, em sede de Repercussão Geral – Tema 344, que incide contribuição previdenciária sobre parcelas relativas à participação nos lucros no período posterior à promulgação da Constituição Federal de 1988 e anterior à entrada em vigor da Medida Provisória n. 794/1994, que regulamentou a matéria (*Leading Case*: RE 569.441, Rel. Min. Dias Toffoli, *DJe* 10.2.2015). No período posterior à MP, por sua vez, não incide contribuição.

Regra questionável era a que previa que o valor total das diárias pagas, quando excedente a 50% da remuneração mensal, integraria o salário de contribuição pelo seu valor total.

No entanto, a Lei n. 13.467/2017 alterou o art. 28 da Lei de Custeio, revogando a letra "a" do § 8º e incluindo entre as parcelas que não integram o salário de contribuição "as diárias para viagens" (alínea "h" do § 9º), sem mais mencionar qualquer limite ou valor, o que passa a valer a partir de sua vigência.

No mesmo § 9º do art. 28 da Lei de Custeio, passaram a ser expressamente excluídas da incidência de contribuições previdenciárias:

> *q) o valor relativo à assistência prestada por serviço médico ou odontológico, próprio da empresa ou por ela conveniado, inclusive o reembolso de despesas com medicamentos, óculos, aparelhos ortopédicos, próteses, órteses, despesas médico-hospitalares e outras similares;*
> *(...)*
> *z) os prêmios e os abonos.*

Também merece relevo a nova redação conferida ao § 2º do art. 457 da CLT pela Lei n. 13.467/2017: "As importâncias, ainda que habituais, pagas a título de ajuda de custo, auxílio-alimentação, vedado seu pagamento em dinheiro, diárias para viagem, prêmios e abonos não integram a remuneração do empregado, não se incorporam ao contrato de trabalho e não constituem base de incidência de qualquer encargo trabalhista e previdenciário".

E entre as alterações trazidas à matéria pela Lei n. 13.467, ainda há o § 5º do art. 458 da Consolidação:

> O valor relativo à assistência prestada por serviço médico ou odontológico, próprio ou não, inclusive o reembolso de despesas com medicamentos, óculos, aparelhos ortopédicos, próteses, órteses, despesas médico-hospitalares e outras similares, mesmo quando concedido em diferentes modalidades de planos e coberturas, não integram o salário do empregado para qualquer efeito *nem o salário de contribuição, para efeitos do previsto na alínea* q *do §* 9º *do art. 28 da Lei n. 8.212, de 24 de julho de 1991.*

No mesmo diapasão, foi revogada pela lei da "reforma trabalhista" a alínea *a* do § 8º do art. 28 da Lei n. 8.212/1991, que previa a integração, ao salário de contribuição, do valor total das diárias pagas, quando excedente a cinquenta por cento da remuneração mensal.

Tais alterações na legislação trabalhista e de custeio, a nosso ver, colidem com a disposição constitucional do art. 201, § 11, da CF, com a redação atual, conferida pela EC n. 20/1998: "Os ganhos habituais do empregado, a qualquer título, serão incorporados ao salário para efeito de contribuição previdenciária e consequente repercussão em benefícios, nos casos e na forma da lei".

É vedada a imposição de contribuição sobre proventos de aposentadoria e pensões pagos pelo RGPS (Constituição, art. 195, II, com a redação conferida pela Emenda n. 103/2019).

As tabelas dos salários de contribuição dos segurados empregados, domésticos e trabalhadores avulsos se encontram anexas ao final desta obra.

19.4 CONTRIBUIÇÃO DO SEGURADO CONTRIBUINTE INDIVIDUAL E FACULTATIVO

Em face da Lei n. 9.876, de 26.11.1999, o empresário, o trabalhador autônomo e o equiparado a autônomo passaram a ser classificados como contribuintes individuais, sendo dada nova redação ao art. 28, III, da Lei n. 8.212/1991, estabelecendo que, para o contribuinte individual, o salário de contribuição é a remuneração auferida em uma ou mais empresas ou pelo exercício de sua atividade por conta própria, durante o mês, observado o limite máximo previsto no § 5º do art. 28 da Lei n. 8.212/1991. Convém salientar que a EC n. 103/2019 não alterou as alíquotas de contribuição para estas categorias de segurados.

Passou a estabelecer o § 11 do art. 28 da Lei n. 8.212/1991 (redação conferida pela Lei n. 13.202/2015), que se considera remuneração do contribuinte individual que trabalha como condutor autônomo de veículo rodoviário, como auxiliar de condutor autônomo de veículo rodoviário, em automóvel cedido em regime de colaboração, nos termos da Lei n. 6.094/1974, como operador de trator, máquina de terraplenagem, colheitadeira e assemelhados, o montante correspondente a 20% (vinte por cento) do valor bruto do frete, carreto, transporte de passageiros ou do serviço prestado, observado o limite máximo a que se refere o § 5º do mesmo art. 28 da Lei de Custeio. O art. 214, § 19, do RPS (incluído pelo Decreto n. 10.491/2020) prevê que "o salário de contribuição do condutor autônomo de veículo rodoviário, inclusive o taxista e o motorista de transporte remunerado privado individual de passageiros, do auxiliar de condutor autônomo e do operador de trator, máquina de terraplanagem, colheitadeira e assemelhados, sem vínculo empregatício, a que se referem os incisos I e II do § 15 do art. 9º, e do cooperado filiado a cooperativa de transportadores autônomos corresponde a vinte por cento do valor bruto auferido pelo frete, carreto ou transporte e não se admite a dedução de qualquer valor relativo aos dispêndios com combustível e manutenção do veículo".

Por essa razão, conforme o Regulamento, "na contratação de serviços de transporte rodoviário de carga ou de passageiro ou de serviços prestados com a utilização de trator, máquina de terraplenagem, colheitadeira e assemelhados a base de cálculo da contribuição da empresa corresponde a vinte por cento do valor registrado na nota fiscal, na fatura ou no recibo, quando esses serviços forem prestados sem vínculo empregatício por condutor autônomo de veículo rodoviário, auxiliar de condutor autônomo de veículo rodoviário, inclusive por taxista e motorista de transporte remunerado privado individual de passageiros, e operador de máquinas" (§ 4º do art. 201, com redação dada pelo Decreto n. 10.410/2020).

No mês em que não for paga nem creditada remuneração, ou não houver retribuição financeira pela prestação de serviço, os segurados contribuintes individuais poderão, por ato volitivo, contribuir facultativamente para a Previdência Social. Dessa forma, o tempo de contribuição continua sendo computado, apesar da inexistência de salário de contribuição. Como exemplo, temos o caso de um profissional liberal que opte por tirar férias por conta própria em determinado mês, nada recebendo por serviços prestados.

A alteração gerou alguma perplexidade, pois, até o fim da escala de salários-base, os hoje chamados contribuintes individuais contribuíam com valores que não guardavam relação com o seu rendimento mensal.

A partir da atual redação conferida ao art. 28, III, da Lei de Custeio, não paira dúvida acerca da incidência sobre a totalidade da remuneração auferida, e não sobre outro valor à escolha do segurado.

Para o segurado facultativo, o salário de contribuição, em face da Lei n. 9.876, de 26.11.1999, deixou de ser o salário-base e passou a ser o valor por ele declarado, observado o limite máximo a que se refere o § 5º do art. 28 da Lei n. 8.212/1991. Ou seja, a partir da vigência da Lei n.

9.876/1999, o facultativo pode contribuir sobre qualquer valor à sua escolha, desde que esteja entre os limites mínimo (salário mínimo mensal) e máximo (teto) do salário de contribuição.

A contribuição dos segurados contribuintes individuais (anteriormente classificados como segurados nas categorias de empresário, trabalhador autônomo e equiparado) e facultativos é obtida – regra geral – aplicando-se a alíquota de 20% sobre o respectivo salário de contribuição, de acordo com a redação do art. 21 da Lei n. 8.212/1991, dada pela Lei n. 9.876/1999.

Excetua-se da base de cálculo da contribuição previdenciária o lucro distribuído ao segurado empresário (§ 1º do art. 201 do Regulamento). Incidirá a contribuição, todavia, sobre os valores totais pagos ou creditados aos sócios, ainda que a título de antecipação de lucro da pessoa jurídica, quando não houver discriminação entre a remuneração decorrente do trabalho e a proveniente do capital social ou tratar-se de adiantamento de resultado ainda não apurado por meio de demonstração de resultado do exercício (RPS, art. 201, § 5º, inciso II).

De acordo com o § 2º do art. 201 do Regulamento da Previdência Social, com a redação conferida pelo Decreto n. 10.410/2020, integra a remuneração para os fins do disposto no inciso II do seu *caput* a bolsa de estudos paga ou creditada ao médico-residente participante do programa de residência médica de que trata o art. 4º da Lei n. 6.932/1981. Ou seja, incide contribuição sobre valores recebidos a esse título.

No caso de o síndico ou o administrador eleito para exercer atividade de administração condominial estar isento de pagamento da taxa de condomínio, o valor da referida taxa integra a sua remuneração, incidindo contribuição (STJ, REsp 2008/0120043-9, 2ª Turma, Rel. Min. Castro Meira, *DJe* de 11.9.2008). O preceito é discutível, pois a condição de síndico ou subsíndico, quando condômino, não é uma atividade laborativa propriamente dita. Ademais, gera conflitos, pois uma pessoa aposentada por invalidez, que venha a constar como síndico ou subsíndico, pode vir a ter seu benefício cancelado (constará contribuição em seu CNIS), embora não consiga exercer qualquer outra atividade no mercado de trabalho.

O salário de contribuição do produtor rural pessoa física enquadrado como contribuinte individual é o valor por ele declarado em razão do exercício da atividade rural por conta própria, observados os limites mínimo e máximo do salário de contribuição.

Os segurados obrigatórios na condição de contribuinte individual (quando não prestem serviços exclusivamente a pessoas jurídicas) e os segurados facultativos estão obrigados a recolher sua contribuição, por iniciativa própria, até o dia 15 do mês seguinte àquela a que as contribuições se referirem, prorrogando-se o vencimento para o dia útil subsequente, quando não houver expediente bancário no dia 15.

Com a entrada em vigor do art. 4º da Lei n. 10.666, de 8.5.2003, cujos efeitos passaram a ser exigidos em 1.4.2003, foi atribuída à empresa contratante a obrigatoriedade de reter do valor devido e recolher o percentual de 11% da remuneração a ser paga a contribuinte individual a seu serviço, limitado ao limite máximo do salário de contribuição, obrigação esta que tem vencimento no mesmo prazo que o recolhimento da contribuição das empresas sobre a folha de pagamentos dos demais segurados a seu serviço, na condição de empregados e trabalhadores avulsos.

O RPS, por seu turno, prevê no § 26 do art. 216 que "a alíquota de contribuição a ser descontada pela empresa da remuneração paga, devida ou creditada ao contribuinte individual a seu serviço, observado o limite máximo do salário de contribuição, é de onze por cento no caso das empresas em geral e de vinte por cento quando se tratar de entidade beneficente de assistência social isenta das contribuições sociais patronais".

A obrigação de retenção e recolhimento se estende também a entes de direito público que contratem contribuintes individuais para prestação de serviços eventuais (art. 216-A do Regulamento). No entanto, ficam excluídos da obrigação de descontar a contribuição do contribuinte individual que lhe preste serviço (§ 32 do art. 216, com redação dada pelo Decreto n. 10.410, de 2020):

    I – o produtor rural pessoa física;
    II – o contribuinte individual equiparado a empresa;
    III – a missão diplomática e a repartição consular de carreiras estrangeiras; e
    IV – o proprietário ou dono de obra de construção civil, quando pessoa física.

A cooperativa de trabalho fica obrigada a descontar vinte por cento do valor da quota distribuída ao cooperado contribuinte individual por serviços por ele prestados a empresas, a pessoas físicas e a entidades em gozo de isenção e recolher o produto dessa arrecadação até o dia vinte do mês subsequente ao da competência a que se referir ou até o dia útil imediatamente anterior, se não houver expediente bancário naquele dia (§ 31 do art. 216 do RPS, com redação dada pelo Decreto n. 10.410/2020).

O INSS pode (*rectius*: deve) descontar da renda mensal do benefício as contribuições devidas pelo segurado à previdência social (art. 154 do Regulamento). É o que ocorre, por exemplo, quando do pagamento, pelo INSS, de benefícios de salário-maternidade.

A sistemática de retenção da contribuição não se aplica ao contribuinte individual quando contratado por outro contribuinte individual equiparado à empresa ou por produtor rural pessoa física, ou por missão diplomática e repartição consular de carreira estrangeiras, e nem ao brasileiro civil que trabalha no exterior para organismo oficial internacional do qual o Brasil é membro efetivo.

No entanto, pelo disposto no § 20 do art. 216 do Regulamento da Previdência Social, com a redação dada pelo Decreto n. 4.729, de 9.6.2003:

> Na hipótese de o contribuinte individual prestar serviço a outro contribuinte individual equiparado à empresa ou a produtor rural pessoa física ou à missão diplomática e repartição consular de carreira estrangeiras, poderá deduzir, da sua contribuição mensal, quarenta e cinco por cento da contribuição patronal do contratante, efetivamente recolhida ou declarada, incidente sobre a remuneração que este lhe tenha pago ou creditado, no respectivo mês, limitada a nove por cento do respectivo salário de contribuição.

O art. 5º da Lei n. 10.666/2003 dispõe, ainda, que "o contribuinte individual a que se refere o art. 4º é obrigado a complementar, diretamente, a contribuição até o valor mínimo mensal do salário de contribuição, quando as remunerações recebidas no mês, por serviços prestados a pessoas jurídicas, forem inferiores a este".

Aplica-se essa regra (prevista no § 4º do art. 30 da Lei n. 8.212/1991, com redação dada pela Lei n. 9.876/1999) ao cooperado que prestar serviço à empresa por intermédio da cooperativa de trabalho, cabendo a esta fornecer-lhes comprovante de sua inclusão em GFIP ou recibo de pagamento, bem como cópia da(s) nota(s) fiscal(is) de prestação de serviço (§ 5º do art. 30 da Lei n. 8.212/1991, com a redação da Lei n. 9.876/1999).

A Lei Complementar n. 123, de 14.12.2006, alterou o § 2º do art. 21 e fez inserir, no referido artigo da Lei n. 8.212/1991, o § 3º[1], alterando significativamente a forma de contribuição destas duas categorias, conforme desejem ou não se beneficiar futuramente do benefício da aposentadoria por tempo de contribuição. A partir de então, os segurados enquadrados nas categorias de facultativo e de contribuinte individual – este último, quando o serviço não for prestado à empresa ou pessoa equiparada à empresa, poderão optar entre:

---

[1] Atualmente, a redação do § 3º se dá pela Lei n. 12.470/2011.

- contribuir com uma alíquota de 11% sobre o valor mínimo mensal do salário de contribuição (ou seja, 11% sobre o salário mínimo) – o que lhes assegura a proteção previdenciária, exceto para a aposentadoria voluntária por tempo de contribuição; ou
- caso queiram se beneficiar da aposentadoria por tempo de contribuição, deverão contribuir com mais 9% sobre o mesmo salário de contribuição, com acréscimo de juros de mora fixados na própria Lei n. 8.212/1991, caso o recolhimento seja feito com atraso.[2]

A alíquota de 11% é válida apenas para o segurado que contribui sobre o salário mínimo. Caso o salário de contribuição seja superior ao salário mínimo, o percentual é de 20% (§ 3º).

A Lei n. 12.470/2011 reduziu para 5% do salário mínimo a contribuição dos seguintes segurados:

a) do microempreendedor individual, de que trata o art. 18-A da Lei Complementar n. 123/2006 (a partir de maio de 2011); e
b) do segurado facultativo sem renda própria que se dedique exclusivamente aos afazeres domésticos no âmbito de sua residência (regra que beneficia, portanto, as donas de casa), desde que pertencente a família de baixa renda, assim considerada a família inscrita no Cadastro Único para Programas Sociais do Governo Federal – CadÚnico cuja renda mensal seja de até dois salários mínimos (a partir de setembro de 2011).

O segurado (contribuinte individual/MEI ou facultativo), inclusive com deficiência, que tenha contribuído com a alíquota de 5 ou 11% sobre o salário mínimo e pretenda contar o tempo de contribuição correspondente para fins de obtenção da aposentadoria por tempo de contribuição ou da contagem recíproca do tempo de contribuição a que se refere o art. 94 da Lei n. 8.213/1991, deverá complementar a contribuição mensal mediante recolhimento, sobre o valor correspondente ao limite mínimo mensal do salário de contribuição em vigor na competência a ser complementada, da diferença entre o percentual pago e o de 20%, acrescido dos juros moratórios equivalentes à taxa SELIC. Entendemos que essa complementação é inexigível para as aposentadorias programáveis cujas regras foram fixadas pela EC n. 103/2019, pois com a referida Emenda foi extinta a aposentadoria por tempo de contribuição, preservando-se apenas o direito adquirido a quem já havia preenchido os requisitos antes de sua vigência.

Na conformidade do § 6º do art. 199-A do RPS (com redação dada pelo Decreto n. 10.410/2020), "o segurado facultativo que auferir renda própria não poderá recolher contribuição na forma prevista no § 1º, exceto se a renda for proveniente, exclusivamente, de auxílios assistenciais de natureza eventual e temporária e de valores oriundos de programas sociais de transferência de renda", no valor de até dois salários mínimos.

A nova redação da Lei não alterou a forma de contribuição dos contribuintes individuais que prestam serviços a pessoas jurídicas, permanecendo assim a retenção de 11% por parte do tomador dos serviços, nesse caso. Mas, conforme o entendimento da RFB, a alíquota da contribuição previdenciária devida pelo contribuinte individual que presta serviço a empresa ou a pessoa física por intermédio de cooperativa de trabalho é de 20% (vinte por cento) sobre o salário de contribuição definido pelo inciso III ou sobre a remuneração apurada na forma

---

[2] De acordo com a Lei Complementar n. 128, de 2008, essa contribuição complementar será exigida a qualquer tempo, sob pena de indeferimento do benefício, ou seja, é imprescritível.

prevista no § 11, ambos do art. 28 da Lei n. 8.212/1991 (Ato Declaratório Interpretativo RFB n. 1, de 23 de janeiro de 2017).

Quanto à responsabilidade pelo recolhimento das contribuições do diretor de empresa e do sócio cotista, cabe citar importante precedente do TRF da 4ª Região que reflete uma abordagem da evolução da matéria com base nas legislações de regência:

PREVIDENCIÁRIO. EMBARGOS INFRINGENTES. ATIVIDADES URBANAS NA CONDIÇÃO DE DIRETOR DE EMPRESA E SÓCIO COTISTA. INDENIZAÇÃO À PREVIDÊNCIA SOCIAL. SUCESSÃO LEGISLATIVA. TEMPUS REGIT ACTUM.
1. Esta Terceira Seção já assentou (EIAC n.º 2000.04.01.103363-0, Rel. Des. Luís Alberto D'Azevedo Aurvalle, DE de 30.08.2006) que o segurado não pode computar tempo de serviço sem a indenização das contribuições previdenciárias que deixou de recolher quando exercia o cargo de diretor de empresa, porquanto, inobstante o recolhimento das respectivas contribuições ser da responsabilidade da pessoa jurídica, os atos de gestão desta são praticados pela pessoa física, que é pessoalmente responsável por atos contrários à lei.
2. Essa orientação não pode ser aplicada em sua integralidade ao sócio cotista, já que não participa da gestão e, pois, não pode ser responsabilizado por atos ilícitos praticados pelos administradores da sociedade. Assim, consideradas as sucessivas alterações legislativas relativamente aos sócios cotistas, e, em face do princípio jurídico tempus regit actum, *tem-se a seguinte situação:*
(a) no período entre 05.09.60 e 08.08.73, os sócios cotistas com idade inferior a 50 anos na data da inscrição podem averbar tempo de serviço apenas com base no contrato social; (b) entre 09.08.73 e 28.02.79, os sócios cotistas em geral podem provar tempo de serviço com base no contrato social; (c) de 1º.03.79 a 31.12.80 os sócios cotistas deverão juntar tanto o contrato social quanto a comprovação dos recolhimentos para o período; e (d) de 1º.01.81 até 24.07.91 só sócios gerentes e sócios cotistas com remuneração poderão averbar tempo de serviço mediante apresentação de contrato social (com indicação da função ou percepção de pro labore) e comprovação dos recolhimentos.
3. No caso concreto, o Embargado poderá computar tempo de serviço sem a indenização das contribuições previdenciárias que deixou de recolher no período de 03.01.1967 a 28.02.1979, quando figurava como sócio cotista de empresa, estando, no entanto, condicionado ao recolhimento das respectivas contribuições o cômputo do tempo de serviço nos períodos de 01.03.1979 a 31.12.1982 e 01.07.1983 a 31.07.1983.
4. Embargos parcialmente acolhidos para condicionar o cômputo do tempo de serviço exercido na condição de sócio cotista nos períodos de 01.03.1979 a 31.12.1982 e 01.07.1983 a 31.07.1983 ao recolhimento das contribuições previdenciárias.
(EI 2005.72.00.001524-0/SC, 3ª Seção do TRF da 4ª Região, Relator Juiz Federal João Batista Lazzari, DE em 15.9.2009).

- Microempreendedor Individual (MEI)

A criação do Microempreendedor Individual – MEI é uma política pública que tem por objetivo a formalização de pequenos empreendimentos e a inclusão social e previdenciária (art. 18-E da LC n. 123/2006, com a redação conferida pela LC n. 147/2014).

O MEI é um contribuinte individual, pois se enquadra como empresário na forma do art. 966 do CC/2002, sendo a pessoa jurídica constituída uma modalidade de microempresa.

O empresário individual (anteriormente chamado de titular de firma individual) é aquele que exerce em nome próprio uma atividade empresarial. É a pessoa física (natural) titular da empresa. O patrimônio da pessoa natural e o do empresário individual são os mesmos, logo, o titular responderá de forma ilimitada pelas dívidas. Alguns empresários individuais podem, conforme estejam autorizados pela lei, se inscrever como Microempreendedores Individuais (MEI).

Considerar-se-á MEI, na forma do § 1º art. 18-A da LC n. 123/2006, com redação dada pela LC n. 188/2021, quem tenha auferido receita bruta, no ano-calendário anterior, de até R$ 81.000,00 (oitenta e um mil reais), que seja optante pelo Simples Nacional e que não esteja impedido de optar pela sistemática prevista neste artigo, e seja empresário individual que se enquadre na definição do art. 966 da Lei n. 10.406, de 10 de janeiro de 2002 (Código Civil), ou o empreendedor que exerça as atividades definidas na referida LC.

O MEI também pode ter um único empregado contratado que receba o salário mínimo ou o piso da categoria.

A LC n. 128, de 19.12.2008, criou condições especiais para que o trabalhador conhecido como informal, que não se caracterize como empregado (ou seja, preste serviços de modo autônomo, não subordinado a empresa ou empregador doméstico), possa se tornar um MEI.

A formalização do MEI poderá ser feita de forma gratuita no Portal do Empreendedor na internet.[3] Após o cadastramento do MEI, o CNPJ e o número de inscrição na Junta Comercial são obtidos imediatamente, não sendo necessário encaminhar nenhum documento (e nem sua cópia anexada) à Junta Comercial. O MEI também poderá fazer a sua formalização com a ajuda de empresas de contabilidade que são optantes pelo Simples Nacional.

No momento da inscrição, o interessado declara que cumpre e entende a legislação municipal onde pretende realizar a atividade e que a obedecerá, sob pena de ter cancelado o seu alvará provisório, que tem validade de 180 dias. Caso o município constate alguma ilegalidade nessa declaração, durante os 180 dias de validade do documento que equivale ao alvará provisório, o registro da empresa poderá ser cancelado.

Caso o empreendedor não disponha dessa informação, recomenda-se que ele não finalize o registro. O SEBRAE, os escritórios de contabilidade e a própria administração municipal podem prestar as informações necessárias.

Todo ano o MEI deve declarar o valor do faturamento do ano anterior (formulário DASN-SIMEI). A primeira declaração pode ser preenchida pelo próprio Microempreendedor Individual ou pelo contador optante pelo SIMPLES, gratuitamente. E todo mês, até o dia 20, o Microempreendedor Individual deve preencher o Relatório Mensal das Receitas que obteve no mês anterior, anexando ao Relatório as notas fiscais de compras de produtos e de serviços, bem como das notas fiscais que emitir.

O Microempreendedor Individual está dispensado de contabilidade e, portanto, não precisa escriturar nenhum livro. No entanto, ele deve guardar as notas de compra de mercadorias, os documentos do empregado contratado e o canhoto das notas fiscais que emitir.

Em relação ao Microempreendedor Individual – MEI – conceituado pela Lei do Simples como espécie de microempresa, a LC n. 128/2008 estabeleceu que este poderá optar pelo recolhimento dos impostos e contribuições abrangidos pelo Simples Nacional em valores mensais reduzidos, independentemente da receita bruta por ele auferida no mês, na forma prevista no art. 18-A.

A Lei n. 12.470, de 31.8.2011, alterou a alíquota de contribuição do microempreendedor individual para 5% (antes era de 11%) sobre o salário mínimo, com efeitos a partir de 1º de maio de 2011.

O MEI optante por esse recolhimento fixo não fará jus à aposentadoria por tempo de contribuição, salvo se efetuar o recolhimento mensal complementar de 9%, acrescido de juros moratórios. Essa contribuição assegura ao MEI todos demais os benefícios do sistema.

---

[3] Disponível em: <https://www.microempreendedormei.com/servico/abrir-mei>. Acesso em: 11 jul. 2022.

Caso o MEI pretenda contar o tempo de contribuição correspondente para fins de obtenção da aposentadoria por tempo de contribuição ou da contagem recíproca do tempo de contribuição a que se refere o art. 94 da Lei n. 8.213/1991, deverá complementar a contribuição mensal mediante recolhimento, sobre o valor correspondente ao limite mínimo mensal do salário de contribuição em vigor na competência a ser complementada, da diferença entre o percentual pago e o de 20%, acrescido dos juros moratórios equivalentes à taxa SELIC.

A Declaração Anual do Simples Nacional para o Microempreendedor Individual (DASN – SIMEI), também conhecida como Declaração Anual de Faturamento, é uma das obrigações e responsabilidades que o MEI deve apresentar anualmente. Todo ano o Microempreendedor Individual deve declarar o valor total de todas suas vendas de mercadorias e prestação de serviços sem deduzir nenhuma despesa (faturamento bruto), relativos ao ano anterior.

O registro, a baixa ou cancelamento no CNPJ e as alterações no cadastro do MEI podem ser feitos, gratuitamente, na plataforma governamental https://www.gov.br/.

Para os casos de afastamento legal do único empregado do MEI, será permitida a contratação de outro empregado, inclusive por prazo determinado, até que cessem as condições do afastamento, na forma estabelecida pelo Ministério do Trabalho.

O MEI poderá ter sua inscrição automaticamente cancelada após o período de 12 meses consecutivos sem recolhimento ou declarações, independentemente de qualquer notificação, devendo a informação ser publicada no Portal do Empreendedor, na forma regulamentada pelo Comitê Gestor.

De acordo com o § 6º do art. 4º da Lei Complementar n. 123/2006, incluído pela LC n. 155/2016, com efeitos a partir de 1.1.2018, "Na ocorrência de fraude no registro do Microempreendedor Individual – MEI feito por terceiros, o pedido de baixa deve ser feito por meio exclusivamente eletrônico, com efeitos retroativos à data de registro, na forma a ser regulamentada pelo CGSIM, não sendo aplicáveis os efeitos do § 1º do art. 29 desta Lei Complementar".

A alteração de dados no CNPJ informada pelo empresário à Secretaria da Receita Federal do Brasil equivalerá à comunicação obrigatória de desenquadramento da sistemática de recolhimento como MEI, nas seguintes hipóteses:

I – alteração para natureza jurídica distinta de empresário individual a que se refere o art. 966 da Lei n. 10.406, de 10 de janeiro de 2002 (Código Civil);
II – inclusão de atividade econômica não autorizada pelo CGSN;
III – abertura de filial.

Os municípios somente poderão realizar o cancelamento da inscrição do MEI caso tenham regulamentação própria de classificação de risco e o respectivo processo simplificado de inscrição e legalização, em conformidade com a LC n. 123 e com as resoluções do Comitê Gestor.

19.5 EXIGÊNCIA DE CONTRIBUIÇÃO MÍNIMA – EC N. 103/2019 E ART. 19-E DO RPS

A EC n. 103/2019 inseriu regra inédita, impondo a todos os segurados – obrigatórios e facultativos – que, para que haja cômputo de tempo de contribuição, o valor pago a título de contribuição, pelo segurado, deve ser igual ou superior ao que corresponda à incidência da alíquota prevista em lei sobre o menor salário de contribuição do mês respectivo (no caso, o salário mínimo mensal).

É o § 14 do art. 195, que tem a seguinte redação: "O segurado somente terá reconhecida como tempo de contribuição ao Regime Geral de Previdência Social a competência cuja contribuição seja igual ou superior à contribuição mínima mensal exigida para sua categoria, assegurado o agrupamento de contribuições".

Em acréscimo, o art. 29 da Emenda prevê:

> Art. 29. Até que entre em vigor lei que disponha sobre o § 14 do art. 195 da Constituição Federal, o segurado que, no somatório de remunerações auferidas no período de 1 (um) mês, receber remuneração inferior ao limite mínimo mensal do salário de contribuição poderá:
> I – complementar a sua contribuição, de forma a alcançar o limite mínimo exigido;
> II – utilizar o valor da contribuição que exceder o limite mínimo de contribuição de uma competência em outra; ou
> III – agrupar contribuições inferiores ao limite mínimo de diferentes competências, para aproveitamento em contribuições mínimas mensais.
> Parágrafo único. Os ajustes de complementação ou agrupamento de contribuições previstos nos incisos I, II e III, do *caput* somente poderão ser feitos ao longo do mesmo ano civil.

O assunto ganha disposições mais detalhadas no Regulamento da Previdência Social, notadamente no art. 19-E, incluído pelo Decreto n. 10.410/2020, e em alguns incisos do art. 216, que tiveram nova redação com o aludido Decreto.

É importante frisar que, no caso de segurados com contribuição apurada em valor inferior ao salário mínimo, pode supostamente ocorrer, inclusive, a perda da qualidade de segurado (?), mesmo estando empregado, ou exercendo trabalho em outra categoria, segundo o § 8º do art. 13 do RPS, que prevê: "O segurado que receber remuneração inferior ao limite mínimo mensal do salário de contribuição somente manterá a qualidade de segurado se efetuar os ajustes de complementação, utilização e agrupamento a que se referem o § 1º do art. 19-E e o § 27-A do art. 216".

Com o afã de regulamentar a matéria, antes mesmo do Decreto n. 10.410/2020, a Receita Federal emitiu instrução normativa, não obedecendo sequer ao prazo de 90 dias exigido para as hipóteses de majoração de contribuições à Seguridade Social (§ 6º do art. 195 da CF). Pela referida instrução normativa, a complementação seria devida já a partir da competência novembro de 2019 e a não realização acarretará a desconsideração de contribuições menores para todos os fins previdenciários, inclusive a manutenção da qualidade de segurado.

Relevante acentuar, de início, que a EC n. 103/2019, em que pesem as radicais alterações, manteve as premissas do *caput* do art. 201 da CF, no sentido de que a previdência social será organizada sob a forma de regime geral, "de caráter contributivo e de filiação obrigatória, observados critérios que preservem o equilíbrio financeiro e atuarial".

É de notar-se que o fato gerador da contribuição previdenciária do segurado sempre foi (e continua sendo, mesmo após a EC n. 103) a *remuneração auferida* nas atividades laborativas que acarretam sua filiação compulsória ao RGPS (CF, art. 195, II). Ora, se a renda auferida for *inferior a um salário mínimo* (hipótese que abrange uma gama bem grande de pessoas, como empregados domésticos, aprendizes, trabalhadores a tempo parcial e, mais recentemente, os intermitentes), temos que essas pessoas, caso se admita válida a exigência, serão fulminadas em seus direitos previdenciários, pois sequer se pode admitir, em sã consciência, que tenham conhecimento dessa nova exigência.

Imagine-se, para tanto, a situação hipotética (mas perfeitamente possível) de um segurado empregado, em seu primeiro dia de trabalho em toda a sua existência, vir a sofrer acidente, tornando-se incapaz permanentemente para o labor. Como ele nunca havia contribuído para o RGPS, sua "remuneração auferida" será equivalente a apenas 15 dias (período que a empresa deve custear, antes do benefício por incapacidade temporária ou permanente). Se o valor equivalente a esses 15 dias for inferior a um salário mínimo, então será exigido desse trabalhador, segurado obrigatório do RGPS e filiado automaticamente desde o primeiro dia de atividade (art. 20 do Regulamento), pagar uma contribuição adicional, até completar o equivalente ao que incidiria sobre o salário mínimo, sob pena de ter ceifado, em absoluto e em definitivo, o direito de obter uma aposentadoria por sua incapacidade.

Pior que isso, como será identificado, em situação que, além de inconstitucional, é flagrantemente ilegal (pois, sem previsão legal alguma, vem totalmente regida por atos administrativos, que, como se sabe, não podem restringir direitos ou impor obrigações (princípio da legalidade).

A nova exigência em questão é de flagrante inconstitucionalidade, pois fere, em tese, diversos princípios: o *princípio da anterioridade*, pois se trata da criação de uma *nova contribuição* (adicional, complementar), ou majoração da contribuição já existente, sem observância do prazo nonagesimal (e que não se pode chamar de facultativa em sua essência, pois, caso não realizada, acarreta efeitos prejudiciais aos direitos do segurado e seus dependentes, do que decorreria sua obrigatoriedade); o *da universalidade da cobertura e do atendimento*, estando o empregado e o trabalhador avulso classificados como segurados obrigatórios e filiados a partir do início do exercício de sua atividade, sendo ceifados da proteção previdenciária, o que antes não ocorria; o *princípio da equidade da participação no custeio* (CF, art. 194, parágrafo único, V),[4] na medida em que um segurado que aufira, no curso do mês, renda inferior a um salário mínimo, contribuirá (proporcionalmente ao seu rendimento) em percentual maior do que outros segurados e contribuintes com maior capacidade contributiva; e *a vedação à tributação com caráter confiscatório*, pois é evidente que um indivíduo com rendimento inferior ao salário mínimo legal não tem capacidade contributiva para a aludida complementação (art. 145 da CF).[5]

É inconstitucional, por violação direta ao art. 150, IV, da Constituição, exigir dos contribuintes a manutenção de um sistema de seguridade ideal cujo custeio implique sacrifícios exagerados, como bem aludem Paulsen e Cardoso.[6]

Luís Eduardo Schoueri adverte que "Mínimo existencial e confisco oferecem as balizas da capacidade contributiva, no sentido subjetivo, que 'começa além do mínimo necessário à existência humana digna e termina aquém do limite destruidor da propriedade'".[7] Exemplificando, não faz sentido exigir de um trabalhador intermitente que tenha auferido, no curso de um mês, o valor igual à metade do salário mínimo, que ele faça uma contribuição de 7,5% sobre o salário mínimo, comprometendo sua renda em percentual bem maior – o dobro – do que um empregado remunerado com salário superior (caráter confiscatório), lembrando-se ainda que o Microempreendedor Individual pode contribuir com apenas 5% do salário mínimo.

---

[4] Como didaticamente apontado por Marcelino Alcântara, "a equidade, quem possui maior poder aquisitivo contribui mais, ao passo que o empregado que ganha um salário mínimo, por exemplo, contribuirá proporcionalmente às suas condições" (ALCÂNTARA, Marcelino Alves de. *O princípio da equidade na forma de participação no custeio*. Dissertação [Mestrado em Direito] – Pontifícia Universidade Católica de São Paulo, São Paulo, 2010. p. 128).

[5] O princípio da capacidade contributiva é tratado não só como um valor de igualdade na tributação, mas também como um limitador à incidência tributária. São identificados os limites de preservação ao mínimo existencial, em que há ausência de capacidade contributiva, e o limite de vedação ao confisco, em que se esgota a capacidade contributiva (HACK, Érico. Princípio da capacidade contributiva: limites e critérios para o tributo. *Revista da SJRJ*, n. 39, p. 83. Disponível em: <https://www.jfrj.jus.br/revista-sjrj/artigo/principio--da-capacidade-contributiva-limites-e-criterios-para-o-tributo-ability>. Acesso em: 21 jul. 2020.

[6] PAULSEN, Leandro; CARDOSO, Alessandro Mendes (org.). *Contribuições previdenciárias sobre a remuneração*. Porto Alegre: Livraria do Advogado, 2013, p. 31.

[7] *Apud* PAULSEN, Leandro; CARDOSO, Alessandro Mendes (org.). *Contribuições previdenciárias sobre a remuneração*. Porto Alegre: Livraria do Advogado, 2013, p. 32.

Concordamos, neste ponto, com Paulsen e Cardoso:

> Não é dado ao legislador determinar que contribuam aqueles que, para tanto, teriam de comprometer o seu mínimo vital. Isso, aliás, atentaria também e essencialmente contra a dignidade da pessoa humana, violando justamente o valor em torno do qual se estruturam as garantias fundamentais. Exigir contribuição de quem não tem capacidade contributiva, de modo a destinar os recursos ao custeio da seguridade social – que tem, dentre seus objetivos, justamente, atender as pessoas em situação de risco social – seria, ademais, absolutamente irrazoável.[8]

Acresça-se a esses fundamentos o aspecto de que, nem na Exposição de Motivos da PEC que deu origem à tramitação da Emenda, nem nos relatórios das duas Casas Legislativas do Poder Constituinte Derivado, há identificação de uma justificativa razoável para tratamento tão desigual – para pior. Importante recordar que

> Em verdade, o que se tem de indagar para concluir se uma norma desatende a igualdade ou se convive bem com ela é o seguinte: se o tratamento diverso outorgado a uns for "justificável", por existir uma "correlação lógica" entre o "fator de discrímen" tomado em conta e o regramento que se lhe deu, a norma ou a conduta são compatíveis com o princípio da igualdade; se, pelo contrário, inexistir esta relação de congruência lógica ou – o que ainda seria mais flagrante – se nem ao menos houvesse um fator de discrímen identificável, a norma ou a conduta serão incompatíveis com o princípio da igualdade.[9]

A complementação, segundo a RFB (e, posteriormente, conforme o Decreto n. 10.410/2020, que inclui, no Regulamento da Previdência Social, o art. 19-E), sem que tenha havido fixação por lei em sentido estrito, deverá ser realizada por meio do Documento de Arrecadação de Receitas Federais – DARF, com a utilização do número do CPF do segurado/contribuinte, no código de receita 1872 – Complemento de Contribuição Previdenciária, conforme Ato Declaratório Executivo CODAC/RFB n. 05, de 6.2.2020.

Essa complementação, caso não seja declarada *inconstitucional*, nem *ilegal*, deve ser realizada nas competências a partir de novembro de 2019, segundo o ato administrativo em comento, para preservação do período contributivo em questão.

Eis aqui mais uma violação evidente: considerando a promulgação da Emenda em 13.11.2019, fixar-se um prazo de caducidade em 31.12.2019 (47 dias após a vigência da regra) é, definitivamente, de intenção a desproteger os cidadãos menos afortunados e atenta contra o princípio da indisponibilidade e irrenunciabilidade de direitos fundamentais, já consagrado na jurisprudência do STF.

Não bastassem tais argumentos, o ato administrativo que "permite" tal complementação somente foi emitido pela RFB em fevereiro de 2020, inviabilizando o pagamento em dezembro de 2019, portanto.

O cálculo e a geração do DARF poderão ser realizados no Sicalcweb – Programa para Cálculo e Impressão de Darf On Line, de gestão da Secretaria Especial da Receita Federal do Brasil, no endereço eletrônico <http://servicos.receita.fazenda.gov.br/Servicos/sicalcweb/default.asp?Tip-Tributo=1&FormaPagto=1>.

---

[8] PAULSEN, Leandro; CARDOSO, Alessandro Mendes (org.). *Contribuições previdenciárias sobre a remuneração*. Porto Alegre: Livraria do Advogado, 2013, p. 33.

[9] MELLO, Celso Antônio Bandeira de. Princípio da isonomia: desequiparações proibidas e desequiparações permitidas. *Revista Trimestral de Direito Público*, n. 1, p. 81-82, 1993.

A complementação (do valor da contribuição) corresponderá ao valor resultante da diferença entre o salário mínimo nacional vigente no mês e a remuneração consolidada que não atingiu o limite mínimo, multiplicado pela alíquota correspondente à categoria de segurado.

Para o empregado, empregado doméstico e trabalhador avulso, devem ser aplicadas as alíquotas de 8% para as competências de 11/2019 a 02/2020; e 7,5% para as competências a partir de março de 2020 e, para o contribuinte individual (exclusivamente aquele que presta serviço à empresa), deve ser aplicada a alíquota de 11%.

Caso o segurado exerça mais de uma atividade no mês e a soma das remunerações não atinja o salário mínimo, a complementação (valor da contribuição) corresponderá ao valor resultante da diferença entre o salário mínimo nacional vigente no mês e o somatório de remunerações das atividades exercidas, multiplicado pela menor alíquota correspondente à categoria de segurado na competência. Assim, por exemplo, se o cidadão foi empregado e também contribuinte individual prestador de serviço à empresa no mesmo mês e a soma de remunerações não atingiu o salário mínimo, a alíquota incidente sobre a diferença para alcançar o salário mínimo será a de empregado (8% entre 11/2019 e 02/2020 e 7,5% a partir de 03/2020).[10]

Vejamos o que mais é tratado pelo art. 19-E do RPS:

- Os ajustes de complementação, utilização e agrupamento poderão ser efetivados, a qualquer tempo, por iniciativa do segurado, hipótese em que se tornarão irreversíveis e irrenunciáveis após processados (§ 2º do art. 19-E).
- A complementação poderá ser recolhida até o dia quinze do mês subsequente ao da prestação do serviço e, a partir dessa data, com os acréscimos previstos no art. 35 da Lei n. 8.212/1991(§ 3º do art. 19-E).
- Os ajustes de que tratam os incisos II e III do § 1º serão efetuados na forma indicada ou autorizada pelo segurado, desde que utilizadas as competências do mesmo ano civil definido no art. 181-E, em conformidade com o disposto nos § 27-A ao § 27-D do art. 216 (§ 4º do art. 19-E).
- A efetivação do ajuste não impede o recolhimento da contribuição referente à competência que tenha o salário de contribuição transferido, em todo ou em parte, para agrupamento com outra competência a fim de atingir o limite mínimo mensal do salário de contribuição (§ 5º do art. 19-E).
- Para complementação ou recolhimento da competência que tenha o salário de contribuição transferido, em todo ou em parte, serão observados o prazo já mencionado e os acréscimos de mora, após o prazo (§ 6º do art. 19-E).
- Na hipótese de falecimento do segurado, os ajustes poderão ser solicitados por seus dependentes para fins de reconhecimento de direito para benefício a eles devidos até o dia quinze do mês de janeiro subsequente ao do ano civil correspondente, desde que utilizadas as competências do mesmo ano civil (§ 7º do art. 19-E).

Quanto a este último aspecto, novamente temos regra infralegal fixando prazo fatal (15 de janeiro do ano seguinte ao do óbito), desta feita para dependentes de segurado falecido (incluindo-se aí incapazes, pessoas deficientes etc.), com o que evidentemente não podemos concordar, por flagrante ilegalidade, já que fixa prazo peremptório e, mais uma vez, evidencia

---

[10] Conforme informações contidas no sítio <https://www.inss.gov.br/wp-content/uploads/2020/04/comunicado-sicalc2-2-1.pdf>. Acesso em: 11 jul. 2022.

afronta ao princípio da irrenunciabilidade dos direitos fundamentais sociais, não se admitindo prazo decadencial para a salvaguarda de direitos de natureza previdenciária.[11]

Com base no Representativo n. 286 da TNU, a TRU da 4ª Região fixou a tese de que, "para fins de obtenção de pensão por morte do contribuinte individual, os dependentes poderão realizar a complementação, a qualquer tempo, das contribuições efetuadas, em vida, pelo segurado falecido, abaixo do mínimo legal, anteriormente à entrada em vigor da EC n. 103/2019", entendendo "irrazoável e não proporcional o prazo estabelecido no § 7º do art. 19-E do Decreto n. 3.048/1999 (com a redação conferida pelo Decreto n. 10.410/2020)" (Ag/JEF n. 5006152-98.2022.4.04.7100/RS, julg. 28.4.2023).

19.6 CONTRIBUIÇÕES DAS EMPRESAS

A Constituição prevê no art. 195, inciso I, com a redação dada pela Emenda n. 20, a incidência de contribuições sociais a cargo do empregador, da empresa e da entidade a ela equiparada[12] na forma da lei (art. 15 da Lei n. 8.212/1991, com a redação conferida pela Lei n. 13.202/2015), nos seguintes termos:

> *I – do empregador, da empresa e da entidade a ela equiparada, na forma da lei, incidentes sobre:*
> *a) a folha de salários e demais rendimentos do trabalho pagos ou creditados, a qualquer título, à pessoa física que lhe preste serviço, mesmo sem vínculo empregatício;*
> *b) a receita ou o faturamento;*
> *c) o lucro.*

É prevista, ainda, a instituição de contribuições com fato gerador distinto daqueles relacionados no art. 195, I, da Constituição. Essas outras fontes, destinadas a garantir a manutenção ou expansão da Seguridade Social, exigem a adoção de lei complementar para serem cobradas, conforme previsto no art. 195, § 4º, da Constituição.

19.6.1 Contribuição sobre a folha de pagamento

É a contribuição prevista na letra *a* do inciso I do art. 195 da Constituição. Sua incidência se dá sobre a folha de salários e demais rendimentos do trabalho pagos ou creditados, pela empresa, a qualquer título, à pessoa física que preste serviço, mesmo sem vínculo empregatício.

A cobrança é feita com base no inciso I do art. 22 da Lei n. 8.212/1991, cuja alíquota é de 20% sobre "o total das remunerações pagas, devidas ou creditadas a qualquer título, durante o mês, aos segurados empregados e trabalhadores avulsos que lhe prestem serviços, destinadas a retribuir o trabalho, qualquer que seja a sua forma, inclusive as gorjetas, os ganhos habituais sob a forma de utilidades e os adiantamentos decorrentes de reajuste salarial, quer pelos serviços efetivamente prestados, quer pelo tempo à disposição do empregador ou tomador de serviços,

---

[11] Vide, *v.g.*, o expresso reconhecimento dessa natureza pelo STF no acórdão que julgou o Tema 313 da Repercussão Geral, ainda que para reconhecer, no mérito, o cabimento de um prazo de decadência do direito à *revisão* da renda mensal inicial de benefícios, mas vedando a fixação de prazo decadencial para o requerimento do benefício em si (RE 626.489/SE, Tribunal Pleno, Rel. Min. Roberto Barroso, j. 16.10.2013, *DJe* 23.9.2014).

[12] Equiparam-se a empresa, para fins previdenciários (art. 12, parágrafo único, do RPS): o contribuinte individual, em relação a segurado que lhe presta serviço; a cooperativa, a associação ou a entidade de qualquer natureza ou finalidade, inclusive a missão diplomática e a repartição consular de carreiras estrangeiras; o operador portuário e o órgão gestor de mão de obra de que trata a Lei n. 12.815, de 2013; e o proprietário ou dono de obra de construção civil, quando pessoa física, em relação a segurado que lhe presta serviço.

nos termos da lei ou do contrato ou, ainda, de convenção ou acordo coletivo de trabalho ou sentença normativa".

Nota-se, pelo cotejo dos dispositivos constitucional e legal pertinentes, que a hipótese de incidência indicada na Constituição (importância paga ou creditada) mereceu, na Lei de Custeio, a inserção de mais um vocábulo (paga, *devida* ou creditada). Para alguns, tal inclusão seria inconstitucional, pois se estaria estabelecendo nova hipótese, não contemplada no texto constitucional, por via de lei ordinária, vulnerando a exigência de lei complementar para tanto.

Todavia, é nosso entendimento que a remuneração devida é a mesma que deve ser paga ou creditada ao segurado empregado, por se configurar em direito adquirido, tendo a norma legal apenas o condão de indicar que o fato imponível não se revela apenas no auferir remuneração, mas no *fazer jus* a ela, ainda que o empregador, violando a lei e o contrato de trabalho, deixe de remunerar corretamente o trabalhador, impedindo a invocação de que, não tendo o empregador feito qualquer pagamento de remuneração (como na hipótese de mora salarial), nenhuma contribuição seria devida, nem pelo mesmo, nem pelo segurado, em relação ao mês em que não houve pagamento.

É o que ocorre, no mais das vezes, em situações nas quais o empregado se vê obrigado a ingressar com ação trabalhista para ter êxito em receber seus haveres remuneratórios. A sentença proferida pela Justiça do Trabalho nada mais faz do que reconhecer um direito preexistente e inadimplido pelo empregador, e que deveria ter composto, na época própria, a "folha de pagamentos", o que somente não aconteceu por conduta ilícita do empregador. É dizer, caso não estivesse expresso que há incidência no simples fato de que a verba é "devida", ainda que não paga ou creditada na data do vencimento da obrigação patronal, haveria brecha indevida na lei, favorecendo o infrator.

Ademais, raciocínio de que a verba devida, mas não paga, não corresponderia a uma hipótese de incidência seria por demais prejudicial ao segurado, pois, no cômputo do salário de benefício, haveria lacunas em seu tempo de contribuição, relativamente aos meses em que não foi vertida contribuição, ou esta foi feita a menor, por infração à norma trabalhista, beneficiando, mais uma vez, o infrator da norma (o empregador).

Como visto, a contribuição do empregado e do trabalhador avulso é calculada mediante a aplicação da correspondente alíquota sobre seu salário de contribuição mensal, até o limite máximo previsto pela Previdência Social. Já a contribuição da empresa é de 20% sobre o total das remunerações pagas, devidas ou creditadas, a qualquer título, no decorrer do mês, aos segurados empregados que lhes prestem serviços. O limite máximo do salário de contribuição não é aplicado para as empresas, isto é, a contribuição é sobre o valor total da remuneração. Por exemplo, se a remuneração do empregado for de R$ 10.000,00, este contribuirá sobre o valor máximo do salário de contribuição, mas a empresa contribuirá sobre R$ 10.000,00.

Conclui-se que, com isso, a empresa que, mesmo sem intenção manifesta, deixa de pagar valores de natureza remuneratória a seus trabalhadores no prazo que a lei assina para o cumprimento desta obrigação torna-se devedora perante a Seguridade Social, no que tange às contribuições que deveria fazer sobre a soma dos valores que, mesmo devidos, não foram pagos a seus empregados e trabalhadores avulsos.

É que o fato imponível da contribuição previdenciária em questão não é o pagamento do salário, mas sim a *prestação de serviço pelo trabalhador*, verdadeiro critério material da hipótese de incidência da referida contribuição, devendo ser entendido como mês de competência aquele efetivamente trabalhado.

Decidiu o STF em Repercussão Geral (RE 565160/SC, *DJe* 23.8.2017), Tema 20 – "Alcance da expressão 'folha de salários', para fins de instituição de contribuição social sobre o total das remunerações", que: "A contribuição social a cargo do empregador incide sobre ganhos habituais do empregado, quer anteriores ou posteriores à Emenda Constitucional n. 20/1998".

Evidentemente, este entendimento agora terá de ser sopesado com as novas disposições trazidas pela Lei n. 13.467/2017 a respeito da não incidência de contribuições sobre verbas que antes compunham, indene de dúvidas, o conjunto de ganhos habituais do empregado em contraprestação ao trabalho.

Cabe registrar, ainda, a existência de vários questionamentos no tocante à incidência de contribuição patronal sobre verbas trabalhistas.

A orientação fixada pelo STJ é a seguinte:

- estão sujeitas à incidência de contribuição previdenciária as parcelas pagas pelo empregador a título de horas extras e seu respectivo adicional, bem como os valores pagos a título de adicional noturno e de periculosidade (Recurso Repetitivo – Tema 687, REsp 1.358.281/SP, 1ª Seção, Rel. Min. Herman Benjamin, julgado em 23.4.2014);
- não incide contribuição previdenciária a cargo da empresa sobre o valor pago a título de: a) terço constitucional de férias gozadas e de férias indenizadas; b) aviso prévio indenizado; c) importância paga nos 15 dias que antecedem o auxílio-doença (Recurso Repetitivo – Temas 478, 479, 738, REsp 1.230.957/RS, Rel. Min. Mauro Campbell Marques, DJe 18.3.2014);
- não incide contribuição social sobre o valor dos medicamentos adquiridos pelo empregado e pagos pelo empregador ao estabelecimento comercial de forma direta, mesmo que o montante não conste na folha de pagamento (REsp 1.430.043/PR, 2ª Turma, Rel. Min. Mauro Campbell Marques, DJe 11.3.2014).

O Supremo Tribunal Federal, apreciando o Tema 72 de Repercussão Geral, fixou a seguinte tese: "É inconstitucional a incidência da contribuição previdenciária a cargo do empregador sobre o salário maternidade". Deste modo, há direito à restituição dos valores deduzidos a esse título de gestantes e adotantes, bem como das contribuições dos empregadores já realizadas a esse título.

A cooperativa de trabalho não está sujeita à contribuição de que trata o inciso II do *caput*, em relação às importâncias por ela pagas, distribuídas ou creditadas aos respectivos cooperados, a título de remuneração ou retribuição pelos serviços que, por seu intermédio, tenham prestado a empresas (§ 19 do art. 201 do RPS).

A empresa é obrigada a recolher as contribuições a seu encargo, no mês seguinte ao efetivamente trabalhado, por força do art. 30, I, "b", da Lei n. 8.212/1991.

Anualmente, até o dia 20 de dezembro, ou no mês seguinte à data da ruptura do contrato de trabalho, a empresa está obrigada a recolher as contribuições previdenciárias sobre a gratificação natalina (13º salário), salvo em se tratando de comissões, quando se permite fazer o recolhimento da diferença desta gratificação até o dia 20 de janeiro, em relação às transações ultimadas após aquela data (Regulamento, art. 216, § 25). A contribuição incidirá sobre o valor bruto da gratificação, sem compensação dos adiantamentos pagos, mediante aplicação, em separado, da tabela de alíquotas e observadas as normas estabelecidas pelo Instituto Nacional do Seguro Social.

19.6.2 Contribuição sobre a remuneração paga aos segurados contribuintes individuais e trabalhadores avulsos

Com relação ao recolhimento das empresas sobre rendimentos de autônomos, avulsos e administradores, o Supremo Tribunal Federal declarou inconstitucional a incidência da contribuição previdenciária instituída por meio de lei ordinária (Lei n. 7.787/1989, com nova redação dada pela Lei n. 8.212/1991). Entendeu a Suprema Corte que a relação dos administradores e autônomos não decorre de contrato de trabalho, não tendo folha de salários, e somente por lei complementar poderia ser instituída nova contribuição. A inconstitucionalidade foi declarada por afronta à redação original do art. 195, I, da Constituição de 1988, que previa a contribuição dos empregadores incidentes somente sobre a "folha de salários, o faturamento e o lucro".

Em razão dessa decisão foi editada a Lei Complementar n. 84, de 18.1.1996, a qual instituiu basicamente duas contribuições:

- a primeira, de 15%, a cargo das empresas e pessoas jurídicas, inclusive cooperativas, incidentes sobre as remunerações ou retribuições por elas pagas ou creditadas no decorrer do mês, pelos serviços que lhes prestem, sem vínculo empregatício, os segurados empresários, trabalhadores autônomos, avulsos e demais pessoas físicas (art. 1º, I); e
- a segunda, também de 15%, a cargo de cooperativas de trabalho, incidente sobre o total das importâncias pagas, distribuídas ou creditadas a seus cooperados, a título de remuneração ou retribuição pelos serviços que prestem a pessoas jurídicas por intermédio delas (art. 1º, II).

Com fundamento na Lei Complementar n. 84/1996, a partir do mês de maio de 1996, as empresas, cooperativas e entes públicos passaram a recolher contribuição de 15% sobre os valores pagos a empresários, autônomos e equiparados (hoje denominados contribuintes individuais) e trabalhadores avulsos.

Essa contribuição tinha como base de cálculo todos os pagamentos que tivessem sido efetuados pelos serviços prestados por empresários, autônomos, trabalhadores avulsos e demais pessoas físicas, quando não houvesse vínculo empregatício estabelecido entre as partes.

A Lei n. 9.876, de 26.11.1999, revogou a Lei Complementar n. 84, dando nova redação ao art. 22 da Lei n. 8.212/1991, para tratar das contribuições a cargo da empresa sobre os pagamentos efetuados aos contribuintes individuais (antigamente denominados autônomos e equiparados a autônomos) e aos trabalhadores avulsos.

Na sequência, o STF declarou a inconstitucionalidade do inciso IV do art. 22[13] com a redação conferida pela Lei n. 9.876 (RE 595.838, Rel. Min. Dias Toffoli, j. 23.4.2014), de modo que não mais se pode exigir contribuição sobre valores pagos a membros de cooperativas de trabalho por meio de nota fiscal. Para a Corte máxima, "ao instituir contribuição previdenciária incidente sobre o valor bruto da nota fiscal ou fatura, extrapolou a norma do art. 195, inciso I, *a*, da Constituição, descaracterizando a contribuição hipoteticamente incidente sobre os rendimentos do trabalho dos cooperados, tributando o faturamento da cooperativa, com evidente *bis in idem*. Representa, assim, nova fonte de custeio, a qual somente poderia ser instituída por lei complementar, com base no art. 195, § 4º – com a remissão feita ao art. 154, I, da Constituição". A execução do dispositivo legal foi suspensa pelo Senado em março de 2016.

Desta forma, a contribuição a cargo da empresa incide sobre o total das remunerações pagas ou creditadas a qualquer título, no decorrer do mês, aos segurados contribuintes individuais e trabalhadores avulsos que lhe prestem serviços, sendo de 20% (incisos I e III do art. 22 da Lei n. 8.212/1991, com redação dada pela Lei n. 9.876/1999).

A Lei n. 14.973/2024 beneficia os municípios com população de até 156,2 mil habitantes, que terão a alíquota reduzida para 8% em 2024, aumentando gradualmente para 12% em 2025,

---

[13] "Art. 22. A contribuição a cargo da empresa, destinada à Seguridade Social, além do disposto no art. 23, é de: (...) IV – quinze por cento sobre o valor bruto da nota fiscal ou fatura de prestação de serviços, relativamente a serviços que lhe são prestados por cooperados por intermédio de cooperativas de trabalho."

16% em 2026 e voltando a 20% a partir de janeiro de 2027. Para contarem com a redução de alíquotas, os municípios devem estar em situação de regularidade fiscal conforme o art. 60 da Lei n. 9.069, de 29 de junho de 1995.

Excetua-se da base de cálculo o lucro distribuído ao segurado empresário (§ 1º do art. 201 do Regulamento). Incidirá a contribuição, todavia, sobre os valores totais pagos ou creditados aos sócios, ainda que a título de antecipação de lucro da pessoa jurídica, quando não houver discriminação entre a remuneração decorrente do trabalho e a proveniente do capital social ou tratar-se de adiantamento de resultado ainda não apurado por meio de demonstração de resultado do exercício (RPS, art. 201, § 5º, II).

Conforme o Regulamento, "na contratação de serviços de transporte rodoviário de carga ou de passageiro ou de serviços prestados com a utilização de trator, máquina de terraplenagem, colheitadeira e assemelhados a base de cálculo da contribuição da empresa corresponde a vinte por cento do valor registrado na nota fiscal, na fatura ou no recibo, quando esses serviços forem prestados sem vínculo empregatício por condutor autônomo de veículo rodoviário, auxiliar de condutor autônomo de veículo rodoviário, inclusive por taxista e motorista de transporte remunerado privado individual de passageiros, e operador de máquinas" (§ 4º do art. 201, com redação dada pelo Decreto n. 10.410/2020).

De acordo com o § 2º do art. 201 do Regulamento da Previdência Social, com a redação conferida pelo Decreto n. 10.410/2020, integra a remuneração para os fins do disposto no inciso II do seu *caput* a bolsa de estudos paga ou creditada ao médico-residente participante do programa de residência médica de que trata o art. 4º da Lei n. 6.932/1981.

O § 3º do art. 201 do RPS contém regra pertinente ao *lançamento de ofício*, pela atuação da Receita Federal, quando ausente a contribuição patronal sobre pagamentos realizados a contribuintes individuais empresários (o empresário individual e o titular de empresa individual de responsabilidade limitada, urbana ou rural, o diretor não empregado e o membro de conselho de administração de sociedade anônima, o sócio de sociedade em nome coletivo, o sócio solidário, o sócio gerente, o sócio cotista e o administrador; quanto a este último, quando não for empregado em sociedade limitada, urbana ou rural) e ao associado eleito para cargo de direção em cooperativa, associação ou entidade de qualquer natureza ou finalidade, bem como ao síndico ou administrador eleito para exercer atividade de direção condominial, desde que recebam remuneração. Neste caso, não havendo comprovação dos valores pagos ou creditados em face de recusa ou sonegação de qualquer documento ou informação, ou sua apresentação deficiente, a contribuição da empresa referente a esses segurados será de vinte por cento sobre o salário de contribuição do segurado nessa condição, a maior remuneração paga a empregados da empresa, ou o salário mínimo, caso não ocorra nenhuma das hipóteses anteriores.

Já o § 5º do mesmo artigo 201 indica que, para efeito de incidência de contribuição patronal sobre os valores pagos ou creditados a sócios, serão considerados não apenas os valores pagos em decorrência do trabalho (*pro labore*), mas também os valores totais pagos ou creditados aos sócios, ainda que a título de antecipação de lucro da pessoa jurídica, quando não houver discriminação entre a remuneração decorrente do trabalho e a proveniente do capital social ou tratar-se de adiantamento de resultado ainda não apurado por meio de demonstração de resultado do exercício.

A empresa contratante de serviços executados por intermédio de MEI para prestar serviços de hidráulica, eletricidade, pintura, alvenaria, carpintaria e de manutenção ou reparo de veículos mantém, em relação a essa contratação, a obrigatoriedade de recolhimento da contribuição a que se referem o inciso III do *caput* e o § 1º do art. 22 da Lei n. 8.212, de 24.7.1991, e o cumprimento das obrigações acessórias relativas à contratação de contribuinte individual (art. 18-B da LC n. 123/2006, com a redação conferida pela LC n. 147/2014).

Na hipótese de ter empregado contratado, o MEI:

> I – deverá reter e recolher a contribuição previdenciária relativa ao segurado a seu serviço na forma da lei, observados prazo e condições estabelecidos pelo CGSN;
> II – é obrigado a prestar informações relativas ao segurado a seu serviço, na forma estabelecida pelo CGSN; e
> III – está sujeito ao recolhimento da contribuição de que trata o inciso VI do *caput* do art. 13 da LC 123/2006, calculada à alíquota de 3% (três por cento) sobre o salário de contribuição previsto no *caput*, na forma e prazos estabelecidos pelo CGSN.

– Contribuição sobre pagamentos feitos a membros de entidades religiosas

Com a edição da Lei n. 10.170, de 29.12.2000, os pagamentos feitos pelas instituições religiosas e de ensino vocacional aos ministros de confissão religiosa, membros de instituto de vida consagrada, de congregação ou de ordem religiosa em face do seu mister religioso ou para sua subsistência, desde que fornecidos em condições que independam da natureza e da quantidade do trabalho executado, não sofrem a incidência da contribuição patronal sobre pagamentos feitos a pessoas físicas que não sejam empregados.

Dispondo sobre o tema, o § 17 do art. 214 do Regulamento (incluído pelo Decreto n. 10.410/2020) afirma que, para fins de aplicação da regra em comento:

> I – os critérios informadores dos valores despendidos pelas entidades religiosas e instituições de ensino vocacional aos ministros de confissão religiosa, membros de vida consagrada, de congregação ou de ordem religiosa não são taxativos e, sim, exemplificativos; e
> II – os valores despendidos, ainda que pagos de forma e em montante diferenciados, em pecúnia ou a título de ajuda de custo de moradia, transporte ou formação educacional, vinculados exclusivamente à atividade religiosa não configuram remuneração direta ou indireta.

É salutar esclarecer que nem sempre o pagamento feito a eclesiásticos e outros membros de entidades religiosas estará fora da hipótese de incidência, mas deve ser fundamentada a atuação fiscal para afastar a isenção legal.

– Contribuição sobre os rendimentos pagos aos agentes políticos

A submissão dos entes federativos ao pagamento de contribuição previdenciária patronal incidente sobre a remuneração dos agentes políticos não vinculados a regime próprio de previdência social, após o advento da Lei n. 10.887/2004, foi definida em Repercussão Geral pelo STF que fixou a seguinte tese:

> **Tema 691** – "Incide contribuição previdenciária sobre os rendimentos pagos aos exercentes de mandato eletivo, decorrentes da prestação de serviços à União, a estados e ao Distrito Federal ou a municípios, após o advento da Lei n. 10.887/2004, desde que não vinculados a regime próprio de previdência" (*Leading Case*: RE 626837).

Após essa decisão do STF, foi publicada a Portaria Conjunta MTP/INSS n. 4, de 20.6.2022, dispondo sobre o exercente de mandato eletivo federal, estadual ou municipal, junto ao Regime Geral de Previdência Social. Desse ato normativo se extrai que:

- o exercente de mandato eletivo é segurado obrigatório da previdência social como empregado a partir de 19.9.2004, desde que não vinculado a regime próprio de previdência;
- para os períodos em que não era exigida a filiação obrigatória ao RGPS, é possível a indenização das contribuições, desde que o exercente de mandato eletivo no período solicitado não tenha sido vinculado a nenhum regime próprio de previdência.

19.6.3 Contribuição adicional das instituições financeiras

As instituições financeiras (banco comercial, banco de investimento, banco de desenvolvimento, caixa econômica, sociedade de crédito, financiamento e investimento, sociedade de crédito imobiliário, inclusive associação de poupança e empréstimo, sociedade corretora, distribuidora de títulos e valores mobiliários, inclusive bolsa de mercadorias e de valores, empresa de arrendamento mercantil, cooperativa de crédito, empresa de seguros privados e de capitalização, agente autônomo de seguros privados e de crédito e entidade de previdência privada, aberta e fechada) pagam contribuição adicional de 2,5% sobre as remunerações pagas ou creditadas aos segurados empregados, trabalhadores avulsos e contribuintes individuais que lhes prestam serviços.

A constitucionalidade da diferença de alíquotas exigida de instituições financeiras foi validada pelo STF:

> **Tema 204.** Contribuição adicional de 2,5% sobre a folha de salários de instituições financeiras instituída pela Lei n. 8.212/91.
> O tribunal, por unanimidade, conheceu do recurso extraordinário e a este negou provimento. Em seguida, também por unanimidade, o tribunal fixou a seguinte tese: "É constitucional a previsão legal de diferenciação de alíquotas em relação às contribuições previdenciárias incidentes sobre a folha de salários de instituições financeiras ou de entidades a elas legalmente equiparáveis, após a edição da Emenda Constitucional n. 20/1998".
> (*Leading Case*: RE 598.572, Tribunal Pleno, Rel. Min. Edson Fachin, *DJe* 4.4.2016).

19.6.4 Contribuição em razão do Grau de Incidência de Incapacidade Laborativa decorrente dos Riscos Ambientais do Trabalho – GILRAT

O seguro obrigatório de acidentes do trabalho foi integrado à Previdência Social pela Lei n. 5.316, de 14.9.1967, em favor dos empregados em geral, dos trabalhadores avulsos e dos presidiários que exercessem atividade remunerada.

Na ocorrência de acidentes do trabalho ou de doenças chamadas ocupacionais, tem o acidentado, ou seus dependentes no caso de sua morte, direito às prestações e serviços previstos na legislação previdenciária.

Trata-se de seguro obrigatório, instituído por lei, mediante uma contribuição adicional a cargo exclusivo da empresa e destina-se à cobertura de eventos resultantes de acidente do trabalho.

A fixação desse seguro no período de 1.9.1989 a 31.10.1991 foi realizada com a exigência de um adicional de 2% sobre o total da remuneração paga ou creditada, no decorrer do mês, aos segurados empregados e trabalhadores avulsos, independentemente da atividade da empresa e correspondente grau de risco (Lei n. 7.787, de 30.6.1989, art. 3º, II).

Com a edição da Lei de Custeio da Seguridade Social (Lei n. 8.212/1991, art. 22, II), no período de 1.11.1991 a 30.6.1997, o adicional passou a observar os percentuais de 1%, 2% ou 3% incidentes sobre o total da remuneração paga ou creditada a qualquer título, no decorrer do mês, aos segurados empregados, trabalhadores avulsos e médicos residentes (estes últimos por força do disposto na Lei n. 6.932/1981, art. 4º, §§ 1º e 5º):

- 1% para a empresa em cuja atividade preponderante o risco de acidente de trabalho seja considerado leve;
- 2% para a empresa em cuja atividade preponderante o risco de acidente de trabalho seja considerado médio;

– 3% para a empresa em cuja atividade preponderante o risco de acidente de trabalho seja considerado grave.

A Medida Provisória n. 1.523-13, de 25.9.1997, reeditada e revogada pela MP n. 1.596-14, de 10.11.1997, alterou em parte a redação do inciso II do art. 22 da Lei n. 8.212/1991. Posteriormente, a Medida Provisória n. 1.729, de 2.12.1998, convertida na Lei n. 9.732, de 11.12.1998, introduziu novas modificações. Entretanto, os percentuais de 1%, 2% ou 3% em razão do risco da atividade foram mantidos.

Assim, para o financiamento dos benefícios concedidos em razão do grau de incidência de incapacidade laborativa decorrente dos riscos ambientais do trabalho (GILRAT), o empregador contribui sobre o total das remunerações pagas ou creditadas, no decorrer do mês, aos segurados empregados e trabalhadores avulsos, consoante previsão contida no art. 22, II, da Lei n. 8.212/1991, com redação dada pela Lei n. 9.732, de 11.12.1998, com alíquotas que variam entre 1% e 3%, como anteriormente mencionado.

O enquadramento da atividade nos correspondentes graus de risco é de responsabilidade da empresa, e deve ser feito mensalmente, de acordo com a sua atividade econômica preponderante, conforme a Relação de Atividades Preponderantes e Correspondentes Graus de Risco, elaborada com base na CNAE, prevista no Anexo V do RPS, reproduzida no Anexo I da Instrução Normativa RFB n. 2.110/2022, obedecendo às seguintes disposições (art. 43, § 1º, I, da citada IN):

a) a empresa com um estabelecimento e uma única atividade econômica enquadrar-se-á na respectiva atividade;

b) a empresa com estabelecimento único e mais de uma atividade econômica simulará o enquadramento em cada atividade e prevalecerá, como preponderante, aquela que tem o maior número de segurados empregados e trabalhadores avulsos;

c) a empresa com mais de um estabelecimento e diversas atividades econômicas deverá somar o número de segurados alocados na mesma atividade em todos os estabelecimentos, prevalecendo como preponderante a atividade que ocupa o maior número de segurados empregados e trabalhadores avulsos, considerados todos os estabelecimentos;

d) os órgãos da Administração Pública Direta, tais como Prefeituras, Câmaras, Assembleias Legislativas, Secretarias e Tribunais, identificados com inscrição no CNPJ, enquadrar-se-ão na respectiva atividade, observado o disposto no § 11; e

e) a empresa de trabalho temporário enquadrar-se-á na atividade com a descrição "7820-5/00 Locação de Mão de Obra Temporária".

Considera-se preponderante a atividade econômica que ocupa, na empresa, o maior número de segurados empregados e trabalhadores avulsos (§ 3º do art. 202 do RPS, com redação dada pelo Decreto n. 10.410/2020), observado que:

a) apurado na empresa ou no órgão do poder público o mesmo número de segurados empregados e trabalhadores avulsos em atividades econômicas distintas, considerar-se-á como preponderante aquela que corresponder ao maior grau de risco;

b) não serão considerados os segurados empregados que prestam serviços em atividades-meio, para a apuração do grau de risco, assim entendidas aquelas que auxiliam ou complementam indistintamente as diversas atividades econômicas da empresa, tais como serviços de administração geral, recepção, faturamento, cobrança, contabilidade, vigilância, entre outros.

Considera-se estabelecimento da empresa a dependência, matriz ou filial, que tenha número de Cadastro Nacional da Pessoa Jurídica – CNPJ – próprio e a obra de construção civil executada sob sua responsabilidade (§ 3º-A do art. 202 do RPS, incluído pelo Decreto n. 10.410/2020).

A obra de construção civil edificada por empresa cujo objeto social não seja construção ou prestação de serviços na área de construção civil será enquadrada no código CNAE e grau de risco próprios da construção civil, e não da atividade econômica desenvolvida pela empresa; os trabalhadores alocados na obra não serão considerados.

Verificado erro no autoenquadramento, a RFB adotará as medidas necessárias à sua correção e, se for o caso, constituirá o crédito tributário decorrente.

O Superior Tribunal de Justiça considera não ser possível estabelecer a atividade preponderante pela generalidade da empresa, e sim por estabelecimento. O tema foi objeto da Súmula n. 351, cujo texto define: "A alíquota de contribuição para o Seguro de Acidente do Trabalho – SAT – é aferida pelo grau de risco desenvolvido em cada empresa, individualizada pelo seu CNPJ, ou pelo grau de risco da atividade preponderante quando houver apenas um registro".

A exigibilidade da contribuição em questão foi objeto de muitos questionamentos na via judicial, tendo sido pacificada pelo Supremo Tribunal Federal, que decidiu pela validade das normas que regulamentam a matéria: *Ag. Reg. em RE c/ Agravo n. 650.696-PR, Rel. Min. Celso de Mello*, DJe 14.11.2011.

19.6.4.1 Fator Acidentário de Prevenção – FAP

A Lei n. 10.666, de 8.5.2003, possibilitou a redução, em até cinquenta por cento, ou aumento, em até cem por cento, das referidas alíquotas, em razão do desempenho da empresa com relação à respectiva atividade econômica, apurado em conformidade com os resultados obtidos a partir dos índices de frequência, gravidade e custo, calculados segundo metodologia aprovada pelo Conselho Nacional de Previdência Social.

É um sistema *bonus* x *malus*, no qual a alíquota de contribuição de um, dois ou três por cento, destinada ao financiamento do benefício de aposentadoria especial ou daqueles concedidos em razão do grau de incidência de incapacidade laborativa decorrente dos riscos ambientais do trabalho, poderá ser reduzida, em até cinquenta por cento, ou aumentada, em até cem por cento.

O FAP consiste em multiplicador variável em um intervalo contínuo de cinco décimos a dois inteiros aplicado à respectiva alíquota, considerado o critério de truncamento na quarta casa decimal.

O objetivo do FAP é incentivar a melhoria das condições de trabalho e da saúde do trabalhador, estimulando as empresas a implementarem políticas mais efetivas de saúde e segurança no trabalho para reduzir a acidentalidade.

Assim, o FAP, que é recalculado periodicamente, individualizará a alíquota de 1%, 2% ou 3% prevista no Anexo V do Regulamento da Previdência Social – RPS, majorando ou reduzindo o valor da alíquota conforme a quantidade, a gravidade e o custo das ocorrências acidentárias em cada empresa. Portanto, com o FAP, as empresas com mais acidentes e acidentes mais graves em uma subclasse CNAE passam a contribuir com um valor maior, enquanto as empresas com menor acidentalidade terão uma redução no valor de contribuição.

A expressão *GILRAT Ajustado* foi cunhada pela Receita Federal do Brasil (RFB) e equivale à alíquota que as empresas recolhem sobre o total das remunerações pagas ou creditadas, no decorrer do mês, aos segurados empregados e trabalhadores avulsos, a partir de janeiro de 2010, para custear as Aposentadorias Especiais e aqueles benefícios concedidos em razão do grau de incidência de incapacidade laborativa decorrente dos riscos ambientais do trabalho.

A matéria somente foi regulamentada pelo Decreto n. 6.042/2007, que introduziu o Fator Acidentário de Prevenção – FAP – no art. 202-A do Regulamento da Previdência Social. A matéria foi novamente alterada pelo Decreto n. 10.410/2020.

Pela redação vigente, as alíquotas a que se refere o *caput* do art. 202 do RPS serão reduzidas em até cinquenta por cento ou aumentadas em até cem por cento em razão do desempenho da empresa, individualizada pelo seu CNPJ, em relação à sua atividade econômica, aferido pelo Fator Acidentário de Prevenção – FAP.

Para fins da redução ou da majoração a que se refere o *caput*, o desempenho da empresa, individualizada pelo seu CNPJ, será discriminado em relação à sua atividade econômica, a partir da criação de índice composto pelos índices de gravidade, de frequência e de custo que ponderam os respectivos percentuais.

De acordo com a redação dada pelo Decreto n. 10.410, de 2020, ao art. 202-A, § 4º, do RPS, os índices de frequência, gravidade e custo serão calculados segundo metodologia aprovada pelo Conselho Nacional de Previdência Social, levando-se em conta:

I – para o índice de frequência, os registros de acidentes ou benefícios de natureza acidentária;
II – para o índice de gravidade, as hipóteses de auxílio por incapacidade temporária, auxílio-acidente, aposentadoria por incapacidade permanente, pensão por morte e morte de natureza acidentária, aos quais são atribuídos pesos diferentes em razão da gravidade da ocorrência, da seguinte forma:
a) pensão por morte e morte de natureza acidentária – peso de cinquenta por cento;
b) aposentadoria por incapacidade permanente – peso de trinta por cento; e
c) auxílio por incapacidade temporária e auxílio-acidente – peso de dez por cento para cada; e
III – para o índice de custo, os valores dos benefícios de natureza acidentária pagos ou devidos pela previdência social.

O FAP produzirá efeitos tributários a partir do primeiro dia do quarto mês subsequente ao de sua divulgação.

Para o cálculo anual do FAP, serão utilizados os dados de janeiro a dezembro de cada ano, até completar o período de dois anos, a partir do qual os dados do ano inicial serão substituídos pelos novos dados anuais incorporados.

O FAP será calculado a partir de 1º de janeiro do ano seguinte àquele ano em que o estabelecimento completar dois anos de sua constituição.

A metodologia aprovada pelo Conselho Nacional de Previdência indicará a sistemática de cálculo e a forma de aplicação de índices e critérios acessórios à composição do índice composto do FAP.

A matriz para os cálculos da frequência, gravidade e custo e para o cálculo do FAP será composta pelos registros de toda CAT e pelos registros dos benefícios de natureza acidentária.

Os benefícios de natureza acidentária serão contabilizados no CNPJ ao qual o trabalhador estava vinculado no momento do acidente, ou ao qual o agravo esteja diretamente relacionado. Para o trabalhador avulso não há configuração de vínculo empregatício, mas o benefício será relacionado à empresa onde presta o serviço.

Após o cálculo dos índices de frequência, de gravidade e de custo, são atribuídos os percentis de ordem para as empresas por setor (Subclasse da CNAE) para cada um desses índices.

Desse modo, a empresa com menor índice de frequência de acidentes e doenças do trabalho no setor, por exemplo, recebe o menor percentual e o estabelecimento com maior frequência acidentária recebe 100%. O percentil é calculado com os dados ordenados de forma ascendente.

Caso a empresa apresente casos de morte ou incapacidade permanente, seu valor FAP não poderá ser inferior a um, para que a alíquota da empresa não seja inferior à alíquota de contribuição da sua área econômica, prevista no Anexo V do Regulamento da Previdência Social, salvo a hipótese de a empresa comprovar, de acordo com regras estabelecidas pelo INSS, investimentos em recursos materiais, humanos e tecnológicos em melhoria na segurança do trabalho, com o acompanhamento dos sindicatos dos trabalhadores e dos empregadores.

Após a obtenção do índice do FAP, não será concedida a bonificação para as empresas cuja taxa média de rotatividade for superior a 75%.

A taxa média de rotatividade do Cadastro Nacional da Pessoa Jurídica consiste na média aritmética resultante das taxas de rotatividade verificadas anualmente na empresa, considerando o período total de dois anos, e a taxa de rotatividade anual é a razão entre o número de admissões ou de rescisões (considerando-se sempre o menor), sobre o número de vínculos na empresa no início de cada ano de apuração, excluídas as admissões que representarem apenas crescimento e as rescisões que representarem diminuição do número de trabalhadores do respectivo Cadastro Nacional da Pessoa Jurídica.

As empresas que estiverem impedidas de receber FAP inferior a 1,0000 por apresentarem casos de morte ou de invalidez permanente ou taxa média de rotatividade superior a 75% poderão afastar esse impedimento se comprovarem a realização de investimentos em recursos materiais, humanos e tecnológicos em melhoria na segurança do trabalho, com o acompanhamento dos sindicatos dos trabalhadores e dos empregadores.

Referida comprovação será feita mediante formulário eletrônico "Demonstrativo de Investimentos em Recursos Materiais, Humanos e Tecnológicos em Melhoria na Segurança do Trabalho", devidamente preenchido e homologado.

A metodologia aprovada busca bonificar aqueles empregadores que tenham feito um trabalho intenso nas melhorias ambientais em seus postos de trabalho e apresentado no último período menores índices de acidentalidade e, ao mesmo tempo, aumentar a cobrança daquelas empresas que tenham apresentado índices de acidentalidade superiores à média de seu setor econômico.

Todas as empresas devem fazer consultas rotineiras às informações disponibilizadas acerca da concessão de benefícios por incapacidade para, caso se discorde do ato concessório com reconhecimento de natureza acidentária, apresentar contestação ou recurso ao CRPS, sob pena de ter benefícios computados na base de cálculo do FAP da empresa dos quais as empresas discordem da caracterização do Nexo Técnico Previdenciário (NTP) pela Perícia Médica do INSS.

– Publicação e procedimento de contestação do FAP

O FAP calculado e vigente para o ano subsequente, juntamente com as respectivas ordens de frequência, gravidade, custo e demais elementos que possibilitem ao estabelecimento (CNPJ completo) verificar o respectivo desempenho dentro da sua Subclasse da CNAE, será disponibilizado pelo Ministério da Previdência Social e pelo Ministério da Fazenda, podendo ser acessado no sítio: https://www.gov.br/pt-br/servicos/conhecer-ou-acessar-o-fator-acidentario-de-prevencao.

O valor do FAP de todos os estabelecimentos (CNPJ completo), juntamente com as respectivas ordens de frequência, gravidade, custo e demais elementos que compuseram o processo de cálculo, serão de conhecimento restrito do estabelecimento mediante acesso por senha pessoal.

O FAP atribuído aos estabelecimentos (CNPJ completo) pelo Ministério da Fazenda poderá ser *contestado* (apesar da nomenclatura, na verdade, trata-se de um *requerimento* de abertura de processo administrativo) perante o Conselho de Recursos da Previdência Social da Secretaria de Previdência, exclusivamente por meio eletrônico, por meio de formulário disponibilizado nos sítios da Previdência e da RFB.

A contestação deverá versar, exclusivamente, sobre razões relativas a divergências quanto aos elementos previdenciários que compõem o cálculo do FAP.

Os elementos previdenciários que compõem o cálculo do FAP contestado deverão ser devidamente identificados, conforme incisos abaixo, sob pena de não conhecimento da contestação:

- Comunicação de Acidentes do Trabalho (CAT) – seleção das CATs relacionadas para contestação.
- Benefícios – seleção dos benefícios relacionados para contestação.
- Massa salarial – seleção da(s) competência(s) do período-base, inclusive o 13º salário, informando o valor da massa salarial (campo "REMUNERAÇÃO" – GFIP/eSocial) que o estabelecimento (CNPJ completo) considera correto ter declarado em GFIP/eSocial para cada competência selecionada.
- Número médio de vínculos – seleção da(s) competência(s) do período-base, informando a quantidade de vínculos (campo "EMPREGADOS E TRABALHADORES AVULSOS" – GFIP/eSocial) que o estabelecimento (CNPJ completo) considera correta ter declarado em GFIP/eSocial para cada competência selecionada.
- Taxa média de rotatividade – seleção do(s) ano(s) do período-base, informando as quantidades de rescisões (campo "MOVIMENTAÇÕES"[14] – GFIP/eSocial), admissões (campo "ADMISSÃO"[15] – GFIP/eSocial) e de vínculos no início do ano (campo X GFIP/eSocial competência) que o estabelecimento (CNPJ completo) considera corretas ter declarado em GFIP/eSocial para cada ano do período-base selecionado.

Ainda sob pena de não conhecimento, qualquer referência aos elementos impugnados deverá identificá-los pelos seus respectivos números: CAT (número da CAT), benefícios, trabalhador (número do NIT).

Da decisão proferida pelo Conselho de Recursos da Previdência Social caberá recurso, exclusivamente por meio eletrônico, no prazo de trinta dias, contado da data da publicação do resultado no *DOU*.

O recurso deverá ser encaminhado por meio de formulário eletrônico, que será disponibilizado nos sítios da Previdência e da RFB, e será examinado em caráter terminativo pelo Conselho de Recursos da Previdência Social.

Não será conhecido o recurso sobre matérias que não tenham sido objeto de contestação em primeira instância administrativa.

O resultado do julgamento proferido pelo Conselho de Recursos da Previdência Social será publicado no *DOU*, e o inteiro teor da decisão será divulgado nos sítios da Previdência e da RFB, com acesso restrito ao estabelecimento (CNPJ completo).

O efeito suspensivo cessará na data da publicação do resultado do julgamento proferido pelo Conselho de Recursos da Previdência Social. A propositura, pelo contribuinte, de ação judicial que tenha por objeto idêntico pedido sobre o qual versa o processo administrativo importa em renúncia ao direito de recorrer à esfera administrativa e desistência da contestação interposta.

---

[14] Códigos das movimentações considerados no cálculo: I1 e I3 (GFIP) e motivos 2, 3 e 6 (eSocial).

[15] Códigos das admissões das categorias considerados no cálculo: 1, 2, 4, 7, 12, 19, 20, 21 e 26 (GFIP) e 101, 102, 103, 105, 106, 111, 201, 202, 301, 302, 303, 306, 309, 401 e 410 (eSocial), excetuados os vinculados a Regimes Próprios de Previdência.

O prazo para o recolhimento do tributo devido após o fim do efeito suspensivo está relacionado com a decisão que suspendeu o crédito tributário: (a) quando se tratar de decisão administrativa, o sujeito passivo deverá recolher o montante devido dentro de 30 (trinta) dias a partir da ciência da decisão definitiva nesse âmbito (arts. 21, 33, 42 e 43 do Decreto n. 70.235/1972); (b) no caso de decisão judicial, o sujeito passivo terá o prazo de 30 (trinta) dias para recolher a contribuição a partir da publicação da decisão que considerar devido o tributo, como explicitado pela Lei n. 9.430, de 27 de novembro de 1996 (art. 63, § 2º).

Tratando-se de decisão administrativa que entenda devido o acréscimo relativo ao FAP, a multa moratória e os juros moratórios são devidos desde o vencimento da competência até a data do efetivo recolhimento, inclusive durante o período em que o crédito ficou suspenso. Tratando-se de decisão judicial, por força do disposto no § 2º do art. 63 da Lei n. 9.430/1996, fica interrompida a incidência da multa de mora, desde a concessão da medida judicial até 30 (trinta) dias após a data da publicação da decisão judicial que considerar devida a contribuição. Entretanto, os juros moratórios são devidos desde o vencimento da competência até a data do efetivo recolhimento, inclusive durante o período em que o crédito ficou suspenso.

A impugnação do FAP suspende a exigibilidade apenas do acréscimo decorrente da aplicação do FAP, segundo o entendimento adotado pela RFB, de forma que o montante da contribuição relativa à alíquota básica de que trata o inciso II do art. 22 da Lei n. 8.212/1991 é exigível na hipótese de impugnação do FAP.

Mesmo havendo impugnação ao FAP, o contribuinte deve declarar na GFIP a totalidade da contribuição relativa ao RAT, incluindo eventual majoração em razão do FAP que lhe foi atribuído, conforme o Manual GFIP/Sefip, Cap. IV, item 7, p. 125. A GFIP relativa a cada competência abrangida pela discussão deverá ser retificada para informar o FAP estabelecido na decisão definitiva, caso seja diferente do inicialmente declarado.

É facultado ao contribuinte efetuar o depósito do montante da contribuição relativo ao acréscimo da alíquota em razão do índice FAP cuja exigibilidade esteja suspensa em razão de contestação do FAP, para evitar os acréscimos legais, da mesma forma que ocorre em relação aos demais créditos tributários com exigibilidade suspensa.

Diante da imprecisão do critério utilizado pela lei para calcular o produto resultante da aplicação do FAP, uma vez que ao final remeteu ao Fisco a tarefa de definir a alíquota a ser aplicada para cada contribuinte, a questão está sendo judicializada pelas empresas prejudicadas por essa nova sistemática de cálculo.

Contrariamente ao que ocorria com o Seguro de Acidente do Trabalho – SAT (mera delegação técnica), a delegação legislativa obtida pelo Fisco, no caso do FAP, foi bem mais abrangente, uma vez que a Lei n. 10.666/2003 facultou ao Regulamento reduzir pela metade ou aumentar em até cem por cento a aludida contribuição.

Note-se que essas duas formas de delegação não estavam originariamente presentes na Lei n. 8.212/1991, motivo pelo qual não há falar em manifestação conclusiva do Supremo Tribunal Federal acerca da matéria atinente ao FAP que, por certo, demandará inúmeras discussões acerca de sua constitucionalidade.

Sobre a impossibilidade de delegação de competência ao Poder Executivo para o fim de instituir tributo, Leandro Paulsen[16] defende o seguinte:

> Não há possibilidade de delegação da competência legislativa ao Executivo para que institua tributo, qualquer que seja, tampouco para que integre a norma tributária impositiva, ressalvadas apenas as atenuações através das quais a própria Constituição, de modo excepcional, autoriza

---

[16] PAULSEN, Leandro. *Direito tributário*, 8. ed., p. 194.

a graduação de alíquotas pelo Executivo. Importa que se tenha a possibilidade de determinar, com suporte direto na lei, quais as situações que implicam o surgimento da obrigação tributária, quando e em que momento que tal se dá, quais os sujeitos da relação tributária e como calcular o montante devido, independentemente de complementação de cunho normativo por parte do Executivo, ainda que a título de regulamentos intra legem.

Quanto à sistemática de apuração e implementação do FAP, diante da complexidade do cálculo elaborado pelo Fisco, as empresas têm impugnado a inclusão dos eventos que não se relacionam com as condições de trabalho.

O então Ministério da Previdência Social, quando vinculou o FAP aos acidentes informados por meio do CATs e dos Nexos Técnicos Epidemiológicos registrados pelo INSS, considerou no cálculo do índice em questão eventos não relacionados com as condições de trabalho da empresa.

São exemplos os casos de acidentes de trajeto, cuja responsabilidade, embora seja atribuída eventualmente ao empregador, efetivamente não possui nenhuma relação com as suas condições de trabalho e, aqueles eventos objeto de discussão perante o INSS ou o Poder Judiciário que, pela fórmula utilizada, incorporam o cálculo, porém são completamente dissociados do ambiente laboral da empresa.

Nesse particular, portanto, estando a cobrança do FAP estritamente relacionada às condições de trabalho das empresas, não há como considerar correta a inclusão de elementos avessos a tal finalidade na metodologia de seu cálculo, sob pena de ilegitimidade na tributação.

Outro aspecto de suma importância e que causou completo descontentamento dos contribuintes é a posição de cada empresa na subclasse da CNAE, uma vez que, embora o contribuinte tenha acesso ao seu número de ordem, não possui informações acerca do desempenho das demais, para o fim de conferir se a posição por ela alcançada é realmente justa. Saliente-se, ainda, que tal critério contribui de forma preponderante para a fixação da alíquota do FAP.

Esse fato é determinante para comprometer o resultado da fórmula empreendida pelo Fisco, pois, impedindo as empresas de comparar os seus resultados com os de suas "concorrentes", resta também tolhido o direito de defesa do contribuinte, o que é inadmissível no ordenamento jurídico vigente.

Em conclusão, por se tratar de majoração de tributo, a metodologia utilizada pelo Poder Executivo para a cobrança da contribuição para o financiamento do GILRAT com a incidência do FAP, por meio de atos infralegais, ainda que dentro dos critérios de conveniência e oportunidade, não pode transpor a necessidade de lei que defina de forma completa os elementos ensejadores da nova obrigação tributária, sob pena de ofensa aos princípios da legalidade, tipicidade e segurança jurídica.

O STF ao julgar a Repercussão Geral 554 – *Leading Case*: RE 677.725, que discute a legalidade tributária da fixação da alíquota por meio de delegação para regulamentação mediante Resolução do Conselho Nacional de Previdência Social, fixou tese pela constitucionalidade da matéria, nos termos que seguem:

> O Fator Acidentário de Prevenção (FAP), previsto no artigo 10 da Lei 10.666/2003, nos moldes do regulamento promovido pelo Decreto 3.048/1999 (RPS) atende ao princípio da legalidade tributária (artigo 150, inciso I, da Constituição Federal de 1988) (Sessão Virtual encerrada em 10.11.2021).

Na mesma sessão, o STF julgou também improcedente a Ação Direta de Inconstitucionalidade (ADI) 4397, relatada pelo ministro Dias Toffoli, o qual destacou em seu voto que a norma questionada é condizente com o sistema jurídico de tutela do meio ambiente do trabalho e, em última análise, com a proteção do trabalhador contra acidentes.

19.6.4.2 Contribuição adicional para o financiamento da aposentadoria especial

A Lei n. 9.732, de 11.12.1998, ao dar nova redação ao art. 57 da Lei n. 8.213/1991, alterou o § 6º e incluiu os §§ 7º e 8º da Lei n. 8.213/1991, elevando as alíquotas de contribuição das empresas que expõem o trabalhador à situação de risco de acidentes e doenças ocupacionais. As alíquotas de contribuição foram acrescidas de doze, nove ou seis pontos percentuais, conforme a atividade exercida pelo segurado a serviço da empresa que permita a concessão de aposentadoria especial após quinze, vinte ou vinte e cinco anos de contribuição, respectivamente.

O referido acréscimo incide exclusivamente sobre a remuneração do segurado sujeito às condições especiais que prejudiquem a saúde ou a integridade física e foi exigido de forma progressiva, a partir das seguintes datas:

- 1º de abril de 1999: 4%, 3% ou 2%;
- 1º de setembro de 1999: 8%, 6% ou 4%;
- 1º de março de 2000: 12%, 9% ou 6%.

Com esse aumento de contribuição, o Governo esperava estimular a modernização tecnológica das empresas e, dessa forma, evitar o trabalho em condições de risco. O efeito, contudo, pode ser o oposto, qual seja, mais sonegação fiscal e manutenção do risco de infortúnios.

Não será devida a contribuição adicional quando a adoção de medidas de proteção coletiva ou individual neutralizar ou reduzir o grau de exposição do trabalhador a níveis legais de tolerância, de forma que afaste a concessão da aposentadoria especial, conforme previsto em Instrução Normativa da RFB ou em ato que estabeleça critérios a serem adotados pelo INSS, desde que a empresa comprove o gerenciamento dos riscos e a adoção das medidas de proteção recomendadas.

A Lei n. 10.666, de 8.5.2003, em seu art. 1º, reconheceu o direito à aposentadoria especial de segurados contribuintes individuais na condição de membros associados a cooperativas de trabalho, que atuem em atividades consideradas nocivas à saúde ou à integridade física. Dispunha, ademais, que seria "devida contribuição adicional de nove, sete ou cinco pontos percentuais, a cargo da empresa tomadora de serviços de cooperado filiado à cooperativa de trabalho, incidente sobre o valor bruto da nota fiscal ou fatura de prestação de serviços, conforme a atividade exercida pelo cooperado permita a concessão de aposentadoria especial após quinze, vinte ou vinte e cinco anos de contribuição, respectivamente".

Ocorre que o STF declarou a inconstitucionalidade do inciso IV do art. 22[17] com a redação conferida pela Lei n. 9.876 (RE 595.838, Rel. Min. Dias Toffoli, j. 23.4.2014), de modo que, como não mais se pode exigir contribuição sobre valores pagos a membros de cooperativas de trabalho por meio de nota fiscal, a referida contribuição adicional padece do mesmo vício de inconstitucionalidade.

Por esta razão, a Secretaria da Receita Federal do Brasil decidiu que "não constituirá crédito tributário decorrente da contribuição de que trata o § 1º do art. 1º da Lei n. 10.666, de 8 de maio de 2003, que instituiu contribuição adicional àquela prevista no inciso IV do art. 22 da Lei n. 8.212, de 1991, para fins de custeio de aposentadoria especial para cooperados filiados a cooperativas de trabalho" (Ato Declaratório Interpretativo RFB n. 5, de 2015).

---

[17] "Art. 22. A contribuição a cargo da empresa, destinada à Seguridade Social, além do disposto no art. 23, é de: (...) IV – quinze por cento sobre o valor bruto da nota fiscal ou fatura de prestação de serviços, relativamente a serviços que lhe são prestados por cooperados por intermédio de cooperativas de trabalho."

19.6.5 Desonerações da folha de salários

A desoneração da folha é um mecanismo que permite às empresas dos setores beneficiados o pagamento de alíquotas de 1% a 4,5% sobre a receita bruta, em vez de 20% sobre a folha de salários. A aprovação de normas[18] estabelecendo em favor de diversos segmentos econômicos a substituição da contribuição previdenciária patronal (ou seja, a contribuição de 20% sobre a folha de salários e sobre a remuneração paga a prestadores de serviços) por alíquotas adicionais incidentes sobre a receita bruta é de duvidosa eficácia, pois tem causado perdas significativas de receitas da Seguridade Social sem que tenha causado incremento de postos formais de trabalho.

A matéria foi regulamentada e normatizada pelo Decreto n. 7.828/2012 e pela IN RFB n. 1.436/2013, a qual foi substituída pela IN RFB n. 2.053, de 6.12.2021.

A partir de 1.12.2015 (Lei n. 13.161/2015), o regime de desoneração passou a ser facultativo, cabendo à empresa contribuinte escolher a forma como preferia contribuir – entre as contribuições sobre a folha de pagamento ou a forma desonerada (contribuição sobre a receita).

Essas medidas objetivavam desonerar de encargos a folha de salários das empresas beneficiadas para torná-las mais competitivas no mercado interno e externo.

A partir de 2016, a opção pela CPRB ocorre mediante o pagamento da contribuição incidente sobre a receita bruta relativa a janeiro de cada ano ou à primeira competência para a qual haja receita bruta apurada, e será irretratável para todo o ano-calendário.

A Lei n. 13.670/2018 revogou o regime de desoneração da folha de pagamento para uma série de atividades no ramo industrial, com efeitos a partir de 1.9.2018.

A prorrogação da desoneração foi incluída na Medida Provisória (MP) n. 936/2020, que autorizou a redução da jornada de trabalho e dos salários em razão da pandemia do novo coronavírus. Em julho de 2020, ao sancionar a Lei n. 14.020/2020, o então presidente da República Jair Bolsonaro vetou a prorrogação. Entretanto, o Congresso Nacional derrubou, no dia 4.11.2020, o veto presidencial à prorrogação, até o final de 2021, da desoneração da folha de pagamentos de 17 setores da economia, que empregam mais de 6 milhões de pessoas.

Depois de o Supremo Tribunal Federal (STF) considerar inconstitucional a Lei n. 14.784/2023, que havia prorrogado a desoneração até 2027, por falta de indicação dos recursos para suportar a diminuição de arrecadação, houve a aprovação da Lei n. 14.973, de 16.09.2024. A lei mantém a desoneração da folha de pagamento de empresas dos mesmos 17 setores contemplados até o final de 2024, retomando gradualmente a tributação no prazo de três anos (2025 a 2027).

A lei prevê, de 2025 a 2027, a redução gradual da alíquota sobre a receita bruta e o aumento gradual da alíquota sobre a folha. De 2028 em diante, voltam os 20% incidentes sobre a folha e fica extinta aquela sobre a receita bruta. Durante esses anos, as alíquotas incidentes sobre a folha de salários não atingirão os pagamentos do 13º salário.[19] Para usufruir da benesse fiscal, a partir de 1º de janeiro de 2025 até 31 de dezembro de 2027, a empresa que optar por contribuir desta forma deverá firmar termo no qual se compromete a manter, em seus quadros funcionais, ao longo de cada ano-calendário, quantitativo médio de empregados igual ou superior a 75% do verificado na média do ano-calendário imediatamente anterior (art. 4º da Lei n. 14.973/2024).

---

[18] A desoneração da folha de pagamento surgiu com a MP n. 540, de 2.8.2011, convertida na Lei n. 12.546, de 14.12.2011, e foi ampliada por alterações posteriores (Lei n. 12.715/2012, Lei n. 12.794/2013, Lei n. 12.844/2013, Lei n. 13.043/2014, Lei n. 13.670/2018 e Lei n. 14.288/2021).

[19] Disponível em: https://www.camara.leg.br/noticias/1097176-SANCIONADA-LEI-QUE-MANTEM-DESONE-RACAO-DA-FOLHA-EM-2024. Acesso em: 23 set. 2024.

Em caso de inobservância do disposto no caput do art. 4º supra, prevê o seu § 1º que a empresa não poderá usufruir da contribuição sobre a receita bruta, a partir do ano-calendário subsequente ao descumprimento, hipótese em que se aplicam as contribuições previstas nos incisos I e III do caput do art. 22 da Lei n. 8.212, de 24 de julho de 1991, à alíquota de 20%.

Entre os setores ainda contemplados com a desoneração da folha, estão o de tecnologia da informação, construção civil, indústria de calçados, transportes rodoviários e metroviários e comunicação.

19.6.6 Contribuição sobre a receita e o faturamento

A contribuição incidente sobre a receita e o faturamento está prevista na letra *b* do inciso I do art. 195 da Constituição. A redação atual foi dada pela Emenda Constitucional n. 20/1998, a qual acrescentou o termo "receita" como base de cálculo da contribuição previdenciária a cargo da empresa.

As contribuições instituídas com base de cálculo incidente sobre a receita e o faturamento são a COFINS e o PIS/PASEP, as quais são examinadas na sequência.

Quando do julgamento da Ação Direta de Constitucionalidade n. 1-1/DF, tendo por objeto a constitucionalidade da incidência da COFINS sobre o faturamento nos termos da Lei Complementar n. 70/1991, o Plenário do Supremo Tribunal Federal fixou o conceito de faturamento, como se pode observar nos votos do relator, Ministro Moreira Alves, e do Ministro Ilmar Galvão:

> (...) o conceito de receita bruta das vendas de mercadorias e de mercadorias e serviços coincide com o de faturamento, que, para efeitos fiscais, foi sempre entendido como o produto de todas as vendas, e não apenas das vendas acompanhadas de fatura, formalidade exigida tão somente nas vendas mercantis a prazo (art. 1º da Lei n. 187/36). Por fim, assinale-se a ausência de incongruência do excogitado art. 2º da LC 70/91, com o disposto no art. 195,1, da CF/88, ao definir "faturamento" como "a receita bruta das vendas de mercadorias, de mercadorias e serviços e serviços de qualquer natureza". De efeito, o conceito de "receita bruta" não discrepa do "faturamento", na acepção que este termo é usado para efeitos fiscais, ou seja, o que corresponde ao produto de todas as vendas, não havendo qualquer razão para que lhe seja restringida a compreensão, estreitando-o nos limites do significado que o termo possui em direito comercial, ou seja, aquele que abrange tão somente as vendas a prazo (art. 1º da Lei n. 187/36), em que a emissão de uma "fatura" constitui formalidade indispensável ao saque da correspondente duplicata.

O Supremo Tribunal Federal decidiu que "O conceito de receita bruta sujeita à incidência da COFINS envolve não só aquela decorrente da venda de mercadorias e da prestação de serviços, mas também a soma das receitas oriundas do exercício de outras atividades empresariais" (RE 444.601-ED, Rel. Min. Cezar Peluso, julgamento em 7.11.2006, *DJ* de 15.12.2006).

19.6.7 Simples Nacional

A Constituição Federal assegurou, nos arts. 170 e 179, às microempresas e às empresas de pequeno porte tratamento jurídico diferenciado e simplificado nos campos administrativo, tributário, previdenciário, trabalhista, creditício e de desenvolvimento empresarial.

O Simples Nacional é o nome abreviado do "Regime Especial Unificado de Arrecadação de Tributos e Contribuições devidos pelas Microempresas e Empresas de Pequeno Porte".

O Simples foi instituído pela Lei n. 9.317, de 5.12.1996, a qual foi revogada pela Lei Complementar n. 123, de 14.12.2006 (e suas alterações posteriores), a qual tratou da matéria em seus arts. 12 a 41, modificando a nomenclatura de Simples para Simples Nacional.

A Confederação Nacional do Comércio ajuizou ação direta de inconstitucionalidade pretendendo a declaração de invalidade do art. 13, § 3º, da Lei Complementar em questão, que concede isenção de tributos às microempresas e empresas de pequeno porte optantes pelo sistema. O Pleno do STF, por maioria de votos e nos termos do voto do Relator, julgou improcedente a ação direta (ADI 4033/DF) em decisão de 15.9.2010.

O Simples Nacional consiste no tratamento diferenciado, simplificado e favorecido aplicável às microempresas e às empresas de pequeno porte, relativo aos impostos e às contribuições sociais a seguir indicadas:

I – Imposto sobre a Renda da Pessoa Jurídica – IRPJ;

II – Imposto sobre Produtos Industrializados – IPI, observado o disposto no inciso XII do § 1º deste artigo;

III – Contribuição Social sobre o Lucro Líquido – CSLL;

IV – Contribuição para o Financiamento da Seguridade Social – COFINS, observado o disposto no inciso XII do § 1º deste artigo;

V – Contribuição para o PIS/Pasep, observado o disposto no inciso XII do § 1º deste artigo;

VI – Contribuição Patronal Previdenciária – CPP para a Seguridade Social, a cargo da pessoa jurídica, de que trata o art. 22 da Lei n. 8.212, de 24 de julho de 1991, exceto no caso da microempresa e da empresa de pequeno porte que se dedique às atividades de prestação de serviços referidas no § 5º-C do art. 18 desta Lei Complementar; (Redação dada pela Lei Complementar n. 128, de 2008)

VII – Imposto sobre Operações Relativas à Circulação de Mercadorias e sobre Prestações de Serviços de Transporte Interestadual e Intermunicipal e de Comunicação – ICMS;

VIII – Imposto sobre Serviços de Qualquer Natureza – ISS.

De acordo com o art. 3º da Lei Complementar n. 123/2006, alterado pelas Leis Complementares n. 147/2014 e n. 155/2016, consideram-se microempresas ou empresas de pequeno porte a sociedade empresária, a sociedade simples e o empresário a que se refere o art. 966 da Lei n. 10.406, de 10 de janeiro de 2002,[20] devidamente registrados no Registro de Empresas Mercantis ou no Registro Civil de Pessoas Jurídicas, conforme o caso, desde que:

I – no caso das microempresas, aufira, em cada ano-calendário, receita bruta igual ou inferior a R$ 360.000,00 (trezentos e sessenta mil reais);

II – no caso das empresas de pequeno porte, aufira, em cada ano-calendário, receita bruta superior a R$ 360.000,00 (trezentos e sessenta mil reais) e igual ou inferior a R$ 3.600.000,00 (três milhões e seiscentos mil reais).

A partir de 1.1.2018, passou a ser considerada empresa de pequeno porte aquela que "aufira, em cada ano-calendário, receita bruta superior a R$ 360.000,00 (trezentos e sessenta mil reais) e igual ou inferior a R$ 4.800.000,00 (quatro milhões e oitocentos mil reais)".

---

[20] Dispõe o art. 966 do Código Civil:
"Art. 966. Considera-se empresário quem exerce profissionalmente atividade econômica organizada para a produção ou a circulação de bens ou de serviços. Parágrafo único. Não se considera empresário quem exerce profissão intelectual, de natureza científica, literária ou artística, ainda com o concurso de auxiliares ou colaboradores, salvo se o exercício da profissão constituir elemento de empresa".

No caso de início de atividades, o limite era de R$ 5.000,00 multiplicados pelo número de meses compreendido entre o início da atividade e o final do respectivo ano-calendário, consideradas as frações de meses como um mês inteiro. Esse valor passou, em 1º.1.2018, para R$ 6.750,00 – LC n. 155, de 27.10.2016.

Considera-se receita bruta, para fins do disposto no *caput* do referido art. 3º, o produto da venda de bens e serviços nas operações de conta própria, o preço dos serviços prestados e o resultado nas operações em conta alheia, não incluídos as vendas canceladas e os descontos incondicionais concedidos.

No caso de início de atividades no próprio ano-calendário, os limites antes referidos serão proporcionais ao número de meses em que a pessoa jurídica houver exercido atividade, desconsideradas as frações de meses.

A Lei Complementar n. 155 passou a prever, com efeitos a contar de 1.1.2017, que, para incentivar as atividades de inovação e os investimentos produtivos, a sociedade enquadrada como microempresa ou empresa de pequeno porte, nos termos desta Lei Complementar, poderá admitir o aporte de capital, que não integrará o capital social da empresa (art. 61-A).

As finalidades de fomento a inovação e investimentos produtivos deverão constar do contrato de participação, com vigência não superior a sete anos. O aporte de capital poderá ser realizado por pessoa física ou por pessoa jurídica, denominadas investidor-anjo e a atividade constitutiva do objeto social é exercida unicamente por sócios regulares, em seu nome individual e sob sua exclusiva responsabilidade. Para fins de enquadramento da sociedade como microempresa ou empresa de pequeno porte, os valores de capital aportado não são considerados receitas da sociedade.

O investidor-anjo somente poderá exercer o direito de resgate depois de decorridos, no mínimo, dois anos do aporte de capital, ou prazo superior estabelecido no contrato de participação, e seus haveres serão pagos na forma do art. 1.031 do Código Civil, não podendo ultrapassar o valor investido devidamente corrigido por índice previsto no contrato, não impedindo a transferência da titularidade do aporte para terceiros.

A transferência da titularidade do aporte para terceiro alheio à sociedade dependerá do consentimento dos sócios, salvo estipulação contratual expressa em contrário.

A emissão e a titularidade de aportes especiais não impedem a fruição do Simples Nacional.

Caso os sócios decidam pela venda da empresa, o investidor-anjo terá direito de preferência na aquisição, bem como direito de venda conjunta da titularidade do aporte de capital, nos mesmos termos e condições ofertados aos sócios regulares.

Os fundos de investimento poderão aportar capital como investidores-anjos em microempresas e empresas de pequeno porte.

Dispõe, ainda, o § 4º do art. 3º da LC n. 123/2006 que não se inclui no regime diferenciado e favorecido previsto nesta Lei Complementar, para nenhum efeito legal, a pessoa jurídica:

I – de cujo capital participe outra pessoa jurídica;
II – que seja filial, sucursal, agência ou representação, no País, de pessoa jurídica com sede no exterior;
III – de cujo capital participe pessoa física que seja inscrita como empresário ou seja sócia de outra empresa que receba tratamento jurídico diferenciado nos termos desta Lei Complementar, desde que a receita bruta global ultrapasse o limite de que trata o inciso II do caput deste artigo;
IV – cujo titular ou sócio participe com mais de 10% (dez por cento) do capital de outra empresa não beneficiada por esta Lei Complementar, desde que a receita bruta global ultrapasse o limite de que trata o inciso II do caput deste artigo;

V – cujo sócio ou titular seja administrador ou equiparado de outra pessoa jurídica com fins lucrativos, desde que a receita bruta global ultrapasse o limite de que trata o inciso II do caput deste artigo;

VI – constituída sob a forma de cooperativas, salvo as de consumo;

VII – que participe do capital de outra pessoa jurídica;

VIII – que exerça atividade de banco comercial, de investimentos e de desenvolvimento, de caixa econômica, de sociedade de crédito, financiamento e investimento ou de crédito imobiliário, de corretora ou de distribuidora de títulos, valores mobiliários e câmbio, de empresa de arrendamento mercantil, de seguros privados e de capitalização ou de previdência complementar;

IX – resultante ou remanescente de cisão ou qualquer outra forma de desmembramento de pessoa jurídica que tenha ocorrido em um dos 5 (cinco) anos-calendário anteriores;

X – constituída sob a forma de sociedade por ações; e

XI – cujos titulares ou sócios guardem, cumulativamente, com o contratante do serviço, relação de pessoalidade, subordinação e habitualidade.[21]

Na hipótese de a microempresa ou empresa de pequeno porte se enquadrar em alguma das situações previstas nos incisos do § 4º do art. 3º, será excluída do regime do Simples Nacional, com efeitos a partir do mês seguinte ao que incorrida a situação impeditiva.

A pessoa jurídica enquadrada na condição de microempresa ou de empresa de pequeno porte poderá optar pela inscrição no Simples Nacional, sendo-lhe esta inscrição facultativa, não obrigatória.

A empresa de pequeno porte que, no ano-calendário, exceder o limite de receita bruta anual previsto na LC n. 123/2006 fica excluída, no mês subsequente à ocorrência do excesso, do tratamento jurídico diferenciado e do regime do Simples Nacional para todos os efeitos legais, com as seguintes ressalvas:

- os efeitos da exclusão dar-se-ão no ano-calendário subsequente se o excesso verificado em relação à receita bruta não for superior a 20% do limite;
- a empresa de pequeno porte que no decurso do ano-calendário de início de atividade ultrapassar o limite proporcional de receita bruta estará excluída do tratamento jurídico diferenciado e do regime do Simples Nacional com efeitos retroativos ao início de suas atividades.

Segundo o art. 16, § 4º, da Lei Complementar em questão, com a redação conferida pela Lei Complementar n. 127/2007, "Serão consideradas inscritas no Simples Nacional, em 1º de julho de 2007, as microempresas e empresas de pequeno porte regularmente optantes pelo regime tributário de que trata a Lei n. 9.317, de 5 de dezembro de 1996, salvo as que estiverem impedidas de optar por alguma vedação imposta por esta Lei Complementar".

A partir da vigência da LC n. 147/2014, estabeleceu-se como critério de adesão o porte e o faturamento da empresa, em vez da atividade exercida. Com isso, médicos, corretores e diversos outros profissionais, principalmente do setor de serviços, puderam aderir e a pagar menos tributos, com menos burocracia. Além disso, foi disciplinado o uso da substituição tributária para as microempresas e empresas de pequeno porte.

Assim, não podem realizar a opção pelo Simples Nacional apenas a microempresa e a empresa de pequeno porte enquadradas nas vedações do art. 17 da Lei Complementar n. 123/2006, bem como aquela:

---

[21] Inciso XI incluído pela LC n. 147/2014.

- que tenha auferido, no ano-calendário imediatamente anterior ou no ano-calendário em curso, receita bruta superior a R$ 3.600.000,00 ou ao limite adicional de igual valor para exportação de mercadorias; ou
- que tenha auferido, no ano-calendário de início de atividade, receita bruta superior ao limite proporcional de R$ 300.000,00 multiplicados pelo número de meses em funcionamento no período, inclusive as frações de meses, ou ao limite adicional de igual valor para exportação de mercadorias.

A partir de 1.1.2018, o limite máximo de receita bruta para o enquadramento no Simples Nacional passou para R$ 4.800.000,00 – LC n. 155, de 27.10.2016.

Desde 2012 há um limite extra para a exportação de mercadorias no valor de R$ 3.600.000,00. Dessa forma, a EPP poderá auferir receita bruta até R$ 7.200.000,00, desde que não extrapole, no mercado interno ou em exportação de mercadorias, o limite de R$ 3.600.000,00. A partir de 2015, esse limite extra também compreende exportação de serviços. Assim, a EPP pode auferir receita bruta até R$ 7.200.000,00, desde que não extrapole, no mercado interno ou no mercado externo (exportação de mercadorias e serviços), o limite de R$ 3.600.000,00.

A partir de 2012, o limite extra para a exportação de mercadorias também se aplica, na mesma proporção, ao limite proporcional para a empresa em início de atividade. E, por força da edição da LC n. 147/2014, a partir de 2015, esse limite extra inclui também a exportação de serviços. E a partir de 1.1.2018, o limite foi alterado para R$ 4.800.000,00 – LC n. 155, de 27.10.2016.

A opção pelo Simples Nacional da pessoa jurídica enquadrada na condição de microempresa e empresa de pequeno porte dar-se-á na forma a ser estabelecida em ato do Comitê Gestor, sendo irretratável para todo o ano-calendário.

A opção pelo Simples Nacional implica aceitação de sistema de comunicação eletrônica, destinado, dentre outras finalidades, a:

I – cientificar o sujeito passivo de quaisquer tipos de atos administrativos, incluídos os relativos ao indeferimento de opção, à exclusão do regime e a ações fiscais;
II – encaminhar notificações e intimações; e
III – expedir avisos em geral.

O pagamento no sistema integrado, nos termos da lei em comento, não exclui a incidência dos demais impostos ou contribuições, devidos na qualidade de contribuinte ou responsável, em relação aos quais será observada a legislação aplicável às demais pessoas jurídicas.

O valor devido mensalmente pelas microempresas e empresas de pequeno porte inscritas no Simples Nacional será determinado mediante a aplicação de alíquotas sobre a receita bruta mensal auferida, conforme o art. 18 e as Tabelas constantes dos Anexos da Lei Complementar n. 123/2006, que foram alteradas pela Lei Complementar n. 155, de 27.10.2016, cujas mudanças surtem efeitos a partir de 1.1.2018. A definição do setor é a mesma que consta do CNPJ da empresa. Os percentuais são variáveis em decorrência do montante da receita bruta acumulada nos doze meses anteriores ao do período de apuração e da condição de contribuinte ou não do IPI.

A partir de 1.1.2018, a alíquota efetiva passou a ser o resultado de:
RBT12xAliq-PD, em que:

I – RBT12: receita bruta acumulada nos doze meses anteriores ao período de apuração;
II – Aliq: alíquota nominal constante dos Anexos I a V da Lei Complementar;
III – PD: parcela a deduzir constante dos Anexos I a V da Lei Complementar.

A microempresa ou empresa de pequeno porte optante pelo Simples Nacional deverá apresentar anualmente à Secretaria da Receita Federal do Brasil declaração única e simplificada de informações socioeconômicas e fiscais, que deverá ser disponibilizada aos órgãos de fiscalização tributária e previdenciária.

As microempresas ou as empresas de pequeno porte excluídas (a pedido ou de ofício) do Simples Nacional sujeitar-se-ão, a partir do período em que se processarem os efeitos da exclusão, às normas de tributação aplicáveis às demais pessoas jurídicas.

A respeito da figura do Microempreendedor Individual (MEI), o tratamento tributário a ele dispensado é tratado no tópico 19.4 desta obra, ao qual remetemos o leitor.

19.7 CONTRIBUIÇÕES DO IMPORTADOR DE BENS E SERVIÇOS DO EXTERIOR

A Constituição prevê no art. 195, inciso IV, introduzido pela Emenda Constitucional n. 42, de 19.12.2003, a incidência de contribuição social a cargo do importador de bens ou serviços do exterior, ou de quem a lei a ele equiparar. Esse dispositivo está em sintonia com o disposto no art. 149, § 2º, inciso II, que recebeu nova redação pela EC n. 42/2003, prevendo a incidência de contribuição sobre a importação de produtos estrangeiros ou serviços.

Em consonância com a nova ordem constitucional, foi editada a MP n. 164, de 29.1.2004, convertida na Lei n. 10.865, de 30.4.2004, que dispõe sobre a Contribuição para os Programas de Integração Social e de Formação do Patrimônio do Servidor Público e a Contribuição para o Financiamento da Seguridade Social incidentes sobre a importação de bens e serviços, e dá outras providências.

Dessa forma, o art. 1º da Lei n. 10.865/2004 instituiu o PIS/PASEP-Importação e a COFINS-Importação, com base nos arts. 149, § 2º, inciso II, e 195, inciso IV, da Constituição, observado o disposto no seu art. 195, § 6º (anterioridade nonagesimal).

A intenção do Fisco, com a instituição das contribuições, é o tratamento isonômico entre a tributação dos bens produzidos e serviços prestados no País, que sofrem a incidência da Contribuição para o PIS-PASEP e da COFINS, e os bens e serviços importados de residentes ou domiciliados no exterior, que passam a ser tributados com as mesmas alíquotas dessas contribuições.

Considerando-se a existência de modalidades distintas de incidência da Contribuição para o PIS/PASEP e da COFINS – cumulativa e não cumulativa – no mercado interno, nos casos dos bens ou serviços importados para revenda ou para serem empregados na produção de outros bens ou na prestação de serviços, será possibilitado, também, o desconto de créditos pelas empresas sujeitas à incidência não cumulativa do PIS/PASEP e da COFINS, nos casos que especifica a Lei n. 10.865/2004.

A medida procura conduzir a um tratamento tributário isonômico entre os bens e serviços produzidos internamente e os importados: tributação com as mesmas alíquotas e possibilidade de desconto de crédito para as empresas sujeitas à incidência não cumulativa. As hipóteses de vedação de créditos vigentes para o mercado interno foram estendidas para os bens e serviços importados sujeitos às contribuições instituídas pela Lei n. 10.865/2004.

São contribuintes da Contribuição para o PIS/PASEP – Importação e da COFINS – Importação:

a) o importador, assim considerada a pessoa física ou jurídica que promova a entrada de bens estrangeiros no território nacional, inclusive o destinatário de remessa postal internacional indicado pelo respectivo remetente e o adquirente de mercadoria entrepostada;

b) a pessoa física ou jurídica contratante de serviços de residente ou domiciliado no exterior; e

c) o beneficiário do serviço, na hipótese em que o contratante também seja residente ou domiciliado no exterior.

São responsáveis solidários pelas contribuições:

a) o adquirente de bens estrangeiros, no caso de importação realizada por sua conta e ordem, por intermédio de pessoa jurídica importadora;
b) o transportador, quando transportar bens procedentes do exterior ou sob controle aduaneiro, inclusive em percurso interno;
c) o representante, no País, do transportador estrangeiro;
d) o depositário, assim considerado qualquer pessoa incumbida da custódia de bem sob controle aduaneiro; e
e) o expedidor, o operador de transporte multimodal ou qualquer subcontratado para a realização do transporte multimodal.

O fato gerador da Contribuição para o PIS/PASEP-Importação e da COFINS-Importação é: a) a entrada de bens estrangeiros no território nacional; ou b) o pagamento, o crédito, a entrega, o emprego ou a remessa de valores a residentes ou domiciliados no exterior como contraprestação por serviço prestado.

Consideram-se entrados no território nacional os bens que constem como importados e cujo extravio venha a ser apurado pela administração aduaneira, exceto: as malas e as remessas postais internacionais; e a mercadoria importada a granel que, por sua natureza ou condições de manuseio na descarga, esteja sujeita a quebra ou a decréscimo, desde que o extravio não seja superior a 1%. Na hipótese de ocorrer quebra ou decréscimo em percentual superior a 1%, serão exigidas as contribuições somente com relação ao excesso.

A base de cálculo é:

a) o valor aduaneiro, na hipótese da entrada de bens estrangeiros no território nacional (Redação dada pela Lei n. 12.865, de 2013);
b) o valor pago, creditado, entregue, empregado ou remetido para o exterior, antes da retenção do imposto de renda, acrescido do Imposto sobre Serviços de qualquer Natureza (ISS) e do valor das próprias contribuições, na incidência sobre a importação de serviços; e
c) no caso de prêmios de resseguro cedidos ao exterior, a base de cálculo é de 15% do valor pago, creditado, entregue, empregado ou remetido.

A apuração das contribuições é feita na data do registro da declaração de importação de bens submetidos a despacho para consumo, nas hipóteses de importação de bens, e na data do pagamento, do crédito, da entrega, do emprego ou da remessa de valores a residentes ou domiciliados no exterior, na hipótese de importação de serviços.

A norma estabelece isenção das contribuições nos moldes da regra vigente para o Imposto sobre Produtos Industrializados vinculado à importação, tais como: importações realizadas pela União, Estados, Distrito Federal e Municípios, suas autarquias e fundações instituídas e mantidas pelo poder público; pelas Missões Diplomáticas e Repartições Consulares de caráter permanente e pelos respectivos integrantes; bagagem de viajantes procedentes do exterior; bens adquiridos em loja franca, no País; objetos de arte recebidos em doação por museus instituídos e mantidos pelo poder público ou por outras entidades culturais reconhecidas como de utilidade pública.

Às contribuições instituídas são estendidos os regimes aduaneiros especiais, que compreendem as normas relativas à suspensão do pagamento do Imposto de Importação ou do Imposto sobre Produtos Industrializados vinculado à importação.

Cabem à Secretaria da Receita Federal as atividades de administração, cobrança e fiscalização das contribuições instituídas pela Lei n. 10.865/2004. As contribuições sujeitam-se às normas relativas ao processo administrativo fiscal de determinação e exigência de créditos tributários federais e de consulta, previstas no Decreto n. 70.235, de 6.3.1972, e, subsidiariamente, às disposições da legislação aduaneira, do Imposto de Renda e da Contribuição para o PIS/PASEP e da COFINS, inclusive quanto a penalidades e acréscimos aplicáveis.

A Lei n. 10.865/2004 referida com o objetivo de evitar evasão fiscal e regular o mercado de combustível, altera a alíquota *ad valorem* da Contribuição do PIS/ PASEP e da COFINS incidentes sobre a receita bruta de venda de gasolina e óleo diesel, bem como estabelece a incidência mediante alíquotas específicas, por opção do contribuinte.

As alíquotas do PIS/PASEP-Importação e da COFINS-Importação estão disciplinadas pelo art. 8º da Lei n. 10.865/2004 (e alterações posteriores). A regra em comento estabelece alíquotas diferenciadas no caso de importação de alguns produtos, tais como farmacêuticos, perfumaria, máquinas e veículos, gasolinas e suas correntes, autopeças, papel, entre outros; autoriza o Poder Executivo a adotar "alíquota zero" aos produtos de que trata o § 11 do citado artigo; e fixa, de imediato, a "alíquota zero" para outros produtos (rol do § 12 do art. 8º da Lei), reduzindo a zero, também, a alíquota para os produtos de que trata o § 14.

A Lei n. 14.973/2024 estabeleceu um adicional de 1% da COFINS-Importação até 31.12.2024, sendo reduzido gradualmente durante o período de transição: 0,8% em 2025; 0,6% em 2026 e 0,4% em 2027.

19.8 CONTRIBUIÇÕES DECORRENTES DO TRABALHO PRESTADO EM OBRAS DE CONSTRUÇÃO CIVIL

A construção civil é um dos ramos da indústria de maior desenvolvimento no Brasil, com utilização em larga escala de mão de obra sem qualificação. Periodicamente, o Governo Federal tem adotado políticas de incentivo à construção civil como fonte de geração de empregos e de aquecimento da economia.

O art. 15, parágrafo único, da Lei de Custeio, identifica tal situação como passível de obrigações tributárias no campo previdenciário: "Equiparam-se a empresa, para os efeitos desta Lei, o contribuinte individual e a pessoa física na condição de proprietário ou dono de obra de construção civil, em relação a segurado que lhe presta serviço, bem como a cooperativa, a associação ou a entidade de qualquer natureza ou finalidade, a missão diplomática e a repartição consular de carreira estrangeiras".

Uma das situações nas quais mais comumente se observa o fenômeno do mercado informal de trabalho é nas obras de construção civil. Os efeitos dessa informalidade são, de um lado, trabalhadores que prestam serviços com elevado risco de acidentes de trabalho, sem a devida proteção previdenciária, uma vez que, se não realizadas as contribuições, caso necessitem de amparo, precisarão provar inicialmente o exercício da atividade e o seu salário de contribuição; e, de outro, um alto índice de evasão fiscal.

Em função disso, comenta *Wladimir Novaes Martinez* que a verificação do cumprimento das obrigações decorrentes da atividade laborativa desses trabalhadores "sempre foi difícil para a autarquia gestora e, também, para o sujeito passivo da exação fiscal".[22]

---

[22] MARTINEZ, Wladimir Novaes. *Obrigações previdenciárias na construção civil*. São Paulo: LTr, 1996, p. 89.

Também é na construção civil que existe a única hipótese de não incidência de contribuição social prevista na legislação de custeio. Segundo esta, não é devida contribuição se a construção residencial unifamiliar, destinada ao uso próprio, de tipo econômico, for executada sem mão de obra assalariada (art. 30, VIII, da Lei n. 8.212/1991). O Regulamento estabelece que a área construída não pode ser superior a setenta metros quadrados (art. 278 do Decreto n. 3.048/1999).

Importante frisar, ainda, que "o proprietário, o incorporador definido na Lei n. 4.591, de 16 de dezembro de 1964, o dono da obra ou condômino da unidade imobiliária, qualquer que seja a forma de contratação da construção, reforma ou acréscimo, são solidários com o construtor, e estes com a subempreiteira, pelo cumprimento das obrigações para com a Seguridade Social, ressalvado o seu direito regressivo contra o executor ou contratante da obra e admitida a retenção de importância a este devida para garantia do cumprimento dessas obrigações, não se aplicando, em qualquer hipótese, o benefício de ordem" (art. 30, VI, da Lei de Custeio).

A disciplina legal acerca da matéria é bastante precária, o que leva o Poder Executivo a expedir atos administrativos com finalidade normativa visando regular os pontos não tratados pela Lei n. 8.212/1991, o que tem propiciado dúvidas e discussões em sede administrativa e judicial.

Vigora atualmente a Instrução Normativa RFB n. 2.021, de 16.4.2021, alterando as regras de cálculo da tributação previdenciária e de arrecadação de contribuições sociais na construção civil. A partir de então foi implantado o Sero – Serviço Eletrônico para Aferição de Obras –, sistema da Secretaria Especial da Receita Federal do Brasil utilizado para prestar as informações necessárias para a aferição da obra de construção civil.

Comparativamente aos sistemas e procedimentos até então utilizados na regularização da obra, o Sero constitui uma solução eletrônica que simplifica uma das etapas necessárias à obtenção da prova de regularidade da obra, o objetivo final pretendido pelo contribuinte. Ao automatizar a maior parte dos procedimentos que realiza e participar da realização automatizada de outros, como da emissão da DCTFWeb Aferição de Obras e da certidão negativa de débitos relativa à obra, o Sero pode ser incluído como um dos serviços prestados pela RFB ao cidadão.

A aferição da obra consiste na verificação, a partir das informações obtidas em outros sistemas e das informações prestadas pelo responsável pela obra, de acordo com as normas dispostas na legislação, quanto à necessidade de constituir o crédito tributário previdenciário por meio da DCTWEb Aferição de Obras. A integração do Sero a outros sistemas, tais como o sistema de Declaração de Débitos e Créditos Tributários Federais Previdenciários e de Outras Entidades e Fundos (DCTFWeb), o sistema de emissão de certidões e o Sistema de Escrituração Digital das Obrigações Fiscais, Previdenciárias e Trabalhistas (eSocial), dentre outros, possibilita o preenchimento automatizado de várias informações sobre a obra e a emissão da DCTFWeb Aferição de Obras, que constitui dez instrumentos de confissão da dívida fiscal apurada na aferição. Além disso, o Sero fornece informações para a emissão pela internet da certidão relativa à obra de construção civil.[23]

19.9 CONTRIBUIÇÃO DOS CLUBES DE FUTEBOL PROFISSIONAL

Considera-se Clube de Futebol Profissional toda associação desportiva que, proporcionando a prática do futebol profissional, esteja filiada à Federação de Futebol do respectivo Estado, ainda que mantenha outras modalidades desportivas.

---

[23] RECEITA FEDERAL DO BRASIL. *Serviço Eletrônico para Aferição de Obras*: Manual do Contribuinte Versão 1.0. Disponível em: <https://www.gov.br/receitafederal/pt-br/assuntos/orientacao-tributaria/declaracoes-e-demonstrativos/sero-servico-eletronico-para-afericao-de-obras/arquivos/manual-sero-05-2021-v1.pdf>. Acesso em: 18 ago. 2021.

O regime de custeio das prestações aplicáveis aos Clubes de Futebol Profissional e às Associações Desportivas Equiparadas, bem como o sistema de cálculo de benefícios do jogador de futebol profissional, foram instituídos pela Lei n. 5.939/1973, regulamentada pelo Decreto n. 77.210/1976.

No período de vigência do Decreto n. 77.210/1976, de 31.3.1976 até 29.6.1989, o clube de futebol profissional teve tratamento idêntico às demais entidades desportivas de que tratavam as Leis n. 5.939/1973 e n. 6.251/1975, contribuindo na forma da legislação que as amparava.

Durante a vigência da Lei n. 7.787/1989, de 30.6.1989 a 31.10.1991, os clubes de futebol profissional passaram a contribuir com 5% do total de sua receita bruta, sem prejuízo do acréscimo para o financiamento das prestações por acidente do trabalho.

A redação original da Lei n. 8.212/1991 não estabeleceu normas de contribuição para os clubes de futebol e entidades desportivas. Entretanto, o (já revogado) Decreto n. 356/1991 dispôs durante sua vigência que "as entidades desportivas, inclusive clubes de futebol profissional e aquelas equiparadas na forma da Lei n. 5.939/1973 também contribuem na forma dos arts. 25, 26 e 28 (contribuições a cargo das empresas em geral), a partir da competência novembro de 1991" (Decreto n. 356/1991, art. 29).

Em face das disposições da Lei n. 8.641/1993, regulamentada pelo Decreto n. 832/1993, no período de 1.7.1993 a 11.1.1997, a contribuição empresarial devida pelos clubes de futebol passou a ser de 5% da receita bruta, de acordo com o borderô de todo espetáculo de futebol profissional.

Diante das alterações trazidas pela MP n. 1.523/1996, a partir de 12.1.1997, a contribuição empresarial da associação desportiva que mantém equipe de futebol profissional, em substituição às contribuições a seu cargo incidentes sobre a folha de pagamento (a contribuição geral, de 20%, mais a contribuição para o custeio das prestações por acidente de trabalho e aposentadorias especiais), passou a ser de 5% sobre a receita bruta decorrente dos espetáculos desportivos de que a mesma participe no território nacional de qualquer modalidade desportiva, inclusive jogos internacionais, e de qualquer forma de patrocínio, licenciamento de uso de marcas e símbolos, publicidade, propaganda e transmissão de espetáculos desportivos. Essa regra ficou consolidada quando a MP n. 1.594-14 foi convertida na Lei n. 9.528, de 10.12.1997, que alterou a redação da Lei n. 8.212/1991.

A partir de 18 de outubro de 2007, em decorrência do disposto no § 11-A do art. 22 da Lei de Custeio, acrescentado pela Lei n. 11.505, de 18 de julho de 2007, no caso das sociedades empresárias regularmente organizadas segundo um dos tipos regulados nos arts. 1.039 a 1.092 do Código Civil que mantém equipe de futebol profissional, a substituição prevista neste artigo aplica-se apenas às atividades diretamente relacionadas com a manutenção e a administração da equipe profissional de futebol, não se estendendo às outras atividades econômicas exercidas pelas sociedades, atividades às quais se aplicam as normas dirigidas às empresas em geral.

Para as referidas entidades desportivas, considera-se receita bruta, segundo o art. 196, § 2º, da IN RFB n. 2.110/2022:[24]

> *I – a receita auferida, a qualquer título, nos espetáculos desportivos de qualquer modalidade (e não somente de futebol), devendo constar em boletins financeiros emitidos pelas federações, confederações ou ligas, não sendo admitida qualquer dedução, compreendendo toda e qualquer receita auferida no espetáculo, tal como a venda de ingressos, recebimento de doações, sorteios, bingos, shows; e*

---

[24] Cf. Instrução Normativa RFB n. 2.110/2022.

II – o valor recebido, a qualquer título, que possa caracterizar qualquer forma de patrocínio, licenciamento de uso de marcas e símbolos, publicidade, propaganda e transmissão de espetáculos desportivos.

Além das contribuições devidas e das obrigações a que está sujeita na condição de contribuinte ou responsável, a associação desportiva que mantém clube de futebol profissional fica obrigada ao pagamento das contribuições:[25]

I – de 20% (vinte por cento) sobre os valores pagos a contribuintes individuais que lhe prestem serviços; e
II – devidas a terceiros (outras entidades e fundos).

Os clubes de futebol profissional estão sujeitos ao recolhimento das contribuições descontadas de seus atletas – que são segurados do RGPS na qualidade de empregados – e demais segurados, nas mesmas alíquotas estabelecidas para as demais associações desportivas.

19.9.1 Sociedade Anônima do Futebol (SAF)

A Lei n. 14.193/2021 criou a Sociedade Anônima do Futebol (SAF), novo tipo societário, conceituado como a companhia cuja atividade principal consiste na prática do futebol, feminino e masculino, em competição profissional. Constam dessa norma aspectos relacionados com as normas de constituição, governança, controle e transparência, meios de financiamento da atividade futebolística, tratamento dos passivos das entidades de práticas desportivas e regime tributário específico; e altera as Leis n. 9.615, de 24 de março de 1998, e n. 10.406, de 10 de janeiro de 2002 (Código Civil).

O Regime de Tributação Específica do Futebol (TEF) está previsto nos arts. 31 e 32 da Lei n. 14.193/2021. De acordo com o art. 31, o TEF implica o recolhimento mensal, até o vigésimo dia do mês subsequente àquele em que houver sido recebida a receita, mediante documento único de arrecadação, dos seguintes impostos e contribuições, a serem apurados seguindo o regime de caixa:

I – Imposto sobre a Renda das Pessoas Jurídicas (IRPJ);
II – Contribuição para os Programas de Integração Social e de Formação do Patrimônio do Servidor Público (Contribuição para o PIS/Pasep);
III – Contribuição Social sobre o Lucro Líquido (CSLL);
IV – Contribuição para o Financiamento da Seguridade Social (Cofins); e
V – contribuições previstas nos incisos I, II e III do caput e no § 6º do art. 22 da Lei n. 8.212, de 24 de julho de 1991.

O recolhimento, na forma do art. 31, não exclui a incidência dos seguintes impostos ou contribuições, devidos na qualidade de contribuinte ou responsável, em relação aos quais será observada a legislação aplicável às demais pessoas jurídicas:

I – Imposto sobre Operações de Crédito, Câmbio e Seguro, ou Relativas a Títulos ou Valores Mobiliários (IOF);
II – Imposto de Renda relativo aos rendimentos ou ganhos líquidos auferidos em aplicações de renda fixa ou variável;

---

[25] Cf. Instrução Normativa RFB n. 2.110/2022, art. 197.

III – Imposto de Renda relativo aos ganhos de capital auferidos na alienação de bens do ativo imobilizado;

IV – contribuição para o Fundo de Garantia do Tempo de Serviço (FGTS);

V – Imposto de Renda relativo aos pagamentos ou créditos efetuados pela pessoa jurídica a pessoas físicas; e

VI – demais contribuições instituídas pela União, inclusive as contribuições compulsórias dos empregadores sobre a folha de salários, destinadas às entidades privadas de serviço social e de formação profissional vinculadas ao sistema sindical, de que trata o art. 240 da Constituição Federal, e demais entidades de serviço social autônomo.

19.10 CONTRIBUIÇÃO DO EMPREGADOR DOMÉSTICO

Considera-se empregador doméstico a pessoa ou família que admite a seu serviço, sem finalidade lucrativa, empregado doméstico (art. 15, II, da Lei n. 8.212/1991).

O empregado doméstico passou a ser segurado obrigatório da Previdência Social somente a partir de abril de 1973, em face da Lei n. 5.859/1972, a qual instituiu a alíquota de contribuição para o empregador doméstico em 8%, sobre um salário mínimo regional e mais tarde (janeiro/1981) até o limite máximo de três salários mínimos regionais.

O Decreto-lei n. 1.910/1981 aumentou, a partir de janeiro de 1982, a alíquota para 10% sobre a remuneração constante da CTPS, respeitado o limite máximo de até três salários mínimos regionais.

A partir de setembro de 1989, quando da vigência da Lei n. 7.787/1989, a contribuição passou a ser de 12%, respeitado o limite máximo do salário de contribuição (art. 6º).

A Lei n. 8.212/1991 manteve a contribuição do empregador doméstico em 12% incidente sobre o salário de contribuição do empregado doméstico a seu serviço, respeitado o limite máximo do salário de contribuição (art. 24). É dizer, mesmo na suposição de que um empregado doméstico venha a receber mais do que o limite máximo do salário de contribuição, a base de cálculo da contribuição do empregador doméstico fica limitada ao valor-teto.

A LC n. 150/2015, em seu art. 34, II,[26] reduziu a alíquota do empregador doméstico para 8% sobre o salário de contribuição, e criou nova contribuição para custeio de benefícios por acidentes do trabalho, cuja alíquota será de 0,8% sobre o salário de contribuição, ambos com eficácia a partir de 120 dias da sua publicação (que se deu em 1.6.2015). A Lei n. 13.202, de 8.12.2015, passou a fazer constar as mesmas contribuições e alíquotas no art. 24 da Lei de Custeio, ou seja, mantendo-se o prazo já mencionado.

Não há contribuição do empregador doméstico, contudo, durante os períodos em que o empregado doméstico esteja em fruição de auxílio-doença, auxílio-reclusão ou aposentadoria por invalidez.

O empregador doméstico deve recolher a contribuição descontada do empregado doméstico a seu serviço, com a parcela a seu cargo, até o dia 7 do mês seguinte ao trabalhado (art. 35 da LC n. 150/2015). Quando a data coincide com sábados, domingos e feriados, é antecipada para dia útil anterior.

A LC n. 150/2015 prevê, em seu art. 31, o regime unificado de pagamento de tributos, de contribuições e dos demais encargos do empregador doméstico (Simples Doméstico). A regulamentação veio a efeito com a criação do Portal e-Social na internet, que será tratado no item 19.14.

---

[26] A Lei n. 13.202/2015, de forma redundante, alterou o art. 24 da Lei n. 8.212/1991.

19.11 CONTRIBUIÇÃO DO PRODUTOR RURAL PESSOA FÍSICA E DO SEGURADO ESPECIAL

A Lei Complementar n. 11, de 25.5.1971, instituiu o Programa de Assistência ao Trabalhador Rural (PRORURAL), o qual era responsável pela concessão de aposentadoria por velhice; aposentadoria por invalidez, pensão, auxílio-funeral, serviço de saúde e serviço social, aos trabalhadores rurais.

Os recursos para o custeio do PRORURAL provinham da contribuição de 2% devida pelo produtor, sobre o valor comercial dos produtos rurais e da contribuição de que tratava o art. 3º do Decreto-lei n. 1.146, de 31.12.1970, a qual ficou elevada para 2,6%, cabendo 2,4% ao FUNRURAL (art. 15 da LC n. 11/1971).

A Lei Complementar n. 11/1971 foi modificada pela Lei Complementar n. 16, de 30.10.1973, porém a forma de custeio dos benefícios rurais foi mantida.

Com a Constituição de 1988, houve a unificação dos sistemas previdenciários rurais e urbanos, bem como foi erigido o princípio de identidade de benefícios e serviços prestados e equivalência dos valores destes, sendo estabelecido pelo § 8º do art. 195 da Constituição que "o produtor, o parceiro, o meeiro e o arrendatário rurais e o pescador artesanal, bem como os respectivos cônjuges, que exerçam suas atividades em regime de economia familiar, sem empregados permanentes, contribuirão para a seguridade social mediante a aplicação de uma alíquota sobre o resultado da comercialização da produção e farão jus aos benefícios nos termos da lei" (redação dada pela Emenda n. 20).

O texto original da Constituição Federal de 1988 tinha redação semelhante. A Emenda n. 20 apenas excluiu o garimpeiro da possibilidade de recolher a contribuição sobre o resultado da comercialização da sua produção.

As alíquotas da contribuição do produtor rural pessoa física e do segurado especial sofreram diversas alterações, a partir da Lei n. 8.212/1991, que podem ser resumidas da seguinte forma:

- de novembro/1991 a março/1993: 3% da receita bruta proveniente da comercialização de sua produção (art. 25 da Lei n. 8.212/1991);
- de abril/1993 a junho/1994: 2,1% sobre a receita bruta proveniente da comercialização da produção, sendo: a) 2% destinado ao FPAS; e b) 0,1% para financiamento de complementação das prestações por Seguro de Acidentes do Trabalho – SAT (Lei n. 8.540/1992);
- de julho/1994 a 11.1.1997: 2,3% sobre a receita bruta proveniente da comercialização da produção, sendo: a) 2% destinados ao FPAS; b) 0,2% destinado ao custeio do salário-maternidade; c) 0,1% para financiamento de complementação das prestações por Seguro de Acidente do Trabalho – SAT (Lei n. 8.861, de 25.3.1994; Decreto n. 1.197, de 14.7.1994);
- de 12.1.1997 a 10.12.1997: 2,6% sobre a receita bruta proveniente da comercialização da produção, sendo: a) 2,5% destinados ao FPAS; b) 0,1% para financiamento de complementação das prestações decorrentes dos Riscos Ambientais do Trabalho – RAT (art. 25, I e II, da Lei n. 8.212/1991, alterado pela Medida Provisória n. 1.523/1996);
- a partir de 11.12.1997: 2,1% sobre a receita bruta proveniente da comercialização da produção, sendo: a) 2% destinados ao FPAS; b) 0,1% para financiamento de complementação das prestações decorrentes dos Riscos Ambientais do Trabalho – RAT (Lei n. 9.528/1997);
- a partir de 1.1.2018: 1,2% (um inteiro e dois décimos por cento) da receita bruta proveniente da comercialização da sua produção (art. 14 da Lei n. 13.606, de

9.1.2018), mais 0,1% da receita bruta proveniente da comercialização da sua produção para financiamento das prestações por acidente do trabalho, no entanto, o adicional para o GILRAT (antigo SAT) está com execução suspensa pelo Senado Federal, Resolução n. 15, de 12.9.2017;
- a partir de 1.1.2019, o produtor rural pessoa física poderá optar por contribuir sobre a comercialização da produção ou na forma dos incisos I e II do *caput* do art. 22 (folha de salários) da Lei n. 8.212/1991, manifestando sua opção mediante o pagamento da contribuição incidente sobre a folha de salários relativa a janeiro de cada ano, ou à primeira competência subsequente ao início da atividade rural, e será irretratável para todo o ano-calendário.

Equipara-se ao empregador rural pessoa física, conforme a lei, o consórcio simplificado de produtores rurais, formado pela união de produtores rurais pessoas físicas, que outorgar a um deles poderes para contratar, gerir e demitir trabalhadores para prestação de serviços, exclusivamente, aos seus integrantes, mediante documento registrado em cartório de títulos e documentos – art. 25-A da Lei n. 8.212/1991, incluído pela Lei n. 10.256/2001.

Integram a produção para fins previdenciários os produtos de origem animal ou vegetal, em estado natural ou submetidos a processos de beneficiamento ou industrialização rudimentar.

Não integram a base de cálculo da contribuição a produção rural destinada ao plantio ou ao reflorestamento nem o produto animal destinado à reprodução ou à criação pecuária ou granjeira e à utilização como cobaia para fins de pesquisas científicas, quando vendido pelo próprio produtor a quem o utilize diretamente com essas finalidades e, no caso de produto vegetal, a pessoa ou entidade registrada no Ministério da Agricultura, Pecuária e Abastecimento que se dedique ao comércio de sementes e mudas no País (§ 11 do art. 200 do RPS, incluído pelo Decreto n. 10.410/2020).

Ao segurado especial fica garantido que possa contribuir também, em caráter facultativo (§ 1º do art. 25 da Lei n. 8.212/1991), para fim de recebimento de benefícios calculados, então, sobre a média aritmética dos seus salários de contribuição atualizados. Caso assim não contribua, terá direito, em todo caso, ao benefício de valor mínimo (art. 39 da Lei n. 8.213/1991).

Em função da sub-rogação, o adquirente, o consignatário e a cooperativa ficam obrigados a recolher a contribuição do segurado especial quando intermediarem a venda dos produtos deste. Entretanto, é de responsabilidade do segurado especial o recolhimento da contribuição, caso comercialize sua produção no exterior ou diretamente no varejo, ao consumidor; quando do recebimento de indenização do seguro da produção sinistrada; e quando venda a destinatário incerto.

– A inconstitucionalidade da contribuição do empregador rural pessoa física

O produtor rural pessoa física que possui empregados (art. 12, V, *a*, da Lei n. 8.212/1991) tem a previsão de contribuir sobre a comercialização da produção, em substituição à contribuição de empregador que teria de fazer, em relação a seus empregados, devendo ainda, obrigatoriamente, contribuir como contribuinte individual sobre seus ganhos, segundo o art. 28, III, da Lei de Custeio.

No entanto, o STF declarou a inconstitucionalidade da cobrança da contribuição previdenciária dos empregadores rurais pessoas físicas sobre a comercialização da produção, chamada por muitos de "contribuição do FUNRURAL":

REPERCUSSÃO GERAL TEMA 202 – TESE FIXADA: "É inconstitucional a contribuição, a ser recolhida pelo empregador rural pessoa física, incidente sobre a receita bruta proveniente da comercialização de sua produção, prevista no art. 25 da Lei 8.212/1991, com a redação dada pelo art. 1º da Lei 8.540/1992" (*Leading Case*: RE 596.177/RS, Tribunal Pleno, Rel. Min. Ricardo Lewandowski, DJe 29.8.2011).

A decisão do STF indica, basicamente, que a contribuição em questão constituiria "bitributação" ou *bis in idem*, pois haveria duas contribuições incidentes sobre a mesma base de cálculo, aquela prevista no art. 195, I, *b*, da Constituição Federal, eis que o empregador rural pessoa física também estaria sujeito ao pagamento de COFINS sobre o faturamento.

Posteriormente, a Resolução n. 15/2017 do Senado Federal suspendeu, nos termos do art. 52, inciso X, da Constituição Federal, a execução do inciso VII do art. 12 da Lei n. 8.212, de 24 de julho de 1991, e a execução do art. 1º da Lei n. 8.540, de 22 de dezembro de 1992, que deu nova redação ao art. 12, inciso V, ao art. 25, incisos I e II, e ao art. 30, inciso IV, da Lei n. 8.212, de 24 de julho de 1991, todos com a redação atualizada até a Lei n. 9.528, de 10 de dezembro de 1997.

A partir do entendimento firmado pela Corte Constitucional, o produtor rural, que se qualifique como *empregador pessoa física*, só estará obrigado ao recolhimento de sua própria contribuição (previdenciária), na condição de contribuinte individual, devendo a receita bruta proveniente da comercialização da sua produção rural sofrer apenas a incidência do Imposto de Renda.

Embora o STF tenha declarado a inconstitucionalidade em relação ao período anterior à Emenda Constitucional n. 20/1998, parece-nos que, diante dos fundamentos utilizados na decisão em análise, a exigência da contribuição não poderá ocorrer com relação aos períodos posteriores.

A matéria chegou ao STF e ganhou repercussão geral no RE 718.874, no qual foi fixada a seguinte tese:

> **Tema 669**: "É constitucional formal e materialmente a contribuição social do empregador rural pessoa física, instituída pela Lei 10.256/2001, incidente sobre a receita bruta obtida com a comercialização de sua produção" (*Leading Case*: RE 718.874, Tribunal Pleno, Relator p/ Acórdão Min. Alexandre de Moraes, *DJe* 27.9.2017).

Assim, apenas o segurado especial, laborando em regime de economia familiar e cumpridas as demais exigências legais, é que continua obrigado ao recolhimento da contribuição prevista no art. 25 da Lei n. 8.212/1991. Importante frisar o julgamento do Tema 723 de Repercussão Geral, que declarou ser "constitucional, formal e materialmente, a contribuição social do segurado especial prevista no art. 25 da Lei 8.212/1991". Como ressaltado na ementa do acórdão que julgou o *leading case* relativo a esse outro tema, "em razão dos vícios de inconstitucionalidade apontados por esta Corte nos REs 363.852 e 596.177, somente o empregador rural pessoa física foi excluído como sujeito passivo da contribuição previdenciária prevista no artigo 25 da Lei 8.212/1991, de modo que o tributo continuou a existir, com plena vigência e eficácia em relação aos segurados especiais" (RE 761263, Rel. Min. Alexandre de Moraes, *DJe*-161, publ. 26.6.2020).

19.12 CONTRIBUIÇÃO DO EMPREGADOR RURAL PESSOA JURÍDICA

O empregador rural constituído em pessoa jurídica contribuía para a Seguridade Social com o equivalente a 2,5% do valor da receita bruta proveniente da comercialização de sua produção (art. 25 da Lei n. 8.870/1994).

Por força da alteração legislativa prevista na Lei n. 13.606, de 2018, a contribuição devida à seguridade social pelo empregador, que se dedique à produção rural, em substituição à prevista nos incisos I e II do art. 22 da Lei n. 8.212, de 1991, passou a ser a seguinte: I – 1,7% da receita bruta proveniente da comercialização da sua produção; e II – 0,1% da receita bruta proveniente da comercialização de sua produção, para o financiamento da complementação das prestações por acidente de trabalho.

Anteriormente a isso, o texto dos incisos I e II do art. 25 da Lei n. 8.212/1991 haviam sido declarados como inconstitucionais por decisão do STF no RE 363.852 e, por força disso, o Senado Federal havia também determinado a suspensão dos seus efeitos (Res. 15/2017). Todavia, a nova redação não impõe a substituição, mas apenas a faculta. O produtor rural, pessoa jurídica poderá optar por contribuir com base na folha de salários a partir de 1º de janeiro de 2019, devendo manifestar sua opção mediante pagamento da contribuição relativa a janeiro de cada ano (art. 25, § 7º, da Lei n. 8.870/1994, incluído pelo art. 15 da Lei n. 13.606/2018).

Estabeleceu o § 2º do art. 25 da Lei n. 8.870/1994 que a referida contribuição se estendia às pessoas jurídicas que se dedicavam à produção agroindustrial, quanto à folha de salários de sua parte agrícola, mediante o pagamento da contribuição que devia ser calculada sobre o valor estimado da produção agrícola própria, considerando seu preço de mercado, cabendo às referidas pessoas jurídicas continuar a contribuir com o percentual de 20% em relação aos empregados do setor industrial. No entanto, o Supremo Tribunal Federal julgou inconstitucional o § 2º do art. 25 da Lei n. 8.870/1994 (ADIn 1.103-1/DF, *DJU* de 13.2.1997).

O conceito legal de agroindústria atribuído pela Lei n. 10.256, de 9.7.2001, é o de produtor rural pessoa jurídica cuja atividade econômica seja a industrialização de produção própria e adquirida de terceiros. Essa lei estabeleceu que a contribuição devida pela agroindústria tem como base de cálculo a receita bruta proveniente da comercialização da produção, em substituição às previstas nos incisos I e II do art. 22 da Lei de Custeio.

As alíquotas são de: 2,5% destinadas à Seguridade Social e 0,1% para o financiamento das aposentadorias especiais e dos benefícios por incapacidade decorrentes dos riscos ambientais da atividade. Essa regra não se aplica às operações relativas à prestação de serviços a terceiros e às sociedades cooperativas e às agroindústrias de piscicultura, carcinicultura, suinocultura e avicultura, cujas contribuições continuam sendo devidas na forma do art. 22 da Lei n. 8.212/1991.

O empregador rural pessoa jurídica e o produtor rural classificado como agroindústria contribuem, ainda, com 0,25% incidente sobre a receita bruta proveniente da comercialização da produção para o Serviço Nacional de Aprendizagem Rural (SENAR).

O TRF da 4ª Região, apreciando recurso de empresa agropastoril, em apelação contra sentença que denegou a segurança requerendo que fosse suspensa a exigibilidade da contribuição instituída pela Lei n. 8.212/1991 e alterações posteriores, decidiu, por unanimidade, que não podem incidir duas contribuições sobre base de cálculo e fato gerador idênticos, visto que a empresa também recolhe a COFINS. Ainda que o dispositivo legal se refira à receita bruta proveniente da comercialização da produção rural, essa grandeza é coincidente com o conceito de faturamento – fato gerador e base de cálculo da COFINS. Por esses motivos, o Tribunal reconheceu a inconstitucionalidade do art. 25, incisos I e II, da Lei n. 8.870/194, declarando inexigível a contribuição sobre a receita bruta proveniente da comercialização da produção rural pessoa jurídica instituída por esse dispositivo. Como a Lei n. 10.256/2001, que modificou a redação do *caput* do art. 25 da Lei n. 8.870/1994, não alterou a essência do dispositivo original, não é necessário arguir novamente a inconstitucionalidade do referido artigo (INAMS 1999.71.00.021280-5/RS, Rel. Des. Federal Joel Ilan Paciornik, julg. 17.9.2008).

A matéria encontra-se sob análise do STF com repercussão geral reconhecida no RE 611601 (Tema 281), contra decisão do TRF-4, em que se discute a constitucionalidade da contribuição social devida pela agroindústria.

O tema também ganhou Repercussão Geral no RE 700.922 (Tema 651), conforme ementa que segue:

> Constitucionalidade das contribuições à seguridade social, a cargo do empregador produtor rural, pessoa jurídica, incidente sobre a receita bruta proveniente da comercialização de sua produção, instituídas pelo artigo 25, I e II, e § 1º, da Lei 8.870/1994.

19.13 CONTRIBUIÇÃO SOBRE A RECEITA DE CONCURSOS DE PROGNÓSTICOS

Prevista no art. 195, III, da Constituição de 1988, essa contribuição incide sobre todo e qualquer concurso de sorteio de números ou quaisquer outros símbolos, loterias e apostas de qualquer natureza no âmbito federal, estadual, distrital ou municipal, promovidos por entes públicos ou por pessoas jurídicas de direito privado.

A receita da Seguridade Social é a renda líquida de tais concursos, assim considerado, no caso de concursos promovidos por órgãos do Poder Público, o total da arrecadação, deduzidos os valores destinados ao Programa de Crédito Educativo (art. 212 do Regulamento).

No caso de concursos promovidos por entidades privadas (corridas, bingos, sorteios em títulos de capitalização etc.), o percentual de 5% incide sobre o movimento global de apostas em prado de corridas, ou o movimento global de sorteio de números ou de quaisquer modalidades de símbolos.

Competem à Secretaria da Receita Federal a arrecadação e a fiscalização da contribuição sobre a receita de concursos de prognósticos.

19.14 CONTRIBUIÇÕES DESTINADAS A TERCEIROS

O art. 240 da Constituição de 1988 ressalvou que, além das contribuições previstas no art. 195, é possível a cobrança de contribuições compulsórias dos empregadores sobre a folha de salários, destinadas às entidades privadas de serviço social e de formação profissional vinculadas ao sistema sindical.

As contribuições a terceiros são exações destinadas a entidades e fundos, que, por força de legislação ou convênio, a Secretaria da Receita Federal do Brasil se incumbe de arrecadar e repassar (a partir da Lei n. 11.457, de 16.3.2007). E estão sujeitas aos mesmos prazos, condições, sanções e privilégios das contribuições previdenciárias, inclusive no que se refere à cobrança judicial.

As contribuições a terceiros incidentes sobre a remuneração paga, devida ou creditada a segurados empregados e trabalhadores avulsos são destinadas às seguintes entidades privadas de serviço social e de formação profissional vinculadas ao sistema sindical:

- FNDE – Fundo Nacional de Desenvolvimento da Educação;
- INCRA – Instituto Nacional de Colonização e Reforma Agrária;
- SENAI – Serviço Nacional de Aprendizagem Industrial;
- SESI – Serviço Social da Indústria;
- SENAC – Serviço Nacional de Aprendizagem Comercial;
- SESC – Serviço Social do Comércio;
- SEBRAE – Serviço Brasileiro de Apoio às Micro e Pequenas Empresas;
- DPC – Diretoria de Portos e Costas;
- Fundo Aeroviário;
- SENAR – Serviço Nacional de Aprendizagem Rural;
- SEST – Serviço Social do Transporte;
- SENAT – Serviço Nacional de Aprendizagem do Transporte.

O prazo para recolhimento acompanha o mesmo previsto para o recolhimento das demais contribuições a cargo da empresa: é o dia 20 do mês subsequente ao da competência, prorrogando-se para o primeiro dia útil seguinte, se o vencimento cair em dia em que não haja expediente bancário.

A respeito dessas contribuições destacamos alguns precedentes, a saber:

- *Agravo regimental no agravo de instrumento. Contribuição ao INCRA e ao FUNRURAL. Empresa urbana. O Supremo Tribunal Federal fixou entendimento no sentido de que a contribuição destinada ao INCRA e ao FUNRURAL é devida por empresa urbana, porque destina-se a cobrir os riscos aos quais está sujeita toda a coletividade de trabalhadores. Precedentes. Agravo regimental a que se nega provimento (STF, AI 663.176-AgR, Rel. Min. Eros Grau, julgamento em 16.10.2007, DJ de 14.11.2007).*
- *Contribuição para o FUNRURAL: empresas urbanas: acórdão recorrido que se harmoniza com o entendimento do STF, no sentido de não haver óbice a que seja cobrada, de empresa urbana, a referida contribuição, destinada a cobrir os riscos a que se sujeita toda a coletividade de trabalhadores: precedentes (STF, AI 485.192-AgR, Rel. Min. Sepúlveda Pertence, julgamento em 3.5.2005, DJ de 27.5.2005).*
- *SEBRAE. Contribuição de Intervenção no Domínio Econômico. Lei n. 8.029, de 12.4.1990, art. 8º, § 3º. Lei n. 8.154, de 28.12.1990. Lei n. 10.668, de 14.5.2003. CF, art. 146, III; art. 149; art. 154, I; art. 195, § 4º. As contribuições do art. 149, CF, contribuições sociais, de intervenção no domínio econômico e de interesse de categorias profissionais ou econômicas, posto estarem sujeitas à lei complementar do art. 146, III, CF, isto não quer dizer que deverão ser instituídas por lei complementar. A contribuição social do art. 195, § 4º, CF, decorrente de "outras fontes", é que, para a sua instituição, será observada a técnica da competência residual da União: CF, art. 154, I, ex vi do disposto no art. 195, § 4º (STF, RE 396.266, Rel. Min. Carlos Velloso, julgamento em 26.11.2003, DJ de 27.2.2004).*
- *SESC e SENAC: Súmula STJ n. 499: "As empresas prestadoras de serviços estão sujeitas às contribuições ao SESC e SENAC, salvo se integradas noutro serviço social".*

19.15 SISTEMA DE ESCRITURAÇÃO DIGITAL DAS OBRIGAÇÕES FISCAIS, PREVIDENCIÁRIAS E TRABALHISTAS – ESOCIAL

O Decreto n. 8.373, de 11.12.2014, instituiu o Sistema de Escrituração Digital das Obrigações Fiscais, Previdenciárias e Trabalhistas (eSocial).

O eSocial é o instrumento de unificação da prestação das informações referentes à escrituração das obrigações fiscais, previdenciárias e trabalhistas e tem por finalidade padronizar sua transmissão, validação, armazenamento e distribuição, constituindo ambiente nacional composto por:

I – escrituração digital, contendo informações fiscais, previdenciárias e trabalhistas;

II – aplicação para preenchimento, geração, transmissão, recepção, validação e distribuição da escrituração; e

III – repositório nacional, contendo o armazenamento da escrituração.

A prestação das informações ao eSocial substitui, na forma disciplinada pelos órgãos ou entidades partícipes, a obrigação de entrega das mesmas informações em outros formulários e declarações a que estão sujeitos:

I – o empregador, inclusive o doméstico, a empresa e os que forem a eles equiparados em lei;

II – o segurado especial, inclusive em relação a trabalhadores que lhe prestem serviço;

III – as pessoas jurídicas de direito público da União, dos Estados, do Distrito Federal e dos Municípios; e

IV – as demais pessoas jurídicas e físicas que pagarem ou creditarem por si rendimentos sobre os quais tenha incidido retenção do Imposto sobre a Renda Retido na Fonte – IRRF, ainda que em um único mês do ano-calendário.

São objetivos do eSocial: viabilizar a garantia de direitos previdenciários e trabalhistas aos trabalhadores brasileiros; simplificar o cumprimento de obrigações; e aprimorar a qualidade de informações das relações de trabalho, previdenciárias e fiscais.

O eSocial busca coletar as informações anteriormente descritas, armazenando-as no Ambiente Nacional do eSocial, possibilitando aos órgãos participantes do projeto (INSS, CEF, RFB e Ministério do Trabalho e Previdência Social) sua efetiva utilização para fins previdenciários, fiscais e de apuração de tributos e do FGTS.

As informações podem ser classificadas em três tipos, a saber:

a) Eventos Iniciais – São eventos que identificam o empregador/contribuinte, contendo dados básicos de sua classificação fiscal e estrutura administrativa. É o primeiro evento a ser transmitido ao eSocial. Também compõe os eventos iniciais o evento de cadastramento inicial dos vínculos. Esse evento deve ser informado após terem sido transmitidos os eventos de tabelas do empregador;

b) Eventos de Tabelas – São eventos que montam as tabelas do empregador, responsáveis por uma série de informações que vão validar os eventos não periódicos e periódicos. Quando da primeira informação dos itens que compõem a tabela, devem ser preenchidos os campos com a data de início da validade. A informação da data final deve ser enviada apenas no momento em que ocorrer a desativação do item;

c) Eventos não periódicos – São fatos jurídicos da relação trabalhista entre empregador e trabalhador que não têm uma data prefixada para ocorrer. Esses fatos influenciam na concessão de direitos e no cumprimento de deveres trabalhistas, previdenciários e fiscais, por exemplo, a admissão de um empregado, alteração de salário, exposição do trabalhador a agentes nocivos, desligamento etc.; e

d) Eventos periódicos – São os eventos que têm periodicidade previamente definida para sua ocorrência. Seu prazo de transmissão é até o dia 7 do mês seguinte, antecipando o vencimento para o dia útil imediatamente anterior em caso de não haver expediente bancário, com exceção do evento de espetáculo desportivo. São compostos por informações de folha de pagamento, de apuração de outros fatos geradores de contribuições previdenciárias e de retenção do imposto sobre a renda retido na fonte sobre pagamentos feitos pelo próprio contribuinte. Também estão previstas as informações de retenção das contribuições sociais incidentes sobre pagamentos efetuados às pessoas jurídicas.

A partir da data de entrada em vigor do eSocial os empregadores serão identificados apenas pelo CNPJ, se pessoa jurídica, e apenas pelo CPF, se pessoa física.

Para as pessoas físicas que utilizam a matrícula CEI, foi criado o Cadastro de Atividades da Pessoa Física (CAEPF), que será um número sequencial vinculado ao CPF.

A pessoa física deverá providenciar o registro no CAEPF, obedecendo as normas previstas em ato normativo próprio da Secretaria da Receita Federal do Brasil.

Para as obras de construção civil, que possuem responsáveis pessoas físicas ou jurídicas, a matrícula CEI passa a ser substituída pelo Cadastro Nacional de Obras (CNO), que será sempre vinculado a um CNPJ ou a um CPF.

As matrículas CEI existentes na data de implantação do eSocial relativas a obras comporão o cadastro inicial do CNO.

Os trabalhadores, por sua vez, terão como identificadores obrigatórios o CPF e o NIS (NIT, PIS/PASEP, SUS). O trio de informações "CPF – NIS – Data de nascimento" deverá estar consistente com o Cadastro Nacional de Informações Sociais (CNIS), e será validado no ato da transmissão. Sua inconsistência gerará recusa no recebimento do evento de cadastramento inicial dos vínculos, admissão ou trabalhador sem vínculo.

Os empregadores deverão dar atenção especial às informações cadastrais de seus trabalhadores, certificando-se de sua consistência com o CNIS e, se necessário, proceder a regularização das inconsistências antes da data de entrada em vigor do eSocial.

Para facilitar o trabalho de regularização cadastral, foi criada uma aplicação para verificar se o CPF e o NIS estão aptos a ser utilizados no eSocial. O acesso a essa aplicação, assim como mais informações, deve ser obtido a partir do endereço eletrônico https://www.gov.br/esocial/pt-br.

As informações dos Eventos não periódicos alimentarão uma base de dados no ambiente nacional do eSocial denominada Registro de Eventos Trabalhistas (RET).

Todos os arquivos de eventos não periódicos, ao serem transmitidos, passarão por validação e somente serão aceitos se estiverem consistentes com o RET. Por exemplo, o evento de desligamento de empregado só será aceito se, para aquele empregado, tiver sido enviado anteriormente o evento de admissão. Outro exemplo, um evento de afastamento temporário somente será aceito se o empregado já não estiver afastado.

O RET também será utilizado para validação da folha de pagamento, composta pelos eventos de remuneração e pagamento dos trabalhadores, que fazem parte dos eventos periódicos. A folha de pagamento só será aceita se todos os trabalhadores ativos no RET nela constarem e, por outro lado, se todos os trabalhadores na folha de pagamento constarem no RET, com exceção dos trabalhadores não obrigados ao registro.

Além dos empregados, outras categorias de trabalhadores também serão objeto de informações que alimentarão o RET, como os trabalhadores avulsos, os dirigentes sindicais e algumas categorias de contribuintes individuais, como diretores não empregados e cooperados.

O empregador gera um arquivo eletrônico contendo as informações previstas nos leiautes, assina-o digitalmente, transformando-o em um documento eletrônico nos termos da legislação brasileira vigente de maneira a garantir a integridade dos dados e a autoria do emissor. Esse arquivo eletrônico é transmitido pela Internet para o ambiente nacional do eSocial, que, após verificar a integridade formal, emitirá o protocolo de recebimento e o enviará ao empregador.

A prestação de informação ao eSocial pelas microempresas e empresas de pequeno porte, conforme a Lei Complementar n. 123/2006, e pelo Microempreendedor Individual (MEI) será efetuada em sistema simplificado, compatível com as especificidades dessas empresas.

As informações prestadas por meio do eSocial substituirão as constantes na Guia de Recolhimento do Fundo de Garantia por Tempo de Serviço e Informações à Previdência Social (GFIP), na forma disciplinada no Manual de Orientação do eSocial.

Conforme o § 3º do art. 8º do Decreto n. 8.373/2014, as informações de natureza tributária e do FGTS observarão as regras de sigilo fiscal e bancário, respectivamente.

A chave do trabalhador no eSocial é o CPF associado ao NIS.

O cronograma que fixa as datas de obrigatoriedade para utilização do sistema consta da Resolução n. 1, de 24 de junho de 2015, do Comitê Diretivo do eSocial.

A Resolução fixa prazo diferente para a obrigatoriedade de prestar informações relativas a algumas questões ligadas ao contrato de trabalho e à Previdência.

A forma de preenchimento e a entrega de formulários e declarações relativas aos trabalhadores pelas empresas que tiveram faturamento superior a R$ 78 milhões no ano de 2014 serão unificadas em uma mesma plataforma (eSocial), obrigatoriamente, a partir da competência setembro de 2016. A plataforma, a partir de então, servirá como único meio para informar dados como vínculos de trabalhadores, contribuições previdenciárias e as informações da folha de pagamento, entre outros.

Assim, as empresas serão obrigadas somente a partir da competência janeiro de 2017 a utilizar o eSocial para transmitir informações sobre monitoramento da saúde do trabalhador e condições do ambiente de trabalho, bem como a emissão da Comunicação de Acidente de Trabalho.

A Resolução estabelece, ainda, que a partir da competência janeiro de 2017 os demais empregadores – inclusive microempresas e empresas de pequeno porte, como o empreendedor individual com empregado, o pequeno produtor rural, o contribuinte individual equiparado à empresa e o segurado especial que possua trabalhadores que lhes prestem serviços – deverão enviar as informações sobre os seus empregados por meio do novo sistema. Já os eventos relativos ao ambiente de trabalho devem ser enviados pelos demais empregadores utilizando o eSocial a partir da competência julho de 2017.

No dia 1º.10.2023, teve início um novo evento do eSocial: a inserção do módulo Processo Trabalhista.[27] Por meio dele, o empregador lançará as informações relativas aos acordos e decisões proferidas nos processos que tramitam na Justiça do Trabalho. Deverão ser informados os processos que tenham decisões condenatórias ou homologatórias de acordo, que se tornem definitivas (contra as quais não cabe mais recurso) a partir de 1º.10.2023, ainda que o processo tenha sido ajuizado anteriormente a essa data.

Devem informar os dados dessas decisões todos os empregadores, pessoas físicas ou jurídicas, inclusive os empregadores domésticos, MEIs e segurados especiais.

Até então, os débitos das contribuições previdenciárias e as contribuições sociais devidas a terceiros decorrentes das ações trabalhistas tinham declaração na GFIP e eram recolhidos por meio de GPS. Contudo, desde 1º.10.2023, esses débitos passaram a constar na DCTFWeb, com recolhimento por meio de DARF numerado.

Importante observar que deverão ser utilizadas GFIP e GPS para as decisões terminativas condenatórias ou homologatórias proferidas pela Justiça do Trabalho até 30.9.2023, ainda que o recolhimento seja efetuado após 1º.10.2023.

O FGTS incidente sobre os valores de remuneração reconhecidos no processo judicial seguiu sendo recolhido normalmente, por meio da GFIP, até ser substituído pelo FGTS Digital, que entrou em operação partir do dia 1º.3.2024.

Para informar o resultado do processo no eSocial, os empregadores ou um terceiro autorizado (contador ou advogado, por exemplo) poderão utilizar, além dos seus sistemas próprios de gestão de folha, o portal *web* do eSocial.

Houve a criação de um módulo *web* exclusivo de processos trabalhistas e sua utilização pode ser feita por todos os empregadores, pessoas físicas ou jurídicas. Os MEI e empregadores domésticos também poderão utilizar esse módulo para transmissão de processos.

19.16 SIMPLES DOMÉSTICO

Para facilitar o cumprimento das novas obrigações criadas para o empregador doméstico, a Lei Complementar n. 150/2015 determinou a implantação do Simples Doméstico, que define um regime unificado para pagamento de todos os tributos e demais encargos, inclusive FGTS. Atualmente há um Módulo Simplificado do eSocial disponível para o Empregador Doméstico, para o segurado especial e também para o Microempreendedores Individuais – MEI.

---

[27] Conforme noticiado em https://www.gov.br/esocial/pt-br/noticias/processo-trabalhista-no-esocial-o-que-voce--precisa-saber. Acesso em: 4 out. 2023.

O Simples Doméstico assegurará o recolhimento mensal, mediante documento único de arrecadação, dos seguintes valores (art. 211-B do Decreto n. 3.048/1999, incluído pelo Decreto n. 10.410/2020):

I – 7,5 a 14% de contribuição previdenciária, a cargo do segurado empregado doméstico, nos termos do art. 20 da Lei n. 8.212, de 24 de julho de 1991;
II – 8% (oito por cento) de contribuição patronal previdenciária para a seguridade social, a cargo do empregador doméstico, nos termos do art. 24 da Lei n. 8.212, de 24 de julho de 1991;
III – 0,8% (oito décimos por cento) de contribuição social para financiamento do seguro contra acidentes do trabalho;
IV – 8% (oito por cento) de recolhimento para o FGTS;
V – 3,2% (três inteiros e dois décimos por cento), na forma do art. 22 desta Lei; e
VI – imposto sobre a renda retido na fonte de que trata o inciso I do art. 7º da Lei n. 7.713, de 22 de dezembro de 1988, se incidente.

Foi prevista também a criação de um sistema eletrônico, em que o empregador doméstico deverá informar as obrigações trabalhistas, previdenciárias, fiscais, de apuração de tributos e do FGTS desde a competência outubro de 2015.

O empregador doméstico fica obrigado a pagar a remuneração devida ao empregado doméstico e a arrecadar e a recolher as contribuições, os depósitos de FGTS e o imposto de renda na fonte a que se referem os incisos I ao VI do *caput* do art. 211-B até o dia 7 do mês seguinte ao da competência (RPS, art. 211-C, incluído pelo Decreto n. 10.410/2020).

19.17 A CTPS DIGITAL

A Portaria n. 1.065, de 23 de setembro de 2019, instituiu a CTPS Digital, substituindo a Carteira de Trabalho e Previdência Social em papel. A matéria atualmente é regida pela Portaria MTP n. 61/2021.

A Carteira de Trabalho Digital será alimentada com os dados do eSocial.

Os empregadores já obrigados ao eSocial devem continuar a enviar os dados dos seus trabalhadores – não apenas referentes à admissão, mas todos os dados já solicitados. As informações que compõem a Carteira de Trabalho Digital serão disponibilizadas automaticamente para o trabalhador por meio do aplicativo ou da *web*.

Não existe procedimento de "anotação" da CTPS Digital, uma vez que não há um sistema próprio da Carteira de Trabalho Digital a ser alimentado pelo empregador. Todos os dados apresentados na CTPS são aqueles informados ao eSocial, o que facilita os processos nas empresas e reduz drasticamente a burocracia, visto que a partir de agora o empregador está dispensado de anotar na CTPS em papel.

Contudo, é importante esclarecer que eventos como alteração salarial, gozo de férias ou desligamento não serão exibidos na Carteira de Trabalho Digital imediatamente, por dois motivos: o primeiro é que o prazo para prestação de informação desses eventos no eSocial, pelo empregador é, em regra, até o dia 15 do mês seguinte ao da ocorrência para a maioria dos eventos, e, em até 10 dias, no caso de desligamento. O segundo motivo é que há um tempo de processamento entre a recepção da informação no eSocial e sua disponibilização no sistema da CTPS Digital.

Há um tratamento da informação, sua inclusão no CNIS – Cadastro Nacional de Informações Sociais, para só então ser apresentado na CTPS Digital. Esse processamento garante que os dados exibidos na CTPS Digital são os mesmos que serão utilizados pelo INSS para a concessão de benefícios.

Por força de lei, a CTPS em papel será utilizada de maneira excepcional, apenas nos seguintes casos: dados já anotados referentes aos vínculos antigos; anotações relativas a contratos vigentes na data da publicação da Portaria em relação aos fatos ocorridos até então (daqui para frente, todas as anotações relativas a novos fatos serão feitas apenas eletronicamente); dados referentes a vínculos com empregadores ainda não obrigados ao eSocial.

Isenção, Remissão e Anistia em Matéria de Contribuições

20.1 ISENÇÃO/IMUNIDADE

A Constituição Federal de 1988, no art. 195, § 7º, concedeu *isenção* das contribuições para a Seguridade Social em favor das entidades beneficentes de assistência social que atendam às exigências estabelecidas em lei.

Segundo *Sergio Pinto Martins*, "na verdade, não se trata de isenção, mas de imunidade, pois esta é prevista na Constituição, enquanto a primeira é determinada na lei ordinária. A imunidade é uma limitação constitucional ao poder de tributar do Estado. Por meio da imunidade, a Lei Maior suprime parcela do poder fiscal. É uma não incidência constitucionalmente qualificada. Já na isenção estamos diante de hipótese de exclusão do crédito tributário (art. 175, I, do CTN). O crédito tributário existe, apenas a lei dispensa o seu pagamento. Na imunidade, o crédito tributário nem sequer chega a existir, pois é a própria Constituição que determina que não poderá haver a incidência tributária sobre certo fato. Assim, a isenção depende de lei".[1]

O STF reconhece que o art. 195, § 7º, se refere a uma regra de imunidade. A título exemplificativo, a Repercussão Geral – Tema 432, em que foi fixada a seguinte tese: "A imunidade tributária prevista no art. 195, § 7º, da Constituição Federal abrange a contribuição para o PIS" (RE 636.941, Plenário, *DJe* 3.4.2014).

Noutro julgado, o STF assentou que na condição de limitações constitucionais ao poder de tributar, as imunidades tributárias consagradas na CF asseguram direitos que se incorporam ao patrimônio jurídico-constitucional dos contribuintes. Assim, o emprego da expressão "são isentas", no art. 195, § 7º, da CF, não tem o condão de descaracterizar a natureza imunizante da desoneração tributária nele consagrada. Não há dúvida, portanto, sobre a convicção de que a delimitação do campo semântico abarcado pelo conceito constitucional de "entidades beneficentes de assistência social", por inerente ao campo das imunidades tributárias, sujeita-se à regra de reserva de lei complementar, consoante disposto no art. 146, II, da CF (RE 566.622 ED/RS, Rel. orig. Min. Marco Aurélio, Red. p/ o acórdão Min. Rosa Weber, j. 18.12.2019).

José Souto Maior Borges ressalta que a competência tributária nasce constitucionalmente limitada, inclusive pelas regras de imunidade.[2]

A concessão de imunidade de contribuições previdenciárias a entidades filantrópicas é antiga. A Constituição de 1988 a manteve, limitando-a, contudo, a entidades de assistência social – na redação da CLPS/1984, estendia-se a toda e qualquer entidade que fosse considerada de utilidade

---

[1] MARTINS, Sergio Pinto. *Direito da seguridade social*. 11. ed., São Paulo: Atlas, 1999, p. 228.
[2] BORGES, José Souto Maior. *Teoria geral da isenção tributária*. 3. ed., São Paulo: Malheiros, 2011, p. 217.

pública, cujos diretores não percebessem remuneração (art. 130). Posteriormente, a Lei de Custeio estendeu o beneplácito às entidades que tivessem atividade no campo da educação ou da saúde.

Segundo leciona *Celso Barroso Leite*, citado por *Stephanes*, o Brasil é o único país onde existe tal benefício. Acrescenta o ex-ministro que muitas das mais de dez mil entidades cadastradas no Conselho Nacional de Assistência Social – CNAS cobram pelos serviços que prestam, mantendo apenas algumas atividades eminentemente filantrópicas, o que acarreta uma renúncia fiscal de aproximadamente dois bilhões de reais por exercício financeiro em números da década de 90.[3]

A matéria era regulada pelo art. 55 da Lei n. 8.212/1991, o qual estabelecia determinados requisitos. A Lei n. 9.732, de 14.12.1998, modificou em parte a redação do art. 55 da Lei n. 8.212/1991, dificultando a concessão para as entidades filantrópicas. A Lei n. 12.101, de 27.11.2009, por sua vez, revogou referido dispositivo, passando a dispor sobre a certificação das entidades beneficentes de Assistência Social e regulando os procedimentos para tal certificação. Na sequência, a LC n. 187, de 16.12.2021, veio para dispor sobre a certificação das entidades beneficentes e regular os procedimentos referentes à imunidade de contribuições à seguridade social de que trata o § 7º do art. 195 da Constituição Federal; alterou às Leis n. 5.172, de 25 de outubro de 1966 (Código Tributário Nacional), e n. 9.532/1997; revogou a Lei n. 12.101/2009 e dispositivos das Leis n. 11.096/2005 e n. 12.249/2010; e deu outras providências.

Antes mesmo da edição da LC n. 187/2021, o STF sinalizava seu entendimento sobre a questão da reserva legal para dispor sobre a matéria, exigindo lei complementar (*v.g.*, MI 420, Tribunal Pleno, Rel. Min. Marco Aurélio, *DJ* 23.9.1994).

Quanto ao inciso II do art. 55 da Lei de Custeio, o STF, em apreciação de Repercussão Geral – Tema 32, fixou tese no sentido de que: "Os requisitos para o gozo de imunidade hão de estar previstos em lei complementar" (*Leading Case*: RE 566.622/RS, Tribunal Pleno, *DJe* 23.8.2017). Depois, acolhendo parcialmente embargos de declaração, reconheceu a constitucionalidade do art. 55, II, da Lei n. 8.212/1991, na redação original e nas redações que lhe foram dadas pelo art. 5º da Lei n. 9.429/1996 e pelo art. 3º da Medida Provisória n. 2.187-13/2001. Além disso, a fim de evitar ambiguidades, o Tribunal conferiu à tese relativa ao Tema 32 da Repercussão Geral a seguinte formulação: "A lei complementar é forma exigível para a definição do modo beneficente de atuação das entidades de assistência social contempladas pelo art. 195, § 7º, da CF, especialmente no que se refere à instituição de contrapartidas a serem por elas observadas".

Nesse segundo julgamento (dos ED), o STF sublinhou, também, ser preciso definir a norma incidente à espécie, à luz do enquadramento constitucional: se o art. 14 do Código Tributário Nacional (CTN) ou o art. 55 da Lei n. 8.212/1991. Pontuou que, tal como redigida, a tese original de repercussão geral aprovada nos autos do RE 566.622 sugeria a inexistência de qualquer espaço normativo que pudesse ser integrado por legislação ordinária, o que não se extraiu do cômputo dos votos proferidos. Por essa razão, foi apresentada nova formulação que melhor espelha o quanto decidido pelo Plenário e vai ao encontro de outra recente decisão da Corte (ADI 1.802), em que se reafirmou a jurisprudência no sentido de reconhecer legítima a atuação do legislador ordinário no trato de questões *procedimentais* desde que não interfira na própria *caracterização* da imunidade (RE 566622 ED/RS, Rel. orig. Min. Marco Aurélio, Red. p/ o Acórdão Min. Rosa Weber, j. 18.12.2019).

Portanto, o que se nota é que toda a disciplina legal ordinária quanto a *requisitos* para obtenção da benesse fiscal caiu por terra, permanecendo apenas as normas do art. 14 do CTN para disciplinar o tema até a edição da LC n. 187/2021, a qual regula, com fundamento no inciso II do *caput do art. 146 e no § 7º do art. 195 da Constituição Federal*, as condições para limitação ao poder de tributar da União em relação às entidades beneficentes, no tocante às contribuições para a seguridade social.

---

[3] STEPHANES, Reinhold. *Reforma da previdência sem segredos*. Rio de Janeiro: Record, 1998, p. 208.

Atualmente, o Dec. n. 11.791, de 21.11.2023, regulamenta a referida LC n. 187, de 16.12.2021, no que tange à certificação das entidades beneficentes, e regula os procedimentos referentes à imunidade de contribuições à seguridade social de que trata o § 7º do art. 195 da Constituição.

Entende-se como entidade beneficente, para os fins de cumprimento da LC n. 187/2021, a pessoa jurídica de direito privado, sem fins lucrativos, que presta serviço nas áreas de assistência social, de saúde e de educação. Na sequência serão analisados os requisitos para a imunidade e demais aspectos a serem considerados para a concessão desse benefício fiscal.

20.1.1 Requisitos para a isenção/imunidade

A partir do regramento previsto no art. 3º da LC n. 187/2021, farão jus à imunidade de que trata o § 7º do art. 195 da Constituição Federal as entidades beneficentes que atuem nas áreas da saúde, da educação e da assistência social, certificadas nos termos da referida LC, e que atendam, cumulativamente, aos seguintes requisitos:

I – não percebam seus dirigentes estatutários, conselheiros, associados, instituidores ou benfeitores remuneração, vantagens ou benefícios, direta ou indiretamente, por qualquer forma ou título, em razão das competências, das funções ou das atividades que lhes sejam atribuídas pelos respectivos atos constitutivos;

II – apliquem suas rendas, seus recursos e eventual superávit integralmente no território nacional, na manutenção e no desenvolvimento de seus objetivos institucionais;

III – apresentem certidão negativa ou certidão positiva com efeito de negativa de débitos relativos aos tributos administrados pela Secretaria Especial da Receita Federal do Brasil e pela Procuradoria-Geral da Fazenda Nacional, bem como comprovação de regularidade do Fundo de Garantia do Tempo de Serviço (FGTS);

IV – mantenham escrituração contábil regular que registre as receitas e as despesas, bem como o registro em gratuidade, de forma segregada, em consonância com as normas do Conselho Federal de Contabilidade e com a legislação fiscal em vigor;

V – não distribuam a seus conselheiros, associados, instituidores ou benfeitores seus resultados, dividendos, bonificações, participações ou parcelas do seu patrimônio, sob qualquer forma ou pretexto, e, na hipótese de prestação de serviços a terceiros, públicos ou privados, com ou sem cessão de mão de obra, não transfiram a esses terceiros os benefícios relativos à imunidade prevista no § 7º do art. 195 da Constituição Federal;

VI – conservem, pelo prazo de 10 (dez) anos, contado da data de emissão, os documentos que comprovem a origem e o registro de seus recursos e os relativos a atos ou a operações realizadas que impliquem modificação da situação patrimonial;

VII – apresentem as demonstrações contábeis e financeiras devidamente auditadas por auditor independente legalmente habilitado nos Conselhos Regionais de Contabilidade, quando a receita bruta anual auferida for superior ao limite fixado pelo inciso II do *caput* do art. 3º da Lei Complementar n. 123, de 14 de dezembro de 2006; e

VIII – prevejam, em seus atos constitutivos, em caso de dissolução ou extinção, a destinação do eventual patrimônio remanescente a entidades beneficentes certificadas ou a entidades públicas.

As entidades beneficentes deverão obedecer ao princípio da universalidade do atendimento, vedado dirigir suas atividades exclusivamente a seus associados ou categoria profissional (art. 5º da LC n. 187/2021).

E com base no art. 6º da LC n. 187/2021, a certificação será concedida à entidade beneficente que demonstre, no exercício fiscal anterior ao do requerimento, observado o período mínimo de 12 (doze) meses de constituição da entidade. A entidade que atue em mais de uma das áreas deverá manter escrituração contábil segregada por área, de modo a evidenciar as receitas, os custos e as despesas de cada atividade desempenhada. Todavia, nos processos de certificação, o período mínimo de cumprimento dos requisitos poderá ser reduzido se a entidade for prestadora de serviços por meio de contrato, de convênio ou de instrumento congênere com o Sistema Único de Saúde (SUS), com o Sistema Único de Assistência Social (Suas) ou com o Sistema Nacional de Políticas Públicas sobre Drogas (Sisnad), em caso de necessidade local atestada pelo gestor do respectivo sistema.

20.1.2 Requerimento e deferimento da isenção/imunidade

Os requerimentos de concessão da certificação e de renovação deverão ser protocolados perante a autoridade executiva competente em cada área de atuação, acompanhados dos documentos necessários à sua instrução.

De acordo com o art. 35 da LC n. 187/2021, os requerimentos de certificação serão apreciados:

I – pela autoridade executiva federal responsável pela área da saúde, para as entidades atuantes na área da saúde;

II – pela autoridade executiva federal responsável pela área da educação, para as entidades atuantes na área da educação;

III – pela autoridade executiva federal responsável pela área da assistência social, para:

a) as entidades atuantes na área da assistência social;

b) as comunidades terapêuticas e entidades de prevenção, de apoio, de mútua ajuda, de atendimento psicossocial e de ressocialização de dependentes do álcool e de outras drogas e seus familiares.

As certificações concedidas a partir da publicação da Lei n. 12.868, de 15.10.2013, terão prazo de três anos, contado da data da publicação da decisão de deferimento. Igual prazo foi previsto no art. 36 da LC n. 187/2021, e seus efeitos retroagirão à data de protocolo do requerimento para fins tributários. E, na hipótese de renovação de certificação, o efeito da decisão de deferimento será contado do término da validade da certificação anterior, com validade de 3 (três) ou 5 (cinco) anos, na forma de regulamento.

A validade da certificação como entidade beneficente condiciona-se à manutenção do cumprimento das condições que a ensejaram, inclusive as previstas no art. 3º da LC n. 187/2021, cabendo às autoridades executivas certificadoras supervisionar esse atendimento, as quais poderão, a qualquer tempo, determinar a apresentação de documentos, a realização de auditorias ou o cumprimento de diligências.

Em relação à concessão e renovação do Certificado de Entidade Beneficente de Assistência Social (Cebas), a Primeira Seção do STJ tinha jurisprudência firmada no sentido de que a entidade reconhecida como de caráter filantrópico antes da publicação do Decreto-lei n. 1.572/1977 possuía direito adquirido à manutenção e renovação do Certificado de Entidade Beneficente de Assistência Social, de modo que a Administração Pública, com fundamento no Decreto n. 752/1993 – posteriormente, no Decreto n. 2.536/1998 – não poderia impor-lhe novos requisitos para a obtenção do CEBAS, pois estaria extrapolando de forma irregular os requisitos anteriormente estabelecidos pela legislação ordinária.

No entanto, ao apreciar o MS n. 11.394/DF (Rel. Min. Luiz Fux, *DJ* de 2.4.2007), aquele Colegiado reformulou a orientação anteriormente firmada sobre o assunto, consignando que, por inexistir direito adquirido a regime tributário, ainda que a entidade tenha sido reconhecida como de caráter filantrópico na forma do Decretolei n. 1.572/1977, não há óbice à exigência de que ela satisfaça os requisitos previstos na legislação superveniente, no caso a Lei n. 8.212/1991, a fim de que usufrua do benefício fiscal. Neste sentido: MS n. 11231, 1ª Seção, Relatora Ministra Denise Arruda, *DJ* de 10.9.2007.

A matéria foi objeto da Súmula n. 352 do STJ: "A obtenção ou a renovação do Certificado de Entidade Beneficente de Assistência Social (Cebas) não exime a entidade do cumprimento dos requisitos legais supervenientes".

20.1.3 Alcance da isenção/imunidade

De acordo com o art. 4º da LC n. 187/2021, a imunidade abrange as contribuições sociais previstas nos incisos I, III e IV do *caput* do art. 195 e no art. 239 da Constituição Federal, relativas a entidade beneficente, a todas as suas atividades e aos empregados e demais segurados da previdência social, mas não se estende a outra pessoa jurídica, ainda que constituída e mantida pela entidade à qual a certificação foi concedida.

Aplicam-se às pessoas jurídicas no exercício do direito todas as normas de arrecadação, fiscalização e cobrança de contribuições estabelecidas no Regulamento da Previdência Social.

20.2 REMISSÃO E ANISTIA

A EC n. 20/1998 introduziu o § 11 no art. 195 da Constituição, vedando a concessão de remissão ou anistia das contribuições sociais de que tratam os incisos I, *a*, e II deste artigo, para débitos em montante superior ao fixado em lei complementar.

Por sua vez, a EC n. 103/2019 deu nova redação a esse dispositivo para fixar que:

> São vedados a moratória e o parcelamento em prazo superior a 60 (sessenta) meses e, na forma de lei complementar, a remissão e a anistia das contribuições sociais de que tratam a alínea *a* do inciso I e o inciso II do *caput*.

Essa norma constitucional limita a concessão de remissão e anistia até os valores a serem definidos em lei complementar, e, ainda, estabelece vedação ao deferimento do benefício em relação às contribuições sociais a cargo do empregador, da empresa e da entidade equiparada incidente sobre a folha de salários e demais rendimentos do trabalho, bem como daquelas a cargo dos trabalhadores e demais segurados da Previdência Social.

Para compreensão do alcance dessa norma constitucional é importante destacar as diferenças jurídicas entre isenção, remissão e anistia tributárias. Para tanto nos utilizamos da doutrina de *Roque Antonio Carrazza*:

> *Aqui chegados, tomamos a liberdade de destacar que a isenção não se confunde nem com a remissão, nem com a anistia. Isenção, como vimos de ver, é uma limitação legal do âmbito de validade da norma jurídica tributária que impede que o tributo nasça. Ou, se preferirmos, é a nova configuração que a lei dá à norma jurídica tributária, que passa a ter seu âmbito de abrangência restringido, impedindo, assim, que o tributo nasça (evidentemente naquela hipótese descrita na lei isentiva).*
>
> *Já a remissão é o perdão legal do débito tributário. É, na terminologia do Código Tributário Nacional, uma causa extintiva do crédito tributário (art. 156, IV). Faz desaparecer o tributo já nascido e só pode ser concedida por lei da pessoa política tributante. Fazemos esta última proclamação baseados no princípio da indisponibilidade do interesse público, de largo trânsito no Direito Tributário brasileiro. A Fazenda Pública não é "dona" do tributo. Ela o lança e o arrecada, nos estritos termos da lei. Não lhe é dado abrir mão, "sponte propria", de seu recolhimento. Pelo contrário, só poderá deixar de arrecadá-lo em cumprimento a uma lei autorizadora (praticará, pois, também neste caso, um ato administrativo vinculado).*

(...)
Em apertada síntese, pois, a isenção impede que o tributo nasça e a remissão faz desaparecer o tributo já nascido. Os efeitos são os mesmos: a não arrecadação do tributo.
(...)
A anistia, pois, perdoa, total ou parcialmente, a sanção tributária, isto é, a multa decorrente do ato ilícito tributário. Incide sobre a infração tributária, desconstituindo sua antijuridicidade. (...) A lei de anistia, em termos técnico-jurídicos, portanto, faz desaparecer as multas decorrentes da prática de infrações tributária (cf., inclusive, o art. 180 do CTN).[4]

A análise dessa norma exige também a menção ao disposto no art. 150, § 6º, da Constituição, cuja redação atual foi dada pela Emenda n. 3/1993:

Qualquer subsídio ou isenção, redução de base de cálculo, concessão de crédito presumido, anistia ou remissão, relativos a impostos, taxas ou contribuições, só poderá ser concedido mediante lei específica, federal, estadual ou municipal, que regule exclusivamente as matérias acima enumeradas ou o correspondente tributo ou contribuição, sem prejuízo do disposto no art. 155, § 2º, XII, g.

Importante destacar o entendimento do STF sobre os motivos que definem a necessidade de adoção do processo legislativo para a concessão de benefícios fiscais:

A adoção do processo legislativo decorrente do art. 150, § 6º, da CF tende a coibir o uso desses institutos de desoneração tributária como moeda de barganha para a obtenção de vantagem pessoal pela autoridade pública, pois a fixação, pelo mesmo Poder instituidor do tributo, de requisitos objetivos para a concessão do benefício tende a mitigar arbítrio do chefe do Poder Executivo, garantindo que qualquer pessoa física ou jurídica enquadrada nas hipóteses legalmente previstas usufrua da benesse tributária, homenageando-se aos princípios constitucionais da impessoalidade, da legalidade e da moralidade administrativas (art. 37, *caput*, da Constituição da República). A autorização para a concessão de remissão e anistia, a ser feita "na forma prevista em regulamento" (art. 25 da Lei 6.489/2002), configura delegação ao chefe do Poder Executivo em tema inafastável do Poder Legislativo (ADI 3.462, Rel. Min. Cármen Lúcia, j. 15.9.2010, P, *DJE* 15.2.2011). ADI 2.688, Rel. Min. Joaquim Barbosa, j. 1º.6.2011, P, *DJE* 26.8.2011.

Entretanto, a concessão de remissão de débitos previdenciários tem se repetido com certa frequência em face do *lobby* político, ocasionando perda de receita da Seguridade Social. Ou seja, com certa periodicidade, são aprovados Programas Especiais de Regularização Tributária, os famosos REFIS, com redução de juros e de multas e parcelamentos de longo prazo.

Essa política governamental é catastrófica, pois os maiores devedores deixam de pagar seus débitos na época devida e aguardam de tempos em tempos a oportunidade de aderir a esses Programas e assim recebem perdão de grande parte dos encargos moratórios incentivando a inadimplência futura.

---

[4] CARRAZZA, Roque Antonio. *Curso de direito constitucional tributário*. 9. ed., São Paulo: Malheiros, 1997, p. 471-472.

21

Decadência e Prescrição das Contribuições à Seguridade Social

A decadência e a prescrição representam a perda de direitos pelo não uso por seu titular por um lapso de tempo definido em lei.

As normas gerais estão previstas no Código Tributário Nacional, arts. 173 e 174, de onde podemos extrair que a decadência resulta na perda do direito do órgão arrecadador de efetivar a apuração e o lançamento do seu crédito, enquanto a prescrição se caracteriza pela possibilidade de o devedor tributário eximir-se da obrigação de pagamento da dívida em juízo, pela demora do ente público em promover a ação de execução dentro do prazo legal.

Com relação à exação previdenciária, pode-se definir que a decadência é a extinção do direito do ente arrecadador de apurar e constituir, por lançamento, o seu crédito previdenciário, em decorrência de não o ter exercido no lapso de tempo que a lei lhe assegurou. Já a prescrição é a perda do direito de promover a execução judicial do seu crédito já constituído, em virtude de não o ter exercido dentro do prazo legal.

A decadência não se confunde com a prescrição. Entre outras diferenças há que se ressaltar que a primeira não se interrompe ou se suspende, ou seja, o prazo é contínuo e fatal, enquanto a segunda tem seu prazo sujeito a interrupções. De acordo com o parágrafo único do art. 174 do Código Tributário Nacional, a prescrição se interrompe nos seguintes casos: pelo despacho do juiz que ordenar a citação pessoal feita ao devedor em execução fiscal; protesto judicial; qualquer ato judicial que constitua em mora o devedor ou qualquer ato inequívoco, ainda que extrajudicial, que importe o reconhecimento do débito pelo devedor.

O Código Tribunal Nacional estabelece – como regra geral em relação aos tributos – o lapso de cinco anos como prazo decadencial e prescricional, enquanto os arts. 45 e 46 da Lei n. 8.212/1991 estabeleciam – como regra especial em relação às contribuições para a Seguridade Social – que esse prazo era de dez anos. E, no caso de segurado empresário ou autônomo e equiparados, o direito de a Seguridade Social apurar e constituir seus créditos, para fins de comprovação do exercício de atividade, para obtenção de benefícios, extinguia-se em trinta anos.

Todavia, o ente arrecadador passou a observar os prazos de decadência e prescrição previstos nas normas gerais de direito tributário, somente a partir do reconhecimento da inconstitucionalidade dos art. 45 e 46 da Lei n. 8.212/1991 pelo STF (Súmula Vinculante n. 8 – *DJE* de 20.6.2008), posteriormente revogados pela LC n. 128, de 2008. Essa LC também introduziu o art. 45-A na Lei n. 8.212/1991, para estabelecer que o contribuinte individual poderá indenizar períodos de atividade remunerada alcançados pela decadência, para contar como tempo de contribuição, para fins de obtenção de benefício no RGPS ou de contagem recíproca do tempo de contribuição.

21.1 O CONFLITO DE NORMAS: LEI DE CUSTEIO E CTN

Em que pese os órgãos de arrecadação da Seguridade Social terem adotado o prazo decenal previsto na Lei n. 8.212/1991, até junho de 2008, a inconstitucionalidade formal remonta à edição dessa norma por afronta à exigência do art. 146, III, da Constituição, que reservou a fixação de regras gerais de Direito Tributário à lei complementar.

A questão foi apreciada pelo Plenário do STF, em junho de 2008, sendo objeto da Súmula Vinculante n. 8, que possui o seguinte teor: "São inconstitucionais o parágrafo único do artigo 5º do Decreto-lei n. 1.569/77 e os artigos 45 e 46 da Lei 8.212/91, que tratam de prescrição e decadência de crédito tributário".

Na mesma ocasião, os ministros do Supremo Tribunal Federal decidiram modular os efeitos da declaração de inconstitucionalidade dos dispositivos que tratam dos prazos de prescrição e decadência em matéria tributária, nos termos que seguem:

> *Decisão: O Tribunal, por maioria, vencido o Senhor Ministro Marco Aurélio, deliberou aplicar efeitos ex nunc à decisão, esclarecendo que a modulação aplica-se tão somente em relação a eventuais repetições de indébitos ajuizadas após a decisão assentada na sessão do dia 11/06/2008, não abrangendo, portanto, os questionamentos e os processos já em curso, nos termos do voto da relatora. Votou o Presidente, Ministro Gilmar Mendes. Ausente, justificadamente, o Senhor Ministro Joaquim Barbosa. Plenário, 12.6.2008 (RE 559.943, Relatora Min. Cármen Lúcia).*

Dessa forma, os recolhimentos realizados pelos contribuintes não foram objeto de restituição, a menos que já tivessem sido ajuizadas as respectivas ações judiciais ou solicitações administrativas até a data do julgamento do STF (11 de junho de 2008). Assim, segundo o STF, são legítimos os recolhimentos efetuados nos prazos previstos nos arts. 45 e 46 e não impugnados antes da conclusão do referido julgamento.

Tal modulação de efeitos é objeto de críticas pela doutrina, conforme se observa do artigo publicado pelo Juiz Federal Andrei Pitten Velloso:

> *As leis tributárias inconstitucionais são nulas ab initio. Não produzem quaisquer efeitos válidos na esfera jurídica. E, por consequência, os recolhimentos por elas impostos hão de ser restituídos, mediante compensação ou repetição do indébito.*
>
> *É irrelevante o quantum a ser restituído, bem como sua repercussão imediata no Erário, por se tratar de valores exigidos injustamente dos contribuintes, em afronta à Lei Maior. Quanto mais vultosos forem tais valores, tanto mais nítidas e expressivas serão as repercussões fáticas dos atos lesivos à supremacia da Constituição e aos direitos subjetivos dos contribuintes. Portanto, exigir que sejam restituídos significa demandar o respeito à ordem jurídica, às liberdades fundamentais, ao direito de propriedade e à Justiça, em sua acepção jurídico-constitucional. Não implica, de forma alguma, uma lesão ao Erário, mas tão somente a tutela de direitos violados pelo Estado, mediante a restituição de valores tomados ilegitimamente dos cidadãos-contribuintes, que jamais deveriam ter ingressado nos cofres públicos.*
>
> *(...) Destarte, os contribuintes que observaram os prazos de decadência e prescrição ampliados inconstitucionalmente pela Lei de Custeio da Seguridade Social (Lei 8.212/91) e quitaram os seus débitos não poderão postular a repetição do indébito. Por outro lado, os sonegadores e os inadimplentes, que não seguiram o determinado pela lei supramencionada, foram beneficiados pela declaração de inconstitucionalidade, no que concerne aos diversos anos que transcorreram entre a edição da Lei 8.212/91 e a decisão do STF, pois, como exposto no voto do relator, Ministro Gilmar Mendes: "créditos pendentes de pagamento não podem ser cobrados, em nenhuma hipótese, após o lapso temporal quinquenal". Não há uma patente desigualdade, uma gritante afronta à ética governamental, uma desvelada injustiça nessa decisão?*

> *Excluir do manto da Constituição os cidadãos cumpridores das obrigações instituídas pela legislação tributária enquanto se tutelam os maus pagadores e os sonegadores, representa a derrocada dos pilares do Estado Democrático de Direito, o extermínio da ética estatal, a negação do que há de mais essencial às noções de igualdade e justiça. (A outorga de efeitos a leis tributárias inconstitucionais.* Jornal Carta Forense, terça-feira, 1º de julho de 2008, in http://www.cartafo-rense.com.br/Materia.aspx?id=1859, acesso em 15.7.2008).

Esses argumentos são importantes para uma reflexão acerca da avaliação efetuada pela Corte Suprema para definir os efeitos da declaração de inconstitucionalidade no caso em análise. No entanto, um questionamento é de se fazer: há algum aspecto positivo nesse julgamento? Sem dúvida, evitou-se a necessidade de criação de uma nova contribuição provisória para cobrir esse déficit, pois "em regra", a conta sempre sobra para o contribuinte honesto. É bom lembrar que tributos temporários tendem a se tornar permanentes.

21.2 A DECADÊNCIA NA EXIGIBILIDADE DE CONTRIBUIÇÕES

Seguindo a ordem cronológica, os créditos tributários se sujeitam, após nascida a obrigação tributária, ao prazo decadencial. Somente após regularmente constituídos é que se pode falar em prazo prescricional. A decadência corresponde ao prazo em que o órgão fiscal deve agir no sentido de constituir o crédito tributário mediante um lançamento de ofício, ante a ausência do pagamento voluntário pelo sujeito passivo da obrigação.

Para Américo Lacombe, não se trata, como consta do CTN (art. 156), de hipótese de extinção do crédito tributário: "a decadência extingue a própria relação jurídica de débito e crédito (*debitum*), pois o Fisco fica impedido de emitir a norma individual do lançamento, constitutiva da *obligatio*. Tanto é certo que, no caso de o sujeito passivo efetuar, por engano, o pagamento após o transcurso do prazo decadencial, poderá repetir".[1]

O cômputo do prazo decadencial para a exigibilidade das contribuições à Seguridade Social, como em relação aos tributos em geral, se dá a partir do primeiro dia do exercício seguinte ao daquele em que o lançamento poderia ter sido efetuado.

Pois bem, tendo-se por norte o nascimento da obrigação tributária, o lançamento correspondente à contribuição a ser recolhida dos segurados empregados, bem como a vertida pelo respectivo empregador, deveria se realizar, pela legislação ora vigente, até o dia 20 do mês subsequente ao do trabalho prestado. Se o trabalho foi prestado no mês de janeiro de 2020, tais contribuições seriam devidas em 20 de fevereiro de 2020 – nascimento da obrigação tributária, data em que o lançamento (mediante GFIP) poderia ter sido efetuado.

O prazo decadencial, todavia, só se iniciará no 1º dia do ano seguinte, ou seja, a contagem é deflagrada a partir de 1º.1.2021. Então, considerando-se o prazo do CTN, tem a Receita Federal do Brasil proceder, mediante a atuação de seus Auditores-Fiscais, ao lançamento de ofício da referida contribuição do mês 1.2020 até o dia 1º.1.2025. Caso o Fisco não proceda à Notificação Fiscal de Lançamento de Débito até esta data, ou não haja pagamento espontâneo nem confissão da dívida, terá decaído do direito de constituir o crédito, ou seja, impedido por lei de notificar o devedor.

Uma vez ocorrendo a decadência, somente o pagamento voluntário da contribuição pelo devedor é capaz de "salvar" o crédito da Seguridade Social, sendo vedado ao Auditor-Fiscal notificar valores que já foram atingidos pelo marco decadencial.

---

[1] LACOMBE, Américo. *Obrigação Tributária*. 2. ed. Florianópolis: Obra Jurídica, 1996, p. 107.

Sobre a aplicação da contagem do prazo decadencial para exigibilidade das contribuições incidentes sobre obra de construção civil, deve-se considerar como marco inicial o primeiro dia do exercício seguinte àquele em que a construção, reforma ou demolição foi concluída:

> TRIBUTÁRIO. EXCEÇÃO DE PRÉ-EXECUTIVIDADE. CONTRIBUIÇÃO PREVIDENCIÁRIA. OBRA DE CONSTRUÇÃO CIVIL. DECADÊNCIA.
> 1. A contribuição previdenciária incidente sobre obras de construção civil tem por fato gerador a conclusão da obra, e o prazo decadencial para a constituição do crédito tributário é regido pelo art. 173, I, do CTN.
> 2. O crédito foi constituído após decorrido o prazo legal.
> (TRF-4, AC n. 5003822-86.2017.4.04.7009/PR, 1ª Turma, Rel. Des. Fed. Roger Raupp Rios, j. em 10.10.2018)

21.3 A PRESCRIÇÃO DO DIREITO DE COBRANÇA DOS CRÉDITOS

Uma vez constituído definitivamente o crédito da Seguridade Social por alguma das formas previstas em lei, inicia-se o cômputo do prazo para a cobrança judicial do crédito. A prescrição atinge, portanto, a possibilidade de ingresso em juízo de execução ou a continuidade da ação executiva, pelo decurso do prazo.

Quanto à prescrição, seguindo-se no mesmo raciocínio já exposto, não há que se cogitar de aplicação das regras da Lei n. 8.212/1991, sendo pacífico o entendimento do STF e do STJ também a esse respeito:

- Repercussão Geral – Tema 390 – Tese Firmada: "É constitucional o art. 40 da Lei n. 6.830/1980 (Lei de Execuções Fiscais – LEF), tendo natureza processual o prazo de 1 (um) ano de suspensão da execução fiscal. Após o decurso desse prazo, inicia-se automaticamente a contagem do prazo prescricional tributário de 5 (cinco) anos" (RE 636.562, Tribunal Pleno, *DJe* 6.3.2023).
- Repetitivo – Tema 134 – Tese Firmada: "Em execução fiscal, a prescrição ocorrida antes da propositura da ação pode ser decretada de ofício (art. 219, § 5º, do CPC)" (REsp 1.100.156/RJ, 1ª Seção, *DJe* 18.6.2009).
- Repetitivo – Tema 137 – Tese Firmada: "Para as ações ajuizadas a partir de 9.6.2005, aplica-se o art. 3º, da Lei Complementar n. 118/2005, contando-se o prazo prescricional dos tributos sujeitos a lançamento por homologação em cinco anos a partir do pagamento antecipado de que trata o art. 150, § 1º, do CTN" (REsp 1.269.570/MG, 1ª Seção, 4.6.2012).
- Repetitivo – Tema 179 – Tese Firmada: "A perda da pretensão executiva tributária pelo decurso de tempo é consequência da inércia do credor, que não se verifica quando a demora na citação do executado decorre unicamente do aparelho judiciário" (REsp 1.102.431/RJ, 1ª Seção, *DJe* 1.2.2010).
- Repetitivo – Tema 328 – Tese Firmada: "É de três anos o prazo para a conclusão do processo administrativo instaurado para se apurar a infração administrativa ('prescrição intercorrente')" (REsp 1.115.078/RS, 1ª Seção, *DJe* 6.4.2010).
- Repetitivo – Tema 568 – Tese Firmada: "A efetiva constrição patrimonial e a efetiva citação (ainda que por edital) são aptas a interromper o curso da prescrição intercorrente, não bastando para tal o mero peticionamento em juízo, requerendo, *v.g.*, a feitura da penhora sobre ativos financeiros ou sobre outros bens" (REsp 1.340.553/RS, 1ª Seção, 16.10.2018).

- Repetitivo – Temas 570 e 571– Tese Firmada: "A Fazenda Pública, em sua primeira oportunidade de falar nos autos (art. 245 do CPC/73, correspondente ao art. 278 do CPC/2015), ao alegar nulidade pela falta de qualquer intimação dentro do procedimento do art. 40 da LEF, deverá demonstrar o prejuízo que sofreu (exceto a falta da intimação que constitui o termo inicial – 4.1., onde o prejuízo é presumido), por exemplo, deverá demonstrar a ocorrência de qualquer causa interruptiva ou suspensiva da prescrição" (REsp 1.340.553/RS, 1ª Seção, 16.10.2018).

O início da contagem se dá com a expedição da NFLD ou AI (na ocorrência de não haver defesa nem recurso do devedor), ou com a decisão final em sede administrativa, ou do inadimplemento de parcelamento precedido de confissão de dívida.

Assim, a prescrição do direito de exigir judicialmente os créditos da Seguridade Social se sujeita, exclusivamente, ao prazo e às hipóteses de interrupção e suspensão previstas no art. 174 do Código Tributário Nacional, obedecendo aos seus regramentos também quanto ao reinício da contagem do prazo.

Importante alteração encontra-se prevista no art. 53 da Lei n. 11.941/2009, a qual passa a dispor que "a prescrição dos créditos tributários pode ser reconhecida de ofício pela autoridade administrativa", inclusive quanto às contribuições sociais previstas nas alíneas "a", "b" e "c" do parágrafo único do art. 11 da Lei n. 8.212/1991, às contribuições instituídas a título de substituição e às contribuições devidas a terceiros, assim entendidas outras entidades e fundos. Com isso, diversas demandas de execução de contribuições à Seguridade Social podem deixar de ser ajuizadas, ou mesmo em curso, ser extintas, permitindo ao Judiciário maior agilidade e à representação judicial da União maior eficiência na busca dos créditos recuperáveis.

21.4 PRESCRIÇÃO NA RESTITUIÇÃO E COMPENSAÇÃO DE CONTRIBUIÇÕES

O direito de o contribuinte pleitear restituição ou de realizar compensação de contribuições ou de outras importâncias prescreve em cinco anos, contados da data: a) do pagamento ou recolhimento indevido; b) em que se torna definitiva a decisão administrativa ou passar em julgado a sentença judicial que tenha reformado, anulado ou revogado a decisão condenatória (art. 88 da Lei n. 8.212/1991, c/c o art. 168 do CTN).

Com relação aos tributos sujeitos a lançamento por homologação, foi editada a Lei Complementar n. 118/2005, estabelecendo regra interpretativa no sentido de que a extinção do crédito tributário ocorre no momento do pagamento antecipado de que trata o § 1º do art. 150 do CTN. Acerca desse tema, o STJ firmou o seguinte entendimento:

- Repetitivos – Temas 137 e 138 – Tese Firmada: "Para as ações ajuizadas a partir de 9.6.2005, aplica-se o art. 3º, da Lei Complementar n. 118/2005, contando-se o prazo prescricional dos tributos sujeitos a lançamento por homologação em cinco anos a partir do pagamento antecipado de que trata o art. 150, § 1º, do CTN" (REsp 1.269.570/MG, 1ª Seção, DJe 4.6.2012).
- Repetitivo – Tema 142 – Tese Firmada: "O prazo de prescrição quinquenal para pleitear a repetição tributária, nos tributos sujeitos ao lançamento de ofício, é contado da data em que se considera extinto o crédito tributário, qual seja, a data do efetivo pagamento do tributo. A declaração de inconstitucionalidade da lei instituidora do tributo em controle concentrado, pelo STF, ou a Resolução do Senado (declaração de inconstitucionalidade em controle difuso) é despicienda para fins de contagem do prazo prescricional tanto em relação aos tributos sujeitos ao lançamento por

homologação, quanto em relação aos tributos sujeitos ao lançamento de ofício" (REsp 1.110.578/SP, 1ª Seção, *DJe* 21.5.2010).

– Repetitivo – Tema 229 – Tese Firmada: "A ação de repetição de indébito (...) visa à restituição de crédito tributário pago indevidamente ou a maior, por isso que o termo a quo é a data da extinção do crédito tributário, momento em que exsurge o direito de ação contra a Fazenda Pública, sendo certo que, por tratar-se de tributo sujeito ao lançamento de ofício, o prazo prescricional é quinquenal, nos termos do art. 168, I, do CTN" (REsp 947.206/RJ, 1ª Seção, 26.10.2010. Disponível em: <https://ww2.stj.jus.br/processo/revista/inteiroteor/?num_registro=200900083134&dt_publicacao=01/10/2010>).

Quanto à aplicação desse prazo de prescrição, o Supremo Tribunal Federal acolheu o entendimento de que é válido tão somente às ações ajuizadas após o decurso da *vacatio legis* de 120 dias da Lei Complementar n. 118/2005, ou seja, a partir de 9.8.2005 (*RE 566.621/RS*, DJE *em 10.10.2011*).

22

Prova de Regularidade Fiscal

Para maior controle do recolhimento das contribuições à Seguridade Social, a legislação de custeio estabelece que, para a realização de certos atos jurídicos, o contribuinte, pessoa física ou jurídica, deve comprovar estar quite com suas obrigações.

A regularidade fiscal caracteriza-se pela não existência de pendências relativas a débitos, a dados cadastrais e à apresentação de declarações.

A partir da unificação das atribuições arrecadatórias, fiscalizatórias e de cobrança administrativa na Receita Federal do Brasil, a prova de regularidade fiscal perante a Fazenda Nacional para quaisquer fins é efetuada mediante apresentação de certidão expedida conjuntamente pela Secretaria Especial da Receita Federal do Brasil (RFB) e pela Procuradoria-Geral da Fazenda Nacional (PGFN), referente a todos os créditos tributários federais e à Dívida Ativa da União (DAU) por elas administrados. Na hipótese de certidão emitida para CPF/CNPJ, abrange inclusive os créditos tributários relativos às contribuições sociais previstas nas alíneas "a", "b" e "c" do parágrafo único do art. 11 da Lei n. 8.212, de 24 de julho de 1991, às contribuições instituídas a título de substituição, e às contribuições devidas, por lei, a terceiros.

É exigida a prova da inexistência de débitos com a Seguridade Social nos seguintes casos (art. 47 da Lei n. 8.212/1991):

- *Da empresa:*
    a) na contratação com o Poder Público e no recebimento de benefícios ou incentivo fiscal ou creditício concedido por ele;
    b) na alienação ou oneração, a qualquer título, de bem imóvel ou direito a ele relativo;
    c) na alienação ou oneração, a qualquer título, de bem móvel incorporado ao seu ativo permanente de valor superior ao fixado no ato que reajusta anualmente os valores de benefícios e demais valores constantes do Regulamento da Previdência Social – RPS;
    d) no registro ou arquivamento, no órgão próprio, de ato relativo a baixa ou redução de capital de firma individual, redução de capital social, cisão total ou parcial, transformação ou extinção[1] de entidade ou sociedade comercial ou civil e transferência de controle de cotas de sociedade de responsabilidade limitada;
- *Do proprietário pessoa física ou jurídica de obra de construção civil e da construtora:* quando da averbação da obra no Cartório de Registro de Imóveis.

---

[1] O Microempreendedor Individual – MEI – podia requerer a baixa a qualquer tempo (não sendo necessário aguardar pelo prazo de 12 meses sem movimento). Porém, a LC n. 147/2014 revogou o § 10 do art. 9º da LC n. 123/2006, o que leva o MEI a ter de cumprir as mesmas exigências que as demais pessoas jurídicas amparadas pela Lei do Simples Nacional.

A partir do dia 3.11.2014 não há mais a emissão da Certidão Específica Previdenciária relativa a contribuições previdenciárias para CNPJ. Como frisado no início deste capítulo, expede-se, atualmente, uma única certidão que abrange a regularidade de todos os tributos federais, inclusive as contribuições à Seguridade Social, e as parafiscais, devidas a terceiros.

As certidões podem ser: Certidão Negativa de Débito – CND; Certidão Positiva de Débitos – CPD; ou Certidão Positiva de Débitos, com efeitos de Negativa – CPEND.

A CND somente será emitida quando as informações disponíveis nos sistemas da Secretaria Especial da Receita Federal do Brasil – RFB – e Procuradoria-Geral da Fazenda Nacional – PGFN – forem suficientes para atestarem a regularidade fiscal do contribuinte quanto aos créditos tributários federais administrados pela RFB e quanto à Dívida Ativa da União administrada pela PGFN.

A CPEND é emitida para contribuintes sem pendências relativas a débitos em cobrança, a dados cadastrais e à apresentação de declarações, mas que possuam débitos com a exigibilidade suspensa nos termos do artigo 151 do Código Tributário Nacional (parcelamento). Esta certidão também será expedida quando em relação ao sujeito passivo, existir débito: (a) inscrito em DAU, garantido mediante bens ou direitos, na forma da legislação, cuja avaliação seja igual ou superior ao montante do débito atualizado; (b) ajuizado e com embargos opostos, quando o sujeito passivo for órgão da administração direta da União, dos Estados, do Distrito Federal, dos Municípios ou for autarquia ou fundação de direito público dessas entidades estatais; ou (c) ainda não vencido, nos termos do art. 206 do CTN.

Poderá ser fornecida Certidão Positiva de Débitos relativos a Créditos Tributários Federais e à Dívida Ativa da União (CPD), que conterá relação resumida de pendências do sujeito passivo: (a) perante a RFB, relativas a débitos, a dados cadastrais e à apresentação de declarações; e (b) perante a PGFN, relativas a inscrições em cobrança.

A CND e CPEND são válidas por 180 (cento e oitenta) dias, a partir da data de emissão. A CPD não tem prazo de validade, atestando a situação fiscal do contribuinte apenas no dia de sua emissão, não alterando o prazo de validade de CND e CPEND emitidas anteriormente.

As certidões serão solicitadas e emitidas sempre por meio da internet, nos endereços eletrônicos https://solucoes.receita.fazenda.gov.br/Servicos/certidaointernet/PJ/Emitir ou https://www.gov.br/pt-br/servicos/emitir-certidao-de-regularidade-fiscal.

Quando as informações constantes das bases de dados da RFB ou da PGFN forem insuficientes para a emissão das certidões, o sujeito passivo poderá consultar sua situação fiscal no Centro Virtual de Atendimento (e-Cac)[2].

Somente serão válidas as certidões emitidas eletronicamente, mediante sistema informatizado específico, sendo vedada qualquer outra forma de certificação manual ou eletrônica. As certidões conterão, obrigatoriamente, a hora, a data de emissão e o código de controle, e somente produzirá efeitos a certidão cuja autenticidade for confirmada nos endereços eletrônicos referidos acima.

Apenas na impossibilidade de emissão pela Internet, o sujeito passivo poderá apresentar requerimento de certidão conforme o disposto no art. 11 da Instrução Normativa RFB n. 2.022/2021 (na redação dada pela Instrução Normativa RFB n. 2.182, de 28 de março de 2024):

> I – de certificado digital, utilizando o Assinador Serpro, disponível para download na Internet, no endereço https://www.serpro.gov.br/, com utilização da opção "Assinar PDF" em caso de arquivos no formato PDF; ou

---

[2] Disponível em: http://www2.pgfn.fazenda.gov.br/ecac/contribuinte/login.jsf. Acesso em: out. 2024.

II – da identidade digital da Plataforma gov.br, prevista na Portaria SEDGGME n. 2.154, de 23 de fevereiro de 2021, com assinatura avançada, nos termos do Decreto n. 10.543, de 2020.

A certidão somente é emitida para o contribuinte devidamente inscrito no Cadastro Nacional da Pessoa Jurídica (CNPJ) ou no Cadastro Nacional de Pessoas Física (CPF) ou no Cadastro Fiscal de Imóveis Rurais (CAFIR). Para a pessoa jurídica, a certidão é emitida no CNPJ do estabelecimento matriz, tendo validade para todos os demais estabelecimentos. Para o produtor rural pessoa física e para o segurado especial que possuir matrícula atribuída pela RFB e não estiver inscrito no CNPJ, a certidão é emitida no CPF do contribuinte.

Para fins de expedição de CND, em caso de contestação de FAP, deverá o requerente preencher declaração na qual informará que o FAP está sendo contestado.

O condômino, integrante de condomínio imobiliário residencial ou comercial, de construção vertical ou horizontal, poderá obter a CND relativa a sua unidade particularizada, desde que comprove o pagamento das contribuições referentes a sua unidade, observadas as regras indicadas na Instrução Normativa sobre o tema (descritas no capítulo 19.8 deste livro).

Independe de prova de inexistência de débito (art. 47, § 6º, da Lei n. 8.212/1991):

a) a lavratura ou assinatura de instrumento, ato ou contrato que constitua retificação, ratificação ou efetivação de outro anterior para o qual já foi feita a prova;

b) a constituição de garantia para concessão de crédito rural, em qualquer de suas modalidades, por instituição de crédito pública ou privada, desde que o contribuinte referido no art. 25 da Lei de Custeio não seja responsável direto pelo recolhimento de contribuições sobre a sua produção para a Seguridade Social;[3]

c) a averbação prevista no inciso II deste artigo, relativa a imóvel cuja construção tenha sido concluída antes de 22 de novembro de 1966;

d) o recebimento pelos Municípios de transferência de recursos destinados a ações de assistência social, educação, saúde e em caso de calamidade pública; (Incluído pela Lei n. 11.960, de 2009)

e) a averbação da construção civil localizada em área objeto de regularização fundiária de interesse social, na forma da Lei n. 11.977, de 7 de julho de 2009.

De acordo com o art. 264 do Decreto n. 3.048/1999, a inexistência de débito em relação às contribuições devidas à Seguridade Social é condição necessária para que os Estados, o Distrito Federal e os Municípios possam receber as transferências dos recursos do Fundo de Participação dos Estados e do Distrito Federal e do Fundo de Participação dos Municípios, celebrar acordo, contrato, convênio ou ajuste, bem como receber empréstimo, financiamento, aval ou subvenção em geral de órgão ou entidade da administração direta e indireta da União.

Pela nova redação do art. 50 da Lei n. 8.212/1991, dada pela Lei n. 9.476/1997, as Prefeituras não estão mais obrigadas a exigir CND para concessão do "habite-se".

A prática de ato com inobservância da apresentação da CND, ou o seu registro, acarretará a responsabilidade solidária dos contratantes e do oficial que lavrar ou registrar o instrumento, sendo nulo o ato para todos os efeitos. O servidor, o serventuário da Justiça e a autoridade ou órgão que infringirem dispositivos da exigência da prova de inexistência de débito incorrerão

---

[3] A Resolução n. 15, de 2017, do Senado Federal suspende, nos termos do art. 52, inciso X, da Constituição Federal, a execução do inciso VII do art. 12 da Lei n. 8.212, de 24 de julho de 1991, e a execução do art. 1º da Lei n. 8.540, de 22 de dezembro de 1992, que deu nova redação ao art. 12, inciso V, ao art. 25, incisos I e II, e ao art. 30, inciso IV, da Lei n. 8.212, de 24 de julho de 1991, todos com a redação atualizada até a Lei n. 9.528, de 10 de dezembro de 1997.

em multa, sem prejuízo da responsabilidade administrativa e penal cabível (art. 48 da Lei n. 8.212/1991).

O entendimento jurisprudencial é pacífico no sentido de que o parcelamento do débito não impede a expedição de CND ou de CPD com efeitos negativos. A omissão da administração em exigir garantia quando do parcelamento não pode redundar em prejuízo ao contribuinte. Trata-se, neste caso, de aplicação do art. 151, VI, do Código Tributário Nacional, quando estatui que o parcelamento suspende a exigibilidade do tributo, pois torna inexigível o crédito, no período de tolerância concedido para seu pagamento.

Quanto a débitos declarados pelo sujeito passivo e não pagos, o STJ editou a Súmula n. 446, *verbis*: "Declarado e não pago o débito tributário pelo contribuinte, é legítima a recusa de expedição de certidão negativa ou positiva com efeito de negativa".

No tocante à expedição de CND para condôminos de unidades imobiliárias adquiridas de incorporador, não há razão para a recusa, já que a responsabilidade não recai sobre aqueles:

> Tributário. Certidão de regularidade fiscal. Condomínio. Unidades autônomas. Averbação. Em respeito ao disposto no artigo 30, VII, da Lei n. 8.212/1991, e considerando que os adquirentes dos imóveis não podem ser prejudicados por débitos da empresa construtora/incorporadora, tenho que deve ser reconhecido em favor desses adquirentes o direito à obtenção de CPD-EN, apenas para o fim específico de averbação das respectivas unidades imobiliárias junto ao competente Registro de Imóveis (TRF/4, RNC 5010000-30.2021.4.04.7100, 1ª Turma, j. 18.5.2022).

Sobre a questão referente à possibilidade ou não de substituição do depósito integral do montante da exação por fiança bancária, sob o enfoque do art. 151 do CTN e do Enunciado Sumular n. 112 do STJ (O depósito somente suspende a exigibilidade do crédito tributário se for integral e em dinheiro), foi fixada a seguinte tese no julgamento do Recurso Repetitivo STJ – Tema 378:

> A fiança bancária não é equiparável ao depósito integral do débito exequendo para fins de suspensão da exigibilidade do crédito tributário, ante a taxatividade do art. 151 do CTN e o teor do Enunciado Sumular n. 112 desta Corte.

Em síntese, o STJ fixou a orientação de que não é possível substituir o depósito do montante integral por fiança bancária para suspensão da exigibilidade do crédito tributário.

Por derradeiro, convém assinalar que:

- a certidão com finalidade específica de averbação de obras de construção civil em registro de imóveis será emitida na forma e nas condições estabelecidas na Instrução Normativa RFB n. 2.110/2022; e
- nos termos da Portaria Conjunta INSS/RFB n. 6, de 3 de junho de 2008, a prova de regularidade de inscrição e de recolhimento das contribuições do contribuinte individual para a Previdência Social, efetuada mediante a apresentação da Declaração de Regularidade de Situação do Contribuinte Individual (DRS-CI), será fornecida exclusivamente pelo Instituto Nacional do Seguro Social (INSS).

PARTE IV
Prestações da Previdência Social

23
Introdução

A EC n. 103/2019 promoveu profundas alterações no principal regime previdenciário na ordem interna, o Regime Geral de Previdência Social (RGPS), que abrange obrigatoriamente todos os trabalhadores da iniciativa privada e os ocupantes de cargos efetivos e em comissão, e os exercentes de mandato eletivo federal, estadual ou municipal, desde que não vinculados a regime próprio de previdência social.

As inovações trazidas pela EC n. 103/2019 causaram um sério desajuste na proteção previdenciária que estava em vigor, em virtude da precarização das regras de concessão, de cálculo e de manutenção dos benefícios do RGPS.

Relevante acentuar que a EC n. 103/2019 manteve as premissas do *caput* do art. 201 da CF, no sentido de que a previdência social será organizada sob a forma de regime geral, de caráter contributivo e de filiação obrigatória, observados critérios que preservem o equilíbrio financeiro e atuarial.

No entanto, com a Reforma da Previdência, o art. 201 da Constituição passou por alterações significativas em seus incisos e parágrafos, gerando uma série de modificações nas regras de elegibilidade dos benefícios.

Afora as inovações ocorridas no texto constitucional, a EC n. 103/2019 desconstitucionalizou normas que antes faziam parte do art. 201. Com isso, houve a delegação para que leis complementares e ordinárias fixem grande parte dos parâmetros de concessão de benefícios do RGPS, com destaque para o tempo mínimo de contribuição para a aposentadoria (inclusive de aposentadorias especiais), as regras de cálculo e os requisitos para a concessão da pensão por morte.

A desconstitucionalização dos parâmetros previdenciários cria insegurança jurídica e incertezas para os segurados em relação ao preenchimento futuro dos requisitos de elegibilidade dos benefícios, afastando expectativas e prejudicando o planejamento de projetos pessoais.

Para melhor compreensão da Reforma da Previdência, analisaremos as novas regras permanentes do texto constitucional, decorrentes da alteração do art. 201 da CF; as disposições transitórias, para serem aplicadas até a regulação da reforma por legislação infraconstitucional; e as regras de transição previstas para os segurados filiados ao RGPS até a data de entrada em vigor da EC n. 103/2019; e as regras trazidas para o Regulamento da Previdência Social pelo Decreto n. 10.410/2020.

Segundo a redação atual do texto constitucional, o Regime Geral de Previdência Social – RGPS deve prestar, nos termos da lei:

- a cobertura dos eventos de incapacidade temporária ou permanente para o trabalho e idade avançada;
- a proteção à maternidade, especialmente à gestante;

– a proteção ao trabalhador em situação de desemprego involuntário;
– o salário-família e o auxílio-reclusão para os dependentes dos segurados de baixa renda;
– a pensão por morte do segurado, homem ou mulher, ao cônjuge ou companheiro e dependentes, observado o valor de um salário mínimo.

Ao legislador ordinário coube o encargo de aprovar um plano previdenciário capaz de atender as necessidades básicas do cidadão, conforme previsto na norma constitucional referida (art. 201). Neste plano, o legislador fixou exatamente a cobertura daqueles eventos que a Constituição assegurou estarem atendidos. E não poderia ser de outra forma. A Lei que regula o Regime Geral de Previdência Social é composta por normas de direito público, que estabelecem direitos e obrigações entre os indivíduos potencialmente beneficiários do regime e o Estado, gestor da Previdência Social. Dessa maneira, impõe-se discriminar exaustivamente as obrigações que o ente previdenciário tem para com os segurados e seus dependentes. A estas obrigações, de dar ou de fazer, consequentemente, correspondem prestações, a que chamamos prestações previdenciárias.

A relação jurídica das prestações é objeto da análise de *Wladimir Novaes Martinez*:

> O legislador dá atenção especial à prestação e cerca-a de muitos cuidados (*v.g.*, definitividade, continuidade, irrenunciabilidade, indisponibilidade, intransferibilidade, inalienabilidade e impenhorabilidade), constituindo-se no principal instituto jurídico previdenciário. Devendo-se acrescer a substitutividade e a alimentaridade, dados essenciais à relação. (...) A razão de ser da relação jurídica de prestações são os benefícios e serviços, isto é, atividade-fim da Previdência Social: propiciar os meios de subsistência da pessoa humana conforme estipulado na norma jurídica.[1]

Uma vez ocorrida a hipótese de que trata a norma, é obrigação do ente previdenciário conceder a prestação prevista em lei, nos estritos ditames do que ali esteja determinado, observando a regra de conceder sempre o melhor benefício entre aqueles em que houve o preenchimento dos requisitos.

A possibilidade de o beneficiário renunciar à sua aposentadoria para obter outra mais vantajosa não foi acolhida pelo STF, sob o fundamento de que não há norma legal que autorize o direito à desaposentação ou à reaposentação. Nesse sentido, a Repercussão Geral Tema 503, com a fixação da seguinte tese: "No âmbito do Regime Geral de Previdência Social – RGPS, somente lei pode criar benefícios e vantagens previdenciárias, não havendo, por ora, previsão legal do direito à 'desaposentação' ou à 'reaposentação', sendo constitucional a regra do art. 18, § 2º, da Lei n. 8.213/91" (ED-RE 661.256, *DJe* 13.11.2020).

As prestações previstas no Plano de Benefícios da Previdência Social (Lei n. 8.213/1991) são expressas em benefícios e serviços. As prestações são o gênero, do qual são espécies os benefícios e serviços. Benefícios são valores pagos em dinheiro aos segurados e dependentes. Serviços são prestações imateriais postas à disposição dos beneficiários.

Há prestações devidas somente ao segurado; outras, somente ao dependente; e, algumas, tanto ao segurado como ao dependente, conforme previsto no art. 18 da Lei n. 8.213/1991. Trata-se da aplicação do princípio da seletividade: as prestações são concedidas apenas aos indivíduos que dela necessitem, sendo certo que alguns benefícios não comportam deferimento a segurados (é o caso da pensão por falecimento), e outros, que não cabem aos dependentes (como as aposentadorias).

---

[1] MARTINEZ, Wladimir Novaes. *Curso de direito previdenciário. Tomo I – Noções de direito previdenciário*. São Paulo: LTr, 1997, p. 201-208.

Quanto ao segurado, as prestações são as seguintes (art. 25 do RPS, em sua redação atual): aposentadoria por incapacidade permanente; aposentadoria programada; aposentadoria por idade do trabalhador rural; aposentadoria especial; aposentadoria por tempo de contribuição e por idade das regras de transição (a EC n. 103/2019 promoveu a extinção para novos segurados, mantendo algumas regras de transição para quem já era filiado até a Reforma); aposentadoria por tempo de contribuição e por idade do segurado com deficiência (regulada pela Lei Complementar n. 142, de 2013), auxílio por incapacidade temporária; auxílio-acidente; salário-família; salário-maternidade. Permanece ainda a possibilidade da aposentadoria por idade híbrida ou mista, regulada pela Lei n. 11.718/2008 que alterou a LBPS (art. 48, §§ 2º, 3º e 4º), que passou por ajustes na redação do RPS (art. 57) após a EC n. 103/2019.

Quanto ao dependente, as prestações são: a pensão por morte e o auxílio-reclusão.

As prestações oferecidas tanto ao segurado quanto ao dependente são: o serviço social e a reabilitação profissional.

A Emenda Constitucional n. 20/1998 estabeleceu que: "Lei disciplinará a cobertura do risco de acidente do trabalho a ser atendida concorrentemente pelo regime geral de previdência social e pelo setor privado" (art. 201, § 10, da Constituição). O art. 201, § 10, ganhou outra redação pela EC n. 103/2019 para estipular a previsão de que "Lei complementar poderá disciplinar a cobertura de benefícios não programados, inclusive os decorrentes de acidente do trabalho, a ser atendida concorrentemente pelo Regime Geral de Previdência Social e pelo setor privado".

A modificação que agora se apresenta é mais ampla e, mediante lei complementar, possibilita disciplinar a cobertura de benefícios não programados de maneira geral, não apenas os decorrentes de acidente do trabalho.

Benefícios não programados são aqueles instituídos para cobrir eventos não planejados e os riscos sociais, que podem ser de causas diversas ou decorrentes de acidente do trabalho. Dentre eles estão o auxílio por incapacidade temporária, a aposentadoria por incapacidade permanente, o auxílio-acidente, a pensão por morte, o auxílio-reclusão e até o salário-maternidade.

Temos reservas quanto à privatização, pois foi já testada e fracassou em período que antecedeu a Lei n. 5.316/1967. Embora o cenário atual esteja alterado, o futuro dirá o nível de cobertura a ser oferecido com essa "concorrência". Possivelmente os empregadores irão optar por seguros privados de menor custo, desonerando a folha de pagamento. Em contrapartida, a cobertura oferecida deve ser em níveis inferiores àquela existente no RGPS.

Nada impede que o número de prestações seja ampliado, para dar ensejo à proteção do indivíduo em face da ocorrência de outros eventos de infortunística. Todavia, a ampliação da proteção previdenciária não pode ser feita sem que, previamente, se tenha criado a fonte de custeio capaz de atender ao dispêndio com a concessão (Constituição, art. 195, § 5º). Também pode ocorrer supressão de prestações, mantido, sempre, o direito adquirido daqueles que implementaram as condições exigidas por lei para a obtenção delas.

24

Concessão da Prestação Previdenciária

Para que o indivíduo faça jus à prestação previdenciária é necessário que demonstre o preenchimento de determinados requisitos de elegibilidade, dos quais destacamos:

a) **que o indivíduo se encontre na qualidade de beneficiário do regime, à época do evento** – para que alguém possa fruir da prestação previdenciária, é necessário que esteja enquadrado como beneficiário. Exemplificando: um indivíduo que nunca contribuiu para o sistema, não tendo exercido atividade cuja filiação fosse obrigatória e não tendo se inscrito facultativamente, uma vez adoecendo, não faz jus a benefício por incapacidade, pois não era segurado ao tempo da enfermidade ser diagnosticada; quando um segurado vem a falecer, tendo seu filho mais de 21 anos de idade e não sendo inválido ou com deficiência, este não fará jus à pensão, pois já não é considerado dependente pela norma legal; exceção a essa regra ocorre em relação às aposentadorias, pois há hipóteses em que, mesmo já tendo deixado de ser segurado da Previdência Social, o indivíduo preserva o direito, seja por já tê-lo adquirido, seja porque, tendo um número mínimo de contribuições, ainda que vertidas em tempo passado, e atingida a idade para aposentadoria por idade, prevalece atualmente o entendimento de que é devido o benefício;

b) **a existência de um dos eventos cobertos pelo regime, conforme a legislação vigente na época da ocorrência do fato** – o que deflagra o direito à prestação é o evento coberto pela Previdência Social, em conformidade com os requisitos legais pertinentes. Assim, só há direito à aposentadoria por incapacidade permanente quando o segurado estiver incapaz para toda e qualquer atividade laborativa;

c) **o cumprimento de exigências legais** – em grande parte dos casos, as prestações previdenciárias previstas somente são concedidas se o beneficiário, além de atingido pelo evento amparado, cumprir algumas exigências, como carência, tempo de contribuição, idade mínima, ou a ausência de percepção de outro benefício inacumulável com o requerido;

d) **a iniciativa do beneficiário** – o ente previdenciário não concede benefícios sem que lhe tenha sido feito o pedido correspondente, por quem de direito. Não há pagamento de benefícios de ofício. Apenas mediante a iniciativa do beneficiário, por meio de um requerimento – ato de manifestação de vontade no sentido de exercitar o direito – e após preenchidos os requisitos anteriormente mencionados, pode ser entregue a prestação. Há exceção no art. 76 do Decreto n. 3.048/1999, ao estabelecer que "A previdência social deve processar de ofício o benefício, quando tiver ciência da incapacidade do segurado sem que este tenha requerido auxílio por incapacidade temporária". Entendemos que há outras situações em que o INSS deve processar de ofício o benefício, como na hipótese de auxílio-acidente, após a consolidação das sequelas decorrentes de incapacidade (precedido, portanto, de auxílio por incapacidade temporária). Nesse sentido: TNU, PEDILEF 0001088-08.2006.4.03.6317, Relator Juiz Federal Luiz Carlos Flores da Cunha, DOU de 27.6.2014. E o RPS (art. 76-A, incluído pelo Decreto n. 10.410/2020), também autoriza, de forma facultativa, que a empresa protocole requerimento de auxílio por incapacidade temporária ou documento dele originário de seu empregado ou de contribuinte individual a ela vinculado ou a seu serviço, na forma estabelecida pelo INSS.

De nada adianta requerer a concessão de um benefício antes de implementadas as condições para o reconhecimento do direito, visando assegurar a aplicação de regras vigentes, quando, por exemplo, se avizinha alguma alteração legislativa; sem ter adquirido o direito, não há que se falar em preservação das condições anteriores.

É importante ressaltar que a inexistência de contribuições para com a Seguridade Social e a falta de registro da atividade laboral em carteira profissional ou Carteira de Trabalho e Previdência Social – CTPS não podem constituir óbice à concessão de benefícios para os segurados empregados, empregados domésticos e trabalhadores avulsos.

Como diz com precisão *José de Oliveira*, é que não se pode penalizar o trabalhador pela negligência do tomador de serviços, responsável legal pelos recolhimentos das contribuições destes segurados. Uma vez existente o vínculo jurídico que enquadra o indivíduo como uma das três categorias de segurados mencionadas, fará jus a ser considerado beneficiário do RGPS, sem prejuízo da cobrança das contribuições de quem inadimpliu a obrigação, ou seja, o tomador dos serviços (arts. 34 a 36 da Lei n. 8.213/1991).[1]

Quando o beneficiário atende aos requisitos, embora não postule a prestação, diz-se que ele possui direito adquirido à prestação previdenciária. Uma vez adquirido o direito, este se torna intangível por norma posterior, devendo ser concedido o benefício ou prestado o serviço nos termos do regramento existente à época da aquisição do direito, independentemente de quando for requerido.

Não se configura o direito adquirido se o beneficiário não atender a algum dos requisitos elencados na legislação de regência. Assim, não se pode falar em direito adquirido à aposentadoria daquele que está ainda prestes a completar o tempo de contribuição ou a idade exigidos. A alteração legislativa que venha a ocorrer anteriormente à aquisição do direito é aplicável aos segurados e dependentes do regime, não havendo direito à manutenção das regras vigentes à época da filiação ao RGPS.

Assevera *Feijó Coimbra*: "A lei poderá, a qualquer tempo, mudar as condições de aquisição, criar ou suprimir prestações, respeitando, unicamente, o direito dos que, por terem satisfeito as condições legais de aquisição, já são titulares do direito à prestação, porque já haverá, aí, situação jurídica perfeitamente definida".[2]

Discussão importante foi travada acerca do momento do cumprimento das exigências legais para o deferimento da aposentadoria por idade, ou seja, se é devido o benefício mesmo quando o preenchimento da condição de idade mínima ocorra em época na qual o interessado já tenha perdido a condição de segurado, visto que cumpriu anteriormente o requisito de carência exigida.

---

[1] OLIVEIRA, José de. *Acidentes de Trabalho: teoria, prática, jurisprudência*. 2. ed. São Paulo: Saraiva, 1992, p. 201.
[2] COIMBRA, J. R. Feijó, *Direito previdenciário brasileiro*. 7. ed. Rio de Janeiro: Edições Trabalhistas, 1997, p. 119.

O art. 102 da Lei n. 8.213/1991 estabelece que a perda da qualidade de segurado importa em caducidade dos direitos inerentes a essa qualidade, só não prejudicando o direito à aposentadoria e pensão por morte para cuja concessão tenham sido preenchidos todos os requisitos, segundo a legislação então em vigor.

O Superior Tribunal de Justiça decidiu não ser necessária a simultaneidade no preenchimento dos requisitos para a percepção de aposentadoria por idade, o que foi incorporado ao ordenamento legal pela Lei n. 10.666, de 8.5.2003, em seu art. 3º, *verbis*:

> *Art. 3º A perda da qualidade de segurado não será considerada para a concessão das aposentadorias por tempo de contribuição e especial.*
>
> *§ 1º Na hipótese de aposentadoria por idade, a perda da qualidade de segurado não será considerada para a concessão desse benefício, desde que o segurado conte com, no mínimo, o tempo de contribuição correspondente ao exigido para efeito de carência na data do requerimento do benefício.*
>
> *§ 2º A concessão do benefício de aposentadoria por idade, nos termos do § 1º, observará, para os fins de cálculo do valor do benefício, o disposto no art. 3º, caput e § 2º, da Lei n. 9.876, de 26 de novembro de 1994, o disposto no art. 35 da Lei n. 8.213, de 24 de julho de partir da competência julho de 1994, o disposto no art. 35 da Lei n. 8.213, de 24 de julho de 1991.*

O indeferimento, pela Autarquia Previdenciária, de requerimento de benefício, quando o postulante preencher todos os requisitos legais para tanto, é ato ilícito, podendo ser questionado em Juízo, por se tratar de lesão a direito.

A Lei n. 13.846/2019 incluiu na Lei n. 8.213/1991 o art. 124-C, segundo o qual "O servidor responsável pela análise dos pedidos dos benefícios previstos nesta Lei motivará suas decisões ou opiniões técnicas e responderá pessoalmente apenas na hipótese de dolo ou erro grosseiro".

De acordo com o art. 181-B, § 2º, do Decreto n. 3.048/1999, "o segurado poderá desistir do seu pedido de aposentadoria desde que manifeste essa intenção e requeira o arquivamento definitivo do pedido antes da ocorrência de um dos seguintes atos: I – recebimento do primeiro pagamento do benefício; ou II – efetivação do saque do FGTS ou do PIS".

Consigna-se, ainda, que, segundo a orientação do STJ, o pedido, nas causas previdenciárias, é o de obtenção do benefício a que tem direito o autor da ação, inexistindo, em caso de concessão de benefício diverso do mencionado na inicial, afronta ao princípio da congruência entre pedido e sentença previstos nos arts. 141 e 492 do CPC/2015. Nem poderia ser diferente, haja vista que o fator subjacente à eventual violação daquele princípio – o elemento surpresa, que redundaria em situação de injustificada desigualdade entre as partes – não se encontra presente, pois se o INSS possui, *a priori* (isto é, inclusive antes da demanda judicial), o dever de concessão da melhor prestação previdenciária ou assistencial a que tem direito o segurado, dependente ou beneficiário, não se pode considerar surpreendida por deferimento de benefício diferente do pleiteado. Nesse sentido: REsp 1.367.479/RS, 2ª Turma, Rel. Min. Mauro Campbell Marques, *DJe* 10.9.2014; AgRg no REsp 1.320.249/RJ, 1ª Turma, Rel. Min. Napoleão Nunes Maia Filho, *DJe* 2.12.2013.

No mesmo sentido foi a uniformização realizada pela TNU no Representativo de Controvérsia Tema 217: "Em relação ao benefício assistencial e aos benefícios por incapacidade, é possível conhecer de um deles em juízo, ainda que não seja o especificamente requerido na via administrativa, desde que preenchidos os requisitos legais, observando-se o contraditório e o disposto no artigo 9º e 10 do CPC" (PEDILEF 0002358-97.2015.4.01.3507/GO, j. 27.8.2020).

24.1 SUSPENSÃO DO BENEFÍCIO

Na legislação de seguro social, há certas situações que autorizam o INSS a deixar de pagar o benefício, suspendendo a prestação devida. Não se deve confundir, contudo, tal situação com a de cancelamento do benefício: na suspensão, o benefício teve apenas seu pagamento sustado; no cancelamento, dá-se a extinção da obrigação de pagamento pelo INSS ao beneficiário.

São casos de suspensão do pagamento do benefício:

a) a conduta do beneficiário aposentado por invalidez (atual aposentadoria por incapacidade permanente) que não se apresenta para realização do exame médico-pericial periódico pelo INSS (art. 70 da Lei n. 8.212/1991);

b) a não comprovação trimestral da manutenção do cumprimento da pena em regime fechado, do segurado recluso, em relação ao auxílio-reclusão pago aos dependentes (art. 117, § 1º, do Decreto n. 3.048/1999) – há previsão de que a certidão judicial e a prova de permanência na condição de presidiário serão substituídas pelo acesso à base de dados, por meio eletrônico, a ser disponibilizada pelo CNJ, com dados cadastrais que assegurem a identificação plena do segurado e da sua condição de presidiário (art. 116, § 2º-B, do RPS);

c) a ausência de defesa do beneficiário, quando notificado pelo INSS em casos de suspeita de irregularidade na concessão ou manutenção de benefício (art. 11, § 1º, da Lei n. 10.666, de 8.5.2003, e art. 69, § 4º, da Lei n. 8.212/1991, com redação conferida pela Lei n. 13.846/2019);

d) falta de apresentação anual de atestado de vacinação obrigatória e de comprovação de frequência à escola do filho ou equiparado para obtenção do salário-família (art. 84, § 2º, do Decreto n. 3.048/1999);

e) a falta de apresentação, pelo beneficiário do RGPS, da "prova de vida", nas hipóteses em que esta é exigida (art. 69, § 8º, da Lei n. 8.212/1991, com a redação conferida pela Lei n. 14.199/2021);

f) o auxílio-acidente quando da concessão ou da reabertura do auxílio por incapacidade temporária, em razão do mesmo acidente ou de doença que lhe tenha dado origem (art. 356 da IN INSS n. 128/2022);

g) o segurado em gozo de auxílio por incapacidade temporária, auxílio-acidente ou aposentadoria por incapacidade permanente e o pensionista inválido, cujos benefícios tenham sido concedidos judicial ou administrativamente, estão obrigados, sob pena de suspensão do benefício, a submeter-se a: perícia médica para avaliação das condições; processo de reabilitação profissional; tratamento oferecido gratuitamente, exceto o cirúrgico e a transfusão de sangue, que são facultativos (art. 101 da Lei n. 8.213/1991 – redação conferida pela Lei n. 14.441/2022); e

h) o retorno ao labor nocivo ou sua continuidade, por quem já recebe a aposentadoria especial prevista no art. 57, § 8º, da LBPS (Repercussão Geral n. 709 do STF).

A Lei n. 14.973/2024 inseriu nova situação de suspensão: quando da ausência de ciência, em até 30 dias, da notificação de que trata o § 1º do art. 69 (§ 2º-A do art. 69, inserido pela Lei n. 14.973/2024). No entanto, ao que parece, a regra fere princípios constitucionais, notadamente o direito à ampla defesa, pois, não havendo ciência por parte do beneficiário, não há como se atribuir sanção por inércia.

Na hipótese de haver indícios de irregularidade ou erros materiais na concessão, na manutenção ou na revisão do benefício, o INSS notificará o beneficiário, o seu representante legal ou o seu procurador para apresentar defesa, provas ou documentos dos quais dispuser, no prazo de:

I – 30 (trinta) dias, no caso de trabalhador urbano;

II – 60 (sessenta) dias, no caso de trabalhador rural individual e avulso, agricultor familiar ou segurado especial.

O art. 69 da Lei n. 8.212/1991 (com redação dada pela Lei n. 14.973/2024) fixou que o benefício será suspenso nas hipóteses de:

I – não apresentação da defesa nos prazos referidos;
II – defesa considerada insuficiente ou improcedente pelo INSS;
III – ausência de ciência de que trata o § 2º-A, nos termos de ato do Poder Executivo.

Já quanto à forma de notificação nestes casos, ocorrerá, preferencialmente, na seguinte ordem (§ 2º do art. 179 do RPS, redação dada pelo Decreto n. 10.410/2020):

I – por rede bancária, conforme definido em ato do INSS;
II – por meio eletrônico, por meio de cadastramento prévio, na forma definida em ato do INSS, a ser realizado por procedimento em que seja assegurada a identificação adequada do interessado;
III – por via postal, por meio de carta simples destinada ao endereço constante do cadastro do segurado que requereu o benefício, hipótese em que o aviso de recebimento será considerado prova suficiente da sua notificação;
IV – pessoalmente, quando entregue ao interessado em mão; ou
V – por edital, na hipótese de o segurado não ter sido localizado por meio da comunicação a que se refere o inciso III.

Todavia, a Lei n. 14.973/2024 excluiu a possibilidade de notificação por via postal e por via editalícia, revogando os respectivos incisos do § 2º do art. 69 da Lei de Custeio, pelo que os incisos III e V supra do § 2º do art. 179 do RPS perderam sua eficácia.

O recurso deveria ter efeito devolutivo e suspensivo, porém, em afronta ao devido processo legal, a Lei n. 13.846/2019 retirou o efeito suspensivo do recurso administrativo (art. 69, § 9º, da Lei n. 8.212/1991). Nesse sentido, a ACP n. 0063922-73.2016.4.01.3400, que tramita na 6ª Vara Federal de Brasília, determinou que o INSS só poderá cancelar benefícios depois de exaurida a via administrativa (decisão com abrangência nacional). O art. 308 do RPS, com a redação conferida pelo Decreto n. 10.410/2020, dispõe novamente que os recursos interpostos tempestivamente contra decisões proferidas pelas Juntas de Recursos e pelas Câmaras de Julgamento do CRPS têm efeito suspensivo e devolutivo.

Decorrido o prazo de 30 (trinta) dias após a suspensão, sem que o beneficiário, o seu representante legal ou o seu procurador apresente recurso administrativo aos canais de atendimento do INSS ou a outros canais autorizados, o benefício será cessado (art. 69, § 6º, da Lei n. 8.212/1991).

Outra questão polêmica que envolve a matéria é justamente o cabimento (ou não) da suspensão/bloqueio do pagamento do benefício previdenciário em caso de mero não comparecimento do beneficiário ao recenseamento ou que deixar de fazer prova de vida, conforme disciplinado nos §§ 7º e 8º do art. 69 da Lei n. 8.212/1991, com redação da Lei n. 14.199/2021, com regulamentação dada pela Portaria PRES/INSS n. 1.408/2022 (modificada pela Portaria PRES/INSS n. 1.552/2023).

Em se tratando o INSS de uma entidade pública, seus atos devem se pautar pelos princípios regentes da Administração, dentre os quais se destaca, em particular, o da legalidade. A concessão equivocada de benefícios a pessoas que não atendem aos requisitos legais estabelecidos para tanto, é medida que se torna eivada de nulidade absoluta, passível, portanto, de revisão pela própria Administração, a qualquer tempo e de ofício. É o entendimento já consolidado na jurisprudência do STF, em sua Súmula n. 473.

Entretanto, não pode o INSS prescindir de respeitar os direitos fundamentais do contraditório e da ampla defesa, obrigatórios em qualquer procedimento judicial ou administrativo (Constituição, art. 5º). Visto por esse ângulo, são questionáveis as normas que autorizam o INSS a suspender benefício de forma arbitrária, sem que haja razoável indício de ilegalidade cometida.

É dizer, caso o INSS tenha meios de concluir pela ilegalidade, deve oferecer o direito de defesa e prova ao interessado e, ao final, decidir se a concessão foi ou não irregular; se não os possui, não pode presumir que houve fraude ou má-fé. Isto porque, ao contrário, os atos administrativos gozam de presunção de legalidade, de modo que, não havendo prova de concessão ao arrepio da lei, não há que se quebrarem os efeitos de tal presunção.

Merece destaque, ainda, a observância dos direitos das pessoas idosas. O recadastramento de segurados com idade igual ou superior a 60 (sessenta) anos será objeto de prévio agendamento no órgão recadastrador, que o organizará em função da data do aniversário ou da data da concessão do benefício inicial. E, quando se tratar de segurado com idade igual ou superior a 80 (oitenta) anos ou que, independentemente da idade, por recomendação médica, estiver impossibilitado de se deslocar, o recadastramento deverá ser realizado na sua residência.

24.2 CANCELAMENTO DO BENEFÍCIO

Para o INSS cancelar um benefício previdenciário deve, necessariamente, fazê-lo com base em um processo administrativo que apurou alguma irregularidade na concessão dele. O poder-dever da Administração de desconstituir seus próprios atos por vícios de nulidade condiciona-se à comprovação das referidas ilegalidades em processo administrativo próprio, com oportunização, ao administrado, das garantias constitucionais da ampla defesa e do contraditório (art. 5º, inciso LV, da CF/88 e Súmula n. 160 do extinto TFR). Nesse sentido:

> A jurisprudência do STJ já se posicionou quanto à necessidade de obediência ao devido processo legal e ao contraditório, durante o trâmite de processo administrativo com a finalidade de suspender ou cancelar benefício previdenciário concedido mediante fraude" (STJ, AgInt no AREsp 916.717/ES, T2, Rel. Min. Mauro Campbell Marques, DJe 20.9.2016).

Nos casos em que o INSS não comprova que o cancelamento foi, em face de alguma irregularidade, apurado em processo administrativo, entendemos que o benefício deve ser restabelecido. O ônus da prova da irregularidade recai, portanto, sobre o órgão previdenciário, não cabendo ao administrado provar que seu benefício foi concedido corretamente, pois se trata de ato administrativo com presunção de validade jurídica. É o que preconiza a jurisprudência:

> (...) Nos processos de restabelecimento de benefício previdenciário compete ao INSS o ônus de provar a ocorrência de fraude ou ilegalidade no ato concessório, pois este se reveste de presunção de legitimidade. (...) Hipótese em que não demonstrada fraude na concessão do benefício, e na qual, ademais, verificado o exercício de atividades rurais pelo de cujus em momento próximo ao óbito, o que confirma sua condição de segurado especial, impõe-se o restabelecimento da pensão (TRF-4, REEX 0019800-84.2013.404.9999/PR, 5ª Turma, Rel. Des. Ricardo Teixeira do Valle Pereira, j. 1.7.2014).

O beneficiário poderá obter sua pretensão em juízo, por meio de mandado de segurança, quando não demandar de instrução probatória, ou pela via ordinária, com a possibilidade de concessão de tutela de urgência, quando demonstrar o preenchimento dos requisitos exigidos para a concessão da medida, previstos pelo art. 300 do CPC/2015.

São casos legalmente previstos de cancelamento de benefício: a) o auxílio-acidente em caso de concessão de aposentadoria (art. 86, § 2º, da Lei n. 8.213/1991); b) o reaparecimento do segurado considerado falecido por decisão judicial que havia declarado morte presumida (art. 78, § 2º, da Lei n. 8.213/1991); c) o retorno ao trabalho do segurado aposentado por incapacidade permanente (art. 46 da Lei n. 8.213/1991); d) alta programada em caso de auxílio por incapacidade temporária (art. 60, § 8º, da Lei de Benefícios com redação conferida pela Lei n. 13.457/2017); e) a verificação, pelo INSS, de concessão ou manutenção de benefício de forma irregular ou indevida (art. 11 da Lei n. 10.666/2003).

Essa última hipótese de cancelamento, atualmente disciplinada pela Lei n. 13.846/2019, que incluiu o § 6º ao art. 69 da Lei n. 8.212/1991, manteve a previsão contida no art. 11, § 3º, da Lei n. 10.666/2003, salvo em relação aos prazos fixados para apresentação de defesa que foram elevados de 10 (dez) dias para 30 (trinta) dias, em caso de segurado urbano, e para 60 (sessenta) dias, em caso de trabalhador rural. Nessa situação, decorrido o prazo de 30 (trinta) dias após a suspensão – por não apresentação de defesa nos prazos referidos ou por defesa considerada insuficiente ou improcedente –, sem que o beneficiário, o seu representante legal ou o seu procurador apresente recurso administrativo aos canais de atendimento do INSS ou a outros canais autorizados, o benefício será cessado.

O art. 103-A da Lei n. 8.213/1991 disciplina a matéria no que tange ao prazo para anulação de atos administrativos de que resultem benefícios indevidos a segurados e dependentes, fixando em dez anos, contados do dia em que foram praticados, salvo comprovada má-fé, sendo que, no caso de efeitos patrimoniais contínuos no tempo, considerar-se-á o prazo decadencial a partir do primeiro pagamento.

Em relação à aposentadoria por incapacidade permanente, não se aplica o prazo decadencial do art. 103-A da Lei n. 8.213/1991, dada sua natureza precária, sendo permitida a convocação para avaliação médica periódica, salvo nas hipóteses previstas no § 1º do art. 101 da LBPS, quais sejam:

> *I – após completarem cinquenta e cinco anos ou mais de idade e quando decorridos quinze anos da data da concessão da aposentadoria por invalidez ou do auxílio-doença que a precedeu; ou*
>
> *II – após completarem sessenta anos de idade.*

Podemos concluir que a administração, em atenção ao princípio da legalidade, tem o poder-dever de anular seus próprios atos quando eivados de vícios que os tornem ilegais (Súmulas 346 e 473 do STF). Entretanto, este poder-dever é limitado no tempo sempre que se encontrar situação que, frente a peculiares circunstâncias, exija a proteção jurídica de beneficiários de boa-fé, em decorrência dos princípios da segurança jurídica e da proteção da confiança.

– Programa Especial para Análise de Benefícios com Indícios de Irregularidade (Programa Especial)

A Lei n. 13.846/2019, institui o "Programa Especial para Análise de Benefícios com Indícios de Irregularidade", o qual foi alterado pela Lei n. 14.441/2022. O Programa Especial tem como objetivo analisar processos que apresentem indícios de irregularidade ou potencial risco de realização de gastos indevidos na concessão, no recurso ou na revisão de benefícios administrados pelo INSS.

Integra o Programa Especial a análise de processos administrativos de requerimento inicial e de revisão de benefícios administrados pelo INSS com prazo legal para conclusão expirado e que represente acréscimo real à capacidade operacional regular de conclusão de requerimentos, individualmente considerada, conforme estabelecido em ato do Presidente do INSS (art. 1º, § 2º, da Lei n. 13.846/2019, com redação dada pela Lei n. 14.441/2022).

São considerados processos com indícios de irregularidade integrantes do Programa Especial aqueles com potencial risco de gastos indevidos e que se enquadrem nas seguintes hipóteses, sem prejuízo das disposições previstas no ato de que trata o art. 8º da Lei n. 13.846/2019:

> I – potencial acúmulo indevido de benefícios indicado pelo Tribunal de Contas da União ou pela Controladoria-Geral da União;
>
> II – potencial pagamento indevido de benefícios previdenciários indicados pelo Tribunal de Contas da União e pela Controladoria-Geral da União;
>
> III – processos identificados na Força-Tarefa Previdenciária, composta pelo Ministério Público Federal, pela Polícia Federal e pela Secretaria Especial de Previdência e Trabalho do Ministério da Economia;
>
> IV – suspeita de óbito do beneficiário;
>
> V – benefício de prestação continuada, previsto na Lei n. 8.742, de 7 de dezembro de 1993, com indícios de irregularidade identificados em auditorias do Tribunal de Contas da União e da Controladoria-Geral da União e em outras avaliações realizadas pela administração pública federal, permitidas, se necessário, a colaboração e a parceria da administração pública estadual e da administração pública municipal, por meio de procedimentos a serem definidos em cooperação com os Ministérios competentes;
>
> VI – processos identificados como irregulares pelo INSS, devidamente motivados;
>
> VII – benefícios pagos em valores superiores ao teto previdenciário adotado pelo Regime Geral de Previdência Social.

– Programa de Revisão dos Benefícios por Incapacidade – PRBI (Programa de Revisão)

A Lei n. 13.846/2019 criou também o Programa de Revisão de Benefícios por Incapacidade, o qual encontra-se disciplinado no âmbito da Subsecretaria da Perícia Médica Federal pela Portaria MTP n. 2.965, de 21.9.2022, que estabeleceu diretrizes e procedimentos a serem observados para a sua execução. O programa tem por objetivo revisar:

a) os benefícios por incapacidade mantidos sem perícia pelo INSS por período superior a 6 (seis) meses e que não possuam data de cessação estipulada ou indicação de reabilitação profissional; e

b) outros benefícios de natureza previdenciária, assistencial, trabalhista ou tributária.

Integrarão o Programa de Revisão (art. 1º, § 4º, da Lei n. 13.846/2019, com redação dada pela Lei n. 14.441, de 2 de setembro de 2022):

> I – o acompanhamento por médico-perito de processos judiciais de benefícios por incapacidade; e
>
> II – o exame médico pericial presencial realizado nas unidades de atendimento da Previdência Social cujo prazo máximo de agendamento de perícia médica for superior a quarenta e cinco dias.

Para a execução dos Programas, foram concedidos o pagamento do:

> I – Bônus de Desempenho Institucional por Análise de Benefícios com Indícios de Irregularidade do Monitoramento Operacional de Benefícios (BMOB); e
>
> II – Bônus de Desempenho Institucional por Perícia Médica em Benefícios por Incapacidade (BPMBI).

Referidos bônus foram renomeados pela Lei n. 14.441/2022, respectivamente, para:

I – Tarefa Extraordinária de Redução de Fila e Combate à Fraude (Terf); e
II – Perícia Extraordinária de Redução de Fila e Combate à Fraude (Perf).

O Programa Especial foi previsto para durar até 31.12.2020, com prorrogação autorizada até 31.12.2022, por ato fundamentado do Presidente do INSS (§ 1º do art. 1º da Lei n. 13.846/2019). O mesmo prazo foi previsto para o Programa de Revisão, mas por ato fundamentado do então Ministro da Economia (§ 3º do art. 1º da Lei n. 13.846/2019).

Entretanto, é importante frisar que o INSS pode revisar, a qualquer tempo, benefícios por incapacidade em manutenção, como se observa do *caput* do art. 101 da Lei n. 8.213/1991, em sua redação atual, conferida pela Lei n. 14.441/2022, que prevê a avaliação periódica dos segurados em fruição de benefícios, com o intuito de verificar eventuais ocorrências de concessão ou manutenção indevida:

> Art. 101. O segurado em gozo de auxílio por incapacidade temporária, auxílio-acidente ou aposentadoria por incapacidade permanente e o pensionista inválido, cujos benefícios tenham sido concedidos judicial ou administrativamente, estão obrigados, sob pena de suspensão do benefício, a submeter-se a:
> I – exame médico a cargo da Previdência Social para avaliação das condições que ensejaram sua concessão ou manutenção;
> II – processo de reabilitação profissional prescrito e custeado pela Previdência Social; e
> III – tratamento oferecido gratuitamente, exceto o cirúrgico e a transfusão de sangue, que são facultativos.

As avaliações e os exames médico-periciais poderão ser realizados com o uso de tecnologia de telemedicina ou por análise documental, conforme situações e requisitos definidos em regulamento (§ 6º do art. 101 da LBPS, com redação dada pela Lei n. 14.724/2023).

No entanto, primeiro se devem apurar os fatos e dar ao segurado o direito de se defender; depois, comprovado que o benefício não lhe é mais devido, este deve ser cessado. Caso contrário, a subsistência da pessoa e de seus familiares correrá grave risco, não sendo razoável que um benefício concedido há longo período seja cessado imediatamente.

Outra observação importante a respeito do procedimento é que, quando da data da perícia de revisão, deve o segurado levar consigo toda a documentação médica que possuir relativa à enfermidade que o tornou incapaz, desde a concessão até os dias atuais, especialmente seu prontuário médico (e não apenas atestados). É que o prontuário médico é considerado, pelo próprio Conselho Federal de Medicina, decisivo em qualquer diagnóstico que envolva a análise da saúde do trabalhador (Resolução n. 2.323/2022, do CFM).

Grande parte dos problemas verificados na perícia do INSS é a falta de apresentação desta documentação. O perito médico irá avaliar a documentação e verificar se existe ou não condições de a pessoa voltar ao trabalho. Se o segurado não leva nada, o risco de uma cessação do benefício é grande.

Quanto à revisão administrativa de benefício concedido judicialmente, o STJ tem precedentes no sentido de que não se aplica o paralelismo de formas, exigindo apenas o respeito ao contraditório, à ampla defesa e ao devido processo legal, sempre que houver necessidade de revisão do benefício previdenciário, por meio do processo administrativo previdenciário, impedindo com isso, o cancelamento unilateral por parte da autarquia, sem oportunizar apresentação de provas que entender necessárias (STJ, REsp 1.429.976/CE, 2ª Turma, Min. Humberto Martins, *DJe* 24.2.2014).

Apesar disso, o STJ, em outros julgados, entendeu de forma diversa, ou seja, pela necessidade de propositura de ação pelo INSS para cancelamento do benefício. Segue a decisão:

PREVIDENCIÁRIO. RECURSO ESPECIAL. APOSENTADORIA POR INVALIDEZ CONCEDIDA JUDICIALMENTE. CANCELAMENTO ADMINISTRATIVO. IMPOSSIBILIDADE. NECESSIDADE DE AÇÃO JUDICIAL REVISIONAL. RECURSO ESPECIAL DO INSS A QUE SE NEGA SEGUIMENTO.
"Com efeito, o acórdão recorrido está em consonância com o entendimento desta Corte de que não é possível a cessação administrativa dos benefícios por incapacidade concedidos judicialmente, sob pena de violação à coisa julgada material e desrespeito ao princípio do paralelismo das formas" (STJ, REsp 1.408.281/SC, julg. 24.2.2017). No mesmo sentido: AREsp 428.753, Rel. Min. Gurgel de Faria, DJe 28.11.2017.

Diante dessa dualidade de entendimentos, o STJ afetou o tema em forma de repetitivo a ser julgado, cuja questão controvertida foi definida nos seguintes termos:

Tema 1157: "Definir a possibilidade – ou não – de cancelamento na via administrativa, após regular realização de perícia médica, dos benefícios previdenciários por incapacidade, concedidos judicialmente e após o trânsito em julgado, independentemente de propositura de ação revisional" (REsp 1.985.189/SP, Rel. Herman Benjamin, afetação em 30.6.2022).

Outra situação comum é o cancelamento do benefício por incapacidade temporária pelo INSS antes do trânsito em julgado da decisão concessória, seja pelo transcurso do prazo de 120 dias de duração do benefício ou pela realização de nova perícia na via administrativa. Entendemos que esse cancelamento é indevido, pois, enquanto tramita o processo judicial de concessão, somente o juiz da causa pode autorizar a cessação. O INSS pode até realizar a perícia e comunicar o resultado em juízo, mas a decisão sobre o cancelamento deve ser do magistrado responsável pelo processo. Nesse sentido: TRF da 4ª Região, ApelReex 5035870-87.2015.404.7100, DE de 9.3.2016.

Cabe destacar que, no âmbito dos JEFs, a TNU validou o mecanismo "alta programada", em Representativo de Controvérsia, fixou a seguinte tese:

Tema 164 – "Por não vislumbrar ilegalidade na fixação de data estimada para a cessação do auxílio-doença, ou mesmo na convocação do segurado para nova avaliação da persistência das condições que levaram à concessão do benefício na via judicial, a Turma Nacional de Uniformização, por unanimidade, firmou as seguintes teses:

a) **os benefícios de auxílio-doença concedidos judicial ou administrativamente, sem Data de Cessação de Benefício (DCB), ainda que anteriormente à edição da MP n. 739/2016**, podem ser objeto de revisão administrativa, na forma e prazos previstos em lei e demais normas que regulamentam a matéria, por meio de prévia convocação dos segurados pelo INSS, para avaliar se persistem os motivos de concessão do benefício;

b) **os benefícios concedidos, reativados ou prorrogados posteriormente à publicação da MP n. 767/2017**, convertida na Lei n. 13.457/17, devem, nos termos da lei, ter a sua DCB fixada, sendo desnecessária, nesses casos, a realização de nova perícia para a cessação do benefício;

c) **em qualquer caso, o segurado poderá pedir a prorrogação do benefício, com garantia de pagamento até a realização da perícia médica**".

A constitucionalidade do sistema que estipula a Data de Cessação do Benefício (DCB) para o auxílio por incapacidade temporária será examinada pelo STF no RE 1.347.526, com Repercussão Geral, cuja descrição é a que segue:

Tema 1.196: "Recurso extraordinário em que se discute, à luz dos artigos 2º, 62, *caput* e § 1º, I, b, e 246, da Constituição Federal, a constitucionalidade das Medidas Provisórias 739/2016 e 767/2017 (convertida na Lei 13.457/2017), que estabeleceram procedimento de fixação da Data de Cessação do Benefício (DCB) de auxílio-doença de forma automatizada, ou seja, sem a necessidade de perícia prévia do segurado, em inobservância à urgência e relevância para sua edição, inclusão de norma processual civil e regulamentação de norma da Constituição Federal alterada entre 1995 até a promulgação da Emenda Constitucional 32/2001".

24.3 PROCESSO ADMINISTRATIVO PREVIDENCIÁRIO

A Lei n. 9.784/1999 estabelece normas básicas sobre o processo administrativo no âmbito da Administração Federal direta e indireta, visando, em especial, à proteção dos direitos dos administrados e ao melhor cumprimento dos fins da Administração.

Considera-se Processo Administrativo Previdenciário (PAP) o conjunto de atos praticados pelo administrado ou pelo INSS nos Canais de Atendimento da Previdência Social, iniciado em razão de requerimento formulado pelo interessado, de ofício pela Administração ou por terceiro legitimado, e concluído com a decisão definitiva no âmbito administrativo (art. 523 da IN INSS/PRESPRES/INSS n. 128/2022).

O processo administrativo previdenciário deverá observar as regras dispostas na Lei n. 9.784, de 29 de janeiro de 1999, que rege o processo administrativo no âmbito da Administração Federal direta e indireta.

Os processos administrativos previdenciários, em virtude dos dados pessoais e sigilosos neles contidos, são de acesso restrito aos interessados e a quem os represente, salvo determinação judicial ou solicitação do Ministério Público, devidamente justificada, para fins de instrução de processo administrativo de sua competência.

O processo administrativo decorre do direito de petição, constitucionalmente assegurado a todos. De outra vertente, é necessário, em regra, para:

a) a manifestação inequívoca de interesse do segurado ou dependente em relação à prestação postulada já que, em regra,[3] para o gozo de benefícios previdenciários do RGPS é necessária a vontade expressa do beneficiário para dar início ao exercício do direito, não bastando o cumprimento dos requisitos legais;

b) a interrupção da contagem de marcos decadenciais ou prescricionais, quando existentes;

c) a deflagração de eventual litígio entre o indivíduo e a Previdência, em especial após a decisão do STF sobre a necessidade de prévio requerimento administrativo como prova do interesse de agir e da necessidade de intervenção judicial em causas previdenciárias (RE 631240).

A valorização do processo administração previdenciário é essencial para reduzir a judicialização. Como bem observa o Desembargador Federal Paulos Afonso Brum Vaz:

A redução da judicialização dos direitos da Seguridade Social, todavia, não depende exclusivamente do Poder Judiciário. O reconhecimento da existência de um direito constitucional subjetivo titularizado pelos cidadãos a uma tutela administrativa individual ou coletiva

---

[3] Algumas exceções serão tratadas nesse capítulo, a exemplo da possibilidade de requerimento do benefício pela empresa, pelo sindicato ou pela entidade de aposentados devidamente legalizada, na forma do art. 117 da Lei n. 8.213, de 1991.

adequada, igualitária e efetiva na concretização dos direitos fundamentais sociais seria o fundamento suficiente para uma viragem que pudesse tornar a via administrativa mais eficaz, ao modo de dispensar a judicialização.[4]

A Lei n. 13.846/2019 inclui na Lei n. 8.213/1991 o art. 124-A, que dispõe: "O INSS implementará e manterá processo administrativo eletrônico para requerimento de benefícios e serviços e disponibilizará canais eletrônicos de atendimento".

Dentro dessa lógica e diante da falta de servidores para atendimento nas Agências da Previdência Social, a Lei n. 13.846/2019 passou a prever que os benefícios do RGPS poderão ser solicitados, pelos interessados, aos Oficiais de Registro Civil das Pessoas Naturais, que encaminharão, eletronicamente, requerimento e respectiva documentação comprobatória de seu direito para deliberação e análise do INSS (art. 18, § 4º, da LBPS).

Também poderão ser celebrados acordos de cooperação, na modalidade de adesão, com órgãos e entidades da União, dos Estados, do Distrito Federal e dos Municípios, para a recepção de documentos e o apoio administrativo às atividades do INSS que demandem serviços presenciais (art. 124-A, § 2º, da LBPS, com redação conferida pela Lei n. 13.846/2019).

O Regulamento da Previdência Social passou a prever no art. 176-A, incluído pelo Decreto n. 10.410/2020, que "o requerimento de benefícios e de serviços administrados pelo INSS será formulado por meio de canais de atendimento eletrônico, observados os procedimentos previstos em ato do INSS". O requerimento, uma vez formulado, será processado em meio eletrônico em todas as fases do processo administrativo, ressalvados os atos que exijam a presença do requerente.

Preceitua ainda o RPS que "excepcionalmente, caso o requerente não disponha de meios adequados para apresentação da solicitação pelos canais de atendimento eletrônico, o requerimento e o agendamento de serviços poderão ser feitos presencialmente nas Agências da Previdência Social" (§ 2º do art. 176-A).

Discordamos, todavia, dessa última disposição regulamentar. É que não se pode perder de vista que os beneficiários do RGPS são, em sua maioria, pessoas de baixa renda, com pouco acesso a tecnologias, algumas delas com baixíssima escolaridade, sem contar com os analfabetos funcionais. Neste sentido, já se consolidou que "é vedado à Administração Pública deixar de apreciar qualquer petição que lhe seja endereçada, quanto mais recusar-se a protocolar o pedido" (TRF-4, REOMS 2006.72.06.003163-0, 6ª Turma, Rel. Victor Luiz dos Santos Laus, *DE* 12.7.2007). Logo, não caberia restringir as formas de apresentar a petição aos meios eletrônicos.

O art. 179-A do Regulamento dispõe, com a redação conferida pelo Decreto n. 10.410/2020, que "o INSS implementará e manterá processo administrativo eletrônico para requerimento de benefícios e serviços e disponibilizará canais eletrônicos de atendimento". Também há a previsão de que "o INSS facilitará o requerimento, a concessão, a manutenção e a revisão de benefícios por meio eletrônico e implementará procedimentos automatizados de atendimento e prestação de serviços por meio telefônico ou por canais remotos" (§ 1º do art. 179-A do RPS, redação dada pelo Decreto n. 10.410/2020).

Segundo entendimento firmado pelo STF, é direito do advogado, no exercício de seu múnus profissional, ser recebido nas unidades de atendimento do INSS, independentemente de distribuição de fichas, em lugar próprio ao atendimento. Consta da ementa que "Descabe impor aos advogados, no mister da profissão, a obtenção de ficha de atendimento. A formalidade não se coaduna sequer com o direito dos cidadãos em geral de serem atendidos pelo Estado

---

[4] VAZ, Paulo Afonso Brum. *Judicialização dos direitos da Seguridade Social*. Curitiba: Alteridade, 2021, p. 365.

de imediato, sem submeter-se à peregrinação verificada costumeiramente em se tratando do Instituto" (RE 277.065/RS, 1ª Turma, Rel. Min. Marco Aurélio, *DJe* 13.5.2014).

Em 11.9.2017, a Justiça Federal do DF proferiu decisão em Ação Civil Pública ajuizada pelo Conselho Federal da OAB contra o INSS. A decisão entendeu ter sido violada a prerrogativa profissional do advogado elencada na alínea "e" do inciso VI do art. 7º do Estatuto do Advogado e garante atendimento em local próprio, durante o horário de expediente, desautorizando o INSS a fazer exigências quanto a prévio agendamento ou obtenção de senha para atendimento do advogado na esfera administrativa, inclusive para o protocolo de documentos e petições, quer quanto à limitação por benefício de protocolo, sob pena de pagamento de multa diária no importe de R$ 50.000,00 em favor da autarquia profissional (Proc. 26178-78.2015.4.01.3400, 17ª Vara Federal do DF, Juiz João Carlos Mayer Soares).

– INSS Digital

O INSS está implantando gradativamente em todas as suas agências um novo modelo de atendimento, conhecido como INSS Digital.

O INSS Digital foi originalmente concebido com a ideia de construção de um novo fluxo de atendimento para aumentar a capacidade da autarquia de reconhecer direitos. Os pilares do projeto são o processo eletrônico – agendamento e concessão de benefício pela internet para o segurado ou por meio de entidades que tenham celebrado Acordo de Cooperação Técnica (ACT) com o INSS (neste caso se enquadram as Seccionais da OAB) – e a melhor distribuição das demandas entre as unidades.

Os ACTs permitem que os advogados filiados à OAB da Seccional convenente possam, sem precisar comparecer a uma agência do INSS, requerer benefícios, retirar cópias de processos, apresentar recursos administrativos de primeira e segunda instâncias em benefícios por incapacidade e requerer revisões do benefício concedido.

Mais de mil agências (praticamente a metade) já passaram a adotar o fluxo de tramitação eletrônica dos processos. Nessas unidades, atualmente, o segurado apenas leva os documentos para serem escaneados no dia do atendimento agendado, e recebe o número do protocolo de requerimento para acompanhar pela internet o andamento do pedido.

A tramitação eletrônica serve para tornar mais ágil a análise dos requerimentos, com a distribuição dos processos de uma unidade para outra. O objetivo da autarquia é tornar possível a realização, à distância, de todos os serviços que precisem apenas de avaliação administrativa.

Nos casos em que as informações previdenciárias necessárias para o reconhecimento do direito já constarem nos sistemas do INSS, será possível a concessão à distância do benefício. O segurado somente deverá ir a uma agência se for chamado pelo Instituto.

– Das formas de agendamento/requerimento administrativo no INSS

O requerimento ou o agendamento de benefícios e serviços poderá ser realizado pelos seguintes canais de atendimento:

- MEU INSS (canal de atendimento remoto): é uma ferramenta criada para dar maior facilidade à vida do cidadão. Pode ser acessada pela internet ou pelo telefone celular (Android e IOS). Está disponível no portal gov.br/meuinss ou mediante instalação do aplicativo Meu INSS no celular, gerando acesso a mais de 90 serviços oferecidos pelo INSS. Para utilizar esses serviços é necessário se cadastrar e obter senha, no próprio site ou aplicativo.

- Central telefônica 135 (canal de atendimento remoto): criada com o propósito de ampliar o acesso da população aos serviços do INSS por meio de um canal de atendimento por telefone; funciona de segunda a sábado, das 7 às 22 horas – horário de Brasília. Por ser considerado um serviço de utilidade pública, as ligações efetuadas, a partir de telefones fixos e telefones públicos (orelhões) para o número 135, são gratuitas e, a partir de celular, é cobrada a tarifa de custo de uma ligação local.
- Agências da Previdência Social (APS): são as unidades de atendimento presencial da Previdência Social, em que são realizadas as perícias médicas ou avaliações sociais e outros atos que exijam o comparecimento do interessado. Vale ressaltar ainda que a partir de 23.10.2023 o INSS passou a receber requerimento de benefício por incapacidade temporária (antigo auxílio-doença) nas Agências da Previdência Social mediante a entrega do atestado médico, sem a necessidade de prévio requerimento. A medida foi originalmente prevista na Portaria DIRBEN/INSS 1.173, de 20.10.2023, sucedida pela Portaria DIRBEN/INSS n. 1.197, de 19.03.2024. Essa medida, assim como o "ATESTMED" (Portaria Conjunta PRES/INSS/SRGPS/MPS n. 37, de 16.10.2023) e o Programa de Enfrentamento de Filas (Lei n. 14.724/2023) foi adotada visando reduzir as filas de requerimentos que esperam por perícia médica.
- Unidades de Atendimento de Acordos Internacionais: destinam-se ao atendimento de requerimentos de benefícios e serviços exclusivamente no âmbito dos acordos internacionais de Previdência Social.
- Unidades de Atendimento de demandas judiciais: destinam-se exclusivamente ao cumprimento de determinações judiciais em ações nas quais o INSS for parte do litígio.

24.3.1 Fases do processo administrativo

O processo administrativo previdenciário contemplará as fases principais – inicial, instrutória e decisória – e as fases recursal e revisional de todos os serviços do INSS vinculados ao benefício previdenciário, incluindo administração de informações do segurado, reconhecimento de direitos, manutenção de direitos e apuração de irregularidades (§ 2º do art. 523 da IN PRES/INSS n. 128/2022).

– Fase inicial: requerimento ou instauração de ofício

A fase inicial do processo administrativo previdenciário – PAP compreende o requerimento do interessado ou a identificação, pelo INSS, de ato ou fato que tenha reflexos sobre a área de benefícios e serviços (art. 550 da IN PRES/INSS n. 128/2022).

O PAP pode ser iniciado, portanto, por requerimento do interessado ou de ofício, nas hipóteses previstas em normas legais ou regulamentares (revisão, suspensão ou cancelamento de benefícios).

– Legitimados para o requerimento

O requerimento do benefício ou do serviço que gera o processo administrativo pode ser realizado:

- pelo próprio segurado, dependente ou beneficiário;
- por procurador legalmente constituído;
- por representante legal, tutor, curador ou administrador provisório do interessado, quando for o caso;

- empresas, sindicatos e entidades fechadas de previdência complementar poderão, mediante celebração de acordo de cooperação técnica com o INSS, encarregar-se, relativamente a seus empregados, associados ou beneficiários, de requerer benefícios previdenciários por meio eletrônico, preparando-os e instruindo-os nos termos do acordo (art. 117 da LBPS, redação dada pela Lei n. 14.020, de 2020).

O segurado, beneficiário ou dependente que constar como requerente deverá ser o titular de direitos de que trata o requerimento. Como exceção, e respeitado o prazo decadencial do benefício originário, os beneficiários da pensão por morte ou herdeiros têm legitimidade para dar início ao processo de revisão do benefício originário de titularidade do instituidor (§ 7º do art. 524 da IN PRES/INSS n. 128/2022). É o caso de segurado que teria direito a revisão de renda mensal inicial do benefício de aposentadoria pelo segurado falecido (o "instituidor"). Após a revisão, a diferença não prescrita de renda devida ao instituidor será paga ao pensionista, na forma de resíduos (§ 8º do art. 524 da referida Instrução Normativa). No entanto, a legitimidade reconhecida aos beneficiários se restringe aos pedidos revisionais que tenham como objeto tão somente ajustes no valor da prestação do benefício previdenciário originário, sendo vedada nas hipóteses em que o pedido revisional envolva direito personalíssimo do instituidor (§§ 8º e 10 do art. 524 da referida Instrução Normativa). No âmbito judicial, esse pagamento também tem sido deferido, conforme se observa da tese fixada pelo STJ no julgamento do Repetitivo Tema n. 1.057:

I. O disposto no art. 112 da Lei n. 8.213/1991 é aplicável aos âmbitos judicial e administrativo;
II. Os pensionistas detêm legitimidade ativa para pleitear, por direito próprio, a revisão do benefício derivado (pensão por morte) – caso não alcançada pela decadência –, fazendo jus a diferenças pecuniárias pretéritas não prescritas, decorrentes da pensão recalculada;
III. Caso não decaído o direito de revisar a renda mensal inicial do benefício originário do segurado instituidor, os pensionistas poderão postular a revisão da aposentadoria, a fim de auferirem eventuais parcelas não prescritas resultantes da readequação do benefício original, bem como os reflexos na graduação econômica da pensão por morte; e
IV. À falta de dependentes legais habilitados à pensão por morte, os sucessores (herdeiros) do segurado instituidor, definidos na lei civil, são partes legítimas para pleitear, por ação e em nome próprios, a revisão do benefício original – salvo se decaído o direito ao instituidor – e, por conseguinte, de haver eventuais diferenças pecuniárias não prescritas, oriundas do recálculo da aposentadoria do *de cujus* (REsp 1.856.967/ES, 1ª Seção, *DJe* 28.6.2021).

É facultado à empresa protocolar requerimento de benefício por incapacidade ou documento dele originário, de seu empregado ou contribuinte individual a ela vinculado ou a seu serviço (art. 76-A do RPS), devendo a empresa que adotar esse procedimento ter acesso às decisões administrativas a ele relativas.

O requerimento efetuado por pessoa jurídica, em relação à contestação de nexo técnico, está vinculado à contestação em benefício de incapacidade dos segurados que lhe prestam ou prestaram serviço. Nesses casos, o segurado titular do benefício deverá ser relacionado no processo, de forma que lhe seja garantido o direito de defesa e contraditório (§§ 2º e 3º do art. 524 da IN PRES/INSS n. 128/2022).

Diante da Lei n. 13.146, de 6.7.2015, que instituiu a Lei Brasileira de Inclusão da Pessoa com Deficiência (Estatuto da Pessoa com Deficiência), o INSS deverá adotar providências para cumprir o que foi previsto nessa norma, dentre as quais destacamos:

- atendimento prioritário, em todas as instituições e serviços de atendimento ao público;
- prioridade na tramitação processual, em todos os atos e diligências;
- dispensa do comparecimento de pessoa com deficiência perante os órgãos públicos quando seu deslocamento, em razão de sua limitação funcional e de condições de acessibilidade, imponha-lhe ônus desproporcional e indevido;
- quando for necessário, deverá haver atendimento domiciliar, inclusive para a realização de perícia médica e social;
- inexigibilidade de termo de curatela do requerente titular ou beneficiário quando portador de deficiência como condição para processamento do benefício requerido (previdenciário ou assistencial).

– Acordos de cooperação técnica para requerimento de benefícios e o INSS DIGITAL

O Regulamento da Previdência Social prevê, no § 2º do art. 179-A, que "poderão ser celebrados acordos de cooperação, na modalidade de adesão, com órgãos e entidades da União, dos Estados, do Distrito Federal e dos Municípios, para o recebimento de documentos e o apoio administrativo às atividades do INSS que demandem a prestação de serviços presenciais". Do mesmo modo, empresas, sindicatos e entidades fechadas de previdência complementar poderão, mediante celebração de acordo de cooperação técnica com o INSS, encarregar-se, relativamente a seus empregados, associados ou beneficiários, de requerer benefícios previdenciários por meio eletrônico, preparando-os e instruindo-os para análise do Instituto (§ 11 do art. 524 da IN INSS/PRESPRES/INSS n. 128/2022).

Na linha do acima exposto, o *INSS Digital* foi originalmente concebido com a ideia de construção de um novo fluxo de atendimento para aumentar a capacidade da autarquia de reconhecer direitos. Os pilares do projeto são o processo eletrônico – agendamento e concessão de benefício pela internet para o segurado ou por meio de entidades que tenham celebrado Acordo de Cooperação Técnica (ACT) com o INSS (neste caso se enquadram as Seccionais da OAB) – e a melhor distribuição das demandas entre as unidades.

Os ACTs permitem que os advogados filiados à OAB da Seccional convenente possam, sem precisar comparecer a uma agência do INSS, requerer benefícios, retirar cópias de processos, apresentar recursos administrativos de primeira e segunda instâncias em benefícios por incapacidade e requerer revisões do benefício concedido.

Nas agências que passaram a adotar o fluxo de tramitação eletrônica dos processos, o segurado apenas leva os documentos para serem escaneados no dia do atendimento agendado, e recebe o número do protocolo de requerimento para acompanhar pela internet o andamento do pedido.

A tramitação eletrônica serve para tornar mais ágil a análise dos requerimentos, com a distribuição dos processos de uma unidade para outra. O objetivo da autarquia é tornar possível a realização, à distância, de todos os serviços que precisem apenas de avaliação administrativa.

Nos casos em que as informações previdenciárias necessárias para o reconhecimento do direito já constarem nos sistemas do INSS, será possível a concessão à distância do benefício. O segurado somente deverá ir a uma agência se for chamado pelo Instituto.

– Data de Entrada do Requerimento (DER)

A DER (Data de Entrada no Requerimento) é fundamental no processo administrativo, pois irá determinar, no mais das vezes, a DIB (Data de Início do Benefício), podendo representar o recebimento de valores desde o primeiro mês em que se tem o direito a algum benefício, ou, por outro lado, a perda de direitos (caducidade) por protocolo tardio do requerimento.

Qualquer que seja o canal remoto de protocolo, será considerada DER a data do agendamento do benefício ou serviço, ou seja, o dia em que o segurado manifestou seu interesse, pessoalmente ou por outro meio (internet, ramal 135), e não a data do atendimento na Agência da Previdência Social.

– Instauração de ofício

Pode ocorrer a instauração do processo administrativo de ofício, nos processos de suspensão ou cancelamento, em que é obrigatória a notificação prévia do interessado, para que este, inicialmente, possa produzir suas alegações de defesa (art. 11 da Lei n. 10.666/2003, regulamentado pelo art. 179 do Decreto n. 3.048/1999, com a redação conferida pelo Decreto n. 10.410/2020).

Consta do referido artigo do Regulamento que na hipótese de haver indícios de irregularidade ou erro material na concessão, na manutenção ou na revisão do benefício, o INSS notificará o beneficiário, o seu representante legal ou o seu procurador para apresentar defesa, provas ou os documentos dos quais dispuser, no prazo de:

I – trinta dias, no caso de trabalhador urbano; ou
II – sessenta dias, no caso de:
a) trabalhador rural individual;
b) trabalhador rural avulso;
c) agricultor familiar; ou
d) segurado especial.

A defesa poderá ser apresentada pelo canal de atendimento eletrônico do INSS ou na Agência da Previdência Social do domicílio do beneficiário (§ 3º do art. 179 do RPS, redação conferida pelo Decreto n. 10.410/2020).

Sobre este assunto, convém recordar o Enunciado n. 16 do CRPS: "A suspeita de fraude na concessão de benefício previdenciário ou assistencial não enseja, de plano, a sua suspensão ou cancelamento, mas dependerá de apuração em procedimento administrativo, observados os princípios do "contraditório e da ampla defesa e as disposições do art. 69 da Lei n. 8.212/91".

Conforme o art. 526 da IN INSS/PRESPRES/INSS n. 128/2022, são considerados interessados nos processos de revisão de ofício:

I – o próprio INSS;
II – a Subsecretaria da Perícia Médica Federal, nos casos dos benefícios em que a atuação da Perícia Médica Federal é indispensável no processo de reconhecimento do direito; e
III – os órgãos de controle interno ou externo.

O titular do benefício objeto da revisão deverá ser relacionado no processo, de forma que lhe seja garantido o direito de defesa e contraditório.

O benefício será suspenso nas seguintes hipóteses (§ 4º do art. 179 do Regulamento, com redação conferida pelo Decreto n. 10.410/2020):

I – de não apresentação da defesa no prazo estabelecido; ou
II – de defesa considerada insuficiente ou improcedente pelo INSS.

O INSS notificará o beneficiário quanto à suspensão do benefício de que trata o § 4º do art. 179 do RPS, que disporá do prazo de trinta dias, contado da data de notificação, para interposição de recurso.

Decorrido o prazo recursal sem que o beneficiário, o seu representante legal ou o seu procurador apresente recurso administrativo aos canais de atendimento do INSS ou a outros canais autorizados, o benefício será cessado.

Outra situação em que se aplica a instauração de ofício é a indicada no art. 179-E do Regulamento, incluído pelo Decreto n. 10.410/2020,[5] qual seja a de benefícios administrados pelo INSS que forem objeto de apuração de irregularidade ou fraude pela Coordenação-Geral de Inteligência Previdenciária e Trabalhista da Secretaria Especial de Previdência e Trabalho. Segundo a regra em questão, tais benefícios "poderão ter o respectivo valor bloqueado cautelarmente pelo INSS, por meio de decisão fundamentada, quando houver risco iminente de prejuízo ao erário e restarem evidenciados elementos suficientes que indiquem a existência de irregularidade ou fraude na sua concessão ou manutenção, hipótese em que será facultado ao titular a apresentação de defesa, nos termos do disposto neste Regulamento".

– Falecimento do requerente do benefício

Em caso de falecimento do requerente após realizado o requerimento, seus dependentes ou herdeiros poderão manifestar interesse no processamento do requerimento já protocolado, hipótese em que, obrigatoriamente, deverá ser comprovado o óbito do requerente e, se for o caso, anexado o comprovante do agendamento eletrônico, sendo mantida a DER na data do requerimento inicial (§ 6º do art. 524 da IN INSS/PRESPRES/INSS n. 128/2022).

– Comprovação da identidade dos legitimados

O interessado deverá ser identificado para qualquer atendimento ou requerimento, pela apresentação de, pelo menos, um documento com foto da pessoa, dotado de fé pública (art. 525 da IN INSS/PRESPRES/INSS n. 128/2022). A principal finalidade da regra é a preservação dos direitos dos indivíduos (e do próprio INSS) em face do risco de fraudes, em que criminosos se fazem passar por outra pessoa, para sacar valores de benefícios. O requerimento só será efetivado após a identificação do cidadão por qualquer documento ou meio válido para esse fim (art. 550, § 1º, da IN INSS/PRESPRES/INSS n. 128/2022).

Nos requerimentos realizados de forma eletrônica, a autenticação por meio de *login* e senha ou a confirmação dos dados pela Central 135 constituem a assinatura eletrônica do usuário, formalizando o requerimento eletrônico e a manifestação de vontade, sendo dispensada a juntada de outros formulários e a apresentação de documento de identificação, salvo quando necessário realizar a alteração dos dados cadastrais no CNIS.

– Representação dos legitimados

Os legitimados que sejam pessoas físicas podem se fazer representar por outra pessoa física desde o requerimento e em todos os atos do PAP por pessoa que seja escolhida pelo requerente como seu representante. Já os legitimados que sejam pessoas jurídicas deverão ser obrigatoriamente representados por pessoa física. O representante, em qualquer caso, deverá ser identificado na forma do art. 527 da IN INSS/PRESPRES/INSS n. 128/2022.

De acordo com a regra em comento, podem servir como representantes para realizar o requerimento do benefício ou serviço:

I – em se tratando de interessado civilmente incapaz:

a) o representante legal, assim entendido o tutor nato, tutor, curador, detentor da guarda, ou administrador provisório do interessado, quando for o caso; ou

---

[5] A Portaria Conjunta MTP/INSS n. 28, de 27.9.2022, "Disciplina os procedimentos, os requisitos e a forma de encaminhamento das apurações de irregularidade ou fraude e de efetivação do bloqueio de que trata o Art. 179-E do Regulamento da Previdência Social – RPS, aprovado pelo Decreto n. 3.048, de 6 de maio de 1999, e dá outras providências".

b) o dirigente de entidade de atendimento de que trata o art. 92, § 1º, do Estatuto da Criança e do Adolescente – ECA;

II – em se tratando de interessado civilmente capaz:

a) o procurador legalmente constituído; ou

b) as entidades conveniadas.

Quanto aos apoiadores de que trata o art. 1.783-A do Código Civil (incluído pela Lei n. 13.146/2015), eleitos por pessoa com deficiência para lhe apoiar na tomada de decisão sobre atos da vida civil, não são legitimados para receber benefício ou requerer serviço ou benefício, mas poderão ter acesso aos dados pessoais e processos da pessoa apoiada.

– **Representantes legais**

São aqueles que possuem previsão em lei para representar os interesses de outras pessoas que estejam incapacitadas de exercer os atos da vida civil.

Na forma do art. 531 da IN INSS/PRESPRES/INSS n. 128/2022, não poderá ser representante legal no PAP a pessoa do dependente:

I – que for excluído definitivamente dessa condição por ter sido condenado criminalmente por sentença transitada em julgado, como autor, coautor ou partícipe de homicídio doloso, ou de tentativa desse crime, cometido contra a pessoa do segurado, ressalvados os absolutamente incapazes e os inimputáveis;

II – que tiver sua parte no benefício de pensão por morte suspensa provisoriamente, por meio de processo administrativo próprio, respeitados os direitos à ampla defesa e ao contraditório, na hipótese de haver fundados indícios de sua autoria, coautoria ou participação em homicídio, ou em tentativa desse crime, cometido contra a pessoa do segurado, ressalvados os absolutamente incapazes e os inimputáveis; e

III – cônjuge, companheiro ou companheira, se comprovada, a qualquer tempo, simulação ou fraude no casamento ou na união estável, ou a formalização desses com o fim exclusivo de constituir benefício previdenciário, apurada em processo judicial, assegurados os direitos ao contraditório e à ampla defesa.

A tutela, a curatela e a guarda legal, ainda que provisórios, serão sempre declarados por decisão judicial, servindo, como prova de nomeação do representante legal, o ofício encaminhado pelo Poder Judiciário à unidade do INSS.

O pagamento de atrasados de qualquer natureza (concessão, revisão ou reativação de benefício) somente poderá ser realizado quando o requerente apresentar o termo de guarda, tutela ou curatela, ainda que provisórios ou com prazo determinado, expedido pelo juízo responsável pelo processo, aplicando-se esta regra também aos casos de guarda legal de menor incapaz, concedidas no interesse destes (art. 529 da IN INSS/PRESPRES/INSS n. 128/2022).

O representante legal deverá, na forma do § 14 do art. 527 da IN INSS/PRESPRES/INSS n. 128/2022, firmar termo de responsabilidade junto ao INSS, comprometendo-se a informar ao Instituto qualquer evento de anulação da representação, principalmente o óbito do representado, observando-se que:

I – o termo de responsabilidade poderá ser firmado através de apresentação de documento físico digitalizado junto ao processo ou por meio eletrônico;

II – para o caso de digitalização de documento físico, este deverá ser confrontado com as informações constantes nos sistemas corporativos, especialmente com o CNIS, como meio auxiliar na formação de convicção quanto à sua autenticidade ou integridade; e

III – em se tratando de termo de responsabilidade eletrônico, este deverá estar assinado eletronicamente pelo representante legal, observados, a partir de 1º de julho de 2021, os padrões de assinatura eletrônica definidos no Decreto n. 10.543/2020.

– Administrador provisório

Na ausência de tutela, curatela ou guarda legal para os interessados civilmente incapazes, o requerimento deverá ser efetuado por administrador provisório, devendo este ser um dos herdeiros necessários, representado pelos descendentes (filho, neto, bisneto), ascendentes (pais, avós) e cônjuge, na forma do art. 1.845 do Código Civil. O administrador provisório poderá requerer benefício, sendo-lhe autorizado o recebimento do valor mensal do benefício, exceto o previsto no art. 529 da IN INSS/PRESPRES/INSS n. 128/2022, durante o prazo de validade de seu mandato, que será de 6 meses a contar da assinatura do termo de compromisso firmado no ato de seu cadastramento.

O administrador deve apresentar Termo de Compromisso assinado conforme modelo exigido pelo INSS, no qual se compromete, no prazo de 6 meses a contar da assinatura, a apresentar o documento para comprovação de representação legal do beneficiário ou o comprovante do requerimento judicial de representação legal, a cada 6 meses, até que seja expedido o respectivo documento.

O pagamento de benefícios ao administrador provisório será realizado enquanto encontrar-se vigente o mandato, excetuando-se os créditos de valores atrasados de qualquer natureza (concessão, revisão, reativação do benefício), salvo decisão judicial em contrário (art. 528 da IN INSS/PRESPRES/INSS n. 128/2022).

– Representantes e dirigentes de entidade de atendimento (ECA)

O representante de entidade de atendimento, de que trata o art. 92 do ECA, para fins de renovação da representação legal, deverá apresentar os documentos de comprovação atualizados a cada 6 (seis) meses, limitado o período de sua representação ao total de 18 (dezoito) meses.

O representante de entidade de atendimento é equiparado ao guardião, para todos os efeitos de direito, nos termos do § 1º do art. 92 do ECA, e, durante o período de exercício da guarda, não poderá haver limitação pelo INSS aos poderes de representação de menores por dirigente de entidade, enquanto equiparado por lei à figura do guardião estatutário, no que diz respeito à percepção de benefícios atrasados.

O dirigente de entidade de atendimento tem o dever de informar ao INSS, ao final do período de 18 (dezoito) meses, referido no art. 19, § 2º, do ECA, se houve o retorno do menor à família ou a recolocação em família substituta ou, ainda, a prorrogação do período, mediante apresentação da decisão judicial que a autorizou.

– Representação do interessado por procuração

É a que se dá pela constituição de poderes pelo titular de direitos (denominado constituinte ou outorgante) em um mandato outorgado a outrem (cujo instrumento é a procuração), para exercer os atos em nome do seu constituinte ou outorgante, no PAP.

O INSS apenas poderá negar-se a aceitar procuração quando se manifestar indício de inidoneidade do documento ou do mandatário, sem prejuízo, no entanto, das providências que se fizerem necessárias (art. 157 do Decreto n. 3.048/1999).

O titular de benefício residente em país para o qual o Brasil não remeta pagamentos de benefícios, ou que optar pelo recebimento no Brasil, deverá nomear procurador, de forma que o recebimento dos valores ficará vinculado à apresentação da procuração (art. 536 da IN INSS/PRESPRES/INSS n. 128/2022).

Importante destacar que o segurado civilmente capaz, em regra, não necessita de procurador ou representante em nenhuma das fases do processo administrativo. Entretanto, a atuação de procuradores (sejam advogados ou não), é permitida, desde que obedecidas as regras a esse respeito, como veremos a seguir.

Todas as pessoas capazes, no gozo dos direitos civis, são aptas para outorgar ou receber mandato (art. 532 da IN INSS/PRESPRES/INSS n. 128/2022), à exceção:

- do menor entre 16 (dezesseis) e 18 (dezoito) anos que não seja emancipado, que não poderá constituir procurador, podendo ser apenas o outorgado;
- dos servidores públicos civis e militares em atividade, que somente poderão representar o cônjuge, o companheiro e/ou parentes até o segundo grau, observado que, em relação aos de primeiro grau, será permitida a representação múltipla.

Para fins exclusivos de representação, são companheiros aqueles assim declarados no próprio instrumento de mandato (§§ 1º e 2º do art. 532 da IN INSS/PRESPRES/INSS n. 128/2022).

Em se tratando de requerimento de pensão por morte, todos os dependentes capazes, no gozo de direitos civis, são aptos para outorgar ou receber mandato para os demais dependentes, excetuando-se os que não podem ser representantes legais por alguma das hipóteses já enumeradas no art. 531 da IN INSS/PRESPRES/INSS n. 128/2022, listadas no tópico anterior. Deste modo, evita-se que cada dependente tenha que fazer o requerimento separadamente.

– Sobre os poderes do mandato (procuração)

Para benefícios pagos através de conta de depósitos, o cadastramento de procurador somente terá efeito para a realização de atos junto ao INSS (art. 534, § 3º, da IN INSS/PRESPRES/INSS n. 128/2022).

É permitido o substabelecimento da procuração sempre que constar poderes para tal no instrumento originário (art. 533 da IN INSS/PRESPRES/INSS n. 128/2022).

Para recebimento do benefício, na forma do art. 534 da IN INSS/PRESPRES/INSS n. 128/2022) o interessado poderá ser representado por procurador que apresente mandato com poderes específicos nos casos de:

I – ausência;
II – moléstia contagiosa; ou
III – impossibilidade de locomoção.

Para o cadastramento da procuração para fins de recebimento de benefício deverá ser observado que:

I – a comprovação da ausência será feita mediante declaração escrita do outorgante, com o preenchimento do campo específico do modelo de "Procuração" constante no Anexo XXII, a fim de indicar o período de ausência e se a viagem é dentro do país ou no exterior, sendo necessário, nos casos em que o titular já estiver no exterior, apresentar o atestado de vida, cujo prazo de validade é de 90 (noventa) dias a partir da data de sua expedição, legalizado pela autoridade brasileira competente;

II – a procuração outorgada por motivo de moléstia contagiosa será acompanhada de atestado médico que comprove tal situação; e

III – a procuração outorgada por motivo de impossibilidade de locomoção será acompanhada de:
a) atestado médico que comprove tal situação;
b) atestado de recolhimento à prisão, emitido por autoridade competente, nos casos de privação de liberdade; ou
c) declaração de internação em casa de recuperação de dependentes químicos, quando for o caso.

Os documentos que acompanham a procuração, previstos no inciso III, deverão ser emitidos há, no máximo, trinta dias da data de solicitação de inclusão do procurador.

Para recebimento de benefício somente será aceita pelo INSS a constituição de procurador com mais de uma procuração ou procurações coletivas nos casos de representantes credenciados de leprosários, sanatórios, asilos e outros estabelecimentos congêneres, ou nos casos de parentes de até primeiro grau (art. 538 da IN INSS/PRESPRES/INSS n. 128/2022).

O instrumento de mandato (procuração) pode ser público ou particular, nos termos do art. 541 da IN INSS/PRESPRES/INSS n. 128/2022.

Em se tratando de outorgante não alfabetizado, poderá ser dispensada a forma pública para fins de requerimentos quando o outorgado for advogado do outorgante. A dispensa também é aplicável ao Termo de Representação e Autorização de Acesso às Informações Previdenciárias quando esse documento for apresentado em substituição à procuração nos casos de representações decorrentes de acordos de cooperação técnica mantidos pela OAB com o INSS, para fins de requerimento de benefícios e serviços.

Todavia, há exceções, em que se exige o instrumento público. Assim, para fins de inclusão de procurador para recebimento de benefícios, será sempre exigida a forma pública quando o outorgante for tutor ou curador de titular de benefício (§ 2º do art. 541 da IN INSS/PRESPRES/INSS n. 128/2022):

Exigências do instrumento de mandato (procuração) para que seja admitido no PAP:

I – identificação e qualificação do outorgante e do outorgado;
II – endereço completo;
III – objetivo da outorga;
IV – designação e a extensão dos poderes;
V – data e indicação da localidade de sua emissão;
VI – informação de viagem ao exterior, quando for o caso; e
VII – indicação do período de ausência, quando inferior a 12 (doze) meses, que servirá como prazo de validade da procuração.

– **Formalização do Processo Administrativo Previdenciário (PAP)**

O requerimento de benefícios e serviços deverá ser solicitado pelos canais de atendimento do INSS previstos na Carta de Serviços ao Usuário do INSS (art. 551 da IN PRES/INSS n. 128/2022).

O requerimento formulado será processado de forma eletrônica em todas as fases do processo administrativo, ressalvados os atos que exijam a presença do requerente. A formalização do requerimento eletrônico ocorre com a manifestação de vontade do usuário pelos canais remotos, mediante o uso de *login* e senha ou confirmação de dados pessoais, sendo dispensada a apresentação de requerimento assinado em meio físico (art. 553 da IN PRES/INSS n. 128/2022).

A formalização do processo eletrônico oriundo de reconhecimento automático será o resultado das integrações, consultas, despachos e comunicados gerados pelos sistemas responsáveis pelos respectivos processos (art. 555 da IN PRES/INSS n. 128/2022).

É assegurado o direito de vistas, cópia e retirada do processo administrativo físico mediante solicitação do interessado ou seu representante, munido do devido instrumento de outorga, através de agendamento do serviço de cópia de processo (art. 602 da IN PRES/INSS n. 128/2022).

A esse respeito, dispõem os §§ 1º a 3º do art. 602 da IN PRES/INSS n. 128/2022 que:

- A cópia do processo administrativo eletrônico deverá ser fornecida por meio digital, salvo nos casos em que o requerente declara a impossibilidade de utilização dos Canais Remotos.
- O processo administrativo previdenciário, por sua natureza, contém informações pessoais do cidadão e sua cópia ou vistas só podem ser fornecidas a advogado com procuração.
- O disposto no parágrafo acima também se aplica ao estagiário inscrito na OAB que não apresente o substabelecimento ou procuração outorgada pelo advogado responsável.

– **Documentação incompleta e Carta de Exigência**

Conforme preceitua o art. 176 do RPS, na redação conferida pelo Decreto n. 10.410/2020, a apresentação de documentação incompleta, por si só, não constitui motivo para recusa do requerimento de benefício, ainda que, preliminarmente, se constate que o interessado não faz jus ao benefício ou serviço, sendo obrigatória a protocolização de todos os pedidos administrativos. O disposto no referido artigo aplica-se aos pedidos de revisão e recursos fundamentados em documentos não apresentados no momento do requerimento administrativo.

Por essa razão, é "obrigatória a protocolização de todos os pedidos administrativos", mesmo que ausente, na data do protocolo, a documentação exigida (art. 552 da IN PRES/INSS n. 128/2022) E, caso o requerimento apresentado não seja o formalmente adequado para a finalidade pretendida pelo requerente, deve-se observar a possibilidade de aproveitamento do ato com outro serviço compatível, desde que observados os requisitos do ato adequado (§ 2º do art. 552 da referida Instrução Normativa). Adota-se tal conduta porque é a DER (Data de Entrada no Requerimento) que irá determinar a DIB (Data de Início do Benefício), podendo representar o recebimento de valores a mais no primeiro mês. O não protocolo, por seu turno, pode importar em caducidade de direitos, caso o requerente demore a formular novo requerimento ou demore a conseguir protocolar o requerimento original.

Então, se a data de entrada no requerimento é adiada apenas pela falta de documentos, o(a) segurado(a) perde o direito de receber valores referentes ao período necessário para entregar a documentação faltante.

Contudo, se o pedido é protocolado e a carta de exigência é emitida, uma vez deferido o benefício, o prazo da demora pela entrega de documentos não prejudicará o(a) segurado(a), gerando efeitos retroativos.

Vale lembrar ainda que a carta de exigência deve mencionar expressamente quais documentos são necessários para a continuidade do processo de concessão, com a devida fundamentação legal. Maiores detalhamentos serão abordados no tópico "fase instrutória".

24.3.2 Fase instrutória

A fase instrutória do processo administrativo previdenciário constitui-se pela reunião dos elementos necessários ao reconhecimento do direito ou serviço pleiteado, cabendo solicitação de documentação adicional apenas quando as informações não estiverem disponíveis em base de dados próprias ou de outros órgãos públicos (art. 556 da IN PRES/INSS n. 128/2022).

Para a instrução dos processos são admissíveis todos os meios de prova que se destinem a esclarecer a existência do direito ao recebimento do benefício ou serviço, salvo se a lei exigir forma determinada.

Para controle interno de seus processos, o INSS utiliza o sistema PLENUS, que reúne as informações relacionadas aos benefícios requeridos pelos segurados e dependentes, deferidos ou não pelas unidades do INSS. Todas as informações sobre a implantação ou revisão da renda mensal do benefício são inseridas no sistema, desde os dados pessoais do segurado, dos dependentes e do instituidor da pensão por morte, até os salários de contribuição, dados bancários, valores percebidos e informações das perícias médicas realizadas ou não pela Previdência Social.

Na hipótese de o segurado requerer novo benefício, poderá utilizar a documentação de processo anterior que tenha sido indeferido, cancelado ou cessado.

Desta forma, documentos que o INSS já possui (arquivados em outro processo) não precisam ser juntados novamente pelo segurado, bastando mencionar o fato.

– **Prova documental**

As provas documentais, comprobatórias de fatos relevantes para fins previdenciários, constituem o principal meio de prova utilizado pelos interessados para a obtenção dos seus direitos previdenciários.

Temos como exemplos os documentos de identificação pessoal, como certidões de nascimento, casamento etc.; CTPS ou documentos que comprovem recolhimentos de contribuição e/ou exercício de atividade laboral urbana ou rural; documentos médicos para a prova da incapacidade laboral como prontuários médicos, atestados e exames; PPP, LTCAT ou documentos relativos ao ambiente de trabalho e ao direito de contagem de tempo em que o segurado esteve exposto a agentes nocivos à saúde ou à integridade física, entre outros.

No Regulamento da Previdência Social, passou o art. 46, § 6º (incluído pelo Decreto n. 10.410/2020), a prever que a Perícia Médica Federal terá acesso aos prontuários médicos do segurado registrados no Sistema Único de Saúde – SUS, desde que haja anuência prévia do periciado e seja garantido o sigilo sobre os seus dados.

A respeito dos documentos apresentados pelo interessado em *meio físico*, dispõe o art. 557 da IN PRES/INSS n. 128/2022:

– Quando se tratar de documento em meio físico que originalmente seja constituído de partes indissociáveis, na hipótese de apresentação de cópia autenticada, em cartório ou administrativamente, ou de cópia simples, a contemporaneidade somente poderá ser analisada se a cópia contiver as partes essenciais que garantam a verificação da ordem cronológica dos registros e anotações, bem como a data de emissão.

– O teor e a integridade dos documentos apresentados ao INSS em cópia simples são de responsabilidade do segurado, podendo o INSS exigir, a qualquer tempo, os documentos originais para fins de apuração de irregularidades ou erros materiais, caso existam indícios a esse respeito, ficando o segurado sujeito às sanções administrativas, civis e penais aplicáveis.

As certidões de nascimento, casamento e óbito emitidas no território nacional são dotadas de fé pública e o seu conteúdo não poderá ser questionado pelo INSS, nos termos dos arts. 217 e 1.604, ambos do Código Civil. Existindo indício de erro ou falsidade do documento, caberá ao INSS adotar as medidas necessárias para apurar o fato (§ 1º do art. 564 da IN PRES/INSS n. 128/2022). Somente serão exigidos ao interessado certidões ou documentos expedidos por órgãos públicos quando não for possível a sua obtenção diretamente do órgão ou da entidade responsável pela base de dados oficial (§ 2º do art. 563 da IN PRES/INSS n. 128/2022).

Para produzirem efeitos perante o INSS, as certidões civis de nascimento, casamento e óbito emitidas no exterior, no caso de:

I – brasileiros, deverão ser registradas no 1º Ofício de Registro Civil de Pessoas Naturais do domicílio do registrado ou no 1º Ofício do Distrito Federal, os quais farão o traslado das certidões emitidas por autoridade consular brasileira ou por autoridade estrangeira competente; e

II – estrangeiros, deverão ser registradas no Cartório de Registro de Títulos e Documentos, acompanhadas: a) da respectiva tradução juramentada, quando não estiver redigida em língua portuguesa, e do apostilamento realizado pela autoridade do país emissor, caso sejam emitidas por países signatários da Convenção de Haia; b) da legalização realizada junto às Repartições Consulares do Brasil no exterior (§ 2º do art. 564 da IN PRES/INSS n. 128/2022).

A apresentação de Certidão de Casamento realizada no exterior sem os requisitos de validade acima não impede que a análise da condição de dependente prossiga, com vistas ao reconhecimento de união estável da pessoa requerente (§ 4º do art. 564 da IN PRES/INSS n. 128/2022).

Destacamos ainda o Decreto n. 9.094/2017, que estabeleceu em seu art. 9º que ficam dispensados o reconhecimento de firma e a autenticação de cópia de documentos expedidos no país, exceto em caso de fundada dúvida, o que também consta do art. 563 da IN PRES/INSS n. 128/2022, que esclarece ser: "aquela firmada com base em motivos fortes e seguros, que foge ao senso comum e, por si, não levam ao convencimento acerca da veracidade das informações apresentadas" (§ 1º do art. 563 da mencionada Instrução Normativa).

O INSS poderá exigir a qualquer tempo os documentos originais das cópias apresentadas no processo, para fins de instrução de programa permanente de revisão da concessão e da manutenção dos benefícios por ele administrados (§ 3º do art. 563 da IN PRES/INSS n. 128/2022).

Sobre os documentos obtidos em *meio não físico*, elucida o art. 558 da IN PRES/INSS n. 128/2022 os seguintes conceitos:

- documento em meio eletrônico: unidade de registro de informações, acessível e interpretável por um equipamento eletrônico, podendo ser registrado e codificado em forma analógica ou em dígitos binários; e
- documento digital: espécie de documento em meio eletrônico, consistindo em informação registrada e codificada em dígitos binários, acessível e interpretável por meio de sistema computacional, podendo ser:
   a) documento nato-digital: criado originariamente em meio eletrônico; ou
   b) documento digitalizado: obtido a partir da conversão de um documento não digital, gerando uma fiel representação em código digital.

Os documentos resultantes da digitalização de cópia autenticada em cartório e de cópia autenticada administrativamente possuem efeito legal de cópia simples, mas geram valor probante para a comprovação de tempo de serviço ou contribuição, sendo devida a apresentação do seu original nas hipóteses indicadas no § 3º do art. 559 da IN PRES/INSS n. 128/2022:

I – a qualquer tempo, quando constatada, por órgão competente, a ocorrência de falsificação, ocasião em que o documento digital será desconsiderado na análise;

II – quando houver impugnação formulada por algum interessado, terceiro ou ente da Administração Pública, de forma motivada e fundamentada quanto à falsificação; e

III – a critério da administração, conforme ato normativo da área técnica, desde que a solicitação ocorra dentro do prazo legal.

O documento produzido em meio eletrônico, apresentado ao INSS em seu formato original, mediante utilização de sistema informatizado definido e disponibilizado por este Instituto, somente será considerado como autenticado quando assinado por meio de certificado digital proveniente da ICP-Brasil, que lhe garanta autenticidade e integridade, conforme o § 1º do art.

10 da MP n. 2.200-2, de 24 de agosto de 2001, e com carimbo do tempo, que possibilitará a conferência da sua contemporaneidade (art. 560 da IN PRES/INSS n. 128/2022).

O documento impresso ou gerado em formato de arquivo a partir de um conteúdo digital de documento eletrônico não poderá ser utilizado como elemento de prova perante o INSS, por não ser possível atestar a sua autenticidade e integridade. Nas situações em que for apresentado documento impresso ou arquivo proveniente de conteúdo em meio digital, os dados nele contidos somente poderão ser utilizados como elemento de prova perante o INSS se o documento ou arquivo permitir a verificação da autenticidade e do conteúdo mediante informação do endereço eletrônico e do código ou chave de autenticação, o que não afasta a necessidade de avaliação da contemporaneidade, conforme o caso (§§ 3º e 4º do art. 560 da IN PRES/INSS n. 128/2022).

Admite-se, ainda, como prova documental, o *documento microfilmado.* Entende-se por microfilme o resultado do processo de reprodução, em filme, de documentos, dados e imagens, por meios fotográficos ou eletrônicos, em diferentes graus de redução.

Conforme o art. 1º do Decreto n. 1.799/1996, a microfilmagem, em todo território nacional, autorizada pela Lei n. 5.433, de 8 de maio de 1968, abrange os documentos oficiais ou públicos, de qualquer espécie e em qualquer suporte, produzidos e recebidos pelos órgãos dos Poderes Executivo, Judiciário e Legislativo, inclusive da Administração indireta da União, dos Estados, do Distrito Federal e dos Municípios, e os documentos particulares ou privados, de pessoas físicas ou jurídicas.

Os documentos microfilmados por empresas ou cartórios, ambos registrados por órgão do Ministério da Justiça e Segurança Pública, apresentados em cópia perfeitamente legível e devidamente autenticada, fazem a mesma prova dos originais e deverão ser aceitos pelo INSS, sem a necessidade de diligência junto à empresa para verificar o filme e comprovar sua autenticidade (art. 562 da IN PRES/INSS n. 128/2022).

– Provas constantes de bancos de dados

Na fase de instrução processual, a utilização de informações constantes no sistema de dados informatizados da Previdência Social é de extrema relevância e o CNIS, que teve como origem o Decreto n. 97.936/1989 (revogado pelo Decreto n. 10.810/2021), sendo o banco de dados mais antigo, mantendo registros conjuntos com a Previdência Social, a Assistência Social, órgãos ligados à fiscalização do Trabalho, Caixa Econômica Federal e Receita Federal do Brasil, entre outros.

Para a instrução do processo administrativo previdenciário, a Lei n. 13.846/2019 inseriu o art. 124-B na LBPS, autorizando o INSS a ter acesso aos dados necessários para a análise, a concessão, a revisão e a manutenção de benefícios por ele administrados, em especial:

- dos registros e dos prontuários eletrônicos do Sistema Único de Saúde (SUS), administrados pelo Ministério da Saúde;
- dos documentos médicos mantidos por entidades públicas e privadas, sendo necessária, no caso destas últimas, a celebração de convênio para garantir o acesso; e
- de movimentação das contas do Fundo de Garantia por Tempo de Serviço (FGTS), mantidas pela Caixa Econômica Federal.

Regra similar é encontrada no art. 179-B do RPS (redação dada pelo Decreto n. 10.410/2020).

Para tanto, serão preservados o sigilo e a integridade dos dados acessados pelo INSS, eventualmente existentes, e, quanto aos dados dos prontuários eletrônicos do SUS e dos documentos médicos mantidos por entidades públicas e privadas, o acesso será franqueado exclusivamente aos peritos médicos federais designados pelo INSS. As bases de dados e as informações em questão poderão ser compartilhadas com os regimes próprios de previdência social somente para fins de cumprimento de suas competências relacionadas à recepção, à análise, à concessão, à revisão e à manutenção de benefícios por eles administrados, preservados o sigilo e a integridade dos dados, na forma disciplinada em ato conjunto do Secretário Especial de Previdência e Trabalho e do gestor dos dados.

Fica dispensada a celebração de convênio, acordo de cooperação técnica ou instrumentos congêneres para a concessão do acesso aos dados de que trata o *caput* quando se tratar de dados hospedados por órgãos da administração pública federal e caberá ao INSS a responsabilidade de arcar com os custos envolvidos, quando houver, para o acesso ou a extração dos dados, exceto quando estabelecido de forma diversa entre os órgãos envolvidos (§ 4º do art. 179-B do RPS, incluído pelo Decreto n. 10.410/2020). Esse novo procedimento, prevendo uma quebra de sigilo de dados sensíveis, caso adotado como regra geral, pode caracterizar violação à garantia de *direito à intimidade* das pessoas que buscam a proteção previdenciária/assistencial, direito este considerado inviolável pelo art. 5º, inciso X, da CF.

No RPS, passou o art. 46, § 6º (incluído pelo Decreto n. 10.410/2020), a prever que a Perícia Médica Federal terá acesso aos prontuários médicos do segurado registrados no Sistema Único de Saúde – SUS, *desde que haja anuência prévia do periciado e seja garantido o sigilo sobre os seus dados*, procedimento com o qual concordamos.

A juntada de documento digitalizado pelo INSS, em processo eletrônico, deverá ser acompanhada da conferência da integridade deste documento, conforme estabelecido pelo Decreto n. 8.539/2015 (art. 559 da IN PRES/INSS n. 128/2022).

– Meios de prova subsidiários

Conforme o parágrafo único do art. 556 da IN PRES/INSS n. 128/2022, quando os documentos apresentados não forem suficientes e, esgotadas as possibilidades de obtenção pelo requerente, o INSS, respeitadas as especificidades de cada procedimento, poderá proceder à obtenção de informações sobre os fatos a provar, segundo os seguintes meios subsidiários:

    I – emitir ofício a empresas ou órgãos;
    II – processar Justificação Administrativa – JA; e
    III – realizar pesquisa externa.

No caso de pesquisa junto a órgão público, poderá ser dispensada a Pesquisa Externa quando, por meio de ofício, restar esclarecido o que se pretende comprovar.

– Da carta de exigência

Como visto no tópico relativo ao requerimento de benefício, a ausência de documentação não impede que o pleito seja protocolado.

Todavia, constitui obrigação do interessado ou representante juntar ao seu requerimento toda a documentação útil à comprovação de seu direito, principalmente em relação aos fatos que não constam na base cadastral da Previdência Social (§ 6º do art. 566 da IN PRES/INSS n. 128/2022).

Constatada a ausência de elemento necessário ao reconhecimento do direito ou serviço pleiteado, o servidor deverá emitir carta de exigências elencando providências e documentos necessários, com prazo mínimo de 30 (trinta) dias para cumprimento, contados da data da ciência (art. 566, *caput*, da IN PRES/INSS n. 128/2022). O prazo poderá ser prorrogado por igual período, mediante pedido justificado do interessado, conforme o § 2º do mesmo dispositivo. Quando o interessado declarar que fatos a serem provados constam de documentos que se encontram em outro processo ou perante outros órgãos da Administração, cabe ao INSS requisitá-los (e não os exigir do interessado – art. 37 da Lei n. 9.784/1999).

Na hipótese de apresentação extemporânea da documentação, os efeitos financeiros serão fixados na data da apresentação desta documentação. Considera-se apresentação extemporânea aquela efetuada após a decisão do INSS, em sede de requerimento de revisão ou recurso (§§ 7º e 8º do art. 566 da IN PRES/INSS n. 128/2022).

Apresentada a documentação solicitada ou caso o requerente declare formalmente, a qualquer tempo, não os possuir e não dispor de outras informações ou documentos úteis diversos daqueles apresentados ou à disposição do INSS, o requerimento deverá ser decidido de imediato, com análise de mérito, seja pelo deferimento ou indeferimento.

Deverá o(a) segurado(a), uma vez emitida a carta de exigência, responder às solicitações informando que os documentos já se encontram em outro processo administrativo com a indicação de seu número, de modo que, como previsto nas normas internas do INSS, a documentação deve ser obtida pelo servidor responsável.

O requerimento/resposta à carta de exigência deve ser protocolado preferencialmente na mesma agência em que o(a) segurado(a) deu entrada em seu pedido de concessão.

Encerrado o prazo para cumprimento da exigência sem que os documentos solicitados tenham sido apresentados pelo requerente, o INSS:

- decidirá pelo reconhecimento do direito, caso haja elementos suficientes para subsidiar a sua decisão; ou
- decidirá pelo arquivamento do processo sem análise de mérito do requerimento, caso não haja elementos suficientes ao reconhecimento do direito, nos termos do disposto no art. 40 da Lei n. 9.784/1999.

Caso haja manifestação formal do segurado no sentido de não dispor de outras informações ou documentos úteis, diversos daqueles apresentados ou disponíveis ao INSS, será proferida a decisão administrativa com análise de mérito do requerimento.

O reconhecimento do direito ao benefício com base em documento apresentado após a decisão administrativa proferida pelo INSS considerará como data de entrada do requerimento a data de apresentação do referido documento.

Não caberá recurso da decisão que determine o arquivamento do requerimento sem análise de mérito decorrente da não apresentação de documentação indispensável ao exame do requerimento. Restará, portanto, a via judicial para discutir eventual equívoco na apreciação da matéria pela APS. O arquivamento do processo não inviabilizará, todavia, a apresentação de novo requerimento pelo interessado, que terá efeitos a partir da data de apresentação da nova solicitação.

– Justificação administrativa (JA)

A JA constitui meio para suprir a falta ou a insuficiência de documento ou para produzir prova de fato ou circunstância de interesse dos beneficiários perante a previdência social. É parte do processo de atualização de dados do CNIS ou de reconhecimento de direitos, vedada a sua tramitação na condição de processo autônomo (art. 142 do RPS, redação dada pelo Decreto n. 10.410/2020).

A justificação administrativa, assim como a justificação judicial, é caracterizada como meio de prova subsidiário, com previsão na IN PRES/INSS n. 128/2022, arts. 567 a 572.

Não será admitida a justificação administrativa quando a prova for exclusivamente testemunhal e o fato a comprovar exigir registro público de casamento, de idade ou de óbito, ou de qualquer ato jurídico para o qual a lei prescreva forma especial.

Quando a concessão do benefício depender de documento ou de prova de ato ao qual o segurado não tenha acesso, exceto quanto a registro público ou início de prova material, a justificação administrativa será oportunizada, obedecida a regra do art. 151 do Regulamento.

O RPS, em seu art. 151 (redação dada pelo Decreto n. 10.410/2020), dispõe que somente será admitido o processamento de justificação administrativa quando necessário para corroborar o início de prova material apto a demonstrar a plausibilidade do que se pretende comprovar. E o art. 144 indica que a homologação da justificação judicial processada com base em prova exclusivamente testemunhal dispensa a justificação administrativa, desde que complementada com início de prova material contemporânea dos fatos.

Conforme o art. 145 do RPS, com a redação dada pelo Decreto n. 10.410/2020, para o processamento de justificação administrativa, o interessado deverá apresentar requerimento no qual exponha, clara e minuciosamente, os pontos que pretende justificar, além de indicar testemunhas idôneas, em número não inferior a dois nem superior a seis, cujos depoimentos possam levar à convicção da veracidade do que se pretende comprovar.

A justificação administrativa ou judicial, para fins de comprovação de tempo de contribuição, dependência econômica, identidade e relação de parentesco, somente produzirá efeito quando for baseada em início de prova material contemporânea dos fatos e não serão admitidas as provas exclusivamente testemunhais (art. 143 do Decreto n. 3.048/1999, com a redação dada pelo Decreto n. 10.410, de 2020).

Será dispensado o início de prova material quando houver ocorrência de motivo de força maior ou de caso fortuito. Caracteriza motivo de força maior ou caso fortuito a verificação de ocorrência notória, tais como incêndio, inundação ou desmoronamento, que tenha atingido a empresa na qual o segurado alegue ter trabalhado, devendo ser comprovada mediante registro da ocorrência policial feito em época própria ou apresentação de documentos contemporâneos dos fatos, e verificada a correlação entre a atividade da empresa e a profissão do segurado.

A JA, quando realizada para confirmar a identidade e a relação de parentesco, constitui hipótese de exceção à necessidade de início de prova material e será utilizada quando houver divergência de dados a respeito da correspondência entre a pessoa interessada e os documentos exibidos.

– Homologação da justificação administrativa

Uma vez analisadas as provas, o servidor do INSS responsável pelo processamento da justificação profere uma decisão na qual a homologa, ou não, de forma fundamentada. A homologação corresponde à aceitação das provas para o fim pretendido pelo requerente.

No caso dos segurados empregado doméstico e contribuinte individual, após a homologação do processo, este deverá ser encaminhado ao setor competente de arrecadação para levantamento e cobrança do crédito (art. 143, § 4º, do Decreto n. 3.048/1999, redação dada pelo Decreto n. 3.265/1999).

– A existência de prova material contemporânea dos fatos

Somente será processada JA para fins de comprovação de tempo de contribuição, dependência econômica, união estável, atividade especial, exclusão de dependentes ou outra relação não passível de comprovação em registro público, e se estiver baseada em início de prova material contemporânea aos fatos (art. 568 da IN PRES/INSS n. 128/2022).

As provas de união estável e de dependência econômica exigem início de prova material contemporânea dos fatos, produzido em período não superior a 24 (vinte e quatro) meses anterior à data do óbito ou do recolhimento à prisão do segurado, não admitida a prova exclusivamente testemunhal, exceto na ocorrência de motivo de força maior ou caso fortuito, conforme disposto no regulamento (art. 569 da IN PRES/INSS n. 128/2022).

O início de prova material para fins de atualização do CNIS deve ser contemporâneo aos fatos alegados, observadas as seguintes disposições (art. 571 da IN PRES/INSS n. 128/2022):

I – o requerente filiado ao RGPS deverá apresentar documento com a identificação da empresa ou equiparado, cooperativa, empregador doméstico ou OGMO/sindicato, referente ao exercício do trabalho que pretende provar, na condição de segurado empregado, contribuinte individual, empregado doméstico ou trabalhador avulso, respectivamente;

II – o empregado, o contribuinte individual e o trabalhador avulso, que exerça atividade de natureza rural, deverá apresentar, também, documento consignando a atividade exercida ou qualquer outro elemento que identifique a natureza rural da atividade;

III – deverá ser apresentado um documento como marco inicial e outro como marco final e, na existência de indícios que tragam dúvidas sobre a continuidade do exercício de atividade no período compreendido entre o marco inicial e final, poderão ser exigidos documentos intermediários; e

IV – a aceitação de um único documento está restrita à prova do ano a que ele se referir, ressalvado os casos em que se exige uma única prova para cada metade do período de carência.

Para a comprovação de tempo de serviço por processamento de JA, o interessado deverá juntar prova oficial da existência da empresa no período requerido, salvo na possibilidade de verificação por meio de sistemas corporativos disponíveis ao INSS.

Servem como provas de existência da empresa, entre outras, as certidões expedidas por órgãos do Município, Secretaria de Fazenda, Junta Comercial, Cartório de Registro Especial ou Cartório de Registro Civil, nas quais constem nome, endereço e razão social do empregador e data de encerramento, de transferência ou de falência da empresa.

Poderá ser aceito laudo de exame documentoscópico com parecer grafotécnico como início de prova material, desde que realizado por perito especializado.

Dispensa-se o início de prova material quando houver ocorrência de motivo de força maior ou caso fortuito. Caracteriza motivo de força maior ou caso fortuito a verificação de ocorrência notória, tais como incêndio, inundação ou desmoronamento, que tenha atingido a empresa na qual o segurado alegue ter trabalhado, devendo ser comprovada mediante registro da ocorrência policial feito em época própria ou apresentação de documentos contemporâneos dos fatos, e verificada a correlação entre a atividade da empresa e a profissão do segurado (§ 2º do art. 143 do Decreto n. 3.048/1999).

A comprovação da ocorrência de força maior ou caso fortuito será realizada com a apresentação do registro no órgão competente, feito em época própria, ou mediante elementos de convicção contemporâneos aos fatos (por exemplo, a prova do incêndio ou inundação de imóvel onde se encontravam os documentos).

Quando se tratar de JA visando comprovação de tempo de contribuição prestado a empresa, se esta não estiver mais em atividade, deverá o interessado juntar prova oficial de sua existência no período que pretende comprovar (§ 3º do art. 143 do Decreto n. 3.048/1999).

Não será admitida a JA, conforme a Instrução Normativa vigente, quando:

I – a prova for exclusivamente testemunhal;

II – o fato a comprovar exigir registro público de casamento, de idade ou de óbito, ou de qualquer ato jurídico para o qual a lei prescreve forma especial.

A prova material apresentada na JA terá validade apenas para a pessoa referida no documento, sendo vedada sua utilização por terceiros.

– Prova testemunhal na justificação administrativa

Não podem ser testemunhas, pelo disposto no art. 146 do RPS (em sua redação atual):

– os menores de dezesseis anos; e
– o cônjuge, o companheiro ou a companheira, os ascendentes, os descendentes e os colaterais, até o terceiro grau, por consanguinidade ou afinidade.

A pessoa com deficiência poderá testemunhar em igualdade de condições com as demais pessoas e lhe serão assegurados todos os recursos de tecnologia assistiva (parágrafo único do art. 146 do RPS, com redação dada pelo Decreto n. 10.410/2020).

– Justificação judicial

A Justificação Judicial – JJ constitui meio utilizado para suprir a falta ou insuficiência de documento ou produzir prova de fato ou circunstância de interesse dos beneficiários, perante juízo, por meio da oitiva de testemunhas (art. 572 da IN PRES/INSS n. 128/2022).

No CPC de 1973, considerava-se justificação judicial o procedimento de jurisdição voluntária originalmente previsto nos arts. 861 a 866, que tinha por finalidade justificar a existência de algum fato ou relação jurídica, seja para simples documento e sem caráter contencioso, seja para servir de prova em processo regular. A matéria deixou de ser tratada especificamente no CPC vigente, mas é contemplada pelo instituto da "produção antecipada de prova", no art. 381, inciso III.

O STF decidiu que, ante o disposto no art. 866 do CPC (art. 381, § 5º, do CPC/2015), o pronunciamento judicial na justificação não torna estreme de dúvida o tempo de contribuição. Essa é a orientação da 1ª Turma, ao denegar mandado de segurança em que arguida ofensa a direito líquido e certo, porquanto teria sido olvidado título extraído da justificação judicial. Sustentava-se também decadência do direito de o Poder Público rever atos administrativos em razão do decurso de quase 10 anos entre a concessão de aposentadoria e o exame procedido pela Corte de Contas, assim como violação ao contraditório e ampla defesa. Sobrelevou-se haver atos sequenciais para o registro do benefício em comento, de modo que, enquanto não praticado o último, não se cogitaria de inércia punível da Administração. Logo, não se aplicaria o art. 54 da Lei n. 9.784/1999. Por fim, aludiu-se à Súmula Vinculante n. 3, consoante a qual o contraditório não alcançaria o processo de registro de aposentadoria. Vencido o Min. Dias Toffoli, ao sublinhar que a justificação judicial teria gerado certidão de tempo de serviço, a qual passaria a gozar de fé pública, então, acaso a União quisesse desconstitui-la, deveria promover a contestação – MS 28.829/AM, Rel. Min. Marco Aurélio, 11.9.2011 (*Informativo STF 679*, 1ª Turma).

Experiência pouco exitosa tem sido adotada em alguns JEFs, em que o INSS é intimado, antes da citação ou após a contestação, para que efetue justificação administrativa para oitiva das testemunhas voltadas à comprovação do exercício da atividade rural. Tal prática tem dispensado a realização de audiências de instrução e proporcionado a realização de acordos nas ações que buscam a comprovação do tempo rural para a concessão de benefícios.

Em relação ao tema, houve o julgamento do IRDR n. 17, do TRF da 4ª Região (Processo 50454186220164040000/TRF4, publ. em 13.12.2018), com o objetivo de garantir o contraditório e a ampla defesa. Vejamos a tese fixada:

> *Não é possível dispensar a produção de prova testemunhal em juízo, para comprovação de labor rural, quando houver prova oral colhida em justificação realizada no processo adminis-*

trativo e o conjunto probatório não permitir o reconhecimento do período e/ou o deferimento do benefício previdenciário.

A homologação da JJ pelo INSS dispensa o processamento de JA para a mesma finalidade. Para fins de homologação, deverá ser observado se a Justificação foi realizada com base em início de prova material contemporânea dos fatos a provar, podendo a sua falta ser suprida no processo administrativo.

– Da pesquisa externa

Entende-se por Pesquisa Externa as atividades realizadas junto a beneficiários, empresas, órgãos públicos, entidades representativas de classe, cartórios e demais entidades e profissionais credenciados, necessárias para a atualização do CNIS, o reconhecimento, manutenção e revisão de direitos, bem como para o desempenho das atividades de serviço social, habilitação e reabilitação profissional, além do acompanhamento da execução dos contratos com as instituições financeiras pagadoras de benefícios (art. 573 da IN PRES/INSS n. 128/2022). Caberá solicitação de Pesquisa Externa apenas nas situações expressamente previstas em ato normativo editado pelo Presidente do INSS.

A Pesquisa Externa será executada por Assistente Social designado em Portaria da Gerência Executiva (art. 74 da Portaria INSS/DIRBEN n. 1.208, de 29 de maio de 2024).

Nos termos do art. 75 da Portaria INSS/DIRBEN n. 1.208/2024, são objetivos da Pesquisa Externa do Serviço Social do INSS:

> I – realizar estudo social, por meio de visitas técnicas domiciliares, hospitalares e/ou institucionais, para emissão de parecer social;
> II – realizar Avaliação Social da Pessoa com Deficiência por meio de visitas técnicas domiciliares, hospitalares e/ou institucionais, nas etapas de reconhecimento inicial, manutenção, revisão e recurso de benefícios previdenciários e assistenciais operacionalizados pelo INSS;
> III – realizar visitas técnicas domiciliares, hospitalares e/ou institucionais para atuação como assistente técnico da Procuradoria Federal Especializada- PFE/ INSS, nas demandas judiciais;
> IV – realizar estudo exploratório dos recursos sociais: grupos organizados da sociedade, empresas, órgãos de abrangência das Agências da Previdência Social e das Gerências Executivas, visando ao amplo conhecimento da rede de equipamentos e aos serviços existentes na área de atuação do profissional;
> V – executar ações em consonância com a legislação previdenciária e em outras políticas sociais que mantenham interface com a Previdência Social, nos órgãos colegiados, conselhos de direitos, empresas, entidades de classe, organizações governamentais e organizações da sociedade civil, tais como: palestras, reuniões, oficinas, seminários, entre outros; e
> VI – realizar Pesquisa Social, por meio de visitas técnicas com o objetivo de conhecer a realidade da população e a identificação das demandas dirigidas à Previdência Social.

Quando da realização de Pesquisa Externa, a empresa, o equiparado à empresa e o empregador doméstico colocarão à disposição de servidor designado por dirigente do INSS as informações ou registros de que dispuser, inclusive relativos aos registros eletrônicos no eSocial, referentes a segurado a seu serviço e previamente identificado, para fins de instrução ou revisão de processo de reconhecimento de direitos e outorga de benefícios do RGPS, bem como para inclusão, alteração, ratificação ou exclusão das informações constantes do CNIS, independentemente de requerimento de benefício.

O Assistente Social deverá garantir o caráter confidencial das informações que vier a receber em razão de seu trabalho, bem como dos documentos técnicos produzidos. Para tanto, compete ao INSS fornecer as condições materiais, tecnológico-sistêmicas e procedimentais para que o profissional possa exercer a garantia de sigilo das informações a que se obriga, em conformidade com a Lei Geral de Proteção de Dados Pessoais (Lei n. 13.709, de 14 de agosto de 2018).

O sigilo protegerá o requerente/beneficiário em tudo aquilo que o profissional tiver conhecimento, como decorrência do exercício da atividade profissional, conforme estabelece o art. 16 da Resolução CFESS n. 273, de 13 de março de 1993.

A quebra do sigilo só é admissível na hipótese de situações cuja gravidade possa, envolvendo ou não fato delituoso, trazer prejuízo aos interesses do requerente/beneficiário, de terceiros e da coletividade, conforme estabelece o art. 18 do Código de Ética Profissional (Resolução CFESS n. 273/1993). A revelação será feita dentro do estritamente necessário, tanto em relação ao assunto revelado como ao grau e ao número de pessoas que dele devam tomar conhecimento.

O requerente/beneficiário tem direito a solicitar cópia da avaliação social, do parecer técnico e dos demais documentos complementares. As informações contidas na documentação pertencem ao requerente/beneficiário e ao INSS, que mantém a sua posse e é responsável pela sua guarda.

O INSS tem a obrigação de fornecer a documentação solicitada, desde que o requerente esteja devidamente identificado, e não poderá ser entregue a terceiros, exceto se estes possuírem procuração específica para tanto, ou no caso de representante legal, nos termos do § 4º do art. 602 da Instrução Normativa PRES/INSS n. 128, de 2022.

24.3.3 Fase decisória

Conclui-se o processo administrativo com a decisão administrativa, ressalvado o direito de o requerente solicitar recurso ou revisão nos prazos previstos nas normas vigentes (art. 576 da IN PRES/INSS n. 128/2022). Segundo o art. 576-A da referida IN (incluído pela IN n. 164/2024), "a conclusão do processo não prejudica a apresentação de novo requerimento pelo interessado a partir da ciência da decisão, ressalvado o caso previsto no art. 346".

A apreciação dos requerimentos deve ser realizada pela autoridade administrativa competente – no caso de concessão de benefícios, cabe à autoridade regional (local) esta atribuição.

Constatado erro na decisão administrativa, deverá ser revisto de ofício o processo administrativo já concluído, para que se proceda ao deferimento do pedido devidamente fundamentado, observando-se a decadência e a prescrição, conforme o caso.

Na forma do art. 574 da IN PRES/INSS n. 128/2022, a decisão administrativa, em qualquer hipótese, deverá conter despacho sucinto do objeto do requerimento administrativo, fundamentação com análise das provas constantes nos autos, bem como conclusão deferindo ou indeferindo o pedido formulado, sendo insuficiente a mera justificativa do indeferimento constante no sistema corporativo do INSS.

– **Exigências para a validade da decisão no PAP**

Prevê o art. 179-C do RPS, em regra de duvidosa constitucionalidade, por afronta ao art. 37, § 6º, da CF/88, que: "O servidor responsável pela análise dos pedidos dos benefícios motivará suas decisões ou opiniões técnicas e responderá pessoalmente apenas nas hipóteses de dolo e de erro grosseiro".

São exigências para a validade da decisão proferida aquelas identificadas nos parágrafos do art. 574 da IN PRES/INSS n. 128/2022, quais sejam:

- a motivação deve ser clara e coerente, indicando quais requisitos legais foram ou não atendidos, podendo fundamentar-se em decisões anteriores, bem como em notas técnicas e pareceres do órgão consultivo competente, os quais serão parte do

processo se não estiverem disponíveis ao público e não forem de circulação restrita aos servidores do INSS;
- todos os requisitos legais necessários à análise do requerimento devem ser apreciados no momento da decisão, registrando-se no processo administrativo a avaliação individualizada de cada requisito legal;
- tratando-se de requerimento de atualização de CNIS, ainda que no âmbito de requerimento de benefício, o INSS deverá analisar todos os pedidos relativos à inclusão, alteração, ratificação ou exclusão das informações divergentes, extemporâneas ou insuficientes do CNIS, observado o disposto no art. 12 (alterado pela IN n. 164/2024).

Exige-se, portanto, o respeito ao princípio da motivação dos atos administrativos (pois se trata de ato não discricionário). Não basta a autoridade "dizer" genericamente que determinado assunto não foi provado; se há provas, é necessário esclarecer o porquê de tal prova não ter sido considerada:

> é imperioso dizer que a fundamentação do laudo pericial pelo médico-perito do INSS, em qualquer caso, se reveste não de mero capricho, mas de uma garantia fundamental ao cidadão-segurado, na medida em que deve ele ter conhecimento das razões (ou seja, dos fundamentos) do eventual indeferimento, ou deferimento parcial, do que requereu, no exercício constitucional do seu direito de petição (Processo 44232.380539/2015-78, 17ª Junta de Recursos do CRPS, Rel. Carolina Melhado de Castro, Sessão de 6.11.2015).

Na análise dos documentos, não se pode recusar fé a documentos públicos (CF, art. 19, II), de modo que certidões e outros documentos do gênero têm de ser aceitos pelo INSS como fidedignos, salvo prova robusta em contrário. Nesse sentido, o Decreto n. 9.094/2017 determina que a Administração Pública Federal, no trato com os administrados, deve observar, entre outros princípios, o da presunção de boa-fé destes (art. 1º, inciso I).

– Decisão em caso de não cumprimento de exigências pelo interessado

Esgotado o prazo para o cumprimento, pelo interessado, dos quesitos constantes de Carta de Exigências sem que os documentos tenham sido apresentados, o processo será:

I – decidido, no mérito, quando suficientes as informações nele constantes e nos sistemas informatizados do INSS para a habilitação do pedido; ou
II – encerrado, sem análise do mérito, por desistência do pedido, após decorridos 75 (setenta e cinco) dias da ciência da referida exigência, quando:
a) não for sanado vício de representação; ou
b) não houver elementos suficientes para a habilitação do pedido.

– Reafirmação da Data de Entrada do Requerimento (DER)

Outra possibilidade no tocante aos requerimentos de benefícios é a reafirmação da DER (art. 176-D do RPS, incluído pelo Decreto n. 10.410/2020): se, na data de entrada do requerimento do benefício, o segurado não satisfizer os requisitos para o reconhecimento do direito, mas implementá-los em momento posterior, antes da decisão do INSS, o requerimento poderá ser reafirmado para a data em que satisfizer os requisitos, que será fixada como início do benefício, exigindo-se, para tanto, a concordância formal do interessado, admitida a sua manifestação de vontade por meio eletrônico.

Portanto, a reafirmação é admitida se for verificado que o segurado não satisfazia as condições mínimas exigidas para a concessão do benefício pleiteado, mas que as completou em momento posterior ao pedido inicial e antes do término do procedimento administrativo.

A reafirmação da DER pode ser apurada de ofício ou mediante requerimento do segurado, devendo em qualquer dos casos haver a anuência do segurado pela troca da DER para fins de concessão do benefício.

É admitida se por ocasião do despacho, for verificado que o segurado não satisfazia as condições mínimas exigidas para a concessão do benefício pleiteado, mas que as completou em momento posterior ao pedido inicial, sendo dispensada nova habilitação.

Essa regra aplica-se a todas as situações que resultem em um benefício mais vantajoso ao segurado, desde que haja sua manifestação escrita. Tem cabimento até o despacho/decisão sobre o mérito do pedido administrativo, podendo ser concedida também em sede de recurso para o CRPS.

Na via judicial é aceita com base no princípio processual previdenciário da primazia do acertamento da relação jurídica de proteção social. Destaca-se que o STJ julgou o Repetitivo Tema 995, que tratava sobre a possibilidade de se considerar o tempo de contribuição posterior ao ajuizamento da ação, reafirmando-se a data de entrada do requerimento (DER) para o momento de implementação dos requisitos necessários à concessão de benefício previdenciário. Em sessão realizada no dia 23.10.2019, a Corte Superior, por unanimidade, fixou o entendimento de que é possível requerer a reafirmação da DER até segunda instância, com a consideração das contribuições vertidas após o início da ação judicial até o momento em que o segurado houver implementado os requisitos para a benesse postulada.

A TNU tem uniformização adentrando na questão de que pode ocorrer a reafirmação da DER entre a decisão administrativa e o ajuizamento da ação e, ainda, com base nas novas regras da EC n. 103/2019:

> **Tese firmada**: "Quando o segurado preencher os requisitos para concessão do benefício de aposentadoria posteriormente à DER e antes da data do ajuizamento da ação, o termo inicial dos retroativos (DIB) deve ser a data da citação da autarquia previdenciária" (PUIL 5024211-57.2015.4.04.7108/RS, j. 25.10.2017). Entendimento confirmado pelo STJ no julgado do AgInt nos EDcl no REsp 2.004.888/RS, 1ª Turma, *DJe* 31.8.2023.
>
> **Tese firmada**: "A reafirmação da DER pode ser apreciada de ofício ou a requerimento da parte enquanto não esgotada a jurisdição das instâncias ordinárias, abrangendo inclusive o julgamento dos embargos de declaração" (PUIL 5004743-98.2015.4.04.7111/RS, j. 28.4.2021).
>
> **Tese firmada**: "É possível a reafirmação da DER para a concessão de benefícios previstos nas regras de transição da EC 103/19, mesmo que o requerimento original preceda à vigência da emenda constitucional" (PU PUIL 5003210-40.2020.4.04.7205/SC, j. 27.5.2021).

– Desistência pelo interessado

Na forma do art. 176-C do RPS, o requerente poderá, enquanto não proferida a decisão do INSS e por meio de manifestação escrita, desistir do requerimento formulado, nos termos do disposto no art. 51 da Lei n. 9.784/1999.

Frisamos que as aposentadorias concedidas pela Previdência Social – salvo a por incapacidade permanente – são irreversíveis e irrenunciáveis (art. 181-B do RPS). No entanto, o segurado poderá desistir do seu pedido de aposentadoria desde que manifeste essa intenção e requeira o arquivamento definitivo do pedido antes da ocorrência de um dos seguintes atos:

I – recebimento do primeiro pagamento do benefício; ou

II – efetivação do saque do FGTS ou do PIS.

Em caso de desistência, o processo de requerimento do benefício já concedido será arquivado, e o(a) segurado(a) poderá aguardar a data mais conveniente para entrar com novo requerimento de aposentadoria.

Uma vez solicitado o cancelamento do benefício e adotados os procedimentos administrativos internos no INSS, o benefício não poderá ser restabelecido. Todavia, se requerido novo benefício pelo interessado, poder-se-ão utilizar as peças do processo cancelado.

Havendo vários interessados, a desistência atinge somente quem a tenha formulado. Porém, a desistência não impede o INSS de analisar a matéria objeto do requerimento para fins de uniformização de entendimento da autarquia, de forma geral e abstrata, ou para efeito de apuração de irregularidade.

Considera-se desistência, também, a falta de manifestação pelo cumprimento de exigência após 75 (setenta e cinco) dias de sua ciência (art. 600 da IN PRES/INSS n. 128/2022).

O encerramento do processo sem análise do mérito, por desistência do pedido, não prejudica a apresentação de novo requerimento pelo interessado, que terá efeitos a partir da data da nova solicitação. Não caberá recurso nos casos em que restar caracterizada a desistência do requerimento sem análise do mérito (art. 601 da IN PRES/INSS n. 128/2022).

– Comunicação da decisão

O interessado será comunicado da decisão administrativa com a exposição dos motivos, a fundamentação legal e o prazo para protocolo de processo administrativo de recurso, quando houver (art. 575 da IN PRES/INSS n. 128/2022).

Observação: sempre que a decisão gerar efeitos em relação a terceiros, o INSS deverá também comunicá-los e oferecer prazo para recurso. É o caso de deferimento de pensão por morte a um dependente em que o valor da cota dos demais pensionistas venha a ser reduzido ou até mesmo passe a ser indevido.

Por ocasião da decisão, em se tratando de requerimento de benefício, deverá o INSS, na forma do art. 577 da IN PRES/INSS n. 128/2022:

> I – oferecer ao segurado o direito de opção ao benefício mais vantajoso quando for identificado que estão satisfeitos os requisitos para mais de um tipo de benefício, mediante a apresentação dos demonstrativos financeiros de cada um deles; e
>
> II – quando não satisfeitos os requisitos para o reconhecimento do direito na data de entrada do requerimento do benefício, verificar se esses foram implementados em momento posterior, antes da decisão do INSS, caso em que o requerimento poderá ser reafirmado para a data em que satisfizer os requisitos, exigindo-se, para tanto, a concordância formal do interessado, admitida a sua manifestação de vontade por meio eletrônico.

24.3.4 Fase recursal

A fase recursal é aquela em que o interessado, não tendo sido contemplado em sua pretensão, pode buscar a reversão da decisão proferida pelo INSS.

Das decisões proferidas pelo INSS poderão os interessados interpor *recurso ordinário* às Juntas de Recursos do Conselho de Recursos da Previdência Social – CRPS. A competência do CRPS é definida na redação atual do art. 126 da Lei n. 8.213/1991, conferida pela Lei n. 13.876/2019, envolvendo, entre outras demandas:

> I – recursos das decisões do INSS nos processos de interesse dos beneficiários;
>
> II – contestações e recursos relativos à atribuição, pelo Ministério da Economia, do Fator Acidentário de Prevenção aos estabelecimentos das empresas;

III – recursos das decisões do INSS relacionados à comprovação de atividade rural de segurado especial de que tratam os arts. 38-A e 38-B, ou demais informações relacionadas ao CNIS de que trata o art. 29-A desta Lei.

IV – recursos de processos relacionados à compensação financeira de que trata a Lei n. 9.796, de 5 de maio de 1999, e à supervisão e à fiscalização dos regimes próprios de previdência social de que trata a Lei n. 9.717, de 27 de novembro de 1998.

Pode o Regulamento da Previdência Social vir a ampliar tal competência, conforme delegação inserta no *caput* do art. 126 da LBPS.

A Lei n. 14.441/2022 passou a prever que os recursos de que tratam os incisos I e III do *caput* do art. 126 da LBPS (envolvendo interesses de beneficiários, inclusive sobre comprovação de atividade rural de segurado especial ou demais informações relacionadas ao CNIS) "poderão ser interpostos diretamente ao Conselho de Recursos da Previdência Social, que emitirá notificação eletrônica automática para o INSS reanalisar, no prazo máximo de 30 (trinta) dias, a decisão administrativa, na forma disciplinada por ato conjunto do Ministério do Trabalho e Previdência, do Conselho de Recursos da Previdência Social e do INSS".

No art. 6º da mesma Lei n. 14.441/2022 passou a constar que os recursos de processos relacionados à compensação financeira de que trata a Lei n. 9.796/1999, e à supervisão e à fiscalização dos regimes próprios de previdência social de que trata a Lei n. 9.717/1998, conforme o inciso IV do art. 126 da LBPS (incluído pela Lei n. 13.876/2019), passarão a ser julgados pelo Conselho de Recursos da Previdência Social após a efetiva implantação das unidades responsáveis pelo seu julgamento e após a definição, no regimento interno do Conselho, dos procedimentos a serem observados em seu trâmite, na forma do regulamento.

Importante frisar que não cabe recurso administrativo da decisão que promova o arquivamento do requerimento sem avaliação de mérito, decorrente da não apresentação de documentação indispensável à análise do requerimento (descumprimento da Carta de Exigência).

Das decisões proferidas no julgamento do recurso ordinário, ressalvadas as matérias de alçada, na forma do Regimento Interno do CRPS, poderão os interessados interpor *recurso especial* às Câmaras de Julgamento do CRPS. É de alçada exclusiva das Juntas de Recursos, na forma do art. 33, § 1º, do Regimento Interno do CRPS, não comportando recurso às Câmaras de Julgamento, as decisões proferidas sobre revisão de reajustamento de benefício em manutenção, exceto quando a diferença na Mensalidade Reajustada – MR decorrer de alteração da Renda Mensal Inicial RMI, e as fundamentadas exclusivamente em matéria médica, assim definidas:

I – as relativas aos benefícios por incapacidade temporária e permanente, parcial ou total, ao auxílio-acidente, à aposentadoria da pessoa com deficiência e ao benefício assistencial da pessoa com deficiência;

II – os casos em que a manifestação médico-pericial em sede recursal corrobora a decisão do INSS que indeferiu o benefício por incapacidade;

III – sobre a existência, permanência ou redução da (in)capacidade laborativa ou para atividade habitual, inclusive para fins de pagamento do adicional previsto no art. 45 da Lei n. 8.213/91;

IV – sobre o reconhecimento de Nexo Técnico Profissional ou do Trabalho, Nexo Técnico Individual e Nexo Técnico Epidemiológico;

V – sobre a fixação das datas relativas ao início da doença (DID), da incapacidade (DII) e cessação do benefício (DCB), momento em que estará cessada a incapacidade, averiguada no mesmo processo ou diverso, na forma de prova emprestada;

VI – sobre a progressão ou agravamento de doença existente anteriormente ao ingresso ou reingresso no RGPS, salvo nos casos de mesmo segurado e doença, a data de início da incapacidade (DII) é posterior a data de início da doença (DID), averiguada no mesmo processo ou diverso, na forma de prova emprestada;

VII – sobre a existência e o grau (leve, médio, grave) de deficiência para fins de benefícios previdenciários e assistenciais;

VIII – sobre a análise de capacidade laborativa residual para fins de encaminhamento do beneficiário ao Programa de Reabilitação Profissional do INSS;

IX – sobre o enquadramento das doenças e critérios de gravidade nas hipóteses que dispensam a carência previdenciária; e

X – sobre a matéria a que se refere o inciso IV do artigo 1º do RI do CRPS (os recursos de processos relacionados à compensação financeira de que trata a Lei n. 9.796, de 5 de maio de 1999).

O prazo para interposição dos recursos ordinário e especial, bem como para o oferecimento de contrarrazões (resposta ao recurso), é de 30 (trinta) dias a partir da data da intimação da decisão ou da ciência da interposição de recurso pela parte contrária, respectivamente. O prazo recursal para o INSS começa a contar a partir da data da entrada do processo na unidade competente para apresentação das razões recursais. Em se tratando de recurso ordinário, as razões do indeferimento e demais elementos que compõem o processo administrativo previdenciário substituirão as contrarrazões do INSS.

Em se tratando de diligência, a utilização pelo INSS de procedimento administrativo alternativo àquele solicitado pelo CRPS, desde que tenha como objetivo o esclarecimento da questão objeto da diligência, não deve ser considerado como descumprimento de diligências solicitadas pelo CRPS.

No caso de recurso de decisão do INSS com apresentação de novos elementos extemporâneos à decisão administrativa proferida pelo Instituto, os efeitos financeiros devem ser fixados na data de apresentação dos novos elementos (art. 582 da IN PRES/INSS n. 128/2022).

24.3.5 Fase revisional

A revisão é o procedimento administrativo utilizado para reavaliação dos atos praticados pelo INSS, podendo ser iniciada de ofício, mediante controle interno, a pedido do titular ou seu representante, por determinação judicial ou recursal, ou por determinação de órgãos de controle externo, observadas as disposições relativas à prescrição e decadência – art. 583 da IN PRES/INSS n. 128/2022.

Havendo revisão, na hipótese de o segurado ter implementado todas as condições para mais de uma espécie de aposentadoria na data da entrada do requerimento, e não tendo sido oferecido a ele o direito de opção pelo melhor benefício, poderá solicitar revisão e alteração para espécie que lhe é mais vantajosa (§ 1º do art. 589 da IN PRES/INSS n. 128/2022).

O pedido de revisão de decisão indeferitória confirmada pela última instância do CRPS ou por decisão judicial transitada em julgado não será apreciado, exceto se apresentados novos elementos, quando será recepcionado como novo requerimento.

Em se tratando de revisões a pedido do titular ou seu representante, quando do processamento da primeira revisão, deverá ser analisado o objeto do pedido, bem como os demais critérios que embasaram a concessão (art. 584 da IN PRES/INSS n. 128/2022).

Nas revisões a pedido subsequentes, a análise deve se ater ao objeto do pedido.

Para fins de análise da revisão, deverá ser observada a Data do Pedido da Revisão – DPR. Nas revisões a pedido do interessado, a DPR deverá ser fixada na data do requerimento da revisão.

Já nas revisões de ofício em sede de processo administrativo de apuração de irregularidade, a DPR deverá ser fixada na data do pedido de instauração do processo administrativo. E nas revisões de ofício decorrentes de procedimentos internos, tais como auditagem de pagamento ou Compensação Previdenciária, a DPR deverá ser fixada na data do parecer técnico que determinou a revisão (art. 585 da IN PRES/INSS n. 128/2022).

Os efeitos financeiros do processamento de revisão com novos elementos serão fixados na DPR.

No caso de pedido de revisão de ato de indeferimento com a apresentação de novos elementos, o pedido será recepcionado como novo requerimento de benefício.

Nas revisões a pedido do interessado ou de ofício, não sendo identificado novo elemento, os efeitos financeiros serão fixados na DIP, observada a prescrição. Porém, nas revisões de ofício em sede de processo administrativo de apuração de irregularidade, caso seja identificado fraude ou má-fé, os efeitos financeiros serão fixados na DIP (art. 586, §§ 1º e 2º, da IN PRES/INSS n. 128/2022).

São novos elementos aqueles que provem (art. 587 da IN PRES/INSS n. 128/2022):

I – fato do qual o INSS não tinha ciência ou declarado inexistente pelo requerente até a decisão que motivou o pedido de revisão; e

II – fato não comprovado pelo requerente após oportunizado prazo para tal pelo INSS.

A revisão que acarretar prejuízo ao beneficiário somente produzirá efeitos após a conclusão dos procedimentos que garantam o contraditório e a ampla defesa.

É vedada a transformação de aposentadoria por idade, tempo de contribuição e especial, em outra espécie, após o recebimento do primeiro pagamento do benefício ou do saque do respectivo FGTS ou do PIS.

Na hipótese de pedido de revisão de benefício de aposentadoria por tempo de contribuição, ainda que com apresentação de novos elementos, se restarem reconhecidos períodos de atividade do segurado como especial e, preenchido o direito à aposentadoria especial, caberá a alteração de espécie do benefício para especial (§ 2º do art. 589 da IN PRES/INSS n. 128/2022). Nesse caso, os efeitos financeiros serão fixados da DPR.

Quando se verificarem indícios de irregularidade na área de benefícios e serviços, devem ser observados os procedimentos de monitoramento e controle, estabelecidos em ato próprio, exigindo-se, para tanto, a indicação da inconformidade legal ou regulamentar, que possam resultar na restrição ou perda do direito (art. 590 da IN PRES/INSS n. 128/2022).

– Comunicação dos atos no processo administrativo previdenciário

A Lei n. 9.784/1999 preconiza ser direito dos interessados no processo administrativo "ter ciência da tramitação dos processos administrativos em que tenha a condição de interessado, ter vista dos autos, obter cópias de documentos neles contidos e conhecer as decisões proferidas" (art. 3º, inciso II).

Devem ser objeto de intimação todos os atos do processo que resultem para o interessado em imposição de deveres, ônus, sanções ou restrição ao exercício de direitos e atividades e os atos de outra natureza, de seu interesse (art. 28 da Lei n. 9.784/1999).

Segundo a lei que rege o processo administrativo no âmbito federal – aplicável, portanto, junto ao INSS –, o desatendimento da intimação não importa o reconhecimento da verdade dos fatos, nem a renúncia a direito pelo administrado (art. 27 da Lei n. 9.784/1999).

Conforme o art. 318 do Decreto n. 3.048/1999, a divulgação dos atos e das decisões dos órgãos e autoridades da previdência social sobre benefícios tem como objetivo:

I – dar inequívoco conhecimento deles aos interessados, inclusive para efeito de recurso;

II – possibilitar seu conhecimento público; e

III – produzir efeitos legais quanto aos direitos e obrigações deles derivados.

Acerca da forma de comunicação, aplica-se o art. 319 do RPS (redação dada pelo Decreto n. 10.410, de 2020), a seguir transcrito:

> Art. 319. O INSS notificará o interessado de sua decisão, preferencialmente por meio eletrônico, por meio de cadastramento prévio, na forma definida pelo INSS, realizado por procedimento em que seja assegurada a identificação adequada do interessado ou:
> I – por rede bancária, conforme definido em ato do INSS;
> II – por via postal, por meio de carta simples destinada ao endereço constante do cadastro do segurado no INSS, hipótese em que o aviso de recebimento será considerado prova suficiente da notificação; ou
> III – pessoalmente, quando entregue ao interessado em mão.

Regulando internamente a matéria no âmbito do PAP, a IN PRES/INSS n. 128/2022 estabelece, em seu art. 547, que "o servidor ou unidade responsável pela tramitação do processo administrativo deverá notificar os interessados sobre as exigências a cargo destes, bem como sobre as decisões e seus fundamentos, mediante comunicação formal".

A comunicação deverá ser feita preferencialmente por meio eletrônico ou por meio de correspondência enviada ao endereço informado pelo interessado, e, excepcionalmente, pessoalmente (art. 548 da IN PRES/INSS n. 128/2022).

As notificações ou as intimações eletrônicas são realizadas quando do acesso ao seu conteúdo pelo interessado ou pelo seu representante (art. 599 da IN PRES/INSS n. 128/2022). Ademais, dispõem os §§ 1º e 2º do art. 599 da referida Instrução Normativa que:

- Transcorrido o prazo de 5 (cinco) dias da data da disponibilização da notificação ou intimação no ambiente de acesso destinado aos usuários do sistema, presume-se válida a notificação.
- Quando o ato for praticado por meio eletrônico para atender prazo processual, serão considerados tempestivos os transmitidos integralmente até as 23hs59 (vinte e três horas e cinquenta e nove minutos) horas de seu último dia.

– Aspectos destacados sobre a comunicação dos atos

Quando o requerente opta por acompanhar o processo pelos Canais Remotos ou quando seu endereço eletrônico é informado no ato do requerimento e está corretamente cadastrado no Portal de Atendimento, a notificação é presumida após cinco dias da data de sua disponibilização.

Cabe ao interessado manter seu meio de comunicação eletrônico e endereço atualizados, comunicando ao INSS eventual alteração por meio de requerimento do serviço de atualização de dados cadastrais.

A base de dados de Pessoa Física do CNIS poderá ser utilizada como fonte na obtenção do endereço para a comunicação postal.

As notificações que representem intimações para comparecimento deverão ocorrer com antecedência mínima de 3 (três) dias úteis.

As notificações podem ser efetuadas por ciência no processo, por via postal com aviso de recebimento, ou outro meio que assegure a certeza da ciência do interessado.

A notificação por via postal considera-se válida a partir da data de recebimento constante do aviso de recebimento.

São consideradas válidas as notificações realizadas pela rede bancária que comunicam os atos do processo de revisão de autotutela.

As notificações serão consideradas ineficazes quando feitas sem observância das prescrições legais, mas o comparecimento do interessado ou de seu representante legal supre sua falta ou irregularidade.

A consulta do interessado ou de seu representante ao processo eletrônico, devidamente identificados, quando do acesso ao seu conteúdo no ambiente de acesso destinado aos usuários do sistema, tornam válidas as notificações efetuadas no processo.

As notificações ou as intimações eletrônicas são realizadas quando do acesso ao seu conteúdo pelo interessado ou pelo seu representante (art. 599 da IN INSS/PRESPRES/INSS n. 128/2022).

– **Recursos na esfera administrativa**

Após o ato decisório que conclui a respectiva fase no processo administrativo, é facultada ao interessado a interposição de recurso, em respeito ao devido processo legal e ao duplo grau de jurisdição.

O recurso não será julgado pelo próprio INSS, mas sim por uma estrutura orgânica à parte, o Conselho de Recursos da Previdência Social – CRPS, órgão vinculado atualmente ao Ministério da Previdência Social – MPS.

O interessado (segurado ou empresa) poderá praticar os atos processuais em matéria recursal pessoalmente ou por intermédio de representante, devidamente constituído nos autos.

Para a interposição de recursos, o INSS tem exigido o prévio agendamento pelo MEU INSS ou pelo telefone 135, mas também pode ser feito à distância e sem agendamento pelo INSS DIGITAL. Para os casos de agendamento, a data definida pelo INSS para entrega do recurso na agência pode ser depois dos 30 dias, desde que o agendamento tenha sido feito dentro do prazo para recurso.

Constitui desistência tácita do recurso administrativo pelo interessado o ajuizamento de demanda judicial com idêntico objeto, antes ou depois da interposição do recurso administrativo. Sobre o tema, dispõe o art. 126, § 3º, da Lei n. 8.213/1991: "A propositura de ação que tenha por objeto idêntico pedido sobre o qual versa processo administrativo importa renúncia ao direito de recorrer na esfera administrativa e desistência do recurso interposto." (Redação dada pela Lei n. 13.846, de 2019).

Apresentado algum dos recursos previstos no Regimento Interno do CRPS pelo interessado, abre-se o prazo para contrarrazões pelo INSS. Porém, na hipótese de Recurso Ordinário, já serão considerados contrarrazões do INSS os próprios motivos do indeferimento pela Agência da Previdência Social – APS (art. 61, § 5º, do RI do CRPS).

O órgão de origem (a APS) prestará nos autos informação fundamentada quanto à data da interposição do recurso, não podendo recusar o recebimento ou obstar-lhe o seguimento do recurso ao órgão julgador com base nessa circunstância, remetendo o recurso à Junta competente conforme a localidade.

Na distribuição dos recursos, deverá ser observada a ocorrência de conexão e continência de acordo com os critérios previstos no art. 37 do RI do CRPS.

Os recursos em processos que envolvam suspensão ou cancelamento de benefícios resultantes do programa permanente de revisão da concessão e da manutenção dos benefícios do INSS, ou decorrentes de atuação de auditoria, deverão ser julgados no prazo máximo de 60 dias após o recebimento pelo órgão julgador – art. 61, § 10, I, do RI do CRPS.

– **Recurso ordinário para a JRPS**

De acordo o art. 32 do RI do CRPS,

Denomina-se Recurso Ordinário aquele interposto pelo interessado e endereçado às Juntas de Recursos do CRPS, em face de decisão proferida pelo INSS nos casos de benefícios em matéria previdenciária e assistencial, bem como a contestação apresentada em face da decisão do MTP nos processos relativos à apuração do FAP, a que se refere o inciso II do artigo 1º; o recurso impetrado contra as decisões relacionadas à compensação financeira de que trata a Lei n. 9.796, de 1999 e o recurso apresentado contra notificação de auditoria fiscal ou auto de infração emitidos pela Secretaria de Previdência em sua atividade de supervisão realizada por meio de fiscalização nos regimes próprios de previdência social (...).

E "consideram-se decisão de primeira instância recursal os acórdãos proferidos pelas Juntas de Recursos, exceto em matéria de alçada, na forma definida neste Regimento, hipótese em que a decisão será de única instância".

O portal gov.br possui um formulário modelo para a interposição de recurso ordinário para a Junta de Recursos.[6]

É necessário lembrar que não existe a obrigação de o segurado ou seu representante intentarem recurso para a Junta no formulário disponibilizado pelo INSS, podendo apresentar recurso ordinário nos termos e formas que melhor lhe convir, devendo apenas cumprir requisitos mínimos.

Recebido o recurso ordinário na Junta de Recursos, ocorre a distribuição a um relator, responsável por analisar e relatar o processo. Após a inclusão em pauta dos autos, será julgado pelo colegiado, presidido pelo representante do governo que ocupa o cargo de presidente do órgão julgador. Depois do julgamento, o processo é devolvido ao INSS.

O interessado poderá produzir prova documental, requerer diligências, perícias, além de formular alegações sobre a matéria objeto do recurso, até sua inclusão em pauta, hipótese em que será avaliada a necessidade de conferir direito de vista à parte contrária para ciência e manifestação (art. 35, § 1º, do RI do CRPS).

Os requerimentos de provas serão objeto de apreciação por parte do Conselheiro relator, mediante referendo da composição de julgamento, cabendo sua recusa, em decisão fundamentada, quando se revelem impertinentes, desnecessárias ou protelatórias (art. 35, § 2º, do RI do CRPS).

Na ausência de informações ou provas suficientes ao julgamento, o Conselheiro poderá solicitar diligências, preferencialmente pelo sistema eletrônico, não cabendo pagamento de gratificação por diligência por ele realizada, ressalvados os casos de conversão em diligência em mesa, ratificada pelo colegiado (art. 39, § 2º, do RI do CRPS). É vedado ao INSS escusar-se de cumprir, integralmente, no prazo de 30 (trinta) dias, prorrogáveis justificadamente por mais 30 (trinta) dias, as diligências solicitadas pelo CRPS (art. 39, § 5º, do RI do CRPS).

Em conformidade com o art. 61, § 9º, do RI do CRPS, os recursos – em regra – deverão ser julgados no prazo máximo de 365 dias, observadas as prioridades definidas em lei, a ordem cronológica de distribuição, as circunstâncias estruturais e administrativas, sem prejuízo de sua modificação por ato do Presidente do CRPS. Entretanto, o prazo é reduzido para 60 dias após o recebimento pela Unidade Julgadora, em relação aos "recursos sem processos que envolvam suspensão ou cancelamento de benefícios resultantes do programa permanente de revisão da concessão e da manutenção dos benefícios do Seguro Social, ou decorrentes de atuação de auditoria" (art. 61, § 10, I).

---

[6] Disponível em: https://www.gov.br/inss/pt-br/centrais-de-conteudo/formularios/formulario-recurso-a-jrps-digitavel-pdf. Acesso em: 14 set. 2023.

O relator do processo pode solicitar sua devolução ao INSS para complementação da instrução probatória (melhor instrução do processo), saneamento de falha processual, cumprimento de normas administrativas ou legislação pertinente à espécie. O prazo para o cumprimento da diligência é de 30 dias, prorrogáveis por mais 30 dias. Após esse prazo, o INSS deverá restituir os autos ao órgão julgador com a diligência integralmente cumprida.

Em relação à possibilidade de sustentação oral, o art. 65 do RI do CRPS estabelece:

- quando solicitado pelas partes, a Unidade Julgadora deverá informar o local, data e horário de julgamento para fins de sustentação oral;
- nas sessões de julgamento presenciais, até o anúncio do início dos trabalhos, a parte ou seu representante poderão formular pedido para realizar sustentação oral ou para apresentar alegações finais na forma de memoriais; e
- o pedido de inscrição para realização de sustentação oral por videoconferência, quando disponível, deverá ser dirigido à secretaria do Órgão Julgador até 3 (três) dias úteis antes da sessão de julgamento, podendo ser feito por mensagem eletrônica, ou encaminhado pelo sistema eletrônico disponível, conforme definido em ato do Presidente do CRPS.

A sessão de julgamento será pública, ressalvado à Unidade Julgadora o exame reservado de matéria protegida por sigilo, admitida a presença das partes e de seus procuradores.

O interessado poderá produzir prova documental, requerer diligências, perícias, além de formular alegações sobre a matéria objeto do recurso, até sua inclusão em pauta, hipótese em que será avaliada a necessidade de conferir direito de vista à parte contrária para ciência e manifestação, exceto em relação aos processos a que se referem os incisos II, IV e V do art. 1º do RI do CRPS, sobre os quais não é permitida dilação probatória (art. 35, § 1º, do RI do CRPS).

O recorrente pode desistir do recurso em qualquer fase do processo, desde que antes do julgamento pelo órgão competente. A desistência voluntária deve ser manifestada de maneira expressa, por petição ou termo firmado nos autos do processo (art. 69 do RI do CRPS).

O INSS pode, enquanto não tiver ocorrido a decadência, reconhecer expressamente o direito do interessado e reformar sua própria decisão inicialmente desfavorável ao interesse do segurado.

A intimação é regulada pelo art. 64 do RI do CRPS, sendo efetuada por qualquer meio previsto nessa norma, mas preferencialmente de forma eletrônica.

Quando constatadas omissão, obscuridade, ambiguidade, contradição ou erro material nas decisões dos Órgãos Colegiados, as partes poderão opor embargos de declaração, mediante petição dirigida ao relator do acórdão embargado, expondo a ocorrência e os fundamentos, no prazo de 10 dias contados da ciência do acórdão (art. 75 do RI do CRPS).

– Recurso especial para as Câmaras de Julgamento

Das decisões proferidas no julgamento do Recurso Ordinário caberá Recurso Especial dirigido às Câmaras de Julgamento, no prazo de 30 dias, quando (art. 33 do RI do CRPS):

I – violarem disposição de lei, decreto ou de portaria ministerial;

II – divergirem de parecer do Advogado-Geral da União – AGU, aprovado pelo Presidente da República, na forma do art. 40 da Lei Complementar n. 73/93;

III – divergirem de pareceres da consultoria jurídica do Ministério do Trabalho e Previdência, dos extintos MPAS e MPS, aprovados pelo Ministro de Estado;

IV – divergirem de enunciados editados pelo Conselho Pleno do CRPS;

V – divergirem de Súmula Vinculante do Ministro do Trabalho e Previdência;

VI – contrariarem laudos ou pareceres médicos emitidos pela Perícia Médica Federal, referentes à benefícios de matéria exclusivamente médica; e

VII – impetrado por ente federativo ou pela SPREV, na hipótese do inciso V do art. 1º.

Necessário observar que constituem alçada exclusiva das Juntas de Recursos, não comportando recurso às Câmaras de Julgamento, as decisões proferidas sobre revisão de reajustamento de benefício em manutenção, exceto quando a diferença na Mensalidade Reajustada – MR decorrer de alteração da RMI, e as fundamentadas exclusivamente em matéria médica, assim definidas:

I – as relativas aos benefícios por incapacidade temporária e permanente, parcial ou total, ao auxílio-acidente, à aposentadoria da pessoa com deficiência e ao benefício assistencial da pessoa com deficiência;

II – os casos em que a manifestação médico-pericial em sede recursal corrobora a decisão do INSS que indeferiu o benefício por incapacidade;

III – sobre a existência, permanência ou redução da (in)capacidade laborativa ou para atividade habitual, inclusive para fins de pagamento do adicional previsto no art. 45 da Lei n. 8.213/91;

IV – sobre o reconhecimento de Nexo Técnico Profissional ou do Trabalho, Nexo Técnico Individual e Nexo Técnico Epidemiológico;

V – sobre a fixação das datas relativas ao início da doença (DID), da incapacidade (DII) e cessação do benefício (DCB), momento em que estará cessada a incapacidade, averiguada no mesmo processo ou diverso, na forma de prova emprestada;

VI – sobre a progressão ou agravamento de doença existente anteriormente ao ingresso ou reingresso no RGPS, salvo nos casos de mesmo segurado e doença, a data de início da incapacidade (DII) é posterior a data de início da doença (DID), averiguada no mesmo processo ou diverso, na forma de prova emprestada;

VII – sobre a existência e o grau (leve, médio, grave) de deficiência para fins de benefícios previdenciários e assistenciais;

VIII – sobre a análise de capacidade laborativa residual para fins de encaminhamento do beneficiário ao Programa de Reabilitação Profissional do INSS;

IX – sobre o enquadramento das doenças e critérios de gravidade nas hipóteses que dispensam a carência previdenciária; e

X – sobre a matéria a que se refere o inciso IV do artigo 1º deste Regimento.

Em conformidade com o art. 61 do RI do CRPS, o prazo de 30 (trinta) dias para a interposição de recurso e para o oferecimento de contrarrazões é contado a partir da ciência da decisão. Expirado o prazo para contrarrazões do Recurso Especial, os autos serão imediatamente encaminhados para julgamento pela Câmara respectiva, após ser distribuído a um relator.

A interposição tempestiva do recurso especial suspende os efeitos da decisão de primeira instância e devolve à instância superior o conhecimento integral da causa, conforme o disposto no art. 33, § 4º, do RI do CRPS.

– Recursos ao Pleno do CRPS

A competência do Plenário do CRPS é identificada no art. 3º do seu Regimento Interno:

- uniformizar, em tese, a jurisprudência administrativa previdenciária e assistencial, mediante emissão de enunciados;
- uniformizar, no caso concreto, as divergências jurisprudenciais entre as Juntas de Recursos nas matérias de sua alçada ou entre as Câmaras de julgamento ou entre

as Turmas de Câmara de Julgamento (FAP/RPPS), em sede de Recurso Especial, mediante a edição de resolução;
- decidir, no caso concreto, as reclamações ao Conselho Pleno, mediante a edição de Resolução; e
- decidir questões administrativas definidas no RI.

Cabe pedido de uniformização da jurisprudência em tese para encerrar divergência jurisprudencial administrativa previdenciária e assistencial ou para consolidar jurisprudência reiterada no âmbito do CRPS, mediante a edição de enunciados.

A uniformização de matérias em tese é voltada para os órgãos internos do INSS, sendo aplicável para discussões sobre a interpretação e a aplicação da Lei Previdenciária e Assistencial pelos agentes administrativos, não englobando divergências de casos práticos, mas sim de regras genéricas.

O Regimento Interno limita a competência para requerer a pacificação da divergência nesses casos apenas aos seguintes órgãos (§ 1º do art. 79): "Presidente, pela Divisão de Assuntos Jurídicos, pelos Presidentes das Câmaras de Julgamento, pelos Presidentes das Juntas de Recursos, exclusivamente em matéria de alçada, pela Diretoria de Benefícios do INSS, pela PFE/INSS ou pelas Secretarias do MPS (FAP/RPPS)".

Exige-se prévia apresentação de estudo fundamentado sobre a matéria a ser uniformizada, no qual deverá ser demonstrada a existência de relevante divergência jurisprudencial ou de jurisprudência convergente reiterada.

Já o pedido de uniformização de jurisprudência em matéria de direito pode ser requerido pela parte interessada quando houver divergência (art. 82 do Regimento Interno):

I – na interpretação em matéria de direito entre acórdãos de Câmaras de Julgamento do CRPS, em sede de recurso especial, ou entre estes e Resoluções do Conselho Pleno;

II – na interpretação em matéria de direito entre acórdãos de Juntas de Recursos do CRPS, nas hipóteses de alçada exclusiva, ou entre estes e Resoluções do Conselho Pleno; ou

III – na interpretação nas matérias de direito do FAP e do RPPS entre acórdãos de Turmas da Câmara de Julgamento Especializada.

É de 30 (trinta) dias o prazo para o requerimento do PUJ e para o oferecimento de contrarrazões, contados da data da ciência da decisão e da data da intimação do pedido, respectivamente, hipótese em que suspende o prazo para o seu cumprimento.

O pedido de uniformização não será admitido quando (art. 83, §§ 4º e 5º, do RI do CRPS):

- o acórdão paradigma estiver em desacordo com a jurisprudência do CRPS constante em Súmula Vinculante, Enunciado ou Resolução do Conselho Pleno, pareceres da Consultoria Jurídica do Ministério do Trabalho e Previdência, MPS e MPAS aprovados pelo Ministro de Estado, pareceres do AGU aprovados pelo Presidente da República, na forma da Lei Complementar n. 73/1993;
- as partes, a pretexto de discutir tese jurídica, objetivam revolver matéria fático-probatória já decidida pelas Câmaras de Julgamento, última instância recursal com competência para análise de fatos e provas.

A divergência deverá ser demonstrada mediante a juntada aos autos do acórdão divergente, proferido nos últimos 3 (três) anos, por outro órgão julgador, turma de julgamento, ou, ainda, por resolução do Conselho Pleno.

Reconhecida em sede de cognição sumária a existência da divergência pelo Presidente do órgão julgador, o processo será encaminhado ao Presidente do Conselho Pleno para que o pedido seja distribuído ao relator da matéria.

Do não recebimento do pedido de uniformização pela Presidência do órgão julgador caberá recurso ao Presidente do Conselho Pleno, no prazo de 30 dias da ciência da decisão comprovada nos autos.

O pedido de uniformização poderá ser formulado pela parte uma única vez, tratando-se do mesmo caso concreto ou da mesma matéria examinada em tese, à luz do mesmo acórdão ou resolução indicados como paradigma.

O Conselho Pleno poderá pronunciar-se pelo não conhecimento do pedido de uniformização, ou pelo seu conhecimento e seguintes conclusões (art. 83, § 10, do RI do CRPS):

I – edição de enunciado, com força normativa vinculante ao Conselho, quando houver aprovação da maioria absoluta de seus membros e havendo deliberação do colegiado para sua emissão; ou

II – edição de resolução para o caso concreto, quando houver aprovação da maioria simples de seus membros.

– Reclamação ao Conselho Pleno

Está prevista no art. 84 do RI do CRPS a propositura de reclamação ao Conselho Pleno no caso concreto, por requerimento das partes do processo, dirigido à Presidência do CRPS, mas somente quando os acórdãos das Juntas de Recursos do CRPS, em matéria de alçada, ou os acórdãos de Câmaras de Julgamento do CRPS, em sede de Recurso Especial, infringirem:

I – pareceres da Consultoria Jurídica do Ministério do Trabalho e Previdência, dos extintos MPS e MTPS vigentes e aprovados pelo Ministro de Estado, bem como pareceres do AGU aprovados pelo Presidente da República, na forma do art. 40 da Lei Complementar n. 73/93;

II – súmulas vinculantes previstas no art. 81 do RI do CRPS; e

III – enunciados editados pelo Conselho Pleno.

O prazo para o requerimento da Reclamação ao Conselho Pleno é de 30 (trinta) dias contados da data da ciência da decisão infringente e suspende o prazo para o seu cumprimento.

O resultado do julgamento da Reclamação pelo Conselho Pleno será objeto de notificação à Unidade Julgadora que prolatou o acórdão infringente, para fins de adequação do julgado à tese fixada pelo Pleno, por meio da Revisão de Acórdão.

24.3.6 Fase de cumprimento da decisão

A conclusão do processo administrativo ocorre com a decisão administrativa não mais passível de recurso, ressalvado o direito do requerente de pedir a revisão da decisão no prazo decadencial previsto no art. 103 da Lei n. 8.213/1991.

Realizado o julgamento, o recurso será devolvido ao órgão de origem, para ciência das partes e efetivo cumprimento (art. 49 do RI do CRPS).

E, de acordo com o art. 59 do RI do CRPS, que trata do cumprimento das decisões, deve-se observar os seguintes parâmetros:

– é vedado ao órgão de origem escusar-se de cumprir, no prazo regimental, as diligências requeridas pelas Unidades Julgadoras do CRPS, bem como deixar de dar efetivo cumprimento às decisões do Conselho Pleno e acórdãos definitivos dos

- órgãos colegiados, reduzir ou ampliar o seu alcance ou executá-lo de modo que contrarie ou prejudique o seu sentido;
- haverá prazo, contado a partir da data do recebimento do processo na origem, para o cumprimento das decisões do CRPS, sob pena de responsabilização funcional do servidor que der causa ao retardamento, conforme definido em ato do Presidente do CRPS;
- a decisão da instância recursal poderá, excepcionalmente, deixar de ser cumprida no prazo estipulado se, após o julgamento pela Unidade Julgadora, for demonstrado pelo INSS, por meio de comparativo de cálculo dos benefícios, que ao beneficiário foi deferido outro benefício mais vantajoso, desde que haja sua opção expressa, dando-se ciência ao CRPS com o encaminhamento dos autos;
- caso o beneficiário não compareça ou não manifeste expressamente sua opção, após ter sido devidamente cientificado, o INSS deve manter o benefício que vem sendo pago administrativamente, eximindo-se do cumprimento da decisão do CRPS, desde que esta situação esteja devidamente comprovada nos autos e seja dada ciência ao CRPS;
- a decisão da instância recursal também poderá deixar de ser cumprida, quando for demonstrado pelo INSS que ao interessado foi concedido, por decisão judicial, benefício que seja incompatível com aquele reconhecido na decisão administrativa ou for verificada a existência de ação judicial, com o mesmo objeto e mesma causa de pedir.

Em caso de descumprimento de decisão definitiva do CRPS, no prazo e condições estabelecidos, é facultado à parte prejudicada formular reclamação (art. 60 do RI do CRPS), mediante requerimento instruído com cópia da decisão descumprida e outros elementos necessários à compreensão do processo, junto à plataforma integrada de ouvidoria do Poder Executivo Federal, à Ouvidora-geral do MTP e à Ouvidoria do INSS, ou outras que vierem a substituí-las, para adoção das medidas cabíveis e, sendo o caso, para a instauração de procedimento administrativo para apuração de falta funcional.

Por fim, recordamos que o § 5º do art. 41-A da Lei n. 8.213/1991 determina que o primeiro pagamento do benefício será efetuado até 45 dias após a data da apresentação, pelo segurado, da documentação necessária para sua concessão.

– Prazo para conclusão do processo

O prazo máximo de duração do processo administrativo é de 360 dias a contar da data do protocolo (art. 24 da Lei n. 11.457/2007). Esse prazo tem sido desrespeitado, gerando o ajuizamento de mandados de segurança para que o CRPS promova o julgamento em prazo razoável. Nesse sentido: TRF-4, TRS-SC, AC 5016452-78.2020.4.04.7201, j. 15.6.2021.

No que tange ao processo administrativo previdenciário, devem ser observados os prazos que foram acordados e homologados pelo STF no RE 1171152 (*DJE* 17.2.2021):

ESPÉCIE	PRAZO PARA CONCLUSÃO
Benefício assistencial à pessoa com deficiência	90 dias
Benefício assistencial ao idoso	90 dias
Aposentadorias, salvo por incapacidade	90 dias
Aposentadoria por incapacidade permanente comum e acidentária	45 dias

ESPÉCIE	PRAZO PARA CONCLUSÃO
Salário-maternidade	30 dias
Pensão por morte	60 dias
Auxílio-reclusão	60 dias
Auxílio por incapacidade temporária comum e por acidente do trabalho	45 dias
Auxílio-acidente	60 dias

O prazo de realização da perícia médica será ampliado para 90 (noventa) dias, nas unidades da Perícia Médica Federal classificadas como de difícil provimento, para as quais se exige o deslocamento de servidores de outras unidades para o auxílio no atendimento.

A conclusão do processo administrativo ocorre com a decisão administrativa não mais passível de recurso, ressalvado o direito do requerente de pedir a revisão da decisão no prazo decadencial previsto no art. 103 da Lei n. 8.213/1991.

O instituto da revisão de julgados em esfera administrativa envolve o reconhecimento de nulidade na decisão proferida, respeitado o prazo decadencial, quando se admite a reversão do acórdão de ofício ou a pedido, matéria que está disciplinada atualmente no art. 76 do Regimento Interno do CRPS. A condução do processo administrativo pelas Agências da Previdência Social tem sido objeto de muitas críticas, especialmente pela cultura da denegação de direitos amplamente reconhecidos, gerando excesso de demanda judicial. Nesse sentido, o Fórum Interinstitucional Previdenciário de Santa Catarina aprovou a Deliberação que segue:

> DELIBERAÇÃO 21: *O Fórum delibera que seja oficiado à Superintendência do INSS no sentido de comunicar a constatação de que a principal medida de redução de demandas judiciais é a melhoria do processo administrativo em três pontos: a) esclarecimento aos segurados acerca de seus direitos previdenciários e das provas necessárias a sua obtenção; b) recebimento de todos os documentos apresentados pelo segurados, mesmo quando os servidores julguem desnecessários, dando processamento aos requerimentos de reconhecimento de tempo de contribuição e/ou concessão de benefícios; c) a fundamentação das decisões de indeferimento com a análise de todos os requisitos relacionados à prestação postulada, de modo a garantir que a constatação de um requisito indeferitório não obste a continuidade do exame dos demais.*

Por último, cabe referir a previsão de que, consoante previsão do art. 126, § 3º, da LBPS, a propositura de ação que tenha por objeto idêntico pedido sobre o qual versa o processo administrativo importa renúncia ao direito de recorrer na esfera administrativa e desistência do recurso interposto.

24.3.7 Plataforma de Autocomposição Imediata e Final de Conflitos Administrativos – PACIFICA

A **Portaria Normativa PGF/AGU n. 60, de 6 de julho de 2024**, regulamenta a Plataforma de Autocomposição Imediata e Final de Conflitos Administrativos – PACIFICA, no âmbito da Procuradoria-Geral Federal. Instituída pela Portaria Normativa AGU n. 144, de 1º de julho de 2024, a PACIFICA tem como finalidade modernizar e ampliar a adoção de soluções extrajudiciais para conflitos administrativos que envolvem autarquias e fundações públicas federais.

A PACIFICA foi criada para fortalecer a cultura da resolução consensual de conflitos e reduzir a litigiosidade no âmbito federal, principalmente em casos de baixa complexidade e alto volume. A plataforma visa evitar a propositura de ações judiciais desnecessárias e os custos associados, promovendo maior eficiência na gestão pública e otimizando recursos financeiros e humanos. Além disso, a PACIFICA busca proporcionar um acesso mais rápido e simplificado à justiça, garantindo mecanismos ágeis e menos onerosos para a revisão de atos administrativos.

A implementação da PACIFICA inclui a criação de um canal digital para o recebimento de solicitações de composição amigável, a automação de fluxos de trabalho para análise e oferta de propostas de acordo, e a concretização rápida e efetiva dos termos acordados, preferencialmente de forma automatizada. A plataforma também deverá garantir a segurança das informações, a proteção dos dados pessoais e a adoção de uma linguagem acessível e uma navegação intuitiva para usuários com diferentes níveis de familiaridade tecnológica.

A utilização da PACIFICA será precedida por portarias normativas conjuntas entre a Procuradoria-Geral Federal e as autarquias ou fundações interessadas, que definirão as matérias passíveis de negociação e os parâmetros para os acordos. A plataforma será inicialmente implementada em módulos voltados para a autocomposição de conflitos em matéria previdenciária.

A Procuradoria-Geral Federal tem o compromisso de incentivar a adesão da PACIFICA, promovendo-a como a forma preferencial de resolução de conflitos administrativos que possam resultar em judicialização. A eficácia da plataforma será avaliada anualmente pela Governança Pública da Procuradoria-Geral Federal, garantindo que a PACIFICA evolua conforme as necessidades do sistema de justiça administrativo.

24.3.8 Programa "Desjudicializa Prev"

A **Portaria Conjunta n. 4, de 15 de abril de 2024**, estabelece a iniciativa **Desjudicializa Prev**, uma colaboração entre o Conselho Nacional de Justiça (CNJ), a Advocacia-Geral da União (AGU), a Procuradoria-Geral Federal (PGF) e demais órgãos do Poder Judiciário, visando à redução da litigiosidade previdenciária no Brasil. A iniciativa surge em resposta ao elevado volume de processos previdenciários e assistenciais em tramitação, conforme refletido em relatórios como o "Justiça em Números" de 2023, que destacam o auxílio por incapacidade temporária e aposentadorias como os temas mais recorrentes na Justiça Federal.

O Desjudicializa Prev é parte de um esforço maior para enfrentar a judicialização massiva no setor previdenciário, alinhando-se aos Objetivos de Desenvolvimento Sustentável da Agenda 2030, especialmente aqueles relacionados a paz, justiça, instituições eficazes, redução de desigualdades e saúde. A portaria também leva em conta o Termo de Cooperação Técnica n. 004/2023, que visa desenvolver diagnósticos e propor medidas para tratar os conflitos previdenciários, promovendo a desjudicialização e aplicando precedentes qualificados de forma mais eficaz.

No âmbito do Desjudicializa Prev, os processos relacionados aos temas especificados no anexo da Portaria deverão ser identificados em até 60 dias. A partir dessa identificação, a PGF adotará medidas de desjudicialização, que podem incluir a não apresentação de contestação, desistência de recursos, abstenção recursal, propostas de acordos e outras soluções consensuais. A iniciativa prioriza a resolução rápida e automatizada de benefícios previdenciários ou assistenciais de até um salário mínimo, com prazo recomendável de 30 dias para a implementação após a emissão da ordem judicial.

A Portaria também estabelece que novos temas podem ser incluídos na iniciativa, garantindo a continuidade da cooperação interinstitucional para desjudicializar o setor previdenciário. Casos omissos serão decididos conjuntamente pelo CNJ e pela PGF. A portaria entrou em vigor na data de sua publicação, em 15.04.2024.

Os primeiros temas selecionados para esse programa de desjudicialização foram os seguintes:

TEMA 01 – É possível a concessão de benefício de prestação continuada quando se pleiteia, com base no § 14 do art. 20 da Lei n. 8.742/1993, a desconsideração de renda proveniente de benefícios assistenciais e previdenciários, no valor de até um salário mínimo por membro do grupo familiar que se enquadre nos conceitos de idoso a partir de 65 (sessenta e cinco) anos de idade ou pessoa com deficiência;

TEMA 02 – É possível o reconhecimento da condição de dependente de filho ou irmão inválidos, quando a invalidez for posterior à maioridade e anterior ao óbito;

TEMA 03 – É possível o enquadramento do menor sob guarda judicial como dependente para fins de concessão de benefício previdenciário, ante a decisão do Supremo Tribunal Federal nas ADIs n. 4878 e n. 5083, desde que comprovada a dependência econômica. Não aplicação a benefícios cujo fato gerador tenha ocorrido após 13.11.2019 (data da vigência do art. 23, § 6º, da EC n. 103/2019);

TEMA 04 – Para a concessão de auxílio-reclusão (art. 80 da Lei n. 8.213/1991) no regime anterior à vigência da MP n. 871/2019 (ou seja, para prisões ocorridas até 17.1.2019), o critério de aferição de renda do segurado que não exerce atividade laboral remunerada no momento do recolhimento à prisão é a ausência de renda, e não o último salário de contribuição;

TEMA 05 – É possível a concessão de aposentadoria por tempo de serviço/contribuição a trabalhador urbano empregado, mediante o cômputo de atividade rural com registro em carteira profissional, em período anterior ao advento da Lei n. 8.213/1991, para efeito da carência exigida no art. 142 da Lei de Benefícios;

TEMA 06 – Após o advento da Lei n. 9.876/1999, e para fins de cálculo do benefício de aposentadoria, no caso do exercício de atividades concomitantes pelo segurado, o salário de contribuição deverá ser composto da soma de todas as contribuições previdenciárias por ele vertidas ao sistema, respeitado o teto previdenciário;

TEMA 07 – No período entre o indeferimento administrativo e a efetiva implantação de auxílio-doença ou de aposentadoria por invalidez, mediante decisão judicial, o segurado do RGPS tem direito ao recebimento conjunto das rendas do trabalho exercido, ainda que incompatível com sua incapacidade laboral, e do respectivo benefício previdenciário pago retroativamente;

TEMA 08 – É constitucional o cômputo, para fins de carência, do período no qual o segurado esteve em gozo do benefício de auxílio-doença, desde que intercalado com atividade laborativa;

TEMA 09 – O segurado que exerce atividades em condições especiais, quando em gozo de auxílio-doença, seja acidentário ou previdenciário, faz jus ao cômputo desse mesmo período como tempo de serviço especial.

TEMA 10 – O termo inicial do prazo decadencial para pedido de revisão da renda mensal inicial (RMI) de benefício previdenciário, para incluir verbas remuneratórias recebidas em ação trabalhista nos salários de contribuição que integraram o período básico de cálculo (PBC) do benefício, começa a fluir a partir do trânsito em julgado da sentença na respectiva reclamatória, devendo ser precedido de prévio requerimento administrativo de revisão, o qual será o termo inicial dos efeitos financeiros.

25

Períodos de Carência

Nas palavras da lei, período de carência é o número de contribuições mensais indispensáveis para que o beneficiário faça jus ao benefício, consideradas a partir do transcurso do primeiro dia dos meses de suas competências (art. 24 da Lei n. 8.213/1991).

Segundo *Daniel Machado da Rocha e Eugelio Luís Müller*:

> Nesse instituto, não é valorado apenas o número de contribuições, mas também um prazo mínimo de vinculação ao sistema, ante de o segurado estar habilitado para receber determinadas prestações, razão pela qual a vontade do segurado não tem o poder de propiciar a aquisição mais célere desse direito.[1]

A EC n. 103/2019 não cita a necessidade de cumprimento de períodos de carência para a concessão das aposentadorias reguladas pelas regras transitórias da Reforma da Previdência. Entretanto, não significa que tenha revogado ou afastado a aplicação do cumprimento desse requisito. Isto porque, durante o período de carência, o beneficiário ainda não tem direito à prestação previdenciária. Como se cogita de Previdência, isto é, cobertura de danos futuros e incertos, e não de assistência, que seria a atividade de amparo a qualquer manifestação de necessidade decorrente de risco social, a presença do dano no próprio momento da vinculação distorceria a finalidade do sistema e levaria a Previdência Social a tornar-se uma instituição de caráter assistencial. Acompanha esse entendimento o Juiz Federal Leonardo Cacau que bem aponta a recepção das regras da LBPS:

> A bem da verdade, a EC n. 103/2019 ao não tratar sobre a carência de forma diversa da Lei n. 8.213/1991, gerou duas consequências: 1) a sua manutenção como requisito para a concessão das aposentadorias programadas; 2) a recepção dos arts. 24 a 27-A da Lei n. 8.213/1991, que somente podem ser alterados por lei superveniente.[2]

A exigência dos períodos de carência para a concessão das aposentadorias após a EC n. 103/2019 pende de uniformização jurisprudencial. A título de exemplo, o Representativo de Controvérsia Tema n. 358, cuja questão controvertida é a seguinte:

> Saber se, para fins de concessão de aposentadoria por idade urbana com DER após a EC n. 103/2019, permanece a necessidade de cumprimento do requisito da carência, particular-

---

[1] ROCHA, Daniel Machado da; MÜLLER, Eugelio Luis. *Direito previdenciário em resumo*. Curitiba: Alteridade Editora, 2019, p. 79.

[2] BRADBURY, Leonardo Cacau Santos La. *Curso prático de direito e processo previdenciário*. 4. ed. São Paulo: Atlas, 2021, p. 161.

mente para quem precisa usar a regra de transição do art. 18 da EC n. 103, ou se a regra de transição prevista no art. 18 da EC n. 103/2019 não exige mais tal requisito (bastando ao beneficiário preencher, cumulativamente, os requisitos 'idade' e 'tempo de contribuição'), de forma que as contribuições recolhidas em atraso pelo contribuinte individual possam ser computados como tempo de contribuição (ainda que este tenha perdido a qualidade de segurado). (PEDILEF 0500179-22.2022.4.05.8311/PE, 13.03.2024).

É importante destacar que o Decreto n. 10.410/2020, ao regulamentar o § 14 do art. 195 da CF (redação da EC n. 103/2019), modificou em parte o conceito de período de carência, em função da necessidade da contribuição mínima, dispondo que:

> Período de carência é o tempo correspondente ao número mínimo de contribuições mensais indispensáveis para que o beneficiário faça jus ao benefício, **consideradas as competências cujo salário de contribuição seja igual ou superior ao seu limite mínimo mensal** (art. 26 do RPS com redação dada pelo Decreto n. 10.410/2020 – grifo nosso).

A regra é aplicável para períodos posteriores a 13.11.2019, mas, mesmo assim, questionável quando se trata de segurados empregados, domésticos e avulsos, com salário de contribuição abaixo de um salário mínimo, em face dos princípios da universalidade da cobertura e do atendimento, da equidade na forma de participação no custeio e da filiação obrigatória.

O dia do início da contagem do período de carência é feito observando-se as seguintes regras detalhadas no art. 28 do RPS, com redação do Decreto n. 10.410/2020:

> I – para o segurado empregado, inclusive o doméstico, e o trabalhador avulso, a partir da data de sua filiação ao RGPS; e
>
> II – para o segurado contribuinte individual, observado o disposto no § 4º do art. 26, e o segurado facultativo, inclusive o segurado especial que contribua na forma prevista no § 2º do art. 200, a partir da data do efetivo recolhimento da primeira contribuição sem atraso, e não serão consideradas, para esse fim, as contribuições recolhidas com atraso referentes a competências anteriores, observado, quanto ao segurado facultativo, o disposto nos § 3º e § 4º do art. 11.

Importante esclarecer que se aplica a regra da data de filiação ao contribuinte individual, a partir de abril de 2003, quando prestar serviços à empresa, que possui a obrigação de retenção e recolhimento das contribuições.

O cômputo da carência é considerado por competências. Isto é, mesmo o segurado que tenha começado a exercer atividade no dia 31 de um mês tem contabilizado, para efeitos de carência, todo o período daquele mês.[3]

Realçamos que as contribuições recolhidas em atraso devem ser consideradas para efeito de carência, desde que posteriores à primeira paga sem atraso, conforme regra prevista no art. 27, II, da Lei n. 8.213/1991.

No entanto, existe a possibilidade de cômputo das contribuições recolhidas com atraso pelo contribuinte individual, relativas ao período entre a perda da qualidade de segurado e a sua reaquisição, para efeito de carência?

Entendemos que sim, pois decorre da interpretação do art. 27, II, da Lei de Benefícios, que não exige a manutenção da qualidade de segurado nessa hipótese. Entretanto, os precedentes jurisprudenciais são em sentido contrário:

---

[3] MARTINEZ, Wladimir Novaes. *Comentários à Lei Básica da Previdência Social*. 4. ed. São Paulo: LTr, 1997, t. II, p. 160.

- STJ: "PREVIDENCIÁRIO. AÇÃO RESCISÓRIA. VIOLAÇÃO DE LITERAL DISPOSIÇÃO DE LEI. APOSENTADORIA. INVALIDEZ PERMANENTE. CONTRIBUIÇÕES EFETUADAS COM ATRASO, POSTERIORMENTE AO PRIMEIRO RECOLHIMENTO EFETUADO SEM ATRASO. CÔMPUTO PARA FINS DE CARÊNCIA. POSSIBILIDADE, DESDE QUE PRESERVADA A CONDIÇÃO DE SEGURADO. PEDIDO PROCEDENTE" (Ação Rescisória 4.372/SP, 3ª Seção, DJe 18.4.2016)
- TNU – Representativo de Controvérsia Tema 192: "Contribuinte individual. Recolhimento com atraso das contribuições posteriores ao pagamento da primeira contribuição sem atraso. Perda da qualidade de segurado. Impossibilidade de cômputos das contribuições recolhidas com atraso relativas ao período entre a perda da qualidade de segurado e a sua reaquisição para efeito de carência" (PEDILEF 2009.71.50.019216-5/RS, j. em 20.2.2013). No mesmo sentido: TNU, PUIL 0502048-81.2016.4.05.8100/CE, Sessão de 25.4.2019.

O Decreto n. 3.048/1999, ao regulamentar a Lei de Benefícios, detalha outras regras para o cômputo da carência no art. 26, quais sejam:

- Para o segurado especial, considera-se período de carência o tempo mínimo de efetivo exercício de atividade rural, ainda que de forma descontínua, igual ao número de meses necessário à concessão do benefício requerido.
- Não é computado para efeito de carência o tempo de atividade do trabalhador rural anterior à competência novembro de 1991.
- Para efeito de carência, considera-se presumido o recolhimento das contribuições do segurado empregado, do trabalhador avulso e, relativamente ao contribuinte individual, a partir da competência abril de 2003.
- No caso de segurado empregado doméstico: a) considera-se presumido o recolhimento das contribuições dele descontadas pelo empregador doméstico, a partir da competência junho de 2015 (LC n. 150/2015); b) filiado ao RGPS nessa condição até 31 de maio de 2015, o período de carência será contado a partir da data do efetivo recolhimento da primeira contribuição sem atraso.
- As contribuições vertidas para RPPS serão consideradas para todos os efeitos, inclusive para os de carência.
- Será considerado, para efeito de carência, o tempo de contribuição para o Plano de Seguridade Social do Servidor Público anterior à Lei n. 8.647, de 13 de abril de 1993, efetuado pelo servidor público ocupante de cargo em comissão sem vínculo efetivo com a União, autarquias, ainda que em regime especial, e fundações públicas federais.

A Lei Complementar n. 150/2015, ao dar a atual redação ao art. 27, I, da Lei de Benefícios, incluiu os empregados domésticos na regra de presunção do recolhimento das contribuições em igualdade de condições com os demais empregados e trabalhadores avulsos.

No mesmo sentido, a TNU já havia uniformizado o entendimento de que o recolhimento tardio das contribuições devidas à Previdência Social pelo empregador não pode militar em desfavor do empregado doméstico, pois *"a responsabilidade do recolhimento da contribuição é do empregador doméstico, razão pela qual o pagamento em atraso não implica o não atendimento da carência por parte do segurado"* (PEDILEF 200870500072980, Rel. Paulo Ricardo Arena Filho, DOU *19.12.2011*).

Acerca da carência para concessão de aposentadoria ao empregado rural e contribuinte individual (membro de cooperativa de trabalho, parceiro, meeiro ou arrendatário rural), dispôs o art. 3º da Lei n. 11.718/2008:

> Art. 3º Na concessão de aposentadoria por idade do empregado rural, em valor equivalente ao salário mínimo, serão contados para efeito de carência:
> I – até 31 de dezembro de 2010, a atividade comprovada na forma do art. 143 da Lei n. 8.213, de 24 de julho de 1991;
> II – de janeiro de 2011 a dezembro de 2015, cada mês comprovado de emprego, multiplicado por 3 (três), limitado a 12 (doze) meses, dentro do respectivo ano civil; e
> III – de janeiro de 2016 a dezembro de 2020, cada mês comprovado de emprego, multiplicado por 2 (dois), limitado a 12 (doze) meses dentro do respectivo ano civil.
> Parágrafo único. Aplica-se o disposto no caput deste artigo e respectivo inciso I ao trabalhador rural enquadrado na categoria de segurado contribuinte individual que comprovar a prestação de serviço de natureza rural, em caráter eventual, a 1 (uma) ou mais empresas, sem relação de emprego.

Quanto ao segurado especial, considera-se computado o prazo carencial desde que comprove o exercício de atividade rural, ainda que de forma descontínua, *no período imediatamente anterior ao requerimento do benefício*, igual ao número de meses correspondentes à carência do benefício requerido (art. 39, I, da Lei n. 8.213/1991 com redação conferida pela Lei n. 13.846/2019).

Cabe consignar que, segundo orientação do STJ, é possível a concessão de aposentadoria por tempo de serviço/contribuição mediante o cômputo de atividade rural com registro em carteira profissional em período anterior ao advento da Lei n. 8.213/1991 para efeito da carência exigida pela Lei de Benefícios. A tese firmada foi:

> APOSENTADORIA POR TEMPO DE SERVIÇO. AVERBAÇÃO DE TRABALHO RURAL COM REGISTRO EM CARTEIRA PROFISSIONAL PARA EFEITO DE CARÊNCIA. POSSIBILIDADE. (...) Mostra-se incontroverso nos autos que o autor foi contratado por empregador rural, com registro em carteira profissional desde 1958, razão pela qual não há como responsabilizá-lo pela comprovação do recolhimento das contribuições. (Tema 644)

No mesmo sentido, o Representativo de Controvérsia Tema 153, cuja tese firmada foi a seguinte: "É possível o reconhecimento do tempo de serviço exercido por trabalhador rural registrado em carteira profissional em período anterior à Lei 8.213/91 para efeito de carência, independentemente do recolhimento das contribuições previdenciárias, tendo em vista que o empregador rural, juntamente com as demais fontes previstas na legislação de regência, eram os responsáveis pelo custeio do fundo de assistência e previdência rural (FUNRURAL)" (PEDILEF 0000804-14.2012.4.01.3805/MG, j. 22.11.2017).

Quanto ao segurado do RGPS que possua tempo pretérito como servidor público não sujeito, à época, a regime próprio, tem-se que este tempo deve ser computado para todos os fins, inclusive carência, independentemente da prova de contribuições vertidas:

> *Hipótese em que o demandante, como ocupante de cargo em comissão, não estava amparado por regime próprio de previdência, de modo que sua filiação ao regime de previdência social urbana (e na vigência da Lei 8.213/91 ao regime geral de previdência) era automática. Assim, as remunerações recebidas no período não poderiam ter sido ignoradas pelo INSS quando do cálculo da renda mensal inicial, sendo irrelevante o fato de o Município eventualmente*

não ter repassado contribuições para o INSS, haja vista que o recolhimento das contribuições previdenciárias é obrigação do empregador (...) (TRF da 4ª Região, APELREEX 0018884-56.2009.404.7100, 6ª Turma, Rel. Des. Fed. João Batista Pinto Silveira, DE de 30.11.2010).

A diferença de tratamento entre as espécies de segurados para efeitos de carência exigiu comentário de alguns dos estudiosos do tema. *Feijó Coimbra*, citando *Russomano*, chama a atenção para o contrassenso entre a obrigatoriedade de filiação dos contribuintes individuais e o reconhecimento do prazo carencial somente a partir da primeira contribuição vertida sem atraso, acarretando grave injustiça;[4] é que, por esta regra, o contribuinte individual que, mesmo exercendo atividade que o enquadre como obrigatório por período superior ao da carência exigida, não esteja fazendo recolhimentos não fará jus a nenhuma prestação de que a norma exija prazo mínimo de contribuições.

Para o segurado em categorias diferenciadas de empregado e contribuinte individual, desde que não tenha perdido essa qualidade e comprovado recolhimento de contribuições, é contado para efeito de carência todo o período de atividade desde a filiação como empregado, mesmo que, quando na categoria de contribuinte individual, tenha efetuado recolhimentos em atraso.

Quanto à possibilidade de antecipação do pagamento de contribuições para efeito de cumprimento do período de carência e consequente recebimento de benefícios, havia vedação expressa a respeito no art. 89, § 7º, da Lei n. 8.212/1991. Esse dispositivo acabou sendo revogado pela Lei n. 11.941/2009, mas entendemos que essa vedação continua existindo por força do disposto no art. 24 da Lei de Benefícios, que considera como período de carência os recolhimentos feitos a partir do transcurso do primeiro dia dos meses de suas competências. Nesse sentido:

> *PREVIDENCIÁRIO. MANDADO DE SEGURANÇA. ANTECIPAÇÃO DE CONTRIBUIÇÕES PARA EFEITO DE CARÊNCIA. IMPOSSIBILIDADE. A teor do disposto no art. 24 da Lei n. 8.213/91, não é possível a antecipação das contribuições previdenciárias de modo a completar a carência faltante para a obtenção do benefício de aposentadoria por idade urbana, na medida em que somente pode ser considerada para este fim a contribuição recolhida a contar do primeiro dia do mês a que se refere (TRF/4, AC 5003738-90.2014.404.7203, TR de SC, Relator Des. Fed. Celso Kipper, em 14.9.2017).*

Da mesma forma, a doutrina de Daniel Machado da Rocha e José Paulo Baltazar Jr., sob o argumento de que:

> *A Lei de Custeio não permitia a antecipação do recolhimento de contribuições para fins de ensejar mais rapidamente o direito ao benefício, regra constante do § 7º do art. 89 da Lei n. 8.212/91. Entretanto, referido dispositivo foi revogado pela Lei n. 11.941/2009, juntamente com diversas disposições da Lei n. 8.212/91, que instituiu importantes mudanças no sistema tributário nacional. Infelizmente, o legislador não se deu conta da importância da disposição para a coerência do sistema previdenciário. Contudo, continuamos entendendo, à luz dos princípios que regem a previdência social, que a antecipação de contribuições continua vedada.*[5]

A concessão das prestações pecuniárias do RGPS depende dos seguintes períodos de carência, de acordo com o art. 25 da Lei n. 8.213/1991 e arts. 29 e 188 do RPS (redação do Decreto n. 10.410/2020):

---

[4] COIMBRA, J. R. Feijó. *Op. cit.*, p. 147.
[5] ROCHA, Daniel Machado; BALTAZAR JR. José Paulo. *Comentários à Lei de Benefícios da Previdência Social*. 15. ed. São Paulo: Atlas, 2017, p. 156-157.

- 12 contribuições mensais, nos casos de auxílio por incapacidade temporária e aposentadoria por incapacidade permanente;
- 180 contribuições mensais, nos casos de aposentadoria programada, por idade do trabalhador rural e especial;
- 10 contribuições mensais, no caso de salário-maternidade, para as seguradas contribuinte individual, especial[6] e facultativa (em caso de parto antecipado, o período de carência será reduzido em número de contribuições equivalente ao número de meses em que o parto foi antecipado) – essa exigência foi declarada inconstitucional pelo STF, ao julgar a ADI n. 2110, em 2024;
- 24 contribuições mensais, no caso do auxílio-reclusão (incluído pela Lei n. 13.846/2019);
- 180 contribuições mensais, nos casos de aposentadoria por idade e por tempo de contribuição pelas regras de transição da EC n. 103/2019.

O período de carência de qualquer aposentadoria, salvo a por incapacidade permanente, é de 180 contribuições mensais, para os segurados que ingressaram no RGPS após 24.7.1991.

A Lei n. 8.213/1991, ao aumentar o prazo de carência de 60 para 180 meses para as aposentadorias por idade, por tempo de serviço e especial, criou uma tabela progressiva para a exigência desse novo lapso temporal. Para o segurado inscrito na Previdência Social Urbana até 24.7.1991, data da entrada em vigor dessa Lei, bem como para o trabalhador e o empregador rural cobertos pela Previdência Social Rural, a carência das aposentadorias por idade, por tempo de serviço e especial, obedece à tabela do art. 142 da Lei n. 8.213/1991, levando-se em conta o ano em que o segurado implementar todas as condições necessárias à obtenção do benefício. Por exemplo, para o segurado que tenha implementado as condições no ano de 1999, a contribuição exigida era de 108 meses; no ano 2000, 114 meses. E assim sucessivamente.

Cumpre destacar que, consoante orientação firmada pela jurisprudência (STJ, REsp 1.412.566/RS), o segurado inscrito na Previdência até 24.7.1991, mesmo que nessa data não mais apresentasse condição de segurado, caso restabeleça relação jurídica com o INSS e volte a ostentar a condição de segurado após a Lei n. 8.213/1991, tem direito à aplicação da regra de transição prevista no art. 142 do mencionado diploma, devendo o requisito da carência, para a concessão de aposentadoria urbana, ser definido de acordo com o ano em que o segurado implementou apenas o requisito etário, e não conforme o ano em que ele tenha preenchido, simultaneamente, tanto o requisito da carência quanto o requisito etário.

No âmbito administrativo, o INSS incorporou essa orientação, consoante previsão contida no art. 199 da IN n. 128/2022:

> Art. 199. Para fins de concessão das aposentadorias programáveis, a carência a ser considerada deverá observar:
>
> I – se segurado inscrito até 24 de julho de 1991, véspera da publicação da Lei n. 8.213, de 1991, inclusive no caso de reingresso, a constante da tabela progressiva do art. 142 do mesmo dispositivo legal; e

---

[6] Prazo de carência criado pela Lei n. 9.876, de 26.11.1999, que deu a atual redação ao art. 25 da Lei n. 8.213/1991. O art. 93, § 2º, do Decreto n. 3.048/1999 também prevê que: "Será devido o salário-maternidade à segurada especial, desde que comprove o exercício de atividade rural nos últimos dez meses imediatamente anteriores à data do parto ou do requerimento do benefício, quando requerido antes do parto, mesmo que de forma descontínua, aplicando-se, quando for o caso, o disposto no parágrafo único do art. 29. (Redação dada pelo Decreto n. 5.545, de 2005)".

II – se segurado inscrito a partir de 25 de julho de 1991, data de vigência da Lei n. 8.213, de 1991, 180 (cento e oitenta) contribuições mensais.

§ 1º Em se tratando de aposentadoria por idade, inclusive do trabalhador rural, para fins de atendimento do disposto no inciso I, o número de meses de contribuição da tabela progressiva a ser exigido para efeito de carência será o do ano em que for preenchido o requisito etário, ainda que a carência seja cumprida em ano posterior ao que completou a idade.

§ 2º O exercício de atividade rural anterior a novembro de 1991 será considerado para a utilização da tabela progressiva do art. 142 da Lei n. 8.213, de 1991.

No caso da aposentadoria por tempo de contribuição, a exigência de 35 anos de contribuição para o segurado e de 30 anos de contribuição para a segurada não excluiu a regra vigente sobre a carência, uma vez que o tempo de contribuição pode ser obtido computando-se atividades prestadas em períodos anteriores à inscrição, como nos casos de averbação do tempo anterior à perda da qualidade de segurado, de contagem recíproca de tempo de contribuição cumprido noutros regimes, e outras aberturas legais que permitem incluir períodos em que não houve efetiva contribuição ao sistema, como nas hipóteses do acréscimo da conversão do tempo especial em comum.

A Lei n. 9.876/1999, ao estender o salário-maternidade às seguradas nas categorias de contribuinte individual e facultativa, para elas estabeleceu o prazo de carência de dez meses para a concessão do benefício, que, em caso de parto antecipado, será reduzido em número de contribuições equivalente ao número de meses em que houve a antecipação.

Nem todas as prestações reclamam um período prévio de carência. Independe de carência a concessão das seguintes prestações, consoante estabelece o art. 26 da Lei n. 8.213/1991:

- pensão por morte, salário-família e auxílio-acidente;
- auxílio por incapacidade temporária e aposentadoria por incapacidade permanente nos casos de acidente de qualquer natureza ou causa e de doença profissional ou do trabalho, bem como nos casos de segurado que, após filiar-se ao RGPS, for acometido de alguma das doenças e afecções especificadas em lista elaborada pelos Ministérios da Saúde e do Trabalho e Previdência, atualizada a cada 3 (três) anos, de acordo com os critérios de estigma, deformação, mutilação, deficiência ou outro fator que lhe confira especificidade e gravidade que mereçam tratamento particularizado;[7]
- aposentadoria por idade ou por incapacidade permanente, auxílio por incapacidade temporária, auxílio-reclusão ou pensão por morte aos segurados especiais, desde que comprovem o exercício de atividade rural, ainda que de forma descontínua, no período imediatamente anterior ao requerimento do benefício, igual ao número de meses correspondentes à carência do benefício requerido;
- reabilitação profissional e serviço social;
- salário-maternidade para a segurada empregada, trabalhadora avulsa e empregada doméstica.

No tocante à pensão por morte não podemos confundir carência com duração do benefício. Isso porque, apesar de a norma não prever carência para as pensões por morte, se o óbito ocorrer sem que o segurado tenha vertido 18 (dezoito) contribuições mensais ou se o casamento ou a

---

[7] Atualmente, a lista de doenças que isentam de carência é a prevista na Portaria Interministerial MTP/MS n. 22, de 31 de agosto de 2022, com vigência a partir de 3 de outubro de 2022.

união estável tiverem sido iniciados em menos de 2 (dois) anos antes do óbito do segurado, a duração, para a pessoa que convivia maritalmente ou em união afetiva, será de apenas quatro meses, nos termos do art. 77, V, "b", da Lei n. 8.213/1991. Contudo, se o falecimento decorreu de acidente de qualquer natureza ou de doença ocupacional, o benefício será devido conforme os prazos fixados em razão da idade da pessoa pensionista ou até a cessação da invalidez ou da condição de deficiência do dependente cônjuge ou companheiro/a. São excluídos desse prazo os demais dependentes do segurado, exemplo dos filhos e equiparados, pais e irmãos.

O art. 151 da Lei n. 8.213/1991, com a redação conferida pela Lei n. 13.135, de 17.6.2015, apresenta lista das doenças que, na forma do inciso II do art. 26 da LBPS, isentam de carência para a concessão de benefícios por incapacidade. Essa lista foi atualizada pela Portaria Interministerial MTP/MS n. 22, de 31.8.2022, constando de seu art. 2º as seguintes enfermidades:

I – tuberculose ativa;
II – hanseníase;
III – transtorno mental grave, desde que esteja cursando com alienação mental;
IV – neoplasia maligna;
V – cegueira;
VI – paralisia irreversível e incapacitante;
VII – cardiopatia grave;
VIII – doença de Parkinson;
IX – espondilite anquilosante;
X – nefropatia grave;
XI – estado avançado da doença de Paget (osteíte deformante);
XII – síndrome da deficiência imunológica adquirida (Aids);
XIII – contaminação por radiação, com base em conclusão da medicina especializada;
XIV – hepatopatia grave;
XV – esclerose múltipla;
XVI – acidente vascular encefálico (agudo); e
XVII – abdome agudo cirúrgico.

As doenças e afecções listadas nos incisos XVI e XVII, que passaram a constar do rol a partir da vigência da Portaria (em 3 de outubro de 2022), serão enquadradas como isentas de carência quando apresentarem quadro de evolução aguda e atenderem a critérios de gravidade (parágrafo único do art. 2º da Portaria).

Essa relação de doenças deve ser entendida como exemplificativa, podendo ser incluídas outras situações, como, por exemplo, a gravidez de alto risco. Nesse sentido, a uniformização da TNU em Representativo de Controvérsia Tema 220, com a fixação da seguinte tese:

1. O rol do inciso II do art. 26 da Lei 8.213/91 é exaustivo. 2. A lista de doenças mencionada no inciso II, atualmente regulamentada pelo art. 151 da Lei n. 8.213/91, não é taxativa, admitindo interpretação extensiva, desde que demonstrada a especificidade e gravidade que mereçam tratamento particularizado. 3. A gravidez de alto risco, com recomendação médica de afastamento do trabalho por mais de 15 dias consecutivos, autoriza a dispensa de carência para acesso aos benefícios por incapacidade.

A TNU deu essa interpretação de dispensa da carência para outras situações. Vejamos: AVC que cause paralisia irreversível e incapacitante (PUIL 0033626-77.2016.4.01.3300/BA, j. 27.5.2021); esquizofrenia, que cause alienação mental (PUIL 1001346-98.2019.4.01.3504/GO, j. 27.5.2021); cegueira monocular (PUIL 5004134-79.2019.4.04.7110/RS, j. 25.2.2021).

Entende-se como acidente de qualquer natureza o que ocorre provocando lesão corporal ou perturbação funcional, com perda ou redução da capacidade laborativa, permanente ou temporária, seja em decorrência do trabalho ou não.

Sobre a delimitação do acidente de qualquer natureza, a TNU fixou a seguinte tese no Representativo de Controvérsia – Tema 269:

> O conceito de acidente de qualquer natureza, para os fins do art. 86 da Lei 8.213/91 (auxílio-acidente), consiste em evento súbito e de origem traumática, por exposição a agentes exógenos físicos, químicos ou biológicos, ressalvados os casos de acidente do trabalho típicos ou por equiparação, caracterizados na forma dos arts. 19 a 21 da Lei 8.213/91 (PUIL 0031628-86.2017.4.02.5054/ES).

Para os benefícios de auxílio por incapacidade temporária e aposentadoria por incapacidade permanente, portanto, tem-se como regra geral que é exigida carência de 12 contribuições mensais, sendo importante frisar que, no caso de segurados nas categorias de empregado, doméstico, trabalhador avulso e ainda, nos casos de contribuintes individuais que prestam serviços a pessoas jurídicas, a falta de contribuição no período não pode ser considerado obstáculo ao deferimento do pedido, já que a responsabilidade pelo recolhimento da contribuição é encargo do tomador dos serviços, não podendo o trabalhador ser prejudicado pela inadimplência de outrem.

Tratando-se de auxílio por incapacidade temporária acidentário ou aposentadoria por incapacidade permanente acidentária (com nexo de causalidade ou concausalidade entre a enfermidade e o trabalho, ou nexo técnico epidemiológico) e mesmo em casos de benefícios não ligados a acidentes do trabalho ou doenças ocupacionais, mas gerados por acidente de qualquer outra natureza ou causa, bem como por doenças especificadas como graves, contagiosas ou incuráveis, a carência é inexigível.

Do conjunto normativo sobre o tema conclui-se que, em grande parte dos casos de benefícios por incapacidade, não se exige prazo mínimo de filiação previdenciária para a obtenção de tais benefícios. O problema está justamente naqueles casos em que o segurado é acometido de doença incapacitante no interregno dos primeiros doze meses de atividade vinculada ao RGPS.

Tenha-se por base uma pessoa que, com seis meses de contribuição ao sistema, se veja acometida de doença de chagas, ou malária, ou febre amarela, ou dengue. Nesses casos, o INSS indeferirá o benefício, por mais grave que seja o estado de saúde da pessoa, ante a falta de contribuições exigidas.

Esta é a razão pela qual se questiona a possível inconstitucionalidade da exigência estabelecida para tais benefícios. Teria o Texto Constitucional, ao estabelecer no art. 201 a proteção do segurado quanto ao risco social decorrente da incapacidade para o trabalho, autorizado o legislador a limitar o acesso às prestações pelo estabelecimento de um prazo carencial? Ou, ainda, tal prazo não estaria sendo aplicado em evidente afronta ao princípio da universalidade da cobertura e do atendimento, previsto no art. 194, parágrafo único, inciso I, do Texto Constitucional?

A limitação do acesso a tais direitos deve ser decorrente de fundamentos razoáveis (princípio da razoabilidade). A nosso ver, não parece ser razoável deixar um segurado acometido de doença grave, porém não identificada desta forma pelas autoridades públicas, alijado de obter a prestação que seria devida.

Com efeito, a fixação de prazo carencial tem por base a ideia de que o sistema deve estar apto a dar atendimento aos interesses dos segurados, tanto individual quanto coletivamente. Assim, tem sentido exigir carência em caso de aposentadorias voluntárias, cuja programação pelo segurado depende de sua vontade exclusiva. Situação muito diferente, diametralmente oposta, é a do segurado doente ou inválido: ele não optou por ficar incapaz e a ausência da proteção social pode lhe causar a total desproteção estatal, visto que, na condição de trabalhador, não lhe será possível obter renda por seu próprio esforço.

De outro lado, tem-se que a lista de doenças consideradas liberadas de carência é por demais restrita e se encontra desatualizada há décadas.

Dessa forma, sustenta-se incabível negar benefícios por incapacidade a segurados que não tenham cumprido o prazo carencial, (1) seja pela inconstitucionalidade da regra do art. 25, inciso I, da Lei n. 8.213/1991, (2) seja pela imprestabilidade da lista de doenças de que trata o art. 26, inciso II.

– **Cumprimento da carência em caso de nova filiação à Previdência Social**

Até a publicação da MP n. 739, em 7.7.2016, havendo perda da qualidade de segurado, as contribuições anteriores a essa data poderiam ser computadas para efeito de carência depois que o segurado contasse, a partir de uma nova filiação à Previdência Social (pela assunção de nova atividade laborativa ou pela filiação como segurado facultativo), com, no mínimo, um terço do número de contribuições exigidas para o cumprimento da carência relativa ao benefício a ser requerido – art. 24, parágrafo único, da Lei n. 8.213/1991.

Exemplificando, o segurado que, depois de um ano, perdera esta qualidade e retornara à atividade laboral só poderia receber benefício por incapacidade contraída após seu retorno, quando completados quatro meses de contribuição (um terço da carência, que é de 12 contribuições mensais), então poderia somar o tempo anterior (12 contribuições) e assim fazer jus ao benefício. Antes de completar os quatro meses, não faria jus ao recebimento do benefício, salvo nas hipóteses em que era dispensada a carência.

Com a revogação do parágrafo único do art. 24 e o surgimento do parágrafo único do art. 27 na LBPS, redação conferida pela MP n. 739/2016, foi estabelecido que, havendo perda da qualidade de segurado, deverá ser cumprida a carência integral para os benefícios por incapacidade e salário-maternidade.

Ocorre que a MP n. 739 perdeu sua vigência em 4.11.2016, por não ter sido apreciada pelo Poder Legislativo no prazo previsto no § 3º do art. 62 da Constituição (redação da EC n. 32/2001). Em consequência, deveria o Congresso Nacional, no prazo de 60 dias, disciplinar, por decreto legislativo, as relações jurídicas delas decorrentes. Caso contrário, "as relações jurídicas constituídas e decorrentes de atos praticados durante sua vigência conservar-se-ão por ela regidas" (§ 11 do art. 62 da Constituição).

Posteriormente, com a edição da MP n. 767, de 6.1.2017, voltou à cena jurídica a revogação do parágrafo único do art. 24 da LBPS e a inclusão do art. 27-A, dispondo novamente que, havendo perda da qualidade de segurado, deverá ser cumprida a carência integral para os benefícios por incapacidade e salário-maternidade.

Essa MP foi transformada na Lei n. 13.457, de 26.6.2017, mantendo a revogação do art. 24, parágrafo único, da Lei n. 8.213/1991, e conferiu a atual redação ao art. 27-A, para dispor que, havendo perda da qualidade de segurado, deverá ser cumprida a metade da carência exigida para os benefícios por incapacidade e salário-maternidade.

Assim, no período de vigência da Lei n. 13.457/2017, havendo perda da qualidade de segurado, deverão ser cumpridos, novamente (antes do surgimento da incapacidade), pelo menos 6 meses de carência para ter direito ao auxílio por incapacidade temporária (antigo auxílio-doença – B 31) e à aposentadoria por incapacidade permanente (antiga aposentadoria por invalidez – B 32). No caso do salário-maternidade da contribuinte individual, da segurada especial e da facultativa, a exigência foi de 5 meses.

Contudo, antes mesmo de consolidadas essas alterações, surgiu a MP n. 871, de 18.1.2019, modificando novamente o art. 27-A da Lei n. 8.213/1991, para fixar que, havendo perda da qualidade de segurado, deverá ser cumprida a carência integral para os benefícios por incapacidade, salário-maternidade e auxílio-reclusão.

No entanto, quando da conversão na Lei n. 13.846/2019, retornou-se à redação que exige o cumprimento de metade do prazo de carência em caso de refiliação.

Diante desse vaivém de normas, surgiram casos em que os benefícios foram indeferidos na vigência das MPs n. 739, 767 e 871, cujas regras eram mais rigorosas que a redação original da Lei n. 8.213/1991 e daquelas dadas pelas Leis n. 13.457/2017 e n. 13.846/2019.

De acordo com a interpretação do INSS (art. 200 da IN PRESI/INSS n. 128/2022), a análise da carência tem a seguinte regra intertemporal:

Fato gerador	Norma aplicável	Mínimo contribuições reingresso
De 25.7.1991 até 7.7.2016	Lei n. 8.213/1991 (art. 24, p. u.)	4 contribuições (1/3 carência)
De 8.7.2016 a 4.11.2016	MP n. 739/2016	12 contribuições
De 5.11.2016 a 5.1.2017	Lei n. 8.213/1991 (art. 24, p. u.)	4 contribuições (1/3 carência)
De 6.1.2017 a 26.6.2017	MP n. 767/2017	12 contribuições
De 27.6.2017 a 17.1.2019	Lei n. 13.457/2017	6 contribuições (1/2 carência)
De 18.1.2019 a 17.6.2019	MP n. 871/2019	12 contribuições
De 18.6.2019 em diante	Lei n. 13.846/2019	6 contribuições (1/2 carência)

No nosso entendimento, a interpretação mais adequada é a que segue:

a) **período de vigência da MP n. 739/2016 (8.7.2016 a 4.11.2016):** deve ser aplicada a redação original da Lei n. 8.213/1991, qual seja, o cumprimento de um terço da carência necessária (art. 24, parágrafo único). Isto porque viola o princípio da isonomia a aplicação de regra mais rigorosa em período intermediário;

b) **período de vigência das MPs n. 767/2017 e n. 871/2019 (6.1.2017 a 26.6.2017 e de 18.1.2019 a 17.6.2019):** deve ser aplicada a regra aprovada pelas Leis n. 13.457/2017 e 13.846/2019, que estabeleceram a necessidade do cumprimento da metade da carência exigida (art. 27-A). Como a regra mais rígida não foi transformada em lei, não há como ser aplicada sequer no período de vigência da medida provisória.

Ademais, num processo legislativo democrático, a vontade do legislador deve sobrepor ao do Chefe do Poder Executivo. No caso, o Congresso Nacional rejeitou o texto da MP que ampliava para 12 meses o período mínimo de contribuições em caso de reingresso ao sistema. Manter a validade dessa regra, mesmo que por quatro vezes, representa afronta ao que foi aprovado no texto de lei e não pode prevalecer sob pena de criar situações inusitadas, ferindo norma constitucional que garante tratamento isonômico entre segurados.

Porém cabe referir que sobre a interpretação dessas regras de direito intertemporal foi fixada a seguinte tese pela TNU, em Representativo de Controvérsia:

– Tema 176: "Constatado que a incapacidade do(a) segurado(a) do Regime Geral da Previdência Social (RGPS) ocorreu ao tempo da vigência das Medidas Provisórias 739/2016 e 767/2017, aplicam-se as novas regras de carência nelas previstas".

– **Fruição de benefícios por incapacidade durante a contagem do prazo de carência**

Questionamento importante é se o período em gozo de benefício por incapacidade pode ser computado para efeito de carência.

O INSS, em cumprimento à decisão proferida em Ação Civil Pública n. 0004103-29.2009.4.04.7100 (antigo n. 2009.71.00.004103-4), que determinou o cômputo do período de recebimento de benefício por incapacidade para fins de carência, se intercalado com períodos de atividade ou contribuição, editou a IN INSS/PRES n. 86, de 25.4.2016, alterando a IN PRES/INSS n. 77/2015. Na IN PRESI/INSS n. 128/2022, consta do art. 193, § 1º:

> Art. 193. (...)
> § 1º Por força da decisão judicial proferida na Ação Civil Pública n. 2009.71.00.004103-4 (novo n. 0004103-29.2009.4.04.7100) é devido o cômputo, para fins de carência, do período em gozo de benefício por incapacidade, inclusive os decorrentes de acidente do trabalho, desde que intercalado com períodos de contribuição ou atividade, para os benefícios requeridos a partir de 19 de setembro de 2011, observado o seguinte:
> a) no período compreendido entre 19 de setembro de 2011 a 3 de novembro de 2014 a decisão judicial teve abrangência nacional; e
> b) para os residentes nos Estados do Rio Grande do Sul, Santa Catarina e Paraná, a determinação permanece vigente, observada a decisão proferida pelo Superior Tribunal de Justiça (STJ) no Recurso Especial (REsp) n. 1.414.439-RS, e alcança os benefícios requeridos a partir de 29 de janeiro de 2009.

Apesar disso, com a edição do Decreto n. 10.410/2020, o INSS deixou de computar os períodos de recebimento de benefício por incapacidade para fins de carência, mesmo os decorrentes de acidente do trabalho, considerando-os apenas como tempo de contribuição. É o que consta do RPS, art. 19-C, § 1º: "Será computado o tempo intercalado de recebimento de benefício por incapacidade, na forma do disposto no inciso II do *caput* do art. 55 da Lei n. 8.213, de 24 de julho de 1991, exceto para efeito de carência".

Temos de longa data defendido que estando a renda mensal dos benefícios por incapacidade legalmente equiparada ao salário de contribuição (art. 29, § 5º c/c art. 55, inciso II, da Lei n. 8.213/1991), um dos reflexos disto é o cômputo do período de fruição do benefício como período de carência.

A orientação jurisprudencial é de que não existe óbice legal para o cômputo dos períodos em gozo de benefício por incapacidade para fins de carência, desde que intercalados com períodos de contribuição. Nesse sentido:

> TNU: *"O tempo de gozo de auxílio-doença ou aposentadoria por invalidez não decorrentes de acidente do trabalho deve ser computado para fins de tempo de contribuição e carência, quando intercalado com períodos de contribuição, independentemente do número de contribuições vertido e o título a que realizadas"* (PUIL 0000805-67.2015.4.03.6317/SP, Sessão de 25.4.2019).
> TNU – Súmula n. 73: "O tempo de gozo de auxílio-doença ou de aposentadoria por invalidez não decorrentes de acidente de trabalho só pode ser computado como tempo de contribuição ou para fins de carência quando intercalado entre períodos nos quais houve recolhimento de contribuições para a previdência social".
> TRF/4ª Região – Súmula n. 102: "É possível o cômputo do interregno em que o segurado esteve usufruindo benefício por incapacidade (auxílio-doença ou aposentadoria por invalidez) para fins de carência, desde que intercalado com períodos contributivos ou de efetivo trabalho".

O STF comunga desse mesmo entendimento, consoante se observa da Repercussão Geral Tema 1.125, cuja tese fixada foi a seguinte: "É constitucional o cômputo, para fins de carência, do período no qual o segurado esteve em gozo do benefício de auxílio-doença, desde que intercalado com atividade laborativa" (RE 1.298.832, Plenário Virtual, *DJe* 24.2.2021).

Em precedente do TRF da 4ª Região, também se admitiu (por caracterizado o *distinguish*) o cômputo de período de incapacidade intercalado com o de contribuições como segurado facultativo (ou seja, mesmo sem atividade laborativa) para fins de carência: Ap. Civ. 5004374-62.2019.4.04.7112 (RS), Rel. p/ o acórdão Des. Paulo Afonso Brum Vaz, j. 27.9.2023.

Sobre o tema, o STJ, em posicionamento isolado, deu interpretação ainda mais ampla ao admitir também o período de gozo de auxílio-acidente para fins de carência (REsp 1.243.760/PR, 5ª Turma, Rel. Min. Laurita Vaz, *DJe* 9.4.2013).

Esse precedente do STJ não tem sido observado pelos Tribunais, a exemplo do que ocorre no TRF da 4ª Região: "É incabível o cômputo, como carência ou tempo de serviço, do período em que o segurado esteve em gozo de auxílio-acidente, para fins de concessão de aposentadoria por idade urbana, tendo em vista que se trata de benefício de caráter indenizatório e que não substitui o salário de contribuição ou os rendimentos do trabalho do segurado" (AC 5003251-68.2015.4.04.7112, 5ª Turma, Rel. Des. Rogério Favreto, em 16.5.2017).

No mesmo sentido a tese fixada pela TNU: "O período sem contribuição em que o segurado esteve em gozo de auxílio-acidente não pode ser computado como período de carência" (Processo n. 0504317-35.2017.4.05.8302/PE, Sessão de 27.6.2019).

- **Períodos em que a contribuição não atingiu o montante previsto no § 14 do art. 195 da CF (redação dada pela EC n. 103/2019) são computáveis para carência?**

Como visto no tópico 19.5 desta obra, o § 14 do art. 195 foi incluído pela EC n. 103/2019 com a seguinte redação: "O segurado somente terá reconhecida como tempo de contribuição ao Regime Geral de Previdência Social a competência cuja contribuição seja igual ou superior à contribuição mínima mensal exigida para sua categoria, assegurado o agrupamento de contribuições".

E como já assinalado no tópico 31.1.4, conforme o art. 19-E do Decreto n. 3.048/1999, inserido pelo Decreto n. 10.410/2020, ao "regulamentar" a EC n. 103, não será considerado o tempo para nenhuma finalidade quando a contribuição mensal não chegar a alcançar o equivalente ao que incidiria sobre o salário mínimo, devendo o segurado complementar sua contribuição para "salvar" o período.

No entanto, a jurisprudência vem rechaçando a aplicação desse entendimento no caso de benefícios por incapacidade postulados por segurados nesta condição, como se vê do julgado da TRU do TRF 4: "Em se tratando de segurado empregado e empregado doméstico, mesmo após a vigência da Emenda Constitucional (EC) n. 103/2019, da Reforma da Previdência, os recolhimentos realizados com base em remuneração inferior ao limite mínimo mensal do salário de contribuição não impedem a manutenção da qualidade de segurado nem o seu cômputo como carência para o deferimento de benefício por incapacidade" (Proc. 5000078-47.2022.4.04.7126).

Compreendemos, em acréscimo ao entendimento jurisprudencial anterior, que a mesma condição deve ser observada para o trabalhador avulso e para o contribuinte individual que presta serviços a pessoa jurídica, pois a incidência da contribuição, bem sua retenção e recolhimento, é de responsabilidade do tomador da mão de obra, não podendo o indivíduo ser penalizado pela situação, pois a realidade social demonstra a existência de situações inúmeras de subemprego e desemprego estrutural, e a esdrúxula alteração constitucional levada a efeito vem a penalizar com a exclusão social justamente a camada mais vulnerável da população, que muitas vezes só vê alternativa para sua subsistência aceitando trabalhos cujo rendimento é inferior ao salário mínimo mensal.

Cálculo do Valor dos Benefícios

Os benefícios – prestações pecuniárias devidas pela Previdência Social – têm valores apurados de formas diversas. A regra geral, porém, é que os benefícios sejam calculados segundo os critérios previstos pelo art. 201, § 3º, da Constituição Federal, ou seja, levando-se em conta os salários de contribuição, corrigidos monetariamente, para apuração do chamado salário de benefício.

Os benefícios, contudo, que não têm essa base de cálculo, segundo o art. 31 do RPS (redação conferida pelo Decreto n. 10.410/2020) são: o salário-família; a pensão por morte; o salário-maternidade; o auxílio-reclusão; e os demais benefícios previstos em legislação especial.

No salário-família o valor é estabelecido por cotas, com valores fixos, e reajustadas anualmente. O salário-maternidade corresponde à remuneração integral, no caso da segurada empregada e trabalhadora avulsa em licença-gestante (art. 72 da Lei n. 8.213/1991); para a empregada doméstica, o valor do seu último salário de contribuição (art. 73, I, da Lei n. 8.213/1991); 1 (um) salário mínimo para a segurada especial (art. 39, parágrafo único, da Lei n. 8.213/1991); e 1/12 da média dos 12 últimos salários de contribuição, apurados em período não superior a quinze meses, para a segurada contribuinte individual e facultativa (art. 73, III, da Lei n. 8.213/1991).

A pensão por morte, segundo a regra vigente (art. 23 da EC n. 103/2019), será equivalente a uma cota familiar de 50% do valor da aposentadoria recebida pelo segurado do RGPS ou pelo servidor federal (vinculado ao RPPS da União) ou daquela a que teria direito se fosse aposentado por incapacidade permanente na data do óbito, acrescida de cotas de 10 pontos percentuais por dependente, até o máximo de 100%.

O auxílio-reclusão tem a mesma base de cálculo da pensão por morte, mas, por força do art. 27, § 1º, da EC n. 103/2019, não pode exceder o valor de um salário mínimo.

26.1 SALÁRIO DE BENEFÍCIO E PERÍODO BÁSICO DE CÁLCULO

O salário de benefício é o valor básico usado para o cálculo da renda mensal inicial dos principais benefícios previdenciários de pagamento continuado (art. 28 da Lei n. 8.213/1991). É a "importância apurada a partir dos salários de contribuição do segurado, sob a presunção de eles indicarem o nível da fonte de subsistência do trabalhador, substituível pela prestação previdenciária".[1]

Como ressalta *Russomano*: "Não há correspondência rigorosa e absoluta entre o *valor do salário de benefício* e o *valor do benefício*. Este resulta de uma terceira operação aritmética...".[2]

---

[1] MARTINEZ, Wladimir Novaes. *Comentários à Lei Básica da Previdência Social*. 4. ed. São Paulo: LTr, 1997, t. II, p. 190.
[2] RUSSOMANO, Mozart Victor. *Comentários à Consolidação das Leis da Previdência Social*. 2. ed. São Paulo: Revista dos Tribunais, 1981, p. 118.

A chamada renda mensal do benefício é apurada conforme regras estabelecidas na legislação regente das prestações.

A Constituição Federal de 1988 garantiu que todos os salários de contribuição considerados no cálculo do salário de benefício serão corrigidos monetariamente (art. 201, § 3º). Até o advento da atual Constituição, os doze mais recentes salários de contribuição não eram corrigidos. Tal regra, em tempo de inflação galopante, acarretava uma sensível redução no valor da renda mensal inicial em relação ao último salário da atividade, principalmente nos benefícios por incapacidade, que consideravam apenas 12 salários de contribuição, num período básico de cálculo de dezoito meses. Mas, como não havia lei prevendo a atualização, a jurisprudência se inclinou por sufragar esse critério.

De acordo com a redação original do art. 29, *caput,* da Lei n. 8.213/1991, o salário de benefício consistia na média aritmética simples de todos os últimos salários de contribuição (base de cálculo das contribuições sociais) ou salários de benefício (caso o segurado tivesse fruído benefício no período) dos meses imediatamente anteriores ao do afastamento da atividade ou da data de protocolo do requerimento, até o máximo de 36 contribuições, consecutivas ou não, tomadas num intervalo nunca superior a quarenta e oito meses (período básico de cálculo), excetuado para tais fins, em qualquer caso, o 13º salário, que não integra tal cálculo (art. 29, § 3º, da Lei n. 8.213/1991), e sempre atualizados monetariamente.

Poderia ocorrer que o segurado, nos últimos quarenta e oito meses, tivesse contribuído ou estado em fruição de benefício em menos de vinte e quatro meses. Nesse caso, em se tratando de pedido de aposentadoria por idade, por tempo de serviço ou especial, o salário de benefício corresponderia a 1/24 da soma dos salários de contribuição apurados no interregno. Ou seja, o "denominador" mínimo era sempre 24, em se tratando de aposentadoria, salvo aquela por invalidez e a concedida a anistiado. A regra foi revogada pela Lei n. 9.876/1999.

Com a Emenda Constitucional n. 20/1998, desapareceu a garantia do cálculo do benefício pela média dos 36 últimos salários de contribuição, conforme previa o *caput* do art. 202 da Constituição de 1988, na sua redação original. Esse prazo de cálculo vem sendo ampliado gradualmente para chegar ao período total das contribuições, na forma definida na Lei n. 9.876, de 26.11.1999 (*DOU* de 29.11.1999), a qual criou o chamado "fator previdenciário", dando a atual redação ao art. 29 da Lei n. 8.213/1991.

Ressaltamos, entretanto, a existência de direito adquirido aos critérios supracitados, conforme o caso, em favor dos segurados que cumpriram todos os requisitos para a obtenção dos benefícios até a entrada em vigor da Lei n. 9.876/1999.

A fórmula de cálculo do salário de benefício para os segurados em geral, excetuados os segurados especiais, prevista na atual redação do *caput* do art. 29 da Lei n. 8.213/1991, conferida pela Lei n. 9.876/1999, passou a observar os seguintes critérios, que vigoraram até a promulgação da EC n. 103/2019:

- para a aposentadoria por idade e por tempo de contribuição: o salário de benefício consistirá na média aritmética simples dos maiores salários de contribuição correspondentes a 80% de todo o período contributivo, multiplicada pelo fator previdenciário (FP = opcional para a aposentadoria por idade, não pode ocasionar redução do valor);
- para a aposentadoria por invalidez, aposentadoria especial, auxílio-doença e auxílio-acidente: o salário de benefício consistirá na média aritmética simples dos maiores salários de contribuição correspondentes a 80% de todo o período contributivo (para estes benefícios não há a multiplicação pelo fator previdenciário).

Para os segurados já filiados ao RGPS antes de 29.11.1999, nos casos de aposentadorias por idade, tempo de contribuição e especial, o divisor considerado no cálculo da média não poderá ser inferior a 60% dos meses do período decorrido da competência julho de 1994 até a data de início do benefício, limitado a 100% de todo o período contributivo (art. 188-E, § 1º, do RPS, incluído pelo Decreto n. 10.410/2020). Nesse sentido, decidiu o STJ:

> (...) no caso do segurado não ter contribuído, ao menos, pelo tempo correspondente a 60% do período básico de cálculo, os salários de contribuição vertidos entre julho de 1994 e a data do requerimento do benefício são somados e o resultado dividido pelo número equivalente a 60% do período básico de cálculo (REsp 1.655.712/PR, T2, *DJe* 30.6.2017).

Já nos casos de benefícios por incapacidade, o salário de benefício consistia na média aritmética simples dos maiores salários de contribuição correspondentes a 80% do período contributivo decorrido desde a competência julho de 1994 até a data do início do benefício, mesmo que o número de contribuições fosse inferior a 60% desse período.

Trata-se da regra do mínimo divisor, que, embora não tratada pela EC n. 103/2019, deixou de ser aplicada para os benefícios concedidos com base nas novas regras permanentes ou de transição, até o advento da Lei n. 14.331, de 4.5.2022, que recriou o divisor mínimo, mediante a introdução do seguinte artigo na LBPS:

> Art. 135-A. Para o segurado filiado à Previdência Social até julho de 1994, no cálculo do salário de benefício das aposentadorias, exceto a aposentadoria por incapacidade permanente, o divisor considerado no cálculo da média dos salários de contribuição não poderá ser inferior a 108 (cento e oito) meses.

Assim, continua a ser utilizado o mínimo divisor para apuração do valor da renda mensal dos benefícios concedidos com base em direito adquirido até 13.11.2019 (art. 188-E do RPS, com redação dada pelo Decreto n. 10.410/2020), e para aqueles com data de início a partir de 05 de maio de 2022. Quem preencheu os requisitos para a aposentadoria no período de 13.11.2019 a 4.5.2022, pode requerer o benefício em data posterior sem a incidência do mínimo divisor, desde que calculado com base nas regras de direito adquirido nesse período (13.11.2019 a 4.5.2022). Aplica-se, em síntese, o critério do melhor benefício, em que o segurado busca a renda mais favorável.

Como visto, o "período básico de cálculo" – interregno em que são apurados os salários de contribuição com base nos quais se calcula o salário de benefício – deixou de ser 36 meses para abranger todo o período contributivo do segurado.

Não bastasse isso, a Reforma da Previdência de 2019 estabeleceu que, no cálculo dos benefícios, será utilizada a média aritmética simples dos salários de contribuição atualizados monetariamente, correspondentes a 100% do período contributivo desde a competência julho de 1994 ou desde o início da contribuição, se posterior àquela competência.

Isto é, pela regra, o valor do salário de benefício será calculado com base na média de todo o histórico de contribuições do segurado sem a possibilidade de exclusão das 20% menores, tal qual constava da Lei n. 9.876/1999.

Entretanto, poderão ser excluídas da média as contribuições que resultem em redução do valor do benefício, desde que mantido o tempo mínimo de contribuição exigido, vedada a utilização do tempo excluído para qualquer finalidade, inclusive para o acréscimo no coeficiente de cálculo (art. 26, § 6º, da EC n. 103/2019).

Quanto ao auxílio-doença (atual auxílio por incapacidade temporária), a Lei n. 13.135/2015 introduziu regra estabelecendo que o salário de benefício não poderá exceder a média aritmética simples dos últimos 12 salários de contribuição, inclusive no caso de remuneração variável, ou, se não alcançado o número de 12, a média aritmética simples dos salários de contribuição existentes (redação do § 10 do art. 29 da Lei n. 8.213/1991). A intenção foi evitar situações em que o valor do benefício fica acima do último rendimento que o segurado recebia.

A regra vulnera princípios básicos do sistema previdenciário, pois o segurado acaba por não fazer jus à contrapartida das contribuições que verteu (caso a média de seus salários de contribuição seja maior que o valor da RMI apurada). E, no nosso entendimento, essa fórmula de cálculo deve ser considerada superada em face do art. 26 da EC n. 103/2019, que estabeleceu novos parâmetros para a apuração do salário de benefício.

No entanto, o artigo 32, *caput*, do RPS (redação conferida pelo Decreto n. 10.410/2020) determina que *todos os benefícios* de que trata o Regulamento – inclusive, portanto, o auxílio por incapacidade temporária, e não apenas as aposentadorias – deverão ser calculados doravante com base em 100% da média contributiva e, particularmente quanto ao benefício em questão, este permanece não podendo exceder a média aritmética simples dos últimos doze salários de contribuição (art. 32, § 23, com redação dada pelo Decreto n. 10.410/2020). Trata-se de regra híbrida de cálculo, unindo o art. 29, § 10 da Lei de Benefícios com o art. 26 da EC n. 103/2019, com a qual discordamos.

Serão considerados para o cálculo do salário de benefício os ganhos habituais do segurado empregado a qualquer título, sob forma de moeda corrente ou de utilidades, sobre os quais tenha incidido a contribuição previdenciária, exceto o décimo terceiro salário. Sobre o conceito de salário-utilidade, remetemos o leitor à Parte III deste livro, no capítulo referente ao salário de contribuição.

Importante fazer referência à orientação fixada pela TNU, quanto à impossibilidade de se limitar o valor dos salários de contribuição monetariamente atualizados, quando considerados no período básico de cálculo de um benefício. A limitação ao máximo do salário de contribuição vigente deve se dar apenas para efeito de pagamento, ou, ainda, incidir sobre a renda mensal inicial apurada ou sobre a renda de manutenção do benefício (PEDILEF 0001088.08.2006.4.03.6317, Relator Juiz Federal Luiz Cláudio Flores da Cunha, *DOU* de 27.6.2014).

Todos os salários de contribuição utilizados no cálculo do salário de benefício serão corrigidos, mês a mês, de acordo com a variação integral do Índice Nacional de Preço ao Consumidor – INPC, referente ao período decorrido a partir da primeira competência do salário de contribuição que compõe o período básico de cálculo até o mês anterior ao do início do benefício, de modo a preservar o seu valor real – art. 33 do Decreto n. 3.048/1999, com a redação conferida pelo Decreto n. 5.545/2005. Ressalta-se que o INPC substituiu o IGP-DI a partir de 2/2004 (Lei n. 10.887/2004, que acrescentou o art. 29-B à Lei n. 8.213/1991).

Questão relacionada a este tema é utilização ou não dos índices negativos na composição do fator de atualização. O STJ decidiu pela aplicação: "A Corte Especial do STJ, ao apreciar o Recurso Especial 1.265.580/CE, relatado pelo Min. Teori Albino Zavascki, *DJe* de 18/4/2012, consolidou o entendimento de que os índices negativos de correção monetária devem ser considerados no cálculo de atualização de débito judicialmente apurado, preservando-se, contudo, o valor nominal do montante principal" (REsp 1.765.765/SP, 2ª Turma, *DJe* 30.5.2019).

Para o cálculo do salário de benefício, prevê ainda a Lei n. 8.213/1991, não será considerado o aumento dos salários de contribuição que exceder o limite legal, inclusive o voluntariamente concedido pelo empregador nos trinta e seis meses imediatamente anteriores ao início do benefício, salvo se homologado pela Justiça do Trabalho, resultante de promoção regulada por normas gerais da empresa, admitida pela legislação do trabalho ou proveniente de sentença normativa ou de reajustamento salarial obtido pela categoria respectiva. Essa regra, prevista no art. 29, § 4º, da Lei n. 8.213/1991, tornou-se ineficaz a partir da edição da Lei n. 8.880/1994 (URV/Real), que instituiu a livre negociação salarial na data-base de todas as categorias, acabando com a política salarial de indexação pelo Governo.

No nosso entender, a regra do art. 29, § 4º, da Lei n. 8.213/1991 também estaria superada em função da alteração levada a efeito pela Lei n. 9.876/1999 para obtenção do salário de benefício, pois o período básico de cálculo não sendo mais formado pelos últimos 36 salários de contribuição do segurado, e sim por todo o período contributivo, de nenhuma serventia a invocação do dispositivo pela Autarquia, na eventual hipótese de suspeição do reajuste concedido ao trabalhador.

Quando, no período básico de cálculo, o segurado tiver recebido benefícios por incapacidade, sua duração será contada, considerando-se como salário de contribuição, no período, o salário de benefício que serviu de base para o cálculo da renda mensal, reajustado nas mesmas épocas e bases que os benefícios em geral, não podendo ser inferior a um salário mínimo (art. 29, § 5º, da Lei n. 8.213/1991). Tal regra, todavia, somente se aplica quando a fruição de benefício por incapacidade ocorrer entre períodos de efetiva atividade/contribuição, como decidiu o STF em Repercussão Geral:

> *Tema 88 - Tese Fixada:* "Em razão do caráter contributivo do regime geral de previdência (CF/1988, art. 201, *caput*), o art. 29, § 5º, da Lei n. 8.213/1991 não se aplica à transformação de auxílio-doença em aposentadoria por invalidez, mas apenas a aposentadorias por invalidez precedidas de períodos de auxílio-doença intercalados com intervalos de atividade, sendo válido o art. 36, § 7º, do Decreto n. 3.048/1999, mesmo após a Lei n. 9.876/1999" (*Leading Case*: RE 583.834, *DJe* 14.2.2012).

A regra do art. 36, § 7º, do Decreto n. 3.048/1999 acabou sendo revogada pelo Decreto n. 10.410/2020, o qual deu nova redação ao art. 44 do RPS (que deve ser combinado com o art. 32) para fixar os novos critérios de cálculo da renda mensal inicial da aposentadoria por incapacidade permanente, em consonância com o art. 26 da EC n. 103/2019.

Segundo o entendimento do STJ, em caso de percepção do auxílio-acidente, seu valor é incluído no cálculo do salário de benefício para fins de concessão de aposentadoria (art. 34, II, da Lei n. 8.212/1991, com a redação da Lei n. 9.528/1997), salvo se esta aposentadoria foi concedida antes da vigência da Lei n. 9.528/1997, quando então será pago de forma vitalícia, não sendo computado para fins de salário de benefício da aposentadoria, com percepção cumulativa dos dois benefícios (Tema Repetitivo 555, REsp 1.296.673, 1ª Seção, Rel. Min. Herman Benjamin, *DJe* 3.9.2012). A TNU, a esse respeito, fixou tese no Tema 322: "no cálculo da renda mensal do segurado especial que não contribui facultativamente, a integração do valor mensal do auxílio-acidente ao salário de contribuição da aposentadoria opera-se mediante a soma do valor da aposentadoria à renda mensal do auxílio-acidente vigente na data de início da referida aposentadoria" (PUIL 0503318-17.2019.4.05.8107).

O art. 29-A da Lei de Benefícios, na redação conferida pela LC n. 128/2008, prevê que o INSS utilizará as informações constantes no CNIS sobre os vínculos e as remunerações dos segurados, para fins de cálculo do salário de benefício, comprovação de filiação ao RGPS, tempo de contribuição e relação de emprego.

O segurado poderá solicitar, a qualquer tempo, a inclusão, a exclusão, a ratificação ou a retificação de suas informações constantes do CNIS, com a apresentação de documentos comprobatórios dos dados divergentes, conforme critérios definidos pelo INSS, independentemente de requerimento de benefício, exceto na circunstância prevista no art. 142 do RPS, que trata das hipóteses de admissão da justificação administrativa.

O art. 29-A considera extemporânea a inserção de dados decorrentes de documento inicial ou de retificação de dados anteriormente informados, quando o documento ou a retificação, ou a informação retificadora do CNIS, forem apresentados após os prazos estabelecidos em regulamento.

O art. 19 do Decreto, visando a regulamentar a matéria, estabelece no § 1º, que o segurado poderá solicitar, a qualquer tempo, a inclusão, a exclusão, a ratificação ou a retificação de suas informações constantes do CNIS, com a apresentação de documentos comprobatórios dos dados divergentes, conforme critérios definidos pelo INSS, independentemente de requerimento de benefício.

E, no caso de dúvida sobre a regularidade do vínculo incluído no CNIS e inexistência de informações sobre remunerações e contribuições, o INSS exigirá a apresentação dos documentos que serviram de base à anotação, sob pena de exclusão do período.

Conforme prevê o art. 3º, V, da Portaria n. 123/DIRAT/INSS, de 13.5.2020, o serviço de acerto de CNIS (atualizar vínculos e remunerações) pode ser solicitado pela Central 135 ou nas Agências de Previdência Social (APS). A solicitação pelo 135 abre uma tarefa no portal do Meu INSS, em que o segurado (ou procurador) poderá juntar documentos para comprovação do seu direito. Diretamente no portal do Meu INSS ainda não há como iniciar o serviço de acerto do CNIS. Ou seja, a tarefa deve ser sempre iniciada pelo 135.

Essa opção também pode ser utilizada pelo segurado que obteve decisão favorável proferida pela Justiça do Trabalho para reconhecimento de vínculo ou para majorar o salário de contribuição, em virtude da constatação judicial de pagamentos "extrafolha".

26.1.1 Atividades concomitantes

Para o segurado que contribuir em razão de atividades concomitantes, o salário de benefício será calculado com base na soma dos salários de contribuição das atividades exercidas na data do requerimento ou do óbito, ou no período básico de cálculo, observado o disposto no art. 29 e as regras do art. 32 da Lei n. 8.213/1991.

A Lei n. 13.846/2019 deu outra redação ao art. 32 da LBPS, revogando os incisos que disciplinavam a sistemática de cálculo de atividade principal e secundária. No RPS, a adequação dessa regra ocorreu com a edição do Decreto n. 10.410/2020 que alterou a redação do art. 34, dispondo que:

> Art. 34. O salário de benefício do segurado que contribuir em razão de atividades concomitantes será calculado com base na soma dos salários de contribuição das atividades exercidas na data do requerimento ou do óbito ou no período básico de cálculo, observado o disposto no art. 32.
> § 1º O disposto neste artigo não se aplica ao segurado que, em obediência ao limite máximo do salário de contribuição, contribuiu apenas por uma das atividades concomitantes.
> § 5º Na hipótese prevista no § 3º do art. 73, o salário de benefício do auxílio por incapacidade temporária será calculado com base na soma dos salários de contribuição referentes às atividades para as quais o segurado seja considerado incapacitado.

A regra até então utilizada pela Previdência reduzia de forma significativa o valor da renda mensal inicial dos benefícios em caso de dupla atividade, pois estipulava uma proporcionalidade considerando o tempo de exercício de cada uma delas. Sobre o tema, o STJ fixou a seguinte tese em Repetitivo:

> **Tema n. 1070**: "Após o advento da Lei 9.876/99, e para fins de cálculo do benefício de aposentadoria, no caso do exercício de atividades concomitantes pelo segurado, o salário de contribuição deverá ser composto da soma de todas as contribuições previdenciárias por ele vertidas ao sistema, respeitado o teto previdenciário" (REsp 1.870.793/RS, 1ª Seção, DJe 24.5.2022).

Resta destacar que a novel regra da soma dos salários de contribuição no período básico de cálculo não ensejará a revisão dos benefícios concedidos anteriormente com base na apuração da atividade principal e acessória. Assim, resta a alternativa da via judicial para que os segurados prejudicados busquem a alteração da renda mensal inicial, observado o prazo decadencial para essa ação de revisão.

26.1.2 Majorações decorrentes de sentença trabalhista

Situação deveras comum nas relações laborais brasileiras é o descumprimento da lei pelo empregador, que deixa de pagar verbas trabalhistas devidas ou faz pagamentos "extrafolha", gerando para o empregado a necessidade de ingressar com ação na Justiça do Trabalho para ver reconhecidos tais direitos. Ocorre que o INSS é recalcitrante em não reconhecer salários de contribuição majorados em virtude de condenação do empregador a pagar verbas que integram a remuneração por decisão da Justiça do Trabalho.

A jurisprudência vem corrigindo tal anomalia. Acerca do tema, o STJ pacificou o entendimento de que o segurado faz jus à revisão do benefício previdenciário em razão de sentença trabalhista, a qual reconhece a inclusão de verbas remuneratórias nos salários de contribuição do Segurado (REsp 1.674.420/PR, 1ª Turma, Rel. Min. Napoleão Nunes Maia Filho, *DJe* 22.11.2019). No mesmo sentido:

> **Súmula n. 107 – TRF da 4ª Região**: "O reconhecimento de verbas remuneratórias em reclamatória trabalhista autoriza o segurado a postular a revisão da renda mensal inicial, ainda que o INSS não tenha integrado a lide, devendo retroagir o termo inicial dos efeitos financeiros da revisão à data da concessão do benefício".

A negativa do INSS em rever os salários de contribuição não se limita às ações em que não houve contribuição, tendo os segurados, muitas vezes, que recorrer novamente à Justiça para garantir o cômputo correto dos valores. Nesses julgamentos também se mantém o entendimento de que são devidas a revisão do benefício e a correção do CNIS do segurado para que passem a constar os valores declarados nas ações trabalhistas. Se diferente fosse, o INSS sem dúvida estaria a obter vantagem indevida pelo recebimento das contribuições, *v.g.*, STJ, EDcl no AgRg no AREsp 25.553/PR, 6ª Turma, Rel. Min. Maria Thereza de Assis Moura, *DJe* 19.12.2012.

Lembramos que a verificação periódica do CNIS por parte dos segurados e sua correção sempre que necessária pode significar facilidade e rapidez na concessão do benefício. Além disso, recomenda-se a correção do CNIS após toda ação trabalhista julgada favorável à parte, tendo em vista que o cálculo é elaborado com base em todo o período contributivo do segurado e, portanto, qualquer alteração pode representar aumento na renda do benefício futuro. Logo, essas correções são importantes não apenas para os casos de benefícios já concedidos, mas principalmente para os segurados que ainda estão trabalhando.

26.1.3 Fórmula de cálculo do salário de benefício da Lei n. 9.876/1999 até a véspera da vigência da EC n. 103/2019

A fórmula de cálculo do salário de benefício, prevista no art. 29 da LBPS, com redação conferida pela Lei n. 9.876/1999, era a seguinte:

SB = F x Y

No qual:

SB (salário de benefício)

F (fator previdenciário) = o cálculo leva em conta alíquota de contribuição no valor fixo de 0,31, idade do trabalhador, tempo de contribuição para a Previdência Social e expectativa de vida do segurado na data da aposentadoria conforme tabela do IBGE. Aplicado somente para a aposentadoria por tempo de contribuição e aposentadoria por idade. E, a partir da EC n. 103/2019, o fator previdenciário tem aplicação somente às aposentadorias por tempo de contribuição, concedidas com base na regra de transição do art. 17 (segurados que, na data de entrada em vigor da EC, contavam com mais de 28 anos de contribuição, se mulher, e 33 anos de contribuição, se homem) e naquelas dos segurados com deficiência (LC n. 142/2013).

Y = média aritmética simples dos maiores salários de contribuição correspondentes a 80% de todo o período contributivo. E, para os benefícios concedidos com a utilização de tempo trabalhado após a EC n. 103/2019, será de 100% de todo o período contributivo.

Para os segurados filiados à Previdência Social até 28.11.1999, inclusive os oriundos de outro Regime Próprio de Previdência, a média aritmética era feita com base nos maiores salários de contribuição, correspondentes a, no mínimo, 80% de todo o período contributivo decorrido desde a competência julho de 1994, mês em que houve a implantação do real como moeda. Todos os salários de contribuição devem ser atualizados monetariamente.

Consignamos que o período básico de cálculo (PBC) é fixado, conforme o caso, de acordo com a:

- data de afastamento da atividade (*v.g.*, benefícios por incapacidade);
- data de entrada do requerimento (*v.g.*, aposentadoria especial);
- data da publicação da Emenda n. 20, de 15.12.1998 (*v.g.*, aposentadoria por tempo de serviço/contribuição, ou por idade, cujos requisitos da legislação anterior tenham sido implementados até aquela data);
- data da publicação da Lei n. 9.876, de 26.11.1999 (*v.g.*, aposentadoria por tempo de contribuição cujos requisitos da legislação anterior tenham sido implementados até aquela data); e
- data da implementação das condições necessárias à concessão do benefício (*v.g.*, aposentadoria por tempo de contribuição, pelas regras de transição).

No mesmo sentido, restou garantido ao segurado que, até a data da publicação da EC n. 103/2019 (13.11.2019), tenha cumprido os requisitos para a concessão do benefício, o cálculo do valor inicial segundo as regras até então vigentes, permitindo-se que a apuração do salário de benefício seja com base nos maiores salários de contribuição, correspondentes a 80% (oitenta por cento) de todo o período contributivo decorrido desde a competência julho de 1994, consoante previsão contida na Lei n. 9.876/1999. Essa previsão consta do art. 3º, § 2º, da EC n. 103/2019.

Nessa lógica, o art. 176-E do RPS (incluído pelo Decreto n. 10.410/2020), assegura a concessão do benefício mais vantajoso ao requerente ou benefício diverso do requerido, desde que os elementos constantes do processo administrativo assegurem o reconhecimento desse direito. O dispositivo, além de prestigiar o direito ao melhor benefício, expressamente admite a fungibilidade das prestações previdenciárias, cabendo ao INSS, neste caso, previamente notificar o interessado para que manifeste expressamente a sua opção pelo benefício.

26.2 FATOR PREVIDENCIÁRIO E A EC N. 103/2019

O fator previdenciário, criado pela Lei n. 9.876, de 26.11.1999 (*DOU* de 29.11.1999), fez parte da fórmula de cálculo da renda mensal inicial da aposentadoria por tempo de contribuição (regra obrigatória, salvo se preenchida a fórmula 85/95) e da aposentadoria por idade (se mais vantajoso para o segurado).

O fator previdenciário leva em conta o tempo de contribuição, a idade na data da aposentadoria e o prazo médio durante o qual o benefício deverá ser pago, ou seja, a expectativa de sobrevida do segurado. Essa expectativa é definida a partir de tábua completa de mortalidade para o total da população brasileira, elaborada pela Fundação Instituto Brasileiro de Geografia e Estatística – IBGE, considerando a média nacional única para ambos os sexos. Compete ao IBGE publicar, anualmente, até o dia 1º de dezembro, no Diário Oficial da União, a tábua completa de mortalidade para o total da população brasileira referente ao ano anterior, o que foi regulado pelo Decreto n. 3.266, de 29.12.1999.

Esse critério de cálculo objetivava estimular as pessoas a se aposentarem mais tarde. Na prática, instituiu por via transversa a idade mínima para a aposentadoria, proposta que foi rejeitada pela Câmara durante a votação da EC n. 20/1998.

Com a Reforma da Previdência de 2019, em que foi aprovada a idade mínima de aposentadoria, o fator previdenciário perdeu sua razão de ser, salvo na regra de transição (art. 17) para o segurado que busca a aposentadoria por tempo de contribuição, desde que na data da EC n. 103/2019 (13.11.2019) faltasse até dois anos para implementar os requisitos (35 anos de contribuição, se homem; 30 anos de contribuição, se mulher). Também poderá ser utilizado de forma excepcional no caso das aposentadorias das pessoas com deficiência, caso resulte positivo, conforme previsão do art. 9º, I, da LC n. 142/2013, mantido pelo art. 22 da EC n. 103/2019.

Contra a Lei n. 9.876/1999 foi proposta Ação Direta de Inconstitucionalidade sob a alegação principal de que o fato de o cálculo do benefício levar em consideração a idade do trabalhador fere a Constituição, tendo sido negada pelo STF a liminar postulada, ou seja, mantendo-se a aplicação do fator previdenciário (ADI-MC n. 2.110-DF e ADI-MC n. 2.111-DF, rel. Min. Sydney Sanches, 16.3.2000, Informativo STF n. 181, 13 a 17.3.2000).

Em outro julgamento proferido pela Segunda Turma do STF (Ag. Reg. No RE com Ag 648.195/RJ, Rel. Min. Ricardo Lewandowski, *DJ* 14.2.2012), foi reafirmada a constitucionalidade do fator previdenciário previsto no art. 29, *caput,* incisos e parágrafos, da Lei n. 8.213/1991, com redação dada pelo art. 2º da Lei n. 9.876/1999. Nessa decisão, o STF afastou o argumento de que na aplicação do fator previdenciário deveria ter sido utilizada a expectativa de vida masculina em vez da expectativa de vida média de ambos os sexos, em razão da ausência de prequestionamento da alegada ofensa ao art. 5º, I, da Constituição (incidência da Súmula n. 282 do STF).

A tese defendida pelo recorrente nesse processo foi no sentido de que: "é fato público e notório que a expectativa de vida dos homens é inferior à das mulheres. Assim, em tese, um homem e uma mulher com a mesma idade e idêntico histórico contributivo deveriam apresentar fatores previdenciários diversos, isto é, o do homem deveria ser mais favorável que o da mulher, pois a expectativa de vida daquele é inferior à desta".

Na sequência, o STF julgou a Repercussão Geral Tema 1.091, fixando a seguinte tese: "É constitucional o fator previdenciário previsto no art. 29, *caput,* incisos e parágrafos, da Lei n. 8.213/91, com a redação dada pelo art. 2º da Lei n. 9.876/99" (RE 1.221.630, Plenário Virtual, *DJe* 19.6.2020).

E, por último, o STJ firmou a seguinte tese em Repetitivo para as aposentadorias dos professores – Tema 1.011:

> Incide o fator previdenciário no cálculo da renda mensal inicial de aposentadoria por tempo de contribuição de professor vinculado ao Regime Geral de Previdência Social, independente da data de sua concessão, quando a implementação dos requisitos necessários à obtenção do benefício se der após o início da vigência da Lei 9.876/1999, ou seja, a partir de 29/11/1999 (REsp 1.799.305/PE, 1ª Seção, *DJe* 26.3.2021).

A fórmula do fator previdenciário aplicou-se integralmente aos segurados filiados à Previdência Social a partir de 29.11.1999 – data de publicação da Lei n. 9.876, e de forma gradual aos segurados filiados até o dia anterior à data de publicação da Lei n. 9.876/1999.

Segundo o § 9º do art. 29 que, para efeito da aplicação do fator previdenciário, ao tempo de contribuição do segurado são adicionados:

- cinco anos, quando se tratar de mulher;
- cinco anos, quando se tratar de professor que comprove exclusivamente tempo de efetivo exercício em funções de magistério na educação infantil e no ensino fundamental e médio;

– dez anos, quando se tratar de professora que comprove exclusivamente tempo de efetivo exercício em funções de magistério na educação infantil e no ensino fundamental e médio.

Portanto, para as mulheres e professores, exceto os do magistério universitário, foi criado um bônus de cinco anos para o cálculo do fator previdenciário. Se a mulher for professora, tem dez anos de bônus. Esse adicional tem por finalidade adequar o cálculo ao preceito constitucional que garante às mulheres e professores aposentadoria com redução de cinco anos em relação aos demais segurados da Previdência Social.

O fator previdenciário teve por alvo apenas às aposentadorias por tempo de contribuição e por idade, mas somente as primeiras com possibilidade de sofrer redução.

Tratando-se de pensões, o fator previdenciário não teve aplicação direta. No caso de segurado que morresse em atividade, a pensão seria igual à aposentadoria por invalidez à qual ele teria direito naquela ocasião, sem aplicação do fator. Assim, o benefício correspondia à média dos maiores salários de contribuição a partir de julho de 1994, correspondentes a 80% do número de meses do período. No caso de morte do segurado já aposentado, a pensão equivalia a 100% da aposentadoria paga. A pensão só seria atingida, nesse caso, indiretamente, ou seja, caso ela decorresse de uma aposentadoria que tivesse sofrido a aplicação do fator. Mas o benefício propriamente dito não sofreria redução.

Fórmula de Cálculo do Fator Previdenciário

O fator previdenciário é calculado considerando-se a idade, a expectativa de sobrevida e o tempo de contribuição do segurado ao se aposentar, mediante a fórmula:

$$f = \frac{Tc \times a}{Es} \, 1 + \frac{(Id + Tc \times a)}{100}$$

Calculadora de fator previdenciário

https://uqr.to/gk9k

Em que:
f = fator previdenciário
Es = expectativa de sobrevida no momento da aposentadoria
Tc = tempo de contribuição até o momento da aposentadoria
Id = idade no momento da aposentadoria
a = alíquota de contribuição correspondente a 0,31

26.3 EXCLUSÃO DO FATOR PREVIDENCIÁRIO COM BASE NA FÓRMULA 95/85 PROGRESSIVA

A Fórmula 95/85 permitiu a não incidência do fator previdenciário no cálculo da aposentadoria por tempo de contribuição, quando o total resultante da soma da idade e do tempo de contribuição do segurado na data de requerimento da aposentadoria, incluídas as frações, fosse de, no mínimo, 95 e 85 pontos, respectivamente, para o homem e a mulher.

Essa regra fez parte da Lei n. 13.183, de 4.11.2015 (conversão da MP n. 676/2015), que incluiu o art. 29-C à Lei de Benefícios, estabelecendo que:

Art. 29-C. O segurado que preencher o requisito para a aposentadoria por tempo de contribuição poderá optar pela não incidência do fator previdenciário no cálculo de sua aposentadoria, quando o total resultante da soma de sua idade e de seu tempo de contribuição, incluídas as frações, na data de requerimento da aposentadoria, for:

I – igual ou superior a noventa e cinco pontos, se homem, observando o tempo mínimo de contribuição de trinta e cinco anos; ou

II – igual ou superior a oitenta e cinco pontos, se mulher, observado o tempo mínimo de contribuição de trinta anos.

§ 1º Para os fins do disposto no caput, serão somadas as frações em meses completos de tempo de contribuição e idade.

No entanto, essa Fórmula 95/85 não foi estática, pois houve a inclusão da progressividade desse parâmetro de cálculo, incorporando o impacto do envelhecimento da população e o aumento da expectativa de sobrevida.

Os prazos da progressão foram fixados no § 2º do art. 29-C da Lei de Benefícios, quais sejam:

Art. 29-C. (...)
§ 2º As somas de idade e de tempo de contribuição previstas no caput serão majoradas em um ponto em:
I – 31 de dezembro de 2018;
II – 31 de dezembro de 2020;
III – 31 de dezembro de 2022;
IV – 31 de dezembro de 2024; e
V – 31 de dezembro de 2026.

Em termos práticos, significava que o valor a ser alcançado, na soma de idade com o tempo de contribuição, na data do requerimento da aposentadoria por tempo de contribuição, sofreria alteração nos seguintes interregnos, considerando-se os pontos mínimos para o homem e para a mulher, respectivamente:

- em 2019 para 96/86;
- em 2021 para 97/87;
- em 2023 para 98/88;
- em 2025 para 99/89; e
- em 2027 para 100/90.

Todavia, esta tabela perdeu a eficácia a partir da vigência da EC n. 103/2019, que estabeleceu no art. 17, parágrafo único, que: "O benefício concedido nos termos deste artigo terá seu valor apurado de acordo com a média aritmética simples dos salários de contribuição e das remunerações calculada na forma da lei, multiplicada pelo fator previdenciário, calculado na forma do disposto nos §§ 7º a 9º do art. 29 da Lei n. 8.213, de 24 de julho de 1991". Portanto, não fez referência ao art. 29-C, que contém a fórmula 95/85.

Pode-se concluir que a fórmula 95/85 progressiva tinha se consolidado como opção para não aplicação do fator previdenciário.

Para melhor compreensão do tema, apresentamos alguns exemplos demonstrando que nem todos os segurados foram beneficiados com essa previsão de não aplicação do fator previdenciário:

1 – Segurado homem (DER: 07/2015): 35 anos de tempo de contribuição e 54 anos de idade. Por não atingir os 95 pontos teve aplicado o fator previdenciário, cujo cálculo foi o seguinte:

Salário de benefício (hipotético): R$ 2.000,00 x 0,675 (Fator Previdenciário)
Renda Mensal Inicial: R$ 1.350,00

Caso esse segurado tivesse contribuído por mais 3 anos, em 2018 teria 38 anos de tempo de contribuição e 57 anos de idade, atingindo os 95 pontos, podendo se aposentar sem a incidência do fator previdenciário.

2 – Segurada mulher (DER: 07/2015): 30 anos de tempo de contribuição e 55 anos de idade. Por atingir os 85 pontos não teve aplicado o fator previdenciário.

Mas caso ela tivesse requerido a aposentadoria em maio de 2015, antes da edição da MP n. 676/2015, seria aplicado o fator previdenciário, cujo cálculo seria o seguinte:

Salário de benefício (hipotético): R$ 2.000,00 x 0,700 (Fator Previdenciário)
Renda Mensal Inicial: R$ 1.400,00

Como pode se observar nesse exemplo, a regra ensejou um ganho real na renda mensal inicial da segurada evitando a perda de 30%, mas caso ela tivesse requerido a aposentadoria antes da edição da MP n. 676/2015 não seria contemplada pela sistemática.

Daí se conclui que essa situação acabou por violar o princípio de tratamento isonômico entre os segurados, prejudicando aqueles que se aposentaram por tempo de contribuição em data anterior à MP n. 676/2015 e que cumpriram o requisito para aplicação da excludente prevista na citada MP. Consigna-se que não houve previsão de revisão dos benefícios iniciados antes da criação dessa fórmula, nem há, no texto da Lei n. 13.183/2015 (conversão da MP n. 676/2015), alusão a efeitos retroativos.

26.3.1 Fator previdenciário em relação aos professores

Como visto, a Lei n. 9.876/1999, ao criar o fator previdenciário, não excluiu a sua incidência em relação às aposentadorias dos professores, apenas concedeu um acréscimo no tempo de contribuição.

Nessa lógica, a Lei n. 13.183/2015, ao estabelecer a fórmula 95/85, conferiu tratamento diferenciado para o professor e a professora que comprovem exclusivamente tempo de efetivo exercício de magistério na educação infantil e no ensino fundamental e médio, criando um acréscimo de cinco pontos à soma da idade com o tempo de contribuição (art. 29-C, § 3º, da LBPS).

Apesar dessas compensações, defendemos que o fator previdenciário não deveria ter sido aplicado nas aposentadorias dos professores, pois representou uma redução significativa a essa classe que tem papel primordial para o presente e o futuro da nação brasileira.

No entanto, o STF e STJ mantiveram a validade da incidência do fator previdenciário nas aposentadorias dos professores. Nesse sentido, a RG/STF Tema 1.091 e o Repetitivo/STJ n. 1.031.

Essa orientação consolidou perdas significativas da renda mensal das aposentadorias de professores concedidas após a entrada em vigor da Lei n. 9.876/1999 e até o advento da EC n. 103/2019. Com a Reforma da Previdência, o fator previdenciário não é mais aplicado a essas aposentadorias.

26.4 RENDA MENSAL INICIAL

A renda mensal inicial corresponde à primeira parcela do benefício de prestação continuada a ser pago pela Previdência Social. A apuração desse valor, que servirá de base para os reajustes posteriores, depende da espécie do benefício a ser pago e do valor do salário de benefício.

Fórmula para Cálculo da Renda Mensal Inicial
RMI = SB x Cf

No qual:

RMI = Renda mensal inicial

SB = Salário de benefício (média aritmética simples dos salários de contribuição de acordo com a fórmula estabelecida pelo art. 26 da EC n. 103/2019)

Cf = Coeficiente de cálculo – percentual a ser aplicado sobre o salário de benefício. Para cada benefício existe um percentual próprio estabelecido na EC n. 103/2019 e na LBPS)

Pela fórmula retrocitada, para o cálculo da renda mensal inicial dos benefícios de pagamento continuado, quando já tivermos o valor do salário de benefício, basta aplicar-lhe a percentagem correspondente. Exemplificando:

Salário de Benefício (SB) .... R$ 3.000,00
Auxílio-acidente (coeficiente) 50%
Renda Mensal Inicial (RMI) .... R$ 1.500,00

A renda mensal do benefício de prestação continuada será calculada aplicando-se sobre o salário de benefício os seguintes percentuais:

- auxílio-doença/auxílio por incapacidade temporária: 91% do salário de benefício;
- aposentadoria por invalidez: 100% do salário de benefício (regra aplicável para os fatos geradores ocorridos até a publicação da EC n. 103/2019);
- aposentadoria por incapacidade permanente/não acidentária (coeficiente fixado pela EC n. 103/2019): 60% do salário de benefício, com acréscimo de dois pontos percentuais para cada ano de contribuição que exceder o tempo de 20 de contribuição, no caso dos homens, e de 15 anos, no caso das mulheres;
- aposentadoria por incapacidade permanente decorrente de acidente de trabalho, de doença profissional e de doença do trabalho (EC n. 103/2019): 100% do salário de benefício;
- aposentadoria por idade: 70% do salário de benefício, mais 1% deste por grupo de doze contribuições mensais, até o máximo de 30% (regra aplicável para os fatos geradores ocorridos até a publicação da EC n. 103/2019);
- aposentadoria programável (EC n. 103/2019): 60% do salário de benefício (média integral) + dois pontos percentuais para cada ano de contribuição que exceder a 20 anos de contribuição, se homem, e 15 anos de contribuição, se mulher;
- aposentadoria por tempo de contribuição (com base em direito adquirido até 13.11.2019 – EC n. 103/2019):
    a) para a mulher – 100% do salário de benefício aos trinta anos de contribuição;
    b) para o homem – 100% do salário de benefício aos trinta e cinco anos de contribuição; e
    c) 100% do salário de benefício, para o professor aos trinta anos, e para a professora aos vinte e cinco anos de contribuição e de efetivo exercício em função de magistério na educação infantil, no ensino fundamental ou no ensino médio;
    d) aposentadoria proporcional prevista no art. 9º, § 1º, inciso II da Emenda Constitucional n. 20/1998 (30 anos, se homem, e 25 anos, se mulher + pedágio de 40% do tempo faltante em 16.12.1998) – 70% do salário de benefício, acrescido de 5% por ano de contribuição, até o limite de 100%;

- aposentadoria especial: 100% do salário de benefício (com base em direito adquirido até 13.11.2019 – EC n. 103/2019); e
- aposentadoria especial (EC n. 103/2019): 60% do valor do salário de benefício (média integral + dois pontos percentuais para cada ano de contribuição que exceder a 20 anos de contribuição, para os homens, e 15 anos, para as mulheres, e nos casos de atividades especiais de 15 anos;
- auxílio-acidente: 50% do salário de benefício que deu origem ao auxílio-doença/ auxílio por incapacidade temporária do segurado.

O salário-maternidade consiste numa renda mensal igual à remuneração integral da segurada empregada e da trabalhadora avulsa (art. 72 da LBPS). Para as demais seguradas é devido:

- em um valor correspondente ao do seu último salário de contribuição, para a segurada empregada doméstica;
- em 1/12 do valor sobre o qual incidiu sua última contribuição anual, para a segurada especial;
- em 1/12 da soma dos doze últimos salários de contribuição, apurados em um período não superior a quinze meses, para as demais seguradas, inclusive para a segurada desempregada no período de graça.

Em qualquer caso é garantido o pagamento do salário-maternidade no valor de um salário mínimo.

O valor da cota de salário-família é reajustado periodicamente nas mesmas datas em que é feito o reajuste dos salários de contribuição e dos salários de benefício, por portaria ministerial. Os valores das cotas constam de tabela anexa a esta obra.

O valor mensal da pensão por morte e do auxílio-reclusão no RGPS era de 100% do valor da aposentadoria que o segurado recebia ou daquela a que teria direito se estivesse aposentado por invalidez na data de seu falecimento. Depois da Reforma da Previdência (art. 23 da EC n. 103/2019), passou a ser equivalente a uma cota familiar de 50% do valor da aposentadoria recebida pelo segurado ou daquela a que teria direito se fosse aposentado por incapacidade permanente na data do óbito, acrescida de cotas de dez pontos percentuais por dependente, até o máximo de 100%. Na hipótese de haver dependente inválido ou com deficiência intelectual, mental ou grave, o valor da pensão por morte será equivalente a 100% do valor da aposentadoria recebida pelo segurado ou daquela a que teria direito se fosse aposentado por incapacidade permanente na data do óbito, até o limite máximo do salário de benefício do RGPS. E, no caso de auxílio-reclusão, o valor não poderá superar um salário mínimo (art. 27, § 1º, da EC n. 103/2019).

Não será incorporado ao valor da pensão por morte o acréscimo de 25% recebido pelo aposentado por invalidez/incapacidade permanente que necessita da assistência permanente de outra pessoa.

A renda mensal inicial da aposentadoria por incapacidade permanente concedida por transformação de benefício por incapacidade temporária será em um percentual de 60 a 100% do salário de benefício que serviu de base para o cálculo da renda mensal inicial do benefício antecedente, reajustado pelos mesmos índices de correção dos benefícios em geral. Nesse caso, a limitação do salário de benefício, introduzida no § 10 do art. 29 da Lei de Benefícios pela Lei n. 13.135/2015,[3] não poderá ser aplicada à aposentadoria.

---

[3] "§ 10. O auxílio-doença não poderá exceder a média aritmética simples dos últimos 12 (doze) salários-de-contribuição, inclusive em caso de remuneração variável, ou, se não alcançado o número de 12 (doze), a média aritmética simples dos salários-de-contribuição existentes."

No cálculo do valor da renda mensal do benefício do segurado empregado (inclusive o doméstico) e do trabalhador avulso, serão contados os salários de contribuição referentes aos meses de contribuições devidas, ainda que não recolhidas pelo empregador. Para os demais segurados, somente serão computados os salários de contribuição referentes aos meses de contribuição efetivamente recolhidos.

Os valores dos salários de contribuição reconhecidos por força de decisão proferida em ação trabalhista transitada em julgado devem ser computados, independente de início de prova material, ainda que não tenha havido o recolhimento das contribuições devidas a Previdência Social, respeitados os limites máximo e mínimo de contribuição. Tratando-se de ação trabalhista transitada em julgado envolvendo apenas a complementação de salários de contribuição de vínculo empregatício devidamente comprovado, não será exigido início de prova material, independente de existência de recolhimentos correspondentes.

Ressaltamos que cabe ao empregador doméstico a responsabilidade pelo desconto e recolhimento das contribuições previdenciárias quanto ao empregado doméstico; e, ao ente arrecadador, verificar e exigir o cumprimento desta obrigação legal. Portanto, sendo do empregador doméstico a responsabilidade do recolhimento, mostra-se descabido atribuir as consequências ao segurado pela ausência ou atraso nos recolhimentos das contribuições. É pacífica a jurisprudência do STJ a respeito: "O recolhimento das contribuições previdenciárias devidas em razão do trabalho doméstico é da responsabilidade do empregador" (AgRg no REsp n. 1243163/RS, 6ª Turma, Rel. Min. Og Fernandes, *DJe* 27.2.2013).

O mesmo entendimento se aplica aos contribuintes individuais que prestaram ou prestam serviços a pessoas jurídicas após a vigência da Lei n. 10.666/2003, pois, a partir de então, a responsabilidade pelos recolhimentos desses contribuintes passou a ser do tomador dos serviços, não se podendo deixar de computar o tempo respectivo, já que a inadimplência não pode ser imputada ao segurado e este não pode ser prejudicado pela conduta ilícita alheia.

Com o advento do Decreto n. 4.079/2002, o INSS passou a calcular os benefícios tendo por base as informações constantes do Cadastro Nacional de Informações Sociais – CNIS.

Sempre que, cumpridas todas as condições para a concessão do benefício pleiteado, não for possível aos segurados empregado, trabalhador avulso e empregado doméstico comprovar o valor dos seus salários de contribuição no período básico de cálculo, será considerado, para o cálculo do benefício referente ao período sem comprovação do valor do salário de contribuição, o valor do salário mínimo e essa renda será recalculada quando da apresentação de prova dos salários de contribuição (art. 36, § 2º, do RPS, com redação dada pelo Decreto n. 10.410/2020).

26.5 VALOR-LIMITE DOS BENEFÍCIOS

À exceção do salário-maternidade, os benefícios substitutivos da remuneração dos segurados e pensionistas são limitados por um valor estabelecido como sendo o teto máximo de benefício.

A renda mensal do benefício de prestação continuada que substituir o salário de contribuição ou o rendimento do trabalho do segurado não terá valor inferior ao do salário mínimo, nem superior ao do limite máximo do salário de contribuição, salvo na hipótese da aposentadoria por invalidez/aposentadoria por incapacidade permanente do segurado que necessitar de assistência permanente de outra pessoa, quando é previsto um acréscimo de 25%, mesmo que ultrapasse o limite máximo legal (art. 45 da Lei n. 8.213/1991).

Também estão excluídos da limitação pelo chamado "teto" os benefícios decorrentes de aposentadorias e pensões especiais pagas à conta do Tesouro Nacional (por exemplo, aos anistiados e aos ex-combatentes da Segunda Guerra Mundial).

O salário-maternidade devido à trabalhadora avulsa e à empregada, exceto a doméstica, terá a renda mensal sujeita ao limite máximo fixado no art. 37, XI, da Constituição Federal (subsídio de ministro do STF), não se aplicando o teto do RGPS.

O valor que representa o limite máximo dos benefícios pagos pelo INSS aos segurados do RGPS foi elevado para R$ 1.200,00 pela Emenda n. 20/1998 e para R$ 2.400,00 pela Emenda n. 41/2003, com impacto imediato sobre as contribuições devidas por quem estava percebendo valores nessa faixa de renda ou acima dela.

Esse limite máximo foi previsto para os benefícios concedidos com base no art. 201 da Constituição Federal, com previsão de reajustes de forma a preservar, em caráter permanente, seu valor real. Os valores máximos do salário de benefício constam de tabela anexa a esta obra.

Os benefícios de legislação especial pagos pela Previdência Social à conta do Tesouro Nacional e de ex-combatentes, concedidos até 15.12.1998, ficam submetidos ao teto estabelecido pelo art. 37, XI, da Constituição (isto é, o subsídio fixado para os Ministros do STF). Esta regra foi introduzida nas Disposições Constitucionais Gerais (art. 248), pela Emenda Constitucional n. 20/1998.

26.6 REAFIRMAÇÃO DA DATA DE ENTRADA DO REQUERIMENTO (DER)

A reafirmação da DER é possível quando o segurado permanece recolhendo contribuições previdenciárias após a entrada do requerimento administrativo ou do ajuizamento da ação judicial e pretende computar esse novo período contributivo para a concessão da aposentadoria.

Sobre o tema, remetemos à leitura da abordagem realizada na Parte IV, Capítulo 24, desta obra, em que destacamos a evolução dessa matéria no âmbito administrativo e judicial, especialmente a partir do julgamento do Repetitivo n. 995 do STJ e, também, dos vários precedentes da TNU, a exemplo dos Pedidos de Uniformização de Jurisprudência 5024211-57.2015.4.04.7108/RS, j. 25.10.2017, 5004743-98.2015.4.04.7111/RS, j. 28.4.2021, e 5003210-40.2020.4.04.7205/SC, j. 27.5.2021

Assim, quando houver discussão relacionada com o reconhecimento do tempo de contribuição ou cumprimento da carência, recomenda-se que seja requerida na inicial a reafirmação da DER. Importante que seja demonstrado que a parte continuou a exercer a atividade laborativa depois da DER. E, sendo tempo de atividade especial, mostra-se oportuno apresentar PPP atualizado antes da reapreciação do pedido de reafirmação da DER nas instâncias ordinárias.

Reajustamento e Revisão do Valor dos Benefícios

A Constituição Federal assegura a irredutibilidade do valor dos benefícios (art. 194, parágrafo único, IV) e o reajustamento dos benefícios para preservar-lhes, em caráter permanente, o valor real, conforme critérios definidos em lei (art. 201, § 4º).

Na interpretação de *Wladimir Novaes Martinez:* "Os dois textos não se confundem: um é princípio, preceito não imperativo, carente de disposição expressa; o outro é regra regulamentar. O segundo é instrumento do primeiro, caso contrário, queda-se como norma programática".[1]

A preservação do valor real é, sem dúvida, uma garantia constitucional de caráter permanente, cabendo ao legislador ordinário estabelecer os parâmetros para cumprimento do comando maior, de maneira que os proventos dos beneficiários reflitam o poder aquisitivo original da data do início dos seus benefícios.

Esses critérios eram previstos no art. 41 da Lei n. 8.213/1991, que previa o reajuste dos benefícios concedidos pela Previdência Social em 1º de junho de cada ano, *pro rata,* de acordo com as respectivas datas de início do benefício ou de seu último reajustamento, com base em percentual definido em regulamento, visando-se à preservação do valor real da renda mensal do benefício. Com a edição da Lei n. 10.699, de 2003, o reajuste geral dos benefícios passou a ocorrer (a partir de 2004) na mesma data em que for majorado o salário mínimo, mantida a regra que determina o reajustamento proporcional.

A Lei n. 11.430, de 26.12.2006, revogou o art. 41 e fez inserir no texto da Lei n. 8.213/1991 o art. 41-A, cujo *caput* passa a dispor: "O valor dos benefícios em manutenção será reajustado, anualmente, na mesma data do reajuste do salário mínimo, *pro rata,* de acordo com suas respectivas datas de início ou do último reajustamento, com base no Índice Nacional de Preços ao Consumidor – INPC, apurado pela Fundação Instituto Brasileiro de Geografia e Estatística – IBGE".

Segundo a Exposição de Motivos da Medida Provisória n. 316/2006 (que foi convertida na Lei n. 11.430/2006): "A indicação para que seja utilizado o INPC se deve ao fato de que este índice é o que melhor reflete o poder de compra dos trabalhadores na faixa de um a oito salários mínimos, onde se insere a totalidade dos trabalhadores do Regime Geral de Previdência Social e é o que vem sendo aplicado nos últimos anos".

Esses critérios foram validados pelo Supremo Tribunal Federal, que tem orientação consolidada no sentido de que:

---

[1] MARTINEZ, Wladimir Novaes. *CD – Comentários à Lei Básica da Previdência Social.* Brasília, Rede Brasil/LTr, fev./1999.

- "Ao determinar que os valores dos benefícios em manutenção serão reajustados, de acordo com as suas respectivas datas, com base na variação integral do INPC, o art. 41, II, da L. 8.213/91 (posteriormente revogado pela L. 8.542/92), não infringiu o disposto nos arts. 194, IV, e 201, § 2, CF, que asseguram, respectivamente, a irredutibilidade do valor dos benefícios e a preservação do seu valor real" (RE 231.395, Rel. Min. Sepúlveda Pertence, j. 25.8.1998, DJ 18.9.1998).
- "Previdenciário. Benefício. Reajuste. Art. 201, § 4º, da Carta Magna. A adoção do INPC, como índice de reajuste dos benefícios previdenciários, não ofende a norma do art. 201, § 4º, da Carta de Outubro" (RE 376.145, Rel. Min. Carlos Britto, j. 28.10.2003, DJ 28.11.2003).
- Repercussão Geral – Tema 996: "Não encontra amparo no Texto Constitucional revisão de benefício previdenciário pelo valor nominal do salário mínimo" (*Leading Case*: RE 968.414, DJe 2.6.2020).

O STJ também consagrou os critérios de reajustes utilizados pela Previdência Social e firmou orientação de que não é possível a utilização dos mesmos índices previstos para reajuste dos benefícios de valor mínimo, dos salários de contribuição ou do art. 58 do ADCT (AREsp 168.279/MG, 2ª Turma, Rel. Min. Herman Benjamin, DJe 5.11.2012).

O valor da prestação previdenciária reajustado não poderá exceder o limite máximo do salário de benefício na data do reajustamento, respeitados, todavia, os direitos adquiridos e as hipóteses de aposentadoria por incapacidade permanente, quando acrescida de 25% para os que dependam de assistência permanente de terceiros. E não poderá ser inferior ao salário mínimo, salvo em relação ao salário-família e ao auxílio-acidente.

Os reajustamentos dos benefícios sempre provocaram muitas discussões judiciais, pois, costumeiramente, não mantêm o valor real da data da concessão. Assevera *Ana Maria Wickert Thiesen:* "Os diplomas legais que trataram da matéria previdenciária ao longo do tempo, geralmente, sempre contemplaram normas sobre o modo de reajuste dos benefícios. Algumas vezes, porém, os critérios estabelecidos não se apresentaram justos ou até discreparam das normas constitucionais. Este fato ensejou, e ainda ocasiona, a busca do Judiciário para corrigir as distorções, através das conhecidas ações revisionais de benefícios previdenciários".[2]

Os tribunais pátrios, com o objetivo de uniformizar o entendimento sobre as questões que envolvem os reajustamentos dos benefícios, têm editado várias súmulas, destacando-se entre elas:

- Superior Tribunal de Justiça (STJ): Súmulas 159, 456 e 557;
- Tribunal Federal de Recursos (extinto): Súmulas 91 e 260;
- Tribunal Regional Federal da 1ª Região: Súmulas 12, 20, 23, 28, 36 e 49;
- Tribunal Regional Federal da 2ª Região: Súmulas 29, 35 e 49;
- Tribunal Regional Federal da 3ª Região: Súmulas 5, 6, 7 e 8, 18, 19 e 25;
- Tribunal Regional Federal da 4ª Região: Súmulas 2, 3, 9, 24, 26, 36, 48, 51, 72, 77, 105 e 107;
- Tribunal Regional Federal da 5ª Região: Súmulas 8 e 9;
- Turma Nacional de Uniformização dos JEFs: Súmulas 1, 2, 8, 19, 21, 25, 38, 57, 65 81 e 83.

Em caso de revisão judicial de benefício previdenciário, o STJ vinha adotando a regra de que o termo inicial dos efeitos financeiros retroage à data de início do benefício, sendo irrelevante

---

[2] THIESEN, Ana Maria Wickert *et alii;* Vladimir Passos de Freitas (Coord.). *Direito previdenciário: aspectos materiais, processuais e penais.* 2. ed. Porto Alegre: Livraria do Advogado, 1999, p. 142.

a insuficiência de documentos no processo administrativo, uma vez que o deferimento da ação revisional representa o reconhecimento tardio de direito já incorporado ao patrimônio jurídico do segurado, observada a prescrição quinquenal (STJ, REsp 1.719.607/SP, 2ª Turma, DJe 2.8.2018). Entretanto, o STJ voltou a rediscutir a matéria no Repetitivo Tema n. 1.124, cuja questão controvertida a ser solvida é a seguinte:

> Caso superada a ausência do interesse de agir, definir o termo inicial dos efeitos financeiros dos benefícios previdenciários concedidos ou revisados judicialmente, por meio de prova não submetida ao crivo administrativo do INSS: se a contar da data do requerimento administrativo ou da citação da autarquia previdenciária. (REsp 1.905.830/SP, 1ª Seção, afetação em 17.12.2021, alterada pela Questão de Ordem julgada na sessão de 22.5.2024).

A seguir, sintetizamos alguns questionamentos envolvendo os reajustamentos dos benefícios previdenciários na via judicial.

27.1 REVISÃO PARA APLICAÇÃO DOS NOVOS TETOS DOS BENEFÍCIOS FIXADOS PELAS EMENDAS CONSTITUCIONAIS N. 20/1998 E N. 41/2003

Prazo de Decadência: Não há decadência porquanto não se trata de revisão do ato de concessão do benefício, e sim de reajustes posteriores (STJ, AREsp 1.731.170/SE, 2ª T., Rel. Min. Herman Benjamin, DJe 13.4.2021).

Prazo de Prescrição: "Na ação de conhecimento individual, proposta com o objetivo de adequar a renda mensal do benefício previdenciário aos tetos fixados pelas Emendas Constitucionais 20/98 e 41/2003 e cujo pedido coincide com aquele anteriormente formulado em ação civil pública, a interrupção da prescrição quinquenal, para recebimento das parcelas vencidas, ocorre na data de ajuizamento da lide individual, salvo se requerida a sua suspensão, na forma do art. 104 da Lei 8.078/1990" (STJ, Repetitivo Tema 1.005, REsp 1.761.874/SC, DJe 1º.7.2021).

Tese: O novo limite máximo da renda mensal fixado pela EC n. 20, de 16.12.1998 (R$ 1.200,00) e pela EC n. 41, de 31.12.2003 (R$ 2.400,00), enseja o pedido de revisão do valor dos benefícios concedidos anteriormente à edição das normas reformadoras da Constituição.

O limite dos benefícios que vigorava quando da entrada em vigor da EC n. 20/1998 era de R$ 1.081,50 (valor estabelecido em junho de 1998). E, da EC n. 41/2003 era de R$ 1.869,34 (valor estabelecido em junho de 2003).

A EC n. 20/1998, em seu art. 14, estabeleceu que: "O limite máximo para o valor dos benefícios do regime geral de previdência social de que trata o art. 201 da Constituição Federal é fixado em R$ 1.200,00 (um mil e duzentos reais), devendo, a partir da data da publicação desta Emenda, ser reajustado de forma a preservar, em caráter permanente, seu valor real, atualizado pelos mesmos índices aplicados aos benefícios do regime geral de previdência social".

O então Ministério da Previdência Social, ao editar portaria que tratou da implementação imediata dos dispositivos da EC n. 20/1998, relativos ao RGPS, estabeleceu que o novo limite do valor dos proventos seria aplicado apenas aos benefícios concedidos a partir de 16.12.1998.

A situação se repetiu quando da publicação da EC n. 41/2003 (art. 5º) que elevou o teto para R$ 2.400,00. O MPS novamente disciplinou a matéria na via administrativa para aplicar o novo valor apenas para os benefícios concedidos a partir de 1º de janeiro de 2004.

A interpretação restritiva do texto das Reformas da Previdência produziu uma situação inusitada, qual seja, a existência de vários tetos de benefícios dentro do mesmo regime.

Entendemos, no entanto, que o disposto no art. 14 da EC n. 20/1998 e no art. 5º da EC n. 41/2003 alcançam também os benefícios concedidos anteriormente à elevação do teto, mas desde que na data de início tenham ficado limitados ao teto que vigorava à época.

A motivação para essa revisão reside no fato de que em muitos casos o cálculo do salário de benefício resultou em valor superior ao teto em vigor na DIB. Entretanto, a renda mensal inicial ficou limitada nesse montante somente para fins de pagamento da prestação previdenciária.

Assim, a elevação do teto-limite dos benefícios permite a recomposição da renda mensal com base no novo valor, desde que demonstrada a limitação e dentro desse patamar.

Essa sistemática não significa a adoção de um reajuste automático a todos os benefícios, mas apenas a recomposição do valor com base no novo limite nos casos em que a fixação dos proventos resultou em montante inferior à média atualizada dos salários de contribuição.

Diante da relevância do tema, o Plenário do STF reconheceu a existência de repercussão geral (RE n. 564354/SE, em 3.5.2008), cujo julgamento do mérito contemplou o reconhecimento da tese defendida nesta obra. A tese fixada foi a seguinte:

> **Tema 76:** "Não ofende o ato jurídico perfeito a aplicação imediata do art. 14 da Emenda Constitucional 20/1998 e do art. 5º da Emenda Constitucional 41/2003 aos benefícios previdenciários limitados a teto do regime geral de previdência estabelecido antes da vigência dessas normas, de modo a que passem a observar o novo teto constitucional."

Cabe destacar que o INSS resolveu reajustar na via administrativa todos os benefícios atingidos por essa revisão, bem como pagar os valores atrasados, mesmo sem requerimento dos beneficiados. No entanto, permanece a possibilidade de o segurado ingressar em juízo para discutir a aplicação dos tetos, pois o INSS limitou a revisão aos benefícios concedidos entre 5 de abril 1991 e 1º de janeiro de 2004.

Quanto à aplicação dos novos tetos das ECs n. 20/1998 e n. 41/2003 no período conhecido como "Buraco Negro", que vai de 5.10.1988 a 5.4.1991, o STF fixou tese favorável aos segurados que tiveram seus benefícios iniciados naqueles meses:

> **Tema 930:** "Os benefícios concedidos entre 5.10.1988 e 5.4.1991 (período do buraco negro) não estão, em tese, excluídos da possibilidade de readequação segundo os tetos instituídos pelas ECs n. 20/1998 e 41/2003, a ser aferida caso a caso, conforme os parâmetros definidos no julgamento do RE 564.354, em regime de repercussão geral" (*Leading Case*: RE 937.595, Plenário Virtual, Rel. Min. Roberto Barroso, *DJe* 15.5.2017).

Com o objetivo de definir, para efeito de adequação dos benefícios concedidos antes da Constituição Federal aos tetos das ECs n. 20/1998 e n. 41/2003, a forma de cálculo da renda mensal do benefício em face da aplicação, ou não, dos limitadores vigentes à época de sua concessão (menor e maior valor teto), o STJ fixou a seguinte tese no Repetitivo Tema n. 1140:

> Para efeito de adequação dos benefícios previdenciários concedidos antes da Constituição Federal aos tetos das Emendas Constitucionais n. 20/1998 e n. 41/2003, no cálculo devem-se aplicar os limitadores vigentes à época de sua concessão (menor e maior valor teto), utilizando-se o teto do salário de contribuição estabelecido em cada uma das emendas constitucionais como maior valor teto, e o equivalente à metade daquele salário de contribuição como menor valor teto (REsp 1957733/RS, 1ª Seção, *DJe* 27.8.2024).

Ainda sobre o tema, a TNU ao analisar a questão controvertida: "Saber qual a forma que deve ser utilizada para obtenção do coeficiente de incremento trazido pelas Emendas Constitucionais 20/1998 e 41/2003", fixou a seguinte tese em representativo de controvérsia:

Tema 138: "O pedido revisional com fulcro no art. 21, § 3º, da Lei 8.880/94 pressupõe que haja a redução da média dos salários de contribuição utilizados no cálculo do benefício, bem como que essa redução seja decorrente do limite máximo para o teto contributivo, de modo que, se a redução foi derivada de outros elementos utilizados no cálculo do salário de benefício, e não propriamente em razão da incidência do limite máximo para o salário de contribuição vigente no mês de início do benefício, não há que se cogitar de diferença percentual a ser incorporada/recuperada" (PEDILEF 5001628-31.2013.4.04.7211/SC, DJe 23.9.2016).

27.2 REVISÃO COM BASE NA CONCESSÃO DO BENEFÍCIO MAIS VANTAJOSO – TESE DO "MELHOR BENEFÍCIO"

Prazo de Decadência: O STJ, ao julgar o Repetitivo Tema 966, reconheceu a incidência do prazo de decadência para essa revisão. A tese fixada foi a seguinte: "Incide o prazo decadencial previsto no *caput* do artigo 103 da Lei 8.213/1991 para reconhecimento do direito adquirido ao benefício previdenciário mais vantajoso" (STJ, 1ª Seção, REsp 1.631.021/PR e REsp 1.612.818/PR, DJe 13.3.2019). Diante desse entendimento, a revisão somente pode ser proposta em relação aos benefícios com menos de 10 anos contados "do dia primeiro do mês subsequente ao do recebimento da primeira prestação ou da data em que a prestação deveria ter sido paga com o valor revisto" (art. 103, I, da LBPS).

Tese: Trata-se de ação objetivando o recálculo da renda mensal inicial da aposentadoria segundo a época em que, já implementados os requisitos para a fruição do benefício, aquela lhe seria mais vantajosa.

Isso porque, em casos de direito adquirido, a renda mensal inicial da aposentadoria deveria ser calculada segundo a época em que, já implementados os requisitos para a fruição do benefício, aquela lhe seria mais vantajosa.

O fundamento está na existência de direito adquirido ao cálculo da renda mensal que seria devida em data anterior à da efetiva concessão do benefício de que é titular, sem alterar, contudo, a data de início do benefício.

Com efeito, a Constituição da República garante, em matéria previdenciária, o direito do segurado ao benefício mais vantajoso, desde o implemento das condições mínimas. Ainda que assim não fosse, o emprego da analogia já seria suficiente para assegurar o direito do segurado ao benefício mais vantajoso, ou, ainda, o emprego do costume estatal de sempre alcançar ao segurado da previdência social o melhor entre os benefícios a que faz jus.

A tese do direito ao melhor benefício foi reconhecida pelo STF, ao julgar a Repercussão Geral – Tema 334, que tem a seguinte redação:

> Para o cálculo da renda mensal inicial, cumpre observar o quadro mais favorável ao beneficiário, pouco importando o decesso remuneratório ocorrido em data posterior ao implemento das condições legais para a aposentadoria, respeitadas a decadência do direito à revisão e a prescrição quanto às prestações vencidas.

Partindo dessa premissa fixada pelo STF, a busca do melhor benefício mostra-se possível também para outras situações, como exemplos: na obtenção da melhor regra de transição da EC n. 103/2019, dentre aquelas em que houve o preenchimento dos requisitos; no reconhecimento de novos tempos de contribuição para viabilizar o expurgo dos menores salários de contribuição, na forma estabelecida no art. 26, § 6º da EC n. 103/2019; na substituição de um benefício por outro mais vantajoso ou que não tenha restrição na continuidade das atividades exercidas pelo segurado.

27.3 "REVISÃO DA VIDA TODA": AMPLIAÇÃO DO PERÍODO BÁSICO DE CÁLCULO DO SALÁRIO DE BENEFÍCIO, QUANDO MAIS FAVORÁVEL

Prazo de Decadência: O direito para essa revisão decaiu somente para as aposentadorias concedidas há mais de dez anos, em virtude da decisão proferida pelo STF no RE 626.489 (RG – Tema 313, *DJe* 23.9.2014), que reconheceu como legítima a instituição de prazo decadencial para a revisão de benefício já concedido.

Tese: A fórmula de cálculo do salário de benefício para os segurados em geral (excetuados os segurados especiais), prevista no art. 29 da Lei n. 8.213/1991 (redação conferida pela Lei n. 9.876, de 29.11.1999), válida para os segurados que implementaram os requisitos para a aposentadoria até 13.11.2019 (EC n. 103/2019), observava os seguintes critérios:

- para a aposentadoria por idade e por tempo de contribuição: o salário de benefício consistirá na média aritmética simples dos maiores salários de contribuição correspondentes a 80% de todo o período contributivo, multiplicada pelo fator previdenciário;
- para a aposentadoria por invalidez, aposentadoria especial, auxílio-doença e auxílio-acidente: o salário de benefício consistirá na média aritmética simples dos maiores salários de contribuição correspondentes a 80% de todo o período contributivo (para esses benefícios não há a multiplicação pelo fator previdenciário).

Para os segurados já filiados ao RGPS antes de 29.11.1999, a Lei n. 9.876/1999 estabeleceu no art. 3º as seguintes regras de transição:

- no cálculo do salário de benefício será considerada a média aritmética simples dos maiores salários de contribuição, correspondentes a, no mínimo, 80% de todo o período contributivo decorrido desde a competência julho de 1994;
- no caso das aposentadorias por idade, tempo de contribuição e especial, o divisor considerado no cálculo dessa média não poderá ser inferior a 60% do período decorrido da competência julho de 1994 até a data de início do benefício, limitado a 100% de todo o período contributivo.

Embora a Lei n. 9.876/1999 não tenha previsto expressamente, há que ser entendido que o segurado poderá optar pela regra na sua integralidade, ou seja, a média dos 80% maiores salários de contribuição de todo o período em que contribuiu ao sistema e não apenas a partir de julho de 1994.

Como paradigma para essa interpretação podemos citar o art. 9º da EC n. 20/1998, que, ao alterar as regras de concessão da aposentadoria por tempo de contribuição, permitiu ao segurado optar pelas regras de transição ou pelas novas regras permanentes do art. 201 da Constituição.

Além disso, por tratar-se de regras de transição no direito previdenciário, sua estipulação é exatamente para facilitar a adaptação dos segurados que já estavam contribuindo, mas que ainda não tinham implementado as condições para o benefício, ou seja, que ainda não possuíam o direito adquirido ao benefício. Portanto, não havendo direito adquirido à regra anterior, o segurado teria sempre duas opções: a regra vigente ou a regra de transição, podendo sempre optar pela que lhe for mais benéfica.

Trata-se mais uma vez do reconhecimento do direito ao cálculo mais vantajoso para o segurado, dentre as opções possíveis de período básico de cálculo, desde que preenchidos os demais requisitos para a concessão da prestação.

A ampliação do período básico de cálculo para todo o período contributivo pode gerar um salário de benefício mais vantajoso em muitos casos, por exemplo:

- nos casos de aposentadorias por idade, tempo de contribuição e especial, em que a aplicação do divisor mínimo de 60% do período decorrido da competência julho de 1994 até a data de início do benefício, gera competência com salários de contribuição zerados;
- hipóteses de segurados que aderiram a Planos de Demissão Incentivada e reduziram os salários de contribuição no período que antecede a aposentadoria, mas tem um histórico contributivo elevado.

O tema chegou ao STJ, que fixou orientação favorável no Repetitivo Tema n. 999:

> **Tese fixada**: "Aplica-se a regra definitiva prevista no art. 29, I e II da Lei n. 8.213/1991, na apuração do salário de benefício, quando mais favorável do que a regra de transição contida no art. 3º da Lei n. 9.876/1999, aos Segurados que ingressaram no Regime Geral da Previdência Social até o dia anterior à publicação da Lei n. 9.876/1999" (REsp 1.554.596/SC, 1ª Seção, Rel. Min. Napoleão Nunes Maia Filho, *DJe* 17.12.2019).

Contra a decisão do STJ, o INSS apresentou Recurso Extraordinário (RE n. 1276977), sendo fixada a seguinte tese pelo STF no julgamento da Repercussão Geral – Tema n. 1.102:

> O segurado que implementou as condições para o benefício previdenciário após a vigência da Lei 9.876, de 26.11.1999, e antes da vigência das novas regras constitucionais, introduzidas pela EC 103/2019, tem o direito de optar pela regra definitiva, caso esta lhe seja mais favorável (RE n. 1.276.977, Tribunal Pleno, *DJE* 13.4.2023).

Porém, na sequência, o STF, ao julgar as ADIs n. 2.110 e n. 2.111, acabou por fixar tese em sentido contrário, nos termos que seguem:

> A declaração de constitucionalidade do art. 3º da Lei n. 9.876/1999 impõe que o dispositivo legal seja observado de forma cogente pelos demais órgãos do Poder Judiciário e pela administração pública, em sua interpretação textual, que não permite exceção. O segurado do INSS que se enquadre no dispositivo não pode optar pela regra definitiva prevista no art. 29, incisos I e II, da Lei n. 8.213/1991, independentemente de lhe ser mais favorável (Plenário, *DJe* 24.5.2024).

27.4 REVISÃO DA RMI DAS APOSENTADORIAS CONCEDIDAS COM BASE NAS REGRAS DE TRANSIÇÃO DA EC N. 20/1998

Prazo de Decadência: O direito para esta revisão decaiu somente para as aposentadorias concedidas há mais de dez anos, em virtude da decisão proferida pelo STF no RE 626.489 (RG – Tema 313, *DJe* 23.9.2014), que reconheceu como legítima a instituição de prazo decadencial para a revisão de benefício já concedido.

Tese: Quando a EC n. 20/1998 entrou em vigor, a Lei n. 8.213/1991 previa, em seu art. 29, que o salário de benefício seria apurado da seguinte forma:

> *O salário de benefício consiste na média aritmética simples de todos os últimos salários de contribuição dos meses imediatamente anteriores ao do afastamento da atividade ou da data da entrada do requerimento,* **até o máximo de 36 (trinta e seis), apurados em período não superior a 48 (quarenta e oito) meses.**

Assim, quando a regra de transição da EC n. 20/1998 dispõe em seu art. 9º que "Observado o disposto no art. 4º desta Emenda e ressalvado o direito de opção a aposentadoria pelas normas por ela estabelecidas para o regime geral de previdência social, é assegurado o direito à aposentadoria ao segurado que se tenha filiado ao regime geral de previdência social, até a data de publicação desta Emenda, quando, cumulativamente, atender aos seguintes requisitos", deve ser interpretado no que se refere também ao critério de cálculo do salário de benefício até então vigente.

Não há justificativa de se entender que o cálculo seja feito de outra forma, posto que a aposentadoria a que se refere à EC n. 20/1998 é a existente até aquele momento, antes da alteração da regra permanente no texto constitucional.

Vale lembrar que o mesmo ocorreu no caso dos servidores públicos quando da promulgação das EC n. 41/2003 e n. 47/2005, que retirou a integralidade e a paridade de reajuste para as aposentadorias nos RPPS. Para os servidores que ingressaram no serviço público até 31.12.2003 e cumprirem as regras de transição trazidas nas referidas emendas, foi garantido o direito ao cálculo anterior, com integralidade e paridade. Não seria razoável exigir do servidor o cumprimento de requisitos mais gravosos e ainda ter que se submeter à atual regra de cálculo das normas permanentes.

Regra de transição é para beneficiar o segurado não criar dupla incidência de requisitos prejudiciais ao mesmo.

Pois bem, o mesmo raciocínio interpretativo deve ser aplicado ao RGPS, para garantir-se aos segurados que cumprirem as regras de transição da EC n. 20/1998 o direito de ter seus benefícios calculados conforme a regra vigente até aquele momento, qual seja, média dos últimos 36 salários de contribuição, apurada em período não superior a 48 meses, e sem aplicação de fator previdenciário.

Nesse mesmo sentido destacamos a esclarecedora decisão emanada do TRF da 4ª Região:

> PREVIDENCIÁRIO. EMENDA CONSTITUCIONAL 20/98. INAPLICABILIDADE DA SISTEMÁTICA DE CÁLCULO INTRODUZIDA PELA LEI 9.876/99 A BENEFÍCIOS CONCEDIDOS COM BASE NAS REGRAS DE TRANSIÇÃO.
> (...) 7. *Regras de transição inseridas na legislação previdenciária que não podem ser mais prejudiciais aos segurados que as novas regras permanentes, sendo exatamente isto que ocorre quando se exige do segurado, na concessão das aposentadorias proporcionais do § 1º do art. 9º da EC n. 20/98, o atendimento do requisito idade mínima e pedágio, sem dispensá-lo da submissão às regras de cálculo introduzidas pela Lei n. 9.876/99.*
> (TRF4, AC 0007564-09.2009.404.7100, 6ª Turma, Rel. Eliana Paggiarin Marinho, DE 9.8.2012).

Portanto, o cerne da discussão que aqui se apresenta está relacionado à indevida interpretação dada pelo INSS, que passou a aplicar o fator previdenciário criado pela Lei n. 9.876/1999 para regular a aposentadoria por tempo de contribuição, do art. 201 da Constituição, também às aposentadorias concedidas pelas regras de transição do art. 9º da EC n. 20/1998.

A alteração legislativa promovida pela Lei do Fator Previdenciário foi destinada a regular exclusivamente as aposentadorias por tempo de contribuição concedidas com base na regra permanente do art. 201 da Constituição, não podendo ser aplicada para as regras de transição da EC n. 20/1998, sob pena de inconstitucionalidade e ferimento ao direito adquirido e ao melhor benefício.

Isto porque ensejaria dupla penalização ao segurado, primeiro no tocante à necessidade de cumprimento da idade mínima e do pedágio e depois no tocante ao fator previdenciário que também é baseado na idade e no tempo de contribuição.

Dessa forma, deve ser reconhecida como inadequada a interpretação dada pelo INSS quanto ao alcance da Lei n. 9.876/1999, no que se refere às aposentadorias dos segurados que cumpriram as regras de transição da EC n. 20/1998. A norma constitucional que alterou a sistemática de cálculo dos benefícios previdenciários garantiu, expressamente, o direito à concessão na forma prevista até sua promulgação, mediante o cumprimento das regras de transição por ela estabelecidas.

Vale lembrar, por fim, que o exercício do direito da aposentadoria em data posterior à publicação de nova norma, no caso a Lei n. 9.876/1999, não pode ferir ou prejudicar o direito adquirido a regra diferenciada para aqueles que já haviam ingressado no RGPS antes da mudança e que venham a cumprir os requisitos diferenciados das eventuais regras de transição criadas.

Portanto, tem-se como devida a revisão da renda mensal inicial da aposentadoria proporcional (ou mesmo da aposentadoria integral) percebida pelos segurados quando demonstrado o cumprimento da idade mínima e do pedágio previstos no art. 9º da EC n. 20/1998.

A discussão chegou ao STF e teve reconhecida a existência de repercussão geral, ainda não decidida, cuja ementa é a seguinte:

> **Tema 616**: "Incidência do fator previdenciário (Lei 9.876/99) ou das regras de transição trazidas pela EC 20/98 nos benefícios previdenciários concedidos a segurados filiados ao Regime Geral até 16.12.1998" (*Leading Case*: RE 639856, Relator Min. Gilmar Mendes, *DJe* 11.12.2012).

27.5 REVISÃO BASEADA NO AUMENTO DO TEMPO DE CONTRIBUIÇÃO COMUM E ESPECIAL

Prazo de Decadência: O direito para esta revisão decaiu somente para as aposentadorias concedidas há mais de dez anos, em virtude da decisão proferida pelo STF no RE 626.489 (RG – Tema 313, *DJe* de 23.9.2014), que reconheceu como legítima a instituição de prazo decadencial para a revisão de benefício já concedido.

Mesmo que o tempo de contribuição não tenha sido postulado na DER, o prazo decadencial tem aplicação, consoante tese fixada pelo STJ no julgamento do Repetitivo Tema 975: "Aplica-se o prazo decadencial de dez anos estabelecido no art. 103, caput, da Lei 8.213/1991 às hipóteses em que a questão controvertida não foi apreciada no ato administrativo de análise de concessão de benefício previdenciário" (REsp 1.648.336/RS, 1ª Seção, *DJe* 4.8.2020).

Tese: Com essa revisão, busca-se o aumento do tempo de contribuição decorrente de períodos não constantes no CNIS, dentre os quais: a) atividades no meio rural como segurado especial (anterior a novembro de 1991, sem indenização); b) aluno aprendiz em escolas técnicas; c) trabalhador autônomo/contribuinte individual mediante indenização; d) prestação de serviço militar; e) recebimento de benefício por incapacidade, desde que intercalado; f) tempo especial com a conversão para tempo comum em relação ao prestado até 13.11.2019 (art. 25, § 2º, da EC n. 103/2019).

Com o acréscimo do tempo de contribuição será possível, exemplificativamente: a) obter o benefício mais vantajoso, dentre aqueles que houve o preenchimento dos requisitos; b) no caso da aposentadoria por tempo de contribuição, poderá ser excluído o fator previdenciário ou até torná-lo positivo em relação aos benefícios anteriores à EC n. 103/2019 e até mesmo para o regra de transição da EC n. 103/2019 (ATC c/ pedágio de 50%); c) elevar o coeficiente de cálculo da RMI em 2% para cada novo ano de contribuição para os benefícios em geral concedidos com base na regras da EC n. 103/2019 (salvo os decorrentes de acidente do trabalho).

27.6 REVISÃO BASEADA EM SENTENÇA TRABALHISTA COM INCLUSÃO DE TEMPO DE CONTRIBUIÇÃO E AUMENTO DOS SALÁRIOS DE CONTRIBUIÇÃO

Prazo de Decadência: O prazo decadencial para essa revisão tem início com o trânsito em julgado da sentença trabalhista. Nesse sentido o Repetitivo julgado pelo STJ, Tema 1.117: "O marco inicial da fluência do prazo decadencial, previsto no *caput* do art. 103 da Lei n. 8.213/1991, quando houver pedido de revisão da renda mensal inicial (RMI) para incluir verbas remuneratórias recebidas em ação trabalhista nos salários de contribuição que integraram o período básico de cálculo (PBC) do benefício, deve ser o trânsito em julgado da sentença na respectiva reclamatória" (REsp 1.947.419, 1ª Seção, *DJe* 30.8.2022).

No que tange ao **prazo de prescrição**, a regra também é diferenciada, consoante tese fixada pela TNU no julgamento do Representativo de Controvérsia Tema 200: "Na pretensão ao recebimento de diferenças decorrentes de revisão de renda mensal inicial em virtude de verbas salariais reconhecidas em reclamação trabalhista, a prescrição quinquenal deve ser contada retroativamente da data do ajuizamento da ação previdenciária, não fluindo no período de tramitação da ação trabalhista, enquanto não definitivamente reconhecido o direito e não homologados os cálculos de liquidação" (PEDILEF 5002165-21.2017.4.04.7103/RS, j. 9.12.2020).

Tese: As ações trabalhistas possuem relação direta com a Previdência Social. Tratam, na maioria dos casos, de reconhecimento de vínculos empregatícios não registrados devidamente, de verbas que não foram pagas ao trabalhador (ou foram pagas a menor) e de situações que podem prolongar a qualidade de segurado.

Todos esses fatores impactam os principais pontos verificados para a concessão de benefícios previdenciários. Entres eles, estão qualidade de segurado, tempo de contribuição, salários de contribuição e renda mensal inicial dos benefícios.

No entanto, o resultado da sentença trabalhista não é reconhecido de modo automático pela Autarquia Previdenciária, o que acarreta a necessidade de que o indivíduo tenha de buscar novamente a tutela do Estado, dessa feita para ver reconhecidos seus direitos de índole estritamente previdenciária – o seu *status* de segurado, o tempo de contribuição correspondente e os salários de contribuição verdadeiros.

O objetivo dessa revisão, em regra, é aumentar a Renda Mensal Inicial do benefício, no sentido de: a) excluir o fator previdenciário ou até torná-lo positivo em relação aos benefícios anteriores à EC n. 103/2019 e até mesmo para a regra de transição da EC n. 103/2019 (ATC c/pedágio de 50%); b) elevar o coeficiente de cálculo da RMI em 2% para cada novo ano de contribuição para os benefícios em geral concedidos com base nas regras da EC n. 103/2019 (salvo os decorrentes de acidente do trabalho). Nesse sentido:

- Súmula n. 107 – TRF da 4ª Região: "O reconhecimento de verbas remuneratórias em reclamatória trabalhista autoriza o segurado a postular a revisão da renda mensal inicial, ainda que o INSS não tenha integrado a lide, devendo retroagir o termo inicial dos efeitos financeiros da revisão à data da concessão do benefício". No mesmo sentido: STJ, REsp 1.674.420/PR, 1ª Turma, Rel. Min. Napoleão Nunes Maia Filho, *DJe* 22.11.2019.
- STJ – Pedido de Uniformização de Interpretação de Lei Federal (PUIL) n. 293: "A sentença trabalhista homologatória de acordo somente será considerada início válido de prova material, para os fins do art. 55, § 3º, da Lei n. 8.213/1991, quando fundada em elementos probatórios contemporâneos dos fatos alegados, aptos a evidenciar o exercício da atividade laboral, o trabalho desempenhado e o respectivo período que se pretende ter reconhecido, em ação previdenciária" (*DJe* 20.12.2022).

Recomenda-se a correção do CNIS (pela Central 135 do INSS) após toda ação trabalhista julgada favorável à parte, tendo em vista que os cálculos dos benefícios previdenciários são elaborados com base em todo o período contributivo do segurado e, portanto, qualquer alteração pode representar aumento na renda do benefício futuro ou mesmo a revisão de benefício já concedido.

27.7 REVISÃO DECORRENTE DE ATIVIDADES CONCOMITANTES

Prazo de Decadência: O direito para esta revisão decaiu somente para as aposentadorias concedidas há mais de dez anos, em virtude da decisão proferida pelo STF no RE 626.489 (RG – Tema 313, DJe 23.9.2014), que reconheceu como legítima a instituição de prazo decadencial para a revisão de benefício já concedido.

Tese: A tese é baseada no julgamento do STJ, Repetitivo Tema 1.070, cuja tese fixada é a seguinte: "Após o advento da Lei 9.876/99, e para fins de cálculo do benefício de aposentadoria, no caso do exercício de atividades concomitantes pelo segurado, o salário de contribuição deverá ser composto da soma de todas as contribuições previdenciárias por ele vertidas ao sistema, respeitado o teto previdenciário" (REsp 1.870.793/RS, 1ª Seção, DJe 24.5.2022).

Para o segurado que contribuiu em razão de atividades concomitantes (ex.: segurado empregado e contribuinte individual), o salário de benefício deverá ser calculado com base na soma dos salários de contribuição das atividades exercidas na data do requerimento ou do óbito, ou no período básico de cálculo, observado o disposto no art. 29 e as regras do art. 32 da Lei n. 8.213/1991.

O reconhecimento desse direito ocorreu apenas após a edição da Lei n. 13.846/2019, a qual deu nova redação ao art. 32 da LBPS, revogando os incisos que disciplinavam a sistemática de cálculo de atividade principal e secundária. A respeito, o Enunciado n. 4 do Programa Desjudicializa Prev:

> Tema 6 – "Após o advento da Lei n. 9.876/1999, e para fins de cálculo do benefício de aposentadoria, no caso do exercício de atividades concomitantes pelo segurado, o salário de contribuição deverá ser composto da soma de todas as contribuições previdenciárias por ele vertidas ao sistema, respeitado o teto previdenciário." (Portaria Conjunta GP n. 4 de 15.4.2024 – Anexo I).

A regra até então utilizada pela Previdência reduzia de forma significativa o valor da renda mensal inicial dos benefícios em caso de dupla atividade, pois estipulava uma proporcionalidade considerando o tempo de exercício de cada uma delas.

Considerando que a nova regra da soma dos salários de contribuição no período básico de cálculo não enseje a revisão dos benefícios concedidos anteriormente (com base na apuração da atividade principal e acessória), resta a alternativa da via judicial para que os segurados prejudicados busquem a revisão da renda mensal inicial.

27.8 REVISÃO DOS BENEFÍCIOS POR INCAPACIDADE CONCEDIDOS APÓS A EC N. 103/2019

Prazo de Decadência: Aplica-se a esta revisão a regra geral do prazo decadencial previsto no art. 103 da Lei n. 8.213/1991, em virtude da decisão proferida pelo STF no RE 626.489 (RG – Tema 313, DJe 23.9.2014).

Tese: Dois pontos devem ser levados em consideração para essa tese, quais sejam, o cálculo do salário de benefício e os coeficientes de cálculos da RMI.

O primeiro tem relação com a nova fórmula de cálculo do salário de benefício, introduzida pelo art. 26, *caput*, da EC n. 103/2019, a qual passou a considerar todos os salários de contribuição do segurado, desde julho de 1994, ou desde o início da contribuição, se posterior àquela competência. E, com base no § 6º do referido artigo, foi permitida a exclusão dessa média das contribuições que resultem em redução do valor do benefício, desde que mantido o tempo mínimo de contribuição exigido, vedada a utilização do tempo excluído para qualquer finalidade.

No entanto, o Decreto n. 10.410/2020, ao regulamentar a EC n. 103/2019, inovou no sentido de que, em relação aos benefícios por incapacidade, aplica-se a regra da média integral, sem a possibilidade de descartes de contribuições que superem o tempo mínimo exigido (art. 32, §§ 24 e 25, do RPS). E, quanto ao auxílio por incapacidade temporária, foi mantida a restrição de que: "não poderá exceder a média aritmética simples dos últimos doze salários de contribuição, inclusive no caso de remuneração variável, ou, se não houver doze salários de contribuição, a média aritmética simples dos salários de contribuição existentes" (art. 29, § 10, da Lei n. 8.213/1991 c/c o art. 32, § 23, do RPS).

Com isso, a sistemática de cálculo do salário de benefício segue um modelo híbrido, conjugando o art. 26 da EC n. 103/2019 com o art. 29 da LBPS. Prática essa já refutada pelo Supremo Tribunal Federal quando do julgamento da RG n. 70, cuja tese fixada foi a seguinte: "Na sistemática de cálculo dos benefícios previdenciários, não é lícito ao segurado conjugar as vantagens do novo sistema com aquelas aplicáveis ao anterior, porquanto inexiste direito adquirido a determinado regime jurídico".

No que diz respeito ao segundo ponto, coeficiente de cálculo, o art. 26, § 3º, da EC n. 103/2019 garantiu o coeficiente de 100% do salário de benefício, unicamente para a aposentadoria por incapacidade permanente decorrente de acidente de trabalho, doença profissional ou doença do trabalho (B-92). Quando não comprovada essa causa, o coeficiente aplicável é de 60% do salário de benefício, mais 2 pontos percentuais para cada ano de contribuição que supere os 20 anos de contribuição, se homem, ou 15 anos, se mulher (art. 26, § 2º, da EC n. 103/2019).

Essa diferenciação viola princípios constitucionais, dentre os quais, o da isonomia que deve pairar entre os segurados que se aposentam pelo mesmo fato gerador, qual seja, a incapacidade permanente para o trabalho. Há que se considerar, ainda, que todos os segurados empregados e trabalhadores avulsos contribuem com as mesmas alíquotas e no momento da aposentadoria não podem ser discriminados pelo fato de a incapacidade ter relação com o acidente do trabalho. Além disso, a aposentadoria não poderia resultar em RMI com coeficiente de cálculo inferior ao da incapacidade temporária. Essa anomalia já foi reconhecida em diversos julgados, a exemplo dos que seguem:

- "Em razão da inconstitucionalidade do inciso III do § 2º do art. 26 da EC n. 103/2019, esta turma delibera por fixar a seguinte tese: 'O valor da renda mensal inicial (RMI) da aposentadoria por incapacidade permanente não acidentária continua sendo de 100% (cem por cento) da média aritmética simples dos salários de contribuição contidos no período básico de cálculo (PBC). Tratando-se de benefício com DIB posterior a EC 103/19, o período de apuração será de 100% do período contributivo desde a competência julho de 1994, ou desde o início da contribuição, se posterior àquela competência'" (TRU/TRF da 4ª Região, PUIL 5003241-81.2021.4.04.7122, Rel. JF Daniel Machado da Rocha, j. 11.3.2022).
- "Direito previdenciário e processual civil. Auxílio-doença e aposentadoria por invalidez. Incapacidade total e permanente. Critério de cálculo. A pendência da controvérsia no âmbito do STF (ADI 6279) sobre o critério de cálculo da aposentadoria por incapacidade permanente (art. 26, § 2º, III, da EC 103/2019) não justifica adiar o julgamento do feito, considerando seu evidente impacto sobre a

renda mensal do segurado que vinha em auxílio-doença. Ao contrário, recomenda, por ora, que a aposentadoria seja paga com base no valor que vinha sido recebido a título de auxílio-doença, ficando diferido para momento posterior ao julgamento da ADI 6279 a solução final quanto ao valor do benefício da parte autora, a ser adotada no juízo de origem. Precedentes deste Tribunal" (TRF/4ª Região, AC 5021724-85.2022.4.04.7200/SC, j. 22.8.2023).

Cabe destacar que a inconstitucionalidade do art. 26, § 2º, III, da EC n. 103/2019 é, ainda, objeto da ADI 6.279, distribuída no Supremo Tribunal Federal em 5.12.2019, cujo julgamento deve ser acompanhado.

27.9 REVISÃO DO SALÁRIO DE BENEFÍCIO PARA INCLUSÃO DOS VALORES PAGOS EM PECÚNIA A TÍTULO DE AUXÍLIO-ALIMENTAÇÃO

Prazo de Decadência: Aplica-se a esta revisão a regra geral do prazo decadencial previsto no art. 103 da Lei n. 8.213/1991, em virtude da decisão proferida pelo STF no RE 626.489 (RG – Tema 313, *DJe* de 23.9.2014).

Tese: De acordo com o art. 29, § 3º, da Lei n. 8.213/1991: "Serão considerados para cálculo do salário de benefício os ganhos habituais do segurado empregado, a qualquer título, sob forma de moeda corrente ou de utilidades, sobre os quais tenha incidido contribuições previdenciárias, exceto o décimo-terceiro salário (gratificação natalina)".

Considerando-se que a renda mensal inicial tem como base de cálculo o salário de benefício, na medida em que o auxílio-alimentação pago em pecúnia incide contribuição, caberá como consequência lógica o direito dos segurados à revisão dos benefícios já concedidos, assim como gerará impacto nas futuras concessões, para inclusão dos referidos valores.

Dá suporte a essa revisão o julgamento do STJ no Repetitivo Tema 1.164, que decidiu: "Incide a contribuição previdenciária a cargo do empregador sobre o auxílio-alimentação pago em pecúnia" (REsp 1.995.437/CE, 1ª Seção, Rel. Min. Gurgel de Farias, j. 26.4.2023).

No mesmo sentido foi a tese fixada pela TNU no julgamento do Representativo de Controvérsia Tema 244:

> I) Anteriormente à vigência da Lei n. 13.416/2017, o auxílio-alimentação, pago em espécie e com habitualidade ou por meio de vale-alimentação/cartão ou ticket refeição/alimentação ou equivalente, integra a remuneração e constitui base de incidência da contribuição previdenciária patronal e do segurado, refletindo no cálculo da renda mensal inicial do benefício, esteja a empresa inscrita ou não no Programa de Alimentação do Trabalhador (PAT);
> II) A partir de 11/11/2017, com a vigência da Lei n. 13.416/2017, que conferiu nova redação ao § 2º do art. 457 da CLT, somente o pagamento do auxílio-alimentação em dinheiro integra a remuneração, constitui base de incidência da contribuição previdenciária patronal e do segurado, refletindo no cálculo da renda mensal inicial do benefício, esteja a empresa inscrita ou não no Programa de Alimentação do Trabalhador (PEDILEF 5002880-91.2016.4.04.7105).

A respeito do tema, foi aprovado o Enunciado que segue na I Jornada de Direito da Seguridade Social realizada pelo STJ/CJF em 2023: "Caberá a revisão da renda mensal inicial dos benefícios previdenciários mediante a inclusão no salário de benefício dos valores pagos habitualmente em pecúnia a título de auxílio-alimentação, respeitados os prazos decadenciais e prescricionais" (ID 6600).

O TRF da 4ª Região também tem precedentes no mesmo sentido (*v.g.*):

> Previdenciário. Revisão de benefício. Salários de contribuição. Auxílio-alimentação. 1. O auxílio-alimentação e vale-rancho pagos em pecúnia (inclusive mediante o forneci-

mento de tíquetes), ou creditados em conta-corrente, em caráter habitual, integram a base de cálculo da contribuição previdenciária.

2. Incluídas, nos salários de contribuição, as referidas verbas, os efeitos financeiros do recálculo da aposentadoria são devidos desde a DER, uma vez que o segurado não pode ser prejudicado pela omissão do empregador no recolhimento das contribuições previdenciárias corretas. Respeitada, na hipótese, a prescrição quinquenal (AC 5000772-53.2020.4.04.7104, 6ª Turma, Rel. Tais Schilling Ferraz. j. 19.7.2023).

27.10 REVISÃO DA PENSÃO POR MORTE: DEPENDENTES COM INVALIDEZ OU DEFICIÊNCIA

Prazo de Decadência: Não há decadência porquanto não se trata de revisão do ato de concessão do benefício, e sim do reconhecimento de situação fática que modifica o critério de cálculo em face do reconhecimento da deficiência que poderá ocorrer a qualquer tempo.

Tese: A pensão por morte, segundo a regra vigente (art. 23 da EC n. 103/2019), será equivalente a uma cota familiar de 50% do valor da aposentadoria recebida pelo segurado do RGPS ou pelo servidor federal (vinculado ao RPPS da União) ou daquela a que teria direito se fosse aposentado por incapacidade permanente na data do óbito, acrescida de cotas de 10 pontos percentuais por dependente, até o máximo de 100%. Tal sistemática de cálculo foi validada pelo STF ao julgar a ADI 7.051, cuja tese fixada foi a seguinte:

> É constitucional o art. 23, *caput*, da Emenda Constitucional n. 103/2019, que fixa novos critérios de cálculo para a pensão por morte no Regime Geral e nos Regimes Próprios de Previdência Social (Plenário Virtual, Rel. Min. Luís Roberto Barroso, *DJE* 2.8.2023).

Porém, na hipótese de haver dependente inválido ou com deficiência intelectual, mental ou grave, o valor da pensão por morte será equivalente a 100% do valor da aposentadoria recebida pelo segurado ou daquela a que teria direito se fosse aposentado por incapacidade permanente na data do óbito, até o limite máximo do salário de benefício do RGPS (art. 23, § 2º, I, da EC n. 103/2019).

Portanto, a hipótese legal para superar o critério das cotas é a existência de algum dependente que demonstre possuir invalidez ou deficiência intelectual, mental, que pode ser leve, moderada ou grave. E, no caso de deficiência física ou sensorial, o nível deve ser classificado como grave.

Para que essa situação seja reconhecida, deve ser observada a regra do § 5º do art. 23 da EC n. 103/2019, que estabelece: "Para o dependente inválido ou com deficiência intelectual, mental ou grave, sua condição pode ser reconhecida previamente ao óbito do segurado, por meio de avaliação biopsicossocial realizada por equipe multiprofissional e interdisciplinar, observada revisão periódica na forma da legislação".

O termo "pode" significa que o segurado em vida poderá requerer a inscrição dos seus dependentes que possuam essa condição para que, em caso de pensão por morte, tenham o benefício concedido com o cálculo diferenciado.

Mas, quando esse reconhecimento não foi requerido em vida pelo segurado, seus dependentes poderão requerer a qualquer momento a revisão do cálculo da pensão por morte, buscando inclusive os valores atrasados desde a data do óbito, respeitada a prescrição quinquenal para aqueles que são considerados incapazes civilmente (art. 198, I c/c art. 3º do CC).

27.11 TESES SUPERADAS

Neste tópico apresentamos algumas teses de revisão de benefícios que já estão superadas, seja pela ocorrência da decadência ou da prescrição, seja pelo não acolhimento dos pleitos pelos Tribunais Superiores.

27.11.1 Atualização monetária dos doze últimos salários de contribuição para os benefícios concedidos anteriormente à Constituição de 1988

Não há dúvidas de que a não atualização dos 12 últimos salários de contribuição diminuiu injustamente o valor inicial dos proventos cuja data de início dos benefícios foi anterior a 5.10.1988. Ocorre que a atualização monetária de todos os salários de contribuição somente foi admitida a partir da promulgação da Constituição Federal de 1988. O legislador constituinte, atento aos efeitos maléficos da variação inflacionária sobre o valor inicial dos proventos de aposentadoria, determinou, no art. 202, *caput*, da Constituição Federal, que no cálculo da renda mensal inicial dos benefícios fossem corrigidos todos os salários de contribuição.

As ações previdenciárias que objetivaram a aplicação do novo critério aos benefícios concedidos anteriormente à Carta Constitucional de 1988 não alcançaram êxito, pois a regra não foi considerada autoaplicável. Nesse sentido: STF, AI 673.707/SP, Relator Min. Joaquim Barbosa, *DJe* 17.2.2011.

27.11.2 Súmula n. 260 do extinto TFR

A Súmula n. 260 do Tribunal Federal de Recursos tem o seguinte conteúdo: "No primeiro reajuste do benefício previdenciário, deve-se aplicar o índice integral do aumento verificado, independentemente do mês da concessão, considerado, nos reajustes subsequentes, o salário mínimo então atualizado".

A aplicação da primeira parte da Súmula não provoca alteração no valor inicial do benefício (RMI), mas tão só no primeiro reajuste, que passava a ser integral, segundo os índices da política salarial e não do salário mínimo. Os prejuízos decorrentes da não aplicação da primeira parte da Súmula n. 260 se projetaram no tempo apenas até março de 1989, pois a partir do mês de abril passou a vigorar o disposto no art. 58 do Ato das Disposições Constitucionais Transitórias.

No que se refere ao enquadramento nas faixas salariais, que é o preceito da segunda parte da Súmula, houve distorções pela utilização do salário mínimo antigo, como divisor, no período entre a vigência da Lei n. 6.708/1979 e do Decreto-lei n. 2.171/1984. Os prejuízos cessaram a partir de novembro de 1984, quando foram extintas as faixas da política salarial.

A Súmula n. 260 do extinto TFR teve aplicação em relação aos benefícios concedidos antes da atual Constituição Federal. Quanto à aplicabilidade dos seus critérios aos benefícios concedidos após a Constituição de 1988, a matéria foi pacificada no âmbito do TRF da 4ª Região, com a edição da Súmula n. 51: "Não se aplicam os critérios da Súmula n. 260 do extinto Tribunal Federal de Recursos aos benefícios previdenciários concedidos após a Constituição Federal de 1988".

Com a decisão proferida pelo STF no RE 626.489, em 16.10.2013, sobre a aplicabilidade do prazo de decadência para os benefícios concedidos antes de 27.6.1997, decaiu o direito para esta revisão.

27.11.3 Autoaplicabilidade do art. 202, *caput*, da Constituição de 1988 – Diferenças decorrentes do reajustamento dos benefícios concedidos entre 5.10.1988 e 5.4.1991 (art. 144, parágrafo único, da Lei n. 8.213/1991)

Na sistemática de cálculo do valor dos benefícios anterior à atual Constituição, somente os 24 últimos salários de contribuição utilizados para o cálculo do salário de benefício eram corrigidos monetariamente. A correção de todos os salários de contribuição só foi assegurada pelo art. 202, *caput*, da Constituição Federal. A Lei n. 8.213/1991, ao regulamentar esse dispositivo constitucional, determinou a revisão dos benefícios concedidos no período de

5.10.1988 a 5.4.1991, para aplicar o novo critério de cálculo da renda mensal inicial, declarando, entretanto, que não seriam devidas as diferenças decorrentes dessa revisão (art. 144, parágrafo único).

O pagamento dos valores atrasados estava ligado à autoaplicabilidade do art. 202, *caput*, da Constituição. Essa discussão foi encerrada depois que o Supremo Tribunal Federal decidiu que o art. 202, *caput*, da Constituição Federal não é autoaplicável: "Direito Constitucional e Previdenciário. Aposentadoria. Cálculo do benefício. Art. 202 da Constituição Federal. 1. Conforme precedentes do STF, o disposto no art. 202 da Constituição Federal, sobre o cálculo do benefício da aposentadoria, não é autoaplicável, pois depende de legislação, que posteriormente entrou em vigor (Mandado de Injunção n. 306, RE n. 163.478 e RE n. 164.931)" (STF, REED n. 153.655/PE, Rel. Min. Sydney Sanches, 1ª Turma, *DJ* de 16.12.1994).

Dessa forma, os benefícios concedidos no chamado "buraco negro" (5.10.1988 a 5.4.1991) foram revisados para que todos os salários de contribuição utilizados no cálculo do salário de benefício fossem atualizados monetariamente. No entanto, as diferenças resultantes dessa revisão, relativas às competências de outubro de 1988 a maio de 1991, não foram pagas aos beneficiários da Previdência Social. Esse procedimento, prejudicial aos interesses dos beneficiários, foi respaldado pelo Supremo Tribunal Federal.

27.11.4 Aplicação do art. 58 do Ato das Disposições Constitucionais Transitórias

O art. 58 do ADCT assim dispõe: "Os benefícios de prestação continuada, mantidos pela previdência social na data da promulgação da Constituição, terão seus valores revistos, a fim de que seja restabelecido o poder aquisitivo, expresso em número de salários mínimos, que tinham na data de sua concessão, obedecendose a esse critério de atualização até a implantação do plano de custeio e benefícios referidos no artigo seguinte".

Trata-se de norma transitória que estabeleceu uma revisão das rendas mensais dos benefícios de prestação continuada mantidos pela Previdência Social na época da promulgação da Constituição Federal de 1988. Determinou uma espécie de recomposição da renda mensal do benefício, a ponto de restabelecer, a partir de abril de 1989, a equivalência do valor do benefício ao número de salários mínimos à época de sua concessão.

A garantia prevista no art. 58 do ADTC teve aplicação a partir de abril de 1989 até dezembro de 1991, especificamente até 9.12.1991, quando publicado o Decreto n. 357/1991, que regulamentou a Lei n. 8.213/1991 (MS n. 1.233-DF, STJ, 1ª Sessão, *RSTJ* 30/260).

O pedido de revisão na forma do mencionado art. 58 procede apenas em relação aos benefícios iniciados antes da vigência da Constituição de 1988. Assim, os benefícios previdenciários iniciados a partir da vigência da Constituição de 1988 são excluídos expressamente do referido artigo e tiveram seu valor real preservado de acordo com os critérios definidos no art. 144 da Lei n. 8.213/1991. Nesse sentido: "Resp. Previdenciário. Benefícios. Correção. Orientação mais recente do STF, intérprete da Constituição. A revisão dos benefícios previdenciários disposta no art. 58 do ADCT não se aplica aos benefícios concedidos após a promulgação da Constituição de 1988 (Informativo STF, n. 89, pp. 1 e 2)" (REsp 97.01.5518-0/RJ, STJ, 6ª Turma, Rel. Min. Luiz Vicente Cernicchiaro, *DJU* 23.3.1998). E, ainda, a Súmula n. 687 do STF: "A revisão de que trata o art. 58 do ADCT não se aplica aos benefícios previdenciários concedidos após a promulgação da Constituição de 1988".

Na mesma linha, a decisão do STF no RE 145.895-0, Rel. Min. Celso de Mello, *DJU* de 18.8.1995. De modo geral, não houve controvérsia quanto à aplicação do artigo constitucional transitório, pois a operação nele prevista é singela, bastando ao administrador dividir o valor inicial dos proventos pelo número de salários mínimos do mês de sua concessão. Considera-se, para esse efeito, o piso nacional de salários quando vigoraram concomitantemente o salário mínimo de referência e o piso nacional de salários, instituído pelo Decreto-lei n. 2.351, de 7.8.1987. O produto da operação resultava na conhecida equivalência salarial, que norteou o pagamento dos proventos no período de abril de 1989 a dezembro de 1991.

27.11.5 Manutenção do valor real dos benefícios/equivalência do valor dos benefícios em número de salários mínimos

Não há que se confundir o preceito constitucional da manutenção do valor real do benefício (art. 201, § 3º) com equivalência em número de salários mínimos. Manter o valor real do benefício significa reajustá-lo de acordo com a variação inflacionária, de modo a evitar diminuição injusta do seu poder de compra. Em nenhum momento o legislador constituinte quis vincular aquela garantia ao valor do salário mínimo. Apenas no período em que vigorou o art. 58 do Ato das Disposições Constitucionais Transitórias foi o valor dos proventos fixado em número de salários mínimos. A partir daí os indexadores adotados foram aqueles fixados pelo legislador ordinário.

Nesse sentido, decidiu o STF em Repercussão Geral Tema n. 996, que: "Não encontra amparo no Texto Constitucional revisão de benefício previdenciário pelo valor nominal do salário mínimo" (*Leading Case*: RE 968.414, *DJe* 2.6.2020).

27.11.6 Valor mínimo dos benefícios

A Constituição de 1988 assegurou que nenhum benefício que substitua o salário de contribuição ou o rendimento do trabalho do segurado terá valor mensal inferior ao salário mínimo (art. 201, § 5º, da CF/1988 – redação original). No entanto, a Previdência Social entendeu que essa norma não tinha aplicabilidade imediata, necessitando de lei regulamentadora, e, por isso, continuou a pagar benefícios (aposentadorias em geral e auxílio-doença) em valor abaixo do salário mínimo.

A questão foi resolvida pelo STF, que decidiu pela autoaplicabilidade do § 5º do art. 201 da Constituição. Nesse mesmo sentido, a matéria foi sumulada pelos Tribunais Regionais Federais da 1ª, 3ª, 4ª e 5ª Regiões, nos verbetes ns. 23, 5, 24 e 8, respectivamente. Atualmente esses valores encontram-se prescritos.

27.11.7 Expurgos inflacionários

O reajuste dos benefícios pelos índices de inflação expurgados nos meses de janeiro de 1989, março, abril e maio de 1990 e fevereiro de 1991 não foi considerado devido pela jurisprudência dominante, que entendeu inexistir direito adquirido a eles. Nesse sentido a Súmula n. 36 do TRF da 4ª Região: "Inexiste direito adquirido a reajuste de benefícios previdenciários com base na variação do IPC – Índice de Preços ao Consumidor – de março e abril de 1990". A mesma posição foi adotada pelo STF e pelo STJ: "A jurisprudência desta corte, sufragando entendimento do STF, é pacífica no sentido de que os beneficiários do INSS não têm direito adquirido ao reajuste mensal de seus benefícios previdenciários pela incorporação dos índices inflacionários expurgados, que não se confunde com a correção monetária dos débitos cobrados em juízo, cuja incidência é devida" (REsp 155.627/SP, 6ª Turma, Rel. Min. Vicente Leal, *DJU* 2.3.1998).

Neste sentido, também, a Súmula n. 21 da TNU: "Não há direito adquirido a reajuste de benefícios previdenciários com base na variação do IPC (Índice de Preço ao Consumidor), de janeiro de 1989 (42,72%) e abril de 1990 (44,80%)".

27.11.8 Conversão dos benefícios para URV – Lei n. 8.880/1994

Foi objeto de questionamento em milhares de ações propostas contra o INSS que a conversão dos proventos para Unidade Real de Valor (URV), consoante a Lei n. 8.880/1994, teria ocasionado a perda do valor real dos benefícios, pela não aplicação dos percentuais de inflação com base no IRSM dos meses de novembro e dezembro de 1993 e janeiro e fevereiro de 1994, ferindo o disposto no art. 201, § 2º, da Constituição Federal.

A MP n. 434, de 27.2.1994, convertida na Lei n. 8.880/1994, dispôs: "Art. 20. Os benefícios mantidos pela Previdência Social são convertidos em URV em 1º de março de 1994, observado o seguinte: I – dividindo-se o valor nominal, vigente nos meses de novembro e dezembro de 1993 e janeiro e fevereiro de 1994, pelo valor em cruzeiros reais do equivalente em URV do último dia desses meses, respectivamente, de acordo com o Anexo I desta Lei; e II – extraindo-se a média aritmética dos valores resultantes do inciso anterior".

O Plenário do STF concluiu pela constitucionalidade da palavra "nominal", constante do inciso I do art. 20 da Lei n. 8.880/1994 (RE n. 313.382, j. em 26.9.2002). Ou seja, decidiu que os beneficiários do RGPS não têm direito ao reajuste dos proventos quando da conversão para URV, ocorrida em março de 1994.

No mesmo sentido, a Súmula n. 1 da TNU dos JEFs: "A conversão dos benefícios previdenciários em URV, em março/94, obedece às disposições do art. 20, incisos I e II, da Lei 8.880/94 (MP n. 434/94)".

27.11.9 Reajustamento dos benefícios pelos índices integrais do IGP-DI nos meses de junho de 1997, 1999, 2000, 2001, 2002 e 2003

A revisão da renda mensal dos benefícios previdenciários pela variação integral dos índices do IGP-DI de 6/1997, 6/1999, 6/2000 e 6/2001, vinha sendo considerada como devida pela jurisprudência, sendo inclusive objeto da Súmula n. 3, da TNU.

No entanto, o STF, no julgamento do RE n. 376.846/SC, em Sessão Plenária do dia 24.9.2003 (*DJU* de 21.10.2003), de que foi relator o Min. Carlos Velloso, decidiu, por maioria, pela constitucionalidade material dos decretos e diplomas legislativos que determinaram os índices de reajustamento dos benefícios previdenciários nos anos de 1997, 1999, 2000 e 2001.

Por outro lado, eventual inconstitucionalidade formal relativamente aos anos de 2001, 2002 e 2003 – em razão de os reajustamentos dos benefícios previdenciários terem sido fixados pelos Decretos ns. 3.826, de 31.5.2001, 4.249, de 24.5.2002 e 4.709, de 29.5.2003, e não por lei – em nada aproveitaria aos segurados, uma vez que traria por consequência a necessidade de serem fixados novos índices (sob pena de não existir índice algum), e estes seriam os estipulados nos decretos mencionados, ante a constitucionalidade material dos índices de reajustamento, de acordo com o entendimento do STF.

Assim, os pedidos de reajustamento do valor do benefício previdenciário, mediante a aplicação dos índices integrais do IGP-DI, nos anos de 1997, 1999, 2000, 2001, 2002 e 2003, não obtiveram êxito.

Após a decisão do STF, a TNU cancelou a Súmula n. 3 e editou a de n. 8, com o seguinte teor:

> *Benefícios Previdenciários. Os benefícios de prestação continuada, no regime geral da Previdência Social, não serão reajustados com base no IGP-DI nos anos de 1997, 1999, 2000 e 2001.*

27.11.10 Revisão da renda mensal da pensão por morte – Lei n. 9.032/1995

No regime anterior à Lei n. 8.213/1991, o valor mensal da pensão por morte era equivalente a cinquenta por cento do salário de benefício, acrescido de dez por cento por dependente (Lei n. 3.807/1960, art. 37; Decreto n. 89.312/1984, art. 48).

Com a entrada em vigor da Lei n. 8.213/1991, o valor mensal da pensão por morte passou a ser constituído de uma parcela, relativa à família, de oitenta por cento do valor da aposentadoria que o segurado recebia ou a que teria direito, se estivesse aposentado na data do seu falecimento, mais tantas parcelas de dez por cento do valor da mesma aposentadoria quantos forem os seus dependentes, até o máximo de duas (art. 75).

Posteriormente, o mencionado art. 75 foi alterado pela Lei n. 9.032, de 28.4.1995, elevando a renda mensal para cem por cento do salário de benefício. Por fim, a MP n. 1.523-9, de 27.6.1997, reeditada até a conversão na Lei n. 9.528, de 10.12.1997, determinou a atual redação do art. 75, *verbis*:

> Art. 75. O valor mensal da pensão por morte será de cem por cento do valor da aposentadoria que o segurado recebia ou daquela a que teria direito se estivesse aposentado por invalidez na data de seu falecimento, observado o disposto no art. 33 desta lei.

A questão debatida diz respeito à possibilidade e obrigatoriedade da aplicação de lei nova a efeitos futuros de situações jurídicas definitivamente constituídas no passado (anteriormente à vigência da lei nova), ante a necessidade de respeito ao ato jurídico perfeito.

De acordo com precedentes do STJ, as Leis n. 8.213/1991 e n. 9.032/1995 deveriam incidir imediatamente sobre todos os benefícios de pensão, independentemente da lei vigente ao tempo do óbito do segurado, sem, contudo, retroagirem à época anterior as suas respectivas vigências, respeitando-se, sempre, a prescrição quinquenal. Neste sentido: Embargos de Divergência em REsp 297.274-AL, Rel. Min. Gilson Dipp, julgado em 11.9.2002; REsp 263.697-Al, Rel. Min. Hamilton Carvalhido, DJ 5.2.2001.

No mesmo sentido, a Súmula n. 15 da TNU: "O valor mensal da pensão por morte concedida antes da Lei n. 9.032, de 28 de abril de 1995, deve ser revisado de acordo com a nova redação dada ao art. 75 da Lei n. 8.213, de 24 de julho de 1991".

No entanto, o Plenário do STF, ao julgar os REs ns. 416.827 e 415.454, Rel. Min. Gilmar Mendes, por maioria de votos (7X4) decidiu que a Lei n. 9.032/1995 não atinge os benefícios cuja data de início é anterior à edição da norma. Prevaleceu o entendimento da ausência de fonte de custeio adequada para a pretendida revisão, como exige o parágrafo 5º do artigo 195 da Constituição Federal, que diz que nenhum benefício ou serviço da seguridade social poderá ser criado, majorado ou estendido sem a correspondente fonte de custeio total (*DJ* 26.10.2007).

27.11.11 Demais revisões decorrentes da Lei n. 9.032/1995

A Lei n. 9.032/1995 também majorou o coeficiente de cálculo da renda mensal inicial de outros benefícios, quais sejam: a aposentadoria por invalidez, a aposentadoria especial e o auxílio-acidente.

O direito à revisão com base nos novos coeficientes previstos na Lei n. 9.032/1995 foi fulminado pelo Plenário do STF, conforme se observa do precedente que segue:

> *EMBARGOS DE DECLARAÇÃO RECEBIDOS COMO AGRAVO REGIMENTAL. ALEGAÇÃO DE INTEMPESTIVIDADE DO AGRAVO DE INSTRUMENTO. INOCORRÊNCIA. PREVIDENCIÁRIO. INSS. PENSÃO POR MORTE. LEI 9.032/95. AUMENTO DO SALÁRIO DE BENEFÍCIO. EFEITO RETROATIVO. IMPOSSIBILIDADE. A decisão concessiva de revisão para 100% do salário de benefício nas hipóteses de pensão por morte, aposentadoria por invalidez e aposentadoria especial, instituídas em período anterior ao da vigência da Lei 9.032/95, é contrária à Constituição. Agravo regimental a que se nega provimento.*
> *(AI 621.944 ED/PR, 2ª Turma, Rel. Min. Joaquim Barbosa, DJ 7.12.2007).*

Em relação ao auxílio-acidente, que substitui o auxílio suplementar ao acidentado, o STJ entendia viável a revisão, mesmo após os precedentes do STF quanto à pensão por morte (REsp 93.259/SP, 5ª Turma, Rel. Min. Arnaldo Esteves Lima, *DJ* 10.3.2008). No entanto, o STF julgou o tema em Repercussão Geral e reafirmou a jurisprudência quanto à inaplicabilidade da revisão do percentual do auxílio-acidente pelo advento da Lei n. 9.032/1995 (RE 613.033 RG/SP – *DJe* 9.6.2011), fulminando essa possibilidade de revisão.

27.11.12 Salário de benefício de aposentadoria por invalidez precedida de auxílio-doença – art. 29, § 5º, da Lei n. 8.213/1991

Essa revisão buscava fixar a renda mensal inicial da aposentadoria por invalidez, precedida de auxílio-doença, com base na regra de apuração do salário de benefício prevista no art. 29, § 5º, da Lei n. 8.213/1991, que estabelece: "Se, no período básico de cálculo, o segurado tiver recebido benefícios por incapacidade, sua duração será contada, considerando-se como salário de contribuição, no período, o salário de benefício que serviu de base para o cálculo da renda mensal, reajustado nas mesmas épocas e bases dos benefícios em geral, não podendo ser inferior ao valor de 1 (um) salário mínimo".

O INSS utiliza a sistemática de cálculo contida no art. 36, § 7º, do Decreto n. 3.048/1999 (posteriormente revogado pelo Decreto n. 10.410/2020), segundo o qual a RMI da aposentadoria por invalidez oriunda da transformação de auxílio-doença deverá ser de 100% do salário de benefício que serviu de base ao cálculo da RMI daquele auxílio, reajustado pelos índices de correção dos benefícios em geral.

A questão, embora polêmica, teve precedentes favoráveis, conforme se observa na uniformização feita pela TNU: "No cálculo do salário de benefício de aposentadoria por invalidez, precedida de auxílio-doença, deve ser observado o disposto no artigo 29, § 5º, da Lei n. 8.213/91, considerando o salário de benefício do auxílio-doença como se fosse salário de contribuição e não a simples majoração de seu coeficiente de cálculo para 100% do salário de benefício com base no artigo 36, parágrafo 7º, do Decreto n. 3.048/99" (PEDILEF 200851510054740, *DJ* 13.5.2009).

No entanto, o Plenário do STF julgando a matéria com Repercussão Geral no RE n. 583834/SC, Rel. Min. Ayres Britto, *DJe* 14.2.2012, validou a regra de cálculo utilizada pelo INSS, fixando a seguinte tese: Tema 88: "Em razão do caráter contributivo do regime geral de previdência (CF/1988, art. 201, *caput*), o art. 29, § 5º, da Lei n. 8.213/1991 não se aplica à transformação de auxílio-doença em aposentadoria por invalidez, mas apenas a aposentadorias por invalidez precedidas de períodos de auxílio-doença intercalados com intervalos de atividade, sendo válido o art. 36, § 7º, do Decreto n. 3.048/1999, mesmo após a Lei n. 9.876/1999".

27.11.13 Desaposentação e reaposentação

A tese da desaposentação buscava o desfazimento da aposentadoria por vontade do titular para fins de aproveitamento do tempo de contribuição em contagem para nova aposentadoria, no mesmo ou em outro regime previdenciário, em regra por ter permanecido em atividade laborativa (e contribuindo obrigatoriamente, portanto) após a concessão daquela primeira aposentadoria.

O STJ acolheu a pretensão no sentido de que a renúncia à aposentadoria é perfeitamente possível, pois se trata de um direito patrimonial disponível, de manifestação unilateral pelo detentor, na medida em que não contraria o interesse público, que deve sempre prevalecer ao particular. Nesse sentido, fixou a seguinte tese em recurso repetitivo:

> **Tema 563**: "A pretensão do segurado consiste em renunciar à aposentadoria concedida para computar período contributivo utilizado, conjuntamente com os salários de contribuição da atividade em que permaneceu trabalhando, para a concessão de posterior e nova aposentação.

Os benefícios previdenciários são direitos patrimoniais disponíveis e, portanto, suscetíveis de desistência pelos seus titulares, prescindindo-se da devolução dos valores recebidos da aposentadoria a que o segurado deseja preterir para a concessão de novo e posterior jubilamento. A nova aposentadoria, a ser concedida a contar do ajuizamento da ação, há de computar os salários de contribuição subsequentes à aposentadoria a que se renunciou".

A tese da reaposentação estava ligada aos casos em que o segurado continuava trabalhando após a aposentadoria e contribuía por vários anos, completando novo período de carência após o jubilamento. Por exemplo, um segurado que obteve aposentadoria por tempo de contribuição com 50 anos de idade e continuou contribuindo. Ao completar os 65 anos de idade poderá ter preenchido os requisitos para a concessão de nova aposentadoria programável.

No entanto, o STF acabou reconhecendo a existência de repercussão geral e fulminou as duas possibilidades por ausência de previsão legal. Vejamos a tese fixada:

Tema 503: "No âmbito do Regime Geral de Previdência Social – RGPS, somente lei pode criar benefícios e vantagens previdenciárias, não havendo, por ora, previsão legal do direito à 'desaposentação' ou 'reaposentação', sendo constitucional a regra do artigo 18, parágrafo 2º, da Lei 8.213/1991" (RE 661.256-SC, Tribunal Pleno, Rel. p/ acórdão Min. Dias Toffoli, j. 27.10.2016, *DJe* 28.9.2017 + ED, Ata n. 1, de 6.2.2020, *DJe* 14.2.2020).

Entendemos que essa decisão do STF foi equivocada, pois as teses citadas têm por finalidade preservar o direito de opção pelo melhor benefício, tendo base nas contribuições realizadas pelo segurado. Porém, a questão ficou consolidada em sentido contrário pela Corte Suprema e não cabe nova discussão, nem para a devolução das constrições feitas após a aposentadoria, em face do julgamento de outra Repercussão Geral:

Tema 1.065: "É constitucional a contribuição previdenciária devida por aposentado pelo Regime Geral de Previdência Social (RGPS) que permaneça em atividade ou a essa retorne" (*Leading Case*: ARE 1.224.327, Plenário Virtual, *DJe* 30.10.2019).

27.11.14 Aplicação da variação da ORTN/OTN na atualização dos salários de contribuição dos benefícios concedidos antes da CF de 1988

Prazo de Decadência: O direito para esta revisão decaiu em virtude da decisão proferida pelo STF no RE 626.489 (RG – Tema 313, *DJe* 23.9.2014), que reconheceu como legítima a instituição de prazo decadencial para a revisão de benefício já concedido.

Tese: Tratava-se de pedido de correção, pelos índices de variação da ORTN/OTN, dos 24 salários de contribuição mais distantes dentre os 36 considerados para fins de cálculo do salário de benefício. Norma aplicável aos benefícios concedidos antes do advento da Constituição Federal de 1988.

A Consolidação das Leis da Previdência Social de 1976 (Decreto n. 77.077), admitindo a necessidade de correção dos 24 salários de contribuição mais distantes, como forma de preservar o quanto possível o valor da renda mensal inicial dos benefícios previdenciários, em face das perdas decorrentes das taxas inflacionárias, já determinara que esta se fizesse com base em índices estabelecidos pelo então Ministério da Previdência e Assistência Social.

Com o advento da Lei n. 6.423/1977, a variação da ORTN consolidou-se como critério oficial de correção monetária. Entretanto, a Previdência Social continuou a utilizar índices próprios para atualização dos salários de contribuição, contrariando disposição expressa em lei.

A matéria, aliás, restou pacificada no âmbito do TRF da 4ª Região, com a edição da Súmula n. 2: "Para o cálculo da aposentadoria por idade ou por tempo de serviço, no regime anterior à Lei n. 8.213, de 24 de julho de 1991, corrigem-se os salários de contribuição anteriores aos doze últimos meses, pela variação da ORTN/OTN".

Esta tese não era aplicada para: auxílio-doença, aposentadoria por invalidez, pensão por morte (não derivada) e auxílio-reclusão, pois eram calculados pela média dos últimos 12 salários de contribuição. Neste sentido, a Súmula n. 456 do STJ: "É incabível a correção monetária dos salários de contribuição considerados no cálculo do salário de benefício de auxílio-doença, aposentadoria por invalidez, pensão ou auxílio-reclusão concedidos antes da vigência da CF/1988".

27.11.15 Aplicação do IRSM de fevereiro de 1994

Prazo de Decadência: O direito para esta revisão decaiu em virtude da decisão proferida pelo STF no RE 626.489 (RG – Tema 313, *DJe* 23.9.2014), que reconheceu como legítima a instituição de prazo decadencial para a revisão de benefício já concedido. O início do prazo decadencial para revisar a RMI dos benefícios cujos segurados não fizeram acordo nos termos da Lei n. 10.999/2004, foi a data de entrada em vigor da MP n. 201, de 26.7.2004 (TNU, Representativo de Controvérsia n. 130, PEDILEF 5003519-62.2014.4.04.7208/SC, Rel. Juiz Federal Daniel Machado da Rocha, *DOU* 20.5.2016).

Tese: O art. 201, § 3º, da Constituição de 1988 (redação original) assegurou que todos os salários de contribuição considerados no cálculo dos benefícios fossem corrigidos monetariamente.

A Lei n. 8.213/1991 escolheu vários índices para correção monetária dos salários de contribuição que integram o período básico de cálculo. Primeiramente, o INPC (art. 31), que foi substituído, a partir de janeiro de 1993, pelo IRSM (art. 9º da Lei n. 8.542/1992). Na sequência, a Lei n. 8.880/1994 estabeleceu que os salários de contribuição anteriores a março de 1994 serão corrigidos pelo IRSM, antes da conversão em URV (art. 21 e §§ 1º e 2º).

No entanto, o INSS não considerou a variação integral do IRSM de fevereiro/94, no percentual de 39,67%, antes de realizar a conversão dos salários de contribuição em URV.

A jurisprudência foi uniforme no sentido de que na correção monetária dos salários de contribuição, anteriores a março de 1994, deve ser aplicada a diferença decorrente da variação do IRSM relativa ao período de 1.2.1994 a 28.2.1994 (39,67%). Neste sentido, a Súmula n. 19 da TNU.

O Poder Executivo acabou por editar a MP n. 201, de 23.7.2004, convertida na Lei n. 10.999, de 15.12.2004, estendendo a todos os beneficiários do RGPS a revisão dos benefícios previdenciários concedidos, com data de início posterior a fevereiro de 1994, recalculando-se o salário de benefício original, mediante a aplicação, sobre os salários de contribuição anteriores a março de 1994, do percentual de 39,67%, referente ao Índice de Reajuste do Salário Mínimo – IRSM do mês de fevereiro de 1994. Todavia, o pagamento das parcelas atrasadas foi previsto para ser de forma parcelada em até 8 (oito) anos.

A aplicação do IRSM integral no mês de fevereiro de 1994 gerou reflexos na atualização dos salários de contribuição anteriores, e, por isso não pode ser utilizado isoladamente. A regra está ligada a critérios matemáticos, sendo o índice de atualização dos salários de contribuição derivado de um grupo de outros números. Sendo assim, o IRSM de fevereiro/94 (39,67%) integrava o índice de atualização dos demais salários de contribuição que compõem o período básico de cálculo utilizado na apuração dos benefícios previdenciários.

27.11.16 Inclusão do décimo terceiro como salário de contribuição para cálculo do salário de benefício

Prazo de Decadência: O direito para essa revisão decaiu em virtude da decisão proferida pelo STF no RE 626.489 (RG – Tema 313, *DJe* 23.9.2014), que reconheceu como legítima a instituição de prazo decadencial para a revisão de benefício já concedido.

Tese: O objetivo dessa ação era garantir que o valor contribuído sobre o 13º salário seja somado ao salário de contribuição do mês de dezembro dos anos pertinentes para que fosse considerado um valor maior, de forma que se aumente a média apurada (salário de benefício).

Tal pleito justificava-se, posto que, antes do advento da Lei n. 8.870/1994, o 13º salário (gratificação natalina) era considerado salário de contribuição, conforme redação expressa do § 7º do art. 28 da Lei n. 8.212/1991: "O décimo terceiro salário (gratificação natalina) integra o salário de contribuição, na forma estabelecida em regulamento" (redação original).

Na mesma época, o art. 29, § 3º, da Lei n. 8.213/1991 determinava que: "Serão considerados para cálculo do salário de benefício os ganhos habituais do segurado empregado, a qualquer título, sob forma de moeda corrente ou de utilidades, sobre os quais tenha incidido contribuições previdenciárias". Essas regras foram reguladas pelos Decretos n. 611 e n. 612, de 1992.

Assim, pelos ditames da legislação vigente à época, depreende-se que o valor correspondente ao 13º salário, sobre o qual incidiu contribuição previdenciária, deveria ser considerado para os efeitos de cálculo da Renda Mensal Inicial.

O objetivo dessa revisão não era a inclusão de mais salários de contribuição, de forma que se ultrapassasse o limite de 36 ou que se excluíssem alguns salários, mas sim a soma do salário de contribuição referente ao mês de dezembro com o valor contribuído a título de décimo terceiro.

Essa revisão atingiu as aposentadorias, auxílios e pensões calculados com a inclusão dos meses de dezembro de 1991, 1992 e 1993. Ressaltamos que a inclusão do décimo terceiro na base de cálculo para apuração do salário de benefício, fora do período referido, encontra vedação legal na atual redação do art. 28, § 7º, da Lei n. 8.213/1991 e os precedentes jurisprudenciais são desfavoráveis. Nesse sentido, a Súmula n. 83 da TNU, editada em 2016:

> A partir da entrada em vigor da Lei n. 8.870/94, o décimo terceiro salário não integra o salário de contribuição para fins de cálculo do salário de benefício.

O STJ acabou afetando a referida controvérsia em recurso repetitivo, fixando a tese no mesmo sentido:

> Tema 904: "O décimo terceiro salário (gratificação natalina) somente integra o cálculo do salário de benefício, nos termos da redação original do § 7º do art. 28 da Lei 8.212/1991 e § 3º do art. 29 da Lei n. 8.213/1991, quando os requisitos para a concessão do benefício forem preenchidos em data anterior à publicação da Lei n. 8.870/1994, que expressamente excluiu o décimo terceiro salário do cálculo da Renda Mensal Inicial (RMI), independentemente de o Período Básico de Cálculo (PBC) do benefício estar, parcialmente, dentro do período de vigência da legislação revogada".

27.11.17 Apuração da RMI do auxílio-doença e da aposentadoria por invalidez: art. 29, II, da Lei n. 8.213, de 1991

Prazo de Decadência: Em virtude do reconhecimento administrativo do direito, a TNU fixou em Representativo de Controvérsia (Temas 120 e 134) o seguinte entendimento quanto aos prazos de decadência e prescrição:

A revisão do benefício de aposentadoria por invalidez decorrente da conversão do auxílio-doença, nos termos do art. 29, II, da Lei n. 8.213/1991, sujeita-se ao prazo decadencial previsto no art. 103 da Lei n. 8.213/1991, cujo marco inicial é a data da concessão do benefício originário. O prazo decadencial para revisão pelo art. 29, II, da Lei n. 8.213/1991 se inicia a contar de 15.4.2010, em razão do reconhecimento administrativo do direito, perpetrada pelo Memorando-Circular Conjunto 21/DIRBENS/PFEINSS. Em razão do Memorando 21/DIRBEN/PFEINSS, de 15.4.2010, que reconhece o direito do segurado à revisão pelo art. 29, II, da Lei n. 8.213/1991, os prazos prescricionais em curso voltaram a correr integralmente a partir de sua publicação (PEDILEF 5007045-38.2012.4.04.7101/RS e PEDILEF 5004459-91.2013.4.04.7101/RS).

Tese: Trata-se de questionamento envolvendo o cálculo da renda mensal inicial do auxílio-doença, da aposentadoria por invalidez e por consequência da pensão por morte, não derivada, a fim de que seja observado fielmente o disposto no art. 29, II, da Lei n. 8.213/1991. Ou seja, que a RMI seja apurada com base na média aritmética simples dos 80% maiores salários de contribuição, e não com base na média aritmética simples de todos os salários de contribuição componentes do período básico de cálculo (100% dos salários de contribuição).

Registramos a edição de Súmula sobre a matéria pela TNU, nos termos que seguem:

> Súmula n. 57: O auxílio-doença e a aposentadoria por invalidez não precedida de auxílio-doença, quando concedidos na vigência da Lei n. 9.876/1999, devem ter o salário de benefício apurado com base na média aritmética simples dos maiores salários de contribuição correspondentes a 80% do período contributivo, independentemente da data de filiação do segurado ou do número de contribuições mensais no período contributivo.

Por força do Memorando-Circular Conjunto 21/DIRBEN/PFEINSS, de 15.4.2010, o INSS passou a efetuar a referida revisão somente após requerimento do segurado. Posteriormente, o INSS sobrestou as revisões com base no Memorando-Circular n. 19 INSS-DIRBEN, de julho de 2010. E, na sequência, as restabeleceu por intermédio do Memorando-Circular n. 28/INSSIDIRBEN, de 17.9.2010. Sendo assim, em tese, essa revisão pode em regra ser obtida administrativamente.

Cabe destacar também a propositura, em 22.3.2012, da ACP 0002320-59.2012.4.03.6183, proposta pela Procuradoria Regional dos Direitos do Cidadão de São Paulo e pelo Sindicato Nacional dos Aposentados para que o INSS seja obrigado a realizar, de ofício, no prazo máximo de 90 dias, a revisão de todas as aposentadorias por invalidez, auxílio-doença e pensões por morte concedidas a partir de 29 de novembro de 1999, calculadas com base em 100% dos salários de contribuição. A liminar foi deferida com abrangência a todo o território nacional, para condenar o INSS a revisar, nos termos do art. 188-A do Decreto n. 3.048/1999, com redação dada pelo Decreto n. 6.939/2009, os benefícios de auxílio-doença, de aposentadoria por invalidez e as pensões deles decorrentes que foram concedidos com base nos Decretos n. 3.265/1999 e n. 5.545/2005, vale dizer, que foram calculados com base em 100% dos salários de contribuição, salvo em relação aos benefícios já corrigidos administrativamente, bem como aqueles casos em que já se operou a decadência (decisão disponibilizada no DE de 10.4.2012, SJSP).

Para cumprimento da liminar, o INSS propôs o seguinte calendário de pagamento: "Os segurados com benefícios ativos passam a receber o aumento na folha de pagamento de janeiro de 2013, paga no início do mês de fevereiro do próximo ano. Para os segurados com mais de 60 anos, os atrasados já serão pagos na folha de fevereiro, que tem início no mês de março de 2013. De 2014 a 2016, recebem os atrasados os segurados com benefício ativo e que têm de 46 a 59 anos. Na sequência, de 2016 a 2019, recebem aqueles com até 45 anos. Já os segurados que já tiveram o benefício cancelado, mas cujo valor do benefício era inferior ao que é devido, receberão os atrasados entre 2019 a 2022". Nesse sentido, a Resolução INSS n. 268/2013.

27.11.18 Extensão do "auxílio-acompanhante" para todas as espécies de aposentadoria

Tese: Trata-se de pedido de acréscimo de 25%, conhecido como complemento de acompanhante, às aposentadorias por idade, especial e tempo de contribuição.

Previsto no art. 45, parágrafo único, da Lei n. 8.213/1991, o referido acréscimo de 25% é devido nos termos da lei ao aposentado por invalidez/incapacidade permanente que necessite da assistência permanente de outra pessoa, mesmo quando o valor do benefício principal esteja estabelecido no teto-limite do RGPS. Para sua concessão, exige-se apenas a comprovação da necessidade de assistência e acompanhamento permanente do segurado inválido por terceira pessoa.

Esse adicional tem sido concedido administrativamente somente aos aposentados por invalidez/incapacidade permanente em interpretação literal da LBPS.

Por sua vez, o STJ decidiu a matéria favoravelmente aos aposentados, ao julgar o Repetitivo Tema 982, no qual foi fixada a seguinte tese: "Comprovadas a invalidez e a necessidade de assistência permanente de terceiro, é devido o acréscimo de 25% (vinte e cinco por cento), previsto no art. 45 da Lei n. 8.213/91, a todos os aposentados pelo RGPS, independentemente da modalidade de aposentadoria" (REsp 1.648.305/RS, 1ª Seção, Rel. Min. Assusete Magalhães, *DJe* 26.9.2018).

Na sequência, a 1ª Turma do STF suspendeu o trâmite, em todo o território nacional, de ações judiciais individuais ou coletivas e em qualquer fase processual, que tratam sobre a extensão do pagamento do adicional de 25% não relacionada às aposentadorias por invalidez. O fundamento para suspensão foi o risco de impacto bilionário sobre as contas públicas (AgRg na PET 8.002/RS, 1ª Turma, Rel. Min. Luiz Fux, *DJe* 1º.8.2019). A questão foi objeto da Repercussão Geral Tema 1.095, cuja tese fixada foi a seguinte:

a) declarar a impossibilidade de concessão e extensão do "auxílio-acompanhante" para todas as espécies de aposentadoria, com a fixação da seguinte tese: "No âmbito do Regime Geral de Previdência Social (RGPS), somente lei pode criar ou ampliar benefícios e vantagens previdenciárias, não havendo, por ora, previsão de extensão do auxílio da grande invalidez a todas as espécies de aposentadoria";
b) modular os efeitos da tese de repercussão geral, de forma a se preservarem os direitos dos segurados cujo reconhecimento judicial tenha se dado por decisão transitada em julgado até a data deste julgamento; e
c) declarar a irrepetibilidade dos valores alimentares recebidos de boa-fé por força de decisão judicial ou administrativa até a proclamação do resultado deste julgamento (RE 1.221.446, Tribunal Pleno, Sessão Virtual finalizada em 18.6.2021).

Diante desse julgamento, o adicional em questão permanece válido apenas aos segurados aposentados por invalidez/incapacidade permanente.

28
Pagamento dos Benefícios

Por haver obrigação legal da Previdência Social em conceder os benefícios, impõe-se que a lei estabeleça o tempo, o lugar e a forma de cumprimento desta obrigação.

Quanto ao período de pagamento, o art. 41-A da Lei n. 8.213/1991 (em sua redação atual) estabelece que:

- os benefícios com renda mensal superior a um salário mínimo serão pagos do primeiro ao quinto dia útil do mês subsequente ao de sua competência, observada a distribuição proporcional do número de beneficiários por dia de pagamento (§ 2º);
- os benefícios com renda mensal no valor de até um salário mínimo serão pagos no período compreendido entre o quinto dia útil que anteceder o final do mês de sua competência e o quinto dia útil do mês subsequente, observada a distribuição proporcional dos beneficiários por dia de pagamento (§ 3º);
- considera-se dia útil aquele de expediente bancário com horário normal de atendimento (§ 4º);
- o primeiro pagamento do benefício será efetuado até quarenta e cinco dias após a data da apresentação, pelo segurado, da documentação necessária à sua concessão (§ 5º).

O fato de o INSS ter dividido os segurados em tantos grupos quantos são os dias fixados para pagamento das aposentadorias atende a exigências de ordem operacional. Considerando-se o número de segurados da Previdência Social, podemos concluir que seria impraticável efetuar o pagamento de todos num mesmo dia.

No âmbito dos serviços públicos, é razoável tolerar-se pequena defasagem, inevitável em função do necessário procedimento para alocação de recursos, que não se desenvolve como na órbita privada.

Ademais, é obrigação do INSS fornecer ao beneficiário demonstrativo minucioso das importâncias pagas, discriminando o valor da mensalidade, as diferenças eventualmente pagas, com o período a que se referem, e os descontos efetuados (art. 155 do Decreto n. 3.048/1999).

Sobre a forma de pagamento, dispõe o Regulamento que os benefícios poderão ser pagos mediante depósito em conta corrente, em nome do beneficiário (art. 166 do Decreto n. 3.048/1999, com a redação conferida pelo Decreto n. 4.729, de 9.6.2003). O § 3º do mesmo art. 166, sobre a hipótese de contas inativas, dispõe que, na falta de movimentação relativa a saque em conta corrente cujos depósitos sejam decorrentes exclusivamente de pagamento de benefícios, por prazo superior a sessenta dias, os valores dos benefícios remanescentes serão estornados e creditados à Conta Única do Tesouro Nacional, com a identificação de sua origem.

O benefício será pago diretamente ao beneficiário, salvo em caso de ausência, moléstia contagiosa ou impossibilidade de locomoção. O segurado e o dependente, a partir dos 16 anos, possuem capacidade para firmar recibo de pagamento de benefício, independentemente da presença de seu responsável legal (art. 163 do Regulamento). Quanto aos não alfabetizados, a impressão digital aposta na presença de servidor do INSS ou representante da Previdência Social vale como assinatura para quitação do benefício (art. 164 do Regulamento).

Na hipótese de beneficiário absolutamente incapaz, ausente ou impossibilitado de comparecer para receber, o benefício será pago a terceiro, cumpridas as exigências previstas no Decreto n. 3.048/1999, que serão vistas a seguir.

Sobre os valores de benefícios pagos em atraso, na via administrativa, incide correção monetária, em face da natureza alimentar dos benefícios previdenciários. Nesse sentido, o art. 620, I, da IN PRES/INSS n. 128/2022:

> I – o pagamento de parcelas relativas a benefícios efetuado com atraso, independentemente de ocorrência de mora e de quem lhe deu causa, deve ser corrigido monetariamente desde o momento em que restou devido, pelo mesmo índice utilizado para os reajustamentos dos benefícios do RGPS, apurado no período compreendido entre o mês que deveria ter sido pago e o mês do efetivo pagamento, observada a prescrição;

A Advocacia-Geral da União, visando eliminar discussões judiciais e padronizar o entendimento na Administração Federal, baixou sobre a matéria o seguinte enunciado:

> *Súmula n. 38: Incide a correção monetária sobre as parcelas em atraso não prescritas, relativas aos débitos de natureza alimentar, assim como aos benefícios previdenciários, desde o momento em que passaram a ser devidos, mesmo que em período anterior ao ajuizamento de ação judicial.*

Em face do art. 3º da EC n. 113, de 8.12.2021, "Nas discussões e nas condenações que envolvam a Fazenda Pública, independentemente de sua natureza e para fins de atualização monetária, de remuneração do capital e de compensação da mora, inclusive do precatório, haverá a incidência, uma única vez, até o efetivo pagamento, do índice da taxa referencial do Sistema Especial de Liquidação e de Custódia (Selic), acumulado mensalmente".

Diante disso, o CNJ editou a Resolução n. 448, de 25.3.2022, acrescentando o art. 21-A à Resolução CNJ n. 303/2019, com a seguinte redação:

> Art. 21-A. Os precatórios não tributários requisitados anteriormente a dezembro de 2021 serão atualizados a partir de sua data-base mediante os seguintes indexadores:
> I – ORTN – de 1964 a fevereiro de 1986;
> II – OTN – de março de 1986 a janeiro de 1989;
> III – IPC/IBGE de 42,72% – em janeiro de 1989;
> IV – IPC/IBGE de 10,14% – em fevereiro de 1989;
> V – BTN – de março de 1989 a março de 1990;
> VI – IPC/IBGE – de março de 1990 a fevereiro de 1991;
> VII – INPC – de março de 1991 a novembro de 1991;
> VIII – IPCA-E/IBGE – em dezembro de 1991;
> IX – UFIR – de janeiro de 1992 a dezembro de 2000;
> X – IPCA-E/IBGE – de janeiro de 2001 a 9 de dezembro de 2009;
> XI – Taxa Referencial (TR) – 10 de dezembro de 2009 a 25 de março de 2015;
> XII – IPCA-E/IBGE – de 26.03.2015 a 30 de novembro de 2021;

XIII – Taxa Referencial do Sistema Especial de Liquidação e de Custódia (Selic) – de dezembro de 2021 em diante.

§ 1º Antes do momento definido no caput deste artigo observar-se-ão os índices de atualização previstos no título executivo ou na conta de liquidação. (...)

Porém, o STF, em apreciação de repercussão geral no RE 1.515.163/RS (Tema 1.335), fixou a seguinte tese: "1. Não incide a taxa SELIC, prevista no art. 3º da EC nº 113/2021, no prazo constitucional de pagamento de precatórios do § 5º do art. 100 da Constituição. 2. Durante o denominado 'período de graça', os valores inscritos em precatório terão exclusivamente correção monetária, nos termos decididos na ADI 4.357- QO/DF e na ADI 4.425-QO/DF" (Plenário Virtual, Rel. Min. Luís Roberto Barroso, *DJe* 21.10.2024).

A validade da utilização da TR, a contar de 1.7.2009, data em que passou a vigorar a Lei n. 11.960/2009 (a qual alterou o art. 1º-F da Lei n. 9.494/1997), teve repercussão geral reconhecida pelo STF no RE 870.947/SE (Tema 810), julgado em 20.9.2017, com a fixação das seguintes teses:

*1. O art. 1º-F da Lei n. 9.494/97, com a redação dada pela Lei n. 11.960/09, na parte em que disciplina os **juros moratórios** aplicáveis a condenações da Fazenda Pública, é inconstitucional ao incidir sobre débitos oriundos de **relação jurídico-tributária**, aos quais devem ser aplicados os mesmos juros de mora pelos quais a Fazenda Pública remunera seu crédito tributário, em respeito ao princípio constitucional da isonomia (CRFB, art. 5º, caput); quanto às condenações oriundas de relação jurídica não tributária, a fixação dos juros moratórios segundo o índice de remuneração da caderneta de poupança é constitucional, permanecendo hígido, nesta extensão, o disposto no art. 1º-F da Lei n. 9.494/97 com a redação dada pela Lei n. 11.960/09; 2. O art. 1º-F da Lei n. 9.494/97, com a redação dada pela Lei n. 11.960/09, na parte em que disciplina a **atualização monetária** das condenações impostas à Fazenda Pública segundo a remuneração oficial da caderneta de poupança, revela-se inconstitucional ao impor restrição desproporcional ao direito de propriedade (CRFB, art. 5º, XXII), uma vez que não se qualifica como medida adequada a capturar a variação de preços da economia, sendo inidônea a promover os fins a que se destina.*

Após o referido julgamento, o STJ no Repetitivo Tema 905, fixou tese de que: "As condenações impostas à Fazenda Pública de natureza previdenciária sujeitam-se à incidência do INPC, para fins de correção monetária, no que se refere ao período posterior à vigência da Lei n. 11.430/2006, que incluiu o art. 41-A na Lei n. 8.213/91. Quanto aos juros de mora, incidem segundo a remuneração oficial da caderneta de poupança (art. 1º-F da Lei 9.494/97, com redação dada pela Lei n. 11.960/2009)" (1ª Seção, Rel. Min. Mauro Campbell Marques, *DJe* 2.3.2018).

– Imposto de Renda sobre o Pagamento de Benefícios Previdenciários

A regra de desconto do imposto de renda sobre os valores dos benefícios previdenciários está regulada pela Lei n. 7.713/1988 e alterações posteriores. Existem a faixa de isenção e a tributação progressiva, assim como os demais rendimentos do trabalho. Destacamos, no entanto, que, nos termos do art. 6º, XIV, ficam isentos do imposto de renda os seguintes rendimentos percebidos por pessoas físicas:

XIV – os proventos de aposentadoria ou reforma motivada por acidente em serviço e os percebidos pelos portadores de moléstia profissional, tuberculose ativa, alienação mental, esclerose múltipla, neoplasia maligna, cegueira, hanseníase, paralisia irreversível e incapacitante, cardiopatia grave, doença de Parkinson, espondiloartrose anquilosante, nefropatia grave, hepatopatia grave, estados avançados da doença de Paget (osteíte deformante), contaminação por radiação, síndrome da imunodeficiência adquirida, com base em conclusão da medicina especializada, mesmo que a doença tenha sido contraída depois da aposentadoria ou reforma. (Redação dada pela Lei n. 11.052, de 2004)

A questão referente à natureza do rol de moléstias graves constante do art. 6º, XIV, da Lei n. 7.713/1988 – se taxativa ou exemplificativa –, de modo a possibilitar, ou não, a concessão de isenção de imposto de renda a aposentados portadores de outras doenças graves e incuráveis, foi objeto do Repetitivo STJ Tema 250 (REsp 1.116.620/BA, 1ª Seção, DJe 25.8.2010), que fixou tese no sentido de que: "o rol contido no referido dispositivo legal é taxativo (*numerus clausus*), vale dizer, restringe a concessão de isenção às situações nele enumeradas".

Para a apuração do imposto de renda sobre os rendimentos do trabalho e os provenientes de aposentadoria, pensão, transferência para a reserva remunerada ou reforma do militar, pagos pelos Regimes de Previdência da União, dos Estados, do Distrito Federal e dos Municípios, quando correspondentes a anos-calendários anteriores ao do recebimento, deve ser observada a regra que segue:

> Art. 12-A. *Os rendimentos recebidos acumuladamente e submetidos à incidência do imposto sobre a renda com base na tabela progressiva, quando correspondentes a anos-calendário anteriores ao do recebimento, serão tributados exclusivamente na fonte, no mês do recebimento ou crédito, em separado dos demais rendimentos recebidos no mês. (Redação dada pela Lei n. 13.149, de 2015)*
> *§ 1º O imposto será retido pela pessoa física ou jurídica obrigada ao pagamento ou pela instituição financeira depositária do crédito e calculado sobre o montante dos rendimentos pagos, mediante a utilização de tabela progressiva resultante da multiplicação da quantidade de meses a que se refiram os rendimentos pelos valores constantes da tabela progressiva mensal correspondente ao mês do recebimento ou crédito. (Incluído pela Lei n. 12.350, de 2010)*

O STJ fixou orientação quanto à forma de cálculo do imposto de renda na fonte, na hipótese de pagamento acumulado de benefícios previdenciários atrasados, vale dizer, se o IR deve ter como parâmetro o valor de cada parcela mensal a que faria jus o beneficiário, ou se deve ser calculado sobre o montante integral creditado. A tese fixada em Recurso Repetitivo (REsp 1.118.429/SP, 1ª Seção, DJe 14.5.2010) foi a seguinte:

> Tema 351: *O Imposto de Renda incidente sobre os benefícios previdenciários atrasados pagos acumuladamente deve ser calculado de acordo com as tabelas e alíquotas vigentes à época em que os valores deveriam ter sido adimplidos, observando a renda auferida mês a mês pelo segurado, não sendo legítima a cobrança de IR com parâmetro no montante global pago extemporaneamente.*

Cabe ainda destacar que a Lei n. 13.149/2015 incluiu o art. 12-B à Lei do Imposto de Renda, para definir que: "Os rendimentos recebidos acumuladamente, quando correspondentes ao ano-calendário em curso, serão tributados, no mês do recebimento ou crédito, sobre o total dos rendimentos, diminuídos do valor das despesas com ação judicial necessárias ao seu recebimento, inclusive de advogados, se tiverem sido pagas pelo contribuinte, sem indenização".

28.1 PAGAMENTO FEITO A TERCEIROS

O Regulamento prevê a possibilidade de pagamento do benefício a procurador, cujo mandato não terá prazo superior a doze meses, podendo ser renovado ou revalidado pelos setores de benefícios do INSS (art. 156 do Decreto n. 3.048/1999), não podendo ser recusada a procuração, salvo por inidoneidade do documento ou do mandatário, observando-se as normas do Código Civil para a constituição de mandato. O procurador deverá firmar termo de compromisso perante a Previdência Social, em que se comprometerá a noticiar ao INSS qualquer evento que possa vir a causar a anulação da procuração (revogação do mandato, óbito do outorgante), sob pena de responder penalmente por não informar tais ocorrências (art. 156, parágrafo único, do Decreto n. 3.048/1999).

Uma mesma pessoa só será admitida como procuradora de vários beneficiários nos casos de: representantes credenciados de instituições de tratamento coletivo de indivíduos portadores de algum tipo de incapacidade ou enfermidade (leprosários, asilos e congêneres); parentes de primeiro grau dos beneficiários; ou em outros casos, a critério do INSS (art. 159 do Decreto). São impedidas de exercer o mandato para percepção de benefícios previdenciários: os servidores públicos e militares em atividade, salvo se parentes do beneficiário até o segundo grau civil; e os incapazes para os atos da vida civil, ressalvado o disposto no art. 1.298 do antigo Código Civil (art. 666 do Código Civil vigente) – art. 160 do Decreto. A procuração, por seu turno, pode ser outorgada por qualquer beneficiário maior de 18 anos ou emancipado, no gozo dos seus direitos civis, já que a alteração da maioridade civil no Código, nesse caso, afeta a norma previdenciária, não se tratando de direito a benefício, mas de ato jurídico praticado na forma da lei civil.

O benefício devido ao segurado ou dependente civilmente incapaz será pago ao cônjuge, pai, mãe, tutor ou curador, admitindo-se, na sua falta e por período não superior a seis meses, o pagamento a herdeiro necessário, mediante termo de compromisso firmado no ato do recebimento, conforme previsto no art. 110 da Lei n. 8.213/1991 e no art. 162 do Decreto n. 3.048/1999. O prazo de seis meses poderá ser prorrogado por iguais períodos, desde que comprovado o andamento regular do processo legal de tutela ou curatela.

Ainda, a respeito da curatela, o art. 162, §§ 4º e 5º, do RPS (incluídos pelo Decreto n. 10.410/2020) prevê que: (a) na hipótese de interdição do beneficiário, para fins de curatela, a autoridade judiciária poderá utilizar-se de laudo médico-pericial da Perícia Médica Federal; (b) no ato de requerimento de benefícios operacionalizados pelo INSS, não será exigida apresentação de termo de curatela de titular ou de beneficiário com deficiência, observados os procedimentos a serem estabelecidos em ato do INSS.

O valor não recebido em vida pelo segurado somente será pago a seus dependentes habilitados à pensão por morte ou, na falta deles, a seus sucessores na forma da lei civil, independentemente de inventário ou arrolamento, consoante previsão contida no art. 112 da Lei n. 8.213/1991. Nesse sentido, a tese fixada em Repetitivo pelo STJ:

Tema n. 1057: I. O disposto no art. 112 da Lei n. 8.213/1991 é aplicável aos âmbitos judicial e administrativo;
II. Os pensionistas detêm legitimidade ativa para pleitear, por direito próprio, a revisão do benefício derivado (pensão por morte) – caso não alcançada pela decadência –, fazendo jus a diferenças pecuniárias pretéritas não prescritas, decorrentes da pensão recalculada;
III. Caso não decaído o direito de revisar a renda mensal inicial do benefício originário do segurado instituidor, os pensionistas poderão postular a revisão da aposentadoria, a fim de auferirem eventuais parcelas não prescritas resultantes da readequação do benefício original, bem como os reflexos na graduação econômica da pensão por morte; e
IV. À falta de dependentes legais habilitados à pensão por morte, os sucessores (herdeiros) do segurado instituidor, definidos na lei civil, são partes legítimas para pleitear, por ação e em nome próprios, a revisão do benefício original – salvo se decaído o direito ao instituidor – e, por conseguinte, de haver eventuais diferenças pecuniárias não prescritas, oriundas do recálculo da aposentadoria do *de cujus*.
(REsp 1.856.967/ES, 1ª Seção, Rel. Min. Regina Helena Costa, *DJe* 28.6.2021).

28.2 INTANGIBILIDADE DO VALOR DO BENEFÍCIO

Cabe ao INSS fornecer ao beneficiário demonstrativo minucioso das importâncias pagas, discriminando-se, entre outros aspectos, os descontos efetuados. Trata-se do princípio da intangibilidade do valor do benefício, que se desdobra por várias regras de proteção ao indivíduo beneficiário da Previdência Social.

Assim é que, *a priori*, o valor recebido a título de benefício é insuscetível de débitos. Porém, de acordo com o art. 115 da Lei n. 8.213/1991, o INSS pode descontar da renda mensal do benefício as seguintes parcelas:

- contribuições devidas pelo segurado à Previdência Social;
- pagamento administrativo ou judicial de benefício previdenciário ou assistencial indevido, ou além do devido, inclusive na hipótese de cessação do benefício pela revogação de decisão judicial, em valor que não exceda 30% (trinta por cento) da sua importância, nos termos do regulamento (redação dada pela Lei n. 13.846/2019);
- imposto de renda a ser retido na fonte;
- pensão de alimentos decretada em sentença judicial;
- mensalidades de associações e demais entidades de aposentados legalmente reconhecidas, desde que autorizadas por seus filiados (a autorização do desconto deverá ser revalidada anualmente); e
- pagamento de empréstimos, financiamentos e operações de arrendamento mercantil concedidos por instituições financeiras e sociedades de arrendamento mercantil, ou por entidades fechadas ou abertas de previdência complementar, públicas e privadas, quando expressamente autorizado pelo beneficiário, até o limite de 45% (quarenta e cinco por cento) do valor do benefício, sendo 35% (trinta e cinco por cento) destinados exclusivamente a empréstimos, financiamentos e arrendamentos mercantis, 5% (cinco por cento) destinados exclusivamente à amortização de despesas contraídas por meio de cartão de crédito consignado ou à utilização com a finalidade de saque por meio de cartão de crédito consignado e 5% (cinco por cento) destinados exclusivamente à amortização de despesas contraídas por meio de cartão consignado de benefício ou à utilização com a finalidade de saque por meio de cartão consignado de benefício. (Redação dada pela Lei n. 14.431, de 2022)

Ainda, segundo a Lei n. 8.213/1991, o benefício não pode ser objeto de penhora, arresto ou sequestro, sendo nula de pleno direito a sua venda ou cessão, ou a constituição de qualquer ônus sobre ele, bem como a outorga de poderes irrevogáveis ou em causa própria para o seu recebimento. A exceção diz respeito a valor devido à Previdência Social e a desconto autorizado pela Lei de Benefícios, ou derivado da obrigação de prestar alimentos reconhecida em sentença judicial (art. 114 da Lei n. 8.213/1991).

Quanto ao desconto de benefícios pagos além do devido, a TNU entendeu não ser possível tal procedimento em caso de habilitação de outro pensionista após a data de início do benefício. Ou seja, quando o rateio de pensão por morte em razão da superveniente inclusão de novo beneficiário opera efeitos retroativos, a redução no valor da cota do pensionista mais antigo não lhe acarreta a obrigação de devolver o valor recebido a maior no período anterior ao desdobramento do benefício (PEDILEF 557315420074013400, Rel. Juiz Federal Rogério Moreira Alves, *DOU* de 25.5.2012).

A forma de devolução das importâncias recebidas indevidamente está disciplinada no art. 154 do Decreto n. 3.048/1999, que estabelece, entre outras medidas:

a) nos casos comprovados de dolo, fraude ou má-fé, deverá ser atualizada, e feita de uma só vez ou mediante acordo de parcelamento, independentemente de outras penalidades legais;

b) caso o débito seja originário de erro da Previdência Social, o segurado, usufruindo de benefício regularmente concedido, poderá devolver o valor de forma parcelada, atualizado, devendo cada parcela corresponder, no máximo, a trinta por cento do valor do benefício em manutenção, e ser descontado em número de meses necessários à liquidação do débito;

c) se o débito for originário de erro da Previdência Social e o segurado não usufruir de benefício, o valor deverá ser atualizado e devolvido, da seguinte forma:

I – no caso de empregado, mediante desconto, da remuneração paga pelo empregador; e

II – no caso dos demais beneficiários, mediante a inscrição em dívida ativa.

Quando o pagamento foi feito por erro do INSS, cabe destacar a tese fixada pelo STJ no julgamento do Repetitivo Tema n. 979:

Com relação aos pagamentos indevidos aos segurados, decorrentes de erro administrativo (material ou operacional) não embasado em interpretação errônea ou equivocada da lei pela administração, são repetíveis, sendo legítimo o desconto no percentual de até 30% do valor do benefício pago ao segurado/beneficiário, ressalvada a hipótese em que o segurado, diante do caso concreto, comprove sua boa-fé objetiva, sobretudo com demonstração de que não lhe era possível constatar o pagamento indevido (REsp 1.381.734/RN, 1ª Seção, Rel. Min. Benedito Gonçalves, *DJe* 23.4.2021).

E, diante do impacto desse novo entendimento que passou a ser adotado pelo STJ, foram modulados os efeitos da seguinte forma:

7. Modulação dos efeitos: Tem-se de rigor a modulação dos efeitos definidos neste representativo da controvérsia, em respeito à segurança jurídica e considerando o inafastável interesse social que permeia a questão sub examine, e a repercussão do tema que se amolda a centenas de processos sobrestados no Judiciário. Desse modo somente deve atingir os processos que tenham sido distribuídos, na primeira instância, a partir da publicação deste acórdão (Acórdão publicado no *DJe* de 23.4.2021).

Nesse julgado, foi também definido que, na aferição da boa-fé, é preciso avaliar a aptidão do segurado "para compreender, de forma inequívoca, a irregularidade do pagamento".

Deve-se somar a esse entendimento que a simples entrega de prestação previdenciária com a ausência dos pressupostos para a concessão, por si só, não enseja a devolução dos valores. Ou seja, é indispensável o exame do elemento subjetivo. Isso porque a boa-fé deve ser presumida, não havendo exceção para essa presunção. O que deve ser provada é a má-fé. Caso contrário, haverá a inversão do raciocínio lógico-jurídico, de que *bona fides semper praesumitur nisi mala adesse probetur*.[1]

Não cabe a inversão do ônus da prova, a qual é incompatível com a realidade fática dos segurados e dependentes do RGPS e com o ordenamento processual pátrio.

Na maioria das vezes, a prova da boa-fé será difícil ou impossível de ser produzida pela parte hipossuficiente – violando-se, portanto, o *princípio da aptidão para a prova*.

Caberia ao INSS, caso invocasse conduta desleal, apresentar prova robusta da má-fé do beneficiário, o que resulta muito mais lógico e viável. A corroborar esse entendimento, segue trecho do voto-vista divergente apresentado pela Ministra Assusete Magalhães, quando do julgamento do Repetitivo Tema 979:

É preciso ter em conta, por fim, que a Administração Pública dispõe de recursos tecnológicos, além de pessoal qualificado, e deve haver, certamente, no INSS – assim como há, nos demais órgãos públicos de semelhante envergadura –, setor de tecnologia apto a atuar na criação de mecanismos eficazes para diagnosticar, e, preventivamente, evitar a ocorrência de erro material.

---

[1] "Sempre se presume a boa-fé, a má-fé depende de prova."

Nesse contexto, **deve ser prestigiado e reafirmado o entendimento sedimentado no STJ de irrepetibilidade dos alimentos**, recebidos de **boa-fé**, por segurado/beneficiário da Previdência Social, decorrente de **erro** da Administração, **para impedir o desconto, destinado a restituir valores recebidos, por força de interpretação errônea, má aplicação da lei ou erro da Administração da Previdência Social**. (com grifos no original).

Em reforço a esse argumento, José Antonio Savaris apresenta posicionamento doutrinário baseado nos princípios da razoabilidade, da boa-fé e da proteção da confiança. Vejamos:

> Em nosso modo de ver, a aplicação da regra contida no art. 115, inciso II, da Lei n. 8.213/91, em face dos princípios da razoabilidade, da boa-fé e da proteção da confiança do cidadão nos atos dos poderes públicos, somente será possível quando houver comprovação de que o beneficiário contribuiu, de modo direto e decisivo, para o erro da Administração Pública ou da decisão judicial.[2]

Quando comprovada a má-fé, não resta dúvida quanto ao cabimento da devolução (STJ, AgRg no REsp 2010/0060892-0, 6ª Turma, Rel. Min. Sebastião Reis Júnior, *DJe* 2.4.2014).

No que tange à cobrança, o STJ decidiu, em Recurso Repetitivo – Tema 598, que não é possível a inscrição em dívida ativa de valor correspondente a benefício previdenciário indevidamente recebido e não devolvido ao INSS. Isso porque, os benefícios previdenciários indevidamente recebidos, qualificados como enriquecimento ilícito, não se enquadram no conceito de crédito tributário ou não tributário previsto no art. 39, § 2º, da Lei n. 4.320/1964, a justificar sua inscrição em dívida ativa. Sendo assim, o art. 154, § 4º, II, do Decreto n. 3.048/1999, que determina a inscrição em dívida ativa de benefício previdenciário pago indevidamente, não encontra amparo legal (REsp 1.350.804-PR, 1ª Seção, Rel. Min. Mauro Campbell Marques, *DJe* 28.6.2013).

No entanto, com a edição da Lei n. 13.494/2017, a LBPS passou a ter previsão expressa autorizando a inscrição em dívida ativa desses créditos e a correspondente execução fiscal (art. 115, § 3º).

O rigor na recuperação dos créditos teve novo avanço com a Lei n. 13.846/2019, que alterou novamente o art. 115 da Lei n. 8.213/1991, para fixar que serão inscritos em dívida ativa pela Procuradoria-Geral Federal os créditos constituídos pelo INSS em decorrência de benefício previdenciário ou assistencial pago indevidamente ou além do devido, inclusive na hipótese de cessação do benefício pela revogação de decisão judicial, nos termos da Lei n. 6.830, de 22 de setembro de 1980, para a execução judicial. Além disso, a Lei n. 13.846/2019 fixou que será objeto de inscrição em dívida ativa, em conjunto ou separadamente, o terceiro beneficiado que sabia ou deveria saber da origem do benefício pago indevidamente em razão de fraude, dolo ou coação, desde que devidamente identificado em procedimento administrativo de responsabilização.

Quanto ao procedimento no desconto de valores recebidos a título de benefícios inacumuláveis quando o direito à percepção de um deles transita em julgado após o auferimento do outro, gerando crédito de proventos em atraso, a TNU fixou a seguinte tese, em julgamento de Representativo de Controvérsia:

> **Tema 195**: "No cálculo das parcelas atrasadas do benefício concedido judicialmente, devem ser compensados todos os valores recebidos em período concomitante em razão de benefício inacumulável, sendo que a compensação deve se dar pelo total dos valores recebidos, não se podendo gerar saldo negativo para o segurado" (PEDILEF 5042553-09.2016.4.04.7100/RS, j. em 18.9.2020; 25.2.2021 – ED).

---

[2] SAVARIS, José Antonio. *Direito processual previdenciário*. 6. ed. Curitiba: Alteridade Editora, 2016, p. 404.

Sobre essa questão, o STJ possui precedentes com a seguinte orientação:

(...) 2. Na compensação de valores devidos em título judicial com os pagos administrativamente, deve-se compensar os negativos com os positivos em todas as competências, a fim de apurar se haveria direito a eventuais valores remanescentes no cômputo global.
(...) 4. Como houve pagamento em excesso pela administração, em razão do caráter alimentar do benefício previdenciário e da boa-fé do segurado, não cabe repetição de valores (STJ, REsp 1.416.903/PR, 2ª Turma, Rel. Min. Og Fernandes, DJe 23.8.2017).

Repetitivo Tema 1.207 – Tese fixada: "A compensação de prestações previdenciárias, recebidas na via administrativa, quando da elaboração de cálculos em cumprimento de sentença concessiva de outro benefício, com elas não acumulável, deve ser feita mês a mês, no limite, para cada competência, do valor correspondente ao título judicial, não devendo ser apurado valor mensal ou final negativo ao beneficiário, de modo a evitar a execução invertida ou a restituição indevida" (REsp 2039614/PR, 1ª Seção, DJe 28.6.2024).

Cabe ainda referir a decisão proferida em ACP, com abrangência nacional, vedando o INSS de efetuar descontos em benefícios previdenciários sempre que estes resultem em pagamentos abaixo do salário mínimo (TRF4, AC 5056833-53.2014.4.04.7100/RS, em 4.8.2021).

28.3 DEVOLUÇÃO DE BENEFÍCIOS PREVIDENCIÁRIOS RECEBIDOS POR FORÇA DE TUTELA PROVISÓRIA POSTERIORMENTE REVOGADA

Quanto aos valores recebidos de boa-fé, assim como os recebidos por decisão judicial posteriormente revogada, entendemos que não é preciso devolver, diante do caráter eminentemente alimentar do benefício previdenciário.

A 1ª Turma do STF vinha decidindo de forma reiterada no sentido de que o benefício previdenciário recebido de boa-fé pelo segurado em virtude de decisão judicial não está sujeito à repetição de indébito, dado o seu caráter alimentar. Constou, ainda, da ementa, que essa orientação não importa declaração de inconstitucionalidade do art. 115 da Lei n. 8.213/1991 (ARE 734.199 AgR, Rel. Min. Rosa Weber, DJe 23.9.2014). No mesmo sentido: ARE 734.242 AgR/DF, Rel. Min. Roberto Barroso, DJe 8.9.2015. Mais recentemente, o Plenário do STF reconheceu em relação aos segurados que obtiveram a desaposentação por meio de decisões provisórias, que os valores recebidos de boa-fé não serão devolvidos ao INSS (ED, RE 381.367, RE 827.833 e RE 661.256, j. 6.2.2020), e na Repercussão Geral Tema 709, que tratou da vedação do recebimento de aposentadoria especial com a continuidade do exercício de atividade nociva à saúde.

Apesar da existência desses precedentes, o STF, ao examinar a Repercussão Geral Tema "799 – Possibilidade da devolução de valores recebidos em virtude de tutela antecipada posteriormente revogada", por maioria, reconheceu a inexistência de repercussão geral da questão, por não se tratar de matéria constitucional (*Leading Case*: ARE 722421, Plenário, DJe 30.3.2015).

Por sua vez, o STJ, ao julgar recurso repetitivo para definir se deve o litigante beneficiário do RGPS devolver os valores percebidos do INSS em virtude de decisão judicial precária, que venha a ser posteriormente revogada, acabou fixando a tese da necessidade de devolução dos valores:

Tema 692 – "A reforma da decisão que antecipa os efeitos da tutela final obriga o autor da ação a devolver os valores dos benefícios previdenciários ou assistenciais recebidos, o que pode ser feito por meio de desconto em valor que não exceda 30% (trinta por cento) da importância de eventual benefício que ainda lhe estiver sendo pago, restituindo-se as partes ao estado anterior e liquidando-se eventuais prejuízos nos mesmos autos, na forma do art. 520, II, do CPC/2015 (art. 475-O, II, do CPC/1973)" (EDcl na PETIÇÃO n. 12482 – DF (2018/0326281-2), 1ª Seção, DJe 11.10.2024).

Independentemente dessa decisão do STJ no Tema 692, estão a salvo de devolução os valores decorrentes de decisão judicial na hipótese de dupla conformidade, ou seja, quando a sentença foi confirmada em 2ª instância (EREsp 1.086.154/RS, Corte Especial, Rel. Min. Nancy Andrighi, *DJe* 19.3.2014). Nesse sentido, também não cabe em Ação Rescisória a postulação de devolução de valores recebidos por força de decisão Judicial (STJ, AR 4.179/SP, 3ª Seção, Rel. Min. Jorge Mussi, *DJe* 5.10.2018).

28.4 ACUMULAÇÃO DE BENEFÍCIOS

O recebimento conjunto de mais de um benefício previdenciário sofre limitações impostas pela Lei n. 8.213/1991 e pela EC n. 103/2019, sendo ressalvado o direito adquirido dos beneficiários que já acumulam essas prestações com base em legislação anterior.

– A Lei n. 8.213/1991 e a acumulação de benefícios

De acordo com o art. 124 da Lei n. 8.213/1991, regulamentado pelo art. 167 do RPS (com redação alterada pelo Decreto n. 10.410/2020), não é permitido o recebimento conjunto dos seguintes benefícios:

- aposentadoria com auxílio-doença/auxílio por incapacidade temporária;
- aposentadoria com auxílio-acidente, salvo com DIB (data de início de benefício) anterior a 11.11.1997;
- mais de uma aposentadoria, exceto com DIB anterior a janeiro de 1967;
- aposentadoria com abono de permanência em serviço;[3]
- salário-maternidade com auxílio-doença/auxílio por incapacidade temporária;
- mais de um auxílio-acidente;
- mais de uma pensão deixada por cônjuge e/ou companheiro(a), ressalvado o direito de opção pela mais vantajosa;
- seguro-desemprego com qualquer benefício de prestação continuada da Previdência Social, exceto pensão por morte, auxílio-reclusão, auxílio-acidente, auxílio-suplementar ou abono de permanência em serviço;
- benefícios previdenciários com benefícios assistenciais pecuniários, exceto a pensão especial mensal aos dependentes das vítimas da hemodiálise em Caruaru (Lei n. 9.422, de 24.12.1996);
- auxílio-reclusão e algum dos seguintes benefícios: auxílio-doença/auxílio por incapacidade temporária, pensão por morte, salário-maternidade, aposentadoria ou abono de permanência em serviço (art. 80 da Lei n. 8.213/1991, redação pela Lei n. 13.846/2019).

Da leitura do art. 639 da IN PRES/INSS n. 128/2022, outras hipóteses de vedação de acumulação são mais bem detalhadas, quais sejam:

---

[3] O abono de permanência em serviço no RGPS foi extinto pela Lei n. 8.870/1994.

(...) IV - salário-maternidade com auxílio por incapacidade temporária ou aposentadoria por incapacidade permanente;

VII - auxílio-acidente com auxílio por incapacidade temporária, do mesmo acidente ou da mesma doença que o gerou;

XI - renda mensal vitalícia com qualquer benefício de qualquer regime, exceto se o beneficiário tiver ingressado no regime do extinto INPS após completar 60 (sessenta) anos, quando será possível também receber o pecúlio de que trata o § 3º do art. 5º da Lei n. 3.807, de 1960;

XII - pensão mensal vitalícia de seringueiro (soldado da borracha), com qualquer outro Benefício de Prestação Continuada de natureza assistencial operacionalizado pela Previdência Social;

XIII - mais de um auxílio por incapacidade temporária, inclusive acidentário;

XIV - benefício de prestação continuada da Lei n. 8.742, de 1993 ou indenizações pagas pela União em razão de decisão judicial pelos mesmos fatos com pensão especial destinada a crianças com Síndrome Congênita do Zika Vírus;

XV - pensão por morte deixada por cônjuge ou companheiro com auxílio-reclusão de cônjuge ou companheiro, para evento ocorrido a partir de 29 de abril de 1995, data da publicação da Lei n. 9.032, de 1995, facultado o direito de opção pelo mais vantajoso;

XVI - mais de um auxílio-reclusão de instituidor cônjuge ou companheiro, para evento ocorrido a partir de 29 de abril de 1995, data da publicação da Lei n. 9.032, de 1995, facultado o direito de opção pelo mais vantajoso;

XVII - auxílio-reclusão pago aos dependentes, com auxílio por incapacidade temporária, aposentadoria ou abono de permanência em serviço ou salário-maternidade do segurado recluso, observado o disposto no art. 384;

XVIII - benefício assistencial com benefício da Previdência Social ou de qualquer outro regime previdenciário, ressalvadas as exceções previstas no § 1º; e

XIX - auxílio-suplementar com aposentadoria ou auxílio por incapacidade temporária, observado, quanto ao auxílio por incapacidade temporária, a exceção prevista no art. 644.

E, consoante o § 1º do art. 639 da citada IN n. 128/2022, nos casos de benefício assistencial concedido a partir de 7.7.2011, data de publicação da Lei n. 12.435/2011, será admitida sua acumulação com as seguintes prestações de natureza indenizatória:

I - espécie 54 - Pensão Indenizatória a Cargo da União;

II - espécie 56 - Pensão Especial aos Deficientes Físicos Portadores da Síndrome da Talidomida - Lei n. 7.070, de 1982;

III - espécie 60 - Benefício Indenizatório a Cargo da União;

IV - espécie 89 - Pensão Especial aos Dependentes das Vítimas da Hemodiálise - Caruaru - PE - Lei n. 9.422, de 1996; e

V - espécie 96 - Pensão Especial (Hanseníase) - Lei n. 11.520, de 2007.

O dependente que requerer pensão de cônjuge ou companheiro(a) e já estiver recebendo pensão decorrente de óbito de outro cônjuge ou companheiro(a) já falecido, e ambas não sejam decorrentes de ação judicial ou recursal, ficará obrigado a optar pela mais vantajosa. Excepcionalmente, no caso de óbito de segurado que recebia cumulativamente duas ou mais aposentadorias concedidas por ex-Institutos (IAP), respeitado o direito adquirido previsto no art. 124 da Lei n. 8.213/1991, será devida a concessão de tantas pensões quantos forem os benefícios que as precederam.

Até o advento da EC n. 103/2019, a proibição de acumulação de benefícios referida dizia respeito ao RGPS. Nada impedia que o beneficiário acumulasse prestações do RGPS com prestações oriundas de outros regimes, desde que cumprindo os requisitos para o recebimento, e desde que inexista norma proibitiva para tanto. Sobre a acumulação de benefícios, escreve Wladimir Novaes Martinez:

> Diante do número crescente de espécies de prestações contempladas e do fato de, individualmente, possuírem ou não caráter substituidor dos salários, com atribuições distintas e, também, possivelmente, em algum momento histórico, existirem múltiplos regimes compondo o sistema nacional, a lei deve estabelecer as regras de acumulação. Num mesmo regime, os benefícios de igual natureza não podem ser recebidos simultaneamente, inadmitindo-se sua concessão, para pessoa idêntica, com diferentes eventos determinantes. Assim, a proibição de percepção de aposentadoria por invalidez e por idade. Do ponto de vista atuarial, nada impede a fruição de mensalidades iguais oriundas de diferentes regimes, se o segurado está obrigatoriamente sujeito à filiação e às contribuições e se atendida, em todas as hipóteses, a natureza substituidora da prestação de pagamento continuado. Se professora leciona de manhã para o Estado e, à tarde, para o Município, é correto deferir-lhe benefícios correspondentes aos dois salários.[4]

Sobre a questão de acumulação de benefícios rurais, especialmente no período pretérito ao da unificação realizada pelo RGPS (Lei n. 8.213/1991), a TNU editou a Súmula n. 36, no sentido de que: "Não há vedação legal à acumulação da pensão por morte de trabalhador rural com o benefício da aposentadoria por invalidez, por apresentarem pressupostos fáticos e fatos geradores distintos".

Quanto à acumulação de auxílio-acidente com aposentadoria, o STJ editou a Súmula n. 507, que possui o seguinte teor: "A acumulação de auxílio-acidente com aposentadoria pressupõe que a lesão incapacitante e a aposentadoria sejam anteriores a 11.11.1997, observado o critério do artigo 23 da Lei 8.213/91 para definição do momento da lesão nos casos de doença profissional ou do trabalho".

No que diz respeito à acumulação de auxílio-acidente e auxílio-doença/auxílio por incapacidade temporária, a TNU firmou entendimento pela possibilidade, desde que tenham fatos geradores distintos (PUIL 5006808-79.2014.4.04.7215/SC, Sessão de 27.6.2019).

Outra Súmula que trata de acumulação de benefícios é a de n. 95 do TRF da 4ª Região, que possui o seguinte teor: "A pensão especial devida ao ex-combatente pode ser cumulada com outro benefício previdenciário, desde que não tenham o mesmo fato gerador".

É de destacar que, de acordo com o art. 103 do Decreto n. 3.048/1999, é possível acumular aposentadoria com salário-maternidade, caso a segurada aposentada continue trabalhando ou retorne a exercer atividade remunerada. Raros são os casos de seguradas aposentadas na condição de mães biológicas, no entanto esse dispositivo tem relevância nos casos de adoção.

Outra decisão da TNU, em pedido de uniformização, sobre pensão por morte e LOAS, foi no sentido de que o benefício assistencial não pode ser acumulado com o recebimento de pensão por morte. Contudo, dentro de uma interpretação sistemática da legislação, em especial do art. 20, § 4º, da Lei n. 8.742/1993, combinado com o inciso VI do art. 124 da Lei n. 8.213/1991, admite-se a opção pelo benefício mais vantajoso (PEDILEF n. 05109419120124058200, Rel. Juiz Federal Daniel Machado da Rocha, *DOU* 22.5.2015).

E, ainda, segundo precedente da TNU: "É inacumulável o benefício de prestação continuada – BPC/LOAS com o auxílio-acidente, na forma do art. 20, § 4º, da Lei n. 8.742/1993, sendo facultado ao beneficiário, quando preenchidos os requisitos legais de ambos os benefícios, a opção pelo mais vantajoso" (TNU, Representativo de Controvérsia Tema 253).

---

[4] MARTINEZ, Wladimir Novaes. *Curso de direito previdenciário. Tomo I – Noções de direito previdenciário.* São Paulo: LTr, 1997, p. 306.

Hipótese que gera discussão no cumprimento da sentença está o direito ao recebimento de benefício de incapacidade pelo segurado que exerceu atividade remunerada enquanto aguardava a concessão da prestação. Veja-se a respeito a Súmula n. 72 da TNU:

> *É possível o recebimento de benefício por incapacidade durante período em que houve exercício de atividade remunerada quando comprovado que o segurado estava incapaz para as atividades habituais na época em que trabalhou.*

No mesmo sentido, a tese fixada pelo STJ no Repetitivo 1.013: "No período entre o indeferimento administrativo e a efetiva implantação de auxílio-doença ou de aposentadoria por invalidez, mediante decisão judicial, o segurado do RGPS tem direito ao recebimento conjunto das rendas do trabalho exercido, ainda que incompatível com sua incapacidade laboral, e do respectivo benefício previdenciário pago retroativamente" (REsp 1786590/SP, 1ª Seção, *DJe* 1.7.2020). A matéria foi objeto, ainda, da Portaria GP n. 4/2024 – "Desjudicializa Prev" – Tema n. 7.

No que tange à possibilidade de recebimento dos atrasados da aposentadoria especial desde a DER quando o segurado permaneceu trabalhando em atividade prejudicial à saúde e à integridade física durante a tramitação do processo, segue em sentido favorável o item II da tese firmada pelo STF no julgamento do Tema 709:

> I) É constitucional a vedação de continuidade da percepção de aposentadoria especial se o beneficiário permanece laborando em atividade especial ou a ela retorna, seja essa atividade especial aquela que ensejou a aposentação precoce ou não.
>
> II) Nas hipóteses em que o segurado solicitar a aposentadoria e continuar a exercer o labor especial, a data de início do benefício será a data de entrada do requerimento, remontando a esse marco, inclusive, os efeitos financeiros. Efetivada, contudo, seja na via administrativa, seja na judicial a implantação do benefício, uma vez verificado o retorno ao labor nocivo ou sua continuidade, cessará o pagamento do benefício previdenciário em questão (RE 79191/ED, Sessão Virtual de 12.2.2021 a 23.2.2021).

Essa decisão do STF não impede a acumulação da aposentadoria especial com o exercício de trabalho remunerado em atividade considerada comum. O que impede é a percepção de aposentadoria especial com qualquer outra atividade nociva à saúde, mas, enquanto não implantado o benefício, não existe vedação.

Em relação à opção pelo melhor benefício concedido na via administrativa durante a tramitação da ação e a possibilidade de execução das parcelas anteriores do benefício concedido judicialmente, foi afetado pelo STJ em Repetitivo, cuja tese fixada foi favorável aos segurados:

> Tema n. 1.018: "O Segurado tem direito de opção pelo benefício mais vantajoso concedido administrativamente, no curso de ação judicial em que se reconheceu benefício menos vantajoso. Em cumprimento de sentença, o segurado possui o direito à manutenção do benefício previdenciário concedido administrativamente no curso da ação judicial e, concomitantemente, à execução das parcelas do benefício reconhecido na via judicial, limitadas à data de implantação daquele conferido na via administrativa" (REsp 1.767.789/PR, 1ª Seção, Rel. Min. Herman Benjamin, *DJe* 1.7.2022).

– A EC n. 103/2019 e a acumulação parcial de benefícios

Consta das regras permanentes da EC n. 103/2019 (art. 201, § 15, CF) que lei complementar estabelecerá vedações, regras e condições para a acumulação de benefícios previdenciários.

Enquanto isso, nas regras transitórias, foi definida outra regra de acumulação de proventos de aposentadoria e pensão por morte no art. 24, §§ 1º e 2º. Permite-se a acumulação de benefícios nos casos de:

i) pensão por morte deixada por cônjuge ou companheiro de um regime de previdência social com pensão por morte concedida por outro regime de previdência social ou com pensão decorrente de atividades militares;
ii) pensão por morte deixada por cônjuge ou companheiro de um regime de previdência social com aposentadoria concedida no âmbito do RGPS ou de RPPS ou de proventos de inatividade decorrentes de atividades militares;
iii) aposentadoria concedida no âmbito do RGPS ou de RPPS com pensões decorrentes de atividades militares.

Todavia, a acumulação envolverá a percepção integral do benefício mais vantajoso e de apenas uma parte de cada um dos demais benefícios, apuradas cumulativamente, de acordo com as seguintes faixas:

i) 100% do valor igual ou inferior a um salário mínimo;
ii) 60% do valor que exceder um salário mínimo até o limite de dois salários mínimos;
iii) 40% do valor que exceder dois salários mínimos até o limite de três salários mínimos;
iv) 20% do valor que exceder três salários mínimos até o limite de quatro salários mínimos;
v) 10% do valor que exceder quatro salários mínimos.

A opção referida poderá ser revista a qualquer tempo, a pedido do interessado, em razão de alteração de algum dos benefícios.

Poderia haver dúvida, por exemplo, a respeito da incidência do novo regramento sobre a acumulação de uma pensão decorrente do óbito do pai e outra do óbito da mãe da mesma criança. Nesse caso, não incide a proibição de acumulação e tampouco o pagamento reduzido do benefício menos vantajoso. E, a regra de redução do pagamento de benefícios acumulados, considerando que não se interpreta regra excepcional de forma extensiva, não pode ser aplicada para a soma de rendimentos decorrentes de outros benefícios não previstos no § 1º do art. 24.

Cabe salientar que a regulamentação das acumulações foi disciplinada pelo Decreto n. 10.410/2020, que incluiu o art. 167-A no RPS, do qual destaca-se que:

i) no ato de habilitação ou concessão de benefício sujeito a acumulação, o INSS deverá: verificar a filiação do segurado ao RGPS ou a regime próprio de previdência social; solicitar ao segurado que manifeste expressamente a sua opção pelo benefício que lhe seja mais vantajoso; e, quando for o caso, verificar a condição do segurado ou pensionista, de modo a considerar, dentre outras, as informações constantes do CNIS;
ii) o Ministério da Economia manterá sistema de cadastro dos segurados do RGPS e dos servidores vinculados a RPPS, e poderá, para tanto, firmar acordo de cooperação com outros órgãos da administração pública federal, estadual, distrital ou municipal para a manutenção e a gestão do referido sistema de cadastro;

iii) até que o sistema seja implementado, a comprovação de que o aposentado ou o pensionista cônjuge ou companheira ou companheiro do RGPS não recebe aposentadoria ou pensão de outro RPPS será feita por meio de autodeclaração, a qual o sujeitará às sanções administrativas, civis e penais aplicáveis caso seja constatada a emissão de declaração falsa;

iv) caberá ao aposentado ou pensionista do RGPS informar ao INSS a obtenção de aposentadoria ou pensão de cônjuge ou companheira ou companheiro de outro regime, sob pena de suspensão do benefício.

Nossa interpretação quanto ao disposto no art. 24 da EC n. 103/2019 é a seguinte:

a) acumulação sem restrições: com base no *caput* do art. 24, quando as pensões forem deixadas pelo mesmo instituidor e forem decorrentes do exercício de cargos acumuláveis na forma do art. 37, XVI da Constituição Federal (dois cargos de professor; um cargo de professor com outro técnico ou científico; dois cargos ou empregos privativos de profissionais de saúde, com profissões regulamentadas). Ou seja, as pensões são acumuláveis e não se aplicam as restrições do § 2º do art. 24 (opção pela mais vantajosa e redução dos percentuais do segundo benefício);

b) acumulação com restrições: as outras hipóteses de acumulações, por exemplo, do § 1º, "I – pensão por morte deixada por cônjuge ou companheiro de um regime de previdência social com pensão por morte concedida por outro regime de previdência social ou com pensões decorrentes das atividades militares de que tratam os arts. 42 e 142 da Constituição Federal", são acumuláveis, mas com aplicação das restrições do § 2º do art. 24 (opção pela mais vantajosa e redução dos percentuais do segundo benefício);

c) regra do direito adquirido à acumulação integral: está prevista no § 4º: "As restrições previstas neste artigo não serão aplicadas se o direito aos benefícios houver sido adquirido antes da data de entrada em vigor desta Emenda Constitucional". Isto deve ser interpretado como o fato gerador dos benefícios e não como a concessão deles.

De qualquer forma, as regras de acumulação, a despeito de preservarem o valor do maior benefício, promovem um corte drástico no montante do outro benefício a ser acumulado, pelo que são de discutível constitucionalidade.

Há que se frisar que o benefício da aposentadoria decorre das contribuições do próprio segurado, enquanto a pensão é forma de seguro prestada à pessoa como dependente de outro segurado, de modo que sua acumulação não só é lícita, mas também atende a princípios basilares do Direito Previdenciário, notadamente o da universalidade da cobertura e o da seletividade e distributividade.

Desta forma, concluímos que há *tratamento desigual e prejudicial* à pessoa que contribui para um regime de previdência e tem relação afetiva com pessoa que também contribua, quando comparada a outra, que tenha união matrimonial ou afetiva com pessoa que não contribua para nenhum regime.

Basta fazer algumas simulações a respeito da regra em comento para se concluir pelo alto grau de dano causado à pessoa que vier a ficar sem seu par afetivo em razão de óbito, de modo a identificar a *ausência de razoabilidade e de proporcionalidade* no tratamento discriminatório aplicado a pessoas que, licitamente, contribuíram para o regime e agora podem ver-se aljiadas de parcela significativa de seus proventos, em verdadeiro confisco, e pior, atingindo pessoas que sequer podem voltar ao mercado de trabalho, como os idosos e inválidos.

28.5 ABONO ANUAL

É devido o abono anual aos segurados e dependentes que tiverem recebido durante o ano quaisquer dos seguintes benefícios: auxílio por incapacidade temporária, auxílio-acidente, aposentadoria, salário-maternidade, pensão por morte ou auxílio-reclusão (art. 120 do Decreto n. 3.048/1999, com a redação conferida pelo Decreto n. 10.410/2020).

O benefício também é chamado de gratificação natalina, vantagem inicialmente prevista aos empregados em atividade, pela Lei n. 4.090/1962, e estendida aos beneficiários da Previdência Social a partir da Lei n. 4.281/1963. Não têm direito ao abono os recebedores de salário-família e dos benefícios assistenciais.

É um direito dos beneficiários da Previdência Social previsto no art. 201, § 6º, da Constituição e regulado pelo art. 40 da Lei n. 8.213/1991, bem como pelo art. 120 do Decreto n. 3.048/1999.

O valor é calculado da mesma forma que a gratificação natalina dos trabalhadores: corresponde à renda mensal de dezembro, se o benefício tiver sido mantido por 12 meses, dentro do mesmo ano. Será proporcional ao valor da renda mensal da data de cessação, se o benefício tiver sido mantido por período igual ou superior a 15 dias e inferior a 12 meses.

Quanto à forma de pagamento, o Decreto n. 10.410/2020, incluiu o § 1º ao art. 120 do RPS, para estabelecer que será efetuado em duas parcelas, da seguinte forma: I – a primeira parcela corresponderá a até cinquenta por cento do valor do benefício devido no mês de agosto e será paga juntamente com os benefícios dessa competência; e II – a segunda parcela corresponderá à diferença entre o valor total do abono anual e o valor da primeira parcela e será paga juntamente com os benefícios da competência de novembro.

De acordo, ainda, com o art. 619 da IN PRES/INSS n. 128:

> § 1º O período igual ou superior a 15 (quinze) dias, dentro do mês, será considerado como mês integral para efeito de cálculo do abono anual.
>
> § 2º O pagamento de benefício por período inferior a 12 (doze) meses, dentro do mesmo ano, determina o cálculo do abono anual de forma proporcional.

O abono anual incidirá sobre a parcela de acréscimo de vinte e cinco por cento, referente ao auxílio-acompanhante devido em função da chamada grande invalidez, observado o disposto no art. 120 do RPS.

O pagamento do abono anual poderá ser realizado de forma parcelada, na forma de ato específico expedido pelo INSS. O valor do abono anual correspondente ao período de duração do salário-maternidade será pago, em cada exercício, com a última parcela do benefício nele devido.

QUADRO-RESUMO – ABONO ANUAL

BENEFÍCIO	ABONO ANUAL
Evento Gerador	O abono anual, conhecido como décimo terceiro salário ou gratificação natalina, será devido ao segurado e ao dependente que, durante o ano, recebeu auxílio por incapacidade temporária, auxílio-acidente, aposentadoria, salário-maternidade, pensão por morte ou auxílio-reclusão.
Beneficiários	Segurados e dependentes da Previdência que tenham recebido benefícios durante o ano.
Requisitos	– Ter recebido benefício da Previdência durante o ano. – Não tem direito os recebedores de salário-família e dos benefícios assistenciais.
Valor	– Corresponde ao valor da renda mensal do benefício no mês de dezembro ou no mês da alta ou da cessação do benefício. – O recebimento de benefício por período inferior a doze meses, dentro do mesmo ano, determina o cálculo do abono anual de forma proporcional. – O período igual ou superior a quinze dias, dentro do mês, será considerado como mês integral para efeito de cálculo do abono anual. – O abono anual incidirá sobre a parcela de acréscimo de 25%, referente ao auxílio acompanhante na aposentadoria por invalidez.
Data de Pagamento	– O Decreto n. 10.410/2020, incluiu o § 1º ao art. 120 do RPS, para estabelecer que será efetuado em duas parcelas, da seguinte forma: I – a primeira parcela corresponderá a até cinquenta por cento do valor do benefício devido no mês de agosto e será paga juntamente com os benefícios dessa competência; e II – a segunda parcela corresponderá à diferença entre o valor total do abono anual e o valor da primeira parcela e será paga juntamente com os benefícios da competência de novembro. – O valor do abono anual correspondente ao período de duração do salário-maternidade será pago, em cada exercício, com a última parcela do benefício nele devido.
Observações	As regras gerais sobre o abono anual encontram-se no art. 201, § 6º, da CF, art. 40 da Lei n. 8.213/1991 e art. 120 do Decreto n. 3.048/1999 (com redação conferida pelo Decreto n. 10.410/2020).

29
Acidentes do Trabalho e Doenças Ocupacionais

Antes de adentrar na análise dos benefícios em espécie, cumpre-nos comentar os infortúnios decorrentes do ambiente de trabalho – os acidentes de trabalho e as doenças ocupacionais.

Segundo artigo publicado pelo escritório da OIT no Brasil, entre 2012 e 2021 foram registradas 6,2 milhões de Comunicações de Acidentes de Trabalho (CATs) e o INSS concedeu 2,5 milhões de benefícios previdenciários acidentários. No mesmo período, o gasto previdenciário ultrapassou os R$ 120 bilhões somente com despesas acidentárias, de acordo com dados atualizados do Observatório de Segurança e Saúde no Trabalho, desenvolvido e mantido pelo Ministério Público do Trabalho (MPT) em cooperação com a Organização Internacional do Trabalho (OIT) no âmbito da Iniciativa SmartLab de Trabalho Decente.

Dados do sistema eSocial do Ministério do Trabalho e Emprego (MTE) demonstram que, em 2023, ocorreram 2.888 acidentes do trabalho fatais. O sistema registrou no mesmo ano de 2023 um total de 499.955 acidentes de trabalho. Entre os setores que mais registraram acidentes de trabalho com mortes e lesões graves no Brasil, estão os setores da construção civil e de transporte rodoviário de cargas e passageiros. O Brasil é o 4º colocado no ranking mundial de acidentes de trabalho.

A razão de tais números é, em grande parte, a falta de prevenção, em regra relegada a segundo plano pelas empresas. Sempre cabe lembrar a tragédia de Brumadinho, no início de 2019, que é o maior acidente laboral de nossa história, com mais de 330 mortes confirmadas, além de pessoas ainda desaparecidas.

Há que se destacar, ainda, que é bastante considerável a ocorrência de acidentes e doenças não notificados, por omissão dos empregadores e na medida em que grande parte dos trabalhadores da iniciativa privada estão no chamado "mercado informal de trabalho", sendo totalmente desprezadas as normas referentes à proteção social. Logo, não temos dúvidas de que a quantidade de infortúnios é bem maior do que as estatísticas oficiais revelam.

Anualmente, segundo estimativas globais da Organização Internacional do Trabalho, a economia perde cerca de 4% do Produto Interno Bruto em razão de doenças e acidentes do trabalho, o que, além das perdas humanas, geram a perda de produtividade provocada por ambientes de trabalho inseguros ou insalubres. A agenda 2030 da Organização das Nações Unidas para o Desenvolvimento Sustentável, em sua meta 8.8, destaca a necessidade de promover ambientes de trabalho seguros e protegidos para todos os trabalhadores, incluindo os trabalhadores migrantes, em particular as mulheres migrantes, e pessoas em empregos precários.[1]

---

[1] Conforme o Observatório Saúde e Segurança no Trabalho – SmartLab. Disponível em: https://smartlabbr.org/sst/localidade/0?dimensao=despesa. Acesso em: 20 jul. 2022.

Como bem ressaltado na norma regulamentar, "a empresa é responsável pela adoção e uso de medidas coletivas e individuais de proteção à segurança e saúde do trabalhador sujeito aos riscos ocupacionais por ela gerados" (art. 338, *caput*, do Decreto n. 3.048/1999, redação conferida pelo Dec. n. 4.032/2001).

Apesar da exigência ao empregador, de cumprimento de normas de higiene e segurança no trabalho, e da imposição de indenização por danos causados, em casos de conduta comissiva ou omissiva do empregador, o número de acidentados é absurdo. O aspecto da prevenção, em regra, é relegado a segundo plano pelas empresas, sendo a razão de tais números.

29.1 EVOLUÇÃO HISTÓRICA DA PROTEÇÃO ACIDENTÁRIA

O surgimento da proteção do trabalhador em face dos riscos da perda da capacidade laborativa e, consequentemente, de sua subsistência coincide, em grande parte, com o nascimento do Direito do Trabalho. Explica *Russomano*, com amparo em *Almansa Pastor*, que, fazendo-se uma síntese histórica do desenvolvimento do Direito do Trabalho, não raramente se observa que "os primeiros ensaios de uma legislação social foram feitos no domínio dos acidentes e das moléstias profissionais".[2]

No tocante à proteção do trabalhador em face dos acidentes ocorridos em função do trabalho, observa-se evolução semelhante no Brasil.

O primeiro diploma a tratar da matéria foi o Código Comercial (1850), que previa a garantia de pagamento de três meses de salários ao preposto que sofresse acidente em serviço (art. 78).

A Lei n. 3.724, de 15.1.1919 – primeira lei geral sobre acidentes do trabalho –, baseou-se na teoria da responsabilidade objetiva do empregador, pois previa a responsabilidade do empregador pelos acidentes de trabalho decorrentes de dolo ou culpa e, ainda, de casos fortuitos; não havia tarifação da indenização, nem a obrigatoriedade de que o empregador fizesse seguro de acidente de trabalho para seus empregados. As regras e parâmetros para a definição do valor devido eram as do Código Civil antigo. Antes disso, as Ordenações Filipinas e o próprio Código Civil definiam a responsabilidade civil subjetiva, havendo necessidade de que a vítima provasse a culpa do empregador (culpa aquiliana).

A Constituição de 1934 foi a primeira a mencionar a proteção ao acidente de trabalho (art. 121, § 1º, *h*), como prestação previdenciária, mantida em legislação à parte, e o seguro de natureza privada, a cargo da empresa.

O Decreto n. 24.637, de 10.7.1934, dispôs sobre o direito à pensão para os herdeiros do acidentado. E o Decreto-lei n. 7.036, de 10.11.1944, ampliou a proteção do trabalhador urbano quanto a acidentes de trabalho para abarcar as concausas, o período *in itinere* e intervalos do trabalho; a partir da edição dessa norma, o seguro obrigatório passou a ser devido cumulativamente com as prestações previdenciárias. Adota-se aí o sistema de indenização dito tarifado, pois fixa o valor do benefício acidentário em parâmetros que levam em conta a remuneração do indivíduo, em substituição à concepção de indenização em parcela única, em que existia uma tabela, na qual "cada parte do corpo tinha um valor".[3]

A Carta Política de 1946 menciona expressamente a obrigação do empregador em manter o Seguro de Acidentes do Trabalho – SAT (art. 158, XVII) – separadamente da previdência social. A Constituição outorgada em 1967 não trouxe inovações quanto ao texto anterior.

---

[2] RUSSOMANO, Mozart Victor. *Comentários à Consolidação das Leis da Previdência Social.* 2. ed. São Paulo: Revista dos Tribunais, 1981, p. 390.

[3] OLIVEIRA, José de. *Acidentes do trabalho: teoria, prática, jurisprudência.* 2. ed. ampl. São Paulo: Saraiva, 1992, p. 3.

Já a Lei n. 5.316/1967 alterou substancialmente o disciplinamento legal da proteção acidentária, pois, adotando a teoria do risco social, integrou a partir de então o seguro de acidentes de trabalho na Previdência, englobando as doenças profissionais e do trabalho, e excluiu a exploração deste ramo por seguradoras privadas, tornando o SAT monopólio do Estado; além disso, retirou a carência para a aposentadoria e pensão acidentárias. A norma foi recepcionada pela Emenda n. 1/1969, que manteve a integração do SAT à Previdência, mediante custeio tripartite.

A Lei n. 6.195, de 19.12.1974, estendeu o SAT aos rurais, estando estes, a partir de então, amparados pelos benefícios acidentários. Antes, a aplicação das normas sobre proteção acidentária somente seria feita por analogia.

A Lei n. 6.367, de 19.10.1976, alterou a composição do tríplice custeio do SAT pela União, pelos trabalhadores e pelas empresas, estabelecendo um acréscimo de contribuição a cargo destas últimas (art. 15).

A Constituição de 1988 insere o acidente de trabalho como risco social, logo passível de proteção previdenciária (art. 201, I). O SAT volta a ser encargo somente do empregador (art. 7º, XXVIII), independentemente da indenização devida por dolo ou culpa. Adota-se, cumulativamente, a teoria do risco empresarial, com a do risco social.

As Leis ns. 8.212 e 8.213/1991, em seus textos originais, tratam do acidente do trabalho com benefícios diferenciados, regulamentando o custeio pelo empregador (art. 22, II, da Lei de Custeio), mantida a exclusividade de oferecimento do SAT pela previdência estatal.

A Lei n. 9.032, de 28.4.1995, dispôs que o benefício de prestação continuada de cunho acidentário seria equiparado ao benefício previdenciário, calculando-se a renda mensal com base no salário de benefício, não mais pelo salário de contribuição da data do acidente, que, na maioria das vezes, era mais vantajoso. Revogou, outrossim, o art. 123 da Lei n. 8.213/1991, que possibilitava a conversão da aposentadoria por tempo de serviço ou por idade em aposentadoria por invalidez acidentária, sempre que o aposentado apresentasse doença profissional ou do trabalho relacionada com as condições que exercia anteriormente à aposentadoria.

A Lei n. 9.129/1995 alterou a forma de cálculo do auxílio-acidente, que passou a ser em percentual único, em vez dos três patamares de até então.

A EC n. 20/1998 estabeleceu, de forma programática, a possibilidade de que o seguro de acidentes do trabalho a cargo da empresa pudesse ser objeto de cobertura pelo RGPS e pela iniciativa privada, de forma concorrente; todavia, a matéria não foi regulamentada, mantendo-se a fórmula da proteção acidentária por meio das regras de custeio da Seguridade Social – Lei n. 8.212/1991 e sua regulamentação.

A EC n. 72/2013, que ampliou os direitos sociais da categoria dos empregados domésticos, estendeu a estes a cobertura acidentária, remetendo à lei a regulação do tratamento tributário da matéria.

A regulamentação da EC n. 72 sobreveio com a promulgação da Lei Complementar n. 150, de 1.6.2015, que alterou diversos dispositivos da Lei n. 8.213/1991 a fim de assegurar o devido tratamento ao empregado doméstico, estendendo a esta categoria a proteção acidentária.

A EC n. 103/2019 alterou o art. 201, I, da CF, estabelecendo "cobertura dos eventos de incapacidade temporária ou permanente para o trabalho e idade avançada". Até então, a previsão era de "cobertura de eventos de doença e invalidez". Na prática, essa já era a análise feita pela perícia médica previdenciária, mas a atual redação poderá provocar restrições na concessão de cobertura destinada aos segurados facultativos e desempregados em período de graça.

Outra mudança introduzida pela EC n. 103/2019 se deu em relação ao coeficiente de cálculo. Somente a aposentadoria por incapacidade permanente decorrente de acidente de trabalho, de doença profissional e de doença do trabalho corresponderá a 100% do salário de benefício, que passou a levar em consideração a média de todos os salários de contribuição, desde julho de 1994.

A aposentadoria por incapacidade permanente comum (quando não acidentária), passou a corresponder a 60% do salário de benefício, com acréscimo de dois pontos percentuais para cada ano de tempo de contribuição que exceder o tempo de 20 anos de contribuição, no caso dos homens, e de 15 anos, no caso das mulheres. Daí exsurge o retorno da relevância do tema, na medida em que a diferença pode ser de até 40% do valor da renda, caso não seja reconhecida a natureza acidentária da incapacidade permanente.

E o art. 201, § 10, da CF ganhou outra redação pela EC n. 103/2019 para estipular a previsão de que "Lei complementar poderá disciplinar a cobertura de benefícios não programados, inclusive os decorrentes de acidente do trabalho, a ser atendida concorrentemente pelo Regime Geral de Previdência Social e pelo setor privado".

A modificação é mais ampla que aquela prevista na EC n. 20/1998, possibilitando disciplinar por lei complementar a cobertura de benefícios não programados de maneira geral, não apenas os decorrentes de acidente do trabalho. Por força disso, os benefícios por incapacidade, a pensão por morte, o auxílio-reclusão e até o salário-maternidade poderão ser, uma vez que seja regulamentada a matéria, concedidos também pelo setor privado, com base em planos de cobertura diferenciados e com contribuições que não irão para o RGPS.

29.2 CONCEITO DE ACIDENTE DO TRABALHO

Segundo o conceito legal vigente, "acidente do trabalho é o que ocorre pelo exercício do trabalho a serviço de empresa ou de empregador doméstico ou pelo exercício do trabalho dos segurados referidos no inciso VII do art. 11 desta Lei, provocando lesão corporal ou perturbação funcional que cause a morte ou a perda ou redução, permanente ou temporária, da capacidade para o trabalho" – art. 19 da Lei n. 8.213/1991, com a redação conferida pela LC n. 150/2015.

O conceito do art. 19 da LBPS identifica o acidente típico como sendo aquele sofrido "pelo segurado a serviço da empresa ou de empregador doméstico", ou pelo segurado especial.

Com a promulgação da EC n. 72, de 2013, impunha-se a alteração do conceito legal, para a inclusão dos domésticos. Sobreveio, então, a LC n. 150/2015, com vigência a partir de sua publicação – 1º de junho de 2015.

Surge, todavia, daí um debate importante – a partir de quando os domésticos têm proteção acidentária: se apenas a partir de 1.6.2015, ou se desde a promulgação da EC n. 72, ante a autoaplicabilidade da norma prevendo um direito fundamental.

Entendemos que a demora na produção da lei não pode subtrair dos segurados a proteção – até porque os benefícios acidentários e toda a disciplina concernente a eles já existe em relação aos demais segurados, bastando que se fizesse a interpretação do texto do art. 19 da Lei n. 8.213/1991 em conformidade com a ordem constitucional erigida pós EC n. 72, desconsiderando-se o discrímen antes existente – aliás, nada razoável, pois os empregados domésticos sempre foram vítimas de acidentes durante a atividade laborativa, sendo deveras injusta a ausência de proteção acidentária, especialmente, em termos práticos, pela ausência de concessão de auxílio-acidente a estes, quando vítimas de acidentes com sequelas.

Os médicos-residentes, apesar de enquadrados como contribuintes individuais, tinham direito à proteção acidentária na forma da Lei n. 8.138/1990, que conferiu outra redação ao art. 4º da Lei n. 6.932/1981. Todavia, a Lei n. 12.514/2011 alterou novamente o artigo em questão, suprimindo a previsão de proteção acidentária ao médico-residente. Assim, a concessão de benefícios acidentários a pessoas enquadradas nessa atividade se limita a 24.6.2011, data da publicação da MP que lhe deu origem.

Para se ter um conceito mais próximo do chamado acidente típico, devemos nos socorrer dos estudiosos do tema. *Russomano*, ao tentar defini-lo, busca amparo na doutrina francesa: "é um acontecimento em geral súbito, violento e fortuito, vinculado ao serviço prestado a outrem pela vítima que lhe determina lesão corporal. (Por aproximação, podemos dizer que é esse o pensamento de *Rouast* e *Givord 'Traité sur Accidents du Travail'*, p. 98)".[4]

O acidente do trabalho será caracterizado pelo INSS quando verificado pelo Perito Médico Federal o nexo técnico entre o trabalho e o agravo.

O empregado intermitente, o segurado especial, o trabalhador avulso e o empregado doméstico, este a contar de 2 de junho de 2015, data da publicação da Lei Complementar n. 150, de 2015, que sofrerem acidente de trabalho com incapacidade para sua atividade habitual, serão encaminhados à perícia médica para avaliação do grau de incapacidade e o estabelecimento do nexo técnico, logo após o acidente, sem necessidade de aguardar os 15 (quinze) dias consecutivos de afastamento (§ 3º do art. 348 da IN INSS/PRES n. 128/2022).

Segundo o Manual de Perícias Médicas do INSS (2018), acidente "é a ocorrência de um evento casual, fortuito, inesperado, não provocado, imprevisível, de origem exógena (externa) e de natureza traumática e/ou por exposição a agentes exógenos físicos, químicos ou biológicos".

Para o Manual de Perícias Médicas do INSS (2018), doenças caracterizadas por surgimento súbito, agudo, imprevisto e incapacitante, mas que não foram geradas por evento energético exógeno traumático, físico, químico ou biológico, *não são consideradas acidentes de qualquer natureza ou causa* (exemplos: Acidente Vascular Cerebral – AVC, apendicite, Infarto Agudo do Miocárdio – IAM, ruptura de aneurisma).

São, portanto, a nosso ver, características do acidente do trabalho típico: a exterioridade da causa do acidente; a violência; a ocorrência súbita e a relação com a atividade laboral.

Dizer que o acidente do trabalho decorre de um evento causado por agente externo significa que o mal que atinge o indivíduo não lhe é congênito, nem se trata de enfermidade preexistente. Observe-se que, neste ponto, não entendemos por exterioridade a impossibilidade de que o fato tenha sido provocado pela vítima. A partir da inclusão das prestações por acidente de trabalho no âmbito da Previdência Social, está-se diante da teoria do risco social, segundo a qual é devido o benefício, independentemente da existência de dolo ou culpa da vítima. Vale dizer, mesmo quando esta tenha agido com a intenção de produzir o resultado danoso para a sua integridade física, ainda assim fará jus à percepção do seguro social.

O acidente é um fato violento, no sentido de que produz violação à integridade do indivíduo. É da violência do evento que resulta a lesão corporal ou a perturbação funcional que torna o indivíduo incapaz, provisória ou definitivamente, ou lhe causa a morte. O acidente que não gera danos à integridade do indivíduo não integra, portanto, o conceito.

Ele decorre de um evento súbito. O fato causador do infortúnio é abrupto, ocorre durante curto lapso de tempo, embora seus efeitos possam acontecer tempos após (as chamadas sequelas).

Por fim, a caracterização do acidente do trabalho impõe tenha ele sido causado pelo exercício de atividade laborativa. Exclui-se, portanto, o acidente ocorrido fora do âmbito dos deveres e das obrigações decorrentes do trabalho. Não é necessário, neste aspecto, que o fato tenha ocorrido no ambiente de trabalho, mas tão somente em decorrência do trabalho. Daí se conclui que os acidentes de trajeto e os sofridos em trabalhos externos também devem ser considerados como integrantes do conceito.

Não é requisito para a caracterização do acidente do trabalho a emissão da Comunicação de Acidente do Trabalho – CAT, que se trata de mera formalidade, mas não é exigida no conceito legal para o reconhecimento do acidente ou doença ligada ao trabalho.

---

[4] RUSSOMANO, Mozart Victor. *Comentários...*, cit., p. 395.

Retomando o conceito atribuído pelo legislador, também se considera acidente do trabalho o ocorrido no local e no horário de trabalho por agressão, sabotagem ou terrorismo praticado por terceiro ou companheiro de trabalho; ofensa física intencional, inclusive de terceiro, por motivo de disputa relacionada com o trabalho; ato de imprudência, negligência ou imperícia de terceiro ou companheiro de trabalho; ato de pessoa privada do uso da razão; casos fortuitos ou de força maior; em quaisquer local e horário, em caso de contaminação acidental do segurado no exercício de sua atividade; na execução de ordem ou realização de serviço sob a autoridade da empresa; na prestação espontânea de qualquer serviço à empresa para lhe evitar prejuízo ou proporcionar proveito; em viagem a serviço da empresa, inclusive para fins de estudo quando financiada por esta; no percurso residência-local de trabalho e vice-versa; nos períodos destinados à refeição ou descanso intrajornada, ou satisfação de outras necessidades fisiológicas, no local do trabalho ou durante este, sendo nessas oportunidades considerado no exercício do trabalho – art. 21 da Lei n. 8.213/1991.

Vejamos alguns exemplos de identificação pela jurisprudência de acidentes do trabalho por equiparação:

> CONTAMINAÇÃO POR VÍRUS HTLV-1. CONTATO ACIDENTAL COM AGULHA CONTAMINADA. ACIDENTE DO TRABALHO. *As agulhas utilizadas em hospital ou centro de saúde são foco potencial de contaminação por diversos agentes biológicos patológicos. O contato acidental com agulhas usadas é uma das diversas formas de contaminação com o vírus HTLV e a sua ocorrência durante a prestação de atividades configura acidente de trabalho. (...)* (TRT da 4ª Região, RO no Proc. 0031800-13.2006.5.04.0030, Rel. Maria Cristina Schaan Ferreira, j. 14.4.2010).

> ACIDENTE DO TRABALHO. FILMAGEM DE MINISSÉRIE VEICULADA EM MÍDIA TELEVISIVA. AFOGAMENTO DE ATOR FIGURANTE EM INTERVALO INTRAJORNADA. *(...) A permissão para que o empregado, no intervalo das filmagens, ingressasse em rio, sem a devida segurança oferecida pelo empregador e sem informação acerca da periculosidade do local, acabou por criar um risco desnecessário, acarretando a morte da vítima, exatamente na contramão do preceito constitucional que prevê como direito do trabalhador a "redução dos riscos inerentes ao trabalho" (...) É irrelevante o fato de o infortúnio ter ocorrido em intervalo intrajornada, dedicado às refeições dos empregados, porquanto é dicção literal do art. 21, § 1º, da Lei n. 8.213/91, a equiparação a acidentes do trabalho os ocorridos "nos períodos destinados a refeição ou descanso, ou por ocasião da satisfação de outras necessidades fisiológicas, no local do trabalho ou durante este" (...)* (STJ, REsp 2007/0298877-9, Rel. Min. Luis Felipe Salomão, 4ª Turma, DJe 12.4.2010).

Acidente *in itinere,* ou de trajeto, é expressão utilizada para caracterizar o acidente que, tendo ocorrido fora do ambiente de trabalho, ainda assim se considera acidente do trabalho, pois decorrente do deslocamento do segurado entre sua residência e o local de trabalho, e vice-versa. Conforme a melhor jurisprudência, não há que se exigir, para a caracterização do acidente de trajeto, ter o segurado percorrido o "caminho mais curto" entre a sua residência e o local de trabalho. Assim, "ligeiro desvio no percurso, quando o obreiro entra em um estabelecimento comercial para aquisição de um bem, não rompe o nexo entre o acidente e o retorno do trabalho para casa" (RT 619:139). Para descaracterizar o acidente de percurso, o desvio de rota deve ser relevante, como no caso em que o trabalhador "passou horas bebendo com amigos (RT 588:149) ou quando foge do percurso usual (RT 589:168)".[5]

---

[5] OLIVEIRA, José de. *Op. cit.*, p. 3.

Pouco importa o que venha a ter causado o acidente de percurso, relevante apenas a característica do deslocamento de ou para o trabalho. Colhe-se da jurisprudência:

> I – Equipara-se ao acidente de trabalho o acidente ocorrido no percurso do local de trabalho para a residência da vítima ou desta para aquele, e, no caso dos autos, é incontroverso o acidente de trajeto sofrido pela autora, ex vi do art. 21, IV, d, da Lei n. 8.213/91. II – Não tem relevância jurídica ao caso em voga, o fato de a alegada agressão ser oriunda de assalto, haja vista que qualquer que seja o tipo penal consumado, não afasta o acidente de trabalho ocorrido no percurso do trabalho/residência, em que foi vítima a recorrente (...) (TJ-GO – APL: 03785939520098090076, 1ª Câmara Cível, Rel. Amélia Martins de Araújo, DJ 6.12.2018).

> ACIDENTE DE TRAJETO EQUIPARADO A ACIDENTE DO TRABALHO. ART. 21, IV, "D", DA LEI N. 8.213/91 VIGENTE À ÉPOCA DO CONTRATO DE TRABALHO. EMPREGADO CONVOCADO PELO EMPREGADOR PARA PRESTAR DEPOIMENTO COMO TESTEMUNHA EM JUÍZO. ACIDENTE DE TRÂNSITO NO PERCURSO ATÉ SUA CASA. PRESTAÇÃO DE ATIVIDADE À DISPOSIÇÃO DO EMPREGADOR. ESTABILIDADE ACIDENTÁRIA RECONHECIDA. ART. 118 DA LEI N. 8.213/91. *O comparecimento de empregado, convocado pelo empregador, para prestar depoimento como testemunha, em audiência de processo trabalhista realizada em seu dia de folga, configura atividade à disposição do empregador, na forma do art. 4º da CLT e art. 21, inciso IV, "a", da Lei n. 8.213/91. Na forma da alínea "d" do mesmo preceito legal previdenciário, com redação vigente na época do contrato de trabalho, o acidente de trajeto equipara-se a acidente do trabalho para efeitos daquela Lei e, por isso, resta configurado o direito do empregado à estabilidade acidentária prevista no art. 118 da Lei n. 8.213/91* (TRT-12, ROT 0000824-52.2017.5.12.0050, 3ª Câmara, Rel. Carlos Alberto Pereira de Castro, data de assinatura: 13.5.2020).

A MP n. 905, de 11.11.2019, havia revogado a alínea "d" do inciso IV do *caput* do art. 21 da Lei n. 8.213/1991, que considerava o acidente de percurso como acidente do trabalho. Mas, antes mesmo de expirado o prazo para sua apreciação pelo Legislativo, foi revogada pela MP n. 955, de 20.4.2020. Esta, por sua vez, perdeu eficácia em 17.8.2020 sem ter sido apreciada pelo Congresso Nacional (Ato Declaratório do Presidente da Mesa do Congresso Nacional n. 113/2020).

Com isso, questiona-se: *os acidentes de percurso ocorridos entre 11.11.2019 e 20.4.2020 serão ou não equiparados ao acidente típico?*

Pois bem, entendemos que as situações jurídicas consolidadas na vigência da MP n. 905/2019, revogada em abril pela MP n. 955/2020 (que, por sua vez, teve sua eficácia encerrada por não ter sido apreciada pelo Congresso Nacional), regulam-se pela redação original dos dispositivos anteriormente vigentes.

O tema é dos mais polêmicos, mas anotamos que:

a) não teria aplicabilidade o art. 62, § 11 da CF ("não editado o decreto legislativo a que se refere o § 3º até sessenta dias após a rejeição ou perda de eficácia de medida provisória, as relações jurídicas constituídas e decorrentes de atos praticados durante sua vigência conservar-se-ão por ela regidas"), pois em tese não houve rejeição ou perda de eficácia de medida provisória, mas revogação da MP n. 905/2019.

b) mesmo que fosse adotado o critério da rejeição, o STF tem precedente no sentido de que a rejeição (expressa ou tácita) apaga inteiramente os efeitos da medida provisória do mundo jurídico (AgRg na ADI 365-8/DF, *DJU* 15.3.1991, I, p. 2.645).

Acrescentamos que o entendimento da ADI 365 foi ratificado pela 1ª Turma do STF, no julgamento do AI 426.351 AgR, Rel. Min. Luís Barroso, j. em 7.4.2015, logo, sob a égide da EC n. 32/2001. Extrai-se de sua ementa que:

1. A jurisprudência desta Corte é firme no sentido de que as medidas provisórias não convertidas em lei ou quando têm a eficácia suspensa por decisão em controle concentrado de constitucionalidade perdem sua eficácia desde sua edição. Precedentes.

Espera-se que a controvérsia jurisprudencial seja logo resolvida para que a proteção previdenciária ao trabalhador não seja obstada pela indefinição da Justiça competente para processar e julgar o seu pleito.

Há que se presumir o acidente de trajeto quando realizado em horário compatível com o de trabalho e ante a ausência de provas em sentido contrário:

> *PREVIDENCIÁRIO. PROCESSUAL CIVIL. APELAÇÕES CÍVEIS. ACIDENTE DE TRABALHO IN ITINERE. BOLETIM DE OCORRÊNCIA. PRESUNÇÃO RELATIVA. INEXISTÊNCIA DE PROVA EM SENTIDO CONTRÁRIO. CONCLUSÃO INDUVIDOSA. CONCESSÃO DO BENEFÍCIO. (...). Se a prova produzida nos autos guarda verossimilhança com os fatos narrados na peça vestibular, não havendo sequer indícios fáticos capazes de quebrar o nexo de causalidade entre o acidente ocorrido e o trabalho desempenhado pela Autora, é de ser reconhecida a ocorrência de acidente de trabalho (...) (TJES, REOF no Proc. 024079005526, Rel. Annibal de Rezende Lima, 1ª Câmara Cível, j. 12.2.2009, publ. 18.5.2009).*

O elemento objetivo para a caracterização do acidente do trabalho é a existência de lesão corporal ou perturbação funcional que cause a morte ou a perda ou redução, permanente ou temporária, da capacidade para o trabalho. Lesão corporal é aquela que atinge a integridade física do indivíduo, causando um dano físico-anatômico, enquanto a perturbação funcional é a que, sem aparentar lesão física, apresenta dano fisiológico ou psíquico, relacionado com órgãos ou funções específicas do organismo humano.[6]

Não se caracteriza como acidente do trabalho o acidente de trajeto sofrido pelo segurado que, por interesse pessoal, tiver interrompido ou alterado o percurso habitual.

Se o acidente do trabalhador avulso ocorrer no trajeto do órgão gestor de mão de obra ou sindicato para a residência, o INSS entende ser indispensável para caracterização do acidente o registro de comparecimento ao órgão gestor de mão de obra ou ao sindicato.

Quanto ao elemento subjetivo, é irrelevante para a caracterização do acidente do trabalho a existência de culpa do segurado ou de seu contratante. Trata-se da aplicação da teoria do risco social, segundo a qual a sociedade arca com o ônus do indivíduo incapacitado, independentemente de quem causou o infortúnio.

Apenas interessa a existência ou inexistência de culpa do empregador ou tomador do serviço para efeitos de responsabilidade civil. Nem se queira entender em contrário, pelo fato de que a alínea *c* do inc. II do art. 21 da Lei do RGPS aluda apenas a ato de imprudência, negligência ou imperícia de terceiro ou companheiro de trabalho como hipótese de configuração de acidente, e não a atitudes desidiosas do próprio segurado; como bem explica *Russomano*, ainda comentando legislação pretérita, neste tópico intocada, "o legislador de 1944 quis, apenas, acentuar que não somente os atos de imprudência, negligência e brincadeira (sic) cometidos pelo próprio empregado servem e bastam para a definição do acidente de trabalho, como, também, possuem o mesmo significado os atos daquela natureza praticados por seus companheiros de serviço ou por terceiros".[7]

Com muito menos cabimento se pode invocar motivo de força maior para evitar o pagamento do benefício ao acidentado. Mas, ainda na vigência da Lei de Acidentes de Trabalho

---

[6] OLIVEIRA, José de. *Op. cit.*, p. 1.
[7] RUSSOMANO, Mozart Victor. *Comentários...*, cit., p. 417.

de 1944, verificada a ocorrência de força maior, o acidente não era indenizável. Retrocedia-se à teoria da responsabilidade com culpa. Esta somente foi novamente substituída por normas que consagravam a teoria do risco profissional, ou da responsabilidade sem culpa, quando da edição da Lei n. 5.316/1967.

Estabelece o Regulamento que será considerado agravamento do acidente aquele sofrido pelo acidentado quando estiver sob a responsabilidade da reabilitação profissional – art. 337, § 2º.

29.3 DOENÇAS OCUPACIONAIS

As doenças ocupacionais são aquelas deflagradas em virtude da atividade laborativa desempenhada pelo indivíduo. Valendo-nos do conceito oferecido por *Stephanes*, são as que "resultam de constante exposição a agentes físicos, químicos e biológicos, ou mesmo do uso inadequado dos novos recursos tecnológicos, como os da informática".[8] Dividem-se em doenças profissionais e do trabalho.

Classifica-se como doença profissional aquela decorrente de situações comuns aos integrantes de determinada categoria de trabalhadores, relacionada como tal no Decreto n. 3.048/1999, Anexo II, ou, caso comprovado o nexo causal entre a doença e a lesão, aquela que seja reconhecida pela Previdência, independentemente de constar na relação. São também chamadas de mesopatias, ou ergopatias. São comuns aos profissionais de certa atividade, como, por exemplo, a pneumoconiose entre os mineiros de subsolo.

Denomina-se doença do trabalho aquela adquirida ou desencadeada em função de condições especiais em que o trabalho é realizado e com ele se relacione diretamente, estando elencada no referido Anexo II do Decreto n. 3.048/1999, ou reconhecida pela Previdência. É o caso, *verbi gratia*, de um empregado de casa noturna cujo "som ambiente" supere os limites de tolerância; a atividade profissional que desempenha não geraria nenhuma doença ou perturbação funcional auditiva, porém, pelas condições em que exerce o seu trabalho, está sujeito ao agente nocivo à sua saúde – ruído excessivo. Também é o exemplo dos "Distúrbios do Sistema Osteomuscular Relacionados ao Trabalho" – DORT, dos quais as lesões por esforços repetitivos são o principal evento; são casos em que as condições inadequadas, sob o prisma da ergonomia, desenvolvem os problemas típicos. A prevenção, no caso, deve ser baseada na limitação do tempo de exposição (duração da jornada e concessão de pausas regulares), na alteração do processo e organização do trabalho (evitando excessos de demanda) e na adequação de máquinas, mobília, equipamentos e ferramental do trabalho às características ergonômicas dos trabalhadores.

Nestas doenças, as características são diferenciadas em relação aos acidentes-tipo: a exterioridade da causa permanece. Porém, pode-se dizer que muitas doenças são previsíveis e, certamente, não dependem de um evento violento e súbito; são as contingências do trabalho desempenhado ao longo do tempo que estabelecem o nexo causal entre a atividade laborativa e a doença.

Independentemente de constar na relação do Regulamento, deve a Previdência reconhecer a natureza ocupacional quando restar comprovado que a doença foi desencadeada pelas condições especiais de trabalho a que estava submetido o segurado – § 2º do art. 20 da Lei n. 8.213/1991.

Exige a legislação pátria que uma moléstia, para ser considerada como ocupacional, decorra, necessariamente, do trabalho. Assim, "as doenças não profissionais, mesmo quando adquiridas no decurso e no local de trabalho, tecnicamente, não são equiparáveis aos acidentes".[9]

Consigna-se que a lista de doenças relacionadas ao trabalho foi atualizada pelo Ministério da Saúde por meio da Portaria GM/MS n. 1.999, de 27.11.2023. O aprimoramento resulta na

---

[8] *Reforma...*, cit., p. 219.
[9] RUSSOMANO, Mozart Victor. *Comentários...*, cit., p. 396.

incorporação de 165 novas patologias que causam danos à integridade física ou mental do trabalhador, dentre elas, covid-19, doenças de saúde mental, distúrbios musculoesqueléticos e outros tipos de cânceres foram inseridos na lista.

Não são consideradas doenças do trabalho: a doença degenerativa – causada por agentes endógenos, com a perda gradativa da integridade física ou mental; a doença inerente a grupo etário (relacionadas à velhice, como a arteriosclerose e a osteoporose); a que não chegou a produzir incapacidade para o trabalho; a doença endêmica adquirida em função da região territorial em que se desenvolva (malária, febre amarela, dengue, cólera), salvo exposição ou contato direto em função do trabalho. Contudo, o agravamento de doença degenerativa, em função do trabalho, deve ser considerado como doença ocupacional.

Há que se tomar extremo cuidado ao analisar as excludentes do § 1º do art. 20 da Lei n. 8.213/1991. É que nem toda doença degenerativa está desvinculada do trabalho. Note-se, por exemplo, a hipótese de *neoplasia de cunho ocupacional,* típica de determinadas profissões, devido a exposição a agentes carcinogênicos presentes no ambiente de trabalho, como o amianto, mesmo após a cessação da exposição, o que representa de 2% a 4% dos casos de câncer identificados.[10]

O Instituto Nacional de Câncer (INCA), vem desenvolvendo, desde 2004, o fortalecimento da Área de Vigilância do Câncer Ocupacional e Ambiental, por meio da elaboração e execução de projetos que visam a redução, a eliminação ou o controle de agentes cancerígenos presentes no meio ambiente e nos ambientes de trabalho.[11]

Entre os agentes cancerígenos já constatados pela ciência médica como de origem ocupacional, o referido estudo destaca:

> (...) o amianto, a sílica, solventes aromáticos como o benzeno, metais pesados como o níquel e cromo, a radiação ionizante e alguns agrotóxicos, cujo efeito pode ser potencializado se for somada a exposição a outros fatores de risco para câncer como a poluição ambiental, dieta rica em gorduras trans, consumo exagerado de álcool, os agentes biológicos e o tabagismo. Os tipos mais frequentes de câncer relacionados ao trabalho são o câncer de pulmão, os mesoteliomas, o câncer de pele, o de bexiga e as leucemias.[12]

Há, ainda, os efeitos da radiação ultravioleta, sendo a principal fonte a solar, mas não a única, pois "com o surgimento de fontes artificiais de radiação ocorreu um aumento na chance de exposição adicional".[13]

A jurisprudência já tem dado guarida a tais pretensões, inclusive em sede de danos por ricochete, pelo falecimento de trabalhadores e o sofrimento causado a seus familiares:

RECURSO ORDINÁRIO DO DEMANDANTE. DOENÇA OCUPACIONAL. MORTE DO EMPREGADO POR CÂNCER. CONTATO COM NÉVOA DE ÁCIDO SULFÚRICO. ACIDENTE AMBIENTAL DO NAVIO "BAHAMAS" NO PORTO DE RIO GRANDE. Diante da prova dos autos, conclui-se que o pai do autor (falecido ex-empregado da Su-

---

[10] RIBEIRO, Fátima Sueli Neto; WÜNSCH FILHO, Victor. Avaliação retrospectiva da exposição ocupacional a cancerígenos: abordagem epidemiológica e aplicação em vigilância em saúde. *Caderno Saúde Pública,* n. 20(4): p. 881-890, jul./ago. 2004. Disponível em: http://pesquisa.bvsalud.org/brasil/resource/pt/mdl-15300280. Acesso em: 2 out. 2017.

[11] BRASIL. MINISTÉRIO DA SAÚDE. Secretaria de Atenção à Saúde. Instituto Nacional do Câncer. Coordenação de Prevenção e Vigilância. *Vigilância do câncer ocupacional e ambiental.* Rio de Janeiro: INCA, 2005, p. 7.

[12] *Vigilância do câncer ocupacional e ambiental,* p. 8.

[13] Op. cit., p. 45.

perintendência do Porto de Rio Grande, autarquia vinculada ao Estado do Rio Grande do Sul), atuando como guarda portuário, manteve contanto com névoa de ácido sulfúrico, por laborar na guarnição do navio "Bahamas", o qual vazou cerca de 12.000 toneladas de ácido sulfúrico para o canal do Porto de Rio Grande. Dois laudos médicos (um deles proveniente de Médica Oncologista), embasados por estudo patrocinado pela Agência Internacional de Pesquisa do Câncer (IARC), instituição ligada à Organização Mundial de Saúde (OMS), correlacionam a exposição à névoa do ácido sulfúrico ao surgimento de câncer na laringe, espécie de neoplasia que vitimou o pai do reclamante. Ademais, há prova de que outros guardas portuários também desenvolveram câncer de laringe ou de pulmão (outra espécie de neoplasia correlacionada à exposição à substância química em questão). Recurso do autor provido em parte, para condenar os réus ao pagamento de indenização por dano moral por ricochete (TRT da 4ª Região, RO 0020173-78.2016.5.04.012, 2ª Turma, Rel. Des. Alexandre Correa da Cruz, publ. 3.8.2018).

29.4 NEXO CAUSAL E CONCAUSALIDADE

Como assinala o médico do trabalho *Primo Brandimiller*, para a caracterização do acidente do trabalho se requer que a enfermidade, além de incapacitante, se relacione com o exercício do trabalho. A esta necessária relação entre o dano experimentado pela vítima e a atividade laborativa dá-se o nome de nexo causal.[14]

O nexo causal é, portanto, o vínculo fático que liga o efeito (incapacidade para o trabalho ou morte) à causa (acidente de trabalho ou doença ocupacional). Decorre de uma análise técnica, a ser realizada, obrigatoriamente, por médico perito ou junta médica formada por peritos nesta matéria.

Incumbe à Perícia Médica Federal a investigação do nexo de causalidade entre a lesão, perturbação ou morte e o acidente ou doença, bem como tipificar o evento como sendo em decorrência do trabalho – Regulamento, art. 337.

Aqui paira uma das constantes críticas dos beneficiários da Previdência Social no Brasil: a caracterização do acidente de trabalho ou da doença ocupacional nem sempre é tarefa fácil, e, pior, ao contrário do que preconiza a melhor doutrina, os profissionais encarregados de fazer o laudo médico de nexo de causalidade oneram o vitimado com a comprovação da correlação entre infortúnio e efeito causado à saúde do segurado.

Equipara-se ao acidente de trabalho a chamada concausa, ou seja, a causa que, embora não tenha sido a única, contribuiu diretamente para a morte do segurado, para redução ou perda de sua capacidade laborativa, ou produziu lesão que exija atenção médica para a sua recuperação – inciso I do art. 21 da Lei n. 8.213/1991. É de *Russomano* a definição que melhor se adéqua à ideia de concausalidade:

> *A causa propriamente dita, a causa originária, a causa traumática, como dizem os peritos, gera determinados efeitos, mas não são, por sua vez, resultantes da causa traumática. São concorrentes e, não, decorrentes.*
>
> *A exemplificação dada por Afrânio Peixoto, nesse sentido, elucida o problema: o indivíduo que sofre de hemofilia recebe ferimento e morre esvaído em sangue.*
>
> *Outro indivíduo é atingido, no braço, por objeto cortante, que secciona a artéria umeral, ocasionando-lhe a morte, também por hemorragia.*
>
> *No primeiro caso, a hemofilia – como uma situação anterior ao acidente – veio contribuir para que o ferimento – causa traumática – determinasse a morte da vítima. A hemofilia, na hipótese, é concausa.*

---

[14] *Perícia judicial em acidentes e doenças do trabalho.* São Paulo: Editora SENAC, 1996, p. 161.

No segundo caso, a hemorragia era consequência natural e previsível do próprio acidente. Não houve concurso de nenhum outro fator e, portanto, não há como falar em concausa (Afrânio Peixoto, Op. cit., p. 226).[15]

As concausas podem ser anteriores, simultâneas ou posteriores ao acidente. A hemofilia do exemplo citado é concausa preexistente; a concausa é simultânea quando, por exemplo, alguém sofre infarto durante um assalto às dependências da empresa; exemplo de concausa superveniente é o de um acidentado que, hospitalizado após o acidente, venha a ser vítima de infecção hospitalar e em razão disso falece. Para efeito de reconhecimento do direito a benefício por acidente de trabalho é irrelevante se a concausa é simultânea, anterior ou posterior ao evento; em todos os casos, o direito é assegurado.

O § 2º do art. 337 do Decreto n. 3.048 preconiza que será considerado agravamento do acidente aquele sofrido pelo acidentado quanto estiver sob a responsabilidade da reabilitação profissional.

A investigação da concausalidade é também motivo de preocupação por parte de segurados, visto que nem sempre o perito – mesmo o judicial – aprofunda sua análise para verificar a existência de mais de um fator desencadeante da incapacidade. Incumbe às partes e ao juiz da causa formular quesitos ao perito no sentido de que este responda, conclusivamente, se há ou não multiplicidade de fatores causadores da incapacidade, e se algum deles está ligado ao trabalho, caracterizando (ou não) concausalidade, como nos casos a seguir:

> Apelação cível. Infortunística. Auxiliar de limpeza. Patologia na coluna e membros superiores. Sentença que julgou improcedente o pedido. Irresignação. Resultado da perícia em total dissonância com exames e declarações médicas contemporâneas ao ato pericial. Doença que, apesar de degenerativa, é agravada pelo labor. Concausa. Dúvida quanto as reais condições de saúde da autora. Aplicação do princípio in dubio pro misero. Maior dificuldade em realizar o seu mister. Auxílio-acidente devido. Aplicação da Lei 11.960/2009. Sentença reformada. Recurso provido. A legislação acidentária deve ser interpretada e aplicada pelo magistrado atendendo sua finalidade social, voltada principalmente para os menos afortunados (STJ, rel. Min. Assis Toledo) (TJSC, Apelação Cível 0002128-29.2010.8.24.0024, de Fraiburgo, Rel. Des. Pedro Manoel Abreu, j. 18.10.2016).

> DOENÇA OCUPACIONAL. REPARAÇÃO POR DANOS MORAIS E MATERIAIS. CONCAUSA. O Tribunal Regional, instância soberana no exame do conjunto fático-probatório dos autos, consignou que "a concausa, por si só, não enseja a condenação do empregador, sendo necessária a prova incontestável de efetiva 'causa' ligada diretamente ao trabalho". Concluiu, dessa forma, pela ausência do nexo de causalidade necessário para a configuração da responsabilidade civil do empregador. Data venia, é possível haver concurso de causas. Significa atrelar ao desgaste natural outro propiciado pelo trabalho realizado, hipótese denominada de "doença degenerativa não exclusivamente ligada à causa natural". A concausa "trabalho" agrega um componente para que a doença se precipite ou se agrave. Não é, aliás, nenhuma novidade, na medida em que o próprio legislador contempla a incidência de múltiplas causas, ao tratar das concausas antecedentes, concomitantes ou supervenientes (art. 21, I, da Lei n. 8.213/91). Mesmo que degenerativa ou preexistente a enfermidade, não há dúvida da coincidência de causas, uma delas ligada ao labor, o que faz atrair o dever de reparação dos danos causados. Precedentes desta Corte. Recurso de revista de que se conhece e a que se dá provimento (TST, RR 206-57.2010.5.12.0049, 7ª Turma, Rel. Min. Cláudio Mascarenhas Brandão, DEJT 15.9.2017).

---

[15] RUSSOMANO, Mozart Victor. Comentários..., cit., p. 405-406.

A perícia é, portanto, fundamental para o deslinde das questões ligadas aos benefícios por incapacidade – acidentários ou não – com maior ênfase para os primeiros, ante a necessidade de se analisar o nexo de causalidade entre a atividade laboral e a enfermidade. Não há como prescindir da prova técnica em matéria de nexo de causalidade, já que não há outro meio de prova que possa suprir a avaliação médica.

Sobre o procedimento para realização de perícias – tanto no âmbito das empresas, no do INSS ou mesmo em sede de perícia judicial –, deve o profissional da Medicina observar os ditames do Código de Ética da categoria e, especialmente em relação ao tema, a Resolução n. 2.323/2022, do Conselho Federal de Medicina, que dispõe sobre as normas específicas de atendimento a trabalhadores para análise de incapacidade e nexo de causalidade com o trabalho.

– O nexo epidemiológico e a presunção de nexo causal em doenças ocupacionais

A Medida Provisória n. 316, de 11.8.2006, posteriormente convertida na Lei n. 11.430, de 26.12.2006, alterou significativamente a equação do ônus da prova, em relação às doenças ocupacionais. Trata-se da inclusão do art. 21-A na Lei n. 8.213/1991, cujo teor era o seguinte: "Presume-se caracterizada incapacidade acidentária quando estabelecido o nexo técnico epidemiológico entre o trabalho e o agravo, decorrente da relação entre a atividade da empresa e a entidade mórbida motivadora da incapacidade, em conformidade com o que dispuser o regulamento".

Na sequência, a LC n. 150/2015, alterou novamente a redação desse dispositivo para inclusão do empregado doméstico, estabelecendo que:

> Art. 21-A. A perícia médica do Instituto Nacional do Seguro Social (INSS) considerará caracterizada a natureza acidentária da incapacidade quando constatar ocorrência de nexo técnico epidemiológico entre o trabalho e o agravo, decorrente da relação entre a atividade da empresa ou do empregado doméstico e a entidade mórbida motivadora da incapacidade elencada na Classificação Internacional de Doenças (CID), em conformidade com o que dispuser o regulamento.

O art. 337, § 3º, do Decreto n. 3.048/1999, com a redação conferida pelo Decreto n. 6.957, de 9.9.2009, assim dispõe: Considera-se estabelecido o nexo entre o trabalho e o agravo quando se verificar nexo técnico epidemiológico entre a atividade da empresa e a entidade mórbida motivadora da incapacidade, elencada na Classificação Internacional de Doenças – CID em conformidade com o disposto na Lista C do Anexo II deste Regulamento.

Nota-se, a partir de tal redação, que a norma estabelece uma presunção legal de existência da conexão da doença de que for acometido o trabalhador com o trabalho por ele desempenhado, sempre que a atividade da empresa guardar relação com esta, havendo histórico de trabalhadores que já adoeceram pelo mesmo mal.

Convém, por oportuno, transcrever a Exposição de Motivos da Medida Provisória n. 316/2006, na parte que se refere à inovação em matéria acidentária:

> 6. Atualmente, a caracterização de um benefício como acidentário decorre da emissão da Comunicação de Acidentes do Trabalho – CAT por parte da empresa. Se a empresa comunica o acidente e este gera o afastamento do segurado por mais de 15 dias, o benefício concedido pela Previdência Social é tido como acidentário. Não sendo a CAT emitida, mas havendo a necessidade de afastamento do trabalho, normalmente o benefício é tido como previdenciário (ou comum). Tal classificação é crucial para o trabalhador, tendo em vista os correspondentes efeitos. Sendo o benefício caracterizado como acidentário, durante o afastamento do trabalho o segurado faz jus ao depósito do FGTS e goza de estabilidade de 12 meses após a cessação do auxílio-doença. Sendo o benefício caracterizado como comum, tais direitos não lhe são assegurados.

7. *Diante do descumprimento sistemático das regras que determinam a emissão da CAT, e da dificuldade de fiscalização por se tratar de fato individualizado, os trabalhadores acabam prejudicados nos seus direitos, em face da incorreta caracterização de seu benefício. Necessário, pois, que a Previdência Social adote um novo mecanismo de segregue os benefícios acidentários dos comuns, de forma a neutralizar os efeitos da sonegação da CAT.*

8. *Para atender a tal mister, e por se tratar de presunção, matéria regulada por lei e não por meio de regulamento, está-se presumindo o estabelecimento do nexo entre o trabalho e o agravo, e consequentemente o evento será considerado como acidentário, sempre que se verificar nexo técnico epidemiológico entre o ramo de atividade da empresa e a entidade mórbida relacionada na CID motivadora da incapacidade.*

9. *Essa metodologia está embasada na CID, que se encontra atualmente na 10ª Revisão. Em cada processo de solicitação de benefício por incapacidade junto à Previdência Social, consta obrigatoriamente o registro do diagnóstico (CID-10) identificador do problema de saúde que motivou a solicitação. Esse dado, que é exigido para a concessão de benefício por incapacidade laborativa, independentemente de sua natureza acidentária ou previdenciária, e cujo registro é de responsabilidade do médico que prestou o atendimento ao segurado, estabelece a relação intrínseca entre a incapacidade laboral e à entidade mórbida que a provocou.*

10. *Assim, denomina-se Nexo Técnico Epidemiológico a relação entre Classificação Nacional de Atividades Econômicas – CNAE e o agrupamento CID-10. É, na verdade, uma medida de associação estatística, que serve como um dos requisitos de causalidade entre um fator (nesse caso, pertencer a um determinado CNAE-classe) e um desfecho de saúde, mediante um agrupamento CID, como diagnóstico clínico. Por meio desse nexo, chega-se à conclusão de que pertencer a um determinado segmento econômico (CNAE-classe) constitui fator de risco para o trabalhador apresentar uma determinada patologia (agrupamento CID-10).*

Desde abril de 2007 o INSS mudou seus procedimentos permitindo a caracterização, pela Perícia Médica, de Nexo Técnico Previdenciário – NTEP (Epidemiológico, Profissional ou do Trabalho e Individual), ainda que o segurado não apresente a CAT no ato do exame pericial, o que será contabilizado como um registro de acidente ou doença do trabalho (equivalerá a uma CAT registrada). O processo de contagem é feito de forma a impossibilitar a duplicação da contagem do evento.

Com isso, em termos de proteção previdenciária, não cabe mais ao médico perito do INSS duvidar da natureza acidentária da doença, quando não haja emissão de CAT, desde que identificada a doença como ligada à atividade empresarial, diante de um quadro de constantes afastamentos de trabalhadores pelo mesmo motivo (nexo técnico epidemiológico); já no campo da responsabilização civil do empregador, transfere-se o ônus de prova em matéria de doença ocupacional quando haja histórico de adoecimentos na empresa por trabalhadores nas mesmas condições: caberá, doravante, ao tomador dos serviços demonstrar que não concorreu para o mal que acometeu o trabalhador, o que só será possível mediante prova robusta (presunção legal).

O nexo técnico previdenciário está, a partir de então, dividido em três espécies:

a) nexo técnico profissional ou do trabalho – fundamentado nas associações entre patologias e exposições constantes das listas A e B do Anexo II do Decreto n. 3.048/1999.

b) nexo técnico por doença equiparada a acidente de trabalho – decorrente de acidentes de trabalho típicos ou de trajeto, bem como de condições especiais em que o trabalho é realizado e com ele relacionado – ocorrência de Nexo Técnico por Doença Equiparada a Acidente do Trabalho (NTDEAT) – implica a análise individual do caso, mediante o cruzamento de todos os elementos levados ao conhecimento do médico perito da situação geradora da incapacidade e a anamnese.

c) nexo técnico epidemiológico previdenciário (NTEP) – aplicável quando houver significância estatística da associação entre o código da Classificação Internacional de Doenças (CID), e o da Classificação Nacional de Atividade Econômica (CNAE), na parte inserida pelo Decreto n. 6.957/2009, na lista C do Anexo II do Decreto n. 3.048/1999.

Convém frisar que a inexistência de nexo técnico epidemiológico não elide o nexo entre o trabalho e o agravo, cabendo à perícia do INSS a caracterização técnica do acidente do trabalho, fundamentadamente, sendo obrigatório o registro e a análise do relatório do médico assistente, além dos exames complementares que eventualmente o acompanhem.

Frisa-se que "a Perícia Médica Federal terá acesso aos ambientes de trabalho e a outros locais onde se encontrem os documentos referentes ao controle médico de saúde ocupacional e aqueles que digam respeito ao programa de prevenção de riscos ocupacionais para verificar a eficácia das medidas adotadas pela empresa para a prevenção e o controle das doenças ocupacionais" (§ 2º do art. 338 do Regulamento da Previdência Social, redação conferida pelo Dec. n. 10.410/2020).

A empresa poderá requerer ao INSS a não aplicação do nexo técnico epidemiológico ao caso concreto mediante a demonstração de inexistência de correspondente nexo entre o trabalho e o agravo (§ 7º do art. 337 do RPS, com a redação atual fixada pelo Decreto n. 6.939/2009).

O requerimento poderá ser apresentado no prazo de quinze dias da data para a entrega, na forma do inciso IV do art. 225 do RPS, da GFIP que registre a movimentação do trabalhador, sob pena de não conhecimento da alegação em instância administrativa (§ 8º do art. 337 do RPS, incluído pelo Decreto n. 6.042/2007).

Caracterizada a impossibilidade de atendimento do prazo, motivada pelo não conhecimento tempestivo do diagnóstico do agravo, o requerimento poderá ser apresentado no prazo de quinze dias, contado da data em que a empresa tomar ciência da decisão que concedeu o benefício com reconhecimento de nexo epidemiológico (§ 9º do art. 337 do RPS, com a redação conferida pelo Decreto n. 10.410/2020).

A informação sobre a concessão de benefícios com aplicação do NTEP será disponibilizada para consulta pela empresa, por meio do portal da Previdência Social na internet ou pela Comunicação de Decisão do requerimento de benefício por incapacidade, entregue ao segurado.

Com o requerimento denominado "contestação de NTEP", a empresa deverá formular as alegações que entender necessárias e apresentará a documentação probatória, para demonstrar a inexistência do nexo técnico entre o trabalho e o agravo (§ 10 do art. 337 do RPS, com redação atual fixada pelo Decreto n. 6.939/2009). A documentação probatória poderá trazer, entre outros meios de prova, evidências técnicas circunstanciadas e tempestivas à exposição do segurado, podendo ser produzidas no âmbito de programas de gestão de risco, a cargo da empresa, que possuam responsável técnico legalmente habilitado (§ 11 do art. 337 do RPS, com redação dada pelo Decreto n. 6.042/2007).

O INSS informará ao segurado sobre a contestação da empresa para que ele, querendo, possa impugná-la, obedecendo, quanto à produção de provas, ao disposto no § 10 do art. 337 do RPS, sempre que a instrução do pedido evidenciar a possibilidade de reconhecimento de inexistência do nexo entre o trabalho e o agravo.

Da decisão do requerimento de contestação de nexo epidemiológico de que trata o § 7º do art. 337 do RPS cabe recurso, com efeito suspensivo, por parte da empresa ou, conforme o caso, do segurado, a uma das Juntas de Recursos do Conselho de Recursos da Previdência Social, conforme o § 13 do art. 337 do RPS (redação conferida pelo Decreto n. 6.042/2007). O efeito suspensivo, no caso, não importa em suspensão do benefício por incapacidade decorrente de acidente de qualquer natureza, mas apenas dos efeitos do reconhecimento da natureza acidentária, salvo, no caso de doença, se o segurado não tenha a carência mínima e a enfermidade não esteja no rol de que trata o artigo 2º da Portaria Interministerial MTP/MS n. 22, de 31.8.2022 – neste caso, pode ocorrer, de fato, a suspensão do pagamento.

Acerca desse tema, o art. 10 da Resolução n. 2.323/2022 do Conselho Federal de Medicina prevê:

> Art. 10. Em sua peça de contestação de nexo ao perito médico da Previdência, o médico do trabalho poderá enviar documentação probatória demonstrando que os agravos não têm nexo com o trabalho exercido pelo trabalhador, como:
> I – Programa de Prevenção de Riscos Ambientais (PPRA)/Gerenciamento de Riscos Ocupacionais (GRO);
> II – Programa de Controle Médico de Saúde Ocupacional (PCMSO);
> III – Perfil Profissiográfico Previdenciário (PPP);
> IV – Comunicação de Acidente de Trabalho (CAT);
> V – Laudo Técnico de Condições Ambientais de Trabalho (LTCAT);
> VI – Programa de Gerenciamento de Riscos (PGR);
> VII – Programa de Condições e Meio Ambiente de Trabalho na Indústria da Construção (PCMAT);
> VIII – Análise ergonômica do posto de trabalho, ficha de produtos químicos e outros documentos relacionados às condições de trabalho e pertinentes à contestação poderão ser utilizados, quando necessários.
> Parágrafo único. Por ocasião do encaminhamento do trabalhador à perícia previdenciária, deve o médico do trabalho entregar relatório médico ao trabalhador com a descrição das condições em que se deu o acidente ou a doença.

Em ações judiciais, a cópia do prontuário médico, de exames complementares ou outros documentos poderá ser liberada por autorização do paciente ou dever legal (art. 11 da Res. CFM n. 2.323/2022). O requerimento e as provas devem ser encaminhados pela Agência da Previdência Social mantenedora do benefício à perícia médica para análise prévia.

A análise do requerimento e das provas produzidas será realizada pela perícia médica, cabendo ao setor administrativo da Agência da Previdência Social comunicar o resultado da análise à empresa e ao segurado.

O INSS procederá à marcação eletrônica do benefício no Sistema de Administração de Benefícios por Incapacidade (SABI), que estará sob efeito suspensivo, deixando para alterar a espécie após o julgamento do recurso pelo CRPS, quando for o caso.

Há na jurisprudência diversos casos de aplicação do art. 21-A da Lei n. 8.213/1991, favorecendo a presunção da natureza acidentária da incapacidade laborativa e a consequente percepção do auxílio acidentário em vez do previdenciário:

> *AGRAVO DE INSTRUMENTO. DANO MORAL. DOENÇA OCUPACIONAL. NEXO CAUSAL. PRESUNÇÃO. NEXO TÉCNICO EPIDEMIOLÓGICO. O Nexo Técnico é ferramenta criada para a caracterização da doença ocupacional a partir de estatísticas existentes no órgão previdenciário. A novidade contida no artigo 21-A da Lei n. 8.213/91 constitui mera técnica destinada a vincular determinadas doenças a determinadas atividades econômicas e gera como resultado apenas a presunção do nexo que, todavia, pode ser ilidida por prova em contrário. Resulta daí que, não havendo prova pericial afastando o nexo causal, afigura-se perfeitamente*

possível aplicar a presunção que decorre do nexo técnico epidemiológico. Agravo de Instrumento a que se nega provimento. (...) (TST, AIRR 343940-55.2007.5.11.0004, 1ª Turma, Rel. Des. Convocado Marcelo Lamego Pertence, DEJT 10.3.2017).

Todavia, convém ressaltar que tal presunção é relativa, comportando prova em sentido contrário:

Direito previdenciário. Auxílio-doença. Acidente de trabalho. Nexo técnico epidemiológico. Presunção relativa. Perícia judicial. Nexo de causalidade. Afastado. I – O Nexo Técnico Epidemiológico Previdenciário (NTEP) presume a doença profissional pela simples associação entre a atividade da empresa e a doença ensejadora da incapacidade. Todavia, trata-se de presunção relativa, a qual pode ser afastada por prova robusta em sentido contrário. II – Comprovada por perícia judicial a inexistência de nexo de causalidade entre a atividade exercida pelo autor e a doença que gerou a incapacidade para o trabalho, não é devida a concessão do auxílio-doença de natureza acidentária. III – Negou-se provimento ao recurso (TJDFT, Acórdão 1009744, 00309955720158070015, Relator José Divino, 6ª Turma Cível, DJE 26.5.2017).

29.5 A COMUNICAÇÃO DO ACIDENTE DE TRABALHO – CAT

Para que o segurado possa fruir dos benefícios e serviços em face de acidente do trabalho ou doença ocupacional, diante dos princípios que regem a concessão de benefícios, seria certo que a ele fosse imposta a iniciativa de requerer o benefício. Contudo, em vista das particularidades que envolvem o evento em questão, estabeleceu o legislador um modo de eximir o segurado ou seus dependentes deste ônus. Assim é que compete à empresa comunicar a ocorrência de acidente de trabalho ou doença profissional ou do trabalho, e, desta maneira, o beneficiário fica desobrigado de tomar a iniciativa de peticionar o benefício a que faça jus.

A CAT ao INSS é feita por formulário próprio, e constitui obrigação da empresa e do empregador doméstico, no prazo até o primeiro dia útil após a ocorrência, e, em caso de falecimento, de imediato, à autoridade policial competente, sob pena de multa variável entre os limites mínimo e máximo do salário de contribuição, a ser aplicada pela fiscalização do INSS – art. 22 da Lei n. 8.213/1991 e art. 286 do Decreto n. 3.048/1999.

O emitente deverá entregar cópia da CAT ao acidentado, ao sindicato da categoria e à empresa e, nos casos de óbito, também aos dependentes e à autoridade competente (art. 350 da IN INSS/PRES n. 128/2022).

Na CAT de reabertura de acidente do trabalho, deverão constar as mesmas informações da época do acidente, exceto quanto ao afastamento, último dia trabalhado, atestado médico e data da emissão, que serão relativos à data da reabertura. Não serão consideradas CAT de reabertura para as situações de simples assistência médica ou de afastamento com menos de quinze dias consecutivos.

O óbito decorrente de acidente ou de doença profissional ou do trabalho, ocorrido após a emissão da CAT inicial ou de reabertura, será comunicado ao INSS, por CAT de comunicação de óbito, constando a data do óbito e os dados relativos ao acidente inicial.

São responsáveis pelo preenchimento e encaminhamento da CAT (art. 351 da IN INSS/PRES n. 128/2022):

I – no caso de segurado empregado, a empresa empregadora;

II – para o segurado especial, o próprio acidentado, seus dependentes, a entidade sindical da categoria, o médico assistente ou qualquer autoridade pública;

III – no caso do trabalhador avulso, a empresa tomadora de serviço e, na falta dela, o sindicato da categoria ou o órgão gestor de mão de obra;

IV – no caso de segurado desempregado, nas situações em que a doença profissional ou do trabalho manifestou-se ou foi diagnosticada após a demissão, as autoridades dos §§ 4º e 5º; e

V – tratando-se de empregado doméstico, o empregador doméstico, para acidente ocorrido a partir de 2 de junho de 2015, data da publicação da Lei Complementar n. 150, de 2015.

A CAT entregue pelo responsável fora do prazo legal, mas anteriormente ao início de qualquer procedimento administrativo ou de medida de fiscalização, exclui a multa prevista no mesmo dispositivo.

No caso do segurado empregado, trabalhador avulso e empregado doméstico exercerem atividades concomitantes e vierem a sofrer acidente de trajeto entre um local de trabalho e outro, será obrigatória a emissão da CAT pelos dois empregadores.

É considerado como agravamento do acidente aquele sofrido pelo acidentado quando estiver sob a responsabilidade da reabilitação profissional, neste caso, caberá ao profissional de referência comunicar à perícia médica o ocorrido.

Na falta de comunicação por parte da empresa, podem formalizá-la o próprio acidentado, seus dependentes, a entidade sindical competente, o médico que o assistiu ou qualquer autoridade pública, não prevalecendo nestes casos o prazo legal. Consideram-se autoridades públicas reconhecidas para tal finalidade os magistrados em geral, os membros do Ministério Público e dos Serviços Jurídicos da União e dos Estados, os comandantes de unidades militares do Exército, da Marinha, da Aeronáutica e das Forças Auxiliares (Corpo de Bombeiros e Polícia Militar), prefeitos, delegados de polícia, diretores de hospitais e de asilos oficiais e servidores da Administração Direta e Indireta Federal, Estadual, do Distrito Federal ou Municipal, quando investidos de função (§§ 4º e 5º do art. 351 da IN INSS/PRES n. 128/2022). A CAT formalizada por outra pessoa que não o responsável não exclui a multa.

Não cabe aplicação de multa, por não emissão de CAT, quando o enquadramento decorrer de aplicação do Nexo Técnico Epidemiológico Previdenciário – NTEP.

A falta de emissão da CAT não constitui óbice para o reconhecimento da natureza acidentária da incapacidade, como é cediço na jurisprudência, tanto na Justiça Federal como na Justiça do Trabalho:

> *RECURSO DE REVISTA INTERPOSTO ANTES DA LEI 13.015/2014. (...) ACIDENTE DE TRABALHO. ESTABILIDADE. DANO MORAL. O empregado que sofre acidente de trabalho faz jus à estabilidade. Restou consignado na decisão matriz que a lesão sofrida pelo réu guarda relação de causalidade com a execução do contrato de trabalho, além de ter sido constatada a culpa da autora. In casu, a reintegração do reclamante ao emprego foi determinada em virtude do reconhecimento da existência de doença profissional equiparada a acidente de trabalho, muito embora não tenha ocorrido a emissão de CAT. Sendo assim, tem-se que o empregado detém estabilidade provisória independentemente do percebimento de auxílio-doença acidentário, nos termos da parte final do item II da Súmula 378 do TST. Por fim, presentes os requisitos da responsabilidade subjetiva da empregadora o reclamante faz jus a indenização por dano moral. (...) (TST, RR 80600-85.2006.5.02.0464, 2ª Turma, Rel. Min. Maria Helena Mallmann, DEJT 8.9.2017).*

Sempre que a Perícia Médica Federal constatar o descumprimento da obrigação de emissão da CAT, comunicará formalmente aos demais órgãos interessados, inclusive para fins de aplicação e cobrança da multa devida (art. 338, § 4º, do Decreto n. 3.048/1999, com a redação conferida pelo Decreto n. 10.410/2020).

29.6 A COMPETÊNCIA JURISDICIONAL PARA AS AÇÕES QUE POSTULAM BENEFÍCIOS ACIDENTÁRIOS E AS PARTICULARIDADES DA PROVA PERICIAL

Tratando-se de demandas judiciais que versam sobre benefícios acidentários, a causa de pedir atrai a competência da Justiça comum: é o entendimento fixado no Tema n. 414 de Repercussão Geral do STF: "Compete à Justiça Comum Estadual julgar as ações acidentárias que, propostas pelo segurado contra o Instituto Nacional do Seguro Social (INSS), visem à prestação de benefícios relativos a acidentes de trabalho" (RE n. 638483 RG/PB, Plenário, Rel. Min. Cezar Peluso, DJe 31.8.2011).

Desse modo, as demandas de concessão ou restabelecimento de auxílios por incapacidade temporária de origem acidentária; aposentadoria por incapacidade permanente acidentária; auxílio-acidente cuja origem seja acidentária; pensão por morte acidentária, seja em casos de acidente típico, situações equiparadas ou doenças ocupacionais, com nexo de causalidade ou concausalidade, assim como as ações revisionais desses benefícios são de competência da Justiça Estadual, com recurso para os Tribunais de Justiça. Neste sentido:

> Constitucional, previdenciário e processual civil. Agravo de instrumento. Benefício decorrente de acidente de trabalho. Competência. Por força de exceção constitucional (CF/1988, art. 109, inciso I) e entendimento sumulado no Superior Tribunal de Justiça (Súmula n. 15) a competência para processar e julgar os litígios decorrentes de acidente do trabalho, inclusive ações revisionais de benefício acidentário é da Justiça Estadual. Precedentes (TRF-4, AI 5023972-90.2022.4.04.0000, 6ª Turma, Rel. Altair Antonio Gregório, julg. 11.10.2022).

No tocante ao auxílio-acidente, vale lembrar que ele pode ser motivado por acidente de qualquer (outra) natureza. O entendimento jurisprudencial é de que apenas os litígios que discutam o benefício quando há alegação de que é decorrente de acidente do trabalho são de competência da Justiça Estadual.

Também compete à Justiça Comum Estadual analisar os pedidos de alteração da natureza do benefício envolvendo a alegação de ocorrência ou não do acidente de trabalho como causa de pedir (STJ, AgRg no CC 136.147/MG, 1ª Seção, DJe 30.6.2017).

Nos termos da jurisprudência do STJ, a competência para julgar as demandas em que se pleiteia a concessão de benefício previdenciário deve ser determinada em razão do pedido e da causa de pedir, cujos elementos identificadores da ação não poderão ser modificados após o saneamento, nos precisos termos do art. 329, II, do CPC/2015 (STJ, REsp 1860012 MT 2020/0023480-2, Rel. Min. Herman Benjamin, DJ 30.04.2020).

Em caso de não haver, no curso do processo ajuizado perante a Justiça Estadual em que se pleiteia benefício de origem acidentária, o reconhecimento da causalidade ou concausalidade acidentária, não é caso de remessa dos autos à Justiça Federal, pois "a questão relativa à ausência de nexo causal entre a lesão incapacitante e a atividade laboral do segurado, embora possa interferir no julgamento do mérito da demanda, não é capaz de afastar a competência da Justiça Estadual para processar as demandas em que o pedido formulado diz respeito a benefício previdenciário decorrente de acidente de trabalho, como é o caso dos autos" (STJ, REsp 1.655.442/MG, Rel. Min. Herman Benjamin, 2ª Turma, DJe 18.4.2017). Logo, havendo esta situação, o caso é de improcedência do pedido formulado na petição inicial (não é devido o benefício acidentário). A pessoa poderá intentar nova demanda na Justiça Federal, com base na mesma situação incapacitante, postulando o benefício não acidentário.

A respeito da repetição de postulações de benefícios por incapacidade, frisamos o julgamento do IRDR n. 15 pelo TJSC, em que foi fixada a seguinte tese:

> Nas ações acidentárias ajuizadas na justiça estadual contra o Instituto Nacional do Seguro Social (INSS), que tenham por objeto qualquer dos benefícios previstos na Lei Federal n.

8.213/1991, será reconhecida a coisa julgada quando houver sentença de improcedência transitada em julgado na justiça federal, em demanda com as mesmas partes, causa de pedir (mesmas moléstias) e pedidos fungíveis ou não, em que tenha sido reconhecida a ausência de incapacidade laboral, salvo em caso de agravamento posterior do mal incapacitante, ou a ausência de nexo etiológico com acidente de trabalho ou doença ocupacional a ele equiparada (TJSC, Incidente de Resolução de Demandas Repetitivas no Proc. 0020933-43.2013.8.24.0018, Rel. Des. Jaime Ramos, julg. 26.9.2018, Grupo de Câmaras de Direito Público).

Consigna-se, ainda, o julgamento pelo STJ do Repetitivo Tema n. 1.053, que fixou a seguinte tese: "Os Juizados Especiais da Fazenda Pública não têm competência para o julgamento de ações decorrentes de acidente de trabalho em que o Instituto Nacional do Seguro Social figure como parte" (REsp 1.859.931/MT, 1ª Seção, DJe 1º.07.2021).

Acerca das características dessas demandas, imperativo é falar da prova pericial, pois esta não se resume ao reconhecimento (ou não) da incapacidade, tendo obrigatoriedade de tratar da existência (ou não) de nexo de causalidade ou concausalidade, incluindo-se aí a preocupação com o ônus probatório – o qual se inverte nos casos de nexo técnico epidemiológico, na forma do art. 21-A da LBPS.

Sobre o procedimento para a realização da perícia técnica, ante a necessidade de se analisar o nexo causal entre os transtornos de saúde e as atividades do segurado, deve o profissional da Medicina observar os ditames da Resolução n. 2.323/2022, do Conselho Federal de Medicina, que dispõe sobre normas específicas para o atendimento do trabalhador e sobre a metodologia aplicada pela Medicina do Trabalho para identificação (ou não) da existência de nexo de causalidade ou concausalidade entre enfermidades e o labor desempenhado. Citam-se, por relevantes à matéria, os arts. 2º, 14, 15 e 16 da aludida Resolução:

> Art. 2º Para o estabelecimento do nexo causal entre os transtornos de saúde e as atividades do trabalhador, além da anamnese, do exame clínico (físico e mental), de relatórios e dos exames complementares, é dever do médico considerar:
> I – A história clínica e ocupacional atual e pregressa, decisiva em qualquer diagnóstico e/ou investigação de nexo causal;
> II – O estudo do local de trabalho;
> III – O estudo da organização do trabalho;
> IV – Os dados epidemiológicos;
> V – A literatura científica;
> VI – A ocorrência de quadro clínico ou subclínico em trabalhadores expostos a riscos semelhantes;
> VII – A identificação de riscos físicos, químicos, biológicos, mecânicos, estressantes e outros;
> VIII – O depoimento e a experiência dos trabalhadores;
> IX – Os conhecimentos e as práticas de outras disciplinas e de seus profissionais, sejam ou não da área da saúde.
> (...)
> Art. 14. São atribuições e deveres do médico perito judicial e assistentes técnicos:
> I – Examinar clinicamente o trabalhador e solicitar os exames complementares, se necessários;
> II – O médico perito judicial e assistentes técnicos, ao vistoriarem o local de trabalho, devem fazer-se acompanhar, se possível, pelo próprio trabalhador que está sendo objeto da perícia, para melhor conhecimento do seu ambiente de trabalho e função;
> III – Estabelecer o nexo causal, considerando o exposto no artigo 2º e incisos (redação aprovada pela Resolução CFM n. 1.940/2010) e tal como determina a Lei n. 12.842/2013, ato privativo do médico.

Art. 15. Conforme artigo 465 do Código de Processo Civil, o juiz nomeará perito especializado no objeto e na natureza da perícia. A perícia com fins de determinação de nexo causal, avaliação de capacidade laborativa/aptidão, avaliação de sequela/valoração do dano corporal, requer atestação de saúde e definição do prognóstico referente ao diagnóstico nosológico, o que é, legalmente, ato privativo do médico.

§ 1º É vedado ao médico participar como assistente técnico de perícia privativa de outra profissão regulamentada em lei.

§ 2º É vedado ao médico realizar perícia médica na presença de assistente técnico não médico. Nesse caso, o médico perito deve suspender a perícia e informar imediatamente ao magistrado o seu impedimento.[16]

Art. 16. Em ações judiciais, o médico perito poderá peticionar ao Juízo que oficie o estabelecimento de saúde ou o médico assistente para anexar cópia do prontuário do periciado, em envelope lacrado e em caráter confidencial.

Em ações judiciais, a cópia do prontuário médico, de exames complementares ou outros documentos poderá ser liberada por autorização do paciente ou dever legal (art. 11 da Resolução CFM n. 2.323/2022).

Pelo que se nota dos dispositivos da Resolução, pode-se concluir que:

a) a perícia realizada em Juízo não difere, em termos de deveres do profissional que a realiza, daquelas que devam ser realizadas por médicos de empresas ou do órgão previdenciário, seja quanto aos aspectos técnico-procedimentais, seja quanto aos aspectos ético-profissionais;

b) para uma adequada análise do possível nexo de causalidade, torna-se necessário, em regra, vistoriar o local de trabalho, a fim de observar os agentes que possam ter ocasionado a patologia do segurado (art. 2º, inciso II, da Resolução), não sendo crível que um perito possa, sem sombra de dúvidas, avaliar a relação de causalidade com o labor sem saber exatamente de que forma a atividade laboral era cumprida;

c) o exame pericial não se esgota no exame clínico sobre a situação "presente" do segurado, devendo ser apreciada a histórica clínica e ocupacional, item que a Resolução considera decisivo para qualquer diagnóstico de nexo de causalidade;

d) para que se leve a efeito o direito à privacidade do segurado, impõe-se que este autorize a liberação de seu(s) prontuário(s) médicos para o exame pericial, cabendo ao advogado do segurado juntar a autorização, ou o Juiz obtê-la do segurado, lembrando-o de que tais elementos servem para a comprovação de sua situação de saúde à época discutida;

e) pelo teor da Resolução, parece inadmissível a realização de perícias "coletivas" (em que vários segurados são periciados de uma só vez), ou em locais onde não se resguarde a intimidade do segurado, visto que o exame clínico pode trazer constrangimento ao indivíduo pela sua exposição indevida, por exemplo, numa sala de audiências.

Importante lembrar que, nos termos do art. 473, inciso III, do CPC, cumpre ao perito, ao realizar o trabalho pericial e elaborar seu laudo, "a indicação do método utilizado, esclarecendo-o e demonstrando ser predominantemente aceito pelos especialistas da área do conhecimento da qual se originou". E o método, sendo de rigor científico, não pode ser desprezado, sob pena de

---

[16] Este parágrafo está com sua eficácia suspensa por determinação judicial nos autos do processo n. 1066245-58.2021.4.01.3400.

não se chegar a uma conclusão cientificamente aceitável. Não cabe ao Código de Processo Civil estabelecer a metodologia de trabalho de cada ciência que envolva perícias judiciais, mas apenas as regras processuais atinentes; os aspectos metodológicos devem ser buscados e respeitados em cada ciência envolvida (Medicina, Engenharia, Ciências Contábeis etc.).

A perícia médica produzida em Juízo para aferição do direito a benefício acidentário, portanto, deve seguir estritamente os ditames fixados segundo a metodologia científica médica, a qual se encontra disposta na antes referida Resolução do CFM, sob pena de realização de nova perícia que contemple a análise de todos os fatores envolvidos:

> Apelação cível – Ação acidentária – Sentença de improcedência – Apelo do autor. Cerceamento de defesa – Alegação de nulidade do laudo pericial – Ausência de análise de eventual redução da capacidade laborativa e existência de nexo de causalidade entre doenças e o acidente de trabalho no período imediatamente posterior à cessão do benefício acidentário – Ausência de vistoria ambiental para constatação de eventual prejuízo na execução do labor sem prejuízo – Necessidade de refazimento da perícia judicial e de realização de vistoria ambiental. Sentença anulada. Determinação de reabertura da instrução para elaboração de novo exame médico pericial e vistoria ambiental. Recurso provido (TJ-SP, AC 1016509-74.2019.8.26.0405, Rel. Francisco Shintate, 17ª Câmara de Direito Público, publ. 10.02.2023).

Nos casos – infelizmente, não incomuns – em que a pessoa acidentada falece no curso do processo, será feita uma perícia indireta, não havendo razão para extinção do feito, já que o espólio faz jus ao recebimento dos valores devidos pelo INSS em vida:

> Previdenciário. Ação acidentária. Concessão de benefício. Morte do segurado no curso da demanda e antes da realização do laudo pericial. Extinção do feito nos termos do art. 485, IX, do CPC. Apelo do espólio do segurado. Caracterização da mazela incapacitante do de cujus por meio de perícia indireta. Possibilidade. Natureza econômica. Sentença cassada. Recurso conhecido e provido. O falecimento do segurado no curso do processo não é óbice, por si só, da concessão de benefício previdenciário. Possibilidade de deferimento com base em elementos probatórios existentes no processo ou a instrução do feito com a realização de perícia indireta (TJ-SC, APL 5006450-91.2021.8.24.0033, 1ª Câmara de Direito Público, Rel. Des. Jorge Luiz de Borba, julg. 14.03.2023).

Quanto ao mais, remetemos o leitor para o estudo do item 31.1.3 desta obra, em que se discutem aspectos referentes a todos os benefícios por incapacidade – acidentários ou previdenciários.

29.7 A AÇÃO REGRESSIVA PREVIDENCIÁRIA

Dispõe o art. 120 da Lei n. 8.213/1991, com redação conferida pela Lei n. 13.846/2019, que a Previdência Social ajuizará ação regressiva contra os responsáveis nos casos de:

> I – negligência quanto às normas padrão de segurança e higiene do trabalho indicadas para a proteção individual e coletiva;
> II – violência doméstica e familiar contra a mulher, nos termos da Lei n. 11.340, de 7 de agosto de 2006.

O Réu, no caso, pode ser o empregador, ou tomador dos serviços (item I) ou o agressor (item II).

Cabe à Procuradoria Federal Especializada promover a ação de cobrança dos valores pagos a título de benefício por acidente de trabalho ou doença ocupacional, quando fique caracterizada a conduta omissiva do tomador dos serviços. E, também, contra os responsáveis pela violência doméstica e familiar.

De acordo com a jurisprudência do STJ, a ação deve ser proposta no local onde ocorreu o dano, observada a competência jurisdicional das subseções judiciárias da Justiça Federal.

A ação regressiva segue o procedimento comum em virtude da necessidade de instrução probatória para demonstração da existência do nexo causal, isto é, se o acidente ocorreu por negligência do tomador do serviço em relação às normas de segurança que são exigíveis e se dessa omissão resultou o acidente.

A análise da existência do nexo causal envolve a apreciação dos contornos fáticos em relação ao acidente. É incumbência do INSS demonstrar a existência de responsabilidade subjetiva do empregador, a qual é decorrente de ato ilícito, isto é, da culpa, da negligência ou imprudência quanto ao cumprimento das normas-padrão de segurança. Só assim poderá transferir o encargo das prestações pagas à vítima e seus beneficiários.[17]

Em caso de culpa concorrente da vítima, colhe-se de precedentes jurisprudenciais que a responsabilidade do empregador deve ser reduzida pela metade das despesas previdenciárias decorrentes do acidente de trabalho. Nesse sentido:

> *DIREITO ADMINISTRATIVO. AÇÃO REGRESSIVA DO INSS CONTRA O EMPREGADOR DO TRABALHADOR ACIDENTADO. LEI 8.213/91, ART. 120. CULPA CONCORRENTE DA VÍTIMA.*
>
> *Configurada a culpa concorrente do trabalhador vítima do acidente do trabalho e da empresa empregadora, esta não responde integralmente pelos custos da cobertura acidentária assumida pelo INSS, mas apenas na medida de sua responsabilidade, devendo arcar com a metade das despesas, se inexistirem elementos nos autos que apontem para a necessidade de se estabelecer outra quantificação. Julgamento realizado pela Turma ampliada, conforme art. 942 do CPC (TRF/4, AC 5050067-27.2013.4.04.7000/PR, 4ª Turma, Rel. p/ acórdão Des. Fed. Cândido A. Silva Leal Júnior, j. 12.9.2017).*

Considerando o reduzido número de ações propostas pelo INSS, o Conselho Nacional de Previdência Social editou a Resolução n. 1.291, de 27.6.2007, para "Recomendar ao Instituto Nacional do Seguro Social – INSS, por intermédio de Procuradoria Federal Especializada, que adote as medidas competentes para ampliar as proposituras de ações regressivas contra os empregadores considerados responsáveis por acidentes do trabalho, nos termos dos arts. 120 e 121 da Lei n. 8.213/1991, a fim de tornar efetivo o ressarcimento dos gastos do INSS, priorizando as situações que envolvam empresas consideradas grandes causadoras de danos e aquelas causadoras de acidentes graves, dos quais tenham resultado a morte ou a invalidez dos segurados".

A estimativa oficial (divulgada em 2008) é de que a negligência dessas empresas custa ao INSS cerca de R$ 16 bilhões por ano, com o pagamento de pensões por morte, aposentadorias por invalidez, auxílios-acidente e doença.

Em julgamento de Recurso Especial o STJ firmou orientação de que o fato de a empresa contribuir para o Seguro de Acidente do Trabalho – SAT não exclui a responsabilidade em caso de acidente decorrente de culpa da empregadora:

---

[17] LAZZARI, João Batista. Ação regressiva acidentária. *Jornal do 14º Congresso Brasileiro* de Previdência Social. São Paulo: LTr, 2001.

Da leitura conjunta dos arts. 22 da Lei n. 8.212/1991 e 120 da Lei n. 8.213/1991 conclui-se que o recolhimento do Seguro de Acidente de Trabalho – SAT não exclui a responsabilidade da empresa nos casos de acidente do trabalho decorrentes de culpa por inobservância das normas de segurança e higiene do trabalho (STJ, EDcl no AgRg nos EDcl no REsp 973.379/RS, 6ª Turma, DJe 14.6.2013).

Nesse mesmo sentido, revela-se inviável a compensação entre o que foi pago a título de SAT e os valores que deve arcar em decorrência do pagamento do benefício acidentário (TRF da 4ª Região, AC 199871000170053, 4ª Turma, Rel. Des. Federal Marga Inge Barth Tessler, DJe 29.3.2010).

Outra polêmica está relacionada ao prazo prescricional para a propositura da ação regressiva. Nossa posição é de que a prescrição no caso é quinquenal, pois o INSS, na condição de autarquia federal, busca com a ação regressiva reaver valores que possuem natureza jurídica de recursos públicos, e não recursos exclusivamente privados a ensejar a aplicação da legislação civil, aplicando-se aí o prazo para a satisfação de dívidas para com a Fazenda Pública em geral. Nesse sentido, a orientação adotada pelo STJ:

PROCESSUAL CIVIL E PREVIDENCIÁRIO. VIOLAÇÃO DO ART. 535 DO CPC/1973. NÃO OCORRÊNCIA. ACIDENTE DE TRABALHO. AÇÃO REGRESSIVA DO INSS CONTRA O EMPREGADOR. PRINCÍPIO DA ISONOMIA. PRESCRIÇÃO QUINQUENAL.

(...)

2. A Primeira Seção do STJ, por ocasião do julgamento do REsp 1.251.993/PR, submetido à sistemática do art. 543-C do CPC, assentou a orientação de que o prazo prescricional nas ações indenizatórias contra a Fazenda Pública é quinquenal, conforme previsto no art. 1º do Decreto n. 20.910/1932.

3. Pelo princípio da isonomia, o prazo para o ingresso da ação regressiva pelo ente previdenciário deve observar aquele relativo à prescrição nas ações indenizatórias ajuizadas contra a Fazenda Pública. Precedentes (STJ, REsp 1.668.967/ES, 2ª Turma, Rel. Min. Og Fernandes, DJe 15.8.2017).

No que se refere ao termo *a quo* do prazo prescricional, "há que se observar o princípio da *actio nata*: o início da contagem se dá a partir da data em que o credor pode demandar judicialmente a satisfação do direito, ou seja, quando da notícia da ocorrência efetiva e concreta de dano patrimonial" (TRF4, AC 5004570-74.2015.404.7111, 3ª Turma, Rel. Des. Fed. Ricardo Teixeira do Valle Pereira, DE 21.6.2016). Normalmente, coincide com a data de início do benefício concedido pelo INSS.

Cabe referir ainda que o INSS passou a ingressar com ações regressivas também contra os responsáveis pelo cometimento de crimes de trânsito e nos casos de cometimento de ilícitos penais dolosos que resultem em lesão corporal, morte ou perturbação funcional. Essa matéria está regulada pela Portaria Conjunta PGF/INSS n. 6, de 18 de janeiro de 2013, possuindo precedentes favoráveis na jurisprudência, tal qual o que segue:

PROCESSUAL CIVIL, CIVIL E PREVIDENCIÁRIO. ASSASSINATO DE SEGURADA PELO EX-MARIDO. VIOLÊNCIA CONTRA A MULHER. RESPONSABILIDADE CIVIL DO AGENTE, QUE DEVERÁ RESSARCIR O INSS PELOS VALORES PAGOS A TÍTULO DE PENSÃO POR MORTE. CORREÇÃO MONETÁRIA. INCIDÊNCIA.

1. Cabe ao agente que praticou o ato ilícito que ocasionou a morte do segurado efetuar o ressarcimento das despesas com o pagamento do benefício previdenciário, ainda que não se trate de acidente de trabalho. Hipótese em que se responsabiliza o autor do homicídio pelo pagamento da pensão por morte devida aos filhos, nos termos dos arts. 120 e 121 da Lei n. 8.213/91 c/c arts. 186 e 927 do CC.

> 2. O ressarcimento deve ser integral por não estar comprovada a corresponsabilidade do Estado em adotar medidas protetivas à mulher sujeita à violência doméstica.
> 3. Incidência de correção monetária desde o pagamento de cada parcela da pensão.
> 4. Apelação do INSS e remessa oficial providas e apelação do réu desprovida.
> (TRF/4, APELREEX 5006374-73.2012.404.7114, 3ª Turma, Rel. Des. Fed. Carlos Eduardo Thompson Flores Lenz, DE 9.5.2013).

Referida condenação foi mantida pelo STJ reafirmando que o INSS poderá cobrar os valores do benefício de pensão por morte pagos aos dependentes da mulher assassinada (REsp 1.431.150/RS, 2ª Turma, Rel. Min. Humberto Martins, julg. em 23.8.2016, *DJe* 2.2.2017).

Somente com o advento da citada Lei n. 13.846/2019, acabou incluída na LBPS (art. 120, II) a possibilidade de ação regressiva por violência doméstica e familiar contra a mulher, nos termos da Lei n. 11.340, de 7 de agosto de 2006.

Destaquem-se, ainda, precedentes do TRF da 4ª Região no sentido de que não cabe ação regressiva nos casos em que trabalhador morto em acidente de trabalho já tinha direito à aposentadoria e por acidente de trabalhador autônomo:

> Nos casos em que o segurado é aposentado e falece em acidente do trabalho, havendo a mera conversão da aposentadoria em pensão por morte, não existe qualquer prejuízo ao INSS passível de ressarcimento, e, portanto, descabe a ação regressiva. A ação regressiva tem natureza indenizatória, visando a reparar o dano (AC 5010802-38.2015.4.04.7003, 4ª Turma, Rel. Des. Fed. Luís Alberto D'Azevedo Aurvalle, em 5.7.2018).

> Em se tratando de trabalhador autônomo que, nas horas vagas, faz "Bicos", dentre os quais o de afixar *banners* em altura, se a queda ocorrer por imprudência exclusiva sua, não cabe responsabilizar a empresa que imprime o material publicitário e indica tal profissional, a dona da obra ou mesmo a imobiliária contratada para fazer a venda dos apartamentos (AC 5058042-32.2015.4.04.7000, 3ª Turma, Rel. Des. Fed. Vânia Hack de Almeida, em 7.6.2018).

Por fim, cumpre ressaltar que o pagamento de prestações pela Previdência Social em decorrência dos casos em que é cabível a ação regressiva não exclui a responsabilidade civil da empresa ou do responsável pela violência doméstica e familiar.

30

Aposentadorias Programáveis

Os benefícios previstos pelo Regime Geral de Previdência Social – RGPS possuem características distintas e regras próprias de concessão, que merecem atenção especial e estudo detalhado.

Neste capítulo são analisadas as aposentadorias voluntárias ou também conhecidas como aposentadorias programáveis, quais sejam, a atual aposentadoria programada e suas regras ditas permanentes (art. 201, § 7º da CF), as aposentadorias por idade e por tempo de contribuição consoante regras de transição, a aposentadoria especial e a aposentadoria destinada aos segurados com deficiência.

A aposentadoria é a prestação por excelência da Previdência Social, juntamente com a pensão por morte. Ambas substituem, em caráter permanente (ou pelo menos duradouro), os rendimentos do segurado, e asseguram sua subsistência, assim como daqueles que dele dependem.

Em que pesem as posições de vanguarda, que sustentam a ampliação do conceito de aposentadoria a todo e qualquer indivíduo, como benefício de seguridade social, e não apenas de previdência social (atingindo somente a parcela economicamente ativa da população),[1] o modelo majoritário de aposentadoria está intimamente ligado ao conceito de seguro social – benefício concedido mediante contribuição.

A aposentadoria é garantia constitucional, minuciosamente tratada no art. 201 da Constituição Federal de 1988, com as alterações das Emendas Constitucionais n. 20/1998, n. 41/2003, n. 47/2005 e n. 103/2019.

De acordo com o art. 181-B do Decreto n. 3.048/1999 (redação dada pelo Decreto n. 10.410/2020), as aposentadorias concedidas pela Previdência Social são irreversíveis e irrenunciáveis.

Estabelece o art. 18, § 2º, da Lei n. 8.213/1991: "O aposentado pelo Regime Geral de Previdência Social que permanecer em atividade sujeita a este Regime, ou a ele retornar, não fará jus a prestação alguma da Previdência Social em decorrência do exercício desta atividade, exceto ao salário-família e à reabilitação profissional, quando empregado" (redação dada pela Lei n. 9.528, de 10.12.1997). Inobstante isso, o art. 103 do Decreto n. 3.048/1999 prevê o direito ao salário-maternidade da segurada já aposentada.

Ressalte-se, ainda, que o segurado que tenha perdido a qualidade de segurado, mas tenha implementado os requisitos para a concessão da aposentadoria ao tempo em que era ainda detentor daquela qualidade, faz jus ao benefício, nos termos do art. 102, § 1º, da Lei n. 8.213/1991.

---

[1] RUPRECHT, Alfredo J. *Direito da seguridade social*. São Paulo: LTr, 1996, p. 165.

Nesse sentido, destacamos do Enunciado n. 7 do CRPS que: "(...) I – Fixada a Data de Início da Incapacidade (DII) antes da perda da qualidade de segurado, a falta de contribuição posterior não prejudica o seu direito às prestações previdenciárias".

Quanto à constatação do direito adquirido à forma de concessão da aposentadoria de qualquer espécie, deve-se anotar o que dispõe o art. 122 da Lei n. 8.213/1991, que assegura essa prestação com base nas condições legalmente previstas na data do cumprimento de todos os requisitos necessários à obtenção do benefício, quando o segurado optar por permanecer em atividade, e observada a condição mais vantajosa. É dizer, pouco importa quando o segurado ingresse com o requerimento: se já possuía, ao tempo da legislação pretérita, o direito à aposentação, conserva este direito nas mesmas condições vigentes à época em que implementou os requisitos previstos nas normas então regentes da matéria.

Relativamente à opção pelo melhor benefício ou à concessão de benefício diverso do requerido, cabe registrar o avanço trazido pelo Decreto n. 10.410/2020 ao incluir o art. 176-E no Regulamento da Previdência Social:

> Art. 176-E. Caberá ao INSS conceder o benefício mais vantajoso ao requerente ou benefício diverso do requerido, desde que os elementos constantes do processo administrativo assegurem o reconhecimento desse direito.
>
> Parágrafo único. Na hipótese de direito à concessão de benefício diverso do requerido, caberá ao INSS notificar o segurado para que este manifeste expressamente a sua opção pelo benefício, observado o disposto no art. 176-D.

A aposentadoria não impede o exercício de atividade, salvo a concedida por invalidez/incapacidade permanente para o trabalho e a especial. É o que preceitua o art. 168 do Decreto n. 3.048/1999: "Exceto nas hipóteses de aposentadoria por incapacidade permanente ou especial, observado quanto a esta última o disposto no parágrafo único do art. 69, o retorno do aposentado à atividade não prejudicará o recebimento de sua aposentadoria" (redação dada pelo Decreto n. 10.410/2020).

Cabe registrar que a constitucionalidade da norma que prevê o cancelamento automático do pagamento da aposentadoria especial de beneficiário que retorne voluntariamente às atividades nocivas à saúde teve repercussão geral reconhecida pelo STF (Tema 709), com julgamento no mérito (RE 788.092, Tribunal Pleno, Sessão Virtual, Rel. Min. Dias Toffoli, DJe 16.6.2020), alterado por Embargos de Declaração, em 23.2.2021, cujas teses fixadas foram as seguintes:

I) É constitucional a vedação de continuidade da percepção de aposentadoria especial se o beneficiário permanece laborando em atividade especial ou a ela retorna, seja essa atividade especial aquela que ensejou a aposentação precoce ou não.

II) Nas hipóteses em que o segurado solicitar a aposentadoria e continuar a exercer o labor especial, a data de início do benefício será a data de entrada do requerimento, remontando a esse marco, inclusive, os efeitos financeiros. Efetivada, contudo, seja na via administrativa, seja na judicial a implantação do benefício, uma vez verificado o retorno ao labor nocivo ou sua continuidade, cessará o pagamento do benefício previdenciário em questão.

A modulação ficou assim definida:

c) modular os efeitos do acórdão embargado e da tese de repercussão geral, de forma a preservar os segurados que tiveram o direito reconhecido por decisão judicial transitada em julgado até a data deste julgamento; e

d) declarar a irrepetibilidade dos valores alimentares recebidos de boa-fé, por força de decisão judicial ou administrativa, até a proclamação do resultado deste julgamento.

E, em novos embargos de declaração, o Ministro Relator acolheu o pedido apresentado pelo Procurador-Geral da República e suspendeu, liminarmente, os efeitos do Tema 709, em relação aos profissionais de saúde constantes do rol do art. 3º-J, da Lei n. 13.979/2020, e que estejam trabalhando diretamente no combate à epidemia da Covid-19, ou prestando serviços de atendimento a pessoas atingidas pela doença em hospitais ou instituições congêneres, públicos ou privados (*DJe* 15.3.2021). Decisão confirmada pelo Plenário, Sessão Virtual de 24.9.2021 a 1.10.2021.

30.1 APOSENTADORIA E VÍNCULO DE EMPREGO

A questão do rompimento do vínculo de emprego em função da aposentadoria causou controvérsia em virtude da impropriedade técnica de se permitir que o segurado requeira aposentadoria e permaneça trabalhando, como o faz a norma hoje vigente.

O ex-Ministro da Previdência e Assistência Social, *Reinhold Stephanes*, transcrevendo opinião do juslaboralista *Octavio Bueno Magano*, considera a possibilidade de continuidade da atividade do segurado após a concessão de aposentadoria uma grave falha doutrinária do regime.[2]

De todo modo, é certo que a discussão não se aplica às aposentadorias por incapacidade, que suspendem (e não extinguem) o contrato de trabalho, como prevê o art. 475 da CLT, nem às aposentadorias requeridas pela empresa (denominadas impropriamente de aposentadorias compulsórias por idade), cabendo apenas em relação às aposentadorias voluntárias: por idade, por tempo de contribuição e especial, mas com ressalvas após o julgamento da Repercussão Geral Tema n. 709.

Heresia jurídica ou não, o problema é que a lei assim dispõe – não há obrigação do trabalhador romper o vínculo de emprego para se aposentar voluntariamente. E o efeito da norma pode ser considerado danoso para a administração dos recursos da Previdência pela concessão de aposentadorias precoces, como lamenta o ex-Ministro, repercute ainda mais no campo do Direito do Trabalho.

Sob o ângulo do Direito Previdenciário, não há dúvidas de que o segurado pode, nos termos da lei vigente, requerer a aposentadoria e continuar trabalhando, sem solução de continuidade, para o mesmo empregador, ou para outrem.

No âmbito trabalhista, contudo, a discussão se resumia a considerar que a aposentadoria extinguia o primeiro contrato de trabalho, e, a partir daí, surgia um segundo contrato de trabalho entre as mesmas partes, ou se, não havendo ruptura do vínculo, havia que se considerar o contrato como sendo único, desde a admissão até a efetiva extinção da relação contratual entre as partes.

Neste ponto, a doutrina e a jurisprudência se dividiam. Apenas para ilustrar, juslaboralistas como *Délio Maranhão*[3], *Evaristo de Moraes Filho*,[4] *Valentin Carrion*,[5] *Sergio Pinto Martins*[6] e *José Martins Catharino*[7] sustentavam o fim do contrato com a aposentadoria. Em posição oposta, *Antonio Carlos de Oliveira*[8] *pretendia o reconhecimento do vínculo único.*

---

[2] *Reforma da previdência sem segredos*. Rio de Janeiro: Record, 1998, p. 52.
[3] *Direito do trabalho*. 17. ed. Rio de Janeiro: Fundação Getúlio Vargas, 1993, p. 271.
[4] *A justa causa na rescisão do contrato de trabalho*. 2. ed. Rio de Janeiro: Forense, 1960, p. 31.
[5] *Comentários à Consolidação das Leis do Trabalho*. 19. ed. São Paulo: Saraiva, 1999, p. 289.
[6] *Op. cit.*, p. 291.
[7] *Compêndio de direito do trabalho*. São Paulo: LTr, 1990, p. 31.
[8] *Direito do trabalho e previdência social: estudos*. São Paulo: LTr, 1996, p. 176; *Temas de previdência social*. São Paulo: LTr, 1999, p. 39.

Valendo-nos da notícia histórica meticulosamente realizada por *Sergio Pinto Martins*,[9] eis que, antes do Decreto-lei n. 66/1966, que alterou a Lei n. 3.807/1960, não se exigia a saída do emprego para a concessão da aposentadoria. Foi com a Lei n. 6.887/1980 que surgiu novamente a não exigibilidade do "desligamento" da atividade laboral para a jubilação. Logo em seguida, a Lei n. 6.950/1981 voltou a exigir a ruptura do liame empregatício. E assim permaneceu até a edição da Lei n. 8.213/1991, hoje vigente, que não faz tal exigência.

Já em termos de Legislação do trabalho, a CLT dispunha na redação original do art. 453 que era reconhecida a unicidade do contrato de trabalho toda vez que houvesse prestação laboral contínua para o mesmo empregador, salvo se o obreiro tivesse sido dispensado e recebido indenização ou tivesse sido despedido por justa causa. O Enunciado n. 21 do TST interpretava as normas – trabalhista e previdenciária –, no sentido de que se somavam os períodos anterior e posterior à aposentadoria se o empregado não tivesse deixado de prestar serviços, ou retornado em seguida.

A Lei n. 6.204/1975, anterior às Leis ns. 6.887 e 6.950, alterou o texto do art. 453 para incluir a expressão "ou se aposentado espontaneamente". Assim, o TST entendeu por bem cancelar o Enunciado n. 21, terminando, naquela oportunidade, com as divergências. Porém, eis que a polêmica está de volta, com a legislação ora vigente. *Sergio Martins*, por exemplo, entende que o art. 49 da Lei do RGPS não revogou o art. 453 da CLT na parte em que menciona a aposentadoria espontânea como restrição à contagem unificada do contrato de trabalho.

Porém, a melhor exegese encontrada na doutrina pátria a respeito do tema é do insigne previdenciarista *Wladimir Martinez*, cujas ilações, por totalmente esclarecedoras da questão, preferimos transcrever *in verbis*:

> *Vale lembrar, o empregado, segurado obrigatório, mantém dois vínculos distintos: a) contrato individual de trabalho com o empregador; e b) filiação compulsória com o órgão gestor da Previdência Social.*
>
> *A relação empregatícia nasce do contrato de trabalho. Este, do acordo de vontades entre a pessoa física e a jurídica. A lei prevê a origem, as formas e as causas de finalização desse ajuste de intenções e procedimentos futuros, entre os quais, conforme a teoria dos contratos, a volição livre e manifesta de uma das partes. Florescendo o elo laboral do desejo do trabalhador e ele não dando causa para o seu desaparecimento, somente por meio dessa vontade será possível a sua morte.*
>
> *O Direito do Trabalho admite formas oblíquas do fim do liame empregatício, caso dos procedimentos conducentes à rescisão indireta e das justas causas. Em tempo algum a legislação trabalhista contemplou a hipótese do rompimento por meio da aposentação. Autorizado a afirmá-lo, quando da modificação do art. 453, operada pela Lei n. 6.204/75, o elaborador da norma preferiu abster-se de reger o assunto. Quando quis, impôs a cessação do vínculo empregatício por iniciativa do empregador, isto é, a empresa pode requerer a aposentadoria por idade do obreiro, pagando-lhe os direitos inerentes (PBPS, art. 51). Nos demais casos (e não se trata de lacuna), salta à vista, não pretendeu, como o fez no interregno entre as Leis ns. 6.950/81 e 8.213/91, a necessidade de extinção prévia da relação jurídica laboral para fins de Previdência Social.*[10]

Na lição de *Martinez* talvez se encontre o grande problema de discernimento da questão: num regime de repartição, como é o nosso RGPS, não se pode querer vincular definitivamente o contrato de trabalho à relação previdenciária, até porque, como bem salientado, as partes das duas relações são diferentes.

---

[9] Op. cit., p. 289-290.

[10] MARTINEZ, Wladimir Novaes. *Comentários à Lei Básica...*, cit., p. 288.

Deve-se lembrar, também, a opinião de *Eduardo Gabriel Saad*, ao deixar de fazer coro com a maioria dos doutrinadores no que tange à modificação da interpretação do art. 453 da CLT, após a redação da Lei n. 6.204/1975:

> Ora, quem se aposenta não sai da empresa e, portanto, não existe a readmissão de que fala o artigo sob comentário. A relação de emprego não é cortada; a prestação de serviços não é interrompida; o contrato de trabalho mantém-se íntegro antes e depois da aposentadoria. Logo, o tempo anterior à aposentadoria tem de ser considerado para todos os efeitos legais.[11]

A MP n. 1.523 (e suas reedições convalidadas pela Lei n. 9.528/1997) incluía dois parágrafos no já mencionado art. 453: o primeiro, declarando extinto o contrato de trabalho de empregados de empresas públicas e sociedades de economia mista, ao determinar que, após aposentar-se, o empregado só poderia ser readmitido mediante concurso público; o segundo, simplesmente dispondo no sentido de impor a extinção do contrato de trabalho aos empregados de qualquer empresa que obtivessem aposentadoria proporcional por tempo de serviço.

Para avivar mais ainda a chama da controvérsia, o STF suspendeu liminarmente, até decisão final, a eficácia dos dois dispositivos, nas ADIs ns. 1.721-3 e 1.770-4, esta última com decisão liminar publicada no *DJU* de 6.11.1998, na qual o Ministro Ilmar Galvão, Relator, externa entendimento no sentido de que "a inconstitucionalidade deste dispositivo legal decorre (...) de que este § 1º indiretamente pressupõe que a aposentadoria espontânea desses empregados extingue automaticamente o vínculo empregatício, o que violaria os preceitos constitucionais relativos à proteção do trabalho e à garantia à percepção dos benefícios previdenciários, alegação esta que deu margem ao deferimento de liminar na ADI 1.721, circunstância que, por si só – fui um dos quatro votos vencidos –, é suficiente para que seja ela tida por relevante". Ou seja, conforme o Plenário do Supremo, exigir por lei a ruptura do vínculo de emprego em função da aposentadoria é medida inconstitucional, até decisão em contrário. Daí vem a crítica de *Stephanes*, a que nos referimos parágrafos antes, ao iniciar este tema.

E, finalmente, no julgamento do mérito das duas ADIs antes referidas, o STF confirmou as liminares concedidas.

Na sequência, o TST houve por bem cancelar sua Orientação Jurisprudencial n. 177, que preconizava exatamente a tese oposta, com a produção de outra OJ sobre a matéria (de número 361), reconhecendo o direito à indenização de 40% do FGTS de todo o período, antes e após a aposentadoria, em caso de dispensa do empregado aposentado, quando este tenha permanecido no emprego após o ato de concessão do benefício por idade ou por tempo de serviço/contribuição.

De nossa parte, antes mesmo da decisão prolatada pela Suprema Corte, vínhamos nos posicionando no sentido de que a aposentadoria voluntária, sem rompimento espontâneo da relação de emprego, não importava ruptura contratual. E assim pensamos por dois motivos: o primeiro porque, sendo o contrato de trabalho um acordo de vontades, somente pela manifestação de uma das partes, ou pelo falecimento, ou por força maior, pode-se dar a ruptura da relação jurídica. O Estado não pode intervir para extinguir contratos entre particulares, pois aí não chega o poder coercitivo estatal. Em segundo lugar, o Direito do Trabalho se rege por princípios, dentre os quais o da primazia da realidade e o da continuidade da relação de emprego.

Pelo primeiro dos princípios citados, tem-se que prevalecem os fatos que ocorreram na relação jurídica em detrimento de qualquer ajuste escrito. Daí decorre que, não existindo, na realidade dos fatos, a ruptura da relação jurídica, não há que se cogitar de readmissão. Só se

---

[11] *CLT Comentada*. 26. ed. São Paulo: LTr, 1993, p. 260.

pode falar em readmitir aquele que deixou a empresa; não tendo deixado o empregado o seu posto de trabalho, não se lhe aplica o art. 453 da CLT.

Quanto ao segundo princípio, norteia o ramo do Direito Laboral a ideia de que, *a priori*, os contratos de trabalho devem durar o tempo que as partes quiserem que dure, e, assim, dá-se preferência aos contratos por prazo indeterminado, sendo os contratos a termo exceções à regra. No caso da aposentadoria sem desligamento do empregado, nem este desejou findar o vínculo de emprego, nem o empregador agiu dessa forma. Geralmente, não se formaliza sequer uma rescisão contratual. Ora, se não há rescisão, como podemos afirmar estarmos diante de dois contratos, um antes e outro depois da concessão do benefício? Se não há ânimo, intenção manifesta de romper o liame, não se pode cogitar de extinção contratual.

Daí resulta que alguns trabalhadores que tiveram suas ações julgadas improcedentes na Justiça do Trabalho, em razão do entendimento que até então predominava (OJ 177) conseguiram êxito em ações rescisórias, no sentido de anular a decisão antes proferida. Nesse sentido: TST, AR-1805796-53.2007.5.00.0000, SBDI-2, Rel. Min. Emmanoel Pereira, *DJe* 10.12.2010.

O problema, todavia, se mantém na medida em que muitos trabalhadores tiveram a ação julgada improcedente, tendo ocorrido o trânsito em julgado proferida em desalinho com a Constituição (baseadas na OJ 177) há mais de dois anos, o que ensejaria a caducidade do direito de ingressar com a ação rescisória. Entretanto, aqui talvez se possa perquirir da chamada "coisa julgada inconstitucional", que, para uma significativa parcela de estudiosos, como Cândido Rangel Dinamarco, para quem "não é legítimo eternizar injustiças a pretexto de evitar a eternização de incertezas", poderia então ser objeto de anulação a qualquer tempo, relativizando os efeitos da coisa julgada material quando esta atente frontalmente contra as normas constitucionais – a exemplo do que já preveem os arts. 475-L, § 1º, e 741, parágrafo único, do CPC/1973 (arts. 525, § 12, e 535, § 5º, do CPC/2015); e 884, § 5º, da CLT, no tocante à inexigibilidade do título executivo – ainda que a matéria encontre resistência por parte da maioria da doutrina, como explicita Sérgio Gilberto Porto em sua obra específica sobre o tema.[12]

Quanto à aposentadoria especial, também entendemos que não gera rescisão do contrato de trabalho, por várias razões:

a) a aposentadoria especial caracteriza-se como uma aposentadoria voluntária, tal qual a aposentadoria por tempo de contribuição e por idade, não se justificando tratamento anti-isonômico;

b) havendo a necessidade do afastamento da atividade especial, o empregador deve transferir o empregado para o exercício de atividade comum.

Ressaltamos, no entanto, que o tema é controvertido com decisões em sentido contrário, como se observa no âmbito do TST:

RECURSO DE EMBARGOS EM RECURSO DE REVISTA. INTERPOSIÇÃO SOB A ÉGIDE DA LEI 13.015/2014. APOSENTADORIA ESPECIAL. ART. 57 DA LEI 8.213/91. EFEITOS. RESCISÃO DO CONTRATO DE TRABALHO POR INICIATIVA DO EMPREGADO.

A jurisprudência prevalente no âmbito desta Subseção é no sentido de que a concessão de aposentadoria especial acarreta a extinção do contrato de trabalho por iniciativa do empregado. Precedente. Recurso de embargos conhecido e não provido (TST, ARR 607-93.2010.5.09.0678, Subseção I Especializada em Dissídios Individuais, Rel. Min. Hugo Carlos Scheuermann, DJe 22.9.2017).

---

[12] PORTO, Sérgio Gilberto. *Coisa Julgada Civil.* 3. ed. São Paulo, Revista dos Tribunais, 2006, p. 125-137.

Decorre desse entendimento do TST o afastamento do direito à indenização de 40% do FGTS, já que a resilição do contrato de trabalho deu-se por iniciativa do empregado, por força da concessão de aposentadoria especial. Nesse sentido: E-ED-RR 87-86.2011.5.12.0041, j. 28.5.2015, Rel. Min. João Oreste Dalazen, Subseção I Especializada em Dissídios Individuais, *DEJT* 5.6.2015.

Em relação à necessidade do participante de previdência complementar, o entendimento do STJ é pela necessidade de o segurado se desligar do emprego para receber benefício. Essa orientação está firmada no fato de que, "embora a relação contratual de previdência privada não se confunda com a relação de emprego mantida pelo participante com a patrocinadora, a vedação ao recebimento de benefício de previdência complementar sem que tenha havido rompimento do vínculo trabalhista, em vista das mudanças operadas no ordenamento jurídico, não é desarrazoada, pois refletirá no período médio de recebimento de benefícios pela coletividade de beneficiários do plano de benefícios. Ademais, o fundamento dos planos de benefícios de previdência privada não é o enriquecimento, mas permitir uma continuidade no padrão devido ao participante, na ocasião em que se torna assistido" (REsp 1.415.501/SE, 4ª Turma, Rel. Min. Luis Felipe Salomão, *DJe* 4.8.2014).

Outra questão que merece destaque é em relação aos empregados públicos e servidores vinculados ao RGPS. De acordo com o art. 37, § 14, da CF, com a redação dada pela EC n. 103/2019, a aposentadoria concedida com a utilização de tempo de contribuição decorrente de cargo, emprego ou função pública, inclusive do RGPS, acarretará o rompimento do vínculo que gerou o referido tempo de contribuição. No entanto, o rompimento do vínculo não se aplica a aposentadorias concedidas pelo RGPS até a data de entrada em vigor dessa emenda (art. 6º da EC n. 103/2019). A respeito desse tema, o Regulamento da Previdência Social, com a redação conferida pelo Decreto n. 10.410/2020, disciplina:

> Art. 153-A. A concessão de aposentadoria requerida a partir de 14 de novembro de 2019 com utilização de tempo de contribuição decorrente de cargo, emprego ou função pública acarretará o rompimento do vínculo que gerou o referido tempo de contribuição.
> Parágrafo único. Para fins do disposto no *caput*, após a consolidação da aposentadoria, nos termos do disposto no art. 181-B, o INSS notificará a empresa responsável sobre a aposentadoria do segurado e constarão da notificação as datas de concessão e de início do benefício. (NR)

Mesmo diante dessa previsão, parece-nos questionável a validade do rompimento do vínculo de forma compulsória em relação aos segurados que haviam implementado todos os requisitos para a aposentadoria até 13.11.2019, mas não realizaram o requerimento do benefício.

Defendemos que, mesmo que não seja reconhecida a inconstitucionalidade, a regra trazida pela EC n. 103/2019 só poderá ser aplicada para aqueles que não preenchiam todas as condições para se aposentar. Segundo precedentes do STF, a existência do direito adquirido não depende da formalização do requerimento, ou seja, os benefícios concedidos (ou que poderiam ser concedidos e não foram) antes da entrada em vigor de uma lei nova são regidos pela "lei antiga", a lei vigente na época dos fatos (*tempus regit actum*), sendo irrelevante a data do requerimento (vide Súmula n. 359 do STF, RE 269.407-AgR; e ADI 3.104, *DJ* 9.11.2007).

No entanto, o STF, ao enfrentar o tema trazido pela EC n. 103/2019, considerou as regras válidas e na tese fixada não fez a diferenciação em favor daqueles que tinham implementados os requisitos e não apresentaram o pedido de aposentadoria até 13.11.2019. A decisão foi proferida na Repercussão Geral Tema 606, em 16.6.2021, com a seguinte definição:

> A natureza do ato de demissão de empregado público é constitucional-administrativa e não trabalhista, o que atrai a competência da Justiça comum para julgar a questão. A concessão

de aposentadoria aos empregados públicos inviabiliza a permanência no emprego, nos termos do art. 37, § 14, da CRFB, salvo para as aposentadorias concedidas pelo Regime Geral de Previdência Social até a data de entrada em vigor da Emenda Constitucional n. 103/19, nos termos do que dispõe seu art. 6º.

Quanto aos servidores públicos estatutários, detentores de cargos efetivos, mas vinculados à RGPS, o STF, no julgamento da Repercussão Geral Tema 1.150, fixou a seguinte tese:

> O servidor público aposentado pelo Regime Geral de Previdência Social, com previsão de vacância do cargo em lei local, não tem direito a ser reintegrado ao mesmo cargo no qual se aposentou ou nele manter-se, por violação à regra do concurso público e à impossibilidade de acumulação de proventos e remuneração não acumuláveis em atividade (RE 1.302.501, Plenário Virtual, Rel. Min. Luiz Fux, publ. 18.6.2021).

30.2 APOSENTADORIA PROGRAMADA

A EC n. 103/2019 deu a atual redação ao art. 201, § 7º da CF substituindo as aposentadorias por tempo de contribuição e por idade pela aposentadoria programada.

Para o segurado trabalhador urbano essa aposentadoria exige 65 (sessenta e cinco) anos de idade, se homem, e 62 (sessenta e dois) anos de idade, se mulher, observado um tempo mínimo de contribuição, o qual atualmente é fixado pelas regras transitórias em 20 (vinte) anos para o homem e 15 (quinze) anos para a mulher (art. 19, *caput*, da EC n. 103/2019).

Essa aposentadoria teve regulamentação pelos art. 51 a 53 do RPS (na redação conferida pelos Decretos n. 10.410/2020 e n. 10.491/2020), incluindo-se também a exigência do cumprimento do período de carência de 180 meses.

Tratando-se de professores, a idade exigida é de 60 (sessenta) anos de idade, se homem, e 57 (cinquenta e sete) anos, se mulher, desde que comprovado 25 (vinte e cinco) anos de contribuição exclusivamente em efetivo exercício das funções de magistério na educação infantil e no ensino fundamental e médio (art. 19, II, da EC n. 103/2019).

No caso dos trabalhadores rurais, foram mantidas as regras que vigoravam antes da EC n. 103/2019, cuja idade mínima é de 60 (sessenta) anos, se homem, e 55 (cinquenta e cinco) anos, se mulher.

Os detalhamentos da aposentadoria programada do professor e da aposentadoria por idade do trabalhador rural serão objeto de análise em tópicos específicos deste capítulo.

30.2.1 Beneficiários e DIB da aposentadoria programada

A regulamentação desse ponto – beneficiários e data de início do benefício – foi dada pelo art. 52 do RPS (redação conferida pelo Decreto n. 10.410/2020), como sendo:

I – ao segurado empregado, inclusive o doméstico:

  a) a partir da data do desligamento do emprego, quando requerida até noventa dias depois dela; ou
  b) a partir da data do requerimento, quando não houver desligamento do emprego ou quando for requerida após o prazo da alínea "a"; e

II – para os demais segurados, a partir da data da entrada do requerimento.

Portanto, todos os segurados do RGPS são elegíveis a essa nova aposentadoria, desde que a contribuição mensal seja igual ou superior à contribuição mínima mensal exigida para sua categoria, assegurado o agrupamento de contribuições.

É dizer, até mesmo os que contribuem com alíquota reduzida de 11% ou 5% sobre o salário mínimo (MEI e segurados facultativos de baixa renda registrados no CadÚnico) poderão se beneficiar dessa aposentadoria, conforme se depreende do art. 51, § 2º, do RPS (redação conferida pelo Decreto n. 10.410/2020). Todavia, conforme decidido no Tema n. 181 de RC da TNU, "a prévia inscrição no Cadastro Único para Programas Sociais do Governo Federal – CadÚnico é requisito essencial para validação das contribuições previdenciárias vertidas na alíquota de 5% (art. 21, § 2º, inciso II, alínea 'b' e § 4º, da Lei n. 8.212 /1991 – redação dada pela Lei n. 12.470/2011), e os efeitos dessa inscrição não alcançam as contribuições feitas anteriormente".

30.2.2 Renda Mensal Inicial (RMI) da aposentadoria programada

O valor da renda mensal inicial da aposentadoria programada corresponderá a 60 % (sessenta por cento) do salário de benefício definido na forma prevista no art. 26 da EC n. 103/2019 (média aritmética simples dos salários de contribuição atualizados monetariamente, correspondentes a cem por centro do período contributivo desde a competência julho de 1994 ou desde o início da contribuição, se posterior àquela competência), com acréscimo de dois pontos percentuais para cada contribuição que exceder o tempo de vinte anos de contribuição, para os homens, ou de quinze anos de contribuição, para as mulheres.

Para aumentar o coeficiente de cálculo poderão ser utilizados os períodos reconhecidos como tempo de contribuição pelas regras vigentes até o advento da EC n. 103/2019, conforme se depreende do art. 188-G do RPS (redação conferida pelo Decreto n. 10.410/2020). E, ainda, os períodos de contribuição com base nas novas regras da EC n. 103/2019 e que foram detalhados no art. 19-C do RPS (redação conferida pelo Decreto n. 10.410/2020).

Também será permitida a utilização da regra que permite o descarte de salários de contribuição que excederem o tempo de contribuição mínimo exigido, conforme o art. 26, § 6º, da EC n. 103/2019. Recorde-se, entretanto, que os períodos descartados não geram coeficiente de cálculo.

Nessa modalidade de aposentadoria não havia a incidência da regra do mínimo divisor, a qual ficou restrita aos benefícios concedidos com base na regra de direito adquirido até 13.11.2019, conforme estabelecido no art. 188-E, § 1º, do RPS (redação conferida pelo Decreto n. 10.410/2020). No entanto, para as concessões a partir de 5 de maio de 2022, voltou a incidir o divisor mínimo, que não poderá ser inferior a 108 (cento e oito) meses, com base no art. 135-A da LBPS (incluído pela Lei n. 14.331/2022).

As regras gerais sobre a aposentadoria programada estão disciplinadas no art. 201, § 7º, da CF (redação conferida pela EC n. 103/2019), art. 19 da EC n. 103/2019 e nos arts. 51 a 53 do Decreto n. 3.048/1999 (com redação conferida pelos Decretos n. 10.410/2020 e n. 10.491/2020).

APOSENTADORIA PROGRAMADA – art. 201, § 7º, I, da CF			
Beneficiário	Idade Mínima	Tempo de Contribuição	Carência
Homem	65 anos	20 anos	180 meses
Mulher	62 anos	15 anos	180 meses

RMI: 60% do salário de benefício (média integral) + dois pontos percentuais para cada ano de contribuição que exceder a 20 anos, se homem, e 15 anos, se mulher.

30.3 APOSENTADORIA POR IDADE

As regras de concessão da aposentadoria por idade urbana, na forma prevista no art. 201, § 7º, II, da CF (redação dada pela EC n. 20/1998) e regulada pelos arts. 48-51 da Lei n. 8.213/1991, continuam válidas para quem implementou os requisitos até 13.11.2019, quais sejam, 65 anos de idade, se homem, ou 60 anos de idade, se mulher e a carência de 180 meses. Após a vigência da EC n. 103/2019, a aposentadoria por idade urbana poderá ser postulada, mas com base nas regras de transição para os segurados filiados ao RGPS até 13.11.2019.

A partir da vigência da EC n. 103/2019, a aposentadoria programada substituiu a aposentadoria por idade, sendo que a idade exigida do homem permaneceu em 65 anos, mas a da mulher foi elevada para 62 anos. O tempo de contribuição exigido para o homem, com base nas regras permanentes, foi fixado em 20 anos, mas para a mulher foi fixado em 15 anos. A carência continua em 180 meses para ambos os gêneros (art. 29, II, do RPS, com redação conferida pelo Decreto n. 10.410/2020).

Para os trabalhadores rurais de ambos os sexos e para os que exerçam suas atividades em regime de economia familiar, neste incluídos o produtor rural, o garimpeiro e o pescador artesanal, permanece a idade exigida de 60 anos, se homem, e de 55 anos, se mulher (art. 201, § 7º, II, da CF, com redação conferida pela EC n. 103/2019).

Não se pode dizer que, tecnicamente, haja o risco de infortunística pelo fato de um indivíduo vir a envelhecer; partindo deste princípio, não haveria razão para a cobertura do evento envelhecimento pela previdência social. Mas *Russomano* demonstra o cabimento da proteção em face da idade avançada:

> *Mas, pouco a pouco, os sistemas previdenciais foram compreendendo em que medida pode a velhice ser definida como risco, pois, como a invalidez, ela cria a incapacidade física para o trabalho e, muitas vezes, coloca o ancião em difíceis condições econômicas (Carlos G. Posada. "Los Seguros Obligatorios en España", 3. ed., p. 237, s/d; A. Lopez Nunes. "El Seguro Social de Vejez", 1919, p. 5).*[13]

A aposentadoria por idade, segundo a Lei de Benefícios (art. 49), pode ser requerida pela empresa, compulsoriamente, desde que o empregado tenha cumprido o período de carência e completado 70 anos, se homem, e 65 anos, se mulher. Nesse caso, será garantida ao empregado a indenização prevista na legislação trabalhista, considerada como data da rescisão do contrato de trabalho a imediatamente anterior à do início da aposentadoria. Todavia, frisamos que a regra atualmente não tem mais sentido em ser considerada vigente, seja porque o segurado é o legítimo detentor do direito, cabendo a este decidir pela época mais oportuna para requerer o benefício, podendo inclusive desistir do benefício requerido até o pagamento da primeira renda mensal.

No que diz respeito à comprovação dos requisitos para obtenção da aposentadoria por idade urbana, a jurisprudência é assente no sentido de que a idade e a carência não necessitam ser preenchidas simultaneamente. Nesse sentido: *TNU, PEDILEF 200872650011307, Juiz Federal Paulo Ricardo Arena Filho, DOU 30.8.2011; STJ, REsp 1.412.566/RS, 2ª Turma, Rel. Min. Mauro Campbell Marques, DJe 2.4.2014).*

Isso vale para o direito da pensionista do falecido segurado que já havia implementado os requisitos para a aposentadoria por idade, a saber: idade e carência, ainda que não de forma simultânea. Nesse sentido: *STJ, AGA 200601773314, 6ª Turma, DJe 7.6.2010.*

---

[13] *Comentários...*, cit., p. 152.

Cabe mencionar que a Lei n. 10.666/2003 (art. 3, § 1º) estabeleceu que para a concessão da aposentadoria por idade urbana, a perda da qualidade de segurado não será considerada, desde que o segurado conte com, no mínimo, o tempo de contribuição correspondente ao exigido para efeito de carência na data do requerimento do benefício.

No que diz respeito à apuração dos requisitos para a concessão da aposentadoria por idade, a TNU editou a Súmula n. 44: "Para efeito de aposentadoria urbana por idade, a tabela progressiva de carência prevista no art. 142 da Lei n. 8.213/91 deve ser aplicada em função do ano em que o segurado completa a idade mínima para concessão do benefício, ainda que o período de carência só seja preenchido posteriormente".

Em outro precedente, a TNU considerou que levar em conta a data em que a pessoa formulou o requerimento administrativo seria uma afronta ao princípio da isonomia uma vez que distinguiria, de forma indevida, duas pessoas que, embora tendo a mesma idade e o mesmo tempo de contribuição, formularam seus requerimentos administrativos em momentos distintos (Proc. 2005.72.95.01.7041-4, *DJ* 13.10.2009).

As regras gerais sobre a aposentadoria por idade estão disciplinadas no art. 18 da EC n. 103/2019 (regra de transição), nos arts. 48 a 51 da Lei n. 8.213/1991 (naquilo que não colidam com a regra de transição do art. 19 da EC n. 103/2019), nos arts. 188-A e seguintes (trabalhador urbano) e arts. 56 e 57 (para os trabalhadores rurais) do Decreto n. 3.048/1999 (com a redação dada pelo Decreto n. 10.410/2020).

– Regra de transição em relação à aposentadoria por idade – EC n. 103/2019

Está prevista no art. 18 da EC n. 103/2019, tendo por destinatários os segurados filiados ao RGPS até 13.11.2019, assegurando o direito à aposentadoria, quando preenchidos, cumulativamente, os seguintes requisitos:

I – 60 anos de idade, se mulher, e 65 anos de idade, se homem; e

II – 15 anos de contribuição, para ambos os sexos.

E, em conformidade com o art. 188-H do RPS (com redação conferida pelo Decreto n. 10.410/2020), será exigida também a carência de cento e oitenta contribuições mensais, para ambos os sexos.

A partir de 1º de janeiro de 2020, a idade de 60 anos da mulher foi acrescida em seis meses a cada ano, até atingir 62 anos de idade (em 2023). Para os homens, a idade mínima continua como era antes da Reforma, 65 anos. O tempo mínimo de contribuição também foi mantido para ambos os sexos em 15 anos.

O que alterou foi o cálculo do valor do benefício. Com base no art. 26 da EC n. 103/2019, corresponderá a 60% do valor do salário de benefício, com acréscimo de dois pontos percentuais para cada ano de contribuição que exceder o tempo de 20 anos de contribuição para os homens e de 15 anos para as mulheres.

O salário de benefício é obtido com base na média aritmética simples dos salários de contribuição, atualizados monetariamente, correspondentes a 100% (cem por cento) do período contributivo desde a competência julho de 1994 ou desde o início da contribuição, se posterior a essa competência. E, a partir de 5 de maio de 2022, com a incidência do divisor mínimo de 108 (cento e oito) meses previsto no art. 135-A da LBPS (incluído pela Lei n. 14.331/2022).

Entendemos que o coeficiente para os homens deveria ser igual ao das mulheres, começando com 60% aos 15 anos (idade prevista para a aposentadoria) com acréscimo de dois pontos percentuais a cada novo ano de contribuição, chegando aos 100% com 35 anos de contribuição. Isto porque ficou garantida aposentadoria ao homem com 65 anos de idade e 15 anos de contribuição, não sendo previsto coeficiente menor do que 60% do salário de benefício.

Diante desse quadro, poderá o segurado homem solicitar administrativamente o descarte das menores contribuições, caso possua entre 15 e 20 anos de tempo de contribuição. Com isso, o salário de benefício poderá ser maior.

REGRA DE TRANSIÇÃO (RGPS): APOSENTADORIA POR IDADE	
IDADE: 65 anos	**IDADE:** 2019 – 60 anos; 2020 – 60,5 anos; 2021 – 61 anos; 2022 – 61,5 anos 2023 – 62 anos
TEMPO DE CONTRIBUIÇÃO: 15 anos	**TEMPO DE CONTRIBUIÇÃO:** 15 anos

RMI: 60% do salário de benefício (média integral) + dois pontos percentuais para cada ano de contribuição que exceder a 20 anos (15 anos – conforme interpretação apresentada), se homem, e 15 anos, se mulher.

30.3.1 Aposentadoria compulsória dos empregados públicos

Os segurados do RGPS, empregados dos consórcios públicos, das empresas públicas, das sociedades de economia mista e das suas subsidiárias, segundo o disposto no art. 201, § 16, introduzido pela EC n. 103/2019, serão aposentados compulsoriamente, observado o cumprimento do tempo mínimo de contribuição, ao atingir a idade máxima de que trata o inciso II do § 1º do art. 40, na forma estabelecida em lei.

Essa norma visa à unificação de regras do serviço público, uma vez que os comandos em questão já prevaleciam no âmbito dos RPPS.

O inciso II do § 1º do art. 40 da CF estabelece que a aposentadoria compulsória dos agentes públicos titulares de cargos efetivos ocorre aos 70 (setenta) anos de idade, ou aos 75 (setenta e cinco) anos de idade, na forma de lei complementar. Essa aposentadoria é com proventos proporcionais ao tempo de contribuição.

Por sua vez, a Lei Complementar n. 152/2015, ao dispor sobre a aposentadoria compulsória por idade no âmbito da União, dos Estados, do Distrito Federal e dos Municípios, estendeu a idade de 75 (setenta e cinco) anos para todos os agentes públicos aos quais se aplica o inciso II do § 1º do art. 40 da Constituição Federal.

Trata-se de outra norma que pode esbarrar no entendimento consolidado na jurisprudência do STF, contudo. Como se nota de julgado daquela Corte proferido já após a promulgação da EC n. 103, permanece sendo aplicada a tese de que empregados públicos não são titulares de cargo efetivo, possuem relação contratual e, por via de consequência, não se submetem ao limite etário da aposentadoria compulsória do art. 40 da CF (ARE 1.113.285-AgR, Rel. Min. Marco Aurélio, 1ª Turma, *DJe* 18.5.2020).

Do exame do novel dispositivo criado pela EC n. 103/2019, caso não seja considerado inconstitucional, pode-se chegar às seguintes conclusões:

- a aposentadoria compulsória será aos 75 (setenta e cinco) anos para os empregados públicos referidos no art. 201, § 16, da CF;
- para ter direito à aposentadoria, será necessário ter cumprido o tempo mínimo de contribuição, que, no caso de segurados que ingressam no RGPS após a EC n.

103/2019, será de 20 (vinte) anos, para homens, e 15 (quinze) anos, para mulheres (na regra de transição aplica-se a carência de 15 anos para ambos os sexos);
- na hipótese de o empregado público não ter cumprido o tempo mínimo de contribuição até os 75 (setenta e cinco) anos de idade, ele será desligado/afastado do cargo e não receberá aposentadoria, salvo se continuar contribuindo após essa idade de forma voluntária ou por força de outra atividade.

30.3.2 Aposentadoria por idade do trabalhador rural

A redução de cinco anos para aposentadoria do trabalhador e da trabalhadora rural foi prevista na Constituição de 1988 (art. 202, inciso I – redação original; art. 201, § 7º, inciso II, na redação atual). No entanto, o Supremo Tribunal Federal não considerou autoaplicável esse preceito constitucional: *RE 168.191/RS, 2ª Turma, Rel. Min. Marco Aurélio, DJ 20.6.1997.*

A aposentadoria do trabalhador rural por idade, no regime precedente à Lei n. 8.213/1991, somente era devida ao homem, e, excepcionalmente, à mulher, desde que estivesse na condição de chefe ou arrimo de família, nos termos do art. 297 do Decreto n. 83.080/1979. Isso porque, no regime da LC n. 11/1971, a unidade familiar compunha-se de apenas um trabalhador rural; os demais eram dependentes.

A partir da Lei n. 8.213/1991, esse benefício foi estendido aos demais integrantes do grupo familiar (cônjuges ou companheiros, filhos maiores de 14 anos ou a eles equiparados), nos termos do art. 11, VII, da mencionada lei.

A distinção na idade foi mantida pela EC n. 103/2019, ao dar nova redação ao art. 201, § 7º, II, mantendo a exigência de 60 anos para o homem e 55 anos para a mulher para essa aposentadoria voltada aos trabalhadores rurais e aos que exerçam suas atividades em regime de economia familiar, nestes incluídos o produtor rural, o garimpeiro e o pescador artesanal.

Dessa forma, a concessão da aposentadoria por idade do trabalhador rural, prevista no art. 48 da Lei n. 8.213/1991 e regulamentada pelo art. 56 do RPS (redação dada pelo Decreto n. 10.410/2020), está condicionada ao preenchimento de dois requisitos:

a) idade mínima de 60 anos para o homem e de 55 anos para a mulher, e
b) comprovação do exercício de atividade rural por 15 anos, ainda que descontínua, no período imediatamente anterior ao requerimento do benefício ou ao implemento da idade exigida.

Neste contexto, continua válida também a previsão contida no art. 39 da Lei n. 8.213/1991, que estabelece:

> *Art. 39. Para os segurados especiais, referidos no inciso VII do caput do art. 11 desta Lei, fica garantida a concessão:*
> *I – de aposentadoria por idade ou por invalidez, de auxílio-doença, de auxílio-reclusão ou de pensão, no valor de 1 (um) salário mínimo, e de auxílio-acidente, conforme disposto no art. 86 desta Lei, desde que comprovem o exercício de atividade rural, ainda que de forma descontínua, no período imediatamente anterior ao requerimento do benefício, igual ao número de meses correspondentes à carência do benefício requerido, observado o disposto nos arts. 38-A e 38-B desta Lei; ou*
> *II – dos benefícios especificados nesta Lei, observados os critérios e a forma de cálculo estabelecidos, desde que contribuam facultativamente para a Previdência Social, na forma estipulada no Plano de Custeio da Seguridade Social.*

Por se tratar de uma espécie de aposentadoria por idade, independe da manutenção da qualidade de segurado, exceto a aposentadoria por idade do trabalhador rural do segurado especial, que não contribui facultativamente, devendo o segurado estar no exercício da atividade ou em prazo de qualidade de segurado nesta categoria no momento do preenchimento dos requisitos necessários ao benefício pleiteado, ressalvado o direito adquirido. Nesse sentido, o art. 245, § 1º, da IN INSS n. 128/2022.

Consoante orientação firmada pelo STJ, a regra da não simultaneidade dos requisitos não tem validade no caso da aposentadoria por idade rural, sendo necessário que o segurado especial comprove o cumprimento da carência no período que antecede o implemento da idade ou o requerimento (STJ, PET 7.476, 3ª Seção, Rel. p/ acórdão Min. Jorge Mussi, *DJe* 25.4.2011). Ademais, o STJ, ao julgar recurso repetitivo (Tema n. 642), confirmou a tese de que:

> O segurado especial tem que estar laborando no campo, quando completar a idade mínima para se aposentar por idade rural, momento em que poderá requerer seu benefício. Ressalvada a hipótese do direito adquirido, em que o segurado especial, embora não tenha requerido sua aposentadoria por idade rural, preenchera de forma concomitante, no passado, ambos os requisitos carência e idade (REsp 1.354.908/SP, 1ª Seção, Rel. Min. Mauro Campbell Marques, j. 9.9.2015, *DJ* 10.2.2016).

A LBPS considera como segurado especial o produtor rural e o pescador artesanal ou a este assemelhado, desde que exerçam a atividade rural individualmente ou em regime de economia familiar, ainda que com o auxílio eventual de terceiros, consoante previsão do art. 11, VII, da Lei n. 8.213/1991:

> Art. 11. São segurados obrigatórios da Previdência Social as seguintes pessoas físicas: (...)
> VII – como segurado especial: a pessoa física residente no imóvel rural ou em aglomerado urbano ou rural próximo a ele que, individualmente ou em regime de economia familiar, ainda que com o auxílio eventual de terceiros, na condição de:
> a) produtor, seja proprietário, usufrutuário, possuidor, assentado, parceiro ou meeiro outorgados, comodatário ou arrendatário rurais, que explore atividade: (...)
> b) pescador artesanal ou a este assemelhado que faça da pesca profissão habitual ou principal meio de vida; e
> c) cônjuge ou companheiro, bem como filho maior de 16 (dezesseis) anos de idade ou a este equiparado, do segurado de que tratam as alíneas *a* e *b* deste inciso, que, comprovadamente, trabalhem com o grupo familiar respectivo.

De acordo com a regulamentação dada pelo INSS (art. 247 da IN n. 128/2022), são beneficiados com essa regra os trabalhadores rurais enquadrados nas categorias de:

> I – empregados rurais;
> II – contribuintes individuais que prestam serviço de natureza rural a empresa(s), a outro contribuinte individual equiparado a empresa ou a produtor rural pessoa física;
> III – contribuintes individuais garimpeiros, que trabalhem, comprovadamente, em regime de economia familiar, na forma do § 1º do art. 109;[14]

---

[14] IN n. 128/2022: "Art. 109 (...) § 1º A atividade é desenvolvida em regime de economia familiar quando o trabalho dos membros do grupo familiar é indispensável à própria subsistência e ao desenvolvimento socioeconômico, sendo exercida em condições de mútua dependência e colaboração, sem a utilização de empregados permanentes, independentemente do valor auferido pelo segurado especial com a comercialização da sua produção, quando houver (...)".

IV – trabalhadores avulsos que prestam serviço de natureza rural; e
V – segurado especial.

O INSS não considera trabalhadores rurais, para fins de concessão dessa aposentadoria (art. 247, parágrafo único, da IN n. 128/2022):

I – empregados domésticos;
II – produtores rurais, proprietários ou não;
III – pescador profissional; e
IV – contribuintes individuais garimpeiros que não comprovem atividade em regime de economia familiar.

Observando-se a norma legal, percebe-se que a IN n. 128/2022 criou restrições não previstas na LBPS, aviltando o princípio da legalidade.

A comprovação da atividade rural é feita por autodeclaração e com a apresentação dos documentos previstos no art. 106 da Lei de Benefícios, com a redação conferida pela Lei n. 13.846/2019:

Art. 106. A comprovação do exercício de atividade rural será feita, complementarmente à autodeclaração de que trata o § 2º e ao cadastro de que trata o § 1º, ambos do art. 38-B desta Lei, por meio de, entre outros: (Redação dada pela Lei n. 13.846, de 2019)
I – contrato individual de trabalho ou Carteira de Trabalho e Previdência Social;
II – contrato de arrendamento, parceria ou comodato rural;
III – revogado;
IV – Declaração de Aptidão ao Programa Nacional de Fortalecimento da Agricultura Familiar, de que trata o inciso II do caput do art. 2º da Lei n. 12.188, de 11 de janeiro de 2010, ou por documento que a substitua; (Redação dada pela Lei n. 13.846/2019);
V – bloco de notas do produtor rural;
VI – notas fiscais de entrada de mercadorias, de que trata o § 7º do art. 30 da Lei n. 8.212, de 24 de julho de 1991, emitidas pela empresa adquirente da produção, com indicação do nome do segurado como vendedor;
VII – documentos fiscais relativos a entrega de produção rural à cooperativa agrícola, entreposto de pescado ou outros, com indicação do segurado como vendedor ou consignante;
VIII – comprovantes de recolhimento de contribuição à Previdência Social decorrentes da comercialização da produção;
IX – cópia da declaração de imposto de renda, com indicação de renda proveniente da comercialização de produção rural; ou
X – licença de ocupação ou permissão outorgada pelo INCRA.

Quanto ao período de carência, a atual redação do § 2º do art. 48 da Lei de Benefícios estatui que o trabalhador rural deve comprovar o efetivo exercício de atividade rural, ainda que de forma descontínua, no período imediatamente anterior ao requerimento do benefício, por tempo igual ao número de meses de contribuição correspondente à carência do benefício pretendido, computados os períodos em que o trabalhador estava nas seguintes situações:

– exercício de atividade remunerada em período de entressafra ou do defeso, não superior a 120 (cento e vinte) dias, corridos ou intercalados, no ano civil, observado o disposto no § 13 do art. 12 da Lei n. 8.212/1991;

- exercício de mandato eletivo de dirigente sindical de organização da categoria de trabalhadores rurais;
- exercício de mandato de vereador do Município em que desenvolve a atividade rural ou de dirigente de cooperativa rural constituída, exclusivamente, por segurados especiais, observado o disposto no § 13 do art. 12 da Lei n. 8.212/1991;
- parceria ou meação outorgada na forma e condições estabelecidas no inciso I do § 8º do art. 11 da Lei n. 8.213/1991;
- atividade artesanal desenvolvida com matéria-prima produzida pelo respectivo grupo familiar, podendo ser utilizada matéria-prima de outra origem, desde que a renda mensal obtida na atividade não exceda ao menor benefício de prestação continuada da Previdência Social; e
- atividade artística, desde que em valor mensal inferior ao menor benefício de prestação continuada da Previdência Social.

Além disso, dispôs o art. 3º da Lei n. 11.718/2008 acerca dos critérios de cálculo de carência para concessão de **aposentadoria ao empregado rural e contribuinte individual** (como membro de cooperativa de trabalho, assentado, parceiro, meeiro ou arrendatário rural):

> Art. 3º Na concessão de aposentadoria por idade do empregado rural, em valor equivalente ao salário mínimo, serão contados para efeito de carência:
> I – até 31 de dezembro de 2010, a atividade comprovada na forma do art. 143 da Lei n. 8.213, de 24 de julho de 1991;
> II – de janeiro de 2011 a dezembro de 2015, cada mês comprovado de emprego, multiplicado por 3 (três), limitado a 12 (doze) meses, dentro do respectivo ano civil; e
> III – de janeiro de 2016 a dezembro de 2020, cada mês comprovado de emprego, multiplicado por 2 (dois), limitado a 12 (doze) meses dentro do respectivo ano civil.
> Parágrafo único. Aplica-se o disposto no caput deste artigo e respectivo inciso I ao trabalhador rural enquadrado na categoria de segurado contribuinte individual que comprovar a prestação de serviço de natureza rural, em caráter eventual, a 1 (uma) ou mais empresas, sem relação de emprego.

Com base nessa alteração legislativa, o INSS tem exigido do trabalhador boia-fria o recolhimento de contribuições como contribuinte individual para reconhecimento do tempo de contribuição a partir de 1º.1.2011. Entendemos que essa exigência fere direito dessa categoria de trabalhadores que exercem suas atividades sem qualquer formalização e com remuneração insuficiente para o recolhimento de contribuições.

Em síntese, esse tratamento previdenciário é excludente e deve ser evitado, razão pela qual defendemos que o trabalhador boia-fria deve continuar a ser enquadrado como segurado especial, mesmo após o advento da referida alteração legislativa, em conformidade com as normas de proteção social e da universalização do acesso à previdência social. Nesse sentido:

> 1. Esta Corte consolidou a orientação de que o Trabalhador Rural, na condição de boia-fria, equipara-se ao Segurado Especial de que trata o inciso VII do art. 11 da Lei 8.213/1991, no que tange aos requisitos necessários para a obtenção de benefícios previdenciários (STJ, REsp 1.762.211/PR, 1ª Turma, DJe 7.12.2018).

Quanto à prova da atividade do boia-fria, o STJ fixou a seguinte tese em Repetitivo:

Tema n. 554: "Aplica-se a Súmula 149/STJ ('A prova exclusivamente testemunhal não basta à comprovação da atividade rurícola, para efeitos da obtenção de benefício previdenciário') aos trabalhadores rurais denominados 'boias-frias', sendo imprescindível a apresentação de início de prova material. Por outro lado, considerando a inerente dificuldade probatória da condição de trabalhador campesino, a apresentação de prova material somente sobre parte do lapso temporal pretendido não implica violação da Súmula 149/STJ, cuja aplicação é mitigada se a reduzida prova material for complementada por idônea e robusta prova testemunhal" (REsp 1.321.493/PR, 1ª Seção, 19.12.2012).

Sobre a aposentadoria por idade rural, destacamos ainda as seguintes Súmulas e precedentes relevantes do STJ e da TNU:

- **STJ – Súmula n. 577**: "É possível reconhecer o tempo de serviço rural anterior ao documento mais antigo apresentado, desde que amparado em convincente prova testemunhal colhida sob o contraditório";
- **STJ – Repetitivo Tema 532**: "O trabalho urbano de um dos membros do grupo familiar não descaracteriza, por si só, os demais integrantes como segurados especiais, devendo ser averiguada a dispensabilidade do trabalho rural para a subsistência do grupo familiar, incumbência esta das instâncias ordinárias (Súmula 7/STJ)" (REsp 1.304.479/SP, 19.12.2012);
- **STJ – Repetitivo Tema 533**: "Em exceção à regra geral (...), a extensão de prova material em nome de um integrante do núcleo familiar a outro não é possível quando aquele passa a exercer trabalho incompatível com o labor rurícola, como o de natureza urbana" (REsp 1304479/SP, 1ª Seção, 19.12.2012);
- **STJ – Repetitivo Tema 554**: "Aplica-se a Súmula 149/STJ ('A prova exclusivamente testemunhal não basta à comprovação da atividade rurícola, para efeitos da obtenção de benefício previdenciário') aos trabalhadores rurais denominados 'boias-frias', sendo imprescindível a apresentação de início de prova material. Por outro lado, considerando a inerente dificuldade probatória da condição de trabalhador campesino, a apresentação de prova material somente sobre parte do lapso temporal pretendido não implica violação da Súmula 149/STJ, cuja aplicação é mitigada se a reduzida prova material for complementada por idônea e robusta prova testemunhal" (REsp 1.321.493/PR, 1ª Seção, 19.12.2012);
- **STJ – Repetitivo Tema 638**: "Mostra-se possível o reconhecimento de tempo de serviço rural anterior ao documento mais antigo, desde que amparado por convincente prova testemunhal, colhida sob contraditório" (REsp 1.348.633/SP, 5.12.2014);
- **STJ – Repetitivo Tema 1.115**: "O tamanho da propriedade não descaracteriza, por si só, o regime de economia familiar, quando preenchidos os demais requisitos legais exigidos para a concessão da aposentadoria por idade rural";
- **TNU – Súmula n. 14**: "Para a concessão de aposentadoria rural por idade, não se exige que o início de prova material, corresponda a todo o período equivalente à carência do benefício";
- **TNU – Súmula n. 41**: "A circunstância de um dos integrantes do núcleo familiar desempenhar atividade urbana não implica, por si só, a descaracterização do trabalhador rural como segurado especial, condição que deve ser analisada no caso concreto";

- **TNU – Súmula n. 46**: "O exercício de atividade urbana intercalada não impede a concessão de benefício previdenciário de trabalhador rural, condição que deve ser analisada no caso concreto";
- **TNU – Súmula n. 54**: "Para a concessão de aposentadoria por idade de trabalhador rural, o tempo de exercício de atividade equivalente à carência deve ser aferido no período imediatamente anterior ao requerimento administrativo ou à data do implemento da idade mínima";
- **TNU – Representativo de Controvérsia Tema 219**: "É possível o cômputo do tempo de serviço rural exercido por pessoa com idade inferior a 12 (doze) anos na época da prestação do labor campesino" (PEDILEF 5008955-78.2018.4.04.7202/SC, j. 23.6.2022);
- **TNU – Representativo de Controvérsia Tema 301**: "**Cômputo do Tempo de Trabalho Rural** I. Para a aposentadoria por idade do trabalhador rural não será considerada a perda da qualidade de segurado nos intervalos entre as atividades rurícolas. **Descaracterização da condição de segurado especial** II. A condição de segurado especial é descaracterizada a partir do 1º dia do mês seguinte ao da extrapolação dos 120 dias de atividade remunerada no ano civil (Lei 8.213/91, art. 11, § 9º, III); III. Cessada a atividade remunerada referida no item II e comprovado o retorno ao trabalho de segurado especial, na forma do art. 55, parag. 3º, da Lei 8.213/91, o trabalhador volta a se inserir imediatamente no VII, do art. 11 da Lei 8.213/91, ainda que no mesmo ano civil" (PEDILEF 0501240-10.2020.4.05.8303/PE, j. 15.9.2022);
- **TNU – PUIL 5000636-73.2018.4.02.5005/ES** – Tese Firmada: "Constituem início de prova material da condição de trabalhador rural: (i) documentos escolares do segurado ou seus descendentes emitidos por escola rural; e (ii) certidões de nascimento e casamento dos filhos, que indiquem a profissão rural de um dos genitores" (j. 20.11.2020);
- **TNU – PUIL 0006786-13.2011.4.01.4300/TO** – Tese Firmada: "Certidões de sindicato rural e da Justiça Eleitoral servem como início da prova material" (j. 24.11.2016);
- **TNU – PUIL 5004841-66.2013.4.04.7107/RS** – Tese Firmada: "(a).1 – o histórico escolar emitido por escola rural, e certidão de propriedade, mesmo que em nome do pai, podem, em tese, servir como início de prova material para comprovação de atividade rural em regime de economia familiar; (a).2 – não há a necessidade de que a prova material abranja todo o período pleiteado, diante da extensão probatória prospectiva ou retroativa, desde que conjugadas com prova testemunhal harmônica e convincente" (j. 11.9.2014);
- **TNU – PUIL 5000363-97.2018.4.02.5004/ES** – Tese Firmada: "A comercialização da produção do(a) segurado(a) especial não é indispensável à sua caracterização, devendo ser averiguada se sua atividade é indispensável à própria subsistência e ao desenvolvimento socioeconômico do núcleo familiar" (j. 20.11.2020).

Quando o exercício de atividade remunerada fora do campo se der pelo prazo de até 120 dias por ano civil, não há descaracterização da qualidade de segurado especial do trabalhador, sendo desnecessárias maiores digressões a respeito da influência do labor urbano sobre a condição de segurado especial (art. 11, § 9º, III, da Lei n. 8.213/1991). Isso não significa, contudo, que todo afastamento superior a 120 dias ao ano implique automaticamente a descaracterização da condição de segurado especial.

Destaca-se que, pelo RPS (art. 9º, § 21, com redação dada pelo Decreto n. 10.410/2020), a utilização de empregados pode ser superior aos 120 dias no ano civil, caso haja percepção de auxílio por incapacidade temporária. Outra mudança nessa questão foi a possibilidade de transformar os 120 dias em horas, a razão de 8 horas por dia e 44 horas semanais. Assim, poderiam ser pagos 240 dias, pelo tempo de 4 horas.

Nesses casos, há que se perquirir se o afastamento representou ruptura definitiva do trabalhador em relação ao campo, o que somente pode ser avaliado diante das especificidades de cada caso concreto (PEDILEF 200870570011300, Juiz Federal Rogério Moreira Alves, *DOU* 31.5.2013).

Outro precedente relevante se refere ao uso de maquinários e ao arrendamento de terras. Para a TNU, não é incompatível com o regime de economia familiar a utilização de máquinas (trator) para plantar e para colher, mormente em se tratando de lavoura de soja. E o arrendamento de parte das terras, durante certo período, também não afasta a possibilidade de ser reconhecido o regime de economia familiar (PEDILEF 200970570007609, Juiz Federal Antônio Fernando Schenkel do Amaral e Silva, *DOU* 17.8.2012).

Ainda, quanto a este tópico, registramos que, conforme tem sido reconhecido em âmbito jurisprudencial, o exercício de mandato eletivo como vereador e a comercialização em pequena escala de produtos rurais de caráter artesanal não excluem a qualidade de segurado especial. Neste sentido: *TRF-4, AC 0002757-95.2017.404.9999, 6ª Turma, Rel. Des. Federal João Batista Pinto Silveira,* DE *16.6.2017.*

30.3.3 Aposentadoria programada "mista" ou "híbrida" da Lei n. 11.718/2008

A Lei n. 11.718/2008 criou outra espécie de aposentadoria por idade ao trabalhador rural que não tiver como comprovar o efetivo exercício de atividade rural, ainda que de forma descontínua, no período imediatamente anterior ao cumprimento da idade mínima ou ao requerimento da aposentadoria originalmente prevista na Lei n. 8.213/1991.

De acordo com o disposto no § 3º do art. 48 da LB (incluído pela Lei n. 11.718/2008), os trabalhadores rurais poderão somar tempo rural e urbano para cumprimento da carência. No entanto, a idade mínima a ser considerada era de 65 anos de idade, se homem, e 60 anos, se mulher, ou seja, equiparando-se ao trabalhador urbano no requisito etário.

Mesmo após a Reforma da Previdência efetivada pela EC n. 103/2019, entendemos que permanece válida a hipótese de concessão da aposentadoria híbrida, pois não houve revogação expressa nem tácita desse modelo de benefício. No entanto, as regras deverão ser ajustadas para contemplar as mudanças trazidas pela EC n. 103/2019, quais sejam, a elevação da idade mínima para a mulher (62 anos) e a carência de 20 (vinte) anos para os segurados homens ingressantes no RGPS após a publicação da Reforma da Previdência.

A interpretação literal do § 3º do art. 48 da LBPS pode conduzir o intérprete a entender que somente os trabalhadores rurais farão jus à aposentadoria "mista" ao completarem a idade mínima exigida.

Entretanto, essa não é a melhor interpretação para as normas de caráter social.

As normas previdenciárias devem ser interpretadas com base nos princípios constitucionais que regem o sistema, especialmente aqueles contidos nos art. 194, parágrafo único, e art. 201 da CF/1988.

Assim, em respeito ao princípio da uniformidade e da equivalência dos benefícios e serviços às populações urbanas e rurais, previsto no art. 194, parágrafo único, inciso II, da Constituição Federal, é possível a concessão de aposentadoria por idade para qualquer espécie de segurado mediante a contagem, para fins de carência, de períodos de contribuição, tanto como segurado urbano ou como rural, e de períodos de atividade, com ou sem a realização de contribuições facultativas, de segurado especial.

Não existe justificativa fática ou jurídica para que se estabeleça qualquer discriminação em relação ao segurado urbano no que tange à contagem, para fins de carência, do período laborado como segurado especial sem contribuição facultativa, já que o requisito etário para ambos – neste caso – é o mesmo.

Enfatizamos que para essa espécie de aposentadoria híbrida pode ser computado como carência até mesmo o tempo rural anterior à 1º.11.1991, não se aplicando a restrição do art. 55, § 2º da Lei n. 8.213/1991 que dispõe: "*§ 2º O tempo de serviço do segurado trabalhador rural, anterior à data de início de vigência desta Lei, será computado independentemente do recolhimento das contribuições a ele correspondentes, exceto para efeito de carência, conforme dispuser o Regulamento*".

Considerando-se que a Lei n. 11.718/2008 disciplina de forma inovadora o cômputo de tempo rural (admitindo-o para efeito de carência) e por ser norma posterior, deve prevalecer o entendimento de que o regramento referido (art. 55, § 2º da LB) não tem aplicabilidade para essa modalidade de aposentadoria.

Consigna-se que o STJ, ao referendar o direito da aposentadoria híbrida em favor dos trabalhadores rurais e urbanos, assentou que é permitido ao segurado mesclar o período urbano ao período rural e vice-versa, para implementar a carência mínima necessária e obter o benefício etário híbrido (REsp 1.367.479/RS, *DJe* 10.9.2014; REsp 1.702.489/SP, *DJe* 19.12.2017). No mesmo sentido, a tese fixada no Repetitivo 1.007:

> O tempo de serviço rural, ainda que remoto e descontínuo, anterior ao advento da Lei 8.213/1991, pode ser computado para fins da carência necessária à obtenção da aposentadoria híbrida por idade, ainda que não tenha sido efetivado o recolhimento das contribuições, nos termos do art. 48, § 3º da Lei 8.213/1991, seja qual for a predominância do labor misto exercido no período de carência ou o tipo de trabalho exercido no momento do implemento do requisito etário ou do requerimento administrativo.

O STF ao analisar a RG Tema 1104, com o seguinte conteúdo: "Requisitos legais necessários para a concessão do benefício previdenciário de aposentadoria hibrida por idade.", reconheceu a inexistência de repercussão geral da questão, por não se tratar de matéria constitucional, consolidando a tese fixada pelo STJ no Repetitivo Tema 1.007 (*Leading Case*: RE 1.281.909, Plenário Virtual, j. 25.9.2020).

Para efetivação dessa interpretação na via administrativa, o Ministério Público Federal ajuizou ação civil pública tendo por objetivo compelir o INSS, ao examinar a viabilidade da concessão do benefício de aposentadoria por idade híbrida de que trata o art. 48, § 3º, da Lei n. 8.213/1991, considerar, inclusive para fim de carência, o tempo de serviço rurícola exercido anteriormente a novembro de 1991, bem como para conceder o referido benefício independentemente da natureza, urbana ou rural, do último labor desenvolvido pelo segurado, seja na época do preenchimento dos requisitos legais, seja na época de seu requerimento.

A referida ACP foi julgada procedente pelo TRF da 4ª Região, com *alcance para todo o território nacional* (TRF4, ACP 5038261-15.2015.404.7100, 5ª Turma, Rel. Des. Fed. Taís Schilling Ferraz, em 12.6.2017). E, em cumprimento a essa decisão, foi editado o Memorando-Circular Conjunto n. 1 DIRBEN/PFE/INSS, de 4.1.2018, para fins de assegurar o direito à aposentadoria por idade na modalidade híbrida, independentemente de qual tenha sido a última atividade profissional desenvolvida – rural ou urbana. Com o trânsito em julgado da referida ACP, essas regras foram tratadas pela IN PRES/INSS n. 151, de 13.7.2023, que alterou a IN PRES/INSS n. 122/2022 e revogou o citado Memorando-Circular.

Cumpre referir que o Decreto n. 10.410/2020 alterou o texto do art. 57 do RPS, para dispor sobre a aposentadoria híbrida após a EC n. 103/2019. Nessa regulamentação foi prevista a concessão dessa modalidade de aposentadoria após 13.11.2019 pelas novas regras permanentes da aposentadoria programada (homem: 65 anos de idade e 20 anos de tempo de contribuição; mulher: 62 anos de idade e 15 anos de tempo de contribuição). Esse decreto também reconheceu: a) que para fins de cálculo do valor da renda mensal, deve ser considerado como salário de contribuição mensal do período como segurado especial o salário mínimo (§ 1º do art. 57); b) o direito ao benefício ainda que, na oportunidade do requerimento da aposentadoria, o segurado não se enquadre como trabalhador rural (§ 2º do art. 57).

Porém, o Decreto n. 10.410/2020 não disciplinou a concessão da aposentadoria híbrida com base nas regras de transição da aposentadoria por idade em que o tempo de contribuição é de 15 anos (para homens e mulheres) e a idade da mulher teve aumento gradativo (começando em 60 anos até chegar em 62 em 2023). Mas na sequência essa omissão foi suprida pela IN INSS n. 128/2022, que previu a aplicação das regras de transição da aposentadoria por idade também para a aposentadoria híbrida, quais sejam:

Art. 257-A. Por força de decisão judicial transitada em julgado, proferida nos autos da ACP n. 5038261-15.2015.4.04.7100/RS, para requerimentos com DER a partir de 5 de janeiro de 2018, fica assegurado o direito à aposentadoria por idade na modalidade híbrida, independentemente: (Incluído pela IN PRES/INSS n. 151, de 13 de Julho de 2023)

I – de qual tenha sido a última atividade profissional desenvolvida (rural ou urbana) ao tempo do requerimento administrativo ou do implemento dos requisitos; e

II – da efetivação de contribuições relativas ao tempo de atividade comprovada como trabalhador rural.

§ 1º Para fazer jus à aposentadoria por idade prevista no caput, o beneficiário deverá comprovar sua condição de segurado do RGPS na DER ou na data da implementação dos requisitos, cabendo o reconhecimento a esse benefício, inclusive quando a qualidade de segurado for em razão de percepção de benefício concedido em decorrência de qualidade de segurado resultante do exercício de atividade de natureza urbana.

§ 2º Na concessão da aposentadoria por idade prevista no caput, os períodos de atividade rural anteriores a 1º de novembro de 1991 são computados como carência, não se aplicando as previsões dos incisos II e V do art. 194.

§ 3º A aposentadoria de que trata o *caput* será calculada na forma prevista do inciso VI do art. 233.

§ 4º O disposto nos arts. 316 e 317 também são aplicáveis ao benefício de que trata este artigo, no que couber.

Art. 316. Fica assegurada a concessão da aposentadoria por idade ao segurado que, até 13 de novembro de 2019, data da publicação da Emenda Constitucional n. 103, tenha cumprido a carência exigida e completado 60 (sessenta) anos, se mulher, e 65 (sessenta e cinco) anos de idade, se homem. (...)

Art. 317. Ao segurado filiado ao RGPS até 13 de novembro de 2019, data da publicação da Emenda Constitucional n. 103, de 2019, será devida a aposentadoria por idade, cumprida a carência exigida, quando preencher cumulativamente, os seguintes requisitos:

I – 60 (sessenta) anos de idade, se mulher, e 65 (sessenta e cinco) anos de idade, se homem; e

II – 15 (quinze) anos de tempo de contribuição, para ambos os sexos.

§ 1º A partir de 1º de janeiro de 2020, a idade de 60 (sessenta) anos da mulher, prevista no inciso I do *caput*, será acrescida em 6 (seis) meses a cada ano, até atingir 62 (sessenta e dois) anos de idade.

§ 2º O disposto neste artigo aplica-se aos trabalhadores que não atendam os requisitos para a aposentadoria por idade do trabalhador rural, dispostos no art. 256, mas que satisfaçam a carência exigida computando-se os períodos de contribuição sob outras categorias, inclusive urbanas. (NR da IN n. 151/2023)

§ 3º O disposto no § 2º aplica-se exclusivamente aos segurados que, na data da implementação dos requisitos, comprovem a condição de trabalhador rural ou urbano, cabendo observar as disposições dos arts. 257 e 257-A. (NR da IN n. 151/2023)

Destaca-se, ainda, da IN n. 128/2022 a seguinte previsão que se mostra adequada à jurisprudência uniformizada pelo STJ sobre o tema:

Art. 220. Considera-se período contributivo:
(...) § 2º Para fins de concessão da aposentadoria híbrida, prevista no art. 257, o período de exercício de atividade como segurado especial, ainda que não recolha facultativamente, é considerado contributivo.

Essas normativas representam um grande avanço no reconhecimento do direito à aposentadoria híbrida no âmbito administrativo, pois incorporam as orientações jurisprudenciais e interpretam de forma adequada as novas regras advindas da EC n. 103/2019.

Mais recentemente, a Portaria Conjunta GP n. 4, de 15 de abril de 2024, com o intuito de reduzir a litigiosidade em matéria previdenciária, estabeleceu como ponto pacífico que "é possível a concessão de aposentadoria por tempo de serviço/contribuição a trabalhador urbano empregado mediante o cômputo de atividade rural com registro em carteira profissional em período anterior ao advento da Lei n. 8.213/1991, para efeito da carência exigida no art. 142 da Lei de Benefícios" (Tema n. 5).

30.3.4 Período de carência

Na Lei n. 8.213/1991 a carência exigida para a aposentadoria por idade é de 180 contribuições mensais para homens e mulheres, período que pode ser considerado como mantido mesmo após a EC n. 103/2019, conforme previsão contida no Decreto n. 10.410/2020, que deu a atual redação ao art. 29, II, do RPS.

Para o segurado especial, que não contribui facultativamente, considera-se como período de carência o tempo de efetivo exercício de atividade rural, ainda que de forma descontínua, no período imediatamente anterior ao requerimento do benefício, em número de meses idêntico à carência do referido benefício.

Para o segurado inscrito na Previdência Social Urbana até 24.7.1991, bem como para o trabalhador e o empregador rurais antes cobertos pela Previdência Social Rural, a carência das aposentadorias por idade, por tempo de serviço e especial obedece à tabela prevista no art. 142 da Lei n. 8.213/1991, a qual leva em conta o ano em que o segurado implementou as condições necessárias à obtenção do benefício. Por exemplo, do segurado que implementou as condições no ano de 1991 foram exigidos 60 meses de contribuição. Para o segurado que cumpriu as condições no ano de 2008, a exigência era de 162 meses de contribuição. A total implementação da exigência dos 180 meses de carência ocorreu a partir do ano de 2011.

30.3.5 Data de início do benefício

A aposentadoria por idade é devida ao segurado empregado, inclusive o doméstico, a partir da data do desligamento do emprego (quando requerida até noventa dias depois deste) ou da data do requerimento (quando não houve desligamento do emprego ou quando requerida após noventa dias). Para os demais segurados, tem-se como devida desde a data da entrada do requerimento.

O benefício pode ser solicitado pela Central 135, pelo portal da Previdência Social na Internet (Meu INSS) ou aplicativo e nas Agências da Previdência Social, mediante o cumprimento das exigências legais. Ressaltamos que o trabalhador não precisa deixar de exercer atividade remunerada para requerer a aposentadoria.

30.3.6 Renda mensal inicial

Nos casos de direito adquirido até 13.11.2019, o valor consistirá numa renda mensal de 70% (setenta por cento) do salário de benefício, mais 1% (um por cento) deste, por grupo de 12 (doze) contribuições, não podendo ultrapassar 100% (cem por cento) do salário de benefício (art. 50 da Lei n. 8.213/1991).

O salário de benefício corresponderá à média aritmética simples dos maiores salários de contribuição correspondentes a 80% (oitenta por cento) de todo o período contributivo (art. 29, II, da Lei n. 8.213/1991, com redação conferida pela Lei n. 9.876, de 26.11.1999).

Já para o segurado filiado ao RGPS até 28.11.2019 (véspera da publicação da Lei n. 9.876/1999), caso tenha implementado as condições para a concessão do benefício após 28.11.1999, será considerada a média aritmética simples dos maiores salários de contribuição, correspondentes a, no mínimo, 80% (oitenta por cento) de todo o período contributivo decorrido desde a competência julho de 1994 (art. 3º, *caput*, da Lei n. 9.876/1999). Nessa hipótese incide o "mínimo divisor", que não poderá ser inferior a 60% (sessenta por cento) do período decorrido da competência julho de 1994 até a data de início do benefício, limitado a cem por cento de todo o período contributivo (art. 3º, § 2º).

Para situações de direito adquirido a partir de 13.11.2019, a renda mensal será de 60% (sessenta por cento) do salário de benefício, com acréscimo de 2% (dois por cento) para cada ano de contribuição que exceder 15 (quinze) anos de contribuição, no caso da mulher, e 20 (vinte) anos de contribuição, no caso do homem (art. 26 da EC n. 103/2019).

O salário de benefício é obtido com base na média aritmética simples dos salários de contribuição, atualizados monetariamente, correspondentes a 100% (cem por cento) do período contributivo desde a competência julho de 1994 ou desde o início da contribuição, se posterior a essa competência. E, a partir de 5 de maio de 2022, com a incidência do divisor mínimo de 108 (cento e oito) meses previsto no art. 135-A da LBPS (incluído pela Lei n. 14.331/2022).

As regras de cálculo da aposentadoria por idade urbana se aplicam integralmente à aposentadoria por idade híbrida, considerando-se como salário de contribuição mensal do período como segurado especial o salário mínimo (art. 57, § 1º, do RPS, com redação conferida pelo Decreto n. 10.410/2020).

A EC n. 103/2019 não modificou os coeficientes de cálculo da aposentadoria do trabalhador rural e manteve a garantia de um salário mínimo para a aposentadoria dos segurados especiais. A regulamentação da matéria está no art. 56 do RPS (redação dada pelo Decreto n. 10.410/2020) e no art. 233 da IN INSS n. 128/2022.

Dessa forma, a RMI da aposentadoria por idade do trabalhador rural será calculada da seguinte forma:

a) para os segurados especiais que não contribuem facultativamente, a RMI será de um salário mínimo; e
b) para os demais trabalhadores rurais (empregados rurais, contribuintes individuais e trabalhadores avulsos), bem como para o segurado especial que contribui facultativamente: 70% (setenta por cento) do salário de benefício, com acréscimo de 1% (um por cento) para cada ano de contribuição.

Quanto a utilização do tempo rural no cálculo da aposentadoria por idade urbana, a TNU editou a Súmula n. 76 com o seguinte teor: "A averbação de tempo de serviço rural não contributivo não permite majorar o coeficiente de cálculo da renda mensal inicial de aposentadoria por idade previsto no art. 50 da Lei n. 8.213/91".

Essa súmula se baseou na orientação do STJ, segundo o qual a aposentadoria por idade urbana exige a efetiva contribuição para o aumento do coeficiente da renda mensal. Diante da inexistência de contribuições mensais correspondentes aos períodos de atividade rural, a averbação desse tempo de serviço não traz reflexos financeiros capazes de propiciar a revisão, pois se refere a interregnos que não compõem o Período Básico de Cálculo – PBC da aposentadoria por idade (REsp 1.063.112/SC, 5ª Turma, Rel. Min. Jorge Mussi, DJe 3.8.2009).

Porém, com a sistemática de cálculo trazida pela EC n. 103/2019 e à vista das alterações e inclusões realizadas no RPS pelo Decreto n. 10.410/2020, entendemos que será possível a sua utilização na concessão de qualquer benefício pelas novas regras permanentes e de transição. Respalda essa interpretação o contido no art. 188-G, parágrafo único, do RPS:

> Art. 188-G. O tempo de contribuição até 13 de novembro de 2019 será contado de data a data, desde o início da atividade até a data do desligamento, considerados, além daqueles referidos no art. 19-C, os seguintes períodos: (...)
> Parágrafo único. O tempo de contribuição de que trata este artigo será considerado para fins de cálculo do valor da renda mensal de qualquer benefício. (NR)

Esse avanço justifica-se como forma de compensar em parte a redução do coeficiente de cálculo da aposentadoria, por força do art. 26, § 2º da EC n. 103/2019.

QUADRO-RESUMO – APOSENTADORIA POR IDADE

BENEFÍCIO	APOSENTADORIA POR IDADE Código da Espécie (INSS): B-41
Evento Gerador	a) URBANA: Homem: 65 anos + 15 anos de tempo de contribuição para quem era filiado até a EC n. 103/2019; b) URBANA: Mulher: 60 anos + tempo de contribuição de 15 anos (a partir da EC n. 103/2019, a idade da mulher foi elevada de forma gradativa – 6 meses a cada ano, até atingir os 62 anos, em 2023); c) RURAL: 60 anos, se homem, e 55 anos, se mulher + tempo de atividade rural de 15 anos; d) HÍBRIDA: aplicam-se os mesmos requisitos etários e de tempo de contribuição da aposentadoria por idade urbana.
Beneficiários	Todos os segurados do RGPS.
Carência	a) 180 contribuições mensais para os segurados inscritos após 24.7.1991; b) Tabela Progressiva do art. 142 da Lei n. 8.213/1991: para os segurados inscritos antes de 24.7.1991; c) o trabalhador rural deve comprovar o efetivo exercício de atividade rural, ainda que de forma descontínua, no período imediatamente anterior ao requerimento do benefício ou, conforme o caso, ao mês em que cumpriu o requisito etário, por tempo igual ao número de meses de contribuição correspondente à carência do benefício pretendido (15 anos).
Carência Congelada	"Para efeito de aposentadoria urbana por idade, a tabela progressiva de carência prevista no art. 142 da Lei n. 8.213/1991 deve ser aplicada em função do ano em que o segurado completa a idade mínima para concessão do benefício, ainda que o período de carência só seja preenchido posteriormente" (Súmula n. 44 da TNU).

Cap. 30 – APOSENTADORIAS PROGRAMÁVEIS

Aposentadoria Programada Híbrida ou Mista – Lei n. 11.718/2008	– Os trabalhadores rurais e urbanos que não atendam os requisitos gerais, mas que satisfaçam essa condição, se forem considerados períodos de contribuição sob outras categorias do segurado, farão jus ao benefício ao completarem 65 anos de idade, se homem, e 60 anos, se mulher (a partir da EC n. 103/2019: 62 anos, se mulher). – O cálculo da renda mensal terá PBC, considerando-se como salário de contribuição mensal do período como segurado especial o limite mínimo do salário de contribuição da previdência social. – Aplica-se essa regra ainda que na oportunidade do requerimento da aposentadoria o segurado não se enquadre como trabalhador rural. – Em face do princípio constitucional da uniformidade e equivalência dos benefícios e serviços às populações urbanas e rurais (art. 194, parágrafo único, II), aplicável essa regra também em favor do trabalhador urbano. Neste sentido: *STJ*, Repetitivo Tema 1.007 e art. 57, § 2º do RPS (Redação dada pelo Decreto n. 10.410/2020).
Qualidade de Segurado	– A perda da qualidade de segurado não será considerada para a concessão desse benefício, desde que o segurado conte com, no mínimo, o tempo de contribuição correspondente ao exigido para efeito de carência na data do requerimento do benefício (art. 3º da Lei n. 10.666/2003). – Essa regra não se aplica ao segurado especial, pois a aposentadoria rural tem requisito adicional específico: o efetivo exercício da atividade rural em período logo antecedente ao requerimento administrativo (arts. 39, I; 48, § 2º; e 143, todos da Lei n. 8.213, de 1991). – A concessão do benefício de aposentadoria por idade, nos termos do art. 3º da Lei n. 10.666/2003, observará, para os fins de cálculo do valor do benefício, o disposto no art. 3º, *caput* e § 2º, da Lei n. 9.876/1999, ou, não havendo salários de contribuição recolhidos no período a partir da competência julho de 1994, será de um salário mínimo.
Salário de Benefício	b) Para os segurados filiados na Previdência Social a partir de 29.11.1999 (Lei n. 9.876, de 1999) e que implementaram os requisitos até a publicação da EC n. 103/2019 (13.11.2019), o salário de benefício consiste: – na média aritmética simples dos maiores salários de contribuição correspondentes a 80% de todo o período contributivo, corrigidos mês a mês, multiplicado pelo fator previdenciário; c) Para os segurados filiados à Previdência Social até 28.11.1999 e que implementaram os requisitos até 13.11.2019 (EC n. 103/2019), o salário de benefício consiste: – na média aritmética simples dos 80% maiores salários de contribuição, corrigidos mês a mês, de todo o período contributivo decorrido desde julho de 1994, multiplicado pelo fator previdenciário; – o divisor considerado no cálculo da média não poderá ser inferior a 60% do período decorrido da competência julho de 1994 até a data de início do benefício, limitado a cem por cento de todo o período contributivo. d) Para os benefícios concedidos com cômputo de tempo trabalhado após 13.11.2019 (EC n. 103/2019): média aritmética simples dos salários de contribuição atualizados monetariamente, correspondentes a 100% do período contributivo desde a competência julho de 1994 ou desde o início da contribuição, se posterior àquela competência. E, a partir de 5 de maio de 2022, com a incidência do divisor mínimo de 108 (cento e oito) meses previsto no art. 135-A da LBPS (incluído pela Lei n. 14.331/2022).
Fator Previdenciário (aplicável até o advento da EC n. 103/2019)	– Será calculado considerando-se a idade, a expectativa de sobrevida e o tempo de contribuição do segurado ao se aposentar, com base em regra de direito adquirido até 13.11.2019. – Ao segurado com direito à aposentadoria por idade é assegurada a opção pela aplicação ou não do fator previdenciário, considerando o que for mais vantajoso.

Renda Mensal Inicial	e) Até a entrada em vigor da EC n. 103/2019 (13.11.2019): – Proporcional ao tempo de contribuição, consistindo numa renda mensal correspondente a 70% do salário de benefício, mais 1% a cada grupo de doze contribuições mensais, até 100% do salário de benefício. f) Após a entrada em vigor da EC n. 103/2019 (13.11.2019): – 60% do valor do salário de benefício (média integral de todos os salários de contribuição), com acréscimo de dois pontos percentuais para cada ano de contribuição que exceder o tempo de 20 anos de contribuição para os homens e de 15 anos para as mulheres. – Segurado especial: é igual a um salário mínimo, salvo quando contribua, facultativamente, como contribuinte individual, quando então terá a aposentadoria calculada com base na regra geral. – Trabalhador rural empregado, bem como segurado especial que contribua facultativamente e contribuintes individuais que verteram contribuições: será calculada pela média integral dos salários de contribuição (conforme art. 26 da EC n. 103/2019), mas será multiplicado pelo coeficiente de cálculo da aposentadoria por idade previsto no art. 50 da LBPS: 70% + 1% a cada ano de contribuição, até o limite de 100% do salário de benefício (art. 56, § 2º do RPS – redação do Decreto n. 10.410/2020).
Período Básico de Cálculo	O Período Básico de Cálculo – PBC é fixado, conforme o caso, de acordo com a: I – Data do Afastamento da Atividade ou do Trabalho – DAT; II – Data de Entrada do Requerimento – DER; III – Data da Publicação da Lei n. 9.876, de 1999 – DPL; IV – Data da Publicação da EC n. 103/2019; V – Data de Implementação das Condições Necessárias à Concessão do Benefício – DICB.
Data de Início do Benefício	– Segurado empregado, inclusive o doméstico: a) a partir da data do desligamento do emprego, quando requerida até essa data ou até noventa dias depois; b) da data do requerimento, quando não houver desligamento do emprego ou quando requerida após 90 dias. – Para os demais segurados: a partir da data da entrada do requerimento.
Aposentadoria Compulsória	– A aposentadoria por idade pode ser requerida pela empresa, desde que o segurado tenha cumprido a carência, quando este completar 70 anos de idade, se do sexo masculino, ou 65, se do sexo feminino, sendo compulsória, caso em que será garantida ao empregado a indenização prevista na legislação trabalhista, considerada como data da rescisão do contrato de trabalho a imediatamente anterior à do início da aposentadoria (art. 51 da Lei n. 8.213/1991). – Os empregados dos consórcios públicos, das empresas públicas, das sociedades de economia mista e das suas subsidiárias serão aposentados compulsoriamente, observado o cumprimento do tempo mínimo de contribuição, ao atingir a idade máxima de 75 anos (art. 201, § 16 da CF, incluído pela EC n. 103/2019).
Duração	Indeterminada. Cessa com a morte do segurado, transformando-se em pensão por morte, caso tenha dependentes.
Desistência	Depois que receber o primeiro pagamento, ou sacar o PIS e/ou o FGTS (o que ocorrer primeiro), o segurado não poderá desistir do benefício (art. 181-B – Decreto n. 3.048/1999).
Observações	As regras gerais da aposentadoria por idade encontram-se no art. 18 da EC n. 103/2019 (regra de transição), nos arts. 48 a 51 da Lei n. 8.213/1991 e nos arts. 188-A e ss. (trabalhador urbano) e 56-57 (trabalhador rural) do Decreto n. 3.048/1999 (redação dada pelo Decreto n. 10.410/2020).

TABELA DAS REGRAS DE TRANSIÇÃO APOSENTADORIA POR IDADE PARA A MULHER

Aposentadoria por Idade Regra de Transição para mulheres filiadas antes da Emenda Constitucional n. 103/2019 Requisitos: 180 meses de carência + Idade		
Ano	URBANO	HÍBRIDA
	Idade mínima	Idade mínima
2019	60	60
2020	60,5	60,5
2021	61	61
2022	61,5	61,5
2023	62	62

Anexo IV – Portaria DIRBEN/INSS n. 991, de 28.3.2022.

30.4 APOSENTADORIA POR TEMPO DE SERVIÇO

A aposentadoria por tempo de serviço, criada pela Lei Eloy Chaves e extinta pela Emenda Constitucional n. 20/1998, era devida, de forma proporcional, ao segurado que completasse vinte e cinco anos de serviço, se mulher, ou trinta anos, se homem, desde que cumprido o período de carência exigido. Para a aposentadoria por tempo de serviço com proventos integrais o homem necessitava comprovar trinta e cinco anos de serviço e a mulher, trinta anos. Quando foi extinta, não havia exigência de idade mínima para a concessão do benefício, mas até a edição da Lei n. 4.160/1962 era necessária a implementação, além do tempo de serviço, da idade exigida para aposentação.

A Emenda Constitucional n. 20 assegurou a concessão da aposentadoria por tempo de serviço, a qualquer tempo, aos segurados do RGPS que, até a data da publicação da Emenda (16.12.1998), tivessem cumprido os requisitos para obtenção desse benefício, com base nos critérios da legislação então vigente (art. 3º, *caput,* da EC n. 20/1998).

Aos segurados filiados ao RGPS até 16.12.1998, e que não tinham completado o tempo de serviço exigido pela legislação de vigência, aplicavam-se as regras de transição previstas no art. 9º da Emenda Constitucional n. 20/1998 (revogado pela EC n. 103/2019), caso não preferissem se adequar às regras da aposentadoria por tempo de contribuição. Para quem se filiou ao RGPS após essa data, aplicavam-se as novas regras, devendo comprovar tempo de contribuição e não mais tempo de serviço, sendo a aposentadoria concedida somente de forma integral e não mais proporcional.

As regras gerais sobre a aposentadoria por tempo de serviço foram disciplinadas nos arts. 52 a 56 da Lei n. 8.213/1991.

30.4.1 Período de carência

O período de carência era de 180 contribuições mensais. Para o segurado inscrito na Previdência Social Urbana até 24.7.1991, bem como para o trabalhador e o empregador rural cobertos pela Previdência Social Rural, a carência das aposentadorias por idade, por tempo de serviço e especial obedecia à tabela prevista no art. 142 da Lei n. 8.213/1991, a qual levava em conta o ano em que o segurado tinha implementado ou implementará as condições necessárias à obtenção do benefício.

30.4.2 Data de início do benefício

Era devida ao segurado empregado, inclusive o doméstico, a partir da data do desligamento do emprego (quando requerida tanto até essa data quanto até noventa dias depois dela), ou, da data do requerimento (quando não houvesse desligamento do emprego ou quando fosse requerida após noventa dias). Para os demais segurados, era a data da entrada do requerimento.

30.4.3 Renda mensal inicial

A renda mensal da aposentadoria por tempo de serviço, até a promulgação da Emenda Constitucional n. 20/1998, consistia:

- para a mulher: em 70% do salário de benefício aos vinte e cinco anos de serviço, mais 6% deste salário para cada novo ano completo de atividade, até o máximo de 100% do salário de benefício aos trinta anos de serviço;
- para o homem: em 70% do salário de benefício aos trinta anos de serviço, mais 6% deste salário para cada novo ano completo de atividade, até o máximo de 100% aos trinta e cinco anos de serviço.

O professor, após trinta anos, e a professora, após vinte e cinco anos de efetivo exercício em funções de magistério, poderiam aposentar-se por tempo de serviço com renda mensal correspondente a 100% do salário de benefício (art. 56 da Lei n. 8.213/1991).

30.5 APOSENTADORIA POR TEMPO DE CONTRIBUIÇÃO

Embora criticada por muitos doutrinadores, era da tradição da Previdência Social brasileira a aposentadoria por tempo de atividade laborativa, razão pela qual, em que pese ter sido extinta a aposentadoria por tempo de serviço, permaneceu a noção de aposentadoria por tempo de atividade, com o surgimento de outra modalidade de jubilação.

Com a Reforma da Previdência efetivada pela Emenda Constitucional n. 20/1998, o tempo de serviço deixou de ser considerado para a concessão da aposentadoria, passando a valer o tempo de contribuição efetiva para o regime previdenciário. A partir de então, para aqueles que se filiaram ao RGPS após a EC n. 20, não mais havia possibilidade de concessão de aposentadoria proporcional ao tempo de serviço.

A exigência da combinação do tempo de contribuição com uma idade mínima foi eliminada durante a tramitação do texto principal da EC n. 20/1998, constando apenas das regras de transição.

Conforme a regulamentação dada à matéria pelo RPS e pela IN n. 128/2022,[15] a aposentadoria por tempo de contribuição ficou assegurada nas seguintes condições para quem preencheu os requisitos até 13.11.2019:

- **SEGURADOS FILIADOS AO RGPS ATÉ 16.12.1998** (data da publicação da EC n. 20/1998), inclusive os oriundos de outro regime de Previdência Social, desde que cumprida a carência exigida, possuem direito à aposentadoria por tempo de contribuição, desde que tenham cumprido os seguintes requisitos até 13.11.2019:

    I – aposentadoria por tempo de contribuição, com renda mensal no valor de 100% do salário de benefício, desde que cumpridos:

---

[15] Arts. 187 e 188 do Decreto n. 3.048/1999 (com alterações do Decreto n. 10.410/2020), e arts. 319 a 324 da IN n. 128/2022.

a) 35 anos de contribuição, se homem;

b) 30 anos de contribuição, se mulher;

II – aposentadoria por tempo de contribuição, com renda mensal proporcional, desde que cumpridos os seguintes requisitos, cumulativamente:

a) idade: 53 anos para o homem; 48 anos para a mulher;

b) tempo de contribuição: 30 anos, se homem, e 25 anos de contribuição, se mulher;

c) um período adicional de contribuição equivalente a 40% (quarenta por cento) do tempo que, em 16.12.1998, faltava para atingir o tempo de contribuição estabelecido (30 anos, se homem, e 25 anos de contribuição, se mulher);

– **SEGURADOS FILIADOS AO RGPS A PARTIR DE 17.12.1998**, inclusive os oriundos de outro regime de Previdência Social, desde que cumprida a carência exigida, possuem direito à aposentadoria por tempo de contribuição desde que comprovassem até 13.11.2019:

a) 35 anos de contribuição, se homem;

b) 30 anos de contribuição, se mulher.

Importa atentar que, aos segurados filiados até 16.12.1998, foi garantida regra de transição que vigorou até 13.11.2019. Aos que se filiaram a partir de 17.12.1998, a regra foi aquela trazida na nova redação da EC n. 20/1998, que vigou até 13.11.2019.

Com a entrada em vigor da EC n. 103/2019, a aposentadoria por tempo de contribuição foi substituída pela aposentadoria programada, mas, em respeito às expectativas de direito, foram criadas quatro regras de transição para quem era filiado à Previdência Social até 13.11.2019, as quais serão examinadas na sequência.

As regras de transição previstas para os segurados filiados no RGPS até 16.12.1998 estavam contidas no art. 9º da EC n. 20/1998, o qual foi revogado pela EC n. 103/2019. Com relação aos critérios para concessão de aposentadoria integral (100% do salário de benefício) pelas regras de transição da EC n. 20/1998, estas não tinham aplicabilidade por serem mais gravosas ao segurado, já que eram previstos os seguintes requisitos: a idade mínima, de 53 anos para o homem, e de 48 anos, para a mulher; e, para atingir o tempo de contribuição de trinta e cinco anos, se homem, e de trinta anos, se mulher, o cumprimento de um período adicional de contribuição equivalente a vinte por cento do tempo que, na data da publicação da Emenda, faltasse para atingir o limite de tempo de contribuição. Nesse sentido: STF, ED no Ag. Reg. no Rec. Ext. 524.189/MG, 2ª Turma, Rel. Min. Teori Zavascki, *DJe* 30.8.2016.

Essa situação foi reconhecida pelo INSS quando da edição da Instrução Normativa INSS/DC n. 57/2001 e mantido o entendimento conforme as instruções normativas subsequentes. Ou seja, não se exigiu idade mínima e o pedágio de vinte por cento para a concessão da aposentadoria com coeficiente de 100% do salário de benefício pelas regras de transição. No entanto, a idade mínima e o pedágio de quarenta por cento foram exigidos dos segurados que pretendessem optar pela aposentadoria proporcional, de acordo com as regras de transição.

Ainda quanto à aplicação das regras de transição da EC n. 20/1998, o STF interpretou no sentido da impossibilidade de utilizar o tempo de contribuição posterior a 16.12.1998 para concessão da aposentadoria com as regras anteriores à reforma da Previdência. A decisão foi proferida pelo Tribunal Pleno com Repercussão Geral – Tema 70, sendo fixada a seguinte tese:

> Na sistemática de cálculo dos benefícios previdenciários, não é lícito ao segurado conjugar as vantagens do novo sistema com aquelas aplicáveis ao anterior, porquanto inexiste direito adquirido a determinado regime jurídico (*Leading Case*: RE 575.089, Rel. Min. Ricardo Lewandowski, *DJe* 24.10.2008).

A perda da qualidade de segurado não era considerada para a concessão da aposentadoria por tempo de contribuição, regra prevista na Lei n. 10.666/2003 (art. 3º).

– **Substituição da aposentadoria por tempo de contribuição pela aposentadoria programada: EC n. 103/2019**

Na avaliação do Governo (que constou da Exposição de Motivos da PEC n. 6/2019), as mudanças decorrentes da EC n. 20/1998 e da Lei n. 9.876/1999 – que ampliou o período básico de cálculo e criou o chamado fator previdenciário – não foram suficientes para reduzir o déficit do sistema, pois a média de idade nas aposentadorias por tempo de contribuição estava em 54,22 anos.

Com isso, a solução proposta e que passou a viger foi a extinção da previsão de aposentadoria por tempo de contribuição (sem a previsão de uma idade mínima) das regras permanentes da Constituição. No entanto, foram previstas quatro regras de transição para a aposentadoria por tempo de contribuição que serão abordadas na sequência.

30.5.1 Beneficiários

Em princípio, cumpridos os requisitos exigidos, todos os segurados do RGPS, filiados até 13.11.2019, têm direito à aposentadoria por tempo de contribuição, observadas as seguintes exceções:

a) Segurado especial:

A contribuição com base exclusiva na comercialização da produção rural, não dá direito à aposentadoria por tempo de contribuição, mas apenas a aposentadoria por idade e por incapacidade permanente, de renda mensal igual a um salário mínimo. Caso optasse por efetuar contribuições mensais, de forma voluntária, passaria a ter reconhecido o direito à concessão da aposentadoria por tempo de contribuição.

b) Contribuinte individual e segurado facultativo:

Os contribuintes individuais e segurados facultativos que optaram pela sistemática de contribuição, na forma estabelecida na Lei Complementar n. 123, de 14.12.2006 (alíquota de 11% sobre o valor mínimo mensal do salário de contribuição, ou seja, 11% sobre o salário mínimo), não podem desfrutar do benefício da aposentadoria por tempo de contribuição, salvo se complementarem as contribuições feitas em alíquota menor que a regra geral (mais 9% sobre o mesmo salário de contribuição).

c) Microempreendedor Individual (MEI):

A contribuição reduzida (5% do salário mínimo) não assegura ao MEI a aposentadoria por tempo de contribuição. Caso pretenda contar o tempo de contribuição correspondente para fins de obtenção da aposentadoria por tempo de contribuição ou da contagem recíproca do tempo de contribuição a que se refere o art. 94 da Lei n. 8.213/1991, deve complementar a contribuição mensal mediante recolhimento, sobre o valor correspondente ao limite mínimo mensal do salário de contribuição em vigor na competência a ser complementada, da diferença entre o percentual pago e o de 20%, acrescido dos juros moratórios equivalentes à taxa Selic.

d) Segurado facultativo com contribuição reduzida (CadÚnico):

A Lei n. 12.470/2011 também reduziu para 5% do salário mínimo a contribuição do segurado facultativo sem renda própria que se dedique exclusivamente ao trabalho doméstico no âmbito de sua residência, desde que pertencente à família de baixa renda, assim considerada a família inscrita no Cadastro Único para Programas Sociais do Governo Federal – CadÚnico cuja renda mensal seja de até dois salários mínimos.

Porém, conforme se observa do julgamento do Tema n. 181 de RC pela TNU, "a prévia inscrição no Cadastro Único para Programas Sociais do Governo Federal – CadÚnico é requisito essencial para validação das contribuições previdenciárias vertidas na alíquota de 5% (art. 21, § 2º, inciso II, alínea 'b' e § 4º, da Lei n. 8.212/1991 – redação dada pela Lei n. 12.470/2011), e os efeitos dessa inscrição não alcançam as contribuições feitas anteriormente".

Neste caso, aplicam-se as mesmas regras indicadas para o MEI, sobre a necessidade de complementação da contribuição.

– Síntese dos segurados que efetuam contribuição reduzida:

Alíquota 11%	Alíquota 5%
Somente pode pagar sobre o salário mínimo de cada competência;	Somente pode pagar sobre o salário mínimo de cada competência;
Não tem direito à aposentadoria por tempo de contribuição;	Não tem direito à aposentadoria por tempo de contribuição;
Disponível para segurado facultativo ou segurado contribuinte individual, que trabalhe por conta própria, sem relação de trabalho com empresa ou equiparado;	Disponível para microempreendedor individual (MEI) e segurado facultativo sem renda própria que se dedique exclusivamente ao trabalho doméstico no âmbito de sua residência, desde que pertencente à família de baixa renda registrada no CadÚnico;
Se quiser se aposentar por tempo de contribuição ou obter CTC para contagem recíproca, deverá complementar a contribuição mensal com a diferença de 9%.	Se quiser se aposentar por tempo de contribuição ou obter CTC para contagem recíproca, deverá complementar a contribuição mensal com a diferença de 15%.

30.5.2 Período de carência

A carência é de 180 contribuições mensais, com a aplicação da tabela progressiva do art. 142 da Lei n. 8.213/1991 aos segurados inscritos na Previdência Social Urbana até 24.7.1991.

A exigência de 35 anos de contribuição para o segurado e de 30 anos de contribuição, para a segurada, não exclui a regra sobre a carência, uma vez que o tempo de contribuição poderá ser obtido computando-se atividades prestadas em períodos anteriores à filiação, como nos casos de averbação do tempo anterior à perda da qualidade de segurado, de contagem recíproca de tempo de contribuição cumprido noutros regimes, e outras aberturas legais que permitiam incluir períodos em que não houve efetiva contribuição ao sistema, como nas hipóteses de fruição de benefícios de prestação continuada, substitutivos do salário de contribuição.

Entendemos compatível a continuidade da exigência do período de carência de 180 meses nas regras de transição da EC n. 103/2019 que ainda permitem a aposentadoria por tempo de contribuição associado a outros requisitos. O RPS adota a regra de que os períodos de carência (180 meses) foram mantidos para a concessão das aposentadorias programáveis anteriores e posteriores à EC n. 103/2019, como se nota do inciso II do art. 29 do Decreto n. 3.048/1999, com redação conferida pelo Decreto n. 10.410/2020.

30.5.3 Data de início do benefício

A aposentadoria por tempo de contribuição é devida ao segurado empregado, inclusive ao doméstico, que cumpriu os requisitos antes da EC n. 103/2019, ou pelas regras de transição dessa Emenda, a partir da data do desligamento do emprego (quando requerida até essa data ou até noventa dias depois), ou da data do requerimento (quando não houver desligamento do emprego ou quando for requerida após noventa dias). Para os demais segurados, que também tenham cumprido os requisitos até a EC n. 103/2019 ou das regras de transição, é devida a partir da data da entrada do requerimento.

O benefício pode ser solicitado por meio da Central 135, pelo portal da Previdência Social na Internet (Meu INSS) ou aplicativo e nas Agências da Previdência Social, mediante o cumprimento das exigências legais. Ressaltamos que o trabalhador não precisava deixar o emprego para requerer a aposentadoria.

De acordo com o RPS, a aposentadoria por tempo de contribuição é irreversível e irrenunciável depois que o segurado receber o primeiro pagamento, sacar o PIS ou o Fundo de Garantia (o que ocorrer primeiro).

O STF ao julgar a Repercussão Geral – Tema 503 validou esse entendimento, fixando a tese de que: "No âmbito do Regime Geral de Previdência Social – RGPS, somente lei pode criar benefícios e vantagens previdenciárias, não havendo, por ora, previsão legal do direito à 'desaposentação' ou à 'reaposentação', sendo constitucional a regra do art. 18, § 2º, da Lei n. 8.213/91" (ED – RE 661.256/SC, Tribunal Pleno, *DJe* 14.2.2020).

Frisamos que as regras relativas à DIB permanecem válidas para as situações que envolvem direitos adquiridos (preenchimento dos requisitos até 13.11.2019, data de publicação da EC n. 103/2019) e para quem se aposentar pelas regras de transição doravante aplicáveis.

30.5.4 Renda mensal inicial

A apuração da renda mensal inicial da aposentadoria por tempo de contribuição observará as seguintes regras:

a) Para direito adquirido até 16.12.1998: o segurado que até 16.12.1998 (data da publicação da EC n. 20/1998) completou o tempo necessário para a aposentadoria por tempo de serviço, integral ou proporcional, bem como a carência necessária, tem o direito de requerer, a qualquer momento, o benefício, que será calculado com base nos salários de contribuição imediatamente anteriores àquela data (até o máximo de 36, apurados no período de até 48 meses) e reajustada até o dia do requerimento pelos mesmos índices aplicados aos benefícios. Nesse caso, não é possível incluir tempo de contribuição exercido posteriormente a 16.12.1998.

b) Para direito adquirido até 28.11.1999: o segurado que até 28.11.1999 (data anterior à publicação da Lei n. 9.876/1999) completou o tempo necessário para a aposentadoria por tempo de contribuição, integral ou proporcional, bem como a carência necessária, tem o direito de requerer, a qualquer momento, o benefício, que será calculado com base nos salários de contribuição imediatamente anteriores àquela data (até o máximo de 36, apurados no período de até 48 meses) e reajustada até o dia do requerimento pelos mesmos índices aplicados aos benefícios. Nesse caso, será computada a atividade exercida até 28.11.1999.

Não haverá a aplicação do fator previdenciário no cálculo das aposentadorias cujo direito tenha sido adquirido até 16.12.1998 ou 28.11.1999.

c) Para direito adquirido até 13.11.2019, data da publicação da EC n. 103/2019, com tempo integral, inclusive do professor: 100% (cem por cento) do salário de benefício, multiplicado pelo fator previdenciário.

d) Para direito adquirido até 13.11.2019, data da publicação da EC n. 103/2019, com tempo proporcional: 70% (setenta por cento) do salário de benefício acrescido de 5% (cinco por cento) por grupo de 12 (doze) contribuições que ultrapassar o período adicional exigido, limitado a 100% (cem por cento) do salário de benefício, multiplicado pelo fator previdenciário.

Nessas duas hipóteses:

- o cálculo do salário de benefício será composto pela média aritmética simples de 80% (oitenta por cento) dos maiores salários de contribuição constantes no PBC;
- para os filiados até 28.11.1999 (publicação da Lei n. 9.876/1999) que vierem a cumprir os requisitos necessários à concessão da aposentadoria até 13.11.2019, deverá ser observado que o divisor a ser considerado na média não poderá ser inferior a 60% (sessenta por cento) do período decorrido de julho de 1994 até a DIB;
- não será aplicado o fator previdenciário quando o total resultante da soma entre a idade e o tempo de contribuição atender ao disposto do art. 29-C da Lei n. 8.213, de 1991 (fator 85/95 progressivo – estava em 86/96 em 13.11.2019).

e) Para direito adquirido a partir de 13.11.2019, com implementação do acesso pelas regras de transição com pontuação ou idade mínima, inclusive do professor: 60% (sessenta por cento) do salário de benefício, com acréscimo de 2% (dois por cento) para cada ano de contribuição que exceder 15 (quinze) anos de contribuição, no caso da mulher, e 20 (vinte) anos de contribuição, no caso do homem.

f) Para direito adquirido a partir de 13.11.2019, com implementação do acesso pela regra de transição com período adicional de 50% (cinquenta por cento): 100% (cem por cento) do salário de benefício, multiplicado pelo fator previdenciário.

g) Para direito adquirido a partir de 13.11.2019, com implementação do acesso pela regra de transição com idade mínima e período adicional de 100% (cem por cento), inclusive a do professor: 100% (cem por cento) do salário de benefício.

Nessas três últimas hipóteses, por força do art. 26 da EC n. 103/2019, o salário de benefício é obtido com base na média aritmética simples dos salários de contribuição, atualizados monetariamente, correspondentes a 100% (cem por cento) do período contributivo desde a competência julho de 1994 ou desde o início da contribuição, se posterior a essa competência. E, a partir de 05 de maio de 2022, com a incidência do divisor mínimo de 108 (cento e oito) meses previsto no art. 135-A da LBPS (incluído pela Lei n. 14.331/2022).

O período básico de cálculo – PBC foi fixado, conforme o caso, de acordo com as datas a seguir relacionadas, observada a mais vantajosa para o segurado:

a) data do afastamento da atividade – DAT;
b) data da entrada do requerimento – DER;
c) data da publicação da EC n. 20: 16.12.1998 – DPE;
d) data da publicação da Lei n. 9.876: 28.11.1999 – DPL;
e) data da publicação da EC n. 103: 13.11.2019;
f) data de implementação das condições necessárias à concessão do benefício – DICB.

Questão relevante estava relacionada à sistemática de cálculo da RMI quanto não coincidente com a DER. O entendimento firmado pela jurisprudência foi no sentido daquele preconizado no RPS, o qual prevê a atualização pelos mesmos índices utilizados para reajustar os benefícios e não daqueles empregados para correção dos salários de contribuição. Nesse sentido: TNU: PEDILEF 0012147-38.2006.4.03.6302; STJ: REsp 1342984; REsp 1.369.028.

30.5.5 Validade das novas regras de cálculo

Com as mudanças promovidas pelas EC n. 20/1998 e n. 103/2019, assim como pela Lei n. 9.876/2019, as normas de concessão e de apuração do benefício vão depender da época em que o segurado adquiriu o direito à aposentadoria, pois a legislação posterior não pode alterar a forma de cálculo dos benefícios cujo direito já foi adquirido.

A esse respeito, o art. 3º, § 2º, da EC n. 103/2019 estabelece que os proventos de aposentadoria devidos ao segurado e as pensões por morte devidas aos seus dependentes serão apurados de acordo com a legislação em vigor à época em que foram atendidos os requisitos nela estabelecidos para a concessão desses benefícios.

Vale ressaltar que não assiste direito ao segurado às regras de cálculo revogadas quando pretender somar o tempo trabalhado após as reformas. Nesse sentido, a Repercussão Geral Tema 70, cuja tese fixada pelo STF, foi a seguinte: "Na sistemática de cálculo dos benefícios previdenciários, não é lícito ao segurado conjugar as vantagens do novo sistema com aquelas aplicáveis ao anterior, porquanto inexiste direito adquirido a determinado regime jurídico".

Em conclusão, consolidou-se o entendimento de que a tese em questão importava em "mesclar as vantagens de dois regimes distintos de aposentadoria", beneficiando-se das vantagens decorrentes de um sistema híbrido.

QUADRO-RESUMO – APOSENTADORIA POR TEMPO DE CONTRIBUIÇÃO

BENEFÍCIO	APOSENTADORIA POR TEMPO DE CONTRIBUIÇÃO (Benefício extinto pela EC n. 103/2019, mas com previsão em regras de transição) Código da Espécie (INSS): B-42
Evento Gerador	– Cumprimento, até a entrada em vigor da EC n. 103/2019 (13.11.2019), de: a) Homem: 35 anos de contribuição + carência de 180 meses; b) Mulher: 30 anos de contribuição + carência de 180 meses; c) Professores/as (na educação infantil e no ensino fundamental e médio): 5 anos a menos no período de contribuição acima.
Aposentadoria Proporcional pelas Regras de Transição da Emenda Constitucional n. 20/1998 (regra revogada pela EC n. 103/2019)	– O segurado que em 16.12.1998 não havia completado o tempo mínimo exigido para aposentadoria por tempo de contribuição, tinha direito a aposentadoria proporcional desde que cumprida a carência e os seguintes requisitos de forma cumulativa: a) idade: 53 anos para o homem e 48 anos para a mulher; b) tempo de contribuição: 30 anos de contribuição para o homem e 25 anos de contribuição para a mulher; c) tempo de contribuição adicional: equivalente a 40% (quarenta por cento) do tempo que, em 16.12.1998, faltava para atingir o limite de contribuição. – Quando mais vantajoso, os segurados podiam optar pelas regras permanentes alteradas pela EC n. 20/1998, quais sejam, 35 anos de TC – homem; 30 anos de TC, mulher, sem idade mínima (art. 9º da EC n. 20).
Beneficiários	– Todos os segurados do RGPS, exceto o segurado especial, salvo se optar por efetuar contribuições mensais, de forma voluntária. – O contribuinte individual, o microempreendedor individual e o segurado facultativo (inclusive a dona de casa de baixa renda) que optaram pela contribuição reduzida não fazem jus à aposentadoria por tempo de contribuição, salvo se complementarem as contribuições feitas em alíquota menor que a regra geral (20% sobre o salário de contribuição).
Carência	a) 180 contribuições mensais para os segurados inscritos após 24.7.1991; b) tabela progressiva do art. 142 da Lei n. 8.213/1991: para os segurados inscritos antes de 24.7.1991.

Qualidade de Segurado	A perda da qualidade de segurado na data do requerimento não será considerada, desde que já implementados todos os requisitos para a concessão do benefício.
Salário de Benefício (válido para os segurados que implementaram os requisitos para a aposentadoria até a entrada em vigor da EC n. 103/2019)	a) Para o segurado filiado na Previdência Social a partir de 29.11.1999 (Lei n. 9.876, de 1999), o salário de benefício consistia: – na média aritmética simples dos maiores salários de contribuição correspondentes a 80% de todo o período contributivo, corrigidos mês a mês, multiplicado pelo fator previdenciário; b) Para o segurado filiado à Previdência Social até 28.11.1999, o salário de benefício consiste: – na média aritmética simples dos 80% maiores salários de contribuição, corrigidos mês a mês, de todo o período contributivo decorrido desde julho de 1994, multiplicado pelo fator previdenciário; – o divisor considerado no cálculo da média não poderia ser inferior a 60% do período decorrido da competência julho de 1994 até a data de início do benefício, limitado a cem por cento de todo o período contributivo.
Fator Previdenciário	– Era calculado considerando-se a idade, a expectativa de sobrevida e o tempo de contribuição do segurado ao se aposentar. – Era aplicado para fins de cálculo da RMI da aposentadoria por tempo de contribuição, inclusive de professor. – A Lei n. 13.183/2015 permitiu a opção de não incidência do fator previdenciário, quando o total resultante da soma da idade e do tempo de contribuição do segurado for de, respectivamente, 95 e 85 pontos (denominada fórmula 85/95 progressiva) para o homem e mulher.
Renda Mensal Inicial (válida para os segurados que implementaram os requisitos para a aposentadoria até a entrada em vigor da EC n. 103/2019)	– Aposentadoria integral: 100% do salário de benefício. – Aposentadoria proporcional prevista na EC n. 20/1998: 70% do salário de benefício acrescido de 5% por ano de contribuição que supere a soma do tempo de 30 anos (h), ou 25 anos (m) + tempo adicional do pedágio.
Data de Início do Benefício	– Segurado Empregado: a) a partir da data do desligamento do emprego, quando requerida até esta data; b) da data do requerimento, quando não houver desligamento do emprego ou quando requerida após 90 dias. – Para os demais segurados: a partir da data da entrada do requerimento.
Período Básico de Cálculo	O Período Básico de Cálculo – PBC era fixado, conforme o caso, de acordo com a: I – Data do Afastamento da Atividade ou do Trabalho – DAT; II – Data de Entrada do Requerimento – DER; III – Data da Publicação da Emenda Constitucional n. 20, de 1998 – DPE; IV – Data da Publicação da Lei n. 9.876, de 1999 – DPL; V – Data da Publicação da EC n. 103, de 2019 – DPE; V – Data de Implementação das Condições Necessárias à Concessão do Benefício – DICB.
Duração	Indeterminada. Cessa com a morte do segurado, quando o benefício é transformado em pensão por morte caso existam dependentes previdenciários.
Desistência	– Depois que receber o primeiro pagamento, ou sacar o PIS e/ou o FGTS (o que ocorrer primeiro), o segurado não poderá desistir do benefício (art. 181-B – Decreto n. 3.048/1999). – O STF, ao julgar a repercussão geral que tratou da desaposentação, fixou a tese de que por ausência de norma legal não é possível a renúncia da aposentadoria para a concessão de outra mais vantajosa ou a reaposentação, sendo constitucional a regra do art. 18, § 2º, da Lei n. 8.213/1991 (Tema 503 – RE 661.256/SC, Tribunal Pleno, j. 6.2.2020).

Regra do Melhor Benefício	– Se mais vantajoso, fica assegurado o direito à aposentadoria, nas condições legalmente previstas na data do cumprimento de todos os requisitos necessários à obtenção do benefício, ao segurado que, tendo completado trinta e cinco anos de serviço, se homem, ou trinta anos, se mulher, optou por permanecer em atividade (art. 122 da Lei n. 8.213/1991). – Caberá ao INSS conceder o benefício mais vantajoso ao requerente ou benefício diverso do requerido, desde que os elementos constantes do processo administrativo assegurem o reconhecimento desse direito (art. 176-E do RPS).
Direito Adquirido à Regra de Cálculo	**a) Direito adquirido até 16.12.1998:** O segurado que, até 16.12.1998 (Data da publicação da EC n. 20/1998), completou o tempo necessário para a aposentadoria por tempo de serviço, integral ou proporcional, bem como a carência necessária, tem o direito de requerer, a qualquer momento, o benefício, que será calculado com base nos salários de contribuição imediatamente anteriores àquela data (até o máximo de 36, apurados no período de até 48 meses) e reajustada até o dia do requerimento pelos mesmos índices aplicados aos benefícios. Nesse caso, não é possível incluir tempo de contribuição exercido posteriormente a 16.12.1998. **b) Direito adquirido até 28.11.1999:** O segurado que, até 28.11.1999 (data anterior à publicação da Lei n. 9.876/1999), completou o tempo necessário para a aposentadoria por tempo de contribuição, integral ou proporcional, bem como a carência necessária, tem o direito de requerer, a qualquer momento, o benefício, que será calculado com base nos salários de contribuição imediatamente anteriores àquela data (até o máximo de 36, apurados no período de até 48 meses) e reajustada até o dia do requerimento pelos mesmos índices aplicados aos benefícios. Nesse caso, será computada a atividade exercida até 28.11.1999. – Não haverá a aplicação do fator previdenciário no cálculo das aposentadorias cujo direito tenha sido adquirido até 16.12.1998 ou 28.11.1999. – Embora tenha o segurado direito adquirido à aposentadoria, nos termos do art. 3º da EC n. 20/1998, não pode computar tempo de contribuição posterior a ela, valendo-se das regras vigentes antes de sua edição. Inexiste direito adquirido a determinado regime jurídico, razão pela qual não é lícito ao segurado conjugar as vantagens do novo sistema com aquelas aplicáveis ao anterior. A superposição de vantagens caracteriza sistema híbrido, incompatível com a sistemática de cálculo dos benefícios previdenciários (STF, Plenário, RE 575.089, *DJE* 24.10.2008). **c) para direito adquirido até 13.11.2019, data da publicação da EC n. 103/2019, com tempo integral, inclusive do professor:** 100% (cem por cento) do salário de benefício, multiplicado pelo fator previdenciário. **d) para direito adquirido até 13.11.2019, data da publicação da EC n. 103/2019, com tempo proporcional:** 70% (setenta por cento) do salário de benefício acrescido de 5% (cinco por cento) por grupo de 12 (doze) contribuições que ultrapassar o período adicional exigido, limitado a 100% (cem por cento) do salário de benefício, multiplicado pelo fator previdenciário.
Observações	Os requisitos da aposentadoria por tempo de contribuição encontram-se nas regras de transição da EC n. 103/2019 (arts. 15, 16, 17 e 20), e nos arts. 187 e 188 do Decreto n. 3.048/1999 (este último com redação conferida pelo Decreto n. 10.410/2020).

30.5.6 EC n. 103/2019 – Regras de transição em relação à aposentadoria por tempo de contribuição

A Reforma da Previdência estabeleceu quatro novas regras de transição para os segurados filiados ao RGPS até a data de entrada em vigor da EC n. 103/2019 (13.11.2019). Quanto ao valor da aposentadoria devida em razão de tais regras de transição, prevê a EC n. 103/2019 que, futuramente, o cálculo poderá ser modificado na forma de lei ordinária a ser aprovada pelo Congresso Nacional. Vejamos a seguir quais são essas regras e o embasamento legal.

– Regra de Transição 1: SISTEMA DE PONTOS

Está prevista no art. 15 da EC n. 103/2019, tendo por destinatários os segurados filiados ao RGPS até a entrada em vigor dessa EC, assegurando o direito à aposentadoria, quando preenchidos, cumulativamente, os seguintes requisitos:

> *I – 30 (trinta) anos de contribuição, se mulher, e 35 (trinta e cinco) anos de contribuição, se homem; e*
>
> *II – somatório da idade e do tempo de contribuição, incluídas as frações, equivalente a 86 (oitenta e seis) pontos, se mulher, e 96 (noventa e seis) pontos, se homem.*

E, de acordo com o art. 188-I do RPS (com redação conferida pelo Decreto n. 10.410/2020), será exigida também a carência de cento e oitenta contribuições mensais, para ambos os sexos.

A partir de 1º de janeiro de 2020, a pontuação que se iniciou em 86/96, tem acréscimo de um ponto a cada ano para o homem e para a mulher, até atingir o limite de 100 pontos, se mulher (em 2033), e de 105 pontos, se homem (em 2028). A idade e o tempo de contribuição são apurados em dias para o cálculo do somatório de pontos.

Importante destacar que o requisito de pontos (estabelecido através do somatório de idade e de tempo de contribuição) impõe um mecanismo de incremento gradual dos requisitos, especialmente a partir de 1º de janeiro de 2020, quando essas pontuações vão aumentando gradativamente ano após ano.

Pode-se dizer que essa regra fragiliza a concepção da previsibilidade de data estimada de aposentadoria, estipulando requisitos mutáveis e que, com o passar do tempo, vão se revelando cada vez mais difíceis de cumprir e exigindo uma idade ainda mais avançada de aposentação.

Nos termos da EC n. 103/2019, e enquanto a matéria não seja disciplinada por lei posterior, o valor da aposentadoria corresponderá a 60% do valor do salário de benefício (média integral de todos os salários de contribuição desde julho de 1994), com acréscimo de dois pontos percentuais para cada ano de contribuição que exceder o tempo de 20 anos de contribuição para os homens e de 15 anos para as mulheres.

Regras de Transição Aposentadoria por Tempo de Contribuição – art. 15 da EC n. 103/2019

Aposentadoria por Tempo de Contribuição
Regra de transição – art. 15 da Emenda Constitucional n. 103
(Filiados antes da EC – Requisitos cumpridos após a Emenda Constitucional)
Requisitos: T.C. mínimo (mulher: 30 anos – homem: 35 anos) + Pontuação (Idade + T.C.)

Ano	Pontuação necessária		Ano	Pontuação necessária	
	Mulher	Homem		Mulher	Homem
2019	86	96	2027	94	104
2020	87	97	2028	95	105
2021	88	98	2029	96	105
2022	89	99	2030	97	105

Aposentadoria por Tempo de Contribuição Regra de transição – art. 15 da Emenda Constitucional n. 103 (Filiados antes da EC – Requisitos cumpridos após a Emenda Constitucional) Requisitos: T.C. mínimo (mulher: 30 anos – homem: 35 anos) + Pontuação (Idade + T.C.)					
2023	90	100	2031	98	105
2024	91	101	2032	99	105
2025	92	102	2033	100	105
2026	93	103			

Anexo V – Portaria DIRBEN/INSS n. 991, de 28.3.2022.

– **Regra de Transição 2: TEMPO DE CONTRIBUIÇÃO + IDADE MÍNIMA**

Está prevista no art. 16 da EC n. 103/2019, tendo por destinatários os segurados filiados ao RGPS até 13.11.2019, assegurando o direito à aposentadoria, quando preenchidos, cumulativamente, os seguintes requisitos:

> I – 30 (trinta) anos de contribuição, se mulher, e 35 (trinta e cinco) anos de contribuição, se homem; e
> II – idade de 56 (cinquenta e seis) anos, se mulher, e 61 (sessenta e um) anos, se homem.

E, de acordo com o art. 188-J do RPS (com redação conferida pelo Decreto n. 10.410/2020), será exigida também a carência de cento e oitenta contribuições mensais, para ambos os sexos.

A partir de 1º de janeiro de 2020, a idade passou a ser acrescida de seis meses a cada ano, e seguirá até atingir 62 anos de idade, se mulher (em 2031), e 65 anos de idade, se homem (em 2027). Em 12 anos acaba a transição para as mulheres e em 8 anos para os homens.

Nos termos da EC n. 103/2019, e enquanto a matéria não seja disciplinada por lei posterior, o valor da aposentadoria corresponderá a 60% do valor do salário de benefício (média integral de todos os salários de contribuição desde julho de 1994), com acréscimo de dois pontos percentuais para cada ano de contribuição que exceder o tempo de 20 anos de contribuição para os homens e de 15 anos para as mulheres.

Regras de Transição Aposentadoria por Tempo de Contribuição – art. 16 da EC n. 103/2019

Aposentadoria por Tempo de Contribuição Regra de transição – art. 16 da Emenda Constitucional n. 103/2019 (Filiados antes da Emenda Constitucional – Requisitos cumpridos após a Emenda Constitucional) T.C. mínimo (mulher: 30 anos – homem 35 anos) + Idade					
Ano	Idade necessária		Ano	Idade necessária	
	Mulher	Homem		Mulher	Homem
2019	56	61	2026	59,5	64,5
2020	56,5	61,5	2027	60	65

Aposentadoria por Tempo de Contribuição
Regra de transição – art. 16 da Emenda Constitucional n. 103/2019
(Filiados antes da Emenda Constitucional – Requisitos cumpridos após a Emenda Constitucional)
T.C. mínimo (mulher: 30 anos – homem 35 anos) + Idade

Ano	Idade necessária Mulher	Idade necessária Homem	Ano	Idade necessária Mulher	Idade necessária Homem
2021	57	62	2028	60,5	65
2022	57,5	62,5	2029	61	65
2023	58	63	2030	61,5	65
2024	58,5	63,5	2031	62	65
2025	59	64			

Anexo VII – Portaria DIRBEN/INSS n. 991, de 28.3.2022

– **Regra de Transição 3: PEDÁGIO DE 50% DO TEMPO FALTANTE**

Está prevista no art. 17 da EC n. 103/2019, tendo por destinatários os segurados filiados ao RGPS até 13.11.2019, e que na referida data contavam com mais de 28 anos de contribuição, se mulher, e 33 anos de contribuição, se homem, ficando assegurado o direito à aposentadoria quando preenchidos, cumulativamente, os seguintes requisitos:

I – 30 (trinta) anos de contribuição, se mulher, e 35 (trinta e cinco) anos de contribuição, se homem; e

II – cumprimento de período adicional correspondente a 50% (cinquenta por cento) do tempo que, na data de entrada em vigor da EC n. 103/2019, faltava para atingir 30 (trinta) anos de contribuição, se mulher, e 35 (trinta e cinco) anos de contribuição, se homem.

E, em conformidade com o art. 188-K do RPS (com redação conferida pelo Decreto n. 10.410/2020), será exigida também a carência de cento e oitenta contribuições mensais, para ambos os sexos.

De acordo com o parágrafo único do art. 17, o benefício concedido com base nessa regra terá seu valor apurado de acordo com a média aritmética simples dos salários de contribuição e das remunerações calculadas na forma da lei, multiplicada pelo fator previdenciário, calculado na forma do disposto nos §§ 7º a 9º do art. 29 da Lei n. 8.213/1991.

A renda mensal inicial deverá corresponder a 100% do salário de benefício, que deverá ser apurado com base na média aritmética simples dos salários de contribuição correspondentes a todo o período contributivo (desde julho de 1994), multiplicada pelo fator previdenciário. E, pela falta de previsão expressa, não deverá ser aplicada a fórmula 86/96 progressiva para exclusão do fator previdenciário, constante do art. 29-C da Lei n. 8.213/1991.

Esse novo critério de apuração do valor da renda mensal inicial irá redundar em perda significativa para os segurados que estavam perto de preencher os requisitos da aposentadoria.

Outro aspecto polêmico dessa regra, que não exige idade mínima, é a exclusão dos segurados com menor tempo de contribuição. É possível imaginar segurados que não serão beneficiados por terem faltado 2 anos e 1 mês de tempo de contribuição na data da publicação da EC n. 103/2019.

A título de comparação, podemos citar a EC n. 20/1998, que fixou o pedágio de 20% e de 40% do tempo faltante quando substituiu a aposentadoria por tempo de serviço pela de tempo de contribuição e extinguiu a possibilidade da aposentadoria proporcional. De acordo com aquela EC, todos os segurados poderiam, em tese, optar pelas regras de transição, desde que cumpridos o pedágio e a idade mínima exigida de 53 anos, se homem, e de 48 anos, se mulher. Contudo, com o passar do tempo, as regras permanentes se tornaram mais atrativas, por não exigirem pedágio e sequer idade mínima.

Regra de Transição com Adicional de 50% da Aposentadoria por Tempo de Contribuição – art. 17 da EC n. 103/2019

Aposentadoria por Tempo de Contribuição Regra de transição – art. 17 da Emenda Constitucional n. 103/2019 (Filiados antes da Emenda Constitucional – Requisitos cumpridos após a Emenda Constitucional) Tempo mínimo antes da Emenda Constitucional + Tempo mínimo total + Pedágio		
Requisitos	**Mulher**	**Homem**
Tempo mínimo antes da EC	30	35
Tempo mínimo total	28	33
Pedágio	50% do TC que faltava para 30 anos na EC n. 103, em 13.11.2019	50% do TC que faltava para 35 anos na EC n. 103, em 13.11.2019

Anexo IX – Portaria DIRBEN/INSS n. 991, de 28.3.2022.

– Regra de Transição 4: PEDÁGIO DE 100% DO TEMPO FALTANTE

Está prevista no art. 20 da EC n. 103/2019, tendo por destinatários os segurados filiados ao RGPS até a data de entrada em vigor dessa EC, assegurando o direito à aposentadoria, quando preenchidos, cumulativamente, os seguintes requisitos:

I – 57 (cinquenta e sete) anos de idade, se mulher, e 60 (sessenta) anos de idade, se homem;
II – 30 (trinta) anos de contribuição, se mulher, e 35 (trinta e cinco) anos de contribuição, se homem;
III – período adicional de contribuição correspondente ao tempo que, na data de entrada em vigor da EC n. 103/2019, faltaria para atingir o tempo mínimo de contribuição referido no inciso II (pedágio de 100% do tempo faltante).

De acordo com o art. 188-L do RPS (com redação conferida pelo Decreto n. 10.410/2020), será exigida também a carência de cento e oitenta contribuições mensais, para ambos os sexos.

Como exemplo dessa regra, podemos considerar que um segurado que tivesse a idade mínima de 60, mas somente 30 anos de tempo de contribuição quando a reforma entrou em vigor, teria que trabalhar os 5 anos que faltavam para completar os 35 anos, mais 5 anos de pedágio.

Nessa regra, o que mais atrai em relação às demais é o coeficiente de cálculo do benefício, que será de 100% do salário de benefício, calculado com base na média integral de todos os salários de contribuição desde julho de 1994.

No entanto, considerando o tempo de pedágio a ser cumprido, é bem provável que, para a grande maioria das pessoas, as regras permanentes sejam mais vantajosas que as de transição.

Regra de Transição com Adicional de 100% da Aposentadoria por Tempo de Contribuição – art. 20 da EC n. 103/2019

Aposentadoria por Tempo de Contribuição Regra de transição – art. 20 da Emenda Constitucional n. 103/2019 (Filiados antes da Emenda Constitucional – Requisitos cumpridos após a Emenda Constitucional) Tempo + Idade + Pedágio		
Requisitos	**Mulher**	**Homem**
Tempo mínimo	30	35
Idade	57	60
Pedágio	100% do que faltava para 30 anos na Emenda Constitucional	100% do que faltava para 35 anos na Emenda Constitucional

Anexo X – Portaria DIRBEN/INSS n. 991, de 28.3.2022.

30.6 APOSENTADORIA PROGRAMADA DO PROFESSOR

A função de magistério era regulada pelo Decreto n. 53.831/1964 com direito à aposentadoria especial após 25 anos de serviço, por ser considerada atividade penosa.

Na sequência, considerando-se o reconhecimento da importância da educação no cenário nacional, foi promulgada a Emenda Constitucional n. 18, de 1981, para definir os critérios desse benefício. Com a alteração, garantiu-se a aposentadoria para o professor após 30 anos e, para a professora, após 25 anos de efetivo exercício em funções de magistério, com salário integral (art. 165, XX).

Em consequência da EC n. 18/1981, segundo o STF, a aposentadoria do professor deixou de ser considerada aposentadoria especial: "1. No regime anterior à Emenda Constitucional 18/81, a atividade de professor era considerada como especial (Decreto 53.831/64, Anexo, Item 2.1.4). Foi a partir dessa Emenda que a aposentadoria do professor passou a ser espécie de benefício por tempo de contribuição, com o requisito etário reduzido, e não mais uma aposentadoria especial" (ARE 742.005 AgR/PE, Rel. Min. Teori Zavascki, *DJe* 1.4.2014).

Por sua vez, a Constituição de 1988 fixou que, pelo exercício das funções de magistério (entenda-se aqui, professores de todos os níveis de ensino: infantil, fundamental, médio e universitário), era assegurada a aposentadoria ao professor, após trinta anos, e à professora, após vinte e cinco anos, de efetivo exercício da atividade (art. 202, III).

Em face da EC n. 20, de 1998, para o segurado se aposentar como professor, passou a ter que comprovar exclusivamente tempo de efetivo exercício das funções de magistério na educação infantil e nos ensinos fundamental e médio, tendo direito ao benefício a partir dos trinta anos de contribuição, se homem, e vinte e cinco anos de contribuição, se mulher (art. 201, § 8º, da Constituição).

Diante disso, foi extinta, a partir de 16.12.1998, a aposentadoria com requisitos diferenciados para professores universitários, aos trinta ou vinte e cinco anos, respectivamente, de efetivo exercício de magistério. Eles ficaram sujeitos a ter de cumprir o tempo de contribuição previsto na regra geral (trinta e cinco anos para o professor, trinta anos, para as professoras). Todavia, os que haviam ingressado no magistério até antes daquela reforma podiam ainda se aposentar pela regra de transição prevista na EC n. 20, sendo que o tempo de efetivo exercício de funções de magistério tinha o acréscimo de 17% (para o homem) ou 20% (para a mulher) sobre os tempos de serviço já exercidos.

A regulamentação da definição de funções de magistério, prevista no texto constitucional, ocorreu com a Lei n. 11.301, de 2006, que estabeleceu:

> são consideradas funções de magistério as exercidas por professores e especialistas em educação no desempenho de atividades educativas, quando exercidas em estabelecimento de educação básica em seus diversos níveis e modalidades, incluídas, além do exercício da docência, as de direção de unidade escolar e as de coordenação e assessoramento pedagógico.

Contra essa norma foi ajuizada a ADI 3.772-2, decidida pelo STF nos termos que seguem:

> AÇÃO DIRETA DE INCONSTITUCIONALIDADE MANEJADA CONTRA O ART. 1º DA LEI FEDERAL 11.301/2006, QUE ACRESCENTOU O § 2º AO ART. 67 DA LEI 9.394/1996. CARREIRA DE MAGISTÉRIO. APOSENTADORIA ESPECIAL PARA OS EXERCENTES DE FUNÇÕES DE DIREÇÃO, COORDENAÇÃO E ASSESSORAMENTO PEDAGÓGICO. ALEGADA OFENSA AOS ARTS. 40, § 5º, E 201, § 8º, DA CONSTITUIÇÃO FEDERAL. INOCORRÊNCIA. AÇÃO JULGADA PARCIALMENTE PROCEDENTE, COM INTERPRETAÇÃO CONFORME.
> I – A função de magistério não se circunscreve apenas ao trabalho em sala de aula, abrangendo também a preparação de aulas, a correção de provas, o atendimento aos pais e alunos, a coordenação e o assessoramento pedagógico e, ainda, a direção de unidade escolar.
> II – As funções de direção, coordenação e assessoramento pedagógico integram a carreira do magistério, desde que exercidos, em estabelecimentos de ensino básico, por professores de carreira, excluídos os especialistas em educação, fazendo jus aqueles que as desempenham ao regime especial de aposentadoria estabelecido nos arts. 40, § 5º, e 201, § 8º, da Constituição Federal.
> III – Ação direta julgada parcialmente procedente, com interpretação conforme, nos termos supra. (Tribunal Pleno, Rel. p/ acórdão Min. Ricardo Lewandowski, DJe 27.3.2009).

Essa decisão modificou o entendimento anterior da Corte Suprema expressa na Súmula n. 726, que previa: "Para efeito de aposentadoria especial de professores, não se computa o tempo de serviço prestado fora da sala de aula". Muito embora a referida súmula não tenha sido cancelada ou alterada, ela caiu em desuso.

Em outubro de 2017, o STF ratificou a orientação firmada na ADI 3.772-2 na análise da Repercussão Geral– Tema 965, firmando a seguinte tese:

> Tema 965: "Para a concessão da aposentadoria especial de que trata o artigo 40, parágrafo 5º, da Constituição, conta-se o tempo de efetivo exercício, pelo professor, da docência e das atividades de direção de unidade escolar e de coordenação e assessoramento pedagógico, desde que em estabelecimentos de educação infantil ou de ensino fundamental e médio".

Seguindo a orientação do STF, o CRPS aprovou o Enunciado n. 9, com o seguinte conteúdo:

> O segurado que exerça funções de magistério, nos termos da Lei de Diretrizes Básicas da Educação, poderá ser considerado professor para fins de redução do tempo de contribuição necessário à aposentadoria (B-57), observados os demais elementos de prova no caso concreto.
> I – Consideram-se funções de magistério as efetivamente exercidas nas instituições de educação básica, incluídas, além do exercício da docência, as de direção de unidade escolar e as de coordenação e assessoramento pedagógico, inclusive nos casos de reintegração trabalhista transitada em julgado.

II – As funções de direção, coordenação e assessoramento pedagógico integram a carreira do magistério, desde que exercidas, em estabelecimentos de ensino básico, por professores de carreira, excluídos os especialistas em educação.

III – Os estabelecimentos de educação básica não se confundem com as secretarias ou outros órgãos municipais, estaduais ou distritais de educação.

IV – É vedada a conversão de tempo de serviço especial em comum na função de magistério após 09/07/1981, data da publicação da Emenda Constitucional n. 18/1981.

Com a EC n. 103/2019, o art. 201, § 8º, da Constituição passou a prever que o requisito de idade a que se refere o inciso I do § 7º (65 anos, homem – 62 anos, mulher) será reduzido em cinco anos, para o professor que comprove tempo de efetivo exercício das funções de magistério na educação infantil e no ensino fundamental e médio fixado em lei complementar.

Além da idade mínima de 60 anos, se homem, e de 57 anos, se mulher, são exigidos doravante 25 anos de função de magistério, tanto para homens, como para mulheres, consoante regra contida no art. 19, § 1º, II, da EC n. 103/2019. E, de acordo com o art. 54 da RPS (redação dada Decreto n. 10.410/2020) será exigido o cumprimento da carência de 180 meses.

Assim, a aposentadoria do professor do RGPS, pela primeira vez, passou a exigir idade mínima, gerando novo obstáculo ao acesso à aposentadoria dessa classe de segurados já penalizada e desmotivada devido aos baixos salários pagos pelas redes de ensino.

30.6.1 A aposentadoria do professor e a aplicação do fator previdenciário

Para a aposentadoria do professor, até o advento da EC n. 103/2019, questionava-se a aplicação do fator previdenciário na apuração da renda mensal inicial, havendo divergência se corresponde a uma espécie de aposentadoria por tempo de contribuição ou de aposentadoria especial.

A favor da primeira classificação, ou seja, da configuração da aposentadoria do professor como aposentadoria por tempo de contribuição, são os seguintes os argumentos: (1) a posição topográfica, na lei, do artigo que a disciplina, uma vez que o art. 56 está inserido na Lei n. 8.213/1991, na subseção da aposentadoria por tempo de serviço e, não, na subseção da aposentadoria especial; bem assim: (2) as disposições específicas para cálculo do fator previdenciário da aposentadoria do professor, contidas no § 9º do art. 29 da Lei n. 8.213/1991, na redação introduzida pela Lei n. 9.876, de 1999.

Favoravelmente à classificação da aposentadoria do professor como aposentadoria especial está a interpretação histórica das regras que, ao longo do tempo, a disciplinaram sempre procurando abreviar o tempo do trabalho, por considerá-lo penoso (Decreto n. 53.831/1964), assim como as regras constitucionais que pretenderam assegurar a aposentadoria com período de atividade reduzido (EC n. 18/1981 e art. 201, § 8º, da CF/1988), e, portanto, com o mínimo de prejuízo ao titular do direito.

Com efeito, a aplicação do fator previdenciário sobre a aposentadoria do professor e não sobre as aposentadorias especiais em geral implica desigualdade entre benefícios assegurados constitucionalmente com a mesma natureza, ou seja, concedidos em razão das condições diferenciadas no desempenho da atividade.

Como se observa dos dispositivos constitucionais antes referidos, se o legislador constituinte tomou a cautela de fazer constar do texto constitucional uma aposentadoria com redução do tempo necessário à sua outorga, para o professor com tempo de efetivo exercício das funções de magistério na educação infantil e nos ensinos fundamental e médio, exclusivamente, é de se concluir que entendeu dar especial proteção aos que exercem tão relevante da atividade, dentre outros aspectos, pelo desgaste físico e mental, com prejuízo à saúde, daqueles profissionais.

Por outro lado, não é compreensível que o legislador constituinte tenha reduzido o tempo de contribuição necessário à concessão de aposentadoria de determinada categoria profissional e, depois, com a aplicação fator previdenciário, a redução desse tempo venha a prejudicar o segurado, uma vez que uma das variáveis consideradas no cálculo do fator previdenciário é o tempo de contribuição até o momento da aposentadoria. Nesse sentido, precedente do STJ: AgR no REsp 1.163.028/RS, 6ª Turma, Rel. Min. Sebastião Reis Júnior, *DJe* 16.8.2013.

No âmbito do TRF da 4ª Região, houve o reconhecimento da inconstitucionalidade do inciso I do art. 29 da Lei n. 8.213/1991, sem redução do texto, e dos incisos II e III do § 9º do mesmo dispositivo, com redução de texto, pelo fato de não terem conferido à aposentadoria do professor de ensino infantil, fundamental e médio, direito fundamental que tem relevante densidade constitucional, adequado tratamento, com o consequente afastamento da incidência do fator previdenciário (ARGINC 5012935-13.2015.4.04.0000, Corte Especial, Rel. Des. Fed. Ricardo Teixeira do Valle Pereira, *DE* 23.6.2016).

Entretanto, a questão acabou sendo definida pelo STF, ao julgar a Repercussão Geral – Tema 1.091, cuja tese fixada foi a seguinte: "É constitucional o fator previdenciário previsto no art. 29, *caput*, incisos e parágrafos, da Lei n. 8.213/91, com a redação dada pelo art. 2º da Lei n. 9.876/99" (*Leading Case*: RE 1.221.630/SC, Plenário, Rel. Min. Presidente, *DJe* 19.6.2020). E, na sequência o STJ firmou tese no mesmo sentido:

> **Repetitivo 1.031**: "Incide o fator previdenciário no cálculo da renda mensal inicial de aposentadoria por tempo de contribuição de professor vinculado ao Regime Geral de Previdência Social, independente da data de sua concessão, quando a implementação dos requisitos necessários à obtenção do benefício se der após o início da vigência da Lei 9.876/1999, ou seja, a partir de 29/11/1999" (REsp 1.799.305/PE, 1ª Seção, Rel. Min. Mauro Campbell Marques, *DJe* 26.3.2021).

Diante desse cenário, a tese da revisão das aposentadorias dos professores para exclusão do fator previdenciário acabou sendo superada e os processos sem trânsito em julgado ficam vinculados a essa decisão.

– A EC n. 103/2019 e a nova Fórmula de Cálculo

Essa aposentadoria também foi afetada pela atual fórmula de cálculo do salário de benefício (integralidade da média aritmética de todos os salários de contribuição desde julho de 1994) e do coeficiente de cálculo, o qual corresponderá a 60% do valor do salário de benefício (média integral de todos os salários de contribuição), com acréscimo de dois pontos percentuais para cada ano de contribuição que exceder o tempo de 20 anos de contribuição, para os homens, e de 15 anos, para as mulheres.

Os homens poderão obter o percentual de 100% do salário de benefício somente com 40 anos de tempo de contribuição, e as mulheres, com 35 anos de contribuição. Para obter um coeficiente de cálculo mais elevado, poderão ser utilizados períodos contributivos diversos da função de magistério.

Futuramente, o valor da aposentadoria concedida nesses termos poderá ser apurado na forma de lei ordinária a ser aprovada pelo Congresso Nacional.

30.6.2 Conversão do tempo de magistério em tempo comum

O direito à conversão do tempo especial de magistério em tempo comum, exercido após o advento da EC n. 18/1981, não tem sido aceito, em face da orientação do STF em Repercussão Geral – Tema 772:

Tese fixada: "É vedada a conversão de tempo de serviço especial em comum na função de magistério após a EC 18/1981" (ARE 703.550, Plenário, Rel. Min. Gilmar Mendes, *DJe* 21.10.2014).

Para o STF, a exclusão da categoria dos professores do rol das atividades profissionais ditas especiais tem amparo na existência de regras específicas relativas à aposentadoria para a função de magistério. Assim, a partir do momento em que ganhou *status* constitucional, pela Emenda Constitucional n. 18/1981, não mais se cogita da conversão do tempo de serviço do professor para fins de concessão de benefício comum.

Portanto, o segurado, ao prestar atividade considerada especial nos regulamentos da Previdência Social, adquire o direito à contagem do seu tempo de serviço como tal. Entretanto, de acordo com essa linha de entendimento, somente no período de vigência do Decreto n. 53.831/1964 e até a EC n. 18, de 1981, afigura-se viável a conversão do tempo especial de professor em tempo comum.

No âmbito administrativo, o INSS passou a vedar a conversão do tempo de magistério exercido em qualquer época. Veja-se a respeito o disposto no art. 255, § 2º, da IN INSS/PRES n. 128/2022: "É vedada a conversão de tempo de serviço de magistério na educação infantil, no ensino fundamental ou no ensino médio, exercido em qualquer época, em tempo de serviço comum". E, ainda, o art. 310 da Portaria DIRBEN/INSS n. 991, de 28.3.2022:

> Art. 310. A partir da Emenda Constitucional n. 18, de 30 de junho de 1981, não é permitida a conversão do tempo de exercício de magistério para qualquer espécie de benefício, exceto se o segurado implementou todas as condições até 29 de junho de 1981, considerando que a Emenda Constitucional retirou esta categoria profissional do quadro anexo ao Decreto n. 53.831, de 1964, para incluí-la em legislação especial e específica, que passou a ser regida por legislação própria.

Referidas orientações administrativas contrariam frontalmente a jurisprudência do STF externada na citada Repercussão Geral Tema 772, tendo em vista que o direito à conversão do tempo trabalhado até o advento da EC n. 18/1981 poderá ser convertido em comum, mesmo que a aposentadoria seja concedida após 29.6.1981. Ou seja, o STF não impediu o uso do acréscimo da conversão após a EC n. 18/1981.

REGRA VIGENTE: APOSENTADORIA DOS PROFESSORES	
Idade Mínima	**Tempo de Magistério**
60 anos	25 anos
57 anos	25 anos

RMI: 60% (sessenta por cento) do valor do salário de benefício (média integral de todos os salários de contribuição), com acréscimo de dois pontos percentuais para cada ano de contribuição que exceder o tempo de 20 anos de contribuição para os homens e de 15 anos para as mulheres.

30.6.3 Regras de transição da aposentadoria dos professores

Para os professores em efetivo exercício das funções de magistério na educação infantil e no ensino fundamental e médio na data da entrada em vigor da EC n. 103/2019 (13.11.2019), foram aprovadas três regras de transição. Quanto ao valor da aposentadoria devida em razão de tais regras de transição, prevê a EC n. 103/2019 que, futuramente, o cálculo poderá ser modificado na forma de lei ordinária a ser aprovada pelo Congresso Nacional.

– Regra de Transição 1: SISTEMA DE PONTOS

Está prevista no art. 15, § 3º, da EC n. 103/2019, tendo por destinatários os professores em efetivo exercício das funções de magistério na educação infantil e no ensino fundamental e médio, em 13.11.2019, quando preenchidos, cumulativamente, os seguintes requisitos:

I – 25 (vinte e cinco) anos de contribuição, se mulher, e 30 (trinta) anos de contribuição, se homem (em efetivo exercício das funções de magistério na educação infantil e no ensino fundamental e médio); e

II – somatório da idade e do tempo de contribuição, incluídas as frações, equivalente a 81 (oitenta e um) pontos, se mulher, e 91 (noventa e um) pontos, se homem.

E, conforme com o art. 188-M do RPS (com redação conferida pelo Decreto n. 10.410/2020), será exigida também a carência de cento e oitenta contribuições mensais, para ambos os sexos.

A partir de 1º de janeiro de 2020, a pontuação que se iniciou em 81/91 passou a ter o acréscimo de um ponto a cada ano para o homem e para a mulher, e prosseguirá até atingir o limite de 92 pontos, se mulher (em 2030), e de 100 pontos, se homem (em 2028).

A idade e o tempo de contribuição serão apurados em dias para o cálculo do somatório de pontos.

O valor da aposentadoria corresponderá a 60% do valor do salário de benefício (média integral de todos os salários de contribuição desde julho de 1994), com acréscimo de dois pontos percentuais para cada ano de contribuição que exceder o tempo de 20 anos de contribuição, para os homens, e de 15 anos, para as mulheres.

Regra de Transição Aposentadoria por Tempo de Contribuição do Professor – art. 15, § 3º, da EC n. 103/2019

Ano	Pontuação necessária	
	Mulher	Homem
2019	81	91
2020	82	92
2021	83	93
2022	84	94
2023	85	95
2024	86	96
2025	87	97
2026	88	98
2027	89	99
2028	90	100
2029	91	100
2030	92	100

Aposentadoria por Tempo de Contribuição do Professor
Regra de transição – art. 15 da Emenda Constitucional n. 103/19, § 3º
(Filiados antes da Emenda Constitucional – Requisitos cumpridos após a Emenda Constitucional)
Requisitos: T.C. mínimo na Educação Básica
(mulher: 25 anos – homem: 30 anos) + Pontuação (Idade + T.C.)

Anexo VI – Portaria DIRBEN/INSS n. 991, de 28.3.2022.

– Regra de Transição 2: TEMPO DE CONTRIBUIÇÃO + IDADE MÍNIMA

Está prevista no art. 16, § 2º, da EC n. 103/2019, tendo por destinatários os professores em efetivo exercício das funções de magistério na educação infantil e no ensino fundamental e médio, em 13.11.2019, quando preenchidos, cumulativamente, os seguintes requisitos:

> *I – 25 (vinte e cinco) anos de contribuição, se mulher, e 30 (trinta) anos de contribuição, se homem (em efetivo exercício das funções de magistério na educação infantil e no ensino fundamental e médio); e*
>
> *II – idade de 51 (cinquenta e um) anos, se mulher, e 56 (cinquenta e seis) anos, se homem.*

De acordo com o art. 188-N do RPS (com redação conferida pelo Decreto n. 10.410/2020), será exigida também a carência de cento e oitenta contribuições mensais, para ambos os sexos.

A partir de 1º de janeiro de 2020, a idade passou a ser acrescida de seis meses a cada ano, e prosseguirá até atingir 57 anos de idade, se mulher (em 2031), e 60 anos de idade, se homem (em 2027). Em 12 anos acaba a transição para as mulheres e em 8 anos para os homens.

O valor da aposentadoria corresponderá a 60% do valor do salário de benefício (média integral de todos os salários de contribuição desde julho de 1994), com acréscimo de dois pontos percentuais para cada ano de contribuição que exceder o tempo de 20 anos de contribuição, para os homens, e de 15 anos, para as mulheres.

Regras de Transição de Aposentadoria por Tempo de Contribuição Professor – art. 16, § 2º, da EC n. 103/2019

Aposentadoria por Tempo de Contribuição do Professor Regra de transição – art. 16 da Emenda Constitucional n. 103/2019 – § 2º (Filiados antes da Emenda Constitucional – Requisitos cumpridos após a Emenda Constitucional) T.C. mínimo como Professor na Educação Básica (mulher: 25 anos – homem 30 anos) + Idade mínima					
Ano	**Idade necessária**		**Ano**	**Idade necessária**	
	Mulher	Homem		Mulher	Homem
2019	51	56	2026	54,5	59,5
2020	51,5	56,5	2027	55	60
2021	52	57	2028	55,5	60
2022	52,5	57,5	2029	56	60
2023	53	58	2030	56,5	60
2024	53,5	58,5	2031	57	60
2025	54	59			

Anexo VIII – Portaria DIRBEN/INSS n. 991, de 28.3.2022.

– Regra de Transição 3: PEDÁGIO DE 100% DO TEMPO FALTANTE

Está prevista no art. 20, § 1º, da EC n. 103/2019, tendo por destinatários os professores em efetivo exercício das funções de magistério na educação infantil e no ensino fundamental e médio, em 13.11.2019, quando preenchidos, cumulativamente, os seguintes requisitos:

> *I – 52 (cinquenta e dois) anos de idade, se mulher, e 55 (sessenta) anos de idade, se homem;*
>
> *II – 25 (vinte e cinco) anos de contribuição, se mulher, e 30 (trinta) anos de contribuição, se homem;*

III – período adicional de contribuição correspondente ao tempo que, na data de entrada em vigor da EC n. 103/2019, faltaria para atingir o tempo mínimo de contribuição referido no inciso II (pedágio de 100% do tempo de magistério faltante).

Em consonância com o art. 188-O do RPS (com redação conferida pelo Decreto n. 10.410/2020), será exigida também a carência de cento e oitenta contribuições mensais, para ambos os sexos.

Nessa regra, o coeficiente de cálculo do benefício será de 100% do salário de benefício, calculado com base na média integral de todos os salários de contribuição desde julho de 1994.

Considerando o tempo de pedágio a ser cumprido, é bem provável que as regras permanentes sejam mais vantajosas que as de transição.

Regra de Transição com Adicional de 100% da Aposentadoria por Tempo de Contribuição do Professor – art. 20, § 1º, da EC n. 103/2019

Requisitos	Mulher	Homem
\multicolumn{3}{c}{Aposentadoria por Tempo de Contribuição do Professor Regra de transição – art. 20 da Emenda Constitucional n. 103/2019 – § 1º (Filiados antes da Emenda Constitucional – Requisitos cumpridos após a Emenda Constitucional) Tempo de Magistério na Educação Básica + Idade + Pedágio}		
Tempo mínimo	25	30
Idade	52	55
Pedágio	100% do que faltava para 25 anos na Emenda Constitucional	100% do que faltava para 30 anos na Emenda Constitucional

Anexo XI – Portaria DIRBEN/INSS n. 991, de 28.3.2022.

30.7 APOSENTADORIA ESPECIAL

A aposentadoria especial é uma espécie de aposentadoria programada, com redução do tempo de contribuição e da idade necessários à inativação, concedida (segundo o art. 201, § 1º, II, da Constituição – redação conferida pela EC n. 103/2019) exclusivamente em favor dos segurados cujas atividades sejam exercidas com efetiva exposição a agentes químicos, físicos e biológicos prejudiciais à saúde, ou associação desses agentes, vedada a caracterização por categoria profissional ou ocupação.

A respeito da finalidade da aposentadoria especial, manifestou-se o STF no julgamento do Tema 709: "(...) a aposentadoria especial ostenta um nítido caráter protetivo; trata-se, a toda evidência, de um benefício previdenciário concedido com vistas a preservar a saúde, o bem-estar e a integridade do trabalhador submetido rotineiramente a condições de trabalho insalubres, perigosas e/ou penosas. (...)" (RE 791.961/PR, Plenário Virtual, Rel. Min. Dias Toffoli, *DJe* 19.8.2020).

O tempo mínimo de exercício da atividade geradora do direito à aposentadoria especial foi estipulado em – 15 (quinze), 20 (vinte) ou 25 (vinte e cinco) anos – pelo art. 31 da Lei n. 3.807/1960, que instituiu o benefício, sendo mantido esse período pelas legislações subsequentes (art. 57 da Lei n. 8.213/1991 e art. 21 da EC n. 103/2019).[16]

---

[16] PORTARIA DIRBEN/INSS N. 991, de 28.3.2022: "Art. 285. A concessão da aposentadoria especial observará a atividade desempenhada pelo requerente, sendo exigida a comprovação mínima de: I – 15 (quinze) anos: trabalhos

A EC n. 20/1998, ao dar outra redação ao § 1º do art. 201 da Constituição Federal, estabeleceu que os critérios para concessão da aposentadoria decorrente de atividades exercidas sob condições especiais que prejudiquem a saúde ou a integridade física serão definidos em lei complementar.

Por sua vez, o art. 15 da EC n. 20/1998 manteve em vigor o disposto nos arts. 57 e 58 da Lei n. 8.213, de 24.7.1991, na redação vigente em 16.12.1998, até que a Lei Complementar a que se refere o art. 201, § 1º, da Constituição Federal fosse publicada. Consigne-se que o Congresso Nacional não aprovou a lei complementar para regular a aposentadoria especial.

Com a EC n. 47, de 2005, o art. 201, § 1º, da Constituição passou a ter a seguinte redação: "É vedada a adoção de requisitos e critérios diferenciados para a concessão de aposentadoria aos beneficiários do regime geral de previdência social, ressalvados os casos de atividades exercidas sob condições especiais que prejudiquem a saúde ou a integridade física e quando se tratar de segurados portadores de deficiência, nos termos definidos em lei complementar".

Em suma, houve uma ampliação do direito à aposentadoria com critérios diferenciados em favor dos segurados com deficiência. Regra justa e adequada que foi regulamentada pela Lei Complementar n. 142, de 2013, a qual é analisada neste capítulo.

– A EC n. 103/2019 e a aposentadoria especial

A EC n. 103/2019 alterou substancialmente a redação do § 1º do art. 201 da Constituição, estabelecendo a possibilidade de previsão, em lei complementar, de idade e tempo de contribuição distintos da regra geral para concessão de aposentadoria exclusivamente em favor dos segurados cujas atividades sejam exercidas com efetiva exposição a agentes químicos, físicos e biológicos prejudiciais à saúde, ou associação desses agentes, vedados a caracterização por categoria profissional ou ocupação.

Mesmo diante dessa restrição, a EC n. 120/2022 incluiu o § 10 ao art. 198 da CF, para dispor que: "Os agentes comunitários de saúde e os agentes de combate às endemias terão também, em razão dos riscos inerentes às funções desempenhadas, aposentadoria especial e, somado aos seus vencimentos, adicional de insalubridade".

Com isso, abriu-se a possibilidade de concessão de aposentadoria especial por categoria profissional, mas somente por meio de Emenda Constitucional.

Quanto ao enquadramento por periculosidade, o Senado Federal aprovou destaque excluindo do texto originário da PEC n. 6/2019 o trecho que barrava o direito à aposentadoria especial para quem trabalha em situação perigosa, como vigilantes, motoristas de caminhão-tanque, eletricitários e *motoboys*. Com isso, tal questão será regulamentada por meio de lei complementar.[17]

A definição da idade mínima constou do art. 19, § 1º, sendo fixada provisoriamente em 55, 58 ou 60 anos, a depender do tempo de exposição de 15, 20 ou 25 anos, respectivamente. No futuro, esses requisitos serão disciplinados por lei complementar.

Entendemos que não se mostra condizente com a natureza dessa aposentadoria a exigência de idade mínima para a inativação. Isso porque esse benefício se presta a proteger o trabalhador sujeito a condições de trabalho inadequadas e sujeito a um limite máximo de tolerância com exposição nociva à saúde.

---

em mineração subterrânea, em frentes de produção, com exposição à associação de agentes físicos, químicos ou biológicos; ou II – 20 (vinte) anos em: a) trabalhos com exposição ao agente químico asbestos (amianto); ou b) trabalhos em mineração subterrânea, afastados das frentes de produção, com exposição à associação de agentes físicos, químicos ou biológicos; ou III – 25 (vinte e cinco) anos: para as demais situações".

[17] Tramita no Senado Federal o PLC n. 245/2019, que: "Regulamenta o inciso II do § 1º do art. 201 da Constituição Federal, que dispõe sobre a concessão de aposentadoria especial aos segurados do Regime Geral de Previdência Social, e dá outras providências".

No passado, já houve a fixação da idade mínima de 50 anos para a concessão da aposentadoria especial, a qual constava do art. 31 da Lei n. 3.807/1960, o qual foi revogado pela Lei n. 5.890/1973.

Basta imaginar um mineiro de subsolo em frente de escavação que começa a trabalhar com 21 anos de idade e, após 15 anos de atividade, cumpre o tempo necessário para a aposentadoria. Como estará com 36 anos de idade, terá que aguardar até os 55 anos para se aposentar. Com mais alguns anos de trabalho, além dos 15 previstos como limite de tolerância, provavelmente estará inválido ou irá a óbito, em virtude das doenças respiratórias ocupacionais, tais como asma, pneumoconiose e pneumonia de hipersensibilidade.

A opção que resta para o segurado evitar o adoecimento será deixar de exercer atividades nocivas depois de completar o tempo necessário para a obtenção da aposentadoria especial (15, 20 ou 25 anos), passando a trabalhar em atividades salubres e, quando completar a idade exigida (55, 58 ou 60 anos), requerer a concessão da aposentadoria especial. A mudança de atividade, depois do cumprimento do tempo exigido para a deferimento da aposentadoria especial, não impede que o segurado aguarde o implemento do requisito etário para buscar o benefício.

Salienta-se que pende de julgamento no STF a ADI 6.309 contra dispositivos da EC n. 103/2019, que criaram requisito etário para a concessão da aposentadoria especial, vedaram a conversão do tempo especial para comum do período cumprido após 13.11.2019 e reduziram o coeficiente de cálculo da renda mensal inicial.[18]

– Enquadramento por categoria profissional

A redação original do art. 57 da Lei n. 8.213/1991 admitia o enquadramento por categoria profissional, com fundamento nos seguintes dispositivos: I – Quadro anexo ao Decreto n. 53.831, de 1964, a partir do código 2.0.0 (Ocupações); e II – Anexo II do Decreto n. 83.080, de 1979. No entanto, a Lei n. 9.032/1995 passou a vedar essa possibilidade, restrição que acabou sendo constitucionalizada pela EC n. 103/2019.

Contudo, em relação ao período anterior a 29.4.1995, é resguardado o direito ao reconhecimento como tal, admitindo-se, inclusive, outras categorias por analogia, conforme se observa do Representativo de Controvérsia Tema 198 da TNU:

> No período anterior a 29/04/1995, é possível fazer-se a qualificação do tempo de serviço como especial a partir do emprego da analogia, em relação às ocupações previstas no Decreto n. 53.831/64 e no Decreto n. 83.080/79. Nesse caso, necessário que o órgão julgador justifique a semelhança entre a atividade do segurado e a atividade paradigma, prevista nos aludidos decretos, de modo a concluir que são exercidas nas mesmas condições de insalubridade, periculosidade ou penosidade. A necessidade de prova pericial, ou não, de que a atividade do segurado é exercida em condições tais que admitam a equiparação deve ser decidida no caso concreto.

– Enquadramento por exposição a agentes prejudiciais à saúde

A Lei n. 9.528, de 10.12.1997, ao modificar a LBPS, estabeleceu que a relação dos agentes nocivos químicos, físicos e biológicos ou associação de agentes prejudiciais à saúde ou à integridade física, considerados para fins de concessão da aposentadoria especial, poderá ser definida pelo Poder Executivo. Fixou, também, a obrigatoriedade de as empresas manterem laudo técnico atualizado, sob pena de multa, assim como elaborar e manter perfil profissiográfico abrangendo as atividades desenvolvidas pelo trabalhador (art. 58, *caput* e §§ 3º e 4º, da Lei n. 8.213/1991).

---

[18] Notícia disponível em: https://portal.stf.jus.br/noticias/verNoticiaDetalhe.asp?idConteudo=436033&ori=1. Acesso em: 22 jul. 2022.

Conforme o § 2º do art. 64 do RPS (redação conferida pelo Decreto n. 10.410/2020), "a exposição aos agentes químicos, físicos e biológicos prejudiciais à saúde, ou a associação desses agentes, deverá superar os limites de tolerância estabelecidos segundo critérios quantitativos ou estar caracterizada de acordo com os critérios da avaliação qualitativa de que trata o § 2º do art. 68".

A classificação dos agentes nocivos e o tempo de exposição considerados para fins de concessão de aposentadoria especial constam do Anexo IV do Decreto n. 3.048/1999.

Para verificação do exercício da atividade especial deve-se entender por agentes nocivos aqueles que possam trazer ou ocasionar danos à saúde ou à integridade física do trabalhador nos ambientes de trabalho, em função de natureza, concentração, intensidade e fator de exposição, considerando-se:

- físicos: os ruídos, as vibrações, o calor, as pressões anormais, as radiações ionizantes etc.;
- químicos:[19] os manifestados por névoas, neblinas, poeiras, fumos, gases, vapores de substâncias nocivas presentes no ambiente de trabalho etc.;
- biológicos: os micro-organismos como bactérias, fungos, parasitas, bacilos, vírus etc.;
- associação de agentes (físicos, químicos e biológicos): que estejam acima do nível de tolerância, será considerado o enquadramento relativo ao que exigir menor tempo de exposição.

– Enquadramento por atividades perigosas e penosas

Desde a edição do Decreto n. 2.172, de 6.3.1997, o INSS deixou de considerar como atividades especiais aquelas atividades perigosas e penosas.

No entanto, a orientação do STJ, a qual foi estabelecida no julgamento do Repetitivo Tema 534, é a seguinte: "As normas regulamentadoras que estabelecem os casos de agentes e atividades nocivos à saúde do trabalhador são exemplificativas, podendo ser tido como distinto o labor que a técnica médica e a legislação correlata considerarem como prejudiciais ao obreiro, desde que o trabalho seja permanente, não ocasional, nem intermitente, em condições especiais (art. 57, § 3º, da Lei 8.213/1991)".

Na sequência, em relação ao vigilante, a 1ª Seção do STJ, em julgamento sob o rito dos recursos repetitivos, fixou a seguinte tese:

Tema 1.031: "É possível o reconhecimento da especialidade da atividade de Vigilante, mesmo após a EC 103/2019, com ou sem o uso de arma de fogo, em data posterior à Lei 9.032/1995 e ao Decreto 2.172/1997, desde que haja a comprovação da efetiva nocividade da atividade, por qualquer meio de prova até 5.3.1997, momento em que se passa a exigir apresentação de laudo técnico ou elemento material equivalente, para comprovar a permanente, não ocasional nem intermitente, exposição à atividade nociva, que coloque em risco a integridade física do Segurado" *(EDcl no REsp 1.830.508/RS, 1ª Seção, j. 28.9.2021).*

Essa matéria chegou ao STF, que admitiu a existência de Repercussão Geral, fixando a seguinte questão controvertida, pendente de julgamento: Tema 1209 – "Reconhecimento da

---

[19] "A análise da especialidade em decorrência da exposição a agentes químicos previstos no Anexo 13 da Norma Regulamentadora (NR) 15, como é o caso dos hidrocarbonetos aromáticos, é qualitativa e não se sujeita a limites de tolerância, independentemente do período em que prestada a atividade pelo trabalhador" (TNU, PEDILEF 5004737-08.2012.4.04.7108, Rel. Juiz Federal Frederico Augusto Leopoldino Koehler, j. 20.7.2016).

atividade de vigilante como especial, com fundamento na exposição ao perigo, seja em período anterior ou posterior à promulgação da Emenda Constitucional 103/2019" (RE 1.368.225, Rel. Min. Nunes Marques, *DJe* 26.4.2022).

Quanto ao reconhecimento da especialidade das atividades penosas, o TRF da 4ª Região tem precedentes em favor dos motoristas de caminhão e de ônibus. Nesse sentido, a tese fixada em Incidente de Assunção de Competência:

> Tema n. 5: "Deve ser admitida a possibilidade de reconhecimento do caráter especial das atividades de motorista ou de cobrador de ônibus em virtude da penosidade, ainda que a atividade tenha sido prestada após a extinção da previsão legal de enquadramento por categoria profissional pela Lei 9.032/1995, desde que tal circunstância seja comprovada por meio de perícia judicial individualizada, possuindo o interessado direito de produzir tal prova" (5033888-90.2018.4.04.0000/TRF4, Corte Especial, j. 25.11.2020).

A definição das atividades ou operações consideradas perigosas está prevista no art. 193 da CLT:

> *Art. 193. São consideradas atividades ou operações perigosas, na forma da regulamentação aprovada pelo Ministério do Trabalho e Emprego, aquelas que, por sua natureza ou métodos de trabalho, impliquem risco acentuado em virtude de exposição permanente do trabalhador a:*
> *I – inflamáveis, explosivos ou energia elétrica;*
> *II – roubos ou outras espécies de violência física nas atividades profissionais de segurança pessoal ou patrimonial.*
> *III – colisões, atropelamentos ou outras espécies de acidentes ou violências nas atividades profissionais dos agentes das autoridades de trânsito. (Incluído pela Lei n. 14.684, de 2023)*
> *(...)*
> *§ 4º São também consideradas perigosas as atividades de trabalhador em motocicleta. (Incluído pela Lei n. 12.997, de 2014)*
> *§ 5º O disposto no inciso I do caput deste artigo não se aplica às quantidades de inflamáveis contidas nos tanques de combustíveis originais de fábrica e suplementares, para consumo próprio de veículos de carga e de transporte coletivo de passageiros, de máquinas e de equipamentos, certificados pelo órgão competente, e nos equipamentos de refrigeração de carga. (Incluído pela Lei n. 14.766, de 2023)*

A interpretação que admite a periculosidade e a penosidade até os dias atuais deveria ser mantida, pois a única vedação contida na EC n. 103/2019 está relacionada com a caracterização por categoria profissional ou ocupação, ou seja, não há restrição quanto às atividades perigosas e penosas. Interpretação adotada pelo STJ no julgamento do citado Repetitivo n. 1.031, sob o argumento contido no voto, de que:

> *(...) a atual redação do art. 201, § 1º, II, da Constituição Federal, dada pela EC 103/2019, a matéria relativa à aposentadoria especial, na forma da EC 103/2019, não é auto-executável, estando a depender de lei complementar regulamentadora, de tal sorte que subsiste a legislação infraconstitucional, que prevê, no art. 57 da Lei 8.213/91, aposentadoria especial pelo trabalho em condições que prejudiquem a integridade física, bem como no seu § 4º, que "o segurado deverá comprovar, além do tempo de trabalho, exposição aos agentes nocivos químicos, físicos, biológicos ou associação de agentes prejudiciais à saúde ou à integridade física, pelo período equivalente ao exigido para a concessão do benefício".*

– Trabalho permanente, não ocasional nem intermitente

Considera-se tempo de trabalho permanente aquele que é exercido de forma não ocasional nem intermitente, no qual a exposição do segurado ao agente nocivo seja indissociável da produção do bem ou da prestação do serviço (art. 57, § 3º, da LBPS – redação conferida pela Lei n. 9.032/1991 e regulamentada pelo art. 65, *caput*, do Decreto n. 3.048/1999).

Apesar disso, o INSS não pode exigir a comprovação de exposição permanente no período antecedente ao da Lei n. 9.032/1995. Nessa perspectiva, a TNU editou a Súmula n. 49, que estabelece: *"Para reconhecimento de condição especial de trabalho antes de 29.4.1995, a exposição a agentes nocivos à saúde ou à integridade física não precisa ocorrer de forma permanente"*.

Quanto à tensão elétrica e aos agentes biológicos, consolidou-se o entendimento de que o conceito de permanência é diverso daquele utilizado para outros agentes nocivos, pois o que se avalia é o risco de exposição. Nesse sentido, os Representativos de Controvérsia da TNU que seguem:

> **Tema 210**: "Para aplicação do artigo 57, § 3º, da Lei n. 8.213/91 à tensão elétrica superior a 250 V, exige-se a probabilidade da exposição ocupacional, avaliando-se, de acordo com a profissiografia, o seu caráter indissociável da produção do bem ou da prestação do serviço, independente de tempo mínimo de exposição durante a jornada".
>
> **Tema 211**: "Para aplicação do artigo 57, § 3º, da Lei n. 8.213/91 a agentes biológicos, exige-se a probabilidade da exposição ocupacional, avaliando-se, de acordo com a profissiografia, o seu caráter indissociável da produção do bem ou da prestação do serviço, independente de tempo mínimo de exposição durante a jornada".

Relevante enfatizar que são computados como tempo de trabalho exercido sob condições especiais os períodos de descanso determinados pela legislação trabalhista, inclusive férias; bem como os de percepção de salário-maternidade, desde que, à data do afastamento, o segurado estivesse exposto aos fatores de risco de que trata o art. 68 do Decreto n. 3.048/1999. Porém, a partir da atual redação do parágrafo único do art. 65 do RPS, foram excluídos dessa contagem os períodos de recebimento de benefício por incapacidade, mesmo que acidentários, o que constava do texto anterior.

Essa alteração da redação representa uma afronta ao que foi uniformizado pelo STJ no Repetitivo 998. Naquele julgado, a Primeira Seção do STJ decidiu que o segurado que exerce atividades em condições especiais, quando em gozo de auxílio-doença, acidentário ou previdenciário, faz jus ao cômputo desse período como especial. Como não houve alteração legislativa, não poderia o decreto mudar de redação, pois esse tema só poderia ser tratado por meio de lei complementar (art. 201, § 1º, da CF), representando – mais uma vez – séria violação das limitações do poder regulamentar, decorrente da publicação do Decreto n. 10.410, sem que, anteriormente, houvesse alteração da ordem jurídica por força de lei em sentido estrito em diversas matérias. Nesse sentido:

> Tema 9 – "O segurado que exerce atividades em condições especiais, quando em gozo de auxílio-doença, seja acidentário ou previdenciário, faz jus ao cômputo desse mesmo período como tempo de serviço especial" (Portaria Conjunta GP n. 4, de 15.4.2024).
>
> Enunciado FONAJEF n. 217: "O segurado que exerce atividades em condições especiais, quando em gozo de auxílio-doença, seja acidentário ou previdenciário, faz jus ao cômputo desse mesmo período como tempo de serviço especial, mesmo após a EC 103/2019".

30.7.1 Beneficiários

De acordo com o art. 64, *caput*, do Decreto n. 3.048/1999, a aposentadoria especial será devida ao segurado empregado, trabalhador avulso e contribuinte individual, este último somente quando filiado à cooperativa de trabalho ou de produção.

Com relação ao contribuinte individual que presta serviço em caráter eventual e sem relação de emprego, o INSS tem adotado a interpretação de que, a partir de 29.4.1995, a sua atividade não poderá ser enquadrada como especial, uma vez que não existe forma de comprovar a exposição a agentes nocivos prejudiciais à saúde e a integridade física, de forma habitual e permanente, não ocasional nem intermitente. Também entende que falta fonte de custeio específica, pois a Lei n. 9.732/1998 não contempla o contribuinte individual.

Avaliamos como equivocada essa exclusão de segurados, visto que a Lei de Benefícios não estabelece qualquer restrição nesse sentido, e a especialidade da atividade decorre da exposição aos agentes nocivos, e não da relação de emprego. Tenha-se, por exemplo, um fabricante de cristais que exerce a atividade de forma autônoma: pela norma interna do INSS, não faria jus a benefício de aposentadoria especial; da mesma forma, os demais profissionais que atuam expostos a agentes nocivos e que não possuem vínculo empregatício.

Da mesma forma, a falta de previsão legal de contribuição adicional para aposentadoria especial sobre o salário de contribuição do contribuinte individual não pode impedir o reconhecimento de tempo especial. Do contrário, não seria possível reconhecer condição especial de trabalho para nenhuma categoria de segurado antes da Lei n. 9.732/1998, que criou a contribuição adicional.

Precedentes jurisprudenciais admitem o reconhecimento do tempo especial e o direito à aposentadoria especial para o contribuinte individual a qualquer tempo, tendo em vista que o art. 57 da Lei n. 8.213/1991 não estabelece restrição. A título de exemplo:

> (...) é ilegal a determinação do artigo 64 do Decreto 3.048/1999 que limita o direito à aposentadoria especial ao segurado empregado, ao trabalhador avulso e ao contribuinte individual cooperado, uma vez que restringiu direitos conferidos por lei, extrapolando, assim, os limites do Poder Regulamentar dado à Administração (STJ, AgInt no AREsp 1.697.600/PR, 2ª Turma, Min. Mauro Campbell, *DJe* 29.4.2021).

No mesmo sentido, foi editada a Súmula n. 62 da TNU: "O segurado contribuinte individual pode obter reconhecimento de atividade especial para fins previdenciários, desde que consiga comprovar exposição a agentes nocivos à saúde ou à integridade física".

O STJ considerou o Tema como afetado no Repetitivo 1.291: "Definir se há possibilidade de reconhecimento, como especial, da atividade exercida pelo contribuinte individual não cooperado após 29/04/1995, à luz do disposto no art. 22, II, da Lei n. 8.212/1991 e nos arts. 11, V, *h*, 14, I, parágrafo único, 57, *caput*, §§ 3º, 4º, 5º, 6º e 7º, e 58, *caput*, §§ 1º e 2º, da Lei n. 8.213/1991" (REsp 2.163.429/RS, 1ª Seção, Rel. Min. Gurgel de Faria, 6.11.2024).

– **Impedimentos legais ao exercício de atividades especiais**

Quanto ao exercício da atividade especial, destacamos a existência de restrições em relação aos menores de 18 anos, das gestantes e lactantes, consoante normas que seguem:

> CF/1988: Art. 7º (...) XXXIII – proibição de trabalho noturno, perigoso ou insalubre a menores de dezoito e de qualquer trabalho a menores de dezesseis anos, salvo na condição de aprendiz, a partir de quatorze anos.
> CLT: Art. 394-A. Sem prejuízo de sua remuneração, nesta incluído o valor do adicional de insalubridade, a empregada deverá ser afastada de: (Redação dada pela Lei n. 13.467, de 2017)
> I – atividades consideradas insalubres em grau máximo, enquanto durar a gestação;
> II – atividades consideradas insalubres em grau médio ou mínimo, durante a gestação;
> III – atividades consideradas insalubres em qualquer grau, durante a lactação.
> (...)

§ 2º Cabe à empresa pagar o adicional de insalubridade à gestante ou à lactante, efetivando-se a compensação, observado o disposto no art. 248 da Constituição Federal, por ocasião do recolhimento das contribuições incidentes sobre a folha de salários e demais rendimentos pagos ou creditados, a qualquer título, à pessoa física que lhe preste serviço.

§ 3º Quando não for possível que a gestante ou a lactante afastada nos termos do caput deste artigo exerça suas atividades em local salubre na empresa, a hipótese será considerada como gravidez de risco e ensejará a percepção de salário-maternidade, nos termos da Lei n. 8.213, de 24 de julho de 1991, durante todo o período de afastamento.

O STF, ao julgar a ADIN 5.938, declarou a inconstitucionalidade da expressão "quando apresentar atestado de saúde, emitido por médico de confiança da mulher, que recomende o afastamento", contida nos incisos II e III do art. 394-A da Consolidação das Leis do Trabalho (CLT), inseridos pelo art. 1º da Lei n. 13.467/2017 (Plenário, Rel. Min. Alexandre de Moraes, j. em 29.5.2019).

Caso os empregadores desrespeitem essas vedações, mesmo assim caberá o reconhecimento da especialidade em favor de quem exerceu a atividade, pois as normas citadas servem para proteger o trabalhador e não para criar penalidade às pessoas submetidas a condições inadequadas de labor.

30.7.2 A caracterização e a comprovação do exercício de atividade especial

O tempo especial é disciplinado pela lei vigente à época em que exercido, passando a integrar, como direito adquirido, o patrimônio jurídico do trabalhador. Diante dessa regra, uma vez prestada a atividade especial, o segurado adquire o direito à sua contagem pela legislação então vigente, não podendo ser prejudicado pela lei nova. Nesse sentido: REsp 1.151.363/MG, 3ª Seção, Rel. Min. Jorge Mussi, *DJe* 5.4.2011; art. 186-P, § 6º, do RPS (redação conferida pela Decreto n. 10.410/2020).[20]

Seguindo a evolução legislativa quanto ao tema, temos que:

a) **no período de trabalho até 28.4.1995**, quando vigente a Lei n. 3.807/1960 (Lei Orgânica da Previdência Social) e suas alterações e, posteriormente, a Lei n. 8.213/91 (Lei de Benefícios), em sua redação original (arts. 57 e 58), possível o reconhecimento da especialidade do trabalho quando houver a comprovação do exercício de atividade profissional enquadrável como especial nos decretos regulamentadores e/ou na legislação especial ou quando demonstrada a sujeição do segurado a agentes nocivos por qualquer meio de prova (formulários sem exigência de LTCAT), exceto quanto à exposição a ruído, em que necessária sempre a aferição de seus níveis (decibéis), por meio de parecer técnico;

b) **a partir de 29.4.1995**, com a entrada em vigor da Lei n. 9.032/1995, foi extinto o enquadramento por categoria profissional e a concessão da aposentadoria especial pressupõe a comprovação pelo segurado, do tempo de trabalho permanente, não ocasional nem intermitente, em condições especiais que prejudiquem a saúde ou a integridade física (Lei 8.213/91, art. 57, § 3º), por qualquer meio de prova, considerando-se suficiente, para tanto, a apresentação de formulário padrão preenchido pela empresa, sem a exigência de embasamento em laudo técnico, ressalvado o agente nocivo ruído, em relação ao qual é imprescindível a realização de perícia técnica;

---

[20] Houve, por parte do Poder Executivo, a edição do Decreto n. 4.827, de 3.12.2003, reconhecendo que a caracterização e a comprovação do tempo de atividade sob condições especiais obedecerão ao disposto na legislação em vigor na época da prestação do serviço. Na redação atual do RPS, consta do art. 188-P: "§ 6º A caracterização e a comprovação do tempo de atividade sob condições especiais obedecerão ao disposto na legislação em vigor à época da prestação do serviço" (NR – Decreto n. 10.410/2020).

c) **após 6.3.1997**, quando vigente o Decreto n. 2.172/1997, que regulamentou as disposições introduzidas no art. 58 da Lei de Benefícios pela Lei n. 9.528/1997, passou-se a exigir, para fins de reconhecimento de tempo de serviço especial, a comprovação da efetiva sujeição do segurado a agentes agressivos por meio da apresentação de formulário padrão, embasado em laudo técnico, ou por meio de perícia técnica, para todos os agentes nocivos.

A comprovação da efetiva exposição do segurado aos agentes nocivos será feita mediante formulário, na forma estabelecida pelo INSS, emitido pela empresa ou seu preposto, com base em laudo técnico de condições ambientais do trabalho expedido por médico do trabalho ou engenheiro de segurança do trabalho nos termos da legislação trabalhista (cf. a Lei n. 9.732, de 11.12.1998, que deu nova redação aos §§ 1º e 2º do art. 58 da Lei n. 8.213/1991).

A empresa que não mantiver laudo técnico atualizado com referência aos agentes nocivos existentes no ambiente de trabalho de seus trabalhadores ou que emitir documento de comprovação de efetiva exposição em desacordo com o respectivo laudo estará sujeita à penalidade prevista no art. 133 da LBPS (§ 3º do art. 58 da Lei n. 8.213/1991, incluído pela Lei n. 9.732/1998).

Segundo o § 3º do art. 68 do Decreto n. 3.048/1999, com a redação conferida pelo Decreto n. 10.410/2020, "a comprovação da efetiva exposição do segurado a agentes prejudiciais à saúde será feita por meio de documento, em meio físico ou eletrônico, emitido pela empresa ou por seu preposto com base em laudo técnico de condições ambientais do trabalho expedido por médico do trabalho ou engenheiro de segurança do trabalho".

No referido laudo técnico deverão constar informações sobre a existência de tecnologia de proteção coletiva ou individual e sobre a sua eficácia e ele será elaborado com observância às normas editadas pela Secretaria Especial de Previdência e Trabalho e aos procedimentos adotados pelo INSS (§ 5º do art. 68 do Decreto n. 3.048/1999, com a redação conferida pelo Decreto n. 10.410/2020).

De acordo com o art. 287, § 1º, da IN PRES/INSS n. 128/2022, com a redação conferida pela IN PRES/INSS n. 170/2024:

> § 1º A análise da atividade especial de que trata o caput poderá ser feita:
> I – mediante análise administrativa da conformidade do formulário de atividade especial; ou
> II – pela Perícia Médica Federal quando não for possível a análise administrativa da conformidade do formulário de atividade especial.

No entanto, nessa primeira etapa, a análise administrativa da conformidade do formulário de atividade especial ficará restrita ao agente prejudicial à saúde ruído.

Esta é a cronologia dos formulários exigidos pelo INSS conforme a época:

Formulário	Período
IS n. SSS-501.19/7	26.2.1971 a 5.12.1977
ISS-132	6.12.1977 a 12.8.1979
SB-40, regulamentado pela OS SB 52.5, de 13.8.1979	13.8.1979 e 11.10.1995
DISES BE 5235, regulamentado pela Resolução INSS/PR 58, de 16.9.1991	16.9.1991 e 12.10.1995
DSS-8030, regulamentado pela OS INSS/DSS 518, de 13.10.1995	13.10.1995 e 25.10.2000
DIRBEN-8030, regulamentado pela IN INSS/DC 39, de 26.10.2000	26.10.2000 e 31.12.2003
Perfil Profissiográfico Previdenciário regulamentado pela IN INSS/DC 99, de 5.12.2003	A partir de 1.1.2004

O Perfil Profissiográfico Previdenciário (PPP) é o documento histórico-laboral do trabalhador, segundo modelo instituído pelo INSS, que, entre outras informações, deve conter dados administrativos da empresa e do trabalhador, registros ambientais e responsáveis pelas informações.

Além da comprovação do exercício em atividade especial, o PPP tem como finalidade (art. 282 da IN PRES/INSS n. 128/2022):

> I – comprovar as condições para obtenção do direito a benefícios e serviços previdenciários;
> II – fornecer ao trabalhador meios de prova produzidos pelo empregador perante a Previdência Social, a outros órgãos públicos e aos sindicatos, de forma a garantir todo direito decorrente da relação de trabalho, seja ele individual ou difuso e coletivo;
> III – fornecer à empresa meios de prova produzidos em tempo real, de modo a organizar e a individualizar as informações contidas em seus diversos setores ao longo dos anos, possibilitando que a empresa evite ações judiciais indevidas relativas a seus trabalhadores; e
> IV – possibilitar aos administradores públicos e privados acessos a bases de informações fidedignas, como fonte primária de informação estatística, para desenvolvimento de vigilância sanitária e epidemiológica, bem como definição de políticas em saúde coletiva.

As demonstrações ambientais que fazem parte das obrigações acessórias dispostas na legislação previdenciária e trabalhista, constituem-se, entre outros, nos seguintes documentos:

> I – Programa de Prevenção de Riscos Ambientais (PPRA);
> II – Programa de Gerenciamento de Riscos (PGR);
> III – Programa de Condições e Meio Ambiente de Trabalho na Indústria da Construção (PCMAT);
> IV – Programa de Controle Médico de Saúde Ocupacional (PCMSO);
> V – Laudo Técnico de Condições Ambientais do Trabalho (LTCAT);
> VI – Perfil Profissiográfico Previdenciário (PPP);
> VII – Comunicação de Acidente do Trabalho (CAT).

Wladimir Novaes Martinez analisa o PPP e destaca o objetivo pelo qual foi criado: "Ele tem por objetivo propiciar à perícia médica do INSS informações pormenorizadas sobre o ambiente operacional e as condições de trabalho, controle do exercício laboral, troca de informações sobre as doenças ocupacionais, supervisão da aplicação das normas legais regulamentadoras da saúde, medicina e segurança do trabalho".[21]

A partir de 1º de janeiro de 2004, conforme estabelecido pela IN INSS/DC n. 99, de 2003, a empresa ou equiparada à empresa deverá preencher o formulário PPP de forma individualizada para seus empregados, trabalhadores avulsos e contribuintes individuais cooperados, que trabalhem expostos a agentes prejudiciais à saúde, ainda que não presentes os requisitos para fins de enquadramento de atividade especial, seja pela eficácia dos equipamentos de proteção, coletivos ou individuais, seja por não se caracterizar a permanência (art. 284 da IN n. 128/2022).

Para períodos trabalhados a partir de 1º de janeiro de 2023, o PPP passou a ser emitido em meio eletrônico a partir das informações constantes nos eventos de Segurança e Saúde no Trabalho – SST no Sistema Simplificado de Escrituração Digital das Obrigações Previdenciárias, Trabalhistas e Fiscais – eSocial (Portaria MTP n. 313, de 22.9.2021, alterada pela Portaria MTP n. 1.010, de 24.12.2021).

---

[21] *PPP na aposentadoria especial: quem deve fazê-lo, como elaborá-lo, períodos incluídos, seus signatários, para quem entregá-lo: 230 perguntas e respostas sobre o PPP e o LTCAT.* São Paulo: LTr, 2003, p. 19.

A partir da implantação em meio digital do PPP ou de documento que venha a substituí-lo, esse formulário deverá ser preenchido para todos os segurados empregados, avulsos e cooperados vinculados a cooperativas de trabalho ou de produção, independentemente do ramo de atividade da empresa, [ou] da exposição a agentes prejudiciais à saúde (art. 284, § 1º, da IN PRES/INSS n. 128/2022).

Importante observar, portanto, que o PPP é obrigatório para todas as situações de exposição de segurados empregados, trabalhadores avulsos e contribuintes individuais que sejam membros de cooperativas de trabalho e produção a agentes nocivos, independentemente da percepção ou não de adicionais de insalubridade ou periculosidade.

A empresa está obrigada a elaborar e manter atualizado o PPP, abrangendo as atividades desenvolvidas pelos segurados empregados, trabalhadores avulsos e cooperados filiados à cooperativa de trabalho e de produção que laborem expostos a agentes nocivos químicos, físicos, biológicos ou à associação desses agentes, prejudiciais à saúde ou à integridade física, ainda que não presentes os requisitos para concessão de aposentadoria especial, seja pela eficácia dos equipamentos de proteção, coletivos ou individuais, seja por não se caracterizar a permanência.

A exigência do PPP tem como finalidade identificar os trabalhadores expostos a agentes nocivos em relação aos quais será cobrada a respectiva alíquota adicional de contribuição para o custeio do benefício da correspondente aposentadoria especial, caso implementados os demais requisitos a esse direito.

E segundo o RPS (art. 68, § 8º, com redação dada pelo Decreto n. 10.410/2020), a empresa deverá elaborar e manter atualizado o perfil profissiográfico previdenciário, ou o documento eletrônico que venha a substituí-lo, no qual deverão ser contempladas as atividades desenvolvidas durante o período laboral, garantido ao trabalhador o acesso às informações nele contidas, sob pena de sujeição às sanções previstas na alínea "h" do inciso I do *caput* do art. 283 do RPS.

O PPP deverá ser atualizado sempre que houver alteração que implique mudança das informações contidas nas suas seções (§ 4º do art. 284 da IN PRES/INSS n. 128/2022).

O trabalhador ou o seu preposto terá acesso às informações prestadas pela empresa sobre o seu perfil profissiográfico previdenciário e poderá, inclusive, solicitar a retificação de informações que estejam em desacordo com a realidade do ambiente de trabalho (art. 68, § 10, do RPS, com redação dada pelo Decreto n. 10.410/2020).

De acordo com o § 5º do art. 284 da IN PRES/INSS n. 128/2022, a empresa ou pessoa equiparada à empresa[22] deve elaborar e manter atualizado o PPP, bem como fornecê-lo nas seguintes situações:

I – por ocasião da rescisão do contrato de trabalho ou da desfiliação da cooperativa, sindicato ou órgão gestor de mão de obra, com fornecimento de uma das vias para o trabalhador, mediante recibo;

II – sempre que solicitado pelo trabalhador, para fins de requerimento de reconhecimento de períodos laborados em condições especiais;

III – para fins de análise de benefícios e serviços previdenciários e quando solicitado pelo INSS;

IV – para simples conferência por parte do trabalhador, quando da revisão do Programa de Gerenciamento de Riscos – PGR; e

V – quando solicitado pelas autoridades competentes.

---

[22] Equiparam-se à empresa (art. 33, § 3º, da IN PRES/INSS n. 128/2022): I – o contribuinte individual, em relação a segurado que lhe presta serviços; II – a sociedade cooperativa, urbana ou rural; III – a associação ou a entidade de qualquer natureza ou finalidade, inclusive o condomínio; IV – a missão diplomática e a repartição consular de carreiras estrangeiras; V – o operador portuário e o OGMO; e VI – o proprietário do imóvel, o incorporador ou o dono de obra de construção civil, quando pessoa física, em relação a segurado que lhe presta serviços.

No caso de trabalhador avulso, o PPP deve ser emitido pelo OGMO (onde existir) ou pelo sindicato da categoria. O sindicato da categoria é responsável pela emissão do PPP para trabalhadores avulsos portuários que exercem suas atividades na área dos portos organizados e terminais de uso privado, bem como para trabalhadores avulsos não portuários.

Conforme o § 6º do art. 284 da IN PRES/INSS n. 128/2022, a partir da implantação do PPP em meio digital (ou seja, a partir de 1.1.2023), as informações prestadas pela empresa através do eSocial serão disponibilizadas ao segurado pelo INSS, ficando a empresa ou equiparado responsável pela disponibilização ao trabalhador das informações referentes ao período anterior a tal implantação – até dezembro de 2022.

A comprovação da entrega do PPP disposta no inciso I do § 5º do art. 284 da IN PRES/INSS n. 128/2022 poderá ser feita no próprio instrumento de rescisão ou de desfiliação, bem como em recibo à parte, e o PPP e a comprovação de entrega ao trabalhador deverão ser mantidos na empresa por 20 (vinte) anos (§§ 8º e 9º do art. 284 da IN PRES/INSS n. 128/2022).

Nas avaliações ambientais deverão ser considerados, além do disposto no Anexo IV do Decreto n. 3.048/1999, a metodologia e os procedimentos de avaliação estabelecidos pela Fundação Jorge Duprat Figueiredo de Segurança e Medicina do Trabalho – Fundacentro. Na hipótese de não terem sido estabelecidos pela Fundacentro a metodologia e os procedimentos de avaliação, caberá ao Ministério da pasta responsável pela Previdência Social indicar outras instituições para estabelecê-los (art. 68, § 13, do RPS, com redação conferida pelo Decreto n. 10.410/2020).

A elaboração do PPP, em relação aos agentes químicos e físicos, para os quais haja limite de tolerância estabelecido na legislação trabalhista e aplicável no âmbito da legislação previdenciária, fica condicionada ao alcance dos níveis de ação e, aos demais agentes nocivos, à efetiva exposição no ambiente de trabalho (§ 7º do art. 284 da IN PRESI/INSS n. 128/2022).

Para que se tenha uma compreensão sobre a retidão das informações contidas no PPP fornecido, cumpre analisar especialmente os seguintes campos:

- Campo 13: Local onde efetivamente o trabalhador exerce/exerceu suas atividades. Deverá ser informado o CNPJ do estabelecimento de lotação do trabalhador ou da empresa tomadora de serviços, no formato XXXXXXXX/XXXX-XX ou Matrícula CEI da obra ou do estabelecimento que não possua CNPJ, no formato XX.XXX.XXXXX/XX, ou o Cadastro das Atividades Econômicas das Pessoas Físicas (CAEPF), no formato XXX.XXX.XXX/XXX-XX ou o Cadastro Nacional de Obras (CNO) do empregador no formato XX.XXX.XXXXX/XX.
- Campo 14: Informações sobre a profissiografia do trabalhador, por período; descrição das atividades, físicas ou mentais, realizadas pelo trabalhador, por força do poder de comando a que se submete, com até quatrocentos caracteres alfanuméricos; se exerceu mais de uma atividade na mesma empresa ou equiparada, deve haver preenchimento de um só PPP para as diversas atividades; as atividades deverão ser descritas com exatidão e de forma sucinta.
- Campo 15: Onde devem constar, obrigatoriamente, as informações sobre a exposição do trabalhador a fatores de riscos ambientais, por período, ainda que estejam neutralizados, atenuados ou exista proteção eficaz; facultativamente, também poderão ser indicados os fatores de riscos ergonômicos e mecânicos. Obs.: Após a implantação da migração dos dados do PPP em meio magnético pela Previdência Social, as informações relativas aos fatores de riscos ergonômicos e mecânicos passaram a ser obrigatórias.

– Campo 18: Devem ser incluídas neste campo informações necessárias à análise do PPP, bem como facilitadoras do requerimento do benefício, como: esclarecimento sobre alteração de razão social da empresa, no caso de sucessora; ou indicador de empresa pertencente a grupo econômico.

A TNU fixou importante tese sobre o PPP e sua validade como prova do tempo especial, ao julgar o Representativo de Controvérsia – Tema n. 208:

> 1. Para a validade do Perfil Profissiográfico Previdenciário (PPP) como prova do tempo trabalhado em condições especiais nos períodos em que há exigência de preenchimento do formulário com base em Laudo Técnico das Condições Ambientais de Trabalho (LTCAT), é necessária a indicação do responsável técnico pelos registros ambientais para a totalidade dos períodos informados, sendo dispensada a informação sobre monitoração biológica.
> 2. A ausência total ou parcial da indicação no PPP pode ser suprida pela apresentação de LTCAT ou por elementos técnicos equivalentes, cujas informações podem ser estendidas para período anterior ou posterior à sua elaboração, desde que acompanhados da declaração do empregador ou comprovada por outro meio a inexistência de alteração no ambiente de trabalho ou em sua organização ao longo do tempo (PEDILEF 0500940-26.2017.4.05.8312/PE, j. 21.6.2021).

Ainda, segundo a TNU, a validade do conteúdo do PPP depende da congruência com o laudo técnico. Essa congruência é presumida. A presunção relativa de congruência do PPP com o laudo técnico dispensa, em regra, que esse documento tenha que ser apresentado conjuntamente com o PPP. Circunstancialmente, pode haver dúvidas objetivas sobre a compatibilidade entre o PPP e o laudo técnico. Nesses casos, é legítimo que o juiz condicione a valoração do PPP à exibição do laudo técnico ambiental. A apresentação de laudo técnico ambiental para aferir a validade do teor do PPP deve ser a exceção, e não a regra. Assim, em regra, deve ser considerado exclusivamente o PPP como meio de comprovação da exposição do segurado ao agente insalubre, inclusive em se tratando de ruído, independentemente da apresentação do respectivo laudo técnico-ambiental (PU 2009.71.62.001838-7, Rel. Juiz Federal Herculano Martins Nacif, *DOU* 22.3.2013). Essa orientação da TNU foi validada pelo STJ:

> PUIL 3: "Em regra, trazido aos autos o Perfil Profissiográfico Previdenciário (PPP), dispensável se faz, para o reconhecimento e contagem do tempo de serviço especial do segurado, a juntada do respectivo Laudo Técnico de Condições Ambientais de Trabalho (LTCAT), na medida que o PPP já é elaborado com base nos dados existentes no LTCAT, ressalvando-se, entretanto, a necessidade da também apresentação desse laudo quando idoneamente impugnado o conteúdo do PPP" (STJ, PET 10.262/RS, 1ª Seção, Min. Sérgio Kukina, *DJe* 16.2.2017).

De acordo com o art. 297, § 1º, do Livro II das Normas Procedimentais em Matéria de Benefícios, que disciplina procedimentos e rotinas de reconhecimento de benefícios do Regime Geral de Previdência Social – RGPS no âmbito do INSS, aprovado pela Portaria DIRBEN/INSS n. 991, de 28.3.2022, com a redação conferida pela Portaria INSS/DIRBEN n. 1.213, de 14.6.2024, a análise da atividade especial de que trata o caput poderá ser feita:

> I – mediante análise administrativa da conformidade do formulário de atividade especial; ou
> II – pela Perícia Médica Federal quando não for possível a análise administrativa da conformidade do formulário de atividade especial.

A efetiva exposição à agente prejudicial à saúde configura-se quando, mesmo após a adoção das medidas de controle previstas na legislação trabalhista, a nocividade não seja eliminada ou neutralizada, assim entendidos (§ 1º-A do art. 297 da Portaria supra):

I – eliminação – a adoção de medidas de controle que efetivamente impossibilitem a exposição ao agente prejudicial à saúde no ambiente de trabalho; e

II – neutralização – a adoção de medidas de controle que reduzam a intensidade, a concentração ou a dose do agente prejudicial à saúde ao limite de tolerância previsto no RPS ou, na sua ausência, na legislação trabalhista.

Embora o PPP, em princípio, seja documento hábil e suficiente para a comprovação das condições especiais da atividade laboral, havendo irregularidade formal no seu preenchimento e, por conseguinte, fundadas dúvidas acerca da sua legitimidade, bem como acerca das informações dele constantes, mostra-se justificável a produção de prova pericial. E, caso impossível a realização da perícia no local onde o serviço foi prestado, porque não mais existente, admite-se a perícia indireta ou por similitude, realizada mediante o estudo técnico em outro estabelecimento, que apresente estrutura e condições de trabalho semelhantes às daquele em que a atividade foi exercida. Nesse sentido:

- **STJ** - "É possível, em virtude da desconfiguração da original condição de trabalho da ex-empregadora, a realização de laudo pericial em empresa do mesmo ramo de atividade, com o exame de local com características similares ao daquele laborado pelo obreiro, a fim de apurar a efetiva exposição do segurado aos agentes nocivos, para reconhecimento do direito à contagem de tempo especial de serviço" (REsp 1.428.183/RS, *DJe* 6.3.2014).
- **TRF4 - Súmula n. 106:** "Quando impossível a realização de perícia técnica no local de trabalho do segurado, admite-se a produção desta prova em empresa similar, a fim de aferir a exposição aos agentes nocivos e comprovar a especialidade do labor".
- **TNU:** "Para fins de análise do pedido de reconhecimento do caráter especial das atividades desenvolvidas pelo segurado, é possível a realização de perícia indireta (por similaridade) se as empresas nas quais a parte trabalhou estiverem inativas, sem representante legal e não existirem laudos técnicos ou formulários, ou quando a empresa tiver alterado substancialmente as condições do ambiente de trabalho da época do vínculo laboral e não for mais possível a elaboração de laudo técnico, observados os seguintes aspectos: (i) serem similares, na mesma época, as características da empresa paradigma e aquela onde o trabalho foi exercido, (ii) as condições insalubres existentes, (iii) os agentes químicos aos quais a parte foi submetida, e (iv) a habitualidade e permanência dessas condições" (Processo 0001323-30.2010.4.03.6318, Sessão de 22.6.2017).

Cumpre ressaltar que as perícias realizadas por similaridade ou por aferição indireta das circunstâncias de trabalho têm sido amplamente aceitas no procedimento comum em caso de impossibilidade da coleta de dados *in loco* para a comprovação da atividade especial. No entanto, nas ações que tramitam nos Juizados Especiais Federais nem sempre é deferida a produção da prova especial, o que se caracteriza como cerceamento de defesa.

Destaque-se, também, que o TST reconheceu a competência da Justiça do Trabalho para a ação em que o trabalhador pretenda obrigar o empregador, sindicato ou OGMO a fornecer a documentação hábil ao requerimento da aposentadoria especial, bem como tem jurisprudência pacífica no sentido da inexistência de prazo prescricional para postular a entrega do PPP ou a retificação deste:

OBRIGAÇÃO DE FAZER. ENTREGA DO PERFIL PROFISSIOGRÁFICO PREVIDENCIÁRIO PELO EMPREGADOR.
"Nos termos do parágrafo 4º do artigo 58 da Lei n. 8.213/91, o reclamado deve fornecer o Perfil Profissiográfico Previdenciário ao reclamante, obrigação que decorre do reconhecimento da periculosidade no ambiente de trabalho, independentemente de tal condição ter sido deferida apenas em juízo, como no caso dos autos. Precedentes. Recurso de Revista conhecido e provido" (ARR-225600-36.2007.5.02.0059, 1ª Turma, Rel. Min. Luiz José Dezena da Silva, DEJT 30.5.2019).

- **TST:** "(...) Competência da Justiça do Trabalho. Emissão de PPP. A causa guarda pertinência com a proteção de direitos dos trabalhadores, evidenciando-se a competência desta Justiça Especializada, nos termos do art. 114, IX, da Constituição Federal, quando alude a 'outras controvérsias decorrentes da relação de trabalho, na forma da lei'" (TST, AIRR-11346-40.2019.5.03.0044, 3ª Turma, *DEJT* 20.8.2021).
- *"Em razão de o Perfil Profissiográfico Previdenciário (PPP) atestar as condições em que se deu a prestação de serviços, sendo necessário para fins de prova perante a Previdência Social, a pretensão de retificação não se sujeita aos prazos prescricionais previstos no art. 7º, XXIX, da CF, invocado pela recorrente. Incidência do art. 11, § 1º, da CLT"* (TST, AIRR-10074-88.2013.5.15.0043, 3ª Turma, Rel. Min. Alexandre Belmonte, DEJT 1.3.2019).

Vale lembrar que o STF, no julgamento do Tema 583 do ementário temático de repercussão geral, fixou a tese de que inexiste repercussão geral no tocante à "prescrição aplicável no âmbito da Justiça do Trabalho", entendimento consubstanciado no processo ARE 697.514, da relatoria do Min. Gilmar Mendes, *DJe* 14.9.2012.

Sobre o tema **obtenção e/ou retificação do PPP**, destacamos os enunciados e precedentes que seguem:

- **FONAJEF – Enunciado n. 147**: "A mera alegação genérica de contrariedade às informações sobre atividade especial fornecida pelo empregador, não enseja a realização de novo exame técnico".
- **FONAJEF – Enunciado n. 202**: "A ausência de PPP ou documento equivalente no processo administrativo implicará, em relação ao tempo especial respectivo, a extinção do processo judicial sem resolução do mérito por falta de requerimento administrativo válido".
- **FONAJEF – Enunciado n. 203**: "Não compete à Justiça Federal solucionar controvérsias relacionadas à ausência e/ ou à inexatidão das informações constantes de PPP e/ou LTCAT para prova de tempo de serviço especial".
- **TRF/4**: "Previdenciário. Processual civil. Competência retificação de PPP. Tempo especial. Ruído. EPI. (...) 2. O caminho mais adequado a ser adotado pelo trabalhador para impugnar o PPP fornecido pelo empregador, seja para a correção das informações ali inseridas ou mesmo para incluir agentes nocivos omitidos, é a busca de solução perante a Justiça do Trabalho, com reconhecida competência para decidir sobre a matéria. Porém, na linha do que tem decidido esta Corte, não se trata de caminho único, já que também no âmbito da demanda previdenciária poderá o segurado realizar prova complementar ao PPP regularmente emitido. (...)" (TRF/4, AC 5011219-93.2017.4.04.7108, 11ª Turma, j. 9.8.2023).

30.7.3 Laudo Técnico de Condições Ambientais do Trabalho (LTCAT)

O Laudo Técnico de Condições Ambientais do Trabalho (LTCAT) é um documento com caráter pericial, de iniciativa da empresa, com a finalidade de propiciar elementos ao INSS para caracterizar ou não a presença dos agentes nocivos à saúde ou à integridade física relacionados no Anexo IV do Decreto n. 3.048/1999. O LTCAT deverá ser assinado por engenheiro de segurança do trabalho ou por médico do trabalho.

Segundo o art. 280 da IN PRESI/INSS n. 128/2022, "O LTCAT e as demonstrações ambientais deverão embasar o preenchimento da GFIP, eSocial ou de outro sistema que venha a substituí-la, e dos formulários de comprovação de períodos laborados em atividade especial".

A partir de 1º de janeiro de 2004, foi dispensada a apresentação do LTCAT ao INSS, mas o documento deverá permanecer na empresa, à disposição da Previdência Social. Na hipótese de dúvida quanto às informações contidas no Laudo Técnico e nos documentos que fundamentaram a sua elaboração, o INSS poderá efetuar diligência prévia para conferência dos dados.

Em relação ao período a partir do qual é obrigatória a apresentação do PPP e do laudo técnico das condições ambientais do trabalho, o CRPS editou o Enunciado n. 11:

> O Perfil Profissiográfico Previdenciário (PPP) é documento hábil à comprovação da efetiva exposição do segurado a todos os agentes nocivos, sendo dispensável o Laudo Técnico de Condições Ambientais de Trabalho (LTCAT) para requerimentos feitos a partir de 1º/1/2004, inclusive abrangendo períodos anteriores a esta data.
>
> I – Considera-se trabalho permanente aquele no qual o trabalhador, necessária e obrigatoriamente, está exposto ao agente nocivo para exercer suas atividades, em razão da indissociabilidade da produção do bem ou da prestação do serviço, mesmo que a exposição não se dê em toda a jornada de trabalho.
>
> II – A nocividade será caracterizada quando a exposição ultrapassar os limites de tolerância para os agentes nocivos avaliados pelo critério quantitativo, sendo suficiente para os agentes avaliados pelo critério qualitativo a sua efetiva presença no ambiente de trabalho.
>
> III – A avaliação quanto à existência de permanência e nocividade será realizada com base nas informações descritas no PPP ou no LTCAT.
>
> IV – Poderá ser solicitado o LTCAT em caso de dúvidas ou divergências em relação às informações contidas no PPP ou no processo administrativo.
>
> V – O LTCAT ou as demonstrações ambientais substitutas extemporâneos que informem quaisquer alterações no meio ambiente do trabalho ao longo do tempo são aptos a comprovar o exercício de atividade especial, desde que a empresa informe expressamente que, ainda assim, havia efetiva exposição ao agente nocivo.
>
> VI – Não se exigirá o LTCAT para períodos de atividades anteriores 14/10/96, data da publicação da Medida Provisória n. 1.523/96, facultando-se ao segurado a comprovação da efetiva exposição a agentes nocivos por qualquer meio de prova em direito admitido, exceto em relação a ruído.

Na via judicial, foi pacificado o entendimento de que a exigência do laudo técnico é válida somente após o advento do Decreto n. 2.172, de 6.3.1997, salvo para o agente nocivo ruído que deve existir independentemente da época trabalhada. Nesse sentido:

> Este egrégio Superior Tribunal de Justiça firmou entendimento segundo o qual a atividade que tenha sido exercida com efetiva exposição a agentes nocivos até 5.3.1997 pode ser comprovada por qualquer meio de prova e, a partir de 6.3.1997, com o advento da Lei 9.528/1997, por meio de laudo técnico (STJ, AgInt no AREsp 1.703.209/RS, 1ª Turma, *DJe* 24.2.2022).

O fato de o laudo pericial ter sido elaborado após o término do período laborado em condições prejudiciais à saúde e/ou à integridade física não impede o reconhecimento da atividade especial, até porque como as condições do ambiente de trabalho tendem a aprimorar-se com a evolução tecnológica, sendo razoável supor que em tempos pretéritos a situação era pior ou quando menos igual à constatada na data da elaboração.

Da mesma forma, o laudo pode valer para períodos futuros desde que presentes informações sobre a manutenção do *layout* e demais condições de trabalho. Neste sentido, a Súmula n. 68 da TNU: "O laudo pericial não contemporâneo ao período trabalhado é apto à comprovação da atividade especial do segurado".

Está disponível para consulta no Sistema EPROC (Processo Eletrônico da Justiça Federal da 4ª Região – www.trf4.jus.br) um importante banco de laudos. Os advogados cadastrados podem ter acesso ao *link* "Laudos Técnicos" e pesquisar em mais de 3.000 laudos (número em crescimento, pois outros estão em fase de inserção no sistema). Entre as opções de consulta estão: Seção Judiciária de localização da empresa; Atividade Econômica Principal (CNAE); Pessoa Jurídica/Entidade; CNPJ ou Nome da Empresa; Função; Setor; Data de Validade; e Tipo do laudo técnico.

30.7.4 Uso de Equipamento de Proteção Individual (EPI)

Considera-se Equipamento de Proteção Individual (EPI) todo dispositivo ou produto, de uso individual, utilizado pelo trabalhador, destinado à proteção de riscos suscetíveis de ameaçar a segurança e a saúde no trabalho (NR 6 do Ministério do Trabalho e Emprego).

De acordo com a NR 6: "O equipamento de proteção individual, de fabricação nacional ou importado, só poderá ser posto à venda ou utilizado com a indicação do Certificado de Aprovação – CA, expedido pelo órgão nacional competente em matéria de segurança e saúde no trabalho do Ministério do Trabalho e Emprego".[23]

A NR 6 estabelece, também, as atribuições do empregador e do empregado quanto ao EPI. São elas:

– **Cabe ao empregador quanto ao EPI:**
a) adquirir o adequado ao risco de cada atividade;
b) exigir seu uso;
c) fornecer ao trabalhador somente o aprovado pelo órgão nacional competente em matéria de segurança e saúde no trabalho;
d) orientar e treinar o trabalhador sobre o uso adequado, guarda e conservação;
e) substituir imediatamente, quando danificado ou extraviado;
f) responsabilizar-se pela higienização e manutenção periódica;
g) comunicar ao MTE qualquer irregularidade observada; e
h) registrar o seu fornecimento ao trabalhador, podendo ser adotados livros, fichas ou sistema eletrônico.

– **Cabe ao empregado quanto ao EPI:**
a) usar, utilizando-o apenas para a finalidade a que se destina;
b) responsabilizar-se pela guarda e conservação;
c) comunicar ao empregador qualquer alteração que o torne impróprio para uso; e
d) cumprir as determinações do empregador sobre o uso adequado.

---

[23] A consulta dos CAs está disponível no Portal: www.mte.gov.br – *link*: http://caepi.mte.gov.br/internet/ConsultaCAInternet.aspx.

De acordo com o art. 64, § 1º, do RPS (redação conferida pelo Decreto n. 10.410/2020), a efetiva exposição a agente prejudicial à saúde configura-se quando, mesmo após a adoção das medidas de controle previstas na legislação trabalhista, a nocividade não seja eliminada ou neutralizada. E para esse fim, conceitua:

I – *eliminação* – a adoção de medidas de controle que efetivamente impossibilitem a exposição ao agente prejudicial à saúde no ambiente de trabalho; e

II – *neutralização* – a adoção de medidas de controle que reduzam a intensidade, a concentração ou a dose do agente prejudicial à saúde ao limite de tolerância previsto neste Regulamento ou, na sua ausência, na legislação trabalhista.

Regulamentando o tema de forma detalhada e apropriada, a IN PRES/INSS n. 128/2022 estabeleceu:

Art. 291. Somente será considerada a adoção de Equipamento de Proteção Individual – EPI em demonstrações ambientais emitidas a partir de 3 de dezembro de 1998, data da publicação da Medida Provisória n. 1.729, convertida na Lei n. 9.732, de 11 de dezembro de 1998, e desde que comprovadamente elimine ou neutralize a nocividade e seja respeitado o disposto na NR-06 do MTE, havendo ainda necessidade de que seja assegurada e devidamente registrada pela empresa, no PPP, a observância:

I – da hierarquia estabelecida na legislação trabalhista, ou seja, medidas de proteção coletiva, medidas de caráter administrativo ou de organização do trabalho e utilização de EPI, nesta ordem, admitindo-se a utilização de EPI somente em situações de inviabilidade técnica, insuficiência ou provisoriamente até a implementação do EPC ou, ainda, em caráter complementar ou emergencial;

II – das condições de funcionamento e do uso ininterrupto do EPI ao longo do tempo, conforme especificação técnica do fabricante, ajustada às condições de campo;

III – do prazo de validade, conforme Certificado de Aprovação do Ministério do Trabalho e Previdência ou do órgão que venha sucedê-la;

IV – da periodicidade de troca definida pelos programas ambientais, comprovada mediante recibo assinado pelo usuário em época própria; e

V – da higienização.

Parágrafo único. Entende-se como prova incontestável de eliminação ou neutralização dos riscos pelo uso de EPI, citado no Parecer CONJUR/MPS n. 616/2010, de 23 de dezembro de 2010, o cumprimento do disposto neste artigo.

É relevante também mencionar o Enunciado n. 12 do CRPS sobre o tema:

O fornecimento de equipamento de proteção individual (EPI) não descaracteriza a atividade exercida em condições especiais que prejudiquem a saúde ou a integridade física, devendo ser considerado todo o ambiente de trabalho.

I – Se o EPI for realmente capaz de neutralizar a nocividade, não há direito à aposentadoria especial;

II – A utilização de Equipamentos de Proteção Coletiva-EPC e/ou EPI não elide a exposição aos agentes reconhecidamente cancerígenos, a ruído acima dos limites de tolerância, ainda que considerados eficazes;

III – A eficácia do EPI não obsta o reconhecimento de atividade especial exercida antes de 3/12/1998, data de início da vigência da MP 1.729/98, convertida na Lei n. 9.732/98, para qualquer agente nocivo.

A orientação firmada pelo STJ é no sentido de que o fato de a empresa fornecer ao empregado EPI não afasta, por si só, o direito ao benefício da aposentadoria com a contagem de tempo especial, devendo ser apreciado caso a caso (AgRg no AREsp 174.282/SC, 2ª Turma, Rel. Min. Humberto Martins, DJe 28.6.2012).

Em sentido similar, o Enunciado n. 289 do TST: "Insalubridade. Adicional. Fornecimento do aparelho de proteção. Efeito: O simples fornecimento do aparelho de proteção pelo empregador não o exime do pagamento do adicional de insalubridade. Cabe-lhe tomar as medidas que conduzam à diminuição ou eliminação da nocividade, entre as quais as relativas ao uso efetivo do equipamento pelo empregado".[24]

Cabe destacar que o STF reconheceu a existência de repercussão geral em relação à validade do "uso de EPI" para afastar a especialidade do labor (Tema 555 – ARE 664.335, julgado em 4.12.2014),[25] fixando duas teses jurídicas a respeito:

> I – O direito à aposentadoria especial pressupõe a efetiva exposição do trabalhador a agente nocivo à sua saúde, de modo que, se o EPI for realmente capaz de neutralizar a nocividade não haverá respaldo constitucional à aposentadoria especial;
> II – Na hipótese de exposição do trabalhador a ruído acima dos limites legais de tolerância, a declaração do empregador, no âmbito do Perfil Profissiográfico Previdenciário (PPP), no sentido da eficácia do Equipamento de Proteção Individual – EPI, não descaracteriza o tempo de serviço especial para aposentadoria.

Em face desse julgado do STF, a presença de ruído acima dos níveis de tolerância autoriza o reconhecimento da atividade com especial, mesmo que no LTCAT ou no PPP conste a informação de EPI eficaz. Essa passou ser a orientação interna do INSS, conforme se observa na IN n. 128/2022:

> Art. 290. (...) Parágrafo único. Nos casos de exposição do segurado ao agente nocivo ruído, acima dos limites legais de tolerância, a declaração do empregador o âmbito o Perfil Profissiográfico Previdenciário (PPP), sobre a eficácia do Equipamento de Proteção Individual (EPI), não descaracteriza o enquadramento como atividade especial para fins de aposentadoria.

Quanto aos demais agentes nocivos, somente a utilização de EPI eficaz poderá afastar o direito à contagem do tempo trabalhado como especial. Nesse sentido, o STJ tem posicionamento de que:

> – "o simples fornecimento de EPI, ainda que tal equipamento seja efetivamente utilizado, não afasta, por si só, a caracterização da atividade especial" (REsp 1.573.551/RS, DJe 19.5.2016).
> – "o fato de a empresa fornecer equipamento de proteção individual – EPI para neutralização dos agentes agressivos não afasta, por si só, a contagem do tempo especial, pois cada caso deve ser examinado em suas peculiaridades, comprovando-se a real efetividade do aparelho e o uso permanente pelo empregado durante a jornada de trabalho" (REsp 1.662.171/RJ, 2ª Turma, DJe 12.9.2017).

Com base nessas premissas, entendemos que não basta a simples indicação do fornecimento de EPI eficaz no PPP e que deverão ser produzidas provas dessa eficácia nos termos da citada NR 6 do MTE. Nesse sentido:

---

[24] Disponível em http://www.tst.gov.br. Acesso em: 10 dez. 2003.
[25] Disponível em: http://www.stf.jus.br/portal/cms/verNoticiaDetalhe.asp?idConteudo=281259&caixaBusca=N. Acesso em: 1º jan. 2015.

(...) não basta o mero preenchimento dos campos específicos no PPP, onde simplesmente são respondidas as perguntas 'EPI eficaz?' e 'EPC eficaz?', sem qualquer detalhamento acerca da total elisão ou neutralização do agente nocivo (TRF/4, EINF 5011383-34.2012.4.04.7108/RS, 3ª Seção, 30.6.2016).

Assinalamos que o PPP e o LTCAT não podem ser considerados provas suficientes do cumprimento da eficácia do EPI para todo o lapso temporal do empregado, pois refletem uma situação estática, ou seja, a verificação em determinado momento. Assim, entendemos que, em juízo, cabe ao INSS demonstrar que houve fiscalização sobre a observância da NR-6 ou diligenciar para buscar junto ao empregador os documentos que comprovem essa realidade.

No âmbito do TRF da 4ª Região, foi julgado, em 22.11.2017, o IRDR Tema 15 – Proc. 5054341-77.2016.4.04.0000, fixando a seguinte tese: "A mera juntada do PPP referindo a eficácia do EPI não elide o direito do interessado em produzir prova em sentido contrário".

No voto vencedor desse IRDR acertadamente foram destacadas hipóteses em que a indicação de adoção de EPI eficaz no PPP deverá ser desconsiderada e o tempo será computado como especial (independentemente da produção da prova da falta de eficácia). São elas:

a) *Períodos anteriores a 3.12.1998*: pela ausência de exigência de controle de fornecimento e uso de EPI em período anterior a essa data, nos termos da Súmula n. 87 da TNU: "A eficácia do EPI não obsta o reconhecimento de atividade especial exercida antes de 03.12.1998, data de início da vigência da MP 1.729/98, convertida na Lei n. 9.732/98";

b) *Pela reconhecida ineficácia do EPI:*
   b.1. no enquadramento por categoria profissional: devido a presunção da nocividade;
   b.2. em caso de ruído: Repercussão Geral 555;
   b.3. em relação aos agentes biológicos: item 3.1.5 do Manual da Aposentadoria Especial editado pelo INSS, 2017;
   b.4. para agentes nocivos reconhecidamente cancerígenos: Memorando-Circular Conjunto n. 2/DIRSAT/DIRBEN/INSS/2015;
   b.5. para a periculosidade;
   b.6. em relação ao calor, radiações ionizantes e trabalhos em condições hiperbáricas.

E, segundo o IRDR 15, esgotada a produção da prova na via judicial e não sendo possível constatar a eficácia do EPI, cabe observar o item 11 do Acórdão do STF no julgamento da Repercussão Geral 555 (ARE 664335/SC): *"Em caso de divergência ou dúvida sobre a real eficácia do Equipamento de Proteção Individual, a premissa a nortear a Administração e o Judiciário é pelo reconhecimento do direito ao benefício da aposentadoria especial. Isto porque o uso de EPI, no caso concreto, pode não se afigurar suficiente para descaracterizar completamente a relação nociva a que o empregado se submete".*

A relação de situações que o EPI não elide o reconhecimento da atividade especial deve ser vista com exemplificativa, pois há outras hipóteses em que não há neutralização da nocividade e da periculosidade, tais como: penosidade; vibrações; frio; calor; pressões anormais; agentes nocivos sobre os quais não se conhece um limite seguro/aceitável de tolerância.

Quanto aos efeitos do EPI, em relação às atividades exercidas pelo segurado contribuinte individual, a TNU fixou a seguinte tese em Representativo de Controvérsia:

Tema 188: "Após 03/12/1998, para o segurado contribuinte individual, não é possível o reconhecimento de atividade especial em virtude da falta de utilização de equipamento de proteção individual (EPI) eficaz, salvo nas hipóteses de: (a) exposição ao agente físico ruído acima dos limites legais; (b) exposição a agentes nocivos reconhecidamente cancerígenos, constantes do Grupo 1 da lista da LINACH; ou (c) demonstração com fundamento técnico de inexistência, no caso concreto, de EPI apto a elidir a nocividade da exposição ao agente agressivo a que se submeteu o segurado" (PUIL 5000075-62.2017.4.04.7128/RS, j. 22.8.2019).

Posteriormente, a TNU ao julgar o Representativo de Controvérsia n. 213, fixou de forma mais ampla os critérios de aferição da eficácia do EPI na análise do direito à aposentadoria especial ou à conversão de tempo especial em comum, quais sejam:

I – A informação no Perfil Profissiográfico Previdenciário (PPP) sobre a existência de equipamento de proteção individual (EPI) eficaz pode ser fundamentadamente desafiada pelo segurado perante a Justiça Federal, desde que exista impugnação específica do formulário na causa de pedir, onde tenham sido motivadamente alegados:
(i.) a ausência de adequação ao risco da atividade;
(ii.) a inexistência ou irregularidade do certificado de conformidade;
(iii.) o descumprimento das normas de manutenção, substituição e higienização;
(iv.) a ausência ou insuficiência de orientação e treinamento sobre o uso o uso adequado, guarda e conservação; ou
(v.) qualquer outro motivo capaz de conduzir à conclusão da ineficácia do EPI.
II – Considerando que o Equipamento de Proteção Individual (EPI) apenas obsta a concessão do reconhecimento do trabalho em condições especiais quando for realmente capaz de neutralizar o agente nocivo, havendo divergência real ou dúvida razoável sobre a sua real eficácia, provocadas por impugnação fundamentada e consistente do segurado, o período trabalhado deverá ser reconhecido como especial.

Mesmo diante de tantos avanços no âmbito jurisprudencial, o Decreto n. 10.410/2020, que revisou o RPS, retrocedeu de forma inexplicável em relação aos agentes cancerígenos, ao estabelecer que: "(...) caso sejam adotadas as medidas de controle previstas na legislação trabalhista que eliminem a nocividade, será descaracterizada a efetiva exposição" (art. 68, § 4º). Essa previsão vai levar ao aumento de demandas contra o INSS, pois não há argumentos técnicos e jurídicos que justifiquem essa mudança de orientação da Previdência Social.

30.7.5 Nível do ruído

O ruído costuma ser o agente nocivo mais presente nos locais de trabalho. Classificado como agente físico, depende de medição do nível da pressão sonora e somente quando superados os limites de tolerância gera o direito ao reconhecimento da especialidade da atividade.

A NR 15 da Portaria n. 3.214/1978, do então Ministério do Trabalho, no Anexo I, estabelece os limites de tolerância para ruído contínuo ou intermitente, os quais deveriam ser aplicados no âmbito trabalhista e previdenciário.

No entanto, os decretos regulamentadores dos benefícios previdenciários fixaram níveis variáveis de tolerância ao longo do tempo e somente a partir do Decreto n. 4.882, de 18.11.2003, houve o alinhamento com as normas trabalhistas.

Especificamente quanto ao agente nocivo ruído, o Quadro Anexo do Decreto n. 53.831, o Anexo I do Decreto n. 83.080/1979, o Anexo IV do Decreto n. 2.172/1997, durante os respectivos períodos de vigência, e o Anexo IV do Decreto n. 3.048/1999, alterado pelo Decreto n. 4.882/2003, consideram insalubres as atividades que expõem o segurado a níveis de pressão sonora superiores, respectivamente, a 80, 90, 90 e 85 decibéis, de acordo com os códigos 1.1.6, 1.1.5, 2.0.1 e 2.0.1:

Período trabalhado	Enquadramento	Limites de tolerância
Até 5.3.1997	Anexo do Decreto n. 53.831/1964 Anexo I do Decreto n. 83.080/1979	Superior a 80 dB Superior a 90 dB
De 6.3.1997 a 6.5.1999	Anexo IV do Decreto n. 2.172/1997	Superior a 90 dB
De 7.5.1999 a 18.11.2003	Anexo IV do Decreto n. 3.048/1999, na sua redação original	Superior a 90 dB
A partir de 19.11.2003	Anexo IV do Decreto n. 3.048/1999, com a alteração do Decreto n. 4.882/2003	Superior a 85 dB

Quanto ao período anterior a 5.3.1997, ficou pacificado pelo STJ e pelo INSS na esfera administrativa (Instrução Normativa INSS/DSS 57/2001 e posteriores), que são aplicáveis concomitantemente, para fins de enquadramento, os Decretos n. 53.831/1964 e n. 83.080/1979 até 5.3.1997, data imediatamente anterior à publicação do Decreto n. 2.172/1997, durante os respectivos períodos de vigência. Desse modo, até então, é considerada nociva à saúde a atividade sujeita a ruídos superiores a 80 decibéis, conforme previsão mais benéfica do Decreto n. 53.831/1964. Nesse sentido também já houve manifestação do STJ no Repetitivo 694.

Assim, na vigência do Decreto n. 2.172, de 5.3.1997, o nível de ruído a caracterizar o direito à contagem do tempo de trabalho como especial deve ser superior a 90 decibéis, só sendo admitida a redução para 85 decibéis após a entrada em vigor do Decreto n. 4.882, de 18.11.2003.

Quando os níveis de ruído são variáveis, o STJ definiu em Repetitivo – Tema 1083 – a seguinte tese a ser observada:

> O reconhecimento do exercício de atividade sob condições especiais pela exposição ao agente nocivo ruído, quando constatados diferentes níveis de efeitos sonoros, deve ser aferido por meio do Nível de Exposição Normalizado (NEN). Ausente essa informação, deverá ser adotado como critério o nível máximo de ruído (pico de ruído), desde que perícia técnica judicial comprove a habitualidade e a permanência da exposição ao agente nocivo na produção do bem ou na prestação do serviço (REsp 1.886.795/RS, 1ª Seção, Rel. Min. Gurgel de Faria, DJe 25.11.2021).

Ainda, quanto ao ruído, a TNU passou a exigir o LTCAT para fins de demonstrar a técnica utilizada na medição, bem como a respectiva norma, quando essa informação não constar do PPP. Veja-se a respeito a tese fixada no Representativo de Controvérsia n. 174.

> (a) "A partir de 19 de novembro de 2003, para a aferição de ruído contínuo ou intermitente, é obrigatória a utilização das metodologias contidas na NHO-01 da FUNDACENTRO ou na NR-15, que reflitam a medição de exposição durante toda a jornada de trabalho, vedada a medição pontual, devendo constar do Perfil Profissiográfico Previdenciário (PPP) a técnica utilizada e a respectiva norma";
> (b) "Em caso de omissão ou dúvida quanto à indicação da metodologia empregada para aferição da exposição nociva ao agente ruído, o PPP não deve ser admitido como prova da especialidade, devendo ser apresentado o respectivo laudo técnico (LTCAT), para fins de demonstrar a técnica utilizada na medição, bem como a respectiva norma".

Considerando que, geralmente, o PPP não informa a técnica utilizada, deve a parte interessada demonstrar que a empresa não forneceu cópia do LTCAT e solicitar que o juiz intime a empresa para apresentá-la ou que então seja realizada a perícia técnica no local do trabalho ou em empresa similar. A respeito, o novel Representativo de Controvérsia da TNU:

> Tema n. 317: "(I) A menção à técnica da dosimetria ou ao dosímetro no PPP enseja a presunção relativa da observância das determinações da norma de higiene ocupacional (NHO-01) da Fundacentro e/ou da NR-15, para os fins do Tema 174 desta TNU; (II) Havendo fundada dúvida acerca das informações constantes do PPP ou mesmo omissão em seu conteúdo, à luz da prova dos autos ou de fundada impugnação da parte, de se desconsiderar a presunção do regular uso do dosímetro ou da dosimetria e determinar a juntada aos autos do laudo técnico respectivo, que certifique a correta aplicação da NHO 01 da Fundacentro ou da NR 15, Anexo 1 do MTB".

30.7.6 Período de carência

O período de carência para a concessão da aposentadoria especial previsto na LBPS é de 180 contribuições mensais, conforme previsão contida no art. 25, II, da Lei n. 8.213/1991 e no art. 29, II, do RPS (com redação conferida pelo Decreto n. 10.410/2020).

Para o segurado inscrito na Previdência Social Urbana até 24.7.1991, bem como para o trabalhador e o empregador rurais cobertos pela Previdência Social Rural, a carência das aposentadorias por idade, por tempo de serviço e especial obedece à tabela prevista no art. 142 da Lei n. 8.213/1991, a qual leva em conta o ano em que o segurado implementou ou implementará as condições necessárias à obtenção do benefício.

Além da carência, que diz respeito ao número mínimo de contribuições mensais feitas pelo segurado, é necessária a comprovação do tempo exigido (quinze, vinte ou vinte e cinco anos), em atividades prejudiciais à saúde ou à integridade física.

A manutenção da qualidade de segurado para a concessão da aposentadoria especial deixou de ser obrigatória por força do art. 3º, *caput*, da Lei n. 10.666/2003.

Importante ressaltar que, a partir da entrada em vigor da EC n. 103/2019, além do tempo de exercício de atividade especial, foi introduzida a idade mínima, a qual constou do art. 19, § 1º, sendo fixada em 55, 58 ou 60 anos, a depender do tempo de exposição de 15, 20 ou 25 anos, respectivamente.

30.7.7 Data de início do benefício

A aposentadoria especial será devida ao segurado empregado a partir da data do desligamento do emprego (quando requerida até essa data ou até noventa dias depois desta), ou da data do requerimento (quando não houver desligamento do emprego ou quando for requerida após noventa dias deste). Para os demais segurados, será a data da entrada do requerimento.

A TNU tem reafirmado a tese consolidada na Súmula n. 33, para estabelecer a data de início do benefício previdenciário na data do requerimento administrativo, destacando que o momento da confecção ou de apresentação do PPP no qual se baseou o juízo para acolher o pleito de aposentação é indiferente para esse fim (*v.g.*, Processo 0535799-85.2009.4.05.8300, j. 22.6.2017).

30.7.7.1 Cessação do pagamento da aposentadoria especial – STF Tema 709

O segurado aposentado de forma especial que continuar ou retornar ao exercício de atividades ou operações que o sujeitem aos agentes nocivos terá cessado o pagamento da sua aposentadoria, conforme determinado pela Lei n. 9.732/1998 (art. 57, § 8º, da Lei n. 8.213/1991).

Essa norma legal impede a continuidade da atividade especial, mas não veda o exercício de atividade comum. Portanto, o empregador deverá realocar o empregado para um local em condições salubres de labor. Caso venha a demitir o empregado, estará sujeito ao pagamento de indenização, dada a ausência de justa causa.

Na regulamentação do art. 57, § 8º da LBPS, o Decreto n. 3.048/1999 (art. 69, parágrafo único) estabelece que o segurado que retornar ao exercício de atividade ou operação que o sujeite aos riscos e agentes nocivos constantes do Anexo IV do Decreto n. 3.048/1999, ou nele permanecer, na mesma ou em outra empresa, qualquer que seja a forma de prestação do serviço ou categoria de segurado, será imediatamente notificado da cessação do pagamento de sua aposentadoria especial, no prazo de 60 dias contados da data de emissão da notificação, salvo comprovação, nesse prazo, de que o exercício dessa atividade ou operação foi encerrado. Curiosamente, não há penalização prevista para o empregador que exija do segurado já aposentado que trabalhe em condições nocivas à saúde.

Do art. 267 da IN PRES/INSS n. 128, consta:

> Art. 267. (...)
> § 2º A cessação do benefício observará os procedimentos que garantam ao segurado o direito ao contraditório e à ampla defesa.
> § 3º Não serão considerados como permanência ou retorno à atividade os períodos:
> I – entre a data do requerimento e a data da ciência da concessão do benefício; e
> II – de cumprimento de aviso prévio consequente do pedido de demissão do segurado após a ciência da concessão do benefício.
> § 4º Os valores indevidamente recebidos deverão ser devolvidos ao INSS.

O STF, ao julgar o Recurso Extraordinário com Repercussão Geral – Tema 709, reconheceu a constitucionalidade do § 8º do art. 57 da LBPS, fixando as seguintes teses (já com a alteração definida em embargos de declaração):

> I) É constitucional a vedação de continuidade da percepção de aposentadoria especial se o beneficiário permanece laborando em atividade especial ou a ela retorna, seja essa atividade especial aquela que ensejou a aposentação precoce ou não.
> II) Nas hipóteses em que o segurado solicitar a aposentadoria e continuar a exercer o labor especial, a data de início do benefício será a data de entrada do requerimento, remontando a esse marco, inclusive, os efeitos financeiros. Efetivada, contudo, seja na via administrativa, seja na judicial a implantação do benefício, uma vez verificado o retorno ao labor nocivo ou sua continuidade, cessará o pagamento do benefício previdenciário em questão.
> (RE 788.092-ED, Tribunal Pleno, Sessão Virtual, Rel. Min. Dias Toffoli, *DJe* 12.3.2021).

Destaca-se, também, a importante modulação de efeitos, de forma a se preservarem os direitos dos segurados cujo reconhecimento judicial tenha se dado por decisão transitada em julgado até a data do julgamento dos embargos de declaração, e, a declaração da irrepetibilidade dos valores de natureza alimentar recebidos de boa-fé por força de decisão judicial ou administrativa até a proclamação do resultado do julgamento dos embargos.

E, na sequência, o Ministro Dias Toffoli (relator do caso), acolheu pedido da Procuradoria-Geral da República em novos embargos de declaração em relação aos profissionais de saúde essenciais ao controle da Covid-19, nos termos que seguem:

> (...) acolho o pedido apresentado pelo Procurador-Geral da República e, nos termos do art. 1.026, § 1º, do CPC, suspendo, liminarmente, e em relação aos profissionais de saúde cons-

tantes do rol do art. 3º-J, da Lei n. 13.979/2020, e que estejam trabalhando diretamente no combate à epidemia do covid-19, ou prestando serviços de atendimento a pessoas atingidas pela doença em hospitais ou instituições congêneres, públicos ou privados, os efeitos do acórdão proferido nos autos, que apreciou os anteriores recursos de embargos de declaração aqui opostos (RE 791961-ED, *DJe* 16.3.2021).

Ainda quanto ao julgamento do Tema 709 pelo STF deve ser considerado que não atinge situações em que houve conversão de tempo de atividade especial em atividade comum e concessão de aposentadoria por tempo de contribuição ou aposentadoria por idade, pois o art. 57, § 8º, da Lei n. 8.213/1991, se refere expressa e unicamente à aposentadoria especial.

Salienta-se também que o STF limitou sua análise no âmbito do RGPS. Portanto, a discussão está em aberto no caso de servidores vinculados à RPPS ou em relação aos profissionais com vínculos simultâneos em RGPS e RPPS.

30.7.8 Renda mensal inicial

A aposentadoria especial, a partir de 29.4.1995, tinha renda mensal equivalente a 100% do salário de benefício (Lei n. 9.032/1995).

Para os que passaram a ter direito ao benefício após a vigência da Lei n. 9.876/1999, o cálculo se deu sobre a média dos maiores salários de contribuição equivalentes a 80% do período contributivo, a partir de julho de 1994, neste caso sem a incidência do fator previdenciário.

A partir da entrada em vigor da EC n. 103/2019, ou seja, para quem não implementou os requisitos antes de sua vigência, o valor da aposentadoria especial corresponderá a 60% do valor do salário de benefício, com acréscimo de dois pontos percentuais para cada ano de contribuição que exceder o tempo de 20 anos de contribuição para os homens e de 15 anos para as mulheres. Nos casos de atividades especiais de 15 anos (atualmente apenas mineiros em subsolo em frente de escavação), o percentual de 60% inicia após cumprido esse tempo mínimo, tanto para homens como para mulheres.

Por força do art. 26 da EC n. 103/2019, o salário de benefício é obtido com base na média aritmética simples dos salários de contribuição, atualizados monetariamente, correspondentes a 100% (cem por cento) do período contributivo desde a competência julho de 1994 ou desde o início da contribuição, se posterior a essa competência. E, a partir de 5 de maio de 2022, com a incidência do divisor mínimo de 108 (cento e oito) meses previsto no art. 135-A da LBPS (incluído pela Lei n. 14.331/2022).

Para o aumento do coeficiente de cálculo, previsto no art. 26, § 2º da EC n. 103/2019, poderão ser utilizados também os períodos de tempo de contribuição comum, além do tempo especial que exceder os 20 anos, se homem e 15, se mulher.

30.7.9 Conversão do tempo especial

A conversão de tempo trabalhado em condições especiais para tempo de atividade comum consiste na transformação daquele período com determinado acréscimo compensatório em favor do segurado, pois esteve sujeito a trabalho (perigoso, penoso ou insalubre) prejudicial à sua saúde.[26]

---

[26] "Não é possível a conversão de tempo especial em comum para fins de carência do benefício previdenciário de aposentadoria por idade, uma vez que, para o preenchimento do referido requisito, exige-se efetiva contribuição pelo segurado" (STJ, AgRg nos EDcl no REsp 1.558.762/SP, DJe 26.4.2016, TNU, PEDILEF 512612-09.2013.4.05.8300, j. 25.5.2017).

Segundo *Wladimir Novaes Martinez:* "Pressuposto lógico da conversão é a existência de dois ou mais tempos de serviço especiais (de 15, 20 ou 25 anos) – hipótese menos comum, ou tempos de serviço especiais e comuns. Daí afirmar-se não ser possível conversão apenas de tempo especial".[27]

Há que se ressaltar que a regulamentação do reconhecimento da atividade especial ocorreu somente com a Lei n. 3.807/1960, o que não impede a conversão do tempo especial para comum exercido anteriormente a essa data. Nesse sentido, precedente do STJ: AgRg no REsp 1.015.694/RS, 6ª Turma, Ministra Maria Thereza de Assis Moura, *DJe* 1.2.2011.

A Lei n. 9.032/1995 vedou a conversão de tempo de serviço comum em especial. Antes era possível a conversão de especial para comum e deste para especial, restando ao segurado que dispõe de tempo especial insuficiente a aposentadoria comum.

O STJ validou essa restrição ao firmar a tese de que não é possível a conversão em especial do tempo de serviço comum, quando o referido requerimento tenha ocorrido na vigência da Lei n. 9.032/1995 (EDcl no REsp 1.310.034-PR. 1ª Seção, *DJe* 2.2.2015).

O STF assentou a ausência de repercussão geral do tema relativo à possibilidade de conversão do tempo de serviço comum para especial, mediante a aplicação do fator 0,71 de conversão, nas hipóteses em que o trabalho fora prestado em período anterior à Lei n. 9.032/1995, para fins de concessão de aposentadoria especial com data de início posterior a essa legislação (RE 1.029.723/PR, Rel. Min. Edson Fachin, *DJe* 21.4.2017).

Para o segurado que houver exercido sucessivamente duas ou mais atividades sujeitas a condições especiais prejudiciais à saúde ou à integridade física, sem completar em qualquer delas o prazo mínimo exigido (15, 20 ou 25 anos), os respectivos períodos serão somados após a conversão, considerando para esse fim, a atividade preponderante, cabendo, dessa forma, a concessão da Aposentadoria Especial com o tempo exigido para a atividade não convertida.

De acordo com o RPS: "A atividade preponderante será aquela pela qual o segurado tenha contribuído por mais tempo, antes da conversão, e servirá como parâmetro para definir o tempo mínimo necessário para a aposentadoria especial e para a conversão" (art. 66, § 3º, com redação conferida pelo Decreto n. 10.410/2020).

Há de se ressaltar que, até o advento da EC n. 103/2019, o tempo de trabalho exercido sob condições especiais consideradas prejudiciais à saúde ou à integridade física, conforme a legislação vigente à época, será somado, após a respectiva conversão, ao tempo de trabalho exercido em atividade comum. Esse entendimento está contemplado no Decreto n. 4.827, de 3.12.2003, e as tabelas de conversão constam dos anexos desta obra.

A orientação do STJ foi pacificada admitindo-se a possibilidade de converter o tempo especial em comum, independentemente da época em que foi prestado: Tema n. 422: "Permanece a possibilidade de conversão do tempo de serviço exercido em atividades especiais para comum após 1998, pois a partir da última reedição da MP n. 1.663, parcialmente convertida na Lei 9.711/1998, a norma tornou-se definitiva sem a parte do texto que revogava o referido § 5º do art. 57 da Lei n. 8.213/1991" (*REsp – julgado como Repetitivo 1.151.363/MG, 3ª Seção, Rel. Min. Jorge Mussi, DJe 5.4.2011*).

No que tange ainda à conversão do tempo especial, em caso de mudança de regime jurídico laboral por parte do servidor público, o STF firmou posicionamento quanto à necessidade de observância da lei vigente à época da prestação de serviços. Nesse sentido, a decisão que segue:

> A jurisprudência da Corte é no sentido de que o servidor que laborou em condições insalubres, quando regido pelo regime celetista, pode somar esse período, ainda que convertido em

---

[27] MARTINEZ, Wladimir Novaes. *Aposentadoria especial*. 2. ed. São Paulo: LTr, 1999, p. 61.

tempo de atividade comum, com a incidência dos acréscimos legais, ao tempo trabalhado posteriormente sob o regime estatutário, inclusive para fins de aposentadoria e contagem recíproca entre regimes previdenciários distintos (RE 603.581 AgR/SC, 1ª Turma, Rel. Min. Dias Toffoli, DJe 4.12.2014).

No mesmo sentido: Repercussão Geral Tema 293, RE 612.358 AgR/ES, Plenário, Rel. Min. Rosa Weber, DJe 13.3.2020.

Outra importante decisão do STF diz respeito ao direito de o servidor público obter no INSS a certidão do tempo de serviço prestado como celetista em condições especiais, nos termos que seguem:

> *1. O servidor público tem direito à emissão pelo INSS de certidão de tempo de serviço prestado como celetista sob condições de insalubridade, periculosidade e penosidade, com os acréscimos previstos na legislação previdenciária.*
> *2. A autarquia não tem legitimidade para opor resistência à emissão da certidão com fundamento na alegada impossibilidade de sua utilização para a aposentadoria estatutária; requerida esta, apenas a entidade à qual incumba deferi-la é que poderia se opor à sua concessão.*
> *(RE 433.305, 1ª Turma, Rel. Min. Sepúlveda Pertence, j. 14.2.2006).*

Essa situação foi superada na via administrativa com a edição da Lei n. 13.849/2019, que incluiu um novo inciso no art. 96 da LBPS: "IX – para fins de elegibilidade às aposentadorias especiais referidas no § 4º do art. 40 e no § 1º do art. 201 da Constituição Federal, os períodos reconhecidos pelo regime previdenciário de origem como de tempo especial, sem conversão em tempo comum, deverão estar incluídos nos períodos de contribuição compreendidos na CTC e discriminados de data a data".

Destaca-se, ainda, a conclusão do julgamento pelo STF sobre o tema de Repercussão Geral n. 942, em que foi fixada a seguinte tese:

> Até a edição da Emenda Constitucional n. 103/2019, o direito a conversão, em tempo comum, do prestado sob condições especiais que prejudiquem a saúde ou a integridade física de servidor público decorre da previsão de adoção de requisitos e critérios diferenciados para a jubilação daquele enquadrado na hipótese prevista no então vigente inciso III do § 4º do art. 40 da Constituição da República, devendo ser aplicadas as normas do regime geral de previdência social relativas a aposentadoria especial contidas na Lei n. 8.213/1991 para viabilizar sua concretização enquanto não sobrevier lei complementar disciplinadora da matéria. Após a vigência da EC n. 103/2019, o direito a conversão em tempo comum, do prestado sob condições especiais pelos servidores obedecera a legislação complementar dos entes federados, nos termos da competência conferida pelo art. 40, § 4.º-C, da Constituição da República (*Leading Case*: RE 1.014.286, Rel. Min. Luiz Fux, j. 31.8.2020).

– A EC n. 103/2019 e a vedação da conversão do tempo especial em comum

Com a entrada em vigor da EC n. 103/2019 (13.11.2019), foi vedada a conversão do tempo especial em comum para períodos trabalhados após a entrada em vigor dessa emenda. Consta do art. 25, § 2º, *in verbis*:

> *§ 2º Será reconhecida a conversão de tempo especial em comum, na forma prevista na Lei n. 8.213, de 24 de julho de 1991, ao segurado do Regime Geral de Previdência Social que comprovar tempo de efetivo exercício de atividade sujeita a condições especiais que efetivamente prejudiquem a saúde, cumprido até a data de entrada em vigor desta Emenda Constitucional, vedada a conversão para o tempo cumprido após esta data.*

Uma interpretação literal desse dispositivo – "tempo de efetivo exercício de atividade sujeita a condições especiais que efetivamente prejudiquem a saúde" – pode levar o INSS a entender como necessária a realização de perícia médica para avaliar se o segurado teve perda da capacidade laborativa ou doença relacionada com o tempo de exercício da atividade especial.

Essa exigência seria inconcebível, pois se refere a tempo prestado antes da aprovação da EC n. 103/2019 e violaria duas regras basilares de reconhecimento de tempo de serviço/contribuição relacionada com o princípio *tempus regit actum* (STF, RE 392.559, Rel. Min. Gilmar Mendes, 2ª Turma, *DJ* 3.3.2006), quais sejam:

a) o tempo de serviço/contribuição é disciplinado pela lei vigente à época em que efetivamente prestado, passando a integrar, como direito autônomo, o patrimônio jurídico do trabalhador; e

b) a lei nova que venha a estabelecer restrição ao cômputo do tempo de serviço/contribuição não pode ser aplicada retroativamente, em razão da intangibilidade do direito adquirido.

Observando a regra de direito adquirido à conversão do tempo especial exercido até 13.11.2019, o RPS no art. 188-P, §§ 5º e 6º (incluídos pelo Decreto n. 10.410/2020) autorizam a conversão sem qualquer impeditivo e reconhecem que a caracterização e a comprovação do tempo de atividade sob condições especiais obedecerão ao disposto na legislação em vigor à época da prestação do serviço.

Destaca-se que a conversão de tempo especial em especial não foi vedada pela EC n. 103/2019, continuando válida para qualquer período. Nesse sentido, o RPS:

> Art. 66. Para o segurado que houver exercido duas ou mais atividades sujeitas a agentes químicos, físicos e biológicos prejudiciais à saúde, ou a associação desses agentes, sem completar em quaisquer delas o prazo mínimo exigido para a aposentadoria especial, os respectivos períodos de exercício serão somados após conversão, hipótese em que será considerada a atividade preponderante para efeito de enquadramento. (Redação dada pelo Decreto n. 10.410, de 2020)

Por atividade preponderante entende-se aquela pela qual o segurado tenha contribuído por mais tempo, antes da conversão, e servirá como parâmetro para definir o tempo mínimo necessário para a aposentadoria especial e para a conversão, segundo os multiplicadores da tabela constante do § 2º do art. 66 do RPS:

Tempo a converter	Para 15	Para 20	Para 25
De 15 anos	–	1,33	1,67
De 20 anos	0,75	–	1,25
De 25 anos	060	0,80	–

No nosso sentir, mostra-se inconstitucional a regra do art. 25, § 2º, da EC n. 103/2019, que veda a conversão do tempo especial para comum após 13.11.2019. Sendo assim, "mesmo após o advento da EC n. 103/2019 poderá ser reconhecida a possibilidade de conversão do tempo especial em comum do trabalho prestado em qualquer período em observância, ao 'preceito de isonomia, equilibrando a compensação pelos riscos impostos' e 'consectário lógico da isonomia na proteção dos trabalhadores expostos a agentes nocivos'".[28]

30.7.10 Fator de conversão do tempo especial em comum

Aspecto que provocou novas discussões está relacionado ao fator de conversão do tempo especial para comum para o segurado homem.

De acordo com os decretos que regulamentam a Lei n. 8.213/1991, a conversão de tempo de atividade exercido sob condições especiais em tempo de atividade comum observa, para o homem, o fator 1,4 (de 25 para 35 anos). É de ressaltar que o § 2º do art. 70 do Decreto n. 3.048/1999 (incluído pelo Decreto n. 4.827, de 2003) determinava a aplicação do fator 1,4 ao trabalho prestado em qualquer período. Esse dispositivo acabou revogado pelo Decreto n. 10.410/2020 para se adequar ao disposto no art. 25, § 2º, da EC n. 103/2019, que vedou a conversão do tempo especial para comum a partir de 13.11.2019. Porém, o fator de conversão continua sendo 1,4 para os períodos trabalhados até a Reforma da Previdência, consoante o art. 188-P, § 5º, do RPS (redação dada pelo Decreto n. 10.410/2020).

A respeito do tema, a TNU editou a Súmula n. 55 da TNU com o seguinte teor: "A conversão do tempo de atividade especial em comum deve ocorrer com aplicação do fator multiplicativo em vigor na data da concessão da aposentadoria".

Da mesma forma, a Primeira Seção do STJ consolidou essa orientação definindo em recurso repetitivo que: "A lei vigente por ocasião da aposentadoria é a aplicável ao direito à conversão entre tempos de serviço especial e comum, independentemente do regime jurídico à época da prestação do serviço" (REsp 1.310.034/PR, Rel. Min. Hermann Benjamin, *DJe* 19.12.2012).

A tabela de conversão consta do art. 188-P, § 5º, do RPS (incluído pelo Decreto n. 10.410/2020), cujos multiplicadores são os seguintes:

Tempo a converter	MULHER (30 ANOS DE CONTRIBUIÇÃO)	HOMEM (35 ANOS DE CONTRIBUIÇÃO)
De 15 anos	2,00	2,33
De 20 anos	1,50	1,75
De 25 anos	1,20	1,40

30.7.11 A EC n. 103/2019 e as regras de transição para a aposentadoria especial

As regras de transição para a aposentadoria especial foram fixadas pelo art. 21 da EC n. 103/2019, cujos requisitos contemplam uma soma mínima de idade e tempo de contribuição, além de tempo mínimo de trabalho com exposição a esses agentes.

De acordo com o citado dispositivo, o segurado que tenha se filiado ao RGPS até a data de entrada em vigor da EC n. 103/2019 (13.11.2019), cujas atividades tenham sido exercidas com efetiva exposição a agentes nocivos químicos, físicos e biológicos prejudiciais à saúde, ou associação desses agentes, vedada a caracterização por categoria profissional ou ocupação, na forma dos arts. 57 e 58 da Lei n. 8.213/1991, poderá aposentar-se quando o total da soma

---

[28] LAZZARI, João Batista; BRANDÃO, Fábio Nobre Bueno. Reforma da Previdência (EC n. 103/2019): inconstitucionalidade da vedação à conversão do tempo de atividade especial em comum. *JURIS – Revista da Faculdade de Direito*, v. 30, n. 2, 2020. Disponível em: https://periodicos.furg.br/juris/article/view/12231. Acesso em: 27 jul. 2021.

resultante da sua idade e do tempo de contribuição e o tempo de efetiva exposição forem, respectivamente, de:

I – 66 (sessenta e seis) pontos e 15 (quinze) anos de efetiva exposição;
II – 76 (setenta e seis) pontos e 20 (vinte) anos de efetiva exposição; e
III – 86 (oitenta e seis) pontos e 25 (vinte e cinco) anos de efetiva exposição.

Afora o tempo especial e os pontos, exige-se o cumprimento de 180 meses de carência (art. 29, II, do RPS, com redação conferida pelo Decreto n. 10.410/2020).

A idade e o tempo de contribuição serão apurados em dias para o cálculo do somatório de pontos. E não há qualquer diferenciação entre homem e mulher, sendo exigidos a mesma pontuação e o mesmo tempo de atividade especial.

Sendo assim, a partir da entrada em vigor da EC n. 103/2019, para condições de trabalho menos gravosas (exemplo: exposição ao ruído acima dos limites de tolerância), passou a ser exigido um mínimo de 25 anos de atividade especial e a soma de 86 pontos (idade + tempo de contribuição).

Com isso, são necessários 61 anos de idade para se chegar aos 86 pontos somados aos 25 anos de atividade especial. Ou tempo trabalhado superior a 25 anos para reduzir a idade. Nada impede que seja utilizado tempo comum acima dos 25 anos de tempo especial para chegar à pontuação necessária. Exemplo: 25 anos de tempo especial + 10 anos de tempo comum + 51 anos de idade = 86 pontos.

Mesmo nas regras de transição, o valor da aposentadoria corresponderá a 60% do valor do salário de benefício (média integral de todos os salários de contribuição), com acréscimo de dois pontos percentuais para cada ano de contribuição que exceder o tempo de 20 anos de contribuição para os homens e de 15 anos para as mulheres. O acréscimo de dois pontos percentuais será aplicado a partir dos 15 anos, inclusive para homens, em caso de atividades que geram aposentadoria com esse tempo (mineiros de subsolo em frentes de produção). O acréscimo de dois pontos percentuais será aplicado a partir dos 15 anos, inclusive para homens, em caso de atividades que geram aposentadoria com esse tempo (mineiros de subsolo em frentes de produção).

QUADRO-RESUMO – APOSENTADORIA ESPECIAL

BENEFÍCIO	APOSENTADORIA ESPECIAL – regra vigente até a EC n. 103/2019 Código da Espécie (INSS): B-46
Evento Gerador	Trabalho em condições prejudiciais à saúde ou à integridade física, por 15, 20 ou 25 anos, conforme o caso (anexo IV do RPS): I – quinze anos: trabalhos em mineração subterrânea, em frentes de produção, com exposição à associação de agentes físicos, químicos ou biológicos; II – vinte anos: a) trabalhos com exposição ao agente químico asbestos (amianto); ou b) trabalhos em mineração subterrânea, afastados das frentes de produção, com exposição à associação de agentes físicos, químicos ou biológicos; III – vinte e cinco anos: demais hipóteses.
Beneficiários	– Será devida ao segurado empregado, trabalhador avulso e contribuinte individual, este somente quando cooperado filiado a cooperativa de trabalho ou de produção (art. 64, caput, do Decreto n. 3.048/1999). – Contribuinte individual: INSS limita o reconhecimento até 29.4.1995. Jurisprudência autoriza: Súmula n. 62 da TNU: "O segurado contribuinte individual pode obter reconhecimento de atividade especial para fins previdenciários, desde que consiga comprovar exposição a agentes nocivos à saúde ou à integridade física". O STJ considerou o Tema como afetado no Repetitivo 1.291 (REsp 2.163.429/RS, 1ª Seção, Rel. Min. Gurgel de Faria, 6.11.2024).

Carência	a) 180 contribuições mensais para os segurados inscritos após 24.7.1991; b) tabela progressiva do art. 142 da Lei n. 8.213/1991: para os segurados inscritos antes de 24.7.1991.
Qualidade de Segurado	A perda da qualidade de segurado não será considerada para a concessão desse benefício, desde que, na data do requerimento, tenham sido preenchidos todos os requisitos para a concessão do benefício (art. 3º da Lei n. 10.666/2003).
Comprovação de Exposição aos Agentes Nocivos	– A caracterização e a comprovação do tempo de atividade sob condições especiais obedecerão ao disposto na legislação em vigor na época da prestação do serviço. – Será feita por formulário denominado Perfil Profissiográfico Previdenciário (PPP), preenchido pela empresa ou seu preposto, com base em Laudo Técnico de Condições Ambientais de Trabalho (LTCAT) expedido por médico do trabalho ou engenheiro de segurança do trabalho.
Perfil Profissiográfico Previdenciário (PPP)	– O PPP é o documento histórico-laboral do trabalhador que reúne dados administrativos, registros ambientais e resultados de monitoração biológica, entre outras informações, durante todo o período em que este exerceu suas atividades. – Os antigos formulários para requerimento de aposentadoria especial (SB-40, DISES-BE 5235, DSS-8030 e DIRBEN 8030) somente serão aceitos pelo INSS para períodos laborados até 31.12.2003 e desde que emitidos até esta data, segundo os respectivos períodos de vigência. – Para os períodos trabalhados a partir de 1º.1.2004 ou formulários emitidos após esta data, será aceito apenas o PPP. O PPP poderá conter informações de todo o período trabalhado, ainda que exercido anteriormente a 1º.1.2004. – A empresa é obrigada a fornecer cópia autêntica do PPP ao trabalhador em caso de rescisão do contrato de trabalho ou de desfiliação da cooperativa, sindicato ou Órgão Gestor de Mão de Obra.
Demonstração Indireta dos Riscos	– A prova da atividade especial não pode ser considerada tarifada. Permite-se utilizar os diversos meios de prova. – É possível ainda a verificação da especialidade da atividade no caso concreto, por meio de perícia técnica, nos termos da Súmula n. 198 do extinto Tribunal Federal de Recursos.
Critérios de Enquadramento da Atividade Especial – Orientação Jurisprudencial	a) **no período de trabalho até 28.4.1995:** – possível o reconhecimento da especialidade por categoria profissional e por agente nocivo. Laudo pericial somente para ruído; b) **a partir de 29.4.1995 até 5.3.1997:** – necessária a demonstração efetiva de exposição, de forma permanente, não ocasional nem intermitente, a agentes prejudiciais à saúde ou à integridade física, por qualquer meio de prova, considerando-se suficiente, para tanto, a apresentação de formulário-padrão preenchido pela empresa, sem a exigência de embasamento em laudo técnico (salvo ruído); c) **a partir de 6.3.1997 (Decreto n. 2.172/1997):** – passou-se a exigir a comprovação da efetiva sujeição do segurado a agentes agressivos por meio da apresentação de formulário-padrão, embasado em laudo técnico, ou por meio de perícia técnica, para todos os agentes nocivos.
Enquadramento por Categorias Profissionais	Período trabalhado: em regra até 28.4.1995. Enquadramento: Decreto n. 53.831/1964 (Quadro Anexo – 2ª Parte) e Decreto n. 83.080/1979 (Anexo II).
Habitualidade e Permanência	– Apenas a partir da Lei n. 9.032/1995, que alterou a redação do § 3º do art. 57 da Lei n. 8.213/1991, passou a ser exigida, para fins de configuração da atividade em condições especiais, a comprovação do seu exercício em caráter permanente. – Súmula n. 49 da TNU: "Para reconhecimento de condição especial de trabalho antes de 29.04.1995, a exposição a agentes nocivos à saúde ou à integridade física não precisa ocorrer de forma permanente".

Atividades de Risco após o Decreto n. 2.172/1997	– INSS não reconhece. – Há precedentes jurisprudenciais favoráveis: STJ: Repetitivo 534 (agente perigoso eletricidade – REsp 1306113/SC) e 1031 (atividade de Vigilante – REsp 1831371/SP).
Equipamento de Proteção Coletiva (EPC) e Equipamento de Proteção Individual (EPI)	**EPC:** Será considerada desde que elimine ou neutralize a nocividade e asseguradas as condições de funcionamento ao longo do tempo, conforme especificação técnica do fabricante e respectivo plano de manutenção, estando essas devidamente registradas pela empresa. **EPI:** Somente será considerada a adoção de EPI em demonstrações ambientais emitidas a partir de 3.12.1998 (MP n. 1.729/1998, convertida na Lei n. 9.732/1998), e desde que comprovadamente elimine ou neutralize a nocividade e seja respeitado o disposto na NR 6 do MTE. – O STF reconheceu a existência de repercussão geral em relação ao tema "uso de EPI" para afastar a especialidade do labor: ARE 664335, julg. em 4.12.2014, fixando duas teses sobre o tema: a) *"o direito à aposentadoria especial pressupõe a efetiva exposição do trabalhador a agente nocivo a sua saúde, de modo que, se o Equipamento de Proteção Individual (EPI) for realmente capaz de neutralizar a nocividade, não haverá respaldo à concessão constitucional de aposentadoria especial";* b) *"na hipótese de exposição do trabalhador a ruído acima dos limites legais de tolerância, a declaração do empregador no âmbito do Perfil Profissiográfico Previdenciário (PPP), no sentido da eficácia do Equipamento de Proteção Individual (EPI), não descaracteriza o tempo de serviço especial para a aposentadoria".*
Conversão do Tempo Especial	As regras de conversão de tempo de atividade sob condições especiais em tempo de atividade comum aplicam-se ao trabalho prestado até o advento da EC n. 103/2019.
Fator de Conversão: Especial em Comum	– **HOMENS:** Tempo a Converter: 25 anos p/ 35 anos Multiplicador: 1,4 (Qualquer período – PET 7521/PR – STJ 31.3.2011) – **MULHERES:** Tempo a Converter: 25 anos p/ 30 anos Multiplicador: 1,2 – Súmula n. 55 da TNU: "A conversão do tempo de atividade especial em comum deve ocorrer com aplicação do fator multiplicativo em vigor na data da concessão da aposentadoria".
Salário de Benefício	a) Para os segurados filiados na Previdência Social a partir de 29.11.1999 (Lei n. 9.876, de 1999), o salário de benefício (caso implementados os requisitos até a entrada em vigor da EC n. 103/2019) consiste: – na média aritmética simples dos maiores salários de contribuição correspondentes a 80% de todo o período contributivo, corrigidos mês a mês; b) Para o segurado filiado à Previdência Social até 28.11.1999, o salário de benefício (caso implementados os requisitos até a entrada em vigor da EC n. 103/2019) consiste: – na média aritmética simples dos 80% maiores salários de contribuição, corrigidos mês a mês, de todo o período contributivo decorrido desde julho de 1994; – o divisor considerado no cálculo da média não poderá ser inferior a 60% do período decorrido da competência julho de 1994 até a data de início do benefício, limitado a cem por cento de todo o período contributivo (aplicável apenas em caso de direito adquirido até 13.11.2019); c) Para os benefícios concedidos com tempo trabalhado após a EC n. 103/2019: corresponderá a 100% do período contributivo desde a competência julho de 1994 ou desde o início da contribuição, se posterior àquela competência. E, a partir de 5 de maio de 2022, com a incidência do divisor mínimo de 108 (cento e oito) meses previsto no art. 135-A da LBPS (incluído pela Lei n. 14.331/2022).
Fator Previdenciário	Não é aplicado na aposentadoria especial.
Renda Mensal Inicial	– Até a entrada em vigor da EC n. 103/2019: 100% do salário de benefício. – Com cômputo de tempo especial após a EC n. 103/2019: 60% do valor do salário de benefício, com acréscimo de dois pontos percentuais para cada ano de contribuição que exceder o tempo de 20 anos de contribuição, para os homens, e de 15 anos, para as mulheres, e nos casos de atividades especiais de 15 anos.

Período Básico de Cálculo	O Período Básico de Cálculo – PBC é fixado, conforme o caso, de acordo com a: I – Data do Afastamento da Atividade ou do Trabalho – DAT; II – Data de Entrada do Requerimento – DER; III – Data da Publicação da Emenda Constitucional n. 20, de 1998 – DPE; IV – Data da Publicação da Lei n. 9.876, de 1999 – DPL; V – Data da Publicação da EC n. 103/2019; VI – Data de Implementação das Condições Necessárias à Concessão do Benefício – DICB.
Data de Início do Benefício	– Segurado empregado, a) a partir da data do desligamento do emprego, quando requerida até essa data ou até noventa dias depois; b) da data do requerimento, quando não houver desligamento do emprego ou quando requerida após 90 dias. – Para os demais segurados: a partir da data da entrada do requerimento.
Duração	Indeterminada. Cessa com a morte do segurado, transformando-se em pensão por morte, caso tenha dependentes.
Cessação do pagamento do Benefício	– A aposentadoria especial requerida e concedida a partir de 29.4.1995 (Lei n. 9.032/1995) terá seu pagamento cessado pelo INSS, caso o beneficiário permaneça ou retorne à atividade que ensejou a concessão desse benefício, na mesma ou em outra empresa (art. 57, § 8º, da Lei n. 8.213/1991). – STF: Repercussão Geral: Tema 709 – Teses fixadas: "I) É constitucional a vedação de continuidade da percepção de aposentadoria especial se o beneficiário permanece laborando em atividade especial ou a ela retorna, seja essa atividade especial aquela que ensejou a aposentação precoce ou não. II) Nas hipóteses em que o segurado solicitar a aposentadoria e continuar a exercer o labor especial, a data de início do benefício será a data de entrada do requerimento, remontando a esse marco, inclusive, os efeitos financeiros. Efetivada, contudo, seja na via administrativa, seja na judicial a implantação do benefício, uma vez verificado o retorno ao labor nocivo ou sua continuidade, cessará o pagamento do benefício previdenciário em questão".
Desistência	– Depois que receber o primeiro pagamento, ou sacar o PIS e/ou o FGTS (o que ocorrer primeiro), o segurado não poderá desistir do benefício (art. 181-B do Decreto n. 3.048/1999).
Custeio do Benefício	A Lei n. 9.528/1997 criou adicional sobre a remuneração dos empregados que exercem atividades especiais (nocivas à saúde e à integridade física): 6,9 ou 12% – Art. 57, §§ 6º e 7º, da Lei n. 8.213/1991.
Observações	As regras gerais da aposentadoria especial encontram-se no art. 201 da CF (com redação dada pela EC n. 103/2019), nos arts. 57 e 58 da Lei n. 8.213/1991 e nos arts. 64 a 69 e 188-P do Decreto n. 3.048/1999 (com redação conferida pelo Decreto n. 10.410/2020).

APOSENTADORIA ESPECIAL: ATUAL REGRA PERMANENTE
Art. 201, § 1º, II da CF c/c art. 19, § 1º, da EC n. 103/2019

Idade Mínima (aplicável a novos segurados)	Tempo Mínimo de Atividade Especial
55 anos	15 anos
58 anos	20 anos
60 anos	25 anos

RMI: 60% (sessenta por cento) do valor do salário de benefício (média integral de todos os salários de contribuição), com acréscimo de dois pontos percentuais para cada ano de contribuição que exceder o tempo de 20 anos de contribuição para os homens e de 15 anos para as mulheres. O acrescimento de dois pontos percentuais será aplicado a partir dos 15 anos, inclusive para homens, em caso de atividades que geram aposentadoria com esse tempo (mineiros de subsolo em frente de produção).

APOSENTADORIA ESPECIAL: REGRA DE TRANSIÇÃO – ART. 21 DA EC N. 103/2019	
Tempo Mínimo de Atividade Especial (aplicável aos segurados que não implementaram os requisitos até a entrada em vigor da EC n. 103/2019)	**Pontos (soma da idade + tempo de contribuição)**
15 anos	66 anos
20 anos	76 anos
25 anos	86 anos
RMI: 60% do valor do salário de benefício (média integral de todos os salários de contribuição), com acréscimo de dois pontos percentuais para cada ano de contribuição que exceder o tempo de 20 anos de contribuição para os homens e de 15 anos para as mulheres. O acrescimento de dois pontos percentuais será aplicado a partir dos 15 anos, inclusive para homens, em caso de atividades que geram aposentadoria com esse tempo (mineiros de subsolo em frentes de produção).	

30.8 APOSENTADORIA AOS SEGURADOS COM DEFICIÊNCIA

A aposentadoria voltada aos segurados com deficiência surgiu com a EC n. 47/2005, que deu outra redação ao art. 201, § 1º, da CF, e estabeleceu a necessidade de lei complementar para regulamentar os critérios de concessão.

Com o advento da EC n. 103/2019, foi mantida a possibilidade de lei complementar definir critérios diferenciados de idade e tempo de contribuição para a concessão de aposentadoria em favor dos segurados com deficiência, previamente submetidos à avaliação biopsicossocial realizada por equipe multiprofissional e interdisciplinar. É o consta do art. 201, § 1º:

> *§ 1º É vedada a adoção de requisitos ou critérios diferenciados para concessão de benefícios, ressalvada, nos termos de lei complementar, a possibilidade de previsão de idade e tempo de contribuição distintos da regra geral para concessão de aposentadoria exclusivamente em favor dos segurados:*
> *I – com deficiência, previamente submetidos à avaliação biopsicossocial realizada por equipe multiprofissional e interdisciplinar;*

A novidade é a previsão no texto constitucional da necessidade de avaliação biopsicossocial realizada por equipe multiprofissional e interdisciplinar.

E, enquanto a nova lei complementar exigida pela Reforma da Previdência não for aprovada, a aposentadoria da pessoa com deficiência será concedida na forma da Lei Complementar n. 142/2013, inclusive quanto aos critérios de cálculo dos benefícios (art. 22 da EC n. 103/2019). Segundo o Relator da PEC n. 06/2019 na Câmara, Deputado Samuel Moreira (PSDB/SP):

> *(...) não há necessidade de reforma das regras de aposentadoria, uma vez que a norma que determina os requisitos de acesso a este benefício, a Lei Complementar n. 142, de 8 de maio de 2013, é recente em nosso ordenamento jurídico e foi amplamente debatida pelo Congresso Nacional.*

A Lei Complementar n. 142, de 8.5.2013, adotou o conceito de pessoa com deficiência como aquela que tem impedimentos de longo prazo de natureza física, mental, intelectual ou sensorial, os quais, em interação com diversas barreiras, podem obstruir sua participação plena e efetiva na sociedade em igualdade de condições com as demais pessoas (art. 2º).

No mesmo sentido a Lei n. 13.146, de 6.7.2015, que instituiu a Lei Brasileira de Inclusão da Pessoa com Deficiência (Estatuto da Pessoa com Deficiência), destinada a assegurar e a promover, em condições de igualdade, o exercício dos direitos e das liberdades fundamentais por pessoa com deficiência, visando à sua inclusão social e cidadania.

Trata-se de reprodução do art. 1º da Convenção de Nova York e que se encontra também no art. 20, § 2º, da Lei n. 8.742/1993, com redação dada pela Lei n. 13.146/2015, para fins de concessão do benefício assistencial à pessoa com deficiência. A referida Convenção integrou-se ao ordenamento jurídico do Brasil como *status* de emenda constitucional, em face da previsão contida na EC n. 45/2004 e no Decreto n. 6.949, de 25.8.2009.

O evento gerador desse novo benefício está definido no art. 3º da LC n. 142/2013, qual seja, a deficiência do segurado que pode ser de três graus: leve, moderada ou grave, ensejando aposentadoria com base nas seguintes hipóteses:

Por tempo de contribuição:

Grau	Homem	Mulher
Leve	33 anos	28 anos
Moderada	29 anos	24 anos
Grave	25 anos	20 anos

Por idade:

Carência	Homem	Mulher	Existência da doença	Grau
15 anos	60 anos de idade	55 anos de idade	15 anos	Não há diferenciação

A definição dos graus de deficiência para os fins da LC n. 142/2013 foi delegada para regulamentação pelo Poder Executivo. No entanto, o Decreto n. 8.145/2013, que dispôs sobre a aposentadoria da pessoa com deficiência, remeteu o tema para ato conjunto do Ministro de Estado Chefe da Secretaria de Direitos Humanos da Presidência da República, dos Ministros de Estado da Previdência Social, da Fazenda, do Planejamento, Orçamento e Gestão e do Advogado-Geral da União (Portaria Interministerial SDH/MPS/MF/MOG/AGU n. 1, de 27.1.2014), cujos critérios de avaliação são praticados pelo INSS com base nas disposições constantes da IN PRES/INSS n. 128/2022.

Para a TNU, "a aferição da deficiência pelo exame pericial, administrativo ou judicial, não prescinde das diretrizes fixadas na Portaria Interministerial SDH/MPS/MF/MPOG/AGU n. 1, de 27/1/2014, especialmente a avaliação médica e funcional baseada na classificação internacional de funcionalidade, incapacidade e saúde" (PUIL 0510878-13.2019.4.05.8300/PE, j. 25.3.2021).

Compete à Perícia Médica Federal e ao Serviço Social do INSS, para efeito de concessão da aposentadoria da pessoa com deficiência, reconhecer o grau de deficiência, que pode ser leve, moderado ou grave, bem como fixar a data provável do início da deficiência e identificar a ocorrência de variação no grau de deficiência (art. 305 da IN PRES/INSS n. 128/2022).

A avaliação médica e funcional engloba a perícia médica e o serviço social, objetivando examinar o segurado e fixar a data provável do início da deficiência e o respectivo grau, assim como identificar a ocorrência de variação no grau de deficiência e indicar os respectivos períodos em cada grau.

A comprovação da deficiência somente se dará depois de finalizadas as avaliações médica e do serviço social, sendo seu grau definido pela somatória das duas avaliações e sua temporalidade subsidiada pela data do impedimento e alterações fixadas pela perícia médica (art. 305, § 3º, da IN n. 128/2022).

O Estatuto da Pessoa com Deficiência estabelece no art. 2º, § 1º, que a avaliação da deficiência, quando necessária, será biopsicossocial, realizada por equipe multiprofissional e interdisciplinar e considerará:

I – os impedimentos nas funções e nas estruturas do corpo;
II – os fatores socioambientais, psicológicos e pessoais;
III – a limitação no desempenho de atividades; e
IV – a restrição de participação.

No que diz respeito à avaliação funcional, sua realização será com base no conceito de funcionalidade disposto na Classificação Internacional de Funcionalidade, Incapacidade e Saúde (CIF), da Organização Mundial de Saúde e mediante a aplicação do Índice de Funcionalidade Brasileiro Aplicado para Fins de Aposentadoria (IFBrA). E a avaliação das barreiras externas será efetuada por meio de entrevista com o segurado e, se necessário, com as pessoas que convivem com ele. Se ainda restarem dúvidas, poderão ser feitas visitas ao local de trabalho e/ou residência do avaliado, bem como a solicitação de informações médicas e sociais (laudos médicos, exames, atestados, laudos do Centro de Referência de Assistência Social – CRAS, entre outros).

Importante referir que a existência de deficiência anterior à data da vigência da LC n. 142/2013 (novembro/2013) deverá ser certificada, inclusive quanto ao seu grau, por ocasião da primeira avaliação, sendo obrigatória a fixação da data provável do início da deficiência, não sendo admitida por meio de prova exclusivamente testemunhal (art. 6º da LC n. 142/2013).

Dessa forma, será perfeitamente possível ao segurado utilizar o tempo de contribuição com deficiência anterior a novembro de 2013 e somar com os períodos posteriores a essa data para postular a concessão do benefício pretendido. Por exemplo, uma segurada com deficiência moderada que foi contratada em 10.11.2000, com base na cota para pessoas com deficiência (art. 93 da Lei n. 8.213/1991), poderá em 10.11.2024 requerer a aposentadoria prevista no art. 3º, II, da LC n. 142/2013.

No caso de deficiência superveniente à filiação ao RGPS, ou em caso de alteração do grau de deficiência, os parâmetros para a concessão da aposentadoria serão proporcionalmente ajustados, considerando-se o número de anos em que o segurado exerceu atividade laboral sem deficiência e com deficiência, observado o grau de deficiência correspondente, nos termos do regulamento da Lei Complementar em comento.

Vejamos um caso prático para melhor visualização dessa situação. Um segurado que contribuiu 17 anos para o RGPS e, após ser acometido de deficiência moderada, trabalhou mais 15 anos. Certamente ele não poderá se aposentar com 32 anos de contribuição, pois trabalhou apenas 15 anos com deficiência moderada e a redução de 6 anos é para aquele segurado que laborou 29 anos integrais com tal deficiência. Quais as soluções possíveis?

De acordo com o Decreto n. 8.145/2013, será possível converter o tempo trabalhado de duas formas. A primeira possibilidade é a conversão do tempo exercido como pessoa com deficiência (tempo qualificado) em tempo comum, com fator de conversão positivo (1,21 = acréscimo de 3 anos). Nesse caso, o segurado passa a ter: 17 anos comuns + 15 anos qualificados + 3 anos (conversão do tempo qualificado em comum), totalizando 35 anos de tempo comum.

A segunda possibilidade é a conversão do tempo comum (exercido sem deficiência) em tempo qualificado, com fator de conversão negativo (0,83 = redução de 2,89 anos). Nesse caso, o segurado passa a ter: 14,11 anos de tempo qualificado (conversão do tempo comum em qualificado) + 15 anos de tempo qualificado, totalizando 29,11 anos de tempo qualificado. Tempo suficiente para a aposentadoria por tempo qualificado, que exige 29 anos de atividade em caso de deficiência moderada. E, nesse caso, o fator previdenciário será aplicado somente se gerar ganho no valor do benefício.

A possibilidade de conversão do tempo comum em tempo qualificado está em conformidade com o texto constitucional (art. 201, § 1º), pois garante a aposentadoria por tempo de contribuição com as vantagens do cálculo em favor do segurado com deficiência.

Quando o segurado comprovar a deficiência durante todo o tempo de contribuição exigido, com alteração no grau de deficiência, a conversão deverá ser feita de tempo qualificado para tempo qualificado, levando-se em consideração a atividade de maior duração. A solução adotada no Decreto n. 8.145/2013 é similar à prevista no art. 66 do Decreto n. 3.048/1999, que estabelece as regras de conversão para o segurado que exerceu sucessivamente duas ou mais atividades sujeitas a condições especiais sem completar em qualquer delas o prazo mínimo exigido.

Mesmo após a EC n. 103/2019, entendemos que restou mantida a possibilidade de conversão do tempo comum em tempo qualificado e vice-versa, não se aplicando a vedação prevista na novel disposição do § 14 do art. 201: "É vedada a contagem de tempo de contribuição fictício para efeito de concessão dos benefícios previdenciários e de contagem recíproca".

Essa conclusão tem dois fundamentos. Primeiro, porque houve a recepção integral pelo art. 22 da EC n. 103/2019 em relação ao disposto na LC n. 142/2013, a qual regulamenta a possibilidade de conversão de tempos trabalhados para a concessão das aposentadorias aos segurados com deficiência. E, segundo, porque o art. 25 da EC n. 103/2019, ao dispor sobre o tempo ficto trabalhado até a publicação dessa emenda, não menciona o tempo de atividade como pessoa com deficiência. A restrição está ligada ao tempo especial, trabalhado sob condições prejudiciais à saúde, e aos períodos de tempo de serviço sem o recolhimento da respectiva contribuição.

Esse entendimento foi observado na atualização do RPS pelo Decreto n. 10.410/2020, que manteve a redação do art. 70-E, que define as tabelas de conversão.

Caso o segurado com deficiência venha a exercer de forma simultânea atividades consideradas prejudiciais à saúde ou à integridade física, não será possível conseguir as duas reduções para a obtenção da aposentadoria. Ou seja, a redução do tempo de contribuição prevista na LC n. 142/2013 não poderá ser acumulada, no tocante ao mesmo período contributivo, com a redução assegurada aos casos de atividades exercidas sob condições especiais (art. 10).

A vedação é apenas sobre o mesmo período. Sendo períodos diferentes, não há qualquer proibição em converter um ou mais períodos pela atividade especial e outro pelo exercício laboral como pessoa com deficiência. No caso de simultaneidade, cabe ao segurado a opção de escolha entre a redução da atividade sob condições especiais ou a redução da atividade como pessoa com deficiência, conforme a mais vantajosa no caso concreto.

Essa regra gera algumas controvérsias. Por exemplo, professores que atuam na educação infantil e no ensino fundamental e médio e que possuam alguma deficiência, além da redução de cinco anos no tempo de contribuição pela função de magistério (sala de aula, direção, coordenação ou assessoramento pedagógico), também teriam uma redução contributiva conforme o grau de deficiência? Os trabalhadores rurais e os segurados especiais poderão acumular a redução dos cinco anos, prevista no art. 201, § 7º, II, da Constituição, e a redução da LC n. 142/2013?

Entendemos essas reduções como acumuláveis, pois "onde a lei não restringe, não cabe ao intérprete restringir" (STJ, REsp 1.082.631/RS, 5ª Turma, Rel. Min. Laurita Vaz, *DJe* 26.3.2013). Portanto, inexistindo restrição expressa na LC n. 142/2013 quanto a esse tema, não subsiste eventual óbice imposto ao direito dos professores e trabalhadores rurais.

Assim, uma professora que laborar com deficiência moderada poderá se aposentar aos 19 anos de magistério (redução de seis anos em relação ao exigido constitucionalmente). Da mesma forma, um segurado especial com deficiência (leve, moderada ou grave) poderá se aposentar aos 55 anos de idade, comprovados 15 anos de atividade rural.

No entanto, o Decreto n. 8.145/2013 nada tratou a respeito da função de magistério e restringiu o direito do segurado especial. Quanto à aposentadoria (com redução de tempo de contribuição), é exigida contribuição facultativa (art. 70-B, parágrafo único). No que tange à aposentadoria por idade, a norma não admite a redução etária de forma cumulativa (art. 70-C, § 2º).

O art. 9º, III, da LC n. 142/2013 prevê que são aplicáveis as regras de pagamento e de recolhimento das contribuições previdenciárias contidas na Lei n. 8.212, de 24.7.1991. Isso não significa que seja necessário comprovar contribuição adicional para gerar direito a esse benefício.

Poder-se-ia até questionar a constitucionalidade da LC n. 142/2013 pela ausência de fonte de custeio específica na forma exigida no art. 195, § 5º (Nenhum benefício ou serviço da seguridade social poderá ser criado, majorado ou estendido sem a correspondente fonte de custeio total). Na nossa interpretação, essa diretriz direciona-se aos benefícios não previstos no texto constitucional, o que não é o caso da aposentadoria às pessoas com deficiência que está contida no art. 201, § 1º, da Constituição.

30.8.1 Beneficiários

A LC n. 142/2013 não define quais segurados são beneficiários dessa espécie diferenciada de aposentadoria.

O tema foi regulado pelo Decreto n. 8.145/2013, que nominou os benefícios como hipóteses de aposentadoria por tempo de contribuição e por idade.

Em relação à primeira, fixou que é devida ao segurado empregado, inclusive o doméstico, o trabalhador avulso, o contribuinte individual, ao segurado facultativo e ao segurado especial que contribua facultativamente sobre o salário de contribuição (art. 70-B do RPS).

O segurado que tenha contribuído de forma reduzida (contribuinte individual, MEI, segurado facultativo e dona de casa de baixa renda) e pretenda contar o tempo de contribuição correspondente, para fins de obtenção da aposentadoria por tempo de contribuição ou de contagem recíproca do tempo de contribuição, deverá complementar a contribuição mensal (art. 199-A, § 2º, do Decreto n. 3.048/1999 – redação conferida pelo Decreto n. 10.410/2020).

No que tange à aposentadoria por idade, esta é devida a todas as categorias de segurados (art. 70-C). De acordo com o art. 311 da IN PRES/INSS n. 128/2022, faz parte do rol de beneficiários o trabalhador rural com deficiência, desde que também comprovada a condição de trabalhador rural na DER ou na data do preenchimento dos requisitos. Para esse fim, considera-se trabalhador rural: o empregado rural, o contribuinte individual, o trabalhador avulso e o segurado especial. E para atingir o tempo necessário poderão ser computados os períodos de contribuição sob outras categorias, inclusive urbanas.

Aplica-se aos beneficiários a contagem recíproca do tempo de contribuição na condição de segurado com deficiência relativa à filiação ao RGPS, ao regime próprio de previdência do servidor público ou ao regime de previdência militar, devendo os regimes compensarem-se financeiramente (art. 9º, II, da LC n. 142/2013).

30.8.2 Período de carência

A LC n. 142/2013 não especificou o período de carência para as aposentadorias com redução do tempo de contribuição (art. 3º, I, II e III), devendo ser aplicada a regra geral da Lei n. 8.213/1991, que estabelece a exigência de 180 contribuições.

A aplicação subsidiária da Lei de Benefícios está prevista no art. 9º, IV, da LC n. 142/2013. Nesse mesmo sentido o art. 70-I do RPS, incluído pelo Decreto n. 8.145/2013.

A IN PRES/INSS n. 128/2022 reconhece que a carência não exige concomitância com a condição de pessoa com deficiência (art. 311, § 1º, e art. 314, § 3º)

Vale destacar nosso entendimento de que: a) para a aposentadoria por idade o preenchimento dos requisitos: deficiência por 15 anos e o período de carência de 180 contribuições, assim como a idade mínima (60 ou 65 anos), podem ocorrer em momentos diferentes, tal qual é adotado na aposentadoria por idade urbana; b) quanto à aposentadoria por tempo de contribuição, para se chegar ao tempo mínimo exigido, pode-se utilizar o tempo comum convertido para tempo qualificado, desde que o segurado tenha ao menos dois anos de deficiência contados de forma ininterrupta.

30.8.3 Renda mensal inicial

De acordo com o art. 8º da LC n. 142/2013, a renda mensal da aposentadoria devida ao segurado com deficiência será calculada aplicando-se sobre o salário de benefício, apurado em conformidade com o disposto no art. 29 da Lei n. 8.213, de 1991, os seguintes percentuais:

> *I – 100%, no caso da aposentadoria por tempo de contribuição de que tratam os incisos I, II e III do art. 3º (com redução de 10, 6 ou 2 anos no tempo de contribuição); ou*
>
> *II – 70% mais 1% do salário de benefício por grupo de 12 contribuições mensais até o máximo de 30%, no caso de aposentadoria por idade.*

A apuração do salário de benefício segue a média dos 80% maiores salários de contribuição desde julho de 1994, com observância do mínimo divisor, para os segurados filiados antes da Lei n. 9.876/1999.

Aplica-se o fator previdenciário na aposentadoria por tempo de contribuição ou na aposentadoria por idade, somente se resultar em renda mensal de valor mais elevado (art. 9º, I, da LC n. 142/2013).

É possível ao segurado a percepção de qualquer outra espécie de aposentadoria estabelecida na Lei n. 8.213/1991 que lhe seja mais vantajosa do que as opções apresentadas na LC n. 142/2013, desde que cumpridos os requisitos. Por exemplo, caso fique inválida a obtenção de aposentadoria por invalidez, cujo coeficiente de cálculo é de 100% do salário de benefício, poderá ser mais vantajosa que a aposentadoria por idade.

Entendemos que não se aplica a regra de apuração do salário de benefício estabelecida pela EC n. 103/2019, que passou a corresponder a 100% do período contributivo desde a competência julho de 1994 ou desde o início da contribuição, se posterior àquela competência. Porém, o Decreto n. 10.410/2020, que atualizou o RPS (art. 70-J), cometeu inconstitucionalidade ao estabelecer que deve ser aplicada a regra do art. 26 da EC n. 103/2019, ou seja, a média de todos os salários de contribuição desde julho de 1994 ou desde o início do período contributivo, se após tal competência. Nesse sentido, decidiu em relação ao RPPS da União:

> ACORDAM os Ministros do Tribunal de Contas da União, reunidos em sessão do Plenário, ante as razões expostas pelo Relator, em: 9.1. orientar a Secretaria-Geral de Administração (Segedam) a manter, até a superveniência da lei complementar reclamada nos arts. 201, § 1º, e 40, § 4º, da Constituição, a incidência da regra instituída pela Lei Complementar 142/2013, para a identificação do "período contributivo" a ser considerado no cálculo do benefício previdenciário do servidor com deficiência, nos casos de aposentadoria por idade ou tempo de serviço correspondente à "média aritmética simples dos maiores salários-de-contribuição

correspondentes a **oitenta por cento** de todo o período contributivo" (TC 042.616/2021-2, Acórdão 1368/2023, TCU – Plenário, Rel. Walton Alencar Rodrigues, Sessão de 5.7.2023)

Ademais, continuam válidos os coeficientes de cálculo referidos (100% e 70% + 1% por grupo de 12 contribuições) mesmo após as modificações geradas pela EC n. 103/2019. Nesse ponto, o RPS (atualizado pelo Decreto n. 10.410/2020) foi fiel aos ditames da EC n. 103/2019.

A manutenção dos critérios de apuração da RMI da aposentadoria da pessoa com deficiência se deve ao fato de que na EC n. 103/2019 (art. 22, *caput*) foi estabelecido que: "será concedida na forma da Lei Complementar n. 142, de 8 de maio de 2013, inclusive quanto aos critérios de cálculo dos benefícios".

30.8.4 Data de início do benefício

Como a LC n. 142/2013 não fixou regra específica, deve ser adotada a regra geral da Lei de Benefícios, qual seja, é devida ao segurado empregado, inclusive o doméstico, a partir da data do desligamento do emprego (quando requerida até 90 dias depois deste) ou da data do requerimento (quando não houve desligamento do emprego ou quando requerida após 90 dias). Para os demais segurados, tem-se como devida desde a data da entrada do requerimento.

Importante referir que a concessão da aposentadoria da pessoa com deficiência está condicionada à comprovação dessa condição na DER ou na data da implementação dos requisitos para o benefício.

Entendemos não ser aplicável o disposto no art. 57, § 8º, da Lei n. 8.213/1991, que veda a continuidade do exercício de atividade ou operação sujeita a agentes nocivos por parte do segurado que obtém aposentadoria especial. Essa regra destina-se exclusivamente às aposentadorias decorrentes do exercício de atividades nocivas à saúde. Não sendo regra geral, não pode ser adotada para as aposentadorias da LC n. 142/2013. Assim, o segurado beneficiado pela aposentadoria como pessoa com deficiência poderá continuar trabalhando e acumulando os proventos com a remuneração da sua atividade. Nesse sentido, andou bem a IN n. 128/2022, ao reconhecer essa hipótese:

> Art. 306. O segurado aposentado de acordo com as regras da LC n. 142, de 2013, poderá permanecer na mesma atividade que exerce na condição de pessoa com deficiência ou desempenhar qualquer outra.

30.8.5 Principais demandas relacionadas à aposentadoria da pessoa com deficiência

Em âmbito de prática jurídica, além das situações relacionadas às demais aposentadorias programáveis, indicadas nos itens anteriores, o benefício em questão tem litígios, geralmente, relacionados:

– ao reconhecimento da condição de pessoa com deficiência pelo tempo exigido na lei (carência e tempo de contribuição), quando indeferida a pretensão na via administrativa;
– à discussão sobre o grau de deficiência, mesmo quando o benefício tenha sido deferido na esfera administrativa;
– à análise e cômputo de tempos convertidos (comum, especial, com deficiência); e
– à modificação da modalidade de aposentadoria (direito ao melhor benefício) já concedida administrativamente; e

– revisão do salário de benefício para que seja feito com base na média dos 80% maiores salários de contribuição.

A prova da deficiência é pericial, e de complexidade maior que a perícia médica dos benefícios por incapacidade, pois envolve análise de critérios biopsicossociais, como mencionado. A respeito das *características da prova pericial*, direcionamos o leitor ao capítulo pertinente desta obra.

QUADRO-RESUMO – APOSENTADORIA AOS SEGURADOS COM DEFICIÊNCIA

BENEFÍCIO	APOSENTADORIA AOS SEGURADOS COM DEFICIÊNCIA Lei Complementar n. 142/2013
Evento Gerador	a) Aposentadoria por Tempo de Contribuição: – 25 (vinte e cinco) anos de tempo de contribuição, se homem, e 20 (vinte) anos, se mulher, no caso de segurado com deficiência grave; – 29 (vinte e nove) anos de tempo de contribuição, se homem, e 24 (vinte e quatro) anos, se mulher, no caso de segurado com deficiência moderada; – 33 (trinta e três) anos de tempo de contribuição, se homem, e 28 (vinte e oito) anos, se mulher, no caso de segurado com deficiência leve; ou b) Aposentadoria por Idade: – 60 (sessenta) anos de idade, se homem, e 55 (cinquenta e cinco) anos de idade, se mulher, independentemente do grau de deficiência, desde que cumprido tempo mínimo de contribuição de 15 (quinze) anos e comprovada a existência de deficiência durante igual período.
Beneficiários	– Todos os segurados do RGPS, no caso da aposentadoria por idade. – No caso da aposentadoria por tempo de contribuição há limitações: a) segurado especial: só é devida caso contribua mensalmente na alíquota de 20% sobre o salário de contribuição; b) segurados que fazem contribuição reduzida (contribuinte individual, MEI, dona de casa de baixa renda): somente é devida em caso de complementação das contribuições pagas para atingir os 20% sobre o salário de contribuição.
Carência	180 contribuições mensais.
Qualidade de Segurado	A perda da qualidade de segurado não será considerada, desde que, na data do requerimento, tenham sido preenchidos todos os requisitos para a concessão do benefício (art. 3º da Lei n. 10.666/2003).
Comprovação da deficiência	– Considera-se pessoa com deficiência aquela que tem impedimentos de longo prazo de natureza física, mental, intelectual ou sensorial, os quais, em interação com diversas barreiras, podem obstruir sua participação plena e efetiva na sociedade em igualdade de condições com as demais pessoas. – O grau de deficiência será atestado por perícia médica e funcional, mediante instrumentos desenvolvidos para esse fim. – Compete à Perícia Médica Federal e ao Serviço Social do INSS, para efeito de concessão da aposentadoria da pessoa com deficiência, reconhecer o grau de deficiência, que pode ser leve, moderado ou grave, bem como fixar a data provável do início da deficiência e identificar a ocorrência de variação no grau de deficiência.
Deficiência Anterior	– A existência de deficiência anterior à data da vigência da LC n. 142/2013 deverá ser certificada, inclusive quanto ao seu grau, por ocasião da primeira avaliação, sendo obrigatória a fixação da data provável do início da deficiência. – A comprovação de tempo de contribuição na condição de segurado com deficiência em período anterior à entrada em vigor da LC n. 142/2013 não será admitida por meio de prova exclusivamente testemunhal.

Deficiência Superveniente e Alteração do Grau de Deficiência	Se o segurado, após a filiação ao RGPS, tornar-se pessoa com deficiência, ou tiver seu grau de deficiência alterado, os parâmetros mencionados para concessão da aposentadoria serão proporcionalmente ajustados, considerando-se o número de anos em que o segurado exerceu atividade laboral sem deficiência e com deficiência, observado o grau de deficiência correspondente, nos termos do regulamento.
Simultaneidade com Atividade Especial	A redução do tempo de contribuição prevista na LC n. 142/2013 não poderá ser acumulada, no tocante ao mesmo período contributivo, com a redução assegurada aos casos de atividades exercidas sob condições especiais que prejudiquem a saúde ou a integridade física.
Contagem Recíproca	Aplica-se a contagem recíproca do tempo de contribuição na condição de segurado com deficiência relativo à filiação ao RGPS, ao regime próprio de previdência do servidor público ou a regime de previdência militar, devendo os regimes compensarem-se financeiramente.
Salário de Benefício	a) Para os segurados filiados na Previdência Social a partir de 29.11.1999 (Lei n. 9.876, de 1999), o salário de benefício consiste: – na média aritmética simples dos maiores salários de contribuição correspondentes a 80% de todo o período contributivo, corrigidos mês a mês; b) Para o segurado filiado à Previdência Social até 28.11.1999, o salário de benefício consiste: – na média aritmética simples dos 80% maiores salários de contribuição, corrigidos mês a mês, de todo o período contributivo decorrido desde julho de 1994; c) De acordo com o RPS (redação conferida pelo Decreto n. 10.410/2020), cuja constitucionalidade é duvidosa, pois invadiu competência de lei complementar, para os benefícios concedidos a partir da entrada em vigor da EC n. 103/2019 (13.11.2019), os salários de contribuição corresponderão à média integral dos salários de contribuição desde julho de 1994. E a partir de 5 de maio de 2022, com a incidência do divisor mínimo de 108 (cento e oito) meses previsto no art. 135-A da LBPS (incluído pela Lei n. 14.331/2022).
Fator Previdenciário	De acordo com a LC n. 142/2013, aplica-se o fator previdenciário, se resultar em renda mensal de valor mais elevado. O Decreto n. 10.410/2020 revogou o art. 181-A do RPS, que tinha essa previsão. No entanto, prevalece a norma legal.
Renda Mensal Inicial	– Aposentadoria por Tempo de Contribuição: 100% do salário de benefício; – Aposentadoria por Idade: 70% mais 1% do salário de benefício por grupo de 12 contribuições mensais até o máximo de 30%, no caso de aposentadoria por idade.
Data de Início do Benefício	1 – Segurado empregado, a) a partir da data do desligamento do emprego, quando requerida até essa data ou até noventa dias depois; b) da data do requerimento, quando não houver desligamento do emprego ou quando requerida após 90 dias. 2 – Para os demais segurados: a partir da data da entrada do requerimento. "O segurado aposentado de acordo com as regras da LC n. 142, de 2013, poderá permanecer na mesma atividade que exerce na condição de pessoa com deficiência ou desempenhar qualquer outra" (art. 306 da IN PRESI/INSS n. 128/2022).
Observações	As regras gerais da aposentadoria especial aos segurados com deficiência encontram-se no art. 201, § 1º, I, da CF c/c art. 21 da EC n. 103/2019, na Lei Complementar n. 142/2013 e no RPS (com redação conferida pelos Decretos n. 8.145/2013 e n. 10.410/2020).

30.9 APOSENTADORIA DOS SEGURADOS DE BAIXA RENDA

A EC n. 103/2019 manteve importante regra de inclusão previdenciária e de redistribuição de renda ao prever no art. 201, § 12, que "lei instituirá sistema especial de inclusão previdenciária, com alíquotas diferenciadas, para atender aos trabalhadores de baixa renda, inclusive os que se encontram em situação de informalidade, e àqueles sem renda própria que se dediquem exclusivamente ao trabalho doméstico no âmbito de sua residência, desde que pertencentes a famílias de baixa renda".

Antes da Reforma da Previdência essa sistemática já vinha sendo adotada, consoante disposição contida no art. 21, § 2º, II, e § 4º, da Lei n. 8.212/1991, em favor:

a) do segurado facultativo sem renda própria que se dedique exclusivamente ao trabalho doméstico no âmbito de sua residência, desde que pertencente à família de baixa renda inscrita no Cadastro Único para Programas Sociais do Governo Federal (Cadastro Único) cuja renda mensal seja de até 2 (dois) salários mínimos;

b) do Microempreendedor Individual (MEI), de que trata o art. 18-A da LC n. 123/2006.

Esses segurados tinham a possibilidade de recolher com uma alíquota de 5% sobre o salário mínimo e, com isso, contar com a proteção previdenciária, salvo a aposentadoria por tempo de contribuição, a aposentadoria especial e o auxílio-acidente

Diante disso, até que ocorra regulamentação da redação do art. 201, § 12, da CF, permanecem válidas as regras até então vigentes, conforme se observa do art. 199-A, § 1º, do RPS (com redação conferida pelo Decreto n. 10.410/2020) que disciplina o tema.

A aposentadoria concedida com base em contribuições reduzidas para os segurados de baixa renda terá renda mensal de um salário mínimo. Portanto, as mudanças nas regras de cálculo efetivadas pela EC n. 103/2019 em relação às aposentadorias não irão gerar consequências para esses segurados, pois já recebem benefício de valor mínimo.

Cabe referir que, dos benefícios destinados aos segurados de baixa renda, o que deve sofrer impacto é o da aposentadoria programada nas regras permanentes em face do aumento do tempo de contribuição para os homens e da elevação da idade às mulheres.

Entretanto, deverá ser aplicada a regra de transição prevista para a aposentadoria por idade já referida em tópico anterior para as seguradas já filiadas ao RGPS na data da publicação da EC n. 103/2019, qual seja a elevação gradual da idade mínima da mulher.

APOSENTADORIA POR IDADE DOS TRABALHADORES DE BAIXA RENDA	
IDADE: 65 anos TEMPO DE CONTRIBUIÇÃO: Regra permanente: 20 anos Regra de transição: 15 anos	IDADE: Regra permanente: 62 anos TEMPO DE CONTRIBUIÇÃO: 15 anos Regra de transição: 2019 – 60 anos; 2020 – 60,5 anos; 2021 – 61 anos; 2022 – 61,5 anos 2023 – 62 anos

31

Benefícios por Incapacidade

Os benefícios por incapacidade representam a maioria dos requeridos ao INSS, bem como submetidos à jurisdição.

A regra contida no inciso I do art. 201 (anterior à EC n. 103/2019) garantia a **cobertura de eventos de doença e invalidez**, e a regulamentação da Lei n. 8.213/1991 previa a concessão de auxílio-doença, aposentadoria por invalidez e auxílio-acidente.

A EC n. 103/2019 passou a estabelecer no art. 201, I, da CF, a "cobertura dos eventos de incapacidade temporária ou permanente para o trabalho e idade avançada".

Pode-se extrair dessa mudança de redação que, no texto anterior, a cobertura atingia eventos de *doença e invalidez*, e agora, *incapacidade temporária ou permanente para o trabalho*.

Tal modificação pode ser interpretada sob diversos ângulos.

Em um deles, poderá supostamente ocorrer a exclusão do direito a benefícios por incapacidade em relação aos segurados facultativos (como donas de casa, estudantes e desempregados), sob o fundamento de que não exercem atividade laborativa remunerada – "trabalho".

De outra vertente, o conceito de incapacidade, a nosso sentir, é mais amplo do que o de doença (enfermidade).

A incapacidade pode decorrer, por exemplo, de uma gravidez de alto risco, da adoção de uma medida protetiva (Lei Maria da Penha), ou de uma determinação médica de isolamento, como sói acontecer com pessoas que estão *sob suspeita* de terem contraído o *coronavírus*, bem como as pessoas que residem com essa mesma pessoa. Note-se que, no caso de *mera suspeita*, a questão é de saúde pública, envolvendo interesse de toda a sociedade, para evitar o contágio em massa. E *mesmo que após o resultado do teste não se identifique caso de contaminação*, a pessoa terá sido afastada do seu trabalho, por período que pode gerar a necessidade de obtenção de um benefício previdenciário, uma vez que apenas o empregado urbano, ou rural, faz jus a receber do respectivo empregador os primeiros 15 dias de afastamento.

Por ora, as regras de exigibilidade dos benefícios por incapacidade são aquelas previstas na Lei n. 8.213/1991, mas no futuro poderão ser fixados novos critérios relacionados à carência, à prova da incapacidade laboral e aos coeficientes de cálculo, especialmente os do auxílio por incapacidade temporária e do auxílio-acidente.

A Portaria Conjunta DTI/DIRBEN/INSS n. 4, de 25.4.2024, instituiu o novo requerimento de Benefício por Incapacidade – "novo BI" em âmbito nacional, estando em vigor desde 26.4.2024. A partir de então, o requerimento de BI passa a ser realizado via Portal de Atendimento PAT quando requerido nas APS, via Central 135, Entidades Conveniadas e pelo Meu INSS, quando requerido diretamente pelo cidadão.

Quanto aos requerimentos de prorrogação de benefícios mantidos no SABI ou no SIBE-PU, será gerada a tarefa do serviço "Pedido de Prorrogação de Benefício por Incapacidade" no PAT e um requerimento de prorrogação no SIBE-PU (art. 8º da Portaria Conjunta DTI/DIRBEN/INSS n. 4/2024).

Quando houver indicação de reabilitação profissional pela Perícia Médica Federal, será criada automaticamente uma tarefa do serviço "F0 Reabilitação Profissional" (art. 10 da Portaria).

Vejamos a seguir as características de cada um desses benefícios.

31.1 AUXÍLIO POR INCAPACIDADE TEMPORÁRIA (ANTIGO AUXÍLIO-DOENÇA)

O auxílio por incapacidade temporária ou, antes da EC n. 103/2019, auxílio-doença, é um benefício concedido ao segurado impedido temporariamente de trabalhar por doença ou acidente, ou por prescrição médica (por exemplo, no caso de gravidez de risco, ou suspeita de doença de segregação compulsória, como a Covid-19) acima do período previsto em lei como sendo de responsabilidade do empregador e, nos demais casos, a partir do início da incapacidade temporária.

As regras gerais sobre o auxílio por incapacidade temporária estão disciplinadas nos arts. 59 a 63 da Lei n. 8.213/1991 e nos arts. 71 a 80 do Decreto n. 3.048/1999 (com as alterações introduzidas pelo Decreto n. 10.410/2020).

Na conformidade do que prevê o Manual de Perícias Médicas do INSS (2018), incapacidade laborativa "é a impossibilidade de desempenho das funções específicas de uma atividade, função ou ocupação habitualmente exercida pelo segurado, em consequência de alterações morfopsicofisiológicas provocadas por doença ou acidente".

No entanto, há situações que geram afastamento do trabalho sem que ocorra o diagnóstico de enfermidades: recordamos, para exemplificar, a determinação de que gestantes ficassem afastadas do trabalho durante o surto de gripe H1N1 do ano de 2009 e, mais recentemente, as regras de isolamento e quarentena decorrentes da pandemia da Covid-19.

O auxílio por incapacidade temporária de cunho acidentário, espécie B91, somente era concedido pelo INSS aos segurados enquadrados como empregados (urbanos e rurais), trabalhadores avulsos e segurados especiais, em razão da redação do art. 19 da LBPS e da interpretação até então predominante.[1]

Ocorre que a LC n. 150/2015, vigente desde 1.6.2015, estendeu aos empregados domésticos diversos direitos sociais, dentre os quais a proteção contra acidentes do trabalho, donde se conclui que os domésticos passam a ser detentores do direito a benefícios por incapacidade não apenas em sua modalidade comum, ou previdenciária, mas também na modalidade acidentária, pelo menos a partir da vigência da Lei Complementar, senão a partir da Emenda Constitucional n. 72/2013, dada a natureza de Direito Fundamental, atraindo sua autoaplicabilidade.

– Requerimento do benefício e regras especiais durante a pandemia da Covid-19

Em regra, o segurado, principal interessado, é quem deverá fazer o requerimento do auxílio por incapacidade temporária.

Na forma do art. 76-A do RPS, com a redação do Decreto n. 10.410/2020, entretanto, é facultado à empresa protocolar requerimento de auxílio por incapacidade temporária ou documento dele originário de seu empregado ou de contribuinte individual a ela vinculado ou a seu serviço, na forma estabelecida pelo INSS, hipótese em que a empresa será comunicada das decisões proferidas pelo INSS, resguardadas as informações consideradas sigilosas, na forma

---

[1] O médico residente (mesmo na condição de contribuinte individual) fazia jus ao benefício na forma da Lei n. 8.138/1990, que incluiu o § 5º no art. 4º da Lei n. 6.932/1981. Tal regra, todavia, foi tacitamente revogada pela Medida Provisória n. 536, de 24.6.2011, convertida na Lei n. 12.541/2011, passando a fazer jus apenas ao auxílio-doença previdenciário, tal como demais contribuintes individuais.

estabelecida em ato do INSS (art. 76-B do RPS, também com redação conferida pelo Decreto n. 10.410/2020).

Assim, na hipótese de segurado empregado urbano ou rural, o requerimento pode ser formulado tanto pelo segurado (telefone 135, pelo portal gov.br ou aplicativo *Meu INSS*) quanto pelo empregador. Para os demais, a iniciativa deve ser do segurado, ou de representante com poderes para agir em seu nome.

Deve o INSS, de outra vertente, *processar de ofício* o benefício em comento (sem iniciativa do segurado ou da empresa) quando seja de conhecimento da autarquia a situação de incapacidade do segurado (art. 76 do RPS, com redação conferida pelo Decreto n. 10.410/2020), quando, por exemplo, esteja internado em unidade do SUS. Afinal, *Saúde e Previdência Social* compõem o sistema de *Seguridade Social* (CF, art. 194), e muitas vezes o segurado, estando gravemente enfermo, ou com dificuldades de locomoção e comunicação, sem pessoas próximas que possam auxiliá-lo, pode ter seus direitos prejudicados pela demora em ser atendido na necessidade (presumida) de obter o benefício.

Ocorre que o § 1º do art. 60 da Lei n. 8.213/1991 exige que o segurado requeira o benefício *até 30 dias após o início da incapacidade*, sem o que o benefício não será pago retroativamente ao 16º dia (segurados empregados) ou ao primeiro dia (demais segurados). Quanto a este prazo, temos o entendimento que, à pessoa que está internada em unidade do SUS e que deve ter seu benefício processado de ofício, não há que se aplicar o prazo, cabendo sempre a retroação à data correspondente ao 16º dia da incapacidade (empregado) ou ao primeiro dia (demais segurados).

– Distinção entre o benefício acidentário e o não acidentário

Atualmente, a diferenciação de tratamento legal entre o auxílio previdenciário (espécie B31) e o auxílio acidentário (B91), ocorre quanto: (a) aos segurados abrangidos; (b) à carência, que no auxílio acidentário é sempre incabível, em razão de sua causa (acidente de trabalho ou doença ocupacional), enquanto há previsão de prazo carencial no auxílio previdenciário (12 contribuições mensais), salvo em caso de acidentes de qualquer outra natureza, doenças graves, contagiosas ou incuráveis previstas como situações em que a carência é incabível; e (c) aos efeitos trabalhistas decorrentes, já que apenas o auxílio acidentário acarreta ao empregado a garantia de emprego prevista no art. 118 da Lei n. 8.213/1991 (12 meses após a cessação desse benefício, independentemente de percepção de auxílio-acidente) e a manutenção da obrigatoriedade do recolhimento do Fundo de Garantia por Tempo de Serviço (FGTS) mesmo durante o período de afastamento.

Quanto ao reconhecimento do benefício como de origem acidentária, a comprovação da qualidade de segurado empregado independe do registro do contrato de trabalho em CTPS, pois tal obrigação do empregador, muitas vezes, deixa de ser cumprida. A própria condição do trabalhador quando vitimado por acidente do trabalho típico pode ser a prova cabal de que há relação de trabalho protegida pela Previdência Social e, portanto, direito ao benefício B91:

> *Acidente típico. (...) Laudo pericial dando conta da incapacidade parcial e permanente. Trabalhador não registrado na CTPS. Irrelevância, desde que comprovado o acidente-típico. Direito ao benefício corretamente reconhecido. (...). Juros moratórios e correção monetária. Incidência da Lei n. 11.960/09. Reexame necessário provido em parte (TJSP, Proc. 0025520-18.2010.8.26.0161, 17ª Câmara de Direito Público, Rel. Des. Afonso Celso da Silva, julgamento em 28.2.2012, publicação: 3.3.2012).*

Quanto aos demais requisitos, critério de cálculo, data de início e cessação do benefício, as regras são absolutamente iguais.

– Infortúnios antecedentes à filiação

A análise do auxílio por incapacidade temporária deverá observar a data do início da incapacidade, para fins de atendimento dos requisitos de acesso ao benefício (art. 335, § 2º, da IN INSS/PRES n. 128/2022).

Um acidente sofrido antes do início do vínculo com a Previdência não gera direito a benefício por incapacidade. Já quando essa incapacidade vier a ser diagnosticada após o período de filiação, em decorrência de doença preexistente, mas que não gerava incapacidade, é devido o benefício – situação que costuma gerar demandas judiciais, já que muitas vezes o INSS não reconhece a situação do segurado portador de doença não incapacitante quando de sua filiação, agravada após algum tempo de atividade laboral (ex.: hipertensão arterial). Assim se encontram precedentes:

> *PREVIDENCIÁRIO. AGRAVO. AUXÍLIO-DOENÇA. AGRAVAMENTO DE PATOLOGIA. I – Cabível, na hipótese, a concessão do benefício de auxílio-doença, já que, ainda que se trate de doença preexistente à filiação, a incapacidade decorreu de seu agravamento. II – Agravo interposto pelo réu improvido (TRF da 3ª Região, AC 2001.61.13.002946-9, Turma Suplementar da Terceira Seção, Rel. Juiz Convocado Fernando Gonçalves, julgamento em 26.8.2009).*

A doença do segurado cujo agravamento é progressivo, mas que não impede o exercício de atividades laborativas, não pode ser obstáculo à filiação ao RGPS e, portanto, à concessão dos benefícios por incapacidade (art. 42, § 2º, da Lei n. 8.213/1991). No entanto, há vedação no reingresso em caso de doença incapacitante preexistente, conforme se observa da Súmula n. 53 da TNU: "Não há direito a auxílio-doença ou a aposentadoria por invalidez quando a incapacidade para o trabalho é preexistente ao reingresso do segurado no Regime Geral de Previdência Social". A opção pelo benefício mais vantajoso deverá ser manifestada por declaração escrita do segurado e respectivos dependentes, juntada ao processo de concessão, inclusive no auxílio-reclusão.

Já nos casos em que a pessoa se encontra sem contribuir, esteja ainda coberta por alguma das hipóteses enquadradas como "períodos de graça" de que trata o art. 15 da LBPS, e se torne incapaz para o exercício de atividades laborativas, o benefício é devido, caso atendido o prazo carencial, quando for o caso (doenças não ocupacionais e que não isentem de carência), interrompendo-se a contagem do "período de graça". Ou seja, quando da cessação do benefício, computar-se-á novo prazo de manutenção da qualidade de segurado desde o início, como decidiu a TNU no julgamento do Tema 251: "O início da contagem do período de graça para o segurado que se encontra em gozo de auxílio-doença, para fins de aplicação do disposto no artigo 15, inciso II e §§ 1º e 2º da Lei n. 8.213/91, é o primeiro dia do mês seguinte à data de cessação do benefício previdenciário por incapacidade".

Como bem identifica André Bittencourt:

> Na prática as soluções traziam consequências bastante diversas. Imagine que determinada pessoa estava há 6 meses sem realizar contribuição ao sistema e viesse a ter deferido o benefício. A depender da interpretação dada, após a cessação do benefício, a pessoa teria apenas o tempo restante (6 meses) ou teria o direito de ter contado todo o período de graça novamente (12 meses).[2]

---

[2] BITTENCOURT, André Luiz Moro. *Manual dos benefícios por incapacidade laboral e deficiência.* 4. ed. Curitiba: Alteridade, 2021.

– Gravidez e incapacidade

Concedido o benefício por causas associadas à gravidez (por exemplo, em caso de gravidez de risco, em que o médico estabelece a obrigatoriedade de repouso), segundo as normas procedimentais do INSS, a perícia médica poderá, se for o caso, fixar a alta programada de 28 dias a um dia antes da data provável do parto, sendo que, em caso de parto antecipado, será necessária a realização de revisão médica para a fixação da cessação do auxílio na véspera da data do parto mediante apresentação da certidão de nascimento da criança.

Já no caso de a gravidez não ser a geradora da incapacidade:

a) o benefício deverá ser suspenso enquanto perdurar o salário-maternidade, podendo ser restabelecido a contar do primeiro dia seguinte ao término do período de cento e vinte dias, caso em nova perícia seja constatado que a data de cessação do benefício (DCB) por incapacidade seja fixada em data posterior a este período (art. 341 da IN INSS/PRES n. 128/2022);

b) se fixada a DCB por incapacidade durante a vigência do salário-maternidade e ficar constatado, mediante avaliação da perícia do INSS, que a pessoa permanece incapacitada pela mesma doença que originou o auxílio cessado, este será restabelecido, fixando-se novo limite; ou

c) se na avaliação da perícia ficar constatada a incapacidade da segurada para o trabalho em razão de moléstia diversa do benefício de auxílio cessado, deverá ser concedido novo benefício.

– Incapacidade e exercício de atividades concomitantes

Situação cada vez mais comum é a do segurado que exerce, concomitantemente, mais de uma atividade ou emprego, como os trabalhadores a tempo parcial.

O auxílio por incapacidade temporária do segurado que exercer mais de uma atividade abrangida pela previdência social será devido mesmo no caso de incapacidade apenas para o exercício de uma delas, hipótese em que o segurado deverá informar a Perícia Médica Federal a respeito de todas as atividades que estiver exercendo (art. 73 do RPS, com redação dada pelo Decreto n. 10.410/2020). Nesse caso, o benefício será concedido em relação à atividade (ou atividades) para a qual o segurado se encontrar incapacitado, considerando-se para efeito de carência somente as contribuições relativas a essa atividade. Se nas várias atividades concomitantes o segurado exercer a mesma profissão, será exigido de imediato o afastamento de todas.

O Decreto n. 10.410/2020 altera o Regulamento neste aspecto com duas inovações: (a) de acordo com a atual redação do § 3º do art. 73 do RPS, constatada, durante o recebimento do auxílio por incapacidade temporária concedido, a incapacidade do segurado para cada uma das demais atividades, *o valor do benefício deverá ser revisto com base nos salários de contribuição de cada uma das atividades*; e (b) ao estabelecer, na redação ora vigente do § 4º do mesmo artigo 73, que, na hipótese prevista no § 1º do art. 73, *o valor do auxílio por incapacidade temporária poderá ser inferior ao salário mínimo*, desde que, se somado às demais remunerações recebidas, resulte em valor superior ao salário mínimo.

Quanto ao primeiro aspecto, nada a opor, uma vez que se trata de regra que beneficia o segurado que venha a ter seu quadro de saúde agravado. Todavia, quanto ao segundo item, divergimos, pois há flagrante afronta à norma do art. 201, § 2º da CF/1988 e do art. 2º, inciso VI, da Lei n. 8.213/1991, que definem como princípio que nenhum benefício que substitua o salário de contribuição ou o rendimento do trabalho seja inferior ao salário mínimo. Ou seja, o decreto viola o princípio da legalidade, restringindo direitos que a lei não restringe.

– Exercício de atividade durante período de incapacidade

Cabe indicar que "não impede a concessão de benefício por incapacidade o fato do segurado, embora incapaz, exercer atividade remunerada como empregado ou contribuinte individual no período correspondente". Nesse sentido, a Súmula n. 72 da TNU: "É possível o recebimento de benefício por incapacidade durante período em que houve exercício de atividade remunerada quando comprovado que o segurado estava incapaz para as atividades habituais na época em que trabalhou".

No mesmo sentido, a definição do STJ ao julgar o Tema 1.013 Repetitivo, cuja tese afirmada é: "No período entre o indeferimento administrativo e a efetiva implantação de auxílio-doença ou de aposentadoria por invalidez, mediante decisão judicial, o segurado do RGPS tem direito ao recebimento conjunto das rendas do trabalho exercido, ainda que incompatível com sua incapacidade laboral, e do respectivo benefício previdenciário pago retroativamente". O Acórdão foi publicado em 1º.7.2020.

Ainda, segundo a TNU, é possível a cumulação de benefício por incapacidade com o exercício de mandato eletivo de vereador, "desde que observado o disposto no § 7º do artigo 60 da Lei n. 8.213/91" (Representativo de Controvérsia Tema 259 – PEDILEF 5000657-46.2018.4.04.7219/SC, j. em 28.4.2021).

A Advocacia-Geral da União, visando a eliminar a produção de recursos e medidas judiciais e dirimir controvérsias internas na Administração Federal, baixou sobre a matéria os seguintes enunciados:

> ENUNCIADO n. 25
> *"Será concedido auxílio-doença ao segurado considerado temporariamente incapaz para o trabalho ou sua atividade habitual, de forma total ou parcial, atendidos os demais requisitos legais, entendendo-se por incapacidade parcial aquela que permita sua reabilitação para outras atividades laborais".*

> ENUNCIADO n. 26
> *"Para a concessão de benefício por incapacidade, não será considerada a perda da qualidade de segurado decorrente da própria moléstia incapacitante".*

– Auxílio-parental

Por ora, o auxílio por incapacidade temporária parental tem encontrado resistência no âmbito do RGPS. Há decisões isoladas em sentido favorável, aplicando por analogia o art. 83 da Lei n. 8.112/1990. Mas, por exemplo, a Turma Regional de Uniformização da 4ª Região firmou a tese de que, em relação ao requerimento de concessão do benefício de auxílio parental, não existe amparo na Lei n. 8.213/1991 (Proc. 5012797-35.2019.4.04.7201, Rel. Erivaldo Ribeiro dos Santos, juntado em 29.6.2020). No mesmo sentido: TNU, PUIL 0003417-96.2015.4.03.6310/SP, Sessão de 27.6.2019.

– A vedação ao recebimento de benefício por incapacidade ao recluso

Estabelece o § 2º do art. 59 da Lei n. 8.213/1991, com a redação conferida pela Lei n. 13.846/2019, que o benefício não será devido "para o segurado recluso em regime fechado", e o § 3º desse mesmo artigo dispõe que o segurado em gozo do benefício na data do recolhimento à prisão terá o benefício suspenso, regra que passou a viger em a partir de 18 de janeiro de 2019.

Visando a regulamentar o texto legal, a redação do RPS pelo Decreto n. 10.410/2020 passou a dispor, nos §§ 4º a 9º do art. 71, que:

– o segurado em gozo de auxílio por incapacidade temporária na data do recolhimento à prisão terá o seu benefício suspenso;

- a suspensão será pelo prazo de até sessenta dias, contado da data do recolhimento à prisão, hipótese em que o benefício será cessado após o referido prazo;
- na hipótese de o segurado ser colocado em liberdade antes do prazo previsto acima, o benefício será restabelecido a partir da data de sua soltura; e
- em caso de prisão declarada ilegal, o segurado terá direito à percepção do benefício por incapacidade por todo o período devido, efetuado o encontro de contas na hipótese de ter havido pagamento de auxílio-reclusão com valor inferior ao do auxílio por incapacidade temporária no mesmo período.

Não terá direito ao recebimento do auxílio por incapacidade temporária o segurado em regime semiaberto, durante a percepção de auxílio-reclusão pelos dependentes, cujo fato gerador seja anterior a 18 de janeiro de 2019, data da vigência da Medida Provisória n. 871, permitida a opção pelo benefício mais vantajoso.

– **Concessão na hipótese de violência doméstica – Lei Maria da Penha**

A triste situação da mulher vítima de violência doméstica é disciplinada pela Lei n. 11.340/2006 – denominada *Lei Maria da Penha*. A referida lei, em seu art. 9º, prevê, entre outras medidas de proteção, a manutenção do vínculo trabalhista, por até seis meses, em razão de afastamento do trabalho da vítima. No entanto, pairavam dúvidas sobre dois aspectos ligados à efetividade da medida: um, qual o juízo competente para dispor a respeito, se a Justiça Criminal ou a Justiça do Trabalho; outro, a quem competia custear o período de afastamento, se o empregador ou a Previdência Social.

O STJ, em decisão inédita, de setembro de 2019, definiu que cabe ao INSS, em tais situações, arcar com a subsistência da mulher que tiver de se afastar do trabalho para se proteger de violência doméstica. Segundo a decisão, a vítima de violência doméstica não pode arcar com danos resultantes da imposição de medida protetiva em seu favor. Isso porque, conforme a decisão da 6ª Turma, tais situações ofendem a integridade física ou psicológica da vítima e são equiparáveis à enfermidade da segurada, o que justifica o direito ao auxílio por incapacidade.

No mesmo julgamento, a turma definiu que o juiz da vara especializada em violência doméstica e familiar – e, na falta deste, o juízo criminal – é competente para julgar o pedido de manutenção do vínculo trabalhista. Incumbirá ao empregador, segundo o julgado, o pagamento, tão somente, dos primeiros 15 dias de afastamento.

Com o provimento do recurso, o juízo da vara criminal que fixou as medidas protetivas a favor da vítima deverá apreciar seu pedido retroativo de afastamento. Caso reconheça que a mulher tem direito ao afastamento previsto na Lei Maria da Penha, deverá determinar a retificação do ponto e expedir ofício à empresa e ao INSS para que providenciem o pagamento dos dias. O processo correu em segredo de justiça.[3]

31.1.1 Perícia médica

A concessão dos benefícios por incapacidade laboral está sujeita, em regra, à comprovação da incapacidade em exame realizado por médico perito, uma vez ultrapassado o lapso de quinze dias, cabendo à empresa que dispuser de serviço médico próprio ou em convênio o exame médico e o abono das faltas correspondentes aos primeiros quinze dias de afastamento (art. 75, §

---

[3] INSS deve custear afastamento de mulher ameaçada de violência doméstica. *Revista Consultor Jurídico*. Disponível em: https://www.conjur.com.br/2019-set-18/inss-custear-afastamento-mulher-ameacada-violencia. Acesso em: 31 ago. 2020.

1º, do Regulamento). No entanto, cabe ao segurado apresentar documentação médica firmada por um médico (no mínimo, um atestado médico) comprovando a situação de incapacidade.

Em se tratando de empregado, quando a empresa não possua médico ou convênio médico, ficará a cargo do médico do sindicato ou de entidade pública (SUS) o fornecimento do atestado. Os atestados médicos deverão obedecer a essa ordem estabelecida em lei para efeito de abono dos dias em que houve falta do empregado (Súmula n. 15 do TST).[4]

No caso de segurados obrigatórios que não sejam empregados urbanos ou rurais, o direito ao benefício decorre da existência de incapacidade para as atividades habituais (já que os empregados domésticos, trabalhadores avulsos, contribuintes individuais e segurados especiais não são regidos pela CLT, que assegura o pagamento dos primeiros 15 dias pela empresa e, quanto ao segurado facultativo, este não presta trabalho remunerado). Ultrapassado o prazo de 15 dias consecutivos, o segurado será encaminhado ao INSS para avaliação médico-pericial (§ 2º do art. 75 do Regulamento).

Os atos médico-periciais implicam sempre pronunciamento de natureza médico-legal destinado a produzir um efeito na via administrativa do INSS, passível de contestação na via recursal do mesmo e no Poder Judiciário.

A Lei n. 13.846/2019 criou a Carreira de Perito Médico Federal, composta pelos cargos de nível superior, de provimento efetivo, de Perito Médico Federal, que desta forma não pertencem mais ao quadro de pessoal do INSS.[5]

Para a caracterização da incapacidade do segurado, tanto na via administrativa como em juízo, é imprescindível a comprovação da incapacidade, mediante a apresentação, pelo segurado, dos documentos médicos (atestados, pareceres e prontuário médico). Isso, todavia, não exclui a necessidade de análise por médico perito, não sendo possível tomar a decisão pela inaptidão ou aptidão para o trabalho ou atividade habitual sem permitir ao segurado a produção de tal prova, tampouco ser a análise realizada por profissional de outra ciência.

Em regra, a perícia deve ser realizada em uma Agência da Previdência Social. Porém, o § 1º-A do art. 42 da LBPS, inserido pela Lei n. 14.724/2023, passou a prever que o exame médico-pericial poderá ser realizado com o uso de tecnologia de telemedicina ou por análise documental conforme situações e requisitos definidos em regulamento, como será visto em tópico a seguir. É assegurado, entretanto, o atendimento domiciliar e hospitalar pela perícia médica e social do INSS ao segurado com dificuldades de locomoção, quando seu deslocamento, em razão de sua limitação funcional e de condições de acessibilidade, imponha-lhe ônus desproporcional e indevido, nos termos do regulamento. O § 7º do art. 46 do Regulamento, incluído pelo Decreto n. 10.410/2020, contém a previsão de que "O atendimento domiciliar e hospitalar é assegurado pela Perícia Médica Federal e pelo serviço social ao segurado com dificuldade de locomoção, quando o seu deslocamento, em razão de sua limitação funcional e de condições de acessibilidade, lhe impuser ônus desproporcional e indevido".

O principal gargalo no processamento das demandas de concessão e restabelecimento dos benefícios por incapacidade está na perícia médica. A crítica à falta de estrutura da Autarquia Previdenciária para que os médicos-peritos realizem a contento o seu trabalho vem de décadas. É de se frisar que, dado o volume de perícias a serem cumpridas, é comum que o médico-perito disponha de não mais do que 15 minutos para avaliar a situação do segurado, seja quanto à capacidade/incapacidade, seja quanto a existir ou não nexo de causalidade entre a incapacidade e as condições de trabalho. A Lei n. 14.724/2023 instituiu, por essa razão, o Programa de Enfrentamento à Fila da Previdência Social (PEFPS). O PEFPS é um programa

---

[4] MARTINS, Sergio Pinto. Op. cit., p. 272-273.

[5] A carreira de Perito Médico Federal, quando da sua criação, foi vinculada ao quadro de pessoal do Ministério da Economia. Mas, com o advento da Lei n. 14.261/2021 (conversão da MP n. 1.058/2021) passou a integrar o quadro de pessoal do Ministério do Trabalho e Previdência (art. 10).

criado para reduzir o tempo de análise de processos administrativos de benefícios administrados pelo Instituto Nacional do Seguro Social (INSS). O programa também tem como objetivo dar cumprimento a decisões judiciais em matéria previdenciária com prazo expirado, bem como realizar exame médico pericial e análise documental relativos a benefícios que superem a capacidade operacional regular de conclusão de requerimentos; além de realizar exame médico pericial do servidor público federal. A regulamentação do PEFPS se deu pela Portaria Conjunta MGI/MPS n. 27/2023. O programa não afeta a regularidade dos atendimentos e dos agendamentos nas Agências da Previdência Social.

O Sistema de Administração de Benefícios por Incapacidade – SABI é a ferramenta desenvolvida com o objetivo de agilizar os processos de concessão de benefícios por incapacidade, bem como possibilitar um controle eficiente da qualidade do produto, tanto no aspecto médico como no administrativo.

Os dados obtidos no exame médico pericial devem ser registrados no Laudo Médico Pericial – LMP, que é a peça médico-legal básica do processo, quanto à sua parte técnica.

Tratando-se de perícia feita no órgão previdenciário, torna-se impossível exigir que o perito que analisa a condição de saúde do segurado seja especialista no ramo da Medicina que envolve a enfermidade. Mesmo assim, incumbe ao perito do INSS identificar de forma precisa o conjunto de atividades (tarefas, atribuições) desenvolvidas pelo segurado, e não apenas se limitar a reproduzir o nome da função exercida, pois a conclusão acerca da incapacidade para o trabalho habitual ou sobre o nexo de causalidade não pode prescindir de tais informações. Exemplificando, a informação de que o segurado exerce a função de "auxiliar de serviços gerais" ou "auxiliar de produção" nada colabora com o problema; é necessário saber quais "serviços" exerce o primeiro, ou em qual parte da "linha de produção" trabalha o segundo.

Na forma do Manual de Perícias Médicas do INSS (2018), os tipos de conclusões médico-periciais, nos casos de benefício por incapacidade, resultarão das respostas aos quesitos existentes no LMP, nas seguintes formas:

I – Tipo 1 – Contrária;

II – Tipo 2 – Data da Cessação do Benefício (DCB); e

III – Tipo 4 – Data da Comprovação da Incapacidade (DCI).

A conclusão será contrária nos casos de exames iniciais em que for verificada a inexistência de incapacidade para o trabalho, ou, na prorrogação, quando for verificada a inexistência de incapacidade para o trabalho.

A conclusão será do Tipo 2 (DCB) nos casos de:

I – Incapacidade Laborativa Cessada. O Perito Médico Previdenciário tem autonomia para fixar a DCB em data anterior ou na Data de Realização do Exame – DRE, no exame inicial, baseando-se nos dados clínicos da história, no exame físico, nos documentos médicos apresentados e na atividade exercida pelo segurado. Observada a forma de filiação do segurado ao RGPS e constatada a existência de sequela definitiva, poderá ser indicada a concessão de auxílio-acidente, conforme relação discriminada no Anexo III do Decreto n. 3.048, de 1999;

II – Existência de Incapacidade Laborativa. O Perito Médico fixará o prazo estimado para a recuperação da capacidade laborativa, justificando-o tecnicamente. É facultado ao segurado a solicitação de prorrogação, nos 15 dias que antecedem a cessação do benefício até a DCB, caso julgue que o prazo concedido para a sua recuperação se revelou insuficiente; e

III – Incapacidade Laborativa Cessada com Retorno Voluntário ao Trabalho. Nos casos de retorno antecipado ao trabalho, a cessação do benefício será estabelecida após a realização do exame médico pericial, devendo a DCB ser fixada na véspera do retorno ao trabalho.

A conclusão será do Tipo 4 (DCI) no caso de existência de incapacidade com indicação de:

I – Reabilitação Profissional: quando o segurado for considerado insuscetível de recuperação para sua atividade habitual, porém com capacidade laborativa residual; e
II – Aposentadoria por Invalidez: Limite Indefinido – LI, quando o segurado for considerado incapaz e insusceptível de reabilitação para o exercício de atividade que lhe garanta a subsistência. Para sugestão de aposentadoria por invalidez/incapacidade permanente, o Perito Médico deverá considerar a gravidade e irreversibilidade da doença/lesão, na repercussão sobre a capacidade laborativa. Deverá, ainda, observar se cabe o direito ao adicional de 25%.

Nos casos de solicitação de prorrogação de auxílio por incapacidade temporária, nos termos do Manual Técnico de Perícia Previdenciária (2018, p. 40) a avaliação médico pericial será uma Perícia Médica Conclusiva – PMC, que permitirá as seguintes conclusões:

I – Não Existe Incapacidade;
II – DCB em dois meses;
III – DCB em seis meses;
IV – DCB em um ano;
V – Reabilitação Profissional;
VI – Auxílio-Acidente; e
VII – Aposentadoria por incapacidade permanente.

As conclusões nas solicitações de prorrogação de auxílio por incapacidade temporária do tipo DCB em dois meses, DCB em seis meses e DCB em um ano não dependerão de homologação superior.

Em situações de incapacidade laboral nas quais a DCB não puder ser estimada, deverá o Perito Médico avaliar o encaminhamento ao Programa de Reabilitação Profissional, quando o segurado for elegível, e, caso contrário, optar pelo Limite Indefinido, nos termos do art. 42 da Lei n. 8.213, de 1991. É indevida a fixação de DCB sem fundamentação técnica.

A fixação da Data do Início da Doença (DID) deve ser obrigatoriamente feita no exame inicial para concessão do benefício por incapacidade, bem como nos recursos à JR/CRPS, bem como em todos os casos de sugestão de limite indefinido.

A Data do Início da Incapacidade (DII) deve ser obrigatória e corretamente fixada nas mesmas situações assinaladas para a DID. É a data em que as manifestações da doença provocaram um volume de alterações morfopsicofisiológicas que impedem o desempenho das funções específicas de uma profissão, obrigando ao afastamento do trabalho. Deve ser fixada em todos os casos de exame inicial para concessão de benefício por incapacidade, bem como nos recursos à JR/CRPS desde que exista incapacidade para o trabalho.

A DID e a DII serão fixadas utilizando-se, além do exame objetivo, exames complementares, atestado de internação e outras informações de natureza médica. De posse desses elementos, conforme o Manual de Perícias Médicas do INSS (2018), a perícia médica poderá, com relativa segurança, fixar as datas prováveis da DID e da DII.

Quando, no caso de dois benefícios por incapacidade sucessivos, o intervalo entre a data de cessação do benefício (DCB) anterior e a de início (DIB) do subsequente for de até 60 (sessenta) dias, o profissional da área médica deverá pronunciar-se sobre a possibilidade de ser a incapacidade motivada pela mesma doença. Comprovando-se que a doença incapacitante é a mesma, será concedida a prorrogação do primeiro benefício, descontados os dias de trabalho, se houver, ficando prejudicado o segundo benefício.

Da decisão decorrente do laudo, de competência da Agência da Previdência Social, o segurado será comunicado por via postal. Se a decisão for favorável, indicará a espécie de benefício deferido e a data de início do benefício (DIB). Se for desfavorável, indicará o motivo do indeferimento (falta de incapacidade ou de algum outro requisito, como a qualidade de segurado ou carência).

Portanto, para a caracterização da incapacidade do segurado, tanto na via administrativa como em juízo, é imprescindível a produção de perícia por médico sobre a patologia em discussão, não sendo possível ao órgão decisório tomar a decisão sem permitir ao segurado a produção de tal prova. Todavia, a Medida Provisória n. 1.133/2022, convertida na Lei n. 14.441, de 2.9.2022, criou exceção a esta regra, a qual estudaremos a seguir.

31.1.1.1 Quesitação unificada entre as instâncias administrativa e judiciária

O CNJ criou por meio de Resolução n. 595/2024, a padronização dos exames periciais nos benefícios previdenciários por incapacidade e sobre a automação nos processos judiciais previdenciários e assistenciais, por meio do Prevjud. As perícias médicas podem ser realizadas com o uso de tecnologia de telemedicina ou por análise documental, a critério do juízo, mas o médico-perito poderá, justificadamente, diante de elementos específicos do caso concreto, solicitar perícia médica presencial.

A perícia médica dos benefícios por incapacidade, inclusive os acidentários, deverá abranger a quesitação mínima unificada e as informações solicitadas no Sistema de Perícias Judiciais (Sisperjud), desenvolvido na PDPJ-Br. O laudo pericial respectivo deverá ser apresentado em formato eletrônico, salvo motivo de força maior devidamente justificado nos autos judiciais. A obrigatoriedade de utilizar os quesitos do Sisperjud não impede a complementação da quesitação diante do quadro fático discutido na ação judicial.

31.1.2 Concessão por análise documental e o Atestmed

A Lei n. 14.441/2022 inseriu o § 14 no art. 60 da Lei de Benefícios da Previdência Social, com a seguinte redação: "Ato do Ministro de Estado do Trabalho e Previdência poderá estabelecer as condições de dispensa da emissão de parecer conclusivo da perícia médica federal quanto à incapacidade laboral, hipótese na qual a concessão do benefício de que trata este artigo será feita por meio de análise documental, incluídos atestados ou laudos médicos, realizada pelo INSS".

A Portaria Conjunta MTP/INSS n. 7, de 28.7.2022, disciplinou inicialmente a matéria, tendo sido revogada pela Portaria Conjunta MPS/INSS n. 38, 20.7.2023, que atualmente rege o tema.

Segundo as regras vigentes, a concessão de benefício de auxílio por incapacidade temporária, com dispensa da emissão de parecer conclusivo da Perícia Médica Federal quanto à incapacidade laboral, será realizada por meio de recepção documental pelo INSS via canais remotos.

Os canais remotos, meio de recepção dos requerimentos de que trata esta Portaria, consistirão em:

I – canais de autoatendimento, quais sejam:
a) Meu INSS, ferramenta acessível por aplicativo e por página web; e
b) Central de teleatendimento 135.

II – canais assistidos, quais sejam:
a) Agências da Previdência Social; e
b) entidades conveniadas mediante Acordo de Cooperação Técnica e/ou Acordo de Cooperação formalizados junto ao Instituto Nacional do Seguro Social.

O art. 3º da Portaria estabelece:

Art. 3º A concessão de benefício de auxílio por incapacidade temporária por meio documental ficará condicionada à apresentação de documentação médica ou odontológica para fins previdenciários, física ou eletrônica, legível e sem rasuras, contendo, obrigatoriamente, os seguintes elementos:

I – nome completo;
II – data de emissão do(s) documento(s) médico(s) ou odontológico(s), a qual não poderá ser superior a 90 (noventa) dias da data de entrada do requerimento;
III – diagnóstico por extenso ou código da Classificação Internacional de Doenças (CID);
IV – assinatura do profissional emitente, que poderá ser eletrônica e passível de validação, respeitados os parâmetros estabelecidos pela legislação vigente;
V – identificação do profissional emitente, com nome e registro no Conselho de Classe (Conselho Regional de Medicina ou Conselho Regional de Odontologia), no Ministério da Saúde (Registro do Ministério da Saúde), ou carimbo, legíveis;
VI – data de início do repouso ou de afastamento das atividades habituais; e
VII – prazo estimado necessário, preferencialmente em dias.

Os beneficiários que tiverem auxílios por incapacidade temporária concedidos na forma desta Portaria, ainda que de forma não consecutiva, não poderão ter a soma de duração dos respectivos benefícios superior a 180 dias – art. 4º, § 1º, da Portaria Conjunta MPS/INSS n. 38, 20.7.2023.

Quando da apresentação de múltiplos documentos médicos ou odontológicos com indicação de repouso, a data de início do repouso será considerada aquela indicada no atestado com data mais pregressa, e o prazo estimado de repouso será a soma aritmética simples dos prazos estimados em cada um deles, desde que indiquem afastamento ininterrupto (art. 4º, § 2º, da referida Portaria).

Segundo a Portaria vigente, a concessão de benefício por incapacidade temporária de natureza acidentária por meio documental será condicionada à apresentação de Comunicação de Acidente de Trabalho (CAT) (art. 2º, § 3º, redação conferida pela Portaria Conjunta MPS/INSS n. 6/2023). Não há obrigatoriedade de que a CAT tenha sido emitida pelo empregador, é dizer, pode o próprio trabalhador emiti-la, assim como as demais pessoas indicadas no item 29.5 desta obra, ao qual remetemos os leitores e leitoras.

Quando não for possível a concessão do benefício de auxílio por incapacidade temporária por meio documental, em razão do não atendimento dos requisitos estabelecidos na Portaria, bem como quando ultrapassado o prazo máximo estabelecido para a duração do benefício, será facultada ao requerente a opção de agendamento para se submeter a exame médico-pericial (art. 5º da Portaria).

O requerimento de novo benefício por meio documental somente será possível após 15 (quinze) dias da última conformação realizada (art. 5º, parágrafo único, da Portaria).

Ressalta-se que, para os benefícios concedidos mediante procedimento estabelecido nessa Portaria, não se aplica o restabelecimento do benefício anterior, previsto no § 3º do art. 75 do RPS (art. 6º da Portaria).

A Portaria Conjunta PRES/INSS/SRGPS/MPS n. 37, de 16.10.2023, por sua vez, "Implementa o acesso simplificado para o requerimento de Análise Documental do Benefício por Incapacidade Temporária – Atestmed".

Para os requerimentos formulados nessa modalidade, serão utilizados os dados básicos do cidadão com as informações validadas da Receita Federal do Brasil – RFB, como forma de autenticação simplificada. A medida tem como objetivo reduzir o estoque de benefício por incapacidade temporária.

A atual disciplina para as APS sobre a recepção e a formalização do requerimento de Análise Documental do Benefício por Incapacidade Temporária – Atestmed – se encontra na Portaria DIRBEN/INSS n. 1.197, de 19.3.2024.

O pré-requerimento do Atestmed é uma etapa inicial no processo de solicitação de benefícios por incapacidade temporária por meio do Atestmed. Ele permite que o segurado envie antecipadamente os documentos necessários para análise, facilitando e agilizando a concessão do benefício.

Para isso, o segurado ou a segurada deve dar entrada por meio de algum dos canais remotos e fornecer as informações pessoais e detalhes sobre a incapacidade. Em seguida, se estiver em canal remoto que permita isso, anexará os documentos necessários.

O pré-requerimento de Análise Documental do Benefício por Incapacidade Temporária – Atestmed protocolado sem a documentação obrigatória, definida na Portaria Conjunta MPS/INSS n. 38/2023, deverá ser regularizado no prazo de até 5 dias após o protocolo (isso se dá, por exemplo, quando utilizada a central de teleatendimento 135).

Decorrido o prazo supra, o pré-requerimento será cancelado por falta de apresentação de documentação obrigatória ao pedido do benefício, o que não impede o segurado de solicitar um novo pedido a qualquer momento.

O atendimento na APS será prestado para o requerimento do Atestmed ou para apresentação de documentação obrigatória para conclusão do pré-requerimento de Atestmed, quando o segurado protocolar o pedido pelos canais remotos, mas sem anexar os documentos obrigatórios de que trata o art. 3º da Portaria Conjunta MPS/INSS n. 38/2023.

O benefício não será indeferido com base exclusivamente na análise documental. Em análise inicial, os documentos são recebidos e apreciados pelo INSS. Se estiverem completos e corretos, o benefício pode ser concedido sem a necessidade de perícia presencial. Caso os documentos não sejam suficientes ou apresentem alguma inconsistência, o INSS pode solicitar informações ou documentos adicionais para complementar a análise.

É dispensada a autenticação da documentação anexada no protocolo do Atestmed (§ 1º do art. 3º da Portaria DIRBEN/INSS n. 1.197/2024).

Por fim, se toda a documentação não for considerada apropriada para o deferimento, é oportunizada a marcação de perícia médica presencial, a encargo da pessoa segurada, seguindo-se o procedimento até então existente.

O segurado será informado sobre o resultado da análise inicial pelo portal ou aplicativo Meu INSS, em que poderá acompanhar o status do seu pedido e receber orientações sobre os próximos passos, se necessário.

31.1.3 Concessão por medida judicial

Os benefícios por incapacidade respondem por mais da metade das ações judiciais propostas em face do INSS. E o volume de processos acaba acarretando, também na seara judicial, críticas acerca da prova pericial produzida em Juízo.

Aqui fazemos coro com Paulo Afonso Brum Vaz:

> Definir o que é tarefa do perito e o que é tarefa do juiz não é mister simplório quando se trata da definição da (in)capacidade. O certo é que a prevenção/precaução, enquanto princípio superior de aplicação subjetiva e objetivamente universalizada, que deveria ter sido aplicado pelo perito, se não o for, resulta submetido ao juiz, ao qual é vedado declarar o *non liquet*, pois precisa decidir o indecidível (Luhmann).[6]

Dado o caráter alimentar da prestação e a urgência envolvida, pelo provável risco à subsistência de um segurado que esteja impossibilitado de trabalhar e sem o recebimento do benefício,

---

[6] VAZ, Paulo Afonso Brum. *Judicialização dos direitos da seguridade social*. Curitiba: Alteridade, 2021, p. 269.

o pleito de concessão na via judicial por vezes pode e deve ser atendido por decisão em tutela antecipada, podendo ou não ser, ao final, confirmada com o trânsito em julgado da decisão.

Segundo o Juiz Federal José Antonio Savaris, a perícia tem papel fundamental na possibilidade de uma decisão jurisdicional justa:

> Quando a perícia judicial não cumpre os pressupostos mínimos de idoneidade da prova técnica, ela é produzida, na verdade, de maneira a furtar do magistrado o poder de decisão, porque respostas periciais categóricas, porém sem qualquer fundamentação, revestem um elemento autoritário que contribui para o que se chama decisionismo processual.[7]

Importante lembrar que:

- Tratando-se de perícia complexa, que abranja mais de uma área de conhecimento especializado, o juiz poderá nomear mais de um perito e a parte indicar mais de um assistente técnico (art. 475 do CPC/2015).
- O juiz apreciará a prova pericial de acordo com o disposto no art. 371, indicando na sentença os motivos que o levaram a considerar ou a deixar de considerar as conclusões do laudo, levando em conta o método utilizado pelo perito (art. 479 do CPC/2015).

Em relação à falta de qualidade das perícias judiciais, podemos citar algumas recomendações de Fóruns Previdenciários Interinstitucionais organizados pela Coordenação dos Juizados Especiais Federais do TRF da 4ª Região:

- "O Fórum recomenda a adoção de medidas para a melhoria da qualidade das perícias na Justiça Federal" (Enunciado n. 8 – Fórum Int. Prev-PR).
- "Recomenda-se a adoção de medidas para a melhoria da qualidade das perícias na Justiça Federal, sugerindo que os médicos peritos, quando realizada a perícia em audiência, disponham de tempo suficiente para resposta fundamentada aos quesitos e que, preferencialmente, a perícia seja realizada por médico especialista na patologia apresentada pelo autor" (Recomendação n. 3 – Fórum Int. Prev-SC).

Fixada a premissa de que o autor detém a qualidade de segurado da previdência social e que está relativa ou absolutamente incapaz de exercer as suas atividades laborativas habituais, não se lhe pode negar o direito ao benefício. Se o laudo pericial não é conclusivo, mas o perito admite a probabilidade de que as lesões resultaram de atividade laborativa, impõe-se a anulação do processo para que o laudo seja complementado, ou realizada nova perícia, e, ainda, para que tenha o segurado oportunidade de produzir outras provas.

Impõe-se considerar que nas causas da espécie prepondera o princípio *in dubio pro misero* e que "os pleitos previdenciários possuem relevante valor social de proteção ao Trabalhador Segurado da Previdência Social, sendo, portanto, julgados sob tal orientação exegética" (STJ, REsp 1.067.972, 5ª Turma, Rel. Min. Napoleão Nunes Maia Filho, *DJe* 27.4.2009).

A jurisprudência atual vem rechaçando a realização de laudos periciais em desconformidade com as exigências identificadas na aludida Resolução e em suas antecedentes, pois em nada colaboram para a descoberta da verdade real quanto ao nexo de causalidade/concausalidade entre a enfermidade e o trabalho. O Tribunal Regional do Trabalho da 12ª Região (SC), em demanda envolvendo indenização postulada por empregado acidentado, já decidiu anular perícia judicial que não cumpriu a Resolução do CFM por não atender à metodologia ali estabelecida:

---

[7] SAVARIS, José Antonio. *Curso de perícia judicial previdenciária*. São Paulo: Conceito Editorial, 2011, p. 29.

NULIDADE DA PERÍCIA MÉDICA. AUSÊNCIA DE DILIGÊNCIA IN LOCO. FRAGILIDADE DO SUPORTE FÁTICO DA ANÁLISE TÉCNICA. CONFIGURAÇÃO. É nula a perícia médica que, não realizando a verificação in loco do ambiente de trabalho, equipamentos, ergonomia e forma de realização do serviço, atesta a existência de relação concausal entre a patologia e o labor mediante prognóstico genérico de concausalidade, não individualmente dimensionada para a realidade fática vivenciada pelo trabalhador. Preliminar de nulidade processual acolhida (TRT 12, ROT 0000763-18.2020.5.12.0009, 5ª Câmara, Rel. Des. Trab. Ligia Maria Teixeira Gouvea, 18.5.2022).

Conforme a hipótese dos autos, havendo outros elementos de prova, pode-se avançar ao mérito, mas em sendo a única prova, ou se considerada imprescindível, deve ser anulado o laudo e refeita a perícia *in loco*:

ACIDENTE DE TRABALHO. ASFIXIA POR BRONCOSPIRAÇÃO. INVESTIGAÇÃO PELA TEORIA DA ÁRVORE DE CAUSAS. NECESSIDADE DE PERÍCIA NO LOCAL DE TRABALHO. A asfixia por broncoaspiração pode decorrer de ataque epilético, mas também da inalação de substâncias de monóxido de carbono presentes no ambiente de trabalho do obreiro. A questão deve ser investigada sob a ótica da árvore de causas, que, diferentemente do método tradicional – em que as causas do acidente são consideradas somente pela análise das causas imediatas, consistentes nos atos inseguros (decorrentes da ação humana) e pelas condições inseguras (fatores ambientais) –, pela teoria da árvore de causas, devem ser levados em consideração todos os elementos relacionados ao acidente do trabalho. Variáveis como pessoas, tarefas, meio ambiente e materiais devem ser analisadas como partes interdependentes, de modo a fornecer um encadeamento lógico sobre o acidente do trabalho, sendo analisadas desde as causas mais remotas até as mais próximas relacionadas com o infortúnio. Em tal situação, necessária a realização de perícia in loco para aferição do nexo causal. Recurso conhecido e parcialmente provido (TRT da 16ª Região, RO no Proc. 02115-2009-013-16-00-4, Rel. Luiz Cosmo da Silva Júnior, publ. 16.12.2011).

DOENÇA EQUIPARADA A ACIDENTE DE TRABALHO. NEXO DE CAUSALIDADE OU CONCAUSALIDADE. PERÍCIA JUDICIAL INCONSISTENTE. COMPROVAÇÃO PELO LAUDO DO PERITO DO INSS. A perícia judicial não analisou o histórico clínico, "decisivo em qualquer diagnóstico de nexo causal", (...) pelo que inútil para fins probantes. Mas, por força do laudo médico pericial previdenciário, quanto ao benefício pago pelo INSS, face a inexistência de outras provas técnicas válidas em sentido oposto, conclui-se que há nexo de causalidade entre o trabalho e a enfermidade, sendo certo que o dano experimentado não foi de natureza grave, pois o trabalhador se encontra, após a cessação do benefício, apto para o trabalho. Responsabilidade mantida, porém reduzido o valor da indenização por danos imateriais, sendo indevida a pretensão de custeio de tratamento e medicação pós-alta (TRT-12, ROT 0001707-49.2017.5.12.0001, 3ª Câmara, Rel. Juiz convocado Carlos Alberto Pereira de Castro, data de assinatura 20.7.2020).

Muito se questiona a respeito da obrigatoriedade de a perícia ser feita por profissional especialista na moléstia que se investiga, sendo notório que o INSS não conta com um corpo de peritos suficiente para atender aos segurados nesse quesito. A dúvida persiste quanto a tal exigência nas perícias realizadas como prova em demanda judicial. Sobre o tema, a TNU uniformizou seu entendimento da seguinte forma:

PEDIDO DE UNIFORMIZAÇÃO NACIONAL. PREVIDENCIÁRIO. CONCESSÃO DE AUXÍLIO-DOENÇA OU APOSENTADORIA POR INVALIDEZ. REALIZAÇÃO DE PERÍCIA MÉDICA POR ESPECIALISTA. PEDIDO PROVIDO.
1. Não é meramente processual a questão da realização de perícia médica por especialista, pois o trato acerca das características da prova pericial admissível em casos envolvendo discussão sobre capacidade laborativa não envolve o reexame da prova, mas, sim, a valoração jurídica

da prova, e mesmo porque a análise destas características é inerente à amplitude objetiva das garantias constitucionais da ampla defesa e do contraditório.

2. A regra de que a perícia médica deve ser realizada por peritos especialistas na área médica sobre a qual deverão opinar, prevista no § 2º do art. 145 do CPC, subsidiariamente aplicável aos Juizados Federais, somente pode ser excepcionada quando médicos generalistas possuam conhecimento técnico suficiente, a exemplo dos quadros médicos simples.

3. Quando, como no caso, a segurada apresenta um quadro médico complicado, complexo, sendo portadora de uma doença neurológica rara, a realização de perícia médica por especialista em neurologia é um direito a ser preservado.

4. Pedido de uniformização provido, anulando-se o acórdão e a sentença para a reabertura da instrução com a realização de perícia por médico neurologista.
(PEDILEF2008.72.51.00.1862-7, Rel. Juíza Jacqueline Michels Bilhalva, j. 10.5.2010).

Outro aspecto que merece destaque é o entendimento proferido pelo STJ na Tese fixada no Repetitivo 1.246: "É inadmissível recurso especial interposto para rediscutir as conclusões do acórdão recorrido quanto ao preenchimento, em caso concreto em que se controverte quanto a benefício por incapacidade (aposentadoria por invalidez, auxílio-doença ou auxílio-acidente), do requisito legal da incapacidade do segurado para o exercício de atividade laborativa, seja pela vertente de sua existência, de sua extensão (total ou parcial) e/ou de sua duração (temporária ou permanente)" (REsp 2.082.395/SP, 1ª Seção, Rel. Min. Paulo Sérgio Domingues, *DJe* 18.11.2024).

31.1.4 Período de carência

Para ter direito à percepção do auxílio por incapacidade temporária o segurado do RGPS deverá ter cumprido a carência equivalente a 12 contribuições mensais, salvo quando for decorrente de acidente de qualquer natureza ou causa, inclusive os acidentes do trabalho e situações a ele equiparadas, ou de alguma das doenças especificadas no art. 2º da Portaria Interministerial MTP/MS n. 22, de 31.8.2022, quando então a carência não é exigida. Caso o segurado não possua a carência, mesmo estando incapacitado, o benefício será indeferido por ausência desse requisito.

Essa regra comporta diversas observações importantes.

A primeira é a falta de atualização do rol de doenças consideradas graves e não contém diversas enfermidades que poderiam assim ser enquadradas, tais como a malária, a febre amarela, a doença de chagas, a esquistossomose, a dengue hemorrágica, entre tantas outras – acarretando grave risco de desproteção social aos vitimados por tais doenças nos primeiros 12 meses de filiação previdenciária.

A segunda envolve a situação dos trabalhadores com vínculo de emprego cujo salário não chegue a um salário mínimo mensal. Conforme o art. 19-E do Decreto n. 3.048, inserido pelo Decreto n. 10.410, ao regulamentar a EC n. 103, não será considerado o tempo quando a contribuição mensal não chegar a alcançar o equivalente ao que incidiria sobre o salário mínimo, devendo o segurado complementar sua contribuição para "salvar" o período. Ocorre que há situações em que o trabalhador, em seu primeiro mês de trabalho, sofre acidente ou é acometido de doença, de modo que sequer chegou a fazer uma contribuição mensal. Daí por que defendemos não haver cabimento na desconsideração do período contributivo com valores abaixo da previsão do art. 19-E do Decreto.

A terceira diz respeito à própria exigência de carência em situações não programadas pelo segurado – incapacidade laboral não é evento que esteja a critério do trabalhador decidir se irá ou não ocorrer. Com isso, em diversas situações concretas pode um segurado, nos primeiros 12 meses de filiação ao RGPS, se ver acometido de doença ou ter de se submeter a cirurgias urgentes, com risco de vida, e não ter o benefício deferido por ausência de carência.

Portanto, de forma nada razoável, o legislador estabelece que o segurado que sofra um acidente de qualquer natureza – não ligado ao trabalho, até mesmo tendo sido o próprio culpado pelo infortúnio – terá direito ao benefício sem qualquer exigência de carência. Entretanto, o segurado vítima de doenças graves como a do caso antes mencionado (apendicite) ficará sem qualquer proteção social.

Assim, pode-se defender que a exigência de carência, nestes casos, padeceria de vício de inconstitucionalidade, por estabelecer tratamento diferenciado a situações semelhantes – ou pior, conceder proteção social a situações menos graves e negá-la a problemas de saúde mais graves, ante uma sutil e equivocada diferenciação entre "acidente" e "doença" e entre "doenças graves tipificadas" e "não tipificadas", acarretando violação ao princípio da isonomia (art. 5º, inciso I, CF).

De outra vertente, pode-se defender que o rol de doenças graves não deve ser considerado taxativo, ante a impossibilidade de completude do ordenamento jurídico – não cabendo ao legislador aquilo que nem mesmo a Medicina é capaz de fazer – arrolar todas as doenças consideradas graves existentes na atualidade e, ainda, manter essa lista atualizada.

Defendemos, portanto, o entendimento de que o rol é exemplificativo como forma de assegurar a aplicação do princípio da universalidade da cobertura e do atendimento ao segurado do RGPS acometido de doenças graves não arroladas pelo legislador como liberatórias de prazo carencial, o que envolveria, também a Covid-19. Porém, o entendimento do STF em repercussão geral envolvendo a mesma matéria nos RPPS (e do STJ, após esse julgamento) é de que o rol é taxativo.

No mesmo sentido do nosso posicionamento, há o julgamento pela TNU do Representativo de Controvérsia n. 220, em sessão de 28.4.2021, cuja tese fixada foi:

> 1. O rol do inciso II do art. 26 da Lei 8.213/91 é exaustivo. 2. A lista de doenças mencionada no inciso II, atualmente regulamentada pelo art. 151 da Lei n. 8.213/91, não é taxativa, admitindo interpretação extensiva, desde que demonstrada a especificidade e gravidade que mereçam tratamento particularizado. 3. A gravidez de alto risco, com recomendação médica de afastamento do trabalho por mais de 15 dias consecutivos, autoriza a dispensa de carência para acesso aos benefícios por incapacidade.

No entanto, o STF considerou afetada a matéria em Tema de Repercussão Geral 1.353 – "Pagamento de auxílio-doença à segurada em gestação de alto risco, independentemente de período de carência" –, apesar de não haver previsão em lista de patologias que autorizam a isenção, com fundamento na proteção à maternidade e à infância (RE 1.455.046, Rel. Min. Gilmar Mendes, *DJe* 19.11.2024).

No caso de segurados que não possuem responsabilidade tributária pelo recolhimento das contribuições ao sistema (segurados empregados urbanos, rurais e domésticos, trabalhadores avulsos, contribuintes individuais prestadores de serviço a pessoas jurídicas após a edição da Lei n. 10.666/2003 e segurados especiais cuja contribuição é deduzida da nota fiscal), é de ser computado como tempo de carência todo o período laboral comprovado, independentemente da prova das contribuições, pois não se pode exigir do segurado a prova de obrigação que não lhe cabe cumprir. Nesse sentido:

> *PREVIDENCIÁRIO. AUXÍLIO-DOENÇA. GRAVIDEZ COM RISCO DE ABORTO. INCAPACIDADE RECONHECIDA PELO INSS. NEGADO O BENEFÍCIO POR AUSÊNCIA DE CARÊNCIA. (...) 1. Nos termos do art. 59 da Lei n. 8.213/91, o auxílio-doença será devido ao segurado que, havendo cumprido, quando for o caso, o período de carência exigido nesta Lei, ficar incapacitado para o seu trabalho ou para a sua atividade habitual por mais de 15 (quinze) dias consecutivos. 2. Benefício requerido em razão de gravidez com risco de aborto. 3. Apesar de reconhecida a incapacidade pela perícia do INSS, o benefício foi indeferido pela ausência da carência de 12 contribuições mensais, uma vez que as contribuições previdenciárias foram recolhidas em atraso e na mesma data. 4. Vínculo empregatício na condição de empregada doméstica,*

desde 01/11/2004, comprovado pelos documentos nos autos. 5. É do empregador a obrigação de recolher as contribuições previdenciárias, não sendo justo penalizar a autora pelo seu atraso. Por outro lado, é dever do INSS fiscalizar o recolhimento das contribuições devidas à seguridade social. 6. Direito ao benefício de auxílio-doença, a contar do requerimento administrativo até 31/10/2006, conforme determinado na sentença. (...) (TRF da 1ª Região, Proc. 2006.38.14.008089-9, 2ª Turma, Rel. Des. Fed. Monica Sifuentes, julgamento em 22.8.2012, publicação 13.9.2012).

Cumpre-nos frisar que a MP n. 739, de 7.7.2016, havia revogado o parágrafo único do art. 24 da Lei n. 8.213/1991, o qual permitia ao segurado que havia perdido essa qualidade computar apenas um terço da carência exigida (ou seja, quatro contribuições mensais) e obter o período carencial restante computando-se contribuições anteriores à perda da qualidade de segurado (as oito contribuições faltantes). Em consequência da não apreciação da Medida Provisória n. 739, esta perdeu sua eficácia em 4.11.2016. Deveria então "o Congresso Nacional disciplinar, por decreto legislativo, as relações jurídicas delas decorrentes". O decreto legislativo deveria ter sido publicado em até 60 dias após a perda de eficácia de medida provisória, caso contrário, "as relações jurídicas constituídas e decorrentes de atos praticados durante sua vigência conservar-se-ão por ela regidas" (§ 11 do art. 62 da Constituição).

Na sequência, foi editada a MP n. 767, de 6.1.2017, prevendo a revogando novamente o parágrafo único do art. 24 da LBPS e a inclusão do art. 27-A, para restabelecer a necessidade de cumprimento integral da carência em caso de nova filiação à Previdência Social.

Essa última MP (767) foi transformada na Lei n. 13.457, de 26.6.2017, mantendo a revogação do art. 24, parágrafo único, da Lei n. 8.213/1991, mas conferiu redação diversa ao art. 27-A, para dispor que seria necessário cumprir metade da carência exigida no caso de perda da qualidade de segurado.

Contudo, antes mesmo de consolidadas essas alterações, surgiu a MP n. 871, de 18.1.2019, modificando novamente o art. 27-A da Lei n. 8.213/1991, para fixar que, havendo perda da qualidade de segurado, deverá ser cumprida a carência integral para os benefícios então denominados de auxílio-doença, salário-maternidade, aposentadoria por invalidez e auxílio-reclusão. No entanto, quando da conversão na Lei n. 13.846/2019, voltou a vigorar a regra da necessidade de cumprimento da metade da carência em caso de refiliação.

Não há como interpretar que a fixação do prazo de carência se dá a partir do requerimento (DER), pois o entendimento consolidado é justamente em sentido oposto, assegurando-se o direito às regras vigentes ao tempo do fato gerador do direito independentemente da existência de requerimento protocolado (Súmula n. 359 do STF). Cabe referir que sobre a interpretação dessas regras de direito intertemporal, foi fixada a seguinte tese pela TNU, em Representativo de Controvérsia:

– **Tema 176**: "Constatado que a incapacidade do(a) segurado(a) do Regime Geral da Previdência Social (RGPS) ocorreu ao tempo da vigência das Medidas Provisórias 739/2016 e 767/2017, aplicam-se as novas regras de carência nelas previstas".

31.1.5 Data de início do benefício

A data de início do benefício (DIB) leva em consideração: a data de afastamento do trabalho (DAT), a data de início da incapacidade (DII), e a data de entrada do requerimento (DER).

A DIB será fixada:

I – para o segurado empregado, exceto doméstico:

a) no 16º (décimo sexto) dia do afastamento da atividade, quando requerido até o 30º (trigésimo) dia da DAT, observado que, caso a DII seja posterior ao 16º (décimo sexto) dia do afastamento, deverá ser na DII; ou

b) na DER, quando o benefício for requerido após 30 (trinta) dias da DAT, observado que, caso a DII seja posterior à DER, deverá ser na DII;

II – para os demais segurados:

a) na DII, desde que o afastamento seja superior a quinze dias, quando o benefício for requerido até 30 (trinta) dias da DAT ou da cessação das contribuições; ou

b) na DER, quando o benefício for requerido após 30 (trinta) dias da DAT ou da cessação das contribuições, observado que, caso a DII seja posterior à DER, deverá ser na DII.

Em que pese a nomenclatura antiga, a EC n. 103 não alterou as regras relativas à DIB de benefícios, pelo que se mantém, alterando-se apenas o *nomen iuris*.

Assim, no caso dos empregados urbanos e rurais, os primeiros 15 dias de afastamento do trabalho por motivo de saúde são pagos pelo empregador, e a Previdência Social paga o benefício a partir do 16º dia de afastamento do trabalho, caso o requerimento seja feito até o 30º dia de incapacidade; do contrário, é pago a partir da data de entrada do requerimento. A regra se aplica, também, ao empregado intermitente de que trata o art. 452-A da CLT, pois não há como diferenciar essa espécie de empregado urbano dos demais, por falta de amparo legal.

Em se tratando de acidente, quando o acidentado empregado, excetuado o doméstico, não se afastar do trabalho no dia do acidente, os 15 (quinze) dias de responsabilidade da empresa serão contados a partir da data que ocorrer o afastamento (art. 336, § 1º, da IN INSS/PRES n. 128/2022).

Em relação aos demais segurados, inclusive o empregado doméstico, é devido o benefício *a partir do início da incapacidade* ou, caso requerido mais de 30 dias após o início da incapacidade, da data de entrada do requerimento. Em se tratando de segurado empregado doméstico, o empregador não tem a obrigação de pagar salários durante a incapacidade, pois não há previsão legal nesse sentido, sendo tal ônus, por conseguinte, da Previdência Social.

De forma ilegal, todavia, a alteração da redação do inciso II do art. 72 do RPS pelo Decreto n. 10.410/2020 passa a prever que o benefício somente será devido ao doméstico, ao contribuinte individual, ao trabalhador avulso, ao segurado especial e ao facultativo "desde que o afastamento seja superior a quinze dias". Sem cabimento a restrição, pois o texto legal dispõe em contrário senso, prevalecendo este; ou seja, mesmo que o afastamento seja igual ou inferior a 15 dias, defendemos ser devido a tais segurados o benefício desde o primeiro dia de incapacidade. Entendimento em sentido oposto levaria tais segurados – notadamente os domésticos – a não terem proteção alguma nos afastamentos de até 15 dias, já que não há obrigação patronal no pagamento desses dias.

Quando o requerimento do segurado afastado da atividade (inclusive o empregado) for protocolado depois do prazo fixado (que é de até 30 dias após o início da incapacidade), o benefício será devido apenas a contar da data da entrada do requerimento, não retroagindo ao 16º dia, no caso de segurado empregado, nem ao primeiro dia de afastamento, para os demais segurados. Penaliza-se, desta forma, a inércia do segurado em buscar o benefício.

Tal regra, todavia, deve ser interpretada de forma restritiva, pois em muitas situações o segurado está com sua condição de saúde tão comprometida que não seria razoável exigir deste que tivesse condições de tomar a providência de entrar em contato com o INSS. É o caso, por exemplo, de segurado que tenha sofrido grave acidente e esteja hospitalizado – muitas vezes, até mesmo, em estado de coma, ou seja, sem a menor condição de praticar atos da vida civil, quando sequer se poderia considerar computável algum prazo para a caducidade de direitos. No mesmo sentido:

AUXÍLIO-DOENÇA. APOSENTADORIA POR INVALIDEZ. LAUDO PERICIAL CONCLUDENTE. INCAPACIDADE DEFINITIVA E OMNIPROFISSIONAL. ABSOLUTAMENTE

INCAPAZ. PRESCRIÇÃO. É devido o restabelecimento do auxílio-doença e a sua conversão em aposentadoria por invalidez, quando a perícia judicial é concludente da incapacidade definitiva e omniprofissional do segurado, não correndo a prescrição, por ser o autor também absolutamente incapaz para os atos da vida civil (TRF da 4ª Região, AC 2005.71.00.040126-4, 5ª Turma, Rel. Des. Fed. Rômulo Pizzolatti, DE 31.5.2010).

Conforme entendimento do INSS, se o segurado estiver em gozo de férias ou licença-prêmio ou qualquer outro tipo de licença remunerada, o prazo de responsabilidade da empresa será contado a partir do dia seguinte ao término das férias ou da licença. Assim, o segurado empregado que ficar incapacitado durante férias ou licença fará jus ao benefício pago pelo INSS a partir do 16º dia após o final do período de férias ou licença. Trata-se de regra passível de contestação na via judicial, pois, além de ausência de previsão legal neste sentido, o segurado fica com o período de férias comprometido, deixando de gozar o merecido descanso para utilizá-lo (em parte) como afastamento por motivo de saúde.

Na hipótese de concessão de novo benefício decorrente do mesmo motivo que gerou a incapacidade no prazo de sessenta dias, contado da data da cessação do benefício anterior, a empresa ficará desobrigada do pagamento relativo aos quinze primeiros dias de afastamento, prorrogando-se o benefício anterior e descontando-se os dias trabalhados, se for o caso (art. 75, § 3º, do RPS, com redação conferida pelo Decreto n. 10.410/2020).

Caso o segurado empregado, por motivo de incapacidade, afaste-se do trabalho durante o período de quinze dias, retorne à atividade no décimo sexto dia e volte a se afastar no prazo de sessenta dias, contado da data de seu retorno, em decorrência do mesmo motivo que gerou a incapacidade, este fará jus ao auxílio por incapacidade temporária a partir da data do novo afastamento. E se o retorno à atividade tiver ocorrido antes do período de quinze dias do afastamento, o segurado fará jus ao auxílio por incapacidade temporária a partir do dia seguinte ao que completar aquele período. Regras disciplinadas pelo art. 75, §§ 4º e 5º, do RPS, com redação dada pelo Decreto n. 10.410/2020.

31.1.5.1 Data de início do benefício concedido judicialmente

Problema deveras comum nas demandas acidentárias e não acidentárias por incapacidade é a ausência de laudo conclusivo do perito judicial acerca das condições do segurado à época do requerimento indeferido pelo INSS, alegando o perito não poder se manifestar sobre o estado de saúde do segurado em período pretérito ao da perícia. Com efeito, a função da prova pericial é justamente essa, a de buscar, com base nos elementos existentes (atestados, exames, prontuário médico do segurado, processo administrativo junto ao INSS), concluir se a situação, à época do requerimento administrativo, era de efetiva incapacidade laboral, ou não. Perícia que não responde a esse quesito – fundamental – é inconclusiva, ou seja, inservível ao fim colimado, devendo ser refeita.

A demanda posta em Juízo tem – ou deve ter – o condão de tutelar o direito do indivíduo que sofreu a lesão a bem ou direito desde o seu surgimento. Logo, se há evidências de que o quadro de incapacidade – atestado por médico – acompanha o segurado desde a petição inicial protocolada em Juízo, entendemos que a tutela a seu direito individual somente se faz plena se houver retroação da data de início, no mínimo, à data do ajuizamento, quando não à data em que houve o indeferimento pelo órgão previdenciário, frisando-se novamente, desde que presentes nos autos evidências do quadro de incapacidade laboral desde lá, como é o entendimento da TNU em sua Súmula n. 22, quanto ao benefício assistencial (BPC).

Mesmo na hipótese de concessão por decisão judicial, a retroação da DIB deve ser de modo a que o segurado obtenha o benefício por incapacidade a contar do indevido indeferimento pelo

INSS na via administrativa, observada a data de início da incapacidade ou da cessação indevida do benefício e a data de entrada do requerimento, não sendo concebível que o perito judicial simplesmente declare não poder definir desde quando o segurado estava incapaz e com isso o segurado seja prejudicado em seus direitos (quanto ao lapso de tempo entre o indeferimento administrativo e a realização da perícia em juízo). Para isso, a Resolução CFM n. 2.323/2022 indica em seu art. 2º que o perito deve analisar "a história clínica e ocupacional atual e pregressa, decisiva em qualquer diagnóstico e/ou investigação de nexo causal".

Quando o restabelecimento do auxílio por incapacidade temporária se opera por decisão judicial, em situações em que não houve melhora do estado de saúde, os efeitos financeiros devem ser retroativos a data da cessação. Nesse sentido, os precedentes da TNU:

- Tem prevalecido na jurisprudência do STJ o entendimento de que, na hipótese de restabelecimento de benefício por incapacidade, em que não tenha havido alteração do quadro clínico, a data a partir da qual serão produzidos os efeitos do restabelecimento será aquela em que houve a cessação indevida (PEDILEF 200851510059256, Rel. Juiz Federal Élio Wanderley de Siqueira Filho, *DOU* de 15.9.2009);
- Restabelecimento de auxílio-doença. Termo inicial da condenação. Data de início da incapacidade não fixada com precisão pela perícia médica judicial. Presunção de continuidade do estado incapacitante (PEDILEF 0013873-13.2007.4.03.6302, Rel. Juíza Federal Kyu Soon Lee, julgamento em 11.9.2014).

É função da prova pericial exaurir a matéria, porém, é de conhecimento notório que o exame pericial é realizado muito tempo depois da alegada incapacidade. Logo, ainda que eventualmente admitida a hipótese de laudo inconclusivo quanto à data de início da incapacidade (situação com a qual não concordamos, pois a função da perícia judicial é investigar a incapacidade desde a alegada data de início), deveria o perito (e o juízo) se valer do conjunto probatório (histórico médico, prontuários, laudos, atestados, receituários e outros meios de prova da incapacidade) para suprir a lacuna. Nesse sentido: *TNU, PEDILEF 200772570036836/SC, Rel. Juíza Federal Jacqueline Michels Bilhalva, DJ de 11.6.2010.*

O melhor entendimento é o de que o perito judicial não pode deixar de analisar a questão do início da incapacidade na data alegada pelo segurado, sob pena de nulidade, que deve ser arguida pela parte quando da expedição do laudo, ou reconhecida pelo Juízo, de ofício. Neste sentido a jurisprudência:

PEDIDO DE CONVERSÃO DE "AUXÍLIO-DOENÇA PREVIDENCIÁRIO" EM "AUXÍLIO-DOENÇA ACIDENTÁRIO" – PROVA TÉCNICA INCONCLUSIVA – QUESTÕES CONTROVERTIDAS NÃO ANALISADAS – SENTENÇA CASSADA EX OFFICIO PARA REALIZAÇÃO DE NOVA PROVA TÉCNICA – INTELIGÊNCIA DOS ART. 130, 437 E 438, DO CPC.

O julgador é o destinatário da prova, pelo que deve ele determinar a produção das provas indispensáveis à formação do seu convencimento.

Tratando-se de ação em que se pleiteia a transformação do benefício "auxílio-doença previdenciário" em "auxílio-doença acidentário", sendo imprescindível verificar se o autor adquiriu moléstia em decorrência de suas atividades laborativas, deve ser cassada a sentença, determinando-se a realização de nova perícia, eis que a realizada nos autos se mostra inconclusiva e hipotética, em nada podendo contribuir para a composição da lide.

(TJMG, Ap. Cível 4979440-18.2000.8.13.0000, 7ª Câmara Cível, Rel. Des. Eduardo Mariné da Cunha, publ. 22.9.2005)

Cabe também indicar a orientação da TNU em relação à DIB envolvendo alta programada: "Mesmo nos casos de alta programada, a fixação da data do início da incapacidade corresponderá à data da realização da perícia apenas quando o juízo, diante de todas as provas produzidas, não puder fixá-la em outra data, sendo possível, porém, sua fixação em data diversa, tal qual na data da cessação do benefício, ainda que se trate de alta programada, não havendo que se falar em concordância do segurado com o prazo para sua recuperação" (PU 00092212820094014300, *DOU* de 1.6.2012).

As decisões que retroagem o benefício apenas até a data da perícia judicial causam ainda outro efeito: se o segurado não tem direito ao benefício antes da perícia em juízo, e possui vínculo empregatício, o não comparecimento à empresa para trabalhar constituiria, em tese, abandono de emprego, já que pela decisão judicial o trabalhador não tinha impedimento de voltar a trabalhar.

Sugere-se, como forma de minimizar os riscos de decisões com tal fundamento, a realização da perícia judicial logo após o ajuizamento da ação de concessão ou restabelecimento do benefício, salvaguardando o trabalhador dos nefastos efeitos – trabalhistas, inclusive – de uma decisão que não realize a retroação do benefício à data da cessação pela autarquia.

Essa também é a diretriz contida no art. 1º da Recomendação Conjunta CNJ/AGU/MTPS n. 1, de 15.12.2015:

> Recomendar aos Juízes Federais e aos Juízes de Direito com competência previdenciária ou acidentária, nas ações judiciais que visem à concessão de benefícios de aposentadoria por invalidez, auxílio-doença e auxílio-acidente e dependam de prova pericial médica, que:
> I – ao despacharem a inicial, considerem a possibilidade de, desde logo, determinarem a realização de prova pericial médica, com nomeação de perito do Juízo e ciência à parte Autora dos quesitos a ele dirigidos, facultando-se às partes a apresentação de outros quesitos e indicação de assistentes técnicos, e, se possível, designando data, horário e local para o ato;
> II – a citação do Instituto Nacional do Seguro Social (INSS) seja realizada acompanhada de laudo da perícia judicial, possibilitando a apresentação de proposta de acordo ou resposta pela Procuradoria-Geral Federal;
> III – priorizem a concentração das perícias, viabilizando a participação da assistência técnica das partes;
> IV – também ao despachar a inicial, intimem o INSS para, sempre que possível, fazer juntar aos autos cópia do processo administrativo (incluindo eventuais perícias administrativas) e/ou informes dos sistemas informatizados relacionados às perícias médicas realizadas.

Outra vantagem dessa sistemática está na possibilidade da conciliação entre as partes, antes mesmo do oferecimento de defesa pelo ente demandado (art. 2º da Recomendação).

Da Recomendação *supra* também é curial sublinhar a existência, em seu Anexo, de um rol de quesitos sugeridos para utilização nas ações judiciais que versam sobre benefícios por incapacidade.[8]

Muitas vezes, ante a demora do INSS em atender o segurado, seja por falta de data próxima para o agendamento da perícia, seja pela demora na implantação do benefício, o segurado ingressa em juízo postulando a concessão imediata, em tutela de urgência, mesmo sem perícia judicial realizada, embasando o pedido em atestados e exames que comprovam sua situação de incapacidade. Trata-se de hipótese em que é plenamente cabível – e importante – a concessão da medida, como forma de manter a subsistência do segurado, já que, caso se tenha de

---

[8] Disponível em: https://www.normaslegais.com.br/legislacao/Recomendacao-conjunta-cnj-agu-mtps-1-2015.htm. Acesso em: 6 out. 2023.

aguardar pela perícia, pode causar risco à sua dignidade. Nesse sentido: *TRF5, Proc. 0003579-72.2008.4.05.9999, Rel. Des. Federal Amanda Lucena (Substituta), publ. 26.2.2009.*

31.1.6 Renda mensal inicial

O art. 61 da Lei n. 8.213/1991 estabelecia, em seu texto original, que a renda mensal do auxílio-doença corresponderia a: a) 80% do salário de benefício, mais 1% deste, por grupo de 12 contribuições, até o limite de 92% do salário de benefício, para os benefícios decorrentes de causas não acidentárias; e b) 92% do salário de benefício ou do salário de contribuição vigente no dia do acidente, quando se tratasse de acidente do trabalho.

A Lei n. 9.032/1995 deu redação diversa a esse dispositivo, para fixar que a renda mensal correspondente a 91% do salário de benefício (este, desde a Lei n. 9.876/1999 até a EC n. 103, equivalente à média aritmética simples dos maiores salários de contribuição, após corrigidos monetariamente, equivalentes a 80% do período contributivo).

A partir da EC n. 103/2019, é entendimento constante do RPS, com a redação conferida ao *caput* do art. 32 pelo Decreto n. 10.410/2020, que o salário de benefício de todos os benefícios concedidos, inclusive o auxílio por incapacidade temporária, corresponde a 100% da média de todos os salários de contribuição corrigidos monetariamente no período básico de cálculo.

Esse critério vale também para os benefícios de origem acidentária, não havendo distinção na apuração da RMI em razão da causa da incapacidade.

Para o segurado especial, o benefício será pago no valor de um salário mínimo; mas comprovando ele que verteu contribuições adicionais para o sistema conforme lhe é permitido, de forma facultativa, terá a renda mensal calculada com base na regra geral antes citada.

Em qualquer caso, o valor do benefício não poderá ser superior ao limite máximo do salário de contribuição.

Consigna-se que a Lei n. 13.135/2015 introduziu regra (art. 29, § 10, da Lei n. 8.213/1991) estabelecendo que o salário de benefício do auxílio por incapacidade temporária *não poderá exceder a média aritmética simples dos últimos 12 salários de contribuição, inclusive no caso de remuneração variável, ou, se não alcançado o número de 12, a média aritmética simples dos salários de contribuição existentes*. A regra se aplica aos afastamentos ocorridos após 1.3.2015 (art. 5º, inc. III, da MP n. 664/2014).

A intenção da Previdência é evitar situações em que o valor do benefício fica acima do último salário que o segurado recebia, o que faz com que muitos segurados não se sintam estimulados para voltar ao trabalho.

Não foi a primeira vez que o Poder Executivo tentou, por meio de Medida Provisória, reduzir o valor da RMI desse benefício, modificando o referido § 10 do art. 29, acima comentado.

Em 2005, houve a edição da MP n. 242, que também incluía o § 10 no art. 29 da LBPS, com a seguinte redação: "A renda mensal do auxílio-doença e aposentadoria por invalidez, calculada de acordo com o inciso III, não poderá exceder a remuneração do trabalhador, considerada em seu valor mensal, ou seu último salário de contribuição no caso de remuneração variável".

Tal Medida Provisória foi objeto das ADIs n. 3.467-7/DF, n. 3.473-1/DF e n. 3.505-3/DF, tendo o STF, em sede de controle concentrado, reconhecido a inconstitucionalidade da referida norma, através de decisão liminar concedida em 1.7.2005. Na decisão, o relator, Min. Marco Aurélio, se pronunciou pela inconstitucionalidade por afronta ao § 11 do art. 201 da CF: "Os ganhos habituais do empregado, a qualquer título, serão incorporados ao salário para efeito de contribuição previdenciária e consequente repercussão em benefícios, nos casos e na forma da lei".

Colhe-se da decisão:

Em suma, tem-se limite imposto pela medida provisória que, neste primeiro exame, contraria a regra do § 11 do artigo 201 da Constituição Federal:

§ 11. Os ganhos habituais do empregado, a qualquer título, serão incorporados ao salário para efeito de contribuição previdenciária e consequente repercussão em benefícios, nos casos e na forma da lei.

Evidentemente a alusão 'nos casos e na forma da lei' não constitui uma carta em branco ao legislador, muito menos ao individual, para esvaziar o comando da primeira parte do parágrafo, a revelar a necessidade de os ganhos habituais do empregado, a qualquer título, serem incorporados ao salário para efeito de contribuição previdenciária, repercutindo, consequentemente, nos benefícios. Mais do que isso, o § 10 conflita com a consequência prevista na Carta da República. A um só tempo, o artigo 29, mediante o inciso III, na redação decorrente da medida provisória, diz da consideração da média aritmética simples dos 36 últimos salários de contribuição, compreendidos nestes os ganhos habituais, e em passo seguinte, muito embora com o emprego do vocábulo 'remuneração', afasta, para efeito de definição do teto, os ganhos variáveis, ainda que habituais. Então, se possível fosse concluir pela inexistência do vício a contaminar toda a medida provisória – o que iniludivelmente não é –, caberia deferir a medida acauteladora para suspender, até o julgamento final desta ação direta de inconstitucionalidade, a eficácia do § 10 do artigo 29 da Lei n. 8.213/91, na redação imprimida pela Medida Provisória n. 242/2005.[9]

Desta forma, acredita-se que é possível também *na modificação conferida pela Lei n. 13.135/2015, com redação idêntica, inclusive, para o § 10 do art. 29 da LBPS*, que a jurisprudência venha a se posicionar contrariamente à redução da RMI, por afronta ao mesmo dispositivo da Constituição.

O § 5º do art. 32 do RPS, com a redação conferida pelo Decreto n. 10.410/2020, prevê que após a cessação do auxílio por incapacidade temporária decorrente de acidente de qualquer natureza ou causa, independentemente de o segurado ter retornado ou não ao trabalho, se houver agravamento ou sequela que resulte na reabertura do benefício, a renda mensal será igual a 91% do valor do salário de benefício do auxílio por incapacidade temporária cessado, o limite máximo igual à média dos últimos doze salários de contribuição, corrigido até o mês anterior ao da reabertura do benefício pelos mesmos índices de correção empregados no cálculo dos benefícios em geral.

– Exercício de mais de uma atividade

Nesse caso, o benefício será concedido em relação à atividade (ou atividades, caso exercida mais de uma, concomitantemente) para a qual o segurado estiver incapacitado, considerando-se para efeito de carência somente as contribuições relativas a essa atividade. Se nas várias atividades o segurado exercer a mesma profissão, será exigido de imediato o afastamento de todas (art. 73 do Decreto n. 3.048/1999).

Quando o segurado que exercer mais de uma atividade, se incapacitar definitivamente para uma delas, o valor do salário de benefício será apurado com base no valor dos salários de contribuição das atividades para as quais se incapacitou, sendo mantido indefinidamente, não cabendo sua transformação em aposentadoria enquanto essa incapacidade não se estender às demais atividades. Evidentemente, tal restrição se dá somente quanto à atividade exercida quando da incapacitação, mas não sobre outras atividades exercidas concomitantemente antes da DII.

O § 4º do art. 73 do Regulamento da Previdência Social, com a redação conferida pelo Decreto n. 10.410/2020, prevê que, na hipótese, o valor do auxílio por incapacidade temporária

---

[9] Decisão na íntegra em: http://www.conjur.com.br/2005-jul-01/stf_suspende_medida_provisoria_auxilio-doenca?pagina=7. Acesso em: 9 out. 2016.

poderá ser inferior ao salário mínimo, desde que, se somado às demais remunerações recebidas, resulte em valor superior ao salário mínimo.

Essa disposição regulamentar, a nosso ver, fere a Constituição – art. 201, § 2º –, bem como o art. 33 da Lei n. 8.213/1991; sendo um benefício substitutivo dos rendimentos do trabalho, não pode ser pago em valor inferior ao do salário mínimo, em hipótese alguma.

31.1.7 Processo de reabilitação

A reabilitação profissional é serviço previdenciário previsto no art. 89 da Lei n. 8.213/1991 e no art. 136 do Decreto n. 3.048/1999, e conceituada como a assistência educativa ou reeducativa e de adaptação ou readaptação profissional, instituída sob a denominação genérica de habilitação e reabilitação profissional (RP), visando proporcionar aos beneficiários incapacitados parcial ou totalmente para o trabalho, em caráter obrigatório, independentemente de carência, e às pessoas com deficiência os meios indicados para o reingresso no mercado de trabalho e no contexto em que vivem.

A jurisprudência reforça o entendimento de que o INSS é o responsável pela habilitação e reabilitação do segurado incapacitado para o trabalho, pois sua atribuição constitucional é colocar em prática a previdência e a assistência social, "fornecendo aos segurados a prestação dos serviços de forma necessária ao seu desenvolvimento social, atendendo, da melhor maneira, o princípio constitucional da dignidade da pessoa humana" (TJAM, AC 0639533-96.2018.8.04.0001, 1ª Câmara Cível, Rel. Des. Joana dos Santos Meirelles, publ. 24.11.2021).

Logo a seguir ao advento da Constituição Federal de 1988, o Brasil ratificou a Convenção n. 159 da OIT (Decreto Legislativo n. 129/1991), que estipulou, em seu art. 1º, item 2, que "todo país-membro deverá considerar que a finalidade da reabilitação profissional é a de permitir que a pessoa com deficiência obtenha e conserve um emprego e progrida no mesmo, e que se promova, assim, a integração ou a reintegração dessa pessoa na sociedade". O Decreto-Lei n. 129/1991 foi revogado pelo Decreto n. 10.088/2019, que consolida atos normativos editados pelo Poder Executivo Federal que dispõem sobre a promulgação de convenções e recomendações da Organização Internacional do Trabalho – OIT ratificadas pela República Federativa do Brasil.

A Convenção n. 161 da OIT, por sua vez, exige como princípio de política nacional "a adaptação do trabalho às capacidades dos trabalhadores, levando em conta seu estado de sanidade física e mental".

O trabalho de reabilitação profissional inclui:

- Avaliação do potencial laboratório, com o objetivo de definir a real capacidade de retorno de segurados ao trabalho.
- Orientação e acompanhamento do programa profissional: condução do reabilitando para a escolha consciente de uma nova função/atividade a ser exercida no mercado de trabalho.
- Articulação com a comunidade para parcerias, convênios e outros, visando ao reingresso do segurado, todavia não caracterizando obrigatoriedade por parte do INSS a sua efetiva inserção.
- Pesquisa de fixação no mercado de trabalho.

O art. 5º da Portaria DIRBEN/INSS n. 999, de 28.3.2022, estabelece que poderão ser encaminhados para o Programa de Reabilitação Profissional:

I – o segurado em gozo de auxílio por incapacidade temporária, acidentário ou previdenciário;

II – o segurado sem carência para benefício por incapacidade temporária, incapaz para as atividades laborais habituais;

III – o segurado em gozo de aposentadoria por incapacidade permanente;

IV – o pensionista inválido;

V – o segurado em gozo de aposentadoria programada, especial ou por idade do trabalhador rural, que voltar a exercer atividade abrangida pelo regime geral de previdência social, e tenha reduzido a sua capacidade funcional em decorrência de doença ou acidente de qualquer natureza ou causa;

VI – o segurado em atividade laboral mas que necessite de reparo ou substituição de Órteses, Próteses, meios auxiliares de locomoção e outros recursos de tecnologia assistiva (OPM/TA), desde que estes tenham sido previamente concedidos pelo INSS;

VII – o dependente do segurado; e

VIII – as Pessoas com Deficiência – PcD.

É obrigatório o atendimento pela Reabilitação Profissional do INSS aos beneficiários descritos nos incisos I, II, III, IV, V e VI do *caput* do art. 5º da aludida Portaria.

Nota-se, portanto, que, mesmo na hipótese de um segurado ter indeferido o requerimento de benefício por incapacidade, por falta de carência ou por já se encontrar aposentado, mas exercendo atividade, é prestado o serviço de reabilitação.

O ingresso do segurado no serviço de reabilitação profissional depende do encaminhamento pela perícia médica, o que, em geral, ocorre no exame de avaliação de benefício por incapacidade.

A reabilitação deve observar o trabalho que o segurado exerce em momento anterior à incapacidade, levando em consideração os aspectos socioeconômicos, profissionais e culturais do segurado.

Para beneficiários com vínculo empregatício, o Profissional de Referência da Reabilitação Profissional (PR/RP) deve entrar em contato com a empresa de vínculo, enviando ofício, na forma do art. 36 da Portaria DIRBEN/INSS n. 999/2022, a fim de esclarecer os objetivos do Programa de Reabilitação Profissional e avaliar a possibilidade de readaptação, podendo solicitar:

I – descrição de função/atividade da função proposta;

II – descrição de função/atividade exercida pelo beneficiário na empresa; e

III – cadastro de funções da empresa.

O prazo de resposta da empresa será de 30 dias, a contar da data do recebimento, prorrogáveis por mais 15 dias por meio de reiteração da solicitação. Caso a função proposta pela empresa seja considerada incompatível por não atender às restrições ou às condições mínimas para proporcionar ao beneficiário os meios para retorno e fixação no mercado de trabalho, o PR deverá comunicar ao beneficiário que a função proposta pela empresa foi considerada incompatível e deverá solicitar à empresa a indicação de nova função para readaptação, com novo prazo de 30 dias para a resposta.

Nos casos de beneficiários que possuam dois vínculos empregatícios, devem-se adotar os procedimentos de solicitação de indicação de nova função/atividade nas duas empresas. O treinamento profissional poderá ser realizado em apenas um dos vínculos. Nesse caso, a empresa que não ofertou o treinamento receberá o beneficiário posteriormente reabilitado para função diversa, assim como ocorre nos casos em que frequenta curso profissionalizante (art. 38 e parágrafo único da Portaria DIRBEN/INSS n. 999/2022).

Na ausência de resposta da empresa, o PR/RP deverá registrar o fato no sistema do INSS e seguir o Programa de Reabilitação Profissional adotando procedimentos descritos para os casos de beneficiários sem vínculo empregatício (art. 39 da Portaria DIRBEN/INSS n. 999/2022).

É dever do INSS conceder o benefício por incapacidade e submeter a pessoa a processo de reabilitação profissional, nos termos do art. 62 da Lei n. 8.213/1991, mantendo o benefício enquanto a reabilitação não é levada a termo.

O benefício por incapacidade continua sendo pago durante todo o processo de reabilitação, cessando somente ao final deste processo, com o retorno do segurado à atividade laboral. O perito do INSS deve, além de caracterizar a existência ou não da incapacidade laborativa, correlacionando a doença com a profissão e a função que o segurado exerce, avaliar se este é elegível para reabilitação profissional. Tal situação se dá quando identificada a impossibilidade de desempenho da atividade que o segurado exerce, porém permita o desempenho de outra atividade, ou haja limitação para o exercício da atividade habitual, pela redução da capacidade decorrente de sequela.

Nesse sentido:

> APELAÇÃO CÍVEL. INSS. AÇÃO ACIDENTÁRIA. AUXÍLIO-DOENÇA. REABILITAÇÃO. SENTENÇA REFORMADA. 1. Comprovado nos autos a incapacidade do segurado para a atividade habitual, o restabelecimento do benefício do auxílio-doença indevidamente cessado é medida impositiva, até que se proceda à efetiva reabilitação profissional para atividade laborativa diversa da habitual. 2. O termo inicial do benefício deverá ser a data da cessação do mesmo na via administrativa (TJRS, Apelação Cível 70059360727, 9ª Câmara Cível, Rel. Iris Helena Medeiros Nogueira, j. 14.5.2014).

Não cessará o benefício do segurado até que este seja dado como habilitado para o desempenho de nova atividade que lhe garanta a subsistência ou, quando considerado não recuperável, for aposentado. Depois de concluído o processo de reabilitação profissional, o INSS emitirá certificado indicando a atividade para a qual o trabalhador foi capacitado profissionalmente.

Não se pode conceder a aposentadoria por incapacidade permanente, uma vez que o segurado, caso esteja exercendo outra atividade, não pode ser declarado totalmente incapaz. A saída legal é, portanto, o pagamento do auxílio por incapacidade temporária até que sobrevenha a incapacidade para todo e qualquer trabalho, ou o falecimento do segurado, quando então será paga a pensão aos eventuais beneficiários do segurado.

O RPS prevê, no parágrafo único do art. 74, que, quando exercer atividades concomitantes e não se afastar de todas elas, "o segurado somente poderá transferir-se das demais atividades que exerce após o conhecimento da reavaliação médico-pericial". Trata-se de regra sem previsão legal, extrapolando, a nosso ver, o poder regulamentar.

A reabilitação profissional pode ser prestada também aos dependentes, de acordo com a disponibilidade das unidades de atendimento da Previdência Social.

Entendemos que o serviço de reabilitação deve ser aprimorado para atender a demanda dos segurados que não tenham condições de retornar às suas atividades habituais. Segue a respeito recomendação do Fórum Interinstitucional Previdenciário de Santa Catarina:

> **DELIBERAÇÃO 12**: O Fórum delibera o encaminhamento de moção à Presidência da República, ao Ministério da Previdência e Assistência Social, ao Ministério da Saúde, à Presidência do INSS e ao Sistema S (SESI, SENAC, SENAI e SESC) para que adotem medidas que facilitem o acesso do segurado ao tratamento da saúde e à reabilitação.

31.1.8 Suspensão e cessação do benefício

O *caput* do art. 101 da Lei n. 8.213/1991, em sua redação atual, conferida pela Lei n. 14.441/2022, prevê a avaliação periódica dos segurados em fruição de benefícios por incapacidade, entre outros, com o intuito de verificar eventuais ocorrências de concessão ou manutenção indevida. Regulamentando a matéria, dispõe o art. 77 do Regulamento (com redação conferida pelo Decreto n. 10.410/2020): "O segurado em gozo de auxílio por incapacidade temporária concedido judicial ou administrativamente está obrigado, independentemente de sua idade e sob pena de suspensão do benefício, a submeter-se a exame médico a cargo da Perícia Médica Federal, processo de reabilitação profissional a cargo do INSS e tratamento dispensado gratuitamente, exceto o cirúrgico e a transfusão de sangue, que são facultativos."

A perícia terá acesso aos prontuários médicos do periciado no Sistema Único de Saúde (SUS), desde que haja a prévia anuência do periciado e seja garantido o sigilo sobre os dados dele (§ 4º do art. 101 da LBPS, redação conferida pela Lei n. 13.457/2017).

As avaliações e os exames médico-periciais de que trata o inciso I do caput do art. 101 da LBPS, inclusive na hipótese de que trata o § 5º desse artigo, poderão ser realizados com o uso de tecnologia de telemedicina ou por análise documental conforme situações e requisitos definidos em regulamento, observado o disposto nos §§ 11-A e 14 do art. 60 dessa Lei e no § 12 do art. 30 da Lei n. 11.907, de 2 de fevereiro de 2009 (§ 6º do art. 101 da LBPS, com redação conferida pela Lei n. 14.724/2023).

O texto do art. 77 do RPS não esclarece como se resolve a questão do segurado que, por imperativo de consciência, se recusa a realizar tratamento cirúrgico ou de transfusão de sangue. Por corolário, o INSS terá que manter o benefício por incapacidade temporária, até que sobrevenha a alta, ou haja progressão da enfermidade que acarrete o direito à aposentadoria, ou a morte.

Cabe referir que a TNU fixou orientação no sentido de ser devida a aposentadoria (incapacidade permanente) nos casos em que o procedimento cirúrgico é a única alternativa para recuperação da capacidade laborativa, uma vez que a parte não é obrigada a se submeter a esse tipo de tratamento, contra a sua vontade e sem certeza de sucesso (PEDILEF 03780420940130, Rel. Juíza Federal Marisa Cláudia Gonçalves Cucio, *DOU* 2.8.2014).

O auxílio por incapacidade temporária cessa pela recuperação da capacidade para o trabalho, pela concessão de aposentadoria por incapacidade permanente, ou, na hipótese de o evento causador da redução da capacidade laborativa ser o mesmo que gerou o auxílio por incapacidade temporária, pela concessão do auxílio-acidente (art. 78 do RPS, redação dada pelo Decreto n. 10.410/2020).

O § 6º do art. 60 da Lei de Benefícios, com a redação conferida pela Lei n. 13.135/2015, passou a prever que "o segurado que durante o gozo do auxílio-doença vier a exercer atividade que lhe garanta subsistência poderá ter o benefício cancelado a partir do retorno à atividade", sendo que, conforme o § 7º, "caso o segurado, durante o gozo do auxílio-doença, venha a exercer atividade diversa daquela que gerou o benefício, deverá ser verificada a incapacidade para cada uma das atividades exercidas". Redação idêntica há no Decreto n. 3.048/1999, nos §§ 5º e 6º do art. 73 (com redação dada pelo Decreto n. 10.410/2020).

Na impossibilidade de realização do exame médico pericial inicial antes do término do período de recuperação indicado pelo médico assistente em documentação, é autorizado o retorno do empregado ao trabalho no dia seguinte à data indicada pelo médico assistente, mantida a necessidade de comparecimento do segurado à perícia na data agendada.

A duração do benefício passou a ser objeto de grandes debates e aumento da judicialização, a partir da implantação do chamado "Sistema Data Certa", visto a seguir.

– Sistema "Data Certa"

Em 9.8.2005, o INSS iniciou o programa Cobertura Previdenciária Estimada (Copes), que permite que o benefício seja concedido com prazo determinado por evidências médicas. O novo sistema pretende fazer uma avaliação mais conclusiva evitando que o segurado se submeta a sucessivos exames de acidente do trabalho, eliminando gastos com perícias desnecessárias.

Pelo sistema de concessão até então em funcionamento, depois que o benefício era concedido, o beneficiário precisava fazer revisões na perícia-médica do INSS em média a cada 60 dias. A regra era utilizada para qualquer tipo de doença, das mais simples às mais complexas.

Desde então, o perito médico previdenciário realiza, a partir do diagnóstico, um prognóstico de cessação da incapacidade, com base no tempo supostamente necessário para a reaquisição da capacidade para o trabalho.

Tal procedimento tem fundamento, desde 2017, nos §§ 8º e 9º do art. 60 da Lei n. 8.213/1991, inseridos pela Lei n. 13.457/2017, que resultou da conversão da Medida Provisória n. 767:

> Art. 60. (...)
> (...)
> § 8º *Sempre que possível, o ato de concessão ou de reativação de auxílio-doença, judicial ou administrativo, deverá fixar o prazo estimado para a duração do benefício.*
> § 9º *Na ausência de fixação do prazo de que trata o § 8º deste artigo, o benefício cessará após o prazo de cento e vinte dias, contado da data de concessão ou de reativação do auxílio-doença, exceto se o segurado requerer a sua prorrogação perante o INSS, na forma do regulamento, observado o disposto no art. 62 desta Lei.*

Visando regular o tema internamente, o Manual Técnico de Perícia Médica Previdenciária do INSS (2018) assim dispõe:

> Caberá atuação da Perícia Médica nos benefícios implantados/reativados por decisão judicial nos seguintes casos:
> I – prorrogação: requerimento e agendamento remotos (Central 135 ou Internet) ou na APS de manutenção do benefício. O atendimento será realizado pelo Perito Médico no SABI (ou em outro sistema que venha a substituí-lo), na agenda ordinária ambulatorial ou como perícia externa. Em casos excepcionais, quando houver indisponibilidade ou inconsistência do Sistema de Perícia Médica que impeça o agendamento da solicitação de prorrogação, o exame será agendado pela APS de manutenção do benefício no SAG, utilizando, nestes casos, o Código 1551;
> II – por determinação judicial – agenda SAG, Código 1571: exame realizado nos casos em que houver nova intimação judicial manifestando discordância com a DCB fixada em 120 (cento e vinte) dias da Data do Despacho do Benefício – DDB (implantação/reativação), conforme § 9º do art. 60 da Lei n. 8.213, de 1991, condicionando a cessação do benefício a avaliação pericial do segurado. Esta perícia será agendada pela APSADJ/SADJ por ocasião do cumprimento da decisão judicial;
> III – reabilitação profissional por determinação judicial: agenda SAG, Código 2211, perícia agendada pela APSADJ/SADJ no momento da implantação/reativação do benefício, cuja sentença determine a reabilitação profissional do segurado. Esta perícia tem por objetivo a avaliação da elegibilidade do segurado para prosseguimento no Programa e poderá ser realizada por todos os Peritos Médicos da APS de manutenção do benefício; e
> IV – revisão: agenda SAG, Código 1391, agendamento pela APS de manutenção do benefício no ato de convocação do segurado para perícia de revisão judicial, quando o benefício não tiver DCB fixada, nem a conclusão "*NB impedido de cessar automaticamente/sem DCB*".

O tema já vinha disposto no § 1º do art. 78 do Regulamento, atualmente com a redação conferida pelo Decreto n. 10.410/2020, que prevê: "Sempre que possível, o ato de concessão ou de reativação de auxílio por incapacidade temporária, judicial ou administrativo, deverá estabelecer o prazo estimado para a duração do benefício".

O § 4º do art. 78 do Regulamento, com a redação do Decreto n. 10.410/2020, dispõe que: "Caso não seja estabelecido o prazo de que trata o § 1º, o benefício cessará após o prazo de cento e vinte dias, contado da data de concessão ou de reativação do auxílio por incapacidade temporária, exceto se o segurado requerer a sua prorrogação ao INSS". E acerca do segurado que se considerar capaz antes do prazo estabelecido pela Perícia Médica Federal no ato da concessão ou da prorrogação do auxílio por incapacidade temporária, agora se determina que *somente deverá retornar ao trabalho após nova avaliação médico-pericial* (§ 5º do art. 78 do RPS, com redação dada pelo Decreto n. 10.410/2020). O novo procedimento vai em direção diametralmente oposta ao que antes dispunha o regulamento, pois a redação anterior do § 4º do citado artigo era: "A recepção de novo atestado fornecido por médico assistente com declaração de alta médica do segurado, antes do prazo estipulado na concessão ou na prorrogação do auxílio-doença, *culminará na cessação do benefício na nova data indicada*".

Diferente é a situação quando o segurado, no prazo do prognóstico feito pela perícia previdenciária, ainda se considera inapto. Para esta situação, os §§ 2º e 3º do art. 78 do Decreto, com a redação do Decreto n. 8.691/2016, indicam que o segurado, caso entenda que não se encontra ainda apto para o trabalho, deve solicitar (*rectius*: requerer) a prorrogação do benefício, devendo a comunicação emitida pelo INSS para ciência do deferimento do benefício indicar, desde logo, o procedimento para postular a prorrogação, acaso necessária. Analisemos, então, como deve proceder o segurado neste caso.

– **Pedido de prorrogação – restabelecimento do benefício**

Nos casos em que o prazo fixado não for suficiente para a recuperação da capacidade de trabalho, a Previdência instituiu o Pedido de Prorrogação.

Todavia, o sistema causou sérios problemas aos segurados vítimas de acidentes do trabalho ou de outra natureza ou causa e que, após o tratamento, venham a ficar com sequelas redutoras da capacidade laborativa: é que, no modelo "antigo", tal situação era constatada na perícia "final" – que concedia a "alta médica" – identificando o problema e, a partir daí, concedendo-se *ex officio* o benefício de *auxílio-acidente* (art. 86 da LBPS).

Com o sistema atual, o segurado não tem meios de postular o auxílio-acidente, nem pelo agendamento feito por telefone, nem pela internet, nem diretamente nas agências do INSS. E mais, sem o devido conhecimento de seus direitos (já que tal informação não é prestada adequadamente), o segurado muitas vezes até deixa de obter o benefício em questão, pois sequer sabe que tem direito a ele e com isso não o postula na via judicial.

O objetivo do pedido de prorrogação é evitar o fim do auxílio por incapacidade antes da recuperação efetiva do segurado, submetendo-o a nova avaliação para analisar se é necessária a continuidade do afastamento laboral e do pagamento do benefício.

A prorrogação normalmente depende de novo exame médico-pericial, que pode ser solicitado pelo aplicativo Meu INSS, pela internet ou pela central de teleatendimento 135, até 15 dias antes da data de término do benefício, podendo ser repetida, desde que o segurado, no fim do novo prazo de licença, ainda se considere incapaz de voltar ao trabalho.

Em conformidade com a Portaria PRES/INSS/SRGPS/MPS n. 49, de 4.7.2024, os Pedidos de Prorrogação dos benefícios por incapacidade temporária, realizados no prazo estabelecido, devem observar que, quando o tempo de espera para realização da avaliação médico-pericial for:

I – menor ou igual a 30 (trinta) dias, a avaliação será agendada com a Data de Cessação Administrativa – DCA, quando for o caso; e

II – maior que 30 (trinta) dias, o benefício será prorrogado por 30 (trinta) dias, sem agendamento da avaliação médico-pericial, sendo fixada Data de Cessação do Benefício – DCB.

Nas hipóteses anteriores, caso o segurado sinta-se apto, poderá retornar ao trabalho sem necessidade de nova perícia médica, formalizando o pedido de cessação do benefício na Agência da Previdência Social de manutenção do seu benefício, por meio do aplicativo Meu INSS ou da Central 135.

Constatada incapacidade decorrente de doença diversa da geradora do benefício objeto de pedido de prorrogação, com alteração do CID devidamente justificada, o pedido será transformado em requerimento de novo benefício, independente da data de fixação da DII, observando-se o cumprimento do requisito carência, se for o caso. Nesse caso, a DIB e a DIP serão fixadas:

I – no dia seguinte à DCB do primeiro auxílio por incapacidade temporária, se a DII for menor ou igual à data da cessação do benefício anterior; e

II – na DII, se a DII for maior que a data da cessação do benefício anterior.

Sobre a prorrogação do auxílio, a Portaria Conjunta MPS/INSS n. 49/2024 trouxe novas regras e passou a estabelecer o seguinte procedimento:

Na primeira perícia administrativa, o segurado será avaliado pessoalmente ou por documentos e terá seu benefício concedido.

Se concedido o benefício, o perito determinará uma Data de Cessação do Benefício (DCB), de acordo com a doença e demais fatores que considerar aplicáveis.

Caso o segurado entenda no final desse benefício que não recuperou a capacidade de trabalho, deverá requerer, nos últimos 15 antes do término, a prorrogação.

Uma vez formalizado o pedido de prorrogação, se o tempo de espera para a avaliação médica pericial for menor ou igual a 30 dias, a avaliação será agendada com a data de cessação administrativa. Caso o prazo seja maior do que 30 dias, o benefício será prorrogado por 30 dias sem agendamento, sendo fixada a data do fim do benefício.

A segunda perícia no processo administrativo passou a ser chamada de **perícia conclusiva**. A perícia conclusiva poderá ter os seguintes encaminhamentos por parte do médico perito do INSS:

– concessão da aposentadoria por incapacidade permanente (antiga invalidez);
– entendimento pela capacidade de trabalho, mas com sequelas decorrentes de acidente de qualquer natureza, determinando o perito a concessão do auxílio-acidente e a cessação do auxílio;
– entendimento pela capacidade de trabalho, determinando o perito a cessação do auxílio;
– entendimento pela prorrogação do benefício por mais um período, já sendo determinada uma DCB futura;
– encaminhamento para a reabilitação profissional, no caso de incapacidade para a atividade do segurado, mas possibilidade de trabalho em outras atividades.

Caso seja prorrogado o benefício após a perícia conclusiva, o segurado, nos últimos 15 dias do benefício, poderá requerer novamente sua prorrogação.

Nesse caso, será agendada a terceira perícia e última possível: **a perícia resolutiva**. A perícia resolutiva poderá ter os seguintes encaminhamentos por parte do médico perito do INSS:

– concessão da aposentadoria por incapacidade permanente (invalidez);

- entendimento pela capacidade de trabalho, mas com sequelas decorrentes de acidente de qualquer natureza, determinando o perito a concessão do auxílio-acidente e a cessação do auxílio;
- entendimento pela capacidade de trabalho, determinando o perito a cessação do auxílio;
- encaminhamento para a reabilitação profissional, no caso de incapacidade para a atividade do segurado, mas possibilidade de trabalho em outras atividades.

Não será mais possível prorrogação na perícia resolutiva.

Logo, com a atual rotina, cada benefício terá apenas três perícias: a inicial, a conclusiva e a resolutiva, quando então ou o segurado terá o benefício temporário cessado por se encontrar apto, ou será aposentado por incapacidade permanente, ou, ainda, será encaminhado à reabilitação e, após, receberá auxílio-acidente.

O segurado poderá, na forma do § 6º do art. 78 do RPS, incluído pelo Decreto n. 10.410/2020, desistir do requerimento de prorrogação antes da realização do exame médico-pericial, hipótese em que o benefício será mantido até a data da sua desistência, desde que posterior à data de cessação estabelecida pela Perícia Médica Federal.

O segurado que não concordar com o resultado da avaliação pericial de qualquer dos pedidos de prorrogação poderá apresentar, no prazo de trinta dias, recurso da decisão proferida pela Perícia Médica Federal perante o Conselho de Recursos da Previdência Social – CRPS, cuja análise médico-pericial, se necessária, será feita por perito médico federal diverso daquele que tenha realizado o exame anterior (§ 7º do art. 78 do RPS, incluído pelo Decreto n. 10.410/2020).

Caso haja interesse na interposição do recurso, o segurado deve agendá-lo pelo aplicativo Meu INSS, pelo *portal na internet* ou pelo telefone 135, quando então receberá uma data para comparecer na APS para a entrega das razões do recurso. Esse recurso é avaliado pelo setor de perícia médica e será encaminhado para a Junta de Recursos com jurisdição sobre a APS, que dará a decisão final em sede administrativa sobre o assunto.

Recapitulando: o segurado pode fazer pedido de concessão do benefício por incapacidade temporária, o pedido de prorrogação deste e, ainda, o recurso para a Junta de Recursos, todos na via administrativa.

A eficácia dessa sistemática é ainda mais duvidosa que a anterior, pois, em muitos casos, haverá o cancelamento de benefícios mesmo com a incapacidade do segurado, provocando um aumento considerável no número de demandas judiciais.

Essa situação foi amenizada por força da decisão proferida na Ação Civil Pública – ACP 2005.33.00.020219-8 (14ª Vara da Justiça Federal de Salvador, BA), o que levou o INSS a editar a Resolução INSS/PRES n. 97, de 19.7.2010 – *DOU* de 20.7.2010, no seguinte teor: "Art. 1º Estabelecer que no procedimento de concessão do benefício de auxílio-doença, inclusive aqueles decorrentes de acidente do trabalho, uma vez apresentado pelo segurado pedido de prorrogação, mantenha o pagamento do benefício até o julgamento do pedido após a realização de novo exame médico pericial".

Assim, ao menos durante o procedimento de prorrogação, não haverá o cancelamento do benefício, mas, agora, existirão apenas duas perícias possíveis na prorrogação.

Destacamos ainda que a regra do agendamento sem perícia (prazo maior de 30 dias) não valerá se o benefício foi concedido judicialmente, se o benefício foi restabelecido administrativamente ou se foi concedido por meio de Recurso Médico Administrativo (Recurso Administrativo ou de Revisão Analítica, após o requerimento de Recurso), conforme o art. 1º, II, "a" a "c".

Cabe ressaltar ainda que não se exige do segurado o pedido de prorrogação para o ingresso com ação de restabelecimento de benefício. Portanto, diferentemente do que normalmente ocorre nos casos de concessão, em que o segurado deve comprovar o prévio requerimento administrativo, nos casos de restabelecimento, o segurado, mesmo não tendo pedido a prorrogação na via administrativa, pode recorrer ao Judiciário para requerer o reinício de seu benefício.

De fato, nas ações de restabelecimento, o autor da demanda buscará a revisão judicial do ato administrativo que decidiu pela cessação do benefício. A lesão ao direito já foi consumada com a determinação da data certa de fim do benefício: a DCB. Não existe a obrigação de prévio requerimento administrativo para viabilizar o ajuizamento da ação de restabelecimento porque a necessidade e a utilidade do provimento jurisdicional estão caracterizadas.

Tal ocorre porque não se exige o exaurimento da instância administrativa em casos de pedidos de concessão, e não é de se condicionar o acesso à jurisdição à interposição de recurso administrativo, ou de seu equivalente no caso: o pedido de prorrogação.

Entendemos que a inclusão da previsão da alta programada na Lei n. 13.457/2017 não muda a realidade segundo a qual o benefício será devido ao segurado "enquanto ele permanecer incapaz", verificação esta que não dispensa a realização de nova perícia.

A TNU, no entanto, apreciando a validade do mecanismo "alta programada" sob a roupagem conferida pelas MPs n. 739 e n. 767 e Lei n. 13.457, admitiu a hipótese, mas somente "quando a parte autora preencher os requisitos necessários para concessão do benefício na vigência dos referidos diplomas legais" (interpretação de direito intertemporal) – PEDILEF 5006193-92.2014.4.047117, j. 30.8.2017.

Há que se observar, ainda, na hipótese de concessão judicial, que a cessação pelo INSS deve verificar os parâmetros fixados na sentença. Entende a TNU, no entanto, que a concessão judicial de benefício previdenciário não impede a revisão administrativa pelo INSS, na forma prevista em norma regulamentadora, mesmo durante o curso da demanda (PU 5000525-23.2012.4.04.7114, *DOU* 7.6.2013).

O tema foi novamente enfrentado pela TNU (Sessão de 19.4.2018), em Representativo de Controvérsia, sendo fixada a seguinte tese:

> Tema 164 – "Por não vislumbrar ilegalidade na fixação de data estimada para a cessação do auxílio-doença, ou mesmo na convocação do segurado para nova avaliação da persistência das condições que levaram à concessão do benefício na via judicial, a Turma Nacional de Uniformização, por unanimidade, firmou as seguintes teses:
>
> a) os benefícios de auxílio-doença concedidos judicial ou administrativamente, sem Data de Cessação de Benefício (DCB), ainda que anteriormente à edição da MP n. 739/2016, podem ser objeto de revisão administrativa, na forma e prazos previstos em lei e demais normas que regulamentam a matéria, por meio de prévia convocação dos segurados pelo INSS, para avaliar se persistem os motivos de concessão do benefício;
>
> b) os benefícios concedidos, reativados ou prorrogados posteriormente à publicação da MP n. 767/2017, convertida na Lei n. 13.457/17, devem, nos termos da lei, ter a sua DCB fixada, sendo desnecessária, nesses casos, a realização de nova perícia para a cessação do benefício;
>
> c) em qualquer caso, o segurado poderá pedir a prorrogação do benefício, com garantia de pagamento até a realização da perícia médica".

31.1.9 Restabelecimento do benefício

Havendo cessação do benefício de auxílio por incapacidade temporária, nem sempre o segurado se vê apto a retornar ao trabalho na data fixada pelo INSS. Nesses casos, o segurado pode postular a reabertura do benefício cessado, passando por nova perícia.

Os pedidos de reabertura de auxílio por incapacidade temporária decorrente de acidente do trabalho deverão ser formulados quando houver reinício do tratamento ou afastamento por agravamento de lesão do acidente ou doença ocupacional, e serão processados nos mesmos moldes do auxílio por incapacidade temporária previdenciário, cadastrando-se a CAT de reabertura, quando apresentada (art. 345 da IN INSS/PRES n. 128/2022).

Segundo a referida Instrução Normativa vigente, em seu art. 346, somente poderá ser realizado novo requerimento de benefício por incapacidade após 30 (trinta) dias contados da Data de Realização do Exame – DRE, ou da DCB, ou da Data de Cessação Administrativa – DCA, conforme o caso.

E, em caso de novo requerimento, se a perícia médica concluir que se trata de direito à mesma espécie de benefício, decorrente da mesma causa de incapacidade e sendo fixada a DIB até 60 (sessenta) dias contados da DCB do benefício anterior, será indeferido o novo pedido, restabelecido o benefício anterior e descontados os dias trabalhados, quando for o caso. Nesse caso, a DIP será fixada no dia imediatamente seguinte ao da cessação do benefício anterior, ficando a empresa, no caso de empregado, desobrigada do pagamento relativo aos 15 (quinze) primeiros dias do novo afastamento.

Cabe ressaltar ainda que não se exige do segurado o pedido de prorrogação para o ingresso das ações judiciais cujo pleito seja de restabelecimento de auxílio por incapacidade temporária. Portanto, diferentemente do que normalmente ocorre nos casos de concessão, em que o segurado deve comprovar o prévio requerimento administrativo, nos casos de restabelecimento, o segurado, mesmo não tendo pedido a prorrogação na via administrativa, pode recorrer à justiça para requerer o reinício de seu benefício.

De fato, nas ações de restabelecimento, o autor da demanda buscará a revisão judicial do ato administrativo que decidiu pela cessação do benefício. A lesão ao direito já foi consumada com a determinação da data certa de fim do benefício: a DCB. Não existe a obrigação de prévio requerimento administrativo para viabilizar o ajuizamento da ação de restabelecimento porque a necessidade e a utilidade do provimento jurisdicional estão caracterizadas.

Tal ocorre porque não se exige o exaurimento da instância administrativa em casos de pedidos de concessão, e não é de se condicionar o acesso à jurisdição à interposição de recurso administrativo, ou seu equivalente no caso: o pedido de prorrogação.

31.1.10 A Covid-19 e o direito a benefícios por incapacidade

No início de 2020, fomos surpreendidos com a avassaladora pandemia da Covid-19, causada pelo *coronavírus*, que afetou significativamente as relações interpessoais, entre as quais aquelas ligadas ao mercado de trabalho e, em face dos problemas de saúde e falecimentos causados, infelizmente, muitas questões inerentes ao Direito Previdenciário.

Um problema gravíssimo gerado foi a suspensão do atendimento ao público nas Agências do INSS, acarretando um (ainda maior) represamento de requerimentos de benefícios aguardando análise – fato que já vinha do sucateamento da estrutura da autarquia, que não se preparou adequadamente para o (consabido) aumento de procura causado pela reforma levada a efeito pela EC n. 103, sequer tendo alterado a contento seus sistemas de informação e concessão.

A Lei n. 13.982, de 2.4.2020, em seu art. 4º, autorizou a antecipar o valor de salário mínimo mensal para os requerentes do benefício durante o período de 3 (três) meses, a contar da publicação da Lei, ou até a realização de perícia pela Perícia Médica Federal, o que ocorrer primeiro.[10]

Todavia, a antecipação foi condicionada: ao cumprimento da carência exigida para a concessão do benefício; e à apresentação de atestado médico, cujos requisitos e forma de análise foram estabelecidos em ato conjunto da Secretaria Especial de Previdência e Trabalho do Ministério da Economia e do INSS (parágrafo único do art. 4º da Lei n. 13.982/2020). Interessante frisar que o procedimento de antecipação, portanto, não serve para situações

---

[10] O prazo foi posteriormente estendido até 31.10.2020 pelo Decreto n. 10.413, de 2.7.2020.

de benefícios acidentários de segurados com menos de doze contribuições mensais, em que é inexigível a carência.

Foi então editada a Portaria Conjunta SEPRT/INSS n. 9.381, de 7.4.2020. A Portaria regulou, inicialmente, o procedimento para a antecipação para segurados que solicitassem o auxílio por incapacidade temporária.[11]

Pela referida Portaria foi possível, durante o período de fechamento das APS, enviar o atestado médico diretamente pelo *Meu INSS* (pelo site ou aplicativo para celulares) para ser avaliado pela perícia.

A Portaria Conjunta SEPRT/INSS n. 9.381/2020 definiu, ainda, que seria possível ao segurado já em fruição de benefício, cuja data de cessação coincida com o período de fechamento das agências do INSS, fazer o pedido de prorrogação do benefício anterior pelo mesmo sistema, com base no prazo de afastamento da atividade informado no atestado médico anterior ou mediante apresentação de novo atestado médico (art. 4º).

Na sequência, a Portaria Conjunta SEPRT/INSS n. 47, de 21.8.2020 (que revogou a Portaria anterior), em seu art. 1º, §§ 1º e 2º, autorizou o INSS a deferir a antecipação para requerimentos administrativos protocolados até 31 de outubro de 2020 e estabeleceu que os efeitos financeiros das antecipações não poderão exceder o dia 31 de dezembro de 2020, ficando ressalvada a possibilidade de o segurado apresentar pedido de revisão para fins de obtenção integral e definitiva do auxílio por incapacidade temporária, na forma estabelecida pelo INSS.

A antecipação do benefício ou sua prorrogação teve seu prazo total limitado em até sessenta dias,[12] uma vez cumpridos os requisitos legais exigidos, a partir da data de início do benefício fixada no art. 60 da Lei n. 8.213/1991 – é dizer, observados: a categoria de segurado (empregado ou não) e a data de entrada do requerimento (data esta que corresponderá, no caso, à data da remessa da documentação médica pelo *Meu INSS*). Caso o período estimado de repouso informado no atestado médico não corresponda a mês completo, o valor antecipado será proporcional ao número de dias, na razão de 1/30 (um trinta avos) do salário mínimo mensal por dia (§ 2º do art. 3º da Portaria Conjunta SEPRT/INSS n. 47/2020).

Quando do retorno do atendimento presencial (que iniciou a acontecer, ainda precariamente, em meados de setembro de 2020), segundo o art. 2º da Portaria Conjunta SEPRT/INSS n. 47, de 21.8.2020, com a redação conferida pela Portaria Conjunta n. 62, de 28.9.2020, o segurado, no momento do requerimento (este feito até 31.10.2020, conforme § 1º do art. 1º da mesma Portaria), deveria fazer a opção pelo agendamento da perícia médica para a concessão do auxílio por incapacidade temporária, em uma das unidades de atendimento da Perícia Médica Federal cujo serviço de agendamento esteja disponível, ou pela antecipação de que trata o art. 1º. O requerimento do agendamento da perícia médica e o requerimento da antecipação, na forma do *caput*, são excludentes entre si, sem prejuízo do posterior agendamento de perícia para as antecipações realizadas (§ 1º do art. 2º da aludida Portaria).

Reconhecido em definitivo o direito do segurado ao auxílio por incapacidade temporária, seu valor será devido a partir da data de início do benefício, deduzindo-se as antecipações pagas (§ 3º do art. 3º da Portaria Conjunta SEPRT/INSS n. 47/2020). Da mesma forma, caso a situação seja de aposentadoria por incapacidade permanente, e não apenas de incapacidade temporária, compreendemos que caberá ao INSS reconhecer a invalidez em caráter retroativo, com o pagamento de diferenças entre o valor adiantado e o valor devido de RMI.

Importante destacar ainda que, na forma do art. 5º da Lei n. 13.982/2020, foi permitido à empresa "deduzir do repasse das contribuições à previdência social, observado o limite máximo

---

[11] Como veremos adiante, a referida Portaria foi revogada pela Portaria Conjunta SEPRT/INSS n. 47, de 21.8.2020, que passou a disciplinar o assunto desde então, sem alterar o procedimento, mas apenas fixando alguns limites e tratando da questão do retorno das perícias presenciais.

[12] Limite fixado pelo art. 3º da Portaria Conjunta SEPRT/INSS n. 47, de 21.8.2020.

do salário de contribuição ao RGPS, o valor devido, nos termos do § 3º do art. 60 da Lei n. 8.213, de 24 de julho de 1991 [e não apenas o valor de um salário mínimo mensal, ou fração deste], ao segurado empregado cuja incapacidade temporária para o trabalho seja comprovadamente decorrente de sua contaminação pelo coronavírus (Covid-19)". Neste caso, o procedimento a ser adotado pela empresa deve ser idêntico ao adotado pelo INSS, com a análise (e guarda, pelo prazo decadencial tributário) da documentação médica que comprove a contaminação (CID da enfermidade), a fim de que a Receita Federal possa, quando de eventual verificação da exatidão da compensação realizada na época do recolhimento de contribuições, constatar os casos em que a empresa assim procedeu. O STJ considerou afetada a matéria pelo Tema Repetitivo 1.290: "a) decidir sobre a legitimidade passiva ad causam (se do INSS ou da Fazenda Nacional) nas ações em que empregadores pretendem reaver valores pagos a empregadas gestantes durante a pandemia de Covid-19; b) definir se é possível enquadrar como salário-maternidade a remuneração de empregadas gestantes que foram afastadas do trabalho presencial durante o período da pandemia de Covid-19, nos termos da Lei n. 14.151/2021, a fim de autorizar restituição ou compensação tributária desta verba com tributos devidos pelo empregador" (REsp 2.160.674/RS, 1ª Seção, Rel. Min. Gurgel de Faria, publ. 6.11.2024). A regra em comento, porém, não entra no mérito quanto à possibilidade ou não de reconhecimento da contaminação por coronavírus ser de natureza ocupacional, o que discutiremos a seguir.

Por último, o art. 6º da Lei n. 14.131/2021, autorizou o INSS, até 31.12.2021, a conceder o benefício de auxílio por incapacidade temporária, mediante apresentação pelo requerente de atestado médico e de documentos complementares que comprovem a doença informada no atestado como causa da incapacidade. Esse procedimento foi adotado em caráter excepcional e a duração do benefício por incapacidade temporária dele resultante não teve duração superior a 90 (noventa) dias, sem possibilidade de prorrogação. A constitucionalidade desse dispositivo foi validada pelo STF na ADI 6928, Plenário, Sessão Virtual de 12.11.2021 a 22.11.2021.

Também a esse respeito, em razão da interminável demora no atendimento dos segurados, ressalta-se a decisão proferida no âmbito do TRF da 3ª Região, em que a Desembargadora Federal Inês Virgínia, da 7ª Turma daquele Tribunal, determinou o restabelecimento de auxílio por incapacidade temporária a uma segurada que teve o benefício cortado e não conseguiu pedir a prorrogação ao INSS devido à pandemia da Covid-19.[13]

O tema da pandemia, entretanto, envolve muito mais situações.

A Lei n. 13.979, de 6 de fevereiro de 2020, vigente desde a referida data, disciplinou as situações decorrentes de medidas emergenciais a serem tomadas enquanto perdurar o estado de emergência internacional pelo coronavírus responsável pelo surto de 2019.

A aludida lei deixa claro que as disposições ali contidas envolvem uma questão de "emergência de saúde pública de relevância internacional (art. 1º, *caput*) e que "as medidas estabelecidas nesta Lei objetivam a proteção da coletividade" (§ 1º do art. 1º).

Pois bem, é relevante observar as definições contidas no art. 2º da Lei:

> Art. 2º Para fins do disposto nesta Lei, considera-se:
> I – isolamento: separação de pessoas doentes ou contaminadas, ou de bagagens, meios de transporte, mercadorias ou encomendas postais afetadas, de outros, de maneira a evitar a contaminação ou a propagação do coronavírus;[14] e

---

[13] Remessa Necessária Cível 5232467-16.2020.4.03.9999. Disponível em: http://web.trf3.jus.br/noticias/Noticias/Noticia/Exibir/395139. Acesso em: 10 ago. 2020.

[14] A medida de isolamento objetiva a separação de pessoas sintomáticas ou assintomáticas, em investigação clínica e laboratorial, de maneira a evitar a propagação da infecção e transmissão local (art. 3º da Portaria MS n. 356,

II – quarentena: restrição de atividades ou separação de pessoas suspeitas de contaminação das pessoas que não estejam doentes, ou de bagagens, contêineres, animais, meios de transporte ou mercadorias suspeitos de contaminação, de maneira a evitar a possível contaminação ou a propagação do coronavírus.[15]

Frise-se, ainda, que há imposição de isolamento a quem esteja infectado, e de quarentena a pessoas que, embora não necessariamente contaminadas, sejam "suspeitas de contaminação", de maneira a evitar a possível contaminação ou a propagação do coronavírus.

Trata-se, portanto, de situação de *segregação compulsória*.

Por medida de saúde pública, não se pode arriscar que, mesmo a pessoa suspeita de estar contaminada, possa transmitir o vírus.

Assim, conclui-se, em primeiro lugar que, seja em razão de isolamento, ou de quarentena, a hipótese constitui *período de graça* (manutenção da qualidade de segurado, mesmo sem verter contribuições), pelo lapso de 12 meses após cessar a segregação (art. 15, inciso III, da Lei n. 8.213/1991).[16]

Para tanto, deverá o segurado comprovar, mediante documentação específica (atestado médico, parecer ou documento médico que comprove o fato), a necessária segregação, sob pena de não ser considerado o período. Neste sentido, o julgado da 10ª Turma do TRF-3 (AC 2008.03.99.022029-9, Rel. Juíza convocada Giselle França, em 7.10.2008).

Prosseguindo, o art. 3º prevê que, para o enfrentamento da emergência de saúde pública de importância internacional decorrente do coronavírus, poderão ser adotadas, entre outras, medidas como o isolamento e a quarentena. E no § 4º deste artigo há regra impositiva: "[a]s pessoas deverão sujeitar-se ao cumprimento das medidas previstas neste artigo, e o descumprimento delas acarretará responsabilização, nos termos previstos em lei".

No entanto, quanto aos aspectos ligados às relações de trabalho, limita-se o § 3º do art. 3º a afirmar que será considerada falta justificada ao serviço público ou à atividade laboral privada "o período de ausência decorrente das medidas previstas neste artigo".

Silencia o legislador, contudo, quanto ao fato de que há implicações previdenciárias nas medidas de saúde pública que são previstas e, evidentemente, precisam ser adotadas em caráter compulsório.

Chama-se a atenção para o fato de que o Decreto n. 10.410/2020 passou a denominar o até então "auxílio-doença" de "auxílio por incapacidade temporária" (art. 25, inciso I, alínea "e", do Regulamento, atual redação). A mudança é até bem-vinda, na medida em que a nomenclatura anterior causava certa confusão entre os leigos, pois, em caso de acidentes, havia quem chamasse o benefício por incapacidade, equivocadamente, de *auxílio-acidente*, quando este somente se aplica a segurados que, após a cessação da incapacidade, permaneçam com sequelas redutoras da capacidade laboral. E ainda, guardando relação com o que será dito a seguir, nem toda "doença" é *incapacitante*, nem toda *incapacidade para o trabalho* decorre de uma "doença".

---

de 11.3.2020). A Portaria divide o isolamento em "por prescrição médica" e "por recomendação de agente de vigilância", com prazo de 14 dias, prorrogável por mais 14 dias, caso confirmado o risco de contágio por exame laboratorial (§ 1º do art. 3º).

[15] De forma a nosso ver equivocada, por estar em desacordo com a lei, a Portaria MS n. 356/2020 considera a adoção da quarentena um "ato administrativo formal e devidamente motivado e deverá ser editada por Secretário de Saúde do Estado, do Município, do Distrito Federal ou Ministro de Estado da Saúde ou superiores em cada nível de gestão, publicada no Diário Oficial e amplamente divulgada pelos meios de comunicação" (art. 4º, I).

[16] Recorda-se que a primeira hipótese de período de graça (inciso I) é a condição de quem está em gozo de benefício (auxílio por incapacidade temporária ou salário-maternidade, principalmente). E a segunda é a situação de quem cessou contribuições por desemprego ou suspensão do contrato de trabalho (inciso II), também por 12 ou até 24 meses, prorrogáveis por mais 12 meses (§§ 1º e 2º do art. 15). Esta segunda hipótese se aplica, também, durante o período de calamidade pública decorrente da pandemia, nas suspensões contratuais disciplinadas pela Lei n. 14.020/2020.

Primeiramente, vejamos a questão das medidas exigidas pela emergência de saúde pública provocada pela Covid-19.

Apenas quando caracterizada a incapacidade decorrente da enfermidade, com sintomas graves, seria devido algum benefício (*auxílio por incapacidade temporária*, no caso)?

Entendemos que não. A Covid-19 se configura como *doença de segregação compulsória*, impondo o isolamento de pessoas doentes ou contaminadas (ou seja, ainda que assintomáticas, ou com sintomas leves). Ora, com o isolamento, que certamente ultrapassará 15 dias (isso no caso dos empregados urbanos e rurais, cuja regra é diferenciada), será cabível o benefício (para os demais segurados, desde o primeiro dia de isolamento, se não houve afastamento anterior).

Não bastasse tal situação, tem-se pela lei em comento que há imposição de quarentena a pessoas que, *embora não contaminadas*, sejam "suspeitas de contaminação", de maneira a evitar a possível contaminação ou a propagação do coronavírus. Pessoas nesta condição também poderiam ser consideradas com direito a *auxílio por incapacidade temporária*?

Compreendemos que sim, em termos. Há, na hipótese, também *segregação compulsória, que impede o labor que exija contato com outras pessoas* – tanto quanto a pessoa que já foi constatada com a enfermidade. É que, por medida de saúde pública, protegendo toda a coletividade, como bem explana a lei, não se pode arriscar que uma pessoa suspeita de estar contaminada possa transmitir o vírus. E, desta forma, impondo-se o afastamento do convívio social, há incapacidade (impossibilidade) de prestar trabalho, *se este mister exigir o contato com outras pessoas* – por exemplo, um comerciário, bancário, motorista de transporte coletivo etc.

E quanto a quem seja considerado pelas autoridades ligadas à saúde como "grupo de risco" – como os idosos e portadores de algumas comorbidades? Caberia o afastamento por medida de proteção à saúde destes? Novamente, a resposta é positiva, a nosso sentir. Curial lembrar que situação similar ocorreu durante o surto da H1N1 (2009), tendo sido concedido benefício de auxílio-doença a uma gestante afastada do trabalho tão somente por ser considerada "grupo de risco".[17]

31.1.11 A Covid-19 e sua possível caracterização como doença ocupacional

A caracterização da Covid-19 como doença ocupacional merece digressões específicas.

Como descrito anteriormente, um tema candente nos últimos tempos tem sido a questão a respeito do reconhecimento (ou não) da contaminação da Covid-19 ser considerada questão de ordem acidentária do trabalho. A MP n. 927, que "caducou" sem ser convertida em lei, pretendia fixar o entendimento de que não comportaria, em regra, o reconhecimento da enfermidade como doença ocupacional.

A matéria foi levada ao STF em ADIs, tendo o Plenário, em sessão por videoconferência de 29.4.2020, por maioria, após a divergência aberta pelo Ministro Alexandre de Moraes, proferido decisão no sentido de *suspender a eficácia* do referido artigo, pois *ao prever que casos de contaminação pelo coronavírus não serão considerados ocupacionais, exceto mediante comprovação de nexo causal, ofende inúmeros trabalhadores de atividades essenciais que continuam expostos ao risco*.

A decisão foi proferida no julgamento de medida liminar em sete Ações Diretas de Inconstitucionalidade (ADIs) ajuizadas contra a MP. O entendimento do STF, é importante frisar, *não leva a se considerar todo e qualquer trabalhador acometido de Covid-19 como vítima de doença ocupacional;* apenas afasta a presunção ali disposta – de que tal enfermidade *não guarda* nexo com o trabalho, prevalecendo desta maneira as regras até aqui existentes na Lei n. 8.213/1991, destacando-se os arts. 20 e 21, que preveem:

---

[17] JFPR condena INSS a pagar por período em que a gripe A afastou gestante do trabalho. *JusBrasil*. Disponível em: https://jf-pr.jusbrasil.com.br/noticias/2155077/jfpr-condena-inss-a-pagar-por-periodo-em-que-a-gripe-a-afastou-gestante-do-trabalho?ref=serp. Acesso em: 5 set. 2020.

Art. 20. (...)

§ 1º Não são consideradas como doença do trabalho:

(...)

d) a doença endêmica adquirida por segurado habitante de região em que ela se desenvolva, *salvo comprovação de que é resultante de exposição ou contato direto determinado pela natureza do trabalho.*

(...)

Art. 21. Equiparam-se também ao acidente do trabalho, para efeitos desta Lei:

(...)

III – a doença proveniente de *contaminação acidental do empregado no exercício de sua atividade*;

Consigna-se que a lista de doenças relacionadas ao trabalho foi atualizada pelo Ministério da Saúde por meio da Portaria GM/MS n. 1.999, de 27.11.2023. O aprimoramento resulta na incorporação de 165 novas patologias que causam danos à integridade física ou mental do trabalhador, dentre elas, Covid-19, doenças de saúde mental, distúrbios musculoesqueléticos e outros tipos de cânceres foram inseridos na lista.

Portanto, a nosso sentir, em que pese a dificuldade na identificação de como se deu a contaminação por um vírus de alta transmissibilidade, a contaminação de pessoa que exerce atividade nas áreas da saúde e de análises clínicas tende a ser presumida como de origem laboral. Mas, e em outras atividades laborativas?

Em termos práticos, supondo que um empregado teve diagnóstico de Covid-19 após testagem em massa dos empregados, em que detectado um número significativo de "positivos", seria possível enquadrar a situação como equiparada a acidente do trabalho? E poderia ser considerada a contaminação acidental de que trata o art. 21 da Lei de Benefícios, quando acometido um laboratorista ou trabalhador em instituição hospitalar de internação de pessoas com Covid-19?

Embora *não se possa afirmar que a doença é sempre adquirida no ambiente de trabalho*, há casos emblemáticos. Em Dourados (MS), dos 1.197 casos positivos registrados até 15 de junho/2020, 783 ocorreram nos dois frigoríficos – 33 na indústria de frango da Brasil Foods e 750 na Seara/JBS, que produz derivados de carne suína. Cerca de 1.600 empregados foram afastados, incluindo 450 gestantes, idosos, com comorbidades crônicas e indígenas.[18]

Logo, se um empregado desse frigorífico (ou de empregador com problema idêntico) for diagnosticado, pode-se pensar em nexo?

Ao que indica a Lei n. 8.213/1991, sim. É a regra do § 2º do art. 20: "Em caso excepcional, constatando-se que a doença não incluída na relação prevista nos incisos I e II deste artigo resultou das condições especiais em que o trabalho é executado e com ele se relaciona diretamente, a Previdência Social deve considerá-la acidente do trabalho".

Com efeito, a caracterização do nexo epidemiológico *não está restrita à lista constante do Decreto n. 3.048/1999.* Tanto que, desde 1998, existia Resolução do Conselho Federal de Medicina (n. 1.488, revogada pela Res. n. 2.183/2018, com idêntica diretriz)[19] identificando, na metodologia de investigação de nexo de causalidade de enfermidades com o trabalho, a verificação dos dados epidemiológicos (art. 2º, inciso IV), sendo certo que, como o Nexo

---

[18] Funcionários de frigoríficos são 65% dos casos de coronavírus em Dourados. Informe da Escola Nacional de Saúde Pública Sergio Arouca. Disponível em: http://www.ensp.fiocruz.br/portal-ensp/informe/site/materia/detalhe/49249. Acesso em: 7 set. 2020.

[19] BRASIL. CONSELHO FEDERAL DE MEDICINA. *Resolução n. 1.488, de 6 de março de 1998.* Dispõe de normas específicas para médicos que atendam o trabalhador.

Técnico Epidemiológico só foi incluído na Lei n. 8.213/1991 no ano de 2006 (com a inclusão do art. 21-A), tais dados epidemiológicos devem ser colhidos *in loco*, e não nos anexos do RPS.

Ou seja, como bem definem os estudiosos da Medicina do Trabalho,

> Na análise da etiologia ocupacional de um adoecimento, três pontos devem ser levados em consideração: evidência da doença, evidência da exposição e evidência da relação causal.[20]

E, como provavelmente o empregador não emitirá a CAT, importante lembrar a regra do art. 22, § 2º, da Lei n. 8.213/1991: "Na falta de comunicação por parte da empresa, podem formalizá-la o próprio acidentado, seus dependentes, a entidade sindical competente, o médico que o assistiu ou qualquer autoridade pública, não prevalecendo nestes casos o prazo previsto neste artigo". A CAT, no caso, pode ser feita "on line" ou por formulário, disponível em: https://cadastro-cat.inss.gov.br/CATInternet/faces/pages/cadastramento/cadastramentoCat.xhtml/.

A perícia do INSS terá de analisar a existência de nexo causal. Incumbe municiar o requerimento com documentos médicos e, até mesmo, notícias de contágio em massa no local de trabalho do empregado. Indeferido o "B91", cabe recurso para a JRPS ou ação judicial perante a Justiça Estadual.

Reconhecida a natureza acidentária, caberá a concessão de benefício por incapacidade sem exigência de carência; o empregado terá direito ao FGTS do período de afastamento temporário (Lei n. 8.036/1990) e estabilidade acidentária (art. 118 da Lei n. 8.213/1991); em caso de incapacidade permanente, a aposentadoria devida será igual 100% da média dos salários de contribuição, não se aplicando a regra geral, de 60% mais 2% para cada ano de contribuição acima de 20 (homens) ou 15 (mulheres).[21] Em caso de óbito, o valor-base da pensão também será 100% da aposentadoria e será devida conforme a tabela de idade da pessoa viúva, independentemente do tempo de contribuição e do tempo de união afetiva.[22]

Em todos esses casos – incapacidade temporária ou permanente, bem como pensão por morte causada pela Covid-19 com alegação de que a contaminação se deu em razão do trabalho – a discussão sobre a natureza acidentária da enfermidade quanto ao benefício devido é de ser ajuizada perante a Justiça Estadual.

Caberá eventual pleito de indenização por danos sofridos pelo empregado, quando haja recuperação parcial, ou incapacidade permanente; ou pelos seus familiares, em caso de óbito. O pleito terá fundamento, se for o caso, na responsabilização do empregador por manter o ambiente de trabalho conforme as regras de segurança, higiene e medicina do trabalho, o que pode ter sido descumprido, a ponto de gerar a contaminação do trabalhador em seu local de trabalho. Esta demanda, como já visto, é de competência da Justiça do Trabalho.

---

[20] SILVA-JUNIOR, João Silvestre da et al. Caracterização do nexo técnico epidemiológico pela perícia médica previdenciária nos benefícios auxílio-doença. *Revista Brasileira de Saúde Ocupacional*, São Paulo, v. 39, n. 130, p. 239-246, dez. 2014. Disponível em: http://www.scielo.br/scielo.php?script=sci_arttext&pid=S0303-76572014000200239&lng=en&nrm=iso. Acesso em: 17 set. 2020.

[21] Recorde-se que, a partir de 13.11.2019, data da promulgação da EC n. 103/2019, pela regra transitória ali estabelecida (art. 26 e seus parágrafos), *somente* em casos de aposentadoria por incapacidade permanente decorrente de acidente do trabalho, doença profissional e de doença do trabalho a renda mensal corresponderá a 100% do salário de benefício.

[22] Como o valor da pensão devida corresponde a 100% do valor da aposentadoria por incapacidade permanente devida ao segurado falecido, quando a *causa mortis* seja de natureza acidentária, o valor da pensão também se mantém protegido, além de o óbito com origem acidentária do trabalho ser exceção à aplicação das regras que limitam o pagamento do benefício a viúvos e companheiros a apenas quatro meses. Maiores detalhes podem ser vistos no capítulo pertinente a esse benefício.

Por fim, convém repisar que, seja em razão do isolamento, seja em razão de quarentena, a hipótese constitui período de graça (com manutenção da qualidade de segurado, mesmo sem verter contribuições), na forma do art. 15, inciso III, da Lei n. 8.213/1991, pelo lapso de "12 (doze) meses após cessar a segregação", desde que a pessoa estivesse, antes da segregação, com a qualidade de segurado mantida.

QUADRO-RESUMO – AUXÍLIO POR INCAPACIDADE TEMPORÁRIA

BENEFÍCIO	ANTIGO AUXÍLIO-DOENÇA Códigos da Espécie (INSS): B-31 (previdenciário) ou B-91 (acidentário)
Evento Gerador	Incapacidade temporária para a atividade laborativa decorrente de acidente ou doença. – Súmula n. 77 da TNU: "O julgador não é obrigado a analisar as condições pessoais e sociais quando não reconhecer a incapacidade do requerente para a sua atividade habitual".
Beneficiários	– Todos os segurados do RGPS, para o auxílio previdenciário. No caso do auxílio por acidente do trabalho (B-91), somente o segurado empregado, inclusive o doméstico, o trabalhador avulso e o segurado especial.
Carência	a) não é exigida, em caso de acidente do trabalho, doenças ocupacionais e situações equiparadas, ou acidente de outra natureza, e no caso de doenças tipificadas no art. 2º da Portaria Interministerial MTP/MS n. 22, de 31.8.2022 como graves, contagiosas ou incuráveis; b) 12 contribuições mensais, nos demais casos.
Enfermidade Preexistente à Filiação	– Não será concedido o benefício, caso o segurado já seja portador da enfermidade incapacitante antes de sua filiação ao RGPS, salvo em caso de progressão ou agravamento desta após o início da atividade laboral que o vinculou ao Regime. – "Não há direito a auxílio-doença ou a aposentadoria por invalidez quando a incapacidade para o trabalho é preexistente ao reingresso do segurado no Regime Geral de Previdência Social" (Súmula n. 53 da TNU).
Qualidade de Segurado	É devido o benefício, mesmo que a enfermidade seja diagnosticada durante o período de graça de que trata o art. 15 da Lei n. 8.213/1991.
Salário de Benefício	a) Para o segurado filiado na Previdência Social a partir de 29.11.1999 (Lei n. 9.876, de 1999), o salário de benefício consistia: – na média aritmética simples dos maiores salários de contribuição correspondentes a 80% de todo o período contributivo, corrigidos mês a mês; b) Para o segurado filiado à Previdência Social até 28.11.1999, o salário de benefício consistia: – na média aritmética simples dos 80% maiores salários de contribuição, corrigidos mês a mês, de todo o período contributivo decorrido desde julho de 1994; c) para os benefícios concedidos após a entrada em vigor da EC n. 103/2019: 100% do período contributivo desde a competência julho de 1994, ou desde o início da contribuição, se posterior àquela competência;
Fator Previdenciário	Não se aplica a este benefício.
Renda Mensal Inicial	– 91% do salário de benefício, o qual (consoante art. 29, § 10 da Lei n. 8.213/1991) não poderá exceder a média aritmética simples dos últimos doze salários de contribuição, inclusive no caso de remuneração variável, ou, se não alcançado o número de doze, a média aritmética simples dos salários de contribuição existentes.
Período Básico de Cálculo	O Período Básico de Cálculo – PBC é fixado, conforme o caso, de acordo com a: I – Data do Afastamento da Atividade ou do Trabalho – DAT; II – Data de Entrada do Requerimento – DER.

Data de Início do Benefício	I – Para o segurado empregado: a) a partir do 16º dia de incapacidade, caso requerido até o 30º dia de incapacidade; b) da data do requerimento, quando requerida após 30 dias do início da incapacidade. II – Para os demais segurados: a) a partir do 1º dia de incapacidade, caso requerido até o 30º dia de incapacidade; b) da data do requerimento, quando requerida após 30 dias do início da incapacidade. III – A previdência social deve processar de ofício o benefício, quando tiver ciência da incapacidade do segurado sem que este tenha requerido auxílio-doença (art. 76 do Decreto n. 3.048/1999).
Recidiva	Após a cessação do auxílio decorrente de acidente de qualquer natureza ou causa, tendo o segurado retornado ou não ao trabalho, se houver agravamento ou sequela que resulte na reabertura do benefício, a renda mensal será igual a 91% do salário de benefício do auxílio cessado, corrigido até o mês anterior ao da reabertura do benefício, pelos mesmos índices de correção dos benefícios em geral.
Duração	Indeterminada. Cessa com a recuperação da capacidade laborativa, a transformação em aposentadoria ou a morte do segurado. – Sempre que possível, o ato de concessão ou de reativação, judicial ou administrativo, deverá fixar o prazo estimado para a duração do benefício (art. 60, § 8º, da LBPS); – Na ausência de fixação do prazo, o benefício cessará após cento e vinte dias, contado da data de concessão ou de reativação, exceto se o segurado requerer a sua prorrogação perante o INSS, na forma do regulamento (art. 60, § 9º, da LBPS).
Estabilidade provisória	O segurado que sofreu acidente do trabalho tem garantida, pelo prazo mínimo de doze meses, a manutenção do seu contrato de trabalho na empresa, após a cessação do auxílio acidentário, independentemente de percepção de auxílio-acidente (art. 118 da Lei n. 8.213/1991).
Observações	As regras gerais sobre o auxílio por incapacidade temporária encontram-se no art. 201 da CF, nos arts. 59 a 63 da Lei n. 8.213/1991, nos arts. 71 a 80 do Decreto n. 3.048/1999 (com as alterações introduzidas pelo Decreto n. 10.410/2020).

31.2 APOSENTADORIA POR INCAPACIDADE PERMANENTE (POR INVALIDEZ)

A Lei n. 8.213/1991 denominou o benefício decorrente da incapacidade laborativa permanente como aposentadoria por invalidez. Com a EC n. 103/2019, o nome utilizado passa a ser *aposentadoria por incapacidade permanente*, consoante atual redação do art. 201, I, da CF.

Utilizando-se do conceito de *Russomano*, "é o benefício decorrente da incapacidade do segurado para o trabalho, sem perspectiva de reabilitação para o exercício de atividade capaz de lhe assegurar a subsistência".[23]

De acordo com *Wladimir Novaes Martinez*: "Juntamente com o auxílio-doença, a aposentadoria por invalidez é benefício de pagamento continuado, de risco imprevisível, devido à incapacidade presente para o trabalho. É deferida, sobretudo, se o segurado está impossibilitado de trabalhar e insuscetível de reabilitar-se para a atividade garantidora da subsistência. Trata-se de prestação provisória com nítida tendência à definitividade, geralmente concedida após a cessação do auxílio-doença (PBPS, *caput* do art. 43)".[24]

---

[23] RUSSOMANO, Mozart Victor. *Comentários à Consolidação das Leis da Previdência Social*. 2. ed. São Paulo: Revista dos Tribunais, 1981, p. 135.
[24] MARTINEZ, Wladimir Novaes. *CD – Comentários à Lei Básica da Previdência Social*. Brasília: Rede Brasil/LTr, fev./1999.

Conforme o art. 42 da Lei n. 8.213/1991, essa modalidade de aposentadoria, uma vez cumprida, quando for o caso, a carência exigida, será devida ao segurado que, estando ou não em gozo de benefício por incapacidade, for considerado incapaz e insuscetível de reabilitação para o exercício de atividade que lhe garanta a subsistência, e ser-lhe-á paga enquanto permanecer nessa condição.

Nos termos do Manual de Perícias Médicas do INSS (2018), pode ser conceituada como a incapacidade laborativa total, permanente ou com prazo indefinido, omniprofissional/multiprofissional e insuscetível de recuperação ou reabilitação profissional, em consequência de doença ou acidente.

O Perito Médico deverá considerar a gravidade e irreversibilidade da doença/lesão, a impossibilidade de se determinar um prazo de recuperação, sua repercussão sobre a capacidade laborativa, bem como a insusceptibilidade à reabilitação profissional.

O benefício em questão pode ter como causa acidente ou doença não relacionada ao trabalho, quando será considerada como de origem previdenciária (espécie B 32). Quando for relacionada a acidente do trabalho ou doença ocupacional, será considerada como de origem acidentária (espécie B 92).

A incapacidade que resulta na insusceptibilidade de reabilitação pode ser constatada de plano em algumas oportunidades, em face da gravidade das lesões à integridade física ou mental do indivíduo. Nem sempre, contudo, a incapacidade permanente é passível de verificação imediata. Assim, em regra, concede-se inicialmente ao segurado o benefício por incapacidade temporária, e, posteriormente, concluindo-se pela impossibilidade de retorno à atividade laborativa, transforma-se o benefício inicial em aposentadoria.

Sobre os critérios de avaliação da incapacidade que gera direito ao benefício, o STJ definiu importantes parâmetros que reputamos adequados para ampliação da proteção aos segurados em situação de risco, superando obstáculos de perícias médicas dissociadas da realidade social do trabalhador mais humilde:

> *Pedido de uniformização nacional. Direito previdenciário. Auxílio-doença/aposentadoria por invalidez. Divergência entre laudo pericial e atestados médicos. Desvinculação do juiz em relação ao laudo pericial. Princípio do livre convencimento motivado. Ausência de hierarquia entre os meios de prova. Incidente não provido (PEDILEF 0052127-08.2009.4.01.3500, Rel. Sérgio Murilo Queiroga, Sessão de 11.2.2015).*

O STJ também firmou orientação de que para a concessão dessa aposentadoria, na hipótese em que o laudo pericial tenha concluído pela incapacidade parcial para o trabalho, devem ser considerados, além dos elementos previstos no art. 42 da Lei n. 8.213/1991, os aspectos socioeconômicos, profissionais e culturais do segurado (AgRg no AREsp 283.029/SP, 2ª Turma, Rel. Min. Humberto Martins, *DJe* 15.4.2013).

Cabe ressaltar que a avaliação das condições pessoais e sociais só se mostra necessária quando existente alguma incapacidade laboral. Nesse sentido, a Súmula n. 77 da TNU: "O julgador não é obrigado a analisar as condições pessoais e sociais quando não reconhecer a incapacidade do requerente para a sua atividade habitual".

A concessão dependerá da verificação da condição de incapacidade mediante exame médico-pericial a cargo da Previdência Social, podendo o segurado, a suas expensas, fazer-se acompanhar de médico de sua confiança – § 1º do art. 42 da Lei n. 8.213/1991.

De forma inovadora, a Lei n. 14.724/2023 incluiu a previsão de que o exame médico-pericial previsto no § 1º do art. 42 (e os demais exames médico-periciais previstos na LBPS) poderá ser realizado com o uso de tecnologia de telemedicina ou por análise documental conforme situações e requisitos definidos em regulamento.

O art. 162, § 1º, do Regulamento da Previdência Social, com a redação dada pelo Decreto n. 4.729, de 9.6.2003, exigia, para a concessão de aposentadoria nessa modalidade decorrente de doença mental, a apresentação do termo de curatela, ainda que provisória. Esta regra foi revogada pelo Decreto n. 5.699/2006. Em sentido oposto, o § 5º do art. 162, incluído pelo Decreto n. 10.410/2020, passou a dispor que "no ato de requerimento de benefícios operacionalizados pelo INSS, não será exigida apresentação de termo de curatela de titular ou de beneficiário com deficiência, observados os procedimentos a serem estabelecidos em ato do INSS".

Sobre essa questão, o STF admitiu a Repercussão Geral Tema n. 1096 (*Leading Case*: RE 918315, Relator: Min. Ricardo Lewandowski, *DJe* 5.11.2020), cuja descrição é a que segue:

> Recurso extraordinário em que se discute, à luz dos artigos 1º, inciso III; 3º, inciso IV; 5º, *caput*; e 37, *caput*, da Constituição Federal, a constitucionalidade de dispositivo legal que exige a apresentação de termo de curatela como condição de percepção dos proventos de aposentadoria por invalidez decorrente de doença mental.

A doença ou lesão de que o segurado já era portador ao filiar-se ao RGPS não lhe conferirá direito à aposentadoria, salvo quando a incapacidade sobrevier por motivo de progressão ou agravamento dessa doença ou lesão. Isso porque a necessidade de ser futuro e incerto o risco faz com que se exclua da proteção o segurado que, ao tempo da vinculação, já era portador da moléstia ou da lesão que venha a ser invocada como suporte material do direito à prestação.[25]

Sobre a concessão dos benefícios por incapacidade, além da Súmula n. 77, já mencionada, temos importantes orientações da TNU expressas nas seguintes Súmulas e Representativos de Controvérsia:

- *Súmula n. 47*: "Uma vez reconhecida a incapacidade parcial para o trabalho, o juiz deve analisar as condições pessoais e sociais do segurado para a concessão de aposentadoria por invalidez".
- *Súmula n. 53*: "Não há direito a auxílio-doença ou a aposentadoria por invalidez quando a incapacidade para o trabalho é preexistente ao reingresso do segurado no Regime Geral de Previdência Social".
- *Súmula n. 78*: "Comprovado que o requerente de benefício é portador do vírus HIV, cabe ao julgador verificar as condições pessoais, sociais, econômicas e culturais, de forma a analisar a incapacidade em sentido amplo, em face da elevada estigmatização social da doença".
- *RC n. 272*: "A circunstância de a recuperação da capacidade depender de intervenção cirúrgica não autoriza, automaticamente, a concessão de aposentadoria por invalidez (aposentadoria por incapacidade permanente), sendo necessário verificar a inviabilidade de reabilitação profissional, consideradas as condições pessoais do segurado, e a sua manifestação inequívoca a respeito da recusa ao procedimento cirúrgico" (PEDILEF 0211995-08.2017.4.02.5151/RJ, j. 10.2.2022).
- *RC n. 274*: "É possível a concessão de aposentadoria por invalidez, após análise das condições sociais, pessoais, econômicas e culturais, existindo incapacidade parcial e permanente, no caso de outras doenças, que não se relacionem com o vírus HIV, mas, que sejam estigmatizantes e impactem significativa e negativamente na funcionalidade social do segurado, entendida esta como o potencial de acesso e permanência no mercado de trabalho" (PEDILEF 0512288-77.2017.4.05.8300/PE, j. 23.9.2021).

---

[25] COIMBRA, J. R. Feijó. *Direito previdenciário brasileiro*. 7. ed. Rio de Janeiro: Edições Trabalhistas, 1997, p. 121.

As regras gerais sobre essa modalidade de aposentadoria estão disciplinadas no art. 201, I, da Constituição (com redação conferida pela EC n. 103/2019), nos arts. 42 a 47 da Lei n. 8.213/1991 e nos arts. 43 a 50 do Decreto n. 3.048/1999 (com as alterações introduzidas pelo Decreto n. 10.410/2020).

31.2.1 Período de carência

O período de carência é de 12 contribuições mensais. A concessão independe de carência no caso de o segurado ter ficado inválido em razão de acidente de qualquer natureza ou causa (inclusive o ligado ao trabalho), ou ser acometido de doença ocupacional ou alguma das doenças especificadas no art. 2º da Portaria Interministerial MTP/MS n. 22, de 31.8.2022.

Ou seja, para a aposentadoria acidentária (espécie B 92) nunca se exige carência, bastando a comprovação da qualidade de segurado e do nexo de causalidade entre a invalidez e a atividade laborativa. Já para a aposentadoria previdenciária (espécie B 32), não se exige carência para os acidentes de qualquer natureza e para as doenças consideradas graves, contagiosas ou incuráveis, tipificadas em lei. Sobre o tema, encaminhamos o leitor às observações feitas no Capítulo "Acidente do Trabalho e Doenças Ocupacionais", em que levantamos algumas teses sobre a inconstitucionalidade ou, ainda, a inaplicabilidade do prazo carencial em doenças não tipificadas na norma legal.

A lista atual de doenças consideradas para fins de concessão do benefício sem exigência de carência é a seguinte:

- tuberculose ativa;
- hanseníase;
- alienação mental;
- esclerose múltipla;
- hepatopatia grave;
- neoplasia maligna;
- cegueira;
- paralisia irreversível e incapacitante;
- cardiopatia grave;
- doença de Parkinson;
- espondiloartrose anquilosante;
- nefropatia grave;
- estado avançado da doença de Paget (osteíte deformante);
- síndrome da deficiência imunológica adquirida (AIDS);
- contaminação por radiação, com base em conclusão da medicina especializada;
- acidente vascular encefálico (agudo); e
- abdome agudo cirúrgico.

Os segurados especiais estão isentos do cumprimento do período de carência – entendida esta como número mínimo de contribuições mensais, devendo, todavia, comprovar o exercício de atividade rural nos doze meses imediatamente anteriores ao requerimento do benefício, salvo quando acometidos de acidentes do trabalho (e situações equiparadas), acidentes de qualquer natureza ou alguma das enfermidades acima, em que bastará a comprovação da condição de segurado especial, sem a exigência de doze meses de atividade rural.

31.2.2 Data de início do benefício

Quando decorrer de transformação de auxílio por incapacidade temporária, é devida a partir do dia imediato ao da cessação do benefício antecedente.

Quando não decorrer de transformação, ela é devida nas seguintes Datas de Início do Benefício – DIB:

- para os segurados empregados (exceto o doméstico): a contar do 16º dia de afastamento da atividade ou a partir da entrada do requerimento, quando postulado após o 30º dia do afastamento da atividade (os 15 primeiros dias de afastamento são de responsabilidade da empresa, que deverá pagar ao segurado empregado o salário); e
- para o segurado empregado doméstico, trabalhador avulso, contribuinte individual, especial, facultativo e intermitente: a partir da data do início da incapacidade, ou da data de entrada do requerimento, quando ocorrido após o 30º dia da incapacidade.

Em todos os casos, o requerimento do benefício deve ser formulado no prazo fixado, de 30 dias a partir da data da incapacidade, sob pena de ser a data daquele o termo inicial do benefício. Evidentemente, se o segurado se encontra incapacitado não apenas para o trabalho, mas para quaisquer atos da vida civil, não se pode exigir tal prazo (por exemplo, quando o segurado tenha ficado em estado de coma, ou inconsciente), pois contra os totalmente incapazes não são oponíveis quaisquer prazos legais.

Se o segurado empregado, por motivo de incapacidade, afastar-se do trabalho durante o período de 15 (quinze) dias, retornar à atividade no 16º (décimo sexto) dia, e voltar a se afastar no prazo de 60 (sessenta) dias contado da data do seu retorno, em decorrência do mesmo motivo que gerou a incapacidade, este fará jus ao auxílio por incapacidade temporária a partir da data do novo afastamento. E caso o retorno à atividade tiver ocorrido antes de 15 (quinze) dias do primeiro afastamento, o segurado fará jus ao auxílio por incapacidade temporária a partir do dia seguinte ao que completar os 15 (quinze) dias de afastamento, somados os períodos de afastamento intercalados.

Na hipótese em que é solicitada exclusivamente na via judicial, sem que exista prévia postulação administrativa, é a citação válida que deve ser considerada como termo inicial para a implantação do benefício. Isso porque a citação, além de informar o litígio, constitui o réu em mora quanto à cobertura do evento causador da incapacidade, tendo em vista a aplicação do art. 240 do CPC/2015.

Nesse sentido, a Súmula n. 576 do STJ: "Ausente requerimento administrativo no INSS, o termo inicial para a implantação da aposentadoria por invalidez concedida judicialmente será a data da citação válida".

Assim, a concessão deve coincidir com a data do requerimento administrativo ou, na ausência deste, da citação do INSS, na hipótese em que a incapacidade definitiva apenas seja comprovada após a apresentação do laudo pericial em juízo e o segurado não esteja em gozo de auxílio decorrente do mesmo fato gerador. Nesse sentido: STJ, REsp 1.311.665, 1ª Turma, Rel. p/ acórdão Min. Sérgio Kukina, DJe 17.10.2014.

Um questionamento faz-se oportuno: quando o segurado acometido de mal incapacitante busca a prestação jurisdicional com o intuito de obter auxílio por incapacidade temporária, mas a perícia constata que a incapacidade não é temporária, mas sim permanente, poderá o juiz conceder a aposentadoria?

Essa situação é bastante comum no meio judiciário. Nesses casos, o juiz poderá conceder a aposentadoria por incapacidade permanente, sem que isso caracterize julgamento *extra* ou *ultra petita*, pois, constatada a incapacidade, é dever de ofício do INSS conceder o benefício correspondente (pelo princípio da seletividade). Nesse sentido:

Em matéria previdenciária, deve-se flexibilizar a análise do pedido contido na petição inicial, não entendendo como julgamento *extra* ou *ultra petita* a concessão de benefício diverso do requerido na inicial, desde que o autor preencha os requisitos legais do benefício deferido (AgRg no REsp 1.367.825-RS, 2ª Turma, Rel. Min. Humberto Martins, *DJe* 29.4.2013).

A perícia deve avaliar, necessariamente, qual a condição de saúde do segurado quando do requerimento administrativo do benefício e, uma vez que o órgão judicial se convença da presença dos requisitos naquela data, é fundamental que seja deferida com efeitos retroativos à data em que deveria ter sido pago pelo INSS, sob pena de cometer-se grave injustiça com o autor da demanda. Neste sentido:

PROCESSUAL CIVIL. AGRAVO LEGAL (ART. 557, § 1º, DO CPC). APOSENTADORIA POR INVALIDEZ. TERMO INICIAL. REQUERIMENTO ADMINISTRATIVO. 1. Tendo o expert asseverado que a incapacidade para o labor iniciou-se em momento anterior à perícia, de rigor a fixação do termo inicial da aposentadoria por invalidez na data do requerimento administrativo (25/06/2008), momento em que o demandante reuniu todos os requisitos para a concessão do benefício. 2. Agravo legal parcialmente provido (TRF da 3ª Região, AC 0013610-69.2012.4.03.9999, 9ª Turma, Rel. Des. Federal Nelson Bernardes, j. 30.7.2012).

31.2.3 Renda mensal inicial

Até o advento da EC n. 103/2019, a aposentadoria por invalidez, inclusive a decorrente de acidente do trabalho, consistia numa renda mensal correspondente a 100% do salário de benefício, apurado com base na média aritmética simples dos maiores salários de contribuição correspondentes a 80% do período contributivo decorrido desde a competência julho de 1994 até a data de início do benefício.

No entanto, a EC n. 103/2019 estabeleceu (art. 26) novos coeficientes de cálculo. Vejamos:

- **aposentadoria por incapacidade permanente (não acidentária)**: corresponderá a 60% do salário de benefício, com acréscimo de dois pontos percentuais para cada ano de contribuição que exceder o tempo de 20 anos de contribuição, no caso dos homens, e dos 15 anos, no caso das mulheres. Por exemplo:
- **segurado homem**: 20 anos de tempo de contribuição = 60% do salário de benefício; 30 anos de tempo de contribuição = 80% do salário de benefício; 40 anos de tempo de contribuição = 100% do salário de benefício;
- **segurada mulher**: 15 anos de tempo de contribuição = 60% do salário de benefício; 30 anos de tempo de contribuição = 90% do salário de benefício; 35 anos de tempo de contribuição = 100% do salário de benefício;
- **aposentadoria por incapacidade permanente quando decorrer de acidente de trabalho, de doença profissional e de doença do trabalho**: corresponderá a 100% do salário de benefício que leva em consideração todos os salários de contribuição (desde julho de 1994, ou desde o início da contribuição, se posterior àquela competência).

Essa mudança no cálculo representa uma perda significativa de renda do segurado que se tornar incapaz de forma permanente para o trabalho, salvo na hipótese de a incapacidade ter resultado de acidente do trabalho, em situações assemelhadas ao acidente-típico, em casos de doença profissional e de doença do trabalho.

Este tema deverá acarretar grandes controvérsias também porque, em caso de incapacidade permanente não acidentária, o valor do benefício de aposentadoria pode, e bem possivelmente será, calculado em valor menor que o benefício que o antecedeu, situação que deve acarretar a arguição de que há violação quanto à irredutibilidade do valor do benefício, pois não há sentido receber um valor de benefício menor (incapacidade permanente) por uma situação menos grave (que a de uma incapacidade temporária). Já se verifica na jurisprudência casos de reconhecimento de inconstitucionalidade desse critério:

> PREVIDENCIÁRIO. APOSENTADORIA POR INCAPACIDADE PERMANENTE. DISCRIMINAÇÃO ENTRE OS COEFICIENTES DA ACIDENTÁRIA E DA NÃO ACIDENTÁRIA. CÁLCULO DA RENDA MENSAL INICIAL. INCONSTITUCIONALIDADE DO ART. 26, § 2º, III, DA EC n. 103/2019. VIOLAÇÃO DOS PRINCÍPIOS CONSTITUCIONAIS DA ISONOMIA, DA RAZOABILIDADE E DA IRREDUTIBILIDADE DO VALOR DOS BENEFÍCIOS E DA PROIBIÇÃO DA PROTEÇÃO DEFICIENTE. 1. A EC 103/2019 alterou a forma de cálculo dos benefícios previdenciários. Em relação a aposentadoria por incapacidade permanente não acidentária, estabeleceu, até o advento de lei posterior, que o seu cálculo, corresponda a 60% (sessenta por cento) da média aritmética simples dos salários de contribuição contidos no período de apuração, com acréscimo de 2% (dois por cento) para cada ano de contribuição que exceder o tempo de 20 anos de contribuição para os homens ou 15 anos de contribuição para as mulheres. 2. O art. 194, parágrafo único, IV, da CF/88, garante a irredutibilidade do valor dos benefícios. Como a EC 103/19 não tratou do auxílio-doença (agora auxílio por incapacidade temporária) criou uma situação paradoxal. De fato, continua sendo aplicável o art. 61 da LBPS, cuja renda mensal inicial corresponde a 91% do salário de benefício. Desta forma, se um segurado estiver recebendo auxílio doença que for convertido em aposentadoria por incapacidade permanente, terá uma redução substancial, não fazendo sentido, do ponto de vista da proteção social, que um benefício por incapacidade temporária tenha um valor superior a um benefício por incapacidade permanente. 3. Ademais, não há motivo objetivo plausível para haver discriminação entre os coeficientes aplicáveis à aposentadoria por incapacidade permanente acidentária e não acidentária. 4. Em razão da inconstitucionalidade do inciso III do § 2º do art. 26 da EC 103/2019, esta turma delibera por fixar a seguinte tese: "O valor da renda mensal inicial (RMI) da aposentadoria por incapacidade permanente não acidentária continua sendo de 100% (cem por cento) da média aritmética simples dos salários de contribuição contidos no período básico de cálculo (PBC). Tratando-se de benefício com DIB posterior a EC 103/19, o período de apuração será de 100% do período contributivo desde a competência julho de 1994, ou desde o início da contribuição, se posterior àquela competência" (Turma Regional de Uniformização da 4ª Região, Proc. 5003241-81.2021.4.04.7122, Rel. Juiz Federal Daniel Machado Da Rocha, juntado aos autos em 12.3.2022).

Semelhante diferenciação ocorreu no passado, na redação original da Lei n. 8.213/1991, sendo corrigida posteriormente pela Lei n. 9.032/1995. E agora volta à baila essa regra discriminatória, sem razão de ordem contributiva que justifique pagar benefício em menor valor para situações isonômicas. Concordamos, pois, que houve discrímen nada razoável na fixação de critérios distintos para o cálculo desse benefício após a vigência da Emenda n. 103 e mais, sem que haja sequer fundamentação que justifique a adoção do discrímen.

A matéria já chegou ao STF, inicialmente pelo ajuizamento da ADI n. 6.384 (com julgamento suspenso por pedido de vista) e mais recentemente admitida em sede de repercussão geral (Tema n. 1.300), por força de recurso extraordinário contra acórdão da 2ª Turma Recursal dos Juizados Especiais Federais da Seção Judiciária do Paraná. A decisão guerreada pelo INSS determinou o pagamento de aposentadoria por incapacidade permanente decorrente de doença grave, contagiosa ou incurável de forma integral, sem a incidência do art. 26, § 2º, III, da EC n. 103/2019. A questão está assim ementada: "saber se, após a edição da EC n. 103/2019, a aposentadoria por incapacidade permanente decorrente de doença grave, contagiosa ou incurável deve ser paga de forma integral" (RE 1469150, Rel. Min. Roberto Barroso, publ. 30.4.2024).

Outra situação relacionada ao tema é o cômputo dos salários de benefício como salários de contribuição. Nos termos do art. 29, II (com a redação dada pela Lei n. 9.876/1999) e § 5º, da Lei n. 8.213/1991, somente é admitida pelo INSS se, no período básico de cálculo, houver contribuições intercaladas com os afastamentos ocorridos por motivo de incapacidade.

A matéria foi sumulada pelo STJ: Súmula n. 557 – "A renda mensal inicial (RMI) alusiva ao benefício de aposentadoria por invalidez precedido de auxílio-doença será apurada na forma do art. 36, § 7º, do Decreto n. 3.048/1999, observando-se, porém, os critérios previstos no art. 29, § 5º, da Lei n. 8.213/1991, quando intercalados períodos de afastamento e de atividade laboral".

Para o segurado especial, o benefício será concedido no valor de um salário mínimo; porém, caso comprove contribuições para o sistema acima desse valor, terá a renda mensal calculada com base no salário de benefício (100% da média dos valores que serviram de base para a contribuição mensal, corrigidos monetariamente, desde julho de 1994 ou do início das contribuições, se posterior).

O valor da aposentadoria ao segurado que necessitar da assistência permanente de outra pessoa será acrescido de 25% sobre a mesma base de cálculo.

O acréscimo será devido, ainda que o valor da aposentadoria atinja o limite máximo legal; será recalculado quando o benefício que lhe deu origem for reajustado e cessará com a morte do aposentado, não sendo incorporável ao valor da pensão.

As situações em que o aposentado terá direito a essa majoração estão relacionadas no Anexo I do Regulamento da Previdência Social (Decreto n. 3.048/1999), quais sejam:

1) Cegueira total;
2) Perda de nove dedos das mãos ou superior a esta;
3) Paralisia dos dois membros superiores ou inferiores;
4) Perda dos membros inferiores, acima dos pés, quando a prótese for impossível;
5) Perda de uma das mãos e de dois pés, ainda que a prótese seja possível;
6) Perda de um membro superior e outro inferior, quando a prótese for impossível;
7) Alteração das faculdades mentais com grave perturbação da vida orgânica e social;
8) Doença que exija permanência contínua no leito;
9) Incapacidade permanente para as atividades da vida diária.

Essa relação não pode ser considerada como exaustiva, pois outras situações podem levar o aposentado a necessitar de assistência permanente, o que pode ser comprovado por meio de perícia médica.

É de se ressaltar que *não há previsão de requerimento administrativo para o acréscimo de 25%* – não se consegue, por exemplo, postular pela internet ou pelo telefone 135 – de modo que tal situação justifica a retroação à data de início da aposentadoria, ou quando a necessidade de assistência permanente ocorrer após, à data em que o segurado passou a estar enquadrado na regra legal.

Constatado por ocasião da perícia médica que o segurado faz jus à aposentadoria por invalidez, deverá o INSS, de imediato, verificar se este necessita da assistência permanente de outra pessoa, fixando-se, se for o caso, o início do pagamento na data do início da aposentadoria por invalidez. Nesse mesmo sentido: TNU, PEDILEF 50090847420134047100, Rel. Juiz Federal Bruno Leonardo Câmara Carrá, *DOU* 10.7.2015.

Conforme o art. 328 da IN INSS/PRES n. 128/2022, o acréscimo de 25% (apelidado de "grande invalidez") será devido:

I – da data do início do benefício, quando comprovada a situação na perícia que sugeriu a aposentadoria por incapacidade permanente; ou

II – da data do pedido do acréscimo, quando comprovado que a situação se iniciou após a concessão da aposentadoria por incapacidade permanente, ainda que a aposentadoria tenha sido concedida em cumprimento de ordem judicial.

Importante salientar, a respeito da incidência de imposto de renda sobre proventos de aposentadoria:

- **CARF – Súmula n. 43:** *Os proventos de aposentadoria, reforma ou reserva remunerada, motivadas por acidente em serviço e os percebidos por portador de moléstia profissional ou grave, ainda que contraída após a aposentadoria, reforma ou reserva remunerada, são isentos do imposto de renda.*
- **TRF da 4ª Região – Súmula n. 84:** *Concedida a isenção do imposto de renda incidente sobre os proventos de aposentadoria percebidos por portadores de neoplasia maligna, nos termos art. 6º, inciso XIV, da Lei 7.713/88, não se exige a persistência dos sintomas para a manutenção do benefício.*

31.2.4 Recuperação da capacidade de trabalho

A aposentadoria por incapacidade permanente suspende o contrato de trabalho (CLT, art. 475) e cessa com a recuperação da capacidade de trabalho. Por isso, o aposentado nesta modalidade que retornar voluntariamente à atividade terá sua aposentadoria automaticamente cancelada, a partir da data do retorno – art. 46 da Lei do RGPS.

Questão bastante presente é o alcance da regra do art. 475 da CLT a outros direitos do empregado que não o pagamento do salário. O mais comum dos direitos vindicados em ações trabalhistas movidas por empregados aposentados nesta condição é a manutenção do plano de saúde em modalidade empresarial, custeado pelo empregador, que muitas vezes é suprimido justamente no período de concessão da aposentadoria. A esse respeito, a posição da jurisprudência é firme no sentido da ilicitude de tal procedimento:

> RECURSO DE REVISTA. SUSPENSÃO DO CONTRATO DE TRABALHO. APOSENTADORIA POR INVALIDEZ. MANUTENÇÃO DO PLANO DE SAÚDE. *Nos termos do art. 475 da CLT, "o empregado que for aposentado por invalidez terá suspenso o seu contrato de trabalho durante o prazo fixado pelas leis de previdência social para a efetivação do benefício". Suspenso o ajuste, paralisam-se apenas os efeitos principais do vínculo, quais sejam, a prestação de trabalho, o pagamento de salários e a contagem do tempo de serviço. Todavia, as cláusulas contratuais compatíveis com a suspensão continuam impondo direitos e obrigações às partes, porquanto subsiste intacto o vínculo de emprego. Considerando que o direito ao acesso ao plano de saúde, tal como usufruído antes da aposentadoria por invalidez, não decorre da prestação de serviços, mas diretamente do contrato de emprego – resguardado durante a percepção do benefício previdenciário –, não há motivo para sua cassação. Recurso de revista conhecido e não provido* (TST, RR 501300-30.2003.5.01.0341, Rel. Min. Rosa Maria Weber, 3ª Turma, publ. 14.8.2009).

O segurado em gozo de aposentadoria por incapacidade permanente está obrigado, sob pena de suspensão do benefício, a submeter-se a exame médico a cargo da Previdência Social, a processo de reabilitação profissional por ela prescrito e custeado, e a tratamento dispensado gratuitamente, exceto o cirúrgico e a transfusão de sangue, que são facultativos, independentemente de idade (art. 101, *caput*, da Lei n. 8.213/1991).

A perícia para tais fins terá acesso aos prontuários médicos do periciado no Sistema Único de Saúde (SUS), desde que haja a prévia anuência do periciado e seja garantido o sigilo sobre os dados dele (§ 4º do art. 101 da LBPS, redação conferida pela Lei n. 13.457/2017).

O aposentado por incapacidade permanente e o pensionista inválido que não tenham retornado à atividade estarão isentos de comparecer a exame médico-pericial após completarem 55 anos ou mais de idade e quando decorridos 15 anos da data da concessão da aposentadoria por invalidez ou do auxílio-doença que a precedeu; ou após completarem 60 anos de idade (§ 1º do art. 101 da LBPS com redação conferida pela Lei n. 13.846/2019).

A Lei n. 13.847/2019 também dispensou da perícia a pessoa com HIV/AIDS, pela redação conferida ao art. 43, § 5º, da LBPS.

O § 2º do art. 101 da LBPS excetua da isenção de comparecimento as perícias médicas com as seguintes finalidades: 1) verificar a necessidade de assistência permanente de outra pessoa, situação em que será concedido acréscimo de 25% sobre o valor do benefício; 2) verificar a recuperação da capacidade de trabalho, mediante solicitação do beneficiário; e 3) subsidiar autoridade judiciária na concessão de curatela. Nesses casos, o comparecimento é sempre obrigatório.

De forma inovadora, a Lei n. 14.724/2023 incluiu a previsão de que o exame médico-pericial previsto no art. 101 poderá ser realizado com o uso de tecnologia de telemedicina ou por análise documental conforme situações e requisitos definidos em regulamento (§ 6º do art. 101, com a redação conferida pela Lei n. 14.724/2023).

O STJ chegou a entender que, em caso de deferimento da aposentadoria judicialmente, o cancelamento deveria ser também por meio de ação judicial, nos termos do art. 471, I, do CPC (atual art. 505, I, do CPC/2015), e em respeito ao princípio do paralelismo das formas (REsp 1.201.503/RS, 6ª Turma, Rel. Min. Maria Thereza de Assis Moura, *DJe* 26.11.2012). No entanto, o STJ alterou essa orientação e considerou inaplicável referido princípio para o cancelamento dos benefícios, utilizando-se dos seguintes argumentos (REsp 1.429.976/CE, 2ª Turma, Rel. Min. Humberto Martins, *DJe* 24.2.2014):

1) a legislação previdenciária, que é muito prolixa, não determina essa exigência, não podendo o Poder Judiciário exigir ou criar obstáculos à autarquia, não previstos em lei;
2) foge da razoabilidade e proporcionalidade, uma vez que por meio do processo administrativo previdenciário, respeitando o devido processo legal, o contraditório e a ampla defesa, é suficiente para apurar a veracidade ou não dos argumentos para a suspensão/cancelamento do benefício, e não impede uma posterior revisão judicial;
3) a grande maioria dos benefícios sociais concedidos pela Loas – Lei Orgânica da Assistência Social –, Lei n. 8.742/1993, é deferida por meio de decisão judicial, o que acarretaria excessiva demanda judicial, afetando por demasia o Poder Judiciário, bem como a Procuradoria jurídica da autarquia, além da necessidade de defesa técnica, contratada pelo cidadão, sempre que houvesse motivos para a revisão do benefício.

De qualquer forma, ficou assentado nesse precedente do STJ que é indispensável a observância do contraditório, da ampla defesa e do devido processo legal, sempre que houver necessidade de revisão do benefício previdenciário, por meio do processo administrativo previdenciário, impedindo, com isso, o cancelamento unilateral por parte da autarquia, sem oportunizar apresentação de provas que entenderem necessárias.

A aposentadoria nesta modalidade não é concedida em caráter irrevogável. Como a incapacidade para o trabalho pode deixar de existir, em face de uma série de fatores, a lei prevê a possibilidade de cessação do pagamento quando ocorrer o retorno ao trabalho. É que "a Previdência Social Brasileira, há muitos anos, abandonou o critério da irrevogabilidade da aposentadoria por invalidez, que, no direito anterior, se configurava pelo transcurso do tempo (cinco anos de manutenção do benefício pelo órgão previdencial)".[26]

---

[26] RUSSOMANO, Mozart Victor. *Comentários...*, cit., p. 144.

A cessação do recebimento do benefício, uma vez constatada a recuperação da capacidade de trabalho do aposentado, obedece às regras do art. 47 da Lei n. 8.213/1991, procurando permitir ao segurado o retorno gradual ao mercado de trabalho para tornar a prover os meios necessários à manutenção de sua subsistência.

Na hipótese de o aposentado por incapacidade permanente se julgar apto a retornar à atividade, deverá solicitar a realização de nova avaliação médico-pericial; se restar concluindo pela recuperação da capacidade laborativa, a aposentadoria será cessada.

Caso o aposentado por incapacidade permanente retorne voluntariamente à atividade sem solicitar a avaliação médico-pericial prévia, o benefício passa a ter sua manutenção indevida e será cessado administrativamente na data do retorno, sendo assegurados a ampla defesa e o contraditório (art. 46 da Lei n. 8.213/1991 e parágrafo único do art. 332 da IN INSS/PRES n. 128/2022).

Aos empregados aplicam-se as regras do art. 475 da Consolidação das Leis do Trabalho. Para tanto, o INSS emitirá certificado de capacidade para o empregado postular seu emprego de volta. Segundo ainda o referido artigo, o empregado aposentado por incapacidade permanente, recuperando a capacidade de trabalho e sendo a aposentadoria cancelada, terá direito a retornar para a função que ocupava ao tempo da aposentadoria, facultado, porém, ao empregador o direito de indenizá-lo em resilição contratual sem justa causa, salvo na hipótese de ser o empregado portador de estabilidade, quando esta deverá ser respeitada.

Se a recuperação do segurado empregado for apenas parcial, e este for considerado em perícia médica apto para função diversa da que exercia, ou aquele cuja "alta" sobrevier em tempo posterior a cinco anos da concessão do benefício, então a estes será assegurada a percepção do benefício por mais dezoito meses, sem prejuízo do retorno à atividade, sendo que, nos primeiros seis meses da volta à ativa, o benefício será pago integralmente, do sétimo ao décimo segundo mês será pago com redução de 50% em seu valor e, nos seis últimos meses – do décimo terceiro ao décimo oitavo mês, será pago o benefício com redução de 75%.

Ante a inaplicabilidade dos arts. 477, 478 e 497 da Consolidação das Leis do Trabalho, a partir da adoção do FGTS como regime único de proteção do emprego contra a despedida imotivada, há que se interpretar que o empregador que desejar dispensar o empregado não estável que tiver sua aposentadoria por incapacidade cessada pagará a *indenização compensatória* da dispensa imotivada igual a 40% do montante dos depósitos do FGTS devidos no curso do contrato de trabalho e, no caso de estável, pagará a indenização equivalente ao período de garantia de emprego, mais a indenização de 40% do FGTS.

Concordamos novamente com *Russomano*:

> *Assim sendo, após dezoito meses de recebimento do valor da aposentadoria com reduções sucessivas e crescentes, cessará, definitivamente, o benefício.*
> *Nessa hipótese, a aposentadoria será mantida, nas condições indicadas, sem prejuízo – diz o legislador – da volta do segurado ao trabalho (...)*
> *Esse dispositivo sempre nos autorizou a afirmação de que o segurado tem direito de retornar à sua atividade normal e, no caso de estar protegido pela Consolidação das Leis do Trabalho, de ser readmitido no cargo que exercia, anteriormente, na empresa, ou receber indenização (...).*[27]

Não discrepa o entendimento jurisprudencial trabalhista a respeito, preconizado na Súmula n. 160 do Tribunal Superior do Trabalho: "Cancelada a aposentadoria por invalidez,

---

[27] *Comentários...*, cit., p. 148.

mesmo após cinco anos, o trabalhador terá direito de retomar ao emprego, facultado, porém, ao empregador, indenizá-lo na forma da lei".

– **Mensalidade de recuperação**

Aos demais segurados, exceto os empregados, aplica-se o seguinte procedimento, denominado "mensalidade de recuperação" (art. 49 do Regulamento): sobrevindo a recuperação plena nos cinco anos subsequentes à concessão do benefício, a estes será concedido o benefício ainda por tantos meses quantos foram os anos de duração do benefício. Já se a recuperação for parcial, ocorrer após os cinco anos, ou o segurado for declarado apto para o exercício de função diversa da que exercia antes da aposentação, aplicar-se-á a mesma regra da supressão gradativa do benefício, em dezoito meses.

A mensalidade de recuperação será considerada como tempo de contribuição, observado o inciso II do art. 55 da Lei n. 8.213, de 1991, inclusive o período com redução da renda previsto no *caput* (§ 5º do art. 333 da IN INSS/PRES n. 128/2022).

É garantido ao segurado que retornar à atividade que este possa requerer, a qualquer tempo, novo benefício, tendo este processamento normal. Ou seja, o aposentado que volte a trabalhar, caso seja vítima de nova incapacidade, ou implemente direito a outro benefício de aposentadoria, poderá requerê-lo a qualquer tempo, não havendo obrigação de prazo carencial entre os dois benefícios, ou compensação de valores percebidos a título de aposentadoria.

Caso haja requerimento de novo benefício, durante o período de recebimento de mensalidades de recuperação, caberá ao segurado optar por um dos benefícios, sempre assegurada a opção pelo mais vantajoso. No caso de opção pelo recebimento do novo benefício a que se refere o *caput*, cuja duração encerre antes da cessação do benefício decorrente do caput, seu pagamento poderá ser restabelecido pelo período remanescente, respeitando-se as reduções correspondentes (art. 334 da IN INSS/PRES n. 128/2022).

Cabe ainda consignar que há decisões do STJ dando conta da possibilidade de cumulação de aposentadoria por incapacidade permanente e subsídio decorrente de exercício de mandato eletivo, reconhecendo que a incapacidade para o exercício da atividade profissional não significa necessariamente invalidez para os atos da vida política (AgRg no REsp 1.412.872/CE, 1ª Turma, Min. Ari Pargendler, *DJe* 18.12.2013; AgRg no REsp 1.307.425/SC, 2ª Turma, Min. Castro Meira, *DJe* 2.10.2013).

Comprovados os requisitos para a aposentadoria, inclusive por incapacidade permanente, e sobrevindo o óbito do autor no curso do processo, é possível a conversão daquele benefício em pensão por morte, não caracterizando julgamento *ultra* ou *extra petita*, por ser este benefício consequência daquele. Nesse sentido: STJ, REsp 1.108.079/PR, 6ª Turma, Rel. Min. Maria Tereza de Assis Moura, *DJe* 3.11.2011.

31.2.5 Da possibilidade de transformação da aposentadoria por incapacidade em aposentadoria por idade

De acordo com a regra contida no art. 55 do Decreto n. 3.048/1999, a aposentadoria por idade poderia ser decorrente da transformação de aposentadoria por invalidez ou auxílio-doença, desde que requerida pelo segurado e observado o cumprimento da carência exigida na data de início do benefício a ser transformado.

No entanto, esse dispositivo foi revogado pelo Decreto n. 6.722, de 2008, impossibilitando essa transformação direta que muitas vezes representava um acréscimo de renda em face da aplicação do fator previdenciário positivo.

Cabe ressaltar primeiro, no tocante à norma regulamentar, que ela é claramente inconstitucional, vez que não respeita o direito adquirido daqueles que implementaram o requisito para a aposentadoria por idade antes do advento do Decreto n. 6.722/2008, mas que fizeram o requerimento após 30 de dezembro de 2008. Ao mencionar apenas "requerimentos efetivados a partir de 31 de dezembro de 2008" a norma deixa de prever o direito adquirido dos segurados, e quanto a eles, é inaplicável.

Para esses segurados obviamente não poderia haver qualquer restrição da transformação de benefícios por incapacidade em aposentadoria por idade, já que obtiveram o direito a aplicação da norma vigente na data da implementação dos requisitos. Portanto, se o preenchimento dos requisitos idade e carência foram anteriores a 30.12.2008, não cabe o indeferimento do pedido, mesmo que o requerimento se dê após a mudança legislativa. Nesse sentido: TNU, PEDILEF 50017381320114047207, Relatora Juíza Federal Kyu Soon Lee, *DOU* 7.6.2013.

Quanto à questão do recálculo da RMI, não havendo períodos intercalados de atividade laboral, aplica-se também a orientação do STF, oriunda do julgamento da Repercussão Geral no RE 583.834/SC, que afasta a possibilidade da aplicação do art. 29, § 5º, da Lei n. 8.213/1991 (RE 583.834/SC, Plenário, Rel. Min. Ayres Britto, *DJe* 14.2.2012).

Cumpre destacar que também existe a possibilidade de conversão da aposentadoria por tempo de contribuição, por idade ou especial em aposentadoria por invalidez, desde que o segurado tenha preenchido os requisitos para a concessão da aposentadoria por invalidez na época em que foi concedido o primeiro benefício. Nessa hipótese, o marco inicial da aposentadoria por invalidez deve ser fixado na data da concessão da aposentadoria originária. Nesse sentido: TRF4, AC 5013611-31.2011.404.7200, 5ª Turma, Rel. Paulo Afonso Brum Vaz, j. 12.1.2017; TRF4, AC 5042309-85.2013.404.7100, 5ª Turma, Rel. p/ acórdão Rogério Favreto, j. 3.3.2016.

Questionamento importante é se poderia o segurado voltar a contribuir para a previdência social e postular na sequência o novo benefício.

Vejamos em que hipóteses o retorno à atividade pelo aposentado encontra regramento:

a) caso tenha recuperado a capacidade laborativa e retornar voluntariamente à atividade, a sua aposentadoria será automaticamente cancelada (art. 46 da Lei n. 8.213/1991).

b) caso o aposentado se julgar apto a retornar à atividade deverá solicitar a realização de nova avaliação médico pericial e somente depois da perícia médica do INSS concluir pela recuperação da capacidade laborativa, a aposentadoria será cancelada (art. 47 do RPS).

Quanto à questão do recálculo da RMI, não havendo períodos intercalados de atividade laboral, aplica-se também a orientação do Supremo Tribunal Federal, oriunda do julgamento da Repercussão Geral no RE 583.834/SC, que afasta a possibilidade da aplicação do art. 29, § 5º, da Lei n. 8.213/1991 (Plenário, Rel. Min. Ayres Britto, *DJe* 14.2.2012).

Por fim, a aplicação do fator previdenciário, quando cabível, ou seja, quando diga respeito a períodos anteriores à vigência da EC n. 103/2019, deverá levar em conta o novo tempo contributivo (soma de todos os períodos trabalhados e de gozo de benefício) e a idade e expectativa de sobrevida na data do novo requerimento.

QUADRO-RESUMO – APOSENTADORIA POR INVALIDEZ/POR INCAPACIDADE PERMANENTE

BENEFÍCIO	Códigos da Espécie (INSS): B-32 (previdenciária); B-92 (acidentária)
Evento Gerador	Incapacidade permanente para toda e qualquer atividade laborativa, insuscetível de reabilitação. – Súmula n. 47 da TNU: "Uma vez reconhecida a incapacidade parcial para o trabalho, o juiz deve analisar as condições pessoais e sociais do segurado para a concessão de aposentadoria por invalidez". – Súmula n. 77 da TNU: "O julgador não é obrigado a analisar as condições pessoais e sociais quando não reconhecer a incapacidade do requerente para a sua atividade habitual".
Beneficiários	Todos os segurados do RGPS, para a aposentadoria por invalidez previdenciária. No caso de aposentadoria por acidente do trabalho (B-92), somente o segurado empregado, inclusive o doméstico, o trabalhador avulso e o segurado especial.
Carência	a) não é exigida, em caso de acidente do trabalho (e situações equiparadas) ou acidente de outra natureza, e no caso de doenças tipificadas no art. 2º da Portaria Interministerial MTP/MS n. 22, de 31.8.2022 como graves, contagiosas ou incuráveis; b) 12 contribuições mensais, nos demais casos.
Enfermidade Preexistente à Filiação	– Não será concedido o benefício, caso o segurado já seja portador da enfermidade incapacitante antes de sua filiação ao RGPS, salvo em caso de progressão ou agravamento desta após o início da atividade laboral que o vinculou ao Regime. – "Não há direito a auxílio-doença ou a aposentadoria por invalidez quando a incapacidade para o trabalho é preexistente ao reingresso do segurado no Regime Geral de Previdência Social" (Súmula n. 53 da TNU).
Qualidade de Segurado	É devido o benefício, mesmo que a enfermidade seja diagnosticada durante o período de graça de que trata o art. 15 da Lei n. 8.213/1991.
Salário de Benefício	a) Para o segurado filiado na Previdência Social a partir de 29.11.1999 (Lei n. 9.876, de 1999), o salário de benefício consistia: – na média aritmética simples dos maiores salários de contribuição correspondentes a 80% de todo o período contributivo, corrigidos mês a mês; b) Para o segurado filiado à Previdência Social até 28.11.1999, o salário de benefício consistia: – na média aritmética simples dos 80% maiores salários de contribuição, corrigidos mês a mês, de todo o período contributivo decorrido desde julho de 1994; c) Para os benefícios requeridos após a publicação da EC n. 103/2019: 100% do período contributivo desde a competência julho de 1994, ou desde o início da contribuição, se posterior àquela competência;
Fator Previdenciário	Não se aplica a este benefício.
Renda Mensal Inicial	– Até o advento da EC n. 103/2019: 100% do salário de benefício, em todos os casos. – Para os fatos geradores ocorridos após a publicação da EC n. 103/2019: – aposentadoria por incapacidade permanente (não acidentária): 60% do salário de benefício, com acréscimo de dois pontos percentuais para cada ano de contribuição que exceder o tempo de 20 anos de contribuição no caso dos homens e dos 15 anos, no caso das mulheres; – aposentadoria por incapacidade permanente quando decorrer de acidente de trabalho, de doença profissional e de doença do trabalho: 100% do salário de benefício.

Período Básico de Cálculo	O Período Básico de Cálculo – PBC é fixado, conforme o caso, de acordo com a: I – Data do Afastamento da Atividade ou do Trabalho – DAT; II – Data de Entrada do Requerimento – DER.
Data de Início do Benefício	I – Quando precedido de auxílio-doença: a partir do dia seguinte ao da cessação daquele, por força de conclusão da perícia do INSS. II – Quando não precedido de auxílio-doença: Para o Segurado Empregado: a) a partir do 16º dia de incapacidade, caso requerido até o 30º dia de incapacidade; b) da data do requerimento, quando requerida após 30 dias do início da incapacidade. Para os demais segurados: a) a partir do 1º dia de incapacidade, caso requerido até o 30º dia de incapacidade; b) da data do requerimento, quando requerida após 30 dias do início da incapacidade.
Duração	– Indeterminada. Cessa com a recuperação da capacidade laborativa (podendo ser cancelada a qualquer tempo) ou com a morte do segurado. – O segurado aposentado por invalidez poderá ser convocado a qualquer momento para avaliação das condições que ensejaram o afastamento ou a aposentadoria, concedida judicial ou administrativamente, observado o disposto no art. 101 (art. 43, § 5º, da LBPS).
Observações	As regras gerais da aposentadoria por invalidez encontram-se no art. 201, I, da CF, nos arts. 42 a 47 da Lei n. 8.213/1991 e nos arts. 43 a 50 do Decreto n. 3.048/1999 (com as alterações introduzidas pelo Decreto n. 10.410/2020).

31.3 AUXÍLIO-ACIDENTE

O auxílio-acidente é um benefício previdenciário pago mensalmente ao segurado acidentado como forma de indenização, sem caráter substitutivo do salário, pois é recebido cumulativamente com ele, quando, após a consolidação das lesões decorrentes de acidente de qualquer natureza – e não somente de acidentes de trabalho –, resultarem sequelas que impliquem redução da capacidade para o trabalho que habitualmente exerce – Lei n. 8.213/1991, art. 86, *caput*.

Não há por que confundi-lo com o auxílio por incapacidade temporária: este somente é devido enquanto o segurado se encontra incapaz, temporariamente, para o trabalho; o auxílio-acidente, por seu turno, é devido após a consolidação das lesões ou perturbações funcionais de que foi vítima o acidentado, ou seja, após a "alta médica", não sendo percebido juntamente com aquele, mas somente após – Lei n. 8.213/1991, art. 86, § 2º.

De um acidente ocorrido com o segurado podem resultar danos irreparáveis, insuscetíveis de cura, para a integridade física do segurado. Tais danos, por sua vez, podem assumir diversos graus de gravidade; para a Previdência Social, o dano que enseja direito ao auxílio-acidente é o que acarreta perda ou redução na capacidade de trabalho (redução esta qualitativa ou quantitativa), sem caracterizar a invalidez permanente para todo e qualquer trabalho.

Exemplificando, um motorista de ônibus, vítima de acidente de trânsito, do qual resultem sequelas em seus membros inferiores, que o impossibilitem de continuar dirigindo, estará incapaz definitivamente para a função que exerce, mas não estará totalmente incapaz para toda e qualquer atividade (podendo desenvolver atividades manuais, que não exijam o uso dos membros inferiores). Na hipótese, o segurado terá direito a receber o auxílio-acidente.

31.3.1 Beneficiários

Têm direito ao recebimento do auxílio-acidente o empregado (urbano, rural e doméstico), o trabalhador avulso e o segurado especial, conforme se observa dos arts. 18, § 1º, com a redação conferida pela LC n. 150/2015, e 39, I, da Lei n. 8.213/1991.

Ao empregado, inclusive o doméstico (este após sua inclusão no rol dos que gozam da proteção acidentária), caberá a concessão do auxílio-acidente mesmo na hipótese de demissão durante o período em que estava recebendo auxílio por incapacidade temporária decorrente de acidente de qualquer natureza, desde que preenchidos os demais requisitos. O benefício em questão passou a ser devido em relação a acidentes de qualquer natureza (e não só acidentes do trabalho) desde 29.4.1995, independentemente da DIB do auxílio por incapacidade temporária que o precedeu (art. 352, § 1º, da IN INSS/PRES n. 128/2022).Em compensação, a redação original do art. 86 da Lei n. 8.213/1991 previa o cabimento de tal benefício a acidentes sofridos por presidiários que exercessem atividade remunerada, o que deixou de ser previsto com a redação dada pela Lei n. 9.032/1995. Contribuintes individuais e segurados facultativos (estes, por não exercerem atividade remunerada) não fazem jus a esse benefício, segundo a interpretação dominante, por não estarem enquadrados na proteção acidentária (art. 19 da Lei n. 8.213/1991). Nesse sentido, a TNU uniformizou o tema no Representativo de Controvérsia n. 201, tese firmada: "O contribuinte individual não faz jus ao auxílio-acidente, diante de expressa exclusão legal" (PEDILEF 0002245-25.2016.4.03.6330/SP, Rel. Taís Vargas Ferracini de Campos Gurgel, j. 9.10.2019).

Quanto aos segurados empregados domésticos, foi a EC n. 72/2013 que acabou com a indevida discriminação a essa categoria de trabalhadores, tendo a matéria sido regulamentada pela LC n. 150, de 1.6.2015. Entendemos, no entanto, que o benefício sempre foi devido, ou ao menos, a partir da promulgação da EC n. 72, com base na regra geral prevista no art. 86 da Lei n. 8.213/1991.

Em relação aos segurados especiais, o TRF da 4ª Região uniformizou o entendimento de que fazem jus à concessão de auxílio-acidente independentemente do recolhimento de contribuições (EINF 0009884-60.2012.404.9999/RS, 3ª Seção, Rel. Des. Federal Néfi Cordeiro, *DE* 25.7.2013). Essa decisão está em consonância com a redação do art. 39, I, da Lei n. 8.213/1991, conferida pela Lei n. 12.873/2013. A matéria foi analisada pelo STJ sob o rito de julgamento de recursos repetitivos – Tema 627, sendo fixada a seguinte tese:

> O segurado especial, cujo acidente ou moléstia é anterior à vigência da Lei n. 12.873/2013, que alterou a redação do inciso I do artigo 39 da Lei n. 8.213/91, não precisa comprovar o recolhimento de contribuição como segurado facultativo para ter direito ao auxílio-acidente (REsp 1.361.410/RS, 1ª Seção, *DJe* 21.2.2018).

– Auxílio-acidente e período de graça

A Previdência Social passou a conceder o auxílio-acidente no período de graça somente a partir da redação do art. 104, § 7º, conferida pelo Decreto n. 6.722, de 2008. A restrição até então adotada na via administrativa não encontrava amparo legal. Nesse sentido, TNU, PEDILEF 0502859-55.2014.4.05.8312, julgamento em 16.6.2016).

De acordo com a IN INSS/PRES n. 128/2022, o Perito Médico Federal estabelecerá a existência ou não de redução da capacidade de trabalho quando a consolidação das lesões decorrentes de acidente de qualquer natureza resultar em sequela definitiva para o segurado. As sequelas a que se refere o *caput* constarão em lista, a exemplo das constantes no Anexo III do RPS, elaborada e atualizada a cada três anos pelo Ministério do Trabalho e Previdência – MTP, de acordo com critérios técnicos e científicos.

Por sua vez, a qualidade de segurado não é mais mantida enquanto for recebido pelo segurado exclusivamente o auxílio-acidente, regra que mudou desde 18.6.2019, com a publicação da MP n. 871, posteriormente convertida na Lei n. 13.486/2019. Nesse sentido, o art. 184, I, da IN INSS/PRES n. 128/2022. Antes, a manutenção da qualidade de segurado era reconhecida pela legislação, assim como pela jurisprudência.

Não rendem ensejo ao auxílio-acidente, segundo o Regulamento, os casos em que o acidentado apresente danos funcionais ou redução da capacidade funcional sem repercussão na capacidade laborativa, e, em caso de mudança de função, mediante readaptação profissional promovida pela empresa, como medida preventiva, em decorrência de inadequação do local de trabalho – art. 104, § 4º.

Mas segundo precedentes jurisprudenciais, o benefício de auxílio-acidente é devido se e quando comprovado pelo conjunto probatório que o segurado é portador de sequela decorrente de acidente de qualquer natureza determinadora de redução da capacidade para o trabalho habitual, não exigindo, a legislação em vigor, grau, índice ou percentual mínimo de incapacidade.

O STJ firmou, a esse respeito, tese em sede de recursos repetitivos com o seguinte teor: "Exige-se, para concessão do auxílio-acidente, a existência de lesão, decorrente de acidente do trabalho, que implique redução da capacidade para o labor habitualmente exercido. O nível do dano e, em consequência, o grau do maior esforço, não interferem na concessão do benefício, o qual será devido ainda que mínima a lesão" (Tema 416).

O STJ estabeleceu também que o segurado que tenha adquirido lesão caracterizada como causadora de incapacidade parcial e permanente tem direito a receber auxílio-acidente, mesmo que essa lesão tenha caráter reversível. A tese firmada em sede de recursos repetitivos no STJ foi que: "Será devido o auxílio-acidente quando demonstrado o nexo de causalidade entre a redução de natureza permanente da capacidade laborativa e a atividade profissional desenvolvida, sendo irrelevante a possibilidade de reversibilidade da doença" (Tema 156).

De acordo com o § 5º do art. 104 do Decreto n. 3.048/1999, a perda da audição, em qualquer grau, somente proporcionará a concessão do auxílio-acidente quando, além do reconhecimento do nexo entre o trabalho e o agravo, resultar, comprovadamente, na redução ou perda da capacidade para o trabalho que o segurado habitualmente exerça.

Todavia, a jurisprudência do STJ definiu a questão em sede de análise de recursos repetitivos (tese firmada no Tema 22) e em Súmula, a seguir transcritas, respectivamente:

> Tema 22: "Comprovados o nexo de causalidade e a redução da capacidade laborativa, mesmo em face da disacusia em grau inferior ao estabelecido pela Tabela Fowler, subsiste o direito do obreiro ao benefício de auxílio-acidente".
>
> Súmula n. 44: "A definição, em ato regulamentar, de grau mínimo de disacusia, não exclui, por si só, a concessão do benefício previdenciário".

As regras que disciplinam o auxílio-acidente estão previstas no art. 86 da Lei n. 8.213/1991 e no art. 104 do Decreto n. 3.048/1999. Conforme o RPS, art. 104, § 4º, não dará ensejo ao benefício a sequela:

- que apresente danos funcionais ou redução da capacidade funcional sem repercussão na capacidade laborativa; e
- que envolva mudança de função, mediante readaptação profissional promovida pela empresa, como medida preventiva, em decorrência de inadequação do local de trabalho.

A regra é discutível, pois não tem previsão legal, especialmente o segundo item, sendo crucial a análise pericial quanto à existência de sequelas que reduzam a capacidade laborativa, independentemente de quem tenha tomado as medidas e em que caráter, frisando-se que, por força da legislação trabalhista, é dever da empresa zelar pelo meio ambiente de trabalho salubre e pela prevenção de enfermidades causadas pelo labor.

31.3.2 Período de carência

A concessão do auxílio-acidente independe do número de contribuições pagas, mas é preciso ter a qualidade de segurado. Vale dizer, dependentes de pessoa que nunca tenha contribuído para o RGPS, ou tenha perdido a qualidade de segurado, não fazem jus a este benefício que, geralmente, decorre de um benefício por incapacidade imediatamente antecedente, mas pode acontecer de a pessoa não ter requerido o auxílio por incapacidade temporária e mais tarde vir a requerer o auxílio-acidente, o qual será devido desde que comprovadas sequelas resultantes de acidente de natureza comum ou acidentária em momento em que guardava a qualidade de segurado.

Vale ressaltar que para segurados especiais tem se exigido, para a concessão dos benefícios por incapacidade (no valor de um salário mínimo), mesmo não havendo carência, a demonstração do exercício de atividade rural no período de 12 meses anteriores ao requerimento administrativo, ainda que de forma descontínua (TRF4, Proc. 5030291-26.2017.4.04.9999, 6ª Turma, Rel. José Luis Luvizetto Terra, juntado aos autos em 17.2.2022).

31.3.3 Data de início do benefício

O benefício tem início a partir do dia seguinte ao da cessação do auxílio por incapacidade temporária, independentemente de qualquer remuneração ou rendimento auferido pelo acidentado, ou, na data da entrada do requerimento (DER), quando não precedido de benefício por incapacidade.

É devido o benefício a partir da data em que a perícia médica do INSS concluir, após a consolidação das lesões decorrentes de acidente de trabalho ou não, haver no segurado sequela definitiva enquadrada nas situações do Anexo III do Regulamento da Previdência Social, ensejando redução da capacidade funcional, considerando-se, para tal fim, a atividade realizada na época do acidente (§ 8º do art. 104 do RPS, inserido pelo Decreto n. 4.729, de 9.6.2003).

Nesse sentido, o julgado sob o rito dos Repetitivos pelo STJ, Tema 862: "O termo inicial do auxílio-acidente deve recair no dia seguinte ao da cessação do auxílio-doença que lhe deu origem, conforme determina o art. 86, § 2º, da Lei 8.213/91, observando-se a prescrição quinquenal da Súmula 85/STJ" (REsp 1729555/SP, 1ª Seção, *DJe* 1.7.2021). Segundo a tese fixada no Representativo de Controvérsia Tema 315 da TNU:

> A data do início do benefício de auxílio-acidente é o dia seguinte à data da cessação do benefício de auxílio por incapacidade temporária, que lhe deu origem, independentemente de pedido de prorrogação deste ou de pedido específico de concessão do benefício de auxílio-acidente, nos termos do art. 86, § 2º, da Lei 8.213/91, observada a prescrição quinquenal dos valores atrasados (PEDILEF 5063339-35.2020.4.04.7100/RS, j. 18.10.2023).

Salienta-se que o agendamento via internet, Meu INSS ou pela central de teleatendimento 135 sequer preveem o requerimento de auxílio-acidente, sendo, portanto, inadmissível a exigência de prévio ingresso na via administrativa neste caso – Súmula n. 89 do STJ, presumindo-se daí que a perícia do INSS indeferiu o auxílio-acidente quando da cessação do auxílio por incapacidade que lhe antecedeu.

O problema reside na hipótese de auxílio-acidente não precedido de auxílio-doença/incapacidade temporária (quando este não foi requerido, ou foi indeferido por ausência de cumprimento da carência). Nesse caso, a data de início será a do requerimento administrativo (acaso realizado) ou a da citação inicial no processo judicial movido contra o INSS:

> O entendimento do STJ – que ora se ratifica – é firme no sentido de que o auxílio-acidente será devido a partir do dia seguinte ao da cessação do auxílio-doença, mas, inexistente a prévia concessão de tal benefício, o termo inicial deverá corresponder à data do requerimento administrativo. Inexistentes o auxílio-doença e o requerimento administrativo, o auxílio-acidente tomará por termo inicial a data da citação (STJ, REsp 1.729.555/SP, Rel. Min. Assusete Magalhães, 1ª Seção, *DJe* 1.7.2021).

Quando a matéria é levada a juízo, incumbe ao perito judicial identificar a existência ou não de sequela geradora do direito, não podendo se esquivar de elaborar laudo conclusivo – favorável ou contrário – à matéria, sob pena de nulidade do feito por cerceamento do direito de defesa dos interesses do segurado. Neste sentido:

> *APELAÇÃO CÍVEL. CONCESSÃO DE AUXÍLIO-ACIDENTE. SENTENÇA DE PROCEDÊNCIA. RECURSO PRETENDENDO O AFASTAMENTO DO BENEFÍCIO. ALEGADA AUSÊNCIA DE PRESSUPOSTOS NECESSÁRIOS À CONCESSÃO. LAUDO PERICIAL INCONCLUSIVO. SENTENÇA ANULADA DE OFÍCIO. RECURSO PREJUDICADO. RETORNO À VARA DE ORIGEM PARA DILIGÊNCIAS NECESSÁRIAS (TJPR, AC 830291-6, 6ª Câmara Cível, Rel. Luiz Osório Moraes Panza, j. 19.6.2012).*

Para tanto, a fixação do momento em que ocorre a lesão incapacitante no auxílio-acidente deve observar as hipóteses do art. 23 da Lei n. 8.213/1991, conforme julgados do STJ, *v.g.*, REsp 1.693.608/SP, Rel. Min. Herman Benjamin, 2ª Turma, *DJe* 23.10.2017.

31.3.4 Renda mensal inicial

O auxílio-acidente mensal passou a corresponder a 50% do salário de benefício a partir da Lei n. 9.032/1995 e será devido até a véspera de qualquer aposentadoria ou até a data do óbito do segurado.

Na redação original do art. 86, § 1º, da Lei n. 8.213/1991, o auxílio-acidente, mensal e vitalício, correspondia, dependendo da gravidade das sequelas, a 30%, 40% ou 60% do salário de contribuição do segurado vigente no dia do acidente, não podendo ser inferior a esse percentual do seu salário de benefício.

O STF, apreciando o tema 388 de Repercussão Geral, definiu por tese que "É inviável a aplicação retroativa da majoração prevista na Lei n. 9.032/1995 aos benefícios de auxílio-acidente concedidos em data anterior à sua vigência" (RE 613.033 RG, Rel. Min. Dias Toffoli, publ. 9.6.2011). Desse modo, conforme jurisprudência pacífica no STJ, a concessão do benefício de auxílio-acidente deve obedecer à legislação em vigor ao tempo do fato gerador, em estrita aplicação do princípio *tempus regit actum* (*v.g.*, AgInt no REsp 1.975.278/SC, Rel. Min. Francisco Falcão, 2ª Turma, *DJe* 10.8.2022).

Ainda de acordo com a orientação do STJ, deve ser considerado, para fins de auxílio-acidente, o percentual estabelecido pela lei vigente quando se dá o agravamento das lesões incapacitantes do beneficiário, e não o do momento em que o benefício foi concedido inicialmente. O agravamento da lesão incapacitante tem como consequência a alteração do auxílio-acidente, sendo considerado um novo fato gerador para a concessão do benefício. Dessa forma, o agravamento da lesão gera a concessão de um novo benefício, devendo-se aplicar a lei em vigor na data do fato agravador, por incidência do princípio *tempus regit actum* (AgRg no REsp 1.304.317/SP, 1ª Turma, Rel. Min. Ari Pargendler, *DJe* 11.12.2012).

Outra questão que se observa em discussão é o cabimento da exigência de que a renda mensal do auxílio-acidente não seja inferior a um salário mínimo. Todavia, a jurisprudência não vem acolhendo a teoria, considerando que não se trata de benefício substitutivo da remuneração. Nesse sentido:

> **TRF4 – Súmula n. 105:** "Inexiste óbice à fixação da renda mensal do auxílio-acidente em patamar inferior ao salário mínimo, uma vez que tal benefício constitui mera indenização por redução de capacidade para o trabalho, não se lhe aplicando, assim, a disposição do art. 201, § 2º, da Constituição Federal".

O STF não sinaliza no sentido de admitir a discussão da matéria em sede de Recurso Extraordinário, entendendo se tratar de divergência sobre interpretação de matéria infraconstitucional *(ARE 705.141, Plenário, Rel. Min. Gilmar Mendes, DJe 16.11.2012).*

O valor do benefício, em qualquer caso, poderá ser inferior ao salário mínimo, uma vez que não se trata de benefício substitutivo do salário de contribuição.

Dúvidas surgem quanto ao cálculo da renda mensal do auxílio-acidente quando o salário de benefício apurado seja inferior ao salário mínimo. A jurisprudência do STJ entende que, embora não seja cabível a fixação do auxílio-acidente em valor igual ou maior que o salário mínimo, o salário de benefício que lhe serve de base não pode ser inferior ao mínimo legal, acarretando que o valor pago a título de renda mensal inicial do auxílio-acidente seja de, pelo menos, 50% do salário mínimo vigente ao tempo da concessão:

> *RECURSO ESPECIAL. VIOLAÇÃO AO ART. 86, § 1º, DA LEI 8.213/91. AUXÍLIO-ACIDENTE. 50% DO SALÁRIO DE BENEFÍCIO. O art. 201 da Constituição Federal estabelece que a previdência social atenderá à cobertura dos eventos decorrentes de acidente do trabalho, nos termos da lei. A Lei n. 8.213/91, em seu art. 86, § 1º, dispõe que o auxílio-acidente corresponderá a 50% do salário de benefício do segurado, que, por sua vez, não será inferior a um salário mínimo, nem superior ao limite máximo do salário de contribuição na data do benefício. Recurso provido. (REsp 263.595/PB, 5ª Turma, Rel. Ministro Jorge Scartezzini, DJ 8.10.2001).*

O segurado especial receberá benefício equivalente a 50% do salário mínimo. Caso esteja contribuindo facultativamente, terá o benefício concedido com base na média dos salários de contribuição de todo o período desde julho de 1994 ou desde o início das contribuições, corrigidos monetariamente.

O recebimento de salário ou concessão de outro benefício, exceto de aposentadoria, não prejudicará a continuidade do recebimento do auxílio-acidente. Não é permitida a acumulação de dois ou mais auxílios-acidente. A respeito da possibilidade de cumular auxílio-acidente com aposentadoria, diante do art. 86, § 3º, da Lei 8.213/1991, com a redação dada pela Medida Provisória n. 1.596-14/1997, posteriormente convertida na Lei n. 9.528/1997, o STJ decidiu, no julgamento do Tema repetitivo n. 556: "Para fins de fixação do momento em que ocorre a lesão incapacitante em casos de doença profissional ou do trabalho, deve ser observada a definição do art. 23 da Lei 8.213/1991, segundo a qual 'considera-se como dia do acidente, no caso de doença profissional ou do trabalho, a data do início da incapacidade laborativa para o exercício da atividade habitual, ou o dia da segregação compulsória, ou o dia em que for realizado o diagnóstico, valendo para este efeito o que ocorrer primeiro'".

Não é possível também, conforme precedentes do STJ, a cumulação de auxílio-acidente com auxílio-doença quando os benefícios decorrem do mesmo fato gerador (*v.g.*, AR 6552/DF, Rel. Min. Og Fernandes, 1ª Seção, j. 25.11.2020, *DJe* 10.3.2021).

Quanto à possibilidade de cumulação do auxílio-acidente e de aposentadoria, a Primeira Seção do STJ, em contrariedade com os precedentes anteriores da Terceira Seção do STJ, firmou orientação (Recurso Especial julgado pelo Regime de Recurso Repetitivo) no sentido de que a cumulação de auxílio-acidente com proventos de aposentadoria só é possível se a eclosão da doença incapacitante e a concessão da aposentadoria forem anteriores à alteração do art. 86, §§ 2º e 3º, da Lei n. 8.213/1991, promovida pela MP n. 1.596-14/1997, que posteriormente foi convertida na Lei n. 9.528/1997.

A matéria acabou sendo objeto da Súmula n. 507 do STJ, que possui o seguinte teor: "A acumulação de auxílio-acidente com aposentadoria pressupõe que a lesão incapacitante e a aposentadoria sejam anteriores a 11/11/97, observado o critério do artigo 23 da Lei 8.213/91 para definição do momento da lesão nos casos de doença profissional ou do trabalho".

A possibilidade de cumulação do auxílio-acidente (fator gerador anterior à Lei n. 9.528/1997) com aposentadoria deverá ser apreciada pelo STF, que reconheceu a existência de repercussão geral no RE 687.813/RS (Tema 599), Rel. Min. Luiz Fux, *DJe* 18.10.2012.

31.3.5 Suspensão e cessação do benefício

O auxílio-acidente deixou de ser vitalício e passou a integrar o salário de contribuição para fins de cálculo do salário de benefício de qualquer aposentadoria. Essa disposição, contida no art. 31 da Lei n. 8.213/1991, foi restabelecida pela Lei n. 9.528, de 10.12.1997, pondo fim a uma interminável polêmica.

A disciplina do benefício em comento retirou-lhe a vitaliciedade, porém manteve sua percepção desde a cessação do benefício por incapacidade temporária até a concessão de aposentadoria – § 1º do art. 86 da LBPS.

O auxílio-acidente não cessa pela percepção de salários, muito menos pela condição de desemprego do beneficiário.

No caso de novo benefício por incapacidade, ocasionado por outra enfermidade que não a causadora da sequela que deu origem ao auxílio-acidente, o segurado receberá os dois benefícios cumulativamente. E, quanto à recidiva, dispõe o § 6º do art. 104 do RPS (com redação dada pelo Decreto n. 10.410/2020): "No caso de reabertura de auxílio por incapacidade temporária por acidente de qualquer natureza que tenha dado origem a auxílio-acidente, este será suspenso até a cessação do auxílio por incapacidade temporária reaberto, quando será reativado".

Quando o segurado em gozo de auxílio-acidente fizer jus a um novo auxílio-acidente, em decorrência de outro acidente ou de doença, serão comparadas as rendas mensais dos dois benefícios e mantido o benefício mais vantajoso.

A atual redação do art. 101 da Lei n. 8.213/1991, conferida pela Lei n. 14.441/2022, prevê a avaliação pericial periódica dos segurados em fruição de auxílio-acidente, entre outros benefícios, com o intuito de verificar eventuais ocorrências de concessão ou manutenção indevida e sob pena de suspensão do benefício.

De forma inovadora, a Lei n. 14.724/2023 incluiu a previsão de que o exame médico-pericial poderá ser realizado com o uso de tecnologia de telemedicina ou por análise documental conforme situações e requisitos definidos em regulamento (§ 6º do art. 101 da LBPS, com a redação conferida pela Lei n. 14.724/2023).

A perícia, para tais fins, terá acesso aos prontuários médicos do periciado no Sistema Único de Saúde (SUS), desde que haja a prévia anuência do periciado e seja garantido o sigilo sobre os dados dele (§ 4º do art. 101 da LBPS, redação conferida pela Lei n. 13.457/2017).

Ocorre que não há que se falar em cessação do benefício, salvo em caso de comprovada fraude, em razão do disposto no § 1º do art. 86 da LBPS. Deve ser observada a regra do momento da concessão, que previa a vitaliciedade até a Lei n. 9.528/1997 e, após a garantia da continuidade do pagamento até que ocorra a aposentadoria, a qual continua válida, pois não foi revogada pela Lei n. 14.441/2022.

31.3.6 Manutenção do auxílio-acidente cumulado com aposentadoria de outro regime

O art. 129 do Decreto n. 3.048/1999 dispõe que "O segurado em gozo de auxílio-acidente, auxílio-suplementar ou abono de permanência em serviço terá o benefício encerrado na data da emissão da certidão de tempo de contribuição". Com a devida vênia, a leitura do art. 86 da Lei do RGPS não autoriza tal interpretação.

A Lei n. 9.528, de 10.12.1997, ao vedar a acumulação do auxílio-acidente com qualquer aposentadoria, estabeleceu como compensação que "O valor mensal do auxílio-acidente integra o salário de contribuição, para fins de cálculo do salário de benefício de qualquer aposentadoria, observado, no que couber, o disposto no art. 29 e no art. 86, § 5º" (art. 31 da Lei n. 8.213/1991, restabelecido com redação conferida pela Lei n. 9.528, de 10.12.1997).[28]

Dessa forma, o legislador procurou amenizar os efeitos da norma – que afastou o caráter de vitaliciedade ao auxílio-acidente – possibilitando ao segurado recuperar parte do prejuízo com a elevação do valor da aposentadoria a ser concedida pelo RGPS.

Todavia, o INSS tem se excedido na interpretação da Lei n. 9.528/1997 e está cancelando o auxílio-acidente dos segurados que obtêm aposentadoria por outro regime previdenciário. Ou seja, o INSS, tomando conhecimento de que o beneficiário de auxílio-acidente passou a gozar de aposentadoria por regime próprio, está cancelando o auxílio-acidente concedido pelo RGPS.

Esse procedimento foge à lógica interpretativa em relação aos efeitos da Lei n. 9.528/1997. A referência a qualquer aposentadoria só pode ser entendida às concedidas pelo RGPS e não por outros regimes. Tanto é assim, que essa Lei previu a compensação pela cessação do auxílio-acidente com o incremento do valor da aposentadoria a ser deferida.

O art. 511, § 5º, da IN PRESI/INSS n. 128/2022 (e antes a IN n. 77/2015, revogada por esta) determina, também de modo ilegal, a cessação do benefício de auxílio-acidente "quando da emissão de certidão de tempo de contribuição", situação que não guarda nenhuma congruência com a Lei n. 8.213/1991, tampouco com o Regulamento. Por tal razão, a jurisprudência vem rechaçando o procedimento:

> (...) RESTABELECIMENTO DE AUXÍLIO-ACIDENTE. Cessação do benefício ante a emissão de Certidão de Tempo de Contribuição – CTC. Artigo 86, § 1º, da Lei n. 8.213/91 prevê que o auxílio-acidente deve ser mantido até a concessão de qualquer aposentadoria ou morte do segurado. Regras previstas no artigo 129 do Decreto 3.048/99 e artigo 339, inciso II, da IN/INSS 77/2015 extrapolaram suas funções regulamentadoras. Prevalência da norma jurídica de hierarquia superior. Restabelecimento do benefício devido (...) (TJ-SP, AC 10096435020198260114 SP 1009643-50.2019.8.26.0114, Rel. Des. Carlos Monnerat, 17ª Câmara de Direito Público, publ. 13.8.2021).

---

[28] "A alteração foi prejudicial ao segurado, por dois motivos. Primeiro, porque, incluídos os valores do auxílio-acidente no salário de contribuição para o cálculo de aposentadoria, após aplicados os índices de correção monetária, o fator previdenciário e o coeficiente, aquele valor restará diluído, de modo que não representará acréscimo na renda mensal do novo benefício idêntico ao da renda mensal do auxílio-acidente. Segundo, caso o novo benefício ultrapasse o valor do teto, haverá redução, ao passo que, no regime anterior, não estava descartada a hipótese de que a aposentadoria, somada ao auxílio-acidente, superasse o valor do teto, sem ferir a lei, na medida em que se tratava de dois benefícios diversos" (ROCHA, Daniel Machado da; BALTAZAR JÚNIOR, José Paulo. *Comentários à Lei de Benefícios da Previdência Social*. 3. ed. Porto Alegre: Livraria do Advogado/Esmafe, 2003. p. 267-268).

QUADRO-RESUMO – AUXÍLIO-ACIDENTE

BENEFÍCIO	AUXÍLIO-ACIDENTE Códigos da Espécie (INSS): B-36 (previdenciário) ou B-94 (acidentário)
Evento Gerador	– Segurado que sofre acidente e fica com sequelas que reduzem sua capacidade de trabalho. – Requisitos para a concessão do auxílio-acidente: (a) qualidade de segurado; (b) a superveniência de acidente de qualquer natureza; (c) a redução parcial e definitiva da capacidade para o trabalho habitual (sequela), e (d) o nexo causal entre o acidente a redução da capacidade.
Beneficiários	Segurados empregados, inclusive o doméstico, trabalhadores avulsos e segurados especiais.
Carência	Não é exigida.
Cumulatividade	O auxílio-acidente, por ter caráter de indenização, pode ser acumulado com outros benefícios pagos pela Previdência Social exceto aposentadoria. – Súmula n. 507 do STJ: "A acumulação de auxílio-acidente com aposentadoria pressupõe que a lesão incapacitante e a aposentadoria sejam anteriores a 11/11/97, observado o critério do artigo 23 da Lei 8.213/91 para definição do momento da lesão nos casos de doença profissional ou do trabalho".
Suspensão do Benefício	O auxílio-acidente será suspenso quando da concessão ou da reabertura do auxílio-doença, em razão do mesmo acidente ou de doença que lhe tenha dado origem, sendo restabelecido quando da cessação do auxílio-doença.
Salário de Benefício	a) Para o segurado filiado na Previdência Social a partir de 29.11.1999 (Lei n. 9.876, de 1999), o salário de benefício consistia: – na média aritmética simples dos maiores salários de contribuição correspondentes a 80% de todo o período contributivo, corrigidos mês a mês; b) Para o segurado filiado à Previdência Social até 28.11.1999, o salário de benefício consistia: – na média aritmética simples dos 80% maiores salários de contribuição, corrigidos mês a mês, de todo o período contributivo decorrido desde julho de 1994; c) Para os benefícios requeridos após a publicação da EC n. 103/2019: 100% do período contributivo desde a competência julho de 1994, ou desde o início da contribuição, se posterior àquela competência.
Fator Previdenciário	Não se aplica a este benefício.
Renda Mensal Inicial	– 50% do salário de benefício que deu origem ao auxílio-doença ou por incapacidade temporária, corrigido até o mês anterior ao do início do auxílio-acidente, pelos índices de atualização dos benefícios do RGPS.
Período Básico de Cálculo	O Período Básico de Cálculo – PBC é fixado, conforme o caso, de acordo com a: I – Data do Afastamento da Atividade ou do Trabalho – DAT; II – Data de Entrada do Requerimento – DER.
Data de Início do Benefício	A partir do dia seguinte ao da cessação do auxílio-doença, devendo ser verificado de ofício pela perícia do INSS.
Duração	– Indeterminada. Cessa com a aposentadoria ou com a morte do segurado, o que ocorrer primeiro.
Observações	As regras gerais do auxílio-acidente encontram-se no art. 201 da CF, no art. 86 da Lei n. 8.213/1991 e no art. 104 do Decreto n. 3.048/1999 (com redação dada pelo Decreto n. 10.410/2020).

32

Benefícios de Proteção à Família e à Maternidade

A proteção previdenciária voltada à proteção da família e à maternidade abrange os benefícios de pensão por morte, auxílio-reclusão, salário-maternidade e salário-família. Vejamos a seguir as características de cada um desses benefícios.

32.1 PENSÃO POR MORTE

A pensão por morte é o benefício pago aos dependentes do segurado, homem ou mulher, que falecer, aposentado ou não, conforme previsão expressa do art. 201, V, da Constituição Federal. Trata-se de prestação de pagamento continuado, substitutiva da remuneração do segurado falecido.

A pensão por morte pode ter origem comum ou acidentária.

Quando se trata de falecimento por acidente do trabalho ou doença ocupacional, a pensão por morte é considerada acidentária. Quando o óbito for decorrente de causas diversas é considerada como de origem comum. A diferenciação é importante para definição da competência jurisdicional para concessão e revisão do benefício (Justiça Federal ou Justiça Estadual) e também para os reflexos que podem gerar, dentre os quais a indenização a ser exigida dos causadores do acidente do trabalho (competência da Justiça do Trabalho).

E, a partir da EC n. 103/2019, caso o segurado não esteja aposentado, a definição da causa do óbito tem relação com o cálculo do valor da renda mensal da pensão. Se o óbito for decorrente de acidente do trabalho, de doença profissional e de doença do trabalho, a aposentadoria que serve de base será equivalente a 100% do salário de benefício. Na hipótese de o óbito decorrer de causa diversa, a aposentadoria que servirá de base terá um coeficiente de 60% do salário de benefício, com acréscimo de dois pontos percentuais para cada ano de contribuição que exceder o tempo de 20 anos de contribuição, no caso dos homens, e dos 15 anos, no caso das mulheres.

Necessário destacar que a pensão é devida havendo morte real ou presumida. Daí por que não há como se cogitar de regras de transição em matéria de pensão por morte: a regra a ser aplicada é a da data do óbito (princípio *tempus regit actum*). Nesse sentido, a Súmula n. 340 do STJ: "A lei aplicável à concessão de pensão previdenciária por morte é aquela vigente na data do óbito do segurado".

As regras gerais sobre a pensão por morte estão disciplinadas nos arts. 23 e 24 da EC n. 103/2019, e naquilo que não conflita com esses dispositivos, nos arts. 74 a 79 da Lei n. 8.213/1991, com as alterações promovidas pelas Leis n. 13.135, n. 13.146 e n. 13.183/2015, pela Lei n. 13.846/2019 e, ainda, pelos arts. 105 a 115 do Decreto n. 3.048/1999 (com as alterações decorrentes do Decreto n. 10.410/2020).

32.1.1 Requisitos para a concessão do benefício

O risco social a ser coberto pela Previdência Social, no caso, é a subsistência de dependentes do segurado do RGPS, assim considerados os que estão arrolados no art. 16 da Lei de Benefícios. Assim, os requisitos para a concessão do benefício são:

- a qualidade de segurado do falecido;
- a morte real ou presumida deste;
- a existência de dependentes que possam se habilitar como beneficiários perante o INSS;
- para os óbitos ocorridos a partir de 18.6.2015, o cônjuge, companheiro ou companheira terá que comprovar que a morte ocorreu depois de vertidas 18 contribuições mensais e pelo menos dois anos após o início do casamento ou da união estável (na inexistência dessas provas, a pensão tem duração de quatro meses, salvo na hipótese de o óbito do segurado decorrer de acidente de qualquer natureza ou doença profissional ou do trabalho; ou se o cônjuge ou companheiro for portador de invalidez ou deficiência).

Não é devida pensão por morte quando na data do óbito tiver ocorrido a perda da qualidade de segurado, salvo se o falecido houver implementado os requisitos para obtenção de aposentadoria, ou se, por meio de parecer médico-pericial, ficar reconhecida a existência de incapacidade permanente do falecido, dentro do período de graça. Tal regra se explica pelo fato de que, se o segurado já adquirira direito à aposentadoria, manter-se-ia nessa qualidade por força do disposto no art. 15, inciso I, da Lei do RGPS. Assim, a lei transfere ao dependente do segurado esse direito adquirido, já que, se assim não fosse, perderia o direito à pensão, tão somente pela inércia do segurado.

Nesse sentido a Súmula n. 416 do STJ: "É devida a pensão por morte aos dependentes do segurado que, apesar de ter perdido essa qualidade, preencheu os requisitos legais para a obtenção de aposentadoria até a data do seu óbito".

A mesma situação ocorre se o segurado, ao tempo do falecimento, era detentor do direito a benefício previdenciário por incapacidade temporária, ainda que tenha sido indeferido pelo INSS e somente reconhecido em Juízo. É que a sentença, no caso, não cria direito, apenas reconhece que, à época, o segurado perfazia as condições para o deferimento. Ou seja, comprovado que o segurado estava doente e somente por tal razão deixou de contribuir para a previdência, tendo falecido em razão da mesma doença, seus dependentes têm direito à pensão por morte.

Em virtude da decisão proferida na ACP 5012756-22.2015.4.04.7100/RS, o INSS deixou de reconhecer a perda da qualidade de segurado, quando devidamente comprovada a incapacidade do segurado na data do óbito ou no período de graça e desde que presentes os demais requisitos legais, para a concessão do benefício de pensão por morte. A determinação judicial produz efeitos para benefícios de pensão por morte com DER a partir de 5.3.2015 e alcança todo o território nacional. O INSS havia editado a Portaria Conjunta DIRBEN/PFE/INSS n. 60, de 7.3.2022, adequando seus sistemas para o cumprimento da decisão judicial.

No entanto, a Portaria Conjunta DIRBEN/PFE/INSS n. 79, de 31.5.2023, revogou a Portaria Conjunta DIRBEN/PFE/INSS n. 60/2022, dispondo o art. 2º desta última que, "aos novos requerimentos de pensão por morte e aos pendentes de conclusão na data da publicação desta Portaria, deverão ser aplicadas as regras que tratam da perda da qualidade de segurado na data do fato gerador previstas na Lei n. 8.213, de 24 de julho de 1991 e demais normas vigentes". E por requerimento pendente de conclusão, entendeu-se ser "aquele que não teve sua decisão de deferimento/indeferimento proferida, independentemente da fase em que se encontra a análise do pedido e ainda que já realizada a avaliação a cargo da Perícia Médica Federal".

Consoante tese firmada pela TNU no Representativo de Controvérsia Tema 148: "a perda da qualidade de segurado constitui óbice à concessão da pensão por morte quando o *de cujus* não chegou a preencher, antes de sua morte, os requisitos para obtenção de qualquer aposentadoria concedida pela Previdência Social, tal como ocorre nas hipóteses em que, embora houvesse preenchido a carência, não contava com tempo de serviço ou com idade bastante para se aposentar". No caso em análise, o segurado, na data do óbito, tinha vertido 199 contribuições para o RGPS, contava com 50 anos de idade (seria necessário ter 65 anos para ter direito a aposentadoria por idade) e havia perdido a qualidade de segurado.

Discordamos desse entendimento, pois na medida em que o segurado em vida verteu contribuições em número de meses suficientes para a concessão da aposentadoria por idade, embora tenha falecido sem ter cumprido o requisito etário, a pensão por morte deveria ser concedida. A morte do segurado deve ser considerada um infortúnio, que impede o implemento da idade mínima, mas não pode afastar o fato gerador da pensão por morte de quem já cumpriu o período de carência para a concessão da aposentadoria por idade. Posicionamento diverso leva à conclusão de que as contribuições vertidas pelo segurado (acima de 180 meses) não reverterão em nenhum proveito aos dependentes em caso de óbito em data anterior ao preenchimento da idade de 65 anos (se homem) ou 60 anos (se mulher).

32.1.2 Morte presumida

A pensão poderá ser concedida em caráter provisório em caso de morte presumida do segurado, declarada pela autoridade judicial competente depois de seis meses de ausência – art. 78 da Lei n. 8.213/1991, a contar da decisão judicial.

Em caso de desaparecimento do segurado por motivo de catástrofe, acidente ou desastre, deverá ser paga a contar da data da ocorrência, mediante prova hábil.

Verificado o reaparecimento do segurado, o pagamento da pensão cessa imediatamente, ficando os dependentes desobrigados da reposição dos valores recebidos, salvo comprovada má-fé.

O art. 7º do Código Civil determina que pode ser declarada a morte presumida sem decretação de ausência:

> *I – se for extremamente provável a morte de quem estava em perigo de vida;*
> *II – se alguém, desaparecido em campanha ou feito prisioneiro, não for encontrado até dois anos após o término da guerra.*

A declaração da morte presumida, nesses casos, somente poderá ser requerida depois de esgotadas as buscas e averiguações, devendo a sentença fixar a data provável do falecimento.

O art. 88 da Lei de Registros Públicos (Lei n. 6.015/1973) permite a justificação judicial da morte para assento de óbito de pessoas desaparecidas em naufrágio, inundação, incêndio, terremoto ou qualquer outra catástrofe, quando estiver provada a sua presença no local do desastre e não for possível encontrar o cadáver para exame.

São aceitos como prova do desaparecimento: boletim de ocorrência policial, documento confirmando a presença do segurado no local do desastre, noticiário dos meios de comunicação e outros. Nesses casos, quem recebe a pensão por morte terá de apresentar, de seis em seis meses, documento sobre o andamento do processo de desaparecimento até que seja emitida a certidão de óbito.

Segundo o STJ, a declaração de ausência para fins previdenciários pode ser feita pelo Juiz Federal que julgar o pedido de pensão por morte: "Conflito negativo de competência. Justiça Federal e Estadual. Ação declaratória de ausência. Inexistência de bens para arrecadar. Fins previdenciários. Competência do Juízo Federal. Outros eventuais direitos a serem postulados perante juízo próprio" (CC 200701371203, 2ª Seção, Rel. Min. Nancy Andrighi, *DJ* 20.9.2007).

32.1.3 Direito à pensão quando o segurado esteja inadimplente com a Previdência

Frequentemente nos deparamos com o seguinte questionamento: "os dependentes podem, para fins de recebimento da pensão, efetuar a regularização das contribuições em mora do segurado contribuinte individual, desde que demonstrado o exercício de atividade laboral no período anterior ao óbito?".

A Lei n. 13.846/2019 alterou o art. 17 da Lei n. 8.213/1991 e passou a prever expressamente em seu § 7º que "não será admitida a inscrição *post mortem* de segurado contribuinte individual e de segurado facultativo". Todavia, o tema merece maiores e mais profundas considerações, as quais podem ser localizadas também no item 17.1.1 desta obra, ao qual remetemos o leitor.

Em primeiro lugar, convém apontar que o problema em questão se revela pertinente apenas quando o segurado esteja classificado como contribuinte individual e preste serviços exclusivamente a pessoas físicas. Isso porque, se caracterizado como segurado empregado, inclusive doméstico, trabalhador avulso e contribuinte individual que presta serviços a pessoa jurídica, a responsabilidade pelo recolhimento das contribuições é do tomador de serviços, não se podendo negar o direito à pensão pela ausência de recolhimentos, quando comprovada a atividade laborativa no período antecedente ao óbito ou morte presumida.

Em relação ao contribuinte individual que presta serviços a pessoas físicas somente (ex.: taxista, faxineira diarista), entendemos que, ocorrendo trabalho remunerado e não havendo recolhimento das contribuições, o que há é mora tributária, permanecendo o indivíduo com a qualidade de segurado, já que a filiação previdenciária, como já visto no capítulo pertinente, se dá automaticamente a partir do exercício de atividade remunerada, para todos os segurados obrigatórios, incluindo-se o contribuinte individual (§ 1º do art. 20 do Dec. n. 3.048/1999). Ou seja, os dependentes do segurado podem, para fins de recebimento da pensão, efetuar o pagamento das contribuições em mora do segurado contribuinte individual, desde que demonstrado o exercício de atividade laboral no período anterior ao óbito.

Tenha-se como exemplo um taxista que, tendo obtido a autorização para explorar o serviço, tenha sofrido acidente e vindo a falecer antes do dia 15 do segundo mês de atividade (data do vencimento da contribuição previdenciária referente ao primeiro mês de trabalho como contribuinte individual). No caso, não há "regularização", mas cumprimento de obrigação tributária preexistente, a qual não foi satisfeita pelo devedor em razão de seu falecimento.

Nesse sentido eram os precedentes jurisprudenciais (*v.g.*, TRF da 4ª Região, AC 5000354-43.2010.404.7209, 5ª Turma, Rel. Des. Federal Rogério Favreto, *DE* 9.8.2012), que não prevaleceram frente a orientação do STJ. Vejamos: "Esta Corte possui entendimento no sentido de que, para fins de obtenção de pensão por morte, não é possível o recolhimento *post mortem*, a fim de regularizar a condição de segurado do instituidor do benefício" (AgInt nos EDcl no REsp 1.781.198/RS, 1ª T., Rel. Min. Sérgio Kukina, *DJe* 24.5.2019).

Registramos, também, a edição de súmula pela TNU em sentido contrário ao que defendemos: "52 – Para fins de concessão de pensão por morte, é incabível a regularização do recolhimento de contribuições de segurado contribuinte individual posteriormente a seu óbito, exceto quando as contribuições devam ser arrecadadas por empresa tomadora de serviços".

Em relação aos motoristas de aplicativos, os precedentes são no seguinte sentido:

> (...) Descabe a alegação de que o motorista de aplicativo é serviço prestado por contribuinte individual à empresa. Descaracterizada relação trabalhista, cabia ao segurado falecido ter

recolhido contribuições previdenciárias na qualidade de contribuinte individual, como autônomo. Em não tendo sido comprovado o recolhimento de contribuições, resta configurada a ausência da qualidade de segurado do instituidor à época do óbito. 3. Recurso conhecido e não provido (RC n. 5024243-56.2019.4.04.7000, 2ª TRPR – JEFs, Rel. JF Vicente de Paula Ataíde Júnior, julg. 3.7.2020).

Outrossim, a Lei n. 13.846/2019, ao introduzir na LBPS a vedação à inscrição *post mortem* em relação ao segurado contribuinte individual e ao segurado facultativo (art. 17, § 7º, da LBPS), segue o entendimento já adotado nos atos normativos internos do INSS e tem por objetivo combater fraudes no sistema. No entanto, acaba por prejudicar trabalhadores que exerceram atividades, mas, por motivos diversos, deixaram de providenciar a devida inscrição junto à Previdência Social.

Na sequência, o Decreto n. 10.410/2020, que atualizou o RPS, incluiu o art. 19-E para tratar da regularização das contribuições abaixo do mínimo legal realizadas após 13.11.2019 (art. 195, § 14, da CF). Nesse contexto, estipulou, no § 7º, que, na hipótese de falecimento do segurado, os ajustes poderão ser solicitados por seus dependentes para fins de reconhecimento de direito para benefício a eles devido até o dia quinze do mês de janeiro subsequente ao do ano civil correspondente.

Essa regra fere o princípio da ilegalidade, por conter previsão obrigacional a dependente de segurado sem o menor amparo legal, e o princípio da isonomia, ao tratar os dependentes de forma diversa dos segurados, os quais poderão promover a regularização a qualquer tempo (art. 19-E, § 2º), e cria uma anomalia com a regra que fixa o prazo para solicitar a pensão por morte (art. 74 da LBPS). Ou seja, a pensão tem início na data do óbito, quando requerida em até 180 dias após o óbito, para os filhos menores de 16 anos, ou em até 90 (noventa) dias após o óbito, para os demais dependentes.

Nesse contexto, vejamos o exemplo de um segurado trabalhador intermitente que possuía contribuições apuradas sobre valor abaixo de um salário mínimo (há mais de 12 meses) e morreu em 15 de dezembro. O cônjuge e os filhos menores comparecem no INSS para requerer a pensão no dia 30 janeiro do ano subsequente, com a expectativa de receber o benefício desde o óbito. No entanto, são informados pelo INSS de que o segurado havia perdido a qualidade de segurado por ter contribuído com base de cálculo abaixo de um salário mínimo e que era obrigação dos dependentes regularizar as contribuições do falecido, prazo este que teria vencido no dia 15 de janeiro, conforme o Regulamento (sem que se encontre esse prazo fixado em lei).

Entendemos que esse posicionamento não se sustenta, pois contraria os preceitos indicados e gera desproteção social justamente aos dependentes que, via de regra, não possuem renda para o sustento próprio e não possuem qualquer responsabilidade pelo adimplemento das obrigações tributárias do tomador dos serviços ou do próprio instituidor, não sendo compreensível que tenham de ser onerados com uma obrigação, por decreto, de quitar valores à União dos quais não eram contribuintes nem responsáveis por substituição tributária.

Quando a irregularidade é de inscrição no Cadastro Único do segurado (CadÚnico), a TNU fixou a seguinte tese em Representativo de Controvérsia Tema 286, que permite a regularização:

> Para fins de pensão por morte, é possível a complementação, após o óbito, pelos dependentes, das contribuições recolhidas em vida, a tempo e modo, pelo segurado facultativo de baixa renda do art. 21, § 2º, II, "b", da Lei 8.212/91, da alíquota de 5% para as de 11% ou 20%, no caso de não validação dos recolhimentos (PEDILEF 5007366-70.2017.4.04.7110/RS, j. 23.6.2022).

Com base no Representativo n. 286 da TNU, a TRU da 4ª Região fixou a tese de que, "para fins de obtenção de pensão por morte do contribuinte individual, os dependentes poderão realizar a complementação, a qualquer tempo, das contribuições efetuadas, em vida, pelo segurado falecido, abaixo do mínimo legal, anteriormente à entrada em vigor da EC n. 103/2019", entendendo "irrazoável e não proporcional o prazo estabelecido no § 7º do art. 19-E do Decreto n. 3.048/1999 (com a redação conferida pelo Decreto n. 10.410/2020)" (Ag/JEF n. 5006152-98.2022.4.04.7100/RS, julg. 28.4.2023).

32.1.4 Habilitação de beneficiários

Quando da ocorrência do óbito do segurado, os dependentes que se acharem aptos a requerer o benefício devem fazê-lo habilitando-se perante a Previdência, realizando o agendamento pelo telefone 135 ou pela Internet, no site do *Meu INSS*.

De acordo com o art. 17, § 1º, da Lei de Benefícios (redação dada pela Lei n. 10.403/2002) a inscrição do dependente do segurado será promovida quando do requerimento do benefício a que tiver direito. Logo, não há mais exigência de inscrição prévia de dependentes pelo segurado junto à Previdência Social, nem registro destes na CTPS, quando se trate de segurado empregado.

De acordo com a Lei n. 13.846/2019, que incluiu o § 5º ao art. 16 da LBPS, as provas de união estável e de dependência econômica exigem início de prova material contemporânea dos fatos, produzida em período não superior a 24 meses anterior à data do óbito. Regulamentando esse dispositivo, o § 3º do art. 22 do RPS (com redação conferida pelo Decreto n. 10.410/2020), dispõe que para a comprovação do vínculo e da dependência econômica, conforme o caso, deverão ser apresentados, no mínimo, dois documentos, observado o disposto nos §§ 6º-A e 8º do art. 16, e poderão ser aceitos dentre outros:

I – certidão de nascimento de filho havido em comum;
II – certidão de casamento religioso;
III – declaração do imposto de renda do segurado, em que conste o interessado como seu dependente;
IV – disposições testamentárias; (...).

A IN PRES/INSS n. 128/2022 detalhou ainda mais a comprovação da união estável e de dependência econômica, estabelecendo que:

> Art. 180. Para comprovação de união estável e de dependência econômica são exigidas duas provas materiais contemporâneas dos fatos, sendo que pelo menos uma delas deve ter sido produzida em período não superior a 24 (vinte e quatro) meses anterior ao fato gerador, não sendo admitida a prova exclusivamente testemunhal, exceto na ocorrência de motivo de força maior ou caso fortuito.
>
> Parágrafo único. Caso o dependente só possua um documento emitido em período não superior a 24 (vinte e quatro) meses anteriores à data do fato gerador, a comprovação de vínculo ou de dependência econômica para esse período poderá ser suprida mediante justificação administrativa.

A exigência de início de prova material contemporânea, como prova tarifada, é contestável em face do princípio do livre convencimento motivado do juiz. E, ainda, não caberia a exigência da prova contemporânea para fatos ocorridos em data anterior a entrada em vigor da Lei n. 13.846/2019.

Os dependentes de uma mesma classe concorrem em igualdade de condições. Todos os arrolados como dependentes da mesma classe possuem igualdade de direitos perante a Previdência Social.

A eventual concessão de alimentos provisionais a algum dependente ex-cônjuge ou filho, decorrente de separação ou divórcio, não garante direito a percentual semelhante ao que vinha sendo pago pelo segurado alimentante, vale dizer, a divisão de cotas de todos os beneficiários perante a Previdência, na condição de dependentes, é sempre em igualdade de condições. Como tem reiteradamente decidido o STJ: "a concessão de pensão por morte não se vincula aos parâmetros fixados na condenação para a pensão alimentícia, motivo pelo qual o percentual da pensão não corresponde ao mesmo percentual recebido a título de alimentos" (REsp 1.449.968, 1ª Turma, Rel. Min. Sérgio Kukina, *DJe* 20.11.2017).

Ainda, segundo a Lei n. 13.846/2019, que inseriu o § 3º no art. 76 da Lei n. 8.213/1991: "Na hipótese de o segurado falecido estar, na data de seu falecimento, obrigado por determinação judicial a pagar alimentos temporários a ex-cônjuge, ex-companheiro ou ex-companheira, a pensão por morte será devida pelo prazo remanescente na data do óbito, caso não incida outra hipótese de cancelamento anterior do benefício".

E, por força do disposto no § 1º do art. 16 da Lei n. 8.213/1991, a existência de dependentes de qualquer das classes exclui do direito às prestações os das classes seguintes. Há no Direito Previdenciário, tal como no Direito das Sucessões, uma ordem de vocação entre dependentes para o recebimento de benefício, embora as classes elencadas na Lei de Benefícios não sejam as mesmas indicadas no Código Civil. Inicialmente, devem ser beneficiários os que estão na célula familiar do segurado; depois, não existindo esta, fazem jus os genitores; por fim, seus irmãos ainda menores ou incapazes para prover a sua própria subsistência.

A concessão da pensão por morte não será protelada pela falta de habilitação de outro possível dependente – art. 76 da Lei n. 8.213/1991.

Não é incomum a situação em que na data do falecimento do segurado a cônjuge ou companheira deste estava grávida, donde surge a discussão sobre o cabimento da pensão no caso. Nessas hipóteses, deve ser reconhecido o direito ao recebimento da pensão pelo nascituro, cuja concretização se efetiva com o seu nascimento. Nesse sentido: REsp 1.779.441/SP, 2ª Turma, Rel. Min. Herman Benjamin, *DJe* 13.9.2019.

Se algum beneficiário não tomar a iniciativa de buscar o benefício, nem por esse motivo terão os demais beneficiários de esperar para receber o valor da pensão, que será repartido entre os beneficiários habilitados. Qualquer inscrição ou habilitação posterior que importe em exclusão ou inclusão de dependentes só produzirá efeito a contar da data da inscrição ou habilitação.

Sobre o tema, *Russomano acentua* que, "se, posteriormente, sobrevier a habilitação de outro dependente e se sua qualificação excluir o dependente que vinha sendo beneficiado pela pensão, essa exclusão somente surtirá efeitos a partir da data em que a habilitação do beneficiário superveniente estiver realizada". É que, de fato, também de acordo com o entendimento do mesmo autor, "a concessão do benefício é feita a título provisório ou precário, de modo a não prejudicar direitos futuros de outros dependentes, que lhes serão reconhecidos a contar do dia em que estiver ultimada a sua habilitação"[1].

Como regra geral, a inscrição ou habilitação posterior que importe em exclusão ou inclusão de dependentes só produzirá efeito a contar da data da inscrição ou habilitação. Mas comprovada a absoluta incapacidade do requerente à pensão por morte, entendemos que faz ele jus ao pagamento das parcelas vencidas desde a data do óbito do instituidor da pensão,

---

[1] *Comentários...*, cit., p. 198-199.

ainda que não postulado administrativamente no prazo de 90 dias, uma vez que não se sujeita aos prazos prescricionais. Nesse sentido: STJ, REsp 1.767.198/RS, 2ª Turma, Rel. Min. Herman Benjamin, *DJe* 18.10.2019.

Entretanto, o dependente incapaz, que não pleiteia a pensão por morte no prazo de trinta dias a contar da data do óbito do segurado, não tem direito ao recebimento do referido benefício a partir da data do falecimento do instituidor, considerando que outros dependentes, integrantes do mesmo núcleo familiar, já recebiam o benefício (*v.g.*, STJ, REsp 1.664.036/RS, 2ª Turma, Rel. Min. Herman Benjamin, *DJe* 6.11.2019).

Diante dessa orientação, podemos concluir que nas hipóteses em que somente a mãe se habilitou ao recebimento da pensão, o filho que reside com ela não faz jus ao recebimento desde o óbito do instituidor (em caso de posterior habilitação), pois já se beneficiou do valor do benefício. Mas caso seja um filho que o segurado possuía em outro relacionamento e que não residia com a dependente habilitada, os efeitos da habilitação devem retroagir ao óbito.

Ainda quanto à habilitação, a Lei n. 13.846/2019 passou a prever, no art. 74 da LBPS, que:

- Ajuizada a ação judicial para reconhecimento da condição de dependente, este poderá requerer a sua habilitação provisória ao benefício de pensão por morte, exclusivamente para fins de rateio dos valores com outros dependentes, vedado o pagamento da respectiva cota até o trânsito em julgado da respectiva ação, ressalvada a existência de decisão judicial em contrário.
- Nas ações em que o INSS for parte, este poderá proceder de ofício à habilitação excepcional da referida pensão, apenas para efeitos de rateio, descontando-se os valores referentes a esta habilitação das demais cotas, vedado o pagamento da respectiva cota até o trânsito em julgado da respectiva ação, ressalvada a existência de decisão judicial em contrário.
- Julgada improcedente a ação, o valor retido será corrigido pelos índices legais de reajustamento e pago de forma proporcional aos demais dependentes, de acordo com as suas cotas e o tempo de duração de seus benefícios.
- Em qualquer caso, fica assegurada ao INSS a cobrança dos valores indevidamente pagos em função de nova habilitação.

32.1.5 Pensão ao dependente viúvo do sexo masculino

Em conformidade com as normas previdenciárias que vigoraram no período que antecedeu à Constituição de 1988, a pensão por morte era concedida ao cônjuge de sexo masculino somente na hipótese de ser inválido.

Com base no princípio da isonomia, a Corte Suprema admitiu como autoaplicável a norma constitucional e foi ainda mais adiante, ao entender como devida a concessão da pensão por morte ao cônjuge varão, até mesmo para óbitos ocorridos na vigência da Constituição de 1967, independentemente da comprovação da invalidez. Nesse sentido:

PREVIDENCIÁRIO. AGRAVO REGIMENTAL NO RECURSO EXTRAORDINÁRIO. PENSÃO POR MORTE AO CÔNJUGE VARÃO. ÓBITO DA SEGURADA EM DATA ANTERIOR AO ADVENTO DA CONSTITUIÇÃO FEDERAL DE 1988. PRINCÍPIO DA ISONOMIA (ART. 153, § 1º, DA CF/1967, NA REDAÇÃO DA EC 1/1969). PRECEDENTES.

1. Segundo a jurisprudência do Supremo Tribunal Federal, o óbito da segurada em data anterior ao advento da Constituição Federal de 1988 não afasta o direito à pensão por morte ao seu cônjuge varão. Nesse sentido: RE 439.484-AgR, Rel. Min. ROBERTO BARROSO, Primeira Turma, DJe de 5/5/2014; RE 535.156-AgR, Rel. Min. CÁRMEN LÚCIA, Primeira Turma, DJe de 11/4/2011.

2. Agravo regimental a que se nega provimento (STF, RE 880.521 AgR/SP, 2ª Turma, Rel. Min. Teori Zavascki, DJe 28.3.2016).

De acordo com o julgado citado (RE 880.521 AgR/SP), ficou superada a alegação do INSS de que o benefício da pensão por morte deveria ser concedido de acordo com a legislação vigente à época do óbito, ou seja, com base no Decreto n. 89.312/1984, segundo o qual o cônjuge sobrevivente somente receberia a referida pensão mediante comprovação de invalidez. Reconheceu o STF, em face de que a Carta Magna de 1967, na redação da EC n. 1/1969, já preceituava que "todos são iguais perante a lei, sem distinção de sexo (...)" (art. 153, § 1º), que se afigurava inconstitucional a exigência de comprovação da condição de invalidez do cônjuge varão para que fosse considerado dependente da segurada.

Podemos concluir, assim, que houve um grande avanço interpretativo por parte do STF, ao reconhecer que o princípio da isonomia de tratamento entre homens e mulheres já existia mesmo antes da Constituição de 1988, ampliando sobremaneira a proteção previdenciária entre cônjuges.

32.1.6 Existência simultânea de dependentes na condição de cônjuges, ex-cônjuges e companheiros(as)

Discussão frequente em matéria de pensão por morte diz respeito à divisão do benefício entre pessoas que mantiveram relação conjugal, união estável ou homoafetiva com a pessoa falecida, de modo sucessivo ou com alguma condição de simultaneidade.

Na vigência da relação conjugal, da união estável ou homoafetiva, não há dúvidas quanto ao direito da pessoa viúva ao benefício – salvo quanto à restrição temporal imposta pela Lei n. 13.135/2015 ao inserir a atual redação do § 2º e os §§ 2º-A e 2º-B no art. 77 da Lei de Benefícios.

As dúvidas surgem quando há o término do casamento ou da união estável decorrente de decisão judicial, de acordo extrajudicial ou de fato.

De acordo com o § 2º do art. 76 da LBPS: "O cônjuge divorciado ou separado judicialmente ou de fato que recebia pensão de alimentos concorrerá em igualdade de condições com os dependentes". E segundo regulamentação do § 1º do art. 373 da IN n. 128/2022, "Equipara-se à percepção de pensão alimentícia o recebimento de ajuda econômica ou financeira sob qualquer forma".

A respeito do tema, o STJ editou a Súmula n. 336, com o seguinte teor: "A mulher que renunciou aos alimentos na separação judicial tem direito à pensão previdenciária por morte do ex-marido, comprovada a necessidade econômica superveniente". Da mesma forma, o entendimento sumulado deve se aplicar, a nosso ver, na hipótese de ex-cônjuge ou ex-companheiro do sexo masculino. De forma inovadora, a Lei n. 14.724/2023 incluiu a previsão de que o exame médico-pericial poderá ser realizado com o uso de tecnologia de telemedicina ou por análise documental conforme situações e requisitos definidos em regulamento (§ 6º do art. 101 da LBPS, com a redação conferida pela Lei n. 14.724/2023).

Nos casos em que o cônjuge falecido mantinha, ao mesmo tempo, relação conjugal e em concubinato, o STF decidiu que a concubina não tem direito a dividir a pensão com a viúva, em face de a Constituição proteger somente o núcleo familiar passível de se converter em casamento. No caso, a segunda união desestabiliza a primeira (RE 397.762, *DJe* 13.8.2008). Na sequência, o STF confirmou esse entendimento ao julgar com repercussão geral os seguintes temas:

Tema 526 – Possibilidade de concubinato de longa duração gerar efeitos previdenciários.
Tese firmada: "É incompatível com a Constituição Federal o reconhecimento de direitos previdenciários (pensão por morte) à pessoa que manteve, durante longo período e com aparência familiar, união com outra casada, porquanto o concubinato não se equipara, para fins de proteção estatal, às uniões afetivas resultantes do casamento e da união estável" (RE 883.168, Plenário, Sessão Virtual, Rel. Min Dias Toffoli, em 2.8.2021) e

Tema 529 – Possibilidade de reconhecimento jurídico de união estável e de relação homoafetiva concomitantes, com o consequente rateio de pensão por morte.

Tese firmada: "A preexistência de casamento ou de união estável de um dos conviventes, ressalvada a exceção do artigo 1.723, § 1º, do Código Civil, impede o reconhecimento de novo vínculo referente ao mesmo período, inclusive para fins previdenciários, em virtude da consagração do dever de fidelidade e da monogamia pelo ordenamento jurídico-constitucional brasileiro" (RE 1.045.273, Plenário, Sessão Virtual, Rel. Alexandre de Moraes, em 30.4.2021).

As situações acima não se confundem com aquelas hipóteses de divisão entre o ex-cônjuge e o novo relacionamento em momentos distintos. A respeito: "O STJ já decidiu que havendo o pagamento de pensão por morte, seja a oficial ou o benefício suplementar, o valor poderá ser fracionado, em partes iguais, entre a ex-esposa e a convivente estável, haja vista a presunção de dependência econômica simultânea de ambas em relação ao falecido" (REsp 1.715.486/RN, Rel. Min. Ricardo Villas Bôas Cueva, 3ª T., *DJe* 6.3.2018).

No que tange ao direito à pensão por morte postulada pelo cônjuge separado mediante a prova da dependência econômica superveniente, consideramos relevantes as conclusões do artigo publicado por Luís Alberto d'Azevedo Aurvalle, Des. Federal do Tribunal Regional Federal da 4ª Região:

> *Em resumo, a pensão previdenciária devida ao cônjuge separado visa a dar continuidade ao amparo que já vinha sendo outorgado anteriormente à morte. Ao revés, é incompatível ao sistema que, decorrido longo período de ruptura da vida em comum, sem qualquer auxílio material, venha o cônjuge a pleitear a condição de dependente, a partir de um estado de miserabilidade ostentado após a morte do segurado, arrostando igualdade de condições com companheira e/ou filhos do de cujus presentes no seu passamento. Não seria demasiado dizer que, a valer tal entendimento, estar-se-ia a criar novo objetivo ao matrimônio: o da cobertura previdenciária incondicionada! Ora, gravitando o contrato de casamento em torno do conceito de affectio maritalis, a partir da ruptura da vida em comum, com o esfacelamento de tal núcleo afetivo, a persistência da geração de efeitos jurídicos patrimoniais daí advindos não resiste à interpretação literal, racional, sistemática e teleológica e ao próprio ideal de justiça, chocando-se com os interesses legítimos dos reais dependentes do segurado no momento da morte.*[2]

Caso a companheira reivindique em Juízo pensão que vem sendo recebida pela mulher e filhos do *de cujus*, indispensável é o chamamento destes ao processo, nos exatos termos do art. 114 do CPC/2015, como litisconsortes passivos necessários. Assim como na ação pela qual a esposa requer pensão por falecimento do marido, deve ser citada a concubina como litisconsorte passiva necessária.

O cônjuge ausente não exclui do direito à pensão o companheiro ou companheira, que somente fará jus ao benefício a partir da data de sua habilitação e mediante prova de dependência econômica – art. 110 do Decreto n. 3.048/1999. O cônjuge divorciado ou separado judicialmente ou que, apenas separado de fato, recebia pensão concorrerá em igualdade de condições com os demais dependentes.

Comprovado que o cônjuge divorciado ou separado judicialmente necessita de prestação alimentícia, faz ele jus à pensão previdenciária, em razão de seu caráter assistencial, de manutenção. A dispensa convencionada na separação não pode ser interpretada como renúncia à prestação alimentar, que é irrenunciável (Súmula n. 379 do STF).

---

[2] AURVALLE, Luís Alberto d'Azevedo. A pensão por morte e a dependência econômica superveniente. *Revista de Doutrina da 4ª Região*, Porto Alegre, n. 18, jun. 2007. Disponível em: http://www.revistadoutrina.trf4.gov.br/artigos/Edicao018/Luis_Aurvalle.htm. Acesso em: 19 dez. 2007.

E, segundo precedente da TNU: "É devida pensão por morte ao ex-cônjuge que não percebe alimentos, desde que comprovada dependência econômica superveniente à separação, demonstrada em momento anterior ao óbito" (Representativo de Controvérsia Tema 45, PEDILEF 2006.84.00.509436-0/RN, j. 25.4.2012).

32.1.7 Comprovação da união estável e homoafetiva

Importante repisar que, para fins previdenciários, a pessoa que convive em união estável ou homoafetiva, quando exigido, precisa comprovar apenas a relação afetiva, pois a dependência econômica é presumida, como ocorre com os demais integrantes do inciso I do art. 16 da Lei de Benefícios. Assim, é ilegal a exigência de comprovação de que a pessoa convivente vivia às expensas da pessoa falecida.

A presunção de dependência econômica entre cônjuges e companheiros (§ 4º do art. 16 da Lei n. 8.213/1991) deve ser interpretada como absoluta, embora tenha quem defenda – a nosso ver, sem amparo legal – a possibilidade de o INSS poder desconstituir essa presunção. Nesse sentido:

> TNU – Representativo de Controvérsia Tema 226: "A dependência econômica do cônjuge ou do companheiro relacionados no inciso I do artigo 16 da Lei 8.213/1991, em atenção à presunção disposta no § 4º do mesmo dispositivo legal, é absoluta" (PEDILEF 0030611-06.2012.4.03.6301/SP).

No tocante à prova da união estável, a TNU editou a Súmula n. 63: "A comprovação de união estável para efeito de concessão de pensão por morte prescinde de início de prova material".[3] No entanto, a prova exclusivamente testemunhal para a demonstração da união estável deve ser coerente e precisa, capaz de servir de elemento de convicção para o juiz (PEDILEF 20038320007772-8/PE, Sessão de 24.5.2006).

Consigna-se que a Lei n. 13.846/2019 alterou o cenário normativo e poderá modificar também a orientação jurisprudencial, para que seja exigido o início de prova documental contemporâneo para a prova da união estável e da dependência econômica. Entretanto, nossa convicção é a de que deverá prevalecer o princípio do livre convencimento motivado do juiz, mesmo que o dependente não possua os documentos contemporâneos ao óbito do segurado, mas consiga fazer prova dos fatos por outros meios.

No que tange à competência para o reconhecimento da união estável para fins de concessão de pensão por morte previdenciária, o STJ fixou entendimento que é da Justiça Federal (Conflito de Competência 126.489/RN, 1ª Seção, Rel. Min. Humberto Martins, *DJe* 7.6.2013).

– Multiparentalidade e o direito à pensão

A multiparentalidade é um conceito relativamente recente no campo do Direito de Família e tem a ver com a possibilidade de uma criança ter mais de dois pais ou mães legais. Tradicionalmente, o Direito de Família se baseava no princípio da biparentalidade, reconhecendo apenas um pai e uma mãe legais para cada criança. No entanto, as mudanças sociais e as novas formas de família levaram a uma reavaliação desse conceito.

A lei que reconhece a multiparentalidade no Brasil é a Lei n. 12.318/2010, que dispõe sobre a alienação parental e altera dispositivos do Código Civil.

---

[3] No mesmo sentido: TRF4 - Súmula n. 104: "A legislação previdenciária não faz qualquer restrição quanto à admissibilidade da prova testemunhal, para comprovação da união estável, com vista à obtenção de benefício previdenciário".

Também nesse sentido, o Enunciado n. 256 do CJF estabelece: "A posse do estado de filho (parentalidade socioafetiva) constitui modalidade de parentesco civil".

A multiparentalidade pode surgir de diversas formas, como:

- Paternidade socioafetiva: quando alguém exerce o papel de pai ou mãe na vida de uma criança, mesmo que não tenha laços biológicos ou legais com ela. Isso pode ocorrer em casos de padrastos ou madrastas que assumem uma figura parental na vida de enteados, por exemplo.
- Reprodução assistida: em casos de fertilização *in vitro* ou *barriga de aluguel*, pode haver mais de dois genitores biológicos envolvidos. Isso pode gerar situações em que a criança tem mais do que dois pais ou mães biológicos.
- Adoção por casais homoafetivos: em muitos países, casais do mesmo sexo têm o direito de adotar crianças. Isso pode resultar em situações em que a criança tem dois pais ou duas mães legais.
- Reconhecimento de parentesco socioafetivo: em alguns casos, um indivíduo pode ser reconhecido legalmente como pai ou mãe de uma criança devido ao relacionamento afetivo que estabeleceu com ela, independentemente de ter ou não laços biológicos ou legais.

O STF entendeu, em sede de repercussão geral, que a existência de paternidade socioafetiva não exime de responsabilidade o pai biológico, com a fixação da seguinte tese de repercussão geral – Tema 622: "A paternidade socioafetiva, declarada ou não em registro público, não impede o reconhecimento do vínculo de filiação concomitante baseado na origem biológica, salvo nos casos de aferição judicial do abandono afetivo voluntário e inescusável dos filhos em relação aos pais" (RE 898060, Rel. Min. Luiz Fux, Tribunal Pleno, DJe-187, publ. 24.8.2017). Este julgado pode, certamente, repercutir em questões previdenciárias, notadamente o direito à pensão.

Também o STF definiu em sede de repercussão geral – Tema n. 1072 – como se dá a concessão de licença (e consequente pagamento pelo período equivalente) nas hipóteses em que, numa união homoafetiva de pessoas do gênero feminino, haja nascimento de filho (por inseminação artificial) em que a parturiente seja uma das duas companheiras homoafetivas, ou adoção em comum. No referido julgamento, houve a fixação da seguinte tese vinculante: "A servidora pública ou a trabalhadora regida pela CLT não gestante em união homoafetiva têm direito ao gozo da licença-maternidade. Caso a companheira tenha usufruído do benefício, fará jus a período de afastamento correspondente ao da licença-paternidade" (RE 1211446, Rel. Min. Luiz Fux, Tribunal Pleno, DJe 21.5.2024).

Em suma, o STF decidiu que apenas uma das pessoas faz jus à licença-maternidade (e correspondente pagamento do período), e a outra pessoa faz jus ao período de licença equivalente ao da licença-paternidade, caso exerça atividade remunerada que assegure tal licença (como empregada, trabalhadora avulsa ou servidora pública). A decisão se aplica tanto a seguradas do Regime Geral de Previdência Social (RGPS) quanto a pessoas vinculadas a Regimes Próprios de Previdência (RPPS). Desse modo, mesmo que a gestante ou a adotante não seja segurada de nenhum regime previdenciário, a companheira homoafetiva que seja segurada de algum regime fará jus ao benefício do salário-maternidade, pelo período fixado na ordem vigente.

Um precedente de alta relevância foi julgado no âmbito do TRT de São Paulo, envolvendo a situação denominada "gestação por substituição" ou, no jargão popular, "barriga de aluguel". A parte reclamante (pessoa do gênero masculino) apresentou o "gestational surrogacy agreement" firmado com a gestante nos EUA por substituição a lhe garantir todos os direitos sobre a criança gestada. No mesmo sentido, a ordem judicial pré-natal para declaração de paternidade expedida pelo Poder Judiciário estadunidense. A sentença de procedência do pedido foi mantida, por comprovada a gravidez por substituição do reclamante no momento da rescisão do contrato, com o reconhecimento da garantia provisória de emprego gestacional e a consequente condenação da ré à retificação da CTPS e ao pagamento das verbas do período estabilitário (TRT-2, RORSum 1000343-16.2019.5.02.0718, 8ª Turma, Rel. Des. Maria Cristina Xavier Ramos Di Lascio, publ. 4.3.2020). Destaca-se do corpo do acórdão:

> "Friso que, embora trate-se de matéria relativamente nova, a Corregedoria Nacional de Justiça já reconheceu a inexistência de vínculo entre a gestante sub-rogada e o nascituro, no art. 17, § 1º, do Provimento 63, de 17 de novembro de 2017, *in verbis*:
> '§ 1º Na hipótese de gestação por substituição, não constará do registro o nome da parturiente, informado na declaração de nascido vivo, devendo ser apresentado termo de compromisso firmado pela doadora temporária do útero, esclarecendo a questão da filiação'.
> Isso reforça a certidão de nascimento apresentada (fl. 77), a indicar ser o autor, pai unilateral, único responsável legal pela criança gestada. [...]
> Isso se deve ao fato de que a garantia provisória de emprego gestacional visa à proteção do nascituro, e não da gestante. Trata-se da efetivação do princípio da proteção integral da criança, nos moldes da Convenção da OIT n. 103, de 1952, e do quanto estabelecido nos arts. 226 e 227 da CRFB.
> Justamente por isso, é irrelevante ser o reclamante pertencente ao sexo masculino, uma vez que, conforme já supra-assentado, ele é o único responsável legal pela criança.
> Ora, a teor do art. 5º, § 1º, da CRFB, a garantia provisória de emprego gestacional possui aplicação imediata e efetividade plena. Não pode sofrer qualquer restrição à sua efetividade, sob pena de ser declarado inconstitucional todo e qualquer ato, interpretação ou aplicação de lei que não observe esse parâmetro.
> Logo, sendo a tese ventilada em recurso, com esteio em interpretação gramatical do texto constitucional, evidentemente discriminatória, contrariando as disposições dos arts. 3º, IV, e 5º, I, da CRFB, a estabelecerem a igualdade de homens e mulheres em direitos e obrigações, não se há falar em seu acolhimento, sob pena de inconstitucionalidade do provimento jurisdicional.
> Aplica-se, no particular, o mesmo raciocínio contido na Lei n. 12.873/2013, que incluiu os arts. 392-A a 392-C da CLT, a conferir aos empregados do sexo masculino adotantes o direito à fruição da licença-maternidade. O que importa é, reitero, a proteção da criança e da família, e não o sexo biológico do seu responsável.
> Tampouco servem como óbice para a aquisição do direito a essa garantia provisória de emprego os requisitos estabelecidos pela legislação brasileira para o procedimento de gravidez por substituição. Essa matéria escapa aos autos e não altera a condição de pai unilateral do autor, nem retira ou mitiga a proteção a ser dada à criança recém-nascida".

A questão do direito à pensão em casos de multiparentalidade é complexa e ainda de recente discussão no campo previdenciário.

No âmbito do Direito Previdenciário, a multiparentalidade também pode ter influência, principalmente quando se trata do direito a benefícios previdenciários, como a pensão por morte e o auxílio-reclusão.

Se a paternidade socioafetiva não impede o vínculo paternal biológico, nada impede que um filho com um pai biológico e outro socioafetivo possa requerer – e ver deferido – o benefício da pensão por morte em caso de falecimento de ambos.

No caso de multiparentalidade, os filhos que se enquadrem como dependentes podem alegar ter direito à pensão por morte de mais de um pai ou mãe segurados, dependendo das circunstâncias.

É importante observar que, para que a multiparentalidade seja reconhecida no contexto previdenciário, pode ser necessário apresentar documentos ou provas legais que estabeleçam o vínculo legal entre a criança e seus pais ou mães adicionais. Isso pode incluir decisões judiciais de reconhecimento de paternidade ou documentos de adoção.

32.1.8 A Lei n. 13.135/2015 e a limitação do acesso ao benefício

Na redação original da Lei de Benefícios e desde a origem do sistema previdenciário brasileiro não havia regra jurídica exigindo tempo mínimo de convivência afetiva para a obtenção do benefício de pensão por morte pelo cônjuge supérstite.

Essa exigência foi introduzida pela Lei n. 13.135/2015 (originária da MP n. 664/2014), de maneira que, para os óbitos ocorridos a partir de 15.1.2015, o cônjuge, companheiro ou companheira terá que comprovar que o óbito ocorreu depois de vertidas 18 contribuições mensais e pelo menos dois anos após o início do casamento ou da união estável.

Essa regra é excepcionada, nos casos em que:

I – o óbito do segurado decorrer de acidente de qualquer natureza ou doença profissional ou do trabalho;

II – se o cônjuge ou companheiro for portador de invalidez ou deficiência.

De acordo com tese fixada pela TNU: "A morte do segurado instituidor da pensão, vítima do crime de homicídio, caracteriza acidente de qualquer natureza para os fins do art. 77, § 2º-A, da LBPS, na redação que lhe foi conferida pela Lei n. 13.135/2015" (PEDILEF 05087622720164058013, DJe 3.7.2018).

Foi também prevista na Lei n. 13.135/2015 a concessão da pensão por morte, em favor do cônjuge ou companheiro, com duração de 4 meses, se o óbito ocorrer sem que o segurado tenha vertido 18 contribuições mensais ou se o casamento ou a união estável tiverem sido iniciados em menos de 2 anos antes do óbito do segurado.

A falta de comprovação das 18 contribuições mensais e de que o casamento ou a união estável ocorreu há pelo menos dois anos antes do óbito não afeta o direito ao recebimento do benefício pelos demais dependentes.

Ademais, é de se frisar a importância, a partir de então, de identificar a *causa mortis* do segurado que tenha direito à proteção acidentária (empregados de qualquer espécie, trabalhadores avulsos e segurados especiais), pois o reconhecimento de nexo de causalidade ou concausalidade na enfermidade que gerou o falecimento permite ao supérstite o recebimento do benefício sem as limitações acima destacadas. É dizer, dependentes da primeira classe em razão de relação afetiva podem ter interesse em mover ação contra o INSS a fim de ver reconhecido o direito à pensão por morte acidentária (e não comum), para ampliação do tempo de fruição do benefício para além dos quatro meses, pleito este a ser ajuizado perante a Justiça Estadual.

Merece destaque, ainda, a inclusão dos §§ 1º e 2º ao art. 74 da Lei de Benefícios, prevendo que perde o direito à pensão por morte, após o trânsito em julgado, o condenado pela prática de crime de que tenha dolosamente resultado a morte do segurado. E, também, o cônjuge, o companheiro ou a companheira se comprovada, a qualquer tempo, simulação ou fraude no casamento ou na união estável, ou a formalização desses com o fim exclusivo de constituir benefício previdenciário, apuradas em processo judicial no qual será assegurado o direito ao contraditório e à ampla defesa.

A duração da pensão por morte devida a pessoas que tinham relação afetiva com a pessoa falecida também foi objeto de alteração pela Lei n. 13.135/2015, deixando de ser vitalícia, salvo quando o cônjuge ou companheiro possuía mais de 44 anos na data do óbito do segurado. Essa idade foi alterada para 45 anos a partir de 2021, por força da Portaria ME n. 424, de 29.12.2020, que fixou as novas idades de que tratam a alínea "b" do inciso VII do art. 222 da Lei n. 8.112/1990, e a alínea "c" do inciso V do § 2º do art. 77 da Lei n. 8.213/1991.

32.1.9 Direito à pensão do menor sob guarda

O § 2º do art. 16 da Lei de Benefícios, revogado pela Lei n. 9.528/1997, previa a equiparação do menor sob guarda aos filhos do segurado, incluindo-os, portanto, na classe prioritária para percepção da pensão.

No entanto, pairou controvérsia a respeito da possibilidade de reconhecimento, como dependente para fins previdenciários, do menor sob guarda de segurado falecido, após a revogação do dispositivo legal em comento.

No âmbito do STJ houve oscilação nos precedentes, mas acabou sedimentada a tese da proteção integral a crianças e adolescentes (art. 227 da CF) com a prevalência do ECA sobre a LBPS. Segue a tese fixada no Repetitivo 732:

> O menor sob guarda tem direito à concessão do benefício de pensão por morte do seu mantenedor, comprovada a sua dependência econômica, nos termos do art. 33, § 3º, do Estatuto da Criança e do Adolescente, ainda que o óbito do instituidor da pensão seja posterior à vigência da Medida Provisória 1.523/96, reeditada e convertida na Lei 9.528/97. Funda-se essa conclusão na qualidade de lei especial do Estatuto da Criança e do Adolescente (8.069/90), frente à legislação previdenciária (REsp 1.411.258/RS, 1ª Seção, Rel. Min. Napoleão Nunes Maia Filho, j. 11.10.2017, DJe 21.2.2018).

A matéria também foi objeto de Ação Direta de Inconstitucionalidade (ADIs 4.878 e 5.083), em que a Procuradoria-Geral da República e o Conselho Federal da Ordem dos Advogados do Brasil (OAB), respectivamente, contestaram o art. 2º da Lei n. 9.528/1997, que alterou o art. 16, § 2º, da Lei n. 8.213/1991, sob o argumento de que, ao suprimir os menores sob guarda do pensionamento por morte de segurado do INSS, violaria vários princípios constitucionais, entre eles o da isonomia, o da dignidade da pessoa humana, o da segurança jurídica e o da proteção integral da criança e do adolescente.

No julgamento realizado pelo STF, prevaleceu o voto apresentado pelo Ministro Edson Fachin, no sentido de conferir interpretação conforme a Constituição Federal ao § 2º do art. 16 da Lei n. 8.213/1991, para contemplar, em seu âmbito de proteção, o menor sob guarda (ADIs n. 4.878 e n. 5.083, DJe 15.6.2021). Diante dessa decisão, a Portaria Conjunta GP n. 4, de 15.4.2024, reconheceu essa orientação no Tema n. 3, permitindo acordos e desistências de recursos pela Previdência.

No que tange à pensão por morte do menor sob guarda no âmbito dos RPPS, STJ e STF entendem que o art. 33 do ECA deve prevalecer sobre a norma previdenciária, em razão do princípio constitucional da prioridade absoluta dos direitos da criança e do adolescente (*v.g.*, STJ, Ag. Reg. no Rec. Esp. 1.282.737/MG, 1ª Turma, Rel. Min. Napoleão Nunes Maia Filho, DJe 26.8.2016; STF, MS 26.144 AgR/DF, 2ª Turma, Rel. Min. Teori Zavascki, DJe 24.5.2016).

– A EC n. 103/2019 e o menor sob guarda

Por último, com objetivo de superar a orientação jurisprudencial prevalente nos tribunais superiores, a EC n. 103/2019, em suas regras transitórias, estabeleceu que "Equiparam-se a filho, para fins de recebimento da pensão por morte, exclusivamente o enteado e o menor tutelado, desde que comprovada a dependência econômica" (art. 25, § 6º).

Diante disso, o debate deve voltar à baila. No nosso entendimento, a vedação introduzida pela EC n. 103/2019 (com *status* de norma ordinária) é inconstitucional por afrontar o art. 227, *caput*, da Constituição Federal que determina: "É dever da família, da sociedade e do Estado assegurar à criança, ao adolescente e ao jovem, com absoluta prioridade, o direito à vida, à saúde, à alimentação, à educação, ao lazer, à profissionalização, à cultura, à dignidade, ao respeito, à liberdade e à convivência familiar e comunitária, além de colocá-los a salvo de toda forma de negligência, discriminação, exploração, violência, crueldade e opressão".

No julgamento das ADIs 4.878 e 5.083, o Ministro Edson Fachin destacou: "Os pedidos formulados nas ADIs 5.083 e 4.878, contudo, não contemplaram a redação do art. 23 da EC 103/2019, razão pela qual, ao revés do e. Ministro Relator, não procedo à verificação da constitucionalidade do dispositivo, em homenagem ao princípio da demanda. De toda sorte, os argumentos veiculados na presente manifestação são em todo aplicáveis ao art. 23 referido".

Todavia, por decisão de 27.9.2023, o STF reconheceu a existência de repercussão geral para definir se o menor sob guarda pode receber pensão por morte de segurado do INSS cujo óbito ocorreu após a vigência da EC n. 103/2019 sob a sistemática da Repercussão Geral (Tema 1.271). No caso concreto, a Primeira Turma Recursal dos Juizados Especiais Federais do Ceará reconheceu a um menor o direito à pensão pela morte do avô, que detinha sua guarda provisória. Contra essa decisão, o INSS interpôs o recurso extraordinário. Entre outros pontos, o órgão aponta, na elaboração da EC n. 103/2019, a opção legislativa pela expressa limitação do rol de dependentes e pela exclusão do menor sob guarda.

32.1.10 Direito à pensão do filho ou irmão inválido

O artigo 16 da Lei de Benefícios assegura a condição de dependente ao filho (e enteados e tutelados) e aos irmãos do segurado, até a idade de 21 anos, ou se inválidos, ou que tenha deficiência intelectual ou mental ou deficiência grave, nos incisos I e III, respectivamente.

Ocorre que o Decreto n. 6.939/2009 modificou a redação do art. 108 do RPS para estabelecer que a "pensão por morte somente será devida ao filho e ao irmão cuja invalidez tenha ocorrido antes da emancipação ou de completar a idade de vinte e um anos, desde que reconhecida ou comprovada, pela perícia médica do INSS, a continuidade da invalidez até a data do óbito do segurado". A redação desse dispositivo, dada pelo Decreto n. 10.410/2020, manteve essa previsão:

> Art. 108. A pensão por morte será devida ao filho, ao enteado, ao menor tutelado e ao irmão, desde que comprovada a dependência econômica dos três últimos, que sejam inválidos ou que tenham deficiência intelectual, mental ou grave, cuja invalidez ou deficiência tenha ocorrido antes da data do óbito, observado o disposto no § 1º do art. 17.
> § 1º A invalidez será reconhecida pela Perícia Médica Federal e a deficiência, por meio de avaliação biopsicossocial realizada por equipe multiprofissional e interdisciplinar.
> § 2º A condição do dependente inválido ou com deficiência intelectual, mental ou grave poderá ser reconhecida previamente ao óbito do segurado e, quando necessário, ser reavaliada quando da concessão do benefício.
> (...)
> Art. 115. A cota do filho, do enteado, do menor tutelado ou do irmão dependente que se tornar inválido ou pessoa com deficiência intelectual, mental ou grave antes de completar vinte e um anos de idade não será extinta se confirmada a invalidez ou a deficiência nos termos do disposto no § 1º do art. 108.

A nosso sentir, essa regra cria restrição não prevista na Lei de Benefícios e afasta a concessão da prestação previdenciária justamente nos casos de flagrante vulnerabilidade social enfrentadas pelos dependentes inválidos ou com deficiência.

No âmbito judicial, a maioria dos precedentes são nesse sentido, mas a questão controvertida não foi objeto de enfrentamento em recurso qualificado em tribunais superiores. No âmbito do RPPS da União, o STJ editou a Súmula 663, que dispõe: "A pensão por morte de servidor público federal pode ser concedida ao filho inválido de qualquer idade, desde que a invalidez seja anterior ao óbito." Entendemos, pela similitude da regra, que a súmula em comento pode ser utilizada analogicamente no RGPS e demais RPPS. Enquanto isso, na via administrativa, continua prevalecendo o critério de que a qualidade de dependente será reconhecida quando a invalidez ou deficiência tiver início em data anterior à eventual perda da qualidade de dependente e perdurar até a data do óbito do segurado instituidor.

A respeito do tema, a TNU entende possível a concessão da pensão para filho maior inválido, porém a invalidez deve ser anterior ao óbito do segurado, e a dependência econômica também é relativa, consoante teses que seguem:

> A invalidez ocorrida após o óbito do instituidor não autoriza a concessão de pensão por morte para filho maior (Representativo de Controvérsia Tema 118, PEDILEF 0501099-40.2010.4.05.8400/RN, j. 19.5.2014).
>
> Para fins previdenciários, a presunção de dependência econômica do filho inválido é relativa, motivo pelo qual fica afastada quando este auferir renda própria, devendo ela ser comprovada (Representativo de Controvérsia Tema 114, PEDILEF 0500518-97.2011.4.05.8300/PE, j. 13.11.2013).

Sobre o tema, houve avanço com a Portaria Conjunta GP n. 4, de 15.4.2024, Tema n. 2: "É possível o reconhecimento da condição de dependente de filho ou irmão inválidos, quando a invalidez for posterior à maioridade e anterior ao óbito".

32.1.11 Dependente universitário – Pensionamento até os 24 anos

Esta matéria foi uniformizada pelo STJ (REsp 1.369.832/SP, 1ª Seção, Rel. Min. Arnaldo Esteves Lima, DJe 7.8.2013) e pela TNU (Súmula n. 37 da TNU), no sentido de que a pensão previdenciária disciplinada pela Lei n. 8.213/1991 é devida somente até os 21 anos de idade, diante da taxatividade da lei previdenciária, porquanto não é dado ao Poder Judiciário legislar positivamente, usurpando função do Poder Legislativo.

Ou seja, não cabe a prorrogação do pagamento de pensão por morte (previdenciária) até os 24 anos de idade, não se confundindo esta com a pensão alimentícia devida pelos familiares ao dependente, esta regida pelo Código Civil.

32.1.12 Pensão em favor dos pais

Os pais poderão buscar a concessão da pensão por morte no caso de inexistência de dependentes na Classe 1 e desde que comprovem a dependência econômica, com filho falecido, que pode ser parcial ou total, devendo, no entanto, ser permanente. A previsão está no art. 16, II, da LBPS.

Sobre o tema, importante conferir os precedentes que seguem:

- Súmula n. 229 do ex-TFR: "Seguridade social. Pensão. Mãe do segurado. A mãe do segurado tem direito à pensão previdenciária, em caso de morte do filho, se provada a dependência econômica, mesmo não exclusiva".

- TNU Representativo de Controvérsia Tema n. 147: "A dependência econômica dos genitores em relação ao filho não necessita ser exclusiva, porém a contribuição financeira deste deve ser substancial o bastante para a subsistência do núcleo familiar, e devidamente comprovada, não sendo mero auxílio financeiro o suficiente para caracterizar tal dependência" (PEDILEF 5044944-05.2014.4.04.7100, Sessão de 17.8.2016).

Precedentes do STJ consideram que, embora não prevista tal condição expressamente em lei, avós que criam netos como filhos, condição similar ao papel de genitores, também são considerados dependentes da Classe 2 com direito à pensão por morte. Nesse sentido:

PREVIDENCIÁRIO. RECURSO ESPECIAL. ENUNCIADO ADMINISTRATIVO 2/STJ. PENSÃO POR MORTE. REGIME GERAL DE PREVIDÊNCIA SOCIAL. ÓBITO DO NETO. AVÓS NA CONDIÇÃO DE PAIS. ROL DO ARTIGO 16 DA LEI 8.213/1991 TAXATIVO. ADEQUAÇÃO LEGAL DA RELAÇÃO JURÍDICA FAMILIAR. ARTIGO 74 DA LEI 8.213/1991. DIREITO À PENSÃO RECONHECIDO. RECURSO ESPECIAL CONHECIDO E PROVIDO. (STJ, REsp 1.574.859/SP, Rel. Min. Mauro Campbell Marques, j. 8.11.2016).

32.1.13 A revogação do inciso IV do art. 16 da LBPS e a existência de pessoa designada

Na redação original da Lei n. 8.213/1991, o inciso IV do art. 16 previa a possibilidade de haver inscrição, pelo segurado, de pessoa por ele designada, menor de 21 anos ou maior de 60 anos, ou inválida, e que vivesse às suas expensas, a qual faria jus à pensão caso não existisse dependente em nenhuma das classes anteriores. O inciso foi revogado pela Lei n. 9.032/1995, causando, com isso, questionamentos a respeito dos efeitos de tal mudança quanto ao direito da pessoa designada antes da alteração legislativa.

No entanto, nos termos da Súmula n. 4 da TNU, restou pacificado que não há direito adquirido à pensão, na condição de dependente, de pessoa designada, quando o falecimento do segurado se deu após o advento da Lei n. 9.032/1995.

32.1.14 Período de carência

A concessão da pensão por morte, a partir da Lei n. 8.213/1991 não depende de número mínimo de contribuições pagas pelo segurado falecido. Basta comprovar a situação de segurado (filiação previdenciária) para ser gerado direito ao benefício.

Para os óbitos anteriores à vigência da Lei n. 8.213/1991, a carência exigida pela legislação vigente era de 12 contribuições mensais.

A MP n. 664/2014 previa, para os óbitos ocorridos a partir de 1.3.2015, a necessidade de cumprimento de um período de carência de 24 meses, salvo nos casos em que o segurado estivesse em gozo de auxílio-doença ou de aposentadoria por invalidez.

Essa regra não foi ratificada na transformação em Lei (n. 13.135/2015), a qual fixou a necessidade de 18 contribuições e a comprovação de 2 (dois) anos de casamento ou de união estável para o cônjuge ou companheiro ter direito à pensão por um prazo maior. Caso contrário, a duração será de apenas 4 meses.

Considerando-se que a exigência de 18 contribuições não tem o caráter de carência, havendo a perda da qualidade de segurado e posterior retorno à condição de segurado, não será necessário cumprir a metade desse período na refiliação.

Sobre a matéria, tecemos comentários no Capítulo 25 deste Manual, ao qual remetemos o leitor para o aprofundamento do tema.

32.1.15 Data de início do benefício

A definição da data de início da pensão por morte está relacionada à legislação vigente no momento do óbito e à capacidade do dependente que requerer o benefício. Podemos sintetizar as regras da seguinte forma:

a) para óbitos ocorridos até o dia 10.11.1997 (véspera da publicação da Lei n. 9.528, de 1997), a contar da data:
   - do óbito, tratando-se de dependente capaz ou incapaz, observada a prescrição quinquenal de parcelas vencidas ou devidas, ressalvado o pagamento integral dessas parcelas aos dependentes menores de dezesseis anos e aos inválidos incapazes.

b) para óbitos ocorridos a partir de 11.11.1997 (Lei n. 9.528/1997) até 4.11.2015, a contar da data:
   - do óbito, quando requerida até trinta dias deste;
   - do requerimento, se requerido depois de trinta dias;
   - o beneficiário menor de 16 anos poderá requerer até 30 dias após completar essa idade, quando então retroagirá ao dia do óbito;
   - os inválidos capazes equiparam-se aos maiores de dezesseis anos de idade.

c) para os óbitos ocorridos a partir de 5.11.2015 (Lei n. 13.183/2015) até 17.1.2019:
   - do óbito, quando requerida até noventa dias depois deste;
   - do requerimento, quando requerida após noventa dias do óbito;
   - o beneficiário menor de 16 anos poderá requerer até noventa dias após completar essa idade, quando então retroagirá ao dia do óbito.

d) para os óbitos ocorridos a partir de 18.1.2019 (MP n. 871/2019, convertida na Lei n. 13.846/2019):
   - do óbito, quando requerida até noventa dias depois deste (Lei n. 13.183/2015);
   - do requerimento, quando requerida após noventa dias do óbito;
   - para o beneficiário menor de 16 anos: quando requerida até 180 dias após o óbito, retroage a data do óbito (Lei n. 13.846/2019 – conversão da MP n. 871/2019);
   - para o beneficiário menor de 16 anos: quando requerida após 180 dias do óbito, os valores são devidos somente a partir da data do requerimento, sem retroação (Lei n. 13.846/2019 – conversão da MP n. 871/2019).

e) da decisão judicial, no caso de morte presumida; e

f) da data da ocorrência, no caso de catástrofe, acidente ou desastre.

Destaca-se que de acordo com o Código Civil, não ocorre a prescrição quanto aos absolutamente incapazes, aos ausentes do País em serviço público da União, dos Estados, ou dos Municípios, e contra os que se acharem servindo nas Forças Armadas, em tempo de guerra (art. 198, I a III).

Até 18.1.2019 também havia previsão específica na Lei n. 8.213/1991, no art. 79, que excluía expressamente a aplicação do art. 103 (prescrição e decadência) para pensionistas menores, incapazes ou ausentes. Entretanto, a Lei n. 13.846/2019 revogou o art. 79 e também alterou a previsão do art. 74, prevendo a incidência do prazo prescricional contra menores incapazes.

O que sempre se deve observar é a regra vigente no momento do óbito, como bem determinado pela Súmula n. 340 do STJ. Nesse sentido, para óbitos ocorridos após 18.1.2019, aplicar-se-á a regra dos 180 dias; no entanto, para óbitos ocorridos entre 5.11.2015 e 17.1.2019, aplica-se a possibilidade de requerimento até 90 dias após completar a idade de 16 anos, quando então o pagamento ocorrerá desde a data do óbito.

Defendemos, porém, que a modificação operada pela Lei n. 13.846/2019 viola o direito do pensionista menor, incapaz ou ausente, e, portanto, não deve ser considerada válida por afronta às normas basilares de Direito Civil (arts. 198, I, e 208 do Código Civil).

Para o STJ (REsp 1.405.909/AL, 1ª Turma, *DJe* 9.9.2014), a idade a ser considerada é a de 18 anos, e não 16 anos como regulado pelo Decreto n. 3.048/1999, tendo em vista que:

> *A pensão por morte será devida ao dependente menor de dezoito anos desde a data do óbito, ainda que tenha requerido o benefício passados mais de trinta dias após completar dezesseis anos. De acordo com o inciso II do art. 74 da Lei 8.213/1991, a pensão por morte será devida ao conjunto dos dependentes do segurado que falecer, aposentado ou não, a contar da data do requerimento, caso requerida após trinta dias do óbito. Entretanto, o art. 79 da referida lei dispõe que tanto o prazo de decadência quanto o prazo de prescrição são inaplicáveis ao "pensionista menor". A menoridade de que trata esse dispositivo só desaparece com a maioridade, nos termos do art. 5º do CC – segundo o qual "A menoridade cessa aos dezoito anos completos, quando a pessoa fica habilitada à prática de todos os atos da vida civil" –, e não aos dezesseis anos de idade.*

É firme também o entendimento jurisprudencial de que contra o absolutamente incapaz não correm prazos prescricionais e decadenciais, pois é princípio geral do direito que não há como exigir de pessoa incapaz para os atos da vida civil que tome medidas tendentes à preservação de seus direitos. Neste sentido: AC 2003.70.01.004795-8/PR, TRF da 4ª Região, Rel. Juiz Sebastião Ogê Muniz, *DE* 6.12.2006; TNU, PU 05085816220074058200, Rel. Juiz Antônio Amaral e Silva, *DOU* 9.8.2012.

32.1.16 Renda mensal inicial

O valor da renda mensal da pensão por morte, até a edição da Lei do RGPS vigente, era de 50% do salário de benefício, mais 10% por dependente, até o máximo de cinco. A partir da vigência da Lei n. 8.213/1991, passou a ser constituída de uma parcela, relativa à família, de 80% do valor da aposentadoria que o segurado recebia ou da que teria direito se estivesse aposentado na data do seu falecimento, mais tantas parcelas de 10% do valor da mesma aposentadoria quantos fossem seus dependentes, até o máximo de duas. Caso o falecimento fosse consequência de acidente do trabalho, o valor era de 100% do salário de benefício ou do salário de contribuição vigente no dia do acidente, o que fosse mais vantajoso.

A partir da vigência da Lei n. 9.032, de 28.4.1995, o valor da renda mensal da pensão por morte passou a ser de 100% do salário de benefício, inclusive para os benefícios de origem acidentária, independentemente do número de dependentes. A apuração, portanto, se dava sobre a média dos últimos 36 salários de contribuição.

A renda mensal inicial, a partir de 28.6.1997, passou a ser de 100% da aposentadoria que o segurado recebia ou daquela a que teria direito se estivesse aposentado por invalidez na data de seu falecimento (MP n. 1.523-9, transformada na Lei n. 9.528, de 10.12.1997).

A Lei n. 9.876/1999 passou a estabelecer que o cálculo da aposentadoria por invalidez é de 100% do salário de benefício, sendo este composto pela média aritmética dos maiores salários de contribuição, corrigidos monetariamente, equivalentes a 80% do período contributivo, a partir de julho de 1994, caso a filiação fosse anterior a essa data, e a partir da filiação, quando posterior – afetando, assim, também o cálculo da pensão por morte quando o segurado estivesse em atividade na data do óbito.

O Plenário do STF, ao julgar os Recursos Extraordinários 416.827 e 415.454, Rel. Min. Gilmar Mendes, decidiu que a Lei n. 9.032/1995 não atinge os benefícios cuja data de início é anterior à edição da norma. Prevaleceu o entendimento da ausência de fonte de custeio adequada para a pretendida revisão, como exige o § 5º do art. 195 da Constituição Federal, que diz que nenhum benefício ou serviço da seguridade social poderá ser criado, majorado ou estendido sem a correspondente fonte de custeio total.

Não será incorporado ao valor da aposentadoria, para fins de cálculo da renda mensal da pensão, o acréscimo de 25% pago ao aposentado por invalidez que necessitasse de assistência permanente de outra pessoa, ou seja, o pensionista não continuará percebendo o adicional de 25% que era pago ao aposentado em tais casos.

Em se tratando de pensão por morte de segurado especial, o valor da renda mensal corresponde a um salário mínimo. Caso tenha feito contribuições mensais, de forma facultativa, o valor corresponde à aposentadoria por invalidez que seria devida ao segurado, calculada na forma prevista na legislação ora vigente.

A pensão por morte, até o advento da EC n. 103/2019, uma vez obtido o valor da renda mensal inicial, havendo mais de um pensionista, era rateada entre todos em partes iguais, e, nesse caso, as parcelas do rateio poderiam ser inferiores ao salário mínimo. Assim, se houvesse apenas dois dependentes, mãe e filho, seria de 50% para cada um deles; se fossem dependentes ex-esposa separada ou divorciada com direito a alimentos, companheira e dois filhos, cada qual teria direito a 25%. As cotas eram sempre iguais, embora, em muitos casos, essa forma de partilha não fosse a mais justa para as partes.

O cônjuge divorciado, separado judicialmente, ou apenas separado de fato, que recebia pensão de alimentos, terá direito à pensão por morte em igualdade de condições com os demais dependentes, não havendo direito adquirido a perceber pensão previdenciária igual ao percentual da pensão alimentícia concedida judicialmente, ou objeto de homologação pelo Juiz de Família, como ocorria no direito anterior (Decreto n. 83.080/1979, arts. 69 e 127). O STJ fixou orientação nesses termos: *REsp 969.591, 5ª Turma, Rel. Min. Napoleão Nunes Maia Filho*, DJE 6.9.2010. No mesmo sentido: TNU, PEDILEF 5008143-31.2012.4.04.7110, Rel. Juiz Federal Bruno Leonardo Carrá, Sessão de 18.6.2015.

Em havendo comoriência entre segurado e dependentes, ou entre estes (Cód. Civil atual, art. 8º), pode haver ou não direito ao benefício. O Código dispõe que, "se dois ou mais indivíduos falecerem na mesma ocasião, não se podendo averiguar se algum dos comorientes precedeu aos outros, presumir-se-ão simultaneamente mortos".

Suponha-se que um segurado possua como dependentes apenas cônjuge e um irmão inválido, e venha ele a sofrer acidente em companhia daquela, no qual vem a falecer. Se a morte do segurado e a do cônjuge forem consideradas simultâneas, a pensão caberá ao irmão inválido, pois não haverá dependente de classe privilegiada; se, no entanto, o segurado falecer e a cônjuge sobreviver ao acidente, a ela caberá a pensão. Por fim, se a viúva não resistir e falecer depois, o benefício da pensão se extinguirá, não se transmitindo ao irmão inválido, pois este pertence a outra classe menos privilegiada na ordem legal.

– A EC n. 103/2019: novas regras de cálculo e de divisão de cotas

Depois da entrada em vigor da Reforma da Previdência (art. 23 da EC n. 103/2019), passou a RMI da pensão por morte a ser equivalente a uma cota familiar de 50% do valor da aposentadoria recebida pelo segurado ou daquela a que teria direito se fosse aposentado por incapacidade permanente na data do óbito, acrescida de cotas de dez pontos percentuais por dependente, até o máximo de 100%. Nesse sentido, também as disposições constantes da Portaria ME/INSS n. 450/2020:

> Art. 47. Na pensão por morte, o valor do benefício, com fato gerador a partir de 14 de novembro de 2019, será calculado na forma da aposentadoria por incapacidade permanente a que o segurado teria direito na data do óbito, aplicando sobre esse valor a regra de cotas para cada dependente, nos termos fixados pelo art. 23 da EC n. 103, de 2019.

Art. 48. Quando a pensão por morte for precedida de aposentadoria, o valor da pensão seguirá sendo a mesma do benefício precedido, aplicando a ela a regra de cotas.

A novel sistemática de cálculo representa grave prejuízo, principalmente ao dependente do segurado que falecer na ativa de causa não acidentária do trabalho, visto que estipula que a pensão por morte será calculada, com base no valor que o segurado passaria a receber, na data do óbito, caso se aposentasse por incapacidade permanente para o trabalho. Ou seja, proporcional, salvo no caso de acidente do trabalho ou doença a ele relacionada.

Nos casos de óbito, por exemplo, decorrente de doença grave não relacionada ao trabalho, as cotas familiares e individuais serão aplicadas sobre o valor correspondente à aposentadoria proporcional ao tempo de contribuição, reduzindo o montante recebido pela família do falecido.

As cotas por dependente (10%) cessam com a perda dessa qualidade e não serão reversíveis aos demais dependentes, preservado o valor de 100% da pensão por morte, quando o número de dependentes remanescente for igual ou superior a cinco.

A previsão de irreversibilidade das cotas dos dependentes que deixam de sê-lo aos demais remanescentes apresenta perspectiva de deterioração ainda maior no valor da pensão por morte com o passar do tempo. Trata-se de mais um elemento para reduzir o valor da pensão, já profundamente vulnerado pela lógica de cotas.

Entretanto, na hipótese de existir dependente inválido ou com deficiência intelectual, mental ou grave, o valor da pensão por morte será equivalente a 100% da aposentadoria recebida pelo segurado ou daquela a que teria direito se fosse aposentado por incapacidade permanente na data do óbito, até o limite máximo de benefícios do RGPS. A justificativa para essa exceção no cálculo foi apresentada pelo Relator da PEC n. 06/2019, Deputado Samuel Moreira (PSDB/SP), nos seguintes termos:

> *Certamente, o custo de vida da pessoa com deficiência é bem superior ao das demais pessoas, especialmente na ausência de familiares que possam prover cuidados necessários para o exercício de atividades da vida diária, que possibilitem sua participação na vida comunitária.*

A nova fórmula de cálculo da pensão por morte provoca uma drástica redução do valor desse benefício que é voltado aos dependentes elencados no art. 16 da Lei n. 8.213/1991, dentre os quais, cônjuges, companheiros, filhos menores, incapazes ou com deficiência. Na situação mais comum, a pensão inicia com vários dependentes e, com o passar do tempo, resta apenas o cônjuge ou companheiro.

O critério de cálculo em comento foi objeto de ajuizamento de ações diretas de inconstitucionalidade e, instado a se manifestar sobre a matéria, o Procurador-Geral da República, em parecer, opinou pela inconstitucionalidade da novel sistemática, *verbis*:

> O novo regramento de pensão por morte, introduzido pela atual Reforma da Previdência, impõe redução severa e demasiadamente rigorosa no valor daquele benefício, em manifesta ofensa à proporcionalidade e à razoabilidade. O mandamento veiculado no art. 23 da EC 103/2019 também incorre em afronta à dignidade humana (CF, art. 1º, III), uma vez que a diminuição promovida nos valores pagos a título de pensão por morte compromete as condições de subsistência e independência dos pensionistas, na medida em que implica em redução, com excessiva onerosidade, do poder aquisitivo, configurando, ainda, violação do direito à proteção do Estado à família (CF, art. 226), destinatária daquele benefício previdenciário. Parecer pelo não conhecimento da ação no tocante às regras pertinentes ao RGPS e, no mérito, pela procedência parcial do pedido, para que seja declarada a inconstitucionalidade do art. 23 da EC 103/2019 e, por arrastamento, do art. 40, § 7º, da CF, na redação dada pela própria EC 103/2019 (Parecer do PGR na ADI 6.916. Disponível em: http://www.mpf.mp.br/pgr/documentos/ADI6.916.pdf. Acesso em: 26 ago. 2022).

Porém, o Plenário do STF validou a nova regra de cálculo das pensões por morte de segurados do RGPS antes da aposentadoria. Por maioria, o colegiado declarou constitucional o *caput* do art. 23 da EC n. 103/2019, que fixou os novos critérios para a concessão do benefício. O tema foi discutido na sessão virtual encerrada em 23.6.2023, no julgamento da ADI 7.051, ajuizada pela Confederação Nacional dos Trabalhadores Assalariados e Assalariadas Rurais (Contar). Prevaleceu o voto do Ministro relator, Luís Roberto Barroso.

Outra tese, de menor amplitude, mas já albergada por jurisprudência e ainda não apreciada pelo STF, entende que o cálculo da RMI da pensão por morte de segurado não aposentado, quando não ocasionada por acidente do trabalho ou doença ocupacional, *deve ter por base de cálculo o mesmo critério que a pensão por morte decorrente de causas ligadas ao trabalho*, é dizer, que seja considerado como *base de cálculo*, em qualquer caso, o equivalente a 100% da média dos salários de contribuição desde julho de 1994, corrigidos monetariamente, por haver inconstitucionalidade do art. 26, § 2º, III, da EC n. 103/2019, ao estabelecer tratamento distinto entre as duas modalidades de aposentadoria por incapacidade permanente, conforme foi reconhecido pela TRU da 4ª Região no proc. 5003241-81.2021.4.04.7122, já mencionado no tópico desta obra pertinente à espécie de aposentadoria em comento, ao qual remetemos o leitor.

Consta do acórdão paradigma, da 4ª Turma Recursal do Rio Grande do Sul:

> (...) *considerando que o óbito da filha/instituidora da pensão ocorreu em 04/04/2020, aplicam-se, por certo, ao caso concreto, as normas introduzidas pela Emenda Constitucional n. 103, de 13/11/2019, no que se refere à pensão por morte, exceto a fórmula que trata da composição da renda mensal inicial quando o instituidor não titular benefício. (...) Destarte, albergando a orientação adotada pela Turma de Uniformização Regional da 4.ª Região, o benefício deve ser revisto tão-somente para [reconhecer] que o valor da renda mensal inicial (RMI) da aposentadoria por incapacidade permanente não acidentária que serve de base de cálculo para a pensão por morte deve corresponder a 100% (cem por cento) da média aritmética simples dos salários de contribuição contidos no período básico de cálculo* (4ª Turma Recursal do RS, Recurso Cível 5005093-09.2021.4.04.7101, Rel. Juiz Federal Gerson Godinho da Costa, j. 9.5.2022).

Em decisão que reforça a proteção dos direitos previdenciários (AC 5005791-94.2021.4.04.7204/TRF, julg. 24.6.2024), o TRF da 4ª Região determinou que o INSS recalcule o valor da pensão por morte de uma pensionista, utilizando a simulação da aposentadoria por incapacidade permanente, caso o falecido tivesse direito a tal benefício na data do óbito. A decisão da 9ª Turma, por maioria, permite a aplicação da técnica do descarte (prevista no art. 26, § 6º, da EC n. 103/2019), que exclui contribuições que reduzam o valor final do benefício, desde que mantido o tempo mínimo de contribuição. Segundo o relator, desembargador Paulo Afonso Brum Vaz, a técnica também deve ser aplicada a benefícios não programáveis, como a pensão por morte, para garantir isonomia e preservar o valor do benefício, conforme o preceito constitucional, mesmo que o Decreto n. 10.410/2020 tenha limitado sua aplicação às aposentadorias programáveis.

O acréscimo de 25% pago ao aposentado por invalidez/incapacidade permanente que necessitava de assistência permanente de outra pessoa não se transfere ao pensionista.

Em se tratando de pensão por morte de segurado especial, o valor da renda mensal corresponde a um salário mínimo. Caso tenha feito contribuições mensais, de forma facultativa, o valor corresponde à aposentadoria por incapacidade permanente que seria devida ao segurado, calculada na forma prevista na legislação ora vigente.

– Revisão do valor da pensão – legitimidade: STJ, Repetitivo Tema 1.057

De acordo com o Repetitivo 1.057 (REsp 1.856.967/1.856.969/1.856.969 1ª Seção, Rel. Min. Regina Helena Costa, j. 23.6.2021), os pensionistas e sucessores têm legitimidade para, em ordem de preferência, propor em nome próprio a ação revisional da aposentadoria com o objetivo de redefinir a renda mensal da pensão por morte e receber diferenças resultantes do recálculo da pensão ou valores devidos e não pagos pela Administração ao instituidor quando vivo. Com o julgamento, foram definidas quatro teses, quais sejam:

> *(i) O disposto no art. 112 da Lei n. 8.213/1991, segundo o qual "o valor não recebido em vida pelo segurado só será pago aos seus dependentes habilitados à pensão por morte ou, na falta deles, aos seus sucessores na forma da lei civil, independentemente de inventário ou arrolamento", é aplicável aos âmbitos judicial e administrativo;*
>
> *(ii) Os pensionistas detêm legitimidade ativa para pleitear, por direito próprio, a revisão do benefício derivado (pensão por morte) – caso não alcançada pela decadência –, fazendo jus a diferenças pecuniárias pretéritas não prescritas, decorrentes da pensão recalculada;*
>
> *(iii) Caso não decaído o direito de revisar a renda mensal inicial do benefício originário do segurado instituidor, os pensionistas poderão postular a revisão da aposentadoria, a fim de auferirem eventuais parcelas não prescritas resultantes da readequação do benefício original, bem como os reflexos na graduação econômica da pensão por morte; e*
>
> *(iv) À falta de dependentes legais habilitados à pensão por morte, os sucessores (herdeiros) do segurado instituidor, definidos na lei civil, são partes legítimas para pleitear, por ação e em nome próprios, a revisão do benefício original – salvo se decaído o direito ao instituidor – e, por conseguinte, de haverem eventuais diferenças pecuniárias não prescritas, oriundas do recálculo da aposentadoria do de cujus.*

Essas teses fixadas pelo STJ são de observância obrigatória por todos os tribunais e varas das instâncias ordinárias.

32.1.17 Cessação do benefício

O direito à cota-parte da pensão por morte cessará pela ocorrência das situações previstas no art. 77, § 2º, da Lei n. 8.213/1991, com redação conferida pela Lei n. 13.846/2019, quais sejam:

I – pela morte do pensionista;

II – para o filho, a pessoa a ele equiparada ou o irmão, de ambos os sexos, ao completar vinte e um anos de idade, salvo se for inválido ou tiver deficiência intelectual ou mental ou deficiência grave;

III – para filho ou irmão inválido, pela cessação da invalidez;

IV – para filho ou irmão que tenha deficiência intelectual ou mental ou deficiência grave, pelo afastamento da deficiência, nos termos do regulamento;

V – para cônjuge ou companheiro:

a) se inválido ou com deficiência, pela cessação da invalidez ou pelo afastamento da deficiência, respeitados os períodos mínimos decorrentes da aplicação das alíneas "b" e "c";

b) em 4 (quatro) meses, se o óbito ocorrer sem que o segurado tenha vertido 18 (dezoito) contribuições mensais ou se o casamento ou a união estável tiverem sido iniciados em menos de 2 (dois) anos antes do óbito do segurado;

c) transcorridos os seguintes períodos, estabelecidos de acordo com a idade do beneficiário na data de óbito do segurado, se o óbito ocorrer depois de vertidas 18 (dezoito) contribuições mensais e pelo menos 2 (dois) anos após o início do casamento ou da união estável:

1) 3 (três) anos, com menos de 21 (vinte e um) anos de idade;

2) 6 (seis) anos, entre 21 (vinte e um) e 26 (vinte e seis) anos de idade;

3) 10 (dez) anos, entre 27 (vinte e sete) e 29 (vinte e nove) anos de idade;

4) 15 (quinze) anos, entre 30 (trinta) e 40 (quarenta) anos de idade;

5) 20 (vinte) anos, entre 41 (quarenta e um) e 43 (quarenta e três) anos de idade;

6) vitalícia, com 44 (quarenta e quatro) ou mais anos de idade.

VI – pela perda do direito, na forma do § 1º do art. 74 desta Lei.

A partir de 1º.1.2021, as idades foram elevadas em um ano pela Portaria ME n. 424/2020, ficando em:

I – 3 (três) anos, com menos de 22 (vinte e dois) anos de idade;

II – 6 (seis) anos, entre 22 (vinte e dois) e 27 (vinte e sete) anos de idade;

III – 10 (dez) anos, entre 28 (vinte e oito) e 30 (trinta) anos de idade;

IV – 15 (quinze) anos, entre 31 (trinta e um) e 41 (quarenta e um) anos de idade;

V – 20 (vinte) anos, entre 42 (quarenta e dois) e 44 (quarenta e quatro) anos de idade;

VI – vitalícia, com 45 (quarenta e cinco) ou mais anos de idade.

Importante esclarecer que foi a Lei n. 13.135/2015 que estabeleceu como hipótese de cessação da condição de pensionista o decurso do prazo de recebimento de pensão pelo cônjuge, companheiro ou companheira, para os óbitos ocorridos a partir de 1º.3.2015, de acordo com a expectativa de sobrevida do beneficiário no momento do óbito do instituidor segurado.

Não haverá a cessação pelo transcurso dos referidos prazos, caso o cônjuge ou companheiro beneficiário seja considerado inválido ou possua deficiência, reconhecidos em perícia realizada no INSS para este fim. Nessa hipótese, o encerramento da cota parte se dará pela cessação da invalidez ou pelo afastamento da deficiência, respeitados os períodos mínimos decorrentes da aplicação das alíneas "b" e "c".

Quanto à cessação do benefício por motivo de o dependente não ser mais considerado inválido, o *caput* do art. 101 da LBPS prevê a avaliação periódica dos pensionistas nessa condição, com o intuito de verificar eventuais ocorrências de concessão ou manutenção indevida. O pensionista inválido está isento do exame médico-pericial após completar 60 anos de idade (art. 101, § 1º, II, da LBPS, redação atual conferida pela Lei n. 13.457/2017).

O § 2º do art. 101 da LBPS excetua da isenção de comparecimento do pensionista inválido as perícias médicas com as seguintes finalidades: (1) verificar a recuperação da capacidade de trabalho, mediante solicitação do beneficiário; e (2) subsidiar autoridade judiciária na concessão de curatela. Nesses casos, o comparecimento é sempre obrigatório.

A perícia, para tais fins, terá acesso aos prontuários médicos do periciado no Sistema Único de Saúde (SUS), desde que haja a prévia anuência do periciado e seja garantido o sigilo sobre os dados dele (§ 4º do art. 101 da LBPS, redação conferida pela Lei n. 13.457/2017).

De forma inovadora, a Lei n. 14.724/2023 incluiu a previsão de que o exame médico-pericial previsto no art. 101 (e os demais exames médico-periciais previstos na LBPS) poderá ser realizado com o uso de tecnologia de telemedicina ou por análise documental conforme situações e requisitos definidos em regulamento (§ 6º do art. 101, com a redação conferida pela Lei n. 14.724/2023).

Se o óbito do segurado decorrer de acidente de qualquer natureza ou de doença profissional ou do trabalho, a pensão por morte será concedida independentemente do recolhimento de 18 contribuições mensais ou da comprovação de dois anos de casamento ou de união estável, mas ficará sujeita às mesmas regras de cessação.

A Lei n. 13.135/2015 prevê também que após o transcurso de pelo menos 3 anos e desde que nesse período se verifique o incremento mínimo de um ano inteiro na média nacional única, para ambos os sexos, correspondente à expectativa de sobrevida da população brasileira ao nascer, poderão ser fixadas, em números inteiros, novas idades para os fins previstos na alínea "c" do inciso V do § 2º, em ato do Ministro de Estado da Previdência Social, limitado o acréscimo na comparação com as idades anteriores ao referido incremento. Ou seja, com o aumento da expectativa de sobrevida poderá haver modificação com aumento da idade mínima do cônjuge ou companheiro para que a pensão seja vitalícia. Essa elevação ocorreu pela primeira vez a partir de 1º.1.2021, com a publicação da Portaria ME n. 424, de 29.12.2020.

Essas medidas, segundo a Exposição de Motivos da MP n. 664/2014, têm o intuito de estimular que o dependente jovem busque seu ingresso no mercado de trabalho, evitando o aumento de despesa nas contas da Previdência para pessoas em plena capacidade produtiva.

A Lei n. 13.846/2019 inseriu o inciso VI no § 2º do art. 77 da LBPS, de modo que, a partir de então, perde o direito à pensão por morte "o condenado criminalmente por sentença com trânsito em julgado, como autor, coautor ou partícipe de homicídio doloso, ou de tentativa desse crime, cometido contra a pessoa do segurado, ressalvados os absolutamente incapazes e os inimputáveis" (§ 1º do art. 74 da LBPS, com redação conferida pela Lei n. 13.846/2019).

Entretanto, divergimos totalmente da regra inscrita pela mesma lei no § 7º do art. 77 da LBPS, segundo a qual "se houver *fundados indícios* de autoria, coautoria ou participação de dependente, ressalvados os absolutamente incapazes e os inimputáveis, em homicídio, ou em tentativa desse crime, cometido contra a pessoa do segurado, será possível a suspensão provisória de sua parte no benefício de pensão por morte, mediante processo administrativo próprio, respeitados a ampla defesa e o contraditório, e serão devidas, em caso de absolvição, todas as parcelas corrigidas desde a data da suspensão, bem como a reativação imediata do benefício".

É que a medida em comento fere frontalmente o princípio da presunção de inocência até o trânsito em julgado de sentença penal condenatória e, além disso, confere poderes a servidor autárquico que sequer o Ministério Público, ou mesmo a autoridade policial, possuem (aplicar medidas restritivas de direitos com base em meros indícios, em processo administrativo). A parte final da regra, que assegura o pagamento retroativo do benefício suspenso não resolve o problema, pois a subsistência pode restar comprometida por longo período, podendo até mesmo levar a consequências gravíssimas à saúde física e mental do "suspeito".

Regra da máxima importância é a prevista na Lei n. 13.183, de 5.11.2015, a qual estabeleceu na LBPS previsão no sentido de que o exercício de atividade remunerada, inclusive na condição de microempreendedor individual, não impede a concessão ou manutenção da parte individual da pensão do dependente com deficiência intelectual ou mental ou com deficiência grave (art. 77, § 6º).

Segundo regramento incluído pela Lei n. 13.846/2019, na hipótese de o segurado falecido estar, na data de seu falecimento, obrigado por determinação judicial a pagar alimentos temporários a ex-cônjuge, ex-companheiro ou ex-companheira, a pensão por morte será devida pelo prazo remanescente na data do óbito, caso não incida outra hipótese de cancelamento anterior do benefício (art. 76, § 3º, da LBPS).

O valor da cota-parte da pensão recebida por um dependente que perdeu o direito a ela, por algum dos motivos referidos, até o advento da EC n. 103/2019, revertia em favor dos demais e era novamente repartido com os demais dependentes que continuarem na condição de pensionistas. Sobre a reversão das cotas, consta do art. 371 da IN n. 128/2022, que:

I – para os óbitos ocorridos a partir de 14 de novembro de 2019, data posterior à publicação da Emenda Constitucional n. 103, de 2019, as cotas individuais cessadas não serão revertidas aos demais dependentes; e

II – para os óbitos ocorridos até 13 de novembro de 2019, data da publicação da Emenda Constitucional n. 103, de 2019, as cotas cessadas serão revertidas aos demais dependentes.

Com base em orientação da TNU, fixada no Representativo de Controvérsia Tema n. 284, é possível renunciar a cota de pensão para que o beneficiário opte pelo BPC/LOAS, quando implementados os requisitos para tal. Veja-se a respeito:

> TNU RC 284: "Os dependentes que recebem ou que têm direito à cota de pensão por morte podem renunciar a esse direito para o fim de receber benefício assistencial de prestação continuada, uma vez preenchidos os requisitos da Lei n. 8.742/1993" (PEDILEF 0004160-11.2017.4.01.4300/TO, j. em 18.8.2022).

A pensão se extingue com a perda do direito do último pensionista, e não se transfere a dependente de classe inferior.

Pela Lei n. 8.213/1991, não constitui motivo para a cessação do benefício o novo casamento. Neste sentido: "1. O novo casamento não constitui causa de extinção do direito à pensão (art. 77 da Lei n. 8.213/1991). 2. Assim, ocorrido o segundo matrimônio sob a égide da Lei n. 8.213/1991, inviável o cancelamento do benefício" (TRF da 4ª Região, APELREEX 2007.71.08.008613-4, Relator Des. Fed. Ricardo Teixeira do Valle Pereira, *DE* 11.5.2009). Apenas uma segunda viuvez (e não um segundo casamento) pode gerar perda da pensão anterior, facultado ao/à pensionista a opção pelo benefício mais vantajoso (art. 124, VI, da Lei n. 8.213/1991).

A emancipação não é mais causa de cessação de cota de benefício. A Lei n. 13.183/2015, ao alterar o inciso II do § 2º do artigo 77 da LBPS, excluiu a emancipação como causa de cessação de cota de pensão por morte (regra extensível ao auxílio-reclusão).

A partir de 29.4.1995 (Lei n. 9.032, de 1995), não é permitido o recebimento de mais de uma pensão deixada por cônjuge ou companheiro, ressalvado o direito de opção pela mais vantajosa.

No caso de reaparecimento do segurado, a pensão por morte presumida cessará de imediato, ficando os dependentes desobrigados do reembolso de quaisquer quantias já recebidas, salvo má-fé (art. 78, § 2º, da Lei n. 8.213/1991).

A pensão paga a filho maior inválido não cessa pelo simples fato de ter contraído matrimônio, ante a falta de previsão legal (TRF da 4ª Região, AC 2004.71.00.0184753, *DJU* de 16.11.2006).

– Suspensão do pagamento – Lei n. 13.846/2019

Novas causas de suspensão do pagamento das cotas da pensão por morte foram previstas pela Lei n. 13.846/2019, quais sejam:

- houver fundados indícios de autoria, coautoria ou participação de dependente, ressalvados os absolutamente incapazes e os inimputáveis, em homicídio, ou em tentativa desse crime, cometido contra a pessoa do segurado, será possível a suspensão provisória de sua parte no benefício de pensão por morte, mediante processo administrativo próprio, respeitados a ampla defesa e o contraditório, e serão devidas, em caso de absolvição, todas as parcelas corrigidas desde a data da suspensão, bem como a reativação imediata do benefício (art. 77, § 7º, da LBPS);
- ajuizada a ação judicial para reconhecimento da condição de dependente, este poderá requerer a sua habilitação provisória ao benefício de pensão por morte, exclusivamente para fins de rateio dos valores com outros dependentes, vedado o pagamento da respectiva cota até o trânsito em julgado da respectiva ação, ressalvada a existência de decisão judicial em contrário (art. 74, § 3º, da LBPS).

Nas ações em que o INSS for parte, este poderá proceder de ofício à habilitação excepcional da referida pensão, apenas para efeitos de rateio, descontando-se os valores referentes a essa habilitação das demais cotas, vedado o pagamento da respectiva cota até o trânsito em julgado da respectiva ação, ressalvada a existência de decisão judicial em contrário.

Caso julgadas improcedentes as referidas ações, o valor retido será corrigido pelos índices legais de reajustamento e será pago de forma proporcional aos demais dependentes, de acordo com as suas cotas e o tempo de duração de seus benefícios.

E, em qualquer caso, fica assegurada ao INSS a cobrança dos valores indevidamente pagos em função de nova habilitação.

32.1.18 Perda do direito à pensão por morte

Conforme já referido, além das hipóteses de cessação, o art. 74 da LBPS prevê duas outras hipóteses de perda do direito ao recebimento da pensão por morte, quais sejam:

a) o condenado criminal por sentença com trânsito em julgado, como autor, coautor ou partícipe de homicídio doloso, ou de tentativa desse crime, cometido contra a pessoa do segurado, ressalvados os absolutamente incapazes e os inimputáveis (art. 74, § 1º, da LBPS, com redação conferida pela Lei n. 13.846/2019);

b) o cônjuge, o companheiro ou a companheira se comprovada, a qualquer tempo, simulação ou fraude no casamento ou na união estável, ou a formalização desses com o fim exclusivo de constituir benefício previdenciário, apuradas em processo judicial no qual será assegurado o direito ao contraditório e à ampla defesa (art. 74, § 2º, da LBPS, com redação conferida pela Lei n. 13.135/2015).

Essa previsão é salutar, corrigindo distorção que existia no sistema, que não previa a adoção do princípio da indignidade e não reprimia a simulação ou fraude no casamento ou união estável para gerar direito ao benefício.

QUADRO-RESUMO – PENSÃO POR MORTE

BENEFÍCIO	**PENSÃO POR MORTE** Códigos da Espécie (INSS): B-21 (previdenciária) ou B-93 (acidentária)
Evento Gerador	Falecimento do segurado ou decretação de sua morte presumida, durante o período em que manteve essa qualidade.
Beneficiários	– É paga ao conjunto de dependentes do segurado, segundo classificação do art. 16 da Lei n. 8.213/1991. – A dependência econômica na classe 1 (o cônjuge, a companheira, o companheiro e o filho não emancipado, de qualquer condição, menor de 21 anos ou inválido ou que tenha deficiência intelectual ou mental ou deficiência grave) é presumida e não admite prova em contrário. Dos dependentes da classe 2 (pais) e 3 (o irmão não emancipado, de qualquer condição, menor de 21 anos ou inválido ou que tenha deficiência intelectual ou mental ou deficiência grave), a dependência econômica deve ser comprovada. – TNU: RC n. 226: "A dependência econômica do cônjuge ou do companheiro relacionados no inciso I do art. 16 da Lei 8.213/91, em atenção à presunção disposta no § 4º do mesmo dispositivo legal, é absoluta".
Requisitos	Qualidade de segurado do *de cujus* ou direito adquirido à aposentadoria deste antes do óbito, mesmo que não requerida; e prova do enquadramento em alguma das classes de dependentes do(s) requerente(s).
Carência	– óbitos anteriores a 5.4.1991: 12 contribuições mensais; – óbitos a partir de 5.4.1991: não tem período de carência.

Qualidade de Segurado	– Súmula n. 416 do STJ: "É devida a pensão por morte aos dependentes do segurado que, apesar de ter perdido essa qualidade, preencheu os requisitos legais para a obtenção de aposentadoria até a data do seu óbito". – Se o óbito ocorrer após a perda da qualidade de segurado, os dependentes terão direito a pensão desde que o trabalhador tenha cumprido, até o dia da morte, os requisitos para obtenção de benefício previdenciário (ex.: aposentadoria, auxílio por incapacidade temporária), dentro do período de manutenção da qualidade do segurado, caso em que a incapacidade deverá ser verificada por meio de parecer da perícia médica federal com base em atestados ou relatórios médicos, exames complementares, prontuários ou documentos equivalentes.
Pensão Provisória	a) por morte presumida do segurado, declarada pela autoridade judicial competente, depois de 6 (seis) meses de ausência; b) mediante prova do desaparecimento do segurado em consequência de acidente, desastre ou catástrofe, independentemente da declaração e de prazo. – Verificado o reaparecimento do segurado, o pagamento da pensão cessará imediatamente, desobrigados os dependentes da reposição dos valores recebidos, salvo má-fé.
Período Básico de Cálculo	O Período Básico de Cálculo é fixado até o mês anterior ao do falecimento ou da decretação da morte presumida.
Renda Mensal Inicial	– A partir de 28.6.1997 (Lei n. 9.528/1997), até a publicação da EC n. 103/2019: será de 100% do valor da aposentadoria que o segurado recebia ou daquela a que teria direito se estivesse aposentado por invalidez na data do óbito. – A partir da EC n. 103/2019: equivalente a uma cota familiar de 50% do valor da aposentadoria recebida pelo segurado ou daquela a que teria direito se fosse aposentado por incapacidade permanente na data do óbito, acrescida de cotas de dez pontos percentuais por dependente, até o máximo de 100%. – Na hipótese de existir dependente inválido ou com deficiência intelectual, mental ou grave, o valor da pensão por morte será equivalente a 100% da aposentadoria recebida pelo segurado ou daquela a que teria direito se fosse aposentado por incapacidade permanente na data do óbito. – Segurado especial: um salário mínimo. Se estiver contribuindo facultativamente sobre valores superiores o benefício será calculado na sistemática anterior.
Fator Previdenciário	Não se aplica de forma direta, mas apenas no benefício originário, quando for decorrente de aposentadoria por tempo de contribuição ou mesmo da aposentadoria por idade (neste caso somente se positivo).
Data de Início do Benefício	a) **para óbitos ocorridos até o dia 10.11.1997 (véspera da publicação da Lei n. 9.528, de 1997), a contar da data:** – do óbito, tratando-se de dependente capaz ou incapaz, observada a prescrição quinquenal de parcelas vencidas ou devidas, ressalvado o pagamento integral dessas parcelas aos dependentes menores de dezesseis anos e aos inválidos incapazes; b) **para óbitos ocorridos a partir de 11.11.1997 (Lei n. 9.528/1997) até 4.11.2015, a contar da data:** – do óbito, quando requerida em até 30 dias deste; – do requerimento, se requerido depois de 30 dias; – o beneficiário menor de 16 anos poderá requerer até 30 dias após completar essa idade, quando então retroagirá ao dia do óbito;

Data de Início do Benefício	c) **para os óbitos ocorridos a partir de 5.11.2015 até 17.1.2019:** – do óbito, quando requerida até 90 dias depois deste (Lei n. 13.183/2015); – do requerimento, quando requerida após o prazo de 90 dias; – o beneficiário menor de 16 anos poderá requerer até 90 dias após completar essa idade, quando então retroagirá ao dia do óbito; – os inválidos capazes equiparam-se aos maiores de dezesseis anos de idade; d) **para os óbitos ocorridos a partir de 18.1.2019 (MP n. 871/2019, convertida na Lei n. 13.846/2019):** I – do óbito, quando requerida em até cento e oitenta dias após o óbito, para os filhos menores de dezesseis anos, ou quando requerida no prazo de noventa dias, para os demais dependentes; II – do requerimento, quando requerida após o prazo previsto no item I. e) **da decisão judicial**, no caso de morte presumida; e f) **da data da ocorrência**, no caso de catástrofe, acidente ou desastre.
Companheiro e Cônjuge do Sexo Masculino	– INSS: a) para óbitos ocorridos a partir de 5.4.1991, é devida a pensão por morte ao companheiro e ao cônjuge do sexo masculino, desde que atendidos os requisitos legais; e b) para cônjuge do sexo masculino, será devida a pensão por morte para óbitos anteriormente a essa data, desde que comprovada a invalidez, conforme o art. 12 do Decreto n. 83.080, de 1979. – STF admite mesmo antes da CF/1988: "o óbito da segurada em data anterior ao advento da Constituição Federal de 1988 não afasta o direito à pensão por morte ao seu cônjuge varão". Nesse sentido: STF, RE 880.521 AgR/SP, 2ª Turma, Rel. Min. Teori Zavascki, *DJe* 28.3.2016.
Companheiros do mesmo Sexo	Por força de decisão judicial, ACP 2000.71.00.009347-0, foi garantido o direito ao companheiro ou companheira do mesmo sexo, para óbitos ocorridos a partir de 5.4.1991, desde que atendidas todas as condições exigidas para o reconhecimento do direito a esse benefício.
Cônjuge Separado	– O cônjuge separado de fato, divorciado ou separado judicialmente, terá direito à pensão por morte, mesmo que este benefício já tenha sido requerido e concedido à companheira ou ao companheiro, desde que beneficiário de pensão alimentícia. – Equipara-se à percepção de pensão alimentícia o recebimento de ajuda econômica ou financeira sob qualquer forma. – Poderá ser concedida pensão por morte, apesar do instituidor ou dependente, ou ambos, serem casados com outrem, desde que comprovada a separação (de fato, judicial ou por acordo extrajudicial) em observância ao disposto no art. 1.723 da Lei n. 10.406, de 2002, que instituiu o Código Civil e a vida em comum. – STJ: Súmula n. 336 – "A mulher que renunciou aos alimentos na separação judicial tem direito à pensão previdenciária por morte do ex-marido, comprovada a necessidade econômica superveniente".
Concubina/ Relacionamentos Paralelos	– Repercussões Gerais após julgamento pelo STF: • Tema 526 – "É incompatível com a Constituição Federal o reconhecimento de direitos previdenciários (pensão por morte) à pessoa que manteve, durante longo período e com aparência familiar, união com outra casada, porquanto o concubinato não se equipara, para fins de proteção estatal, às uniões afetivas resultantes do casamento e da união estável". • Tema 529 – "A preexistência de casamento ou de união estável de um dos conviventes, ressalvada a exceção do artigo 1.723, § 1º, do Código Civil, impede o reconhecimento de novo vínculo referente ao mesmo período, inclusive para fins previdenciários, em virtude da consagração do dever de fidelidade e da monogamia pelo ordenamento jurídico-constitucional brasileiro".

Beneficiário Inválido	– De acordo os arts. 108 e 115 do RPS (com redação conferida pelo Decreto n. 10.410/2020): a pensão por morte será devida ao filho, ao enteado, ao menor tutelado e ao irmão, desde que comprovada a dependência econômica dos três últimos, que sejam inválidos ou que tenham deficiência intelectual, mental ou grave, cuja invalidez ou deficiência tenha ocorrido antes da data do óbito. E, o mais grave é a previsão de que a cota desses dependentes somente será devida caso tornem-se inválidos ou pessoas com deficiência intelectual, mental ou grave antes de completar 21 anos de idade. – Comprovada a invalidez antes do óbito, o benefício deve ser concedido, mesmo que a invalidez tenha surgido após as hipóteses de cessação da dependência. Nesse sentido: TNU, PEDILEF 50442434920114047100, *DOU* 10.1.2014; Tema n. 2 da Portaria Conjunta GP n. 4/2024; e, quanto ao RPPS da União, a Súmula n. 663 do STJ.
Menor sob Guarda	– A Lei n. 9.528/1997 excluiu o menor sob guarda da qualidade de dependente de segurado do RGPS, no entanto, a jurisprudência reconhece a possibilidade de concessão de pensão por morte ao menor sob guarda, sob o argumento da prevalência do ECA (Lei n. 8.069/1990, art. 33, § 3º), mesmo para os óbitos dos segurados ocorridos sob a vigência da Lei n. 9.528/1997 (STJ, Repetitivo Tema 732, TNU, PEDILEF 0515410-31.2013.4.05.8400, Sessão de 16.6.2016). No mesmo sentido, decidiu o STF nas ADIs 4.878 e 5.083, j. em 7.6.2021, e o Tema n. 3 da Portaria Conjunta GP n. 4/2024. – A EC n. 103/2019 voltou a estabelecer nas regras transitórias que: "Equiparam-se a filho, para fins de recebimento da pensão por morte, exclusivamente o enteado e o menor tutelado, desde que comprovada a dependência econômica" (art. 25, § 6º). Entendemos que essa vedação é inconstitucional por afrontar o art. 227, *caput*, da CF (as ADIs n. 4.878 e n. 5.083 não contemplaram a redação da EC n. 103).
Habilitação Posterior	A concessão da pensão por morte não será protelada pela falta de habilitação de outro possível dependente, e qualquer inscrição ou habilitação posterior que importe em exclusão ou inclusão de dependente só produzirá efeito a contar da data da inscrição ou habilitação (art. 76 da Lei n. 8.213/1991).
Regularização das Contribuições	– Caberá a concessão nas solicitações de pensão por morte em que haja débito decorrente do exercício de atividade do segurado contribuinte individual, desde que comprovada a manutenção da qualidade de segurado perante o RGPS na data do óbito. – TNU: Súmula n. 52 – "Para fins de concessão de pensão por morte, é incabível a regularização do recolhimento de contribuições de segurado contribuinte individual posteriormente a seu óbito, exceto quando as contribuições devam ser arrecadadas por empresa tomadora de serviços". – O RPS (redação dada pelo Decreto n. 10.410/2020) permite a regularização de contribuições abaixo do mínimo legal: art. 19-E, "§ 7º Na hipótese de falecimento do segurado, os ajustes previstos no § 1º poderão ser solicitados por seus dependentes para fins de reconhecimento de direito para benefício a eles devidos até o dia quinze do mês de janeiro subsequente ao do ano civil correspondente". – TNU, RC Tema n. 286: "Para fins de pensão por morte, é possível a complementação, após o óbito, pelos dependentes, das contribuições recolhidas em vida, a tempo e modo, pelo segurado facultativo de baixa renda do art. 21, § 2º, II, 'b', da Lei 8.212/1991, da alíquota de 5% para as de 11% ou 20%, no caso de não validação dos recolhimentos" (PEDILEF 5007366-70.2017.4.04.7110/RS, julg. 23.6.2022). – Não será admitida a inscrição *post mortem* de segurado contribuinte individual e de segurado facultativo (§ 7º do art. 17 da Lei n. 8.213/1991, incluído pela Lei n. 13.846/2019).

Duração	– Indeterminada, em caso de invalidez ou deficiência do pensionista; – 4 meses para o cônjuge ou companheiro, se o óbito do segurado ocorrer sem a comprovação do recolhimento de 18 contribuições mensais e de 2 anos de casamento ou de união estável. – Em caso de invalidez ou deficiência do cônjuge ou companheiro e na hipótese do óbito do segurado decorrer de acidente de qualquer natureza ou de doença profissional ou do trabalho, não tem aplicação a regra que limita o pagamento da pensão a apenas 4 meses. – Temporária, observada a faixa de idade, para cônjuge ou companheiro pensionista com idade inferior a 45 anos na data do óbito do segurado; – Vitalícia, para o cônjuge ou companheiro com idade superior a 45 anos na data do óbito do segurado.
Cessação	A parte individual da pensão extingue-se: I – pela morte do pensionista; II – para filho, pessoa a ele equiparada ou irmão, de ambos os sexos, ao completar 21 anos de idade, salvo se for inválido ou tiver deficiência intelectual ou mental ou deficiência grave; III – para filho ou irmão inválido, pela cessação da invalidez; IV – para filho ou irmão que tenha deficiência intelectual ou mental ou deficiência grave, pelo afastamento da deficiência, nos termos do regulamento; V – para cônjuge ou companheiro: a) se inválido ou com deficiência, pela cessação da invalidez ou pelo afastamento da deficiência, respeitados os períodos mínimos decorrentes da aplicação das alíneas "b" e "c"; b) em 4 meses, se o óbito ocorrer sem que o segurado tenha vertido 18 contribuições mensais ou se o casamento ou a união estável tiverem sido iniciados em menos de 2 anos antes do óbito do segurado; c) transcorridos os seguintes períodos, estabelecidos de acordo com a idade do beneficiário na data de óbito do segurado, se o óbito ocorrer depois de vertidas 18 contribuições mensais e pelo menos 2 anos após o início do casamento ou da união estável (a partir de 1º.1.2021, as idades foram elevadas em um ano pela Portaria ME n. 424/2020), ficando em: 1) 3 anos, com menos de 22 anos de idade; 2) 6 anos, entre 22 e 27 anos de idade; 3) 10 anos, entre 28 e 30 anos de idade; 4) 15 anos, entre 31 e 41 anos de idade; 5) 20 anos, entre 42 e 44 anos de idade; 6) vitalícia, com 45 ou mais anos de idade. VI – pela perda do direito, na forma do § 1º do art. 74 da LBPS. – O novo casamento não constitui causa de extinção do direito à pensão (art. 77 da Lei n. 8.213/1991). Apenas uma segunda viuvez (e não um segundo casamento) pode gerar perda da pensão anterior, facultado ao/à pensionista a opção pelo benefício mais vantajoso (art. 124, VI, da Lei n. 8.213/1991).
Perda do Direito à Pensão	Perde o direito à pensão por morte: a) o condenado criminalmente por sentença com trânsito em julgado, como autor, coautor ou partícipe de homicídio doloso, ou de tentativa desse crime, cometido contra a pessoa do segurado, ressalvados os absolutamente incapazes e os inimputáveis; b) o cônjuge, o companheiro ou a companheira se comprovada, a qualquer tempo, simulação ou fraude no casamento ou na união estável, ou a formalização desses com o fim exclusivo de constituir benefício previdenciário, apuradas em processo judicial no qual será assegurado o direito ao contraditório e à ampla defesa. – O exercício de atividade remunerada, inclusive na condição de microempreendedor individual, não impede a concessão ou manutenção da parte individual da pensão do dependente com deficiência intelectual ou mental ou com deficiência grave (art. 77, § 6º, da LB, introduzido pela Lei n. 13.183/2015).

Perda do Direito à Pensão	– Se houver fundados indícios de autoria, coautoria ou participação de dependente, ressalvados os absolutamente incapazes e os inimputáveis, em homicídio, ou em tentativa desse crime, cometido contra a pessoa do segurado, será possível a suspensão provisória de sua parte no benefício de pensão por morte, mediante processo administrativo próprio, respeitados a ampla defesa e o contraditório, e serão devidas, em caso de absolvição, todas as parcelas corrigidas desde a data da suspensão, bem como a reativação imediata do benefício (art. 77, § 7º, da LBPS).
Acumulação	– Salvo no caso de direito adquirido, não é permitido o recebimento conjunto mais de uma pensão deixada por cônjuge ou companheiro, ressalvado o direito de opção pela mais vantajosa (art. 124 da Lei n. 8.213/1991, redação dada pela Lei n. 9.032/1995); – No caso de óbito anterior a 29.4.1995 (Lei n. 9.032/1995) para o segurado que recebia cumulativamente duas ou mais aposentadorias concedidas por ex-institutos, será devida a concessão de tantas pensões quantos forem os benefícios que as precederam.
Acumulação após a entrada em vigor da EC n. 103/2019 (art. 24)	– É vedada a acumulação de mais de uma pensão por morte deixada por cônjuge ou companheiro, no âmbito do mesmo regime de previdência social, ressalvadas as pensões do mesmo instituidor decorrentes do exercício de cargos acumuláveis na forma do art. 37 da CF. – Será admitida, a acumulação de: I – pensão por morte deixada por cônjuge ou companheiro de um regime de previdência social com pensão por morte concedida por outro regime de previdência social ou com pensões decorrentes das atividades militares de que tratam os arts. 42 e 142 da CF; II – pensão por morte deixada por cônjuge ou companheiro de um regime de previdência social com aposentadoria concedida no âmbito do RGPS ou de RPPS ou com proventos de inatividade decorrentes das atividades militares de que tratam os arts. 42 e 142 da CF; ou III – pensões decorrentes das atividades militares de que tratam os arts. 42 e 142 da CF com aposentadoria concedida no âmbito do RGPS ou de RPPS. – Nessas hipóteses, é assegurada a percepção do valor integral do benefício mais vantajoso e de uma parte de cada um dos demais benefícios, apurada cumulativamente de acordo com as seguintes faixas: I – 60% do valor que exceder 1 salário mínimo, até o limite de 2 salários mínimos; II – 40% do valor que exceder 2 salários mínimos, até o limite de 3 salários mínimos; III – 20% do valor que exceder 3 salários mínimos, até o limite de 4 salários mínimos; e IV – 10% do valor que exceder 4 salários mínimos. – Não incide a proibição de acumulação sobre a acumulação de uma pensão decorrente do óbito do pai e outra do óbito da mãe da mesma criança.
Observações	– As regras gerais sobre a pensão por morte encontram-se no art. 201 da CF, nos arts. 23 e 24 da EC n. 103/2019, e naquilo que não conflita com esses dispositivos, nos arts. 74 a 79 da Lei n. 8.213/1991 e arts. 105 a 115 do Decreto n. 3.048/1999 (com as alterações introduzidas pelo Decreto n. 10.410/2020).

32.2 AUXÍLIO-RECLUSÃO

Sendo a Previdência um sistema que garante não só ao segurado, mas também a sua família, a subsistência em caso de eventos que não permitam a manutenção por conta própria, é justo que, da mesma forma que ocorre com a pensão por falecimento, os dependentes tenham direito ao custeio de sua sobrevivência pelo sistema de seguro social, diante do ideal de solidariedade.

Sobre a importância desse benefício, esclarece *Russomano*:

> *O criminoso, recolhido à prisão, por mais deprimente e dolorosa que seja sua posição, fica sob a responsabilidade do Estado. Mas, seus familiares perdem o apoio econômico que o segurado*

lhes dava e, muitas vezes, como se fossem os verdadeiros culpados, sofrem a condenação injusta de gravíssimas dificuldades.

Inspirado por essas ideias, desde o início da década de 1930, isto é, no dealbar da fase de criação, no Brasil, dos Institutos de Aposentadoria e Pensões, nosso legislador teve o cuidado de enfrentar o problema e atribuir ao sistema de Previdência Social o ônus de amparar, naquela contingência, os dependentes do segurado detento ou recluso.[4]

O auxílio-reclusão está previsto no inciso IV do art. 201 da Constituição Federal de 1988, que teve redação dada pela Emenda Constitucional n. 20/1998, para limitar a concessão aos dependentes dos segurados que possuam baixa renda. O critério de baixa renda foi mantido pela EC n. 103/2019 e ainda houve a limitação da renda em um salário mínimo.

Houve também o disciplinamento de quais segurados são considerados de baixa renda, conforme se observa na redação do art. 27 da EC n. 103/2019: "Até que lei discipline o acesso ao salário-família e ao auxílio-reclusão de que trata o inciso IV do art. 201 da Constituição Federal, esses benefícios serão concedidos apenas àqueles que tenham renda bruta mensal igual ou inferior a R$ 1.364,43 (mil trezentos e sessenta e quatro reais e quarenta e três centavos), que serão corrigidos pelos mesmos índices aplicados aos benefícios do Regime Geral de Previdência Social".

Assim, os segurados do RGPS que percebam renda bruta mensal superior ao limite estabelecido não geram, aos seus dependentes, o direito ao benefício do auxílio-reclusão. O valor limite é reajustado periodicamente, e se encontra em tabela anexa à presente obra.

A interpretação jurisprudencial caminhava no sentido de que o conceito de renda bruta mensal se referia "à renda do dependente e não à do segurado e que a finalidade do auxílio-reclusão é atender às necessidades dos dependentes que, em face da inculpação do segurado por ato criminoso, se veem desassistidos materialmente" (TRF da 4ª Região, AI 2001.04.01.009317-9/RS, 6ª Turma, Rel. Des. Federal Carlos Eduardo Thompson Flores Lenz, Sessão de 27.11.2001).

Entretanto, o STF pacificou o entendimento em sentido contrário, vinculando a concessão do benefício à renda do segurado recluso:

> Repercussão Geral – Tema 89: "Segundo decorre do art. 201, IV, da Constituição Federal, a renda do segurado preso é a que deve ser utilizada como parâmetro para a concessão do auxílio-reclusão e não a de seus dependentes".

Ainda segundo o entendimento do INSS, que foi adotado até o advento da MP n. 871/2019, convertida na Lei n. 13.846/2019, se o segurado, embora mantendo essa qualidade, não estivesse em atividade no mês da reclusão, ou nos meses anteriores, seria considerado como remuneração o seu último salário de contribuição.

Esse critério não foi aceito no âmbito judicial, visto que a condição do segurado desempregado é de ausência total de renda, não se podendo retroagir no tempo para buscar a remuneração que o segurado tinha meses antes de ser recolhido à prisão. Nesse sentido, a tese fixada pelo STJ no Repetitivo 896 (REsp 1485416/SP, 1ª Seção, Rel. Min. Herman Benjamin, j. 22.11.2017), a qual passou por revisão, em virtude da Lei n. 13.846/2019 (resultado da conversão da MP n. 871/2019), passando a ter a seguinte redação:

> "Para a concessão de auxílio-reclusão (art. 80 da Lei n. 8.213/1991) no regime anterior à vigência da MP n. 871/2019, o critério de aferição de renda do segurado que não exerce atividade laboral remunerada no momento do recolhimento à prisão é a ausência de renda, e não o último salário de contribuição" (QO, REsp 1.842.985/PR, 1ª Seção, DJe 1º.7.2021).

---

[4] Comentários..., cit., p. 214.

No mesmo sentido, o Tema n. 4 da Portaria Conjunta GP n. 4/2024.

Em relação à redação vigente fixada pela Lei n. 13.849/2019, o Representativo de Controvérsia Tema 310 da TNU fixou a seguinte tese:

> A partir da vigência da Medida Provisória n. 871/2019, convertida na Lei n. 13.846/2019, a aferição da renda para enquadramento do segurado como baixa renda, visando à concessão de auxílio-reclusão, dá-se pela média dos salários de contribuição apurados no período de 12 meses anteriores ao mês do recolhimento à prisão, computando-se no divisor apenas o número de salários de contribuição efetivamente existentes no período (PEDILEF 5027480-64.2020.4.04.7000/PR, j. 19.4.2023).

Destaca-se, também, que até a entrada em vigor da Lei n. 13.846/2019 (resultado da conversão da MP n. 871/2019), era considerada pena privativa de liberdade, para fins de reconhecimento do direito ao benefício de auxílio-reclusão, aquela cumprida em:

a) regime fechado – sujeito à execução da pena em estabelecimento de segurança máxima ou média;
b) regime semiaberto – sujeito à execução da pena em colônia agrícola, industrial ou estabelecimento similar.

Não era devida a concessão de auxílio-reclusão aos dependentes do segurado que estivesse em livramento condicional ou que cumprisse pena em regime aberto, assim entendido aquele cuja execução da pena seja em casa de albergado ou estabelecimento adequado.

A privação da liberdade, para fins de concessão do benefício, era comprovada por documento, emitido pela autoridade competente, demonstrando o recolhimento do segurado à prisão e o regime de cumprimento da pena.

Equiparava-se à condição de recolhido à prisão a situação do segurado do RGPS maior de 16 e menor de 18 anos de idade que se encontrava internado em estabelecimento educacional ou congênere, sob custódia do Juizado da Infância e da Juventude. Considerando-se que os menores não podem cumprir pena em regime fechado, essa hipótese de concessão do benefício ficou afastada a partir da vigência da MP n. 871/2019 (convertida na Lei n. 13.846/2019), conforme abordagem que se fará na sequência.

O benefício era devido enquanto o segurado permanecesse na condição de detento ou recluso. Sendo assim, para a manutenção do benefício deveria ser apresentada, trimestralmente, a declaração de que o segurado permanece cumprindo pena privativa da liberdade.

Conforme Parecer exarado pela Consultoria Jurídica do então MPAS acerca da caracterização do direito em face do regime prisional, concluiu-se que "as famílias dos segurados presos sob o regime fechado e semiaberto fazem jus ao auxílio-reclusão, ainda que eles exerçam alguma atividade remunerada" e que "as famílias dos segurados em cumprimento de pena sob regime aberto não têm direito ao recebimento do auxílio-reclusão" (Parecer CJ 2.583, de 24.9.2001, *Revista RPS* 252/834, nov. 2001).

Os dependentes do segurado detido em prisão provisória também tinham direito ao benefício desde que comprovassem o efetivo recolhimento do segurado por meio de documento expedido pela autoridade responsável.

É vedada a concessão do auxílio-reclusão após a soltura do segurado, e, em caso de falecimento do segurado detido ou recluso, o auxílio-reclusão será automaticamente convertido em pensão por morte.

Aplicam-se ao auxílio-reclusão as normas referentes à pensão por morte, sendo necessária, no caso de qualificação de dependentes após a reclusão do segurado, a preexistência da dependência na forma do art. 16 da Lei n. 8.213/1991, salvo em relação aos filhos nascidos durante o cumprimento da pena.

No entanto, há uma particularidade: em face da decisão judicial proferida na Ação Civil Pública – ACP 5029829-46.2011.4.04.7100/RS, que determinou ao INSS reconhecer a dependência do filho inválido ou do irmão inválido, quando a invalidez for caracterizada antes do recolhimento prisional do segurado, *independentemente de ela ter ocorrido antes ou após a maioridade ou emancipação*, e desde que atendidos os demais requisitos da lei, essa condição de dependência é reconhecida administrativamente pelo INSS somente para o auxílio-reclusão, mas não para a pensão por morte (nos moldes da Portaria INSS/DIRBEN n. 1.167, de 28.9.2023).

De acordo com a referida Portaria (arts. 4º e 5º):

- considera-se relativa a presunção de dependência econômica do filho cuja invalidez ocorreu após os 21 (vinte e um) anos de idade ou após a sua emancipação;
- admite-se a prova da desconstituição da dependência econômica quando identificada a percepção pelo dependente de benefício previdenciário, assistencial ou outra fonte de renda, descaracterizando a condição de dependente; e
- o irmão maior inválido, cuja invalidez se deu após os 21 (vinte e um) anos de idade ou após a sua emancipação, deverá comprovar sua dependência econômica em relação ao instituidor na data da reclusão para fazer jus ao auxílio-reclusão.

A Lei n. 13.846/2019 (resultado da conversão da MP n. 871/2019) alterou substancialmente as regras de concessão do auxílio-reclusão para estabelecer a necessidade de:

- cumprimento de carência de vinte e quatro meses;
- prova do recolhimento do segurado à prisão em regime fechado;
- não receber remuneração da empresa nem estar em gozo de auxílio-doença (atual auxílio por incapacidade temporária), pensão por morte, salário-maternidade, aposentadoria ou abono de permanência em serviço.

Mostram-se equivocadas e de constitucionalidade duvidosa a exigência de carência tão elevada e a limitação do benefício apenas aos dependentes de segurado em regime fechado, pois resultará em ausência de proteção social dos dependentes do segurado privado da sua liberdade e da possibilidade de exercer atividade laborativa capaz de gerar o sustento do grupo familiar, caracterizando afronta ao art. 201, IV, da CF.

A Lei n. 13.846/2019, fixou ainda outros critérios a serem observados na concessão desse benefício, quais sejam:

a) o requerimento do auxílio-reclusão será instruído com certidão judicial que ateste o recolhimento efetivo à prisão, obrigatória, para a manutenção do benefício, a apresentação de prova de permanência na condição de presidiário;

b) o INSS celebrará convênios com os órgãos públicos responsáveis pelo cadastro dos presos para obter informações sobre o recolhimento à prisão;

c) a aferição da renda mensal bruta para enquadramento do segurado como de baixa renda ocorrerá pela média dos salários de contribuição apurados no período de doze meses anteriores ao mês do recolhimento à prisão;

d) a certidão judicial e a prova de permanência na condição de presidiário poderão ser substituídas pelo acesso à base de dados, por meio eletrônico, a ser disponibilizada pelo Conselho Nacional de Justiça, com dados cadastrais que assegurem a identificação plena do segurado e da sua condição de presidiário;

e) em caso de morte de segurado recluso que tenha contribuído para a previdência social durante o período de reclusão, o valor da pensão por morte será calculado levando-se em consideração o tempo de contribuição adicional e os correspondentes salários de contribuição, facultada a opção pelo valor do auxílio-reclusão.

A alteração do critério de aferição da baixa renda gerará questionamentos judiciais, pois os meses em que o segurado não tiver contribuição não poderão ser excluídos do período básico de cálculo, mas considerados com valor zerado. Esse deve ser o procedimento de apuração, pois, se houver limitação da média dos meses com contribuição, haverá uma distorção da norma.

A justificativa para esses novos critérios na concessão do auxílio-reclusão foi expressa na exposição de motivos da MP n. 871/2019, como sendo:

> 23. Em relação ao auxílio-reclusão, também propõe-se restringir a sua concessão para os dependentes do segurado de baixa renda recolhido à prisão em regime fechado; e, com o objetivo de combater fraudes, estabelecer a carência de 24 (vinte e quatro) meses de contribuição, não cumulação com outros benefícios recebidos pelo preso, a possibilidade da celebração de convênios com o sistema prisional para comprovação da reclusão e aferição de baixa renda com a média dos salários de contribuição apurados no período de 12 (doze) meses anteriores ao mês do recolhimento à prisão, obstando a concessão para pessoas fora do perfil que estejam desempregadas na véspera da prisão.[5]

32.2.1 Concessão do auxílio-reclusão para dependentes de segurados que superem o critério da baixa renda

Referimos que o Pleno do Supremo Tribunal Federal (RE 587.365, Rel. Min. Ricardo Lewandowski, *DJe* 8.5.2009), definiu em repercussão geral que:

– o auxílio-reclusão é restrito aos segurados presos de baixa renda (restrição introduzida pela EC n. 20/1998);
– a renda do segurado preso é que a deve ser utilizada como parâmetro para a concessão do benefício e não a de seus dependentes.

Pois bem, entendemos que a decisão proferida pelo STF, deve ser interpretada no sentido de que o limite máximo do valor da remuneração do segurado para verificação do direito ao auxílio-reclusão gera presunção absoluta da baixa renda, mas não é um critério absoluto.

Cabe aos dependentes de segurado recluso tratamento isonômico aos requerentes do benefício de prestação continuada (LOAS), ou seja, a superação do limite de remuneração definido em lei como "baixa renda" não afasta o direito ao benefício se a condição social de carência dos recursos mínimos para a manutenção familiar restar comprovada por outros meios.

Destacamos, também, que no âmbito dos Juizados Especiais Federais o magistrado deve utilizar-se do princípio da equidade, premissa inserida de forma expressa no art. 6º da Lei n. 9.099/1995 (aplicável de forma subsidiária à Lei n. 10.259/2001), que estabelece: "o Juiz adotará em cada caso a decisão que reputar mais justa e equânime, atendendo aos fins sociais da lei e às exigências do bem comum". A previsão do art. 5º da LINDB também reforça esse ideário de Justiça.

---

[5] Disponível em: http://www.planalto.gov.br/ccivil_03/_Ato2019-2022/2019/Exm/Exm-MP-871-19.pdf. Acesso em: 26 jan. 2019. Importante lembrar que todas essas alterações não poderão ser aplicadas para os requerentes cujas prisões ocorreram antes da entrada em vigor da MP n. 871/2019 (18.1.2019), em respeito ao princípio do *tempus regit actum*. Isso impede que o INSS reveja as concessões com os critérios anteriores ou aplique os novos requisitos para todas as DER sem observar a data da efetiva privação de liberdade.

A equidade seria, dessa forma, uma permissão dada ao julgador para fazer justiça no caso concreto sem sujeitar-se de forma absoluta ao texto expresso e muitas vezes "frio" da norma legal que se aplicado igualmente para todas as situações gera graves injustiças sociais. O papel do juiz, neste ponto, é de distinguir os casos em que a interpretação deve ir além do sentido inicialmente proposto pelo legislador.

Portanto, a análise da renda bruta mensal do recluso como parâmetro para concessão do auxílio-reclusão possui caráter objetivo, ensejando nas hipóteses de superação desse limite o estudo das condições socioeconômicas dos dependentes postulantes.

Nesse sentido, decidiu a 1ª Turma Recursal dos JEFs de Santa Catarina determinado a remessa dos autos ao Juizado de origem para realização de estudo socioeconômico dos dependentes do segurado recluso, a fim de comprovar a situação em que se encontram (composição do grupo familiar, fontes de renda, gastos com alimentação, saúde, transporte, imóvel em que vivem, dentre outros) (Processo 5003895-53.2011.404.7208, Rel. Juiz Federal João Batista Lazzari, j. 16.9.2011).

Ainda, segundo o STJ, a flexibilização do critério econômico para concessão do Benefício de Prestação Continuada pode ser aplicada ao auxílio-reclusão quando o caso revela a necessidade de proteção social, permitindo ao julgador flexibilizar a exigência para deferir a concessão do benefício (AgRg no REsp 1.523.797/RS, 1ª Turma, Rel. Min. Napoleão Nunes Maia Filho, *DJe* 13.10.2015).

32.2.2 Período de carência

A concessão do auxílio-reclusão, a partir da Lei n. 8.213/1991, não dependia de número mínimo de contribuições pagas pelo segurado. Bastava comprovar a situação de segurado para gerar direito ao benefício. A carência exigida pela legislação anterior era de 12 contribuições mensais.

Com o advento da Lei n. 13.846/2019 (conversão da MP n. 871/2019), voltou ao cenário jurídico a necessidade de ser comprovada a carência de 24 meses.

Dessa forma, deverá ser observado o que segue:

I – para fatos geradores ocorridos até 17 de janeiro de 2019, véspera da vigência da Medida Provisória n. 871, o benefício é isento de carência; e

II – para fatos geradores ocorridos a partir de 18 de janeiro de 2019, exigem-se 24 (vinte e quatro) contribuições mensais como carência.

O período de 24 meses mostra-se elevado, pois supera o período exigido para outros benefícios de natureza temporária, como o auxílio por incapacidade temporária e o salário-maternidade. Além disso, a população carcerária do Brasil é constituída, em grande parte, por pessoas de baixa renda e com reduzido período contributivo, inviabilizando a concessão do benefício na maioria dos casos.

32.2.3 Data de início do benefício

O benefício tem início na data do efetivo recolhimento do segurado à prisão, se requerido até noventa dias deste, e a partir da data do requerimento, se posterior a noventa dias, prazo estabelecido pela Lei n. 13.183, de 4.11.2015.

Quando for requerido após o prazo de noventa dias do recolhimento à prisão, a data de início do benefício será a do requerimento, devendo ser ressalvada a situação do beneficiário menor.

Porém, a Lei n. 13.846/2019 (resultado da conversão da MP n. 871/2019) adotou regra violadora às normas gerais de proteção dos incapazes, pois fixou prazo de 180 dias para que os filhos menores de 16 anos possam requerer o benefício com retroação da DIP à data da prisão. Transcorrido tal prazo, o benefício será devido somente a partir da data do requerimento.

Entendemos que contra o absolutamente incapaz não correm prazos prescricionais e decadenciais, pois é princípio geral do direito que não há como se exigir de pessoa incapaz para os atos da vida civil que tome medidas tendentes à preservação de seus direitos.

32.2.4 Beneficiários

São beneficiários os dependentes do segurado recolhido à prisão das classes 1, 2 ou 3, consoante regra definida no art. 16 da Lei n. 8.213/1991, aplicando-se aqui os mesmos comentários realizados em relação à pensão por morte.

Conforme entendimento do INSS, interpretando a norma legal de modo a estabelecer o critério mais favorável aos dependentes, o filho nascido durante o recolhimento do segurado à prisão terá direito ao benefício de auxílio-reclusão a partir da data do seu nascimento, não se considerando para este fim apenas o rol de dependentes existentes na data do recolhimento inicial à prisão. Curiosamente, em sentido contrário, se a realização do casamento ocorrer durante o recolhimento do segurado à prisão, entende o INSS que o auxílio-reclusão não será devido, considerando a dependência superveniente ao fato gerador.

32.2.5 Renda mensal inicial

O valor da renda mensal era igual a 100% do salário de benefício (arts. 75 e 80 da Lei n. 8.213/1991), cujo valor poderia ser superior ao limite de baixa renda. Ou seja, o salário de contribuição, quando acima do limite de baixa renda, impedia a concessão do auxílio-reclusão, mas o valor da renda mensal não sofria a referida limitação. Para os dependentes do segurado especial o valor do benefício era de um salário mínimo.

Com a EC n. 103/2019, o que se destaca é a limitação do valor do auxílio-reclusão a um salário mínimo, independentemente da categoria do segurado. Nesse sentido, a regulamentação dada pelo art. 117 do RPS (redação do Decreto n. 10.410/2020) e pelo art. 236 da IN n. 128/2022, que prevê:

> Art. 236. A renda mensal inicial do auxílio-reclusão será calculada na forma daquela aplicável à pensão por morte, limitado ao valor de 1 (um) salário mínimo para fatos geradores a partir de 14 de novembro de 2019, e será rateada em partes iguais aos dependentes habilitados.

Como visto, o valor do auxílio-reclusão, a exemplo do da pensão por morte, quando houver mais de um pensionista, será rateado entre todos em partes iguais, sendo que as cotas do rateio poderão ser inferiores ao salário mínimo. De resto, aplicam-se ao auxílio-reclusão as demais regras da pensão por morte.

Considerando-se, ainda, a previsão contida na EC n. 103/2019, terá uma cota familiar de 50% do valor do salário mínimo, acrescida de cotas de dez pontos percentuais por dependente, até o máximo de 100%.

As cotas por dependente cessam com a perda desta qualidade e não serão reversíveis aos demais dependentes, preservado o valor de 100%, quando o número de dependentes remanescentes for igual ou superior a cinco.

E, na hipótese de existir dependente inválido ou com deficiência intelectual, mental ou grave, o valor será equivalente a 100% do salário mínimo.

Em tese, a regra de cálculo por cotas fica sem aplicabilidade, pois o valor do benefício será sempre de um salário mínimo, e não levará em consideração quantos são os dependentes. Porém, entendemos possível a busca em juízo da declaração da inconstitucionalidade dessa limitação, por ser uma norma transitória que fere regra permanente da Constituição, qual seja, o art. 201, § 11, que estabelece: "Os ganhos habituais do empregado, a qualquer título, serão incorporados ao salário para efeito de contribuição previdenciária e consequente repercussão em benefícios, nos casos e na forma da lei".

32.2.6 Causas de suspensão e extinção do auxílio-reclusão

Consoante detalhamento constante do art. 391 da IN n. 128/2022, o auxílio-reclusão será suspenso:

> I – se o dependente deixar de apresentar atestado trimestral, firmado pela autoridade competente, para prova de que o segurado permanece recolhido à prisão em regime fechado;
> II – se o segurado recluso possuir vínculo empregatício de trabalho empregado, inclusive de doméstico, avulso ou contribuição como contribuinte individual (O exercício de atividade remunerada do segurado recluso que contribuir na condição de segurado facultativo, em cumprimento de pena em regime fechado, não acarreta a perda do direito ao recebimento do auxílio-reclusão para seus dependentes);
> III – na hipótese de opção pelo recebimento de salário-maternidade; ou
> IV – na hipótese de opção pelo auxílio por incapacidade temporária, para fatos geradores anteriores a 18.1.2019, data da publicação da MP n. 871, convertida na Lei n. 13.846, de 2019.

Nas hipóteses dos incisos II, III e IV, o benefício será restabelecido, respectivamente, no dia posterior ao encerramento do vínculo empregatício, no dia posterior à cessação do salário-maternidade ou no dia posterior à cessação do auxílio por incapacidade temporária.

O pagamento do auxílio-reclusão cessará (art. 392 da IN n. 128/2022):

> I – pela progressão do regime de cumprimento de pena, observado o fato gerador:
> a) para benefícios concedidos com fato gerador a partir de 18.1.2019, quando o segurado progredir para semiaberto ou aberto; ou
> b) para benefícios concedidos com fato gerador anterior a 18.1.2019, quando o segurado progredir para regime aberto;
> II – na data da soltura ou livramento condicional;
> III – pela fuga do recluso;
> IV – se o segurado, ainda que privado de sua liberdade ou recluso, passar a receber aposentadoria;
> V – pela adoção, para o filho adotado que receba auxílio-reclusão dos pais biológicos, exceto quando o cônjuge ou o (a) companheiro (a) adota o filho do outro;
> VI – com a extinção da última cota individual;
> VII – pelo óbito do segurado instituidor ou do beneficiário; ou
> VIII – pelas causas de extinção da cota e/ou da pensão morte.

A cessação em relação aos dependentes com deficiência intelectual ou mental se dá pelo levantamento da interdição (Lei n. 12.470/2011).

Em caso de óbito do segurado, o auxílio-reclusão será automaticamente convertido em pensão por morte.

Na hipótese de fuga, havendo recaptura com retorno ao regime fechado, o benefício será restabelecido a contar da data do evento, desde que mantida a qualidade de segurado. Nesse ponto, importante observar a tese fixada pela TNU: "Tratando-se de preso foragido, não se aplica a regra de manutenção da qualidade de segurado por 12 meses a partir do livramento, nos termos do art. 15, IV, da Lei n. 8.213/91" (PUIL 0067318-03.2008.4.01.3800/MG, j. 18.9.2019).

Se houver exercício de atividade dentro do período de fuga, livramento condicional, cumprimento de pena em regime aberto ou prisão albergue, este será considerado para verificação de manutenção da qualidade de segurado.

Deve-se observar, contudo, que, não havendo a suspensão do benefício no caso de evasão, a família poderia ficar percebendo indefinidamente o benefício, supondo-se aí que o foragido jamais retornaria ao lar, nem proveria a subsistência dos seus. Assim sendo, em que pese eventual injustiça com a família do fugitivo não amparada após a fuga, andou bem, a nosso ver, o legislador nesse caso.

Destaca-se, ainda, que o art. 80 da Lei n. 8.213/1991 (com redação conferida pela Lei n. 13.846/2019) estabelece que o auxílio-reclusão não pode ser acumulado com a remuneração da empresa, nem com benefício por incapacidade, pensão por morte, salário-maternidade, aposentadoria ou abono de permanência em serviço.

As regras gerais sobre o auxílio-reclusão estão dispostas no art. 80 da Lei n. 8.213/1991 (com as alterações da Lei n. 13.846/2019) e nos arts. 116 a 119 do Decreto n. 3.048/1999 (redação conferida pelo Decreto n. 10.410/2020).

QUADRO-RESUMO – AUXÍLIO-RECLUSÃO

BENEFÍCIO	**AUXÍLIO-RECLUSÃO** Código da Espécie (INSS): B-25
Evento Gerador	– Cumprimento de pena privativa da liberdade (regime fechado, semiaberto ou em prisão provisória) pelo segurado. E, a partir da Lei n. 13.846/2019 (resultado da conversão da MP n. 871/2019), somente em caso de prisão em regime fechado.
Beneficiários	– Dependentes do segurado recolhido à prisão. – O filho nascido durante o recolhimento do segurado à prisão terá direito ao benefício de auxílio-reclusão a partir da data do seu nascimento. – Se a realização do casamento ocorrer durante o recolhimento do segurado à prisão, o auxílio-reclusão não será devido, considerando a dependência superveniente ao fato gerador.
Requisitos	– A reclusão deverá ter ocorrido no prazo de manutenção da qualidade de segurado; – O regime de reclusão deverá ser o fechado, a partir de 18.1.2019 (MP n. 871/2019, convertida na Lei n. 13.846/2019; – Ser segurado de baixa renda, cujo valor de renda bruta máxima pode ser consultado em tabela constante nos anexos desta obra (R$ 1.819,26, em 2024); – Para o STJ: "Para a concessão de auxílio-reclusão (art. 80 da Lei 8.213/1991) **no regime anterior à vigência da MP 871/2019**, o critério de aferição de renda do segurado que não exerce atividade laboral remunerada no momento do recolhimento à prisão é a ausência de renda, e não o último salário de contribuição" (Repetitivo 896, REsp 1.842.985/PR, 1.7.2021).
Carência	A Lei n. 8.213/1991 não fixou carência, mas a Lei n. 13.846/2019 estabeleceu o período de 24 meses.
Qualidade de Segurado	Não será devida a concessão de auxílio-reclusão quando o recolhimento à prisão ocorrer após a perda da qualidade de segurado.
Renda Mensal Inicial	– O valor da renda mensal corresponde a 100% do salário de benefício (arts. 75 e 80 da Lei n. 8.213/1991). E, a partir da entrada em vigor da EC n. 103/2019, não poderá exceder o valor de um salário mínimo.

Período de Graça e Salário de Contribuição	– Regra vigente até 17.1.2019: quando não houver salário de contribuição na data do efetivo recolhimento à prisão, será devido o auxílio-reclusão, desde que: I – não tenha havido perda da qualidade de segurado; e II – o último salário de contribuição, tomado em seu valor mensal, na data da cessação das contribuições ou do afastamento do trabalho seja igual ou inferior aos valores fixados como teto da baixa renda à época. – Regra vigente a partir de 18.1.2019 (MP n. 871/2019, convertida na Lei n. 13.846/2019): a aferição da renda mensal bruta para enquadramento do segurado como de baixa renda ocorrerá pela média dos salários de contribuição apurados no período de doze meses anteriores ao mês do recolhimento à prisão.
Fator Previdenciário	Não se aplica a este benefício.
Cumulatividade	O art. 80 da Lei n. 8.213/1991 (com redação conferida pela Lei n. 13.846/2019) estabelece que o auxílio-reclusão não pode ser acumulado com a remuneração da empresa, nem com auxílio-doença, pensão por morte, salário-maternidade, aposentadoria ou abono de permanência sem serviço.
Data de Início do Benefício	a) a partir da data do efetivo recolhimento do segurado à prisão, quando requerida até noventa dias deste (prazo ampliado de trinta para noventa dias pela Lei n. 13.183/2015); b) a partir da data do requerimento, se requerido depois de noventa dias; c) beneficiário menor de 16 anos poderá requerer até 180 dias para receber desde o recolhimento à prisão. Caso o pleito do benefício seja posterior ao prazo, receberá apenas da data do requerimento (Lei n. 13.846/2019).
Duração	– Indeterminada, sendo devido durante o cumprimento de pena pelo segurado (em regime fechado a partir da vigência da MP n. 871/2019, convertida na Lei n. 13.846/2019). – Em relação ao cônjuge ou companheiro, ser observada a mesma regra de duração da pensão por morte, qual seja: – Temporária, observada a faixa de idade do pensionista com idade inferior a 45 anos na data do óbito do segurado.
Cessação	O auxílio-reclusão cessa: I – pela progressão do regime de cumprimento de pena, observado o fato gerador: a) para benefícios concedidos com fato gerador a partir de 18 de janeiro de 2019, quando o segurado progredir para semiaberto ou aberto; ou b) para benefícios concedidos com fato gerador anterior a 18 de janeiro de 2019, quando o segurado progredir para regime aberto; II – na data da soltura ou livramento condicional; III – pela fuga do recluso; IV – se o segurado, ainda que privado de sua liberdade ou recluso, passar a receber aposentadoria; V – pela adoção, para o filho adotado que receba auxílio-reclusão dos pais biológicos, exceto quando o cônjuge ou o (a) companheiro (a) adota o filho do outro; VI – com a extinção da última cota individual; VII – pelo óbito do segurado instituidor ou do beneficiário; ou VIII – pelas causas de extinção da cota e/ou da pensão morte.

Cessação	– A cessação em relação aos dependentes com deficiência intelectual ou mental se dá pelo levantamento da interdição (Lei n. 12.470/2011). – Em caso de óbito do segurado, o auxílio-reclusão será automaticamente convertido em pensão por morte. – Na hipótese de fuga, havendo recaptura com retorno ao regime fechado, o benefício será restabelecido a contar da data do evento, desde que mantida a qualidade de segurado. – Se houver exercício de atividade dentro do período de fuga, livramento condicional, cumprimento de pena em regime aberto ou prisão albergue, estes serão considerados para verificação de manutenção da qualidade de segurado.
Suspensão	Os pagamentos do auxílio-reclusão serão suspensos: I – se o dependente deixar de apresentar atestado trimestral, firmado pela autoridade competente, para prova de que o segurado permanece recolhido à prisão em regime fechado; II – se o segurado recluso possuir vínculo empregatício de trabalho empregado, inclusive de doméstico, avulso ou contribuição como contribuinte individual (O exercício de atividade remunerada do segurado recluso que contribuir na condição de segurado facultativo, em cumprimento de pena em regime fechado, não acarreta a perda do direito ao recebimento do auxílio-reclusão para seus dependentes); III – na hipótese de opção pelo recebimento de salário-maternidade; ou IV – na hipótese de opção pelo auxílio por incapacidade temporária, para fatos geradores anteriores a 18.1.2019, data da publicação da MP n. 871, convertida na Lei n. 13.846, de 2019. – Nas hipóteses dos incisos II, III e IV, o benefício será restabelecido, respectivamente, no dia posterior ao encerramento do vínculo empregatício, no dia posterior à cessação do salário-maternidade ou no dia posterior à cessação do auxílio por incapacidade temporária.
Observações	– As regras gerais do auxílio-reclusão encontram-se no art. 201 da CF, no art. 27 da EC n. 103/2019, no art. 80 da Lei n. 8.213/1991, com as alterações introduzidas pela Lei n. 13.846/2019, nos arts. 116 a 119 do Decreto n. 3.048/1999 (com redação dada pelo Decreto n. 10.410/2020).

32.3 SALÁRIO-MATERNIDADE

O salário-maternidade é o benefício devido aos segurados do RGPS, inclusive os em prazo de manutenção dessa qualidade, que cumprirem a carência, quando exigida, por motivo de parto, aborto não criminoso, adoção ou guarda judicial para fins de adoção (art. 357 da IN INSS/PRES n. 128/2022).

A proteção à gestante e à pessoa adotante é garantida, no Brasil, tanto no âmbito do Direito do Trabalho como no do Direito Previdenciário.

No campo das relações de trabalho, a proteção da gestante se dá:

a) pela estabilidade conferida, na forma do art. 10 do Ato das Disposições Constitucionais Transitórias, à empregada urbana ou rural, desde a confirmação da gravidez até cinco meses após o parto, até que venha a ser disciplinada a matéria disposta no inciso I do art. 7º do Texto Constitucional (a Lei Complementar n. 146/2014 estendeu a estabilidade provisória prevista na alínea *b* do inciso II do art. 10 do ADCT,[6] no caso de morte da gestante, a quem deter a guarda de seu filho);[7]

---

[6] Nesse sentido, a Súmula n. 244 do TST, cujo entendimento foi ratificado pelo STF em Repercussão Geral (Tema 497): "A incidência da estabilidade prevista no art. 10, inc. II, do ADCT, somente exige a anterioridade da gravidez à dispensa sem justa causa" (RE 629.053, julg. 10.10.2018).

[7] A estabilidade provisória aplica-se também ao empregado adotante ao qual tenha sido concedida guarda provisória para fins de adoção (Lei n. 13.509, de 2017).

b) pela licença, de 120 dias, prevista no art. 7°, XVIII, inclusive em caso de adoção (arts. 392 e 392-A da CLT);
c) pela possibilidade de alteração do local de trabalho ou função, por prescrição médica, a fim de evitar problemas na gestação e pela liberação do trabalho, para fins de consultas médicas e exames, num mínimo de seis vezes, durante o período de gravidez – § 4° do art. 392 da CLT;
d) pela autorização legal para rompimento do vínculo de emprego quando prejudicial à gestação, sem que seja devido qualquer desconto ou indenização – art. 394 da CLT;
e) pela vedação expressa à discriminação da mulher no tocante ao seu estado de fertilidade e gravidez, caracterizada a conduta discriminatória do empregador como ilícito penal, além de trabalhista – Lei n. 9.029/1995;
f) pelo direito a ser afastada, enquanto durar a gestação e a lactação, de atividades consideradas insalubres, em qualquer grau (CLT, art. 394-A e decisão do STF na ADI 5.938);
g) ao pagamento do adicional de insalubridade em caso de afastamento da atividade, efetivando-se a compensação, observado o disposto no art. 248 da Constituição Federal, por ocasião do recolhimento das contribuições incidentes sobre a folha de salários e demais rendimentos pagos ou creditados, a qualquer título, à pessoa física que lhe preste serviço (§ 2° do art. 394-A da CLT).

No campo previdenciário, evidencia-se a proteção da mulher gestante pela concessão do benefício denominado salário-maternidade com duração em regra geral de 120 dias.

A Lei n. 13.467/2017, embora trate da denominada "reforma trabalhista" prevê a percepção de salário-maternidade durante todo o período de afastamento (e não apenas por 120 dias) quando não for possível que a gestante ou a lactante afastada exerça suas atividades em local salubre na empresa, hipótese em que será considerada como gravidez de risco (§ 3° do art. 394-A da CLT).

Ruprecht, mencionando a posição de *Chantal Paòli*, do *Bureau* Internacional do Trabalho, sustenta a magnitude da proteção social da mulher gestante: "Trata-se de preservar sua função fisiológica no processo da criação, facilitar o cuidado dos filhos e a atenção à família, garantindo seus interesses profissionais e sua renda no mercado de trabalho, sem diminuir nem deteriorar sua condição feminina".[8]

A Consolidação das Leis do Trabalho foi o primeiro normativo legal a garantir o descanso remunerado da gestante, antes e depois do parto, sem prejuízo do emprego e do salário, pelo período de quatro semanas antes do parto e oito semanas após (art. 392). Posteriormente, a Constituição de 1967 garantiu esse direito (art. 165, XI), estabelecendo também a proteção da Previdência Social em relação à maternidade (art. 157, XVI).

Com a Lei n. 6.136, de 7.11.1974, o salário-maternidade passou a ser pago como prestação previdenciária, desonerando-se o empregador de pagar o salário da empregada gestante no período em que lhe era garantido o afastamento do serviço, na época, de doze semanas. Desde então, a empresa adiantava o salário integral à empregada em gozo de licença-maternidade e depois era reembolsada desse valor quando dos recolhimentos devidos ao INSS.

A Constituição de 1988 garantiu proteção à maternidade, especialmente à gestante, no art. 201, III, estendendo a duração da licença para cento e vinte dias, sem prejuízo do emprego e do salário, consoante disposição contida no art. 7°, XVIII.

---

[8] *Op. cit.*, p. 259.

No Plano de Benefícios da Previdência Social, as regras para concessão desse benefício foram disciplinadas nos arts. 71 a 73, sendo concedido inicialmente às seguradas empregada, trabalhadora avulsa e empregada doméstica, sem exigência de carência, com duração de cento e vinte dias, podendo ter início no período entre vinte e oito dias antes do parto e a data de ocorrência deste.

A Lei n. 8.861, de 25.3.1994, estendeu à segurada especial o direito à percepção do benefício, fixando o valor em um salário mínimo, desde que comprovado o exercício da atividade rural nos últimos doze meses imediatamente anteriores à data do início do benefício, mesmo que de forma descontínua (carência posteriormente reduzida para dez meses).

Na sequência, a Lei n. 9.876, de 26.11.1999, estendeu o salário-maternidade à segurada contribuinte individual e facultativa, criando regras próprias em relação ao valor e ao prazo de carência.

Em seguida, a Lei n. 11.770, de 9.9.2008, possibilitou a extensão do benefício para 180 dias, mas apenas para as seguradas empregadas cuja empresa faça adesão ao Programa Empresa Cidadã.

Por sua vez, a Lei n. 10.421, de 15.4.2002, que alterou a CLT e a LBPS, estendeu o direito à segurada que adotar ou obtiver guarda judicial para fins de adoção de criança com idade até 8 anos. E a Lei n. 12.873, de 24.10.2013, dentre outras medidas, passou a proteger *o segurado ou segurada* que adotar ou obtiver guarda judicial para fins de adoção, considerando devido o salário-maternidade por adoção.

Cabe referir também que o STF reconheceu o direito da trabalhadora gestante, contratada por prazo determinado ou ocupante de cargo em comissão não ocupante de cargo efetivo da Administração Pública, à licença-maternidade e à estabilidade provisória, quando a gravidez tenha ocorrido durante a prestação dos serviços (art. 7º, XVIII, da CF; art. 10, II, "b", do ADCT) sob o Tema 542 de Repercussão Geral. A tese fixada foi a seguinte:

> A trabalhadora gestante tem direito ao gozo de licença maternidade e à estabilidade provisória, independentemente do regime jurídico aplicado, se contratual ou administrativo, ainda que ocupe cargo em comissão ou seja contratada por tempo determinado" (Rel. Min. Luiz Fux, Plenário, j. 5.10.2023).[9]

Entendemos que o salário-maternidade também é devido em tais hipóteses, pois até mesmo o contrato por prazo determinado gera direito à estabilidade provisória e a qualidade de segurada perdura em face dos períodos de graça previstos no art. 15 e seus parágrafos da Lei n. 8.213/1991.

Quanto à natureza jurídica do salário-maternidade, não há que se confundir com a noção de salário *stricto sensu*, pois é benefício cujo ônus é integral da Previdência Social. Ainda que

---

[9] Esta já era a tese predominante na Corte: *"As gestantes – quer se trate de servidoras públicas, quer se cuide de trabalhadoras, qualquer que seja o regime jurídico a elas aplicável, não importando se de caráter administrativo ou de natureza contratual (CLT), mesmo aquelas ocupantes de cargo em comissão ou exercentes de função de confiança ou, ainda, as contratadas por prazo determinado, inclusive na hipótese prevista no inciso IX do art. 37 da Constituição, ou admitidas a título precário – têm direito público subjetivo à estabilidade provisória, desde a confirmação do estado fisiológico de gravidez até cinco (5) meses após o parto (ADCT, art. 10, II, 'b'), e, também, à licença-maternidade de 120 dias (CF, art. 7º, XVIII, c/c o art. 39, § 3º), sendo-lhes preservada, em consequência, nesse período, a integridade do vínculo jurídico que as une à Administração Pública ou ao empregador, sem prejuízo da integral percepção do estipêndio funcional ou da remuneração laboral. Doutrina. Precedentes. Convenção OIT n. 103/1952. – Se sobrevier, no entanto, em referido período, dispensa arbitrária ou sem justa causa de que resulte a extinção do vínculo jurídico-administrativo ou da relação contratual da gestante (servidora pública ou trabalhadora), assistir-lhe-á o direito a uma indenização correspondente aos valores que receberia até cinco (5) meses após o parto, caso inocorresse tal dispensa. Precedentes"* (STF, RE 634.093 AgR, 2ª Turma, Rel. Min. Celso de Mello, DJe 7.12.2011).

o empregador urbano ou rural tenha por obrigação adiantá-lo à trabalhadora em licença, o reembolso do valor adiantado é total, de modo que o INSS é o único responsável pelo efetivo pagamento do benefício.

Cabe reembolso dos valores adiantados pelo empregador a título de quotas do salário-família e do salário-maternidade e a compensação do adicional de insalubridade a que se refere o § 2º do art. 394-A da Consolidação das Leis do Trabalho (no período de afastamento da função da empregada gestante e/ou lactante que labora em atividades insalubres) – art. 255 do RPS, com a redação dada pelo do Decreto n. 10.410/2020.

Atualmente, o procedimento administrativo mediante o qual o sujeito passivo postula restituição ou compensação pela RFB deve ser feito on-line, por meio de programa (PER/DCOMP) próprio disponibilizado no site da Receita Federal, e realizado na forma da IN RFB n. 2.055/2021. O interessado deve observar os prazos prescricionais, além de ter em mãos a comprovação do recolhimento ou do pagamento do valor a ser requerido, como requisito para que se efetue a restituição.

De acordo com a redação original do art. 97 do Decreto n. 3.048/1999, o salário-maternidade da segurada empregada era devido enquanto existia a relação de emprego. Todavia, essa orientação foi alterada pelos Decretos n. 6.122/2007 e n. 10.410/2020, que deram redação diversa ao art. 97 do Regulamento da Previdência Social, para dispor que: (a) será devido pela previdência social enquanto existir relação de emprego, observadas as regras quanto ao pagamento desse benefício pela empresa; (b) durante o período de graça, a segurada desempregada fará jus ao recebimento do salário-maternidade, situação em que o benefício será pago diretamente pela previdência social.

Com a edição do Decreto n. 10.410/2020, caiu a restrição quanto à necessidade de a gestante ter sido despedida sem justa causa para fazer jus ao benefício, já que a pessoa não pode ser compelida a ajuizar ação contra seu ex-empregador, e o direito ao benefício previdenciário é irrenunciável.

Acerca da situação da segurada empregada que teve seu vínculo de emprego rompido durante a gravidez, qualquer que seja a causa do rompimento (fim do contrato a termo, demissão voluntária, dispensa por justa causa ou mesmo imotivada), é mantido o direito ao benefício, já que "o fato de ser atribuição da empresa pagar o salário-maternidade no caso da segurada empregada não afasta a natureza de benefício previdenciário da prestação em discussão, que deve ser pago, no presente caso, diretamente pela Previdência Social" (STJ, REsp 2012/0030825-8, 2ª Turma, Rel. Min. Mauro Campbell Marques, *DJe* 28.5.2013).

A TNU, por sua vez, fixou tese no sentido de que: "o pagamento de indenização trabalhista à empregada demitida sem justa causa, em valor comprovadamente correspondente a todos os salários relativos ao período em que a gestante gozaria de estabilidade, exclui a necessidade de concessão do benefício de salário-maternidade" (PEDILEF 5010236-43.2016.4.04.7201/SC, j. 18.9.2017).

É de destacar que de acordo com o art. 103 do Decreto n. 3.048/1999, a segurada aposentada que retornar à atividade fará jus ao pagamento do salário-maternidade (o art. 357, § 8º, da IN INSS/PRES n. 128/2022 vai além e indica o entendimento do INSS de que a aposentada faz jus ao benefício mesmo quando não tenha deixado de exercer a atividade).

Raros são os casos de seguradas aposentadas na condição de mães biológicas (embora uma pessoa aposentada por incapacidade permanente possa estar ainda em idade fértil), no entanto, esse dispositivo tem relevância nos casos de adoção.

A análise do direito ao salário-maternidade deverá observar o fato gerador correspondente, para fins de atendimento dos requisitos de acesso ao benefício, que poderá ser a data do afastamento, o parto, o aborto não criminoso ou a adoção ou guarda judicial para fins de adoção, conforme o caso (art. 357, § 6º, da IN INSS/PRES n. 128/2022).

32.3.1 Período de carência

A concessão do salário-maternidade sempre independeu do número de contribuições pagas por pessoa nas categorias de segurado empregado, inclusive doméstico, e trabalhador avulso.

Para a pessoa segurada nas categorias contribuinte individual, especial e facultativo, o prazo de carência era de dez contribuições mensais (previsto desde a Lei n. 9.876/1999), assim como para os que estiverem em período de manutenção da qualidade de segurado decorrente dessas categorias.

Porém, o STF reconheceu a inconstitucionalidade da exigência de prazo carencial para o salário-maternidade no julgamento da ADI n. 2.110. Prevaleceu, no julgamento, o voto do Ministro Edson Fachin, que considerou que a exigência de cumprimento de carência para concessão do benefício apenas para algumas categorias de trabalhadoras viola o princípio da isonomia. Colhe-se da ementa algumas considerações interessantes, inclusive para o debate de outros temas correlatos à aplicação do princípio isonômico em matéria previdenciária:

> (...) Viola o princípio da isonomia a imposição de carência para a concessão do salário-maternidade, tendo em vista que (i) revela presunção, pelo legislador previdenciário, de má-fé das trabalhadoras autônomas; (ii) é devido às contribuintes individuais o mesmo tratamento dispensado às seguradas empregadas, em homenagem ao direito da mulher de acessar o mercado de trabalho, e observado, ainda, o direito da criança de ser cuidada, nos primeiros meses de vida, pela mãe; e (iii) há um dever constitucional de proteção à maternidade e à criança, nos termos do art. 227 da Constituição de 1988, como sublinhou o Supremo no julgamento da ADI 1.946 (...) (ADI 2110, Rel. Min. Nunes Marques, Tribunal Pleno, DJe 24.5.2024).

Entendemos também que deve ser garantida a proteção previdenciária à segurada especial menor de 16 anos à época do parto, mesmo após a edição da Lei n. 11.718/2008. Nesse sentido é a orientação do STF:

> *DIREITO PREVIDENCIÁRIO. TRABALHADORA RURAL. MENOR DE 16 ANOS DE IDADE. CONCESSÃO DE SALÁRIO-MATERNIDADE. ART. 7º, XXXVIII, DA CF. NORMA PROTETIVA QUE NÃO PODE PRIVAR DIREITOS. PRECEDENTES. Nos termos da jurisprudência do STF, o art. 7º, XXXIII, da CF "não pode ser interpretado em prejuízo da criança ou adolescente que exerce atividade laboral, haja vista que a regra constitucional foi criada para a proteção e defesa dos trabalhadores, não podendo ser utilizada para privá-los dos seus direitos" (RE 537.040, Rel. Min. Dias Toffoli). Agravo regimental a que se nega provimento (RE 600.616-AgR/RS, 10.9.2014).*

A Lei n. 9.876/1999, ao criar o prazo de carência para a concessão do salário-maternidade, estabeleceu que em caso de parto antecipado o período de dez meses será reduzido em número de contribuições equivalente ao número de meses em que o parto foi antecipado. Destarte, a segurada que iria conceber dez meses após sua filiação ao RGPS e teve parto antecipado involuntariamente mantém o direito ao benefício.

32.3.2 Data de início e duração do salário-maternidade

O salário-maternidade, em caso de gestação, é devido à pessoa segurada da previdência social durante 120 (cento e vinte) dias, com início até 28 (vinte e oito) dias anteriores ao parto e término 91 (noventa e um) dias depois dele, considerando, inclusive, o dia do parto. Ocorrendo parto antecipado, o benefício é pago por cento e vinte dias após o parto.

Tratando-se de parto antecipado ou não, ainda que ocorra parto de natimorto, este último comprovado mediante certidão de óbito, a segurada terá direito aos cento e vinte dias previstos em lei, sem necessidade de avaliação médico-pericial pelo INSS.

Quando houver efetivo risco para a vida do feto, da criança ou da mãe, os períodos de repouso anteriores e posteriores ao parto poderão ser prorrogados, excepcionalmente, por duas semanas, mediante atestado médico específico submetido à avaliação médico-pericial (art. 93, § 3º, do Decreto n. 3.048/1999, com redação dada pelo Decreto n. 10.410/2020).

No caso de gravidez múltipla (gêmeos, trigêmeos etc.), será devido um único benefício.

Precedentes jurisprudenciais têm admitido também a prorrogação pelo prazo correspondente à internação hospitalar em unidade de terapia intensiva neonatal do recém-nascido, em decorrência de parto prematuro, quando demonstrada a indispensabilidade do cuidado materno no período imediatamente seguinte à alta hospitalar. Neste sentido: TRU 4ª Região, 5002059-47.2017.4.04.7107/RS, em 27.4.2018.

O Pleno do STF, provocado em ADI, referendou medida liminar "a fim de conferir interpretação conforme à Constituição ao artigo 392, § 1º, da CLT, assim como ao artigo 71 da Lei n. 8.213/91 e, por arrastamento, ao artigo 93 do seu Regulamento (Decreto n. 3.048/99), e assim assentar (com fundamento no bloco constitucional e convencional de normas protetivas constante das razões sistemáticas antes explicitadas) a necessidade de prorrogar o benefício, bem como considerar como termo inicial da licença-maternidade e do respectivo salário-maternidade a alta hospitalar do recém-nascido e/ou de sua mãe, o que ocorrer por último, quando o período de internação exceder as duas semanas previstas no art. 392, § 2º, da CLT, e no art. 93, § 3º, do Decreto n. 3.048/99" (ADI 6.327 MC-Ref, Tribunal Pleno, Rel. Min. Edson Fachin, *DJe* 18.6.2020).

Em caso de aborto não criminoso, comprovado mediante atestado médico, a segurada terá direito ao salário-maternidade correspondente a duas semanas.

O benefício tem início com o afastamento do trabalho pela segurada, seja antecipadamente ou na data do parto, o qual é determinado com base em atestado médico ou certidão de nascimento do filho. Compete à interessada instruir o requerimento do benefício com os atestados médicos necessários.

O recebimento do salário-maternidade está condicionado ao afastamento das atividades laborais, sob pena de suspensão de benefício (art. 357, § 2º, da IN INSS/PRES n. 128/2022).

Questão inovadora é a previsão de pagamento de salário-maternidade – durante todo o período de afastamento do trabalho – nos casos em que a gestante ou a lactante não puder exercer atividade insalubre e não for possível a mudança de local de trabalho para ambiente salubre. Essa previsão consta da Lei n. 13.467, de 2017, que alterou a CLT, estabelecendo:

> Art. 394-A. Sem prejuízo de sua remuneração, nesta incluído o valor do adicional de insalubridade, a empregada deverá ser afastada de: (...)
>
> § 3º Quando não for possível que a gestante ou a lactante afastada nos termos do *caput* deste artigo exerça suas atividades em local salubre na empresa, a hipótese será considerada como gravidez de risco e ensejará a percepção de salário-maternidade, nos termos da Lei n. 8.213, de 24 de julho de 1991, durante todo o período de afastamento.

Muito embora a Lei de Benefícios não tenha sido alterada para contemplar essa hipótese de salário-maternidade, com base na solução de Consulta firmada pela Receita Federal/COSIT (n. 287, de 14.10.2019), ficou esclarecido que pode haver a compensação das contribuições referente ao pagamento de salário-maternidade em casos de gravidez de risco por exposição à insalubridade:

> Assunto: Contribuições Sociais Previdenciárias
> SALÁRIO-MATERNIDADE. ATIVIDADE INSALUBRE. GRAVIDEZ DE RISCO POR INSALUBRIDADE. COMPENSAÇÃO (DEDUÇÃO). POSSIBILIDADE.
> Segundo a previsão legal objeto do artigo 394-A, e § 3º, da CLT, ao contribuinte é permitido o direito à dedução integral do salário-maternidade, durante todo o período de afastamento, quando proveniente da impossibilidade de a gestante ou lactante, afastada em face de ati-

vidades consideradas insalubres, e esta não possa exercer suas atividades em local salubre na empresa, restando caracterizada a hipótese como gravidez de risco.

No caso de terceirização, a empregadora precisa comprovar a impossibilidade de exercício de função em ambiente salubre de seu(s) estabelecimento(s) ou de outra contratante de seus serviços de terceirização e não somente no estabelecimento da empresa onde a gestante estava alocada.

32.3.3 Concessão do salário-maternidade em caso de adoção

O salário-maternidade, como visto, também é devido em caso de adoção ou obtenção de guarda judicial de criança para fins de adoção (art. 71-A da Lei n. 8.213/1991, com redação atual da Lei n. 12.873/2013).

Esse benefício é devido para o segurado ou segurada que adotar ou obtiver a guarda judicial para fins de adoção de criança (assim entendida a pessoa de até 12 anos de idade), pelo período de 120 dias, ainda que a mãe biológica do adotado ou da criança sob guarda já tenha percebido salário-maternidade quando do nascimento (art. 93-A, § 1º, do Decreto n. 3.048/1999, redação conferida pelo Decreto n. 10.410/2020).

Nesse caso, havendo adoção por pessoas do sexo masculino, de caráter monoparental ou em união homoafetiva, o benefício poderá ser pago, obedecidos os demais requisitos, à pessoa do segurado.

O benefício na situação de adoção ou guarda judicial para fins de adoção passou a ser devido ao segurado do sexo masculino, a partir de 25 de outubro de 2013, data da publicação da Lei n. 12.873, de 2013.

Em caso de múltiplas adoções ou guardas judiciais de crianças, pela mesma segurada, na mesma data, somente será devido o valor de um salário-maternidade, a exemplo do que ocorre quando a segurada, mãe biológica, dá à luz a gêmeos.

A respeito da condição de avós como guardiães judiciais de seus netos, há importante precedente do TRF3:

> Previdenciário. Incidente de uniformização regional. Concessão de salário-maternidade à avó detentora da guarda legal do neto. Precedente da TNU, que fixou a seguinte tese: "A expressão 'para fins de adoção' do art. 71-A, caput, da Lei n. 8.213/1991, incluído pela Lei n. 10.421/2002 e alterado pela Medida Provisória n. 619/2013, convertida na Lei nº 12.873/2013, interpretada à luz do art. 227, § 6º, da Constituição Federal, não impede a concessão do salário-maternidade à(ao) avó(ô) que tenha obtido a guarda judicial da(o) neta(o) como forma de regularizar a posse de estado de filho, condição para o estabelecimento do vínculo jurídico de filiação socioafetiva" (PUIL n. 5043905-06.2019.4.04.7000). Pedido de uniformização do INSS a que se nega provimento (TRF-3 – Pedido de Uniformização de Interpretação de Lei Cível: 5000982-96.2022.4.03.6317, Rel. Rogerio Volpatti Polezze, Turma Regional de Uniformização, publ. DJEN 13.3.2024).

No âmbito da TNU, pende de análise o objeto do Representativo de Controvérsia Tema n. 344: "Saber se é devido salário-maternidade em razão de adoção de menor acima de doze anos de idade" (PEDILEF 1006649-81.2020.4.01.3820/MG, data de afetação: 19.10.2023).

A nosso ver, ao não prever o pagamento do salário-maternidade em caso de adoção de adolescente, mas apenas em situações de adoção de criança, o legislador agiu em evidente violação do princípio isonômico, bem como contrariou o princípio da proteção integral ao adolescente (art. 227 da CF), pelo que sempre reputamos comportar a regra a aplicação da interpretação conforme a Constituição, de tal modo que também é devido o salário-maternidade em caso de adoção de adolescente.

Com uma Ação Civil Pública movida pelo MPF e que chegou ao STF por força de Recurso Extraordinário, houve por bem a Corte Suprema deferir a pretensão do Parquet e admitir que a concessão do salário-maternidade aos adotantes deve ser conferida independentemente da idade da criança ou adolescente adotado, com efeitos em todo o território nacional (RE 1435957/SC, Rel. Min. Cármen Lúcia, publ. DJe 3.10.2023).

32.3.4 Extensão em casos de falecimento da gestante ou adotante

O benefício também passou a ser pago ao cônjuge ou companheiro(a) sobrevivente, em caso de falecimento do(a) primeiro(a) beneficiário(a), condicionado ao afastamento do beneficiário do trabalho ou da atividade desempenhada, sob pena de suspensão do benefício (arts. 71-B e 71-C da Lei n. 8.213/1991, com redação conferida pela Lei n. 12.873/2013). A transferência do pagamento do benefício em caso de óbito da gestante não se aplica, conforme o art. 360 da IN INSS/PRES n. 128/2022):

- às situações em que houve realização de aborto não criminoso;
- no caso de falecimento do filho, ou seu abandono; ou
- nas hipóteses de perda ou destituição do poder familiar, decorrente de decisão judicial.

O benefício será pago pelo tempo restante a que teria direito a pessoa do(a) falecido(a), que poderá ser, inclusive, total (óbito no dia do parto, sem que o período de 120 dias tenha sequer iniciado).

O pagamento do benefício deverá ser requerido até o último dia do prazo previsto para o término do salário-maternidade originário.

32.3.5 Prorrogação do salário-maternidade por mais sessenta dias

A Lei n. 11.770, de 9.9.2008, ampliou a licença-maternidade de 120 para 180 dias. Para oferecer o benefício, a empresa precisa aderir voluntariamente a um programa e, em troca, recebe incentivos fiscais. A empregada pode optar se quer ou não a licença ampliada. A mãe deve requerer a ampliação até o final do primeiro mês após o parto. Os dois meses adicionais serão concedidos imediatamente após o prazo constitucional de 120 dias.

Para as pessoas beneficiárias que estejam em período de graça, a prorrogação em questão caberá apenas para repouso posterior ao fim do benefício (art. 358, § 2º, da IN INSS/PRES n. 128/2022).

A prorrogação será garantida, na mesma proporção, também à empregada que adotar ou obtiver guarda judicial para fins de adoção de criança. No entanto, somente é devida a prorrogação às seguradas cujos empregadores aderirem ao Programa Empresa Cidadã.[10]

Durante o período de prorrogação da licença-maternidade, a empregada terá direito à sua remuneração integral, nos mesmos moldes devidos no período de percepção do salário-maternidade pago pelo Regime Geral de Previdência Social (RGPS).

---

[10] MATERNIDADE. PRORROGAÇÃO. LEI n. 11.770/2008. PROGRAMA EMPRESA CIDADÃ. NÃO EMPREGADA DE EMPRESA QUE NÃO ADERIU AO PROGRAMA. AUSÊNCIA DE CUSTEIO. 1. Condicionada pelo legislador a prorrogação do benefício de salário-maternidade à adesão da empregadora ao Programa Empresa Cidadã, mediante benefício fiscal, somente os 120 dias de benefício possuem caráter eminentemente previdenciário, pois a segurada não contribui especificamente para fazer-lhe jus, de modo que não se pode associar fonte prévia de custeio para prorrogação do salário-maternidade às seguradas empregadas das empresas que não aderiram ao Programa Empresa Cidadã. 2. Somente é devida a prorrogação às seguradas cujas empregadoras aderiram ao Programa Empresa Cidadã, não havendo como equiparar situações distintas. 3. Não deve a prorrogação ser estendida às seguradas que trabalham em empresas que não aderiram ao programa da Lei n. 11.770, de 9 de setembro de 2008, sob pena de violação ao princípio da legalidade (TRF4, AI 5014573-47.2016.404.0000, 6ª Turma, Des. Fed. Salise Monteiro Sanchotene, DE de 27.6.2016).

Nesse período, a empregada não poderá exercer nenhuma atividade remunerada e a criança deverá ser mantida sob seus cuidados. Havendo descumprimento desta regra, a empregada perderá o direito à prorrogação.

A prorrogação poderá ser compartilhada entre a mãe e o pai, desde que ambos sejam empregados de pessoa jurídica aderente ao Programa e que a decisão seja adotada conjuntamente, na forma estabelecida em regulamento. Nesta hipótese, a prorrogação poderá ser usufruída pelo empregado da pessoa jurídica que aderir ao Programa somente após o término da licença-maternidade, desde que seja requerida com 30 (trinta) dias de antecedência (§§ 3º e 4º do art. 1º da Lei n. 11.770/2008, incluídos pela Lei n. 14.457/2022).

Fica a empresa participante do Programa Empresa Cidadã autorizada a substituir o período de prorrogação da licença-maternidade pela redução de jornada de trabalho em 50% (cinquenta por cento) pelo período de 120 (cento e vinte) dias (art. 1º-A da Lei n. 11.770/2008, incluídos pela Lei n. 14.457/2022).

São requisitos para efetuar a substituição:

> I – pagamento integral do salário à empregada ou ao empregado pelo período de 120 (cento e vinte) dias; e
> II – acordo individual firmado entre o empregador e a empregada ou o empregado interessados em adotar a medida.

A pessoa jurídica que aderir ao Programa, desde que tributada com base no lucro real poderá deduzir do imposto devido, em cada período de apuração, o total da remuneração integral pago nos 60 (sessenta) dias de prorrogação da licença-maternidade, vedada a dedução como despesa operacional.

No âmbito da Administração Pública federal direta, autárquica e fundacional, o Decreto n. 6.690, de 11.12.2008, institui o Programa de Prorrogação da Licença à Gestante e à Adotante. Neste caso, a prorrogação da licença será custeada com recursos do Tesouro Nacional e aplica-se inclusive às servidoras públicas que tenham o seu período de licença-maternidade concluído entre 10.9.2008 e a data de publicação do referido Decreto.

A respeito do tema, cumpre repisar o que já foi salientado no tópico 32.3.3: a matéria se encontra julgada pelo STF em sede de repercussão geral (Tema n. 782), quando foi fixada a seguinte tese: "Os prazos da licença adotante não podem ser inferiores aos prazos da licença-gestante, o mesmo valendo para as respectivas prorrogações. Em relação à licença-adotante, não é possível fixar prazos diversos em função da idade da criança adotada". Na oportunidade, foi deferida a uma servidora pública federal o direito aos 180 dias de licença.

A decisão do Tema n. 782 deve ser conjugada, ainda, com a decisão proferida pelo STF no RE n. 1435957/SC, já mencionado, de modo que a extensão se dá inclusive nas adoções de adolescentes.

E, no âmbito da jurisdição trabalhista, já se decidiu que as seguradas contratadas por autarquias sob o regime celetista fazem jus ao mesmo direito de extensão da licença:

> CONSELHOS DE FISCALIZAÇÃO DE ATIVIDADES PROFISSIONAIS. LICENÇA E SALÁRIO-MATERNIDADE. *Estando a ré inserida no conceito de autarquia, sujeita-se ao disposto no Decreto 6.690/2008, que instituiu o programa de prorrogação da licença-maternidade para 180 dias* (TRT12, RO 0001368-88.2017.5.12.0034, 6ª Câmara, Rel. Juiz convocado Carlos Alberto Pereira de Castro, publ. 21.8.2018).

32.3.6 Renda mensal inicial

O salário-maternidade consistirá numa renda mensal igual à remuneração integral da pessoa segurada, nas categorias de empregado e trabalhador avulso. Para as demais categorias de pessoas seguradas, a renda consistirá, segundo o art. 73 da LBPS, em:

- valor correspondente ao do seu último salário de contribuição, para a pessoa segurada empregada doméstica;[11]
- em um salário mínimo, para a pessoa segurada especial;
- em um doze avos da soma dos doze últimos salários de contribuição, apurados em período não superior a quinze meses, para as pessoas seguradas enquadradas nas categorias de contribuinte individual, facultativa e para as que mantenham a qualidade de segurado durante o período de graça.

A pessoa segurada que exerça atividades concomitantes fará jus ao salário-maternidade relativo a cada atividade para a qual tenha cumprido os requisitos exigidos. Nesse caso, o salário-maternidade relativo a uma ou mais atividades poderá ser inferior ao salário mínimo mensal, mas o valor global do salário-maternidade, consideradas todas as atividades, não poderá ser inferior ao salário mínimo mensal (art. 98 do RPS, com redação dada pelo Decreto n. 10.410/2020).

Na hipótese de empregos intermitentes concomitantes, a média aritmética será calculada em relação a todos os empregos e será pago somente um salário-maternidade (art. 100-B, § 2º do RPS, incluído pelo Decreto n. 10.410/2020).

O salário-maternidade devido à pessoa empregada com jornada parcial cujo salário de contribuição seja inferior ao seu limite mínimo mensal, será de um salário mínimo (art. 100-C, § 5º, do RPS, incluído pelo Decreto n. 10.410/2020).

A Lei n. 13.846/2019 que estabeleceu que se aplica à pessoa segurada desempregada, que estiver no período de graça, a regra de cálculo baseada na média dos 12 últimos salários de contribuição, apuradas em período não superior a 15 meses. Essa é também a orientação da TNU:

> *Representativo de Controvérsia – Tema 202:* "*O cálculo da renda mensal do salário maternidade devido à segurada que, à época do fato gerador da benesse, se encontre no período de graça, com a última vinculação ao RGPS na qualidade de segurada empregada, deve observar a regra contida no artigo 73, inciso III, da Lei n. 8.213/91*" (Processo 5075016-04.2016.4.04.7100/RS, j. em 23.5.2019).

Aplicam-se mesmas regras de cálculo ao benefício de salário-maternidade devido ao segurado sobrevivente em caso de óbito da pessoa originariamente beneficiária, de acordo com sua última categoria de filiação no fato gerador (art. 240, § 4º, da IN INSS/PRES n. 128/2022).

Se a segurada empregada percebe remuneração variável (como no caso das que recebem por comissões), o valor do benefício será apurado com base na média aritmética corrigida dos últimos seis salários de contribuição.

Em qualquer caso, é garantido o pagamento do salário-maternidade no valor de um salário mínimo.

O benefício de salário-maternidade devido a pessoas seguradas na condição de trabalhador avulso e empregado, exceto o doméstico, terá a renda mensal sujeita ao teto do subsídio em espécie dos Ministros do Supremo Tribunal Federal (STF), em observância ao art. 248 da Constituição Federal (art. 240, § 3º, da IN INSS/PRES n. 128/2022). Em relação à atualização das parcelas pagas em atraso, a TNU editou a Súmula n. 45 que possui o seguinte teor: "Incide correção monetária sobre o salário-maternidade desde a época do parto, independentemente da data do requerimento administrativo".

---

[11] O art. 19-E do RPS prevê que, a partir de 13.11.2019, para fins de aquisição e manutenção da qualidade de segurado, de carência, de tempo de contribuição e de cálculo do salário de benefício exigidos para o reconhecimento do direito aos benefícios do RGPS e para fins de contagem recíproca, somente serão consideradas as competências cujo salário de contribuição seja igual ou superior ao limite mínimo mensal do salário de contribuição.

Na redação original do art. 72 da Lei n. 8.213/1991, o pagamento do salário-maternidade à segurada empregada era feito pela empresa, efetivando-se a compensação quando do recolhimento das contribuições sobre a folha de salários. Era pago diretamente pela Previdência Social somente para a empregada doméstica, em valor correspondente ao do seu último salário de contribuição; e, para a segurada especial, no valor de um salário mínimo.

Em face das alterações promovidas pela Lei n. 9.876/1999, o pagamento do salário-maternidade de todas as seguradas passou a ser feito diretamente pelo INSS ou mediante convênio pela empresa, sindicato ou entidade de aposentados devidamente legalizada, na forma do art. 311 do Decreto n. 3.048/1999.

A Lei n. 10.710, de 5.8.2003, retomou a forma antiga de procedimento: o art. 72, em seu § 1º, prevê caber à empresa adiantar à segurada o valor do salário-maternidade, compensando o valor deste com o das contribuições patronais incidentes sobre folha de pagamento de salários e demais rendimentos das pessoas físicas que lhe prestaram serviços. Assim, o INSS continua pagando diretamente o benefício às demais seguradas (trabalhadoras avulsas, empregadas domésticas, contribuintes individuais e seguradas especiais) e, mediante compensação, às seguradas empregadas urbanas e rurais – art. 73 da Lei n. 8.213/1991.

O salário-maternidade em caso de adoção é pago diretamente pela previdência social (art. 93-A, § 6º, do RPS, com redação atual conferida pelo Decreto n. 10.410/2020).

Não havendo maiores dificuldades em se apurar a qualidade de segurado(a) da pessoa requerente do benefício, a demora na concessão é injustificável, ainda mais se considerarmos a urgência da subsistência tanto da pessoa quanto da criança. Por esta razão, cabível a sanção à autarquia em caso de inércia na apreciação e concessão:

> 1. A 3ª Turma Recursal partilha do entendimento de que o ato administrativo de cessação de benefício previdenciário, por si só, não gera dano moral in re ipsa, sendo necessário averiguar, caso a caso, a lisura e a razoabilidade do procedimento adotado pela Administração, já que a tomada de decisões é inerente a sua atuação. 2. No caso dos autos, contudo, coaduno com o entendimento do juízo singular de que o não pagamento do salário-maternidade por longo período, quando já reconhecido o direito na esfera administrativa, em 6.11.2020, até o efetivo crédito do NB n. 193.173.736-0, que se deu em 3.3.2022, ofende a dignidade da mulher que já aguardava a referida verba há aproximadamente 1 (um) ano, desde a data do requerimento, a fim de satisfazer suas necessidades básicas e as do recém-nascido. 3. A demora injustificada do INSS para implantar benefício previdenciário não se coaduna com o princípio constitucional da eficiência, que deve pautar o agir administrativo na garantia dos direitos dos cidadãos, de modo que existente o nexo de causalidade entre o ato do réu e o dano extrapatrimonial vivenciado pela segurada, procede o pleito indenizatório. 4. Pondero que a análise do presente recurso analisou o caso concreto à luz da Perspectiva de Gênero, como orienta o Conselho Nacional de Justiça, na Resolução n. 492, de 17 de março de 2023. 5. Sentença mantida para condenar o INSS ao pagamento de indenização por danos morais no valor de R$ 10.000,00 (dez mil reais). 6. Recurso do INSS improvido (TRF-4 – Recurso Cível: 5009885-57.2022.4.04.7202, Rel. Gilson Jacobsen, julg. 25.3.2024, 3ª Turma Recursal de SC).

O salário-maternidade não poderá ser acumulado com benefício por incapacidade, o qual deverá ser suspenso enquanto perdurar o referido pagamento.

Quanto à incidência de contribuição, o STF dividiu em duas Repercussões Gerais, quais sejam:

– Tema n. 72 tese fixada: "É inconstitucional a incidência de contribuição previdenciária a cargo do empregador sobre o salário maternidade" (*Leading Case*: RE 576967, Tribunal Pleno, Sessão Virtual, j. 5.8.2020);

– Tema n. 1274: "Constitucionalidade da incidência de contribuição previdenciária a cargo da empregada sobre o salário-maternidade pago pela Previdência Social" (RE 1455643, pendente de julgamento).

O contrato de trabalho fica suspenso no interregno. E a despedida sem justa causa realizada com o fito de obstar o recebimento do benefício acarreta ao empregador – urbano, rural ou doméstico – o ônus de indenizar o valor correspondente ao benefício.

Veja-se a respeito a orientação do CRPS, expresso no Enunciado n. 6:

> Cabe ao INSS conceder o salário-maternidade à gestante demitida sem justa causa no curso da gravidez, preenchidos os demais requisitos legais, pagando-o diretamente.
> I – É vedado, em qualquer caso, o pagamento do salário-maternidade em duplicidade, caso a segurada tenha sido indenizada pelo empregador.
> II – Poderá ser solicitada diligência a fim de comprovar se houve pagamento do valor correspondente ao salário-maternidade pelo ex-empregador, enquanto não transcorrer o prazo prescricional para pretensão de créditos trabalhistas.

A TNU uniformizou o entendimento no sentido de que a má-fé do empregador não impede o pagamento do salário-maternidade. Segundo o Relator do Pedido de Uniformização n. 2011.72.55.000917-0, publicado no *DOU* de 8.6.2012: "Em tal situação, cabe ao INSS suportar diretamente o pagamento do salário-maternidade, não sendo razoável impor à empregada demitida buscar da empresa a satisfação pecuniária, quando, ao final, quem efetivamente suportará o pagamento do benefício é o INSS, em face do direito do empregador à compensação".

E ratificou esse entendimento ao julgar o Representativo de Controvérsia – Tema 113, fixando a seguinte tese jurídica: "O salário-maternidade é devido mesmo nos casos de desemprego da gestante, hipótese em que deverá ser pago diretamente pela Previdência Social" (PEDILEF 2010.71.58.004921-6/RS, Sessão de 13.11.2013).

No mesmo sentido a orientação do STJ:

> DISPENSA ARBITRÁRIA. MANUTENÇÃO DA CONDIÇÃO DE SEGURADA. PAGAMENTO PELO INSS DE FORMA DIRETA. CABIMENTO NO CASO. PROTEÇÃO À MATERNIDADE. (...) O fato de ser atribuição da empresa pagar o salário-maternidade no caso da segurada empregada não afasta a natureza de benefício previdenciário da prestação em discussão, que deve ser pago, no presente caso, diretamente pela Previdência Social (REsp 1.309.251/RS, 2ª Turma, Rel. Min. Mauro Campbell Marques, *DJe* 28.5.2013).

Logo, em qualquer hipótese de cessação do vínculo laboral, estando a pessoa em período de graça, o requerimento é de ser formulado ao INSS (e por ele deferido).

Quanto à postulação em Juízo, é de se observar que, tratando-se de demanda contra o empregador em que se postula direito assegurado pela CLT, como o direito ao afastamento do trabalho, ou diferenças do salário-maternidade adiantado pelo empregador, o que tem origem e incidência no contrato de trabalho mantido entre as partes, resta evidente a natureza laboral da demanda, o que atrai a competência da Justiça do Trabalho para apreciá-la, na forma do art. 114, I, da Constituição Federal (TRT-1, RO 0100024-83.2018.5.01.0056, 7ª Turma, Rel. Des. Rogerio Lucas Martins, publ. 7.11.2018).

Nas hipóteses em que o pagamento deve ser feito diretamente pelo INSS, a ação deve ser intentada contra a Autarquia, sendo de competência da Justiça Federal.

O salário-maternidade poderá ser requerido no prazo de 5 anos, a contar da data do fato gerador, exceto na situação do cônjuge ou companheiro(a) sobrevivente, que deverá requerer até o último dia do prazo previsto para o término do benefício originário (art. 357, § 5º, da IN n. 128/2022).

O prazo de prescrição quinquenal para o ajuizamento de ação postulando o benefício começa a ser contado a partir do término do período de 120 dias, que compreende 28 dias antes e 92 dias após o parto, como estabelecido no art. 71 da Lei n. 8.213/1991. Este prazo se aplica a cada uma das quatro parcelas do benefício (TRF1, AC 1001937-67.2022.4.01.9999, Rel. Des. Federal Marcelo Velasco Nascimento Albernaz, 1ª Turma, DJe 14.6.2023).

32.3.7 Cessação do benefício

O pagamento do salário-maternidade pela Previdência Social cessa após o período de cento e vinte dias, caso não haja prorrogação na maternidade biológica (duas semanas), ou, ainda, pelo falecimento da segurada.

Em caso de falecimento, todavia, o pagamento pode ser concedido, pelo tempo restante, à pessoa do cônjuge ou companheiro(a) sobrevivente, desde que possua a qualidade de segurado do RGPS e, caso receba benefício com o qual não se pode acumular o salário-maternidade, cabe a opção pelo benefício mais vantajoso.

QUADRO-RESUMO – SALÁRIO-MATERNIDADE

BENEFÍCIO	**SALÁRIO-MATERNIDADE** Código da Espécie (INSS): B-80
Evento Gerador	O parto, inclusive de natimorto; o aborto espontâneo, a adoção ou a guarda judicial para fins de adoção.
Beneficiários	– Seguradas de todas as espécies e, a partir da Lei n. 12.873/2013, também os segurados do sexo masculino, estes em caso de adoção ou guarda para fins de adoção, e ainda nos casos de falecimento da segurada ou segurado (cônjuge ou companheiro/a) que fizera jus ao recebimento do salário-maternidade originariamente. – Ressalvado o pagamento do salário-maternidade à mãe biológica, não poderá ser concedido o benefício a mais de um segurado, decorrente do mesmo processo de adoção ou guarda, ainda que os cônjuges ou companheiros estejam submetidos a Regime Próprio de Previdência Social. – STF: RG Tema 542 – Tese fixada: "A trabalhadora gestante tem direito ao gozo de licença-maternidade e à estabilidade provisória, independentemente do regime jurídico aplicável, se contratual ou administrativo, ainda que ocupe cargo em comissão ou seja contratada por tempo determinado." (RE 842844, DJe 6.12.2023); – STJ: Súmula 657: "Atendidos os requisitos de segurada especial no RGPS e do período de carência, a indígena menor de 16 anos faz jus ao salário-maternidade."
Carência	– Não é exigida carência. Para as seguradas facultativas, especial e contribuintes individuais, a exigência de carência de 10 contribuições mensais foi considerada inconstitucional pelo STF (ADI n. 2.110), com efeitos *ex tunc*.
Cumulatividade	– No caso de empregos concomitantes, o(a) segurado(a) fará jus ao saláriomaternidade relativo a cada emprego. – A segurada aposentada que retornar à atividade fará jus ao pagamento do salário-maternidade (art. 103 do Decreto n. 3.048/1999). – O salário-maternidade não pode ser acumulado com benefício por incapacidade e sequer com o auxílio-reclusão (MP n. 871/2019, convertida na Lei n. 13.846/2019). – Quando ocorrer incapacidade em concomitância com o período de pagamento do salário-maternidade, o benefício por incapacidade, conforme o caso, deverá ser suspenso enquanto perdurar o referido pagamento, ou terá sua data de início adiada para o primeiro dia seguinte ao término do período de cento e vinte dias. – O salário-maternidade é devido à segurada ou segurado que adotar, independentemente de a mãe biológica ter recebido o mesmo benefício quando do nascimento da criança.

Cessação do Benefício	Após decorrido o prazo de duração do benefício ou em caso de óbito da segurada, podendo o pagamento ser feito, pelo tempo restante, à pessoa do cônjuge ou companheiro(a) sobrevivente, desde que possua a qualidade de segurado do RGPS e, caso receba benefício com o qual não se pode acumular o salário-maternidade, cabe a opção pelo benefício mais vantajoso.
Salário de Benefício/Renda Mensal Inicial	– Para a segurada empregada e trabalhadora avulsa: o valor da última remuneração auferida, ou em caso de remuneração variável, a média aritmética dos últimos 6 meses (não sujeito ao teto limite do RGPS); – Para a segurada empregada doméstica: o valor do último salário de contribuição, limitado ao teto do RGPS; – Para as seguradas contribuintes individuais, facultativas e para aquelas que estejam em período de graça: média aritmética dos doze últimos salários de contribuição, apurados em período não superior a quinze meses (sujeito ao teto do RGPS); – Para a segurada especial, que não esteja contribuindo facultativamente, será de um salário mínimo.
Fator Previdenciário	Não se aplica a este benefício.
Período Básico de Cálculo	– 1/12 (um doze avos) da soma dos 12 (doze) últimos salários de contribuição, apurados em um período não superior a 15 (quinze) meses, para segurados(as) contribuintes individuais e facultativos(as), inclusive quando em situação de desemprego.
Data de Início do Benefício	– A partir do atestado médico que licencia a gestante, ou a partir do dia do parto antecipado, ou do dia da adoção (ou guarda judicial para fins de adoção). – Poderá ter início até 28 dias antes do parto. – A percepção do salário-maternidade está condicionada ao afastamento do segurado ou segurada requerente de seu trabalho ou da atividade desempenhada, sob pena de suspensão do benefício.
Duração	– 120 dias, salvo em caso de aborto não criminoso, quando a duração será de duas semanas. Em caso de natimorto, a licença também será de 120 dias. – Quando não for possível que a gestante ou a lactante afastada de atividades consideradas insalubres exerça suas atividades em local salubre na empresa, a hipótese será considerada como gravidez de risco e ensejará a percepção de salário-maternidade, nos termos da Lei n. 8.213, de 24 de julho de 1991, durante todo o período de afastamento, ou seja, mesmo além dos 120 dias (art. 394-A, § 3º, da CLT, incluído pela Lei n. 13.467/2017). – A Lei n. 11.770/2008 permite a prorrogação do benefício por mais 60 dias, desde que a empresa adira voluntariamente ao programa "Empresa Cidadã"; o período adicional é custeado pela empresa, e não pelo INSS. – Ao segurado ou segurada da Previdência Social que adotar ou obtiver guarda judicial para fins de adoção de criança é devido salário-maternidade pelo período de 120 dias (art. 71-A da Lei n. 8.213/1991). – STF: RG Tema 782 – Tese fixada: "Os prazos da licença adotante não podem ser inferiores aos prazos da licença gestante, o mesmo valendo para as respectivas prorrogações. Em relação à licença adotante, não é possível fixar prazos diversos em função da idade da criança adotada". – Em casos excepcionais, os períodos de repouso anterior e posterior ao parto podem ser aumentados de mais duas semanas, por meio de atestado médico específico submetido à avaliação médico-pericial (art. 93, § 3º do RPS, com redação dada pelo Decreto n. 10.410/2020). – Durante o período entre a data do óbito e o último dia do término do salário-maternidade originário, em caso de falecimento da segurada ou segurado (cônjuge ou companheiro/a), seja a maternidade biológica, seja no caso de adoção. – Quando não for possível que a gestante ou a lactante afastada de atividades consideradas insalubres exerça suas atividades em local salubre na empresa, a hipótese será considerada como gravidez de risco e ensejará a percepção de salário-maternidade, nos termos da Lei n. 8.213, de 24 de julho de 1991, durante todo o período de afastamento (art. 394-A, § 3º, da CLT, Incluído pela Lei n. 13.467/2017).

Forma de Pagamento	– Será pago diretamente pelo INSS ou pela empresa contratante, observando as seguintes situações: I – para requerimentos efetivados a partir de 1º.9.2003, o salário-maternidade devido à segurada empregada, independentemente da data do afastamento ou do parto, será pago diretamente pela empresa, exceto no caso de adoção ou de guarda judicial para fins de adoção, quando será pago diretamente pelo INSS; II – a segurada empregada que adotar ou obtiver guarda judicial para fins de adoção poderá requerer e receber o salário-maternidade por intermédio da empresa se esta possuir convênio com tal finalidade; e III – as seguradas enquadradas nas categorias de trabalhadora avulsa, empregada doméstica, contribuinte individual, facultativa, especial e as em prazo de manutenção da qualidade de segurada terão o benefício de salário-maternidade pago pelo INSS. – O salário-maternidade devido à trabalhadora avulsa e à empregada do microempreendedor individual de que trata o art. 18-A da LC n. 123/2006, será pago diretamente pelo INSS, assim como nos casos de adoção. – O salário-maternidade devido ao cônjuge ou companheiro sobrevivente será pago diretamente pelo INSS. – O salário-maternidade devido à empregada intermitente e à empregada com jornada parcial cujo salário de contribuição seja inferior ao seu limite mínimo mensal será pago diretamente pela previdência social (arts. 100-B e 100-C do RPS, incluídos pelo Decreto n. 10.410/2020).
Observações	As regras gerais do salário-maternidade encontram-se no art. 201 da CF, nos arts. 71 a 73 da Lei n. 8.213/1991 e nos arts. 93 a 103 do Decreto n. 3.048/1999 (com as alterações introduzidas pelo Decreto n. 10.410/2020).

32.4 SALÁRIO-FAMÍLIA

Criado pela Lei n. 4.266/1963, o salário-família é um benefício previdenciário pago, mensalmente, ao trabalhador de baixa renda, filiado na condição de segurado empregado (incluído o doméstico, este a partir de 1.6.2015, pela redação conferida ao art. 65 da Lei n. 8.213/1991) e de trabalhador avulso, na proporção do respectivo número de filhos ou equiparados de até 14 anos de idade, ou inválidos.

O RPS, nos arts. 81 e 83 (redação dada pelo Decreto n. 10.410/2020), equipara a filhos somente os enteados e os menores tutelados, desde que comprovada a dependência econômica, deixando indevidamente de fora os menores sob guarda.

A finalidade deste benefício é bem definida por *Alfredo Ruprecht*: "a constituição ou o desenvolvimento normal da família, com o aporte de uma contribuição regular e permanente para a manutenção das pessoas cujo encargo é assumido pelo chefe de família".[12]

O benefício é concedido por cotas, de modo que o segurado perceba tantas cotas quantas sejam os filhos, enteados ou tutelados, com idade até 14 anos incompletos, ou inválidos, com qualquer idade.

Entendemos que deva ser estendido também para os filhos maiores de 14 anos com deficiência intelectual ou mental ou deficiência grave, a exemplo da previsão contida no art. 16, I, da LBPS (com redação da Lei n. 13.146/2015), em relação aos dependentes do segurado que busca pensão por morte ou auxílio-reclusão.

Inicialmente pago somente aos empregados urbanos, o benefício foi estendido aos trabalhadores avulsos pela Lei n. 5.480/1968.

Para a concessão de cota de salário-família por filho ou equiparado inválido com idade superior a 14 anos, a invalidez deve ser verificada em exame médico-pericial realizado pela Perícia Médica Federal.

---

[12] RUPRECHT, Alfredo J. *Op. cit.*, p. 274.

O direito à cota do salário-família é definido em razão da remuneração que seria devida ao empregado no mês, independentemente do número de dias efetivamente trabalhados. Todas as importâncias que integram o salário de contribuição serão consideradas como parte integrante da remuneração do mês, exceto o 13º salário e a remuneração total de férias – inciso XVII do art. 7º da Constituição, para efeito de definição do direito à cota de salário-família. O benefício é devido proporcionalmente aos dias trabalhados nos meses de admissão e de rompimento do contrato de trabalho do empregado.

O aposentado por invalidez ou por idade e os demais aposentados com 65 anos ou mais de idade, se do sexo masculino, ou 60 anos ou mais, se do feminino, terão direito ao salário-família, pago juntamente com a aposentadoria. E, no caso do trabalhador rural, será devido ao aposentado por idade aos 60 anos, se do sexo masculino, ou 55 anos, se do sexo feminino.

Sua natureza jurídica é de benefício previdenciário, pois não é um encargo direto do empregador em decorrência da contraprestação dos serviços prestados pelo segurado; apesar do nome, não tem natureza salarial. Embora o pagamento seja efetuado pelo empregador (incluído o doméstico a partir de 1º.6.2015) com o salário, este tem o direito de reembolsar-se integralmente do valor adiantado, efetuando a compensação quando do recolhimento das contribuições devidas à Previdência Social (art. 68 da Lei n. 8.213/1991, com a redação conferida pela LC n. 150/2015).

Em que pese ser pago em função da existência de dependentes, o benefício é devido ao segurado, e não ao dependente. Uma vez desempregado, o segurado não mais faz jus às cotas.

A Constituição de 1988 concedeu o salário-família como direito social dos trabalhadores urbanos e rurais, devido em função dos seus dependentes (art. 7º, XII). É devido como ajuda à manutenção dos dependentes dos segurados empregados e trabalhadores avulsos de baixa renda (art. 201, II, da Constituição).

Com a Emenda Constitucional n. 20/1998, a redação do inciso XII do art. 7º da Constituição foi alterada para estabelecer que o salário-família será pago em razão do dependente do trabalhador de baixa renda nos termos da lei. Igual alteração se deu no inciso IV do art. 201 da Constituição.

A EC n. 103/2019 fez modificações também com relação ao salário-família, mantendo a limitação de acesso apenas àqueles que tenham renda bruta mensal igual ou inferior a R$ 1.364,43, que será corrigida pelos mesmos índices aplicados aos benefícios do RGPS (art. 27). E ainda, estabeleceu um único valor de cota por dependente (R$ 46,54) até que lei discipline a matéria.

A limitação do benefício perpetrada pelas Emendas n. 20/1998 e n. 103/2019 se afigura como inconstitucional, em razão de não haver razoabilidade no *discrímen* utilizado pelo constituinte derivado.

A cota do salário-família não será incorporada, para qualquer efeito, ao salário ou ao benefício.

Conforme o entendimento do INSS sobre o tema, considera-se remuneração mensal do segurado o valor total do respectivo salário de contribuição, ainda que resultante da soma dos salários de contribuição correspondentes a atividades simultâneas.

O direito à cota do salário-família é definido em razão da remuneração que seria devida ao empregado no mês, independentemente do número de dias efetivamente trabalhados.

Todas as importâncias que integram o salário de contribuição serão consideradas como parte integrante da remuneração do mês para efeito de definição do direito à cota do salário-família, exceto a gratificação de natal (13º salário) e o adicional de férias previsto no inciso XVII do art. 7º da Constituição.

No caso do trabalhador avulso independe do número de dias trabalhados no mês, devendo o seu pagamento corresponder ao valor integral da cota.

O salário-família correspondente ao mês de afastamento do trabalho será pago integralmente pela empresa, pelo empregador doméstico ou pelo sindicato ou órgão gestor de mão de obra, conforme o caso, e o do mês da cessação de benefício pelo INSS, independentemente do número de dias trabalhados ou em benefício (art. 86 do Regulamento, com redação dada pelo Decreto n. 10.410/2020).

Quando o pai e a mãe são segurados empregados, inclusive os domésticos, ou trabalhadores avulsos de baixa renda, ambos têm direito ao benefício, em função dos mesmos dependentes. Na hipótese de divórcio, separação judicial ou de fato dos pais, ou em caso de abandono legalmente caracterizado ou perda do pátrio poder, o salário-família passará a ser pago diretamente àquele a cujo cargo ficar o sustento do menor, ou a outra pessoa, se houver determinação judicial nesse sentido.

A Lei n. 9.876/1999 deu outra redação ao art. 67 da Lei n. 8.213/1991, para estabelecer que o pagamento do salário-família é condicionado à apresentação da certidão de nascimento do filho ou da documentação relativa ao equiparado ou ao inválido, e à apresentação anual de atestado de vacinação obrigatória e de comprovação de frequência à escola do filho ou equiparado. Regras que foram mantidas pelo STF no julgamento da ADI 2.110 MC/DF, Pleno, Rel. Min. Sydney Sanches, *DJ* de 5.12.2003.

As regras gerais sobre o salário-família estão disciplinadas no art. 27 da EC n. 103/2019, nos arts. 65 a 70 da Lei n. 8.213/1991 e nos arts. 81 a 92 do Decreto n. 3.048/1999 (com as alterações introduzidas pelo Decreto n. 10.410/2020).

32.4.1 Período de carência

A concessão do salário-família independe do número de contribuições pagas pelo segurado, pois, em face de seu caráter nitidamente alimentar, não seria justo exigir carência para a percepção do benefício.

32.4.2 Data de início do benefício

O pagamento do salário-família será devido a partir do mês em que houve a apresentação da certidão de nascimento do filho ou da documentação relativa ao equiparado. Não há fracionamento do valor da cota devida, individualmente, por filho ou equiparado menor de 14 anos ou inválido.

Como a situação relacionada ao pagamento é resolvida, em regra, no curso de uma relação de emprego, por vezes torna-se complexa a discussão quanto ao descumprimento da regra pelo empregador, que muitas vezes alega (especialmente em Juízo) que o empregado não forneceu a certidão.

O Tribunal Superior do Trabalho, com o fito de pacificar a matéria, definiu que "O termo inicial do direito ao salário-família coincide com a prova da filiação. Se feita em juízo, corresponde à data de ajuizamento do pedido, salvo se comprovado que anteriormente o empregador se recusara a receber a respectiva certidão" (Súmula n. 254).

Todavia, a fórmula adotada prejudica sensivelmente o obreiro, violando, de certo modo, o princípio da aptidão para a prova. Para desvencilhar-se desse ônus, sugere-se que o empregado se utilize das "provas digitais": desse modo, uma mensagem de e-mail ou encaminhada por aplicativo de conversas, com os referidos documentos (certidão de nascimento, adoção, cartão de vacinação e comprovante de frequência escolar, quando for o caso), supriria o ônus probatório.

Compreendemos que, havendo nascimento ou adoção durante o contrato de trabalho, com a concessão da respectiva licença-paternidade ou maternidade, presume-se que o empregador recebeu a certidão de nascimento, caso contrário a licença não seria autorizada por ele, ou seja, "há presunção favorável ao ex-empregado que demonstra a existência de filho menor no curso do contrato, quanto ao preenchimento dos requisitos de fato para receber o benefício em questão" (TRT-4, RO 0020857-57.2016.5.04.0103, 7ª Turma, Rel. Des. Carmen Izabel Centena Gonzalez, julg. 8.2.2018).

Admite-se, por conseguinte, que, se a trabalhadora teve o parto durante a vigência do contrato de trabalho, ou o trabalhador do sexo masculino usufruiu a licença-paternidade, o conhecimento pelo empregador já existia, atraindo o pagamento do benefício.

32.4.3 Renda mensal inicial

Os valores das cotas do salário-família, bem como o valor considerado como limite de renda mensal bruta para a obtenção do benefício, constam de tabela anexa ao final desta obra.

Destaca-se que a EC n. 103/2019 optou por manter apenas uma faixa de renda (R$ 1.364,43) e um único valor de benefício até esse limite de renda: R$ 46,54. Esses valores deverão ser corrigidos anualmente pelos índices de reajustes dos benefícios do RGPS.

O pagamento é feito mensalmente, a partir da apresentação da certidão de nascimento do filho ou da documentação relativa ao equiparado ou inválido, sendo efetuado (art. 82 do RPS, com redação dada pelo Decreto n. 10.410/2020):

- ao empregado, inclusive o doméstico, pela empresa ou pelo empregador doméstico, juntamente com o salário, e ao trabalhador avulso, pelo sindicato ou órgão gestor de mão de obra, por meio de convênio;
- ao empregado, inclusive o doméstico, e ao trabalhador avulso aposentados por incapacidade permanente ou em gozo de auxílio por incapacidade temporária, pelo INSS, juntamente com o benefício;
- ao trabalhador rural aposentado por idade aos 60 anos, se do sexo masculino, ou 55 anos, se do sexo feminino, pelo INSS, juntamente com a aposentadoria; e
- aos demais empregados, inclusive os domésticos, e aos trabalhadores avulsos aposentados aos 65 anos de idade, se homem, ou aos 60 anos, se mulher, pelo INSS, juntamente com a aposentadoria.

O reembolso à empresa ou empregador doméstico dos valores das quotas de salário-família, pagos a segurados a seu serviço, será deduzido quando do recolhimento das contribuições.

A falta de pagamento do salário-família pelo empregador enseja direito ao empregado de buscar a indenização correspondente, perante a Justiça do Trabalho, na forma do art. 186 do Código Civil – Lei n. 10.406/2002.

32.4.4 Perda do direito

A perda do direito ao recebimento do benefício ocorre nas seguintes hipóteses:

- por morte do filho ou equiparado, a contar do mês seguinte ao do óbito;
- quando o filho ou equiparado completar 14 anos de idade, salvo se inválido, a contar do mês seguinte ao desta data de aniversário;
- pela recuperação da capacidade do filho ou equiparado inválido, a contar do mês seguinte ao da cessação da incapacidade;
- pelo desemprego do segurado, a partir do dia seguinte ao término do contrato de trabalho.

Para efeito de concessão e manutenção do salário-família, o segurado deve firmar termo de responsabilidade, no qual se comprometa a comunicar à empresa, ao empregador doméstico ou ao INSS qualquer fato ou circunstância que determine a perda do direito ao benefício, ficando sujeito, em caso do não cumprimento, às sanções penais e trabalhistas.

QUADRO-RESUMO – SALÁRIO-FAMÍLIA

BENEFÍCIO	SALÁRIO-FAMÍLIA
Evento Gerador	– Ter o segurado (de baixa renda) filhos ou pessoas equiparadas até 14 anos de idade, ou inválidos com qualquer idade. – Entendemos que deva ser estendido também para os filhos maiores de 14 anos com deficiência intelectual ou mental ou deficiência grave, a exemplo da previsão contida no art. 16, I, da LBPS (com redação da Lei n. 13.146/2015), em relação aos dependentes do segurado que busca pensão por morte ou auxílio-reclusão.
Beneficiários	Segurados empregados, inclusive o doméstico, de baixa renda, observado o valor previsto por Portaria à época da concessão do benefício, classificados como: a) empregado, inclusive o doméstico; b) empregado, inclusive o doméstico, e ao trabalhador avulso aposentados por incapacidade permanente ou em gozo de auxílio por incapacidade temporária; c) trabalhador rural aposentado por idade aos 60 anos, se do sexo masculino, ou 55 anos, se do sexo feminino; d) demais empregados, inclusive os domésticos, e aos trabalhadores avulsos aposentados aos 65 anos de idade, se homem, ou aos 60 anos, se mulher.
Cumulatividade	Caso ambos os pais sejam segurados do RGPS, poderão receber o salário-família pelo mesmo dependente. Não há limite de cotas por segurado.
Cessação do Benefício	O salário-família cessa: – com a morte do segurado, no mês seguinte ao óbito; – com o desemprego, no mês seguinte à rescisão contratual; – quando o dependente perder a qualidade (ex.: filho ou equiparado a partir do mês seguinte ao que completar 14 anos de idade, salvo se inválido; cessação da invalidez, no caso de dependente inválido); – com a morte do dependente.
Renda Mensal Inicial	A partir de 14 de novembro de 2019, passa a ter faixa única quanto ao valor da cota devida, não havendo alteração para enquadramento como segurado de baixa renda, conforme estabelecido pelo art. 27 da EC n. 103, de 2019.
Período Básico de Cálculo	Não se aplica a este benefício.
Data de Início do Benefício	Será devido a partir da data da apresentação da certidão de nascimento do filho ou da documentação relativa ao equiparado.
Forma de Pagamento	O salário-família será pago mensalmente (art. 82 do RPS): – ao empregado, inclusive o doméstico, pela empresa ou pelo empregador doméstico, juntamente com o salário, e ao trabalhador avulso, pelo sindicato ou órgão gestor de mão de obra, por meio de convênio; – ao empregado, inclusive o doméstico, e ao trabalhador avulso aposentados por incapacidade permanente ou em gozo de auxílio por incapacidade temporária, pelo INSS, juntamente com o benefício; – ao trabalhador rural aposentado por idade aos 60 anos, se do sexo masculino, ou 55 anos, se do sexo feminino, pelo INSS, juntamente com a aposentadoria; e – aos demais empregados, inclusive os domésticos, e aos trabalhadores avulsos aposentados aos 65 anos de idade, se homem, ou aos 60 anos, se mulher, pelo INSS, juntamente com a aposentadoria.

Duração	Até que o dependente complete 14 anos, recupere a capacidade (se inválido maior de 14 anos) ou venha a falecer, e enquanto subsistir relação de emprego urbana ou rural. Tendo havido divórcio, separação judicial ou de fato dos pais, ou em caso de abandono legalmente caracterizado ou perda do pátrio-poder, o salário-família passará a ser pago diretamente àquele a cujo cargo ficar o sustento do menor, ou a outra pessoa, se houver determinação judicial nesse sentido. O pagamento do salário-família é condicionado à apresentação anual de atestado de vacinação obrigatória, até seis anos de idade, e de comprovação semestral de frequência à escola do filho ou equiparado, a partir dos sete anos de idade.
Observações	As regras gerais do salário-família encontram-se no art. 201 da CF, no art. 27 da EC n. 103/2019. nos arts. 65 a 70 da Lei n. 8.213/1991, nos arts. 81 a 92 do Decreto n. 3.048/1999 (com as alterações introduzidas pelo Decreto n. 10.410/2020).

33

Benefícios Assistenciais – LOAS

A Constituição Republicana de 1988 prevê em seu art. 203 que a assistência social será prestada a quem dela necessitar, independentemente de contribuição à Seguridade Social. Dentre seus objetivos (inciso V) está a garantia de um salário mínimo de benefício mensal à pessoa com deficiência e à pessoa idosa que comprovem não possuir meios de prover a própria manutenção ou de tê-la provida por sua família, conforme dispuser a lei.

As regras constitucionais estão regulamentadas pela Lei n. 8.742, de 7.12.1993 (Lei Orgânica da Assistência Social – LOAS), que instituiu o benefício de prestação continuada à pessoa idosa e à pessoa com deficiência; pela Lei n. 12.815/2013, que prevê a concessão do benefício assistencial ao trabalhador portuário avulso; pela Lei n. 13.146, de 6.7.2015 (Lei Brasileira de Inclusão da Pessoa com Deficiência – Estatuto da Pessoa com Deficiência), que assegura o pagamento de auxílio-inclusão a pessoa com deficiência moderada ou grave, pelo Decreto n. 6.214, de 26.9.2007, que regulamenta o BPC devido à pessoa com deficiência e à pessoa idosa, e pelo Decreto n. 9.921, de 18.7.2019, que Consolida atos normativos editados pelo Poder Executivo federal que dispõem sobre a temática da pessoa idosa e ainda pela Portaria Conjunta MDS/INSS n. 3/2018 (com alterações).

33.1 BENEFÍCIO DE PRESTAÇÃO CONTINUADA À PESSOA IDOSA E À PESSOA COM DEFICIÊNCIA – LOAS

A LOAS define que a assistência social, direito do cidadão e dever do Estado, é Política de Seguridade Social não contributiva, que provê os mínimos sociais, realizada através de um conjunto integrado de ações de iniciativa pública e da sociedade, para garantir o atendimento às necessidades básicas.

As condições para a concessão do Benefício de Prestação Continuada (BPC) no valor de um salário mínimo mensal à pessoa com deficiência e à pessoa idosa, que comprovem não possuir meios de prover a própria manutenção nem de tê-la provida por sua família, estão contidas nos arts. 20 e 21 da LOAS, que serão objeto deste nosso estudo.

33.1.1 Requisitos legais para a concessão do Benefício de Prestação Continuada (BPC)

Os requisitos definidos na Lei Orgânica da Assistência Social e no seu decreto regulamentador são os seguintes:

– A **Pessoa Idosa** – deverá comprovar, de forma cumulativa, que:

    a) possui 65 anos de idade ou mais;[1]

---

[1] No período de 1º.1.1996 a 31.12.1997, vigência da redação original do art. 20 da Lei n. 8.742/1993, a idade mínima era de 70 anos. A partir de 1º.1.1998, a idade mínima para a pessoa idosa passou a ser 67 anos, conforme redação dada pela MP n. 1.599-39, de 1997, e reedições, convertida na Lei n. 9.720/1998. Por fim, a Lei n. 10.741, de 1º.10.2003 (Estatuto da Pessoa Idosa), reduziu para 65 anos.

b) família cuja renda mensal *per capita* seja igual ou inferior a 1/4 (um quarto) do salário mínimo, podendo ser utilizados outros elementos probatórios da condição de miserabilidade do grupo familiar e da situação de vulnerabilidade;

c) não possui outro benefício no âmbito da Seguridade Social ou de outro regime, salvo os da assistência médica e da pensão especial de natureza indenizatória, bem como as transferências de renda de que tratam o parágrafo único do art. 6º, o inciso VI do *caput* do art. 203 da CF e o *caput* e o § 1º do art. 1º da Lei n. 10.835/2004 (renda básica de cidadania); e

d) a inscrição do requerente no CPF e no CadÚnico.

– A **Pessoa com Deficiência (PcD)** deverá comprovar, de forma cumulativa:

a) a existência de impedimentos de longo prazo de natureza física, mental, intelectual ou sensorial, os quais, em interação com uma ou mais barreiras, obstruam sua participação plena e efetiva na sociedade em igualdade de condições com as demais pessoas;

b) família cuja renda mensal *per capita* seja igual ou inferior a 1/4 (um quarto) do salário mínimo, podendo ser utilizados outros elementos probatórios da condição de miserabilidade do grupo familiar e da situação de vulnerabilidade;

c) não possuir outro benefício no âmbito da Seguridade Social ou de outro regime, salvo os da assistência médica e da pensão especial de natureza indenizatória, bem como as transferências de renda de que tratam o parágrafo único do art. 6º, o inciso VI do *caput* do art. 203 da CF e o *caput* e o § 1º do art. 1º da Lei n. 10.835/2004 (renda básica de cidadania);[2] e

d) a inscrição do requerente no CPF e no CadÚnico.

Quanto ao critério de renda mensal *per capita*, a Lei n. 14.176/2021 (conversão da MP n. 1.023/2020) estabeleceu que deve ser "igual ou inferior a 1/4 (um quarto) do salário-mínimo", autorizando por regulamento ampliar o limite de renda mensal familiar *per capita* previsto no § 3º do art. 20 da LOAS, "para até 1/2 (meio) salário-mínimo".

O art. 20-B da LOAS (introduzido pela Lei n. 14.176/2021) trata da avaliação dos outros elementos probatórios da condição de miserabilidade e da situação de vulnerabilidade, e estabelece que serão considerados os seguintes aspectos para ampliação do critério de aferição da renda familiar mensal *per capita*, o qual irá ocorrer de forma gradativa em face das questões orçamentárias:

I – o grau da deficiência, aferido por meio de instrumento de avaliação biopsicossocial;

II – a dependência de terceiros para o desempenho de atividades básicas da vida diária; e

III – o comprometimento do orçamento do núcleo familiar exclusivamente com gastos médicos, com tratamentos de saúde, com fraldas, com alimentos especiais e com medicamentos do idoso ou da pessoa com deficiência não disponibilizados gratuitamente pelo SUS, ou com serviços não prestados pelo Suas, desde que comprovadamente necessários à preservação da saúde e da vida.

Aplicam-se à pessoa com deficiência os elementos constantes dos itens I e III e à pessoa idosa os constantes dos itens II e III.

Requisito introduzido pelo Decreto n. 8.805, de 7.7.2016, e, posteriormente, pela Lei n. 13.846/2019,[3] é a necessidade de o requerente estar inscrito no Cadastro de Pessoas Físicas – CPF e no Cadastro Único para Programas Sociais do Governo Federal – CadÚnico.

---

[2] A comprovação do requisito (letra "c") poderá ser feita mediante declaração do requerente ou, no caso de sua incapacidade para os atos da vida civil, do seu curador ou tutor.

[3] Conversão da MP n. 871/2019, que introduziu o § 12 no art. 20 da Lei n. 8.742/1992.

Segundo o Regulamento do BPC, o beneficiário que não realizar a inscrição ou a atualização no CadÚnico terá o seu benefício suspenso. Além disso, o benefício só será concedido ou mantido para inscrições no CadÚnico que tenham sido realizadas ou atualizadas nos últimos dois anos.

A Lei n. 14.601/2023 trouxe inovações importantes em relação ao CadÚnico, as quais estão dispostas no art. 6º-F da LOAS e que serão ainda regulamentadas. Dentre elas, destacam-se:

- o CadÚnico passou a ser um registro público eletrônico com a finalidade de coletar, processar, sistematizar e disseminar informações para a identificação e a caracterização socioeconômica das famílias de baixa renda;
- a inscrição no CadÚnico poderá ser obrigatória para acesso a programas sociais do governo federal;
- para fins de cumprimento do disposto no art. 12 da EC n. 103/2019, e de ampliação da fidedignidade das informações cadastrais, será garantida a interoperabilidade de dados do CadÚnico com os dados constantes do CNIS;
- os dados do CNIS incluídos no CadÚnico poderão ser acessados pelos órgãos gestores do CadÚnico, nas 3 (três) esferas da Federação, conforme termo de adesão do ente federativo ao CadÚnico, do qual constará cláusula de compromisso com o sigilo de dados;
- a sociedade civil poderá cooperar com a identificação de pessoas que precisem ser inscritas no CadÚnico;
- o CadÚnico coletará informações que caracterizem a condição socioeconômica e territorial das famílias, as quais serão objeto de checagem em outras bases de dados, nos termos estabelecidos em ato do Poder Executivo federal (de acordo com a Lei n. 15.077/2024).

- **Registro biométrico**

Será solicitado ao requerente do Benefício de Prestação Continuada, ou ao seu responsável legal, o registro biométrico nos cadastros da Carteira de Identidade Nacional (CIN), do título eleitoral ou da Carteira Nacional de Habilitação (CNH), conforme determinado por ato conjunto dos órgãos competentes. Na impossibilidade de realizar o registro biométrico do requerente, a obrigação recairá sobre o responsável legal. Essa exigência foi introduzida pela Lei n. 14.973, de 16.9.2024, ao acrescentar o § 12-A e o parágrafo único ao art. 20 da Lei n. 8.742/1993 (parágrafo único transformado no § 12-B pela Lei n. 15.077, de 2024).

33.1.2 Deficiência para fins de concessão do Benefício de Prestação Continuada (BPC)

Para efeito de concessão deste benefício, considera-se:

- **pessoa com deficiência:** aquela que tem impedimento de longo prazo de natureza física, mental, intelectual ou sensorial, o qual, em interação com uma ou mais barreiras, pode obstruir sua participação plena e efetiva na sociedade em igualdade de condições com as demais pessoas;
- **impedimentos de longo prazo:** aqueles que incapacitam a pessoa com deficiência para a vida independente e para o trabalho pelo prazo mínimo de 2 (dois) anos.

A pessoa com deficiência (PcD) deverá ser avaliada para saber se a sua deficiência a incapacita para a vida independente e para o trabalho, nos termos do regulamento, conforme previsão do § 2º-A do art. 20 da LOAS (introduzido pela Lei n. 15.077/2024).

Enquanto não estiver regulamentado o instrumento de avaliação de que tratam os §§ 1º e 2º do art. 2º da Lei nº 13.146, de 6 de julho de 2015 (Estatuto da Pessoa com Deficiência), a concessão do benefício de prestação continuada a pessoa com deficiência ficará sujeita à avaliação do grau da deficiência e do impedimento de que trata o § 2º do art. 20 da LOAS, composta de avaliação médica e avaliação social realizadas, respectivamente, pela perícia médica federal e pelo serviço social do INSS, com a utilização de instrumentos desenvolvidos especificamente para esse fim, e será obrigatório o registro, nos sistemas informacionais utilizados para a concessão do benefício, do código da Classificação Internacional de Doenças (CID), garantida a preservação do sigilo (art. 40-B da LOAS com redação dada pela Lei n. 15.077/2024).

Para tanto, o INSS poderá celebrar parcerias para a realização da avaliação social, sob a supervisão do serviço social da autarquia (art. 40-B, parágrafo único, da LOAS, inserido pela Lei n. 14.441/2022). Para a avaliação médica componente da avaliação biopsicossocial, a Lei n. 14.724/2023 passou a prever a possibilidade de uso de tecnologia de telemedicina ou análise documental, conforme situações e requisitos definidos em regulamento, ao incluir o § 2º no art. 40-B da LOAS e o § 3º no art. 2º no Estatuto da Pessoa com Deficiência.

E, ainda, segundo o art. 16 do Regulamento da LOAS: "a concessão do benefício à pessoa com deficiência ficará sujeita à avaliação da deficiência e do grau de impedimento, com base nos princípios da Classificação Internacional de Funcionalidades, Incapacidade e Saúde (CIF), estabelecida pela Resolução da Organização Mundial da Saúde n. 54.21, aprovada pela 54ª Assembleia Mundial da Saúde, em 22 de maio de 2001".

A complementação da regulamentação da matéria ocorreu com a publicação da Portaria Conjunta INSS/MDS n. 2, de 30.3.2015, que dispõe sobre critérios, procedimentos e instrumentos para a avaliação social e médica da pessoa com deficiência para acesso ao Benefício de Prestação Continuada. De acordo com essa norma, a avaliação é constituída pelos seguintes componentes, baseados na Classificação Internacional de Funcionalidade, Incapacidade e Saúde (CIF): I – Fatores Ambientais; II – Funções e Estruturas do Corpo; e III – Atividades e Participação.

Essa regra sofreu alterações a partir de janeiro de 2018, diante do Estatuto da Pessoa com Deficiência, que estabelece no art. 2º, § 1º, que a avaliação da deficiência, quando necessária, será biopsicossocial, realizada por equipe multiprofissional e interdisciplinar, e considerará:

I – os impedimentos nas funções e nas estruturas do corpo;
II – os fatores socioambientais, psicológicos e pessoais;
III – a limitação no desempenho de atividades; e
IV – a restrição de participação.

Para fins de reconhecimento do direito ao benefício às crianças e adolescentes menores de 16 anos de idade, devem ser avaliados a existência da deficiência e o seu impacto na limitação do desempenho de atividade e restrição da participação social, compatível com a idade (art. 4º, § 1º, do Anexo do Regulamento do BPC).

Não existe uma lista exata das doenças ou o CID que dá direito de receber o Benefício de Prestação Continuada (BPC/LOAS). O importante, para o BPC-Deficiência, é ter um bom laudo médico apontando que a doença que a pessoa possui gera ou não deficiência. No entanto, algumas doenças podem gerar o direito ao BPC:

- **Transtorno do Espectro Autista**: segundo a Lei n. 12.764/2012, art. 1º: "§ 2º A pessoa com transtorno do espectro autista é considerada pessoa com deficiência, para todos os efeitos legais".
- **Visão Monocular:** a Lei n. 14.126/2021 classifica como deficiência sensorial, do tipo visual, para todos os efeitos legais. Porém, há divergência jurisprudencial acerca do enquadramento da visão monocular como deficiência suscetível de concessão de benefício assistencial. Apesar da visão monocular, por lei atender ao requisito deficiência, há ainda discussão acerca do fato de ela constituir impedimento de longo prazo, bem como se obstrui, no caso concreto, a participação plena e efetiva na sociedade em igualdade de condições, havendo decisões judiciais conflitantes.

Com base na regulamentação interna do INSS, externada pela Portaria PRES/INSS n. 1.626, de 25.10.2023, que alterou a Portaria PRES/INSS n. 1.380/2021, cabe o reaproveitamento da avaliação conjunta com conclusão favorável ao reconhecimento da deficiência realizada em requerimento de benefício assistencial anterior quando:

> I – o indeferimento do requerimento anterior tenha sido por motivo não relacionado com a avaliação da deficiência ou do grau de impedimento; e
>
> II – a avaliação tenha sido realizada em período não superior a 2 (dois) anos contados retroativamente da Data de Entrada do Requerimento – DER do pedido de novo benefício.

A aferição da deficiência e o prazo de duração dos impedimentos fazem parte dos questionamentos no âmbito judicial. Vejamos:

- Súmula n. 29 da TNU: "Para os efeitos do art. 20, § 2º, da Lei n. 8.742, de 1993, incapacidade para a vida independente não só é aquela que impede as atividades mais elementares da pessoa, mas também a impossibilita de prover ao próprio sustento".
- Súmula n. 48 da TNU (redação alterada em 25.4.2019): "Para fins de concessão do benefício assistencial de prestação continuada, o conceito de pessoa com deficiência, que não se confunde necessariamente com situação de incapacidade laborativa, exige a configuração de impedimento de longo prazo com duração mínima de 2 (dois) anos, a ser aferido no caso concreto, desde o início do impedimento até a data prevista para a sua cessação".
- Súmula n. 80 da TNU: "Nos pedidos de benefício de prestação continuada (LOAS), tendo em vista o advento da Lei 12.470/11, para adequada valoração dos fatores ambientais, sociais, econômicos e pessoais que impactam na participação da pessoa com deficiência na sociedade, é necessária a realização de avaliação social por assistente social ou outras providências aptas a revelar a efetiva condição vivida no meio social pelo requerente".
- "A incapacidade para a vida independente (a) não exige que a pessoa possua uma vida vegetativa ou seja incapaz de se locomover; (b) não significa incapacidade para as atividades básicas do ser humano, tais como alimentar-se, fazer a higiene pessoal e vestir-se sozinho; (c) não impõe a incapacidade de se expressar ou se comunicar; e (d) não pressupõe dependência total de terceiros" (TRF/4, AC 5005871-62.2015.4.04.7206/SC, TRS-SC, j. 3.10.2018).

Importante mencionar a orientação da TNU em caso de pessoas com doenças estigmatizantes:

- Súmula n. 78: "Comprovado que o requerente de benefício é portador do vírus HIV, cabe ao julgador verificar as condições pessoais, sociais, econômicas e culturais, de forma a analisar a incapacidade em sentido amplo, em face da elevada estigmatização social da doença".
- "O fato da parte autora sempre ter residido em município pequeno, de menos de vinte e cinco mil habitantes, já caracteriza a estigmatização decorrente da ciência por todos de sua enfermidade contagiosa, independentemente do aspecto visual e sintomático da doença" (PEDILEF 2008.72.95.000669-0/SC, *DJ* 15.12.2010).

As doenças estigmatizantes estão relacionadas com enfermidades que, única e exclusivamente por sua existência, possam ensejar comportamentos reprováveis dos demais em relação ao portador da doença, sem outro motivo aparente. Assim, as pessoas estigmatizadas são diferenciadas, desvalorizadas, isoladas, e essa rejeição limita as oportunidades de acesso a postos de trabalho e de vida social.

33.1.3 Requisito econômico para fins de concessão do Benefício de Prestação Continuada (BPC)

Para fins do cálculo da renda *per capita*, a família é composta pelo requerente, o cônjuge ou companheiro, os pais e, na ausência de um deles, a madrasta ou o padrasto, os irmãos solteiros, os filhos e enteados solteiros e os menores tutelados, desde que vivam sob o mesmo teto (art. 20, § 1º, da LOAS, com redação dada pela Lei n. 12.435/2011).

A inclusão do § 3º-A no art. 20 da Lei n. 8.742/1993 pela Lei n. 15.077/2024 introduz uma importante modificação no cálculo da renda familiar para fins de concessão do BPC. A norma explicita que a soma dos rendimentos mensais de todos os membros da família que coabitam será considerada, vedando deduções não previstas em lei e delegando ao Poder Executivo a regulamentação das hipóteses aplicáveis, respeitando as ressalvas do § 14 do mesmo artigo.

Essa alteração busca promover maior clareza e uniformidade nos critérios de avaliação da renda familiar, reduzindo o espaço para interpretações divergentes na análise de elegibilidade. A vedação expressa de deduções não autorizadas por lei reforça a segurança jurídica, prevenindo distorções que possam comprometer a finalidade do benefício.

No entanto, a regulamentação deverá ser elaborada com cautela para evitar impactos negativos aos beneficiários e garantir a efetividade do direito.

Sobre a interpretação dessa norma, destaca-se o Enunciado n. 51 do FONAJEF: "O art. 20, parágrafo primeiro, da Lei n. 8.742/93 não é exauriente para delimitar o conceito de unidade familiar". E, ainda, a orientação do STJ, segundo a qual:

> 1. O conceito de renda mensal da família contido na LOAS deve ser aferido levando-se em consideração a renda das pessoas do grupo familiar que compartilhem a moradia com aquele que esteja sob vulnerabilidade social (idoso, com 65 anos ou mais, ou pessoa com deficiência).
> 2. Na hipótese, em que pese a filha da autora possuir renda, ela não compõe o conceito de família, uma vez que não coabita com a recorrente, não podendo ser considerada para efeito de aferição da renda mensal per capita (REsp 1.741.057/SP, 1ª Turma, Min. Napoleão Nunes Maia Filho, *DJe* 14.6.2019).

De acordo com o Regulamento do BPC, "a renda mensal bruta corresponde à *"soma dos rendimentos brutos auferidos mensalmente pelos membros da família composta por salários, proventos, pensões, pensões alimentícias, benefícios de previdência pública ou privada, seguro-desemprego, comissões,* pro-labore, *outros rendimentos do trabalho não assalariado, rendimentos do mercado informal ou autônomo, rendimentos auferidos do patrimônio, Renda Mensal Vitalícia e Benefício de Prestação Continuada"* (art. 4º, VI, do Decreto n. 6.214/2007 – Anexo).

Importante referir que, "nos termos da Ação Civil Pública n. 50444874-222013.404.7100-RS, serão deduzidos da renda mensal bruta familiar exclusivamente os gastos com tratamentos de saúde, médicos, fraldas, alimentos especiais e medicamentos da pessoa idosa ou com deficiência, não disponibilizados gratuitamente pelo Sistema Único de Saúde (SUS), ou com serviços não prestados pelo Serviço Único de Assistência Social (SUAS), desde que de natureza contínua e comprovadamente necessários à preservação da saúde e da vida" (art. 8º, III, "f", da Portaria Conjunta MDC/INSS n. 3/2018, com redação conferida pela Portaria Conjunta MDC/INSS n. 14/2021).

Consoante o art. 13 do Anexo ao Regulamento do BPC (redação conferida pelo Decreto n. 8.805/2016), as informações para o cálculo da renda familiar mensal *per capita* serão declaradas no momento da inscrição da família do requerente no CadÚnico, ficando o declarante sujeito às penas previstas em lei no caso de omissão de informação ou de declaração falsa.

A Lei n. 13.146, de 2015 (Estatuto da Pessoa com Deficiência), alterou a redação do § 9º do art. 20 da Lei n. 8.742/1993, para fixar que os rendimentos decorrentes de estágio supervisionado e de aprendizagem não serão computados para os fins de cálculo da renda familiar *per capita*, e poderão ser utilizados outros elementos probatórios da condição de miserabilidade do grupo familiar e da situação de vulnerabilidade, conforme regulamento.

Na sequência, a Lei n. 14.809, de 12.1.2024, alterou a LOAS para estabelecer que os valores recebidos a título de auxílio financeiro temporário ou de indenização por danos sofridos em decorrência de rompimento e colapso de barragens não serão considerados renda para fins de elegibilidade a programas socioassistenciais.

Os critérios para aferição do requisito econômico são polêmicos e segundo orientação do STJ o magistrado não está sujeito a um sistema de tarifação legal de provas, motivo pelo qual a delimitação do valor da renda familiar *per capita* não deve ser tida como único meio de prova da condição de miserabilidade do requerente (REsp 1.112.557/MG, 3ª Seção, Rel. Min. Napoleão Maia Filho, *DJe* 20.11.2009).

O STF, ao julgar a Reclamação n. 4.374, relativa ao critério econômico para concessão de benefício assistencial (renda familiar *per capita* de até 1/4 do salário mínimo), reconheceu a inconstitucionalidade parcial por omissão, sem pronúncia de nulidade e sem fixar prazo para o legislador eleger novo parâmetro (Rcl 4.374, Tribunal Pleno, Rel. Min. Gilmar Mendes, j. 18.4.2013, *DJe* 4.9.2013).

Na Repercussão Geral – Tema 27, a tese fixada foi a seguinte: "É inconstitucional o § 3º do artigo 20 da Lei 8.742/1993, que estabelece a renda familiar mensal *per capita* inferior a um quarto do salário mínimo como requisito obrigatório para concessão do benefício assistencial de prestação continuada previsto no artigo 203, V, da Constituição" (*Leading Case*: RE 567.985, Tribunal Pleno, *DJe* 3.10.2013).

O STF também reputou inconstitucional o parágrafo único do art. 34 do Estatuto da Pessoa Idosa por violar o princípio da isonomia, ao abrir exceção para o recebimento de dois benefícios assistenciais de pessoa idosa, mas não permitir a percepção conjunta de benefício de pessoa idosa com o de pessoa com deficiência ou de qualquer outro previdenciário. A tese fixada em Repercussão Geral Tema 312 foi a seguinte: "É inconstitucional, por omissão parcial, o parágrafo único do art. 34 da Lei 10.741/2003 (Estatuto do Idoso)" (*Leading Case*: RE 580.963, Tribunal Pleno, *DJe* 14.11.2013).

Embora reconhecidos como inconstitucionais, não houve a declaração de nulidade do art. 20, § 3º, da LOAS, e do art. 34, parágrafo único, do Estatuto da Pessoa Idosa. Entretanto, a aplicação desses dispositivos deve ser conjugada com o § 11 do art. 20 da Lei n. 8.742, de 1993 (redação conferida pela Lei n. 13.146, de 2015), o qual prevê que poderão ser utilizados outros elementos probatórios da condição de miserabilidade do grupo familiar e da situação de vulnerabilidade.

E, a partir de janeiro de 2022, o limite de renda mensal família per capita poderia chegar a 1/2 (meio) salário mínimo, com base na avaliação de outros elementos probatórios da condição de miserabilidade e da situação de vulnerabilidade definidos no art. 20, § 11-A e art. 20-B (com redação conferida pela Lei n. 14.176/2021). Essa ampliação do limite de renda foi condicionada a decreto regulamentador do Poder Executivo, em cuja edição deverá ser comprovado o atendimento aos requisitos fiscais (art. 6º, parágrafo único da Lei n. 14.176/2021).

No âmbito do STJ, dois repetitivos trataram do requisito econômico, sendo fixadas as seguintes teses:

> **Tema 185**: "A limitação do valor da renda *per capita* familiar não deve ser considerada a única forma de se comprovar que a pessoa não possui outros meios para prover a própria manutenção ou de tê-la provida por sua família, pois é apenas um elemento objetivo para se aferir a necessidade, ou seja, presume-se absolutamente a miserabilidade quando comprovada a renda *per capita* inferior a 1/4 do salário mínimo".
>
> **Tema 640**: "Aplica-se o parágrafo único do artigo 34 do Estatuto do Idoso (Lei n. 10.741/03), por analogia, a pedido de benefício assistencial feito por pessoa com deficiência a fim de que benefício previdenciário recebido por idoso, no valor de um salário mínimo, não seja computado no cálculo da renda per capita prevista no artigo 20, § 3º, da Lei n. 8.742/93".

Ainda sobre o critério renda, cabe destacar o IRDR Tema 12, do TRF da 4ª Região, cuja tese fixada foi a seguinte: "O limite mínimo previsto no art. 20, § 3º, da Lei 8.742/93 ('considera-se incapaz de prover a manutenção da pessoa com deficiência ou idosa a família cuja renda mensal *per capita* seja inferior a 1/4 (um quarto) do salário mínimo') gera, para a concessão do benefício assistencial, uma presunção absoluta de miserabilidade".

Também merece destaque, quanto à apuração do requisito econômico para fins de concessão do Benefício de Prestação Continuada, a questão relacionada com a realização de laudo socioeconômico. A esse respeito destacamos:

- TNU: Súmula n. 79: *Nas ações em que se postula benefício assistencial, é necessária a comprovação das condições socioeconômicas do autor por laudo de assistente social, por auto de constatação lavrado por oficial de justiça ou, sendo inviabilizados os referidos meios, por prova testemunhal.*
- FONAJEF: Enunciado n. 50: *Sem prejuízo de outros meios, a comprovação da condição socioeconômica do autor pode ser feita por laudo técnico confeccionado por assistente social, por auto de constatação lavrado por Oficial de Justiça ou através de oitiva de testemunhas.*
- FONAJEF: Enunciado n. 122: *É legítima a designação do oficial de justiça, na qualidade de "longa manus" do juízo, para realizar diligência de constatação de situação socioeconômica.*

Em relação à necessidade da prova da miserabilidade, quando incontroversa, a TNU, ao julgar o Representativo de Controvérsia – Tema 187, fixou as seguintes teses:

(i) Para os requerimentos administrativos formulados a partir de 7 de novembro de 2016 (Decreto n. 8.805/2016), em que o indeferimento do Benefício da Prestação Continuada pelo INSS ocorrer em virtude do não reconhecimento da deficiência, é desnecessária a produção em juízo da prova da miserabilidade, salvo nos casos de impugnação específica e fundamentada da autarquia previdenciária ou decurso de prazo superior a dois anos do indeferimento administrativo; e

(ii) Para os requerimentos administrativos anteriores a 7 de novembro de 2016 (Decreto n. 8.805/2016), em que o indeferimento pelo INSS do Benefício da Prestação Continuada ocorrer em virtude de não constatação da deficiência, é dispensável a realização em juízo da prova da miserabilidade quando tiver ocorrido o seu reconhecimento na via administrativa, desde que inexista impugnação específica e fundamentada da autarquia previdenciária e não tenha decorrido prazo superior a dois anos do indeferimento administrativo.

Por último e com base em precedentes jurisprudenciais mencionados, houve avanço legislativo com a Lei n. 13.982/2020, que introduziu o § 14 no art. 20 da LOAS, para estabelecer que:

§ 14. O benefício de prestação continuada ou o benefício previdenciário no valor de até 1 (um) salário-mínimo concedido a idoso acima de 65 (sessenta e cinco) anos de idade ou pessoa com deficiência não será computado, para fins de concessão do benefício de prestação continuada a outro idoso ou pessoa com deficiência da mesma família, no cálculo da renda a que se refere o § 3º deste artigo.

Essa inclusão soluciona importante questão, reduzindo-se a judicialização desnecessária de novas demandas para exclusão de renda de pessoas idosas e de pessoas com deficiência de um mesmo grupo familiar.

33.1.4 Beneficiários

Os beneficiários são as pessoas idosas, assim consideradas aquelas com mais de 65 anos de idade, e as pessoas com deficiência que não possuam meios para prover sua subsistência nem de tê-la provida por sua família.

Quanto à pessoa com deficiência, o INSS adota o critério que pode ser de qualquer idade, desde que apresente impedimentos de longo prazo (mínimo de dois anos) de natureza física, mental, intelectual ou sensorial, os quais, em interação com diversas barreiras, podem obstruir sua participação plena e efetiva na sociedade em igualdade de condições com as demais pessoas.

O INSS reconhece também como beneficiário o brasileiro, naturalizado ou nato, que comprove domicílio e residência no Brasil e atenda a todos os demais critérios estabelecidos para a concessão dessa prestação.

Por força do Acordo de Seguridade Social que vigora entre o Brasil e Portugal, o Decreto n. 8.805, de 7.7.2016, estendeu o BPC às pessoas de nacionalidade portuguesa, desde que comprovem residência no Brasil e atendam a todos os demais critérios estabelecidos no Regulamento (Decreto n. 6.214/2007).

Quanto ao estrangeiro residente no Brasil, o direito à concessão foi reconhecido pelo STF em recurso extraordinário com repercussão geral, sendo fixada a seguinte tese:

> **Tema 173**: Os estrangeiros residentes no País são beneficiários da assistência social prevista no artigo 203, inciso V, da Constituição Federal, uma vez atendidos os requisitos constitucionais e legais.

De acordo com o art. 4º-B, da Portaria PRES/INSS n. 1.380/2021 (alterada pela Portaria INSS/PRES n. 1.695, de 17.5.2024, ao requerente estrangeiro, em situação regular no país, será devida a concessão do BPC, quando atendidos os demais requisitos exigidos para deferimento do pedido. O reconhecimento decorre da decisão judicial proferida na ACP n. 0006972-83.2012.4.01.3400-DF, com identificação do requerente mediante apresentação da Carteira de Identidade de Estrangeiro ou Trabalho e Previdência Social.

É de destacar que a condição de acolhimento em instituições de longa permanência não prejudica o direito da pessoa idosa ou da pessoa com deficiência ao benefício de prestação continuada (art. 20, § 5º, da Lei n. 8.742/1993, com redação conferida pela Lei n. 12.435/2011).

O benefício assistencial pode ser pago a mais de um membro da família desde que comprovadas todas as condições exigidas. Nesse sentido, a disposição constante do art. 20, § 15 da LOAS, incluído pela Lei n. 13.982, de 2020.

Consignamos, ainda, que a concessão do Benefício de Prestação Continuada independe da interdição judicial da pessoa idosa ou da pessoa com deficiência.

33.1.5 Data de início do benefício

O benefício tem início a partir da data da entrada do requerimento, sendo devido enquanto permanecerem as condições que deram origem à concessão.

Mesmo quando deferido por decisão judicial, seus efeitos devem retroagir à data do requerimento administrativo, uma vez caracterizado que, na oportunidade, o requerente já preenchia os requisitos, conforme Súmula n. 22 da TNU que tem o seguinte teor: "Se a prova pericial realizada em juízo dá conta de que a incapacidade já existia na data do requerimento administrativo, esta é o termo inicial do benefício assistencial".

O STJ também firmou orientação no sentido de que essa pretensão não é fulminada pela prescrição do fundo de direito, mas tão somente das prestações sucessivas anteriores ao lustro prescricional previsto no artigo 1º do Decreto 20.910/1932 (REsp 1.803.530, Rel. Min. Herman Benjamin, j. em 22.11.2023).

Não havendo prévio requerimento administrativo, a data de início é o do ajuizamento da ação. Neste sentido: "A comprovação em juízo do preenchimento dos pressupostos de fato do direito pleiteado implica a retroação dos efeitos, conforme o caso, à data do requerimento administrativo ou judicial – que corresponde ao ajuizamento da ação –, independentemente da data na qual se formalizou a citação que, repise-se, não interfere na constituição do direito perseguido" (TNU, PEDILEF 0013283-21.2006.4.01.3200, *DOU* 25.11.2011).

Em caso de concessão de benefício diverso, com base no princípio da fungibilidade, não se exige novo requerimento administrativo, mantendo-se a data de início da DER originária. A respeito:

> TNU – Representativo de Controvérsia Tema 217: "Em relação ao benefício assistencial e aos benefícios por incapacidade, é possível conhecer de um deles em juízo, ainda que não seja o especificamente requerido na via administrativa, desde que preenchidos os requisitos legais, observando-se o contraditório e o disposto no artigo 9º e 10 do CPC".

33.1.6 Revisão do benefício

O benefício deve ser revisto a cada dois anos para avaliação da continuidade das condições que lhe deram origem (art. 21 da LOAS).

Segundo o § 5º desse mesmo artigo (introduzido pela Lei n. 14.176/2021), "o beneficiário em gozo de benefício de prestação continuada concedido judicial ou administrativamente poderá ser convocado para avaliação das condições que ensejaram sua concessão ou manutenção, sendo-lhe exigida a presença dos requisitos previstos nesta Lei e no regulamento". Ou seja, a revisão poderá ocorrer mesmo nos casos de concessão judicial do benefício. Situação que já ocorria com os benefícios por incapacidade do RGPS.

A cessação do pagamento do benefício ocorrerá nas seguintes hipóteses:

- superação das condições que lhe deram origem;
- morte do beneficiário;
- falta de comparecimento do beneficiário portador de deficiência ao exame médico-pericial, por ocasião de revisão do benefício;
- falta de apresentação pelo beneficiário da declaração de composição do grupo familiar por ocasião da revisão do benefício.

E, ainda, por força da Lei n. 13.846/2019, o beneficiário que não realizar a inscrição ou a atualização no CadÚnico, terá o seu benefício suspenso.

A Lei n. 14.973, de 16.9.2024, trouxe uma importante alteração à LOAS, estabelecendo que os beneficiários do BPC, que não estejam inscritos no CadÚnico ou que tenham o cadastro desatualizado há mais de 48 meses, devem regularizar sua situação dentro de prazos específicos após a notificação oficial. O prazo foi reduzido para 24 meses pela Lei n. 15.077/2024.

Para municípios de pequeno porte, o prazo é de 45 dias; já para municípios de médio e grande portes ou metrópoles com mais de 50 mil habitantes, o prazo se estende para 90 dias. Caso o beneficiário não receba a notificação, o benefício será bloqueado 30 dias após o envio da comunicação. Se o prazo não for cumprido, o benefício será suspenso, desde que comprovada a ciência da notificação. No entanto, o beneficiário ainda poderá atualizar ou incluir seus dados no CadÚnico durante o período de suspensão, sem prejuízo no pagamento do benefício.

Os órgãos federais disponibilizarão as informações constantes das bases de dados de que sejam detentores necessárias à verificação dos requisitos para concessão, manutenção e revisão do benefício de prestação continuada previsto no art. 20 desta Lei, nos termos de ato do Poder Executivo federal (norma introduzida no art. 35, § 2º, da LOAS pela Lei n. 15.077/2024).

O BPC será cancelado quando se constatar irregularidade na sua concessão ou utilização.

O desenvolvimento das capacidades cognitivas, motoras ou educacionais e a realização de atividades não remuneradas de habilitação e reabilitação, entre outras, não constituem motivo de suspensão ou cessação do benefício da pessoa com deficiência (art. 21, § 3º, da LOAS, incluído pela Lei n. 12.435/2011).

De acordo com o art. 21-A da LOAS (introduzido pela Lei n. 12.470, de 2011), o benefício será suspenso pelo órgão concedente quando a pessoa com deficiência exercer atividade remunerada, inclusive na condição de microempreendedor individual. Mas extinta a relação trabalhista ou a atividade empreendedora e, quando for o caso, encerrado o prazo de pagamento do seguro-desemprego e não tendo o beneficiário adquirido direito a qualquer benefício previdenciário, poderá ser requerida a continuidade do pagamento do benefício suspenso, sem necessidade de realização de perícia médica ou reavaliação da deficiência e do grau de incapacidade para esse fim.

A contratação de pessoa com deficiência como aprendiz não acarreta a suspensão do benefício, limitado a dois anos o recebimento concomitante da remuneração e do benefício (art. 21-A, § 2º, da LOAS).

A cessação do benefício de prestação continuada concedido à pessoa com deficiência, não impede nova concessão do benefício, desde que atendidos os requisitos definidos em regulamento (art. 21, § 4º, da LOAS, redação dada pela Lei n. 12.470/2011).

O benefício assistencial é intransferível e, portanto, não gera pensão por morte. No entanto, o valor do resíduo não recebido em vida pelo beneficiário será pago aos seus herdeiros ou sucessores, na forma da lei civil. Nesse sentido: TNU, PEDILEF 0176818-18.2005.4.03.6301, Rel. Juiz Federal Frederico Augusto Leopoldino Koehler, Sessão de 14.9.2016.

Em situações de equívoco da Administração, que ao invés de conceder o benefício de natureza previdenciária (a que fazia jus o requerente), concede uma LOAS, é cabível a modificação do benefício originário, com a consequente concessão da pensão por morte aos dependentes. Nesse sentido:

- STJ: "No presente caso, a situação mostra-se excepcional, na medida em que a Administração, erroneamente, concedeu ao *de cujus* o benefício de Renda Mensal Vitalícia, que não dá direito à pensão por morte a seus dependentes, tendo a Turma Recursal de Pernambuco, mediante análise das provas dos autos, acolhido a argumentação do autor de que sua falecida esposa fazia jus à aposentadoria por invalidez, e não à Renda Mensal Vitalícia.
  Dessa forma, especificamente nesse caso em que o benefício originário foi concedido de forma equivocada, o prazo decadencial deve ter como termo inicial o requerimento da pensão por morte" (STJ, REsp 1.502.460/PR 2014/0327686-7, Rel. Min. Humberto Martins, *DJ* 5.2.2015).
- TNU – Representativo de Controvérsia Tema 225: "É possível a concessão de pensão por morte quando o instituidor, apesar de titular de benefício assistencial, tinha direito adquirido a benefício previdenciário não concedido pela Administração" (PEDILEF 0029902-86.2012.4.01.3500/GO, j. 20.11.2020).

33.1.7 Acumulação com outros benefícios

O BPC não pode se acumulado com qualquer outro benefício no âmbito da seguridade social ou de outro regime, salvo os da assistência médica e da pensão especial de natureza indenizatória, bem como as transferências de renda de que tratam o parágrafo único do art. 6º, o inciso VI do *caput* do art. 203 da Constituição Federal e o *caput* e o § 1º do art. 1º da Lei n. 10.835, de 8 de janeiro de 2004 (art. 20, § 4º, da LOAS, com redação conferida pela Lei n. 14.601/2023). Nesse sentido:

TNU – Representativo de Controvérsia Tema 253: "É inacumulável o benefício de prestação continuada – BPC/LOAS com o auxílio-acidente, na forma do art. 20, § 4º, da Lei n. 8.742/1993, sendo facultado ao beneficiário, quando preenchidos os requisitos legais de ambos os benefícios, a opção pelo mais vantajoso" (PEDILEF 0500878-55.2018.4.05.8310/PE, j. 27.5.2021).

Outro importante precedente da TNU garante aos beneficiários que recebem cota de pensão, ou sejam virtuais titulares desse direito, que não seja capaz de os excluir da situação de miserabilidade a opção pelo benefício assistencial, sem que isto viole o § 4º do art. 20 da Lei n. 8.742/1993:

TNU – Representativo de Controvérsia Tema 284: "Os dependentes que recebem ou que têm direito à cota de pensão por morte podem renunciar a esse direito para o fim de receber benefício assistencial de prestação continuada, uma vez preenchidos os requisitos da Lei 8.742/1993" (PEDILEF 0004160-11.2017.4.01.4300/TO, j. 18.8.2022).

A acumulação do benefício com a remuneração advinda do contrato de aprendizagem pela pessoa com deficiência está limitada ao prazo máximo de dois anos, de acordo com a regra estipulada pelo art. 5º, parágrafo único, do Anexo ao Regulamento do BPC.

Essa regra deverá ser conjugada com o art. 26-A (redação conferida pela Lei n. 14.176/2021), o qual prevê o pagamento de auxílio-inclusão à pessoa com deficiência moderada ou grave que receba o benefício de prestação continuada previsto no art. 20 da Lei n. 8.742, de 1993, e que passe a exercer atividade: a) que tenha remuneração limitada a 2 (dois) salários mínimos; e b) que enquadre o beneficiário como segurado obrigatório do RGPS ou como filiado a regime próprio de previdência social da União, dos Estados, do Distrito Federal ou dos Municípios.

O Benefício de Prestação Continuada não está sujeito a desconto de qualquer contribuição e não gera direito ao pagamento de abono anual. No entanto, "os eventuais débitos do beneficiário decorrentes de recebimento irregular do benefício de prestação continuada ou do auxílio-inclusão poderão ser consignados no valor mensal desses benefícios, nos termos do regulamento" (art. 40-C da LOAS, com redação conferida pela Lei n. 14.176/2021).

QUADRO-RESUMO – BENEFÍCIO DE PRESTAÇÃO CONTINUADA DA ASSISTÊNCIA SOCIAL

BENEFÍCIO	BENEFÍCIO DE PRESTAÇÃO CONTINUADA DA ASSISTÊNCIA SOCIAL – BPC-LOAS Códigos da Espécie (INSS): B-87 (pessoa com deficiência) e B-88 (pessoa idosa)
Evento Gerador	Pessoa com deficiência e pessoa idosa que comprovem não possuir meios de prover a própria manutenção ou de tê-la provida por sua família.
Beneficiários	– **Pessoa idosa:** idade **igual** ou **superior** a **65 anos**, para homem ou mulher; – **Pessoa com deficiência:** qualquer idade – pessoas que apresentam impedimentos de longo prazo (mínimo de dois anos) de natureza física, mental, intelectual ou sensorial, os quais, em interação com diversas barreiras, podem obstruir sua participação plena e efetiva na sociedade em igualdade de condições com as demais pessoas. – Pode ser pago a mais de um membro da família desde que comprovadas todas as condições exigidas.

Cap. 33 – BENEFÍCIOS ASSISTENCIAIS – LOAS

Requisitos Legais	**– Pessoa Idosa:** a) possuir 65 anos de idade ou mais; b) família cuja renda mensal *per capita* seja igual ou inferior a 1/4 (um quarto) do salário mínimo, podendo ser utilizados outros elementos probatórios da condição de miserabilidade do grupo familiar e da situação de vulnerabilidade; c) não possuir outro benefício no âmbito da Seguridade Social ou de outro regime, salvo os da assistência médica e da pensão especial de natureza indenizatória, bem como as transferências de renda de que tratam o parágrafo único do art. 6º, o inciso VI do *caput* do art. 203 da CF e o *caput* e o § 1º do art. 1º da Lei n. 10.835/2004 (renda básica de cidadania); d) a inscrição do requerente no CPF e no CadÚnico. **– Pessoa com Deficiência (PcD):** a) existência de impedimentos de longo prazo de natureza física, mental, intelectual ou sensorial, os quais, em interação com diversas barreiras, obstruam sua participação plena e efetiva na sociedade em igualdade de condições com as demais pessoas; b) família cuja renda mensal *per capita* seja igual ou inferior a 1/4 (um quarto) do salário mínimo, podendo ser utilizados outros elementos probatórios da condição de miserabilidade do grupo familiar e da situação de vulnerabilidade; c) não possuir outro benefício no âmbito da Seguridade Social ou de outro regime, salvo os da assistência médica e da pensão especial de natureza indenizatória, bem como as transferências de renda de que tratam o parágrafo único do art. 6º, o inciso VI do *caput* do art. 203 da CF e o *caput* e o § 1º do art. 1º da Lei n. 10.835/2004 (renda básica de cidadania); d) a inscrição do requerente no CPF no CadÚnico. – O STF declarou a inconstitucionalidade parcial, sem pronúncia de nulidade, do art. 20, § 3º, da Lei n. 8.742/1993, que exige renda mensal per capita inferior a 1/4 do salário mínimo (Repercussão Geral – Tema 27). – Na análise da renda *per capita* deve ser levado em consideração o § 11 do art. 20 da Lei n. 8.742, de 1993 (redação conferida pela Lei n. 13.146, de 2015), o qual prevê que poderão ser utilizados outros elementos probatórios da condição de miserabilidade do grupo familiar e da situação de vulnerabilidade. – A partir de janeiro de 2022, o limite de renda mensal família *per capita* poderia chegar a 1/2 (meio) salário mínimo, com base na avaliação de outros elementos probatórios da condição de miserabilidade e da situação de vulnerabilidade definidos nos arts. 20, § 11-A, e 20-B (com redação conferida pela Lei n. 14.176/2021). Entretanto, essa ampliação do limite de renda foi condicionada a decreto regulamentador do Poder Executivo, em cuja edição deverá ser comprovado o atendimento aos requisitos fiscais (art. 6º, parágrafo único, da Lei n. 14.176/2021). – A concessão do Benefício de Prestação Continuada independe da interdição judicial da pessoa idosa ou da pessoa com deficiência.
Pessoa com Deficiência	– Consideram-se impedimentos de longo prazo: aqueles que incapacitam a pessoa com deficiência para a vida independente e para o trabalho pelo prazo mínimo de 2 (dois) anos. – Ficará sujeita à avaliação da deficiência e do grau de impedimento, com base nos princípios da Classificação Internacional de Funcionalidades, Incapacidade e Saúde – CIF. – A avaliação da deficiência e do grau de impedimento será realizada por meio de avaliação social e avaliação médica, pelo serviço social e pela perícia médica do INSS. – Enquanto não estiver regulamentado o instrumento de avaliação de que tratam os §§ 1º e 2º do art. 2º da Lei n. 13.146, de 6 de julho de 2015 (Estatuto da Pessoa com Deficiência), a concessão do benefício de prestação continuada a pessoa com deficiência ficará sujeita à avaliação do grau da deficiência e do impedimento de

Pessoa com Deficiência	que trata o § 2º do art. 20 da LOAS, composta de avaliação médica e avaliação social realizadas, respectivamente, pela perícia médica federal e pelo serviço social do INSS, com a utilização de instrumentos desenvolvidos especificamente para esse fim, e será obrigatório o registro, nos sistemas informacionais utilizados para a concessão do benefício, do código da Classificação Internacional de Doenças (CID), garantida a preservação do sigilo (art. 40-B da LOAS, com redação dada pela Lei n. 15.077/2024). – O benefício poderá ser concedido nos casos em que não seja possível prever a duração dos impedimentos, mas exista a possibilidade de que se estendam por longo prazo – **TNU: Súmula n. 29:** "Para os efeitos do art. 20, § 2º, da Lei n. 8.742, de 1993, incapacidade para a vida independente não só é aquela que impede as atividades mais elementares da pessoa, mas também a impossibilita de prover ao próprio sustento". – **TNU: Súmula n. 48**: Para fins de concessão do benefício assistencial de prestação continuada, o conceito de pessoa com deficiência, que não se confunde necessariamente com situação de incapacidade laborativa, é imprescindível a configuração de impedimento de longo prazo com duração mínima de 2 (dois) anos, a ser aferido no caso concreto, desde a data do início sua caracterização.
Cálculo da Renda Familiar	– Para fins do cálculo da renda *per capita*, a família é composta pelo requerente, o cônjuge ou companheiro, os pais e, na ausência de um deles, a madrasta ou o padrasto, os irmãos solteiros, os filhos e enteados solteiros e os menores tutelados, desde que vivam sob o mesmo teto (art. 20, § 1º, da LOAS). – O cálculo da renda familiar considerará a soma dos rendimentos auferidos mensalmente pelos membros da família que vivam sob o mesmo teto, nos termos estabelecidos em ato do Poder Executivo federal, vedadas deduções não previstas em lei (§ 3º-A do art. 20 da LOAS, introduzido pela Lei n. 15.077/2024). – Renda mensal bruta familiar: a soma dos rendimentos brutos auferidos mensalmente pelos membros da família composta por salários, proventos, pensões, pensões alimentícias, benefícios de previdência pública ou privada, seguro-desemprego, comissões, *pro labore*, outros rendimentos do trabalho não assalariado, rendimentos do mercado informal ou autônomo, rendimentos auferidos do patrimônio, Renda Mensal Vitalícia e Benefício de Prestação Continuada (Decreto n. 7.617, de 2011). – Os rendimentos decorrentes de estágio supervisionado e de aprendizagem não serão computados para os fins de cálculo da renda familiar "per capita" (§ 9º do art. 20 da LOAS).
Regra do Estatuto do Idoso	– O benefício de prestação continuada ou o benefício previdenciário no valor de até 1 (um) salário mínimo concedido a idoso acima de 65 (sessenta e cinco) anos de idade ou pessoa com deficiência não será computado, para fins de concessão do benefício de prestação continuada a outro idoso ou pessoa com deficiência da mesma família, no cálculo da renda *per capita* (art. 20, § 14, da LOAS – introduzido pela Lei n. 13.982/2020). – É devido benefício assistencial à pessoa com deficiência cujos pais, maiores de 65 anos, já recebem cada um salário mínimo. Cabível a interpretação sistemática do art. 34, parágrafo único, do Estatuto da Pessoa Idosa (TNU, Proc. 2004.84.10.005545-6/RN, 28.2.2008).
Regra do Estatuto do Idoso	– O STF declarou a inconstitucionalidade parcial, sem pronúncia de nulidade, do parágrafo único do art. 34 do Estatuto da Pessoa Idosa, por violar o princípio da isonomia, ao abrir exceção para o recebimento de dois benefícios assistenciais de pessoa idosa, mas não permitir a percepção conjunta de benefício de pessoa idosa com o de pessoa com deficiência ou de qualquer outro previdenciário (Repercussão Geral – Tema 312). – O benefício de prestação continuada será devido a mais de um membro da mesma família enquanto atendidos os requisitos exigidos em Lei (art. 20, § 15, da LOAS – incluído pela Lei n. 13.982, de 2020).
Renda Mensal Inicial	Um salário mínimo.
Data de Início do Benefício	A partir da data da entrada do requerimento.

Duração/Cancelamento	– Deve ser revisto a cada dois anos para avaliação da continuidade das condições que lhe deram origem. – Deixará de ser pago quando houver superação das condições que deram origem a concessão do benefício ou pelo falecimento do beneficiário. – Será cancelado quando se constatar irregularidade na sua concessão ou utilização. – O desenvolvimento das capacidades cognitivas, motoras ou educacionais e a realização de atividades não remuneradas de habilitação e reabilitação, entre outras, não constituem motivo de suspensão ou cessação do benefício da pessoa com deficiência. – A cessação do benefício de prestação continuada concedido à pessoa com deficiência não impede nova concessão do benefício, desde que atendidos os requisitos definidos em regulamento. – A contratação de pessoa com deficiência como aprendiz não acarreta a suspensão do benefício de prestação continuada, limitado a dois anos o recebimento concomitante da remuneração e do benefício. – A condição de acolhimento em instituições de longa permanência não prejudica o direito da pessoa idosa ou da pessoa com deficiência ao benefício de prestação continuada. – O pagamento do benefício cessa, também, em caso de morte do beneficiário; em caso de morte presumida, declarada em juízo e, em caso de ausência, declarada em juízo. – O benefício é intransferível, não gerando direito a pensão.
Acumulação com outros Benefícios	– Não pode se acumulado com qualquer outro benefício no âmbito da Seguridade Social ou de outro regime, salvo os da assistência médica e da pensão especial de natureza indenizatória, bem como as transferências de renda de que tratam o parágrafo único do art. 6º, o inciso VI do *caput* do art. 203 da CF e o *caput* e o § 1º do art. 1º da Lei n. 10.835/2004. – Essa regra deverá ser conjugada com o art. 26-A (redação conferida pela Lei n. 14.176/2021), o qual prevê o pagamento de auxílio-inclusão à pessoa com deficiência moderada ou grave que receba o benefício de prestação continuada previsto no art. 20 da Lei n. 8.742, de 1993, e que passe a exercer atividade: a) que tenha remuneração limitada a 2 (dois) salários-mínimos; e b) que enquadre o beneficiário como segurado obrigatório do RGPS ou como filiado a regime próprio de previdência social da União, dos Estados, do Distrito Federal ou dos Municípios.
Observações	– As regras gerais do benefício assistencial encontram-se no art. 203 da CF, na Lei n. 8.742/1993 e no Decreto n. 6.214/2007 e suas alterações.

33.2 BENEFÍCIO ASSISTENCIAL AO TRABALHADOR PORTUÁRIO AVULSO

A Lei n. 12.815, de 5 de junho de 2013, criou um benefício assistencial não previsto na LOAS destinado aos trabalhadores portuários a partir dos 60 anos de idade. Consta da norma legal:

> É assegurado, na forma do regulamento, benefício assistencial mensal, de até 1 (um) salário mínimo, aos trabalhadores portuários avulsos, com mais de 60 (sessenta) anos, que não cumprirem os requisitos para a aquisição das modalidades de aposentadoria previstas nos arts. 42, 48, 52 e 57 da Lei n. 8.213, de 24 de julho de 1991, e que não possuam meios para prover a sua subsistência (art. 10-A da Lei n. 9.719/1998, incluído pela Lei n. 12.815/2013).

O direito ao benefício foi regulamentado por meio da Portaria Interministerial n. 1, de 2014 (*DOU* de 4.8.2014), dos então Ministérios da Previdência Social, Desenvolvimento Social e Combate à Fome, Fazenda, Planejamento, Orçamento e Gestão e da Secretaria de Portos.

Considera-se trabalhador portuário avulso, para fins do recebimento do benefício, aquele que possui domicílio no Brasil e cadastro ativo ou registro ativo junto ao OGMO – Órgão Gestor de Mão de Obra do Trabalho Portuário Avulso.

Esse benefício não pode ser acumulado pelo beneficiário com qualquer outro no âmbito da seguridade social ou de outro regime, salvo os da assistência médica e da pensão especial de natureza indenizatória.

Para fazer jus ao benefício assistencial, o interessado deverá comprovar junto ao INSS:

I. Idade de 60 anos ou mais;

II. Renda média mensal individual inferior ao valor de um salário mínimo mensal, calculada com base na média aritmética simples dos últimos 12 meses anteriores ao requerimento, incluindo-se no cômputo a renda proveniente de décimo terceiro salário, se houver;

III. Domicílio no Brasil;

IV. Quinze anos, no mínimo, de cadastro ou registro ativo como trabalhador portuário avulso;

V. Comparecimento, no mínimo, a 80% das chamadas realizadas pelo respectivo órgão de gestão de mão de obra; e

VI. Comparecimento, no mínimo, a 80% dos turnos de trabalho para os quais tenha sido escalado no período.

Assim como previsto na LOAS, a gratificação natalina não é devida no benefício assistencial mensal ao trabalhador portuário. Também tem a característica de ser pessoal e intransferível e não gera direito à pensão por morte aos herdeiros ou sucessores.

Cabe destacar que essa prestação deverá ser revista a cada ano para avaliação do critério referente à subsistência do beneficiário e tem as seguintes causas de cessação:

I – morte do beneficiário;

II – morte presumida ou de ausência do beneficiário, declarada em juízo;

III – concessão de qualquer benefício do RGPS ou de outro regime de previdência; e

IV – quando identificada irregularidade na concessão ou manutenção do benefício.

O requerimento desse benefício poderá ser feito pelo MEU INSS ou pelo telefone 135, não sendo necessário o comparecimento presencial nas unidades do INSS, a não ser quando solicitado para eventual comprovação que não possa ser realizada de forma remota.

33.3 AUXÍLIO-INCLUSÃO À PESSOA COM DEFICIÊNCIA

O auxílio-inclusão à pessoa com deficiência é um benefício assistencial destinado à pessoa com deficiência moderada ou grave, previsto no art. 94 da Lei n. 13.146/2015 (Estatuto da Pessoa com Deficiência), e regulamentado pela Lei n. 8.742/1993 (LOAS), a partir da alteração dada pela Lei n. 14.176, de 22.6.2021. A operacionalização compete ao INSS, por meio da espécie B-18.

A regulamentação está prevista na Portaria DIRBEN/INSS n. 949, de 18.11.2021 (modificada pela Portaria DIRBEN/INSS n. 1047, de 10.8.2022), que *"Dispõe sobre as regras e os procedimentos para análise do direito ao Benefício de Auxílio-Inclusão à Pessoa com Deficiência"*.

33.3.1 Beneficiários e requisitos do auxílio-inclusão

A concessão do benefício de Auxílio-Inclusão dependerá do preenchimento simultâneo dos seguintes requisitos (art. 7º da Portaria DIRBEN/INSS n. 949/2021):

I – ser titular de Benefício Assistencial à Pessoa com Deficiência (B-87) suspenso/cessado há menos de 5 (cinco) anos imediatamente anteriores ao exercício da atividade remunerada ou ativo na DER do Auxílio-Inclusão (B-18);

II – exercer, na DER do Auxílio-Inclusão (B-18), atividade remunerada que a enquadre como segurado obrigatório do RGPS ou como filiado a RPPS da União, dos Estados, do Distrito Federal ou dos Municípios, inclusive regime de previdência militar (segurado facultativo não se enquadra como beneficiário);

III – ter remuneração mensal limitada a 2 (dois) salários-mínimos;

IV – possuir inscrição atualizada no CadÚnico no momento do requerimento do auxílio-inclusão;

V – ter inscrição regular no CPF; e

VI – atender aos critérios de manutenção do benefício de prestação continuada, incluídos os critérios relativos à renda familiar mensal *per capita* exigida para o acesso ao benefício, inclusive aqueles decorrentes das ações civis públicas aplicáveis.

A deficiência será presumida quando o requerente estiver com Benefício Assistencial (B-87) ativo, suspenso ou cessado. Assim, como presumir-se-ão cumpridos os critérios de manutenção do BPC, relativos à renda familiar mensal per capita, para os requerentes que possuírem o benefício assistencial (B 87) ativo no momento da análise do auxílio-inclusão.

O valor do auxílio-inclusão percebido por um membro da família não será considerado no cálculo da renda familiar mensal *per capita*, para fins de concessão e de manutenção de outro auxílio-inclusão no âmbito do mesmo grupo familiar.

Para fins de cálculo da renda familiar *per capita*, serão desconsideradas:

I – as remunerações obtidas pelo requerente em decorrência de exercício de atividade laboral, desde que o total recebido no mês seja igual ou inferior a 2 (dois) salários-mínimos; e

II – as rendas oriundas dos rendimentos decorrentes de estágio supervisionado e de aprendizagem.

A concessão do auxílio-inclusão independe de carência, devendo o requerimento ser indeferido quando, na DER, não restarem comprovados a filiação ao RGPS ou RPPS, inclusive originário de vínculo militar, ou ainda, o exercício da atividade remunerada.

Também será indeferido se, na DER, o contrato de trabalho estiver suspenso sem remuneração ou o requerente estiver em gozo de licença não remunerada, sendo indevido o recebimento do auxílio durante os períodos de afastamento que gerem suspensão ou interrupção do contrato laboral.

Aplicam-se ao requerimento do Auxílio-Inclusão à Pessoa com Deficiência (B 18) as Ações Civis Públicas vigentes para o Benefício Assistencial à Pessoa com Deficiência (B 87) em relação à avaliação do critério de miserabilidade, bem como a relativa à concessão de benefício assistencial previsto na LOAS ao estrangeiro em situação regular no país, conforme decisão judicial proferida na Ação Civil Pública n. 0006972-83.2012.4.01.3400 DF (Portaria DIRBEN/INSS n. 1.211, de 11.6.2024).

33.3.2 Data de início e renda mensal do auxílio-inclusão

O auxílio-inclusão será devido a partir da data do requerimento, e o seu valor corresponderá a 50% (cinquenta por cento) do valor do benefício de prestação continuada em vigor. E, ao requerer o auxílio-inclusão, o beneficiário autorizará a suspensão do benefício de prestação continuada.

A Lei n. 14.441/2022 passou a prever que o auxílio-inclusão "será concedido automaticamente pelo INSS, observado o preenchimento dos demais requisitos, mediante constatação, pela própria autarquia ou pelo Ministério da Cidadania, de acumulação do benefício de prestação continuada com o exercício de atividade remunerada" (cf. a redação do § 2º do art. 26-B da Lei n. 8.742/93, inserido pela aludida Lei). Nesta hipótese, o auxílio-inclusão "será devido a partir do primeiro dia da competência em que se identificou a ocorrência de acumulação do benefício de prestação continuada com o exercício de atividade remunerada, e o titular deverá ser notificado quanto à alteração do benefício e suas consequências administrativas" (§ 3º do art. 26-B da Lei n. 8.742/1993, incluído pela Lei n. 14.441/2022).

Nesse contexto, a DIB e a DIP serão sempre fixadas na DER, independentemente da data de início da atividade remunerada e/ou da data de suspensão ou cessação do BPC instituidor.

Não é devida a concessão administrativa de auxílio-inclusão com (DIB) anterior a 1º.10.2021, data em que passou a vigorar a alteração da Lei n. 8.742/1993, com a inclusão dos arts. 26-A ao 26-H pela Lei n. 14.176/2021.

O auxílio-inclusão não está sujeito a desconto de qualquer contribuição e não gera direito a pagamento de abono anual, além de não integrar o período básico de cálculo de benefícios previdenciários.

33.3.3 Vedação de acumulação, suspensão e cancelamento do auxílio-inclusão

Será devido o pagamento de apenas um auxílio-inclusão para o mesmo titular, independentemente do número de atividades exercidas. E não poderá ser acumulado com o pagamento de:

I – benefício de prestação continuada;
II – prestações a título de aposentadoria, de pensões ou de benefícios por incapacidade pagos por qualquer regime de previdência social; ou
III – seguro-desemprego.

Portanto, o requerimento do auxílio-inclusão poderá acarretar a suspensão do BPC (B-87), se ativo, e o possível encontro de contas dos valores recebidos em concomitância com os da atividade remunerada.

O pagamento do auxílio-inclusão cessará na hipótese de o beneficiário:

I – deixar de atender aos critérios de manutenção do BPC; ou
II – deixar de atender aos critérios de concessão do auxílio-inclusão.

Cessado o auxílio-inclusão poderá ser reativado o BPC anterior, suspenso ou cessado nos termos do art. 21-A da Lei n. 8.742/1993, independentemente de nova avaliação da deficiência e de nova avaliação do critério de miserabilidade.

O interessado poderá interpor recurso ao CRPS em caso de indeferimento e cessação do auxílio-inclusão.

QUADRO-RESUMO – AUXÍLIO-INCLUSÃO À PESSOA COM DEFICIÊNCIA

Espécie de Prestação	Natureza Assistencial (B18)
Beneficiários	Pessoa com deficiência moderada ou grave que, cumulativamente, receba o benefício de prestação continuada (BPC), de que trata o art. 20 da Lei n. 8.742/1993, e passe a exercer atividade remunerada.
Requisitos	I – ser titular de BPC (B-87) suspenso/cessado há menos de 5 (cinco) anos imediatamente anteriores ao exercício da atividade remunerada ou ativo na DER do Auxílio-Inclusão; II – exercer, na DER do Auxílio-Inclusão, atividade remunerada que a enquadre como segurado obrigatório do RGPS ou como filiado a RPPS da União, dos Estados, do Distrito Federal ou dos Municípios, inclusive regime de previdência militar (segurado facultativo não se enquadra como beneficiário); III – ter remuneração mensal limitada a 2 (dois) salários-mínimos; IV – possuir inscrição atualizada no CadÚnico no momento do requerimento do auxílio-inclusão;

Requisitos	V – ter inscrição regular no CPF; e VI – atender aos critérios de manutenção do BPC, incluídos os critérios relativos à renda familiar mensal per capita exigida para o acesso ao benefício, inclusive aqueles decorrentes das ações civis públicas aplicáveis.
Cálculo da renda familiar mensal *per capita*	– O valor do auxílio-inclusão percebido por um membro da família não será considerado no cálculo da renda familiar mensal *per capita*, para fins de concessão e de manutenção de outro auxílio-inclusão no âmbito do mesmo grupo familiar. – O valor do auxílio-inclusão e o da remuneração do beneficiário do auxílio-inclusão percebidos por um membro da família não serão considerados no cálculo da renda familiar mensal *per capita* para fins de manutenção do BPC concedido anteriormente a outra pessoa do mesmo grupo familiar. – Para fins de cálculo da renda familiar *per capita*, serão desconsideradas: I – as remunerações obtidas pelo requerente em decorrência de exercício de atividade laboral, desde que o total recebido no mês seja igual ou inferior a 2 (dois) salários-mínimos; e II – as rendas oriundas dos rendimentos decorrentes de estágio supervisionado e de aprendizagem.
Data de Início do Benefício	– O auxílio-inclusão será devido a partir da data do requerimento. – A DIB e a DIP serão sempre fixadas na DER, independentemente da data de início da atividade remunerada e/ou da data de suspensão ou cessação do BPC instituidor. – Não é devida a concessão administrativa de auxílio-inclusão com (DIB) anterior a 1º.10.2021, data em que passou a vigorar a alteração da Lei n. 8.742/1993, com a inclusão dos arts. 26-A ao 26-H pela Lei n. 14.176/2021.
Valor do Benefício	O valor corresponderá a 50% (cinquenta por cento) do valor do benefício de prestação continuada em vigor.
Suspensão do Benefício de Prestação Continuada	Ao requerer o auxílio-inclusão, o beneficiário autorizará a suspensão do benefício de prestação continuada, nos termos do art. 21-A da LOAS.
Acumulação de Benefícios	O pagamento do auxílio-inclusão não será acumulado com o pagamento de: I – benefício de prestação continuada de que trata o art. 20 da LOAS; II – prestações a título de aposentadoria, de pensões ou de benefícios por incapacidade pagos por qualquer regime de previdência social; ou III – seguro-desemprego.
Cessação do Pagamento	O pagamento do auxílio-inclusão cessará na hipótese de o beneficiário: I – deixar de atender aos critérios de manutenção do BPC; ou II – deixar de atender aos critérios de concessão do auxílio-inclusão. – Cessado o auxílio-inclusão poderá ser reativado o BPC anterior, suspenso ou cessado nos termos do art. 21-A da Lei n. 8.742/1993, independentemente de nova avaliação da deficiência e de nova avaliação do critério de miserabilidade.
Descontos e Abono Anual	O auxílio-inclusão não está sujeito a desconto de qualquer contribuição e não gera direito a pagamento de abono anual.
Regramento	– Foi previsto no art. 94 da Lei n. 13.146/2015 (Estatuto da Pessoa com Deficiência), e regulamentado pela Lei n. 8.742/1993 (LOAS), a partir da alteração dada pela Lei n. 14.176, de 22.6.2021. A operacionalização compete ao INSS, por meio da espécie B-18. – A regulamentação está prevista na Portaria DIRBEN/INSS n. 949, de 18.11.2021 (modificada pela Portaria DIRBEN/INSS n. 1.047, de 10.8.2022).

Benefícios Extintos

Neste ponto abordaremos de forma sintética os benefícios que a Previdência Social pagava a seus segurados e que foram extintos após a edição da Lei n. 8.213/1991, garantindo-se o direito de quem, na data da extinção, tivesse preenchido todas as condições para a concessão.

34.1 RENDA MENSAL VITALÍCIA

Criada pela Lei n. 6.179/1974, a renda mensal vitalícia era o benefício pago pela Previdência Social ao maior de 70 anos de idade ou inválido que não exercesse atividade remunerada, não auferisse qualquer rendimento superior ao valor da sua renda mensal, não fosse mantido por pessoa de quem dependesse obrigatoriamente e não tivesse outro meio de prover o próprio sustento, desde que:

- tivesse sido filiado à Previdência Social, em qualquer época, no mínimo por doze meses, consecutivos ou não;
- tivesse exercido atividade remunerada, posteriormente abrangida pelo RGPS, embora sem filiação a este ou à antiga Previdência Social Urbana ou Rural, no mínimo por cinco anos, consecutivos ou não; ou
- tivesse sido filiado à antiga Previdência Social Urbana após completar 60 anos de idade, sem direito aos benefícios regulamentares.

O valor da renda mensal vitalícia, inclusive para os benefícios concedidos antes da entrada em vigor da Lei n. 8.213/1991, era de um salário mínimo, sendo devido a contar da data de apresentação do requerimento, e não podia ser acumulado com qualquer espécie de benefício do RGPS, ou da antiga Previdência Social Urbana ou Rural, ou de outro regime.

A renda mensal vitalícia integrou o elenco de benefícios da Previdência Social até a regulamentação do inciso V do art. 203 da Constituição Federal, que se deu pela Lei n. 8.742/1993.

A Lei Orgânica da Assistência Social foi regulamentada pelo Decreto n. 1.744, de 8.12.1995, que extinguiu, a partir de 1.1.1996, a renda mensal vitalícia.

O benefício de prestação continuada, previsto no art. 20 da Lei n. 8.742/1993, que substituiu a renda mensal vitalícia, corresponde a um salário mínimo mensal pago à pessoa com deficiência e à pessoa idosa com 65 anos ou mais que comprovem não possuir meios de prover a própria manutenção e nem de tê-la provida por sua família.

O benefício será devido depois de cumpridos todos os requisitos exigidos e será pago a partir de, no máximo, quarenta e cinco dias após o requerimento. Não está sujeito a desconto de qualquer contribuição, nem gera direito a abono anual e não pode ser acumulado com nenhum outro benefício da Previdência Social ou outro regime assistencial.

34.2 AUXÍLIO-NATALIDADE

O auxílio-natalidade era uma prestação pecuniária de cota única, devido ao segurado ou segurada cuja remuneração fosse de valor igual ou inferior ao limite fixado pela Previdência Social, na data do nascimento de filho.

Era pago à segurada, por seu parto, e, ao segurado, pelo parto de sua esposa ou companheira, se esta não fosse segurada.

O prazo de carência era de 12 contribuições mensais sem interrupção que determinasse a perda da qualidade de segurado. O segurado especial estava dispensado do cumprimento do prazo de carência.

Estava previsto no art. 140 da Lei n. 8.213/1991, sendo o pagamento de responsabilidade da Previdência Social até a entrada em vigor da Lei n. 8.742, de 7.12.1993, que dispôs sobre os benefícios e serviços da Assistência Social.

O Decreto n. 1.744, de 8.12.1995, que regulamentou a LOAS acabou por extinguir o auxílio-natalidade, bem como o auxílio-funeral e a renda mensal vitalícia a partir de 1.1.1996.

34.3 AUXÍLIO-FUNERAL

O auxílio-funeral era devido por morte do segurado empregado, trabalhador avulso, contribuinte individual e segurado especial, cuja remuneração ou salário de contribuição na data do óbito fosse de valor igual ou inferior ao limite fixado pela Previdência Social. Consistia na indenização das despesas com o sepultamento do segurado, devidamente comprovadas, até o máximo fixado pelo INSS, na data do óbito. Se o executor do funeral fosse dependente do segurado falecido, o valor do auxílio-funeral corresponderia ao máximo previsto, independentemente do total das despesas comprovadas.

A concessão do auxílio-funeral não dependia do cumprimento de prazo de carência e era devido àquele que comprovasse ter efetuado as despesas com o sepultamento do segurado.

Estava previsto no art. 141 da Lei n. 8.213/1991, sendo o pagamento de responsabilidade da Previdência Social até a entrada em vigor da Lei n. 8.742, de 7.12.1993. Foi extinto, a partir de 1.1.1996, pelo Decreto n. 1.744/1995, que regulamentou a Lei Orgânica da Assistência Social.

34.4 PECÚLIO

O pecúlio era uma prestação única paga pela Previdência Social, correspondente à devolução daquilo que tivesse sido pago pelo segurado a título de contribuição previdenciária, nas hipóteses previstas no art. 81 da Lei n. 8.213/1991, quais sejam:

- ao segurado que se incapacitasse para o trabalho antes de ter completado o período de carência (extinto a partir de 21.11.1995, pela Lei n. 9.129, de 20.11.1995);
- ao segurado aposentado por idade ou por tempo de serviço pelo RGPS que voltasse a exercer atividade abrangida pelo mesmo, quando dela se tivesse afastado (extinto a partir de 16.4.1994, pela Lei n. 8.870, de 15.4.1994);
- ao segurado ou a seus dependentes, em caso de invalidez ou morte decorrente de acidente de trabalho (extinto a partir de 21.11.1995, pela Lei n. 9.129, de 20.11.1995).

No caso dos incisos I e II do art. 81, o pecúlio consistia em pagamento único de valor correspondente à soma das importâncias relativas às contribuições do segurado, pagas de acordo com o índice de remuneração básica dos depósitos de poupança com data de aniversário no dia primeiro. No caso do inciso III do art. 81, o pecúlio consistia em um pagamento único de 75% do limite máximo do salário de contribuição, no caso de invalidez, e de 150% desse mesmo limite, no caso de morte.

O prazo prescricional de cinco anos para que o trabalhador tenha o direito de requerer à Previdência Social o recebimento de pecúlio começa a fluir a partir do afastamento do trabalhador da atividade que ele estava exercendo, e não a partir da vigência da Lei n. 8.870/1994, que extinguiu o pecúlio. O entendimento foi firmado pela Turma Nacional de Uniformização da Jurisprudência dos Juizados Especiais Federais (Processo n. 2005.84.13.001061-3).

34.5 ABONO DE PERMANÊNCIA EM SERVIÇO

O abono de permanência em serviço era devido ao segurado que, satisfazendo as condições de carência e tempo de serviço exigidos para obtenção da aposentadoria por tempo de serviço integral (trinta anos para mulher, trinta e cinco anos para homem), preferisse não se aposentar.

A renda mensal correspondia a 25% do salário de benefício para o segurado com trinta e cinco anos ou mais de serviço e para a segurada com trinta anos ou mais de serviço.

O abono de permanência em serviço era extinto pela concessão da aposentadoria, ou por morte do segurado, ou quando da emissão de certidão de tempo de serviço, para fins de contagem recíproca. Era mantido o abono se o segurado entrasse em gozo de auxílio-doença, ou quando ocorresse o desemprego depois de requerido o abono.

O abono de permanência em serviço não se incorporava, para nenhum efeito, à aposentadoria ou à pensão.

Estava previsto no art. 87 da Lei n. 8.213/1991 e foi extinto pelo art. 29 da Lei n. 8.870, de 15.4.1994.

34.6 APOSENTADORIAS DIFERENCIADAS

A Lei n. 9.528, de 10.12.1997 (conversão da MP n. 1.523, de 11.10.1996), extinguiu as aposentadorias especiais do jornalista profissional, do jogador profissional de futebol, da telefonista e do juiz classista temporário.

Os jornalistas profissionais que trabalhassem em empresas jornalísticas, quando completassem trinta anos de serviço, tinham direito à aposentadoria integral, nos termos da Lei n. 3.529, de 13.1.1959.

A concessão de benefícios pelo INSS ao jogador profissional de futebol estava definida na Lei n. 5.939, de 19.11.1973, e regulamentada pelo Decreto n. 77.210/1976, o qual previa no art. 4º que: "O cálculo do benefício devido ao jogador profissional de futebol obedecerá às mesmas normas prescritas na Consolidação das Leis de Previdência Social – CLPS, para qualquer segurado obrigatório da previdência social, salvo quando de sua aplicação decorrer, em virtude do desempenho posterior de atividade de menor remuneração, um salário de benefício desvantajoso em relação ao período de exercício da atividade de jogador".

Importante mencionar o entendimento do INSS, indicado nas diversas Instruções Normativas sobre o tema:

> *Ressalvado o direito adquirido, foram extintas as seguintes aposentadorias de legislação especial:*
> *I – a partir de 14 de outubro de 1996, data da publicação da MP n. 1.523, de 1996, convertida na Lei n. 9.528, de 1997, para o jornalista profissional e o atleta profissional de futebol, de que tratavam, respectivamente, as Leis n. 3.529, de 13 de janeiro de 1959 e n. 5.939, de 19 de novembro de 1973; e*
> *II – a partir de 16 de dezembro de 1998, data da publicação da Emenda Constitucional n. 20, de 1998, conforme disposto na Portaria MPAS n. 4.883, de 16 de dezembro de 1998, para o aeronauta, de que tratava a Lei n. 3.501, de 21 de dezembro de 1958.*

A Lei n. 7.850/1989, considerava penosa, para efeito de concessão de aposentadoria especial aos vinte e cinco anos de serviço, a atividade profissional de telefonista.

Os representantes classistas temporários da Justiça do Trabalho e os magistrados da Justiça Eleitoral nomeados na forma dos incisos II do art. 119 e III do § 1º do art. 120 da Constituição Federal tinham direito a aposentadorias nos termos da Lei n. 6.903/1981. Com a revogação dessa lei, passaram a se aposentar de acordo com as normas estabelecidas pela legislação previdenciária a que estavam submetidos antes da investidura na magistratura, mantida a referida vinculação previdenciária durante o exercício do mandato.

De acordo com o art. 190, parágrafo único, do Decreto n. 3.048/1999, a aposentadoria especial do aeronauta, nos moldes do Decreto-lei n. 158/1967, foi extinta a partir de 16.12.1998, em face da EC n. 20/1998. O segurado aeronauta que completasse 45 anos de idade e vinte e cinco anos de serviço tinha direito à aposentadoria por tempo de serviço.

Atualmente, essas categorias de trabalhadores são de segurados obrigatórios do RGPS e possuem os mesmos direitos previdenciários que os demais segurados, sem redução de tempo de contribuição, carência ou cálculo da renda mensal favorecida quando da concessão dos benefícios.

35

Serviços

Serviços são prestações previdenciárias de natureza imaterial postas à disposição dos segurados e dos dependentes do RGPS. Podem ser divididos em serviço social e reabilitação profissional (art. 18, III, "b" e "c"), da Lei n. 8.213/1991. Entretanto, no art. 89 da LBPS há previsão também da habilitação profissional. O RPS indica como prestação apenas a reabilitação profissional (art. 25, III), mas regulamenta também a habilitação profissional (arts. 136-141) e o serviço social (art. 161).

35.1 SERVIÇO SOCIAL

O Serviço Social foi previsto para esclarecer aos beneficiários seus direitos sociais e os meios de exercê-los, além de estabelecer conjuntamente com eles o processo de solução dos problemas que emergirem da sua relação com a Previdência Social, tanto no âmbito interno da instituição como na dinâmica da sociedade.

Para assegurar o efetivo atendimento dos usuários, foi prevista a utilização de intervenção técnica, assistência de natureza jurídica, ajuda material, recursos sociais, intercâmbio com empresas e pesquisa social, inclusive mediante celebração de convênios, acordos ou contratos.

O Serviço Social conscientiza o beneficiário para participar do fortalecimento da política previdenciária, em articulação com as associações e entidades profissionais. As regras gerais estão previstas no art. 88 da Lei n. 8.213/1991.

O Decreto n. 3.048/1999 (art. 161) estabelece que "o serviço social constitui atividade auxiliar do seguro social e visa prestar ao beneficiário orientação e apoio no que concerne à solução dos problemas pessoais e familiares e à melhoria da sua inter-relação com a previdência social, para a solução de questões referentes a benefícios, bem como, quando necessário, à obtenção de outros recursos sociais da comunidade". Disciplina ainda, que *será dada prioridade de atendimento a segurados em benefício por incapacidade temporária e atenção especial a aposentados e pensionistas, e para assegurar o efetivo atendimento aos beneficiários, poderão ser utilizados mecanismos de intervenção técnica, ajuda material, recursos sociais, intercâmbio com empresas, inclusive mediante celebração de convênios, acordos ou contratos, ou pesquisa social.*

Cabe mencionar que ao Serviço Social do INSS foi previsto também atribuições voltadas à avaliação funcional das pessoas com deficiência que buscam a concessão do benefício assistencial da LOAS e a aposentadoria aos portadores de deficiência (LC n. 142/2013), consoante disciplina contida nos Decretos n. 6.214/2007 e n. 8.145/2013 e na Portaria Interministerial SDH/MPS/MF/MOG/AGU n. 1/2014. Na mesma linha desses atos normativos está a Lei n. 13.146, de 6.7.2015, que instituiu a Lei Brasileira de Inclusão da Pessoa com Deficiência (Estatuto da Pessoa com Deficiência).

O regramento do Serviço Social está previsto também nos arts. 423-A a 423-D da IN PRES/INSS n. 128/2022, os quais foram introduzidos pela IN PRES/INSS n. 155, de 26.9.2023, consolidando essa prestação como "um serviço previdenciário oferecido à população usuária da Previdência Social, competindo-lhe esclarecer junto aos usuários seus direitos sociais e os meios de exercê-los e estabelecer conjuntamente com eles o processo de solução dos problemas que emergirem da sua relação com a Previdência Social, tanto no âmbito interno da instituição como na dinâmica da sociedade".

A Portaria INSS/DIRBEN n. 1.208, de 29.5.2024, veio a definir as ações, as rotinas de trabalho, os instrumentos e os procedimentos técnicos para o Serviço Social, enquanto serviço previdenciário, para possibilitar aos assistentes sociais e analistas do seguro social com formação em Serviço Social uma atuação qualificada e a compreensão abrangente sobre o exercício profissional, as atribuições do Serviço Social e o alcance da missão institucional (art. 1º).

A Portaria em comento disciplina a emissão do Parecer Social, o Estudo Social, a Pesquisa Social, a Avaliação Social e a Pesquisa Externa.

O Parecer Social, de emissão privativa por Assistente Social, é o pronunciamento técnico do profissional, com base na observação e no estudo social da realidade e que tem como objetivo fornecer elementos que subsidiem nos processos de análise de reconhecimento de direitos em fase inicial, manutenção, revisão e recurso de benefícios previdenciários e assistenciais e decisão médico-pericial, por iniciativa do próprio profissional, por solicitação das áreas de Benefícios, Perícia Médica Federal, Procuradoria Federal Especializada/INSS, Juntas/Câmaras/Conselhos de Recursos da Previdência Social ou por solicitação do requerente/beneficiário (cf. o art. 39 e seu parágrafo único).

Já o Estudo Social é definido como um processo metodológico específico do Serviço Social, que tem por finalidade conhecer com profundidade e de forma crítica uma determinada situação ou expressão da questão social objeto da intervenção profissional e, quando fundamentar a elaboração do Parecer Social, será de caráter sigiloso e deve ser armazenado em arquivo próprio do Serviço Social (art. 42 da Portaria).

Por fim, a Pesquisa Social é um instrumento técnico, fundamental para o conhecimento crítico e interpretativo da realidade e favorece a identificação das demandas dirigidas ao INSS e do perfil socioeconômico e cultural de seus usuários (art. 51 da Portaria).

Conforme o art. 62 da citada Portaria, a Avaliação Social é o instrumento que analisa as questões sociais que compõem o processo de caracterização da deficiência, dentro do modelo biopsicossocial, que considera os fatores ambientais, sociais, pessoais, a limitação do desempenho de atividades e a restrição da participação social dos requerentes de benefícios previdenciários e assistenciais.

A avaliação social adota os princípios estabelecidos na Classificação Internacional de Funcionalidades, Incapacidade e Saúde – CIF, cujas unidades de classificação elencadas em cada domínio direciona o que devem ser entendidas em um contexto social mais amplo, cabendo ao assistente social analisar as questões sociais da pessoa avaliada, dentro da realidade social em que está inserida, das desigualdades sociais e do acesso às políticas públicas.

Na história social, deverão ser registrados os aspectos relevantes que possam respaldar a qualificação das unidades de classificação e dos domínios com ênfase no que foi priorizado na análise da avaliação.

O sigilo profissional deve ser resguardado, não cabendo revelar dados que exponham o usuário ou que não contribuam com a avaliação social.

A avaliação social é um atendimento técnico personalíssimo, voltado exclusivamente ao atendimento do próprio requerente/beneficiário e este poderá ser acompanhado por terceiros durante o atendimento, caso o profissional entenda ser necessário.

Por fim, as atividades externas realizadas pelo Serviço Social serão consideradas Pesquisa Externa – PE, conforme o disposto no art. 1º da Resolução INSS/PRES n. 120, de 29.11.2010.

Nos termos do art. 75 da Portaria, são objetivos da Pesquisa Externa do Serviço Social do INSS:

I – realizar estudo social, por meio de visitas técnicas domiciliares, hospitalares e/ou institucionais, para emissão de parecer social;

II – realizar Avaliação Social da Pessoa com Deficiência por meio de visitas técnicas domiciliares, hospitalares e/ou institucionais, nas etapas de reconhecimento inicial, manutenção, revisão e recurso de benefícios previdenciários e assistenciais operacionalizados pelo INSS;

III – realizar visitas técnicas domiciliares, hospitalares e/ou institucionais para atuação como assistente técnico da Procuradoria Federal Especializada – PFE/ INSS, nas demandas judiciais;

IV – realizar estudo exploratório dos recursos sociais: grupos organizados da sociedade, empresas, órgãos de abrangência das Agências da Previdência Social e das Gerências Executivas, visando ao amplo conhecimento da rede de equipamentos e a serviços existentes na área de atuação do profissional;

V – executar ações em consonância com a legislação previdenciária e em outras políticas sociais que mantenham interface com a Previdência Social, nos órgãos colegiados, conselhos de direitos, empresas, entidades de classe, organizações governamentais e organizações da sociedade civil, tais como: palestras, reuniões, oficinas, seminários, entre outros; e

VI – realizar Pesquisa Social, por meio de visitas técnicas com o objetivo de conhecer a realidade da população e a identificação das demandas dirigidas à Previdência Social.

35.2 HABILITAÇÃO E REABILITAÇÃO PROFISSIONAL

A habilitação e a reabilitação profissional, são serviços que devem propiciar ao beneficiário incapacitado parcial ou totalmente para o trabalho, e às pessoas com deficiência, os meios para a (re)educação e (re)adaptação profissional e social indicados para participar do mercado de trabalho e do contexto em que vivem – Lei n. 8.213/1991, art. 89.

Wladimir Novaes Martinez nos apresenta a seguinte distinção entre os institutos: "Habilitação não se confunde com reabilitação. A primeira é a preparação do inapto para exercer atividades, em decorrência de incapacidade física adquirida ou deficiência hereditária. A segunda pressupõe a pessoa ter tido aptidão e tê-la perdido por motivo de enfermidade ou acidente. Tecnicamente o deficiente não é reabilitado e, sim, habilitado".[1]

A reabilitação profissional compreende o fornecimento de aparelho de prótese, órtese e instrumentos de auxílio para locomoção quando a perda ou redução da capacidade funcional puder ser atenuada por seu uso e o dos equipamentos necessários à habilitação e à reabilitação social e profissional, e, quando necessário, o transporte do acidentado do trabalho.

É realizada por meio do atendimento individual e/ou em grupo, por profissionais das áreas de medicina, serviço social, psicologia, sociologia, fisioterapia, terapia ocupacional e outras afins, objetivando a definição da capacidade laborativa e da supervisão por parte de alguns desses profissionais para acompanhamento e reavaliação do programa profissional.

O Programa de Habilitação e Reabilitação Profissional é destinado a:

– segurados, inclusive os aposentados, em caráter obrigatório;

---

[1] MARTINEZ, Wladimir Novaes. *CD – Comentários à Lei Básica da Previdência Social.* Brasília, Rede Brasil/LTr, fev./1999.

- dependentes, de acordo com as disponibilidades administrativas, técnicas e financeiras e as condições locais do órgão;
- pessoas portadoras de deficiência, sem vínculo com a Previdência Social, de acordo com as disponibilidades administrativas e técnicas das unidades executivas, por intermédio de convênios e/ou acordos de cooperação técnico-financeira.

Nos termos do art. 416 da IN INSS n. 128/2022, poderão ser encaminhados para o Programa de Reabilitação Profissional:

I – o segurado em gozo de auxílio por incapacidade temporária, acidentário ou previdenciário;

II – o segurado sem carência para benefício por incapacidade temporária, incapaz para as atividades laborais habituais;

III – o segurado em gozo de aposentadoria por incapacidade permanente;

IV – o pensionista inválido;

V – o segurado em gozo de aposentadoria programada, especial ou por idade do trabalhador rural, que voltar a exercer atividade abrangida pelo

Regime Geral de Previdência Social, tenha reduzido a sua capacidade funcional em decorrência de doença ou acidente de qualquer natureza ou causa;

VI – o segurado em atividade laboral mas que necessite da concessão, reparo ou substituição de Órteses, Próteses e meios auxiliares de

locomoção (OPM);

VII – o dependente do segurado; e

VIII – as Pessoas com Deficiência – PcD.

O atendimento obedecerá a uma ordem de prioridade, com atenção especial ao segurado acidentado do trabalho e de acordo com as disponibilidades técnico-financeiras. Essa preferência deve ser compatibilizada com a destinada à pessoa com deficiência, por força do disposto na Lei n. 13.146/2015, que instituiu a Lei Brasileira de Inclusão da Pessoa com Deficiência.

O encaminhamento das pessoas a serem atendidas é feito: pelos órgãos periciais do INSS; pelo Serviço Social do INSS; pelas empresas e entidades sindicais; e pelos órgãos e instituições que firmarem convênio e/ou acordo de cooperação técnico-financeira.

São de caráter compulsório aos segurados em benefício por incapacidade, e aos dependentes inválidos – art. 90 da Lei do RGPS. A não participação no programa pelo segurado acarreta a suspensão do benefício, como corroborado pela jurisprudência:

PREVIDENCIÁRIO. CONCESSÃO DE AUXÍLIO-DOENÇA. ANTECIPAÇÃO DE TUTELA. AUSÊNCIA DOS REQUISITOS. A prorrogação do auxílio-doença foi indeferida por recusa do autor de participação ao programa de reabilitação profissional. Conforme documentos juntados pelo INSS, impossibilitado de exercer sua atividade de motorista, o agravado foi encaminhado para treinamento de 03 meses para ser reabilitado profissionalmente no serviço de recepção no departamento de promoção social da prefeitura, ao qual, contudo, recusou-se a participar. Os documentos juntados aos autos são insuficientes para comprovar a alegada incapacidade para o exercício de atividade laborativa e a impossibilidade de participação no procedimento de reabilitação profissional. Agravo de instrumento a que se dá provimento (TRF da 3ª Região, AI 0008408-38.2012.4.03.0000, 8ª Turma, Rel. Des. Federal Therezinha Cazerta, j. 13.8.2012).

No entanto, a TNU tem posicionamento no sentido de que não devem ser levadas em conta apenas as questões ligadas à incapacidade laboral para o encaminhamento à reabilitação, devendo ser observada a situação socioeconômica do segurado em cada caso.

AGRAVO REGIMENTAL. APOSENTADORIA POR INVALIDEZ. INCAPACIDADE PARCIAL PARA O TRABALHO. ANÁLISE DAS CONDIÇÕES PESSOAIS PARA DESCARTAR POSSIBILIDADE DE REABILITAÇÃO PROFISSIONAL. 1. A sentença julgou parcialmente procedente o pedido para condenar o INSS a conceder auxílio-doença, negando direito à conversão do benefício em aposentadoria por invalidez. O acórdão recorrido manteve a sentença por considerar que a incapacidade para a atividade habitual era temporária e que o laudo pericial atestou a possibilidade de reabilitação profissional. Todavia, o julgado ignorou a apreciação das condições pessoais para efeito de descartar a possibilidade de reabilitação profissional. A questão havia sido suscitada no recurso inominado. 2. O Presidente da TNU não conheceu do incidente de uniformização por pressupor que havia indevida pretensão a reexame de prova. A requerente interpôs agravo regimental contra a decisão monocrática de inadmissibilidade. 3. O incidente de uniformização não embute pretensão direta a reexame de prova, mas apenas arguição de divergência jurisprudencial em torno de critério jurídico para valoração da prova. Não cabe à TNU decidir se, no caso concreto, as condições pessoais da requerente são suficientes para caracterizar a impossibilidade de reingresso no mercado de trabalho, mas apenas definir, em tese, se tais condições precisam ser levadas em conta na aferição da possibilidade de reabilitação profissional. Incidente conhecido. 4. A possibilidade de reabilitação profissional não deve ser analisada exclusivamente sob o ponto de vista clínico e físico. Em tese, havendo incapacidade parcial para o trabalho, circunstâncias de natureza socioeconômica, profissional e cultural especificamente suscitadas pelo requerente devem ser levadas em conta para aferir se existe, na prática, real possibilidade de reingresso no mercado de trabalho. Ao ignorar as questões suscitadas no recurso inominado em torno desse ponto, o acórdão recorrido divergiu do entendimento consolidado na TNU. 5. Agravo provido para conhecer do incidente de uniformização e lhe dar parcial provimento: (a) reafirmando a tese de que a possibilidade de reabilitação profissional não deve ser analisada exclusivamente sob o ponto de vista clínico e físico; (b) anulando o acórdão recorrido; (c) determinando a devolução dos autos à Turma Recursal de origem para que retome o julgamento do recurso inominado interposto em face da sentença, com adequação à tese jurídica ora firmada (TNU, PEDILEF 23226120104013400 DF, Rel. Juiz Federal Rogério Moreira Alves, DOU 25.5.2012).

Em decisão de Representativo de Controvérsia – Tema 177, a TNU fixou as seguintes teses:

1. Constatada a existência de incapacidade parcial e permanente, não sendo o caso de aplicação da Súmula 47 da TNU, a decisão judicial poderá determinar o encaminhamento do segurado para análise administrativa de elegibilidade à reabilitação profissional, sendo inviável a condenação prévia à concessão de aposentadoria por invalidez condicionada ao insucesso da reabilitação;
2. A análise administrativa da elegibilidade à reabilitação profissional deverá adotar como premissa a conclusão da decisão judicial sobre a existência de incapacidade parcial e permanente, ressalvada a possibilidade de constatação de modificação das circunstâncias fáticas após a sentença.

O Programa de Reabilitação Profissional só alcança pleno êxito na reintegração ao trabalho com a participação efetiva da comunidade, principalmente das empresas, das escolas, dos familiares e do próprio reabilitando. Para tanto, a Lei do RGPS prevê a obrigação de que as empresas mantenham em seus quadros funcionais um percentual de empregados reabilitados ou portadores de deficiência (art. 93).

Interessante frisar que o segurado empregado que tiver passado por reabilitação profissional somente pode ser despedido após a contratação, pela empresa, de outro reabilitado ou pessoa com deficiência (art. 93 da Lei n. 8.213/1991), não se admitindo, para a aferição do número mínimo de reabilitados e pessoas com deficiência, o agrupamento de empresas pertencentes a um mesmo grupo econômico:

EMPREGADO REABILITADO. MANUTENÇÃO DO EMPREGO. QUANTIDADE DO ART. 93 DA LEI N. 8.213, DE 1991. AFERIÇÃO. CONSIDERAÇÃO DO GRUPO ECONÔMICO. O teor do art. 93, caput e § 1º, da Lei n. 8.213, de 1991, evidencia que a aferição do número mínimo de 100 (cem) empregados é feita em relação àqueles que possuem vínculo de emprego com a empresa empregadora, de sorte que não favorece o reconhecimento do grupo econômico e dispor o § 2º do art. 2º da CLT que nessa hipótese são solidariamente responsáveis, porque esse compromisso diz respeito ao cumprimento da obrigação trabalhista devida, e não para efeito de criar direito com natureza jurídica de garantia de emprego, como na hipótese, decorrente da cota de empregado reabilitado, não possuindo a situação nem sequer similaridade com a existência de mais de um estabelecimento, porque consiste na materialização da empresa, a qual pode possuir mais de um, consoante revelam os arts. 75, § 1º, 969, parágrafo único, e 1.142 do Código Civil (TRT-12, ROT 0000372-27.2017.5.12.0055, 3ª Câmara, Rel. Carlos Alberto Pereira de Castro, data de assinatura 29.2.2020).

Existe também a previsão de que "será concedido, no caso de habilitação e reabilitação profissional, auxílio para tratamento ou exame fora do domicílio do beneficiário, conforme dispuser o Regulamento" (art. 91 da LBPS).

As regras gerais sobre a habilitação e a reabilitação profissional estão previstas nos arts. 89 a 93 da Lei n. 8.213/1991, nos arts. 136 a 141 do Decreto n. 3.048/1999 (com as alterações do Decreto n. 10.410/2020) e nos arts. 415 a 423 da IN PRES/INSS n. 128/2022.

36

Tempo de Contribuição para Fins Previdenciários

Tema central quanto às prestações da Previdência Social, é necessário analisar toda a disciplina relativa à contagem de tempo para efeitos previdenciários.

A relevância deste conteúdo permeia todos os aspectos ligados à relação indivíduo/regime previdenciário, pois apenas com o reconhecimento de que um determinado lapso temporal surte efeitos perante o sistema é que podemos dizer que alguém é segurado, desde quando, e se mantém (ou não) tal qualidade, se preenche o requisito temporal exigido para os benefícios que impõem tal critério como um dos exigidos para o direito ser implementado, e da mesma forma, o salário de contribuição correspondente ao lapso temporal, fixado, como veremos, em meses, ou "competências", no jargão das normas previdenciárias.

Considera-se *tempo de contribuição*, na atual redação do Regulamento, o tempo correspondente aos períodos para os quais tenha havido contribuição obrigatória ou facultativa ao RGPS (art. 19-C, incluído pelo Decreto n. 10.410/2020).

O referido artigo do Regulamento indica que, dentre outras hipóteses (rol exemplificativo) será também considerado o período:

I – de contribuição efetuada por segurado que tenha deixado de exercer atividade remunerada que o enquadrasse como segurado obrigatório da previdência social;

II – em que a segurada tenha recebido salário-maternidade;

III – de licença remunerada, desde que tenha havido desconto de contribuições;

IV – em que o segurado tenha sido colocado em disponibilidade remunerada pela empresa, desde que tenha havido desconto de contribuições;

V – de atividade patronal ou autônoma, exercida anteriormente à vigência da Lei n. 3.807, de 26 de agosto de 1960, desde que tenha sido indenizado conforme o disposto no art. 122;

VI – de atividade na condição de empregador rural, desde que tenha havido contribuição na forma prevista na Lei n. 6.260, de 6 de novembro de 1975, e indenização do período anterior, conforme o disposto no art. 122;

VII – de exercício de mandato eletivo federal, estadual, distrital ou municipal, desde que tenha havido contribuição na época apropriada e este não tenha sido contado para fins de aposentadoria por outro regime de previdência social;

VIII – de licença, afastamento ou inatividade sem remuneração do segurado empregado, inclusive o doméstico e o intermitente, desde que tenha havido contribuição na forma prevista no § 5º do art. 11; e

IX – em que o segurado contribuinte individual e o segurado facultativo tenham contribuído na forma prevista no art. 199-A, observado o disposto em seu § 2º.

Acerca do salário-maternidade, oportuno frisar que o STF, apreciando o Tema 72 de Repercussão Geral, entendeu que há inconstitucionalidade formal e material quanto à incidência de contribuição previdenciária sobre os valores pagos a este título, a cargo do empregador (Plenário Virtual, *DJe* 20.10.2020). Pelas mesmas razões, entendemos ser indevida a referida contribuição a cargo da segurada, dada a natureza de benefício previdenciário do salário-maternidade. Todavia, o período correspondente ao aludido benefício deve ser computado como tempo de contribuição, inclusive para fins de carência. Porém, o tema pende de julgamento no STF na Repercussão Geral n. 1274: "Constitucionalidade da incidência de contribuição previdenciária a cargo da empregada sobre o salário-maternidade pago pela Previdência Social" (RE n. 1.455.643).

Nos termos do § 1º do mesmo artigo 19-C, será computado o tempo intercalado de recebimento de benefício por incapacidade, na forma do disposto no inciso II do *caput* do art. 55 da Lei n. 8.213/1991, exceto para efeito de carência, o que contraria a jurisprudência pacificada pelo STF.

> Repercussão Geral Tema 1.125 – Tese fixada: "É constitucional o cômputo, para fins de carência, do período no qual o segurado esteve em gozo do benefício de auxílio-doença, desde que intercalado com atividade laborativa" (RE 1.298.832, *DJe* 24.2.2021).

Quanto ao valor das contribuições, as novas disposições do Regulamento (§§ 2º e 3º do art. 19-C) preveem que:

- as competências em que o salário de contribuição mensal tenha sido igual ou superior ao limite mínimo serão computadas integralmente como tempo de contribuição, independentemente da quantidade de dias trabalhados; e
- na hipótese de o débito ser objeto de parcelamento, o período correspondente ao parcelamento somente será computado para fins de concessão de benefício no RGPS e de emissão de certidão de tempo de contribuição para fins de contagem recíproca após a comprovação da quitação dos valores devidos.

Não se pode perder de vista que a EC n. 20/1998, ao considerar o tempo de contribuição efetivo para a Previdência Social para o cálculo dos benefícios e não mais o tempo de serviço, determinou que o tempo de serviço prestado considerado pela legislação vigente para efeito de aposentadoria será contado como tempo de contribuição, exceto o tempo de serviço ou contribuição em dobro ou qualquer outra contagem de tempo fictício (art. 4º da EC n. 20). Regra similar se encontra na EC n. 103/2019, no art. 25: "Será assegurada a contagem de tempo de contribuição fictício no Regime Geral de Previdência Social decorrente de hipóteses descritas na legislação vigente até a data de entrada em vigor desta Emenda Constitucional para fins de concessão de aposentadoria, observando-se, a partir da sua entrada em vigor, o disposto no § 14 do art. 201 da Constituição Federal"; ou seja, aplica-se a máxima *tempus regit actum* no tocante à consideração (ou não) de atividades prestadas e regras de cômputo.

Para o segurado nas categorias de empregado (urbano e rural), empregado doméstico e de trabalhador avulso, é atualmente considerado como tempo de contribuição, na forma do Regulamento, "o conjunto de competências em que houve ou deveria ter havido contribuição em razão do exercício de atividade remunerada sujeita à filiação obrigatória ao RGPS, observado o disposto no art. 19-E" (art. 32, § 22, do Decreto n. 3.048/1999, incluído pelo Decreto n. 10.410/2020). Há aqui uma alteração importante: o tempo de contribuição deixa de ser contado "data a data", computando-se por "meses" em que existam contribuições (o que, evidentemente, não pode ser aplicado retroativamente caso venha a prejudicar o cálculo de tempo anterior à data de publicação do Decreto n. 10.410).

Apesar de a expressão "tempo de contribuição" poder levar a interpretações reducionistas, o entendimento predominante é de que, tendo havido atividade remunerada, independentemente das contribuições terem sido ou não recolhidas pelo tomador dos serviços, o tempo deve, em regra, ser computado para fins previdenciários, sem prejuízo da respectiva cobrança das contribuições devidas e das sanções cabíveis ao responsável pelos recolhimentos não realizados na época devida, qual seja, o empregador ou o tomador dos serviços a quem a lei atribui responsabilidade tributária (art. 34, I, da Lei n. 8.213/1991, e art. 33, § 5º, da Lei n. 8.212/1991). Esse entendimento se aplica, também, ao contribuinte individual, quando preste serviços a pessoas jurídicas, após a vigência da Lei n. 10.666/2003.

Porém, como já salientado no capítulo antecedente, a respeito do período de graça e possível perda da qualidade de segurado por ter este contribuições apuradas sobre base de cálculo inferior a um salário mínimo, o art. 19-E do Decreto visa justamente a excluir do cômputo do tempo de contribuição os meses (ou competências, utilizando a nomenclatura típica do Regulamento) em que a contribuição foi a menor e não houve a complementação.

Até a edição da Lei n. 10.403/2002 e do Decreto n. 4.079/2002, havia necessidade de que os segurados não enquadrados nas categorias acima citadas comprovassem as contribuições realizadas. A norma legal em questão inseriu na Lei de Benefícios o art. 29-A, que prevê a utilização dos dados do Cadastro Nacional de Informações Sociais – CNIS e a possibilidade de retificação pelo segurado destes mesmos dados, com a apresentação de prova documental. Já o Decreto em comento revogou as disposições do § 2º do art. 62 do RPS, passando a partir de então a ser ônus do INSS a verificação do tempo de contribuição do segurado, a partir dos registros existentes no sistema (redação atual do art. 19 do Regulamento).

Conforme prevê o art. 3º, inciso V, da Portaria n. 123/2020 do INSS, o serviço de acerto de CNIS (atualizar vínculos e remunerações) pode ser solicitado pela Central de teleatendimento 135 ou nas Agências de Previdência Social (APS). A solicitação pela Central 135 abre uma tarefa no portal Meu INSS, em que o segurado (ou procurador) poderá juntar documentos para comprovação do seu direito. Diretamente no Meu INSS ainda não há como iniciar o serviço de acerto do CNIS. Ou seja, a tarefa deve ser sempre iniciada pela Central 135.

A LC n. 128, de 2008, conferiu distinta redação ao art. 29-A da Lei n. 8.213/1991, para estabelecer que o INSS utilize as informações constantes no CNIS sobre os vínculos e as remunerações dos segurados, para fins de cálculo do salário de benefício, comprovação de filiação ao RGPS, tempo de contribuição e relação de emprego. Foi uma importante ampliação da utilização dessa fonte de dados, sem ressalvar a possibilidade de o segurado solicitar, a qualquer momento, a inclusão, exclusão ou retificação de informações, com a apresentação de documentos comprobatórios dos dados divergentes.

O INSS também poderá, em caso de dúvida sobre a regularidade do vínculo incluído no CNIS e inexistência de informações sobre remunerações e contribuições, exigir a apresentação dos documentos que serviram de base à anotação, sob pena de exclusão do período.

A Lei n. 9.528/1997 introduziu a obrigatoriedade de apresentação da Guia de Recolhimento do Fundo de Garantia do Tempo de Serviço e Informações à Previdência Social – GFIP. Com isso, desde a competência janeiro de 1999, todas as pessoas físicas ou jurídicas sujeitas ao recolhimento do FGTS, conforme estabelece a Lei n. 8.036/1990 e legislação posterior, bem como às contribuições e/ou informações à Previdência Social, conforme disposto nas Leis n. 8.212/1991 e n. 8.213/1991 e legislação posterior, estão obrigadas à entrega da GFIP.

Deverão ser informados na GFIP os dados da empresa e dos trabalhadores, os fatos geradores de contribuições previdenciárias e valores devidos ao INSS, bem como as remunerações dos trabalhadores e o valor a ser recolhido ao FGTS.

A empresa está obrigada à entrega da GFIP ainda que não haja recolhimento para o FGTS, caso em que a GFIP será declaratória, contendo todas as informações cadastrais e financeiras de interesse da Previdência Social.

A partir da obrigatoriedade do uso do eSocial,[1] ou do sistema que venha a substituí-lo, serão observados, para os segurados, na forma do § 11 do art. 19 do Regulamento (incluído pelo Decreto n. 10.410/2020):

> I – empregado e empregado doméstico – os registros eletrônicos gerados pelo eSocial equivalerão às anotações relativas ao contrato de trabalho, definidas pela CLT, que serão incorporados ao CNIS e à Carteira de Trabalho Digital;
> II – trabalhador avulso – os registros eletrônicos gerados pelo eSocial substituirão as informações relativas ao registro e às remunerações do trabalhador avulso portuário previstas no inciso II do *caput* do art. 32 e no § 2º do art. 33 da Lei n. 12.815, de 2013, e aquelas relativas ao trabalhador avulso não portuário previstas no art. 4º da Lei n. 12.023, de 2009, que serão incorporados ao CNIS;
> III – contribuinte individual que preste serviços conforme o disposto no § 20 do art. 216 do Regulamento da Previdência Social – os registros eletrônicos gerados pelo eSocial substituirão as informações prestadas sobre os valores da remuneração na forma prevista no § 21 do art. 216, que serão incorporados ao CNIS; e
> IV – contribuinte individual que preste serviços a empresa ou equiparado a partir de abril de 2003, conforme o disposto no art. 4º da Lei n. 10.666, de 8 de maio de 2003 – os registros eletrônicos gerados pelo eSocial substituirão as informações prestadas sobre os valores da remuneração e do desconto feito a título de contribuição previdenciária, conforme previsto no inciso XII do *caput* do art. 216 do RPS, que serão incorporados ao CNIS.

Ocorre que o trabalhador, muitas vezes, tem seus vínculos laborais, informações funcionais e salariais incorretamente inseridos no CNIS. A principal razão de tal problema é a inexistência ou a falta de registro correto do trabalhador como empregado (urbano, rural ou doméstico), bem como do trabalhador avulso e do contribuinte individual que presta serviços a pessoas jurídicas, ante a não emissão da GFIP na chamada "época própria", ou a não inclusão de seu nome na GFIP do período de trabalho. Temos ainda o fenômeno do pagamento de salários "por fora" do contracheque, com o intuito de sonegar contribuições e demais obrigações.

O Decreto n. 3.048/1999 dispõe que as informações inseridas extemporaneamente no CNIS, independentemente de serem inéditas ou retificadoras de dados anteriormente informados, somente serão aceitas se corroboradas por documentos que comprovem a sua regularidade e respeitadas as definições vigentes sobre a procedência e a origem das informações.

Considera-se extemporânea a inserção de dados, conforme a redação conferida pelo Decreto n. 10.410/2020 ao Regulamento (§ 3º do art. 19):

> I – relativos à data de início de vínculo empregatício, após o último dia do quinto mês subsequente ao mês da data da admissão do segurado;

---

[1] Conforme calendário constante em: https://www.gov.br/esocial/pt-br/noticias/confira-o-novo-calendario-de--obrigatoriedade-do-esocial. Acesso em: 24 set. 2024.

II - relativos à remuneração de trabalhador avulso ou contribuinte individual que preste serviços a empresa ou equiparado, após o último dia do quinto mês subsequente ao mês da data da prestação de serviço pelo segurado; ou

III - relativos à contribuição, sempre que o recolhimento tiver sido feito sem observância ao disposto em lei.

A extemporaneidade em questão poderá ser relevada administrativamente após um ano da data do documento que tiver gerado a informação, conforme critérios a serem definidos pelo INSS.

É de se frisar que mesmo as GFIPs emitidas por força de decisão proferida pela Justiça do Trabalho em ação trabalhista sofrem a mesma adjetivação - "extemporâneas" -, acarretando graves problemas ao trabalhador que já teve seu vínculo reconhecido por decisão judicial, em pleno exercício da jurisdição estatal, como se o Estado Brasileiro pudesse negar efeitos às suas próprias decisões, ou o Poder Executivo (ou alguma de suas autarquias) pudesse analisar a decisão judicial em seu conteúdo para depois decidir se reconhece ou não seus efeitos.

Não será computado como tempo de contribuição o já considerado para a concessão de qualquer aposentadoria do RGPS ou por outro Regime de Previdência Social. E, de acordo com o art. 55, § 4º, da Lei n. 8.213/1991 (incluído pela LC n. 123/2006), não será computado como tempo de contribuição, para efeito de concessão da aposentadoria por tempo de contribuição, o período em que o segurado contribuinte individual ou facultativo tiver contribuído na forma do § 2º do art. 21 da Lei n. 8.212/1991 (alíquota reduzida), salvo se tiver complementado as contribuições na forma do § 3º do mesmo artigo.

Eram contados como tempo de contribuição, entre outros, os períodos relacionados no art. 60 do Regulamento da Previdência Social (havia um extenso rol de situações). Todavia, o referido artigo foi revogado pelo Decreto n. 10.410/2020, passando a referida lista a constar agora do art. 188-G do Regulamento, *verbis*:

> Art. 188-G. O tempo de contribuição até 13 de novembro de 2019 será contado de data a data, desde o início da atividade até a data do desligamento, considerados, além daqueles referidos no art. 19-C, os seguintes períodos:
>
> I - o tempo de serviço militar, exceto se já contado para inatividade remunerada nas Forças Armadas ou auxiliares ou para aposentadoria no serviço público federal, estadual, distrital ou municipal, ainda que anterior à filiação ao RGPS, obrigatório, voluntário ou alternativo, assim considerado o tempo atribuído pelas Forças Armadas àqueles que, após o alistamento, alegaram imperativo de consciência, entendido como tal aquele decorrente de crença religiosa ou de convicção filosófica ou política, para se eximirem de atividades de caráter militar;
>
> II - o tempo em que o anistiado político esteve compelido ao afastamento de suas atividades profissionais, em decorrência de punição ou de fundada ameaça de punição, por motivo exclusivamente político, situação que será comprovada nos termos do disposto na Lei n. 10.559, de 13 de novembro de 2002;
>
> III - o tempo de serviço público federal, estadual, distrital ou municipal, inclusive aquele prestado a autarquia, sociedade de economia mista ou fundação instituída pelo Poder Público, regularmente certificado na forma prevista na Lei n. 3.841, de 15 de dezembro de 1960, desde que a certidão tenha sido requerida na entidade para a qual o serviço tenha sido prestado até 30 de setembro de 1975, data imediatamente anterior ao início da vigência da Lei n. 6.226, de 14 de junho de 1975;
>
> IV - o tempo de serviço do segurado trabalhador rural anterior à competência novembro de 1991;

V – o tempo de exercício de mandato classista junto a órgão de deliberação coletiva em que, nessa qualidade, tenha havido contribuição para a previdência social;

VI – o tempo de serviço prestado à Justiça dos Estados, às serventias extrajudiciais e às escrivanias judiciais, desde que não tenha havido remuneração pelo erário e que a atividade não estivesse, à época, vinculada a regime próprio de previdência social;

VII – o tempo de atividade dos auxiliares locais de nacionalidade brasileira no exterior amparados pela Lei n. 8.745, de 9 de dezembro de 1993, anteriormente a 1º de janeiro de 1994, desde que a sua situação previdenciária esteja regularizada no INSS;

VIII – o tempo de contribuição efetuado pelo servidor público de que tratam as alíneas "i", "j" e "l" do inciso I do *caput* do art. 9º e o § 2º do art. 26, com fundamento do disposto nos art. 8º e art. 9º da Lei n. 8.162, de 8 de janeiro de 1991, e no art. 2º da Lei n. 8.688, de 21 de julho de 1993; e

IX – o tempo exercido na condição de aluno-aprendiz referente ao período de aprendizado profissional realizado em escola técnica, desde que comprovados a remuneração pelo erário, mesmo que indireta, e o vínculo empregatício.

Parágrafo único. O tempo de contribuição de que trata este artigo será considerado para fins de cálculo do valor da renda mensal de qualquer benefício.

Apesar da lista de períodos considerados como tempo de contribuição, ficam sem previsão no referido artigo algumas situações extremamente comuns e polêmicas.

No tocante aos períodos de estabilidade não absoluta – passíveis de *indenização* pelo período de estabilidade, em vez de reintegração. Seriam tais períodos computados como tempo de contribuição? A nosso ver, a resposta positiva se impõe, visto que o direito à estabilidade no emprego pode ser tido como sendo o direito de ver reconhecida a relação de emprego até, no mínimo, o fim do período da estabilidade. Não há sentido algum em garantir os salários e vantagens do período garantido, mas desconsiderar o tempo como sendo de contribuição. Ademais, o pagamento de tais salários, quando não ocorra a reintegração, é parcela que sempre sofrerá incidência da contribuição à Seguridade Social, visto que a parcela não perde seu caráter salarial pelo mero fato de ter sido quitada em Juízo e após o término do liame empregatício. Fosse assim, e nenhuma parcela em que o empregador fosse condenado, num dissídio individual, sofreria tal incidência. No mesmo sentido, a atual redação do § 12 do art. 214 do Regulamento: "o valor pago à empregada gestante, inclusive à doméstica, em função do disposto na alínea 'b' do inciso II do art. 10 do Ato das Disposições Constitucionais Transitórias da Constituição Federal, integra o salário-de-contribuição, excluídos os casos de conversão em indenização previstos nos arts. 496 e 497 da Consolidação das Leis do Trabalho". Se integra o salário de contribuição, o período respectivo deve ser considerado.

Na mesma linha de raciocínio, os períodos de aviso prévio, quando "indenizados" – leia-se, convertidos em pecúnia –, devem compor o cálculo do tempo de contribuição. Não há como negar validade à regra do art. 487 da Consolidação das Leis do Trabalho, que impõe o reconhecimento do período de aviso prévio, mesmo quando indenizado, para todos os efeitos legais. Ora, para todos os efeitos é expressão que não permite, de modo algum, interpretação restritiva. Logo, uma vez "indenizado" o aviso, deverá ainda assim: a) sofrer o desconto da contribuição à Seguridade Social, pois também não perde a natureza remuneratória, já que se trata de tempo de contribuição para todos os fins; b) deve ser registrado na Carteira de Trabalho e Previdência Social – CTPS na sua íntegra, mesmo quando pago em dinheiro, em vez de trabalhado.

Em que pese o STJ entender pela não incidência de contribuição sobre períodos de aviso prévio não trabalhados, nota-se que a jurisprudência, para os fins de contagem do tempo, admite a sua inclusão: "No aviso prévio dado pelo empregador, tanto aquele trabalhado quanto o indenizado, o seu período de duração integra o tempo de contribuição para fins previdenciários"

(TRF-4, AC 5050038-94.2015.4.04.7100, 5ª Turma, Rel. Des. Fed. Gisele Lemke, juntado aos autos em 8.7.2020).

A respeito do tema, a TNU tem entendido que o cômputo do aviso prévio indenizado como tempo de serviço, assegurado no art. 487, § 1º, da CLT, também deve valer para todos os fins previdenciários. Para tanto, fixou as seguintes teses:

- "O período de aviso prévio que foi indenizado deve ser projetado como de manutenção da qualidade de segurado empregado, de modo que o período de graça inicie apenas após o término dessa projeção" (PUIL 5076345-22.2014.4.04.7100/RS, em 21.6.2018).
- RC Tema 250: "O período de aviso prévio indenizado é válido para todos os fins previdenciários, inclusive como tempo de contribuição para obtenção de aposentadoria" (PEDILEF 0515850-48.2018.4.05.8013/AL, j. 25.2.2021).

Um terceiro problema é o do tempo de contribuição prestado no estrangeiro. É fato que o Brasil já celebrou vários Acordos Internacionais no sentido de reconhecimento recíproco de tempo de contribuição prestado noutros países, com a consequente compensação financeira do período contribuído para o país concedente do benefício ao indivíduo, já citados na Parte I desta obra. Porém, isso não contempla todas as hipóteses de brasileiros que chegaram a trabalhar parte de sua vida no exterior.

Sobre a possibilidade da contagem do tempo de exercício de mandato eletivo para fins de aposentadoria, o TRF da 4ª Região decidiu que o art. 55, IV da Lei n. 8.213/1991 não autoriza esse computo sem a indenização das contribuições previdenciárias. Faz interpretação restritiva, sob alegação de que até o advento da Lei n. 10.887/2004, o exercício de mandato eletivo não implicava filiação obrigatória e nos termos do § 1º do art. 55 da Lei n. 8.213/1991, a averbação de tempo de contribuição cujo exercício não determinava filiação obrigatória ao RGPS só será admitida mediante o recolhimento das contribuições correspondentes (EINF 2001.71.14.000516-7/TRF 3ª Seção, Rel. Des. Federal João Batista Pinto Silveira, *DE* 1.10.2009). Esse entendimento foi confirmado pelo STJ, ao julgar o REsp 1.480.804/RS, 2ª Turma, Rel. Min. Humberto Martins, *DJe* 16.9.2015.

Outra questão de grande interesse envolve o ingresso na Administração Pública sem prévia aprovação em concurso, fora dos casos de livre nomeação e exoneração, em que a relação de trabalho fundada em lei estadual é posteriormente declarada inconstitucional pelo Poder Judiciário. Em tal hipótese, a TNU fixou a tese de que *"a relação jurídica previdenciária estabelecida entre a entidade gestora do RGPS e a pessoa que exerce atividade que determina vínculo obrigatório a aquele, na modalidade de segurado empregado, é relativamente independente da relação jurídica de trabalho a ela subjacente, razão pela qual a nulidade da investidura ou do contrato, decorrente da ausência de prévia aprovação em concurso público, não anula o respectivo tempo de serviço/contribuição, desde que não tenha havido simulação ou fraude na investidura ou contratação"* (PEDILEF 0518315-72.2014.4.05.8400, Rel. Juiz Federal Marcos Antônio de Carvalho, j. 16.6.2016).

– **Trabalho intermitente e empregados com renda mensal inferior ao salário mínimo**

Com a previsão legal do chamado "trabalho intermitente" pela Lei n. 13.467/2017 passamos a ter de enfrentar a questão sob a ótica previdenciária, especialmente quanto à preservação da qualidade de segurado destes trabalhadores.

A hipótese, prevista agora nos arts. 443 e 452-A da CLT, é assim conceituada no § 3º do art. 443:

> Considera-se como intermitente o contrato de trabalho no qual a prestação de serviços, com subordinação, não é contínua, ocorrendo com alternância de períodos de prestação de serviços e de inatividade, determinados em horas, dias ou meses, independentemente do tipo de atividade do empregado e do empregador, exceto para os aeronautas, regidos por legislação própria.

Quanto à prestação do trabalho intermitente, o art. 452-A da CLT (incluído pela Lei n. 13.467, de 2017) demonstra que a preocupação do legislador é relacionada com pessoas que, em regra, exercem atividades como *freelancers*, em casas noturnas – tais como garçons, *barmen*, agentes de segurança e outras atividades que envolvem o chamado ramo de entretenimento.

Ocorre que, pelos novéis dispositivos legais citados, o trabalhador em tal condição não terá remuneração, necessariamente, em todos os meses do referido contrato. Ou seja, nos meses em que não prestar trabalho, não terá salário de contribuição. Então, em que pese ter um vínculo de emprego em pleno curso – e, por conseguinte, ser segurado obrigatório – pode ficar meses sem contribuir.

Compreendemos que, neste caso, o segurado não poderá perder tal qualidade pelo simples fato de não ter contribuído (já que não exerceu trabalho). Porém, seu tempo de contribuição ficará limitado aos meses em que efetivamente realizar a contribuição, inclusive para fins de cômputo de prazos carenciais.

Situação afim envolve os empregados que possuem, esporádica ou constantemente, rendimento mensal inferior ao salário mínimo. Isso acontece, por exemplo, com empregados aprendizes, os contratados a tempo parcial, algumas atividades no emprego doméstico e, no curso de contratos de trabalho, por exemplo, em face de afastamentos por motivo de saúde, admissão ou dispensa no curso do mês, acarretando salário, no respectivo período, menor (proporcional aos dias trabalhados).

Entretanto, a EC n. 103/2019 fixou no art. 195, § 14, que o segurado somente terá somada ao tempo de contribuição ao RGPS a competência cuja contribuição seja igual ou superior à contribuição mínima mensal exigida para sua categoria, assegurado o agrupamento de contribuições. Os problemas daí advindos serão comentados a seguir.

– Períodos de trabalho com contribuição calculada sobre valor inferior ao limite mínimo do salário de contribuição

O tema do reconhecimento do tempo de contribuição para fins previdenciários ganha novos contornos polêmicos com a promulgação da EC n. 103/2019.

É que a referida Emenda altera o § 14 do art. 195 da Constituição, que assim passa a dispor:

> O segurado somente terá reconhecida como tempo de contribuição ao Regime Geral de Previdência Social a competência cuja contribuição seja igual ou superior à contribuição mínima mensal exigida para sua categoria, assegurado o agrupamento de contribuições.

É certo que já havia sido feita uma tentativa de estabelecer limitações ao cômputo quando o segurado empregado recebesse valor inferior ao salário mínimo mensal, por força da MP n. 808/2017, que, no entanto, não chegou a ser convertida em Lei, ao incluir o art. 911-A na CLT.

A RFB, por seu turno, publicou a IN n. 2.110/2022, a qual estabelece que o trabalhador intermitente, caso pretenda contar o período de inatividade como tempo de contribuição, deverá contribuir durante esse período como segurado facultativo (art. 5º, § 12).

Para se ter ideia do alcance da discussão em termos de cobertura previdenciária, veja-se a informação colhida do site Migalhas:

De acordo com dados do Cadastro Geral de Empregados e Desempregados – CAGED, entre janeiro e dezembro de 2018 foram criadas 69.984 vagas de trabalho intermitente no Brasil, e houve 19.951 desligamentos de trabalhadores neste modelo, chegando-se ao saldo de 50.033. O número representa quase 10% do total de empregos criados no período, que foi de 529,5 mil. (incluir em nota de rodapé: Contrato de trabalho intermitente: Receita Federal regulamenta a contribuição à previdência (Disponível em: https://www.migalhas.com.br/dePeso/16,MI298202,91041-Contrato+de+trabalho+intermitente+Receita+Federal+regulamenta+a. Acesso em: 6 nov. 2019).

Temos o entendimento de que a exigência, mesmo constando em Emenda Constitucional, fere o princípio da universalidade da cobertura e do atendimento, pois se trata de segurado obrigatório, sendo que o montante auferido como rendimento do trabalho não é fator que interfira nessa qualidade, sob pena de se fazer letra morta do aludido princípio, justamente afetando a proteção social daqueles que dela mais necessitam.

O limite mínimo do salário de contribuição sempre correspondeu, para os segurados empregados, inclusive o doméstico, e o trabalhador avulso, ao piso salarial legal ou normativo da categoria ou, inexistindo este, ao salário mínimo, tomado seu *valor mensal, diário ou horário*, conforme o ajustado e o tempo de trabalho efetivo durante o mês (§ 3º do art. 28 da Lei n. 8.212/1991). Esta regra, que se baseia no *princípio da equidade da participação no custeio* (CF, art. 194, parágrafo único), evita que se exija do segurado pagamento de contribuição maior do que sua capacidade contributiva.

Em acréscimo ao disposto no § 14 do art. 195 da CF, o art. 29 da Emenda prevê:

> Art. 29. Até que entre em vigor lei que disponha sobre o § 14 do art. 195 da Constituição Federal, o segurado que, no somatório de remunerações auferidas no período de 1 (um) mês, receber remuneração inferior ao limite mínimo mensal do salário de contribuição poderá:
> I – complementar a sua contribuição, de forma a alcançar o limite mínimo exigido;
> II – utilizar o valor da contribuição que exceder o limite mínimo de contribuição de uma competência em outra; ou
> III – agrupar contribuições inferiores ao limite mínimo de diferentes competências, para aproveitamento em contribuições mínimas mensais.
> Parágrafo único. Os ajustes de complementação ou agrupamento de contribuições previstos nos incisos I, II e III, do *caput* somente poderão ser feitos ao longo do mesmo ano civil.

O assunto ganha disposições mais detalhadas no Regulamento da Previdência Social, notadamente nos arts. 19-E e 216, § 27-A (incluídos pelo Decreto n. 10.410/2020).

É importante frisar que, no caso de segurados com contribuição apurada em valor inferior ao salário mínimo, pode supostamente ocorrer, inclusive, a perda da qualidade de segurado (?), mesmo estando empregado, ou exercendo trabalho em outra categoria, segundo o § 8º do art. 13 do RPS, que prevê: "O segurado que receber remuneração inferior ao limite mínimo mensal do salário de contribuição somente manterá a qualidade de segurado se efetuar os ajustes de complementação, utilização e agrupamento a que se referem o § 1º do art. 19-E e o § 27-A do art. 216".

Com o afã de regulamentar a matéria, antes mesmo do Decreto n. 10.410/2020, a Receita Federal emitiu outra instrução normativa, não obedecendo sequer ao prazo de 90 dias exigido para as hipóteses de majoração de contribuições à Seguridade Social (§ 6º do art. 195 da CF). Pela referida instrução normativa, a complementação seria devida já a partir da competência novembro de 2019 e a não realização acarretará a desconsideração de contribuições menores para todos os fins previdenciários, inclusive a manutenção da qualidade de segurado.

É de notar-se que o fato gerador da contribuição previdenciária do segurado sempre foi (e continua sendo, mesmo após a EC n. 103) a *remuneração auferida* nas atividades laborativas que acarretam sua filiação compulsória ao RGPS (CF, art. 195, II). Ora, se a renda auferida foi *inferior a um salário mínimo* (hipótese que abrange uma gama bem grande de pessoas, como empregados domésticos, aprendizes, trabalhadores a tempo parcial e, mais recentemente, os intermitentes), temos que essas pessoas, caso se admita válida a exigência, serão fulminadas em seus direitos previdenciários, pois sequer se pode admitir, em sã consciência, que tenham conhecimento dessa exigência.

Pior que isso, como será identificado, em situação que, além de inconstitucional, é flagrantemente ilegal (pois, sem previsão legal alguma, vem totalmente regida por atos administrativos, que, como se sabe, não podem restringir direitos ou impor obrigações – princípio da legalidade).

A exigência em questão é de flagrante inconstitucionalidade, pois fere, em tese, diversos princípios: o *princípio da anterioridade*, pois se trata da criação de uma *nova contribuição* (adicional, complementar), sem observância do prazo nonagesimal (e que não se pode chamar de facultativa, pois caso não realizada acarreta efeitos prejudiciais aos direitos do segurado e seus dependentes); o *da universalidade da cobertura e do atendimento*, estando o indivíduo classificado como segurado obrigatório e filiado a partir do início do exercício de sua atividade; o *princípio da equidade da participação no custeio* (CF, art. 194, parágrafo único, V),[2] na medida em que um segurado que aufira, no curso do mês, renda inferior a um salário mínimo, contribuirá (proporcionalmente ao seu rendimento) em percentual maior do que outros segurados e contribuintes com maior capacidade contributiva; e a *vedação à tributação com caráter confiscatório*, pois é evidente que um indivíduo com rendimento inferior ao salário mínimo legal não tem capacidade contributiva para a aludida complementação (art. 145 da CF).[3]

Exemplificando, não faz sentido exigir de um trabalhador intermitente que tenha auferido, no curso de um mês, R$ 500,00 ou R$ 800,00, que este faça uma contribuição de 7,5% sobre o salário mínimo (cerca de R$ 91,00), comprometendo sua renda em percentual bem maior do que um empregado remunerado com salário superior (caráter confiscatório), lembrando-se que o Microempreendedor Individual pode contribuir com apenas 5% do salário mínimo, como será visto adiante.

A complementação, segundo a RFB (e, posteriormente, conforme o Decreto n. 10.410/2020, que incluiu no Regulamento da Previdência Social o art. 19-E), sem que tenha havido fixação por lei em sentido estrito, deverá ser realizada por meio do Documento de Arrecadação de Receitas Federais – DARF, com a utilização do número do CPF do segurado/contribuinte, no código de receita 1872 – Complemento de Contribuição Previdenciária, conforme Ato Declaratório Executivo CODAC/RFB n. 5, de 6.2.2020.

---

[2] Como didaticamente apontado por Marcelino Alcântara, "a equidade, quem possui maior poder aquisitivo contribui mais, ao passo que o empregado que ganha um salário mínimo, por exemplo, contribuirá proporcionalmente às suas condições" (ALCÂNTARA, Marcelino Alves de. *O princípio da equidade na forma de participação no custeio*. Dissertação [Mestrado em Direito] – Pontifícia Universidade Católica de São Paulo, São Paulo, 2010. p. 128).

[3] O princípio da capacidade contributiva é tratado não só como um valor de igualdade na tributação, mas também como um limitador à incidência tributária. São identificados os limites de preservação ao mínimo existencial, em que há ausência de capacidade contributiva, e o limite de vedação ao confisco, em que se esgota a capacidade contributiva (HACK, Érico. Princípio da capacidade contributiva: limites e critérios para o tributo. *Revista da SJRJ*, n. 39, p. 83. Disponível em: https://www.jfrj.jus.br/revista-sjrj/artigo/principio-da-capacidade-contributiva-limites-e-criterios-para-o-tributo-ability. Acesso em: 21 jul. 2020).

Essa complementação, caso não seja declarada *inconstitucional*, nem *ilegal*, deve ser realizada nas competências a partir de novembro de 2019, segundo o ato administrativo em comento, para preservação do período contributivo em questão. Observe-se que a norma é absolutamente draconiana, pois, como o art. 29 da EC n. 103 exige que a complementação se dê "ao longo do mesmo ano civil", o segurado teria apenas o mês de dezembro de 2019 para tal complementação no que diz respeito a novembro de 2019. Eis aqui mais uma violação evidente: considerando a promulgação da Emenda em 13.11.2019, fixar-se um prazo de caducidade em 31.12.2019 (47 dias após a vigência da regra) é, definitivamente, de intenção a desproteger os cidadãos menos afortunados. E o ato que permite tal complementação somente foi emitido pela RFB em fevereiro de 2020, inviabilizando o pagamento em dezembro de 2019, portanto.

Os detalhamentos quanto ao recolhimento são objeto de maiores digressões no Capítulo 19 desta obra, a que remetemos o leitor, caso necessite saber como se dará a contribuição.

36.1 PROVA DO TEMPO DE CONTRIBUIÇÃO

A comprovação do exercício de atividade era, em regra, de incumbência do segurado, que deveria reunir provas de haver prestado serviços cuja vinculação à Previdência Social era obrigatória. A partir da promulgação da Lei n. 10.403/2002 e do Decreto n. 4.079/2002, tal incumbência só se mantém na hipótese de não haver informações do segurado no CNIS, ou se o segurado entender que tais informações, quando existentes, não condizem com a realidade (art. 19 do Decreto n. 3.048/1999).

A prova do tempo de contribuição deve ser feita por meio de documentos que comprovem o exercício da atividade nos períodos a serem contados, devendo esses documentos ser contemporâneos aos fatos a comprovar. A prova exclusivamente testemunhal é admitida apenas em casos de motivo de força maior ou caso fortuito.

Nesse sentido foi a alteração realizada pela Lei n. 13.846/2019 em relação ao § 3º do art. 55 da Lei n. 8.213/1991, para estabelecer a exigência de início de prova material "contemporânea dos fatos".

O STF já decidiu que a exigência do início de prova material não vulnera os preceitos dos arts. 5º, incisos LV e LVI, 6º e 7º, inciso XXIV, da Constituição Federal. Nesse sentido: RE 236.759/SP, Rel. Min. Marco Aurélio, Informativo STF n. 225, de 2.5.2001.

Caracteriza motivo de força maior ou caso fortuito a verificação de ocorrência notória, tais como incêndio, inundação ou desmoronamento, que tenha atingido o local no qual o segurado alegue ter trabalhado, devendo ser comprovada por meio de ocorrência policial e verificada a correlação entre a atividade da empresa e a profissão do segurado.

A exigência de documentação contemporânea para comprovar o período de trabalho não parece adequada à realidade, que é frequentemente informal, do mercado de trabalho brasileiro, tanto urbano quanto rural. Mais preocupante ainda é o fato de que nem mesmo a declaração prestada por ex-empregadores é considerada suficiente para suprir a ausência dessa documentação, como já foi decidido várias vezes pela TNU:

> *Prova exclusivamente testemunhal (depoimentos e declarações fornecidos por ex-empregadores) não é apta para comprovação de tempo de serviço urbano perante o INSS, sendo necessário início de prova material. O entendimento foi firmado pela Turma Nacional de Uniformização da Jurisprudência dos Juizados Especiais Federais (TNU) na sessão do dia 28 de julho em decisão unânime.*
>
> *(...) No caso, como a decisão da Turma Recursal do Espírito Santo reconheceu o tempo de serviço para fins previdenciários baseada exclusivamente em prova testemunhal (declara-*

ções extemporâneas de ex-empregadores), desacompanhada de início de prova material, a TNU decidiu que o acórdão afronta entendimento não somente do STJ, mas também da Turma Nacional, razão pela qual deve ser reformado (Processo 2002.50.01.001736-0/ES, julg. 28.7.2008 – Informativo da TNU de 31.7.2008, disponível em www.jf.jus.br, acesso em 21.1.2009).

Como alento, convém assinalar que a Lei n. 11.941/2009 previu a inserção do art. 125-A na Lei de Benefícios, o qual dispõe:

> Art. 125-A. Compete ao Instituto Nacional do Seguro Social – INSS realizar, por meio dos seus próprios agentes, quando designados, todos os atos e procedimentos necessários à verificação do atendimento das obrigações não tributárias impostas pela legislação previdenciária e à imposição da multa por seu eventual descumprimento.
> § 1º A empresa disponibilizará a servidor designado por dirigente do INSS os documentos necessários à comprovação de vínculo empregatício, de prestação de serviços e de remuneração relativos a trabalhador previamente identificado.
> § 2º Aplica-se ao disposto neste artigo, no que couber, o art. 126.
> § 3º O disposto neste artigo não abrange as competências atribuídas em caráter privativo aos ocupantes do cargo de Auditor-Fiscal da Receita Federal do Brasil previstas no inciso I do art. 6º da Lei n. 10.593, de 6 de dezembro de 2002.

A finalidade da norma, segundo a Exposição de Motivos que remete à MP n. 449/2008 enviada ao Congresso, é "dotar o INSS de instrumentos necessários ao regular reconhecimento, manutenção, revisão ou extinção de direitos previdenciários, a exemplo das diligências destinadas à comprovação de vínculo empregatício", o que pode vir a se transformar em importante ferramenta em favor dos trabalhadores mantidos na informalidade, para a comprovação da atividade laboral exercida.

Sobre os tipos de prova a serem utilizadas para a comprovação do tempo de atividade, escreve *Wladimir Novaes Martinez*:

> As provas podem ser materiais ou orais. As materiais consistem em documentos ou objetos que evidenciem haver o segurado prestado serviços. As orais são depoimentos testemunhais, os quais só são aceitos se acompanhados de início razoável de prova material. Quanto à eficácia, elas podem ser plenas ou não. A prova não plena é um conjunto probatório, geralmente baseado em documentos, que configuram cabalmente a prestação de serviços. A plena é usualmente isolada, caso da anotação regular da relação de emprego na CTPS, e dispensa outras provas.[4]

E, na interpretação de Hélio Gustavo Alves: "Não há distinção entre as provas judiciais e administrativas, pois prova é prova. A única problemática é que a legislação previdenciária limita algumas espécies de prova documentais, bem como aceita a prova testemunhal somente acompanhada de indício de prova material. Caso contrário, não considera por inteiro a prova testemunhal, o que fere os princípios constitucionais do Direito".[5]

Para efeito de prova de tempo de contribuição para os trabalhadores em geral, o § 1º do art. 19-B do RPS (incluído pelo Decreto n. 10.410/2020) relaciona os seguintes documentos, subsidiariamente ao CNIS:

---

[4] MARTINEZ, Wladimir Novaes. *O salário-base na previdência social*. São Paulo: LTr, 1986, p. 349.
[5] ALVES, Hélio Gustavo. *Guia prático dos benefícios previdenciários*. 4. ed. Rio de Janeiro: Forense, 2022, p. 225.

I – carteira profissional ou Carteira de Trabalho e Previdência Social;

II – contrato individual de trabalho;

III – contrato de trabalho por pequeno prazo, na forma prevista no § 3º do art. 14-A da Lei n. 5.889, de 1973;

IV – carteira de férias;

V – carteira sanitária;

VI – caderneta de matrícula;

VII – caderneta de contribuição dos extintos institutos de aposentadoria e pensões;

VIII – caderneta de inscrição pessoal visada:

a) pela Capitania dos Portos;

b) pela Superintendência do Desenvolvimento da Pesca; ou

c) pelo Departamento Nacional de Obras Contra as Secas;

IX – declaração da Secretaria Especial da Receita Federal do Brasil do Ministério da Economia;

X – certidão de inscrição em órgão de fiscalização profissional, acompanhada de documento que prove o exercício da atividade;

XI – contrato social, acompanhado de seu distrato, e, quando for o caso, ata de assembleia geral e registro de empresário;

XII – certificado de sindicato ou órgão gestor de mão de obra que agrupe trabalhadores avulsos;

XIII – extrato de recolhimento do FGTS; e

XIV – recibos de pagamento.

Os documentos necessários à atualização do CNIS e à análise de requerimentos de benefícios e serviços poderão ser apresentados em cópias simples, em meio físico ou eletrônico, dispensada a sua autenticação, exceto nas hipóteses em que haja previsão legal expressa e de dúvida fundada quanto à autenticidade ou à integridade do documento, ressalvada a possibilidade de o INSS exigir, a qualquer tempo, os documentos originais para fins do disposto no art. 179, situação em que o responsável pela apresentação das cópias ficará sujeito às sanções administrativas, civis e penais aplicáveis (§ 2º do art. 19-B do RPS, incluído pelo Decreto n. 10.410/2020).

Caso os documentos apresentados não sejam suficientes para a comprovação de atividade, vínculo ou remunerações, eles poderão ser corroborados por pesquisa, na forma prevista no § 5º do art. 19-B do RPS (incluído pelo Decreto n. 10.410/2020), ou justificativa administrativa, conforme o caso.[6]

Na falta de documento contemporâneo, podem ser aceitos declaração do empregador ou de seu preposto, atestado de empresa ainda existente ou certificado ou certidão de entidade oficial dos quais constem os dados previstos no *caput*, desde que extraídos de registros existentes, que serão confirmados pelo INSS na forma prevista no § 5º, exceto se fornecidas por órgão público (§ 4º do art. 19-B do RPS, incluído pelo Decreto n. 10.410/2020).

Somente serão exigidos certidões ou documentos expedidos por órgãos públicos quando não for possível a sua obtenção diretamente do órgão ou da entidade responsável pela base de dados oficial. É que existe dever de colaboração entre as entidades públicas.

Serão realizados exclusivamente pela Secretaria Especial da Receita Federal do Brasil os acertos de:

---

[6] Art. 19-B, "§ 5º A empresa disponibilizará a servidor designado por dirigente do INSS as informações e os registros de que dispuser, relativamente a segurado a seu serviço e previamente identificado, para fins de instrução ou revisão de processo de reconhecimento de direitos e outorga de benefícios do RGPS e para inclusão, exclusão, ratificação ou retificação das informações constantes do CNIS, conforme critérios definidos pelo INSS, independentemente de requerimento de benefício".

I – inclusão de recolhimento, alterações de valor autenticado ou data de pagamento da Guia da Previdência Social ou do documento que venha a substituí-la;

II – transferência de contribuição com identificador de pessoa jurídica ou equiparada para o CNIS; e

III – inclusão da contribuição liquidada por meio de parcelamento.

No que tange ao exercício de atividade rural, o art. 106 da LBPS indica os documentos que devem ser apresentados de forma alternativa:

a) *contrato individual de trabalho ou Carteira de Trabalho e Previdência Social;*
b) *contrato de arrendamento, parceria ou comodato rural;*
c) *declaração fundamentada de sindicato que represente o trabalhador rural ou, quando for o caso, de sindicato ou colônia de pescadores, desde que homologada pelo INSS (revogado pela Lei n. 13.846/2019);*
d) *comprovante de cadastro do Instituto Nacional de Colonização e Reforma Agrária – INCRA (a Lei n. 13.846/2019, passou a exigir declaração de Aptidão ao Programa Nacional de Fortalecimento da Agricultura Familiar, de que trata o inciso II do caput do art. 2º da Lei n. 12.188/2010, ou por documento que a substitua);*
e) *bloco de notas do produtor rural;*
f) *notas fiscais de entrada de mercadorias, emitidas pela empresa adquirente da produção, com indicação do nome do segurado como vendedor;*
g) *documentos fiscais relativos à entrega de produção rural à cooperativa agrícola, entreposto de pescado ou outros, com indicação do segurado como vendedor ou consignante;*
h) *comprovantes de recolhimento de contribuição à Previdência Social decorrentes da comercialização da produção;*
i) *cópia da declaração de imposto de renda, com indicação de renda proveniente da comercialização de produção rural;*
j) *licença de ocupação ou permissão outorgada pelo INCRA.*

As anotações na CTPS valem, para todos os efeitos, como prova de filiação à Previdência Social, relação de emprego, tempo trabalhado e salário de contribuição. Não é do trabalhador o ônus de provar a veracidade das anotações de sua CTPS, nem de fiscalizar o recolhimento das contribuições previdenciárias, pois as anotações gozam de presunção *juris tantum* de veracidade, consoante Súmula n. 12 do TST. No mesmo sentido a Súmula n. 75 da TNU:

> *A Carteira de Trabalho e Previdência Social (CTPS) em relação à qual não se aponta defeito formal que lhe comprometa a fidedignidade goza de presunção relativa de veracidade, formando prova suficiente de tempo de serviço para fins previdenciários, ainda que a anotação de vínculo de emprego não conste no Cadastro Nacional de Informações Sociais (CNIS).*

Na falta de documento contemporâneo podem ser aceitos declaração do empregador ou seu preposto, atestado de empresa ainda existente, certificado ou certidão de entidade oficial dos quais constem os dados necessários, desde que extraídos de registros efetivamente existentes e acessíveis à fiscalização do INSS.

Aplica-se a mesma regra em favor do empregado rural com registro em carteira profissional em período anterior ao advento da Lei n. 8.213/1991. Nesse sentido: STJ, REsp 1.352.791/SP (Repetitivo – Tema 644), 1ª Seção, Rel. Min. Arnaldo Esteves Lima, *DJe* 5.12.2013.

A respeito, também, o Representativo de Controvérsia n. 153 da TNU: "É possível o reconhecimento do tempo de serviço exercido por trabalhador rural registrado em carteira profissional em período anterior à Lei 8.213/91 para efeito de carência, independentemente do recolhimento das contribuições previdenciárias, tendo em vista que o empregador rural, juntamente com as demais fontes previstas na legislação de regência, eram os responsáveis pelo custeio do fundo de assistência e previdência rural (FUNRURAL)".

Quando a empresa não estiver mais em atividade, deverá o interessado juntar prova oficial de sua existência no período que pretenda comprovar.

No caso de empregada doméstica, a TNU fixou orientação no sentido de que: "as declarações assinadas por ex-empregadores, para fins de comprovação do exercício de atividade de empregada doméstica, somente devem ser consideradas como início de prova material, ainda que ausente a contemporaneidade do documento, quando corroboradas por robusta prova testemunhal e se refiram a período anterior à vigência da Lei n. 5.859, de 11/12/72" (PEDILEF 0007223-71.2012.4.03.6302, julgado em 25.5.2017).

Para quem trabalhe ou contribua por conta própria (os contribuintes individuais: empresários, autônomos, facultativos, trabalhadores sem carteira assinada), o tempo de contribuição será comprovado pelos comprovantes de recolhimento.

Na hipótese do segurado que alterne períodos de carteira assinada com períodos de trabalho por conta própria, o tempo de contribuição como empregado será somado ao tempo de contribuição comprovado pelas guias respectivas. Entretanto, quando o contribuinte individual for contratado para prestar serviços para empresas, a responsabilidade pela retenção e repasse das contribuições passou a ser da contratante (Lei n. 10.666/2003).

Merece destaque o entendimento do STF acerca do direito do segurado a obtenção de certidão de tempo de contribuição perante o INSS, nos termos da ementa que segue:

> *Direitos Individuais Homogêneos. Segurados da Previdência Social. Certidão Parcial de Tempo de Serviço. Recusa da Autarquia Previdenciária. Direito de Petição e Direito de Obtenção de Certidão em Repartições Públicas. Prerrogativas Jurídicas de Índole Eminentemente Constitucional. Existência de Relevante Interesse Social. Ação Civil Pública. Legitimação Ativa do Ministério Público. Doutrina. Precedentes. Recurso Extraordinário Improvido.*
> (RE 472.489/RS, 2ª Turma, Rel. Min. Celso de Mello, DJe 28.11.2007).

36.2 RECONHECIMENTO DO TEMPO DE CONTRIBUIÇÃO E RESPECTIVA INDENIZAÇÃO

Reconhecimento do tempo de contribuição é o direito de o segurado ter reconhecido, em qualquer época, o tempo de exercício de atividade anteriormente abrangida pela previdência social, observado o disposto no art. 122 do Regulamento da Previdência Social.

O referido dispositivo regulamentar, com a redação conferida pelo Decreto n. 10.410/2020, assim dispõe: "O reconhecimento do tempo de contribuição no período em que o exercício de atividade remunerada não exigia filiação obrigatória à previdência social somente será feito por meio de indenização das contribuições relativas ao respectivo período, conforme o disposto no § 7º e nos § 9º ao § 14 do art. 216 e nos § 8º e § 8º-A do art. 239".

O valor a ser indenizado poderá ser objeto de parcelamento por solicitação do segurado à Secretaria Especial da Receita Federal do Brasil do Ministério da Fazenda, observado o disposto no § 1º do art. 128 do Regulamento.[7]

---

[7] RPS, Art. 128, "§ 1º A certidão de tempo de contribuição, para fins de averbação do tempo em outros regimes de previdência, somente será expedida pelo Instituto Nacional do Seguro Social após a comprovação da quitação

A indenização em comento, todavia, é exigida inclusive para períodos de filiação obrigatória, mesmo antecedentes à inscrição, como é o caso dos contribuintes individuais, segurados obrigatórios que são por força de lei, mas que por vezes fazem sua inscrição tempos após terem iniciado sua atividade.

Preceitua o art. 124 do Regulamento, com redação conferida pelo Decreto n. 10.410/2020, que, caso o segurado contribuinte individual manifeste interesse em recolher contribuições relativas a *período anterior à sua inscrição*, a retroação da data do início das contribuições será autorizada, desde que comprovado o exercício de atividade remunerada no respectivo período, observado o disposto nas demais regras referentes ao pagamento das contribuições em atraso, ou da indenização de períodos atingidos pela decadência quanto às contribuições devidas.

O INSS atualmente reconhece que o contribuinte individual informado em GFIP a partir da competência abril de 2003 (Lei n. 10.666/2003), poderá ter deferido o pedido de reconhecimento da filiação mediante comprovação do exercício da atividade remunerada, independente do efetivo recolhimento das contribuições.

Se o período a ser reconhecido for tal que o direito de exigir as contribuições não esteja fulminado pela decadência (cinco anos, conforme a Súmula Vinculante n. 8 do STF e o art. 173 do CTN), aplica-se a regra de cálculo para as contribuições em atraso, apuradas sobre o salário de contribuição, com juros SELIC e multa moratória (Lei n. 8.212/1991, arts. 35 a 39, com redação dada pela Lei n. 11.941/2009).

Quanto ao período antecedente ao prazo decadencial – cuja exigibilidade da contribuição respectiva já tenha sido atingida pela decadência (Súmula Vinculante n. 8 do STF), bem como para fins de contagem recíproca de períodos na condição de trabalhador rural, sem contribuição, para utilização em Regime Próprio mediante certidão,[8] a sistemática de cálculo para a indenização correspondente é prevista na LC n. 128, de 2008, que incluiu o art. 45-A ao texto da Lei n. 8.212/1991, nos seguintes termos:

> *Art. 45-A. O contribuinte individual que pretenda contar como tempo de contribuição, para fins de obtenção de benefício no Regime Geral de Previdência Social ou de contagem recíproca do tempo de contribuição, período de atividade remunerada alcançada pela decadência deverá indenizar o INSS.*
>
> *§ 1º O valor da indenização a que se refere o caput deste artigo e o § 1º do art. 55 da Lei n. 8.213, de 24 de julho de 1991, corresponderá a 20% (vinte por cento):*
>
> *I – da média aritmética simples dos maiores salários de contribuição, reajustados, correspondentes a 80% (oitenta por cento) de todo o período contributivo decorrido desde a competência julho de 1994; ou*
>
> *II – da remuneração sobre a qual incidem as contribuições para o regime próprio de previdência social a que estiver filiado o interessado, no caso de indenização para fins da contagem recíproca de que tratam os arts. 94 a 99 da Lei n. 8.213, de 24 de julho de 1991, observados o limite máximo previsto no art. 28 e o disposto em regulamento.*
>
> *§ 2º Sobre os valores apurados na forma do § 1º deste artigo incidirão juros moratórios de 0,5% (cinco décimos por cento) ao mês, capitalizados anualmente, limitados ao percentual máximo de 50% (cinquenta por cento), e multa de 10% (dez por cento).*
>
> *§ 3º O disposto no § 1º deste artigo não se aplica aos casos de contribuições em atraso não alcançadas pela decadência do direito de a Previdência constituir o respectivo crédito, obedecendo-se, em relação a elas, as disposições aplicadas às empresas em geral.*

---

de todos os valores devidos, inclusive de eventuais parcelamentos de débito".

[8] Arts. 123, 125 e 128, § 3º, todos do Regulamento, com a redação conferida pelo Decreto n. 10.410/2020.

A regulamentação da matéria por meio de lei complementar objetiva afastar discussões judiciais sobre a existência de vício formal, adequando-se ao disposto no art. 146 da CF. No RPS a matéria vem disposta no § 7º do art. 216, nos seguintes termos:

> Para apuração e constituição dos créditos a que se refere o § 1º do art. 348, a seguridade social utilizará como base de incidência o valor da média aritmética simples dos maiores salários de contribuição correspondentes a oitenta por cento de todo o período contributivo decorrido desde a competência julho de 1994, corrigidos mês a mês pelos mesmos índices utilizados para a obtenção do salário de benefício, observado o limite máximo a que se refere o § 5º do art. 214. (Redação dada pelo Decreto n. 10.410, de 2020)

É questionável a sistemática de cálculo para a "indenização" acima que utiliza base de cálculo agora diversa daquela que é utilizada para o cálculo dos benefícios após a EC n. 103, já que para estes não há mais o desprezo dos salários de contribuição mais baixos, equivalentes a 20% do período contributivo. Vale dizer, perdeu-se a simetria entre contribuição e contraprestação, o que pode levar a uma tese que ponha em discussão a redução do valor da indenização após a EC n. 103.

Cabe referir que, conforme a jurisprudência dominante do STJ, é indevida a exigência de juros moratórios e multa sobre o valor de indenização substitutiva de contribuições previdenciárias, relativamente a período de tempo de serviço anterior à Medida Provisória n. 1.523, de 1996, ou seja, 14.10.1996 (Repetitivo Tema n. 1103, REsp 1929631/PR, 1ª Seção, DJe 20.5.2022). Este entendimento passou a constar do RPS por força da redação do art. 239, conferida pelo Decreto n. 10.410/2020.

Em relação ao recolhimento em atraso de contribuições, o INSS passou a entender que, para efeito de verificação do direito adquirido ou de enquadramento nas regras de transição dos arts. 16 e 17 da EC n. 103/2019, não seria possível computar, como tempo de contribuição, o período cujas contribuições tenham sido indenizadas após 13.11.2019. Ou seja, o recolhimento efetuado em atraso após o fato gerador não será computado para nenhum fim, ainda que dentro do prazo de manutenção da qualidade de segurado, observada a possibilidade de alteração da DER para os benefícios programáveis. A respeito desse novo entendimento, o Comunicado DIVBEN n. 02, de 23.4.2021, a Portaria PRESI/INSS n. 1.382/2021 (art. 9º) e a IN PRESI/INSS n. 128/2022 (art. 211).

No entanto, colhe-se de precedentes jurisprudenciais que tal interpretação dada pelo INSS não tem amparo legal, porque pretende restringir o que o legislador (reformador ou ordinário) não restringiu. A EC n. 103/2019 não revoga nem altera o disposto no art. 45-A da Lei n. 8.212/1991, que rege o recolhimento das indenizações das contribuições previdenciárias e permite – sem restrições – o uso como tempo de contribuição do período objeto do recolhimento em atraso. Do mesmo modo, o art. 27 da Lei n. 8.213/1991 impede o aproveitamento das contribuições recolhidas em atraso para fins de carência, mas não para fins de tempo de contribuição. Portanto, considerando que os arts. 16 e 17 da EC n. 103/2019 tratam de tempo de contribuição, e não de carência, mostra-se possível a utilização do tempo rural indenizado para verificação do direito adquirido ou enquadramento nas regras transitórias, ainda que a indenização tenha ocorrido após a publicação da aludida Emenda Constitucional ou mesmo após 30.6.2020. Nesse sentido: TRF/4, 9ª Turma, AC 5016207-44.2022.4.04.9999, Rel. Des. Fed. Paulo Afonso Brum Vaz, j. em 23.9.2023.

Porém, a questão chegou ao STF, que deu repercussão geral à matéria, Tema n. 1329: "Possibilidade de complementação de contribuição previdenciária para enquadramento em regra de transição prevista no art. 17 da Emenda Constitucional n. 103/2019" (*Leading Case*: RE n. 1.508.285, Rel. Min. Alexandre de Moraes, *DJe* 9.10.2024).

Espera-se que a Suprema Corte firme entendimento no sentido de que, feita a indenização, deverá ser verificado o preenchimento dos requisitos em momento anterior à EC n. 103/2019 (porque o período indenizado também é anterior), apenas com a concessão postergada para momento posterior à indenização. E, também, o cumprimento das regras de transição, considerando como tempo de contribuição aquele que constava no CNIS, em 13.11.2019, acrescido do tempo indenizado.

Em síntese, para efeito de verificação do direito adquirido ou de enquadramento nas regras de transição da EC n. 103/2019, é possível computar, como tempo de contribuição, o período cujas contribuições tenham sido indenizadas após 13.11.2019.

36.3 ATIVIDADE RURÍCOLA E O REGIME DE ECONOMIA FAMILIAR

Consoante previsão contida no § 8º do art. 195 da Constituição Federal, o trabalho em regime de economia familiar é aquele exercido pelo produtor, pelo parceiro, pelo meeiro e pelo arrendatário rurais e o pescador artesanal, bem como pelos respectivos cônjuges, sem empregados permanentes.

Como já assinalado no tópico relativo aos segurados, as Leis n. 11.718/2008 e n. 13.846/2019 trouxeram uma série de novidades quanto ao trabalho rural, a primeira delas redefinindo o que se entende por segurado especial e regime de economia familiar, conforme se observa da redação do art. 11, VII, da Lei n. 8.213/1991:

– *segurado especial: a pessoa física residente no imóvel rural ou em aglomerado urbano ou rural próximo a ele que, individualmente ou em regime de economia familiar, ainda que com o auxílio eventual de terceiros a título de mútua colaboração, (...)*
– *regime de economia familiar: a atividade em que o trabalho dos membros da família é indispensável à própria subsistência e ao desenvolvimento socioeconômico do núcleo familiar e é exercido em condições de mútua dependência e colaboração, sem a utilização de empregados permanentes (...).*

A Lei n. 13.846/2019 criou sérias dificuldades na comprovação do tempo trabalhado pelo segurado especial, entre as quais a necessidade de inscrição no CNIS e de atualização anual do cadastro (art. 38-A da LBPS). O RPS, com a redação conferida pelo Decreto n. 10.410/2020, vem no mesmo diapasão.

Consigna-se que havia a previsão legal de que, a partir de 1º de janeiro de 2023, a comprovação da condição e do exercício da atividade rural do segurado especial ocorresse exclusivamente pelas informações constantes do CNIS. Foi estabelecida, também, a possibilidade de, até 1º de janeiro de 2025, o cadastro ser realizado, atualizado e corrigido, e, na hipótese de ausência de atualização do cadastro, o segurado especial somente poderia computar o período de trabalho rural se efetuado, em época própria, o recolhimento na forma prevista no art. 25 da Lei n. 8.212/1991 (incidente sobre a comercialização da sua produção).

No entanto, a EC n. 103/2019 postergou a obrigatoriedade do cumprimento da exigência de inscrição no CNIS para quando a cobertura mínima atingir 50% dos segurados especiais. Vejamos o que consta do art. 25, § 1º, da Reforma da Previdência:

Para fins de comprovação de atividade rural exercida até a data de entrada em vigor desta Emenda Constitucional, o prazo de que tratam os §§ 1º e 2º do art. 38-B da Lei n. 8.213, de 24 de julho de 1991, será prorrogado até a data em que o Cadastro Nacional de Informações Sociais (CNIS) atingir a cobertura mínima de 50% (cinquenta por cento) dos trabalhadores de que trata o § 8º do art. 195 da Constituição Federal, apurada conforme quantitativo da Pesquisa Nacional por Amostra de Domicílios Contínua (Pnad).

Considerando-se que o percentual mínimo previsto na EC n. 103/2019 não foi atingindo, continua válida a comprovação do tempo de exercício da atividade rural por meio de autodeclaração ratificada por entidades públicas credenciadas, nos termos do disposto no art. 13 da Lei n. 12.188/2010, e por outros órgãos públicos, na forma prevista no Regulamento e no art. 115 da IN PRESI/INSS n. 128/2022. Ou seja, não será considerada válida a declaração obtida de sindicato que represente o trabalhador rural, em face da revogação do art. 106, III, da Lei n. 8.213/1991, evitando-se, assim, a ocorrência de irregularidades e fraudes.

Um novo avanço ocorreu no final de 2022, quando o INSS disponibilizou a autodeclaração por meio eletrônico para o envio de informações para fins de reconhecimento de atividade rural, em que o segurado poderá ter a concessão automática de benefício de aposentadoria por idade rural ou mesmo o salário-maternidade rural. As informações prestadas na autodeclaração eletrônica, disponível no Meu INSS, poderão ser ratificadas por meio de batimento com os dados já constantes do cadastro do cidadão nos sistemas do INSS, bem como de outras bases governamentais.[9]

Quanto à orientação jurisprudencial, destaca-se que o STJ entende cabível o reconhecimento da atividade agrícola exercida individualmente, nos casos em que o cônjuge ou outros membros da família do segurado têm outra fonte de renda. Nesse sentido, a tese fixada em Repetitivo pelo STJ:

> **Tema n. 532:** "O trabalho urbano de um dos membros do grupo familiar não descaracteriza, por si só, os demais integrantes como segurados especiais, devendo ser averiguada a dispensabilidade do trabalho rural para a subsistência do grupo familiar, incumbência esta das instâncias ordinárias (Súmula 7/STJ)" (REsp 1304479/SP, 1ª Seção, *DJe* 19.12.2012).

A TNU também decidiu que a atividade urbana de membro da família não descaracteriza o regime de economia familiar, desde que a renda advinda da agricultura seja indispensável ao sustento do lar (nesse sentido a Súmula n. 41 da TNU).

Quanto às provas a serem apresentadas por quem trabalha em regime de economia familiar, deve-se levar em conta a dificuldade do interessado, não raras vezes pessoa humilde e de pouca instrução, em obter documentos em seu nome para que tenha reconhecido o tempo de contribuição prestado. As particularidades do meio rural devem ser levadas em consideração, pois culturalmente não se vê o homem do campo preocupado com a formalização, por via de documentos, das mais diversas formas de atos, salvo quando se demonstra necessário.

Os Tribunais aceitam as mais diversas provas, desde que hábeis e idôneas. Devem, entretanto, representar um conjunto, de modo que, quando integradas, levem à convicção de que efetivamente houve a prestação do serviço. O fato do segurado não possuir todos os documentos da atividade agrícola em seu nome não elide o seu direito ao benefício postulado, pois como normalmente acontece no meio rural, os documentos de propriedade e talonários fiscais são expedidos em nome de quem encabeça os negócios da família. Nesse caso, os documentos do principal provedor caracterizam-se como prova material indireta, hábil à comprovação do tempo de serviço rural prestado em regime de economia familiar. Igualmente servem de início de prova da atividade laboral rural o registro da qualificação "agricultor" ou "lavrador" nos documentos militares (alistamento ou certificado de reservista) ou certidões de casamento.

A respeito, a Súmula n. 73 do TRF da 4ª Região: *"Admitem-se como início de prova material do efetivo exercício de atividade rural, em regime de economia familiar, documentos de terceiros, membros do grupo parental".*

---

[9] Passo a passo disponível em: https://www.gov.br/inss/pt-br/saiba-mais/rural/FolderquadrobrancoB41rural_22.pdf. Acesso em: 3 out. 2023.

Ainda quanto à comprovação da atividade rural, a TNU definiu um longo rol exemplificativo de documentos (in)servíveis como início de prova material, entre eles:

a) documentos servíveis como início de prova material: em nome próprio ou em nome de membros do grupo familiar da parte autora:
    - certidão do INCRA em nome do pai (PEDILEF n. 2008.72.55.007778-3/SC);
    - guia de recolhimento de ITR em nome do pai (PEDILEF n. 2008.72.55.007778-3/SC);
    - comprovante de recolhimento de imposto sobre exploração agrícola (PEDILEF n. 2006.72.95.011963-2/SC);
    - matrícula de propriedade rural (PEDILEF n. 2004.83.20.00.3767-0/PE);
    - certidão do Registro de Imóveis relativa a propriedade rural (PEDILEF n. 2006.70.95.014573-0/PR);
    - escritura de propriedade rural (PEDILEF n. 2004.83.20.003767-0/PE);
    - certidão de casamento do pai (PEDILEF n. 2007.70.95.000280-7/PR);
    - certidões de nascimento de irmãos (PEDILEF n. 2006.72.59.000860-0/SC);
    - certidão de óbito de irmão (PEDILEF n. 2006.70.95.012605-0/PR);
    - certidão de alistamento militar da parte autora (PEDILEF n. 2006.72.59.000860-0/SC);
    - certidão da Justiça Eleitoral com indicação do exercício de atividade rural (PEDILEF n. 2007.83.02.505452-7/PE);
    - título eleitoral da parte autora (PEDILEF n. 2006.72.59.000860-0/SC);
    - folha de pagamento de Programa Permanente de Combate à Seca (PEDILEF n. 2007.83.03.504233-9/CE);
    - ficha de Sindicato Rural (PEDILEF n. 2003.81.10.004265-7/CE);
    - carteira de filiação a Sindicato Rural (PEDILEF n. 2007.83.00.526657-4/PE);
    - recibos de pagamento a Sindicato Rural (PEDILEF n. 2004.81.10.009403-0/CE);
    - ficha de contribuição a Associação de Pequenos Produtores Rurais (PEDILEF n. 2007.83.00.526657-4/PE);
    - ficha de cadastramento familiar realizado pela Secretaria de Saúde do Município de residência da parte autora (PEDILEF n. 2004.81.10.009403-0/CE);
    - prontuário médico de Posto de Saúde constando a profissão (PEDILEF n. 2007.83.05.501035-6/PE);
    - documentos escolares do segurado ou seus descendentes emitidos por escola rural (PUIL 5000636-73.2018.4.02.5005/ES).

b) documentos servíveis como início de prova material: em nome de terceiros estranhos ao grupo familiar da parte autora:
    - documentos relativos a propriedade ou posse rural pertinentes à terra na qual a parte autora teria trabalhado [como comprovante de ITR, Certidão do Registro de Imóveis, Declaração do Instituto de Terras, histórico oficial de posse de área rural]. (PEDILEF n. 2005.39.00.708920-0/ PA; PEDILEF n. 2006.43.00.906123-6/TO; PEDILEF n. 2006.70.95.014573-0/PR).

c) documentos inservíveis como início de prova material:
    - declaração de Sindicato de Trabalhadores Rurais não homologada pelo Ministério Público ou pelo INSS (PEDILEF n. 2008.32.00.703599-2/AM);

- *declarações em geral (PEDILEF n. 2007.83.00.526657-4/PE);*
- *declaração fornecida por suposto vizinho, por consubstanciar mera prova testemunhal reduzida a escrito (PEDILEF n. 2006.83.02.503892-0/PE);*
- *declaração fornecida por suposto parceiro rural, sem base em nenhum documento específico (como contrato de parceria escrito), por consubstanciar mera prova testemunhal reduzida à escrito (PEDILEF n. 2006.70.95.014573-0/PR);*
- *declaração fornecida por suposto feirante que comercializaria alimentos produzidos pela parte autora, sem base em nenhum documento específico, por consubstanciar mera prova testemunhal reduzida à escrito (PEDILEF n. 2006.83.00.521010-2/PE);*
- *documentos que contêm anotação da profissão da parte autora e de seu cônjuge preenchida posteriormente ao preenchimento do documento e com visível adulteração (PEDILEF n. 2005.84.00.503903-4/RN);*
- *certidão do INCRA com data posterior ao óbito do pai da parte autora (PEDILEF n. 2002.61.84.002017-8/SP);*
- *documento de terceiro que deixou de trabalhar no campo (PEDILEF n. 2008.38.00725419-1).*

No que tange a extensão do imóvel rural, a jurisprudência é firme no sentido de que a dimensão não afasta, *per se*, a caracterização do regime de economia familiar, podendo tal condição ser demonstrada por outros meios de prova, independentemente se a propriedade em questão possui área igual ou superior ao módulo rural da respectiva região. Nesse sentido, a orientação do STJ:

- De acordo com o art. 11, VII, "a", item I, da Lei n. 8.213/1991, o proprietário de área agropecuária de até 4 (quatro) módulos fiscais também é considerado segurado especial, sendo certo que, ao interpretar a aludida norma, esta Corte firmou a compreensão de que a extensão da propriedade rural, por si só, não tem o condão de descaracterizar o regime de economia familiar do segurado se preenchidos os demais requisitos legalmente exigidos (AgInt no REsp 1.743.552/ES, 1ª Turma, Rel. Min. Gurgel de Faria, *DJe* 12.4.2022).
- Tema Repetitivo 1.115: O tamanho da propriedade não descaracteriza, por si só, o regime de economia familiar, quando preenchidos os demais requisitos legais exigidos para a concessão da aposentadoria por idade rural (REsp 1.947.404/RS, 1ª Seção, *DJe* 7.12.2022).

Ainda, quanto à regra de a propriedade não possuir dimensões superiores a quatro módulos rurais prevista na Lei n. 11.718/2008, a TNU ratificou a orientação fixada na Súmula n. 30, no sentido de que: "tratandose de demanda previdenciária, o fato de o imóvel ser superior ao módulo rural não afasta, por si só, a qualificação de seu proprietário como segurado especial, desde que comprovada, nos autos, a sua exploração em regime de economia familiar". Ou seja, mesmo que a propriedade seja superior a quatro módulos rurais, é possível reconhecer o exercício da atividade rural como segurado especial (PEDILEF 05078128820064058103, Relator Juiz Federal Alcides Saldanha Lima, *DOU* 1º.6.2012).

No que se refere à utilização de maquinário e à eventual contratação de diaristas, elas não afastam, por si sós, a qualidade de segurado especial porquanto ausente qualquer exigência legal no sentido de que o trabalhador rural exerça a atividade agrícola manualmente (TRF-4, EINF 5023877-32.2010.404.7000, 3ª Seção, em 18.8.2015).

Outra polêmica está relacionada com a prova testemunhal. É consenso no meio previdenciário de que a eficácia da prova material por ser ampliada com testemunhas, mas a utilização exclusiva dessa forma não é suficiente para demonstrar o exercício da atividade. Nesse sentido, o STJ editou a Súmula n. 149: "A prova exclusivamente testemunhal não basta à comprovação da atividade rurícola, para efeito de obtenção do benefício previdenciário". Entretanto, tal exigência deve ser relativizada, tendo-se em vista as peculiaridades que envolvem a categoria dos "boias-frias" ou "safristas" (STJ, REsp 1.321.493/PR, 1ª Seção, Rel. Herman Benjamin, *DJe* 19.12.2012; TNU, PEDILEF 2008.70.95.000032-3/PR).

Cabe destacar que, após o advento da Lei n. 13.846/2019, a comprovação da atividade rural em regime de economia familiar se dá precipuamente por meio de prova documental, com os registros constantes do CNIS ou com a autodeclaração referida no § 2º do art. 38-B da Lei n. 8.213/1991 para o período anterior à implementação completa do CNIS.

No âmbito administrativo, o Ofício-Circular n. 46 DIRBEN/INSS, de 13.9.2019, assim como o art. 116 da IN PRESI/INSS n. 128/2022, ampliaram o rol de documentos com os quais se possibilita a complementação da autodeclaração de atividade rural em regime de economia familiar, além de flexibilizar a exigência de prova documental para cada ano de exercício de atividade rural, demandando apenas um documento para cada metade do período de carência exigida para o benefício, dispensando a justificação administrativa para colheita de declarações de testemunhas.

Assim, na via administrativa, tornou-se dispensável a prova oral, salvo quando necessário para complementar a instrução probatória em razão da insuficiência da prova documental – procedimento adotado também em muitos processos judiciais.

No âmbito judicial, destaca-se a orientação firmada pelo Enunciado FONAJEF n. 222: "É possível o julgamento do mérito dos pedidos de benefício previdenciário rural com base em prova exclusivamente documental, caso seja suficiente para a comprovação do período de atividade rural alegado na petição inicial".

No tocante à apreciação da prova, o Plano de Benefícios não impõe tarifação ou limite ao livre convencimento do Juiz. Se a situação fática recomenda a aceitação de documento que não esteja entre os elencados no art. 106 da Lei de Benefícios, ou que não se refira à pessoa do demandante, o Magistrado poderá acatá-lo, conquanto tenha força suficiente para convencê-lo.

Cabe acentuar que, de acordo com a jurisprudência consolidada no âmbito do STJ: "(...) *não é imperativo que o início de prova material diga respeito a todo período de carência estabelecido pelo artigo 143 da Lei n. 8.213/91, desde que a prova testemunhal amplie sua eficácia probatória*" (AgRg no REsp 1312727/MS. *DJe* 4.6.2012). E, posteriormente, o STJ editou a Súmula n. 577: "É possível reconhecer o tempo de serviço rural anterior ao documento mais antigo apresentado, desde que amparado em convincente prova testemunhal colhida sob o contraditório".

No mesmo sentido, a orientação da TNU de que basta a apresentação de um documento servível como início de prova material e que seja contemporâneo, não sendo necessária a apresentação de documentos que abranjam todo o período pretendido, dada à possibilidade de extensão no tempo da eficácia probatória da prova documental pela prova testemunhal, que pode ter eficácia retrospectiva e prospectiva se o exame da prova testemunhal o permitir (PEDILEF 200772600027110, *DOU* 30.8.2011).

Quando houver o exercício de atividades rurais de forma intercalada com tempo urbano, a orientação fixada pela TNU é a seguinte:

> Representativo de Controvérsia Tema 301: "Cômputo do Tempo de Trabalho Rural I. Para a aposentadoria por idade do trabalhador rural não será considerada a perda da qualidade de segurado nos intervalos entre as atividades rurícolas. Descaracterização da condição de segurado especial II. A condição de segurado especial é descaracterizada a partir do 1º dia do mês seguinte ao da extrapolação dos 120 dias de atividade remunerada no ano civil (Lei 8.213/91, art. 11, § 9º, III); III. Cessada a atividade remunerada referida no item II e comprovado o retorno ao trabalho de segurado especial, na forma do art. 55, parag. 3º, da Lei 8.213/91, o trabalhador volta a se inserir imediatamente no VII, do art. 11 da Lei 8.213/91, ainda que no mesmo ano civil" (PEDILEF 0501240-10.2020.4.05.8303/PE, j. 15.9.2022).

Outro precedente relevante se refere ao uso de maquinários e ao arrendamento de terras. Para a TNU, não é incompatível com o regime de economia familiar a utilização de máquinas (trator) para plantar e colher, mormente em se tratando de lavoura de soja. E o arrendamento de parte das terras, durante certo período, também não afasta a possibilidade de ser reconhecido o regime de economia familiar (PEDILEF 200970570007609, Juiz Federal Antônio Fernando Schenkel do Amaral e Silva, *DOU* de 17.8.2012).

Cabe destacar que é dispensável o recolhimento das contribuições previdenciárias em relação ao período de atividade rural anterior a novembro de 1991 para ser somado ao tempo de atividade urbana para fins de concessão de benefício pelo RGPS. Esta, inclusive, é a regra prevista no art. 123 do Decreto n. 3.048/1999. Neste sentido: STJ, REsp 635.741/PR, 6ª Turma. Rel. Min. Hamilton Carvalhido, *DJ* 25.10.2004.

Acerca do reconhecimento do tempo de atividade rural, a Turma Nacional de Uniformização dos JEFs editou as seguintes Súmulas:

- 5: *"A prestação de serviço rural por menor de 12 a 14 anos, até o advento da Lei n. 8.213, de 24 de julho de 1991, devidamente comprovada, pode ser reconhecida para fins previdenciários".*
- 6: *"A certidão de casamento ou outro documento idôneo que evidencie a condição de trabalhador rural do cônjuge constitui início razoável de prova material da atividade rurícola".*
- 10: *"O tempo de serviço rural anterior à vigência da Lei n. 8.213/91 pode ser utilizado para fins de contagem recíproca, assim entendida aquela que soma tempo de atividade privada, rural ou urbana, ao de serviço público estatutário, desde que sejam recolhidas as respectivas contribuições previdenciárias".*
- 14: *"Para a concessão de aposentadoria rural por idade, não se exige que o início de prova material corresponda a todo o período equivalente à carência do benefício".*
- 24: *"O tempo de serviço do segurado trabalhador rural anterior ao advento da Lei n. 8.213/91, sem o recolhimento das contribuições previdenciárias, pode ser considerado para a concessão dos benefícios do Regime Geral de Previdência Social (RGPS), exceto para efeito de carência, conforme a regra do art. 55, § 2º, da Lei n. 8.213/91".*
- 30: *"Tratando-se de demanda previdenciária, o fato de o imóvel ser superior ao imóvel rural não afasta, por si só, a qualificação de seu proprietário como segurado especial, desde que comprovada nos autos, a sua exploração em regime de economia familiar".*
- 34: *"Para fins de comprovação do tempo de labor rural, o início de prova material deve ser contemporâneo à época dos fatos a provar".*
- 41: A circunstância de um dos integrantes do núcleo familiar desempenhar atividade urbana não implica, por si só, a descaracterização do trabalhador rural como segurado especial, condição que deve ser analisada no caso concreto.
- 46: O exercício de atividade urbana intercalada não impede a concessão de benefício previdenciário de trabalhador rural, condição que deve ser analisada no caso concreto.
- 54: Para a concessão de aposentadoria por idade de trabalhador rural, *o tempo de exercício de atividade equivalente à carência deve ser aferido no período imediatamente anterior ao requerimento administrativo ou à data do implemento da idade mínima.*

A Advocacia-Geral da União, visando a eliminar a produção de recursos e medidas judiciais e dirimir controvérsias internas na Administração Federal, baixou sobre a matéria o Enunciado n. 27, com o seguinte teor: "Para concessão de aposentadoria no RGPS, é permitido o cômputo do tempo de serviço rural exercido anteriormente à Lei n. 8.213, de 24 de julho de

1991, independente do recolhimento das contribuições sociais respectivas, exceto para efeito de carência".

Da mesma forma, em seara administrativa, tem-se o Enunciado n. 8 do CRPS, que vincula as decisões de seus órgãos, com a seguinte redação:

> O tempo de trabalho rural do segurado especial e do contribuinte individual, anterior à Lei n. 8.213/91, pode ser utilizado, independente do recolhimento das contribuições, para fins de benefícios no RGPS, exceto para carência.
>
> I – O tempo de trabalho rural do segurado especial e do contribuinte individual, anterior à Lei n. 8.213/91, pode ser utilizado para contagem recíproca, desde que sejam indenizadas as respectivas contribuições previdenciárias.
>
> II – A atividade agropecuária efetivamente explorada em área de até 4 módulos fiscais, individualmente ou em regime de economia familiar na condição de produtor, devidamente comprovada nos autos do processo, não descaracteriza a condição de segurado especial, independente da área total do imóvel rural.
>
> III – O exercício de atividade urbana por um dos integrantes do grupo familiar não implica, por si só, na descaracterização dos demais membros como segurado especial, condição que deve ser devidamente comprovada no caso concreto.
>
> IV – Quem exerce atividade rural em regime de economia familiar, além das tarefas domésticas em seu domicílio, é considerado segurado especial, aproveitando-se-lhe as provas em nome de seu cônjuge ou companheiro(a), corroboradas por outros meios de prova.
>
> V – O início de prova material – documento contemporâneo dotado de fé pública, sem rasuras ou retificações recentes, constando a qualificação do segurado ou de membros do seu grupo familiar como rurícola, lavrador ou agricultor – deverá ser corroborado por outros elementos, produzindo um conjunto probatório harmônico, robusto e convincente, capaz de comprovar os fatos alegados.
>
> VI – Não se exige que o início de prova material corresponda a todo o período equivalente à carência do benefício, porém deve ser contemporâneo à época dos fatos a provar, inclusive podendo servir de começo de prova documento anterior a este período.

Quanto à idade mínima para reconhecimento do tempo rural, tem sido observada na via administrativa a decisão do TRF-4, na ACP 5017267-34.2013.4.04.7100, que possibilitou computar, para fins previdenciários, o trabalho exercido em qualquer idade. A referida decisão possuiu como um de seus fundamentos a observância à realidade fática do Brasil, em que, não obstante a vedação ao trabalho infantil, há milhares de crianças desenvolvendo atividades laborais, inclusive no âmbito rural. Essa decisão do TRF/4 foi mantida pelo STF (RE 1.225.475) e seguida pela TNU, consoante Representativo de Controvérsia n. 219, cuja tese é a seguinte: "É possível o cômputo do tempo de serviço rural exercido por pessoa com idade inferior a 12 (doze) anos na época da prestação do labor campesino" (PEDILEF 5008955-78.2018.4.04.7202/SC, j. 23.6.2022).

No âmbito administrativo, a observância da decisão da ACP se deu com a edição do Ofício-Circular Conjunto DIRBEN/PFE/INSS n. 25, de 13.5.2019, o qual foi substituído pela Portaria Conjunta INSS/PFE n. 7, de 9.4.2020.

36.4 ALUNO-APRENDIZ

O trabalho em regime de aprendizagem tem previsão na Consolidação das Leis do Trabalho, e corresponde a uma relação de emprego com características próprias, acarretando a filiação obrigatória do indivíduo ao RGPS, na categoria de empregado. Todavia, diversa é a situação da pessoa que prestou serviços como aluno-aprendiz de Escolas Técnicas, matéria que não era regida pela CLT, que só foi editada em 1.5.1943.

O aluno-aprendiz é criação do Decreto-lei n. 4.073, de 30.1.1942, denominada à época "Lei Orgânica do Ensino Industrial". No art. 9º, § 4º, do referido Decreto-lei, se observa que "Os cursos de aprendizagem são destinados a ensinar, metodicamente aos aprendizes dos estabelecimentos industriais, em período variável, e sob regime de horário reduzido, o seu ofício". O mesmo diploma previa, em seu art. 47, o estágio em estabelecimentos industriais, sob controle da autoridade escolar. Já no art. 67, inciso V, havia a previsão de que "o ensino será dado no horário normal de trabalho dos aprendizes, sem prejuízo de salário para estes". Quem remunerava o aluno, todavia, não era a empresa, mas a União, por recursos orçamentários próprios para tanto destinados.

Nota-se, portanto, que o aluno-aprendiz de Escolas Técnicas não se caracterizava como empregado, tal como acontece com o trabalhador contratado mediante o contrato de aprendizagem previsto na CLT, art. 427 e seguintes, razão pela qual não era segurado obrigatório de nenhuma Caixa ou Instituto de Aposentadoria existente à época.

Como bem salientado no artigo publicado pelo professor Sergio Lopes de Paula, somente em 1992, com a edição do Regulamento da Previdência Social – Decreto n. 611, os trabalhadores da iniciativa privada passaram a dispor do mesmo direito há tempos concedido aos servidores públicos, qual seja o de poder computar como tempo de serviço o prestado na condição de aluno-aprendiz nas escolas técnicas ou industriais, mesmo tendo este tempo sido cumprido sem contribuição, conforme previsão do art. 58, inciso XXI, alíneas "a" e "b", matéria que foi melhor delimitada no Regulamento editado pelo Decreto n. 2.172/97, que revogou o Decreto n. 611/92, vinculando tal contagem ao período de vigência do DL 4.073/1942 (9.2.1942 – 16.2.1959).[10]

Desde a edição da Lei n. 3.353/1959, passou-se a exigir, para a contagem do tempo na condição de aluno-aprendiz de escolas técnicas, a demonstração de que o aluno foi remunerado. O elemento essencial à caracterização do tempo como aluno-aprendiz não é a percepção de vantagem direta ou indireta, mas a efetiva execução do ofício para o qual recebia instrução, mediante encomendas de terceiros.

O RPS previa, em seu art. 60, o cômputo, como tempo de contribuição, "do tempo exercido na condição de aluno-aprendiz, referente ao período de aprendizado profissional realizado em escola técnica, desde que comprovada a remuneração, mesmo que indireta, à conta do orçamento público e o vínculo empregatício" (redação conferida pelo Decreto n. 6.722/2008). No entanto, o Decreto n. 10.410/2020 revogou o art. 60 do RPS, passando a matéria a ser regida pelo art. 188-G, inciso IX, que permite o cômputo, *até 13.11.2019*, como tempo de contribuição, de data a data, desde admissão até o desligamento, inclusive para cálculo da renda mensal inicial de qualquer benefício, do tempo exercido na condição de aluno-aprendiz referente ao período de aprendizado profissional realizado em escola técnica, "desde que comprovados a remuneração pelo erário, mesmo que indireta, e o vínculo empregatício".

O CRPS, em seu Enunciado n. 2, inciso V, preconiza o entendimento, em sede recursal administrativa, com caráter vinculante para seus órgãos, que:

> É permitida a contagem, como tempo de contribuição, do tempo exercido na condição de aluno--aprendiz, exceto para fins de contagem recíproca, referente ao período de aprendizado profissional realizado em escolas técnicas, desde que comprovada a remuneração, mesmo que indireta, à conta do orçamento público e o vínculo empregatício, admitindo-se, como confirmação deste, o trabalho prestado na execução de atividades com vistas a atender encomendas de terceiros.

---

[10] PAULA, Sérgio Lopes de. O regime previdenciário do estudante: abordagem histórica e reflexos presentes. *Jus Navigandi*, Teresina, ano 10, n. 947, 5 fev. 2006. Disponível em: https://jus.com.br/artigos/7922/o-regime-previdenciario-do-estudante. Acesso em: 14 nov. 2018.

Apreciando esta matéria, o STF decidiu que a declaração emitida por instituição de ensino profissionalizante somente comprova o período de trabalho caso registre expressamente a participação do educando nas atividades laborativas desenvolvidas para atender aos pedidos feitos às escolas. Assim, se da certidão consta apenas que o aluno frequentou curso técnico profissionalizante por certo período, sem referência à sua participação na produção de quaisquer bens ou serviços solicitados por terceiros e não há sequer comprovação de retribuição pecuniária, o tempo correspondente não pode ser computado para fins previdenciários (STF, MS 31.518, 1ª Turma, Rel. Min. Marco Aurélio, *DJe* 6.9.2017, Informativo 853).

Quanto ao tema, destacam-se as Súmulas editadas pelo Tribunal de Contas da União e pela Turma Nacional de Uniformização dos JEFs, respectivamente:

- Súmula n. 96 do TCU: "Conta-se para todos os efeitos, como tempo de serviço público, o período de trabalho prestado, na qualidade de aluno-aprendiz, em Escola Pública Profissional, desde que comprovada a retribuição pecuniária à conta do Orçamento, admitindo-se, como tal, o recebimento de alimentação, fardamento, material escolar e parcela de renda auferida com a execução de encomendas para terceiros".
- Súmula n. 18 da TNU: "Para fins previdenciários, o cômputo do tempo de serviço prestado como aluno-aprendiz exige a comprovação de que, durante o período de aprendizado, houve simultaneamente: (i) retribuição consubstanciada em prestação pecuniária ou em auxílios materiais; (ii) à conta do Orçamento; (iii) a título de contraprestação por labor; (iv) na execução de bens e serviços destinados a terceiros".

Por sua vez, a Advocacia-Geral da União, visando a eliminar a produção de recursos e medidas judiciais e dirimir controvérsias internas na Administração Federal, baixou sobre a matéria o seguinte enunciado:

> *Enunciado n. 24: "É permitida a contagem, como tempo de contribuição, do tempo exercido na condição de aluno-aprendiz referente ao período de aprendizado profissional realizado em escolas técnicas, desde que comprovada a remuneração, mesmo que indireta, à conta do orçamento público e o vínculo empregatício".*

É certo que a EC n. 103/2019 passou a prever, no § 14 do art. 201 da CF, ser "vedada a contagem de tempo de contribuição fictício para efeito de concessão dos benefícios previdenciários e de contagem recíproca". E, no art. 25, *caput*, da aludida Emenda, há disposição no sentido de que "será assegurada a contagem de tempo de contribuição fictício no Regime Geral de Previdência Social decorrente de hipóteses descritas na legislação vigente até a data de entrada em vigor desta Emenda Constitucional para fins de concessão de aposentadoria, observando-se, a partir da sua entrada em vigor, o disposto no § 14 do art. 201 da Constituição Federal".

Há que se verificar, entretanto, se a limitação temporal prevista na atual redação do RPS prevalecerá na jurisprudência, qual seja, o entendimento pela possibilidade de contagem do período de aprendizagem *apenas até 13.11.2019*, na medida em que há indícios de que houve extrapolamento do poder regulamentar conferido ao Poder Executivo na edição de decretos, que não se prestam a limitar o alcance de direitos que a lei não limitou.

36.5 EFEITOS DAS DECISÕES DA JUSTIÇA DO TRABALHO PARA CÔMPUTO JUNTO AO INSS

Questão deveras controvertida e complexa é a que se dá quando um trabalhador, sem registro formal, tem sua relação de emprego reconhecida pela Justiça do Trabalho a partir de provas testemunhais, dada a informalidade da relação laboral. Há também situações em que, embora devidamente formalizado, o empregado teve pagamentos salariais que não constaram em folha de pagamento, ou verbas deferidas somente após reconhecimento do direito em ação trabalhista.

Trata-se, como será visto, de uma grave contradição do ordenamento jurídico em matéria de Direitos Sociais Fundamentais, pois nem sempre que há o reconhecimento de uma relação de emprego, assegurando-se os direitos da legislação trabalhista por decisão proferida na Justiça do Trabalho, a Previdência Social admite o cômputo do período reconhecido para fins de contagem do tempo de contribuição, negando a condição de segurado obrigatório ao trabalhador que obteve a tutela jurisdicional. Por outro lado, não há maiores dificuldades em se reconhecer pagamentos "por fora" para revisar salários de contribuição (e, por consequência, o cálculo de benefícios).

O INSS pauta sua "negativa" na regra disposta no art. 55, § 3º, da Lei n. 8.213/1991 – a Lei de Benefícios da Previdência Social, que estabelece, para tal cômputo, que haja, por parte do segurado, "início de prova material", não servindo para tal fim prova meramente testemunhal, salvo motivo de força maior.

A contradição se dá porque a Justiça do Trabalho, com fundamento na própria CLT, ao apreciar o pedido de reconhecimento da relação de emprego, não exige do trabalhador que faça prova documental dos fatos, tampouco que seja contemporânea, podendo este valer-se da prova testemunhal, e até mesmo de confissão – real ou ficta – do réu considerado então empregador.

Surge daí uma grave disparidade – o trabalhador vê sua relação de emprego reconhecida em Juízo; a União (por intermédio da Receita Federal do Brasil) pode – e deve – lançar o débito correspondente, fazendo a cobrança em execução fiscal; o Ministério Público Federal pode – e deve – mover ação penal contra o empregador, por crime de sonegação de contribuições (art. 337-A do CP); mas a Previdência não considera o tempo correspondente, por força do referido artigo da Lei de Benefícios.

Curiosamente, o mesmo fato – trabalho sem registro – quando reconhecido pela Justiça do Trabalho, acarreta ao empregador faltoso a responsabilidade penal pelo delito de sonegação (fiscal) de contribuições previdenciárias – art. 337-A do CP (*v.g.*, TRF-3, ACR 0006716-15.2009.4.03.6109, 5ª Turma, Rel. Antonio Cedenho, j. 29.4.2013), valendo a sentença trabalhista para satisfazer a condição objetiva de punibilidade a que se refere a Súmula Vinculante n. 24 do STF (TRF-4, ENUL 5005669-66.2016.4.04.7201, 4ª Seção, Rel. Leandro Paulsen, juntado aos autos em 7.6.2017).

O regramento desse tema, objeto de Instrução Normativa do INSS, evolui em parte para afastar a necessidade de apresentação de início de prova material quando a intenção do segurado seja apenas o reconhecimento de salários de contribuição (como nas hipóteses de pagamentos "extrafolha") ou a complementação destes (no caso de reconhecimento de direito a verbas que integram a este, como horas extras ou adicionais de insalubridade ou periculosidade),[11] mas insiste na ideia de que a decisão proferida em âmbito judicial não obriga a Previdência Social e, por conseguinte, não gera direitos previdenciários, e que permanece a necessidade de apresentação, pelo interessado, de início de prova material, contemporânea do período respectivo. Além disso, o entendimento do INSS é no sentido de que:

– a apresentação pelo filiado da decisão judicial em inteiro teor, com informação do trânsito em julgado e a planilha de cálculos dos valores devidos homologada pelo

---

[11] No mesmo sentido: TRF4 - Súmula n. 107: "O reconhecimento de verbas remuneratórias em reclamatória trabalhista autoriza o segurado a postular a revisão da renda mensal inicial, ainda que o INSS não tenha integrado a lide, devendo retroagir o termo inicial dos efeitos financeiros da revisão à data da concessão do benefício".

Juízo que levaram a Justiça do Trabalho a reconhecer o vínculo de emprego ou homologar o acordo realizado, não exime o INSS de confrontar tais informações com aquelas existentes nos sistemas corporativos disponíveis na Previdência Social para fins de validação do tempo de contribuição; e

- o cálculo de recolhimento de contribuições devidas por empregador doméstico em razão de determinação judicial na ação trabalhista não dispensa a obrigatoriedade do requerimento de inclusão de vínculo com vistas à atualização de informações no CNIS.

O STJ, por seu turno, vem admitindo que a sentença proferida pela Justiça do Trabalho é suficiente para o reconhecimento da atividade laboral, quando lastreada em provas da ocorrência da relação de emprego, mesmo quando o INSS não tenha participado do processo de conhecimento, especialmente quando há execução das contribuições incidentes sobre os salários de contribuição. Nesse sentido: STJ, AgRg no AREsp 147.454/DF, 2ª Turma, Rel. Min. Humberto Martins, *DJe* 15.5.2012.

Na sequência, o STJ firmou orientação mais rigorosa quanto ao reconhecimento de tempo de contribuição baseada em sentenças homologatórias da Justiça do Trabalho:

> PUIL: Tema 293: "A sentença trabalhista homologatória de acordo somente será considerada início válido de prova material, para os fins do art. 55, § 3º, da Lei n. 8.213/1991, quando fundada em elementos probatórios contemporâneos dos fatos alegados, aptos a evidenciar o exercício da atividade laboral, o trabalho desempenhado e o respectivo período que se pretende ter reconhecido, em ação previdenciária" (1ª Seção, j. 14.12.2022).

Mais recentemente, a Primeira Seção do STJ decidiu, agora sob a sistemática dos recursos repetitivos, que a sentença trabalhista que apenas homologa acordo entre as partes não é, por si só, suficiente para comprovar tempo de serviço em processos previdenciários. É necessário que ela seja acompanhada de documentos que comprovem o trabalho realizado durante o período que se deseja reconhecer. A tese aprovada no julgamento do Tema n. 1.188 dispõe o seguinte: "A sentença trabalhista homologatória de acordo, assim como a anotação na CTPS e demais documentos dela decorrentes, somente será considerada início de prova material válida, conforme o disposto no art. 55, § 3º, da Lei n. 8.213/1991, quando houver nos autos elementos probatórios contemporâneos que comprovem os fatos alegados e sejam aptos a demonstrar o tempo de serviço no período que se pretende reconhecer na ação previdenciária, exceto na hipótese de caso fortuito ou força maior".

Paradoxalmente, a decisão proferida pela Justiça do Trabalho que reconhece a relação laboral – escancarando a sonegação de direitos assegurados por lei trabalhista e, conjuntamente, a sonegação de contribuições previdenciárias – é elemento capaz de levar à sanção penal o empregador, como se nota no julgado a seguir:

> *(...) É hábil a alicerçar denúncia de crime de sonegação de contribuição previdenciária a sentença trabalhista na qual se reconheceu a existência de vínculo empregatício ou se apurou o pagamento de salário extrafolha. Precedentes (TRF da 4ª Região, SER 0002153-20.2007.404.7208, 8ª Turma, Rel. Luiz Fernando Wowk Penteado, DE 22.3.2011).*

Na verdade, não haveria sentido lógico se o Estado, ao se pronunciar sobre um caso concreto, no exercício da jurisdição, reconhecesse a relação de emprego, mas negasse as consequências deste mesmo reconhecimento no campo penal e previdenciário – no qual o Estado, por intermédio de uma autarquia da União, é o sujeito passivo da obrigação de prestar benefícios e serviços ao segurado.

Nesse sentido, como contraponto, geralmente se sustenta que "o INSS não foi parte na lide trabalhista entre o empregado e o empregador", logo não estaria obrigado a cumprir a decisão judicial proferida por um órgão da Justiça do Trabalho.

Ocorre que o Poder Judiciário – no qual está inserida a Justiça do Trabalho – e o Poder Executivo – no qual está inserido o INSS – pertencem ao mesmo Estado, de modo que não se vislumbra como razoável qualquer entendimento que leve a que o INSS (parcela da Administração Pública do Estado brasileiro) não esteja vinculado à decisão de qualquer órgão do Poder Judiciário (que também faz parte deste mesmo Estado brasileiro).[12]

Conclusão em sentido oposto permitiria ao Estado negar efeito às suas próprias decisões.

No caso de revisão de benefício mediante a consideração de novos salários de contribuição reconhecidos em sentença trabalhista, a TNU tem acertadamente decidido que os efeitos financeiros retroagem à data da concessão do benefício, observada a prescrição quinquenal a contar do pedido administrativo de revisão (Processo 0001530-06.2008.4.03.6316). No mesmo sentido, a orientação do STJ, uma vez que "o deferimento da ação revisional representa o reconhecimento tardio de um direito já incorporado ao patrimônio jurídico do segurado, não obstante a comprovação posterior do salário de contribuição" (AgRg no REsp 1.467.290/SP, *DJe* 28.10.2014).

36.5.1 O art. 55 da Lei de Benefícios e o princípio de aptidão para a prova. A inconstitucionalidade pela afronta ao princípio da ampla defesa

O que hoje vigora, nesta matéria, é a exigência realizada pelo INSS de "início de prova material contemporânea dos fatos" para cômputo do tempo de atividade do empregado sem registro.

Ocorre que tal dispositivo, embora constante do diploma comentado, é uma típica norma processual, já que se refere à produção de provas, em procedimento judicial ou administrativo. Neste sentido, considerando as garantias constitucionais relacionadas ao devido processo legal, nos quais se encontra o direito à ampla defesa dos interesses deduzidos numa lide, impõe-se uma investigação acerca do respeito a tais princípios.

Em termos práticos, o texto legal vigente estabelece que ao indivíduo que pretenda ver o seu tempo de atividade laboral reconhecido pela Previdência Social deve provar que efetivamente trabalhou, e para tanto, é necessário que apresente, no procedimento de justificação administrativa ou no processo judicial, "início de prova material".

O trabalho informal, é verdade, não necessariamente é prestado por pessoas que se encontram em condições típicas de empregado, como estabelecido no art. 3º da CLT. Há trabalhadores informais que prestam atividade não subordinada, como os profissionais liberais, os trabalhadores eventuais, os ambulantes, camelôs, biscateiros.

---

[12] "PREVIDENCIÁRIO. CERCEAMENTO DE DEFESA - NÃO OCORRÊNCIA. REVISÃO DE BENEFÍCIO. RENDA MENSAL INICIAL. ART. 3º, § 2º, DA LEI 9.876/99. RECLAMATÓRIA TRABALHISTA. NÃO INTEGRADA PELO INSS. CORREÇÃO MONETÁRIA E JUROS DE MORA. DIFERIMENTO. 4. Deve ser reconhecido o direito do segurado em ter o cálculo de seu benefício pela regra permanente, considerando todo o seu histórico de salários de contribuição. 5. O êxito do segurado em reclamatória trabalhista, no que tange ao reconhecimento de diferenças salariais, atribui-lhe o direito de postular a revisão dos salários de contribuição componentes do período básico de cálculo do benefício, sendo irrelevante o fato de o INSS não ter integrado a lide. 6. O termo inicial dos efeitos financeiros da revisão da RMI, mediante a consideração de novos salários de contribuição, deve retroagir à data da concessão do benefício, tendo em vista que o deferimento representa o reconhecimento tardio de um direito já incorporado ao patrimônio jurídico do segurado. Precedentes desta Corte" (TRF da 4ª Região, 5ª Turma, Proc. 5050298-79.2012.404.7100/RS, Rel. Roger Raupp Rios, *DE* de 30.8.2016).

Podemos então afirmar que o primeiro problema do dispositivo é tratar situações diversas sem fazer as necessárias distinções, quando evidentemente a diversidade das características impõe tratamento diferenciado.

Com efeito, uma situação é a dos trabalhadores não subordinados, que querem computar seu tempo de atividade para fins previdenciários. Neste caso, tem-se que: (1) as relações jurídicas de trabalho em que o indivíduo realiza a atividade são múltiplas, não havendo, via de regra, um só tomador dos serviços prestados, e não tendo o indivíduo regras de ordem pública a lhe proteger os direitos como prestador de serviços; (2) o próprio indivíduo, em termos tributários, é o responsável pelo recolhimento das contribuições à Seguridade Social incidentes sobre os valores auferidos em função da atividade laboral, diferentemente do que ocorre na relação de emprego, em que o responsável tributário não é o indivíduo, mas seu empregador; (3) em função da sua responsabilidade tributária, a Previdência só admite o reconhecimento do tempo de atividade caso o indivíduo faça o recolhimento de todas as contribuições do período pretérito reconhecido, sem que haja incidência de prazo decadencial, segundo o art. 45-A da Lei de Custeio, com redação atual conferida pela LC n. 128/2008.

A situação do empregado é diametralmente oposta: (1) a relação jurídica de trabalho, única, se dá com um mesmo tomador dos serviços, e a legislação trabalhista, amparada no art. 7º da Constituição, assegura diversos direitos indisponíveis, caracterizados em normas de ordem pública, cuja imperatividade é pacífica na doutrina e na jurisprudência; (2) o responsável tributário pelo recolhimento de contribuições à Seguridade Social incidentes sobre os valores auferidos pelo empregado é, exclusivamente, o empregador, por força do art. 33, § 5º, da Lei de Custeio; (3) neste caso, uma vez reconhecida pela Previdência a relação de emprego, o empregado tem direito de ver computado o tempo de atividade prestado na informalidade, independentemente do recolhimento das contribuições, sem prejuízo da respectiva cobrança e das penalidades cabíveis ao responsável tributário, na forma do art. 34, inciso I, da Lei n. 8.213/1991 e art. 143, § 4º, do Decreto n. 3.048/1999.

Assim, se constata que há diferenças abissais entre o tratamento que já é conferido ao empregado (formalizado ou cujo trabalho informal foi reconhecido) e o dispensado aos demais segurados obrigatórios do Regime Geral de Previdência Social.

Todavia, o dispositivo comentado (art. 55, § 3º, da Lei n. 8.213/1991) atribui um mesmo ônus de prova a empregados e não empregados, para fins de cômputo previdenciário.

A primeira questão a ser analisada é: no caso do empregado mantido na informalidade, o que é esta prova documental e quem a produz (no sentido de quem a elabora).

No caso do empregado informal, mantido sem o devido registro, seu empregador, sem rodeios, é um infrator da norma, um sonegador fiscal (Código Penal, art. 337-A): mantém o empregado na informalidade para, fraudando os cofres públicos, deixar de recolher as contribuições devidas e os direitos previstos na legislação trabalhista.

Evidentemente, o comportamento esperado de um sonegador fiscal é o de evitar, a qualquer preço, que haja elementos que venham a comprovar a sua conduta delituosa. Ou seja, o empregador não produzirá, salvo por um ato falho, provas documentais de seu delito fiscal – principalmente os que caracterizem o indivíduo como seu empregado.

Então, em síntese do que até aqui foi dito, a lei atribui ao empregado o ônus de provar que seu empregador, sonegador fiscal, o manteve na informalidade, e para desincumbir-se de tal encargo, terá de apresentar documentos que seu empregador, muito provavelmente, não produziu, a não ser que queira confessar o crime de sonegação fiscal!

Portanto, é oportuno resgatar os princípios ligados ao devido processo, e mais especificamente, o princípio da aptidão para a prova, que advém do direito à ampla defesa.

Com efeito, o CPC/2015, ao dispor sobre a distribuição dinâmica do ônus da prova, indica como regra geral que o autor da ação (no caso, o segurado) tem o ônus de provar os fatos constitutivos de seu direito (art. 373, inciso I), mas o § 1º do referido artigo prevê que:

> Nos casos previstos em lei ou diante de peculiaridades da causa relacionadas à impossibilidade ou à excessiva dificuldade de cumprir o encargo nos termos do caput ou à maior facilidade de obtenção da prova do fato contrário, poderá o juiz atribuir o ônus da prova de modo diverso, desde que o faça por decisão fundamentada, caso em que deverá dar à parte a oportunidade de se desincumbir do ônus que lhe foi atribuído.

Desta forma, parece claro que o legislador processual pretendeu positivar o princípio da aptidão para a prova, evitando-se que a distribuição do ônus da prova no modelo tradicional se torne um obstáculo intransponível a situações em que o reconhecimento do direito postulado em Juízo envolve graves dificuldades ao seu titular, sendo um exemplo evidente de cabimento de tal regra a matéria em comento.

O magistrado do trabalho César Machado Jr., em obra sobre a temática do ônus da prova, leciona que "por este princípio, devemos atribuir o ônus da prova ao litigante que tenha melhores condições de provar o fato controvertido".[13]

Ainda que se deva concordar com Luiz Marinoni e Sérgio Arenhart, que a busca da verdade real no processo se caracteriza como utópica, dadas as condições de falibilidade humana e dos obstáculos do procedimento de investigação quanto aos elementos de prova,[14] o ideal do processo ainda é a tentativa de aproximação maior possível entre a verdade real e comprovação das alegações das partes litigantes.

Daí o questionamento que se coloca: atribuir ao trabalhador informal o ônus de provar, perante a Previdência Social, sua relação de emprego não formalizada, mediante apresentação de documentos, é regra que não atinge o desiderato acima, muito pelo contrário.

Novamente utilizando as lições de Marinoni e Arenhart:

> De outra parte, vale lembrar que o culto à prova documental pode gerar consequências perniciosas, sentidas cada vez mais intensamente em nosso direito. O direito brasileiro, assim como o fazem outras legislações, exige, muitas vezes, o documento como único meio de prova admissível. Todavia, como bem salienta Calamandrei, "quem propugna, mesmo in iure condendo, as mais severas limitações da prova testemunhal para torna sempre mais geral o uso da prova escrita, deve questionar-se se, com o nosso sistema de custas, judiciárias e contratuais, exigir a prova escrita não signifique colocar a parte muitas vezes na absoluta impossibilidade de obter justiça".[15]

E concluem os mesmos doutrinadores ser imperioso pensar, *de lege ferenda*, na amenização de regras que restrinjam a produção da prova, ou mesmo no efetivo acesso das pessoas carentes a tais meios de prova.

Assim, concluindo e buscando amalgamar as duas situações observadas – o tratamento raso dado à matéria, igualando as situações desiguais de trabalhadores informais em geral dos trabalhadores informais que se revestem dos requisitos caracterizadores da relação de emprego, por um lado; e o princípio de aptidão para a prova, de outro – deve-se entender, como o faz Ellen Hazan, que "como é do empregador cumprir e fazer cumprir o contrato de emprego e as

---

[13] MACHADO JÚNIOR, César. *O ônus da prova no processo do trabalho*. São Paulo, LTr, 2001, p. 145.
[14] *Curso de Processo Civil*. São Paulo: Revista dos Tribunais, 2007. v. 2, p. 247-249.
[15] *Op. cit.*, p. 333.

regras legais dele decorrentes, por certo é ele, empregador, quem possui os documentos relativos ao cumprimento destas normas e o ônus da prova lhe deve ser imputado.[16]

Convém assinalar, como o faz Júlio Bebber:

> *Atento para a realidade de que o escopo da atividade jurisdicional é a manutenção da integralidade do ordenamento jurídico, o juiz não pode contentar-se em ser um mero espectador, devendo assumir posição ativa na fase investigatória. É necessário ultrapassar o conservadorismo para romper preconceitos, a fim de visualizar o processo como algo realmente capaz de conduzir ao bem-estar social, através da ordem jurídica justa.*[17]

Assim, a exigência de início de prova material, constante do art. 55, § 3º, da Lei n. 8.213/1991, constitui afronta ao direito do trabalhador à ampla defesa de seus interesses em Juízo, com o que concluímos pela inconstitucionalidade dele.

Ou ainda, caso não se reconheça a inconstitucionalidade, cumpre ao órgão judicial reduzir o rigor excessivo da lei, conjugando a regra em questão com a do art. 373, § 1º, do CPC/2015.

Impõe-se reconhecer o direito ao trabalhador informal, revestido das condições típicas de empregado, de provar estas mesmas condições, a partir de todos os meios de prova admitidos em Direito, cabendo ao Judiciário estabelecer, em uma só decisão, pelo convencimento racional e fundamentado do Juízo, se efetivamente se trata de relação empregatícia – e consequentemente, filiação automática ao RGPS – ou se o Estado-Juiz não acolhe a pretensão, negando a existência da relação de emprego e a consequente filiação como segurado na categoria de empregado.

36.6 CONTAGEM RECÍPROCA DO TEMPO DE CONTRIBUIÇÃO

A garantia da contagem recíproca do tempo de serviço, prevista inicialmente na Lei n. 6.226/1975, passou então a ser a contagem de tempo de contribuição, permitindo-se o cômputo, para fins de aposentadoria, do período trabalhado no serviço público e daquele prestado na iniciativa privada, inclusive para o trabalhador urbano e rural, hipótese em que os regimes de Previdência Social envolvidos se compensarão financeiramente conforme regra prevista no § 9º do art. 201 da Constituição Federal.

A EC n. 103/2019 tratou da contagem recíproca do tempo de contribuição no art. 201, §§ 9º, 9º-A e 14, fixando as seguintes regras:

- para fins de aposentadoria, será assegurada a contagem recíproca do tempo de contribuição entre o RGPS e os RPPS, e destes entre si, observada a compensação financeira, de acordo com os critérios estabelecidos em lei;
- o tempo de serviço militar exercido nas atividades de que tratam os arts. 42, 142 e 143 da CF e o tempo de contribuição ao RGPS ou a RPPS terão contagem recíproca para fins de inativação militar ou aposentadoria e a compensação financeira será devida entre as receitas de contribuição referentes aos militares e as receitas de contribuição aos demais regimes;
- é vedada a contagem de tempo de contribuição fictício para efeito de concessão dos benefícios previdenciários e de contagem recíproca.

---

[16] LAGE, Emerson José Alves; LOPES, Mônica Sette (coord.). *Direito e processo do trabalho*. Belo Horizonte: Del Rey, 2003. p. 136.

[17] BEBBER, Júlio César. *Princípios de processo do trabalho*. São Paulo: LTr, 1997, p. 448.

Nas regras transitórias (art. 25), foi assegurada a contagem de tempo de contribuição fictício no RGPS decorrente de hipóteses descritas na legislação vigente até a data de entrada em vigor da EC n. 103/2019, para fins de concessão de aposentadoria. E, após, a partir da sua entrada em vigor, deve ser observado o disposto no § 14 do art. 201 da Constituição Federal.

A compensação financeira será efetuada pelos demais regimes em relação ao regime em que o interessado estiver vinculado ao requerer o benefício, em relação aos respectivos tempos de contribuição ou serviço.

A regulamentação legislativa definindo os critérios para a compensação financeira entre o RGPS e os regimes de previdência dos servidores da União, dos Estados, do Distrito Federal e dos Municípios, nos casos de contagem recíproca de tempo de contribuição para efeito de aposentadoria, se deu com a Lei n. 9.796, de 26.5.1999, e pelo Decreto n. 3.112, de 6.7.1999.

O tempo de contribuição, em caso de contagem recíproca, será computado de acordo com a legislação pertinente, observadas, entre outras, as normas previstas no art. 96 da Lei n. 8.213/1991, com alterações posteriores da Lei n. 9.528, de 10.12.1997, e da Lei n. 13.846/2019, quais sejam:

- não será admitida a contagem em dobro ou em outras condições especiais;
- é vedada a contagem de tempo de serviço público com o de atividade privada, quando concomitantes (ressalvados os casos de acumulação de cargos ou empregos públicos admitidos pela Constituição);
- não será contado por um sistema o tempo de serviço utilizado para concessão de aposentadoria pelo outro;
- o tempo de serviço anterior ou posterior à obrigatoriedade de filiação à Previdência Social só será contado mediante indenização da contribuição correspondente ao período respectivo, com acréscimo de juros moratórios de 0,5% ao mês e multa de 10%;
- é vedada a emissão de CTC com o registro exclusivo de tempo de serviço, sem a comprovação de contribuição efetiva, exceto para o segurado empregado, empregado doméstico, trabalhador avulso e, a partir de 1º de abril de 2003, para o contribuinte individual que presta serviço a empresa obrigada a arrecadar a contribuição a seu cargo, observado o disposto nos arts. 4º e 5º da Lei n. 10.666, de 8 de maio de 2003 (essa restrição não se aplica ao tempo de serviço anterior à edição da EC n. 20, de 1998, que tenha sido equiparado por lei a tempo de contribuição);
- a CTC somente poderá ser emitida por regime próprio de previdência social para ex-servidor;
- é vedada a contagem recíproca de tempo de contribuição do RGPS por regime próprio de previdência social sem a emissão da CTC correspondente, ainda que o tempo de contribuição referente ao RGPS tenha sido prestado pelo servidor público ao próprio ente instituidor;
- é vedada a desaverbação de tempo em regime próprio de previdência social quando o tempo averbado tenha gerado a concessão de vantagens remuneratórias ao servidor público em atividade;
- para fins de elegibilidade às aposentadorias especiais referidas no § 4º do art. 40 e no § 1º do art. 201 da Constituição Federal, os períodos reconhecidos pelo regime previdenciário de origem como de tempo especial, sem conversão em tempo comum, deverão estar incluídos nos períodos de contribuição compreendidos na CTC e discriminados de data a data.

De acordo com o art. 19-A do Decreto n. 3.048/1999, com redação conferida pelo Decreto n. 6.722/2008, "para fins de benefícios de que trata este Regulamento, os períodos de vínculos que corresponderem a serviços prestados na condição de servidor estatutário somente serão considerados mediante apresentação de Certidão de Tempo de Contribuição fornecida pelo órgão público competente, salvo se o órgão de vinculação do servidor não tiver instituído regime próprio de previdência social".

Validando essa exigência, decidiu a TNU no PEDILEF 0504432-61.2014.4.05.8302 que a Certidão de Tempo de Contribuição é documento essencial para fins de aproveitamento e contagem recíproca de tempo trabalhado sob o regime próprio, no Regime Geral de Previdência Social.

Ainda, segundo o art. 130 do Decreto n. 3.048/1999, o tempo de contribuição para o regime próprio de Previdência Social ou para o RGPS pode ser provado com certidão fornecida:

> *I – pela unidade gestora do regime próprio de previdência social ou pelo setor competente da administração federal, estadual, do Distrito Federal e municipal, suas autarquias e fundações, desde que devidamente homologada pela unidade gestora do regime próprio, relativamente ao tempo de contribuição para o respectivo regime próprio de previdência social;[18] ou*
>
> *II – pelo setor competente do Instituto Nacional do Seguro Social, relativamente ao tempo de contribuição para o Regime Geral de Previdência Social.*

O INSS deverá promover o levantamento do tempo de contribuição para o RGPS à vista dos assentamentos internos ou das anotações na Carteira do Trabalho e/ou na CTPS, ou de outros meios de prova admitidos em direito.

O setor competente do órgão federal, estadual, do Distrito Federal ou municipal deverá promover o levantamento do tempo de contribuição para o respectivo regime próprio de previdência social à vista dos assentamentos funcionais.

Conforme o art. 70 da Instrução Normativa PRES/INSS n. 128, de 28.3.2022, com red. conferida pela IN PRES/INSS n. 167/2024), observado o disposto no art. 130 do RPS, o aproveitamento no RGPS do tempo de contribuição durante o qual o agente público federal, estadual, distrital ou municipal foi vinculado a RPPS, na forma de contagem recíproca de que trata a Lei n. 6.226, de 14.7.1975, será feito mediante a apresentação da Certidão de Tempo de Contribuição – CTC, conforme Anexo IX da Portaria MTP n. 1.467, de 2022, que deverá estar acompanhada da "Relação das Bases de Cálculo de Contribuição", conforme Anexo X da mesma Portaria, caso compreenda período posterior à competência junho de 1994.

Isso porque "a CTC oriunda de outros regimes de previdência ou a Certidão de Tempo de Serviço Militar expedida no âmbito do Sistema de Proteção Social dos Militares – SPSM, no caso das atividades de que tratam os arts. 42, 142 e 143 da Constituição Federal, emitidas a partir de 1º de julho de 2022, data da entrada em vigor da Portaria MPT n. 1.467, de 2022, deverão seguir o modelo constante no Anexo IX da referida Portaria e estar acompanhada da 'Relação das Bases de Cálculo de Contribuição', conforme Anexo X da mesma Portaria, caso compreenda período posterior à competência junho de 1994" (art. 213 da Instrução Normativa PRES/INSS n. 128, de 28.3.2022, com red. conferida pela IN PRES/INSS n. 167/2024). A CTC só poderá ser emitida para ex-servidor do RPPS ou ex-militar do SPSM e relativamente aos períodos em que tenha havido, por parte deles, a prestação de serviço ou a correspondente contribuição.

---

[18] A Portaria MPS n. 154, de 15.5.2008, modificada pela Portaria MF n. 567, de 18.12.2017, disciplina os procedimentos sobre a emissão de certidão de tempo de contribuição pelos Regimes Próprios de Previdência Social. Disponível em: http://www.previdencia.gov.br/wp-content/uploads/2017/12/PORTARIA-MPS-nº-154-de-15mai-2008-atualizada-até-20dez2017.pdf. Acesso em: 9 jan. 2018.

Ocorrerá averbação automática do registro do tempo de contribuição, vinculado ao RGPS, em que o servidor público prestou ao próprio ente federativo no período anterior a 18.1.2019, e que teve a apresentação da CTC dispensada pelo INSS para fins de realização da compensação financeira, podendo a averbação automática ocorrer nas seguintes situações (art. 512, § 3º, da Instrução Normativa PRES/INSS n. 128, de 28.3.2022, com red. conferida pela IN PRES/INSS n. 167/2024):

I – em decorrência da criação do Regime Jurídico Único, em obediência ao art. 39 da Constituição Federal de 1988; e

II – no caso dos servidores estaduais, municipais ou distritais, quando da transformação do Regime de Previdência em RPPS.

No que tange à contagem recíproca do tempo de atividade especial, decidiu o STF nos seguintes termos:

- *A contagem recíproca é um direito assegurado pela Constituição do Brasil. O acerto de contas que deve haver entre os diversos sistemas de previdência social não interfere na existência desse direito, sobretudo para fins de aposentadoria. Tendo exercido suas atividades em condições insalubres à época em que submetido aos regimes celetista e previdenciário, o servidor público possui direito adquirido à contagem desse tempo de serviço de forma diferenciada e para fins de aposentadoria. Não seria razoável negar esse direito à recorrida pelo simples fato de ela ser servidora pública estadual e não federal. E isso mesmo porque condição de trabalho, insalubridade e periculosidade, é matéria afeta à competência da União (CB, artigo 22, I [direito do trabalho]) (RE 255.827, Rel. Min. Eros Grau, julgamento em 25.10.2005, DJ de 2.12.2005).*

- *APOSENTADORIA – SERVIDOR PÚBLICO – TEMPO DE TRABALHO RURAL – CONTAGEM RECÍPROCA – CONTRIBUIÇÕES. Conforme disposto no § 9º do artigo 201 da Constituição Federal, a contagem recíproca do tempo de serviço rural pressupõe ter havido o recolhimento das contribuições (STF, MS 26.919/DF, Tribunal Pleno, Rel. Min. Marco Aurélio, DJe 21.5.2008).*

A respeito do direito do servidor público de exigir do INSS a certidão que comprova o exercício da atividade com exposição a agentes nocivos, assim se pronunciou o STF:

- *O servidor público tem direito à emissão pelo INSS de certidão de tempo de serviço prestado como celetista sob condições de insalubridade, periculosidade e penosidade, com os acréscimos previstos na legislação previdenciária. A autarquia não tem legitimidade para opor resistência à emissão da certidão com fundamento na alegada impossibilidade de sua utilização para a aposentadoria estatutária; requerida esta, apenas a entidade à qual incumba deferi-la é que poderia se opor à sua concessão (RE 433.305, Rel. Min. Sepúlveda Pertence, j. 14.2.2006, DJ 10.3.2006). No mesmo sentido: RE 383.998-AgR, Rel. Min. Sepúlveda Pertence, j. 13.2.2007, DJ 27.4.2007.*

A Secretaria de Previdência divulgou a Nota Técnica n. 792/2021/CGNAL/SRPPS/SPREV/SEPRT/ME, aprovada pelo Despacho n. 846/2021/SPREV/SEPRT/ME, que analisou a tese fixada pelo STF no RE 1.014.286 (Tema 942 da Repercussão Geral), orientando que:

Deverá ser mantido o procedimento de emissão de Certidão de Tempo de Contribuição – CTC com o reconhecimento de tempo especial pelo regime de origem, mas sem conversão em tempo comum, nos termos do inciso IX do art. 96 da Lei n. 8.213/1991 (que não foi afetado pela decisão do STF), cabendo ao Regime instituidor efetuar a conversão quando cabível.

Nesse mesmo sentido é a orientação da TNU, conforme se observa do precedente que segue:

> O segurado do RGPS que trabalhava sob condições especiais e passou, sob qualquer condição, para o RPPS, tem direito à expedição de certidão desse tempo identificado como especial, discriminado de data a data, com indicação do fator de conversão, ficando a conversão em comum e a contagem recíproca a critério do RPPS de destino (PUIL 5000356-30.2017.4.04.7124/RS, j. 16.10.2020).

Com relação à expedição de certidão de tempo de contribuição para período fracionado, não utilizado para efeito de concessão de benefício por regime diverso, decidiu o STJ nos termos que seguem:

> PREVIDENCIÁRIO. RECURSO ESPECIAL. SEGURADO JÁ APOSENTADO NO SERVIÇO PÚBLICO COM UTILIZAÇÃO DA CONTAGEM RECÍPROCA. CONCESSÃO DE APOSENTADORIA JUNTO AO RGPS. TEMPO NÃO UTILIZADO NO INSTITUTO DA CONTAGEM RECÍPROCA. FRACIONAMENTO DE PERÍODO. POSSIBILIDADE. ART. 98 DA LEI n. 8.213/91. INTERPRETAÇÃO RESTRITIVA.
> 1. A norma previdenciária não cria óbice a percepção de duas aposentadorias em regimes distintos, quando os tempos de serviços realizados em atividades concomitantes sejam computados em cada sistema de previdência, havendo a respectiva contribuição para cada um deles.
> 2. O art. 98 da Lei n. 8.213/91 deve ser interpretado restritivamente, dentro da sua objetividade jurídica. A vedação contida em referido dispositivo surge com vistas à reafirmar a revogação da norma inserida na Lei n. 5.890/73, que permitia o acréscimo de percentual a quem ultrapassasse o tempo de serviço máximo, bem como para impedir a utilização do tempo excedente para qualquer efeito no âmbito da aposentadoria concedida.
> 3. É permitido ao INSS emitir certidão de tempo de serviço para período fracionado, possibilitando ao segurado da Previdência Social levar para o regime de previdência próprio dos servidores públicos apenas o montante de tempo de serviço que lhe seja necessário para obtenção do benefício almejado naquele regime. Tal período, uma vez considerado no outro regime, não será mais contado para qualquer efeito no RGPS. O tempo não utilizado, entretanto, valerá para efeitos previdenciários junto à Previdência Social.
> 4. Recurso especial a que se nega provimento (REsp 687.479, Rel. Min. Laurita Vaz, DJ 30.5.2005).

O benefício resultante da contagem recíproca do tempo será concedido e pago pelo sistema a que o interessado estiver vinculado ao requerê-lo, e calculado na forma da respectiva legislação.

Concedido o benefício, caberá, segundo o art. 131 do Regulamento da Previdência Social:

– ao INSS comunicar o fato ao órgão público emitente da certidão, para as anotações nos registros funcionais e/ou na segunda via da certidão de tempo de contribuição; e
– ao órgão público comunicar o fato ao INSS, para efetuar os registros cabíveis.

Destacamos ainda que o pedido de CTC pode ser com relação a todo tempo contribuído ou apenas relativo a alguns períodos, devendo o segurado explicitar no requerimento quais os períodos que deseja, se não estiver requerendo certidão de tempo de contribuição total.

Além disso, é possível o requerimento de tempo de contribuição em conjunto com o pedido de retroação da data de início das contribuições (DIC) ou com o pedido de recolhimento em atraso de períodos em aberto. Assim o segurado fará o recolhimento de novos valores para que estes sejam incluídos da CTC a ser emitida pelo INSS.

Importante destacar que sempre que a CTC é requerida deve ser informado o órgão que irá receber tal documento, ou seja, qual órgão o segurado está vinculado e pretende levar o tempo contribuído.

A certidão de tempo de contribuição deverá ser expedida em duas vias, das quais a primeira será fornecida ao interessado, mediante recibo passado na segunda via, implicando sua concordância quanto ao tempo certificado.

Caso o segurado mude de órgão posteriormente e queira transferir o tempo a outro órgão/Regime, deve ser solicitada a revisão da CTC e a comprovação da inutilização ou desaverbação do tempo anteriormente retirado do INSS.

É possível também a revisão de CTC, para inclusão de períodos e/ou valores de contribuição, ou ainda para a correção de uma CTC que tenha sido emitida com algum erro. Etapas para pedir o serviço: a) entre no Meu INSS; b) clique no botão "Novo Pedido"; c) digite "revisão de certidão"; d) na lista, clique no nome do serviço/benefício; e) selecione "Revisar"; f) leia o texto que aparece na tela e avance seguindo as instruções.[19]

Sempre que o segurado solicitar a revisão de uma CTC deverá entregar a original da certidão que deseja alterar. Caso não seja possível a entrega da original por causa de perda, deve-se proceder à comprovação através de boletim de ocorrência, quando então o INSS deverá efetuar o cancelamento da CTC anterior e emitir uma nova, com novo número. Portanto, em caso de perda sugerimos que se faça o pedido de cancelamento da primeira CTC e pedido de emissão de uma nova. Não recomendamos o pedido de revisão da CTC anterior.

A emissão de CTC obriga a compensação financeira entre os regimes, ficando o Regime que reconhecer e certificar o tempo obrigado a efetuar os pagamentos na forma da Lei n. 9.796/1999. A Compensação Previdenciária será realizada conforme as disposições contidas na Lei n. 9.796, de 5.5.1999, no Decreto n. 10.188, de 20.12.2019, e em outras normas que tratem da sua operacionalização.

36.7 AÇÃO DECLARATÓRIA PARA RECONHECIMENTO DE TEMPO DE CONTRIBUIÇÃO

Depois de alguma divergência inicial, o STJ firmou orientação de que a ação declaratória é uma das vias processuais adequadas para o reconhecimento de tempo de contribuição, uma vez que o fim visado é justamente a declaração de uma relação jurídica que precisa ser aclarada, sendo inegável a necessidade da tutela jurisdicional para a satisfação da pretensão de direito material. Nesse sentido: Súmula n. 242 – "Cabe ação declaratória para reconhecimento de tempo de serviço para fins previdenciários".

A ação declaratória tem sido usada com frequência também na Justiça do Trabalho para reconhecimento de vínculo, retificação e fornecimento de PPP, dentre outras situações, produzindo a prova necessária para a obtenção de benefícios perante a Previdência Social. Nesse sentido, os precedentes que seguem:

> O art. 11, § 1º, da CLT, prevê expressamente que a prescrição não se aplica às ações que tenham por objeto anotações para fins de prova junto à Previdência Social. Trata-se de ação que envolve pretensão meramente declaratória sobre as condições de trabalho, cuja condenação se limita à expedição da documentação (PPP) prevista em lei para fins previdenciários,

---

[19] Disponível em: https://www.gov.br/pt-br/servicos/solicitar-revisao-de-certidao-de-tempo-de-contribuicao. Acesso em: 3 out. 2023.

não sujeita, portanto, à prescrição (TST, Ag 1000425-61.2020.5.02.0411, 8ª Turma, Rel. Min. Delaíde Alves Miranda Arantes, *DEJT* 29.4.2022).

Prescrição. Expedição do formulário de Perfil Profissiográfico Previdenciário (PPP). A prescrição trabalhista, prevista nos arts. 7º, XXIX e 11 da CLT se refere apenas às pretensões condenatórias a créditos oriundos das relações de trabalho. Na ação em que se objetiva o reconhecimento do exercício da atividade sujeita a condições agressivas à saúde, para efeito de aposentadoria especial reduzida, prevista no art. 57 da Lei n. 8.213/91, com a consequente entrega do formulário Perfil Profissiográfico Previdenciário – PPP, incide a exceção prevista no § 1º do art. 11 da CLT, ante o seu caráter declaratório. Precedentes. Recurso de revista conhecido por violação do art. 11, § 1º, da CLT. CONCLUSÃO: Recurso parcialmente conhecido e provido (TST, RR 478-73.2013.5.05.0006, Rel. Min. Alexandre de Souza Agra Belmonte, 3ª Turma, *DEJT* 17.3.2017).

Prescrição e Decadência em Matéria de Benefícios

A doutrina civilista conceitua os institutos da prescrição e da decadência de modo relativamente uniforme. Destarte, pode-se observar certo consenso no sentido de que se pode denominar prescrição à perda do direito de exigir uma obrigação pela via jurisdicional.

Segundo *Washington de Barros Monteiro*, citando *Clovis Bevilacqua*, "prescrição é a perda da ação atribuída a um direito, e de toda a sua capacidade defensiva, em consequência do não uso dela, durante determinado espaço de tempo".[1]

Já a decadência, segundo o mesmo estudioso do tema, é observada quando "o direito é outorgado para ser exercido dentro em *(sic)* determinado prazo; se não exercido, extingue-se". É dizer, "a prescrição atinge diretamente a ação e por via oblíqua faz desaparecer o direito por ela tutelado; a decadência, ao inverso, atinge diretamente o direito e por via oblíqua, ou reflexa, extingue a ação".[2]

Explicitado o tema, o art. 591 da IN n. 128/2022 prevê que: "Do decurso do tempo e da inércia das partes decorrem: I – a prescrição, que extingue a pretensão de obtenção de prestações; e II – a decadência, que extingue o direito não exercido no prazo legal".

37.1 PRESCRIÇÃO DO DIREITO A PRESTAÇÕES

A regra geral de prescritibilidade dos direitos patrimoniais existe em face da necessidade de se preservar a estabilidade das situações jurídicas. Entretanto, o direito ao benefício previdenciário em si não prescreve, mas tão somente as prestações não reclamadas dentro de certo tempo, que vão prescrevendo, uma a uma, em virtude da inércia do beneficiário.

No direito previdenciário a prescrição quinquenal tem sido aplicada desde o advento do Decreto n. 20.910, de 1932. Neste sentido:

- *TFR – Súmula n. 107 – A ação de cobrança de crédito previdenciário contra a Fazenda Pública está sujeita à prescrição quinquenal estabelecida no Decreto n. 20.910, de 1932.*
- *STJ – Súmula n. 85 – Nas relações jurídicas de trato sucessivo, em que a Fazenda Pública figure como devedora, quando não tiver sido negado o próprio direito reclamado, a prescrição atinge apenas as prestações vencidas antes do quinquênio anterior à propositura da ação.*

---

[1] *Curso de direito civil*. 16. ed. São Paulo: Saraiva, 1986, v. 1, p. 286.
[2] *Curso de direito civil*. 16. ed. São Paulo: Saraiva, 1986, v. 1, p. 288.

O mesmo prazo foi fixado na atual Lei de Benefícios no art. 103, parágrafo único. De acordo com essa norma: "Prescreve em cinco anos, a contar da data em que deveriam ter sido pagas, toda e qualquer ação para haver prestações vencidas ou quaisquer restituições ou diferenças devidas pela Previdência Social, salvo o direito dos menores, incapazes e ausentes, na forma do Código Civil".

No caso de benefício previdenciário concedido judicialmente, o termo inicial da prescrição quinquenal, prevista no parágrafo único do art. 103 da Lei n. 8.213/1991, relativamente a diferenças pleiteadas em futura ação revisional, é o trânsito em julgado da decisão proferida na ação que concedeu o benefício. Nesse sentido: TRU/4ª Região, Incidente de Uniformização JEF 5004330-47.2013.404.7114, Rel. Juiz Federal Gerson Luiz Rocha, *DE* 17.8.2015.

Na aferição da prescrição quinquenal, o que está em causa é o pagamento dos créditos do segurado, de modo que a aferição deve se dar a partir dos vencimentos destes, e não a partir das competências a que tais créditos se referem.

As ações referentes às prestações previdenciárias por acidente do trabalho também prescrevem em cinco anos, observado o disposto no art. 104 da Lei n. 8.213/1991, contados da data:

- do acidente, quando dele resultar a morte ou a incapacidade temporária, verificada esta em perícia médica a cargo da Previdência Social; ou
- em que for reconhecida pela Previdência Social a incapacidade permanente ou o agravamento das sequelas do acidente.

Acerca dos incapazes, o Código Civil – Lei n. 10.406/2002 –, em seu art. 198, estabelece que não corre a prescrição "contra os incapazes de que trata o art. 3º", ou seja, os absolutamente incapazes; "contra os ausentes do País em serviço público da União, dos Estados ou dos Municípios"; e "contra os que se acharem servindo nas Forças Armadas, em tempo de guerra".

Destaca-se que a não ocorrência da prescrição em relação a alguns dos dependentes não beneficia os demais, ou seja, consumada a prescrição em relação ao dependente capaz, ao incapaz deve ser assegurado somente o pagamento de sua quota-parte (*v.g.*, TRF da 4ª Região, AC 2003.04.01.051040-1/SC, Rel. Des. Federal Ricardo Teixeira do Valle Pereira, *DE* 27.8.2007).

Durante a tramitação do processo administrativo não corre o prazo prescricional conforme o Decreto n. 20.910/1932, que regula a prescrição quinquenal:

> Art. 4º Não corre a prescrição durante a demora que, no estudo, ao reconhecimento ou no pagamento da dívida, considerada líquida, tiverem as repartições ou funcionários encarregados de estudar e apurá-la.
>
> Parágrafo único. A suspensão da prescrição, neste caso, verificar-se-á pela entrada do requerimento do titular do direito ou do credor nos livros ou protocolos das repartições públicas, com designação do dia, mês e ano.

Importante referir que segundo a Súmula n. 74 da TNU: "O prazo de prescrição fica suspenso pela formulação de requerimento administrativo e volta a correr pelo saldo remanescente após a ciência da decisão administrativa final".

Por esse entendimento, o requerimento administrativo não interrompe o prazo prescricional, mas apenas o suspende, e se coaduna com a orientação do STJ, segundo a qual, tendo havido apresentação de requerimento administrativo pleiteando o pagamento de benefício, permanece suspenso o prazo prescricional, até que a autarquia previdenciária comunique sua decisão ao interessado (REsp 294.032/PR, 5ª Turma, Rel. Min. Félix Fischer, *DJ* 26.3.2001).

No que diz respeito à possibilidade de o Juiz reconhecer de ofício a prescrição e a decadência em favor do INSS, a TNU fixou tese no sentido do cabimento: PEDILEF 200381100283235,

DJU de 30.5.2006. Essa orientação está em conformidade com a jurisprudência do STJ, segundo a qual as matérias de ordem pública podem ser conhecidas de ofício, por força do efeito translativo da via recursal, ainda que este seja conhecido por motivo diverso. Tal conclusão encontra fundamento na conhecida Súmula n. 456 do STF, pois o conhecimento da matéria pela Corte não a impede de analisar as questões prejudiciais que se relacionem com o mérito da questão.

Oportuno mencionar que o CPC prevê a possibilidade de resolução de mérito quando o juiz reconhecer, de ofício ou a requerimento, a ocorrência de decadência ou prescrição (art. 487).

Consigna-se, ainda, que a citação válida em processo extinto sem julgamento do mérito importa na interrupção do prazo prescricional e somente reinicia o seu curso após o trânsito em julgado do processo extinto sem resolução do mérito, quando volta a fluir pela metade, por força do disposto no art. 9º do Decreto n. 20.910/1932. Nesse sentido, a orientação da TNU (PEDILEF 0042707-58.2009.4.03.6301, Rel. Juiz Federal João Batista Lazzari, *DOU* 21.3.2014) e do STJ (AgRg no AREsp 202.429/AP, 2ª Turma, Rel. Min. Herman Benjamin, *DJe* 12.9.2013).

No que tange aos critérios de contagem do prazo prescricional da pretensão ao recebimento de diferenças decorrentes de revisão de renda mensal inicial em virtude de reclamação trabalhista, a TNU fixou a seguinte tese em representativo de controvérsia:

> Tema 200: "Na pretensão ao recebimento de diferenças decorrentes de revisão de renda mensal inicial em virtude de verbas salariais reconhecidas em reclamação trabalhista, a prescrição quinquenal deve ser contada retroativamente da data do ajuizamento da ação previdenciária, não fluindo no período de tramitação da ação trabalhista, enquanto não definitivamente reconhecido o direito e não homologados os cálculos de liquidação" (PEDILEF 5002165-21.2017.4.04.7103/RS, j. 9.12.2020).

Quanto à fixação do termo inicial da prescrição quinquenal, para recebimento de parcelas de benefício previdenciário reconhecidas judicialmente, em ação individual ajuizada para adequação da renda mensal, cujo pedido coincide com aquele anteriormente formulado em ação civil pública, o STJ fixou a seguinte tese em Repetitivo:

> Tema 1.005: "Na ação de conhecimento individual, proposta com o objetivo de adequar a renda mensal do benefício previdenciário aos tetos fixados pelas Emendas Constitucionais 20/98 e 41/2003 e cujo pedido coincide com aquele anteriormente formulado em ação civil pública, a interrupção da prescrição quinquenal, para recebimento das parcelas vencidas, ocorre na data de ajuizamento da lide individual, salvo se requerida a sua suspensão, na forma do art. 104 da Lei 8.078/90" (REsp 1.761.874/SC, 1ª Seção, *DJe* 1º.7.2021).

37.2 A LEI N. 13.846/2019 E A VIOLAÇÃO AOS DIREITOS DO PENSIONISTA MENOR, INCAPAZ OU AUSENTE

A Lei n. 13.846/2019 adotou regras de prescrição e decadência que, a nosso ver, violam o direito do pensionista menor, incapaz ou ausente, as quais não devem ser consideradas válidas por afronta às normas basilares de Direito Civil (arts. 198 e 208 do Código Civil), quais sejam:

a) fixação do prazo de até cento e oitenta dias para que para os filhos menores de dezesseis anos façam o requerimento da pensão a fim de garantir o pagamento do benefício desde o óbito;

b) fixação do prazo de até noventa dias para que os filhos entre dezesseis e dezoito anos façam o requerimento da pensão a fim de garantir o pagamento do benefício desde o óbito.

Transcorridos esses prazos, o requerimento gera efeitos financeiros somente a partir da Data de Entrada do Requerimento (DER).

Essas regras são extensíveis aos beneficiários do auxílio-reclusão e aos servidores públicos federais, em face da alteração do art. 219 da Lei n. 8.112/1990.

Complementado o conjunto de alterações, a Lei n. 13.846/2019 revogou o art. 79 da LBPS, que estipulava que não se aplicava o disposto no art. 103 (regra de decadência) ao pensionista menor, incapaz ou ausente na forma da lei.

Na avaliação de João Marcelino Soares, as alterações levadas a efeito pela Lei n. 13.846/2019 violam o art. 227 da CF, consoante fundamentos que seguem:

> Ora, o motivo de não transcorrer prazo decadencial e prescricional ao absolutamente incapaz é para sua proteção, pois o requerimento do benefício não depende de sua volição. Obrigatoriamente o seu representante deve fazê-lo e, certamente, o menor não pode ser prejudicado no caso da inércia daquele. Por isto, a legislação o protege, resguardando seu direito (decadência), bem com o exercício deste (prescrição), para o momento em que o requerimento do benefício dependa exclusivamente de sua vontade, e não ao alvedrio de seu representante.
>
> Conforme dispõe o art. 227 da Constituição Federal também cabe ao Estado assegurar à criança e ao adolescente, com absoluta prioridade, entre outros, o direito à vida, à saúde, à alimentação, à educação, ao lazer, à profissionalização, à cultura e à dignidade. A partir do momento que o próprio Estado retira a proteção do menor, fazendo com que a decadência e a prescrição transcorram para este, com possibilidade de eliminação de seus direitos, violado se encontra o referido dispositivo constitucional.[3]

No entanto, por ora, não houve o reconhecimento da inconstitucionalidade das citadas regras envolvendo o pensionista menor, inválido ou ausente.

37.3 DECADÊNCIA DO DIREITO À REVISÃO DO CÁLCULO DE BENEFÍCIO PREVIDENCIÁRIO

Com a Medida Provisória n. 1.523-9, de 27 de junho de 1997, que conferiu distinta redação ao art. 103 da Lei n. 8.213/1991, foi prevista pela primeira vez a existência de um prazo decadencial no âmbito do direito previdenciário brasileiro.

No período compreendido entre 1997 e 2004 ocorreram algumas alterações significativas no tocante ao prazo da decadência. Inicialmente, destacamos a redação original do art. 103 da Lei n. 8.213/1991:

> Art. 103. Sem prejuízo do direito ao benefício, prescreve em 5 (cinco) anos o direito às prestações não pagas nem reclamadas na época própria, resguardados os direitos dos menores dependentes, dos incapazes ou dos ausentes.

Essa regra que não contemplava prazo decadencial perdurou até 27 de junho de 1997, quando a MP n. 1.523-9 foi publicada e modificou a redação do referido dispositivo para:

> Art. 103. É de dez anos o prazo de decadência *de todo e qualquer direito ou ação do segurado ou beneficiário para a* revisão do ato de concessão de benefício, *a contar do dia primeiro do mês seguinte ao do recebimento da primeira prestação ou, quando for o caso, do dia em que tomar conhecimento da decisão indeferitória definitiva no âmbito administrativo.*

---

[3] SOARES, João Marcelino. *MP 871/19: detalhamento técnico e análise imparcial*. Disponível em: http://dtojoaosoares. wixsite.com/previdenciario/mp-871-19-analise-tecnica-e-imparci?fbclid=IwAR28N28-e21DDvxwUG4steQQWn-1qxF44NsAOr4EWav_vL0MObR4q2kOHeK4. Acesso em: 27 jan. 2019.

Parágrafo único. Prescreve em cinco anos, a contar da data em que deveriam ter sido pagas, toda e qualquer ação para haver prestações vencidas ou quaisquer restituições ou diferenças devidas pela Previdência Social, salvo o direito dos menores, incapazes e ausentes, na forma do Código Civil.

Tal medida provisória foi convertida na Lei n. 9.528, de 10.12.1997, que vigorou até o advento da Lei n. 9.711, de 20.11.1998,[4] que diminuiu para 5 anos o prazo de decadência para a revisão dos atos de concessão de revisão por iniciativa do segurado.

Ocorre que, em 2003, diante de uma massiva movimentação dos segurados, associações e advogados que resultou em um elevado ingresso de ações para revisão de benefícios com base no índice IRSM de fevereiro de 1994, o executivo se viu obrigado, por motivos políticos, a elastecer novamente o prazo decadencial. Editou então a MP n. 138, de 19.11.2003, que foi convertida na Lei n. 10.839, de 5.2.2004, voltando a fixar em 10 anos o prazo de decadência.

Ressalta-se que o aumento do prazo se deu antes de completos os 5 anos previstos em 1998, pela Lei n. 9.711, o que significa dizer que nesse ínterim, nenhum benefício foi atingido pela materialização da decadência.

Entendemos que a edição da MP n. 138/2003 não significou o início de uma nova contagem, e sim um elastecimento do prazo já corrente. Nesse sentido: "Para os benefícios concedidos até 27.06.1997, aplica-se o prazo de decadência de dez anos, contado a partir de 27.06.1997; para os benefícios concedidos a partir de 28.06.1997, ao final, sempre se aplica o prazo de decadência de dez anos, contado a partir do dia primeiro do mês seguinte ao do recebimento da primeira prestação" (TNU, PU 2008.71.61.002964-5, *DOU* de 15.3.2013).

Na sequência, o art. 24 da Lei n. 13.846/2019 (conversão da MP n. 871/2019), com o objetivo de deixar claro que há prazo de decadência para qualquer decisão administrativa (concessão, indeferimento, cancelamento ou cessação de benefício), promoveu outra alteração no art. 103 da Lei n. 8.213/1991.

No entanto, o STF declarou a inconstitucionalidade do art. 24 da Lei n. 13.846/2019, no que deu tal redação ao art. 103 da Lei n. 8.213/1991, sob o fundamento de que:

> (...) admitir a incidência do instituto para o caso de indeferimento, cancelamento ou cessação importa ofensa à Constituição da República e ao que assentou esta Corte em momento anterior, porquanto, não preservado o fundo de direito na hipótese em que negado o benefício, caso inviabilizada pelo decurso do tempo a rediscussão da negativa, é comprometido o exercício do direito material à sua obtenção (ADI 6.096/DF, Rel. Min. Edson Fachin, Sessão Plenária Virtual, de 2 a 9 de outubro de 2020).

Em face disso, temos como válida a seguinte redação do art. 103, *caput*, da Lei n. 8.213/1991, quanto ao prazo decadencial:

> Art. 103. É de dez anos o prazo de decadência de todo e qualquer direito ou ação do segurado ou beneficiário para a revisão do ato de concessão de benefício, a contar do dia primeiro do mês seguinte ao do recebimento da primeira prestação ou, quando for o caso, do dia em que tomar conhecimento da decisão indeferitória definitiva no âmbito administrativo. (Redação dada pela Lei n. 10.839, de 5.2.2004)

---

[4] A diminuição do prazo de 10 para 5 anos se deu inicialmente pela MP n. 1663-15, em 22.10.1998. Entretanto, como essa décima quinta edição da MP não foi convalidada pela Lei n. 9.711, a redução do prazo passou a vigorar apenas a partir da edição da Lei em 21 de novembro de 1998. Nesse sentido, observe o art. 30 da Lei mencionada, que convalida os atos praticados com base na MP n. 1663-14, de 24.9.1998.

– Da aplicação do instituto da decadência

Nos casos dos benefícios concedidos anteriormente à instituição da decadência, inexistia limitação no tempo à possibilidade de revisão. No entanto, o STF entendeu aplicável esse prazo a todos os benefícios, independentemente da data de início, tendo o marco inicial em 1º.8.1997, consoante o julgamento da Repercussão Geral Tema 313, cuja ementa segue transcrita:

> DIREITO PREVIDENCIÁRIO. REGIME GERAL DE PREVIDÊNCIA SOCIAL (RGPS). REVISÃO DO ATO DE CONCESSÃO DE BENEFÍCIO. DECADÊNCIA.
>
> *1. O direito à previdência social constitui direito fundamental e, uma vez implementados os pressupostos de sua aquisição, não deve ser afetado pelo decurso do tempo. Como consequência, inexiste prazo decadencial para a concessão inicial do benefício previdenciário.*
>
> *2. É legítima, todavia, a instituição de prazo decadencial de dez anos para a revisão de benefício já concedido, com fundamento no princípio da segurança jurídica, no interesse em evitar a eternização dos litígios e na busca de equilíbrio financeiro e atuarial para o sistema previdenciário.*
>
> *3. O prazo decadencial de dez anos, instituído pela Medida Provisória 1.523, de 28.06.1997, tem como termo inicial o dia 1º de agosto de 1997, por força de disposição nela expressamente prevista. Tal regra incide, inclusive, sobre benefícios concedidos anteriormente, sem que isso importe em retroatividade vedada pela Constituição.*
>
> *4. Inexiste direito adquirido a regime jurídico não sujeito a decadência* (RE 626.489/SE, Tribunal Pleno, Rel. Min. Roberto Barroso, j. 16.10.2013, DJe 23.9.2014).

Diante do contexto normativo e jurisprudencial, não são atingidos pelo prazo decadencial a impugnação de ato de indeferimento de benefício, de cessação ou de cancelamento de benefício. Nesse sentido, a Súmula n. 81 da TNU, com o seguinte teor:

> A impugnação de ato de indeferimento, cessação ou cancelamento de benefício previdenciário não se submete a qualquer prazo extintivo, seja em relação à revisão desses atos, seja em relação ao fundo de direito (Redação alterada em 9.12.2020).

Para uma melhor compreensão quanto à interpretação da aplicação do prazo decadencial, destacamos ainda os seguintes precedentes:

> **STJ – Repetitivo Tema 966**: "Incide o prazo decadencial previsto no *caput* do artigo 103 da Lei 8.213/1991 para reconhecimento do direito adquirido ao benefício previdenciário mais vantajoso" (REsp 1.631.021/PR, 13.3.2019).
>
> **STJ – Repetitivo Tema 975**: "Aplica-se o prazo decadencial de dez anos estabelecido no art. 103, *caput*, da Lei 8.213/1991 às hipóteses em que a questão controvertida não foi apreciada no ato administrativo de análise de concessão de benefício previdenciário" (REsp 1.648.336/RS, 4.8.2020).
>
> **TNU – Representativo de Controvérsia Tema 256**: "I – O prazo decadencial decenal previsto no *caput*, do art. 103, da Lei 8.213/91 alcança o direito potestativo de impugnação (i.) Do ato original de concessão; e (ii.) Do ato de indeferimento da revisão administrativa.
>
> II – A contagem do prazo decenal para a impugnação do ato original de concessão tem início no dia primeiro do mês seguinte ao do recebimento da primeira prestação.
>
> III – O prazo decenal para a impugnação do ato de indeferimento definitivo da revisão administrativa tem sua contagem iniciada na data da ciência do beneficiário e apenas aproveita às matérias suscitadas no requerimento administrativo revisional".
>
> **TNU – Representativo de Controvérsia Tema 265**: "A impugnação de ato de indeferimento, cessação ou cancelamento de benefício previdenciário não se submete a qualquer prazo extintivo, seja em relação à revisão desses atos, seja em relação ao fundo de direito".

37.4 APLICAÇÃO DO PRAZO DE DECADÊNCIA NAS AÇÕES PARA RECONHECIMENTO DE TEMPO DE CONTRIBUIÇÃO

Defendemos que as ações declaratórias de averbação de tempo de contribuição não estão sujeitas aos prazos de prescrição e decadência, em face da ausência do cunho patrimonial imediato e diante da existência de direito adquirido à contagem do tempo trabalhado. Vale referir precedentes que respaldam esse entendimento:

- Não se submete à prescrição a ação declaratória pura, proposta com o exclusivo fim de ter declarada a existência de uma relação jurídica. Precedentes (STJ, REsp 331.306/MA, 5ª Turma, Rel. Min. Edson Vidigal, DJ 15.10.2001);
- O instituto da decadência previsto na nova redação do artigo 103, da Lei n. 8.213/1991, apenas se aplica aos casos em que se deseja rever o ato de concessão do benefício, o que não ocorre, evidentemente, quando a aposentadoria sequer ainda foi requerida (TRF da 5ª Região, AC 2000.05.00.059051.6/RN, 1ª Turma, Rel. Des. Federal Margarida Cantarelli, DJ 15.10.2001);
- Tratando-se de ação declaratória não há que se falar na aplicação do instituto da decadência ou da prescrição (TRF da 4ª Região, AC 2001.71.08.003891, 5ª Turma Suplementar, Rel. Juiz Federal Fernando Quadros da Silva, DE 27.10.2008).

Discussão mais acirrada se dá no caso das ações de natureza condenatória, cuja inclusão do período trabalhado é requerida visando a revisão do benefício já concedido.

Podemos tomar como exemplo, um segurado aposentado por tempo de contribuição de forma proporcional em 2010. Em 2022, ingressa com ação judicial postulando o reconhecimento de tempo trabalhado no meio rural e em condições especiais para aumentar o coeficiente de cálculo de seu benefício. Na hipótese, objetiva rever o ato de concessão do benefício, ato esse que é a exata expressão legal contida no art. 103, *caput*, da LB.

Surge então o questionamento: aplica-se o prazo de decadência que impede a revisão proposta?

A solução dada pela jurisprudência (STF e STJ) foi no sentido de que existindo ou não o requerimento administrativo do reconhecimento do tempo trabalhado, estaria operada a decadência, já que o benefício foi concedido posteriormente à instituição do referido prazo e houve o transcurso do tempo previsto no art. 103, *caput*, da Lei n. 8.213/1991. Assim, já havia decaído o direito à revisão quando do ajuizamento da ação. Nesse sentido, os precedentes do STF: ARE 845.209 AgR/PR, Rel. Min. Marco Aurélio, DJe 2.2.2015, e ARE 964.495 AgR/SP, Rel. Min. Rosa Weber, DJe 30.6.2016; e do STJ, REsp 1.648.336/RS, Repetitivo Tema 975, 1ª Seção, Rel. Min. Herman Benjamin, DJe 4.8.2020.

37.5 PRAZO PARA REVISÃO DE BENEFÍCIO ANTECEDENTE EM CASO DE PENSÃO POR MORTE

O STJ e a TNU possuíam orientação no sentido de que caso o beneficiário do INSS tivesse perdido, em vida, o direito de solicitar a revisão do valor de sua aposentadoria, o fato não prejudicava o titular da subsequente pensão por morte. Ou seja: o direito poderia ser discutido pelo pensionista, ainda que fundado em dados que poderiam ter sido questionados pelo aposentado atingido pela decadência. Nesse sentido: STJ, REsp 1.571.465/RS, 2ª Turma, DJe 31.5.2016.

Concordamos com esse entendimento, pois os beneficiários da pensão por morte não poderão sofrer os reflexos da falta de revisão do benefício de origem. Somente a partir do início do recebimento da pensão por morte é que deve ter curso o prazo de decadência para a revisão do benefício que era recebido pelo *de cujus*.

No entanto, a 1ª Seção do STJ revisou a jurisprudência sobre o tema e fixou orientação diversa, qual seja, "o prazo decadencial para revisão de benefício originário não é renovado na concessão de pensão por morte". Constou da decisão:

> (...) o prazo decadencial é fixado em relação ao direito em si, não em relação à pessoa, de modo que nem mesmo os incapazes escapam dos seus efeitos. Não admite a decadência, por outro lado, diferentemente do que ocorre com a prescrição, suspensão ou interrupção. Assim sendo, a morte do pai da autora e a concessão da pensão em nada interferem na decadência do direito de revisão do benefício originário, decadência que, no caso, já se consumara, antes mesmo do óbito do instituidor da pensão (...) (EREsp 1.605.554, 1ª Seção, Rel. p/ acórdão Min. Assusete Magalhães, DJe 2.8.2019).

A questão do direito dos dependentes e sucessores passou por posterior análise pelo STJ, no Repetitivo Tema 1.057, envolvendo o prazo decadencial, a redefinição da renda mensal da pensão e as diferenças nos resultados do recálculo do benefício derivado. A tese fixada foi a seguinte:

> I. O disposto no art. 112 da Lei n. 8.213/1991 é aplicável aos âmbitos judicial e administrativo;
> II. Os pensionistas detêm legitimidade ativa para pleitear, por direito próprio, a revisão do benefício derivado (pensão por morte) – caso não alcançada pela decadência –, fazendo jus a diferenças pecuniárias pretéritas não prescritas, decorrentes da pensão recalculada;
> III. Caso não decaído o direito de revisar a renda mensal inicial do benefício originário do segurado instituidor, os pensionistas poderão postular a revisão da aposentadoria, a fim de auferirem eventuais parcelas não prescritas resultantes da readequação do benefício original, bem como os reflexos na graduação econômica da pensão por morte; e
> IV. À falta de dependentes legais habilitados à pensão por morte, os sucessores (herdeiros) do segurado instituidor, definidos na lei civil, são partes legítimas para pleitear, por ação e em nome próprios, a revisão do benefício original – salvo se decaído o direito ao instituidor – e, por conseguinte, de haverem eventuais diferenças pecuniárias não prescritas, oriundas do recálculo da aposentadoria do de cujus (REsp 1.856.967/ES, 1ª Seção, DJe 28.6.2021).

37.6 DA POSSIBILIDADE DE INTERRUPÇÃO DO PRAZO DECADENCIAL PARA REVISÃO DO ATO DE CONCESSÃO NOS CASOS DE REQUERIMENTO ADMINISTRATIVO

Entendemos que o art. 103 da Lei n. 8.213/1991 criou a possibilidade legal de interrupção do prazo de decadência quando o beneficiário ingressar com o pedido administrativo de revisão do benefício.

Isso porque a lei previu a hipótese de o prazo iniciar sua contagem da data em que o segurado tomar conhecimento da decisão indeferitória definitiva no âmbito administrativo, independente da data do primeiro pagamento.

Por meio da interrupção será inutilizado o tempo já percorrido. Diferente da suspensão, na interrupção o tempo corrido anteriormente não será computado se, porventura, o prazo se reiniciar.

O Código Civil estabelece somente normas interruptivas da prescrição, e as limita em apenas uma vez para cada direito. A limitação do número de interrupções para a prescrição não existia no Código Civil antigo e por isso deve ser observada para os fatos e atos ocorridos após 2003, com a entrada no novo Código Civil. Existem ainda causas interruptivas constantes de leis especiais, que devem ser consideradas para os casos regrados pela Lei que os criar.

Importante observar, no entanto, que o Código Civil, apesar de não citar quais as hipóteses, criou permissão expressa para a existência de prazos interruptivos da decadência no seu art. 207, senão vejamos: "Salvo disposição legal em contrário, não se aplicam à decadência as normas que impedem ou interrompem a prescrição".

Logo, haveria a possibilidade de interrupção, impedimento e interrupção da decadência desde que legalmente e expressamente previstas.

No caso do direito previdenciário, a Lei n. 8.213/1991 possui tal previsão expressa no art. 103, *caput*. Assim, aplicável a espécie a forma interruptiva do prazo decadencial. Nesse sentido, foi a uniformização realizada pela TNU no julgamento do Representativo de Controvérsia Tema 256, que entre outras teses fixou que: "O prazo decenal para a impugnação do ato de indeferimento definitivo da revisão administrativa tem sua contagem iniciada na data da ciência do beneficiário e apenas aproveita às matérias suscitadas no requerimento administrativo revisional" (PUIL 5003556-15.2011.4.04.7008, j. 27.5.2021). No mesmo sentido, a tese fixada pelo TRF da 4ª Região no julgamento do IAC n. 11 (50315989720214040000/TRF4, julg. 26.6.2024):

> I – O art. 103 da Lei 8.213/1991 estabelece prazos decadenciais distintos e autônomos de 10 (dez) anos ao segurado para revisar o ato de concessão de benefício e para revisar o ato de deferimento ou indeferimento de pedido administrativo de revisão de benefício; II – O prazo decadencial para o segurado revisar o ato de concessão de benefício conta-se do dia primeiro do mês subsequente ao do recebimento da primeira prestação; III – O prazo decadencial para o segurado revisar o ato de deferimento ou indeferimento de pedido administrativo de revisão de benefício conta-se do dia em que o beneficiário tomar conhecimento da decisão administrativa, limita-se à impugnação da matéria que tenha sido objeto do processo administrativo revisional e não corre enquanto a Administração não cumprir o dever de decidir explicitamente o pedido de revisão.

Dessa forma, há que se considerar a possibilidade de interrupção do prazo decadencial quando do requerimento administrativo da revisão do ato de concessão, desde que o mesmo ocorra antes da fluência do prazo decenal. E, caso a decisão administrativa seja indeferitória, a data da notificação do segurado será então o novo marco inicial para o prazo decadencial, que começará a contar sem qualquer utilização do tempo fruído anteriormente, tudo conforme a redação do *caput* do art. 103 da Lei n. 8.213/1991.

37.7 HIPÓTESES DE APLICAÇÃO DO PRAZO DE DECADÊNCIA NA VIA ADMINISTRATIVA

Na via administrativa o INSS indica as hipóteses de aplicação do prazo de decadência, reconhecendo algumas situações que ficam excluídas dessa norma restritiva.

O INSS não aplica o prazo decadencial para as revisões determinadas em dispositivos legais, salvo se houver revogação expressa, ainda que decorridos mais de dez anos da data em que deveriam ter sido pagas. No processamento dessas revisões, observa-se apenas a prescrição quinquenal. Consoante IN PRES/INSS n. 128/2022, o tema recebe o seguinte tratamento:

> Art. 592. É de 10 (dez) anos o prazo de decadência de todo e qualquer direito ou ação do segurado ou beneficiário para a revisão do ato de concessão de benefício, a contar do dia primeiro do mês seguinte ao do recebimento da primeira prestação ou, quando for o caso, do dia em que tomar conhecimento da decisão indeferitória definitiva.
> Parágrafo único. Em se tratando de revisão de decisão indeferitória definitiva, deverão ser observados os §§ 1º e 2º do art. 583. (...)

Poderá, também, ser processada a qualquer tempo a revisão para inclusão de novos períodos ou para fracionamento de períodos de trabalho não utilizados no órgão de destino da Certidão de Tempo de Contribuição.

No que tange à coisa julgada administrativa, se é oponível na hipótese de revisão de ato administrativo versando sobre matéria previdenciária, considerando que os requisitos para concessão de benefício previdenciário são previstos em lei, a TNU fixou a seguinte tese:

> **Representativo de Controvérsia Tema 283**: "A coisa julgada administrativa não exclui a apreciação da matéria controvertida pelo Poder Judiciário e não é oponível à revisão de ato administrativo para adequação aos requisitos previstos na lei previdenciária, enquanto não transcorrido o prazo decadencial" (PEDILEF 5002117-85.2019.4.04.7202/SC, j. em 26.8.2021).

37.8 REVISÃO EMBASADA EM SENTENÇA TRABALHISTA

Quanto à revisão embasada em modificação de RMI pautada em recálculo do salário de contribuição, este por força de julgados da Justiça do Trabalho, tal hipótese tem sido admitida pela jurisprudência, que reconhece a impossibilidade da fruição do prazo decadencial quando do ajuizamento de ação trabalhista e durante todo o seu curso até o trânsito em julgado, suspendendo-se, ainda, o prazo prescricional, senão vejamos:

> **STJ – Repetitivo Tema 1117:** "O marco inicial da fluência do prazo decadencial, previsto no *caput* do art. 103 da Lei n. 8.213/1991, quando houver pedido de revisão da renda mensal inicial (RMI) para incluir verbas remuneratórias recebidas em ação trabalhista nos salários de contribuição que integraram o período básico de cálculo (PBC) do benefício, deve ser o trânsito em julgado da sentença na respectiva reclamatória" (REsp 1.947.419/RS, j. em 24.8.2022).
>
> **TNU – Representativo de Controvérsia Tema 200:** "Na pretensão ao recebimento de diferenças decorrentes de revisão de renda mensal inicial em virtude de verbas salariais reconhecidas em reclamação trabalhista, a prescrição quinquenal deve ser contada retroativamente da data do ajuizamento da ação previdenciária, não fluindo no período de tramitação da ação trabalhista, enquanto não definitivamente reconhecido o direito e não homologados os cálculos de liquidação" (PEDILEF 5002165-21.2017.4.04.7103/RS, j. em 9.12.2020).

37.9 PRAZO DECADENCIAL PARA O INSS REVER SEUS ATOS

Para o INSS rever seus atos de que decorram efeitos favoráveis aos beneficiários deve, necessariamente, fazê-lo com base em um processo administrativo que apurou alguma irregularidade na concessão da prestação.

O poder-dever da Administração de desconstituir seus próprios atos por vícios de nulidade condiciona-se à comprovação das referidas ilegalidades em processo administrativo próprio, com oportunização ao administrado, das garantias constitucionais da ampla defesa e do contraditório (art. 5º, LV, da CF/1988 e Súmula n. 160 do extinto TFR).

Com base no art. 11 da Lei n. 10.666/2003, foi instituído o programa permanente de revisão da concessão e da manutenção dos benefícios da Previdência Social, a fim de apurar irregularidades e falhas existentes.

Na sequência, a Lei n. 13.846/2019 (conversão da MP n. 871/2019) instituiu o "Programa Especial para Análise de Benefícios com Indícios de Irregularidade" e promoveu aperfeiçoamentos no "Programa de Revisão de Benefícios por Incapacidade", para agilizar a análise de processos com potencial risco de gastos indevidos.

Diante desse enfoque, o art. 69 da Lei n. 8.212/1991 passou a vigorar com as seguintes alterações:

- o INSS manterá programa permanente de revisão da concessão e da manutenção dos benefícios por ele administrados, a fim de apurar irregularidades ou erros materiais;
- na hipótese de haver indícios de irregularidade ou erros materiais na concessão, na manutenção ou na revisão do benefício, o INSS notificará o beneficiário, o seu representante legal ou o seu procurador para, no prazo de dez dias, apresentar defesa, provas ou documentos dos quais dispuser;
- a notificação será feita preferencialmente por rede bancária ou notificação por meio eletrônico; ou por via postal, por carta simples, considerado o endereço constante do cadastro do benefício, hipótese em que o aviso de recebimento será considerado prova suficiente da notificação;
- a defesa poderá ser apresentada por canais de atendimento eletrônico definidos pelo INSS e o benefício será suspenso na hipótese de não apresentação da defesa no prazo de dez dias;
- no caso de suspensão ou defesa considerada insuficiente ou improcedente pelo INSS, o beneficiário terá o prazo de trinta dias para interposição de recurso, sob pena de cancelamento do benefício;
- os recursos para a JR/CRPS não terão efeito suspensivo.

A revisão iniciada dentro do prazo decadencial, com a devida expedição de notificação para ciência do segurado, impedirá a consumação da decadência, ainda que a decisão definitiva do procedimento revisional ocorra após a extinção de tal lapso.

Nos casos em que o INSS não comprova que a revisão foi em face de alguma irregularidade apurada em processo administrativo, o benefício deve ser restabelecido. O beneficiário poderá obter sua pretensão em juízo, por meio de mandado de segurança, quando não demandar instrução probatória; e também pela via ordinária ou dos JEFs, com a possibilidade da antecipação de tutela, quando demonstrar o preenchimento dos requisitos exigidos para a concessão da medida.

O prazo que vigora atualmente para o INSS anular os atos administrativos de que resultem benefícios indevidos a segurados e dependentes é de dez anos contados da data em que estes foram praticados, salvo comprovada má-fé (MP n. 138, de 19.11.2003, convertida na Lei n. 10.839, de 5.2.2004, que incluiu o art. 103-A no texto da Lei n. 8.213/1991).

O STJ firmou entendimento no sentido de que antes do advento da Lei n. 9.784/1999 não havia prazo para a Administração Pública desfazer atos dos quais decorressem efeitos favoráveis para os beneficiários. Segue a tese firmada em Repetitivo:

Tema 214: "Os atos administrativos praticados antes da Lei 9.784/99 podem ser revistos pela Administração a qualquer tempo, por inexistir norma legal expressa prevendo prazo para tal iniciativa. Somente após a Lei 9.784/99 incide o prazo decadencial de 5 anos nela previsto, tendo como termo inicial a data de sua vigência (01.02.99). (...) Antes de decorridos 5 anos da Lei 9.784/99, a matéria passou a ser tratada no âmbito previdenciário pela MP n. 138, de 19.11.2003, convertida na Lei 10.839/2004, que acrescentou o art. 103-A à Lei 8.213/91 (LBPS) e fixou em 10 anos o prazo decadencial para o INSS rever os seus atos de que decorram efeitos favoráveis a seus beneficiários" (REsp 1.114.938/AL, 3ª Seção, Rel. Min. Napoleão Nunes Maia Filho, *DJe* 2.8.2010).

Na via administrativa o INSS segue a linha de entendimento do STJ, conforme se observa da redação dos arts. 593 e 594 da IN PRES/INSS n. 128/2022:

> Art. 593. O direito da Previdência Social de rever os atos administrativos de ofício decai em 10 (dez) anos, devendo ser observado que:
> I – para os requerimentos de benefícios com Data de Despacho do Benefício – DDB até 31 de janeiro de 1999, o início do prazo decadencial começa a correr a partir de 1º de fevereiro de 1999; e
> II – para os requerimentos de benefícios com efeitos patrimoniais contínuos, concedidos a partir de 1º de fevereiro de 1999, o prazo decadencial será contado a partir da data do primeiro pagamento.
> § 1º Operada a decadência de que trata o *caput*, haverá a consolidação do ato administrativo e a preservação das relações jurídicas dele decorrentes, observado o § 2º.
> § 2º Não estão sujeitos à consolidação do ato administrativo disposta no § 1º:
> I – ocorrência de fraude ou conduta de má-fé, quando comprovadas;
> II – os benefícios os quais, a qualquer momento, podem ter sua hipótese legal de direito ao benefício alterada.
> § 3º Considera-se: (incluído pela Instrução Normativa PRES/INSS n. 170, de 4 de julho de 2024)
> I – exercício do direito de anular os atos com vício de irregularidade qualquer ação, legalmente admitida, que pretenda impugnar a validade do ato; e (incluído pela Instrução Normativa PRES/INSS n. 170, de 4 de julho de 2024)
> II – impugnado o ato, na data de instauração do Processo de Apuração de Indícios de Irregularidade ou, na falta desta, na data de expedição de comunicação ao interessado. (incluído pela Instrução Normativa PRES/INSS n. 170, de 4 de julho de 2024)
> § 4º Impugnado o ato na forma referida no § 3º, estará obstada a decadência. (incluído pela Instrução Normativa PRES/INSS n. 170, de 4 de Julho de 2024)
>
> Art. 594. Não se aplica o prazo decadencial disposto no art. 593:
> I – quando se tratar de revisão de reajustamento;
> II – nos casos em que a manutenção do benefício encontra-se irregular por falta de cessação do benefício ou cota parte; e
> III – nos casos de fraude ou conduta de má-fé, quando comprovadas.

Dessa forma, podemos concluir que a administração, em atenção ao princípio da legalidade, tem o poder-dever de anular seus próprios atos quando eivados de vícios que os tornem ilegais (Súmulas n. 346 e n. 473 do STF). Entretanto, este poder-dever deve ser limitado no tempo sempre que se encontrar situação que, frente a peculiares circunstâncias, exija a proteção jurídica de beneficiários de boa-fé, em decorrência dos princípios da segurança jurídica e da proteção da confiança.

Cabe destacar que o STF reconheceu repercussão geral quanto à possibilidade de o INSS proceder, em qualquer tempo, à revisão de ato administrativo de concessão de aposentadoria e pensão por morte, ante o alegado erro da Administração, tendo em vista o ato jurídico perfeito e a decadência administrativa. Segue a ementa:

> *Tema 632:* "Segurança jurídica e decadência para o Instituto Nacional do Seguro Social proceder à revisão do critério de reajuste de aposentadoria e pensão por morte, em virtude de alegado erro da Administração" *(RE 699.535 RG/RS, Rel. Min. Luiz Fux,* DJe *18.3.2013).*

No que tange ao entendimento do CRPS em relação ao tema da prescrição e da decadência, destaca-se o Enunciado n. 10 (nova redação conferida pela Resolução n. 28/CRPS, de 2023).

> A decadência prevista no art. 103-A da Lei n. 8.213/91 não se aplica aos atos administrativos praticados pela Administração Previdenciária tendentes à cessação da manutenção de benefícios ou quotas cuja continuidade da percepção seja indevida em face da legislação previdenciária de regência.
>
> I – O prazo decadencial previsto no art. 103-A da Lei n. 8.213/91, para revisão dos atos praticados pela Previdência Social antes da Lei n. 9.784/99, somente começa a correr a partir de 1º/02/99.
>
> II – Não se aplica o instituto da decadência às revisões de reajustamento e às estabelecidas em dispositivo legal.
>
> III – A má-fé afasta a decadência, mas não a prescrição, e deve ser comprovada em procedimento próprio, no caso concreto, assegurado o contraditório e a ampla defesa.
>
> IV – Não se aplica a decadência prevista no art. 103-A da Lei n. 8.213/91 ao auxílio por incapacidade temporária, à aposentadoria por incapacidade permanente e aos benefícios assistenciais sujeitos a revisão periódica prevista na legislação.
>
> V – A decadência prevista do art. 103 da Lei n. 8.213/91 não se aplica à revisão de atos de indeferimento, cancelamento ou cessação de benefícios.
>
> VI – Transcorridos mais de dez anos da data da concessão do benefício, não poderá haver sua suspensão ou cancelamento na hipótese de o interessado não mais possuir a documentação que instruiu o pedido, exceto em caso de fraude ou má-fé.

Percebe-se desse enunciado alguns avanços importantes, permitindo que os segurados possam obter o reconhecimento de direitos sem a necessidade do ingresso de ações judiciais.

Sobre a interpretação do art. 103-A da LBPS, a TNU firmou importantes teses que merecem ser visitadas. São elas:

- Incide o prazo de decadência de dez anos, consoante dicção do art. 103-A da Lei n. 8.213/1991, sobre o ato de revisão do benefício previdenciário de pensão por morte, ainda que concedido ou mantido indevidamente, salvo a ocorrência de má-fé (PUIL 0500038-51.2015.4.02.5168/RJ, j. 25.3.2021).
- Não incide a decadência prevista pelo artigo 103-A da Lei 8.213/91 em relação à revogação de benefício de auxílio-acidente indevidamente cumulado com aposentadoria (PUIL 0001294-18.2017.4.01.3819/MG, j. 19.6.2020).

37.10 CONCLUSÕES SOBRE OS INSTITUTOS DA PRESCRIÇÃO E DA DECADÊNCIA

Os prazos de prescrição e decadência limitam sobremaneira o direito à revisão dos benefícios previdenciários. Por outro lado, solidificam os procedimentos adotados pelo ente previdenciário em épocas passadas, evitando o pagamento de indenizações de grande vulto.

No direito previdenciário a prescrição quinquenal tem sido aplicada desde o advento do Decreto n. 20.910, de 1932, e os tribunais possuem jurisprudência sedimentada sobre as regras de aplicabilidade.

O prazo de decadência no âmbito do RGPS está regulado pelos arts. 103 e 103-A da LBPS. Surgiu com a MP n. 1.523-9/1997 e sofreu várias modificações ao longo do tempo. A redação atual conferida pela Lei n. 10.839/2004, prevê que:

É de dez anos o prazo de decadência de todo e qualquer direito ou ação do segurado ou beneficiário para a revisão do ato de concessão de benefício, a contar do dia primeiro do mês seguinte ao do recebimento da primeira prestação ou, quando for o caso, do dia em que tomar conhecimento da decisão indeferitória definitiva no âmbito administrativo (art. 103 da LBPS);

O direito da Previdência Social de anular os atos administrativos de que decorram efeitos favoráveis para os seus beneficiários decai em dez anos, contados da data em que foram praticados, salvo comprovada má-fé (art. 103-A da LBPS).

A modificação dos critérios de aplicação do prazo de decadência introduzidos pela Lei n. 13.846/2019 (conversão da MP n. 871/2019) foi declarada inconstitucional pelo STF (ADIN 6.096). Com isso, evitou-se a ampliação desse prazo nos casos de indeferimento, cancelamento ou cessação de benefício.

O alcance e os efeitos dos prazos de prescrição e de decadência são polêmicos e geram celeumas no âmbito administrativo e judicial. Diante desses aspectos, destacamos que:

a) pela sua natureza de direito fundamental, inexiste qualquer prazo prescricional, que atinja o fundo de direito, na hipótese de pleito de concessão inicial de benefício previdenciário ou assistencial, ainda que haja ocorrido indeferimento administrativo, ressalvada eventual prescrição das parcelas vencidas.

b) não corre a prescrição entre a data do protocolo do requerimento administrativo e a comunicação da decisão ao interessado;

c) a decadência não atinge o direito ao benefício em si, mas apenas a possibilidade de revisão do ato de concessão;

d) a decadência não incide nos casos de indeferimento, cancelamento e cessação de benefícios;

e) a contagem do prazo decenal para a impugnação do ato original de concessão tem início no dia primeiro do mês seguinte ao do recebimento da primeira prestação;

f) o prazo decenal para a impugnação do ato de indeferimento definitivo da revisão administrativa tem sua contagem iniciada na data da ciência do beneficiário e apenas aproveita às matérias suscitadas no requerimento administrativo revisional;

g) a concessão da pensão por morte, embora legitime o pensionista a pedir a revisão da aposentadoria do falecido, não tem como efeito reabrir o prazo decadencial para essa discussão;

h) não se aplica à revisão de teto das Ecs n. 20 e n. 41, por não se referirem ao ato de concessão do benefício, a decadência do art. 103 da Lei n. 8.213/1991;

i) nas revisões promovidas pelo INSS devem ser observados os prazos de decadência, bem como o devido processo legal e a proteção jurídica dos beneficiários de boa-fé, em decorrência dos princípios da segurança jurídica e da proteção da confiança que deve prevalecer nas relações de seguro social.

A partir dessas considerações espera-se o avanço na área doutrinária e jurisprudencial sobre a delimitação dos institutos da prescrição e decadência no âmbito dos benefícios da Previdência Social.

38

Ações Previdenciárias

Neste Capítulo são abordadas questões relacionadas com as ações previdenciárias, dada a relevância da prática processual para a solução de tais lides, que se caracterizam pelo cunho social e a busca da verdade real. Nesse sentido:

> O principal princípio aplicável ao Processo Judicial Previdenciário é o da proteção social. No caso, a identificação da Previdência Social como técnica de proteção social, particularmente destinada aos segurados e dependentes. (...) Uma das principais diferenças do Processo Judicial Previdenciário em relação ao Processo Civil ordinário reside na busca da verdade real. Com efeito, nesse segmento do Direito Previdenciário não se aplica a busca da verdade meramente formal constante e obtida a partir dos autos.[1]

Para a propositura de uma ação previdenciária, deve ser identificada a espécie da prestação que se pretende obter, restabelecer ou revisar, distinguindo-se os benefícios de natureza comum dos de natureza acidentária e assistencial. Essa distinção influenciará diretamente no estabelecimento da competência para o julgamento do feito.

Quando a pretensão a ser apresentada for a concessão de alguma prestação previdenciária, o autor deve demonstrar o preenchimento dos requisitos necessários para obtê-la, quais sejam: que se encontrava na qualidade de beneficiário do regime à época do evento que dá direito à prestação; a existência de um dos eventos cobertos pelo regime, conforme a legislação vigente à época; o cumprimento de exigências legais, tais como, carência, idade mínima, ou a ausência de percepção de outro benefício inacumulável com o requerido; a iniciativa do beneficiário perante o ente concessor. No caso de benefícios acidentários, há ainda que se comprovar o nexo de causalidade entre o infortúnio e a atividade laborativa desempenhada.

É assente na jurisprudência o entendimento de que o deferimento de benefício previdenciário distinto do postulado não caracteriza julgamento extra petita, já que as ações previdenciárias revestem-se de cunho social e devem ser pautadas pelo princípio da economia processual. Por exemplo, não comprovada a qualidade de segurado na data de início da incapacidade, em vez da concessão do benefício previdenciário é possível o deferimento de BPC/LOAS, desde que demonstrada a deficiência e o estado de miserabilidade (*v.g.*, STJ, AgRg no REsp 1.320.249/RJ, *DJe* 8.5.2012).

No âmbito doutrinário, segundo Savaris, entre os princípios do Direito Processual Previdenciário está o "princípio do acertamento da relação jurídica de proteção social, na tarefa de solução do problema concreto que lhe é apresentado, a função jurisdicional deve decidir sobre

---

[1] SERAU JÚNIOR, Marco Aurélio. *Processo previdenciário judicial*. 5. ed. Rio de Janeiro: Forense, 2023, p. 9 e 11.

a existência do direito de proteção previdenciária reivindicado, se for o caso, concedê-lo nos estritos termos a que o beneficiário faz jus".[2]

No âmbito administrativo, essa fungibilidade também é autorizada pelo RPS (redação dada pelo Decreto n. 10.410/2020), ao estabelecer, no art. 176-E, que caberá ao INSS conceder o benefício mais vantajoso ao requerente ou benefício diverso do requerido, desde que os elementos constantes do processo administrativo assegurem o reconhecimento desse direito. E, na hipótese de direito à concessão de benefício diverso do requerido, caberá ao INSS notificar o segurado para que este manifeste expressamente a sua opção pelo benefício.

Destaca-se, ainda, que a questão relacionada à fungibilidade é objeto do Representativo de Controvérsia – Tema 217, na TNU, no que diz respeito à possibilidade da aplicação desse instituto nos processos judiciais previdenciários. Veja-se a tese fixada: "Em relação ao benefício assistencial e aos benefícios por incapacidade, é possível conhecer de um deles em juízo, ainda que não seja o especificamente requerido na via administrativa, desde que preenchidos os requisitos legais, observando-se o contraditório e o disposto no artigo 9º e 10 do CPC" (PUIL 0002358-97.2015.4.01.3507/GO, j. 18.12.2020).

A concessão de tutela provisória, de urgência e de evidência, nas ações previdenciárias, ocorre com frequência e encontra respaldo no CPC/2015 (arts. 294 e ss.)[3] e também na Súmula n. 729 do STF, que dispõe: "A decisão na ADC-4 não se aplica à antecipação de tutela em causa de natureza previdenciária".

A implantação imediata do benefício concedido, restabelecido ou revisado, também é viável consoante regra prevista no art. 497 do CPC/2015, caracterizando-se como obrigação de fazer, considerando-se, ainda, que os recursos excepcionais, em princípio, não possuem efeito suspensivo. Nesse sentido: QOAC 2002.71.00.050349-7/RS, 3ª Seção, Rel. p/ acórdão Des. Federal Celso Kipper, *DE* 2.10.2007; TRF4, AC 5000999-73.2021.4.04.7115/RS, 5ª T., j. 3.10.2023. Com base nessa sistemática, nos casos de procedência do pedido, estando o acórdão sujeito apenas a recurso especial e/ou extraordinário, o INSS é intimado para, em até 45 dias, implantar o benefício ou mesmo a revisão daqueles já concedidos.

Segundo a Repercussão Geral julgada pelo STF (RE 573.872, Tribunal Pleno, Rel. Min. Edson Fachin, *DJe* 11.9.2017), o regime de precatórios não se aplica à execução provisória de obrigação de fazer contra a Fazenda Pública, sendo fixada a seguinte tese:

> Tema 45: "A execução provisória de obrigação de fazer em face da Fazenda Pública não atrai o regime constitucional dos precatórios".

38.1 COMPETÊNCIA PARA AS AÇÕES PREVIDENCIÁRIAS

Inicialmente, cumpre diferenciarmos jurisdição de competência. Jurisdição é a atividade do Estado que tem por objetivo fazer atuar concretamente a lei nos conflitos de interesse.

---

[2] SAVARIS, José Antonio. *Direito processual previdenciário*. 11. ed. Curitiba: Alteridade, 2023, p. 137.
[3] I JORNADA DE DIREITO PROCESSUAL CIVIL CJF/CEJ:
– Enunciado n. 38: "As medidas adequadas para efetivação da tutela provisória independem do trânsito em julgado, inclusive contra o Poder Público (art. 297 do CPC)".
– Enunciado n. 40: "A irreversibilidade dos efeitos da tutela de urgência não impede sua concessão, em se tratando de direito provável, cuja lesão seja irreversível".
– Enunciado n. 41: "Nos processos sobrestados por força do regime repetitivo, é possível a apreciação e a efetivação de tutela provisória de urgência, cuja competência será do órgão jurisdicional onde estiverem os autos".
– Enunciado n. 48: "É admissível a tutela provisória da evidência, prevista no art. 311, II, do CPC, também em casos de tese firmada em repercussão geral ou em súmulas dos tribunais superiores".

Competência é a delimitação da jurisdição. Presta-se para dividir a jurisdição entre os órgãos do Judiciário.

Os critérios para determinação da competência são de caráter objetivo, funcional e territorial. O critério objetivo se subdivide na competência em razão do valor da causa, da matéria e da pessoa. O critério funcional diz respeito às funções do Juiz ou Tribunal dentro do processo. Pelo critério territorial, a competência se fixa pelo domicílio das partes, pela situação da coisa ou pelo lugar de certos atos ou fatos.

A competência pode ser classificada em absoluta e relativa. A incompetência absoluta deve ser declarada de ofício e pode ser alegada em qualquer tempo e grau de jurisdição (art. 113 do CPC/1973 e art. 64, § 1º, do CPC/2015). A incompetência relativa cabe ao réu arguir, como preliminar de contestação, e se não o fizer, dar-se-á a prorrogação, e o juiz, que era incompetente, passa a ser competente, embora pudesse ter sido afastado (art. 114 do CPC/1973 e art. 65 do CPC/2015).

Para fins de definição de competência para processar e julgar as ações movidas pelos beneficiários contra a Previdência Social, podemos dividi-las em causas em que se discutem as prestações comuns e de índole assistencial e aquelas cuja origem é acidentária. Temos ainda a questão do valor da causa, como critério para o ajuizamento das demandas perante os Juizados Especiais Federais.

Surgindo conflito de competência entre juízes estaduais e federais, o STJ terá a responsabilidade de dirimir a controvérsia. Aos Tribunais Regionais Federais cabe solucionar os conflitos de competência verificados, na respectiva Região, entre Juiz Federal e Juiz Estadual investido de jurisdição federal (Súmula n. 3 do STJ), assim como, entre juizado especial e vara comum da mesma Seção Judiciária (STF. RE n. 590409 c/ Rep. Geral – julg. em 26.8.2009).

No tocante ao conflito de competência entre Juizados Especiais Federais, caberá à Turma Recursal do respectivo Estado o julgamento (Enunciado FONAJEF n. 106). E, no caso de especialidade das Turmas Recursais dos estados, a decisão poderá ficar a cargo da Turma Regional de Uniformização (*v.g.,* TRF-4, CC 5023069-26.2020.4.04.0000/SC, TRU, j. 26.6.2020).

Cabe registrar, também, que é possível a impetração de Mandado de Segurança nos Tribunais Regionais Federais com a finalidade de promover o controle da competência dos JEFs. Precedentes do STJ: RMS 17.524/BA, Corte Especial, *DJ* 11.9.2006; AgRg no RMS 28.262/RJ, 4ª Turma, *DJe* 19.6.2013; RMS 37.959/BA, 2ª Turma, Rel. Min. Herman Benjamin, *DJe* 6.12.2013.

38.1.1 Prestações comuns previdenciárias

Estabelece o art. 109, I, da Constituição Federal: "Aos juízes federais compete processar e julgar: I – as causas em que a União, entidade autárquica ou empresa pública federal forem interessadas na condição de autoras, rés, assistentes ou oponentes, exceto as de falência, as de acidentes de trabalho e as sujeitas à Justiça Eleitoral e à Justiça do Trabalho".

A competência definida no inciso I do art. 109 da Constituição é em razão da pessoa que é parte no feito (União, entidade autárquica ou empresa pública). Cabe à Justiça Federal julgar os litígios em que esses entes estejam presentes, salvo quando a matéria tratada diga respeito à falência, acidente de trabalho, eleitoral e trabalhista.

A competência da Justiça Federal, fixada na Constituição, somente pode ser ampliada ou reduzida por emenda constitucional, contra ela não prevalecendo dispositivo legal hierarquicamente inferior. Admite a Constituição, como veremos, delegação de parte da competência federal para a Justiça Estadual.

Dessa forma, as ações que buscam a concessão de benefícios previdenciários (cuja origem não esteja ligada a acidente do trabalho ou doenças equiparadas), as ações revisionais dos valores dos benefícios pagos pela Previdência, assim como as que objetivam a comprovação de tempo de serviço, entre outras, devem ser propostas perante a Justiça Federal.

Relevante mencionar que compete à Justiça Federal processar e julgar demanda proposta em face do INSS com o objetivo de ver reconhecido exclusivamente o direito da autora de receber pensão decorrente da morte do alegado companheiro, ainda que seja necessário enfrentar questão prejudicial referente à existência, ou não, da união estável (STJ, 1ª Seção, CC 126.489/RN, Rel. Min. Humberto Martins, *DJe* 7.6.2013).

38.1.2 Competência federal delegada

A delegação da competência da Justiça Federal para a Justiça dos Estados para processar e julgar ações previdenciárias é prevista no art. 109, § 3º, da Constituição Federal, que assim estabelece: "Lei poderá autorizar que as causas de competência da Justiça Federal, em que forem parte instituição de previdência social e segurado, possam ser processadas e julgadas na justiça estadual, quando a comarca do domicílio do segurado não for sede de vara federal" (NR conferida pela EC n. 103/2019).

A previsão da possibilidade de utilização das varas estaduais para processar ações da competência federal é anterior ao Texto Constitucional de 1988 e por ele foi recepcionada.

Nesse sentido, a Súmula n. 8 do TRF da 4ª Região define: "Subsiste no novo texto constitucional a opção do segurado para ajuizar ações contra a previdência social no foro estadual do seu domicílio ou no do juízo federal".

Com o advento da EC n. 103/2019, delegou-se à lei ordinária o estabelecimento dos parâmetros dessa delegação. Com isso, foi aprovada a Lei n. 13.876/2019, que limita o julgamento de causas previdenciárias na justiça estadual somente aos casos em que o domicílio do segurado seja em cidade localizada a mais de 70 quilômetros de município sede de vara federal. Até então, não havia limite de quilometragem para uma causa ser julgada pela justiça estadual se não houvesse sede federal na cidade do interessado. Cabe ao respectivo tribunal regional federal indicar as comarcas que se enquadram nesse critério de distância.

O Conselho da Justiça Federal aprovou a Resolução n. 603, de 12.11.2019, dispondo sobre o exercício da competência da Justiça Federal delegada, na forma do art. 3º da Lei n. 13.876/2019, estabelecendo, entre outros pontos, que:

- para definição das comarcas dotadas de competência delegada federal, deverá ser considerada a distância entre o centro urbano do Município sede comarca estadual e o centro urbano do Município sede da vara federal mais próxima, em nada interferindo o domicílio do autor;
- as ações em fase de conhecimento ou de execução, ajuizadas anteriormente a 1º de janeiro de 2020, continuarão a ser processadas e julgadas no juízo estadual.

Na sequência, o CJF editou as Resoluções n. 705 e n. 706/2021, para melhor definir o critério de apuração da distância, fixando que:

> A apuração da distância, deverá observar o deslocamento real, e não em linha reta, conforme tabelas disponíveis em ferramentas de órgãos oficiais, Google Maps ou similares (Res. CJF 705/2021);
>
> As ações, em fase de conhecimento ou de execução, ajuizadas até 30.06.2021, cuja competência territorial tenha sido alterada em decorrência da Resolução CJF n. 603/2019, continuarão a ser processadas e julgadas no juízo federal ao qual foram distribuídas, em atenção ao art. 43 do Código de Processo Civil (Res. CJF 706/2021).

Relacionado aos critérios fixados pela Lei n. 13.876/2019, estão: (a) a Recomendação CNJ n. 60 de 17.12.2019, que: "Recomenda aos juízes estaduais que mantenham a tramitação de processos previdenciários propostos antes da eficácia da Lei n. 13.876/2019 na Justiça Estadual"; (b) o IAC n. 6 do STJ, cuja tese fixada é a seguinte: "Os efeitos da Lei 13.876/2019, na modificação de competência para o processamento e julgamento dos processos que tramitam na Justiça Estadual no exercício da competência federal delegada insculpido no art. 109, § 3º, da Constituição Federal, após as alterações promovidas pela Emenda Constitucional 103, de 12 de novembro de 2019, aplicar-se-ão aos feitos ajuizados após 1º de janeiro de 2020. As ações, em fase de conhecimento ou de execução, ajuizadas anteriormente a essa data, continuarão a ser processadas e julgadas no juízo estadual, nos termos em que previsto pelo § 3º do art. 109 da Constituição Federal, pelo inciso III do art. 15 da Lei 5.010, de 30 de maio de 1965, em sua redação original" (STJ, CC 170.051/RS, 1ª Seção, Rel. Min. Mauro Campbell Marques, *DJE* 4.11.2021).

A delegação de competência é uma opção do segurado, respeitados os novos limites territoriais, sendo utilizada, por exemplo, em ação de revisão de benefício previdenciário, concessão de aposentadoria, auxílio por incapacidade temporária (não acidentário), pensão por morte etc.

A justificação judicial cujo julgamento é afeto à Justiça Federal, também admite a delegação de competência para a Justiça Estadual, consoante previsão contida no art. 15, II, da Lei n. 5.010/1966, confirmada pela Súmula n. 32 do STJ: "Compete à Justiça Federal processar e julgar justificações destinadas a instruir pedidos perante entidades que nela têm exclusividade de foro, ressalvada a aplicação do art. 15, II, da Lei n. 5.010/66".

Em Mandado de Segurança havia orientação jurisprudencial de que não cabia delegação de competência, devendo sempre ser ajuizado no Juízo Federal que tenha jurisdição sobre a sede da autoridade impetrada. Neste sentido, a Súmula n. 216 do extinto Tribunal Federal de Recursos: "Compete à Justiça Federal processar e julgar mandado de segurança impetrado contra ato de autoridade previdenciária, ainda que localizada em comarca do interior". No entanto, precedentes atuais adotam a compreensão de que o art. 109 da CF não faz distinção entre as várias espécies de ações previstas na legislação processual, de modo que o fato de se tratar de mandado de segurança não impede o direito de a parte autora escolher, dentre as opções estabelecidas, o foro que lhe for mais conveniente (TRF-4, AG 5003420-12.2019.4.04.0000, TRF-PR, j. 27.5.2019).

A respeito da competência dos Juízes Federais da capital do Estado para julgamento das causas entre o INSS e segurado domiciliado em município sob jurisdição de outro Juízo Federal, o STF editou a Súmula n. 689 no sentido de que o art. 109, § 3º, da Constituição Federal, apenas faculta ao segurado o ajuizamento da ação no foro do seu domicílio, podendo este optar por ajuizá-la perante as varas federais da capital: "O segurado pode ajuizar ação contra a instituição previdenciária perante o juízo federal do seu domicílio ou nas varas federais da Capital do Estado-Membro".

Por fim, cabe salientar que a delegação de competência envolve apenas o primeiro grau de jurisdição, pois, de acordo com o § 4º do art. 109 da Constituição, o recurso cabível será sempre para o TRF da área de jurisdição do juiz monocrático. Cabe, também, aos TRFs julgar os conflitos de competência entre Juízes federais e Juízes estaduais investidos de competência delegada (art. 108, I, *e*, da CF/1988).

38.1.3 Prestações acidentárias

As ações propostas pelos segurados e dependentes contra o INSS, cuja origem seja decorrente de acidente do trabalho ou doença ocupacional, devem ser ajuizadas perante a Justiça Estadual, por tratar-se de competência residual prevista expressamente pela Constituição Federal (art.

109, I). O STJ pacificou o entendimento sobre a matéria ao editar a Súmula n. 15: "Compete à Justiça Estadual processar e julgar os litígios decorrentes de acidente do trabalho".

Dessa forma, as ações que objetivam a concessão ou o restabelecimento de benefícios por incapacidade, auxílio-acidente ou pensão por morte decorrentes de acidente do trabalho, doença profissional ou do trabalho, devem ser ajuizadas perante a Justiça Estadual, com recursos aos Tribunais de Justiça.

Quanto às ações de concessão de pensão por morte decorrentes de acidentes do trabalho, a orientação firmada pela 1ª Seção do STJ é de que compete o julgamento à Justiça Estadual, com base no que prevê o art. 109, I, da CF/1988 e Súmula n. 15 daquela Corte (STJ, CC 121.352/SP, Rel. Min. Teori Albino Zavascki, *DJe* 16.4.2012).

Da mesma forma, compete à Justiça Estadual – e não à Justiça Federal – processar e julgar ação que tenha por objeto a concessão de pensão por morte decorrente de óbito de empregado ocorrido em razão de assalto sofrido durante o exercício do trabalho. Segundo o STJ, o assalto sofrido no local e horário de trabalho equipara-se ao acidente do trabalho, e o direito à pensão por morte decorrente do evento inesperado e violento deve ser apreciado pelo juízo da Justiça Estadual, nos termos do art. 109, I, parte final, da CF, combinado com o art. 21, II, "a", da Lei n. 8.213/1991 (STJ, CC 132.034/SP, 1ª Seção, Rel. Min. Benedito Gonçalves, *DJe* 2.6.2014).

No tocante ao auxílio-acidente, vale lembrar que o mesmo pode ser motivado por acidente de qualquer (outra) natureza. O entendimento é de que apenas os litígios que discutam o benefício quando decorrente de acidente do trabalho são de competência da Justiça Estadual. Os referentes a acidentes de outra natureza ou causa devem ser julgados pela Justiça Federal, permitida a competência delegada. Nesse sentido destacamos: "A Justiça Federal é competente para apreciar pedido de concessão de auxílio-acidente decorrente de acidente não vinculado ao trabalho" (Súmula n. 11 da TRSP – JEF).

No que tange à competência para o julgamento das ações de revisão dos benefícios de origem acidentária, o STF tem entendido que a exceção prevista no art. 109, I, da Constituição Federal deve ser interpretada de forma extensiva, cabendo à Justiça Estadual o julgamento das ações de revisão de benefício de natureza acidentária (*v.g.*, RE 205.886-6/SP, 1ª Turma, Rel. Min. Moreira Alves, *DJ* 17.4.1998).

Quando a discussão envolver a acumulação de benefícios acidentários e previdenciários comuns, por exemplo, auxílio-acidente com aposentadoria, a competência é da Justiça Federal, consoante orientação firmada pelo STF no julgamento do RE 461.005/SP, 1ª Turma, Rel. Min. Ricardo Lewandowski, *DJe* 8.5.2008.

Cabe ainda destacar o julgamento de repercussão geral pelo STF em relação às ações envolvendo o restabelecimento de benefício por acidente de trabalho, sendo fixada a seguinte tese:

> Tema 414: "Compete à Justiça Comum Estadual julgar as ações acidentárias que, propostas pelo segurado contra o Instituto Nacional do Seguro Social (INSS), visem à prestação de benefícios relativos a acidentes de trabalho" (RE 638483 RG/PB, Plenário, Rel. Min. Cezar Peluso, *DJe* 31.8.2011).

Também compete à Justiça Comum Estadual analisar os pedidos de alteração da natureza do benefício envolvendo a alegação de ocorrência ou não do acidente de trabalho como causa de pedir. Nesse sentido:

> STJ: "No caso, a empregadora ingressou contra o INSS com ação objetivando o reconhecimento da inexistência do acidente de trabalho, com a consequente conversão do benefício acidentário em comum. Para isso, faz-se necessário o exame do substrato fático/dinâmico dos fatos descritos na exordial, pela qual o julgador, mediante o seu livre convencimento,

deverá concluir se o empregado estava ou não a trabalho, ou se estava em trânsito para o trabalho ou dele regressando, o que reforça o entendimento de incidência, na hipótese, da regra de exceção prevista no art. 109, I, da CF, firmando-se a competência do juízo estadual" (AgRg no CC 136.147/MG, 1ª Seção, DJe 30.6.2017).

Consigna-se, ainda, o julgamento pelo STJ do Repetitivo Tema 1.053, que fixou a seguinte tese: "Os Juizados Especiais da Fazenda Pública não têm competência para o julgamento de ações decorrentes de acidente de trabalho em que o Instituto Nacional do Seguro Social figure como parte" (REsp 1.859.931/MT, 1ª Seção, DJe 1º.7.2021).

38.1.4 Causas referentes ao benefício assistencial

O benefício de prestação continuada – BPC de origem assistencial, no valor de um salário mínimo, pago às pessoas idosas ou com deficiência que comprovem a condição de vulnerabilidade social, previsto no art. 203 da CF e regulado pelo art. 20 da Lei n. 8.742/1993, não pode ser confundido com os benefícios de origem previdenciária da Lei n. 8.213/1991, embora ambos sejam concedidos pelo INSS.

A legitimidade passiva para as causas que envolvem o benefício assistencial provocou alguma controvérsia jurisprudencial. O TRF da 4ª Região editou a Súmula n. 61 do seguinte teor: "A União e o INSS são litisconsortes passivos necessários nas ações em que seja postulado o benefício assistencial previsto no art. 20 da Lei n. 8.742/1993, não sendo caso de delegação de jurisdição federal". No entanto, esta súmula foi cancelada em maio de 2004.

Analisando-se a questão sob o aspecto normativo, a partir do disposto no art. 12 da Lei n. 8.742/1993, pretensamente cabe à União a manutenção do benefício da prestação continuada, senão vejamos: "Art. 12. Compete à União: I – responder pela concessão e manutenção dos benefícios de prestação continuada definidos no artigo 203 da Constituição Federal; (...)".

No entanto, o parágrafo único do art. 29 da LOAS, expressamente determina que os recursos de responsabilidade da União destinados ao pagamento da prestação em discussão serão repassados à Previdência Social, por meio do INSS, ente responsável pela concessão e manutenção do benefício assistencial. É oportuno ressaltar que o Decreto n. 1.744, de 8.12.1995, ao regulamentar o benefício de prestação continuada, de que trata a Lei n. 8.742/1993, estabeleceu que deverá ser requerido junto aos Postos de Benefícios do INSS, ao órgão autorizado ou à entidade conveniada.

Dessa forma, infere-se que a União é parte ilegítima para figurar no polo passivo de demandas judiciais que versem acerca da concessão e manutenção do benefício previsto no art. 20 da Lei n. 8.742/1993. Neste sentido, é o entendimento firmado pelo Superior Tribunal de Justiça: REsp n. 308.711/SP, 6ª Turma, Rel. Min. Hamilton Carvalhido, DJ de 10.3.2003, p. 323; EREsp 204.974/SP, 3ª Seção, Rel. Min. José Arnaldo da Fonseca, DJU de 29.5.2000.

Sobre a matéria, a Turma Regional de Uniformização dos JEFs da 4ª Região editou a Súmula n. 4 do seguinte teor: "A União é parte ilegítima para figurar no polo passivo nas ações em que seja postulado o benefício assistencial previsto no art. 20 da Lei n. 8.742/93".

Assim, entendemos que a União não deve participar do polo passivo das ações que versem sobre o benefício assistencial previsto no art. 20 da Lei n. 8.742/1993.

38.1.5 Ações envolvendo benefícios de entidades fechadas de previdência complementar

Importante dúvida surgiu no tocante à competência para o julgamento de ações movidas por participante de plano de previdência complementar contra entidade fechada de previdência complementar.

A Justiça do Trabalho costumava se considerar competente para tais litígios, por entender que a demanda é decorrente da relação de emprego – quando o participante celebrou contrato de previdência privada em razão da sua condição de empregado de uma empresa patrocinadora. Todavia, o STF reconheceu que a competência nesses casos é da Justiça Estadual, com modulação dos efeitos do julgado para resguardar os casos já julgados pela Justiça do Trabalho e que estavam pendentes de execução, conforme Temas n. 190 e n. 1.092 de Repercussão Geral, cujas teses fixadas são as seguintes:

> **Tema 190**: "Compete à Justiça comum o processamento de demandas ajuizadas contra entidades privadas de previdência com o propósito de obter complementação de aposentadoria, mantendo-se na Justiça Federal do Trabalho, até o trânsito em julgado e correspondente execução, todas as causas dessa espécie em que houver sido proferida sentença de mérito até 20/2/2013" (RE 586.453-SE, Tribunal Pleno, Rel. p/ acórdão Min. Dias Toffoli, *DJe* 6.6.2013).
>
> **Tema 1.092**: "Compete à Justiça comum processar e julgar causas sobre complementação de aposentadoria instituída por lei cujo pagamento seja, originariamente ou por sucessão, da responsabilidade da Administração Pública direta ou indireta, por derivar essa responsabili-dade de relação jurídico-administrativa" (RE 1.265.549, Plenário Virtual, Rel. Min. Presidente, *DJe* 18.6.2020).

No entanto, esse entendimento não se aplica quando a complementação da aposentadoria fica a cargo de ex-empregador. De acordo com decisão da 2ª Turma do STF, nesses casos compete à Justiça do Trabalho o julgamento da ação (Emb. Decl. no Ag. Reg. no RE 716.896, Rel. Min. Ricardo Lewandowski, *DJe* 20.8.2013). O STF também definiu que a Justiça do Trabalho é competente para julgar ações que tenham por objeto diferenças salariais, com reflexos nas contribuições previdenciárias a entidades fechadas – RG Tema 1.166.

Em síntese, compete à Justiça dos Estados e do Distrito Federal o julgamento das ações de complementação a cargo de entidades privadas de previdência complementar, e à Justiça do Trabalho as ações para cobrança da complementação a cargo do ex-empregador.

Sobre o tema relacionado ao interesse de agir quando se trata de benefício do RGPS sujeito à complementação por entidade de previdência privada, decidiu o TRF da 4ª Região:

> PREVIDENCIÁRIO. REVISÃO DE BENEFÍCIO. BENEFÍCIO SUJEITO À COMPLEMENTAÇÃO POR ENTIDADE DE PREVIDÊNCIA PRIVADA. INTERESSE PROCESSUAL. EXISTÊNCIA.
> 1. Presente o interesse do segurado em revisar seu benefício, ainda que complementado por entidade de previdência privada, pois a relação jurídica entre o segurado e o INSS é diferente daquela entre o segurado e a entidade responsável pela complementação, não sendo possível cruzar obrigações entre relações jurídicas distintas.
> 2. A relação mantida pelo segurado com a entidade de previdência privada não altera as obrigações do INSS para com o beneficiário, o qual possui direito também aos atrasados existentes. Precedentes desta Corte.
> (AC 5004692-35.2016.404.7117, 5ª Turma, Des. Federal Roger Raupp Rios, juntado aos autos em 14.6.2017).

Ainda quanto ao tema, o STJ julgou repetitivo definindo que o participante de plano de benefícios de previdência privada patrocinado por entes federados, para se tornar elegível a um benefício de prestação programada e continuada, deve previamente cessar o vínculo com o patrocinador. A tese fixada foi a seguinte:

> **Tema 944**: "Nos planos de benefícios de previdência privada patrocinados pelos entes federados – inclusive suas autarquias, fundações, sociedades de economia mista e empresas

controladas direta ou indiretamente –, para se tornar elegível a um benefício de prestação que seja programada e continuada, é necessário que o participante previamente cesse o vínculo laboral com o patrocinador, sobretudo a partir da vigência da Lei Complementar n. 108/2001, independentemente das disposições estatutárias e regulamentares" (REsp 1.433.544/SE, 2ª Seção, Rel. Min. Luis Felipe Salomão, DJe 1.12.2016).

38.1.6 Dano moral previdenciário

O direito à indenização por dano material, moral ou à imagem encontra-se no rol dos direitos e garantias fundamentais do cidadão (CF, art. 5º, incisos V e X). Ainda, de acordo com o art. 37, § 6º, da Carta Maior, existe responsabilidade objetiva das pessoas jurídicas de direito público e as de direito privado prestadoras de serviços públicos pelos danos causados pelos seus agentes. Nesse sentido, decisão do STF:

> A omissão do Poder Público, quando lesiva aos direitos de qualquer pessoa, induz à responsabilidade civil objetiva do Estado, desde que presentes os pressupostos primários que lhe determinam a obrigação de indenizar os prejuízos que os seus agentes, nessa condição, hajam causado a terceiros (ARE 655.277 ED, Rel. Min. Celso de Mello, 2ª T, DJE 12.6.2012).

No âmbito do Código Civil, dentre os vários dispositivos que tratam do tema destacamos o art. 186, que dispõe que "Aquele que, por ação ou omissão voluntária, negligência ou imprudência, violar direito e causar dano a outrem, ainda que exclusivamente moral, comete ato ilícito". Em síntese, a responsabilidade civil pressupõe: a prática de ato ou omissão voluntária de caráter imputável; a existência de dano; e a presença de nexo causal entre o ato e o resultado (prejuízo) alegado.

Logo, se comprovado o nexo de causalidade entre a conduta de um e o dano causado a outro, cabível o dever de indenizar. Nesse sentido, o STJ fixou que: "Constatado o nexo de causalidade entre o ato da Autarquia e o resultado lesivo suportado pelo segurado, é devida a reparação dos danos morais" (STJ, AgRg no AREsp 193.163/SE, DJe 8.5.2014). E, ainda, editou a Súmula n. 37 sedimentando que: "São cumuláveis as indenizações por dano material e dano moral oriundos do mesmo fato".

Destacamos que a jurisprudência dominante é contrária à condenação em danos morais sem provas dos prejuízos sofridos pelo ato administrativo desarrazoado, sob o fundamento de que "O simples indeferimento de benefício previdenciário, ainda que equivocado, não é o bastante para dar ensejo a uma indenização por dano moral" (v.g., TRF4, AC 5013774-97.2014.404.7202, j. 24.7.2017).

Segundo uniformização de jurisprudência da TNU, "a condenação em danos morais em virtude do cancelamento de benefício previdenciário demanda a fundamentação no contexto fático-probatório, não havendo presunção de dano pela simples cessação, devendo eventual procedência ou improcedência ser justificada com base nas provas dos autos" (PEDILEF 5000304-31.2012.4.04.7214, 22.6.2017).

Entretanto, há situações em que o dano moral pode ser considerado presumido ou *in re ipsa*, dispensando-se a vítima do ônus da prova da ofensa moral. São exemplos: a) Cessação indevida de benefício por erro na identificação do óbito de homônimo do beneficiário (STJ, AgRg no AREsp 486.376, de 14.8.2014); e b) Empréstimo consignado fraudulento gerando descontos indevidos no valor do benefício (TRF 4, AC 5022198-51.2011.404.7100, 4ª Turma, em 24.4.2017).

Com relação à prescrição, há que se observar a orientação fixada pelo STJ no sentido de que: "O prazo prescricional das ações indenizatórias ajuizadas contra a Fazenda Pública é quinquenal (Decreto n. 20.910/1932), tendo como termo *a quo* a data do ato ou fato do qual originou a lesão ao patrimônio material ou imaterial" (Tema 553, REsp 1.251.993/PR, 1ª Seção, j. 12.12.2012). E quanto à correção monetária a tese de que incide desde a data do arbitramento (STJ, Súmula n. 362).

Vejamos agora algumas situações envolvendo a competência para o pedido de condenação do INSS ao pagamento de dano moral:

a) Competência do Juízo Comum Estadual

Segundo orientação do STJ, cabe à Justiça Estadual examinar tão somente as demandas relativas aos benefícios decorrentes de acidente do trabalho, sem prejuízo do ajuizamento de nova demanda pelo segurado, visando ao ressarcimento dos danos morais perante a Justiça Federal. A respeito, Conflito de Competência 115449, Relatora Ministra Maria Thereza de Assis Moura, *DJe* 18.3.2011. E ainda:

> Tratando-se de ação de reparação por dano moral que tem como fundamento ato administrativo, supostamente indevido, praticado pelo INSS, é competente para o seu processamento e julgamento a Justiça Federal Comum, por não se tratar na hipótese de demanda relativa a benefício previdenciário ou dano material ou moral decorrente de acidente de trabalho (STJ, Conflito de Competência 54.773, 1ª Seção, *DJe* 6.3.2006).

Cabe esclarecer, outrossim, que, quando o pedido de condenação por danos morais e patrimoniais for decorrente de acidente do trabalho e a ação for movida contra o empregador, pelo empregado ou por seus familiares (dano em ricochete), a competência é da Justiça do Trabalho, por força da EC n. 45/2004 e da Súmula Vinculante n. 22.

b) Competência do Juízo Comum Federal ou dos Juizados Especiais Federais

Sendo competente a Justiça Federal para as ações que buscam a condenação do INSS em danos morais, o processamento poderá ocorrer em Vara Comum ou de Juizado Especial Federal. Essa definição está ligada ao valor da causa.

Importante destacar que o art. 292, V, do CPC/2015 estabelece que o valor da causa constará da petição inicial e será "na ação indenizatória, inclusive a fundada em dano moral, o valor pretendido".

A respeito dessa estimativa, o TRF da 4ª Região fixou orientação no sentido de que, nas ações previdenciárias, o valor atribuído à indenização por dano moral não pode ser limitado de ofício pelo juiz, salvo em casos excepcionais, de flagrante exorbitância, em atenção ao princípio da razoabilidade. Nesse sentido: *Incidente de Assunção de Competência 5050013-65.2020.4.04.0000, 3ª Seção, Rel. Des. Fed. Celso Kipper, em 30.3.2023, cuja tese fixada foi a seguinte:*

> *Nas ações previdenciárias em que há pedido de valores referentes a benefícios previdenciários ou assistenciais cumulado com pedido de indenização por dano moral, o valor da causa deve corresponder à soma dos pedidos (CPC, art. 292, inciso VI), ou seja, às parcelas vencidas do benefício, acrescidas de doze vincendas (CPC, art. 292, §§ 1º e 2º), além do valor pretendido a título de dano moral (CPC, art. 292, inciso V), que não possui necessária vinculação com o valor daquelas e não pode ser limitado de ofício pelo juiz, salvo em casos excepcionais, de flagrante exorbitância, em atenção ao princípio da razoabilidade.*

c) Competência delegada

A pretensão do segurado de obter a condenação do INSS em danos morais poderá ser proposta em sede de competência delegada. Segundo o STJ, o pedido de indenização por danos morais é decorrente do pedido principal (concessão, revisão ou restabelecimento de benefício), e a ele está diretamente relacionado. Assim, consoante regra do art. 109, § 3º, da CF, o Juízo Comum Estadual tem sua competência estabelecida por expressa delegação constitucional. Nesse sentido: STJ, CC 111447/SP, 3ª Seção, Rel. Min. Conv. Celso Limongi, *DJe* 2.8.2010.

– Precedentes com condenação em danos morais: valores fixados

Avaliada a questão da competência, vejamos alguns precedentes em que houve a condenação do INSS em danos morais e os respectivos valores, em relação aos quais defendemos que o julgador deve observar o critério pedagógico da condenação, com o objetivo de que o INSS aprimore seu atendimento, de modo a eliminar o tratamento muitas vezes desumano a que são submetidos os segurados e dependentes da Previdência Social:

I – Indeferimento indevido de salário-maternidade: R$ 10.000,00 (3ª TR/SC, RC 5000068-03.2017.4.04.7215/SC, Relator João Batista Lazzari, j. 24.8.2017);

II – Fraude em empréstimo consignado: R$ 10.000,00 (TRF/4, AC 5009744-57.2020.4.04.9999/PR, 12ª Turma, Rel. JF Rodrigo Kravetz, j. 27.9.2023);

III – Hipótese de flagrante indiferença do perito do INSS: R$ 15.000,00 (TRF/4, AC 5007180-03.2023.4.04.9999/SC, 9ª Turma, Rel. Des. Fed. Paulo A. Brum Vaz, *DE* 3.8.2023);

IV – Atraso na realização de perícia médica para a concessão de benefício por incapacidade, que culminou em dificuldades financeiras: R$ 10.000,00 (3ª TR/SC, Recurso Cível 5020690-85.2016.4.04.7200/SC, unânime, Rel. Juiz Federal Gilson Jacobsen, j. 24.8.2017);

V – Cessação indevida de benefício assistencial: R$ 10.000,00 (TRF/4, AC 5001157-91.2022.4.04.7213, 9ª Turma, Rel. Des. Fed. Paulo A. Brum Vaz, em 19.9.2023);

VI – Pedreiro portador de cardiopatia grave que faleceu após ter o pedido de benefício por incapacidade negado: 300 salários mínimos em favor da mãe, dependente do segurado (TRF/3, APELREEX 0000420-98.2014.4.03.6109/SP, de 24.5.2017);

VII – Desconto indevido em benefício previdenciário: R$ 15.000,00 (STJ, AgInt no AREsp 1.028.529/MS, 4ª Turma, *DJe* 18.10.2017).

Para a obtenção da condenação do INSS em danos morais, as ações judiciais contemplam, via de regra: 1) pedido de concessão/restabelecimento de benefício cumulado com pedido de Dano Moral; 2) pedido de Dano Moral (unicamente) decorrente de erro grosseiro ou ilegalidade de benefício já concedido ou restabelecido por decisão judicial; 3) pedido de Dano Material e Moral decorrente de débito indevido de empréstimo consignado fraudulento.

38.2 PRÉVIO INGRESSO NA VIA ADMINISTRATIVA

A exigência da comprovação do prévio ingresso na via administrativa como condição para propositura de ação de natureza previdenciária, embora seja assunto há muito debatido em nossos Tribunais, é tema frequente e atual nas lides forenses.

A necessidade de prévia manifestação do Poder Público como condição para invocar a prestação jurisdicional pode, aparentemente, significar lesão ao direito de ação garantido pela Constituição, no art. 5º, inciso XXXV. Observamos, no entanto, que esse dispositivo estabelece que somente os casos de lesão ou ameaça de lesão a direito serão apreciados pelo Poder Judiciário.

Não se trata de forma de submissão do direito de ação à prévia manifestação da Administração a respeito do pedido, mas de comprovação do legítimo interesse para o exercício desse direito, o qual é exigido pelo art. 17 do CPC/2015 (art. 3º do CPC/1973). Sem a demonstração da existência de um conflito de interesses, não há como ser invocada a prestação jurisdicional.

Segundo *Humberto Theodoro Júnior*: "Localiza-se o interesse processual não apenas na utilidade, mas especificamente na necessidade do processo como remédio apto à aplicação do direito objetivo no caso concreto, pois a tutela jurisdicional não é jamais outorgada sem uma necessidade. (...) Só o dano ou o perigo de dano jurídico, representado pela efetiva existência de uma lide, é que autoriza o exercício do direito de ação".[4]

---

[4] THEODORO JÚNIOR, Humberto. *Curso de direito processual civil*. Rio de Janeiro: Forense, 1999, vol. I.

Os segurados têm interesse de agir e, portanto, há necessidade e utilidade do processo, quando sua pretensão encontra óbice na via administrativa, em face do indeferimento do pedido apresentado, ou, pela omissão no atendimento do pleito pela Autarquia Previdenciária.

Ainda que o exaurimento da via administrativa não seja condição para a propositura da ação de natureza previdenciária, consoante jurisprudência consolidada na Súmula n. 213 do extinto Tribunal Federal de Recursos,[5] entendemos que, em se tratando de pedidos de concessão de aposentadorias, pensão, auxílios ou contagem recíproca do tempo de serviço para fins de jubilação, a prévia manifestação da administração é necessária, pois, o Poder Judiciário, em tais casos, não deve se prestar a substituir a atividade administrativa de conferência de recolhimentos das contribuições, cálculo do tempo de serviço, avaliação da capacidade laborativa, entre outros requisitos.

Não se exige prévia provocação administrativa, quando se cuida de procedimento público e notório do INSS, que não atende às postulações dos segurados por divergência de interpretação de normas, ou quando não cumpre, por ação própria, as obrigações legais.

Sobre o tema, artigo publicado por ocasião do 14º Congresso Brasileiro de Previdência Social, realizado pela LTr em março de 2001, com a seguinte conclusão: "Sintetizando a abordagem feita, podemos concluir que a inexistência de prévia postulação administrativa pode constituir óbice ao ingresso em Juízo, desde que não fique configurada a resistência à pretensão deduzida. A existência da lesão ou ameaça de lesão ao direito do segurado que caracteriza o interesse de agir, pode ser demonstrado pelo indeferimento do pedido da prestação previdenciária pelo INSS, ou, por se tratar de pretensão cuja negativa por parte do Ente Autárquico é pública e notória, ou, ainda, pela apresentação de contestação onde fique demonstrada a existência da lide".[6]

A discussão da tese da dispensa do prévio requerimento ganhou repercussão geral e o Plenário do STF definiu que a exigência não fere a garantia de livre acesso ao Judiciário, previsto no art. 5º, XXXV, da Constituição Federal, pois sem pedido administrativo anterior, não fica caracterizada lesão ou ameaça de direito.

Considerou-se não haver interesse de agir do segurado que não tenha inicialmente protocolado seu requerimento junto ao INSS, pois a obtenção de um benefício depende de uma postulação ativa. Nos casos em que o pedido for negado, total ou parcialmente, ou em que não houver resposta no prazo legal de 45 dias, fica caracterizada ameaça a direito.

O relator observou que prévio requerimento administrativo não significa o exaurimento de todas as instâncias administrativas. Negado o benefício, não há impedimento ao segurado para que ingresse no Judiciário antes que eventual recurso seja examinado pela autarquia. Contudo, ressaltou não haver necessidade de formulação de pedido administrativo prévio para que o segurado ingresse judicialmente com pedidos de revisão de benefícios, a não ser nos casos em que seja necessária a apreciação de matéria de fato. Acrescentou, ainda, que a exigência de requerimento prévio também não se aplica nos casos em que a posição do INSS seja notoriamente contrária ao direito postulado. Vejamos:

> **Tema 350**: "I – A concessão de benefícios previdenciários depende de requerimento do interessado, não se caracterizando ameaça ou lesão a direito antes de sua apreciação e indeferimento pelo INSS, ou se excedido o prazo legal para sua análise. É bem de ver, no entanto, que a exigência de prévio requerimento não se confunde com o exaurimento das vias administrativas;

---

[5] Súmula n. 213 do extinto Tribunal Federal de Recursos: "O exaurimento da via administrativa não é condição para a propositura da ação de natureza previdenciária".

[6] LAZZARI, João Batista. "Ingresso prévio na via administrativa", *Jornal do 14º Congresso Brasileiro de Previdência Social*. São Paulo: LTr, 2001.

II – A exigência de prévio requerimento administrativo não deve prevalecer quando o entendimento da Administração for notória e reiteradamente contrário à postulação do segurado;

III – Na hipótese de pretensão de revisão, restabelecimento ou manutenção de benefício anteriormente concedido, considerando que o INSS tem o dever legal de conceder a prestação mais vantajosa possível, o pedido poderá ser formulado diretamente em juízo – salvo se depender da análise de matéria de fato ainda não levada ao conhecimento da Administração –, uma vez que, nesses casos, a conduta do INSS já configura o não acolhimento ao menos tácito da pretensão; (...)" (RG – Tema 350, RE 631.240, Plenário, Rel. Min. Luís Roberto Barroso, *DJe* 7.11.2014).

Nesse mesmo julgado, o STF definiu regras de transição a serem aplicadas aos processos judiciais sobrestados que envolvem pedidos de concessão de benefício ao INSS nos quais não houve requerimento administrativo prévio.

Em primeiro lugar, ficou definido que, para aquelas ações ajuizadas em juizados itinerantes, a ausência do pedido administrativo não implicará a extinção do feito. Isso se dá porque os juizados se direcionam, basicamente, para onde não há agência do INSS.

Em segundo lugar, nos casos em que o INSS já apresentou contestação de mérito no curso do processo judicial fica mantido seu trâmite. Isso porque a contestação caracteriza o interesse em agir, uma vez que há resistência ao pedido.

Em terceiro lugar, ficou definido que as demais ações judiciais deverão ficar sobrestadas. Nesses casos, o requerente do benefício deve ser intimado pelo juízo para dar entrada no pedido junto ao INSS, no prazo de 30 dias, sob pena de extinção do processo. Uma vez comprovada a postulação administrativa, a autarquia também será intimada a se manifestar, no prazo de 90 dias.

Sendo acolhido administrativamente o pedido, ou nos casos em que ele não puder ser analisado por motivo atribuível ao próprio requerente, a ação é extinta. Do contrário, fica caracterizado o interesse em agir, devendo ter seguimento o pedido judicial da parte. E a data do início da aquisição do benefício é computada do início do processo judicial.

A necessidade ou não de um novo requerimento administrativo em caso de alta programada do auxílio por incapacidade temporária (em que o segurado não apresentou o pedido de prorrogação), tem gerado controvérsias no âmbito judicial. A nosso ver, a simples cessação do benefício pelo prazo já estipulado gera o direito de ingresso em juízo, pois o pedido de prorrogação é um plus que pode ou não ser utilizado pelo segurado, já que tem uma manifestação da perícia médica da Previdência quanto à duração do seu auxílio por incapacidade temporária. Nesse sentido: TRF-4, AC 5003934-38.2020.4.04.7207, TRS-SC, 17.3.2021.

No âmbito da TNU, a exigência do pedido de prorrogação do auxílio por incapacidade temporária é tida como prova do interesse de agir. Veja-se a respeito a tese fixada no Representativo de Controvérsia n. 277:

> O direito à continuidade do benefício por incapacidade temporária com estimativa de DCB (alta programada) pressupõe, por parte do segurado, pedido de prorrogação (§ 9º, art. 60 da Lei n. 8.213/91), recurso administrativo ou pedido de reconsideração, quando previstos normativamente, sem o quê não se configura interesse de agir em juízo (PEDILEF 0500255-75.2019.4.05.8303/PE, j. em 17.3.2022).

Em termos legislativos, a Lei n. 14.331/2022 tornou obrigatória essa exigência com a inclusão do art. 129-A à Lei n. 8.213/1991:

> Art. 129-A. Os litígios e as medidas cautelares relativos aos benefícios por incapacidade de que trata esta Lei, inclusive os relativos a acidentes do trabalho, observarão o seguinte:

(...) II – para atendimento do disposto no art. 320 da Lei n. 13.105, de 16 de março de 2015 (Código de Processo Civil), a petição inicial, qualquer que seja o rito ou procedimento adotado, deverá ser instruída pelo autor com os seguintes documentos:

a) comprovante de indeferimento do benefício ou de sua não prorrogação, quando for o caso, pela administração pública (...).

38.2.1 Prazos para concessão, revisão e implantação de benefícios (STF – RE 1.171.152/SC)

A questão chegou ao STF por força do RE n. 1.171.152/SC (RG Tema 1.066), e, na pendência do julgamento do mérito, as partes envolvidas em diversas ACPs (União, MPF, Ministério da Cidadania, DPU e INSS) apresentaram Termo de Acordo, o qual foi homologado por decisão monocrática do Relator (em 9.12.2020), e, posteriormente, pelo Plenário do STF, com a exclusão da sistemática da repercussão geral (Acordo no RE 1.171.152/SC, Sessão Virtual do Plenário, Rel. Min. Alexandre de Moraes, em 8.2.2021).

O Termo de Acordo homologado pelo STF acabou sendo mais amplo do que a questão delimitada inicialmente no paradigma da RG Tema 1.066, pois prevê prazos máximos de conclusão dos processos administrativos para: (a) reconhecimento inicial de direito a benefícios previdenciários e assistenciais; e (b) a realização da avaliação social nos casos em que o benefício dependa da aferição da deficiência do segurado. Todos esses prazos não ultrapassam 90 dias e podem variar de acordo com a espécie e o grau de complexidade do benefício (30 a 90 dias).

De forma mais detalhada, o acordo firmado sob a chancela do STF prevê:

– **No âmbito administrativo:**

a) O compromisso do INSS de concluir o processo administrativo de reconhecimento inicial de direitos previdenciários e assistenciais nos seguintes prazos máximos:

Benefício	Prazo
BPC/LOAS	90 dias
Aposentadorias, salvo p/ incapacidade	90 dias
Aposentadoria por incapacidade permanente	45 dias
Auxílio-doença/incapacidade temporária	45 dias
Auxílio-acidente	60 dias
Pensão por morte	60 dias
Auxílio-reclusão	60 dias
Salário-maternidade	30 dias

b) A realização da perícia médica necessária à instrução e análise do processo administrativo de reconhecimento inicial de direitos previdenciários e assistenciais operacionalizados pelo INSS, no prazo máximo de até 45 dias após o seu agendamento. Esse prazo será ampliado para 90 dias, nas unidades da Perícia Médica Federal classificadas como de difícil provimento, para as quais se exige o deslocamento de servidores de outras unidades para o auxílio no atendimento.

– **No âmbito judicial:**

Em relação ao cumprimento das determinações judiciais, recomenda os seguintes prazos para conclusão, contados a partir da efetiva e regular intimação:

Espécie	Prazo
Implantações em tutelas de urgência	15 dias
Benefícios por incapacidade	25 dias
Benefícios assistenciais	25 dias
Benefícios de aposentadorias, pensões e outros auxílios	45 dias
Ações revisionais, emissão de CTC, averbação de tempo, emissão de boletos de indenização	90 dias
Juntada de documentos de instrução (processos administrativos e outras informações, às quais o Judiciário não tenha acesso)	30 dias

Os prazos previstos no acordo poderão ser suspensos, de forma parcial ou total, havendo situações de força maior ou caso fortuito, como greves, pandemias, situações de calamidade pública, que alterem o fluxo regular de trabalho e impeçam o INSS de cumpri-los.

Os prazos fixados no Termo de Acordo para concessão, revisão ou restabelecimento de benefícios na via administrativa, a nosso sentir, extrapolaram os preceitos legais previstos na Lei de Benefícios (Lei n. 8.213/1991) e também na lei que regula o processo administrativo no âmbito da Administração Pública Federal (Lei n. 9.784/1999).

No entanto, para o Relator, Ministro Alexandre de Moraes, os prazos estabelecidos no Termo de Acordo são razoáveis, tendo em vista que:

(a) inexiste limite de tempo fixado em lei para a concessão inicial de benefícios previdenciário ou assistencial;

(b) a Lei 8.213/1991 (art. 41-A, § 5º) determina que o primeiro pagamento do benefício deve ser efetuado 45 dias após a apresentação pelo segurado da documentação necessária à sua concessão;

(c) no RE 631.240/MG (Tema 350 da repercussão geral, em que se debateu sobre a exigibilidade, ou não, do prévio requerimento administrativo, perante o INSS, como requisito para o exercício do direito à postulação jurisdicional), esta CORTE determinou a suspensão das ações individuais que já estavam em tramitação sem prévio requerimento administrativo, com a intimação da parte autora para dar entrada no pedido administrativo em 30 dias, o qual deveria ser decidido pelo INSS em 90 dias; e

(d) a Lei 9.784/1999 (art. 49) determina que a Administração tem 30 dias para decidir, contados da conclusão da instrução de processo administrativo.

Ainda, segundo o Relator, "o prazo máximo de 90 dias atende ao princípio da razoabilidade, na medida em que não impõe aos segurados espera excessiva, e permite à Administração Pública adotar as medidas necessárias e suficientes à correta concessão dos benefícios".

38.3 JUIZADOS ESPECIAIS CÍVEIS NA JUSTIÇA FEDERAL

A criação dos Juizados Especiais Cíveis no âmbito da Justiça Federal encontra amparo na EC n. 22, de 1999, e sua instituição se deu com a Lei n. 10.259, de 12.7.2001, aplicando-se, de forma complementar (no que não for conflitante) as normas contidas na Lei n. 9.099, de 26.9.1995, que dispõe sobre o funcionamento dos Juizados Especiais Estaduais. E, também, de forma supletiva e subsidiária, as disposições do CPC, desde que não sejam incompatíveis com as regras e princípios dos juizados especiais.[7]

O processo nos Juizados Especiais está sujeito aos princípios processuais previstos na Constituição, entre os quais:

- princípio do devido processo legal: art. 5º, LIV – "ninguém será privado da liberdade ou de seus bens sem o devido processo legal";
- princípios do contraditório e da ampla defesa: art. 5º, LV – "aos litigantes, em processo judicial ou administrativo, e aos acusados em geral são assegurados o contraditório e ampla defesa, com os meios e recursos a ela inerentes";
- inadmissibilidade de provas ilícitas: art. 5º, LVI – "são inadmissíveis, no processo, as provas obtidas por meios ilícitos";
- princípio do juiz natural: art. 5º, LIII – "ninguém será processado nem sentenciado senão pela autoridade competente"; e art. 5º XXXVII – "não haverá juízo ou tribunal de exceção";
- princípio da inafastabilidade da apreciação jurisdicional: art. 5º, XXXV – "a lei não excluirá da apreciação do Poder Judiciário lesão ou ameaça a direito";
- princípio da razoável duração do processo: art. 5º, LXXVIII – "a todos, no âmbito judicial e administrativo, são assegurados a razoável duração do processo e os meios que garantam a celeridade de sua tramitação" (incluído pela Emenda Constitucional n. 45, de 2004).

Por força da lei instituidora dos Juizados Especiais Estaduais foram eleitos como princípios especiais norteadores desse sistema processual a oralidade, a simplicidade, a informalidade, a economia processual e a celeridade, buscando sempre que possível a conciliação ou a transação (art. 2º da Lei n. 9.099/1995).

Cabe acentuar que são aplicáveis também os princípios informadores do sistema recursal brasileiro, desde que estejam em sintonia com o espírito dos Juizados Especiais, tais como: – o princípio da proibição da *reformatio in pejus*; – o princípio da irrecorribilidade das decisões interlocutórias; – o princípio da taxatividade dos recursos; – os princípios da singularidade e da correlação do recurso; – o princípio da fungibilidade dos recursos.

Merecem destaques no âmbito dos Juizados Especiais Federais:

- a igualdade de prazos para a prática de qualquer ato processual, entre o particular e o ente público demandado;
- a abolição do reexame necessário;
- a redução dos recursos, pois somente se admitirá recurso de sentença definitiva e das decisões que (in)deferirem medidas cautelares ou tutela provisória, no curso do processo;
- o pagamento imediato (60 dias) das condenações até 60 salários mínimos (sem precatórios);
- a desnecessidade de que as partes estejam representadas por advogado para a propositura da ação;[8] e

---

[7] Nesse sentido, o Enunciado n. 2, aprovado na I Jornada de Direito Processual Civil, organizado pelo Conselho da Justiça Federal, em 2017: "As disposições do CPC aplicam-se supletiva e subsidiariamente às Leis n. 9.099/1995, 10.259/2001 e 12.153/2009, desde que não sejam incompatíveis com as regras e princípios dessas Leis".

[8] O STF declarou constitucional a dispensa da atuação de advogados nos Juizados Especiais – Ação Direta de Inconstitucionalidade (ADI) 3168.

– a autorização legal aos representantes judiciais dos entes públicos para conciliar, transigir ou desistir.

Os Juizados Especiais Federais foram instituídos a partir de valores novos, voltados à modernização da prestação jurisdicional no Brasil, primando pela celeridade e eficiência nas soluções dos conflitos. Para o saudoso processualista e ex-Ministro do STF Teori Albino Zavascki, *"esta criação dos juizados é a grande reforma, oferece alternativa moderna e desburocratizada, permite que o juiz incorpore processos eletrônicos, não precisa de reuniões físicas, dá muito mais agilidade. Há eliminação de recursos em cascata, celeridade no julgamento, execução imediata e possibilidade de a pessoa ter acesso direto ao juiz e de haver conciliação entre as partes".*[9]

A facilidade de acesso aos juizados gerou um enorme acréscimo de ações. No entanto, em muitos locais, a estrutura dos JEFs é insuficiente para atender essa demanda na forma esperada pelos jurisdicionados. Destaca a Desembargadora Selene Maria de Almeida: *"O acesso à Justiça, e não o mero acesso ao Poder Judiciário, implica garantia ao justo processo, sem entrave. Significa a garantia de acesso a uma máquina apta a dar solução ao conflito com presteza e segurança. No momento em que se avolumam os casos que devem ser resolvidos pelos Juizados, sem estrutura adequada, cria-se dificuldade de acesso à Justiça para os carentes".*[10]

Para implantar e estruturar a primeira instância dos JEFs os TRFs transformaram Varas Comuns em Varas de Juizados, o que não foi suficiente. Posteriormente houve aprovação de novas leis para ampliar a estrutura de primeiro da Justiça Federal com intuito de concluir o processo de implantação dos Juizados Especiais.

Depois de mais de 10 anos de funcionamento dos JEFs, foi publicada a Lei n. 12.665, de 13.6.2012, dispondo sobre a criação de estrutura permanente para as Turmas Recursais dos JEFs. Essa norma criou na Justiça Federal de primeiro grau 75 (setenta e cinco) Turmas Recursais formadas, cada uma, por 3 (três) juízes federais titulares e por 1 (um) juiz suplente.

Para elucidar o tratamento processual das ações que tramitam nos JEFs, recomendamos a leitura da Resolução CJF n. 586/2019, que trata do Regimento Interno da TNU, da Resolução CJF n. 347/2015, que dispõe sobre a compatibilização dos regimentos internos das Turmas Recursais e das Turmas Regionais de Uniformização, das Súmulas, das Questões de Ordem da TNU e dos Representativos de Controvérsias, todos disponíveis em www.jf.jus.br.

De leitura obrigatória são também os enunciados do Fórum Nacional dos Juizados Especiais Federais – FONAJEF, disponíveis em www.ajufe.org.br.

38.3.1 Competência dos JEFs

Compete ao Juizado Especial Cível processar, conciliar e julgar causas de competência da Justiça Federal até o valor de 60 salários mínimos, bem como executar suas sentenças. São excluídas dessa competência as causas referidas no art. 109, incisos II, III e XI, da Constituição Federal, as ações de mandados de segurança, de desapropriação, de divisão e demarcação, populares, execuções fiscais e por improbidade administrativa e as demandas sobre direitos ou interesses difusos, coletivos ou individuais homogêneos, as causas relativas aos imóveis da União e das autarquias e fundações públicas federais, entre outras, previstas no § 1º do art. 3º da Lei n. 10.259/2001.

Nas Subseções Judiciárias onde estiver instalado o JEF, sua competência é absoluta, sendo definida pelo valor da causa (art. 3º da Lei n. 10.259/2001).

---

[9] Site do TRF da 4ª Região: www.trf4.gov.br/noticias.
[10] ALMEIDA, Selene Maria. Juizados Especiais Federais: a justiça dos pobres não pode ser uma pobre justiça. *Revista do Tribunal Regional Federal*. 1ª Região. Brasília, v. 15, n. 2, fev. 2003, p. 31-42.

A respeito da competência dos JEFs, destacamos os seguintes enunciados do FONAJEF:

> *Enunciado FONAJEF n. 9*
> Além das exceções constantes do § 1º do artigo 3º da Lei n. 10.259, não se incluem na competência dos Juizados Especiais Federais, os procedimentos especiais previstos no Código de Processo Civil, salvo quando possível a adequação ao rito da Lei n. 10.259/2001.

> *Enunciado FONAJEF n. 22*
> A exclusão da competência dos Juizados Especiais Federais quanto às demandas sobre direitos ou interesses difusos, coletivos ou individuais homogêneos somente se aplica quanto a ações coletivas.

Em princípio, a complexidade da causa ou da perícia não afasta a competência dos JEFs, já que o critério escolhido pelo legislador foi o do valor da causa, o qual tem natureza absoluta. Essa é a posição adotada pelo STJ:

a) os juizados especiais federais têm competência absoluta, onde estiverem instalados, para toda ação cujo valor não ultrapasse sessenta salários mínimos;
b) caso o autor da ação pretenda ver sua demanda julgada por um juizado especial, poderá renunciar ao valor que exceda o limite legal estabelecido no art. 3º, caput, da Lei n. 10.259/01;
c) havendo a renúncia, a qual deve ser expressa, atraída a competência do juizado especial para o feito. (STJ, 3ª Seção, CC 86.398/RJ, DJ 22.2.2008).

Entretanto, no TRF da 1ª Região há orientação no sentido de que: "As causas que possuem instrução processual complexa, com a realização de perícias, para fins de reconhecimento de tempo de serviço especial, não se incluem na competência dos Juizados Especiais Federais (JEF)" (1ª Seção, Processo 1000 684-39.2020.4.01.0000, j. 2.11.2020).

38.3.2 Valor da causa

Os critérios para definição do valor da causa geram controvérsias no âmbito dos JEFs, em face da interpretação dada ao art. 3º, § 2º, da Lei n. 10.259/2001, que dispõe:

> Art. 3º Compete ao Juizado Especial Federal Cível processar, conciliar e julgar causas de competência da Justiça Federal até o valor de sessenta salários mínimos, bem como executar as suas sentenças.
> (...) § 2º Quando a pretensão versar sobre obrigações vincendas, para fins de competência do Juizado Especial, a soma de doze parcelas não poderá exceder o valor referido no art. 3º, *caput*.

O STJ deliberou, ao julgar o Conflito de Competência n. 46.732/MS, que para estabelecimento do valor da causa devem ser somadas as parcelas vencidas com doze vincendas pelo exame conjugado da Lei n. 10.259/2001 com o art. 260 do CPC/1973 (Rel. Min. José Arnaldo da Fonseca, *DJU* 14.3.2005).

Também decidiu o STJ que o valor da causa para fins de fixação da competência nos JEFs, na hipótese de existência de litisconsórcio ativo, deve ser calculado dividindo-se o montante pelo número de autores. Dessa forma, se as parcelas percebidas e as supostamente devidas a cada um dos litisconsortes for inferior a 60 salários mínimos, prevalece a competência absoluta do JEF Cível para o julgamento da lide (REsp 1.257.935/PB, 2ª Turma, Rel. Min. Eliana Calmon, *DJe* 29.10.2012).

No caso de cumulação objetiva de pedidos que ostentem causas de pedir diversas deve ser considerada a repercussão econômica de cada pretensão individualmente, sendo irrelevante o valor hipotético total da condenação.

Por sua vez, o FONAJEF aprovou os seguintes enunciados sobre o valor da causa:

Enunciado FONAJEF n. 15
Na aferição do valor da causa, deve-se levar em conta o valor do salário mínimo em vigor na data da propositura de ação.

Enunciado FONAJEF n. 18
No caso de litisconsorte ativo, o valor da causa, para fins de fixação de competência deve ser calculado por autor.

Enunciado FONAJEF n. 20
Não se admite, para firmar competência dos juizados especiais federais, o fracionamento de parcelas vencidas, ou de vencidas e vincendas, decorrentes da mesma relação jurídica material.

Enunciado FONAJEF n. 48
Havendo prestação vencida, o conceito de valor da causa para fins de competência do Juizado Especial Federal é estabelecido pelo art. 292 do CPC/2015.

Enunciado FONAJEF n. 49
O controle do valor da causa, para fins de competência do JEF, pode ser feito pelo juiz a qualquer tempo.

Enunciado FONAJEF n. 114
Havendo cumulação de pedidos, é ônus da parte autora a identificação expressa do valor pretendido a título de indenização por danos morais, a ser considerado no valor da causa para fins de definição da competência dos Juizados Especiais Federais.

Enunciado FONAJEF n. 123
O critério de fixação do valor da causa necessariamente deve ser aquele especificado no artigo 292, §§ 1º e 2º, do CPC/2015, pois este é o elemento que delimita as competências dos JEFs e das Varas (a exemplo do que foi feito pelo art. 2º, § 2º, da Lei 12.153/09).

Na ação declaratória que objetiva o reconhecimento de tempo de serviço/contribuição para concessão de benefício futuro, *o* critério que entendemos apropriado para delimitação da competência dos JEFs é a fixação do valor da causa a partir de 12 (doze) salários de contribuição atuais do segurado.

38.3.3 Renúncia

Nos termos da Súmula n. 17 da TNU e do Enunciado FONAJEF n. 16, não há renúncia tácita nos Juizados Especiais Federais para fins de fixação competência.

Dessa forma, a renúncia quando do interesse da parte autora para postular nos JEFs deve ser expressa e não há limite quanto ao montante passível dessa renúncia. Por exemplo, caso o segurado tenha um suposto crédito de R$ 100.000,00, poderá abrir mão de todo o excedente.

O momento processual mais adequado para a renúncia do valor excedente a sessenta salários mínimos é o do ajuizamento da ação. Entretanto, em regra, a determinação exata do valor da causa depende da elaboração de complexos cálculos de atualização monetária, notadamente em feitos de natureza previdenciária, razão pela qual é razoável que se oportunize ao autor a opção pela renúncia do valor excedente por ocasião da audiência de conciliação, instrução e julgamento, quando aqueles cálculos já terão sido feitos, ou mesmo, em momento posterior.

Havendo renúncia, o valor das parcelas vencidas e atualizadas na data do ajuizamento deve ser limitado em 60 salários mínimos. Ao limite podem ser acrescidos novas prestações vincendas, a atualização monetária e eventuais juros de mora. Nada impede, então, condenação em montante superior a 60 salários mínimos, a despeito da renúncia manifestada. Neste sentido, a decisão da 3ª Seção do STJ:

> O valor da causa a ser considerado é o do momento da propositura da ação, o que afasta a argumentação do suscitante ao afirmar que, "caso fosse a ação julgada procedente in totum, a execução certamente ultrapassaria o valor atribuído à presente demanda e o valor de alçada dos juizados especiais federais" (CC 86.398/RJ, DJ 22.2.2008).

Ainda segundo a TNU:

> PREVIDENCIÁRIO. RENÚNCIA PARA DEFINIÇÃO DE COMPETÊNCIA DE JUIZADO ESPECIAL FEDERAL. INCIDENTE CONHECIDO E PROVIDO PARA FIXAR A TESE DE QUE A RENÚNCIA APRESENTADA PARA DEFINIÇÃO DE COMPETÊNCIA DOS JUIZADOS ESPECIAIS FEDERAIS, RESSALVADA MANIFESTAÇÃO EXPRESSA DA PARTE AUTORA, SOMENTE ABRANGE AS PARCELAS VENCIDAS SOMADAS A DOZE PARCELAS VINCENDAS NA DATA DO AJUIZAMENTO DA AÇÃO (PEDILEF 0007984-43.2005.4.03.6304, Rel. Juiz Federal Fábio Oliveira, j. 4.4.2016).

Nos casos em que os cálculos judiciais são feitos somente quando do cumprimento da sentença e sendo apurado o valor das parcelas atrasadas anteriores ao ajuizamento (valor da causa) em montante superior ao da alçada dos Juizados Especiais (sessenta salários mínimos), não cabe impor à parte que renuncie ao excedente. Nesse sentido, TNU, PU 200733007130723, Relator Juiz Federal Alcides Saldanha Lima, *DOU* 25.11.2011; PEDILEF 2009.51.51.066908-7, Relatora Juíza Federal Kyu Soon Lee, julgado em 8.10.2014.

A definição do valor da causa e a hipótese de renúncia foram enfrentadas pelo pelo STJ no Repetitivo Tema 1.030, cuja tese fixada pelo STJ é a seguinte:

> Ao autor que deseje litigar no âmbito de Juizado Especial Federal Cível, é lícito renunciar, de modo expresso e para fins de atribuição de valor à causa, ao montante que exceda os 60 (sessenta) salários mínimos previstos no art. 3º, *caput*, da Lei 10.259/2001, aí incluídas, sendo o caso, até doze prestações vincendas, nos termos do art. 3º, § 2º, da referida Lei, c/c o art. 292, §§ 1º e 2º, do CPC/2015 (REsp em IRDR 1.807.665/SC, 1ª Seção, *DJe* 26.11.2020).

38.3.4 Legitimidade

Nos JEFs podem ser partes autoras, as pessoas físicas, microempresas e empresas de pequeno porte; e rés, a União, autarquias, fundações e empresas públicas federais (art. 6º da Lei n. 10.259/2001).

No que tange a esse aspecto da Lei dos JEFs, o FONAJEF editou os seguintes enunciados:

> *Enunciado FONAJEF n. 12*
> No Juizado Especial Federal, não é cabível o pedido contraposto formulado pela União Federal, autarquia, fundação ou empresa pública federal.

> *Enunciado FONAJEF n. 14*
> Nos Juizados Especiais Federais, não é cabível a intervenção de terceiros ou a assistência.

Enunciado FONAJEF n. 21
As pessoas físicas, jurídicas, de direito privado ou de direito público estadual ou municipal podem figurar no polo passivo, no caso de litisconsórcio necessário.

Enunciado FONAJEF n. 82
O espólio pode ser parte autora nos juizados especiais cíveis federais.

A representação por advogado é facultativa para a propositura de ações nos JEFs. O art. 10 da Lei n. 10.259/2001 faculta as partes designar, por escrito, representantes para a causa, advogado ou não. O STF reconheceu a constitucionalidade dessa norma na ADIN 3.168/DF.

A respeito do tema, foi editado pelo FONAJEF o seguinte enunciado: *83 – O art. 10, caput, da Lei n. 10.259/2001 não autoriza a representação das partes por não advogados de forma habitual e com fins econômicos.*

No entanto, na esfera recursal é indispensável a presença de advogado para representar as partes.

38.3.5 Sentença líquida

No âmbito dos Juizados Especiais a regra é de que a sentença seja líquida[11], pois após o trânsito em julgado deve-se apenas atualizar os valores da condenação e incluir parcelas vencidas com a finalidade de ser expedida desde logo a RPV ou o Precatório, sem nova oportunidade para discussões sobre os parâmetros de apuração da condenação.

O fato de a sentença adotar cálculos realizados pelo contador judicial sem que oportunizada a manifestação prévia das partes não implica nulidade. Isso decorre da necessidade de a sentença ser líquida e, ademais, a parte pode se insurgir contra o cálculo no recurso.

O FONAJEF editou orientação quanto ao que se entende por sentença líquida, nos termos do Enunciado n. 32: "A decisão que contenha os parâmetros de liquidação atende ao disposto no art. 38, parágrafo único, da Lei n. 9.099/95". Também, firmou posição quanto o descabimento de embargos de execução: "*13 – Não são admissíveis embargos de execução nos Juizados Especiais Federais, devendo as impugnações do devedor ser examinadas independentemente de qualquer incidente*".

38.3.6 Recursos

Embora a questão da estruturação dos JEFs tenha obtido alguns avanços com as instalações de novas varas e com a transformação de varas comuns em juizados, outro grave problema surgiu: o sistema de revisão das decisões nos Juizados Especiais. Entre os entraves, está a existência de procedimentos que tornam o mecanismo de revisão excessivamente formal e burocratizado, retirando grande parte das vantagens inicialmente previstas para esse microssistema.

Um dos pontos críticos está na incompletude na regulação do tema pela Lei n. 10.259/2001 e também pela Lei n. 9.099/1995, que tem aplicação subsidiária. Aponta Celso Jorge Fernandes Belmiro que:

> *Especificamente em relação aos juizados especiais, a maior dificuldade parece ter sido a ausência de percepção, por parte do legislador, de que não se cuidava somente da criação de um novo procedimento, mas sim de toda uma nova modalidade de prestação jurisprudencial, relevando-se a prática muito mais fecunda e inovadora do que a tímida previsão legislativa previra. Um novo "microssistema" era assim forjado, com princípios próprios e estrutura bas-*

---

[11] Art. 38, parágrafo único, da Lei n. 9.099/95.

tante diferenciada do que até então se encontrava em termos de jurisdição civil, não tendo sido, os 59 (cinquenta e nove) artigos da parte cível da Lei n. 9.099/95, capazes de regulamentá-lo em sua inteireza, especialmente em relação ao tema dos recursos e dos meios de impugnação das decisões ali previstas.[12]

Importante referir a previsão contida no art. 14, § 10, da Lei n. 10.259/2001: *"Os Tribunais Regionais, o Superior Tribunal de Justiça e o Supremo Tribunal Federal, no âmbito de suas competências, expedirão normas regulamentando a composição dos órgãos e os procedimentos a serem adotados para o processamento e o julgamento do pedido de uniformização e do recurso extraordinário".*

Por conta dessa delegação, os regimentos internos das Turmas Recursais e de Uniformização editados pelos Tribunais respectivos inseriram regras que vão desde a definição dos prazos recursais até a criação de novos recursos e a imposição de requisitos de admissibilidade recursal.

Esses Regimentos Internos são modificados com frequência dificultando a sedimentação das regras e burocratizando o acesso as esferas de uniformização de jurisprudência. Afora, isso, o rigor no exame da admissibilidade recursal tem se estabelecido como fator impeditivo na análise do direito material a ser uniformizado.

Não se pode olvidar que as partes enfrentam dificuldades na comprovação da divergência jurisprudencial para interposição de recursos nos juizados especiais federais devido à quase inexistente indexação e divulgação das decisões proferidas pelas turmas recursais. Cabe destacar que no recurso, as partes serão obrigatoriamente representadas por advogado (art. 41, § 2º, da Lei n. 9.099/1995). A dispensa envolve apenas o primeiro grau de jurisdição.

O preparo é exigido apenas no recurso contra a sentença, devendo ser feito, independentemente de intimação, nas 48 horas seguintes à interposição, sob pena de deserção (art. 42, § 1º, da Lei n. 9.099/1995). Em relação ao Recurso Extraordinário há também a exigência do pagamento de despesas processuais para sua interposição.

Como antes mencionado, nos JEFs não há prazo em dobro para recorrer em favor do INSS, União e demais entes públicos (art. 9º da Lei n. 10.259/2001).

Em relação à tutela provisória, é cabível em sede recursal. Aos juízes competentes para o juízo de admissibilidade e aos relatores dos recursos incumbe decidir, de ofício ou a requerimento das partes, sobre provimentos cautelares, tutelas de urgência e de evidência, assim como o cumprimento imediato da obrigação de fazer.

Na sequência apresentamos os principais recursos no âmbito dos JEFs e suas características.

38.3.6.1 Recurso contra decisão que aprecia pedidos de liminares e de tutela provisória

a) **hipóteses de cabimento:**
- cabe de decisões interlocutórias que apreciam pedidos de medidas liminares, cautelares ou antecipatórias dos efeitos da tutela (art. 4º da Lei n. 10.259/2001 c/c o art. 2º, I e § 1º, da Res. CJF 347/2015);
- Enunciado FONAJEF n. 107: "Fora das hipóteses do art. 4º da Lei n. 10.259/2001, a impugnação de decisões interlocutórias proferidas antes da sentença deverá ser feita no recurso desta (art. 41 da Lei n. 9.099/1995)";
- contra a tutela de urgência apreciada na sentença o recurso cabível é o inominado (recurso contra a sentença).

---

[12] BELMIRO, Celso Jorge Fernandes. *O sistema recursal e os meios autônomos de impugnação no âmbito dos juizados especiais cíveis – novos contornos jurisprudenciais.* Revista Brasileira de Direito Processual. Belo Horizonte, a. 18, n. 73, jan. 2011.

b) competência para julgamento:
- deve ser apresentado diretamente às Turmas Recursais da Seção Judiciária em que localizado o JEF.

c) prazo de interposição:
- 10 dias úteis para interposição e também para contrarrazões (art. 2º, § 1º, da Res. CJF n. 347/2015).

38.3.6.2 Recurso contra sentença (recurso inominado)

a) hipóteses de cabimento:
- cabe da sentença proferida no Juizado Especial Federal Cível, excetuada a homologatória de conciliação ou laudo arbitral (art. 5º da Lei n. 10.259/2001 c/c art. 2º da Res. CJF n. 347/2015);
- Enunciado n. 144 do FONAJEF: "É cabível recurso inominado contra sentença terminativa se a extinção do processo obstar que o autor intente de novo a ação ou quando importe negativa de jurisdição".
- I Jornada de Direito Processual Civil CJF/CEJ – Enunciado n. 39: "Cassada ou modificada a tutela de urgência na sentença, a parte poderá, além de interpor recurso, pleitear o respectivo restabelecimento na instância superior, na petição de recurso ou em via autônoma".

b) competência para julgamento:
- Turmas Recursais da Seção Judiciária em que localizado o JEF.

c) prazo de interposição:
- 10 dias úteis para interposição e também para contrarrazões (art. 42 da Lei n. 9.099/1995).

d) preparo
- o preparo será feito, independentemente de intimação, nas quarenta e oito horas seguintes à interposição, sob pena de deserção (art. 42, § 1º, da Lei n. 9.099/1995);
- é dispensado o preparo para os beneficiários da gratuidade da justiça (art. 98 do CPC) e pessoas jurídicas de direito público.

e) efeitos do recurso:
- a regra que vige é a de que os recursos tenham somente efeito devolutivo, podendo o Juiz dar-lhe efeito suspensivo, para evitar dano irreparável para a parte (art. 43 da Lei n. 9.099/1995).

f) admissibilidade:
- após o recebimento das contrarrazões ou depois de decorrido o prazo sem a interposição destas, os autos serão remetidos à turma recursal, independentemente de juízo de admissibilidade.

g) questões a serem decididas:
- reexame de provas, questões processuais e de direito indicadas no recurso;
- não há reexame necessário nos JEFs (art. 13 da Lei n. 10.259/2001);
- a matéria não apreciada na sentença, mas veiculada na inicial, pode ser conhecida no recurso inominado, mesmo não havendo a oposição de embargos de declaração;

- a Turma Recursal poderá conhecer diretamente das questões não examinadas na sentença que acolheu prescrição ou decadência, estando o processo em condições de imediato julgamento *(Enunciado FONAJEF n. 100)*;
- STF: Repercussão Geral – Tema 451 – Tese Fixada: "Não afronta a exigência constitucional de motivação dos atos decisórios a decisão de Turma Recursal de Juizados Especiais que, em consonância com a Lei n. 9.099/1995, adota como razões de decidir os fundamentos contidos na sentença recorrida" (RE 635.729, *DJe* 24.8.2011);
- TNU: acórdãos genéricos devem ser anulados quando equivalem à negativa de prestação jurisdicional, implicam em cerceamento de defesa ou, ainda, quando frustram o conhecimento de divergência jurisprudencial (PEDILEF 05000672-02.2012.4.05.8100, Relatora Juíza Federal Kyu Soon Lee, j. 8.10.2014).

h) decisão monocrática do relator:

Incumbe ao relator:
- negar seguimento a recurso manifestamente inadmissível, improcedente, prejudicado ou em confronto com súmula ou com jurisprudência dominante da TNU, do STJ, ou do STF, ou com tese firmada em julgamento de IRDR;
- dar provimento ao recurso se a decisão recorrida estiver em manifesto confronto com súmula ou com jurisprudência dominante da TNU, do STJ, ou do STF, ou com tese firmada em julgamento de IRDR;
- da decisão do relator caberá agravo regimental no prazo de quinze dias. Se não houver retratação, o prolator da decisão apresentará o processo em mesa para julgamento na primeira sessão subsequente, proferindo voto.

i) provas:

- a Turma Recursal tem poder para complementar os atos de instrução já realizados pelo juiz do Juizado Especial Federal, de forma a evitar a anulação da sentença *(Enunciado FONAJEF n. 101)*;
- convencendo-se da necessidade de produção de prova documental complementar, a Turma Recursal produzirá ou determinará que seja produzida, sem retorno do processo para o juiz do Juizado Especial Federal *(Enunciado FONAJEF n. 102)*;
- sempre que julgar indispensável, a Turma Recursal, sem anular a sentença, baixará o processo em diligências para fins de produção de prova testemunhal, pericial ou elaboração de cálculos *(Enunciado FONAJEF n. 103)*.

j) sucumbência:

- o recorrente, vencido, pagará as custas e honorários de advogado, que serão fixados entre dez por cento e vinte por cento do valor de condenação ou, não havendo condenação, do valor corrigido da causa (art. 55 da Lei n. 9.099/1995);
- o provimento, ainda que parcial, de recurso inominado afasta a possibilidade de condenação do recorrente ao pagamento de honorários de sucumbência (Enunciado FONAJEF n. 99).

k) recurso adesivo:

- não cabe recurso adesivo nos Juizados Especiais Federais (Enunciado n. 59 do FONAJEF);
- Súmula n. 10 das TRs do DF: "O recurso adesivo, à míngua de previsão legal na legislação de regência (Leis n. 9.099, de 26.09.95, e n. 10.259, de 12.07.2001) e

sendo incompatível com o princípio da celeridade, não é admitido nos Juizados Especiais".
– Súmula n. 19 das TRs de SE: "O recurso adesivo é compatível com o rito previsto na lei de Juizados Especiais Federais".

38.3.6.3 Incidente regional de uniformização de jurisprudência

a) **hipóteses de cabimento:**
– caberá quando houver divergência entre decisões sobre questões de direito material proferidas por Turmas Recursais da mesma Região na interpretação da lei (art. 14, § 1º, da Lei n. 10.259/2001);
– são também admitidos incidentes fundados em divergência entre as Turmas Recursais e a Turma Regional de Uniformização, quanto à aplicação do direito material;
– não caberá incidente regional se a decisão da turma recursal estiver em consonância com súmula ou jurisprudência dominante do STJ ou da TNU (Res. CJF n. 417/2016).

b) **competência para julgamento:**
– Turma Regional de Uniformização da Região em que localizada a Turma Recursal prolatora da decisão recorrida.

c) **prazo de interposição:**
– 15 dias úteis para interposição e também para contrarrazões.
– não se exige preparo.

d) **prova do dissídio:**
– necessidade da demonstração do dissídio e cópia dos julgados divergentes ou indicação suficiente do julgado apontado como paradigma.

e) **efeitos do recurso:**
– via de regra o recurso será recebido apenas no efeito devolutivo.

f) **admissibilidade:**
– compete ao Presidente ou Vice-Presidente da Turma Recursal ou a outro membro designado pelo Tribunal Regional Federal ou mediante previsão no regimento interno das turmas recursais diretamente afetadas pela medida;
– o juiz responsável pelo juízo preliminar de admissibilidade devolverá o feito à Turma Recursal para eventual adequação, caso o acórdão recorrido esteja em manifesto confronto com súmula ou jurisprudência dominante da TNU, do STJ ou do STF;
– o feito também deverá ser devolvido à Turma de origem quando o acórdão recorrido contrariar julgamento proferido em IRDR, para aplicação da tese firmada.

g) **inadmissão preliminar:**
– em caso de inadmissão preliminar do incidente de uniformização, a parte poderá interpor agravo nos próprios autos, no prazo de quinze dias úteis, a contar da publicação da decisão recorrida, devendo fundamentar o pleito, demonstrando o equívoco da decisão recorrida. Não havendo reconsideração, os autos serão encaminhados à TRU;
– caberá também agravo interno, no prazo de quinze dias úteis, dirigido à própria Turma Recursal de origem, se a decisão de inadmissão estiver fundada em: (i) julgamento do STF, proferida na sistemática de repercussão geral; (ii) súmula da TRU.

h) **sobrestamento:**
   - deverão ser sobrestados os feitos sobre o mesmo tema que estiverem pendentes de apreciação na TNU, no STJ, em incidente de uniformização ou recurso repetitivo, ou no STF, em regime de repercussão geral;
   - publicada a decisão nos recursos indicados, os pedidos sobrestados serão apreciados pela Turma Recursal, que poderá exercer juízo de retratação ou declará-los prejudicados.

i) **questões a serem decididas:**
   - uniformização de questões de direito material;
   - não cabe reexame de provas e análise de questões de direito processual.

j) **incidentes simultâneos à TRU e à TNU:**
   - havendo interposição simultânea de incidentes de uniformização dirigidos à TRU e à TNU, será julgado, em primeiro lugar, o incidente dirigido à Turma Regional (art. 6º, parágrafo único, do RI da TNU).

k) **pedido de uniformização simultâneo com o recurso extraordinário:**
   - interposto recurso extraordinário e pedido de uniformização de jurisprudência, este será processado antes do recurso extraordinário, salvo se houver questão prejudicial de natureza constitucional.

38.3.6.4 Pedido de Uniformização de Interpretação de Lei federal (PUIL)

a) **hipóteses de cabimento:**
   - nos termos do art. 14, § 2º, da Lei n. 10.259/2001 e art. 12 do Regimento Interno da TNU, o PUIL caberá em questões de direito material;
   - o recorrente deverá demonstrar, quanto à questão de direito material, a existência de divergência na interpretação da lei federal entre a decisão recorrida e:
     a) decisão proferida por turma recursal ou regional vinculadas a outro Tribunal Regional Federal;
     b) súmula ou entendimento dominante do Superior Tribunal de Justiça ou da Turma Nacional de Uniformização;
   - Súmula n. 42 da TNU: "Não se conhece de incidente de uniformização que implique reexame de matéria de fato";
   - Súmula n. 43 da TNU: "Não cabe incidente de uniformização que verse sobre matéria processual".

b) **competência para julgamento:**
   - Turma Nacional de Uniformização de Jurisprudência dos JEFs.

c) **prazo de interposição:**
   - 15 dias úteis a contar da data da intimação do acórdão recorrido (art. 12, *caput*, da Resolução CJF n. 586/2019);
   - o recorrido será intimado pela Turma Recursal ou Regional de origem para, no mesmo prazo, apresentar contrarrazões;
   - "O prazo para a interposição dos incidentes de uniformização nacional e regional é único e inicia-se com a intimação do acórdão proferido pela turma recursal, sendo incabível incidente nacional contra acórdão proferido por turma regional

quando esta mantiver o acórdão de turma recursal pelos mesmos fundamentos" (QO n. 32 da TNU);
- não há exigência de preparo.

d) **prova do dissídio:**
- necessidade da demonstração do dissídio e juntada de cópia dos julgados divergentes;
- "1) Nos termos da interpretação do art. 14, V, 'b', do RITNU (Resolução CJF n. 586/2019), é obrigatória a juntada do acórdão paradigma ou, no caso de julgado obtido por meio da internet, a indicação de link válido que permita a obtenção de seu inteiro teor, sob pena de não conhecimento do pedido de uniformização" (QO n. 3);
- "2) No caso de paradigma da TNU extraído de pedido de uniformização distribuído, no sistema Eproc, a partir de agosto de 2017, pode ser aceito no lugar do link o número do processo, desde que esteja correto" (QO n. 3);
- "3) A providência referida nos itens anteriores é dispensada nas hipóteses de tese firmada pela TNU em recurso representativo de controvérsia ou de súmulas ou precedentes do STJ representativos de sua jurisprudência dominante (entendimentos firmados em julgamento de incidente de resolução de demandas repetitivas – IRDR, incidente de assunção de competência – IAC, recurso especial repetitivo, embargos de divergência ou pedido de uniformização de interpretação de lei – PUIL/STJ)" (QO n. 3);
- para os fins do art. 14, § 2º, da Lei n. 10.259/2001, a divergência de interpretação de questão de direito material entre o acórdão recorrido e a jurisprudência dominante do STJ deve ser demonstrada pela indicação de um precedente do STJ resultante do julgamento de alguma destas modalidades de impugnação: 1) incidente de resolução de demandas repetitivas (IRDR); 2) incidente de assunção de competência (IAC); 3) recurso especial repetitivo; 4) embargos de divergência; ou 5) pedido de uniformização de interpretação de lei federal – PUIL/STJ (QO n. 05);
- não cabe o incidente de uniformização quando a parte que o deduz apresenta tese jurídica inovadora, não ventilada nas fases anteriores do processo e sobre a qual não se pronunciou expressamente a Turma Recursal no acórdão recorrido (QO n. 10);
- quando o acórdão indicado como paradigma já foi superado em face do efeito substitutivo recursal, em juízo de adequação ou de retratação, bem como quando vencido na Turma de origem, por enunciado de súmula, não serve para demonstração da divergência (QO n. 12);
- serve para caracterizar a divergência jurisprudencial, o acórdão apontado como paradigma que, conquanto não tenha conhecido do recurso, afirma tese jurídica contrária à adotada pelo acórdão recorrido (QO n. 26);
- precedentes do STF não se prestam como paradigmas válidos, para fins de admissão do pedido nacional de uniformização de interpretação de lei federal previsto no art. 14, § 2º, da Lei n. 10.259/2001 (QO n. 48).

e) **efeitos do recurso:**
- em regra será recebido somente no efeito devolutivo.

f) **admissibilidade:**
- o Presidente da Turma Recursal (ou outro magistrado designado mediante ato do TRF ou previsão no regimento interno das turmas recursais) ou o Presidente da Turma Regional decidirão preliminarmente sobre a admissibilidade do PUIL;

- de acordo com o art. 14 do Regimento Interno da TNU, decorrido o prazo para contrarrazões, os autos serão conclusos ao magistrado responsável pelo **exame preliminar de admissibilidade, que deverá, de forma sucessiva**:

I – **não conhecer do PUIL** intempestivo, incabível, prejudicado, interposto por parte ilegítima ou carecedor de interesse recursal;

II – **determinar a suspensão** junto ao órgão responsável pelo exame preliminar de admissibilidade do PUIL que versar sobre tema submetido a julgamento:
 a) em regime de repercussão geral ou de acordo com o rito dos recursos extraordinários e especiais repetitivos pelo STF ou pelo STJ;
 b) em recurso representativo de controvérsia pela TNU ou em PUIL dirigido ao STJ; ou
 c) em IRDR ou em IAC que irradiem efeitos sobre a Região.

III – **negar seguimento a PUIL** interposto contra acórdão que esteja em conformidade com entendimento consolidado:
 a) em regime de repercussão geral ou de acordo com o rito dos recursos extraordinários e especiais repetitivos pelo STF ou pelo STJ;
 b) em recurso representativo de controvérsia pela TNU ou em PUIL dirigido ao STJ;
 c) em IRDR ou em IAC que irradiem efeitos sobre a Região; ou
 d) em súmula do STF, do STJ ou da TNU.

IV – **encaminhar os autos à Turma de origem** para eventual juízo de retratação, quando o acórdão recorrido divergir de entendimento consolidado:
 a) em regime de repercussão geral ou de acordo com o rito dos recursos extraordinários e especiais repetitivos pelo STF ou pelo STJ;
 b) em recurso representativo de controvérsia pela TNU ou em PUIL dirigido ao STJ;
 c) em IRDR ou em IAC que irradiem efeitos sobre a Região; ou
 d) em súmula ou entendimento dominante do STF, do STJ ou da TNU.

V – **não admitir o PUIL**, quando desatendidos os seus requisitos, notadamente se:
 a) não indicado paradigma válido, com a devida identificação do processo em que proferido;
 b) não juntada cópia do acórdão paradigma, salvo quando se tratar de julgado proferido em recurso repetitivo pelo STJ ou recurso representativo de controvérsia pela TNU;
 c) não demonstrada a existência de similitude, mediante cotejo analítico dos julgados;
 d) a análise do pedido de uniformização demandar reexame de matéria de fato;
 e) versar sobre matéria processual;
 f) a decisão impugnada possuir mais de um fundamento suficiente e as razões do pedido de uniformização não abranger todos eles;
 g) o acórdão recorrido estiver em consonância com entendimento dominante do STF, STJ e da TNU.

VI – **admitir o PUIL que preencha os requisitos legais e regimentais**, encaminhando os autos à TNU e, havendo multiplicidade de recursos com fundamento em idêntica questão de direito, indicar sua afetação como **representativo de controvérsia**, ficando sobrestados os demais enquanto não julgado o caso-piloto.

- o conhecimento do pedido de uniformização pressupõe a efetiva apreciação do direito material controvertido por parte da Turma de que emanou o acórdão impugnado (QO n. 35);
- a interposição dos embargos de declaração para fins de prequestionamento faz-se necessária somente quando a matéria não tenha sido apreciada, a despeito de previamente suscitada (QO n. 36);
- a TNU pode apreciar questões jurídicas de natureza constitucional, no exercício do controle difuso de constitucionalidade, desde que não haja determinação de sobrestamento de processos pelo STF (QO n. 46).

g) **inadmissão preliminar:**
- a decisão proferida em exame preliminar de admissibilidade deverá ser fundamentada e indicar, de maneira clara e precisa, a alínea e o inciso do art. 14 do RI em que se sustenta e o eventual precedente qualificado a que se reporta;
- da decisão de inadmissibilidade proferida com fundamento nos incisos I e V do art. 14 do RI, caberá agravo nos próprios autos, no prazo de 15 (quinze) dias a contar da intimação, a ser dirigido à TNU, no qual o agravante deverá demonstrar, fundamentadamente, o equívoco da decisão recorrida;
- da decisão proferida com fundamento nos incisos II e III do art. 14 do RI, caberá agravo interno, no prazo de 15 (quinze) dias a contar da intimação, o qual, após o decurso de igual prazo para contrarrazões, será julgado pela turma que prolatou o acórdão impugnado, mediante decisão irrecorrível;
- reconsiderada a decisão que inadmitiu o pedido de uniformização, o agravo será considerado prejudicado, devendo o pedido de uniformização de interpretação de lei federal ser remetido à TNU;
- no caso de a decisão de inadmissibilidade desafiar, a um só tempo, os dois agravos a que se referem os §§ 3º e 4º do art. 14 do RI, será cabível apenas a interposição do agravo dirigido à TNU previsto no § 2º, no qual deverão ser cumulados os pedidos de reforma da decisão;
- julgado o precedente que justificou a suspensão prevista no inciso II do art. 14 do RI, o juízo responsável pelo exame preliminar de admissibilidade prosseguirá na sua análise, nos termos do inciso III e seguintes desse artigo;
- nos casos do inciso IV do art. 14 do RI, a nova decisão proferida pela Turma de origem substitui a anterior, ficando integralmente prejudicados os PUIL's anteriormente interpostos;
- interposto novo PUIL em face da nova decisão da Turma de origem, não cabe nova remessa a essa turma para eventual juízo de retratação, devendo se prosseguir no exame de admissibilidade;
- "O agravo contra a decisão de inadmissão do Incidente de Uniformização com base nas Súmulas 42 e 43, que não importam aplicação de regra de direito material, deve ser interposto nos próprios autos e dirigido à TNU e não como agravo interno à Turma de origem" (QO n. 40).

h) **processamento do PUIL junto à TNU:**
- de acordo com o art. 15 do RI, antes da distribuição do PUIL, o Presidente da TNU poderá:
I – não conhecer nas hipóteses previstas no art. 14, inciso I do RI;
II – determinar a suspensão do feito junto ao juízo responsável pelo exame preliminar de admissibilidade na origem, nas hipóteses previstas no art. 14, inciso II do RI;

III – negar seguimento nas hipóteses previstas no art. 14, inciso III do RI;

IV – determinar a devolução dos autos à Turma de origem, para adequação, nas hipóteses do art. 14, inciso IV do RI, ou quando o acórdão recorrido divergir do entendimento dominante do STF, do STJ ou da TNU;

V – inadmitir nas hipóteses previstas no art. 14, inciso V do RI;

VI – admitir e determinar a distribuição do PUIL que preencha os requisitos legais e regimentais, e, havendo multiplicidade de recursos com fundamento em idêntica questão de direito, indicar sua afetação como representativo de controvérsia;

- a decisão do Presidente da TNU que admite o pedido de uniformização e determina sua distribuição, bem como as demais previstas no art. 15 do RI, são irrecorríveis (art. 15, § 1º, do RI da TNU);
- a devolução dos autos às Turmas de origem poderá ser realizada por ato ordinatório da Secretaria, desde que se reporte à decisão anterior do Presidente da Turma que haja determinado idêntica solução para feito similar;
- nos termos do art. 10 da Lei n. 9.099/1995, aplicável aos Juizados Especiais Federais por força do art. 1º da Lei n. 10.259/2001, não é admitida qualquer modalidade de intervenção de terceiros no pedido de uniformização nacional, com exceção do amicus curiae, nos termos do art. 138 do CPC/2015 (QO n. 50).

i) **do pedido de uniformização como representativo de controvérsia:**
- de acordo com o art. 16 do RI, quando houver multiplicidade de recursos com fundamento em idêntica questão de direito, a TNU poderá afetar dois ou mais PUILs como recurso representativo de controvérsia;
- o juízo responsável pelo exame preliminar de admissibilidade que indicar PUIL como representativo de controvérsia na origem comunicará o Presidente da TNU, indicando os dados do respectivo processo e daqueles que ficaram sobrestados, a fim de que a TNU delibere acerca da afetação da matéria;
- não tendo sido apontado como representativo pela Turma de origem, o Presidente da TNU ou o relator do PUIL, identificando que sobre a matéria já existe entendimento dominante ou que a matéria está sendo apreciada pelo Colegiado, poderá suscitar perante o Pleno a afetação do recurso como representativo de controvérsia, hipótese em que, admitido, será determinado o sobrestamento dos processos envolvendo idêntica questão de direito;
- após análise prévia de admissibilidade realizada pelo Presidente, o representativo de controvérsia, caso admitido, será distribuído ao relator, que deverá pautar a afetação do tema, no prazo de 60 (sessenta) dias;
- a afetação e o julgamento do representativo de controvérsia deverão ser sucedidos da mais ampla e específica divulgação e publicidade;
- a Secretaria da TNU dará ciência às Turmas Recursais e Regionais de Uniformização e ao juízo responsável pelo exame preliminar de admissibilidade dos PUILs acerca da afetação de representativo de controvérsia, a fim de que sejam suspensos os demais processos envolvendo idêntica questão de direito enquanto não julgado o caso-piloto;
- o PUIL admitido como representativo da controvérsia será processado e julgado com observância do procedimento previsto no art. 16, § 6º, do RI, qual seja:

I – será publicado edital para que pessoas, órgãos ou entidades com interesse na controvérsia possam apresentar memoriais escritos no prazo de 10 (dez) dias;

II – o relator poderá solicitar informações, a serem prestadas no prazo de 15 (quinze) dias, às Turmas Recursais e Regionais a respeito da controvérsia;

III – antes do julgamento, o MPF terá vista dos autos pelo prazo de 10 (dez) dias;

IV – transcorrido o prazo para o MPF e remetida cópia do relatório e voto do relator aos demais juízes, o processo será incluído em pauta, devendo ser julgado com preferência sobre os demais feitos, ressalvados os que envolvam réu preso;

V – na sessão de julgamento, poderão fazer sustentação oral as quatro primeiras pessoas, órgãos ou entidades que tenham formulado requerimento nesse sentido, ficando a critério do Presidente assegurar a outros interessados o direito de também fazê-la;

VI – transitado em julgado o acórdão da TNU, os PUILs sobrestados:

a) terão seguimento denegado na hipótese de o acórdão recorrido coincidir com a orientação da TNU; ou

b) serão encaminhados à Turma de origem para juízo de retratação, quando o acórdão recorrido divergir do decidido pela TNU, ficando integralmente prejudicados os PUILs anteriormente interpostos.

j) **questões a serem decididas no PUIL:**
- uniformização de questões de direito material;
- se a TNU decidir que o incidente de uniformização deva ser conhecido e provido no que toca a matéria de direito e se tal conclusão importar na necessidade de exame de provas sobre matéria de fato, que foram requeridas e não produzidas, ou foram produzidas e não apreciadas pelas instâncias inferiores, a sentença ou acórdão da Turma Recursal deverá ser anulado para que tais provas sejam produzidas ou apreciadas, ficando o juiz de 1º grau e a respectiva Turma Recursal vinculados ao entendimento da Turma Nacional sobre a matéria de direito (QO n. 20);
- em decorrência de julgamento em pedido de uniformização, poderá a TNU aplicar o direito ao caso concreto decidindo o litígio de modo definitivo, desde que a matéria seja de direito apenas, ou, sendo de fato e de direito, não necessite reexaminar o quadro probatório definido pelas instâncias anteriores, podendo para tanto, restabelecer a sentença desconstituída por Turma Recursal ou Regional (QO n. 38);
- afastada a prescrição ou a decadência decretada na instância ordinária, os autos são devolvidos ao juizado ou à Turma Recursal, conforme o caso (QO n. 07);
- se a Turma Recursal não reconhecer a existência de início de prova material e este juízo for contrariado pela TNU, esta só poderá prosseguir no julgamento da causa se a instância ordinária tiver aprofundado o exame da prova testemunhal; se a Turma Nacional só proclamar a existência do início de prova material, devolverá os autos à origem, para que a Turma Recursal extraia da prova as suas consequências, seja pela procedência, seja pela improcedência da ação (QO n. 06);
- no caso de omissão expressamente impugnada em embargos de declaração na origem, admite-se anulação do acórdão, por meio de pedido de uniformização (QO n. 17 da TNU), desde que apresentado paradigma válido no sentido da tese defendida (QO n. 47).

Importante referir os instrumentos adotados pela TNU dos JEFs para agilizar o julgamento dos incidentes:

a) **QUESTÕES DE ORDEM:** regulam questões administrativas ou jurisdicionais, de natureza processual, que dizem respeito, na grande maioria, ao exame de admissibilidade dos Pedidos de Uniformização.
b) **SÚMULAS:** uniformizam de forma mais consistente e duradoura os entendimentos firmados pelo colegiado. A relação completa das súmulas da TNU consta nos anexos desta obra.
c) **REPRESENTATIVOS DE CONTROVÉRSIA:** com o objetivo de divulgar o resultado do julgamento de matérias controvertidas, está disponibilizado no Portal da Justiça Federal (https://www.cjf.jus.br/cjf/corregedoria-da-justica-federal/turma-nacional-de-uniformizacao/temas-representativos) quadro informativo dos Representativos da TNU. Exemplo de julgamento sob essa sistemática:

Tema 300: "Quando o empregador não autorizar o retorno do segurado, por considerá-lo incapacitado, mesmo após a cessação de benefício por incapacidade pelo INSS, a sua qualidade de segurado se mantém até o encerramento do vínculo de trabalho, que ocorrerá com a rescisão contratual, quando dará início a contagem do período de graça do art. 15, II, da Lei n. 8.213/1991" (PEDILEF 0513030-88.2020.4.05.8400/RN, j. 7.12.2022).

38.3.6.5 Pedido de Uniformização de Interpretação de Lei (PUIL) dirigido ao Superior Tribunal de Justiça

a) **hipóteses de cabimento:**
   - quando a orientação acolhida pela TNU, em questões de direito material, contrariar súmula ou jurisprudência dominante no STJ, a parte interessada poderá provocar a manifestação deste, que dirimirá a divergência (art. 14, § 4º, da Lei n. 10.259/2001, Resolução STJ n. 10/2007 e art. 31 do RI da TNU – Resolução CJ n. 586/2019);
   - "À falta de baliza normativo-conceitual específica, tem-se que a locução 'jurisprudência dominante', para fins do manejo de pedido de uniformização de interpretação de lei federal (PUIL), deve abranger não apenas as hipóteses previstas no art. 927, III, do CPC, mas também os acórdãos do STJ proferidos em embargos de divergência e nos próprios pedidos de uniformização de lei federal por ele decididos" (STJ, PUIL 825/RS 2018/0131584-1, j. 24.5.2023);
   - caberá, também, quando o acórdão proferido pela TNU estiver em contrariedade à tese firmada em julgamento de IRDR.

b) **competência para julgamento:**
   - compete ao STJ o julgamento do incidente (em matéria previdenciária, a competência é da 1ª Seção do STJ);
   - será suscitado, nos próprios autos perante o Presidente da TNU, que faz a admissibilidade prévia e posteriormente encaminha ao STJ.

c) **prazo de interposição:**
   - 15 dias úteis, sendo a parte contrária intimada para apresentar manifestação em igual prazo.

d) **prova do dissídio:**
   - necessidade da demonstração do dissídio e juntada de cópia dos julgados divergentes ou indicação suficiente dos julgados apontados como paradigmas.

e) **efeitos do recurso:**
   - presente a plausibilidade do direito invocado e havendo fundado receio de dano de difícil reparação, poderá o relator conceder, de ofício ou a requerimento do interessado, medida liminar determinando a suspensão dos processos nos quais a controvérsia esteja estabelecida (art. 14, § 5º, da Lei n. 10.259/2001).

f) **admissibilidade:**
   - o Presidente da TNU procederá ao juízo prévio de admissibilidade. Admitido, remeterá o pedido ao STJ que será distribuído a relator integrante da Seção competente para julgamento.

g) **inadmissão preliminar:**
   - em caso de inadmissão e mediante requerimento da parte, no prazo de 10 (dez) dias, o pedido de uniformização será distribuído no STJ a relator integrante da Seção competente;
   - se o relator indeferir o pedido, dessa decisão caberá agravo à Seção respectiva, que proferirá julgamento irrecorrível (art. 1º da Res. STJ n. 10/2007).

h) **questões a serem decididas no incidente:**
   - uniformização de questões de direito material;
   - não cabe reexame de provas e análise de questões de direito processual.

Afora os recursos nominados e detalhados, poderão ser interpostos também:

– **Embargos de Declaração**

No âmbito dos Juizados Especiais caberão embargos de declaração quando, na sentença ou no acórdão, houver obscuridade, contradição ou omissão e ainda para corrigir erro material (art. 48 da Lei n. 9.099/1995 com redação conferida pela Lei n. 13.105/2015).

O prazo de 5 (cinco) dias úteis para interposição é contado da ciência da decisão e interrompe o prazo para recurso contra a sentença ou acórdão (art. 50 da Lei n. 9.099/1995 com redação conferida pela Lei n. 13.105/2015). Até essa modificação, a interrupção ocorria apenas contra o acórdão.

– **Agravo Interno**

O cabimento de agravo interno está previsto no art. 29 da Resolução CJF n. 586/2019, Regimento Interno da TNU, em face da decisão do relator, no prazo de 15 (quinze) dias, o qual deverá ser incluído em pauta, caso não haja reconsideração.

– **Agravo Regimental**

No art. 2º, § 4º, da Resolução CJF n. 347/2015, que dispõe sobre a compatibilização dos regimentos internos das Turmas Recursais e das Turmas Regionais de Uniformização dos JEFs, também há previsão do cabimento do agravo regimental da decisão do relator e do presidente da Turma Recursal ou Regional no prazo de 15 (quinze) dias úteis. Se não houver retratação, o prolator da decisão apresentará o processo em mesa, proferindo voto.

A competência para julgamento é da Turma em que proferida a decisão recorrida. E, caso a decisão do relator tenha sido submetida à Turma Recursal e por ela confirmada, não será cabível a interposição de agravo regimental (art. 2º, § 5º, da Res. CJF n. 347/2015).

– **Recurso Extraordinário**

O recurso extraordinário em matéria constitucional de repercussão geral caberá de decisão de última instância, que pode ser de Tribunal, de Turma Recursal e de Uniformização e do STJ (art. 102, III, "a", da CF c/c o art. 15 da Lei n. 10.259/2001 e Regimento Interno do STF).

Recebida a petição do recurso pela secretaria do tribunal ou da turma recursal, o recorrido será intimado para apresentar contrarrazões no prazo de 15 (quinze) dias úteis, findo o qual os autos serão conclusos ao presidente ou ao vice-presidente do tribunal ou turma recursal recorrida, que deverá fazer o juízo de admissibilidade na forma prevista no art. 1.030 do CPC/2015.

De acordo com o art. 1.035 do CPC/2015, para efeito da repercussão geral, será considerada a existência, ou não, de questões relevantes do ponto de vista econômico, político, social ou jurídico, que ultrapassem os interesses subjetivos do processo.

Haverá também repercussão geral, segundo o § 3º do art. 1.035 do CPC/2015, sempre que o recurso impugnar acórdão que contrarie súmula ou jurisprudência dominante do STF, e, tenha reconhecido a inconstitucionalidade de tratado ou de lei federal, nos termos do art. 97 da Constituição Federal.

Cabe *agravo interno*, no prazo de quinze dias úteis, dirigido para o respectivo órgão colegiado (prolator do acórdão que ensejou a interposição do recurso extraordinário) contra decisão de inadmissão de recurso extraordinário que: (i) discuta questão constitucional à qual o STF não tenha reconhecido a existência de repercussão geral ou a recurso extraordinário interposto contra acórdão que esteja em conformidade com entendimento do STF exarado no regime de repercussão geral; (ii) sobrestar o recurso que versar sobre controvérsia de caráter repetitivo ainda não decidida pelo STF (art. 1.030, § 2º, do CPC). Também caberá *agravo* (nos próprios autos), no prazo de quinze dias úteis, dirigido ao STF, da decisão do presidente ou do vice-presidente do tribunal ou turma recorrida que inadmitir recurso extraordinário, salvo quando fundada na aplicação de entendimento firmado em regime de repercussão geral, (art. 1.042 do CPC).

– **Mandado de Segurança**

Não se admite Mandado de Segurança para Turma Recursal, exceto na hipótese de ato jurisdicional teratológico contra o qual não caiba recurso. Neste sentido o Enunciado FONAJEF n. 88.

Cabe à TNU processar e julgar os mandados de segurança contra atos de seus membros (art. 6º, II do RI da TNU). A respeito do tema, a Questão de Ordem n. 44 da TNU: "No âmbito da Turma Nacional de Uniformização, não cabe mandado de segurança contra decisão judicial transitada em julgado, devendo, então, no caso de decisão judicial irrecorrível teratológica, ser impetrado o 'mandamus' no prazo de 05 dias, contado a partir da intimação daquele ato".

É da competência das turmas recursais processar e julgar os mandados de segurança contra ato de juiz federal no exercício da competência dos JEFs e contra os seus próprios atos e decisões (Resolução n. 347/2015 do CJF que trata da compatibilização dos Regimentos Internos das Turmas Recursais e das TRUs dos JEFs – art. 2º, IV; Súmula n. 376 do STJ).

Ainda segundo o STF, compete à Turma Recursal o exame de mandado de segurança, quando utilizado como substitutivo recursal, contra ato de juiz federal dos JEFs (RE 586.789/PR, Tribunal Pleno, Rel. Min. Ricardo Lewandowski, DJe 24.2.2012).

Não há previsão do cabimento de recurso ordinário da decisão do mandado de segurança proferida pelos Juizados Especiais, por força de disposição expressa contida no art. 102, II, "a", e art. 105, II, "b", da Constituição Federal, regulamentados pelo art. 539 do CPC, admitido apenas das decisões de tribunais.

Eventual insurgência pode ser apreciada em incidente de uniformização nas hipóteses em que caracterizada a divergência de interpretação de direito material.

– **Reclamação**

O instituto da reclamação é previsto constitucionalmente para a preservação da competência e garantia da autoridade das decisões do STF e do STJ (art. 102, I, "i", e art. 105, I, "f"), cuja regulamentação se deu pela Lei n. 8.038, de 1990.

Na legislação dos Juizados Especiais não há disposição expressa quanto seu cabimento. No entanto, para dar efetividade à sistemática de uniformização de jurisprudência adotada no âmbito dos Juizados Especiais Federais torna-se necessário admitir-se a reclamação perante as Turmas de Uniformização. A respeito das hipóteses de cabimento da reclamação nos JEFs, escreve José Antonio Savaris:

> *É perfeitamente possível o manejo da reclamação no âmbito dos Juizados Especiais Federais e isso não apenas em relação às decisões do Supremo Tribunal Federal (proferidas em Recurso Extraordinário, em sede de controle abstrato de constitucionalidade, ou consolidadas em súmula vinculante) e do Superior Tribunal de Justiça (proferidas no incidente de uniformização de que trata o art. 14, § 4º, da Lei 10.259/01 – art. 19 da Lei 12.153/09), mas igualmente em relação às decisões dos colegiados uniformizadores.*
>
> *Não havia sentido atribuir competência de uniformização no âmbito dos Juizados Especiais Federais e aceitar que as instâncias ordinárias desconsiderem, no processo objeto de incidente de uniformização, os termos em que determinada a aplicação do direito pelos colegiados uniformizadores.*[13]

Cabe também referir que a TNU na Reclamação 0000004-06.2014.4.90.0000 (Sessão de 11.9.2014), definiu as situações de cabimento e de não cabimento da reclamação.

A Reclamação está regulamentada pela Resolução CJF n. 586/2019, que aprovou o novo RI da TNU. Está prevista nos arts. 40 a 45, dos quais destacamos:

a) *Hipóteses de Cabimento*: para preservar a competência da TNU ou garantir a autoridade das suas decisões;

b) *Legitimidade*: da parte interessada ou do Ministério Público, no prazo de 15 dias, a contar da intimação das decisões nos autos de origem;

c) *Competência para julgamento*: será endereçada ao Presidente da TNU e instruída com as provas documentais pertinentes, será autuada e distribuída ao relator da causa principal, sempre que possível.

d) *Não cabe reclamação, sendo a inicial desde logo indeferida, quando*:
I – se pretender a garantia da autoridade de decisão proferida em processo em que a reclamante não tenha sido parte;
II – impugnar decisões proferidas pelo Presidente da TNU ou pelo magistrado responsável pelo juízo preliminar de admissibilidade nos casos do arts. 14 e 15 do RI da TNU.

e) *Resultado*: julgando procedente a reclamação, a TNU cassará a decisão impugnada, no todo ou em parte, ou determinará medida adequada à preservação de sua competência.

Sobre a reclamação, a TNU aprovou a QO n. 52, com o seguinte teor: "Cabe a condenação em honorários advocatícios sucumbenciais em reclamação no âmbito da Turma Nacional de Uniformização".

– **Recursos não cabíveis nos Juizados Especiais Federais**

Considerando-se, ainda, as características dos JEFs, alguns dos recursos previstos no CPC não são admitidos nesta instância simplificada, entre eles: Agravo de instrumento contra decisão interlocutória em geral; Recurso adesivo; Recurso oficial/Reexame necessário; Recurso especial; Embargos à execução de sentença; Ação Rescisória. E, conforme já referido,

---

[13] SAVARIS, José Antonio; XAVIER, Flávia da Silva. *Manual dos recursos nos juizados especiais federais*. 3. ed. Curitiba: Juruá, 2012, p. 321.

não caberá recurso da sentença homologatória de conciliação ou laudo arbitral, por força de disposição legal (art. 41 da Lei n. 9.099/1995 e art. 5º da Lei n. 10.259/2001).

A TNU aprovou a QO n. 51 dispondo que: "Não cabe a instauração de Incidente de Resolução de Demandas Repetitivas – IRDR no âmbito da Turma Nacional de Uniformização dos Juizados Especiais Federais".

QUADROS-RESUMO – RECURSOS

Recurso contra decisão que aprecia pedido de liminares e de tutela provisória

Hipótese	– Cabe de decisões interlocutórias que apreciam pedidos de medidas liminares, cautelares ou antecipatórias dos efeitos da tutela (art. 4º da Lei n. 10.259/2001 c/c art. 2º, I e § 1º, da Res. CJF n. 347/2015);
Representação por Advogado	No recurso, as partes serão obrigatoriamente representadas por advogado (art. 41, § 2º, da Lei n. 9.099/1995).
Competência para Julgamento	O recurso deve ser apresentado diretamente às Turmas Recursais da Seção Judiciária em que localizado o JEF.
Prazo de Interposição	– 10 dias úteis. Para resposta o prazo é o mesmo (art. 2º, § 1º, da Res. CJF n. 347/2015). – Não há prazo em dobro para recorrer em favor do INSS, União e demais entes públicos (art. 9º da Lei n. 10.259/2001).
Preparo	Não há incidência de custas.
Efeitos do Recurso	A liminar em sede de agravo corresponde à concessão de efeito suspensivo.
Outras Decisões Interlocutórias	Fora das hipóteses do art. 4º da Lei n. 10.259/2001, a impugnação de decisões interlocutórias proferidas antes da sentença deverá ser feita no recurso desta (art. 41 da Lei n. 9.099/1995) – Enunciado FONAJEF n. 107.

Recurso da Sentença (Recurso Inominado)

Hipótese	– Cabe da sentença proferida no Juizado Especial Federal Cível, excetuada a homologatória de conciliação ou laudo arbitral (art. 5º da Lei n. 10.259/2001 c/c art. 2º, I e § 1º, da Res. CJF n. 347/2015). – Enunciado n. 144 do FONAJEF: "É cabível recurso inominado contra sentença terminativa se a extinção do processo obstar que o autor intente de novo a ação ou quando importe negativa de jurisdição".
Representação por Advogado	No recurso, as partes serão obrigatoriamente representadas por advogado (art. 41, § 2º, da Lei n. 9.099/1995).
Competência para Julgamento	– Turmas Recursais da Seção Judiciária em que localizado o JEF. – O recurso será submetido ao juiz que proferiu a sentença, que o recebe, processa e posteriormente encaminha os autos às Turmas Recursais.
Prazo de Interposição	– 10 dias úteis. Para contrarrazões o prazo é o mesmo (art. 42 da Lei n. 9.099/1995). – Não há prazo em dobro para recorrer em favor do INSS, União e demais entes públicos (art. 9º da Lei n. 10.259/2001).
Preparo	– O preparo será feito, independentemente de intimação, nas 48 horas seguintes à interposição, sob pena de deserção (art. 42, § 1º, da Lei n. 9.099/1995): 1% sobre valor da causa. – Dispensa das custas no caso de deferimento da gratuidade da justiça.; – O INSS é isento de custas na Justiça Federal.
Efeitos do Recurso	– A regra que vige é a de que os recursos tenham somente efeito devolutivo, podendo o Juiz dar-lhe efeito suspensivo, para evitar dano irreparável para a parte (art. 43 da Lei n. 9.099/1995).

Admissibilidade	Após o recebimento das contrarrazões ou depois de decorrido o prazo sem a interposição destas, os autos serão remetidos à turma recursal, independentemente de juízo de admissibilidade.
Questões a serem Decididas	– Reexame de provas, questões processuais e de direito indicadas no recurso. – Não há reexame necessário nos JEFs (art. 13 da Lei n. 10.259/2001). – A Turma Recursal poderá conhecer diretamente das questões não examinadas na sentença que acolheu prescrição ou decadência, estando o processo em condições de imediato julgamento *(Enunciado FONAJEF n. 100)*. – O Pleno do STF, no RE 635.729, em que foi reconhecida repercussão geral do tema constitucional, reafirmou jurisprudência no sentido de que decisão de Turma Recursal de Juizados Especiais, quando adota os mesmos fundamentos da sentença questionada, não afronta a exigência constitucional de motivação dos atos decisórios *(DJe 24.8.2011)*.
Tutela Provisória	É cabível em sede recursal. Aos juízes competentes para o juízo de admissibilidade incumbe decidir, de ofício ou a requerimento das partes, sobre provimentos cautelares, tutelas provisórias e cumprimento imediato do julgado. Igual competência é conferida aos relatores desses recursos, presentes os requisitos legais, submetendo a decisão ao referendo da Turma.
Decisão Monocrática	Incumbe ao relator: a) negar seguimento a recurso manifestamente inadmissível, improcedente, prejudicado ou em confronto com súmula ou com jurisprudência dominante da TNU, do STJ ou do STF, ou com tese firmada em julgamento de IRDR; b) dar provimento ao recurso se a decisão recorrida estiver em manifesto confronto com súmula ou com jurisprudência dominante da TNU, do STJ ou do STF, ou com tese firmada em julgamento de IRDR. Da decisão do Relator caberá agravo regimental no prazo de 15 dias. Se não houver retratação, o prolator da decisão apresentará o processo em mesa para julgamento na primeira sessão subsequente, proferindo voto.
Degravação de Audiências	Não é obrigatória a degravação, tampouco a elaboração de resumo, para apreciação de recurso, de audiência gravada por meio magnético ou equivalente, desde que acessível ao órgão recursal *(Enunciado FONAJEF n. 85)*.
Provas	– A Turma Recursal tem poder para complementar os atos de instrução já realizados pelo juiz do Juizado Especial Federal, de forma a evitar a anulação da sentença *(Enunciado FONAJEF n. 101)*. – Convencendo-se da necessidade de produção de prova documental complementar, a Turma Recursal produzirá ou determinará que seja produzida, sem retorno do processo para o juiz do Juizado Especial Federal *(Enunciado FONAJEF n. 102)*. – Sempre que julgar indispensável, a Turma Recursal, sem anular a sentença, baixará o processo em diligências para fins de produção de prova testemunhal, pericial ou elaboração de cálculos *(Enunciado FONAJEF n. 103)*.
Sucumbência	– O recorrente, vencido, pagará as custas e honorários de advogado, que serão fixados entre dez por cento e vinte por cento do valor de condenação ou, não havendo condenação, do valor corrigido da causa (art. 55 da Lei n. 9.099/1995).
Recurso Adesivo	Não cabe recurso adesivo nos Juizados Especiais Federais *(Enunciado FONAJEF n. 59)*.
Revisor	Não haverá revisor nos recursos interpostos nos feitos da competência dos Juizados Especiais Federais.

Incidente Regional de Uniformização de Jurisprudência

Hipótese	– Caberá quando houver divergência entre decisões sobre questões de direito material proferidas por Turmas Recursais da mesma Região na interpretação da lei (art. 14, § 1º, da Lei n. 10.259/2001). – São também admitidos incidentes fundados em divergência entre as Turmas Recursais e a Turma Regional de Uniformização, quanto à aplicação do direito material. – Não caberá incidente regional se a decisão da turma recursal estiver em consonância com súmula ou jurisprudência dominante do STJ ou da TNU (Res. CJF n. 417/2016).

Representação por Advogado	No recurso, as partes serão obrigatoriamente representadas por advogado (art. 41, § 2º, da Lei n. 9.099/1995).
Competência para Julgamento	– Turma Regional de Uniformização da Região em que localizada a Turma Recursal prolatora da decisão recorrida.
Prazo de Interposição	– 15 dias úteis. Para contrarrazões o prazo é o mesmo. – Não há prazo em dobro para recorrer em favor do INSS, União e demais entes públicos (art. 9º da Lei n. 10.259/2001).
Prova do Dissídio	Necessidade da demonstração do dissídio e cópia dos julgados divergentes ou indicação suficiente do julgado apontado como paradigma.
Preparo	Não há incidência de custas.
Efeitos do Recurso	Via de regra, o recurso será recebido apenas no efeito devolutivo.
Admissibilidade	– Compete ao Presidente ou Vice-Presidente da Turma Recursal ou a outro membro designado pelo Tribunal Regional Federal ou mediante previsão no regimento interno das turmas recursais diretamente afetadas pela medida. – O juiz responsável pelo juízo preliminar de admissibilidade devolverá o feito à Turma Recursal para eventual adequação, caso o acórdão recorrido esteja em manifesto confronto com súmula ou jurisprudência dominante da TNU, do STJ ou do STF. – O feito também deverá ser devolvido à Turma de origem quando o acórdão recorrido contrariar julgamento proferido em IRDR, para aplicação da tese firmada.
Inadmissão Preliminar	– Em caso de inadmissão preliminar do incidente de uniformização, a parte poderá interpor agravo nos próprios autos, no prazo de quinze dias úteis, a contar da publicação da decisão recorrida, devendo fundamentar o pleito, demonstrando o equívoco da decisão impugnada. – Após a interposição do agravo e ante os fundamentos colacionados, poderá haver reconsideração da decisão. Não havendo reconsideração, os autos serão encaminhados à TRU. – Caberá também agravo interno, no prazo de quinze dias úteis, dirigido à própria Turma Recursal de origem, se a decisão de inadmissão estiver fundada em: (i) julgamento do STF, proferida na sistemática de repercussão geral; (ii) súmula da TRU.
Sobrestamento	– Em caso de incidente similar em processamento na Turma Regional ou Nacional de Uniformização, o Presidente ao qual compete a admissibilidade recursal determinará o sobrestamento do pedido de uniformização, o qual aguardará em Secretaria o julgamento do precedente; – Publicada a decisão da Turma Regional ou Nacional de Uniformização, os pedidos sobrestados serão apreciados pela Turma Recursal, que poderá exercer juízo de retratação ou declará-los prejudicados.
Questões a serem Decididas	– Uniformização de questões de direito material; – Não cabe reexame de provas e análise de questões de direito processual.
Tutela Provisória	É cabível em sede recursal. Aos juízes competentes para o juízo de admissibilidade incumbe decidir, de ofício ou a requerimento das partes, sobre provimentos cautelares, tutelas provisórias (de urgência e de evidência) e cumprimento imediato do julgado. Igual competência é conferida aos relatores desses recursos, presentes os requisitos legais, submetendo a decisão ao referendo da Turma.
Sucumbência	Em regra, não haverá condenação em honorários advocatícios, mas poderá o relator fixar em casos específicos quando mantida a decisão recorrida.
Revisor	Não haverá revisão nos recursos interpostos nos feitos da competência dos Juizados Especiais Federais.
Incidentes Simultâneos TRU e TNU	Havendo interposição simultânea de pedidos de uniformização dirigidos à TRU e à TNU, será julgado, em primeiro lugar, o incidente dirigido à Turma Regional (QO n. 28 da TNU, art. 6º, parágrafo único, do RI da TNU).
Uniformização e Recurso Extraordinário	Interposto recurso extraordinário e pedido de uniformização de jurisprudência, este será processado antes do recurso extraordinário, salvo se houver questão prejudicial de natureza constitucional.

Pedidos de Uniformização de Interpretação de Lei Federal (PUIL)

Hipóteses	– De acordo com o art. 14, § 2º, da Lei n. 10.259/2001, e art. 12 do Regimento Interno da TNU, caberá o incidente de uniformização de interpretação de lei federal em questões de direito material. – O recorrente deverá demonstrar, quanto à questão de direito material, a existência de divergência na interpretação da lei federal entre a decisão recorrida e a) decisão proferida por turma recursal ou regional vinculadas a outro TRF; b) súmula ou entendimento dominante do STJ ou da TNU. – Súmula n. 42 da TNU: "Não se conhece de incidente de uniformização que implique reexame de matéria de fato". – Súmula n. 43 da TNU: "Não cabe incidente de uniformização que verse sobre matéria processual".
Representação por Advogado	No recurso, as partes serão obrigatoriamente representadas por advogado (art. 41, § 2º, da Lei n. 9.099/1995).
Competência para Julgamento	– Turma Nacional de Uniformização de Jurisprudência dos JEFs. – O incidente será submetido ao Presidente da Turma Recursal ou ao Presidente da Turma Regional que proferiu a decisão recorrida, que o recebe, processa e posteriormente encaminha os autos à Turma Nacional de Uniformização.
Prazo de Interposição	– 15 dias úteis. Para contrarrazões o prazo é o mesmo. – Não há prazo em dobro para recorrer em favor do INSS, União e demais entes públicos (art. 9º da Lei n. 10.259/2001). – O prazo para a interposição dos incidentes de uniformização nacional e regional é único e inicia-se com a intimação do acórdão proferido pela turma recursal, sendo incabível incidente nacional contra acórdão proferido por turma regional quando esta mantiver o acórdão de turma recursal pelos mesmos fundamentos (QO n. 32).
Prova do Dissídio	– Necessidade da demonstração do dissídio e juntada de cópia dos julgados divergentes. – "1) Nos termos da interpretação do art. 14, V, 'b', do RITNU (Resolução CJF n. 586/2019), é obrigatória a juntada do acórdão paradigma ou, no caso de julgado obtido por meio da internet, a indicação de link válido que permita a obtenção de seu inteiro teor, sob pena de não conhecimento do pedido de uniformização; 2) No caso de paradigma da TNU extraído de pedido de uniformização distribuído, no sistema Eproc, a partir de agosto de 2017, pode ser aceito no lugar do link o número do processo, desde que esteja correto; 3) A providência referida nos itens anteriores é dispensada nas hipóteses de tese firmada pela TNU em recurso representativo de controvérsia ou de súmulas ou precedentes do STJ representativos de sua jurisprudência dominante (entendimentos firmados em julgamento de incidente de resolução de demandas repetitivas – IRDR, incidente de assunção de competência – IAC, recurso especial repetitivo, embargos de divergência ou pedido de uniformização de interpretação de lei – PUIL/STJ)" (QO n. 3). – Para os fins do art. 14, § 2º, da Lei n. 10.259/2001, a divergência de interpretação de questão de direito material entre o acórdão recorrido e a jurisprudência dominante do STJ deve ser demonstrada pela indicação de um precedente do STJ resultante do julgamento de alguma destas modalidades de impugnação: 1) incidente de resolução de demandas repetitivas (IRDR); 2) incidente de assunção de competência (IAC); 3) recurso especial repetitivo; 4) embargos de divergência; ou 5) pedido de uniformização de interpretação de lei federal – PUIL/STJ (QO n. 05). – Não cabe o incidente de uniformização quando a parte que o deduz apresenta tese jurídica inovadora, não ventilada nas fases anteriores do processo e sobre a qual não se pronunciou expressamente a Turma Recursal no acórdão recorrido (QO n. 10). – Quando o acórdão indicado como paradigma já foi superado em face do efeito substitutivo recursal, em juízo de adequação ou de retratação, bem como quando vencido na Turma de origem, por enunciado de súmula, não serve para demonstração da divergência (QO n. 12).

Prova do Dissídio	– Serve para caracterizar a divergência jurisprudencial, o acórdão apontado como paradigma que, conquanto não tenha conhecido do recurso, afirma tese jurídica contrária à adotada pelo acórdão recorrido (QO n. 26). – A interposição dos embargos de declaração para fins de prequestionamento faz--se necessária somente quando a matéria não tenha sido apreciada, a despeito de previamente suscitada (QO n. 36). – Precedentes do STF não se prestam como paradigmas válidos, para fins de admissão do pedido nacional de uniformização de interpretação de lei federal previsto no art. 14, § 2º, da Lei n. 10.259/2001 (QO n. 48).
Preparo	Não serão cobradas custas pelo processamento do incidente de uniformização.
Efeitos do Recurso	Em regra será recebido somente no efeito devolutivo.
Admissibilidade	– O Presidente da Turma Recursal ou o Presidente da Turma Regional decidirão preliminarmente sobre a admissibilidade do incidente de uniformização; – De acordo com o art. 14 do Regimento Interno da TNU, decorrido o prazo para contrarrazões, os autos serão conclusos ao magistrado responsável pelo **exame preliminar de admissibilidade, que deverá, de forma sucessiva:** I – **não conhecer do PUIL** intempestivo, incabível, prejudicado, interposto por parte ilegítima ou carecedor de interesse recursal; II – **determinar a suspensão** junto ao órgão responsável pelo exame preliminar de admissibilidade do PUIL que versar sobre tema submetido a julgamento: a) em regime de repercussão geral ou de acordo com o rito dos recursos extraordinários e especiais repetitivos pelo STF ou pelo STJ; b) em recurso representativo de controvérsia pela TNU ou em PUIL dirigido ao STJ; ou c) em IRDR ou em IAC que irradiem efeitos sobre a Região. III – **negar seguimento a PUIL** interposto contra acórdão que esteja em conformidade com entendimento consolidado: a) em regime de repercussão geral ou de acordo com o rito dos recursos extraordinários e especiais repetitivos pelo STF ou pelo STJ; b) em recurso representativo de controvérsia pela TNU ou em PUIL dirigido ao STJ; c) em IRDR ou em IAC que irradiem efeitos sobre a Região; ou d) em súmula do STF, do STJ ou da TNU. IV – **encaminhar os autos à Turma de origem** para eventual juízo de retratação, quando o acórdão recorrido divergir de entendimento consolidado: a) em regime de repercussão geral ou de acordo com o rito dos recursos extraordinários e especiais repetitivos pelo STF ou pelo STJ; b) em recurso representativo de controvérsia pela TNU ou em PUIL dirigido ao STJ; c) em IRDR ou em IAC que irradiem efeitos sobre a Região; ou d) em súmula ou entendimento dominante do STF, do STJ ou da TNU. V – **não admitir o PUIL**, quando desatendidos os seus requisitos, notadamente se:
Admissibilidade	a) não indicado paradigma válido, com a devida identificação do processo em que proferido; b) não juntada cópia do acórdão paradigma, salvo quando se tratar de julgado proferido em recurso repetitivo pelo STJ ou recurso representativo de controvérsia pela TNU; c) não demonstrada a existência de similitude, mediante cotejo analítico dos julgados; d) a análise do pedido de uniformização demandar reexame de matéria de fato; e) versar sobre matéria processual; f) a decisão impugnada possuir mais de um fundamento suficiente e as razões do pedido de uniformização não abranger todos eles; g) o acórdão recorrido estiver em consonância com entendimento dominante do STF, STJ e da TNU. VI – **admitir o PUIL que preencha os requisitos legais e regimentais**, encaminhando os autos à TNU e, havendo multiplicidade de recursos com fundamento em idêntica questão de direito, indicar sua afetação como **representativo de controvérsia**, ficando sobrestados os demais enquanto não julgado o caso-piloto.

Admissibilidade	– É inadmissível o pedido de uniformização quando a decisão impugnada tem mais de um fundamento suficiente e as respectivas razões não abrangem todos eles (QO n. 18). – É possível o não conhecimento do pedido de uniformização por decisão monocrática quando o acórdão recorrido não guarda similitude fática e jurídica com o acórdão (QO n. 22). – O conhecimento do pedido de uniformização pressupõe a efetiva apreciação do direito material controvertido por parte da Turma de que emanou o acórdão impugnado (QO n. 35). – Não se conhece de incidente de uniformização interposto contra acórdão que se encontra no mesmo sentido da orientação do STJ, externada em sede de incidente de uniformização ou de recursos repetitivos, representativos de controvérsia (QO n. 24). – A TNU pode apreciar questões jurídicas de natureza constitucional, no exercício do controle difuso de constitucionalidade, desde que não haja determinação de sobrestamento de processos pelo STF (QO n. 46).
Inadmissão Preliminar	– A decisão proferida em exame preliminar de admissibilidade deverá ser fundamentada e indicar, de maneira clara e precisa, a alínea e o inciso do art. 14 do RI em que se sustenta e o eventual precedente qualificado a que se reporta. – Da decisão de inadmissibilidade proferida com fundamento nos incisos I e V do art. 14 do RI, caberá agravo nos próprios autos, no prazo de 15 (quinze) dias a contar da intimação, a ser dirigido à TNU, no qual o agravante deverá demonstrar, fundamentadamente, o equívoco da decisão recorrida. – Da decisão proferida com fundamento nos incisos II e III do art. 14 do RI, caberá agravo interno, no prazo de 15 (quinze) dias a contar da intimação, o qual, após o decurso de igual prazo para contrarrazões, será julgado pela turma que prolatou o acórdão impugnado, mediante decisão irrecorrível. – Reconsiderada a decisão que inadmitiu o pedido de uniformização, o agravo será considerado prejudicado, devendo o pedido de uniformização de interpretação de lei federal ser remetido à TNU. – No caso de a decisão de inadmissibilidade desafiar, a um só tempo, os dois agravos a que se referem os parágrafos §§ 3º e 4º do art. 14 do RI, será cabível apenas a interposição do agravo dirigido à TNU previsto no § 2º, no qual deverão ser cumulados os pedidos de reforma da decisão. – Julgado o precedente que justificou a suspensão prevista no inciso II do art. 14 do RI, o juízo responsável pelo exame preliminar de admissibilidade prosseguirá na sua análise, nos termos do inciso III e seguintes desse artigo. – Nos casos do inciso IV do art. 14 do RI, a nova decisão proferida pela Turma de origem substitui a anterior, ficando integralmente prejudicados os PUIL's anteriormente interpostos. – Interposto novo PUIL em face da nova decisão da Turma de origem, não cabe nova remessa a essa turma para eventual juízo de retratação, devendo se prosseguir no exame de admissibilidade.
Processamento do PUIL junto à TNU	– De acordo com o art. 15 do RI, antes da distribuição do PUIL, o Presidente da TNU poderá: I – não conhecer nas hipóteses previstas no art. 14, inciso I do RI; II – determinar a suspensão do feito junto ao juízo responsável pelo exame preliminar de admissibilidade na origem, nas hipóteses previstas no art. 14, inciso II do RI; III – negar seguimento nas hipóteses previstas no art. 14, inciso III do RI; IV – determinar a devolução dos autos à Turma de origem, para adequação, nas hipóteses do art. 14, inciso IV do RI, ou quando o acórdão recorrido divergir do entendimento dominante do STF, do STJ ou da TNU; V – inadmitir nas hipóteses previstas no art. 14, inciso V do RI; VI – admitir e determinar a distribuição do PUIL que preencha os requisitos legais e regimentais, e, havendo multiplicidade de recursos com fundamento em idêntica questão de direito, indicar sua afetação como representativo de controvérsia. – A decisão do Presidente da TNU que admite o pedido de uniformização e determina sua distribuição, bem como as demais previstas no art. 15 do RI, são irrecorríveis.

Processamento do PUIL junto à TNU	– A devolução dos autos às Turmas de origem poderá ser realizada por ato ordinatório da Secretaria, desde que se reporte à decisão anterior do Presidente da Turma que haja determinado idêntica solução para feito similar. – Nos termos do art. 10 da Lei n. 9.099/1995, aplicável aos Juizados Especiais Federais por força do art. 1º da Lei n. 10.259/2001, não é admitida qualquer modalidade de intervenção de terceiros no pedido de uniformização nacional, com exceção do amicus curiae, nos termos do art. 138 do CPC/2015 (QO n. 50).
Pedido de Uniformização como Representativo de Controvérsia	– Conforme com o art. 16 do RI, quando houver multiplicidade de recursos com fundamento em idêntica questão de direito, a TNU poderá afetar dois ou mais PUIL's como recurso representativo de controvérsia. – O juízo responsável pelo exame preliminar de admissibilidade que indicar PUIL como representativo de controvérsia na origem comunicará o Presidente da TNU, indicando os dados do respectivo processo e daqueles que ficaram sobrestados, a fim de que a TNU delibere acerca da afetação da matéria. – Não tendo sido apontado como representativo pela Turma de origem, o Presidente da TNU ou o relator do PUIL, identificando que sobre a matéria já existe entendimento dominante ou que a matéria está sendo apreciada pelo Colegiado, poderá suscitar perante o Pleno a afetação do recurso como representativo de controvérsia, hipótese em que, admitido, será determinado o sobrestamento dos processos envolvendo idêntica questão de direito. – Após análise prévia de admissibilidade realizada pelo Presidente, o representativo de controvérsia, caso admitido, será distribuído ao relator, que deverá pautar a afetação do tema, no prazo de 60 (sessenta) dias. – A afetação e o julgamento do representativo de controvérsia deverão ser sucedidos da mais ampla e específica divulgação e publicidade. – A Secretaria da TNU dará ciência às Turmas Recursais e Regionais de Uniformização e ao juízo responsável pelo exame preliminar de admissibilidade dos PUIL's acerca da afetação de representativo de controvérsia, a fim de que sejam suspensos os demais processos envolvendo idêntica questão de direito enquanto não julgado o caso-piloto. – O PUIL admitido como representativo da controvérsia será processado e julgado com observância do procedimento previsto no art. 16, § 6º, do RI, qual seja: I – será publicado edital para que pessoas, órgãos ou entidades com interesse na controvérsia possam apresentar memorais escritos no prazo de 10 (dez) dias; II – o relator poderá solicitar informações, a serem prestadas no prazo de 15 (quinze) dias, às Turmas Recursais e Regionais a respeito da controvérsia; III – antes do julgamento, o MPF terá vista dos autos pelo prazo de 10 (dez) dias; IV – transcorrido o prazo para o MPF e remetida cópia do relatório e voto do relator aos demais juízes, o processo será incluído em pauta, devendo ser julgado com preferência sobre os demais feitos, ressalvados os que envolvam réu preso; V – na sessão de julgamento, poderão fazer sustentação oral as quatro primeiras pessoas, órgãos ou entidades que tenham formulado requerimento nesse sentido, ficando a critério do Presidente assegurar a outros interessados o direito de também fazê-la; VI – transitado em julgado o acórdão da TNU, os PUIL's sobrestados: a) terão seguimento denegado na hipótese de o acórdão recorrido coincidir com a orientação da TNU; ou b) serão encaminhados à Turma de origem para juízo de retratação, quando o acórdão recorrido divergir do decidido pela TNU, ficando integralmente prejudicados os PUIL's anteriormente interpostos.
Reclamação	– Para preservar a competência da TNU ou garantir a autoridade das suas decisões, caberá reclamação da parte interessada ou do Ministério Público, no prazo de quinze dias, a contar da intimação das decisões nos autos de origem (arts. 40 a 45 do RI da TNU); – Cabe a condenação em honorários advocatícios sucumbenciais em reclamação no âmbito da Turma Nacional de Uniformização (QO n. 52).

Cap. 38 – AÇÕES PREVIDENCIÁRIAS 775

Questões a serem Decididas no Incidente	– Uniformização de questões de direito material; – Não cabe reexame de provas e análise de questões de direito processual; – Se a TNU decidir que o incidente de uniformização deva ser conhecido e provido no que toca a matéria de direito e se tal conclusão importar na necessidade de exame de provas sobre matéria de fato, que foram requeridas e não produzidas, ou foram produzidas e não apreciadas pelas instâncias inferiores, a sentença ou acórdão da Turma Recursal deverá ser anulado para que tais provas sejam produzidas ou apreciadas, ficando o juiz de 1º grau e a respectiva Turma Recursal vinculados ao entendimento da Turma Nacional sobre a matéria de direito (QO n. 20).
Questões a serem Decididas no Incidente	– Em decorrência de julgamento em pedido de uniformização, poderá a Turma Nacional aplicar o direito ao caso concreto decidindo o litígio de modo definitivo, desde que a matéria seja de direito apenas, ou, sendo de fato e de direito, não necessite reexaminar o quadro probatório definido pelas instâncias anteriores, podendo, para tanto, restabelecer a sentença desconstituída por Turma Recursal ou Regional (QO n. 38). – Afastada a prescrição ou a decadência decretada na instância ordinária, os autos são devolvidos ao juizado ou à Turma Recursal, conforme o caso (QO n. 7). – Se a Turma Recursal não reconhecer a existência de início de prova material e este juízo for contrariado pela TNU, esta só poderá prosseguir no julgamento da causa se a instância ordinária tiver aprofundado o exame da prova testemunhal; se a Turma Nacional só proclamar a existência do início de prova material, devolverá os autos à origem, para que a Turma Recursal extraia da prova as suas consequências, seja pela procedência, seja pela improcedência da ação (QO n. 6). – No caso de omissão expressamente impugnada em embargos de declaração na origem, admite-se anulação do acórdão, por meio de pedido de uniformização (QO n. 17 da TNU), desde que apresentado paradigma válido no sentido da tese defendida (QO n. 47).
Tutela Provisória	– Aos juízes competentes para o juízo de admissibilidade incumbe decidir, de ofício ou a requerimento das partes, sobre provimentos cautelares, tutela provisória (de urgência e de evidência), bem como sobre o cumprimento imediato do julgado. – Igual competência é conferida aos relatores desses recursos, presentes os requisitos legais, submetendo a decisão ao referendo da Turma.
Competência do Presidente e do Relator na TNU	– Os atos de competência do Presidente da TNU estão definidos no art. 7º e dos Relatores, estão definidos no art. 8º do RI/TNU. – É possível o não conhecimento do pedido de uniformização por decisão monocrática quando o acórdão recorrido não guarda similitude fática e jurídica com o acórdão paradigma (QO n. 22). – Da decisão do Relator caberá agravo interno no prazo de quinze dias. Se não houver retratação, o prolator da decisão apresentará o processo em mesa, proferindo voto (art. 29 do RI da TNU). – A decisão que determina o sobrestamento do incidente de uniformização na origem, por não ter cunho decisório, não comporta recurso (QO n. 30).
Sucumbência	O acolhimento do pedido de uniformização gera dois efeitos: a reforma da decisão da Turma Recursal e a consequente estipulação de honorários advocatícios, se for o caso, bem assim a prejudicialidade do recurso extraordinário, se interposto (QO n. 2).
Revisor	Não haverá revisão nos recursos interpostos nos feitos da competência dos JEFs.
Incidentes Simultâneos TRU e TNU	Havendo interposição simultânea de pedidos de uniformização dirigidos à TRU e à TNU, será julgado, em primeiro lugar, o incidente dirigido à Turma Regional (QO n. 28 e art. 6º, parágrafo único, do RI da TNU).
Uniformização e Recurso Extraordinário	Interposto recurso extraordinário e pedido de uniformização de jurisprudência, este será processado antes do recurso extraordinário, salvo se houver questão prejudicial de natureza constitucional.

Pedido de Uniformização de Interpretação de Lei (PUIL) dirigido ao Superior Tribunal de Justiça

Hipóteses	– Quando a orientação acolhida pela TNU, em questões de direito material, contrariar súmula ou jurisprudência dominante no STJ, a parte interessada poderá provocar a manifestação deste, que dirimirá a divergência (art. 14, § 4º, da Lei n. 10.259/2001, art. 31 do RI da TNU e Resolução STJ n. 10/2007). – "À falta de baliza normativo-conceitual específica, tem-se que a locução 'jurisprudência dominante', para fins do manejo de pedido de uniformização de interpretação de lei federal (PUIL), deve abranger não apenas as hipóteses previstas no art. 927, III, do CPC, mas também os acórdãos do STJ proferidos em embargos de divergência e nos próprios pedidos de uniformização de lei federal por ele decididos" (PUIL 825/RS 2018/0131584-1, j. 24.5.2023). – Caberá, também, quando o acórdão proferido pela TNU estiver em contrariedade com a tese firmada em julgamento de IRDR.
Representação por Advogado	No recurso, as partes serão obrigatoriamente representadas por advogado (art. 41, § 2º, da Lei n. 9.099/1995).
Competência para Julgamento	– Compete ao STJ o julgamento do incidente (1ª Seção). – Será suscitado, nos próprios autos perante o Presidente da Turma Nacional, que faz a admissibilidade prévia e posteriormente encaminha ao STJ.
Prazo de Interposição	– 15 dias úteis, sendo a parte contrária será intimada para apresentar manifestação em igual prazo. – Não há prazo em dobro para recorrer em favor do INSS, União e demais entes públicos (art. 9º da Lei n. 10.259/2001).
Prova do Dissídio	– Necessidade da demonstração do dissídio e juntada de cópia dos julgados divergentes ou indicação suficiente dos julgados apontados como paradigmas.
Preparo	Não serão cobradas custas pelo processamento do incidente de uniformização.
Efeitos do Recurso	Presente a plausibilidade do direito invocado e havendo fundado receio de dano de difícil reparação, poderá o relator conceder, de ofício ou a requerimento do interessado, medida liminar determinando a suspensão dos processos nos quais a controvérsia esteja estabelecida (art. 14, § 5º, da Lei n. 10.259/2001).
Admissibilidade	O Presidente da Turma Nacional procederá ao juízo prévio de admissibilidade. Admitido, remeterá o pedido ao STJ que será distribuído a relator integrante da Seção Competente para o julgamento.
Inadmissão Preliminar	– Em caso de inadmissão e mediante requerimento da parte no prazo de 10 dias, o pedido de uniformização será distribuído no STJ a relator integrante da Seção competente. – Se o relator indeferir o pedido, dessa decisão caberá agravo à Seção respectiva, que proferirá julgamento irrecorrível.
Sobrestamento	Caso deferida a medida liminar pelo Relator será suspensa a tramitação dos processos nos quais tenha sido estabelecida a mesma controvérsia.
Questões a serem Decididas no Incidente	– Uniformização de questões de direito material. – Não cabe reexame de provas e análise de questões de direito processual.
Procedimento	Admitido o incidente, o relator: I – poderá, de ofício ou a requerimento da parte, presentes a plausibilidade do direito invocado e o fundado receio de dano de difícil reparação, deferir medida liminar para suspender a tramitação dos processos nos quais tenha sido estabelecida a mesma controvérsia; II – oficiará ao Presidente da TNU e aos Presidentes das Turmas Recursais, comunicando o processamento do incidente e solicitando informações;

Procedimento	III – ordenará a publicação de edital no Diário da Justiça, com destaque no noticiário do STJ na internet, para dar ciência aos interessados sobre a instauração do incidente, a fim de que se manifestem, querendo, no prazo de 30 (trinta) dias; IV – decidir o que mais for necessário à instrução do feito. – Da decisão concessiva da medida liminar, caberá agravo à Seção competente. – As partes e os terceiros interessados, nos seus prazos, poderão juntar documentos, arrazoados e memoriais.
Preferência para Julgamento	Cumpridos os prazos, com ou sem manifestação das partes, do Ministério Público ou de eventuais terceiros interessados, o feito será incluído na pauta da sessão, com preferência sobre os demais, ressalvados os processos com réu preso, os *habeas corpus* e mandados de segurança.
Divulgação da Decisão	O acórdão do julgamento do incidente conterá, se houver, súmula sobre a questão controvertida, e dele será enviada cópia ao Presidente da TNU.

Agravo Regimental/Agravo Interno

Hipóteses	– Da decisão do relator e do presidente da turma recursal ou regional, cabe Agravo Regimental (art. 2º, § 4º, da Res. CJF n. 347/2015). – Da decisão do relator da TNU, cabe Agravo Interno (art. 29 da Res. CJF n. 586/2019). – Se não houver retratação, o relator apresentará o processo em mesa, proferindo seu voto.
Representação por Advogado	No recurso, as partes serão obrigatoriamente representadas por advogado (art. 41, § 2º, da Lei n. 9.099/1995).
Competência	Da Turma em que proferida a decisão recorrida.
Prazo de Interposição	– 15 dias úteis. – Não há prazo em dobro para recorrer em favor do INSS, União e demais entes públicos (art. 9º da Lei n. 10.259/2001).
Preparo	Não há incidência de custas.

Mandado de Segurança

Hipótese	– Cabe contra ato de Juiz Federal no exercício da competência dos Juizados Especiais Federais e de Juiz Federal integrante da própria Turma Recursal; – Contra atos dos membros da TNU (art. 6º, II, do RI/TNU). – É admissível MS para Turma Recursal de ato jurisdicional que cause gravame e não haja recurso *(Enunciado FONAJEF n. 88)*. – Lei n. 12.016/2009: "Art. 1º Conceder-se-á mandado de segurança para proteger direito líquido e certo, não amparado por *habeas corpus* ou *habeas data*, sempre que, ilegalmente ou com abuso de poder, qualquer pessoa física ou jurídica sofrer violação ou houver justo receio de sofrê-la por parte de autoridade, seja de que categoria for e sejam quais forem as funções que exerça".
Não Cabimento	– Não se incluem na competência do Juizado Especial Cível as ações de mandado de segurança contra ato de autoridade administrativa (art. 3º, § 1º, I, da Lei n. 10.259/2001). Portanto, o MS não tem cabimento no primeiro grau de jurisdição dos JEFs. – Lei n. 12.016/2009: "Art. 5º Não se concederá mandado de segurança quando se tratar: I – de ato do qual caiba recurso administrativo com efeito suspensivo, independentemente de caução; II – de decisão judicial da qual caiba recurso com efeito suspensivo; III – de decisão judicial transitada em julgado".

Representação por Advogado	As partes serão obrigatoriamente representadas por advogado (art. 41, § 2º, da Lei n. 9.099/1995).
Competência para Julgamento	– É da competência das Turmas Recursais processar e julgar os mandados de segurança contra ato de juiz federal no exercício da competência dos JEFs e contra os seus próprios atos e decisões (RE 586789/PR, Rel. Min. Ricardo Lewandowski, 16.11.2011). – Compete à Turma Recursal processar e julgar o mandado de segurança contra ato de juizado especial (Súmula n. 376 – STJ). – Compete à TNU processar e julgar MS contra atos de seus membros (art. 6º, II, do RI/TNU).
Prazo de Interposição	– O direito de requerer mandado de segurança extinguir-se-á decorridos 120 (cento e vinte) dias, contados da ciência, pelo interessado, do ato impugnado (art. 23 da Lei n. 12.016/2009). – "No âmbito da Turma Nacional de Uniformização, não cabe mandado de segurança contra decisão judicial transitada em julgado, devendo, então, no caso de decisão judicial irrecorrível teratológica, ser impetrado o 'mandamus' no prazo de 05 dias, contado a partir da intimação daquele ato" (TNU, QO n. 44).
Preparo	Não há incidência de custas no caso do INSS e dispensa para as partes beneficiárias da gratuidade da justiça.
Liminar	– Ao despachar a inicial, o juiz ordenará que se suspenda o ato que deu motivo ao pedido, quando houver fundamento relevante e do ato impugnado puder resultar a ineficácia da medida, caso seja finalmente deferida, sendo facultado exigir do impetrante caução, fiança ou depósito, com o objetivo de assegurar o ressarcimento à pessoa jurídica. – Os efeitos da medida liminar, salvo se revogada ou cassada, persistirão até a prolação da sentença. – Deferida a medida liminar, o processo terá prioridade para julgamento (art. 7º da Lei n. 12.016/2009).
Recurso da Decisão Liminar	Da decisão do relator que conceder ou denegar a medida liminar caberá agravo regimental no prazo de 15 (quinze) dias (art. 2º, § 4º, da Res. CJF n. 347/2015, alterada pela Res. CJF n. 393/2016).
Indeferimento da Inicial	– A inicial será desde logo indeferida, por decisão motivada, quando não for o caso de mandado de segurança ou lhe faltar algum dos requisitos legais ou quando decorrido o prazo legal para a impetração. – Dessa decisão caberá agravo regimental para o colegiado da Turma Recursal.
Recursos das Decisões Proferidas pelas Turmas Recursais	Das decisões em mandado de segurança proferidas pelas Turmas Recursais cabe pedido de uniformização e recurso extraordinário, nos casos legalmente previstos.
Sucumbência	Não cabe a condenação ao pagamento dos honorários advocatícios, sem prejuízo da aplicação de sanções no caso de litigância de má-fé (art. 25 da Lei n. 12.016/2009).

Recurso Extraordinário

Hipóteses	O recurso extraordinário em matéria constitucional de repercussão geral caberá de decisão de última instância, que pode ser de Tribunal, de Turma Recursal e de Uniformização e do STJ (art. 102, III da CF, art. 15 da Lei n. 10.259/2001 e Regimento Interno do STF).
Representação por Advogado	No recurso, as partes serão obrigatoriamente representadas por advogado.
Competência para Julgamento	– Supremo Tribunal Federal. – Será interposto perante o Presidente da Turma ou Tribunal recorrido, que após as contrarrazões, fará a admissibilidade prévia e posteriormente encaminhará ao STF.

Prazo de Interposição	– 15 dias úteis (art. 1.003, § 5º, do CPC/2015). A parte contrária será intimada para responder em igual prazo (art. 1.030 do CPC/2015). – Nos JEFs não há prazo em dobro para recorrer em favor do INSS, União e demais entes públicos (art. 9º da Lei n. 10.259/2001);
Recurso Adesivo	Sendo vencidos autor e réu, ao recurso interposto por qualquer deles poderá aderir o outro. (art. 997, § 1º, do CPC/2015).
Prova do Dissídio	Quando o recurso fundar-se em dissídio jurisprudencial, o recorrente fará a prova da divergência com a certidão, cópia ou citação do repositório de jurisprudência, oficial ou credenciado, inclusive em mídia eletrônica, em que houver sido publicado o acórdão divergente, ou ainda com a reprodução de julgado disponível na rede mundial de computadores, com indicação da respectiva fonte, devendo-se, em qualquer caso, mencionar as circunstâncias que identifiquem ou assemelhem os casos confrontados (art. 1.029, § 1º, do CPC/2015).
Preparo	É devido o recolhimento de custas e de porte de remessa e retorno, conforme Resolução n. 581/2016 do STF, exceto o porte para os processos eletrônicos.
Efeitos do Recurso	O recurso será recebido no efeito devolutivo.
Requisitos de Admissibilidade	– tempestividade; – legitimidade do peticionário; – interesse em recorrer; – preparo; – matéria exclusivamente de direito; – prequestionamento das normas violadas; – decisão de única ou última instância que contrariar dispositivo da Constituição (art. 102, III, "a", da CF); – demonstrar, em preliminar do recurso, para apreciação exclusiva do Supremo Tribunal Federal, a existência da repercussão geral.
Repercussão Geral	– Questão constitucional que ofereça repercussão geral (art. 1.035 do CPC/2015): a) existência de questões relevantes do ponto de vista econômico, político, social ou jurídico, que ultrapassem os limites subjetivos da causa; b) há repercussão geral sempre que o recurso impugnar acórdão que: – contrarie súmula ou jurisprudência dominante do Tribunal; – tenha reconhecido a inconstitucionalidade de tratado ou de Lei federal, nos termos do art. 97 da Constituição Federal. – Negada a existência de repercussão geral pelo STF, os recursos sobrestados considerar-se-ão automaticamente não admitidos.
Admissibilidade	– Decisão fundamentada do presidente ou vice-presidente da Turma ou Tribunal recorrido admitirá ou não o recurso. – Da decisão de inadmissibilidade, caberá agravo ao STF (art. 1.030, § 1º, do CPC/2015) ou agravo interno ao tribunal/turma recursal de origem (1.030, 2º, do CPC/2015), no prazo de 15 dias.
Sobrestamento	Reconhecida a repercussão geral, o relator no STF determinará a suspensão do processamento de todos os processos pendentes, individuais ou coletivos, que versem sobre a questão e tramitem no território nacional (art. 1.035, § 5º, do CPC).
Interposição de Recursos Simultâneos	– Interposto recurso extraordinário e pedido de uniformização de jurisprudência, este será processado antes do recurso extraordinário, salvo se houver questão prejudicial de natureza constitucional. – Na hipótese de interposição conjunta de recurso extraordinário e recurso especial, os autos serão remetidos ao STJ (art. 1.031 do CPC/2015).
Preferência para Julgamento	O recurso que tiver a repercussão geral reconhecida deverá ser julgado no prazo de 1 (um) ano e terá preferência sobre os demais feitos, ressalvados os que envolvam réu preso e os pedidos de *habeas corpus* (art. 1.035, § 9º, do CPC/2015).

Efeitos do julgamento do Recurso Extraordinário	– Decididos os recursos afetados, os órgãos colegiados declararão prejudicados os demais recursos versando sobre idêntica controvérsia ou os decidirão aplicando a tese firmada (art. 1.039, *caput*, do CPC/2015). – Negada a existência de repercussão geral no recurso extraordinário afetado, serão considerados automaticamente inadmitidos os recursos extraordinários cujo processamento tenha sido sobrestado (Art. 1.039, p.u., do CPC/2015).
Efeitos do julgamento do Recurso Extraordinário	– Conforme art. 1.040 do CPC/2015, publicado o acórdão paradigma: I – o presidente ou o vice-presidente do tribunal de origem negará seguimento aos recursos especiais ou extraordinários sobrestados na origem, se o acórdão recorrido coincidir com a orientação do tribunal superior; II – o órgão que proferiu o acórdão recorrido, na origem, reexaminará o processo de competência originária, a remessa necessária ou o recurso anteriormente julgado, se o acórdão recorrido contrariar a orientação do tribunal superior; III – os processos suspensos em primeiro e segundo graus de jurisdição retomarão o curso para julgamento e aplicação da tese firmada pelo tribunal superior; IV – se os recursos versarem sobre questão relativa a prestação de serviço público objeto de concessão, permissão ou autorização, o resultado do julgamento será comunicado ao órgão, ao ente ou à agência reguladora competente para fiscalização da efetiva aplicação, por parte dos entes sujeitos a regulação, da tese adotada.

38.3.7   Cumprimento da sentença

Caso o acordo ou a sentença, com trânsito em julgado, imponha obrigação de fazer, não fazer ou entregar coisa certa, o cumprimento é feito por meio de ordem, por ofício do juiz, para a autoridade citada.

Também é possível que a Fazenda Pública devedora/INSS, após o trânsito em julgado da sentença condenatória, compareça espontaneamente em juízo para apresentar a memória contábil discriminada dos valores que entender devidos. Havendo concordância, haverá a expedição de precatório ou requisição de pequeno valor (RPV), a depender do montante.

Se o credor se opuser ao valor indicado espontaneamente pela Fazenda Pública, deverá fazer na forma do art. 534 do CPC (mediante petição acompanhada de memória contábil discriminada e atualizada).

O STF, ao julgar a Arguição de Descumprimento de Preceito Fundamental (ADPF) n. 219, entendeu como válida a denominada "execução invertida", inclusive nos JEFs, pois atende aos princípios regentes do procedimento especial dos juizados especiais no âmbito das causas que envolvam a Fazenda Pública (Leis n. 10.259/2001 e n. 12.153/2009). Entre os fundamentos, estão os princípios da legalidade, da moralidade, da eficiência administrativa e da inafastabilidade da tutela jurisdicional, em especial sob a óptica do acesso à Justiça (Plenário, Rel. Min. Marco Aurélio, j. 20.5.2021).

Entendemos que, diante das facilidades do INSS, em razão de dispor de todos os dados e de sistema de cálculos, àquele cabe a apresentação da RMI e sua evolução, a correção monetária e juros de mora sobre as parcelas em atraso, bem como dos honorários advocatícios (sucumbência). Com isso, reserva-se à Contadoria Judicial dirimir eventuais divergências.

Sobre os desafios da execução da sentença previdenciária, Sergio Geromes aponta que:

> Um dos pontos mais importantes do Direito Previdenciário, senão o de maior relevância, refere-se aos Cálculos Previdenciários, que, didaticamente, devem ser desmembrados em três etapas: 1) cálculo da renda mensal inicial – RMI; 2) cálculo de revisões de benefícios; e 3) cálculo de liquidação de sentença previdenciária.[14]

---

[14]   GEROMES, Sergio. *Cálculo de liquidação no cumprimento de sentença previdenciária*. Belo Horizonte: Editora IEPREV, 2021, p. 26.

Para o advogado que atua na área previdenciária, mostra-se adequado que tenha acesso a um simulador de cálculos, o qual permite apurar o valor da causa, o tempo de contribuição, o salário de benefício com eventual descarte de contribuições, as regras de concessão para identificar o melhor benefício, a RMI e sua evolução, os atrasados com a devida atualização e juros, os honorários sucumbenciais e o ressarcimento de custas, dentre outras facilidades.

Definido o montante da condenação e se for imposta obrigação de pagar quantia certa, deverá ser expedida ao Tribunal competente a requisição dos créditos de pequeno valor (RPV) ou o precatório.

No caso de RPV, em até 60 dias, contados do envio da requisição, o valor deve estar disponível na agência mais próxima da Caixa Econômica Federal ou do Banco do Brasil.

O precatório, quando apresentado até 2 de abril, será pago no exercício seguinte, consoante previsão contida no art. 100, § 5º da CF: "É obrigatória a inclusão no orçamento das entidades de direito público de verba necessária ao pagamento de seus débitos oriundos de sentenças transitadas em julgado constantes de precatórios judiciários apresentados até 2 de abril, fazendo-se o pagamento até o final do exercício seguinte, quando terão seus valores atualizados monetariamente" (Redação dada pela Emenda Constitucional n. 114, de 2021).

O TRF-4 firmou entendimento de que é legal o pagamento fracionado de execução contra a Fazenda Pública. O tema foi enfrentado no julgamento do IRDR n. 18, cuja tese fixada foi a seguinte:

> É legalmente admitido o imediato cumprimento definitivo de parcela transitada em julgado, tanto na hipótese de julgamento antecipado parcial do mérito (§§ 2º e 3º do art. 356 do CPC), como de recurso parcial da Fazenda Pública, e o prosseguimento, com expedição de RPV ou precatório, na hipótese de impugnação parcial no cumprimento de sentença que reconheça a exigibilidade de quantia certa (art. 523 e §§ 3º e 4º do art. 535 do CPC), respeitada a remessa oficial, nas hipóteses em que necessária, nas ações em que é condenada a Fazenda Pública na Justiça Federal, nos Juizados Especiais Federais e na competência federal delegada.

No mesmo sentido, foi a tese fixada pelo STF no julgamento da Repercussão Geral – Tema 28: "Surge constitucional expedição de precatório ou requisição de pequeno valor para pagamento da parte incontroversa e autônoma do pronunciamento judicial transitada em julgado observada a importância total executada para efeitos de dimensionamento como obrigação de pequeno valor" (RE 1205530, Tribunal Pleno, Rel. Min. Marco Aurélio, *DJe* 30.6.2020).

Quanto à decisão que resolve a impugnação ao cumprimento de sentença, quais os recursos cabíveis?

No procedimento comum, regulado pelo CPC, havendo sentença de extinção da execução/cumprimento da sentença, caberá apelação (art. 1.009). E, no caso de decisões interlocutórias, caberá agravo de instrumento (art. 1.015).

No âmbito dos JEFs encontramos diferentes entendimentos nas turmas recursais, diante da falta de normatização do procedimento. Em algumas Regiões são admitidos agravos e até recurso inominado, como na 1ª e 3ª Regiões. Na 4ª Região, admite-se apenas o Mandado de Segurança e, somente, nos casos de decisões teratológicas.

A respeito das questões relacionadas ao cumprimento da sentença, em especial aos pagamentos devidos pela Fazenda Pública, selecionamos os seguintes enunciados do FONAJEF:

> **Enunciado FONAJEF n. 13** – Não são admissíveis embargos de execução nos Juizados Especiais Federais, devendo as impugnações do devedor ser examinadas independentemente de qualquer incidente.

Enunciado FONAJEF n. 47 – Eventual pagamento realizado pelos entes públicos demandados deverá ser comunicado ao Juízo para efeito de compensação quando da expedição da RPV.

Enunciado FONAJEF n. 56 – Aplica-se analogicamente nos Juizados Especiais Federais a inexigibilidade do título executivo judicial, nos termos do disposto nos arts. 525, §§ 12, 14, 15; 535, §§ 7º, 8º; 1.057, todos do CPC/2015.

Enunciado FONAJEF n. 63 – Cabe multa ao ente público pelo atraso ou não cumprimento de decisões judiciais com base no art. 461 do CPC, acompanhada de determinação para a tomada de medidas administrativas para apuração de responsabilidade funcional e/ou dano ao Erário, inclusive com a comunicação ao Tribunal de Contas da União. Havendo contumácia no descumprimento, caberá remessa de ofício ao Ministério Público Federal para análise de eventual improbidade administrativa.

Enunciado FONAJEF n. 64 – Não cabe multa pessoal ao procurador *ad judicia* do ente público, seja com base no art. 77, seja nos arts. 497 ou 536, todos do CPC/2015.

Enunciado FONAJEF n. 65 – Não cabe a prévia limitação do valor da multa coercitiva (astreintes), que também não se sujeita ao limite de alçada dos Juizados Especiais Federais, ficando sempre assegurada a possibilidade de reavaliação do montante final a ser exigido na forma do parágrafo 1º do artigo 537 do CPC/2015.

Enunciado FONAJEF n. 70 – É compatível com o rito dos Juizados Especiais Federais a aplicação do art. 112 da Lei n. 8.213/91, para fins de habilitação processual e pagamento.

38.3.8 Aplicação da Lei dos JEFs em caso de delegação de competência

Por força do art. 20 da Lei n. 10.259/2001, onde não houver Vara Federal a causa poderá ser proposta no Juizado Especial Federal mais próximo do foro definido no art. 4º da Lei n. 9.099/1995 (a qual é aplicada de forma subsidiária), vedada a aplicação da Lei dos Juizados Federais no juízo estadual (neste sentido decidiu o STJ no RMS 18.43/MA e CC 46.672/MG).

Em face desse regramento, em determinados Estados tem diminuído a procura pela competência delegada prevista no art. 109, § 3º, da Constituição. Os segurados, mesmo residindo em cidade que não seja sede de Vara Federal, têm preferido se deslocar para ter acesso aos JEFs, dada a agilidade e a eficiência que têm prevalecido nessa forma de prestação jurisdicional.

Entretanto, em alguns lugares, tem acontecido o inverso, ou seja, a fuga dos JEFs. Isso acontece pelo fato de que a jurisprudência dos TRFs tem sido mais favorável aos segurados em comparação com as das Turmas Recursais dos JEFs. Outro ponto a ser considerado é o fato de o sistema de revisão das decisões dos JEFs não admitir a interposição de Recurso Especial, mas apenas os incidentes de uniformização de jurisprudência. Em muitos casos a matéria discutida é nova e não existe decisão a servir de paradigma favorável que possibilite a propositura de incidente de uniformização.

Outro motivo que tem levado muitos advogados a preferir a jurisdição comum é quando se faz necessária a realização de perícia, em especial a perícia médica e a de tempo especial.

Os procedimentos adotados em alguns Juizados e a falta de qualificação adequada de muitos peritos têm impedido uma avaliação consistente sobre a existência ou não de capacidade laboral dos segurados, repetindo muitas das falhas ocorridas nas perícias realizadas na via administrativa.

Além disso, o procedimento que determina a realização de perícias em audiência, em muitos casos, não permite que seja observada normativa expressa da Lei n. 10.259/2001, que fixa o prazo de 5 dias entre a juntada do laudo e marcação da audiência (art. 12, parágrafo único). Nesses casos, a celeridade e informalidade do ato, que tem por base os princípios norteadores dos Juizados, podem significar a impossibilidade de apresentação de quesitos complementares, bem como a real impugnação da perícia e a coleta ampla de provas.

Dessa forma, os advogados devem verificar os procedimentos adotados nos JEF e na Justiça Estadual e consultar a jurisprudência das instâncias recursais antes de fazer a opção da competência, tudo em conformidade com o permissivo constitucional (art. 109, § 3º).

Vale lembrar ainda que a Lei n. 10.259/2001 não se aplica às ações acidentárias, cuja competência é exclusiva da Justiça dos Estados. Para evitar prejuízo aos segurados, que, por vezes, têm urgência extrema na concessão das prestações, em face da incapacidade laborativa a que são acometidos alguns Juízes Estaduais, tem sido adotado para essas demandas o rito dos Juizados da Fazenda Pública previsto na Lei n. 12.153/2009. No entanto, esse procedimento não encontra respaldo, conforme se observa do Enunciado da Fazenda Pública n. 8 do Fórum Nacional de Juizados Especiais (FONAJE) e do Repetitivo/STJ Tema 1.053:

> **Enunciado FONEJE n. 8**: De acordo com a decisão proferida pela 3ª Seção do Superior Tribunal de Justiça no Conflito de Competência 35.420, e considerando que o inciso II do art. 5º da Lei 12.153/09 é taxativo e não inclui ente da Administração Federal entre os legitimados passivos, não cabe, no Juizado Especial da Fazenda Pública ou no Juizado Estadual Cível, ação contra a União, suas empresas públicas e autarquias, nem contra o INSS (Aprovado no XXVIII FONAJE – BA – 24 a 26 de novembro de 2010).

> **Repetitivo Tema 1.053**: "Os Juizados Especiais da Fazenda Pública não têm competência para o julgamento de ações decorrentes de acidente de trabalho em que o Instituto Nacional do Seguro Social figure como parte".

38.3.9 Nulidades

Em face do entendimento de que não cabe ação rescisória ou anulatória no âmbito dos JEFs, eventual nulidade pode ser reconhecida por simples petição ao juiz da causa ou ao relator do recurso. Neste sentido:

> **Enunciado FONAJEF n. 55**: *A nulidade do processo por ausência de citação do réu ou litisconsorte necessário pode ser declarada de ofício pelo juiz nos próprios autos do processo, em qualquer fase, ou mediante provocação das partes, por simples petição.*

Os casos de erro material não só podem como devem ser corrigidos a qualquer tempo. Exemplo, corrigir erro da soma do tempo de contribuição e, em consequência, reconhecer o direito à aposentadoria por tempo de contribuição. Nesse sentido:

> MANDADO DE SEGURANÇA. PREVIDENCIÁRIO. ERRO MATERIAL E ERRO DE CÁLCULO. POSSIBILIDADE DE CORREÇÃO APÓS O TRÂNSITO EM JULGADO. PEDIDO DE REAFIRMAÇÃO DA DER APÓS CORREÇÃO DE ERRO. POSSIBILIDADE.
> 1. Esta 2ª Turma Recursal tem entendido que o artigo 494, inciso I, do Código de Processo Civil, autoriza a correção de erro material e de erro de cálculo após a publicação da sentença, ainda que tenha ocorrido o trânsito em julgado.
> 2. Ainda que a reafirmação da DER não tenha sido postulada na exordial, considerando que a Autarquia Previdenciária se valeu da oportunidade de correção de erro material após o trânsito em julgado, não há justificativa para que tal benesse não seja alcançada também à parte autora no que tange à subsequente reafirmação da DER, sob pena de malferimento do princípio da isonomia.
> 3. Segurança concedida em parte.
> (MS TR 5030214-04.2019.4.04.7200/SC, 2ª TR-SC, 8.6.2020).

38.3.10 Custas e honorários advocatícios

A regra a ser observada no tocante a custas processuais é a do art. 54 da Lei n. 9.099/1995 (aplicada subsidiariamente aos JEFs – art. 1º Lei n. 10.259/2001), que prevê que o acesso ao

Juizado Especial independerá, em primeiro grau de jurisdição, do pagamento de custas, taxas ou despesas. Em caso de recurso, o preparo compreenderá todas as despesas processuais, inclusive aquelas dispensadas em primeiro grau de jurisdição, ressalvada a hipótese de assistência judiciária gratuita. Neste sentido:

> **Enunciado FONAJEF n. 39:** *Não sendo caso de justiça gratuita, o recolhimento das custas para recorrer deverá ser feito de forma integral nos termos da Resolução do Conselho da Justiça Federal, no prazo da Lei n 9.099/95.*

Ressalta-se que incidem custas somente nos casos de recurso inominado para a Turma Recursal e de Recurso Extraordinário para o STF. Para os demais recursos não há previsão de cobrança de custas.

Inicialmente, é preciso distinguirmos a assistência judiciária da gratuidade da justiça.

A gratuidade da justiça é eminentemente processual (arts. 98 a 102 do CPC/2015), e pode ser requerida a qualquer tempo, seja no início da ação ou no curso dela, e, uma vez deferida, importará na dispensa das despesas processuais. Cabe destacar que caso vencido o beneficiário da gratuidade, as obrigações decorrentes de sua sucumbência ficarão sob condição suspensiva de exigibilidade e somente poderão ser executadas se, nos 5 (cinco) anos subsequentes ao trânsito em julgado da decisão que as certificou, o credor demonstrar que deixou de existir a situação de insuficiência de recursos que justificou a concessão da gratuidade, extinguindo-se, passado esse prazo, tais obrigações do beneficiário (art. 98, § 3º, do CPC/2015).

Já nos casos da assistência judiciária, serão colocados à disposição do hipossuficiente, para garantir seu acesso à Justiça, não só a isenção de custas como também um defensor custeado pelo erário.

Quando é um advogado particular que ingressa com a ação, e não um defensor público, devem-se requerer apenas os benefícios da gratuidade da justiça (isenção de custas e despesas processuais) e não a assistência judiciária gratuita.

Quanto à possibilidade de se requerer a gratuidade em qualquer fase do processo, sugerimos a leitura dos julgados REsp 742.419/RS, Rel. Min. Jorge Scartezzini, *DJU* de 3.10.2005; REsp 543.023/SP, Rel. Min. César Asfor Rocha, *DJU* de 1º.12.2003; REsp 174.538/SP, Rel. Min. Garcia Vieira, *DJU* de 26.10.1998; REsp 710.624/SP, Rel. Min. Jorge Scartezzini, *DJU* de 29.8.2005. Destacamos, ainda, no tocante à matéria, o enunciado a seguir:

> **Enunciado FONAJEF n. 38:** *A qualquer momento poderá ser feito o exame de pedido de gratuidade com os critérios dos artigos 98 a 102 do CPC/2015. Presume-se necessitada a parte que perceber renda até o valor do limite de isenção do imposto de renda.*

Discordamos desse critério, pois, de acordo com o CPC/2015, a pessoa natural ou a jurídica com insuficiência de recursos para pagar as custas, as despesas processuais e os honorários advocatícios têm direito à gratuidade da justiça. Ademais, o juiz somente poderá indeferir o pedido se houver nos autos elementos que evidenciem a falta dos pressupostos legais para a concessão de gratuidade, devendo, antes de fazê-lo, determinar à parte a comprovação do preenchimento dos referidos pressupostos. Ademais, presume-se verdadeira a alegação de insuficiência deduzida exclusivamente por pessoa natural.

Nesse sentido, o IRDR n. 25 julgado pelo TRF da 4ª Região:

> A gratuidade da justiça deve ser concedida aos requerentes pessoas físicas cujos rendimentos mensais não ultrapassem o valor do maior benefício do regime geral de previdência social, sendo prescindível, nessa hipótese, qualquer comprovação adicional de insuficiência de recursos para bancar as despesas do processo, salvo se aos autos aportarem elementos que

coloquem em dúvida a alegação de necessidade em face, por exemplo, de nível de vida aparentemente superior, patrimônio elevado ou condição familiar facilitada pela concorrência de rendas de terceiros. Acima desse patamar de rendimentos, a insuficiência não se presume, a concessão deve ser excepcional e dependerá, necessariamente, de prova, justificando-se apenas em face de circunstâncias muito pontuais relacionadas a especiais impedimentos financeiros permanentes do requerente, que não indiquem incapacidade eletiva para as despesas processuais, devendo o magistrado dar preferência, ainda assim, ao parcelamento ou à concessão parcial apenas para determinado ato ou mediante redução percentual (50360753720194040000/TRF4, Rel. Leandro Paulsen, j. 30.9.2021).

Entendimento diferente pode, muitas vezes, impedir o acesso dos segurados à Justiça. Temos que ter em mente que a concessão da gratuidade da justiça isentará o segurado não apenas das custas processuais de ajuizamento da ação e recursos, que, muitas vezes, não são tão altas na Justiça Federal, mas também de uma possível condenação em honorários sucumbenciais em caso de perda da ação, montante que pode ser calculado sobre o valor da causa ou fixado em salários mínimos.

Portanto, uma futura condenação representaria valores bem mais expressivos que as custas judiciais, podendo comprometer consideravelmente os rendimentos mensais da maioria dos segurados do RGPS.

Com efeito, a expectativa de uma condenação em honorários advocatícios afastaria os mais humildes do foro, preferindo certamente a renúncia ao direito a ter que enfrentar uma demanda em que, no final, poderiam arcar com um ônus insuportável, em face de sua miserabilidade. A orientação a ser observada nesse tema é a do art. 5º, inciso LXXIV, da Constituição Federal, que atribui ao Estado o dever de prestar assistência jurídica integral e gratuita aos que comprovarem insuficiência de recursos.

A gratuidade da justiça deve ser concedida com base na afirmação da própria parte interessada (ou seu advogado)[15] de que se encontra em estado de miserabilidade, cabendo à parte contrária comprovar que tal alegação é inverídica.

Relativamente aos honorários advocatícios, a disciplina legal (art. 55 da Lei n. 9.099/1995) prevê que: "A sentença de primeiro grau não condenará o vencido em custas e honorários de advogado, ressalvados os casos de litigância de má-fé. Em segundo grau, o recorrente, vencido, pagará as custas e honorários de advogado, que serão fixados entre dez por cento e vinte por cento do valor de condenação ou, não havendo condenação, do valor corrigido da causa". Nesse sentido, a Súmula n. 19 das TR/SC: "Nos Juizados Especiais Federais, só cabe condenação em honorários advocatícios quando o recorrente é integralmente vencido no recurso".

No mesmo sentido, a orientação fixada pelo STF de que não há que se falar em condenação ao pagamento de honorários de advogado em processos dos juizados especiais nas hipóteses em que o recorrido restar vencido. Isso em inteligência da norma do art. 55 da Lei n. 9.099/1995 aplicável ao Juizado Especial da Justiça Federal, por força do disposto no art. 1º da Lei n. 10.259/2001 (Ag. Reg. no RE 576.570/DF, 1ª Turma, Rel. Min. Dias Toffoli, *DJe* 13.2.2013).

Cabe referir que o STJ tem entendimento no sentido de que a base de cálculo da verba honorária nas ações previdenciárias é composta das parcelas vencidas até a data da decisão judicial em que o direito do segurado foi reconhecido. Os honorários advocatícios incidem sobre o valor da condenação, nesta compreendidas as parcelas vencidas até a prolação da decisão judicial concessiva do benefício, em consonância com a Súmula n. 111/STJ. A respeito:

---

[15] Desde que munido de poderes para tanto.

PREVIDENCIÁRIO. AGRAVO INTERNO NO RECURSO ESPECIAL. DISSÍDIO JURISPRUDENCIAL NOTÓRIO. HONORÁRIOS ADVOCATÍCIOS. INCIDÊNCIA DA SÚMULA 111/STJ.
(...) 2 – Esta Corte mantém o entendimento no sentido de que, mesmo diante do advento do Código de Processo Civil de 2015, a **verba** honorária deve ser fixada sobre as parcelas vencidas até a prolação da decisão concessiva do benefício, em consonância com o disposto na Súmula 111/STJ (AgInt no REsp 1.883.713/SP, 1ª Turma, *DJe* 24.6.2021).

Sobre a apuração dos honorários sucumbenciais, o STJ possui ainda o seguinte precedente qualificado:

Repetitivo 1.050 – Tese fixada: "O eventual pagamento de benefício previdenciário na via administrativa, seja ele total ou parcial, após a citação válida, não tem o condão de alterar a base de cálculo para os honorários advocatícios fixados na ação de conhecimento, que será composta pela totalidade dos valores devidos".

Sobre a matéria o FONAJEF uniformizou o entendimento nos termos que seguem:

Enunciado FONAJEF n. 57: *Nos JEFs, somente o recorrente vencido arcará com honorários advocatícios.*

Enunciado FONAJEF n. 90: *Os honorários advocatícios impostos pelas decisões de Juizado Especial Federal serão executados no próprio Juizado, por quaisquer das partes.*

Enunciado FONAJEF n. 145: *O valor dos honorários de sucumbência será fixado nos termos do artigo 55, da Lei n. 9.099/95, podendo ser estipulado em valor fixo quando for inestimável ou irrisório o proveito econômico ou, ainda, quando o valor da causa for muito baixo, observados os critérios do artigo 85, § 2º, CPC/2015.*

Ainda quanto a forma de requisição dos honorários advocatícios, o STF fixou a seguinte orientação:

AGRAVO REGIMENTAL EM RECURSO EXTRAORDINÁRIO. ADMINISTRATIVO. HONORÁRIOS ADVOCATÍCIOS CONTRATUAIS. EXPEDIÇÃO DE RPV OU PRECATÓRIO PARA PAGAMENTO EM SEPARADO. IMPOSSIBILIDADE. AGRAVO DESPROVIDO.
1. É firme o entendimento desta Corte no sentido da impossibilidade de expedição de requisição de pagamento de honorários contratuais dissociados do principal a ser requisitado.
2. Agravo regimental a que se nega provimento (RE 1025776 AgR/RS, 2ª Turma, Rel. Min. Edson Fachin, DJe *1.8.2017).*

Em consonância com o entendimento firmado pelo STF quanto ao pagamento dos honorários contratuais, o Conselho da Justiça Federal editou a Resolução n. 822/2023, prevendo, entre outros pontos, que ao advogado será atribuída a qualidade de beneficiário quando se tratar de honorários sucumbenciais e de honorários contratuais. Para maior detalhamento, remetemos o leitor a conferir os arts. 15 a 19 da citada Res. CJF n. 822/2023.

38.4 O CPC DE 2015 E SEUS REFLEXOS NOS JUIZADOS ESPECIAIS FEDERAIS

Com a entrada em vigor do CPC de 2015, surgiram questionamentos sobre seus reflexos em relação aos JEFs.

Primeiramente, cumpre consignar que entendemos possível o emprego das normas do CPC nos JEFs, compatibilizando-as com os princípios inerentes a esse microssistema, sempre que houver uma lacuna legal a ser suprida. Por exemplo: requisitos da petição inicial, contagem de prazos, regras do contraditório, prioridades, limites do recurso, interesse recursal, julgamento por decisão monocrática, entre outras.

A esse respeito, o Enunciado FONAJEF n. 151: "O CPC/2015 só é aplicável nos Juizados Especiais naquilo que não contrariar os seus princípios norteadores e a sua legislação específica".

Cabe lembrar que os princípios básicos dos Juizados Especiais constam do art. 2º da Lei n. 9.099/1995, quais sejam: oralidade, simplicidade, informalidade, economia processual e celeridade, buscando, sempre que possível, a conciliação ou a transação.

Acentuam Nelson Nery Júnior e Rosa Maria de Andrade Nery que mesmo inexistindo dispositivo expresso determinando a aplicação subsidiária do Código de Processo Civil às ações que tramitam nos Juizados Especiais, referida aplicação ocorre pelo fato de o CPC ser a lei ordinária geral do Direito Processual Civil no Brasil.[16]

Oscar Valente Cardoso complementa expressando que as leis específicas de cada Juizado Especial têm incidência subsidiária preferencial, observando-se a ordem cronológica de preferência e o Código de Processo Civil será sempre a última fonte, por ser a lei geral regulamentadora do Direito Processual Civil no Brasil.[17]

O CPC/2015 inovou ao apresentar um conjunto de comandos que fomentam o diálogo e o controle de todas as ações dos sujeitos processuais, como, por exemplo, a boa-fé processual, a fundamentação estruturada das decisões e o formalismo democrático.

Esse novo diploma foi idealizado para harmonizar o sistema processual civil com as garantias constitucionais do Estado Democrático de Direito, buscando o equilíbrio entre conservação e inovação, evitando uma drástica ruptura com as normas em vigor.

Destacamos, dentre as inovações trazidas pelo CPC/2015, as que seguem:

- o incentivo à realização de conciliação e mediação judiciais (art. 3º, § 3º);
- os juízes e os tribunais atenderão, preferencialmente, à ordem cronológica de conclusão para proferir sentença ou acórdão (art. 12), excetuando-se a esta regra "causa que exija urgência no julgamento, assim reconhecida por decisão fundamentada" (art. 12, § 2º, IX);
- a estipulação de honorários advocatícios na reconvenção, no cumprimento de sentença, na execução e nos recursos interpostos, de modo cumulativo àqueles arbitrados em sentença (art. 85, § 1º);
- o reconhecimento oficial de honorários advocatícios como crédito alimentar do advogado (art. 85, § 14);
- o recebimento de honorários de sucumbência pelos advogados públicos (art. 85, § 19);
- a criação do negócio jurídico processual, ou seja, as partes, de comum acordo, poderão alterar o procedimento para a tramitação do processo (art. 190);
- a contagem dos prazos processuais somente em dias úteis (art. 219);
- o "ônus dinâmico da prova", que faculta ao juiz a redistribuição do ônus probatório, mas estipula a obrigação de que as partes sejam informadas (art. 373, § 1º);

---

[16] NERY JUNIOR, Nelson; NERY, Rosa Maria de Andrade. *Código de Processo Civil comentado e legislação extravagante*. 11. ed. São Paulo: RT, 2010, p. 1.604.

[17] CARDOSO, Oscar Valente. Regras de incidência subsidiária de normas e preenchimento de lacunas: uma leitura a partir do sistema normativo dos Juizados Especiais Cíveis. *Revista Dialética de Direito Processual*. São Paulo: Dialética, n. 100, jul. 2011, p. 87.

- a obrigação de os magistrados de primeiro grau apreciarem os tópicos e argumentos propostos pelas partes, um a um, sob pena de nulidade da decisão (art. 489, § 1º, IV);
- a obrigatoriedade de observância ao sistema de precedentes para fins de estabilização da jurisprudência (art. 926 e parágrafos);
- a possibilidade de modulação dos efeitos das decisões judiciais (art. 927, § 3º);
- a implementação do Incidente de Resolução de Demandas Repetitivas (art. 976);
- a simplificação do sistema recursal, com a uniformização dos prazos (art. 1.070);
- o fim dos embargos infringentes e do agravo retido.

Das normas do CPC/2015 enumeramos algumas delas para analisar sua aplicabilidade aos Juizados Especiais, indicando enunciados aprovados pelo Fórum Nacional dos Juizados Especiais Federais – FONAJEF, pelo Seminário "O Poder Judiciário e o novo Código de Processo Civil", organizado pela Escola Nacional de Formação e Aperfeiçoamento de Magistrados – ENFAM e pela I Jornada de Direito Processual Civil organizado pelo CJF/CEJ.

a) Petição inicial, novos requisitos

O CPC/2015, na Parte Geral, estabelece entre seus princípios e regras fundamentais que "A conciliação, a mediação e outros métodos de solução consensual de conflitos deverão ser estimulados por juízes, advogados, defensores públicos e membros do Ministério Público, inclusive no curso do processo judicial" (art. 3º, § 3º).

Por essa razão, a petição inicial deve indicar a opção ou não pela realização de audiência de conciliação (art. 319, VII). Por outro lado, o réu deverá indicar seu desinteresse na autocomposição, por petição, a ser apresentada com 10 (dez) dias de antecedência da data da audiência de conciliação ou de mediação (art. 334, § 5º).

A respeito do tema, foram aprovados os seguintes Enunciados:

- ENFAM n. 61 – "Somente a recusa expressa de ambas as partes impedirá a realização da audiência de conciliação ou mediação prevista no art. 334 do CPC/2015, não sendo a manifestação de desinteresse externada por uma das partes justificativa para afastar a multa de que trata o art. 334, § 8º".
- FONAJEF n. 152: "A conciliação e a mediação nos juizados especiais federais permanecem regidas pelas Leis 10.259/2001 e 9.099/1995, mesmo após o advento do Código de Processo Civil de 2015".
- I JORNADA DIREITO PROCESSUAL CIVIL CJF/CEJ – Enunciado n. 24: "Havendo a Fazenda Pública publicizado ampla e previamente as hipóteses em que está autorizada a transigir, pode o juiz dispensar a realização da audiência de mediação e conciliação, com base no art. 334, § 4º, II, do CPC, quando o direito discutido na ação não se enquadrar em tais situações".

Entendemos que as normas não são contrapostas. Na verdade, elas se complementam, sendo importante mencionar que a Lei n. 10.259/2001, no art. 10, parágrafo único, autoriza os representantes judiciais da União, autarquias, fundações e empresas públicas federais a conciliar transigir ou desistir, nos processos da competência dos Juizados Especiais Federais.

Outra novidade da petição inicial é a constante do art. 319, II, que cuida da qualificação das partes, passando a exigir a indicação da existência de união estável, o número de inscrição no Cadastro de Pessoas Físicas ou no Cadastro Nacional da Pessoa Jurídica, bem como o endereço eletrônico.

Entretanto, os §§ 2º e 3º garantem que a petição não será indeferida se, a despeito da falta de informações a que se refere o inciso II, for possível a citação do réu, ou se a obtenção de tais informações tornar impossível ou excessivamente oneroso o acesso à justiça.

Defendemos, ainda, que na hipótese do indeferimento da inicial, sem exame de mérito, por ausência de alguns desses requisitos, caberá recurso inominado dessa sentença para as Turmas Recursais dos Juizados, como forma de garantia do direito constitucional de acesso à justiça, ratificado pela parte final do § 3º do art. 319 do CPC/2015.

b) Contagem dos prazos: dias úteis e suspensão

De acordo com o art. 219 do CPC/2015, na contagem de prazo em dias, estabelecido por lei ou pelo juiz, computar-se-ão somente os dias úteis.

O tema gerou polêmica, mas foi aplicado aos JEFs, consoante decidiu o Conselho da Justiça Federal, ao aprovar as Resoluções n. 392 e n. 393, de 19.4.2016, que alteraram o Regimento Interno da Turma Nacional de Uniformização (Resolução n. 345/2015) e o Regimento Interno das Turmas Regionais de Uniformização e das Turmas Recursais (Resolução n. 347/2015) para adequá-los ao NCPC.[18] E, também com base no Enunciado n. 19 aprovado durante a I Jornada de Direito Processual Civil, organizada pelo Conselho da Justiça Federal, em 2017.

No mesmo sentido, o Enunciado ENFAM n. 45: "A contagem dos prazos em dias úteis (art. 219 do CPC/2015) aplica-se ao sistema de juizados especiais". E, também, o Enunciado FONAJEF n. 175, que diz: "Por falta de previsão legal específica nas leis que tratam dos juizados especiais, aplica-se, nestes, a previsão da contagem dos prazos em dias úteis (CPC/2015, art. 219)".

A controvérsia findou com a Lei n. 13.728, de 31.10.2018, que alterou a Lei n. 9.099/1995, estabelecendo que, na contagem de prazo para a prática de qualquer ato processual, inclusive para a interposição de recursos, serão computados somente os dias úteis.

A regra de contagem em dias úteis não se aplica ao prazo para confirmação das intimações eletrônicas, previsto no art. 5º, § 3º, da Lei n. 11.419/2006 (v.g., Enunciado FONAJEF n. 158). Essa lei trata da informatização do processo judicial e não foi modificada pelo novo CPC. Assim, em caso de processo eletrônico, a parte tem até 10 dias corridos, contados da data do envio da intimação, sob pena de considerar-se a intimação automaticamente realizada na data do término desse prazo. Depois disso, começa a contagem do prazo processual em dias úteis.

A suspensão do curso dos prazos processuais nos dias compreendidos entre 20 de dezembro e 20 de janeiro, inclusive, é prevista no art. 220 do CPC/2015. Durante a suspensão dos prazos, não se realizarão audiências nem sessões de julgamento. E, segundo o Enunciado FONAJEF n. 198: "A suspensão de prazos processuais dos dias 20 de dezembro a 20 de janeiro é aplicável aos Juizados Especiais Federais".

Ainda, segundo o art. 1.003, § 5º, do CPC/2015, excetuados os embargos de declaração, o prazo para interpor os recursos e para responder-lhes é de 15 (quinze) dias. Essa regra não se aplica integralmente aos JEFs (Enunciado ENFAM n. 46), pois o prazo para recorrer da sentença continua sendo de 10 (dez) dias, em face da norma expressa contida no art. 42 da Lei n. 9.099/1995, bem como para recorrer da decisão que concede ou nega medidas cautelares ou tutelas provisórias (art. 2º da Resolução CJF n. 347/2015).

c) Supressão de instância, conhecimento de questões novas e "não surpresa"

Advinda do princípio constitucional do contraditório, trouxe o CPC/2015 a premissa de que "O juiz não pode decidir, em grau algum de jurisdição, com base em fundamento a respeito do qual não se tenha dado às partes oportunidade de se manifestar, ainda que se trate de matéria sobre a qual deva decidir de ofício" (art. 10).

---

[18] Ver a respeito as Resoluções CJF n. 392 e n. 393, de 19.4.2016.

Em segunda instância, caso o relator constate a ocorrência de fato superveniente à decisão recorrida ou a existência de questão apreciável de ofício ainda não examinada que devam ser considerados no julgamento do recurso, intimará as partes para que se manifestem no prazo de 5 (cinco) dias. Se a constatação ocorrer durante a sessão de julgamento, esse será imediatamente suspenso a fim de que as partes se manifestem especificamente (art. 933 e § 1º).

A flexibilização na interpretação dessas regras é a tônica dos enunciados que seguem;

- FONAJEF Enunciado n. 160: Não causa nulidade a não aplicação do art. 10 do NCPC e do art. 487, parágrafo único, do NCPC nos juizados, tendo em vista os princípios da celeridade e informalidade.
- ENFAM Enunciado n. 1: Entende-se por "fundamento" referido no art. 10 do CPC/2015 o substrato fático que orienta o pedido, e não o enquadramento jurídico atribuído pelas partes.
- ENFAM Enunciado n. 2: Não ofende a regra do contraditório do art. 10 do CPC/2015, o pronunciamento jurisdicional que invoca princípio, quando a regra jurídica aplicada já debatida no curso do processo é emanação daquele princípio.
- ENFAM Enunciado n. 3: É desnecessário ouvir as partes quando a manifestação não puder influenciar na solução da causa.
- ENFAM Enunciado n. 4: Na declaração de incompetência absoluta não se aplica o disposto no art. 10, parte final, do CPC/2015.
- ENFAM Enunciado n. 5: Não viola o art. 10 do CPC/2015 a decisão com base em elementos de fato documentados nos autos sob o contraditório.
- ENFAM Enunciado n. 6: Não constitui julgamento surpresa o lastreado em fundamentos jurídicos, ainda que diversos dos apresentados pelas partes, desde que embasados em provas submetidas ao contraditório.

A flexibilização na interpretação dessas regras, mediante a aprovação desses enunciados, caracteriza uma tentativa de reduzir os efeitos das normas processuais que são da máxima importância para a efetivação de um processo democrático, seja no procedimento comum, seja nos Juizados Especiais.

d) Produção de provas

No que tange a produção de provas, as normas previstas no CPC/2015 não invalidam as utilizadas pelo microssistema dos Juizados Especiais, mas devem ser compatibilizadas em respeito ao contraditório e à justa solução dos litígios. Nesse sentido, os Enunciados FONAJEF:

– 155: As disposições do CPC/2015 referentes às provas não revogam as disposições específicas da Lei n. 10.259/2001, sobre perícias (art. 12), nem as disposições gerais da Lei n. 9.099/1995.

– 179: Cumpre os requisitos do contraditório e da ampla defesa a concessão de vista do laudo pericial pelo prazo de cinco dias, por analogia ao *caput* do art. 12 da Lei n. 10.259/2001.

José Antonio Savaris faz considerações sobre a prova em direito previdenciário, matéria frequente em grande parte dos processos que tramitam no âmbito dos Juizados Especiais Federais, acentuando que:

Também no direito previdenciário o postulado do devido processo legal assegura aos litigantes, como pressuposto de defesa e exercício do contraditório, o direito constitucional à produção da prova lícita. É um direito fundamental que somente pode ser restringido por lei e na medida em que essa restrição seja proporcional.[19]

Cabe considerar que o CPC/2015, nos arts. 369 a 484, regula de maneira detalhada a produção e valoração dos diversos tipos de provas. Os Juizados Especiais devem se socorrer dessas normas para uma adequada instrução processual, dentre as quais, as que estabelecem:

- o direito fundamental a prova (art. 369);
- os poderes instrutórios do juiz (art. 370);
- a distribuição do ônus da prova e sua inversão (art. 373);
- a apreciação da prova (art. 371);
- a utilização da prova emprestada (art. 372);[20]
- a utilização da videoconferência (arts. 385 e 453);
- a exibição de documentos (art. 403);
- a arguição de falsidade documental (art. 430);
- a intimação e o questionamento das testemunhas (arts. 455 e 459);[21]
- a possibilidade de substituir a perícia por prova técnica simplificada (art. 464);
- a escolha consensual do perito (art. 471).

e) Improcedência liminar do pedido

Trata-se de forma abreviada de extinção do processo está prevista no art. 332 do CPC, para as causas que dispensem a fase instrutória, permitindo ao juiz, independentemente da citação do réu, julgar liminarmente improcedente o pedido que contrariar:[22]

I – enunciado de súmula do STF ou do STJ;
II – acórdão proferido pelo STF ou pelo STJ em julgamento de recursos repetitivos;
III – entendimento firmado em incidente de resolução de demandas repetitivas ou de assunção de competência;
IV – enunciado de súmula de tribunal de justiça sobre direito local.

O juiz também poderá julgar liminarmente improcedente o pedido se verificar, desde logo, a ocorrência de decadência ou de prescrição.

Essa sistemática tem aplicação nos JEFs e foi bem aceita pela magistratura, como demonstram os enunciados que seguem:

- FONAJEF Enunciado n. 159: Nos termos do Enunciado n. 1 do FONAJEF e à luz dos princípios da celeridade e da informalidade que norteiam o processo no JEF, vocacionado a receber demandas em grande volume e repetitivas, interpreta-se o rol do art. 332 como exemplificativo.

---

[19] SAVARIS, José Antonio. *Direito Processual Previdenciário*. 6. ed. Curitiba: Alteridade Editora, 2016, p. 77.
[20] I Jornada de Direito Processual Civil CJF/CEJ, 2017: Enunciado n. 30 – "É admissível a prova emprestada, ainda que não haja identidade de partes, nos termos do art. 372 do CPC".
[21] I Jornada de Direito Processual Civil CJF/CEJ, 2017: Enunciado n. 33 – "No depoimento pessoal, o advogado da contraparte formulará as perguntas diretamente ao depoente".
[22] I Jornada de Direito Processual Civil CJF/CEJ, 2017: Enunciado n. 22 – "Em causas que dispensem a fase instrutória, é possível o julgamento de improcedência liminar do pedido que contrariar decisão do Supremo Tribunal Federal em controle concentrado de constitucionalidade ou enunciado de súmula vinculante".

- ENFAM Enunciado n. 43: O art. 332 do CPC/2015 se aplica ao sistema de juizados especiais e o inciso IV também abrange os enunciados e súmulas dos seus órgãos colegiados competentes.

f) Flexibilização do procedimento e calendário processual

A flexibilização do procedimento é condizente com um sistema democrático de direito em que as partes podem colaborar para a solução das demandas e encontra guarida nos princípios dos Juizados Especiais.

Prevista no CPC/2015 (art. 139, VI), impõe ao juiz o dever de dilatar os prazos processuais e alterar a ordem de produção dos meios de prova, adequando-os às necessidades do conflito de modo a conferir maior efetividade à tutela do direito.

Sobre o tema, foi editado o Enunciado ENFAM n. 35 prevendo que: além das situações em que a flexibilização do procedimento é autorizada pelo art. 139, VI, do CPC/2015, pode o juiz, de ofício, preservada a previsibilidade do rito, adaptá-lo às especificidades da causa, observadas as garantias fundamentais do processo.

Da mesma forma, o art. 190 do CPC/2015 autoriza "estipular mudanças no procedimento para ajustá-lo às especificidades da causa e convencionar sobre os seus ônus, poderes, faculdades e deveres processuais, antes ou durante o processo". E o art. 191 permite às partes fixar calendário para a prática dos atos processuais.

Sobre a aplicabilidade desses dispositivos nos Juizados Especiais, foram editados os Enunciados n. 16 e n. 17, durante a I Jornada de Direito Processual Civil, organizada pelo Conselho da Justiça Federal, em 2017.

g) Observância da ordem cronológica de conclusão para os julgamentos

Com base no art. 12 do CPC/2015, com redação conferida pela Lei n. 13.256/2016, os juízes e os tribunais atenderão, preferencialmente, à ordem cronológica de conclusão para proferir sentença ou acórdão, sendo que a lista de processos aptos a julgamento deverá estar permanentemente à disposição para consulta pública em cartório e na rede mundial de computadores. Regra aplicável também aos Juizados Especiais.

A ordem cronológica comporta exceções que estão relacionadas no § 2º do art. 12, dentre as quais: as sentenças proferidas em audiência; o julgamento de processos em bloco de teses jurídicas já consolidadas; o julgamento de recursos repetitivos; o julgamento de embargos de declaração e de agravo interno; a causa que exija urgência no julgamento.

Os Enunciados ENFAM, ao flexibilizarem a observância dessa ordem, acabaram por desvirtuar o sentido da norma processual. Vejamos:

- **32**: O rol do art. 12, § 2º, do CPC/2015 é exemplificativo, de modo que o juiz poderá, fundamentadamente, proferir sentença ou acórdão fora da ordem cronológica de conclusão, desde que preservadas a moralidade, a publicidade, a impessoalidade e a eficiência na gestão da unidade judiciária.
- **33**: A urgência referida no art. 12, § 2º, IX, do CPC/2015 é diversa da necessária para a concessão de tutelas provisórias de urgência, estando autorizada, portanto, a prolação de sentenças e acórdãos fora da ordem cronológica de conclusão, em virtude de particularidades gerenciais da unidade judicial, em decisão devidamente fundamentada.
- **34**: A violação das regras dos arts. 12 e 153 do CPC/2015 não é causa de nulidade dos atos praticados no processo decidido/cumprido fora da ordem cronológica, tampouco caracteriza, por si só, parcialidade do julgador ou do serventuário.

De qualquer forma, os Juizados Especiais estão sujeitos a observar essa ordem de julgamento em todos os graus de jurisdição.

h) Dever de fundamentação de todas as decisões

A necessidade de fundamentação das decisões administrativas e judiciais tem base constitucional e foi regulada pelo art. 489 do CPC/2015, que fixou no § 1º, que não se considera fundamentada qualquer decisão judicial, seja ela interlocutória, sentença ou acórdão, que:

> I – se limitar à indicação, à reprodução ou à paráfrase de ato normativo, sem explicar sua relação com a causa ou a questão decidida;
> II – empregar conceitos jurídicos indeterminados, sem explicar o motivo concreto de sua incidência no caso;
> III – invocar motivos que se prestariam a justificar qualquer outra decisão;
> IV – não enfrentar todos os argumentos deduzidos no processo capazes de, em tese, infirmar a conclusão adotada pelo julgador;
> V – se limitar a invocar precedente ou enunciado de súmula, sem identificar seus fundamentos determinantes nem demonstrar que o caso sob julgamento se ajusta àqueles fundamentos;
> VI – deixar de seguir enunciado de súmula, jurisprudência ou precedente invocado pela parte, sem demonstrar a existência de distinção no caso em julgamento ou a superação do entendimento.

Aqui temos um grande dilema em relação aos Juizados Especiais, diante da precária fundamentação de muitas decisões emanadas desse microssistema. Porém tudo indica que o CPC/2015 não vai alterar essa realidade, conforme se observa dos enunciados FONAJEF que seguem:

> – **153**: A regra do art. 489, § 1º, do NCPC deve ser mitigada nos juizados por força da primazia dos princípios da simplicidade e informalidade que regem o JEF.
> – **154**: O art. 46, da Lei n. 9.099/95, não foi revogado pelo novo CPC.

Em sentido oposto, o Enunciado n. 37, aprovado pela I Jornada de Direito Processual Civil do CJF/CEJ: "Aplica-se aos juizados especiais o disposto nos parágrafos do art. 489 do CPC".

O art. 46 da Lei n. 9.099/1995 autoriza que o julgamento em segunda instância conste apenas da ata, com a indicação suficiente do processo, fundamentação sucinta e parte dispositiva. E se a sentença for confirmada pelos próprios fundamentos, a súmula do julgamento servirá de acórdão.

Os enunciados ENFAM também são no sentido de amenizar os efeitos desejados pelo CPC/2015 quanto à fundamentação das decisões:

> **9** – É ônus da parte, para os fins do disposto no art. 489, § 1º, V e VI, do CPC/2015, identificar os fundamentos determinantes ou demonstrar a existência de distinção no caso em julgamento ou a superação do entendimento, sempre que invocar jurisprudência, precedente ou enunciado de súmula.
> **10** – A fundamentação sucinta não se confunde com a ausência de fundamentação e não acarreta a nulidade da decisão se forem enfrentadas todas as questões cuja resolução, em tese, influencie a decisão da causa.
> **11** – Os precedentes a que se referem os incisos V e VI do § 1º do art. 489 do CPC/2015 são apenas os mencionados no art. 927 e no inciso IV do art. 332.
> **12** – Não ofende a norma extraível do inciso IV do § 1º do art. 489 do CPC/2015 a decisão que deixar de apreciar questões cujo exame tenha ficado prejudicado em razão da análise anterior de questão subordinante.
> **13** – O art. 489, § 1º, IV, do CPC/2015 não obriga o juiz a enfrentar os fundamentos jurídicos invocados pela parte, quando já tenham sido enfrentados na formação dos precedentes obrigatórios.

Sobre a fundamentação racional e legítima das decisões judiciais, colhe-se da obra *Novo CPC – Fundamentos e Sistematização*, que:

> Assim, o Novo CPC impõe o cumprimento do que já estava contido **no art. 93, IX da CRFB/1988, no seu art. 489**, uma vez que ao analisar o modo como as decisões são (mal) fundamentadas tornou-se imperativa uma perspectiva adequada para a referida cláusula constitucional, inclusive com o respaldo dessa (nova) legislação que promova com efetividade a expansividade e perfectibilidade típicas do modelo constitucional de processo brasileiro. Atente-se que "decisão fundamentada", isto é, que leve a sério os argumentos, teses e provas de ambas as partes não é sinônimo de decisão longa. Pode-se, plenamente ter uma sem outra coisa. O que no Novo CPC quer (ou melhor, o que, antes e acima dele, a Constituição quer) é uma decisão legítima, correta e íntegra (Dworkin) e não, necessariamente, uma decisão longa.[23]

Dessa forma, é possível que o STF volte a analisar a constitucionalidade do art. 46 da Lei n. 9.099/1995, agora com foco nos preceitos constitucionais e também na Lei n. 13.105/2015, que irradia efeitos de norma regulamentar no ordenamento processual civil brasileiro.

i) Embargos de Declaração

Quanto aos embargos de declaração, o CPC/2015 foi explícito em alterar as regras da Lei n. 9.099/1995, dando diversa redação aos artigos:

> Art. 48. Caberão embargos de declaração contra sentença ou acórdão nos casos previstos no Código de Processo Civil.
> Art. 50. Os embargos de declaração interrompem o prazo para a interposição de recurso.

Com isso, caberão embargos de declaração para contra qualquer decisão judicial (art. 1.022 do CPC/2015) para:

I – esclarecer obscuridade ou eliminar contradição;
II – suprir omissão de ponto ou questão sobre a qual devia se pronunciar o juiz de ofício ou a requerimento;
III – corrigir erro material.

Também ficou redefinido que os embargos de declaração interrompem o prazo recursal, mesmo quando interpostos contra a sentença proferida nos Juizados Especiais.

j) Ônus recursal de impugnação específica

Para recorrer, a parte deverá impugnar especificamente os fundamentos da decisão combatida (art. 932, III, do CPC/2015).

Essa previsão aumenta a responsabilidade e a atenção do advogado que deverá ingressar com embargos de declaração para questionar eventuais omissões do julgamento de primeiro grau.

k) Integração da decisão colegiada pelo voto vencido, para fins de prequestionamento

Segundo o art. 941, § 3º, do CPC/2015, o voto vencido será necessariamente declarado e considerado parte integrante do acórdão para todos os fins legais, inclusive de prequestionamento.

Nos Juizados Especiais essa exigência não deverá ser observada, em face do princípio da celeridade e da simplicidade das decisões proferidas em grau recursal.

---

[23] THEODORO JÚNIOR, Humberto et al. *Novo CPC – Fundamentos e sistematização*. 2. ed. Rio de Janeiro: Forense, 2015, p. 301-302.

l) Julgamento não unânime

Pelo CPC/2015 (art. 942) quando o resultado da apelação for não unânime, o julgamento terá prosseguimento em sessão a ser designada com a presença de outros julgadores, que serão convocados nos termos previamente definidos no regimento interno, em número suficiente para garantir a possibilidade de inversão do resultado inicial, assegurado às partes e a eventuais terceiros o direito de sustentar oralmente suas razões perante os novos julgadores.

Essa inovação não tem aplicabilidade nos JEFs, em virtude dos princípios da celeridade e simplicidade dos julgamentos proferidos pelas turmas recursais. A respeito, o Enunciado FONAJEF n. 156: "Não se aplica aos juizados especiais a técnica de julgamento não unânime (art. 942, CPC/2015)".

m) Incidente de Resolução de Demandas Repetitivas (IRDR)

A finalidade do IRDR é de resolver questões de direito em que ocorra efetiva repetição de processos que contenham controvérsia, evitando risco de ofensa à isonomia e à segurança jurídica.

No IRDR é fixada a tese jurídica, que será posteriormente aplicada tanto nos casos que serviram como substrato para a formação do incidente, como nos demais casos pendentes e futuros.

Esse incidente, de origem alemã, consta do art. 976 e seguintes do CPC/2015 como cabível quando houver, simultaneamente:

I – efetiva repetição de processos que contenham controvérsia sobre a mesma questão unicamente de direito;

II – risco de ofensa à isonomia e à segurança jurídica.

Caso julgado procedente, a tese jurídica será aplicada inclusive aos JEFs (art. 985 do CPC/2015):

I – a todos os processos individuais ou coletivos que versem sobre idêntica questão de direito e que tramitem na área de jurisdição do respectivo tribunal, inclusive àqueles que tramitem nos juizados especiais do respectivo Estado ou região;

II – aos casos futuros que versem idêntica questão de direito e que venham a tramitar no território de competência do tribunal.

De acordo com o art. 977 do CPC, o pedido de instauração do incidente será dirigido ao presidente de tribunal: I – pelo juiz ou relator, por ofício; II – pelas partes, por petição; III – pelo Ministério Público ou pela Defensoria Pública, por petição.

O ofício ou a petição será instruído com os documentos necessários à demonstração do preenchimento dos pressupostos para a instauração do incidente.

Segundo o STJ, "O IRDR somente é cabível no âmbito dos Tribunais de Justiça e Tribunais Regionais Federais. Na sistemática atual, havendo multiplicidade de recursos especiais com fundamento na mesma questão de direito, a competência deste Tribunal está reservada ao julgamento de recursos especiais repetitivos, a teor do art. 1.036 e seguintes do CPC/15" (PET no REsp n. 1.490.286/RS, Rel. Min. Sérgio Kukina, em 2.4.2018).

Sobre o procedimento do IRDR, o Seminário ENFAM aprovou os seguintes enunciados:

– **20** – O pedido fundado em tese aprovada em IRDR deverá ser julgado procedente, respeitados o contraditório e a ampla defesa, salvo se for o caso de distinção ou se houver superação do entendimento pelo tribunal competente.

– **21** – O IRDR pode ser suscitado com base em demandas repetitivas em curso nos juizados especiais.

- 22 – A instauração do IRDR não pressupõe a existência de processo pendente no respectivo tribunal.

Com relação aos JEFs, o Conselho da Justiça Federal revisou as Resoluções n. 345 e n. 347/2015 (RI/TNU e RI das TRs e TRUs) para adequar ao CPC/2015. Nesse sentido, afastou a possibilidade de julgamento de IRDR pelos órgãos colegiados dos Juizados Especiais e ao mesmo tempo determinou a observância das teses firmadas nesses incidentes no âmbito dos JEFs (Resoluções n. 392 e n. 393, de 19.4.2016). No mesmo sentido, seguiu a Resolução n. 586/2019 que aprovou o novo Regimento Interno da TNU.

No entanto, a orientação do STJ foi no sentido de que eventual divergência entre Turmas Recursais dos JEFs não autoriza a interposição de IRDR, mas o Pedido de Uniformização perante a TNU. A respeito do tema:

> PROCESSUAL CIVIL. RECURSO ESPECIAL EM INCIDENTE DE RESOLUÇÃO DE DEMANDAS REPETITIVAS – IRDR. JULGAMENTO FINAL DA CAUSA NA INSTÂNCIA DE ORIGEM. AUSÊNCIA. REQUISITO CONSTITUCIONAL. INOBSERVÂNCIA. RITO DOS RECURSOS REPETITIVOS. NÃO AFETAÇÃO.
> (...) 6. Eventual divergência de entendimento entre decisões de Turmas Recursais deve ser decidida no âmbito da Turma Nacional de Uniformização – TNU, podendo ascender ao STJ pela via do pedido de uniformização de interpretação de lei – PUIL, enquanto os entendimentos divergentes no âmbito dos Tribunais continuarão subindo para esta Corte por meio de recurso especial, após o julgamento do caso concreto, mas não pela adoção de um sistema híbrido.
> (ProAfR no REsp 1.881.272/RS, Rel. Min. Sérgio Kukina, Rel. p/ acórdão Min. Gurgel de Faria, 1ª Seção, *DJe* 26.11.2021).

O IRDR, a ser julgado pelos Tribunais, tem sido instrumento importante para dar maior isonomia na aplicação do direito, inclusive quanto às questões de direito processual. A título exemplificativo, mencionamos IRDRs julgados por Tribunais Regionais Federais:

- TRF da 5ª Região: TEMA 1 – Processo 0804985-07.2015.4.05.8300
  Tese Fixada: "Se a aposentadoria de professor não é aposentadoria especial, mas sim aposentadoria por tempo de contribuição, é forçoso concluir, em atenção aos ditames da Lei n. 8.213/91, que sobre a jubilação de professor deve incidir o fator previdenciário, com base no art. 29, I, e parágrafo 9º, II e III, da Lei n. 8.213/91".

- TRF da 4ª Região: TEMA 8 – Processo 50178966020164040000
  Tese firmada: "O período de auxílio-doença de natureza previdenciária, independente de comprovação da relação da moléstia com a atividade profissional do segurado, deve ser considerado como tempo especial quando trabalhador exerça atividade especial antes do afastamento".

- TRF da 4ª Região: TEMA 12 – Processo 50130367920174040000
  Tese Fixada: "O limite mínimo previsto no art. 20, § 3º, da Lei 8.742/93 (considera-se incapaz de prover a manutenção da pessoa com deficiência ou idosa a família cuja renda mensal per capita seja inferior a 1/4 (um quarto) do salário mínimo) gera, para a concessão do benefício assistencial, uma presunção absoluta de miserabilidade".

- TRF da 4ª Região: TEMA 15 – Processo 50543417720164040000
  Tese Fixada: "A mera juntada do PPP referindo a eficácia do EPI não elide o direito do interessado em produzir prova em sentido contrário".

- TRF da 4ª Região: TEMA 17 – Processo 50454186220164040000
  Tese Fixada: "Não é possível dispensar a produção de prova testemunhal em juízo, para comprovação de labor rural, quando houver prova oral colhida em justificação realizada no processo administrativo e o conjunto probatório não permitir o reconhecimento do período e/ou o deferimento do benefício previdenciário".

- TRF da 4ª Região: TEMA 18 – Processo 50486972.20174040000
  Tese Fixada: "É legalmente admitido o imediato cumprimento definitivo de parcela transitada em julgado, tanto na hipótese de julgamento antecipado parcial do mérito (§§ 2º e 3º do art. 356 do CPC), como de recurso parcial da Fazenda Pública, e o prosseguimento, com expedição de RPV ou precatório, na hipótese de impugnação parcial no cumprimento de sentença que reconheça a exigibilidade de quantia certa (art. 523 e §§ 3º e 4º do art. 535 do CPC), respeitada a remessa oficial, nas hipóteses em que necessária, nas ações em que é condenada a Fazenda Pública na Justiça Federal, nos Juizados Especiais Federais e na competência federal delegada".

- TRF da 4ª Região: TEMA 21 – Processo 50328833320184040000
  Tese Fixada: "Viável a consideração, como início de prova material, dos documentos emitidos em nome de terceiros integrantes do núcleo familiar, após o retorno do segurado ao meio rural, quando corroborada por prova testemunhal idônea".

- TRF da 4ª Região: TEMA 26 – Processo 50392495420194040000
  Tese Fixada: "É devida, no cumprimento de títulos judiciais que determinam a retroação da data de início do benefício com base em direito adquirido ao melhor benefício, a aplicação do primeiro reajuste integral (súmula 260 do TFR), ainda que não haja determinação nesse sentido na decisão exequenda".

– Considerações finais sobre os impactos do CPC/2015 nos JEFs

As primeiras impressões lançadas sobre o CPC/2015 servem para fomentar uma reflexão acerca do tema, dada a importância de uma nova lei geral processual no cenário nacional.

Embora os entendimentos doutrinários e jurisprudenciais[24] sejam no sentido de aplicação subsidiária do CPC aos JEFs, essa utilização pelos magistrados deve ser ponderada em cada caso com os princípios que guiam os Juizados Especiais, sob pena de ocorrer a chamada "ordinarização" desse modelo.

Dentro desse contexto, mostra-se relevante analisar a novel legislação sem se descurar do ideal que move os Juizados Especiais, qual seja, tornar o processo judicial mais simples, célere e efetivo, ampliando o acesso à Justiça, com ênfase nas pessoas menos favorecidas economicamente.

Pode-se dizer que os Juizados Especiais buscam atender à necessidade de constante reestruturação e modernização dos meios de acesso à Justiça, acompanhando as transformações da sociedade e o desejo majoritário de uma prestação jurisdicional simplificada, sem as amarras e entraves do procedimento comum.

No entanto, os JEFs enfrentam sérios desafios a serem superados, destacadamente em relação ao respeito ao direito fundamental de produção de provas e, ainda, quanto ao alto índice de recorribilidade das decisões. Esse último, em face da instabilidade jurisprudencial, da falta de observância dos precedentes, da quantidade de recursos cabíveis e da inexistência de oneração que desestimule a busca por instâncias superiores.

---

[24] Nesse sentido: STJ, CC 98.679/RS, 3ª Seção, Rel. Min. Arnaldo Esteves Lima, *DJe* 4.2.2009.

Neste ponto, espera-se que o CPC/2015 traga influência positiva aos JEFs, diante da regulação das regras de produção e valoração de provas e quanto à observância aos precedentes, permitindo assim, maior racionalidade ao sistema em prol de uma prestação jurisdicional mais justa e equânime.

38.5 PAGAMENTOS DEVIDOS PELO INSS

Este ponto tem por objeto a análise da atual sistemática de pagamento das dívidas previdenciárias, decorrentes de sentença judiciária.

De acordo com as regras em vigor, o pagamento das somas a que o INSS for condenado é feito por Requisição de Pequeno Valor (RPV), para créditos de até 60 salários mínimos, e por meio de precatório, para os valores superiores a esse limite.

38.5.1 Evolução legislativa

A Constituição Federal de 1988 estabeleceu no art. 100, *caput,* que os pagamentos devidos pela Fazenda Pública, nesta incluído o INSS, decorrentes de condenação judicial, estariam sujeitos ao regime do precatório, com ordem distinta para os de natureza alimentícia.

A Lei n. 8.213/1991, ao regulamentar o Plano de Benefícios da Previdência Social, estabeleceu no art. 128 que os débitos até determinado valor (R$ 4.988,57 – última atualização procedida pela Lei n. 9.032/1995) seriam quitados imediatamente, sem a necessidade de expedição de precatório, não se lhes aplicando o disposto nos arts. 730 e 731 do CPC/1973.

O STF, por meio da ADIn 1.252-5/97, Rel. Min. Maurício Correa (*DJU* de 24.10.1997), declarou inconstitucional a liquidação imediata dos débitos na forma prevista no art. 128 da Lei n. 8.213/1991, por contrariar o disposto no art. 100, *caput,* da Constituição.

Em face da decisão do STF, os débitos de qualquer valor a que o INSS fosse condenado a pagar passaram a ser quitados mediante a morosa via do precatório judicial.

A EC n. 20, de 15.12.1998, inseriu o parágrafo 3º ao artigo 100 da Constituição Federal, para excluir do regime do precatório os pagamentos de obrigações das Fazendas Federal, Estadual e Municipal, decorrentes de sentenças judiciais, transitadas em julgado, definidas em lei como de pequeno valor.

Posteriormente, foi aprovada a EC n. 30, de 13.9.2000, que alterou novamente a redação do art. 100 da CF, estabelecendo: a) a atualização monetária dos valores após a expedição dos precatórios judiciários (§ 1º); b) a definição dos débitos de natureza alimentar, aí incluídos aqueles decorrentes de benefícios previdenciários (§ 1º-A); c) a inclusão das obrigações de pequeno valor da Fazenda Distrital na sistemática do § 3º; d) a possibilidade de serem fixados valores distintos para os pagamentos de pequeno valor, segundo as diferentes capacidades das entidades de direito público (§ 5º); e e) que o Presidente do Tribunal competente que, por ato comissivo ou omissivo, retardar ou tentar frustrar a liquidação regular de precatório incorrerá em crime de responsabilidade (§ 6º).

A EC n. 37, de 12.6.2002, vedou a expedição de precatório complementar ou suplementar de valor pago, bem como fracionamento, repartição ou quebra do valor da execução, a fim de que seu pagamento não se faça, em parte, na forma de requisição de pequeno valor e, em parte, mediante expedição de precatório (art. 100, § 4º).

Por sua vez, a Lei n. 10.259, de 12.7.2001, que criou os Juizados Especiais no âmbito da Justiça Federal, estabeleceu que, para os efeitos do § 3º do art. 100 da Constituição, as obrigações ali definidas como de pequeno valor, a serem pagas independentemente de precatório, terão como limite o mesmo valor estabelecido para a competência dos Juizados Especiais Cíveis, ou seja, 60 salários mínimos.

Na sequência, a EC n. 62, de 11.11.2009, alterou o art. 100 da Constituição Federal e no § 2º, instituiu regime especial de pagamento de precatórios pelos Estados, Distrito Federal e Municípios. Entre as novidades está a previsão de que os débitos de natureza alimentícia cujos titulares tenham 60 (sessenta) anos de idade ou mais na data de expedição do precatório, ou sejam portadores de doença grave, definidos na forma da lei, serão pagos com preferência sobre todos os demais débitos, até o valor equivalente ao triplo do fixado em lei como de pequeno valor (na esfera federal 60 salários mínimos), admitido o fracionamento para essa finalidade, sendo que o restante será pago na ordem cronológica de apresentação do precatório (com preferência sobre os créditos comuns).

A regra da superpreferência constou também da EC n. 94/2016, que deu nova redação ao § 2º do art. 100 da CF, ampliando os beneficiários, nos termos que seguem: "Os débitos de natureza alimentícia cujos titulares, originários ou por sucessão hereditária, tenham 60 (sessenta) anos de idade, ou sejam portadores de doença grave, ou pessoas com deficiência, assim definidos na forma da lei, serão pagos com preferência sobre todos os demais débitos, até o valor equivalente ao triplo fixado em lei para os fins do disposto no § 3º deste artigo, admitido o fracionamento para essa finalidade, sendo que o restante será pago na ordem cronológica de apresentação do precatório" (redação que vigora atualmente).

A regulamentação da superpreferência havia sido disciplinada pela Resolução CNJ n. 303/2019, que permitia a expedição de RPV de até 180 salários mínimos. No entanto, o STF suspendeu os efeitos dessa medida na ADI 6.556/DF, em 18.12.2020. Posteriormente, o Tribunal, por unanimidade, referendou a decisão que indeferiu o pedido de concessão de medida cautelar, nos termos do voto da Relatora Ministra Rosa Weber, Plenário, Sessão Virtual de 11.2.2022 a 18.2.2022.

Quanto à atualização de valores de requisitórios, a EC n. 62/2009 estabeleceu que após a expedição, até o efetivo pagamento, independentemente de sua natureza, deveria ocorrer pelo índice oficial de remuneração básica da caderneta de poupança, e, para fins de compensação da mora, incidiriam juros simples no mesmo percentual de juros incidentes sobre a caderneta de poupança, ficando excluída a incidência de juros compensatórios. No entanto, o Plenário do STF, no julgamento das ADIs n. 4.357 e 4.425, que apreciou a constitucionalidade do artigo 100 da CF, com a redação que lhe foi dada pela EC n. 62/2009, declarou a inconstitucionalidade da expressão "na data de expedição do precatório", do § 2º; dos §§ 9º e 10; e das expressões "índice oficial de remuneração básica da caderneta de poupança" e "independente de sua natureza", do § 12, todos do art. 100 da Constituição Federal de 1988, com a redação da EC n. 62/2009, e por arrastamento, também declarou inconstitucional o art. 1º-F da Lei n. 9.494, com a redação dada pelo art. 5º da Lei n. 11.960, de 29.7.2009 (Taxa Referencial – TR).

Na sequência, em questão de ordem, houve modulação temporal dos efeitos de decisão declaratória de inconstitucionalidade pelo STF, permanecendo válida a utilização da TR de 1/2010 a 25.3.2015 e passando a ser utilizado o IPCA-E de 26.3.2015 em diante (ADI 4425 QO/DF, Questão de Ordem na Ação Direta de Inconstitucionalidade, Tribunal Pleno, Relator Min. Luiz Fux, julgado em 25.3.2015, *DJe* 4.8.2015).

A questão da constitucionalidade do uso da TR como índice de atualização das condenações judiciais da Fazenda Pública, no período que antecede a inscrição do débito em precatório, teve sua repercussão geral reconhecida no RE n. 870.947 (Tema 810), sendo fixada a seguinte tese:

1) O art. 1º-F da Lei n. 9.494/97, com a redação dada pela Lei n. 11.960/09, na parte em que disciplina os juros moratórios aplicáveis a condenações da Fazenda Pública, é inconstitucional ao incidir sobre débitos oriundos de relação jurídico-tributária, aos quais devem ser aplicados os mesmos juros de mora pelos quais a Fazenda Pública remunera seu crédito tributário, em respeito ao princípio constitucional

da isonomia (CRFB, art. 5º, *caput*); quanto às condenações oriundas de relação jurídica não-tributária, a fixação dos juros moratórios segundo o índice de remuneração da caderneta de poupança é constitucional, permanecendo hígido, nesta extensão, o disposto no art. 1º-F da Lei n. 9.494/97 com a redação dada pela Lei n. 11.960/09; e

2) O art. 1º-F da Lei n. 9.494/97, com a redação dada pela Lei n. 11.960/09, na parte em que disciplina a atualização monetária das condenações impostas à Fazenda Pública segundo a remuneração oficial da caderneta de poupança, revela-se inconstitucional ao impor restrição desproporcional ao direito de propriedade (CRFB, art. 5º, XXII), uma vez que não se qualifica como medida adequada a capturar a variação de preços da economia, sendo inidônea a promover os fins a que se destina (RE 870.947/SE, Tribunal Pleno, Rel. Min. Luiz Fux, j. 20.9.2017).

Posteriormente, o STF rejeitou todos os embargos de declaração e não modulou os efeitos da decisão proferida na Repercussão Geral Tema 810 (Plenário, 3.10.2019).

Por sua vez, o STJ, ao julgar o Repetitivo Tema 905, fixou a tese de que, nas condenações judiciais de natureza previdenciária, deve ser aplicado o INPC (em substituição à TR) como índice de correção monetária a contar do vencimento de cada prestação, e juros de mora, a contar da citação, segundo os índices oficiais aplicados à caderneta de poupança, conforme art. 5º da Lei n. 11.960/2009, que deu outra redação ao art. 1º-F da Lei n. 9.494/1997, observando-se os arts. 1º e 2º da Lei n. 12.703/2012, que estabelecem o seguinte percentual:

a) 0,5% (cinco décimos por cento) ao mês, enquanto a meta da taxa Selic ao ano, definida pelo Banco Central do Brasil, for superior a 8,5% (oito inteiros e cinco décimos por cento); ou

b) 70% (setenta por cento) da meta da taxa Selic ao ano, definida pelo Banco Central do Brasil, mensalizada, vigente na data de início do período de rendimento, nos demais casos.

Por último, a EC n. 113/2021 (*DOU* 9.12.2021) trouxe alterações em relação ao índice de atualização monetária, de remuneração do capital e de compensação da mora nas discussões e nas condenações que envolvam a Fazenda Pública, impactando também o cumprimento de sentenças judiciais transitadas em julgado sob a forma de precatórios e RPVs. O art. 3º prevê a incidência, uma única vez, até o efetivo pagamento, do índice da taxa referencial do Sistema Especial de Liquidação e de Custódia (Selic), acumulado mensalmente. E o art. 5º estabelece que as alterações relativas ao regime de pagamento dos precatórios aplicam-se a todos os requisitórios já expedidos, inclusive no orçamento fiscal e da seguridade social do exercício de 2022.

Em face da inovação constitucional trazida pela EC n. 113/2021, a Resolução CNJ n. 448, de 25.3.2022, alterou a Resolução CNJ n. 303/2019, que dispõe sobre a gestão de precatórios e respectivos procedimentos operacionais no âmbito do Poder Judiciário, da qual destaca-se:

Art. 21. A partir de dezembro de 2021, e para fins de atualização monetária, remuneração do capital e de compensação da mora, os precatórios, independentemente de sua natureza, serão corrigidos pelo índice da taxa referencial do Sistema Especial de Liquidação e de Custódia (Selic), acumulado mensalmente (NR).

Art. 21-A. Os precatórios não tributários requisitados anteriormente a dezembro de 2021 serão atualizados a partir de sua data-base mediante os seguintes indexadores:
(...)
XII – IPCA-E/IBGE – de 26.03.2015 a 30 de novembro de 2021;

XIII – Taxa Referencial do Sistema Especial de Liquidação e de Custódia (Selic) – de dezembro de 2021 em diante.

(...)

§ 6º Não havendo o adimplemento no prazo a que alude o § 5º do artigo 100 da Constituição Federal, a atualização dos precatórios tributários e não-tributários será pela taxa Selic (NR).

Art. 22. Na atualização da conta do precatório não tributário os juros de mora devem incidir somente até o mês de novembro de 2021, observado o disposto no § 5º do art. 21-A desta Resolução.

§ 1º A partir de dezembro de 2021, a compensação da mora dar-se-á da forma discriminada no artigo 21 dessa Resolução, ocasião em que a taxa referencial do Sistema Especial de Liquidação e de Custódia (Selic) incidirá sobre o valor consolidado, correspondente ao crédito principal atualizado monetariamente na forma do artigo 21-A dessa Resolução até novembro de 2021 e aos juros de mora, observado o disposto nos §§ 5º e 6º do art. 21-A desta Resolução.

§ 2º Em nenhuma hipótese a atualização monetária e o cálculo dos juros, previstos nos arts. 21 e 21-A, poderão retroagir a período anterior da data-base da expedição do precatório (NR).

Cabe mencionar que a utilização da SELIC não pode ser cumulada com qualquer outro índice ou parâmetro de cálculo, a teor da jurisprudência do STJ, a exemplo da decisão em sede de agravo interno proferida pela 4ª Turma daquela Corte, no Recurso Especial 1.752.361/MG, j. em 21.6.2021.

Porém, o STF, em apreciação de repercussão geral no RE 1.515.163/RS (Tema 1.335), fixou a seguinte tese: "1. Não incide a taxa SELIC, prevista no art. 3º da EC nº 113/2021, no prazo constitucional de pagamento de precatórios do § 5º do art. 100 da Constituição. 2. Durante o denominado 'período de graça', os valores inscritos em precatório terão exclusivamente correção monetária, nos termos decididos na ADI 4.357- QO/DF e na ADI 4.425-QO/DF" (Plenário Virtual, Rel. Min. Luís Roberto Barroso, *DJe* 21.10.2024).

38.5.2 Requisição de Pequeno Valor (RPV)

Considera-se Requisição de Pequeno Valor (RPV) aquela relativa a crédito cujo valor atualizado não seja superior ao limite de 60 (sessenta) salários mínimos por beneficiário (art. 17, § 1º, da Lei n. 10.259, de 12.7.2001).

A Lei de Diretrizes Orçamentárias (Lei n. 10.266, de 24.7.2001, art. 23, § 8º), estabeleceu a obrigatoriedade de as RPV, serem dirigidas ao Tribunal competente, pondo fim a possibilidade de pagamento direto. Para *Antônio F. S. do Amaral e Silva:* "O objetivo da Lei n. 10.266, em seu art. 23, é bastante simples, atendendo à necessidade de efetivar-se o planejamento dos gastos da União, das autarquias e das fundações públicas com as requisições de pequeno valor".[25]

Algumas questões merecem destaque, em face das inovações que representam na sistemática da execução contra a Fazenda Pública.

A primeira refere-se ao disposto no art. 100, § 8º, da Constituição, regulado pelo § 3º do art. 17 da Lei n. 10.259/2001, que veda a expedição de precatório complementar ou suplementar de valor pago, bem como fracionamento, repartição ou quebra do valor da execução, a fim de que seu pagamento não se faça, em parte na forma de RPV e, em parte, mediante expedição de precatório. Ou seja, caso o valor da execução ultrapasse o limite estabelecido como de pequeno valor, o pagamento far-se-á por meio de precatório, ressalvado o direito de o credor renunciar ao crédito que exceda o limite de dispensa do precatório, consoante previsão do § 4º do art. 17 da Lei n. 10.259/2001.

---

[25] SILVA, Antonio F. S. do Amaral; Schäfer, Jairo Gilberto. *Juizados especiais federais*: aspectos cíveis e criminais. Blumenau: Acadêmica, 2002, p. 63.

A vedação ao fracionamento do valor da execução e a possibilidade de renúncia do crédito excedente, já eram previstas na Lei n. 10.099/2000, que deu outra redação ao art. 128 da Lei n. 8.213/1991.

Não se pode entender como fracionamento a existência de pagamento para mais de um autor num mesmo processo. Por isso, em caso de litisconsórcio será considerado o valor devido a cada litisconsorte, expedindo-se, simultaneamente, se for o caso, RPVs e requisições mediante precatório.

Também não caracteriza fracionamento o pagamento da parte incontroversa. Essa foi a tese fixada pelo STF no julgamento da Repercussão Geral – Tema 28: "Surge constitucional expedição de precatório ou requisição de pequeno valor para pagamento da parte incontroversa e autônoma do pronunciamento judicial transitada em julgado observada a importância total executada para efeitos de dimensionamento como obrigação de pequeno valor" (RE 1.205.530, Tribunal Pleno, Rel. Min. Marco Aurélio, *DJe* 30.6.2020).

A previsão de sequestro dos valores, antes exclusiva do Presidente do Tribunal, foi estendida ao Juiz de primeiro grau pela Lei n. 10.259/2001 (art. 17, § 2º), caso a requisição para pagamento não seja atendida no prazo de 60 dias. Entendemos ser extremamente importante a previsão legal do sequestro dos valores, como forma de garantia da efetividade da ordem judicial em prol dos beneficiários, normalmente pessoas que passam por grandes dificuldades financeiras.

O STF, ao julgar o mérito de tema com repercussão geral, reconheceu que incide correção monetária no período compreendido entre a data de elaboração do cálculo e a expedição para o pagamento de RPV ou Precatório. Discutia-se a possibilidade dessa recomposição no mencionado período relativamente ao pagamento de RPV. O Tribunal afirmou que a correção monetária teria por finalidade a recuperação da perda do poder aquisitivo da moeda. Assim, caracterizadas a mora e a inflação, é devida a correção monetária do crédito de RPV pago a destempo (ARE 638.195/RS, Tribunal Pleno, Rel. Min. Joaquim Barbosa, j. 29.5.2013). No mesmo sentido, a Repercussão Geral – RE 579.431/RS, Tribunal Pleno, Rel. Min. Marco Aurélio, *DJe* 30.6.2017, sendo fixada a seguinte tese:

> Tema 96: "Incidem os juros da mora no período compreendido entre a data da realização dos cálculos e a da requisição ou do precatório".

38.5.3 Pagamento por precatório

Os pagamentos de valores superiores ao limite de 60 (sessenta) salários mínimos serão requisitados mediante precatório judiciário, que possuem caráter alimentar e estão sujeitos à ordem cronológica distinta dos precatórios de natureza diversa.

Da análise da sistemática atual de pagamento das dívidas previdenciárias decorrentes de condenação judicial, chega-se à conclusão de que houve avanços a partir da EC n. 20, de 1998, que dispensou a expedição do precatório judiciário para pagamentos de pequeno valor.

Os precatórios poderiam ser apresentados até 1º de julho para inclusão no orçamento da verba necessária ao pagamento, o qual deverá ocorrer até o final do exercício seguinte, quando terão seus valores atualizados monetariamente, segundo previsão do § 5º do art. 100 da Constituição. No entanto, por força da EC n. 114/2021, a apresentação foi antecipada para o dia 2 de abril, nos termos que seguem:

> Art. 100. (...)
> § 5º É obrigatória a inclusão no orçamento das entidades de direito público de verba necessária ao pagamento de seus débitos oriundos de sentenças transitadas em julgado constantes de precatórios judiciários apresentados até 2 de abril, fazendo-se o pagamento até o final do exercício seguinte, quando terão seus valores atualizados monetariamente.

De acordo, ainda, com a EC n. 114/2021, era previsto que até o fim de 2026, fosse estabelecido, para cada exercício financeiro, um limite para alocação na proposta orçamentária das despesas com pagamentos em virtude de sentença judiciária de que trata o art. 100 da CF, equivalente ao valor da despesa paga no exercício de 2016, corrigido na forma do § 1º do art. 107 deste ADCT. Essa limitação orçamentária gerou a necessidade de estabelecer uma ordem de preferência para o pagamento anual das dívidas da Fazenda Pública Federal, a qual foi incluída no ADCT, nos termos que seguem:

> Art. 107-A. (...)
> § 8º Os pagamentos em virtude de sentença judiciária de que trata o art. 100 da Constituição Federal serão realizados na seguinte ordem:
> I – obrigações definidas em lei como de pequeno valor, previstas no § 3º do art. 100 da Constituição Federal;
> II – precatórios de natureza alimentícia cujos titulares, originários ou por sucessão hereditária, tenham no mínimo 60 (sessenta) anos de idade, ou sejam portadores de doença grave ou pessoas com deficiência, assim definidos na forma da lei, até o valor equivalente ao triplo do montante fixado em lei como obrigação de pequeno valor;
> III – demais precatórios de natureza alimentícia até o valor equivalente ao triplo do montante fixado em lei como obrigação de pequeno valor;
> IV – demais precatórios de natureza alimentícia além do valor previsto no inciso III deste parágrafo;
> V – demais precatórios.

Os precatórios que não fossem pagos pela falta de orçamento, teriam prioridade para pagamento em exercícios seguintes, observada a ordem cronológica e a ordem de preferência prevista no § 8º do art. 107-A do ADCT.

A pedido do CFOAB, o CJF decidiu que o pagamento do crédito principal e dos honorários contratuais destacados dos precatórios devidos pela Fazenda Pública Federal devem ser realizados no âmbito da Justiça Federal de forma concomitante, observando sempre a posição na ordem de precedência do crédito principal (Processo 0002328-11.2022.4.90.8000, j. em 2.8.2022).

Na sequência, acertadamente, o STF invalidou as restrições ao pagamento de precatórios. A decisão foi tomada no julgamento das Ações Diretas de Inconstitucionalidade (ADI 7064) apresentada pelo CFOAB e pela AMB, e na ADI 7047, assinada pelo PDT. A síntese dos julgados é a que segue:

– **ADI 7047**: o STF converteu o julgamento da medida cautelar em julgamento de mérito e conheceu da ação direta para julgá-la parcialmente procedente e declarar a inconstitucionalidade dos arts. 100, § 9º, da CF, e 101, § 5º, do ADCT, com redação estabelecida pelo art. 1º da EC 113/21, bem como dar interpretação conforme a Constituição ao art. 100, § 11, da Constituição, com redação da EC 113/21, para excluir a expressão com auto aplicabilidade para a União de seu texto. (Plenário, Rel. Min. Luiz Fux, Sessão Virtual Extraordinária de 30.11.2023).

– **ADI 7064**: o STF converteu o julgamento da medida cautelar em julgamento de mérito e conheceu da ação direta para julgá-la parcialmente procedente para:

(i) dar interpretação conforme a Constituição ao caput do art. 107-A do ADCT, incluído pela EC 114/2021 para que seus efeitos somente operem para o exercício de 2022;

(ii) declarar a inconstitucionalidade, com supressão de texto, dos incisos II e III do art. 107-A do ADCT;

(iii) declarar a inconstitucionalidade por arrastamento dos §§ 3º, 5º e 6º do mesmo art. 107-A;

(iv) declarar a inconstitucionalidade do art. 6º da EC 114/2021, bem como dos arts. 100, § 9º, da CF, e 101, § 5º, do ADCT, com redação estabelecida pelo art. 1º da EC 113/21;
(v) dar interpretação conforme a Constituição ao art. 100, § 11, da Constituição, com redação da EC 113/21, para excluir a expressão com auto aplicabilidade para a União de seu texto;
(vi) reconhecer que o cumprimento integral do teor desta decisão insere-se nas exceções descritas no art. 3º, § 2º, da LC 200/23, que institui o Novo Regime Fiscal Sustentável, cujos valores não serão considerados exclusivamente para fins de verificação do cumprimento da meta de resultado primário a que se refere o art. 4º, § 1º, da LC 101, de 4 de maio de 2000, prevista na lei de diretrizes orçamentárias em que for realizado o pagamento;
(vii) deferir o pedido para abertura de créditos extraordinários para quitação dos precatórios expedidos para os exercícios de 2022, 2023, 2024, 2025 e 2026, quando excedentes do subteto fixado pelo art. 107-A do ADCT, deduzidas as dotações orçamentárias já previstas na proposta orçamentária para o exercício de 2024, estando presentes, no caso concreto, os requisitos constitucionais da imprevisibilidade e urgência previstos no § 3º do art. 167 da CF, e sendo possível a edição de medida provisória para o pagamento ainda no exercício corrente. (Plenário, Rel. Min. Luiz Fux, Sessão Virtual Extraordinária de 30.11.2023)

38.5.4 Complemento positivo

Entende-se por complemento positivo a pretensão de que as parcelas vencidas a partir da sentença constituam obrigação de fazer, sendo devido o pagamento diretamente pela administração, dispensada a requisição de pequeno valor ou precatório.

Nesse contexto, o pagamento sob a forma de complemento positivo deve limitar-se às parcelas posteriores à sentença recorrida, até a implantação ou revisão do benefício. As prestações devidas antes da sentença, ainda que posteriores ao cálculo, constituem-se crédito vencido (obrigação de pagar) e deverão ser pagas mediante requisição de pequeno valor ou precatório, na forma do art. 17 da Lei n. 10.259/2001.

Sobre o pagamento da condenação judicial por meio de complemento positivo, merece destaque o *Enunciado FONAJEF n. 72*: "*As parcelas vencidas após a data do cálculo judicial podem ser pagas administrativamente, por meio de complemento positivo*".

No entanto, o STF considerou inconstitucional a utilização do complemento positivo, sob o fundamento de não ser possível o fracionamento da execução. A matéria foi objeto de repercussão geral, sendo julgado o mérito com a reafirmação da jurisprudência dominante:

> **Tema 755**: "É vedado o fracionamento da execução pecuniária contra a Fazenda Pública para que uma parte seja paga antes do trânsito em julgado, por meio de Complemento Positivo, e outra depois do trânsito, mediante Precatório ou Requisição de Pequeno Valor" (*Leading Case*: ARE 723.307, Plenário Virtual, Rel. Min. Gilmar Mendes, DJe 26.9.2016).

38.6 PREFERÊNCIA NO PAGAMENTO DE REQUISIÇÕES (RPV OU PRECATÓRIO)

Verbas relativas a benefícios previdenciários são consideradas débitos de natureza alimentícia, assim como aquelas decorrentes de salários, vencimentos, proventos, pensões e suas complementações e indenizações por morte ou por invalidez fundadas em responsabilidade civil, em virtude de sentença judicial transitada em julgado.

De acordo com a regulamentação do CJF, terão preferência os "precatórios de natureza alimentícia cujos titulares, originários ou por sucessão hereditária, tenham no mínimo 60 (sessenta) anos de idade no dia 20 do mês de pagamento, ou sejam portadores de doença grave, ou pessoas com deficiência, assim definidos na forma da lei, até o valor equivalente ao triplo do montante fixado em lei como obrigação de pequeno valor, tomando por base o valor atualizado até a data da expedição do precatório" (art. 46, I, da Res. CJF n. 822/2023).

Cabe ainda ressaltar a prioridade especial concedida recentemente para pessoas idosas maiores de 80 anos pela Lei n. 13.466/2017. Tal preferência não retira a dos maiores de 60 anos, apenas busca assegurar uma prioridade ao atendimento judicial e administrativo àqueles que já possuem mais de 80 anos, devendo-se atender suas necessidades sempre preferencialmente em relação às demais pessoas idosas.

O portador de doença grave beneficiário de precatório de natureza alimentícia poderá requerer a prioridade no pagamento a qualquer tempo, cabendo a decisão ao juízo da execução, que comunicará ao presidente do tribunal eventual deferimento da prioridade constitucional, com a finalidade de alterar a ordem de pagamento quando já expedido o ofício requisitório.

A EC n. 114/2021, que aprovou a proposta de parcelamento de parte dos precatórios até o ano de 2026, institui-se nova ordem de preferência anual para recebimento dos valores consoante § 8º do art. 107-A do ADCT. Porém, essa regra foi declarada inconstitucional pelo STF, sendo aplicada apenas no ano de 2021, em face da necessidade de ações de saúde e de assistência social, em razão da pandemia da Covid-19, e na exigência de cumprimento do teto de gastos públicos (ADIs 7047 e 7064, julgadas em 30.11.2023).

O Código de Processo Civil de 2015 (art. 1.048) contemplou as prioridades das pessoas idosas, com doenças gravas ou com deficiência e estendeu esse tratamento aos procedimentos regulados pela Lei n. 8.069, de 1990 (Estatuto da Criança e do Adolescente). No que tange às doenças graves, a opção foi pelo rol contido no art. 6º, XIV, da Lei n. 7.713, de 1988 (Legislação do Imposto de Renda).

Pelo Estatuto da Pessoa com Deficiência (Lei n. 13.146, de 6.7.2015) foi assegurada prioridade aos que têm impedimento de longo prazo de natureza física, mental, intelectual ou sensorial, o qual, em interação com uma ou mais barreiras, pode obstruir sua participação plena e efetiva na sociedade em igualdade de condições com as demais pessoas.

Esse Estatuto confere o atendimento prioritário em todas as instituições e serviços de atendimento ao público, em procedimentos judiciais e administrativos, contemplando todos os atos e diligências (art. 9º). E, com o objetivo de garantir o acesso à justiça em igualdade de oportunidades com as demais pessoas, prevê (arts. 79 e 80):

- adaptações e recursos de tecnologia assistiva;
- capacitação dos membros e dos servidores que atuam no Poder Judiciário, no Ministério Público, na Defensoria Pública, nos órgãos de segurança pública e no sistema penitenciário quanto aos direitos da pessoa com deficiência;
- acessibilidade, quando submetidos a medidas restritivas de liberdade.

Em caso de processo judicial, o interessado na obtenção do benefício em questão, juntando prova de sua condição, deverá requerê-lo à autoridade judiciária competente para decidir o feito, que determinará ao cartório do juízo as providências a serem cumpridas. Deferida a prioridade, os autos receberão identificação própria que evidencie o regime de tramitação prioritária.

Da análise deste tópico, podemos tirar como conclusão que o tratamento prioritário foi generalizado e não deverá atingir a eficácia desejada, pois a maioria das pessoas que litigam contra o INSS é de pessoas idosas, com doenças graves ou com deficiência.

38.7 COISA JULGADA PREVIDENCIÁRIA

A Constituição Federal de 1988 tem entre suas cláusulas pétreas a preservação da coisa julgada (art. 5º, XXXVI), estabelecendo que: "a lei não prejudicará o direito adquirido, o ato jurídico perfeito e a coisa julgada".

Segundo Schuster, Savaris e Vaz, a coisa julgada é "Sustentada no pressuposto liberal da confiança, sua função é impedir a discussão de matéria já decidida, projetando para fora do processo um efeito declaratório imutável sobre as consequências jurídicas pretendidas pela parte em um determinado momento no tempo e no espaço, a fim de evitar a eternização das controvérsias e, assim, dar estabilidade às decisões jurisdicionais e segurança jurídica".[26]

Acerca do cabimento de ação rescisória, o STF e o STJ fixaram importantes teses a serem observadas com aplicação no âmbito previdenciário:

> STF/Súmula 343: "Não cabe ação rescisória por ofensa a literal disposição de lei, quando a decisão rescindenda se tiver baseado em texto legal de interpretação controvertida nos tribunais".
> STF/RG – Tema 100: "1) é possível aplicar o artigo 741, parágrafo único, do CPC/73, atual art. 535, § 5º, do CPC/2015, aos feitos submetidos ao procedimento sumaríssimo, desde que o trânsito em julgado da fase de conhecimento seja posterior a 27.8.2001; 2) é admissível a invocação como fundamento da inexigibilidade de ser o título judicial fundado em 'aplicação ou interpretação tida como incompatível com a Constituição' quando houver pronunciamento jurisdicional, contrário ao decidido pelo Plenário do Supremo Tribunal Federal, seja no controle difuso, seja no controle concentrado de constitucionalidade; 3) o art. 59 da Lei 9.099/1995 não impede a desconstituição da coisa julgada quando o título executivo judicial se amparar em contrariedade à interpretação ou sentido da norma conferida pela Suprema Corte, anterior ou posterior ao trânsito em julgado, admitindo, respectivamente, o manejo (i) de impugnação ao cumprimento de sentença ou (ii) de simples petição, a ser apresentada em prazo equivalente ao da ação rescisória." (RE 586068)
> STF/RG Tema 136: "Não cabe ação rescisória quando o julgado estiver em harmonia com o entendimento firmado pelo Plenário do Supremo à época da formalização do acórdão rescindendo, ainda que ocorra posterior superação do precedente" (RE 590.809).
> STF/RG Tema 733: "A decisão do Supremo Tribunal Federal declarando a constitucionalidade ou a inconstitucionalidade de preceito normativo não produz a automática reforma ou rescisão das decisões anteriores que tenham adotado entendimento diferente. Para que tal ocorra, será indispensável a interposição de recurso próprio ou, se for o caso, a propositura de ação rescisória própria, nos termos do art. 485 do CPC, observado o respectivo prazo decadencial (CPC, art. 495)" (RE 730.462).
> STJ/Repetitivo Tema 239: "A Súmula 343, do Supremo Tribunal Federal, cristalizou o entendimento de que não cabe ação rescisória por ofensa a literal disposição de lei, quando a decisão rescindenda se tiver baseado em texto legal de interpretação controvertida nos tribunais. A ação rescisória resta cabível, se, à época do julgamento cessara a divergência, hipótese em que o julgado divergente, ao revés de afrontar a jurisprudência, viola a lei que confere fundamento jurídico ao pedido" (REsp 1.001.779/DF).

Tema extremamente polêmico é o que diz respeito à ocorrência da coisa julgada em matéria de benefícios previdenciários em face de decisões judiciais que tenham negado o direito à prestação postulada ou à revisão da renda mensal.[27]

A análise da existência de coisa julgada material exige a observância da natureza social e alimentar dos benefícios previdenciários e a renovação do direito à prestação a cada mês (trato sucessivo), bem como o disposto no art. 505, I, do CPC/2015 (art. 471, I, do CPC/1973), *in verbis*:

---

[26] SCHUSTER, Diego Henrique; SAVARIS, José Antonio; VAZ, Paulo Afonso Brum. *A garantia da coisa jugada no processo previdenciário: para além dos paradigmas que limitam a proteção social*. Curitiba: Alteridade, 2019, p. 16.

[27] **STF Repercussão Geral Tema 499:** "A eficácia subjetiva da coisa julgada formada a partir de ação coletiva, de rito ordinário, ajuizada por associação civil na defesa de interesses dos associados, somente alcança os filiados, residentes no âmbito da jurisdição do órgão julgador, que o fossem em momento anterior ou até a data da propositura da demanda, constantes da relação jurídica juntada à inicial do processo de conhecimento".

Art. 505. Nenhum juiz decidirá novamente as questões já decididas relativas à mesma lide, salvo: I – se, tratando-se de relação jurídica de trato continuado, sobreveio modificação no estado de fato ou de direito, caso em que poderá a parte pedir a revisão do que foi estatuído na sentença;

Quanto ao tempo de atividade especial, há vasta jurisprudência no sentido de afastar a coisa julgada em caso de nova hipótese de exposição aos agentes nocivos. Nesse sentido: "A submissão do trabalhador a diversos agentes nocivos (ruído, agentes químicos e periculosidade), muito embora conduza a um mesmo efeito jurídico – relação jurídica e direito ao tempo especial – constitui fatos (suportes fáticos) distintos, que, juridicizados pela incidência da regra previdenciária, compõem, cada qual, uma causa de pedir remota (fato jurídico) diversa" (TRF/4, AC 5007824-88.2020.4.04.7205/SC, *DE* 3.8.2023).[28]

Em relação aos benefícios por incapacidade é comum ocorrer o agravamento da doença após a perícia judicial ou, mesmo, o surgimento de outra moléstia incapacitante, impedindo o segurado de exercer suas atividades. Em tais casos, será necessário novo requerimento administrativo e nova análise do pedido, não se podendo falar em coisa julgada. Neste sentido, o pronunciamento do STJ: "É possível a propositura de nova ação pleiteando o mesmo benefício, desde que fundada em causa de pedir diversa, decorrente de eventual agravamento do estado de saúde da parte, com o surgimento de novas enfermidades" (AgRg no AREsp 843.233/SP, 2ª Turma, Rel. Min. Mauro Campbell Marques, *DJe* 17.3.2016).

A contrario sensu, a jurisprudência admite que o auxílio por incapacidade temporária concedido judicialmente pode ser cancelado administrativamente em caso de recuperação da capacidade laborativa: TNU, PEDILEF 5000525-23.2012.4.04.7114, *DOU* de 7.6.2013. Nesse sentido, o STJ deixou de aplicar o princípio do paralelismo das formas, entendendo que o INSS pode suspender ou cancelar benefício por incapacidade concedido judicialmente, desde que conceda administrativamente o contraditório e a ampla defesa ao beneficiário (REsp 1.429.976/CE, 2ª Turma, Rel. Min. Humberto Martins, *DJe* 24.2.2014).

Quanto à aposentadoria por invalidez/incapacidade permanente, a orientação de vários julgados do STJ é pela observância do chamado "paralelismo de formas": "Deferida a aposentadoria por invalidez judicialmente, pode a autarquia previdenciária rever a concessão do benefício, uma vez tratar-se de relação jurídica continuativa, desde que por meio de ação judicial, nos termos do art. 471, inciso I, do Código de Processo Civil, e em respeito ao princípio do paralelismo das formas" (REsp 1.201.503/RS, 6ª Turma, *DJe* 26.11.2012; AREsp 1.857.796, *DJe* 23.6.2021).

Cumpre destacar que, em face da Lei n. 14.331/2022, a qual introduziu o art. 129-A na LBPS, na propositura de ações relativas aos benefícios por incapacidade deve ser apresentada declaração quanto à existência de ação judicial anterior com o mesmo objeto, esclarecendo os motivos pelos quais se entende não haver litispendência ou coisa julgada, quando for o caso.

Em relação ao reconhecimento do tempo de contribuição, é comum o segurado não instruir o seu pedido com os documentos necessários à comprovação do seu direito. Nessa hipótese, o STJ firmou duas orientações.

A primeira, no sentido de que "é possível ao tribunal, na ação rescisória, analisar documento novo para efeito de configuração de início de prova material destinado à comprovação do exercício de atividade rural, ainda que esse documento seja preexistente à propositura da ação em que proferida a decisão rescindenda referente à concessão de aposentadoria rural por idade" (AR 3.921/SP, 3ª Seção, Rel. Min. Sebastião Reis Júnior, *DJe* 7.5.2013).

---

[28] Sobre o tema: KIPPER, Celso. Atividade especial em matéria previdenciária: coisa julgada e ajuizamento de nova ação com fundamento em agente nocivo diverso. *Direito Hoje*. Disponível em: https://www.trf4.jus.br/trf4/controlador.php?acao=pagina_visualizar&id_pagina=4431. Acesso em: 6 out. 2023.

Entendeu o STJ, que é irrelevante o fato de o documento apresentado ser preexistente à propositura da ação originária, pois devem ser consideradas as condições desiguais pelas quais passam os trabalhadores rurais, adotando-se a solução *pro misero*. Dessa forma, o documento juntado aos autos é hábil à rescisão do julgado com base no art. 485, VII, do CPC (art. 966, VII, do CPC/2015), segundo o qual a sentença de mérito transitada em julgado pode ser rescindida quando, "depois da sentença, o autor obtiver documento novo, cuja existência ignorava, ou de que não pôde fazer uso, capaz, por si só, de lhe assegurar pronunciamento favorável".

A segunda e mais atual orientação do STJ, fixada em Repetitivo, é de que o juiz deve extinguir o processo sem exame de mérito, possibilitando ao segurado a propositura de nova ação com os documentos necessários para comprovar seu direito:

> *Tema 629* – "A ausência de conteúdo probatório eficaz a instruir a inicial, conforme determina o art. 283 do CPC, implica a carência de pressuposto de constituição e desenvolvimento válido do processo, impondo sua extinção sem o julgamento do mérito (art. 267, IV do CPC) e a consequente possibilidade de o autor intentar novamente a ação (art. 268 do CPC), caso reúna os elementos necessários à tal iniciativa" (*REsp 1.352.721/SP, Corte Especial, Rel. Min. Napoleão Nunes Maia Filho*, DJe 28.4.2016).

Para o relator desse representativo, "(...) deve-se procurar encontrar na hermenêutica previdenciária a solução que mais se aproxime do caráter social da Carta Magna, a fim de que as normas processuais não venham a obstar a concretude do direito fundamental à prestação previdenciária a que faz jus o segurado".

Sobre o alcance desse valioso precedente do STJ, Schuster, Savaris e Vaz, argumentam que "a coisa julgada *secundum eventum probationis* pode ser admitida quando: (a) a improcedência do pedido se der com fundamento na ausência, insuficiência ou fragilidade da prova; e (b) existir nova prova como elemento capaz de gerar uma expectativa de alteração do resultado jurisdicional".[29]

Nesse sentido, acolhendo a tese da extinção do processo sem exame de mérito em caso de aposentadoria por tempo de contribuição: TRF/4, AC 5013498-77.2016.4.04.7208/SC, TRS-SC, Rel. JF João Batista Lazzari, em 12.12.2018. E, em relação ao pedido de reconhecimento de tempo especial fundado em agente nocivo diverso: TRF/4, AC 5003095-30.2017.4.04.7203, TRS-SC, Rel. Paulo A. Brum Vaz, j. em 20.3.2019.

Passado o prazo da ação rescisória ou na hipótese do seu não cabimento (caso dos Juizados Especiais Federais), a alternativa será apresentar novo requerimento administrativo com novas provas, pois a decisão anterior não pode impedir a reapreciação da pretensão como nova roupagem, afastando-se, assim, a coisa julgada. Nesse sentido:

> *Tratando-se de relação jurídica de trato sucessivo, a coisa julgada contém a cláusula rebus sic stantibus, ou seja, nos termos do art. 471, I do CPC, em sendo modificadas as situações fáticas e jurídicas sobre as quais se formou a anterior coisa julgada material, tem-se uma nova ação, isto é, uma nova causa de pedir próxima ou uma nova causa de pedir remota, o que permite uma análise do Poder Judiciário (TRF da 4ª Região, AC 2003.70.01.008417-7/PR, Turma Suplementar, Des. Federal Luís Alberto D. Azevedo Aurvalle, DE 28.7.2008).*

> *Não afronta a coisa julgada a discussão sobre o reconhecimento de labor especial de período analisado em demanda precedente, para fins de obtenção do mesmo tipo de aposentadoria, tendo em vista a possibilidade de reexame das alegações não declinadas naquele feito, mediante apresentação de novos elementos probantes com relação à prestação laboral no período*

---

[29] SCHUSTER, Diego Henrique; SAVARIS, José Antonio; VAZ, Paulo Afonso Brum. *A garantia da coisa jugada no processo previdenciário*: para além dos paradigmas que limitam a proteção social. Curitiba: Alteridade, 2019, p. 200.

controvertido (TRF da 4ª Região, 501020686.2013.4.04.7112/RS, 5ª Turma, Relatora Juíza Federal Taís Schilling Ferraz, j. 11.10.2016).

Algumas vezes, a legislação é inovada com normas mais benéficas (*v.g.*, Lei n. 10.666/2003; Lei n. 11.718/2008). É de aceitação geral que no sistema de direito positivo brasileiro a lei nova não atinge o ato jurídico perfeito, o direito adquirido e a coisa julgada (Constituição Federal, art. 5º, inciso XXXVI e Lei de Introdução às Normas de Direito Brasileiro, art. 6º). Entretanto, essa regra deve ser relativizada em face do disposto no citado art. 505, I, do CPC/2015 e diante das características da prestação previdenciária. Entendemos, assim, que nos casos de indeferimento da aposentadoria por idade, por perda da qualidade de segurado, ou do reconhecimento do tempo de atividade rural, novo requerimento administrativo pode ser apresentado ao INSS sob os ditames da nova ordem jurídica (Lei n. 10.666/2003 e Lei n. 11.718/2008), cujos efeitos financeiros serão devidos a partir dessa nova postulação.

Nessa hipótese, um novo requerimento administrativo será possível para os casos dos segurados que continuaram a contribuir ou que tenham uma nova causa de pedir decorrente de uma situação que não tenha sido apreciada ou em virtude de alteração das normas que regem a matéria.

A maior dificuldade em superar os efeitos da coisa julgada está nos casos em que ocorre mudança do entendimento jurisprudencial (*v.g.*, a possibilidade de conversão do tempo especial para comum após 28.5.1998 e o fator de conversão a ser utilizado para o homem – 1,4 em vez do 1,2). Mas já é possível visualizar precedentes favoráveis nos casos em que não houve análise da questão fática:

> Segundo entendimento desta Turma, não há coisa julgada se em outro processo deixou-se de analisar a especialidade somente pela impossibilidade, à época, da conversão para tempo comum em razão da Medida Provisória 1.633-10/1998, pois não houve real exame do mérito (TRF da 4ª Região, Proc. 5000673-40.2012.404.7112/RS, 6ª Turma, Rel. Des. Fed. Salise Monteiro Sanchotene, *DE* 26.1.2017).

Sobre esses questionamentos, apresentamos as *"Considerações para efetividade do processo previdenciário – a segurança e a coisa julgada previdenciária"* externadas pelo Juiz Federal José Antônio Savaris, em sua obra Direito Processual Previdenciário, com as quais temos plena concordância e pedimos vênia para transcrever na íntegra:

> *Enquanto o processo civil se mostra exuberante no que conquista de mais elevada segurança com o instituto da coisa julgada, o direito previdenciário é guiado por um princípio fundamental de que o indivíduo não pode ser separado de seu direito de sobreviver pela solidariedade social por uma questão formal. Não é adequado que se sepulte, de uma vez por todas, o direito de receber proteção social em função da certeza assegurada pela coisa julgada, quando a pessoa na realidade, faz jus à prestação previdenciária que lhe foi negada judicialmente.*
>
> *Tal como no direito penal se admite a revisão criminal para beneficiar o réu quando, por exemplo, são descobertas novas provas que o favoreçam, o processo previdenciário pauta-se pelo comprometimento, a todo tempo, com o valor que se encontra em seu fundamento: a proteção social do indivíduo vulnerável, essa essencial dimensão de liberdade real e dignidade humana. Em relação a este valor, é de se reconhecer, a segurança contraposta deve ser superada como um interesse menor.*
>
> *A coisa julgada não deve significar uma técnica formidável de se ocultar a fome e a insegurança social para debaixo do tapete da forma processual, em nome da segurança jurídica. Tudo o que acontece, afinal, seria "apenas processual, mesmo que seus efeitos sejam desastrosos para a vida real"* (SILVA, Ovídio Araújo Baptista da. Direito material e processo. Revista Jurídica. Porto Alegre, n. 321, p. 7-27, p. 14, jul. 2004).

A fundamentação para a aceitação do que acima foi proposto não se dá apenas pelas três primeiras características da "singularidade previdenciária". Também o caráter público do instituto de previdência que assume o polo passivo da demanda é relevante, pois não haverá o sentimento de eterna ameaça de renovação de um litígio ou de revisão de uma sentença. Não há insegurança em se discutir novamente uma questão previdenciária à luz de novas provas, como inexiste insegurança na possibilidade de se rever uma sentença criminal em benefício do réu. O que justifica esta possibilidade é justamente o valor que se encontra em jogo, a fundamentalidade do bem para o indivíduo e sua relevância para a sociedade.

Mais ainda, não se pode esquecer que o indivíduo agravado com a sentença de não proteção se presume hipossuficiente (em termos econômicos e informacionais) e sofrendo ameaça de subsistência pela ausência de recursos sociais. Seria minimamente adequada a sentença que impõe ao indivíduo a privação perpétua de cobertura previdenciária a que, na realidade, faz jus? Em nome do quê, exatamente?

De outro lado, a entidade pública chamada a conceder a prestação previdenciária tão somente operará na melhor aplicação do princípio da legalidade, entregando ao indivíduo o que, ao fim e ao cabo, lhe era mesmo devido por lei.

Enquanto o processo civil clássico aponta para o fechamento preponderantemente indiscutível da coisa julgada, o processo previdenciário busca apoiar-se no princípio constitucional do devido processo legal com as cores específicas da não preclusão do direito previdenciário.[30]

A corroborar esse entendimento, citamos a decisão da TNU que segue:

PEDIDO DE UNIFORMIZAÇÃO. PREVIDENCIÁRIO. BENEFÍCIO POR INCAPACIDADE. EXTINÇÃO DO PROCESSO. COISA JULGADA. RENOVAÇÃO DO REQUERIMENTO ADMINISTRATIVO. NOVOS DOCUMENTOS. NÃO INCIDÊNCIA DA SÚMULA TNU 43. EXCEPCIONALIDADE DO CASO. RELATIVIZAÇÃO DA COISA JULGADA. PRIMAZIA DA PROTEÇÃO PREVIDENCIÁRIA. INCIDENTE CONHECIDO E PARCIALMENTE PROVIDO.

(...) 10. Em conclusão, em primeiro lugar está a regra constitucional da proteção previdenciária, permitindo, em determinadas hipóteses, a desconsideração da eficácia plena da coisa julgada, como no caso dos autos, ante a apresentação de novas provas pela autora (CTPS e documentos médicos acerca da continuidade do tratamento de suas moléstias). Interpretação diversa implicaria obstáculo ao princípio do acesso à justiça ao hipossuficiente, o que representa um contrassenso ao princípio da instrumentalidade das formas.

11. Assim, excepcionalmente, conheço e dou parcial provimento ao pedido de uniformização da parte autora para afastar a coisa julgada e anular o acórdão recorrido e a sentença, determinando o retorno dos autos ao juízo de origem para reabertura da instrução probatória a fim de se averiguar a idoneidade do registro em CTPS. No caso procedência do pedido, os efeitos financeiros devem retroagir à data do segundo requerimento.

(PEDILEF 0031861-11.2011.4.03.6301, Rel. Juiz Federal João Batista Lazzari, Sessão de 7.5.2015)

No entanto, em outro momento, a TNU decidiu pela impossibilidade de desconsideração da coisa julgada em pedido de revisão do ato concessório da aposentadoria em que se buscava o reconhecimento de tempo especial para alteração da espécie do benefício e/ou majoração da RMI (PUIL 5000532-53.2014.4.04.7014/PR, j. em 18.9.2019).

Em conclusão defendemos que em primeiro lugar está a regra constitucional da proteção previdenciária, permitindo, em determinadas hipóteses, a desconsideração da eficácia plena da coisa julgada, pois: "O direito previdenciário não admite preclusão do direito ao benefício, por

---

[30] SAVARIS, José Antônio. *Direito processual previdenciário*. Curitiba: Juruá, 2008, p. 84-85.

falta de provas: sempre será possível, renovadas estas, sua concessão" (AC 2001.04.01.075054-3, TRF da 4ª Região, 5ª Turma, Rel. Des. Federal Antônio Albino Ramos de Oliveira, *DJ* 18.9.2002).

Essa também é a orientação fixada pelo STJ, que esperamos seja observada em todas as instâncias do Judiciário:

> *Tradicionalmente, o Direito Previdenciário se vale da processualística civil para regular os seus procedimentos, entretanto, não se deve perder de vista as peculiaridades das demandas previdenciárias, que justificam a flexibilização da rígida metodologia civilista, levando-se em conta os cânones constitucionais atinentes à Seguridade Social, que tem como base o contexto social adverso em que se inserem os que buscam judicialmente os benefícios previdenciários (STJ, REsp 1.352.721/SP, Corte Especial, Rel. Min. Napoleão Nunes Maia Filho, DJe 28.4.2016).*

38.7.1 A desconstituição da coisa julgada incompatível com a Constituição

O STF decidiu que é possível anular decisão definitiva dos Juizados Especiais se ela tiver sido baseada em norma ou em interpretação que, posteriormente, tenha sido declarada inconstitucional pelo Supremo.

O CPC prevê essa possibilidade de invalidação por meio de ação rescisória, instrumento jurídico por meio do qual se pode anular uma decisão definitiva. Porém, a Lei dos Juizados Especiais não traz previsão semelhante e veda o cabimento de ação rescisória aos processos sob seu rito. A respeito:

- **Lei n. 9.099/1995:** "Art. 59. Não se admitirá ação rescisória nas causas sujeitas ao procedimento instituído por esta Lei."
- **FONAJEF Enunciado n. 44:** "Não cabe ação rescisória no JEF. O artigo 59 da Lei n. 9.099/95 está em consonância com os princípios do sistema processual dos Juizados Especiais, aplicando-se também aos Juizados Especiais Federais."

No entanto, para o STF, essa vedação legal não impede que uma das partes alegue eventual inconstitucionalidade da decisão definitiva. De acordo com o entendimento firmado, ela pode ser invalidada por outros instrumentos jurídicos, como impugnação ao cumprimento de sentença ou simples petição. O CPC prevê que o pedido deve ser apresentado em, no máximo, dois anos depois da decisão do STF – prazo equivalente ao de protocolo da ação rescisória.

A controvérsia foi analisada no Recurso Extraordinário (RE) 586.068, com Repercussão Geral Tema 100, cuja tese fixada foi a seguinte:

1) É possível aplicar o artigo 741, parágrafo único, do CPC/73, atual art. 535, § 5º, do CPC/2015, aos feitos submetidos ao procedimento sumaríssimo, desde que o trânsito em julgado da fase de conhecimento seja posterior a 27.8.2001;

2) É admissível a invocação como fundamento da inexigibilidade de ser o título judicial fundado em 'aplicação ou interpretação tida como incompatível com a Constituição' quando houver pronunciamento jurisdicional contrário ao decidido pelo Plenário do Supremo Tribunal Federal, seja no controle difuso, seja no controle concentrado de constitucionalidade;

3) O artigo 59 da Lei 9.099/1995 não impede a desconstituição da coisa julgada quando o título executivo judicial se amparar em contrariedade à interpretação ou sentido da norma conferida pela Suprema Corte, anterior ou posterior ao trânsito em julgado, admitindo, respectivamente, o manejo (i) de impugnação ao cumprimento de sentença ou (ii) de simples petição, a ser apresentada em prazo equivalente ao da ação rescisória. (Plenário, Sessão Extraordinária de 09.11.2023)

Com isso, a nova orientação do STF é de que, em processos dos Juizados Especiais, o princípio constitucional da coisa julgada deve ser atenuado quando a decisão, mesmo sendo definitiva, conflitar com aplicação ou interpretação constitucional definida pela Suprema Corte.

38.8 EXECUÇÃO DO JULGADO

De acordo com o art. 775 do CPC/2015, o exequente tem o direito de desistir de toda a execução ou de apenas alguma medida executiva. Assim sendo, não há qualquer impedimento a que o autor execute apenas a obrigação de fazer, consistente na averbação do tempo de contribuição determinada pelo título judicial transitado em julgado, dispondo de 5 anos, a contar do trânsito em julgado, para executar, total ou parcialmente, o título.

Consigna-se que de acordo com a já citada decisão no IRDR n. 18 do TRF/4: "É legalmente admitido o imediato cumprimento definitivo de parcela transitada em julgado, tanto na hipótese de julgamento antecipado parcial do mérito (§§ 2º e 3º do art. 356 do CPC), como de recurso parcial da Fazenda Pública, e o prosseguimento, com expedição de RPV ou precatório, na hipótese de impugnação parcial no cumprimento de sentença que reconheça a exigibilidade de quantia certa (art. 523 e §§ 3º e 4º do art. 535 do CPC), respeitada a remessa oficial, nas hipóteses em que necessária, nas ações em que é condenada a Fazenda Pública na Justiça Federal, nos Juizados Especiais Federais e na competência federal delegada".

É possível também a manutenção do benefício concedido administrativamente no curso da ação e, concomitantemente, a execução das parcelas do benefício postulado na via judicial até a data da implantação administrativa. Nesse sentido, a tese fixada pelo STJ no Repetitivo tema n. 1.018, segunda a qual: "O Segurado tem direito de opção pelo benefício mais vantajoso concedido administrativamente, no curso de ação judicial em que se reconheceu benefício menos vantajoso. Em cumprimento de sentença, o segurado possui o direito à manutenção do benefício previdenciário concedido administrativamente no curso da ação judicial e, concomitantemente, à execução das parcelas do benefício reconhecido na via judicial, limitadas à data de implantação daquele conferido na via administrativa" (STJ, REsp 1.767.789/PR, 1ª Seção, *DJE* 1.7.2022).

Há que se destacar, ainda, que a concessão administrativa do benefício no curso do processo acarreta a extinção do feito, quando corresponda ao pedido formulado na inicial com o pagamento das parcelas atrasadas desde a data de entrada do requerimento. Pelo Enunciado FONAJEF n. 96 essa extinção do processo é sem resolução do mérito. Entendemos, no entanto, que a concessão na via administrativa do benefício após o ajuizamento da demanda representa o reconhecimento do pedido e enseja a extinção com resolução do mérito e consequente condenação em honorários advocatícios, salvo na hipótese de a demanda tramitar na primeira instância do JEF.

Cabe referir que, no caso de benefício previdenciário pago em atraso e acumuladamente, não é legítima a cobrança de imposto de renda com parâmetro no montante global quitado extemporaneamente. Isso porque a incidência do imposto de renda deve observar as tabelas e alíquotas vigentes na época em que os valores deveriam ter sido adimplidos, devendo ser observada a renda auferida mês a mês pelo segurado (STJ, REsp 1.118.429/SP-Repetitivo, 1ª Seção, Rel. Min. Herman Benjamin, *DJe* 14.5.2010). O STF, em repercussão geral, validou esse entendimento:

> *IMPOSTO DE RENDA. PERCEPÇÃO CUMULATIVA DE VALORES. ALÍQUOTA. A percepção cumulativa de valores há de ser considerada, para efeito de fixação de alíquotas, presentes, individualmente, os exercícios envolvidos* (STF, RE 614.406/RS, Plenário, Redator p/ acórdão Min. Marco Aurélio, DJe 26.11.2014).

A Lei n. 13.149/2015 incluiu o art. 12-B à Lei do Imposto de Renda, para definir que: "Os rendimentos recebidos acumuladamente, quando correspondentes ao ano-calendário em curso, serão tributados, no mês do recebimento ou crédito, sobre o total dos rendimentos, diminuídos do valor das despesas com ação judicial necessárias ao seu recebimento, inclusive de advogados, se tiverem sido pagas pelo contribuinte, sem indenização".

A RFB, sobre o tema, emitiu a Instrução Normativa n. 1.500, de 29.10.2014, estabelecendo critérios diferenciados de incidência do IRPF em caso de "rendimentos recebidos acumuladamente" – RRA. Os arts. 36 e 37 da referida Instrução Normativa (com redação dada pela Instrução Normativa RFB n. 1558, de 31.3.2015) dispõem que:

> Art. 36. Os RRA, a partir de 11 de março de 2015, submetidos à incidência do imposto sobre a renda com base na tabela progressiva, quando correspondentes a anos-calendário anteriores ao do recebimento, serão tributados exclusivamente na fonte, no mês do recebimento ou crédito, em separado dos demais rendimentos recebidos no mês.
> § 1º Aplica-se o disposto no *caput*, inclusive, aos rendimentos decorrentes de decisões das Justiças do Trabalho, Federal, Estaduais e do Distrito Federal.
> § 2º Os rendimentos a que se refere o *caput* abrangem o décimo terceiro salário e quaisquer acréscimos e juros deles decorrentes.
> § 3º O disposto no *caput* aplica-se desde 28 de julho de 2010 aos rendimentos decorrentes:
> I – de aposentadoria, pensão, transferência para a reserva remunerada ou reforma, pagos pela Previdência Social da União, dos estados, do Distrito Federal e dos municípios; e
> II – do trabalho.
> § 4º Não se sujeitam à incidência do imposto sobre a renda os juros de mora devidos pelo atraso no pagamento de remuneração por exercício de emprego cargo ou função. (Parágrafo acrescentado pela Instrução Normativa RFB n. 2.141, de 22.5.2023)
> Art. 37. O imposto será retido, pela pessoa física ou jurídica obrigada ao pagamento ou pela instituição financeira depositária do crédito, e calculado sobre o montante dos rendimentos pagos, mediante a utilização de tabela progressiva resultante da multiplicação da quantidade de meses a que se referem os rendimentos pelos valores constantes da tabela progressiva mensal correspondente ao mês do recebimento ou crédito.
> § 1º O décimo terceiro salário, quando houver, representará em relação ao disposto no *caput* a 1 (um) mês.
> § 2º A fórmula de cálculo da tabela progressiva acumulada a que se refere o *caput*, deverá ser efetuada na forma prevista no Anexo IV a esta Instrução Normativa.

Os rendimentos recebidos no decorrer do ano-calendário poderão integrar a base de cálculo do Imposto sobre a Renda na Declaração de Ajuste Anual (DAA) do ano-calendário do recebimento, à opção irretratável do contribuinte. Nessa hipótese, o imposto será considerado antecipação do imposto devido apurado na DAA.

E, em relação aos juros de mora, não cabe a incidência do imposto de renda. Nesse sentido, a Repercussão Geral STF Tema 808: "Não incide imposto de renda sobre os juros de mora devidos pelo atraso no pagamento de remuneração por exercício de emprego, cargo ou função".

Quanto aos procedimentos relativos à expedição de ofícios requisitórios, ao cumprimento da ordem cronológica dos pagamentos, às compensações, ao saque e ao levantamento dos depósitos, estão regulamentados, no âmbito da Justiça Federal de primeiro e segundo graus, pela Resolução CJF n. 822, de 20.3.2023.

A Resolução CJF n. 822/2023 também disciplina (arts. 20 a 26) a possibilidade de o credor ceder a terceiros, total ou parcialmente, seus créditos em requisições de pagamento, independentemente da concordância do devedor, não se aplicando ao cessionário o disposto nos §§ 2º e 3º do art. 100 da Constituição Federal. A cessão tem sido aceita também no procedimento dos JEFs. A esse respeito:

> MANDADO DE SEGURANÇA. PREVIDENCIÁRIO. LIQUIDAÇÃO DO JULGADO. CESSÃO DE CRÉDITO. POSSIBILIDADE.
> 1. Após a alteração do texto constitucional pela EC 62/2009, posteriormente regulamentada pelo CNJ e pelo CJF, restou superada a restrição estabelecida no art. 114 da Lei n. 8.213/91 à cessão de créditos. (...) (MS TR 5028578-66.2020.4.04.7200/SC, 2ª TR-SC, 22.4.2021).

PARTE V
Regimes Próprios de Previdência Social

Introdução

O Brasil, na condição de Estado Federal, constitui-se de três esferas governamentais que gozam de autonomia política, administrativa e financeira: a União Federal, vinte e seis Estados o Distrito Federal[1] e pouco mais de 5.500 Municípios.

A distinção entre a pessoa político-administrativa denominada União e a pessoa jurídica que se domina República Federativa do Brasil (o Estado brasileiro) é assim explanada por Moraes:

> *A União é entidade federativa autônoma, constituindo pessoa jurídica de Direito Público Interno, cabendo-lhe exercer as atribuições da soberania do Estado brasileiro. Não se confundindo com o Estado Federal, este sim pessoa jurídica de Direito Internacional e formado pelo conjunto de União, Estados-membros, Distrito Federal e Municípios?*[2]

Acerca dos Estados e Municípios, o constitucionalista já citado esclarece que a autonomia destes se caracteriza pela denominada "tríplice capacidade de auto-organização e normatização própria, autogoverno e autoadministração".[3]

No que se refere às receitas tributárias, cada nível governamental tem o direito de instituir os tributos que lhe são constitucionalmente atribuídos e que pertençam à sua competência privativa. Isto é, a Constituição define claramente a atribuição das receitas tributárias a cada esfera de governo, não havendo possibilidade de sobreposição de competências em relação aos impostos e às contribuições sociais.

No entanto, é comum às três esferas a competência para instituir taxas (pelo exercício do poder de polícia e pela prestação de serviços públicos), contribuições de melhoria e contribuições para custeio do regime de previdência de seus servidores.[4]

Assim, dentro da capacidade de auto-organização, é fundamental ressaltar também que "na construção do sistema previdenciário brasileiro, afeto ao serviço público, os municípios e estados, por intermédio de seus respectivos legislativos, têm competência suplementar para estabelecer regras e normas próprias".[5]

Sobre a capacidade para autogovernar-se, considera-se configurada "uma vez que é o próprio povo quem escolhe diretamente seus representantes nos Poderes Legislativo e Executivo locais, sem que haja qualquer vínculo de subordinação ou tutela por parte da União",[6] sendo previsto o Poder Judiciário, também, no âmbito dos Estados e Distrito Federal.

---

[1] O Distrito Federal possui *status* institucional similar ao dos Estados.
[2] MORAES, Alexandre de, *Direito Constitucional*, p. 271.
[3] MORAES, *Direito Constitucional*, p. 272.
[4] O Sistema Tributário Brasileiro está definido na Constituição da República de 1988, Título VI, Capítulo I, artigos 145 a 162, com as alterações inseridas pelas Emendas Constitucionais n. 3/93, 42/2003 e 132/2023.
[5] STEPHANES, Reinhold. *Reforma da Previdência sem Segredos*. Rio de Janeiro: Record, 1999, p. 39.
[6] MORAES, *Direito Constitucional*, p. 273.

E, com relação à autoadministração, esta se delineia a partir da previsão de existência de um mínimo de recursos financeiros, obtidos diretamente através de sua própria receita tributária,[7] com os quais cada Estado e cada Município é capaz de gerir os serviços públicos por estes mantidos, tendo, portanto, cada um, o seu regime administrativo, conceituado por Hauriou como aquele que

> *consiste em um poder político-jurídico, que é o poder executivo e administrativo, que se introduz como intermediário entre a lei e o juiz, a fim de assumir a aplicação das leis em todos os procedimentos que não sejam contenciosos, com a finalidade de facilitar e, se for necessário, impor aos cidadãos a execução das leis por meio de uma regulamentação própria, pela organização dos serviços públicos e por decisões executórias particulares.*[8]

Conclui-se que cada esfera territorial de Poder tem sua organização administrativa própria,[9] o que se revela como capacidade de possuir uma estrutura administrativa, bem como de legislar sobre essa mesma estrutura e manter financeiramente os serviços e o pessoal relacionados a essa estrutura. Tal estrutura é denominada Administração Pública.

Quanto à relação entre Estado, Governo e Administração, é clássica a distinção formulada por Hely Lopes Meirelles: "A Administração é o instrumental de que dispõe o Estado para pôr em prática as opções políticas do Governo".[10]

Concorda-se, pois, com Carvalho Filho, para quem a Administração Pública

> *não deve ser confundida com qualquer dos Poderes estruturais do Estado, sobretudo o Poder Executivo, ao qual se atribui usualmente a função administrativa. Para a perfeita noção de sua extensão é necessário pôr em relevo a função administrativa em si, e não o Poder em que ela é exercida. Embora seja o Poder Executivo o administrador por excelência, nos Poderes Legislativo e Judiciário há numerosas tarefas que constituem atividade administrativa, como é o caso, por exemplo, das que se referem à organização interna dos seus serviços e dos seus servidores. Desse modo, todos os órgãos e agentes que, em qualquer desses Poderes, estejam exercendo função administrativa serão integrantes da Administração Pública.*[11]

Paulo Cruz aponta que a estruturação jurídica do Poder estatal implica estabelecer os órgãos pelos quais o Estado atua, sendo fundamental o conhecimento do conceito de órgão público. Prosseguindo, o autor catarinense busca estabelecer um conceito operacional para este:

> *Os órgãos do Estado aparecem como os instrumentos através dos quais se expressa a sua vontade, e é levada a cabo a ação estatal. Em última análise, os órgãos do Estado, como os ministérios, os tribunais, o Parlamento, entre outros, estão integrados num grande organismo, de modo que a ação de qualquer dos órgãos estatais se converte, desta forma, em atos do Estado.*[12]

Conforme o entendimento de Meirelles, órgãos públicos "São centros de competência instituídos para o desempenho de funções estatais, através de seus agentes, cuja atuação é imputada à pessoa jurídica a que pertencem".[13]

---

[7] MORAES, *Direito Constitucional*, p. 275.
[8] Apud MORAES, *Direito Constitucional*, p. 314.
[9] FERREIRA, Sérgio D'Andréa. *Direito Administrativo Didático*. 3. ed. Rio de Janeiro: Forense, 1985, p. 71.
[10] MEIRELLES, *Direito Administrativo Brasileiro*, p. 61.
[11] CARVALHO FILHO, *Manual de Direito Administrativo*, p. 7.
[12] CRUZ, *Fundamentos do Direito Constitucional*, p. 98.
[13] MEIRELLES, *Direito Administrativo Brasileiro*, p. 63.

Os órgãos públicos não possuem personalidade jurídica[14]; cada órgão público pertence a uma entidade da Administração e a ela está vinculado.

As entidades públicas são aquelas dotadas de personalidade jurídica própria e autonomia administrativa e financeira,[15] constituindo-se em entidades estatais, ou pessoas político-administrativas – a União, os Estados, o Distrito Federal e os Municípios – e paraestatais – as autarquias, as fundações públicas, as empresas públicas e as sociedades de economia mista.[16]

Assim, as entidades da Administração são estruturadas de forma orgânica: suas atribuições são distribuídas por diversos órgãos públicos. Uma entidade da Administração é composta de órgãos públicos.

Do ponto de vista de nossa estrutura política, a Administração Pública pode ser federal, estadual, distrital e municipal.[17]

Ao conceito de entidade estatal (político-administrativa) corresponde o de Administração Direta: "No Brasil, como Estado Federal, cada pessoa político-administrativa constitucional territorial (União, Estado-membro, Distrito Federal, Município) é considerada, separadamente, uma Administração Direta".[18]

Já a Administração Indireta "corresponde à organização administrativa das pessoas jurídicas criadas pelo Estado para com ele comporem a Administração Pública, auxiliando-o no exercício da atividade administrativa". Decorrem do processo de descentralização institucional,[19] que se caracteriza por conferir a entes autônomos personalidade jurídica, porém "não se desprendem de seu criador: são satélites que permanecem vinculados, e sobre os quais a Administração Direta estatal exerce poderes de fiscalização, de correção de atos, e, até mesmo, de intervenção, que compõem, em seu conjunto, a chamada tutela ou supervisão administrativa".[20]

São entidades da Administração Indireta da União, dos Estados-membros, do Distrito Federal e dos Municípios as respectivas autarquias, fundações públicas, empresas públicas e sociedades de economia mista, assim como as empresas subsidiárias destas.

Dentre estas entidades denominadas paraestatais, há uma distinção fundamental, que leva em conta a atividade a ser desempenhada.

Com efeito, as autarquias[21] e as fundações públicas são conceituadas como pessoas jurídicas de direito público,[22] e somente podem exercer atividade pública,[23] ou seja, função típica da Administração Pública Direta, transferida por *descentralização institucional*.

---

[14] "Como círculo interno de poder, o órgão em si é despersonalizado; apenas integra a pessoa jurídica" (CARVALHO FILHO, *Manual de Direito Administrativo*, p. 9).

[15] "Dotadas de autonomia e, pois, da capacidade de autoadministração, as entidades federativas terão, por via de consequência, as suas próprias Administrações, ou seja, terão sua própria organização e seus próprios serviços, inconfundíveis com as de outras entidades" (CARVALHO FILHO, *Manual de Direito Administrativo*, p. 6).

[16] BRASIL. *Decreto-lei n. 200*. 25.2.1967. Disponível em www.planalto.gov.br. Acesso em: 6 set. 2004.

[17] SIMAS, *Manual Elementar de Direito Administrativo*, p. 84.

[18] FERREIRA, *Direito Administrativo Didático*, p. 39.

[19] "Não há, pois, como confundir descentralização administrativa com desconcentração. Nesta não se verifica a criação de pessoas. Naquela a personalidade é seu elemento definido, pois o organismo criado pode manifestar a sua vontade, agindo em nome próprio e não em nome de outrem" (TEMER, Michel. *Elementos de Direito Constitucional*. 7. ed. São Paulo: Revista dos Tribunais, 1990, p. 95).

[20] FERREIRA, *Direito Administrativo Didático*, p. 75.

[21] As agências reguladoras e as agências executivas, previstas pela Emenda Constitucional n. 19/1998, são autarquias em regime especial (conforme MELLO, *Curso de Direito Administrativo*, p. 156-167).

[22] BRASIL, *Decreto-lei n. 200/67*, art. 5º.

[23] MELLO, *Curso de Direito Administrativo*, pp. 147-169.

Já as empresas públicas, sociedades de economia mista e suas respectivas subsidiárias, embora sejam pessoas jurídicas criadas por força de autorização legal como instrumento de ação do Governo, possuem natureza jurídica de direito privado, podendo assumir a forma de empresa com capital totalmente pertencente a pessoas de direito público (empresas públicas), ou com predominância acionária destas.[24]

Tal distinção gera uma digressão necessária: por força de disposição constitucional, as pessoas jurídicas de direito privado pertencentes à Administração Pública são regidas em suas relações jurídicas pelos diplomas que regem as pessoas jurídicas de direito privado,[25] não se aplicando, por exemplo, em matéria de relações de trabalho e previdenciárias, as disposições do Capítulo VII do Título III da Constituição da República, salvo aquelas que expressamente sejam aplicáveis.[26]

Vista a organização do Estado e da Administração Pública, é importante fixar, na sequência, quem são os agentes que atuam em nome de tais entidades, dos quais interessa identificar os chamados *servidores públicos*.

Para Di Pietro, os servidores públicos compreendem: 1) os servidores estatutários, ou doravante, servidores públicos em sentido estrito, ocupantes de cargos públicos; 2) os empregados públicos, contratados sob o regime da CLT e ocupantes de emprego público; e 3) os servidores temporários, contratados por tempo determinado (art. 37, IX, da Constituição), exercendo função, e não cargo ou emprego.[27]

Os servidores estatutários, ou servidores públicos em sentido estrito, são os que possuem vínculo de trabalho regido por estatuto próprio. Ou, como explana Meirelles, os servidores públicos constituem subespécies dos agentes públicos administrativos, categoria que abrange a grande massa de prestadores de serviços à Administração e a ela vinculados por relações profissionais, em razão da investidura em cargos e funções.[28]

Para Carvalho Filho, "servidores públicos estatutários são aqueles cuja relação jurídica de trabalho é disciplinada por diplomas legais específicos, denominados de estatutos. Nos estatutos estão inscritas todas as regras que incidem sobre a relação jurídica, razão por que nelas se enumeram os direitos e deveres dos servidores e do Estado".[29]

Um traço característico dessa espécie de agentes públicos é a forma não contratual[30] como se dá a identificação de seus direitos e deveres, na relação laboral que mantém com a entidade pública, a partir de um diploma específico, denominado *estatuto*, que deverá ser editado por cada ente político-administrativo:[31]

---

[24] MELLO, *Curso de Direito Administrativo*, p. 172.

[25] BRASIL, *Constituição da República Federativa do Brasil*, art. 173, § 1º, inc. II.

[26] O artigo 40 da Constituição não se aplica a indivíduos vinculados por relação de trabalho a empresas públicas e sociedades de economia mista.

[27] DI PIETRO, Maria Sylvia Zanella. *Direito Administrativo*, p. 434.

[28] MEIRELLES, *Direito Administrativo Brasileiro*, p. 363.

[29] CARVALHO FILHO, *Manual de Direito Administrativo*, p. 403.

[30] Nas relações contratuais, como se sabe, os direitos e obrigações recíprocos, constituídos nos termos e na ocasião da avença, são unilateralmente imutáveis e passam a integrar de imediato o patrimônio jurídico das partes, gerando, desde logo, direitos adquiridos em relação a eles. Diversamente, no liame de função pública, composto sob a égide estatutária, o Estado, ressalvadas as pertinentes disposições constitucionais impeditivas, deterá o poder de alterar legislativamente o regime jurídico de seus servidores, inexistindo a garantia de que continuarão sempre disciplinados pelas disposições vigentes quando de seu ingresso. Bem por isto, os direitos que deles derivem não se incorporam integralmente, de imediato, ao patrimônio jurídico do servidor (firmados como direitos adquiridos), do mesmo modo que nele se integrariam se a relação fosse contratual (MELLO, *Curso de Direito Administrativo*, p. 235).

[31] "Da entidade de que faz parte o serviço é a competência para organizar o funcionalismo. As normas estatutárias federais não se aplicam aos servidores estaduais ou municipais" (SIMAS, *Manual Elementar de Direito Administrativo*, p. 462).

Duas são as características do regime estatutário. A primeira é a da pluralidade normativa, indicando que os estatutos funcionais são múltiplos. Cada pessoa da federação, desde que adote o regime estatutário para os seus servidores, precisa ter a sua lei estatutária para que possa identificar a disciplina da relação jurídica funcional entre as partes. (...) A outra característica concerne à natureza da relação jurídica estatutária. Essa relação não tem natureza contratual, ou seja, inexiste contrato entre o Poder Público e o servidor estatutário. Tratando-se de relação própria do direito público, não pode ser enquadrada no sistema dos negócios jurídicos bilaterais de direito privado.[32]

O segundo aspecto que caracteriza os servidores públicos em sentido estrito é o fato de que todos, sem exceção, são titulares de cargos públicos na Administração Direta, nas autarquias e fundações de direito público da União, dos Estados, do Distrito Federal e dos Municípios, em qualquer dos Poderes constituídos – Executivo, Legislativo ou Judiciário, bem como no Ministério Público, entendendo-se este como ente autônomo em relação aos três Poderes constituídos.[33]

A Constituição vigente autoriza, como veremos nos próximos capítulos, tratamento diferenciado aos Magistrados, membros do Ministério Público, de Tribunais de Contas e aos servidores públicos ocupantes de cargos efetivos da União, dos Estados, do Distrito Federal e dos Municípios, bem como os das autarquias e fundações públicas, ao prever a instituição de regime previdenciário próprio, de caráter contributivo (art. 40, *caput*).

---

[32] CARVALHO FILHO, *Manual de Direito Administrativo*, pp. 404-405.
[33] MELLO, *Curso de Direito Administrativo*, p. 231.

Histórico

A primeira Constituição brasileira a tratar de matéria previdenciária foi a de 1891, que em seu artigo 75 estabeleceu: "A aposentadoria só poderá ser dada aos funcionários públicos em caso de invalidez a serviço da Nação", e no artigo 6º de suas Disposições Transitórias estabeleceu:

> Art. 6º *Nas primeiras nomeações para a magistratura federal e para a dos Estados serão preferidos os juízes de direito e os desembargadores de maior nota.*
> *Os que não forem admitidos na nova organização judiciária, e tiverem mais de 30 anos de exercício, serão aposentados com todos os seus vencimentos.*
> *Os que tiverem menos de 30 anos de exercício continuarão a perceber seus ordenados, até que sejam aproveitados ou aposentados com ordenados correspondentes ao tempo de exercício. As despesas com os magistrados aposentados ou postos em disponibilidade serão pagas pelo governo federal.*[1]

Em 1892, a Lei n. 217, de 29 de novembro, instituiu a aposentadoria por invalidez e a pensão por morte dos operários do Arsenal de Marinha do Rio de Janeiro.

No ano de 1911, o Decreto n. 9.284, de 30 de dezembro, cria a Caixa de Aposentadoria e Pensões dos Operários da Casa da Moeda, abrangendo, portanto, os então funcionários públicos daquele órgão.

Observa-se, até então, que em matéria de aposentadoria, *os primeiros indivíduos beneficiados na ordem jurídica brasileira foram alguns agentes públicos* (à época denominados empregados ou funcionários públicos) e magistrados, o que também é ressaltado por Martinez.[2]

De acordo com Coimbra, "para empregados das empresas privadas, até 1923, nada se tinha feito. Só nesse ano veio a ser promulgada a Lei n. 4.682, de 24 de janeiro, conhecida como Lei Eloy Chaves, instituindo uma Caixa de Aposentadoria e Pensões junto a cada empresa ferroviária, e tornando seus empregados segurados obrigatórios"[3], ainda que tivessem natureza privada, pois vinculadas às empresas.[4] Somente em 20 de dezembro de 1926, a Lei n. 5.109 estenderia iguais normas a empregados de empresas de navegação marítima e fluvial, bem como aos portuários (permitindo, assim, também a filiação de trabalhadores avulsos).[5]

As aposentadorias por invalidez e por idade, esta compulsória, aos 68 anos, foram previstas somente pelas Constituições de 1934 e 1937.

---

[1] DIAS, *Constituições do Brasil.*, p. 358.
[2] MARTINEZ, *Curso de Direito Previdenciário*, p. 21.
[3] COIMBRA, *Direito Previdenciário Brasileiro*, p. 34.
[4] TAVARES, *Previdência e Assistência Social*: legitimação e fundamentação constitucional brasileira, p. 210.
[5] MARTINEZ, *Curso de Direito Previdenciário*, p. 75.

O primeiro Estatuto dos Funcionários Públicos – cuja promulgação se deu em 1939, em meio a um regime de exceção – criava uma aposentadoria por tempo, mas sujeita à discricionariedade da Administração. O Decreto-lei n. 1.713/1939, assim, tratava a aposentadoria como "graça" do Estado, ou seja, um prêmio pelos bons serviços prestados, *ex vi* do contido na alínea "b" do art. 197 do citado Decreto-lei, que previa que seria concedida aposentadoria voluntária aos *"funcionários que contarem mais de trinta e cinco anos de efetivo exercício e forem julgados merecedores desse prêmio,* pelos bons e leais serviços prestados à administração pública" (grifamos). Tal concepção impregnou o conceito de aposentadoria no serviço público até os dias atuais, não sendo difícil localizar, na doutrina de Direito Administrativo, quem ainda declare que a aposentadoria é um prêmio pelos serviços prestados pelo servidor.

Quanto à Constituição de 1946, no que tange ao funcionalismo público, ao lado das aposentadorias por invalidez e compulsória por idade avançada, ganhava *status* constitucional a aposentadoria voluntária aos 35 anos de serviço público, embora desde 1939 já existisse sua previsão em norma legal; ocorre que, segundo Rocha, "a *concessão da prestação ficava ao alvedrio da administração, que poderia considerar que os serviços prestados não tinham sido bons e leais de maneira suficiente".*[6]

Nesse período, enquanto os trabalhadores urbanos da iniciativa privada contribuíam para as Caixas de Aposentadorias e Pensões, posteriormente transformadas em Institutos de Aposentadorias e Pensões, paralelamente, no âmbito do serviço público, as aposentadorias permaneceram sendo custeadas exclusivamente com recursos do Tesouro.

A Constituição promulgada em 1988 manteve regras diferenciadas para a aposentadoria dos servidores públicos da União, dos Estados, do Distrito Federal e dos Municípios, bem como os das autarquias e fundações públicas, na forma do art. 40, *caput,* do Texto Maior.

A primeira Emenda Constitucional que pretendeu alterar disposições atinentes à proteção social foi a de número 3, promulgada em 17.3.1993, e que estabelece, para os agentes públicos ocupantes de cargos efetivos, a obrigatoriedade de contribuição para custeio de aposentadorias e pensões concedidas a estes, modificando-se uma tradição do direito pátrio, qual seja, a de que tais concessões, no âmbito do serviço público, eram graciosas, independentes de contribuição do ocupante do cargo. O caráter contributivo é estendido, assim, e a partir de então, a todos os indivíduos amparados por algum diploma garantidor de aposentadorias e pensões, à exceção – ainda – dos militares das Forças Armadas.

A Emenda n. 3/1993, contudo, não ensejou alterar as regras de concessão de aposentadorias e pensões, seja no âmbito do serviço público, seja no âmbito do Regime Geral de Previdência Social, dos trabalhadores em geral, tendo sido mantida a tendência de aumento do número de aposentadorias e pensões.

Para reduzir o impacto de tal tendência, houve por bem o Poder Executivo, no ano de 1995, enviar nova proposta de emenda constitucional ao Congresso Nacional, promulgada, com diversas alterações quanto ao texto originalmente proposto, como a Emenda Constitucional n. 20, de 15 de dezembro de 1998.

Como relata Borges, com relação à necessidade de tal reforma,

> *A ilusão de que a cobertura dos pagamentos dos benefícios previdenciários, por parte do Tesouro Nacional era uma garantia inesgotável fez com que apenas diante de um déficit assustador de mais de 3% do PIB, atrelado ao grave desequilíbrio das contas públicas, a questão previdenciária brasileira fosse debatida e desaguasse na promulgação da Emenda Constitucional n. 20.*[7]

---

[6] ROCHA, *O Direito Fundamental à Previdência Social na Perspectiva dos Princípios Constitucionais Diretivos do Sistema Previdenciário Brasileiro,* p. 63.

[7] BORGES, *Previdência Funcional e Regimes Próprios de Previdência,* p. 71.

Conforme o entendimento de Roberto Luís Demo define-se uma mudança conceitual com a promulgação da Emenda Constitucional n. 20/1998:

> A aposentadoria no serviço público era vista como questão de política de servidor, questão funcional, não como questão de previdência (...). Esse novo paradigma tomou forma embrionária com a EC n. 20/98, determinando, em linhas gerais, fosse o regime próprio de previdência social contributivo e, para fins de aposentadoria, proibindo a contagem de tempo fictício [ex. licença-prêmio] e aumentando idade mínima e a carência [para 10 anos no serviço público, mantendo a regra anterior de 5 anos no cargo]. Posteriormente, ganhou corpo com a EC n. 41/03, impondo regras ainda mais restritivas ao regime próprio de previdência social dos servidores.[8]

No ano de 2003, nova proposta de Emenda Constitucional foi enviada pelo Poder Executivo ao Congresso Nacional, direcionada de forma mais clara a realizar alterações no art. 40 da Constituição, que trata especificamente dos direitos previdenciários dos agentes públicos ocupantes de cargos efetivos (e, por força de outros dispositivos constitucionais, os ocupantes de cargos vitalícios), modificando, mais uma vez, as regras de concessão de aposentadoria e de pensão por morte a dependentes destes, sem contudo alterar os princípios fundantes do sistema.[9]

A Emenda n. 47 trouxe novas regras de transição para os servidores que ingressaram antes da EC n. 20/1998; a Emenda n. 70 assegurou proventos iguais à última remuneração e paridade[10] nos casos de aposentadoria por invalidez destes mesmos servidores; e a Emenda n. 88 alterou a idade da aposentadoria compulsória dos ministros de Tribunais Superiores para 75 anos, abrindo a oportunidade de que essa idade seja estendida a outros agentes públicos abrangidos por RPPS, desde que o seja por lei complementar.

Mais recentemente, a EC n. 103/2019 alterou substancialmente regras concernentes aos direitos previdenciários dos ocupantes de cargos efetivos federais, o que será objeto de análise em cada um dos capítulos a seguir.

---

[8] DEMO, *Reforma da Previdência. Servidor Público que toma posse em novo cargo. Regime previdenciário aplicável*, p. 215.

[9] BORGES, *Previdência Funcional e Regimes Próprios de Previdência*, p. 82. As mudanças levadas a efeito serão objeto de análise no último capítulo deste trabalho.

[10] Considera-se paridade a "forma de revisão dos proventos de aposentadoria e das pensões por morte aos quais foi assegurada a aplicação dessa regra, que ocorrerá na mesma proporção e na mesma data, sempre que se modificar a remuneração ou subsídio dos segurados em atividade, sendo também estendidos aos aposentados e pensionistas quaisquer benefícios ou vantagens posteriormente concedidos aos segurados, inclusive quando decorrentes da transformação ou reclassificação do cargo ou função em que se deu a aposentadoria ou que serviu de referência para a concessão de pensão por morte, desde que tenham natureza permanente e geral e sejam compatíveis com o regime jurídico dos segurados em atividade, na forma da lei" (Portaria MTP n. 1.467, de 2.6.2022, art. 2º, inc. XX).

41

Aspectos Gerais dos Regimes Próprios

Considera-se Regime Próprio de Previdência Social – RPPS – aquele que assegure aos servidores ocupantes de cargo efetivo de um Ente da Federação a aposentadoria e, a seus dependentes, a pensão por morte (§ 2º do art. 9º da Emenda n. 103/2019). São *regimes próprios* (no plural), porque cada ente da Federação (União, Estados, Distrito Federal e Municípios) deve ter seu próprio regime.

Utilizando os dados colhidos pela Exposição de Motivos da PEC n. 06/2019, apresentada em fevereiro de 2019 pelo governo federal:

> Atualmente, existem mais de 2.130 RPPS (...) o da União, de todos os Estados, de todas as capitais e de cerca de 2.080 Municípios, cobrindo cerca de 5,7 milhões de servidores ativos e 3,8 milhões de aposentados e pensionistas. Cerca de 70% da população vive em Municípios que possuem RPPS.

Por este conjunto de dados se constata a importância e o alcance das medidas levadas a efeito pela reforma de 2019, afetando uma parcela significativa de pessoas que exercem cargos públicos em atividades essenciais à sociedade, como saúde, educação, segurança e justiça.

De outro lado, o volume de recursos (públicos) relativo às cifras geridas pelos RPPS circulando no mercado financeiro indica haver também interesse dos "atores econômicos" na definição das regras, particularmente a possibilidade de criação de novos regimes de previdência complementar em Estados e Municípios que ainda não o fizeram.

41.1 SEGURADOS DOS REGIMES PRÓPRIOS DE PREVIDÊNCIA

São segurados dos Regimes Próprios de Previdência Social os "servidores públicos titulares de cargo efetivo, membros da magistratura, do Ministério Público, da Defensoria Pública e dos Tribunais de Contas de quaisquer dos poderes da União, dos Estados, do Distrito Federal e dos Municípios, incluídas suas autarquias e fundações" (Portaria MTP n. 1.467/2022, art. 2º, III).[1]

Em função da autonomia político-administrativa de cada um dos Entes da Federação, incumbe especificamente à União estabelecer, normatizar e fazer cumprir a regra constitucional do art. 40 com relação aos seus servidores públicos ocupantes de cargos efetivos (inclusive os vitalícios); a cada Estado-membro da Federação e ao Distrito Federal, em relação a seus servidores públicos estaduais ou distritais e agentes públicos; e a cada Município, em relação

---

[1] Deverá ser garantido aos segurados e aos beneficiários o pleno acesso às informações relativas à gestão do RPPS e às de seu interesse pessoal e divulgadas, por meio de sítios eletrônicos, em linguagem clara e acessível, as principais informações administrativas, contábeis, financeiras e atuariais do regime (art. 74 da Portaria MTP n. 1.467/2022).

aos seus servidores públicos municipais, o que acarreta a existência milhares de Regimes de Previdência Social na ordem jurídica vigente.

Todavia, a regra do *caput* do art. 40 não confere, a nosso ver, plenos poderes aos entes da Federação para definir critérios de estabelecimento e indicação dos segurados dos respectivos Regimes Próprios.

Note-se, por exemplo, a decisão do STF na ADI 3.106, em que o Procurador-Geral da República questionava a filiação de servidores temporários ao regime próprio de previdência dos servidores públicos estaduais de Minas Gerais e a cobrança compulsória de assistência médica, hospitalar, odontológica, social, farmacêutica e complementar dos servidores temporários prestada pelo Instituto de Previdência dos Servidores daquele estado (IPSEMG). Pela decisão da Corte, o estado pode instituir plano de saúde para servidor, mas a adesão ou não ao plano deve ser uma opção dos servidores.

No mesmo sentido, o STF, em sede de repercussão geral, reconheceu a inconstitucionalidade da criação ou manutenção de benefícios de matiz previdenciária a ocupantes de cargos eletivos, fixando a seguinte tese: "Lei municipal a versar a percepção, mensal e vitalícia, de 'subsídio' por ex-vereador e a consequente pensão em caso de morte não é harmônica com a Constituição Federal de 1988" (Tema 672, Rel. Min. Marco Aurélio).

E, mais recentemente, no julgamento do Tema 1254 sob a sistemática de Repercussão Geral, reafirmou sua jurisprudência, no sentido de que servidores admitidos sem concurso público ou que tenham adquirido estabilidade com a Constituição Federal de 1988 devem se aposentar sob o Regime Geral de Previdência Social (RGPS). Portanto, não têm direito às vantagens privativas dos servidores concursados ocupantes de cargo efetivo, que se aposentam sob as regras do regime próprio de previdência social (RPPS), ao sufragar a seguinte tese: "São admitidos no regime próprio de previdência social exclusivamente os servidores públicos civis detentores de cargo efetivo (art. 40, CF, na redação dada pela EC n. 20/98), o que exclui os estáveis na forma do art. 19 do ADCT e demais servidores admitidos sem concurso público" (Plenário Virtual, *DJe* 16.6.2023).

Em outros julgados, o STF decidiu pela impossibilidade de inclusão, em Regime Próprio, de pessoas que não exercem cargo público efetivo, como os serventuários de cartórios extrajudiciais:

> Art. 34, § 1º, da Lei estadual do Paraná 12.398/1998, com redação dada pela Lei estadual 12.607/1999. (...) Inconstitucionalidade material que também se verifica em face do entendimento já pacificado nesta Corte no sentido de que o Estado-membro não pode conceder aos serventuários da Justiça aposentadoria em regime idêntico ao dos servidores públicos (art. 40, caput, da CF) (ADI 2.791, Rel. Min. Gilmar Mendes, Plenário, DJ 24.11.2006). No mesmo sentido: AI 628.114-ED, Rel. Min. Ellen Gracie, 2ª Turma, DJE 18.12.2009.

41.2 FILIAÇÃO A REGIME PRÓPRIO

A filiação é, como já visto, a situação jurídica daquele que se encontra vinculado a um regime de previdência, sendo importante fixar a data de início dessa mesma filiação, bem como a manutenção e a perda da qualidade de segurado – aqui, destacadamente, quanto aos Regimes Próprios de Previdência.

Para tanto, valemo-nos da interpretação contida na Portaria MTP n. 1.467/2022: como os segurados de RPPS são ocupantes de cargos públicos efetivos (incluídos os vitalícios, como os da Magistratura e do Ministério Público), a data a ser reconhecida como a de início da filiação é a que coincide com o "exercício das atribuições do cargo de que é titular" (§ 4º do art. 3º da Portaria).

Dúvidas surgem, entretanto, quando do surgimento de algumas situações peculiares que ocorrem com os agentes públicos.

A primeira delas diz respeito à pessoa que tenha exercício exclusivo de cargo em comissão, temporário ou decorrente de mandato eletivo. A essas pessoas a filiação é automática, mas com vinculação ao RGPS, na forma da legislação própria, notadamente o art. 20 do Decreto n. 3.048/1999.

Já a pessoa que exerça cargo público e tenha sido investido em cargo ou função em comissão, por nomeação, designação ou outra forma de investidura nos órgãos ou entidades da administração pública direta, indireta ou fundacional, continua filiado exclusivamente ao RPPS, não sendo devidas contribuições ao RGPS pelo exercício do cargo ou função comissionados.

Mas quando houver exercício concomitante de cargo efetivo com outro cargo não efetivo, em outro ente federativo, desde que haja compatibilidade de horários, haverá o vínculo e o recolhimento ao RPPS, pelo cargo efetivo e, ao RGPS, pelo cargo em comissão (§ 5º do art. 3º da Portaria MTP n. 1.467/2022).

O servidor público titular de cargo efetivo filiado a regime próprio de previdência social, quando cedido a órgão ou entidade de outro ente da federação, com ou sem ônus para o cessionário, permanecerá vinculado ao regime de origem (art. 1º-A da Lei n. 9.717/1998, incluído pela MP n. 2.187-13/2001).

O segurado de RPPS que for investido no mandato de vereador e, havendo compatibilidade de horários, continuar exercendo as atribuições do cargo efetivo, sem prejuízo da remuneração do cargo eletivo, permanecerá filiado ao RPPS no ente federativo de origem em relação ao cargo efetivo, sendo também filiado ao RGPS, pelo exercício concomitante do cargo eletivo.

Os notários ou tabeliães, os oficiais de registro ou registradores, os escreventes e os auxiliares, não remunerados pelos cofres públicos, são segurados obrigatórios do RGPS, e não se filiam a RPPS nessa condição.

O aposentado por qualquer regime de previdência que exerça ou venha a exercer cargo em comissão, cargo temporário, emprego público ou mandato eletivo filia-se, obrigatoriamente, ao RGPS (§ 2º do art. 3º da Portaria MTP n. 1.467/2022).

São situações de *manutenção da qualidade de segurado* de RPPS do ente federativo em que ocupa cargo efetivo (art. 4º da Portaria MTP n. 1.467/2022):

I – quando cedido, com ou sem ônus para o cessionário, a órgão ou entidade da administração direta ou indireta de quaisquer dos entes federativos;
II – quando licenciado, na forma da lei do ente federativo;
III – durante o afastamento do cargo para o exercício de mandato eletivo em quaisquer dos entes federativos, com ou sem ônus para o órgão do exercício do mandato, conforme art. 38 da Constituição Federal;
IV – durante o afastamento do país por cessão ou licenciamento, na forma da lei do ente federativo; e
V – durante o afastamento para exercício de cargo temporário ou função pública providos por nomeação, designação ou outra forma de investidura nos órgãos ou entidades da administração pública direta, indireta ou fundacional do mesmo ou de outro ente federativo.

A respeito da situação do servidor filiado a RPPS que se afasta ou é licenciado temporariamente do exercício do cargo efetivo sem recebimento de remuneração ou de subsídio pelo ente federativo, prevê o art. 23 da Portaria MTP n. 1.467/2022 que "somente contará o tempo correspondente ao afastamento ou licenciamento para fins de aposentadoria mediante o recolhimento mensal, ao RPPS, das contribuições a seu cargo".

Nesse caso, a lei do respectivo ente federativo atribuirá ao segurado o ônus de recolher a própria contribuição e definirá se a responsabilidade pelo recolhimento da parcela de contribuição a cargo do ente federativo será mantida ou imputada ao segurado. Na omissão da lei, o repasse do valor correspondente à unidade gestora do RPPS continuará sob a responsabilidade do ente federativo.

As contribuições, no caso de afastamento ou licença não remunerada, incidirão sobre a mesma base de cálculo e nos mesmos percentuais que incidiriam se o segurado estivesse em atividade.

O período de contribuição do segurado nessa situação será computado para a concessão de aposentadoria pelo RPPS ou para a contagem recíproca de que trata o art. 201 da Constituição Federal, porém não será considerado para verificação do cumprimento dos requisitos de tempo de efetivo exercício no serviço público[2], de tempo na carreira e de tempo de exercício no cargo efetivo[3] para a concessão de aposentadoria ao segurado.

Será suspensa, pelo entendimento da Administração Pública Federal, em caso de licença sem remuneração do servidor, a contagem do tempo de contribuição para efeitos de concessão de benefícios previdenciários do segurado que não efetivar o recolhimento das contribuições ao RPPS e "não será devida, no período, a cobertura dos riscos previdenciários não programáveis de aposentadoria por incapacidade permanente para o trabalho, aposentadoria por invalidez e pensão por morte" (art. 23, § 5º, da Portaria MTP n. 1.467/2022). Entendemos que é discutível essa desproteção, na medida em que ausente qualquer previsão legal a respeito, e a referida interpretação restringe o acesso ao direito fundamental à proteção previdenciária (do indivíduo e de seus dependentes). Apenas para reforçar esse argumento, veja-se que no RGPS a pessoa que não contribuir ainda é amparada nos prazos do art. 15 da LBPS – os "períodos de graça", e só após expirados estes é que ocorrerá a perda da qualidade de segurado e consequente desproteção.

E se o segurado que acumule licitamente dois cargos for afastado de ambos para investidura em cargo de provimento em comissão, "a contribuição ao RPPS deverá ser realizada sobre as bases de cálculo dos dois cargos, sob pena de suspender a contagem do tempo de contribuição no cargo quanto ao qual não houve o recolhimento" (art. 24 da referida Portaria).

Ressalvadas as situações de direito adquirido, a concessão de benefícios previdenciários pelos RPPS exige a comprovação de filiação ativa ao RPPS (art. 169 da Portaria MTP n. 1.467/2022). A filiação como segurado de RPPS se mantém até que ocorra a perda dessa qualidade.

A *perda da condição de segurado* do RPPS, segundo o mesmo diploma infralegal, ocorrerá nas hipóteses de morte, exoneração, demissão, cassação da aposentadoria, transcurso do tempo de duração ou demais condições da pensão por morte previstas em lei do ente federativo, ou em razão de decisão judicial (art. 6º da Portaria MTP n. 1.467/2022).[4]

41.3 REGRAS GERAIS VIGENTES PARA OS REGIMES PRÓPRIOS

Das mudanças levadas a efeito pela EC n. 103, de 2019, a primeira que merece atenção é justamente a alteração da redação do *caput* do art. 40 da CF.

Vejamos:

---

[2] Considera-se tempo de efetivo exercício no serviço público, para este fim, "o tempo de exercício de cargo, inclusive militar, função ou emprego público, ainda que descontínuo, na Administração direta e indireta de qualquer dos entes federativos" (Portaria MTP n. 1.467, de 2.6.2022, art. 2º, inc. XII).

[3] Será considerado como tempo no cargo efetivo, tempo na carreira e tempo de efetivo exercício no serviço público o período em que o segurado estiver em exercício de mandato eletivo, cedido, com ou sem ônus para o cessionário, a órgão ou entidade da administração direta ou indireta, do mesmo ou de outro ente federativo, ou afastado do país por cessão ou licenciamento com remuneração (art. 167 da Portaria MTP n. 1.467/2022).

[4] De modo, a nosso ver, equivocado, o art. 5º da Portaria MTP n. 1.467/2022 considera "segurados, na condição de beneficiários, os dependentes em gozo de pensão por morte e os aposentados". Na verdade, os beneficiários são aqueles que usufruem de benefícios decorrentes da condição de segurado, ou dependente de segurado, do regime previdenciário respectivo.

Redação anterior	EC n. 103/2019
Art. 40. Aos servidores titulares de cargos efetivos da União, dos Estados, do Distrito Federal e dos Municípios, incluídas suas autarquias e fundações, é assegurado regime de previdência de caráter contributivo e solidário, mediante contribuição do respectivo ente público, dos servidores ativos e inativos e dos pensionistas, observados critérios que preservem o equilíbrio financeiro e atuarial e o disposto neste artigo.	Art. 40. O regime próprio de previdência social dos servidores titulares de cargos efetivos terá caráter contributivo e solidário, mediante contribuição do respectivo ente federativo, de servidores ativos, de aposentados e de pensionistas, observados critérios que preservem o equilíbrio financeiro e atuarial.

Duas são as alterações no *caput* do art. 40 da Constituição levadas a efeito pela Emenda n. 103/2019.

A primeira é que foi excluída a menção a cada um dos Entes Públicos: União, Estados, Distrito Federal e Municípios. Isso envolve a questão da inclusão, ou não, na reforma, dos Estados e Municípios, como foi bastante discutido durante a tramitação da proposta.

Chama a atenção o fato de que nas duas reformas anteriores (Emenda n. 20, de 1998, e Emenda n. 41, de 2003), as alterações valeram para todos os servidores – federais, distritais, estaduais e municipais, sem qualquer dúvida a respeito.

Como trataremos adiante, a principal questão em jogo vai envolver a possível existência de regras diferentes para a aposentadoria desses servidores.

A segunda é a retirada da parte final do texto, que tem a ver com a ideia de "desconstitucionalização" da matéria.

Acerca da ideia de retirar da Constituição tais matérias, é interessante lembrar a Exposição de Motivos da Proposta, que defende "ser desnecessária a definição de regras de elegibilidade na carta magna, aprimorando a estrutura legal constitucional, adotando a forma sintética semelhante às Constituições da maioria dos países (...)".

Agora, há possibilidade de mudanças por normas infraconstitucionais, sem precisar de nova reforma constitucional para alterar regras de aposentadoria (à exceção da idade mínima e das regras de transição) e de pensão por morte no serviço público. Não havendo mais a limitação ao "disposto neste artigo", reformas podem ser mais frequentes e mais fáceis de serem aprovadas. Isso enfraquece, certamente, a noção de segurança jurídica que se tinha quanto às regras de aposentadoria e pensão aplicadas aos servidores em Regimes Próprios.

Ante a constatação de que, em 21 anos, tais regras foram alteradas três vezes (pelas Emendas de n. 20/1998, 41/2003 e 103/2019), apesar de inseridas no texto da Constituição, não há como negar que a possibilidade de alterações mediante processo legislativo menos complexo que o das Emendas Constitucionais trará sérios problemas aos servidores quanto à imprevisibilidade dos critérios, seja acerca dos requisitos exigidos, seja a respeito do cálculo dos proventos, ou mesmo do reajustamento deles.

A EC n. 103, de 2019, altera ainda o § 20 do art. 40, passando a vedar "a existência de mais de um regime próprio de previdência social e de mais de um órgão ou entidade gestora deste regime em cada ente federativo, abrangidos todos os poderes, os órgãos e as entidades autárquicas e fundacionais, que serão responsáveis pelo seu financiamento", observados os critérios, os parâmetros e a natureza jurídica definidos em lei complementar.

Esta regra foi alterada na sua redação para buscar maior especificação quanto à vedação de existência de mais de um regime próprio por ente da Federação – logo, esta regra atinge, também, Distrito Federal, Estados e Municípios.

Não é mais possível a reunião de Entes Federativos para instituir um Regime Próprio "conjunto", como já existiu tempos atrás, em que autarquias estaduais funcionavam como unidade gestora de benefícios a servidores municipais, nem a existência de mais de um RPPS por ente federativo.

Substituiu-se a expressão "unidade gestora" por "órgão ou entidade gestora", caracterizando que a gestão do RPPS pode ser feita por uma entidade (como, em regra, acontece em Estados e Municípios, que possuem uma autarquia para este fim) ou órgão público, este vinculado, evidentemente, ao Poder Executivo do Ente Público.[5]

A unidade gestora única deverá gerenciar, direta ou indiretamente, a concessão, o pagamento e a manutenção, dos benefícios de aposentadoria e pensão por morte devidos a todos os segurados e beneficiários do RPPS e a seus dependentes, relativos a todos os poderes, órgãos e entidades do ente federativo. Há gerenciamento indireto quando a concessão, o pagamento e a manutenção dos benefícios forem executados por outro órgão ou entidade integrante da correspondente Administração Pública, atendendo-se, porém, na realização daquelas atividades, ao comando, à coordenação e ao controle da unidade gestora única (§§ 1º e 2º do art. 71 da Portaria MTP n. 1.467/2022).

O ente federativo deverá manter registro individualizado dos segurados e beneficiários do RPPS, que conterá, no mínimo, as seguintes informações:

I – nome e demais dados pessoais, inclusive dos dependentes;

II – matrícula e outros dados funcionais;

III – valores mensais das remunerações, subsídios e proventos e das bases de cálculo das contribuições;

IV – valores mensais da contribuição do segurado e do beneficiário;

V – valores mensais da contribuição do ente federativo; e

VI – Certidão de Tempo de Contribuição – CTC.

Aos segurados e beneficiários e, na sua falta, aos dependentes devidamente identificados serão disponibilizadas as informações constantes de seu registro individualizado (art. 75 e seu § 1º da Portaria MTP n. 1.467/2022).

Curiosamente, no RPPS da União, não há essa autarquia gestora, de modo que os benefícios de aposentadoria e pensão dos servidores de cada Poder da União são concedidos, mantidos e pagos pelos órgãos existentes na estrutura do Executivo, Legislativo e Judiciário, bem no sentido oposto do que prevê este parágrafo.

Deixa o texto da reforma de 2019 de fazer a ressalva ao art. 142 da Constituição, remetendo agora ao § 22 do próprio art. 40, que trata de normas gerais de organização, funcionamento e responsabilização de gestores nos RPPS, que serão vistas a seguir.

41.4 FISCALIZAÇÃO DOS REGIMES PRÓPRIOS

No que se refere às normas gerais a serem definidas, prevê a Exposição de Motivos da PEC n. 06, enviada em fevereiro de 2019:

> A Emenda impõe a definição, para todos os regimes próprios, de critérios gerais de responsabilidade previdenciária e organização, contemplando além de modelo de apuração dos compromissos e seu financiamento, arrecadação de contribuições, aplicação e utilização dos

---

[5] O governo federal considera *unidade gestora de Regime Próprio* a "entidade ou órgão único, de natureza pública, de cada ente federativo, abrangendo todos os poderes, órgãos e entidades autárquicas e fundacionais, que tenha por finalidade a administração, o gerenciamento e a operacionalização do RPPS, incluindo a arrecadação e gestão de recursos e fundos previdenciários, a concessão, o pagamento e a manutenção dos benefícios previdenciários" (Portaria MTP n. 1.467/2022, art. 2º, inc. VI).

recursos, concessão, manutenção e pagamento dos benefícios, fiscalização desses regimes pela União e sujeição aos órgãos de controle interno e externo, conforme será definido por lei complementar (...).

Fica evidente a ênfase na intenção de estabelecer critérios para a extinção de regimes próprios, com "migração" (compulsória) de servidores para o RGPS – o que poderia ocorrer, inclusive, com os servidores federais e de Estados, já que o dispositivo não excepciona nenhum ente da Federação. Já existe regra legal dispondo sobre o tema: o art. 10 da Lei n. 9.717/1998, que comentamos a seguir.

Com a edição da Emenda n. 103/2019, passa a viger a seguinte regra transitória:

> *Art. 9º Até que entre em vigor lei complementar que discipline o § 22 do art. 40 da Constituição Federal, aplicam-se aos regimes próprios de previdência social o disposto na Lei n. 9.717, de 27 de novembro de 1998 e o disposto neste artigo.*
>
> *§ 1º O equilíbrio financeiro e atuarial[6] do regime próprio de previdência social deverá ser comprovado por meio de garantia de equivalência, a valor presente, entre o fluxo das receitas estimadas e das despesas projetadas, apuradas atuarialmente, que, juntamente com os bens, direitos e ativos vinculados, comparados às obrigações assumidas, evidenciem a solvência e a liquidez do plano de benefícios.*
>
> *§ 2º O rol de benefícios dos regimes próprios de previdência social fica limitado às aposentadorias e à pensão por morte.*
>
> *§ 3º Os afastamentos por incapacidade temporária para o trabalho e o salário-maternidade serão pagos diretamente pelo ente federativo e não correrão à conta do regime próprio de previdência social ao qual o servidor se vincula.*
>
> *§ 4º Os Estados, o Distrito Federal e os Municípios não poderão estabelecer alíquota inferior à da contribuição dos servidores da União, exceto se demonstrado que o respectivo regime próprio de previdência social não possui déficit atuarial a ser equacionado, hipótese em que a alíquota não poderá ser inferior às alíquotas aplicáveis ao Regime Geral de Previdência Social.*
>
> *§ 5º Para fins do disposto no § 4º, não será considerada como ausência de deficit a implementação de segregação da massa de segurados ou a previsão em lei de plano de equacionamento de déficit.*
>
> *§ 6º A instituição do regime de previdência complementar na forma dos §§ 14 a 16 do art. 40 da Constituição Federal e a adequação do órgão ou entidade gestora do regime próprio de previdência social ao § 20 do art. 40 da Constituição Federal deverão ocorrer no prazo máximo de dois anos da data de entrada em vigor desta Emenda Constitucional.*
>
> *§ 7º Os recursos de regime próprio de previdência social poderão ser aplicados na concessão de empréstimos a seus segurados, na modalidade de consignados, observada regulamentação específica estabelecida pelo Conselho Monetário Nacional.*
>
> *§ 8º Por meio de lei, poderá ser instituída contribuição extraordinária pelo prazo máximo de vinte anos, nos termos dos §§ 1º-B e 1º-C do art. 149 da Constituição Federal.*
>
> *§ 9º O parcelamento ou a moratória de débitos dos entes federativos com seus regimes próprios de previdência social fica limitado ao prazo a que se refere o § 11 do art. 195 da Constituição.*

---

[6] Entende o Governo Federal por *equilíbrio financeiro e atuarial* "a garantia de equivalência, a valor presente, entre o fluxo das receitas estimadas e das despesas projetadas, apuradas atuarialmente, que, juntamente com os bens, direitos e ativos vinculados, comparados às obrigações assumidas, evidenciem a solvência e a liquidez do plano de benefícios" (Portaria MTP n. 1.467/2022, art. 2º, inc. XV). Nesse sentido, há previsão de que deverão ser realizadas por cada Ente Federativo "avaliações atuariais anuais com data focal em 31 de dezembro de cada exercício, coincidente com o ano civil, que se refiram ao cálculo dos custos e compromissos com o plano de benefícios do RPPS, cujas obrigações iniciar-se-ão no primeiro dia do exercício seguinte" (art. 26 da Portaria).

A Lei n. 9.717, de 27.11.1998, recepcionada expressamente pela EC n. 103/2019, dispõe sobre regras gerais para a organização e o funcionamento dos regimes próprios de previdência social dos servidores públicos da União, dos Estados, do Distrito Federal e dos Municípios, dos militares dos Estados e do Distrito Federal, e dá outras providências. Esta lei é reputada como sendo uma "lei geral" dos regimes próprios, o que é discutível em certas regras ali dispostas.

É do texto constitucional, em seu art. 24, inciso XII, que se observa a competência legislativa concorrente entre União e Estados/Distrito Federal sobre a matéria previdenciária, e mais, diante do art. 149, com a redação conferida pela EC n. 103/2019, tal como já era previsto desde a EC n. 41/2003, se observa que também os Municípios possuem tal competência, inclusive para a fixação da contribuição devida aos regimes próprios, *verbis*:

> § 1º A União, os Estados, o Distrito Federal e os Municípios instituirão, por meio de lei, contribuições para custeio de regime próprio de previdência social, cobradas dos servidores ativos, dos aposentados e dos pensionistas, que poderão ter alíquotas progressivas de acordo com o valor da base de contribuição ou dos proventos de aposentadoria e de pensões.
>
> § 1º-A. Quando houver déficit atuarial, a contribuição ordinária dos aposentados e pensionistas poderá incidir sobre o valor dos proventos de aposentadoria e de pensões que supere o salário mínimo.
>
> § 1º-B. Demonstrada a insuficiência da medida prevista no § 1º-A para equacionar o déficit atuarial, é facultada a instituição de contribuição extraordinária, no âmbito da União, dos servidores públicos ativos, dos aposentados e dos pensionistas.
>
> § 1º-C. A contribuição extraordinária de que trata o § 1º-B deverá ser instituída simultaneamente com outras medidas para equacionamento do déficit e vigorará por período determinado, contado da data de sua instituição.

Com a Lei n. 9.717/1998, em seu art. 9º, e particularmente com as modificações introduzidas pela Lei n. 13.846/2019, pretendeu-se esclarecer os limites da competência concorrente nesta matéria. Na sequência, já após a promulgação da EC n. 103/2019, o Governo Federal publicou a Portaria MTP n. 1.467, de 2 junho de 2022, que "Disciplina os parâmetros e as diretrizes gerais para organização e funcionamento dos regimes próprios de previdência social dos servidores públicos da União, dos Estados, do Distrito Federal e dos Municípios, em cumprimento à Lei n. 9.717, de 1998, aos arts. 1º e 2º da Lei n. 10.887, de 2004 e à Emenda Constitucional n. 103, de 2019".

Ocorre que há severas críticas à previsão legal de que a União, tenha supostamente poderes para realizar "a orientação, a supervisão, a fiscalização e o acompanhamento", bem como "apuração de infrações, por servidor credenciado, e a aplicação de penalidades, por órgão próprio" aos demais entes da Federação que mantenham Regimes Próprios de Previdência.

41.5 GESTÃO DOS REGIMES PRÓPRIOS

Segundo dados constantes da Exposição de Motivos da PEC n. 6/2019, que originou a EC n. 103/2019, "a gestão dos RPPS é realizada por cada ente federativo, que juntos somam mais de 270 bilhões em ativos para finalidade de pagamento dos benefícios previdenciários, sendo cerca de R$ 150 bilhões no mercado financeiro".

Para gerir recursos públicos dessa monta e importância para os segurados, exige-se a comprovação do atendimento, pelos dirigentes da unidade gestora do RPPS, dos seguintes requisitos – previstos no art. 8º-B da Lei n. 9.717, de 1998 – para sua nomeação ou permanência, sem prejuízo de outras condições estabelecidas na legislação do respectivo regime próprio:

I – não ter sofrido condenação criminal ou incidido em alguma das demais situações de inelegibilidade previstas no inciso I do *caput* do art. 1º da Lei Complementar n. 64, de 18 de maio de 1990, observados os critérios e prazos previstos na referida Lei Complementar;

II – possuir certificação, por meio de processo realizado por entidade certificadora para comprovação de atendimento e verificação de conformidade com os requisitos técnicos necessários para o exercício de determinado cargo ou função;

III – possuir comprovada experiência no exercício de atividade nas áreas financeira, administrativa, contábil, jurídica, de fiscalização, atuarial ou de auditoria; e

IV – ter formação acadêmica em nível superior.

Os requisitos dos itens I e II aplicam-se aos membros dos conselhos deliberativo e fiscal e do comitê de investimentos do RPPS, enquanto os requisitos de que tratam os itens I a IV aplicam-se ao responsável pela gestão das aplicações dos recursos do RPPS (Portaria MTP n. 1.467/2022, art. 76, §§ 1º e 2º).

Incumbe aos gestores, entre outras atribuições, utilizar corretamente os "recursos previdenciários" do Regime Próprio. São considerados recursos previdenciários "as contribuições e quaisquer valores, bens, ativos e seus rendimentos vinculados ao RPPS ou aos fundos previdenciários, inclusive os créditos do ente instituidor, reconhecidos pelo regime de origem, relativos à compensação financeira disciplinada na Lei n. 9.796, de 5 de maio de 1999" (art. 81 da Portaria MTP n. 1.467/2022).

Tais recursos somente deverão ser utilizados para o pagamento dos benefícios de aposentadoria e pensão por morte, para o financiamento da taxa de administração do RPPS e para o pagamento da compensação financeira disciplinada na Lei n. 9.796/1999.

41.6 CERTIFICADO DE REGULARIDADE PREVIDENCIÁRIA – CRP

O Certificado de Regularidade Previdenciária – CRP é o documento instituído pelo Decreto n. 3.788, de 11 de abril de 2001, que atesta, para os fins do disposto no art. 7º da Lei n. 9.717, de 1998, o cumprimento, pelos Estados, Distrito Federal e Municípios, dos critérios e exigências aplicáveis aos RPPS e aos seus fundos previdenciários, conforme previsão do inciso IV do art. 9º dessa Lei.

O CRP, emitido pelo Ministério da Previdência Social, será exigido nos seguintes casos (art. 246 da Portaria MTP n. 1.467/2022):

I – realização de transferências voluntárias de recursos pela União;

II – celebração de acordos, contratos, convênios ou ajustes, bem como recebimento de empréstimos, financiamentos, avais e subvenções em geral de órgãos ou entidades da Administração Direta e Indireta da União; e

III – liberação de recursos de empréstimos e financiamentos por instituições financeiras federais.

Recorda Marcelo Barroso Campos que a União, pela lição de Hely Lopes Meirelles, não pode impor condutas a outras unidades da Federação. Critica, por essa razão, a criação do CRP, que tem por escopo atestar a regularidade dos regimes de outros entes federativos que não a União, e se torna necessário para que Estados, Distrito Federal e Municípios tenham acesso a recursos decorrentes da repartição da receita tributária, o que a seu ver viola o princípio da autonomia.[7]

---

[7] CAMPOS, Marcelo Barroso Lima Brito. *Regime Próprio de Previdência Social de Servidores Públicos*. Belo Horizonte: Líder, 2004, p. 57.

No mesmo sentido, Mauro Borges discorre que "certos dispositivos da Lei n. 9.717/98 por determinarem aos Estados, Municípios e Distrito Federal a observância de regras que não se caracterizam como normas gerais, são de constitucionalidade duvidosa e, portanto, de validade e eficácia questionável".[8]

O STF, instado a se manifestar em Ação Cível Originária (ACO 830) ajuizada pela Paranaprevidência, proferiu julgamento para obrigar a União a efetivar repasse de compensação previdenciária, bem como abster-se de aplicar sanções relativas à Lei n. 9.717/1998:

> O Tribunal, por maioria, julgou procedente a ação para determinar à União que se abstenha de aplicar ao Estado do Paraná qualquer das providências previstas no art. 7º da Lei n. 9.717/1998, em razão "da não instituição das contribuições sobre proventos e pensões; da desobediência do limite mínimo de contribuição de 11% dos segurados e do ente e da concessão de benefícios em desacordo com o disposto na referida Lei", condenando a União ao pagamento de honorários sucumbenciais, ora arbitrados em R$ 4.000,00 (quatro mil reais), com fundamento no art. 85, § 8º, do CPC/2015, nos termos do voto do Ministro Alexandre de Moraes, Redator para o acórdão, vencidos os Ministros Marco Aurélio (Relator) e Roberto Barroso (ACO 830, DJE 30.6.2021).

O tema tende a voltar a ganhar importância por força das disposições contidas na redação do § 22 do art. 40 da CF/1988 estabelecida pela EC n. 103/2019 e sua regulamentação:

> Art. 40, § 22. Vedada a instituição[9] de novos regimes próprios de previdência social, lei complementar federal estabelecerá, para os que já existam, normas gerais de organização, de funcionamento e de responsabilidade em sua gestão, dispondo, entre outros aspectos, sobre: (...)
> III – fiscalização pela União e controle externo e social; (...)

A controvérsia sobre a validade do CRP ganhou a sistemática de repercussão geral (Tema 968), para a análise da "constitucionalidade dos arts. 7º e 9º da Lei 9.717/1998 e do Decreto 3.788/2001, que institui o Certificado de Regularidade Previdenciária, no aspecto em que estabelecem medidas restritivas ao ente federado que não cumpra as regras gerais para a organização e o funcionamento dos regimes próprios de previdência social dos servidores públicos". Como pontuou o relator, "a questão referente ao alcance da competência legislativa da União para dispor sobre normas gerais em matéria previdenciária, ainda que de natureza sancionatória, no que diz respeito ao descumprimento das normas da Lei 9.717/1998 pelos demais entes federados, possui repercussão geral" (STF, RE 1.007.271 RG, Rel. Min. Edson Fachin, j. 12.10.2017, DJe-257, divulg. 10.11.2017, public. 13.11.2017).

Nota-se que a intenção é, efetivamente, atribuir ao Governo Federal o exercício de um *poder de polícia* no tocante aos demais RPPS.

---

[8] BORGES, Mauro Ribeiro. *Previdência Funcional e Regimes Próprios de Previdência*. Curitiba: Juruá, 2003, p. 114.

[9] Considera-se *instituído* o RPPS a partir da entrada em vigor da lei estadual ou municipal (em sentido estrito) que assegurou a concessão dos benefícios de aposentadoria e pensão por morte, independentemente da criação de unidade gestora ou do estabelecimento de alíquota de contribuição, observadas as condições estabelecidas na própria lei de criação. Quando os benefícios de aposentadoria e pensão por morte estiverem previstos em leis distintas, considerar-se-á instituído o RPPS na data da vigência da lei mais recente que estabeleça a concessão de um desses benefícios (Portaria MTP n. 1.467/2022, art. 2º, §§ 2º e 3º). Não podem ser consideradas, para esse fim, as normas constantes da Constituição Federal, de Constituições Estaduais ou de Leis Orgânicas Municipais, nos termos do Parecer CJ/MPS n. 3.165, de 29.10.2003.

Em que pesem as considerações já tecidas a respeito da inconstitucionalidade do § 22 do art. 40 da CF (incluído pela EC n. 103) no que toca à suposta competência fiscalizatória, pela União, dos demais RPPS, incumbe discutir as regras que visam a dar efetividade a esse supostamente válido poder de polícia.

Segundo a Lei n. 10.887/2004, compete à Secretaria da Receita Federal do Brasil a normatização, cobrança, fiscalização e controle da arrecadação da contribuição destinada ao custeio do Regime de Previdência Social do Servidor.

A contribuição sujeita-se às normas relativas ao processo administrativo fiscal de determinação e exigência de créditos tributários federais e de consulta, previstas no Decreto n. 70.235, de 6.3.1972, e na Lei n. 9.430, de 27.12.1996.

Esse modo de entendimento, profligado pelos técnicos do Governo Federal, é reforçado pela inclusão do inciso III do § 22 no art. 40 da CF, com a redação conferida pela EC n. 103/2019. Todavia, como já frisado antes, tal regra padece de grave violação à autonomia dos Entes Federativos, pois a União não é superior aos demais entes, tampouco exerce competência fiscalizatória sobre atos administrativos da esfera de atuação estadual e municipal – incumbência dos Tribunais de Contas dos Estados e do Ministério Público, como o STF já teve oportunidade de decidir na ACO n. 830, movida pela Paranaprevidência.

Para tanto, de acordo com os art. 251 a 254 da Portaria MTP n. 1.467/2022, a matéria foi assim regulamentada:

- a fiscalização dos RPPS será exercida, conforme previsto nos §§ 2º e 3º do art. 11 da Lei n. 11.457, de 16 de março de 2007, por Auditor-Fiscal da Receita Federal do Brasil – AFRFB credenciado pela Secretaria Especial de Previdência – SPREV quando aí em exercício e na forma por ela estabelecida;
- ao AFRFB, devidamente credenciado, deverá ser dado livre acesso à unidade gestora do RPPS e do fundo previdenciário e às entidades e órgãos do ente federativo que possuam servidores vinculados ao RPPS, podendo examinar livros, bases de dados, documentos e registros contábeis e praticar os atos necessários à consecução da fiscalização, inclusive a apreensão e guarda de livros e documentos, nos termos do §§ 4º e 5º do art. 11 da Lei n. 11.457, de 2007;
- o procedimento de fiscalização poderá abranger a verificação da totalidade dos critérios relacionados à regularidade do RPPS ou apenas dos critérios necessários para o atendimento à denúncia ou outra ação específica. Constatadas irregularidades impeditivas da emissão do CRP, o AFRFB lavrará Notificação de Auditoria-Fiscal – NAF.

Pende de apreciação pelo STF, em sede de Repercussão Geral, a discussão sobre a "competência legislativa da União para dispor sobre normas gerais em matéria previdenciária no que diz respeito ao descumprimento da Lei 9.717/1998 e do Decreto 3.778/2001 pelos demais entes federados" (Tema 968, Rel. Min. Edson Fachin, *Leading Case*: RE 1.007.271, *DJe* 13.11.2017). Isso porque há Estados que se insurgem contra a fixação de regras para serem cumpridas por eles (e pelos Municípios).

Situação similar se dá quanto à possibilidade – ou não – de aplicação do § 22 do art. 40 da CF e sua regulamentação.

A nosso ver, de fato há evidente afronta ao princípio de autonomia dos entes federativos na disposição contida no § 22 do art. 40 da CF, em sua atual redação, bem como no art. 9º da Lei n. 9.717/1998, e, por conseguinte, nas Orientações Normativas sobre a matéria, não cabendo à União, em hipótese alguma, exercer atividades fiscalizatórias ou de certificação de regularidade de atos praticados por autoridades de outros entes, atribuição esta que é privativa dos Tribunais de Contas respectivos, como se nota dos precedentes do STF.

41.7 EXTINÇÃO DE REGIMES PRÓPRIOS

Em face da EC n. 103/2019, que incluiu o § 22 ao art. 40 da CF, ficou definido que:

> Art. 40. (...) § 22. Vedada a instituição de novos regimes próprios de previdência social, lei complementar federal estabelecerá, para os que já existam, normas gerais de organização, de funcionamento e de responsabilidade em sua gestão, dispondo, entre outros aspectos, sobre
> I – requisitos para sua extinção e consequente migração para o Regime Geral de Previdência Social;

E como regra transitória, o art. 9º da EC n. 103/2019, estabeleceu que, "Até que entre em vigor lei complementar que discipline o § 22 do art. 40 da Constituição Federal, aplicam-se aos regimes próprios de previdência social o disposto na Lei n. 9.717, de 27 de novembro de 1998, e o disposto neste artigo".

Portanto, a questão da possibilidade de extinção de regimes próprios é disciplinada pela regra contida no art. 10 da Lei n. 9.717/1998, abaixo transcrita:

> *Art. 10. No caso de extinção de regime próprio de previdência social, a União, o Estado, o Distrito Federal e os Municípios assumirão integralmente a responsabilidade pelo pagamento dos benefícios concedidos durante a sua vigência, bem como daqueles benefícios cujos requisitos necessários a sua concessão foram implementados anteriormente à extinção do regime próprio de previdência social.*

Pelo texto da lei, tem-se a impressão que a interpretação conferida pelo legislador ordinário, ao regulamentar a matéria (diga-se, por apropriado, antes mesmo da promulgação da EC n. 20/1998), foi de que até então havia mera faculdade de cada ente federativo em criar o seu regime próprio de Previdência Social, para atender aos ditames do art. 40 da Constituição, que na época ainda não se referia à aposentadoria do servidor público como sendo benefício pertencente a um regime previdenciário – foi a Emenda n. 20/1998 que alterou o *caput* do art. 40 e inseriu tal expressão.

Esta mesma compreensão, a nosso ver equivocada, se deduz do inciso I do § 22 do art. 40 da CF, redação conferida pela EC n. 103/2019, ao prever a estipulação, por lei complementar, de requisitos para extinção de regimes próprios "e consequente migração para o Regime Geral de Previdência Social".

O sentido de existir tal interpretação pode ser objeto de duas hipóteses: a possibilidade (re)aberta pela Emenda Constitucional n. 19, de junho de 1998, de contratação pelo regime da CLT no âmbito da Administração Direta, autarquias e fundações, com o "fim" do regime jurídico único previsto no art. 39, *caput*, da redação original do texto constitucional; ou o entendimento de que o art. 40 da Constituição não estabelece o direito dos servidores públicos à aposentadoria calculada na forma como ali previsto de maneira absoluta, permitindo que servidores, mesmo ocupantes de cargos efetivos (inclusive vitalícios), se aposentassem desde a promulgação da Constituição de 1988 sem o direito à integralidade dos proventos e à paridade entre ativos e aposentados.

A segunda possibilidade de se ter como correto o dispositivo do art. 10 da Lei n. 9.717/1998 – a falta de obrigatoriedade de que os entes da Federação instituam o regime previdenciário próprio para seus servidores – envolve a interpretação que se possa conferir ao art. 40 da Constituição. Com efeito, parece pertinente o entendimento preconizado por Mauro Borges, que esclarece:

> Cumpre resgatar, para melhor compreensão da matéria, que o art. 40 da Constituição Federal assegura Regime de Previdência ao servidor público, titular de cargo efetivo da União, dos Estados, do Distrito Federal e dos Municípios, exigindo apenas que este tenha caráter contributivo e que observe critérios que preservem o equilíbrio financeiro e atuarial. Não cabe, pois, que a lei ordinária e mesmo uma portaria estabeleçam requisitos segundo os quais o Regime Próprio não possa subsistir.
> A existência e manutenção do Regime Próprio decorrem de determinação do próprio texto constitucional e somente uma modificação no art. 40 da Carta Magna poderá ensejar que se estabeleçam exigências outras para a constituição e manutenção dos Regimes Próprios.[10]

Na jurisprudência do STF também há acórdãos que demonstram o entendimento de haver a obrigatoriedade de manutenção de regimes próprios para todos os entes federados, e desde o texto original do art. 40 da Constituição:

> Já assentou o Tribunal (MS 23047-MC, Pertence), que no novo art. 40 e seus parágrafos da Constituição (cf. EC 20/98), nela, pouco inovou "sob a perspectiva da Federação, a explicitação de que aos servidores efetivos dos Estados, do Distrito Federal e dos Municípios, "é assegurado regime de previdência de caráter contributivo, observados critérios que preservem o equilíbrio financeiro e atuarial", assim como as normas relativas às respectivas aposentadorias e pensões, objeto dos seus numerosos parágrafos: afinal, toda a disciplina constitucional originária do regime dos servidores públicos – inclusive a do seu regime previdenciário – já abrangia os três níveis da organização federativa, impondo-se à observância de todas as unidades federadas, ainda quando – com base no art. 149, parág. único – que a proposta não altera – organizem sistema previdenciário próprio para os seus servidores: análise da evolução do tema, do texto constitucional de 1988, passando pela EC 3/93, até a recente reforma previdenciária (STF, ADI 2.024/DF, Rel. Sepúlveda Pertence, j. 3.5.2007, DJ 22.6.2007 – sem grifos no original).

Assim, entendemos que a fixação de regras constitucionais para a aposentadoria de servidores públicos, conforme a tradição do Direito pátrio, mantida pela redação original da Constituição de 1988, permite a ilação de que se trata de direito subjetivo destes servidores, exercitável em face do Estado, mais especificamente, do Ente da Federação que é responsável por tal concessão, cabendo divergir, nesse particular, da posição adotada por Marcelo Leonardo Tavares, para quem a criação de Regimes próprios de Previdência Social, de caráter contributivo, não seria obrigatória para a União, os Estados, o Distrito Federal e os Municípios.[11]

De todo modo, os entes da Federação que criaram (e os que venham a criar) fundos de previdência complementar deverão manter o respectivo regime próprio de que trata o *caput* do art. 40 da Constituição, cujos valores de aposentadoria e pensão, para esses "novos servidores", será, no máximo, o valor utilizado como teto para o Regime Geral (§ 2º do art. 40 da CF, redação dada pela EC n. 103, de 2019).

Acresça-se ao debate a previsão do § 1º do art. 149 da Constituição, no sentido de que os entes federativos – todos – *instituirão* contribuição de que trata o art. 40.

---

[10] BORGES, *Previdência Funcional...*, cit., p. 115.
[11] TAVARES, Marcelo Leonardo (coord.). *Comentários à reforma da previdência: EC n. 41/2003*. Rio de Janeiro: Lumen Juris, 2004, p. 3.

A alteração do texto é sutil, porém identifica a intenção do constituinte derivado: onde antes o texto utilizava o permissivo – "poderão instituir" – agora utiliza o verbo no imperativo "instituirão", demonstrando a ausência de discricionariedade na matéria.

Ainda sobre este dispositivo, houve ajuizamento de Ação Direta de Inconstitucionalidade (ADI 3.138/DF), e o Plenário do STF acompanhou o voto da Min. Cármen Lúcia, relatora, que julgou improcedente o pedido. Afirmou a relatora que o constituinte derivado, ao fixar o patamar mínimo da alíquota a ser adotado pelos Estados-membros, pelo Distrito Federal e pelos Municípios para fins de cobrança de contribuição previdenciária, teria reiterado critério adotado para outros tributos, a exemplo das hipóteses contidas nos arts. 155, V, "a", e 156, § 3º, I, ambos da CF, entre outras. Assinalou, ademais, não se tratar de ofensa ao pacto federativo, visto que se asseguraria ao poder constituinte, mesmo ao derivado, estabelecer a todos os entes federados condições que melhor atendam aos interesses da sociedade brasileira. Reputou que se pretenderia criar situação de igualdade mínima entre as unidades federativas e manter sua autonomia administrativa, pois impossibilitado o estabelecimento de situações desiguais entre os servidores de diferentes entidades. Ressaltou, ainda, inexistir ofensa aos arts. 24, XII e § 1º, e 25, § 1º, ambos da CF, na medida em que esses dispositivos traçam as competências concorrentes da União, dos Estados-membros e do Distrito Federal e a competência residual dos Estados, respectivamente. Por sua vez, a aludida emenda constitucional não teria alterado esse equilíbrio, sequer a distribuição de competências. Destacou que o art. 201 da CF estabeleceria o regime geral da previdência social e que o § 9º desse dispositivo determinaria o sistema de compensação financeira entre os diversos regimes, o que seria garantido pelo patamar mínimo discutido (fonte: Informativo STF 640, de 21.9.2011).

Marcelo Campos, em análise aprofundada acerca do tema da obrigatoriedade ou não da adoção de regime próprio por todos os entes federados, conclui que a Constituição efetivamente assegurou – por questão de isonomia – *a todos* os servidores titulares de cargos efetivos o direito subjetivo ao tratamento ditado pelas regras do art. 40, admitindo, todavia, a impossibilidade material de se exigir o cumprimento da regra por todos os entes, seja por depender de vontade política, seja pelas questões financeiras e atuariais, com o que defende, como saída para o impasse, que nos municípios em que não exista regime próprio, o servidor titular de cargo efetivo seja aposentado pelo INSS, porém devendo o INSS aplicar, no caso, as regras próprias dos servidores, pois este é apenas a entidade autárquica gestora do sistema, devendo aplicar, em cada caso concreto, a legislação aplicável ao respectivo segurado.[12]

A saída preconizada pelo ilustre professor mineiro é de fato uma alternativa possível, pois é fato que o INSS não aplica exclusivamente a legislação do RGPS no pagamento de benefícios. Basta recordar os benefícios de ex-combatentes e seus dependentes, as pensões a anistiados, os benefícios da LOAS, os pagos a ferroviários etc.

Como bem esclarece o ilustre professor,

> As regras previstas na Constituição de 1988 que disciplinam a previdência dos servidores públicos de cargos efetivos têm como destinatários todos os que se encontram nesta situação, independentemente de qual seja a unidade gestora responsável pela implementação dessas regras. Entendo também que a unidade federada não tem obrigação de criar e manter regime previdenciário, podendo vincular seus servidores titulares de cargos efetivos ao INSS (benefício)

---

[12] CAMPOS, op. cit., p. 89.

e à União – Receita Federal do Brasil (custeio), desde que estes apliquem as regras constitucionais referentes ao regime próprio a este universo de agentes públicos.[13]

Algumas preocupações, contudo, prevalecem: por exemplo, como ficaria a questão do custeio, já que a legislação do ente federativo produz diferenças no conceito de fato gerador da contribuição, valor máximo do salário de contribuição, alíquotas diferenciadas tanto para o servidor quanto para o ente público? A Receita Federal do Brasil teria de admitir, também, a aplicação integral das regras de custeio dos regimes próprios.

O STF, ainda sobre este assunto, admitiu pedido de tutela antecipada para conceder, de imediato, aposentadoria a um servidor público de município sem regime próprio de previdência, às expensas deste e não do INSS:

> A controvérsia do apelo extremo está em saber se ofende o art. 40 da Constituição Federal a submissão de servidores municipais ao Regime Geral de Previdência Social. Servidores, entenda-se, recrutados por concurso público, mas sem regime próprio de aposentação. Tema, diga-se, ainda não enfrentado por este Supremo Tribunal Federal. Considerando que o ingresso do autor nos quadros funcionais da municipalidade se deu sob regime jurídico estatutário, que, por mandamento constitucional, já incorporava o direito à aposentadoria por sistema próprio de previdência, e considerando ainda o caráter alimentar dos proventos de aposentadoria, tenho que a antecipação dos efeitos da tutela recursal é de ser deferida. Deferida mediante a contrapartida da contribuição financeira do requerente para o Município, tendo em vista que, à época da aposentadoria dele, requerente, já vigorava o caráter contributivo-retributivo das aposentadorias estatutárias. Contrapartida, no entanto, a ser definida quando do julgamento de mérito do Recurso Extraordinário 607.577. Presença dos pressupostos autorizadores da medida. Questão de ordem que se resolve pelo referendo da decisão concessiva do efeito suspensivo ao apelo extremo (AC 2.740/SP, Relator Min. Ayres Britto, 2ª Turma, DJe 26.6.2012).

Não difere a orientação do STJ: "Esta Corte, a par das decisões proferidas pelo STF nas ADIs n. 1.717/DF e n. 2.135/DF, compreende que subsiste para a Administração Pública direta, autárquica e fundacional, a obrigatoriedade de adoção do regime jurídico único, ressalvadas as situações consolidadas na vigência da legislação editada nos termos da Emenda Constitucional 19/1998, declarada suspensa. Precedentes: AgInt no REsp 1.667.851/RJ, Rel. Ministra Regina Helena Costa, Primeira Turma, *DJe* 30/8/2017; AgRg no AgRg no AREsp 639.899/RS, Rel. Ministro Herman Benjamin, Segunda Turma, *DJe* 3/2/2016" (AgInt no REsp 1.649.807/RJ, 1ª Turma, Rel. Min. Benedito Gonçalves, *DJe* 17.4.2018).

A prevalência do entendimento da criação (e manutenção) facultativa de regimes próprios – apesar do posicionamento do STF e do STJ sobre a matéria, já citado – levaria ainda a uma dúvida mais intensa: a se considerar juridicamente possível a regra do art. 10 da Lei n. 9.717/1998, poderia qualquer município, qualquer estado-membro, ou até mesmo a União extinguir o regime próprio de previdência de seus servidores, por mera opção política?

Com a EC n. 103/2019, essa possibilidade foi constitucionalizada diante da inclusão do § 22 ao art. 40, cujo inciso I autoriza que lei complementar estabeleça os requisitos para a extinção dos RPPS e a consequente migração para o Regime Geral de Previdência Social.[14]

---

[13] CAMPOS, Marcelo Barroso Lima Brito de. *As consequências da obrigatoriedade de regime próprio de previdência aos servidores públicos titulares de cargos efetivos.* In: FOLMANN, Melissa, e FERRARO, Suzani. Previdência: entre o direito social e a repercussão econômica no século XXI. Curitiba, Juruá, 2009, p. 232.

[14] Conforme o § 7º do art. 181 da Portaria MTP n. 1.467/2022, o servidor que tiver implementado os requisitos necessários à concessão de aposentadoria pelo RPPS antes da vigência da lei de extinção do regime, se permanecer

Apesar dessa previsão, duas hipóteses podem ser aventadas: (a) a adoção da regra legal de possibilidade de extinção do regime próprio por qualquer ente, sem que seja exigido qualquer fundamento; ou (b) a adoção de tal possibilidade, porém fundamentada a decisão política de extinção em estudos que demonstrem a inviabilidade financeira e atuarial definitiva do regime.

De todo modo, o custo que envolveria a transição parece ser mais alto do que o da manutenção, em razão, até mesmo, da própria regra do art. 10 da Lei n. 9.717/1998, que prevê a obrigação de manter todos os benefícios em estoque e os dos detentores de direito adquirido.

Ademais, tem-se notado que a jurisprudência tem criado restrições ao reconhecimento do direito dos servidores a receber, dos cofres dos municípios que não respeitaram o art. 40 da Constituição, o pagamento da diferença entre o valor devido conforme aquele dispositivo e o valor pago pelo RGPS – o que geraria despesas não previstas nos cofres dos entes públicos, complicando as contas públicas destes. Neste sentido:

> TJSC – IRDR n. 14: "O servidor público aposentado pelo Regime Geral da Previdência Social, após a Emenda Constitucional n. 41/2003, ressalvada a hipótese de ter adquirido o direito à aposentação antes da vigência da respectiva emenda, somente tem direito à complementação dos proventos de aposentadoria mediante a existência de legislação local específica, respeitado o princípio da legalidade, o caráter contributivo e o equilíbrio atuarial e financeiro previdenciário" (0001986– 53.2013.8.24.0013/50001, Grupo de Câmaras de Direito Público, Rel. Des. Paulo Henrique Moritz Martins da Silva, j. 26.6.2019).

Um indício de possível inconstitucionalidade da Lei n. 9.717 é a previsão de limites de gastos com aposentadorias e pensões, matéria reservada à Lei Complementar (art. 169 da Constituição Federal).

A norma em vigor é a Lei Complementar n. 101/2000 (Lei de Responsabilidade Fiscal), que estabelece no art. 19 limites rígidos relacionados a despesa total com pessoal, em cada período de apuração e em cada ente da Federação, qual seja:

I – União: 50% (cinquenta por cento);
II – Estados: 60% (sessenta por cento);
III – Municípios: 60% (sessenta por cento).

Cabe ainda mencionar a previsão da aplicação subsidiária das regras do RGPS aos RPPS, conforme o art. 40, § 12, da CF: "Além do disposto neste artigo, o regime de previdência dos servidores públicos titulares de cargo efetivo observará, no que couber, os requisitos e critérios fixados para o regime geral de previdência social".

Essa previsão, segundo Rocha e Savaris, foi "inserida na perspectiva de uma unificação dos regimes próprios aos princípios e diretrizes do regime geral".[15]

---

em atividade, não se filia ao RGPS, exceto no caso de implemento do direito à aposentadoria proporcional ou com redutores nos proventos sendo-lhe assegurado nessa hipótese:

I – o direito aos benefícios previdenciários do RGPS desde que cumpridas as condições estabelecidas nesse regime depois da filiação; ou

II – a opção pelo benefício do RPPS cujo direito à concessão foi implementado antes da data da extinção, computando-se somente o tempo de contribuição até essa data.

[15] ROCHA, Daniel Machado da; SAVARIS, José Antonio. *Curso de direito previdenciário*: fundamentos de interpretação e aplicação do direito previdenciário. Curitiba: Alteridade Editora, 2014. p. 215.

Referida norma tem sido determinante na concessão de mandados de injunção no caso das aposentadorias especiais, quando da falta de regulamentação pelos RPPS. E, até mesmo, na edição da Súmula Vinculante n. 33: "Aplicam-se ao servidor público, no que couber, as regras do regime geral da previdência social sobre aposentadoria especial de que trata o artigo 40, § 4º, inciso III da Constituição Federal, até a edição de lei complementar específica".

Principais Pontos das Reformas Constitucionais

Neste capítulo pretende-se fazer uma abordagem dos principais pontos das reformas constitucionais mais relevantes que alteraram as regras de concessão dos benefícios nos RPPS, partindo-se da EC n. 20/1998 até a EC n. 103/2019.

42.1 A EMENDA CONSTITUCIONAL N. 20, DE 1998

Adotou-se, a partir da Emenda n. 20/1998, a exigência de que os Regimes Previdenciários se mantenham em "equilíbrio financeiro e atuarial", o que autoriza o legislador infraconstitucional a modificar critérios aplicáveis a cada regime, de modo a manter a higidez do sistema:

> O sentido da norma constitucional apresenta dois aspectos inafastáveis. Em primeiro lugar, ter-se-á que observar o sistema da contributividade, a indicar que os servidores, como futuros beneficiários, devem ter o encargo de pagar contribuições paulatinas e sucessivas no curso de sua relação de trabalho. Depois, será também necessária a manutenção do equilíbrio financeiro e atuarial, de forma que haja a maior correspondência possível entre o ônus da contribuição e o valor dos futuros benefícios.[1]

Quebra-se, assim, a tradição secular de que a aposentadoria dos servidores públicos decorria de mero exercício do cargo, sendo desnecessária qualquer contribuição, ou seja, estabelecida como uma vantagem concedida em função de seu "tempo de serviço"; passa-se a ter a aposentadoria como benefício custeado não somente pelo Estado, exigindo-se a contrapartida prévia de contribuições a um regime previdenciário, tal como no Regime Geral de Previdência Social.

Outro aspecto importante a ser frisado é a exclusão da possibilidade de utilização das regras do art. 40 da Constituição a ocupantes de cargos em comissão que não exerçam cargo efetivo, bem como a contratados temporariamente e empregados públicos, desde a promulgação da Emenda n. 20/1998. O Governo do Estado do Mato Grosso do Sul provocou o STF pois pretendia manter os comissionados em seu Regime Próprio, aduzindo que a Emenda interferia no pacto federativo, violando a autonomia dos Estados e Municípios, mas o julgamento definiu a matéria de forma diversa:

> Previdência social (CF, art. 40, § 13, cf. EC 20/98): submissão dos ocupantes exclusivamente de cargos em comissão, assim como os de outro cargo temporário ou de emprego público ao regime geral da previdência social: arguição de inconstitucionalidade do preceito por tendente a abolir

---

[1] CARVALHO FILHO, *Manual de Direito Administrativo*, p. 440.

a *"forma federativa do Estado"* (CF, art. 60, § 4º, I): improcedência. 1. A *"forma federativa de Estado"* – elevado a princípio intangível por todas as Constituições da República – não pode ser conceituada a partir de um modelo ideal e apriorístico de Federação, mas, sim, daquele que o constituinte originário concretamente adotou e, como o adotou, erigiu em limite material imposto às futuras emendas à Constituição; de resto as limitações materiais ao poder constituinte de reforma, que o art. 60, § 4º, da Lei Fundamental enumera, não significam a intangibilidade literal da respectiva disciplina na Constituição originária, mas apenas a proteção do núcleo essencial dos princípios e institutos cuja preservação nelas se protege (...) (STF, ADI 2024/DF, Rel. Sepúlveda Pertence, j. 3.5.2007, DJ 22.6.2007).

Embora a legislação ordinária já disciplinasse a matéria concernente ao regime previdenciário dos ocupantes de cargos em comissão na esfera da Administração Federal, pela Lei n. 8.647/1993, a Emenda n. 20/1998 definitivamente fixou como regime dos comissionados o RGPS, da mesma forma que os ocupantes de cargos temporários e empregados "celetistas" da Administração – art. 40, § 13.

Também não se aplica o regime de que trata o art. 40 da Constituição aos serventuários da Justiça que não ocupam cargos públicos efetivos. Neste sentido:

Art. 34, § 1º, da Lei estadual do Paraná n. 12.398/98, com redação dada pela Lei estadual n. 12.607/99. (...) Inconstitucionalidade material que também se verifica em face do entendimento já pacificado nesta Corte no sentido de que o Estado-Membro não pode conceder aos serventuários da Justiça aposentadoria em regime idêntico ao dos servidores públicos (art. 40, caput, da Constituição Federal) (ADI 2.791, Rel. Min. Gilmar Mendes, j. 16.8.2006, DJ 24.11.2006).

Tampouco se aplica, conforme sedimentado pelo STF, a empregados públicos, filiados, portanto, ao RGPS, qualquer das regras do art. 40, por exemplo, a aposentadoria por idade limite, ou compulsória (ARE 1.038.037/SP, Rel. Min. Ricardo Lewandowski, *DJe*-044 8.3.2018).

Com a Emenda n. 20/1998 os membros do Poder Judiciário e do Ministério Público passaram a ter de cumprir as mesmas regras para aposentação que os servidores públicos efetivos. E, além do tempo de contribuição (trinta e cinco anos para o homem, trinta anos para a mulher) somou-se a exigência de idade mínima (60 anos para o homem e 55 anos para a mulher), mais o cumprimento de tempo mínimo de dez anos de efetivo exercício no serviço público e cinco anos no cargo efetivo em que se dará a aposentadoria.

No regramento pós-Emenda n. 20/1998, foi excluída a aposentadoria proporcional por tempo de serviço, que somente poderá ser obtida por aqueles que, à época, já tinham direito adquirido, ou se enquadrarem nas regras de transição estabelecidas na referida Emenda (até 31.12.2003, data da promulgação da Emenda n. 41).

Foi expressamente incluído o caráter contributivo do regime, o que caracterizou a obrigatoriedade de contribuição para obtenção de benefícios, e fixado o princípio do equilíbrio financeiro e atuarial, limitando o "teto" do benefício ao valor da remuneração do respectivo servidor, no cargo em que ocupava, quando da aposentadoria ou do falecimento – art. 40, *caput*.

Veda a Constituição, desde a redação dada ao § 6º do art. 40 pela Emenda n. 20/1998, a acumulação de aposentadorias devidas em função de exercício de cargo público, salvo as hipóteses de acumulação remunerada de cargos públicos permitidas no texto constitucional. Com a Emenda n. 103, de 2019, passa a haver previsão no mesmo parágrafo de aplicação de "outras vedações, regras e condições para a acumulação de benefícios previdenciários estabelecidas no Regime Geral de Previdência Social", o que será visto em tópico próprio.

Também se proibiu a contagem de tempo fictício para a fixação do lapso necessário à concessão de aposentadoria (§ 10 do art. 40), mantida tal possibilidade apenas para as situações de direito adquirido, como se verá adiante. E, mesmo em se tratando de hipótese de acumulação lícita de cargo público ou emprego na Administração Pública, direta ou indireta, com aposentadoria, ou acumulação de aposentadorias, o somatório dos valores percebidos não poderá ultrapassar o valor percebido como subsídio pelos Ministros do Supremo Tribunal Federal – § 11 do art. 40.

Facultava o texto dos §§ 14 e 15 do art. 40, acrescentados pela Emenda n. 20/1998, a criação, pela União, pelos Estados, pelo Distrito Federal e pelos Municípios, de regime de previdência complementar, cujo caráter, naturalmente, seria facultativo no que tange à adesão dos agentes públicos, ante a aplicação subsidiária dos princípios do regime geral estabelecido no art. 201 da Carta Magna, conforme o § 12 do art. 40. É importante salientar, todavia, que a Constituição permitia ao ente público, ao instituir tal regime complementar, reduzir o valor máximo de benefícios do regime próprio ao valor-teto fixado para o regime geral de previdência social. A Emenda n. 103, de 2019, afeta substancialmente esse tema, passando, com a nova redação do § 14, a instituição de regime complementar de mera faculdade (poderão instituir) para uma obrigatoriedade (instituirão).

42.2 A EMENDA CONSTITUCIONAL N. 41, DE 2003

A Emenda Constitucional n. 41, promulgada em 19.12.2003 e publicada em 31.12.2003, novamente alterou as regras para os regimes próprios dos agentes públicos, passando a dispor que tais regimes se caracterizam pelo caráter contributivo e solidário, "mediante contribuição do respectivo ente público, dos servidores ativos e inativos e dos pensionistas".

Indica-se, assim, a obrigatoriedade não só de contribuição dos agentes públicos em atividade, mas também dos aposentados e pensionistas dos regimes próprios, e ainda, e mais importante, a contribuição do ente estatal, com o que se pode afirmar, apesar das críticas formuladas a vários dispositivos emendados, que se trata, agora, verdadeiramente, de regimes de previdência social, pois que não mais somente o segurado é chamado a prestar contribuições.

Os agentes públicos que ingressarem no serviço público após a promulgação da Emenda n. 41 (após 31.12.2003) terão suas aposentadorias calculadas pela média dos salários de contribuição que servirão de base para a contribuição vertida, tanto nos regimes próprios, como aquelas vertidas para o regime geral de previdência social, corrigidos monetariamente, fixando-se como limite máximo, inicialmente, a remuneração do próprio agente público (§ 2º do art. 40). Mantiveram-se as idades mínimas para a aposentação em 60 anos para o homem, e 55 anos para a mulher, bem como as exigências de tempo mínimo no serviço público e no cargo em que o agente pretende se aposentar. Foram fixadas outras regras de transição, revogadas as que existiam a partir da EC n. 20. Frisa-se que essas regras de transição permanecem valendo para os entes federativos que ainda não tenham alterado seus ordenamentos locais após a EC n. 103, por expressa previsão da aludida Emenda, que excluiu da reforma levada a efeito em 2019 os Estados, o Distrito Federal e os Municípios.

A pensão por morte também teve, com a EC n. 41, suas regras de concessão alteradas, pela redação do § 7º do art. 40, sendo correspondente ao valor da totalidade dos proventos do servidor falecido, até o limite máximo estabelecido para os benefícios do regime geral de previdência social de que trata o art. 201, acrescido de setenta por cento da parcela excedente a este limite, caso aposentado à data do óbito ou ao valor da totalidade da remuneração do servidor no cargo efetivo em que se deu o falecimento, até o limite máximo estabelecido para os benefícios do regime geral de previdência social de que trata o art. 201, acrescido de setenta por cento da parcela excedente a este limite, caso em atividade na data do óbito.

Sobre a matéria, convém apontar que o critério de cálculo da pensão somente se aplica aos óbitos de servidores ocorridos após 19.2.2004, data da edição da Medida Provisória n. 167, mesmo que o requerimento de pensão seja feito após essa data, e no caso de servidores federais, desde que o óbito ocorra até 13.11.2019, por força da alteração trazida pela EC n. 103/2019, como detalharemos mais adiante no capítulo pertinente a esse benefício. Quanto aos demais entes, permanecem vigentes as regras fixadas pela EC n. 41 enquanto não houver modificação na legislação do respectivo ente federativo.

Neste sentido, colhe-se da jurisprudência do STF: *"O benefício previdenciário da pensão por morte deve ser regido pela lei vigente à época do óbito de seu instituidor. Impossibilidade de retroação de lei nova para alcançar situações pretéritas"* (RE 453.298-AgR, Rel. Min. Ricardo Lewandowski, j. 29.5.2007, *DJ* 22.6.2007).

Pela Emenda n. 41 foi instituída a exigibilidade da contribuição de inativos e pensionistas, segundo o § 18 do art. 40: *"incidirá contribuição sobre os proventos de aposentadorias e pensões concedidas pelo regime de que trata este artigo que superem o limite máximo estabelecido para os benefícios do regime geral de previdência social de que trata o art. 201, com percentual igual ao estabelecido para os servidores titulares de cargos efetivos".*

Convém apontar que, no interregno entre a promulgação da Emenda n. 20/98 e a instituição, por lei própria de cada ente federativo, da contribuição de aposentados e pensionistas, a jurisprudência tem acenado com a inexigibilidade de tal cobrança, cabendo a repetição do indébito, respeitado o prazo prescricional, como no julgado a seguir:

> *Revela-se constitucionalmente possível exigir-se, de pensionistas e inativos, o recolhimento de contribuição previdenciária, desde que a respectiva cobrança refira-se a período anterior ao advento da EC n. 20/98, pois, a partir da promulgação dessa emenda à Constituição da República – e quanto a inativos e pensionistas –, tornou-se juridicamente incabível, quer no plano da União Federal, quer no âmbito dos Estados-Membros e do Distrito Federal, quer, ainda, na esfera dos Municípios, a própria instituição de tal modalidade de contribuição especial. Precedentes. Se o Poder Público, no entanto, mesmo após o advento da EC n. 20/98, continuar a exigir, dos respectivos servidores inativos e pensionistas, o correspondente pagamento da contribuição previdenciária, sujeitar-se-á à obrigação de devolver-lhes os valores por eles eventualmente já recolhidos. Precedentes. Entendimento aplicável à contribuição destinada ao custeio de assistência médica a que se refere a Lei n. 12.398/98 do Estado do Paraná. Precedentes (AI 357.012-AgR, Rel. Min. Celso de Mello, j. 12.12.2006, DJe 2.2.2007).*

A Emenda n. 41 produziu, ainda, a desvinculação entre o reajuste de padrões remuneratórios dos agentes públicos (vencimentos, remunerações e subsídios) e o reajuste dos proventos de aposentados e pensionistas, pela nova redação conferida ao § 8º do art. 40, o qual, anteriormente, previa a paridade de tratamento entre agentes públicos em atividade e beneficiários do regime previdenciário. A medida pode trazer – ou não – vantagens para os futuros aposentados e pensionistas, dependendo da política de reajustamento, seja dos agentes públicos em atividade, seja dos proventos dos beneficiários dos regimes próprios.

A redação anterior do parágrafo em comento determinava a extensão a aposentados e pensionistas de vantagens concedidas aos servidores em atividade, quando decorrentes de transformação de cargos ou reclassificação; com a EC n. 41, tal obrigatoriedade de tratamento paritário está descartada. A regra que estabelece paridade de tratamento entre pessoal da ativa e beneficiários do regime previdenciário se manteve para os que já eram aposentados e pensionistas antes da promulgação, conforme o art. 7º da Emenda n. 41.

Quanto ao regime complementar, fixou-se a impossibilidade de entrega desta modalidade de seguro à iniciativa privada, criando-se a necessidade de que cada ente público crie entidade com personalidade de direito público (as entidades até aqui instituídas têm natureza jurídica de fundação), que funcionará com entidade fechada (ou, no jargão, fundo de pensão).

A Fundação Anfip publicou estudo sintetizando as mudanças mais relevantes da Emenda Constitucional n. 41, de 2003, a qual:

- *extinguiu a paridade* entre ativos e inativos, **para os novos aposentados (regra permanente)**,
- **instituiu novas regras de cálculo dos proventos** para as novas aposentadorias, levando em consideração as remunerações do RGPS e RPPS,
- **instituiu o abono de permanência** para quem permanecer em atividade e cumprir os requisitos para aposentadoria,
- extinguiu a **aposentadoria proporcional**,
- criou o **redutor na pensão**,
- instituiu o **caráter solidário**, com a consequente **contribuição dos aposentados e pensionistas**,
- **quebrou a paridade** da aposentadoria por invalidez,
- aumentou o requisito de **tempo de serviço público** como condição para a **paridade e integralidade na regra de transição**,
- estabeleceu a **idade mínima** de aposentadoria de **53 (cinquenta e três)** anos para homem e **48 (quarenta e oito)** anos para mulher, porém com **redutor sobre cada ano** que falte para, respectivamente, 60 (sessenta) e 55 (cinquenta e cinco) anos, para aposentadoria sem paridade,
- instituiu a obrigatoriedade da **cobrança de contribuição previdenciária dos servidores estaduais e municipais**, não podendo ser menor que 11% (onze por cento)[2] (grifo no original).

Cumpre frisar, neste aspecto, que as regras de transição da EC n. 41 permanecem aplicáveis, mesmo após a promulgação da EC n. 103/2019, aos entes federativos que não tenham alterado seus ordenamentos locais, e enquanto isso não ocorrer. É dizer, a EC n. 41 deixou de surtir efeitos imediatamente após a vigência da Emenda apenas ao RPPS da União e seus filiados.

O detalhamento das regras de transição introduzidas pela EC n. 41/2003 se encontra nos Capítulos seguintes desta obra.

42.3 A EMENDA CONSTITUCIONAL N. 47, DE 2005

Muitos dos pontos aprovados pela Câmara dos Deputados, quando da tramitação da PEC que resultou na EC n. 41/2003, foram retirados do texto original da Proposta de Emenda por acordo entre o Governo Federal e os líderes partidários do Senado. Essas modificações acabaram introduzidas no texto constitucional com a aprovação da EC n. 47, de 2005.

A principal mudança da EC n. 47/2005 foi a instituição da Fórmula "95" (para os homens) e "85" (para as mulheres), que permite ao servidor que ingressou no serviço público até 16.12.1998, desde que tenha ao menos 25 anos de serviço público, aposentar-se antes da idade mínima exigida – 60 anos para os homens e 55 anos para as mulheres.

A publicação *Panorama da Previdência Social Brasileira* apresenta uma pequena síntese do que foi essa reforma:

> A Emenda n. 47/2005, oriunda de discussão da Proposta de Emenda Constitucional denominada 'PEC Paralela', previu novas hipóteses de concessão de aposentadorias especiais. Nos

---

[2] MARTINS, Floriano José; ROMERO, Vilson Antônio (organizadores). *Servidores Públicos: Aposentadorias e Pensões, Principais Regras.* 2 ed. Brasília: Fundação ANFIP de Estudos da Seguridade Social, 2014, p. 18.

incisos do § 4º do art. 40, estão previstos, como exceção à regra do caput desse dispositivo, os servidores portadores de deficiência e os que exercem atividades de risco, além daqueles sujeitos a atividades que prejudiquem a saúde ou a integridade física. Leis complementares irão dizer as condições de concessão em cada caso.

Com relação à contribuição previdenciária dos segurados, ampliou-se o limite de imunidade quanto ao beneficiário de regime próprio portador de doença incapacitante. Essa nova previsão abarca todos os beneficiários – aposentados e pensionistas – que forem acometidos por doença incapacitante.

Além disso, foi instituída outra regra de transição. No art. 3º, a Emenda n. 47/2005 estabeleceu mais uma hipótese de concessão de aposentadoria ao servidor que houver ingressado no serviço público até a data de publicação da Emenda n. 20/1998. Nessa hipótese, a aposentadoria desse servidor seria concedida com proventos integrais, correspondentes à sua última remuneração no cargo efetivo, garantindo-se a revisão dos proventos pela paridade com a remuneração dos ativos e com idades inferiores àquelas definidas no art. 40 da Constituição, para o servidor que possuir tempo de contribuição superior ao mínimo definido nesse artigo.

Essa hipótese de aposentadoria assegura a paridade, também, à pensão decorrente do falecimento do servidor inativo, cujos proventos foram concedidos de acordo com suas regras.[3]

Cumpre frisar, neste aspecto, que as regras de transição da EC n. 47 permanecem aplicáveis, mesmo após a promulgação da EC n. 103/2019, aos entes federativos que não tenham alterado seus ordenamentos locais, e enquanto isso não ocorrer. É dizer, a EC n. 47 deixou de surtir efeitos imediatamente após a vigência da Emenda apenas ao RPPS da União e seus filiados.

O detalhamento das regras de transição introduzidas pela EC n. 47/2005 está nos Capítulos seguintes desta obra.

42.4 A EMENDA CONSTITUCIONAL N. 70, DE 2012

A Emenda Constitucional n. 70, promulgada em 29.3.2012 (*DOU* 30.3.2012), acrescentou o art. 6º-A ao corpo da Emenda Constitucional n. 41/2003, para estabelecer critérios para o cálculo e a correção dos proventos da aposentadoria por invalidez dos servidores públicos que ingressaram no serviço público até a data da publicação daquela Emenda Constitucional (31.12.2003).

Art. 6º-A. O servidor da União, dos Estados, do Distrito Federal e dos Municípios, incluídas suas autarquias e fundações, que tenha ingressado no serviço público até a data de publicação desta Emenda Constitucional e que tenha se aposentado ou venha a se aposentar por invalidez permanente, com fundamento no inciso I do § 1º do art. 40 da Constituição Federal, tem direito a proventos de aposentadoria calculados com base na remuneração do cargo efetivo em que se der a aposentadoria, na forma da lei, não sendo aplicáveis as disposições constantes dos §§ 3º, 8º e 17 do art. 40 da Constituição Federal.

Parágrafo único. Aplica-se ao valor dos proventos de aposentadorias concedidas com base no caput *o disposto no art. 7º desta Emenda Constitucional, observando-se igual critério de revisão às pensões derivadas dos proventos desses servidores.*

Também esta Emenda perdeu eficácia com a promulgação da EC n. 103, de 13.11.2019, mas apenas quanto ao RPPS da União. Acerca dos demais entes, apenas quando alterada a legislação local de cada um a Emenda n. 70 deixará de ser aplicável, se assim dispuser a norma local.

---

[3] Ministério da Previdência Social. Panorama da Previdência Social Brasileira. 4. ed. Brasília. 2010. p. 42-43.

42.5　A EMENDA CONSTITUCIONAL N. 88, DE 2015

A Emenda Constitucional n. 88, promulgada em 7.5.2015 (*DOU* 8.5.2015), elevou para 75 anos a idade da aposentadoria compulsória para os ministros dos tribunais superiores e permitiu que por meio de lei complementar fosse adotado esse mesmo limite etário para os demais servidores públicos.

Decorreu dessa reforma a alteração do art. 40 da CF, que trata das regras de aposentadoria e pensão nos RPPS, e a inclusão de novo artigo no ADCT, conforme segue:

- CF: "Art. 40, § 1º, II: compulsoriamente, com proventos proporcionais ao tempo de contribuição, aos 70 (setenta) anos de idade, ou aos 75 (setenta e cinco) anos de idade, na forma de lei complementar";

- ADCT: "Art. 100. Até que entre em vigor a lei complementar de que trata o inciso II do § 1º do art. 40 da Constituição Federal, os Ministros do Supremo Tribunal Federal, dos Tribunais Superiores e do Tribunal de Contas da União aposentar-se-ão, compulsoriamente, aos 75 (setenta e cinco) anos de idade, nas condições do art. 52 da Constituição Federal".

O STF decidiu na ADI 5.316 suspender os efeitos de expressão "nas condições do artigo 52 da Constituição Federal", constante da emenda, que condicionava a permanência dos ministros a uma nova sabatina no Senado Federal. E, ainda, fixou entendimento de que o aumento da idade para os demais servidores públicos, incluindo magistrados, ficaria na dependência da aprovação de lei complementar para disciplinar o direito. No caso dos juízes, os ministros esclareceram que a lei complementar seria de iniciativa do STF.

A regulamentação da EC n. 88/2015 ocorreu com a LC n. 152, de 3.12.2015, a qual estendeu o novo limite etário aos servidores dos Poderes Executivo, Legislativo e Judiciário, o que gera controvérsia quanto a sua aplicabilidade aos magistrados. No entanto, até que tenha nova manifestação do STF, os juízes de segundo e primeiro grau têm a possibilidade de permanecer em seus cargos até os 75 anos.

42.6　A EMENDA CONSTITUCIONAL N. 103, DE 2019

Nova "reforma" veio a ocorrer no ano de 2019, a partir da Proposta de Emenda Constitucional (PEC) n. 6, de 2019, aprovada no mesmo ano.

As alterações promovidas por essa Emenda alcançam a maioria dos benefícios concedidos pelos dois modelos de Regimes, tanto o RGPS quanto os RPPS, influenciando os requisitos e valores a serem recebidos, em resposta ao interesse de redução de despesas.

Não foi objeto desta reforma a maioria das regras aplicadas a RPPS dos Estados, do Distrito Federal e dos Municípios, que seguem em trâmites de propostas nos Legislativos correspondentes, sem definição exata sobre o quanto (e até mesmo se) esses serão afetados pela onda de redução de custos que fundamentou o debate traçado até aqui, embora muitos Estados e Municípios tenham realizado suas reformas e outros tantos ainda estejam debatendo os projetos.

Em linhas gerais, desde a apresentação da PEC n. 6/2019, observou-se uma mudança de visão no tocante aos objetivos e fundamentos da Previdência Brasileira com um reforço na ideia da individualidade sobre a solidariedade.

Chegou-se a cogitar, inclusive, a alteração da própria estrutura de repartição do nosso sistema, transformando-o em um sistema de capitalização, tema que, mesmo não aceito pelo Congresso, parece permanecer idealizado por parte da equipe econômica do atual governo.

Os pontos mais marcantes, no tocante ao RPPS da União, são: a alteração da idade mínima e tempo mínimo de contribuição no serviço público, para aposentadoria; a modificação dos critérios de cálculo da renda de aposentadoria (inclusive por invalidez, agora denominada incapacidade permanente) e pensão; a desconstitucionalização das regras aplicadas a servidores em matéria de aposentadoria e pensão, pela previsão de que lei complementar irá dispor sobre o tema; a fixação de novas regras de transição para as aposentadorias voluntárias, incluindo-se uma inédita regra para aposentadorias por exposição a agentes prejudiciais à saúde e aos servidores com deficiência.

Os demais aspectos da referida Emenda serão abordados nos capítulos respectivos.

42.6.1 A EC n. 103/2019 e a superposição de regras de transição

As regras de transição das EC n. 20/1998, n. 41/2003 e n. 47/2005 foram revogadas de inopino pelos incisos II, III e IV do art. 35 da EC n. 103/2019, em relação ao RGPS e aos servidores públicos da União. Para os demais servidores, o serão apenas quando (e se) aprovadas as respectivas reformas pela legislação de cada ente (art. 36 da EC n. 103/2019).

A aposentadoria digna é resguardada pelo art. 7º, XXIV, da Constituição Federal como um direito fundamental das pessoas que trabalham, de modo que o constituinte derivado não possui competência para interferir tão substancialmente nesse direito, a ponto de piorar gravemente o acesso à inatividade.

O legislador constituinte derivado, ao determinar a revogação de todas as regras de transição em vigor, como ocorreu com a Emenda Constitucional n. 103/2019, acabou por macular gravemente o acesso de inúmeros servidores públicos à aposentadoria. Muitos dos quais, até a reforma, precisavam apenas de dias ou meses para chegarem à inatividade e, agora, sem direito resguardado a uma razoável transição, devem continuar na atividade por anos.

Não obstante a possibilidade de se encetarem reformas pelo Poder Constituinte Derivado, não se pode objetar a suposta inexistência de direito adquirido a regime jurídico previdenciário para impor abruptamente um sistema mais gravoso e que desconsidere longos períodos contributivos percorridos na vigência de preceitos anteriores.

No magistério do tratadista português Ilídio das Neves, o direito à segurança social não é – ou não deve ser considerado – uma dádiva mais ou menos arbitrária do Estado, "um simples produto *ad hoc* do poder legislativo conjunturalmente actuante", mas antes "o reconhecimento pelo Estado de determinados valores, como são os princípios de justiça distributiva e da segurança jurídica, bem como da regra da boa-fé na produção e na aplicação do direito".[4]

Ademais, as regras de transição não podem ser confundidas com o regime jurídico em si, já que as mudanças previdenciárias, quando realizadas de inopino e afetando pessoas cuja trajetória profissional e contributiva estão na iminência de serem concluídas, acabam por repercutir diretamente na confiança e na expectativa que o servidor público – tal como o segurado do RGPS – possui em relação às regras de aposentadoria. Desse modo, as normas de transição acabam por representar um mínimo de respeito entre as expectativas de direito previdenciário, assentadas na segurança jurídica.

O princípio da proteção da confiança do indivíduo na ordem jurídica (confiança nas condições jurídicas geradas por uma determinada situação legal) é exigência de *status* constitucional da segurança jurídica, valor fundamental de um Estado de Direito e que se encontra intimamente ligado com a dignidade da pessoa humana. Consoante os ensinamentos de Ingo Sarlet:

---

[4] NEVES, I. das. *Crise e reforma da segurança social*: equívocos e realidades. Lisboa: Edições Chambel, 1998, p. 168-169.

(...) a dignidade não restará suficientemente respeitada e protegida em todo o lugar onde as pessoas estejam sendo atingidas por um tal nível de instabilidade jurídica que não estejam mais em condições de, com um mínimo de segurança e tranquilidade, confiar nas instituições sociais e estatais (incluindo o Direito) e numa certa estabilidade das suas próprias posições jurídicas.[5]

Com efeito, o regime jurídico possui como características a generalidade e a abstração, compondo um conjunto de normas objetivas que instituem uma ordem de direitos e deveres que não se direciona a um sujeito específico, e sua regulação não está voltada a situações concretas. De forma contrária, as regras de transição implicam efeitos justamente a casos concretos e sujeitos jurídicos previamente delimitados, como forma de garantir minimamente a proteção da segurança jurídica e da confiança legítima, incorporando-se às garantias individuais do servidor. Nesse sentido, leciona Damares Medina:

As regras de transição não estabelecem regime jurídico, mas instituem relação jurídica de transição que, em razão de sua natureza específica, merece ser individualizada e protegida. Tal proteção se dá, ainda, mediante a cristalização no tempo da relação jurídica tutelada, com a sua consequente incorporação ao patrimônio jurídico subjetivo dos destinatários da regra, tendo em vista o esgotamento do seu objeto: assegurar a transição razoável, em obediência ao princípio da segurança jurídica.

Em razão de seu objeto específico e de sua eficácia predeterminada, as regras de transição, uma vez instituídas, não podem mais ser alteradas, pioradas ou suprimidas, pelo simples fato de uma transição que era "boa e razoável" em 1998, não mais o ser em 2003, apenas a título de ilustração.

Por fim, verifica-se que as regras de transição antepõem-se às leis em geral, na medida em que instituem uma relação jurídica determinada e específica. O regime jurídico é, necessariamente, geral e abstrato. As regras de transição, por sua vez, são direcionadas e específicas, destinadas a assegurar determinados direitos a indivíduos discriminados, esgotando-se em si próprias, conforme amplamente explicitado.[6]

Diante desse quadro, a revogação das regras de transição já existentes – constantes das Emendas 41/2003 e 47/2005 – pela EC n. 103/2019 acabou por violar o princípio da proteção da confiança, um dos elementos da segurança jurídica, essencial no Estado Democrático de Direito, que possui dimensão tanto institucional quanto individual, afigurando-se direito e garantia fundamental (art. 60, § 4º, IV, da Constituição).

Não se desconhece que a Suprema Corte já teve oportunidade de, partindo da premissa de que inexiste direito adquirido a regime jurídico, reconhecer como constitucional, por maioria de votos, a nova norma restritiva de direitos que revoga regras transitórias de dignidade constitucional (STF, Plenário, ADI 3.104/DF, Rel. Min. Cármen Lúcia, *DJ* 9.11.2007).

No entanto, cumpre destacar, do citado julgamento, trecho do voto do Ministro Gilmar Mendes, quanto à necessidade de o Supremo evoluir sua compreensão sobre a temática da segurança jurídica para os direitos em formação. Neste sentido:

---

[5] SARLET, Ingo Wolfgang. A eficácia do direito fundamental à segurança jurídica: dignidade da pessoa humana, direitos fundamentais e proibição de retrocesso social no direito constitucional brasileiro. In: ROCHA, Cármen Lúcia Antunes (Org.). *Constituição e segurança jurídica*: direito adquirido, ato jurídico perfeito e coisa julgada – estudos em homenagem a José Paulo Sepúlveda Pertence. 2. ed. Belo Horizonte: Fórum, 2005, p. 85-135 (p. 94).

[6] MEDINA, Damares. Regras de transição em matéria previdenciária. *Revista Jus Navigandi*, Teresina, ano 19, n. 4.006, 20 jun. 2014. Disponível em: https://jus.com.br/artigos/29171. Acesso em: 19 maio 2021.

(...) Já não consigo subscrever no Direito brasileiro e há boas achegas no Direito comparado para se fazer uma reflexão sobre esse assunto. Imaginemos – não foi o caso aqui desta Emenda, porque, sabemos, que a Emenda n. 41 alterou apenas o modelo de cálculo dos proventos, mas poderia ter alterado, por exemplo, os critérios de idade; poderia ter tornado esse prazo mais alongado, com surpresas várias para os eventuais atingidos. E isso poderia se transformar, inclusive, numa corrida de obstáculos com obstáculo móvel.

(...) em se tratando da chamada não existência de direito adquirido a um dado regime jurídico, podemos ter abusos notórios. Em regime de aposentadoria, é muito fácil imaginar. O indivíduo que esteja a inaugurar a sua vida funcional, se se altera o regime jurídico, pouco se lhe dá. Isso não tem nenhum reflexo em nenhum aspecto do seu patrimônio sequer afetivo.

Outra é a situação para aquele que está em fim de carreira e, eventualmente, esperando cumprir os últimos dias, quando se dá a mudança do regime, eventualmente, acrescentando dez novos anos.

(...) De modo, Senhora Presidente, com essas considerações, permitiria fazer o registro da necessidade de começarmos a refletir sobre a insuficiência da teoria do direito adquirido, tal como adotamos, tendo em vista critérios de justiça material.

Por outro lado, é preciso observar a teoria do adimplemento substancial do "contrato social previdenciário", nas hipóteses em que os servidores já haviam cumprindo a quase totalidade dos requisitos para a aposentadoria, na data de publicação da EC n. 103/2019.

42.6.2 A EC n. 103/2019 e a violação ao princípio da segurança jurídica

Diante das alterações da EC n. 103/2019, a questão que exsurge é se o Poder Constituinte Derivado poderia desconsiderar promessas anteriores asseguradoras de legítimas expectativas, modificando abruptamente as situações jurídicas daqueles que estavam contemplados pelas disposições transitórias das Emendas anteriores, ora revogadas.

O primeiro ponto a ser observado é a ausência de *vacatio legis*, contrariando os preceitos basilares do processo legislativo previsto no art. 59 da CF/1988 e regulamentado pela Lei Complementar n. 95/1998, a qual estabelece:

> Art. 8º A vigência da lei será indicada de forma expressa e **de modo a contemplar prazo razoável para que dela se tenha amplo conhecimento**, reservada a cláusula "entra em vigor na data de sua publicação" para as leis de pequena repercussão (sem grifo no original).

Foge da razoabilidade a aprovação de uma "Nova Previdência" que entra em vigor na data da publicação da Emenda Constitucional, ocasionando surpresa, quebra de confiança, insegurança jurídica com a destruição dos planejamentos previdenciários e das expectativas das pessoas que ao longo da vida contribuem com vistas a obter a contraprestação previdenciária em prazo razoável.

Quando o legislador decide por transformar bruscamente o sistema previdenciário, deve usar dos meios necessários a preservar a confiança que o jurisdicionado possui no Estado e na estabilidade de seus sistemas e normas. É com esse propósito que, quando ocorreram as mudanças previdenciárias mais profundas, o legislador sempre buscou, por meio da previsão de regras de transição, preservar minimamente as expectativas de direitos geradas.

O segundo ponto a ser acentuado é justamente a ausência de regras de transição específicas para quem ingressou no serviço público até 16.12.1998 (EC n. 20/1998) ou até 31.12.2003 (EC n. 41/2003), tal qual ocorreu nas Emendas Constitucionais anteriores, com a finalidade de amenizar parte do rigor das novas regras.

Não se pode dizer que não há direito a ser protegido diante de quem cumpriu a maior parte das exigências previstas em regras de transição que estavam válidas, e que haviam sido fixadas em Reformas Previdenciárias anteriores.

O Professor Marcelo Barroso de Campos, ao analisar a superposição das regras de transição nas reformas da Previdência, enaltece a necessidade do respeito às garantias constitucionais da segurança jurídica, da segurança social, da boa-fé, da confiança legítima, do direito expectado, da proporcionalidade e da razoabilidade. Vejamos:

> *A previsibilidade dos direitos sociais, especialmente das regras de aposentadoria, que possibilitam o planejamento do restante da vida das pessoas é uma medida de segurança jurídica e social. Desse modo, todas as vezes que as regras de aposentadoria se alteram – podem e devem se alterar – também devem resguardar, não somente os direitos adquiridos, mas as situações em curso, especialmente aquelas que têm um alto grau de expectação. (...)*
>
> *A proteção da segurança – jurídica e social –, a boa-fé, a confiança legítima, o direito expectado, a proporcionalidade e a razoabilidade serão atendidas na medida em que as reformas constitucionais não os agredirem.*
>
> *Quando as alterações assegurarem a necessária proteção do tempo decorrido, não somente em relação ao direito adquirido, mas também aos direitos expectados, haverá a proteção dos postulados mencionados. (...)*
>
> *Por isso, se as mudanças na previdência social são necessárias e devem ser implementadas por meio de reformas constitucionais, então que encontrem um ponto de equilíbrio para proteger a segurança (jurídica e social), a boa-fé e a confiança legítima de maneira proporcional e razoável, mediante a proteção não somente do direito adquirido, mas também dos direitos expectados.*[7]

Destacam-se, também, os fundamentos da bem-lançada sentença proferida pelo Juiz Federal Cristiano Miranda de Santana, que reconhece o art. 35 da EC n. 103/2019 como materialmente inconstitucional por violar o princípio da segurança jurídica, que é uma garantia fundamental e fronteira intransponível à competência reformadora, nos termos do art. 60, § 4º, IV, da Constituição da República e, também, por ofender ao princípio da proteção da confiança, um dos elementos da segurança jurídica, essencial no Estado Democrático de Direito, que possui dimensão tanto institucional como individual, afigurando-se direito e garantia fundamental (art. 60, § 4º, IV, da Constituição):

> *Devemos recordar que todas as emendas constitucionais sobre segurança social ou previdência social aprovadas nesses mais de 30 anos de vigência da Constituição de 1988, inclusive esta Emenda 103/2019, previram norma transitória com objetivo de calibrar o impacto da incidência das novas normas mais gravosas. Assim, na ordenação do tempo constitucional o legislador não pode burlar a confiança sobre os mesmos efeitos jurídicos, relativamente aos mesmos fatos e na mesma relação previdenciária, manobrando abusivamente o tempo, que para os segurados é irreversível e unidirecional.*
>
> *Na relação previdenciária, ao contrário do que sugerem interpretações apressadas, não há direito adquirido apenas quando integralizadas todas as condições para a aposentação. Direitos são adquiridos parceladamente ao longo do tempo, quer digam respeito a situações especiais (por exemplo, dado período de tempo no exercício de atividade com exposição a agentes nocivos químicos, físicos ou biológicos prejudiciais à saúde), quer digam respeito a atividades com arco temporal de aquisição do direito à aposentadoria disciplinado em termos mais favoráveis*

---

[7] CAMPOS, Marcelo Barroso Lima Brito de. Superposição das regras de transição nas reformas constitucionais da previdência social brasileira. *Revista de Direitos Sociais, Seguridade e Previdência Social*, v. 6, n. 1, jan./jun. 2020. Disponível em: https://www.indexlaw.org/index.php/revistadssps/article/view/6730. Acesso em: 22 jun. 2021.

(por exemplo, atividade de efetivo exercício de magistério infantil, cujo período aquisitivo é menor em cinco anos).

O segurado não pode viver em estado de insegurança continuada, pois previdência é exatamente o oposto: um serviço que exige proteção qualificada da confiança, destinado a oferecer um horizonte de futuro previsível e programado. Mudanças normativas devem e podem ocorrer no regime previdenciário, com projeção de efeitos para o futuro, calibrando o sistema em favor de sua sustentabilidade e ajustando proporcionalmente as expectativas de seus beneficiários, sem surpresas e sem ressignificação do passado. Sem essa proteção mínima não há incentivos à contribuição e à permanência em qualquer regime de previdência.

(...) Além disso, o direito fundamental à liberdade é manifestamente comprometido se o indivíduo é surpreendido com alteração dos efeitos futuros de suas escolhas depois de implementar a sua decisão em bases informadas. O tempo existencial é unidirecional e uma escolha realizada muitas vezes não pode ser revertida se as consequências são ex post alteradas ou ressignificadas. Além disso, parece evidente que normas transitórias anteriores não podem ser revogadas com retroação como se nunca houvessem sido promulgadas.

(Ação Civil Coletiva 1011921-55.2020.4.01.3400, 5ª Vara Federal Cível da SJDF, Juiz Federal Cristiano Miranda de Santana, publ. 21.6.2020).

Em uma concepção sociológica da Constituição, consoante ensinamentos de Luhmann,[8] a utilidade do modelo normativo é, sobretudo, assegurar aos cidadãos um mínimo de expectativas diante dos atos do Estado. Daí que, ao modificar o "contrato social previdenciário" que tem vingado desde 1988, e respeitado em sua essência pelas transições geradas pelas Emendas ns. 20, 41 e 47, a EC n. 103/2019 aniquila o sistema de expectativas que legitima a confiança do cidadão no Estado brasileiro.

Para Ingo Sarlet, sempre que as reformas atingirem direitos fundamentais – como é o caso do direito à aposentadoria – devem-se resguardar regras proporcionais para aqueles que já estavam sujeitos ao modelo anterior (tratar os desiguais de maneira desigual), de modo a preservar a própria ordem constitucional, a segurança jurídica, a proporcionalidade, a dignidade da pessoa humana e, até mesmo, a expectativa de direito.[9]

Em síntese, os incisos II, III e IV do art. 35 da Emenda Constitucional n. 103/2019, ao revogarem as regras de transição estabelecidas pelas Emendas n. 20/1998, n. 41/2003 e n. 47/2005, afrontaram direitos fundamentais, dentre os quais, o da segurança jurídica e social, a boa-fé, a confiança legítima, o direito expectado, a proporcionalidade e a razoabilidade, decorrentes do pacto assumido pelo Estado quando da edição das regras jurídicas que estavam vigorando.

42.6.3 Teoria do adimplemento substancial do "contrato social previdenciário"

Na esteira do primado da segurança jurídica, da proporcionalidade e do princípio da confiança acrescenta-se, também, a teoria do adimplemento substancial do "contrato social previdenciário" em relação às regras de transição vigentes na data da publicação da EC n. 103, em 13 de novembro de 2019.

O pressuposto do direito intertemporal é o de que o período de vigência das normas no tempo é indeterminado quanto ao seu fim, motivo pelo qual, sobrevindo uma norma superveniente, é necessário saber os efeitos desta sobre a norma anterior, inclusive no que diz respeito

---

[8] LUHMANN, Niklas. *Sociologia do Direito I*. Trad. Gustavo Bayer. Rio de Janeiro: Tempo Brasileiro, 1983, p. 66-67.
[9] SARLET, Ingo. Direitos fundamentais: nada mais atual do que o problema da vedação do retrocesso social. *Consultor Jurídico*. Disponível em: https://www.conjur.com.br/2017-mar-24/direitos-fundamentais-nada-atual--problema-vedacao-retrocesso-social. Acesso em: 19 maio 2021.

à preservação de situações ou direitos já constituídos ou na iminência de sê-los sob a vigência da norma antecedente.

Na situação em análise, estamos diante da revogação de normas que criaram expectativas de direito, de modo que, neste caso, o próprio transcorrer do tempo acaba por trazer consequências ao patrimônio jurídico do servidor. Nesse sentido, ao legislador constituinte derivado não é permitido transformar tão profundamente o sistema normativo vigente que acabe por criar situações jurídicas totalmente diversas daquelas preexistentes, sem levar em consideração minimamente as expectativas resultantes do regime anterior.

Ou seja, não pode o constituinte derivado, nem mesmo por emendas à Constituição, desconstituir totalmente àquilo que já havia sido posto e romper bruscamente com o regime jurídico. É justamente o que ocorre com a revogação das regras de transição das emendas anteriores, vez que o legislador desconsidera totalmente os regimes e regras postas até então ao não preservar minimamente – ao menos proporcionalmente ao que já havia sido cumprido no tocante aos requisitos de elegibilidade – expectativa dos servidores que ingressaram no serviço público durante a vigência de regras muito diferentes.

As regras de transição são necessárias para garantir a proteção do pacto inicial de confiança e o mínimo de segurança jurídica ao patrimônio do servidor público, de modo que as reformas possam ser concretizadas sem que sejam violados direitos fundamentais e legítimas expectativas.

Ressalta-se que as regras de transição, classificadas como normas de vigência temporária, não podem ser revogadas a qualquer momento, de acordo com as conveniências do legislador, ainda mais quando houve o adimplemento substancial das exigências para a obtenção do direito por parte do indivíduo a ser protegido, sob pena de deixar de fazer qualquer sentido no ordenamento jurídico.

A teoria do adimplemento substancial tem correlação com os princípios contratuais contemporâneos, especialmente com a boa-fé objetiva e a função social do contrato. Nesse sentido, o Enunciado CJF/STJ n. 361, aprovado na IV Jornada de Direito Civil, o qual estabeleceu que: *"O adimplemento substancial decorre dos princípios gerais contratuais, de modo a fazer preponderar a função social do contrato e o princípio da boa-fé objetiva, balizando a aplicação do art. 475".*

Flávio Tartuce, ao publicar artigo sobre a teoria do adimplemento substancial na doutrina e na jurisprudência, aponta que:

> *A teoria do adimplemento substancial goza de grande prestígio doutrinário e jurisprudencial na atualidade do Direito Contratual Brasileiro. Por essa teoria, nos casos em que o contrato tiver sido quase todo cumprido, sendo a mora insignificante, não caberá sua extinção, mas apenas outros efeitos jurídicos, como a cobrança ou o pleito de indenização por perdas e danos. (...) A propósito, como têm pontuado doutrina e jurisprudência italianas, a análise do adimplemento substancial passa por dois filtros. O primeiro deles, é objetivo, a partir da medida econômica do descumprimento, dentro da relação jurídica existente entre os envolvidos. O segundo é subjetivo, sob o foco dos comportamentos das partes no processo contratual (CHINÉ, Giuseppe; FRATINI, Marco; ZOPPINI, Andrea. Manuale di Diritto Civile. Roma: Nel Diritto, IV Edizioni, 2013, p. 1.369; citando a Decisão n. 6.463, da Corte de Cassação Italiana, prolatada em 11 de março de 2008). Acreditamos que tais parâmetros também possam ser perfeitamente utilizados nos casos brasileiros, incrementando a sua aplicação em nosso País.*[10]

---

[10] TARTUCE, Flávio. A teoria do adimplemento substancial na doutrina e na jurisprudência. *Jornal Carta Forense*, abr. 2015. Disponível em: http://www.flaviotartuce.adv.br/assets/uploads/artigos/201504100913000.artigo_adimplementosubstancial.doc. Acesso em: 18 maio 2021.

Na seara previdenciária encontram-se precedentes que demonstram a adoção dessa teoria, quando na data do requerimento do benefício faltava período curto de tempo para a consumação do direito à aposentadoria. Nesse sentido:

> PREVIDENCIÁRIO. CONVERSÃO DE APOSENTADORIA POR TEMPO DE CONTRIBUIÇÃO EM APOSENTADORIA ESPECIAL. 24 ANOS, 09 MESES E 18 DIAS DE ATIVIDADE ESPECIAL RECONHECIDA ADMINISTRATIVAMENTE. RECONHECIMENTO DE 02 MESES E 02 DIAS DE ATIVIDADE ESPECIAL POR CATEGORIA PROFISSIONAL. 24 ANOS, 11 MESES E 20 DIAS. ADIMPLEMENTO SUBSTANCIAL. EQUIDADE. DIREITO RECONHECIDO. RECURSO PROVIDO (Processo 0134204-60.2017.4.02.5151/01, 8ª TRRJ, Rel. Juiz Federal Fábio Souza, j. 11.7.2018).

Esse preceito também foi validado pelo Supremo Tribunal Federal ao confirmar a decisão que aplicou a teoria do adimplemento substancial no âmbito previdenciário. Vejamos:

> *Da detida análise dos fundamentos adotados pelo Tribunal de origem, por ocasião do julgamento do apelo veiculado na instância ordinária, em confronto com as razões veiculadas no extraordinário, concluo que nada colhe o recurso.*
>
> O Tribunal de origem decidiu a controvérsia em acórdão cuja ementa transcrevo:
>
> CONSTITUCIONAL. APOSENTADORIA ESPECIAL PARA FUNÇÃO DE MAGISTÉRIO. ART. 201, § 8º DA CF/88. PROVA DO EFETIVO EXERCÍCIO DE ATIVIDADES PRÓPRIAS DO MAGISTÉRIO. CARÊNCIA COMPROVADA. TEMPO DE CONTRIBUIÇÃO DE 24 ANOS E 10 MESES. TEORIA DO ADIMPLEMENTO SUBSTANCIAL. CONCESSÃO DO BENEFÍCIO.
> (...) **3. A noção de adimplemento substancial, já amplamente utilizada pelos Tribunais, sobretudo o STJ, não só nas lides obrigacionais (inclusivos contratos administrativos)**, mas também no âmbito do direito penal, a respeito do cumprimento das regras do Sursis (TRF-3-RSE – RECURSO EM SENTIDO ESTRITO – 4851), **pode, com toda razão, ser aplicada na esfera do direito previdenciário**. *Explica-se que não se trata de desconsiderar a natureza contributiva e atuarial do sistema previdenciário nacional, mas tão somente de considerar implementado, para o caso excepcional da parte autora, o tempo necessário de 25 anos de tempo de contribuição, em razão do inadimplemento mínimo de 02 meses do tempo faltante.*
> *4. Recurso de aposentadoria especial por tempo de contribuição como professora mantido.*
> *5. Recurso improvido.*
> *O entendimento adotado no acórdão recorrido não diverge da jurisprudência firmada no âmbito deste Supremo Tribunal Federal, razão pela qual não se divisa a alegada ofensa aos dispositivos constitucionais suscitados (RE 758.452/MG, Relatora Ministra Rosa Weber, DJe 28.9.2016).*

Portanto, a teoria do adimplemento substancial do "contrato social previdenciário" pressupõe a manutenção das regras em vigor quando o cumprimento integral dos requisitos para a obtenção da aposentadoria está muito próximo do fim. Com isso, veda-se a extinção da regra de transição e busca-se a efetividade da proteção previdenciária, em observância a sua função social, respaldada na boa-fé objetiva.

43
Previdência Complementar para Servidores Públicos

A partir da Emenda Constitucional n. 20/1998, iniciaram-se grandes reformas no sistema da seguridade social, dentre outras providências estabelecendo-se a necessidade de um novo marco regulatório para a previdência complementar, cujos princípios e premissas fundamentais foram fixados na redação conferida aos arts. 40 e 202, e seus parágrafos, da Carta Política. Esses dispositivos determinaram que o regime de previdência complementar seria veiculado por lei complementar.

Em 1999 foram encaminhados três Projetos de Lei Complementar, de n. 8, 9 e 10, sendo que o primeiro e o último se converteram nas Leis Complementares n. 108 e 109, respectivamente. A segunda a reger a atividade de previdência complementar, nos segmentos aberto e fechado, e a primeira a estabelecer aspectos de observância peculiares das Entidades Fechadas de Previdência Complementar patrocinadas por entidades públicas. O PLC n. 9 correspondia ao projeto de criação de previdência complementar para os membros do Poder Público, em substituição ao Regime do Servidor Público. Tal projeto não caminhou.

Novos lances a respeito do tema foram empreendidos a partir das Emendas Constitucionais n. 41, de 19.12.2003, n. 45, de 8.12.2004, e n. 47, de 5.7.2005, quando, ao tratarem de diversas questões vinculadas ao funcionalismo público e à organização da Justiça nacional, estabeleceram algumas premissas e outras tantas limitações ao regime próprio de previdência social daqueles, ao mesmo tempo em que indicaram algumas sinalizações acerca do encaminhamento de montagem de previdência complementar como modelo opcional de previdência para os ocupantes de cargos efetivos.

A nova redação conferida ao § 14 pela EC n. 103, de 2019, tornou obrigatória a limitação dos benefícios dos regimes próprios ao teto do regime geral e a criação do regime complementar em cada ente federativo.

Assim, o texto atual da Constituição prevê:

> Art. 40. (...)
> § 14. A União, os Estados, o Distrito Federal e os Municípios instituirão, por lei de iniciativa do respectivo Poder Executivo, regime de previdência complementar para servidores públicos ocupantes de cargo efetivo, observado o limite máximo dos benefícios do Regime Geral de Previdência Social para o valor das aposentadorias e das pensões em regime próprio de previdência social, ressalvado o disposto no § 16. (Redação pela EC n. 103, de 2019)
> § 15. O regime de previdência complementar de que trata o § 14 oferecerá plano de benefícios somente na modalidade contribuição definida, observará o disposto no art. 202 e será efetivado

> *por intermédio de entidade fechada de previdência complementar ou de entidade aberta de previdência complementar. (Redação pela EC n. 103, de 2019)*
>
> *§ 16. Somente mediante sua prévia e expressa opção, o disposto nos §§ 14 e 15 poderá ser aplicado ao servidor que tiver ingressado no serviço público até a data da publicação do ato de instituição do correspondente regime de previdência complementar. (EC n. 20/1998)*
>
> *(...).*

A respeito do alcance e dos efeitos da instituição da previdência complementar para servidores vinculados a RPPS, Leonardo Alves Rangel, técnico de planejamento e pesquisa do IPEA, produziu estudo onde afirma que:

> Pode-se afirmar que a previdência complementar dos servidores públicos, prevista na Emenda Constitucional n. 41, terá duplo caráter a partir do momento de sua implantação. O primeiro será a complementação das aposentadorias dos servidores públicos que forem legalmente afetados pelo teto de pagamento de benefícios; outro será a formação de uma poupança de longo prazo que poderá servir como fonte de financiamento para investimentos de longa maturação, o que é de extrema importância para o desenvolvimento do país.[1]

O primeiro ente público a regulamentar essa matéria foi o Estado de São Paulo, que instituiu Fundo de Previdência Complementar para seus servidores (SP-PREVCOM). Podem se inscrever nos planos administrados pela SP-PREVCOM os novos servidores (vinculados tanto ao RPPS quanto ao RGPS) que ingressaram no serviço público estadual a partir de 21.1.2013, os servidores contribuintes do RGPS em atividade na data de publicação da Lei n. 14.653 (23.12.2011) e os Deputados Estaduais, desde que não integrem nenhum RPPS de qualquer ente federativo.

Outros Estados e Municípios já adotaram regimes similares e há outros que possuem projetos de lei tramitando no mesmo sentido.

O RPC terá vigência a partir da autorização do convênio de adesão ao plano de benefício da entidade de previdência complementar pelo órgão fiscalizador de que trata a LC n. 109/2001.

Até que seja disciplinada a relação entre a União, os Estados, o Distrito Federal e os Municípios e entidades abertas de previdência complementar, na forma prevista nos §§ 4º e 5º do art. 202 da Constituição Federal, somente entidades fechadas de previdência complementar poderão efetivar o RPC, nos termos do que prevê o art. 33 da EC n. 103, de 2019.

43.1 A INSTITUIÇÃO DOS FUNDOS DE PENSÃO PARA SERVIDORES FEDERAIS

No âmbito da União, a Lei n. 12.618, de 30.4.2012, institui o regime de previdência complementar (RPC) para os servidores públicos federais titulares de cargos efetivos, inclusive os membros dos órgãos que menciona (Judiciário da União, Ministério Público da União e Tribunal de Contas da União) e fixa o limite máximo para a concessão de aposentadorias e pensões pelo regime de previdência de que trata o art. 40 da Constituição Federal, autorizando a criação de entidades fechadas de previdência complementar para este fim.

Embora a lei em comento tenha fixado o prazo de 180 dias para a criação do fundo, a mesma lei condicionou o direito de opção ao RPC pelo servidor, submetido ao Regime Próprio de Previdência do Servidor (RPPS) com teto de benefício limitado ao Regime Geral da Previdência Social (RGPS), à efetiva aplicação dos respectivos planos de benefícios, nos termos do art. 30:

---

[1] RANGEL, Leonardo Alves. *Previdência complementar dos servidores públicos e poupança de longo prazo*. In políticas sociais – acompanhamento e análise. 10.2.2005. Disponível em: http://www.ipea.gov.br/sites/000/2/publicacoes/bpsociais/bps_10/ENSAIO3_Leonardo.pdf. Acesso em: 2 dez. 2010.

Para os fins do exercício do direito de opção de que trata o parágrafo único do art. 1º, considera-se instituído o regime de previdência complementar de que trata esta Lei a partir da data da publicação pelo órgão fiscalizador da autorização de aplicação dos regulamentos dos planos de benefícios de qualquer das entidades de que trata o art. 4º desta Lei.

A Funpresp-Exe foi criada pelo Decreto n. 7.808, de 20.9.2012, com a finalidade de administrar e executar planos de benefícios de previdência complementar abarcando os servidores ocupantes de cargos efetivos do Poder Executivo Federal, suas autarquias e fundações, estendida também aos servidores do Poder Legislativo (Câmara dos Deputados e Senado Federal) e Ministros e servidores do Tribunal de Contas da União.

A Funpresp-Jud foi criada pela Resolução STF n. 496, de 25.10.2012, com a finalidade de administrar e executar planos de benefícios de caráter previdenciário para os membros e os servidores públicos titulares de cargo efetivo dos órgãos do Poder Judiciário da União, estendida aos ocupantes de cargos efetivos do Ministério Público da União e do Conselho Nacional do Ministério Público.

A partir da instituição efetiva do RPC, pela publicação do plano de benefício para cada segmento do Funpresp, o RPPS da União pôde limitar o valor da aposentadoria e pensão ao limite do benefício concedido pelo RGPS.

Dessa forma, desde o dia 4.2.2013, data em que a Portaria n. 44/2013, da Superintendência Nacional de Previdência Complementar (Previc), autorizando o funcionamento do Plano de Benefícios dos servidores do Executivo Federal, foi publicada no *Diário Oficial da União*, os servidores que entrarem em exercício de cargos efetivos no Poder Executivo, autarquias e fundações federais ingressam nessa nova formatação de cobertura previdenciária.

Os servidores das Casas do Legislativo Federal e os membros e servidores do TCU ingressantes (data de exercício) a partir de 7.5.2013 – data em que foi aprovado o Plano de Benefícios para estes – também ingressaram no novo sistema (Portaria Previc n. 239/2013).

E, a partir do dia 14.10.2013, todo membro do Poder Judiciário, servidores ocupantes de cargo efetivo dos órgãos do Judiciário Federal (STF, STJ, STM, TSE, Justiça Federal, Justiça do Trabalho, Justiça Eleitoral e Militar no âmbito federal), incluindo os servidores efetivos do CNJ, bem como os membros e servidores dos órgãos do Ministério Público da União, estarão da mesma forma sujeitos ao teto do Regime Geral de Previdência Social – RGPS.

A Lei n. 12.618/2012 apresentou, em seu art. 3º, regras para a *manifestação pela opção ao novo sistema* (situação conhecida como *migração*) às pessoas que haviam ingressado no serviço público federal, como ocupantes de cargos efetivos, antes do início da implementação dos planos de benefícios da Funpresp-Exe e Funpresp-Jud.

Na migração para este novo sistema de cálculo da aposentadoria do RPPS da União (que pode ocorrer mesmo sem que haja adesão ao Funpresp), assegurou-se a tais servidores um *benefício especial*, que se somará ao benefício de aposentadoria do Regime Próprio de Previdência Social (RPPS), sendo pagos, ambos, a partir da publicação do ato de aposentadoria e de forma vitalícia. A migração não importa em desfiliação do RPPS (muito menos em filiação ao RGPS), mas apenas acarreta a aceitação de novas regras de cálculo para qualquer espécie de aposentadoria concedida no âmbito do RPPS da União, que passa a ter como valor máximo o mesmo valor aplicado ao RGPS na época da aposentadoria concedida.

O *benefício especial para os migrantes* será calculado com base nos valores que serviram de base para as contribuições recolhidas ao regime de previdência da União, dos Estados, do Distrito Federal ou dos Municípios de que trata o art. 40 da CF, até a data de opção pelo RPC, observada a sistemática estabelecida nos §§ 2º a 3º do art. 3º da Lei n. 12.618/2012.

Todavia, o TCU entende que o tempo militar federal, estadual e distrital também pode ser incluído nas remunerações de contribuição e/ou no fator de conversão do benefício especial previstos no art. 3º, §§ 1º e 3º, da Lei n. 12.618/2012, conforme as disposições do art. 22 da mesma lei, c/c o art. 201, § 9º-A, da Constituição Federal de 1988, art. 26, caput, da Emenda Constitucional n. 103/2019 e art. 100 da Lei n. 8.112/1990 (Acórdão n. 965/2024 – Plenário, julg. 22.5.2024).

Portanto, os servidores ou membros do Poder Executivo (incluindo autarquias e fundações) que ingressaram em cargos públicos até 3.2.2013; do Poder Legislativo e do TCU que ingressaram até 6.5.2013; e do Poder Judiciário, do TCU e do Ministério Público da União que ingressaram nos respectivos órgãos até 13.10.2013, *se assim desejassem*, poderiam fazer a opção pela migração para o novo sistema, conforme previsto no § 16 do art. 40 da CF, o que implicaria renúncia às regras de aposentadoria até então vigentes.

Havia previsão, portanto, de quatro possibilidades de escolha para o agente público que ingressara antes de tal medida:

1. *manter-se no modelo já existente quando do ingresso no cargo*, aposentando-se conforme as regras vigentes e de transição quando da implementação de todos os requisitos e com o valor máximo estabelecido na regra em que seja concedida a aposentadoria, podendo estas regras serem alteradas por novas emendas constitucionais, ressalvada a hipótese de direito adquirido (preenchimento de todos os requisitos antes de futuras mudanças no texto Constitucional);

2. *manter-se no modelo já existente* quando do ingresso no cargo, com todas as consequências como no item anterior, e *também, aderir, mediante inscrição facultativa, ao plano de benefícios* da entidade fechada de previdência complementar (Funpresp), com o que, além da aposentadoria paga pelo RPPS respectivo, observado o limite dos proventos conforme a regra aplicável ao agente público, fará jus o agente público à complementação de aposentadoria para a qual tenha contribuído para a entidade fechada (Funpresp), mas *não fará jus ao benefício especial*;

3. *migrar, mediante opção expressa do servidor, para o modelo novo*, mas *sem aderir ao plano de benefícios da entidade fechada criada*, o que acarreta a concessão de uma *aposentadoria pelo RPPS*, pelas mesmas regras aplicáveis aos demais servidores quando da implementação de todos os requisitos, com proventos cujo valor máximo será igual ao valor-teto do RGPS, *mais um benefício especial* pago pelo mesmo ente responsável pelo RPPS, calculado com base no período contributivo anterior; e

4. *migrar para o novo modelo*, conforme todas as consequências do item anterior, *e, também, aderir, mediante inscrição facultativa, ao plano de benefícios* da entidade fechada de previdência complementar (Funpresp), com o que, além da aposentadoria paga pelo RPPS, no valor máximo do "teto" do RGPS, mais o benefício especial, fará jus o agente público à complementação de aposentadoria para a qual tenha contribuído para a entidade fechada (Funpresp).

O prazo de opção para o regime de previdência complementar foi fixado incialmente até 29.7.2018. Depois, foi novamente aberto e encerrado em 29.3.2019 e foi reaberto até 30.11.2022, pela Lei n. 14.463/2022 (conversão da MP 1.119, de 25.5.2022).

Observe-se que a limitação das contribuições e dos benefícios desses novos servidores a valor igual ao praticado como "teto" do RGPS não os retira do RPPS. Os entes públicos que criaram (e os que venham a criar) fundos de previdência complementar manterão o respectivo regime próprio de que trata o *caput* do art. 40 da Constituição, cujos valores de aposentadoria e pensão, para esses "novos servidores" e para os que, mesmo "antigos", fizerem a opção por migrar, será, no máximo, o valor utilizado como teto para o Regime Geral (§ 2º do art. 40 da CF, redação dada pela EC n. 103, de 2019).

A premissa do regime de previdência complementar é a *adesão facultativa* (CF, art. 202, *caput*), devendo ser interpretada como a manifestação expressa do servidor que, tenha ou não ingressado após o funcionamento do "fundo de pensão", venha a concordar, também, em participar (dá-se o nome de *participante* a quem se inscreve) da entidade fechada de previdência complementar.

É dizer, não há escolha, por parte do servidor, quanto à vinculação ao RPPS e aos valores-limite pagos por este, para aqueles que ingressam após a implantação dos planos de previdência complementar. A escolha se dá apenas entre participar, ou não, da entidade fechada de previdência complementar.

A lei federal, entretanto, é objeto de Ação Direta de Inconstitucionalidade. A Federação Nacional das Associações de Oficiais de Justiça Avaliadores Federais (Fenassojaf) ajuizou, no STF, a ADI 4.863, contra a Lei n. 12.618/2012.

Na avaliação da Federação que ajuizou a medida, a norma contrariou a Constituição Federal, pois as fundações foram criadas por lei ordinária com natureza pública, e serão estruturadas com personalidade jurídica de direito privado, o que, segundo a entidade, contraria o § 15 do art. 40 da Constituição Federal, c/c o caput do art. 202. O primeiro estabelece que o regime de previdência complementar dos servidores públicos será instituído por lei de iniciativa do Poder Executivo, observado o disposto no art. 202, por intermédio de entidades fechadas de natureza pública. Por sua vez, o *caput* daquele artigo prevê que o regime de previdência privada será regulado por lei complementar. Não houve apreciação pelo STF ainda.

Há que se tecer um comentário específico a respeito da inclusão dos §§ 2º a 6º feita pela Lei n. 13.183/2015 na redação do art. 1º da Lei que autorizou a criação do Funpresp, *verbis*:

> Art. 4º O art. 1º da Lei n. 12.618, de 30 de abril de 2012, passa a vigorar acrescido dos seguintes parágrafos, renumerando-se o atual parágrafo único para § 1º:
> "Art. 1º (...)
> § 2º Os servidores e os membros referidos no caput deste artigo com remuneração superior ao limite máximo estabelecido para os benefícios do Regime Geral de Previdência Social, que venham a ingressar no serviço público a partir do início da vigência do regime de previdência complementar de que trata esta Lei, serão automaticamente inscritos no respectivo plano de previdência complementar desde a data de entrada em exercício.
> § 3º Fica assegurado ao participante o direito de requerer, a qualquer tempo, o cancelamento de sua inscrição, nos termos do regulamento do plano de benefícios.
> § 4º Na hipótese do cancelamento ser requerido no prazo de até noventa dias da data da inscrição, fica assegurado o direito à restituição integral das contribuições vertidas, a ser paga em até sessenta dias do pedido de cancelamento, corrigidas monetariamente.
> § 5º O cancelamento da inscrição previsto no § 4º não constitui resgate.
> § 6º A contribuição aportada pelo patrocinador será devolvida à respectiva fonte pagadora no mesmo prazo da devolução da contribuição aportada pelo participante". (NR)

Não há que se falar em "inscrição automática", como pretende, de modo *flagrantemente inconstitucional*, a Lei n. 13.183/2015, ao incluir os §§ 2º a 5º no art. 1º da Lei n. 12.618/2012, afrontando o art. 202 da CF/1988.

Destaca-se, neste aspecto, a existência da ADI 5.502, pendente de julgamento no STF, impugnando os dispositivos da Lei n. 12.618/2012 modificados pela Lei n. 13.183/2015, sob alegação de que retiraram a natureza facultativa da adesão aos planos de benefícios administrados pelas fundações de previdência complementar do Executivo, Legislativo e Judiciário.

É apontada a inconstitucionalidade material e formal dos dispositivos, pois a MP n. 676, convertida na Lei n. 13.183/2015, não tratava originalmente de previdência complementar, matéria sobre a qual a iniciativa é privativa do Presidente da República. Sustenta-se, ainda, que a adesão compulsória aos planos para os servidores que tenham remuneração superior ao teto do RGPS viola o art. 40, § 15, da CF/1988. Os dispositivos questionados estabelecem que os servidores com remuneração superior ao limite máximo estabelecido para os benefícios do RGPS que ingressem no serviço público a partir do início da vigência do regime de previdência complementar serão automaticamente inscritos no respectivo plano de previdência complementar desde a data de entrada em exercício.

Em caso similar, já decidiu o STF:

> AGRAVO REGIMENTAL NO RECURSO EXTRAORDINÁRIO. REGIME DE PREVIDÊNCIA PRIVADA. CARÁTER COMPLEMENTAR. ADESÃO. FACULDADE. LIBERDADE DE ASSOCIAÇÃO.
> 1. A faculdade que tem os interessados de aderirem a plano de previdência privada decorre de norma inserida no próprio texto constitucional [artigo 202 da CB/88].
> 2. Da não obrigatoriedade de adesão ao sistema de previdência privada decorre a possibilidade de os filiados desvincularem-se dos regimes de previdência complementar a que aderirem, especialmente porque a liberdade de associação comporta, em sua dimensão negativa, o direito de desfiliação, conforme já reconhecido pelo Supremo em outros julgados. Precedentes.
> Agravo regimental a que se nega provimento.
> (RE 482.207 AgR, 2ª Turma, Rel. Min. Eros Grau, DJe 29.5.2009).

– A situação dos servidores egressos de outros entes da Federação

A Orientação Normativa SEGEP n. 2, de 13.4.2015, estabelece orientações aos órgãos e entidades integrantes do Sistema de Pessoal Civil da Administração Federal – Sipec quanto aos procedimentos a serem adotados no que tange ao regime de previdência complementar instituído pela Lei n. 12.618/2012. E, ao dispor sobre os servidores egressos, fixa as seguintes regras:

> Art. 2º Estão sujeitos ao regime de previdência complementar de que trata a Lei n. 12.618, de 2012:
> (...) II – os servidores públicos federais egressos de órgãos ou entidades de quaisquer dos entes da federação que tenham ingressado ou venham a ingressar em cargo público efetivo do Poder Executivo Federal a partir de 4 de fevereiro de 2013;
> III – os servidores públicos federais egressos das carreiras militares que tenham ingressado ou venham a ingressar em cargo público efetivo do Poder Executivo Federal após 4 de fevereiro de 2013; e
> § 1º Consideram-se, para os fins de que trata esta Orientação Normativa:
> a) servidores egressos de outros entes da federação, de que trata o inciso II deste artigo, aqueles oriundos de órgãos ou entidades dos Estados, Distrito Federal e Municípios que passaram a ocupar cargo público efetivo do Poder Executivo Federal; e
> b) servidores públicos egressos de carreiras militares, de que trata o inciso III deste artigo, aqueles que foram membros das Forças Armadas, das Polícias Militares e do Corpo de Bombeiros Militares.
> § 2º O disposto nos incisos II, III e IV deste artigo aplica-se inclusive aos servidores que tenham tomado posse no respectivo órgão ou entidade federal sem solução de continuidade com o vínculo anterior.

Observa-se, daí, que a aludida Orientação Normativa (que repete o que já previsto na ON SEGEP n. 17/2013) fere direito dos servidores já ocupantes de cargos efetivos nos Estados,

Distrito Federal e Municípios, na medida em que o art. 40 da Constituição, com a redação que lhe foi conferida pelas sucessivas Emendas Constitucionais que trataram do tema, não faz tal diferenciação.

Com efeito, a medida prejudica sensivelmente aqueles que, por exemplo, exercem cargo público estadual ou municipal desde antes de 4.2.2013 e pretendem realizar novo concurso, por exemplo, para Auditor Fiscal, ou Delegado da Polícia Federal, ou Advogado da União. Do modo como equivocadamente tratou do tema a referida Orientação Normativa, a migração de cargo não federal para cargo federal do Poder Executivo, autarquias e fundações implicaria, a partir da data citada, prejuízo à aplicação das regras de transição estabelecidas nas Emendas n. 20, n. 41 e n. 47.

Curiosamente, de modo contraditório, o art. 3º, § 2º, da Orientação Normativa indica que será devido o benefício especial (equivalente ao tempo de contribuição prestado anteriormente à opção pelo regime do FUNPRESP) também ao servidor público titular de cargo efetivo no Poder Executivo Federal, oriundo, sem descontinuidade, de cargo público estatutário de outro ente da federação que não tenha instituído o respectivo regime de previdência complementar e que tenha ingressado em cargo público efetivo no Poder Executivo federal a partir de 4.2.2013.

Ocorre que, como é pacífico, a opção pelo regime de previdência complementar é facultativa, não podendo ser imposto a esses servidores o aludido benefício como forma de compensar eventual perda da integralidade e da paridade asseguradas pelas regras de transição.

Ademais, o que define o regime previdenciário do servidor é a data de ingresso deste no serviço público (de qualquer dos entes federativos), já que o tempo prestado em cargos públicos é computado reciprocamente entre os entes federativos *para todos os fins*.

As decisões judiciais vêm reconhecendo o pedido de servidores para: *1) declarar a nulidade do ato administrativo que culminou no enquadramento do autor pelo novo regime de previdência complementar, na forma dos §§ 14 e 15, da CF; 2) reconhecer o direito do autor de exercer a opção prevista no § 16, do art. 40, da CF, regulamentado pelo inciso II, do art. 3º, da Lei n. 12.618/2012, uma vez que sua posse em órgão público federal não ocorreu em descontinuidade de vínculo no serviço público; 3) reconhecer o direito do autor de permanecer sob o regramento de aposentadoria e contribuição do regime de previdência anterior à legislação de 2012 desde a data do seu ingresso no serviço público federal; 4) obrigação de fazer: determinar que a ré, em 15 dias, recolha as diferenças decorrentes da incidência da contribuição previdenciária calculada na forma do regime de previdência anterior à Lei n. 12.618, de 30.4.2012 e aquela decorrente da aplicação do novo regime (afastando, assim, a aplicação dos §§ 14 e 15 do art. 40 da CF)* (JEFs/SC, Recurso Cível n. 5030925-82.2014.404.7200/SC, 3ª Turma Recursal, Rel. Juiz Federal Zenildo Bodnar, j. 21.5.2015. No mesmo sentido: JEFs/SC, Recurso Cível 5020733-56.2015.404.7200/SC, 3ª Turma Recursal, Rel. Juiz Federal Antônio Fernando Schenkel do Amaral e Silva, j. 26.4.2016).

O entendimento é o mesmo (não vinculação ao novo regime) quando o servidor é egresso de outro Ente Federativo. Afinal, "tanto na norma do § 6º do art. 40 da CF, quanto na norma do art. 3º da Lei n. 12.618/2012, o legislador valeu-se da expressão 'serviço público', sem especificar a que esfera ou segmento pertençam, de modo que os servidores que já estivessem vinculados a serviço público em qualquer esfera estatal (e não apenas na esfera federal) até 4.2.2013 (cf. Portaria 44/2013 do Ministério da Previdência Social) e ingressassem no serviço público federal, não podem submeter-se à vinculação compulsória instituída pela Lei n. 12.618/2012" (TRF da 3ª Região, AI 00066897920164030000, 2ª Turma, Rel. Des. Federal Cotrim Guimarães, *e-DJF3 Judicial* de 13.10.2016).

O problema – migração entre Regimes – tende a se avolumar, na medida em que a nova redação dos §§ 14 e 15 do art. 40 devem levar os demais Entes Federativos a acelerar a criação e a instituição de novos Fundos de Pensão, acarretando certamente mais divergências de entendimento. A matéria chegou ao STF, tendo sido reconhecida a repercussão geral da matéria tema

1071, em decisão de 11.11.2019 no RE 1.050.597 (Plenário Virtual), Ministro Edson Fachin, aguardando julgamento do mérito. Segue a ementa:

> REGIME PREVIDENCIÁRIO. SERVIDOR PÚBLICO. INGRESSO NO SERVIÇO PÚBLICO ANTERIOR À INSTITUIÇÃO DE REGIME DE PREVIDÊNCIA COMPLEMENTAR. MUDANÇA PARA ENTE DA FEDERAÇÃO DIVERSO EM DATA POSTERIOR À INSTITUIÇÃO. POSSIBILIDADE DE MANUTENÇÃO DO REGIME ANTERIOR. ALCANCE DA EXPRESSÃO: INGRESSADO NO SERVIÇO PÚBLICO. ARTIGO 40, § 16, DA CONSTITUIÇÃO FEDERAL.
> É dotada de repercussão geral a questão constitucional referente à definição do termo ingressado no serviço público, à luz do art. 40, § 16, do Texto Constitucional, para fins de definição do alcance temporal do direito de opção do servidor público federal, oriundo de cargo público de outro ente da federação, ao novo regime de previdência complementar.

Concluindo, a nosso ver, não ingressam no novo regime, senão por sua livre e espontânea vontade, aqueles que tenham ingressado antes de sua implementação em outro cargo público efetivo, sem solução de continuidade – situação que garante a possibilidade, para os que ingressaram a partir da vigência da EC n. 41/2003, de aplicação da regra de cálculo por média tendo por limite máximo a última remuneração do cargo efetivo (ou seja, sem limite pelo teto do RGPS),[2] ou de alguma das regras de transição aplicáveis aos RPPS, durante o prazo de vigência destas.

– Consequências para os Regimes Próprios

As leis que criam as entidades de previdência complementar no âmbito do serviço público concretizam mais um passo no projeto de convergência entre os benefícios do RGPS e dos RPPS em relação aos novos servidores públicos.

Entre outros pontos, as normas permitem o fim da aposentadoria com valor "teto" igual à última remuneração auferida no cargo para novos servidores públicos, estabelecendo como limite para estes, quando aposentados, o "teto" do Regime Geral da Previdência Social.

A respeito do tema, o comentário de João Marcelino Soares:

> (...) bipartiram-se os servidores em duas categorias. De um lado, os ingressantes ao serviço público federal após a efetiva instituição do regime complementar, cujos benefícios pagos pelo regime próprio estão limitados ao teto do regime geral de Previdência Social. De outro, os servidores ingressados antes da efetiva instituição do novo modelo, cujo valor dos benefícios pagos pelo regime próprio está limitado apenas à última remuneração do segurado. Estes últimos podem mediante expressa opção aderir ao regime complementar situação a que fazem jus a um benefício especial.[3]

Conforme comando constitucional (art. 40, § 15), os planos de benefícios serão necessariamente na modalidade de Contribuição Definida – CD, com contas individuais para os participantes. Nessa modalidade, o participante é quem decide o valor de sua contribuição, sendo que o valor do benefício dependerá do montante de recursos acumulado pelo servidor, incluídas as contribuições paritárias do ente público instituidor do Fundo e acrescido da rentabilidade dos investimentos.

---

[2] Entende-se por remuneração do cargo efetivo "o valor constituído pelo subsídio, pelos vencimentos e pelas vantagens pecuniárias permanentes do cargo, estabelecidos em lei de cada ente, acrescido dos adicionais de caráter individual e das vantagens pessoais permanentes" (Portaria MTP n. 1.467, de 2.6.2022, art. 2º, inc. XIII).

[3] SOARES, João Marcelino. O regime complementar dos servidores públicos federais: uma análise constitucional do fator de conversão. *Revista Síntese: Direito e Previdência*, ano XI, n. 51, nov.-dez. 2012, p. 26-43.

Dessa forma, o valor do benefício programado será calculado de acordo com o montante do saldo de conta acumulado pelo participante, e não segundo um valor predeterminado.

Serão oferecidos os benefícios de aposentadoria programada e, no mínimo, os benefícios de risco para os casos de invalidez e de falecimento do participante, cuja elegibilidade será definida em regulamento.

A aplicação dos recursos (contribuições do servidor e ente federativo) obedecerá às diretrizes e limites prudenciais estabelecidos pelo Conselho Monetário Nacional, sendo vedada a aplicação de recursos de forma compulsória e/ou especulativa. Essas aplicações poderão ser feitas pela própria entidade e/ou por instituições financeiras especializadas.

– **Principais questionamentos**

Os agentes públicos passaram a ter muitas dúvidas e questionamentos sobre a multiplicidade de situações surgidas a partir desse novo regramento. Muitos entes federativos também podem ter interpretação equivocada quanto ao tratamento dispensado aos servidores "antigos" e "novos", estes considerados os que ingressarem no serviço público após a implantação efetiva dos Planos de Benefícios (e não após a edição da lei ou decreto, que ainda não implantam, na prática, qualquer plano previdenciário complementar!).

Resumindo as situações existentes:

1. **Quem ingressou no serviço público após a efetiva implantação, no respectivo ente federativo, do plano de benefícios do Fundo de Pensão (data em que o plano seja aprovado pela PREVIC):**
   - passará, obrigatoriamente, a sofrer incidência da contribuição para o RPPS sobre o valor de seus subsídios ou de seus vencimentos, acrescidos de outras parcelas remuneratórias de caráter permanente, mas somente até o limite de contribuição do RGPS/INSS (teto), e não mais sobre o valor integral recebido no mês, tal como acontece no RGPS com quem ganha acima do teto;
   - caso venha a aderir ao plano de benefícios do Fundo de Pensão do ente federativo (a adesão é facultativa), contribuirá (a) para o RPPS sobre o valor teto dos benefícios do RGPS e (b) para o Fundo de Pensão com uma alíquota a ser fixada na lei que institui o RPC, sobre o valor que exceder o teto do RGPS/INSS, contando também com um aporte do ente federativo no mesmo valor da contribuição para o Fundo, até o limite estabelecido pelo ente federativo;
   - caso adira ao Fundo de Pensão, além do valor da aposentadoria paga pelo RPPS, calculada conforme as regras vigentes na época, terá direito a uma complementação de aposentadoria calculada na forma do plano de benefícios do Fundo de Pensão, e paga por este último; observando-se que sobre a complementação de aposentadoria não incide contribuição previdenciária, mas apenas o imposto de renda – conforme a legislação aplicável a esse tributo;
   - caso não adira ao plano de benefícios do Fundo de Pensão, receberá apenas a aposentadoria do RPPS calculada conforme as regras vigentes na época, cujo valor máximo não poderá ser superior ao teto dos benefícios do RGPS; e não pagará contribuição sobre os proventos de aposentadoria (pois esta incide somente sobre o valor que ultrapasse o teto, o que não ocorrerá com os não aderentes).

2. **Quem ingressou no serviço público antes da efetiva implantação, no respectivo ente federativo, do plano de benefícios do Fundo de Pensão (data em que o plano seja aprovado pela PREVIC) e sendo ou não detentor direito adquirido**

à aposentadoria, decida não migrar para o novo modelo, nem aderir à entidade de previdência complementar:
- continuará tendo o desconto da contribuição para o RPPS sobre o total dos vencimentos ou subsídios do cargo, caso não opte pelo ingresso no novo regime (com a complementação pelo Fundo de Pensão);
- terá direito à aposentadoria com proventos calculados conforme as regras vigentes na época do preenchimento do último dos requisitos exigidos pelo art. 40 da CF, ou de alguma das regras de transição que estejam em vigor na época, já que não há direito adquirido à manutenção das regras, salvo na hipótese de direito adquirido; e pagará contribuição previdenciária ao RPPS sobre o valor dos proventos de aposentadoria que exceder o teto do RGPS.

3. **Os servidores que ingressaram antes da efetiva implantação do RPC e optaram pela migração para o novo regime, sem adesão ao plano de benefícios do Fundo de Pensão:**
   - passarão a contribuir, após a migração, apenas sobre o valor teto dos benefícios do RGPS (e não mais sobre o total da remuneração ou subsídio do cargo) e receberão, quando da implementação dos requisitos para a aposentadoria conforme as regras vigentes ou de transição que estejam em vigor: (a) do RPPS do ente federativo respectivo, a aposentadoria calculada pela regra vigente, porém respeitado o valor teto do RGPS/INSS; e (b) do Regime Próprio do ente federativo respectivo (caso a lei que institui o RPC preveja, como no caso da Lei n. 12.618/2012 para os servidores federais), um benefício proporcional diferido, equivalente ao período de contribuições feitas antes da adesão ao Fundo de Pensão, calculado sobre o valor integral da remuneração.

4. **Por fim, os servidores que ingressaram antes da efetiva implantação do RPC e optaram pela migração para o novo regime, com a adesão ao plano de benefícios do Fundo de Pensão:**
   - passarão a contribuir para o RPPS, após a migração, apenas sobre o valor teto dos benefícios do RGPS (e não mais sobre o total da remuneração ou subsídio do cargo), além de contribuir para o Fundo de Pensão (juntamente com o ente federativo), na forma da lei que instituiu o RPC no ente da Federação correspondente; e receberão, quando da implementação dos requisitos para a aposentadoria conforme as regras vigentes ou de transição que estejam em vigor: (a) do RPPS do ente federativo respectivo, a aposentadoria calculada pela regra vigente, porém respeitado o valor teto do RGPS/INSS; e (b) do Regime Próprio do ente federativo respectivo (caso a lei que institui o RPC preveja, como no caso da Lei n. 12.618/2012 para os servidores federais), um benefício proporcional diferido, equivalente ao período de contribuições feitas antes da adesão ao Fundo de Pensão, calculado sobre o valor integral da remuneração; e (c) do Fundo de Pensão, o benefício a que fizerem jus conforme o valor acumulado das contribuições (do próprio servidor e do ente federativo) e suas aplicações financeiras, a título de complementação de aposentadoria.

– **Efeitos sobre as pensões por morte**
As pensões por morte de servidor também acabam sendo afetadas.

Considerando a mudança dos critérios para os ingressantes em cargo público após a implantação dos planos de benefícios de previdência complementar pelo respectivo ente federativo, um servidor que ingresse depois de já implantado o "Fundo de Pensão" e venha a falecer em seguida deixará pensão por morte em valor diferente quando comparado a outro servidor que tenha ingressado antes da implantação e não tenha migrado para a nova sistemática, mesmo que com idêntico tempo total de contribuição (por ter períodos averbados de outros regimes) e mesma média de salários de contribuição. Sobre o novo critério de cálculo adotado a partir da EC n. 103 sugerimos ao leitor a leitura do capítulo 53 desta obra.

Nota-se, com isso, que a reforma constitucional terá ainda repercussões que apenas com o passar do tempo conseguiremos identificar, à medida que novos casos concretos se apresentarem com problemas de distorções e injustiças aos seus beneficiários.

– Tratamento equânime entre homens e mulheres em matéria de previdência complementar

Importante ressaltar que cláusulas de previdência privada que estabelecem tratamento distinto para mulheres devido ao tempo de contribuição são inconstitucionais por violarem o princípio da isonomia. O entendimento foi fixado pelo Supremo Tribunal Federal em julgamento concluído em 17.8.2020 (RE 639.138), no qual foi fixada a seguinte tese: "É inconstitucional, por violação ao princípio da isonomia, cláusula de contrato de previdência complementar que, ao prever regras distintas entre homens e mulheres para cálculo e concessão de complementação de aposentadoria, estabelece valor inferior do benefício para as mulheres, tendo em conta o seu menor tempo de contribuição". Tal decisão, evidentemente, se aplica também aos planos de benefícios de fundos de pensão de servidores públicos.

– Conclusões

Os entes federativos terão que conviver, durante um longo período, com uma variedade de situações: de um lado, os ocupantes de cargos públicos que ingressarem antes da instituição do fundo de previdência complementar (fundo de pensão) e que não optarem pela migração para esse novo regime, que continuarão recolhendo contribuição sobre a totalidade da remuneração auferida e terão direito a benefícios cujo valor máximo será a própria remuneração do cargo e o teto de remuneração da Administração Pública a que pertencem; de outro lado, os que ingressarem após a instituição do fundo e os que ingressarem antes e para este migrarem, os quais contribuirão sobre a remuneração, desde que esta não ultrapasse o valor-teto fixado para o RGPS, quando então o limite da contribuição incidirá sobre o valor teto do RGPS, e receberão benefícios calculados por média, com valor máximo igual ao do RGPS.

Ou seja, essa nova condição se assemelha praticamente em tudo à condição dos segurados do RGPS.

Custeio dos Regimes Próprios

Trata o presente capítulo de como é custeado cada regime próprio de previdência, matéria que envolve aspectos distintos daqueles fixados para o RGPS, com diversos questionamentos acerca da constitucionalidade (ou não) de leis que foram promulgadas em âmbito federal com o intuito de estabelecer "normas gerais" a esse respeito.

44.1 BREVE HISTÓRICO

Na redação original da Constituição de 1988, não havia dúvidas de que o financiamento dos benefícios pagos pelos entes da Federação a pessoas ocupantes de cargos efetivos e seus dependentes era realizado exclusivamente com recursos públicos, sem contribuição dos agentes públicos.

Com a EC n. 3, de 17.3.1993, foi acrescentado o § 6º ao art. 40 do texto, prevendo o custeio, no âmbito federal, por meio de recursos orçamentários da União e também de contribuições dos servidores federais, na forma da lei, o que passou a ser disciplinado pela Lei n. 8.688/1993, que alterou o art. 231 da Lei n. 8.112/1990.

Promulgada a EC n. 20, de 15.12.1998, foram estabelecidos critérios mais bem definidos para a participação dos servidores no custeio de seu próprio regime. Foi também instituída a possibilidade de tributação de aposentados e pensionistas dos Regimes Próprios, de forma diametralmente oposta ao que acontece no RGPS, em que é expressamente vedada pela Constituição, em seu texto original, inalterado até aqui, a incidência de contribuição sobre benefícios de aposentadoria e pensão (inciso II do art. 195).

A Lei n. 9.717/1998 dispõe sobre regras gerais para a organização e o funcionamento dos regimes próprios de previdência social dos servidores públicos da União, dos Estados, do Distrito Federal e dos Municípios, dos militares dos Estados e do Distrito Federal e dá outras providências. Em seu art. 3º, na redação original, a referida lei dispunha: "As contribuições dos servidores públicos e militares federais, estaduais e municipais e os militares dos Estados e do Distrito Federal, inativos e pensionistas, para os respectivos regimes próprios de previdência social, fixadas por critérios definidos em lei, serão feitas por alíquotas não superiores às aplicadas aos servidores ativos do respectivo ente estatal".

A Lei n. 9.783/1999, por seu turno, revogou o art. 231 da Lei n. 8.112/1990 e, a partir de sua edição, dispunha sobre a contribuição para o custeio da previdência social dos servidores públicos, ativos e inativos, e dos pensionistas dos três Poderes da União.

A Lei n. 10.887/2004 alterou a redação do art. 3º da Lei n. 9.717/1998, que passou a ser a seguinte: "A contribuição dos servidores ativos dos Estados, do Distrito Federal e dos Municípios para os respectivos regimes próprios de previdência social não serão inferiores às dos servidores titulares de cargos efetivos da União, devendo ainda ser observadas, no caso das contribuições sobre os proventos dos inativos e sobre as pensões, as mesmas alíquotas aplicadas às remunerações dos servidores em atividade do respectivo ente estatal". Além disso, revogou a Lei n. 9.783/1999 (bem como o art. 231 da Lei n. 8.112/1990) e estabeleceu novos critérios para a participação dos servidores públicos federais no custeio de seu regime próprio de previdência, fixando-se a contribuição destes com a aplicação da alíquota de 11% sobre o valor da remuneração do servidor, assim considerada, para fins previdenciários, o vencimento do cargo efetivo, acrescido das vantagens pecuniárias permanentes estabelecidas em lei, os adicionais de caráter individual, ou quaisquer vantagens, inclusive as relativas à natureza ou ao local de trabalho, excluídos os pagamentos a título de diárias para viagens, desde que não excedam a 50% da remuneração mensal; ajuda de custo em razão de mudança de sede; a indenização de transporte; e o salário-família.

A MP n. 805/2019 visou a incluir outras alterações na legislação federal, porém, não foi apreciada pelo Congresso Nacional, perdendo sua validade.

44.2 DISPOSIÇÕES GERAIS SOBRE CUSTEIO DOS RPPS

As normas sobre o custeio de cada um dos regimes próprios de previdência se dão na forma do que for estabelecido pelo respectivo ente da Federação. É dizer, a EC n. 103 não modifica nem revoga, de imediato, a legislação estadual, distrital, ou municipal de cada ente que mantenha RPPS.

Alterações no cálculo das contribuições desses regimes, inclusive quanto à faixa de isenção de aposentados e pensionistas, somente serão possíveis após a edição de leis locais posteriormente à Emenda, cuja iniciativa privativa incumbe ao Chefe do respectivo Poder Executivo (EC n. 103/2019, art. 36, inciso II).

A esse respeito, o STF decidiu em repercussão geral, em relação ao período entre a EC n. 20/1998 e a EC n. 41/2003, pela devolução das contribuições de aposentados e pensionistas sem haver legislação local, fixando a seguinte tese:

> **Tema 343**: *"É devida a devolução aos pensionistas e inativos, perante o Juízo competente para a execução, da contribuição previdenciária indevidamente recolhida no período entre a EC 20/1998 e a EC 41/2003, sob pena de enriquecimento ilícito do ente estatal"* (Leading Case: RE 580.871, Tribunal Pleno, Rel. Min. Gilmar Mendes, DJe 10.12.2010).

Nesse mesmo sentido:

> *Contribuição Previdenciária – Servidora Pública municipal aposentada – Lei Municipal de Santos – Emenda Constitucional n. 20/98. Na vigência da Emenda Constitucional n. 20, de 1998, indevido o desconto de contribuição previdenciária de inativos e pensionistas do serviço público. Impossibilidade de cobrança que subsiste após a aludida Emenda, diante da ausência de lei superveniente que a justifique. (...) Recursos oficial e voluntários improvidos* (TJSP, REEX 0032190-33.2010.8.26.0562, 11ª Câmara de Direito Público, Rel. Des. Aroldo Viotti, publ. 31.1.2012).

No que tange aos regimes financeiros e métodos de financiamento, o art. 30 da Portaria MTP n. 1.467/2022 prevê que os entes federativos poderão adotar para apuração dos compromissos e determinação dos custos do plano de benefícios do RPPS, como fundamento da observância do equilíbrio financeiro e atuarial:

> I – regime financeiro de capitalização, para cálculo dos compromissos relativos às aposentadorias programadas e pensões por morte decorrentes dessas aposentadorias; e

II – regime financeiro de repartição de capitais de cobertura, como o mínimo aplicável para cálculo dos benefícios não programáveis de aposentadorias por incapacidade permanente para o trabalho, pensões por morte delas decorrentes, bem como pensão por morte de segurados em atividade.

Para observância do equilíbrio financeiro e atuarial do RPPS, a avaliação atuarial deve indicar o plano de custeio necessário para a cobertura do custo normal e do custo suplementar do plano de benefícios. Ao indicar o plano de custeio a ser implementado em lei, o atuário deverá considerar a utilização de critérios que preservem o equilíbrio financeiro e atuarial do RPPS, as características do método de financiamento adotado, a prudência das hipóteses elegidas e a avaliação da qualidade da base cadastral utilizada (art. 52 e parágrafo único da Portaria MTP n. 1.467/2022).

Em vista do caráter contributivo do sistema, são devidas contribuições pelos segurados dos RPPS, além de aposentados e pensionistas, nos limites fixados pelas normas vigentes.

O ente da Federação também tem contribuições a verter, de modo a prover o fundo previdenciário específico, como tomador dos serviços. A matéria vem disciplinada, no âmbito federal, pelos arts. 8º e 8º-A da Lei n. 10.887/2004.

As alíquotas de contribuição do ente federativo, dos segurados e dos beneficiários do RPPS serão instituídas ou alteradas expressamente por meio de lei do ente federativo, observando-se o disposto no art. 9º da Portaria MTP n. 1.467/2022:

- em caso de instituição ou majoração, serão exigidas depois de decorridos noventa dias da data da publicação da lei de cada ente que as houver instituído ou majorado, podendo ser postergada, na lei, a exigência para o primeiro dia do mês subsequente ao nonagésimo dia, devendo ser mantida a vigência da contribuição anterior durante esse período;
- poderão ser progressivas de acordo com o valor da base de contribuição desde que embasadas em avaliação atuarial; e
- não poderão ser alteradas com efeitos retroativos.

Quanto à base de cálculo das contribuições, incumbe à lei de cada ente federativo definir as parcelas que a comporão, observados os seguintes parâmetros (art. 12 da Portaria MTP n. 1.467/2022):

I – integram a base de cálculo das contribuições, dentre outros, o subsídio, o vencimento do cargo efetivo, acrescido das vantagens pecuniárias permanentes estabelecidas em lei, os adicionais de caráter individual e as seguintes rubricas:

a) no que se refere ao segurado: o décimo terceiro salário ou gratificação natalina, a remuneração devida ao segurado em decorrência de períodos de afastamento legal, inclusive por incapacidade temporária para o trabalho e por maternidade; e

b) relativamente aos beneficiários: a gratificação natalina ou abono anual;

II – a contribuição incidente sobre o décimo terceiro salário, gratificação natalina ou abono anual incidirá sobre o valor bruto dessas verbas, sem compensação dos adiantamentos pagos, mediante aplicação, em separado, das alíquotas definidas em lei pelo ente federativo;

III – para o segurado que ingressar no serviço público em cargo efetivo a partir do início da vigência do Regime de Previdência Complementar – RPC ou que tenha exercido a opção correspondente, na forma dos §§ 14 a 16 do art. 40 da Constituição Federal, a base de cálculo das contribuições observará o limite máximo estabelecido para os benefícios do RGPS;

IV – as contribuições dos beneficiários:

a) incidirão sobre a parcela dos proventos e pensões por morte que supere o limite máximo estabelecido para os benefícios do RGPS ou daquele fixado nos termos do inciso II do *caput* do art. 8º;

b) na forma da lei do ente federativo, incidirão sobre as parcelas de proventos de aposentadoria e de pensão por morte que superem o dobro do limite máximo estabelecido para os benefícios do RGPS quando o beneficiário for portador de doença incapacitante e desde que não referendada, na forma do caput do art. 8º, a revogação do disposto no § 21 do art. 40 pela Emenda Constitucional n. 103, de 2019;

c) serão calculadas mensalmente, observando-se as alterações das bases de cálculo em caso de alíquotas progressivas ou dos limites de que trata a alínea "a"; e

d) incidirão sobre o valor total do benefício, antes de sua divisão em cotas;

V – a base de cálculo das contribuições dos segurados não poderá ser inferior ao salário mínimo, inclusive na hipótese de redução de carga horária, com prejuízo do subsídio ou remuneração;

VI – quando o pagamento mensal do segurado sofrer descontos em razão de faltas ou de quaisquer outras ocorrências, a alíquota de contribuição deverá incidir sobre o valor total da base de cálculo prevista em lei, relativa à remuneração ou subsídio mensal do segurado no cargo, desconsiderados os descontos; e

VII – não incidirá contribuição sobre verba não incorporável aos proventos de aposentadoria do segurado, tais como abono de permanência, terço de férias, serviços extraordinários, adicional noturno e adicional de insalubridade, observado o disposto no § 1º.

A exemplo do que já ocorre na legislação do RPPS da União, a lei do ente federativo poderá prever a inclusão, na base de cálculo, das parcelas pagas em decorrência de local de trabalho, de função de confiança, de cargo em comissão, ou de outras parcelas temporárias de remuneração, inclusive quando pagas por ente cessionário, mediante opção expressa do servidor que for se aposentar com cálculo pela média (e não pela integralidade), hipótese na qual também será devida a contribuição do ente (§ 1º do art. 12 da Portaria MTP n. 1.467/2022).

No tocante à contribuição dos pensionistas de RPPS, na hipótese de haver mais de um beneficiário de pensão por morte do mesmo segurado instituidor, em que algum for portador de doença incapacitante, deverão ser realizados cálculos separados das contribuições sobre o total da base de cálculo considerando as duas condições, a ser descontada de cada um de forma proporcional à quantidade de cotas-parte do benefício.

Nas hipóteses de cessão, licenciamento ou afastamento de segurado, prevê a normativa do Ministério do Trabalho e Previdência que o cálculo da contribuição ao RPPS será feito com base na remuneração ou subsídio do cargo efetivo de que o segurado for titular (art. 19 da Portaria MTP n. 1.467/2022).

Não vemos cabimento, entretanto, na previsão de cobrança de contribuições de servidores que não estejam recebendo remuneração, como no caso de licenças para tratar de interesses particulares, comuns aos estatutos de servidores públicos. É que falta, nesse caso, a existência de fato gerador, não havendo prestação laboral onerosa, nem valor sobre o qual possa incidir a contribuição, visto que a base de cálculo – a remuneração auferida – seria igual a zero.

Estabelece o art. 20 da Portaria MTP n. 1.467/2022 que na cessão de segurado ou no afastamento para exercício de mandato eletivo, em que o órgão ou entidade cessionário ou órgão do exercício do mandato efetua o pagamento da remuneração ou subsídio diretamente ao segurado, será de responsabilidade desse órgão ou entidade:

I – o desconto das contribuições devidas pelo segurado ao RPPS de origem;

II – o custeio das contribuições normais e suplementares devidas pelo órgão ou entidade de origem ao regime próprio; e

III – o repasse das contribuições, de que tratam os incisos I e II, à unidade gestora do RPPS a que está filiado o segurado.

Já na cessão ou afastamento do segurado, sem ônus para o cessionário, continuarão sob a responsabilidade do órgão ou entidade de origem o recolhimento e o repasse, à unidade gestora do RPPS, das contribuições correspondentes à parcela devida pelo segurado e pelo ente federativo, o que se aplica às situações de segurado afastado do cargo para exercício de mandato eletivo de prefeito ou de vereador em que haja opção pelo recebimento do subsídio ou da remuneração do cargo efetivo de que ele seja titular e no caso de segurado afastado, sem ônus para o cessionário, para exercício de cargo político (art. 21 da Portaria MTP n. 1.467/2022).

Não incidirão contribuições para o RPPS do ente de origem, para o RPPS do ente cessionário ou de exercício do mandato, nem para o RGPS, sobre as parcelas remuneratórias não componentes da remuneração do cargo efetivo pagas, pelo ente cessionário ou de exercício do mandato ou de cargo político, ao segurado cedido ou licenciado para exercício de mandato eletivo em outro ente federativo, exceto na hipótese em que houver a opção pela contribuição facultativa ao RPPS do ente de origem, na forma prevista na legislação deste último.

Há que se destacar, ainda, o § 4º do art. 9º da EC n. 103, de 2019, o qual certamente será objeto de debate sob a ótica da autonomia dos entes federativos: "Os Estados, o Distrito Federal e os Municípios não poderão estabelecer alíquota inferior à da contribuição dos servidores da União, exceto se demonstrado que o respectivo regime próprio de previdência social não possui déficit atuarial a ser equacionado, hipótese em que a alíquota não poderá ser inferior às alíquotas aplicáveis ao Regime Geral de Previdência Social".

Passou o art. 149 da CF, com a redação conferida pela EC n. 103/2019, a prever que as contribuições relativas ao custeio de regimes previdenciários "poderão ter alíquotas progressivas de acordo com o valor da base de contribuição ou dos proventos de aposentadoria e de pensões" e ainda, havendo déficit atuarial, "é facultada a instituição de contribuição extraordinária, no âmbito da União, dos servidores públicos ativos, dos aposentados e dos pensionistas". O § 1º do referido artigo também teve sua redação alterada, mantida a obrigatoriedade de instituição de contribuição, descontada de servidores, aposentados e pensionistas, para custeio dos regimes próprios, mas agora fazendo menção à fixação de alíquotas progressivas.[1]

Antes da EC n. 103, já decidiu o STF várias vezes que "a instituição de alíquotas progressivas para a contribuição previdenciária dos servidores públicos ofende o princípio da vedação à utilização de qualquer tributo com efeito de confisco (art. 150, IV, da Constituição). Tal entendimento estende-se aos Estados e Municípios" (RE 414.915-AgR, Rel. Min. Ellen Gracie).

Também merece destaque a decisão proferida pelo TJPR a esse respeito: "As contribuições previdenciárias, de caráter retributivo e proporcional, não podem sofrer tributação progressiva, uma vez que não há progressividade na contraprestação oferecida pela Seguridade Social. A progressividade de alíquota implica no desvirtuamento da natureza da contribuição social, passando-se a ter verdadeiro caráter confiscatório, vedado pelo art. 150, inc. IV, da Constituição Federal". Relevante, ainda, frisar que a decisão ora transcrita foi confirmada pelo STF (RE 396.509/PR, Rel. Min. Luiz Fux, *DJe* 2.2.2012).

Pelo mesmo fundamento, o STF suspendeu a aplicação de artigos da MP n. 805/2017 (antes de sua caducidade) que, entre outras medidas, aumentava de 11% para 14% a contribuição social devida pelos servidores públicos, incidente sobre a parcela que ultrapassa o teto das aposentadorias regidas pelo regime geral de previdência social (ADI 5.809, Rel. Min. Ricardo Lewandowski, em 18.12.2017).

---

[1] A esse respeito – progressividade de alíquotas – é importante salientar o entendimento até então consolidado pelo STF: "'Progressividade' não se limita ao escalonamento do cálculo do tributo em função do tempo, mas também abrange a exasperação da carga tributária com base na capacidade contributiva, na seletividade, na essencialidade ou na função social da propriedade" (RE 396.411-AgR, 2ª Turma, Rel. Min. Joaquim Barbosa, *DJe* 12.11.2010).

Permaneceu no Texto Constitucional a previsão de incidência de contribuição sobre proventos de aposentadorias e pensões que superem o limite máximo de benefícios do RGPS (§ 18 do art. 40). A contribuição continua incidindo sobre o valor da parcela dos proventos de aposentadoria e de pensões que supere o limite máximo estabelecido para os benefícios do Regime Geral de Previdência Social, hipótese em que será considerada a totalidade do valor do benefício para fins de definição das alíquotas aplicáveis.

A EC n. 47/2005 havia acrescentado o § 21 ao art. 40 da Constituição, prevendo que "a contribuição prevista no § 18 deste artigo incidirá apenas sobre as parcelas de proventos de aposentadoria e de pensão que superem o dobro do limite máximo estabelecido para os benefícios do regime geral de previdência social de que trata o art. 201 desta Constituição, quando o beneficiário, na forma da lei, for portador de doença incapacitante". As dúvidas sobre a autoaplicabilidade dessa regra, levaram o STF a admitir a apreciação da matéria em âmbito de repercussão geral, cuja tese fixada foi a seguinte:

> *Tema 317:* "O art. 40, § 21, da Constituição Federal, enquanto esteve em vigor, era norma de eficácia limitada e seus efeitos estavam condicionados à edição de lei complementar federal ou lei regulamentar específica dos entes federados no âmbito dos respectivos regimes próprios de previdência social" (STF, RE 630.137 RG/RS, Rel. Min. Roberto Barroso, *DJe* 12.3.2021).

No entanto, o art. 35 da EC n. 103 revogou o § 21 do art. 40, que fixava como faixa de isenção da contribuição o dobro do "teto" do RGPS caso o servidor aposentado, ou o pensionista, fosse portador de doença incapacitante.

O STF reconheceu a Repercussão Geral (Tema 933) quanto às leis estaduais que elevam as alíquotas da contribuição previdenciária dos servidores, especialmente à luz do caráter contributivo do regime previdenciário e dos princípios do equilíbrio financeiro e atuarial, da vedação ao confisco e da razoabilidade. A tese fixada foi a seguinte:

> 1. A ausência de estudo atuarial específico e prévio à edição de lei que aumente a contribuição previdenciária dos servidores públicos não implica vício de inconstitucionalidade, mas mera irregularidade que pode ser sanada pela demonstração do déficit financeiro ou atuarial que justificava a medida. 2. A majoração da alíquota da contribuição previdenciária do servidor público para 13,25% não afronta os princípios da razoabilidade e da vedação ao confisco (ARE 875.958/GO, Plenário Virtual, *DJe* 11.2.2022).

Pendem, ainda, de julgamento no STF as ADIs n. 6.254, n. 6.255 e n. 6.256, assim como a Repercussão Geral – Tema n. 1226, que deve definir a questão relativa à: "Constitucionalidade do artigo 11, § 1º, incisos V a VIII, da Emenda Constitucional 103/2019, ante a previsão de alíquotas progressivas às contribuições previdenciárias dos servidores públicos federais" (*Leading Case*: RE 1.384.562).

Além do acima descrito, que já acarreta tratamento mais gravoso a tais beneficiários dos RPPS, a EC n. 103 inova ao prever a possibilidade de redução da faixa de isenção aplicada a aposentados e pensionistas "quando houver déficit atuarial", hipótese em que a contribuição ordinária dos aposentados e pensionistas poderá incidir sobre o valor dos proventos de aposentadoria e de pensões que supere o salário mínimo (§ 1º-A do art. 149 da CF).

Neste caso, "demonstrada a insuficiência da medida prevista no § 1º-A para equacionar o déficit atuarial, é facultada a instituição de contribuição extraordinária, no âmbito da União, dos servidores públicos ativos, dos aposentados e dos pensionistas", o que deverá ser instituído simultaneamente com "outras medidas para equacionamento do déficit e vigorará por período determinado, contado da data de sua instituição" (§§ 1º-B e 1º-C do art. 149).

Entendemos, sobre este tema, no mesmo sentido que sustentado por Luciano Fazio, que a proposta de instituição de contribuições extraordinárias traz as seguintes consequências: (1) a responsabilidade de amortizar o déficit do RPPS, que até aqui é integralmente do ente federativo, pode ser transferida para os servidores e aposentados; (2) o ente federado deixaria de ser o único garantidor da solvência do RPPS, assemelhando-se à previdência privada; (3) há o risco de os segurados do RPPS serem submetidos a ônus contributivos desmedidos, ou seja, de os §§ 1º-A e 1º-B do art. 149 da CF terem efeitos de confisco; e (4) a contribuição extraordinária apenas em RPPS deficitários descumpriria o princípio de isonomia entre os segurados dos RPPS e do RGPS.[2] Ainda a esse respeito, importante frisar que o Procurador-Geral da República, em Parecer exarado na ADI 6.254, pugnou pela declaração de inconstitucionalidade e dos §§ 1º-A, 1º-B e 1º-C do art. 149 da Constituição de 1988, incluídos pela EC 103/2019 e, por arrastamento, a declaração de inconstitucionalidade do art. 9º, § 8º, da EC 103/2019 e da expressão "e extraordinários", contida no art. 40, § 22, X, da CF, também incluído pela EC n. 103/2019 (Parecer disponível em http://www.mpf.mp.br/pgr/documentos/ADI6.254.pdf. Acesso em: 12 out. 2021).

Os entes da Federação, ao instituírem previdência complementar a seus servidores, ficam obrigados a exigir contribuições incidentes sobre, no máximo, o valor teto aplicado ao Regime Geral de Previdência Social aos que ingressarem após a instituição, ou migrarem para o novo modelo. Ou seja, para o segurado que ingressar no serviço público em cargo efetivo a partir do início da vigência do Regime de Previdência Complementar – RPC ou que tenha exercido a opção correspondente, na forma dos §§ 14 a 16 do art. 40 da Constituição Federal, a base de cálculo das contribuições observará o limite máximo estabelecido para os benefícios do RGPS (art. 12, III, da Portaria MTP n. 1.467/2022).

Quanto aos servidores de Entes da Federação que possuem Regime Próprio, mas não instituíram o RPC, não há que se falar em limitação do salário de contribuição ao valor máximo utilizado para os benefícios do RGPS, porquanto o cálculo da aposentadoria desses agentes, como visto no Capítulo sobre o tema, não é limitado por esse valor.

Além das contribuições mencionadas, é facultada aos entes federativos a constituição, por meio de lei, de fundos integrados de bens, direitos e ativos com finalidade previdenciária, de que trata o art. 249 da Constituição Federal.

– **Restituição de contribuições indevidas**

A contribuição, como obrigação de índole tributária, pode ser eventualmente exigida em valor superior ao devido, pelo que comporta a necessária restituição àquele que foi onerado a maior.

Para cumprir tal exigência, a unidade gestora do RPPS poderá restituir, no prazo previsto no art. 168 da Lei n. 5.172/1966 (CTN), a quem seja o sujeito passivo da obrigação, ou esteja por ele expressamente autorizado, contribuição repassada ao RPPS quando tenha havido pagamento indevido da obrigação por aquele que pleiteia a restituição comprovado em processo administrativo formalmente constituído (art. 82 da Portaria MTP n. 1.467/2022).

44.3 CONTRIBUIÇÕES NO RPPS DA UNIÃO

A matéria relativa à contribuição devida por ocupantes de cargos efetivos (inclusive os vitalícios) ao Regime Próprio era, até a promulgação da EC n. 103, de 2019, regulamentada pela Lei n. 10.887/2004.

---

[2] FAZIO, Luciano. A contribuição extraordinária nos regimes próprios de Previdência Social. *Consultor Jurídico*. Disponível em: https://www.conjur.com.br/2021-jun-24/fazio-contribuicao-extraordinaria-regimes-previdencia. Acesso em: 25 ago. 2021.

Com a reforma, quanto ao RPPS da União, o art. 11 da EC n. 103/2019 passou a reger, em caráter de regra transitória, a contribuição dos seus participantes, inclusive aposentados e pensionistas, cujas novas alíquotas e respectivas bases de cálculo passam a ser exigidas a partir de 1º.3.2020 (art. 36, inciso I, da EC n. 103/2019).

Como houve reajustamento pelo INPC dos valores fixados originalmente pela Emenda, vigoram efetivamente os valores fixados em Portaria do Ministério da Economia – para o período de março de 2020 a dezembro do mesmo ano, a Portaria n. 2.963, de 3 de fevereiro de 2020. E, a cada ano, os valores correspondentes aos patamares de base de cálculo de cada alíquota serão reajustados pelo INPC (§ 3º do art. 11 da EC n. 103). A tabela publicada consta dos Anexos desta obra.

No tocante a aposentados e pensionistas do RPPS da União, o entendimento dos órgãos do governo federal é de que se aplica imediatamente a revogação da faixa de isenção diferenciada de que tratava o § 21 do art. 40 da Constituição.

Quanto à incidência da contribuição sobre os proventos, merece destaque a situação decorrente da fixação de alíquotas progressivas para esses contribuintes, que embora já aposentados, ou que talvez nunca tenham trabalhado para a União (pensionistas), sofrerão impacto bem maior que os ocupantes de cargos públicos em atividade. Até a EC n. 103, a alíquota era de 11% para todos, mas incidia apenas sobre os valores superiores ao "teto" do RGPS. Após a Emenda, como as alíquotas são menores apenas para quem recebe até um valor inferior ao "teto", conclui-se facilmente que todos os aposentados e pensionistas terão aumento em sua contribuição, partindo do mínimo de 14% e chegando a 22% sobre a última faixa de incidência.

Entretanto, os mais atingidos são os aposentados e pensionistas no âmbito federal que eram contemplados com a regra do § 21 do art. 40, revogado pela EC n. 103. A partir do primeiro pagamento de benefício após promulgada a Emenda, os beneficiários que têm doenças incapacitantes passaram a ter como faixa de isenção o mesmo valor que os demais (caindo pela metade), além de, a partir de março de 2020, ter de contribuir com alíquotas maiores. Como já bem salientado por entidades representativas de categorias de servidores, para tais pessoas "que são justamente os mais vulneráveis e que provavelmente gastam muito mais com questões médicas, a perda causada pela Reforma foi ainda maior".[3]

Com isso, aposentados nessa condição (com doenças incapacitantes, como a cardiopatia grave) que, por exemplo, recebiam R$ 10.000,00 de proventos até a promulgação da Emenda n. 103, nada pagariam de contribuição, mas a partir de março de 2020 passarão a contribuir com valor idêntico aos daqueles aposentados que não possuem enfermidade dessa gravidade.

Importante lembrar que, para servidores que entraram no serviço público federal após a implementação do RPC (Funpresp), ou para aqueles que, mesmo tendo ingressado antes da implementação, resolveram migrar para o novo sistema, a progressividade terá como teto de contribuição o limite máximo dos benefícios do RGPS. Desse modo, para esse grupo de servidores, a alíquota mais elevada não ultrapassará o percentual de 14%.

O STF em julgamento de Repercussão Geral (Tema 163) para analisar a incidência de contribuição sobre verbas auferidas por servidores federais, quando não incorporável aos proventos da aposentadoria e não expressamente excluídas da incidência pelo parágrafo único do art. 1º da Lei n. 9.783/1999, sufragou a seguinte tese: "Não incide contribuição previdenciária sobre verba não incorporável aos proventos de aposentadoria do servidor público, tais como

---

[3] Disponível em: https://www.proifes.org.br/noticias-proifes/calculadora-das-novas-aliquotas-de-contribuicao-a--previdencia-social. Acesso em: 31 ago. 2020.

'terço de férias', 'serviços extraordinários', 'adicional noturno' e 'adicional de insalubridade'" (*DJe* 19.10.2018).[4]

Cabe ainda destacar que a IN RFB n. 2097, de 18.7.2022, estabelece normas relativas à Contribuição para o Plano de Seguridade Social do Servidor (CPSS), de que trata a Lei n. 10.880, de 2004, e com base nas novas diretrizes estabelecidas pela EC n. 103, de 2019.

A CPSS incide sobre o subsídio ou vencimento de cargo vitalício ou efetivo, acrescido das vantagens pecuniárias permanentes estabelecidas em lei e dos adicionais de caráter individual e sobre os proventos de aposentadorias e pensões, inclusive sobre a gratificação natalina. Sobre as alíquotas do servidor ativo, colhe-se do art. 4º, parágrafo único, dessa IN, que:

> Aplicam-se, sobre as bases de cálculo previstas no *caput*, as alíquotas de:
> I – 11% (onze por cento), até 29 de fevereiro de 2020; e
> II – 14% (quatorze por cento), a partir de 1º de março de 2020, que será reduzida ou majorada, e aplicada de forma progressiva, conforme o valor da base de cálculo da contribuição, de acordo com os parâmetros constantes de ato publicado periodicamente pelo Ministério do Trabalho e Previdência.

Em relação aos aposentados e pensionistas, a definição consta do art. 5º da IN RFB n. 2097/2022, quais sejam:

> Art. 5º A contribuição do servidor aposentado ou pensionista é calculada sobre o valor dos proventos de aposentadorias e pensões que ultrapassar o limite máximo estabelecido para os benefícios do RGPS, mediante aplicação das alíquotas de:
> I – 11% (onze por cento), até 29 de fevereiro de 2020; e
> II – 14% (quatorze por cento), a partir de 1º de março de 2020, que será reduzida ou majorada conforme o valor total do benefício recebido, de acordo com os parâmetros constantes de ato publicado periodicamente pelo Ministério do Trabalho e Previdência.
> Parágrafo único. Para fins de definição das alíquotas incidentes sobre os proventos de pensão, deverá ser considerada a totalidade do valor pago a esse título, independentemente do valor da quota devida a cada pensionista.

– Responsabilidade pela retenção e recolhimento das contribuições a RPPS

Quanto à responsabilidade pela retenção e recolhimento das contribuições, a Lei n. 12.350, de 20.12.2010, atribuiu ao dirigente e ao ordenador de despesa do órgão ou entidade que efetuar o pagamento da remuneração ou do benefício. O recolhimento, por sua vez, deve ser efetuado:

> I – até o dia 15, no caso de pagamentos de remunerações ou benefícios efetuados no primeiro decêndio do mês;
> II – até o dia 25, no caso de pagamentos de remunerações ou benefícios efetuados no segundo decêndio do mês; ou
> III – até o dia 5 do mês posterior, no caso de pagamentos de remunerações ou benefícios efetuados no último decêndio do mês.

Caberá à instituição financeira efetuar o recolhimento do valor retido até o décimo dia útil do mês posterior à sua efetivação. Mesmo quando extinta a obrigação tributária do ente

---

[4] Interessante observar que o STF, ao julgar o Tema 985 de Repercussão Geral, tratando da incidência da contribuição das empresas (na Lei n. 8.212/1991, ou seja, no RGPS) sobre o acréscimo de um terço de férias, reconheceu a constitucionalidade (RE 1.072.485, Plenário Virtual, j. 29.8.2020).

federativo pela decadência ou prescrição ou, quando delegada a capacidade tributária, pela confusão, permanece a obrigação financeira do ente de respeitar a destinação dos respectivos valores ao RPPS, continuando exigíveis as contribuições e aportes previstos, em observância ao princípio do equilíbrio financeiro e atuarial previsto no caput do art. 40 da Constituição Federal (Portaria MTP n. 1.467, de 2.6.2022, art. 7º, § 5º).

O não recolhimento das contribuições nos referidos prazos enseja a aplicação dos acréscimos de mora previstos para os tributos federais e, sujeita o responsável às sanções penais e administrativas cabíveis.

Prevê a Lei n. 12.350/2010, ao incluir o art. 16-A da Lei n. 10.887/2004, que a contribuição do Plano de Seguridade do Servidor Público (PSS), decorrente de valores pagos em cumprimento de decisão judicial, ainda que derivada de homologação de acordo, será retida na fonte, no momento do pagamento ao beneficiário ou seu representante legal, pela instituição financeira responsável pelo pagamento, por intermédio da quitação da guia de recolhimento remetida pelo setor de precatórios do Tribunal respectivo, no caso de pagamento de precatório ou requisição de pequeno valor, ou pela fonte pagadora, no caso de implantação de rubrica específica em folha, mediante a aplicação da alíquota de 11% (onze por cento) sobre o valor pago.

Com a vigência da EC n. 103/2019, as alíquotas passam a ser as definidas no art. 11 da referida Emenda, se o fato gerador (direito discutido em Juízo) for posterior à sua vigência.

45

Regras de Aposentadoria dos Regimes Próprios

A aposentadoria do servidor público pode ser conceituada como o direito subjetivo, exercitado em face do ente da Federação, de perceber determinada soma em pecúnia, denominada proventos, após ter permanecido em exercício de cargo público efetivo, diante da ocorrência de certos fatos jurídicos previamente estabelecidos, satisfeitos os requisitos estabelecidos pela ordem jurídica, inaugurando-se, com a concessão do benefício, uma nova relação jurídica entre o servidor, ora aposentado, e o ente da Federação, relação esta de natureza previdenciária.

A aposentadoria gera o rompimento do liame jurídico-laboral entre o servidor público e o ente da Administração Pública que o admitira em seu quadro, com o que é declarado vago o cargo que até então ocupava[1], podendo ser provido por outro servidor, iniciando-se aí nova relação jurídica[2], de natureza previdenciária[3], entre os mesmos sujeitos.

Esse entendimento é reforçado, agora, pela inclusão do § 14 no art. 37 da CF, a partir da EC n. 103, de 2019: "A aposentadoria concedida com a utilização de tempo de contribuição decorrente de cargo, emprego ou função pública, inclusive do Regime Geral de Previdência Social, acarretará o rompimento do vínculo que gerou o referido tempo de contribuição".

Importante observar que, regra geral, a aposentadoria de matiz voluntária, no âmbito dos RPPS, uma vez deferida, não retroage seus efeitos pecuniários à data do requerimento.

A justificativa para esse procedimento é que a aposentadoria acarreta vacância do cargo ocupado, somente podendo haver provimento do mesmo cargo por outra pessoa após a saída do ocupante anterior dos quadros da Administração.

Ocorre então uma diferenciação bastante significativa em relação ao RGPS, já que no regime dos trabalhadores em geral, a aposentadoria não significa necessariamente o rompimento da relação laborativa.

A matéria, entretanto, foi submetida ao STF, em razão do ajuizamento da ADI 6.849, interposta contra a legislação do RPPS do Estado do Paraná, que estabelece como marco inicial do pagamento do benefício "o mês subsequente ao da publicação do ato concessivo". A inicial

---

[1] Cf. dispõe o art. 33, inciso VII, da Lei n. 8.112, de 11 de dezembro de 1990, que dispõe sobre o regime jurídico dos servidores públicos civis da União, autarquias e fundações públicas federais.

[2] "A relação entre o aposentado e o Estado, reformulada, tem como objeto uma 'pensão vitalícia' irredutível, resultante de um direito subjetivo (ou de uma situação individual) do funcionário, frente à prestação obrigacional do Estado" (OLIVEIRA, J. E. Abreu de. *Aposentadoria no Serviço Público*. Rio de Janeiro: Freitas Bastos, 1970, p. 36).

[3] DEMO, *Reforma da Previdência. Servidor Público que toma posse em novo cargo. Regime previdenciário aplicável*, p. 215.

da ADI sustenta que mesmo presentes os requisitos constitucionais que dão o direito de se aposentar, a administração leva vários meses, ou mesmo anos, para processar e dar efeitos jurídicos ao direito já adquirido. Enquanto isso ocorre, milhares de servidores são mantidos no serviço, quando já têm direito à aposentadoria. De fato, compreendemos que esse regramento pode vir em evidente prejuízo do servidor, quanto ao lapso temporal entre o requerimento e a publicação do ato de aposentadoria.

No entanto, havia um problema relacionado aos entes da Federação que não possuem Regime Próprio de Previdência, submetendo seus servidores efetivos ao RGPS/INSS. É que, mesmo havendo o vínculo "estatutário", a aposentadoria concedida pelo INSS não exigia o "desligamento", acarretando dúvidas sobre a situação dos servidores. Por outro lado, como o RGPS não prevê aposentadoria "automática" aos 75 anos, servidores que chegavam a essa idade eram obrigados a deixar o cargo efetivo e, no entanto, não tinham (e continuam não tendo) assegurado o direito à aposentadoria, caso não consigam atingir os requisitos exigidos na Lei que regulamenta o RGPS, uma vez que nesse regime não há previsão de aposentadoria compulsória a servidor público, apenas as demais modalidades (voluntária/especial/incapacidade permanente).

Há, portanto, um direcionamento da preocupação especificamente a servidores desses Municípios e empregados de empresas públicas e sociedades de economia mista de todas as esferas da Administração Indireta. No âmbito do Regime Jurídico do servidor público, a aposentadoria é causa de vacância do cargo público, mesmo aquela causada por invalidez, ou, agora, incapacidade permanente. Vide, a esse respeito, por exemplo, a Lei n. 8.112, de 1990 (Regime Jurídico Único dos Servidores Públicos Federais).

O art. 6º da Emenda n. 103/2019 define que "o disposto no § 14 do art. 37 da Constituição Federal não se aplica a aposentadorias concedidas pelo Regime Geral de Previdência Social até a data de entrada em vigor desta Emenda Constitucional", ou seja, aquelas aposentadorias que já estão sendo pagas na data em que a Emenda passou a vigorar não poderão ser consideradas hipóteses de rompimento contratual.

A nosso ver, a regra comporta reflexões, seja pela posição já consolidada no STF de que a aposentadoria, no RGPS, por si só não importa em extinção do contrato de trabalho (inclusive com entidades da Administração Indireta), seja porque o constituinte derivado parece ter se esquecido das situações de direito adquirido: uma vez satisfeitos os requisitos antes da alteração normativa, não se pode dar tratamento distinto ao detentor do direito pelo fato de ter postergado o exercício de seu direito.

A citada orientação do STF não se manteve quando do julgamento da Repercussão Geral (Tema 606), cuja tese fixada foi a seguinte:

> A natureza do ato de demissão de empregado público é constitucional-administrativa e não trabalhista, o que atrai a competência da Justiça comum para julgar a questão. A concessão de aposentadoria aos empregados públicos inviabiliza a permanência no emprego, nos termos do art. 37, § 14, da CRFB, salvo para as aposentadorias concedidas pelo Regime Geral de Previdência Social até a data de entrada em vigor da Emenda Constitucional n. 103/19, nos termos do que dispõe seu art. 6º (RE 655.283, Plenário, Rel. Min. Marco Aurélio, j. 16.6.2021).

Frisamos, ainda, que ao julgar o Recurso Extraordinário 1.302.501, o STF firmou tese de Repercussão Geral (Tema 1.150), com o seguinte teor: "O servidor público aposentado pelo Regime Geral de Previdência Social, com previsão de vacância do cargo em lei local, não tem direito a ser reintegrado ao mesmo cargo no qual se aposentou ou nele manter-se, por violação à regra do concurso público e à impossibilidade de acumulação de proventos e remuneração não acumuláveis em atividade", sem a limitação adotada pelo art. 6º da EC n. 103.

– Concessão de benefícios nos RPPS

A concessão da aposentadoria e da pensão por morte nos RPPS é ato a ser praticado pelo órgão competente dentro de cada ente federativo, na forma da legislação pertinente, não cabendo ao INSS esta atribuição.

No âmbito federal, não há um órgão único, central, que seja responsável pelas concessões, ficando a cargo, em regra, dos órgãos de pessoal dentro de cada Ministério do Poder Executivo, em cada um dos Tribunais do Poder Judiciário da União, bem como das Procuradorias do Ministério Público da União; e das casas do Poder Legislativo Federal. Já em boa parte dos Estados e Municípios existe uma autarquia com essa função específica de gestora de benefícios previdenciários do respectivo Regime Próprio.

– O crivo obrigatório do Tribunal de Contas

Outra diferença importante é que, nos Regimes Próprios, o ato de deferimento da aposentadoria passa, obrigatoriamente, pelo crivo do Tribunal de Contas respectivo, por expressa disposição constitucional que determina a sua apreciação, para fins de registro (art. 71, inciso III).

Assim, a análise da legalidade do ato de concessão de aposentadorias (e pensões) nos RPPS é da essência do ato, que assim se revela, segundo a doutrina publicista, como ato administrativo complexo, o qual pode ter seu registro recusado quando lhe faltar base legal (STF, RE 197.227/ES, Rel. Min. Ilmar Galvão, *DJ* 22.10.1996).

Todavia, não cabe ao Tribunal de Contas – como instância administrativa que é – a alteração do ato concessório, como já decidiu o STF:

> *No exercício da sua função constitucional de controle, o Tribunal de Contas da União procede, dentre outras atribuições, à verificação da legalidade da aposentadoria e determina – tal seja a situação jurídica emergente do respectivo ato concessivo – a efetivação, ou não, de seu registro. O Tribunal de Contas da União, no desempenho dessa específica atribuição, não dispõe de competência para proceder a qualquer inovação no título jurídico de aposentação submetido a seu exame. Constatada a ocorrência de vício de legalidade no ato concessivo de aposentadoria, torna-se lícito ao Tribunal de Contas da União – especialmente ante a ampliação do espaço institucional de sua atuação fiscalizadora – recomendar ao órgão ou entidade competente que adote as medidas necessárias ao exato cumprimento da lei, evitando, desse modo, a medida radical da recusa de registro. Se o órgão de que proveio o ato juridicamente viciado, agindo nos limites de sua esfera de atribuições, recusar-se a dar execução à diligência recomendada pelo Tribunal de Contas da União – reafirmando, assim, o seu entendimento quanto à plena legalidade da concessão da aposentadoria –, caberá à Corte de Contas, então, pronunciar-se, definitivamente, sobre a efetivação do registro (MS 21.466/DF, Rel. Min. Celso de Mello, DJ 6.5.1994).*

Também quanto à matéria, cumpre recordar o conteúdo da Súmula Vinculante n. 3: "Nos processos perante o Tribunal de Contas da União asseguram-se o contraditório e a ampla defesa, quando a decisão puder resultar em anulação ou revogação do ato administrativo que beneficie o interessado, *excetuada a apreciação da legalidade do ato de concessão inicial de aposentadoria, reforma e pensão*". Este mesmo entendimento se aplica aos demais Tribunais de Contas de Estados e Municípios.

Dúvidas podem surgir quanto às situações em que o Tribunal de Contas responsável pelo controle de legalidade diverge quanto ao cálculo da aposentadoria ou pensão concedida, mas não quanto ao direito do servidor ou dependente. Nestas hipóteses, pode ter havido apenas incorreção na apuração do valor devido a título de proventos.

Em análise bastante pertinente, Antonio Malheiro divide o problema em dois: (1) quando o valor apurado pelo órgão concedente é menor que o considerado correto pelo órgão de controle e (2) quando o valor apurado é maior que o considerado correto pelo órgão de controle.

Para o Conselheiro, em caso de pagamento a menor, cumpre ao Tribunal de Contas efetivar o registro, porém notificando o servidor ou dependente a respeito da suposta incorreção para que este tome as medidas cabíveis, administrativa ou judicialmente; já nos casos de concessão de valor considerado maior que o devido, defende que deve ser notificado o gestor, conferindo-lhe prazo para corrigir a distorção, em vez de simplesmente negar o registro, permitindo a manutenção da aposentadoria porém com os devidos ajustes – inclusive eventual ressarcimento ao Erário dos pagamentos considerados irregulares feitos pelo gestor público ao servidor ou dependente beneficiário.[4]

– **Devolução de valores percebidos de boa-fé nos RPPS**

Dadas as circunstâncias em que se concede a aposentadoria aos ocupantes de cargos públicos, com a necessária passagem pelo Tribunal de Contas competente para análise da legalidade do ato, há muitas situações em que a aposentadoria é questionada e por vezes até mesmo considerada indevida, acarretando querelas jurídicas acerca da devolutividade ou não de valores recebidos pelo servidor que teria tido seu requerimento de benefício indevidamente deferido.

Entretanto, o Plenário do STF assentou que, havendo boa-fé do servidor público que recebe valores indevidos a título de aposentadoria, só a partir da data em que for ela julgada ilegítima pelo órgão competente deverá ser devolvida a quantia recebida a maior (*v.g.*, MS n. 26.085, Rel. Min. Cármen Lúcia, *DJe* 13.6.2008; e MS n. 24.781, Rel. p/ acórdão Min. Gilmar Mendes, *DJe* 9.6.2011).

No mesmo sentido, a jurisprudência pacificada no STJ: "quando a Administração Pública interpreta erroneamente uma lei, resultando em pagamento indevido ao servidor, cria-se uma falsa expectativa de que os valores recebidos são legais e definitivos, impedindo, assim, que ocorra desconto dos mesmos, ante a boa-fé do servidor público" (Tema Repetitivo 531).

No entanto, em novo Repetitivo (Tema 1.009), o STJ fixou tese que contrata com o entendimento antes consolidado:

> Os pagamentos indevidos aos servidores públicos decorrentes de erro administrativo (operacional ou de cálculo), não embasado em interpretação errônea ou equivocada da lei pela Administração, estão sujeitos à devolução, ressalvadas as hipóteses em que o servidor, diante do caso concreto, comprova sua boa-fé objetiva, sobretudo com demonstração de que não lhe era possível constatar o pagamento indevido (REsp 1.769.306/AL, 1ª Seção, Rel. Min. Benedito Gonçalves, *DJe* 19.5.2021).

Por conta dessa reviravolta, o STJ modulou os efeitos no seguinte sentido: "Os efeitos definidos neste representativo da controvérsia, somente devem atingir os processos que tenham sido distribuídos, na primeira instância, a partir da publicação deste acórdão".

– **Prazo para discussão acerca da legalidade do ato concessório**

Em razão da distinção de tratamento quanto aos benefícios concedidos por Regimes Próprios, qualquer prazo para discussão judicial do ato concessório também sofre os efeitos da complexidade do ato:

> *A concessão de aposentadoria aos servidores públicos é ato administrativo complexo, o qual só se aperfeiçoa depois do registro, que se dá após duas manifestações: uma do ente público ao qual se encontra vinculado o servidor; e outra do Tribunal de Contas da União. Portanto, apenas a partir dessa segunda manifestação é que a contagem do prazo decadencial inicia seu curso* (STF, 1ª Turma, MS 28.953/DF, Rel. Min. Cármen Lúcia, j. 28.2.2012).

---

[4] MALHEIRO, Antonio Fernando. Função do Tribunal de Contas na Aprovação de Aposentadorias e Pensões. In: VIEIRA, Lucia Helena (coord.). *Regimes Próprios*: aspectos relevantes. São Paulo: ABIPEM, 2008. v. 2.

O STF, a respeito do tema, fixou tese de repercussão geral (Tema 445) nos seguintes termos: "Em atenção aos princípios da segurança jurídica e da confiança legítima, os Tribunais de Contas estão sujeitos ao prazo de 5 anos para o julgamento da legalidade do ato de concessão inicial de aposentadoria, reforma ou pensão, a contar da chegada do processo à respectiva Corte de Contas".

E o TCU, por seu turno, decidiu que: "O prazo de cinco anos estabelecido pelo STF para a apreciação definitiva de atos sujeitos a registro, contado da data de entrada do ato no TCU (RE 636.553 – Tema 445 da Repercussão Geral), possui natureza decadencial, não se sujeitando a marcos suspensivos ou interruptivos" (Acórdão 8.660/2021, 1ª Câmara (Pedido de Reexame, Rel. Min. Vital do Rêgo).

Cumpre ainda ressaltar que o prazo para que o agente público venha a discutir o ato de aposentadoria, visando sua revisão, é de cinco anos computados da publicação do ato concessório, como decidiu a TNU (PEDILEF 200671950194238/RS, Rel. Juiz Federal Paulo Ricardo Arena Filho, *DOU* 18.5.2012).

Mas é firme a jurisprudência no sentido de que: "Inexiste afronta ao princípio do contraditório e da segurança jurídica quando a análise do ato de concessão de aposentadoria, pensão ou reforma for realizada pelo TCU dentro do prazo de cinco anos, contados da entrada do processo administrativo na Corte de Contas" (STF, MS n. 31.704, 1ª Turma, Rel. Min. Edson Fachin, j. 19.4.2016).

– O § 3º do art. 25 da EC n. 103/2019

O ato de aposentadoria do servidor, após sua análise pelo Tribunal de Contas, é ato jurídico perfeito. Todavia, o § 3º do art. 25 da Emenda n. 103, de 2019, prevê que "Considera-se nula a aposentadoria que tenha sido concedida ou que venha a ser concedida por regime próprio de previdência social com contagem recíproca do Regime Geral de Previdência Social mediante o cômputo de tempo de serviço sem o recolhimento da respectiva contribuição ou da correspondente indenização pelo segurado obrigatório responsável, à época do exercício da atividade, pelo recolhimento de suas próprias contribuições previdenciárias".

Desta forma, tudo indica que a Emenda em questão pretende atacar atos jurídicos perfeitos, que já não podem mais ser modificados sequer pelo próprio Tribunal de Contas que o considerou correto. Ainda que se quisesse analisar a questão sob o prisma das concessões mediante fraude, é da essência da anulação de atos jurídicos o direito ao contraditório e à ampla defesa do interessado, o que não transparece do texto aprovado. Insta frisar que, ao proferir Parecer na ADI 6.254, o Procurador-Geral da República pugna "que seja conferida interpretação conforme o art. 5º, XXXVI, da Lei Maior, de modo a assegurar que o tempo de serviço anterior ao advento da EC 20/1998, ainda que fictício, mas nos termos da legislação vigente à época de seu implemento, seja computado como tempo de contribuição para efeito de aposentadoria" (Parecer disponível em http://www.mpf.mp.br/pgr/documentos/ADI6.254.pdf. Acesso em: 12 out. 2021).

– Direito adquirido em matéria de aposentadoria nos RPPS

Importante observar que, para compreensão do que seja direito adquirido em matéria de aposentadoria nos RPPS, admite-se o mesmo entendimento que cabe quanto ao RGPS: adquire-se o direito à aposentadoria na data em que se preenche o último dos requisitos exigidos pela norma jurídica. Antes disso, há mera expectativa de direito, e para fins de transição, direito acumulado ao cômputo do tempo de contribuição já vertido.

Os servidores que ingressaram no cargo público antes das Reformas Constitucionais não possuem direito adquirido à imutabilidade ou à permanência das regras vigentes ao tempo do ingresso no serviço público conforme o entendimento pacífico do STF a esse respeito, cunhado na expressão "não existe direito adquirido a regime jurídico".

Com base nessa premissa, o STF e o STJ consolidaram orientação segundo a qual o servidor público não possui direito adquirido à forma de cálculo de remuneração, desde que respeitado o princípio da irredutibilidade de vencimentos e proventos (*v.g.*, AgInt no RMS 50.289/PR, 1ª Turma, Rel. Min. Regina Helena Costa, *DJe* 29.5.2017).

Interessante observar, quanto aos aspectos processuais, que "é inviável a apreciação, em recurso extraordinário, de alegada violação ao direito adquirido, ao ato jurídico perfeito, à coisa julgada ou aos princípios da legalidade, do contraditório, da ampla defesa, do devido processo legal e da inafastabilidade da jurisdição, uma vez que, se houvesse, seria meramente indireta ou reflexa, já que é imprescindível o exame de normas infraconstitucionais". Nesse sentido: ARE 748.371-RG/MT, Plenário, Min. Gilmar Mendes, Tema 660, *DJe* 1º.8.2013.

Além disso, o STJ possui jurisprudência firmada no sentido de não haver tampouco direito adquirido a "regime de vencimentos ou de proventos, sendo possível à Administração promover alterações na composição remuneratória e nos critérios de cálculo, como extinguir, reduzir ou criar vantagens ou gratificações, instituindo, inclusive, o subsídio, desde que não haja diminuição no valor nominal percebido, em respeito ao princípio constitucional da irredutibilidade de vencimentos" (STJ, RMS 52.648/PI, 2ª Turma, Rel. Min. Herman Benjamin, *DJe* 7.3.2017).

É matéria pacificada no STF que, "Ressalvada a revisão prevista em lei, os proventos da inatividade regulam-se pela lei vigente ao tempo em que o militar, ou o servidor civil reuniu os requisitos necessários" (STF, Súmula n. 359), ou seja, não há necessidade de prévio requerimento administrativo para resguardar o direito à aplicação das regras revogadas, se o agente público chegou a preencher os requisitos para a aposentadoria antes de sua revogação.

A invalidade de dispositivos da Emenda n. 41 que revogaram as regras de transição constantes da EC n. 20/1998 foi questionada em ações diretas de inconstitucionalidade, tendo sido refutada a tese:

> Art. 2º e expressão "8º" do art. 10, ambos da EC 41/2003. Aposentadoria. Tempus regit actum. Regime jurídico. Direito adquirido: não ocorrência. A aposentadoria é direito constitucional que se adquire e se introduz no patrimônio jurídico do interessado no momento de sua formalização pela entidade competente. Em questões previdenciárias, aplicam-se as normas vigentes ao tempo da reunião dos requisitos de passagem para a inatividade. Somente os servidores públicos que preenchiam os requisitos estabelecidos na EC 20/1998, durante a vigência das normas por ela fixadas, poderiam reclamar a aplicação das normas nela contida, com fundamento no art. 3º da EC 41/2003. Os servidores públicos, que não tinham completado os requisitos para a aposentadoria quando do advento das novas normas constitucionais, passaram a ser regidos pelo regime previdenciário estatuído na EC 41/2003, posteriormente alterada pela EC 47/2005. Ação direta de inconstitucionalidade julgada improcedente (ADI 3.104, Rel. Min. Cármen Lúcia, Plenário, DJ 9.11.2007).

Com a promulgação da EC n. 103, de 2019, novas arguições de inconstitucionalidade estão sendo propostas perante o Judiciário; é possível que as decisões da Corte Suprema nacional sigam o mesmo diapasão das ora comentadas, consagrando o brocardo "não há direito adquirido a regime jurídico", porém, defendemos a mudança dessa tese frente às inúmeras mudanças de regras da EC n. 103/2019, com base nos argumentos que apresentamos em capítulo anterior (42.6).

– Os critérios de cálculo de aposentadorias

No âmbito dos Regimes Próprios, houve significativa alteração dos critérios de apuração da renda mensal inicial de aposentadoria a cada reforma constitucional.

No texto original da CF de 1988, o critério era o da "integralidade"[5], permitindo a legislação regulamentadora a incorporação de vantagens de modo que o valor dos proventos poderia (e em muitos casos ocorria) até exceder o valor recebido em atividade.

A EC n. 20, de 1998, alterou esse cenário para proibir a incorporação de vantagens, limitando o valor dos proventos à última remuneração do cargo efetivo ocupado pelo servidor, mantida a "integralidade".

Na sequência, a EC n. 41 modificou o critério novamente, determinando o cálculo por média dos salários de contribuição (e não mais pela última remuneração), o que foi regulamentado pela Lei n. 10.887. Deixava de existir o critério da "integralidade", porém o servidor ainda poderia, em tese, se aposentar com valor igual ao de sua última remuneração do cargo efetivo, caso a média atingisse este valor.

Com a edição da EC n. 103, de 2019, nova alteração ocorreu.

A começar pelo fato de que as mudanças ali perpetradas se aplicam de imediato apenas ao RPPS da União, exigindo-se lei local de cada ente federativo para que as novas regras se apliquem em cada Estado, Município e no Distrito Federal.

Pelas regras trazidas com a EC n. 103, o cálculo da aposentadoria dos servidores federais continua a ser por média, mas, diferentemente do que previa a Lei n. 10.887, será considerada no cálculo a totalidade dos salários de contribuição, corrigidos monetariamente, desde julho de 1994 (e não apenas os equivalentes a 80%, desprezando-se os mais baixos). Além disso, determina o § 2º do art. 40, com a nova redação a ele conferida, que o valor máximo observe o "teto" do RGPS (e não mais a última remuneração do servidor). Essa regra se aplica a novos servidores federais, ou seja, pessoas admitidas em um cargo público efetivo pela primeira vez após a promulgação da Emenda n. 103/2019. Para aqueles que já exercem cargo público antes disso, no âmbito do RPPS da União, devem buscar enquadramento nas regras de transição, o que pode levar a proventos que não sejam limitados pelo mesmo valor que os "novos".

A redação vigente do § 3º do art. 40, pós-EC n. 103, de 2019, passa a prever que "As regras para cálculo de proventos de aposentadoria serão disciplinadas em lei do respectivo ente federativo", levando à chamada "desconstitucionalização" da matéria. Rompe-se assim uma tradição de tratamento igualitário a todos os servidores públicos, pois cria a EC n. 103/ 2019 tratamento diferenciado aos ocupantes de cargos públicos federais, afetando de imediato (e sem qualquer certeza de que os critérios nos demais Entes será o mesmo) o cálculo de proventos, pois o assunto está regulamentado na referida Emenda apenas para o RPPS da União, como será visto a seguir.

– Cálculo dos proventos no RPPS da União (art. 26 da EC n. 103, de 2019)

Acerca dos servidores federais, o art. 26 da Emenda n. 103/2019 cria uma regra transitória, tanto para o RGPS quanto para esses servidores, e que vale para aposentadorias cujos requisitos sejam preenchidos a partir de 14.11.2019, até que seja produzida a regulamentação do cálculo no RPPS da União:

> *Art. 26. Até que lei discipline o cálculo dos benefícios do regime próprio de previdência social da União e do Regime Geral de Previdência Social, será utilizada a média aritmética simples dos salários de contribuição e das remunerações adotados como base para contribuições a regime próprio de previdência social e ao Regime Geral de Previdência Social, ou como base*

---

[5] Entende-se como cálculo por integralidade a "regra de definição do valor inicial de proventos de aposentadoria e das pensões por morte, que corresponderão à remuneração do segurado no cargo efetivo, ao subsídio, ou ao provento, conforme previsto na regra vigente para concessão desses benefícios quando da implementação dos requisitos pelo segurado ou beneficiário" (Portaria MTP n. 1.467, de 2.6.2022, art. 2º, inc. XVIII).

para contribuições decorrentes das atividades militares de que tratam os arts. 42 e 142 da Constituição Federal, atualizados monetariamente, correspondentes a 100% (cem por cento) do período contributivo desde a competência julho de 1994 ou desde o início da contribuição, se posterior àquela competência.

§ 1º A média a que se refere o caput será limitada ao valor máximo do salário de contribuição do Regime Geral de Previdência Social para os segurados deste regime e para o servidor que ingressou no serviço público em cargo efetivo após a implantação do regime de previdência complementar ou que tenha exercido a opção correspondente, nos termos do disposto nos §§ 14 a 16 do art. 40 da Constituição Federal.

§ 2º O valor do benefício de aposentadoria corresponderá a 60% (sessenta por cento) da média aritmética definida na forma prevista no caput e no § 1º, com acréscimo de 2 (dois) pontos percentuais para cada ano de contribuição que exceder o tempo de 20 (vinte) anos de contribuição nos casos:

I – do inciso II do § 6º do art. 4º, do § 4º do art. 15, do § 3º do art. 16 e do § 2º do art. 18;

II – do § 4º do art. 10, ressalvado o disposto no inciso II do § 3º e no § 4º deste artigo;

III – de aposentadoria por incapacidade permanente aos segurados do Regime Geral de Previdência Social, ressalvado o disposto no inciso II do § 3º deste artigo; e

IV – do § 2º do art. 19 e do § 2º do art. 21, ressalvado o disposto no § 5º deste artigo.

§ 3º O valor do benefício de aposentadoria corresponderá a 100% (cem por cento) da média aritmética definida na forma prevista no caput e no § 1º:

I – no caso do inciso II do § 2º do art. 20;

II – no caso de aposentadoria por incapacidade permanente, quando decorrer de acidente de trabalho, de doença profissional e de doença do trabalho.

§ 4º O valor do benefício da aposentadoria de que trata o inciso III do § 1º do art. 10 corresponderá ao resultado do tempo de contribuição dividido por 20 (vinte) anos, limitado a um inteiro, multiplicado pelo valor apurado na forma do caput do § 2º deste artigo, ressalvado o caso de cumprimento de critérios de acesso para aposentadoria voluntária que resulte em situação mais favorável.

Do texto *supra* podem ser aferidas algumas consequências.

Primeira conclusão: a regra transitória "piora" a situação do cálculo em relação à regra anterior.

O primeiro aspecto desse raciocínio envolve o chamado "período básico de cálculo", no qual são obtidos os valores para apurar o valor da "média contributiva" de cada um.

Antes (para os ocupantes de cargos efetivos federais ingressantes após a EC n. 41), a média em questão era apurada desprezando-se os mais baixos salários de contribuição, na razão de 20% do total do tempo de contribuição (ou seja, o cálculo era feito considerando os maiores salários de contribuição, equivalentes a 80% do todo). Assim, de cada dez meses de contribuição desprezavam-se os dois salários de contribuição mais baixos, o que fazia a média ser um pouco menos prejudicada por esses valores reduzidos em comparação aos demais.

Doravante, a média levará em conta os valores mais baixos também (pois considerará todo o período contributivo desde julho de 1994, inclusive), "achatando", automaticamente, a média e, por conseguinte, o valor da aposentadoria.

A regulamentação pode ser ainda pior, se a lei posterior regulamentadora da matéria vier a considerar toda a vida contributiva do indivíduo, mesmo antes de julho de 1994, pois é de presumir que no início da vida contributiva os valores que serviram de base para a contribuição são mais baixos.

Por outra vertente, o § 6º traz uma regra de difícil compreensão, pois autoriza a exclusão, no cálculo da média, de "contribuições (*sic*) que resultem em redução do valor do benefício".

Ocorre que a redução decorre do salário de contribuição (e não da contribuição em si) e não há um benefício já concedido, sendo o seu valor apurado quando do requerimento, ou na concessão. Redução "do valor do benefício" pressupõe haver um cálculo inicial, para que se possa fazer a comparação entre valores do benefício "com" e "sem" salários de contribuição. Em que oportunidade o beneficiário faria o pedido de exclusão?

Entendemos, em face da imensa lacuna a esse respeito, que incumbe à entidade concedente do benefício informar ao beneficiário qual o *critério mais favorável para apuração da média* (pela garantia de que o indivíduo deve ter o *melhor benefício a que faça jus* e pelo presumido desconhecimento dos detalhes, por parte do beneficiário, sobre a regra de cálculo); ou seja, *calcularia, o órgão previdenciário, a média com o desprezo dos meses cujo salário de contribuição venha a prejudicar a média.*

Uma coisa é certa, a respeito da referida regra: nas aposentadorias em que o indivíduo tenha cumprido mais do que o mínimo do tempo de contribuição exigido para o benefício postulado (nas aposentadorias voluntárias, programáveis), é possível aplicar o dispositivo para excluir os meses cujo salário de contribuição venha a influenciar negativamente na média, o que terá de ser visto caso a caso.

Segunda conclusão: o cálculo também é afetado pelo critério de aferição do coeficiente aplicado.

Uma vez obtida a média, como visto acima, aplica-se, então, o percentual devido, para se chegar ao valor da renda (dos proventos) de aposentadoria. A matéria está no § 2º do art. 26 da EC n. 103 e nos seguintes.

Como regra geral, o percentual será de, no mínimo, 60%, mais 2% para cada ano de contribuição a mais que 20 anos, para servidores de ambos os gêneros. Não há distinção entre homens e mulheres no RPPS da União para o critério de cálculo, tal como ocorre no RGPS.

São exceções a essa regra, para concessões após a vigência da EC n. 103, quando os requisitos forem preenchidos a partir de 14.11.2019:

- *A regra de cálculo da aposentadoria compulsória, que levará em conta, ainda, o tempo de contribuição cumprido até a idade limite, dividido pelo equivalente a 20 anos; feita essa operação, o valor superior a um inteiro é desprezado, e, se o valor for inferior a um inteiro (pessoa com menos de 20 anos de contribuição), o número será multiplicado pela média obtida com base no critério geral. Assim, uma pessoa que chegue à idade da compulsória com apenas 15 anos de contribuição receberá 0,75 (75%) da média apurada conforme a regra geral.*

- *A regra de transição que prevê proventos de aposentadoria pela totalidade da remuneração do servidor público no cargo efetivo em que se der a aposentadoria, em relação ao servidor público que tenha ingressado no serviço público em cargo efetivo até 31.12.2003 e que não tenha feito a opção de que trata o § 16 do art. 40 da CF (previdência complementar), desde que tenha, no mínimo, 62 anos de idade, se mulher, e 65 anos de idade, se homem, ou, para os titulares do cargo de professor, 57 anos de idade, se mulher, e 60 anos de idade, se homem (inciso I, do § 6º do art. 4º da EC n. 103/2019).*

- *A regra de transição que prevê proventos de aposentadoria pela totalidade da remuneração do servidor público no cargo efetivo em que se der a aposentadoria, em relação ao servidor público que tenha ingressado no serviço público em cargo efetivo até 31.12.2003 e que não tenha feito a opção de que trata o § 16 (previdência complementar) do art. 40 da CF (inciso I, do § 2º do art. 20 da EC n. 103/2019).*

- *A regra de transição para servidores que ingressaram entre a regulamentação da EC n. 41/2003 e a promulgação da Emenda n. 103/2019: para estes, o valor será igual a 100% da média, uma vez cumpridos os requisitos da regra de transição respectiva (inciso II do § 2º do art. 20 da EC n. 103/2019).*

- A regra de cálculo da aposentadoria por incapacidade permanente cuja causa, ou concausa, seja acidente em serviço (equivalente ao acidente do trabalho no RGPS) ou doença ocupacional: para esses casos, o cálculo é de 100% da média.
- A regra de transição para a aposentadoria especial que antes exigia 15 anos de exposição ao agente nocivo (arts. 19, § 1º, I, a, e 21, I, da Emenda n. 103/2019): nesse caso, parte-se de 60%, mas os 2% são computados a partir do tempo que exceder 15 anos de contribuição (e não 20, como na regra geral). Para os demais tempos de exposição (20 ou 25 anos), vale a regra geral.

Esta fórmula (60% da média, mais 2% por ano de contribuição acima de 20 anos), por seu turno, *deve ser sopesada com a regra do § 6º do art. 26*: haverá situações em que o desprezo de meses, ou anos, poderá interferir, inclusive, na percentagem correspondente ao número de anos de contribuição, o que é possível sempre que a exclusão não chegue ao ponto de chegar a período de contribuição inferior ao mínimo exigido como requisito para a concessão. Em suma, uma pessoa com mais anos de contribuição que o mínimo exigido pode optar até por perder um ou mais anos de contribuição (e reduzir a renda em 2% da média para cada ano a menos) caso a exclusão dos salários de contribuição leve a um resultado melhor no valor da renda mensal inicial. Como bem frisado por Átila Abella,

> *A referida exclusão é "para todos os fins", ou seja, o segurado pode optar por excluir alguns períodos contributivos desde que deixe tempo de contribuição suficiente para implementar os requisitos para o benefício desejado. Assim, os menores salários de contribuição, que consequentemente prejudiquem a média das contribuições, poderão ser excluídos do cálculo através de pedido expresso.*[6]

Nas espécies de aposentadoria em que não se exija um mínimo de anos de contribuição (caso da incapacidade permanente), a exclusão de períodos contributivos a nosso ver é possível, por não ter a Emenda feito qualquer restrição a essas. Poder-se-ia argumentar, em contrário, que o § 6º do art. 26 da EC n. 103 não se aplicaria a tais aposentadorias (como consta, por exemplo, no Decreto n. 3.048/1999, com a redação conferida pelo Decreto n. 10.410/2020, em seu art. 32, §§ 24 e seguintes). Porém, tal interpretação causaria restrição que a norma original não possui, e pior que isso, geraria tratamento diferenciado *in pejus* (por não permitir tal exclusão de períodos contributivos) aos indivíduos vitimados por danos à sua saúde ou integridade física e mental, a ponto de se aposentarem de forma permanente, na pior condição possível, o que não é razoável admitir.

Já as doenças graves, antes geradoras da aposentadoria "integral", deixam de constar da exceção, passando à "regra geral". O rol de tais enfermidades encontrava-se na legislação dos servidores federais no art. 186, § 1º, da Lei n. 8.112/1990, com a seguinte redação:

> *Consideram-se doenças graves, contagiosas ou incuráveis, a que se refere o inciso I deste artigo, tuberculose ativa, alienação mental, esclerose múltipla, neoplasia maligna, cegueira posterior ao ingresso no serviço público, hanseníase, cardiopatia grave, doença de Parkinson, paralisia irreversível e incapacitante, espondiloartrose anquilosante, nefropatia grave, estados avança-*

---

[6] Como melhorar o cálculo da aposentadoria do INSS com exclusão das menores contribuições. *Previdenciarista*. Disponível em: https://previdenciarista.com/blog/como-melhorar-o-calculo-da-aposentadoria-do-inss-com-exclusao-das-menores-contribuicoes/. Acesso em: 31 ago. 2020.

dos do mal de Paget (osteíte deformante), Síndrome de Imunodeficiência Adquirida – AIDS, e outras que a lei indicar, com base na medicina especializada.

Terceira conclusão: as aposentadorias do RPPS da União, ressalvado direito adquirido a outro critério, serão todas reajustadas conforme os critérios fixados para o RGPS, inclusive as dos servidores federais que se beneficiem das regras de transição da Emenda n. 103/2019.

Isso porque o § 7º do art. 26 da EC n. 103/2019 é categórico ao afirmar o reajustamento das aposentadorias concedidas com base nas regras desse artigo conforme as regras do RGPS, o que corresponde, atualmente, à majoração pelo INPC em 1º de janeiro de cada ano.

A desvinculação entre o reajuste de padrões remuneratórios dos agentes públicos (vencimentos, remunerações e subsídios) e o reajuste dos proventos de aposentados e pensionistas iniciou pela redação conferida ao § 8º do art. 40 pela Emenda n. 41 – aplicando-se também a Estados, Distrito Federal e Municípios. Anteriormente, previa-se a *paridade* de tratamento entre agentes públicos em atividade e beneficiários do regime previdenciário.

O reajuste pelo INPC pode trazer – ou não – vantagens para os futuros aposentados e pensionistas, dependendo da política de reajustamento, seja dos agentes públicos em atividade, seja dos proventos dos beneficiários dos regimes próprios.

Importante lembrar que o critério de reajuste de algumas das regras de transição das ECs n. 41 e n. 47, revogadas pela Emenda n. 103/2019, era a paridade com os servidores em atividade, que acarretava o direito de obter elevação dos proventos na mesma data e com o mesmo percentual aplicado a quem está no exercício do cargo no ente público (no caso, a União).

Com isso, aqueles que possuem direito adquirido de se aposentar por terem preenchido os requisitos exigidos em regras de transição revogadas e que possuíam por critério de reajuste a paridade podem eventualmente ter interesse em se aposentar pela regra ora incluída, pois a política remuneratória dos servidores federais em atividade tem sido bastante precária em matéria de reposições das perdas inflacionárias.

Enquanto isso, o reajuste do RGPS, ao menos, mantém o valor atualizado pelo INPC, que faz o papel de preservação do poder aquisitivo dos aposentados e pensionistas do INSS.

Quarta conclusão: servidores de Estados, Distrito Federal e Municípios não sofrem com essa alteração de imediato, mas somente se e quando houver alteração da legislação local.

O § 9º do art. 4º da Emenda n. 103/2019 trata a matéria da seguinte forma:

> *Aplicam-se às aposentadorias dos servidores dos Estados, do Distrito Federal e dos Municípios as normas constitucionais e infraconstitucionais anteriores à data de entrada em vigor desta Emenda Constitucional, enquanto não promovidas alterações na legislação interna relacionada ao respectivo regime próprio de previdência social.*

Dessa forma, enquanto ausente a regulamentação prevista no § 3º do art. 40, o cálculo, para servidores estaduais, distritais e municipais, continuará sendo feito com base no que dispõe o art. 1º da Lei n. 10.887/2004:

> *Art. 1º No cálculo dos proventos de aposentadoria dos servidores titulares de cargo efetivo de qualquer dos Poderes da União, dos Estados, do Distrito Federal e dos Municípios, incluídas suas autarquias e fundações, previsto no § 3º do art. 40 da Constituição Federal e no art. 2º da Emenda Constitucional n. 41, de 19 de dezembro de 2003, será considerada a média aritmética simples das maiores remunerações, utilizadas como base para as contribuições do servidor aos regimes de previdência a que esteve vinculado, correspondentes a 80% (oitenta por cento) de todo o período contributivo desde a competência julho de 1994 ou desde a do início da contribuição, se posterior àquela competência.*

§ 1º As remunerações consideradas no cálculo do valor inicial dos proventos terão os seus valores atualizados mês a mês de acordo com a variação integral do índice fixado para a atualização dos salários de contribuição considerados no cálculo dos benefícios do regime geral de previdência social.

§ 2º A base de cálculo dos proventos será a remuneração do servidor no cargo efetivo nas competências a partir de julho de 1994 em que não tenha havido contribuição para regime próprio.

§ 3º Os valores das remunerações a serem utilizadas no cálculo de que trata este artigo serão comprovados mediante documento fornecido pelos órgãos e entidades gestoras dos regimes de previdência aos quais o servidor esteve vinculado ou por outro documento público, na forma do regulamento.

§ 4º Para os fins deste artigo, as remunerações consideradas no cálculo da aposentadoria, atualizadas na forma do § 1º deste artigo, não poderão ser:

I – inferiores ao valor do salário mínimo;

II – superiores ao limite máximo do salário de contribuição, quanto aos meses em que o servidor esteve vinculado ao regime geral de previdência social.

§ 5º Os proventos, calculados de acordo com o caput deste artigo, por ocasião de sua concessão, não poderão ser inferiores ao valor do salário mínimo nem exceder a remuneração do respectivo servidor no cargo efetivo em que se deu a aposentadoria.

Conclui-se que os servidores federais foram imediatamente atingidos, pois a alteração no critério de apuração da média já acarreta o cálculo dos proventos de imediato após a Emenda n. 103/2019 entrar em vigor (média de todos os salários de contribuição desde julho de 1994), enquanto servidores de Estados, Distrito Federal e Municípios continuarão tendo a mesma regra (média de maiores salários de contribuição equivalentes a 80% do período contributivo de julho de 1994 em diante) e a manutenção das regras de transição das Emendas n. 41 e n. 47 até que venha regulamentação diversa em norma de cada ente federativo.

No entanto, é importante frisar que já há julgamentos no sentido de reconhecer a inconstitucionalidade das regras de aposentadoria da EC n. 103 quanto aos servidores da União (*vide*, a propósito, a sentença proferida nos autos n. 5014981-30.2020.4.04.7200/SC, proferida pelo Juiz Federal Leonardo Cacau Santos La Bradbury, da 2ª Vara Federal de Florianópolis, publ. 30.7.2021).

– **Questões sobre a limitação do valor dos proventos**

As regras da EC n. 41/2003 limitavam o seu valor máximo por um lado, à remuneração do cargo efetivo do próprio servidor requerente (art. 40, § 2º), e por outro, aos valores estabelecidos genericamente para a categoria, denominados "tetos e subtetos de remuneração do serviço público", de modo que as aposentadorias concedidas a partir da publicação da Emenda, portanto, não poderão exceder o subsídio mensal, em espécie, dos Ministros do Supremo Tribunal Federal, aplicando-se como limite, nos Municípios, o subsídio do Prefeito, e nos Estados e no Distrito Federal, o subsídio mensal do Governador no âmbito do Poder Executivo, o subsídio dos Deputados Estaduais e Distritais, no âmbito do Poder Legislativo e o subsídio dos Desembargadores do Tribunal de Justiça, limitado, nesse último caso, a noventa inteiros e vinte e cinco centésimos por cento do subsídio mensal, em espécie, dos Ministros do Supremo Tribunal Federal, no âmbito do Poder Judiciário, aplicável este limite aos membros do Ministério Público, aos Procuradores e aos Defensores Públicos dos Estados (CF, art. 37, XI).

Tal limitação restou confirmada pelo STF em decisões proferidas após o *leading case* (MS 24.875):

Observância do limite remuneratório dos servidores públicos estabelecido pelo art. 37, XI, da Constituição de República, com redação dada pela EC 41/2003. O STF pacificou o entendimento de que a percepção de proventos ou remuneração por servidores públicos acima do limite estabelecido no art. 37, XI, da Constituição da República, enseja lesão à ordem pública. Impõe-se a suspensão das decisões como forma de evitar o efeito multiplicador, que se consubstancia no aforamento, nos diversos tribunais, de processos visando ao mesmo escopo dos mandados de segurança objeto da presente discussão. Precedentes. A decisão do Plenário no MS 24.875 (Rel. Sepúlveda Pertence, DJ 06.10.2006) refere-se apenas à concessão da segurança para que os impetrantes recebam o acréscimo previsto no art. 184, III, da Lei 1.711/1952, de 20% sobre os proventos da aposentadoria, até sua ulterior absorção pelo subsídio dos Ministros do STF, determinado em lei. Tal questão não se confunde com a controvérsia versada no caso (SS 2.542-AgR, Rel. Min. Presidente Gilmar Mendes, j. 12.6.2008, Plenário, DJe 17.10.2008.) No mesmo sentido: SS 4.264-AgR, Rel. Min. Presidente Cezar Peluso, j. 9.12.2010, Plenário, DJe 11.2.2011; SS 2.504-AgR, Rel. Min. Presidente Ellen Gracie, j. 17.3.2008, Plenário, DJe 2.5.2008.*

Quanto ao limite mínimo, tem-se que o valor dos proventos de aposentadoria, por imperativo constitucional, não poderá ser inferior ao salário mínimo. Agora, o § 2º do art. 40, com a redação conferida pela EC n. 103, de 2019, expressamente prevê esse limite mínimo. Dessa forma, mesmo que haja direito a benefício com cálculo proporcional ao tempo de contribuição, ou em razão de carga horária reduzida, mantém-se o mínimo existencial:

ADMINISTRATIVO. SERVIDORA PÚBLICA MUNICIPAL. CARGO DE SERVENTE. JORNADA DE TRABALHO DE 20 (VINTE) HORAS SEMANAIS. APOSENTADORIA. PROVENTOS CORRESPONDENTES À JORNADA REDUZIDA. VALOR INFERIOR AO DO SALÁRIO MÍNIMO. IMPOSSIBILIDADE. OFENSA AOS ARTS. 201, § 2º E 7º, INCISOS IV E VII, DA CF/1988. MÍNIMO DE EXISTÊNCIA DA PESSOA. 'Para admitir que o servidor, mesmo se aposentando proporcionalmente, pudesse receber abaixo do mínimo, teríamos que trabalhar com a categoria jurídica nova, absurda, a do submínimo; quer dizer, o mínimo já é o piso abaixo do qual não se admite absolutamente nada' (voto do Min. Carlos Britto no RE 340.599-3/CE, Min. Sepúlveda Pertence) (TJSC, Apelação Cível 0300433-88.2015.8.24.0218, 4ª Câmara de Direito Público, Rel. Des. Vera Lúcia Ferreira Copetti, j. 28.6.2018).

A respeito das parcelas que devem estar submetidas ao valor-teto de proventos, o STF estabeleceu que:

Subtraído o montante que exceder o teto e subteto previsto no artigo 37, inciso XI, da Constituição Federal, tem-se o valor que vale como base para o Imposto de Renda e para a contribuição previdenciária (RE 675.978 – Tema 639 de Repercussão Geral, DJe 29.6.2015).

Computam-se para efeito de observância do teto remuneratório do artigo 37, XI, da Constituição da República, também os valores percebidos anteriormente à vigência da EC 41/2003 a título de vantagens pessoais pelo servidor público, dispensada a restituição de valores eventualmente recebidos em excesso e de boa-fé até o dia 18.11.2015 [data do julgamento] (RE 606.358 – Tema 257 de Repercussão Geral, DJe 20.11.2015).

Registramos, por fim, que esta matéria, em que pese a alteração promovida pela EC n. 103, de 2019, continuará por muito tempo em evidência, em razão das situações de direito adquirido e de aplicação de regras de transição que asseguram o pagamento de proventos iguais à última remuneração, como será visto em capítulo próprio.

45.1 APOSENTADORIA POR INCAPACIDADE PERMANENTE

A aposentadoria por incapacidade permanente (antes chamada aposentadoria por invalidez), no âmbito dos Regimes Próprios de Previdência Social de que trata o art. 40 da Constituição, depende da ausência de condições físicas ou psíquicas de permanecer o indivíduo exercendo a atividade no serviço público, podendo ser requerida pelo interessado ou decidida *ex officio*, por questões de interesse público.

Não se exige tempo mínimo de serviço público, nem de contribuição, no âmbito dos RPPS, para a concessão desse benefício, diferentemente do que ocorre no RGPS, em que se exige carência de 12 contribuições mensais, salvo as hipóteses excluídas por lei.

O texto original da Constituição já previa, no art. 40, inciso I, que – de forma diversa do que ocorre no Regime Geral de Previdência Social – o ocupante de cargo efetivo, uma vez caracterizada sua condição de invalidez, somente terá direito a "proventos integrais" se a causa da incapacidade permanente for "acidente em serviço, moléstia profissional, grave, contagiosa ou incurável, prevista em lei", sendo proporcional ao tempo trabalhado, nos demais casos.

A atual redação do art. 40 da CF, pós-EC n. 103, de 2019, acarreta modificações nessa modalidade de benefício. Entretanto, tais alterações se aplicam de imediato apenas ao RPPS da União, dependendo de lei de cada ente federativo para que sejam aplicadas aos demais RPPS.

45.1.1 Regras aplicáveis ao RPPS da União (e entes federativos que tenham promovido reformas após a EC n. 103/2019)

Inicialmente, passa a se exigir a insusceptibilidade de readaptação do servidor em cargo compatível com suas limitações, em caso de redução de capacidade (e não incapacidade total). A readaptação passa a ser prevista no § 13 do art. 37 da Carta.

No âmbito da legislação da União, todavia, já havia tal previsão (Lei n. 8.112/1990, art. 24):

> *Readaptação é a investidura do servidor em cargo de atribuições e responsabilidades compatíveis com a limitação que tenha sofrido em sua capacidade física ou mental verificada em inspeção médica.*

Na mesma lei estão descritas as exigências para a readaptação (art. 24, § 2º):

> *A readaptação será efetivada em cargo de atribuições afins, respeitada a habilitação exigida, nível de escolaridade e equivalência de vencimentos e, na hipótese de inexistência de cargo vago, o servidor exercerá suas atribuições como excedente, até a ocorrência de vaga.*

As exigências para a readaptação, portanto, envolvem: a existência de um cargo compatível com a redução da capacidade e, ao mesmo tempo, que o servidor tenha a habilitação e o grau de escolaridade exigidos. Ausente algum desses requisitos, o servidor deverá ser aposentado por incapacidade permanente.

Mesmo readaptado para cargo com remuneração inferior ao ocupado antes da redução da sua capacidade laborativa, o servidor deverá continuar recebendo o valor do cargo de origem.

Ao que tudo indica, a reforma envolve o problema em outros entes – Estados, Distrito Federal e Municípios, demandando a regulamentação por estes do assunto.

O inciso I do § 1º do art. 40 passa a prever também que será obrigatória a realização de avaliações periódicas para verificação da continuidade das condições que ensejaram a concessão da aposentadoria, "na forma de lei do respectivo ente federativo". A alteração, portanto, se aplica também a Estados, Distrito Federal e Municípios, mas somente quando vier a regulamentação por lei local.

Sobre a forma de cálculo da aposentadoria por incapacidade permanente, houve também severas mudanças.

Antes da EC n. 103/2019, a aposentadoria era de 100% do valor devido para todos os servidores (federais, estaduais, distritais e municipais) nas situações de acidentes em serviço, moléstia ocupacional ou doença grave, contagiosa ou incurável, tipificada em lei, e proporcional ao tempo de contribuição, nos demais casos.

Na nova disciplina prevista no art. 26 da EC n. 103, de 2019, aplicável de imediato no âmbito do RPPS da União, somente terá direito a 100% da média o servidor federal que teve como causa da aposentadoria por incapacidade permanente um acidente em serviço ou doença ocupacional. Deixa de haver pagamento de 100% para as doenças graves tipificadas em lei, que geram direito a proventos como nos casos de incapacidade em geral: 60% da média, mais 2% para cada ano de contribuição que supere 20 anos.

Dessa forma, um servidor federal com 15 anos de contribuição, que seja vitimado por neoplasia maligna, ou cardiopatia grave, por exemplo, receberá apenas 60% da média dos salários de contribuição, limitado ao valor teto do RGPS, pelo resto da vida.

Como a EC n. 103/2019 somente trata do RGPS e do RPPS da União, deverão ser disciplinadas por lei ordinária dos entes federativos as regras para concessão de aposentadoria por incapacidade permanente para o trabalho, "no cargo em que estiver investido o segurado, quando insuscetível de readaptação, hipótese em que será obrigatória a realização de avaliações periódicas para verificação da continuidade das condições que ensejaram a concessão da aposentadoria" (art. 164, IV, a, da Portaria MTP n. 1.467/2022).

Enquanto não editada lei local nos Estados, DF e Municípios, prevalece a aplicação das regras da Lei n. 10.887, de 2004, ou seja, aos servidores de Estados, DF e Municípios não se aplica o critério de cálculo do art. 26 da EC n. 103, de 2019. É o que se extrai do § 9º do art. 4º da EC n. 103, de 2019.

Na ocorrência das hipóteses previstas para concessão de aposentadoria compulsória ou por incapacidade permanente a segurado que tenha implementado os requisitos legais para concessão de aposentadoria voluntária em qualquer regra, o RPPS deverá facultar que, antes da concessão da aposentadoria de ofício, o segurado, ou seu representante legal, opte pela aposentadoria de acordo a regra que lhe seja mais vantajosa (art. 174 da Portaria MTP n. 1.467/2022).

Regra de extrema importância consta da normatização infralegal pelo Ministério do Trabalho e Previdência, quanto à data de concessão do benefício nos RPPS: "a aposentadoria por incapacidade permanente ou por invalidez será concedida com base na legislação vigente na data em que o laudo médico-pericial definir como início da incapacidade total e definitiva para o trabalho, e vigorará a partir da data da publicação do ato correspondente" (art. 176 da Portaria MTP n. 1.467/2022). Com isso, a eventual demora no processamento, deferimento e publicação do ato de aposentadoria, em caso de incapacidade permanente, não causará prejuízo ao segurado do RPPS, mesmo que ocorra alteração de requisitos ou critérios de cálculo.

Quanto à situação em que a pessoa aposentada necessite de assistência permanente de terceiros, o que no RGPS gera o direito ao adicional de 25% previsto no art. 45 da Lei n. 8.213/1991, entende o STJ que não cabe a extensão desse direito a servidor público federal, regido pela Lei n. 8.112/1990 (STJ, REsp 2020/0031268-0, 2ª Turma, Rel. Min. Assusete Magalhães, DJe 26.10.2021).

O aposentado por RPPS que voltar a exercer atividade que denote a recuperação de capacidade laboral para o exercício das atribuições do cargo em que se deu a aposentadoria ou a possibilidade de sua readaptação, terá a aposentadoria por incapacidade permanente ou invalidez reavaliada, a pedido ou de ofício, assegurado sempre ao interessado o direito à ampla defesa e ao contraditório (parágrafo único do art. 176 da Portaria MTP n. 1.476/2022).

45.1.2 Acidente em serviço e doenças graves

O conceito de acidente em serviço é identificado no âmbito do RPPS da União pelo art. 212 da Lei n. 8.112/1990 – Regime Jurídico Único dos Servidores Públicos Federais, *verbis*:

> Art. 212. Configura acidente em serviço o dano físico ou mental sofrido pelo servidor, que se relacione, mediata ou imediatamente, com as atribuições do cargo exercido.
> Parágrafo único. Equipara-se ao acidente em serviço o dano:
> I – decorrente de agressão sofrida e não provocada pelo servidor no exercício do cargo;
> II – sofrido no percurso da residência para o trabalho e vice-versa.

Já a definição legal das doenças graves, que geravam o mesmo direito que as incapacidades acidentárias, no mesmo diploma, está prevista no art. 186, § 1º, com a seguinte redação:

> Consideram-se doenças graves, contagiosas ou incuráveis, a que se refere o inciso I deste artigo, tuberculose ativa, alienação mental, esclerose múltipla, neoplasia maligna, cegueira posterior ao ingresso no serviço público, hanseníase, cardiopatia grave, doença de Parkinson, paralisia irreversível e incapacitante, espondiloartrose anquilosante, nefropatia grave, estados avançados do mal de Paget (osteíte deformante), Síndrome de Imunodeficiência Adquirida – AIDS, e outras que a lei indicar, com base na medicina especializada.

Importante salientar que, no âmbito do RGPS, constam da lista de doenças consideradas graves, contagiosas ou incuráveis, ainda: a contaminação por radiação com base em conclusão da medicina especializada e a hepatopatia grave.

45.1.3 Integralidade dos proventos – invalidez durante a vigência da EC n. 41/2003

A Emenda n. 41/2003 teve o objetivo de interferir na forma de cálculo de todas as aposentadorias de Regimes Próprios de Previdência, já que estabeleceu a regra de cálculo pela média das maiores remunerações que serviram de base para a contribuição vertida aos regimes previdenciários a que pertenceu o agente público no curso de sua atividade laboral (mesmo aquelas vertidas ao RGPS-INSS, antes do ingresso no serviço público, ou a outros Regimes Próprios), atualizadas monetariamente – §§ 3º e 17 do art. 40 da Constituição. A situação se torna ainda mais evidente com a promulgação da EC n. 103, de 2019, a qual impõe como teto o mesmo valor do RGPS, e o critério de cálculo supramencionado, afetando de imediato todos os servidores que não possuem direito adquirido à aposentadoria voluntária por alguma regra anteriormente vigente, na medida em que o cálculo da aposentadoria por invalidez obedece ao critério da data em que for concedida, em regra.

A regulamentação da EC n. 41 previu que o valor do cálculo das aposentadorias seria equivalente à média dos maiores salários de contribuição, equivalentes a 80% do período contributivo, contado desde julho de 1994, ou desde o início da atividade, quando posterior – Lei n. 10.887, de 2004, art. 1º.

Assim, proventos "integrais", para aposentadorias concedidas após a edição da MP n. 167, de 19.2.2004, significaria, segundo o entendimento dos órgãos concedentes, o equivalente ao valor da média dos seus maiores salários de contribuição equivalentes a 80% do período contributivo, exceção feita aos detentores de direito adquirido à aposentadoria antes da ocorrência da invalidez, ou cuja invalidez tenha sido diagnosticada antes da alteração constitucional.

Nesse sentido, o STF decidiu que "Os proventos de aposentadoria por invalidez decorrente de doença grave ou acidente de trabalho (art. 40, § 1º, I, da Constituição Federal) correspondiam à integralidade da remuneração percebida pelo servidor no momento da aposentação, até o advento da EC 41/2003, a partir de quando o conceito de proventos integrais deixou de ter correspondência com a remuneração recebida em atividade e foi definida pela Lei 10.887/2004 como a média aritmética de 80% das melhores contribuições revertidas pelo servidor ao regime previdenciário" (RE 924.456/RJ, Plenário, *DJe* 5.4.2017).

No entanto, há decisões do STF no sentido de que o pagamento deve ser calculado sobre a última remuneração, afastando a incidência da Lei n. 10.887/2004: "o acórdão recorrido encontra-se em consonância com a jurisprudência deste Tribunal no sentido de que são devidos proventos integrais ao servidor aposentado por invalidez permanente, nos casos em que tal condição decorrer de acidente em serviço, moléstia profissional ou doença grave, contagiosa ou incurável, considerada a última remuneração, mesmo após a vigência da Emenda Constitucional 41/2003" (STF, RE 810.477 PE, Rel. Min. Ricardo Lewandowski, publ. 23.5.2014). E, ainda, RE 633.171 AgR/PE, 2ª Turma, Rel. Min. Min. Teori Zavascki, *DJe* 4.4.2016; RE 1.144.670/RN, Rel. Min. Ricardo Lewandowski, *DJe* 31.8.2018.

Da mesma forma, o STJ decidiu no sentido de concessão de aposentadoria por invalidez *apurada sobre o valor da última remuneração percebida pelo servidor* (e não por média), mesmo quando a invalidez tenha ocorrido após a promulgação da Emenda n. 41: "A doença grave constitui exceção à regra geral de aposentadoria proporcional, sendo devida ao seu portador a integralidade dos proventos, conforme clara previsão do art. 186, I e § 1º, da Lei 8.112/1990. Sua especificidade repele a aplicação da Lei 10.887/2004, que em momento algum menciona a hipótese de invalidez permanente ou doença grave, não contemplando, portanto, a excepcional hipótese dos autos" (MS 17.464/DF, 1ª Seção, *DJe* 24.9.2013). No mesmo sentido: REsp 1.476.167/CE, *DJe* 12.9.2017.

Com isso, reconhecemos o acerto da jurisprudência, visto que melhor atendia ao sentido da norma, provendo a subsistência do servidor público vítima de invalidez com vistas a garantir sua dignidade, cujos proventos então são baseados na última remuneração auferida.

Entretanto, diante da alteração promovida pela EC n. 103, de 2019, novos embates devem ocorrer no campo da hermenêutica, prevendo-se dificuldades para a manutenção desse entendimento jurisprudencial doravante.

45.1.4 A Emenda Constitucional n. 70/2012

A Emenda Constitucional n. 70/2012 havia modificado o cálculo dos proventos das aposentadorias por invalidez concedidas ou a conceder aos servidores que ingressaram no cargo até 31.12.2003, e que se incapacitaram depois dessa data. Isso se deu pela inclusão do art. 6º-A na EC n. 41, que tem a seguinte redação:

> O servidor da União, dos Estados, do Distrito Federal e dos Municípios, incluídas suas autarquias e fundações, que tenha ingressado no serviço público até a data de publicação desta Emenda Constitucional e que tenha se aposentado ou venha a se aposentar por invalidez permanente, com fundamento no inciso I do § 1º do art. 40 da Constituição Federal, tem direito a proventos de aposentadoria calculados com base na remuneração do cargo efetivo em que se der a aposentadoria, na forma da lei, não sendo aplicáveis as disposições constantes dos §§ 3º, 8º e 17 do art. 40 da Constituição Federal.

Os proventos de invalidez desse grupo de servidores, quando integrais, corresponderiam a 100% do valor da remuneração do cargo na data da concessão da aposentadoria e, se proporcionais, terão o percentual correspondente ao tempo de contribuição aplicado sobre essa remuneração.

Foi alterada também a forma de reajuste desses benefícios e das pensões delas decorrentes, significando que, na revisão dos proventos, era aplicada a paridade dos benefícios com a remuneração do servidor no cargo correspondente.

Não houve, todavia, alteração no texto do art. 40, § 1º, I, da Constituição pela Emenda n. 70/2012, portanto não foi garantida a integralidade dos proventos em relação à remuneração nas hipóteses ali previstas.

Em cumprimento ao art. 2º da Emenda n. 70/2012, o valor dos proventos por invalidez, concedidos a partir de 1.1.2004 aos servidores que ingressaram antes dessa data, deveriam ser revistos em 180 dias contados de 29.3.2012, com recálculo do valor inicial e das revisões posteriores na forma determinada.

O Supremo Tribunal Federal, no julgamento do RE 924.456/RJ (Tema de Repercussão Geral 754), assentou de forma definitiva que:

> CONSTITUCIONAL. APOSENTADORIA POR INVALIDEZ DECORRENTE DE DOENÇA GRAVE ESPECIFICADA EM LEI. CF, ART. 40, § 1º, I. INTEGRALIDADE DOS PROVENTOS. CÁLCULO NA FORMA DO ART. 1º DA LEI 10.887/2004. EMENDA CONSTITUCIONAL 70/2012. CORRESPONDÊNCIA DOS PROVENTOS À REMUNERAÇÃO DO CARGO. EFEITOS FINANCEIROS PROSPECTIVOS.
>
> 1. Os proventos de aposentadoria por invalidez decorrente de doença grave ou acidente de trabalho (art. 40, § 1º, I, da Constituição Federal) correspondiam à integralidade da remuneração percebida pelo servidor no momento da aposentação, até o advento da EC 41/2003, a partir de quando o conceito de proventos integrais deixou de ter correspondência com a remuneração recebida em atividade e foi definida pela Lei 10.887/2004 como a média aritmética de 80% da melhores contribuições revertidas pelo servidor ao regime previdenciário.
>
> 2. A Emenda Constitucional 70/2012 inovou no tratamento da matéria ao introduzir o art. 6º-A no texto da Emenda Constitucional 41/2003. A regra de transição pela qual os servidores que ingressaram no serviço público até a data de promulgação da EC 41/2003 terão direito ao cálculo de suas aposentadorias com base na remuneração do cargo efetivo foi ampliada para alcançar os benefícios de aposentadoria concedidos a esses servidores com fundamento no art. 40, § 1º, I, CF, hipótese que, até então, submetia-se ao disposto nos §§ 3º, 8º e 17 do art. 40 da CF.
>
> 3. Por expressa disposição do art. 2º da EC 70/2012, os efeitos financeiros dessa metodologia de cálculo somente devem ocorrer a partir da data de promulgação dessa Emenda, sob pena, inclusive, de violação ao art. 195, § 5º, CF, que exige indicação da fonte de custeio para a majoração de benefício previdenciário.
>
> 4. Recurso provido, com afirmação de tese de repercussão geral: "Os efeitos financeiros das revisões de aposentadoria concedidas com base no art. 6º-A da Emenda Constitucional 41/2003, introduzido pela Emenda Constitucional 70/2012, somente se produzirão a partir da data de sua promulgação (30/2/2012)"
>
> (STF, RE 924.456, Rel. p/ acórdão Min. Alexandre de Moraes, DJe 8.9.2017).

A regra da paridade do benefício com a remuneração também se aplicaria, conforme a EC n. 70, às pensões decorrentes dos falecimentos dos segurados aposentados por invalidez, desde que o aposentado tenha ingressado até 31.12.2003. Os valores dessas pensões devem ser revisados pela paridade desde a data da concessão da pensão.

Entretanto, a EC n. 103/2019 revogou o dispositivo, de modo que a regra somente se aplica, no âmbito do RPPS da União, a aposentadorias e pensões cujo direito tenha sido adquirido até a data da promulgação dessa Emenda. Quanto aos RPPS de Estados, Distrito Federal e Municípios, a EC n. 70 surtirá efeitos até que lei local modifique o critério de cálculo e reajustamento dos respectivos benefícios.

QUADROS-RESUMO – REGRAS DE APOSENTADORIA POR INCAPACIDADE PERMANENTE

Observação: caso o servidor a ser aposentado seja ocupante de cargo efetivo de ente federativo que já tenha implementado o regime de previdência complementar de que tratam os §§ 14 a 16 do art. 40 da CF, e que ingressou após a implementação, ou migrou para este modelo, antes de concedida a aposentadoria, os proventos de aposentadoria devidos pelo RPPS serão limitados ao mesmo valor fixado para teto do RGPS, fazendo jus, em caso de previsão neste sentido na legislação do respectivo ente federativo, ao benefício especial e ainda, caso tenha aderido ao plano de previdência complementar, o benefício para o qual tenha contribuído para proteção da invalidez.

REGRA ATUAL – APOSENTADORIA POR INCAPACIDADE PERMANENTE – RPPS EM GERAL (Exceto a União e demais entes que promoveram a Reforma da Previdência)	
Válida todos os RPPS, que não promoveram a Reforma da Previdência, quando a incapacidade permanente ocorra após a promulgação da EC n. 103, de 2019	
Art. 40, §§ 1º, I, e § 3º, da CF (redação dada pela EC n. 103, de 2019); art. 4º, § 9º, da EC n. 103, de 2019; e Lei n. 10.887, de 2004.	
REQUISITOS MÍNIMOS	
TEMPO MÍNIMO	Não há tempo mínimo.
CÁLCULO DO BENEFÍCIO	Proventos calculados com base na média dos maiores salários de contribuição, corrigidos monetariamente, equivalentes a 80% do período contributivo, contado este desde julho de 1994 até a aposentadoria, sendo os proventos de 100% desta média (até que lei local seja aplicada em substituição à regra da Lei n. 10.887, de 2004) – quando decorrentes de acidente em serviço, moléstia profissional e proporcionais ao tempo de contribuição nos demais casos.
TETO DO BENEFÍCIO	Última remuneração no cargo efetivo, salvo na hipótese de servidor de ente federativo com RPC, para o servidor que tenha ingressado após a instituição do RPC (ou faça migração para este regime), quando então será limitado ao valor-teto fixado para o RGPS.
REAJUSTE	Os proventos deverão ser reajustados na mesma data e índice adotados para o reajuste dos benefícios do Regime Geral de Previdência Social.

REGRA ATUAL – APOSENTADORIA POR INCAPACIDADE PERMANENTE – RPPS DA UNIÃO (SERVIDORES FEDERAIS)	
Aplicável aos servidores, independentemente da data de ingresso no serviço público	
Art. 40, § 1º, I, da CF, com redação dada pela EC n. 103, de 2019, e art. 26 da mesma EC.	
REQUISITOS MÍNIMOS	
TEMPO MÍNIMO	Não há tempo mínimo.

CÁLCULO DO BENEFÍCIO	60% da média aritmética simples, correspondentes a 100% (cem por cento) do período contributivo desde a competência julho de 1994 ou desde o início da contribuição, se posterior àquela competência, definida na forma prevista no *caput* e no § 1º do art. 26 da EC n. 103, de 2019, com acréscimo de dois pontos percentuais para cada ano de contribuição que exceder o tempo de vinte anos de contribuição, exceto se decorrente de acidente em serviço ou moléstia profissional, quando o valor será de 100% da média.
TETO DO BENEFÍCIO	– Servidores federais que ingressaram após o FUNPRESP, ou tendo ingressado antes, migraram para o Regime por ele instituído: teto do RGPS. – Demais servidores federais: remuneração do cargo efetivo em que se deu a aposentadoria.
REAJUSTE	Os proventos deverão ser reajustados na mesma data e índice adotados para o reajuste dos benefícios do Regime Geral de Previdência Social.

45.2 APOSENTADORIA COMPULSÓRIA POR IDADE

No âmbito dos Regimes Próprios, a redação original do art. 40 da Constituição previa a compulsoriedade da aposentadoria, quando o servidor – seja do sexo masculino ou feminino – atingisse a idade de 70 anos.

A EC n. 88/2015 modificou parcialmente a matéria, possibilitando que fosse estendida aos 75 anos, na forma de lei complementar (art. 40, § 1º, II). E, ainda, autorizou de imediato o aumento de idade aos Ministros de Tribunais Superiores e do Tribunal de Contas da União (ADCT, art. 100).

Na sequência, a Lei Complementar n. 152, de 3.12.2015, regulamentou a aplicação dessa nova idade aos agentes públicos de todos os poderes no âmbito da União, dos Estados, do Distrito Federal e dos Municípios, dispondo que:

> Art. 2º Serão aposentados compulsoriamente, com proventos proporcionais ao tempo de contribuição, aos 75 (setenta e cinco) anos de idade:
> I – os servidores titulares de cargos efetivos da União, dos Estados, do Distrito Federal e dos Municípios, incluídas suas autarquias e fundações;
> II – os membros do Poder Judiciário;
> III – os membros do Ministério Público;
> IV – os membros das Defensorias Públicas;
> V – os membros dos Tribunais e dos Conselhos de Contas.
> Parágrafo único. Aos servidores do Serviço Exterior Brasileiro, regidos pela Lei n. 11.440, de 29 de dezembro de 2006, o disposto neste artigo será aplicado progressivamente à razão de 1 (um) ano adicional de limite para aposentadoria compulsória ao fim de cada 2 (dois) anos, a partir da vigência desta Lei Complementar, até o limite de 75 (setenta e cinco) anos previsto no caput.

A Portaria MTP n. 1.467/2022 aponta ser vedado o estabelecimento, por lei de outro ente federativo, de idade de aposentadoria compulsória diversa da prevista na Lei Complementar n. 152, de 3 de dezembro de 2015 (art. 164, § 4º, inc. I).

A aposentadoria compulsória ocorre *ex officio*, na mesma data em que o servidor atinge a idade-limite, não sendo permitida a permanência no cargo após o dia em que o servidor completa a idade máxima permitida.

No entanto, se por equívoco da Administração o servidor permanece em exercício após a idade-limite, é devido o pagamento da remuneração até a efetivação da aposentadoria, não cabendo a devolução de valores ao Erário:

Administrativo. Servidor público. Aposentadoria compulsória. Recebimento de remuneração. Diferença. Contraprestação. Boa-fé. Devolução. Incabimento. 1. Servidor público que continuou na ativa mesmo depois de ter completado setenta anos, idade-limite de permanência no serviço público. 2. É indevida a reposição ao erário da diferença entre a remuneração auferida após a vigência da aposentadoria compulsória e os proventos da inatividade, primeiro, porque é vedada a prestação de serviço sem a justa contraprestação pecuniária estabelecida em lei, e, segundo, por conta da natureza alimentar da quantia recebida de boa-fé. 3. Improvimento da remessa obrigatória (TRF da 5ª Região, REOMS 0000476-32.2007.4.05.8305, Rel. Des. Federal Vladimir Carvalho, 3ª Turma, DJ 17.4.2009).

O Plenário do STF assentou que, havendo boa-fé do servidor público que recebe valores indevidos a título de aposentadoria, só a partir da data em que for ela julgada ilegítima pelo órgão competente deverá ser devolvida a quantia recebida a maior (*v.g.*, MS 26.085, Rel. Min. Cármen Lúcia, *DJe* 13.6.2008; e MS 24.781, Rel. p/ acórdão Min. Gilmar Mendes, *DJe* 9.6.2011).

No mesmo sentido, a jurisprudência pacificada no STJ: "quando a Administração Pública interpreta erroneamente uma lei, resultando em pagamento indevido ao servidor, cria-se uma falsa expectativa de que os valores recebidos são legais e definitivos, impedindo, assim, que ocorra desconto dos mesmos, ante a boa-fé do servidor público" (Tema Repetitivo 531).

O cálculo desta aposentadoria, *exceto no RPPS da União e dos Entes que promoverem a Reforma da Previdência*, é proporcional ao tempo de contribuição do servidor, observando-se, para a base de cálculo, o disposto no art. 1º da Lei n. 10.887/2004, ou seja, correspondendo à média dos maiores salários de contribuição, equivalentes a 80% do período contributivo, contado desde julho de 1994, ou desde o início da atividade, quando posterior, corrigidos monetariamente. O cálculo abrangerá todos os salários de contribuição utilizados nos Regimes de Previdência para os quais o servidor tenha contribuído. Assim, se o servidor exerceu atividade vinculada ao RGPS, ou exerceu outro cargo público anteriormente, tais períodos também serão utilizados para o cálculo do valor da aposentadoria. Tal critério de cálculo irá vigorar até que lei local discipline de modo diverso a matéria em cada Ente Federativo (§ 9º do art. 4º da EC n. 103, de 2019).

Com a EC n. 103/2019, *no âmbito federal*, os proventos serão calculados tendo por base a média de todos os salários de contribuição desde julho de 1994, para servidores de ambos os gêneros, masculino ou feminino (art. 26, *caput*). A regra de cálculo da aposentadoria compulsória levará em conta, ainda, o tempo de contribuição cumprido até a idade limite, dividido pelo equivalente a 20 anos; feita essa operação, o valor superior a um inteiro é desprezado, e, se o valor for inferior a um inteiro (pessoa com menos de 20 anos de contribuição), o número será multiplicado pela média obtida com base no critério geral. Assim, uma pessoa que chegue à idade da compulsória com apenas 15 anos de contribuição, receberá 0,75 (75%) da média apurada, conforme a regra geral (art. 26, § 4º). O valor dos proventos, por imperativo constitucional, não poderá ser inferior ao salário mínimo – § 2º do art. 40 da CF, com a redação da EC n. 103, de 2019.

Para a aposentadoria compulsória, não se exige a permanência durante 10 anos no serviço público e 5 anos no cargo efetivo, nem tempo mínimo de contribuição em geral.

Na ocorrência das hipóteses previstas para concessão de aposentadoria compulsória ou por incapacidade permanente a segurado que tenha implementado os requisitos legais para concessão de aposentadoria voluntária em qualquer regra, o RPPS deverá facultar que, antes da concessão da aposentadoria de ofício, o segurado, ou seu representante legal, opte pela aposentadoria de acordo com a regra que lhe seja mais vantajosa (art. 174 da Portaria MTP n. 1.467/2022).

No julgamento da medida liminar concedida na ADI 5.316, o Plenário do STF se posicionou no sentido de que lei complementar estadual não poderá tratar do tema, mesmo após a edição da EC n. 88/2015.

Também é entendimento do STF que a idade-limite em questão não se aplica a titulares de funções públicas que não estão abrangidos pelo Regime Próprio, como os delegatários de cartórios: *(ADI 2.602, Rel. p/ o ac. Min. Eros Grau, j. 24.11.2005, Plenário, DJ 31.3.2006). No mesmo sentido: AI 655.378-AgR, Rel. Min. Gilmar Mendes, j. 26.2.2008, Plenário, DJE 28.3.2008; RE 556.504-ED, Rel. Min. Dias Toffoli, 1ª Turma, j. 10.8.2010, DJE 25.10.2010).*

Os serviços de registros públicos, cartorários e notariais são exercidos em caráter privado por delegação do Poder Público. Assim, os notários e os registradores exercem atividade estatal, entretanto não são titulares de cargo público efetivo, tampouco ocupam cargo público. Portanto, não são servidores públicos, não lhes alcançando a compulsoriedade imposta pelo mencionado art. 40 da CB/1988.

Com relação a titulares de serventias judiciais ainda não estatizadas, o STF, apreciando a Repercussão Geral – Tema 571, fixou a seguinte tese:

> *Não se aplica a aposentadoria compulsória prevista no art. 40, § 1º, II, da CF aos titulares de serventias judiciais não estatizadas, desde que não sejam ocupantes de cargo público efetivo e não recebam remuneração proveniente dos cofres públicos (RE 675.228/PR, Tribunal Pleno, Rel. Min. Gilmar Mendes, j. 15.2.2017).*

Também segundo tese fixada pelo STF em Repercussão Geral, os servidores ocupantes exclusivamente de cargo em comissão não se submetem à regra da aposentadoria compulsória prevista no art. 40, § 1º, II, da CF, a qual atinge apenas os ocupantes de cargo de provimento efetivo, inexistindo, ainda, qualquer idade-limite para fins de nomeação a cargo em comissão, como ficou definido no Tema 763:

> *1. Os servidores ocupantes de cargo exclusivamente em comissão não se submetem à regra da aposentadoria compulsória prevista no art. 40, § 1º, II, da Constituição Federal, a qual atinge apenas os ocupantes de cargo de provimento efetivo, inexistindo, também, qualquer idade-limite para fins de nomeação a cargo em comissão.*
>
> *2. Ressalvados impedimentos de ordem infraconstitucional, não há óbice constitucional a que o servidor efetivo aposentado compulsoriamente permaneça no cargo comissionado que já desempenhava ou a que seja nomeado para cargo de livre nomeação e exoneração, uma vez que não se trata de continuidade ou criação de vínculo efetivo com a Administração (RE 786.540, Tribunal Pleno, Relator Ministro Dias Toffoli, j. 15.12.2016).*

REGRAS – Aposentadoria Compulsória (Idade-Limite)

Observação: caso o servidor a ser aposentado seja ocupante de cargo efetivo de ente federativo que já tenha implementado o regime de previdência complementar de que tratam os §§ 14 a 16 do art. 40 da CF, e que ingressou após a implementação, ou migrou para este modelo, antes de atingida a idade limite para a aposentadoria compulsória, os proventos de aposentadoria devidos pelo RPPS serão limitados ao mesmo valor fixado para teto do RGPS, fazendo jus, em caso de previsão neste sentido na legislação do respectivo ente federativo, ao benefício especial correspondente ao tempo de contribuição anterior, e ainda, caso tenha aderido ao plano de previdência complementar, o benefício para o qual tenha contribuído.

REGRA VIGENTE – APOSENTADORIA COMPULSÓRIA POR IDADE
Aplicável a servidores, exceto da União e dos demais entes que promoveram a Reforma da Previdência, que atinjam a idade-limite após a promulgação da EC n. 103, de 2019
– Art. 40, § 1º, II, da CF (alterado pela EC n. 88, de 7.5.2015) e § 3º, da CF (redação conferida pela EC n. 103, de 2019); art. 4º, § 9º, da EC n. 103, de 2019; Lei n. 10.887, de 2004.

REQUISITOS MÍNIMOS	
IDADE	Atualmente: 75 anos, homem ou mulher, por força da EC n. 88/2015. Regra regulamentada pela Lei complementar n. 152, de 3.12.2015.
CÁLCULO DO BENEFÍCIO	Proventos proporcionais ao tempo de contribuição, com base na média aritmética simples das maiores remunerações (80% de todo o período contributivo – art. 1º da Lei n. 10.887/2004) (regra vigente até que lei local discipline de modo diverso a matéria, na forma do § 3º do art. 40 da CF, redação da EC n. 103, de 2019).
TETO DO BENEFÍCIO	Valor-teto fixado para o RGPS.
REAJUSTE	Na mesma data e índice adotados para o reajuste dos benefícios do Regime Geral de Previdência Social.

REGRA VIGENTE – APOSENTADORIA COMPULSÓRIA POR IDADE
Aplicável a servidores do RPPS da União que atinjam a idade-limite após a promulgação da EC n. 103, de 2019
Art. 26, § 4º, da EC n. 103, de 2019.

IDADE	Atualmente: 75 anos, homem ou mulher, por força da EC n. 88/2015. Regra regulamentada pela Lei Complementar n. 152, de 3.12.2015.
CÁLCULO DO BENEFÍCIO	Média de todos os salários de contribuição desde julho de 1994, para servidores de ambos os gêneros, masculino ou feminino, levando-se em conta, ainda, o tempo de contribuição cumprido até a idade limite, dividido pelo equivalente a 20 anos; feita essa operação, o valor superior a um inteiro é desprezado, e, se o valor for inferior a um inteiro (pessoa com menos de 20 anos de contribuição), o número será multiplicado pela média obtida com base no critério geral.
TETO DO BENEFÍCIO	– Servidores federais que ingressaram após o FUNPRESP, ou tendo ingressado antes, migraram para o Regime por ele instituído: teto do RGPS. – Demais servidores federais: remuneração do cargo efetivo em que se deu a aposentadoria.
REAJUSTE	Na mesma data e índice adotados para o reajuste dos benefícios do Regime Geral de Previdência Social.

45.3 APOSENTADORIA VOLUNTÁRIA

Com as alterações promovidas pela Emenda Constitucional n. 20/1998, no art. 40 e parágrafos do Texto de 1988, estabeleceram-se novos requisitos para concessão de aposentadoria voluntária ao servidor público em Regimes Previdenciários Próprios.

Como bem salientado por Carvalho Filho, a Emenda n. 20/1998 também ousou ao modificar critérios de aposentação de carreiras públicas não abrangidas no conceito de Servidor Público:

(...) *vale a pena consignar que algumas categorias funcionais específicas, que antigamente tinham regras próprias para a aposentadoria, passaram a enquadrar-se no regime previdenciário especial previsto no art. 40 e parágrafos. É o caso dos magistrados e dos Ministros dos Tribunais de Contas, por força da redação dada aos arts. 93, VI e 73, § 3º, da CF, pela EC n. 20/98. Os membros do Ministério Público, por sua vez, também passaram ao referido regime, já que pelo art. 129, § 4º, da CF, a eles se aplica, por remissão ao art. 93, VI, o regime adotado para os magistrados.*[7]

Uma primeira alteração substancial no que tange aos requisitos para a aposentadoria residiu na modificação do critério "tempo de serviço" pelo critério de "tempo de contribuição", quando da promulgação da EC n. 20/1998, o que é esclarecido por Francisco Cavalcanti: "a adoção de tal requisito, em substituição ao tempo de serviço, justifica-se com a necessidade de fazer desaparecer as contagens de tempo fictícias de tempo de serviço, como conversão de licenças-prêmios".[8]

Pode surgir dúvida quanto ao sentido da expressão "serviço público" utilizada no Texto Constitucional, para o implemento de requisitos para a aposentadoria, visto que a interpretação pode ser feita de forma mais restritiva, considerando-se somente o período como ocupante de cargo efetivo (na administração direta, autarquias e fundações), excluindo-se as situações de emprego público, ou por outra vertente, a interpretação mais elástica, tendo-se como serviço público toda atividade prestada por indivíduo em relação laboral com a administração pública direta e indireta (cargos e empregos públicos), inclusive contratações temporárias.

A interpretação conferida pela Administração Pública Federal considera serviço público, para tais efeitos "o tempo de exercício de cargo, função ou emprego público, ainda que descontínuo, na Administração direta, indireta, autárquica, ou fundacional de qualquer dos entes federativos, ou seja, abrangendo também o tempo de serviço em empresas públicas e sociedades de economia mista".

Já no que tange ao implemento de regras de transição, o entendimento da Consultoria Jurídica do MPS é de que somente deve ser computado o tempo de cargo público efetivo, e não o de empregos públicos (Parecer CONJUR n. 104/2010).

O entendimento da TNU foi sedimentado na Súmula n. 69: "O tempo de serviço prestado em empresa pública ou em sociedade de economia mista por servidor público federal somente pode ser contado para efeitos de aposentadoria e disponibilidade".

Quanto ao tempo de contribuição exigido, deve ser considerado todo o tempo prestado a quaisquer Regimes Previdenciários devidamente comprovado (seja o RGPS, seja algum dos RPPS), bem como o tempo prestado no estrangeiro, quando abrangido por acordo internacional de previdência:

> *RECURSO ESPECIAL. ADMINISTRATIVO. SERVIDOR PÚBLICO FEDERAL. PROFESSOR UNIVERSITÁRIO. BRASILEIRO NATURALIZADO. CONTAGEM DE TEMPO DE SERVIÇO PRESTADO NO EXTERIOR, EM UNIVERSIDADES ARGENTINAS. APLICAÇÃO DO ACORDO DE PREVIDÊNCIA SOCIAL ENTRE A REPÚBLICA FEDERATIVA DO BRASIL E A REPÚBLICA DA ARGENTINA, PROMULGADO PELO DECRETO n. 87.918/82. APOSENTADORIA. LEI VIGENTE QUANDO DA IMPLEMENTAÇÃO DOS REQUISITOS. RETORNO DOS AUTOS À ORIGEM PARA EXAME DO ACERVO PROBATÓRIO DOS AUTOS. (...) O Decreto n. 87.918/82, que promulgou o Acordo de Previdência Social entre o Governo da República Federativa do Brasil e o Governo da República da Argentina, admitia*

---

[7] CARVALHO FILHO, *Manual de Direito Administrativo*, p. 444.
[8] CAVALCANTI, *Tratado de Direito Administrativo*, p. 40.

a totalização dos períodos de serviços cumpridos em ambos os Estados, em épocas diferentes, para fins de concessão de aposentadoria por tempo de serviço a brasileiro naturalizado, não obstante tal benefício inexistir na Argentina. 2. Ocorre que Ajuste Administrativo realizado entre Argentina e Brasil em 06.07.1990, conforme previsão do artigo XXVI do Decreto n. 87.918/82, vedou a totalização dos períodos aludidos para fins de aposentadorias concedidas com base exclusivamente no tempo de serviço. 3. É pacífico nesta Corte, bem como no Supremo Tribunal Federal, o entendimento de que a legislação aplicável à aposentadoria é aquela vigente no período de implementação dos requisitos para a aposentação, ainda que pleiteada a concessão do benefício em momento posterior, por respeito ao direito adquirido. 4. Necessidade de retorno dos autos ao Juízo de origem, competente pelo exame do acervo fático-probatório dos autos, para analisar se à época do advento do Ajuste Administrativo o recorrente já teria preenchido os requisitos necessários à aposentadoria por tempo de serviço, bem como se os documentos apresentados são aptos à comprovação do tempo de serviço prestado na Argentina, para totalização dos períodos. (...). Recurso especial provido em parte (STJ, REsp 2010/0002876-2, Rel. Min. Maria Thereza de Assis Moura, 6ª Turma, DJe 27.6.2012).

Por força do disposto no art. 4º da EC n. 20/1998, como já salientado, cumpre ao órgão concedente reconhecer como tempo de contribuição todo e qualquer período que, antes da referida Emenda, já era considerado tempo de serviço para fins de aposentadoria. Neste sentido:

Contagem do tempo de serviço como advogado e estagiário para fins de aposentadoria e disponibilidade no cargo de procurador municipal (...). Regra de transição do art. 4º da EC 20/1998. Possibilidade. Admissão de que o tempo de serviço considerado pela legislação vigente para efeito de aposentadoria, cumprido até que a lei discipline a matéria, seja contado como tempo de contribuição (STF, AI 727.410-AgR, Rel. Min. Gilmar Mendes, 2ª Turma, j. 20.3.2012, DJe 2.4.2012).

O STF, apreciando o Tema 293 de Repercussão Geral, consolidou o entendimento já existente de que "o tempo de serviço prestado por servidor público ex-celetista, em período anterior à instituição do regime jurídico único, uma vez comprovadas as condições insalubres, periculosas ou penosas, constituiu direito adquirido para todos os efeitos" (RE 612.358, Tribunal Pleno, Rel. Min. Rosa Weber, *DJe* 13.3.2020).

Em conformidade com o § 3º do art. 512 da IN PRES/INSS n. 128/2022, com a redação conferida pela IN PRES/INSS n. 167, de 10.6.2024, considera-se como de averbação automática o registro do tempo de contribuição, vinculado ao RGPS, que o servidor público prestou ao próprio ente federativo no período anterior a 18 de janeiro de 2019, e que teve a apresentação da CTC dispensada pelo INSS para fins de realização da compensação financeira, podendo a averbação automática ocorrer nas seguintes situações:

I – em decorrência da criação do Regime Jurídico Único, em obediência ao art. 39 da Constituição Federal de 1988; e

II – no caso dos servidores estaduais, municipais ou distritais, quando da transformação do Regime de Previdência em RPPS.

Sobre o requisito de permanência de cinco anos no cargo, o STF adotou o entendimento de que "A CF/1988 não exige que os cinco anos de efetivo exercício no cargo em que se dará a aposentadoria sejam ininterruptos" (RE 591.467-AgR, 2ª Turma, Rel. Min. Gilmar Mendes, *DJe* 25.4.2012).

Acerca do exercício de cargos em carreira escalonada, pairava controvérsia quanto à contagem dos cinco anos apenas no último cargo ocupado, ou se em toda a carreira.

O STF, em sede de repercussão geral – Tema 578 (RE 662.423/SC, Plenário, Sessão Virtual de 14.8.2020 a 21.8.2020), entendeu, na esteira do voto do relator, Min. Dias Toffoli, que a interpretação literal da norma se refere apenas aos chamados cargos isolados, em que o servidor é empossado para exercer funções específicas, sem a possibilidade de promoção. Nas carreiras escalonadas em diversos níveis, como a de Procurador de Justiça, a expressão "cargo" deve ser compreendida como "carreira", de maneira que a exigência será de cinco anos de efetivo exercício.

Foi fixada a seguinte tese:

> *(i) "Ressalvado o direito de opção, a regra de transição do art. 8º, inciso II, da Emenda Constitucional n. 20/98 somente se aplica aos servidores que, quando da sua publicação, ainda não reuniam os requisitos necessários para aposentadoria; (ii) em se tratando de carreira pública escalonada em classes, a exigência instituída pelo art. 8º, inciso II, da Emenda Constitucional n. 20/98, de cinco anos de efetivo exercício no cargo no qual se dará a aposentadoria, deverá ser compreendida como cinco anos de efetivo exercício na carreira a que pertence o servidor".*

45.3.1 Regras aplicáveis aos RPPS dos Estados, Distrito Federal e Municípios que não efetuaram a Reforma da Previdência

Em face do tratamento dispensado pela EC n. 103, de 2019, aos servidores públicos federais, que foram diretamente afetados pela reforma, surge a necessidade de estudarmos separadamente a situação destes, razão pela qual tratamos neste item dos servidores dos demais Entes que não a União.

De imediato, convém ressaltar que, no âmbito dos Estados, Distrito Federal e Municípios, não se aplicam as idades e demais critérios firmados pela EC n. 103, de 2019, de modo que permanecem vigentes até que lei local (estadual, distrital ou municipal) discipline de modo diverso as regras constitucionais e infraconstitucionais vigentes antes da reforma levada a efeito em 2019 (§ 9º do art. 4º da EC n. 103, de 2019).

É sobre tais regras, ainda válidas para Estados, DF e Municípios que não promoveram suas reformas e também para os servidores da União, detentores de cargos efetivos que implementaram os requisitos até 13.11.2019, que iremos tratar a seguir.

– Aposentadoria por idade

A primeira das aposentadorias voluntárias – que dependem de manifestação de vontade do próprio servidor, requerendo o benefício – é a aposentadoria por idade, que não se confunde, portanto, com a aposentadoria compulsória, pois esta última independe de requerimento, ocorrendo automaticamente com o implemento da idade limite prevista no âmbito do regime próprio.

Para que o servidor possa requerer e ter deferido este benefício, exige-se que possua 65 anos de idade, se do sexo masculino, ou 60 anos, se do sexo feminino. Além disso, deve o servidor ter cumprido 10 anos de serviço público e 5 anos no cargo público em que pretende se aposentar. Ou seja, não se exige um tempo de contribuição mínimo como requisito para esta aposentadoria. Tais requisitos irão vigorar até que lei do respectivo Ente da Federação (Estado, Distrito Federal ou Município) discipline a matéria de modo diverso (§ 9º do art. 4º da EC n. 103, de 2019).

A base de cálculo da aposentadoria por idade dos servidores que ingressaram no serviço público a partir de 1.1.2004 (após a EC n. 41/2003) corresponde a 100% da média dos maiores salários de contribuição, equivalentes a 80% do período contributivo, contado desde julho de 1994, ou desde o início da atividade, quando posterior a julho de 1994, corrigidos monetariamente. Computar-se-ão, para este fim, os valores que serviram de base para a contribuição previdenciária em quaisquer regimes de previdência pública pelos quais tenha passado o requerente antes de se aposentar.

No tocante às situações de direito adquirido, há que se frisar a inexistência da regra de permanência de 10 anos no serviço público e de cinco anos no cargo ocupado até 16.12.1998, época em que somente era exigida a idade mínima já mencionada. Os interstícios supracitados vieram a ser previstos e exigidos somente com a promulgação da EC n. 20, em 16.12.1998.

Aqueles servidores que ingressaram em cargo público e chegaram a implementar as exigências previstas para esta modalidade de aposentadoria até o dia 31.12.2003 terão como base de cálculo a remuneração do cargo efetivo ocupado, e não a média contributiva, por se tratar (em tese) de regra mais benéfica e em respeito ao direito adquirido. Também estes servidores, por serem detentores de direito adquirido à regra anterior, farão jus à paridade com os servidores em atividade, no tocante ao reajustamento dos proventos, conforme vigorou até 31.12.2003.

No que tange à incorporação de vantagens além da remuneração básica do cargo efetivo, como por exemplo, as gratificações de função, esta é assegurada apenas aos que preencheram os requisitos para esta modalidade de benefício até 16.12.1998.

Interessante pontuar que nos termos da **Súmula 290 do TCU**, "É vedado o pagamento das vantagens oriundas do art. 193 da Lei 8.112/1990, inclusive o pagamento parcial da remuneração do cargo em comissão ('opção') , aos servidores que implementaram os requisitos de aposentadoria após 16/12/1998, data de publicação da EC 20/1998, que limitou o valor dos proventos à remuneração do cargo efetivo no qual se deu a aposentadoria."

Caso o ocupante de cargo efetivo pertença a quadro de ente federativo que tenha instituído Regime de Previdência Complementar e tenha ingressado após sua implementação, ou tenha migrado para o modelo previsto nos §§ 14 a 16 do art. 40 da CF, o valor dos proventos será limitado ao valor estabelecido como "teto" para o RGPS, fazendo jus, caso haja previsão na legislação própria do ente respectivo, a um benefício especial equivalente ao período contributivo anterior (como ocorre, por exemplo, no âmbito federal) e ainda, caso tenha aderido ao plano de benefícios do RPC, à complementação de aposentadoria para a qual tenha contribuído.

QUADRO-RESUMO – REGRAS SOBRE APOSENTADORIA VOLUNTÁRIA EXCLUSIVAMENTE POR IDADE

Observação: caso o servidor a ser aposentado seja ocupante de cargo efetivo de ente federativo que já tenha implementado o regime de previdência complementar de que tratam os §§ 14 a 16 do art. 40 da CF, e que ingressou após a implementação, ou migrou para este modelo antes de concedida a aposentadoria, os proventos devidos pelo RPPS serão limitados ao mesmo valor fixado para teto do RGPS, fazendo jus, em caso de previsão neste sentido na legislação do respectivo ente federativo, ao benefício especial correspondente ao tempo de contribuição anterior e ainda, caso tenha aderido ao plano de previdência complementar, o benefício para o qual tenha contribuído.

APOSENTADORIA POR IDADE NOS REGIMES PRÓPRIOS – EC n. 41/2003		
Aplicável aos servidores que ingressarem no serviço público a partir de 1.1.2004, ou àqueles que não optaram pelas regras de transição dos arts. 2º e 6º da EC n. 41/2003 ou do art. 3º da EC n. 47/2005 – vigente até 13.11.2019, para servidores da União (regra de direito adquirido), e, para os demais, até que lei do respectivo Ente Público discipline a matéria após a promulgação da EC n. 103, de 2019.		
REGRA PERMANENTE – Art. 40, § 1º, III, "b" (redação da EC n. 41, de 2003); art. 4º, § 9º, da EC n. 103, de 2019; e Lei n. 10.887, de 2004.		
REQUISITOS MÍNIMOS CUMULATIVOS		
	IDADE MÍNIMA	TEMPO MÍNIMO NO SERVIÇO PÚBLICO	TEMPO MÍNIMO DE EFETIVO EXERCÍCIO NO CARGO EM QUE SE DARÁ A APOSENTADORIA
HOMEM	65 ANOS	10 ANOS	5 ANOS
MULHER	60 ANOS	10 ANOS	5 ANOS

CÁLCULO DO BENEFÍCIO	Proporcional ao tempo de contribuição, com base na média aritmética simples das maiores remunerações (80% de todo o período contributivo – art. 1º da Lei n. 10.887/2004).
TETO DO BENEFÍCIO	Última remuneração no cargo efetivo, salvo na hipótese de servidor de ente federativo com RPC, que tenha ingressado após a instituição do RPC (ou faça migração para este regime), quando então será limitado ao valor-teto fixado para o RGPS.
REAJUSTE	Não tem paridade. os proventos deverão ser reajustados na mesma data e índice adotados para o reajuste dos benefícios do RGPS.

APOSENTADORIA VOLUNTÁRIA POR IDADE PROPORCIONAL – PARA DETENTORES DE DIREITO ADQUIRIDO

(Já revogada, vigente até 16.12.1998, aplicável após tal data e a qualquer tempo apenas a quem tenha preenchido os requisitos até então, em respeito ao direito adquirido; frisamos que foram criadas novas regras de transição pelas EC n. 20/98, n. 41/2003 e n. 47/2005, constantes dos quadros correspondentes, para aqueles que, até 16.12.1998, não haviam atingido todos os requisitos até então exigidos)

Aplicável somente aos servidores que ingressaram e complementaram todos os requisitos antes da Emenda Constitucional n. 20, de 16.12.1998.

Art. 3º da EC n. 41/2003; Art. 40, III, da CF/1988 (redação original).

REQUISITOS MÍNIMOS	
HOMEM	65 anos de idade
MULHER	60 anos de idade
CÁLCULO DO BENEFÍCIO	Proporcional ao tempo de serviço
BASE DE CÁLCULO	Última remuneração, permitida a incorporação de vantagens pessoais, salvo na hipótese de servidor de ente federativo com RPC, que tenha ingressado após a instituição do RPC (ou faça migração para este regime), quando então será limitado ao valor-teto fixado para o RGPS.
REAJUSTE	Paridade com os servidores em atividade.

APOSENTADORIA VOLUNTÁRIA POR IDADE – PARA DETENTORES DE DIREITO ADQUIRIDO

(Criada pela EC n. 20/1998 e já revogada, vigente até 31.12.2003, aplicável após essa data e a qualquer tempo somente para aqueles que implementaram os requisitos até então, em respeito ao direito adquirido; frisamos que foram criadas novas regras de transição pela EC n. 41/2003 e n. 47/2005, constantes dos quadros correspondentes, para aqueles que, até 31.12.2003, não haviam atingido todos os requisitos até então exigidos para se aposentar)

Aplicável somente aos servidores que, já estando em exercício de cargo efetivo, preencheram todos os requisitos entre 16.12.1998 e 31.12.2003.

Art. 3º da EC n. 41/2003 c/c art. 40, § 1º, III, "a", com a redação dada pela EC n. 20/1998.

REQUISITOS BÁSICOS CUMULATIVOS			
	IDADE MÍNIMA	TEMPO MÍNIMO NO SERVIÇO PÚBLICO	TEMPO MÍNIMO DE EFETIVO EXERCÍCIO NO CARGO EM QUE SE DARÁ A APOSENTADORIA
HOMEM	65 ANOS	10 ANOS	5 ANOS
MULHER	60 ANOS	10 ANOS	5 ANOS

CÁLCULO DO BENEFÍCIO	Proporcional ao tempo de contribuição com base na remuneração do cargo efetivo.
TETO DO BENEFÍCIO	Última remuneração no cargo efetivo, salvo na hipótese de servidor de ente federativo com RPC, que tenha ingressado após a instituição do RPC (ou faça migração para este regime), quando então será limitado ao valor-teto fixado para o RGPS.
REAJUSTE	Paridade com os servidores em atividade.

45.3.2 Aposentadoria voluntária "por idade e tempo de contribuição"

A aposentadoria por tempo de contribuição foi a que sofreu o maior número de alterações no período posterior à Constituição de 1988. De imediato, convém ressaltar novamente que, no âmbito dos Estados, Distrito Federal e Municípios, não se aplicam as idades e demais critérios firmados pela EC n. 103, de 2019, de modo que permanecem vigentes, até que lei local (estadual, distrital ou municipal) discipline de modo diverso as regras constitucionais e infraconstitucionais vigentes antes da reforma levada a efeito em 2019 (§ 9º do art. 4º da EC n. 103, de 2019).

Nas regras do texto original da Carta Magna, caso o servidor público atingisse 35 anos de serviço, se homem, ou 30 anos de serviço, se mulher, a norma assegurava-lhe proventos integrais, ou seja, calculados com base na sua última remuneração. Exigia-se cinco anos de serviço a menos aos professores de instituições públicas de ensino de qualquer grau.

Caso o servidor público pretendesse se aposentar com proventos proporcionais ao tempo de serviço, poderia fazê-lo a partir dos 30 anos de serviço, se homem, ou 25 anos de serviço, se mulher, apurando-se tal proporção tendo-se por base de cálculo sua última remuneração. O mesmo ocorria se o servidor público atingisse a idade de 65 anos, se homem, ou 60 anos, se mulher, quando, a partir de então, mesmo não tendo o número de anos de serviço exigidos, poderia se aposentar com proventos proporcionais ao tempo de serviço prestado, caso assim requeresse.[9]

O Texto Constitucional, modificado pela EC n. 20/1998, passou a exigir uma conjugação de requisitos para a aposentadoria voluntária – por idade e tempo de contribuição (art. 40, § 1º, inciso III, alínea *a*), não sendo mais suficiente, apenas, o tempo de serviço – ou de contribuição, doravante – desempenhado.

Ao lado deste requisito, surge a exigência de perfazer o servidor público uma idade mínima – de 60 anos para o homem, e de 55 anos para a mulher – sem a qual não pode aposentar-se voluntariamente, e ainda, a determinação de que tenha cumprido 10 anos de serviço público,[10] sendo 5 anos no cargo em que pretenda se aposentar. Essas são as regras vigentes para os servidores estaduais, distritais e municipais vinculados a RPPS, até que lei do respectivo Ente

---

[9] Entende-se por proventos proporcionais os "proventos de aposentadoria concedidos ao segurado que não cumpriu os requisitos para obtenção de proventos integrais, calculados conforme fração entre o tempo de contribuição do segurado e o tempo mínimo exigido para concessão de proventos integrais, calculado em dias, fração que será aplicada sobre a integralidade da remuneração do segurado ou sobre o resultado da média aritmética das bases de cálculo de contribuição com os percentuais a ela acrescidos, conforme regra constitucional ou legal aplicável em cada hipótese". (Portaria MTP n. 1.467, de 2.6.2022, art. 2º, inc. XXIII).

[10] A data de ingresso no serviço público é, por tal razão, relevante para a identificação, para cada segurado/servidor, das regras de transição aplicáveis. Na fixação da data de ingresso no serviço público, para fins de verificação do direito de opção pelas regras de transição para concessão de aposentadoria, quando o segurado tiver ocupado, sem interrupção, sucessivos cargos efetivos na Administração Pública direta, autárquica e fundacional, em qualquer dos entes federativos, será considerada a data da investidura mais remota dentre as ininterruptas (art. 166 da Portaria MTP n. 1.467/2022).

Público as modifique e, também, para os servidores da União que cumpriram esses requisitos até 13.11.2019.

Apenas os exercentes de funções de magistério na educação infantil e no ensino fundamental e médio foram mantidos com a redução em cinco anos de idade a perfazer e tempo de contribuição a cumprir, mantendo-se a tradição de regras especiais para essa categoria. Os docentes de nível superior, a partir de 16.12.1998 (EC n. 20/1998), passaram a ser enquadrados na regra geral. Também aos professores se mantêm esses requisitos até que lei do Ente Público a que pertençam venha a mudar os critérios de elegibilidade.

Os docentes públicos não podem mesclar tempo de outra atividade, mesmo que no serviço público, para fins de cumprimento do tempo mínimo no magistério para obter a aposentadoria com redução do tempo de contribuição, segundo definiu o STF:

> A expressão "efetivo exercício em funções de magistério" (CF, art. 40, III, b) contém a exigência de que o direito à aposentadoria especial dos professores só se aperfeiçoa quando cumprido totalmente este especial requisito temporal no exercício das específicas funções de magistério, excluída qualquer outra. Não é permitido ao constituinte estadual fundir normas que regem a contagem do tempo de serviço para as aposentadorias normal e especial, contando proporcionalmente o tempo de serviço exercido em funções diversas (ADI 178, Rel. Min. Maurício Corrêa, j. 22.2.1996, Plenário, DJ 26.4.1996). No mesmo sentido: RE 486.155-AgR, Rel. Min. Ricardo Lewandowski, j. 1º.2.2011, Primeira Turma, DJE 21.2.2011; RE 602.873-AgR, Rel. Min. Cármen Lúcia, Primeira Turma, DJE 1º.2.2011; RE 528.343-AgR, Rel. Min. Gilmar Mendes, j. 16.11.2010, Segunda Turma, DJE 30.11.2010. Vide: ADI 3.772, Rel. p/ o ac. Min. Ricardo Lewandowski, j. 29.10.2008, Plenário, DJE 29.10.2009; ADI 2.253, Rel. Min. Maurício Corrêa, j. 25.3.2004, Plenário, DJ 7.5.2004.

Quanto aos servidores que cumpriram parte do tempo em magistério e outra, fora dele, firmou-se o entendimento de que não é possível converter o tempo de magistério em comum para cálculo do tempo total de contribuição. Nesse sentido, destacamos a Repercussão Geral – Tema 772 com decisão já transitada em julgado e que teve a seguinte tese firmada: "É vedada a conversão de tempo de serviço especial em comum na função de magistério após a EC 18/1981" (STF, ARE 703.550, Rel. Min. Gilmar Mendes, 20.10.2014).

Impõe-se recordar que o STF julgou em repercussão geral o direito à contagem, como tempo de magistério, de atividades correlatas à docência, mesmo que realizadas "fora da sala de aula", firmando a seguinte tese no Tema 965:

> Para a concessão da aposentadoria especial de que trata o art. 40, § 5º, da Constituição, conta-se o tempo de efetivo exercício, pelo professor, da docência e das atividades de direção de unidade escolar e de coordenação e assessoramento pedagógico, desde que em estabelecimentos de educação infantil ou de ensino fundamental e médio (STF, RE 1.039.644, Rel. Min. Alexandre de Moraes, 10.11.2017).

A Portaria MTP n. 1.467/2022 também consigna o entendimento supramencionado no art. 164, § 1º: "Conforme § 2º do art. 67 da Lei n. 9.394, de 20 de dezembro de 1996, são consideradas funções de magistério as exercidas por segurado ocupante de cargo de professor no desempenho de atividades educativas, quando exercidas em estabelecimento de educação básica, formada pela educação infantil, ensino fundamental e médio, em seus diversos níveis e modalidades, incluídas, além do exercício de docência, as de direção de unidade escolar e as de coordenação e assessoramento pedagógico".

Registra-se que o STF entende que atividades meramente administrativas não podem ser consideradas como de magistério, mas é devida a contagem para aqueles que, ao lado do professor que atua em sala de aula, são encarregados das atividades de direção, coordenação e assessoramento pedagógico, se inserem na condução da atividade-fim da escola, na medida em que acompanham os próprios processos educacionais.

Prevê, ainda, o § 2º do art. 164 da Portaria MTP n. 1.467/2022 que "o tempo em que o segurado estiver em exercício de mandato eletivo ou cedido a órgão ou entidade da administração direta ou indireta, do mesmo ou de outro ente federativo, com ou sem ônus para o cessionário, ou afastado do país por cessão ou licenciamento, não será considerado tempo de contribuição diferenciado".

O cálculo da aposentadoria nessa modalidade, para os servidores estaduais, distritais e municipais com RPPS, permanece (até que legislação local discipline de outra forma) sendo correspondente a 100% da média dos maiores salários de contribuição, equivalentes a 80% do período contributivo, contado desde julho de 1994, ou desde o início da atividade, quando posterior, corrigidos monetariamente.

Caso o ocupante de cargo efetivo pertença a quadro de ente federativo que tenha instituído Regime de Previdência Complementar e tenha ingressado após sua implementação, ou tenha migrado para o modelo previsto nos §§ 14 a 16 do art. 40 da CF, o valor dos proventos será limitado ao valor estabelecido como "teto" para o RGPS, fazendo jus, caso haja previsão na legislação própria do ente respectivo, a um benefício especial equivalente ao período contributivo anterior (como ocorre, por exemplo, no âmbito federal) e ainda, caso tenha aderido ao plano de benefícios do RPC, à complementação de aposentadoria para a qual tenha contribuído.

Quanto à exigência de outros requisitos não previstos no art. 40 da Constituição, o STF já havia se pronunciado de modo contrário a tal possibilidade:

APOSENTADORIA – DISPONIBILIDADE – TEMPO DE SERVIÇO – CONTAGEM RECÍPROCA – ATIVIDADE PRIVADA. O Supremo, no julgamento do Recurso Extraordinário n. 162.620-8/SP, concluiu ser inconstitucional condicionar-se, por meio de lei local, a concessão de aposentadoria a um número mínimo de contribuições ao sistema previdenciário do Estado (AgR no AI 452.425-PR, Rel. Min. Marco Aurélio Mello, DJE 18.10.2011).

No entanto, com a "desconstitucionalização" da matéria promovida pela EC n. 103, de 2019, será necessário aguardar a eventual provocação do Judiciário para saber se, doravante, o Ente Público estará autorizado a fixar livremente outras balizas que não as fixadas como critérios no RGPS ou no RPPS da União.

45.3.3 Regras de transição para a aposentadoria voluntária por idade e tempo de contribuição

Convém iniciar este tópico frisando que as regras de transição das Emendas n. 41/2003 e n. 47/2005 valerão, ainda após a promulgação da EC n. 103, de 2019, para os servidores de RPPS dos Estados, Distrito Federal e Municípios, até que ocorra a alteração, por lei de cada ente, das regras em questão, por força do § 9º do art. 4º da aludida Emenda; e vigoraram, até a publicação da EC n. 103, para os servidores vinculados ao RPPS da União.

A possibilidade de o segurado de algum dos RPPS se valer das regras de transição em cada período de vigência destas depende, basicamente, da data de ingresso no serviço público. De acordo com o art. 166 da Portaria MTP n. 1.467/2022, na fixação da data de ingresso no serviço público, para fins de verificação do direito de opção pelas regras de transição, quando o servidor tiver ocupado, sem interrupção, sucessivos cargos na Administração Pública Direta, autárquica e fundacional, em qualquer dos entes federativos, será considerada a data da investidura mais remota entre as ininterruptas.

E lembramos que, uma vez implementados todos os requisitos exigidos pela regra (geral ou de transição), durante a sua vigência, adquire o segurado do RPPS o direito à aposentadoria, a qualquer tempo, pelo critério ali estabelecido, sem que tenha necessidade de requerê-lo – conforme a Súmula n. 359 do STF, que consagra a máxima *tempus regit actum* em matéria de benefícios previdenciários, notadamente a aposentadoria.

Em função das modificações introduzidas pela EC n. 20/1998, que em alguns casos poderiam acarretar aos servidores que não implementaram os requisitos para aposentadoria voluntária anteriormente à sua publicação diferenças de grande magnitude entre o tempo faltante na forma do texto anterior e o tempo a cumprir (ou a idade a perfazer) com base no texto aprovado, preferiu-se adotar um conjunto de "regras de transição", a serem aplicadas aos servidores públicos já em atividade antes da publicação das ECs n. 20 e 41 que quisessem se aposentar segundo os critérios estabelecidos no texto antes vigente da Constituição de 1988.

– **Servidores que ingressaram até a promulgação da Emenda Constitucional n. 20/1998**

Este grupo de servidores chegou a exercer atividade no serviço público sob a égide do texto original da Constituição, porém não conseguiram preencher todos os requisitos exigidos para a aposentadoria até a promulgação da Emenda, em 16.12.1998. Como salienta Carvalho Filho,

> A EC n. 20/98 disciplinou algumas situações transitórias que, embora nascidas sob o império do quadro normativo anterior à reforma da previdência, se prolongariam no curso da vigência das novas regras. É importante frisar que tais situações não se configuravam como definitivamente constituídas, já que o servidor em tais casos não havia consumado, integralmente, o fato gerador da aposentadoria. Sensível, porém, à realidade de que algumas etapas do fato gerador foram completadas, e para não acarretar maior gravame ainda aos servidores, o Constituinte reformador instituiu algumas regras disciplinadoras de tais situações transitórias.[11]

Para a percepção de aposentadoria com proventos integrais, equivalentes ao valor da última remuneração, exigiu-se de 16.12.1998 em diante, até a promulgação da Emenda n. 41, em 31.12.2003, o cumprimento das seguintes condições, conforme o art. 8º da Emenda n. 20/1998:

I – ter cinquenta e três anos de idade, se homem, e quarenta e oito anos de idade, se mulher;
II – ter cinco anos de efetivo exercício no cargo em que se dará a aposentadoria;
III – contar tempo de contribuição igual, no mínimo, à soma de:
a) trinta e cinco anos, se homem, e trinta anos, se mulher; e
b) um período adicional de contribuição equivalente a vinte por cento do tempo que, na data da publicação desta Emenda, faltaria para atingir o limite de tempo constante da alínea anterior.

Já para percepção de aposentadoria com proventos proporcionais ao tempo de serviço, foram exigidos os seguintes requisitos:

- ter cinquenta e três anos de idade, se homem, e quarenta e oito anos de idade, se mulher;
- ter cinco anos de efetivo exercício no cargo em que se dará a aposentadoria; e
- contar tempo de contribuição igual, no mínimo, à soma de trinta anos, se homem, e vinte e cinco anos, se mulher; e um período adicional de contribuição equivalente

---

[11] CARVALHO FILHO, *Manual de Direito Administrativo*, p. 454.

a quarenta por cento do tempo que, na data da publicação da Emenda, faltaria para atingir o limite de tempo constante da alínea anterior.

A Emenda Constitucional n. 41, de 31.12.2003, revogou as disposições do art. 8º da EC n. 20, ou seja, somente os servidores que implementaram aquelas condições até 31.12.2003 puderam se beneficiar daquela regra de transição.

De 1.1.2004 em diante, restaram fixadas novas regras de transição (art. 2º da EC n. 41) para os servidores públicos que tenham ingressado em cargo público de provimento efetivo anteriormente à vigência da EC n. 20, de 1998, de modo a permitir que se valham, ainda, do critério de reajuste de aposentadoria por paridade com os servidores públicos em atividade, *porém sem mais assegurar o cálculo dos proventos iguais à integralidade da remuneração auferida no cargo efetivo.*

As regras de transição instituídas pela EC n. 41/2003 constam de seus arts. 2º e 6º. Segundo o entendimento de Bandeira de Mello, o art. 2º da EC n. 41 previu:

(...) uma modalidade de aposentadoria voluntária com proventos proporcionais, garantida a permanente preservação de seu valor real nos termos da lei (§ 6º do art. 2º), para quem, havendo ingressado no serviço público até a data da publicação daquela Emenda (Emenda 20), pretendesse antecipar sua aposentadoria para evadir-se o mais possível às novas disposições.[12]

As regras fixadas pelo art. 2º da EC n. 41, para aqueles que já eram servidores anteriormente à promulgação da EC n. 20, estabelecem que, para estes, é assegurada aposentadoria com proventos calculados na forma dos §§ 3º e 17 do art. 40 da Constituição – em sua redação atual, ou seja, *apurados a partir da média aritmética dos valores que serviram de cálculo para as contribuições ao Regime*, corrigidos monetariamente – desde que possuam:

(a) 53 anos [de idade], se homem, e 48, se mulher; (b) 5 anos de efetivo exercício no cargo em que se dará a aposentadoria; (c) tempo de contribuição mínimo igual à soma de 35 anos de contribuição, se homem, e 30, se mulher, somados a um período adicional (que, ao tempo da Emenda 20, era conhecido como "pedágio") equivalente a 20% do tempo que faltaria, na data da publicação da Emenda [n. 20], para atingir o limite do tempo previsto (35 anos, se homem; e 30, se mulher), (...) sofrendo uma redução nos proventos para cada ano antecipado em relação aos necessários para completar a idade de 60 anos, se homem, e 55, se mulher, na seguinte proporção: 3,5% para quem completar as exigências para aposentadoria até 31.12.2005 e 5% a partir de 01.01.2006. Neste caso, o tempo de serviço de magistrado, membro do Ministério Público ou de Tribunal de Contas, exercido até a publicação da Emenda Constitucional 20, de 15.12.1998, se homem, será contado com um acréscimo de 17% (§ 3º). Também será contado com este acréscimo e com o de 20%, se mulher, o tempo de professor, desde que se aposente, exclusivamente, com tempo de efetivo exercício nas funções de magistério (§ 4º).[13]

O acréscimo de 17% foi objeto de discussão no STF, haja vista não ter constado nas regras de transição das EC n. 41/2003 e n. 47/2005. Pendia a divergência sobre a manutenção do direito ao cômputo diferenciado mesmo após 31.12.2003, ou seja, para aqueles magistrados e membros do Ministério Público e de Tribunais de Contas que não chegaram a preencher todos os requisitos constantes da regra disposta na EC n. 20/98 até sua revogação pela EC n. 41/2003. No julgamento proferido, a Corte Suprema reconheceu o direito à contagem com o aludido acréscimo, pois, segundo o voto vencedor, do Min. Alexandre de Moraes, "no exato momento da publicação da

---

[12] MELLO, *Curso de Direito Administrativo*, p. 270.
[13] MELLO, *Curso de Direito Administrativo*, p. 271.

EC 20/98, estes servidores públicos do sexo masculino, a despeito de ingressarem em um novo regime jurídico no tocante aos requisitos para obtenção da aposentadoria voluntária, reuniam todos os elementos essenciais à aquisição do direito ao referido acréscimo no tempo de serviço que, definitivamente, ingressou em seus patrimônios jurídicos" (MS 31.299, Plenário Virtual, julg. encerrado em 23.2.2021). Entendemos que esse precedente deveria ser aplicado também aos professores de ensino superior, propiciando o acréscimo de 20% a professoras e 17% a professores, sobre o tempo cumprido por estes docentes até 15.12.1998, por se tratar de situação idêntica.

Os servidores que não atenderam aos requisitos para obtenção de aposentadoria integral e reajustada segundo o critério da paridade antes da publicação da Emenda n. 41, de 2003, ainda podem fazer jus a proventos calculados sobre a remuneração integral do cargo efetivo ocupado, desde que satisfeitos os requisitos indicados pelo art. 6º da EC n. 41 até a véspera da vigência da EC n. 103 (no caso dos servidores da União) ou da norma do Estado-membro ou municipal (para os Estados, DF e Municípios) que venha a revogar, nos respectivos regimes, tal disposição:

> Art. 6º Ressalvado o direito de opção à aposentadoria pelas normas estabelecidas pelo art. 40 da Constituição Federal ou pelas regras estabelecidas pelo art. 2º desta Emenda, o servidor da União, dos Estados, do Distrito Federal e dos Municípios, incluídas suas autarquias e fundações, que tenha ingressado no serviço público até a data de publicação desta Emenda poderá aposentar-se com proventos integrais, que corresponderão à totalidade da remuneração do servidor no cargo efetivo em que se der a aposentadoria, na forma da lei, quando, observadas as reduções de idade e tempo de contribuição contidas no § 5º do art. 40 da Constituição Federal, vier a preencher, cumulativamente, as seguintes condições:
> I – sessenta anos de idade, se homem, e cinquenta e cinco anos de idade, se mulher;
> II – trinta e cinco anos de contribuição, se homem, e trinta anos de contribuição, se mulher;
> III – vinte anos de efetivo exercício no serviço público; e
> IV – dez anos de carreira e cinco anos de efetivo exercício no cargo em que se der a aposentadoria.
> Parágrafo único. Os proventos das aposentadorias concedidas conforme este artigo serão revistos na mesma proporção e na mesma data, sempre que se modificar a remuneração dos servidores em atividade, na forma da lei, observado o disposto no art. 37, XI, da Constituição Federal.

Ressaltando a diferenciação de tratamento entre as regras do art. 2º e do art. 6º da Emenda n. 41, Fábio Zambitte Ibrahim aponta que

> Enquanto a primeira regra transitória (art. 2º) admite servidores que tenham ingressado no serviço público até a data da publicação da EC n. 20/98 (16.12.1998), a segunda regra (art. 6º) admite servidores [que tenham ingressado] até a data da publicação da EC n. 41/03 (31.12.2003). Obviamente, todos os servidores que estejam abrangidos pelo art. 2º poderão beneficiar-se, alternativamente, pelo art. 6º, mas a recíproca não é verdadeira. Os servidores que ingressaram no serviço público após 16.12.1998, mas antes de 31.12.2003, somente poderão utilizar-se da regra transitória do art. 6º. O ingresso no serviço público após 31.12.2003 impõe, necessariamente, a aplicação das regras definitivas do art. 40 da CRFB/88.[14]

Impõe-se, nesse caso, que o servidor tenha cumprido bem mais requisitos que os exigidos em relação às regras atuais do art. 40 da Constituição.

Quanto à exigência de tempo na carreira, deve ser reconhecido como tal o cumprido nas diversas classes ou cargos de uma mesma estrutura, não se podendo mesclar tempos prestados em carreiras distintas:

---

[14] TAVARES (coord.), *Comentários à Reforma da Previdência*: EC n. 41/2003. 2. ed. Rio de Janeiro: Impetus, 2004, p. 108.

RECURSO ORDINÁRIO EM MANDADO DE SEGURANÇA. ADMINISTRATIVO. APOSENTADORIA COM PROVENTOS INTEGRAIS. REQUISITO DO INCISO IV DO ART. 6º DA EMENDA CONSTITUCIONAL n. 41/2003. NÃO CUMPRIMENTO. 1 – A teor do art. 6º da Emenda Constitucional n. 41/2003, que trouxe uma regra de transição de aposentadoria voluntária para aqueles servidores que já estavam no serviço público na data de sua publicação, foram estipulados como requisitos cumulativos para o recebimento de aposentadoria com proventos integrais, além da idade e o tempo de contribuição, o cumprimento de vinte anos de efetivo exercício no serviço público, dez anos de carreira e cinco anos de efetivo exercício no cargo em que se der a aposentadoria. 2 – Considera-se como tempo de carreira tão só aquele prestado nos cargos de mesmas atribuições, ainda que em classes distintas, não podendo ser considerado todo o período de exercício no serviço público, o qual corresponde, na verdade, ao requisito do inciso III da norma constitucional. 3 – Recurso ordinário improvido (STJ, ROMS 2008/0252556-5, Rel. Min. Marco Aurélio Buzzi, 5ª Turma, DJe 16.4.2012).

O reajustamento dos proventos de aposentadorias de servidores concedidas na forma do art. 6º da EC n. 41/2003 se dará de acordo com a regra de paridade com os servidores públicos em atividade,[15] limitados os proventos, sempre, ao valor limite de remuneração do serviço público, fixado pelo art. 37, XI, da Constituição – o valor do subsídio mensal percebido, em espécie, pelos Ministros do STF, ao que se tem denominado "paridade parcial".[16]

Outra regra de transição a ser analisada é a que se aplica aos agentes públicos que ingressaram no serviço público até 16.12.1998, e lhes assegura proventos integrais e paridade plena, desde que satisfeitos todos os requisitos a seguir:

– tempo de contribuição de 35 anos (homem) ou 30 anos (mulher);
– 25 anos de efetivo exercício no serviço público, 15 anos de carreira e 5 anos no cargo;
– idade mínima resultante da redução, relativamente aos limites do art. 40, § 1º, inciso III, alínea a, da Constituição Federal, de um ano de idade para cada ano de contribuição que exceder a condição prevista no inciso I do *caput do artigo*.

Trata-se da adoção da chamada "fórmula 95/85": por esta, o que importa, para fazer jus à aposentadoria, é a soma da idade com o tempo de contribuição: se o ocupante de cargo efetivo (inclusive vitalício) do sexo masculino tiver idade mais tempo de contribuição igual a 95, e a do sexo feminino tiver idade mais tempo de contribuição igual a 85, independentemente da idade mínima, fará jus à aposentadoria, desde que satisfaça as demais exigências (25 anos de serviço público, 15 anos de carreira e 5 anos no cargo em que pretende se aposentar).

É dizer, essa regra de transição assegura ao ocupante de cargo efetivo (inclusive vitalício) que preencha todos os requisitos estabelecidos, o direito de se aposentar com o valor da última remuneração do cargo em que permaneceu por cinco anos ou mais, bem como a paridade plena com os ocupantes de cargo efetivo (inclusive vitalício) em atividade, sem exigir, no caso das mulheres, nenhum tempo a mais do que antes da Emenda n. 20 já fosse exigido (30 anos), e para os homens, exigindo apenas 5 anos a mais.

Quanto à possibilidade de utilização da regra geral constante da redação do art. 40, § 1º, inciso III, alíneas *a* ou *b*, da Constituição, esta se mantém existente. Isto é, o ocupante de cargo efetivo (inclusive vitalício) que, por opção, pretender se aposentar pela média das remunerações

---

[15] MODESTO (org.), *Reforma da Previdência*: análise e crítica da Emenda Constitucional n. 41/2003, p. 97.
[16] TAVARES (coord.), *Comentários à Reforma da Previdência*: EC n. 41/2003, p. 109.

que serviram de base para a contribuição previdenciária vertida aos Regimes a que esteve vinculado desde julho de 1994, ou desde o início de sua filiação a algum Regime (o que ocorreu, cronologicamente, por último), limitado ao valor de sua última remuneração, e com proventos reajustados pelos índices aplicados aos benefícios do RGPS-INSS, pode fazê-lo.

– Aposentadorias deferidas entre 1.1.2004 e 5.7.2005

Com a promulgação da EC n. 47, em 5.7.2005, como visto, houve significativa mudança no tocante às regras de transição aplicáveis aos agentes públicos que tenham ingressado no serviço público antes da vigência da EC n. 20 (16.12.1998).

A regra da EC n. 47 (art. 3º), bem mais benéfica que as anteriores, acarretou, necessariamente, um prejuízo àqueles que, no interregno da vigência da Emenda n. 41 até a sua promulgação, requereram aposentadoria voluntária com fundamento na regra do art. 2º da EC n. 41.

É importante ressaltar que a EC n. 47, embora promulgada em 5.7.2005, teve seus efeitos retroativamente a 1.1.2004 (art. 6º da EC n. 47).

Portanto, em função do princípio da uniformidade dos benefícios – art. 194, parágrafo único, inciso II, da Constituição – não se pode admitir que haja tratamento não isonômico entre segurados do mesmo Regime Previdenciário, pelo simples fato de que alguns deles se anteciparam e requereram de imediato o benefício, enquanto outros, por algum motivo, resolveram aguardar para após requerer.

Ou seja, é imperioso, por questões de isonomia de tratamento, que se admita a revisão dos proventos dos que se aposentaram antes da EC n. 47, com base em alguma regra de transição, de 1.1.2004 em diante.

Assim, é curial apontar que, os agentes públicos que, nesse interregno, requereram aposentadoria com fulcro no art. 2º da EC n. 41, fazem jus à revisão de seus proventos, por existir norma mais benéfica em relação ao seu direito, a qual, tendo efeitos retro-operantes, deve ser considerada para efeito de concessão de aposentadorias entre 1.1.2004 e 5.7.2005.

O servidor aposentado com proventos proporcionais, cuja aposentadoria tenha se dado no período de 1.1.2004 a 19.2.2004 com fundamento legal no art. 40 da Constituição Federal de 1988, com a redação dada pela EC n. 41, de 2003, que tenha sido acometido até 19.2.2004 de doença que justifique a incidência do art. 190 da Lei n. 8.112, de 1990, em seus termos atuais, comprovada por laudo médico oficial emitido até 19.2.2004, tem direito à conversão de seu provento de proporcional para integral segundo a sistemática de cálculo vigente até a publicação da MP n. 167, de 2004.

Os proventos de aposentadoria, desde que motivada por acidente em serviço, e os percebidos pelos portadores de moléstia profissional e das doenças especificadas no art. 6º, inciso XIV, da Lei n. 7.713/1988, com redação dada pela Lei n. 11.052/2004, são isentos de Imposto de Renda, mesmo que a doença tenha sido contraída depois da aposentadoria.

– Servidores que ingressaram entre a promulgação da EC n. 20/1998 e a promulgação da EC n. 41/2003

Os servidores públicos que tomaram posse em cargo público no período que mediou entre a promulgação das duas Emendas têm em seu favor apenas uma regra de transição: *a do art. 6º da EC n. 41/2003*, com proventos calculados sobre o valor da remuneração do cargo em que se der a aposentadoria, reajustados os proventos toda vez que a remuneração dos servidores em atividade for majorada.[17]

Caso não queiram se aposentar pelos critérios ali previstos, podem os servidores que ingressaram em cargo público antes da EC n. 41/2003 optar pela aposentadoria segundo os requisitos da redação atual do art. 40 da Constituição, fazendo jus, então a proventos calculados

---

[17] CAMPOS, *Regime Próprio de Previdência Social dos Servidores Públicos*, p. 99.

segundo a média aritmética dos valores tomados como base para as contribuições aos Regimes de Previdência a que tenha sido filiado, corrigidos monetariamente (conforme a regulamentação conferida pela Lei n. 10.887), com direito a reajustes em percentuais iguais aos dos benefícios do RGPS.[18]

Na hipótese de o ocupante de cargo efetivo pertencer a quadro de ente federativo que tenha instituído Regime de Previdência Complementar e tenha ingressado após sua implementação, ou tenha migrado para o modelo previsto nos §§ 14 a 16 do art. 40 da CF, mesmo sendo optante por uma das regras de transição, o valor dos seus proventos será limitado ao valor estabelecido como "teto" para o RGPS, fazendo jus, caso haja previsão na legislação própria do ente respectivo, a um benefício especial equivalente ao período contributivo anterior (como ocorre, por exemplo, no âmbito federal) e ainda, caso tenha aderido ao plano de benefícios do RPC, à complementação de aposentadoria para a qual tenha contribuído.

Os agentes públicos que possuem direito adquirido à aposentadoria pelas regras já revogadas ou pelas regras de transição fazem jus ao abono de permanência em serviço a partir da data da implementação de todos os requisitos exigidos para a aposentadoria voluntária, até a efetiva concessão da aposentadoria voluntária ou, no máximo, até o implemento da idade-limite para a aposentadoria compulsória.

O STF julgou em repercussão geral que, também, os servidores públicos abrangidos pela aposentadoria especial têm direito ao abono de permanência. Vejamos:

> *TEMA 888. DIREITO DE SERVIDORES PÚBLICOS ABRANGIDOS PELA APOSENTADORIA ESPECIAL AO ABONO DE PERMANÊNCIA. O Tribunal reconheceu a repercussão geral e reafirmou jurisprudência da Corte no sentido de assegurar aos servidores públicos abrangidos pela aposentadoria especial o direito a receber o abono de permanência.*
> (Leading Case: ARE 954.408, Plenário Virtual, Relator Min. Teori Zavascki, j. 15.4.2016).

Segundo a jurisprudência, não há necessidade de requerimento do aludido abono para que o mesmo seja considerado devido, bastando o implemento dos requisitos:

> *ABONO DE PERMANÊNCIA. TERMO INICIAL. OPÇÃO. DESNECESSIDADE DE REQUERIMENTO. 1. A lei não exige que a opção pela permanência em atividade seja manifestada por ato formal. A exegese mais razoável é a de que a opção pela permanência em atividade seja manifestada de forma tácita, pela simples omissão do interessado em requerer aposentadoria, apesar de já completados os respectivos requisitos. 2. Uniformizado o entendimento de que, mesmo sob a vigência da EC n. 41/2003, o abono de permanência é devido desde o momento em que o servidor público que permanece em atividade completa os requisitos para a aposentadoria, independentemente de formalização de requerimento. 3. Pedido improvido (TNU, PEDILEF 2008.71500338945, Rel. Juiz Federal Rogério Moreira Alves, DJ 26.10.2012).*

Quanto à natureza jurídica do abono de permanência, o STJ entende que é de caráter remuneratório e confere acréscimo patrimonial ao beneficiário, não havendo lei que autorize a isenção do imposto de renda (REsp 1.192.556/PE, 1ª Seção, Rel. Min. Mauro Campbell Marques, DJe 6.9.2010). A eficácia impositiva iniciou-se somente a partir da mudança de orientação, em respeito ao princípio da segurança jurídica (REsp 1.596.978/RJ, 1ª Turma, Rel. Min. Napoleão Nunes Maia Filho, DJe 1º.9.2016).

Ainda para o STJ, "o abono de permanência é vantagem de caráter permanente, incorporando-se ao patrimônio jurídico do servidor e inserindo-se no conceito de remuneração do cargo efetivo. Dessa forma, pode ser incluído na base de cálculo do terço de férias e da gratificação

---

[18] TAVARES (coord.), *Comentários à Reforma da Previdência*: EC n. 41/2003, p. 107.

natalina" (AgInt no REsp 2.026.028/AL, 2ª Turma, Rel. Min. Herman Benjamin, DJe 4.4.2023). De tal entendimento resulta que o abono de permanência, por consistir em verba remuneratória, deve integrar a base de cálculo do valor de um terço de acréscimo nas férias e da gratificação natalina, por incidirem tais rubricas sobre a remuneração dos servidores.

RESUMO – APOSENTADORIAS VOLUNTÁRIAS POR IDADE E TEMPO DE CONTRIBUIÇÃO (ANTERIORES À EC N. 103/2019)

Os quadros apresentados procuram identificar as possibilidades de concessão de aposentadoria aos servidores públicos vinculados a RPPS, com base nas regras permanentes e de transição previstas nas Emendas Constitucionais n. 20/1998, n. 41/2003 e n. 47/2005. Esses requisitos são válidos para os servidores estaduais, distritais e municipais até que lei do respectivo Ente Federativo modifique os critérios exigidos. E, aos servidores federais que implementaram os requisitos até a publicação da EC n. 103, em 13.11.2019.

QUADRO-RESUMO – REGRAS VIGENTES, ATÉ QUE LEI LOCAL DISPONHA EM CONTRÁRIO, PARA SERVIDORES ESTADUAIS, DISTRITAIS E MUNICIPAIS: APOSENTADORIA VOLUNTÁRIA POR IDADE MAIS TEMPO DE CONTRIBUIÇÃO

Observação: caso o servidor a ser aposentado seja ocupante de cargo efetivo de ente federativo que já tenha implementado o regime de previdência complementar de que tratam os §§ 14 a 16 do art. 40 da CF, e que ingressou após a implementação, ou migrou para este modelo antes de concedida a aposentadoria, os proventos devidos pelo RPPS serão limitados ao mesmo valor fixado para teto do RGPS, fazendo jus, em caso de previsão neste sentido na legislação do respectivo ente federativo, ao benefício especial correspondente ao tempo de contribuição anterior e ainda, caso tenha aderido ao plano de previdência complementar, o benefício para o qual tenha contribuído.

APOSENTADORIA VOLUNTÁRIA POR IDADE MAIS TEMPO DE CONTRIBUIÇÃO SERVIDORES EM GERAL (EC n. 41/2003)

Aplicável aos servidores que ingressarem no serviço público a partir de 1.1.2004, ou àqueles que não optaram pelas regras de transição dos art. 2º e 6º da EC n. 41/2003 ou do art. 3º da EC n. 47/2005 até que lei do respectivo Ente Federativo, editada após a EC n. 103, de 2019, disponha de modo diverso. Válida também para os servidores da União que implementaram os requisitos até 13.11.2019 (direito adquirido).

Art. 40, § 1º, III, "a" (redação da EC n. 41, de 2003); art. 4º, § 9º, da EC n. 103, de 2019; e Lei n. 10.887, de 2004.

	TEMPO MÍNIMO DE CONTRIBUIÇÃO	IDADE MÍNIMA	TEMPO MÍNIMO NO SERVIÇO PÚBLICO	TEMPO MÍNIMO DE EFETIVO EXERCÍCIO NO CARGO EM QUE SE DARÁ A APOSENTADORIA
HOMEM	35 ANOS	60 ANOS	10 ANOS	5 ANOS
MULHER	30 ANOS	55 ANOS	10 ANOS	5 ANOS

*Professores: os requisitos de idade e de tempo de contribuição serão reduzidos em cinco anos, desde que comprovem exclusivamente tempo de efetivo exercício das funções de magistério na educação infantil e no ensino fundamental e médio.

APOSENTADORIA VOLUNTÁRIA POR IDADE MAIS TEMPO DE CONTRIBUIÇÃO SERVIDORES EM GERAL (EC n. 41/2003)

Aplicável aos servidores que ingressarem no serviço público a partir de 1.1.2004, ou àqueles que não optaram pelas regras de transição dos art. 2º e 6º da EC n. 41/2003 ou do art. 3º da EC n. 47/2005 até que lei do respectivo Ente Federativo, editada após a EC n. 103, de 2019, disponha de modo diverso. Válida também para os servidores da União que implementaram os requisitos até 13.11.2019 (direito adquirido).

CÁLCULO DO BENEFÍCIO	Média aritmética simples das maiores remunerações (80% de todo o período contributivo) – art. 1º da Lei n. 10.887/2004).
TETO DO BENEFÍCIO	ÚLTIMA REMUNERAÇÃO NO CARGO EFETIVO, SALVO NA HIPÓTESE DE SERVIDOR DE ENTE FEDERATIVO COM RPC, QUE TENHA INGRESSADO APÓS A INSTITUIÇÃO DO RPC (OU FAÇA MIGRAÇÃO PARA ESTE REGIME), QUANDO ENTÃO SERÁ LIMITADO AO VALOR-TETO FIXADO PARA O RGPS.
REAJUSTE	NÃO TEM PARIDADE. OS PROVENTOS DEVERÃO SER REAJUSTADOS NA MESMA DATA E ÍNDICE ADOTADOS PARA O REAJUSTE DOS BENEFÍCIOS DO REGIME GERAL DE PREVIDÊNCIA SOCIAL.

APOSENTADORIA VOLUNTÁRIA INTEGRAL (por tempo de serviço) – VÁLIDA ATÉ 16.12.1998

(Revogada em 16.12.1998 pela EC n. 20/1998, aplicável após essa data e a qualquer tempo somente a quem preencheu todos os requisitos exigidos até então, em respeito ao direito adquirido; frisamos que em seu lugar, foram criadas novas regras de transição pelas EC n. 20/1998, n. 41/2003 e n. 47/2005, constantes dos quadros correspondentes, para aqueles que, até 16.12.1998, não haviam atingido todos os requisitos até então exigidos)

Aplicável somente aos servidores que ingressaram no serviço público em cargo efetivo e complementaram todos os requisitos antes da Emenda Constitucional n. 20, de 16.12.1998 (hipótese de direito adquirido).

Art. 3º da EC n. 41/2003 – Art. 40, III, da CF/1988 (redação original).

REQUISITOS MÍNIMOS

TEMPO MÍNIMO DE SERVIÇO (incluindo-se contagens fictícias, como licenças-prêmio não fruídas)

HOMEM	35 anos de serviço
MULHER	30 anos de serviço
PROFESSORES	30 anos de efetivo exercício em funções de magistério, se professor, 25 anos de efetivo exercício em funções de magistério, se professora.
CÁLCULO DO BENEFÍCIO	ÚLTIMA REMUNERAÇÃO NO CARGO EFETIVO, SALVO NA HIPÓTESE DE SERVIDOR DE ENTE FEDERATIVO COM RPC, QUE TENHA INGRESSADO APÓS A INSTITUIÇÃO DO RPC (OU FAÇA MIGRAÇÃO PARA ESTE REGIME), QUANDO ENTÃO SERÁ LIMITADO AO VALOR-TETO FIXADO PARA O RGPS.
REAJUSTE	PARIDADE COM OS SERVIDORES EM ATIVIDADE

APOSENTADORIA VOLUNTÁRIA PROPORCIONAL (por tempo de serviço) – VÁLIDA ATÉ 16.12.1998

(Revogada em 16.12.1998 pela EC n. 20/1998, aplicável após essa data e a qualquer tempo somente a quem preencheu todos os requisitos exigidos até então, em respeito ao direito adquirido; frisamos que em seu lugar, foram criadas novas regras de transição pelas EC n. 20/1998, n. 41/2003 e n. 47/2005, constantes dos quadros correspondentes, para aqueles que, até 16.12.1998, não haviam atingido todos os requisitos até então exigidos)

Aplicável somente aos servidores que ingressaram e complementaram todos os requisitos antes da Emenda Constitucional n. 20, de 16.12.1998 (hipótese de direito adquirido)

Art. 3º da EC n. 41/2003 – Art. 40, III, da CF/1988 (redação original).

REQUISITOS MÍNIMOS

TEMPO MÍNIMO DE SERVIÇO (incluindo-se contagens fictícias, como licenças-prêmio não fruídas).

HOMEM	30 anos de serviço
MULHER	25 anos de serviço
CÁLCULO DO BENEFÍCIO	PROPORCIONAL AO TEMPO DE SERVIÇO
BASE DE CÁLCULO	ÚLTIMA REMUNERAÇÃO, PERMITIDA A INCORPORAÇÃO DE VANTAGENS PESSOAIS, SALVO NA HIPÓTESE DE SERVIDOR DE ENTE FEDERATIVO COM RPC, QUE TENHA INGRESSADO APÓS A INSTITUIÇÃO DO RPC (OU FAÇA MIGRAÇÃO PARA ESTE REGIME), QUANDO ENTÃO SERÁ LIMITADO AO VALOR-TETO FIXADO PARA O RGPS.
REAJUSTE	PARIDADE COM OS SERVIDORES EM ATIVIDADE

APOSENTADORIA VOLUNTÁRIA POR TEMPO DE CONTRIBUIÇÃO – REVOGADA EM 31.12.2003

(Revogada em 31.12.2003 pela EC n. 41/2003, aplicável após essa data e a qualquer tempo somente a quem preencheu todos os requisitos exigidos até então, em respeito ao direito adquirido; frisamos que em seu lugar, foram criadas novas regras de transição pelas EC n. 41/2003 e n. 47/2005, constantes dos quadros correspondentes, para aqueles que, até 31.12.2003, não haviam atingido todos os requisitos até então exigidos)

Aplicável somente aos servidores que ingressaram no serviço público e preencheram todos os requisitos entre 16.12.1998 e 31.12.2003 (hipótese de direito adquirido)

Art. 3º da EC n. 41/2003 C/C Art. 40, § 1º, III, "a", com a redação dada pela EC n. 20/1998.

REQUISITOS BÁSICOS CUMULATIVOS

	TEMPO MÍNIMO DE CONTRIBUIÇÃO	IDADE MÍNIMA	TEMPO MÍNIMO NO SERVIÇO PÚBLICO	TEMPO MÍNIMO DE EFETIVO EXERCÍCIO NO CARGO EM QUE SE DARÁ A APOSENTADORIA
HOMEM	35 ANOS	60 ANOS	10 ANOS	5 ANOS
MULHER	30 ANOS	55 ANOS	10 ANOS	5 ANOS

* professores: os requisitos de idade e de tempo de contribuição serão reduzidos em cinco anos, desde que comprovem exclusivamente tempo de efetivo exercício das funções de magistério na educação infantil e no ensino fundamental e médio.

CÁLCULO DO BENEFÍCIO	INTEGRALIDADE DA REMUNERAÇÃO NO CARGO EFETIVO
TETO DO BENEFÍCIO	ÚLTIMA REMUNERAÇÃO NO CARGO EFETIVO, SALVO NA HIPÓTESE DE SERVIDOR DE ENTE FEDERATIVO COM RPC, QUE TENHA INGRESSADO APÓS A INSTITUIÇÃO DO RPC (OU FAÇA MIGRAÇÃO PARA ESTE REGIME), QUANDO ENTÃO SERÁ LIMITADO AO VALOR-TETO FIXADO PARA O RGPS.
REAJUSTE	PARIDADE COM OS SERVIDORES EM ATIVIDADE

Regras de transição

APOSENTADORIA VOLUNTÁRIA POR TEMPO DE CONTRIBUIÇÃO – CÁLCULO PELA MÉDIA CONTRIBUTIVA E SEM PARIDADE COM OS SERVIDORES EM ATIVIDADE

Aplicável aos servidores que tenham ingressado no serviço público até 16.12.1998 e completem os requisitos após 31.12.2003. Esta regra permanece vigente para servidores estaduais, distritais e municipais com RPPS até que lei do respectivo Ente Federativo disponha em contrário. Para os federais, foi revogada com a promulgação da EC n. 103, de 2019, somente podendo ser invocada se os requisitos foram preenchidos até a véspera da promulgação.

Art. 2º da EC n. 41/2003.

REQUISITOS MÍNIMOS CUMULATIVOS

	TEMPO MÍNIMO DE CONTRIBUIÇÃO	*PEDÁGIO	IDADE MÍNIMA	TEMPO MÍNIMO DE EFETIVO EXERCÍCIO NO CARGO EM QUE SE DARÁ A APOSENTADORIA
HOMEM	35 ANOS	20%	53 ANOS	5 ANOS
MULHER	30 ANOS	20%	48 ANOS	5 ANOS

*Período adicional de contribuição equivalente a 20% do período que, em 16.12.1998, faltava para atingir o tempo mínimo de contribuição.

**Professores: acréscimo de 17%, se homem, e de 20%, se mulher, no tempo exercido até 16.12.1998, desde que se aposente, exclusivamente, com tempo de efetivo exercício nas funções de magistério.

***Magistrado, membro do Ministério Público e de Tribunal de Contas, se homem, terá o tempo de serviço exercido até a data de publicação da EC n. 20/1998 contado com acréscimo de 17%.

CÁLCULO DO BENEFÍCIO	– Média aritmética simples das maiores remunerações (80% de todo o período contributivo) – art. 1º da Lei n. 10.887/2004 – Com redutor de idade – VER QUADRO ABAIXO – § 1º, art. 2º, EC n. 41/2003.
TETO DO BENEFÍCIO	ÚLTIMA REMUNERAÇÃO NO CARGO EFETIVO, SALVO NA HIPÓTESE DE SERVIDOR DE ENTE FEDERATIVO COM RPC, QUE TENHA INGRESSADO APÓS A INSTITUIÇÃO DO RPC (OU FAÇA MIGRAÇÃO PARA ESTE REGIME), QUANDO ENTÃO SERÁ LIMITADO AO VALOR-TETO FIXADO PARA O RGPS.
REAJUSTE	NÃO TEM PARIDADE. OS PROVENTOS DEVERÃO SER REAJUSTADOS NA MESMA DATA E ÍNDICE ADOTADOS PARA O REAJUSTE DOS BENEFÍCIOS DO REGIME GERAL DE PREVIDÊNCIA SOCIAL.

SERVIDOR QUE COMPLETOU OS REQUISITOS MÍNIMOS DA REGRA DE TRANSIÇÃO ATUAL ATÉ 31.12.2005

IDADE HOMEM/MULHER	% A REDUZIR (3,5% a.a.)	% A RECEBER
53/48	24,50%	75,50%
54/49	21%	79%
55/50	17,50%	82,50%
56/51	14%	86%
57/52	10,50%	89,50%
58/53	7%	93%
59/54	3,50%	96,50%
60/55	0%	100%

SERVIDOR QUE COMPLETAR OS REQUISITOS MÍNIMOS DA 1ª REGRA DE TRANSIÇÃO ATUAL A PARTIR DE 1.1.2006		
IDADE HOMEM/MULHER	% A REDUZIR (5% a.a.)	% A RECEBER
53/48	35%	65%
54/49	30%	70%
55/50	25%	75%
56/51	20%	80%
57/52	15%	85%
58/53	10%	90%
59/54	5%	95%
60/55	0%	100%

APOSENTADORIA VOLUNTÁRIA POR TEMPO DE CONTRIBUIÇÃO – CÁLCULO PELA ÚLTIMA REMUNERAÇÃO E PARIDADE DE REAJUSTE – EC n. 41/2003

Aplicável aos servidores que tenham ingressado no serviço público até 31.12.2003. Esta regra permanece vigente para servidores estaduais, distritais e municipais com RPPS até que lei do respectivo Ente Federativo disponha em contrário. Para os federais, foi revogada com a promulgação da EC n. 103, de 2019, somente podendo ser invocada se os requisitos foram preenchidos até a véspera da promulgação.

Art. 6º da EC n. 41/2003.

REQUISITOS MÍNIMOS CUMULATIVOS					
	TEMPO MÍNIMO DE CONTRIBUIÇÃO	IDADE MÍNIMA	TEMPO MÍNIMO NO SERVIÇO PÚBLICO	TEMPO MÍNIMO NA CARREIRA	TEMPO MÍNIMO DE EFETIVO EXERCÍCIO NO CARGO EM QUE SE DARÁ A APOSENTADORIA
HOMEM	35 ANOS	*60 ANOS	20 ANOS	10 ANOS	5 ANOS
MULHER	30 ANOS	*55 ANOS	20 ANOS	10 ANOS	5 ANOS

CÁLCULO DO BENEFÍCIO	INTEGRALIDADE DA REMUNERAÇÃO NO CARGO EFETIVO.
TETO DO BENEFÍCIO	TETO REMUNERATÓRIO DO SERVIÇO PÚBLICO, SALVO NA HIPÓTESE DE SERVIDOR DE ENTE FEDERATIVO COM RPC, QUE TENHA INGRESSADO APÓS A INSTITUIÇÃO DO RPC (OU FAÇA MIGRAÇÃO PARA ESTE REGIME), QUANDO ENTÃO SERÁ LIMITADO AO VALOR-TETO FIXADO PARA O RGPS.
REAJUSTE	PARIDADE COM OS SERVIDORES EM ATIVIDADE.

APOSENTADORIA VOLUNTÁRIA POR TEMPO DE CONTRIBUIÇÃO – CÁLCULO PELA ÚLTIMA REMUNERAÇÃO E PARIDADE DE REAJUSTE – EC n. 47/2005

Aplicável aos servidores que tenham ingressado no serviço público até 16.12.1998 e completem os requisitos após 31.12.2003. Esta regra permanece vigente para servidores estaduais, distritais e municipais com RPPS até que lei do respectivo Ente Federativo disponha em contrário. Para os federais, foi revogada com a promulgação da EC n. 103, de 2019, somente podendo ser invocada se os requisitos foram preenchidos até a véspera da promulgação.

Art. 3º da EC n. 47/2005.

REQUISITOS MÍNIMOS CUMULATIVOS

	TEMPO MÍNIMO DE CONTRIBUIÇÃO	IDADE COM REDUTOR	TEMPO MÍNIMO NO SERVIÇO PÚBLICO	TEMPO MÍNIMO DE CARREIRA	TEMPO MÍNIMO DE EFETIVO EXERCÍCIO NO CARGO EM QUE SE DARÁ A APOSENTADORIA
HOMEM	35 ANOS	*60 ANOS	25 ANOS	15 ANOS	5 ANOS
MULHER	30 ANOS	*55 ANOS	25 ANOS	15 ANOS	5 ANOS

*Reduzir um ano de idade para cada ano a mais que supere o tempo mínimo de contribuição – fórmula 85 (mulher) e 95 (homem) – VER QUADRO ABAIXO.

CÁLCULO DO BENEFÍCIO	INTEGRALIDADE DOS PROVENTOS
TETO DO BENEFÍCIO	TETO REMUNERATÓRIO DO SERVIÇO PÚBLICO, SALVO NA HIPÓTESE DE SERVIDOR DE ENTE FEDERATIVO COM RPC, QUE TENHA INGRESSADO APÓS A INSTITUIÇÃO DO RPC (OU FAÇA MIGRAÇÃO PARA ESTE REGIME), QUANDO ENTÃO SERÁ LIMITADO AO VALOR-TETO FIXADO PARA O RGPS.
REAJUSTE	PARIDADE COM OS SERVIDORES EM ATIVIDADE.

FÓRMULA PARA APLICAÇÃO DO REDUTOR DA 3ª REGRA DE TRANSIÇÃO ATUAL

SEXO	H	M	H	M	H	M	H	M	H	M	H	M
TEMPO DE CONTRIBUIÇÃO	35	30	36	31	37	32	38	33	39	34	40	35
IDADE	60	55	59	54	58	53	57	52	56	51	55	50
£	95	85	95	85	95	85	95	85	95	85	95	85

APOSENTADORIA VOLUNTÁRIA INTEGRAL POR TEMPO DE CONTRIBUIÇÃO – REVOGADA EM 31.12.2003

(Revogada em 31.12.2003 pela EC n. 41/2003, aplicável após essa data e a qualquer tempo somente a quem preencheu todos os requisitos exigidos até então, em respeito ao direito adquirido; em seu lugar, foram criadas novas regras de transição pelas EC n. 41/2003 e n. 47/2005, constantes dos quadros correspondentes, para aqueles que, até 31.12.2003, não haviam atingido todos os requisitos até então exigidos)

Aplicável somente aos servidores que ingressaram no serviço público até 16.12.1998 e preencheram todos os requisitos entre 16.12.1998 e 31.12.2003 (hipótese de direito adquirido).

Art. 3º da EC n. 41/2003 e Art. 8º da EC n. 20/1998.

REQUISITOS BÁSICOS CUMULATIVOS

	TEMPO MÍNIMO DE CONTRIBUIÇÃO	*PEDÁGIO	IDADE MÍNIMA	TEMPO MÍNIMO DE EFETIVO EXERCÍCIO NO CARGO EM QUE SE DARÁ A APOSENTADORIA
HOMEM	35 ANOS	20%	53 ANOS	5 ANOS
MULHER	30 ANOS	20%	48 ANOS	5 ANOS

* período adicional de contribuição equivalente a 20% do período que, em 16.12.1998, faltava para atingir o tempo mínimo de contribuição.

** professor: na apuração do tempo de serviço exercido até 16.12.1998, deverá ser computado como acréscimo o percentual de 17%, se homem e 20%, se mulher, desde que a aposentadoria seja calculada, exclusivamente com tempo de efetivo exercício das funções de magistério.

*** magistrado, membro do Ministério Público e de Tribunal de Contas, se homem, terá o tempo de serviço exercido até a data de publicação da EC n. 20/1998, contado com acréscimo de 17%.

APOSENTADORIA VOLUNTÁRIA INTEGRAL POR TEMPO DE CONTRIBUIÇÃO – REVOGADA EM 31.12.2003	
	(Revogada em 31.12.2003 pela EC n. 41/2003, aplicável após essa data e a qualquer tempo somente a quem preencheu todos os requisitos exigidos até então, em respeito ao direito adquirido; em seu lugar, foram criadas novas regras de transição pelas EC n. 41/2003 e n. 47/2005, constantes dos quadros correspondentes, para aqueles que, até 31.12.2003, não haviam atingido todos os requisitos até então exigidos) Aplicável somente aos servidores que ingressaram no serviço público até 16.12.1998 e preencheram todos os requisitos entre 16.12.1998 e 31.12.2003 (hipótese de direito adquirido).
CÁLCULO DO BENEFÍCIO	INTEGRALIDADE DA REMUNERAÇÃO NO CARGO EFETIVO
TETO DO BENEFÍCIO	ÚLTIMA REMUNERAÇÃO NO CARGO EFETIVO, SALVO NA HIPÓTESE DE SERVIDOR DE ENTE FEDERATIVO COM RPC, QUE TENHA INGRESSADO APÓS A INSTITUIÇÃO DO RPC (OU FAÇA MIGRAÇÃO PARA ESTE REGIME), QUANDO ENTÃO SERÁ LIMITADO AO VALOR-TETO FIXADO PARA O RGPS.
REAJUSTE	PARIDADE COM OS SERVIDORES EM ATIVIDADE

APOSENTADORIA VOLUNTÁRIA PROPORCIONAL POR TEMPO DE CONTRIBUIÇÃO – REVOGADA EM 31.12.2003

(Revogada em 31.12.2003 pela EC n. 41/2003, aplicável após essa data e a qualquer tempo somente a quem preencheu todos os requisitos exigidos até então; em seu lugar, foram criadas novas regras de transição pelas EC n. 41/2003 e n. 47/2005, constantes dos quadros correspondentes, para aqueles que, até 31.12.2003, não haviam atingido todos os requisitos até então exigidos)

Aplicável somente aos servidores que ingressaram no serviço público até 16.12.1998 e preencheram todos os requisitos mínimos entre 16.12.1998 e 31.12.2003 (hipótese de direito adquirido).

Art. 3º da EC n. 41/2003 C/C Art. 8º, § 1º, da EC n. 20/1998.

REQUISITOS BÁSICOS CUMULATIVOS

	TEMPO MÍNIMO DE CONTRIBUIÇÃO	*PEDÁGIO	IDADE MÍNIMA	TEMPO MÍNIMO DE EFETIVO EXERCÍCIO NO CARGO EM QUE SE DARÁ A APOSENTADORIA
HOMEM	30 ANOS	40%	53 ANOS	5 ANOS
MULHER	25 ANOS	40%	48 ANOS	5 ANOS

* período adicional de contribuição equivalente a 40% do período que, em 16.12.1998, faltava para atingir o tempo mínimo de contribuição.

CÁLCULO DO BENEFÍCIO	PROPORCIONALIDADE DOS PROVENTOS EQUIVALENTES A SETENTA POR CENTO DO VALOR MÁXIMO QUE O SERVIDOR PODERIA OBTER, ACRESCIDO DE 5% POR ANO DE CONTRIBUIÇÃO QUE SUPERE O TEMPO DE CONTRIBUIÇÃO MAIS O PEDÁGIO.
TETO DO BENEFÍCIO	ÚLTIMA REMUNERAÇÃO NO CARGO EFETIVO, SALVO NA HIPÓTESE DE SERVIDOR DE ENTE FEDERATIVO COM RPC, QUE TENHA INGRESSADO APÓS A INSTITUIÇÃO DO RPC (OU FAÇA MIGRAÇÃO PARA ESTE REGIME), QUANDO ENTÃO SERÁ LIMITADO AO VALOR-TETO FIXADO PARA O RGPS.
REAJUSTE	PARIDADE COM OS SERVIDORES EM ATIVIDADE

45.4 APOSENTADORIAS ESPECIAIS NOS REGIMES PRÓPRIOS

O texto constitucional prevê as possibilidades de aposentadorias especiais nos Regimes Próprios de Previdência dos servidores ocupantes de cargo efetivo (art. 40 da CF, com a redação dada pela EC n. 103/2019):

> § 4º É vedada a adoção de requisitos ou critérios diferenciados para concessão de benefícios em regime próprio de previdência social, ressalvado o disposto nos §§ 4º-A, 4º-B, 4º-C e 5º.

§ 4º-A. *Poderão ser estabelecidos por lei complementar do respectivo ente federativo idade e tempo de contribuição diferenciados para aposentadoria de servidores com deficiência, previamente submetidos a avaliação biopsicossocial realizada por equipe multiprofissional e interdisciplinar.*

§ 4º-B. *Poderão ser estabelecidos por lei complementar do respectivo ente federativo idade e tempo de contribuição diferenciados para aposentadoria de ocupantes do cargo de agente penitenciário, de agente socioeducativo ou de policial dos órgãos de que tratam o inciso IV do caput do art. 51, o inciso XIII do* caput *do art. 52 e os incisos I a IV do* caput *do art. 144.*

§ 4º-C. *Poderão ser estabelecidos por lei complementar do respectivo ente federativo idade e tempo de contribuição diferenciados para aposentadoria de servidores cujas atividades sejam exercidas com efetiva exposição a agentes químicos, físicos e biológicos prejudiciais à saúde, ou associação desses agentes, vedada a caracterização por categoria profissional ou ocupação.*

– Aposentadoria por Exposição a Agentes Nocivos

Em que pese a previsão da aposentadoria especial para servidores ocupantes de cargos efetivos que tenham atividades envolvendo agentes nocivos à saúde ou à integridade física desde o texto original da Constituição de 1988, não houve a regulamentação da matéria até o advento da EC n. 103/2019, pelo que se aplicava a legislação do RGPS, por força da Súmula Vinculante n. 33.

No entanto, a Emenda Constitucional n. 103/2019 disciplinou a aposentadoria especial apenas no âmbito RPPS da União (com alterações no RGPS), estabelecendo inclusive regras de transição, o que não guarda sentido, se considerarmos que não havia regra anterior.

Porém, para os servidores de Estados, Distrito Federal e Municípios, remeteu a EC n. 103/2019 a regulamentação para a lei a ser promulgada em cada Ente da Federação, criando verdadeira Babel legislativa. É o que se deduz da redação do § 7º do art. 10 da EC n. 103, de 2019:

> *Aplicam-se às aposentadorias dos servidores dos Estados, do Distrito Federal e dos Municípios as normas constitucionais e infraconstitucionais anteriores à data de entrada em vigor desta Emenda Constitucional, enquanto não promovidas alterações na legislação interna relacionada ao respectivo regime próprio de previdência social.*

Antes da EC n. 103/2019, além de inexistirem normas a respeito do tema versando sobre servidores públicos filiados a Regimes Próprios, a compreensão era a de que a matéria deveria ser regulamentada por uma lei "nacional" (MI 1.832-AgR, Rel. Min. Cármen Lúcia, j. 24.3.2011, Plenário, *DJe* 18.5.2011). No mesmo sentido: MI 1.898-AgR, Min. Joaquim Barbosa, j. 16.5.2012, Plenário, *DJe* 1º.6.2012.

A discussão relativa à ausência de regulamentação (e, por conseguinte, impossibilidade de concessão) da aposentadoria especial para os RPPS chegou ao STF por força de diversos mandados de injunção impetrados por servidores públicos, no mais das vezes trabalhando na área da saúde. A decisão que se tornou precedente na matéria foi proferida no MI 721, cujo relator foi o Min. Marco Aurélio Mello, publicada no *DJe* 30.11.2007, que assegurou a aplicação subsidiária das regras sobre aposentadoria especial previstas no RGPS para as atividades prestadas por servidor filiado a Regime Próprio de Previdência, por força do § 12 do art. 40 da Constituição, ante a ausência de lei específica do respectivo ente público, assim ementada:

> *MANDADO DE INJUNÇÃO – NATUREZA. Conforme disposto no inciso LXXI do artigo 5º da Constituição Federal, conceder-se-á mandado de injunção quando necessário ao exercício dos direitos e liberdades constitucionais e das prerrogativas inerentes à nacionalidade, à soberania e à cidadania. Há ação mandamental e não simplesmente declaratória de omissão. A carga de declaração não é objeto da impetração, mas premissa da ordem a ser formalizada. MANDADO DE INJUNÇÃO – DECISÃO – BALIZAS. Tratando-se de processo subjetivo, a decisão possui*

eficácia considerada a relação jurídica nele revelada. APOSENTADORIA – TRABALHO EM CONDIÇÕES ESPECIAIS – PREJUÍZO À SAÚDE DO SERVIDOR – INEXISTÊNCIA DE LEI COMPLEMENTAR – ARTIGO 40, § 4º, DA CONSTITUIÇÃO FEDERAL. Inexistente a disciplina específica da aposentadoria especial do servidor, impõe-se a adoção, via pronunciamento judicial, daquela própria aos trabalhadores em geral – artigo 57, § 1º, da Lei n. 8.213/91.

O tema foi, em seguida, objeto da Súmula Vinculante n. 33 do STF, que contém a seguinte redação: "Aplicam-se ao servidor público, no que couber, as regras do Regime Geral de Previdência Social sobre aposentadoria especial de que trata o art. 40, parágrafo 4º, inciso III, da Constituição Federal, até edição de lei complementar específica".

Enquanto os Entes federados subnacionais não promoverem suas reformas e não regulamentarem a aposentadoria especial, continua aplicável aos seus servidores os critérios de concessão do RGPS (pré-EC n. 103/2019). No mesmo sentido é o constante da Portaria MTP n. 1.467/2022:

> Art. 161. Até que entre em vigor lei complementar do respectivo ente federativo que discipline o § 4º-C do art. 40 da Constituição Federal, a concessão de aposentadoria especial aos segurados dos RPPS dos Estados, do Distrito Federal e dos Municípios, cujas atividades sejam exercidas sob condições especiais que prejudiquem a saúde ou a integridade física, observará, no que couber, as regras do RGPS sobre aposentadoria especial de que trata o inciso III do § 4º do art. 40 da Constituição Federal, na redação em vigor em 12 de novembro de 2019, em consonância com a Súmula Vinculante n. 33 do Supremo Tribunal Federal e as disposições contidas no Anexo IV.

Cabe destacar que a Súmula n. 33 vincula a administração apenas quanto à aposentadoria especial decorrente de atividades prejudiciais à saúde e à integridade física, pois limitou seu alcance apenas ao art. 40, § 4º, III, da CF.

Visando disciplinar o cumprimento das decisões judiciais proferidas, foi publicada a Instrução Normativa MPS/SPSS n. 1/2010 (modificada pela IN MPS/SPPPS n. 3/2014), que estabeleciam instruções para o reconhecimento, pelos RPPS da União, dos Estados, do Distrito Federal e dos Municípios, do direito à aposentadoria dos servidores públicos com requisitos e critérios diferenciados, *"com fundamento na Súmula Vinculante n. 33 ou por ordem concedida em Mandado de Injunção"*.

Referidas Instruções Normativas (n. 1/2010 e n. 3/2014) foram revogadas pela Portaria MTP n. 1.467/2022. Esta passou a estabelecer no art. 172, § 1º, que: "A caracterização e a comprovação do tempo de atividade sob condições especiais obedecerão ao disposto na legislação em vigor do RGPS na época da prestação do serviço".

O que se observa, em relação a esse aspecto, é que a comprovação da atividade especial será dificultada para a grande maioria dos servidores, já que muitos dos entes públicos não produziram a documentação hábil para comprovar a exposição a agentes nocivos, por não ser obrigação prevista nos "estatutos" de servidores efetivos aos Entes Federativos, para demonstrar o exercício do labor em caráter nocivo à saúde, a exemplo do que é exigido das empresas pelo RGPS.

Mesmo com a Súmula Vinculante n. 33 do STF a aferição do direito individual do servidor à referida aposentadoria dependerá de análise do caso concreto pela autoridade concedente da aposentadoria:

> *A autoridade administrativa responsável pelo exame do pedido de aposentadoria é competente para aferir, no caso concreto, o preenchimento de todos os requisitos para a aposentação previstos no ordenamento jurídico vigente (STF, MI 1.286-ED, Rel. Min. Cármen Lúcia, j. 18.12.2009, Plenário, DJE 19.2.2010).*

Cabe mencionar o entendimento já firmado pelo STF a respeito de impossibilidade de fixação de idade mínima para tal modalidade de aposentadoria enquanto fossem aplicadas as regras do RGPS, com diversos precedentes todos no mesmo sentido: "os parâmetros alusivos à aposentadoria especial, enquanto não editada a lei exigida pelo texto constitucional, são aqueles contidos na Lei 8.213/1991, não cabendo mesclar sistemas para, com isso, cogitar-se de idade mínima" (*verbi gratia*, MI 2.058, Rel. Min. Marco Aurélio, *DJe* 31.7.2014).

Embora admitida no RGPS a conversão de tempo especial em comum, a Súmula Vinculante n. 33 não autorizou essa prática nos RPPS, o que só veio a ocorrer com a Repercussão Geral Tema 942, porém sendo limitada ao tempo trabalhado até 13.11.2019. Nesse sentido, o § 2º do art. 172 da Portaria MTP n. 1.467/2022.

– **Aposentadoria do Servidor Público com Deficiência**

A aposentadoria da pessoa com deficiência foi objeto de regulamentação no âmbito do RGPS pela Lei Complementar n. 142, de 8.5.2013, que adotou, como conceito de pessoa com deficiência, aquela que tem impedimentos de longo prazo de natureza física, mental, intelectual ou sensorial, os quais, em interação com diversas barreiras, podem obstruir sua participação plena e efetiva na sociedade em igualdade de condições com as demais pessoas (art. 2º).

Diante de mais essa omissão do legislador quanto aos RPPS, o STF decidiu de forma reiterada em mandados de injunção pela aplicabilidade da LC n. 142/2013 em favor dos servidores públicos. Nesse sentido:

> A LC 142/2013, que regulamentou a aposentadoria especial de pessoas com deficiência no Regime Geral de Previdência Social, deve ser aplicada ao pedido de aposentadoria de servidores públicos com deficiência, por se tratar de diploma mais adequado para suprir a omissão na regulamentação do antigo art. 40, § 4º, I, da CF/1988 (atual art. 40, § 4º-A) (MI 4.031 AgR, Rel. Min. Roberto Barroso, *DJe* 20.5.2020).

A EC n. 103/2019, ao tratar dessa aposentadoria, estabeleceu o seguinte regramento:

> Art. 22. Até que lei discipline o § 4º-A do art. 40 e o inciso I do § 1º do art. 201 da Constituição Federal, a aposentadoria da pessoa com deficiência segurada do Regime Geral de Previdência Social ou do servidor público federal com deficiência vinculado a regime próprio de previdência social, desde que cumpridos, no caso do servidor, o tempo mínimo de 10 (dez) anos de efetivo exercício no serviço público e de 5 (cinco) anos no cargo efetivo em que for concedida a aposentadoria, será concedida na forma da Lei Complementar n. 142, de 8 de maio de 2013, inclusive quanto aos critérios de cálculo dos benefícios.
>
> Parágrafo único. Aplicam-se às aposentadorias dos servidores com deficiência dos Estados, do Distrito Federal e dos Municípios as normas constitucionais e infraconstitucionais anteriores à data de entrada em vigor desta Emenda Constitucional, enquanto não promovidas alterações na legislação interna relacionada ao respectivo regime próprio de previdência social.

Portanto, como não houve regulamentação dessa aposentadoria pela EC n. 103 para os servidores estaduais, distritais e municipais com Regime Próprio, e até que o Ente Público venha a regulamentar, por lei local, a matéria, para seus servidores, a aplicação da LC n. 142/2013 depende de medida judicial específica. Nesse sentido, a disciplina constante da Portaria MTP n. 1.467/2022:

> Art. 162. Na concessão das aposentadorias dos segurados do RPPS da União com deficiência, ou dos RPPS dos Estados, do Distrito Federal e dos Municípios que adotaram as mesmas regras para os servidores federais, bem como dos segurados com deficiência desses entes, quando amparados por ordem concedida em mandado de injunção, a serem concedidas

na forma da Lei Complementar n. 142, de 8 de maio de 2013, será observado o disposto no Anexo V, enquanto esses entes não promoverem alteração na legislação, nos termos do § 4º-A do art. 40 da Constituição Federal.

Parágrafo único. É vedada a concessão de aposentadoria especial para o segurado com deficiência dos Estados, Distrito Federal e dos Municípios não amparado por ordem concedida em mandado de injunção, até que lei complementar do ente federativo discipline a matéria nos termos do § 4º-A do art. 40 da Constituição Federal.

Quanto ao valor dos proventos, entendemos que não se aplica a nova regra de apuração do salário de benefício estabelecida pelo art. 26 da EC n. 103/2019, que passou a corresponder a 100% do período contributivo desde a competência julho de 1994 ou desde o início da contribuição, se posterior àquela competência. Nesse sentido, também, a orientação do TCU:

Aposentadoria especial. Pessoa com deficiência. Aposentadoria por tempo de serviço. Aposentadoria por idade. Proventos. Cálculo. Legislação. O cálculo dos proventos de aposentadoria especial por idade ou tempo de serviço do servidor com deficiência deve considerar, até a superveniência da lei complementar a que se referem os arts. 201, § 1º, e 40, § 4º-A, da Constituição Federal, a média aritmética simples dos maiores salários-de-contribuição correspondentes a oitenta por cento de todo o período contributivo (art. 22 da EC 103/2019, art. 8º da LC 142/2013 e art. 29 da Lei 8.213/1991) (Acórdão 1368/2023, Plenário Administrativo, Rel. Min. Walton Alencar Rodrigues).

Pela ausência de legislação nos RPPS a esse respeito, havia o risco de se aplicar, no âmbito do RPPS da União, o Decreto n. 10.410/2020, que, ao atualizar o RPS (art. 70-J) e como já descrito nesta obra na parte relativa ao RGPS, cometeu ilegalidade ao estabelecer, sem alteração na Lei Complementar n. 142/2013 ou na Lei n. 8.213/1991, que deve ser aplicada a regra do art. 26 da EC n. 103/2019, ou seja, a média integral dos salários de contribuição, sem o desprezo dos menores valores equivalentes a 20% do período contributivo.

Acertadamente, o TCU firmou orientação pela manutenção da totalidade dos critérios de apuração da RMI da aposentadoria da pessoa com deficiência, o que se deve ao fato de que na EC n. 103/2019 (art. 22, *caput*) foi estabelecido que essa modalidade de aposentadoria, tanto no RGPS quanto no RPPS da União, "será concedida na forma da Lei Complementar n. 142, de 8 de maio de 2013, inclusive quanto aos critérios de cálculo dos benefícios", e na referida Lei Complementar se faz menção ao cálculo da média dos maiores salários de contribuição equivalentes a 80% do período contributivo, constante da Lei n. 8.213/1991.

Como a matéria, para os demais RPPS que não a União, pende de disposições constitucionais ou infraconstitucionais que possam vir a disciplinar especificamente o tema, por normas locais, também prevalece para o âmbito dos servidores dos Estados, DF e Municípios o critério estabelecido nas decisões judiciais supramencionadas, com a aplicação da LC n. 142, até que a matéria seja regulamentada em cada RPPS.

Ressaltando-se que não há decisão vinculante quanto ao tema e que o STF, após a EC n. 103/2019, deixou de apreciar a matéria em relação aos servidores estaduais, municipais e distritais, a exemplo do julgado que segue:

Agravo regimental no agravo regimental no mandado de injunção. Aposentadoria especial de servidor público portador de deficiência. Alteração superveniente do quadro normativo. Emenda Constitucional 103, de 12 de novembro de 2019. Servidores públicos federais. Art. 22 da Emenda Constitucional 103/2019. Perda superveniente do interesse de agir. Servidores públicos estaduais, municipais e distritais. Competência legislativa de cada ente federativo, na forma do art. 40, § 4º-A, da Constituição da República. Mandado de injunção prejudicado (MI 1613 AgR-AgR, Tribunal Pleno, Rel. Min. Luiz Fux, *DJe* 9.9.2020).

– Aposentadorias em atividade de risco

Assim como já foi frisado quanto às demais modalidades de aposentadoria especial nos RPPS, a EC n. 103/2019 não tratou de disciplinar o tema quanto aos policiais e demais servidores em atividades de risco nos Estados, no Distrito Federal e nos Municípios. As regras da EC n. 103/2019, não se aplicam, portanto, a esses servidores, mas somente aos servidores federais, conforme disposição contida no § 2º do art. 5º da EC n. 103/2019:

> § 2º Aplicam-se às aposentadorias dos servidores dos Estados de que trata o § 4º-B do art. 40 da Constituição Federal as normas constitucionais e infraconstitucionais anteriores à data de entrada em vigor desta Emenda Constitucional, enquanto não promovidas alterações na legislação interna relacionada ao respectivo regime próprio de previdência social.

Dessa forma, até que entre em vigor lei complementar do Estado que discipline o § 4º-B do art. 40 da Constituição Federal, a aposentadoria especial do servidor que, em razão do exercício de atividade de risco, se enquadrar na hipótese do inciso II do § 4º do art. 40 da Constituição Federal, na redação dada pela EC n. 47/2005, será concedida, na forma da LC n. 51/1985, apenas ao servidor público policial.

Não será considerado tempo de exercício em cargo de natureza estritamente policial, para os fins do inciso II do art. 1º da LC n. 51, de 1985, o tempo em que o segurado policial estiver em exercício de mandato eletivo, ou quando estiver cedido a órgão ou entidade da administração direta ou indireta, do mesmo ou de outro ente federativo, com ou sem ônus para o cessionário, ou afastado por licenciamento (art. 163 da Portaria MTP n. 1.467/2022).

Quanto à atividade de risco na carreira policial, o STF tem jurisprudência firmada no sentido de que o inciso I do art. 1º da LC n. 51/1985 foi recepcionado pela Constituição Federal de 1988. Esse dispositivo prevê que ao servidor policial é garantido o direito à aposentadoria voluntária, com proventos integrais, após 30 anos de serviço, desde que conte pelo menos 20 anos de exercício em cargo de natureza estritamente policial. Nesse sentido, a Repercussão Geral Tema n. 26, cuja tese fixada foi: "O inciso I do artigo 1º da Lei complementar 51/1985 foi recepcionado pela Constituição Federal de 1988" (*Leading Case*: RE 567.110, DJe 11.4.2011).

Posteriormente, o Plenário da Suprema Corte julgou um caso idêntico na ADI 3.817, concluindo que o art. 1º da LC n. 51 foi recepcionado pela EC n. 20/1998, que deu nova redação ao art. 40, § 4º, da CF.

A LC n. 144, de 15.5.2014, alterou o art. 1º da LC n. 51, de 20.12.1985, para regulamentar a aposentadoria da mulher servidora policial, nos termos que seguem:

> Art. 1º A ementa da Lei Complementar n. 51, de 20 de dezembro de 1985, passa a vigorar com a seguinte redação:
> "Dispõe sobre a aposentadoria do servidor público policial, nos termos do § 4º do art. 40 da Constituição Federal".
> Art. 2º O art. 1º da Lei Complementar n. 51, de 20 de dezembro de 1985, passa a vigorar com a seguinte redação:
> "Art. 1º O servidor público policial será aposentado:
> I – compulsoriamente, com proventos proporcionais ao tempo de contribuição, aos 65 (sessenta e cinco) anos de idade, qualquer que seja a natureza dos serviços prestados;
> II – voluntariamente, com proventos integrais, independentemente da idade:
> a) após 30 (trinta) anos de contribuição, desde que conte, pelo menos, 20 (vinte) anos de exercício em cargo de natureza estritamente policial, se homem;
> b) após 25 (vinte e cinco) anos de contribuição, desde que conte, pelo menos, 15 (quinze) anos de exercício em cargo de natureza estritamente policial, se mulher" (NR).

No que tange à regra do inciso I do art. 1º da Lei Complementar n. 51/1985, com a redação conferida pela Lei Complementar n. 144/2014, importante referir que o dispositivo foi revogado expressamente pelo art. 3º da Lei Complementar n. 152, de 8.12.2015, com o que se entende que a idade para a aposentadoria compulsória dos policiais civis passou a ser a mesma que a dos demais servidores públicos ocupantes de cargos efetivos, ou seja, 75 anos.

Na mesma linha de entendimento que o já esposado no campo das aposentadorias por exposição a agentes nocivos, o STF refuta a aplicação de idade mínima à aposentadoria de servidores policiais civis:

> *Aposentadoria especial de policial. Atividade de risco. (...) Impossibilidade de conjugação do sistema da Lei Complementar 51/1985 com o do art. 57 da Lei 8.213/1991, para com isso, cogitar-se de idade mínima para aposentação (MI 4.528-AgR, Rel. Min. Cármen Lúcia, j. 13.6.2012, Plenário, DJE 1º.8.2012).*

No caso de policial civil cedido a outros órgãos da administração pública, o STF não reconhece o cômputo do tempo de exercício em outra atividade durante o período da cessão para fins de aposentadoria especial:

> *Art. 3º da Lei distrital 3.556/2005. Servidores das carreiras policiais civis cedidos à administração pública direta e indireta da União e do Distrito Federal: tempo de serviço considerado pela norma questionada como de efetivo exercício de atividade policial. Ampliação do benefício de aposentadoria especial dos policiais civis estabelecidos no art. 1º da LC federal 51, de 20.12.1985. (...) Inexistência de afronta ao art. 40, § 4º, da CR, por restringir-se a exigência constitucional de lei complementar à matéria relativa à aposentadoria especial do servidor público, o que não foi tratado no dispositivo impugnado. Inconstitucionalidade formal por desobediência ao art. 21, XIV, da CR, que outorga competência privativa à União legislar sobre regime jurídico de policiais civis do DF. O art. 1º da LC federal 51/1985, que dispõe que o policial será aposentado voluntariamente, com proventos integrais, após trinta anos de serviço, desde que conte pelo menos vinte anos de exercício em cargo de natureza estritamente policial, foi recepcionado pela CR de 1988. A combinação desse dispositivo com o art. 3º da Lei distrital 3.556/2005 autoriza a contagem do período de vinte anos previsto na LC 51/1985 sem que o servidor público tenha, necessariamente, exercido atividades de natureza estritamente policial, expondo sua integridade física a risco, pressuposto para o reconhecimento da aposentadoria especial do art. 40, § 4º, da CR: inconstitucionalidade configurada (ADI 3.817, Rel. Min. Cármen Lúcia, j. 13.11.2008, Plenário, DJE 3.4.2009). No mesmo sentido: RE 544.544-AgR, Rel. Min. Marco Aurélio, 1ª Turma, j. 21.8.2012, DJE 6.9.2012; AI 820.495-AgR, Rel. Min. Cármen Lúcia, 1ª Turma, j. 8.2.2011, DJE 24.3.2011; RE 567.110, Rel. Min. Cármen Lúcia, Plenário, j. 13.10.2010, DJE 11.4.2011, com repercussão geral.*

QUADRO-RESUMO – REGRAS SOBRE APOSENTADORIA ESPECIAL NOS RPPS DOS ENTES FEDERADOS SUBNACIONAIS (QUE NÃO REALIZARAM A REFORMA DA PREVIDÊNCIA)

Observação: caso o servidor a ser aposentado seja ocupante de cargo efetivo de ente federativo que já tenha implementado o regime de previdência complementar de que tratam os §§ 14 a 16 do art. 40 da CF, e que ingressou após a implementação, ou migrou para este modelo antes de concedida a aposentadoria, os proventos devidos pelo RPPS serão limitados ao mesmo valor fixado para teto do RGPS, fazendo jus, em caso de previsão neste sentido na legislação do respectivo ente federativo, ao benefício especial correspondente ao tempo de contribuição anterior e ainda, caso tenha aderido ao plano de previdência complementar, o benefício para o qual tenha contribuído.

APOSENTADORIA VOLUNTÁRIA ESPECIAL – SÚMULA VINCULANTE N. 33

Aplicável aos servidores dos Estados, do Distrito Federal e dos Municípios, até que lei do respectivo Ente da Federação venha a disciplinar a matéria e aos servidores da União que cumpriram os requisitos até 13.11.2019.

Art. 40, § 4º, III, "c", da CF/1988 (redação dada pela EC n. 41, de 2003); art. 10, § 7º, da EC n. 103, de 2019; art. 57 da Lei n. 8.213/1991; Súmula Vinculante n. 33 do STF; e Portaria MTP n. 1.467/2022 (art. 161).

REQUISITOS MÍNIMOS CUMULATIVOS

	TEMPO MÍNIMO DE CONTRIBUIÇÃO	IDADE MÍNIMA	TEMPO MÍNIMO NO SERVIÇO PÚBLICO	TEMPO MÍNIMO DE EFETIVO EXERCÍCIO NO CARGO EM QUE SE DARÁ A APOSENTADORIA
HOMEM/ MULHER	25 ANOS DE EXPOSIÇÃO A AGENTES NOCIVOS, CONFORME A REGRA DO RGPS (VIDE QUADRO NO CAP. 37)	NÃO SE EXIGE	10 ANOS	5 ANOS
CÁLCULO DO BENEFÍCIO	100% da média aritmética simples das maiores remunerações (80% de todo o período contributivo) – art. 1º da Lei n. 10.887/2004).			
TETO DO BENEFÍCIO	ÚLTIMA REMUNERAÇÃO NO CARGO EFETIVO, SALVO NA HIPÓTESE DE SERVIDOR DE ENTE FEDERATIVO COM RPC, QUE TENHA INGRESSADO APÓS A INSTITUIÇÃO DO RPC (OU FAÇA MIGRAÇÃO PARA ESTE REGIME), QUANDO ENTÃO SERÁ LIMITADO AO VALOR-TETO FIXADO PARA O RGPS.			
REAJUSTE	NÃO TEM PARIDADE. OS PROVENTOS DEVERÃO SER REAJUSTADOS NA MESMA DATA E ÍNDICE ADOTADOS PARA O REAJUSTE DOS BENEFÍCIOS DO REGIME GERAL DE PREVIDÊNCIA SOCIAL.			

APOSENTADORIA AOS SERVIDORES COM DEFICIÊNCIA

Aplicável aos servidores dos entes federados subnacionais, mediante decisão judicial e, até que lei do respectivo Ente venha a disciplinar a matéria. Aplicável aos servidores da União a partir da EC n. 103/2019.

Art. 22 da EC n. 103/2019, c/c art. 10, § 7º; LC n. 142/2013; STF, MI 5.126; Portaria MTP n. 1.467/2022 (art. 162).

REQUISITOS MÍNIMOS CUMULATIVOS

Aposentadoria por Tempo de Contribuição

– 25 (vinte e cinco) anos de tempo de contribuição, se homem, e 20 (vinte) anos, se mulher, no caso de segurado com deficiência grave;

– 29 (vinte e nove) anos de tempo de contribuição, se homem, e 24 (vinte e quatro) anos, se mulher, no caso de segurado com deficiência moderada;

– 33 (trinta e três) anos de tempo de contribuição, se homem, e 28 (vinte e oito) anos, se mulher, no caso de segurado com deficiência leve; ou

Aposentadoria por Idade

– 60 (sessenta) anos de idade, se homem, e 55 (cinquenta e cinco) anos de idade, se mulher, independentemente do grau de deficiência, desde que cumprido tempo mínimo de contribuição de 15 (quinze) anos e comprovada a existência de deficiência durante igual período.

TEMPO MÍNIMO NO SERVIÇO PÚBLICO	TEMPO MÍNIMO DE EFETIVO EXERCÍCIO NO CARGO EM QUE SE DARÁ A APOSENTADORIA
10 ANOS	5 ANOS

APOSENTADORIA AOS SERVIDORES COM DEFICIÊNCIA		
	Aplicável aos servidores dos entes federados subnacionais, mediante decisão judicial e, até que lei do respectivo Ente venha a disciplinar a matéria. Aplicável aos servidores da União a partir da EC n. 103/2019.
CÁLCULO DO BENEFÍCIO	APC: 100% da média aritmética simples das maiores remunerações (80% de todo o período contributivo) – art. 1º da Lei n. 10.887/2004). Na aposentadoria por idade, o coeficiente é de 70% mais 1% por grupo de 12 contribuições.
TETO DO BENEFÍCIO	ÚLTIMA REMUNERAÇÃO NO CARGO EFETIVO, SALVO NA HIPÓTESE DE SERVIDOR DE ENTE FEDERATIVO COM RPC, QUE TENHA INGRESSADO APÓS A INSTITUIÇÃO DO RPC (OU FAÇA MIGRAÇÃO PARA ESTE REGIME), QUANDO ENTÃO SERÁ LIMITADO AO VALOR-TETO FIXADO PARA O RGPS.
REAJUSTE	NÃO TEM PARIDADE. OS PROVENTOS DEVERÃO SER REAJUSTADOS NA MESMA DATA E ÍNDICE ADOTADOS PARA O REAJUSTE DOS BENEFÍCIOS DO REGIME GERAL DE PREVIDÊNCIA SOCIAL.

45.5 TEMPO DE CONTRIBUIÇÃO NOS REGIMES PRÓPRIOS

A noção de tempo de contribuição é imprescindível para o estudo do direito à aposentadoria em qualquer regime previdenciário.

Na regulamentação do RGPS, identificava-se como tempo de contribuição, até 13.11.2019, o tempo, contado de data a data, desde o início da atividade até o desligamento (art. 188-G do RPS, incluído pelo Decreto n. 10.410/2020). E, a partir de 13.11.2019, passaram a ser consideradas tempo de contribuição as competências em que o salário de contribuição mensal tenha sido igual ou superior ao limite mínimo, independentemente da quantidade de dias trabalhados (art. 19-C do RPS, incluído pelo Decreto n. 10.410/2020).

Nos RPPS, pode-se dizer que o tempo de contribuição inclui, além dos tempos de efetivo exercício, os períodos de licença remunerada e os tempos fictícios, estes quando autorizados por lei e limitados a 16.12.1998 (data de promulgação da EC n. 20/1998, que acrescentou o § 10 ao texto do art. 40 da CF).

No art. 40, § 9º, da Constituição (redação dada pela EC n. 103, de 2019), consta que: "O tempo de contribuição federal, estadual, distrital ou municipal será contado para fins de aposentadoria, observado o disposto nos §§ 9º e 9º-A do art. 201, e o tempo de serviço correspondente será contado para fins de disponibilidade".

É importante salientar algumas regras fundamentais em relação ao cômputo do tempo para fins de aposentadoria, consoante art. 96 da Lei n. 8.213/1991:

- Não será computado como tempo de contribuição o já considerado para a concessão de qualquer aposentadoria do RGPS ou por outro Regime de Previdência Social.
- O tempo de atividade sujeita à filiação ao RGPS/INSS (emprego público, cargos em comissão, mandato eletivo) somente pode ser averbado mediante certidão de tempo de contribuição emitida por aquela autarquia.
- O tempo de atividade em cargo público de provimento efetivo de outro ente da Federação deve ser averbado mediante certidão emitida pelo respectivo ente público.

Em relação ao tempo de serviço prestado pelo servidor antes de seu ingresso no cargo em que pretende se aposentar, este deve ser computado conforme a legislação vigente à época do período laboral respectivo (*tempus regit actum*).

E acerca da conversão do tempo especial em comum, no âmbito dos RPPS, o STF, apreciando o Tema 942 de Repercussão Geral, firmou a seguinte tese, mais ampla: "Até a edição da Emenda Constitucional n. 103/2019, o direito à conversão, em tempo comum, do prestado sob condições especiais que prejudiquem a saúde ou a integridade física de servidor público decorre da previsão de adoção de requisitos e critérios diferenciados para a jubilação daquele enquadrado na hipótese prevista no então vigente inciso III do § 4º do art. 40 da Constituição da República, devendo ser aplicadas as normas do regime geral de previdência social relativas à aposentadoria especial contidas na Lei n. 8.213/1991 para viabilizar sua concretização enquanto não sobrevier lei complementar disciplinadora da matéria. Após a vigência da EC n. 103/2019, o direito à conversão em tempo comum, do prestado sob condições especiais pelos servidores obedecerá à legislação complementar dos entes federados, nos termos da competência conferida pelo art. 40, § 4º-C, da Constituição da República" (RE 1.014.286, Plenário Virtual, j. 29.8.2020).

45.5.1 Contagem recíproca de tempo de contribuição

A garantia da contagem recíproca do tempo de serviço, prevista inicialmente na Lei n. 6.226/1975, passou então a ser a contagem recíproca de tempo de contribuição, permitindo-se o cômputo, para fins de aposentadoria, do período trabalhado no serviço público e daquele prestado na iniciativa privada, inclusive para o trabalhador urbano e rural, hipótese em que os regimes de Previdência Social envolvidos se compensarão financeiramente conforme regra prevista no § 9º do art. 201 da Constituição Federal.

Diante da nova redação dada ao art. 201, §§ 9º, 9º-A e 14, pela EC n. 103/2019:

- para fins de aposentadoria, será assegurada a contagem recíproca do tempo de contribuição entre o RGPS e os RPPS, e destes entre si, observada a compensação financeira, de acordo com os critérios estabelecidos em lei;
- o tempo de serviço militar exercido nas atividades de que tratam os arts. 42, 142 e 143 da CF e o tempo de contribuição ao RGPS ou a RPPS terão contagem recíproca para fins de inativação militar ou aposentadoria e a compensação financeira será devida entre as receitas de contribuição referentes aos militares e as receitas de contribuição aos demais regimes;
- é vedada a contagem de tempo de contribuição fictício para efeito de concessão dos benefícios previdenciários e de contagem recíproca.

Nas regras transitórias da EC n. 103 (art. 25), foi assegurada a contagem de tempo de contribuição fictício no RGPS decorrente de hipóteses descritas na legislação vigente até a data de entrada em vigor da referida Emenda, para fins de concessão de aposentadoria. E, a partir da sua entrada em vigor, deve ser observado o disposto no § 14 do art. 201 da Constituição Federal.

A compensação financeira será efetuada pelos demais regimes em relação ao regime em que o interessado estiver vinculado ao requerer o benefício, em relação aos respectivos tempos de contribuição ou serviço.

A regulamentação legislativa definindo os critérios para a compensação financeira entre o RGPS e os regimes de previdência dos servidores da União, dos Estados, do Distrito Federal e dos Municípios, nos casos de contagem recíproca de tempo de contribuição para efeito de aposentadoria, se deu com a Lei n. 9.796, de 26.5.1999, e pelo Decreto n. 3.112, de 6.7.1999. A respeito da referida Lei, o STF, ao julgar Ação Direta de Inconstitucionalidade movida pelo Estado de Minas Gerais, versando sobre os §§ 1º, 2º e 3º dos arts. 3º e 4º, decidiu:

> 1. Os preceitos dos §§ 1º, 2º e 3º dos arts. 3º e 4º da Lei 9.796/1999 não infringem a forma federativa do Estado brasileiro nem a autonomia dos Entes integrantes. A Lei 9.796/1999 nasceu da necessidade de se conceber um suporte normativo para provimento da interlocução entre os Regimes de Previdência. A adoção de medidas de referência do Regime Geral de Previdência Social (RGPS) para fins de estabelecimento de um modelo nacional de compensação não atenta contra a igualdade dos Entes da Federação, não beneficia a União.

2. A exigência de apresentação das legislações que definem as peculiaridades dos Regimes Próprios de Previdência Social (RPPS) constitui ônus administrativo pertinente. As normas contidas nos §§ 2º dos artigos 3º e 4º não revelam abuso na definição dos procedimentos de compensação previdenciária.

3. Não há qualquer favorecimento indevido no conteúdo dos §§ 3º dos arts. 3º e 4º da Lei 9.796/1999. Essas normas representam diretriz de observância obrigatória de equilíbrio financeiro previdenciário.

4. Constitucionalidade dos §§ 5º dos arts. 3º e 4º da Lei 9.796/1999. Manutenção do equilíbrio financeiro sistêmico previdenciário com previsão de aplicação dos índices de reajuste do Regime Geral de Previdência Social ao montante devido a título de compensação previdenciária.

5. O prazo de trinta e seis meses para a disponibilização de dados e informações referentes à situação funcional e previdenciária dos Segurados originalmente vinculados aos Regimes Próprios, conforme previsto no art. 5º da Lei 9.796/1999, sofreu alterações normativas diversas. Não aditamento do pedido inicial importa em impossibilidade de conhecimento do alegado. Precedentes.

6. Momento a partir do qual se considera como devida a compensação previdenciária, segundo os termos da Lei 9.796/1999, §§ 1º dos arts. 3º e 4º, não se incompatibiliza com o previsto no art. 201, § 9º, da Constituição Federal.

7. O art. 249 da Constituição Federal aponta, como caminho de sustentação financeira das prestações previdenciárias devidas aos Servidores e Dependentes da União, Estados, Distrito Federal e Municípios, a criação de fundos previdenciários próprios. Não se incompatibiliza a Lei 9.796/1999 com essa mensagem constitucional.

8. Ação Direta de Inconstitucionalidade parcialmente conhecida e, nessa parte, julgada improcedente (ADI 2.605, Tribunal Pleno, Rel. Min. Alexandre de Moraes, DJe 29.10.2018).

O tempo de contribuição, em caso de contagem recíproca, será computado de acordo com a legislação pertinente, observadas, entre outras, as normas previstas no art. 96 da Lei n. 8.213/1991, com alterações posteriores da Lei n. 13.846/2019, quais sejam:

- não será admitida a contagem em dobro ou em outras condições especiais;
- é vedada a contagem de tempo de serviço público com o de atividade privada, quando concomitantes (ressalvados os casos de acumulação de cargos ou empregos públicos admitidos pela Constituição);
- não será contado por um sistema o tempo de serviço utilizado para concessão de aposentadoria pelo outro;
- o tempo de serviço anterior ou posterior à obrigatoriedade de filiação à Previdência Social só será contado mediante indenização da contribuição correspondente ao período respectivo, com acréscimo de juros moratórios de 0,5% ao mês e multa de 10%;
- é vedada a emissão de CTC com o registro exclusivo de tempo de serviço, sem a comprovação de contribuição efetiva, exceto para o segurado empregado, empregado doméstico, trabalhador avulso e, desde 1º de abril de 2003, para o contribuinte individual que presta serviço a empresa obrigada a arrecadar a contribuição a seu cargo, observado o disposto no § 5º do art. 4º da Lei n. 10.666, de 8 de maio de 2003 (essa vedação não se aplica ao tempo de serviço anterior à edição da EC n. 20/1998, que tenha sido equiparado por lei a tempo de contribuição);
- a CTC somente poderá ser emitida por regime próprio de previdência social para ex-servidor;
- é vedada a contagem recíproca de tempo de contribuição do RGPS por RPPS sem a emissão da CTC correspondente, ainda que o tempo de contribuição referente ao

RGPS tenha sido prestado pelo servidor público ao próprio ente instituidor (essa exigência só é válida a partir da Lei n. 13.846/2019);
- é vedada a desaverbação de tempo em RPPS quando o tempo averbado tiver gerado a concessão de vantagens remuneratórias ao servidor público em atividade; e
- para fins de elegibilidade às aposentadorias especiais referidas no § 4º do art. 40 e no § 1º do art. 201 da Constituição Federal, os períodos reconhecidos pelo regime previdenciário de origem como de tempo especial, sem conversão em tempo comum, deverão estar incluídos nos períodos de contribuição compreendidos na CTC e discriminados de data a data.

Os Regimes Próprios devem observar, para o servidor que ocupe mais de um cargo acumulável, quanto à averbação de tempo de contribuição prestado como segurado do RGPS, as disposições do art. 193 da Portaria MTP n. 1.467/2022:

> Art. 193. A averbação, por RPPS, de tempo de contribuição constante de CTC emitida pelo INSS somente pode ser efetivada em um único cargo ocupado pelo segurado, ainda que, no período certificado, tenha havido filiação ao RGPS pelo exercício de múltiplas atividades decorrentes de empregos públicos ou privados ou cargos públicos.
> Parágrafo único. Ressalva-se do disposto no *caput*, a hipótese de emissão, pelo INSS, de CTC única com divisão e destinação do tempo de contribuição para, no máximo, dois órgãos distintos, quando solicitado pelo segurado que exerce cargos constitucionalmente acumuláveis, conforme previsão do § 7º do art. 130 do Regulamento da Previdência Social, aprovado pelo Decreto n. 3.048, de 1999.

Para fins de contagem recíproca e compensação financeira previstas nos §§ 9º e 9º-A do art. 201 da Constituição Federal, o tempo de contribuição, na forma do art. 182 da Portaria MTP n. 1.467/2022, deverá ser comprovado por:

I – Certidão de Tempo de Contribuição – CTC, fornecida pela unidade gestora do RPPS ou, excepcionalmente, pelo órgão de origem do segurado, desde que devidamente homologada pela respectiva unidade gestora, limitada ao período de vinculação a este regime, ou pelo Instituto Nacional do Seguro Social – INSS, quando se referir a tempo de contribuição no RGPS; e
II – por Certidão de Tempo de Serviço Militar, fornecida pelo órgão responsável pela gestão do Sistema de Proteção Social dos Militares – SPSM, quando for o caso de tempo de serviço militar exercido nas atividades de que tratam os arts. 42, 142 e 143 da Constituição Federal.

Constará da CTC emitida para o segurado que ocupou o cargo de professor a discriminação do tempo de efetivo exercício das funções de magistério na educação infantil e no ensino fundamental e médio (art. 186, § 1º, da Portaria MTP n. 1.467/2022).

Para fins de elegibilidade às aposentadorias especiais referidas nos §§ 4º, 4º-A, 4º-B e 4º-C do art. 40 da Constituição Federal, os períodos reconhecidos pelo regime previdenciário de origem como de tempo especial, cumprido em qualquer época, deverão estar incluídos nos períodos de contribuição compreendidos na CTC, sem conversão em tempo comum e discriminados de data a data, em campo próprio da CTC (art. 188 da Portaria MTP n. 1.467/2022).

Quando solicitado pelo ex-segurado que mantém filiação a 2 (dois) RPPS ou 2 (dois) vínculos funcionais com filiação ao mesmo RPPS e exerce atividades com filiação ao RGPS, é permitida a emissão de CTC única, pelo RPPS, com destinação do tempo de contribuição para, no máximo, esses três regimes previdenciários ou dois vínculos, segundo indicação do requerente (art. 192 da Portaria MTP n. 1.467/2022, com a redação conferida pela Portaria MPS n. 1.180/2024).

Caberá revisão da CTC, inclusive de ofício, quando for constatado erro material e desde que tal revisão não importe em dar à certidão destinação diversa da que lhe foi dada originariamente (art. 202 da Portaria MTP n. 1.467/2022).

Situação comum é a do servidor que iniciou sua vida laboral na iniciativa privada e depois ingressou em cargo público, mas simultaneamente a isso permanece vinculado a atividades sujeitas à filiação ao RGPS/INSS. É o exemplo de um servidor público que, ao mesmo tempo, exerce a atividade de professor numa instituição particular de ensino. Nesse caso, o servidor terá de contribuir tanto para o RPPS quanto para o RGPS/INSS, sobre os valores recebidos em cada uma das atividades. Entretanto, se a atividade no âmbito privado se iniciou antes da admissão em cargo público, pode o servidor ter interesse em averbar o tempo não concomitante junto ao RPPS para, somado ao tempo de serviço público, computar o lapso exigido para a aposentadoria.

O INSS costuma, nesses casos, indeferir o requerimento de expedição de certidão apenas com o tempo não concomitante, ferindo direito do indivíduo, como já decidiu o STF:

> *Direitos Individuais Homogêneos. Segurados da Previdência Social. Certidão Parcial de Tempo de Serviço. Recusa da Autarquia Previdenciária. Direito de Petição e Direito de Obtenção de Certidão em Repartições Públicas. Prerrogativas Jurídicas de índole eminentemente constitucional. Existência de relevante interesse social. Ação Civil Pública. Legitimação Ativa do Ministério Público. Doutrina. Precedentes. Recurso Extraordinário improvido (RE 472489/RS, 2ª Turma, Rel. Min. Celso de Mello, DJe 28.11.2007).*

Havendo reconhecimento de filiação em período em que o exercício de atividade não exigia filiação obrigatória à Previdência Social, esse período somente será averbado (e emitida a certidão de tempo de contribuição) se o INSS for indenizado pelas contribuições não pagas.

No caso de tempo de atividade rural, abrangida, portanto, pelo RGPS e devidamente comprovada na forma da regulamentação daquele regime, é possível a contagem junto ao Regime Próprio, mediante certidão expedida pelo INSS, porém condicionada ao pagamento de indenização (sic) pelo período respectivo:

- STF – *"A contagem recíproca de tempo de serviço rural para a aposentadoria no serviço público pressupõe o recolhimento das contribuições previdenciárias correspondentes"* (MS 26.391, Tribunal Pleno, Rel. Min. Marco Aurélio, DJe 6.6.2011).
- TNU – Súmula n. 10: *"O tempo de serviço rural anterior à vigência da Lei n. 8.213/91 pode ser utilizado para fins de contagem recíproca, assim entendida aquela que soma tempo de atividade privada, rural ou urbana, ao de serviço público estatutário, desde que sejam recolhidas as respectivas contribuições previdenciárias".*

A sistemática de cálculo para a indenização de períodos pretéritos, que estava disciplinada pelo art. 45 da Lei n. 8.212/1991 e art. 216, § 7º, do Decreto n. 3.048/1999, foi objeto de nova regulamentação pela Lei Complementar n. 128, de 2008, que revogou o referido dispositivo legal e incluiu o art. 45-A ao texto da Lei n. 8.212/1991, nos seguintes termos:

> *Art. 45-A. O contribuinte individual que pretenda contar como tempo de contribuição, para fins de obtenção de benefício no Regime Geral de Previdência Social ou de contagem recíproca do tempo de contribuição, período de atividade remunerada alcançada pela decadência deverá indenizar o INSS.*
>
> *§ 1º O valor da indenização a que se refere o caput deste artigo e o § 1º do art. 55 da Lei n. 8.213, de 24 de julho de 1991, corresponderá a 20% (vinte por cento):*

I – da média aritmética simples dos maiores salários de contribuição, reajustados, correspondentes a 80% (oitenta por cento) de todo o período contributivo decorrido desde a competência julho de 1994; ou

II – da remuneração sobre a qual incidem as contribuições para o regime próprio de previdência social a que estiver filiado o interessado, no caso de indenização para fins da contagem recíproca de que tratam os arts. 94 a 99 da Lei n. 8.213, de 24 de julho de 1991, observados o limite máximo previsto no art. 28 e o disposto em regulamento.

§ 2º Sobre os valores apurados na forma do § 1º deste artigo incidirão juros moratórios de 0,5% (cinco décimos por cento) ao mês, capitalizados anualmente, limitados ao percentual máximo de 50% (cinquenta por cento), e multa de 10% (dez por cento).

§ 3º O disposto no § 1º deste artigo não se aplica aos casos de contribuições em atraso não alcançadas pela decadência do direito de a Previdência constituir o respectivo crédito, obedecendo-se, em relação a elas, as disposições aplicadas às empresas em geral.

Quanto à incidência de acréscimos de mora sobre essa "indenização", posicionou-se o STJ de modo a considerar indevida até a alteração realizada pela MP n. 1.523/1996 (REsp 1.929.631/PR, 1ª Seção, rel. Min. Og Fernandes, *DJe* 20.5.2022 – Tema Repetitivo n. 1103). A matéria agora também consta do Regulamento da Previdência Social, reconhecendo que a incidência de juros moratórios e multa será estabelecida apenas para fatos geradores ocorridos a partir de 14.10.1996 (§ 8º-A do art. 239 do RPS, incluído pelo Decreto n. 10.410/2020).

Ressaltamos ainda que, em face da decisão do STF no RE 661.256 (RG Tema 503), a Desaposentação no RGPS para fins de obtenção de Certidão de Tempo de Contribuição e utilização do tempo no RPPS ficou impossibilitada. Somente será possível em caso de legislação própria a ser criada pelo Congresso Nacional.

O setor competente do INSS deverá promover o levantamento do tempo de contribuição para o RGPS à vista dos assentamentos internos ou das anotações na Carteira do Trabalho e/ou na CTPS, ou de outros meios de prova admitidos em direito.

Da mesma forma, o setor competente do órgão Federal, Estadual, do Distrito Federal ou Municipal deverá promover o levantamento do tempo de contribuição para o respectivo regime próprio de previdência social à vista dos assentamentos funcionais.

O tempo de serviço militar, obrigatório ou não, é computado para todos os fins para o servidor, inclusive o decorrente do chamado "Tiro de Guerra" (Súmula n. 108 do TCU). No mesmo sentido: "O tempo de serviço militar obrigatório deve ser computado para fins de carência no tocante à aposentadoria por idade no Regime Geral da Previdência Social" (TNU, PUIL 0527059-78.2017.4.05.8100/CE, Sessão de 27.6.2019).

Quando o INSS indefere o cômputo de tempo de serviço prestado na iniciativa privada, poderá o segurado ajuizar ação declaratória, conforme pacificou o STJ: "Súmula n. 242 – Cabe ação declaratória para reconhecimento de tempo de serviço para fins previdenciários".

O benefício resultante da contagem recíproca do tempo será concedido e pago pelo sistema a que o interessado estiver vinculado ao requerê-lo, e calculado na forma da respectiva legislação.

Concedido o benefício, caberá, segundo o art. 131 do Regulamento da Previdência Social:

– ao INSS comunicar o fato ao órgão público emitente da certidão, para as anotações nos registros funcionais e/ou na segunda via da certidão de tempo de contribuição; e

– ao órgão público comunicar o fato ao INSS, para efetuar os registros cabíveis.

A emissão de CTC obriga a compensação financeira entre os regimes, ficando o Regime que reconhecer e certificar o tempo obrigado a efetuar os pagamentos na forma da Lei n. 9.796/1999.

45.5.2 Contagens fictícias

Entende-se como tempo fictício aquele considerado em lei como tempo de contribuição para fins de concessão de aposentadoria sem que tenha havido, por parte do segurado, a prestação de serviço ou a correspondente contribuição (art. 195, § 1º, da Portaria MTP n. 1.467/2022).

Ou seja, tempo fictício pode ser definido como aquele em que não houve prestação de serviço pelo servidor e/ou não houve contribuição, e que decorre de previsões legais existentes antes de 16.12.1998 que permitiam ao servidor ocupante de cargo efetivo converter determinados períodos em tempo ficto para fins de aposentadoria, como na hipótese clássica das licenças-prêmio que, uma vez não usufruídas, poderiam ser computadas para a aposentadoria, em dobro.

É importante frisar que a EC n. 20/1998 passou a vedar a contagem fictícia de tempo, mas não significa que os períodos de licença remunerada, quando fruídos, não sejam computados como tempo de contribuição! Havendo remuneração, há contribuição, logo não se trata de tempo fictício. O que não se permite mais é o cômputo em dobro de tais licenças, quando não usufruídas.

A EC n. 103/2019 também vedou a contagem de tempo de contribuição fictício para efeito de concessão dos benefícios previdenciários (RGPS) e de contagem recíproca (art. 201, § 14, da CF). O art. 25 da referida Emenda passou a prever que:

> Será assegurada a contagem de tempo de contribuição fictício no Regime Geral de Previdência Social decorrente de hipóteses descritas na legislação vigente até a data de entrada em vigor desta Emenda Constitucional para fins de concessão de aposentadoria, observado, a partir da sua entrada em vigor, o disposto no § 14 do art. 201 da Constituição Federal.

É assente no âmbito do STJ que "o tempo de serviço público federal prestado sob o pálio do extinto regime celetista deve ser computado para todos os efeitos, inclusive para anuênios e licença-prêmio por assiduidade, nos termos dos arts. 67 e 100, da Lei n. 8.112/90" (Precedente: AgRg no Ag 1.276.352/RS, 5ª Turma, Rel. Min. Laurita Vaz, *DJe* 18.10.2010).

O entendimento do STF, entretanto, é que contagens fictícias são permitidas a servidores, mesmo para contagem de tempo de contribuição para aposentadorias concedidas na forma da atual redação do art. 40, quando o direito à vantagem antecede a EC n. 20/1998. Nesse sentido:

> DIREITO CONSTITUCIONAL E ADMINISTRATIVO. SERVIDOR PÚBLICO. LICENÇA-PRÊMIO NÃO USUFRUÍDA. PERÍODO ANTERIOR À VIGÊNCIA DA EC 20/98. APOSENTADORIA. CONTAGEM DE TEMPO EM DOBRO. POSSIBILIDADE. DIREITO ADQUIRIDO. ART. 5º, XXXVI, DA LEI MAIOR. JURISPRUDÊNCIA PACÍFICA. ACÓRDÃO RECORRIDO PUBLICADO EM 08.10.2008. A jurisprudência desta Corte firmou-se no sentido de que o servidor público que completou os requisitos para usufruir da licença-prêmio em data anterior à EC 20/1998, e não a utilizou, tem direito ao cômputo em dobro do tempo de serviço prestado nesse período para fins de aquisição de aposentadoria. Agravo regimental conhecido e não provido (AI 760.595 AgR, 1ª Turma, Rel. Min. Rosa Weber, *DJE* 25.3.2013).

Quanto ao prazo para postular em juízo o direito a licenças não usufruídas, a matéria foi pacificada pelo STJ na análise do Tema Repetitivo 516: "A contagem da prescrição quinquenal relativa à conversão em pecúnia de licença-prêmio não gozada e nem utilizada como lapso temporal para a aposentadoria tem como termo *a quo* a data em que ocorreu a aposentadoria do servidor público".

Não se considera fictício o tempo definido em lei como tempo de contribuição para fins de concessão de aposentadoria quando tenha havido, por parte do segurado, a prestação de serviço ou a correspondente contribuição (art. 171, § 1º, da Portaria MTP n. 1.467/2022).

45.6 PRAZO PRESCRICIONAL PARA AÇÃO DE CONCESSÃO OU REVISIONAL DE APOSENTADORIA NOS RPPS

Tema de suma importância é a abordagem quanto aos marcos prescricionais, no campo dos RPPS, para as demandas que versem sobre a negativa de concessão, bem como para as ações que visem à revisão da renda dos benefícios desses Regimes.

Na hipótese em que o servidor busca a revisão do ato de aposentadoria, ocorre a prescrição do próprio fundo de direito após o transcurso de mais de cinco anos entre o ato de concessão e o ajuizamento da ação, consoante prevê o art. 1º do Decreto n. 20.910/1932.

E, segundo a jurisprudência dominante do STJ, "em se tratando de ato de efeito concreto que suprimiu vantagem recebida pelo servidor, a contagem do prazo prescricional inicia-se a partir da sua publicação, não havendo falar em relação de trato sucessivo na espécie" (AgInt no REsp 1.874.802/CE, Rel. Ministro Sérgio Kukina, Primeira Turma, *DJe* 17.11.2020)

Importante dizer que o pleito de concessão de benefícios nos Regimes Próprios depende de requerimento administrativo, o qual deve ser analisado e deferido ou não pelo órgão competente. E, se não houver a recusa administrativa e formal do órgão responsável, não existirá prescrição do fundo de direito. Por outro lado, se a administração recusar o pedido, o interessado terá prazo de cinco anos contados do indeferimento para levar a pretensão ao Poder Judiciário. Com esse entendimento, a 1ª Turma do STJ deu provimento ao recurso especial ajuizado pelo pai de um servidor público que buscava a reversão da cota-parte de pensão por morte referente ao falecimento de seu filho (REsp 1.767.010, Rel. Desembargador convocado Manoel Erhardt, j. 22.6.2021).

O Superior Tribunal de Justiça considera que a existência de norma específica que regula a prescrição quinquenal, nos feitos que envolvem as relações de cunho administrativo – tais como aquelas que envolvem a Administração Pública e os seus servidores –, afasta a adoção do prazo decenal previsto no art. 103, *caput*, da Lei n. 8.213/1991, que dispõe sobre os Planos de Benefícios da Previdência Social. Nesse sentido, o Pet 9.156/RJ, 1ª Seção, Rel. Min. Arnaldo Esteves Lima, *DJe* 3.6.2014.

Ainda, quanto à prescrição, "é importante destacar que a jurisprudência desta Corte Superior é firme no sentido de que não se opera a prescrição de fundo de direito nos casos em que se objetive a revisão dos proventos de aposentadoria, com base na paridade entre ativos e inativos, nos termos do art. 40, § 8º, da Constituição da República" (STJ, AgInt nos EREsp 1.920.465/RS, 1ª Seção, Rel. Min. Francisco Falcão, *DJe* 2.6.2022).

45.7 INCONSTITUCIONALIDADE DA PENA DE CASSAÇÃO DA APOSENTADORIA

A partir do momento que os RPPS passaram a ser contributivos e a aposentadoria deixou de ser um prêmio pelo exercício da função pública, não há mais sentido na cassação da aposentadoria como penalidade equivalente à perda do cargo por ato de improbidade administrativa.

Entendemos que, ocorrendo a perda do cargo, antes do implemento das regras de aposentadoria, o servidor poderá obter certidão do tempo de contribuição para cômputo do período trabalhado em outro regime. E, caso a conduta ímproba seja identificada somente após a aposentadoria, não se torna mais compatível a decretação da cassação do benefício.

Convém lembrar que, caso um segurado do RGPS venha a ser condenado por ilícito penal, por mais grave ou hediondo que seja, se preenche os requisitos para a aposentadoria e percebe o benefício, este jamais é "cassado". Isto decorre da natureza de direito fundamental que envolve a prestação previdenciária. Não há, neste sentido, nenhuma diferença entre o direito do segurado do RGPS e o dos segurados de RPPS.

Esse tema é ainda pouco explorado no âmbito jurisprudencial.

Em sessão de 28.1.2015, o Órgão Especial do TJSP concedeu, por maioria de votos, ordem em mandado de segurança impetrado por delegado de polícia aposentado, a fim de impedir a conversão da sanção administrativa de demissão em cassação de aposentadoria, garantindo o direito de o servidor receber proventos (Mandado de Segurança 2091987-98.2014.8.26.0000, Rel. Des. Paulo Dimas Mascaretti, publ. 3.2.2015).

O que temos no momento, além da decisão retro, é a fixação da orientação de que a pena de sanção administrativa não pode se estender à aposentadoria em cargo diverso. Nesse sentido, a notícia colhida no Portal do STJ:

> *A Primeira Turma do Superior Tribunal de Justiça (STJ) afastou a pena de cassação da aposentadoria de servidor que, durante ocupação de outro cargo público, havia cometido ato de improbidade. O colegiado entendeu que o acórdão de origem contrariou dispositivos legais ao determinar a perda da função do agente público, pois alargou a interpretação da sanção a ponto de atingir a aposentadoria do funcionário, à época lotado em cargo diverso do qual praticou ato de improbidade.*
>
> *O recurso contesta decisão do Tribunal Regional Federal da 4ª Região (TRF4) em ação de improbidade administrativa por ato praticado pelo autor na condição de diretor financeiro das Centrais Elétricas de Rondônia – CERON. Ele foi condenado ao ressarcimento integral do dano de R$ 23,5 mil e à perda da função pública que exercia quando do trânsito em julgado. A decisão também determinou a cassação de sua aposentadoria no cargo de procurador jurídico da Assembleia Legislativa do Estado de Rondônia.*
>
> *No recurso especial, o ex-servidor alegou que a decisão do TRF4 de cassar sua aposentadoria seria precipitada, uma vez que a condenação por improbidade administrativa ocorreu devido a atos praticados enquanto respondia na condição de diretor financeiro da CERON, ao passo que sua aposentadoria deu-se por exercício do cargo de procurador jurídico.*
>
> *O desembargador convocado Olindo Menezes, relator do caso, destacou que o artigo 12 da Lei 8.429/92, que cuida das sanções aplicáveis aos agentes públicos que cometem improbidade administrativa, "não contempla a hipótese de cassação de aposentadoria, menos ainda em cargo diverso do utilizado pelo agente para praticar a improbidade administrativa". Ainda sob esta perspectiva, o desembargador convocado ressaltou que as normas estabelecidas em lei não podem sofrer interpretação que amplie as diretrizes nelas previstas e devem ser tratadas de forma literal.*
>
> *Em referência a um precedente de relatoria do Ministro Herman Benjamin, da Segunda Turma, Olindo Menezes descreveu que "o direito à aposentadoria submete-se aos requisitos próprios do regime contributivo, e sua extinção não é decorrência lógica da perda da função pública posteriormente decretada".*
>
> *Os ministros da Primeira Turma acompanharam o voto do relator para dar provimento ao recurso especial e determinar o afastamento da cassação da aposentadoria do autor da ação.*[19]

No entanto, em julgado mais recente, o STJ voltou a considerar válida a regra, acompanhando o entendimento do STF:

> *ADMINISTRATIVO. ENUNCIADO ADMINISTRATIVO n. 3/STJ. SERVIDOR PÚBLICO. PROCESSO ADMINISTRATIVO DISCIPLINAR. CASSAÇÃO DE APOSENTADORIA. CONSTITUCIONALIDADE. 1. O Supremo Tribunal Federal já reconheceu a constitucionalidade da pena de cassação de aposentadoria, inobstante o caráter contributivo de que se reveste o*

---

[19] Disponível em: http://www.stj.jus.br/sites/STJ/default/pt_BR/noticias/noticias/Pena-de-san%C3%A7%C3%A3o-administrativa-n%C3%A3o-pode-se-estender-%C3%A0-aposentadoria-em-cargo-diverso. Acesso em: 10 set. 2016.

benefício previdenciário. Precedentes. 2. Agravo interno não provido (AgInt no RMS 55.127/ SP, 2ª Turma, Rel. Min. Mauro Campbell Marques, DJe 29.5.2018).

Não se quer aqui defender a desoneração de responsabilidades do servidor condenado por conduta ilícita; mas as sanções cabíveis, conforme a Constituição Federal em seu art. 37, não importam na perda da aposentadoria (§ 4º).

Apesar disso, o tempo de contribuição poderá ser aproveitado no RGPS. Nesse sentido, o Representativo de Controvérsia Tema 233 da TNU: "O servidor público aposentado no RPPS e que sofrer pena de cassação de sua aposentadoria pode utilizar o respectivo período contributivo para requerer aposentadoria no RGPS, devidamente comprovado por meio de Certidão de Tempo de Contribuição fornecida pelo órgão público competente" (PEDILEF 0053962-51.2016.4.02.5151/RJ, EDCL j. 18.9.2020).

46

Pensão por Morte, Auxílio-Reclusão e Licenças de Caráter Previdenciário nos Regimes Próprios

No tocante às pensões por morte devida aos dependentes no âmbito dos agentes públicos, existia, desde 1890, o Montepio Civil, criado pelo Decreto n. 942-A, de 31 de outubro, cujo objetivo era o de "prover a subsistência e amparar o futuro das famílias dos empregados [públicos], quando estes falecessem ou ficassem impossibilitados para sustentá-las decentemente".[1]

Em 1926, registra-se a criação do Instituto de Previdência dos Funcionários Públicos Civis da União[2], transformado no Instituto de Previdência e Assistência dos Servidores do Estado – IPASE, em 1938, pelo Decreto-lei n. 288, que tinha por finalidade a cotização dos Servidores apenas para garantir a seus familiares a pensão por morte, o pecúlio e outros benefícios a dependentes, mas não a aposentadoria, que permaneceu custeada exclusivamente pelo Erário.

Daí em diante, a evolução passou por diversas regras até o texto atual da Constituição, com as alterações levadas a efeito nas Emendas n. 20, n. 41, n. 47, n. 70 e n. 103.

A pensão por morte no âmbito dos RPPS não difere daquela devida no âmbito do RGPS quanto ao fato gerador do benefício: morte do segurado/servidor, ou morte presumida deste.

Na esfera do RPPS da União, a matéria é regida pelo art. 219 da Lei n. 8.112/1990.

A Lei n. 13.846/2019 (conversão da MP n. 871/2019) alterou tal dispositivo legal, passando a prever que a pensão por morte será devida ao conjunto dos dependentes do segurado que falecer, aposentado ou não, a contar da data:

I – do óbito, quando requerida em até cento e oitenta dias após o óbito, para os filhos menores de dezesseis anos, ou em até noventa dias após o óbito, para os demais dependentes;
II – do requerimento, quando requerida após o prazo previsto no inciso I; ou
III – da decisão judicial, na hipótese de morte presumida.

No tocante à morte presumida, a legislação federal (art. 221 da Lei n. 8.112/1990) prevê que "Será concedida pensão provisória por morte presumida do servidor, nos seguintes casos: I – declaração de ausência, pela autoridade judiciária competente; II – desaparecimento em

---

[1] "Alguns autores combateram a criação do montepio, entendendo não ser lícito ao Estado proceder a descontos no pagamento dos funcionários para constituir uma quantia de reserva, destinada a proteger as famílias desamparadas pela morte do chefe, porque, raciocinavam que, nesse caso, o Estado seria o tutor do funcionário obrigando-o a uma economia forçada" (CRETELLA JÚNIOR, *Tratado de Direito Administrativo*, p. 344).

[2] VASCONCELOS, *Assistência Social do Estado*, p. 132.

desabamento, inundação, incêndio ou acidente não caracterizado como em serviço; III – desaparecimento no desempenho das atribuições do cargo ou em missão de segurança".

A pensão provisória será transformada em vitalícia ou temporária, conforme o caso, decorridos cinco anos de sua vigência, ressalvado o eventual reaparecimento do servidor, hipótese em que o benefício será automaticamente cancelado.

Segundo pacífica jurisprudência do STJ (e também de TRFs), acerca da data de início do benefício, o pagamento de pensão por morte deve retroagir ao momento em que o dependente requereu administrativamente sua habilitação, ainda que a efetiva implantação do benefício se dê posteriormente, em âmbito administrativo ou judicial. Nesse sentido: TRF 4, AC 5028963-53.2016.4.04.7200, 3ª Turma, Rel. Marga Inge Barth Tessler, juntado aos autos em 14.11.2018.

46.1 CÁLCULO E REAJUSTAMENTO DA PENSÃO POR MORTE NOS RPPS

O cálculo da pensão por morte nos RPPS é realizado considerando-se diversos fatores.

Frisamos, a respeito do tema que, diferentemente do RGPS, em que se calcula um valor de pensão único para o caso de exercer o segurado atividades concomitantes como filiado àquele regime, em caso de óbito de segurado em exercício de cargos acumuláveis ou que acumulava proventos ou remuneração com proventos decorrentes de cargos acumuláveis, o cálculo da pensão por morte será feito individualmente, por cargo ou provento (parágrafo único do art. 178 da Portaria MTP n. 1.467/2022). É possível, portanto, haver mais de um benefício de pensão em razão do mesmo servidor falecido (denominado instituidor), caso tivesse exercido mais de um cargo acumulável licitamente.

A pensão por morte, na redação original da Constituição de 1988, correspondia ao valor da última remuneração do servidor, quando o óbito ocorria em atividade, ou ao valor da aposentadoria, quando já aposentado. Antes da Carta Magna vigente, o benefício era devido apenas à viúva, mas não ao viúvo.

O STF, todavia, decidiu, em julgado na Repercussão Geral Tema n. 457, que "é inconstitucional, por transgressão ao princípio da isonomia entre homens e mulheres (CF, art. 5º, I), a exigência de requisitos legais diferenciados para efeito de outorga de pensão por morte de ex-servidores públicos em relação a seus respectivos cônjuges ou companheiros/companheiras (CF, art. 201, V)" (*Leading Case:* RE 659424, DJe 23.10.2020).

Na mesma linha de raciocínio, há precedentes no sentido de que o cônjuge varão faz jus ao recebimento de pensão por morte mesmo no caso em que o óbito ocorreu em data anterior ao advento da Constituição Federal de 1988, tendo em conta o princípio da igualdade. Nesse sentido: RE 439.484-AgR, Rel. Min. Roberto Barroso, 1ª T., DJe 5.5.2014; RE 535.156-AgR, Rel. Min. Cármen Lúcia, 1ª Turma, DJe 11.4.2011.

A EC n. 20/1998 não tratou do assunto, tendo apenas provocado alterações de tratamento da pensão por via transversa, ao criar regras de transição que alteraram o cálculo da aposentadoria proporcional, de modo que o valor da pensão do servidor aposentado por tais regras sofreu a mesma influência.

Já a Emenda n. 41 passou a prever alteração na fórmula de cálculo da pensão de modo específico, determinando, na nova redação do § 7º do art. 40:

> § 7º *Lei disporá sobre a concessão do benefício de pensão por morte, que será igual:*
> *I – ao valor da totalidade dos proventos do servidor falecido, até o limite máximo estabelecido para os benefícios do regime geral de previdência social de que trata o art. 201, acrescido de setenta por cento da parcela excedente a este limite, caso aposentado à data do óbito; ou*
> *II – ao valor da totalidade da remuneração do servidor no cargo efetivo em que se deu o falecimento, até o limite máximo estabelecido para os benefícios do regime geral de previdência*

social de que trata o art. 201, acrescido de setenta por cento da parcela excedente a este limite, caso em atividade na data do óbito.

Dessa forma, o valor da pensão por morte passou a ser reduzido nos casos em que o servidor vinha recebendo remuneração ou proventos (aposentadoria) maiores que o valor teto do RGPS.

Tal mudança, no âmbito federal, somente operou efeitos a partir da edição da Lei n. 10.887/2004 (conversão da MP n. 167, em 20.2.2004), o que leva a concluir que as pensões devidas em razão de óbitos de servidores ocorridos até 19.2.2004 foram regidas pela regra anterior (cálculo igual ao valor da última remuneração ou aposentadoria percebida pelo *de cujus*), vez que o entendimento predominante na jurisprudência é de que a pensão é disciplinada pela regra vigente ao tempo do óbito do agente público falecido:

> *A regência da pensão faz-se considerada a legislação em vigor na data do falecimento do servidor, descabendo emprestar a texto de lei ou da Constituição eficácia retroativa, no que prevista a percepção pela totalidade dos vencimentos (RE 273.570, Rel. Min. Marco Aurélio, j. 14.2.2006, DJ 5.5.2006). No mesmo sentido: AI 765.377-AgR, Rel. Min. Cármen Lúcia, j. 24.8.2010, Primeira Turma, DJe 24.9.2010; RE 453.298-AgR, Rel. Min. Ricardo Lewandowski, j. 29.5.2007, Primeira Turma, DJ 22.6.2007.*

A Lei n. 13.846/2019 (conversão da MP n. 871/2019) alterou a redação do art. 215 da Lei n. 8.112/1990 (que se aplica aos servidores federais), passando a prever que, "por morte do servidor, os dependentes, nas hipóteses legais, fazem jus à pensão por morte, observados os limites estabelecidos no inciso XI do *caput* do art. 37 da Constituição e no art. 2º da Lei n. 10.887, de 18 de junho de 2004", visando que os valores deixados a título de pensão não ultrapassem o "teto" de rendimentos do serviço público.

A EC n. 103, de 2019, alterou novamente a redação do § 7º do art. 40 da CF, passando a dispor:

> *Observado o disposto no § 2º do art. 201, quando se tratar da única fonte de renda formal auferida pelo dependente, o benefício de pensão por morte será concedido nos termos de lei do respectivo ente federativo, a qual tratará de forma diferenciada a hipótese de morte dos servidores de que trata o § 4º-B decorrente de agressão sofrida no exercício ou em razão da função.*

Há, portanto, a "desconstitucionalização" da matéria, remetendo à regulação por meio de lei do respectivo Ente Federativo, com duas únicas ressalvas: (1) de que o valor da pensão não poderá ser inferior ao salário mínimo, quando se tratar de única fonte de renda formal auferida pelo beneficiário, e (2) de que o valor da pensão será diferenciado para o caso de falecimento de agente penitenciário, de agente socioeducativo ou de policial por agressão sofrida no exercício ou em razão da função.

Como será visto doravante, outras disposições da EC n. 103 versam exclusivamente sobre o pensionamento devido a dependentes de servidores públicos federais, seguindo o mesmo modelo aplicado às aposentadorias. Dessa forma, também é preciso destacar os demais RPPS em relação ao RPPS da União.

46.2 PENSÃO NOS RPPS EM GERAL (EXCETO O DA UNIÃO E DOS ENTES FEDERATIVOS QUE PROMOVERAM A REFORMA DA PREVIDÊNCIA)

Tendo em vista que a EC n. 103, de 2019, não alterou os critérios de concessão, cálculo e cessação do benefício da pensão por morte no âmbito dos RPPS dos Estados, Distrito Federal e Municípios, seguem valendo para esses Regimes as regras vigentes em 13.11.2019, até que lei do respectivo Ente Federativo modifique tais disposições.

No âmbito dos Estados, Distrito Federal e Municípios, havia dúvida sobre se a mudança somente pode ser implementada a partir da edição da lei própria de cada ente da Federação, ou se é autoaplicável a regra incluída pela Emenda n. 41. O Tribunal de Justiça do Rio Grande do Sul posicionou-se pela autoaplicabilidade:

> *APELAÇÃO. PREVIDÊNCIA PÚBLICA. PENSÃO INTEGRAL. IMPOSSIBILIDADE. DESCONTO PREVIDENCIÁRIO. POSSIBILIDADE.*
>
> *I – A Emenda Constitucional 41/03 introduziu novas regras para a concessão da pensão por morte. Assim, sendo a data do óbito do servidor posterior à EC 41/03, deve ser considerado, para a fixação da pensão, o limite máximo estabelecido para os benefícios do Regime Geral de Previdência Social, acrescido de 70% da parcela excedente a este limite.*
>
> *II – Cabível desconto da contribuição previdenciária sobre proventos de servidor inativo e pensionista, sobre as parcelas que excedam o teto previsto na Emenda Constitucional n. 41/03, a partir da sua vigência. Jurisprudência do STF e Tribunal de Justiça do Estado. Apelação desprovida (TJRS, Apelação Cível 70033174160, Terceira Câmara Especial Cível, Rel. Eduardo Delgado, jul. 22.6.2010).*

Ainda quanto à sistemática de revisão da pensão por morte há duas importantes exceções previstas: a) na Emenda Constitucional n. 47, de 2005, na hipótese das pensões decorrentes das aposentadorias integrais e com direito a paridade com base na regra de transição criada pelo art. 3º dessa Emenda, aplicável aos servidores que ingressaram no serviço público até a EC n. 20/1998 (opção comentada no Capítulo 6); b) decorrentes dos falecimentos dos segurados aposentados por invalidez, desde que o aposentado tenha ingressado até 31.12.2003 (EC n. 70/2012).[3]

---

[3] **EC n. 47/2005:** "Art. 3º Ressalvado o direito de opção à aposentadoria pelas normas estabelecidas pelo art. 40 da Constituição Federal ou pelas regras estabelecidas pelos arts. 2º e 6º da Emenda Constitucional n. 41, de 2003, o servidor da União, dos Estados, do Distrito Federal e dos Municípios, incluídas suas autarquias e fundações, que tenha ingressado no serviço público até 16 de dezembro de 1998 poderá aposentar-se com proventos integrais, desde que preencha, cumulativamente, as seguintes condições:

I – trinta e cinco anos de contribuição, se homem, e trinta anos de contribuição, se mulher;

II – vinte e cinco anos de efetivo exercício no serviço público, quinze anos de carreira e cinco anos no cargo em que se der a aposentadoria;

III – idade mínima resultante da redução, relativamente aos limites do art. 40, § 1º, inciso III, alínea 'a', da Constituição Federal, de um ano de idade para cada ano de contribuição que exceder a condição prevista no inciso I do *caput* deste artigo.

Parágrafo único. Aplica-se ao valor dos proventos de aposentadorias concedidas com base neste artigo o disposto no art. 7º da Emenda Constitucional n. 41, de 2003, observando-se igual critério de revisão às pensões derivadas dos proventos de servidores falecidos que tenham se aposentado em conformidade com este artigo".

EC n. 41/2003: "Art. 7º Observado o disposto no art. 37, XI, da Constituição Federal, os proventos de aposentadoria dos servidores públicos titulares de cargo efetivo e as pensões dos seus dependentes pagos pela União, Estados, Distrito Federal e Municípios, incluídas suas autarquias e fundações, em fruição na data de publicação desta Emenda, bem como os proventos de aposentadoria dos servidores e as pensões dos dependentes abrangidos pelo art. 3º desta Emenda, serão revistos na mesma proporção e na mesma data, sempre que se modificar a remuneração dos servidores em atividade, sendo também estendidos aos aposentados e pensionistas quaisquer benefícios ou vantagens posteriormente concedidos aos servidores em atividade, inclusive quando decorrentes da transformação ou reclassificação do cargo ou função em que se deu a aposentadoria ou que serviu de referência para a concessão da pensão, na forma da lei".

EC n. 70/2012: "Art. 1º A Emenda Constitucional n. 41, de 19 de dezembro de 2003, passa a vigorar acrescida do seguinte art. 6.º-A:

'Art. 6.º-A. O servidor da União, dos Estados, do Distrito Federal e dos Municípios, incluídas suas autarquias e fundações, que tenha ingressado no serviço público até a data de publicação desta Emenda Constitucional e que tenha se aposentado ou venha a se aposentar por invalidez permanente, com fundamento no inciso I do § 1º do

Nestas situações, foi adotado o critério de paridade às pensões derivadas dos proventos de servidores falecidos que tenham se aposentado em conformidade com os mencionados artigos.

Quanto à primeira hipótese, prevista na EC n. 47/2005, o STF decidiu em Repercussão Geral nos seguintes termos: Tema 396 – Tese Fixada: "Os pensionistas de servidor falecido posteriormente à EC n. 41/2003 têm direito à paridade com servidores em atividade (EC n. 41/2003, art. 7º), caso se enquadrem na regra de transição prevista no art. 3º da EC n. 47/2005. Não têm, contudo, direito à integralidade (CF, art. 40, § 7º, inciso I)".

Todavia, com a revogação das regras em comento pela EC n. 103, de 2019 (neste caso, sem limitação ao RPPS da União), certamente haverá discussões sob o argumento de que a pensão derivada de aposentadorias daqueles servidores de qualquer RPPS, mesmo após a promulgação da EC n. 103, deveria seguir o critério da integralidade e paridade. Como o entendimento do STF em matéria de reformas constitucionais com revogação de regras de transição é de que "não há direito adquirido a regime jurídico", há grave risco de que não se mantenha o direito dos pensionistas a essa proteção.

Cabe referir que o atual critério de cálculo da pensão por morte no âmbito do RPPS da União, de modo idêntico ao do RGPS, consta do art. 23 da EC n. 103/2019, que possui o caráter de regra transitória. Vejamos:

> Art. 23. A pensão por morte concedida a dependente de segurado do Regime Geral de Previdência Social ou de servidor público federal será equivalente a uma cota familiar de 50% (cinquenta por cento) do valor da aposentadoria recebida pelo segurado ou servidor ou daquela a que teria direito se fosse aposentado por incapacidade permanente na data do óbito, acrescida de cotas de 10 (dez) pontos percentuais por dependente, até o máximo de 100% (cem por cento).
>
> § 1º As cotas por dependente cessarão com a perda dessa qualidade e não serão reversíveis aos demais dependentes, preservado o valor de 100% (cem por cento) da pensão por morte quando o número de dependentes remanescente for igual ou superior a 5 (cinco).
>
> § 2º Na hipótese de existir dependente inválido ou com deficiência intelectual, mental ou grave, o valor da pensão por morte de que trata o *caput* será equivalente a:
>
> I – 100% (cem por cento) da aposentadoria recebida pelo segurado ou servidor ou daquela a que teria direito se fosse aposentado por incapacidade permanente na data do óbito, até o limite máximo de benefícios do Regime Geral de Previdência Social; e
>
> II – uma cota familiar de 50% (cinquenta por cento) acrescida de cotas de 10 (dez) pontos percentuais por dependente, até o máximo de 100% (cem por cento), para o valor que supere o limite máximo de benefícios do Regime Geral de Previdência Social.
>
> § 3º Quando não houver mais dependente inválido ou com deficiência intelectual, mental ou grave, o valor da pensão será recalculado na forma do disposto no *caput* e no § 1º.

O modelo de cálculo por cotas, adotado pela EC n. 103/2019, representa uma nova redução do valor da pensão por morte no âmbito federal, permitindo-se, no entanto, que os demais Entes federados estabeleçam critérios diferenciados (art. 23, § 8º, da EC n. 103/2019).

Registra-se que, no julgamento da ADI 7.051, o STF validou o novo regramento de cálculo da pensão por morte, presente no *caput* do art. 23 da EC n. 103/2019. O tema foi discutido na

---

art. 40 da Constituição Federal, tem direito a proventos de aposentadoria calculados com base na remuneração do cargo efetivo em que se der a aposentadoria, na forma da lei, não sendo aplicáveis as disposições constantes dos §§ 3º, 8º e 17 do art. 40 da Constituição Federal.

Parágrafo único. Aplica-se ao valor dos proventos de aposentadorias concedidas com base no *caput* o disposto no art. 7º desta Emenda Constitucional, observando-se igual critério de revisão às pensões derivadas dos proventos desses servidores'".

sessão virtual encerrada em 23.6.2023 e, embora a ação tenha sido ajuizada pela Confederação Nacional dos Trabalhadores Assalariados e Assalariadas Rurais (Contar), em debate da aplicação do dispositivo no âmbito do RGPS, não se duvida de que aquela Corte venha a adotar o mesmo entendimento para o cálculo da pensão no âmbito dos RPPS, que se dá com base na mesma regra.

A redução remuneratória imposta ao beneficiário da pensão por morte não foi, a nosso ver, operada de maneira ponderada, razoável e proporcional, considerando, de um lado, o indispensável equilíbrio financeiro e atuarial do sistema e, de outro, direitos e garantias fundamentais, especialmente a dignidade da pessoa humana e a proteção à família.

46.3 REGRAS DE ACUMULAÇÃO DE BENEFÍCIOS

No campo do serviço público federal, o art. 225 da Lei n. 8.112/1990 (RJU), desde a redação conferida pela Lei n. 13.135/2015, dispunha que "Ressalvado o direito de opção, é vedada a percepção cumulativa de pensão deixada por mais de um cônjuge ou companheiro ou companheira e de mais de 2 (duas) pensões".

A EC n. 103/2019, inovando na matéria, introduziu o § 15 no art. 201, cujo enunciado dispõe que lei complementar estabelecerá vedações, regras e condições para a acumulação de benefícios previdenciários. E enquanto a lei complementar não é editada, vigora a regra transitória constante do art. 24 da referida Emenda, tornando ineficaz a regra do art. 225 do RJU.

As vedações à acumulação de benefícios aplicáveis às aposentadorias dos RPPS se estendem a pensões por morte destes Regimes, nos exatos termos, como já decidiu o STF, mesmo tratando-se de falecimento ocorrido antes da EC n. 20/1998. Nesse sentido, foi a Tese Fixada em Repercussão Geral – Tema 162 – "É inconstitucional a percepção cumulativa de duas pensões estatutárias pela morte de servidor aposentado que reingressara no serviço público, por meio de concurso, antes da edição da EC 20/1998 e falecera após o seu advento" (*Leading Case*: RE 584.388/SC, Tribunal Pleno, Rel. Min. Ricardo Lewandowski, *DJe* 27.9.2011).

Entendemos que, por força do § 8º do art. 23 da EC n. 103, "aplicam-se às pensões concedidas aos dependentes de servidores dos Estados, do Distrito Federal e dos Municípios as normas constitucionais e infraconstitucionais anteriores à data de entrada em vigor desta Emenda Constitucional, enquanto não promovidas alterações na legislação interna relacionada ao respectivo regime próprio de previdência social". Ou seja, as limitações à acumulação de benefícios trazida pela Emenda também precisarão ser disciplinadas em leis locais, e enquanto não forem, não poderão ser aplicadas, salvo no RGPS, no RPPS da União e aos militares e pensionistas das Forças Armadas. Todavia, o entendimento constante da Portaria MTP n. 1.467/2022 é no sentido da autoaplicabilidade a todos os RPPS.

Quanto ao recebimento conjunto de aposentadoria e pensão por um mesmo servidor público, não havia vedação à acumulação no regime antecedente à EC n. 103/2019.

O art. 24 da EC n. 103, de 2019, entretanto, passou a prever hipóteses de limitação aplicada à acumulação de benefícios, envolvendo ainda o RGPS, bem como proventos de inatividade de militares e as pensões por morte deixadas por militares.

– **Redutores do art. 24 da Emenda Constitucional n. 103/2019**

O tema da *acumulação parcial* de benefícios foi tratado pela EC n. 103/2019, no art. 24, com a seguinte redação:

> Art. 24. É vedada a acumulação de mais de uma pensão por morte deixada por cônjuge ou companheiro, no âmbito do mesmo regime de previdência social, ressalvadas as pensões do mesmo instituidor decorrentes do exercício de cargos acumuláveis na forma do art. 37 da Constituição Federal.

§ 1º Será admitida, nos termos do § 2º, a acumulação de:

I – pensão por morte deixada por cônjuge ou companheiro de um regime de previdência social com pensão por morte concedida por outro regime de previdência social ou com pensões decorrentes das atividades militares de que tratam os arts. 42 e 142 da Constituição Federal;

II – pensão por morte deixada por cônjuge ou companheiro de um regime de previdência social com aposentadoria concedida no âmbito do Regime Geral de Previdência Social ou de regime próprio de previdência social ou com proventos de inatividade decorrentes das atividades militares de que tratam os arts. 42 e 142 da Constituição Federal; ou

III – pensões decorrentes das atividades militares de que tratam os arts. 42 e 142 da Constituição Federal com aposentadoria concedida no âmbito do Regime Geral de Previdência Social ou de regime próprio de previdência social.

§ 2º Nas hipóteses das acumulações previstas no § 1º, é assegurada a percepção do valor integral do benefício mais vantajoso e de uma parte de cada um dos demais benefícios, apurada cumulativamente de acordo com as seguintes faixas:

I – 60% (sessenta por cento) do valor que exceder 1 (um) salário mínimo, até o limite de 2 (dois) salários mínimos;

II – 40% (quarenta por cento) do valor que exceder 2 (dois) salários mínimos, até o limite de 3 (três) salários mínimos;

III – 20% (vinte por cento) do valor que exceder 3 (três) salários mínimos, até o limite de 4 (quatro) salários mínimos; e

IV – 10% (dez por cento) do valor que exceder 4 (quatro) salários mínimos.

§ 3º A aplicação do disposto no § 2º poderá ser revista a qualquer tempo, a pedido do interessado, em razão de alteração de algum dos benefícios.

§ 4º As restrições previstas neste artigo não serão aplicadas se o direito aos benefícios houver sido adquirido antes da data de entrada em vigor desta Emenda Constitucional.

§ 5º As regras sobre acumulação previstas neste artigo e na legislação vigente na data de entrada em vigor desta Emenda Constitucional poderão ser alteradas na forma do § 6º do art. 40 e do § 15 do art. 201 da Constituição Federal.

Consoante o novo regramento, fica assegurado o valor integral do benefício mais vantajoso e de um percentual de cada um dos demais benefícios que será apurado cumulativamente, observando os seguintes critérios:

I – 100% (cem por cento) do valor até 1 (um) salário mínimo;

II – 60% (sessenta por cento) do valor que exceder 1 (um) salário mínimo, até o limite de 2 (dois) salários mínimos;

III – 40% (quarenta por cento) do valor que exceder 2 (dois) salários mínimos, até o limite de 3 (três) salários mínimos;

IV – 20% (vinte por cento) do valor que exceder 3 (três) salários mínimos, até o limite de 4 (quatro) salários mínimos; e

V – 10% (dez por cento) do valor que exceder 4 (quatro) salários mínimos.

Essa restrição não é aplicável no caso de o direito aos benefícios – todos eles – ter sido implementado antes da entrada em vigor da EC n. 103, de 2019. Além disso, a Portaria MTP n. 1.467/2022 prevê que o redutor previsto no § 2º do art. 24 da EC n. 103/2019 "não se aplica às pensões por morte deixadas pelo mesmo cônjuge ou companheiro decorrentes de cargos acumuláveis no âmbito do mesmo RPPS, exceto quando as pensões forem acumuladas com aposentadoria de qualquer regime previdenciário" (art. 165, § 4º, inc. I).

Tratando-se de pensão por morte, os redutores são aplicados depois da realização do cálculo do benefício, pois o valor do benefício, consoante o examinado no item anterior, não corresponde mais a 100% da aposentadoria do servidor. Havendo extinção de benefício que seja mais vantajoso, é necessário reavaliar a situação com base nos benefícios remanescentes.

O entendimento do Governo Federal é de que tais regras se aplicam ainda que os entes não tenham efetuado reforma na legislação do RPPS de seus servidores e continuem a aplicar as normas constitucionais e infraconstitucionais anteriores à data de publicação da Emenda Constitucional n. 103, de 2019 (§ 6º do art. 165 da Portaria MTP n. 1.467/2022).

– Acumulação de proventos com outros rendimentos decorrentes de cargo, emprego ou função pública

É estabelecida, pelo § 6º do art. 40 da Constituição, a proibição de acumulação de proventos de aposentadorias, ressalvadas as hipóteses de acumulação permitida de cargos, empregos e funções públicas, constantes do art. 37, incisos XVI e XVII, da Constituição, aplicando-se outras vedações, regras e condições para a acumulação de benefícios previdenciários estabelecidas no RGPS (conforme a redação conferida pela EC n. 103, de 2019).

A acumulação de duas aposentadorias em matéria de RPPS decorre da permissão contida no art. 37 da Carta Magna, de acumulação lícita de cargos. Considerando que, nos RPPS (diferentemente do que ocorre no RGPS), a aposentadoria se dá em cada cargo, não se somando os salários de contribuição para a concessão de um único benefício, nada mais justo do que a acumulação se estender às aposentadorias decorrentes de trabalho lícito.

Além da acumulação de aposentadorias decorrentes de cargos constitucionalmente acumuláveis, continua sendo possível a acumulação de uma aposentadoria de regime próprio com outra decorrente de filiação do regime geral, mas há previsão expressa de que as disposições constitucionais relativas ao tema poderão ser alteradas por futura lei complementar (§ 5º do art. 24 da EC n. 103, de 2019).

O STF dirimiu importantes questionamentos relacionados à acumulação de vencimentos e proventos, consoante as teses fixadas em julgamentos de repercussões gerais que seguem:

- **Tema n. 384**: "Nos casos autorizados constitucionalmente de acumulação de cargos, empregos e funções, a incidência do art. 37, inciso XI, da Constituição Federal pressupõe consideração de cada um dos vínculos formalizados, afastada a observância do teto remuneratório quanto ao somatório dos ganhos do agente público" (*Leading Case*: RE 602043).

- **Tema n. 359**: "Ocorrida a morte do instituidor da pensão em momento posterior ao da Emenda Constitucional n. 19/1998, o teto constitucional previsto no inciso XI do artigo 37 da Constituição Federal incide sobre o somatório de remuneração ou provento e pensão percebida por servidor" (*Leading Case*: RE 602584).

- **Tema n. 480**: "O teto de retribuição estabelecido pela Emenda Constitucional 41/03 possui eficácia imediata, submetendo às referências de valor máximo nele discriminadas todas as verbas de natureza remuneratória percebidas pelos servidores públicos da União, Estados, Distrito Federal e Municípios, ainda que adquiridas de acordo com regime legal anterior. Os valores que ultrapassam os limites estabelecidos para cada nível federativo na Constituição Federal constituem excesso cujo pagamento não pode ser reclamado com amparo na garantia da irredutibilidade de vencimentos".

- **Tema n. 921**: "É vedada a cumulação tríplice de vencimentos e/ou proventos, ainda que a investidura nos cargos públicos tenha ocorrido anteriormente à EC 20/1998" (*Leading Case*: ARE 848993).

O Tribunal de Contas da União, apreciando os efeitos do julgamento do Tema 359 *supra*, entendeu por definir como marco temporal para a cobrança dos valores retroativos recebidos a maior a data de 21.8.2020, referente à publicação da ata contendo a tese fixada no julgamento do Tema com Repercussão Geral n. 359/STF e informar à pessoa beneficiária sobre o direito à manifestação de opção acerca do rendimento sobre a qual deseja que haja aplicação do teto constitucional, que pode incidir tanto sobre a sua remuneração, proventos de aposentadoria, pensão ou benefício previdenciário (Ac. TC 006.646/2021-2, Rel. Min. Aroldo Cedraz, Sessão Plenária de 26.7.2023). Para aquela Corte de Contas, "a garantia de irredutibilidade não se aplica no caso de cumulatividade de remuneração, provento ou pensão em desacordo com o teto constitucional".

Não discrepa o entendimento do TRF da 2ª Região: "correta a Administração em proceder aos descontos nos proventos do servidor a partir de 21.08.2020, já que a) esta é a data da publicação da ata de julgamento do RE 602584; b) a Corte Maior entendeu, como já exposto, pela aplicabilidade imediata da tese fixada no julgamento do aludido recurso" (Apelação Cível 5122968-40.2021.4.02.5101/RJ, Rel. Des. Federal Aluisio Gonçalves de Castro Mendes, j. 6.9.2022).

Cabe destacar que, segundo orientação do STJ, a acumulação de proventos de servidor aposentado em decorrência do exercício cumulado de dois cargos de profissionais da área de saúde legalmente exercidos, nos termos autorizados pela CF, não se submete ao teto constitucional, devendo os cargos ser considerados isoladamente para esse fim.

De acordo com os precedentes, a EC n. 41/2003 restabeleceu a vigência do art. 17 do ADCT, que, embora em seu *caput* afaste a invocação do direito adquirido ao recebimento de verbas remuneratórias contrárias à CF, em seus §§ 1º e 2º traz exceção ao assegurar expressamente o exercício cumulativo de dois cargos ou empregos privativos de profissionais de saúde. Assim, conforme a jurisprudência do STJ, a referida norma excepciona a incidência do teto constitucional aos casos de acumulação de cargos dos profissionais de saúde, devendo tais cargos ser considerados isoladamente para esse fim (STJ, RMS 38.682-ES, 2ª Turma, Rel. Min. Herman Benjamin, *DJe* 5.12.2012).

Sobre a acumulação de proventos de aposentadoria e de vencimentos, quando referente a dois cargos de professor, a TNU fixou a tese de que "a incompatibilidade de horários não determina a inacumulabilidade do exercício de cargo de professor com a percepção de aposentadoria pelo mesmo cargo, ainda que em regime de dedicação exclusiva, pois as respectivas atribuições não se exercem simultaneamente, impondo-se sejam essas fontes de renda consideradas individualizadamente para efeito de abate-teto" (PEDILEF 50555396320144047100/RS, Sessão de 12.9.2018).

E, ainda, não se tratando de emprego ou função pública acumulável na atividade, na forma prevista na Constituição Federal, não se admite a acumulação se o retorno ao serviço público ocorreu somente após a Emenda Constitucional n. 20/1998 (Ag. Reg. no AI 717.747/SP, 1ª Turma, Rel. Min. Dias Toffoli, *DJe* 26.4.2013).

Há decisões divergentes da Corte Suprema, entretanto, sobre a acumulação de proventos de aposentadoria com remunerações de cargo em atividade, em situações específicas:

> *Magistério. Acumulação de proventos de uma aposentadoria com duas remunerações. Retorno ao serviço público por concurso público antes do advento da EC 20/1998. Possibilidade. É possível a acumulação de proventos oriundos de uma aposentadoria com duas remunerações quando o servidor foi aprovado em concurso público antes do advento da EC 20. O art. 11 da EC 20 convalidou o reingresso – até a data da sua publicação – do inativo no serviço público, por meio de concurso. A convalidação alcança os vencimentos em duplicidade se os cargos são acumuláveis na forma do disposto no art. 37, XVI, da CB, vedada, todavia, a percepção de mais de uma aposentadoria (RE 489.776-AgR, 2ª Turma, Rel. Min. Eros Grau, j. 17.6.2008,*

DJe 1º.8.2008). No mesmo sentido: RE 547.900-AgR, 1ª Turma, Rel. Min. Marco Aurélio, j. 13.12.2011, DJe 15.2.2012; RE 599.909-AgR, 2ª Turma, Rel. Min. Celso de Mello, j. 7.12.2010, DJe 1º.2.2011; AI 483.076-AgR-AgR, 2ª Turma, Rel. Min. Gilmar Mendes, j. 16.11.2010, DJe 1º.12.2010.

A acumulação de proventos e vencimentos somente é permitida quando se tratar de cargos, funções ou empregos acumuláveis na atividade, na forma permitida na Constituição. Não é permitida a acumulação de proventos de duas aposentadorias com os vencimentos de cargo público, ainda que proveniente de aprovação em concurso público antes da EC 20/1998 (AI 479.810-AgR, 2ª Turma, Rel. Min. Carlos Velloso, j. 6.12.2005, DJ 3.2.2006). No mesmo sentido: RE 595.713-AgR, 1ª Turma, Rel. Min. Ricardo Lewandowski, j. 8.2.2011, DJe 10.3.2011.

A jurisprudência do STJ, por seu turno, é firme na seguinte orientação:

ENUNCIADO ADMINISTRATIVO n. 3/STJ. SERVIDOR PÚBLICO. POLICIAL MILITAR E PROFESSOR. CASSAÇÃO DE APOSENTADORIA. ACUMULAÇÃO INCONSTITUCIONAL. IMPOSSIBILIDADE. ART. 142, § 3º, II, EM LEITURA CONJUNTA COM O ART. 37, XVI, "B", DA CONSTITUIÇÃO FEDERAL. JURISPRUDÊNCIA DO STF.
1. A Primeira Seção deste Superior Tribunal de Justiça, na sentada do dia 11 de setembro de 2013, no julgamento do Mandado de Segurança n. 20.148/DF, na relatoria do Ministro ARNALDO ESTEVES LIMA, firmou a compreensão de que a Administração não perde, pelo decurso de prazo, a possibilidade de adotar procedimento para rever ilegal acumulação de cargos públicos.
2. A acumulação de cargos de professor e integrantes da Polícia Militar dos Estados é inconstitucional, nos termos do art. 142, § 3º, II, em leitura conjunta com o art. 37, XVI, "b", da Constituição Federal.
3. Por não serem acumuláveis os referidos cargos, incide o § 10º do art. 37 da Constituição Federal sem a ressalva: "É vedada a percepção simultânea de proventos de aposentadoria decorrentes do art. 40 ou dos arts. 42 e 142 com a remuneração de cargo, emprego ou função pública, ressalvados os cargos acumuláveis na forma desta Constituição, os cargos eletivos e os cargos em comissão declarados em lei de livre nomeação e exoneração". 4. Agravo interno não provido (AgInt no RMS 55.438/DF, 2ª Turma, Rel. Min. Mauro Campbell Marques, DJe 21.2.2018).

Já em termos de atividade como empregado público (filiado ao RGPS, portanto), até a EC n. 103, de 2019, sempre entendemos que não há vedação ao recebimento simultâneo de salário devido pelo emprego e a aposentadoria paga pelo INSS, conforme o entendimento pacificado pela SBDI do Tribunal Superior do Trabalho. De acordo com o TST, a vedação constitucional refere-se apenas à acumulação da remuneração de cargo, emprego ou função pública com os proventos das aposentadorias decorrentes dos arts. 40, 42 ou 142 da Constituição, ou seja, de regimes previdenciários especiais, tais como servidores estatutários, magistrados, membros das polícias militares e corpos de bombeiros militares e membros das Forças Armadas (vide decisão no ERR 496000-16.2009.5.12.0036, Rel. Min. Lélio Bentes Correa, DEJT 20.9.2012).

Segundo os precedentes do STF anteriores à EC n. 103/2019, a aposentadoria voluntária do servidor regido pela CLT não teria o condão de extinguir o vínculo empregatício. Caso fosse dispensado sem justa causa em consequência do pedido de aposentadoria, caberia o pagamento de verbas rescisórias plenas, incluindo-se a indenização de 40% do FGTS (Ag. Reg. no AI 737.279-SP, 1ª Turma, Rel. Min. Marco Aurélio, DJe 22.8.2013).

Agora, o novo § 14 do art. 37 da CF passou a prever que a aposentadoria concedida com a utilização de tempo de contribuição decorrente de cargo, emprego ou função pública, inclusive do RGPS, acarretará o rompimento do vínculo que gerou o referido tempo de contribuição. O dispositivo não tem vigência retroativa. No mesmo sentido, consta do art. 170 da Portaria

MTP n. 1.467/2022: "A concessão de aposentadoria ao servidor titular de cargo efetivo, ainda que pelo RGPS, com a utilização de tempo de contribuição decorrente do cargo em exercício, acarretará o rompimento do vínculo funcional e determinará a vacância do cargo".

Para as aposentadorias concedidas até a data de entrada em vigor dessa Emenda Constitucional, frisa o texto da Emenda, não há rompimento do vínculo (art. 6º da EC n. 103/2019). Entendemos que a vedação também não se aplica aos que requereram a aposentadoria antes da entrada em vigor da EC n. 103/2019, mas com a concessão deferida somente em data posterior, bem como aos detentores de direito adquirido até 13.11.2019 (a respeito, o art. 153-A do RPS, com redação conferida pelo Decreto n. 10.410/2020).

Assim, de acordo com o novo regramento (§ 2º do art. 24), admite-se apenas a acumulação *parcial* de pensão por morte deixada por cônjuge ou companheiro de um regime de previdência social com aposentadoria concedida no âmbito do RGPS ou de regime próprio de previdência social ou com proventos de inatividade decorrentes das atividades militares de que tratam os arts. 42 e 142 da Constituição Federal; ou aposentadoria concedida no âmbito do RGPS ou de regime próprio de previdência social com pensões decorrentes das atividades militares de que tratam os arts. 42 e 142 da Constituição Federal (incisos II e III do § 1º do art. 24 da EC). Há limitações também quanto ao acúmulo de pensões por morte, o que será objeto de comentários no capítulo pertinente a esse benefício.

Nas hipóteses das acumulações acima, é assegurada pelo § 2º do mesmo art. 24 da EC, a percepção do valor integral do benefício mais vantajoso e de uma parte de cada um dos demais benefícios, apurada cumulativamente de acordo com as seguintes faixas referidas anteriormente.

A aplicação do disposto no § 2º do art. 24 da EC poderá ser revista a qualquer tempo, a pedido do interessado, em razão de alteração de algum dos benefícios.

As restrições mencionadas, segundo a disciplina fixada na Emenda, não serão aplicadas se o direito a ambos os benefícios houver sido adquirido antes da data de entrada em vigor da EC n. 103, de 2019, ou seja, se um dos benefícios (ou ambos) tiver seus requisitos preenchidos após a promulgação, sujeitar-se-á o beneficiário aos limites impostos. Não é necessário que o requerimento seja anterior à Emenda, mas sim o preenchimento de todos os requisitos antes de sua vigência.

Acerca da discutível constitucionalidade dessa regra, remetemos o leitor ao Capítulo 35 desta obra, em que discorremos com mais profundidade sobre o assunto.

Por fim, tem o Governo Federal o entendimento de que o segurado aposentado por algum RPPS, para ser investido em cargo público efetivo não acumulável com aquele que gerou a aposentadoria deverá renunciar aos proventos dessa última (art. 171, § 4º, da Portaria MTP n. 1.467/2022).

46.4 ROL DE BENEFICIÁRIOS E RATEIO DA PENSÃO POR MORTE

Em relação aos dependentes para fins de pensão por morte em Regimes Próprios, não há uma relação que seja padronizada para todos os entes da Federação, de modo que poderia se defender que existe certa esfera de discricionariedade na definição – tanto na lista dos possíveis beneficiários quanto na forma de divisão dos proventos entre estes.

O entendimento da Consultoria Jurídica do então Ministério da Previdência Social (Parecer CONJUR/MPS n. 157/2010) era de que não é admissível a modificação do rol de dependentes já previstos na Lei n. 8.213/1991, aplicando-se então, por consequência, a todos os RPPS, isso por força do disposto no art. 5º da Lei n. 9.717/1998, que dispõe:

> *Art. 5º Os regimes próprios de previdência social dos servidores públicos da União, dos Estados, do Distrito Federal e dos Municípios, dos militares dos Estados e do Distrito Federal não poderão*

conceder benefícios distintos dos previstos no Regime Geral de Previdência Social, de que trata a Lei n. 8.213, de 24 de julho de 1991, salvo disposição em contrário da Constituição Federal.

A Lei n. 13.135, de 17.6.2015, no âmbito do Regime Próprio dos Servidores Públicos Federais, alterou a Lei n. 8.112/1990 no tocante à pensão por morte, aplicando algumas regras similares àquelas aprovadas para o RGPS, afetando sensivelmente o direito a este benefício.

O art. 217 da Lei n. 8.112/1990 passou, pois, a ter a seguinte redação:

> Art. 217. São beneficiários das pensões:
> I – o cônjuge;
> II – o cônjuge divorciado ou separado judicialmente ou de fato, com percepção de pensão alimentícia estabelecida judicialmente;
> III – o companheiro ou companheira que comprove união estável como entidade familiar;
> IV – o filho de qualquer condição que atenda a um dos seguintes requisitos:
> a) seja menor de 21 (vinte e um) anos;
> b) seja inválido;
> c) tenha deficiência grave; ou
> d) tenha deficiência intelectual ou mental;
> V – a mãe e o pai que comprovem dependência econômica do servidor; e
> VI – o irmão de qualquer condição que comprove dependência econômica do servidor e atenda a um dos requisitos previstos no inciso IV.
> § 1º A concessão de pensão aos beneficiários de que tratam os incisos I a IV do caput exclui os beneficiários referidos nos incisos V e VI. § 2º A concessão de pensão aos beneficiários de que trata o inciso V do caput exclui o beneficiário referido no inciso VI.
> § 3º O enteado e o menor tutelado equiparam-se a filho mediante declaração do servidor e desde que comprovada dependência econômica, na forma estabelecida em regulamento.

Alterou-se, outrossim, o critério de divisão da pensão no âmbito do RPPS da União, com a mudança levada a efeito no art. 218 da Lei n. 8.112/1990, o qual passou a prever que "ocorrendo habilitação de vários titulares à pensão, o seu valor será distribuído em partes iguais entre os beneficiários habilitados".

A Lei n. 13.846/2019 inseriu nova mudança ao prever, na redação conferida ao art. 222, § 5º, que, "na hipótese de o servidor falecido estar, na data de seu falecimento, obrigado por determinação judicial a pagar alimentos temporários a ex-cônjuge, ex-companheiro ou ex-companheira, a pensão por morte será devida pelo prazo remanescente na data do óbito, caso não incida outra hipótese de cancelamento anterior do benefício". Conforme já comentado no capítulo pertinente ao tema do RGPS, trata-se de regra que colide frontalmente com as normas sobre alimentos do Direito Civil, especialmente a que identifica ser ato judicial, demandando devido processo legal, a fixação de alimentos, mediante provocação do postulante (CC, art. 1.706).

A critério da Administração, o beneficiário de pensão motivada por invalidez poderá ser convocado a qualquer momento para avaliação das condições que ensejaram a concessão do benefício.

E, acerca da fixação dos mesmos critérios da Lei n. 13.135 por outros Regimes Próprios, incabível cogitar-se da adoção automática de suas regras por Estados, Distrito Federal e Municípios dotados de Regime Próprio, pois a lei expressamente previu a sua aplicação ao RGPS e ao RPPS da União, não cabendo, aí, interpretação extensiva, tampouco analógica, por se tratar de norma prejudicial aos interesses dos beneficiários. No mesmo sentido compreende o Governo Federal, conforme exposto nas conclusões de Nota Técnica expedida para prestar esclarecimentos aos RPPS:

As novas regras para concessão e manutenção do benefício de pensão por morte inseridas na Lei n. 8.213/1991 pela Lei n. 13.135/2015 podem e devem ser adotadas, mediante reprodução em lei local, para os servidores amparados pelos RPPS dos Estados, do Distrito Federal e dos Municípios, a exemplo do que se deu na Lei n. 8.112/1990, para o RPPS da União, pois, além de evitar distorções, impedindo a concessão de benefícios em situações que não guardam conformidade com os objetivos da previdência social, também serão favoráveis à busca do equilíbrio financeiro atuarial dos RPPS, princípio estatuído no art. 1º da Lei n. 9.717/1998, no art. 69 da Lei de Responsabilidade Fiscal e no caput do art. 40 da Constituição Federal.[4]

A EC n. 103/2019 previu no § 8º do art. 23 de seu texto que: "Aplicam-se às pensões concedidas aos dependentes de servidores dos Estados, do Distrito Federal e dos Municípios as normas constitucionais e infraconstitucionais anteriores à data de entrada em vigor desta Emenda Constitucional, enquanto não promovidas alterações na legislação interna relacionada ao respectivo regime próprio de previdência social."

Portanto, as normas referidas da Lei n. 8.112/1990 foram recepcionadas pela EC n. 103/2019, sendo aplicadas aos servidores federais até que ocorram novas modificações.

A seguir são identificados alguns aspectos polêmicos relacionados com a concessão e a divisão da pensão por morte.

– Cônjuge ou companheiro do sexo masculino

O STF decidiu ter o cônjuge do sexo masculino direito ao recebimento de pensão por morte no caso em que o óbito ocorreu na vigência da Constituição Federal de 1969, tendo em conta o princípio da igualdade (AgRg no RE 439.484/RJ, 1ª Turma, Relator Ministro Luís Roberto Barroso, DJe 12.5.2013).

Também firmou entendimento de que é possível o reconhecimento de união estável de pessoa casada que esteja comprovadamente separada judicialmente ou de fato, para fins de concessão de pensão por morte, sem necessidade de decisão judicial neste sentido (MS 33.008 MC/DF, 1ª Turma, Rel. Min. Roberto Barroso, j. 3.5.2016).

– Existência de concubinato e relação homoafetiva concomitantes

Os precedentes mais remotos do STF foram contrários ao direito em relação à concubina, quando convivente com pessoa em relação paralela a casamento:

> *A proteção do Estado à união estável alcança apenas as situações legítimas e nestas não está incluído o concubinato. PENSÃO – SERVIDOR PÚBLICO – MULHER – CONCUBINA – DIREITO. A titularidade da pensão decorrente do falecimento de servidor público pressupõe vínculo agasalhado pelo ordenamento jurídico, mostrando-se impróprio o implemento de divisão a beneficiar, em detrimento da família, a concubina (STF, RE 397.762, Rel. Min. Marco Aurélio Mello, DJe 13.8.2008).*

A matéria se consolidou com o julgamento pelo STF das Repercussões Gerais Temas n. 526 e n. 529, cujas teses fixadas foram as seguintes:

Tema 526: "É incompatível com a Constituição Federal o reconhecimento de direitos previdenciários (pensão por morte) à pessoa que manteve, durante longo período e com aparência familiar, união com outra casada, porquanto o concubinato não se equipara, para fins de proteção estatal, às uniões afetivas resultantes do casamento e da união estável" (RE 883.168 Plenário Virtual, Rel. Min. Dias Toffoli, DJe 9.8.2021).

---

[4] BRASIL. Nota Técnica n. 11/2015/CGNAL/DRPSP/SPPS/MPS.

Tema 529: "A preexistência de casamento ou de união estável de um dos conviventes, ressalvada a exceção do artigo 1.723, § 1º, do Código Civil, impede o reconhecimento de novo vínculo referente ao mesmo período, inclusive para fins previdenciários, em virtude da consagração do dever de fidelidade e da monogamia pelo ordenamento jurídico-constitucional brasileiro" (RE 1.045.273, Plenário Virtual, Rel. Min. Alexandre de Moraes, *DJe* 20.5.2021).

Desses precedentes, restou consagrada a posição do STF no sentido de que "o art. 226, § 3º, da Constituição se esteia no princípio de exclusividade ou de monogamia, como requisito para o reconhecimento jurídico desse tipo de relação afetiva inserta no mosaico familiar atual, independentemente de se tratar de relacionamentos hétero ou homoafetivos".

– Filho inválido e menor sob guarda

Segundo precedente do STJ, não se exige prova de dependência econômica para a concessão de pensão por morte a filho inválido de servidor público federal. Isso porque, nos termos do art. 217 da Lei n. 8.112/1990, não há tal exigência, ainda que já seja maior de 21 anos de idade. Conforme se infere do texto expresso da lei, a prova da dependência econômica somente é exigível, nas pensões vitalícias, da mãe e do pai. Quanto às pensões temporárias, a prova da dependência é exigida restritivamente do irmão órfão ou da pessoa designada, em qualquer caso até 21 anos ou, se inválido, enquanto perdurar eventual invalidez (REsp 1.440.855/PB, 2ª Turma, Rel. Min. Humberto Martins, *DJe* 14.4.2014).

Da mesma forma, o STF decidiu que o art. 217 da Lei n. 8.112/1990 não foi revogado. Nesse sentido, o Plenário deferiu o pagamento de pensão a menor sob guarda de ex-servidora falecida em 2.2.2001 – já, portanto, sob a vigência da Lei n. 9.717/1998 (MS 25.823/DF, Relatora Min. Cármen Lúcia, *DJe* 28.8.2009). Consta da ementa que "O menor que, na data do óbito do servidor, esteja sob a guarda deste último, tem direito à pensão temporária até completar 21 (vinte e um) anos de idade (alínea 'b' do inciso II do art. 217 da Lei n. 8.112/90). Irrelevante o fato de a guarda ser provisória ou definitiva". No mesmo sentido, decidiu o STF no MS 33.099/DF, Rel. Min. Roberto Barroso, *DJe* 3.5.2016.

Há de se verificar se prevalecerá o referido entendimento jurisprudencial diante da alteração constitucional trazida pela EC n. 103/2019, que no § 6º do art. 23 passou a prever expressamente que "equiparam-se a filho, para fins de recebimento da pensão por morte, exclusivamente o enteado e o menor tutelado, desde que comprovada a dependência econômica".

No nosso entendimento, a vedação introduzida pela EC n. 103/2019 (com *status* de norma ordinária) é inconstitucional por afrontar o art. 227, *caput*, da Constituição Federal que determina: "É dever da família, da sociedade e do Estado assegurar à criança, ao adolescente e ao jovem, com absoluta prioridade, o direito à vida, à saúde, à alimentação, à educação, ao lazer, à profissionalização, à cultura, à dignidade, ao respeito, à liberdade e à convivência familiar e comunitária, além de colocá-los a salvo de toda forma de negligência, discriminação, exploração, violência, crueldade e opressão".

No julgamento das ADIs 4.878 e 5.083, o Ministro Edson Fachin destacou: "Os pedidos formulados nas ADIs 5.083 e 4.878, contudo, não contemplaram a redação do art. 23 da EC 103/2019, razão pela qual, ao revés do e. Ministro Relator, não procedo à verificação da constitucionalidade do dispositivo, em homenagem ao princípio da demanda. De toda sorte, os argumentos veiculados na presente manifestação são em todo aplicáveis ao art. 23 referido".

Quanto ao filho inválido, compreendemos que não há necessidade de que a incapacidade total e permanente para o trabalho tenha surgido até os 21 anos, podendo advir após o implemento da referida idade, desde que ocorrida antes do óbito, como mencionado no julgado a seguir:

> (...) *A concomitância da menoridade e da invalidez não é imposta pela Lei, e consistiria mesmo em contrassenso, tendo em vista que se cuida de duas hipóteses diversas a acarretar*

a dependência econômica do filho relativamente ao instituidor da pensão. 4. Comprovada a condição de filha maior e inválida do instituidor do benefício, assim como a sua dependência econômica, faz jus a autora à concessão do benefício de pensão por morte, nos termos do art. 217, II, a, da Lei 8.112/90, posto que o óbito ocorreu na vigência desta norma. 5. Mantida a fixação da verba honorária em 10% sobre o valor da condenação (TRF-4, APELREEX 2005.72.08.000799-9, 4ª Turma, Rel. Des. Fed. Marga Inge Barth Tessler, DE 18.10.2010).

A condição de invalidez deve ser verificada na data do óbito do instituidor da pensão, não se admitindo a possibilidade de concessão em caso de invalidez do dependente quando se verifique apenas em época posterior ao óbito, como consta do julgado abaixo:

ADMINISTRATIVO. SERVIDOR PÚBLICO. PENSÃO POR MORTE. CONCESSÃO. QUALIDADE DE DEPENDENTE – FILHO INVÁLIDO. COMPROVAÇÃO. 1. A concessão do benefício de pensão por morte em favor de filho inválido depende da comprovação da invalidez preexistente ao óbito do instituidor do benefício. 3. Hipótese em que restou devidamente comprovada através da prova pericial e documentação constante no processo a efetiva dependência econômica da parte autora, na condição de filha inválida do falecido, restando comprovado a irregularidade no ato de indeferimento do benefício (TRF4, AC 5026120-61.2015.4.04.7100, 3ª Turma, Rel. Des. Rogerio Favreto, juntado aos autos em 24.10.2018).

Sobre a possibilidade de prorrogação da duração do benefício em face de pendência de curso superior, o STJ entende que, havendo lei que estabelece que a pensão por morte é devida ao filho inválido ou até que complete 21 anos de idade, impossível estendê-la até os 24 anos de idade quando o beneficiário for estudante universitário, tendo em vista a inexistência de previsão legal (REsp 1.347.272, 2ª Turma, Rel. Min. Herman Benjamin, DJe 5.11.2012).

A exceção feita pelo STF diz respeito às beneficiárias mulheres que recebem pensão por morte com base na Lei n. 3.373/1958. O fundamento adotado é de que a lei que rege a concessão do benefício de pensão por morte é a vigente na data do óbito do segurado. Por esse motivo, a interpretação dada ao dispositivo da Lei n. 3.373/1958 é aquela que somente autoriza a revisão da pensão concedida com amparo em seu regramento nas hipóteses em que a filha solteira maior de 21 anos se case ou tome posse em cargo público permanente. Isso porque não havia na Lei de 1958 a hipótese de cessação da pensão em decorrência do exercício, pela pensionista, de outra atividade laborativa que lhe gerasse algum tipo de renda, à exceção de cargo público permanente (MS 35.795, Rel. Min. Edson Fachin, DJe 2.8.2018).

A TNU, por sua vez, julgando o RC n. 330, fixou a seguinte Tese: "É ilegal o cancelamento do benefício de pensão por morte temporária da filha maior de 21 (vinte e um) anos e solteira sem que lhe seja garantido o exercício prévio do direito à opção entre a pensão por morte temporária prevista na Lei n. 3.373/1958 e os vencimentos decorrentes de cargo público permanente" (PEDILEF 0000264-40.2018.4.01.3001/RO, publ. 8.8.2024).

Ainda sobre este tema, o STF decidirá em âmbito de repercussão geral sobre o direito à pensão para filha solteira transexual, de modo a analisar se o direito à continuidade da pensão está ou não condicionado à alteração do registro civil antes do óbito do servidor (Tema 1298 – Plenário virtual). O caso em questão envolve requerimento de filha trans de militar falecido em 1998, e que alterou seu nome e gênero no registro civil 21 anos após a morte do pai. A pessoa recebia a pensão por morte, na qualidade de filho homem menor de idade, mas quando alcançou a maioridade, o pagamento foi encerrado. Após pedido de restabelecimento do benefício, agora na condição de filha maior solteira, ter sido negado administrativamente, a questão foi judicializada.

– **Posterior habilitação e efeitos financeiros**

A Lei n. 13.846/2019 passou a prever, no art. 219 do RJU, quanto ao RPPS dos agentes públicos federais, que:

- a concessão da pensão por morte não será protelada pela falta de habilitação de outro possível dependente e a habilitação posterior que importe em exclusão ou inclusão de dependente só produzirá efeito a partir da data da publicação da portaria de concessão da pensão ao dependente habilitado;
- ajuizada a ação judicial para reconhecimento da condição de dependente, este poderá requerer a sua habilitação provisória ao benefício de pensão por morte, exclusivamente para fins de rateio dos valores com outros dependentes, vedado o pagamento da respectiva cota até o trânsito em julgado da respectiva ação, ressalvada a existência de decisão judicial em contrário;
- nas ações em que for parte o ente público responsável pela concessão da pensão por morte, este poderá proceder de ofício à habilitação excepcional da referida pensão, apenas para efeitos de rateio, descontando-se os valores referentes a essa habilitação das demais cotas, vedado o pagamento da respectiva cota até o trânsito em julgado da respectiva ação, ressalvada a existência de decisão judicial em contrário;
- julgada improcedente a ação prevista no § 2º, o valor retido, corrigido pelos índices legais de reajustamento, será pago de forma proporcional aos demais dependentes, de acordo com as suas cotas e o tempo de duração de seus benefícios;
- em qualquer hipótese, fica assegurada ao órgão concessor da pensão por morte a cobrança dos valores indevidamente pagos em função de nova habilitação.

Segundo o STJ, no caso de concessão integral da pensão por morte de servidor público, a posterior habilitação, que inclua novo dependente, produz efeitos a partir da data de seu requerimento na via administrativa. Presume-se que nessa data tenha ocorrido a ciência da Administração sobre o fato gerador a ensejar a concessão do benefício, o que se infere da análise das regras contidas nos arts. 215, 218 e 219, parágrafo único, da Lei n. 8.112/1990 (REsp 1.348.823/RS, 2ª Turma, Rel. Min. Mauro Campbell Marques, *DJe* 18.2.2013).

46.5 PERDA E CESSAÇÃO DO DIREITO À PENSÃO

No âmbito do RPPS da União, o art. 220 da Lei n. 8.112/1990, com a redação conferida pela Lei n. 13.135/2015, passou a prever duas hipóteses de perda do direito à pensão. É dizer, mesmo sendo a pessoa arrolada como dependente, não poderá participar do rateio do benefício:

> *I – após o trânsito em julgado, o beneficiário condenado pela prática de crime de que tenha dolosamente resultado a morte do servidor;*
>
> *II – o cônjuge, o companheiro ou a companheira se comprovada, a qualquer tempo, simulação ou fraude no casamento ou na união estável, ou a formalização desses com o fim exclusivo de constituir benefício previdenciário, apuradas em processo judicial no qual será assegurado o direito ao contraditório e à ampla defesa.*

Já quanto à cessação do direito à pensão, hipótese em que a pessoa irá receber o benefício, mas perderá a condição de beneficiária, o art. 222 da Lei n. 8.112/1990, com a redação conferida pela Lei n. 13.846/2019, no âmbito dos agentes públicos federais, da seguinte forma:

> *Art. 222. Acarreta perda da qualidade de beneficiário:*
> *I – o seu falecimento;*

II – a anulação do casamento, quando a decisão ocorrer após a concessão da pensão ao cônjuge;
III – a cessação da invalidez, em se tratando de beneficiário inválido, ou o afastamento da deficiência, em se tratando de beneficiário com deficiência, respeitados os períodos mínimos decorrentes da aplicação das alíneas a e b do inciso VII do caput deste artigo;
IV – o implemento da idade de 21 (vinte e um) anos, pelo filho ou irmão;
V – a acumulação de pensão na forma do art. 225;
VI – a renúncia expressa; e
VII – em relação aos beneficiários de que tratam os incisos I a III do caput do art. 217:
a) o decurso de 4 (quatro) meses, se o óbito ocorrer sem que o servidor tenha vertido 18 (dezoito) contribuições mensais ou se o casamento ou a união estável tiverem sido iniciados em menos de 2 (dois) anos antes do óbito do servidor;
b) o decurso dos seguintes períodos, estabelecidos de acordo com a idade do pensionista na data de óbito do servidor, depois de vertidas 18 (dezoito) contribuições mensais e pelo menos 2 (dois) anos após o início do casamento ou da união estável:
1) 3 (três) anos, com menos de 21 (vinte e um) anos de idade;
2) 6 (seis) anos, entre 21 (vinte e um) e 26 (vinte e seis) anos de idade;
3) 10 (dez) anos, entre 27 (vinte e sete) e 29 (vinte e nove) anos de idade;
4) 15 (quinze) anos, entre 30 (trinta) e 40 (quarenta) anos de idade;
5) 20 (vinte) anos, entre 41 (quarenta e um) e 43 (quarenta e três) anos de idade;
6) vitalícia, com 44 (quarenta e quatro) ou mais anos de idade.

A partir de 1º.1.2021, as idades foram elevadas em um ano pela Portaria ME n. 424/2020, ficando em:

I – 3 (três) anos, com menos de 22 (vinte e dois) anos de idade;
II – 6 (seis) anos, entre 22 (vinte e dois) e 27 (vinte e sete) anos de idade;
III – 10 (dez) anos, entre 28 (vinte e oito) e 30 (trinta) anos de idade;
IV – 15 (quinze) anos, entre 31 (trinta e um) e 41 (quarenta e um) anos de idade;
V – 20 (vinte) anos, entre 42 (quarenta e dois) e 44 (quarenta e quatro) anos de idade;
VI – vitalícia, com 45 (quarenta e cinco) ou mais anos de idade.

Ou seja, a pessoa beneficiária na condição de cônjuge ou companheiro(a), mesmo que portadora de invalidez ou algum tipo de deficiência:

– *somente fará jus à pensão por 4 meses, se o óbito ocorrer antes que o servidor ou servidora tenha vertido 18 contribuições mensais a regimes previdenciários ou se a relação conjugal ou afetiva tenha menos de dois anos; essa regra é excepcionada quando a morte decorre de acidente de qualquer natureza, doença profissional ou do trabalho e no caso de beneficiário inválido ou com deficiência;*
– *caso implementados os requisitos (dois anos de convivência e 18 contribuições), terá direito à vitaliciedade do recebimento de sua cota-parte, se, ao tempo do óbito, já tiver 45 anos ou mais de idade; caso contrário, receberá pensão provisoriamente, pelo lapso de tempo indicado (mínimo de três anos; máximo de 20 anos).*

A norma em comento prevê que o tempo de contribuição a qualquer Regime Próprio de Previdência Social ou ao RGPS será considerado na contagem das 18 contribuições mensais referidas nas alíneas "a" e "b" do inciso VII do caput do art. 222 da Lei n. 8.112/1990.

A critério da administração, o beneficiário de pensão cuja preservação seja motivada por invalidez, por incapacidade ou por deficiência poderá ser convocado a qualquer momento para avaliação das referidas condições.

Após o transcurso de pelo menos três anos e desde que nesse período se verifique o incremento mínimo de um ano inteiro na média nacional única, para ambos os sexos, correspondente à expectativa de sobrevida da população brasileira ao nascer, poderão ser fixadas, em números inteiros, novas idades para os fins previstos na alínea "b" do inciso VII do *caput*, em ato do Ministro de Estado respectivo, limitado o acréscimo na comparação com as idades anteriores ao referido incremento. Essa elevação ocorreu a partir de 1º.1.2021, com a publicação da citada Portaria ME n. 424, de 29.12.2020.

Por último, a Lei n. 13.846/2019, em conformidade com a previsão já contida no RGPS, estabeleceu do art. 222 do RJU que o exercício de atividade remunerada, inclusive na condição de microempreendedor individual, não impede a concessão ou manutenção da cota da pensão de dependente com deficiência intelectual ou mental ou com deficiência grave. E que, no ato de requerimento de benefícios previdenciários, não será exigida apresentação de termo de curatela de titular ou de beneficiário com deficiência, observados os procedimentos a serem estabelecidos em regulamento.

REGRAS – PENSÃO POR MORTE (PARA TODOS OS RPPS, EXCETO O DA UNIÃO E DEMAIS ENTES FEDERADOS QUE REALIZARAM A REFORMA DA PREVIDÊNCIA)

Os quadros apresentados procuram identificar as possibilidades de concessão de pensão por morte aos seus dependentes, com base nas regras permanentes e de transição previstas nas Emendas Constitucionais n. 20/1998, n. 41/2003, n. 47/2005 e n. 70/2012.

PENSÃO POR MORTE – PRÉ-EC n. 103/2019 Óbitos ocorridos após 20.2.2004	
Art. 24, § 8º, da EC n. 103, de 2019; Lei n. 9.717/1998, Lei n. 10.887/2004 e Lei n. 13.135/2015.	
REQUISITOS MÍNIMOS	
TEMPO MÍNIMO	Inexigível
CÁLCULO DO BENEFÍCIO	Igual à remuneração ou proventos do servidor falecido até o limite do teto de benefícios do RGPS, acrescido de 70% da parcela excedente a esse limite.
TETO DO BENEFÍCIO	ÚLTIMA REMUNERAÇÃO NO CARGO EFETIVO.[5]

---

[5] Caso o instituidor (servidor falecido ocupante de cargo efetivo) pertença a quadro de ente federativo que tenha instituído Regime de Previdência Complementar e tenha ingressado após sua implementação, ou tenha migrado para o modelo previsto nos §§ 14 a 16 do art. 40 da CF, o valor da pensão será limitado ao valor estabelecido como "teto" para o RGPS, fazendo jus o(s) pensionista(s), caso haja previsão na legislação própria do ente respectivo, a um benefício especial equivalente ao período contributivo anterior (como ocorre, por exemplo, no âmbito federal) e ainda, caso tenha aderido ao plano de benefícios do RPC, ao valor que tenha sido segurado para fins de complementação de pensão e para a qual tenha contribuído.

PENSÃO POR MORTE – PRÉ-EC n. 103/2019
Óbitos ocorridos após 20.2.2004

REAJUSTE	NÃO TEM PARIDADE. OS PROVENTOS DEVERÃO SER REAJUSTADOS NA MESMA DATA E ÍNDICE ADOTADOS PARA O REAJUSTE DOS BENEFÍCIOS DO REGIME GERAL DE PREVIDÊNCIA SOCIAL. EXCEÇÕES: a regra da paridade do benefício com a remuneração deverá ser aplicada às pensões (cujo óbito tenha ocorrido antes da promulgação da EC n. 103, de 2019/RPPS da União), e sejam: a) derivadas de proventos de servidores falecidos que tenham se aposentado com integralidade e paridade com base nas regras de transição (art. 3º da EC n. 47/2005); b) decorrentes dos falecimentos dos segurados aposentados por invalidez, desde que o aposentado tenha ingressado até 31.12.2003 (EC n. 70/2012).

1ª REGRA ANTERIOR – PENSÃO POR MORTE
Óbitos ocorridos até 16.12.1998

REGRA
Art. 40, § 5º, da CF (redação original)

REQUISITOS MÍNIMOS	
TEMPO MÍNIMO	Inexigível
CÁLCULO DO BENEFÍCIO	INTEGRALIDADE
BASE DE CÁLCULO	TOTALIDADE DOS VENCIMENTOS OU PROVENTOS DO SERVIDOR FALECIDO, ATÉ O LIMITE ESTABELECIDO EM LEI.
REAJUSTE	PARIDADE COM OS SERVIDORES EM ATIVIDADE

2ª REGRA ANTERIOR – PENSÃO POR MORTE
Óbitos ocorridos entre 16.12.1998 até 20.2.2004

REGRA
Art. 40, § 2º, da CF (redação dada pela EC n. 20/1998)

REQUISITOS MÍNIMOS	
TEMPO MÍNIMO	Inexigível
CÁLCULO DO BENEFÍCIO	INTEGRALIDADE COM BASE NA ÚLTIMA REMUNERAÇÃO OU PROVENTOS DO SERVIDOR FALECIDO.
TETO DO BENEFÍCIO	ÚLTIMA REMUNERAÇÃO NO CARGO EFETIVO
REAJUSTE	PARIDADE COM OS SERVIDORES EM ATIVIDADE

46.6 LICENÇAS-MATERNIDADE, PATERNIDADE E POR ADOÇÃO

No âmbito dos agentes públicos ocupantes de cargos efetivos, também há atualmente a proteção social da maternidade e da paternidade tanto biológica quanto adotiva. Porém segundo previsão constante do art. 9º, § 2º, da EC n. 103, de 2019, visando disciplinar, transitoriamente, o § 22 do art. 40 da CF, "o rol de benefícios dos regimes próprios de previdência social fica limitado às aposentadorias e à pensão por morte". E, ainda, conforme o § 3º do art. 9º, "Os afastamentos por incapacidade temporária para o trabalho e o salário-maternidade serão pagos diretamente pelo ente federativo e não correrão à conta do regime próprio de previdência social ao qual o servidor se vincula".

Nesse sentido, considerou-se inconstitucional "Lei que estabelece licença por incapacidade temporária sem remuneração ao Servidor Público do Município de Esteio/RS" (STF, ARE 1462480 RS, 1ª Turma, Rel. Min. Alexandre de Moraes, julg. 21.2.2024, DJe 28.2.2024).

Com isso, afastada a eventual inconstitucionalidade da regra posta na EC n. 103, é de se compreender como razoável a interpretação de que benefícios outros que não as aposentadorias e a pensão por morte não mais poderiam ser concedidos pelos RPPS, perdendo a eficácia as leis de cada Ente Federativo que dispunham, até então, sobre o tema.

Em todo caso, tecemos considerações sobre as regras antes existentes, que continuam aplicáveis a fatos geradores anteriores à promulgação da Emenda, ao menos por questão de direito adquirido.

Desde a promulgação da Constituição de 1988, no caso da servidora ocupante de cargo efetivo, a exemplo do que ocorre no Regime Geral de Previdência Social, a proteção abrangia apenas os 120 dias indicados no art. 7º da Constituição e, no caso do servidor do sexo masculino, a licença devida em razão da paternidade era de cinco dias (art. 10 do ADCT). Embora a licença-maternidade fosse coberta por um benefício previdenciário (o salário-maternidade), a licença-paternidade ainda hoje não é coberta pelos RPPS, nem pelo RGPS.

Em decisão que reputamos de vanguarda, o Plenário do STF referendou medida liminar deferida pelo Min. Edson Fachin, nos autos da ADI 6.327, para "conferir interpretação conforme à Constituição ao artigo 392, § 1º, da CLT, assim como ao artigo 71 da Lei n. 8.213/91 e, por arrastamento, ao artigo 93 do seu Regulamento (Decreto n. 3.048/99), e assim assentar (com fundamento no bloco constitucional e convencional de normas protetivas constante das razões sistemáticas antes explicitadas) a necessidade de prorrogar o benefício, bem como considerar como termo inicial da licença-maternidade e do respectivo salário-maternidade a alta hospitalar do recém-nascido e/ou de sua mãe, o que ocorrer por último, quando o período de internação exceder as duas semanas previstas no art. 392, § 2º, da CLT, e no art. 93, § 3º, do Decreto n. 3.048/99" (ADI 6.327 MC-Ref, Tribunal Pleno, j. 3.4.2020, DJe-154 19.6.2020). Entendemos que, em face da norma inserta no § 12 do art. 40 da CF, o julgado pode ser estendido às ocupantes de cargos públicos, em atenção ao princípio isonômico, vez que não haveria razão para tratamento distinto em relação às seguradas do RGPS.

Quanto à regulamentação da licença-maternidade biológica no âmbito dos Regimes Próprios, até antes da edição da Lei n. 11.770/2008 (publicada no DOU 10.9.2008), compreendia-se sem dúvidas como sendo autoaplicável o lapso de 120 dias previsto na Constituição a todas as servidoras públicas regidas por RPPS.

Na legislação aplicável aos servidores públicos federais, o art. 207 da Lei n. 8.112, de 11.12.1990, indica que "a licença poderá ter início no primeiro dia do nono mês de gestação, salvo antecipação por prescrição médica", sendo que "no caso de nascimento prematuro, a licença terá início a partir do parto" (§ 2º do art. 207) e "no caso de natimorto, decorridos 30 (trinta) dias do evento, a servidora será submetida a exame médico, e se julgada apta, reassumirá o exercício" (§ 3º do art. 207). No caso de aborto não criminoso, a questão é tratada como licença para tratamento de saúde.

A mesma Lei regente do Regime dos Servidores Federais inovou na matéria, criando, no art. 210, a licença remunerada para fins de adoção "à servidora que adotar ou obtiver guarda judicial de criança até 1 (um) ano de idade" com prazo de noventa dias e, no caso de adoção ou guarda judicial de criança com mais de 1 (um) ano de idade, com prazo de trinta dias.

A partir da edição da Lei n. 11.770/2008, seu art. 2º "autoriza os entes da Administração Pública a instituir programa que garanta a prorrogação da licença-maternidade para suas servidoras" por mais 60 dias, silenciando a respeito da prorrogação em caso de adoção e nada dispondo acerca da licença-paternidade.

No âmbito da União, tal matéria veio a ser regulamentada pelo Decreto n. 6.690, de 11.12.2008, o qual previu que a servidora gestante deverá requerer a extensão da licença por mais 60 dias "até o final do primeiro mês após o parto" (§ 1º do art. 2º do Decreto) e estabeleceu que as servidoras beneficiadas "não poderão exercer qualquer atividade remunerada e a criança não poderá ser mantida em creche ou organização similar (art. 4º do Decreto). Também não houve menção à adoção, de modo que passou a haver uma diferença de tratamento a partir de então, no âmbito do serviço público federal, entre mães biológicas e adotantes – apenas as primeiras fazendo jus à prorrogação.

Interessante apontar que o art. 4º da Lei n. 11.770, em sua redação original, era de duvidosa constitucionalidade, por não haver qualquer correlação entre a prorrogação do benefício e a eventual necessidade de a criança ser colocada em creche ou instituição similar, em período parcial, para que a gestante possa cuidar de afazeres domésticos ou mesmo repousar.

A Lei n. 13.257, de 8.3.2016, que também trata da licença-paternidade, alterou a Lei n. 11.770. Passou a prever, então, a prorrogação da licença também para as mães adotantes e para pais biológicos e adotantes (estes passaram a poder usufruir mais 15 dias, além dos cinco já previstos no art. 10 do ADCT); além disso, alterou a redação do art. 4º, passando a dispor que "no período de prorrogação da licença-maternidade e da licença-paternidade de que trata esta Lei, a empregada e o empregado não poderão exercer nenhuma atividade remunerada, e a criança deverá ser mantida sob seus cuidados".

A extensão da licença no âmbito federal, em todos os casos, segundo o Decreto, será custeada com recursos do Tesouro Nacional – e não do RPPS da União (§ 5º do art. 1º).

A partir da Lei n. 11.770/2008, muitos Entes Federativos entenderam por aprovar leis (estaduais e municipais) ampliando o período de licença-maternidade para 180 dias, com o custeio desta ampliação à custa dos respectivos Regimes de Previdência, estaduais ou municipais.

O então denominado Ministério da Previdência Social, por meio da Nota Explicativa n. 01/2008 CGNAL/DRPSP/SPS/MPS, interpretou a matéria no sentido de que "o benefício previdenciário concedido à gestante pelos Regimes Próprios de Previdência Social – RPPS deve ter duração de apenas 120 dias, considerando o disposto no art. 5º da Lei n. 9.717/98" e que "a prorrogação de 60 dias da Licença-Maternidade não será concedida pelo RGPS e, portanto, também não é considerada benefício previdenciário para os RPPS", concluindo ser indevida a utilização de recursos previdenciários dos RPPS para custeio do período de prorrogação da Licença-Maternidade, considerando o disposto no art. 1º, III, e no art. 5º da Lei n. 9.717/1998.

Na mesma Nota, o então MPS entendeu que a extensão da licença não é obrigatória para os Entes Federativos e que "deverá incidir contribuição previdenciária ao regime próprio de previdência social sobre o valor pago à servidora pública gestante, titular de cargo efetivo, durante todo o período da Licença-Maternidade, inclusive no caso de prorrogação".

No âmbito da jurisprudência, o entendimento que tem prevalecido em ambas as turmas do STJ é de que a prorrogação das aludidas licenças não é autoaplicável, demandando regulamentação em cada Ente da Federação para a sua concessão:

> ADMINISTRATIVO. SERVIDORA PÚBLICA. LEI n. 11.770/2008. LICENÇA-MATERNIDADE. PRORROGAÇÃO. NECESSIDADE DE REGULAMENTAÇÃO LOCAL. ANÁLISE DE DISPOSITIVOS CONSTITUCIONAIS. IMPOSSIBILIDADE. PERDA DO OBJETO RECURSAL. INEXISTÊNCIA.

1. Uníssona a jurisprudência das Turmas da 1ª Seção no sentido de que o disposto no art. 2º da Lei n. 11.770/2008 não é autoaplicável para os entes públicos estaduais e municipais, dependendo de regulamentação local.
2. Não cabe ao Superior Tribunal de Justiça examinar na via especial suposta violação a princípios constitucionais, sob pena de usurpação da competência do Supremo Tribunal Federal.
3. Não comportam acolhimento as teses de prejudicialidade do recurso e de superveniência de legislação estadual, considerando que à época da impetração do mandamus o Estado da Bahia estava impedido de atender o pleito da servidora.
4. Agravo regimental a que se nega provimento.
(AgRg no REsp 1.296.965/BA, 1ª Turma, Rel. Min. Sérgio Kukina, DJe 5.9.2013).

No mesmo condão, monocraticamente: STJ, RMS 58.085/MG, Rel. Min. Regina Helena Costa, DJe 7.2.2019.

De outro lado, o STF apreciou, em sede de repercussão geral, a questão da paridade de tratamento entre servidoras com direito à licença-maternidade biológica e por adoção, declarando o direito à igualdade de tratamento e a inconstitucionalidade do art. 210 da Lei n. 8.112/1990. Tese da repercussão geral, tema 782: "Os prazos da licença adotante não podem ser inferiores aos prazos da licença gestante, o mesmo valendo para as respectivas prorrogações. Em relação à licença adotante, não é possível fixar prazos diversos em função da idade da criança adotada" (STF, RE 778.889/PE, Plenário, Rel. Min. Roberto Barroso, j. 10.3.2016, DJe 29.7.2016).

Na aplicação do entendimento *supra*, tem-se que:

> Independentemente da condição do filho adotado ser criança ou adolescente, deve ser sobrelevado o interesse do menor, a fim de dispensar-lhe maior tempo de convívio, garantindo-lhe integral atenção no período de adaptação à sua nova família. As necessidades do filho adotado adolescente, sua dependência emocional e adaptação não são menores do que ao filho criança, de modo a não ser justificável impingir-se a discrepância de tratamento. Caso contrário, haveria afronta ao art. 227, § 6º, da Constituição Federal, que estabelece a igualdade entre os filhos, de qualquer condição. (...) "restringir o direito ao recebimento de salário-maternidade ao adotante de adolescente seria contrariar a Convenção sobre os Direitos da Criança pelo Decreto n. 99.710/1990, pela qual o Brasil reconhece que pode ser considerado como criança todo ser humano com menos de 18 anos de idade, a não ser que, em conformidade com a lei aplicável à criança, a maioridade seja alcançada antes, nos termos do art. 1º do referido decreto" (TRU/JEFs da 4ª Região) (TRF4, AG 5011459-90.2022.4.04.0000, 4ª Turma, Rel. Des. Fed. Luís Alberto D'Azevedo Aurvalle, juntado aos autos em 1.6.2022).

Em outra questão ligada à isonomia, desta feita entre servidores federais de sexos distintos e com processo de adoção, o Ministério do Planejamento, Orçamento e Gestão concluiu pela "extensão do benefício da Licença à Adotante, elencado no art. 210 da Lei n. 8.112/1990, a servidores públicos federais, independentemente de gênero". O mesmo parecer, entretanto, refuta a possibilidade de igualdade de períodos de licença entre maternidade e paternidade biológicas, por expressa previsão constitucional e legal em sentido oposto (Nota Técnica n. 150/2014/CGNOR/DENOP/SEGEP/MP, de 6.10.2014).

A respeito do documento exigido para a concessão da licença em caso de adoção, o entendimento da Administração Pública Federal evoluiu para concluir pela "possibilidade de concessão de tal licença com o requerimento e apresentação de termo de guarda judicial concedido em processo de adoção", e não somente com a apresentação de sentença de adoção (Nota Técnica n. 162/2014/CGNOR/DENOP/SEGEP/MP, de 3.11.2014).

Outra questão fortemente ligada à discussão sobre isonomia de tratamento envolve a extensão da prorrogação a pessoas contratadas para cumprirem "contrato temporário", como é o caso da docência no ensino fundamental e médio e ocupantes de cargo em comissão. O STF, por unanimidade, apreciando o Tema 542 da repercussão geral, conheceu do recurso extraordinário e negou-lhe provimento, fixando a seguinte tese: "A trabalhadora gestante tem direito ao gozo de licença-maternidade e à estabilidade provisória, independentemente do regime jurídico aplicável, se contratual ou administrativo, ainda que ocupe cargo em comissão ou seja contratada por tempo determinado" (Plenário, j. 5.10.2023).

O Supremo Tribunal Federal (STF) vai decidir, ainda, se é possível a concessão de licença-maternidade à mãe não gestante, em união estável homoafetiva, nos casos em que a gestação de sua companheira decorra de procedimento de inseminação artificial. O tema será analisado no Recurso Extraordinário (RE) 1.211.446, que teve repercussão geral reconhecida no Plenário Virtual por maioria de votos.

O recurso é movido pelo Município de São Bernardo do Campo (SP) contra decisão de Turma Recursal do Juizado Especial da Fazenda Pública de São Bernardo do Campo, que garantiu a licença-maternidade de 180 dias a uma servidora municipal cuja companheira engravidou por meio de inseminação artificial heteróloga (em que o óvulo fecundado é da mãe não gestante). A companheira da servidora é trabalhadora autônoma e não usufruiu do direito à licença.

46.7 LICENÇA PARA TRATAMENTO DE SAÚDE – COMUM E ACIDENTÁRIA

A questão da proteção à incapacidade laborativa temporária aos agentes públicos ocupantes de cargos efetivos tem disciplinamento não uniforme, em se tratando de Regimes Próprios de Previdência Social.

Não havia vedação constitucional ou legal para que o Ente Federativo legislasse a respeito, transferindo o ônus decorrente dos afastamentos por motivo de saúde para o respectivo Regime Próprio de Previdência Social. Porém segundo previsão constante do art. 9º, § 2º, da EC n. 103, de 2019, visando disciplinar, transitoriamente, o § 22 do art. 40 da CF, "o rol de benefícios dos regimes próprios de previdência social fica limitado às aposentadorias e à pensão por morte". E, ainda, conforme o § 3º do mesmo artigo, "Os afastamentos por incapacidade temporária para o trabalho e o salário-maternidade serão pagos diretamente pelo ente federativo e não correrão à conta do regime próprio de previdência social ao qual o servidor se vincula".

Com isso, afastada a eventual inconstitucionalidade da regra posta na EC n. 103, é de se compreender como razoável a interpretação de que benefícios outros que não as aposentadorias e a pensão por morte não mais poderiam ser concedidos pelos RPPS, perdendo a eficácia as leis de cada Ente Federativo que dispunham, até então, sobre o tema.

Em todo caso, tecemos considerações sobre as regras antes existentes, que continuam aplicáveis a fatos geradores anteriores à promulgação da Emenda, ao menos por questão de direito adquirido.

Tem, de todo modo, grande relevância para fins previdenciários, mesmo que sem ser considerado fato gerador de benefício nos RPPS, pois geralmente antecede a aposentadoria por invalidez do servidor.

No que tange aos servidores federais, por exemplo, a licença não é benefício previdenciário, sendo custeado pelo orçamento do Tesouro como licença remunerada. O direito é regido pelos arts. 202 a 205 da Lei n. 8.112, de 11.12.1990, e regulamentado pelo Decreto n. 7.003, de 9.11.2009.

A legislação do servidor federal prevê que a licença para tratamento de saúde será concedida ao servidor, a pedido ou de ofício, pelo que se nota uma importante diferença se comparado ao

RGPS: é que neste, embora haja a previsão de concessão de ofício, esta raramente se observa, enquanto no serviço público o entendimento envolve também questões de ordem pública em favor dos administrados, pois não se considera adequado que um servidor esteja realizando atividade pública sem estar no pleno gozo de sua sanidade física ou mental.

Tal como no RGPS, comparativamente ao auxílio-doença, a licença deve ser reconhecida por inspeção médica procedida por médico do setor de assistência do órgão de pessoal do Ente Federativo.

O prazo máximo da licença é de 24 meses. Findo este prazo, o servidor será submetido à nova inspeção médica, que concluirá pela volta ao serviço, pela readaptação do servidor ou pela aposentadoria por invalidez, conforme o caso.

Naqueles Entes Federativos que tratavam a questão como benefício previdenciário, com a concessão de auxílio-doença, a disciplina legal local deve dispor também sobre o valor da renda mensal devida, sendo que, não havendo tal disciplinamento, deve ser aplicado, subsidiariamente, o disposto no RGPS, ou seja, apuração de 91% da média dos maiores salários de contribuição equivalentes a 80% do período contributivo, corrigidos monetariamente. Neste sentido: TJRS, Recurso Cível n. 71004971826, Turma Recursal da Fazenda Pública, Rel. Des. Carpes da Silva, j. 31.7.2014.

A respeito do direito a férias do servidor licenciado, definiu o STF, em tese fixada quanto ao Tema 221 de Repercussão Geral: "No exercício da autonomia legislativa municipal, não pode o Município, ao disciplinar o regime jurídico de seus servidores, restringir o direito de férias a servidor em licença saúde de maneira a inviabilizar o gozo de férias anuais previsto no art. 7º, XVII da Constituição Federal de 1988".

Ponto importante ligado à incapacidade temporária envolve o processo de reabilitação. É que, independentemente de ser ou não previsto o benefício de auxílio-doença, incumbe ao Ente Público proceder à reabilitação quando cabível, não sendo caso de concessão de aposentadoria por invalidez nestes casos.

Para algumas categorias de servidores, a reabilitação, contudo, pode acarretar perda de direitos, como no caso dos professores e professoras de ensino infantil, fundamental e médio. Daí que, quando da aposentadoria, o RPPS do ente federativo por vezes considera o tempo na função nova como "não especial", o que tem levado a matéria ao Judiciário, com decisões favoráveis ao servidor:

> Nos termos da lei municipal, cabe readaptação, como forma derivada de provimento de cargo, ao membro do Magistério Público, que por motivo de doença atestada por Junta Médica Oficial, não tem condições de exercer as funções normais do cargo, mas não está incapacitado para outras atividades, ainda que burocráticas, sem perder as vantagens do cargo inicial (TJSC, Apelação Cível 2009.037249-6, Rel. Des. Jaime Ramos, j. 23.7.2010 – Decisão mantida pelo STF: ARE: 774.289 SC, Rel. Min. Cármen Lúcia, DJe 25.10.2013).

De outra vertente, a readaptação não pode acarretar redução de vencimentos ou subsídios ao servidor acometido de incapacidade e recolocado em função com vencimento inferior, ante o princípio da irredutibilidade.

A readaptação do professor por motivo de saúde decorre de recomendação médica e, a partir do diagnóstico, a Administração Pública é quem determina, com base na limitação da capacidade física ou mental constatada, quais as atividades poderão ser por ele exercidas, de modo que absolutamente nada depende da vontade do docente. Então, "se o problema de saúde que leva à readaptação funcional não depende do livre arbítrio do professor, mormente porque ele não tem esse poder de escolha (adoecer ou não), é evidente que o tempo de serviço referente ao período em que estiver readaptado, exercendo atividades administrativas burocráticas, deve ser computado para fins de aposentadoria especial de professor ou professora" (STF, RE 481.798/SC, Rel. Min. Cármen Lúcia, DJe 3.6.2009).

Daí decorre o direito ao pagamento, até mesmo quando de sua aposentadoria (e instituição de pensão por morte), de proventos calculados levando-se em conta a remuneração auferida originariamente:

> (...) Em que pese a readaptação constituir forma de provimento de cargo público, a LC-RS 10.098/1994, quando o novo cargo for de padrão vencimental inferior, assegura ao servidor readaptado (art. 41, parágrafo único) a remuneração correspondente à do cargo anteriormente ocupado, o que, ante o caráter permanente do direito, se projeta para o futuro, abarcando os posteriores aumentos remuneratórios, a repercutir nos proventos daquele cuja inativação se deu com garantia de paridade (...)
> (TJRS, Recurso Cível 71004531943/RS, Turma Recursal da Fazenda Pública, Rel. Des. Ricardo Bernd, DJ 7.11.2013).

A licença para tratamento de saúde, ou auxílio-doença, deve ser considerada, em todo caso, como tempo de contribuição, pois a exemplo do que ocorre no RGPS, trata-se de período em que o indivíduo não tem como contribuir, por estar incapacitado, não podendo ser prejudicado por evento alheio a sua vontade.

Nessa linha, "inexiste, portanto, previsão legal no sentido de autorizar a suspensão da contagem do prazo de estágio probatório durante as licenças médicas gozadas pelo próprio servidor público" (STJ, REsp 2.049.016/RN, Rel. Min. Regina Helena Costa, DJe 8.2.2023).

46.8 AUXÍLIO-RECLUSÃO

O primeiro aspecto a ser frisado, antes mesmo do detalhamento desse benefício, é a previsão constante do art. 9º, § 2º, da EC n. 103, de 2019, visando disciplinar, transitoriamente, o § 22 do art. 40 da CF:

> Art. 9º Até que entre em vigor lei complementar que discipline o § 22 do art. 40 da Constituição Federal, aplicam-se aos regimes próprios de previdência social o disposto na Lei n. 9.717, de 27 de novembro de 1998, e o disposto neste artigo. (...)
> § 2º O rol de benefícios dos regimes próprios de previdência social fica limitado às aposentadorias e à pensão por morte.

Com isso, afastada a eventual inconstitucionalidade da regra posta na EC n. 103, é de se compreender como razoável a interpretação de que benefícios outros – como o auxílio-reclusão – não mais poderiam ser concedidos pelos RPPS, perdendo a eficácia as leis de cada Ente Federativo que dispunham, até então, sobre o tema.

Em todo caso, tecemos considerações sobre as regras antes existentes, que continuam aplicáveis a fatos geradores anteriores à promulgação da Emenda, ao menos por questão de direito adquirido.

O pagamento de auxílio-reclusão, no âmbito do RPPS da União, era previsto na Lei n. 8.112/1990, nos termos que seguem:

> Art. 229. À família do servidor ativo é devido o auxílio-reclusão, nos seguintes valores:
> I – dois terços da remuneração, quando afastado por motivo de prisão, em flagrante ou preventiva, determinada pela autoridade competente, enquanto perdurar a prisão;

II – metade da remuneração, durante o afastamento, em virtude de condenação, por sentença definitiva, a pena que não determine a perda de cargo.

§ 1º Nos casos previstos no inciso I deste artigo, o servidor terá direito à integralização da remuneração, desde que absolvido.

§ 2º O pagamento do auxílio-reclusão cessará a partir do dia imediato àquele em que o servidor for posto em liberdade, ainda que condicional.

§ 3º Ressalvado o disposto neste artigo, o auxílio-reclusão será devido, nas mesmas condições da pensão por morte, aos dependentes do segurado recolhido à prisão.

Diante do art. 13 da Emenda Constitucional n. 20, de 1998, que limitou esse benefício aos servidores e segurados de baixa renda, entendemos que não caberá mais concedê-lo a quem tem renda que supere esse patamar, salvo pequenas flexibilizações admitidas pela jurisprudência.[6]

No entanto, o STJ tem precedentes que afastavam a restrição criada pela EC n. 20/1998. Vejamos:

> ADMINISTRATIVO. SERVIDOR PÚBLICO ESTATUTÁRIO. AUXÍLIO-RECLUSÃO. ART. 229 DA LEI N. 8.112/90. LIMITAÇÃO IMPOSTA PELA EC N. 20/98. INAPLICABILIDADE.
> 1. É assegurado auxílio-reclusão à família do servidor ativo nos seguintes valores: dois terços da remuneração, quando afastado por motivo de prisão, em flagrante ou preventiva, determinada pela autoridade competente, enquanto perdurar a prisão; ou metade da remuneração, durante o afastamento, em virtude de condenação, por sentença definitiva, a pena que não determine a perda de cargo.
> 2. É inaplicável a limitação de renda bruta mensal prevista no art. 13 da EC n. 20/1998 sobre os servidores ocupantes de cargo público de provimento efetivo. O limite se impõe sobre os servidores vinculados ao Regime Geral de Previdência Social (empregados públicos, contratados temporariamente e exclusivamente titulares de cargos comissionados).
> 3. Recurso especial a que se dá provimento.
> (STJ, REsp 1421533/PB, 2ª Turma, Rel. Ministro Og Fernandes, DJe 25.9.2014. No mesmo sentido: AgRg no REsp 1.510.425/RJ, 2ª Turma, Rel. Min. Humberto Martins, DJe 22.4.2015).

---

[6] Quando da promulgação da EC n. 20/1998 o valor considerado foi de até R$ 360,00 (o salário mínimo era, então, de R$ 120,00). Até o presente não foi publicada a lei mencionada no art. 13 da EC n. 20/1998, que continua, portanto, a disciplinar a identificação do que seja "baixa renda". E o valor apontado no dispositivo vem sendo atualizado monetariamente através de Portarias Ministeriais/Interministeriais, que constam do material complementar a esta obra, ao qual remetemos o leitor para conhecimento dos valores atualizados ano a ano.

47

O Regime Próprio da União

O título *supra* é aquele que, no âmbito dos RPPS, talvez tenha gerado maior debate, por se tratar da alteração da idade mínima para obtenção da aposentadoria voluntária e dos critérios de cálculo das aposentadorias em geral apenas no RPPS da União, ou no serviço público federal.

Dado o tratamento "diferenciado", para fins de uma abordagem a mais didática possível, passamos a tratar o RPPS da União em separado nesta obra.

Antes da reforma levada a efeito pela EC n. 103, de 2019, havia duas situações de aposentadoria voluntária para o servidor vinculado ao RPPS da União: uma, a aposentadoria por tempo de contribuição, com idade mínima (alínea *a* do art. 40 da CF, texto anterior); outra, a aposentadoria apenas por idade (alínea *b*).

Para ambas, o servidor federal teria de cumprir, ainda, os requisitos de dez anos de serviço público e cinco anos no cargo efetivo.

A mudança principal, então, é que passa a existir, para os servidores federais que ingressam na carreira pública federal após a reforma, apenas uma modalidade de aposentadoria voluntária – excetuados os casos específicos de professores, de segurados com deficiência, de atividades insalubres, de atividades de risco e de atividades vinculadas à segurança pública.

Chama atenção a menção expressa apenas aos servidores da União, como diretamente atingidos pela reforma, enquanto os servidores de Estados e Municípios terão alterações similares apenas caso uma lei de iniciativa do respectivo ente da Federação seja aprovada em termos semelhantes.

Poder-se-ia cogitar, com razoável grau de ponderação, que o tratamento dispensado pela EC n. 103 aos servidores fere o princípio isonômico, na medida em que, desde o texto original da Constituição e em todas as "reformas" por que passou a matéria (Emendas n. 3, 20, 41, 47 e 70), não houve tal distinção, ou seja, as regras postas e modificadas afetaram, invariavelmente e sem postergação para atos futuros de iniciativa dos Entes da Federação, os critérios de elegibilidade, cálculo e reajustamento de benefícios nos Regimes Próprios.

Já há julgamentos no sentido de reconhecer a inconstitucionalidade das regras de aposentadoria da EC n. 103 quanto aos servidores da União (*vide*, a propósito, a sentença dos autos n. 5014981-30.2020.4.04.7200/SC, proferida pelo Juiz Federal Leonardo Cacau Santos La Bradbury, da 2ª Vara Federal de Florianópolis, publ. 30.7.2021).

Curiosamente, não é o Regime da União que está passando por problemas de quase insolvência de pagamento de benefícios, mas sim os Regimes de alguns Estados e Municípios, como é fato notório, sendo tristes exemplos o Rio de Janeiro e o Rio Grande do Sul. Logo, as medidas mais urgentes deveriam ser aplicadas a estes e não no âmbito da União.

Não faz sentido, sob a ótica do princípio da proporcionalidade, tratar-se diferentemente pessoas que exercem cargos de características idênticas ou muito semelhantes (como um auditor-fiscal da Receita Federal e um de Estado; um professor universitário admitido por uma Universidade Federal, quando comparado com outro, do corpo docente de uma Universidade Estadual; ou policiais federais e policiais dos Estados).

Mais grave, como veremos, é a distinção entre aqueles que fazem jus à aposentadoria por exposição a agentes nocivos e no caso da pensão por morte concedida a dependentes desses mesmos agentes públicos.

A discricionariedade do Poder Constituinte Derivado encontra limites e barreiras, uma delas, sem dúvida, o princípio da igualdade perante a ordem jurídica, em que só se admite o tratamento jurídico diferenciado a partir de um discrímen razoável, o que não se observa no caso da EC n. 103.

No campo prático, a questão pode ensejar litígios envolvendo a reversão de indeferimentos de pedidos de benefícios ou a revisão de proventos, sob a alegação *incidenter tantum* de inconstitucionalidade do tratamento díspar entre federais e demais servidores públicos.

Aguardemos, todavia, a eventual provocação do Judiciário – notadamente o STF – sobre o tema.

47.1 A APOSENTADORIA VOLUNTÁRIA NO RPPS DA UNIÃO – REGRA GERAL

O texto do art. 40 da Constituição foi bastante alterado pela EC n. 103, e, quanto ao RPPS da União, a distinção mais evidente se encontra no inciso III do § 1º do referido artigo, com a redação que lhe foi conferida na "reforma" de 2019:

> Art. 40. (...)
> § 1º O servidor abrangido por regime próprio de previdência social será aposentado:
> (...)
> III – no âmbito da União, aos 62 (sessenta e dois) anos de idade, se mulher, e aos 65 (sessenta e cinco) anos de idade, se homem, e, no âmbito dos Estados, do Distrito Federal e dos Municípios, na idade mínima estabelecida mediante emenda às respectivas Constituições e Leis Orgânicas, observados o tempo de contribuição e os demais requisitos estabelecidos em lei complementar do respectivo ente federativo.

O texto anterior do referido inciso dispunha sobre a aposentadoria voluntária de todos os servidores públicos ocupantes de cargos efetivos vinculados a Regimes Próprios. A alteração "retira" do art. 40 da Constituição Federal a regra geral de aposentadoria voluntária dos servidores de Estados, do Distrito Federal e de Municípios (embora mantenha para todos estes as regras sobre as aposentadorias por incapacidade permanente e por atingimento da idade limite) e passa a dispor somente sobre o RPPS da União, em regra totalmente casuística, sugerindo, inclusive, que cada Estado, o Distrito Federal e cada Município possa "escolher" o tempo de contribuição mínimo e os "demais requisitos" em lei complementar de iniciativa de cada um desses Entes.

Por essa razão, não se aplicam mais a esses servidores federais as regras antes vigentes quanto aos critérios de elegibilidade, ou requisitos (na redação do art. 40 conferida pela EC n. 41 e sua regulamentação pela Lei n. 10.887), embora para os servidores dos Estados, do Distrito Federal e dos Municípios as regras, por ora, permaneçam as mesmas até a aprovação das respectivas reformas.

Foi extinta, nesse bojo, a aposentadoria "por idade", que gerava proventos proporcionais ao tempo de contribuição, identificada na alínea *b* do inciso III da redação anterior do § 1º do art. 40 da CF.

Com isso, passou a existir, para os servidores federais em geral, excepcionadas as situações especiais, uma só regra de aposentadoria voluntária, que será vista a seguir.

Convém assinalar, antes disso, que os critérios de cálculo das aposentadorias dos detentores de direito adquirido até a véspera da promulgação da Emenda seguem, ainda, o critério definido na Lei n. 10.887, como indica o art. 3º da EC n. 103, de 2019. Já para as regras a seguir, o critério de cálculo obedecerá ao art. 26 da EC n. 103, até que lei posterior venha a disciplinar o tema de forma diversa.

47.2 CÁLCULO DOS PROVENTOS DE APOSENTADORIA COM BASE NAS REGRAS TRANSITÓRIAS DA EMENDA CONSTITUCIONAL N. 103, DE 2019

Até a Emenda Constitucional n. 41, de 2003, o cálculo da aposentadoria levava em conta apenas a última remuneração do servidor como base. A redação mudou, passando a prever desde a regulamentação (Lei n. 10.887, de 2004) o cálculo por média dos maiores salários de contribuição (valores que serviram de base para a contribuição), equivalentes a 80% do período considerado (fixado a partir de julho de 1994, quando da troca da moeda para Real, até a aposentadoria). Essa média não poderia ser menor do que o salário mínimo, nem superar a remuneração do servidor no cargo efetivo (§ 2º do art. 40, redação da EC n. 41). Agora, o parágrafo em comento não trata mais de fixar nenhum critério, remetendo tudo para a regulamentação legal, a chamada "desconstitucionalização" da matéria. Isso permite que futuras alterações sejam feitas (até mesmo) por medida provisória ou por projeto de lei submetido ao Poder Legislativo de cada ente da Federação. Acerca dos servidores federais, o art. 26 da EC n. 103/2019 cria uma regra transitória, que valerá até que seja produzida a regulamentação do cálculo no RPPS da União, com o RGPS:

> Art. 26. Até que lei discipline o cálculo dos benefícios do regime próprio de previdência social da União e do Regime Geral de Previdência Social, será utilizada a média aritmética simples dos salários de contribuição e das remunerações adotados como base para contribuições a regime próprio de previdência social e ao Regime Geral de Previdência Social, ou como base para contribuições decorrentes das atividades militares de que tratam os arts. 42 e 142 da Constituição Federal, atualizados monetariamente, correspondentes a cem por cento do período contributivo desde a competência julho de 1994 ou desde o início da contribuição, se posterior àquela competência.

O primeiro aspecto desse raciocínio envolve o chamado "período básico de cálculo", no qual são obtidos os valores para apurar o valor da "média contributiva" de cada um. Antes, a média era apurada desprezando-se os mais baixos salários de contribuição, na razão de 20% do total do tempo de contribuição (ou seja, o cálculo era feito considerando os maiores salários de contribuição, equivalentes a 80% do todo). Assim, de cada dez meses de contribuição desprezavam-se os dois salários de contribuição mais baixos, o que fazia a média ser um pouco menos prejudicada por esses valores reduzidos em comparação aos demais. Doravante, a média levará em conta os valores mais baixos também (pois considerará todo o período contributivo desde julho de 1994, inclusive), "achatando", automaticamente, a média e, por conseguinte, o valor da aposentadoria.

Uma vez obtida a média, aplica-se, então, o percentual devido, para se chegar ao valor da renda (dos proventos) de aposentadoria. A matéria está no § 2º do art. 26 da EC n. 103. Como regra geral, o percentual será de, no mínimo, 60%, mais 2% para cada ano de contribuição a mais que 20 anos, para servidores de ambos os gêneros.

Não há distinção entre homens e mulheres no RPPS, apenas no RGPS, podendo ser questionada essa igualdade de gênero por ter sido adotada apenas para servidoras federais.

São exceções a essa regra de utilização do coeficiente básico de 60% mais 2% por ano de contribuição (§§ 3º a 5º do art. 26 da EC n. 103):

- A regra de cálculo da aposentadoria compulsória, que levará em conta, ainda, o tempo de contribuição cumprido até a idade limite, dividido pelo equivalente a 20 anos; feita essa operação, o valor superior a um inteiro é desprezado, e, se o valor for inferior a um inteiro (pessoa com menos de 20 anos de contribuição), o número será multiplicado pela média obtida com base no critério geral.
- A regra de transição que prevê proventos de aposentadoria pela totalidade da remuneração do servidor público no cargo efetivo em que se der a aposentadoria, em relação ao servidor público que tenha ingressado no serviço público em cargo efetivo até 31.12.2003 e que não tenha feito a opção de que trata o § 16 do art. 40 da CF (previdência complementar), desde que tenha, no mínimo, 62 anos de idade, se mulher, e 65 anos de idade, se homem, ou, para os titulares do cargo de professor, 57 anos de idade, se mulher, e 60 anos de idade, se homem (inciso I do § 6º do art. 4º).
- A regra de transição que prevê proventos de aposentadoria pela totalidade da remuneração do servidor público no cargo efetivo em que se der a aposentadoria, em relação ao servidor público que tenha ingressado no serviço público em cargo efetivo até 31.12.2003 e que não tenha feito a opção de que trata o § 16 (previdência complementar) do art. 40 da CF (inciso I do § 2º do art. 20).
- A regra de transição para servidores que ingressaram entre a regulamentação da EC n. 41/2003 e a promulgação da Emenda n. 103/2019: para estes, o valor será igual a 100% da média, uma vez cumpridos os requisitos da regra de transição respectiva (inciso II do § 2º do art. 20).
- A regra de cálculo da aposentadoria por incapacidade permanente que teve por causa acidente do trabalho ou doença ocupacional: para esses casos, o cálculo é de 100% da média, para todo e qualquer servidor.

Já as doenças graves, antes geradoras da aposentadoria "integral", deixam de constar da exceção, passando à "regra geral".

O rol de tais enfermidades encontrava-se na legislação dos servidores federais no art. 186, § 1º, da Lei n. 8.112/1990, com a seguinte redação:

> *Consideram-se doenças graves, contagiosas ou incuráveis, a que se refere o inciso I deste artigo, tuberculose ativa, alienação mental, esclerose múltipla, neoplasia maligna, cegueira posterior ao ingresso no serviço público, hanseníase, cardiopatia grave, doença de Parkinson, paralisia irreversível e incapacitante, espondiloartrose anquilosante, nefropatia grave, estados avançados do mal de Paget (osteíte deformante), Síndrome de Imunodeficiência Adquirida – AIDS, e outras que a lei indicar, com base na medicina especializada.*

47.3 REAJUSTAMENTO DOS BENEFÍCIOS DO RPPS DA UNIÃO

Salvo em caso de direito adquirido à aplicação de alguma regra revogada que assegure critério distinto (paridade com o pessoal em atividade), as aposentadorias do RPPS da União serão reajustadas conforme os critérios fixados para o RGPS, inclusive as dos servidores federais que se beneficiem das regras de transição da EC n. 103/2019. Isso porque o § 7º é categórico ao afirmar o reajustamento das aposentadorias concedidas com base nas regras desse artigo conforme as normas do RGPS, o que corresponde, atualmente, à majoração pelo INPC em 1º de janeiro de cada ano.

A desvinculação entre o reajuste de padrões remuneratórios dos agentes públicos (vencimentos, remunerações e subsídios) e o reajuste dos proventos de aposentados e pensionistas se iniciou pela redação conferida ao § 8º do art. 40 pela EC n. 41. Anteriormente, previa-se a paridade de tratamento entre agentes públicos em atividade e beneficiários do regime previdenciário.

O reajuste pelo INPC pode trazer – ou não – vantagens para os futuros aposentados e pensionistas, dependendo da política de reajustamento, seja dos agentes públicos em atividade, seja dos proventos dos beneficiários dos regimes próprios. Importante lembrar que o critério de reajuste de algumas das regras de transição da EC n. 41, revogadas pela EC n. 103/2019, era a paridade com os servidores em atividade, que acarretava o direito de obter elevação dos proventos na mesma data e com o mesmo percentual aplicado a quem está no exercício do cargo no ente público (no caso, a União).

Com isso, aqueles que possuem direito adquirido de se aposentar por terem preenchido os requisitos exigidos em regras de transição revogadas e que possuíam por critério de reajuste a paridade podem eventualmente ter interesse em se aposentar pela regra ora incluída, pois a política remuneratória dos servidores federais em atividade tem sido bastante precária em matéria de reposições das perdas inflacionárias. Enquanto isso, o reajuste do RGPS, ao menos, mantém o valor atualizado pelo INPC, que faz o papel de preservação do poder aquisitivo dos aposentados e pensionistas do INSS.

O efeito da reforma será bem menos sentido para aqueles que, não possuindo direito adquirido e não se enquadrando em regras de transição, tenham de se submeter à regra instituída pela EC n. 103/2019, mas já estejam em exercício de cargo efetivo federal após implementado o regime de previdência complementar de que tratam os §§ 14 a 16 do art. 40 da CF, ou tenham migrado para esse modelo, pois estes já teriam seus proventos de aposentadoria, pagos pelo Regime Próprio da União, limitados ao mesmo valor fixado para teto do RGPS – fazendo jus os migrantes, conforme previsão nesse sentido na Lei n. 12.618, ao benefício especial (correspondente aos valores recolhidos durante o período anterior à migração, para aqueles que recebam acima do "teto" e ingressaram no serviço público antes da instituição do RPC) e, ainda, caso tenham aderido ao plano de previdência complementar, o benefício para o qual tenha contribuído. É dizer, o cálculo da "média", para estes, somente atinge o valor de contribuição até o "teto" do RGPS.

47.4 REGRA GERAL TRANSITÓRIA DE APOSENTADORIA VOLUNTÁRIA NO RPPS DA UNIÃO

Enquanto a lei regulamentadora das alterações no âmbito do RPPS da União não é editada, a partir da promulgação da reforma valem os requisitos transitoriamente fixados no art. 10 da EC n. 103/2019:

> *Art. 10. Até que entre em vigor lei federal que discipline os benefícios do regime próprio de previdência social dos servidores da União, aplica-se o disposto neste artigo.*
> *§ 1º Os servidores públicos federais serão aposentados:*
> *I – voluntariamente, observados, cumulativamente, os seguintes requisitos:*
> *a) 62 (sessenta e dois) anos de idade, se mulher, e 65 (sessenta e cinco) anos de idade, se homem; e*
> *b) 25 (vinte e cinco) anos de contribuição, desde que cumprido o tempo mínimo de 10 (dez) anos de efetivo exercício no serviço público e de 5 (cinco) anos no cargo efetivo em que for concedida a aposentadoria.*

Como se pode notar, os servidores federais terão de cumprir, além da idade mínima, um tempo mínimo de contribuição de 25 anos, além de dez anos de "efetivo exercício no serviço público" e cinco anos "no cargo efetivo em que for concedida a aposentadoria".

47.5 REGRA TRANSITÓRIA – APOSENTADORIA VOLUNTÁRIA DE DOCENTES FEDERAIS

Quanto aos professores e professoras de instituições federais, prevê o inciso III do § 2º do mesmo art. 10 da EC n. 103 que, a partir da promulgação dessa Emenda, o titular do cargo federal de professor poderá se aposentar "aos 60 (sessenta) anos de idade, se homem, aos 57 (cinquenta e sete) anos, se mulher, com 25 (vinte e cinco) anos de contribuição exclusivamente em efetivo exercício das funções de magistério na educação infantil e no ensino fundamental e médio, 10 (dez) anos de efetivo exercício de serviço público e 5 (cinco) anos no cargo efetivo em que for concedida a aposentadoria, para ambos os sexos".

QUADRO APOSENTADORIAS NO RPPS DA UNIÃO – REGRA TRANSITÓRIA GERAL E DOS DOCENTES

Idade Mínima	Tempo de Contribuição	Tempo Serviço Público	Tempo Cargo
62/65 anos	25 anos em quaisquer Regimes	10 anos	5 Anos
Professor			
57/60 anos	25 anos de magistério infantil, fundamental e médio	10 anos	5 anos

47.6 APOSENTADORIA DOS POLICIAIS, AGENTES PENITENCIÁRIOS E SOCIOEDUCATIVOS DO ÂMBITO FEDERAL

A EC n. 103, de 2019, também tratou de dispor sobre as aposentadorias a servidores federais em atividades de risco, já que o § 4º do art. 40 da Constituição restou modificado, deixando de prever as situações de aposentadorias com critérios distintos da regra geral do § 1º, passando a redação a ser:

> É vedada a adoção de requisitos ou critérios diferenciados para concessão de benefícios em regime próprio de previdência social, ressalvado o disposto nos §§ 4º-A, 4º-B, 4º-C e 5º.

O § 4º-B, por sua vez, passa a dispor sobre o assunto nos seguintes termos:

> § 4º-B. Poderão ser estabelecidos por lei complementar do respectivo ente federativo idade e tempo de contribuição diferenciados para aposentadoria de ocupantes do cargo de agente penitenciário, de agente socioeducativo ou de policial dos órgãos de que tratam o inciso IV do caput do art. 51, o inciso XIII do caput do art. 52 e os incisos I a IV do caput do art. 144.

Tal como se deu com a regra geral, o art. 10, § 2º, I, da EC n. 103 estabeleceu de forma transitória os requisitos a serem exigidos desses agentes, desde a promulgação da Emenda até que venha a existir uma regulamentação por lei:

> (...) o policial civil do órgão a que se refere o inciso XIV do caput do art. 21 da Constituição Federal, o policial dos órgãos a que se referem o inciso IV do caput do art. 51, o inciso XIII do caput do art. 52 e os incisos I a III do caput do art. 144 da Constituição Federal e o ocupante de cargo de agente federal penitenciário ou socioeducativo, aos 55 (cinquenta e cinco) anos de idade, com 30 (trinta) anos de contribuição e 25 (vinte e cinco) anos de efetivo exercício em cargo dessas carreiras, para ambos os sexos.

No entanto, o Ministro Flávio Dino, do STF, proferiu, em 17.10.2024, decisão liminar na ADI n. 7.727, em referência à idade para aposentadoria das policiais mulheres, com o seguinte teor:

> (...) concedo parcialmente a medida cautelar, ad referendum do Plenário, para suspender a eficácia das expressões "para ambos os sexos", contidas nos arts. 5º,caput, e 10, § 2º, I, da EC n. 103/2019, bem como para determinar que o Congresso Nacional corrija a inconstitucionalidade mediante a edição da norma adequada. Aplicar-se-á, por simetria, até que o novel regramento constitucional entre em vigor, a diferenciação contida no art. 40, III, da Lei Maior, na redação dada pela EC n. 103/2019, ou seja, a "regra geral" de 3 (três) anos de redução para todos os prazos que se refiram a mulheres policiais civis e federais. Acresço que o Congresso Nacional, ao legislar para corrigir a inconstitucionalidade quanto às mulheres, deve adotar a diferenciação que considerar cabível em face da discricionariedade legislativa.

Note-se que a exigência para essas carreiras é menor quanto à idade, todavia é maior quanto ao tempo de contribuição mínimo (carência) exigido para a aposentadoria (30 anos). A exemplo do magistério, o tempo de 25 anos de atividade não pode mesclar períodos em cargos abrangidos pela regra e cumpridos em outros cargos. Não se exigem 10 anos de serviço público e 5 anos no cargo, pois estão contidas no tempo de atividade (25 anos) em cargos das categorias abrangidas.

As categorias atingidas por essa regra transitória são:

- policial civil do Distrito Federal (inciso XIV do *caput* do art. 21 da CF/1988);
- polícia legislativa da Câmara de Deputados e do Senado Federal (inciso IV do *caput* do art. 51 e inciso XIII do *caput* do art. 52 da CF/1988);
- policial federal, policial rodoviário federal e policial ferroviário federal (incisos I a III do *caput* do art. 144 da CF/1988);
- agente federal penitenciário ou socioeducativo.

Convém assinalar que o entendimento firmado no âmbito do Executivo Federal para a matéria foi assim definido:

1) Os policiais civis da União, ingressos nas respectivas carreiras até 12.11.2019 (data anterior a vigência da EC n. 103/2019), fazem jus à aposentadoria com base no artigo 5º da Emenda Constitucional n. 103/2019, com proventos integrais (totalidade da remuneração do servidor no cargo efetivo em que se der a aposentadoria), nos termos artigo 1º, II, da Lei Complementar n. 51/1985, e paridade plena, com fundamento no art. 38 da Lei n. 4.878/1965.

2) Os policiais civis da União, ingressos nas respectivas carreiras a partir de 13.11.2019 (com a vigência da EC n. 103/2019), fazem jus à aposentadoria com base no artigo 10, § 2º, I, com proventos calculados pela média aritmética e reajustados nos termos estabelecidos para o Regime Geral de Previdência Social, conforme artigo 26, todos da Emenda Constitucional n. 103/2019, bem como passaram a se submeter ao Regime de Previdência Complementar da Lei n. 12.618/2012.[1]

---

[1] BRASIL. ADVOCACIA GERAL DA UNIÃO. Parecer n. 00004/2020/CONSUNIAO/CGU/AGU. Aprovado em 8.6.2020. Disponível em: http://www.planalto.gov.br/CCIVIL_03/AGU/Pareceres/2019-2022/PRC-JL-04-2020.htm. Acesso em: 16 set. 2020.

QUADRO APOSENTADORIA DOS POLICIAIS E DEMAIS ATIVIDADES DE RISCO – RPPS DA UNIÃO (AMBOS OS SEXOS)

Classe	Idade Mínima (ambos os gêneros)	Tempo de Contribuição	Tempo de Exercício na Carreira
Policiais, agentes penitenciários e socioeducativos de órgãos federais	55 anos	30 anos	25 anos

47.7 REGRA TRANSITÓRIA – APOSENTADORIA ESPECIAL (EXPOSIÇÃO A AGENTES NOCIVOS) NO ÂMBITO DA UNIÃO

A regra ora comentada é aquela que sequer chegou a ser regulamentada, embora constasse do Texto Constitucional (art. 40, § 4º). O direito à aposentadoria com redução de tempo de contribuição para servidores expostos a agentes nocivos à saúde somente começou a ser concedida em maior escala após a edição, pelo STF, da Súmula Vinculante n. 33, que determina a adoção das regras do RGPS enquanto não regulamentada a matéria no âmbito dos RPPS.

Com a EC n. 103, de 2019, o tema ganhou novos contornos, passando o art. 40 a ter um § 4º-C, cuja redação segue:

> § 4º-C. Poderão ser estabelecidos por lei complementar do respectivo ente federativo idade e tempo de contribuição diferenciados para aposentadoria de servidores cujas atividades sejam exercidas com efetiva exposição a agentes químicos, físicos e biológicos prejudiciais à saúde, ou associação desses agentes, vedados a caracterização por categoria profissional ou ocupação.

O problema da regulamentação do assunto em leis locais é abordado quando do item correspondente a essa modalidade para os RPPS em geral. Quanto à União, o art. 10 da EC n. 103 estabelece como regra transitória (inciso II do § 2º), vigente a partir da promulgação da Emenda:

> (...) o servidor público federal cujas atividades sejam exercidas com efetiva exposição a agentes químicos, físicos e biológicos prejudiciais à saúde, ou associação desses agentes, vedada a caracterização por categoria profissional ou ocupação, aos 60 (sessenta) anos de idade, com 25 (vinte e cinco) anos de efetiva exposição e contribuição, 10 (dez) anos de efetivo exercício de serviço público e 5 (cinco) anos no cargo efetivo em que for concedida a aposentadoria.

Fixa, assim, uma idade mínima de 60 anos (para ambos os gêneros), além da exigência de 25 anos de contribuição e efetiva exposição a agentes nocivos, ou seja, com a devida comprovação de trabalho prestado sob condições adversas, nos moldes da regulamentação do RGPS, já que o referido dispositivo continua não identificando os agentes e limites de exposição, atraindo a continuidade da aplicação da Súmula Vinculante n. 33 do STF até que venha a regulamentação em âmbito de RPPS.

Sobre a exigência de idade mínima nessa modalidade de aposentadoria, tecemos considerações já no que tange ao RGPS, que se aplicam da mesma forma aos servidores públicos. É que a conjugação de 60 anos de idade com 25 anos de contribuição fará com que as pessoas trabalhem muito mais do que o tempo mínimo exigido, na medida em que poucos ingressam no cargo público com 35 anos de idade (única situação que faria com que essa pessoa chegasse aos 25 de contribuição aos 60 anos).

QUADRO REGRA TRANSITÓRIA – APOSENTADORIA POR EXPOSIÇÃO A AGENTE NOCIVO NO RPPS DA UNIÃO

Idade Mínima (ambos os gêneros)	Tempo de Contribuição e exposição a agentes nocivos	Tempo Serviço Público	Tempo Cargo
60 anos	25 anos	10 anos	5 anos

47.8 APOSENTADORIA DO SERVIDOR COM DEFICIÊNCIA NO RPPS DA UNIÃO

A última modalidade de aposentadoria voluntária a ser analisada é aquela devida a pessoas com deficiência – também não regulamentada no âmbito dos RPPS, embora prevista no texto anterior do § 4º do art. 40 da CF, levando a inúmeros mandados de injunção ajuizados no STF, com decisões que determinam a aplicação da regulamentação prevista, para o RGPS, na Lei Complementar n. 142, de 2013.

Assim, atualmente, para o segurado e para o servidor público com deficiência, de ambos os gêneros, será possível a concessão de duas modalidades de aposentadoria, conforme previsão da LC n. 142/2013.

O art. 22 da EC n. 103, de 2019, dispõe:

> *Art. 22. Até que lei discipline o § 4º-A do art. 40 e o inciso I do § 1º do art. 201 da Constituição Federal, a aposentadoria da pessoa com deficiência segurada do Regime Geral de Previdência Social ou do servidor público federal com deficiência vinculado a regime próprio de previdência social, desde que cumpridos, no caso do servidor, o tempo mínimo de 10 (dez) anos de efetivo exercício no serviço público e de 5 (cinco) anos no cargo efetivo em que for concedida a aposentadoria, será concedida na forma da Lei Complementar n. 142, de 8 de maio de 2013, inclusive quanto aos critérios de cálculo dos benefícios.*
>
> *Parágrafo único. Aplicam-se às aposentadorias dos servidores com deficiência dos Estados, do Distrito Federal e dos Municípios as normas constitucionais e infraconstitucionais anteriores à data de entrada em vigor desta Emenda Constitucional, enquanto não promovidas alterações na legislação interna relacionada ao respectivo regime próprio de previdência social.*

Com isso, regulamentou-se, ainda que de forma transitória, o direito desses servidores federais. Já os servidores de Estados e Municípios continuarão dependentes de medida judicial, até que lei de cada Ente disponha a respeito, segundo definido pela EC n. 103, de 2019.

Incluiu-se, entre os critérios de elegibilidade, a exigência de 10 anos de serviço público e 5 anos no cargo, além dos requisitos já previstos na referida Lei Complementar.

A primeira modalidade, tratada nos incisos I a III do art. 3º da LC n. 142/2013, constitui um tipo de aposentadoria por tempo de contribuição reduzido. Para tanto, é necessário cumprir tempo de contribuição variável conforme o grau da deficiência exigido:

> *I – aos 25 (vinte e cinco) anos de tempo de contribuição, se homem, e 20 (vinte) anos, se mulher, no caso de segurado com deficiência grave;*
>
> *II – aos 29 (vinte e nove) anos de tempo de contribuição, se homem, e 24 (vinte e quatro) anos, se mulher, no caso de segurado com deficiência moderada;*
>
> *III – aos 33 (trinta e três) anos de tempo de contribuição, se homem, e 28 (vinte e oito) anos, se mulher, no caso de segurado com deficiência leve.*

A segunda modalidade é uma aposentadoria etária – inciso IV do art. 3º da LC n. 142/2013. Nessa espécie, é irrelevante o grau de deficiência. A idade é reduzida em cinco anos quanto à regra geral, desde que sejam cumpridos 15 anos do exercício de atividade, nos quais exista comprovação de deficiência na forma da LC n. 142/2013, durante todo o período.

Essa modalidade de aposentadoria não garante um benefício com integralidade e paridade para os servidores antigos. A parte final do art. 22 não deixa dúvida de que devem ser observados também os critérios de cálculo da LC n. 142/2013. Portanto, no caso de aposentadoria por tempo de contribuição (LC n. 142/2013, art. 3º, I a III), o percentual é de 100% do salário de benefício (e este, corresponde a 80% dos maiores salários de contribuição desde julho de 1994); mas, para a modalidade etária, o inciso II do art. 8º da LC n. 142/2013 estipula uma proporcionalidade que considera uma parcela básica de 70%, acrescida de 1% por grupo de 12 contribuições mensais até o máximo de 30% da média auferida.

QUADRO-RESUMO – APOSENTADORIA POR TEMPO DE CONTRIBUIÇÃO DO SERVIDOR COM DEFICIÊNCIA

Grau de deficiência	Homem tempo de contribuição	Mulher tempo de contribuição	Tempo de serviço público	Tempo no cargo
Leve	33 anos	28 anos	10 anos	5 anos
Moderada	29 anos	24 anos	10 anos	5 anos
Grave	25 anos	20 anos	10 anos	5 anos

REGRA DE CÁLCULO: 100% DA MÉDIA CONTRIBUTIVA, LIMITADO AO TETO DO RGPS PARA QUEM INGRESSOU APÓS A INSTITUIÇÃO DA PREV. COMPLEMENTAR OU A ELA ADERIU.

QUADRO-RESUMO – APOSENTADORIA POR IDADE DO SERVIDOR COM DEFICIÊNCIA

Grau de deficiência	Homem idade	Mulher idade	Tempo de contribuição com deficiência	Tempo de serviço público	Tempo no cargo
Leve/moderada/grave	60 anos	55 anos	15 anos	10 anos	5 anos

REGRA DE CÁLCULO: 70% DA MÉDIA CONTRIBUTIVA + 1% POR GRUPO DE 12 CONTRIBUIÇÕES, LIMITADO AO TETO DO RGPS PARA QUEM INGRESSOU APÓS A INSTITUIÇÃO DA PREV. COMPLEMENTAR OU A ELA ADERIU.

47.9 AS NOVAS REGRAS DE TRANSIÇÃO PARA OS SERVIDORES FEDERAIS

Em razão da mudança observada para o âmbito federal, vieram a ser dispostas novas regras de transição para as aposentadorias voluntárias supradescritas, as quais irão substituir as que foram fixadas pelas EC n. 41 e 47, exclusivamente para o RPPS da União, e alcançam aqueles servidores que, tendo ingressado antes da EC n. 103, não tenham adquirido o direito à aposentação por alguma das regras revogadas por esta, até a véspera de sua promulgação.

47.10 REGRA DE TRANSIÇÃO – SERVIDORES FEDERAIS EM GERAL

Para os servidores federais em geral, que não possuem tratamento diferenciado (professores, policiais e cargos da segurança pública, atividades com exposição a agentes nocivos ou com deficiência), foram fixadas duas regras distintas de transição.

A primeira regra está disposta no art. 4º da EC n. 103:

> Art. 4º O servidor público federal que tenha ingressado no serviço público em cargo efetivo até a data de entrada em vigor desta Emenda Constitucional poderá aposentar-se voluntariamente quando preencher, cumulativamente, os seguintes requisitos:
> I – 56 (cinquenta e seis) anos de idade, se mulher, e 61 (sessenta e um) anos de idade, se homem, observado o disposto no § 1º;
> II – 30 (trinta anos) de contribuição, se mulher, e 35 (trinta e cinco) anos de contribuição, se homem;
> III – 20 (vinte) anos de efetivo exercício no serviço público;
> IV – 5 (cinco) anos no cargo efetivo em que se der a aposentadoria; e
> V – somatório da idade e do tempo de contribuição, incluídas as frações, equivalente a 86 (oitenta e seis) pontos, se mulher, e 96 (noventa e seis) pontos, se homem, observado o disposto nos §§ 2º e 3º.
> § 1º A partir de 1º de janeiro de 2022, a idade mínima a que se refere o inciso I do caput será de 57 (cinquenta e sete) anos de idade, se mulher, e 62 (sessenta e dois) anos de idade, se homem.
> § 2º A partir de 1º de janeiro de 2020, a pontuação a que se refere o inciso V do caput será acrescida a cada ano de 1 (um) ponto, até atingir o limite de 100 (cem) pontos, se mulher, e de 105 (cento e cinco) pontos, se homem.
> § 3º A idade e o tempo de contribuição serão apurados em dias para o cálculo do somatório de pontos a que se referem o inciso V do caput e o § 2º.

No caso dos servidores ingressantes antes das EC n. 20/1998 e 41/2003, a aposentadoria já demandava um limite mínimo de idade de 60 anos para o homem e 55 para a mulher. Contudo, estavam em vigor importantes regras de transição, e o art. 6º da EC n. 41/2003 e o art. 3º da EC n. 47/2005, inclusive, permitiam a aposentadoria com integralidade e paridade.

No lugar dos dispositivos revogados, a novel regra geral de transição para os servidores que tenham ingressado no serviço público até a data de entrada em vigor da EC n. 103/2019, veiculada pelo art. 4º, garante o acesso à aposentadoria voluntária mediante o cumprimento de uma série de requisitos de difícil implementação. São eles: idade mínima, tempo de contribuição, tempo de serviço público e no cargo, além de pontuação que se dá mediante a soma da idade e do tempo de contribuição.

Tanto a idade quanto o escore previdenciário não são estabelecidos de forma definitiva. Depois de 1º.1.2022, o requisito etário previsto nessa regra de transição é aumentado, passando a ser de 57 anos para a mulher e de 62 anos para o homem.

O escore previdenciário, por sua vez, a partir de 1º.1.2020, será acrescido de um ponto ao ano até atingir o limite de cem pontos, se mulher, e de cento e cinco pontos, se homem.

Quanto ao cálculo, o § 6º do art. 4º prevê que corresponderá "à totalidade da remuneração do servidor público no cargo efetivo em que se der a aposentadoria, observado o disposto no § 8º, para o servidor público que tenha ingressado no serviço público em cargo efetivo até 31 de dezembro de 2003 e que não tenha feito a opção de que trata o § 16 do art. 40 da Constituição Federal, desde que tenha, no mínimo, 62 (sessenta e dois) anos de idade, se mulher, e 65 (sessenta e cinco) anos de idade, se homem".

Mas, caso o indivíduo pretenda se aposentar antes das idades em questão (62 ou 65 anos), o cálculo será feito da forma como fixado para as regras transitórias do art. 10 pelo art. 26 da EC n. 103 (60% da média de todos os salários de contribuição, mais 2% para cada ano que suplantar 20 anos de contribuição).

A segunda regra, oferecida simultaneamente para os segurados do RGPS e para os servidores públicos federais, está localizada no art. 20 da EC n. 103/2019:

> Art. 20. O segurado ou o servidor público federal que se tenha filiado ao Regime Geral de Previdência Social ou ingressado no serviço público em cargo efetivo até a data de entrada em vigor desta Emenda Constitucional poderá aposentar-se voluntariamente quando preencher, cumulativamente, os seguintes requisitos:
> I – 57 (cinquenta e sete) anos de idade, se mulher, e 60 (sessenta) anos de idade, se homem;
> II – 30 (trinta) anos de contribuição, se mulher, e 35 (trinta e cinco) anos de contribuição, se homem;
> III – para os servidores públicos, 20 (vinte) anos de efetivo exercício no serviço público e 5 (cinco) anos no cargo efetivo em que se der a aposentadoria;
> IV – período adicional de contribuição correspondente ao tempo que, na data de entrada em vigor desta Emenda Constitucional, faltaria para atingir o tempo mínimo de contribuição referido no inciso II.

A aposentadoria efetuada com base nesse artigo permite, para os servidores que ingressaram antes de 31.12.2003, a integralidade e a paridade com idade menor do que a prevista no art. 4º (inciso I dos §§ 2º e 3º do art. 20 da EC n. 103/2019):

> § 2º O valor das aposentadorias concedidas nos termos do disposto neste artigo corresponderá:
> I – em relação ao servidor público que tenha ingressado no serviço público em cargo efetivo até 31 de dezembro de 2003 e que não tenha feito a opção de que trata o § 16 do art. 40 da Constituição Federal, à totalidade da remuneração no cargo efetivo em que se der a aposentadoria, observado o disposto no § 8º do art. 4º; e
> II – em relação aos demais servidores públicos e aos segurados do Regime Geral de Previdência Social, ao valor apurado na forma da lei.
> § 3º O valor das aposentadorias concedidas nos termos do disposto neste artigo não será inferior ao valor a que se refere o § 2º do art. 201 da Constituição Federal e será reajustado:
> I – de acordo com o disposto no art. 7º da Emenda Constitucional n. 41, de 19 de dezembro de 2003, se cumpridos os requisitos previstos no inciso I do § 2º;
> II – nos termos estabelecidos para o Regime Geral de Previdência Social, na hipótese prevista no inciso II do § 2º.

Na hipótese de o servidor ter ingressado após a instituição do FUNPRESP, ou ter exercido a opção correspondente, nos termos do disposto nos §§ 14 a 16 do art. 40 da CF/1988, a média dos salários de contribuição fica limitada ao teto do RGPS (§ 1º do art. 26 da EC n. 103/2019).

Para o servidor que ingressou a partir de 1º.1.2004, e antes da criação do FUNRPESP, sem ter feito a opção prevista no § 16 do art. 40 da CF/1988, será possível o deferimento de benefício sem limitação ao teto do RGPS, concedendo-se um benefício calculado com base na média das contribuições. Nesse caso, o procedimento de cálculo observará o salário de benefício obtido conforme o referido no parágrafo anterior (inciso II do § 6º do art. 4º c/c o art. 26 da EC n. 103/2019).

A regra é, portanto, interessante para quem já concluiu o tempo de contribuição previsto no inciso II, pois não terá "pedágio" a cumprir, tendo direito a critério de cálculo e reajustamento ainda diferenciados.

RPPS – REGRA DE TRANSIÇÃO 1 – ART. 4º DA EC N. 103/2019

REGRA DE CÁLCULO DA APOSENTADORIA
1) INTEGRALIDADE: SOMENTE PARA QUEM INGRESSOU NO SP ATÉ 31.12.2003 E DESDE QUE NÃO TENHA FEITO A OPÇÃO PELA PREV. COMPLEMENTAR E POSSUA 65 ANOS DE IDADE (HOMEM) E 62 (MULHER).

2) 60% DA MÉDIA DE TODOS OS SALÁRIOS DE CONTRIBUIÇÃO + 2% PARA CADA ANO QUE SUPERE 20 ANOS DE CONTRIBUIÇÃO (HOMEM E MULHER): DEMAIS SITUAÇÕES, SENDO ADOTADO O TETO DO RGPS PARA QUEM INGRESSOU NO SP APÓS A ADOTAÇÃO DA PREV. COMPLEMENTAR OU A ELA ADERIU.

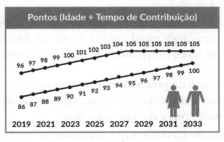

RPPS – REGRA DE TRANSIÇÃO 2 – ART. 20 DA EC N. 103/2019

Idade	Tempo de contribuição	Tempo de serviço público	Tempo de cargo	Pedágio do tempo faltante em 13.11.2019
Homem: 60 anos	35 anos	20 anos	5 anos	100%
Mulher: 57 anos	30 anos	20 anos	5 anos	100%

REGRA DE CÁLCULO DA APOSENTADORIA

1) INTEGRALIDADE: SOMENTE PARA QUEM INGRESSOU NO SP ATÉ 31.12.2003 E DESDE QUE NÃO TENHA FEITO A OPÇÃO PELA PREV. COMPLEMENTAR.

2) 100% DA MÉDIA DE TODOS OS SALÁRIOS DE CONTRIBUIÇÃO: DEMAIS SITUAÇÕES, SENDO ADOTADO O TETO DO RGPS PARA QUEM INGRESSOU NO SP APÓS A ADOTAÇÃO DA PREV. COMPLEMENTAR OU A ELA ADERIU.

47.11 REGRAS DE TRANSIÇÃO PARA DOCENTES DE INSTITUIÇÕES FEDERAIS

Os professores e professoras, cuja atuação ocorre exclusivamente na educação infantil e no ensino fundamental e médio, são beneficiados com redução de cinco anos de idade e de cinco anos no tempo de contribuição (com diminuição de cinco pontos no escore previdenciário também, na regra que possui tal exigência), o que também se aplica às regras de transição. É o que se observa a seguir:

EC n. 103/2019 – Art. 4º (...)
§ 4º Para o titular do cargo de professor que comprovar exclusivamente tempo de efetivo exercício das funções de magistério na educação infantil e no ensino fundamental e médio, os requisitos de idade e de tempo de contribuição de que tratam os incisos I e II do caput serão:
I – 51 (cinquenta e um) anos de idade, se mulher, e 56 (cinquenta e seis) anos de idade, se homem;
II – 25 (vinte e cinco) anos de contribuição, se mulher, e 30 (trinta) anos de contribuição, se homem; e

III – 52 (cinquenta e dois) anos de idade, se mulher, e 57 (cinquenta e sete) anos de idade, se homem, a partir de 1º de janeiro de 2022.
(...)
Art. 20. (...)
§ 1º Para o professor que comprovar exclusivamente tempo de efetivo exercício das funções de magistério na educação infantil e no ensino fundamental e médio serão reduzidos, para ambos os sexos, os requisitos de idade e de tempo de contribuição em 5 (cinco) anos.

No caso do professor que ingressou antes da EC n. 41, a integralidade pode ser conquistada com cinco anos a menos de idade que os demais, desde que cumpridos os demais requisitos já expostos na regra de transição geral.

Para os servidores que ingressaram em momento posterior, observar-se-á o novo critério para o cálculo e para o reajustamento (§§ 2º e 3º do art. 4º e art. 26 da EC n. 103/2019). As particularidades quanto à forma de cálculo e reajustamento são as mesmas já comentadas quanto à regra geral de transição.

RPPS – REGRA DE TRANSIÇÃO 1 (ART. 4º DA EC N. 103/2019): PROFESSORES

Idade	Tempo de contribuição	Tempo de serviço público	Tempo de cargo	Pontos (idade + tempo de contribuição)
Professor 2019: 56 anos	30 anos	20 anos	5 anos	91 (2019) + 1 ponto a cada ano até atingir 100 pontos
Professora 2019: 51 anos 2022: 52 anos	25 anos	20 anos	5 anos	81 (2019) + 1 ponto a cada ano até atingir 92 pontos

REGRA DE CÁLCULO DA APOSENTADORIA

1) INTEGRALIDADE: SOMENTE PARA QUEM INGRESSOU NO SP ATÉ 31.12.2003 E DESDE QUE NÃO TENHA FEITO A OPÇÃO PELA PREV. COMPLEMENTAR E POSSUA 60 ANOS DE IDADE (HOMEM) E 57 (MULHER).

2) 60% DA MÉDIA DE TODOS OS SALÁRIOS DE CONTRIBUIÇÃO + 2% PARA CADA ANO QUE SUPERE 20 ANOS DE CONTRIBUIÇÃO (HOMEM E MULHER): DEMAIS SITUAÇÕES, SENDO ADOTADO O TETO DO RGPS PARA QUEM INGRESSOU NO SP APÓS A ADOTAÇÃO DA PREV. COMPLEMENTAR OU A ELA ADERIU.

RPPS – REGRA DE TRANSIÇÃO 2 (ART. 20 DA EC N. 103/2019): PROFESSORES

Idade	Tempo de contribuição	Tempo de serviço público	Tempo de cargo	Pedágio do tempo faltante em 13.11.2019
Homem: 55 anos	30 anos	20 anos	5 anos	100%
Mulher: 52 anos	25 anos	20 anos	5 anos	100%

REGRA DE CÁLCULO DA APOSENTADORIA
1) INTEGRALIDADE: SOMENTE PARA QUEM INGRESSOU NO SP ATÉ 31.12.2003 E DESDE QUE NÃO TENHA FEITO A OPÇÃO PELA PREV. COMPLEMENTAR.
2) 100% DA MÉDIA DE TODOS OS SALÁRIOS DE CONTRIBUIÇÃO: DEMAIS SITUAÇÕES, SENDO ADOTADO O TETO DO RGPS PARA QUEM INGRESSOU NO SP APÓS A ADOTAÇÃO DA PREV. COMPLEMENTAR OU A ELA ADERIU.

47.12 REGRA DE TRANSIÇÃO PARA APOSENTADORIA DE SERVIDORES FEDERAIS EXPOSTOS A AGENTES NOCIVOS

A situação dos servidores federais que exercem atividade sujeita à exposição a agentes nocivos à saúde, ainda que não regulamentada antes da EC n. 103, de 2019, mereceu uma "regra de transição" específica, idêntica à do RGPS, salvo quanto à exigência de tempo de serviço público e no cargo, como previsto no art. 21 da Emenda:

> Art. 21. O segurado ou o servidor público federal que se tenha filiado ao Regime Geral de Previdência Social ou ingressado no serviço público em cargo efetivo até a data de entrada em vigor desta Emenda Constitucional cujas atividades tenham sido exercidas com efetiva exposição a agentes químicos, físicos e biológicos prejudiciais à saúde, ou associação desses agentes, vedada a caracterização por categoria profissional ou ocupação, desde que cumpridos, no caso do servidor, o tempo mínimo de 20 (vinte) anos de efetivo exercício no serviço público e de 5 (cinco) anos no cargo efetivo em que for concedida a aposentadoria, na forma dos arts. 57 e 58 da Lei n. 8.213, de 24 de julho de 1991, poderão aposentar-se quando o total da soma resultante da sua idade e do tempo de contribuição e o tempo de efetiva exposição forem, respectivamente, de:
> I – 66 (sessenta e seis) pontos e 15 (quinze) anos de efetiva exposição;
> II – 76 (setenta e seis) pontos e 20 (vinte) anos de efetiva exposição; e
> III – 86 (oitenta e seis) pontos e 25 (vinte e cinco) anos de efetiva exposição.
> § 1º A idade e o tempo de contribuição serão apurados em dias para o cálculo do somatório de pontos a que se refere o caput.

Dessa forma, além de cumprir a "somatória" de pontos que se exige do segurado do RGPS, o servidor federal terá de comprovar 20 anos de serviço público e 5 anos no cargo. O cálculo será sempre na forma da regra geral do art. 26 da Emenda n. 103: 60% da média, mais 2% para cada ano excedente a 20 anos de contribuição, já que não há, no caso do RPPS da União, pessoa que se enquadre no inciso I.

RPPS – REGRA DE TRANSIÇÃO DA APOSENTADORIA ESPECIAL (INSALUBRIDADE) – ART. 21 DA EC N. 103/2019

Idade mínima (h/m)	Tempo de atividade especial	Tempo de serviço público	Tempo de cargo	Pontos (idade + tempo de contribuição)
60 anos	25 anos	20 anos	5 anos	86

REGRA DE CÁLCULO: 60% DA MÉDIA DE TODOS OS SALÁRIOS DE CONTRIBUIÇÃO + 2% PARA CADA ANO QUE SUPERE 20 ANOS DE CONTRIBUIÇÃO (HOMEM E MULHER), SENDO ADOTADO O TETO DO RGPS PARA QUEM INGRESSOU NO SP APÓS A ADOTAÇÃO DA PREV. COMPLEMENTAR OU A ELA ADERIU.

47.13 REGRAS DE TRANSIÇÃO PARA OS POLICIAIS, AGENTES PENITENCIÁRIOS E SOCIOEDUCATIVOS

– Primeira regra

A regra específica criada para tratar dos agentes policiais, veiculada pelo art. 5º da EC n. 103/2019, contemplou um raio de ação de considerável abrangência. Além dos agentes públicos que integram a polícia federal, a polícia rodoviária federal, a polícia ferroviária federal e os policiais civis, acolheu os agentes públicos que integram a polícia da Câmara dos Deputados (inciso IV do art. 51 da CF) e do Senado (inciso XIII do art. 52 da CF), desde que já estivessem no exercício do cargo respectivo antes da promulgação da Emenda.

A versão final culminou por também incluir, no mesmo artigo, os agentes penitenciários e socioeducativos. Por isso, o § 1º do art. 5º da EC n. 103/2019 amplia o conceito de atividade estritamente policial para abranger o tempo de atividade militar nas Forças Armadas, nas polícias militares e nos corpos de bombeiros militares e o tempo de atividade como agente penitenciário ou socioeducativo.

Os requisitos são os seguintes:

I – 55 anos de idade, para ambos os sexos;
II – 30 anos de contribuição, se homem, e 25 anos de contribuição, se mulher;
III – 20 anos de efetivo exercício em cargo de natureza policial, se homem, e 15 anos, se mulher.

Para fins da presente regra de transição, serão considerados o tempo de atividade militar nas Forças Armadas, nas polícias militares e nos corpos de bombeiros militares e o tempo de atividade como agente penitenciário ou socioeducativo.

Para esses agentes não há alteração progressiva da idade.

RPPS – REGRAS DE TRANSIÇÃO PARA OS POLICIAIS, AGENTES PENITENCIÁRIOS E SOCIOEDUCATIVOS – ART. 5º DA EC N. 103/2019

Idade mínima (h/m)	Tempo de contribuição	Efetivo exercício em cargo de natureza policial
55 anos	30 anos (h) 25 anos (m)	20 anos (h) 15 anos (m)

– Segunda regra

Ao final, restou prevista outra possibilidade para esses mesmos servidores.

A aposentadoria poderá ser concedida a partir do implemento da idade de 52 anos, se mulher, e 53 anos de idade, se homem, desde que cumprido período adicional de contribuição correspondente ao tempo que, na data de entrada em vigor dessa emenda constitucional, faltaria para atingir o tempo de contribuição previsto na LC n. 51, de 1985 (§ 3º do art. 5º).

Destarte, a interpretação do constituinte derivado é de que os policiais, agentes penitenciários e socioeducativos que ingressaram antes da publicação da nova emenda constitucional – mesmo que depois da EC n. 41/2003, que eliminou a integralidade e paridade no serviço público – tenham direito à aposentação com a totalidade da remuneração, diferentemente do que ocorre com os demais ocupantes de cargos públicos efetivos, ingressantes após a regulamentação da EC n. 41.

Em verdade, é nosso entendimento, até aqui, que a recepção da LC n. 51/1985 ocorreu apenas no que tange aos requisitos de elegibilidade, como foi decidido pelo STF no julgamento da ADI 3.817 – entendimento ratificado, em sede de repercussão geral no julgamento do RE 567.110.

Vale dizer, a recepção pela Constituição da República de 1988 do art. 1º da LC n. 51/1985, que estabelece critérios diferenciados para a aposentadoria especial de servidores públicos policiais, em momento algum reconheceu o direito à integralidade dos servidores policiais, mas tão somente os direitos previstos naquela lei complementar.

Com efeito, conforme reconheceu o STF no julgamento do RE 924.456, o conceito de proventos integrais deixou de ter correspondência com a remuneração recebida em atividade e foi definida pela Lei n. 10.887/2004 como sendo o valor equivalente à média aritmética de 80% das melhores contribuições revertidas pelo servidor aos regimes previdenciários aos quais foi filiado.

Porém, no julgamento da Repercussão Geral Tema n. 1019, cuja questão em debate é o "Direito de servidor público que exerça atividades de risco de obter, independentemente da observância das regras de transição das Emendas Constitucionais ns. 41/03 e 47/05, aposentadoria especial com proventos calculados com base na integralidade e na paridade", a tese firmada foi a seguinte:

> O servidor público policial civil que preencheu os requisitos para a aposentadoria especial voluntária prevista na LC n. 51/85 tem direito ao cálculo de seus proventos com base na regra da integralidade e, quando também previsto em lei complementar, na regra da paridade, independentemente do cumprimento das regras de transição especificadas nos arts. 2º e 3º da EC 47/05, por enquadrar-se na exceção prevista no art. 40, § 4º, inciso II, da Constituição Federal, na redação anterior à EC 103/19, atinente ao exercício de atividade de risco (RE 1.162.672/SP, Rel. Min. Dias Toffoli, julgamento virtual finalizado em 1º.9.2023).

Recorde-se que os todos os servidores federais que ingressaram depois de 4.2.2013 no RPPS, ou seja, após a instituição do FUNPRESP, têm sua contribuição previdenciária limitada ao teto do RGPS, podendo aderir facultativamente ao referido fundo de previdência complementar.

Dessa forma, em que pese a regra constante da Emenda n. 103/2019, somos do entendimento de que a concessão de benefício com integralidade e paridade para policiais e integrantes das demais categorias em comento obedece ao regramento da EC n. 41, Lei n. 10.887/2004 e Lei n. 12.618/2012.

RPPS – REGRAS DE TRANSIÇÃO PARA OS POLICIAIS, AGENTES PENITENCIÁRIOS E SOCIOEDUCATIVOS – ART. 5º, § 3º, DA EC N. 103/2019

Idade mínima (h/m)	Tempo de contribuição	Efetivo exercício em cargo de natureza policial	Pedágio
53 anos (h) 52 anos (m)	30 anos (h) 25 anos (m)	20 anos (h) 15 anos (m)	100% do TC faltante em 13.11.2019

47.14 ABONO DE PERMANÊNCIA NO RPPS DA UNIÃO

A EC n. 103, de 2019, assegura a todos os servidores federais com direito já adquirido a se aposentarem por alguma regra de aposentadoria voluntária (sejam as já revogadas, sejam as transitórias ou as novas regras de transição) o pagamento do abono de permanência, que nada mais é, em termos práticos e matemáticos, do que a devolução da contribuição previdenciária a que estava obrigado o servidor até a véspera do implemento de todos os requisitos para a aposentadoria voluntária. É o que se nota dos arts. 3º, 8º e 10 da Emenda. Para maiores digressões acerca do tema, remetemos o leitor aos comentários já expendidos acerca do assunto em âmbito de Regimes Próprios em geral.

47.15 PENSÃO POR MORTE NO RPPS DA UNIÃO

A pensão por morte, na redação original do art. 40 da Constituição de 1988, correspondia ao valor da última remuneração do servidor, quando o óbito ocorria em atividade, ou ao valor da aposentadoria, quando já aposentado.

Com a Emenda n. 41/2003, o valor da pensão por morte passou a ser reduzido nos casos em que o servidor recebia remuneração ou proventos (aposentadoria) maior que o valor-teto do RGPS. E o critério de reajustamento das pensões concedidas por óbitos a partir de então passou a ser no mesmo índice e na mesma data que os benefícios do RGPS (ou seja, o INPC, em 1º de janeiro de cada ano). Havia duas importantes exceções previstas:

a) na Emenda Constitucional n. 47, de 2005, na hipótese das pensões decorrentes das aposentadorias integrais e com direito a paridade com base na regra de transição criada pelo art. 3º dessa Emenda, aplicável aos servidores que ingressaram no serviço público até a Emenda Constitucional n. 20/1998;

b) decorrentes dos falecimentos dos segurados aposentados por invalidez, desde que o aposentado tenha ingressado até 31.12.2003 (EC n. 70/2012).

No âmbito do RPPS da União, com a mudança levada a efeito no art. 218 da Lei n. 8.112/1990, pela Lei n. 13.135/2015, passou-se a prever que, "ocorrendo habilitação de vários titulares à pensão, o seu valor será distribuído em partes iguais entre os beneficiários habilitados". Anteriormente, a divisão não era equânime, pois cabia aos dependentes na condição de cônjuge ou companheiro (considerados dependentes vitalícios) o equivalente a 50% do valor a ser rateado, e os outros 50% eram compartilhados entre os demais pensionistas (dependentes temporários).

Agora, a Emenda n. 103/2019 não só "desconstitucionalizou" a matéria (não mais existindo, na nova redação do § 7º do art. 40, qualquer previsão de como será o cálculo deste benefício), mas afetou mais uma vez o modo de cálculo e o rateio da pensão por morte. Ao assim proceder, como já comentado em outros aspectos da reforma, fica claro que a intenção é que futuras alterações sejam realizadas por lei (e até mesmo por medida provisória), não mais por propostas de emenda à Constituição.

Comentando as alterações sofridas no texto original da Proposta no âmbito da Comissão Especial, assim se pronunciou o Deputado Relator, Samuel Moreira:

> *Quanto à pensão por morte, mantivemos a proposta de o benefício ser correspondente a 50% da aposentadoria, acrescido de 10% por dependente e avançamos no sentido de garantir que, quando houver dependente inválido, com deficiência grave, intelectual ou mental, o benefício seja equivalente a 100% da aposentadoria. Certamente, o custo de vida da pessoa com deficiência é bem superior ao das demais pessoas, especialmente na ausência de familiares que possam prover cuidados necessários para o exercício de atividades da vida diária, que possibilitem sua participação na vida comunitária. Ademais, avançamos no sentido de garantir uma redação mais consentânea com a realidade da pessoa com deficiência e a preocupação dos familiares em terem a garantia, em vida, de que seus filhos com deficiência serão efetivamente beneficiários de pensão por morte. Assim, tornamos possível que o*

segurado possa, ainda em vida, buscar o reconhecimento do dependente com deficiência, para fins previdenciários (p. 83).

Enquanto a regulamentação da pensão não é produzida, a União pagará a pensão (em caso de falecimento após a promulgação da Emenda) aos dependentes de servidores públicos federais conforme a regra transitória do art. 23 da EC n. 103:

Art. 23. A pensão por morte concedida a dependente de segurado do Regime Geral de Previdência Social ou de servidor público federal será equivalente a uma cota familiar de 50% (cinquenta por cento) do valor da aposentadoria recebida pelo segurado ou servidor ou daquela a que teria direito se fosse aposentado por incapacidade permanente na data do óbito, acrescida de cotas de 10 (dez) pontos percentuais por dependente, até o máximo de 100% (cem por cento).

§ 1º As cotas por dependente cessarão com a perda dessa qualidade e não serão reversíveis aos demais dependentes, preservado o valor de 100% (cem por cento) da pensão por morte quando o número de dependentes remanescente for igual ou superior a 5 (cinco).

§ 2º Na hipótese de existir dependente inválido ou com deficiência intelectual, mental ou grave, o valor da pensão por morte de que trata o caput será equivalente a:

I – 100% (cem por cento) da aposentadoria recebida pelo segurado ou servidor ou daquela a que teria direito se fosse aposentado por incapacidade permanente na data do óbito, até o limite máximo de benefícios do Regime Geral de Previdência Social; e

II – uma cota familiar de 50% (cinquenta por cento) acrescida de cotas de 10 (dez) pontos percentuais por dependente, até o máximo de 100% (cem) por cento, para o valor que supere o limite máximo de benefícios do Regime Geral de Previdência Social.

§ 3º Quando não houver mais dependente inválido ou com deficiência intelectual, mental ou grave, o valor da pensão será recalculado na forma do disposto no caput e no § 1º.

§ 4º O tempo de duração da pensão por morte e das cotas individuais por dependente até a perda dessa qualidade, o rol de dependentes e sua qualificação e as condições necessárias para enquadramento serão aqueles estabelecidos na Lei n. 8.213, de 24 de julho de 1991.

§ 5º Para o dependente inválido ou com deficiência intelectual, mental ou grave, sua condição pode ser reconhecida previamente ao óbito do segurado, por meio de avaliação biopsicossocial realizada por equipe multiprofissional e interdisciplinar, observada revisão periódica na forma da legislação.

§ 6º Equiparam-se a filho, para fins de recebimento da pensão por morte, exclusivamente o enteado e o menor tutelado, desde que comprovada a dependência econômica.

§ 7º As regras sobre pensão previstas neste artigo e na legislação vigente na data de entrada em vigor desta Emenda Constitucional poderão ser alteradas na forma da lei para o Regime Geral de Previdência Social e para o regime próprio de previdência social da União.

§ 8º Aplicam-se às pensões concedidas aos dependentes de servidores dos Estados, do Distrito Federal e dos Municípios as normas constitucionais e infraconstitucionais anteriores à data de entrada em vigor desta Emenda Constitucional, enquanto não promovidas alterações na legislação interna relacionada ao respectivo regime próprio de previdência social.

Com isso, ficaram tacitamente ineficazes as disposições da Lei n. 8.112/1990 e suas alterações sobre o assunto a partir da promulgação da EC n. 103/2019, atingindo exclusivamente o Regime dos Servidores Federais. Novamente frisamos que servidores estaduais, municipais e do Distrito Federal não foram atingidos pelas mudanças aqui destacadas, tampouco o foi a pensão deixada a seus dependentes.

Sobre a questão relativa à condição de invalidez do filho do instituidor para fins de dependência, o STJ editou a Súmula 663, que dispõe: "A pensão por morte de servidor público federal pode ser concedida ao filho inválido de qualquer idade, desde que a invalidez seja anterior ao óbito."

Interessante frisar que o § 6º do art. 23 da EC n. 103/2019, restringe a equiparação a dependentes por filiação aos enteados e tutelados, estes últimos enquanto durar a situação de tutela (a cessação se dá na forma do Código Civil). Com isso, pretendeu o Governo evitar a (re)discussão quanto à figura da pessoa com idade abaixo de 18 anos sob guarda ter ou não o direito a ser equiparado a filho, para fins de pensionamento. O STF irá discutir se o menor sob guarda pode receber pensão por morte de segurado do INSS nos óbitos após a EC n. 103/2019 (Tema 1.271), decisão que, uma vez proferida, deverá ser aplicada, a nosso ver, também aos Regimes Próprios de Previdência Social.

Essas regras vigoram desde a promulgação da EC n. 103/2019 e até que venha a vigorar alguma alteração por lei (ordinária), conforme indica o § 7º do art. 23 da Emenda.

47.16 CRITÉRIO DE CÁLCULO DA PENSÃO POR MORTE NO ÂMBITO DA UNIÃO – REGRA GERAL

Pensando unicamente na redução de gastos, a EC n. 103/2019 reformulou o cálculo do benefício de pensão por morte tanto para o RGPS quanto para o RPPS da União, retomando os critérios previstos na Lei Orgânica da Previdência Social de 1960, e que não eram aplicados no âmbito dos regimes próprios até então.

Para saber o valor do benefício, primeiro é necessário fixar a base de cálculo. Se ele já estava aposentado, será utilizado o valor da aposentadoria.

No caso de servidor federal que falecer em atividade, a base de cálculo corresponderá à aposentadoria por incapacidade permanente (antiga aposentadoria por invalidez) a que o instituidor teria direito na data do óbito, salvo se ele já era detentor de direito adquirido à aposentadoria por melhor regra de cálculo. Frisamos que, em caso de morte causada por acidente ou doença em que haja nexo de causalidade/concausalidade com o exercício do cargo público, o cálculo da aposentadoria por incapacidade é de 100% da média dos salários de contribuição desde julho de 1994, mas se não for esta a causa, será de 60% mais 2% para cada ano de contribuição acima de 20 anos, para ambos os gêneros. Essa diferenciação se aplica também à pensão por morte.

Considerando a nova fórmula de cálculo da aposentadoria por incapacidade permanente, aqui poderá haver uma expressiva redução da renda percebida pelo servidor em atividade, se não for caso de direito adquirido a benefício de aposentadoria no RPPS da União mais vantajoso quando em vida.

Depois, conforme o *caput* do art. 23 da EC n. 103/2019, sobre a base de cálculo antes citada (valor da aposentadoria a que faria jus o *de cujus*) haverá a incidência de um percentual de 50% (cota familiar), acrescido de 10% para cada dependente até o máximo de 100% (cinco dependentes).

No caso de servidor que falecer quando já aposentado, a diferença é que as cotas são calculadas sobre o valor da aposentadoria que o segurado recebia.

É feita, pela EC n. 103/2019, uma distinção na hipótese de existir dependente inválido ou com deficiência intelectual, mental ou grave, caso em que não se aplica a regra do *caput*. Nesse caso, o valor da pensão por morte será de 100% da aposentadoria recebida pelo servidor ou daquela a que teria direito, até o limite máximo de benefícios do RGPS, e aplica-se a divisão em cotas somente em caso de o valor da pensão superar o limite máximo do RGPS (§ 2º do art. 23 da EC n. 103/2019); a redução pela aplicação do critério de cotas incidirá somente sobre o que excede esse limite.

Todavia, prevê o § 3º do mesmo art. 23 da Emenda que, quando não houver mais dependente inválido ou com deficiência intelectual, mental ou grave, o valor da pensão será recalculado na forma da regra geral. Em verdade, trata-se de regra bastante discutível, pois pode acarretar a redução do valor nominal do benefício mediante um "recálculo" após a concessão inicial, prejudicando sobremaneira os dependentes remanescentes, que podem vir a ser surpreendidos, por exemplo, em caso de falecimento do dependente que se enquadrava como deficiente ou inválido. Atenta-se, a nosso sentir, contra a regra do art. 194, IV, da Constituição, que se aplica, como norma principiológica, a todos os Regimes de Previdência Social.

Havendo interesse do servidor em evitar futuras discussões sobre o quadro clínico do dependente, restou prevista a possibilidade de a condição do dependente ser previamente avaliada por perícia biopsicossocial realizada por equipe multiprofissional (§ 5º do art. 23 da EC n. 103/2019), norma que dependerá de regulamentação a respeito do procedimento a ser adotado.

Cumpre relembrar que já existem decisões judiciais reconhecendo a inconstitucionalidade das regras sobre pensão por morte da EC n. 103 para os beneficiários do RGPS (idênticas às do RPPS da União), como a proferida pela Turma Recursal dos JEFs de Sergipe, cujo teor transcrevemos em parte, pela relevância:

> *O que a EC pretendeu fazer foi suprimir direitos previdenciários construídos ao longo de décadas para a proteção de quem se vê sem sua fonte de subsistência primária, em razão de evento inesperado, ao restabelecer a regulação sobre pensão por morte que havia na Lei Orgânica da Previdência Social – LOPS, Lei n.º 3.807/60, e com regramento sobre renda mensal ainda mais gravoso do que aquele, mesmo depois dela ter sido revogada pela CF e pela Lei n.º 8.213/91. E, o que é ainda mais esdrúxulo do ponto de vista da lógica do processo legislativo, disciplinando inclusive percentuais de cálculo de renda mensal de benefício, questões normalmente deixadas para a legislação complementar e ordinária. (...) reduzir drasticamente o valor da renda mensal de benefício como o fez a EC n.º 103/2019 sem qualquer outro parâmetro econômico (ex.: estado de empregado do dependente, nível de renda etc.) é esvaziar o conteúdo da garantia constitucional na prática (Proc. 0509761-32.2020.4.05.8500, Rel. Juiz Federal Marcos Antônio Garapa de Carvalho, publ. 12.5.2021).*

Tal sistemática de cálculo foi validada pelo STF ao julgar a ADI 7.051, cuja tese fixada foi a seguinte: "É constitucional o art. 23, caput, da Emenda Constitucional n. 103/2019, que fixa novos critérios de cálculo para a pensão por morte no Regime Geral e nos Regimes Próprios de Previdência Social" (Plenário Virtual, Rel. Min. Luis Roberto Barroso, *DJE* 02.08.2023).

47.17 DURAÇÃO DO PAGAMENTO DA PENSÃO A CADA DEPENDENTE

Acerca do tema da duração do benefício da pensão, houve importantes mudanças desde a Lei n. 13.135/2015.

A EC n. 103/2019 prevê expressamente que "O tempo de duração da pensão por morte e das cotas individuais por dependente até a perda dessa qualidade, o rol de dependentes e sua qualificação e as condições necessárias para enquadramento serão aqueles estabelecidos na Lei n. 8.213, de 24 de julho de 1991" (§ 4º do art. 23), regra que vale, portanto, para o RPPS da União, em que pese estar a Emenda se reportando à Lei de Benefícios do RGPS.

Dessa forma, a pensão terá a seguinte duração, no âmbito do RPPS da União:

- Indeterminada, em caso de invalidez ou deficiência do pensionista.

- 4 meses para o cônjuge ou companheiro, se o óbito do segurado ocorrer sem a comprovação do recolhimento de 18 contribuições mensais e de 2 anos de casamento ou de união estável.
- Em caso de invalidez ou deficiência do cônjuge ou companheiro, e na hipótese de o óbito do segurado decorrer de acidente de qualquer natureza ou de doença profissional ou do trabalho, não tem aplicação a regra que limita o pagamento da pensão a apenas 4 meses.
- Temporária, observada a faixa de idade, para cônjuge ou companheiro pensionista com idade inferior a 45 anos na data do óbito do segurado.
- Vitalícia, para o cônjuge ou companheiro com idade superior a 45 anos na data do óbito do segurado.

A parte individual da pensão extingue-se, doravante:

I – pela morte do pensionista;
II – para filho, pessoa a ele equiparada ou irmão, de ambos os sexos, ao completar 21 anos de idade, salvo se for inválido ou tiver deficiência intelectual ou mental ou deficiência grave;
III – para filho ou irmão inválido, pela cessação da invalidez;
IV – para filho ou irmão que tenha deficiência intelectual ou mental ou deficiência grave, pelo afastamento da deficiência, nos termos do regulamento;
V – para cônjuge ou companheiro:
a) se inválido ou com deficiência, pela cessação da invalidez ou pelo afastamento da deficiência, respeitados os períodos mínimos decorrentes da aplicação das alíneas "b" e "c";
b) em 4 meses, se o óbito ocorrer sem que o segurado tenha vertido 18 contribuições mensais ou se o casamento ou a união estável tiverem sido iniciados em menos de 2 anos antes do óbito do segurado;
c) transcorridos os seguintes períodos, estabelecidos de acordo com a idade do beneficiário na data de óbito do segurado, se o óbito ocorrer depois de vertidas 18 contribuições mensais e pelo menos 2 anos após o início do casamento ou da união estável:
1) 3 anos, com menos de 21 anos de idade;
2) 6 anos, entre 21 e 26 anos de idade;
3) 10 anos, entre 27 e 29 anos de idade;
4) 15 anos, entre 30 e 40 anos de idade;
5) 20 anos, entre 41 e 43 anos de idade;
6) vitalícia, com 44 ou mais anos de idade.

A partir de 1º.1.2021, as idades foram elevadas em um ano pela Portaria ME n. 424/2020, e estabelecidas as novas faixas de duração em:

I – 3 (três) anos, com menos de 22 (vinte e dois) anos de idade;
II – 6 (seis) anos, entre 22 (vinte e dois) e 27 (vinte e sete) anos de idade;
III – 10 (dez) anos, entre 28 (vinte e oito) e 30 (trinta) anos de idade;
IV – 15 (quinze) anos, entre 31 (trinta e um) e 41 (quarenta e um) anos de idade;
V – 20 (vinte) anos, entre 42 (quarenta e dois) e 44 (quarenta e quatro) anos de idade;
VI – vitalícia, com 45 (quarenta e cinco) ou mais anos de idade.

Frisamos que a proibição da reversão das cotas não terá aplicabilidade em relação à pensão cujo óbito do instituidor ocorreu em data anterior à publicação da EC n. 103 (até 13.11.2019), conforme já observamos no Capítulo 32 desta obra.

47.18 ALTERAÇÃO DA REGULAMENTAÇÃO INFRACONSTITUCIONAL

Houve, por força do art. 36 da EC n. 103/2019, a revogação expressa do art. 3º da EC n. 47/2005. Logo, pensões decorrentes de óbitos de servidores federais que chegaram a se beneficiar daquela regra de transição, ou com direito adquirido, mantém o direito à paridade com os servidores em atividade no respectivo cargo se o óbito ocorrer antes da promulgação da nova Emenda. Todavia, se o falecimento do servidor sobrevier após a promulgação da EC n. 103/2019, serão calculadas com base no art. 23 desta última Emenda.

47.19 A QUESTÃO DO AUXÍLIO-RECLUSÃO NO RPPS DA UNIÃO

A EC n. 103/2019 em mais de uma passagem prevê a impossibilidade de se conceder auxílio-reclusão em âmbito de Regimes Próprios. Veja-se, a este propósito, o § 2º do art. 9º da Emenda, que restringe o rol de benefícios dos RPPS às aposentadorias e à pensão por morte; e o art. 27 da Emenda, que trata apenas de estabelecer regra transitória para o auxílio-reclusão para o RGPS, diferentemente do art. 13 da EC n. 20, que também fixava regras para o servidor (e seus dependentes) quanto a esse benefício.

Logo, é possível que regra infraconstitucional venha a estabelecer uma "interpretação autêntica" da Administração Pública Federal no sentido de ter sido extinto o benefício que até aqui era previsto e disciplinado pelo art. 229 da Lei n. 8.112/1990 (RJU da União), mantendo-se apenas os benefícios já concedidos até que cesse o fato ensejador (reclusão de servidor federal).

47.20 EFEITOS PRÁTICOS DAS ALTERAÇÕES – NAS PENSÕES POR MORTE – RPPS DA UNIÃO

Para se ter ideia da repercussão da mudança no âmbito das pensões por morte, veja-se o que disse o próprio Deputado Relator da matéria na CCJ da Câmara dos Deputados (p. 49 do Relatório):

> *Ressalte-se que o valor da própria pensão, que já foi reduzido por força da Emenda Constitucional n. 41, de 2003, no caso do agente público, será novamente reduzido por força da Proposta em exame, pois corresponderá a apenas 50%, acrescidos de 10% por dependente, sendo tais cotas não reversíveis. Assim, em caso de infortúnio, o valor assegurado ao cônjuge remanescente é de 60% apenas, e poderá chegar a 100% somente na hipótese de haver 4 filhos dependentes, situação muito rara nos dias de hoje.*
>
> *Caso a pensão por morte seja devida em virtude do falecimento de servidor aposentado por invalidez após quinze ou vinte anos de atividade e que não seja decorrente de acidente de trabalho ou doença profissional, o seu cálculo dependerá do tempo de contribuição do falecido, e poderá chegar a apenas 36% da remuneração, uma vez que o benefício será calculado sobre apenas 60% da média apurada.*

É importante chamar atenção para o fato de que só se adquire o direito à pensão com o falecimento ou a morte presumida, assim prevista em lei, do servidor (denominado em tais casos de "instituidor"). Desse modo, um servidor que faleça na véspera da alteração das regras "deixa pensão" em valores e com critérios de divisão diferentes de outro que venha a falecer no dia seguinte.

PENSÃO POR MORTE – ART. 23 DA EC n. 103/2019		
Óbitos ocorridos a partir de 14.11.2019		
Art. 24, § 8º, da EC n. 103, de 2019; Lei n. 9.717/1998, Lei n. 10.887/2004 e Lei n. 13.135/2015.		
REQUISITOS MÍNIMOS		
TEMPO MÍNIMO	Inexigível	
CÁLCULO DO BENEFÍCIO	– Equivalente a uma cota familiar de 50% do valor da aposentadoria recebida pelo servidor ou daquela a que teria direito se fosse aposentado por incapacidade permanente na data do óbito, acrescida de cotas de 10 pontos percentuais por dependente, até o máximo de 100%. – As cotas por dependente cessarão com a perda dessa qualidade e não serão reversíveis aos demais dependentes, preservado o valor de 100% da pensão por morte quando o número de dependentes remanescente for igual ou superior a 5 (cinco).	
CÁLCULO DO BENEFÍCIO: DEPENDENTE INVÁLIDO OU COM DEFICIÊNCIA	– Na hipótese de existir dependente inválido ou com deficiência intelectual, mental ou grave, o valor da pensão por morte será equivalente a: I – 100% da aposentadoria recebida pelo servidor ou daquela a que teria direito se fosse aposentado por incapacidade permanente na data do óbito, até o limite máximo de benefícios do RGPS; e II – uma cota familiar de 50% acrescida de cotas de 10 pontos percentuais por dependente, até o máximo de 100%, para o valor que supere o limite máximo de benefícios do RGPS. – Quando não houver mais dependente inválido ou com deficiência intelectual, mental ou grave, o valor da pensão será recalculado na forma do quadro acima (*caput* e no § 1º do art. 23).	
TETO DO BENEFÍCIO	Última remuneração no cargo efetivo do servidor falecido, sendo adotado o teto do RGPS para quem ingressou no serviço público após a adoção da prev. complementar ou a ela aderiu.	
REAJUSTE	Não tem paridade. Os proventos deverão ser reajustados na mesma data e em índices adotados para o reajuste dos benefícios do RGPS.	

48

Reajustamento do Valor dos Benefícios

Garantia o Texto Constitucional original de 1988 que os proventos de aposentadoria seriam revistos na mesma proporção e na mesma data que o vencimento dos servidores públicos em atividade, mantendo a regra da paridade entre ativos e inativos.[1]

A Emenda n. 41/2003 alterou o critério de majoração das aposentadorias e pensões, para definir que, para os que ingressarem no serviço público após a sua promulgação, os proventos serão reajustados conforme critério definido em lei, quebrando-se a regra da paridade com os Servidores em atividade; a matéria, no âmbito dos servidores públicos Federais, já foi regulamentada pela Lei n. 10.887, de 18.6.2004[2], em seu art. 15. A EC n. 103, de 2019, não alterou as disposições sobre reajustamento de benefícios nos RPPS, mantendo-se a redação do § 8º do art. 40 da CF e, por conseguinte, a legislação infraconstitucional reguladora do critério de reajustamento. Assim ficou definido que as aposentadorias e pensões devidas pelo Regime dos Servidores Federais receberão o mesmo índice de majoração utilizado para os benefícios do Regime Geral de Previdência Social, e serão reajustadas na mesma data que estes.[3]

Os aposentados e pensionistas dos RPPS que já recebem proventos desde antes da alteração constitucional em comento, bem como os detentores de direito adquirido pelas regras anteriores, e, ainda, os abrangidos pelas regras de transição mantêm o direito ao reajuste no mesmo índice e mesma data que os servidores em atividade do respectivo ente federativo. Segundo o STF já decidiu de forma reiterada, o dispositivo em questão (art. 40, § 8º, da CF) é autoaplicável

---

[1] "Os direitos à integralidade e à paridade são estritamente associados e compõem um elemento diferencial fundamental do regime previdenciário próprio dos titulares de cargo efetivo. O direito à equivalência entre proventos de inatividade e vencimentos da atividade confere permanência ao direito à integralidade. Sem a equivalência, ou paridade, o direito à integralidade cessaria no próprio momento da concessão do benefício previdenciário. Sem a integralidade, a paridade importaria em igualdade percentual e não em igualdade de valores na revisão de benefícios, pois não haveria incidência de percentuais sobre as mesmas bases. Esta é a compreensão imediata que se extrai da redação dos §§ 3º e 8º do art. 40 da Constituição Federal, na redação anterior à Emenda Constitucional n. 41/03" (MODESTO, Paulo. Reforma da Previdência e Regime Jurídico da Aposentadoria dos Titulares de Cargo Público. In: MODESTO, Paulo (org.). *Reforma da Previdência*: análise e crítica da Emenda Constitucional n. 41/2003. Belo Horizonte: Fórum, 2004, p. 42.

[2] A mesma Lei, alterando o texto da Lei n. 8.213, de 24 de julho de 1991, incluiu nesta o art. 29-B, o qual estabelece: "Art. 29-B. Os salários de contribuição considerados no cálculo do valor do benefício serão corrigidos mês a mês de acordo com a variação integral do Índice Nacional de Preços ao Consumidor – INPC, calculado pela Fundação Instituto Brasileiro de Geografia e Estatística – IBGE", que passou a ser o índice fixado para tal fim (CAMPOS, *Regime Próprio de Previdência Social dos Servidores Públicos*, p. 101).

[3] DI PIETRO, *Direito Administrativo*, p. 448.

(AI 620.154-AgR, Rel. Min. Eros Grau, j. 17.4.2007, Segunda Turma, *DJ* 18.5.2007; no mesmo sentido: RE 446.086-AgR, Rel. Min. Ayres Britto, j. 6.6.2006, Primeira Turma, *DJ* 25.8.2006).

Entretanto, para estes, as modificações na estrutura da carreira dos servidores em atividade não necessariamente implicam extensão de vantagens (o que antes era chamado de paridade plena):

> *A jurisprudência da Corte é no sentido de que é inviável estender a servidores inativos as vantagens pecuniárias decorrentes de reposicionamento, na carreira, de servidores ativos, com fundamento no art. 40, § 8º, da Constituição (RE 522.570-AgR, Rel. Min. Ricardo Lewandowski, j. 5.5.2009, Primeira Turma, DJE 5.6.2009). No mesmo sentido: RE 536.593-AgR, Rel. Min. Cármen Lúcia, j. 27.10.2009, Primeira Turma, DJE 27.11.2009; RE 425.451-AgR, Rel. Min. Gilmar Mendes, j. 7.8.2007, Segunda Turma, DJ 31.8.2007; RE 323.857, Rel. Min. Ellen Gracie, j. 15.6.2004, Segunda Turma, DJ 6.8.2004.*

Em casos nos quais se discute a extensão a aposentados e pensionistas de vantagem concedida a servidor em atividade, "a pedra de toque da incidência do preceito é saber se em atividade os aposentados lograriam o benefício" (STF, AI 486.042-AgR, Rel. Min. Marco Aurélio, j. 25.11.2008, Primeira Turma, *DJE* 20.3.2009).

Em nova oportunidade, o Plenário do STF ratificou orientação de que as vantagens remuneratórias de caráter geral conferidas a servidores públicos, por serem genéricas, são extensíveis a inativos e pensionistas (RE 596.962/MT, Plenário, Rel. Min. Dias Toffoli, j. 21.8.2014). Por se tratar de RE com repercussão geral reconhecida – Tema n. 156, a Corte fixou quatro teses sobre o julgado, segundo o qual as vantagens de caráter universal são extensíveis aos aposentados. São elas:

> *I) as vantagens remuneratórias legítimas e de caráter geral conferidas a determinada categoria, carreira ou, indistintamente, a servidores públicos, por serem vantagens genéricas, seriam extensíveis aos servidores inativos e pensionistas;*
> *II) nesses casos, a extensão alcançaria os servidores que tivessem ingressado no serviço público antes da publicação da EC n. 20/1998 e da EC n. 41/2003, e tivessem se aposentado ou adquirido o direito à aposentadoria antes da EC n. 41/2003;*
> *III) em relação aos servidores que tivessem ingressado e se aposentado no serviço público após a EC n. 41/2003, deveriam ser observados os requisitos estabelecidos na regra de transição contida em seu art. 7º, em virtude da extinção da paridade integral entre ativos e inativos contida no art. 40, § 8º, da CF, redação original, para os servidores que tivessem ingressado no serviço público após a publicação da EC n. 41/2003; e*
> *IV) com relação aos servidores que tivessem ingressado no serviço público antes da EC n. 41/2003 e tivessem se aposentado ou adquirido o direito à aposentadoria após a sua edição, afirmou que seria necessário observar a incidência das regras de transição fixadas pela EC n. 47/2005, a qual estabelecera efeitos retroativos à data de vigência da EC n. 41/2003, conforme decidido nos autos do RE 590.260/SP, Plenário, Rel. Min. Ricardo Lewandowski, julgado em 24.6.2009.*

A ausência de integralidade e paridade é destinada tão somente para as aposentadorias a serem concedidas aos servidores públicos que ingressarem no serviço público após a publicação da EC n. 41/2003 e aos que não se aposentarem por regras de transição que assegurem a igualdade de tratamento com os servidores em atividade e aos detentores de direito adquirido, já que estas últimas regras seguem os preceitos determinados pela EC n. 20/1998, ou seja, continuam sendo destinatários de paridade com os servidores em atividade, sendo revistas na mesma proporção e na mesma data em que se modificar a respectiva remuneração, dos ativos, estendidos aos inativos quaisquer benefícios ou vantagens posteriormente concedidos aos servidores em atividade, na forma do disposto no art. 7º da EC n. 41/2003, *in verbis*:

Art. 7º Observado o disposto no art. 37, XI, da Constituição Federal, os proventos de aposentadoria dos servidores públicos titulares de cargo efetivo e as pensões dos seus dependentes pagos pela União, Estado, Distrito Federal e Municípios, incluídas suas autarquias e fundações, em fruição da data de publicação desta Emenda, bem como os proventos de aposentadoria dos servidores e as pensões dos dependentes abrangidos pelo art. 3º desta Emenda, serão revistos na mesma proporção e na mesma data, sempre que se modificar a remuneração dos servidores em atividade, sendo também estendidos aos aposentados e pensionistas quaisquer benefícios ou vantagens posteriormente concedidos aos servidores em atividade, inclusive quando decorrentes da transformação ou reclassificação do cargo ou função em que se deu a aposentadoria ou que serviu de referência para a concessão da pensão na forma da lei.

O STF, ao apreciar, em sede de Repercussão Geral, a questão relativa ao direito adquirido aos critérios da paridade e integralidade no pagamento de pensão por morte de servidor aposentado antes do advento da EC n. 41/2003, mas falecido durante sua vigência, fixou a seguinte tese: "Tema 396 – Os pensionistas de servidor falecido posteriormente à EC 41/2003 têm direito à paridade com servidores em atividade (EC 41/2003, art. 7º), caso se enquadrem na regra de transição prevista no art. 3º da EC 47/2005. Não têm, contudo, direito à integralidade (CF, art. 40, § 7º, inciso I)" (RE 603.580, Tribunal Pleno, Rel. Min. Ricardo Lewandowski, *DJe* 4.8.2015).

O problema deve voltar a debate em razão da revogação, pela EC n. 103, de 2019, das regras de transição citadas no julgado em questão. Ou seja, óbitos de servidores admitidos antes de 31.12.2003, mas com falecimento posterior à promulgação da EC n. 103, podem vir a ser considerados, para fins de reajustamento, geradores de pensões sem direito ao reajustamento pelo critério da paridade.

Anote-se que, desde 2004, as aposentadorias e pensões concedidas com fundamento na nova redação do art. 40 da Constituição, ao menos no âmbito do Regime dos Servidores Públicos Federais, não vinham sendo reajustadas como determina o § 8º do art. 40 da Constituição e o art. 15 da Lei n. 10.887/2004. Tal situação gerou demandas judiciais ajuizadas por servidores públicos federais, como é exemplo o Mandado de Segurança 25871/DF, impetrado no STF por um servidor aposentado que pertencia ao quadro do Tribunal de Contas da União, para compelir aquele órgão a proceder ao reajuste anual de seu benefício:

MANDADO DE SEGURANÇA. Legitimidade. Passiva. Tribunal de Contas da União – TCU. Caracterização. Servidor público aposentado desse órgão. Proventos. Pedido de ordem para reajuste e pagamento. Verba devida pelo Tribunal a que está vinculado o funcionário aposentado. Efeito jurídico eventual de sentença favorável que recai sobre o TCU. Aplicação do art. 185, § 1º, da Lei Federal n. 8.112/90. Preliminar repelida. O Tribunal de Contas da União é parte passiva legítima em mandado de segurança para obtenção de reajuste de proventos de servidor seu que se aposentou. 2. Servidor público. Funcionário aposentado. Proventos. Reajuste ou reajustamento anual. Exercício de 2005. Índice. Falta de definição pelo TCU. Adoção do índice aplicado aos benefícios do RGPS. Direito líquido e certo ao reajuste. MS concedido para assegurá-lo. Aplicação do art. 40, § 8º, da CF, cc. art. 9º da Lei n. 9.717/98, e art. 65, § único, da Orientação Normativa n. 3 de 2004, do Ministério da Previdência Social. Inteligência do art. 15 da Lei n. 10.887/2004. Servidor aposentado do Tribunal de Contas da União tem direito líquido e certo a reajuste dos proventos na ordem de 5,405%, no exercício de 2005 (Rel. Min. Cezar Peluso, Pleno, DJe 4.4.2008).

A Lei n. 11.784, de 22.9.2008, que trata de diversos assuntos ligados ao serviço público federal, alterou o art. 15 da Lei n. 10.887/2004 para prever que os proventos de aposentadoria e as pensões que não mais obedecem à regra da paridade com os servidores em atividade serão reajustados, *a partir de janeiro de 2008,* na mesma data e índice em que se der o reajuste dos benefícios do RGPS. Silencia o texto, contudo, acerca dos reajustes devidos nos anos anteriores (2004 a 2007), permanecendo, portanto, a mora legislativa sobre a matéria. Entretanto, o STF supriu essa omissão no julgamento da Repercussão Geral Tema 1.224, cuja tese firmada foi a seguinte:

> É constitucional o reajuste de proventos e pensões concedidos a servidores públicos federais e seus dependentes não beneficiados pela garantia de paridade de revisão, pelo mesmo índice de reajuste do regime geral de previdência social (RGPS), previsto em normativo do Ministério da Previdência Social, no período anterior à Lei 11.784/2008 (*Leading Case*: RE 1.372.723, Rel. Min. Dias Toffoli, Plenário, Sessão Virtual de 22.9.2023 a 29.9.2023).

Já quanto aos servidores de Estados e Municípios, o STF proferiu decisão em ADI interposta pelo Governador do Rio Grande do Sul entendendo que não há observância obrigatória do art. 15 da Lei n. 10.887/2004. Conforme consta da ementa, "Por afrontar a autonomia constitucional de Estado-membro e a repartição constitucional de competências legislativas, é formalmente inconstitucional lei federal que determina a todos os entes federados mantenedores de regimes próprios da previdência social a realização de reajustes, na mesma data e índice em que se der o reacerto dos benefícios do regime geral, ressalvado (sic) os casos de beneficiários agraciados pela paridade" (ADI 4.582, Rel. Min. André Mendonça, Tribunal Pleno, julgado em sessão virtual encerrada em 3.11.2022).

Efetivamente, pois, "a concorrência entre os entes políticos em matéria de previdência dá-se apenas no âmbito da previdência social do servidor público. Nesse caso, a União edita normas gerais sobre o regime previdenciário próprio do servidor, cabendo aos demais entes dispor sobre a matéria de forma suplementar, nos termos do art. 24 e dos incisos I e II do art. 3015 da CR/88".[4]

Sobre "a garantia da preservação do valor real da aposentadoria de servidor público sem direito a paridade e inexistência de lei de reajuste", Fernando Ferreira Calazans faz importante comentário:

> *Diante da crise econômica atual e da consequente redução da probabilidade de envio de projetos de lei de reajuste para os aposentados e pensionistas de RPPS sem direito à paridade, vinculados a estados e municípios, serão ajuizadas milhares de ações pelo país afora visando à concessão de reajustes desses benefícios, o que exigirá a manifestação do STF, em sede de repercussão geral, assim que a matéria for submetida a sua apreciação, a fim de uniformizar o entendimento no âmbito de todos os RPPS em funcionamento no país.*[5]

Finalmente, cumpre recordar que a EC n. 70/2012 estabeleceu que os proventos das aposentadorias por invalidez já concedidas a servidores que ingressaram em cargo público antes da EC n. 20/1998, que foram calculados pela média dos salários de contribuição à época da concessão, deveriam ser recalculados com base na remuneração do cargo efetivo em que se deu a aposentadoria, observando-se que o recálculo atingia inclusive os benefícios de aposentadoria que tivessem gerado pensões pelo falecimento do aposentado por invalidez e, ainda, que a regra da paridade do benefício com a remuneração também era de ser aplicada às pensões

---

[4] NÓBREGA, Tatiana de Lima; BENEDITO, Maurício Roberto de Souza. *O regime previdenciário do servidor público*. 3. ed. Indaiatuba, SP: Editora Foco, 2023.

[5] CALAZANS, Fernando Ferreira. A garantia da preservação do valor real da aposentadoria de servidor público sem direito à paridade e a inexistência de lei de reajuste. *Regimes próprios*: aspectos relevantes. ABIPEM/APEPREM v. 12. São Bernardo do Campo/SP: Indústria Gráfica Senador, 2017, p. 22. Disponível em: http://www.abipem.org.br/download/APEPREM_LIVRO_MIOLO12.pdf. Acesso em: 18 nov. 2018.

decorrentes dos falecimentos dos segurados aposentados por invalidez, desde que o aposentado houvesse ingressado até 31.12.2003. Os valores dessas pensões, calculados conforme art. 40, § 7º, I, da Constituição e art. 2º, I, da Lei n. 10.887/2004, deveriam ser revisados pela paridade desde a data da concessão da pensão, não se lhes aplicando o reajustamento previsto no art. 40, § 8º, da Constituição Federal.[6]

Porém, como já frisado, o art. 6º-A da EC n. 41 (incluído pela EC n. 70) foi expressamente revogado pela EC n. 103, de 2019, o que levará certamente ao entendimento, pelos RPPS, de que tais pensões, quando o óbito ocorrer após a promulgação da norma revogadora, não geram reajuste pelo critério de paridade, mas sim pelo índice fixado para o reajustamento das pensões em geral após a regulamentação.

---

[6] BRASIL. Nota Técnica n. 12/2012 da Coordenadoria-Geral de Normatização e Acompanhamento Legal do Ministério da Previdência Social.

PARTE VI

Tendências do Direito Previdenciário

PARTE V

Tendencias de
futuro en Fisioterapia

49

A Globalização e o Estado Contemporâneo

Muito se discute, há tempos, sobre a razão de existir do Estado perante a sociedade. Quando uma comunidade de pessoas delega, expressa ou tacitamente, a um grupo de pessoas a incumbência de dirigir os seus destinos, estabelecido sob certo território e insubmisso a qualquer poder externo, o faz com algum fundamento. É este fundamento, esta razão que, nos tempos atuais, volta a ser discutida. Veja-se as indagações do filósofo Alan Gosseries a esse respeito:

> *Poderão as futuras pessoas ser titulares de direitos apesar de não existirem? Será justo rever em baixa o valor das pensões para as quais os reformados descontaram durante toda a vida ou transferir às gerações futuras uma dívida pública considerável?*[1]

A queda dos regimes absolutistas e a ascensão dos regimes liberal-burgueses trouxeram a concepção de Estado moderno, até hoje presente em seus princípios básicos – a democracia representativa, a temporariedade do mandato dos governantes, a divisão funcional do poder.

Paulo Bonavides, lecionando sobre a matéria, ensina que "a transição do mercantilismo ao liberalismo assinala o apogeu do individualismo e a elevação da liberdade individual a alturas nunca antes atingidas".[2] A finalidade do Estado na época da mencionada ruptura era, tão somente, a consecução do Direito enquanto ordem jurídica, segundo *Kant*. Era o Estado liberal mero espectador das relações sociais, em contraposição ao Estado absolutista, extremamente disciplinador das condutas. *Laissez-faire, laissez-passer* é a expressão que cunhou este modelo estatal deflagrado a partir da Revolução Francesa. Nessa época, seria inconcebível falar em intervenção do Poder constituído a fim de compelir alguém se filiar a um regime previdenciário, ou verter contribuições para este fim.

Foi somente com o Estado Constitucional Contemporâneo que se entendeu possível a ingerência do Poder na questão da proteção do trabalhador, seja na sua relação com o empregador, seja na área da infortunística, para atender a esse interesse social. A trajetória dos sistemas de proteção social, como visto nos capítulos antecedentes, levou os programas de benefícios previdenciários para muito além do tripé de riscos sociais originalmente concebido: incapacidade temporária, ou permanente, e morte, avançando sobre diversos outros aspectos de nosso cotidiano, como o direito à retribuição da mulher durante a licença-maternidade, e, mais recentemente, aos adotantes; ou o pagamento de cotas de salário-família no surgimento de prole e a proteção contra o desemprego involuntário, no conjunto dessas proteções surgidas

---

[1] GOSSERIES, Axel. *Pensar a justiça entre as gerações*: do caso Perruche à reforma das pensões. Trad. Joana Cabral. Coimbra: Almedina, 2015, p. 9.
[2] BONAVIDES, Paulo. *Teoria do Estado*. 3. ed., São Paulo: Malheiros, 1995, p. 40.

posteriormente. Logo, acreditamos que não seja mais de todo correto afirmar que o modelo previdenciário se baseia em um pacto intergeracional, em que são credores os idosos e devedores os jovens no mercado de trabalho. O pacto previdenciário em regime de repartição é também intrageracional, pois acode – cada vez mais – até mesmo aqueles que estão entre seus financiadores, pessoas com idade aquém da aposentadoria.

Por outro lado, o modelo de capitalização, defendido por uma parcela de estudiosos, notadamente economistas, não se caracteriza pelo autofinanciamento da própria geração;[3] quando muito, é direcionado à pessoa do contribuinte e seus dependentes, conforme sua cotização e (maior ou menor) preocupação com estes últimos. Nada há de social, nem de solidário, em um regime de previdência pautado em cotização individual, em que cada um é deixado à própria sorte.

Por outra vertente, é evidente que o constitucionalismo confere um peso significativo às escolhas feitas por uma geração vivente em relação às gerações futuras – a ideia de Constituição dirigente – envolvendo "opções escolhidas pelas gerações precedentes", o que, somado à ideia de rigidez do Texto Constitucional, torna tais escolhas mais difíceis de modificar do que o processo legislativo comum. Daí, levanta-se a indagação, presente na obra de Gosseries, sobre "em que medida teríamos o dever moral de respeitar, mesmo que só parcialmente, o programa fixado pelas gerações precedentes".[4]

Discute-se, entrementes, uma teoria de justiça que possa justificar a continuidade ou não de sistemas de proteção social fundados na solidariedade entre os membros de uma sociedade, na medida em que são os atuais (e os futuros) membros desta sociedade que serão os seus financiadores, a arcar com o custeio de benefícios e serviços.

E se, por razões de verdadeira escassez financeira, ou por outras razões (por exemplo, considerar-se injusto o modelo existente) houver a quebra do compromisso constitucionalmente firmado pelas gerações antecedentes?

Não é de hoje que se ouve dizer que para repartir o bolo é preciso primeiro fazer ele crescer. Porém, "a partilha do bolo dos rendimentos disponíveis pode afectar, por via dos efeitos dos incentivos, o tamanho do bolo e, potencialmente, o das porções disponíveis para os mais desfavorecidos".[5] Como relata *Cláudia Pereira*, de acordo com uma doutrina (denominada neoliberal) que visa "readequar" o Estado em sua condição de interventor e patrocinador de políticas sociais mediante dispêndio de verbas orçamentárias, teria ocorrido um exacerbamento do papel do Estado Contemporâneo no campo das relações particulares, com despesas que são consideradas por essa corrente de pensamento como insustentáveis, pelo que se deveria retroceder em alguns de seus postulados.[6]

Uma fase de "crise" ou de redefinição do papel do Estado Contemporâneo (como preferimos identificar a fase atual) é tida como iniciada com "a decisão dos Estados Unidos de não manter a convertibilidade do dólar em ouro, tomada em virtude da quantidade da moeda norte-americana (*sic*) em circulação em outros países".[7] Assim, embora o Estado Contemporâneo tenha evoluído, até mesmo em maior escala que no período entre guerras, na dicção e proteção dos direitos sociais no período que se estende do fim da Segunda Guerra Mundial até a década de setenta do Século XX, nos anos que se seguiram, as políticas sociais, em velocidades e escalas de grandeza diversas, de modo geral, sofreram retrações do ponto de vista protetivo

---

[3] Neste ponto, GOSSERIES se equivoca; está correto apenas em afirmar que "um terceiro (o Estado ou um fundo de pensão) compromete-se a restituir-me o dinheiro proveniente do meu trabalho no futuro" (*op. cit.*, p. 200).
[4] GOSSERIES, *op. cit.*, p. 102.
[5] GOSSERIES, *op. cit.*, p. 109.
[6] PEREIRA, Cláudia Fernanda de Oliveira. *Reforma da Previdência*. 1. ed. Brasília: Brasília Jurídica, 1999, p. 23.
[7] CRUZ, Paulo Márcio. *Política, Poder, Ideologia e Estado Contemporâneo*, Florianópolis: Diploma Legal, 2001, p. 239.

ou promocional. As razões que têm sido indicadas para esse processo são: o fim do ciclo de prosperidade econômica iniciado na década de cinquenta e o crescimento acentuado dos gastos públicos,[8] aliado a fatores de diminuição dos postos de trabalho (automação) e demográficos, como a redução da taxa de natalidade e, de outro lado, o aumento da longevidade.[9]

Entretanto, em países – tais como o Brasil – que não atingiram o mesmo nível de proteção social que os dos continentes precursores de tais ideias – Europa, América do Norte, Oceania –, o período atual gera problemas de outra ordem: a redução de gastos públicos com políticas sociais, o que, em verdade, significa o não atingimento do prometido Bem-Estar Social.

Em que pese ser notório o problema do endividamento estatal em face da extensa gama de atribuições e responsabilidades assumidas pelo Poder Público, não devemos, a nosso ver, limitar o problema à questão da dívida pública, o que será analisado oportunamente.

É inegável que as sociedades contemporâneas estão vivendo um processo de modificação das políticas estatais. A internacionalização da economia, derrubando fronteiras até então mais ou menos respeitadas tanto pelo capital produtivo como pelo meramente especulativo, hoje impera com larguras, colocando em xeque vários conceitos antes intocáveis, como a soberania estatal, o valor social do trabalho e a intervenção do Estado com vistas à redução das desigualdades sociais.

Zygmunt Bauman, a partir do conceito de pós-modernidade, cunhado para configurar o atual estágio da evolução humana, propõe uma análise aprofundada sobre ética e moral na sociedade contemporânea.[10] Para Bauman, os problemas de ordem moral estão fundados na fragmentação do tecido social e na qualidade episódica das experiências vividas e das pertenças ambivalentes da vida pós-moderna.

Robert Castel, por sua vez, frisa que se trata de um período de insegurança social, na medida em que as características próprias de quem está desempregado (ou subempregado, na informalidade) levam a uma precariedade econômica presente, pela falta do salário, e futura, pela ausência de proteção social quanto aos demais riscos sociais.[11]

O final do século XX e o início do século XXI são assim identificados como um período de alto nível de desemprego[12], de grande instabilidade econômica[13], culminando com uma suposta crise das políticas de bem-estar social.[14]

---

[8] CRUZ, *Política, Poder, Ideologia...* cit., p. 240.
[9] ROCHA, Daniel Machado da. *Op. cit.*, p. 40.
[10] BAUMAN, Zygmunt. *A vida fragmentada*: ensaios sobre a vida pós-moderna. Lisboa: Relógio D'Água, 2007.
[11] CASTEL, Robert. *Les métamorphoses de la question sociale*. Paris: Fayard, 2003.
[12] "Nos países ricos o mercado de massa fora estabilizado pela transferência de mão de obra da indústria para ocupações terciárias, que tinham, em geral, um emprego muito mais estável, e pelo enorme crescimento nas transferências sociais (sobretudo seguridade social e previdência). (...) Contudo precisamente esses dois estabilizadores estavam sendo solapados. Ao acabar-se o Breve Século XX, os governos e a ortodoxia ocidentais concordavam em que o custo da seguridade social e da previdência social públicas *(sic)* estava demasiado alto e tinha de ser reduzido, e a redução em massa de empregos, até nos então mais estáveis setores de ocupações terciárias – emprego público, bancos e finanças, o tecnologicamente redundante trabalho de escritório de massa – tornou-se comum" (HOBSBAWM, Eric. *A era dos extremos: o breve século XX: 1914 – 1991.* Trad. Marcos Santarrita. São Paulo: Companhia das Letras, 1995, p. 280).
[13] Como relata *Borges:* "Com o recrudescimento da crise do petróleo, a partir de 1972, o mundo conheceu uma forte desaceleração econômica. Com isso alguns governos começaram a perceber o desequilíbrio de seus sistemas de previdência, que, atingindo certa maturidade, eram, até então, baseados quase que exclusivamente no regime de repartição. A partir daí os sistemas de previdência, em todo o mundo, têm passado por um amplo processo de crítica e reflexão" (BORGES. Op. cit., p. 55).
[14] PALME, Joakim. *Fundamentos y Garantias del Derecho a la Seguridad Social a Comienzos del Siglo XXI.* Iniciativa de la AISS – Investigaciones y Puntos de Vista – jan. 2003. Disponível em: www.issa.int. Acesso em: 21 jul. 2004.

Como ressalta *Dowbor*,

> *O segmento que mais aumentou os (sic) gastos do Estado dos países desenvolvidos é o das aposentadorias, e resulta simplesmente do aumento do tempo de vida do ser humano e da mudança da pirâmide etária. Grande parte do que se nos apresenta como o odioso gigante estatal resulta do fato de que, como sociedade, temos que sustentar uma juventude que estuda mais tempo, e idosos que vivem mais tempo. O novo equilíbrio social entre ativos e inativos é simplesmente uma questão de custo para a sociedade, que resulta de uma evolução positiva. Culpar o Estado representa aqui uma solene bobagem, que só adquire respeitabilidade nos meios de comunicação pelo interesse natural dos grupos financeiros privados de se apropriarem de mais esta fatia de intermediação.*[15]

No bojo destas mudanças, ante o risco de uma eventual derrocada das políticas sociais[16], há doutrinas que pregam a saída de cena dos atores político-governamentais em várias das suas atuais atribuições, para que ocorra a prevalência da liberdade individual, da luta de cada um por seu "lugar ao sol", da competitividade das empresas regulada pura e simplesmente pelo "livre mercado", está sendo posta à prova, também, a rede de segurança social, e mais especificamente, a Seguridade Social tal como concebida no século XX.

A nosso ver, no que diz respeito às nações, a globalização[17] não gerou a melhoria das condições dos países economicamente débeis; pelo contrário, os mantém no estado em que se encontram, pois não se estabelece qualquer amparo a estes, não se podendo chamar assim os empréstimos das instituições financeiras (FMI e Banco Mundial) – pois estes, ao contrário, criam maior dependência, pelo endividamento progressivo e impagável. A debilidade das economias dos países periféricos é vítima constante dos ataques especulativos, demonstrando a fragilidade das políticas internas neste particular.

O desemprego e a precarização do trabalho também têm sido uma constante, a partir da onda globalizante. *Michel Chossudovsky,* professor de Economia da Universidade de Ottawa, faz a síntese da política monetarista hoje aplicada aos países periféricos: "A reestruturação da economia mundial sob a orientação das instituições financeiras sediadas em Washington nega cada vez mais aos países em desenvolvimento a possibilidade de construir uma economia nacional: a internacionalização da política macroeconômica transforma países em territórios econômicos abertos e economias nacionais em 'reservas' de mão de obra barata e de recursos naturais".[18]

Para os trabalhadores, como se há de ver, também não há motivos para comemorações.

A mesma Grã-Bretanha que viu nascer a concepção de previdência social predominante até o final deste século também foi a mãe das políticas de flexibilização (leia-se de cortes) dos direitos sociais. A partir do Governo *Thatcher,* demonstra-se a tendência de reduzir o campo

---

[15] DOWBOR, Ladislau (Org.) *et alii.* "Globalização e Tendências Institucionais". *In Desafios da Globalização.* Petrópolis: Vozes, 1997, p. 361.

[16] "Os anos 70 mostraram a vulnerabilidade do crescimento, sendo incorreta a suposição de que o Estado social corrigiria injustiças e baixaria os seus custos sociais, conduzindo ao dilema de reconhecer reivindicações, sem poder contê-las" (ARRUDA JÚNIOR, Edmundo Lima de. *Direito, Marxismo e Liberalismo.* Florianópolis: CESUSC, 2001, p. 142).

[17] Globalização "significa a experiência cotidiana da ação sem fronteiras nas dimensões da economia, da informação, da ecologia, da técnica, dos conflitos transculturais e da sociedade civil, (...) que transforma o cotidiano com uma violência inegável e obriga todos a se acomodarem a sua presença e a fornecer respostas". *In* BECK, Ulrich. *O que é globalização?* Equívocos de globalismo e respostas à globalização. Tradução de André Carone. São Paulo: Paz e Terra, 1999, p. 47. Título original: Was ist globalisierung?: Irrtümer des globalismus: Antworten auf globalisierung.

[18] CHOSSUDOVSKY, Michel. *A globalização da pobreza: impactos das reformas do FMI e do Banco Mundial.* Trad. Marylene Pinto Michael. São Paulo: Moderna, 1999.

da proteção estatal aos indivíduos menos afortunados. Apontava o historiador contemporâneo *Eric Hobsbawn* que tal mudança não se deu senão com apoio de uma parte do proletariado, que ele chama de "a ponta de cima" da classe operária. Foi desta forma, segundo ele, que o socialismo de redistribuição e seu aspecto capitalista mais próximo, o Estado do Bem-Estar, foram duramente atingidos com a crise econômica dos anos 70, a partir da constatação de que considerável parte da classe média "emprestou" seu voto a propostas de governos conservadores.[19] Rompeu-se, assim, o consenso sobre a solidariedade social, o "pacto entre gerações", alicerce das políticas públicas no campo da segurança social, e principal lema de *William Beverigde*. O povo inglês, sufragando as ideias de *Thatcher*, deu-lhe condições de implementar alterações substanciais no regime de seguridade.

Sobre o tema, *Reinhold Stephanes* discorreu em seu livro sobre as mudanças na previdência brasileira no final do século XX:

> *A crise que afetou o mundo inteiro na década de 1980 evidenciou o esgotamento das fontes tradicionais de financiamento. Houve uma generalização da elevação do déficit público da maioria das nações e, em consequência, uma busca por saídas que não fossem o aumento dos impostos ou o endividamento. São desta época as primeiras iniciativas de privatização de empresas estatais e de reformulação dos sistemas previdenciários e de saúde, que são interligados em muitos países. Antes mesmo, em 1977, o Governo Jimmy Carter promoveu algumas alterações na legislação previdenciária dos Estados Unidos, para diminuir os efeitos da ampliação da cobertura dos programas previdenciários e do aumento dos benefícios. As medidas de Carter consistiram em aumento das taxas de contribuição e redução de benefícios. O Governo seguinte, de Ronald Reagan, em 1981, deu continuidade ao programa de reforma. As propostas aprovadas pelo Congresso previam o aumento gradativo das contribuições de empregados e empregadores (até 1990) e a elevação da idade mínima para a obtenção de aposentadoria a partir de 2003. O patamar definitivo será o de 67 anos para os nascidos desde 1960.*
>
> *Também na década de 1980, o Governo da primeira-ministra Margaret Thatcher introduziu uma reforma no sistema previdenciário inglês, que começou efetivamente em 1988. Os acordos políticos permitiram apenas uma reforma gradual do sistema público e a criação de incentivos aos contribuintes para optar por seguros privados. O objetivo era reduzir os encargos e obrigações de longo prazo do sistema de seguridade social. O valor das aposentadorias passou a ser calculado pela média dos salários ganhos durante a vida ativa do trabalhador e não mais pelos vinte melhores anos.*[20]

O liberalismo clássico, que se encontrava adormecido durante os tempos áureos da social-democracia, pretende reconquistar seu lugar como ideologia predominante, sucedendo ao Estado de Bem-Estar Social, como se nota, mais acentuadamente no Brasil, com a reforma trabalhista de 2017 e a da previdência, de 2019, lembrando-se, por oportuno, que a Proposta de Emenda Constitucional, originariamente, cogitava da transformação do modelo de repartição para o de capitalização.

Em texto que bem explica esta mudança conceitual, *José Alberto Couto Maciel* diz: "Assim, a doutrina liberal repousa na crença de uma harmonia natural decorrente da atividade econômica espontânea na procura do maior ganho. O interesse individual coincide com o interesse geral sendo que a ideia central é a de que o Estado deve abster-se de intervir na vida econômica, prevalecendo a lei da concorrência. O trabalho, para os neoliberais, não difere de

---

[19] HOBSBAWN, Eric. *Op. cit.*, p. 302.
[20] *Reforma da previdência sem segredos*. Rio de Janeiro: Record, 1998, p. 9.

outras mercadorias, estando essa filosofia baseada nas doutrinas da autonomia da vontade e da liberdade contratual".[21]

O colapso do financiamento do sistema de proteção social, além de ser consequência do envelhecimento médio da população e da diminuição da taxa de fecundidade/nascimentos, ocorre no Brasil particularmente pelo fenômeno da precarização da mão de obra, da informalidade dos mercados, minando a fonte básica dos recursos, ou seja, as contribuições vertentes sobre a folha de pagamentos de empregados – fenômeno este agravado pela "reforma trabalhista" levada a efeito a partir da Lei n. 13.467, de 2017.

Com a expansão do capital industrial pelos países subdesenvolvidos, em busca de mão de obra mais barata, o desemprego nestes mesmos países ganhou novo fator de agravamento. O resultado é a diminuição gradual de recursos vertidos aos cofres do sistema de segurança social. *Ladislau Dowbor* aponta a relação de causa e efeito da globalização dos mercados de trabalho e desemprego/precarização das relações de trabalho:

> *Abaixo do setor de ponta, desenvolve-se rapidamente um setor de emprego precário, para traduzir a fórmula americana de "precarious jobs". Antigamente os empregados da cantina da General Motors faziam parte do movimento organizado dos trabalhadores metalúrgicos, e se beneficiavam do fato de pertencer à empresa. Hoje, terceirizados, constituem uma mão de obra eminentemente intercambiável, a serviço de uma ou outra empresa local fornecedora de serviços de alimentação. Gradualmente, terceirizou-se as cantinas, a segurança, os transportes, a gestão das garagens, os serviços informáticos, e crescentemente para a própria produção. Empresas como a Nike e tantas outras subcontratam simplesmente os seus produtos na Ásia, com salários ínfimos, para que o setor de ponta, o chamado "core personnel" da empresa, apenas gere o conjunto. A grande empresa passa a trabalhar com espaço múltiplo. Contrata as pesquisas com os baratíssimos e bem formados engenheiros russos, transfere a digitação e programação para a Índia, subcontrata a produção com a Indonésia ou a Tailândia onde pagará 15 centavos de dólar por hora, e manterá nos Estados Unidos os serviços de organização geral do sistema, coordenação de serviços de "marketing" e semelhantes. Onde antigamente havia vantagens comparadas entre nações, hoje as empresas trabalham no espaço global captando a nata das vantagens de cada uma, e se tornam relativamente imbatíveis. O produto chega a preços que desestruturam os sistemas produtivos da Argentina, do Brasil e de tantos outros. E o emprego que a Nike gera na Indonésia vai se traduzir em termos práticos em desemprego em Franca, SP, e em outras cidades do Terceiro Mundo.*
>
> *Com isso, reduz-se o espaço do emprego formal, e explode o setor informal, resultante direto do enxugamento empresarial frente à teimosia das pessoas em querer sobreviver. Aparecem assim cifras fantásticas de países com 50% de emprego no setor informal, colocando-nos o problema de repensar afinal o que é formal e o que é informal.*[22]

Os fenômenos ligados à tecnologia de informação também impactam a forma como o trabalho é realizado. Assim, dada a crescente informatização de todas as atividades em âmbito global, nasce um novo mundo do trabalho, em que a utilização da rede mundial de computadores e das infraestruturas tecnológicas vem impactando profundamente as relações de trabalho – a chamada *Gig Economy*, ou "economia do bico".

Com o escopo de definir o trabalhador do bico (*gig worker*), o "Gig Economy Data Hub", da Escola de Relações Industriais e do Trabalho da Universidade Cornell, propõe: "trabalhadores

---

[21] MACIEL, José Alberto Couto. *Desempregado ou supérfluo? Globalização*. São Paulo: LTr, 1998.
[22] DOWBOR, Ladislau (Org.). *Op. cit.*, p. 14.

do bico são os que desempenham atividades remuneradas fora da relação empregado-empregador de longo termo".[23]

Os "trabalhadores do bico" não são somente os motoristas de aplicativos de transporte de passageiros ou entregadores de bens. Há ainda outras formas mais pulverizadas e quase invisíveis, como o *crowdwork*, ou microtrabalho.

A respeito do que seria o microtrabalho, temos a seguinte definição:

> *Na atualidade, organizações globais como Amazon, Microsoft, Uber, Facebook, Google, Tesla (assim como a quase totalidade de empresas que se servem de IA e big data), dependem de atividades elementares do ser humano para a preparação de seus algoritmos de* machine *e/ou* deep learning *(Gray; Suri, 2019). O desenvolvimento dos sistemas de IA passa necessariamente pelo aprendizado de padrões, mediante análise de milhões de dados. Esse processo, que exige o trabalho humano para a realização de regressão, identificação, reconhecimento e classificação de informações, é segmentado pelas empresas em microtarefas, as quais são vendidas como microsserviços em variadas plataformas no mundo, criadas para tal finalidade (Casilli, 2019; Gray; Suri, 2019).*
>
> *No microtrabalho, são executadas microtarefas de baixa complexidade, que exigem pouca qualificação e, além disso, o trabalhador não conhece quem solicitou seu serviço e frequentemente não sabe qual a finalidade da tarefa que lhe foi requisitada. Remetemo-nos a um negócio com alta margem, recorrência, baixa tributação e escalável para as plataformas, além de implicar baixos custos marginais de serviços (sobretudo com pessoal), pois, embora subsista relação de parassubordinação e hipossuficiência (Kalil, 2019; Casilli, 2019) no trabalho, o vínculo laboral estabelecido se opera sem nenhum tipo de regulamentação. Os trabalhadores, portanto, são pagos estritamente em função das microtarefas realizadas, não possuem margens para negociações, não usufruem de comissões e tampouco qualquer tipo de proteção social ou trabalhista.*[24]

Essa forma de trabalho, no entanto, ainda se encontra "invisível" entre nós – aliás, característica fundamental do chamado "precariado"[25]; sequer é vista ou comentada, pois raramente é objeto de pesquisas. Valendo-nos novamente do estudo de Matheus Braz:

> *No Brasil, foram encontradas somente três pesquisas empíricas com brasileiros em plataformas de microtrabalho. Duas se restringiram à Mturk e abarcaram amostragens de 52 (Kalil, 2019) e de 149 trabalhadores (Moreschi; Pereira; Cozman, 2020). Em ambos os estudos a amostra dos trabalhadores foi composta majoritariamente por homens, solteiros, com ao menos ensino superior completo ou em curso, que estavam nas referidas plataformas por falta de trabalho em suas residências, além de trabalharem em outros* crowdworks.[26]

Neste particular, cabe lembrar o pronunciamento do Diretor-Geral da OIT de 2 de setembro de 2019, por ocasião do encontro de Ministros de Trabalho do G-20, em Matsuyama. Guy Rider observou que as plataformas de serviços prestados nos locais tenderão, cedo ou tarde, a ser contempladas por regulação jurídica dos Estados nacionais, o que não é o caso das plataformas de serviços prestados pela internet (*web-based digital labor platforms*): "Essa situação é diferente no segundo caso, o das plataformas de serviços prestados pela internet.

---

[23] CORNELL UNIVERSITY. *Gig Economy Data Hub*. ILR School – Industrial and Labor Relations School. Disponível em: https://www.gigeconomydata.org/basics/what-gig-worker. Acesso em: 11 out. 2023.

[24] BRAZ, Matheus Viana. Heteromação e microtrabalho no Brasil. *Sociologias* [online], v. 23, n. 57, p. 134-172, 2021. Disponível em: https://doi.org/10.1590/15174522-111017. Acesso em: 11 out. 2023.

[25] STANDING, Guy. *O precariado*: a nova classe perigosa. Trad. Cristina Antunes. Belo Horizonte: Autentica, 2020.

[26] BRAZ, Matheus Viana. Heteromação e microtrabalho no Brasil. *Sociologias* [online], v. 23, n. 57, p. 134-172, 2021. Disponível em: https://doi.org/10.1590/15174522-111017. Acesso em: 11 out. 2023.

A regulação adequada dessa forma de trabalho parece reclamar alguma forma de sistema internacional de governança".

Nessa ocasião, o Diretor-Geral da OIT apresentou dados da instituição atestando a dimensão planetária que assumiu a economia do bico por meio do trabalho sob demanda em plataformas: por um estudo cobrindo cinco plataformas de microsserviços digitais pela internet, de língua inglesa, foi constatado que elas foram capazes de recrutar os serviços de trabalhadores de 75 países.[27]

Tais trabalhadores, em sua maioria absoluta, não contribuem para o sistema previdenciário, o que lhes deixa em condição de alto risco de subsistência, caso ocorra alguma vicissitude que lhe retire a aptidão para o trabalho, assim como seus dependentes, em caso de óbito.

Pode-se afirmar, portanto, sem sombra de dúvida, que a sociedade atravessa um complexo período de mudanças ditadas pelo uso intensivo de tecnologia da informação. Contudo, esse não foi um cenário alcançado da noite para o dia, ou sem resistências.[28]

Em um passado relativamente recente, uma série de inventos permitiu a evolução da sociedade em seus aspectos econômicos e sociais. A chamada revolução digital trouxe, entre outros, a produção em larga escala dos computadores, que passaram a ser de uso pessoal (*personal computers*), a criação da internet e o desenvolvimento e popularização de equipamentos eletrônicos ligados à rede mundial.

Por outra vertente, conforme a lição de Castells, a respeito dos problemas contemporâneos verificados na tentativa de qualificação jurídica de sujeitos envolvidos nas relações de trabalho, distinguir quem são os proprietários, os produtores, os administradores e os empregados está ficando cada vez mais difícil em um sistema produtivo de geometria variável, trabalho em equipe, atuação em redes, terceirização e subcontratação.[29]

Convém ressaltar aqui dois fenômenos importantes: a crescente migração de pessoas para outras nações, por problemas econômicos, conflitos armados etc., com a necessidade de trabalhar, embora ilegalmente – logo, sem proteção jurídica; e a transformação digital do mundo do trabalho, em que a atividade laboral não é mais necessariamente prestada sob o teto de um empregador/empresa, e muito menos para um tomador de serviços que se encontra no mesmo país que o trabalhador contratado – o trabalho digital transfronteiriço – que vem a se aliar a outros fenômenos antes existentes para a complexa equação que envolve a universalidade da cobertura e do atendimento em matéria de Seguridade Social, sem contar os aspectos ligados à legislação trabalhista.

Os efeitos da chamada globalização da economia parecem afetar de forma direta não apenas o tratamento das questões de proteção social, mas o próprio amálgama formador do Estado Contemporâneo:

> *Face a um sistema econômico que destrói o trabalho e produz desemprego, parece estar a quebrar-se, nesta era de capitalismo global, a aliança histórica entre a sociedade de mercado, o Estado-Providência e a democracia que fundou o projeto de modernidade do Estado nacional. E convém lembrar, como faz Beck, que "a estreita relação, no Ocidente, entre o capitalismo e os direitos fundamentais políticos, sociais e econômicos não constitui uma 'obra de benemerência que, quando não temos dinheiro, podemos deixar de praticar. O capitalismo socialmente*

---

[27] Apud FREITAS JUNIOR, Antonio Rodrigues de. *On demand*: trabalho sob demanda em plataformas digitais. Belo Horizonte: Arraes Editores, 2020, p. 162.

[28] RODRIGUES, Horácio Wanderlei; BECHARA, Gabriela Natacha; GRUBBA, Leilane Serratine. Era Digital e Controle da Informação. *Revista Em Tempo*. [S.l.], v. 20, n. 1, nov. 2020. ISSN 1984-7858. Disponível em: https://revista.univem.edu.br/emtempo/article/view/3268. Acesso em: 2 set. 2022.

[29] CASTELLS, Manuel. *A sociedade em rede*. 9. ed. rev. ampl. São Paulo: Paz e Terra, 2006, p. 571.

'amortecido' foi conseguido, em vez disso, como resposta à experiência do fascismo e ao desafio do comunismo" (Beck, 1998:97).[30]

Ademais, com a expansão do capital industrial pelos países subdesenvolvidos, em busca de mão de obra mais barata, o desemprego nestes mesmos países ganhou novo fator de agravamento, o que resulta, também, em redução do número de contribuintes para os sistemas de proteção social.

Como ressalta *Giovanni Olsson,* ao identificar os fatores que caracterizam o processo de globalização e suas consequências:

> *As práticas econômicas transnacionais, nessa linha, produzem efeitos para além das fronteiras nacionais, e sua importância veicula-se pelas corporações transnacionais, uma forma altamente reelaborada da então empresa multinacional. Essas práticas modulam e definem em grande extensão as vocações das economias nacionais e a divisão internacional do trabalho; com seu poder expressivo, criam ou extinguem milhares de empregos em determinado local e em específica atividade produtiva, com efeitos extensos sobre as economias locais diretamente – instituindo novas demandas por matéria-prima, tecnologia e maquinários, novas ofertas e novos mercados – ou indiretamente – definindo a quantidade de pessoas com atividade remunerada e sua extensão, e, pois, os seus efeitos sobre outras atividades locais pelo poder aquisitivo geral disponibilizado.*[31]

O resultado de tal cenário também é a diminuição gradual de recursos vertidos aos sistemas de segurança social de países periféricos, abaixo dos níveis propostos pela Organização Internacional do Trabalho.[32] Amartya Sen, prêmio Nobel de Economia, e Bernardo Kliksberg, Doutor em Economia atuando na Unesco, sintetizam a questão da globalização quanto à desigualdade:

> *O principal desafio refere-se à desigualdade – internacional e dentro de cada país. As preocupantes desigualdades na riqueza e também assimetrias brutais no poder e nas oportunidades políticas, sociais e econômicas.*
>
> *Uma questão crucial diz respeito à divisão dos ganhos potenciais da globalização – entre países ricos e pobres e entre os diferentes grupos dentro de um país. Não é suficiente compreender que os pobres do mundo precisam da globalização tanto quanto os ricos; também é importante garantir que eles de fato consigam aquilo de que necessitam. Isso pode exigir reforma institucional extensiva, mesmo quando se defende a globalização.*[33]

A distribuição dos "benefícios" da globalização está por detrás do debate sobre a (des)construção do modelo de Estado de Bem-Estar Social. Afinal, como já afirmara o também ganhador do Nobel de Economia, Prof. John Nash, há mais de meio século atrás, em seu ensaio "The bargaining problem"[34], geralmente o ponto central não é se um sistema em particular é melhor para todos do que nenhum sistema seria, mas se ele resulta numa divisão justa dos benefícios.[35]

---

[30] HESPANHA, Pedro. "Mal-estar e risco social num mundo globalizado: novos problemas e novos desafios para a teoria social". *In:* SANTOS (Org.). *Op. cit.,* p. 169.

[31] OLSSON, Giovanni. *Relações Internacionais e seus Atores na Era da Globalização.* Curitiba: Juruá, 2003, p. 171.

[32] SANTOS (Org.). *Op. cit.,* p. 178.

[33] SEN, Amartya; KLIKSBERG, Bernardo. *As pessoas em primeiro lugar*: a ética do desenvolvimento e os problemas do mundo globalizado. Trad. Bernardo Ajzemeberg. São Paulo: Companhia das Letras, 2010, p. 23-24.

[34] "O problema da negociação" – tradução livre dos autores.

[35] *Apud* SEN e KLIKSBERG, *cit.,* p. 25.

Em razão desse conjunto de fatores tem-se assistido, particularmente na América Latina, a uma sequência de reformas estruturais em sistemas de proteção social, iniciado tal processo com a total privatização do sistema existente no Chile, na década de 1980, no período ditatorial de Augusto Pinochet – que passaria a ser moldado como uma poupança individual compulsória em entidades do sistema financeiro, autorizadas a operar no ramo de seguros (a exemplo das entidades abertas de previdência complementar privada, no Brasil), com recursos vertidos somente pelos trabalhadores.[36]

No contexto latino-americano, a aprovação de reformas desse gênero envolve um processo político importante, pois, como explicam *Mesa-Lago* e *Müller,* reformar as normas definidoras de Direitos Sociais "implica uma revisão substancial do contrato social subjacente e desafia o senso comum nas pesquisas sobre o Estado de bem-estar".[37]

A Seguridade Social, nesse contexto de globalização, é justamente o oposto do que pregam os liberais, como se nota do pensamento de *Friedman,* um dos maiores opositores à doutrina *keynesiana:*

> *O programa de "seguro social" é uma dessas coisas em que a tirania do status quo está começando a exercer a sua mágica. A despeito da controvérsia que envolveu sua instituição, passou a ser tomado como fato consumado – e de tal forma que sua desejabilidade é muito dificilmente questionada nos dias que correm. No entanto, é uma invasão em larga escala da vida pessoal de enorme fração da nação (sic), sem – até onde posso julgar – qualquer justificação realmente persuasiva, não só em termos de princípios liberais, mas em termos de quaisquer outros. Proponho que se examine sua fase mais importante, a que envolve o pagamento a pessoas idosas.*[38]

Caracterizando-se, sempre, por uma indelével intervenção no mercado, a exigência de contribuições sociais impõe um ônus, é certo, a trabalhadores e empresas, como de resto, a toda a população economicamente ativa. Além disso, para a salvaguarda do regime de segurança social, há que se ter uma legislação reguladora, o que faz com que os agentes econômicos tenham de se curvar às normas impostas. E contra isso se insurgem, naturalmente, os defensores do livre mercado, como se vê no discurso de *Friedman:* "É difícil para mim, como liberal, encontrar alguma justificativa para a taxação gradual em termos de pura redistribuição de renda. Parece-me um caso claro de coerção, em que se tira de uns para dar a outros, e assim se entra em conflito frontal com a liberdade individual".[39]

Neste ponto, é interessante a observação do economista britânico Nicholas Barr: "nos dois casos [repartição ou capitalização] os beneficiários dependem das gerações futuras, porque os dois sistemas assentam os benefícios em títulos sobre a produção futura em vez de títulos sobre a acumulação da produção atual". Para o mesmo autor, a função de um sistema de previdência, mesmo por capitalização, consiste em financiar uma certa repartição dos frutos da produção futura entre trabalhadores e aposentados.[40] Isto decorre do fato de que o sistema por capitalização transforma a poupança individual em ativos financeiros "cujo valor dependerá,

---

[36] JERALDO, Julio Bustamante (Coord.). *Reforma a los Sistemas de Pensiones.* Trad. Tânia Marques Cardoso e Paulo Castanheira. São Paulo: Geração Editorial, 1998, p. 19-23.

[37] MESA-LAGO, Carmelo; MÜLLER, Katharina. "Política e Reforma da Previdência na América Latina". In: COELHO, Vera Schattan p. (Org.). *A Reforma da Previdência Social na América Latina.* Rio de Janeiro: FGV, 2003, p. 29.

[38] FRIEDMAN, Milton. *Capitalismo e Liberdade.* Trad. Luciana Carli. 3. ed. São Paulo: Nova Cultural, 1988, p. 169.

[39] FRIEDMAN, Milton. *Op. cit.,* p. 158-159.

[40] BARR, Nicholas. *The economics of the Welfare State.* 2. ed. Londres: Weindenfeld & Nicholson, 1993, p. 215.

portanto, do estado da economia na altura em que serão mobilizados",[41] ou seja, quando chegar a idade da aposentadoria.

Impõe-se salientar, seja em contraponto à teoria liberal, seja como ponderação sobre a ideia de Direitos Fundamentais como rol de direitos mínimos, de que nos fala Robert Alexy, que "o nível de proteção social só pode ser avaliado dentro de um cenário específico, cuja compreensão é essencial quando se deseja alterar de maneira responsável uma instituição do quilate da previdência social".[42] E, assim sendo, qualquer mudança que vise ao alcance da proteção social deve ter em conta não apenas os antecedentes históricos, mas principalmente os fundamentos que regem as políticas de bem-estar social e, acima de tudo, deve se caracterizar por uma ampliação na gama de indivíduos e situações protegidas, tomando-se por diretriz uma política de Segurança Social global.

Não discrepa dessa ideia o pensamento de *Hespanha*:

> *Perante a actual situação de agravamento das desigualdades e da exclusão e de crise e perante a incapacidade de as políticas nacionais de protecção social enfrentarem esses problemas, aumentam as expectativas e multiplicam-se as propostas para a constituição de um sistema de protecção social global capaz de garantir a estabilidade, a segurança, a identidade e a coesão social, mesmo no quadro da economia capitalista. Ou, dito de outra maneira, de ajustar a globalização económica à globalização dos padrões sociais (Mishra, 1998) ou, mesmo, de fazer evoluir a globalização económica para uma globalização socialmente responsável (Deacon, 1998).*[43]

O Estado-Providência foi criado, segundo seus precursores, para a redução das desigualdades sociais. Assim, o sistema se sustenta e se legitima pelo fato de que a sociedade – e o Governo eleito por esta – tem um compromisso moral com os menos favorecidos. No momento histórico em que a sociedade quebra tal paradigma, adotando definitivamente a noção de que cada um deve buscar os próprios meios de sustento, e que os bem-sucedidos economicamente não possuem nenhuma "dívida social" a quitar, desaparece a integração social, e o individualismo materialista poderá ser declarado como doutrina predominante, em flagrante prejuízo aos indivíduos das camadas mais pobres da sociedade.

O professor e economista Guy Standing, da Universidade de Londres, nos alerta para os efeitos da precarização de grandes segmentos de trabalhadores no mundo contemporâneo para a continuidade das políticas de previdência, ou seguro social:

> *Se tudo é "mercadorizado" – avaliado em termos de custos e recompensa financeira –, as reciprocidades morais se tornam frágeis. Se o Estado elimina formas trabalhistas de seguro social que criam um sistema sólido de solidariedade social, ainda que injusto, sem colocar nada em seu lugar, então não há nenhum mecanismo para criar formas alternativas de solidariedade. (...) O seguro social prospera quando há uma probabilidade mais ou menos igual de mobilidade ascendente e descendente, de ganhar e de perder. Numa sociedade em que o precariado está crescendo, e em que a mobilidade social é limitada e está em declínio, o seguro social não pode ter sucesso.*[44]

Há, portanto, como plano de fundo de todo o debate sobre rumos do Estado Contemporâneo em matéria de proteção social, um ingrediente puramente ético: qual a responsabilidade de

---

[41] GOSSERIES. *Op. cit.*, p. 200-201.
[42] ROCHA. *Op. cit.*, p. 77. No mesmo sentido, JAGUARIBE, Hélio. *Introdução ao desenvolvimento social*. São Paulo: Paz e Terra, 1978, p. 78.
[43] In: SANTOS (org.). *Op. cit.*, p. 169.
[44] STANDING, Guy. *O precariado*: a nova classe perigosa. Trad. Cristina Antunes. 1. ed. Belo Horizonte: Autêntica, 2020. p. 44-45.

cada um pelo futuro não apenas seu e de seus dependentes, mas de todo o conjunto de pessoas que depende ou possa vir a depender do sistema. Aí se funda o ideal de solidariedade, amálgama que por si mantém a coesão social e a manutenção de sistemas públicos de distribuição e redistribuição de renda aos que dela necessitem.

No tocante a esse aspecto, parece correto afirmar que se trata de uma questão de equidade, só que agora não somente entre gerações – a mais recente custeando a mais idosa – mas entre favorecidos e desfavorecidos, independentemente da geração a que pertençam:

> *Quando discutimos anteriormente os princípios de segurança social à luz de um hipotético contrato a três idades (jovens, adultos no activo e reformados), admitimos a coerência de um preceito relativo a discriminações positivas dirigidas aos mais desfavorecidos de qualquer das gerações. O argumento pode ser mais desenvolvido se o apoiarmos em um entendimento substantivo da equidade. Devemos definir, então, em termos concretos o que deve ser garantido a todos para o conforto de cada um – é a preocupação da justiça distributiva e não apenas processual. No limite do ideal, a equidade substantiva poderia traduzir-se em alcançar um nível idêntico de bem-estar para todos os beneficiários da segurança social. Dada a subjectividade da noção de um montante uniforme às prestações atribuídas, que cada um financiaria segundo a respectiva capacidade contributiva.*[45]

Diagnóstico importante sobre os efeitos da Globalização vem da Conferência Internacional do Trabalho, 100ª Sessão, 2011, que emitiu o Relatório VI – "*Segurança social para a justiça social e uma globalização justa:* Debate recorrente sobre proteção social (segurança social) no quadro do seguimento da Declaração da OIT sobre a Justiça Social para uma Globalização Justa, 2011"[46]. Desse relatório constou, entre outras conclusões, que:

Uma primeira conclusão

> *78. As mulheres e os homens, bem como as crianças, têm direito à segurança social. Simultaneamente, as instituições de segurança social fazem parte da governança e das instituições de economias de mercado eficientes. O crescimento acelerado da interligação entre os mercados financeiros, de produtos e de trabalho mundiais torna a segurança social ainda mais necessária. Num mundo em que as flutuações financeiras e económicas rapidamente se propagam, com um efeito imediato nos mercados de trabalho e no bem-estar social, a capacidade dos indivíduos para lidarem sozinhos com os riscos económicos é ainda mais limitada do que era. Os riscos sociais globais associados a pandemias e as repercussões expectáveis das alterações climatéricas têm um impacto semelhante nos níveis de segurança social individual. Com vista a fomentar o desenvolvimento económico, fortalecer a capacidade de recuperação económica e eliminar adicionais riscos económicos sistemáticos globais, os sistemas de segurança social nacionais baseados na solidariedade têm de ser mais fortes do que nunca. É necessária uma segurança social eficaz, que permita às sociedades lidarem com os riscos da globalização, aproveitarem plenamente as oportunidades que proporciona e ajustarem-se à constante mudança. Isto exige uma política nacional e enquadramentos institucionais abrangentes e integrados – abarcando o emprego, a segurança social e outras políticas sociais – que permitam melhores respostas às mudanças estruturais e aos choques. Para que o direito à segurança social seja coerente, desempenhe eficazmente o seu papel de reforço da produtividade e funcione como um estabilizador social e económico num mundo de incerteza, tem de estar integrado nas leis nacionais, na*

---

[45] MENDES, Fernando Ribeiro. *Segurança social*: o futuro hipotecado. Lisboa: Fundação Francisco Manuel dos Santos, 2011, p. 107.

[46] Disponível em http://www.ilo.org/public/portugue/region/eurpro/lisbon/pdf/relatoriosegurancasocial_2011. pdf. Acesso em: 28 nov. 2012.

governança e nas estruturas institucionais, bem como em mecanismos internacionais eficazes. Somente uma combinação de instrumentos desta natureza pode definir os limites sociais necessários ao funcionamento dos mercados mundiais. (...)

Uma segunda conclusão

115. Todos os desafios fundamentais previamente identificados, com que se deparam os regimes de segurança social nacionais – cobertura, adequação econômica e social e financiamento – são influenciados, de forma crítica, pela governança. Com uma boa governança podem ser criados regimes, alocados recursos (mesmo se de dimensões modestas, numa fase inicial) e assegurado um nível mínimo de adequação. Tem de ser criado um espaço fiscal e um espaço de políticas por meio da vontade política e do investimento em instituições eficazes. Estas políticas econômicas e sociais devem centrar-se nos objetivos do emprego produtivo e do trabalho digno, apoiados por uma boa governança, baseada num diálogo social bem informado.

Uma terceira conclusão

210. Embora se tenha verificado um progresso significativo nos últimos anos, a extensão da segurança social continuará a ser um dos maiores desafios para um crescimento econômico equilibrado e para a coesão social, durante a próxima década. Atualmente, a primeira prioridade é proporcionar a uma percentagem de indivíduos excluídos, situada entre 75 a 80 por cento, alguma forma de segurança social que lhes permita viver sem medo de perder os seus meios de vida. Nos últimos anos, surgiu uma série de inovações políticas promissoras, principalmente em países de rendimento baixo e intermédio. (...)

Esse mesmo relatório, ao tratar das principais questões para o futuro da segurança social, adverte que

Os principais desafios para o futuro que se avizinha serão o desenvolvimento, através do diálogo nacional, de políticas de desenvolvimento econômico e social coerentes que permitam a extensão da cobertura da segurança social, mantenham e ampliem o necessário espaço fiscal e assegurem uma concepção, governança e gestão eficazes, eficientes e equitativas dos regimes de segurança social.

Concluindo este tópico, nota-se que as relações de trabalho sofreram diversas mudanças no decorrer da história diretamente relacionadas às diversas Revoluções Industriais ocorridas desde a Idade Moderna. Atualmente, as mudanças se materializam, em grande parte, por meio de fenômenos caracterizados como decorrentes da Quarta Revolução Industrial, ou Indústria 4.0. com a crescente digitalização de nossas vidas e dados pessoais. Nesta "era da transformação digital", o modelo tradicional de trabalho subordinado, surgido após a Primeira Revolução Industrial, em que o empregado se vincula a um empregador em troca de um salário e presta seu labor em local de trabalho determinado pelo empregador, perde campo, dia após dia, para novas modalidades de trabalho, que possuem como característica marcante a precarização – a ausência de formalização de tais vínculos para efeito de acesso aos Direitos Sociais Fundamentais, como os de natureza trabalhista e previdenciária. Voltaremos a este aspecto nos capítulos seguintes.

50

As Mudanças no Direito Comparado

Constata-se, no exame do direito comparado, que a discussão acerca dos regimes previdenciários e suas reformas não se limita a um grupo reduzido de Estados, mas, pelo contrário, é uma tendência generalizada.

No bloco ocidental, é certo que a previdência social é uma política adotada quase sempre sob os mesmos fundamentos: um sistema previdenciário público básico e universal, ao lado de um sistema de aposentadoria complementar, este último ora compulsório, ora facultativo; custeado pelo sistema contributivo de repartição – a contribuição do segurado é a base principal do financiamento; e há limite de idade para a concessão de aposentadorias que não sejam por incapacidade definitiva.

Alex Kravchychyn resume, a partir da doutrina de Carmelo Mesa-Lago, o cenário de reformas por que passou especialmente a América Latina – em termos de Previdência: Chile em 1981, Peru em 1993, Argentina e Colômbia em 1994, Uruguai em 1996, Bolívia e México em 1997, El Salvador em 1998, Costa Rica em 2001, República Dominicana em 2003 e Panamá em 2008.[1]

Não foi diferente no continente europeu, todavia. Conforme o estudo de Majoly Hardy, os membros da União Europeia tiveram de estabelecer metas de caráter econômico sob uma ótica baseada no argumento da "reserva do possível":

> *Em 2001 o Conselho Europeu de Estocolmo definiu os três pilares fundamentais das políticas de sustentabilidade das finanças públicas dos Estados-membros: redução rápida da dívida pública, elevação das taxas de emprego e de produtividade, reforma dos sistemas de pensões e de cuidados de saúde.*
>
> *No Conselho Europeu de Barcelona, em março de 2002, estipulou-se a redução dos incentivos à reforma antecipada dos trabalhadores e a realização de esforços para aumentar as oportunidades de os mais idosos permanecerem no mercado de trabalho. Em julho de 2010, a Comissão Europeia voltou a discutir o futuro dos sistemas de pensões, apresentando o Livro Verde. E em 2012 publicou o Livro Branco, lançando a possibilidade de caminhar para uma nova geração de reformas nas pensões e na proteção social, face à crise financeira e econômica que se alastrou na Europa desde 2008.*[2]

---

[1] MESA-LAGO apud KRAVCHYCHYN, Alex Lemos. *Diretrizes para auxiliar a concepção de regimes complementares mais eficientes para os servidores públicos*. Dissertação de Mestrado. Florianópolis: Universidade do Estado de Santa Catarina, 2018, p. 52.

[2] HARDY, Majoly Aline dos Anjos. O sistema de Previdência Social de Portugal: alguns aspectos e curiosidades. In: VIEIRA, Lucia Helena (coord.). *Regimes próprios*: aspectos relevantes. São Bernardo do Campo: ABIPEM/APEPREM, 2018, v. 12, p. 82.

Alex Kravchychyn, citando Orenstein, faz um panorama de alguns países europeus em matéria de reformas de sistemas previdenciários, indicando a tendência inicial a uma capitalização mas com retorno, boa parte das vezes, ao sistema de repartição:

> A Hungria foi o outro país a desmontar com sucesso seu sistema privado em dezembro de 2010, forçando seus cidadãos a transferir US$ 14 bilhões aos cofres do modelo de repartição estatal e usando esse dinheiro para reduzir o alto endividamento governamental. Outros países seguiram caminhos intermediários de diminuição da exposição ao sistema privado descapitalizado. A Eslováquia tornou seu sistema privado voluntário, permitindo aos seus trabalhadores escolher, ao invés de depender unicamente do sistema estatal ou do privado. Polônia e Romênia, além de três países Bálticos, reduziram ou limitaram o crescimento das contribuições para seus sistemas privados. A Polônia cogitou eliminar o sistema privado, mas voltou atrás. Esses retornos ao sistema de repartição, mesmo quando parciais, demonstram a relação curto-prazo/longo-prazo implícita na privatização.[3]

Nos Estados Unidos, as aposentadorias e pensões pagas pelo sistema oficial são calculadas a partir do ganho médio real do segurado durante toda a sua vida ativa, sobre o qual incide uma alíquota variável. O sistema oficial também garante aos segurados aposentados e inválidos uma renda mínima. A aposentadoria média paga pela Previdência Pública dos Estados Unidos equivale a 44% do último salário recebido pelo trabalhador americano, conforme Michael Tanner, especialista em previdência do centro de pesquisas Cato Institute, de Washington:

> "O valor da aposentadoria é calculado através de uma fórmula progressiva que considera tanto as contribuições feitas pelo trabalhador quanto sua renda média durante os 35 anos em que ele recebeu os salários mais altos de sua carreira". Em 2018, a estimativa é de que há "aproximadamente 65 milhões de pensionistas e o desembolso do governo chegará a quase US$ 1,2 trilhão (cerca de R$ 4 trilhões)", disse Jeffrey Brown, professor da Universidade do Illinois e especialista em finanças previdenciárias. "Os americanos costumam recorrer a um tripé formado pela Previdência Pública, programas de previdência privada – como os chamados fundos 401K – e poupanças individuais", afirmou Jeffrey Brown. "Mas acontece que, além da Previdência Pública, as duas outras pernas desse tripé também apresentam problemas: a taxa de poupança individual é muito baixa nos Estados Unidos e os fundos de previdência privada cobrem menos da metade da força de trabalho do país".[4]

Não poderíamos deixar de registrar, neste contexto comparativo, a política dos Tigres Asiáticos. Segundo *Pastore*, as relações de trabalho e seguridade nos países emergentes do continente asiático podem ser resumidas assim:

> Os sistemas de proteção do trabalho na China e nos Tigres Asiáticos são incipientes. Aqueles países diferem da Europa e do Brasil, pois, seus sistemas, nunca chegaram a se regulamentar (sic). Eles não enfrentam, portanto, o problema de desregulamentar uma legislação que não chegou a existir.
> Na China, (...) a aposentadoria restringe-se basicamente aos trabalhadores urbanos das empresas estatais e das propriedades coletivas, que são a minoria. Os demais trabalhadores e os moradores mais velhos da zona rural (...) baseiam-se apenas no apoio familiar.[5]

---

[3] Op. cit., p. 55.

[4] Aposentado nos EUA recebe 44% do último salário. BBC BRASIL. Disponível em: https://www.bbc.com/portuguese/economia/story/2003/07/printable/030725_previdenciaaw2.shtml. Acesso em: 18 nov. 2018.

[5] PASTORE, José. *Encargos sociais no Brasil: implicações para o salário, emprego e competitividade*. São Paulo: LTr, 1997, p. 77-78.

Nos Tigres Asiáticos, os salários são bem mais altos do que na China e as jornadas "mais curtas". Mas como afirma *Pastore,* "aqueles países vêm resistindo às tentações de implantar sistemas de seguridade social do tipo europeu que se revelaram caros e inflexíveis. Na Ásia, a família continua desempenhando papel importante na educação da criança e no atendimento do velho".[6]

Retornando ao contexto da América Latina, além da questão da idade, o fator determinante das reformas tomou outra direção. Desde a Convenção realizada em meados de 1990, no Centro Interamericano de Estudos de Seguridade Social – CIESS, com sede na Cidade do México, na qual os participantes de países ibero-americanos afirmaram em sua maciça maioria serem simpatizantes do modelo chileno de capitalização em substituição à previdência social clássica, observa-se uma tendência na privatização de grande parcela dos sistemas vigentes.[7]

Dessa época em diante, o que se tem visto na América Latina é a prevalência de reformas assemelhadas à chilena, com algumas variações, o que tem merecido críticas veementes de consideráveis segmentos da doutrina:

> *La privatización de las pensiones se ha puesto de moda en la América Latina. El ejemplo chileno ha sido seguido no sólo por el Perú sino también por Argentina, Colombia, Uruguay, Venezuela, Ecuador y Bolivia. Pero también por México. La Nueva Ley de Seguro Social, que es nueva como ley pero no es del Seguro Social sino del seguro privado (...) y que entrará en vigor el 1º de enero de 1997 (...), sigue paso a paso la fórmula chilena, quizá con el cambio de nombre de las administradoras de los fondos que en México se denominan "Administradoras de Fondos de Retiro (AFORES)".*[8]

Tem-se, pois, que, de todos os regimes, talvez o que desperte maior interesse, em face da polêmica instalada sobre seus fundamentos, seja o do Chile. Ainda no ano de 1980, época em que era governado pelo General *Augusto Pinochet,* o país banhado pelo Pacífico experimentou uma radical alteração no conceito de proteção aos infortúnios.

Adotou-se um regime de capitalização individual, compulsório, e outro, também sob o mesmo sistema, complementar e facultativo, com a previsão de extinção do regime anterior – de repartição – no ano de 2038. As contribuições, contudo, não mais vertem para o Estado com o novo regime: o aporte se faz em conta individual numa das Administradoras de Fundos de Pensão – AFPs, entidades da iniciativa privada, do ramo de seguros privados, podendo o segurado optar por qual entenda melhor, e trocar de instituição, quando assim entender conveniente. As AFPs, por seu turno, recebem uma contraprestação pelo serviço de manutenção das contas individuais dos segurados e são supervisionadas por um órgão estatal.

Como já foi apontado na Parte I desta obra, no ano de 2008 o Chile promoveu reformas pontuais no seu sistema de previdência, sem que tenha modificado o modelo de cotização dos trabalhadores para AFPs. Adotou-se, além do benefício de pensão básica solidária, tipicamente assistencial, um benefício previdenciário estatal, custeado por aportes que podem ser feitos – voluntariamente – por trabalhadores que não tenham cotização bastante para assegurar o direito ao benefício mínimo pago pela AFP, que continua sendo o principal benefício – já que não houve a assunção de tais fundos pelo Estado.

Como se pode observar, não se trata mais, definitivamente, de um regime de previdência social, mas apenas uma poupança individual forçada. *"Se trata, ciertamente, de la cancelación*

---

[6] PASTORE, José. *Encargos sociais no Brasil: implicações para o salário, emprego e competitividade.* São Paulo: LTr, 1997, p. 77-78.
[7] MORENO, Angel Guillermo Ruiz. *Nuevo derecho de la seguridad social.* México: Porrúa, 1997, p. 82.
[8] DE BUÉN, Néstor. *El estado de malestar.* México: Porrúa, 1997, p. 15.

de la Seguridad Social sustituida, como los chilenos reconocen sin eufemismos, por un seguro privado vinculado a organismos privados de inversión (las AFP) y a instituciones de seguros garantes, en su caso, de las pensiones vitalicias que a elección del interesado se pueden comprometer con cargo a las cuotas enteradas en forma obligatoria y a las que de manera voluntaria pueda aportar el interesado".[9]

Para custear os benefícios pagos pelo regime em extinção, o governo chileno deverá arrecadar o suficiente em receitas tributárias, o que certamente acarretará um ônus a mais sobre os contribuintes de impostos, durante muitos anos ainda – o antigo regime só deixa de existir daqui a quatro décadas e, ainda assim, continuará pagando benefícios além deste prazo, até que o último beneficiário perca o direito à prestação.

Deve-se frisar, todavia, segundo as estatísticas citadas por *Oliveira, Beltrão* e *Ferreira*, que apenas 50% dos trabalhadores chilenos tinham efetivamente contribuído para o sistema,[10] o que o torna tão falho como os de repartição. Ausente a proteção previdenciária, o indivíduo fica à mercê de toda sorte de riscos.

De todo modo, como bem apontado por Kravchychyn, "Apesar da tendência claramente vista nos anos citados, a partir de 2008, o advento da crise financeira mudou o panorama das reformas previdenciárias. Não se vislumbrou novas reformas liberalizantes, pelo menos no período imediatamente posterior". Pelo contrário, "no sentido oposto, a Argentina extinguiu seu sistema privado e incorporou-o ao modelo público de repartição".[11]

O Brasil, como se sabe, passou por duas grandes reformas em 1998 e 2003, porém restou mantida a repartição como critério de realização do fundo previdenciário e a capitalização individual ou em formato de fundos de pensão apenas em caráter complementar ao modelo público. O texto original da Proposta de Emenda Constitucional que resultou na Emenda n. 103, de 2019, tinha regras que levavam à mudança estrutural do modelo previdenciário brasileiro, com a capitalização imediata dos RPPS e a previsão de idêntica mudança no RGPS. Todavia, a ideia recebeu fortes críticas da opinião pública, e com isso foi retirada do texto já antes mesmo da votação do primeiro turno no Plenário da Câmara dos Deputados. Nada impede, frisamos, que volte ao debate por intermédio de nova PEC, ainda durante o atual mandato governamental, pois é clara a predileção por esse sistema entre os atuais mandatários do Executivo.

A previdência social corresponde a uma necessidade reconhecida mundialmente, qual seja, a de existir um sistema de proteção contra eventuais vicissitudes por que passam as pessoas que exercem atividade remunerada, e que, em função de motivos diversos (incapacidade temporária ou permanente, maternidade etc.) não possuem condições de prover sua subsistência, por um período de tempo, ou em caráter permanente. Quando isso ocorre, a previdência social provê, em caráter substitutivo, a renda familiar. Logo, trata-se de um direito fundamental, totalmente interligado à preservação da vida e da dignidade humana, evitando a penúria daqueles trabalhadores – e seus dependentes – quando lhe falta a capacidade laborativa.

Não há como negar que os sistemas previdenciários públicos requerem, de tempos em tempos, ajustes que permitam a sua sustentabilidade para a presente geração, mas, principalmente, para as gerações futuras. Tais mudanças importam, necessariamente, em implementar mudanças nas regras em dois aspectos fundamentais: o financiamento do regime e a concessão de benefícios. Por vezes, os governos adotam medidas tendentes a aumentar as fontes de receita; outras vezes, tornam os benefícios menos acessíveis; e outras vezes, são conjugadas medidas em ambos os sentidos.

---

[9] DE BUÉN, Néstor. *El estado de malestar.* México: Porrúa, 1997, p. 13.
[10] *Revolução na previdência: Argentina, Chile, Peru, Brasil.* São Paulo: Geração Editorial, 1998, p. 357.
[11] *Op. cit.*, p. 53.

O problema reside na constatação de que os governos não possuem políticas de médio e longo prazo para solucionar os problemas causados pelos fatores que estão envolvidos: crescimento (ou decréscimo) demográfico; aumento da expectativa de sobrevida; diminuição da taxa de natalidade; capacidade contributiva da população economicamente ativa; criação de novos postos de trabalho; entre outros.

Daí resulta que as reformas previdenciárias, quando realizadas, acabam por alterar as regras "no meio do jogo": um trabalhador segurado, com legítimas expectativas de se aposentar em alguns meses, se vê obrigado a repensar sua condição, pois com a reforma será obrigado a trabalhar não só alguns meses, mas alguns anos a mais.

Importa apontar que, para os estudiosos da Associação Internacional de Seguridade Social – AISS, o regime de repartição continua sendo viável, não sendo verídico que ele surta efeitos negativos sobre a competitividade internacional das empresas, tampouco que o regime de capitalização melhore o rendimento econômico e proporcione aos trabalhadores um melhor retorno de seus aportes.

Assim, o discurso liberal no qual se baseia a declaração de "falência" do regime atual não deve prevalecer. Há que se buscar saídas para enfrentar o problema de frente, e não por meio de abandono pelo Estado da questão social, cometendo aos particulares, exclusivamente, a responsabilidade pela cobertura dos riscos de perda da capacidade laborativa.

O aspecto fundamental do debate sobre as reformas nos sistemas de seguridade social não é nem pode ser o econômico. A rede de segurança social deve existir para garantir existência digna a todo indivíduo, como foi proclamado há mais de duzentos anos, na célebre Declaração de 1789: os socorros públicos são um direito sagrado. Existe seguridade para o bem-estar da população, principalmente a da camada social que depende de políticas estatais para romper a barreira da miséria, ou não descer a ela.

O debate sobre as iniciativas de reforma dos sistemas de segurança social é necessário e nele as nações devem estar engajadas, para se obter a melhor solução, não para as empresas nem para os Estados, mas, sim, para os indivíduos que dependem da seguridade. São conclusões a que também chegam os membros da AISS:

> *Las pensiones públicas tienen decisiva importancia para una significativa parte de la población de muchos países del mundo. Están destinadas a cobrar una significación aún mayor, a medida que se sientan plenamente los efectos de los cambios demográficos, del envejecimiento de la población y del aumento de la esperanza de vida. Es importante examinar las dimensiones sociales, políticas y culturales de la reforma de las pensiones así como los aspectos económicos y financieros. Si se toman cuidadosamente en consideración todas esas dimensiones, el debate sobre cómo deben estructurarse estas instituciones conducirá a un nuevo consenso respecto del papel y de la conformación de los regímenes públicos de pensiones. La aparición de un nuevo consenso ayudará a asegurar que los cambios incorporados en nombre de la reforma fortalezcan a estos regímenes y los mejoren para los muchos millones de personas que dependen de ellos en todo el mundo.*[12]

Em função da constatação da necessidade de se debater as tendências da seguridade social no mundo, a AISS realizou, em junho/julho de 1998, na cidade de Estocolmo, uma grande Conferência. Segundo a agenda do encontro, buscaram-se respostas para as inquietações existentes em vários países-membros da Associação, e, fundamentalmente: quais são as condições prévias para a seguridade social em uma sociedade moderna; quais as implicações da seguridade social; como se podem realizar reformas de maneira eficaz, e quais são os critérios para o êxito de uma

---

[12] "El debate sobre la reforma de la seguridad social: en busca de un nuevo consenso". *Site* da AISS: www.issa.int.

reforma; por fim, como podem ser estudados todos esses temas para que, da melhor maneira possível, sirvam de base para o processo de reforma.[13]

Extraem-se das conclusões do conclave algumas observações extremamente relevantes para o estudo do tema das reformas. Há um consenso sobre a importância da seguridade social para os indivíduos tanto quanto para a economia de um país e seu desenvolvimento. Isto porque um sistema "bem desenhado" de seguridade afeta positivamente a economia, pela fixação de uma rede de bem-estar. Além disso, parece irrefutável que a proteção social, o amparo às condições de impossibilidade de subsistência por conta própria, a redução da pobreza e das desigualdades, é dever do Estado. É outrossim interessante ressaltar que do encontro se concluiu não existir um "anteprojeto" ideal único para servir de modelo para a reforma de qualquer sistema. "Cada país necesita disenar su propia solución, teniendo en cuenta las experiencias de otros países".[14]

Parece-nos certo que cada Estado deve buscar alternativas próprias para a proteção social. Não é admissível, apenas, o abandono puro e simples, pela adoção das políticas neoliberais. Esta é a nossa esperança, e, também, a de quem, por toda a parte no mundo, preocupa-se com a questão social, como se vê nas conclusões de *Néstor de Buén Lozano*:

> Sigo creyendo que el mundo no puede prescindir del Estado de bienestar del que la seguridad social es sustento principal. A pesar de las tendencias liberales, en el mal sentido de la palabra, descubro, quizá aún débil, una línea de recuperación de los intereses sociales. Como quiera que sea, son los intereses de la inmensa mayoría de nuestra población y de la población del mundo. Y aún en la tesis del mercado como principio y fin de las cosas, la seguridad social, como instrumento de distribución, resulta indispensable. Si no hay salarios ni pensiones, no hay compradores y el mercado no sirve para nada.[15]

Cabe mencionar que a linha de reformas seguida pelos países integrantes da OCDE, segundo Vinícius Pinheiro, representante da OIT, é a seguinte:

– o aumento do limite de idade para a aposentadoria;
– a eliminação ou redução da aposentadoria antecipada proporcional;
– o incentivo aos planos privados voluntários;
– a constituição de reservas em fundos públicos; e
– a homogeneização de regras ou unificação dos regimes dos trabalhadores dos setores público e privado.

Por fim, nota-se que alguns países adotaram uma espécie de bônus para postergar a aposentadoria, enquanto outros países vincularam os benefícios à expectativa de vida ou a fatores de sustentabilidade.[16]

Como se verá no Capítulo a seguir, também no Brasil a mesma linha de pensamento vem inspirando propostas de reformas no sistema de proteção social, com a circunstância agravante de que o País vive um período de recessão econômica – cenário em que as tendências reformistas sempre acabam buscando a redução de direitos para "economizar gastos públicos", fazendo com que o debate se limite a apenas uma ou poucas vertentes da complexa e intrincada equação que envolve o conjunto de políticas sociais.

---

[13] *El futuro de la seguridad social*. Estocolmo: Federación de las Oficinas del Seguro Social, 1998, p. 5.
[14] Idem, p. 33.
[15] *Apud* TOYNBEE, Arnold, citado por MORENO, Angel Guillermo Ruiz. *Op. cit.*, p. 100.
[16] BRASIL, Ministério da Previdência Social. Estudos e Pesquisas da Secretaria de Políticas de Previdência Social 2003-2009. Brasília: MPS, 2009. 380 p. Coleção Previdência Social, Série Estudos; v. 31, 1. ed., p. 12.

A Previdência Brasileira e suas Características

No Brasil, fala-se em crise da seguridade social há décadas. De fato, segundo cifras oficiais, o sistema brasileiro vem experimentando crescentes dificuldades financeiras. Cabe, nesta oportunidade, fazer um breve panorama desta crise, embora não somente sob a perspectiva governamental, uma vez que definitivamente haja conclusões que merecem maior reflexão.

Juliana Presotto Pereira Netto, em sua obra,[1] indica as razões da suposta crise do sistema, distinguindo-as como sendo de índole: a) estrutural, decorrentes da transição demográfica da sociedade (envelhecimento médio da população); b) conjuntural, decorrentes de problemas econômico-sociais (mudanças no mercado de trabalho); e c) administrativas, decorrentes de problemas com os órgãos e entidades envolvidos (desvios de recursos e de má gestão do sistema).

A relação contribuinte-beneficiário é uma das preocupações dos estudiosos do tema. Segundo números oficiais, na década de 50, oito contribuintes financiavam cada beneficiário. Em 1970, essa relação era de 4,2 para 1; o número de contribuintes por beneficiário foi decrescendo: 2,8, em 1980; 1,9 em 1995. Segundo o Anuário Estatístico da Previdência Social dos últimos anos, o número de contribuintes, que chegou a 71,3 milhões em 2014, caiu em 2016 para 66,8 milhões (fruto da recessão econômica e do desemprego), e, em 2017, para 65,1 milhões. Já o número de beneficiários de aposentadorias e pensões para o mesmo período chegou a quase 29 milhões e, em dezembro de 2017, chegou a 32,4 milhões.[2] E, segundo o Boletim Estatístico da Previdência Social, de junho de 2021, o número de benefícios superou os 36 milhões e o de contribuintes reduziu para 58 milhões.[3]

Esta relação tem correlação, naturalmente, com o tempo que os segurados, em média, contribuem para o sistema e, depois, percebem (ou geram para seus dependentes) benefícios cuja finalidade é a substituição do salário (em regra, aposentadorias e pensões).

De acordo com as conclusões do Fórum de Debates sobre Políticas de Emprego, Trabalho e Renda e de Previdência Social, cujo relatório foi publicado em maio de 2016:

- *A população idosa vai saltar de 22 milhões de pessoas com 60 anos ou mais (projeção do IBGE para 2013) para cerca de 73,5 milhões em 2060.*

---

[1] PEREIRA NETTO, Juliana Presotto. *A previdência social em reforma: o desafio da inclusão de um maior número de trabalhadores.* São Paulo: LTr, 2002, p. 86.

[2] Dados obtidos em: http://sa.previdencia.gov.br/site/2019/01/AEPS-2017-janeiro.pdf. Acesso em: 31 ago. 2019.

[3] Disponível em: https://www.gov.br/previdencia/pt-br/acesso-a-informacao/dados-abertos/previdencia-social--regime-geral-inss/arquivos/beps062021_final.pdf. Acesso em: 2 set. 2021.

- Em termos de proporção da população, no mesmo período, a participação dos idosos na população total vai saltar do patamar de 10% para cerca de 33,7% em 2060, conforme a projeção demográfica do IBGE divulgada em 2013. Ou seja, hoje, uma em cada dez pessoas é idosa. Em 2060, uma em cada três será idosa.
- O Brasil atravessa a fase final do bônus demográfico, com previsão de encerramento por volta de 2024, devido à redução da taxa de fecundidade e ao aumento da expectativa de vida.
- O resultado previdenciário será duplamente pressionado: haverá mais beneficiários da previdência e um menor contingente de contribuintes.

Em que pese não se discutir tais estatísticas, até por falta de dados que demonstrem o contrário, deve-se recordar que a variável "número de contribuintes" é subestimada, já que, para o cálculo, leva-se em conta a população que se encontra trabalhando na chamada "economia formal": os empregados com carteira assinada, e uma parte dos contribuintes individuais e demais contribuintes – os que vertem efetivamente seus aportes.

Segundo dados de 2021,

> Atualmente, 42% da população brasileira trabalha na informalidade, 20 pontos percentuais acima dos países da OCDE, enquanto apenas 28% trabalham com registro. Com menos gente no mercado formal, há entre 460 a 600 bilhões de reais de evasão tributária, cerca de 11% do PIB, sendo que parte dessa evasão, de 140 a 180 bilhões de reais, corresponde à não arrecadação de tributos por trabalho sem registro.[4]

Deixa-se à margem da estatística oficial, portanto, cerca de metade da população economicamente ativa, que se encontra no mercado não formal de trabalho.

Há uma espécie de letargia estatal quanto à análise das evidentes repercussões das mudanças significativas das relações de trabalho trazidas a lume pela "Revolução Industrial 4.0", com o emprego massivo de tecnologias disruptivas. Concordamos, neste ponto, com Piacini Neto:

> Dessa forma, nos parece bastante nítido que caso a indústria 4.0 venha a se desenvolver da forma como esperada no âmbito do Brasil teremos reflexos grandiosos nas relações de emprego, o que, por sua vez, levará ao mercado de trabalho economicamente ativo cada vez mais reduzido. Tal fator, inequivocamente trará prejuízos imensuráveis para o custeio da previdência social, que, atualmente, de acordo com o método de custeio vigente, depende de um mercado de trabalho ativo, sendo a alteração desse método medida necessária para evitar a falência do sistema (...).[5]

Um dado mais preciso sobre a saúde financeira do sistema no que diz respeito à relação contribuinte-beneficiário só seria possível com a inserção desses trabalhadores no cômputo, pois, como sustenta *Célia Opice Carbone*, os trabalhadores informais e por conta própria "encontram-se fora do esforço de arrecadação". Sugere a socióloga que a alternativa para o sistema previdenciário brasileiro, neste particular, dada a sua base de financiamento principal ser a decorrente das contribuições sobre a folha de salários, é a expansão do emprego.[6]

---

[4] Com informalidade crescente, evasão tributária representa 11% do PIB. *Revista Veja*. Disponível em: https://veja.abril.com.br/economia/com-informalidade-crescente-evasao-tributaria-representa-11-do-pib/. Acesso em: 1º set. 2022.

[5] PIACINI NETO, Odasir. *A falência do custeio da previdência*: à luz da sociedade de risco na indústria 4.0 e da nova demografia brasileira. São Paulo: Dialética, 2022, p. 110.

[6] CARBONE, Célia Opice. *Seguridade social no Brasil: ficção ou realidade?* São Paulo: Atlas, 1994, p. 103.

Medidas tomadas no período mais recente indicam uma tendência à desoneração da folha de pagamento (ampliação do SIMPLES e transferência de tributação para o faturamento de segmentos econômicos), por um lado, e à tentativa de formalização de indivíduos que realizam pequenos empreendimentos por conta própria – na forma de microempreendedores individuais, os MEI, estão sendo revistas; as regras que transferiam a contribuição previdenciária das empresas da folha de pagamento para o faturamento (desonerações).

Stephanes, discorrendo sobre as mudanças nos regimes europeus, também indica a preocupação daqueles países com a questão do fomento ao emprego:

> *Na Europa, a busca de novas formas de financiamento não implicou o abandono do modelo clássico de repartição, conforme observa Danny Pieters, secretário geral do Instituto Europeu de Seguridade Social. Faz parte de seu estudo sobre as últimas tendências dos sistemas europeus as seguintes constatações:*
> - *de modo geral, os governos vêm estimulando a adesão a regimes complementares, formada por empresas sem fins lucrativos (mútuas) e fundos de pensão, mas mantêm um regime básico até determinado limite;*
> - *todas as fórmulas de cálculo têm sido feitas de maneira a estabelecer uma relação mais próxima entre as contribuições e os respectivos benefícios;*
> - *muitos países tendem a incrementar o financiamento de seus sistemas com impostos gerais, com a finalidade de desonerar a taxação sobre a folha.*
>
> *Em função de uma política proativa (sic) de estímulo ao mercado de trabalho, vários países têm indicado expressamente que a seguridade social deveria tratar, em primeiro lugar, de prevenir a incapacidade laboral e o próprio desemprego.*[7]

Ou seja, o caminho talvez seja o extremamente oposto ao recomendado pelos economistas-monetaristas. Estes, preocupados exclusivamente com a competitividade e o lucro das empresas, mas desatentos sobre a questão social, vêm defendendo a quebra do "pacto social" em nome da luta por competitividade no mercado global. Para este fim, sustentam que a informalidade do mercado de trabalho, com as mudanças na concepção da relação de emprego são fatores irreversíveis e que devem nortear as políticas no campo social; vale dizer, já que não nos devemos pautar pela relação empregado-empregador, o custeio do sistema também não pode mais ser visto com sustentáculo nas contribuições sobre "folha de salários", já que "salário" é a forma de pagamento de apenas metade da população trabalhadora. Veja-se, a propósito, o pensamento de *José Pastore*:

> *O montante de custos fixos relativos aos encargos sociais compulsórios, evidentemente, afeta o nível de salário dos trabalhadores e o nível de emprego legal, pois as empresas só se dispõem a contratar legalmente quando têm muita certeza de poder produzir e vender seus bens e serviços por preços compensadores.*[8]

Ora, então, o problema não é tão somente dos encargos, é também a ambição de lucro a curto prazo e desmesurada do cenário econômico. A empresa só contrata formal e legalmente trabalhadores se a margem desejada de lucro for garantidamente atingida. Deve-se recordar, todavia, que, numa noção ampla de solidariedade, somente se os mais abastados abrirem mão de parcela dos seus ganhos, os menos favorecidos poderão ter a sonhada proteção social, e, em consequência, uma relação menos desigual na sociedade. Enquanto entendimentos como

---

[7] *Reforma da previdência sem segredos*. Rio de Janeiro: Record, 1998, p. 21.
[8] PASTORE, José. *Encargos sociais no Brasil: implicações para o salário, emprego e competitividade*. São Paulo: LTr, 1997, p. 34.

este, de que *Pastore* é interlocutor, forem vigorantes, realmente não há como ter um sistema de seguridade economicamente viável e socialmente justo.

É o esgarçado tema do "Custo Brasil". Reclamam economistas e empresários que, "devido aos encargos sociais, o custo da mão de obra no Brasil seria excessivamente alto, quando comparado com o custo de outros países".[9]

Em que pesem os argumentos por nós rechaçados, é imperioso dizer que as informações atuariais indicam de fato cautela. A viabilidade de um regime de segurança social só é possível com a observação prévia dos fenômenos que podem influenciar na prestação dos serviços. É como já foi salientado por *Almansa Pastor*, citado por *Juliana Presotto Pereira Netto*: "a visão paradisíaca que oferece um ordenamento de seguridade social termina onde acaba a idealidade platônica, porque o fato é que a porta que conduz a este ordenamento se fecha com a chave dos meios financeiros. Uma proteção de todas as necessidades e extensa a todos os cidadãos, que gravite sobre o Estado, requer extraordinários meios financeiros 'que, possivelmente a consciência de solidariedade de nenhum país esteja hoje em condições de suportar'".[10]

A má gestão dos recursos é outro fator desencadeante e fomentador da crise. Durante muitos anos, o regime serviu para custear não os benefícios, nem formar o fundo de reserva que hoje estaria sustentando as políticas sociais: ao contrário, serviu para construir Brasília e outras obras públicas "faraônicas". Dilapidou-se assim o lastro existente no sistema, que, segundo *Stephanes*, deveria ser de, no mínimo, seis meses de despesa.[11] Além disso, a falta de controle efetivo sobre a concessão de benefícios acarretou os escândalos das famosas fraudes das décadas de 80 e 90, com a descoberta de verdadeiras quadrilhas de assaltantes do caixa dos fundos previdenciários, compostas por servidores do próprio órgão, advogados e magistrados. A gestão não profissional da Previdência desse período, vale dizer, com os cargos de direção sendo objeto de barganhas políticas e "cabides de emprego" para pessoal totalmente desqualificado, serviu para agravar o quadro e permitir o desajuste entre aportes e pagamentos.

A Emenda Constitucional n. 20/1998 estabeleceu a vinculação das contribuições incidentes sobre a folha de pagamentos de empregados – destes e dos empregadores – exclusivamente ao pagamento de benefícios previdenciários. Conforme relato do ex-Ministro da pasta, *Waldeck Ornélas*, a regra em questão, juntamente com a promulgação da Lei de Responsabilidade Fiscal, garante o regime contra a utilização indevida dos aportes. Foi instituído o Fundo do Regime Geral de Previdência Social, de modo que, "além de vinculados, esses recursos estarão agora em uma conta orçamentária específica, tornando fácil visualizar as receitas e as despesas da Previdência Social. Os números estarão separados inclusive do custeio do próprio INSS".[12]

Outro aspecto grave da questão gerencial é o fato de que, ainda hoje, o INSS é um mau pagador. A política de discutir em Juízo até as últimas instâncias, valendo-se de todos os recursos e medidas procrastinatórias possíveis para postergar o pagamento de direitos assegurados por decisões judiciais, além de lamentável, do ponto de vista social, gera um efeito "bola de neve" sobre os valores a serem quitados. A dívida principal, quanto mais tempo demora para ser paga, é atualizada monetariamente e acrescida dos juros moratórios. Nesse aspecto, pouco tem adiantado a alteração do art. 100 da Constituição, para permitir pagamento de débitos judiciais sem a expedição do precatório (§ 3º, acrescentado pela Emenda n. 20/1998), para condenações de pequeno valor do INSS, diante da permanência da política de procrastinar feitos.

---

[9] SPOSATI, Aldaíza. "Globalização: um novo e velho processo", in *Desafios da globalização* (Org.). Ladislau Dowbor et alii, Petrópolis: Vozes, 1997.
[10] PEREIRA NETTO, Juliana Presotto. *A previdência social em reforma...*, cit., p. 41.
[11] PEREIRA NETTO, Juliana Presotto. *A previdência social em reforma...*, cit., p. 48.
[12] ORNÉLAS, Waldeck. *A previdência sem "caixa preta"*. Site do MPS: www.mps.gov.br.

A ampliação das coberturas, especialmente a rural, sem a necessária fonte de custeio é o principal fator de desequilíbrio financeiro das contas da Previdência. Apesar de ser princípio constitucionalmente previsto desde a Constituição de 1967, jamais foi cumprido na época de vigência do texto constitucional anterior. A legislação mal produzida, sem a menor preocupação com a relação custeio-despesa na concessão de benefícios, também acarretou acréscimos no déficit previdenciário.

Segundo publicação oficial da Previdência Social: "Em 2013, a arrecadação líquida urbana, incluída a arrecadação Comprev, foi de R$ 307,4 bilhões com crescimento de 4,8% (+ R$ 14,2 bilhões) em relação a 2012. A despesa com benefícios previdenciários urbanos foi de R$ 282,8 bilhões, aumento de 6,0% (+ R$ 16,0 bilhões), na comparação com 2012, o que resultou no superávit de R$ 24,6 bilhões, 6,9% menor que o verificado em 2012. Quanto à clientela rural, a arrecadação líquida rural atingiu R$ 6,3 bilhões, ligeiramente acima do registrado em 2012, e a despesa com benefícios previdenciários rurais foi de R$ 82,2 bilhões, crescimento de 6,2% (+ R$ 4,8 bilhões) em relação ao ano de 2012, o que resultou em uma necessidade de financiamento rural de R$ 75,9 bilhões. A despesa com o pagamento de benefícios rurais é fortemente influenciada pelo reajuste do salário mínimo, uma vez que 99,4% (8,9 milhões de beneficiários) dos benefícios pagos são de valor de até um salário mínimo" (sem grifo no original).[13]

Já quanto a 2015, veja-se a diferença, acarretada naturalmente pela conjuntura econômica: "a arrecadação líquida urbana, incluída a arrecadação COMPREV, foi de R$ 357,4 bilhões, registrando queda de 5,1% (- R$ 19,4 bilhões) em relação a 2014. A despesa com benefícios previdenciários urbanos foi de R$ 351,9 bilhões, o equivalente a um aumento de 1,1% (+R$ 4,0 bilhões), na comparação com 2014, o que resultou num **superávit de R$ 5,5 bilhões**, 81,0% menor que o verificado em 2014. Quanto à clientela rural, a arrecadação líquida rural atingiu R$ 7,4 bilhões, uma diminuição de 3,0% (- R$ 228,4 milhões) frente a 2014, e a despesa com benefícios previdenciários rurais foi de R$ 102,1 bilhões, crescimento de 1,0% (+ R$ 1,0 bilhão) em relação ao ano de 2014, o que resultou em uma necessidade de financiamento rural de R$ 94,7 bilhões" (sem grifo no original).[14]

Em relação ao ano de 2020, impactado pela Covid-19, os números chamam ainda mais atenção:

> Em 2020, a arrecadação líquida total urbana registrou R$ 410,0 bilhões, registrando uma queda de 5,8% (-R$ 25,4 bilhões) em relação a 2019. Já despesa com benefícios previdenciários urbanos foi de R$ 550,3 bilhões, evidenciando um aumento de 3,1% (+R$ 16,4 bilhões), na comparação com 2019, o que resultou em uma necessidade de financiamento de R$ 140,4 bilhões, 42,5% (+R$ 41,8 bilhões) maior que o registrado no ano anterior (...) Conforme Gráfico 3, associado à clientela rural, a arrecadação líquida rural atingiu R$ 8,9 bilhões, registrando uma redução de 1,0% (-R$ 90,4 milhões) frente a 2019, e a despesa com benefícios previdenciários rurais foi de R$ 140,1 bilhões, um leve crescimento de 0,1% (+R$ 184,8 milhões) em relação ao ano de 2019, o que resultou na necessidade de financiamento rural de R$ 131,2 bilhões, aumento de 0,2% (+R$ 275,2 milhões), nessa mesma comparação.[15]

---

[13] Ministério da Previdência Social. Informe de Previdência Social, vol. 26, n. 1, Brasília: MPS, janeiro de 2014. Disponível em: http://www.previdencia.gov.br/wp-content/uploads/2013/05/Informe_janeiro_2014.pdf. Acesso em: 29 out. 2014.

[14] Ministério da Previdência Social. Informe de Previdência Social, janeiro de 2016. Disponível em: http://www.consultaesic.cgu.gov.br/busca/dados/Lists/Pedido/Attachments/459887/RESPOSTA_PEDIDO_Informe_rascunho_janeiro2016.pdf. Acesso em: 10 out. 2016.

[15] Ministério da Economia. Informe da Previdência Social 01/2021, v. 33, n. 01. Disponível em: https://www.gov.br/previdencia/pt-br/centrais-de-conteudo/publicacoes/publicacoes-sobre-previdencia-social/informes/arquivos/2021/informe-de-previdencia-janeiro-de-2021.pdf. Acesso em: 2 set. 2021.

O problema é que os ajustes não podem afetar direitos já adquiridos em face da norma anterior, nem prejudicar os trabalhadores que, efetivamente, trabalham em atividade rural, ou condições nocivas à saúde, apenas para evitar sangria de recursos. Trata-se de uma das medidas de suma importância para o controle das contas, uma vez que não se pode pensar em termos de políticas de proteção somente a curto prazo.

Em que pese o art. 40 da Constituição Federal, com a redação conferida desde a Emenda n. 20/1998, ter fixado como direito de todo servidor público federal, estadual ou municipal, o acesso a um regime previdenciário diferenciado, cuja aposentadoria se calcula sobre o valor da última remuneração, a verdade é que ainda estamos bem distantes de ter assegurado a efetividade desta norma.

De acordo com dados constantes da Exposição de Motivos da PEC n. 6, de 2019, dos mais de 5.500 municípios brasileiros, pouco mais de 2.000 possuem RPPS em funcionamento. Ou seja, os demais municípios têm seus servidores ocupantes de cargos efetivos vinculados ao RGPS. Em número de servidores abrangidos por RPPS, cerca de 70% dos ocupantes de cargos efetivos estão abrangidos, pois além dos maiores Municípios, todos os Estados, o Distrito Federal e a União possuem Regimes Próprios. Mas os 30% restantes estão em municípios sem RPPS, ou seja, vinculados ao RGPS, em que pese a redação do art. 40 da CF ter preceituado, desde a promulgação da EC n. 20, de 1998, até a vigência da EC n. 103, de 2019, que "é assegurado ao servidor... regime próprio de previdência...".[16]

Os agentes públicos de Municípios que não instituíram regime próprio de Previdência, ou que, depois de instituídos, concluíram pela inviabilidade financeira de sua manutenção, por estarem vinculados ao INSS, acabam tendo seus benefícios calculados conforme a regra dos trabalhadores da iniciativa privada, ocasionando aí um hiato entre a norma constitucional e a prática administrativa. A situação tende a se agravar, a nosso ver, com o disciplinamento da matéria pela EC n. 103, de 2019, que leva ao entendimento de que é possível não só deixar de instituir, mas também extinguir Regimes Próprios, o que levaria os servidores a serem filiados ao RGPS.

Impõe apontar, ainda, que muitos maus administradores públicos vêm aproveitando a (suposta) possibilidade jurídica de extinção de Regimes Próprios como forma de transferir os recursos arrecadados a título de contribuições dos servidores para outras finalidades, o que atenta contra o fim da contribuição previdenciária, o que exige especial atenção dos órgãos fiscalizadores da atividade pública – Ministério Público e Tribunais de Contas.

Muito se fala sobre o chamado déficit do sistema previdenciário. A matéria, embora noticiada como "lugar-comum" na imprensa, não tem a unanimidade entre os estudiosos do assunto. A Associação dos Auditores Fiscais da Receita Federal do Brasil (ANFIP), juntamente com a Fundação ANFIP, contesta os dados oficiais, referindo que:

> *Em relação à Seguridade, de 2005 a 2021, os resultados negativos resumem-se aos verificados após 2016, depois de um biênio de PIB negativo. Os demais foram superavitários. Ao longo desses dezesseis anos, foram produzidos superávits anuais médios de R$ 16 bilhões. No mesmo período, o resultado primário do governo federal, que engloba os Orçamentos Fiscal e da Seguridade Social, também foi quase sempre positivo. Mas, os resultados apresentam uma média negativa de R$ 47 bilhões. (...)*
>
> *À exceção do período relacionado a essa atual crise, que se inicia em 2015, as receitas do Orçamento da Seguridade Social sempre superaram as despesas. A insistência em aprovar e renovar periodicamente as desvinculações de receitas da União, focadas na desvinculação das*

---

[16] Ministério da Previdência Social. Quantitativo dos Regimes de Entes Federativos. Fonte: CGEEI/DRPSP/MPS – CADPREV, janeiro de 2016. Disponível em: http://cadprev.previdencia.gov.br/Cadprev/faces/pages/modulos/dipr/consultarDemonstrativos.xhtml#inicio. Acesso em: 10 out. 2016.

contribuições sociais, é uma prova inconteste disto. A ampliação, em 2016, de 20% para 30% das receitas das contribuições sociais (exceto previdenciárias), responde às maiores demandas governamentais que vêm sendo equacionadas pelo uso dos recursos exclusivos da Seguridade Social, confirmando a situação estruturalmente superavitária. Em 2019, para aprovar a Reforma da Previdência, o governo cedeu e extinguiu a incidência da DRU sobre as contribuições sociais (remanesceu sobre as taxas).[17]

Nesse mesmo estudo, são apresentadas tabelas com os números de 2006 a 2021. O saldo da OSS evoluiu de R$ 72,1 bilhões, em 2006, para (-) R$ 35,4 bilhões, em 2021. Portanto, "a afirmação de que os resultados negativos do Orçamento da Seguridade Social decorrem de perdas de arrecadação pode ser aferida pelo acompanhamento das receitas da Seguridade Social em seus valores reais, tomando-se como base o ano de 2013. Naquele exercício, em valores corrigidos pelo IPCA23, a arrecadação foi de R$ 981 bilhões. Esse montante cobriria as despesas verificadas em 2020, que somaram R$ 948 bilhões".[18]

Como visto, a perda de grande parte da receita nas últimas décadas foi motivada pela criação, via Emenda Constitucional, do chamado Fundo Social de Emergência, que depois foi chamado de Desvinculação de Receitas da União – DRU, procedimento responsável pelo desvio de recursos da COFINS e da CSLL para os cofres da União, a fim de realizar gastos diversos daqueles previstos para a arrecadação previdenciária.

Com a Reforma da Previdência de 2019, foi cancelada a DRU em relação às receitas das contribuições sociais destinadas ao custeio da seguridade social (art. 76, § 4º, do ADCT).

Na sequência a EC n. 126, de 2022, deu nova redação ao *caput* do art. 76 do ADCT para estabelecer a DRU até 31.12.2024, de 30% da arrecadação da União relativa às contribuições sociais, sem prejuízo do pagamento das despesas do Regime Geral de Previdência Social, às contribuições de intervenção no domínio econômico e às taxas, já instituídas ou que vierem a ser criadas até a referida data. E, por último, a EC n. 135, de 2024, prorrogou a DRU até 31.12.2032.

Na realidade, os regimes de previdência social no Brasil enfrentam dificuldades decorrentes de vários outros fatores históricos, entre eles:

- A má gestão dos recursos que deveriam ser destinados à formação do "fundo previdenciário";
- A falta de fixação de contribuições capazes de gerar a sustentabilidade (entes públicos deixam de contribuir com a sua parte);
- Legislações mal formuladas ou irreais sob o ponto de vista financeiro/atuarial;
- Ações judiciais "empurradas para a frente" (gastos adicionais com juros e honorários);
    Dívida Ativa bilionária e renúncia fiscal (isenção/imunidade das entidades filantrópicas, desonerações da folha de pagamento);
- Desconhecimento das políticas previdenciárias (altos índices de exclusão na rural e urbana);
- Benefícios concedidos como privilégios (aposentadorias precoces, pensões vitalícias a dependentes de militares e ex-combatentes).

---

[17] ANFIP – Associação Nacional dos Auditores-Fiscais da Receita Federal do Brasil/Fundação ANFIP de Estudos Tributários e da Seguridade Social. *Análise da Seguridade Social 2021*. 22. ed. Brasília: ANFIP, 2022, p. 41.

[18] ANFIP – Associação Nacional dos Auditores-Fiscais da Receita Federal do Brasil/Fundação ANFIP de Estudos Tributários e da Seguridade Social. *Análise da Seguridade Social 2021*. 22. ed. Brasília: ANFIP, 2022, p. 41.

A Previdência Social brasileira continua deixando "escoar pelo ralo", segundo levantamento da Associação Nacional dos Auditores Fiscais da Receita Federal do Brasil[19] cerca de R$ 340 bilhões. É a chamada "Dívida Ativa", ou seja, a soma de tudo o que a Receita Federal apurou (e não cobrou) dos devedores (geralmente muito grandes) do sistema. Em número mais atualizado, segundo dados da Procuradoria Geral da Fazenda Nacional (PGFN), as dívidas dessa natureza quase triplicaram entre 2008 e 2018, passando de R$ 174,9 bilhões para R$ 476,7 bilhões – um salto de 172,6% – apenas em valores nominais, ou seja, sem se considerar os acréscimos de mora (juros SELIC e multa). Porém, a PGFN estima que apenas cerca de R$ 190 bilhões ainda podem ser recuperados. Para o coordenador de Previdência do Ipea (Instituto de Pesquisa Econômica Aplicada), Rogério Nagamine, é importante o governo tomar medidas para recuperar esses recursos devidos, mas parte significativa das empresas devedoras não existe mais ou não tem condições de saldar, como as antigas companhias aéreas Varig, Transbrasil e Vasp, por exemplo.[20]

Por estas razões, cabem a reflexão e o questionamento abaixo:

> *Por tantas razões, o Governo deveria se concentrar em outras alternativas muito palpáveis de recuperação do patrimônio da Seguridade Social, como, p. ex., na otimização da arrecadação – e, nomeadamente, em esforços concretos e estratégias inteligentes para cobrar dos milhares de sonegadores os bilhões de reais que escorrem pelos dedos da Fazenda Nacional, ante a notória falta de apetite – na outra ponta das relações previdenciárias (a saber, a do custeio). (...) Levantamentos do Governo Federal também revelavam, à altura, que, do total da dívida ativa da União, R$ 10,2 bilhões tinham alta probabilidade de recuperação e outros R$ 89,7 bilhões tinham chances medianas de recuperação. Por que não investir em mecanismos mais eficientes para essa recuperação, como, p. ex., políticas sérias de identificação e tratamento de grandes devedores da Previdência Social?*[21]

Bem ao contrário de uma prática de austeridade e justiça tributária, o período recente foi rico em benesses aos devedores da Previdência Social:

– houve um novo REFIS – tradicional programa brasileiro de parcelamento e redução (drástica) de juros e multas (em até 99%!) –, de tal modo que, graças às mudanças incluídas na Câmara dos Deputados e aprovadas pelo Chefe do Executivo, "a projeção do governo para chegar no déficit atual de R$ 139 bilhões será frustrada" (alerta feito, à altura, pelo Diretor da Dívida Ativa da Procuradoria da Fazenda Nacional em evento na FIESP);
– editou-se uma medida provisória para o perdão das dívidas do agronegócio (gerando perdas de 10 bilhões de reais, segundo dados da própria Receita Federal);
– editou-se, pouco depois, outra medida provisória para o perdão das dívidas de empresas optantes pelo SIMPLES, "beneficiando" 600 mil empresas.[22]

---

[19] Conforme http://www.anfip.org.br/informacoes/noticias/ANFIP-na-midia-Divida-ativa-da-Previdencia-Social-e-de-aproximadamente-R-340-bilhoes-Hoje-em-Dia_23-05-2016. Acesso em: 10 out. 2016.

[20] Dívidas com a Previdência quase triplicam em dez anos e atingem R$ 476,7 bi. *Uol Notícias*. Disponível em: https://economia.uol.com.br/noticias/redacao/2018/11/18/deficit-previdencia-dividas-contribuintes-inss.htm. Acesso em: 18 nov. 2018.

[21] FELICIANO, Guilherme Guimarães; CASTRO, Carlos Alberto Pereira de. Voltou a reforma da Previdência, agora "desidratada": o que esperar? *Juízo de Valor*. Disponível em: https://www.jota.info/opiniao-e-analise/colunas/juizo-de-valor/voltou-reforma-da-previdencia-agora-desidratada-o-que-esperar-06022018. Acesso em: 7 fev. 2018.

[22] FELICIANO E CASTRO. *Op. cit.*, p. 3.

Mesmo diante dessa realidade orçamentária, os dados da Análise da Seguridade Social de 2022 da ANFIP concluíram que:

> O RGPS demanda recursos extras, mas muito menores do que os praticados internacionalmente. Segundo o IPEA, na média dos países da União Europeia membros da OCDE, os recursos do Tesouro respondiam por 36% das despesas previdenciárias – em valores antes da crise que se iniciou em 2008. No Brasil, em especial, o aporte de recursos ainda é feito com fontes próprias da Seguridade Social. Não são recursos do Orçamento Fiscal.[23]

Noutra vertente, o estudo realizado pelo Fórum de Debates sobre Políticas de Emprego, Trabalho e Renda e de Previdência Social, publicado no relatório de maio de 2016, constatava que cerca de 72% da população ocupada (ou seja, que exerce atividade remunerada) entre 16 a 59 anos conta com proteção previdenciária, mas o dado relevante, para fins de análise, é o item denominado "os desprotegidos do sistema previdenciário": destes, 15% de indivíduos, ou 13,5 milhões de trabalhadores, são considerados "potenciais contribuintes da Previdência Social, com rendimento mensal igual ou superior ao salário mínimo".[24] Esse número deve ser redimensionado, pois em razão da crise econômica ocorrida neste lapso e a "reforma trabalhista", com diversas matérias discutíveis sob a ótica da precarização do trabalho formal, não temos dúvidas de seu crescimento.

Ou seja, está-se falando daquelas pessoas as quais o Fisco simplesmente não se preocupa em fiscalizar, arrecadar e cobrar – e que depois, quando forem à busca de proteção social, levarão um sonoro "não" do órgão previdenciário, por suposta "falta da qualidade de segurado". Deveriam ser protegidos, pelos princípios da universalidade e da compulsoriedade da filiação, mas a partir de uma interpretação privatista do Direito Previdenciário, são considerados "sem seguro" (social).

É a informalidade, não só dos pequenos trabalhadores rurais ou do trabalho urbano e doméstico na forma de subemprego, mas também de profissionais liberais e empresários de alto poder aquisitivo, comparado à média da população.

Em que pese a alegação de déficit, os sucessivos governos federais, por lei, desde 2011, abriram mão (renúncia fiscal) de cobrar cerca de R$ 63,43 bilhões até fevereiro de 2016, com brechas criadas na legislação para que as empresas pagassem menos contribuições ao sistema, segundo autoridades da própria Receita Federal, brechas estas que também geraram fraudes, tendo sido montada "uma força-tarefa com a elite dos auditores fiscais do País para investigar fraudes tributárias", a fim de descobrir, só neste tipo de situação, um rombo de aproximadamente R$ 6 bilhões.[25]

Segundo o site *Quanto Custa o Brasil* – que mantém o "impostômetro", entre outros indicadores em matéria de (in)justiça fiscal, "poder-se-ia estimar um indicador de sonegação de 28,4% da arrecadação", o que equivale a 10,0% do PIB, ou seja, "representaria o valor de R$ 415,1 bilhões caso levado em conta o PIB do ano de 2011".

Conclui o texto publicado naquele site: "poder-se-ia afirmar que se não houvesse evasão, o peso da carga tributária poderia ser reduzida em quase 30% e ainda manter o mesmo nível de arrecadação. Esses R$ 415,1 bilhões estimados de sonegação tributária são superiores a

---

[23] ANFIP – Associação Nacional dos Auditores-Fiscais da Receita Federal do Brasil. *Análise da Seguridade Social 2022*. Brasília: ANFIP, 2023, p. 100.

[24] Ainda segundo o estudo, 45,4% destes "desprotegidos", no meio rural, são trabalhadores por conta própria e 37,7% são "empregados sem carteira" (sic); não há, no referido estudo, identificação desta proporção no meio urbano.

[25] Conforme http://fundacaoanfip.org.br/site/2016/06/desoneracao-da-folha-abriu-brechas-para-elevar-sonegacao-diz-receita. Acesso em: 10 out. 2016.

tudo o que foi arrecadado, em 2011, de Imposto de Renda (R$ 278,3 bilhões), a mais do que foi arrecadado de tributos sobre a Folha e Salários (R$ 376,8 bilhões) e a mais da metade do que foi tributado sobre Bens e Serviços (R$ 720,1 bilhões)".[26]

Com a criação dos primeiros Fundos de Previdência Complementar para ocupantes de cargos efetivos, no âmbito federal e nos Estados e municípios de maior porte, chega-se a mais um patamar dessa tendência à igualdade (ou quase igualdade) de tratamento entre segurados do RGPS e dos RPPS, já que os novos agentes públicos, nesses Entes da Federação, já ingressarão contribuindo com valores cujo limite máximo da base de cálculo será o mesmo do salário de contribuição do RGPS, e cujas aposentadorias, consequentemente, também serão limitadas pelo mesmo teto, e não mais pela última remuneração.

Com a promulgação da Emenda n. 103, de 2019, ao se adotar idade mínima para todas as espécies de aposentadoria, isso apenas fará com que a população de menor renda tenha mais dificuldade (ainda) para se aposentar. Basta observar que o indivíduo de classe média, atualmente, ingressa no mercado de trabalho somente após concluir seus estudos (na casa dos 20 e poucos anos de idade), enquanto as pessoas de camadas mais pobres têm a necessidade de começar a trabalhar já na adolescência.

Em síntese, criando-se uma só idade mínima (já que não há como estabelecer idades diferentes por faixa de renda), é fácil verificar quem acabará "pagando a maior conta" (no sentido de que irá contribuir mais) à Previdência Social.

De outro lado, os que trabalham em subempregos, no chamado "mercado informal de trabalho", continuarão tendo sérios problemas para conseguirem se aposentar, pois estes, com ou sem idade mínima, continuam sendo marginalizados no sistema previdenciário, que lhes nega o reconhecimento da condição de trabalhadores caso não tenham "provas documentais contemporâneas" de sua atividade. Ora, como exigir documentos de um empregador que contrata "na informalidade", se o objetivo é, exatamente, a sonegação fiscal? E mesmo aqueles que possuem emprego formal, caso não aufiram um salário mínimo mensal, ficarão excluídos do sistema, caso não complementem sua contribuição até esse patamar (art. 29 da EC n. 103 e art. 19-E do Decreto n. 3.048/1999).

Como salienta Daniel Sarmento, "para incluir os excluídos, é essencial atuar objetivando remediar as injustiças existentes, com base não apenas em instrumentos universais, como também por meio de medidas focalizadas, que envolvem a criação de tratamento mais favorável aos integrantes desses grupos oprimidos".[27] Ou seja, é preciso agir justamente na contramão do que foi definido pela reforma de 2019, protegendo eficazmente os menos favorecidos economicamente, que mal recebem um salário mínimo mensal, mas contribuem para o sistema previdenciário.

Outro aspecto a considerar é, mais uma vez, a "mudança das regras do jogo" em pleno andamento, afetando diretamente a confiança das pessoas na segurança de que podem planejar seu futuro. Valer-se-ão os governantes, mais uma vez, da máxima de que "não há direito adquirido a regime jurídico" para modificar, pela terceira vez em duas décadas, os critérios de aposentadoria?

Ocorre que a consequência de tais atitudes, em matéria de reformas e suas "campanhas de esclarecimento" é justamente o inverso de uma "redução de gastos":

> *O grande equívoco – e a crueldade capital – por detrás dessas campanhas está justamente em gerar um imenso clima de insegurança na população. Seria mais inteligente e palatável traba-*

---

[26] Vide http://www.quantocustaobrasil.com.br/artigos/sonegacao-no-brasil-uma-estimativa-do-desvio-da-arrecadacao. Acesso em: 10 out. 2016.

[27] SARMENTO, Daniel. Igualdade constitucional: uma leitura. In: CRUZ, Adriana; SARMENTO, Daniel; RAUPP RIOS, Roger (org.). *Desigualdade, o flagelo do Brasil*. Ribeirão Preto: Migalhas, 2022. (livro eletrônico)

lhar com uma proposta de alteração das regras previdenciárias restrita aos novos segurados, de modo que as pessoas que viessem a ingressar no mercado de trabalho após a reforma se submetessem a um novo critério, razoavelmente escalonado, que combinasse idade mínima e tempo mínimo de contribuição. O que as últimas campanhas de mídia conseguiram promover, no entanto, foi uma corrida desenfreada às aposentadorias por quem, hoje, já preenche os requisitos constitucionais e legais, receando prejuízos a médio e longo prazos. Daí que, em março de 2017, houve um incremento de 36,5% nos pedidos de aposentadoria, em relação a 2016. E tal percentual fez apenas aumentar desde então, graças à insistente propaganda – pagas com o escasso dinheiro público – de que a reforma viria a galope. O resultado? A curto prazo, maior gasto com aposentadorias.[28]

A esse estado de coisas se soma a questão do "teto de gastos", como explica Daniel Sarmento:

> No plano dos gastos estatais, vigora o teto imposto pela Emenda Constitucional 95/2016, que congelou as despesas públicas federais no Brasil por 20 anos, e com isso reduziu drasticamente os recursos disponíveis para gastos com políticas sociais, como as ligadas à garantia dos direitos sociais e combate à miséria. Afinal, nesse intervalo de tempo, a população aumenta, assim como algumas despesas que têm crescimento vegetativo – como aquelas com folha de salários e previdência. Para as demais despesas, vai sobrando cada vez menos. Trata-se de um caso típico de austeridade fiscal seletiva, que atua contra os pobres, já que, para manter a responsabilidade fiscal – algo sem dúvida importante –, a solução de imposição do teto de gastos descarta o aumento da tributação sobre os mais ricos.[29]

Tudo porque, no Brasil, Previdência nunca foi coisa levada a sério. Caso houvesse decência nas políticas públicas de proteção social, os políticos e tecnocratas estariam pensando a Previdência de modo a que fossem estabelecidas regras uniformes, permanentes e autoajustáveis conforme o ingresso da pessoa na idade de trabalhar (política intergeracional), em vez de ficar alterando regras pontuais toda vez que um grupo político diferente (?) alcança a Presidência da República.

Conclui-se, assim, que as reformas da Previdência Social são parte de um processo constante e permanente de adequação dos sistemas às modificações socioeconômicas, demográficas e no mercado de trabalho e de unificação das regras de concessão dos principais benefícios previdenciários – aposentadorias e pensões.

Todavia, nenhum governante pode esquecer que as políticas de proteção social envolvem, sobremaneira, a subsistência do ser humano em períodos de grande vicissitude, no mais das vezes – ou pelo menos de redução significativa das condições ideais de manutenção de seu poder aquisitivo – e, por consequência, resguardam a possibilidade de prover a si e seus dependentes, beirando a heresia e a desumanidade a leitura meramente econômica do fenômeno do envelhecimento populacional, por um lado, e da baixa natalidade, por outro. Além disso, deve ter a responsabilidade de mitigar as graves injustiças sociais causadas por um modelo que beneficia devedores milionários e o grande lucro desmesurado para, quando "a conta não fechar", voltar-se apenas contra a população que trabalha e tem o legítimo direito de receber tratamento digno.

---

[28] FELICIANO E CASTRO. *Op. cit.*, p. 5-6.
[29] SARMENTO, Daniel. Igualdade constitucional: uma leitura. In: CRUZ, Adriana; SARMENTO, Daniel; RAUPP RIOS, Roger (org.). *Desigualdade, o flagelo do Brasil*. Ribeirão Preto: Migalhas, 2022. (livro eletrônico, posição 430)

52

Perspectivas da Seguridade Social Brasileira

Cumpre-nos, como proposta de encerramento desta obra, discutir os destinos da Seguridade Social – e, por conseguinte, da Previdência Social – no Brasil, analisando-os a partir da perspectiva das propostas de reformas que vêm sendo gestadas.

Houve, no período posterior à Constituição de 1988, significativo aumento do montante anual de valores despendidos com a Seguridade Social, seja pelo aumento de benefícios previdenciários[1] e assistenciais[2] concedidos, seja pela diminuição da relação entre número de contribuintes e número de beneficiários, em função do "envelhecimento médio" da população e diante das previsões atuariais de que, num futuro próximo, a tendência seria de insolvência do sistema pelo esgotamento da capacidade contributiva da sociedade.[3]

Todavia, o fator mais frisado dentre todos para fundamentar o processo de modificação das políticas sociais é aquele relacionado ao endividamento dos países periféricos, como o Brasil, e sua relação com reformas "estruturais"[4] ou "incrementais"[5], apregoadas por organismos internacionais, como o Fundo Monetário Internacional – FMI e o Banco Mundial:

> *O elevado grau de endividamento externo (...) frequentemente induziu os governos a enfatizar o compromisso com reformas pró-mercado. O anúncio da privatização da previdência fazia parte de uma estratégia da sinalização, uma vez que em meados da década de 1990 as agências de classificação de risco incluíam a reforma previdenciária como ponto positivo em sua avaliação do país. Além disso, o endividamento em níveis críticos aumentava a probabilidade de as instituições financeiras internacionais envolverem-se na arena de reformas.*
>
> *Na década de 1980, o FMI e o Banco Mundial começaram a condicionar seus empréstimos para ajustes estruturais à reforma da previdência (como na Costa Rica e no Uruguai), tornando-se atores externos poderosos em vários países endividados da América Latina. Após a*

---

[1] Por exemplo, a extensão do salário-maternidade a mães adotantes.

[2] Por exemplo, a ampliação dos programas sociais em geral, como o bolsa-família.

[3] "O cenário que se desenha é de agravamento do desequilíbrio, a partir de 2020, decorrente do envelhecimento populacional. O aumento da participação dos idosos na população e, por consequência, dos beneficiários, acarreta esforço adicional de toda a sociedade no seu financiamento" (BRASIL. Ministério da Previdência Social. *Livro Branco da Previdência Social*. Brasília: MPAS/GM, 2002, p. 6).

[4] Utilizando o conceito de *Mesa-Lago* e *Müller*, "reformas estruturais são as que transformam radicalmente um sistema de seguridade social (portanto, público), substituindo-o, suplementando-o ou criando um sistema privado paralelo" (COELHO (Org.). *Op. cit.*, p. 28).

[5] Segundo os mesmos autores, "reformas incrementais são as que preservam o sistema público, reforçando suas finanças e/ou alterando benefícios e requisitos para habilitação como beneficiário" (COELHO (Org.). *Ibidem*).

publicação do relatório de 1994[6], a campanha do Banco Mundial em favor da privatização da previdência intensificou-se.[7]

O Banco Mundial tem afirmado que para eliminar o risco de "quebra" do sistema previdenciário baseado em repartição, o ideal seria adotar um novo sistema, baseado em três pilares, estruturados da seguinte forma:

- um pilar obrigatório gerenciado pelo governo e financiado a partir dos impostos para fins de redistribuição;
- um pilar obrigatório gerenciado pelo setor privado e plenamente capitalizado, para fins de poupança;
- um pilar voluntário para aquelas pessoas que desejam mais proteção na aposentadoria.[8]

Desse modo, a primeira Emenda Constitucional que pretendeu alterar disposições atinentes à proteção social foi a de número 3, promulgada em 17.3.1993, e que estabelece, para os agentes públicos ocupantes de cargos vitalícios e efetivos, a obrigatoriedade de contribuição para custeio de aposentadorias e pensões concedidas a estes, modificando-se uma tradição do direito pátrio, qual seja, a de que tais concessões, no âmbito do serviço público, eram graciosas, independentes de contribuição do ocupante do cargo. O caráter contributivo é estendido, assim, e a partir de então, a todos os indivíduos amparados por algum diploma garantidor de aposentadorias e pensões, à exceção – ainda – dos militares das Forças Armadas.

A Emenda Constitucional n. 3/1993, contudo, não ensejou alterar as regras de concessão de aposentadorias e pensões, seja no âmbito do serviço público, seja no âmbito do Regime Geral de Previdência Social, dos trabalhadores em geral, tendo sido mantida a tendência de aumento do número de aposentadorias e pensões. Para reduzir o impacto de tal tendência, houve por bem o Poder Executivo, no ano de 1995, enviar nova proposta de emenda constitucional ao Congresso Nacional, promulgada, com diversas alterações quanto ao texto originalmente proposto, como a Emenda Constitucional n. 20, de 15.12.1998. Segundo o Livro Branco da Previdência:

> A Reforma da Previdência (EC n. 20/98) adotou dois conceitos novos e muito importantes para o redesenho dos regimes existentes: o caráter contributivo e a exigência de equilíbrio atuarial e financeiro. Como decorrência desses novos conceitos, foi convertida para aposentadoria por tempo de contribuição a até então existente aposentadoria por tempo de serviço. A reforma buscou, ainda, prioritariamente, conter o frenético ritmo de crescimento das aposentadorias por tempo de serviço/contribuição em idades precoces. (...)
> A Reforma da Previdência no Serviço Público – promovida pela EC n. 20, de 1988, combinada com outros atos infraconstitucionais, a exemplo da Lei Geral da Previdência Pública (Lei n. 9.717, de 27 de novembro de 1998), que estabeleceu regras para o funcionamento da previdência pública – foi fundamentada, principalmente, no estabelecimento dos princípios de caráter contributivo e do equilíbrio financeiro e atuarial.[9]

---

[6] Trata-se do relatório: WORLD BANK. Averting the Old Age Crisis: Policies to Protect the Old and Promote Growth. Oxford: 1994. Disponível em: http://econ.worldbank.or/files/625_wps1572.pdf. Acesso em: 30 set. 2004.

[7] COELHO (Org.). Op. cit., p. 51.

[8] MAURIQUE, Jorge Antonio. Reforma Previdenciária. Brasília: 2003, p. 9. Disponível em www.cjf.gov.br/re-vista. Acesso em: 10 jul. 2004.

[9] Livro Branco da Previdência Social. Site do MPS: www.mps.gov.br, p. 32. Disponível em: http://www.mps.gov.br/arquivos/office/3_081014-104854-755.pdf. Acesso em: 28 nov. 2012.

Como relata *Borges,* em relação à necessidade de tal reforma,

> *A ilusão de que a cobertura dos pagamentos dos benefícios previdenciários, por parte do Tesouro Nacional era uma garantia inesgotável fez com que apenas diante de um déficit assustador de mais de 3% do PIB, atrelado ao grave desequilíbrio das contas públicas, a questão previdenciária brasileira fosse debatida e desaguasse na promulgação da Emenda Constitucional n. 20.*[10]

No ano de 2003, nova proposta de Emenda Constitucional foi enviada pelo Poder Executivo ao Congresso Nacional, direcionada de forma mais clara a realizar alterações no art. 40 da Constituição, que trata especificamente dos direitos previdenciários dos agentes públicos ocupantes de cargos efetivos (e, por força de outros dispositivos constitucionais, os ocupantes de cargos vitalícios), modificando, mais uma vez, as regras de concessão de aposentadoria e de pensão por morte a dependentes destes, sem contudo alterar os princípios fundantes do sistema.[11] Tal proposta foi promulgada no final do mesmo ano, transformando-se na Emenda Constitucional n. 41, de 31.12.2003, e outra parte da mesma proposta foi aprovada após alterações e transformada na Emenda Constitucional n. 47, de 5.7.2005, as quais foram tratadas na Parte V desta obra.

As EC n. 41/2003 e n. 47/2005 tiveram por base, segundo seus idealizadores: o respeito aos direitos adquiridos; a atribuição de concepção previdenciária aos RPPS; e a reversão do quadro de comprometimento do orçamento.

A EC n. 103/2019, por seu turno, instituiu idade mínima para todas as aposentadorias do RGPS, inclusive a especial, desvirtuando seu sentido de proteção à saúde, bem como achatou, mais uma vez, os benefícios de aposentadoria e pensão, criando regra de grave comprometimento da renda de pessoas idosas, ao determinar um redutor para o pagamento conjunto de aposentadoria e pensão por viuvez ou situação similar, entre outras medidas draconianas, sem direcionar uma linha sequer para a busca da efetiva arrecadação.

O que se constata, pois, pelo exame da evolução normativa no tocante às políticas de proteção social no Brasil, é que houve uma tendência segundo a qual a extensão de benefícios dessa natureza partiu sempre do casuísmo para a generalização, e inicia-se no âmbito da Administração Pública para depois se estender aos trabalhadores da iniciativa privada, primeiro no meio urbano, para depois atingir o meio rural[12], com evidente diferenciação no tratamento da matéria, desde o nível constitucional, quanto aos segmentos dos agentes públicos em relação aos trabalhadores em geral, o que tem gerado distorções no campo da redistribuição de renda.[13]

Ademais, inicia-se a normatização de tais políticas com medidas puramente assistenciais, para depois, já no século XX, assumir contornos de Seguro Social no padrão *bismarckiano,* e com a Constituição de 1988, se encontrava o Estado brasileiro em estágio de pretensão a um modelo universal de proteção social, ampla, mais em consonância com o modelo de Beveridge, sendo que o sistema de Seguridade Social brasileiro se ocupa apenas de proteção previdenciária, assistencial e de saúde, ficando o Estado diretamente responsável pela educação fundamental e pelas políticas de habitação, lazer e geração de empregos, como preconizado no ideário *beveridgeano,* constando todos esses como Direitos Sociais no art. 6º da Constituição.

No tocante ao financiamento das políticas de proteção social, foram adotadas, no curso da história, duas linhas totalmente distintas para o custeio de benefícios de natureza previdenciária (notadamente aposentadorias e pensões): para os agentes públicos, os recursos para o

---

[10] BORGES. *Op. cit.,* p. 71.
[11] BORGES. *Op. cit.,* p. 82.
[12] RUSSOMANO. *Comentários à Consolidação das Leis da Previdência Social,* p. 7.
[13] ROCHA. *Op. cit.,* p. 74.

pagamento dos benefícios eram obtidos diretamente do caixa do Tesouro, ou seja, da arrecadação tributária geral, sem contribuição individual específica destes; já para os trabalhadores da iniciativa privada, sempre houve a previsão de contribuição, que foi instituída juntamente com a do empregador (Caixas e Institutos de Aposentadoria e Pensões), sendo a contribuição do Poder Público sustentada por cotas ou taxas cobradas sobre o consumo de produtos das empresas envolvidas, o que, segundo Rosa Marques, tinha efeitos econômicos contraditórios. Com a criação do primeiro Instituto, o IAPM, anunciava-se um novo sistema: organizado como uma autarquia sob administração estatal, e tendo como base o território nacional, "passou também a contar de imediato com a contribuição paritária da União, configurando o chamado sistema tripartite de financiamento previdenciário".[14]

Ocorre que a mencionada contribuição da União nunca foi vertida por esta. Pelo contrário, tomou-se por empréstimo, a fundo perdido, o lastro contido nos institutos:

> *o controle sobre as reservas previdenciárias, desde os primeiros anos da década de 1930, transformaram a Previdência no principal "sócio" do processo de industrialização do país. De modo que, além de simplesmente burlar a lei, deixando de repassar ao instituto a arrecadação das cotas e taxas, nos montantes e prazos definidos, o governo passa a intervir sobre a aplicação das reservas.*[15]

A gestão dos recursos por pessoas que não tinham qualquer conhecimento técnico do assunto, com os cargos de direção sendo objeto de barganhas políticas, agravou o quadro e permitiu o desajuste entre aportes e pagamentos, por falta de maior preocupação com a viabilidade futura do sistema – o "equilíbrio financeiro e atuarial" – o qual somente é possível com a observação prévia dos fenômenos que podem influenciar na prestação dos serviços.

Fatores de natureza conjuntural também geraram sensíveis modificações no quadro da disponibilidade de recursos para financiamento do sistema. A crise financeira internacional do petróleo, bem antes da Constituição de 1988, e a desastrosa gestão da economia nacional, causadora da estagnação da chamada "década perdida" de 1980, o aumento do desemprego e do subemprego (trabalho informal, sem registro, e, portanto, sem contribuição ao sistema, logo sem proteção)[16], trouxeram problemas graves de arrecadação, potencializados por uma administração ineficiente, sujeita a fraudes e desvios de recursos.

Também ocorre, segundo as estatísticas oficiais, uma subversão dos princípios da seletividade e distributividade, pois em função da realidade social, trabalhadores de melhor condição têm se aposentado com idade bastante reduzida (aposentadorias por tempo de serviço ou contribuição) e com valores bem maiores, comparativamente aos trabalhadores de mais baixa renda, que também têm em seu desfavor a aposentação com idades mais avançadas, por causas diversas, mas principalmente pelo trabalho em condição de total informalidade, sem contribuição:

> *Assim, configurava-se um sistema de solidariedade às avessas, em que os trabalhadores com melhores condições financeiras se aposentavam por tempo de serviço mais cedo, recebiam um benefício maior e por um tempo maior. Além disso, eles continuavam no mercado de trabalho, e o benefício tornava-se mero complemento de renda. Os trabalhadores mais pobres se aposentavam por idade mais tarde, recebiam um benefício menor e por menos tempo.*[17]

---

[14] MARQUES. *Op. cit.*, p. 70-71.

[15] MARQUES. *Op. cit.*, p. 73.

[16] "Nossa primeira característica é que a proteção social é incompleta, devido à presença majoritária da informalidade no nosso mercado de trabalho. No Brasil, 59,1% da população ocupada está na informalidade. Esse é um dado de 1997" (MARQUES. *Op. cit.*, p. 21).

[17] Livro Branco da Previdência Social, p. 13.

Ainda que não se caracterize como um sistema de redução de desigualdades tão eficaz quanto se desejaria, em termos comparativos, o sistema brasileiro de Seguridade Social ainda era considerado, até pouco tempo atrás, sob certo prisma em tendência de crescimento do nível de proteção:

> *Apesar da existência de iniquidades na estrutura e na distribuição dos benefícios, a cobertura do sistema de seguridade social tem se ampliado de forma crescente, sobretudo se considerarmos as modificações constitucionais introduzidas nos sistemas previdenciário e de saúde a partir de 1988, encontrando-se no patamar mais elevado da América Latina.*[18]

No plano presente, em vista das reformas introduzidas no texto original da Constituição de 1988, notadamente as perpetradas pela EC n. 103/2019, de nítido viés ultraliberal, nota-se, entretanto, forte tendência de redução de despesas do Estado com benefícios da Previdência Social, em níveis que consideramos alarmantes, como será visto adiante.

– Previdência ideal: repartição ou capitalização?

Alguns segmentos da sociedade pregam abertamente o fim da Previdência Social (pelo abandono da noção de seguro social) e a adoção de um regime de seguros privados, ao estilo chileno. A proposta original da EC n. 103, por exemplo, trazia tal previsão, tendo sido abandonada a ideia apenas durante a tramitação no Congresso, pela repercussão altamente negativa.

Dizia *Confúcio* que um bom governo deveria sentir vergonha da pobreza de seu povo.

O abdicar da luta pela erradicação da miséria é atitude grave, ainda mais numa nação com milhões de pessoas vivendo em condições indignas. E, sendo assim, defender a saída paulatina do Poder Público da função de promover o bem-estar é algo inaceitável.

Com efeito, em termos de Brasil, não se chegou ao Estado de Bem-Estar Social imaginado por *Keynes* e *Beveridge*. Logo, não se pode conceber que sigamos aqui as ideias do bloco de nações nas quais a questão das desigualdades sociais extremas já deixou de existir – a Europa e demais países desenvolvidos.

Concordamos com a premissa de que "toda a discussão e eventuais medidas concretas implantadas no sentido de adequar o sistema previdenciário de cada país à atual realidade econômica mundial devem ser colocadas em prática sempre tendo como princípio o nível de proteção até então atingido. Não é possível pensar na redução do rol de benefícios, de seus valores ou de sua abrangência subjetiva, onde eles nem mesmo chegaram a ultrapassar um mínimo socialmente desejável".[19]

As políticas sociais dos países do Oriente nunca foram o que se pode chamar de "paradigma" para outras nações. Há uma questão cultural nas sociedades orientais, que não desamparam o idoso, nem a criança. Mas o que dizer da sociedade brasileira, onde os de idade mais tenra são atirados ao abandono, na rua, e os idosos, marginalizados e excluídos pelo mercado de trabalho e, às vezes, pela própria família, colocados em asilos ou instituições afins?

Em termos de amparo ao trabalhador, como visto, os países mais "competitivos" são os que abandonam seus indivíduos à própria sorte. Hong Kong não tem regime de previdência pública; a Coreia do Sul mantém apenas um seguro-saúde compulsório. Alie-se a isso um "salário de fome", a má qualidade da matéria-prima e dos produtos lá manufaturados (dos quais nos abarrotamos nas "lojas de R$ 1,99") e chega-se ao sucesso dos "emergentes". A conclusão mais

---

[18] SOARES, Laura Tavares Ribeiro. *Ajuste Neoliberal e Desajuste Social na América Latina.* Petrópolis: Vozes, 2001, p. 84.

[19] PEREIRA NETTO, Juliana Presotto. *A previdência social em reforma...*, cit., p. 49.

própria desse discurso vem do próprio *José Pastore*, arauto-mor do livre mercado nas relações de trabalho e previdência no Brasil:

> Os Tigres Asiáticos, por sua vez, cresceram dentro de um quadro pouco regulamentado decorrente de uma legislação incipiente. Aqueles países, como já foi dito, educaram adequadamente seus povos. Hoje, colhem os frutos dessa boa semente.[20]

Ou seja, a "educação ideal", segundo Pastore, é aquela em que se considera "bom homem" o indivíduo que nada questiona, nada reivindica, nada exige do Estado. Nesse contexto individualista, se algo acontece ao indivíduo, cabe ao próprio sujeito, ou à sua família, buscar a saída para a impossibilidade de sua subsistência por conta própria. A nosso ver, tal forma de educação apenas demonstra o descaso para com a noção de solidariedade entre os indivíduos da mesma coletividade – fora da célula familiar –, o que só aumenta as distorções e o chamado "abismo social", em que os mais ricos são cada vez mais abastados, e os pobres, cada vez mais miseráveis.

Cláudia Fernanda de Oliveira Pereira, escrevendo sobre a Reforma da Previdência de 1998, e questionando a validade de se privatizar ou não a Previdência brasileira, cita manifestação do então Deputado *Matheus Schmidt*, no sentido de que o principal objetivo era o de ampliar a previdência privada, particularmente a dos fundos abertos de adesão individual, sob o controle das instituições financeiras atuantes neste ramo, alertando para o fato de que o substitutivo do Senado permitia, num futuro próximo, a instalação no País de aportes de fundos de previdência privada que chegariam, em 2005, a um patrimônio de US$ 200 bilhões, pela supressão, do Texto Constitucional, da ideia de uma previdência complementar pública, lembrando que, em época ainda recente, já houve quem sofresse com os episódios de perda de recursos recolhidos, por exemplo, à extinta Capemi.[21]

O que se observa, portanto, é que há um interesse dos defensores das políticas de "flexibilização" em "nivelar por baixo" a questão da segurança social. A comparação com países do Oriente, que nem sequer garantem a mínima proteção ao indivíduo, assim o demonstram. Em nome da competição, fala-se abertamente em redução da proteção estatal, como se a população já tivesse atingido o bem-estar propalado pela política do Estado Benfeitor.

Os países da América Latina que adotaram o regime de capitalização como substitutivo do regime clássico de repartição também não são exemplos de prosperidade social – inclusive boa parte deles tendo retrocedido ao modelo antigo, e, como já foi dito, o índice de proteção do novo modelo do Chile não atinge mais que a metade da população economicamente ativa, deixando milhões de pessoas em situação de penúria quando atingem a velhice, ou antes mesmo, em caso de invalidez.

Assim, estamos diante de um sistema que não solucionou o problema da universalidade do atendimento à massa trabalhadora e, agora, tende à exclusão dos trabalhadores de mais baixa renda.

A transição entre regimes e a carga fiscal que deverá ser suportada pela população pelo ônus de ter o Estado de pagar benefícios sem ter fonte específica de onde tirar também não pôde ser avaliada, e dependerá sobremaneira da política de gastos públicos a ser realizada nos próximos anos. Enfim, a credibilidade neste sistema só pode existir por convicção, e não por resultados.

É importante afirmar que muitos dos que sustentam a adoção do regime de capitalização pretendem, tão somente, defender o fim das contribuições empresariais para o custeio da seguridade social. Várias vezes foi sustentado, talvez como "balão de ensaio", que, eliminando-se

---

[20] PASTORE, José. *Encargos sociais no Brasil: implicações para o salário, emprego e competitividade*. São Paulo: LTr, 1997, p. 13.

[21] PEREIRA, Cláudia Fernanda de Oliveira. *Reforma da previdência*. Brasília: Brasília Jurídica, 1999, p. 17-18.

a contribuição das empresas sobre a folha de pagamentos, tal fato poderia acarretar imediato aumento da média salarial oferecida pelas empresas, como na proposta do Instituto Liberal.[22] Pois bem, a "desoneração" praticada até aqui não gerou, por si, tal resultado.

O problema fundamental da segurança social não é abordado pelo ideário liberal. Não existindo previdência pública, compulsória e universal, muitos indivíduos ficarão à própria sorte. E a função do Estado não é outra, senão a de ter como meta garantir vida digna a todos, independentemente de terem ou não condição de poupar para os tempos adversos. Voltamos a *Maciel*, para fazer-lhe coro: "as políticas propriamente sociais devem ter um objetivo central: diminuir as desigualdades".[23] E isso, pelo que vimos nesta obra, não se vislumbra no porvir, mas justamente o contrário, com o achatamento de benefícios, especialmente a aposentadoria por incapacidade permanente (no mesmo diapasão que as demais) e a pensão por morte, cujo caráter de subsistência sobressai pela presumida ausência de seus beneficiários proverem renda.

A rede de segurança social não existe senão para, em função do ônus aplicado à população mais abastada, fazer com que esta promova, com as suas contribuições sociais, a melhoria das condições de vida da população mais carente. Num país como o nosso, com milhões e milhões de pessoas vivendo abaixo da linha da miséria, isso jamais pode ser esquecido ou relegado a segundo plano. O Brasil necessita e ainda necessitará, por muito tempo, de políticas sociais fortes, de sensível intervenção no domínio da economia, para que se traga para a dignidade, para a verdadeira cidadania, a parcela excluída da nossa sociedade.

Abolindo-se o sistema vigente, de repartição simples, pura e simplesmente, para adoção da previdência privada, e custeio da assistência social e da saúde por meio da receita tributária, resta evidente que tais populações irão sofrer drásticas consequências, pois as despesas com tais obrigações estatais terão de dividir as migalhas do orçamento que sobrarem depois que for feito o jogo de interesses da classe política, com suas inúmeras obras públicas e seus faraônicos gastos com propaganda, prédios suntuosos, cargos comissionados, diárias de viagens e outros gastos, muitos deles com desvio de finalidade.

Por isso é importante discutir abertamente a Previdência do futuro.

Tal pretensão suplanta os interesses meramente corporativistas e de época, o assunto deve ser visto sob uma perspectiva intergeracional – o que já deveria ter ocorrido algumas gerações atrás, caso a Previdência tivesse sido gerida de forma profissional e não meramente política.

Não há como se discutir o futuro sem ter uma clara visão dos problemas do momento presente, bem como da trajetória cumprida até aqui. Sem sombra de dúvida, para se chegar a conclusões sobre os rumos a seguir, é fundamental que se faça um diagnóstico preciso da atualidade e das projeções futuras sobre dados como: idade de ingresso no mercado de trabalho, expectativa de vida, taxa de natalidade.

Daí não há como fugir de buscar soluções para fenômenos graves, como: o trabalho informal e sem contribuição para o INSS, que gera uma legião de trabalhadores com dificuldades de acesso à aposentadoria; a sonegação fiscal praticada sem que haja um cruzamento de informações entre INSS e órgãos das Receitas Federal, Estaduais e Municipais; a falta de maior rigor na cobrança dos devedores e na punição dos fraudadores; a tributação excessiva da folha de pagamentos, que acaba gerando o trabalho "sem carteira assinada" e os pagamentos "por fora", que só prejudicam o trabalhador; o índice crescente de doenças ligadas ao trabalho e o consequente pagamento de benefícios por incapacidade, sem que haja a devida prevenção por parte de empresas; a violência urbana e rural, envolvendo a criminalidade e a proliferação do uso de armas letais; tráfico e consumo de drogas, ceifadores de vidas

---

[22] STEPHANES, Reinhold. *Reforma...*, cit., p. 140.
[23] MACIEL, José Alberto Couto. *Desempregado ou supérfluo? globalização*. São Paulo: LTr, 1998, p. 18.

humanas ainda jovens; as mortes no trânsito, decorrentes da má-educação dos motoristas, por um lado, e da precária infraestrutura das vias, por outro; ou, ainda, e para alguns, *principalmente*, o atendimento muitas vezes insatisfatório praticado em agências do INSS ante a falta de treinamento de seus servidores – sejam os técnicos, sejam os médicos peritos, os atendentes do telefone 135 e ainda, os "contratados temporários", militares da reserva e servidores aposentados, pessoas que talvez nunca tenham lido a Lei de Benefícios da Previdência Social para saber quais são os direitos de um segurado – não só na interpretação do direito, mas também, e principalmente, quanto à falta de sensibilidade do caráter essencialmente humano e emergencial do serviço público ali prestado.

Porém, o maior problema a ser enfrentado é o de como criar, entre os brasileiros, uma verdadeira "cultura de previdência": fazer que as pessoas entendam que a Previdência é um bem necessário (e não um mal) para a proteção de todos nós, em períodos de adversidade, e que ela só poderá funcionar bem se todos fizermos a nossa parte, contribuindo, e assim nos garantindo e a nossos dependentes para o tempo em que não mais possamos trabalhar. E que, se o atendimento do INSS por vezes é ruim, e a proteção não é a ideal, não é o caso de trilhar pelo perigoso caminho da imprevidência: ninguém sabe o dia de amanhã. Melhor ter uma Previdência que assegure essa proteção, e lutar para que ela seja melhor.

Para tanto, deve-se partir de algumas premissas.

A primeira delas é a da manutenção do modelo previdenciário – de repartição simples, gerido pelo Estado, de natureza pública e financiado mediante contribuições. Entendemos descabidas propostas como a de privatização do sistema, ou de modelos básicos de capitalização, com o abandono do caráter solidário e de política pública da Previdência.

A segunda, de que cabe discutir de imediato o molde previdenciário das futuras gerações de segurados, ainda não participantes do mercado de trabalho, pois há sustentabilidade no curto prazo.

A terceira, de que as propostas não podem atentar contra direitos adquiridos dos beneficiários.

A quarta, de que haverá respeito aos que, mesmo não detentores de direito adquirido, já ingressaram no mercado de trabalho e, portanto, já são filiados ao sistema, admitindo-se prazos carenciais para a alteração dos requisitos, e regras de transição longas, que permitam o gradativo ajuste dos atuais trabalhadores ao modelo futuro.

Quanto aos aspectos demográficos, atuais e futuros, é possível apontar, com base em relatório produzido pelo Fórum Nacional de Previdência Social de 2007, que:

a) *existe uma mudança em curso, no sentido do aumento de expectativa de vida da população brasileira, causando impactos na Previdência diante da necessidade de cobertura por benefícios previdenciários aos aposentados e pensionistas por mais tempo;*

b) *há um decréscimo na taxa de natalidade, demonstrando mudanças no comportamento reprodutivo das famílias, o que no médio e longo prazo trará redução na proporção entre número de contribuintes e de beneficiários do sistema;*

c) *a informalidade das relações de trabalho tem altos índices, excluindo uma massa significativa de pessoas da proteção previdenciária;*

d) *nota-se uma maior participação da mulher no mercado de trabalho, tendência que deve se manter em ascensão nos próximos anos, também com impactos na Previdência;*

e) *houve mudanças no perfil do trabalhador rural brasileiro, diante das inovações tecnológicas e do incremento do agronegócio, porém ainda existindo altos índi-*

ces de informalidade em razão da sazonalidade e precariedade das relações de trabalho;

f) as tendências entre os países da Organização para a Cooperação e Desenvolvimento Econômico (OCDE) com relação aos regimes previdenciários são aumentar o limite de idade para a aposentadoria, reduzir as diferenças de critérios para homens e mulheres terem acesso aos benefícios e considerar a expectativa de vida no cálculo dos benefícios;

g) há distorções verificáveis quando comparadas as coberturas previdenciária e assistencial, cujos patamares mínimos são idênticos;

h) o benefício de prestação continuada precisa ser ajustado de modo a corrigir impropriedades da própria legislação que o prevê, o que é indicado pelos próprios representantes do Governo em seus diagnósticos.

Do Fórum Nacional de Previdência Social de 2007 foram obtidos os consensos possíveis e registrados os pontos em que houve dissenso.[24] Dos consensos obtidos, pode-se destacar:

a) o reconhecimento de que a informalidade das relações de trabalho e da economia se constitui em entrave para a universalização das políticas sociais – que por sua vez, é objetivo fundamental a ser alcançado –, e deve ser pronta e eficientemente combatida pelo Poder Público, com a promoção da formalização e inclusão social de todos os trabalhadores, com o fortalecimento da fiscalização e modernização das formas de cobrança dos créditos da Seguridade Social;[25]

b) o reconhecimento da necessidade de se implementar políticas de proteção do trabalhador contra acidentes e doenças ligadas ao trabalho, com a manutenção de regras diferenciadas para pessoas que exercem atividades em contato com agentes nocivos à saúde (a aposentadoria especial) e ênfase na prevenção dos males decorrentes da atividade laborativa;[26]

c) a possibilidade de (re)criação de mecanismos de incentivo (monetário, como o abono de permanência) à postergação da aposentadoria voluntária, em função da transição demográfica por que passa a sociedade brasileira, com o aumento da expectativa de vida;[27]

d) a sinalização de que deve haver um aprofundamento nas políticas de redução das desigualdades de gênero, com vistas a uma futura mudança na relação entre idade e tempo de contribuição exigidos para o homem e para a mulher, visando a convergência de requisitos em longo prazo;[28]

---

[24] LOPEZ, Felix Garcia. Fórum Nacional da Previdência Social: consensos e divergências. Brasília: IPEA, 2009. Disponível em: http://www.ipea.gov.br/portal/images/stories/PDFs/TDs/td_1432.pdf. Acesso em: 20 nov. 2018.

[25] A EC n. 103/2019 não possui uma regra sequer nessa diretriz; pelo contrário, impõe regra de evidente inconstitucionalidade, ao dispor que não será computado o período em que as contribuições forem menores do que o valor apurado sobre a base de cálculo igual a um salário mínimo, tributando excessivamente aqueles que menos podem contribuir – os que são denominados pelas estatísticas oficiais como "subocupados", como trabalhadores intermitentes e eventuais.

[26] A EC n. 103/2019 vai na direção oposta: piora a situação dos trabalhadores expostos a agentes nocivos, com a exigência de idade mínima para a aposentadoria especial. Antes, tentou-se por medida provisória (não convertida em lei) a exclusão da proteção acidentária dos trabalhadores vitimados por acidentes de trajeto.

[27] O abono de permanência continua sendo pago somente a servidores filiados a Regimes Próprios e a EC n. 103 passa a prever que ele pode ser reduzido ou até extinto por lei de cada ente federativo.

[28] A EC n. 103/2019 reduz as diferenças de tratamento entre homens e mulheres, em certos casos até mesmo igualando as regras (como os requisitos da aposentadoria especial).

e) a preocupação com o ainda alto índice de informalidade do trabalho de mulheres, principalmente as que exercem atividade como domésticas, devendo ser fortalecida a inclusão feminina no sistema previdenciário;[29]

f) quanto ao custeio do sistema, deve-se buscar a desoneração da folha de pagamento sem aumento da carga tributária e com ênfase no aumento do número de postos no mercado formal de trabalho, permitindo a inclusão social e o aumento da base de contribuintes, sem perder de vista o equilíbrio financeiro;[30]

g) a proposta de recriação do Conselho Nacional de Seguridade Social, com atribuição de articular as políticas nos três campos de atuação – Saúde, Previdência e Assistência;[31]

h) a necessidade de adoção de formas modernas de gestão para a Previdência, privilegiando a profissionalização da administração previdenciária, e de contabilização transparente das receitas e despesas;[32]

i) quanto à Assistência Social, a necessidade de revisão do conceito de família para fins de concessão de benefícios, de modo a aperfeiçoar a focalização do Benefício de Prestação Continuada na camada mais necessitada da população, mantida a vinculação deste ao salário mínimo; e

j) a necessidade de se manter critérios diferenciados para o acesso à aposentadoria da população trabalhadora rural, com a preocupação de buscar a maior formalização das relações laborais rurais e a busca de formas de contribuição que contemplem a sazonalidade da atividade.[33]

Um dos mais graves problemas a serem enfrentados é a descrença do cidadão na instituição INSS.

A questão cultural deve ser abordada de modo a esclarecer a população sobre a necessidade da inserção no regime previdenciário, em campanhas que, a exemplo de outras tantas já realizadas pelos governos, venham a dar a real dimensão do que é a Previdência Social e sua importância para a proteção social não só do trabalhador como também de seus familiares.

Sobre a descrença nos serviços prestados pelo INSS, a mudança tem de partir da própria estrutura. Há muito a fazer no sentido de levar um serviço de qualidade ao cidadão e incluí-lo no campo da segurança social não só no âmbito teórico das normas, mas efetivamente.

Partindo desta premissa, sintetizamos nossas ideias, as quais defendemos e sustentamos desde 2007, quando participamos como observadores do Fórum Nacional de Previdência Social, mas que infelizmente não foram totalmente adotadas.

---

[29] Nenhuma mudança foi realizada neste sentido.

[30] Na linha diametralmente oposta, está se abolindo o regime de desoneração, e nada se pratica quanto à sonegação decorrente da informalidade das relações de trabalho, que atinge números crescentes.

[31] Não se observa nenhuma perspectiva de recriação do CNSS.

[32] A adoção do eSocial, apesar das várias postergações de sua implantação e de problemas com o sistema – típicos em matéria de previdência no Brasil, desde muito tempo, graças à má qualidade dos serviços prestados pela Dataprev, empresa pública que não tem razão de existir –, segue na direção sugerida.

[33] As alterações legislativas levadas a efeito em 2019 visam, em certa parte, a este objetivo. A proposta original da EC n. 103/2019 também era severa quanto à classe trabalhadora rural e, por isso, no Congresso Nacional as regras foram retiradas do texto.

Bibliografia

ABREU, Nylson Paim de. Regime de economia familiar. *Revista do Tribunal Regional Federal da 4ª Região*, Porto Alegre, ano 11, n. 36, 2000.

ACCADROLLI, Jelson Carlos. A influência do fator previdenciário no cálculo do valor da aposentadoria. *Revista RPS*, São Paulo: LTr, 249/583.

AFONSO, Luís Eduardo; FERNANDES, Reynaldo. *Uma estimativa dos aspectos distributivos da previdência social no Brasil*. São Paulo: FEA-USP, mimeo, 2004.

AGOSTINHO, Theodoro. *Manual de direito previdenciário*. 2. ed. São Paulo: Saraiva, 2022.

ALCÂNTARA, Marcelino Alves de. *O princípio da equidade na forma de participação no custeio*. Dissertação (Mestrado em Direito) – Pontifícia Universidade Católica de São Paulo, São Paulo, 2010.

ALEXY, Robert. *Teoria de los derechos fundamentales*. Madrid: Centro de Estudios Políticos y Institucionales, 2002.

ALMEIDA, Selene Maria. Juizados Especiais Federais: a justiça dos pobres não pode ser uma pobre justiça. *Revista do Tribunal Regional Federal*, 1ª Região, Brasília, v. 15, n. 2, p. 31-42, fev. 2003.

ALVES, Hélio Gustavo. *Guia prático dos benefícios previdenciários*. 4. ed. Rio de Janeiro: Forense, 2022.

ALVES, Hélio Gustavo. *Teoria pentadimensional do direito*: pura e prognosticada. São Paulo: LTr, 2019.

AMARAL E SILVA, Antônio Fernando Schenkel do. Questões pertinentes ao crime de não recolhimento de contribuições previdenciárias – art. 95, *d*, da Lei n. 8.212/91. *Revista da Escola Superior da Magistratura do Estado de Santa Catarina*, v. 7, ano 5, out. 1999.

ANDREUCCI, Ana Claudia Pompeu Torezan. Salário-maternidade para a mãe adotiva: uma análise do acórdão proferido pelo Supremo Tribunal Federal à luz dos métodos de interpretação. Tese publicada no *Jornal do 15º Congresso Brasileiro de Previdência Social*, São Paulo: LTr, 15.4.2002.

ANFIP – Associação Nacional dos Auditores-Fiscais da Receita Federal do Brasil; Fundação ANFIP de Estudos de Seguridade Social. *Seguridade e Previdência social: contribuições para um Brasil mais justo*. Brasília: ANFIP, 2014. Disponível em: http://www.anfip.org.br/publicacoes/20140808091827_Seguridade-e-Previdencia-Social-Contribuicoes-para-um-Brasil-mais--Justo_08-08-2014_Seguridade-e-Previdencia_final-1.pdf. Acesso em: 29 out. 2014.

ANFIP – Associação Nacional dos Auditores-Fiscais da Receita Federal do Brasil. *Análise da Seguridade Social 2009*. Brasília: ANFIP, 2010.

ANFIP – Associação Nacional dos Auditores-Fiscais da Receita Federal do Brasil; Fundação ANFIP de Estudos Tributários e da Seguridade Social. *Análise da Seguridade Social 2021*. 22. ed. Brasília: ANFIP, 2022.

ANFIP – Associação Nacional dos Auditores-Fiscais da Receita Federal do Brasil. *Análise da Seguridade Social 2022*. Brasília: ANFIP, 2023.

ANNUNZIATO, Eduardo. *Multiparentalidade socioafetiva na pensão por morte do RGPS*. 2020. eBook.

ARAÚJO NETO, Raul Lopes de. *Fundamentos do sistema de seguridade social*. Teresina: EdUFPI, 2023.

ARENDT, Hannah. *A condição humana*. Trad. Roberto Raposo. Rio de Janeiro: Forense Universitária, 2001.

ARRUDA JÚNIOR, Edmundo Lima de. *Direito, marxismo e liberalismo*. Florianópolis: CESUSC, 2001.

ATALIBA, Geraldo. *Hipótese de incidência tributária*. 6. ed. São Paulo: Malheiros, 2004.

AURVALLE, Luís Alberto d'Azevedo. *A pensão por morte e a dependência econômica superveniente*. Revista de Doutrina da 4ª Região, Porto Alegre, n. 18, jun. 2007. Disponível em: http://www.revistadoutrina.trf4.gov.br/artigos/Edicao018/ Luis_Aurvalle.htm. Acesso em: 19 dez. 2007.

BACHUR, Tiago Faggioni. *Manual prático do direito previdenciário*. Edição especial. Leme: Lemos e Cruz, 2014.

BALERA, Wagner. *Noções preliminares de direito previdenciário*. São Paulo: Quartier Latin, 2004.

BALTAZAR JÚNIOR, José Paulo. *Crimes federais*. 11. ed. São Paulo: Saraiva, 2017.

BARR, Nicholas. *The economics of the Welfare State*. 2. ed. Londres: Weindenfeld & Nicholson, 1993.

BASTOS, Celso Ribeiro. *Curso de direito constitucional*. 19. ed. São Paulo: Saraiva, 1998.

BASTOS, Celso Ribeiro. *Curso de direito financeiro e de direito tributário*. 6. ed. São Paulo: Saraiva, 1998.

BATALHA, Wilson de Souza Campos. *Direito intertemporal*. Rio de Janeiro: Forense, 1980.

BATISTA, Analía Soria et al. *Envelhecimento e dependência*: desafios para a organização da proteção social. Brasília: MPS, SPPS, 2008.

BAUMAN, Zygmunt. *A vida fragmentada*: ensaios sobre a vida pós-moderna. Lisboa: Relógio D'Água, 2007.

BECK, Ulrich. *O que é globalização?* Equívocos de globalismo e respostas à globalização. Trad. André Carone. São Paulo: Paz e Terra, 1999.

BELMIRO, Celso Jorge Fernandes. O sistema recursal e os meios autônomos de impugnação no âmbito dos juizados especiais cíveis – novos contornos jurisprudenciais. *Revista Brasileira de Direito Processual*, Belo Horizonte, ano 18, n. 73, jan. 2011.

BERBEL, Fábio Lopes Vilela. *Teoria geral da Previdência Social*. São Paulo: Quartier Latin, 2005.

BEVERIDGE, William. *O Plano Beveridge*. Trad. Almir Andrade. Rio de Janeiro: José Olympio Editora, 1943.

BITTENCOURT, André Luiz Moro. *Manual dos benefícios por incapacidade laboral e deficiência*. 4. ed. Curitiba: Alteridade Editora, 2021.

BOBBIO, Norberto. *Igualdade e liberdade*. Trad. Carlos Nelson Coutinho. Rio de Janeiro: Ediouro, 1996.

BOBBIO, Norberto. *Teoria do ordenamento jurídico*. 10. ed. Trad. Maria Celeste C. J. Santos. Brasília: Editora Universidade de Brasília, 1997.

BOLLMANN, Vilian. *Hipótese de incidência previdenciária e temas conexos*. São Paulo: LTr, 2005.

BONAVIDES, Paulo. *Teoria do Estado*. 3. ed. São Paulo: Malheiros, 1995.

BORBA, Juliana de Cássia Bento. Dos meios de provas da Atividade Especial: imbróglios fáticos e jurídicos. *100 anos da Previdência Social brasileira*: temas contemporâneos, desafios e perspectivas. Belo Horizonte: Editora IEPREV, 2023.

BORGES, Mauro Ribeiro. *Previdência funcional e regimes próprios de previdência*. Curitiba: Juruá, 2003.

BORSIO, Marcelo F. *A constituição inadequada de créditos previdenciários em auto de infração*. Disponível em: http://marcelofernandoborsio.jusbrasil.com.br/artigos/121934114/a-constituicaoinadequada-de-creditos-previdenciarios-em-auto-de-infracao. Acesso em: 9 nov. 2018.

BRADBURY, Leonardo Cacau Santos La. *Curso prático de direito e processo previdenciário*. 4 ed. São Paulo: Atlas, 2021.

BRAMANTE, Ivani Contini. Desaposentação e nova aposentadoria. *Revista de Previdência Social*, São Paulo: LTr, ano XXV, n. 224, mar. 2001.

BRANDIMILLER, Primo. *Perícia judicial em acidentes e doenças do trabalho*. São Paulo: Senac, 1996.

BRASIL. Instituto de Pesquisa Econômica Aplicada. *Carta de Conjuntura n. 55*. Nota 28 – 2º trimestre de 2022. Disponível em: https://www.ipea.gov.br/portal/images/stories/PDFs/conjuntura/220624_cc_55_nota_28_mercado_de_trabalho.pdf. Acesso em: 4 set. 2022.

BRASIL. Instituto Nacional de Pesquisa Aplicada. *Políticas Sociais – acompanhamento e análise*, n. 9, ago. 2004. Disponível em: https://repositorio.ipea.gov.br/bitstream/11058/4599/1/bps_n.9_PREVIDENCIA_SOCIAL9.pdf. Acesso em: 7 maio 2023.

BRASIL. Instituto Nacional do Seguro Social. *Manual de acidentes do trabalho*. Brasília: Instituto Nacional do Seguro Social, 2016. p. 16. Disponível em https://www.saudeocupacional.org/v2/wp-content/uploads/2016/05/Manual-de-Acidente-de-Trabalho-INSS-2016.pdf. Acesso em: 26 maio 2023.

BRASIL. Instituto Nacional do Seguro Social. *Manual técnico de perícia médica previdenciária*. Brasília: Instituto Nacional do Seguro Social, 2018.

BRASIL. Ministério da Economia. *Informe da Previdência Social*, v. 33, n. 1, 2021. Disponível em: https://www.gov.br/previdencia/pt-br/centrais-de-conteudo/publicacoes/publicacoes-sobre-previdencia-social/informes/arquivos/2021/informe-de-previdencia-janeiro-de-2021.pdf. Acesso em: 2 set. 2021.

BRASIL. Ministério da Previdência Social. *Acordos internacionais*. Disponível em: https://www.gov.br/previdencia/pt-br/assuntos/acordos-internacionais/acordos-internacionais. Acesso em: 27 set. 2023.

BRASIL. Ministério da Previdência Social. *Informe de Previdência Social*, Brasília: MPS, v. 26, n. 1, jan. 2014. Disponível em: http://www.previdencia.gov.br/wp-content/uploads/2013/05/Informe_janeiro_2014.pdf. Acesso em: 29 out. 2014.

BRASIL. Ministério da Previdência Social. *Migrações internacionais e a Previdência Social*. Brasília: MPAS, SPS, CGEP, 2006.

BRASIL. Ministério da Saúde. Secretaria de Atenção a Saúde. Instituto Nacional de Câncer. Coordenação de Prevenção e Vigilância. *Vigilância do câncer ocupacional e ambiental*. Rio de Janeiro: INCA, 2005.

BRAZ, Matheus Viana. Heteromação e microtrabalho no Brasil. *Sociologias* [online], v. 23, n. 57, p. 134-172, 2021. Disponível em: https://doi.org/10.1590/15174522-111017. Acesso em: 11 out. 2023.

BRIGAGÃO, Gustavo; MATA, Juselder Cordeiro da (org.). *Temas de direito tributário*: em homenagem a Gilberto de Ulhôa Canto. Belo Horizonte: Arraes Editores, 2020. v. 2.

BURITI, Tamara de Santana Teixeira. A "pejotização" e a fraude ao regime de emprego. *Conteúdo Jurídico*, Brasília-DF, 25 jan. 2018. Disponível em: http://www.conteudojuridico.com.br/?artigos&ver=2.590277&seo=1. Acesso em: 1º nov. 2018.

CALAZANS, Fernando Ferreira. A garantia da preservação do valor real da aposentadoria de servidor público sem direito à paridade e a inexistência de lei de reajuste. *Regimes próprios*: aspectos relevantes. São Bernardo do Campo/SP: Indústria Gráfica Senador, 2017. v. 12. Disponível em: http://www.abipem.org.br/download/APEPREM_LIVRO_MIOLO12.pdf. Acesso em: 18 nov. 2018.

CALAZANS, Fernando Ferreira. Injuridicidade e aplicabilidade dos redutores do art. 24, § 2º, da Emenda Constitucional n. 103 de 2019. *Centenário da Previdência Social*. Belo Horizonte: IEPREV, 2023.

CAMPOS, José Luiz Dias. *Acidentes do trabalho: prevenção e reparação*. 3. ed. São Paulo: LTr, 1996.

CAMPOS, Marcelo Barroso Lima Brito de. As consequências da obrigatoriedade de regime próprio de previdência aos servidores públicos titulares de cargos efetivos. In: FOLMANN, Melissa; FERRARO, Suzani. *Previdência: entre o direito social e a repercussão econômica no século XXI*. Curitiba: Juruá, 2009.

CAMPOS, Marcelo Barroso Lima Brito de. *Regime próprio de previdência social dos servidores públicos*. Belo Horizonte: Líder, 2004.

CAMPOS, Marcelo Barroso Lima Brito de. Superposição das regras de transição nas reformas constitucionais da previdência social brasileira. *Revista de Direitos Sociais, Segurança e Previdência Social*, v. 6, n. 1, jan.-jun. 2020. Disponível em: https://www.indexlaw.org/index.php/revistadssps/article/view/6730. Acesso em: 22 jun. 2021.

CARBONE, Célia Opice. *Seguridade social no Brasil: ficção ou realidade?* São Paulo: Atlas, 1994.

CARDONE, Marly. *Previdência, assistência, saúde: o não trabalho na Constituição de 1988*. São Paulo: LTr, 1990.

CARDOSO, Oscar Valente. Regras de incidência subsidiária de normas e preenchimento de lacunas: uma leitura a partir do sistema normativo dos Juizados Especiais Cíveis. *Revista Dialética de Direito Processual*, São Paulo: Dialética, n. 100, jul. 2011.

CARRAZZA, Roque Antonio. A extinção da punibilidade no parcelamento de contribuições previdenciárias descontadas, por entidades beneficentes de assistência social, dos seus empregados, e não recolhidas, à previdência, no prazo legal. Questões conexas. *Revista Justitia*, São Paulo, v. 58, n. 174, abr.-jun. 1996.

CARRAZZA, Roque Antonio. *Curso de direito constitucional tributário*. 9. ed. São Paulo: Malheiros, 1997.

CARRION, Valentin. *Comentários à Consolidação das Leis do Trabalho*. 19. ed. São Paulo: Saraiva, 1999.

CARVALHO FILHO, José dos Santos. *Manual de direito administrativo*. 4. ed. rev., ampl. e atual. Rio de Janeiro: Lumen Juris, 1999.

CASSAR, Vólia Bomfim. *Direito do trabalho*. 14. ed. de acordo com a Reforma Trabalhista – Lei 13.467/2017. Rio de Janeiro: Forense, 2017.

CASTEL, Robert. *Les métamorphoses de la question sociale*. Paris: Fayard, 2003.

CASTELLS, Manuel. *A sociedade em rede*. 9. ed. rev. E ampl. São Paulo: Paz e Terra, 2006.

CASTILHO, Paulo de. *Execução de contribuição previdenciária pela Justiça do Trabalho*. São Paulo: RT, 2005.

CASTRO, Carlos Alberto Pereira de; LAZZARI, João Batista. Contribuições à seguridade social em face de decisões proferidas pela Justiça do Trabalho e sua execução. *Revista LTr*, São Paulo: LTr, fev. 1999.

CASTRO, Carlos Alberto Pereira de Castro; LAZZARI, João Batista. *Lei de Benefícios da Previdência Social*. Rio de Janeiro: Forense, 2024.

CASTRO, Carlos Alberto Pereira de Castro; LAZZARI, João Batista. *Direito do Trabalho e Previdência – aspectos práticos*. Rio de Janeiro: Forense, 2023.

CASTRO, Priscila Gonçalves de. *Direitos humanos de seguridade social*: uma garantia ao estrangeiro. São Paulo: LTr, 2014.

CATHARINO, José Martins. *Compêndio de direito do trabalho*. São Paulo: LTr, 1990.

CHOSSUDOVSKY, Michel. *A globalização da pobreza: impactos das reformas do FMI e do Banco Mundial*. Trad. Marylene Pinto Michael. São Paulo: Moderna, 1999.

COELHO, Vera Schattan Pereira (org.). *A Reforma da Previdência Social na América Latina*. Rio de Janeiro: Editora FGV, 2003.

COIMBRA, J. R. Feijó. *Direito previdenciário brasileiro*. 7. ed. Rio de Janeiro: Edições Trabalhistas, 1997.

CORREIA, Marcus Orione Gonçalves; CORREIA, Érica Paula Barcha. *Curso de direito da seguridade social*. 5. ed. São Paulo: Saraiva, 2010.

COSTA, Eliane Romeiro. Tendências do sistema de previdência social. *Revista de Previdência Social*, São Paulo: LTr, nov. 2001.

CRUZ, Adriana; SARMENTO, Daniel; RAUPP RIOS, Roger (org.). *Desigualdade, o flagelo do Brasil*. Ribeirão Preto: Migalhas, 2022. (livro eletrônico)

CRUZ, Paulo Márcio. *Fundamentos do direito constitucional*. Curitiba: Juruá, 2001.

CRUZ, Paulo Márcio. *Poder, política, ideologia e Estado contemporâneo*. Florianópolis: Diploma Legal, 2001.

DALLEGRAVE NETO, José Affonso; KAJOTA, Ernani (coord.). *Reforma trabalhista ponto a ponto*. São Paulo: LTr, 2018.

DE BUÉN, Nestor. *El estado de malestar*. México: Porrúa, 1997.

DEL VECCHIO, Giorgio. *A justiça*. Trad. Antônio Pinto de Carvalho. São Paulo: Saraiva, 1960.

DELMANTO, Celso. *Código Penal comentado*. Rio de Janeiro: Renovar, 1986.

DEMO, Roberto Luis Luchi. *Reforma da Previdência. Servidor Público que toma posse em novo cargo. Regime previdenciário aplicável*. Revista de Previdência Social, São Paulo: LTr, n. 280, mar. 2004.

DI PIETRO, Maria Sylvia Zanella. *Direito administrativo*. 17. ed. São Paulo: Atlas, 2004.

DIAS, Floriano de Aguiar. *Constituições do Brasil*. Rio de Janeiro: Liber Juris, 1975.

DIAS, Marcus Vinícius de Viveiros; SOARES, Jefferson Douglas. Breves considerações sobre o artigo 9º da Lei n. 10.684/2003. O novo 'refis'. Aspectos penais. *Boletim dos Procuradores da República,* ano V, n. 60, abr. 2003.

DOBROWOLSKI, Silvio. Novas considerações sobre o crime de omissão de recolhimento de tributos e contribuições. *Revista da Escola Superior da Magistratura do Estado de Santa Catarina,* v. 7, ano 5, out. 1999.

DONADON, João. *O benefício de aposentadoria especial aos segurados do regime geral de previdência social que trabalham sujeitos a agentes nocivos – origem, evolução e perspectivas.* Brasília/DF, 2º semestre 2003.

DOWBOR, Ladislau (org.) et al. *Desafios da globalização.* Petrópolis: Vozes, 1997.

DUGUIT, Léon. *Fundamentos do direito.* Trad. Márcio Pugliesi. São Paulo: Ícone, 1996.

EISELE, Andréas. *Crimes contra a ordem tributária.* 2. ed. São Paulo: Dialética, 2002.

ESPING-ANDERSEN, Gosta. *The Three Worlds of Welfare Capitalism.* Princeton: Princeton University Press, 1990.

FAZIO, Luciano. A contribuição extraordinária nos regimes próprios de Previdência Social. *Consultor Jurídico.* Disponível em: https://www.conjur.com.br/2021-jun-24/fazio-contribuicao-extraordinaria-regimes-previdencia. Acesso em: 25 ago. 2021.

FELICIANO, Guilherme Guimarães; CASTRO, Carlos Alberto Pereira de. Voltou a reforma da Previdência, agora "desidratada": o que esperar? *Juízo de Valor.* Disponível em: https://www.jota.info/opiniao-e-analise/colunas/juizo-de-valor/voltou-reforma-da-previdencia-agora-desidratada-o-que-esperar-06022018. Acesso em: 7 fev. 2018.

FERNANDES, Emília. *Regulamentação da previdência social contém mais prejuízos para as mulheres. Jornal do DIAP,* Brasília, set. 1999.

FERREIRA, Dâmares. A inconstitucionalidade do "FUNRURAL" após a EC 20/98. *Revista de Direito Previdenciário,* São Paulo: Conceito Editorial, v. 2, ano 1, 2010.

FERREIRA, Sérgio DAndréa. *Direito administrativo didático.* 3. ed. Rio de Janeiro: Forense, 1985.

FLORINDO, Valdir. *Dano moral e o direito do trabalho.* 3. ed. São Paulo: LTr, 1999.

FOLMANN, Melissa; FERRARO, Suzani. *Previdência*: entre o direito social e a repercussão econômica no século XXI. Curitiba: Juruá, 2009.

FOLMANN, Melissa; SERAU JR., Marco Aurélio. *Interlocuções entre o direito previdenciário, o direito tributário e a economia.* Porto Alegre: Paixão, 2017.

FREITAS JUNIOR, Antonio Rodrigues de. *On demand*: trabalho sob demanda em plataformas digitais. Belo Horizonte: Arraes Editores, 2020.

FRIEDMAN, Milton. *Capitalismo e liberdade.* Trad. Luciana Carli. 3. ed. São Paulo: Nova Cultural, 1988.

GALVÃO, Paulo Braga. *Os direitos sociais nas Constituições.* São Paulo: LTr, 1981.

GEROMES, Sergio. *Cálculo de liquidação no cumprimento de sentença previdenciária.* Belo Horizonte: Editora IEPREV, 2021.

GOES, Hugo. *Manual de direito previdenciário.* 17. ed. rev. e atual. Rio de Janeiro: Método, 2023.

GOMES, Luiz Flávio. *Crimes previdenciários.* São Paulo: Revista dos Tribunais, 2001. (Série: As Ciências Criminais do Século XXI, vol. I)

GOSSERIES, Axel. *Pensar a justiça entre as gerações*: do caso Perruche à reforma das pensões. Trad. Joana Cabral. Coimbra: Almedina, 2015.

GOUVÊA, Marcus de Freitas. *O lançamento no direito tributário brasileiro: a prescrição e a decadência nos tributos lançados por homologação*. Jus Navigandi, Teresina, ano 10, n. 1162, 6 set. 2006. Disponível em: http://jus2.uol.com.br/doutrina/ texto.asp?id=8877. Acesso em: 6 jan. 2008.

HACK, Érico. Princípio da capacidade contributiva: limites e critérios para o tributo. *Revista da SJRJ*, n. 39, p. 83. Disponível em: https://www.jfrj.jus.br/revista-sjrj/artigo/principio-da-capacidade-contributiva-limites-e-criterios-para-o-tributo-ability. Acesso em: 21 jul. 2020.

HARDY, Majoly Aline dos Anjos. O sistema de Previdência Social de Portugal: alguns aspectos e curiosidades. In: VIEIRA, Lucia Helena (coord.). *Regimes próprios*: aspectos relevantes. São Bernardo do Campo: ABIPEM/APEPREM, 2018. v. 12.

HOBSBAWN, Eric. *A era dos extremos: o breve século XX: 1914-1991*. Trad. Marcos Santarrita. São Paulo: Companhia das Letras, 1995.

IBRAHIM, Fábio Zambitte. *Decadência e prescrição no benefício previdenciário*. Jornal do 17º Congresso Brasileiro de Previdência Social, São Paulo: LTr, 2004.

KERTZMAN, Ivan. Contribuição mínima dos segurados. *Revista de Previdência Social*, São Paulo: LTr, n. 500, jul. 2022.

KRAVCHYCHYN, Alex Lemos. *Diretrizes para auxiliar a concepção de regimes complementares mais eficientes para os servidores públicos*. Dissertação de Mestrado. Florianópolis: Universidade do Estado de Santa Catarina, 2018.

LA BRADBURY, Leonardo Cacau Santos. *Curso prático de direito e processo previdenciário*. 4. ed. São Paulo: Atlas, 2021.

LACOMBE, Américo. *Obrigação tributária*. 2. ed. Florianópolis: Obra Jurídica, 1996.

LAGE, Emerson José Alves; LOPES, Mônica Sette (coord.). *Direito e processo do trabalho*. Belo Horizonte: Del Rey, 2003.

LAZZARI, João Batista. Ação regressiva acidentária. *Jornal do 14º Congresso Brasileiro de Previdência Social*. São Paulo: LTr, 2001.

LAZZARI, João Batista. Ingresso prévio na via administrativa. *Jornal do 14º Congresso Brasileiro de Previdência Social*. São Paulo: LTr, 2001.

LAZZARI, João Batista; BRANDÃO, Fábio Nobre Bueno. Reforma da Previdência (EC nº 103/2019): inconstitucionalidade da vedação à conversão do tempo de atividade especial em comum. *JURIS – Revista da Faculdade de Direito*, v. 30, n. 2, 2020. Disponível em: https://periodicos.furg.br/juris/article/view/12231. Acesso em: 27 jul. 2021.

LAZZARI, João Batista; CASTRO, Carlos Alberto Pereira de; KRAVCHYNCHYN, Gisele Lemos; KRAVCHYNCHYN, Jefferson Luiz. *Prática processual previdenciária*: administrativa e judicial. 16. ed. Rio de Janeiro: Forense, 2024.

LEAL, Bruno Bianco; PORTELA, Felipe Mêmolo. *Previdência em crise*: diagnóstico e análise econômica do direito previdenciário. São Paulo: Thomson Reuters Brasil, 2018.

LEIRIA, Maria Lúcia Luz. *Direito previdenciário e estado democrático de direito: uma (re)discussão à luz da hermenêutica*. Porto Alegre: Livraria do Advogado, 2001.

LEITE, Celso Barroso. *A proteção social no Brasil*. 2. ed. São Paulo: LTr, 1978.

LIMA, Manoel Hermes de. Contribuição previdenciária, fato gerador e sua execução de ofício pela Justiça do Trabalho. *Revista de Previdência Social*, São Paulo: LTr, n. 282, maio 2004.

LISBÔA, Daniel; MUNHOZ, José Lucio (orgs.). *Reforma trabalhista comentada por juízes do trabalho*: artigo por artigo. São Paulo: LTr/AMATRA 12, 2018.

LOPEZ, Felix Garcia. *Fórum Nacional da Previdência Social*: consensos e divergências. Brasília: IPEA, 2009. Disponível em: http://www.ipea.gov.br/portal/images/stories/PDFs/TDs/td_1432.pdf. Acesso em: 20 nov. 2018.

LOYOLA, Ivo Maurício Bettega de. Atuária e previdência social. *100 anos da Previdência*. Coletânea. Brasília: ANFIP, 2023.

LUHMANN, Niklas. *Sociologia do direito I*. Trad. Gustavo Bayer. Rio de Janeiro: Tempo Brasileiro, 1983.

MACHADO, Hugo de Brito. *Curso de direito tributário*. 10. ed. São Paulo: Malheiros, 1995.

MACHADO, Hugo de Brito. *Impossibilidade de tributo sem lançamento*. Jus Navigandi, Teresina, ano 7, n. 61, jan. 2003. Disponível em: http://jus2.uol.com.br/doutrina/texto.asp?id=3678. Acesso em: 6 jan. 2008.

MACHADO JÚNIOR, César. *O ônus da prova no processo do trabalho*. São Paulo, LTr, 2001.

MACIEL, José Alberto Couto. *Desempregado ou supérfluo? Globalização*. São Paulo: LTr, 1998.

MARANHÃO, Délio. *Direito do trabalho*. 17. ed. Rio de Janeiro: Fundação Getulio Vargas, 1993.

MARINONI, Luiz; ARENHART, Sérgio. *Curso de Processo Civil*. São Paulo: Revista dos Tribunais, 2007. v. 2.

MARQUES, Rosa Maria et al. *A Previdência Social no Brasil*. São Paulo: Fundação Perseu Abramo, 2003.

MARTINEZ, Wladimir Novaes. *Aposentadoria especial*. 2. ed. São Paulo: LTr, 1999.

MARTINEZ, Wladimir Novaes. *Comentários à lei básica da previdência social – CD*. Brasília: LTr/Rede Brasil, 1999.

MARTINEZ, Wladimir Novaes. *Comentários à lei básica da previdência social*. 2. ed. São Paulo: LTr, 1996. t. I.

MARTINEZ, Wladimir Novaes. *Curso de direito previdenciário:* São Paulo: LTr, 1997.

MARTINEZ, Wladimir Novaes. Mês de competência do fato gerador previdenciário. *Jornal do 17º Congresso Brasileiro de Previdência Social*. São Paulo: LTr, 2004.

MARTINEZ, Wladimir Novaes. *O salário de contribuição na lei básica da previdência social*. São Paulo: LTr, 1993.

MARTINEZ, Wladimir Novaes. *O salário-base na previdência social*. São Paulo: LTr, 1986.

MARTINEZ, Wladimir Novaes. *Obrigações previdenciárias na construção civil*. São Paulo: LTr, 1996.

MARTINEZ, Wladimir Novaes. Pontos polêmicos do PPP. *Revista de Previdência Social*, São Paulo: LTr, dez. 2002.

MARTINEZ, Wladimir Novaes. *PPP na aposentadoria especial: quem deve fazê-lo, como elaborá-lo, períodos incluídos, seus signatários, para quem entregá-lo: 230 perguntas e respostas sobre o PPP e o LTCAT*. São Paulo: LTr, 2003.

MARTINEZ, Wladimir Novaes. Reajustamento dos benefícios após a Lei n. 8.213/91. *Revista da Previdência Social*, São Paulo: LTr, n. 138, maio 1992.

MARTINEZ, Wladimir Novaes. *Reforma da previdência social: comentários à Emenda Constitucional n. 20/98*. São Paulo: LTr, 1999.

MARTINEZ, Wladimir Novaes (coord.). *Temas atuais de previdência social*. São Paulo: LTr, 1998.

MARTINS, Floriano José; ROMERO, Vilson Antônio (orgs.). *Servidores públicos*: aposentadorias e pensões, principais regras. 2. ed. Brasília: Fundação ANFIP de Estudos da Seguridade Social, 2014.

MASSIGNAN, Manoela Lebarbenchon. *Guia prático para aplicação dos acordos internacionais de previdência social na legislação brasileira*. Belo Horizonte: IEPREV, 2021.

MAURIQUE, Jorge Antonio. *Reforma da Previdenciária*. Revista CEJ. Brasília: 2003. Disponível em: http://www.cjf.jus.br/revista/outras_publicacoes/propostas_da_comissao/12_reforma_previdenciaria.pdf. Acesso em: 10 jul. 2004.

MEDEIROS, Osiris A. Borges de. *Aposentadoria ao alcance de todos*. Rio de Janeiro: Forense, 1995.

MEDINA, Damares. Regras de transição em matéria previdenciária. *Revista Jus Navigandi*, Teresina, ano 19, n. 4.006, 20 jun. 2014. Disponível em: https://jus.com.br/artigos/29171. Acesso em: 19 maio 2021.

MEIRELLES, Hely Lopes. *Direito administrativo brasileiro*. 24. ed. São Paulo: Malheiros, 1999.

MELLO, Celso Antônio Bandeira de. *Curso de direito administrativo*. 17. ed. rev. E atual. São Paulo: Malheiros, 2004.

MELO, José Eduardo Soares de. *Contribuições sociais no sistema tributário*. 3. ed. São Paulo: Revista dos Tribunais, 2000.

MENDES, Fernando Ribeiro. *Segurança Social*: o futuro hipotecado. Lisboa: Fundação Francisco Manuel dos Santos, 2011.

MENEGHINI, Maxweel Sulivan Durigon. Da não incidência de contribuição previdenciária sobre as férias e terço constitucional de férias pagas aos trabalhadores portuários avulsos. *Âmbito Jurídico*, Rio Grande, XVI, n. 115, ago. 2013. Disponível em: http://www.ambitojuridico.com.br/site/index.php/index.php?n_link=revista_artigos_leitura&artigo_id=13479&revista_caderno=26. Acesso em: 2 nov. 2018.

MODESTO, Paulo (org.). *Reforma da Previdência: análise e crítica da Emenda Constitucional n. 41/2003*. Belo Horizonte: Fórum, 2004.

MONTEIRO, Washington de Barros. *Curso de direito civil*: parte geral. 16. ed. São Paulo: Saraiva, 1986. v. 1.

MORAES FILHO, Evaristo de. *A justa causa na rescisão do contrato de trabalho*. 2. ed. Rio de Janeiro: Forense, 1960.

MORAES FILHO, Evaristo de. *Introdução ao direito do trabalho*. 6. ed. São Paulo: LTr, 1993.

MORAES FILHO, Evaristo de. *O direito e a ordem democrática*. São Paulo: LTr, 1984.

MORAES, Alexandre de. *Direito constitucional*. 15. ed. atual. São Paulo: Atlas, 2004.

MORAIS, Antônio Glaucus de. Lei de crimes da previdência social. *Revista Virtual da Consultoria Jurídica/MPAS*, Brasília, maio 2000. Disponível em: www.mpas.gov.br.

MORENO, Angel Guillermo Ruiz. *Nuevo derecho de la seguridad social*. México: Porrúa, 1997.

NASCIMENTO, Carlos Valder do (coord.). *Comentários ao Código Tributário Nacional*. Rio de Janeiro: Forense, 1997.

NERY JUNIOR, Nelson; NERY, Rosa Maria de Andrade. *Código de Processo Civil comentado e legislação extravagante*. 11. ed. São Paulo: RT, 2010.

NERY JUNIOR, Nelson; NERY, Rosa Maria de Andrade. *Novo Código Civil e legislação extravagante anotados*. São Paulo: RT, 2002.

NETO, Odasir Piacini. *A falência do custeio da previdência*: à luz da sociedade de risco na indústria 4.0 e da nova demografia brasileira. São Paulo: Dialética, 2022.

NEVES, Ilídio. das. *Crise e reforma da segurança social*: equívocos e realidades. Lisboa: Edições Chambel, 1998.

NOVAES FILHO, Wladimir (coord.). *Normas previdenciárias administrativas das áreas de arrecadação e benefícios: Instrução Normativa INSS/DC n. 78/02*. São Paulo: LTr, 2002.

NOVAES FILHO, Wladimir. *Normas previdenciárias administrativas sobre custeio: Instrução Normativa INSS/DC n. 71/02*. São Paulo: LTr, 2002.

OLIVEIRA, Antonio Carlos de. *Direito do trabalho e previdência social: estudos*. São Paulo: LTr, 1996.

OLIVEIRA, Antonio Carlos de. *Temas de previdência social*. São Paulo: LTr, 1999.

OLIVEIRA, Francisco; BELTRÃO, Kaizô; FERREIRA, Mônica. *Revolução na previdência: Argentina, Chile, Peru, Brasil*. Trad. Tânia Marques Cardoso e Paulo Castanheira. São Paulo: Geração Editorial, 1998.

OLIVEIRA, José de. *Acidentes do trabalho: teoria, prática, jurisprudência*. 2. ed. São Paulo: Saraiva, 1992.

OLIVEIRA, Milton Luiz Gazaniga de. Responsabilidade solidária. *Revista da Procuradoria-Geral do INSS*, Brasília, v. 5, n. 3, s/d.

OLSSON, Giovanni. *Relações internacionais e seus atores na era da globalização*. Curitiba: Juruá, 2003.

PALME, Joakim. *Fundamentos y garantías del derecho a la seguridad social a comienzos del siglo XXI*. Iniciativa de la AISS – Investigaciones y Puntos de Vista, jan. 2003. Disponível em: www.issa.int. Acesso em: 21. jul. 2004.

PASTORE, José. *Encargos sociais no Brasil: implicações para o salário, emprego e competitividade*. São Paulo: LTr, 1997.

PAULA, Sérgio Lopes de. O regime previdenciário do estudante: abordagem histórica e reflexos presentes. *Jus Navigandi*, Teresina, ano 10, n. 947, 5 fev. 2006. Disponível em: https://jus.com.br/artigos/7922/o-regime-previdenciario-do-estudante. Acesso em: 14 nov. 2018.

PAULSEN, Leandro; CARDOSO, Alessandro Mendes (org.). *Contribuições previdenciárias sobre a remuneração*. Porto Alegre: Livraria do Advogado, 2013.

PAULSEN, Leandro; VELLOSO, Andrei Pitten. *Contribuições no sistema tributário brasileiro*. 4. ed. São Paulo: Saraiva Educação, 2019.

PEREIRA NETTO, Juliana Presotto. *A previdência social em reforma: o desafio da inclusão de um número maior de trabalhadores*. São Paulo: LTr, 2002.

PEREIRA, Caio Mário da Silva. *Instituições de direito civil*. Rio de Janeiro: Forense, 1966. v. 1.

PEREIRA, Cláudia Fernanda de Oliveira. *Reforma da previdência*. Brasília: Brasília Jurídica, 1999.

PEREIRA, Luiz Carlos Bresser; SPINK, Peter (org.). *Reforma do Estado e Administração Pública Gerencial*. 5. ed. Rio de Janeiro: Editora FGV, 2003.

PESSOA SOBRINHO, Eduardo Pinto. *Manual dos servidores do Estado*. 13. ed. Rio de Janeiro: Freitas Bastos, 1985.

PIACINI NETO, Odasir. *A falência do custeio da previdência*: à luz da sociedade de risco na indústria 4.0 e da nova demografia brasileira. São Paulo: Dialética, 2022.

PORTO, Sérgio Gilberto. *Coisa julgada civil*. 3. ed. São Paulo: RT, 2006.

QUEIROZ, Vera Maria Corrêa. *Aposentadoria do Professor no RGPS e RPPS* – teoria e prática. São Paulo: Lujur Editora, 2023.

RANGEL, Leonardo Alves. *Previdência complementar dos servidores públicos e poupança de longo prazo*. Políticas sociais – acompanhamento e análise. 10.2.2005. Disponível em: http://www.ipea.gov.br/sites/000/2/publicacoes/bpsociais/bps10/ENSAIO3Leonardo.pdf. Acesso em: 2 dez. 2010.

REALE, Miguel. *Lições preliminares de direito*. 27. ed. São Paulo: Saraiva, 2003.

RIBEIRO, Fátima Sueli Neto; WÜNSCH FILHO, Victor. Avaliação retrospectiva da exposição ocupacional a cancerígenos: abordagem epidemiológica e aplicação em vigilância em saúde. *Caderno Saúde Pública*, n. 20(4), p. 881-890, jul.-ago. 2004. Disponível em: http://pesquisa.bvsalud.org/brasil/resource/pt/mdl-15300280. Acesso em: 2 out. 2017.

ROCHA, Carmen Lúcia Antunes (org.). *Constituição e segurança jurídica*: direito adquirido, ato jurídico perfeito e coisa julgada – estudos em homenagem a José Paulo Sepúlveda Pertence. 2. ed. Belo Horizonte: Fórum, 2005.

ROCHA, Daniel Machado da. *Comentários à Lei de Benefícios da Previdência Social*. 20. ed. rev., atual. e ampl. Curitiba: Alteridade, 2022.

ROCHA, Daniel Machado da. *O direito fundamental à Previdência Social na perspectiva dos princípios constitucionais diretivos do Sistema Previdenciário Brasileiro*. Porto Alegre: Livraria do Advogado, 2004.

ROCHA, Daniel Machado da; MÜLLER, Eugelio Luis. *Direito previdenciário em resumo*. Curitiba: Alteridade, 2019.

ROCHA, Daniel Machado da; SAVARIS, José Antonio. *Curso de direito previdenciário*: fundamentos de interpretação e aplicação do direito previdenciário. Curitiba: Alteridade, 2014.

RODRIGUES, Horácio Wanderlei; BECHARA, Gabriela Natacha; GRUBBA, Leilane Serratine. Era digital e controle da informação. *Revista em Tempo*, [S.l.], v. 20, n. 1, nov. 2020. Disponível em: https://revista.univem.edu.br/emtempo/article/view/3268>.Acesso em: 2 set. 2022.

RUPRECHT, Alfredo J. *Direito da seguridade social*. São Paulo: LTr, 1996.

RUSSOMANO, Mozart Victor. *Comentários à Consolidação das Leis da Previdência Social*. 2. ed. São Paulo: Revista dos Tribunais, 1981.

RUSSOMANO, Mozart Victor. *Curso de direito do trabalho*. 6. ed. Curitiba: Juruá, 1997.

SAAD, Eduardo Gabriel. *CLT comentada*. 26. ed. São Paulo: LTr, 1993.

SANTOS, Boaventura de Sousa (org.). *A globalização e as ciências sociais*. 2. ed. São Paulo: Cortez, 2002.

SANTOS, Marisa Ferreira dos. *Direito previdenciário*: coleção esquematizado. 12. ed. São Paulo: Saraiva, 2022.

SARLET, Ingo Wolfgang. Direitos fundamentais: nada mais atual do que o problema da vedação do retrocesso social. *Consultor Jurídico*. Disponível em: https://www.conjur.com.br/2017-mar-24/

direitos-fundamentais-nada-atual-problema-vedacao-retrocesso-social. Acesso em: 19 maio 2021.

SAVARIS, José Antonio. A ilegitimidade da ação regressiva do INSS decorrente de ato ilícito não acidentário. *Revista de Previdência Social*, São Paulo: LTR, n. 391, jun. 2013.

SAVARIS, José Antonio. *Curso de perícia judicial previdenciária*. São Paulo: Conceito Editorial, 2011.

SAVARIS, José Antonio. *Direito processual previdenciário*. 11. ed. Curitiba: Alteridade, 2023.

SCHOUERI, Luís Eduardo. *Direito tributário*. 2. ed. São Paulo: Saraiva, 2012.

SCHUSTER, Diego Henrique; SAVARIS, José Antonio; VAZ, Paulo Afonso Brum. *A garantia da coisa julgada no processo previdenciário*: para além dos paradigmas que limitam a proteção social. Curitiba: Alteridade, 2019.

SEN, Amartya; KLIKSBERG, Bernardo. *As pessoas em primeiro lugar*: a ética do desenvolvimento e os problemas do mundo globalizado. Trad. Bernardo Ajzemeberg. São Paulo: Companhia das Letras, 2010.

SERAU JUNIOR, Marco Aurélio. *Processo previdenciário judicial*. 5. ed. Rio de Janeiro: Forense, 2023.

SERAU JUNIOR, Marco Aurélio. *Seguridade Social como direito fundamental material*. 2. ed. Curitiba: Juruá, 2011.

SILVA, Antonio F. S. do Amaral; SCHÀFER, Jairo Gilberto. *Juizados especiais federais: aspectos cíveis e criminais*. Blumenau: Acadêmica, 2002.

SILVA, Filipe Carreira da. *O futuro do Estado Social*. Lisboa: Fundação Francisco Manuel dos Santos, 2013.

SILVA, José Afonso da. *Curso de direito constitucional positivo*. 16. ed. São Paulo: Malheiros, 1999.

SILVA-JUNIOR, João Silvestre da et al. Caracterização do nexo técnico epidemiológico pela perícia médica previdenciária nos benefícios auxílio-doença. *Revista Brasileira de Saúde Ocupacional*, São Paulo, v. 39, n. 130, p. 239-246, dez. 2014. Disponível em: http://www.scielo.br/scielo.php?script=sci_arttext&pid=S0303-76572014000200239&lng=en&nrm= -iso. Acesso em: 17 maio 2023.

SIMAS, Henrique de Carvalho. *Manual elementar de direito administrativo*. 3. ed. ampl., rev. e atual. Rio de Janeiro: Liber Juris, 1987.

SIMÕES, Ana Cecília Sena. *Segurança social*. Coimbra: Almedina, 2009.

SOARES, João Marcelino. *MP 871/19: detalhamento técnico e análise imparcial*. Disponível em: http://dtojoaosoares.wixsite.com/previdenciario/mp=871-19--analise-tecnica-e-imparci?fbclid-IwAR28N28-e21DDvxwUG4steQQWn1qxF44NsAOr4EWav_vL0MObR4q2kOHeK4. Acesso em: 27 jan. 2019.

SOARES, João Marcelino. O regime complementar dos servidores públicos federais: uma análise constitucional do fator de conversão. *Revista Síntese: Direito e Previdência*, ano XI, n. 51, nov.--dez. 2012.

SOARES, Laura Tavares Ribeiro. *Ajuste neoliberal e desajuste social na América Latina*. Petrópolis: Vozes, 2001.

STANDING, Guy. *O precariado*: a nova classe perigosa. Trad. Cristina Antunes. Belo Horizonte: Autêntica, 2020.

STEPHANES, Reinhold. *Previdência social: uma solução gerencial e estrutural*. Porto Alegre: Síntese, 1993.

STEPHANES, Reinhold. *Reforma da previdência sem segredos*. Rio de Janeiro: Record, 1998.

STRECK, Lenio Luiz. *Hermenêutica jurídica e(m) crise*. 5. ed. rev. e atual. Porto Alegre: Livraria do Advogado, 2004.

SÜSSEKIND, Arnaldo. *Curso de direito do trabalho*. Rio de Janeiro: Renovar, 2002.

SÜSSEKIND, Arnaldo et al. *Instituições de direito do trabalho*. 14. ed. São Paulo: LTr, 1993. v. 1.

SÜSSEKIND, Arnaldo. *Tratados ratificados pelo Brasil*. Rio de Janeiro: Freitas Bastos, 1981.

TARTUCE, Flávio. A teoria do adimplemento substancial na doutrina e na jurisprudência. *Jornal Carta Forense*, abr. 2015. Disponível em: http://www.flaviotartuce.adv.br/assets/uploads/artigos/201504100913000.artigo_adimplementosubstancial.doc. Acesso em: 18 maio 2021.

TAVARES, Marcelo Leonardo. A manutenção do valor real dos benefícios previdenciários. *Revista RPS*, São Paulo: LTr, n. 249, ago. 2001.

TAVARES, Marcelo Leonardo (coord.). *Comentários à Reforma da Previdência*: EC n. 41/2003. Rio de Janeiro: Lumen Juris, 2004.

TAVARES, Marcelo Leonardo. *Direito previdenciário*. 4. ed. rev., atual. e ampl. Rio de Janeiro: Lumen Juris, 2002.

TAVARES, Marcelo Leonardo. *Previdência e assistência social: legitimação e fundamentação constitucional brasileira*. Rio de Janeiro: Lumen Juris, 2003.

THEODORO JÚNIOR, Humberto. *Curso de direito processual civil*. Rio de Janeiro: Forense, 1999. v. I.

THEODORO JÚNIOR, Humberto et al. *Novo CPC* – Fundamentos e sistematização. 2. ed. Rio de Janeiro: Forense, 2015.

THIESEN, Ana Maria Wickert et al.; FREITAS, Vladimir Passos de (coord.). *Direito previdenciário: aspectos materiais, processuais e penais*. 2. ed. Porto Alegre: Livraria do Advogado, 1999.

TORRES, Marcelo Douglas de Figueiredo. *Estado, democracia e administração pública no Brasil*. Rio de Janeiro: Editora FGV, 2004.

VASCONCELOS, José Matos. *Assistência social do Estado*. Rio de Janeiro: Imprensa Oficial, 1936.

VAZ, Paulo Afonso Brum. *Judicialização dos direitos da seguridade social*. Curitiba: Alteridade, 2021.

VELLOSO, Andrei Pitten; ROCHA, Daniel Machado; BALTAZAR JÚNIOR, José Paulo. *Comentários à Lei do Custeio da Seguridade Social*. Porto Alegre: Livraria do Advogado, 2005.

VIEIRA, Lucia Helena (coord.). *Regimes próprios*: aspectos relevantes. São Bernardo do Campo: ABIPEM/APEPREM, 2018. v. 12.

VIEIRA, Lucia Helena (coord.). *Regimes próprios*: aspectos relevantes. São Paulo: ABIPEM, 2008. v. 2.

VV.AA. *Debate sobre la reforma de la seguridad social: en busca de un nuevo consenso*. Genebra: Associação Internacional de Seguridade Social, 1998.

VV.AA. *El futuro de la seguridad social*. Estocolmo: Federación de las Oficinas del Seguro Social, 1998.

VV.AA. *Revolução na previdência: Argentina, Chile, Peru, Brasil.* Trad. Tânia Marques Cardoso e Paulo Castanheira. São Paulo: Geração Editorial, 1998.

WOLF, Rafael. Aposentadoria por invalidez do servidor público: a controvérsia da proporcionalidade. *Revista de Doutrina da 4ª Região*, Porto Alegre, n. 29, abr. 2009. Disponível em: http://www.revistadoutrina.trf4.jus.br/artigos/edicao029/rafael_wolf.html. Acesso em: 23 out. 2018.

# ANEXOS

1. SÚMULAS E ENUNCIADOS DE INTERESSE EM MATÉRIA PREVIDENCIÁRIA

2. INFORMAÇÕES COMPLEMENTARES SOBRE CONTRIBUIÇÕES E BENEFÍCIOS PREVIDENCIÁRIOS

 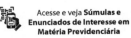 Acesse e veja **Súmulas e Enunciados de Interesse em Matéria Previdenciária**

> https://uqr.to/1wo3x

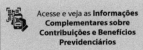 Acesse e veja as **Informações Complementares sobre Contribuições e Benefícios Previdenciários**

> https://uqr.to/1yk78

Índice Alfabético-Remissivo

(Os números referem-se aos capítulos ou itens.)

A

- **Abono anual, 28.5**
- **Acidente do trabalho e doenças ocupacionais**
  - Ação regressiva previdenciária, 29.7
  - Competência jurisdicional para as ações que postulam benefícios acidentários e as particularidades da prova pericial, 29.6
  - Comunicação do Acidente de Trabalho – CAT, 29.5
  - Conceito de acidente de trabalho, 29.2
  - Doenças ocupacionais, 29.3
  - Evolução histórica da proteção acidentária, 29.1
  - Nexo causal e concausalidade, 29.4
- **Ações previdenciárias**
  - Coisa Julgada Previdenciária, 38.7
  - Competência para as ações previdenciárias, 38.1
    - Ações envolvendo benefícios de entidades fechadas de previdência complementar, 38.1.5
    - Causas Referentes ao Benefício Assistencial, 38.1.4
    - Competência Federal delegada, 38.1.2
    - Prestações acidentárias, 38.1.3
    - Prestações comuns previdenciárias, 38.1.1
  - Execução do julgado, 38.8
  - Juizados Especiais Cíveis na Justiça Federal, 38.3
    - Aplicação da lei dos JEFs em caso de delegação de competência, 38.3.8
    - Competência dos JEFs, 38.3.1
    - Cumprimento da sentença, 38.3.7
    - Custas e Honorários Advocatícios, 38.3.10
    - Legitimidade, 38.3.4
    - Nulidades, 38.3.9
    - Recursos, 38.3.6
      - Incidente de uniformização de interpretação de lei federal, 38.3.6.4
      - Incidente de Uniformização de Jurisprudência dirigido ao Superior Tribunal de Justiça, 38.3.6.5
      - Incidente Regional de Uniformização de Jurisprudência, 38.3.6.3
      - Recurso contra decisão que aprecia pedidos de liminares e de tutela provisória, 38.3.6.1
      - Recurso contra Sentença (Recurso Inominado), 38.3.6.2
    - Renúncia, 38.3.3
    - Sentença líquida, 38.3.5
    - Valor da causa, 38.3.2
  - Pagamentos devidos pelo INSS, 38.5
    - Complemento positivo, 38.5.4
    - Evolução legislativa, 38.5.1
    - Pagamento por precatório, 38.5.3
    - Requisição de Pequeno Valor (RPV), 38.5.2
  - Prévio ingresso na via administrativa, 38.2
- **Acordos Internacionais de Previdência Social firmados pelo Brasil, 6.6**
- **Acumulação de benefícios, 28.4**
- **Alíquotas de contribuição – RGPS**
  - Contribuinte individual e facultativo, 19.4
  - Contribuição mínima, 19.5
  - Doméstico, 19.3
  - Empregado, 19.3
  - Empregador doméstico, 19.10
  - Empresas, 19.6
  - Trabalhador avulso, 19.3
- **Aposentado,** ver Aposentadoria
- **Aposentadoria**
  - Aposentadoria e vínculo de emprego, 30.1
  - Aposentado que retorna à atividade, 13.5
  - Desaposentação, 27.11.13 e 30.10
  - Direito à desaposentação, 30.10
  - Especial, 30.7

- Conversão do tempo de serviço/contribuição, 30.7.9
- Conversão do tempo especial de professor em tempo comum, 30.6.2
- Segurados portadores de deficiência, 30.8
- Por idade, 30.3
  - "Mista" ou "Híbrida" da Lei n. 11.718/2008, 30.3.3
  - Data de início do benefício, 30.3.5
  - Período de carência, 30.3.4
  - Renda mensal inicial, 30.3.6
  - Trabalhador rural, 30.3.2
- Por tempo de contribuição, 30.5
  - Aplicação dos novos critérios para aposentadoria, 30.5.6
  - Professor, 30.6
    - Aplicação do fator previdenciário, 30.6.1
- Por tempo de serviço, 30.4
- Reaposentação com base em novo implemento de requisitos, 30.11
- Regimes próprios, 39
  - Compulsória por idade, 45.2
  - Especiais, 45.4
  - Por incapacidade permanente, 45.1
  - Tempo de contribuição nos regimes próprios, 45.5
    - Contagem recíproca de tempo de contribuição, 45.5.1
    - Contagens fictícias, 45.5.2
  - Voluntárias, 45.3
    - Aposentadoria por idade, 45.3.2
    - Aposentadoria por tempo de contribuição, 45.3.2
- Regras de transição para a aposentadoria voluntária, 45.3.3
- Troca de Aposentadoria ou Reaposentação, 27.11.13 e 30.11
- **Assistência social estatal, 1.4**
- **Auxílio-acidente, 31.3**
  - Beneficiários, 31.3.1
  - Carência, 31.3.2
  - Cumulado com aposentadoria de outro regime, 31.3.6
  - Desempregado, 31.3.3
  - Direito, 31.3
  - Início do pagamento, 31.3.3
  - Recebimento conjunto com aposentadoria, 31.3.6
  - Relação das situações que dão direito ao auxílio-acidente, 31.3
  - Renda Mensal Inicial, 31.3.4
  - Suspensão e cessação do benefício, 31.3.5
  - Trabalhadores que não fazem jus ao benefício, 31.3
  - Valor do benefício, 31.3

- **Auxílio-doença (atual auxílio por incapacidade temporária), 31.1**
  - Alta programada, 31.1.7
  - Auxílio-doença de ofício, 31.1
  - Aviso prévio, 31.1.6
  - Carência, 31.1.2
  - Cessação do benefício, 31.1.7
  - Concedido judicialmente, 31.1.5.1
  - Concessão por análise documental e o Atestmed, 31.1.2
  - Concessão por medida judicial, 31.1.3
  - Covid-19, 31.1.10 e 31.1.11
  - Data de Início do benefício, 30.3.5 e 30.4.2
  - Direito, 31.1
  - Extinção, 32.2.6
  - Licença, 46.7
  - Perícia médica, 31.1.1
  - Processo de Reabilitação, 31.1.7
  - Renda mensal inicial, 31.1.6
  - Situação trabalhista, 38.1.6
- **Auxílio-reclusão, 32.2 e 46.8**
  - Baixa renda – Critério, 32.2
  - Concessão do auxílio-reclusão para dependentes de segurados que superem o critério da baixa renda, 32.2.1
  - Data de início do benefício, 32.2.3
  - Período de Carência, 32.2.2
  - Renda mensal inicial, 32.2.5
  - Suspensão, 32.2.6

- **Benefício**
- **Cancelamento, 24.2**
- **Benefício assistencial,** ver Benefício de Prestação Continuada à Pessoa Idosa e à Pessoa com Deficiência – LOAS
- **Benefício de Prestação Continuada à Pessoa Idosa e à Pessoa com Deficiência – LOAS, 33.1**
  - Acumulação com outros benefícios, 33.1.7
  - Beneficiários, 33.1.4
  - Cancelamento, 33.1.6
  - Data de início do benefício, 33.1.5
  - Laudo socioeconômico, 33.1.3
  - Requisito econômico, 33.1.3
- **Benefícios extintos,** ver Benefícios previdenciários
- **Benefícios fixados pelas Emendas Constitucionais 20/98 e 41/2003, 27.1**
- **Benefícios previdenciários**
  - Benefícios em espécie:
    - Abono anual, 28.5

- Aposentadoria especial, 30.7
    - Beneficiários, 30.7.1
    - Comprovação do exercício de atividade especial, 30.7.2
    - Conversão do tempo de serviço/contribuição, 30.7.9
    - Conversão do tempo especial de professor em tempo comum, 30.6.2
    - Data de início do benefício, 30.7.7
    - Efeito sobre o contrato de trabalho, 30.1
    - Fator de conversão do tempo especial, 30.7.10
    - Nível de ruído 30.7.5
    - Período de carência, 30.7.6
    - Renda mensal inicial, 30.7.8
    - Uso de equipamento de proteção individual (EPI), 30.7.4
- Aposentadoria e vínculo de emprego, 30.1
- Direito à desaposentação, 27.11.13 e 30.10
- Aposentadoria por idade, 30.3
    - "Mista" ou "Híbrida" da Lei n. 11.718/2008, 30.3.3
    - Trabalhador rural, 30.3.2
- Aposentadoria por incapacidade permanente, 31.2
    - Carência, 31.2.1
    - Início do benefício, 31.2.2
    - Possibilidade de transformação da aposentadoria por incapacidade permanente em aposentadoria por idade, 31.2.5
    - Recuperação da capacidade de trabalho, 31.2.4
    - Renda mensal inicial, 31.2.3
- Aposentadoria por tempo de contribuição, 30.5
    - Beneficiários, 30.5.1
    - Data de início do benefício, 30.5.3
    - Período de carência, 30.5.2
    - Renda mensal inicial, 30.5.4
    - Validade das novas regras de cálculo, 30.5.5
    - Professor, 30.6
        - Aplicação do fator previdenciário, 30.6.1
- Aposentadoria por tempo de serviço, 30.4
- Auxílio-acidente, 31.3
- Auxílio-doença ver auxílio por incapacidade temporária
- Benefício de Prestação Continuada ao Idoso e ao Deficiente – LOAS, 33.1
- Benefícios extintos:
    - Abono de permanência em serviço, 34.5
    - Aposentadorias diferenciadas, 34.6
    - Auxílio-funeral, 34.3
    - Auxílio-natalidade, 34.2
    - Pecúlio, 34.4
    - Renda mensal vitalícia, 34.1
- Cálculo do valor do benefício:
    - Fator previdenciário, 26.2
    - Salário de benefício e período básico de cálculo, 26.1
        - Atividades concomitantes, 26.1.1
        - Fórmula de cálculo do salário de benefício, 26.1.3
        - Majorações decorrentes de sentença trabalhista, 26.1.2
    - Renda mensal inicial 26.4
    - Direito à desaposentação, 30.10
    - Reaposentação com base em novo implemento de requisitos, 30.11
- Pagamento dos benefícios:
    - Abono anual, 28.5
    - Acumulação de benefícios, 28.4
    - Devolução de benefícios recebidos por força de tutela provisória posteriormente revogada, 28.3
    - Feito a terceiros, 28.1
    - Intangibilidade do valor do benefício, 28.2
- Períodos de carência, 25
- Decadência, 21, 37
- Reajustamento e revisão do valor dos benefícios, 27
- Troca de Aposentadoria ou Reaposentação, 27.11.13 e 30.11

- **Carência,**
    - Períodos, 25
- **Coisa julgada; desconstituição incompatível com a Constituição, 38.7.1**
- **Coisa julgada previdenciária, 38.7**
- **Concursos de prognósticos**
    - Contribuição sobre a receita de concursos de prognósticos, 19.13
    - Contribuintes – apostadores, 11.5
- **Cônjuge e companheira,** *ver Dependentes*
- **Conselho Administrativo de Recursos Fiscais – CARF, 9.9**
- **Conselho de Recursos da Previdência Social – CRPS, 9.8**
- **Conselho Nacional de Assistência Social – CNAS, 9.6**
- **Conselho Nacional de Previdência Social – CNPS, 9.4**
- **Conselhos de Previdência Social – CPS, 9.5**

- Construção civil
  - Trabalho prestado em obras, 19.8
- Contribuições previdenciárias
  - Características gerais, 18.3.3
  - Clubes de futebol profissional, 19.9
  - Sociedade Anônima do Futebol (SAF), 19.9.1
  - Conceituação, 18.3.1
  - Decadência e prescrição das contribuições à seguridade social:
    - Conflito de Normas: Lei de Custeio e CTN, 21.1
    - Decadência na exigibilidade de contribuições, 21.2
    - Prazo para pleitear a desconstituição de exigência fiscal, 21.5
    - Prescrição do direito de cobrança dos créditos, 21.3
    - Prescrição na restituição e compensação de contribuições, 21.4
  - Empresas, 19.6
  - Isenção/Imunidade:
    - Alcance da imunidade, 20.3
    - Requerimento e deferimento, 20.2
    - Requisitos para a imunidade, 20.1
    - Revisão da imunidade, 20.4
  - Natureza jurídica, 18.3.2
  - Produtor rural pessoa física e segurado especial, 19.11
  - Remissão e anistia, 20
  - Restituição de contribuições e compensação, 21.6.1
  - Salário-base, 19.2
  - Salário de contribuição, 19.1
  - Parcelas que não integram, 19.3
  - Segurado contribuinte individual e facultativo, 19.4
  - Segurado empregado, doméstico e trabalhador avulso, 19.3
  - Sobre a receita de concursos de prognósticos, 18.3.1
- Contribuinte individual e facultativo
  - Contribuição, 19.4
  - Exigência de contribuição mínima, 19.5
  - Segurado facultativo, 13.3
  - Contribuinte individual, 13.2.3
- Contribuintes da seguridade social
  - Apostadores de concursos de prognósticos, 11.5
  - Empregador doméstico, 11.4
  - Empresa e entidades equiparadas, 11.2
  - Matrícula da empresa, do produtor rural pessoa física e do segurado especial, 11.3
  - Segurados do Regime Geral de Previdência Social, 11.1
- Cumprimento da sentença – ação previdenciária, 38.3.7
- Custeio
  - Autonomia da relação, 10.2
  - Contribuições ao sistema de seguridade social,

- Decadência e prescrição:
  - Conflito de Normas: Lei de Custeio e CTN, 21.1
  - Decadência na exigibilidade de contribuições, 21.2
  - Prazo para pleitear a desconstituição de exigência fiscal, 21.5
  - Prescrição do direito de cobrança dos créditos, 21.3
  - Prescrição na restituição e compensação de contribuições, 21.4
- Empresas, 19.6
  - Folha de pagamento, 19.6.1
  - Remuneração paga aos segurados contribuintes individuais e trabalhadores avulsos, 19.6.2
- Importador de bens e serviços do exterior, 19.7
- Isenção/Imunidade das contribuições:
  - Alcance da Imunidade, 20.1.3
  - Requerimento e deferimento, 20.1.2
  - Requisitos, 20.1.1
- Relação obrigacional tributária, 10.3
- Salário de contribuição, 19.1
- Salário-base, 19.2
- Segurado contribuinte individual e facultativo, 19.4
- Segurado empregado, doméstico e trabalhador avulso, 19.3
- Custeio dos Regimes Próprios, 44
- Prova de regularidade fiscal, 22
- Relação jurídica:
  - Autonomia da relação de custeio, 10.2
  - Definição da relação obrigacional, 10.1
  - Identidade com a relação obrigacional tributária, 10.3
- Remissão e anistia, 20
- Sistema de financiamento da Seguridade Social:
  - Contribuições sociais, 18.3
  - Características gerais, 18.3.3
  - Conceituação, 18.3.1
  - Natureza jurídica, 18.3.2
  - Outras receitas da Seguridade Social, 18.4
  - Participação da União, 18.2
  - Sistema contributivo, 18.1

- **Dano moral previdenciário, 38.1.6**
- **Decadência e prescrição**
  - Benefícios:

- Aplicação do prazo de decadência nas ações para reconhecimento de tempo de serviço/contribuição, 37.4
- Conclusões sobre os Institutos da prescrição e da decadência, 37.9
- Decadência do direito à revisão do cálculo de benefício previdenciário, 37.3
- Hipóteses de aplicação do prazo de decadência na via administrativa, 37.7
- Possibilidade de interrupção do prazo decadencial para revisão do ato de concessão nos casos de requerimento administrativo, 37.6
- Prazo decadencial para o INSS rever seus atos, 37.8
- Prazo para revisão de benefício antecedente em de pensão por morte, 37.5
- Prescrição do direito a prestações, 37.1
- Contribuições à Seguridade Social:
  - Conflito de normas: Lei de Custeio e CTN, 21.1
  - Decadência na exigibilidade de contribuições, 21.2
  - Prazo para pleitear a desconstituição de exigência fiscal, 21.5
  - Prescrição do direito de cobrança dos créditos, 21.3
  - Prescrição na restituição e compensação de contribuições, 21.4
- **Deficiência**
  - Aposentadoria de segurados portadores de, 30.8
- **Dependentes**
  - Inscrição, 17.2
  - Inscrição de segurado *post mortem*, 17.1.1
- **Desaposentação, 27.11.13, 30.10**
- **Despensão, 32.1.17**
- **Direito Previdenciário**
  - Aplicação das normas:
    - Acordos Internacionais de Previdência Social firmados pelo Brasil, 6.6
    - Antinomias e critérios de solução, 6.1
    - Interpretação das normas, 6.3
    - Lacunas do ordenamento e sua solução, 6.2
    - Vigência e eficácia das normas no espaço, 6.5
    - Vigência e eficácia das normas no tempo, 6.4
  - Autonomia científica, 5.2
  - Classificação, 5.3
  - Conceito, 5.1
  - Fontes, 5.5
  - Objeto de estudo, 5.1
  - Previdência brasileira e suas características, 51

- Princípios:
  - Princípios constitucionais da Seguridade Social, 7.2
  - Princípios específicos de custeio, 7.3
  - Princípios específicos de Previdência Social, 7.4
  - Princípios gerais de direito previdenciário, 7.1
  - Relação com outros ramos do Direito, 5.4
  - Tendências:
    - Globalização e o Estado contemporâneo, 49
    - Mudanças no direito comparado, 50
- **Doméstico**, *ver Segurados do RGPS*

- **Economia familiar, 36.3**
- **Empregado**, *ver Segurados do RGPS*
- **Empregado doméstico**, *ver Segurados do RGPS*
- **Empregador doméstico, 11.4**
- **Empregador rural pessoa jurídica, 19.12**
- **Empresas**
  - Contribuição adicional das instituições financeiras, 19.6.3
  - Contribuições, 19.6
  - Desonerações, 19.6.5
  - Fator Acidentário de Prevenção – FAP, 19.6.4.1
  - Folha de pagamento, 19.6.1
  - GIRALT, 19.6.4
  - Remuneração de segurados contribuintes individuais e trabalhadores avulsos, 19.6.2
  - Simples Nacional, 19.6.7
- **Execução do julgado, 38.8**
- **Execução fiscal**, *ver Dívida ativa – inscrição e execução judicial*

- **Falecimento, gestante, 32.3.4**
- **Família, benefícios de proteção, 32**
- **Família, salário, 32.4**
- **Fator Acidentário de Prevenção – FAP, 19.6.4.1**
- **Fator de conversão do tempo especial em comum, 30.7.10**
- **Fator previdenciário, exclusão com base na Fórmula 95/85 progressiva, 26.3**
- **Fator previdenciário e a EC n. 103/2019, 26.2**

- Fator previdenciário em relação aos professores, 26.3.1, 30.6.1
- Filiação dos segurados, 14, 41.2

- Gestão dos regimes próprios, 41.5
- Gestão descentralizada, 9.3

- Homossexuais
- União homoafetiva, pensão por morte, 32.1.7

- Idosos, 33.1
- Imunidade, isenção, 20.1.3
- Isenção/Imunidade das Contribuições para a Seguridade Social, 20
    - Alcance da imunidade, 20.1.3
    - Requerimento e deferimento, 20.1.2
    - Requisitos para a imunidade, 20.1.1

J

- Juizados Especiais Cíveis na Justiça Federal
    - Aplicação da lei dos JEFs em caso de delegação de competência, 38.3.8
    - Competência dos JEFs, 38.3.1, 38.3.8
    - CPC de 2015 e seus reflexos nos Juizados Especiais Federais, 38.4
    - Cumprimento da sentença, 38.3.7
    - Custas e Honorários Advocatícios, 38.3.10
    - Delegação de competência, 38.3.8
    - Legitimidade, 38.3.4
    - Nulidades, 38.3.9
    - Recursos, 38.3.6
        - Incidente de Uniformização de Jurisprudência dirigido ao Superior Tribunal de Justiça, 38.3.6.5
        - Incidente de Uniformização de interpretação de lei federal, 38.3.6.4
        - Incidente Regional de Uniformização de Jurisprudência, 38.3.6.3
    - Recurso contra Sentença (Recurso Inominado), 38.3.6.2
    - Recurso contra decisão que aprecia pedidos de liminares e de tutela provisória, 38.3.6.1
    - Renúncia, 38.3.3
    - Sentença líquida, 38.3.5
    - Valor da causa, 38.3.2
- **Justiça Federal**
    - Juizados Especiais Cíveis, 38.3
- **Justiça do Trabalho**
    - Efeitos das decisões, 36.5
    - Majorações decorrentes de sentença trabalhista, 26.1.2
- **Justificação administrativa, 36.7**

- Lacunas do ordenamento e sua solução, 6.2
- Laudo Técnico de Condições Ambientais do Trabalho (LTCAT), 30.7.3
- Lei de Custeio e CTN, conflito de normas, 21.1
- Lei dos JEFs em caso de delegação de competência, 38.3.8
- Lei Eloy Chaves, 4.2

M

- Majorações decorrentes de sentença trabalhista, 26.1.2
- **Manutenção do auxílio-acidente cumulado com aposentadoria de outro regime, 31.3.6**
- **Manutenção do valor real dos benefícios em número de salários mínimos, 27.11.5**
- **Manutenção e Perda da Qualidade de Segurado, 15**
- **Maternidade**
    - Proteção, 32
    - Salário, 32.3
- **Matrícula da empresa, do produtor rural pessoa física e do segurado especial, 11.3**
- **Modelos de Previdência Social, 3**
- **Morte**
    - Pensão, 32
    - Presumida, 32.1.2

N

- **Nexo causal e concausalidade, 29.4**
- **Normas**
  - Conflito, 21.1
  - De Direito Previdenciário, 6
- **Nulidades**
  - Recursos, 38.3.9

P

- **Pensão por morte, 32.1**
  - Acumulação de benefícios, 46.3
  - Beneficiários, 46.4
  - Beneficiários, habilitação, 32.1.4
  - Cálculo e reajustamento da pensão, 46.1
  - Carência, 32.1.14
  - Casal homoafetivo, 32.1.7
  - Cessação, 46.5
  - Dependentes simultâneos, 32.1.6
  - Morte presumida, 32.1.2
  - Pais, 32.1.12
  - Perda e cessação do direito, 46.5
  - Prazo para revisão de benefício antecedente em caso de pensão por morte 46.5
  - Rateio entre beneficiários, 46.4
  - Renda mensal inicial, 32.1.16
  - Requisitos, 32.1.1
  - Revisão da renda mensal, 34.8.10
  - Segurado inadimplente, 32.1.3
  - União estável, 32.1.7
  - Viúvo do sexo masculino, 32.1.5
- **Prescrição e decadência,** ver *Decadência e Prescrição*
- **Prestações da previdência social**
  - Aposentadorias programáveis, 30
  - Benefícios extintos, 34
  - Cálculo do valor do benefício:
    - Fator previdenciário:
      - Exclusão do fator previdenciário com base na fórmula 95/85, 26.3
    - Salário de benefício e período básico de cálculo, 26.1
      - Atividades Concomitantes, 26.1.1
      - Fórmula de Cálculo do Salário de Benefício, 26.1.3
      - Majorações decorrentes de Sentença Trabalhista, 26.1.2
    - Valor-limite dos benefícios, 26.5
  - Concessão da prestação previdenciária:
    - Cancelamento, 24.2
    - Processo administrativo previdenciário, 24.3
    - Suspensão do benefício, 24.1
  - Períodos de carência, 25
  - Prescrição e decadência em matéria de benefícios:
    - Aplicação do prazo de decadência nas ações para reconhecimento de tempo de contribuição, 37.4
    - Conclusões sobre os Institutos da prescrição e da decadência, 37.10
    - Decadência do direito à revisão do cálculo de benefício previdenciário, 37.3
    - Hipóteses de aplicação do prazo de decadência na via administrativa, 37.7
    - Possibilidade de interrupção do prazo decadencial para revisão do ato de concessão nos casos de requerimento administrativo, 37.6
    - Prazo decadencial para o INSS rever seus atos, 37.8
    - Prazo para revisão de benefício antecedente em caso de pensão por morte, 37.5
    - Prescrição do direito a prestações, 37.1
  - Reajustamento e revisão do valor dos benefícios:
    - Aplicação da variação da ORTN/OTN na atualização dos salários de contribuição dos benefícios concedidos antes da CF de 1988, 27.11.14
    - Aplicação do IRSM de fevereiro de 1994, 27.11.15
    - Aplicação do novo teto dos benefícios fixados pelas Emendas Constitucionais ns. 20/98 e 41/2003, 27.1
    - Apuração da RMI do Auxílio-Doença e da Aposentadoria por Invalidez: art. 29, II da Lei n. 8.213/91, 27.11.17
    - Extensão do "auxílio-acompanhante" para todas as espécies de aposentadoria, 27.11.18
  - Pagamento dos benefícios:
    - Abono anual, 28.5
    - Acumulação, 28.4
    - Devolução, 28.3
    - Intangibilidade do valor, 28.2
    - Terceiros, 28.1
  - Reconhecimento do tempo de filiação, 14, 41.2
    - Serviços:
      - Habilitação e reabilitação profissional, 35.2
      - Serviço Social, 35.1
    - Tempo de contribuição para fins previdenciários:
      - Ação declaratória, 36.8
      - Aluno-aprendiz, 36.4
      - Atividade rurícola e o regime de economia familiar, 36.3

- Cabimento da ação declaratória para reconhecimento de tempo de contribuição, 36.8
- Contagem recíproca do tempo de contribuição, 36.6
- Efeitos das decisões trabalhistas frente ao INSS, 36.5
- Justificação Administrativa, 36.7
- Prova do tempo de contribuição, 36.1
- **Prestação previdenciária, 24**
- **Previdência Complementar, 8.3, 43**
- **Previdência Social**
  - Acordos Internacionais de previdência social firmados pelo Brasil, 6.6
  - Benefícios por incapacidade, 31
  - Evolução, 1.6
  - Fundamentos:
    - Compulsoriedade da filiação, 2.3
    - Dignidade da pessoa humana, 2.1
    - Intervenção do Estado, 2.1
    - Previdência e segurança social, 2.7
    - Proteção aos previdentes, 2.4
    - Redistribuição de renda, 2.5
    - Risco social, 2.6
    - Solidariedade social, 2.2
  - Modelos:
    - Sistema de pilares, 3.4
    - Sistemas contributivos de repartição e capitalização, 3.2
    - Sistemas contributivos e não contributivos, 3.1
    - Sistemas privados, 3.3
  - Princípios específicos, 7.4
  - Regimes previdenciários, 8
- **Princípios**
  - Princípios constitucionais da Seguridade Social, 7.2
  - Princípios específicos de custeio, 7.3
  - Princípios específicos de Previdência Social, 7.4
  - Princípios gerais de direito previdenciário, 7.1
- **Processo administrativo previdenciário**
  - Fase de cumprimento da decisão, 24.3.6
  - Fase decisória, 24.3.3
  - Fase instrutória, 24.3.2
  - Fase recursal, 24.3.4
  - Fase revisional, 24.3.5
  - Plataforma de Autocomposição Imediata e Final de Conflitos Administrativos – PACIFICA, 24.3.7
  - Programa "Desjudicializa Prev", 24.3.8
- **Proteção social ao trabalhador**
  - Assistência social estatal, 1.4
  - Evolução da previdência social, 1.6
  - Formação do conceito de bem-estar social, 1.5

- Modelo de Beveridge, 1.6
- Modelo de Bismarck, 1.6
- Mútua assistência e caridade, 1.3
- Surgimento da noção de proteção social, 1.2
- **Proteção social – evolução no Brasil**
  - Constituição de 1988 e a Seguridade Social, 4.5
  - Criação do INPS até a Constituição de 1988, 4.4
  - Criação do INSS e as primeiras reformas, 4.6
  - Emenda Constitucional n. 20, de 1998, 4.7
  - Emendas Constitucionais ns. 41 e 47, 4.8
  - Institutos de classe, 4.3
  - Lei Eloy Chaves, 4.2
  - Primeiras regras de proteção, 4.1

R

- **Reajustamento e revisão do valor dos benefícios**
  - Acumulação de benefícios, 28.4, 33.1.7, 46.3
    - Aplicação da variação da ORTN/OTN na atualização dos salários de contribuição dos benefícios concedidos antes da CF de 1988, 27.11.14
    - Aplicação do IRSM de fevereiro de 1994, 27.11.15
    - Apuração da RMI do Auxílio-Doença e da Aposentadoria por Invalidez: art. 29, II da Lei n. 8.213/91, 27.11.17
    - Desaposentação e reaposentação, 27.11.13
    - Extensão do "auxílio-acompanhante" para todas as espécies de aposentadoria, 27.11.18
    - Inclusão do décimo terceiro como salário de contribuição para cálculo do salário de benefício, 27.11.16
  - Revisão baseada em sentença trabalhista com inclusão de tempo de contribuição e aumento dos salários de contribuição, 27.6
  - Revisão baseada no aumento do tempo de contribuição comum e especial, 27.5
  - Revisão com base na concessão do benefício mais vantajoso – tese do "melhor benefício", 27.2
  - Revisão decorrente de atividades concomitantes, 27.7
  - Revisão da pensão por morte: dependentes com invalidez ou deficiência, 27.10
  - Revisão da RMI das aposentadorias concedidas com base nas regras de transição da EC 20/1998, 27.4
  - Revisão da vida toda, 27.3
  - Revisão do salário de benefício para inclusão dos valores pagos em pecúnia a título de auxílio-alimentação, 27.9

- Revisão dos benefícios por incapacidade concedidos após a EC 103/2019, 27.8
- Revisão para aplicação dos novos tetos dos benefícios fixados pelas Emendas Constitucionais 20/98 e 41/2003, 27.1
    - Teses superadas, 27.11
    - Aplicação do art. 58 do Ato das Disposições Constitucionais Transitórias, 27.11.4
    - Atualização monetária dos doze últimos salários de contribuição para os benefícios concedidos anteriormente à Constituição de 1988, 27.11.1
    - Autoaplicabilidade do art. 202, caput, da Constituição de 1988 – Diferenças decorrentes do reajustamento dos benefícios concedidos entre 5.10.1988 e 5.4.1991, 27.11.3
    - Conversão dos benefícios para URV – Lei 8.880/1994, 27.11.8
    - Demais revisões decorrentes da Lei n. 9.032/1995, 27.11.11
    - Expurgos inflacionários, 27.11.7
    - Manutenção do valor real dos benefícios/equivalência do valor dos benefícios em número de salários mínimos, 27.11.5
    - Reajustamento dos benefícios pelos índices integrais do IGP-DI nos meses de junho de 1997, 1999, 2000, 2001, 2002 e 2003, 27.11.9
    - Revisão da renda mensal da pensão por morte – Lei n. 9.032/1995, 27.11.10
    - Salário de benefício de aposentadoria por invalidez precedida de auxílio-doença – art. 29, § 5º, da Lei n. 8.213/1991, 27.11.12
    - Súmula n. 260 do extinto TFR, 27.11.2
    - Valor mínimo dos benefícios, 27.11.6
- **Regimes previdenciários**
    - Regime dos Militares das Forças Armadas, 8.4
    - Regime Geral de Previdência Social, 8.1
    - Regime Previdenciário Complementar, 8.3
    - Regimes de previdência de servidores públicos ocupantes de cargos efetivos, 8.2
- **Regimes próprios de Previdência Social**
    - Aspectos gerais, 41
    - Custeio, 44
    - Histórico, 40
    - Introdução, 39
    - Pensão por morte, 46
    - Previdência complementar para Servidores Públicos, 43
    - Principais pontos das Reformas Constitucionais, 42
    - Reajustamento do valor dos benefícios, 48
    - Regularidade fiscal, 22

- Regras de aposentadoria, 45
    - Aposentadoria compulsória por idade, 45.2
    - Aposentadoria por incapacidade permanente, 45.1
    - Aposentadoria por idade, 30.3, 45.2
    - Aposentadoria por tempo de contribuição, 30.5
    - Regras de transição para a aposentadoria voluntária por idade e tempo de contribuição, 45.3.3
    - Aposentadorias especiais, 45.4
    - Inconstitucionalidade da pena de cassação da aposentadoria, 45.7
    - Tempo de contribuição nos regimes próprios, 45.5
        - Contagem recíproca de tempo de contribuição, 45.5.1
        - Contagens fictícias, 45.5.2
- **Revisão do valor dos benefícios,** ver Reajustamento e revisão do valor dos benefícios

- **Salário-base, 19.2**
- **Salário-família**
    - Carência, 32.4.1
    - Data de início do benefício, 32.4.2
    - Perda do direito, 32.4.4
    - Renda mensal inicial, 32.4.3
- **Salário-maternidade, 32.3**
    - Adotantes, 32.3.3
    - Carência, 32.3.1
    - Cessação do benefício, 32.3.7
    - Falecimento da gestante ou adotante, 32.3.4
    - Prazo de duração, 32.3.2
    - Prorrogação por sessenta dias, 32.3.5
    - Renda mensal inicial, 32.3.6
- **Salário de benefício**
    - Aposentadoria por invalidez, 27.11.12
    - Atividades concomitantes, 26.1.1
    - Base de cálculo do valor do benefício, 26.1
    - Décimo terceiro, 27.11.16
    - Fórmula de cálculo, 26.1.3
    - Majorações decorrentes de sentença trabalhista, 26.1.2
    - Média dos 36 últimos salários de contribuição e não incidência do fator previdenciário, 27.4
    - Revisão da vida toda, 27.3
    - Teses superadas, 34.8
- **Salário de contribuição, 19.1**
- **Segurado especial, 13.2.5**
- **Segurado facultativo, 13.3**

- **Segurado obrigatório, 13.2**
- **Segurados do Regime Geral de Previdência Social, 11.1**
    - Aposentado que retorna à atividade, 13.5
    - Definição, 13.1
    - Dependentes, 16
    - Filiação dos segurados, 14
    - Inscrição:
        - Dependentes, 17.2
        - Segurado *post mortem*, 17.1.1
        - Segurados, 17.1
    - Manutenção e perda da qualidade de segurado, 15
    - Menoridade e filiação, 13.4
    - Segurado facultativo, 13.3
    - Segurados obrigatórios, 13.2
        - Contribuinte individual, 13.2.3
        - Empregado doméstico, 13.2.2
        - Empregado urbano e rural, 13.2.1
        - Segurado especial, 13.2.5
        - Trabalhador avulso, 13.2.4
- **Seguridade Social**
    - Constituição de 1988, 4.5
    - Contribuições, 19
    - Contribuintes, 11
        - Apostadores de concursos de prognósticos, 11.5
        - Empregador doméstico, 11.4
        - Empresa e entidades equiparadas, 11.2
        - Matrícula da empresa, do produtor rural pessoa física e do segurado especial, 11.3
        - Segurados do Regime Geral de Previdência Social, 11.1
    - Globalização e o estado contemporâneo, 49
    - Organização:
        - Conselho Administrativo de Recursos Fiscais – CARF, 9.9
        - Conselho de Recursos da Previdência Social – CRPS, 9.8
        - Conselho Nacional de Assistência Social – CNAS, 9.6
        - Conselho Nacional de Previdência Complementar – CNPC, 9.7
        - Conselho Nacional de Previdência Social – CNPS, 9.4
        - Conselhos de Previdência Social – CPS, 9.5
        - Gestão descentralizada, 9.3
        - Instituto Nacional do Seguro Social – INSS, 9.2
        - Sistema Nacional de Seguridade Social, 9.1
    - Princípios constitucionais, 7.2
    - Relação jurídica de custeio:
        - Autonomia, 10.2
        - Definição, 10.1
        - Identidade com a relação obrigacional tributária, 10.3
    - Relação jurídica de seguro social:
        - Definição, 12.1
        - Natureza jurídica, 12.3
        - Vinculação com a filiação, 12.2
    - Segurados do RGPS:
        - Aposentado que retorna à atividade, 13.5
        - Definição, 13.1
        - Dependentes, 16
        - Filiação dos segurados, 14
        - Inscrição:
            - Dependentes, 17.2
            - Segurado *post mortem*, 17.1.1
            - Segurados, 17.1
        - Manutenção e perda da qualidade de segurado, 15
        - Menoridade e filiação, 13.4
        - Segurado facultativo, 13.3
        - Segurados obrigatórios, 13.2
            - Contribuinte individual, 13.2.3
            - Empregado doméstico, 13.2.2
            - Empregado urbano e rural, 13.2.1
            - Segurado especial, 13.2.5
            - Trabalhador avulso, 13.2.4
    - Sistema de financiamento, 18
- **Seguro social, 12.1**
- **Serviços**
    - Habilitação e reabilitação profissional, 35.2
    - Serviço Social, 35.1
- **Simples doméstico, 19.16**
- **Simples nacional, 19.6.7**

T

- **Tempo de contribuição**
    - Ação declaratória para reconhecimento de tempo de contribuição, 36.8
    - Aluno-aprendiz, 36.4
    - Aposentadoria, 30.5
    - Atividade rurícola e o regime de economia familiar, 36.3
    - Beneficiários, 30.5.1
    - Cálculo, 30.5.5
    - Carência, 30.5.2
    - Contagem recíproca do tempo de contribuição, 36.6
    - Data de início do benefício, 30.5.3
    - EC 103/2019. 30.5.6
    - Fator previdenciário, 27.4
    - Justificação Administrativa, 36.7
    - Prova, 36.1
    - Reconhecimento do tempo de filiação, 36.2
    - Regimes Próprios, 45.5
        - Contagem recíproca de tempo de contribuição, 45.5.1
        - Contagens fictícias, 45.5.2
- **Rurícola, 36.3**
- **Regras de cálculo, 30.5.5**
- **Revisão da vida toda, 27.3**
- **Teoria do risco social, 2.6**
- **Trabalhador avulso, 13.2.4**
    - Contribuição, 19.3
    - Custeio, 19.6.2
- **Trabalho intermitente, 13.2.1**